中国刑法学研究会

全国刑法学术年会文集（2017年度）

The Collected Papers of Annual Conference of China Criminal Law Society（2017）

时代变迁与刑法现代化

The Change of Times and the Modernization of Criminal Law

（上卷）

学术顾问/高铭暄　储槐植
主　　编/郎　胜　朱孝清　梁根林
副 主 编/阴建峰

中国人民公安大学出版社
群众出版社
·北　京·

图书在版编目（CIP）数据

时代变迁与刑法现代化/郎胜，朱孝清，梁根林主编．—北京：中国人民公安大学出版社，2017．11

ISBN 978-7-5653-3072-8

Ⅰ．①时… Ⅱ．①郎…②朱…③梁… Ⅲ．①刑法—研究—中国 Ⅳ．①D924．04

中国版本图书馆 CIP 数据核字（2017）第 244823 号

全国刑法学术年会文集（2017 年度）

时代变迁与刑法现代化

主编 郎 胜 朱孝清 梁根林

出版发行：中国人民公安大学出版社
地　　址：北京市西城区木樨地南里
邮政编码：100038
经　　销：新华书店
印　　刷：北京普瑞德印刷厂

版　　次：2017 年 11 月第 1 版
印　　次：2017 年 11 月第 1 次
印　　张：90．5
开　　本：787 毫米×1092 毫米　1/16
字　　数：1981 千字

书　　号：ISBN 978-7-5653-3072-8
定　　价：310．00 元（上、下卷）

网　　址：www．cppsup．com．cn　www．porclub．com．cn
电子邮箱：zbs@cppsup．com　zbs@cppsu．edu．cn

营销中心电话：010-83903254
读者服务部电话（门市）：010-83903257
警官读者俱乐部电话（网购、邮购）：010-83903253
法律图书分社电话：010-83905745

全国刑法学术年会文集
编 辑 委 员 会

编写说明

2017年全国刑法学术年会定于2017年11月25日至27日在海口市召开。本次年会由中国刑法学研究会主办，海南大学法学院等单位承办。会长赵秉志教授全面负责此次年会的筹备、组织、运作和协调工作，副会长郎胜、朱孝清、梁根林教授共同主持本届年会。

本次年会立足于当前我国刑法理论和实务方面的热点问题，分为理论议题和实务议题两部分。理论议题为“刑法典颁行20周年来刑法立法的回顾与展望”。今年适逢1997刑法典颁行20周年，为回顾、分析和总结1997刑法典颁行20年来的成就、经验和问题，进一步促进我国刑法立法的科学化，对刑法立法完善的宏观性问题以及当前我国刑法立法领域的热点问题进行深入研究，就成为刑法理论与实务工作者义不容辞的责任。实务议题为：“金融秩序与安全的刑法保护”、“公民个人信息的刑法保护”、“中国区际刑法20年实践的检讨与发展”。随着经济社会的发展，我国司法实践中出现了若干热点、新型犯罪，如互联网金融犯罪、侵犯公民个人信息犯罪等，如何正确适用刑法妥善规制这些犯罪，成为刑法学界必须面对的问题。此外，在改革开放的新时代、大背景下，中国区际刑法研究逐渐成为刑法学研究中的一个重要领域，值此香港回归暨特别行政区制度建立20周年之际，深入开展中国区际刑法的比较研究，评析我国港、澳特别行政区和台湾地区的刑法制度及这些地区与我国内地（大陆）之间的刑事司法协助等方面的利弊得失，对于各地区之间的刑事立法和司法的相互促进与借鉴，具有积极意义。

依照惯例，中国刑法学研究会在本届刑法学术年会会前进行了论文征集。本届年会文集仍聘请研究会名誉会长高铭暄教授和研究会顾问储槐植教授担任学术顾问，组成由研究会会长赵秉志教授担任主任，研究会全体常务理事担任委员的编委会。本届年会文集由主持本届年会的三位副会长郎胜、朱孝清、梁根林教授担任主编负责年会文集编辑工作，由研究会常务副秘书长阴建峰教授担任副主编协助主编工作，并设立编辑部负责具体编辑工作，编辑部由研究会副秘书长彭新林副教授担任主任，成员包括北京师范大学刑事法律科学研究院博士生卓一丹、詹奇玮、郭玮。

截至2017年8月1日论文提交截止之日，共收到论文250余篇。这些论文基本上都是围绕本届年会主题展开，全面而深入地研讨了本届刑法学术年会主题所涉及的所有理论和实务问题。但也有部分论文偏离了本届年会的主题，有部分论文不符合学术规范，还有部分论文学术质量存在问题，经编选研究，最终决定收录其中的179篇，同时考虑到各个议题的论文数量、各个议题之间的关系等因素，决定将本届年会论文分为四编，并以上下两卷出版，全书定名为“时代变迁与刑法现代化”，其中，上卷即第一编是“刑法典颁行20周年来刑法立法的回顾与展望”，收录论文80篇，分别从刑法立法的历程、发展趋势、立法理念、立法模式、立法参与以及刑法典总则、分则具体立法问题的思考等方面，对刑法典颁行20周年来刑法立法的成就、经验和问题进行了研究。下卷包括第二编至第四编，第二编是“金融秩序与安全的刑法保护”，收录论文47篇，主要研究金融刑法的基础性问题、金融犯罪治理、互联网金融犯罪、涉众型经济犯罪、破坏金融管理秩序犯罪、金融诈骗犯罪等问题；第三编是“公民个人信息的刑法保护”，收录论文44篇，主要研究公民个人信息刑法保护的基础理论问题、侵犯公民个人信息罪的构成要件和司法适用、网络服务提供者的刑事责任等问题；第四编是“中国区际刑法20年实践的检讨与发展”，收录论文8篇，分别研究了我国内地与香港、澳门刑罚制度比较，引渡，劝返追逃，被判刑人移管，区际刑事司法协助等问题。总之，本届年会文集对预定议题进行了全面、深入的研讨，不仅为本届年会的顺利召开提供了重要的研讨基础，而且具有重要的现实理论和实践价值，有助于进一步推动相关刑法理论、刑事立法和刑事司法的进步与发展。

最后，衷心感谢中国人民公安大学出版社有关领导对本届全国刑法学术年会文集出版的鼎力支持和本书责任编辑的辛勤工作。正是他们的支持与付出，保证了本文集得以及时而精美地问世。

中国刑法学研究会

2017年8月于北京

目 录

上 卷

第一编 刑法典颁行20周年来刑法立法的回顾与展望

一

二

三

四

下 卷

第二编 金融秩序与安全的刑法保护

一

二

三

第三编　公民个人信息的刑法保护

一

二

第四编 中国区际刑法20年实践的检讨与发展

上　卷

第一编　刑法典颁行20周年来刑法立法的回顾与展望

第一编　刑法典颁行20周年来刑法立法的回顾与展望

我国刑事立法的现状及展望

储槐植[*]　杨崇华[**]

我国刑事立法自新中国成立以来，经历了一个相对漫长的发展过程，并随着我国法治建设的深入推进而不断完善。1997年刑法典实施之后，我国刑法立法进入了相对成熟阶段。但是，由于我国全面废止了附属刑法的创制罪刑规范功能，从而形成刑事立法的单轨体制。随着我国改革开放和社会主义市场经济的深入推进，经济社会关系呈现出多样化、复杂化的特征，产生了许多新矛盾、新问题，出现了许多新罪行。我国在固守传统立法模式的前提下，对刑法典进行了颇为频繁的修改，这不但影响了刑法的稳定价值，而且仍然难以有效应对严峻的犯罪形势，并充分发挥刑事法律的经济社会关系调节功能，理应进行必要的调整。

一、当前我国刑事立法的特征

对比世界各国，以及我国台湾等地，可以看出我国刑事立法呈现出以下几个方面的特征：

第一，属于刑事立法的单轨体制。刑事立法的单轨体制，即罪与刑的法律规范只存在于刑事法律，也即刑法典和单行刑法中，其他法律，即刑法以外的经济运行、行政管理等领域的法律都不能有独立的罪刑条款。单轨制刑事立法体制的一个重要特征便是将自然犯和法定犯统一规定在刑法典之中。在当今世界，单轨制的刑事立法体制只有我国大陆地区采用。在其他国家和地区，刑法均由两大部类构成，刑法以外的法律如果需要都可以规定独立的罪刑条款，是刑事立法的双轨体制。在双轨制下，刑事犯，也即自然犯规定在刑事法律中；行政犯，也即法定犯基本上存在于刑法以外的法律中，后者的数量几乎无一例外地绝对超过前者。① 刑事立法双轨体制下非刑事法律中设置的罪刑规范主要是指创制式附属刑法规范。我国1997年刑法典之前存在可以创设新罪名，甚至修改或者补充刑法典总则规定的附属刑法规范，因此与其他国家的双轨刑事立法体制有类似之处。随着1997年刑法典的制定，非刑事法律中涉及新罪名的附属刑法规范全部被纳入其中，并在之后的立法实践中不再采用可以创设新罪名的附属刑法规范，由此在事实上废除了此种立法方式，司法机关也不将其作为处理案件的依据，从而形成刑事立法单轨体制。

第二，刑法典呈现出大一统的特征。1997年刑法典制定时的主导思想便是尽量囊括所有的罪刑规范，因此将之前单行刑法和附属刑法确立的罪刑规范全部予以吸

---

* 北京大学法学院教授，北京师范大学刑事法律科学研究院特聘教授。

** 北京师范大学刑事法律科学研究院法学博士。

① 储槐植：《刑事一体化论要》，北京大学出版社2007年版，第157页。

收。在此之后，为了适应经济社会的发展变化，主要采用刑法修正案的方式对刑法典进行补充修改。由此，刑法修正案取代单行刑法和附属刑法成为对刑法典补充、完善的主要形式。自1997年刑法典施行至今，全国人大常委会先后颁行九部刑法修正案对刑法典进行修改完善。较之单行刑法，刑法修正案直接针对刑法典的具体条款进行修改，且直接明确了修改、补充后的条款在刑法典中的具体位置。因此，刑法修正案一经颁布实施，就被纳入刑法典之中，成为刑法典的一部分，在司法适用时只需引用刑法典。这种刑法典立法和修改模式的后果是，随着刑法修正案的日益频繁，刑法典条文数量不断增加，刑法典显得日益庞杂。反观国外，刑法典大多主要规定传统型犯罪。例如，日本现行刑法典中所规定的犯罪基本上都是为社会伦理规范所不允许的行为，被称为刑事犯，很多并不违反社会伦理规范，只是为了一定的事项进行行政取缔而设计的犯罪，他们被称为行政犯。① 日本现行刑法典只有264条，但是行政刑法则多达万条以上。②

第三，特别刑法立法日渐式微。1997年刑法典之前的刑事立法，特别是1979年至1997年，单行刑法和附属刑法在刑事立法领域发挥了重要作用，但是在此之后却过分依赖刑法典及其刑法修正案模式，单行刑法和附属刑法日渐式微。单行刑法日益减少，事实上不再采用。1997年刑法典之后，我国仅在1998年、1999年和2000年分别颁行了惩治外汇、邪教、互联网犯罪的三部单行刑法，之后再也没有此种立法形式出现。附属刑法的立法方式则逐步单一化，虽然数量仍然很多，但是不再承担创制新罪名和修改补充刑法规范的功能，仅笼统性地规定某种行为依照刑法追究刑事责任，地位和作用大大降低。反观国外立法，单行刑法和附属刑法一直是刑事立法的重要模式，甚至在数量上占据主体地位。例如，随着德国社会经济的发展，以及国际交往、国家统一等，引发了一系列新型犯罪，立法机关由此不断对刑法进行修订，而这些修订大都是采用单行刑法立法模式。此外，由于立法者的喜好，也由于不相干的法领域被赋予刑法规定，德国的附属刑法逐渐变成一种越来越多的、不可忽视的刑法渊源。③

二、当前刑事立法存在的缺陷

（一）刑事立法单轨制自身的弊端

目前，学界关于刑事立法单轨制弊端的讨论主要集中在以下几点：

第一，不利于保证刑法典的稳定性。自然犯与法定犯同为刑事犯罪，但是在违法性上，法定犯经常处于变动之中，缺乏像自然犯那样的稳定性。④ 因此，刑事立法单轨制容易因为国家经济社会形势的变化而引起非刑事法律相关规定也予以变化，刑法典也要随之进行频繁的修改。而刑法典的一个重要特征便是具有稳定性，

① 黎宏：《日本刑法精义》（第二版），法律出版社2008年版，第4页。

② 储槐植：《刑事一体化论要》，北京大学出版社2007年版，第157页。

③ ［德］汉斯·海因里希·耶赛克、托马斯·魏根特：《德国刑法教科书》（总论），徐久生译，中国法制出版社2001年版，第135-136页。

④ 苏惠渔：《刑法学》，中国政法大学出版社1999年版，第82页。

如果对刑法典进行频繁的修改，虽然可以使其适应经济社会的发展变化，但却会破坏刑法典的稳定性，也不利于民众的掌握和理解。目前，我国将刑法修正案作为维护刑法典稳定性的主要刑事立法手段，但随着每一部刑法修正案的出台，刑法典条文同样需要作出相应的修改或者补充，甚至需要重新整理出一部刑法典以便学习和适用。

第二，不利于发挥预防犯罪的刑法目的。从预防犯罪角度而言，将行政法或者经济法中的禁止内容与刑法相关内容相分离的做法，会导致相关从业人员仅了解行政法、经济法中的禁止内容，而不知道刑法的禁止规定，出现了以为只违法不构成犯罪的错误认识。① 而如果在行政法或者经济法中直接规定刑法分则性罪刑规范，由于是依附在有关经济、行政法律之中，而这些法律往往只有特定行业、特殊群体的人才有接触，而其他普通公民接触更多的是与其生活密切相关的民事规范和普通犯罪，这些特殊行业人群对经济、行政法律的理解和掌握远胜于对刑法典本身的理解和掌握，只要附属刑法能够对这类人产生威慑作用，防止其去实施相关的犯罪，国家所期待的预防犯罪目的也就基本达到了。② 因此，也有学者认为从传播效应来看，附属刑法更侧重于对专业人员的一般预防，而普通刑法则很难被专业人员了解，采用附属刑法直接设置罪刑规范，更有利于对经济犯罪这种特殊犯罪类型的预防。③

第三，不利于实现对法定犯的罪刑均衡。一般认为，刑法对自然犯的处罚一般较重，而对于法定犯的处罚则相对较轻。④ 以刑罚轻缓化为理论背景，在自然犯与法定犯区分的维度内，我们看到法定犯罪较之自然犯罪在刑法轻缓化的过程中所具有的巨大价值，它可以成为刑罚轻缓化的前沿阵地。进一步讲，刑罚轻缓化的伟大设想，都可以率先在法定犯罪领域得以实现。⑤ 但是，如果将法定犯与自然犯规定在同一部刑法中，立法者可能基于刑罚整体平衡的考虑，不当加重法定犯的刑罚。

第四，容易导致立法和司法成本的增加。在我国单轨制的刑事立法体制中，对于经济社会中产生的应当受到刑罚处罚的法定犯，往往是在新的经济法律或者行政法律中不直接规定，而是在随后或者同时另外通过刑法修正案来单独规定罪刑规则，这在立法上既耗时又费力。而在司法中，由于对其罪状的理解必须借助于相关的经济或者行政法律，对学法、普法和执法都增添了困难。⑥

（二）当前刑事立法的不科学之处

当前我国过于强调刑法典及其刑法修正案的刑事立法，不但具有上述刑事立法单轨制的弊端，而且对我国刑法的结构及其与其他法律的衔接产生诸多不利影响，

---

① 张明楷：《刑事立法的发展方向》，载《中国法学》2006 年第 4 期。

② 吴情树：《〈食品安全法〉中刑事责任条款的设定——以附属刑法为研究视角》，载《重庆工商大学学报》（社会科学版）2008 年第 6 期。

③ 阎二鹏、任海涛：《经济刑法立法模式之比较与选择》，载《政治与法律》2008 年第 5 期。

④ 高仰止：《刑罚总则之理论与适用》，台北五南图书出版公司 1986 年版，第 140-141 页。

⑤ 米传勇：《自然犯罪、法定犯罪区分之于刑罚轻缓化实现》，载戴玉忠、刘明祥主编：《和谐社会语境下刑法机制的协调》，中国检察出版社 2008 年版。

⑥ 刘仁文：《论中国刑法结构的调整》，载《刑法体系与刑事政策》，北京大学出版社 2013 年版。

不利于刑事立法的科学化。

1. 导致刑法典条文结构日益庞杂

我国刑事立法力求制定一部囊括所有犯罪与刑罚规则的刑法典，但由于犯罪形态日益复杂，特别是随着经济社会的发展，法定犯的数量日益增加，从而导致刑法典分则条文数量的日益增加，如我国1979年刑法典只有192条，1997年时已有452条，之后随着刑法修正案的陆续出台，刑法典条文数表面上没有增加，但具体犯罪构成日益复杂，许多条文也被分成多个款项，同时规定多个罪名的构成要件行为。可以预见，随着改革开放的日益深入和社会管理的日益精细化，法定犯的数量还会增加，刑法典分则条文也将会不断增多，刑法典会变得日益“肥大”。

2. 具体犯罪构成要件复杂化与简单化并存

不同于自然犯，法定犯主要存在于经济及其相关的社会管理领域，是指违反我国行政法律、法规，严重危害行政法所保护的法律秩序，依照刑法应当承担刑事责任的行为。而且，法定犯与一般行政不法行为的区分仅在于违反行政法律、法规的行为是否达到了刑法规定的严重程度。① 因此，法定犯的认定必须基于复杂的经济及社会管理关系，且大多数情况下必须与相应的非刑事法律规定保持一致。现代法治社会要求法律制定必须使民众可以由此预测行为的法律后果，这其中就包含确定市场主体经济活动最终行为边界的经济犯罪法律规范。因此，主要表现为经济犯罪的法定犯的构成要件必须尽可能明确，但这容易造成相关条文规定的复杂化。例如，我国刑法典规定的操纵证券、期货市场罪达到681字，保险诈骗罪达到520字，此外还有背信损害上市公司利益罪、侵犯商业秘密罪等，都达到了300字以上。这些规定经济犯罪条文的主体部分是对构成要件行为描述，且因为行为复杂，大多采取了列举的形式，从而造成条文字数的大量增加。此外，基于经济犯罪的专业性，有些条文需要对相关概念进行解释，如侵犯商业秘密罪对商业秘密、权利人等概念单设条款进行解释，造成了条文字数的不断攀升。同时，由于经济领域法律规范不断发展变化和日益专业化，刑事立法难以及时并有效应对，因此不得不借助于空白罪状立法技术，对于涉及专业问题的构成要件行为概括规定，具体行为方式则依据相关非刑事法律予以认定。例如，非法转让倒卖土地使用权罪、逃避商检罪等，刑法关于犯罪构成要件行为仅予以定性规定，具体行为认定依据相关法律法规。还有生产销售假药罪、生产销售劣药罪等，虽然罪状表述没有明确依据相关法律法规，但是司法适用时却需要依照相关法律法规才能认定。空白罪状具有立法价值，但是如果采用过多则不利于刑法的科学化。

3. 刑法典与其他非刑事法律之间的不协调

第一，部分经济领域法律对特定违法行为规定追究刑事责任条款，但刑法典中没有相应的罪名规定。例如，我国1998年证券法规定在证券交易活动中，违反证券法规定的特定行为，构成犯罪的，应当追究刑事责任，但是这些行为在当时的刑

① 郭晶：《刑事领域中法定犯问题研究》，黑龙江人民出版社2009年版，第23-24页。不过，此处的行政法律、法规是广义的，包含经济类的法律、法规。

法典中并无对应的条款，形同虚设。之后，我国通过刑法修正案的方式对证券领域犯罪进行了完善，对证券法也进行了多次修改，不在具体条文中规定附属刑法规范，而是用概括性的单独条款规定“违反本法规定，构成犯罪的，依法追究刑事责任”。这仅仅是在形式上避免了证券法与刑法典的不协调，却没能从根本上解决两者衔接问题。随着我国社会主义市场经济的深入推进，必然导致非刑事法律的频繁修改，刑法典必然更加难以及时跟进。

第二，部分经济领域法律根据现实需要作出适当突破，但刑法典却没有作出相应的调整或者回应。例如，根据我国民用航空法第 193 条规定，对于隐匿携带危险品乘坐民用航空器或者托运危险品的行为，不但自然人要承担刑事责任，单位也需要承担相应的刑事责任。但是，对应刑法第 130 条规定的非法携带枪支、弹药、管制刀具、危险物品危及公共安全罪，仅规定了自然人犯罪。也即对于民用航空法规定的，以企事业单位名义实施的隐匿携带危险品乘坐民用航空器或者托运危险品行为，司法实践中只能按照自然人犯罪处理。客观来讲，民用航空法的规定具有合理性，实践中确实存在以单位名义携带，特别是托运行李的情形。如果对代表单位实施犯罪的行为人以个人犯罪处理，不但放纵了单位，对行为人的处罚也可能会相对较重。

第三，部分经济领域的违法行为仅规定在刑法典中，非刑事法律中缺少必要的行政处罚规定。例如，根据刑法第 205 条规定，虚开增值税专用发票处 3 年以下有期徒刑或者拘役，并处 5 万元以上 20 万元以下罚金。根据相关司法解释，虚开数额在 1 万元以上，或者致使国家税款被骗取 5 千元以上者，应当认定犯罪并予以追诉。而如果行为人虚开的数额不满 1 万元或者骗取税款不足 5 千元，则在有关增值税专用发票管理的行政法规中没有处罚规定，对于实践中造成国家税款损失的，只能按照发票管理办法规定处以骗取国家税款 1 倍以下罚款。由此可以看出，对于该种行为的处罚，刑事责任过于靠前，而行政处罚责任则没有及时跟进，两者之间没有很好地衔接，从而造成一定的失衡。完善的法律处罚体系既不能片面夸大刑罚惩治和预防犯罪的作用，也不能忽视其他类型的法律责任对犯罪预防作用，对一般的危害税收征管的违法行为及时给予非刑罚处罚，更能够起到防患于未然的作用，从而实现对危害税收征管犯罪的刑事立法的预防和惩罚功能的有机结合。

第四，部分经济领域严重违法行为未能及时上升为刑法规定。实践中，由于经济立法与刑事立法分别进行，导致一些社会危害性已达到犯罪程度的违法行为在刑法典中尚未体现，进而因法无明文规定而不能纳入刑法打击范围，违背了刑事立法的目标，也严重影响了对特定经济领域的全面法律保护。例如，非法出租侵权复制品行为与销售侵权复制品行为都会获取巨额经济利益，均会对著作权人合法权益造成损害，因此许多国家的著作权法均对该行为予以刑罚处罚，而我国只将后者规定为犯罪。再如，著作权保护领域的公开涉及他人不愿公开的作品、侵夺作品的身份，以及篡改作品致使损害著作权人声誉的行为在国外立法中均规定为犯罪，但我国除对美术作品的署名权予以保护外，对著作权人的其他人格权利均缺乏必要的保护。

三、我国刑事立法的发展方向

（一）刑事立法双轨体制的选择

十八届三中全会明确提出，全面深化改革的总目标是完善和发展中国特色社会主义制度，推进国家治理体系和治理能力的现代化，在之后全国人民代表大会公布的《国民经济和社会发展第十三个五年规划纲要》中，该理念得到了进一步强调，并具体化为相关制度措施。应当说，经过长期探索和实践，我国建立了具有中国特色的国家治理体系，构建了国家治理组织网络，制定了国家治理基本法律法规，国家治理与我国国情和社会主义制度总体上是适应的。但是，当前我国既处于发展的重要战略机遇期，又处于社会矛盾凸显期，国家治理任务更为艰巨繁重。随着实际情况的变化，我国国家治理理念思路、体制机制、方法手段等方面还存在很多不适应的地方，解决国家治理领域存在的问题既十分紧迫又需要长期努力。在我国，依法治国是党领导人民治理国家的基本方略，法治是治国理政的基本方式，推动国家治理体系和治理能力的现代化，最重要的是实现国家治理的法治化[①]。就具体影响因素而言，国家治理体系包含了道德、法律、政策、习俗等相互作用的多种因素，其中法律是最重要的因素。[②] 但是，法律因素作用发挥的基础在于科学立法，实现立法现代化是国家治理体系和治理能力现代化的应有之意和重要保证。刑事立法现代化是整个立法现代化建设的重要方面。刑法是一种重要的社会控制手段，是国家治理的重要方式和保障。国家治理需要刑法作为坚强的后盾，也需要刑法化解矛盾，兼顾各方利益，切实彰显公平正义。因此，刑法应当顺应社会之变，通过刑罚的手段调解社会关系，积极促进国家治理体系的完善和治理能力的提升。目前，随着社会主义市场经济的深入推进，经济社会关系变得日趋复杂，犯罪数量日益增加，新型犯罪也不断涌现，刑罚手段对国家治理的作用越来越重要，越来越受到国家的重视，社会各界也通过各种途径表达了对刑法调整社会关系的关注和期待。在依法治国的大背景下，这种关注和期待转化为对刑事立法新的更高的要求。

在整个法律体系中，刑法的地位比较特殊，刑法是其他领域法律的保障法，在一定程度上并没有自己独立的调整对象。一项法律规范是否属于刑法规范，与该法律规范的调整对象没有直接关系，因为刑法规范的调整对象涉及几乎所有其他法律，如商法、民法、行政法等的调整范围。[③] 因此，刑法并不独自创设新的义务，大多是对其他行政、经济民事等非刑事法律所确立的权利义务给予认可，并通过刑事处罚的形式予以强调。因此，其他法律往往希望借助刑法，以求对各自所创设权利与义务规则的强有力的刑罚保障。例如，随着科学技术的发展，人们享受着科技成果所带来的便利，但同时也存在利用科技实施的犯罪，需要通过刑罚的手段予以惩治。再如，随着全面深化改革的逐步推进，公民的私权利逐步扩张，许多法律被制定出来以确定和保护这些权利，但随之而来的是对这些权利的侵犯，刑法往往被

① 俞可平：《衡量国家治理体系现代化的基本标准》，载《北京日报》2013年12月9日。

② 曹胜亮：《全面推进依法治国的困境与求索》，载《法学论坛》2015年第1期。

③ ［意］杜里奥·帕多瓦尼：《意大利刑法学原理》，陈忠林译，法律出版社1998年版，第2页。

作为保障这些权利不受侵犯的强有力的保障。刑事处罚具有明显的优势，其严厉的处罚方式足以遏制大多数人的违法犯罪动机，而一项非刑事法律一旦被赋予刑法的保护，则其贯彻执行的力度必然大为增强。因此，基于国家治理的需要，在刑事法律领域，以违反其他非刑事法律为前提的法定犯的数量大量增加，导致我国单轨刑法体制下的刑事立法越来越不堪重负。而且，刑法干预早期化的趋势使刑法的辅助性法益保护机能与第二次法体系定位受到一定冲击，刑法的干预起点大大前置，入罪门槛不断降低，刑法与行政法、民商法干预的界限逐渐模糊，结果本位的构成要件日益让位于危险本位甚至行为本位的构成要件，犯罪圈因而大大扩张。① 在这种情况下，为适应经济社会发展需要，立法者应当破除传统思维的禁锢，将刑事立法体制由单轨制向双轨制转变，切实提升刑事立法水平，推动依法治国的全面实施，进而实现国家治理体系和治理能力的现代化。首先要在理念上承认世界范围内刑事立法多元化的科学性，并正视目前我国单轨刑事立法体制对国家治理能力的制约。应当认识到，单轨刑事立法体制与维护刑法典权威没有必然联系，刑事立法模式多元化与立法混乱没有必然联系，刑事法律表现形式多样化与司法适用随意没有必然联系。

刑事立法体制由单轨制走上双轨制是刑法现代化的发展方向，是国家治理体系完善和国家治理能力提升的重要方面。与单轨刑事立法体制相对应，刑事立法双轨体制具有自身的优势。在社会生活中，刑事犯，也即自然犯的法规变化较小，而行政犯，也即法定犯的法规变化较大，规定在其他非刑事法律中修改也较为简便，刑事立法双轨体制有利于保持刑法典的稳定性。而且，如果有关经济运行和行政管理的犯罪被规定在相关经济法律和行政法律中，罪状可以描述得详尽具体，法定刑也可以与之相贴切，大大便利司法操作。反之，将行政犯纳入刑法典，罪状即使不使用空白格式，也只能是概括性的叙明罪状。② 正如作者曾经所主张，从历史发展来看，自然经济条件下犯罪的基本形态是自然犯，自然经济条件下的社会发展很缓慢，受社会谴责的行为按照千百年来人们所熟悉的观念和伦理标准就能够得到准确判断。因此，自然犯是在社会发展非常缓慢，自然经济条件下的犯罪。但是，随着市场经济的发展，社会关系也因此复杂多样，随之而来的是社会生存和人类生活的方方面面和时时处处都有风险相伴。可以说，随着市场经济的发展，风险社会到来了。而随着风险社会的到来，以及新型安全需要扩展，必然会影响到国家安全管理的方略。就刑罚而言，其是国家管理的一种重要手段，不能无视国家对风险控制的需要，因此刑罚功能在继承传统报应功能的同时，更加关注风险控制，也即威慑。与此相适应，出现了法律上犯罪形态结构的变化，由传统的自然犯占绝对优势而演变为法定犯占绝对比重的局面。可以说，随着风险社会的到来，法定犯时代也随之到来了，从而对刑事立法体制产生了深远的影响。就世界范围而言，在自然犯时代，刑法立法体制是单轨制，但自 20 世纪开始，已经从自然犯时代进入法定犯时

① 梁根林：《刑法修正：维度、策略、评价与反思》，载《法学研究》2017 年第 1 期。
② 储槐植：《刑事一体化论要》，北京大学出版社 2007 年版，第 157-158 页。

代，从而使得刑法立法体制出现了由单轨制向双轨制的重大变动。①

（二）刑事立法的具体设想

刑事立法体制是由具体刑事立法方式组成的，而不同的刑事立法方式具有不同的功能，其所追求的价值目标也不相同，一个成熟的刑法立法体制需要充分发挥不同刑法立法的优点，从而使各种刑法立法之间优势互补，共同发挥最大价值。目前，在全世界范围内，特别是在与我国立法比较相近的大陆法系国家，比较常见的刑事立法有刑法典、单行刑法、附属刑法和刑法修正案。就刑法典而言，其最大的优势在于稳定性，反映的是国家在一定时期内相对较为稳定的刑事政策，所以这种立法模式适宜规定以违反社会道德价值为基础的自然犯，如放火、爆炸、投放危险物质等危害公共安全的犯罪，以及故意杀人、故意伤害、绑架等侵犯人身权利的犯罪和盗窃、抢劫等侵犯个人财产权利的犯罪等。只有这样，刑法典才可能尽量保持其稳定性，从而有利于建立刑法典的安定性和权威性。当然，这也不是完全排斥法定犯在刑法典中予以规定，对于那些违反国家基本经济政策，具有广泛适用性的法定犯，也可以规定在刑法典中。就单行刑法而言，其优势主要在于灵活性和针对性，应当主要适用于那些社会危害严重，且犯罪行为复杂，具有若干犯罪类型的新型犯罪，如恐怖主义犯罪、互联网安全犯罪等。就附属刑法而言，其优势在于广泛性和专业性，适宜规定那些损害经济关系和社会管理，必须要受到刑罚处罚的行为，也即法定犯或者行政犯。如前文所述，法定犯规定在刑法典中容易导致刑法分则条文复杂化或者简单化，而如果通过附属刑法的形式规定在有关非刑事法律之中，则可以在附属刑法规范中对相关犯罪的罪状予以详尽和具体的描述，法定刑的设置也可以与犯罪行为更相对应，从而避免了刑法典立法在应对纷繁复杂且多变的经济犯罪时左右为难的窘境。就刑法修正案而言，其针对的是刑法典，与刑法典的修改补充具有同步性，且范围可以涵盖刑法典总则的原则规定条文和分则的具体罪刑规范。因此，刑法修正案应当充分反映当前国家政策的变化，着力修改刑法典与当下政治、经济、社会及文化不相适应的地方。综上，就针对刑法典分则条文的完善而言，刑法典、单行刑法、附属刑法和刑法修正案这四类刑事立法可以起到相互促进的作用。刑法修正案和单行刑法作为对刑法典进行修改补充的主要手段，有助于刑法典吸纳那些散在于具体非刑事法律中，经过一定时间实施被实践证明是成熟且有普遍价值的附属刑法规范。这类附属刑法规范主要有两类：一是那些随着经济社会发展，犯罪特征已经相对明显，且不需要借助相关非刑事法律便能被一般大众所理解的法定犯，如严重的破坏环境犯罪、食品卫生安全犯罪、侵犯劳动者权益犯罪等，可以通过刑法修正案纳入刑法典；二是经过一段时间的积累，散在于非刑事法律中的附属刑法规范达到一定的数量，能够形成一个犯罪类型，且相关司法实践已经相对成熟，可以将其归类制定单行刑法，或者通过刑法修正案的形式将其作为一部分纳入刑法典，如知识产权犯罪、金融领域犯罪等。

基于我国国家治理的历史传统和现实特征，刑事立法双轨制应当体现中国特

① 储槐植：《要正视法定犯时代的到来》，载《检察日报》2007 年 6 月 1 日。

点，在实施层面要与国情相适应。考虑到我国特有的立法传统，以及需要进一步提升的刑事立法水平和司法人员法律素养，多元刑事立法应当采取渐进的方式推进，同时要突出刑法典和刑法修正案的主体地位，保证刑法典的相对统一性。具体而言，可以考虑在法律规范变动频率较高的经济犯罪领域尝试性地采取附属刑法立法。目前，比较稳妥的方式有两种：一是将部分经司法实践检验比较成熟的宣示式附属刑法规范改造成创制式附属刑法规范。这类宣示式附属刑法规范与刑法典中的相关条款存在对应关系，如与非法经营罪相对应的宣示式附属刑法规范，刑法典关于此类犯罪构成要件原则性的规定难以顾及具体犯罪类型的特殊性，如果采用创制式附属刑法，更能科学地实现犯罪与刑罚的对应。二是对于立法者拟新增设的法定犯，可以根据实际情况选择适用刑法修正案，或者通过修改非刑事法律制定创制式附属刑法规范，而非一概采用前者。特别是对于那些专业性和针对性较强，客观行为表现复杂的法定犯，与其在刑法修正案中照搬相关非刑事法律规定，不如直接在非刑事法律中设定罪刑规范。

晚近20年我国刑法立法发展要论

赵秉志*

一、前言

我国现行刑法典是1997年经系统修订而颁行的刑法典。与以往的刑法立法相比，1997年刑法典具有划时代的进步意义，是一部具有多方面重大改革和进展的现代化的刑法典。1997年刑法典颁行迄今20年来，因应社会发展和犯罪形势变化的需要，我国刑法立法工作积极拓展，先后颁布了1部单行刑法和9个刑法修正案，并创制了13件刑法立法解释文件，刑法立法发展经历了一个贯彻刑事政策由单一从严到宽严相济、修法条文数量由少到多、修法内容由单一到全面而综合的过程。这表明我国刑法立法与时俱进，更为积极、主动，刑法在社会发展和国家治理体系中的地位与作用进一步提升。值此1997年刑法典颁行20周年之际，回顾晚近20年来我国刑法立法的主要进展，总结其立法得失，有助于科学地瞻望未来，进一步提升我国刑法的立法水平，推动我国刑事法治的进步。

晚近20年来我国刑法立法的发展，是国家根据转型期社会发展变化和犯罪治理的现实需要而进行的有针对性的立法完善，其成效是提升了我国刑法的立法水平，促进了其立法目的的实现，彰显了我国刑法立法与时俱进的积极进展姿态。总体而言，晚近20年来我国刑法立法取得的进展，主要体现为刑法立法形式的统一性、刑法立法活动的民主性、刑法立法内容的科学性和刑法立法法网的严密性四个方面，下面分别予以研讨。

二、关于刑法立法形式的统一性问题

我国1979年通过了新中国第一部刑法典，虽然内容还不够丰富和精细，但不可否认的是其在立法形式上采取的就是统一的刑法典模式。不过，这一模式随着1981年6月10日《中华人民共和国惩治军人违反职责罪暂行条例》的通过开始被打破，之后我国刑法立法即逐步进入了刑法典与单行刑法和附属刑法并存的分散立法模式阶段。随着我国1997年颁布经系统修订的刑法典，刑法立法再次回到了统一的刑法典模式。不过，与1979年刑法典之后到1997年刑法典之前我国刑法修正采取的分散立法修法模式显著不同的是，晚近20年间，我国刑法修法总体上坚持了统一的刑法典模式。这主要体现在：

---

* 北京师范大学刑事法律科学研究院院长、长江学者特聘教授、博士生导师，中国刑法学研究会会长，国际刑法学协会副主席暨中国分会主席。

第一，1998年12月29日虽然通过了《关于惩治骗购外汇、逃汇和非法买卖外汇犯罪的决定》这部单行刑法，但这并没有改变我国统一刑法典的立法格局。虽然在形式上，《关于惩治骗购外汇、逃汇和非法买卖外汇犯罪的决定》属于单行刑法，这导致我国刑法规范在客观上形成了刑法典与单行刑法并存的局面，但这部单行刑法的以下三个特征表明，该单行刑法的存在并没有改变我国刑法立法的统一刑法典模式：(1) 其性质的过渡性。国家立法机关的权威说明显示，我国之所以在1997年刑法典颁行后第二年就很快通过该部单行刑法，主要是为了应对1997年第四季度开始发生的亚洲金融危机。当时我国社会上出现了大量套汇、骗购外汇行为，严重扰乱了我国的外汇管理秩序；为了有力地打击骗汇、逃汇、非法买卖外汇的违法犯罪行为，保持人民币汇率的稳定，有效防范金融风险，国家立法机关才制定该单行刑法，修改补充逃汇罪，并增设了骗购外汇罪。[①] 同时，我国立法工作机关的刑法立法专家曾说明，当时将外汇犯罪的修法内容以单行刑法方式规定，是出于认为这类犯罪具有显著的暂时性、阶段性和时代性的特征，恰恰是为了保证统一的刑法典模式，以方便在将来我国外汇政策调整后对该类犯罪予以除罪化。[②] 只不过由于后来我国的外汇政策没有调整，该单行刑法才得以继续存在，但在司法实务中这类有关外汇犯罪的案例已很少见。(2) 其内容的单一性。从内容上看，该单行刑法虽然规定了9个条文，但其实质内容只有2条（即第1条和第3条）[③]，主要是在增设骗购外汇罪的同时修改了刑法典第190条的逃汇罪。与晚近20年来我国刑法的修法数量相比，该单行刑法的修法不仅内容单一，而且数量极少，只约占总修法条文数的百分之一。(3) 其适用的有限性。该单行刑法是在亚洲金融危机对我国金融安全和外汇管理造成重大压力的背景下出台的，当时我国外汇储备紧张。此后我国外汇储备规模已发生巨大变化，当前我国非但不存在外汇短缺，反而坐拥三万多亿美元的外汇储备。[④] 在此背景下，骗购外汇、逃汇行为的危害性明显降低。司法实践中已很少追究这两类犯罪的刑事责任，其适用的范围极其有限。

第二，九个刑法修正案维护了统一的刑法典模式。与单行刑法不同，刑法修正案对刑法典的修改是在刑法典的框架内对条文进行增删和修改，其本身是刑法典的一部分。刑法修正案在立法形式上维持了刑法典的体例和结构，保证了刑法的统一性。[⑤] 晚近20年间，我国总共通过了九个刑法修正案，基本维持了统一的刑法典模式，并使得刑法法典化成为一种不可逆转的趋势。这主要体现在两个方面：一是刑法修正案是1999年至今我国刑法修法的唯一方式。晚近20年间，我国除了1998年制定过一部单行刑法，此后自1999年至今的18年间，先后制定了九个刑法修正

① 参见戴相龙：《对〈关于惩治骗购外汇、逃汇和非法买卖外汇犯罪的决定（草案）〉的说明》，载高铭暄、赵秉志编：《中国刑法规范与立法资料精选》（第2版），法律出版社2013年版，第221-222页。

② 参见黄太云：《刑事立法的理解与适用——刑事立法背景、立法原意深度解读》，中国人民公安大学出版社2014年版，第228-229页。

③ 该单行刑法的其他条文都是提示性规定，不具有增加或者删减刑法规范的具体内容。

④ 《中国外汇储备强势逆袭三万亿，中国经济已经开启超级马达》，载新浪网，http://finance.sina.com.cn/roll/2017-03-11/doc-ifychihc6214354.shtml，2017年3月11日访问。

⑤ 黄京平、彭辅顺：《刑法修正案的若干思考》，载《政法论丛》2004年第3期。

案。因而刑法修正案是晚近20年来我国刑法修法的主要方式，也是过去18年间我国刑法修法的唯一方式。二是刑法修法的主要内容均采用刑法修正案的方式。晚近20年间，我国刑法修法的条文多达179条，除去关于施行时间和部分提示性的条文，属于具体实质性修法内容的条文也多达162条。而这其中只有2个条文是由单行刑法进行修订的，其余160个条文均由刑法修正案修正，占比高达98.8%。可以说，晚近20年间，我国刑法修法主要是采取刑法修正案的方式进行的，统一刑法典的立法模式在总体上得到了体现。

晚近20年来，我国刑法理论上对于刑法修法模式存在争议，主要观点有三种：一是主张刑法立法应走法典化的道路，认为我国刑法法典化是历史与现实的必然选择，具有重要的法律文化价值、比较法价值、社会价值、法治价值和规范价值①，主张刑法修正案应是我国刑法修正的唯一模式。② 二是主张刑法立法应走综合化的道路，认为集中性、统一性的刑事立法模式并不现实，我国应由刑法典、单行刑法、附属刑法、轻犯罪法分别规定不同性质的犯罪。③ 三是主张刑法立法应走二元化的道路，认为我国刑法立法应采取以刑法典为主、以特别刑法为辅的立法模式。④ 笔者认为，晚近20年来我国刑法的立法实践表明，统一刑法典模式具有不容否认的积极价值。这具体体现在：

第一，刑法修正案能保证刑法立法的灵活性。长期以来，反对统一刑法典模式的一个重要理由是，认为统一刑法典模式在修法的灵活性上不如单行刑法、附属刑法，不能满足犯罪形势快速变化的立法及时跟进之需要。但晚近20年来我国刑法立法的经验表明，由于刑法修正案之立法权与单行刑法、附属刑法一样归属于全国人大常委会，它们的立法程序也大体相同，因而刑法修正案与单行刑法一样具有灵活性、及时性、针对性强、立法程序相对简便的特点和优点。不仅如此，刑法修正案的灵活性在某些情况下，甚至还要超过单行刑法和附属刑法。

第二，刑法修正案能充分维护刑法立法的统一性。刑法修正案与单行刑法、附属刑法不同，其只能针对刑法典进行修正。刑法修正案在创制过程中和通过时其形式上是独立于刑法典的，但在通过后即成为刑法典的组成部分，即刑法修正案的整个立法内容都必须纳入刑法典的统一结构和体例。这样就明确了新的修法内容与刑法典的关系，有效地避免了新的修法与刑法典原有内容关系的不协调、不明确问题，既促进了刑法立法的协调完善，又便于司法中对刑法立法的正确理解与适用，从而兼顾了维护刑法典的统一性与完善性的需要。⑤ 刑法修正案的方式也有助于更好地明确修法条文的法律内涵。例如，《刑法修正案（九）》将多种涉恐犯罪均纳

---

① 参见赵秉志：《当代中国刑法法典化研究》，载《法学研究》2014年第6期。

② 参见杨辉忠：《我国刑法修正案实践与思考》，载戴玉忠、刘明祥主编：《和谐社会语境下刑法机制的协调》，中国检察出版社2008年版，第68-69页。

③ 参见张明楷：《刑事立法的发展方向》，载《中国法学》2006年第4期。

④ 参见孙力、付强：《对我国刑事立法模式的反思与重构》，载戴玉忠、刘明祥主编：《和谐社会语境下刑法机制的协调》，中国检察出版社2008年版，第34-36页。

⑤ 参见赵秉志：《论刑法典自身完善的方式》，载《法学杂志》1990年第4期；赵秉志、蒋熙辉：《试论刑法修正案》，载张艾清、李理主编：《贵州法学论坛》，贵州人民出版社2000年版，第26-30页。

入了危害公共安全罪专章，这有利于统一刑法关于恐怖主义犯罪的司法适用。相反，如果对恐怖犯罪采取单行刑法或者附属刑法的立法方式，立法者就无法解决其犯罪客体的合理调整和科学定位问题，进而有可能会损害立法的统一。

第三，刑法修正案能提升刑法的适用效率。与单行刑法、附属刑法相比，刑法修正案的最大优点是能维持刑法典的集中和统一。这对于法治发展水平尚有待进一步提高的当代中国而言十分重要，有利于人们更好地理解和掌握刑法规范的内容，进而有助于促进刑法的裁判功能和行为规制功能的实现。

三、关于刑法立法活动的民主性问题

刑法立法活动的民主性是刑法立法内容科学性的重要基础和保障，也是刑法充分发挥其功能的重要前提。晚近20年来，我国刑法立法活动的民主性得到了较大的提升。这主要体现在两个方面：

其一，刑法立法工作注重听取社会意见和建议。我国1997年系统修订刑法典时，就曾向社会公开征求意见，并引发社会各界的广泛讨论。这一立法工作趋向在过去20年间得到了进一步加强。在法律草案出台后向社会公开征求意见，已经成为我国刑法立法工作的常态和国家立法机关修法中的基本工作方式。与以往不同的是，这一立法常态在过去20年间在三个方面得到了进一步拓展：（1）立法调研的民主性不断加强。广泛的立法调研是增强立法科学性的重要保障，也是立法民主的具体体现。过去20年间，我国立法工作机关的立法调研已经由单纯的部门调研走向社会调研，不仅广泛征求相关部门、专家学者的意见，还注重听取行业协会、行业代表和社会民众等各方面的意见。（2）立法过程的公开性不断增强。立法的公开性是立法活动民主性的重要承载和保证。不公开的立法很难体现民主。过去20年间，我国刑法立法过程的公开性不断增强。一方面，刑法立法审议的透明度明显提高，全国人大常委会对刑法草案的每次审议意见都能够由媒体广泛报道，为社会所知悉；另一方面，刑法立法草案更加公开透明。在《刑法修正案（九）》之前，每个刑法修正案的草案都是在第一次立法审议后向社会公开；在《刑法修正案（九）》立法审议期间，我国立法机关不仅将草案的第一次审议稿向社会公开，还将之后的第二次审议稿也向社会公开，实现了刑法修正草案向社会公开的最大化。（3）修法意见被采纳的程度得以提高。在刑法修正草案向社会公开的基础上，我国立法机关还十分注重听取各方意见，每次都会整理、研究社会各方面的意见和建议，并在立法审议过程中将整理、研究的情况向全国人大常委会汇报，这进一步提升了刑法立法的民主性。

其二，社会各界对刑法立法的参与程度明显提升。随着公民权利意识的提升，人们逐渐认识到刑法立法内容的重要性，社会各界对刑法立法的参与度得到了明显提升。例如，《刑法修正案（九）》因其涉及内容广泛且重要，社会各界高度重视并积极参与。据统计，《刑法修正案（九）（草案）》一审稿向社会公开征求意见后，共有社会民众15096人提出了51362条意见；二审稿向社会公开征求意见后，共有76239位网民通过网络提出了110737条意见。① 这一数字要远远高于同期进行的其他立法，表明社会各界对刑法立法的高度重视和积极参与。

不过，在晚近20年间尤其是近年来，人们对我国刑法立法活动的民主性也产生了一定的争议。这主要体现在两个方面：（1）关于刑法修正案应否提交全国人大审议通过的问题。这个问题在前七次刑法修正案出台过程中并不突出，而主要出现在《刑法修正案（八）》和《刑法修正案（九）》的立法过程中。有观点认为，这两次刑法修正案的内容都非常重大而且修法数量较多。对于修法内容多、幅度大的刑法修正案应由全国人大而不是由全国人大常委会审议通过。②（2）关于刑法修正案立法审议的三审制问题。这个问题在《刑法修正案（九）》的立法过程中表现突出，因为《刑法修正案（九）》中的多项重大内容，如贪污受贿犯罪死缓犯终身监禁制度的增设、嫖宿幼女罪的取消等都是在草案第三次审议时才增加的，全国人大常委会对此只进行了一次立法审议即予以通过。有观点认为，在《刑法修正案（九）》修法过程中，草案第三次审议稿增加的这些重要内容没有经过全国人大常委会的三次审议，其立法程序存在瑕疵。③

上述两个问题都涉及刑法立法活动的民主性问题。笔者认为，前者涉及《立法法》第7条关于全国人大常委会职权的理解问题，后者则涉及对《立法法》第29条关于法律案三审制的理解问题。从总体上看，无论是《立法法》第7条还是第29条的规定，都不能得出我国在刑法修正案立法程序上存在形式或者实质违法的结论。但从提升刑法立法活动民主性的角度，笔者认为，我国有必要对全国人大常委会职能和法律案经三次审议后付诸表决的规定作出合理的限定。

第一，从提升刑法立法活动民主性的角度考虑，我国有必要适当限制全国人大常委会的职权。我国《立法法》第7条第3款规定："全国人民代表大会常务委员会制定和修改除应当由全国人民代表大会制定的法律以外的其他法律；在全国人民代表大会闭会期间，对全国人民代表大会制定的法律进行部分补充和修改，但是不得同该法律的基本原则相抵触。"这其中有两个概念十分关键，即"部分"和"基本原则"。对这两个概念既可以作形式上的狭义理解，也可以作实质上的扩大或限制理解。笔者赞同应对这两个概念作实质的理解。其中，对"部分"应作限制性解释，将其解释为"局部"，即补充和修改的刑法典条文数虽然没有超过半数但已经数量很大且涉及的方面也较多，就应认定其不属于"部分"。对"基本原则"则有必要作扩大的解释，即它既包括刑法典第3~5条明文规定的基本原则，也包括那些没有明文规定但对立法、司法具有重要指导作用的基本原则、原理。④ 据此，刑法

① 参见《中华人民共和国刑法修正案（九）（草案二次审议稿）参阅资料》，第十二届全国人大常委会第十五次会议参阅资料（二）。

② 参见全国人大常委会法工委刑法室编：《地方人大和中央有关部门、单位对刑法修正案（九）草案的意见》（法工刑字［2015］1号），2015年1月4日；全国人大常委会法工委刑法室编：《刑法修正案（九）草案向社会公众征求意见的情况》（法工刑字［2015］2号），2015年1月4日。

③ 参见赵秉志、袁彬：《中国刑法立法改革的新思维——以〈刑法修正案（九）〉为中心》，载《法学》2015年第10期。

④ 参见赵秉志、袁彬：《刑法最新立法争议问题研究》，江苏人民出版社2016年版，第225页。

修法具有以下两种情形之一的都应交由全国人大表决：一是刑法修法的条文数量较多。如果修法的条文达到了刑法典总条文数的五分之一或者四分之一以上的，即可认为超出了“局部”修改。二是刑法修法的内容重大。例如，《刑法修正案（九）》增设的终身监禁制度涉及刑罚体系的调整和罪责刑相适应原则的贯彻，应认为涉及“刑法基本原则”问题。

第二，从提升刑法立法活动民主性的角度考虑，我国刑法修正案应实行相对严格的法律案三审制。我国《立法法》第29条第1款规定：“列入常务委员会会议议程的法律案，一般应当经三次常务委员会会议审议后再交付表决。”从提升刑法立法活动民主性的角度审识，笔者认为，应对该条规定中的两个概念（即“法律案”和“一般”）作适当的限定。一方面，对该条中的“法律案”不应机械地理解为仅指整个法律草案，而应该也包括法律草案中的重要内容。法律案都是由若干法律规范组成，特别是一些重要法律条款对法律案的存在和价值具有重大甚至决定性影响。因而对《立法法》该条规定的“法律案”应作实质性理解。否则，立法机关完全有可能在第三次审议时对第一次或者第二次审议的草案内容进行大量调整，进而虚置《立法法》第29条规定的法律案三审制。另一方面，该条中的“一般”指的是常例，表明了一种立法的原则性倾向要求，除非有特别原因，否则不能打破。这也是既往我国法律解释的基本思路。应该看到，《立法法》第29条之所以对列入全国人大常务委员会会议议程的法律案作“一般应当经三次常务委员会会议审议后再交付表决”的规定，其目的是让全国人大常委会委员们和社会各方面能够对立法的内容进行更加全面而充分的讨论，以增进立法的民主性。因此，从立法民主性的角度看，全国人大常委会应当将涉及重大刑法制度的立法内容交由全国人大常委会会议进行全面审议。①

四、关于刑法立法内容的科学性问题

刑法立法内容的科学水平是对一国刑事法治建设整体水平的反映。我国1997年刑法典在1979年刑法典的基础上较好地推进了刑法立法内容的科学化。而晚近20年间，经由系列立法修改，我国刑法立法的科学性得到了进一步的提升。这主要体现在以下四个方面：

第一，刑法立法理念的科学化。刑法立法需要一定的观念指引。合理的刑法立法理念对推动刑法立法的科学化具有积极作用。晚近20年来，我国刑法立法较好地坚持了科学立法的基本理念：（1）始终坚持以解决实践问题为主的立法导向。晚近20年间，我国社会发展迅速，违法犯罪的形势变化很大，新型犯罪层出不穷。在此背景下，我国刑法立法坚持问题导向，一方面针对新出现的违法犯罪行为，增设了大量的新罪名，如恐怖主义犯罪、极端主义犯罪、信息网络犯罪等，进一步严密了刑事法网；另一方面针对犯罪态势的变化，适时调整了诸多原有犯罪的构成要件和刑事处罚，如取消了嫖宿幼女罪，调整了绑架罪、组织卖淫罪、强迫卖淫罪等

① 参见赵秉志：《中国刑法最新修正宏观争议问题研讨》，载《学术界》2017年第1期。

多种犯罪的法定刑。通过这些立法调整，我国司法实践中面临的许多突出问题都得到了较好的解决。(2) 始终坚持以解决重点问题为重心的立法方向。当今我国社会正处于新的转型期，各个领域都有诸多问题需要立法作出回应和应对。晚近20年来，我国刑法立法主要致力于解决我国社会领域的各种突出问题，其中最为突出的当属特殊群体的刑法保护、刑事制裁措施的调整以及恐怖主义犯罪、极端主义犯罪、信息网络犯罪、金融犯罪、腐败犯罪的立法完善等。对这些重点问题的解决，提高了刑法立法的针对性和效率，促进了刑法立法的科学性。

第二，刑法立法政策的科学化。我国1979年刑法典强调要立足于惩办与宽大相结合的基本刑事政策。[①] 后来在20世纪80年代初开始奉行的“严打”刑事政策对惩办与宽大相结合的基本刑事政策造成了冲击和影响，以至于到1997年修订刑法典时并未像1979年刑法典那样再在法律中载明惩办与宽大相结合的刑事政策，但惩办与宽大相结合作为我国基本刑事政策的地位并未被否定，而且在1997年刑法典中也得到了基本的体现。从2005年起我国开始将基本刑事政策由惩办与宽大相结合逐步调整确立为宽严相济。宽严相济的刑事政策是惩办与宽大相结合刑事政策的继承与发展，该政策要求在刑事法治领域要宽中有严、严中有宽、宽严相济、宽严有度。[②] 作为我国现阶段的基本刑事政策，它既指导刑事司法，也指导刑事立法和刑事执行。[③] 以宽严相济的基本刑事政策为指导，2009年的《刑法修正案（七）》开始注意刑法立法内容上的从严与从宽相结合，2011年的《刑法修正案（八）》和2015年的《刑法修正案（九）》进一步强化了刑法立法上的宽严相济，其中值得特别关注的是刑法立法在从宽方面的三大举措：(1) 死刑制度的趋宽改革，包括提高死缓犯执行死刑的门槛，对老年犯罪人原则上不得适用死刑，针对贪污受贿犯罪增设具有死刑替代功能的终身监禁制度，废止22种罪名的死刑，取消3种犯罪之绝对确定的死刑规定等。通过严格限制死刑的适用，我国刑罚体系的严厉性有所降低。(2) 特殊群体犯罪的从宽处理。这除了对老年人原则上不适用死刑外，还包括对老年人犯罪的从宽处理，对未成年人、怀孕的妇女和老年人适用缓刑从宽，未成年犯罪人不成立累犯等。(3) 具体犯罪处理的从宽。这除了死刑改革所涉及的具体犯罪外，还包括提高了逃税罪、贪污罪、受贿罪等多种犯罪的入罪门槛，降低了绑架罪等多种犯罪的法定刑起点，削减了组织卖淫罪、强迫卖淫罪等多种犯罪的加重处罚情节。通过这些方式，我国刑法对相关犯罪的处罚力度有所降低。

第三，刑法重要制度的科学化。晚近20年间，我国刑法立法的改革以具体犯罪的改革为重心，同时重视刑法制度的重大改革，并取得了积极成效：(1) 实现了刑事制裁措施的多元化。长期以来，我国刑事制裁措施总体上较为单一，主要以自由刑为核心，着重追求实现刑事制裁的报应正义。随着我国犯罪圈的扩张，人身危

① 1979年刑法典第1条把惩办与宽大相结合的刑事政策载明为制定刑法的政策依据。

② 参见赵秉志：《和谐社会构建与宽严相济刑事政策的贯彻》，载《吉林大学社会科学学报》2008年第1期。

③ 参见马克昌：《论宽严相济刑事政策的定位》，载《中国法学》2007年第4期。

险性在犯罪结构中的地位逐渐得到提升，单一化的刑事制裁措施已难以适应犯罪结构的这一变化。在此基础上，《刑法修正案（八）》、《刑法修正案（九）》先后增设禁止令、从业禁止等多项预防性措施，同时增设了专门针对特重大贪污罪受贿罪的终身监禁，推动了刑事制裁措施的多元化，有助于提升刑法的治理效果和水平。(2) 促进了刑罚制度的实质化改革。我国传统刑事制裁体系在一定程度上存在着重刑（主要是较重的刑种）过重、轻刑（主要是较轻的刑种和刑罚制度）过轻的缺陷。为了弥补这一缺陷，《刑法修正案（八）》在轻刑设计方面专门增设了社区矫正制度。该制度对我国刑罚制度进行了多方面的实质化改革，包括通过完善社区矫正的内容和措施进一步充实了管制刑的内容，避免了管制刑因处罚过轻而容易被虚置；赋予缓刑、假释更具体的内容，提升了缓刑、假释的社会效果。(3) 推动了刑罚体系的轻缓化。如前所述，这主要体现在死刑制度改革、特殊群体犯罪从宽、若干具体犯罪从宽三个方面。它们共同推动了我国刑事处罚的轻缓化发展。

在我国刑法的上述制度改革中，死刑制度改革取得的成效最为显著，主要体现在五个方面：一是废止22种罪名的死刑，使得我国刑法典分则的死刑罪名由之前的68种减至46种，减幅接近三分之一；二是提高死缓犯执行死刑的门槛，将这一条件由之前的"故意犯罪"修改提高为"故意犯罪，情节恶劣的"；三是适度限制、调整死缓犯的减刑、假释，提高了死缓犯的实际执行期限；四是原则上废止审判时已满75周岁的老年犯罪人的死刑适用；五是《刑法修正案（九）》废止了3种犯罪绝对确定的死刑，即将绑架罪、贪污罪和受贿罪原来绝对确定的死刑修改为相对确定的死刑，有利于限制死刑的适用。

不过，在上述刑法制度改革中，终身监禁制度的增设遇到了较大的意见分歧和争论。反对者的主要理由是：死缓特别是死缓限制减刑已较为严厉，罪犯关押二三十年后已基本丧失再犯能力，没有必要再予以终身关押；终身监禁让罪犯看不到希望，违背改造教育的刑罚目的，也将导致监狱负担过重，执行上有困难；终身监禁与联合国有关囚犯待遇的国际公约等的相关规定之精神冲突；世界上几乎没有国家对罪犯予以实际上的终身监禁，判处终身监禁的经过评估是可以释放的，或者可以予以特赦。① 而支持者的主要理由是，我国无期徒刑的处罚力度太轻，无法承担起死刑替代功能，终身监禁以死缓制度的适用为前提，较死刑更为轻缓和人道，采用终身监禁替代贪污罪受贿罪的死刑，具有合理性。② 笔者认为，终身监禁本身存在着不人道、不公平、剥夺罪犯改造的机会和浪费司法资源等缺陷，但从切实推动我国死刑立法改革和严肃惩治严重贪腐犯罪的双重需要看，将终身监禁作为死刑立即执行的替代措施，有其积极意义。③ 但需要注意两个方面：一是终身监禁立法的有限性。作为死刑的替代措施，终身监禁是为死刑的限制、减少乃至废止服务的，因

① 参见全国人大常委会法工委刑法室编印：《一些部门、法学专家对刑法有关问题的意见》（2015年7月16日）。

② 参见陈丽平：《走私核材料罪等不应取消死刑》，载《法制日报》2014年12月17日。

③ 参见赵秉志、徐文文：《〈刑法修正案（九）〉死刑改革的观察与思考》，载《法律适用》2016年第1期。

此终身监禁制度的存在必须有一定的限度。对于备而不用、备而少用的死刑罪名，不应规定终身监禁制度。只有对死刑适用相对较多的犯罪，终身监禁的死刑替代价值才能得以体现。二是终身监禁适用的有限性。《刑法修正案（九）》针对贪污罪和受贿罪增设终身监禁制度，是作为贪污罪和受贿罪的死刑替代措施而设立的。但值得注意的是，近年来我国对贪污罪和受贿罪适用死刑尤其是适用死刑立即执行的情况已经极少。但自《刑法修正案（九）》施行以来，我国已对4起严重腐败犯罪案件的犯罪人适用了终身监禁。[①] 终身监禁似乎在客观上呈现出作为死刑立即执行和普通死缓之间的中间刑的趋势，值得关注和研究。

第四，罪刑关系设置的科学化。晚近20年来，我国通过刑法立法调整，从多方面完善了罪刑关系：(1) 定罪量刑标准的调整。例如，《刑法修正案（八）》将刑法典第153条走私普通货物、物品罪的定罪量刑标准由过去单纯的“数额”（即偷逃应缴税额）修改为“数额+其他情节”；《刑法修正案（九）》进一步将贪污罪和受贿罪的定罪量刑标准由过去单纯的“数额”（即贪污受贿数额）修改为“数量+其他情节”。[②] 这样既突出了数额在相关经济犯罪和腐败犯罪中的地位，又可避免因单纯的数额标准所可能导致的罪刑失衡，从而提高了刑法立法内容的科学性。(2) 量刑档次的调整。这一方面体现为法定量刑档次的增设，如《刑法修正案（七）》针对刑法典第395条的巨额财产来源不明罪增加了一档“差额特别巨大的，处五年以上十年以下有期徒刑”的法定量刑幅度；另一方面体现为量刑档次内量刑幅度的调整，如《刑法修正案（九）》将贪污罪和受贿罪的量刑档次由原来的“四大档四小档”（总体上分为四个大的量刑幅度，但在每个量刑幅度内又包括另一个小的量刑幅度）修改为“三大档一小档”（总体上分为三个大的量刑幅度，但在最高量刑幅度内又包括另一个小的量刑幅度）。这样，法定量刑幅度得到了适当的扩大，并且避免了修法之前该罪不同量刑幅度之间的交叉，具有相当的科学性。(3) 具体犯罪的刑罚增设。晚近20年间，我国刑法立法针对大量的经济犯罪、计算机网络犯罪、职务犯罪等增设了财产刑，提高了刑罚惩治的针对性和力度，也更好地促进了罪刑关系设置的科学性。

五、关于刑法立法法网的严密性问题

晚近20年来，我国加大了对具体犯罪的刑法治理，极大地严密了刑法治理的法网。这是我国为适应社会快速发展而进行的刑法立法调整。其中在严密法网方面，我国主要采取了以下三个方面的措施：(1) 通过增设大量新罪，扩张犯罪圈。

---

① 迄至2017年5月，我国对四起特重大腐败犯罪适用了死缓附加终身监禁：一是2016年10月9日河南省安阳市中级人民法院对原正部级高官白恩培以受贿罪（2.46亿余元）判处死缓并适用终身监禁；二是2016年10月17日河北省保定市中级人民法院对国家能源局原副司长魏鹏远以受贿罪（2.11亿余元）判处死缓并适用终身监禁；三是2016年10月22日黑龙江省林区中级人民法院对国有公司原副总经理于铁义以受贿罪（3.06亿余元）判处死缓并适用终身监禁；四是2017年5月27日河南省郑州市中级人民法院对天津市政协原副主席、天津市公安局原局长武长顺以贪污罪（3.42亿余元）判处死缓并适用终身监禁。

② 参见赵秉志：《贪污受贿犯罪定罪量刑标准问题研究》，载《中国法学》2015年第1期。

据统计，我国目前刑法中的罪名已由1997年刑法典颁行时的412种扩充至468种。仅罪名数量就增加了56种，主要分布在危害公共安全罪、破坏社会主义市场经济秩序罪、妨害社会管理秩序罪等章，集中表现为恐怖主义犯罪、极端主义犯罪、金融犯罪、信息网络犯罪等大量新型严重危害行为入刑，从而大大严密了刑事法网。(2) 通过降低入罪门槛，扩大入罪范围。这方面我国刑法立法的重点是食品药品犯罪、信息网络犯罪等。(3) 通过调整构成要件，扩充行为范围。其相关调整主要涉及犯罪的主体要件和客观方面。通过这些方式的多次修法，我国刑法的法网变得更为严密。

在严密刑事法网方面，刑法理论上争议较大的是《刑法修正案（九）》采取预备行为实行化、帮助行为正犯化等方式将刑法保护的法益范围大幅提前或扩张的问题。对此，有观点以预防性反恐刑事立法为例，认为《刑法修正案（九）》增设大量恐怖犯罪新罪名有一定的合理性，但刑法必须维护法律基本价值在反恐领域的有序而合理的组合关系，国家要警惕幽暗而缺乏宽容的刑事政策借反恐之名进一步扩张。① 主张国家要防止社会治理出现“过度刑法化”的倾向。② 但也有观点认为，这种现象是刑法必要的、积极的干预，而非过度干预。认为我国社会转型的情势决定了未来的刑法立法必须具有能动性，增设新罪会是很长历史时期内我国刑法立法上的核心任务。③ 笔者对此类立法总体上持肯定态度，认为我国刑法的现有规定与我国社会治理的需要之间还存在一定的差距，特别是随着社会的发展，人们对违法行为的容忍度越来越低，过去许多不认为具有严重社会危害性的行为可能因为社会情势的变化而发生改变。将这些行为适时纳入刑法治理的范围逐渐成为必然趋势。例如，随着恐怖活动犯罪的加剧，人们对与恐怖主义、极端主义相关行为的容忍度越来越低。《刑法修正案（九）》新增大量恐怖主义、极端主义新罪名也因此具有必然性。但对有些犯罪，如代替考试罪，笔者认为，从刑法谦抑的角度看尚不具备入刑的充分理由，因为对这些行为采取改进行政处罚的方式进行惩治仍能起到有效的治理作用，刑法似不具有介入的必要性。

六、结语

通过上述分析可以发现，晚近20年来，我国刑法立法在立法理念、模式和内容上都取得了积极进展。其中特别值得肯定的是，我国坚持了统一的刑法典模式，促进了刑法立法的统一。在此基础上，我国刑法立法的民主性、科学性和完备性都得到了不同程度的增强。但不可否认的是，我国刑法立法在观念、结构和制度设计上仍然存在一些缺陷。可以预见的是，尽管我国现行刑法典的体系能够基本满足我国现阶段犯罪治理和刑法修正的需要，但随着社会发展对完善刑法典呼声的不断增强，我国全面修订刑法典的时机正逐步来临。我国未来的刑法立法改革走向，是要总结我国刑法立法的既往经验，正视其存在的不足，在纷繁复杂的现实之中，坚持

① 参见何荣功：《“预防性”反恐刑事立法思考》，载《中国法学》2016年第3期。
② 参见何荣功：《社会治理“过度刑法化”的法哲学批判》，载《中外法学》2015年第2期。
③ 参见周光权：《转型时期刑法立法的思路与方法》，载《中国社会科学》2016年第2期。

理性的刑法立法观，积极探索刑法立法的结构优化、制度改革和立法技术完善，不断地从结构、制度和立法技术这三个方面完善刑法典。唯有如此，我国刑法立法的统一性、民主性、科学性和完备性才能持续地提升，从而进一步推动我国刑事法治建设的进步。

大变革时期的中国刑法与刑法学

——纪念1997年刑法颁行20年

刘仁文*

1997年，党的十五大报告明确提出“依法治国，建设社会主义法治国家”。也是在这一年，全国人大通过了新修订的刑法典。20年来，我国的刑事立法和刑事司法随着整个国家法治建设的前进取得了长足发展，刑法理论也在借鉴国外和回应中国现实等方面取得了新的进步，为丰富具有中国特色、中国风格、中国气派的法学话语体系作出了贡献。

一、20年来我国刑法领域的重大变革

1997年刑法颁布以来，全国人大常委会共颁布了1个单行刑法、9个刑法修正案和13个刑法立法解释，对刑法领域的许多内容和制度进行了修改、补充和完善。此外，一些相关领域的法律和政策变革也涉及刑法内容。现择其要者述之。

（一）减少死刑

1997年刑法“考虑到目前社会治安的形势严峻，经济犯罪的情况严重，还不具备减少死刑的条件”，[①] 因此决定对死刑“原则上不减少也不增加”。在这种思想指导下，1997年刑法将当时所有单行刑法中的死刑罪名都吸收进来，使死刑罪名达到68个。当然，1997年刑法也在限制死刑方面取得了某些进步，如将盗窃罪的死刑仅保留于盗窃金融机构、数额特别巨大和盗窃珍贵文物、情节严重这两种情形，而取消了其他普通盗窃行为的死刑（这对于在司法实践中减少死刑起了很大的作用，因为当时盗窃罪是一个死刑大户）。

2007年1月1日，最高人民法院收回了死刑核准权，这被视为中国从司法上严格限制死刑的一个重要举措。为了配合收回死刑核准权，最高人民法院在2005年12月发出《关于进一步做好死刑第二审案件开庭审理工作的通知》，要求各高级人民法院做好准备，自2006年1月1日起先对案件重要事实和证据问题提出上诉的死刑二审案件落实开庭审理，然后自该年7月1日起对所有死刑二审案件一律实行开庭审理，以提高二审质量，进而为最高法院的死刑核准打下良好的基础。[②] 2010年6月最高人民法院等部门又印发了《关于办理死刑案件审查判断证据若干问题的规定》和《关于办理刑事案件排除非法证据若干问题的规定》的通知，针对办案

* 中国社会科学院法学研究所研究员、刑法研究室主任、博士生导师。

① 参见时任全国人大常委会副委员长王汉斌在第八届全国人大第五次会议上所做的《关于〈中华人民共和国刑法（修订草案）〉》的说明。

② 在此前，二审大多为书面审。

实际中存在的证据收集、审查、判断和非法证据排除尚有不尽规范、不尽严格、不尽统一的问题，对司法机关办理刑事案件特别是死刑案件提出了更高的标准。

死刑核准权的收回，直接或间接引起了死刑判决和执行的大幅下降。2008 年全国人民代表大会开会期间，当时的最高人民法院院长肖扬曾向人大代表透露：判处死缓的人数首次超过了判处死刑立即执行的人数，死刑执行减少了，由于运用多种形式打击刑事犯罪，依然能保障社会稳定，甚至 2007 年的爆炸、杀人、放火等恶性案件比 2006 年还有明显下降。当时的最高人民法院新闻发言人在解读最高人民法院的工作报告时，也曾指出：最高人民法院统一行使死刑核准权后，促进了一、二审质量的提高，即使在这种情况下，2007 年最高人民法院因原判事实不清、证据不足、量刑不当、程序违法等原因不予核准的死刑案件仍然占到总数的 15%左右。实际上死刑下降远不止 15%，因为最高人民法院收回死刑核准权这一举动本身就带给各地法院一个信息，那就是要严格控制死刑，在一、二审时能不判死刑的就不判死刑。有的法院反映：过去一有严重犯罪发生，首先想到的就是要判处犯罪人死刑，现在则首先要考虑有没有从宽的因素可以不判其死刑。学界普遍估计，2007 年收回死刑核准权后，中国每年判处和执行的死刑数相比之前至少减少了一半。

2011 年，全国人大常委会通过《刑法修正案（八）》，取消了 13 个非暴力犯罪的死刑，这是中国首次从立法上减少死刑罪名。此外，还增加规定："审判的时候已满七十五周岁的人，不适用死刑，但以特别残忍手段致人死亡的除外。" 2015 年通过的《刑法修正案（九）》为贯彻落实三中全会"逐步减少适用死刑罪名"的要求，又进一步取消 9 个罪名的死刑，使死刑罪名减至 46 个。《刑法修正案（九）》还提高了死缓执行死刑的门槛，增设了死缓执行的期间重新计算制度，即将死刑缓期执行期间"故意犯罪，查证属实的，由最高人民法院核准，执行死刑"修改为"故意犯罪，情节恶劣的，报请最高人民法院核准后执行死刑；对于故意犯罪未执行死刑的，死刑缓期执行的期间重新计算，并报最高人民法院备案"。此外，还取消了绑架罪、贪污罪和受贿罪的绝对确定死刑，将其修改为相对确定死刑，这一方面因应了我国限制死刑的形势要求，另一方面也有助于罪责刑相适应原则的贯彻，有助于更好地实现个案公正。①

（二）废除劳教

对劳教制度改革的探讨，至少在 20 世纪 90 年代就已成为法学界的一个热门话题。1997 年刑法修改时，虽然有不少刑法学者指出，劳动教养问题是修法的一个重要任务，但是基于当时修法比较仓促，再加上劳动教养问题本身的复杂性，1997 年刑法修订并未涉及劳动教养问题。

2005 年，全国人大常委会将改革劳教制度的违法行为矫治法列入立法计划。2008 年 12 月，第十一届全国人大常委会第六次会议通过的报告也提道："按照将劳动教养制度改革为违法行为教育矫治制度的要求，拟制定违法行为矫治法。法制工作委员会已与中央政法委、最高人民法院、最高人民检察院、公安部、监察部等有

① 参见刘仁文、陈妍茹：《死刑改革的重要进展》，载《法学杂志》2017 年第 2 期。

关部门多次交换意见，还在进一步研究。”2009年3月全国人民代表大会召开期间，部分全国人大代表再次提出了关于制定违法行为矫治法的议案。当年全国人大的有关报告指出，中央部署进行的司法体制和工作机制改革已明确提出将劳动教养制度改革为违法行为教育矫治制度，并将做好法律草案的起草工作。随后的2010年全国人大方面也多次表态，将加快违法行为矫治法的立法速度。不过，虽然针对改革劳教制度的违法行为（教育）矫治法先后被第十届、第十一届全国人大常委会列入立法规划，并且人大代表也多次提出提案，但进展并不理想。其中的一个核心问题在于劳教决定权的归属，也即是否要将决定权从公安部门转移到法院。

2012年11月，中共十八大强调要运用法治思维和法治方法来治理社会，为推动徘徊不前的劳教制度改革工作带来了转机。2013年年初，在全国政法工作电视电话会议上，中央政法委书记孟建柱宣布，中央已研究，报请全国人大常委会批准后，年内将停止使用劳教制度。随后的2013年11月，十八届三中全会通过的《关于全面深化改革若干重大问题的决定》明确指出：废止劳教制度，完善对违法犯罪行为的惩治和矫正法律，健全社区矫正制度。1个多月后，2013年12月28日，全国人大常委会通过《关于废止有关劳动教养法律规定的决定》，宣布废止劳动教养制度，同时还宣布对正在被依法执行劳教的人员解除劳教，剩余期限不再执行。至此，在中国实施了近60年广受关注和争议的劳教制度被正式废止。

推动劳动教养制度从“改”到“废”的转变，既合民心，也具有现实基础。首先，此前一系列被错误劳教的案件所带来的恶劣社会影响，使废除劳教制度成为新一届中央领导集体在法制领域的首选。因为随着法制建设的进步，像劳教这样针对所有人特别是“草根”阶层的、成块的“人治自留地”确实不多了，改革这样一种制度，无疑有利于赢得民心。其次，多年来社会上对劳教制度的批评，以及公安部等采取的改革措施（如缩短劳教期限等），加上劳教制度的部分功能逐渐被相关法律制度所替代（如社区矫正），使得劳教的人数逐年减少：从全国最多时的30余万人，到2012年年底只有约6万劳教人员（另有约20万强制隔离戒毒人员）。2013年年初全国政法工作会议后，各地相继停止使用劳教手段。到同年年底宣布废止劳教制度时，大部分人已经到期，继续关押的劳教人员已经不多了，这就使得国家在社会治理中对劳教制度的依赖已经大大降低。

（三）强化反恐

1997年刑法增设“组织、领导、参加恐怖组织罪”，恐怖组织作为专门的规范对象首次入刑，并规定和其他犯罪行为数罪并罚，这体现了立法者对恐怖活动犯罪的社会危害性的重视，将刑法介入时间从具体犯罪行为提前到犯罪组织出现的阶段。2001年美国“9·11”事件之后，在国际社会引起轩然大波，欧盟、联合国以及很多国家都先后通过了相关的反恐法案，成立相关委员会。在这样的全球反恐立法浪潮的大背景下，作为同样面临多股恐怖势力威胁的中国，也迅速作出反应。2001年12月29日通过的《刑法修正案（三）》围绕反恐这一主题对刑法进行了一系列的补充和修订，其内容主要包括：第一，强化对恐怖活动组织的组织者和领导者的打击。将组织、领导恐怖活动组织的刑罚由原来的“3年以上10年以下有期徒刑”提高到“10年以上有期徒刑或者无期徒刑”。第二，根据联合国通过的相关国际公约，增加“资助恐怖活动罪”、“投放虚假危险物质罪”和“变造、故意传播虚假恐怖信息罪”。第三，在部分危害公共安全罪和危害公民人身权利、民主权利罪中加入了对危险物质的规定。第四，修改了刑法第191条关于洗钱罪的规定，将恐怖活动犯罪列为洗钱罪的上游犯罪。

2011年10月29日，全国人大常委会通过了《关于加强反恐怖工作有关问题的决定》(以下简称《决定》)，这一决定的出台具有里程碑式的意义。《决定》对我国的基本立场、核心概念、反恐机构相关配备、恐怖活动组织和人员的认定、涉恐财产冻结、国际合作、认定名单和冻结财产的具体办法等都进行了说明和规定。

在《决定》出台前后，刑法和刑事诉讼法也对涉及反恐的内容进行了修改。2011年出台的《刑法修正案（八）》扩大了特殊累犯的范围，将恐怖活动犯罪和黑社会性质的组织犯罪的犯罪分子也纳入其中，此外还修改了有组织的暴力犯罪和犯罪集团首要分子相关的处罚规定，这两种在实质上都会影响到对恐怖活动犯罪的规制。2012年刑事诉讼法为打击恐怖主义犯罪提供了程序保障，规定了对恐怖主义犯罪的管辖、律师会见、证人保护、监视居住、技术侦查、刑事拘留以及违法所得的没收程序，体现了新法对恐怖活动犯罪的重视。2015年出台的《刑法修正案（九）》是反恐刑事立法活动中的又一标志性事件。该修正案在引入“恐怖主义”、“极端主义”以及与之相关的一系列用语的基础上，进一步严密了刑事法网，修改了相关罪状，还增设了新的罪名，完善了刑罚配置：一是对刑法第120条的修改，一方面在之前《刑法修正案（八）》的基础上修改第120条之一的帮助恐怖活动罪，将资助恐怖活动培训和为恐怖活动组织、实施恐怖活动或者恐怖活动培训招募、运送人员这两种行为扩充其中；另一方面增设了五个与反恐相关的罪名，列于第120条之下，包括准备实施恐怖活动罪，宣扬恐怖主义、极端主义、煽动实施恐怖活动罪，利用极端主义破坏法律实施罪，强制穿戴恐怖主义、极端主义服饰、标志罪，非法持有宣扬恐怖主义、极端主义物品罪，这些新增罪名将恐怖活动实施之前的准备活动、组织活动、策划、联络活动都纳入刑法规制的范围，体现了法益保护早期化的思路。二是对刑法第311条拒绝提供间谍犯罪证据罪内容的增补，原来仅针对明知他人有间谍犯罪行为的情况，现将明知他人有恐怖主义、极端主义犯罪行为而拒绝提供证据的情况也进行入罪处理。三是对刑法第120条的组织、领导、参加恐怖组织罪增加规定了分等级的财产刑，根据行为人的参与程度不同处以并处没收财产、并处罚金和选处罚金等刑罚，同时在刑法第322条规定了升格的法定刑，对为参加恐怖活动组织、接受恐怖活动培训或者实施恐怖活动而偷越国（边）境的，法定刑从1年以下有期徒刑、拘役或者管制，并处罚金，加重至1年以上3年以下有期徒刑，并处罚金。

与此同时，专门的反恐立法也提上日程。2014年党的十八届四中全会通过的《关于全面推进依法治国若干重大问题的决定》中明确要求抓紧出台反恐法在内的一批急需法律。2014年4月，由国家反恐怖主义工作领导机构牵头，多家部门参与成立反恐怖主义法起草小组。《反恐怖主义法（草案）》于2014年10月提请全国人大常委会审议，并于2015年12月通过。反恐怖主义法从恐怖主义等基本概念的界定，反恐工作的原则、机制、管辖，恐怖活动组织和人员认定、审查，情报信息和调查程序，恐怖事件应对处置，国际合作，反恐工作保障措施，恐怖活动法律责任等方面建立起了一个较为完整的反恐工作和处罚体系，并和国际社会相关公约、机制进行了有效呼应。

特别值得一提的是，反恐怖主义法在第30条规定了一个新的措施——"安置教育"，规定"对恐怖活动罪犯和极端主义罪犯被判处徒刑以上刑罚的，监狱、看守所应当在刑满释放前根据其犯罪性质、情节和社会危害程度，服刑期间的表现，释放后对所居住社区的影响等进行社会危险性评估……经评估具有社会危险性的，监狱、看守所应当向罪犯服刑地的中级人民法院提出安置教育建议。"这一规定表明，安置教育作为独立于刑罚的保安处分措施在我国得到正式确立，且是在刑法之外确立的。对此，正如有学者所指出的，目前我国反恐怖主义法对安置教育的规定仍然是初步的，规范安置教育对象、行为、程序、机制等内容的制度体系还远未完善。作为一种典型的保安处分，安置教育必须全面坚持法治原则。法治原则要求安置教育必须符合法定程序，作出安置教育决定的机关只能是司法机关，并且受到严格的监督和审查；法治原则还要求安置教育制度要贯彻禁止溯及既往原则和比例原则。安置教育针对的是那些已经在监狱中服过刑，但被认为仍具有社会危险性，以至于必须隔离不得释放的人。因此，为了降低被安置教育人的危险性，必须坚持教育矫治原则，为被处分人提供能够满足治疗需求的矫治措施。这也是被处分人在法律上的正当权利，并且应当得到律师的支持和帮助。安置教育有突出的预防导向，其对象具备刑事责任能力，安置教育的实施可能对行为人造成社会否定评价和人格谴责，因此一种基于自由导向的执行和管理具有重要意义。被安置教育的行为人应该有更多的自由会见来访者或者安排其空闲时间，以抵消限制自由可能带来的负面效应，应分阶段实行区别于自由刑服刑期间的改造手段，帮助这些人复归社会。[①]

（四）实行特赦

特赦作为我国宪法规定的一项制度，在2015年习近平主席签署特赦令重新启动之前，已经"沉睡"了40年之久。[②]

这次重启特赦，既有法学界的呼声，也源于特定的社会现实基础。改革开放以来，由于犯罪率增长很快，我国的刑事政策一直以严打为主，这一时期全国人大常委会通过的刑事法律也多是加大对刑事犯罪的打击力度，所以显然不是推出特赦的时机。直到进入新世纪后实行"宽严相济"的刑事政策，才具备了重启特赦制度的社会和法治基础。

2015年8月29日，国家主席习近平签署主席特赦令，根据第十二届全国人大常委会第十六次会议通过的《关于特赦部分服刑罪犯的决定》对依据2015年1月1日前人民法院作出的生效判决正在服刑，释放后不具有现实社会危险性的以下四类

① 参见陈泽宪：《安置教育需要全面坚持法治原则》，载《检察日报》2016年10月28日。

② 从新中国成立后到1975年，我国共实行过7次特赦。

服刑罪犯实行特赦：一是参加过中国人民抗日战争、中国人民解放战争的；二是中华人民共和国成立以后，参加过保卫国家主权、安全和领土完整对外作战的，但犯贪污受贿犯罪，故意杀人、强奸、抢劫、绑架、放火、爆炸、投放危险物质或者有组织的暴力性犯罪，黑社会性质的组织犯罪，危害国家安全犯罪，恐怖活动犯罪，有组织犯罪的主犯以及累犯除外；三是年满 75 周岁、身体严重残疾且生活不能自理的；四是犯罪的时候不满 18 周岁，被判处 3 年以下有期徒刑或者剩余刑期在 1 年以下的，但犯故意杀人、强奸等严重暴力性犯罪，恐怖活动犯罪，贩卖毒品犯罪的除外。这次特赦在纪念中国人民抗日战争暨世界反法西斯战争胜利 70 周年这个重要的时间节点启动，有利于激发全国人民的爱国热情。

应当看到，这次重启特赦，毕竟是时隔 40 年后的首次，因此在特赦对象的选择上更多地带有一种象征意义。下一步要做的是，总结这次特赦的经验，使特赦今后能更加规范化、常态化。这方面我们还有一项重要工作要做，那就是要制定专门的赦免法，从实体到程序对赦免的申请、启动、审查、决定等各个环节进行规范，这也是依法治国、依法行赦的应有含义。这次特赦决定作出后，各地在执行中所表现出来的一定程度的“乱象”，恰恰说明我们在这方面的规定还太原则、太粗糙，亟须一部有可操作性的具体的赦免法。

二、20 年来我国刑法发展的主要特点

（一）刑事政策从“严打”转向“宽严相济”

1997 年刑法颁布时，“对刑法的原有规定，包括文字表述和量刑规定，原则上没什么问题的，尽量不做修改”，[①] 在这种情况下，仍然删除了 1979 年刑法第 1 条中的“依照惩办与宽大相结合的政策”，对此，有学者不无道理地指出：“之所以删除惩办与宽大相结合的政策的规定，主要还是为了给严打刑事政策让路。”[②] 到 2004 年，中共十六届四中全会提出了“构建社会主义和谐社会”，在此背景下，宽严相济的刑事政策应运而生，并以此取代了过去实施 20 多年的“严打”刑事政策。[③] 宽严相济与严打的一个重大区别就在于不再一味提“严打”，而是该严则严、该宽则宽。应当说，它在当前的时代意义主要还是“以宽济严”。[④] 受这一政策的影响，刑事司法先行，如最高人民检察院 2006 年出台的《关于在检察工作中贯彻宽严相济刑事司法政策的若干意见》，就规定了一系列“宽”的措施。[⑤] 随后，刑事立法也体现了这一政策思想，如 2009 年通过的《刑法修正案（七）》首次在刑法修正案中出现了“除罪”和减轻刑罚的立法内容。具体而言，“除罪”的内容表

---

① 参见时任全国人大常委会副委员长王汉斌在第八届全国人大第五次会议上所做的《关于〈中华人民共和国刑法（修订草案）〉》的说明。

② 参见陈兴良主编：《宽严相济刑事政策研究》，中国人民大学出版社 2007 年版，第 4 页。

③ 值得指出的是，宽严相济之所以能取代“严打”刑事政策，应当说与整个社会已经度过了改革开放之初的社会剧烈震荡期、治安形势走向相对稳定也是正相关的。

④ 参见刘仁文：《宽严相济视野中的“以宽济严”》，载《法律适用》2009 年第 10 期。

⑤ 参见刘仁文：《宽严相济的刑事政策研究》，载《当代法学》2008 年第 1 期。

现在，对原来偷税罪的修改：经税务机关依法下达追缴通知后，补缴应纳税款和滞纳金，已受行政处罚的，不追究刑事责任（但5年内因逃避缴纳税款受过刑事处罚或者被税务机关给予二次以上行政处罚的除外）；减轻刑罚的内容表现在，对绑架罪法定刑的设置进行了调整，增加了从轻的法定刑量刑档次，从而将该罪的法定刑起点从原来的10年有期徒刑降到了5年。接下来的《刑法修正案（八）》和《刑法修正案（九）》也都体现了宽严相济的刑事政策思想，一方面对未成年人犯罪、老年人犯罪进一步从宽处理，还将“社区矫正”等从宽处理制度纳入刑法；另一方面又对恐怖主义犯罪、网络犯罪等实行更加严密和严厉的刑法规制。

立法上除了该宽则宽、该严则严的两种表现，还有一种两者互相渗透的情况，如针对我国刑法中“死刑太重，生刑太轻”的情况，一方面削减死刑、限制死刑，可谓从宽；另一方面又为配合减少死刑，《刑法修正案（八）》对有关配套制度进行了设计，如严格限制对某些被判处死缓的罪行严重的罪犯的减刑，延长其实际服刑期（如对判处死刑缓期执行的，如果确有重大立功表现，两年期满以后，原来规定减为15年以上20年以下有期徒刑，现在规定减为25年有期徒刑），还规定“对被判处死刑缓期执行的累犯以及因故意杀人、强奸、抢劫、绑架、放火、爆炸、投放危险物质或者有组织的暴力性犯罪被判处死刑缓期执行的犯罪分子，人民法院根据犯罪情节等情况可以同时决定对其限制减刑。”《刑法修正案（九）》更是针对重特大贪官设置了不得减刑、假释的终身监禁制度，使得这样一种从表面看来十分严厉的自由刑实质上在该领域扮演了一种死刑替代措施的角色。

（二）在注重打击犯罪的同时更加注重人权保障

打击犯罪与保障人权是刑事法治的一体两面，二者同等重要。随着“人权入宪”，刑事法治中的人权保障日益受到重视。以削减和限制死刑为例，有学者就指出：“公众人权观念的发展变化和对死刑问题的关注，也对我国死刑制度改革提出了进一步的要求。”① 又如，劳动教养制度的废除，也是基于该制度已经不适应国家法治建设发展和人权保障的需要而作出的决定。劳教制度废除后，与劳教相类似的一些制度，如对卖淫嫖娼人员的收容教育制度的改革也引起学界的关注和讨论。

强化人权保障的另一体现是刑法中强制医疗的司法化。2012年修改后的刑事诉讼法新增了第五编“特别程序”，其中第四章为“依法不负刑事责任的精神病人的强制医疗程序”，该章用六个条文分别对强制医疗特别程序的适用条件以及启动、审理、复议、执行和解除等程序作了规定，将原来由公安机关一家决定、执行的行政化程序纳入司法化轨道，在很大程度上回应和解决了“被精神病”的问题。② 这样，通过刑事诉讼法修改的路径，不仅改变了过去警察在此类制度中既做运动员又做裁判员的做法，使刑法中的强制医疗警察权被关进制度的笼子，而且也因其程序有了具体的规范，使得该制度在实践中的运用日趋增多，既有利于加强对这类特殊

---

① 参见赵秉志主编：《中华人民共和国刑法修正案（九）理解与适用》，中国法制出版社2016年版，第57页。

② 当然，该程序还存在一些需要进一步完善的地方。参见刘仁文、刘哲：《强制医疗特别程序的问题与对策》，载《河南财经政法大学学报》2014年第5期。

人群的权利保障，又有利于维护社会的安全，增强公众的安全感。①

此外，社区矫正制度的建立和完善也有助于加强人权保障。如前所述，随着社区矫正先后被规定于我国刑法和刑事诉讼法中，在不断总结社区矫正试行经验的基础上，社区矫正的适用范围不断扩大，其整体立法也被提上日程。2016 年 12 月 2 日国务院法制办公布了《社区矫正法（征求意见稿）》（以下简称《意见稿》）。《意见稿》坚持监督管理与帮扶教育相结合的理念，兼顾服刑人员的矫正、帮扶和回归社会，规定对于被矫正人员，可以保持与家人和社会的接触，这既有利于其本人回归社会，也有利于其家庭的正常生活。从长远来看，社区矫正在刑罚执行中权重的增加对于推动（或倒逼）我国刑罚结构的轻缓化和行刑的社会化也是具有重要意义的。

（三）以社会治理为导向

回顾过去 20 年的刑事立法，我们可以比较清晰地看出，以社会治理为导向是其重要特征。无论是危险驾驶入刑还是刑法介入恶意欠薪，无论是对有关行为两次以上行政处罚就入刑还是刑法介入诚实信用等社会主义核心价值观的维护，无论是在总则中增加禁止令、预防性措施还是在分则中增加不得减刑假释的终身监禁，都是如此。正如有学者所指出："处于社会转型期的中国刑法立法及时转变法益观念，增强新的调控手段，赋予刑法新的机能，积极参与社会治理。活跃的立法与传统刑法观之间拉开了一定距离，从而面临许多新的难题，包括在保持积极干预社会生活的姿态与缓解立法者面临的泛刑法化压力之间如何取得平衡等。"②

以社会治理为导向的刑事立法突出表现在以下几个方面：

一是预防性刑法的兴起。传统刑法以规制结果犯特别是实害犯为主，介入的时间比较晚，这主要是考虑到刑法的严厉后果以及对人权可能造成的危害，但现代风险社会的来临使得风险刑法观得以确立，刑法介入前置化的现象大量涌现，刑法中的危险犯特别是抽象危险犯大量增多。风险刑法一改传统刑法的报应色彩，而把预防放在首位，这在恐怖主义犯罪、网络犯罪、环境污染犯罪、食品安全犯罪等领域确实有一定的存在空间和理由。以恐怖主义犯罪为例，如果不打早打小，刑法不在恐怖主义组织成立、成员招募、培训等阶段及时介入，而非得等恐怖犯罪活动实施时才去介入，那就为时已晚，不仅造成的损失巨大，而且恐怖主义组织成员一经洗脑，则普通的刑罚几乎对他没有威慑力（所谓的信仰犯是不怕刑罚的）。现在的问题是，预防性刑法究竟能走多远，它与传统的报应性刑法在刑法中各自所占的权重如何平衡，以及它对刑罚结构提出了什么样的新要求，需要学界深入研究。

二是带有保安处分性质的内容增多。虽然我国刑法并没有名正言顺地规定保安

① 受此启发，学界也希望尽快出台对未达到刑事责任年龄者进行收容教养的司法化程序，以激活刑法中这一制度的推广运用。目前，由于刑法对此规定甚为笼统，不仅影响实际操作，也影响到相关场所、人员、设备的投入，而针对未达到刑事责任年龄者实施危害社会行为的增多，社会上又出现了一种降低刑事责任年龄的呼声，但这种呼声其实并不被刑法学界专业人士看好。比较理想的选择是像强制医疗司法化一样，通过收容教养制度的司法化改造来激活该制度对实施危害社会行为又未达到刑事责任年龄者的管制。

② 参见周光权：《转型时期刑法立法的思路与方法》，载《中国社会科学》2016 年第 3 期。

处分制度，更没有确立刑罚与保安处分的双轨制，但事实上，我国刑法中的强制医疗、收容教养、收容教育等制度一直被学界视为隐性的保安处分措施。近些年来，为强化刑法的社会治理功能，带有保安处分性质的内容还在不断增加。例如，《刑法修正案（八）》中增加的可以对管制犯和缓刑犯附加适用的禁止令，即可以禁止其在管制执行期间或缓刑考验期限内从事特定活动，进入特定区域、场所，接触特定的人，即被认为是一种典型的保安处分措施。又如，《刑法修正案（九）》中增加的从业禁止规定，即对因利用职业便利实施犯罪或者实施违背职业要求的特定义务的犯罪而被判处刑罚的，人民法院可以根据犯罪情况和预防再犯罪的需要，禁止其自刑罚执行完毕之日或者假释之日起 3 至 5 年内从事相关职业（其他法律、行政法规对其从事职业另有禁止或限制性规定的，从其规定），这也被认为是一种典型的保安处分措施。此外，如前所述，反恐怖主义法中的“安置教育”措施更是一种无争议的保安处分措施。保安处分措施的增多，以及目前这种与刑罚混杂在一起的规定，也给我们的刑法理论和刑事立法完善提出了新课题。因为保安处分毕竟是一种与刑罚在理念、制度设计等方面有很大区别的制度，如果长期只是作为刑罚的混杂物来对待，对优化我国的刑法结构、提高我国刑法的社会治理能力是有欠缺的。

三是积极刑法观得到体现。晚近两个刑法修正案显示出刑法规制社会生活的范围拓展、力度增强，对此学界看法不一，有的认为这违反了刑法谦抑性原则，因而持批判态度，但也有学者不无道理地指出，这种批判基本是从消极刑法立法观出发，其论证以古典刑法思想为支撑，未能有效回应中国当下的社会情势。在刑法观念逐步转向功能主义、刑法与政策考虑紧密关联的今天，刑法的谦抑性并不反对及时增设一定数量的新罪；刑罚早期化与转型中国社会的发展存在内在联系；意欲建设法治国家，就必须将限制、剥夺公民人身权利的处罚事项纳入刑事司法的审查范围。① 在这种积极刑法观的推动下，我们看到，随着劳教制度的废止和醉驾、扒窃等行为的独立入罪，以及抢夺罪等的进一步去数额化，我国刑法正在改变重罪重刑的“小刑法”局面，“大刑法”的格局正在形成，即犯罪圈扩大、与轻罪相适应的轻刑增多。鉴于废止劳教后犯罪圈扩大这一无可回避的事实，刑法学界下一步有必要探讨我国刑法中的轻罪与重罪之分类，对轻罪实行经过一定的考验期限之后即可宣告前科消灭的制度，以弥补犯罪标签化所带来的消极效应。总之，我国未来的刑法结构应当是在犯罪的分类上实现轻罪与重罪的二元化，二者在是否作为犯罪记录、是否设立前科消灭期、刑事诉讼的程序繁简等方面均可以做区别化的制度设计。将来轻罪还要吸收我国治安管理处罚中后果为治安拘留的那部分行为，也就是说，未来的治安管理处罚法不能有剥夺人身自由的警察罚，所有剥夺人身自由的处罚都应由法院来作出。而无论轻罪还是重罪，针对的都是对自己行为负责的正常人，刑罚不管轻重，都是他们的应得惩罚。但对于那些未达到刑事责任年龄的人（收容教养）、没有刑事责任能力的人（强制医疗）、社会的病人（强制戒毒、收容

① 参见周光权：《积极刑法立法观在中国的确立》，载《法学研究》2016 年第 4 期。

教育等针对的对象)，则需要采取保安处分的措施，这不仅是刑法防卫社会的任务所要求，也是基于保障这些特定人员之人权的考虑——因为他们是病人或缺乏刑罚感知的人，所以不能简单地去惩罚，而应教育、治疗和矫正，隔离他们是为了保卫社会，但如果把这种隔离变成变相的惩罚，那就是不人道的。

三、20年来我国刑法学研究之观察

20年来，我国刑法学研究继续在广度和深度上取得长足进展，这不仅是我们自己能感受到的，而且也可以从国外学者的感受中得到反映，如日本刑法学者高桥则夫在回顾近年来与中国刑法学界的学术研讨时就指出："感觉中国方面的讨论水平有了很大的进步"。西原春夫对此更是以见证人的身份予以确认：从20世纪90年代中期以后，中国刑法学界研究问题的领域有了很大拓展，不同观点的讨论程度也日趋热烈，可以说学术取得了突飞猛进的发展。①

然而，这只是说我们的刑法学研究有发展、有进步，并不意味着我们的刑法学研究就已经臻于完善了，相反存在的问题还不少。下面，就笔者所观察到的问题及其改进提出若干拙见。

首先，对于我国刑法学发展所处的时代似乎还缺乏比较准确的认知。不可否认，过去20年来，我们的刑法学从域外特别是德日刑法学界吸收到了许多营养，这对于深化我国刑法教义学、促进我国刑法理论的精细化无疑起到了很好的作用。但必须看到，刑法基础理论是与一个时代的哲学思想紧密相连的，而一个时代的哲学思想又往往与一个时代的科技发展及其所面临的其他社会问题紧密相连。我国当前一方面在对域外刑法理论进行吸收时还停留在其过去的刑法理论上，却对其潜在的危机和最新发展缺乏足够的认识。② 另一方面，对我们国家自己法学所处的时代背景也缺乏一种自觉。张文显教授曾经指出：起初，我们几乎全盘接受了苏式法治理论，这一套以阶级斗争和专政专制为核心的话语体系支配了我们的法律思维与法律实践，也造成了灾难性的后果；苏式法学话语体系破产之后，我们在法学恢复重建阶段几乎又不加反思地转而求助于西方的法学话语体系，成为西方法学的"搬运工"；现在，我们应朝着中国化、时代化转换，进入自主阶段，即不依赖外来理论、观念与言说方式的指引就能思考自己的问题、阐述自己的实践、构建自己的话语体系。③ 这虽然是针对我国整个法学尤其是法理学而言，但从大方向看，笔者认为也适用于我国的刑法学。近年来，无论是参加国际学术研讨，还是招收外国博士生，笔者总在想一个问题：如果我们总是搬域外的东西，那对别人又有什么用呢？中国如此之大，发展又如此之快，在许多方面有自己的特色，有些方面如互联网公司还

---

① 参见［日］西原春夫：《我的刑法研究》，曹菲译，北京大学出版社2016年版，第236-237页。

② 例如，出于应对恐怖主义威胁的时代需求，德国立法者开始寻求将刑事可罚性前置，使刑法提前介入打击恐怖主义犯罪，2009年在刑法中新设的第89a条就是典型的例子。这种可罚性前置是否以及如何能够在传统的教义学上正当化，成为当前德国学者棘手的问题。参见王钢：《德国刑法学的新发展——侧重于违法性阶层的考察》，载《清华法律评论》第8卷第1辑。

③ 参见张文显：《关于构建中国特色法学体系的几个问题》，载《中国大学教学》2017年第5期。

处在世界前沿水平，相应地，我们在网络犯罪的刑事立法和刑事司法方面也就有自己的创新和特点，如果放弃身边这些宝贵的资源，岂不可惜和遗憾！

其次，在引入域外知识的过程中没有很好地本土化，造成用语混乱，使各种理论的准确性更加捉摸不定，给后来者的借鉴和研究起点带来困扰。如"共犯"一词，本来在我国刑法学的语境中就是"共同犯罪"的简称（包括主犯和从犯、胁从犯以及教唆犯），但现在一些论著引入德日刑法中的"共犯"一词后，也不加区分不加说明地混合使用，而德日刑法中的共犯是指教唆犯和帮助犯（与正犯相对应），所以含义不一样，这样同一篇论文或同一本书前后用词相同，含义却不同，怎会不给读者造成混乱呢？笔者曾与《法学研究》的刑事法编辑熊秋红教授谈到过这个问题，她也有同感，认为在刑事诉讼法等领域亦存在类似问题，但尤以刑法为最。过去我们为刑法学界大家都发生一个声音、缺乏学派之争苦恼，现在学术讨论活跃起来了，甚至有了不同程度的学派之争，但又造成了刑法知识的混乱，对不同概念、不同理论大家都各说各话，有的是理解不准确（如对客观归责，有的认为能限制处罚范围，有的则认为会扩大处罚范围），有的是无视我国的具体语境而盲目引进一些即使在国外也有严重争议的理论（如敌人刑法①），更多的则是只搬运而不注意与中国刑法话语的衔接与转换（其实有些完全可以转换成中国刑法学自己的话语，或者在中国刑法学的话语体系内加以改造，这样对于避免理论的混乱和减少理论的内耗可以起到事半功倍的作用）。近年来我国刑法理论界和司法实务界之所以在很多地方存在两张皮的现象，笔者认为有一个重要原因就是理论界在热衷于引进各种域外理论和学说的时候，没有有效地转换成我们自己的语言，或者在我们自己已经形成的话语体系内尽可能地给有关域外理论和学说找到一个相应的位置。

最后，在研究方法上有待进一步改进。一是有些研究方法过于简单甚至极端。例如，一段时间以来，刑法学界对所谓的形式解释格外青睐，而对所谓的实质解释则警惕有加，姑且不论论者在形式解释和实质解释的内涵与外延上互相交错，就以对形式解释的过分青睐而言，其实也要辩证地看，用形式解释来反对类推、推动罪刑法定原则的确立及其适用，这种旨在限制公权力的做法当然是可取的，但如果把它推至极致，则也有副作用。其实，对有些表面看来违反刑法但欠缺刑事可罚性的行为，恰恰需要运用实质解释来排除社会危害性，做除罪化处理，如内蒙古的王力军无许可证收购玉米改判无罪一案就是如此。② 类似的还有社会危害性问题，不少学者对社会危害性一词颇不以为然，甚至主张要把这个概念从我国刑法学中驱逐出去，其实这同样只是看到问题的一面，而没有看到另一面，即在拥有类推制度的前提下，社会危害性可能成为扩大处罚范围的一个理由，但在确立了罪刑法定原则的情况下，欠缺社会危害性恰恰可以成为限制处罚范围的一个理由，如前述王力军无许可证收购玉米改判无罪一案，法院再审认定宣告无罪的理由是"其行为违反了当

① 考虑到"敌人"在中国具有强烈的政治意味，"敌我矛盾"曾经成为"无产阶级专政下继续革命"的理论基石，不宜把即使在德国也引发巨大争议的"敌人刑法"照搬到我国的刑法学术话语体系并为其背书。参见刘仁文：《敌人刑法：一个初步的清理》，载《法律科学》2007年第6期。

② 参见阮齐林：《刑事司法应坚持罪责实质评价》，载《中国法学》2017年第4期。

时的国家粮食流通管理有关规定，但尚未达到严重扰乱市场秩序的危害程度，不具备与刑法第225条规定的非法经营罪相当的社会危害性和刑事处罚的必要性，不构成非法经营罪。”[①] 二是研究方法过于单一，扎根中国的接地气的成果还不够多。总的来看，当前以引进德日刑法学知识为主的刑法教义学方法占据中国刑法学研究的绝对主流，但问题是刑法学研究方法应当是多元的，尤其应当是立足中国的。在这方面，笔者个人也有一些研究心得，如本人关于立体刑法学的探索，[②] 其所引起的社会反响在某种程度上甚至可以说超出了自己的预料，究其原因，应当是与它关注中国自己的问题有关。[③] 这不禁让笔者想起习近平总书记在哲学社会科学工作座谈上的一段讲话：“我们的哲学社会科学有没有中国特色，归根到底要看有没有主体性、原创性。跟在别人后面亦步亦趋，不仅难以形成中国特色哲学社会科学，而且解决不了我国的实际问题。……只有以我国实际为研究起点，提出具有主体性、原创性的理论观点，构建具有自身特质的学科体系、学术体系、话语体系，我国哲学社会科学才能形成自己的特色和优势。”[④] 刑法终究是要解决实际问题的，刑法学终究是要以本国刑法文本为研究起点的，为了使中国刑法学在国际上成为有声的刑法学，也许我们应该更加不卑不亢地把目光投注到我们自己脚下这块土地上。

---

① 内蒙古自治区巴彦淖尔市中级人民法院刑事判决书（2017）内08刑再1号。

② 即刑法学研究要前瞻后望（前瞻犯罪学，后望行刑学），左顾右盼（左顾刑事诉讼法，右盼民法等其他部门法），上下兼顾（上对国际公约和宪法，下接治安处罚和原来的劳动教养），内外结合（对内加强对刑法的解释，对外重视刑法的运作环境）。

③ 参见刘仁文：《立体刑法学：回顾与展望》，载《北京工业大学学报》2017年第5期。

④ 习近平：《加快构建中国特色哲学社会科学》，新华社2016年5月17日。

刑法颁行20年间刑法修正态势概览

夏 勇[*] 尉立坤[**]

1997年刑法施行至今，立法机关先后出台了1部单行刑法以及9个刑法修正案，反映出20年间我国刑法的变化。本文对修正内容进行了数据统计，旨在客观展现我国刑法在罪刑设置上的实际调整和内在取向，为学界的进一步研究提供方便。

一、对刑法分则具体犯罪的修正

1997年刑法公布时，分则条文共包含了422个罪名，① 至《刑法修正案（九）》（以下简称“修九”，其他修正案类同）出台，共有469个罪名。对分则罪名的修正主要有以下几个特点：

（一）反映了我国刑法的“犯罪化”取向

20年来，我国刑法的历次修正新增罪名共64个；② 扩大处罚范围的罪名60个；缩小处罚范围的罪名2个；处罚范围既有扩大也有缩小的罪名1个。新增和扩大范围的罪名占到了刑法公布时罪名总数的29.38%，缩小处罚范围的罪名仅有2个，占刑法公布时罪名总数的0.47%，真正从实质上取消的罪名为0。③ 显然，我国刑法修正呈现出压倒性的“犯罪化”趋势，“非犯罪化”则微乎其微。

历次修正罪名或其内容变化的具体数据是：（1）1998年《关于惩治骗购外汇、逃汇和非法买卖外汇犯罪的决定》（以下简称“决定”）新增了1个罪名；（2）1999年“修正案”扩大3个罪名的范围，新增了7个罪名；（3）2001年“修二”扩大1个罪名的范围；（4）2001年“修三”扩大6个罪名的范围，新增3个罪名；（5）2002年“修四”扩大4个罪名的范围，新增4个罪名；（6）2005年“修五”扩大1个罪名的范围，新增3个罪名；（7）2006年“修六”扩大8个罪名的范围，缩小1个罪名的范围，有1个罪名的范围既有扩大也有缩小，新增10个罪名；（8）2009年“修七”扩大7个罪名的范围，新增9个罪名；（9）2011年“修八”扩大10个罪名的范围，缩小1个罪名的范围，新增7个罪名；（10）2015年“修九”扩大21个罪名的范围，新增20个罪名。（见表1）

---

* 中南财经政法大学刑事司法学院教授、博士生导师。

** 中南财经政法大学刑事司法学院刑法专业硕士研究生。

① 参见赵秉志、金翼翔：《论刑罚轻缓化的世界背景与中国实践》，载《法律适用》2011年第6期。

② 本文所称“新增罪名”是指罪名及内容均为过去所没有，不包括仅仅是与处罚范围或增或减的调整相适应的罪名表述的变更。

③ 唯一被（《刑法修正案（九）》）取消的罪名是嫖宿幼女罪，但该罪名所包含的处罚范围并未取消，而是转归强奸罪。

表 1　刑法分则具体犯罪修正变化统计

	决定 1998	修一 1999	修二 2001	修三 2001	修四 2002	修五 2005	修六 2006	修七 2009	修八 2011	修九 2015	总计
新增罪名	1	7	0	3	4	3	10	9	7	20	64
调整罪名	0	0	1	5	3	0	8	4	3	9	33
扩大处罚范围	0	3	1	6	4	1	8	6	10	21	60
缩小处罚范围	0	0	0	0	0	0	1	0	1	0	2
既扩大又缩小	0	0	0	0	0	0	1	0	0	0	1
取消罪名	0	0	0	0	0	0	0	0	0	1	1

从历次修正的时间来看，可以根据间隔大致分成四个阶段，第一个阶段是 1997 年刑法出台后最初的 5 年，几乎年年修正刑法；间隔 3 年后，接连 2 年出台修正案，为第二个阶段；再间隔 3 年后，是第三个阶段，又先后有两次修正；间隔 4 年后进入第四个阶段，出台了最新的“修九”。新增或者扩大犯罪范围的罪名，第一个阶段中有 29 个，占新增或者扩大总数的 23%；第二个阶段有 22 个，占 18%；第三个阶段有 32 个，占 26%；第四个阶段有 41 个，占 33%。由此不难看出“犯罪化”持续增长的趋势。(见图 1）对于 20 年来立法机关运用修正案形式频繁持续地“犯罪化”，学界出现了一些不同的声音和反思观点，或将影响未来的刑法修正。①

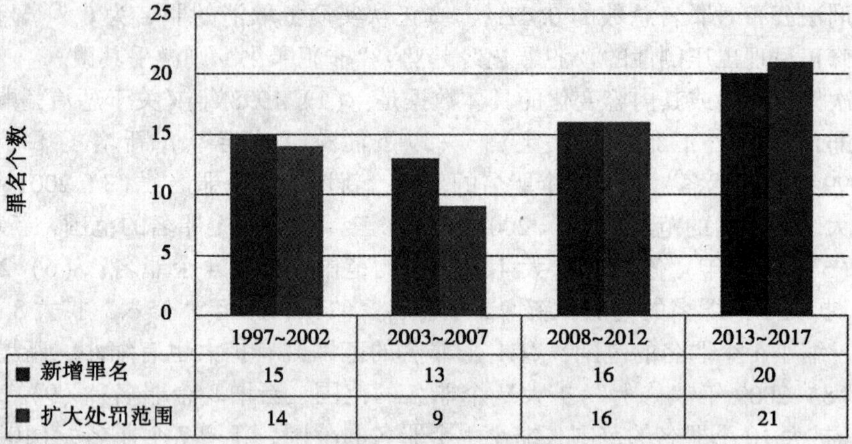

图 1　刑法分则具体犯罪修正变化分阶段统计

① 参见姜敏：《系统论视角下刑法修正案犯罪化限制及其根据》，载《比较法研究》2017 年第 3 期；周光权：《积极刑法立法观在中国的确立》，载《法学研究》2016 年第 4 期；何荣功：《“预防性”反恐刑事立法思考》，载《中国法学》2016 年第 3 期；齐文远：《修订刑法应避免过度犯罪化倾向》，载《法商研究》2016 年第 3 期；刘宪权：《刑事立法应力戒情绪——以〈刑法修正案（九）〉为视角》，载《法学评论》2016 年第 1 期；杨柳：《释法抑或造法：由刑法历次修正引发的思考》，载《中国法学》2015 年第 5 期；刘艳红：《我国应该停止犯罪化的刑事立法》，载《法学》2011 年第 11 期；杨兴培：《公器乃当公论，神器更当持重——刑法修正方式的慎思与评价》，载《法学》2011 年第 4 期；等等。

值得注意的是，刑法修正将预备行为实行化，将帮助行为正犯化，增加危险犯、不作为犯、过失犯、持有犯、组织犯、煽动犯、宣扬犯等，大约20项，从纵向与横向对犯罪圈进行了扩张，也由此引起了一些不同的看法。[①] 此外，刑法修正还增加了单位犯罪，涉及罪名28个，占刑法公布时单位犯罪罪名总数的24%。

（二）反映了我国刑法特别重视社会秩序的维护

刑法历次修正所涉罪名在分则10大类罪中的分布情况是：（1）危害国家安全罪，扩大2个罪名的范围；（2）危害公共安全罪，扩大8个罪名的范围，新增9个罪名；（3）破坏社会主义市场经济秩序罪，扩大21个罪名的范围，缩小1个罪名的范围，新增19个罪名；（4）侵犯公民人身权利、民主权利罪，扩大4个罪名的范围，新增7个罪名；（5）侵犯财产罪，扩大3个罪名的范围，新增1个罪名；（6）妨害社会管理秩序罪，扩大21个罪名的范围，缩小1个罪名的范围，新增19个罪名；（7）危害国防利益罪，新增2个罪名；（8）贪污贿赂罪，新增2个罪名；（9）渎职罪，新增4个罪名；（10）军人违反职责罪，扩大1个罪名的范围。（见表2）

表2　历次修正犯罪变化统计表（以罪类为单位）

分则	第一章	第二章	第三章	第四章	第五章	第六章	第七章	第八章	第九章	第十章	总计
新增罪名	0	9	19	7	1	19	2	2	4	0	63
调整罪名	0	6	12	3	0	11	1	0	0	0	33
扩大处罚范围	2	8	21	4	3	21	0	0	0	1	60
缩小处罚范围	0	0	1	0	0	1	0	0	0	0	2
既扩大又缩小	0	0	1	0	0	0	0	0	0	0	1
取消罪名	0	0	0	0	0	1	0	0	0	0	1

显然，刑法修正涉及罪名最多的类罪是破坏社会主义市场经济秩序罪和妨害社会管理秩序罪，其中，扩大范围的罪名42个，新增罪名38个，缩小范围的罪名2个，范围既有扩大也有缩小的罪名1个，共占到各次修正所涉及全部罪名的66%。这反映出我国刑法修正把维护秩序作为重中之重。从犯罪所侵害的法益分析，危害公共安全罪也大多属于破坏秩序的犯罪，只不过此类犯罪同时危害了不特定多数人的人身安全以及财产安全。如果算上对这类犯罪的修正所涉及的17个罪名（新增的9个，扩大范围的8个），则修正所涉及的妨害秩序的犯罪可占到各次修正所涉

① 参见李川：《危险犯的扩张逻辑与正当性思考》，载《法学评论》2017年第3期；于冲：《帮助行为正犯化的类型研究与入罪化思路》，载《政法论坛》2016年第4期；张明楷：《论帮助信息网络犯罪活动罪》，载《政治与法律》2016年第2期；王志祥、刘婷：《恐怖活动犯罪刑事立法评析——以〈刑法修正案（九）〉为重点的思考》，载《法治研究》2016年第2期；皮勇、杨淼鑫：《论煽动恐怖活动的犯罪化》，载《法律科学》2015年第3期；等等。

及全部罪名的79%。这几类犯罪大多以违反国家有关管理法律或法规为前提，对其范围进行新增和扩大的修正，表明刑法更多地介入社会管理领域，强力维护公共秩序和社会稳定。

（三）对罪名的修正反映了我国刑法加强对公民个人权利的保护

20年来侵犯公民人身权利、民主权利罪中扩大4个罪名的处罚范围，新增7个罪名，占到了所有“犯罪化”罪名的9%，仅次于上述2个涉及“秩序”类罪，其他类罪的修正比例都不到3%。（见图2）从内容来看，此类修正有几个特点：第一，强化对未成年人的保护。修改的罪名包括雇用童工从事危重劳动罪，组织残疾人、儿童乞讨罪，组织未成年人进行违反治安管理活动罪，组织出卖人体器官罪，收买被拐卖的儿童罪等。第二，强化对弱势人群的保护。除了未成年人，修改的罪名还包括组织残疾人、儿童乞讨罪，强制侮辱妇女罪，强制猥亵罪，收买被拐卖的妇女罪，虐待被监护、看护人罪。第三，强化人身保护。修改的罪名包括绑架罪、组织出卖人体器官罪、强迫劳动罪等。第四，强化人格尊严保护。修改的罪名包括侮辱罪、诽谤罪。第五，强化个人信息保护。修改的罪名包括出售、非法提供公民个人信息罪，非法获取公民个人信息罪，侵犯公民个人信息罪。

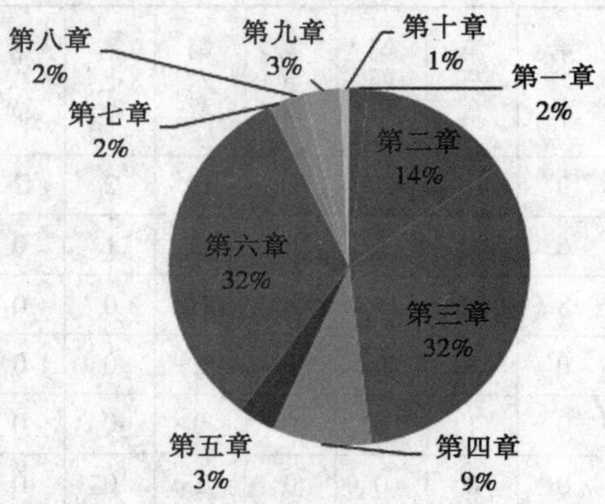

图2　刑法各罪类犯罪化罪名比例

总的来看，对刑法分则犯罪部分的修正是一边倒的“犯罪化”态势，固然，犯罪圈的扩张不仅适应了我国飞速发展的改革形势，而且并不违逆现代刑法潮流，[①]但同时不能不说刑法修正在“非犯罪化”（包括缩小罪名处罚范围）方面存在明显的缺失。犯罪圈的与时俱进，尤其是在一个20年的周期中，绝不可能仅仅表现为扩大，也应表现为缩小，因为社会生活的变化在使一些行为日益凸显严重危害性的同时，也会使一些行为的社会危害性逐渐弱化，事实上，这些年学界已经提出了一

① 参见夏勇：《和谐社会目标下“犯罪化”与“非犯罪化”的标准》，法律出版社2016年版，第58-88页。

些罪名的非犯罪化根据及方案,[①] 刑法修正理应全面考虑，通盘安排。

二、对刑法分则具体刑罚的修正

历次刑法修正对刑法分则具体刑罚的修正，主要有法定刑种类的增减、法定刑格次的增减和法定刑幅度的升降。(见表3和表4)

表3　历次修正刑罚变化统计表

	决定 1998	修一 1999	修二 2001	修三 2001	修四 2002	修五 2005	修六 2006	修七 2009	修八 2011	修九 2015	总计
新增刑种	0	0	0	0	0	0	0	1	7	12	20
新增较轻主刑	0	0	0	0	0	0	0	1	0	1	2
新增较重主刑	0	0	0	0	0	0	0	0	0	0	0
新增并处的附加刑	0	0	0	0	0	0	0	0	7	11	18
新增单处的附加刑	0	0	0	0	0	0	0	0	0	0	0
取消刑种	0	0	0	0	0	0	0	0	15	9	24
取消较重主刑	0	0	0	0	0	0	0	0	13	9	22
取消较轻主刑	0	0	0	0	0	0	0	0	2	0	2
取消附加刑	0	0	0	0	0	0	0	0	1	0	1
加重法定刑	1	0	0	1	1	0	3	3	8	8	25
增加较重法定刑格次	1	0	0	0	0	0	1	2	4	5	13
取消较轻法定刑格次	0	0	0	0	0	0	0	0	0	0	0
提升上限或者下限	0	0	0	1	1	0	1	1	4	3	11
增加较重格次并提升上下限	0	0	0	0	0	0	1	0	0	0	1
减轻法定刑	0	0	0	0	0	0	1	1	4	3	9
增加较轻法定刑格次	0	0	0	0	0	0	0	1	0	1	2
取消较重法定刑格次	0	0	0	0	0	0	0	0	0	0	0
降低上限或者下限	0	0	0	0	0	0	1	0	4	2	7
增加较轻格次并降低上下限	0	0	0	0	0	0	0	0	0	0	0
既有加重又有减轻	0	0	0	0	0	0	0	0	1	1	2

① 参见姜涛:《刑法中的聚众淫乱罪该向何处去》,载《法学》2010年第6期;乔青、张绍谦:《条件性出罪机制及其运用——兼论恶意透支型信用卡诈骗罪非犯罪化处理路径》,载《求索》2016年第10期;赵秉志、徐文文:《民营企业家集资诈骗罪:问题与思考》,载《法学杂志》2014年第12期;赵星、张晓:《论废除非法吸收公众存款罪》,载《河北学刊》2014年第5期;等等。

表 4　历次修正刑罚变化统计表（以罪类为单位）

	第一章	第二章	第三章	第四章	第五章	第六章	第七章	第八章	第九章	第十章	总计
新增刑种	0	0	7	1	1	7	0	4	0	0	20
新增较轻主刑	0	0	1	1	0	0	0	0	0	0	2
新增较重主刑	0	0	0	0	0	0	0	0	0	0	0
新增并处的附加刑	0	0	6	0	1	7	0	4	0	0	18
新增单处的附加刑	0	0	0	0	0	0	0	0	0	0	0
取消刑种	0	0	15	0	1	6	0	0	0	2	24
取消较重主刑	0	0	14	0	1	5	0	0	0	2	22
取消较轻主刑	0	0	1	0	0	1	0	0	0	0	2
取消附加刑	0	0	0	0	0	1	0	0	0	0	1
加重法定刑	0	2	8	3	1	8	1	2	0	0	25
增加较重法定刑格次	0	0	2	2	1	6	1	1	0	0	13
取消较轻法定刑格次	0	0	0	0	0	0	0	0	0	0	0
提升上限或者下限	0	2	5	1	0	2	0	1	0	0	11
增加上述两者	0	0	1	0	0	0	0	0	0	0	1
减轻法定刑	0	0	4	1	0	2	0	2	0	0	9
增加较轻法定刑格次	0	0	0	1	0	1	0	0	0	0	2
取消较重法定刑格次	0	0	0	0	0	0	0	0	0	0	0
降低上限或者下限	0	0	4	0	0	1	0	2	0	0	7
增加较轻格次并降低上下限	0	0	0	0	0	0	0	0	0	0	0
既有加重又有减轻	0	0	0	0	0	2	0	0	0	0	2

（一）法定刑种类的增减

取消了最重的主刑——死刑的共有 22 个罪名，占刑法公布时死刑罪名总数的 32%；[①] 取消了现有法定刑中相对较轻的主刑共有 2 个罪名；没有在现有法定刑中增加任何相对较重的主刑或附加刑。这表明，在法定刑种类的增减上，秉持了轻缓化的取向。

从分则十大罪类来看，在取消死刑的罪名中，破坏社会主义市场经济秩序罪 14 个，侵犯财产罪 1 个，妨害社会管理秩序罪 5 个，军人违反职责罪 2 个。其中，涉及经济财产犯罪的共 15 个罪名，占 22 个废除死刑罪名的 68%，成为我国废除死刑

① 参见赵秉志：《中国死刑立法改革新思考——以〈刑法修正案（九）〉为主要视角》，载《吉林大学社会科学学报》2015 年第 1 期。

的突破口。废除了几个扰乱秩序犯罪的死刑，反映出维稳思路的重要变化。废除军人违反职责犯罪的死刑，更是显示了逐步减少死刑的力度，因为军事犯罪历来是保留死刑的最后领地之一。

虽然也取消了两个罪名现有法定刑中相对较轻的主刑以及一个单处的附加刑，但一个罪名是生产、销售有毒、有害食品罪，另一个是包庇、纵容黑社会性质组织罪，都是当前屡禁不止或发展蔓延而需要重点打击的情形，取消这两个罪名法定刑中较轻的拘役及其单处的剥夺政治权利，主刑只保留有期徒刑，并不影响总体上的轻缓化取向。

（二）法定刑格次的增减

刑法修正增加了较重的法定刑格次的罪名13个，包括破坏社会主义市场经济秩序罪2个，侵犯公民人身权利、民主权利罪2个，侵犯财产罪1个，妨害社会管理秩序罪6个，危害国防利益罪1个，贪污贿赂罪1个。这里涉及的罪类，与前面所论犯罪部分的修正旨意相呼应——强化对社会秩序的维护和个人权利的保护。法定刑格次的增加，绝大多数针对“特别严重”的情节，其次是数额“巨大”或者“特别巨大”。

增加较轻的法定刑格次的罪名只有2个，具体是指妨害社会管理秩序罪中的1个罪名——组织、利用会道门、邪教组织、利用迷信破坏法律实施罪和侵犯公民人身权利、民主权利罪中的1个罪名——绑架罪。但这难以改变法定刑格次的增减以增加为主的态势。此外，刑法修正没有取消任何罪名中较重的法定刑格次。

（三）法定刑幅度的升降

刑法修正提高法定刑幅度上限或者下限的罪名11个，包括：危害公共安全罪2个，破坏社会主义市场经济秩序罪5个，侵犯公民人身权利、民主权利罪1个，妨害社会管理秩序罪2个，贪污贿赂罪1个。其中，提升上限的罪名5个，包括破坏社会主义市场经济秩序罪中的4个罪名和妨害社会管理秩序罪中的1个罪名；提升下限的罪名2个，包括侵犯公民人身权利、民主权利罪和贪污贿赂罪中各1个罪名；同时提升上限和下限的罪名4个，包括危害公共安全罪中的2个罪名，破坏社会主义市场经济秩序罪中的1个罪名，妨害社会管理秩序罪中的1个罪名。

降低法定刑幅度上限或者下限的罪名7个：破坏社会主义市场经济秩序罪4个，妨害社会管理秩序罪1个，贪污贿赂罪2个。其中，降低下限的是贪污贿赂罪中的2个罪名；同时降低上限和下限的罪名5个，包括破坏社会主义市场经济秩序罪中的4个罪名和妨害社会管理秩序罪中的1个罪名。

比较提高法定刑幅度上限或者下限的罪名数量与降低法定刑幅度上限或者下限的罪名数量，后者比前者少了1/3，为法定刑增加重的选择明显多于增加轻的选择。

总的来看，除了废除22个罪名的死刑之外，无论法定刑格次的增减还是法定刑幅度的升降，都明显趋重趋升。至少由刑法分则具体刑罚的修正效果，还很难得出近年学界大力倡导的“刑罚轻缓化”的结论。

三、对刑法总则的修正

“修八”和“修九”的一大变化是对刑法总则的修正，共涉及总则条文23条，其中，“修八”有19条，“修九”有4条。从内容来看，全部属于刑罚部分，未涉及刑法一般问题、犯罪和刑事责任。

（一）量刑情节

所谓量刑情节，是指人民法院裁量刑罚时影响宣告刑轻重的犯罪事实。在“修八”和“修九”中，这样的事实有老年人犯罪主体、累犯、自首、立功、坦白等。其中，累犯、自首和立功既是量刑制度，也是量刑情节。量刑情节的具体变化是：（1）新增轻刑犯罪主体情节。已满75周岁的人犯罪从轻减轻处罚；审判的时候已满75周岁的人，原则上不适用死刑；（2）累犯的限制和扩展。犯罪时不满18周岁的人不构成累犯；特殊累犯涉及的犯罪增加了恐怖活动犯罪和黑社会性质的组织犯罪；（3）新增坦白从宽情节。不成立自首情况下“如实供述自己罪行”从轻或者减轻处罚；（4）严格限制立功减免处罚。取消犯罪后自首又有重大立功表现应当减免除处罚的规定。

（二）数罪并罚

调整了数罪并罚情况下的执行刑期，补充了不同刑种的并罚原则：（1）提高有期徒刑执行期限。有期徒刑刑期总和在35年以上的，最高执行刑期达到25年。（2）新增附加刑并罚规则。种类相同的合并执行，种类不同的分别执行。（3）新增不同主刑并罚规则。有期徒刑吸收拘役；有期徒刑和管制并科；拘役和管制并科。

（三）刑罚执行

增加了刑罚执行的一些新的制度及方法，调整了一些执行原则及条件：（1）新增管制执行制度。首次规定了禁止令和社区矫正，作为管制的措施和执行方式。（2）调整死刑执行制度。死缓考验期间重大立功，期满时减为25年有期徒刑，比原来20年的期限有较大提升；新增了若干情况下对死缓犯限制减刑的规定；对死缓犯应当执行死刑的情形规定了更严格的限制条件；增加了死缓犯故意犯罪而对其重新考验的规定。（3）新增罚金延期缴纳的规定。（4）调整缓刑规定。将缓刑条件具体化，增加了限制性规定，在此基础上明确了应当缓刑的情形；规定缓刑适用社区矫正并可适用禁止令；调整了撤销缓刑的情形。（5）提高了减刑后的最低执行刑期。（6）规定了假释的若干限制条件。

此外，“修九”还新增了职业禁止的规定，即对与职业密切相关的犯罪，可以禁止犯罪人在服刑完毕或者假释后一段时间从事原职业的制度。

总的来看，对刑法总则刑罚部分的修正，主要是体现宽严相济的基本刑事政策。就量刑情节而言，修正的内容有宽有严；就数罪并罚而言，体现了严的精神；就刑罚执行而言，则是对缓刑、减刑和假释这几种从宽制度进行适用上的限制，以严济宽。结合前面对刑法分则刑罚部分的修正情况，刑罚修正的总体态势还是增刑趋重，以严为主。还应当指出的是，对刑法总则的修正仅涉及刑罚而未涉及犯罪，似有欠均衡。事实上，总则关于犯罪的规定中，也有一些明显的空缺，如帮助类型的犯罪行为、共同过失犯罪行为、单位犯罪的主体范围、排除犯罪性事由的种类、数罪的概念等，都需要给予明确的定性或定位。

我国20年来刑法修正的隐忧及其匡正*

秦宗川**

今年恰逢1997年《刑法》颁行20周年。在此20年间，我国进入了刑法修正时代，至今我国已产生了一部特别刑法和九个刑法修正案。立法机关通过甚为频繁的刑法修正，整体上使犯罪圈不断完善、刑罚结构日趋合理、罪刑法定得以实现、罪刑均衡更加彰显，使刑法能不断适应社会发展变化需要，刑法修正的成效特别显著。但与此同时，我国20年来的刑法修正活动亦暴露出了不少问题，伴随着一定隐患和忧虑，妨害甚至冲击着我国法治化进程的健康有效推进。所以，为全面总结我国20年来刑法修正的经验得失，进一步推动我国刑法立法的科学合理化发展，有必要剖析我国刑法修正过程中存在的隐忧，并采取有效措施加以匡正。

一、隐忧一：刑法修正的公众参与度不足

中共中央《关于全面推进依法治国若干重大问题的决定》明确要求“拓宽公民有序参与立法途径，健全法律法规规章草案公开征求意见和公众意见采纳情况反馈机制，广泛凝聚社会共识”，以深化推进民主立法。这成为刑法在内的所有立法活动公众参与制度的顶层规划和决策依据，从而使公众参与刑法立法更具理论底气和实践活力。

而事实上，我国多年来刑法修正的公众参与度并不强，立法过程的透明度仍较低，社会公众参与刑法修正的效果并不理想。刑法修正公众参与不足集中体现为两点：一是刑法修正草案公开程度不足；二是公众意见的回应程度较弱。

至今，我国全国人大常委会已经制定了九个刑法修正案，而前四个修正案的草案全文都未向社会公开，直到其作为正式法律公布之时，这四个修正案的“庐山真面目”才呈现在普通公众的面前。刑法修正案草案全文未向社会公开，社会公众也就无法提出有针对性的意见和建议，进而对刑法修正进程及其内容无法产生影响，社会公众实际上已无法切实感知到刑法修正活动并参与其中。值得庆幸的是，从第五个刑法修正案开始，全国人大常委会都会将其初次审议后的草案全文向社会公开，以征求社会意见。刑法修正案草案的全文公开，无疑让普通民众有机会更早地知晓立法的动向和具体内容，近距离地感知并触碰到立法活动，更有针对性地发表意见和看法。公众参与刑法立法有了更加便捷的途径和更富实质性的内容，其公开全文这一形式本身无疑值得充分肯定。但即便如此，刑法修正案草案也主要面向部分人大、党政机构、司法机关、科研单位等部门的人大代表、官员、法律工作者、

* 基金项目：重庆市社会科学规划项目“刑罚民粹主义研究”（项目编号：2015BS040）。

** 西南政法大学讲师，法学博士。

学者等人群征集意见，也即刑法修正案草案主要向部分权力和知识精英公开。而普通社会公众知悉刑法修正案草案的途径和空间相当局限，基本只能通过全国人大官方网站“中国人大网”接触相应的刑法修正案草案。而基于刑法修正活动宣传力度不足、公众上网人数和条件限制、民众对文本的理解和意见表达能力有限、公众对刑法修正活动的知晓度和关注度不强等原因，普通民众知悉相应刑法修正案草案条文的人数相当有限，更遑论提出修改完善意见建议。如此，刑法修正案草案基本未能实现面向人数占绝对多数的普通公众的有效公开。纵然，刑法的立改废应当有精英意志的参与、引领乃至主导，但也必须充分聆听、吸纳和反映公众普遍且真实的意志和诉求，否则精英意志有余而民众意志不足的刑法修正很难彰显真正的“开门立法”。所以，刑法修正案草案长期未被民众有效知晓和关注，足见我国刑法修正案草案公开程度的不足。

而公开全文后的实际收效如何却无法评估，也即虽然针对修正案草案形成了众多的意见和看法，但这些意见和看法究竟是否引起了立法者的重视以及在多大程度上被立法者采纳进而实际对立法产生影响却不得而知。因为立法者鲜有对这些回馈意见作正面回应，其采纳与否及其理由并不向外界作明确说明和解释。以致形成“说不说由你”但“听不听由我”这种民众意见与官方回应脱节的局面。民众针对刑法修正案草案所提的意见和看法当然可能是片面、情绪化和失当的，立法者从科学、理性、公正的角度当然可不予采纳，民众意见被实际采纳与否都属正常、无可厚非。但既然立法者已然“开门立法”、将修正案草案公之于众以征求意见，就应当让回馈意见“活”起来，切实让回馈意见发挥应有的立法监督和完善的功能和作用，而不能对回馈意见坐视不理、淡而化之。立法者对回馈意见可以“不听”、不采纳，但必须说明理由，以形成一种制度约束。否则，立法者仍旧可以闭门造车、我行我素，回馈意见等于不存在，法案公开也就没有实质意义和价值，“开门立法”也就仅是有名无实，甚至只是一句空话。

而事实上，既有的刑法修正案虽然在立法审议期间面向社会公开征求过意见，但立法者对这些回馈意见没有作出明确回应和说明。也许相应的回馈意见在事实上已经说服了立法者进而促成了刑法修正案草案的进一步修改、完善，但这也仅仅是“也许”，社会公众无从知晓。修法征求意见的回应机制的长期阙如，会让人们日益对立法者“开门立法”的诚意和效果表示怀疑。民众积极发表看法和意见后，都希望得到立法者的回应，无论采纳与否。民众当然看重意见被采纳与否的结果，但也看重公众参与立法这一过程中普通民众与立法者的互动状态，包括意见发表渠道是否通畅、民意是否被尊重和重视、立法者是否有足够的耐心和诚意听取民众意见等，甚至更看重后者。立法者长期对民众意见持“冷处理”、不积极有效回应和解释的态度和做法，势必伤害民众发表意见和看法的积极性，让民众产生“说不说都一样”、“说了也没用”的认知和体验，这是甚为可悲的局面。

二、隐忧二：刑法修正面临“全面修法”的违法状态

《立法法》规定，全国人民代表大会制定和修改刑事、民事、国家机构的和其

他的基本法律。全国人民代表大会常务委员会在全国人民代表大会闭会期间，对全国人民代表大会制定的法律进行部分补充和修改，但是不得同该法律的基本原则相抵触。据此，1997 年《刑法》之后的所有的刑法修正均是由全国人大常委会进行。而全国人大常委会针对刑法频繁地修改和补充，在事实上很可能已经突破了《立法法》所限定的“部分修改和补充”这一权限范围，而呈现出越权和违法的状态。

《立法法》言明全国人大常委会可以在不违背刑法基本原则的前提下对刑法作“部分”修改和补充，显然对全国人大常委会的立法权限进行了原则限定，即只能是“部分”而不能是“全面”修改和补充。但《立法法》并未具体言明何为“部分”，这就使全国人大常委会越权立法成为可能。按照一般语义和立法逻辑，“部分修改和补充”无疑只能是对刑法少量、局部的修改和补充，大幅度、大范围的修改和补充显然是被排除和禁止的。从全国人大常委会迄今为止作出的有关刑法的一个决定和九个修正案共十次刑法修正活动看，单次的修正活动对《刑法》的修改和补充数量或幅度都不大，可以认为属于“部分”修改和补充。1997 年《刑法》颁行之初总共有 452 个条文，其中分则条文 350 条。《关于惩治骗购外汇、逃汇和非法买卖外汇犯罪的决定》增加了 8 个条文；9 个修正案每次修正（包括修改、增加或删除）所涉及的条文数分别为 8、1、8、8、3、19、15、43、54，其中仅《刑法修正案（八）》有 13 个条文和《刑法修正案（九）》有 3 个条文系针对《刑法》总则的修改或补充，其余都是针对分则条文的修正。如果以 1997 年《刑法》所有条文数为参照系，除了《刑法修正案（八）》和《刑法修正案（九）》的修正条文数量占到了 1997 年《刑法》条文总数的 10%以上外，其余单次的修改和补充条文量均不超过 5%。如果仅以 1997 年《刑法》分则条文数为参照系，单次修正比例大都在 6%以下，最高也未超过 15%，因而全国人大常委会单次对刑法的修改和补充整体上是少量、局部的，所以可以认为只是“部分”的修改和补充。

但将全国人大常委会对刑法所作的修改和补充累积起来，数量就比较庞大，已经很难再言只是“部分”修改和补充。自 1997 年《刑法》颁行以来，全国人大常委会先后 10 次修正总计涉及的条文数达到 159 条，占 1997 年《刑法》条文的比重超 35%，修正涉及的分则条文达到 143 条，占比超 40%。表明全国人大常委会对《刑法》数次的修改和补充合计已超过三分之一，尤其是对分则具体犯罪构成要件或刑罚的修正已超 40%，这一比例已经很高。如此程度的修正是否还属于“部分”修改和补充已经很令人生疑。同时，全国人大常委会对刑法的修改和补充将会持续下去，无疑还会进一步突破“部分”的法律限度。尽管单次的刑法修正可以保障仅是“部分”修改和补充，但是综合、累积下来的修正结果则很可能实现“全面、全部”的修正，完全可能使原有的刑法被彻底修正，变得“面目全非”。这明显违背了立法的本意和初衷，乃至直接违反了《立法法》的规定。

三、隐忧三：刑法修正的情绪化特征凸显

我国近年来刑法修正的内容在局部呈现出了明显情绪化特征，即相应的刑法修正明显受制于情绪化的社会舆论而草率立法，使刑法修正内容缺乏足够的合理性。

盲目犯罪化和重刑化是刑法修正情绪化的具体表征，危险驾驶行为入刑和嫖宿幼女罪的废除便是各自典型例证。究竟有多少民众主张设立“危险驾驶罪”事实上并不明确；加大行政执法力度完全足以遏制相应的危险驾驶行为，设立“危险驾驶罪”有违刑法谦抑性；设立“危险驾驶罪”的立法和执法成本甚高，并不符合经济理性要求。使得危险驾驶罪设立的合理性与必要性受到较大质疑。嫖宿幼女罪废除明显受“仇官”、“仇富”情绪的影响，保留嫖宿幼女罪具有立法上的正当性，嫖宿幼女罪并不构成对幼女的“污名化”，废除嫖宿幼女罪未必能加重刑罚等因素，使嫖宿幼女罪的废除有失理性。① 我国近年来刑法修正的情绪化特征较为明显，已经引发了学界较大关注和警惕。②

四、我国刑法修正隐忧之匡正

（一）强化刑法修正的公众参与

针对我国刑法修正公众参与不足的问题，应着力通过以下措施予以解决。

1. 丰富刑法修正案草案面向普通公众公开的途径

我国既往的刑法修正案草案主要是面向权力和知识精英公开，面向普通公众的公开程度在实质上非常弱，这无疑显著降低了立法的民主化程度。对此，应着力丰富刑法修正案草案面向普通公众公开的途径和形式。结合国内实际情况和国外有效经验，我国可以展开如下措施。

（1）加大修法宣传资料的散发数量和范围。全国人大常委会可以委托地方各级人大机关，制作有关刑法修正案草案相关信息的纸质宣传材料，投放于公众接触度高的公共场所，如汽车站、火车站、机场、银行、社保局、房管局、电影院等场所的大厅。当然，也可以在相应的电子设备中（如显示屏、自动取票机、自助服务设备）载入相关资料，并以有效方式提示公众阅读和了解。宣传材料可只列举刑法修正案草案的关键信息而非全部内容，如修法活动的时间、修正草案全文获取途径、意见反馈的途径或形式。当然，也可将一些重要的拟修正内容以通俗易懂的方式列于宣传材料中，并附以问卷调查的形式征求公众意见。

（2）建立刑法修正的立法听证制度。我国在行政立法和地方性立法中已较广泛地运用立法听证制度，取得了较好效果。但我国对作为基本法的刑法的修正，却未开展有效的立法听证，无疑影响了刑法修正的民主与科学化水平。作为事关全体公民基本权利限制与剥夺和社会基本秩序治理的刑法的立改废，更应当采用立法听证制度。同时，建立刑法修正立法听证制度，也是实现刑法修正案草案向普通公众予以公开的有效途径与形式，进而使刑法立法吸纳并体现更广泛的民情民意。在可行性上，全国人大常委会可委托全国部分区县级的人大组织开展有关刑法修正的立法听证活动，充分听取基层民众的意见建议，相关区县人大将听证活动记录汇总后呈报全国人大常委会。同时，全国人大及其常委会可委托全国或地方的人大代表或者

① 参见秦宗川：《刑罚民粹主义的苗头、危害与引导》，载《澳门法学》2017年第2期。

② 参见刘宪权：《刑事立法应力戒情绪》，载《法学评论》2016年第1期；石聚航：《刑法谦抑性是如何被搁浅的？——基于定罪实践的反思性观察》，载《法制与社会发展》2014年第1期。

指派下设机构（如法律委员会）的工作人员，赴相应地区展开“巡回式”的立法听证活动（可建立在立法调研活动的有效整合、丰富、完善基础上），就拟修正的刑法内容广泛听取民众意见建议。

（3）充分利用移动互联网推送修法资料。在移动互联网时代，立法机关完全有条件并应当采取更加丰富、便捷的形式，向广大公众推送修法资料并收集意见。全国人大常委会相应内设机构自己或者委托第三方在热门门户网站、微博、微信公众号等处开辟专栏，刊载、推送刑法修正草案的全文。同时，可将拟修正内容中的主要法条改写成相应通俗易懂的生活语言和问题，供民众更容易理解且更乐意表达意见。例如，将拟设立危险驾驶罪的条文改写为：“你是否支持将醉酒驾驶机动车的行为做犯罪处理?”将拟废除嫖宿幼女罪的条文改写为：“你是否认为嫖宿幼女的行为一律按强奸罪论处更合理?”将拟调整绑架罪法定刑的条文改写为：“你是否同意绑架过程中无意间致被绑架人死亡的犯罪人，可以不适用死刑?”

2. 建立健全修法反馈意见的回应机制

刑法修正案草案的全面有效公开之后，立法机关应当建立针对修法意见建议的回应机制，以实质体现公开立法、民主立法。其一，立法机关应当配备足够的人员专司各类反馈的修法意见、建议的收集、归类和呈报工作，尽可能确保反馈信息不被遗漏、社会公众的任何意见和看法都能进入立法者的视野。其二，立法者在后续的立法审议中应当对之前反馈意见采纳与否的结果及其理由进行细致说明。例如，相关刑法修正案一审稿全文公开之后收集到了相关意见建议，在第二次审议时可能采纳了部分意见建议而对法律案作了进一步修改、完善或补充，同时也拒绝或者未采纳其他意见建议。对反馈意见建议采纳与否及其理由，立法者都应当通过适当的方式向社会作公开解释或说明，如新闻发布会、官方公告或者直接列明于公开的二审稿中。此后立法者对法律案的每一次审议都须重新全文公开并对新的反馈意见采纳与否及其理由作明确说明，包括法律案最后的审议通过变为正式法律时，立法者都应当通过适当方式对相应反馈意见的采纳与否及其理由进行说明。如此，以彰显反馈意见的作用，进而真正使社会公众的刑法立法参与行为具有实质性和约束力，而不是徒有虚名和纯粹的走形式。

（二）收缩全国人大常委会的刑法修正权限

防止刑法在一次次修正中被全面修正而维护《立法法》的权威，同时也防止刑法的过度膨胀和肥大，应当收紧刑法修正的权限，使刑法的任何修正原则上都由全国人民代表大会通过。

全国人大常委会针对刑法频繁地修改和补充，在事实上很可能已经突出了《立法法》所限定的“部分修改和补充”这一范围，而呈现出越权和违法的状态。全国人大常委会对全国人民代表大会立法权逐渐地侵蚀和僭越，是对全国人大常委会的立法权限不作严格而具体限定的必然结局，这种结局明显不符合立法本意和初衷，甚至已直接违反了立法规定。所以，有必要在法律层面对全国人大常委会对包括刑法在内的基本法的修法权限作进一步规范和限定，以严防全国人民代表大会的立法权被侵蚀和僭越，也助力刑法的“瘦身”。

而欲缓解或消除全国人大常委会部分立法权具有存在合理性和全国人民代表大会立法权由此会遭受侵蚀这种紧张或矛盾关系，相对更为可行的方式是建立全国人民代表大会的立法追认制度，即全国人大常委会对包括刑法在内的基本法所做的所有修改和补充均需得到全国人民代表的追认方能正式生效，否则无法正式生效、施行。在法律层面建立全国人民代表大会立法追认制度的可行途径应当是对《立法法》的相关条款做适当修正，可在《立法法》第7条第3款基础上作补充规定，使其表述变为“全国人民代表大会常务委员会制定和修改除应当由全国人民代表大会制定的法律以外的其他法律；在全国人民代表大会闭会期间，对全国人民代表大会制定的法律进行部分修改和补充，但是不得同该法律的基本原则相抵触，所做修改和补充待全国人民代表大会追认后正式生效”。

（三）加强刑法理性修正的有效引导

刑法修正情绪化现象的产生，在深层次上源于刑罚民粹主义的思想根源，即立法决策者有一味顺应和盲从于社会舆论的思想倾向，从而在立法实践中使部分刑法立法有失理性。① 欲实现理性刑法修正，需切实摒弃立法者的刑罚民粹主义观念。因为刑罚民粹主义观念尽管蕴含一定积极价值（如体现出刑罚决策对民意的尊重，有利于刑事被害人权益保障，有利于安抚公众情绪），但消极价值更突出（如侵蚀社会宽容心态和理性思维，损害独立司法和法律公信力，弱化犯罪人权保障，增加刑罚运行成本，不利于科学刑罚决策和民意易被假借利用）。对待刑法修正情绪化以及刑罚民粹主义更为理智的态度，应当是对其施以循序渐进式的引导，通过观念的引导和制度的引领，逐步减少刑法修正中民意“泛滥”、“过剩”的现象，以推动精英意志与民众诉求在刑事立法中的有效互动与融合，确保刑法修正更具理性。②

1. 刑罚民粹主义的观念引导

刑罚民粹主义既是一种社会实践又是一种思维观念，并且首先表现为一种立法决策者一味迎合、顺应、迁就民众诉求的观念意识。正是基于这样的意识，不少知识精英才纷纷为“民”代言、为“民”请命，决策精英才急于推动刑事立法、司法不断朝着民众所需所盼的方向发展，从而促成制刑、求刑、量刑和行刑活动的舆论受制化与盲从化。因此，欲防范刑罚民粹主义的滋生，回归理性刑法修正，首先要对人们的思想观念进行引导，使人们树立、形成健康而符合理性的观念与思维，助力消除情绪化思维。应当从引导新闻从业者的理性态度、引导社会大众的宽容心态、引导刑罚决策者的科学意识等方面着手，一方面减少公众的情绪化、非理性思维和心态；另一方面减少刑事立法者的“盲从”意识，进而从思想层面铲除刑罚民粹主义的滋生土壤。

---

① 参见秦宗川：《刑罚民粹主义的苗头、危害与引导》，载《澳门法学》2017年第2期。

② 尽管我国目前刑事立法的民主性、公众有效参与度、对民意的吸纳整体上较为薄弱，还亟待加强，但刑事立法在局部确实呈现出了“民意过剩”的属性，刑法修正中的刑罚民粹主义现象尽管是少量、零星的，却无疑值得人们高度关注和警惕。我国在加强刑事立法的民主性、公众参与性的同时，需警惕和防范刑事立法的民意“泛滥”与“过剩”，看似矛盾的两面却悄然共生，这可谓我国社会转型过程中产生多种矛盾性、复杂性现象的典型示例。

2. 刑罚民粹主义的制度引导

对刑罚民粹主义进行观念引导，意在使社会消减一些过度情绪化、非理性的认识（如“罪犯似魔鬼”、“凡罪必重罚”、“凡富必坏（仇）、凡官必腐（诛）”、“民意至上”、“人民无错”），系刑罚民粹主义的治本之策。那么对刑罚民粹主义进行制度引导，则重在将公众与决策者引入一个共同的制度体系中而进行有效“对话”，在一个制度框架中促进公众诉求与精英意志的有效互动与融合，系应对刑罚民粹主义的治标但却必要之策。如此，既为公众诉求或民意融入、影响刑罚决策创造一个有效的平台或管道，又避免刑罚决策者在社会舆论声势面前自乱阵脚、唯“长官”意志论，乃至假借利用“民意”而恣意立法。应当从加快独立司法改革步伐、强化刑事立法的公众参与、收缩刑法修正权限等方面着力，形成丰富多样而有效的供刑罚决策者与社会公众相互“对话”的机制，充分而良性地促进公众诉求与精英意志的互动与融合，从而在制度层面削弱刑事立法中的民粹主义滋生空间，以切实推动刑法的理性修正。

我国刑法典颁行20年来立法理念的变迁及论析

邓红梅*

法律由社会物质生活条件决定，刑法的制定与变革反映了我国社会经济基础的变化。1979年，我国制定了新中国第一部刑法典，在其后的18年里，随着社会主义市场经济取代高度集中的计划改革的深入推进，1979年刑法典已无法应对复杂多变的犯罪行为，因此，我国于1997年修订了1979年刑法典。1997年刑法典以保障人权、不断适应社会主义市场经济发展为需要，特色鲜明地将我国国家、社会、个人层面452种犯罪行为入罪，其保护范围之广、立法理念之新，在我国可谓空前。因此，尽管我国当前经济社会高速发展，1997年刑法典始终作为我国全面深化改革、全面建成小康社会之路中的“最后保障法”，只是它将刑法修正案作为法律适应经济发展的修订方式，不断修改以与社会经济发展相适应。1997年刑法典之后的20年间，我国先后出台了9部刑法修正案，修正案为打击犯罪而不断调整的处罚范围、刑罚种类均展现了我国刑事立法在与经济社会发展相适应的调配中所做出的立法理念变迁，这也正如有学者所言“刑法应根据经济社会发展的需要及时修改、补充和完善以因应经济社会的变化，而这一过程通常是在一定的刑法理念的指导下完成的。”①

一、我国刑法典颁行20年来立法理念变迁导向

理念，顾名思义是指“从事某种工作的指导思想；观念”，② 根据理念的含义，刑事立法理念意指从事刑事立法工作时的指导思想，有学者将其具体化为“立法者在刑法立法时对所欲解决问题的基本认识和刑法功能的总体把握”③。纵观刑法典颁行20年来我国刑法立法条文的变化轨迹，笔者发现，决定刑法条文变化的立法理念发生了如下变迁，具体表现为：

（一）降低犯罪门槛，适度扩大犯罪圈

从1997年刑法典的制定到2015年《刑法修正案（九）》的颁布，我国现共有491个罪名，其中1997年刑法典共有452个罪名，④《刑法修正案》至《刑法修正案（九）》共增加了54个罪名，另外还有7个罪名是通过修改犯罪构成而扩大处罚范围的，增加的罪名主要集中在《刑法修正案（六）》至《刑法修正案

* 黄冈师范学院政法学院教师，法学博士。

① 参见高铭暄、曹波：《当代中国刑法理念研究的变迁与深化》，载《法学评论》2015年第3期。

② 参见《现代汉语小词典》，吉林教育出版社2014年版，第435页。

③ 参见高铭暄、李彦峰：《〈刑法修正案（九）〉立法理念探寻与评析》，载《法学评论》2016年第2期。

④ 参见高铭暄、马克昌主编：《刑法学》，北京大学出版社、高等教育出版社2007年版，第12页。

（九）》，其增加的个数依次为8个、9个、10个、20个，罪名的内容主要涉及社会管理活动中不违反传统伦理、道德的非传统型犯罪。《刑法修正案（六）》将以暴力、胁迫手段组织残疾人或儿童乞讨行为作为刑事犯罪；将强令违章冒险作业，大型群众性活动重大安全事故，不报、谎报安全事故等作为犯罪处罚。《刑法修正案（七）》将组织未成年人进行盗窃、诈骗、抢夺、敲诈勒索等违反治安管理活动的行为，传销活动，侵犯公民个人信息的行为规定为刑事犯罪。《刑法修正案（八）》和《刑法修正案（九）》在降低犯罪门槛的力度上更大，《刑法修正案（八）》将"醉驾"和"飙车"入刑；将"入户盗窃，携带凶器盗窃、扒窃"等无数额规定的本应按治安管理处罚的行为入刑；将"多次敲诈勒索"作为敲诈勒索罪的行为种类；增加本应由劳动行政保障部门处罚的因违反劳动合同而成立的恶意欠薪行为为"拒不支付劳动报酬罪"；修改"生产、销售假药罪"，删除了"足以严重危害人体健康"的标准，将其从危险犯变为了行为犯；将"重大环境污染事故罪"从结果犯变为了危险犯，改为"污染环境罪"；增加了组织出卖人体器官罪；修改了强迫职工劳动罪的罪状，扩大了其打击范围；等等。《刑法修正案（九）》将从事校车业务和旅客运输的严重超员或者严重超速，违反危险化学品安全管理规定运输危险化学品，危及公共安全的行为规定为"危险驾驶罪"；将"多次抢夺"行为作为抢夺罪的行为方式；将买卖居民身份证件，使用伪造、编造的居民身份证件的行为犯罪化；规定在国家考试中，组织考试作弊、代替他人考试等行为为犯罪行为；等等。从前述入罪行为的变化来看，在市场经济环境下，在社会管理活动中，我国将大量本应由行政机关处罚的违法行为纳入刑法规制的范围，由此出现了大量的法定犯，法定犯的扩容促使刑事犯罪门槛降低，犯罪圈扩大。

（二）将秩序、安全作为刑法立法的首要价值

从历年的修正案内容来看，修正案顺应了社会新形势，将新型严重危及社会经济秩序、公共安全、社会管理秩序的行为入罪，体现了刑法将秩序、安全作为立法首要价值的理念。

1999年颁布的《刑法修正案》"为了惩治破坏社会主义市场经济秩序的犯罪"，[①] 增设和修改了包括隐匿、故意销毁会计凭证、会计账簿、财物会计报告罪，内幕交易、泄露内幕信息罪，操纵证券、期货市场罪等在内的7个条文。2001年《刑法修正案（三）》"为了惩治恐怖活动犯罪，保障国家和人民生命、财产安全，维护社会秩序"，[②] 主要针对恐怖活动犯罪，运输、储存、投放危险物质的犯罪以及洗钱罪进行了完善；[③] 增设了包括资助恐怖活动犯罪，编造、故意传播虚假恐怖信息罪等犯罪。2002年《刑法修正案（四）》"为了惩治破坏社会主义市场经济秩

① 引文来自1999年12月25日第九届全国人民代表大会常务委员会第十三次会议通过的《刑法修正案》。

② 引文来自2001年12月29日第九届全国人民代表大会常务委员会第二十五次会议通过的《刑法修正案（三）》。

③ 参见刘艳红：《〈刑法修正案（八）〉的三大特点——与前七部刑法修正案相比较》，载《法学论坛》2011年第3期。

序、妨害社会管理秩序和国家机关工作人员的渎职犯罪行为”,[①] 增加了“足以严重危害人体健康”的条件；将生产、销售不符合标准的医用器材罪由结果犯变为了危险犯；增加了走私废物罪，扩大了走私罪的处罚对象。2005 年《刑法修正案（五）》为了打击社会主义市场经济秩序犯罪中的金融犯罪，增加了妨害信用卡管理罪，窃取、收买、非法提供信用卡信息罪，增加了信用卡诈骗罪的行为方式。2006 年《刑法修正案（六）》主要围绕着危害公共安全、破坏社会主义市场经济秩序犯罪修改和增加了大量条文，如增加了包括强令违章冒险作业罪，大型群众性活动重大安全事故罪，不报、谎报安全事故罪在内的 8 个罪名；修改了包括重大责任事故罪、吸收客户资金不入账罪、违规出具金融票据罪、洗钱罪在内的 8 个罪名。2009 年《刑法修正案（七）》围绕惩治破坏社会主义市场经济秩序行为，修改了走私类犯罪，内幕交易、泄露内幕信息罪，逃税罪，利用未公开信息交易罪（或称“老鼠仓”犯罪）。尽管 2011 年颁布的《刑法修正案（八）》与前七部刑法修正案有显著的不同，它对刑法总则和分则全面地进行了修改，但是，它仍然将“秩序、安全”作为首要价值的理念，如针对社会经济秩序领域的食品安全类犯罪，它将“生产、销售假药罪”从危险犯变为行为犯，将危害公共安全法益中的“醉驾、飙车”行为规定为“危险驾驶罪”；在社会秩序领域，将“重大环境污染事故罪”转变为“污染环境罪”，将结果犯转变为危险犯。2015 年《刑法修正案（九）》延续了《刑法修正案（八）》的特征，对刑法总则和分则进行了全面的修改，但它对刑法内容的修改反映出来的“亮点”之一集中在对恐怖犯罪的严惩上，为维护公共安全，《刑法修正案（九）》加大了对恐怖主义、极端主义犯罪的惩治力度，它将一些行为作为恐怖活动犯罪行为，如制作、散发宣扬恐怖主义、极端主义的图书、音频视频资料或者其他物品的行为，以暴力、胁迫等方式强制他人在公共场所穿着、佩戴宣扬恐怖主义、极端主义服饰、标志的行为等，在《刑法修正案（九）》中，涉及恐怖活动犯罪的条文有 8 条共计 7 个罪名。除了恐怖主义活动犯罪之外，妨害社会管理秩序的犯罪有 18 个，按照统计的刑法修正案中涉及犯罪圈变化的共计 32 个法条来算的话，本次修改有关社会管理秩序与公共安全犯罪的修改占到了全部修改的近 80%。[②]

（三）保障人权，减少死刑

过多死刑罪名的存在曾成为我国不重视人权的把柄，也一度成为国际引渡中的难题,[③] 自 1997 年刑法典制定之后，我国刑法理论界和司法实务界一直都在积极探索如何限制和取消适用死刑，但在立法没有变革的情况下，死刑的存与废始终只是

---

① 引文来自于 2002 年 12 月 28 日第九届全国人民代表大会常务委员会第三十一次会议通过的《刑法修正案（四）》。

② 引文作者统计的 32 个法条的统计依据是：仅增加单位可以成为犯罪主体的修改未计入统计；组织、强迫卖淫罪与嫖宿幼女罪的修改因没有引起刑法规制的行为类型发生实质变动而未计入统计。参见高铭暄、李彦峰：《〈刑法修正案（九）〉立法理念探寻与评析》，载《法学评论》2016 年第 2 期。

③ 我国远华走私案的主犯赖昌星因走私罪逃亡到加拿大避难，加拿大以我国有死刑而不把赖昌星交给我国司法机关，经过 10 多年的谈判，直到我国最高人民法院同意不对赖昌星判处死刑为条件，加方才将赖昌星交给我国司法审判机关。

纸上谈兵，雾里看花，未能落到实处。2011年《刑法修正案（八）》的颁布，让人民看到了我国在建设社会主义法治国家之路上既惩罚犯罪，又保障人权的决心。从《刑法修正案（八）》的内容来看，13个非暴力型经济犯罪被取消死刑，[①]主要集中在走私罪和破坏社会主义市场经济秩序罪中。死刑罪名的部分取消，是我国刑法立法的创举，这一大胆的尝试在2015年《刑法修正案（九）》中继续延续，《刑法修正案（九）》取消了9个死刑罪名，[②]至此，我国死刑罪名还有46个。除了取消死刑犯罪之外，《刑法修正案（八）》新增审判时已满75周岁以上的老人不适用死刑，但以特别残忍手段致人死亡的除外，从而使死刑的存向废之变革有了实质性的突破，也向社会展示了立法机关对生命的尊重和对人权的重视。《刑法修正案（九）》修改死刑缓期执行的规定，将原有条文“在死缓考验期限内又故意犯罪的，经查证属实，应当执行死刑”改为“如果故意犯罪，情节恶劣的，报请最高人民法院核准后执行死刑”，这意味着没有达到情节恶劣的故意犯罪就不能被执行死刑。死刑缓期执行的修改有利于减少死刑的适用，实质性保障人权。除此之外，《刑法修正案（九）》还修改了第383条贪污罪的刑事责任，规定被判处死刑缓期执行的，“人民法院根据犯罪情节等情况可以同时决定在其死刑缓期执行二年期满依法减为无期徒刑后，终身监禁，不得减刑、假释。”该条通过设置“终身监禁，不得减刑、假释”严格禁止了死缓犯减为无期徒刑后的处罚，但从另一角度而言，它也放宽了死刑立即执行的适用条件，法官能通过自由裁量权判决被告人死刑缓期执行而非死刑立即执行，同时决定在其死刑缓期执行二年期满依法减为无期徒刑后，终身监禁，不得减刑、假释。在我国当前贪污腐败案相当严重的境况下，该条文最大的社会效果是直接减少死刑执行的数量。除了以废除死刑为人权保障的表征之外，我国刑法对未成年的保护，对老年人、怀孕妇女的从宽处罚均体现了这一点。

（四）逐渐推行刑罚轻缓化

刑法始终将秩序、安全放在首位，这种价值理念势必会通过将行为入罪、提高刑罚来落实，《刑法修正案》到《刑法修正案（五）》中的总则性修法目的也正说明了这一特征，有学者总结了《刑法修正案（六）》和《刑法修正案（七）》，认为《刑法修正案（六）》所要解决的问题“依然是如何进一步严密刑事法网，加大刑罚力度，以有效打击实践中的各种犯罪行为”，《刑法修正案（七）》的主要内容是“增加新罪、降低既有罪名的入罪条件、扩大既有罪名的处罚范围以及提高

---

① 分别是走私类犯罪中的第151条走私文物罪，走私贵重金属罪，走私珍贵动物、珍贵动物制品罪；第153条走私普通货物、物品罪；第194条票据诈骗罪、金融凭证诈骗罪、信用证诈骗罪；第205条虚开增值税专用发票、用于骗取出口退税、抵扣税款发票罪；第206条伪造、出售伪造的增值税专用发票罪；第264条盗窃罪；第295条传授犯罪方法罪；第328条盗掘古文化遗址、古墓葬罪，盗掘古人类化石、古脊椎动物化石罪。

② 分别是走私武器、弹药罪，走私核材料罪，走私假币罪，伪造货币罪，集资诈骗罪，组织卖淫罪，强迫卖淫罪，阻碍执行军事职务罪，战时造谣惑众罪。

既有罪名的刑罚”。[①] 然而，刑法修正案一贯表现出的提高刑罚、重刑主义的特征在刑法修正案（八）、（九）中却发生了转折，《刑法修正案（八）》将社区矫正、禁止令在内的非刑罚处罚措施引入刑罚体系，扩大罚金刑的适用范围，贯彻了我国一贯主张的“宽严相济”的刑事政策，《刑法修正案（九）》延续了这一处罚措施，在禁止令的基础上规定了职业禁止令。《刑法修正案（八）》明确规定，被判处管制、宣告缓刑、实行假释的犯罪分子，依法实行社区矫正，同时也规定，被判处管制、缓刑的犯罪分子，可以根据犯罪情况，同时执行“禁止犯罪分子在执行期间从事特定活动，进入特定区域、场所，接触特定的人”的禁止令。《刑法修正案（九）》对利用职业便利实施犯罪或者实施违背职业要求的特定义务的犯罪增加了职业禁止令，其期限是自刑罚执行完毕之日或者假释之日起3年至5年。刑法修正案（八）、（九）将非监禁刑引入刑罚的措施，体现了我国刑法逐渐推行与国际化趋势相协调的刑罚轻缓化、犯罪的非刑罚化理念。这一理念在刑法修正案（八）和（九）的大量条文中也可窥见一斑。《刑法修正案（八）》对已满75周岁的老年人、未成年人、怀孕的妇女从宽处罚，取消13个非暴力型犯罪的死刑，增加死刑缓期执行中“故意犯罪、情节恶劣”才能执行死刑立即执行。《刑法修正案（九）》增加了恐怖主义犯罪的罚金刑，将生产、销售不符合卫生标准的食品罪，生产、销售有毒、有害食品罪中以比例加倍处罚的方式修改为“并处罚金”。

二、我国刑法典颁行20年来立法理念变迁的论析

（一）顺应社会新形势、新情况，体现刑法社会保障功能

1. 秩序、安全价值是对刑法社会保障功能的反映

我国刑法的功能是惩罚犯罪、保护人民，据此，社会保障和人权保障是刑法的两大功能。在刑事立法中，刑法的社会保障功能通过立法者对人们最为关注、社会矛盾最为突出的问题予以预防来实现。我国社会主义市场经济体制建立之后，社会的主要矛盾转变为人们日益增长的物质需求与落后的生产力之间的矛盾，因此，打击社会主义市场经济体制中市场主体的虚假违法行为，建立稳健的、值得信赖的市场环境是关键，《刑法修正案》增设了诸如隐匿、故意销毁会计凭证、会计账簿、财物会计报告类犯罪，修改了证券市场类犯罪。随着市场环境的不断繁荣，交易手段的不断高科技，金融诈骗类犯罪成为突出的社会问题，《刑法修正案（五）》增加了各种信用卡类犯罪。我国社会生活领域，安全、有序的出行环境是人们正常生活、工作的后方保障，我国交通领域突出的醉驾、飙车、超员、超速致死致伤事件，我国少数民族地区严重暴恐案件均促使我国刑法高度关注人们的公共安全，刑法修正案（八）、（九）将危险驾驶罪入刑并扩充其犯罪行为方式，《刑法修正案（三）》和《刑法修正案（九）》将恐怖主义犯罪的惩治作为修正案的中心和重点。刑法对于社会突出矛盾的解决暗含着刑法始终将秩序、安全视为立法的首要价

---

① 参见刘艳红：《〈刑法修正案（八）〉的三大特点——与前七部刑法修正案相比较》，载《法学论坛》2011年第3期。

值。秩序是自然界和人类社会运动、发展和变化的一致性、连续性、确定性。根植于人类社会的秩序被称为“社会秩序”，有秩序、有规律、安全的社会秩序是人类一切活动的前提。秩序的建立以规则为必不可少的因素，冯·萨维尼指出：每个人若要在安全且自由的领域内活动和存在，必须依凭规则建立某种看不见的界限，这种规则就是法律。[①]“法律规则又需要整个社会系统地、正式地使用其力量加以维持”。[②] 因此，当社会秩序得到具有一般性和抽象性特征的法律规则予以保护并以强制力保障实施时，才能形成稳定、可预测的有序秩序。刑法具有维护社会秩序的功能，它通过对法益的保护达到保护社会生活中的一定利益。秩序是安全的稳定器，无序的社会只会导致无尽的社会冲突，社会冲突又是人们心生恐惧，缺乏安全感的根本动因。安全是维持秩序的助力器，只有社会安全太平，人们的生活才能秩序井然。安全意味着安宁与太平；对个人来讲，象征着生命、身体、名誉、财产和其他各种自由权利免受侵害。[③] 托马斯·霍布斯认为，法律有序化的最为重要的任务是保护生命、财产和契约的安全。[④] 当代社会的安全已超越了传统的疾病、公害、军事和政治安全，经济安全、生态安全、信息安全、资源安全等非传统安全已成为势不可挡的威胁因素侵犯着人类生存，如恐怖主义、走私贩毒、资源短缺和生态环境恶化、交通事故，风险社会加剧了人们的不安和紧张，危险和不安全感笼罩着人们的生活。在此情势之下，刑法逐渐发生变化，通过安全刑法、风险刑法理论对侵扰人类安全的因素提前予以防范，将保障人类安全、和谐的生活作为主要任务。因此，我国刑法顺应社会情势变更，通过修改刑法体现了刑法的社会保障功能，反映了其将秩序、安全视为立法的首要价值，反过来，秩序、安全的价值理念又进一步指导立法机关顺应时势立法，将最为突出的社会问题动用刑法予以干预。

2. 秩序、安全价值指引刑法降低社会危害性标准

秩序、安全的价值追求不仅反映在我国社会经济、公共安全领域，也反映在我国社会生活的其他方面，在我国社会管理活动中，当社会矛盾用行政手段制裁仍收效甚微时便会求助于刑法，于是，刑法的触角被前置，它通过降低社会危害性标准将违法行为入罪。我国刑法第13条规定了犯罪的概念，它用“情节显著轻微、危害不大”的“但书”形式将对社会危害性的“定量分析”引进到刑法认识新领域中，因此，刑法第13条“但书”的规定确认了我国对犯罪概念的立法模式为“定性+定量”的形式，据此认为严重的社会危害性是犯罪的实质特征。对于如何理解社会危害性，我国刑法学者有不同的看法，主要存在事实说、法益说、属性说三种

---

① 参见［英］弗里德利希·冯·哈耶克：《自由秩序原理》，邓正来译，三联书店1997年版，第183页。

② 参见［英］彼得·斯坦、约翰·香德：《西方社会的法律价值》，王献平译，中国人民公安大学出版社2004年版，第45页。

③ 参见乔克裕、黎晓平：《法律价值论》，中国政法大学出版社1991年版，第164页。

④ 参见［美］博登海默：《法理学——法律哲学与法律方法》，邓正来译，中国政法大学出版社2004年版，第267页。

学说，[1] 也有学者认为，对社会危害性的评判涉及对行为的价值评价范畴[2]，美国著名学者哈伯特·L. 帕克认为可以通过人们的感受和人们心中的“道德”标准予以把握，“刑事制裁一般应限制于那些被认为是不道德的行为（对此无重要社会分歧），犯罪列表不应当被扩大到这个界限之外，而且，随着道德观念的转变，它应当被缩小范围。”[3] 如果说判断违反传统伦理道德的自然犯可以适用帕克的“道德”标准的话，那么，违反社会管理活动的法定犯是不适用于人们内心的“道德”标准的，一般而言，我国在判断法定犯是否具有严重的社会危害性时采用了两个指标：(1) 媒体和人民群众的回应；(2) 造成的实害结果。这一标准也正如学者所理解的社会危害性的评判标准“并非纯粹的事实判断与客观判断，而是一个充满价值衡量与主观评判的过程”。[4]“社会危害性属于价值评价的范畴”，“以对他人的直接危害结果作为其基本评价内容”，[5] 在这一评价标准的指引下，在我国社会治理过程中新型事件不断增多而行政权又不足以应对的状况下，人们的不安和社会的不稳定因素促使我国大量的法定犯入罪。以危险驾驶罪为例，1996~2010 年，超速驾驶在导致交通事故死亡人数排名中位居第一、第二，如 2005 年因交通事故导致的死亡人数为 98738 人，超速驾驶导致的死亡人数占到总死亡人数的 16.22%；2006 年因交通事故导致的死亡人数为 89455 人，超速驾驶导致的死亡人数占到总死亡人数的 13.22%；2007 年因交通事故导致的死亡人数为 81649 人，超速驾驶导致的死亡人数占到总死亡人数的 14.06%，[6] 在如此严峻的交通形势面前，我国立法机关基于对国民共同生活空间的“秩序与安全”考虑，《刑法修正案（八）》将超速驾驶中的“追逐竞驶情节恶劣”的行为扩大至犯罪圈内予以犯罪化处理，《刑法修正案（九）》将严重超速行为规定为犯罪。

社会危害性标准导致犯罪门槛降低，犯罪圈扩大，犯罪圈扩大是基于秩序、安全价值理念的指引，反过来，秩序、安全理念指引也正是建立在现代刑法社会保障功能的基础之上。学者预测，中国的犯罪门槛还将继续下降，其影响范围也将进一步扩大。[7]

（二）顺应国际形势，保障人权，走刑罚轻缓化之路

纵观人类刑罚历史的发展，刑罚的设置总体上呈现由残酷走向轻缓的轨迹，“以牙还牙、以血还血”的肉体刑和生命刑逐渐被自由刑取代，死刑废除已成为越来越多国家的实践。就死刑废除的情况来看，截至 2000 年 10 月底，在世界上 194 个国家和地区中，已经有 76 个国家从立法上对全部犯罪废除了死刑；另有阿根廷、巴西、墨西哥等 10 个国家对普通犯罪废除了死刑；还有阿尔巴尼亚等 37 个国家和

---

① 参见苏青：《我国刑法中社会危害性概念之界定》，载《中国刑事法杂志》2012 年第 7 期。

② 参见冯亚东：《理性主义与刑法模式》，中国政法大学出版社 1998 年版，第 23 页。

③ Herbert L. Packer: The Limit of the Criminal Sanction, Stanford: Stanford University Press, 1968, p. 264.

④ 参见高铭暄、曹波：《当代中国刑法理念研究的变迁与深化》，载《法学评论》2015 年第 3 期。

⑤ 参见苏青：《我国刑法中社会危害性概念之界定》，载《中国刑事法杂志》2012 年第 7 期。

⑥ 此数据来源于中国知网（CNKI）数据库，其内容为 2006、2007、2008、2009《中国交通年鉴》关于“全国道路交通事故主要原因”的分析。

⑦ 参见卢建平：《犯罪门槛下降及其对刑法体系的挑战》，载《法学评论》2014 年第 6 期。

地区可被视为事实上废除了死刑。目前只有71个国家仍然保留着死刑，废除死刑的国家已成为国际社会的大多数。[①] 在仍然保留死刑的国家中，死刑在立法上和适用上均进行严格限制，死刑仅存在严重危及生命安全的犯罪之中。在国际人权活动中，联合国人权委员会在1997年和1998年，分别通过了1997/12号决议1998/8号决议，呼吁、督促尚未废除死刑的国家逐渐减少死刑适用范围。[②] 从总体趋势上看，废除死刑在全世界范围内已成为不可逆转的潮流，中国是联合国《公民权利和政治权利国际公约》的成员国，应该顺应国际趋势，为尊重人权而做出实质性的举动。2011年《刑法修正案（八）》废除了13个非暴力型犯罪的死刑罪名，宣示了中国为实现人权保障、顺应国际趋势，实施了跨越性的一步。"其文明性、人道性与进步性，在中国刑事立法上，将具有里程碑式的意义"。[③]

刑罚轻缓化还表现在刑罚替代措施（非监禁刑）的施行上，我国的非监禁刑措施是通过管制、缓刑、假释、罚金、剥夺政治权利、没收财产来实施的，但在世界范围内，广泛适用罚金、适用社区矫正措施，均是非监禁刑的主要方式。例如，在日本，罚金刑占判刑总数的94.93%；在德国，罚金刑占被判刑总数的79.31%。[④] 在瑞典，1998年刑罚执行系统共有罪犯19万余人，其中有近1.6万人在社区执行；在美国，目前实际在社区服刑的人犯比例，已占所有接受审判人士的四分之三，并有持续扩大采行的趋势；在加拿大，联邦惩教系统中，罪犯在监狱服刑与在社区服刑的比例为二比一。[⑤] 可以肯定地说，新社会防卫论所倡导的非犯罪化、非司法化、非刑罚化、非监禁化已经成为刑罚制度发展的重要潮流，在各国都在研究和探索罚金、缓刑、假释、家庭监禁、社区服务等非监禁制裁措施以及以行政处罚、民事赔偿取代刑事制裁之时，我国也顺应了世界潮流。事实上，我国1997年刑法典规定，被判处管制、宣告缓刑和执行假释的犯罪分子，由公安机关执行，在实践中，这种通过"警察监督"方式来执行的措施会由于警力不足，难以有效考察监督到位，而且，这种监督通过要求罪犯遵守若干规定的管束方式，使服刑人员由于缺乏积极改造而无法改过自新，对自己的犯罪行为没有从良心上深刻认识，也无法自力更生回归社会。因此，我国2011年《刑法修正案（八）》将"社区矫正"写进刑法，社区矫正成为管制、缓刑的具体执行措施，并且，将禁止令作为社区矫正的同时执行内容，《刑法修正案（九）》在禁止令的基础上，又将带有行政处罚性质的职业禁止令写进刑法，作为社区矫正的执行内容。据此看出，我国实行轻缓化刑罚措施改变了我国重罪重刑、厉而不严的刑罚结构，通过加强社会力量矫正罪犯的方式正在改变我国单独依靠司法机关教育罪犯的局面，具有划时代的意义：第一，符合国际

① 参见杨春洗、张庆方：《论世界范围内的死刑存废现状和中国的死刑问题》，载赵秉志主编：《刑法论丛》（第5卷），法律出版社2002年版，第412页。

② 参见胡云腾：《存与废——死刑基本理论研究》，中国检察出版社2000年版，第295页。

③ 参见刘艳红：《〈刑法修正案（八）〉的三大特点——与前七部刑法修正案相比较》，载《法学论坛》2011年第3期。

④ 参见吴宗宪、陈志海、叶旦声、马晓东：《非监禁刑研究》，中国人民公安大学出版社2003年版，第269页。

⑤ 参见冯卫国：《行刑社会化研究》，北京大学出版社2003年版，第180页。

潮流和趋势，与我国宪法规定的“国家尊重和保障人权”这一人类普遍遵循的价值观念相吻合；第二，刑罚轻缓化符合我国社会主义市场经济发展的需要，因为社会主义市场经济需要发挥人的主动性和创造性，需要一个宽松的环境，如果用严刑峻法处罚市场经济犯罪，它将使得市场主体胆小谨慎、患得患失，不能更好地参与市场经济建设；第三，刑罚轻缓化措施与我国逐渐下降的犯罪门槛紧密相连，轻罪需要轻刑，严而不厉的刑罚体系是调整刑罚结构的需要。

三、结语

我国刑事立法理念的变迁是随着我国社会经济环境、国际社会刑法立法趋势不断变化而做出的改变，这种理念将继续指引我国未来刑事立法作出修改，将来我国犯罪门槛下降的趋势会继续保持，犯罪圈扩大的趋势会一如既往，死刑罪名取消的范围将扩大到包括贪污罪在内的经济领域，仅在侵犯人身权利、财产权利的暴力性犯罪中保留死刑，刑罚轻缓化会循序渐进地开展，假释的适用范围得到扩大，对于累犯及被判处10年以上严重危及人身安全的暴力性犯罪将会附限制性条件地予以假释。

我国刑法修正的基本回顾与初步展望*

孙道萃** 麦 芒***

1997年《刑法》颁行后，逐渐选择并确立了刑法修正案作为常态的刑法修改完善模式。1999~2015年，共发布九个修正案，涉及140余个条文。回顾九次刑法修正，可以初步探寻修改的特点及其规律，并动态地观察修改的得与失，以及历史性地评判修改的理性与失衡，是进一步完善刑法修正的前提和基础，也是借此完善刑法立法原理、刑法理论研究与促进刑法体系健全的有益尝试。

一、历次刑法修正的基本回顾

历次刑法修改的背景与动因均有所差异，但整体上呈现出一定的共性。通过对历次刑法修正的整体观察，有助于为立法完善提供更可靠的认识依据和索引。

（一）历次修正的主要内容

1. 前五次修改。前五次修改往往都明显关注某一方面，或以某个类罪的修改为主，甚至是修改零散的几个罪名。由于修改的条文数量不多，不涉及很大幅度的修改，缺乏集中性与规模性。而且，全部以分则修改为主，不涉及刑法总则的修改。此外，修改的方式既有罪状与法定刑的调整，也有少量的罪名增加。

2.《刑法修正案（六）》。着重对破坏金融管理秩序犯罪、损害上市公司和公众投资者利益犯罪、商业贿赂犯罪等内容加以修正。其中，既有拟新增的骗用贷款罪、虚假陈述罪等罪名，也有对现行刑法中已规定的犯罪在构成要件上和法定刑设置上的修正。总体而言，较为明显地呈现了立法的"严厉化"特点。然而，这引发了有关"犯罪化"倾向的热议，也促使全国人大常委会通过的《刑法修正案》是否可以间接行使《宪法》、《立法法》赋予全国人民代表大会制定、修改基本法律的权力。《刑法修正案（六）》的这一修改问题一直延续至今。

3.《刑法修正案（七）》。此次修改有几个特点：一是修法技术的提升，注重立法语言的准确性，如偷税罪的修改、传销的定义等。二是广泛征求专家学者与民众意见，尤其是倾听理性的民意，通过立法反映民意的内容，积极贯彻民主立法精神，如公民个人信息犯罪的增设。三是顺应社会发展，关注民生保护，提升刑法抗制犯罪效能，如"老鼠仓"的规制、传销犯罪的规制等。四是注重贯彻宽严相济刑事政策，强调宽的一面。例如，绑架罪法定刑的修改、缩小逃税罪的犯罪圈等，体

* 本文系基金项目：司法部中青年课题"网络犯罪的立法回应与刑法知识转型"（项目编号：16SFB3020）；最高人民检察院理论研究所课题"检察机关保障网络安全机制研究"（课题编号：GJ2016D41）。

** 北京师范大学刑事法律科学研究院博士后。

*** 华南理工大学法学院硕士研究生。

现轻刑化的趋势。但有以下几个问题：一是宽严相济的均衡不足，新增罪名、增补形态、提高刑罚的数量占比很高，严密法网、加重处罚仍然是主调；二是刑法功能的过度依赖和片面推崇，并未充分认识到刑法功能是有限的，在强调犯罪化时，对非犯罪化的关注度不高，犯罪化的尺度有欠科学性。①

4.《刑法修正案（八）》。此次修改根据社会发展、刑事政策调整和弥补刑法缺陷的需要而动，坚持树立“维护社会和谐，贯彻宽严相济，促进刑法科学、进步”的改革目标，循序渐进，注重贯彻人权保障、民生保护、宽严相济和面向国际的现代理念，不断加强死刑和自由刑制度改革，积极完善特殊群体从宽制度、民生的刑法保护和反腐败的刑法规范，努力促进刑法立法的全面完善。但问题在于：一是进一步充分体现宽严相济的刑事政策，死刑改革还应深入推进；二是切实坚持从国情出发、实事求是，理性客观保护民生安全；三是努力坚持与实现罪责刑相适应的原则，刑罚结构的合理调整与优化仍需坚持；四是在取消死刑的范围、老年人犯罪从宽、特别减轻处罚权、危险驾驶入罪和黑社会性质组织犯罪的惩治等方面，仍暴露出修改在内容把握、技术拿捏、政策运用上的一些不足。②

5.《刑法修正案（九）》。此次刑法修正有以下几个显著特点：一是修法立足现实需要，坚持面向社会生活和司法实践的动态发展，把握关键难题，切实解决新型问题；二是重点突出，主次得当，热点问题、难点问题和前沿问题都有涉及，但不求面面俱到；三是力求修改内容的科学合理，注意修法内容的科学性和可操作性；四是修法贯彻落实公开民主的基本原则，修改的内容、修改的幅度、修改的导向等，都以国家、社会与民众的最大利益为出发点。进而确保《刑法修正案（九）》的立法品质。但这次立法过程和立法内容仍有不足与缺憾：一是立法的民主性有待进一步强化，特别是在互联网时代下如何贯彻立法民主原则有待解决；二是立法的前瞻性需要进一步加强，立法修正要避免重复修改同一内容，也要避免修改之后缺乏预见性，导致修改效果下降；③ 三是立法的理性有待进一步增强，立法如何与刑法理论协同一致，如何发挥刑法理论是值得探讨的问题；四是应切实贯彻宽严相济刑事政策，而不能片面强调重刑处罚，更不能一味主张犯罪化，无端扩大犯罪圈和刑罚圈；④ 五是立法的技术性有待进一步提高，尽量避免使用模糊性的兜底用语或增设情节加重犯等罪状，积极实现明确性原则。

（二）历次刑法修正的基本规律研判

1. 立法理念层面。主要包括：（1）不断努力适应国家经济社会发展新时期的特点，积极响应和贯彻中央关于司法体制改革和工作机制改革的要求。但是，刑法修正的政策性意蕴不断变浓。（2）立法修正日益强化刑法与刑事政策之间的良性互

① 参见赵秉志：《〈刑法修正案（七）〉的宏观问题研讨》，载《华东政法大学学报》2009 年第 3 期。

② 参见邢馨宇、邱兴隆：《刑法的修改：轨迹、应然与实然——兼及对刑法修正案（八）的评价》，载《法学研究》2011 年第 2 期。

③ 参见刘宪权：《刑事立法应力戒情绪——以〈刑法修正案（九）〉为视角》，载《法学评论》2016 年第 1 期。

④ 参见周光权：《〈刑法修正案（九）〉（草案）的若干争议问题》，载《法学杂志》2015 年第 5 期。

动，“刑事政策的刑法化”特点持续鲜明，刑事政策与刑事立法的指导作用得到加强。特别是2006年以来，随着宽严相济刑事政策成为基本刑事政策后，刑法修正案始终围绕“宽严相济”做文章，力求区别对待。尽管当前的修正案整体上更倾向于“严”的一面，但“宽”的努力与成绩仍有目共睹，积极废除死刑罪名是最佳的注脚。(3) 立法修正不断重视民主原则，寻求与民意之间展开理性的对话。例如，立法修正过程重视征询各方的意见和建议。但是，立法修改的内容也在一定程度上裹挟着对民意的屈从、对政策的不当把握等消极面，存在一定的“应急性”、“象征性”与“短期化”问题。换言之，有些立法修改的背景或内容过于“迁就”民意，并未彻底剔除非理性的干扰，与立法科学性原则背道而驰。

2. 立法技术层面。总体而言：(1) 立法修正不断重视立法技术的改进。在罪状、法定刑、罪名等方面都努力提升立法内容的科学性、准确性。但是，立法技术的整体提升与升级不足。例如，增加不少“情节犯”、“情节加重构成”，规定不少“等”、“其他”等兜底性款项，这些综合性、概括性、兜底性用语大多有悖于明确性原则。(2) 刑法修改日益间接地在局部范围显示出，增设新罪、加重法定刑与限制有利于犯罪人的制度的适用三大轨迹，局部上标示着严刑始终是指引刑法修改的主旨。虽然已经不再沿袭“严打”政策或绝对的重刑主义，然而，对非犯罪化、轻刑化、非监禁刑化等世界刑法改革理念的吸收与转化并不够。(3) 注重刑法总则、刑法分则修改的同步性。改变以往对刑法分则进行“修修补补”的做法，不再采取“打补丁”的碎片化举措。但是，总则内容的修改可谓“牵一发而动全身”，对分则的影响非常广泛。当前，对总则的修改仍然缺乏足够的规划意识、战略安排、体系疏导；对分则的修改涉及面太广，缺乏整体布局。例如，对死刑适用、公民个人信息犯罪和危险驾驶罪的多次修改便暴露出乏力的一面。因此，今后如何更好地协调总则与分则的修改至关重要。(4) 过度依赖刑法修正案的刑法完善模式，刑法典的全面修改模式仍未纳入议程范围并考虑适时启动，客观上制约刑法完善的效果，不利于刑法典的革命化改造。

3. 立法的科学性层面。主要分为：(1) 持续发力，积极对接网络时代的新调整，升级刑法修正的网络分量。总则、分则的同步修改虽是进步之举，却客观上滞后于网络时代的高速变迁。《刑法修正案（七）》和《刑法修正案（九）》分别修改计算机犯罪，然而，与网络时代的衔接并不融洽。从长远来看，“网络刑法学”或将形成，今后的刑法修正不能熟视无睹，而应有破釜沉舟之勇气，推动传统刑法理论体系的时代变革。(2) 不断强化发挥刑法的功能，特别是社会保障的一些功能，推动“民生刑法”等理念的形成。例如，醉驾入刑、食品药品安全犯罪的行为犯化等。但刑法不是万能的，如何理性对待刑法功能是今后修正的难点。(3) 积极应对风险社会的多元挑战，注重发挥刑法的早期预防功能，强调刑罚处罚的前置化，重视刑罚的积极一般预防作用，集中体现在预备行为实行化、片面共犯行为正犯化、行为犯与危险犯数量递增等。[①] 但这对传统的客观主义立场、行为刑法体系产生很大的冲击，对司法实践的后续影响尚需观察与检验。

二、刑法修正的未来展望

1997年《刑法》已历经九次不同程度的修改。刑法修正案已成为我国刑法立法完善的常态模式。但既要看到刑法修正案作为刑法修改完善的常态模式的积极一面，也要认清刑法修正案模式的一些缺陷和不足，深入探索刑法修正的未来发展方向，进一步促进刑事立法的科学化、民主化，提高刑法的时代适宜性。

（一）刑法修正案模式的进一步完善

刑法修正案模式存在一定的局限性和缺陷性：一是刑法修正案在适用功能上并非万能，司法机关适用时并不方便；二是刑法修正案的立法主体不当，涉及《宪法》规定的全国人大与全国人大常委会之间的权力界限与合理分配问题。[②] 尽管如此，修正案模式作为在我国刑事立法实践中大获成功的立法模式日益走向成熟。

可以看到的是，刑法修正案的大面积、高频率、实质性修改已经存在侵蚀刑法典的巨大隐忧，理由为：（1）修改条文数量很大。现有九个修正案已经对刑法典的总则和分则进行了不同程度的修改，共涉及132个条文。其中，有些条文重复已经被修改多次，它们分别是第180条、第181条、第191条、第225条、第312条。据此，九个刑法修正案从实质层面大幅度修改1997年《刑法》的内容框架，甚至会架空现有刑法典，因为除了危害国家安全罪、危害国防利益罪、军人违反职责罪三部分，其他章节的罪名已经被大部分或整体性修改。（2）修改时间过于频繁。从1999年至2015年，共有九次修正，平均不到一年半便有一次不同程度的刑法修正，这种高频率的刑法修正容易造成刑法规范适用的不确定性与反复性，既会让司法者疲于处理溯及力与运用新规定，也会让公众无所适从，使刑法的行为引导功能与裁判功能都受到间接影响，进而破坏刑法典的安定性与稳定性。（3）修改内容以实质增补为主。从历次刑法修正案的内容看，主要分为调整犯罪构成要件、直接增设新罪名和提高法定刑幅度三种形式，而且直接增设新罪名的数量不断递增，如《刑法修正案（九）》一次性在第120条之一后增加六个条文。然而，无论何种方式，都属于对刑法条文的实质增补修改，而增设新的罪名更明显。显然，刑法修正案对刑法典的实质增补修改和大幅度替换实际上已经逐渐形成间接取代1997年刑法典的客观修改效果。如果按照目前刑法修正案的发展趋势，1997年《刑法》将可能面临被全面修改或整体替换的命运。但并非刑法修正案及全国人大常委会所应承担的立法使命，反之，全面整体修改刑法典是全国人民代表大会的宪法职权。

因此，应认真考虑刑法修正案作为当前唯一（实质）的立法修改完善模式的合理性与必要性。理由为：刑法修正案可以作为刑法修改完善的一种方式，但是，如若作为常态模式，而且实质性地大幅度修补原文的罪状、法定刑，甚至直接增设的

① 参见车浩：《刑事立法的法教义学反思——基于〈刑法修正案（九）〉的分析》，载《法学》2015年第10期。

② 参见于志刚：《刑法修正何时休》，载《法学》2011年第4期。

新罪名快速攀升，则过于频繁的刑法修正将间接侵犯全国人民代表大会制定和修改基本法的宪法权力，而且将实际架空刑法典，这种“偷梁换柱”的修正方式并不可取。而且，经过多次刑法修正后的刑法典，不仅需要进行一场彻底的法条清理编撰工作，更应同时考虑刑法典完善模式，否则，无法对刑法典的章节结构与顺序、条文编排体例等进行全面、系统的修改。

（二）刑法修正的前瞻性及清减性

回顾1997年《刑法》，保守性思想比较明显，立法理念强调“宜粗不宜细”，这为频繁通过刑法修正案修改完善刑法埋下伏笔。从每次刑法修正案的背景和初衷来看，基本都属于被动式的“立法反应”。换言之，都是针对已经出现且形势严峻的犯罪现象及犯罪形势进行“事后”的立法反应。例如，《刑法修正案（三）》的修改背景是美国发生“9·11”事件，国际反恐形势发生重大变化，为了有效参与国际反恐和惩治国内恐怖犯罪，才迅速出台刑法修正案；《刑法修正案（八）》首次修改总则规定并大范围调整刑罚结构，是因为“死刑过重、生刑过轻”问题备受诟病，严重削弱刑罚目的与刑罚效果的实现。但是，历次刑法修正案都仅仅将立法者认为成熟的部分加以修改，虽然初衷是为了确保修正案的稳妥性，但是，保守的刑法修正思想仍然根深蒂固，这使得刑法修正缺乏前瞻性与预见性。

但是，刑法修改完善应当是兼具稳妥性与前瞻性，而且，前瞻性显得尤为重要。理由为：刑事立法本身固有一定的滞后性，这往往加剧立法的保守性，而且还导致刑法规范的有效性与适宜性始终处于动荡状态。同时，中国社会正处于全面深入改革开放的进程中，犯罪形势变化多端，刑事政策的需要时常调整。为了有效地提高刑法规范的适宜性与有效性，应当从立法层面强调前瞻性与预见性，要在立法理念上摆脱“宜粗不宜细”的陈旧思想，要准确把握犯罪形势的前沿动向与发展趋势，以长远的“预测性”、“预防性”立法策略为导向，增加立法的时空有效性。但是，综观已有的刑法修正案，却出现以下情况：（1）多次重复修改相同条文。例如，《刑法修正案（九）》修改《刑法修正案（八）》新调整的死缓变更规定，拟修改《刑法修正案（八）》新增设的侵犯公民个人信息犯罪。（2）修改内容未能充分兼顾理论研究的预见性与前瞻性。例如，《刑法修正案（七）》修改计算机信息系统犯罪时，未能有效结合理论研究的最新成果，未能在立法理念上树立网络空间犯罪的独立性，以至于《刑法修正案（九）》进行大幅度的修改，但是，《刑法修正案（九）》仍被认为缺乏足够的前瞻性与预见性，难以应对未来不可预测的网络空间犯罪。因此，我国立法机关应当充分吸收和利用犯罪学的最新成果，高度关注高新技术革命条件下衍生的新型犯罪现象，适时启动刑法立法，对新型的犯罪现象作出及时有效且具有前瞻性的回应。再如，《刑法修正案（九）》重点修改贪污贿赂犯罪，却不顾理论界的多年反对和呼吁，仍然保持贪污罪和受贿罪适用相同的定罪量刑条款，贿赂犯罪的对象仍保留为“财物”而非“利益”，仍未能解决“性贿赂”入罪与“收受礼金”入罪等热点问题。鉴于此，刑法修正案的立法前瞻性与预见性不足问题始终存在，必须从《刑法修正案（九）》开始加以扭转。（3）刑法修正案只做“加法”而无“减法”。从八个刑法修正案的内容看，除了废除死刑罪名的情形外，基本上都是增加罪状或调整罪状、调整法定刑或增加法定刑幅度或直接增设新的罪名。从数量和规模看，刑法修正案不断为被修改的条文“加码”，使得原有刑法典被“膨胀化”，显著增加刑法典的内容。换言之，刑法修正案只做“加法”，以至于几乎没有“减法”。然而，1997 年《刑法》的某些规定或罪名已经开始陆续显现出落后性乃至不适宜性，如聚众淫乱罪、文物犯罪等。因此，刑法修正案应当担负起“减法”的重要使命，要为刑法典“瘦身”。但是，最新通过的《刑法修正案（九）》仍未重视“减法”的意义和价值，继续以大幅度和大范围做“加法”为主。

（三）刑法修正的合理犯罪化与非犯罪化策略

九次刑法修改完善的指导思想基本以“及时而合理地增设新型犯罪”为导向。综观已有的刑法修正案，犯罪与非犯罪化可谓最为亮眼的主体部分。然而，从立法修改的具体内容看，犯罪化是主流或主导趋势，尽管《刑法修正案（七）》在逃税罪上对犯罪化的主流趋势作出一定的“调整”。然而，丝毫不影响犯罪化仍是当前刑法修正案的主导思想，《刑法修正案（六）》、《刑法修正案（七）》、《刑法修正案（八）》、《刑法修正案（九）》都有体现。在《刑法修正案（九）》中，犯罪化的立法指导思想集中体现在恐怖犯罪、网络空间犯罪、侵犯公民人身权利犯罪、腐败犯罪、妨害社会管理秩序犯罪等方面。因此，犯罪化仍将不可避免地成为主导未来刑法修正案的主流思想。[①] 究其原因：（1）1997 年《刑法》的制定背景已经发生了翻天覆地的变化，这在整个总则和分则都有所体现。而且，由于 1997 年《刑法》当时以“宜粗不宜细”为原则，导致传统罪名在现代社会、网络空间社会、风险社会等新环境新情况中必然面临时空维度转型的适宜性问题。因此，适度的犯罪化是可取的，是有利于保证刑法实现保障人权和保护社会的机能。（2）刑法解释学的相对贫困，导致刑法解释理论相对欠发达，以至于对一些介于刑法解释与刑法修正之间的“中间情形”，往往选择刑法修正案这一更直接有效且简捷的方式，而不主动选择可能存在纷争的刑法解释学。

对于刑法修正案的犯罪化主导思想，不乏一些质疑和批判的声音。例如，未来的刑法修改应停止刑法调控范围的扩张，应放弃进一步的任何犯罪化，适当开启非犯罪化。再如，立法修改应根据刑法谦抑精神保持适度的克制，犯罪圈的扩张应缓慢前进，应优先考虑通过行政处罚等手段有效应对新出现的脱序现象。未来的刑法修正应当综合犯罪趋势与犯罪形势，在犯罪化与非犯罪化之间保持动态的良性平衡与侧重。具体而言：（1）对犯罪化要一分为三地看待。对于在网络空间新环境下出现的具有严重社会危害性的行为，应采取科学的犯罪化立场，如虚假信息犯罪、寻衅滋事罪、非法经营罪等；对于一些传统罪名，要根据社会文化的发展变化进行适当的调整，如强制猥亵罪不应继续区分男女性别，男性同样是强制猥亵罪的受害者，《刑法修正案（九）》对《刑法》第 237 条的扩张处罚修改值得肯定；对一些

① 参见赵秉志、袁彬：《中国刑法立法改革的新思维——以〈刑法修正案（九）〉为中心》，载《法学》2015 年第 10 期。

社会风化犯罪或具有“兜底”作用的口袋罪，如聚众淫乱罪和非法经营罪等应采取适度的非犯罪化立场。（2）对非犯罪化要一分为二地看待。刑法典的主要使命和任务是规定犯罪而非规定哪些行为不构成犯罪，一律主张非犯罪化是一个“伪命题”。但是，对于1997年《刑法》规定的一些特定罪名，基于社会危害性已经降低、缺乏具体特定的被害人、罪名过于宽泛而缺乏明确性或时代变迁以至于适用概率极低等理由，可以考虑非犯罪化，如一般性赌博犯罪、淫秽物品犯罪、妨害作证罪等伪证类犯罪、侵犯通信自由罪、骗取贷款罪等。

基于此，在未来的刑法修正案中，不应断然放弃犯罪化，也不应迷信非犯罪化，应慎重启动犯罪化，同时应严格控制非犯罪化的边界。在犯罪化与非犯罪化问题上，犯罪化是主要矛盾，非犯罪化是次要矛盾，不能主次颠倒和厚此薄彼。

（四）刑法修正积极驱动刑罚制度的创造性变革

刑法修正案历来较为集中关注犯罪化与非犯罪化问题，具体表现为增补罪状和增设新罪名，以至于忽略刑罚范畴。然而，《刑法修正案（八）》首次涉及《刑法》总则规定的修改，并集中在调整刑罚结构。这是前所未有的刑法修正案修改风格。《刑法修正案（八）》首次开启刑罚制度的修改，旨在扭转“死刑过重、生刑过轻”的重刑化刑罚结构。而且，我国立法机关首次从立法上较大幅度地削减死刑的意义重大。这种史无前例的修改风格转变已经充分说明刑法修正案的内容导向正趋于成熟，它根植于立法理念的调整和完善。在此基础上，《刑法修正案（九）》对非刑罚处罚措施、死缓变更、罚金刑、数罪并罚、终身监禁等进行修改，这进一步夯实了刑法修正案重视修改“刑罚”制度的导向和意图，具有非常积极的时代意义，尽管修改内容未必完全科学合理。鉴于此，未来的刑法修正案将会进一步把重点和焦点集中到刑罚部分。原因有二：（1）刑罚是犯罪的后续反应方式与终端产物，只有科学合理的刑罚体系、刑罚结构以及刑罚执行制度，才能更好地衔接犯罪的规定。在犯罪化已经成为主要内容与犯罪内容日益丰富的情况下，必然“倒逼”刑罚制度的修改和完善。（2）刑法修正应协调总则和分则，既要适当调整总则的不合理规定，也要及时同步调整分则的具体规定。已有的七个刑法修正案主要关注分则的修补和增设，忽视与总则规定的协调，从而降低修改的效果。虽然《刑法修正案（八）》与《刑法修正案（九）》相继修改总则的刑罚制度规定，但目前仍主要限于局部、片段的修改，仍然缺乏更完整、更全面的体系性调整。今后，应围绕刑罚体系及其刑种的多元性设置、刑罚结构的轻刑化、刑罚执行的非监禁刑化等核心问题，展开刑法修正案的宏观布局与具体设计。

与此同时，在修改刑罚部分时，重刑化与轻刑化、监禁刑化与非监禁刑化始终是关注的焦点所在。[①] 从刑法修正案的内容看，在重刑化与轻刑化、监禁刑化与非监禁刑化问题上，存在以下显著特点：（1）重刑化多于轻刑化。我国的刑罚体系及结构总体偏重是根源所在，也即自由刑时代。而且，在修改“犯罪”部分时，由于

① 参见陈兴良：《犯罪范围的扩张与刑罚结构的调整——〈刑法修正案（九）〉述评》，载《法律科学》2016年第4期。

主要以增加犯罪构成的行为方式、增设新的罪名、限制有利于犯罪人的适用等为主要内容，与之对应的往往表现为提高法定刑，这间接导致刑罚体系及其结构承受重刑的后果。换言之，已有的刑法修正案基本上是以严刑为主导思想，轻刑化改革的力度不足。(2) 非监禁刑化的力度明显不足。原因在于：我国现有刑罚体系以监禁刑为主导，这决定非监禁刑化的基数非常低。同时，除《刑法修正案（八）》首次规定的社区矫正开启了行刑社会化的“破冰之旅”外，其他刑法修正案几乎长期将非监禁刑化置于搁浅状态。但是，这并非刑法修正案应当追求的效果，刑法修正案的目标是确保罪刑法定原则和罪责刑相适应原则之际，同时保证刑罚目的与刑罚执行效果的充分实现。因此，刑法修正案在纠正重刑主义和促进非监禁刑化上仍有很长的路要走。而且，这同时取决于刑罚体系、刑罚结构、刑罚执行制度的整体性修正与改革，否则，难免属于本末倒置之举。

（五）刑法修正与刑法理论体系的同步升级

《刑法修正案（八）》和《刑法修正案（九）》都明显体现了法益保护前置的理念，或者说，以预防为中心的刑罚目的理论有扩大趋势。例如，《刑法修正案（九）》将一些预备行为上升为实行行为，主要是考虑到恐怖主义、极端主义犯罪侵害的是社会公共安全等重大法益，需要刑法提前介入；将违法利用信息网络等传统犯罪的预备行为单独成罪，有助于解决网络犯罪的实践难题，也反映出我国刑法立法理念的创新。在此基础上，传统刑法理论的立场问题也发生了一定的漂移。长期以来，我国刑法立法主要坚持客观主义立场，以行为及其实害作为定罪量刑的主要基础。刑法更多地强调对犯罪人的惩罚。但是，刑法立法日益重视预防性理念及其实现，一些抽象危险性、预防性措施相继出现，使得客观主义与主观主义、行为刑法与行为人刑法的立场问题再次浮出水面。由此可见，刑法修正可以“倒逼”刑法理论的变革。

与此同时，网络空间社会不再是“虚拟空间”，网络空间社会是真实的。网络空间安全已经上升到国家战略层面，刑法保护网络空间安全的重大时代使命应运而生。然而，九次刑法修正对网络犯罪的修改幅度仍然有限，与高度变迁的网络时代相比，传统刑法理论体系与网络犯罪的“遭遇战”还将持续下去。当前，大数据、云计算、移动互联网、物联网等新生事物不断涌现，传统刑法理论体系时常出现失灵现象，充分暴露出 1997 年《刑法》的滞后性，也揭示了已有的九次修正对网络犯罪的重视程度仍然不够。究其原因，刑法理论体系的主动自觉变革意识不强、动力不足，客观上制约了刑法修正的前瞻性。

随着刑法修正的深入，刑法修正与刑法理论的变革更加紧密相关。刑法修正既可以促使刑法理论的变革，刑法理论的变革也直接影响刑法修正的效果。只有同时推动二者实现良性的对话格局，才能同步升级理论与促成立法修正的跃升。

三、结语

刑法典是刑事法治的前提和基础，适时修改完善刑法典是刑法进步和发展的重要条件和方式。当前，刑法修正案已经成为修改完善刑法典的常态模式。从已有的九个刑法修正案看，已经大幅度修改刑法典的具体规定。这极大地促进了刑法典的与时俱进，也强化了刑法典的时代适宜性能力。尽管刑法修正案在修正的权限、技术、前瞻性与清减性等方面存在一些瑕疵，但是，只要依照刑事政策的理性轨道，继续围绕犯罪化与非犯罪化、重刑化与轻刑化以及非监禁刑化等展开立法修改活动，刑法修正案模式可以为将来刑法典的系统化、体系化、科学化奠定扎实的基础，并在现实性与前瞻性、概括性与精密性、传统性与时代性、民族性与世界性层面实现立法的科学化目标，直接助推“输出”中国刑法体系。

我国刑法立法问题研究

何 群*

“1979年以前，新中国的刑法立法历经坎坷和曲折：一方面，新中国成立之初的主要任务是稳定政权、发展经济，法制建设没有被及时提上议事日程；另一方面，十年“文化大革命”对新中国法制的毒害至深，也影响了刑法立法。”① 因此，我国现代刑法立法是伴随着我国政治、经济社会的不断发展而发展的产物，受我国政治、经济、文化自身的特点所影响和束缚，具有中国独特的特点，也具有历史性和独特性。但是，法治的发展，既是一个地方性、历史性产物，同时也受法治发展一般规律的影响，各国较为成功的立法经验和立法模式，对于尚处于发展阶段的中国刑法立法而言，具有相当的借鉴意义。

社会处在不断的变化发展中，社会问题层出不穷，是影响和决定法学发展的重要推动力。近年来，环境问题、计算机网络问题、侵害公民个人信息犯罪问题、恐怖主义犯罪问题、食品卫生问题等成为新时期考验和挑战我国刑法立法的重要现实问题。应对新出现的社会问题，结合我国现有的基本国情和现有司法制度，需对我国刑法立法相关问题做必要的检讨和反思，以推进我国刑事立法和司法的进步和科学化发展。

一、我国制裁体系的特点分析

科学合理的刑法立法是立足于各国现实，在批判继承基础上的发展，也是特定政治体制、司法制度、历史文化背景的客观产物。刑法作为重要部门法，乃国家治国理政之公器。刑罚手段的严厉性和剥夺性，直接决定了刑法在国家治理中之重要权威性。刑法立法需要有相当的稳定性和审慎性以确保刑法的权威，同时，立法的科学性又要求法具有相当的超前性以确保法的相对稳定性。因此，有学者指出，基于中国刑法的百年变革历程，优良的刑法立法必须正确处理以下几个关系：合理处理刑法立法的批判与继承、借鉴的关系；审慎处理刑法立法的科学性与政治性之关系；正确处理刑法立法的现实性与超前性之关系。②

（一）行政权膨胀，行政立法庞杂散乱

在各国，行政处罚与刑事处罚之间存在错综复杂、看似简单但异常复杂的情况。尽管我国尚没有真正意义上的行政刑法，但针对行政处罚与刑罚体系二者的衔接，以及我国制裁体系科学化的理论和实务方面的研究，已不乏论著和论文。相对

* 福州大学法学院讲师，硕士生导师，刑法学博士，北京师范大学刑事法律科学研究院博士后。

① 赵秉志著：《刑法立法研究》，中国人民大学出版社2014年版，第15页。

② 参见赵秉志著：《刑法立法研究》，中国人民大学出版社2014年版，第23-24页。

于其他行政刑法发达的我国台湾、日本等地区或国家，我国行政制裁体系有着自身独特的特点。(1)行政法自身体系庞杂、滞后；(2)行政法规、规章实质上的权力膨胀和重要影响与法律位阶偏低之间的矛盾；(3)行政处罚之处罚严重程度，在性质评价上的低位阶与事实上的严厉性之间的矛盾；(4)我国现有立法并没有真正解决刑法的行政从属性问题，导致行政处罚与刑事处罚二者之间关联欠缺，对接不畅。客观而言，我国行政制裁体系自身的特点是阻碍我国行政刑法繁荣发展的重要制度原因。即便是在我国目前只有独立统一的刑法典，将几乎所有的罪刑规范都规定在刑法典的状况下，看似立法统一、明了、便于操作。但事实上，表面上的统一和易于操作，但事实上却不能适应现代社会发展对法治的要求。

在我国立法权、行政权、司法权三种权力的分配中，基于种种历史原因，行政权过于膨胀，亟须法治化进行规范和合理约束。但同时与之相对应的行政法及其各种行政性法规，在立法上缺乏相应的系统性，包括部门法规、规章等行政性法规，存在样态多样、影响深远、涉及经济生活的方方面面，但在法的位阶上又不及其他部门法高。因此，便形成了行政法自身之重要性与其法律位阶不足，以及行政处罚在本质上轻于刑事处罚但在事实上可能超过刑事处罚等紧张关系。基于此，行政处罚与刑事处罚二者之间的对接和配合对我国法治化的推动有着非常积极的重要意义。建立、完善、丰富、发展较为完备的行政刑法体系，不管是在立法层面，还是制度建设方面，都是目前我国法治发展亟须解决的重要问题之一。

(二)刑事法网进一步严密：行政违法行为犯罪化

刑法与行政法同属广义的公法，只是因各自有其目标、架构、基本原则、制裁手段及救济途径，故归属于不同的法学领域。二者即便在本质存在不同，刑法与行政法仍有可能产生交错、相互影响的现象。刑法可能对行政法产生规范效应，而行政法也可能成为刑法适用的先决条件。“从本质而言，刑法是一种被动性，且不具弹性的法规。”① 刑罚制裁在形式上要求更为严格，在内容上更为严苛，当然，处罚的时间性方面也体现了相当的滞后性。为了有效衔接社会一般违规行为之行政处罚与较为严重的犯罪行为之刑事处罚，很多国家在立法上将行政规范与刑法规范有机地联系起来，形成较为发达的行政刑法体系。

行政处罚虽然具有及时性和高效性等特点，但同时也可能带来人权保障方面的欠缺和不足。因此，对某些制裁措施的司法化处理，实质上是在程序正义与实质正义，以及效率与公正之间找寻恰当的平衡。为了对过于膨胀的行政权进行规范和限制，目前，我国刑法立法出现了行政违法行为入罪化的特点和趋势，我国《刑法修正案（九）》表现最为明显。所谓行政违法行为的犯罪化，是指将原本属于行政违法的行为在刑法中规定为犯罪。尽管《刑法修正案（八）》之前的历次刑法修正中已有将行政违法行为犯罪化的情况，但《修法正案（九）》是将行政违法行为犯罪化规模最大的一次。有十余种行政违法行为被规定为独立的犯罪或者在原有

① 郑昆山：《从“法治国原则”论集会游行刑事罚之“行政从属性”——兼论司法院大法官会议释字第四四五号解释》，载《律师杂志》第222期。

犯罪中被增加规定为其中的一种情形。[1] 这种通过刑法修正案的形式，协调行政处罚与刑罚之间的关系，将之前的行政违法行为入罪化和做司法化处理，具有中国刑事立法的独特特点。当然，这也是基于我国特有的刑事司法制度和司法特点所采取的一种立法处理模式。

当然，每个国家都有其自身特定的历史文化背景，立法往往也是各种博弈和权衡的结果。但是，从世界各国法治发展的历史经验来看，法治发展的一般规律不容忽视。尊重法学的一般规律，是法治发展的必要基础，更是刑法立法现代化发展的科学基础。“中国未来的刑法立法也需要从把握刑法的核心规律出发，合理设置刑法的制度、罪名和刑罚，正确处理好刑法立法的现实性与超前性的关系。[2]” 从目前来看，我国刑法发展的特点为，继续严密刑事法网，发展“严而不厉”的刑法立法和司法模式。历史表明，“严而不厉”的刑事立法是各国公认较为合理的立法和司法模式，比较符合现代文明对法治的要求。

行政法与刑法二者之间的关联与衔接关系到一个国家的治安状况及社会秩序状况。尽管二者都是公法，但是二者在性质上有着较大的差别。行政法具有主动性和灵活性，行政机关处理问题，可以更灵活主动地介入，以实现国家监督、管理的职责。然而，刑法具有最后性，需要穷尽其他各种法律手段，最后再考虑刑法。因此，刑法的谦抑性导致了很多违法行为处在入罪化和除罪化的边界点，界限也可能是模糊的。在具体操作过程中，也存在行政制裁手段是否足够威慑、制裁违法行为的忧虑，即刑法是否要介入的思考。

（三）犯罪圈进一步扩大：刑法的谦抑体现为罚的谦抑

“我国《刑法修正案（九）》新增加了 20 个新罪名，这是我国刑法继续朝着严密刑事法网方向发展的结果。但是，随着犯罪圈的进一步扩大，有学者对我国刑法是否有违刑法谦抑性原则表示担忧。从罪与刑两个层面对刑法谦抑性原则的内涵进行解读，扩大犯罪圈无疑是我国当下进一步严密刑事法网、提升公民守法意识的必然选择。我国刑法谦抑性的着重点主要体现在总体刑罚量配置以及个罪平均刑罚量配置的减轻上；我国刑法的谦抑主要体现为刑的谦抑而不是罪的谦抑，这是现阶段我国刑法发展的重要特点。[3]” 从我国现有的状况来看，我国刑法正在从“厉而不严”的立法、司法模式转向“严而不厉”的立法、司法模式。在刑法转向的过程中，具体体现为犯罪圈不断扩大、刑罚裁量却总体趋轻。这种具体的发展方向依然给我国的刑事制裁体系带来了现实冲击，也将在立法模式和司法处置方面带来具体的转变。

刑法的立法体例不同，分为主要刑法与辅助刑法。其中，辅助刑法又分为刑法当行法与附属刑法，附属刑法也常常被称为行政刑法。以环境犯罪为例，我国台湾地区除了刑法公共危险罪专章有少数法条与环境保护相关外，大部分环境刑法还是

---

① 刘志伟：《〈刑法修正案（九）〉的犯罪化立法问题》，载《华东政法大学学报》2016 年第 2 期。
② 赵秉志：《刑法立法研究》，中国人民大学出版社 2014 年版，第 24 页。
③ 储槐植、何群：《刑法谦抑性实践理性辨析》，载《苏州大学学报》（哲学社科版）2016 年第 3 期。

订定于各项环境法中，以附属刑法（常说的行政刑法）的形式进行规范。我国台湾地区立法现况，在多年来大量环境立法后，与环境保护相关的法律，计有二十八种①。

诚然，在刑法立法模式方面，我国目前尚没有成熟的行政刑法。从制裁体系的系统化和合理化的角度出发，立足于我国现有独特状况，借鉴域外行政刑法立法和司法方面的宝贵经验，建议发展出一套符合我国国情的行政刑法理论，并付诸实践，以推动我国法治化进程。从我国的现实情况出发，合理衔接行政处罚与刑罚系统以实现我国制裁体系的科学化和现代化。当然，这也是一个系统性的问题。从世界各国的情况看，行政刑法的繁荣和发展是社会发展的需要，行政刑法规范可以使刑法随着行政法规或命令，迅速对当代社会环境做出适当的反应，以实现刑法保障法益的功效。当然，行政刑法在各国的繁荣和发展，既显示了刑法的行政从属性，也是有效衔接行政处罚体系与刑罚体系以促进各国制裁体系合理化发展的理性选择。笔者认为，行政处罚与刑事处罚之间在立法、司法以及制度层面的衔接，在很大程度上倚赖于行政刑法的繁荣和发展。

二、一元化立法模式的不足及各国行政刑法的发展

行政刑法在诸多国家的繁荣和发展，实时发展了刑法的行政从属性，也在立法和制度上很好地衔接了行政处罚与刑事处罚二者之间的间隙。“刑法之行政从属性，就人类文明及社会环境的现况，自有其必要，且在法学的发展，亦属无法避免之现象。然而，此一刑法特殊之情形，不仅异于传统刑法原理原则的思考，可说是行政法对刑法的渗入”。② 与其说行政刑法的发展是行政法对刑法的渗入，不如说是刑罚措施与行政处罚二者全方位的融合，是一个国家制裁体系和谐化、科学化、现代化、可操作化发展的具体体现。当然，尽管各国对行政刑法态度不一，立法体例也各有差别，但从专业的角度而言，在立法层面将行政处罚与刑罚直接对接的立法方式给司法实务带来了诸多方便。既有利于司法裁量的具体操作，又使现实中常常处在模糊状态的行政处罚与刑罚的纠结关系变得清晰。

（一）一元化刑法立法模式的不足

刑法立法，在追求明确性的同时，需要兼顾刑法的适应性、稳定性，力求在适度的模糊性与明确性之间实现平衡。一元化刑法立法尽管确保了立法的统一性和完整性，从理论上来看，运作起来简单、方便。但是，事实上却存在诸多操作方面的难度和不足。例如，有学者指出，“我国刑法在刑的明确性方面存在不足，量刑情节的规定不够明确……我国刑法立法在明确性方面有待加强，犯罪构成方面应做到尽量明确……刑罚裁量情节方面应明确……法定刑方面应尽可能明确，杜绝绝对不确定刑”。③ 特别是轻微犯罪方面的规定，随着社会的发展，一元化的刑法立法很难穷尽各种行政违法行为犯罪化的罪状规定，更难以做到行政处罚与刑罚之间的无

① 施奕晖：《欧盟环境立法与环境罚》，载台湾《国政研究报告》2006年11月28日。

② 参见姚龙兵：《刑法立法基本原则研究》，中国政法大学出版社2014年版，第232页。

③ 参见姚龙兵：《刑法立法基本原则研究》，中国政法大学出版社2014年版，第226-231页。

缝对接。因为很难做到适应不断发展的社会生活的需要，我国刑法总是处于不断修法和讨论的状态，刑法修正案频出，这与刑法这一重要部门法应当有的稳定性和权威性形成了现实的紧张关系。对比具有强大权威性的美国《宪法》，100多年来岿然不动，修正案也仅有寥寥数条之绝对权威性，形成了极大的反差。“从我国现有的刑事立法来看，逻辑性和严谨性皆有所欠缺。修补式的立法修订方式尽管修补不断，但仍漏洞百出。当下我国日益增长的刑事法治诉求与有限的刑事法治建构能力之间的内在矛盾，直接导致了我国刑法的科学化发展。层出不穷的社会问题和转型期各种制度性和结构性矛盾，给法治带来了现实困难。”①

概括而言，一元刑法立法存在诸多不足。比如，刑法与行政法衔接的问题；行政法与刑罚的法条竞合解释不明确；现有制度和法律无法有效衔接刑罚和行政处罚②。因此，诸多学者建议进一步发展我国的行政刑法，首先从立法层面进行努力，在相对应的行政法规中规定具体的罪刑条款。如此，既能维护刑法的稳定性，又避免了罪刑规定的抽象性，更有利于行政法与刑法的衔接，这也是在事实上顺应我国刑法立法发展的需要。

（二）行政刑法在各国的发展

自1902年德国学者斯密特首次提出“行政刑法”的概念以来，对行政刑法的研究在很多国家已经比较深入，有的国家还制定了专门的行政刑法典。“行政犯在刑法确定的罪名中所占比例越来越大，这是现代刑法立法的一大特色。”③ 刑法与行政法都是公法的范畴，而公法所保护的法益为国家和社会的利益。④ 这种以保护类似法益为目的的公法性质，导致了行政法与刑法之间具有天然的亲近和近缘关系。出于有效保障社会和国家利益，维护社会正常秩序之考虑，各国行政刑法的发展也是必然之事。尽管各国行政刑法的发展状况存在差异，但总体而言，在法治比较健全和完善的国家，行政刑法的发展都比较繁荣，立法、司法经验也都比较丰富。

从各国行政刑法的发展和立法模式来看，主要分为德国的独立法典模式、日本的分散式立法模式，以及我国的统一附属型立法模式。⑤ 当然，这种观点是将我国形式上的附属刑法归为行政刑法的范畴，即便只是在附属刑法中规定“构成犯罪的，依法追究刑事责任”之类的概括性规定。但笔者认为，我国目前尚没有真正意义上的行政刑法。

社会是不断变化发展的，在不断变化发展的社会情势下，社会问题层出不穷。以恒定之刑法，将不足以规范人类各项社会行为，因而常有无法与时俱变，实际发挥保护法益之功能。因而针对社会治安及价值观日益复杂的社会发展之趋势，往往

① 何群：《论我国刑法立法的科学化发展》，载《学术论坛》2016年第9期。

② 参见程凡卿：《行政刑法立法研究》，法律出版社2013年版，第56-61页。

③ 姚龙兵：《刑法立法基本原则研究》，中国政法大学出版社2014年版，第192页。

④ 何勤华：《西方法学史》（第二版），中国政法大学出版社2000年版，第55页。

⑤ 参见程凡卿：《行政刑法立法研究》，法律出版社2013年版，第52-57页。

有以刑罚作为贯彻行政目的之手段，扩大“行政刑法”之立法，[①] 或将部分犯罪构成要件委任行政机关以行政命令或行政处分补充之。[②] 客观而言，行政刑法的发展，事实上是严密刑事法网、科学化刑法立法的直接结果。目前，较为普遍的观点为，“行政刑法是指在行政法规中所附加规定的有关犯罪与刑罚的刑事规范的总称”。[③] 在法制较为发达的日本和我国台湾地区，都有着较为繁荣的行政刑法立法和立法实践。尽管在理论上对行政刑法的属性有所争议，但各国的发展情况都表明：尽量用司法权约束行政权，通过司法化的形式保证惩罚的程序正义，进而实现保障人权的目的，这是现代法治进步的表现。

三、刑法立法科学化之提倡

我国刑法立法状况有其自身的历史和制度原因。但是，历史并不是问题存在的挡箭牌，也不是逃避和回避问题的借口。从我国刑法发展的现代化历程，以及轻刑化发展历程来看，刑法立法的科学化势在必行。尽管我国的刑法立法已经经历了几十年的重要发展和突破期，但相对于其他法治发展程度高的西欧国家，我国刑法立法依然存在诸多的客观问题。“刑法立法的科学化是刑法现代化发展的重要内涵，也是我国刑事法治发展的必然要求。刑法立法的科学化，直接关系到刑法正义实现的效果。我国刑法立法科学化发展的路径为建立二元的刑法立法模式，即行政刑法的繁荣和发展。刑法典与行政刑法共同发展，既能有效衔接行政处罚与刑罚之间的间隙，又能提升刑法立法的专业化和精细化，增强刑法的可操作性，更有利于严而不厉刑法结构的建立。”[④]

（一）提升立法技术：刑罚配置的优化和可操作性

具体而言，行为的社会危害性具有相对性。行为社会危害性的有无、大小，不同的国家、同一国家的不同时期都可能有不同的标准。当然，对法定犯来说，这种差异更大。在刑法立法的过程中，如何既要确保刑法的稳定性，又要保证刑法在配刑方面的前瞻性，对刑法立法的确是提出了较高的要求。这要求我国刑法立法在立法技术方面要继续提升，同时，考虑到与其他部门法的有效衔接，特别是随着法定犯时代的到来，亦可以推动立法模式的发展，以实现刑法立法的科学化。“在行政法、经济法等非刑事法律中规定犯罪及刑罚内容是必要的，但需要有个合理的标准，而非所有的行政犯罪、经济犯罪都一律规定到附属刑法中。”[⑤]

在刑罚配置方面，合理的法定刑配置是刑法科学立法的重要内涵。何为合理配刑？合理配刑的标准如何确定？从立法技术层面而言，立法需要有现实性和可操作性，并在此基础上具有相当的前瞻性。而为了实现刑法中个罪的合理配刑，则需要从宏观和微观两个不同层面进行具体考量。宏观方面，个罪的刑罚配置需要与同类

① 参见林山田：《刑法通论》，作者自版，1995年增订5版，第21-22页。

② 郑昆山：《环境刑法之基础理论》，作者自版，1998年版，第178页。

③ 参见《云五社会辞典》（第七册），载《行政学》，台湾1973年版，第265页。

④ 何群：《论我国刑法立法的科学化发展》，载《学术论坛》2016年第9期。

⑤ 姚龙兵：《刑法立法基本原则研究》，中国政法大学出版社2014年版，第189页。

性质的类罪进行量上的平衡，确保同类质别的罪在法定刑配比上差别不会太大。微观层面，在具体个罪的法定刑配比上，需要既考量所侵害法益的性质和数量，又要分别考虑行为人主观恶性在程度上的差异。因此，在具体的刑罚配置上，对于某些危险犯的规定，有必要区分故意和过失，从而在法定刑的配比方面，体现对不同罪过的行为，采取不同法定刑配比的考量。以此立法方式，既能实现刑罚配置基于不同类罪在宏观上的基本平衡，又能区分出不同罪过形式在刑法后果上的法定差别，具体化了刑罚配置，增强了刑法的可操作性，更体现了刑法立法的科学性和公平正义观。

（二）改进概括式附属立法模式：有效衔接行政不法与刑事不法

目前，我国具有形式意义上的诸多附属刑法，实质而言，这些附属刑法都没有规定具体的罪状，在定罪量刑方面，起不到实质的影响和决定作用。这种概括式附属立法模式常常以“构成犯罪的，依法追究刑事责任”这一概括模式规定在相关非刑事法律中。事实上，这种概括式的立法模式仅具有提示作用，显示了刑法的保障法的地位和价值，但是在具体追究刑事责任的时候，不具有现实的可操作性。在这种立法模式的作用下，很多类似经济犯罪、行政犯罪，在现实中难以得到具体有效的打击，从一般预防的角度而言，效果甚差，刑法的威慑、保障功能在现实中没有得到彰显。

“构成犯罪的，依法追究刑事责任”这一概括性立法语言的大量使用使得刑法的最终保障功能似有实无。该规定在很多行政法规中都有规定，有些成为唬人的“稻草人”，附属刑法中的这种标语式的概括性规定应当具体化、现实化和可操作化。为了进一步提升刑法的可操作性，需要改进我国附属刑法中概括式立法模式。将我国的附属刑法发展成可操作性强、能促进我国制裁体系完善和进步的行政刑法。一则可以确保我国刑法的稳定性；二则行政不法与刑事不法之间的界限能变得清晰、易操作。

（三）刑法立法回应风险管控的需要：对超个人法益的保护

在 20 世纪 80 年代与 90 年代，经过有关新的法益、构成要件类型、行政从属性以及担任公务者的可罚性等的激烈论争后，在 21 世纪初期，环境刑法的议题已经沉寂下来。此种情形，在实务上亦无重要的刑事案件，在统计上环境犯罪者件数亦明显地减少，在文献上亦可看出对此问题的关心度降低。再者，过去从环境刑法规定的明确性原则而提出的违宪论、从刑法典导入环境刑法而并未采用具有实效性的环境保护措施，只是政治的战略，该等议论呈现平息状态。尽管如此，如同 Kubiciel 所批评，刑法为了促进环境保护而是否应该有某些贡献？是否能有所贡献？此种刑法理论上的基本问题，仍然是呈现未解决的状态。[①] 当然，尽管刑法学理论对刑法如何应对风险的问题在理论上仍然争议很大。刑法学理论是恪守传统的法益侵害说？还是将刑法立法保护做提前化处理，采行为无价值理论，对危险犯进行提

① ［日］川口浩一：《环境刑法总论的基本问题（1）》，载《关西大学法学论集》2015 年 11 月第 65 卷，第 113 页。

前处理，以体现国家保障民众基本生活条件的决心？然而，理论争论之未决，并没有阻碍现实需求对立法的期盼和要求。

随着社会的发展，风险成为人们日常生活不得不面对的事。“对犯罪预防而言，人们越来越重视风险的管理，而不是预防犯罪本身。”① 在风险社会，单位犯罪逐渐增多，特别是一些危害环境类的犯罪、基因类犯罪、高科技犯罪等。对单位如何进行合理惩罚，设置合适的配刑，而不单单是像现在的立法规定只处以罚金刑，成为我国刑法立法急需解决的重要问题。

一般而言，传统刑法是以个人法益，以及以个人法益为核心拓展开的社会法益和国家法益为保护目的发展起来的法律。而随着现代社会的发展，法益的内涵在不断发生变化，承认超个人法益，即承认超脱于个人利益之外法益的重要性，成为现代刑法保障民众基本生活品质的重要基石。以生态法益为例，生态哲学的思维模式给刑法学思考非人本法益提供了思想源泉。人类已经认识到了严重的生态环境危机，人也是自然的一分子，不能独立于自然之外，应该将生态环境的危机视为人类自身的危机，进而将超个人法益的保护做提前化处理，以确保人类生活环境的安定、和谐。②

① 张道许：《风险社会的刑法危机及其应对》，知识产权出版社 2016 年版，第 57 页。

② 参见张道许：《风险社会的刑法危机及其应对》，知识产权出版社 2016 年版，第 89 页。

刑事立法调整的缘由与取向

孙万怀* 闻志强**

自1949年新中国成立以来，最高立法机关先后制定、颁行了两部刑法典，分别是1979年《刑法》和1997年《刑法》。两部刑法典尤其是1997年《刑法》的颁行、生效，对于建立健全我国社会主义法制体系，进一步推进依法执政、依法治国和社会主义法治建设起到了非常重要的作用，作出了不可磨灭的贡献，其在我国法治建立史、建设史和发展史上特别是刑事法治建设领域影响巨大，意义深远。时光斗转星移，1997年《刑法》颁行至今，已有20年的历史，伴随着一系列刑事立法工作全面、深入的开展，一些刑事单行法律规定即单行刑法和始于1999年迄今为止已有九个刑法修正案相继问世，使得我国刑事立法规模渐趋庞大，刑事立法体系渐趋完备，刑事法治建设渐趋完善。但是其中也暴露出我国刑事立法领域的一些问题，如刑事立法理念的转变和扬弃，刑事立法规制范围的动态调整与稳定性维护之间的冲突问题，刑事立法边界的把握问题，刑事立法模式的探索与立法方式方法的改进完善问题等，不一而足。历史是一面值得借鉴的镜子，回顾1997年刑法典颁行至今的20年刑事立法不仅必要而且重要，① 可以知得失、晓利弊、明是非。基于此，我们拟从刑事立法的历史沿革和动态变化角度入手，以刑事立法调整范围为主线，着重考察和分析1997年刑法典颁行生效以来所呈现出的问题，并探究其缘由，提出相应的对策建议，以促进我国刑事立法调整范围的合理化转变和立法工作的规范化、科学化发展。

一、刑事立法调整范围的样态考察

系统性考察和审视1997年《刑法》颁布施行以来的包括立、改、废在内的刑事立法，从总体上呈现出以下几个特征：

第一，刑事立法逐渐规模化、体系化、完备化及其对应立法权限的突破。1997年《刑法》通过后，最高立法机关又制定了许多其他刑法规定，包括单行刑法和九个刑法修正案。如果从广义上来看，还包括为数不少的刑事立法解释和相当数量的

---

* 华东政法大学法律学院教授、博士生导师，法学博士，科研处处长，中国刑法学研究会理事。

** 广州大学法学院讲师，法学博士。

① 事实上，近一段时间以来的刑法理论研究正在关注着这一历史回顾的重要内容，相关学术期刊也开辟专栏发表相关文章。具体论述可以参见陈兴良：《刑法教义学的发展脉络——纪念1997年刑法颁布二十周年》，载《政治与法律》2017年第3期；刘艳红：《象征性立法对刑法功能的损害——二十年来中国刑事立法总评》，载《政治与法律》2017年第3期；刘宪权：《中国刑法发展的时代脉动——97刑法颁布实施20年刑事法治纵览与展望》，载《法学》2017年第5期等。

刑事司法解释,[①] 使得刑事立法体系逐渐完备，随之而来的就是刑事立法的规模化效应，进而引发刑事立法调整范围的扩大和拓展。[②] 与此同时，采取以刑法修正案这一载体进行的刑事立法（修改）模式，却逐渐有突破自身立法主体及其对应的立法权限嫌疑，这集中表现为作为最高立法机关常设机关的全国人大常委会究竟有无权力在全国人大闭会期间对刑法总则规定进行修改，是否违反《宪法》、《立法法》规定的法律保留原则和全国人大与全国人大常委会的立法权限划分，毕竟按照《宪法》和《立法法》的规定，全国人大常委会只拥有“在不违反（抵触）法律基本原则的前提下的立法修改权”。如果说对刑法分则的修改，最多影响的是个别乃至一些罪名，这从立法全局上看仍然是可控的，但是涉及刑法总则的修改则不可等同而语。受制于刑法总则指导、统率刑法分则的内在关系，对于刑法总则的修改肯定会以各种直接或者间接、明显抑或是隐蔽的方式深刻影响刑法分则的理解和适用，这自然而然地就会触发多米诺骨牌效应，对刑事立法调整范围带来影响。

第二，刑事立法通过增加新罪名、修改和完善旧罪名的方式逐步扩大调整范围，使得入罪圈、犯罪圈、刑罚圈相应膨胀和强化。这一点集中体现在对刑法分则部分的修改中。刑法修正案采取诸如“增加××作为第××条之一、之二”等修改方式增加新的罪名，以最新通过的《刑法修正案（九）》为例，其在《刑法》第120条之一后连续增加五条，作为第120条之二、之三、之四、之五、之六，非常直接、明显地扩充了同一法条的内在容量。此外，还通过增加次一级的刑法规定，如在同一“条”级的法律规定内，增加了次一级的“款”；在同一“款”级的法律规定内，增加了次一级的“项”，使得犯罪圈和刑罚圈得以扩大。同样以《刑法修正案（九）》为例，其对《刑法》第133条之一的修改实际上主要体现为两种方式：一种是在同一法条内通过增加款的规定实现，即新增第2款规定；另一种是在同一款规定内通过增加项的规定，即新增第一款第3项、第4项规定——“（三）从事校车业务或者旅客运输，严重超过额定乘员载客，或者严重超过规定时速行驶的；（四）违反危险化学品安全管理规定运输危险化学品，危及公共安全的”实现。通过这一修改，使得危险驾驶罪的行为方式增加了两种类型，进而扩大了该罪的入罪范围。上述修改方式方法使得条文数量增多，刑法典规模内在、隐性地扩大。虽然上述这些修改模式和修改技术基本维持了刑法典基本结构、整体篇幅的形式稳定和

① 当然，需要说明的一点是，从立法权与司法权的严格界分、立法权力内部的组成结构来说，作为最高立法机关之一、行使（部分）最高立法权的全国人大常委会作出的刑事立法解释和最高人民法院、最高人民检察院联合或单独发布的刑事司法解释被纳入刑事立法体系是存有疑问的。但无论是从理论研究达成的共识角度来看，还是深入司法实践中进行细致考察，应当说将上述刑事立法解释和刑事司法解释纳入广义上的刑事立法范畴是没有问题的，也是可以被接受的。

② 如果说刑事立法解释仍然是严格遵循刑法典本身规定所作的进一步细化解释而没有突破罪刑法定原则要求，是值得肯定的，那么对于刑事司法解释而言则不可如此看待。事实上，不管是从理论研究领域现实存在的对于刑事司法解释过度扩张司法（解释）权、扩大刑法打击范围所展开的质疑与批评，还是考察具体的刑事司法个案，都在一定程度上佐证了刑事司法解释的负面影响。更有甚者明确打出了“司法犯罪化”的旗帜和口号，参见张明楷：《司法上的犯罪化与非犯罪化》，载《法学家》2008年第4期。因而认为这些涵盖在广义刑事立法范围内的刑法解释特别是刑事司法解释扩大了刑事立法调整范围也是没有疑问的。

表面协调，但不可避免地使得刑法立法调整范围在“形式上不变、内容上巨变”，现行有效刑法典的实际条文数量和罪名数量，已经在较大程度上超过了 1997 年《刑法》最初的刑法文本规定数量。

第三，刑事立法通过调整、增加行为样态或曰构成要件类型的方式，使得对同一罪名的规制范围扩大，进而引发集聚效应，促使整个刑事立法调整范围扩大。典型的如“新型盗窃”，即《刑法修正案（八）》针对盗窃罪，在原有的“盗窃公私财物，数额较大的”和“多次盗窃”两种行为方式的基础上，增加了新的三种行为类型，即“入户盗窃、携带凶器盗窃、扒窃”。由于新增的三种行为方式都是作为盗窃罪类型化的构成要件而设立的，因而这一立法带来的不仅仅是盗窃罪打击范围的扩大，更重要的是其与前置法特别是行政法领域的《治安管理处罚法》形成了权力冲突和执法竞合，因为相同或类似的立法表述也存在于《治安管理处罚法》中，这不可避免地引发行政执法权与刑事司法权的划界问题，而背后彰显的问题实际上也就是刑事立法调整范围的边界应当受到前置法的制约。上述对于《刑法》第 133 条之一的危险驾驶罪的修改实际上也属于这种类型的立法模式和修改技术方法。除了刑法与前置法特别是行政法的立法调整边界划分问题，在刑法内部也存在本质相同的问题，以危险驾驶罪为例，该罪在《刑法修正案（八）》通过时的行为类型仅有两种，即“醉驾型”和“飙车型”，但对二者的法条文字表述存有差异，前者没有“情节严重、恶劣”等描述，后者则有明文规定的“情节恶劣”文字表述，这就引发了刑法理论界和包括公安部、最高人民检察院、最高人民法院在内的司法实务界在“醉驾型”危险驾驶罪的出入罪认定标准问题上争议不休、莫衷一是，一个重要的问题就是刑法总则第 13 条的但书规定究竟能否制约刑法分则具体个罪的入罪判断标准或曰作为出入罪的法律依据。这一争议背后实际上也反映出刑法内部以但书规定性质定位为媒介的出入罪判断问题和相应的刑事立法调整范围的极限问题。

第四，象征性立法现象仍然存在，“因过多地服务于安全目的而损害了刑法的法益保护功能，因谦抑不足而损害了刑法的人权保障功能，因执行不足而损害了刑法的实用主义功能”，① 导致我国刑事立法的文本规定大于现实需要，使得立法调整范围的边缘不明确、泛化、模糊化。例如，犯罪停止形态的规定存在于刑法总则中，而根据总则统率、指导分则的关系，衍生出所有分则罪名都存在犯罪预备、未遂、中止形态的机械划分和强行认定，不仅造成一些理论争议和司法实践困惑，即使落实到司法实践中来看，打击也力不从心，证据收集困难，刑事检控的有效性、合理性不足，造成本已有限且紧张的司法资源低效使用甚至浪费，导致心有余而力不足的现象不时出现，使得刑法文本规定停留于理论上的宣示意义和规范上的固化文字表述。还有一些分则罪名本身适用数量就少，还挂靠着死刑，导致适用数量就更少了，姑且不论死刑本身的正当与否，仅从刑事立法修改废除一些罪名挂靠的死

① 刘艳红：《象征性立法对刑法功能的损害——二十年来中国刑事立法总评》，载《政治与法律》2017 年第 3 期。

刑，就可以看出当初的立法在刑罚配置上欠缺考虑和长远眼光，表达的仅仅是一种法律威慑的强硬姿态和毫不让步、妥协的国家权力本位主义立法观，这不仅最终会导致立法者的“良好初衷”——强化打击犯罪的目的落空，也会导致刑法规范在实质意义上和现实层面的悬置和架空，刑法的尊严、效力和权威受损。

第五，刑事立法在强化动态性调整与维护稳定性之间存在着对立冲突与平衡协调的内在矛盾。1997 年《刑法》通过后仅仅一年多的时间里，第一个单行刑法和《刑法修正案》分别相继问世，紧接着更多的刑事立法规定出台，较为明显地体现出刑事立法的动态性调整特征。迄今为止，从整体上看，短短不到二十年的时间里通过九个刑法修正案，平均时间不过两年多一点的跨度，尤其是前几个刑法修正案的出台在时间上极为密集，甚至在 2001 年短短数月的时间里竟然出台了两个刑法修正案。如此快速的刑事立法变化和修改频率，不禁使我们对于刑事立法的权威性、科学性和一定程度的前瞻性产生合理怀疑，包括刑事立法在内的立法活动都存在不可回避的天然滞后性特征，在这样过于频繁密集的立法活动中似乎不仅没有得到体现，反而成为了一个“伪命题”，同时也使得刑事立法自身的稳定性在频率过快的刑事立法修改活动中飘摇和销蚀。因而，在刑法典自身树立权威所要求的稳定性和快速适应社会发展变化的动态性之间存在着难以回避、调和的冲突与矛盾。立法者虽然可能或多或少、有意无意地意识到这一点并试图去协调和平衡，如《刑法修正案（八）》和《刑法修正案（九）》的出台时间与上一个修正案的间隔期明显变长，但是收效并不明显，刑事立法似乎成为经济社会发展引发的快速变化和矛盾冲突的集中体现领域，充当着急先锋的角色，这使得刑事立法调整范围始终处于一种动态的调整中而无法停歇和稳定。

二、刑事立法调整范围变动的缘由探究与问题剖析

通过上文对 1997 年《刑法》颁布施行以来的刑事立法整体样态的考察和梳理，我们可以对刑事立法的历史沿革和发展变化有一个基本的把握，造成这种刑事立法变动的原因值得思考和分析。我们认为，主要可以从以下几个方面考虑：

第一，刑事立法回应经济、政治、社会、文化等方面发展的现实需求。1997 年《刑法》通过前后，虽然改革开放已经开始了一段时间，但无论是从广度、深度、影响力等各方面来看都难以和通过后的这 20 年相提并论。在经济社会发展模式和结构方面，整个国家的经济社会发展轨道、模式、结构都在进行着持久而深刻的转型，由计划经济时代向社会主义市场经济时代的根本性转轨，使得刑事立法调整范围发生了非常明显的变化。例如，在经济领域，对于计划经济时代严厉管控的包括投机倒把罪在内的破坏社会主义市场经济秩序犯罪的打击，在立法修改和调整上体现着非常明显的重要变化。再如，政治领域和意识形态领域的国家管控、治理和国家安全观的总体变革，使得最高立法机关作出了废除意识形态色彩极为浓厚、法律规范色彩不足、主观评价过度化的反革命系列犯罪，而代之以现代法治文明国家通行的国事犯罪立法规制体系，使得危害国家安全犯罪的首要位置即处于刑法分则犯罪第一章得以继续存留，以维护其重要地位和依法执政的根本基础、政治保障和法

律保障，同时也更为规范化、明确化、法治化。又如，在社会文化领域，废除以流氓罪为代表的具有深刻时代烙印的刑法罪名，废除类推制度确立罪刑法定基本原则并向人权保障的法治国理念转变，都使得刑事立法调整范围在原则理念层面和具体制度规定层面发生了重大变化。随着改革开放后各个领域的进一步发展，新型计算机网络犯罪、金融犯罪、跨国（境）有组织犯罪等促使刑事立法不得不作出回应，从而带来新的立法积极性甚至冲动性，导致刑事立法调整范围不断扩张，并与其他前置部门法发生竞合和冲突，有待进一步梳理、协调和平衡。还有，打击恐怖主义犯罪、黑社会性质组织犯罪、网络犯罪等坚持“打早打小”的基本理念，打击以“醉驾型”危险驾驶罪为代表的抽象危险犯，使得危险犯领域的刑事立法过多介入、提前介入，刑事立法的威慑功能和预防性考虑得到淋漓尽致的体现，进而促使刑事立法调整范围得以不断扩大和向前延伸，使得刑事立法在一定程度上充当了“冲锋者”的角色而不断前置化，有违刑事法的谦抑属性、保障法地位和后置法角色。

第二，呼应传统人伦道德因素与现代民主法治精神。例如，从对（审判时）怀孕的妇女和（犯罪时）未成年人免死规定到对老年人犯罪免死规定的出台，使得宽容、人道、仁和等体现中国传统人伦道德之矜老恤幼思想、仁政内核的人性光芒和法律德性得以彰显，也契合了现代民主法治精神对于刑事立法正当性的要求，使得法律的正当性与合法性得以充足和厚实。再如，因应于时代发展和社会进步，对于强制猥亵罪的立法修改，使得犯罪对象不再局限于妇女而扩展为他人，使得包括男人、变性人、双性人等在内的受害群体的合法权益成为刑法保护的对象，从隐性角度看是对性别多元化的肯定和对性自主权益内涵的深化，契合了现代民主法治精神的宽容、包容、人性、人道内核，[①] 是值得肯定的立法进步举动。

第三，刑事政策的转向及其带来的影响。从惩办与宽大相结合到严打，再到宽严相济刑事政策的确立，不仅仅是一个称谓的更改，也是内在地对社会治理政策转型的彰显。刑事政策的转变不仅带来的是一场理论上的大论战和研究热潮，也直接影响或隐性制约了刑事立法的内容、方向、原则和理念。从整体上看，刑事立法积极向刑事政策靠拢，并与其保持一致，而政策本身的易变性、非稳定性、功利性等内在特征，[②] 不仅使得刑事立法本身不得不在作出回应的同时，而因时因地发生频繁、剧烈的变动，也使得刑事立法调整对象和调整范围处于较大幅度的震荡和伸缩状态。

第四，民意、媒体、舆论、网络等其他因素非正常性、非常态性、非理性介入，导致刑事立法的公开性、透明性、开放性、民主性、科学性在理性抉择与现实考量上出现“精神分裂”，这不可避免地触动和波及立法调整范围。例如，嫖宿幼女罪的存废之争不仅没有因为《刑法修正案（九）》的通过得以平息，反而愈发论战不休。究其缘由，在《刑法修正案（九）》通过的立法过程与立法程序上就存有瑕疵甚至重大纰漏，使得讨论不够、匆忙通过的法律受到了为数不少的或曰更多的学理批评和理论诘难，理性冷静、平衡协调的立法者形象与角色不足，刑事立

① 参见孙万怀：《刑事正义的宣谕——宽容》，载《环球法律评论》2012 年第 5 期。

② 参见孙万怀：《刑事立法过度回应刑事政策的主旨检讨》，载《青海社会科学》2013 年第 2 期。

法的冲动性和情绪性因素凸显，[①] 进而导致立法调整范围的不适当“异动”。

第五，包括刑事立法领域在内的国际社会在民主法治文明领域的进步和发展引发的波及效应和外部影响，使得包括刑事法治建设在内的我国整体法治建设被迫作出回应，进而积极主动响应。一方面逐渐重视和强调人权保障，废除类推确立罪刑法定原则，从业禁止规定、社区矫正、禁止令等制度创新彰显刑事处罚的人道主义精神和罪责刑相适应原则的内涵，刑事立法体系逐渐系统化、科学化、完备化。另一方面犯罪化进程逐步加快，犯罪化规模逐渐扩大，犯罪化介入逐渐提前，犯罪化趋势依然不减，强调社会保护的法律威慑和一般预防功能得到更为突出的体现，这显然与世界范围内的非犯罪化、轻刑化主流发展趋势不相契合，由此带来的重刑主义隐忧和法律工具主义、惩罚主义、预防主义弊端值得警惕和慎思。

三、刑事立法调整范围的发展方向

审视 1997 年《刑法》通过以来的刑事立法发展历程及其呈现的特征，结合这一立法进程的背后因由和其中暴露出的问题，我们认为应当重视刑事立法在调整范围上的动作，适度矫正刑事立法调整范围的发展动向，确立更为合理正确的未来发展趋势。具体而言，可以从以下几个方面着手构建和完善：

一是合理、适度把握刑事立法回应社会现实发展需要与天生滞后性之间的矛盾冲突与平衡协调，构建维系稳定性、权威性和动态性的融合点。刑事立法必须保持一定的前瞻性、适应性和张力，但应当以切实必需和极其紧迫为标准，且在立法程序和实现进程上坚持宜缓不宜急原则。刑事立法的滞后性本身也为立法者更为全面整体、科学理性、动态审慎地把握立法调整范围，提供了相应的时空条件、缓冲地带等自身优势，应当得到立法者肯认、重视并合理使用。

二是坚持刑事立法必须与政策特别是刑事政策保持“合法且必要”的距离，而非亦步亦趋、绝对的步调一致以致“琴瑟相和”。摒弃“政策法治化”、“法治政策化”等违背法治精神内核的非法治化口号，强调政策与立法特别是刑事立法与刑事政策的必要隔离与边界划分，使得刑事政策以一种更为合法合理、合乎正当性的方式进入刑事立法的视野供立法者参酌和选择，并通过立法的公平正义终极价值追求、衡平妥协之术、得失利弊之功利考量综合筛选、判断和取舍刑事政策之内容。

三是划定刑事立法调整范围，应当与其他前置部门法领域特别是行政法领域在权力清晰、明确划界的基础上做好相应的协调与衔接，防止刑事立法调整范围过度泛化、模糊化，进而侵入其他部门法领域，造成不合理的权力竞合和执法冲突，也使得刑事立法内在的扩张性受到必要的限制。尤其要注意防止司法权通过刑事司法犯罪化，隐性地、间接地引发刑事立法调整边界的不适当变动，从而保持刑事立法调整范围的稳定性和常态化。

四是刑事立法应当在保持公开性、民主性和透明性的同时，注意吸收民意、舆论、

① 参见刘宪权：《刑事立法应力戒情绪——以〈刑法修正案（九）〉为视角》，载《法学评论》2016 年第 1 期。

网络等不同渠道的多元声音、意见和建议，但也应同时保持对这些“大杂烩式”声音、意见和建议进行筛选、过滤和判断所需要的足够科学、理性、冷静和审慎，并建立更加完善、体系化的吸纳机制和分流处理机制，使得刑事立法工作得以更为有效、科学的开展，从而保障刑事立法规制范围的规范化、理性化、动态化设定和调整。

五是刑事立法规模应当逐步减小，[①] 刑事立法步伐应当逐渐趋缓，刑事立法情绪应当逐渐趋平，刑事立法调整范围应当逐渐进入“微调段”和“缓冲期”，并结合国际刑事立法潮流和最新发展趋势予以照应和落实。

① 相关论述可以参见刘宪权：《中国刑法发展的时代脉动——97 刑法颁布实施 20 年刑事法治纵览与展望》，载《法学》2017 年第 5 期；刘艳红：《我国应该停止犯罪化的刑事立法》，载《法学》2011 年第 11 期。

理性对待积极刑法立法观

何荣功[*]

1979年刑法颁布至今，在我国经济高速发展和社会急遽转型的时代背景下，刑事立法也进入了空前的“活性化”时期。尤其是在刑法修正案（八）和（九）（以下简称修（八）和修（九））中，刑法立法更是明显体现出新维度、新立场与新方向。周光权教授将这种规范现象称为“积极刑法立法观在中国的确立”。[①] 本文无意否认积极刑法立法观出现的时代合理性和具有的正面价值，只是更多集中于对其存在或可能存在的问题进行分析，期待我们能够更全面理性地看待刑法在现代社会治理中的体系定位与地位问题。

一、积极刑法立法观的确立与规范表现

（一）积极刑法立法观的确立

积极刑法立法观，顾名思义，系与传统保守、消极、被动、节制型刑法观相对而言，规范上虽然表现为刑法频繁修改或刑法立法的活跃化。但积极刑法观与刑法立法的活性化并不具有严格的对应关系，因为现代社会引起刑法频繁修改的原因是多元的。积极刑法立法观本质上属于能动立法观，作为一种立法指导思想与观念，其不再秉承刑法作为社会治理最后手段的传统做法，强调刑法对社会生活的积极干预与塑造，在规范层面主要表现为刑罚处罚的早期化和刑法干预社会生活范围的大幅度扩张。

修（九）在强调刑法要坚持正确政治方向、坚持问题导向和宽严相济刑事政策的同时，创造性地提出了要“坚持创新刑事立法理念，进一步发挥刑法在维护社会主义核心价值观、规范社会生活方面的引导和推动作用”。[②] 修（九）在立法指导思想上将刑法定位为“引导和推动社会发展的力量”，反映了刑法在我国社会治理中的角色和功能正在发生方向性转变，也标志着积极刑法立法观在我国正式确立。

（二）积极刑法立法观的规范表现

1. 行为构成要件的大量采用与刑罚处罚的早期化

为了防止国家刑罚权的恣意与滥用，近代刑法立法一直以结果犯设置为原则，以处罚行为犯为例外。理论上一般认为，为了更周延地保护法益，以下情形下行为犯的运用实不得不然：（1）当处罚实害犯的预备或未遂，刑法保护仍显不足；

---

* 武汉大学法学院教授，博士生导师。

① 参见周光权：《积极刑法立法观在中国的确立》，载《法学研究》2016年第4期。

② 具体内容请参见全国人大常委会法制工作委员会主任李适时2014年10月27日在第十二届全国人民代表大会常务委员会第十一次会议上做的《关于〈中华人民共和国刑法修正案（九）〉（草案）的说明》。

（2）无法描述行为的侵害结果，更不能坐视结果发生；（3）行为人的责任难以确定；（4）掌握未生实害的侥幸危险行为；（5）危险防御作用。①

在1997年现行刑法颁布之时，行为构成要件在立法上已开始大量采用，那时该立法技术主要用于刑法分则第三章破坏社会主义市场经济秩序罪和第六章妨害社会管理秩序罪，个中主要原因在于该两章中，立法将社会主义市场经济秩序和社会管理秩序作为刑法保护的法益。但凡将特定秩序作为法益保护的场合，刑法条款往往倾向于采取行为构成要件。② 其后，行为犯的数量不仅急遽增加，而且，立法增设行为犯的根据也表现出与此前的明显差异。例如，修（八）增设危险驾驶罪并设置为行为构成要件，主要考虑的是“醉驾和飙车的社会危险不断加大，对危险控制的难度不断加大的情况下，立法思想也应当变结果本位为行为本位，将醉酒驾车、飙车增加规定为犯罪，符合对危险控制的需要”。③ 又如，生产、销售假药罪，修正案将本罪由具体危险犯修改为行为犯，只要实施生产、销售假药的行为就构成犯罪（既遂），可以避免实践中因果关系确定的难题，以更有力地打击生产、销售假药犯罪。④ 行为构成要件的立法技术在修（九）中成为主导性趋势。新增的恐怖主义犯罪、极端主义犯罪、信息网络犯罪、考试类犯罪等，都普遍采取的是行为构成要件模式。立法对既有犯罪的修正和完善，如危险驾驶罪新增从事校车业务或者旅客运输场合危险驾驶行为，继续采取的是行为构成要件。再如，扰乱无线电通讯管理秩序罪，立法将“造成严重后果”修改为“情节严重的”，虽然字面上立法没有明确采取行为构成要件，但“情节严重”本身就包括行为情节，实践中本罪的处罚范围与行为构成要件并无二致。

在立法采取行为构成要件的场合，行为成为构成要件判断的核心，对法益侵害结果的考察和刑法上因果关系认定变得不必要。在犯罪判定上，国家证明犯罪之责任亦大大减轻，公诉机关只需要证明行为人实施了构成要件的行为，即可认定犯罪既遂。最终，相对于既非价行为，又非价行为之结果的结果犯，行为犯构成要件采用带来的是国家刑罚权的向前迈进和处罚上的便宜。

2. 预防刑法：从碎片化条款到体系性罪名

（1）预备行为普遍正犯化与预防性反恐刑法

预防刑法的观念在反恐刑法上占据了主导地位。面对恐怖主义犯罪的威胁，预备行为的正犯化现象在1997年反恐立法中就已出现，修（九）更是大幅度推进预备行为正犯化立法。新增的刑法第120条之二准备实施恐怖活动罪，将实践中为实施恐怖活动准备凶器、危险物品或者其他工具，组织恐怖活动培训或者积极参加恐怖活动培训等预备行为作了囊括性规定，改变了刑法总则关于犯罪预备行为缓和性处罚的规定，国家对恐怖主义犯罪活动预备行为的立场进一步严厉，属于典型的预备行为正犯化立法。另外，刑法第120条之三宣扬恐怖主义、极端主义、煽动实施

① 参见林东茂：《刑法综览》（修订5版），中国人民大学出版社2009年版，第51-52页。

② 参见何荣功：《经济自由与经济刑法正当性的体系思考》，载《法学评论》2014年第6期。

③ 黄太云：《〈刑法修正案（八）〉解读（二）》，载《人民检察》2011年第7期。

④ 参见黄太云：《〈刑法修正案（八）〉解读（二）》，载《人民检察》2011年第7期。

恐怖活动罪和第120条之五强制穿戴宣扬恐怖主义、极端主义服饰、标志罪，与刑法第120条之二准备实施恐怖活动罪相比，这些行为所具有的法益侵害的危险更为遥远和不确定，在性质上，该两条针对的行为更多属于恐怖犯罪预备行为的预备行为。再有，刑法第120条之六新增的非法持有宣扬恐怖主义、极端主义物品罪本质上也属于预备行为的正犯化立法。

（2）网络犯罪与预防刑法

在网络犯罪领域，整体性的预防刑法立场以修（九）新增拒不履行信息网络安全管理义务罪和帮助信息网络犯罪活动罪为体现。根据刑法第286条之一和第287条之二的规定，网络服务提供者不履行法律、行政法规规定的信息网络安全管理义务，经监管部门责令采取改正措施而拒不改正，符合刑法规定情形之一的，或行为人明知他人利用信息网络实施犯罪，为其犯罪提供互联网接入、服务器托管、网络存储、通讯传输等技术支持，或者提供广告推广、支付结算等帮助，情节严重的，分别构成拒不履行信息网络安全管理义务罪和帮助信息网络犯罪活动罪。市场经济社会，从事网络经营和提供网络服务是宪法赋予网络服务提供者的经济自由，其本质上属于商事经营行为。无论是刑法第286条之一规定的网络服务提供者，还是第287条之二规定的提供互联网接入、服务器托管、网络存储、通讯传输等技术支持者，与网络违法犯罪的实施者具有平等的市场主体地位，难以认为当然具有防止他人实施违法犯罪的义务，对违法犯罪的管理义务从来都只是国家的职责。而且，责任自负的刑法基本原则也决定了违法犯罪的责任应当由实施者本人自担，而不应由作为平等市场主体的他人负责。在这个意义上，该两罪的增设面临正当性难题。刑法强制赋予网络服务提供者和提供互联网接入、服务器托管、网络存储、通讯传输等技术支持者对违法犯罪信息的安全管理义务，更多的是基于国家对网络信息管理便利和刑事政策上预防网络信息违法犯罪的考量。刑法将网络服务提供者和提供互联网接入、服务器托管、网络存储、通讯传输等技术支持者强置于国家管理者角色的做法，根本目的在于通过赋予网络服务提供者等对违法犯罪的预防管理义务，促使网络服务提供者与国家共同维护信息网络空间的安全与秩序，这是典型的预防刑法逻辑。

3. 犯罪门槛的降低与犯罪圈的扩大

简单地讲，犯罪门槛的降低，就是指犯罪入罪标准的降低，在这个意义上，行为构成要件的采用、刑罚处罚的早期化以及预防刑法立法技术的采用，都会引起犯罪门槛的降低。除此以外，近年我国犯罪门槛降低还突出表现在立法将原来的行政违法行为纳入刑法调整。最典型的如修（八）修改了财物数额对盗窃罪成立的意义，转而更为关注行为的无价值，将多次盗窃、入室盗窃、携带凶器盗窃、扒窃直接入刑。又如，修（九）第284条之一新增的考试类犯罪（包括组织考试作弊罪，非法出售、提供考试试题、答案罪和代替考试罪）和刑法第290条增加的两款犯罪（扰乱国家机关工作秩序罪和组织、资助他人非法聚集罪），也都是将此前属于行政违法的行为纳入刑法调整。

4. 刑法作为社会管理法被日益重视与使用

近年来，面对社会问题，刑法参与社会管理的脚步明显变得急促。比如，当恶意拖欠劳动者报酬成为社会关注的民生问题时，国家不再坚持通过劳动监察、劳动合同争议仲裁机构仲裁或向法院提起诉讼来解决，而是增设拒不支付劳动报酬罪。当醉驾、飙车因为媒体报道成为社会舆论关注的焦点时，刑法急忙增设危险驾驶罪。面对社会上假发票泛滥问题，刑法增设虚开增值税专用发票罪、持有伪造的发票罪。为了维护社会诚信，严惩失信、背信行为，修（九）修改伪造、变造居民身份证的犯罪，将证件的范围扩大到护照、社会保障卡、驾驶证等证件；同时将买卖居民身份证等证件的行为以及使用伪造、编造居民身份证、护照等证件的行为规定为犯罪。此外，包括前述的有关反恐罪名，刑法第253条之一的侵犯公民个人信息罪，第283条非法生产、销售专用间谍器材或者窃听、窃照专用器材罪，第288条扰乱无线电通讯管理秩序罪，第300条组织、利用会道门、邪教组织或者利用迷信破坏法律实施罪的新增与修改，也都具有明显社会管理的考虑。刑法的社会管理化或者说国家将刑法作为社会管理法使用，与现代国家面对社会问题行政权急速扩张和司法行政化的背景有密切关系，它将进一步导致刑法行政化和政策化，不仅带来刑法与行政法界限的模糊，还将引起刑法在整个社会治理体系地位和功能的转型。

二、积极刑法立法观的实践合理性

包括法律制定技术和解释的全部活动，都是为实现一定社会价值以及依据一定社会价值所做的判断。所以，刑法立法究竟是坚持传统刑法谦抑主义立场，还是采取积极扩张的立法技术，根本上决定于特定时期国家秉持的刑法价值立场。

对于积极刑法立法观的实践合理性，周光权教授持积极褒扬态度。周教授写道："在我看来，目前对刑法修正案的许多批评，其立足的刑法观以及对批评工具的使用，未必都与当下中国的时代特色和时代精神相契合，有很多经不起推敲的地方。""积极刑法立法观在中国的确立具有现实合理性，学界的相关批评在很大程度上仍然受制于传统刑法观，即古典理念型刑法观。但是，这种刑法观念所面对的社会情势、针对的行为危害，都与今天有很大不同；其关于刑法谦抑性原则如何约束立法权的假设，未必符合实际。因此，站在传统刑法观的立场批评晚近我国的刑法立法，显然有失公允。"[①] 在理论上数落了传统刑法思维的弊端后，周教授进一步指出，积极刑法立法观符合时代精神，通过增设新罪的法治方式治理社会是"刚性"需求；刑罚处罚早期化具有必要性；而且，刑法的谦抑性并不反对在现实社会增设必要数量的新罪。[②] 与周教授鲜明主张积极刑法立法观不同的是，梁根林教授对于积极刑法立法观表达了较为折中和审慎的立场，"近些年，刑法修正案运用多种修正策略，对刑法进行重大修正，展现出刑法干预早期化、能动化、犯罪圈不断扩大的立法趋向。这一趋向既不意味着法治国自由刑法诉求已成过眼烟云，也不意

① 周光权：《积极刑法立法观在中国的确立》，载《法学研究》2016年第4期。

② 参见周光权：《积极刑法立法观在中国的确立》，载《法学研究》2016年第4期。

味着积极的刑法立法观在我国就此确立”。[①] 但对于新近刑事立法积极扩张的趋势，梁教授也给予了肯定性评价。他认为，晚近犯罪圈扩大的立法趋势，是当代中国特殊语境下社会治理与社会控制客观需要的反映；符合消除刑法结构矛盾与技能障碍的内在逻辑；也是废除劳动教养所导致的法律制裁体系调整之使然；贯彻了宽严相济刑事政策“该严则严、严中有宽、宽以济严”的要求。[②]

现实社会，任何事物都不是孤立性存在，作为规范现象的法律也一样。法律是时代精神的规范写照，对应着现实生活，积极刑法立法观在当下我国的形成，当然不乏具有一定实践合理性。不管我们对风险社会持何种立场，无法否认的事实是现实的社会有越来越多的风险和不确定性，这种风险不仅仅是因为现代技术性风险的日益增多与扩散，还在于工业社会经由自身系统制造的危险。[③] 以启蒙运动为契机构建的传统古典刑法理论体系，面对现代社会特别是那些新型违法犯罪，的确在有些时候显得捉襟见肘，力不从心。

比如，面对恐怖主义犯罪，传统刑罚的正当性就面临疑问。在传统刑法理论中，刑罚的目的究竟是报应还是预防，意见并不一致。但无论我们是将刑罚的目的理解为报应，还是界定为犯罪预防，包括一般预防和特殊预防，抑或是消极一般预防或积极一般预防，在恐怖主义犯罪中都难以有存在的空间。首先，恐怖主义犯罪导致的严重社会危害后果是恐怖分子无法承受的报应。其次，从理论上讲，恐怖分子和恐怖组织并非完全不可以震慑的，为了个人和组织的存亡，恐怖分子和组织也会对国家激烈的反恐措施作出趋利避害的回应。但恐怖主义犯罪有其自身的特殊性，由于其犯罪目的在于针对无辜民众恐怖袭击造成的冲击效应，所以，恐怖分子在实施犯罪时，往往很少顾及自身的安全，特别是那些出于宗教动机的犯罪分子一旦将实施恐怖行动视为“高尚的事业”，往往心甘情愿以身试法，他们将彻底变成不受刑法威慑的“冒险者”，刑法无从谈起对他们可能产生特殊预防的效果或威慑。而对普通公众而言，由于他们基本不具有实施恐怖犯罪的可能性，一般预防的必要性并不存在。面对刑罚目的的重重困境，留给国家的最可能的选择就是针对危险个体的恐怖分子，采取防患于未然的预防刑法和刑事措施，先发制“敌”，确保社会安全。[④] 这正是世界各国刑法面临恐怖主义犯罪不约而同放弃传统立场转向采取战争方式解决的根本所在。

又如，面对新型的信息网络犯罪，传统刑法及其理论体系同样面临巨大尴尬。在传统田园牧歌时代，犯罪构造的逻辑系立足于现实社会，传统犯罪往往发生在有限的空间，犯罪与被害具有明显的对应关系。但在眼下网络信息社会，网络超越了作为犯罪工具的属性，成为很多违法犯罪发生的真实存在的空间，在网络空间，违法犯罪活动通过“一对多”甚至“多对多”的方式进行快速扩散和交流，使得事

① 梁根林：《刑法修正：维度、策略、评价与反思》，载《法学研究》2017 年第 1 期。

② 参见梁根林：《刑法修正：维度、策略、评价与反思》，载《法学研究》2017 年第 1 期。

③ 参见［德］乌尔里希·贝克：《世界风险社会》，吴英姿、孙淑敏译，南京大学出版社 2004 年版，第 102 页。

④ 参见何荣功：《预防性反恐刑事立法思考》，载《中国法学》2016 年第 3 期。

后追责的传统刑法力不从心甚至无法实现。[①] 面对信息网络犯罪，如果国家仍然采取传统刑法的事后追责方式，不仅是不现实的，也是极其不经济的。为了有效实现对网络信息犯罪的规制，刑事立法不得不调整犯罪规制的思路。

三、时代精神、社会刚需与积极刑法立法观

法律作为满足现实社会需求的一种制度化机制，当然要符合时代特色和精神。只是问题在于：我国当下究竟是个什么样的时代？积极刑法立法观果真符合时代精神吗？我们究竟应当以何种态度面对所谓社会对刑法的刚性需求？

第一，关于时代精神与积极刑法立法观。“法与时转则治，治与世宜则有功”，如果说法律的发展必须符合时代精神，那么，我国现在所处的历史时空和时代精神究竟是什么，便成为一个基础而重要的问题。但该问题终究是个一言难尽而又众说纷纭的复杂话题，因为现实社会具有多面色彩和特征。立足于器物层面，今日我国社会呈现的面容远不同于启蒙时代，眼下国家面临的犯罪形势也截然不同于近代社会。但从法治国构建方面来看，眼下我国正在经历近代社会曾经面对的问题。学者哈贝马斯根据西方社会历史上政府任务的特点，将国家形式划分为法治国、福利国和安全保障国三种类型。在该三种类型中，国家和政府的主要议题和任务是不同的，在法治国中，政府的主要任务在于古典的秩序维持（法律确定性）；后两者场合，政府主要职责分别侧重于制约绝对主义的国家权力、对社会产出和补偿的公正分配（社会福利），以及应付集体性危险情况，预防由科学技术引起的风险（风险预防）。[②] 从历史进程看，在西方国家，上述三种国家类型呈现的是线性的发展路径。换句话说，法治国、福利国和安全保障国在西方国家经历的是顺次自然演进过程。与西方国家明显不同的是：我国社会呈现的是非线性社会发展路径，“共时性”是我国的基本国情，我国当下所遭遇的难题是，要超越近代—现代—后现代的时间单纬性，而在一个时间点上，要同时完成法治国、福利国和安全保障国的构建。对此，亦如我国学者所言，我们刚刚理解了福利国的概念，又突然发现，这是一个高风险的时代。[③] 既然身处信息和风险社会，刑法不可能对法益侵害的种种风险熟视无睹。但在“共时性的现代社会”，国家面临的问题绝非只是单一地应对来自国家外部的风险，还要完成国家自身的建设，即形式法治国的构建。具体到我国而言，全国推进依法治国，坚持法治国家、法治政府、法治社会一体建设，既是我国治理体系和治理能力现代化的必由之路，也是事关我国未来前途和命运的重大问题。法治（包括刑事法治）的核心要义在于建立限制和规范国家权力的规范体系，保障公民权利和自由。从历史起源看，古典学派的刑法理论以社会契约论、自然法理论和分权理论为思想基础，矛头直接针对的是君主专制时代的封建刑法。在时空概念中，古典刑法在今日社会显然没有了存在的余地，但古典学派从来都不只是个时空

① 参见于志刚：《网络思维的演变与网络犯罪的制裁思路》，载《中外法学》2014 年第 4 期。

② 参见［德］哈贝马斯：《在事实与规范之间：关于法律和民主法治国的商谈理论》，童世骏译，生活·读书·新知三联书店 2014 年版，第 535 页。

③ 参见李学尧：《转型社会与道德真空：司法改革中的法律职业蓝图》，载《中国法学》2012 年第3 期。

概念，它更代表的是约束国家刑罚权和保障公民自由的刑法理念和思维方式，以及一种制度形式和法治立场。在这个意义上，眼下的中国（包括世界），古典刑法理念不仅没有过时和被淘汰，相反却正当其时。

第二，关于社会刚性需求与积极刑法立法观。人本质上属于需求动物，法律作为一种规则体系，人类之所以需要它，是因为它可以满足公民对自身安全的需要。人类社会在法律需求与供给间一直展示出有趣现象：一方面，人类的文明程度越高，人类就越需要法律，制定越多的法律；另一方面，无论国家如何积极努力制定精致的法律，都无法满足社会需求，社会对法律的需求永远是超前的和总处于“供不应求”的状态。法律保守和时滞的本性从根本上决定了法律无法满足社会需求，是人类社会的基本事实。尤其是现代社会的治理依赖的是一个整体的规范体系，法律作为一种社会控制机制，从来都不是独自存在于社会之中的，还有其他多种社会控制方式存在于社会生活中，存在于家庭、友谊、邻里关系、村落、部落、职业、组织和各种群体中。当其他社会控制减弱时，法律的量就会增加，反之亦然。① 具体到刑法与其他社会治理措施的关系看，前刑法规范对社会越有效，社会对刑法的需求和依赖就越小；相反，前刑法规范对社会治理越无效，大量的行为将会交由刑法规范解决，整个社会对刑法的需求就会显著。所以，人类基于安全和追求幸福的本能对于安全的需求，从来都是整体性需求，并非直接指向刑法机制。国家之所以常常使用刑法满足人类的自我需求，那只是国家的选择和偏爱。

从法律实践看，强调刑法积极介入社会管理，势必带来无法回避的问题。比如，为了预防网络违法犯罪，刑法增设拒不履行信息网络安全管理义务罪，强制赋予网络服务提供者信息网络安全管理义务，但义务范围和分享义务的范围从来都不是任意确定的。对违法犯罪的管理从来都是国家职责，网络服务提供者并不属于国家管理机构，刑法强制赋予作为平等市场主体一方的网络服务提供者为市场主体另一方网络服务使用者（网络违法犯罪实施者）的行为承担义务，从根本上改变了自由社会公民与公民之间以及公民和国家之间的政治和道德关系。

四、展望：未来我国刑法立法的方向

法律本质上是政治的产物，任何时代的刑法都不可能完全脱离政治和刑事政策的影响。而且，亦如罗可辛教授所言，“只有允许刑事政策的价值选择进入刑法体系中去，才是正确之道，因为只有这样，该价值选择的法律基础、明确性和可预见性、与体系之间的和谐、对细节的影响，才不会倒退至肇始于李斯特形式—实证主义体系的结论那里。法律上的限制和合乎刑事政策的目的，这二者之间不应当互相冲突，而应该结合在一起”。② 刑法作为制度化的公共政策的一种，面对风险社会的种种危险，若不在场，也将是渎职和不妥当的。面对恐怖主义、信息网络等新型违法犯罪，国家着重刑法的积极预防，不失合理性，而且可以预测，随着国民安全

① 参见［美］布莱克：《法律的运作行为》，唐越、苏力译，中国政法大学出版社2004年版，第7页。

② ［德］克劳斯·罗克辛：《刑事政策与刑法体系》，蔡桂生译，中国人民大学出版社2011年版，第15页。

需求的提升和社会危险、不确定因素的增加，未来社会对刑法积极参与社会治理的诉求会随之变得越来越强烈。

但是，预防犯罪是刑法的基本目的，该目的像其他社会任何社会目的一样，并非存在于真空中，它必须受到诸多其他社会目的——主要是促进个人自由和实现正义——的制约。这些目的的实现要求对犯罪预防加以规制。[①] 从犯罪治理的策略看，预防犯罪行为的发生确实要比处罚已经发生的犯罪行为更有价值，更为重要。但犯罪预防有赖于一套有针对性的社会政策与措施，将预防犯罪的手段狭窄地定位为刑法，那是不正确地理解了刑法在社会治理体系中的地位。正是在这个意义上，对现代社会的治理而言，无论是作为一种理念，还是作为一种法律行动，积极刑法立法观都不值得提倡！

---

① ［美］哈伯特·L. 帕克：《刑事制裁的极限》，梁根林等译，法律出版社2008年版，第14页。

刑事立法理念的变迁刍议

向朝阳* 范婧雯**

从1997年刑法典颁布至今已经整整20年，中国刑事法制经历了由成熟到完善的过程；随着中国的政治生态环境、经济形势发展与变化，犯罪态势出现了一些新的变化，我国的刑法立法理念在指导着刑事立法进行的同时，与之相适应也发生着微妙变化。刑法立法理念包含着刑法根本性的一些价值理念，对于国家刑事法治建设具有引领作用，正确的立法理念可引导国家的刑事法治建设向着正确的方向发展，错误或不当的理念无疑可能误导刑事法治建设方向并为之付出代价；具体的立法的原因和动机或许是复杂的，清晰审视和梳理我国20年来刑事立法的理念可能是困难的，但其意义是不言而喻的；笔者认为，我国20年来刑事立法的理念总体表现为：由强调惩治犯罪到兼顾保障人权，由国权主义刑法观逐渐转变为国权主义刑法与民权主义刑法观调和，并引导着我国刑事立法朝着“严而不厉、法网严密、刑罚轻缓”的总体方向发展。

一、罪刑法定原则的双重机能

罪刑法定原则入刑是我国刑法理念的巨大进步，是刑事法治的基本标志。罪刑法定原则虽为限制刑罚权而生，但在价值观念由个人本位向个人、社会双本位变迁的现代社会，罪刑法定原则的机能必须面对人权保障机能和社会保护机能的协调。

（一）保障机能：限制刑罚权的滥用

罪刑法定原则的保障机能是罪刑法定原则最原始的机能。罪刑法定原则限制刑罚权包含了对司法权与立法权的双重限制。例如，刑法不得溯及既往的派生原则，不仅仅是对司法权的限制，也是对立法权的限制，即立法者不得制定事后法。①

在罪刑法定原则的牵引和约束下，刑法上的“罪”的法定主要体现在罪名的法定和犯罪构成要件的法定上②，而“刑”的法定应当体现在刑罚的法定和量刑的法定上。限制刑罚权的滥用作为罪刑法定原则的价值诉求，首先体现在对立法权的限制上，立法者不能无限制地设罪，要具备刑法法规的适当性；其次体现在对司法权的限制上，禁止罪刑擅断，实现刑罚法定化、明确化和实体化，杜绝量刑不公。随着时代变迁与法治建设的推进，罪刑法定原则诞生之初被学界设定的预防罪刑擅断的价值，也随着刑事司法的严密化、民主化与对抗化，以及刑事立法中犯罪设定与

* 四川大学法学院刑法学教授。

** 四川大学法学院法律适用研究中心助理研究员。

① 参见陈兴良：《罪刑法定主义的逻辑展开》，载《法制与社会发展》2013年第3期。

② 杨兴培：《检视罪刑法定原则在当前中国的命运境遇——兼论中国刑法理论的危机到来》，载《华东政法大学学报》2010年第1期。

刑罚适用条件等的明确化而大为减色；相反，法官在量刑中滥用刑罚权的现象却有愈演愈烈之势，成为刑法滥用的“重灾区”。① 量刑法定化已经引起了立法者的重视。在限制刑罚权滥用的内涵中，民众对量刑公正的期待逐步提高，罪刑法定原则从“犯罪与刑罚法定化”的二元格局迈向了“犯罪、刑法与量刑法定化”的三元格局。②

（二）保护机能：保证刑罚权有效惩治犯罪

有学者通过对《刑法》第3条规定的解释③以说明保护机能在罪刑法定原则中的应有之义，其态度是中肯的。承认罪刑法定原则包含保证刑罚权能够有效打击犯罪的内容并不是就否认它在限制刑罚权上具有的重要意义；罪刑法定原则从根本上讲是解决“罪与刑谁说了算”的问题，不同的时代有着不同的历史诉求重点，随着社会的变迁、司法经验的积累与立法认识能力的提高，传统的罪刑法定主义严格规则主义的局限早已被人们认识，在有利于被告人、犯罪人的前提下，罪刑法定亦逐渐由绝对的罪刑法定原则发展为相对的罪刑法定原则。罪刑法定原则通过对国家刑罚权的限制以及对公民人权的保障，使社会保护与人权保障的双重机能在博弈中实现平衡。

二、刑事政策指导下的犯罪化

犯罪化和非犯罪化是作为刑事政策特别是刑事立法政策确定刑法干预范围、划定犯罪圈的一体两面，分别代表了两种不同的形势政策方向：犯罪化代表扩张刑法干预的扩张主义的刑事政策方向，非犯罪化代表收缩刑法干预范围的缩减主义的形势政策方向。④ 我国目前正处在社会转型期，原有的社会关系和人们的价值观念发生了变化，新型的失范行为不断出现，传统的原本并不突出的危害日益突出，这些状况致使我国刑法犯罪化趋势较为明显。

（一）经济领域失范行为的犯罪化

随着社会分工日益精细、社会经济联系日益密切，单靠市场“看不见的手”无法保证市场有效和有序地竞争。目前我国刑法已全面地、充分地介入经济领域，经济领域的违法违规行为被大量地犯罪化，经济犯罪的罪名迅猛增加。⑤ 对于经济领域的调控，刑法通常通过危险犯的设置来实现法益保护的前置。

抽象危险犯的设置在经济领域刑事立法中呈现了不断扩大的趋势。当今社会复杂的技术和社会组织使任何个体对诸多行为的后果或危险性无法有具体而明确的认识和把握，在这种情况下，由国家限制个体的自我决定能力能够更有效地保护个体

① 姜涛、吴伟文：《量刑法定化：罪刑法定原则内涵的应有拓展》，载《西南政法大学学报》2013年第3期。

② 姜涛、吴伟文：《量刑法定化：罪刑法定原则内涵的应有拓展》，载《西南政法大学学报》2013年第3期。

③ 熊建明：《新解刑法第3条：条文式罪刑法定与法典式罪刑法定之集成》，载《中国刑事法杂志》2012年第3期。

④ 梁根林：《刑事法网：扩张与限缩》，法律出版社2005年版，第217页。

⑤ 参见万国海：《经济领域犯罪化研究》，载《徐州师范大学学报》（哲学社会科学版）2009年第1期。

和人民的幸福。[1] 目前我国经济呈现出有别于传统实体经济模式的新形态，在这种经济新形态中，如果没有刑法的规制，民众很难预判自己的经济行为合法与否，一些权益处于无法保护的游离状态。在经济领域设置前置性法规，调整这些原本游离于国家监管体系之外的新经济形态，有助于维护社会秩序。但是刑法介入、干预经济生活，应当以维护和扩大市场主体的经济自由为目的，不应过多地干预，应最大限度地给社会和个人留置空间。[2] 刑法是维护社会秩序的最后一道防线，具有强制性和严厉性，刑法对经济行为的规制应当保持谨慎、理性的态度。

（二）为保护重大法益的犯罪化

近年来时有发生的严重暴力性案件侵犯了重大法益，使公众对社会安全的认同感大大降低。贯彻严格刑事政策，依法严惩严重的暴力性犯罪，不仅是维护社会秩序的需要，也是提高公众对社会安全认同感，稳定社会心理，维护社会各项事业平稳发展的需要。[3] 为保护重大法益的犯罪化集中体现在对恐怖主义犯罪的惩治中。

刑事立法将暴恐活动的处罚时机提前，将预备犯、组织犯、帮助犯等从实行犯中分离出来单独定罪处罚。从我国的反恐立法来看，反恐法律框架趋于扩张化、严厉化和前置化。在以刑罚轻缓化为主要基调的当今世界，反恐刑事规制的扩张似乎与刑罚轻缓化背道而驰，其实不然。无论是刑罚轻缓化还是反恐刑事规制扩张化都是为了实现刑法的机能，即保障人权和社会保护。当公民的权利受到极大的威胁，势必需要法律进行规制。恐怖活动的反人类性、严重社会危害性不言而喻，它是对无辜生命的蔑视，是对社会秩序的敌视，在这样急迫、危险的情况下，刑法必须彰显其严厉性和强制性，对恐怖活动行为进行规制。

（三）犯罪化与刑法谦抑性的博弈

犯罪化与刑法谦抑性是基本立场相反的规律，这造就了二者在立法理念上的博弈。刑法谦抑性是“罪的谦抑”和“刑的谦抑”，它以非犯罪化为目标。刑法的谦抑性要求刑法保持“保障性规范”的特征，当其他制裁方式不足以抑制侵害合法权益的行为时，才能动用刑罚。目前我国为了实现“法网严密”，面对社会出现的新问题，刑法介入的重要方式就是犯罪化，将不法行为纳入刑法射程。但是，刑罚权的启动，应防止为迫切解决社会问题的功利刑法心态而导致的不加制约的“刑罚冲动”。[4] 我们在犯罪化的大趋势下应当兼顾刑法的谦抑性，努力保持刑法的克制和审慎；刑罚权的泛化尤其是在经济领域，对于构建我国健康的市场经济秩序弊大于利，不利于市场经济道德规则及其他社会规则建立及功能的有效发挥。

三、刑罚轻缓化的实践

刑罚轻缓化是人道主义发展与人权保障进步的结果。我国自 2006 年确定了

---

① 参见高巍：《抽象危险犯的概念及其正当性基础》，载《法律科学》2007 年第 1 期。

② 参见万国海：《经济领域犯罪化研究》，载《徐州师范大学学报》（哲学社会科学版）2009 年第 1 期。

③ 赵秉志：《和谐社会构建与宽严相济刑事政策的贯彻》，载《吉林大学社会科学学报》2008 年第 1 期。

④ 刘沛谞：《出罪与入罪：宽严相济视阈下罪刑圈的标准设定——一个基于实证范例的考察》，载《中国刑事法杂志》2008 年第 1 期。

"宽严相济"的刑事政策，刑罚轻缓化就成为了"宽严相济"刑事政策的有机组成部分，体现在立法当中。我国对重刑结构不断反思，期望用科学、合理的方式来提高社会治理能力。刑罚轻缓化成为我国刑事立法的指导思想和刑事司法的理性选择。

（一）刑罚种类的轻缓化

刑罚轻缓化的典型标志就是刑罚种类的轻缓化。在各种刑罚种类中，人身性质刑种减少，财产性质刑种增加；在人身性质刑种中，生命刑减少，自由刑增加；在自由刑中，监禁刑减少，非监禁刑增加。[①] 刑罚种类轻缓化最突出的标志就是对死刑的限制和社区矫正的施行。

对死刑的限制主要从立法和司法两个方面进行。在立法上，削减了死刑罪名。对于尚需保留死刑的犯罪也适当提高了适用死刑的标准。《刑法修正案（八）》取消了金融凭证诈骗罪、虚开增值税专用发票罪等13个罪名的死刑，这是我国第一次在实体法上削减死刑罪名。《刑法修正案（九）》延续了《刑法修正案（八）》废除死刑的趋势，废除了包括集资诈骗罪、伪造货币罪等九个罪名的死刑，还通过提高死缓犯执行死刑的门槛来限制死刑的适用。[②] 在司法上，通过在实践中树立慎用死刑的理念，完善死刑案件的实体规则和证据规则，改善死刑诉讼程序、审判方式，尽可能少地适用死刑。[③] 2007年，最高人民法院依法将死刑复核权从各省、自治区、直辖市高级人民法院和军队高级人民法院全面收回，由最高人民法院统一行使，积极贯彻了"慎用死刑、少杀慎杀"的方针。

《刑法修正案（八）》将社区矫正制度正式写入刑法。社区矫正有别于监禁刑强调报应惩罚和威慑预防的目的，它以特殊预防目的和教育矫正模式为制度着眼点，希望通过对人身危险性较轻的可矫正犯罪人实行开放式处遇和社会化行刑，有效恢复其社会融入复归能力，防范再犯的可能。[④] 社区矫正作为非监禁刑的刑罚执行方式之一，最大的特点在于行刑的开放性、社会性和教育性。国家重视社区矫正制度的发展，出台了相应规定指导社区矫正的推进。《社区矫正实施办法》提炼了社区矫正试点试行的成功经验，对全国社区矫正工作起着规范作用，指导着社区矫正的施行。社区矫正是我国刑罚执行制度的完善，是我国刑罚执行方式的调整，也是我国刑罚轻缓化的标志。

（二）特殊人群犯罪的从宽制度

秉持人道主义理念，我国刑事立法对未成年人、怀孕的妇女、盲聋哑人以及精神病人等特殊人群施行从宽处罚制度。在《刑法修正案（八）》颁布之前，并未将老年人纳入特殊人群的范畴。《刑法修正案（八）》的出台初步构建了我国老年

---

① 赵秉志、金翼翔：《论刑法轻缓化的世界背景与中国实践》，载《法律适用》2012年第6期。

② 《刑法修正案（九）》将原来死缓考验期间"故意犯罪，报请最高人民法院核准后执行死刑"修改为"故意犯罪，情节恶劣的，报请最高人民法院核准后执行死刑"，提高了死缓犯执行死刑的门槛。

③ 赵秉志、金翼翔：《论刑法轻缓化的世界背景与中国实践》，载《法律适用》2012年第6期。

④ 参见李川：《修复、矫治与分控：社区矫正机能三重性辩证及其展开》，载《中国法学》2015年第5期。

人犯罪从宽处罚制度，完善了特殊人群犯罪的从宽制度，体现了人道主义精神。我国对老年人等社会弱势群体体恤的法律规定是一贯的、相互传承的，它反映了扶助老幼妇残的民族精神，蕴含着鲜明的人文关怀，体现出了国家的仁政和刑法中的人道主义精神。[①]

针对未成年人犯罪，惩处趋向轻缓化，并且注重未成年人的社会回归和融入效果。前科报告义务可能会让未成年人因背负犯罪标签、受到别人歧视而被迫重新走上犯罪的道路。我国在立法上正式确立了免除未成年人前科报告义务的制度，弱化未成年人身上“犯罪人”的标签，让未成年人在今后的升学、就业等社会活动中，走出“犯罪人”的阴影，享有基本的人权。

我国对特殊人群犯罪从宽处罚的制度充分体现了人文主义关怀，贯彻了保障人权的理念。对特殊人群实施犯罪进行惩处的同时，充分考虑到特殊人群生理机能上的差异，摆脱了形式公平的枷锁，实现了实质公平，实现了刑罚的轻缓化。

四、反腐倡廉的要求：对公共权力的约束

腐败严重破坏了公共权力的运行秩序，侵害了社会公平正义，是社会的毒瘤。反腐败是当今世界各国普遍关注和重视的重大问题，反腐倡廉成为了我国廉政建设的行动纲领。在反腐败斗争中，刑事法治的力量和作用举足轻重，刑法作为“最后的手段”所具有的特别的威慑力和特殊的严厉性发挥了重要的作用。反腐败刑事法治的建设充分贯彻了刑法面前人人平等原则。在刑法面前人人平等，没有特权，无论财富的多少或地位的高低，只要侵害了刑法所保护的利益，触犯了法律，都应当受到相应的惩罚。为了打击特权，维护社会公平正义，刑法在符合基本原则的框架内加大了对职务犯罪的打击力度。

反腐败立法是反腐败由治标转向治本的重要方式。[②]《刑法修正案（七）》确立了利用影响力受贿罪，将受贿犯罪主体范围从国家工作人员扩大为“近亲属”、“关系密切的人”和“离职的国家工作人员或者近亲属以及其他与其关系密切的人”。[③] 同时对巨额财产来源不明罪的法定最高刑期提升至10年，加大了刑法对腐败的打击力度。《刑法修正案（九）》进一步完善了贪贿犯罪的定罪量刑标准，将以前规定的单纯的数额标准修改为“数额或者情节”的标准，同时废除了贪贿犯罪的交叉刑，废除了贪贿犯罪中绝对确定的法定刑，严密贪贿犯罪的法网。[④] 最值得一提的是，针对贪贿犯罪分子新出台的特殊措施：终身监禁。民众普遍认为这是“牢底坐穿”，是对腐败分子的严惩。终身监禁其实是废除死刑的过渡性措施，对贪污、受贿数额特别巨大、情节特别严重的犯罪分子，特别是其中本应当判处死刑

① 张晋藩：《中国法律的传统与现代转型》，法律出版社2009年版，第43页。

② 何家弘、张小敏：《反腐败立法研究》，载《中国刑事法杂志》2015年第6期。

③ 参见骆绪刚、陈涛、王荣利：《〈中华人民共和国刑法修正案（七）〉反腐败规定之反思——兼论制度反腐的路径选择》，载《重庆科技学院学报》（社会科学版）2010年第6期。

④ 参见张兆松：《论〈刑法修正案（九）〉对贪污贿赂犯罪的十大重大修改和完善》，载《法治研究》2016年第2期。

的，根据慎用死刑的刑事政策，结合案件的具体情况，对其判处死缓符合刑法的基本原则，但为了维护司法公正，防止在司法实践中出现这类犯罪通过减刑等途径逃避服刑的情形，对其适用终身监禁，这是符合“宽严相济”刑事政策的。[①]

绝对的权力倾向于绝对的腐败。要阻止公共权力的滥用和异化，防止腐败的产生，关键是对公共权力的运行进行约束和监督。[②] 通过构建完善的法律体系来规范和监督公共权力的运行；让公共权力在法律的约束下行使，让公民切实感受到法律面前人人平等，限制、控制甚至消灭特权，是现代法治的内在要求。

五、刑法立法技术的制衡

刑法立法实质上是协调、平衡各方利益和避免价值冲突的过程。刑法立法技术贯穿于刑法立法始终，是解决刑法立法实质问题的重要手段。在刑法、民法、行政法分野，分别成为独立的法律部门调整相应社会关系的环境下，它们的清晰界分似乎成了重中之重。但刑法与民法、刑法与行政法调整对象的重合性，随着社会生活的复杂化，刑法与民法、刑法与行政法之间的交错、联系变得紧密。它们既相互制约又平衡发展，共同解决社会矛盾。在实体法和程序法分野，强调实体、程序分离的环境中，出现了实体与程序脱节、无法解决实践的难题。通过立法救济司法的立法技术，利用实体法解决程序问题，能够弥补一些程序上的盲点。

（一）刑法立法与民法的制衡

作为调整社会关系的两大基础性规范，刑法与民法在调整范围上的重合性使两者之间的交错成为可能。[③] 就刑法与民法的交错问题来看，曾经集中在民刑交叉案件程序的处理上。随着立法理念的变迁，焦点转向了刑民责任的融合。刑事责任与民事责任作为法律责任的两种重要形式，清晰的界分一直是立法、司法的重点。我国刑事司法程序以解决被告人的刑事责任为中心，被害人往往不是关注的重点。但是近年来，我国刑法理念发生了很大变化，在追究被告人刑事责任的同时也逐渐关注被害人，恢复性司法的提倡促进了受损社会关系的恢复，刑事责任与民事责任有融合的趋势。

对被害人地位的关注势必会影响对刑罚意义及刑事责任内容的理解。刑罚并非补偿被害人非物质性损害的手段，对犯罪人施加刑罚不是为了满足被害人的报复欲望，而是为了改善被害人的生存机会，使被害人重新恢复对法的信仰。[④] 刑事责任也应被定义为理解自己行为造成的后果，并使因犯罪而恶化的情况好转，它的目的是恢复而不是惩罚，是前瞻性的而不是回溯性的。[⑤] 民事责任重在对受害人权利的

---

① 参见《全国人民代表大会法律委员会关于〈中华人民共和国刑法修正案（九）（草案）〉审议结果的报告》第8条，http：//www. npc. gov. cn/wxzl/gongbao/2015-11/09/content_ 1951865. htm，2017年7月15日访问。

② 刘翠萍：《公共权力的法律约束探讨》，载《经济与社会发展》2010年第8期。

③ 参见朱铁军：《刑法与民法之间的交错》，载《北方法学》2011年第2期。

④ 劳东燕：《被害人视角与刑法理论的重构》，载《政法论坛》2006年第5期。

⑤ 劳东燕：《被害人视角与刑法理论的重构》，载《政法论坛》2006年第5期。

回复、补偿，它的重要价值在于安定性，使社会关系处于和谐状态，救济受害权利和弥补损失，纠正被扭曲的民事法律关系。① 恢复性司法的提倡促进了刑事责任与民事责任的融合。在我国司法实践中，恢复性司法已经得以体现。2010 年最高人民法院出台的《人民法院量刑指导意见（试行）》将赔偿被害人损失、获得被害人谅解以及抢救被害人等行为明确纳入量刑考量因素之内。对恢复行为的肯定一方面给予了犯罪人改邪归正的途径，另一方面促进了被害人利益的恢复及受损社会关系的修复，保护被害人的实体权益。赔偿被害人损失是恢复性司法最主要的手段，损害赔偿成为刑事责任与民事责任融合的焦点。就价值取向和功能来看，刑事责任和民事责任在相当程度上是互补和衔接的，通过刑事责任和民事责任的融合，在达到对犯罪人惩罚的同时亦能在相当程度上修复被破坏的社会关系。② 刑事责任与民事责任的融合有助于改变刑法刚性、无情的一面，增加刑法的柔性，从而实现刑法的良性运行。③

（二）刑法立法与行政法制衡

刑法与行政法同属于公法，它们在调整对象上的交错性使二者关系密切。对于一般违法行为由行政法调整，对于严重违法行为（犯罪行为）由刑法调整。在编织严密法网的立法理念指导下，部分行政权力让渡给了刑罚权，既通过限制警察权来保障人权，又规制了侵害社会法益的行为。刑法通过设置危险犯的方式将一些原本由行政法调整的行为纳入刑法调整范围，适当扩大了犯罪圈。最典型的当属《刑法修正案（八）》的危险驾驶罪。近年来，醉酒驾驶、追逐竞驶等危险驾驶行为严重威胁公民人身及财产安全，交通肇事罪只能对造成严重危害后果且过失犯罪的行为定罪，危害公共安全罪过于严厉、不能普遍适用。对于以往发生的一些情节恶劣却没有造成严重后果的醉驾、追逐竞驶只能按照《道路交通安全法》的规定进行规制，无疑留下了严重后患，放纵了违法行为。④ 危险驾驶罪的出现满足了社会公众安全保护和司法实践的需要。

刑法介入行政法原本调整的内容是犯罪化的表现，但这并不意味着刑法趋于绝对的严厉。犯罪化实际上有两种情形：一种是实质上的犯罪化，即原来是合法的行为现被认定为犯罪，从而使公民的某种权利、自由丧失；另一种是形式上的犯罪化，即某种行为本来不是作为犯罪来处理，现纳入刑法调整范围，它不涉及公民个人权利和自由的减少，涉及的是司法权和行政权之间的关系，是国家权力内部的分配问题。⑤ 刑法调整原本由行政法调整的内容是形式上的犯罪化，它虽然将非犯罪行为规定为犯罪行为，但由刑法调整能够通过诉讼程序的设置来保障人权，限制行

① 参见杨磊：《论民事责任的价值》，载《法制与经济》2008 年第 4 期（下半月）。

② 倪志娟、高永明：《从界分到融合：刑事责任与民事责任关系界说——以责任的实现为视角》，载《前沿》2010 年第 1 期。

③ 刘东根：《刑事责任与民事责任功能的融合——以刑事损害赔偿为视角》，载《中国人民公安大学学报》（社会科学版）2009 年第 6 期。

④ 赵秉志、赵远：《危险驾驶罪研析与思考》，载《政治与法律》2011 年第 8 期。

⑤ 参见陈兴良：《当代中国的刑法理念》，载《国家检察官学院学报》2008 年第 3 期。

政权的滥用，同时对于危险性日益递增的行为予以警示和惩处，有利于维护社会的安定、保护公民的利益。

但目前我国刑法介入行政法领域的现象越来越多，行政法应有的规范作用因刑法的越界而弱化。立法将部分行政法调整的内容纳入刑法调整范围并不意味着刑法可以无限制扩张，刑事立法不能强势取代行政立法的地位。刑法与行政法作为独立的法律部门，有各自的功能和作用，它们对于违法行为进行制裁的方式不同，使得行政权具有存在的价值。刑法规制严重危害社会法益的行为，对于一般违法行为，应当给予行政法发挥的空间，不能通过刑事立法来架空行政权。

（三）刑法立法与刑事司法的制衡

为了解决实践中程序上的难题，利用立法救济司法是常用的立法技术之一。在司法机关认定犯罪、追究刑事责任的过程中，常常出现证明难度大、取证困难的情况，如果仅靠程序法上的规定可能会使重大利益处于危险的境地。持有型犯罪的设立是立法救济司法的体现，如新增的非法持有宣扬恐怖主义、极端主义物品罪，持有伪造的发票罪等。持有型犯罪的对象往往关系到重大公共利益，如果只能待完全查明来源或者去向的犯罪事实才能论罪科刑，显然不利于打击相关犯罪。① 通过持有型犯罪的设立，将查明持有物的来源或去向的责任转变为证明持有的现状，减轻了公诉机关的证明难度。对持有特定物品或财产的行为人来说，行为人本身最清楚所持特定物品或财产的来源与用途，对控方而言，来源与用途相关证据的收集则困难重重，为了有利于诉讼的推进，有效打击犯罪，便实行以推定的方法认定犯罪事实，这就是持有型犯罪的构成。②

持有型犯罪的认定降低了案件的事实标准，一旦推定的事实错误，可能导致裁判的错误，这是持有型犯罪的弊端。但是从整体上来说，持有型犯罪的设置是利大于弊的，它严密了法网，保护了社会的重大利益，同时减轻了公诉机关的举证责任，节约了司法资源。目前我国刑法立法上持有型犯罪规定的对象主要限于枪支、假币、伪造的发票、信用卡、毒品、国家绝密和机密文件、资料、物品、公职人员来源不明的巨额财产、涉恐物品等，这些对象涉及国家、社会的重大公共利益，对持有型犯罪对象的严格要求体现了我国对于持有型犯罪立法的谨慎态度。

---

① 陈洪兵：《持有型犯罪的正当性根据及其适用》，载《东方法学》2016年第3期。

② 参见张建军：《谦抑理念下持有型犯罪的立法选择》，载《国家检察官学院报》2011年第6期。

刑法立法理念的变迁

——以刑法之修正案为视角

王耀忠[*]

1997年刑法废除类推并将罪刑法定原则法定化是中华人民共和国成立以来刑法从“刀把子”到“人权保障”立法理念进步的一个里程碑。迄今为止，全国人大常委会通过的九个刑法修正案集中反映了1997年刑法颁布20年来逐步走向权利、公正、文明的立法进步与变迁。刑法立法观念是以现实社会背景为基础而变迁的，目前，不少学者站在古典学派“结果本位”、“刑法谦抑性”的基础上批判现行的积极立法；[①] 也有学者批判现行刑法立法是“新刑法工具主义”。[②] 这些观念会导致刑法立法的滞后性和不适应性，而且“刑法谦抑性”也与犯罪化数量多少没有必然的联系。

一、刑法立法更加重视对公民个人权利的保护

尽管不少刑法学者在研究个罪的分类时，根据侵害法益的不同，将犯罪分成侵犯个人法益的犯罪、侵犯社会法益的犯罪与侵犯国家法益的犯罪，即将对个人法益的保护放在首位，但从刑法分则的编排章节看，我国刑法是将危害国家安全与公共安全的行为排在第一章和第二章，在破坏社会主义市场经济秩序犯罪之后第四章才是对公民个人权利的保护，基本承继了1979年刑法的编排体例。略见国家安全、公共安全重于个人权利的立法思想，而我国1982年宪法在第一章总纲之后第二章便是公民的基本权利与义务，国家机构与国旗、国歌、国徽、首都则分别排在了第三章和第四章，这似乎与宪法的基本立法理念也有不协调的地方。实际上，国家安全与公共安全的地位及其重要性已经由一个国家的主权所决定，没有必要在立法上再度强调。而之后从2002年《刑法修正案（四）》开始，刑法立法越来越重视对公民个人权利的保护，反映出立法理念上的进步。

（一）加强对公民个人生命、身心健康权的保护

《刑法修正案（四）》将刑法第145条生产、销售不符合标准的医用器材罪由结果犯修改为危险犯，即将“严重危害人体健康”修改为“足以严重危害人体健康”。这是刑法在医疗器械领域对公民健康权的高度重视与保护。增设第244条之一雇用童工从事危重劳动罪，以在雇工领域加强对不满16周岁未成年人身心健康的保护，弥补了强迫劳动罪在保护未成年人身心健康方面的不到位。

---

* 西北政法大学刑事法学院副教授，法学博士，西北政法大学刑事法律科学研究中心研究员。

① 高铭暄、李彦峰：《〈刑法修正案（九）〉立法理念探寻与评析》，载《法治研究》2016年第2期。

② 魏昌东：《新刑法工具主义批判与矫正》，载《法学》2016年第2期。

2006年《刑法修正案（六）》增设第262条之一组织残疾人、儿童乞讨罪，不仅仅是对残疾人、儿童这些弱势群体人身自由与身心健康的有力保护，更重要的是国家、社会对残疾人、儿童个人权利的重视在刑事立法理念上的体现。

2009年《刑法修正案（七）》增设第262条之二组织未成年人进行违反治安管理活动罪同样是对未成年人这一弱势群体人身自由与身心健康的有力保护，可以说是与《刑法修正案（六）》增设的组织残疾人、儿童乞讨罪具有完全相同的进步立法理念。

2011年《刑法修正案（八）》将生产、销售假药罪由原来的具体危险犯修订为行为犯或曰抽象危险犯，反映出国家对公民生命、健康权的更加重视和积极一般预防的安全刑法理念。具体危险犯的危险是构成要件要素，控方负有证明具体危险的责任。而抽象危险犯的危险并不是构成要件要素，而是实行行为自身的属性，是判断行为是否该当构成要件的实质根据。① 增设第234条之一组织出卖人体器官罪，有力地保护了被组织出卖人体器官公民的身体健康权。明确了未经本人同意摘取其器官，摘取不满18周岁人的器官以及强迫、欺骗他人捐献器官的行为依照故意伤害罪或故意杀人罪定罪处罚；违背本人生前意愿摘取其尸体器官，或者本人生前未表示同意，违反国家规定，违背其近亲属意愿摘取其尸体器官的依照盗窃、侮辱、毁坏尸体罪定罪处罚。这样就能弥补故意伤害罪在有被害人承诺时保护公民健康权方面的不足和不妥当性，使对公民健康权的保护法网更加严密和适当。这是立法理念上的细致化和进步。

2015年《刑法修正案（九）》增设第260条之一虐待被监护、看护人罪，在一定意义上是对刑法第260条虐待罪行为主体与保护对象的扩张，使虐待行为以及对象不再局限于家庭成员之间，有力地保护了幼儿园、养老院、敬老院、孤儿院、医院等单位未成年人、老年人、残疾人以及病患者的合法权益，也能很好地维护不存在家庭关系的监护人与被监护人，看护人与被看护人之间的正常看护、监护关系。用刑法保护弱势群体合法权益的理念是一种从身份到契约的立法进步。梅因在探讨原始社会与古代法家族中的“身份”这一人格状态时指出：“所有进步社会的运动，到此为止，是一个从‘从身份到契约’的运动。”②

（二）加强对公民个人性自由权的保护

如果1997年刑法第358条组织卖淫罪、强迫卖淫罪将对象从1979年刑法的“妇女”修改为“他人”是扩大人身自由权和性自由权（他人不同意卖淫的情况下）保护对象的开端，那么2015年《刑法修正案（九）》将强制猥亵、侮辱妇女罪的对象由“妇女”扩大到“他人”则是对公民个人性自由权保护的升华，体现了刑法立法对公民个人性自由权，特别是男性性自由权的高度重视，这种刑法保护触角的延伸是刑法立法理念的进步，表明公民的个人权利越来越受到国家的重视。《刑法修正案（九）》还废除了刑法第360条第2款嫖宿幼女罪的规定，这并不意

① 梁根林：《刑法修正：维度、策略、评价与反思》，载《法学研究》2017年第1期。

② ［英］梅因：《古代法》，沈景一译，商务印书馆1959年版，第97页。

味着嫖宿幼女的行为不再是犯罪行为，而是在昭示：没有性自主决定权的幼女，其性自由和身心健康更加得到刑法的重视，自2015年11月1日起，嫖宿幼女的行为将会依照刑法第236条第2款强奸罪的规定从重处罚。

（三）公民个人信息得到刑法的保护

2009年《刑法修正案（七）》增设第253条之一，前两款分别规定了出售、非法提供公民个人信息罪和非法获取公民个人信息罪。这是我国首次将公民个人信息纳入刑法的保护范围。司法实践中，在认定公民个人信息的范围以及与隐私权的界限上虽然有一定的难度，但在民法、行政法之上用刑法来保护公民个人信息实属国家对公民个人权利的重视。2015年《刑法修正案（九）》将本条的主体全部修订为一般主体，并将违反国家规定，把在履行职责或提供服务过程中获得的公民个人信息出售或提供给他人的行为作为本罪的从重处罚情节，“两高”也将本条罪名合二为一规定为侵犯公民个人信息罪。更重要的是，《刑法修正案（九）>将本罪的法定最高刑3年有期徒刑提高到7年，足见国家对公民个人权利的重视程度。

二、刑法立法向更加人道化的方向发展

由于重打击、轻保护观念之余留还存在，我国1979年刑法和1997年刑法在针对未成年人、老年人、怀孕的妇女等特殊群体的犯罪，特别是刑罚处遇上没有全面体现出个别化、人道化区别对待的理念。刑法第17条第2款规定了已满14周岁不满16周岁的人只对故意杀人等八种严重的犯罪行为负刑事责任；第3款规定了对已满14周岁不满18周岁的人犯罪，应当从轻或者减轻处罚。刑法第49条规定了犯罪的时候不满18周岁和审判的时候怀孕的妇女不适用死刑。这是1997年刑法全部有关未成年人、怀孕的妇女个别化、人道化处遇的规定，且没有一个条文规定对老年人犯罪的特别处遇，而我国封建社会直至解放前的刑法都有对老年人犯罪特别处遇的规定。即使对未成年人、怀孕妇女的个别化、人道化刑罚处遇也没有贯彻到缓刑、累犯等刑罚的适用制度上。足见其个别化、人道化处遇理念之狭隘，重打击、轻保护观念之深厚。

我国1979年刑法挂有死刑的罪名是28个，而到1997年刑法挂有死刑的罪名达到68个。10年前在法律上或事实上废除死刑或者废除普通犯罪死刑的国家和地区已多达134个，而只剩下61个国家和地区依然在法律上保留并实际适用死刑。① 这正是国际社会对我国人权状态诟病的主要原因之一。

伴随着《刑法修正案（八）》和《刑法修正案（九）》对非暴力性以及个别非致命暴力性犯罪死刑的废除，对已满75周岁老年人处遇的特别规定，对未成年人、怀孕妇女的个别化、人道化处遇范围的扩大等反映出刑法逐步走向更加人道化的刑事立法理念之变迁。

（一）对未成年人、老年人、怀孕妇女的人道化处遇更加重视

2011年《刑法修正案（八）》增设第17条之一，规定已满75周岁的人故意

① 赵秉志：《关于分阶段逐步废止中国死刑的构想》，载《郑州大学学报》（哲学社会科学版）2005年第5期。

犯罪的，可以从轻或减轻处罚；过失犯罪的，应当从轻或减轻处罚；在刑法第49条增设第2款，规定审判的时候已满75周岁的人，除以特别残忍的手段致人死亡外不适用死刑；在刑法第72条规定了已满75周岁的人犯罪符合缓刑条件的是应当缓刑而不是可以缓刑。这是新中国成立后我国刑法首次规定对老年人的特别处遇，而且范围涉及老年人的全部犯罪以及死刑和缓刑的适用，虽然由于人的平均寿命的延长将老年人的范围由中华民国刑法的70周岁上升到75周岁，但也足以体现出刑法重视对老年人保护的人道主义进步立法理念。

《刑法修正案（八）》扩大对未成年人、怀孕妇女个别化、人道化刑罚处遇的范围。将刑法第65条第1款修订为犯罪时不满18周岁的人与过失犯一样不构成累犯；在刑法第72条规定未成年人、怀孕妇女如果符合缓刑条件应当缓刑，而不再是原刑法的可以缓刑，这是我国刑法规定法定缓刑的开端，由裁量缓刑到法定缓刑，这是人道主义、矫正主义刑法理念的体现，是刑法在立法理念上的变迁与进步。从一定意义上讲，《刑法修正案（八）》在刑法第100条增设第2款规定，犯罪的时候不满18周岁被判处5年有期徒刑以下刑罚的人，免除入伍、就业时的报告义务。这也是立法上对人道主义的体现和发扬。

（二）保留并逐步全部废除死刑的人道主义立法理念得到彰显

死刑的存废之争由来已久，我国学界和实务界从我国的国情出发，经过长期争论后形成了保留死刑，并逐步全部废除死刑的正确理念，即先废除非暴力性经济犯罪的死刑，再废除非致命性暴力犯罪的死刑，最后废除全部暴力性犯罪的死刑。目前，除毒品犯罪、贪贿犯罪外，非暴力性经济犯罪的死刑已全部废除，正处在废除非致命性暴力犯罪死刑的阶段，如强迫卖淫罪这种非致命性暴力犯罪的死刑已被《刑法修正案（九）》废除。如今保留死刑的罪名还剩46个。

2011年《刑法修正案（八）》废除了13个非暴力性经济犯罪罪名的死刑，分别是走私文物罪，走私贵重金属罪，走私珍贵动物、珍贵动物制品罪，走私普通货物、物品罪，票据诈骗罪，金融凭证诈骗罪，信用证诈骗罪，虚开增值税专用发票、用于骗取出口退税、抵扣税款发票罪，伪造、出售伪造的增值税专用发票罪，盗窃罪，传授犯罪方法罪，盗窃古文化遗址、古墓葬罪，盗掘古人类化石、古脊椎动物化石罪。2015年《刑法修正案（九）》又废除了9个罪名的死刑，进一步贯彻“少杀、慎杀”、“保留死刑、逐步减少并废除死刑”的刑事政策。9个废除死刑的罪名分别是走私武器、弹药罪，走私核材料罪，走私假币罪，伪造货币罪，集资诈骗罪，组织卖淫罪，强迫卖淫罪，阻碍执行军事职务罪，战时造谣惑众罪。

另外，《刑法修正案（九）》对死缓犯执行死刑提高了门槛，即死刑缓期执行期间，故意犯罪，情节恶劣的，才能报请最高人民法院核准执行死刑；对绑架罪由绝对确定的死刑法定刑修订为相对确定的法定刑，并取消过失致使被绑架人死亡的死刑适用；对贪污罪、受贿罪死刑进行变通限制，即被判处死刑缓期执行的贪污贿赂犯罪分子，人民法院根据犯罪情节等情况可以同时决定在其死刑缓期执行二年期满依法减为无期徒刑后，终身监禁，不得减刑、假释，贪污罪、受贿罪的死刑立即执行将因此而减少适用或不再适用。这些修订都从立法上限制了死刑的适用或者死刑立即执行的范围。

《刑法修正案（八）》和《刑法修正案（九）》通过对未成年人、老年人、怀孕的妇女等特殊群体在犯罪，特别是刑罚处遇上的规定与修正，不仅抛弃了传统的重打击、轻保护的错误立法思想，贯彻了宽严相济的刑事政策，更为重要的是有力地彰显了文明、人道的立法理念。

三、刑法立法进一步由消极的一般预防向积极的一般预防发展

当代社会学的研究表明，工业社会经由其本身系统制造的危险而身不由己地突变为风险社会。[①] 现代意义的风险与传统的风险相比，风险的人为化凸显，人的决策与行为成为风险的主要来源。[②] 国家安全、公共安全、个人安全的需求都对刑法控制风险提出了新的要求。传统的结果本位立法在逐渐向行为本位立法的方向发展；风险相关的预备行为、帮助行为、教唆行为等在逐步进入实行行为的范畴；法益保护早期化，刑法活性化明显，刑法立法逐渐由传统的消极预防向积极预防的方向发展。消极的一般预防，是指通过发挥刑罚的威慑功能来防止潜在的社会一般人犯罪。[③] 而积极的一般预防，是指通过确立行为规范来指导公众的行为，确立公众对规范的认同和尊重意识进而预防犯罪。因其不考虑通过针对特定犯罪规定刑罚来威慑具体犯罪行为人，所以不是特殊预防而是一般预防；因其并不想通过威慑潜在的犯罪行为人，而是通过增强其他民众对法律的忠诚来预防犯罪，所以它又是积极的。最后，预防也与威慑划清了界限，不可能让人想到像“积极的威慑”之类的说法。[④] 这些观念在刑法修正案中体现得极为明显。

（一）通过实行行为的扩张强化刑法的积极预防

刑法立法通过将预备行为、帮助行为、组织行为以及教唆行为等实行行为化将刑法的介入点提前，在缩小一般违法行为范围的同时扩大了犯罪的范围，并且可以名正言顺地把片面共犯纳入刑法预防的范围，因为这些非实行行为通过刑法立法规定为独立的犯罪后，可以不再考虑行为人之间是否有共同的犯罪故意，是否符合共同犯罪的成立条件就可以认定其行为为犯罪。

1997 年刑法在第 107 条规定了资助危害国家安全犯罪活动罪，第 307 条规定了帮助毁灭、伪造证据罪，第 358 条规定了协助组织卖淫罪三个帮助行为的实行行为化。之后，《刑法修正案（三）》增设第 120 条之一资助恐怖活动罪，《刑法修正案（九）》又增加了本罪资助和帮助的范围，“两高”相应地将其罪名修改为帮助

---

① ［德］乌尔里希·贝克：《世界风险社会》，吴英姿、孙淑敏译，南京大学出版社 2004 年版，第 102 页。

② 劳东燕：《风险社会中的刑法：社会转型与刑法理论的变迁》，北京大学出版社 2015 年版，第 17 页。

③ ［德］费尔巴哈：《德国刑法教科书》，徐久生译，中国方正出版社 2010 年版，第 29 页。

④ ［美］马库斯·德克·达博：《积极的一般预防与法益理论——一个美国人眼里的德国刑法学的两个重要成就》，杨萌译，徐久生校，载陈兴良主编：《刑事法评论》（第 21 卷），北京大学出版社 2007 年版，第 446 页。

恐怖活动罪，这是帮助行为的实行行为化，也有学者称其为帮助行为正犯化。[①]《刑法修正案（九）》增设第290条第4款资助非法聚集罪。增设第287条之二帮助信息网络犯罪活动罪，这是信息网络犯罪领域帮助行为的实行行为化。但也有学者认为帮助信息网络犯罪活动罪不是帮助犯的正犯化而是帮助犯的量刑规则。[②]还有的学者认为本罪是帮助犯的相对正犯化或有限的正犯化。[③]这些帮助行为的实行行为化不仅仅是严密刑事法网，更为重要的是发挥刑法的规范功能，实现刑法规范的告知功能、预测功能、宣示功能以达到国民对刑法规范的认同和忠诚，从而实现对犯罪积极的一般预防。另外，通过拟制正犯的立法策略将帮助行为实行行为化，使之成为独立犯罪，至少可以化解司法实务所引发的合法性争议，因而是相对妥当和可取的立法选择之一。[④]

1997年刑法并没有规定预备罪，对于预备犯只在总则第22条作了一个原则性的规定。之后的《刑法修正案（九）》增设第120条之二准备实施恐怖活动罪，在我国刑法分则中首次规定预备罪将预备行为实行行为化。本罪既可以是为了自己实施恐怖活动而做准备，也可以是为了他人实施恐怖活动而做准备。“为实施……”在含义上包含了“为了自己”，也包含“为了他人”。这样的解释不仅符合语义，也更符合立法精神。[⑤]本罪的设立，回应了应对当代恐怖主义泛滥之势，完善反恐怖主义刑事法律的现实要求，不仅符合宽严相济的刑事政策、风险社会法益前置理论，扩大了犯罪圈和打击恐怖主义犯罪的力度，而且在罪刑法定原则的框架内必然会逐步强化刑法的积极预防功能，使得刑法的宣示、预测、教育、告知等事前规范功能在反恐怖主义犯罪领域得到进一步的加强，使得泯灭人性的恐怖分子逐步走向对规范的认知、思考再到反思和接受，最后达到对刑法规范的忠诚。这虽然是一个漫长而艰难的过程，而且需要经济和教育等方面的平衡和配合，但从立法的角度讲不仅具有打击恐怖犯罪的应急性、权宜性和前瞻性，而且客观上必然会发挥其积极预防的功能。

1997年刑法就组织型的犯罪在第120条规定了组织、领导、参加恐怖组织罪；第294条规定了组织、领导、参加黑社会性质组织罪；第300条规定了组织、利用会道门、邪教组织、利用迷信破坏法律实施罪，组织、利用会道门、邪教组织、利用迷信致人死亡罪；第317条第1款规定了组织越狱罪；第318条规定了组织他人偷越国（边）境罪；第358条第1款规定了组织卖淫罪；第364条第2款规定了组

---

① 本文认为，“帮助行为实行行为化”与“帮助犯正犯化”是有差别的，二者涉及帮助行为犯罪化的程度以及对片面共犯行为的不同态度。“帮助犯正犯化”必须对片面帮助犯与正犯是否成立共同犯罪作出回答，而前者则不需要。

② 张明楷：《论帮助信息网络犯罪活动罪》，载《政治与法律》2016年第2期。

③ 于冲：《帮助行为正犯化的类型研究与入罪化思路》，载《政法论坛》2016年第4期；陈结森、董杰：《论信息网络犯罪的适用——以〈刑法修正案（九）〉新增为例》，载《南华大学学报》（社会科学版）2017年第1期。

④ 张明楷：《刑法学》（下册），法律出版社2016年版，第1051页。

⑤ 本罪中“为他人准备”不应包括第120条之一第2款的行为，即为恐怖活动组织、实施恐怖活动或者恐怖活动培训招募、运送人员的行为，以区别于帮助实施恐怖活动罪。

织播放淫秽音像制品罪；第365条规定了组织淫秽表演罪9个组织型犯罪。在这些犯罪中，除组织、利用会道门、邪教组织、利用迷信致人死亡罪的成立需要有死亡的结果外，其他8个罪的既遂都不以实害结果为要件，充分表明了立法上对这些组织型犯罪的积极预防思想已经存在。在随后的《刑法修正案（六）》中增设第262条之一组织残疾人、儿童乞讨罪；在《刑法修正案（七）》中增设第224条之一组织、领导传销活动罪，第262条之二组织未成年人进行违反治安管理活动罪；在《刑法修正案（八）》中增设第234条之一组织出卖人体器官罪；在《刑法修正案（九）》中增设第284条之一，其第1款规定了组织考试作弊罪，增设第290条第4款组织非法聚集罪。这6个组织型犯罪的增设是刑法积极预防思想在立法上的进一步强化。如果说刑罚的主要目的是预防犯罪，那么事前的积极预防不论是从经济性上还是从预防效果上都会比事后的消极预防更具有优越性和活力。只要处理好人权保障与社会保护之间，或者说自由与秩序之间的冲突与平衡，那么积极的一般预防比消极的一般预防在特定的重大犯罪领域更具有生命力和优越性。

（二）通过设立行为犯、危险犯来强化刑法的积极预防

刑法修正案通过增设微罪、修改已有结果犯等方式增加行为犯、危险犯，特别是抽象危险犯的数量，以便强化刑法的积极预防效果，这是现代风险社会背景下积极预防思想在刑法立法中的主要表现之一。

《刑法修正案（四）》将刑法第145条生产、销售不符合标准的医用器材罪由结果犯修改为危险犯，即将“严重危害人体健康”修改为“足以严重危害人体健康”；《刑法修正案（八）》将刑法第141条生产、销售假药罪由危险犯修改为行为犯，增设第133条之一危险驾驶罪这个微罪，是一个典型的抽象危险犯；《刑法修正案（九）》在原有的醉酒型和飙车型危险驾驶的基础上又增加超速、超载型危险驾驶和危化品危险驾驶两类危险驾驶行为。这种在特定领域将刑法介入提前的立法模式，一方面有助于增强国民的刑法规范意识，使国民逐步建立起对刑法规范的忠诚；另一方面是加强对现代科技工业社会所带来的风险的积极预防以满足民众的安全感，这是一种由消极的一般预防观念向积极的一般预防理念转变的表现，是一种刑事立法理念的变迁和进步。

《刑法修正案（九）》增设第120条之二到第120条之六分别规定了准备实施恐怖活动罪；宣扬恐怖主义、极端主义、煽动实施恐怖活动罪；利用极端主义破坏法律实施罪；强制穿戴恐怖主义、极端主义服饰、标志罪；非法持有宣扬恐怖主义、极端主义物品罪6个恐怖主义犯罪行为，进一步严密了反恐法网、加大了反恐力度，法益保护进一步早期化，在国家安全、公共安全等重大法益的面前，“行为+结果”、“行为+情节”的结果无价值立法模式进一步转向了“行为”或“行为+抽象法益”的行为无价值立法模式。恐怖主义犯罪领域刑事立法模式的这种转变和发展体现的仍旧是积极的一般预防立法理念。

除了食品犯罪、医疗犯罪、交通犯罪和恐怖主义犯罪领域外，在环境犯罪、国家安全犯罪等领域也在一定程度上体现出由消极的一般预防向积极的一般预防转变的立法思想。例如，《刑法修正案（八）》将刑法第109条叛逃罪中“危害中华人民共和国国家安全”的表述删除，这绝不仅仅是为了司法认定上的便宜以及司法的可操作性，在其背后反映出立法思想上的重大变迁，那就是积极的一般预防思想的强化和发展。

四、结语

综观1999年到2015年颁布的九个刑法修正案，其较好地回应了人权、自由、安全等多元进步价值思想的要求。反映出刑法对公民人身自由权、生命健康权、性自由权，特别是对未成年人、老年人、残疾人、怀孕妇女等特殊群体身心健康权的更加重视和积极保护的思想；通过废除大量非暴力性犯罪与非致命性暴力犯罪的死刑以及强化对未成年人、老年人、残疾人、怀孕妇女等的优化处遇体现了刑事立法向更加人道化方向发展的进步理念；通过预备行为、帮助行为、组织行为等的实行行为化以及在特定犯罪领域增设行为犯、抽象危险犯方式使得刑事立法表现出由消极预防向积极预防的转变。另外，九个刑法修正案也反映出刑法由厉而不严向严而不厉，由重打击轻保护向打击与保护并重的方向发展的理念变迁；从刑事政策的角度看，表现出由惩办与宽大相结合的刑事政策向宽严相济的刑事政策转变的进步理念。

总之，应该尽量减少刑法领域的象征性、倡导性立法，以回应学界对刑法谦抑性原则受到冲击的关切并确保积极刑法立法观在法治的框架内运行。[①] 我国的刑法立法将会向着更加公正、文明、科学的方向发展。

① 周光权：《积极刑法立法观在中国的确立》，载《法学研究》2016年第4期。

从《刑法修正案（九）》谈我国刑法的新发展

郎 胜*

1997年全面修订刑法后，我国的刑事立法并没有停止脚步，而是因应经济社会的发展，适应实践的需要，不断地修改完善。全国人大常委会先后通过了1个单行刑法、9个刑法修正案、13个有关刑法的法律解释，对刑法作出修改、补充和解释。此外，全国人大常委会为提高立法质量，通过清理法律，在关于修改部分法律的决定中，还对刑法个别条文作了修改。20年来刑法修改的频度和内容都表现出较为积极活跃的发展态势。刑事立法成为这些年来我们国家立法活动当中最积极、最活跃的领域和方面。这既是我国经济社会快速发展变化，司法实践不断深化的需求，也是从立法上对犯罪规律的认识和把握不断发展、深化的结果。

《刑法修正案（九）》正是在党和国家战略布局调整，在经济社会发展变化和应对司法实践新挑战的背景下提出的。党的十八大和十八届三中、四中全会作出了全面建成小康社会、全面深化改革、全面推进依法治国、全面从严治党的战略布局，刑事立法不断面临新的问题和挑战，党的十八届三中、四中全会都对进一步修改刑法提出了具体明确的要求，如逐步减少适用死刑罪名，完善惩治贪污、贿赂犯罪的法律制度，完善惩戒妨碍司法机关依法行使职权的法律规定等，需要通过立法贯彻落实。新一轮的司法体制改革提出了新的目标和任务。一些全国人大代表也多次提出进一步修改完善刑法的议案和意见、建议，社会各界也提出这方面的诉求。这些都是制定《刑法修正案（九）》的直接动因。同时，自2011年《刑法修正案（八）》通过以来，面对经济社会发展出现的新情况和司法实践面临新的问题与挑战，如暴力恐怖犯罪、信息网络犯罪呈现出新的特点等，有必要从总体国家安全观出发，对刑法作出相应调整，并与全国人大常委会审议的反恐怖主义法、网络安全法中的有关规定配套衔接。为此，全国人大常委会法工委深入研究论证，形成了《刑法修正案（九）草案》。经党中央同意，按照立法规划和2014年年度立法工作计划的安排，十二届全国人大常委会于2014年10月对《刑法修正案（九）草案》进行了初次审议。2015年6月进行第二次审议，8月进行第三次审议，以153票赞成高票通过了《刑法修正案（九）》。修正案共52条，涉及修改刑法40个条文，增加15个条文，删除1个条文，是自1997年全面修订刑法以来对刑法所作的又一次重大的修改。

《刑法修正案（九）》的立法指导思想：一是坚持正确的政治方向。认真贯彻落实党的路线、方针、政策，党的十八届三中、四中全会和中央司法体制改革任务的有关要求，充分发挥刑法在惩罚犯罪、保护人民方面的功能。整个立法过程也是

---

* 全国人大常委会委员，全国人大常委会法制工作委员会原副主任，中国刑法学研究会副会长。

深刻领会中央政策精神的过程，对其中一些重要问题，及时向党中央请示报告。同时，在立法过程中注意听取各方面意见，广泛征集民意、集中民智，实现党的领导、人民当家做主、依法治国有机统一。二是坚持问题导向，从我国国情出发。在不同历史条件和社会发展阶段，会出现一些不同的新的犯罪，原有的一些犯罪也会呈现出一些新的特点与形态。刑事立法的任务就是要研究解决这一领域不断出现的新问题、新挑战。刑法的修改，坚持从我国现阶段的国情出发，针对实践中出现的新情况、新问题，为适应维护国家安全、社会稳定和保障公民合法权益等方面的新要求，及时对刑事法律规范作出积极调整。三是坚持宽严相济的刑事政策，维护社会公平正义。宽严相济的刑事政策是我党一直以来所坚持的。在不同的时期、不同的历史条件下，这一政策的侧重点也会根据实践的需要有所调整。《刑法修正案（九）》根据同犯罪作斗争的需要，坚持对社会危害严重的犯罪惩处力度不减，保持高压态势，如新增一些犯罪，加重一些罪行的刑事责任；同时，根据情况的变化减少了一些死刑罪名，对一些社会危害较轻，或者有从轻情节的犯罪，留下从宽处置的余地和空间。四是坚持创新刑事立法理念，根据经济社会发展变化和预防、惩治犯罪的需要，进一步发挥刑法在维护社会主义核心价值观、规范社会生活方面的引领和推动作用。在上述立法思想的指导下，《刑法修正案（九）》对我国刑法作了重要的修改补充，体现了我国刑法发展中的一些新的特点和趋势。

——进一步减少适用死刑罪名。慎用死刑是我们党在死刑政策上的一贯主张，党的十八届三中全会明确提出了“逐步减少适用死刑罪名”的目标任务。从历史上看，在相当长一段时间里为了适应同犯罪作斗争的需要，在立法上规定了较多的死刑，但慎用死刑和减少死刑罪名的目标要求始终在坚持，立法工作机构也从未停止对减少死刑罪名的研究。1997 年全国人大全面修订了刑法，在那次制定的刑法典中，对已有的死刑罪名，坚持原则上不减不加，实际上有所减少的做法，保留了 68 个。自此之后未再增加过死刑。可以说，1997 年全面修订刑法是我国立法在死刑问题上的一个重要转折点。

2011 年《刑法修正案（八）》取消了 13 个经济性非暴力犯罪的死刑，正式启动了我国逐步减少死刑罪名的进程。《刑法修正案（九）》再次从以下三个方面对减少适用死刑罪名进行了积极的立法实践。

第一，取消了 9 个罪名的死刑。连同《刑法修正案（八）》取消的死刑罪名，使刑法中的死刑罪名从 68 个减少到 46 个，减少了 32%。目前，除贪污、受贿罪外，保留的死刑罪名基本上都直接与国家安全、公共安全、人民生命安全有关。立法机关以极大的决心和勇气减少 9 个死刑罪名，这样做的考虑，一是减少和严格控制死刑适用是我们党的一贯主张，减少死刑罪名是党的十八届三中全会明确的改革任务，在这一问题上态度应当鲜明而坚决。减少的数量也应达到一定的规模，以确保三中全会确定的任务要求有效落实，并成为不可逆转的发展趋势。二是方案是在充分论证、审慎研究的基础上提出的。同时，为了防止可能产生的负面影响，对一些严重犯罪，在取消死刑后在法律上还留有从严处罚的余地，以确保风险可控。三是从《刑法修正案（八）》取消死刑罪名的实践效果看，未对社会治安秩序等造成冲击和较大的负面影响。同时，通过深入细致的工作，各方面对减少死刑罪名逐步统一认识，社会上也基本认同，总体反映是积极和正面的。

第二，对死刑缓期执行制度作了进一步完善。一是对死缓执行死刑的条件作了更严格的规定。二是对在死缓期间故意犯罪但未执行死刑的，明确了法律后果和必要的备案程序。既坚持了慎用死刑的精神，又体现了罪刑相适应的原则。备案制度还能防止死刑适用条件把握上可能出现的偏差。

第三，调整了分则中对绑架犯罪的量刑幅度，取消了绝对死刑的规定。绑架犯罪刑罚设置的完善，有利于司法机关根据实践中个案情况更好地做到罪刑相适应。

上述修改反映了我们执政能力的提升和对制度的自信，也是我国刑法不断进步、文明的标志。这一过程也体现出社会的发展与成熟。从长远来看，坚持党的慎用死刑和减少适用死刑罪名的要求，根据社会发展和司法实践的情况，还可进一步减少死刑罪名并对死刑的适用条件进行深入研究，从立法和司法上从严控制死刑的适用。

——加大对恐怖主义、极端主义犯罪的惩治力度。恐怖主义已成为影响世界和平与发展的重要因素，是国际社会面临的共同威胁。恐怖活动犯罪对我国国家安全、政治稳定、经济社会发展、民族团结和公民生命安全构成现实的威胁与挑战。以歪曲宗教教义或者以其他方法煽动仇恨、煽动歧视、崇尚暴力的极端主义成为恐怖活动犯罪的思想基础。根据总体国家安全观的要求，为了防范和打击恐怖主义、极端主义犯罪活动，《刑法修正案（九）》有针对性地对恐怖主义、极端主义犯罪作出了规定。

一是增加规定了一些新的犯罪行为，包括资助恐怖活动犯罪，为恐怖活动招募、运送人员的犯罪，为恐怖活动做准备的犯罪，宣扬恐怖主义、极端主义和煽动实施恐怖活动的犯罪，利用极端主义煽动、胁迫群众破坏法律实施的犯罪，强制他人穿着、佩戴恐怖主义、极端主义服饰、标志的犯罪，非法持有恐怖主义、极端主义宣传品的犯罪，拒绝提供恐怖主义、极端主义犯罪证据的犯罪等。

二是注重对恐怖活动犯罪在规定自由刑的同时规定财产刑，以剥夺其再犯罪的物质基础。

三是增加规定了为参加恐怖活动组织，接受恐怖活动培训或者实施恐怖活动偷越国（边）境的犯罪，适应这类犯罪跨境流动的特点，完善了惩治恐怖活动犯罪的法网。

这些规定是针对当前恐怖主义和极端主义犯罪特点作出的，有利于适应同这类犯罪作斗争的需要。其中有的规定将按犯罪阶段理论处于预备阶段的行为，按共犯理论属于帮助犯罪的情况，独立入罪，对传统的认识与做法有所突破，是反恐怖主义立法的创新实践，对惩治恐怖主义、极端主义犯罪具有积极而重要的意义。

——完善惩处网络犯罪的法律规定。信息和网络技术快速发展，已经深度融入经济社会生活的各个方面，极大地改变和影响着人们的社会活动和生活方式。在促进技术创新、经济发展、文化繁荣、社会进步的同时，信息网络安全问题也日益凸显。网络空间成为维护国家主权安全、社会公共利益和保护公民、组织合法权益，促进经济社会发展的新的重要领域。1997 年，我国刑法第一次规定了与计算机网络有关的犯罪。随着信息网络技术的发展，我国刑法中有关信息网络犯罪方面的规定也相应不断完善。2009 年，《刑法修正案（七）》对这类犯罪的规定作了修改补充。《刑法修正案（九）》在这方面也有积极的进展。

一是对现有的一些规定作出修改，进一步加大对这类犯罪的打击力度。

二是针对网络治理方面存在的突出问题，结合网络安全法草案的有关规定，增加规定了一些新的犯罪行为。将利用信息网络建立违法犯罪网站，发布违法犯罪信息、诈骗信息的行为规定为独立犯罪；将为他人利用信息网络实施犯罪提供帮助的行为规定为独立犯罪；为加强网络服务提供者对于网络安全的责任，促使网络服务提供者配合监管部门打击网络犯罪，增加了拒不履行信息网络安全管理义务罪等。

需要注意的是，信息网络技术仍在迅速发展过程之中，在网络空间或者利用网络从事的新的犯罪形态仍会不断产生，在与网络犯罪作斗争方面仍会不断面临新的挑战。这就要求一方面在司法实践中用足用好现有法律规定，积极灵活地同这类犯罪作斗争，另一方面在立法上也需要根据情况的变化及时总结，做出反应。

——严密反腐败法网，加大对腐败犯罪的惩处力度。不断完善惩治贪污、贿赂犯罪的法律规定，保持对腐败犯罪的高压态势，是刑事立法始终坚持的一个重要方面。党的十八届三中全会提出了健全反腐倡廉法律制度体系，党的十八届四中全会进一步提出完善惩治和预防腐败体系，完善惩治贪污贿赂犯罪法律制度的明确要求。《刑法修正案（九）》主要从以下两个方面对贪污、贿赂犯罪的规定作了进一步的补充和完善。

一是进一步完善了贪污、受贿罪的规定。修改贪污、受贿罪的定罪量刑标准，不再规定具体数额标准，以使司法机关能够针对每一个案件的具体情况准确裁量刑罚，体现司法公正。在保留贪污、受贿罪死刑的同时，考虑到近年来对这类犯罪未适用死刑立即执行的实际情况，规定犯贪污、受贿罪被判处死刑缓期执行的，人民法院根据犯罪情节等情况可以同时决定在其死刑缓期执行二年期满依法减为无期徒刑后，终身监禁，不得减刑、假释。以此作为对这类犯罪的死刑的替代措施，更好地体现了罪刑相适应的原则和公平正义。还规定对如实供述、真诚悔罪、积极退赃，避免、减少损害结果发生的，可以从宽处理，以体现宽严相济的刑事政策。

二是完善了行贿犯罪的规定。主要是在对各类行贿犯罪规定自由刑的同时，补充完善了财产刑；进一步严格了行贿犯罪从宽处罚的条件；增加规定为利用国家工作人员影响力而行贿的犯罪。

保护公民人身权利和维护社会秩序是刑法的重要任务。为适应惩罚犯罪的需要，回应社会关切，《刑法修正案（九）》在这些方面有一些新的发展。诚信是中华民族的传统美德，也是构建社会和谐，实现全面小康的核心价值。这一核心价值观的重构与维系，除了依靠人们的道德操守之外，还须有强有力的法律支撑，通过刑事法律惩治失信、背信行为，以引领人们的社会行为和价值取向。《刑法修正案（九）》在这一方面也进行了积极的立法实践。将社会管理领域中的一些突出的、社会危害严重的不诚信行为作了入罪的规定。例如，为维护国家选人、用人机制的公平、公正，从根子上打好诚信的基础，增加了组织考试作弊罪，非法出售、提供试题、答案罪和代替考试罪；为了维护身份证制度这一社会管理方面的基础性制度，增加了使用虚假身份证件和盗用他人身份证件的犯罪，修改了伪造、变造居民身份证犯罪规定，扩大了伪造、变造身份证件的范围，并增加买卖身份证件的犯罪；为维护诉讼秩序，提高司法公信力，对虚假诉讼犯罪作出明确规定等。

此外，《刑法修正案（九）》从司法实际出发，对判处有期徒刑、拘役、管制的并罚进一步作了相应的制度安排，突破了一直以来对数罪只执行一种主刑的惯例，使刑法中各刑种的并罚都有了着落，制度更加周延。规定了职业禁止，进一步完善了非刑罚的预防性措施。刑罚结构更加科学，刑罚之间的相互关系衔接得更为合理，与非刑罚的预防措施相互匹配，更有利于刑法预防犯罪功能的发挥和刑罚目的的实现。

《刑法修正案（九）》对刑法的修改涉及总则、分则，有对既有条文的修改补充，也有新增设的条款，有对刑法重要制度的调整，也有对某些具体犯罪罪状、量刑的修改完善，以及新罪名的设立，还有对个别条款的删除。从总体上看，调整范围广，内容丰富，是全国人大常委会在刑事立法方面一次极为重要的立法实践。

回顾30多年来刑事立法的工作经历，从参与单行刑法、1997年全面修订刑法，以及其后九个刑法修正案的研究起草工作，笔者深切地感到，我国刑事立法的指导思想不断清晰、明确，其所涉及的领域不断拓展，结构更为科学合理，适应并且将不断适应我国经济社会的发展实践。这一过程反映了我国刑事立法的追求。当然，刑法也将在实践中不断接受检验，日臻完善。

1997刑法已经施行20周年，光阴不算短暂，我国刑事立法的脚步随着社会实践的发展亦不会停止。记得在给《中华人民共和国刑法释义（第六版）》作序时，正值当年国庆前夕，窗外天安门广场上人群熙攘、繁花锦簇，在祝愿祖国繁荣昌盛的同时，我也深信我国的刑事法治仍将不断进步。

社会公众参与刑法立法的基本问题

阴建峰* 赵英鹏**

时光荏苒，岁月蹉跎。转瞬之间，1997年刑法典颁行至今已整整20周年。从1979年刑法典的颁布，到1997年对刑法典进行全面修订，再到1997年刑法典施行20载，可以说我国刑法立法取得了举世瞩目的辉煌成就。法律是治国之重器，良法是善治之前提。任何法律说到底都是对人民意志的反映，在我国每一部法律的创制都离不开广大人民群众的支持，刑法立法同样如此。在我国刑法立法研拟、制定、修正之演进历程中，广大社会公众始终发挥着自身独有的作用，并对未来刑事法治的发展愈益不可或缺。因此，探究社会公众参与刑法立法的相关问题，对于提升我国刑法立法的质量，促进刑事法治建设的长远发展，无疑具有重要的意义。

一、社会公众参与刑法立法的根据

在刑法立法过程中，社会公众的参与有理可循，有法可依，具备存在的法理与规范根据。

（一）社会公众参与刑法立法的法理根据

首先，社会公众参与刑法立法的法理根据表现为民众在刑法立法过程中的权利平等。立法活动是否公正，取决于其程序的民主性，也即对民众平等参与刑法立法权利的保障。由于一国的主权是个体让渡的产物，因此基于主权的立法权、社会管理权都是公民通过社会契约转让于国家的，故人民参与立法便是对主权的行使，人民是立法的真正主体。从逻辑上讲，社会公众参与立法的人数越多，参与立法的程度越高，主导立法的力度越大，就越符合人民当家做主的本意，人民民主就能得到更好的实现。我国是人民民主专政的社会主义国家，同样主张国家的一切权力归于人民，而社会公众通过参与立法实现对于国家事务的管理不仅是人民当家做主的根本形式，也是社会主义民主在立法活动中的具体体现，标志着国家政治文明、社会文明的进步。

其次，保障社会公众参与包括刑法立法在内的各种立法活动是实现立法民主的重要形式。作为多数人的统治，民主制度往往受到现实条件的制约。而真正的民主又必须在公共事务的决策中确保多数公民直接且充分地参与。只有在大众普遍参与的氛围中，才有可能实践民主所欲实现的基本价值。① 由于客观上无法使每一个公民都直接进行立法，而完全依靠代议制民主又存在着偏离公民真正诉求的危险，因

---

* 北京师范大学刑事法律科学研究院教授、博士生导师，中国刑法学研究会常务理事暨常务副秘书长。

** 北京师范大学刑事法律科学研究院硕士研究生。

① ［美］卡罗尔·佩特曼：《参与和民主理论》，陈尧译，上海人民出版社2012年版，第8页。

此必须对代议制民主制度进行变通，以扩大公意进入立法决策的渠道。所以从这个意义上说，社会公众参与包括刑法立法在内的各种立法活动是对于代议制民主立法制度的有效补充和矫正，其与今天的“协商民主主义”和“参与民主主义”有着密切的关系。①

此外，在关乎公民生命权与自由权等基本权利的刑法领域，公民平等遵守和适用刑法的前提在于刑法立法的民主性，重中之重便是社会公众对于立法的平等参与。如果只强调刑法的工具性和斗争性，而忽视了刑法的立法平等，那么刑法适用和遵守平等便无所依靠了。而立法平等的重要表现便是立法活动中参与主体的广泛性。根据《宪法》第 33 条之规定，只要是具备中华人民共和国国籍的公民，就享有平等参与国家各种立法活动的权利。虽然基于规模和人口等因素的考虑，我国并没有采取直接民主这种直接体现人民主权原则和广泛参与性的治国模式，而是采取代议制，也即由公民选举人民代表，再由人民代表参加立法活动的模式，但是这种选择更多的是出于效率的考虑，并不能作为否认社会公众以其他形式平等参与立法的理由。代议制的立法机关及其成员在代表公民进行立法的同时，也必须同时接受其监督。在人民代表行使立法权以外，国家有义务发掘更多有效且合法的立法参与途径，以确保社会公众平等参与立法的权利。

（二）社会公众参与刑法立法的规范根据

社会公众参与刑法立法不仅是立法民主理论的产物，而且也具备宪法和法律的规范基础。

1. 社会公众参与刑法立法的宪法依据

首先，《宪法》第 2 条从原则上肯定了社会参与刑法立法的正当性。其中，第 2 条第 1 款规定：“中华人民共和国的一切权力属于人民。”这一条款直接指出了中华人民共和国权力的归属，那么作为权力中重要的组成部分，立法权自然归属于人民所享有，如此社会公众参与立法就获得了根本性的权利来源。此外，《宪法》又于第 2 条第 3 款规定了概括性的操作规则：“人民依照法律规定，通过各种途径和形式，管理国家事务，管理经济和文化事业，管理社会事务”。在依法治国的大背景下，犯罪治理和社会秩序维护的重要实现途径之一便是刑法的立法活动，因此社会公众通过参与刑法立法实现对国家事务和社会事务的管理也是应有之义。

其次，《宪法》规定了一系列的公民权利，为社会公众参与刑法立法创造了条件。一是《宪法》第 34 条规定公民享有选举权和被选举权。在代议制之下，选举权与被选举权是公民行使主权，参与国家政治的基本形式。作为我国公民，既可以通过行使选举权选出代表自身利益的人大代表，并影响其刑法立法活动，也可以通过人大选举成为人大代表，从而直接参与刑事立法。二是《宪法》第 35 条规定：“中华人民共和国公民享有言论、出版、集会、结社、游行、示威的自由。”从权利性质上看，言论与出版自由保证了社会公众可以通过言语方式对刑法立法活动表达自身诉求，集会、结社、游行、示威的自由则更偏向于通过行动方式进行表达的自

① 吴浩主编：《国外行政立法的公民参与制度》，中国法制出版社 2008 年版，第 596 页。

由，进而影响立法活动的进程。这些自由虽然不能直接等同于参与立法的权利，但却是社会公众参与刑法立法得以实现的重要支柱和途径，离开了这些表达途径的保障，社会公众参与刑法立法的权利也就成了无源之水，无本之木。

最后，《宪法》从国家机关运行的角度作出了相关规定，以配合社会公众行使立法参与权。其第27条第2款规定："一切国家机关和国家工作人员必须依靠人民的支持，经常保持同人民的密切联系，倾听人民的意见和建议，接受人民的监督，努力为人民服务。"此外，第41条第1款又规定："中华人民共和国公民对于任何国家机关和国家工作人员，有提出批评和建议的权利；对于任何国家机关和国家工作人员的违法失职行为，有向有关国家机关提出申诉、控告或者检举的权利……"由于一切国家权力归于人民，因此国家机关作为国家权力的实现工具，必然需要对权力的根本来源，也即社会公众负责，接受其建议和监督，以确保人民当家做主。根据《宪法》第57、62、67条的规定，全国人民代表大会是我国最高权力机关，并有权制定和修改刑事法律，其常设的全国人大常委会有权于闭会期间对刑法进行不抵触基本原则的修改。因此，作为国家机关的组成部分，全国人大及其常委会在制定、修改刑事法律的过程中必须通过各种渠道采纳社会公众的意见建议，保持与社会公众的联系。

2. 社会公众参与刑法立法的法律依据

除宪法以外，我国的立法活动还要受到《立法法》的制约和规制，这也是依法治国原则在立法领域的直接体现。《立法法》贯彻了《宪法》中对于社会公众参与立法权利的相关精神和规定，同时也提出了更具有可操作性的规则。

《立法法》第5条规定："立法应当体现人民的意志，发扬社会主义民主，坚持立法公开，保障人民通过多种途径参与立法活动。"这在贯彻《宪法》精神的基础上明确提出了对于立法民主的要求，从而构成了社会公众参与刑法立法的直接权利来源。同时，其后半段使用了开放式的用语，既体现了社会公众参与立法途径的多样性，也为探索更适宜中国国情的参与途径留有余地。

同时，《立法法》还直接为刑法立法活动中的社会公众参与提供了具体的操作规则。其第36条第1款规定："列入常务委员会会议议程的法律案，法律委员会、有关的专门委员会和常务委员会工作机构应当听取各方面的意见。听取意见可以采取座谈会、论证会、听证会等多种形式。"第37条规定："列入常务委员会会议议程的法律案，应当在常务委员会会议后将法律草案及其起草、修改的说明等向社会公布，征求意见，但是经委员长会议决定不公布的除外。向社会公布征求意见的时间一般不少于三十日。征求意见的情况应当向社会通报。"在1997年刑法典于八届人大五次会议通过以后，历次刑法典的修正都采取人大常委会法工委牵头，并由人大常委会通过的方式进行。作为国家基本法律，《刑法》的历次修正都是重中之重，因此在刑事立法过程中必须遵守《立法法》的上述规定，通过座谈会、论证会、听证会在内的多种形式听取公民的意见。值得注意的是，《刑法修正案（七）》、《刑法修正案（八）》和《刑法修正案（九）》在人大常委会审议的过程中都采取了在中国人大网上公布的方式，以征求社会公众的意见，[①] 这标志着刑事立法实践对于社会公众参与的认可，也体现了我国立法机关对于社会公众参与刑法立法途径的积极探索。

二、社会公众参与刑法立法的功能

（一）制约立法权，防止渎职与腐败

社会公众参与立法既是民主政治和人民主权的必然要求，也是防止立法腐败的内在需要。虽然任何权力都存在被滥用的危险，但是与行政权、司法权和监督权相比，立法的腐败显得更为严重，危害更大。对此，卢梭有着经典的表述："政府滥用法律的危害之大远远比不上立法者的腐化……滥用法律还可以通过新的法律来补救，但立法者自身的腐化则是无法弥补的。"[②] 毫无疑问，在发展社会主义民主政治、全面落实依法治国基本方略的实践进程中，我们既要防止和解决"司法腐败"、"行政腐败"的问题，更要防止和解决"立法腐败"的问题。[③] 少数服从多数的原则和代议制的缺陷往往使立法机构及立法人员存在腐败或者渎职的风险，导致少数人的利益和主张被忽视或牺牲，甚至导致歧视和偏袒，此时社会公众参与立法可以使所有的利害关系人都能表达利益诉求，从而对立法活动起到一定的制约作用。当然，社会公众对于立法的参与是以立法公开为前提的，只有立法机关将立法规划、立法草案、立法依据、立法记录等予以全面公开，公众才能从中获取有用的信息，进而表达自身的利益诉求。立法公开可以提高立法活动的透明度，加强社会公众对于立法机构和代表的监督，从而避免出现暗箱操作和腐败，使立法活动合乎民意，不会偏离正常轨道。

（二）促进刑法立法中的利益博弈

社会公众参与刑法立法就是使各个利益阶层的利益诉求都能够得到表达，进而进行博弈。具体而言，博弈主要从三个方面展开：

其一，立法机关与民众之间的利益博弈。我国刑法的制定、出台和修正都带有较为浓厚的国家主导色彩，立场上往往采取公权力的视角。通过促进社会公众对于行使立法活动的参与，可以使普通民众的利益诉求得到表达，从而完善立法机关的决策基础，克服国家和机关视角下的片面性，促使其实现公权力与民意之间的平衡。

其二，部门之间的利益博弈。不同的部门之间亦有利益冲突，而刑法立法对于部门间利益的划分可能直接影响各部门的地位。通过明确部门间的权力配置和职能范围，有助于建立刑事司法机构间相互分工、相互配合、相互制约的关系，从而避

① 《刑法修正案（七）草案等三部法律草案公开征求意见》，http://www.npc.gov.cn/huiyi/lfzt/xfq/2008-08/29/content_1447400.htm；《刑法修正案（草案）条文及草案说明》，http://www.npc.gov.cn/huiyi/cwh/1116/2010-08/28/content_1593165.htm，2017年7月20日访问。

② ［法］卢梭：《社会契约论》，何兆武译，商务印书馆2003年版，第88页。

③ 李林：《民主立法与公民参与》，http://www.civillaw.com.cn/article/default.asp?id=49068，2017年7月11日访问。

免对公民权利的不当侵害和部门之间的内耗。

其三，社会公众之间的博弈。在立法过程中，社会公众之间的利益诉求亦存在差异，通过许可反映不同社会公众利益的团体参与刑法立法，建立立法机构与社会各个利益团体间的信息沟通渠道，立法机关所考察的利益诉求将更为全面，从而实现不同利益团体间的利益平衡，确保刑法的民主性和科学性。

（三）提升社会公众的政治素养和参与热情

通过参与国家法律的制定活动，社会公众可以表达自身的利益主张，并影响立法活动的结果。这在实现民主的同时，也成为民众接触民主、了解民主的最佳机会。同时，社会公众参与立法的过程，也是其与立法机构、人民代表相互交流、相互影响的过程。通过立法活动的公开和互动，民众得以学习立法技巧、民主思想和国家运行的模式，其自身的政治素养和议政能力也会随之不断提高。

此外，由于民意对立法的影响越来越大，发生在社会上的新闻事件，经过热烈讨论以后，就会触动立法的神经。通过建立与完善社会公众参与立法的机制，使社会公众的意见得到充分表达，有利于激发其参政议政热情，提高公私互动的积极性。从近年来发生的因反响热烈的案件而引发制定、修改或者废除法律的情况来看，我国的立法活动对于社会公众的利益表达反应较为迅速，社会公众的合理表达往往也在新法律中得到了体现。这其中“拒不支付劳动报酬罪”入刑便是一个较具有代表性的案例。早在2005年全国人大常委会劳动执法检查组赴深圳市检查《劳动法》贯彻实施情况时，深圳市有关部门就建议在刑法中增设“恶意欠薪罪”。之后针对因欠薪而引发的恶性事件，人大代表、劳动部门的官员以及部分学者多有动议。2010年两会期间，全国总工会副主席张鸣起再次呼吁恶意欠薪行为入刑，主张加重对恶意欠薪的处罚力度，增加违法成本。他的意见在代表中间引发一片热议，并得到很多人的赞同。作为全国3个农民工代表之一的朱雪芹也揭示了餐饮和建筑这两大农民工集聚行业存在的欠薪现象，并希望将欠薪罪立法纳入议程，从而使维权的劳动者具有更为直接有效的法律武器。[①] 此后，《刑法修正案（八）（草案）》增加了拒不支付劳动报酬罪，并最终被通过获得立法的确认。

（四）彰显立法民主，提高刑法的实施效果

对于刑法立法而言，因其行为规范和裁判规范的设定事关公民的自由和社会利益，故而会引起利益冲突群体的争议。一部良好的刑法必须在尊重少数人基本权利的基础上代表多数人的意志，刑法规范的确定也应符合广泛的公众心理预期。因此，必须保证社会公众参与刑法立法，以推动各种意愿的全面展示和博弈，从而得出相对最为合理的方案。同时，刑法立法的过程吸纳社会公众参与能最大限度地体现对民意的尊重。[②] 社会公众参与刑法立法的过程，不仅是立法者与社会公众就立法意图或者立法目的互相交流、表达、传导的过程，也是社会公众对刑法关注、了

① 《全总出手整治恶意欠薪　呼吁恶意欠薪入刑法》，http：//www.chinanews.com/cj/2010/09-09/2522505.shtml，2017年7月13日访问。

② 唐善鹏：《现代立法程序的作用及局限——一种基于法理学上的探讨》，载邓正来主编：《法律与中国——法学理论前沿论坛》（第四卷），中国政法大学出版社2005年版，第340页。

解和认同并将刑法规范内化于心的过程，亦是立法民主性得到检验的过程。

而且，社会公众参与刑法立法也有助于促进共识的形成。社会公众对于刑法规范存在的误解和过高预期，是阻碍刑法实施取得良好效果的主要原因之一。通过社会公众参与刑法立法，立法者可以发挥民主立法的导向和宣传作用，公开刑罚适用的具体情况和影响，阐明犯罪与刑罚之间的具体关系，介绍犯罪出现的原因和发展态势，弘扬人权保障思想，让民众在了解和参与刑事立法的同时，可以正确认识到刑事立法和司法所面临的困境以及刑事措施使用过程中所存在的局限性，从而使社会公众树立正确的价值观念，对于刑法规范设定合理的心理预期，为立法完成后的法律实施创造有利条件。

三、社会公众参与刑法立法的路径与方法

在我国社会公众参与立法的实践中，参与方式还是比较多的。概括起来主要有公开征集立法项目建议或法律法规草案稿、立法调研、书面征求意见、座谈会、论证会、列席和旁听、公布法律草案征求意见、立法听证制度八种方式；另外还有一些法律没有明确规定的特殊方式，如立法游说、诉讼、发表公开信或上书、信访等。由于我国刑法立法过程中社会公众参与的实践处于刚起步阶段，并非前述每种方式都有实践，而且各种方式的实践程度也不尽均衡。不过，从中也能大体窥知社会公众参与刑法立法的路径与方法。

（一）社会公众参与刑法立法的路径

根据社会公众参与刑法立法的实践，可以将参与形式分为直接参与和间接参与两种路径。其中，直接参与是主要形式，而间接参与则是必要的补充。

1. 社会公众的直接参与

所谓社会公众的直接参与，也就是广大社会公众通过立法机关所开通的渠道，针对刑法草案直接向立法机关提出意见。由于制度以及立法机关的认识原因，我国最高立法机关公布刑法草案面向社会征求意见之做法并无太长的历史。在制定《刑法修正案（七）》的过程中，立法机关才第一次公布草案面向社会征求意见。2008年，十一届全国人大常委会委员长会议按照党的十七大精神和第十一届全国人大第一次会议的要求，推进科学立法、民主立法，进一步扩大公民对立法工作的有序参与，作出了今后全国人大常委会审议的法律草案一般都予以公开，向社会广泛征求意见的决定。根据这一决定，在全国人大常委会对《刑法修正案（七）（草案）》进行第一次审议后，全国人大常委会办公厅将草案及草案说明在中国人大网公布，向社会公开征集意见。在制定《刑法修正案（八）》的过程中，立法机关延续了上述做法。而在制定《刑法修正案（九）》的过程中，立法机关不仅公布草案一审稿以征求意见，而且还在二次审议后将草案二审稿再次予以公布，开创性地扩大了征求意见的草案的范围。

自《刑法修正案（七）（草案）》首次公开征求意见以来，广大社会公众参与刑法立法的热情日益高涨。及至《刑法修正案（九）（草案）》向社会公开征求意

见后，共有社会公众15096人提出了51362条意见,[①]《刑法修正案（九）（草案）（二次审议稿）》向社会公开征求意见后，共有76239位网民通过网络提出了110737条意见,[②] 社会公众对参与刑法立法的积极性可见一斑。而且，社会公众所提出的一些意见也会被立法机关所考虑和采纳。例如，《刑法修正案（七）（草案）》增设了组织、领导传销活动罪，但规定传销行为依照法律、行政法规的规定确定。对此，社会公众和有关方面提出，草案所作的规定比较笼统，并且该罪构成要件不宜按行政法规的规定确定，最终法律委员会采纳了该意见，对传销犯罪的行为方式和本质特征在草案二审稿中作出明确规定。[③]《刑法修正案（八）（草案）》规定审判时已满75周岁的人不适用死刑，社会公众和有关方面提出，对此应增加一定的限制条件以适应实践中各种复杂情况，法律委员会采纳了该意见，增加了“但以特别残忍手段致人死亡的除外”的例外性规定。[④]

2. 社会公众的间接参与

社会公众的间接参与，是指社会公众通过联系全国人大代表，并由全国人大代表履行相关职责的方式，而将自己关于刑法立法的意见由全国人大代表代为提出的做法。全国人大代表通过联系社会公众并在履行职责的过程中表达社会公众的意志，从而使社会公众对刑法立法的意见间接达致立法机关，是社会公众对刑法立法产生影响的重要方式之一。具体而言，全国人大代表在刑法立法中替民众代为发声的方式大致有三种。

其一，在全国人民代表大会召开期间，全国人大代表提出关于刑法方面的议案或建议。根据《立法法》和《全国人民代表大会组织法》的有关规定，全国人大代表在全国人大召开期间享有提案权和提出建议权。虽然全国人大代表无权向全国人大常委会提请法律案，并且1979年刑法草案和1997年刑法修订草案都是由全国人大常委会提出的，但在我国刑法立法实践中，全国人大代表针对刑法立法所提出的议案和建议一直是全国人大常委会法制工作委员会开展修正案起草工作的重要原因和根据之一。例如，法制工作委员会在阐述制定《刑法修正案（九）》的必要性时就提到，“一段时间以来，全国人大代表、政法机关和有关部门都提出了一些修改刑法的意见，其中，第十二届全国人大第一次会议以来，全国人大代表共提出修改刑法的议案81件”。[⑤]

其二，在全国人民代表大会召开期间，全国人大代表对刑法草案进行审议和表决。这主要体现在第五届全国人大第二次会议制定1979年刑法典以及第八届全国

---

① 第十二届全国人大常委会第十五次会议参阅资料（二）：《中华人民共和国刑法修正案（九）（草案二次审议稿）参阅资料》。

② 第十二届全国人大常委会第十六次会议参阅资料（一）：《中华人民共和国刑法修正案（九）（草案三次审议稿）参阅资料》。

③ 李适时：《全国人民代表大会法律委员会关于〈中华人民共和国刑法修正案（七）（草案）〉修改情况的汇报》2008年12月22日。

④ 李适时：《全国人民代表大会法律委员会关于〈中华人民共和国刑法修正案（八）（草案）〉修改情况的汇报》2010年12月20日。

⑤ 李适时：《关于〈中华人民共和国刑法修正案（九）（草案）〉的说明》2014年10月27日。

人大第五次会议对1979年刑法典进行全面修订的过程中。

其三，全国人大代表在全国人大常委会制定刑法修正案过程中就刑法立法问题提出意见。根据我国《立法法》的有关规定，全国人大常委会审议法律案时，应当邀请有关的全国人大代表列席会议，并且全国人大常委会工作机构应当将法律草案发送相关领域的全国人大代表征求意见。因而，全国人大代表可以在审议刑法草案的阶段表达相关的意见。然而，修正之前的《立法法》却并没有上述相关规定，因此在我国长期的刑法立法实践中，全国人大代表在全国人大常委会立法程序中提出意见的权利是没有相关法律制度予以确认和保障的。在我国的刑法立法实践中，虽然最高立法机关也会在起草草案和审议草案阶段征求有关全国人大代表的意见，但总体来说这也只是一些零星的做法。在刑法立法过程中，最高立法机关征求意见、会同研究以及邀请参加座谈会的对象，主要是中央有关机构、立法参与部门以及相关学者和研究机构，很难见到全国人大代表的身影。不过随着修正后的《立法法》的施行，可以预见在未来全国人大常委会的立法程序之中，全国人大代表的身影将越来越频繁地出现。

（二）社会公众参与刑法立法的方法

社会公众参与刑法立法的方法多种多样，其中最为常见的便是通过媒体对刑法立法施加影响。这种民意表达手段也是社会公众影响刑法立法的重要方式，甚至可能是当下社会公众对刑法立法可以施加最大影响力的方式。

在近年来我国刑法立法的实践中，社会公众通过媒体对刑法立法施加影响的过程大致如下：某一社会事件发生—极少数民众知悉或者极少数民众通过各种手段进行传播—媒体对事件进行甄选后进行报道并制造议题—社会公众开始关注，产生一定的内心倾向并形成一定的共识，民意初步形成—媒体对事件进行深度挖掘，呈现新的事实或引领公众关注深层次问题—民意继续发展乃至发生变化—司法机关以及其他部门和决策领导层受到民意影响—民意对司法个案产生影响—针对个案处理结果民意继续发展变化—有关主体提出立法动议。在这一过程中，社会公众和媒体可以说是一种相互利用的关系，社会公众通过媒体来表达自己的态度和意见，而媒体则通过社会公众的关注而谋取自身利益。不过在此过程中起着主导作用的是媒体而非社会公众，“公众通过媒介知晓事件或问题，依据媒介提示的角度思考，按照媒介对各种问题的重视程度来调整自己对这些问题重要性的看法。公众因为媒介的报道而意识到议题的存在，媒介赋予议题的意义影响公众对该议题重要性的认识。媒介强调某些特定的议题使得社会成员的注意力集中在这些议题上，从而形成社会成员之间意向的统一”。[①]

然而，值得注意的是，在上述影响刑法立法的过程中，媒体所充当的“意见领袖”式的角色其实原来就已经存在，但毫无疑问，社会公众通过媒体对刑法立法产生较大影响的现象是近年来才发生的。之所以会出现这种状况，是因为“大众传媒

① 陈堂发：《新闻媒体与微观政治——传媒在政府决策过程中的作用》，复旦大学出版社2008年版，第22页。

对问题有组织地报道只是起到一种有效的扩散、放大与提醒作用，它在引发并不断维持着社会舆论之后，它的政治动员与社会动员功能即告结束。”① 也就是说，媒体对有关事件进行报道只是一种手段，而其最终目的是通过引发并维持舆论后促使社会公众的行动，即促使民意的表达。但是，由于长期以来我国的正规民意表达渠道极为稀缺，而非正规民意表达渠道在某种程度上又遭到压制，以致在很长一段时间内，不管媒体如何报道，也不管公众受媒体影响而心中如何波涛翻涌，民意是很难被直观地呈现在最高立法机关和有关部门的面前的，因此刑法立法也便很难受到民意或舆论的影响。

不过，近年来网络媒体尤其是微信、微博等网络自媒体的快速发展，很快打破了上述局面。在网络自媒体中，每一个网民都好比是一个没有执照的媒体机构，其所发出的信息可能在很短时间内产生巨大的影响，并且更为关键的是，广大社会公众在获知有关事件的信息后，可以通过网络自媒体而畅所欲言地表达自己的态度和想法，从而使自己内心的想法直观地、可视化地呈现于世人，网络自媒体无疑在当下社会中充当了一个重要的乃至最主要的民意表达渠道。对待网络自媒体这种民间自生自发的民意表达渠道，有关决策主体是无法压制也不能压制的，中共中央《关于加强党的执政能力建设的决定》中指出，“高度重视互联网等新型传媒对社会舆论的影响，加快建立法律规范、行政监管、行业自律、技术保障相结合的管理体制，加强互联网宣传队伍建设，形成网上正面舆论的强势”。可见，党中央对网络自媒体这一民意表达渠道持允许存在但要加强管理的态度，这也意味着网络自媒体这一新兴民意表达渠道可以对有关决策主体产生一定的影响。因此，社会公众能够通过媒体对刑法立法产生影响，是离不开传统媒体与网络媒体的互补作用的，而这其中网络媒体又起到了关键作用。

社会公众通过媒体对我国刑法立法施加影响的痕迹，可以从最高立法机关对立法理由的说明中看出一些端倪。例如，法制工作委员会在《关于〈中华人民共和国刑法修正案（八）（草案）〉的说明》中指出，“对于一些社会危害严重，人民群众反响强烈，原来由行政管理手段或者民事手段调整的违法行为，建议规定为犯罪。主要是醉酒驾车、飙车等危险驾驶的犯罪，不支付劳动报酬的犯罪，非法买卖人体器官的犯罪等”。② “人民群众反响强烈”固然包含着社会公众通过媒体强烈反映意见的意思，所以最高立法机关在增设危险驾驶罪、拒不支付劳动报酬罪等罪名时显然考虑了社会公众通过媒体所表达的意见。

不过，判断某一刑法规范的设立或修改是否受民意或舆论的主导影响却并不是一件易事。以《刑法修正案（九）》废除嫖宿幼女罪为例，有的学者认为废除嫖宿幼女罪，是最高立法机关对民意或舆论的非理性的妥协，是民意或舆论主导下的“情绪性立法”。然而细究来说，这一结论则是通过修正案出台的时间节点和修正案

① 陈堂发：《新闻媒体与微观政治——传媒在政府决策过程中的作用》，复旦大学出版社2008年版，第66页。

② 李适时：《关于〈中华人民共和国刑法修正案（八）（草案）〉的说明》2010年8月23日。

的内容推测而来的。[①] 也有的学者认为，在嫖宿幼女罪立法背景尚未变化，可以通过刑法解释实现罪刑相适应，司法适用错误不应归因于法条的情况下，最高立法机关废除嫖宿幼女罪的原因只能是受民意或舆论的影响。尽管从形式上看论者是基于排除法而得出的结论，但说到底其实也是一种推测。[②] 我们认为，将嫖宿幼女罪的废除完全归结为民意或舆论的主导，其说服力有待强化。反观立法机关所作的立法说明，其在全国人民代表大会法律委员会《关于〈中华人民共和国刑法修正案（九）（草案）〉审议结果的报告》中指出，"考虑到近年来这方面的违法犯罪出现了一些新的情况，执法环节也存在一些问题，法律委员会经研究，建议取消《刑法》第三百六十条第二款规定的嫖宿幼女罪，对这类行为可以适用《刑法》第二百三十六条关于奸淫幼女的以强奸论、从重处罚的规定，不再作出专门规定"。[③] 可见，立法机关之所以废除嫖宿幼女罪，其所给出的理由是"这方面的违法犯罪出现了一些新的情况，执法环节也存在一些问题"。姑且不论这两个理由是否足以支持废除嫖宿幼女罪，但据此可以看出立法机关之所以废除嫖宿幼女罪，其主要考虑的还是客观的社会实践状况，而并非简单地顺从民意或舆论。当然，也不排除立法机关给出的立法理由并不是其根本动因的可能性，但这也提示我们，在探究社会公众通过媒体对刑法立法施加影响时，应仔细厘清立法机关对刑法所作出的修改到底是简单的对民意或舆论的妥协，还是透过民意或舆论而对背后的社会客观现实的必要回应。这就要求我们的立法机关必须对社会公众的意见进行理性分析和辨别。民意往往是社会公众针对某些社会事件的观点和态度，立法机关与其高度关注社会公众的主观态度，倒不如把主要精力集中于民意所指向的客观的社会事件，及其背后可能存在的深层次社会问题。民意自身固然也很重要，但对立法机关来说，民意更应该是指导立法机关发现和思考问题的途径，其最终要解决的是相关的社会问题，而不是要如何平息民意。只有这样，最高立法机关才能达到"敌军围困万千重，我自岿然不动"的状态，从而保持刑法立法的理性。

回顾近年来我国的刑法立法实践可以发现，民意所起的作用有时是极其强大的，但有时却又是极其微小的，究其根本，是因为在我国现有刑法立法公众参与的渠道还不通畅的情况下，社会公众很难独立地反映自己的想法，并且由于民意的难以被代表的特性，因此在立法过程中，民意必须借助媒体、专家、立法参与部门乃至立法机关之手才能进入刑法立法程序之中，而在这一转述民意的过程中，上述主体是不可能对民意进行完全如实的呈现的，他们必将对民意进行筛选和整合，以符合自身的利益取向和目标追求。因而，在我国刑法立法过程之中，社会公众虽然确实能在一定程度上表达自身的利益诉求，但社会公众或者民意所能起到的作用更多的是一种工具性的作用，即作为其他主体表达自身立法意见的重要工具。换言之，

① 刘宪权：《刑事立法应力戒情绪——以〈刑法修正案（九）〉为视角》，载《法学评论》2016 年第 1 期。

② 李翔：《论刑事立法公众参与的限度》，载《东南大学学报》（哲学社会科学版）2016 年第 3 期。

③ 全国人民代表大会法律委员会《关于〈中华人民共和国刑法修正案（九）（草案）〉审议结果的报告》，2015 年 8 月 24 日。

有关主体打着民意的幌子以在刑法立法中表达自身的利益诉求或者实现所追求之特定目的。而且总体来看，“迄今为止，民意所具有的积极价值与潜在功能在我国刑事法治领域并没有得到充分的利用与发挥，其可能产生的负面作用反而不时成为反对民意介入、批判民意监督的理由”。[①] 因此，在我国当前阶段，最高立法机关和有关方面虽然要对社会舆论保持一种理性的态度，尽量审慎而客观地分析和采纳舆论中的有关意见，把舆论当作一种发现社会问题的重要手段，但同时我们更应该把大部分精力放在如何进一步修复和拓展社会公众参与刑法立法的渠道之上，使社会公众不至于只能通过媒体才能发声，而是可以通过多种法定渠道直接影响最高立法机关。这其中的关键便是要保障社会公众“知情”和“参与”（包括监督）的民主权利，其中“知情”是公众参与立法的前提，“参与”是公众影响立法的行动，[②] 在今后我国刑法立法过程中，我们应该围绕这两方面而不断完善刑法立法程序，以使广大社会公众真正能够参与到刑法立法之中。

四、结语

立足于人民主权的理念与原则，立法的真正主体只能是人民。只有切实保障社会公众参与立法，才能真正体现立法的正义价值。而且，社会公众参与并主宰立法的程度越高、作用越大，就越能彰显立法的正义价值。因为人民最了解自己的意志愿望，最需要表达自身的利益诉求，所以人民制定的法律是最有利于实现自己利益与价值的制度安排和行为规范。[③] 也正是在这一层面上，习近平同志明确提出，要“提高立法科学化、民主化水平”，“完善立法工作机制和程序，扩大公众有序参与，充分听取各方意见，使法律准确反映经济社会发展的要求，更好地协调利益关系，发挥立法的引领和推动作用”。[④] 而刑法立法更是一个利益选择、平衡和折中的过程，保障社会公众参与刑法立法，无疑是刑法立法民主化的重要体现，是维护其立法乃至司法利益的必要之举，不仅有助于实现刑法立法的科学性、民主化，也有助于增强刑法立法过程的透明度，实现刑法立法的正当性，有助于强化社会公众的法律意识，提升刑法立法的实效性。

---

① 周振杰：《刑事法治视野中的民意分析》，知识产权出版社 2008 年版，第 227 页。

② 李林：《立法过程中的公众参与》，中国社会科学出版社 2009 年版，第 11–12 页。

③ 李林：《立法过程中的公共参与》，中国社会科学出版社 2009 年版，第 5 页。

④ 习近平：《坚持法治国家、法治政府、法治社会一体建设》，载《习近平谈治国理政》，外文出版社 2014 年版，第 144 页。

论我国刑法立法民主性的贯彻与提升

熊永明[*]

20年来，刑法的修正越来越重视与民情民意的交相辉映，在形式上日趋民主化和规范化，刑法立法的修正在民主性轨道上亦渐行渐正。尽管如此，仍有必要反躬自省、深稽博考：我国刑法修正中的民主性是否真的就等同于科学性，刑法修正的民主性是否还存在提升的空间，我国刑法修正过程中的民主性问题还有哪些不足、应该如何看待，等等。这些都事关未来刑法的进一步完善和修正，故此，有必要对刑法立法民主性问题展开专门探讨。

一、立法民主性的内涵

《立法法》是规范我国立法的基本法律。该法第5条明确规定："立法应当体现人民的意志，发扬社会主义民主，坚持立法公开，保障人民通过多种途径参与立法活动。"这是对我国立法民主性原则的总的概括。

立法民主包括立法机构的民意代表性、立法程序的民主化、立法过程中的人民参与、立法的公开性和对立法的监督等环节和原则。① 简言之，从立法视角来看，所谓民主，应该有两方面的含义：一是立法的过程应该体现民主性；二是立法的内容应该彰显民意。立法整个过程，包括立法议案的提出、审议、表决通过、公布等立法的各个环节都应该充分体现民意，当今社会，民主立法是时代所趋，只能强化，不能减弱。立法的实体内容应当体现多数人的利益和意志。立法过程的民主性意味着只有通过民主的立法程序，直接参与立法的议员才真正有机会充分表达民意，并通过讨论、交涉和表决形成符合多数人理性和实际情况的国家意志，产生具有权威性的法律。②

要实现立法的民主性，必然要求立法机构必须能够有效地集中民意，而要充分反映民意，集中人民的意志，需要立法机构的成员有广泛的社会联系，能直接反映多民族、多阶层、多地区乃至各行业等多种不同群体。长期以来，民主立法在中国一直被误解为简单地"征求或者听取群众意见"，这种误解既导致了立法实践中的民主性不足，也直接影响了人们对近几年兴起的立法论证概念的理解。③ 其实，立法民主性不过是通过民主立法让各方意见充分表达，各方利益充分博弈。身处社会转型期，利益多元化是一个突出特点，而多元化的利益无疑会引发不同的冲突和矛

---

* 法学博士，南昌大学法学院教授，博士生导师。

① 参见郭道晖总主编：《当代中国立法》（上），中国民主法制出版社1998年版，第165页。

② 参见刘武俊：《立法程序的民主性与公开性》，载《人民法院报》2001年5月29日。

③ 李晓辉：《立法论证：走向民主立法的新阶段》，载《学习与探索》2010年第3期。

盾。从某种程度上说，立法活动为各方利益的博弈提供了一个有效的平台，也成为调整和平衡各方利益的重要手段。

二、我国刑法立法民主性存在的不足之处

综观我国几次刑法修正，对民主性问题均有反映和体现，不过直到《刑法修正案（七）》、《刑法修正案（八）》和《刑法修正案（九）》的出台，立法的民主性才有了明显改观和提升。虽然如此，刑法立法的民主性依然存在不少问题和缺憾。

（一）刑法民主立法开展程度低

立法是动态的过程性工作，公众参与民主立法应当是整个立法过程的民主性参与，但在实践中，我国公众参与民主立法则主要集中在法律草案的公布征求意见阶段，立法听证会的举行，以及法律草案形成后的对重点关注问题的修改完善阶段。而在立法规划以及立法项目的确立、法律草案的起草等阶段的公众参与往往比较少。历次的刑法修正，尤其是《刑法修正案（七）》之前的修正，对于修改理由一般公民是不得而知的，有的需要到修正案草案提交到全国人大常委会审议时才公布内容，征询意见。至于刑法修正举行听证会更是闻所未闻。“刑事立法，因其所涉及事项的严肃性，毫无疑问应该成为立法听证的对象，其中刑事立法中的制裁方式、制定程序与主管机关更应该是听证的重点对象。”[①] 可是，由于民主立法过程的信息不对称，也就是说，在民主立法过程各环节，包括法案的提起、起草、审议、表决等，公众参与者和相关机关之间存在信息上的不对称；而且信息拥有者通过掩盖对其不利的信息或者提供有倾向性的信息以达到影响最终法律的创制。即便有所谓的听证会也难以达到既定效果。

（二）民主立法制度还不够完备

法律的废改立本来需要经过充分讨论，充分吸纳民意，但是我国的立法制度在民主性的贯彻上并不完备。

一方面，从参与制度上看，我国现行法律对公众参与民主立法的规定过于笼统，尤其是在民主立法程序方面，公众参与民主立法并不是法律上的刚性规定。民主立法中公众作为参与人应该遵循的程序，立法机关开门立法应该遵循的程序，现行法律中都没有明确规定。甚至立法过程中的公众参与能否得以顺利开展仍然要依靠国家机关甚至是其领导的“意愿”，而非法定的必经程序。我们知道，立法程序包括议案的提出、议案的审议、草案的表决、法案的通过与公布几个过程。鉴于此，立法的民主性就应该贯穿于各个阶段，但就刑法的“修法”过程来看，内中问题不少。例如，我国刑法近年来修改的内容大部分都是有关经济犯罪方面的内容，立法议案大都是由国务院根据其相关部、委、办、局的要求提出的，[②] 这为立法的矛盾、立法的不协调留下了制度上的隐患，想在刑法立法中彰显民主性显然是一种

---

① 周振杰：《刑事法治视野中的民意分析》，知识产权出版社 2008 年版，第 248-249 页。

② 参见姚龙兵：《刑法立法基本原则研究》，中国政法大学出版社 2014 年版，第 284 页。

奢望。

另一方面，从调研时间安排上来看，“修法”制度存在缺憾。法律议案的调研时间往往非常有限，委员们一般只有2个月的有限时间，外加我国立法委员并不是专职而是兼职，他们还有自己的工作和事业，因而在有限的时间内完成立法调研难免走马观花或者浅尝辄止，没有经过充分调研的立法修正最终往往很难经受得起时间和司法实践的检验和考评。比如，我国《刑法修正案（八）》增设了危险驾驶罪，把“醉酒驾驶机动车”和“驾驶机动车追逐竞驶”两种情形视为“危险驾驶行为”，可是交通管理中的危险驾驶行为远远不止这两种，如果当初《刑法修正案（八）》在制定时能够把其中的危险行为研究得彻底些，考虑得更加周全些，就不至于到《刑法修正案（九）》时又再次对该罪进行修正，增补新的危险行为。应该说《刑法修正案（八）》对该罪的调研是不完整和不充分的。由于调研时间并不充裕，往往导致之后的法律草案的再探讨无法形成真正意义上的观点交锋；有的委员甚至直接保持缄口不语，由于没有深入调查就不敢多言，“没有调查就没有发言权”；有的委员不能保持逻辑性的思辨和发言，因为调查不够，缺乏材料支撑。人大代表审议法案时，有的人大代表事先没有做充分的准备，所以发言时很随意，想到哪里说到哪里，并不能围绕议题进行审议；代表往往是各说各的，没有交锋，没有辩论，特别是没有大会发言，更没有大会辩论，这就很难形成一致性意见，难以达成共识，使得会议的审议质量不高，从而没有为法案的最后通过提供实质性的意见和建议。①

（三）“修法”主体知识结构存在缺陷

全国人大常委会一般采取“三审”立法程序：一审时提出草案，并加以说明，使委员们了解草案要点；二审时进行讨论并进行必要而充分的调查研究；三审时则根据讨论的情况决定是否表决。在现行的二审程序中，大都由法律委员会唱主角，委员们往往沦为看客和形式参与的“局外人”；刑法的修订势必要求“修法”主体必须具备良好的刑法知识和立法理论素养，随着刑法修正的日益精细化，还要求立法者掌握相关诸多学科知识，要对税务、金融等犯罪条款进行修订势必要求对税务和金融知识明晓；要对毒品犯罪条款进行修订势必要求具备毒品方面的知识结构；要对网络犯罪的修改势必要求掌握必要的计算机网络知识；等等。遗憾的是，我国全国人大常委会的很多委员可能很难如此面面俱到，有的具备较好的理工科知识，但欠缺刑法学和立法学知识；有的虽然有良好的人文社科水平，但是又对涉及的理工科知识一脸茫然；有的虽有良好的法学功底和立法理论素养，但是对与刑事犯罪有关的学科知识却知之甚少或者一知半解。

（四）公众参与立法的热情不够

在我国现阶段，公开法律草案征求民众意见已成为常态，立法的公开与民众的参与已经贯穿立法的全过程。但总体来看，民众参与立法的热情并不是很高，个中原因在于：第一，普通公民法律知识有限，对具体的法律事项并不是很懂，难以参

① 参见万其刚：《立法理念与实践》，北京大学出版社2006年版，第236页。

与讨论。刑法涉及的定罪量刑错综复杂，普通民众可能对与百姓相关联的传统犯罪较为熟悉，但是对那些经济犯罪、网络犯罪、食品卫生犯罪等涉及其他学科知识的犯罪，民众的话语权普遍受到阻滞。第二，征集意见的法律草案公布途径有限，以至于普通民众根本就不知情。目前几个刑法修正案的草案征集意见只是挂在全国人大网站上，普通民众一般不会去关注这个“高大上”的网站。再加上媒体对法律公布及欢迎全民参与讨论没有进行积极宣传，这进一步限制了民众“知情权”的行使。第三，没有良好的互动机制。到底有没有采纳自己所提的意见，公众毫不知情，公众意见究竟有没有采纳，采纳了多少，往往没有解释和说明，而且作为公民个人即使有意见也很难真正参与到具体的立法工作中，这样一来，公众认为自己个人的意见难以起到实际作用而造成参与热情的下降。第四，法律草案征求公民意见缺乏规范性。虽然全国人大在向社会公开立法草案方面做了许多尝试，对提高立法质量无疑起到了一定的积极作用，但哪些草案应当公布，哪些草案不用公布，草案何时公布没有一个统一、明确的标准，全由立法者根据自己的判断决定。

（五）缺乏对刑法立法事后评估的制度

立法质量是优是劣，立法水平是高是低，都需要通过司法实践来检验，通过时间延续来判断，因而在立法制定出来后需要强化事后的评估制度，评估的标准之一就在于这种立法是否能够有效贯彻下去。“法律作为一种行为规范，并不会自动施行，只有在得到社会文化、道德和心理的支持时，即得到社会的普遍认同时，它才会被有效地贯彻和遵守。”①

从我国实际情况来看，虽然司法实践和刑法学理可以反馈和评判所制定的刑事条款是否科学，是否合理，但是并没有一整套的评估制度和评估体系，我们固然可以对刑法立法进行“品评”，但是这种“品评”是无奈之举，是徒劳表现，根本无法撼动刑事条款的有效力和拘束力。刑法立法应该接受事后的评估工作，立法评估的主体应当是社会各个阶层，包括立法机关、专家、学者、人民群众等，以便立法评估全面；立法评估的标准应当是是否符合社会客观实际，是否能够很好地适应社会发展，是否能够产生社会实际效果；立法评估的程序应当科学规范，有一整套配套的法律法规保障，这样才能更加严谨。刑事法律在出台之后，其实施效果最直接的感受者就是广大人民群众。一部刑事法律实施的效果如何，能否真正地起到维持社会秩序的作用，打击和威慑犯罪行为的效果如何等，这些都时刻被广大人民群众所切身感受着，因此，在立法评估的过程当中，应当密切地保持与民意的关系，从而让立法评估效果更加科学全面。

（六）刑法立法民主性的过度滥用

民众呼声固然是公共意识的缩影、社情民意的表达、民生状况的反映，但是其是一把双刃剑，它毕竟是一个以感情为基础的公众舆论，立法者需要对民众呼声是否正确，是否准确作出甄别和判断，因而必须警惕这种民意，尤其是立法内容民主性问题，在立法过程中民主性尚有待加强。在我国，对民主性立法的认识出现了从

① 周光辉：《论公共权力的合法性》，吉林出版集团有限责任公司 2007 年版，第 146 页。

一个极端走向另一个极端的矫枉过正倾向。以刑法修正为例，之前的刑法修正基本上是立法者的事情，普通民众对程序是盲从的，以至于修正的刑法条款本身也是戾气过重；现在的刑法修正主张考虑民意，主张民情民意的“透绿”，民主性问题往往成为对刑法修正的最好借口，刑法的修正也便从此频频得以突破，如《刑法修正案（九）》新增加了暴力袭警从重处罚、取消嫖宿幼女罪和增设贪污罪受贿罪的终身监禁制度等，其中增设贪污罪受贿罪的终身监禁制度备受关注。我国《立法法》第29条第1款规定：“列入常务委员会会议议程的法律案，一般应当经三次常务委员会会议审议后再交付表决。”如此规定之目的显然是让全国人大常委会委员和社会各界能够对立法的内容进行更全面的讨论，以保证立法的民主性。但《刑法修正案（九）（草案）三次审议稿》新增的条款只经过全国人大常委会的一次审议即交付表决，尤其是《刑法修正案（九）（草案）三次审议稿》新增的终身监禁制度，有不少意见持反对态度。[①] “频繁的修改补充，容易破坏刑法规范内在的和谐统一，造成刑法规范的膨胀。”[②] 过度的具体与细化，让刑法分则的适应性与稳定性大打折扣。而且，如果只是简单复制社会现实，必然会令刑法条文数量日益庞杂，刑法典也会变得极其臃肿。[③]

三、提升刑法立法民主性的对策

要解决刑法立法民主性问题，并非一篇有限篇幅的文章三言两语所能轻易说清道明的。如上所述，立法民主性涉及法律和政治制度、立法理念、立法过程、立法主体、立法内容以及普通民众的认识等多方面，每个问题的彻底解决都是系统工程，因而务必以上各个方面均有提升，真正意义上的民主性立法才可能出现；同时，由于“民主性”或“民主化”是个动态过程，绝非一日之功，因而这种提升只能是逐渐积累，由量变到质变的过程，因而只能表述为“提升立法民主性”，而非“实现立法民主性”，这是需要交代的前提。具体来说，要在我国现行政治制度和法律制度框架下提升立法的民主性。提升立法民主性要解决人的问题，提升立法者立法水平、提升普通民众参与能力和水平；要解决立法程序本身问题，提升立法民主性过程；要解决立法内容的问题，提升立法民主性内容。

（一）提升立法者立法水平和能力

在产生立法机构的组成人员时，人民可以通过公开、自由的选举活动，选择最合适的民意代表，借助民意代表表达自己的意愿和诉求。人民代表要做到“唐雎不辱使命”，只是始终把民意牢记心中还不够，还得实现人大代表的专职化。在全球化背景下，社会关系越来越趋向多样化，随着社会分工的越来越专业化，立法专业化要求也越来越高，立法职业化不可避免地成为一种发展趋势，立法主体由具体的立法人员所构成，因而立法者能力和素质的高低直接决定了立法质量的高低。就中

① 赵秉志、袁彬：《中国刑法立法改革的新思维——以〈刑法修正案（九）〉为中心》，载《法学》2015年第10期。

② 张智辉：《刑法理性论》，北京大学出版社2006年版，第235页。

③ 《频繁修改刑法可能影响法律的严肃性》，载中新网，上传时间：2008年8月29日10:39:03。

国目前所实行的人民代表大会制度而言，人民代表多数是兼职的，而且大多数来自生产和工作第一线的先进人员，代表履行职责的条件和时间虽然有一定的保证，但非常有限，在立法方面表现出来的特点就是行政主导立法而不是代表主导立法。因此，有学者主张，应该让一部分人大代表先专职起来，这样他们有充足的时间和精力去参与国家政策的制定。

（二）进一步规范和细化立法制度和程序

立法过程不能简单局限于从立法开始到立法通过这个阶段，还应该包括立法动议、立法草案阶段和立法通过后检查监督阶段。人民通过某种途径和渠道参与立法进程，直接就法律创制表达意见、相互沟通和妥协，如立法草案的公开、向社会征求立法意见、立法听证会等民主立法形式的展开。

从程序上看，刑法的修改大部分是由全国人大常委会发动的，在立法过程中，虽然参与的主体、征求的意见越来越多，讨论的次数越来越多，起草与修改得更加审慎，程序反复，过程拉长。但是，从全国人大常委会关于历次刑法修正案的草案说明报告和审议结果报告中，我们清楚地看到并不存在公众直接参与刑法修正案的起草、讨论与审议的事实与程序设置。公众的意见不能回应到刑法修改的过程中来，刑法的修改成了在全国人大常委会的主持下相关国家机关和法律专家意见汇总和利益妥协的活动。

民主立法需要细化民主立法程序的细节，因此需要改进审议与讨论等议事规则的设置，提高立法会议议事的效率和质量，公开说理论辩过程，设定一套语言交流规则以避免无谓的争执，提高达成共识的效率。在中国，各类会议发言和讨论过程中的随意性和无效性仍是立法工作中的软肋。例如，会议讨论过程没有章法可循，通常取决于简单的会议惯例，而这还极易为领导意志所左右。会议上，发言内容不扣主题、相同意见重复表述、分歧意见不能充分展开辩论，以及无序的打断、插话、临时变更议题等都大大降低了会议讨论的效率和效果。① 应当进一步发挥网络的作用，拓展民众通过网络参与民主立法、科学立法的有效途径。例如，可以建立全国人大及其常委会的官方微博，让广大民众能够在微博上与之进行紧密、及时的沟通。

（三）进一步提升刑法民主性的内容

刑法要兼顾国家权益和个人权益的协调、刑事法律和非刑事法律的协调与平衡，在考虑个人权益加强保护的同时也得兼顾国家利益以及社会秩序的保护；在其他法律能够积极解决的情况下就不要轻易动用刑法，也就是说，刑法立法民主性的空间并不是无限的而只是有限的空间。正如博登海默所说：“一个法律制度之实效的首要保障必须是能为社会接受”，强制性制裁只能是辅助性保障，而当一套规则的实效因公众内心的抵制而受到威胁时，它的有效性就有可能变成一个毫无意义的外壳。② 我国几个刑法修正案“几乎都是为了保护社会利益，有效打击犯罪，而针

---

① 李晓辉：《立法论证：走向民主立法的新阶段》，载《学习与探索》2010年第3期。

② ［美］博登海默：《法理学：法律哲学与法律方法》，邓正来译，中国政法大学出版社1999年版，第326页。

对所谓新形势下新型犯罪所作的新的补充完善”。而刑法若想得到公众的认同，从内容上必须关注公众亟待解决的问题或民生问题，虽然维护社会主义市场经济秩序和社会管理秩序与社会公众的根本利益是一致的，但是公众认同是与公众的情感直接相关的话题，公众的情感产生于切身的直接感受，而非根本利益的文本标注或口号宣传。立法从内容上必须关注公众亟待解决的问题或民生问题。

在犯罪论部分，应进一步细化对特殊主体（主要为权利易受损群体，如老年人、儿童、妇女、少数民族）特殊保护的制度。在刑罚体系上，应该考虑进一步限制和废止死刑，同时应限制长期刑，应大力推行非监禁刑，积极实施社区矫正，扩大非刑罚措施的适用面。在分则体系结构上，应该强调以人为本，将侵害人权的犯罪放在首位，设置为分则第一章，要修改、补充、增加侵害民生的罪名，如危害食品安全的犯罪、非法人体试验的犯罪，同时考虑将法益保护提前由实害犯提前至危险犯、行为犯。此外，要强化对犯罪被害人权益的保障力度，并变革诉讼程序，使纠纷解决机制趋于多元和开放，以保障公民的有序参与。①

（四）提升民众参与立法的能力和水平

从目前来说，《立法法》的规定过于原则和模糊，在其条文中仅把公众参与立法实践进行了列举式的原则规定，对于各种公众立法参与形式和途径以及效力等则显得过于简单，公民参与立法的“必然”化就变得“偶然”起来。“至少在现阶段，作为参与主体的公众仍然处于发育阶段，其成熟程度还难以支撑充分有效有序的政治参与……现阶段我们既要在可能的情况下大力促进公众有序地参与到公共政策制定过程中来，又要通过各种综合的政治、经济、社会和文化教育措施大力促进公众本身的发展和成熟，为未来更大规模的公众参与奠定坚实的基础。”②

要进一步加强立法公众参与的制度化，推进民主立法就必须推进与我国民主进程发展相适应的参与型文化建设。立法参与的制度化需要公众能够通过积极的参与实现自己的主张、权利、利益及其安排。培养公民主体参与意识的参与型文化模式，通过舆论引导，使公民正确认识自己的权利和义务，塑造独立的政治人格；通过对公民的法制教育，使公民能够树立正确的权利义务观，推进公民主体意识的生成，使公民意识到自己存在的价值。

① 卢建平：《加强对民生的刑法保护——民生刑法之提倡》，载《法学杂志》2010年第12期。

② 耿国阶、孙萍：《论公共政策制度过程中参与公众的发展》，载《东北大学学报》（社会科学版）2007年第5期。

频繁修法下刑事立法模式的反思与重构

行　江[*]　唐大森[**]

现行刑法颁布、施行时至今日，已经经历20载。20个春秋，我国社会经历了急剧的变化，刑法的修改也进入频繁期，犯罪圈也不断扩大。面对此种情形，我们需要重新审视我国的刑事立法模式。考察现行立法模式的历史，分析存在的优点和缺陷，以期对以后的刑事立法有所裨益。

一、分散、多样模式向集中、单一模式演变的历史考察

（一）新中国成立前的刑事立法

我国历史悠久，长期处于漫长的封建社会。《大清新刑律》是我国近代第一部刑法典。《大清新刑律》分析西方的法律思想，并对其法律文化进行大量的参考和引进，与传统法律的体例相比有很大的差异。但因为辛亥革命爆发而没有实施。

国民政府时期的刑法立法中，南京政府颁布了两部《中华民国刑法》，分别颁布于1928年与1935年。1927年，南京国民政府成立后初期援用的是北洋政府颁布的《暂行新刑律》，同时草拟刑法的工作被提上日程。经过努力，《刑法草案》最终出世，通过后期审议、讨论、修改等工作后，于1928年3月10日由南京国民政府公布，名为《中华民国刑法》，同年9月开始施行，被称为“旧刑法”。“旧刑法”存在内容疏漏与难以实行之处，经再次修改，于1935年元旦重新公布，同年7月1日施行，被称为“原刑法”。“原刑法”执行70年后，我国台湾地区于2005年元月7日通过现行“刑法典”。

台湾地区刑事“立法”中，除了“刑法典”外还存在单行“刑法”，如“惩治走私条例”、“贪污治罪条例”、“枪炮弹药刀械管制条例”等。同时也存在大量的附属刑法，如“动产担保交易法”的罚则中规定的刑法条款，分散规定在“公司法”中的刑法条款，等等。①

（二）新中国成立至1979年刑法

新中国成立后至1979年6月，我国相继颁发《惩治反革命条例》、《妨害国家货币治罪暂行条例》、《惩治贪污条例》、《关于特赦释放全部在押战争罪犯的决定》等14项刑事立法文件，其中既有中央政府颁布的，也有全国人大常委会颁布的。

1979年7月1日我国颁布了第一部刑法典，并于1980年1月1日实施。此后，为了适应社会现实的变化，在刑法典范围之外，从1981年《惩治军人违反职责罪

---

* 安徽大学廉政法治协同中心研究员，硕士生导师，法学博士。

** 安徽大学教授。

① 参见林山田：《刑法通论》，北京大学出版社2012年版，第15页。

暂行条例》到1995年全国人大常委会《关于惩治虚开、伪造和非法出售增值税专用发票犯罪的决定》，共颁布26项单行刑法。

（三）现行刑法的立法

1979年刑法随着改革开放的不断推进，已经不能适应社会的发展。从1988年开始修改刑法，至1997年历时9个春秋，多达19稿，现行刑法终于修改完毕并于1997年10月1日开始实施。当时修订刑法典的指导思想之一是："要制定一部统一的、比较完备的刑法典；将刑法实施17年来由全国人大常委会作出的有关刑法的修改补充规定和决定研究修改编入刑法；将一些民事、经济、行政法律中'依照'、'比照'刑法有关条文追究刑事责任的规定改为刑法的具体条款；将拟制定的反贪污贿赂法和军委提请常委会审议的惩治军人违反职责犯罪条例编入刑法，在刑法中规定为贪污贿赂罪和军人违反职责罪两章；对于新出现的需要追究刑事责任的犯罪行为，经过研究认为比较成熟、比较有把握的，尽量增加规定。"[①] 从此开始，我国刑事立法基本上朝着集中性、统一性方向发展，意在使一部刑法典囊括所有的犯罪。[②] 除此之外，全国人大常委会于1998年12月29日通过了迄今为止第一部也是唯一一部单行刑法。此后，对刑法典的修正全部采用刑法修正案的形式，具体表现为自1999年12月25日开始先后通过了九部刑法修正案。

我国刑事立法模式中是否有附属刑法，学者因为对附属刑法含义理解的不同而持有不同的观点。所谓附属刑法，是指规定于经济法规、行政法规、民事及其他非刑事法规中有关犯罪和刑罚的刑法性规范的总和。从形式上讲，附属刑法的范围很广。但是笔者认为，我国并没有真正的附属刑法立法模式。所谓的三种附属刑法立法，即概括式、明示式和比照式，都不是真正的附属刑法。所谓真正的附属刑法，是指在经济法规、行政法规、民事及其他非刑事法规中直接规定具体的罪名及法定刑，并可以在司法判决中能够独立适用，无须再援引刑法典的刑事立法模式。

从上述我国刑事立法模式的演变来看，我国的立法经历了从分散到逐步统一的模式。也即从开始的刑法典、单行刑法并存的格局，到现在只有刑法典，加上刑法修正案的模式。

二、刑法典及修正案模式并存模式的缺陷解构

（一）刑法修正案式的修改存在之问题

1997年《刑法》共有总则、分则和附则三部分，共有452条，413个罪名。现行《刑法》公布之后，除了一个单行刑法外，我国刑法立法都是通过修正案的形式，共有九个修正案。目前我国一共有468个罪名，其中刑法典467个，单行刑法1个。从1997年至2017年20年间，我国罪名增加了55个。九个刑法修正案共有146个条文，其中《刑法修正案（九）》多达52个条文。

我国此种通过修正案形式修改刑法的模式，立法者希望"既可保持刑法典的长

① 参见王汉斌1997年3月6日在第八届全国人民代表大会第五次会议上《关于〈中华人民共和国刑法（修订草案）〉的说明》。

② 张明楷：《刑事立法的发展方向》，载《中国法学》2006年第4期。

期稳定性，又不失时机地适应社会发展需要而对刑法典进行局部的修改补充。如此做法将使我国统一的刑法典不断完善，松柏常青”。[①] 正如有的学者认为，“刑法修正案对刑法条文进行修正时一般并未改变刑法条文的顺序，因此也就不会造成刑法总则体系或分则体系的混乱，维护了刑法体系的统一性。刑法修正案对刑法的修正没有脱离刑法典原有的框架，在这种束缚下，对刑法典的修正就必须谨慎小心，保证修正后的内容与刑法典原有体例中的相关规定保持一致，这样就保持了刑法规定的协调性和统一性。”[②]

立法者试图通过集中的、单一的立法模式，即刑法典加修正案的方式，来加强刑法的权威性，从而发挥刑法最大的预防和惩处功效。但是笔者认为，此种立法模式并不能起到预期的效果。如此频繁的修改刑法条文极大地损害了刑法的稳定性和权威权，与立法者的预期相违背。同时，频繁的修改给普通民众以混乱的错觉，也在一定程度上加大了司法机关在实践中对刑法典援引的难度，导致刑法功能的实现大打折扣。

（二）集中、单一立法模式存在的缺陷

笔者认为，目前我国集中、单一的刑事立法模式已经不能适应复杂多变、日新月异的社会发展。尤其是经济犯罪，将其规定在刑法典及修正案中具有很大的缺陷。

第一，刑法典具有相对的稳定性，无法适应日益复杂多变的经济犯罪。刑法典（固有刑法）是规范基本生活秩序的法律，直接关系到国民基本生活的安定，属于司法法；司法法的最重要指导原理是法的安定性。[③] “刑法典作为刑法的基本体例，它本身的性质要求具有一定的稳定性。”[④] 刑法的安定性、稳定性，要求刑法典不能频繁增删，以防妨碍国民的行动自由，但是产生于复杂多变的经济活动和经济关系中的经济犯罪却具有明显的多变性特点。刑法典的相对稳定性与经济犯罪的复杂多变性，似乎是一个无法调和的矛盾，仅仅依靠刑法典规定经济犯罪的内容，呈现出一定的滞后性，无法调和与弥补其稳定性与经济关系发展变化性及其迅速性之间的差距，不能完全适应惩治和打击经济犯罪的需要。这从我国不断通过的刑法修正案和相关司法解释就可以看出。

第二，将大量的经济犯罪规定在刑法典中，往往会造成经济法规与刑事法规之间的不协调。我们知道，经济犯罪是法定犯，是以违反一定的经济法规为前提。刑法典较为稳定，于是在立法中往往会出现以下不协调的现象：当现实经济关系发生变化时，立法及时修改了经济法规，但因为刑法典具有稳定性不宜随意修改，于是某种并不违反或轻微违反经济法规的行为，依然违反刑法典而构成犯罪。例如，2005 年 10 月 27 日我国修订了《证券法》，此次修订不再把“相互买卖并不持有的证券”，影响证券交易价格的“卖空”列为违法。新修订的《证券法》于 2006 年 1

① 高铭暄：《20 年来我国刑事立法的回顾与展望》，载《中国法学》1998 年第 6 期。
② 王政勋：《刑法修正论》，陕西人民出版社 2001 年版，第 112-113 页。
③ ［日］大塚仁著：《刑法概说》（总论），冯军译，中国人民大学出版社 2003 年版，第 20 页。
④ 陈兴良：《刑法哲学》（修订三版），中国政法大学出版社 2004 年版，第 568 页。

月1日起施行，但是不再把“相互买卖并不持有的证券”作为操纵证券市场罪构成的《刑法修正案（六）》却是在2006年6月29日才施行，中间隔了7个月的时间。同时，由于没有在经济法规中规定罪状与法定刑，导致经济法规修改后，需要及时处罚的经济犯罪得不到及时处罚，于是任何经济法规的修改都会导致刑法典的修改；反之，在修改刑法典时，也必须一同修改经济法规，此种现象导致立法负担过重，往往会造成法律之间的矛盾与冲突。例如，我国1986年通过了《企业破产法（试行）》，该法第35条规定了五种破产欺诈行为，第41条规定：“破产企业有本法第三十五条所列行为之一的，对破产企业的法定代表人和直接责任人员给予行政处分；破产企业的法定代表人和直接责任人的行为构成犯罪的，依法追究刑事责任。”该法第41条对构成破产欺诈的刑事责任作了规定，但是当时的刑法典即1979年刑法典并没有相应的罪名。换言之，《企业破产法（试行）》第41条的规定只是原则性规定，并没有任何可操作性。

第三，将大量的经济犯罪规定在刑法典中，不利于经济刑法的适用。目前在我国刑法典中，对于很多经济犯罪都采取空白罪状。虽然空白罪状并不违反罪刑法定原则，但是由于空白罪状的表述方式是“违反……法规”、“违反……管理规定”或者“违反国家规定”，没有也不可能指明各种法规的具体条文与国家规定的具体内容，常常导致处罚范围不明确。结果是要么不当扩大处罚范围，要么不当缩小处罚范围。例如，刑法第225规定的非法经营罪“以违反国家规定”为前提；反过来，只要违反国家规定的经营行为情节严重，都可能构成非法经营罪。于是，非法经营罪被人们称为“口袋罪”。与之相反，对于一些明显违反国家规定构成犯罪的虚假广告行为，行政机关仅适用广告法处以罚款，而没有移送司法机关，使刑法典中的虚假广告罪形同虚设。[①] 再如，《刑法修正案（六）》第6条将虚假破产罪的行为方式采取具体列举与抽象概括相结合的方式，但是新企业破产法对于破产欺诈方式采取列举的方式，那么如何理解刑法中的概括规定，在经济法学界和刑法学界往往有不同的认识，认识的不同往往会造成适用上的混乱。

第四，将大量的经济犯罪规定在刑法典中，从立法技术上讲，不利于刑法典结构的均衡。随着经济生活的复杂化，经济犯罪类型会越来越多，要在一部囊括所有犯罪类型的刑法典中用为数不多的条文规定经济犯罪类型，似乎不大可能。经济犯罪作为最主要的犯罪种类之一，其内容已经极其复杂、臃肿。在我国刑法分则所规定的几大类犯罪中，其中第三章规定的破产社会主义市场经济秩序罪，从第140条至第231条用8节91个条文，共规定了经济犯罪的108个具体罪名，其条文数量最多，内容最丰富，罪名数量也最多。从立法技术上讲，为了确保刑法典的结构均衡，也不宜在刑法典中过多、过于详尽地规定经济犯罪的内容。

三、分散、多元刑事立法模式的构建

随着我国文明程度的提高，经济发展的不断推进，犯罪类型将会不断增加，犯

---

① 张明楷：《刑事立法的发展方向》，载《中国法学》2006年第4期。

罪圈也将不断扩大，原有集中、统一的立法模式已经不能适用立法的需求，应该对我国的刑事立法模式有所改变。

（一）构建以刑法典为基础的分散、多元的立法模式

我国正处于急剧发展时期，新的情况、社会问题不断出现，同时随着文明程度的提高，原来不视为犯罪的行为，将会被增加为犯罪，将所有的犯罪试图规定于一部刑法典将会使其力不从心。不断地对刑法典进行修改，严重损害了其稳定性和权威性。笔者认为，应该借鉴德国、日本的刑事立法，采取以刑法典为基础，兼采其他立法形式。《德国刑法典》分则也只规制背叛和平、内乱和危害民主的法治国家、针对外国的犯罪行为、针对国家防卫的犯罪、抵抗国家权力、诈骗和背任、伪造文书等犯罪类型。《日本刑法典》也规定了对生命和身体的犯罪、对自由和私生活安宁、财产犯罪等犯罪类型。也即刑法只规定一些对国家政权、公民人身和财产、职务行为等传统型犯罪。

对于传统型犯罪以外的犯罪，笔者认为，可以采用附属刑法、单行刑法和修正案的形式。单行刑法具有显著的针对性，可以基于特定的事项，于特定的期间适用。同时，单行刑法具有较强的适应性。其立法程序相对于刑法典简单很多，可以适应及时打击犯罪、保护人权的刑法功能。附属刑法立法具有较强的体系性，并且其能够将刑事责任与其他法律责任很好地衔接上，极大地减少了不同法律在适用中存在的冲突现象。修正案的立法模式在于既能够保持刑法典的原有结构，有利于维护刑法典的连续性、稳定性和同一性，又克服了刑法典不能适用刑事政策的滞后性缺陷。

（二）重构附属刑法立法结构

目前我国并没有真正的附属刑法。其他法律规范的法律责任中的刑事立法，并没有规定具体的罪状和法定刑，不具有很强的可操作性。大陆法系中的德国、日本，包括我国台湾地区，都存在大量的附属刑法。例如，德国的《证券交易法》、《专利法》、《基因技术法》，日本的《金融期货交易法》、《证据交易法》、《破产法》、《道路交通法》、《银行法》都明确规定了犯罪类型的罪状和法定刑。

笔者认为，选择附属刑法的立法体例比较理想，主要理由有：首先，我国正在建设现代市场经济，民商法制正在逐步建立起来，调整经济关系的法律已初步形成了一个较为完整的法律体系，但是一些重要的经济法律、法规尚未制定出台。我国的经济法规的制定仍然不够完善，仍然不能适应日益发展的全球经济的要求。在经济规范制定不成熟之际，将大量的经济犯罪规定在一部包括所有犯罪及刑罚的刑法典中，为时过早。其次，采用经济附属刑法的立法模式，有利于解决刑法典立法体例滞后性带来的问题。最后，采用经济附属刑法的立法模式，可以更好地解决经济法规范中民事责任、行政责任与刑事责任之间的衔接，有利于司法操作。因此，我国借鉴域外规定，在行政法、经济法规范中直接规定具体的罪状和法定刑，形成真正的附属刑法。

（三）恢复单行刑法的立法模式

德国存在大量的单行刑法，如1976年和1986年颁布两部《经济犯罪对策法》，

1976 年《反恐怖犯罪法》，1986 年《防止恐怖主义法》，1990 年《少年刑法典》，1992 年《洗钱法》，等等。日本也存在众多的单行刑法，如《关于防止暴力团员的不当行为的法律》、《关于器官移植的法律》、《关于防止沙林等造成人身伤害的法律》、《关于规制实施无差别大量杀人行为的团体的法律》、《处罚有关儿童卖淫、儿童色情等行为及保护儿童的法律》等。①

笔者认为，我国刑事立法模式可以借鉴德国、日本的模式采取单行刑法。首先，我国有制定单行刑法的历史传统。1979 年《刑法》之后，我国颁布了众多的单行刑法。这些都为我国以后制定单行刑法奠定了基础。其次，单行刑法具有比刑法典、附属刑法所不具有的优势。单行刑法往往集中针对出现的某一种类犯罪而比较系统地作出规定。例如，《关于惩治骗购外汇、逃汇和非法买卖外汇犯罪的决定》即针对外汇犯罪作出了系统规定。此种立法模式灵活性强，具有极大的适应性。例如，对于未成年人犯罪，我国可以设置专门的单行刑法。目前，我国关于未成年人犯罪的规定散见于宪法、刑法、刑事诉讼法以及其他法律中，在实践中不同法律之间往往存在冲突，不利于保护未成年人的合法权益。

（四）适当减少修正案的适用

日本现行刑法典颁布于 1907 年，日本以刑法修正案的模式对刑法典进行了 21 次修改。日本对刑法典的修改主要表现为：内容简洁、用语抽象的原则性条款，一直保持稳定；而内容复杂、表述详细的条款则被反复修改。对于除刑法典外大量存在的单行刑法，日本立法机关也采取刑法修正案的立法模式对其进行修改。且单行刑法修改比刑法典的修改更为频繁。②

我国目前已有九个刑法修正案，修正案涉及犯罪类型庞杂，并且部分罪名被修改多次，如我国的洗钱罪就被两次修正案所修改。频繁的修改严重损害刑法的稳定性和权威性。笔者认为，在采取单行刑法和附属刑法的立法模式下，刑法修正案的适用就应该有所限制。修正案的修改主要针对刑法典中规定的传统犯罪，而对于单行刑法和附属刑法规制的内容，其就不再予以涵盖。我们认为，修正案仍然属于刑法典的组成部分，其内容不得超出刑法典的涵摄范围。

---

① 张明楷译：《日本刑法典》（第 2 版），法律出版社 2006 年版，第 5 页。

② 张明楷译：《日本刑法典》（第 2 版），法律出版社 2006 年版，第 1-8 页。

刑事立法之“遗留”问题

——刑法修正对已决犯影响问题之存在、归因与消解

田熹文*

一、问题之提出——被遗忘的已决犯

我国刑事立法及其修正在短短20年间历经1979年《刑法》到1997年《刑法》及九个刑法修正案之变革。无论是1997年《刑法》抑或是每个修正案的修改，尤其是《刑法修正案（八）》、《刑法修正案（九）》（以下简称刑修八、刑修九）皆引发学者们的激烈讨论，但面对立法与修法问题，普遍关注的焦点集中于探讨犯罪圈界限、具体条文之修改、刑罚结构之调整等问题，目标在于解决“未来”问题以及为下一个刑法修正案出谋划策。极少有人将目光投向“过去”，关注频繁的立法与修法所引发的失衡问题及其所造成的“后遗症”。① 更未曾考虑过刑法修改对已决犯②所产生的影响：刑法修正后的规定对其所承担的刑罚是否公平？刑法是否仅保障未来的“公平”，而丝毫不顾及过去的“失衡”？总结而言，对于已决犯刑罚失衡问题大致存在以下三种类型：

类型一：已废除罪名至今仍有已决犯正在服刑。中国最后一个流氓罪犯牛玉强，1984年18岁的牛玉强与朋友因争抢一顶帽子而打架，被法院以流氓罪判处死刑缓期二年执行，目前，牛玉强仍需服刑至2020年。

类型二：定罪量刑标准大幅提高，修法前后刑罚对比严重失衡。在贪污案件中，刑修九以及新司法解释出台之前，贪污数额10万元以上，判10年有期徒刑、无期徒刑，情节严重甚至可以判处死刑，而刑法修正后，贪污数额3万元以上不满20万元，仅判3年以下有期徒刑或者拘役。

类型三：共犯在刑法修正前后分别归案导致刑罚不公。共犯中一人归案依据旧刑法判处重刑，而另一人脱逃，刑法修正之后才归案，却仅判较轻刑罚。

以上三种类型即使在普通人仅凭常识而言都会感觉到继续服刑对于已决犯来说不公平，具体分析：类型一中令人感到匪夷所思的现象在于1997年之后已经废除流氓罪与投机倒把罪等，但在20年后的今天，依然有人因为这些罪名在服刑，其所受刑罚背后所谓的社会危害性何在？刑罚的目的何在？类型二中，贪污数额较多的人反而因刑法修正而获刑更轻，可能其已出狱，前已决犯仍在为贪污更少的数额

---

* 西南政法大学司法与人权研究中心研究人员，博士研究生。

① 仅有1篇论文直接涉及该问题，参见阴建峰、贾长森：《“刑变罚恒”的价值背离及其重塑》，载《法学杂志》2016年第2期。

② 已决犯是指已被判处拘役以上刑罚的刑事罪犯。

而继续受到刑罚处罚，是否会导致已决犯心中的不满和对社会的恨意？是否会有碍于已决犯的矫正？类型三中出现的不公平现象是同一案件中的共犯，先归案的罪犯获重刑，而脱逃的共犯却因刑法修正而仅获轻刑，同在监狱当中，社会危害性更大的后者反而先服刑完毕出狱，是否会引发新的社会矛盾？

基于刑法第 12 条关于溯及力的规定，已生效判决便是合法生效且尘埃落定的过去式。判决基于当时合法有效的刑法而为所产生的效力不容否认。判决生效后，犯罪嫌疑人转变为已决犯进入服刑阶段，无论刑法修正对他所犯之罪作何修改，甚至其所犯之罪已被废除，也仿佛与他毫无关联。立法与修法从未考量过新的法规对已决犯所产生的失衡问题，已决犯成为立法与司法所“遗忘之人”。值得深思的是，所谓公平不是同案同判，类似案件类似判决吗？仅仅因为立法机关一个修正案，社会危害性就立马发生了改变吗？法益侵害程度因此就不一样了吗？如果不对此问题进行变通或消解，刑法面前人人平等如何实现？这个立法修正所遗留的问题亟待解决。

二、存在——刑法修正对已决犯影响之体现

抛出刑法立法与修正对已决犯遗留的不公平问题之后，具体体现在哪些罪名与哪些规定之中，则需要通过对历次刑法修改进行系统梳理，并进行横向对比，方可知症结之所在。通过对 1979 年《刑法》与 1997 年《刑法》及之后九个刑法修正案的对比与梳理，可将刑法修改之处类型化为罪名废除类、罪名增加类、刑罚加重类、刑罚减轻类四大类。基于“有利于被告人”之原则，故本文仅限讨论罪名废除类与刑罚减轻类，其他两类不利于已决犯的修正部分以及被判处死刑立即执行这种不可逆刑罚的已决犯不在本文讨论范围之内。

（一）罪名废除类

1997 年《刑法》明确废除了以流氓罪、投机倒把罪为代表的一系列不符合时代发展的罪名，但是据调查了解 20 年后的今天仍有已决犯因该罪名正在服刑。除最后一个流氓罪犯牛玉强之外，流氓罪并未因刑法的修正而彻底退出历史舞台。根据案例搜索结果来看，流氓罪相关刑事案件 276 件，执行案件 36 件[①]，这还仅仅是部分案例，加之 1997 年《刑法》颁布至今未上网的案例，数量应远远不止这个数。投机倒把罪案件相对较少，多集中于刑罚变更案，即采取减刑、假释的变通方法调整刑罚的案件，但减刑后仍有已决犯因投机倒把罪在服刑中。除此之外，将流氓罪、投机倒把罪等刑法已经废除的罪名当作前罪被认定为累犯的罪犯仍大有人在。

（二）刑罚减轻类

这一刑罚减轻类不是指整个罪名刑罚的减轻，而是指修正后个罪的定罪量刑标准的提高，从而导致在相同情节与相同数额的情况下，修正后的刑罚相比修正前减轻的类型。

---

① 参见北大法宝：http：//202. 202. 90. 30/ermsras/fggi4226f29b845e4133ae3b600e3875e7ca/Case/？Keywords=%u6D41%u6C13%u7F6A.

以贪污罪为典型，刑修九之前，贪污罪以具体数额作为定罪量刑的标准，而刑修九将具体数额修正为数额较大、数额巨大、数额特别巨大加上较重情节、严重情节、特别严重情节这种以数额加情节的双重标准来确定贪污罪的刑罚档次。刑修九之前，贪污罪的定罪标准分为五个档次，以贪污数额5000元为起刑点，其中贪污数额10万元以上，判处10年以上有期徒刑、无期徒刑或者死刑。而刑修九以及最高人民法院、最高人民检察院《关于办理贪污贿赂刑事案件适用法律若干问题的解释》之后，贪污罪的规定修正为三个档次：数额较大或者较重情节（3万元以上不满20万元），可判处3年以下有期徒刑或者拘役；数额巨大或者严重情节（20万元以上不满300万元），可判处3年以上10年以下有期徒刑；数额特别巨大或者特别严重情节（300万元以上），可判处10年以上有期徒刑、无期徒刑或者死刑。

由上述对比可见，刑修九后，1979年《刑法》贪污罪中所规定的五个不同量刑档次全部可纳入1997年《刑法》中的数额较大（3万元以上不满20万元）这一档中，其对应刑罚为3年以下有期徒刑或拘役。那么对于依据旧标准所判的已决犯而言是极为不公平的。刑修九之前，贪污数额10万元以上，即可判处10年有期徒刑，情节严重的甚至可以判处无期徒刑或者死刑，但是刑修九之后，贪污金额10万元，如果没有严重情节，只需按照数额巨大，仅判处3年以下有期徒刑或者拘役。那么，刑修九之前贪污10万元不满20万元的已决犯，正在服刑的刑罚在10年以上有期徒刑或者无期徒刑甚至死刑，而现在，贪污数额不满20万元，仅需承担3年以下有期徒刑或者拘役的轻刑，贪污数额300万元以上才能与刑修九之前处以相同的刑罚。那么势必会出现刑修九之后贪污数额更大的罪犯已经服刑完毕之时，刑修九之前的已决犯仍然在为贪污较少数额而服刑的失衡现象。

以盗窃罪为例，盗窃罪的刑法立法经历了1997年《刑法》和2011年《刑法修正案（八）》两次重大修改，加之相关司法解释也大大提高了盗窃罪的刑罚适用标准。经1997年11月最高人民法院通过的《关于审理盗窃案件具体应用法律若干问题的解释》和2013年4月施行的《关于办理盗窃刑事案件适用法律若干问题的解释》的两次修改“盗窃数额特别巨大”的数额起点已由原来的2万元至4万元提高到30万元至50万元。[①] 显然，对于原来因盗窃数额2万元以上而被处以刑罚的已决犯而言，修正后的起点30万元的标准是显失公平的。

除贪污罪和盗窃罪问题较为突出之外，因社会经济持续发展而致使定罪量刑标准趋于提高的罪名，在破坏社会主义市场经济秩序罪、侵犯财产罪、贪污贿赂罪等类罪中可谓比比皆是。[②] 例如，生产、销售不符合标准的卫生医用器材罪，走私罪，走私普通货物、物品罪，非国家工作人员受贿罪，挪用公款罪，盗窃罪等。这些罪名因其定罪量刑标准的提高，使得同一情节、同一数额、同一罪名的两个已决犯因刑法的修改而承担差异巨大的刑罚，其不公平之处不言自明。

---

① 参见阴建峰、贾长森：《“刑变罚恒”的价值背离及其重塑》，载《法学杂志》2016年第2期。

② 阴建峰、贾长森：《“刑变罚恒”的价值背离及其重塑》，载《法学杂志》2016年第2期。

三、归因——探究原因之所在

面对亟待解决的立法“遗留”问题，必须要分析其产生的原因，进而对症下药，方能药到病除。

（一）刑法立法、修正之高频率与颠覆性

引起问题最为直接的原因在于我国刑法修正过于频繁，这一原因也一直广为学者所诟病。短短20年间，从1979年至1997年刑法已进行了颠覆性的修法。随后的九个刑法修正案，平均每两年一个，其对刑法修正范围之广、程度之深，世界范围内也极为少见。我国刑法修正的颠覆性体现在其并不是对刑法中某一个条文的小修小补，而是大幅度、大范围地进行修正，尤其体现在刑修七、刑修八、刑修九三个刑法修正案当中，不仅限于分则中修改大量法条，取消多个死刑，而且对总则部分也进行了修正。如此刑法修正的高频率与颠覆性不可避免地会引发修正前后，刑罚变化较大的已决犯的不公平问题。

（二）刑法修正之整体破碎性

我国刑法之所以修正如此频繁，是因为从90年代开始至今，我国进入变革与经济快速发展时期，层出不穷的新问题与高速变革的生活方式带来大量新的犯罪行为与问题需要应对，但我国立法机关采取的不是整体性的修法策略，而是破碎性的修法方式，出现一个问题，解决一个问题，而全然不考虑整体影响和可能引发的其他遗留问题。正是因为这种局限于解决眼前问题的立法方式，缺乏对整体刑法衔接以及所可能造成后续影响的忽视，才会导致这一问题的出现。

（三）刑罚价值理念之背离

一个人究竟为什么受到刑罚处罚，对一个人判处刑罚所要实现的目的究竟是什么？这是刑罚理论上经久不衰的探究主题。刑罚作为最为严厉的，剥夺犯罪人权利、自由甚至生命的最残酷惩罚，必须是正当且具有合理目的的，其不仅是法官定罪量刑的正当化依据，更是刑事立法的正当化依据。

自古以来，在刑罚的目的上存在着三种基本观点的争论：报应理论，通过让罪犯承担痛苦的方法，使行为人由于自己的行为而加于自身的罪责，在争议的方式下得到报应、弥补和赎罪。[①] 报应理论基于“以眼还眼、以牙还牙”这种最古老而朴素的同态复仇原则，认为罪犯所承担的刑法必须与其所犯罪刑相当，但在刑法废除其所犯之罪或者减轻该罪的刑罚之后，其所需要弥补和赎罪的刑罚量也相应减少，因此，若不对这类已决犯的刑罚进行相应调整，必定是不合理的。特殊预防理论主张刑罚的目的在于防止犯罪人再次犯罪。李斯特将其总结为：矫正具有矫正可能性与矫正必要性的犯罪者、吓阻缺乏矫正必要性的犯罪者以及消除缺乏矫正可能性的犯罪者的可能性。[②] 特殊预防理论所谓的“预防犯罪人再犯罪”一说，在该罪已被刑

① ［德］罗克辛：《德国刑法学总论》，王世洲译，法律出版社2005年版，第36页。

② ［德］Franz v. Liszt，Der Zweckgedanke im Strafrecht，Zeitschrift für die gesamte Strafrechtswissenschaft 3 (1883)，36。转引自：Michael Pawlik：《对预防理论刑罚正当化依据之批判》，载钟豪峰译：《政大法学评论》第117期。

法修正所废除之后，何来再犯罪一说？一般预防理论则认为刑罚的目的不是报应，也不是对行为人的影响，而是对一般公众的影响。通过刑罚的威胁和刑罚的执行，公众应当掌握法律的禁止性规定且避免违反这些规定。刑罚不应当特别地作用于被判刑人，而应当一般地作用于一般公众。[①] 而一般预防理论在修法之后，已决犯所犯之罪已被废除或者减轻刑罚，所以仍期待通过不存在的罪名和过去较重的刑罚来威慑一般人使其不敢犯罪的目的并不可行。因此，无论持报应刑论、预防刑论抑或是折中的刑罚价值理念，都无法得出在修法之后，已决犯仍应继续执行过重刑罚之结论。

（四）刑法实质正义之缺失

刑法之“帝王原则”罪刑法定原则，即“法无明文不为罪，法无明文规定不处罚”追求的是形式正义，因而要求完全依照刑法规定定罪处罚，以为如此便可达致正义之目标，其实不然。现代意义上的罪刑法定原则已经开始慢慢向实质正义的要求转变，提出了相对的罪刑法定原则，因为追求绝对形式正义的绝对罪刑法定原则是建立在牺牲实质正义的基础之上，其得出的判决结果往往显失公平。面对刑法修正对于个罪定罪量刑标准的改变以及罪名的废除，我们不能仅坚持绝对的形式正义，而是应当考量实质正义，唯有如此才能实现真正的公平正义。

（五）现行制度与理论观念之束缚

现行刑法第12条明确规定了“从旧兼从轻”的溯及力，使得出现新法与旧法相冲突之时，严格依照该规定，且仅限于判决未生效的案件，已生效案件中的已决犯不在此范围内。在刑法理论中，为维护作为最严厉刑法的稳定性，严格依照审判时刑法规定的刑事判决生效后如无法定事由绝不容许随意变更刑罚。作为法律最后一道防线且惩罚最为严厉的一道防线，刑法理论强调刑法的稳定性与权威性。此外，刑法立法者、司法工作者、学者脑海中的传统刑法观念根深蒂固：刑事判决没有错误，怎么能够随意改变？刑法规定了“从旧兼从轻”原则，怎么能因为新法处罚较轻而溯及旧的刑事判决？正是由于上述法规、理论与观念的束缚，才使得这一显而易见的不公平现象20年来一直处于被人忽视的状态。

四、消解——解决立法“遗留”问题之路径

在确认刑事立法所遗留的问题，即刑法修正对已决犯之不公问题以及产生问题原因的基础之上，当务之急在于如何消解这一难题，以化解现存矛盾，并为今后的刑法修正扫清障碍。因已决犯刑罚变更的决定与刑罚的执行应分属于法院与监狱分别执行，因而必须分开考量，且实体法上必须有法可依，程序法中必须有程序可走，是故需实体与程序双管齐下，共同消解这一难题。

（一）前提：承认先前判决之效力

无论基于现行刑法之规定，抑或是理论考量，对于已决犯之前的刑事生效判决的效力毫无疑问是应该承认且服从判决所作出的刑罚，这是消解问题的前提条件。不能因存在不公和失衡之问题，即全面否定合法刑事判决的效力，这将不利于刑法

---

① ［德］罗克辛：《德国刑法学总论》，王世洲译，法律出版社2005年版，第41页。

的稳定性及威慑性。因此，必须在承认先前刑事判决合法效力的前提之下，进而探索消解问题的路径。

（二）实体：扩大适用"从轻、减轻或者免除"处罚规定

在司法实践中，实务工作人员其实也在一定程度上意识到了刑法修正所引发的这一问题，但碍于无法可依的现状，只能在对已决犯决定减刑、假释之时适当考量刑法修改之影响。根据案例搜索结果显示，确实存在通过减刑、假释的方式变通处理这一问题的实例，但其原因和依据并不是因刑法修正减轻或假释，而是基于"表现良好、遵守监规"等理由，且各地法院标准不一，始终未直接提出或者解决这一法律漏洞问题，仅仅通过这样一种无法可依且完全依赖自由裁量权而决定是否减刑或假释的所谓变通办法，既无统一标准可以参考，也无强制性规定必须考量该因素，无法彻底解决因刑法修正所造成的失衡问题。因此，必须另寻出路。

实体层面，基于现行刑法规定，最为理想的解决方案当属赦免制度，这也是面对已决犯这一失衡问题多数学者所赞成的解决方法，但依据现行赦免制度的规定解决该问题存在诸多障碍：其一，司法实践中赦免适用频率极低，可以说几乎形同虚设。从 1959 年到 1975 年共 7 次特赦的对象仅限于全部在押的战争罪犯，加之 1975 年之后，我国再未实行过特赦，因此该制度逐渐被虚置，在蓬勃发展的法学研究中，赦免制度也成为被人遗忘的角落。① 其二，对待刑法修正中的不同类型，不能不加区分地一概赦免刑罚②，而是应该根据不同罪名的不同修正程度来变更刑罚，区分哪些情况可以从轻处罚，哪些情况可以减轻处罚以及哪些情况可以免除处罚。由此而言，较为合理的构想是扩大适用"从轻、减轻、免除处罚"这一规定。对于罪名废除类，如流氓罪、投机倒把罪等已废除罪名，可结合已决犯在监狱中的表现及改造情况给予免除刑罚或者从轻处罚，较大幅度地减轻刑罚。但刑罚减轻类的已决犯，则不能通过赦免制度或者直接免除刑罚，而是可以根据具体情况决定该从轻还是减轻刑罚。具体从轻、减轻幅度则可由法官酌情判处。

（三）程序：独立的决定程序与执行程序

程序层面分为两个不同的阶段，首先是决定阶段，对因刑法修正而引发刑罚不公的已决犯的决定程序应由法院作为刑罚变更的决定机关，一种方案是可援用现行减刑、假释的决定程序，另一种方案是由法院专门设立一个部门或者指派专门的法官来处理已决犯的刑罚问题，而无须由原审法官继续处理，避免占用法官资源。具体方式既可以通过个案单独进行考量而后调整已决刑罚，也可以采取类似于赦免制度的统一变更某一类罪的刑罚。其次是刑罚执行阶段，毫无疑问应继续由监狱执行，基本上与现行减刑执行程序一致。

限于时间与篇幅，在此仅能抛出刑法修正对已决犯产生刑罚失衡这一问题以期引起学界的关注与重视，更进一步的实证调查、案例收集以及更为可行的解决方案留待日后深入研究。

---

① 参见刘仁文：《论我国赦免制度的完善》，载《法律科学》2014 年第 4 期。

② 关于特赦是否包括赦免性减刑，在学界存在争议，此处采通说认为特赦不包括赦免性减刑。

“风险社会”中国民立场与国家立场之协调

——兼论刑法典颁布20周年后的立法理念变迁

李晓明[*] 褚 础[**]

近年来，我国社会一直处于快速发展和急剧转型期，大量新型违法犯罪行为的出现要求立法增加新罪名，以保护法益、维持社会秩序。随着大量现代工业科技发展造成的社会风险的出现，部分学者提出建立“风险刑法”[①]的观点，即以增设行为犯和抽象危险犯的方式处理“风险社会”带来的不安定因素。但亦有学者强烈反对，认为“风险刑法”本身也存有风险，会危及传统刑法体系。[②]究其原因，背后体现的正是国民立场与国家立场的对立。如何化解两者的对立，切实达到预防犯罪、保护国民的刑法目的，是具有紧迫性和重要性的时代命题。

一、时代命题：“重刑化”、犯罪圈扩大抑或是罪刑法定的坚守

“风险社会”（risk society）的概念，最早由德国社会学家乌尔里希·贝克（Ulrich Beck）提出，用以描述现代社会中因工业科技的发展，所导致的如环境污染、网络犯罪、基因医疗、恐怖主义等高度风险的社会现象。面对消解这些社会不安的实际需求，在其他社会力量势微的情形下，法律势必扮演极为重要的角色。如何运用具有严格刑罚手段的刑法来处理此种风险社会中的不安，则成为当代刑法的重要议题之一。风险社会语境下，在刑事法领域内的体现就是“重刑化”和犯罪圈扩张的趋势，同时产生了许多亟待解决的刑法理论问题。

（一）“重刑化”趋势的出现

自改革开放以来，在旺盛的风险社会需要的驱动下，我国刑事立法明显呈现“单向犯罪化”的特点。[③]刑法条文和罪名数量一直处于增长中，特别是近年来刑法修正案频繁颁布所体现得异常活跃。虽然刑法在一定程度上承担着社会管理法的职能，但刑法参与社会治理是以矫正正义的方式实现的。刑法本质上属于司法法，以法的安定性为最高价值，这就决定了刑法不同于其他一般的社会管理法。过分强调刑法积极介入社会治理，就会出现“重刑化”趋势，甚至出现法益保护功能“变异”的风险。该种趋势体现在，一旦社会上出现某种乱象，国家总是第一时间

---

* 苏州大学王健法学院教授、法学博士，博士生导师，刑事法研究中心主任。

** 苏州大学王健法学院硕士研究生，刑事法研究中心助理研究员。

① 参见劳东燕：《风险社会中的刑法：社会转型与刑法理论的变迁》，北京大学出版社2015年版，第5页。

② 陈兴良：《“风险刑法”与刑法风险：双重视角的考察》，载《法商研究》2011年第4期。

③ 何荣功：《社会治理“过度刑法化”的法哲学批判》，载《中外法学》2015年第2期。

动用刑法进行治理；当现行刑法缺乏对应条款时，国家总会通过立法，以新增罪名方式解决。从风险社会的语境下看，刑法修正案（八）、（九）体现出的"重刑化"趋势，正是刑法预防功能发挥作用的结果。

但是，通过将越来越多的社会越轨行为纳入刑法规制的范围内，越来越多的犯罪行为人被动地成为"社会的敌人"，在一定程度上阻绝了其与善良公民之间的换位可能性。这其中蕴含了对其科处超出行为人之"责任"的刑罚危险，亦即超越了"责任刑"、"报应刑"的范围。通过这种试图让国民形成抑制犯罪意图的"消极的一般预防"，从实际效果看，不仅是对犯罪反对动机未得到社会效果的验证，而且为了期待国民对刑罚产生恐惧，则会招致无限的"重刑化"倾向。由此可见，过度"消极的一般预防"不可谓之为"最合适预防"，但是有违目的理性的。

（二）犯罪圈扩大的趋势

一个国家犯罪圈的大小，意味着该国刑法参与社会治理程度的高低。近年来，我国刑法不断增设新罪名，降低犯罪门槛，犯罪圈呈现扩张态势。其原因表现在：

第一，风险社会发展对刑事立法的"刚性"需求。近年来我国一直处于快速发展阶段和急剧转型期，新型违法犯罪的出现，必然要求立法不断增加新罪名，以保护法益、维持社会秩序。第二，积极的刑事立法政策与指导思想的影响。《刑法修正案（八）》强调刑法对民生问题的保护，增设了危险驾驶罪、拒不支付劳动报酬罪以及立法修改生产、销售伪劣商品犯罪。《刑法修正案（九）》强调"坚持创新刑事立法理念，进一步发挥刑法在维护社会主义核心价值观、规范社会生活方面的引领和推动作用"，于是刑法对社会生活的干预就更加活跃。第三，法治改革引起的刑法扩张。比如，劳动教养制度废止后，过去由劳动教养制度调整的行为部分被分流到刑法领域，犯罪门槛的降低在所难免。第四，刑法前规范有效供给不足导致国家对刑法的依赖和需求。如果刑法前规范对社会治理效果不好或失效，社会对刑法的需求就会增加，刑法在社会治理体系中的重要性就会凸显。当下我国犯罪的增加，包括发票类犯罪、贪污贿赂犯罪、恐怖主义犯罪、考试类犯罪、网络类犯罪，与刑法前规范对此类社会问题治理效果的不理想有重要关系。

（三）罪刑法定的坚守

在"重刑化"和犯罪圈逐步扩大的趋势下，一是出现了对刑事立法"刚性需求"的不断增加；二是出现了对罪刑法定原则坚守的吁求。从罪刑法定的法律渊源看，其思想基础源于民主主义和人权主义。由于刑法处罚范围和程度直接关系着国民的生命、身体、自由、财产与名誉，属于特别重大事项，应由国民直接或间接决定什么是犯罪、对犯罪科处何种刑罚。所以，刑事立法不能一味地站在国家"刚性立法"角度打击犯罪，否则就动摇了刑法基本的思想基础。特别是我国刑事立法，自 1979 年以来，用了近 40 年的时间走过了西方国家百年的刑事法治进程。其内容也是日趋完善和精进的，但发展的立场却有片面遵循国家本位、忽视国民立场之弊端。比较而言，充分走过刑事法治进程的国家则并无此弊病，在经历刑法扩张后，则会回溯到罪刑法定原则的坚守上，以纠正刑事立法的偏差。而我国 1997 年刑法典虽经过九次修正，还处在立法技术精进的努力中，对于人权保障和国民规范意识的培养还有很长的路要走。故坚守罪刑法定原则，甚至无视刑事立法“刚性需求”，显然是顺应我国刑事法治建设阶段的最好选择。

综观“风险社会”下立法理念的变迁，不难得知，压制犯罪圈的扩张或阻碍刑事立法进程抑或是坚守传统刑法的立法理念，都不是我国刑事法治建设的阶段性的最好选择。背后体现的是，国民立场要求刑法坚守传统、保障人权，而国家立场则主张“主动出击”、积极治理，两种立场必须相互“协调”才能顺应我国法治进程的现实环境和特点，达到防控犯罪和有效治理“风险社会”的最佳效果。

二、“风险社会”中立法理念的选择：国家、国民抑或是折中

面对“风险社会”给法律带来的变动与挑战，刑法立法的制定有两种选择：其一，坚持传统刑法理论、贯彻罪责相适应原则，仅在特殊犯罪进入司法环节时，运用审判和解释对其施以相应处理，以达到治理社会的最终手段之目标；其二，顺应“风险社会”的发展趋势，及时立法与修法，必要时大量设立抽象危险犯和行为犯，以达到“主动出击”的效果，使刑法具备“规范社会生活的引导和推动作用”。放眼世界各国立法动向，选取后者的不在少数，特别是立法技术先进的国家。但我国具有特殊性，一方面没能充分经历刑事法治的进程，需要坚守罪刑法定和保障人权；另一方面又面临着市场经济与“风险社会”治理的需求，抽象危险犯和刑罚早期化的问题又不得不高度重视，对此我国刑法学界早已有目共睹。

因此，面对上述两种截然不同的立法路径，尤其是背后隐藏的国民立场与国家立场的对立，我们不得不作出理性应对和立法理念上的梳理。刑法的主要目的是打击犯罪、保护人民，国民立场要求的是刑法立法站在公民权利最优化的立场，具备合宪性、合理性、符合目的理性。最突出的证明在于“报应（责任）主义”，刑罚的正当化依据是行为人基于自己的意思选择了犯罪行为，刑罚就是对这种选择追究、清算相应责任。与国民立场相对立的是国家立场，其更加注重国家作为有权机关制定法律的效力，某种程度上轻视法律实效。[①] 以民主国家为例，议会作为国民的代表，受国民赋予的权力制定法律，则议会有权依据社会治理的需要，通过某些尚未形成普遍国民规范意识的法律规范，以达到唤醒国民规范意识、确保国民对法秩序的“信赖”及预防犯罪的社会治理目标。由此可见，国家立场上证成的刑法效力只是国民立场上证成的法律实效的充分而非必要条件。

由于国民立场和国家立场这一对天然的对立范畴，在风险社会不断发展的境况之下，两者间的博弈也愈演愈烈。如何在风险社会的语境下解决这一对矛盾？这是本文致力于寻找的答案。期望通过刑法保护功能的变迁和“预防刑法”的发展两大路径，探讨国民立场与国家立场“协调”的可能性。

（一）刑法保护功能之转变

毋庸置疑，刑法本身具有最终手段性，在法律体系内部具有惩罚的终局性。但

① 法的效力是指其受有权机关制定所富有的生效效力，法的实效是指法律在社会运行过程中产生的实际效果。参见周永坤：《法理学——全球视野》，法律出版社 2016 年版，第 218 页。

面对“风险社会”的挑战，刑法究竟应当坚守其辅助性、消极性的角色，还是应当积极扩大保护机能，成为社会安全保障体系的一部分，是“风险社会”对传统刑法保护功能的严峻挑战。

观察刑法在现代社会中的角色作用，日本学者高桥则夫提出“早期化”、“严罚化”与“扩大化”三个特征，[①] 不仅在日本，也在世界各国“风险社会”的刑事立法中体现出来。且就各国现代刑事立法的现象来看，也可以印证这些特征，如我国刑法修正案中各种危险犯类型的立法、大量使用抽象危险犯、刑期的提高等，除核心的传统刑法外，经济犯罪、环境犯罪等亦可观察到此种动向。

面对这等立法现状，学界观点不尽相同。有从恪守刑法传统原则、采取批判与怀疑态度者，亦有呼吁顺应社会变化、使刑法担任立法等前导的角色者。尤其是后者，是对刑法的功能重新检讨所得到的结论。《刑法修正案（九）》中，提出“要进一步发挥刑法在维护社会主义核心价值观、规范社会生活方面的引领和推动作用”，亦反映了此种立法思想和导向及立法理念的变迁。

关于刑法的功能为何，传统刑法学者主张规制、评价、惩戒、保护（保障）功能，[②] 德、日刑法学者多以“法益保护功能”为重，认为“刑法的机能是法益保护与人权保障，行为规制机能只是法益保护机能的反射效果”，[③] 其目的一是沿袭德、日刑法理论的传统；二是在我国推行理论的需要。本文选取法益概念的变化来审视刑法保护功能的变迁，事实上刑法所保护的法益范围，不仅是法益的实害，亦包含法益的危险在内。这从刑法中既存的危险犯、未遂犯等实定法规定即可得知。但从坚守法益保护原则的要求来看，应“以处罚结果无价值为原则、以处罚行为无价值为例外”，[④] 否则容易产生法益保护的界限问题，导致立法或实务中难以掌握界限的法益危险犯，反而扩大处罚与适用。

正如德国法学家赫佐格（Herzog）所言：“因为危险犯，反而使刑法暴露在危险之下。”[⑤] 面对“风险社会”的不断挑战，在论理上法益保护的界限也发生了变化。主要表现在两点：一是为应对风险社会带来的诸多挑战，法益保护应当前置化、早期化，简言之，就是将犯罪行为导致的法益危害扼杀在社会现象难以抑制之前。二是法益保护前置化或早期化在刑法创设之初的未遂犯、危险犯和预备犯中已经显现出来，只不过是作为刑法处罚的例外来对待。但在“风险社会”的要求下，对于法益保护早期化的立法频频出现，此种原本应该是例外处罚的规定，现在却是大量增设，其中尤以危险犯特别是抽象危险犯为最。《刑法修正案（九）》在关于恐怖主义、极端主义犯罪的规制上出现的大量预备行为正犯化的问题，以及近年来刑法大量增设危险犯等，均属此种表现。

---

① ［日］高桥则夫：《刑法的保护的早期化和刑法的界線》，载（台湾）《法律时报》2013 年第 75 卷。

② 李晓明、李洪欣、陈珊珊：《中国刑法基本原理》，法律出版社 2010 年版，第 46 页。

③ 参见张明楷：《刑法学》（第四版），法律出版社 2011 年版，第 26 页。

④ 参见马克昌、高铭暄主编：《刑法学》，北京大学出版社 2011 年版，第 33 页。

⑤ F. Herzog, *Gesellschftliche Unsicherheit und strafrechtliche Daseinsvorsorge*. 1991. S. 72-73, pp. 163-164.

（二）预防刑法之发展

现代刑法由于预防犯罪社会功能的强化，加之人权思想的要求，在处罚犯罪的同时，也要顾及罪刑法定刑法精神坚守。所以“预防刑法”的理念扩张与发展十分迅速，其适用领域特别针对环境污染、经济秩序、食品卫生、网络犯罪，以及恐怖主义活动等。但也因预防刑法容易导致法益抽象化、大量抽象危险犯的制定，动摇传统刑法根基，故而近年来的几项刑法修正案受到学者的普遍质疑。

诚然，为了避免刑法沦为极富弹性的社会控制手段，对于预防刑法的发展应坚守法治基础和目的理性。本文从“积极的一般预防”理论的合理性角度出发，辅以我国刑法立法实际，探讨预防刑法的扩张与限制。上文中已有论述“消极的一般预防”的弊端，“重刑化”倾向无法真实地抑制犯罪的动机，也会带来国民对刑罚的恐惧，丧失国民心理上刑罚的正当性。为积极应对“风险社会”，各种关注价值层面的观点开始抬头，被称为“积极的一般预防论”。其主张“唤醒国民的规范意识以达到预防犯罪的效果”①，并与“预防刑法”具有一致性。

“预防刑法”的犯罪类型大多以抽象危险犯或行为犯为主，因为抽象危险的范围难以界定，可弥补实在法处罚的空隙；而行为构成要件的大量使用则可避免证明责任的难题，保证刑法的可实施性。为了避免刑法过度前置与罪责相适应基本原则的贯彻，较为合适的犯罪类型设计应以“以具体危险犯为先，以抽象危险犯为末”。换言之，至少在立法技术上应坚持抽象危险犯同样必须对法益侵害有典型或者特殊的危险。根据一般经验法则，抽象的危险是指某种行为确实存在法益侵害的高度可能性，只是关于其行为危险本质的认定，不再取决于行为人是否可以认识和控制的客观事实限度之内，而在于国家对抗这种危险的紧迫性大小，以对法益提供更周延的保护。

所以，如果“风险社会”下的刑事立法意欲产生预防性的效果，就必须变国家立场与国民立场之间的“博弈”为“协调”。因为刑法规范所规定的犯罪行为不应当只重视国家对抗法益侵害的需要，还必须让社会成员对此种危险产生经验上的认同，进一步使国民产生“为何处罚”的认可理解。如此一来，国家立场下制定的刑法规范始有与国民产生主观联系的途径，并且促使国民采取符合规范的行动，从而达到预防犯罪的最佳效果。

2011 年《刑法修正案（八）》开始明显出现“预防刑法”的趋势，具体表现为行为构成要件的大量使用和抽象危险犯罪名的体系化制定，可谓“中国语境下行为无价值论的实践”。② 包括盗窃罪扩展至入户盗窃、携带凶器盗窃、扒窃；抢夺罪行为类型扩张为包括多次抢夺；增设介入民事关系的骗取贷款罪和拒不支付劳动报酬罪等。《刑法修正案（九）》更是在恐怖主义、极端主义犯罪的规制上出现了大量预备行为正犯化的问题，甚至将恐怖主义作为思想犯去打击等。

（三）规制刑法之提出

对于刑法的“规制功能”（或曰“规范功能”）的认识，我国传统刑法理论已

---

① ［日］松原芳博：《刑法总论重要问题》，王昭武译，中国政法大学出版社 2014 年版，第 5 页。

② 周光权：《行为无价值的中国展开》，法律出版社 2015 年版，第 122 页。

有深刻的见解。其指刑法引导人们积极学法、懂法、守法，维护法律尊严，引导人们应当或者不应当实施何种行为，以规范国民的日常行为，使之合法化、规范化。但值得注意的是，"刑法对国民行为的规制与引导，不是从正面而是从反面进行的"。[①] 也就是说，实施了违反刑法的犯罪行为就要负刑事责任，从而从反面告诫人们，不要实施违反刑法的行为。然而也有人认为，刑法是规范社会生活的"最后手段"，必须保持其"谦抑性"。此种观点的不足之处也是显而易见的，就是混淆了"刑法的机能"和"刑罚的功能"的本质区别。众所周知，"罪刑关系"是刑法范畴最基本的一对关系，犯罪与刑罚是作用与反作用的关系。因此，在"风险社会"的语境下，的确有区分"刑法的机能"和"刑罚的功能"的必要性。

对于"刑罚的功能"，通说有"报应刑论"、"预防刑论"以及"并合主义论"等。[②] 这些功能都是为从一定社会意义的角度确证"有意对犯罪人施加恶害"的刑罚存在理由而阐释的，亦即刑罚的正当性、功利性抑或是二者兼而有之。刑罚和犯罪一样，都是经过政治性权力的赋予和国民代表的正当程序而制定的，两者都具有形式上的正当性。但是，这种形式正当性只是刑罚正当化的必要而非充分条件，其实质正当性就需要合理说明刑罚存在的真正理由。上文已述，"积极的一般预防"观点开始抬头，证明"刑罚也有维持、唤醒国民意识而达到预防犯罪的效果"[③]。并且，经过刑法规范的教育和警示，规范程度已在一定程度上被国民"内在化"，刑罚只要在刑法未尽限度内有助于维持规范意识即可，无须对刑罚寄予过高期望，也无须将刑罚的作用限缩在"合理的报应"之内，由此产生规制刑法。

由此可见，区分"刑法的机能"和"刑罚的功能"之后，两者都具有"唤醒国民规范意识，引导国民规范生活"的功能，两者是相辅相成的。刑法的规制功能和刑罚的谦抑性亦是不相冲突的，只是刑法的整体机制内的不同侧面。所以，在我国现实法治环境下，不应当对规制刑法的发展做过多的限制，而应该发扬光大。不仅在立法层面，而且在司法层面也要运用包括立法解释、司法解释、典型判例等，对刑法导向功能的极大宣传，发挥最大的宣传力和影响力。

三、国民与国家立场的协调结论：刑法规制功能的发挥

风险社会已成为社会发展阶段性的特征，对法律产生了不可忽视的影响，这已是不争的事实。"顺之则昌"，我国当下刑法的主要命题就是解决"风险社会"中国民立场与国家立场的对立，通过上述刑法保护功能的转变和对"预防刑法"的发展两大路径的阐述，可以看到两者间"沟通"的可能性，并提出"规制刑法"的概念。国家依据社会风险制定的法律，需要让国民对此种风险产生认同，进一步产生"为何处罚"的认同性理解。如此一来，国家立场下制定的刑法规范始有与国民产生主观联系的途径，并且促使国民采取符合规范的行动。如此一来，规制人们的行为、预防犯罪、治理社会的效果就不言自明了。

---

① 参见李晓明：《刑法学总论》，北京大学出版社 2016 年版，第 49 页。

② 参见张明楷：《新刑法与并合主义》，载《中国社会科学》2000 年第 1 期。

③ 参见［日］松原芳博：《刑法总论重要问题》，王昭武译，中国政法大学出版社 2014 年版，第 6 页。

本文认为，在“风险社会”的境况下，刑法法益的保护功能虽然应早前化、前置化；但与此同时，规范层面上的刑法立场也应当对“预防刑法”有所发展，可增设一定量的危险犯罪名及相应处罚，以达到规制人们行为的社会需要。但必须坚持国民立场，不得以国家立场为唯一考量。二者应当相互“协调”、相辅相成，更好地贯彻《刑法修正案（九）》提出的“进一步发挥刑法在维护社会主义核心价值观、规范社会生活方面的引领和推动作用”的立法指导思想。

在国民立场与国家立场“协调”的基础上，为顺应我国刑事法治阶段的需求，应适时地推进“规制刑法”的发展。原因在于，“规制刑法”不仅着眼于发挥刑法的导向功能，而且兼顾“一般的积极预防”的刑罚正当化证成；不仅刑事立法推进的角度积极引导国民的日常行为，同时唤醒了国民的认同意识，从而通过规制国民行为，增强刑法治理效果。因此，“规制刑法”将成为我国切实达到防控犯罪和有效治理“风险社会”的最佳效果，最终深化和推动国家法治的一把利器。

刑事立法论对风险刑法理论的审视：以刑法典颁布20周年的纪念为契机

周 详[*] 刘 浩[**]

引言

自1997年刑法典颁布已有20年的时间，这期间刑法经历过九次修改，出台了九个刑法修正案。其间，既有宽缓的表现，如死刑个数的减少，也有严厉的趋势，如刑法干预的早期化。“干预早期化主要是指刑法的辅助性法益保护机能与第二次法体系定位受到一定冲击，刑法的干预起点大大前置，入罪门槛不断降低，刑法与行政法、民商法干预的界限逐渐模糊，结果本位的构成要件日益让位于危险本位的构成要件，犯罪圈因而大大扩张。”① 对刑法干预的早期化而言，风险刑法理论对立法论必然会产生一定的影响，无论这种影响是事前性的还是事后性的。刑法其实本没有什么传统与现代的区别，罪刑法定，控制国家权力，保障国民自由与安全是刑法的使命。提到1997年刑法典的颁布，我们首先想到的是罪刑法定原则，并时常因此而受到鼓舞。诚然，规制犯罪行为本来就是刑法的任务，没有风险刑法理论的时候，刑法也一直在完善，如我国的1979年刑法典和1997年刑法典，日本的1907年刑法典等。扩张刑法需要立足现实，但不需要一些堂而皇之的理由，更没有必要向传统刑法、自由刑法亮剑。例如，山口厚教授所说，“将何种行为作为犯罪而成为处罚的对象，将何种行为作为犯罪而处罚被认为是正当的，这在任何时代、在一切社会中都不会是完全相同的。在规定犯罪的刑法的基础之上，有选择地存在着一定的政策原理。可以说，刑法就是在这样的政策原理上所构筑的法律体系。从而，刑法的诸种规定、诸多原则，就必须依照这些政策原理加以理解和解释”。② 刑法的发展是一个自然而然的过程，没有必要加入风险刑法理论这种不可预知的“催化剂”。

一、风险刑法与传统刑法的矛盾

风险刑法理论来源于社会学理论，或者至少说是受到了社会学理论的启发。“风险刑法理论在对刑法例证的论证中，过于大而化之而没有细致推敲，结果导致大胆假设有余、小心求证不足。所有这些，都使得风险刑法理论只能获得一时之观

* 中南财经政法大学刑事司法学院教授。

** 中南财经政法大学刑事司法学院2016级刑法学硕士研究生。

① 梁根森：《刑法修正：维度、策略、评价与反思》，载《法学研究》2017年第1期。

② ［日］山口厚：《刑法总论》（第2版），付立庆译，中国人民大学出版社2011年版，第3页。

点喧嚣，而难以取得长久之学术积淀，这是令人遗憾的。对风险刑法理论进行法教义学的批判，并不是否认刑法理论的创新，而是指出这种创新必须要以刑法教义学为依托，对刑法教义学的理论体系进行知识补充与思想升华。”① 其实，这并没有什么值得遗憾的，相反，从自由与法治的角度来看，反而是幸运的。风险刑法理论应当抑制缺点，发挥优点，适可而止。其最大的优点或许应当是促使刑事立法活动进行适时的反思。

（一）风险刑法的概念与特点

风险刑法属于功能主义刑法的一种体现，如雅各布斯（Jakobs）的规范主义刑法理论亦是属于功能主义刑法。“雅各布斯的功能罪责论将罪责与社会预防的充分条件判定为刑事不法，这无疑在理论上对风险刑法理论提供了强有力的支撑，它对危险犯，尤其是抽象危险犯的正当性进行了有力的论证。抽象危险犯实质上是以刑法上的不法为内核构建的，即将刑法上的不法与罪责并列，以规范取代法益成为刑法上唯一评价标准。而罗科信（Roxin）的客观归责理论与雅各布斯的功能性罪责理论的最大不同之处在于罪责与预防关系的处理。罗科信是把预防必要性作为一种刑事可罚性的额外条件加以考虑的，刑事处罚的前提仍是罪责，预防必要性在此只具有出罪的功能。”② 诚然，强调刑法的能动性是其显著的特点之一。但能动性的本质是人的能动性，是人的能动性在刑法中的规范性体现。劳东燕教授认为，“与传统刑法相比，现代风险表现出独特的性质：一是风险人为化。二是风险兼具积极与消极意义。三是风险影响后果的延展性。四是风险影响途径不确定。五是风险的建构本性。作为风险控制机制的组成部分，刑法不再为报应与谴责而惩罚，主要是为控制风险进行威慑；威慑成为施加刑事制裁的首要理由”。③ 风险刑法的特征暴露出风险刑法自身诸多的矛盾与不足，并且这种矛盾是风险刑法自身所无法解决的。

第一，风险作为一种事物，它具有客观性。人为和自然的风险在总量上是成一定比例的。学过地理的人都知道，灾害本来就分为人为灾害与自然灾害。康德认为，“一切发生的事情都有原因，这是先天因素的判断”。这也是自然科学得以可能的条件之一。风险究竟具有人为性，还是自然性，具有多大的自然性与人为性本身是难以衡量的。随着科学的进步，人们对风险的认知与理解也会不同，风险刑法以此为由对人的自由进行合乎理论的限制恐怕难以达到逻辑上的自洽。

第二，风险兼具积极与消极意义的说法本身就是风险刑法理论自我矛盾的一种直接体现。风险的消极意义为人们所抵制，但又不得不承认风险具有积极的意义。于是，对于消极的意义，刑法予以规制。对于积极的意义，其他部门法予以鼓励。但为什么不是倒置的呢？因为刑法只能制裁而无法鼓励吗？刑法作为保障法的意义何在呢？无论是风险的积极意义还是消极意义，由于风险具有相对性和多因果性，

① 陈兴良、周光权：《刑法学的现代展开 II》，中国人民大学出版社 2015 年版，第 83 页。

② 魏东、何为：《风险刑法理论检讨》，载赵秉志主编：《刑法论丛》（第 35 卷），法律出版社 2013 年版，第 1-52 页。

③ 劳东燕：《公共政策与风险社会的刑法》，载《中国社会科学》2007 年第 3 期。

因此以此为由为风险刑法理论予以蓄势恐怕难以成立。

第三，就风险影响后果的延展性而言，其实与风险的不确定性具有一定的重合性。但就延展性概念本身而言，与因果性的特点本身亦是存在些许重合之处的。风险具有全球性和延展性，导致人们对风险的态度也产生了变化。许多原本未曾关注的风险被过分地予以强调。

第四，就风险影响途径的不确定性而言，刑法无法对不确定性本身进行规制，因为因果性本身就是必然性与不确定性的交织。而影响途径的不确定性是客观规律本身，人给不确定性概念本身下了一个定义，但人本身就具有不确定性。风险需要加以具体分析与识别，并不应当作为刑法随时可能扩张的理由。也许有人会认为刑法不是消灭风险，只是为了规制不必要的风险。其实，这种来回辗转的话语反驳毫无解释力可言。比如，什么是消灭，什么是规制，规制的预期目标是什么？目标尽管是预设的却是必不可少的。

第五，风险的建构本性认为，风险既具有客观实在性，也是社会建构的产物。这本身还是对风险的一种理性承认。既然风险是社会建构的产物，刑法只是社会治理体系中的一部分。风险刑法在逻辑上并不能做到逻辑自洽的，也没有足够充分的现实与规范根据。“风险刑法理论在对风险社会的风险概念上的外延溢出，在一定程度上消解了风险概念的特定性，并使风险社会的理论失去其解释力，而在此基础上建立起来的风险刑法理论，就可能丧失其现实基础。风险社会的风险即后工业社会的风险与工业社会的风险的混淆、风险概念被泛化，导致风险刑法的理论丧失现实基础，也使风险刑法理论与风险社会理论难以对接”。[①] 风险刑法是理论先于现实，并可能积极地从现实中寻找能与之相契合的地方。

（二）传统刑法立场的坚守

风险刑法究竟是个什么样的概念呢？刑法中作为宏观的指导性概念本身的不明确是刑事法治中潜在的巨大危险。现代刑法的主要目的是限制国家公权力，保障公民权利，保证公民自由地发展。而风险刑法对于刑事法治的潜在威胁就是对风险刑法进行坚决抵制的最主要理由。并且，从风险刑法的纵向与横向的发展逻辑来看，也存在难以自洽的逻辑矛盾。“现代社会的刑法是以古典学派的客观主义刑法为基础，之后，客观主义刑法内部产生了结果无价值论和行为无价值论的分立。结果无价值与前期旧派接近，而行为无价值论具有旧派和新派的因素。行为无价值论之后继续发展出风险刑法和敌人刑法”。[②] 风险刑法观只是西方后法治时代的一种自然反应。但是，我们知道，我国当然不是后法治阶段，对于我国处于一个法治初创的阶段，冲击形式法治，有损法治权威的理论应当引起我们足够的警惕。

“风险刑法的提出意味着近代责任主义原则的危机及修正的需求；风险刑法不仅主要以风险来定位责任在现代刑法中的角色，而且是功能主义刑法取代本体主义刑法、规范主义取代自然主义的产物，因此，在不法与归责基础上有别于正统刑

① 陈兴良、周光权：《刑法学的现代展开II》，中国人民大学出版社2015年版，第73页。

② 李勇：《风险社会，须警惕风险刑法观冲击法治》，载《检察日报》2012年3月14日。

法。客观归责理论为风险刑法体系化的初步尝试，该理论尝试以客观构成要件的解释来处理刑法归责的议题。客观归责理论并非因风险刑法而形成，却可以解释风险刑法的归责基础。行为、风险和归责构成了风险刑法的主题词”。[①] 风险与刑法中的危险概念存在区别，很多学者也意识到这一点。“风险更接近是一个中性词，而危险则具有较为明显的否定性的含义。因此，在法所允许的含义上使用风险一词更为贴近，在法所不允许的含义上使用危险一词也是合适的。”[②] 于此，暂且不论二者之间的具体区别，先暂时将二者予以概念上的等置。传统刑法从来就没有忽视过危险的规制，即使不提出风险刑法的概念，刑法对危险也会予以关注。一些学者也认为，风险刑法在我国的逻辑展开在立法上的表现之一就是抽象危险犯的增加。但是，抽象危险犯并非因风险刑法而产生。早在19世纪的《德国刑法典》、《法国刑法典》，日本的1907年刑法都规定了不少抽象危险犯。并且，风险具有不同的阶段性也难以成为风险刑法挑战传统刑法的立论根据。

第一，抽象危险犯既然是为了解决证明责任的问题，说明其并非是风险刑法的起因与体现。罪责刑无疑是现代刑法的核心构成之一，这是贯彻责任主义的重要体现。抽象危险犯具有严格责任的意蕴，但严格责任是在风险社会的概念提出之前就已经存在于英美刑法中了，其更多是为了解决刑事诉讼中的举证责任问题。何为因果关系？山口厚教授认为，“因果关系是实行行为的客观危险性向构成要件结果现实化的过程”。[③] 而对因果关系的刑事诉讼证明起于实行行为。那什么是实行行为呢？抽象危险犯没有实行行为吗？对没有实行行为的行为进行刑法规制，只是一种主观臆断。于是，自由和安全存在一定的紧张关系。

第二，对风险的阶段性特征是否明显而言，很难说是作出了客观理性的判断。并且，凭什么这种新发现的风险就交由刑法来予以规制，其他部门法又干什么去了呢？“抽象危险犯意味着牺牲一部分人的自由来追求可能并不存在的不自由。所以，哪些犯罪可以设定抽象危险犯，就是现代刑法必须慎重思考的问题。”“以刑法手段控制风险在于为大多数人谋取幸福，因而能够取得大多数人的同意。但是又不得不指出，基于这种同意而作出的公共选择本身依然充满着风险，一种基于多数人意志把他人作为手段，以实现某种目的（甚至是不确定目的）的风险。”[④] 诚然，风险中的多数人意志恐怕也是推定的。民众从来没有说觉得社会变得不安全了，刑法应当保护我们的安全。一个国家民众的安全主要依赖于刑法，这未免也太有违一般人的常识了。

传统刑法的立场仍应当坚守，刑法的发展顺其自然就好，扩张之际不需要以风险刑法来予以蓄势，进而为以后随时扩张埋下伏笔。就预防犯罪的目的而言，传统刑法的首要任务就是预防犯罪。一般预防与特殊预防也是我们耳熟能详的。树立法治权威不能随意地批判现行刑事立法，但也不能随意用一些昙花一现的理论来抨击

---

① 姜涛：《风险刑法的理论逻辑——兼及转型中国的路径选择》，载《当代法学》2014年第1期。

② 陈兴良、周光权：《刑法学的现代展开 II》，中国人民大学出版社2015年版，第64页。

③ ［日］山口厚：《刑法总论》（第2版），付立庆译，中国人民大学出版社2011年版，第50页。

④ 姜涛：《风险刑法的理论逻辑——兼及转型中国的路径选择》，载《当代法学》2014年第1期。

传统刑法，冲击自由秩序，威胁刑事法治。尤其对我国而言，对自由、权利与法治的捍卫难道一点都不为我们所感到紧迫吗？这可能涉及宪政等诸多方面的理论问题，暂时不作讨论。“对于社会治理的参与，刑法必须固守其维护矫正正义的精神气质和保护公民自由的根本价值。刑法的制定和实施，不仅要起到预防犯罪、保护法益、维护社会秩序之效用，也要从根本上有助于维护国民的自由，这是现代刑法仍需坚守的根本立场”。[①] 立足于刑法的谦抑性，以及社会治理体系化的基础之上，综合考量法秩序的规范意旨，对传统刑法的基本原则与基本理论仍需要予以坚守。“在法当中，大量的价值都发挥着作用，如安全、自由或者完整性。法的价值总和可能会再度被归入一个统一的秩序之中。德国刑法教义学认为，犯罪的特殊实质违法性的根据在于它所包含的法益侵害性。在此，法益指的是人、物和制度所具有的某种性质，该性质与宪法的价值相一致，其功能在于促进个人在国家和社会中获得自由发展”。[②] 传统刑法本身就会考虑到安全问题，并且这种安全考量会与自由等法的价值进行权衡。提到刑法首先想到的应是自由与人权，而不是风险与安全。

二、风险刑法对立法论的影响

即使没有风险刑法理论，立法者也会考虑一些相关的风险问题。而有了风险刑法理论，立法者在刑事立法之际就具有选择上的理论正当性。自由与秩序，于我国而言，显然是秩序优于自由。法治的权威都还远远没有树立，就想抛开形式法治去追逐实质法治，经济上可以创造中国速度，实现跨越式发展，取得举世瞩目的成就。但是，在法治建设上采取跨越式发展是容易出问题的。法律意识与法律主体的素质没有稳步提高，制度和理论上的跨越式发展并不一定会起到理想的规范引导作用。

（一）刑事立法在理论上的体现

风险刑法理论对于立法论产生了一定的影响，或者至少在立法获得理论层面的正当性上，具有十分明显的影响。“风险刑法理论对于犯罪论诸多问题也产生了巨大的影响。在风险社会下，入罪标准是否需要提前，是否需要扩大犯罪圈问题，迫切地摆在了立法者面前。在犯罪类型方面，是否需要扩大危险犯范围，是否需要修改犯罪未遂与既遂标准等。共同犯罪原理方面是否需要增设过失共同犯罪，是否需要采取行为共同说，是否需要规定片面共犯，是否需要增设阴谋犯、共谋共同正犯等都是犯罪论需要反思的地方。”[③] 风险刑法理论形成后，刑事立法必然会对之予以相关问题的关注。

刑法的扩张在具有理由之际往往会存在盲目且不定时的潜在危险性。风险刑法本身在立法上会存在被滥用的可能性。“风险社会理论与刑法体系之间的关联点不

① 何荣功：《社会治理“过度刑法化”的法哲学批判》，载《中外法学》2015年第2期。

② ［德］金德霍伊泽尔：《法益保护与规范效力的保障——论刑法的目的》，陈璇译，载《中外法学》2015年第2期。

③ 魏东、何为：《风险刑法理论检讨》，载赵秉志主编：《刑法论丛》（第35卷），法律出版社2013年版，第1-52页。

是风险概念，而是安全问题。政治层面与公共政策上对安全问题的高度关注，导致预防成为整个刑法体系的首要目的。风险刑法本质上是一种预防刑法。刑法的预防走向对传统的自由主义与形式法治国构成重大的威胁。有必要在重视预防的前提下，从现有的体系发展出合适的控制标准，包括刑法内部的保障机制与宪法上基本权利的制约作用”。[①] 但是，如之前所提到的，刑法的首要任务就是预防犯罪，这与刑法预防犯罪的任务是存在重复性的，并且这种重复性是无益的。是立法回应了理论，而不是理论回应现实的立法需求。何况是否存在立法在这方面的理论需求仍是存在争议的。这是否有种“无心插柳柳成荫”的感觉呢？然而，风险刑法理论并不是无心的，风险刑法理论的核心的确是安全，而非风险。刑事立法的扩张化与早期化以风险刑法理论为依据亦是存在问题的。“刑法保护早期化是刑法过度介入社会生活的表现，不利于保障公民的人权。换言之，刑法保护早期化轻视了刑法的自由保障机能，其出发点是将公民视为危险源乃至敌人，通过剥夺公民的自由实现社会的无害化。”[②]

（二）刑法立法论层面的反思

风险不应当成为立法扩张（包括横向和纵向的扩张）的理论依据，立法论必须立足于社会现实，但也不能有违刑法的基本原则。张明楷教授认为，“风险社会并不一定是社会的真实状态，而是文化或治理的产物。人为的风险只是人们还不熟悉的风险，而不意味着这种风险的大量存在。人们可以说现代社会是一个风险社会，但不能说现代社会是一个违法社会。因此，不能将风险社会本身当作刑法必须作出反应的社会真实背景。公众对现代风险的恐惧并不是依靠刑法可以消除的。因为恐惧是一种情绪，是独立个体的感觉，具有明显的主观性”。[③] 将这种主观性径直作为立法上的依据，存在逻辑倒置的错误。法益精神化、抽象化的提法本身也存在问题，并且这被认为与风险刑法存在相契合，甚至应当说是巧合。传统刑法的构成要件的犯罪法定化、个别化与类型化，法益保护主义、责任主义等仍必须予以坚守。这在立法上应当严肃而谨慎。如刘艳红教授所说，“法益理论是近代以来刑法的支柱之一，是刑事立法的基础，保护法益更是刑法的直接任务之一，法益损害与否是有无刑事不法的标志，且不同法益会影响不法构成要件效果和处罚的轻重”。[④]“这种法益早期化、抽象化难免引发法益边界的漫无边际，消解法益概念也就成为逻辑上的当然推论，而冲击刑法的谦抑性更是不言而喻的，但我国目前刑法所处的发展阶段并不足以让我们抛弃作为近代刑法支柱之一的法益概念，否则我国刑法在走向万能时也将走向刑法终结之命运。风险刑法理论背离现代刑法以人为目的的法治之路，是意思刑法的复辟，以往的刑法发展史有着惨痛和深刻的教训”。[⑤] 黎宏教授认为，“对风险的理解过于宽泛，容易导致处罚范围的扩大，违反了刑法谦抑性，

---

① 劳东燕：《风险社会与变动中的刑法理论》，载《中外法学》2014 年第 1 期。
② 张明楷：《风险社会若干刑法理论问题反思》，载《法商研究》2011 年第 5 期。
③ 张明楷：《“风险社会”若干刑法理论反思》，载《法商研究》2011 年第 5 期。
④ 刘艳红：《环境犯罪对刑事治理早期化之反对》，载《政治与法律》2015 年第 7 期。
⑤ 刘艳红：《环境犯罪对刑事治理早期化之反对》，载《政治与法律》2015 年第 7 期。

违背了近代刑法的基本原则，为侵犯人权提供了借口，偏离了我国刑事立法的倾向。从一般立场来看，当代的风险刑法观全盘否定了现行的罪责刑法的观点，提出全面放弃刑法的谦抑性和最后手段性，从事后应对的刑法转变为事前预防的刑法，从保护法益的刑法转变为保护公民的安全感的刑法，从处罚侵害法益的行为转变为违反法规范行为的刑法”。①

风险刑法并不能作为刑法立法论上的依据，最宏观的理由就是利益衡量与体系化治理，形式法治与自由人权。“立法者在确定刑法所保护的法益时，往往从值得保护的社会利益中寻找法益，根据某种利益的价值、面临危险的紧迫度、保护的必要性和可能性等，将其抽象出来作为刑法保护的法益”。② 因此，法益仍是刑事立法，也是刑法理论不可或缺的一个概念，并且，我们应当警惕法益概念被逐步地架空。风险刑法理论本来是不会也是没有必要出现的，但是既然出现了，立法者就应当有意识地对其予以理性看待。就我国的现状而言，我们谈到刑法，更多的还是会想到人权、法益、形式法治、法律权威、规则之治、自由、安全、善法之治等。这是风险刑法理论在立法论层面，至少是观念意义上最应当值得反思的一些问题。

三、结论

风险刑法理论在产生的逻辑上存在根本矛盾，尽管先天不足却后天容易为刑法的随意扩张提供理由。这是对风险刑法理论在立法论上的根本担忧。此外，风险刑法观对于传统刑法观的挑战也难以成功，也根本不可能成功。但是，理论创新对于理论发展具有十分重要的意义。风险刑法理论，或者至少说是一种风险刑法观念，对于立法论是有所启示的，至少应当引起对这些层面问题的反思。反思之后，刑法的谦抑性、形式法治、刑法权威、善法之治、自由人权、法益保护等问题再次浮现于观念之中，而对这些语词予以观念上的逻辑展开后，当再次重新审视传统刑法观与风险刑法观之后，所得出的结论是，传统刑法理论与风险刑法理论，刑法理论与风险社会理论应当毅然诀别，重新并坚决地回归形式刑法观，将传统刑法理论予以自然而然的发展，维护刑法的应有权威。就刑事立法活动而言，应当遵循刑法的谦抑性原则，而不应以风险社会为由产生任意进行刑事立法规制的冲动，而应在顺应社会发展的前提下，竭力探求社会治理的现代化和体系化，从根本上实现刑事法治这一根本的宪法价值诉求。

① 黎宏：《对风险刑法观的反思》，载《人民检察》2011年第3期。

② 魏东、何为：《风险刑法理论检讨》，载赵秉志主编：《刑法论丛》（第35卷），法律出版社2013年版，第1-52页。

我国刑法边界的扩张及其信条学基础

马 聪*

一、我国刑法扩张的事实与逻辑

自1997年新刑法颁布以来，我国刑法的调控范围和惩罚边界逐渐扩大，无论是否有人否认，这种刑法扩张的趋势已经成为一种客观事实。总体而言，我国刑法这些年的扩张趋势主要表现在以下四点：

第一，增加新的罪名。近年来，刑事立法机关对于那些曾经尚未被刑法保护但对于国家和个人具有重大意义的生活利益，不管这种利益是否在其他国家具有重要意义，已经认定为应当值得刑法加以保护，将之纳入刑法规制范畴。例如，在我国当前的法益保护范围之中，涉及个人信息、信用、环境、网络安全等多方面的法益，都已经开始用刑法加以保护。此外，由于我国刑法存在重罪重刑的特点，那么与重罪法益在性质上一致但程度较轻的法益内容，也逐渐被纳入刑法的保护范围，而这部分基本上意味着将一部分之前劳动教养制度所调控的法益类型纳入刑法之中，从而逐渐形成刑法的轻罪类型。

第二，修改犯罪构成条件。近年来，刑事立法机关对于刑法已经加以保护，但因行为类型较少而导致法益保护范围过窄的犯罪，通过修改犯罪构成条件的方法，加大对法益的保护程度。其中，对犯罪构成条件的修改，有增加行为类型和删除部分成立条件两种做法。例如，通过犯罪主体的规定进行修改，增加犯罪主体的入罪类型；再如，针对我国刑法中特定的犯罪，增加行为次数的规定，即“达到一定次数就成立本罪”。在《刑法修正案（八）》中，盗窃罪、敲诈勒索罪、寻衅滋事罪、抢夺罪等罪名的入罪门槛降低就是增设了“多次”作为犯罪成立条件。就删除部分成立条件而言，通过对部分犯罪删除特定入罪条件的做法，简化犯罪成立条件，实质上是扩大了此类犯罪的刑法规制范围。

第三，逐步减少乃至取消定量因素的规定。我国犯罪的概念是一种定性与定量共同发挥作用的产物。一般而言，定性主要基于行为的性质对特定行为的伦理性进行法律上的评价，定量则是在定性的基础上对行为的数量、情节、结果等属于“量”的内容予以再次考察，即对性质上具有同样伦理苛责性的行为进行程度或情节上的区分，从而将程度较轻的伦理苛责性行为进行出罪处理进一步限缩了“定性”层面的犯罪圈。但客观而言，就定量因素的界定而言，对于情节是否恶劣、结果是否严重、动机是否卑劣、数额是否较大或巨大等定量程度的认识和认定具有极大的模糊性和概括性，不仅缺乏可操作性，而且违反了罪刑法定中的明确性原则。

* 嘉兴学院法律系副主任，法学博士、博士后。

迄今为止，人们还尚未发现可以采用的既可以明确又可以有效限定量之程度的有效方法。因此世界范围内的刑事立法，大多采取的是以“质”为单一向度的犯罪概念界定模式，很少采用定性与定量相结合的方式。值得注意的是，我国刑事立法机关已经开始逐渐减少我国犯罪中特别是涉及人身权利和财产权利犯罪中的定量规定。

第四，新中国成立以来，自 1979 年第一部刑法诞生，此后经多次修改直至 1997 年刑法形成，在一段历史时期内由于我国的社会结构与工业化程度尚未呈现出风险社会的诸多特点，因此，我国刑法基本上是以对实害和行为的控制作为基本任务的。但是，在近 10 年来，社会转型、工业化和信息化水平增速，我国刑法的确出现了法益保护滞后的状况。为了有效防范和化解各种新型社会风险，我国刑法的法益保护从总体上应当更加前置化和严格化。例如，对于一些侵害重大法益的预备行为，根据危险控制的原则，在考虑社会安全的基础上将其入罪化，同时，也开始将一些本属于犯罪未遂的行为予以单独规定成为独立的犯罪。例如，对于一些严重的危害行为可以设定为抽象危险犯。例如，对于从事特定危险行业的主体在日常业务和管理过程中出现的严重违反注意义务、过失引起多数人的生命、健康和重大公司财产损失的严重危险但没有发生严重的实害结果之行为，可以规定为过失危险犯。近年来，我国刑事立法机关开始认识到新型危险对于公共安全的威胁，所以开始逐渐将法益保护的关口前移，危险驾驶罪的设立以及生产、销售有毒有害食品罪等罪名成立条件的修改就足以说明问题。

我国刑法边界的扩张，在很大程度上能够并且实际上已经开始倒逼我国刑事法治改革事业的加速进行，如进一步推动我国轻罪制度以及轻罪与重罪分级制度的建立；推动我国刑罚种类和体系的现代化与多样化以及在此基础上刑罚结构的整体性调整；尝试建立轻罪分流模式和轻罪速裁模式；扩大和完善缓刑和假释的相关制度；改革监狱管理体制并扩大社区矫正等社会化行刑方式的适用范围；调整现有刑罚执行权力的分配模式并实现刑事执行权的统一；等等。刑事法治改革的这种逻辑思路及其改革进度的加速发展，可以为我国全面深化改革创造相对稳定的秩序和环境，为改革的顺利完成赢得更加充分的空间和时间保障。①

二、我国刑法扩张的社会基础

我国刑法边界的扩张，从客观上说有其必然的社会基础和公众诉求。当前从整体上而言，我国面临着非常复杂的环境和形势。随着互联网和现代科技的飞速发展所带来的进一步的世界全球化和风险化，各国的联系越来越紧密，科技、金融、医疗、交通乃至人身权利等诸多方面的潜在风险所可能带来的危害进一步加剧，国家开始越来越多地依赖刑法手段实现对社会风险的治理与控制。同时，我国正处于深化改革的社会转型时期，利益矛盾的交织和道德立场的多样性导致了人们价值观念的日渐多元，社会的核心价值观念的影响力日渐式微，由此，一些公民丧失了基本的是非对错判断标准，甚至“以是为非、以非为是”，计划经济时代形成的传统社

① 参见马聪：《刑罚一般预防目的的信条学意义研究》，中国政法大学出版社 2016 年版，自序第 24 页。

会控制手段已经难以有效应对大量增加的各种社会风险以及多元道德价值观念的冲击。有效重塑公民的社会主导性观念和事关是非对错标准的底线性道德，这一重要任务在当今社会只有能够成为国家和社会基本共识性规范的刑法才能承担。因此，我国在风险社会与社会急剧转型的双重背景下，更加需要以刑法作为治理工具塑造广大公众普遍遵守的道德禁忌、行为模式与社会规则。

我国刑法边界的扩张，从历史上说有其深刻的社会实践基础。一方面，在中华数千年的文明发展史中，尊老爱幼、诚实守信等传统美德一直贯穿其中。然而，仔细回顾中华文明的历史可以发现，几乎所有传统美德的真正形成，都经历了遵循“鞭扑不可弛于家，刑罚不可废于国”信条的刑法近千年的有效保障、反复锤炼和锻造；几乎所有传统美德的真正有效贯彻都和盛世时期的刑法运用有力与平等执行有着莫大的关联。另一方面，在当今法治发达国家，公民对法律的遵从和信仰程度较高，这种守法信仰的形成实际上是以法治发达国家刑法规范和制度的有效贯彻和执行作为根本前提的。很明显，绝大多数的法治发达国家的刑事调控范围都非常广泛，涉及侵犯人身和财产权利的较轻微危害行为都被大范围地入罪，即更为重视刑法在国家和社会治理过程中的积极塑造功能。中外刑法实践充分表明，刑法在国家治理以及公民守法习惯的形成方面具有非常重要的塑造和引导功能。

我国刑法边界的扩张有充分的社会行为与心理学的基本根据。社会化过程理论告诉我们，人的行为方式和习惯并不是与生俱来的，而是通过不断“试错”和受挫后的反复自我“纠正”从而接受社会规范逐渐习得的。在社会化过程的初期，人往往受到惩罚的威胁或者强制。正是这种威胁和强制的存在，才逐渐帮助人们形成了符合社会一般要求的行为方式和习惯。同样，公民对于刑法的遵从和信仰形成过程也是如此。社会中有为数不少的公民之所以不实施犯罪，就是因为畏惧严厉的刑事惩罚。这种对刑罚的畏惧，本身就是刑法对公民行为方式的一种强制。正是这种强制以及侵犯强制所带来的惩罚效应的展示，人们被动性和消极性的守法状态才得以形成。这种被动性和消极性的守法状态并非没有意义，久而久之，人们会逐渐将这种守法状态从心理上内化，逐渐形成一种“条件反射性”和“直觉性”的守法习惯，以此为基础，人们则会形成主动性和积极性的守法习惯，即在尊重和信赖刑法的基础上形成一种自愿守法的行为和生活方式乃至内心信仰。因此，经由强制而逐渐形成守法的习惯和信仰，正是刑法的力量之所在。

社会的发展使得人们要求国家进一步扩大对自己的保护范围和程度，因此，在刑事立法领域，根据国家和社会的发展要求以及人民对民生保护的迫切希望，进一步扩大刑事惩罚范围，是塑造公民守法习惯和信仰的基本制度性前提。我国刑法边界的扩张，不断降低我国具体犯罪的起刑点，不仅可以降低改革成本，而且更为重要的是，在此过程中公民对刑法的遵守程度乃至直觉性守法习惯都会得到增强和巩固，而且由于刑事处罚的精准性提高，以往因为犯罪的追诉需要考虑特定的数额和情节而出现符合特定数额或情节则被评价为犯罪、不符合则不被评价为犯罪这样的行政权力与司法权力边界不清晰和不准确的现象则可以有效避免，公民则由于刑法对行为性质而非数量或情节的社会错误性的宣示和强调而形成对犯罪的道德禁忌，巩固是非对错的基本观念。近年来，以危险驾驶罪治理酒驾的经验就足以表明，在人们的观念中“酒驾是错误的”的认知以及“开车不喝酒”的行为习惯已经基本成功塑造，因酒驾引起的交通事故和人身财产损失在全国范围内大幅下降，正可谓取得了“刑法前进一小步，社会治理推进一大步”的积极效果。

三、我国刑法扩张的信条学基础

刑法信条是刑法学科中最为基础和核心的为人们广泛接受和认可的不可动摇的基本信念及其由概念为载体构成的原则。[①] 刑法信条学应当是关于刑法最为人们广泛接受和认可的基本原理的知识体系，即研究刑法领域中关于犯罪和刑罚的各种法律规定以及学术观点的解释、体系化和进一步发展的学科。[②] 从规范的角度而言，相对于刑法解释学而言，刑法信条学可以为我国刑法边界的扩张，特别是刑事立法层次的边界扩张提供基础理论方面的支持。

刑法信条学依据不仅仅依赖现存实定刑法展开最为基础的原理性研究，这种原理性研究理所当然地包括但不限于对实定刑法的解释，而且还包含着对实定刑法的修改与完善、刑事司法适用乃至刑事执行等诸多领域发挥积极的指引、支持和检验作用。相反，刑法解释学中的“解释”，毫无疑问属于一个位于实定法之后的“法后”概念，刑法解释学则必然以现存的刑事立法作为基本的解释对象，即无形当中将现有实定刑法作为学术发展的基本依据和逻辑前提，否则，解释学就丧失了解释正确性与正义性的法定根据而变得任意，这样，刑法解释学就很容易丧失对现有刑事立法的指引、评价和发展推动功能。例如，在实定刑法中的确存在一些“无论如何都不可能对现行刑法的法条进行合目的的解释”的条款和问题，而这些问题无论如何也是刑法解释学所不能解决和妥善处理的，只得交由刑事立法论予以处理。对于这一点，主张刑法解释学的观点也是明确承认的。[③] 但是，根据前面对刑法信条学的概念、内涵和功能的分析，这种以“批判现行刑法”为主要特点的理论研究完全可以涵括在信条学的范围之内。

因此，在社会急剧变动和转型的时代，特别是对我国这样一个法治并不发达且法官素质仍有待提高的发展中国家而言，通过刑事立法不断的修改和完善刑法，扩大刑法的干涉边界，是最符合我国实际情况的刑法发展方式，也正是从这一意义上来讲，刑法信条学恰恰比刑法解释学能为我国刑法的发展提供更好的理论支持。

在刑法扩张的问题上，最为根本的问题即刑罚扩张和使用的正当性与合理性问题。国家保护个人和社会的任务是通过宪法予以规定的，而刑法是根据宪法规定的任务制定的，因此，宪法规定的任务使刑法本身的存在获得了合法性根据，明确了国家可以使用刑罚来威胁哪些行为。但是，宪法赋予刑法的任务并不能自然而然地

① 参见［德］克劳斯·罗克辛：《德国刑法学总论》（第2卷），王世洲译，法律出版社2013年版，第701页。

② ［德］克劳斯·罗克辛：《德国刑法学总论》（第1卷），王世洲译，法律出版社2005年版，第117页。

③ 张明楷：《也论刑法教义学的立场　与冯军教授商榷》，载《中外法学》2014年第2期。

使刑罚本身具有合理性，“这种刑罚应当在什么方式上发挥作用，才能使刑法的任务成为正义的，这一点没有同时得到明确”。[①] 这里有一个夸张但有意义的例子可以对上述思考进行进一步说明。宪法一般都会赋予刑法使用刑罚的方式“打击盗窃行为以保护个人财产权”的任务，但是，国家所使用的刑罚在什么程度上、用什么方式是正当合理的，宪法并没有明确规定。国家能否通过立法的形式，规定“砍掉盗窃者手指”的肢体刑方式来打击盗窃行为以保护个人财产权呢？在自由与法治成为世界主流的今天，显然不能。因此，刑罚在什么方式和程度上运用是正当合理的，就成为刑法信条学必须关注的问题。

刑罚正当性与合理性这一需要专门进行论证的问题，在刑法信条学中一直都是由刑罚目的理论来证明的。因为刑罚目的理论直接为国家的刑罚运用提供了社会普遍公认的正义性基础；严格遵循现代法治的基本要求，清楚地分清立法前和立法后也就是政治和法律的不同理论任务，在承认国家政治和宪法理论的基础上，从刑法学的角度对刑法的专业问题进行进一步的理论说明；刑罚目的理论与罪刑法定原则有着内在的紧密联系，不仅必然导致而且有利于坚持罪刑法定原则。[②]

刑罚目的主要包括报应、特殊预防和一般预防三种要素，刑罚一般预防目的的指向对象为全体公民，并以刑罚对社会公众的心理性影响为主要实现机制，由此，正是刑罚一般预防目的的性质及特点，使得刑罚一般预防目的成为唯一一个能够贯穿于刑罚运用实践的整个过程并在不同的阶段发挥不同功能的刑罚目的要素，相反，报应或特殊预防目的由于必须依赖现实发生的犯罪行为和具体的犯罪人才能发挥效果，因此，报应或特殊预防则只能在刑事司法和执行阶段得以有效贯彻。由此，刑罚一般预防目的能够很好地论证“刑罚在所有的情况下都应当适用，而不仅仅是解释刑罚在部分情况下适用”，[③] 而这种论证则符合社会一般成员的大众心理常识和正义直觉，从而使一般预防目的乃至整个刑事法律体系都能获得强大的道德吸引力。[④] 综上，在刑罚运用实践以及以此为基础产生的刑法信条学领域内，刑法基础性概念和知识观点的体系化和发展，以及体系化和进一步发展的规范化过程，都应当从刑法的任务出发，特别是需要以一般预防目的为根本指向。

刑罚的正当性与合理性问题，由以刑罚一般预防目的为主导的刑罚目的理论进行说明和论证，不仅直接与排斥类推制度的罪刑法定与法治原则产生紧密联系，从而比较可靠地为社会稳定状态下刑事法治的建设发挥积极的作用；而且通过对刑罚正当性与合理性的证明，可以进一步以刑罚的正当性来说明犯罪规定的正当性，最终通过犯罪规定的正当性来说明刑法本身的正当性，使刑法自身获得在刑罚制定及其使用方式上的社会正义性评价基础。同时，以一般预防目的为导向论证刑罚正当

---

① 参见［德］克劳斯·罗克辛：《德国刑法学总论》（第1卷），王世洲译，法律出版社2005年版，第36页。

② 王世洲：《刑法信条学中的若干基本概念及其理论位置》，载《政法论坛》2011年第1期。

③ ［美］乔治·P. 弗莱彻著：《刑法的基本概念》，蔡爱惠等译，王世洲主译与校对，中国政法大学出版社2004年版，第37页。

④ Herbert L. Packer, *The Limits of the Criminal Sanctions* 63 (Stanford 1968).

性的思路，还可以为不同阶段的刑罚运用提供明确的指导，充分发挥不同的刑罚目的要素在各个阶段的积极效用并尽最大可能避免或限制其消极意义，使不同刑罚目的要素的功能发挥得以优势互补，进而充分实现社会发展需要与犯罪体系之间的沟通与协调，从而推动刑罚运用朝着更加清晰和准确的法治化方向发展；最后，以一般预防目的为导向论证刑罚正当性以及一般预防目的对刑法本身所提出的各项要求能够为刑法的实践改革和理论发展提供重要的检验衡量标准和发展空间，不断提高刑法的法治化与理性化水平，充分保障刑法实现犯罪治理与维护公民自由的双重任务。

以刑罚一般预防目的论证和支持我国刑事立法扩张的正当性基础，就必须对刑法谦抑思想进行反思。人们一般都承认，刑罚由于涉及剥夺人的自由、财产、资格乃至生命等重大利益而具有最为强烈的痛苦性和惩罚性，国家应当将刑罚作为最后手段加以使用，因此，刑法具有明显的最后手段性和辅助性（谦抑）特点。然而，刑法的辅助性特点并非像罪刑法定原则那样必须为刑事立法和司法所遵循和考虑。对于应当把什么行为看成足够严重以至于必须使用刑罚手段，是由刑事立法者根据国情、历史和经验自行判断和决定的，“当不能确定轻微的手段（如单纯的民事惩罚）是否足以充分保障结果的时候，立法者还享有对此行使自行评价的特权”。[①] 这就意味着，谦抑主义在刑事立法过程中并没有绝对的强制作用，而仅仅具有社会政策方面的指导作用。立法者可以采纳和贯彻谦抑主义，也完全可以对其置之不理。[②] 如果国家认识到特定的利益对社会具有至关重要的意义时，无论这种利益在其他国家或其他时代是如何无关紧要，国家都可能依据宪法赋予的权力将其纳入刑法的保护范围之中。

四、我国刑法扩张的法治意义

（一）推进刑法保护的精确化

刑法的精确性，是指在刑法的规定方面，犯罪和刑罚的规格和标准不应当是含混不清的，而是应当清晰和明确的；在运用刑法打击犯罪方面，刑法的指向性不应当是模糊的，而应当是准确和确定的。通过刑法精确的立法及其运用，不仅可以有效地打击各种犯罪，而且可以为广大公民提供广阔的自由和权利的空间，精确的刑法实质上就是“在为社会及其成员规定精确的自由程度”，刑法的精确性为实现威慑犯罪、法律忠诚的塑造以及国家法治的贯彻提供了重要的前提性保障。

扩张我国刑法的边界，特别是建立较之当前更广的轻罪制度与体系，刑法的精确性会得到较大程度的提高。这是因为，一方面，在立法阶段，从一开始就取消犯罪中的定量因素，并将处于行政制裁和刑事惩罚模糊地带而具有一定社会危害性的行为直接纳入刑法范围，从而使得刑法的入罪条件变得非常清晰和明确，因此在立法意义上，轻罪体系的重构与扩大自然会促进刑法朝着明确性的方向发展；另一方

① 参见［德］克劳斯·罗克辛：《德国刑法学总论》（第1卷），王世洲译，法律出版社2005年版，第24页。

② 王世洲：《刑法的辅助原则与谦抑原则的概念》，载《河北法学》2008年第10期。

面，刑法明确性的提高与轻罪体系的扩大，可以有效改变行政机关在实质上分享刑罚权力的现状，将刑罚干涉的权力统一至司法机关，而且，设定清晰明确的入罪条件，可以有效地减少刑事司法机关的自由裁量空间，从而在整体上大大降低案件处理的混乱性和随意性，提高案件处理的可预见性和正确性。

扩大刑法调控范围，建立新型的轻罪体系，在提高刑法明确性和可操作性的基础上，为罪刑法定原则的真正有效贯彻提供了重要的规范性保障，而罪刑法定原则的贯彻，则是法治原则的重要内容和题中应有之义。

（二）建立危害行为现代制裁体系的制度根据

以社会治安管理处罚、劳动教养等长期剥夺自由的行政性制裁措施以及刑罚三种制裁措施构成的三级制裁体系，是基于计划经济的全国性运行而产生和发展起来的。然而，新中国成立以来的历史实践和社会发展规律证明，以计划为主导而建立起来的国家治理体系和社会制度，对于国家和个人的前途和命运都是不利的，因此，改革逐渐全面展开了。这种改革，说到底是将个人的创造性、个人价值从单位和国家的严重束缚中解脱出来，使之充分成为社会进步的基础、源泉和动力，以此为契机在我国建立以商品流通为基础、严格遵守规则的市场经济体系，并在此基础上衍生和构建一系列的以保护人权以及以司法裁判为核心的现代法治制度，最终形成现代化的国家治理体系。

如果将法院系统作为居中裁判的唯一机构之后，却不能赋予其独立和完整的裁判权力和任务，反而还制定和运用法律允许行政机关分享其裁判职能，这种做法究其本质而言，是不符合现代国家的法治治理理念的。从行政机关的处罚权来看，国家通过法律或者较低层次的法规条例赋予行政机关限制和剥夺公民人身自由的权力，特别是包括行政拘留在内的含有强迫劳动内容时，明显不符合现代国际人权法以及现代国家的法治理念。

在现代法治社会和尊重人权的大背景下，反思和重构我国现有的三级制裁体系，逐渐消弭行政权力对司法权的分割，实现不法行为追究权力的统一化司法化，应当是我国违法行为现代制裁体系的构建的发展方向。与此同时，由于现行刑法存在"重罪重刑"的特点，由此使得我国刑法的调控范围整体较窄，大量危害社会的行为没有进入刑法的干涉范围。因此，无论是从制裁体系的现代化的角度来看，还是从刑法调控范围的发展方向来看，扩张我国刑法的边界是我国刑法发展的必然趋势。

（三）实现国家治理能力现代化的法治基础

扩张我国刑法的边界，特别是建立轻罪体系，可以为国家治理现代化与法治化提供良好的社会、制度与文化条件与环境。从最直观的层面而言，扩张刑法边界，特别是建立轻罪体系及其相关一系列的配套制度改革非常有助于特定领域的社会治安状况实现实质性好转，在全国范围内创造和谐稳定的环境，为国家规划的各项改革事业提供良好的社会环境和条件。与此同时，这一构想在充分实现秩序价值的前提下，实际上也是在真正贯彻和执行社会治安综合治理的国家战略任务，有助于国家司法和行政机关真正形成依照法律办事的意识和行为方式，而"依照法律办事"

是法治的核心要义；扩张刑法边界，特别是建立轻罪体系及其相关一系列的配套制度改革，可以充分帮助人们形成良好的守法意识和行为模式，塑造人们直觉性的或者条件反射性守法习惯乃至信仰，树立“违反刑法就是错误的”、“小错也是错”的社会是非对错观念，根据刑法的规定塑造人们遵守刑法的底线性道德，重新发挥社会主导性观念与核心价值对人们行为的积极价值，由此，人们形成对犯罪深刻的道德禁忌与守法信仰，建设法治国家所必需的“公民以法律作为行动准则，普遍信赖法律”的重要条件就可以充分实现了；扩张刑法边界，特别是建立轻罪体系及其一系列相关的配套制度改革，在优化国家和社会的治理体系和结构的过程中，如在制度上可以建立轻罪的前科消灭制度，建立旨在恢复社区关系的补偿性社区劳动制度，尝试建立对轻罪犯罪人的保留公职和职位的制度等，必然会帮助国家和公众改变人们对犯罪的传统印象，不再将犯罪视为“让人恐惧”或避之不及的“洪水猛兽”，形成宽容和人道的对待犯罪的社会态度与风气，从而真正减少社会和公众的冷漠或戾气，形成国家、社会和公众之间的良性互动。总之，扩张刑法边界，特别是建立轻罪体系及其一系列相关的配套制度改革，并以此深化社会综合治理领域的各项改革，从长远来讲，对实现国家治理现代化与法治化具有重要的倒逼和推进意义。

刑法法益理念审视

——以刑法典颁行20年来的修改为研究对象

彭凤莲[*] 徐子盼[**]

在社会转型视域下，传统法益理念遭遇冲击，理论界对此也在进行回应性研究。传统刑法理念顺应转型社会的发展，审时度势，适当变迁，是刑法面对风险社会的立场选择。法益理念也一样，要认清法益理念应对风险社会的不足，结合风险社会的要求，进行有目的的、合理的创新。本文以刑法典颁行20年来的修改为研究对象，重新审视刑法法益理念。

一、刑法法益内涵的扩张

社会快速发展，人们对于自由、平等、安全的追求愈发强烈；社会经济与科技的迅速发展，促使人们的活动领域更加宽泛；资源的不断枯竭，生活环境的不断恶化，地质灾害的频繁发生，促使人们对于环境保护的意识不断增强；恐怖主义活动的不断发生，促使人们对于公共安全也提出了更高的要求。因此，国家的机能需要不断地扩大，而作为国家机能实现的法律机能相应地也需要扩大，进而刑法保护法益的机能需要不断地扩张，刑法法益内涵的扩张便成为一种趋势。

（一）法益内涵的精神化发展

法益的主要作用就是为刑罚提供正当化依据，防止刑罚的滥用，避免刑法的无限扩张。最初比恩鲍姆所提出的法益理论，认为法益就是具体的物，需要被保护的物，后在新康德主义价值哲学方法论的启迪下，法益渐渐地开始去实体化。李斯特认为，法益的存在仅仅是一个概念，只有行为客体才属于自然因果流程下受影响的对象。法益从具体的被保护的物演变成为应当受保护的利益，使得对于法益的理解不能从实然世界中获取，只能通过应然世界的理论中寻找法益的内涵。①

但是李斯特通过价值来理解法益，其所带来的就是法益的功能主义，法益的内涵即演变成了立法目的和立法者的评价，因此也受到了批判。威尔泽尔认为，不能直接认识客体，只能通过认识方法来认识客体所指向的对象，因此这就产生了认识和事实之间的距离，所以具体需要被认识的对象仅仅是对客体实然性的补充。受黑格尔哲学的影响，威尔泽尔尝试还原法益理论的部分传统，将法益理解为实然的需要被保护的物体，以达到防止法益内涵的无限扩张。威尔泽尔以人的不法理论为中心，在社会伦理上使法益物质化，使得行为客体包含精神化、观念化的事物，而不

---

* 安徽师范大学法学院院长、教授、博士生导师。

** 安徽师范大学法学院刑法学专业研究生。

① 林宗翰：《风险与功能——论风险刑法的理论基础》，台北大学法律系2006年博士学位论文。

仅仅就是实体，但是这种理论思想的实现必须扩展客体的内涵。随着社会的发展，法益日益扩大，法益物质化已无法解释刑事立法。这在世界各国立法中也已体现，虽然受到质疑，但是这一趋势无法阻挡。其原因可能诚如我国台湾地区学者陈朴生先生所言："法益概念之内容，从其发展过程而言，始由物质化，进而精神化。法益，是保障法律理论固有领域与受因果法则支配之自然科学的实在之内的关联性，具有抽象化之法律理论之界限观念之性格。"① 罗克辛也认为法益是"受法律保护的社会秩序的抽象价值"，法益是"一种被精神化了的观念上的价值"等。②

法益的精神化已经成为一种实然，而对于法益是否需要精神化，学界有着不同的观点。麦兹格认为，法益概念的本质是精神化，"如果没有精神化，就不可能利用法益概念"。③ 国内有学者认为："接受法益精神化与否，是区分'法益侵害说'与'规范违反说'的依据：即接受法益精神化和放弃法益侵害说只能二选一。"④ 反对者认为，法益从"具体"到"一般"，从"实物"到"观念"，也成为法益精神化的重要表征。⑤ 我国的刑事立法已经突破了法益的客观物质化的限制。近年来，刑法修改中出现了不少属于抽象危险犯的条款，如恐怖主义犯罪、危险驾驶罪、非法持有假发票罪、代替考试罪等所保护的是一般化、精神化的法益。⑥

生命、财产、健康等传统法益是客观的可以看得见的，而精神化的法益是抽象的，对于抽象的精神法益如何进行界限的划定？过度精神化定会产生法益概念机能的丧失，使刑法功能下降。比如，公众的安全感是不是刑法需要保护的法益？有学者认为，安全感不是刑法法益，因其不具有法益应有的机能，不符合刑法的确定性，并且容易导致理性刑事反应，安全感背后的社会秩序才是刑法所需要保护的法益，现代刑法如果希望兼顾保护人权和法益，就必须避免法益的过度精神化。⑦ 在现代刑法中，应该认同刑法法益精神化的不可改变性，但是也应该对于刑法法益保持理性，防止刑法法益过度精神化，导致刑事立法误入歧途。我们要认识风险社会中风险的特点，在现代风险原有的控制手段的基础上，需求更好的对策维护公众的安全感，而不可抛弃除刑法外的所有控制手段，将所有的重任都强加于刑法中。

（二）集体法益的适用

集体法益是相对于个人法益而言的，也有不少学者将集体法益描述为超个人法

① 杨兴培：《中国刑法领域"法益理论"的深度思考及商榷》，载《法学》2015年第9期。

② [德] 克劳斯·罗克辛：《刑法的任务不是法益保护吗?》，樊文译，载陈兴良主编：《刑事法评论》（第19卷），北京大学出版社2006年版，第160页。

③ 参见陈家林：《德国的不能犯理论及对我国的启示》，载陈兴良主编：《刑事法评论》（第21卷），法律出版社2007年版，第439页。

④ 王安异：《法益侵害还是规范违反》，载赵秉志主编：《刑法论丛》（第12卷），法律出版社2007年版，第289页。

⑤ 参见杨萌：《德国刑法学中法益概念的内涵及其评价》，载《暨南学报》（哲学社会科学版）2012年第6期。

⑥ 参见程红、吴荣富：《刑事立法活性化与刑法理念的转变》，载《云南大学学报》（法学版）2016年第4期。

⑦ 参见刘炯：《法益过度精神化的批判与反思——以安全感法益化为中心》，载《政治与法律》2015年第6期。

益。有学者认为“法益的范围蔓延至超个人法益”①，也有学者认为“应当肯定超个人法益概念独立存在的价值”②。传统法益理念主张刑法所保护的是诸如人的生命、财产等个人法益，且所保护的法益是客观、明确的，而集体法益具有一定的抽象性和模糊性，但集体法益的保护是必要的。人们开始认识到一些领域的集体法益的重要性，并通过规制新的犯罪行为来保护集体法益。美国“9·11”恐怖事件的发生，让世界各国人民认识到国家安全的重要性。各国都在刑法中扩大对恐怖主义犯罪的规制，我国《刑法修正案（三）》修改了恐怖活动犯罪，《刑法修正案（九）》对恐怖主义犯罪再次进行了较大的修改，在刑法第120条之一后增加了5条，分别规制6种不同形式涉及恐怖主义犯罪的行为。“在环境、公共健康、市场和有组织犯罪等领域，刑法的扩张亦即新型犯罪的创设，非常明显地表明犯罪化的刑事政策比去罪化的刑事政策用得更多。”③

集体法益的适用范围一直是学界重点关注的研究对象，如果限定得过窄，会导致不能发挥充分的价值，如果过于宽泛，则又会导致刑罚的泛滥，会使刑法成为防范风险的工具，法的人权保障机制就会越发弱化，刑法的客观性和确定性就会慢慢消失。因此，集体法益的适用范围可以把握以下几个原则：

第一，价值重大。并不是所有的法益都必须由刑法保护，也不是所有的集体法益也必须由刑法保护，只有对于价值重大的法益，才需要刑法进行保护。例如国家安全、生态环境、食品安全。

第二，必要的明确性。集体法益相对于个人法益，其所保护的被侵害对象、范围、程度没有个人法益具体、明确。为了使集体法益具有必要的明确性，需要使集体法益和个人法益之间建立联系，集体法益可以是个人法益的集合，使集体法益的保护具有合理性。如果被侵犯的集体法益没有刑法保护的合理性，或者没有与个人法益之间相互联系，那么该集体法益就不需要被刑法予以保护。

第三，真正的集体法益。真正的集体法益是为了个人法益而存在的。黑芬德尔教授主张从法益对人类的价值面着手，接着从产生功能的真实条件也就是存在面，充分构建出一个法益。④ 对于集体法益，学界无须再发展一套理论，其保护范围可以根据其概念以及特征进行衡量，如市场经济秩序、司法制度、社会公共秩序、生态环境等。

法益内涵的扩张是不是与刑法的谦抑性相矛盾？刑法的谦抑性原则通常包含三种含义，即补充性、不完整性、宽容性。这说明刑法面对新的风险并不是不能进行规制，而是当其他调整手段规制可以很好地解决问题时，刑法应该让步于其他调整手段，仅仅起到一种补充的作用。但是社会转型下的新风险，其他调整手段无力调整时，刑法应该起到最后保障的作用。“在这个变革的时代，刑法的谦抑性要追求

① 参见舒洪水、张晶：《近现代法益理论的发展及其功能化解读》，载《中国刑事法杂志》2010年第9期。

② 王拓：《法益理论的危机和出路》，载《西南科技大学学报》（哲学社会科学版）2011年第4期。

③ 王永茜：《论集体法益的刑法保护》，载《环球法律评论》2013年第4期。

④ 参见钟宏彬：《法益理论的宪法基础》，台湾元照出版有限公司2012年版，第206页。

的不再是处罚范围越小越好而是处罚范围越合理越好，刑法立法只要在合理的范围内就不能认为是违反刑法谦抑性的。”① 所以刑法法益内涵的扩张与刑法的谦抑性原则不矛盾。

二、刑法法益保护的前置

在传统法益理念中，刑法所处罚的最本源的犯罪形态是故意实害犯的既遂，但是随着社会的发展，刑法处罚的范围不断扩大，渐渐包含了过失犯罪、故意犯罪的未遂以及危险犯，等等。当前为了更好地契合社会的发展，防控风险的发生，刑法法益保护的前置亦渐成趋势。

（一）刑法法益保护前置的争辩

法益保护前置是指刑法为了保护法益，把还没有出现危害结果的行为视作犯罪的实行行为进行惩罚，以避免出现危害结果。② 关于刑法法益保护的前置有三种不同的立场：肯定说认为，按照刑法的规范意识，刑法提早介入保护已经被公众所认可，如德国的“积极的一般预防理论”认为刑法的作用不单单是通过威慑进行预防，而是希望通过早期的介入，让公众对于刑法树立一种新的观念，一改传统的“我们不应该这样”为“我们应该这样”，使得公众积极地去遵守规范。否定说认为刑法的法益只能是公民个人的生命、身体、财产、自由等传统法益，根据刑法的谦抑性以及自由保障机能，刑法法益保护的前置是刑法干涉其他法律的行为，是刑法泛滥的体现。中间立场认为刑法法益保护的前置已经是大势所趋，但需在刑事立法上予以限制利用。③

在今天，如果对于法益保护前置持否定态度，依然通过传统的法益理念来规制风险，那么刑法一定难以发挥其法益保护的作用。因为风险的实害结果已经发展到了一种让社会无法承受的地步，只能通过预防手段防止其发生，防患于未然。即使实害结果不是很严重，但是随着公众对于生命、自由等权利的更高要求，单单的刑罚也难以换取公众对于犯罪者的宽恕。但是刑法的谦抑性以及刑法的自由保障机能要求刑法不可以无限制地干涉其他领域，所以刑法法益保护的前置也应有所限制。

（二）刑法法益保护前置的立法体现及再发展

刑法法益保护前置是刑法针对现代风险社会作出的应然性调整，其调整在刑事立法上有所体现。

1. 环境犯罪

环境问题已然成为世界性问题，环境问题的日益严重昭示着我们要更加有效地规制环境犯罪。

我国刑法在打击环境犯罪方面是有所作为的，自 1997 年刑法专节规制环境犯罪以来，还通过数个修正案、司法解释不断予以完善，2017 年 1 月 1 日施行的司法

---

① 程红、吴荣富：《刑事立法活性化与刑法理念的转变》，载《云南大学学报》（法学版）2016 年第 4 期。

② 参见卢建平：《我国食品安全的刑法保护》，载《人民检察》2017 年第 3 期。

③ 参见姚贝、王拓：《法益保护前置化问题研究》，载《中国刑事法杂志》2012 年第 2 期。

解释又进一步对环境犯罪的入罪标准进行了细化，对于环境犯罪的体系进行了完善，入罪门槛再一次降低。即便如此，现行刑法对于环境犯罪的保护力度还有待加强，因为现行刑法对于过失环境犯罪的保护还是局限于实害结果的发生，这与人们希望刑法加大环境保护力度相悖。所以对于环境犯罪，可以引入过失危险犯，已有不少国家在规制环境犯罪时引入过失危险犯，如西班牙、奥地利、日本、德国、瑞典、美国等。①

2. 食品安全犯罪

人们对食品安全的要求不断提高，刑法已将食品安全列为保护的重要领域。随着现代食品安全领域犯罪频发，我国关于规制食品安全的法律也在不断发展。1979年刑法并没有直接规制食品安全犯罪的条款，主要通过单行刑法和附属刑法进行规制。1983 年对食品卫生法进行试行，并以附属刑法的形式将危害食品卫生的行为列为犯罪，以结果犯的形式出现。1985 年，“两高”联合发布的《关于当前办理经济犯罪案件中具体应用法律的若干问题的解答（试行）》中以投机倒把罪来规制生产上以假充真、掺假使假的行为。1993 年 7 月 2 日，全国人大常委会审议通过的《关于惩治生产、销售伪劣商品犯罪的决定》，以单行刑法的方式规制食品犯罪，规定了“生产、销售不符合卫生标准的食品罪和生产、销售有毒、有害食品罪”，并以行为犯的方式规制销售有毒、有害食品的行为。1997 年刑法吸收了上述决定的精神，以 7 种罪名来规制食品安全犯罪，并且将生产、销售不符合卫生标准的行为列为危险犯进行处罚。《刑法修正案（八）》新增了食品监管渎职罪，并且对原“生产、销售不符合卫生标准的食品罪”和“生产、销售有毒、有害食品罪”进行了修改，降低了入罪标准。食品安全法律规制的演变就是法益保护前置在食品安全犯罪中的体现。

但是，我国刑法对食品安全犯罪还有待进一步完善。在食品安全犯罪中，使用最多的罪名是“生产、销售不符合安全标准的食品罪”和“生产、销售有毒、有害食品罪”。刑法所规制的仅仅是生产、销售行为，一些预备行为并没有被列入刑法规制的范围，如为生产、销售不符合安全标准的食品和为生产、销售有毒、有害食品而大量购买、运输材料的行为，这是现行刑法所规定的犯罪行为的前一阶段行为，如果在这一阶段就进行刑法规制，一方面可以防止生产、销售行为的发生，另一方面一旦食品销售到市场就有可能带来对公众生命健康的危险，而在购买和运输

---

① 西班牙在其刑法中规定：“违反保护法规，产生空气污染或垃圾于大气、水体、海洋，造成人体健康或环境法益生活条件之潜在重大危险……”奥地利在刑法中规定：“污染水源或空气，致使危害他人身体或生命，或对他人之家畜或在他人狩猎权或渔业权之下的动物产生重大危险的……”日本在其本国法律中规定：“工厂或事业所，因其事业活动附带排除有害国民健康的物质（包括蓄积身体之后，有害人体健康的物质），致使公众的生命、健康产生危险的……”在过失危险犯的规定中，德国较为详细，在其《水法》和《宪法》都有规定外，其刑法中明确规定：“行为人在设施特别是经营场所或者机器的运转过程中，违背行政法的义务，造成空气改变，足以危害设施范围外的人、动物、植物健康或者其他有重大价值的财物，或者违背行政法上的义务，在设施特别是经营场所或者机器的运转过程中，向设施范围外释放大量有害物质的，构成污染空气罪”。转引自陈开琦：《我国污染环境犯罪中法益保护前置化问题探讨——以过失“威胁犯”的引入为视角》，载《云南师范大学学报》（哲学社会科学版）2013 年第 4 期。

过程中就进行制裁，可防止有毒有害食品的流通，避免危害的发生。针对购买和运输行为，我国只是在行政法上予以处罚，鉴于食品犯罪的高发态势，以及公众对于食品安全的高要求，可以考虑将其进行独立的犯罪化处理。例如，美国和日本的刑法在处理食品安全犯罪时，其所规制的行为既包括生产、销售行为，也包括食品的引进、运输等行为。德国刑法则采取空白罪状的形式对食品安全犯罪的各个环节进行规制。我国刑法可以在现行刑法的体系上，借鉴美国、日本、德国的立法模式，在刑法中对一些为了生产、销售而实行相关的帮助行为进行刑罚规制，将刑法法益的保护功能前置，尽可能避免实害结果的发生。

3. 安全生产责任事故犯罪

我国现行刑法对安全生产责任事故犯罪的法益保护大都是“造成严重后果”或者是“造成重大伤亡事故或者造成其他严重后果”，此种刑法规制的后果就是重大事故发生之后，刑法已满足不了公众对于犯罪行为的惩治，发挥不了规制的功能。为了使法益的前置在安全生产责任事故中有所体现，可以和环境犯罪一样引入过失危险犯。从近几年发生的造成重大伤亡或损失的安全生产事故的案例来看，大多都是由于过失行为而造成的，如果只有等到实害结果的发生才进行刑法规制，已经来不及挽回损失。所以安全生产责任事故可以参照危险驾驶罪，对于违反行政法规但是有巨大风险隐患的行为进行提前的刑法规制，如违规操作等。

4. 恐怖主义犯罪

《刑法修正案（九）》对于恐怖主义犯罪的新规定是法益保护前置化最好的体现。《刑法修正案（九）》分别从组织、领导恐怖活动罪，资助恐怖活动罪，准备实施恐怖活动罪，宣扬恐怖主义、极端主义、煽动实施恐怖活动罪，利用极端主义破坏法律实施罪，强制穿戴宣扬恐怖主义、极端主义服饰、标志罪，非法持有宣扬恐怖主义、极端主义物品罪来规制恐怖活动。上述对于恐怖主义的新规定强化了法益保护前置的理念。在恐怖主义活动中，一旦恐怖活动发生，其对社会和公众造成的生命财产损失是巨大的，而且其有着不可挽救的特点，所以刑法不能坐等恐怖主义犯罪的实害发生才来进行规定，但是按照传统的法益理论，对于预备犯和帮助犯的处罚需结合实行犯，所以这就造成了一定的困境。法益保护前置，直接将预备、帮助行为列为刑法规制的行为，对风险提前防控，是处理恐怖主义犯罪的正确方法。针对恐怖主义这一类特定重罪的所有预备行为的实行化，“这种立法体例，应当算是1997年大修刑法典以来的第一次”。[①]

此外，《刑法修正案（九）》基于网络犯罪治理的需要，将违法利用信息网络等传统犯罪的预备行为单独成罪，这一法益保护前置的表现“有助于解决网络犯罪的实践难题，也反映出我国刑法立法理念的创新”。[②]

---

① 车浩：《刑事立法的法教义学反思——基于〈刑法修正案（九）〉的分析》，载《法学》2015年第10期。

② 赵秉志、袁彬：《中国刑法立法改革的新思维——以〈刑法修正案（九）〉为中心》，载《法学》2015年第10期。

（三）法益保护前置化的界限

质疑法益保护前置化的学者，大多是担忧刑法会过多地介入公众的自由领域，造成刑罚的滥用。刑法法益保护前置和刑法法益内涵的扩张一样需要对其适用设立一定的界限，切不可仅仅因为社会的需要就肆意动用刑法，这样会使刑法的谦抑性和自由保障机能受到严重的损害。

1. 考量规制行为与实然侵害法益行为的关联性

实然侵害法益的实行如果构成刑法规制的范畴，那么它就会受到刑罚处罚，如今提倡法益保护的前置，就是将刑法的触角延伸到实然侵害法益的前置行为，如生产、销售有毒、有害食品，随着刑法的发展，已然由实害犯发展到了危险犯，并且未来的发展趋势有可能就是对为了生产、销售行为而实施的购买、运输行为进行刑法规制。如果购买和运输行为与生产、销售有毒、有害食品具有很强的关联性，那么为了更好地规制食品安全犯罪，可以将为了生产、销售行为而实施的购买、运输行为列入刑法规制的范畴。

2. 防止象征刑法的发生

象征刑法是指在一个纯粹的功能刑法体系下，刑法最大的功能是象征性的功能，而这种象征性的功能成为现代刑法（相对于对刑法固有的古典性预测）共通的且独立重要的内涵。[①] 象征刑法只强调刑法的宣示功能，向公众宣示不允许违法这一规范，但是到了司法实践中没有任何的可操作性而变为“死亡条款”。法益保护的前置会再一次通过刑事立法的方式告知公众不可为的一些行为，为之则会受到刑法制裁，法益保护的前置的目的就是通过此种方式来防范这一领域的风险，是希望刑法落到实处，如果为了法益保护前置设立了象征性的刑法，那么法益保护前置的目的就无法实现。所以，法益保护前置不是单单为了安慰民众在某一特定领域的恐慌，而是真正实现其刑罚的价值。

申言之，现今变革时代，整个社会对以刑法遏制犯罪的期待越来越高，刑罚积极主义日益凸显。刑法学需要自我变革以适应社会的发展，传统的法益理念也需要更新发展，以发挥其立法引领和规制机能。刑法法益理念更新是适应社会形势发展和犯罪治理的需要进行的必要的观念调整，目前主要表现为刑法法益内涵的扩张和刑法法益保护前置两大方面，在未来刑法发展中，这两大方面均需适度，否则会损害刑法的稳定性、明确性，给人权保障带来损害。

---

① 林宗翰：《风险与功能——论风险刑法的理论基础》，台湾大学法律学研究所2006年博士学位论文。

刑法典修订20年来我国海上刑事法的匮乏与解决方案

赵微*

1979年刑法颁布时我国水上运输（特别是海上运输）并不发达，海上犯罪还没有引起业内人士的注意。1997年刑法修订时我国的海运刚刚发展起来，也没有引起刑法界的重视。目前中国的注册船员数量世界第一，① 宁波舟山港的货物吞吐量世界第一，② 我国海域船舶交通安全事故的总量也是世界第一。而国内对海上犯罪案件入罪的实体法与程序法研究都远远滞后于海洋战略发展的需要，亟待从理论、立法和司法上予以跟进。

一、海上犯罪及刑事法治理现状

海上犯罪的治理涉及刑事立法、司法和相关理论问题，我国目前的治理水平相对较低，可用一句话加以概括：立法严重缺失、司法体制混乱、理论关注不足。

（一）海上犯罪与海事犯罪的概念

逻辑的起点是概念，“海事犯罪”概念在理论界时常与“海上犯罪”相混淆。海事犯罪是与船舶及运输密切相关的犯罪，而海上犯罪泛指发生在各种形态水域上的一切犯罪，后者的外延大于前者。“海上犯罪也分为狭义和广义两种，狭义的海上犯罪，是指发生在领海、毗连区、专属经济区和与海相通的可航水域的刑事犯罪；广义的海上犯罪，是指除上述水域的犯罪之外还包括发生在不可航的内湖、内河等水域的刑事犯罪。”③ 海事犯罪因与海上运输密切相关，也可统称为“水上交通犯罪”或“海上交通犯罪”。狭义的海事犯罪，是指船舶在港口、近海和远洋运输中因生产作业安全事故构成的犯罪；广义的海事犯罪，除了包含狭义的海事犯罪以外，还包括在内陆可通航水域中与船舶生产作业或相关的犯罪。我国台湾地区学术界也使用“水上交通犯罪”这一概念，日本学者有将之称为“海上交通犯罪”的。本文取狭义的海上犯罪作为研究对象，不涉及内河、湖泊等水域的犯罪问题，

---

* 宁波大学法学院教授。研究方向：刑法学、海上犯罪、犯罪心理学。

① 《2016年中国船员发展报告》（白皮书）公布：截至2016年12月31日，我国共有注册船员1392751人，其中海船船员672961人，内河船舶船员719790人，我国船员队伍在规模上总体满足航运发展的要求。

② 新华社宁波7月12日电：2017年上半年宁波舟山港货物吞吐量达5.15亿吨，全球第一大港地位更加稳固；宁波舟山港强化与各大轮船公司合作，不断加强与“21世纪海上丝绸之路”沿线国家的互联互通，集装箱吞吐量完成1238.6万标准箱，同比增长14.6%，港海铁联运完成18.2万标准箱以上，同比增长82.2%。消息见：http：//news. xinhuanet. com/2017-07/12/c_ 1121308744. htm，2017年7月29日访问。

③ 赵微：《海上刑法在“海法”体系中的理论定位与实践价值》，载《中国社会科学报》2010年9月7日。

但以海事犯罪为主要内容。

从刑法角度看，海上犯罪可分为危害水上交通安全类犯罪、妨害水上交通管理秩序类犯罪、水上交通渎职类犯罪以及水上人身和财产侵权犯罪。前三种犯罪属于海事犯罪，因为这些犯罪都是侵犯海上交通运输管理法规的犯罪，而后一种犯罪则属于侵犯公民人身权利与财产权利的其他类海上犯罪。为了研究方便，我们暂且把海上犯罪分为海事犯罪和其他类海上犯罪。海事犯罪也可称为“海事行政犯”，表现为船舶碰撞、触礁和搁浅导致的船舶倾覆和翻沉，海洋污染、火灾、爆炸、风灾、浪损等事故导致的人员伤亡、财产损失，船舶溢油导致的海洋污染等。

其他类海上犯罪主要有破坏海洋生态环境犯罪和一般的海上侵权犯罪。前者还可细分为污染水域的犯罪、破坏海洋资源的犯罪，这类犯罪也是典型的行政犯，可称为“水域环境和资源行政犯”，是违反海洋资源与环境管理法规，进而导致环境污染和生态资源破坏的犯罪。

鉴于目前我国海上犯罪多发于商用船舶的运输过程中，[①] 本文重点研究海事犯罪的理论与实务问题。

（二）我国海上犯罪的案发状况及刑事追诉状况

我国海上犯罪集中表现在船舶运输安全事故与海洋环境安全事故中。海洋环境安全事故既包括海洋环境污染犯罪，可分为陆源污染、海洋工程污染、船舶溢油污染、海产品养殖污染，也包括非法捕捞、捕获、采集海洋资源类犯罪。由于海洋行政违法行为的监管部门众多，涉及国家环保局、海洋局、海事局、渔政局等，因而海洋污染事故和资源破坏事故的数据难以取得。对于这类案件，有一点共识是，涉罪案件被刑事追诉者寥寥无几，近几年稍有好转。

海上普通侵权案件包括海上的杀人、伤害、抢劫、盗窃等犯罪，没有特殊需要研究的问题，值得关注的问题是，上述行为中哪些是我国已经加入的相关国际公约规定的犯罪，我国应如何将这些犯罪纳入国内刑法之中。这些问题涉及我国对国际公约的履约问题。

二、我国海上刑法体系的匮乏

我国海上刑法体系包括国内法和国际法、实体法和程序法、行政法与刑事法等多个层面的问题。严格讲，目前我国海上刑法很难说有自己的独立体系，因为欠缺的内容实在太多。

（一）国内涉海刑法的国际化程度失之过低

首先，我国刑法在反腐和反恐上的国际化水平相对较高，但是海上犯罪的条款中基本没有国际规范转化过来的内容。我国已经加入了《联合国海洋法公约》《制止危及海上航行安全非法行为公约》《制止危及大陆架固定平台安全非法行为议定书》，依据相关国际公约的要求，参加国有义务将条约内容国内法典化。但是上述

① 在海上执法机关的分工上，商船与商船、商船与渔船的碰撞事故由海事局管辖，只有渔船之间的碰撞事故由海警管辖。但是目前我国海警在中央层以下层面还没有整合完毕，因而还是由渔政部门管辖渔船之间的纠纷。

国际法律规范中涉及的“海盗罪”“船长见危不救罪”“暴力危及海上航行安全罪”“危害大陆架固定平台安全罪”等犯罪都在国内刑法中没有找到痕迹。新中国成立时我们以俄罗斯刑法为蓝本，目前俄罗斯联邦刑法几经修订早已提高了国际化与现代化水准：在1997年修订过的法典中就单独设立了“破坏人类和平与安全的犯罪”一编，还将《联合国海洋法公约》涉及的“污染海洋环境罪”（第252条）、“海盗罪”（第227条）、“船长见危不救罪”（第270条）列入国内刑法中。相比之下，我国刑法落后的不是一点点。

（二）海事刑法立法基本处于被遗忘的角落

我国刑法针对陆路、铁路和航空都设有专门的运输业务过失罪名“交通肇事罪”“铁路运营安全事故罪”“重大飞行事故罪”，唯有水上没有独立的罪名。究其原因，长久以来海上运输行业一致认为海上生产作业风险非常大，为稳定船员队伍，不宜追究船员的刑事责任。目前，对于水上交通事故涉罪案件，司法实务基本上都是援引“交通肇事罪”定罪处刑，由于“致人失踪”的后果没有明确的法律规定，许多涉罪案件难以进入刑事司法程序。根据交通运输部2015年1月1日颁布施行的《水上交通事故统计办法》第6条规定，在事故等级的评价标准中，失踪和死亡被同等对待。① 但是在涉罪案件的认定中又把失踪人数排除出去。1992年最高人民法院在给四川省高级人民法院《关于遇害者不明的水上交通肇事案件应如何适用法律问题的电话答复》中指出：“在水上交通肇事案件中，如有遇害者下落不明的，不能推定其已经死亡，而应根据被告人的行为造成被害人下落不明的案件事实，依照刑法定罪处刑，民事诉讼应另行提起，并经过宣告失踪人死亡程序后，根据法律和事实处理赔偿等民事纠纷。”我国刑法学界基本上不认同上述说法，坚持认为，原则上应当找到尸体才能认定死亡，才能据此追究刑事责任。目前这一问题始终没能从立法或司法解释上得到解决。

再如，“危险驾驶罪”在立法上明确限定了案发场所和犯罪工具是“在道路上驾驶机动车追逐竞驶，情节恶劣的，或者在道路上醉酒驾驶机动车的……”在立法时没有考虑两艘游艇是否也会追逐竞驶，两台水上摩托艇是否也会在海边戏谑飙游？此外，酒后驾驶船舶的现象远远超过酒醉开车，因此而导致的交通事故也不在少数。

在海事刑法的立法理念与海洋意识上，我们与日本、我国台湾地区的相关规定也存在差距，后者将涉海行政犯散落在海事行政法和海洋行政法中，相对于我们要细化得多。近看俄罗斯，我们也有很大不足。我国刑法中纯粹涉海的罪名只有两个：“劫持船只罪”（第122条）、“非法捕捞水产品罪”（第340条），而俄罗斯刑法中除了设有“劫持航空器、船舶火车罪”（第211条），还特别强化对海洋资源及环境的保护，专门设置了“违反俄罗斯联邦大陆架与专属经济区法律罪”（第253条）、“非法捕获水生动植物罪”（第256条）、“破坏水生资源保护法罪”（第

① 交通运输部的《水上交通事故统计办法》一贯把死亡与失踪人数合在一起进行统计，基本认定失踪等同于死亡。

257条)、“非法捕获列入俄罗斯红皮书及国际条约保护的珍贵动物和水生物资源罪”（第258条之一)，在交通领域设有“违反铁路、航空或水上交通运输安全或运行规则罪”（第263条）等涉水的罪名，没有遗漏哪个领域的涉海犯罪。我国刑法修订20年来，虽然对海洋资源与环境的保护有了进步，对环境犯罪的入罪门槛进行了调整，由“重大环境污染事故罪”改为“污染环境罪”，设置了“环境监管失职罪”，但对水资源和环境的保护却远远不够，在环境类犯罪的立案标准上，基本没考虑水资源的污染和破坏情况，仅仅立足于森林和土壤的保护上。

三、海上犯罪进入刑事司法程序的困境

海上侵犯公民人身权利和财产权利的自然犯，既可以发生于水上运输中，也可以发生于陆上运输或一般的生活场所，这些犯罪在刑事管辖上是由公安机关直接介入进行侦查，不需要交通海事或渔业执法部门的司法移送，因而此类案件的诉讼程序通常不存在问题，只有海事行政涉罪案件需要司法移送，在移送的标准和机制上存在诸多问题。

(一) 涉罪案件移送的标准不明确

海上涉罪行政犯罪主要集中在交通运输领域，海洋渔业与环境资源的犯罪少于前者。具体表现为行刑机关对涉罪案件的立案标准认识不一。

船舶交通事故涉罪案件没有专用的罪名，引用刑法第133条的交通肇事罪却很尴尬，因为水上船舶肇事的经济损害结果比陆上车辆肇事要大得多。按照2000年《关于审理交通肇事刑事案件具体应用法律若干问题的解释》（以下简称《解释》）的规定，“无力赔偿30万元的”便可立案，这一规定在水上交通行业难以接受，因为船舶肇事造成30万元的经济损失在水上交通行业可谓司空见惯，平均每起船舶碰撞、翻沉事故的经济损失基本达到271万元，30万元损失便可能入刑，犯罪圈过大。另外，《解释》对交通肇事罪的认定以死亡一人或者重伤三人以上，负事故全部或者主要责任的为条件，这也是海上交通领域所不能认可的。一方面，海上交通领域认为海上运输风险极大，事故导致的后果难以控制，以死亡一人作为犯罪条件显然对船员不公平。从公平对待海员的角度，[①] 认定责任时要考虑对船员犯罪的宽宥。实际上，目前有多家海事执法部门将涉嫌交通肇事罪的案件移送标准提高到死亡三人以上（而且这个数字还不包括失踪人数)。之所以会提高入罪标准，是根据交通运输部相关法规、规章以及船舶安全事故等级划分标准而来的。依据2002年《中华人民共和国内河交通安全管理条例》的规定，造成“重大内河交通事故”的，应以交通肇事罪或者其他罪名追究刑事责任，而“重大内河交通事故”的标准便是导致“死亡三人以上或直接经济损失50万元以上”，这一标准的来源是2002年修订的《水上交通事故统计办法》（现已失效），将“重大事故”的标准界定在“死亡三人以上或直接经济损失50万元以上”，而死亡一人以上的被划定为“大事

① 国际海事组织于2006年4月通过了《海难事故后公平对待海员指南》，以使海难事故后进入刑事诉讼程序的海员免受不公平待遇。

故”，只有人员受伤没有人员死亡的情况属于“一般事故”。2015 年再次修订的《水上交通事故统计办法》重新划分了事故等级认定的标准，“重大事故”的标准是“造成 10 人以上 30 人以下死亡的”情形，如果再按照这一条款认定交通事故的入罪标准，恐怕更不可思议了。

（二）行刑衔接的机制障碍

1. 没有警察权的海上执法机关取证能力严重不足

海上行政执法机关没有警察权，大大降低了案件办理能力，往往导致证据收集的困难。海警在海上执法中具有刑事侦查权和行政拘留权，因而在海上执法中的威慑力高于其他机关。囿于警察权的缺失，海上生产作业人员对海事执法人员的询问通常会置之不理、抗拒检查。① 因此，案件事实调查经常错过时机，犯罪现场和证据基本灭失，待海警介入案件侦查时，嫌疑人已将肇事船舶维修完好、相关证据已经灭失、相关证人也一走了之。由于涉罪人员不在案，检察机关也不会收案，本该刑事追诉的案件只能以行政处罚结案，导致“守法机关主义”盛行。

总体上对于海事行政违法涉罪案件，由于海事局没有警察权，案件的走向只有两个：其一，给予行政处罚，只能处以罚款、扣留或吊销船员证书，不能对相对人处以行政拘留。其二，当案件情节和法律后果涉嫌构成犯罪时，向公安机关移送案件，而公安机关审查案件的标准是该案是否达到犯罪的程度，能否向检察机关移送出去。因而，对于海事执法中发现的违法案件，行政拘留基本上等于空置起来，海事执法的被动性可见一斑。

2. 海上交通事故的事实难以查清

陆地上汽车碰撞发生的危害结果和案件现场可以保留一段时间，通常也有目击者事后作证或进行社会监督。而船舶交通事故发生在海上，凌晨案发率最高，很难会有现场目击人。由于海上洋流的涌动性较强，案件现场无法保留，案件事实的回溯完全依据现场的证人和船舶上的电子设施。如果船员互相串通并在电子设施及航海日志上做手脚，案件事实便很难查清楚。鉴别海难事故的危害后果也是一件难事，对于人员伤亡来讲，当场撞击导致死亡、重伤的情况比较少见，大多是因为碰撞导致人员落水得不到及时救助而溺亡的。海上寻找尸体非常困难，若找到尸体可以经法医检验出死因，但是如果找不到尸体则无法判断其死亡的原因。尤其在外海，打捞沉船或尸体的成本极高，而不见尸体又无法推定失踪人员是否已经死亡，给案件诉讼带来很多难以想象的麻烦。

3. 由于行政调查期限长于刑事侦查期限使刑事追诉遇阻

海上安全事故因果关系比较复杂，认定案件事实的《海事调查报告》期限为 3 个月，在此期间如果海上侦查机关提前介入案件并对犯罪嫌疑人采取了强制措施，便会因为报告没有出来、事实没有认定而陷入两难局面。如果放人又担心报告出来后构成犯罪；如果不放人又担心定不上案件而承担职务过失责任。

① 调查中得知有些“三无船舶”时常使用各种极端手段抗拒执法人员登船检查，如放狗、令女人当众脱衣服等。

四、海事犯罪入刑的理论困境

海事犯罪因海上运输的特殊性而在因果关系、责任主体范围、注意义务的认定上都存在一定的复杂性。

（一）事故的因果关系难以界分

与陆地车辆的驾驶原理不同，海上船舶运输具有较强的技术性、涉外性和风险性。船舶驾驶是多个船员配合的结果，运输风险的出现与事故结果的发生通常会有一段的距离，而且风险来自多方因素，既有船舶设施的风险、自然环境的风险，也有船员自身是否具有良好船艺、是否认真操作驾驶的人为风险，基本每一起碰撞事故都是两条船舶互有违规的结果，很难认定某艘船舶承担全责，因而在海事安全事故的主次责任认定上比较困难。再者，海事行政执法对事故的调查只是粗线条地区分主责方与次责方，对于具体的船员过失及其责任范围不去详细考究，最后由侦查部门界分主体责任时，许多证据难以收集到。

（二）事故主体范围及其责任程度难以圈定

船舶的运行受控于船东、承运人、船长和一般船员、引航员，每起安全事故发生都可能是多因一果。

1. 船长的责任范围

船舶驾驶由船长统一指挥，原则上，船上的所有事务都由船长最后决定。但是，实践中有时船长也要尊重船东或承运人的意见，而且船长也需要有休息的时间，因此发生责任事故时如何确定船长的责任范围，如何在共同过失行为中区分违法与犯罪界限都需要技术的支持。

2. 船东与承运人的责任范围

对船东与承运人追究刑事责任在我国比较少见，实际上船舶安全问题与他们的管理行为息息相关，船舶设施是否安全取决于他们是否投入资金。最近国家海事局认识到这一点，2017 年 7 月 20 日交通运输部海事局颁发了《交通运输部海事局关于船舶开航前自查有关事项的通知》，针对不同类型的船舶提出不同的自查清单。要求“航运公司应当将船舶开航前自查纳入公司管理，明确责任，细化要求，完善管理制度，确保有效实施；体系内公司应将相关要求纳入体系管理。”该通知对航运公司提出安全要求，也意味着增加了他们的责任，如果出现船舶不适航而导致安全事故的问题，第一责任单位就是航运企业管理人员。

3. 海事监管人员的责任范围

因行政监督失职而承担刑事责任的问题涉及责任主体的范围与责任大小的划分标准，在其他行业也存在同样的问题。海事局面临的问题集中在事权范围比较模糊，近年来自己增加了管理权限，相应地提高了失职犯罪的风险。

（三）注意义务与预见可能性

我国学界对刑法理论的研究集中于总则问题，在某一行业接地气者并不多见。目前，日本已有学者专门研究海上交通事故的刑事责任问题，涉及“注意义务”、“客观注意义务”、“依赖原则”理论在船舶交通肇事中的具体运用问题，并且已经关注到了船东与承运人因对事故具有“预见可能性”而应当承担管理过失责任的问题。在日本的海事司法判决中，法官也能够自由运用上述理论进行文书说理，这些科学做法对我国学者应当有一定的启发。

五、海事刑法缺失的解决方案

面对海事刑事立法、司法与刑法理论这样一系列的复杂问题，我们应当梳理清楚问题的根源及其解决方案。本文建议通过出台司法解释、修正刑事立法、改进行刑衔接机制三个层面改革并深化我国海事刑事法治建设工作。

（一）近期通过司法解释明确入刑标准

通过对海上犯罪的种种案例的分析和研究，明确海上运输的风险来源，进而科学确定海上交通事故及海洋污染环境事故入罪的标准，将“致人失踪”作为一项法定的犯罪后果，删除“无力赔偿30万元”作为海上交通肇事罪的入罪条件等。

（二）远期通过立法设置相关罪名完善刑法体系

首先，深化海事刑法理论研究，总结海事犯罪的特殊规律，借鉴域外刑法理论研讨我国海事犯罪的难点和热点问题，促进海事刑事司法工作的推进。其次，在我国刑法中逐步增加国际公约中的涉海相关罪名，完善刑法体系。最后，编写海事犯罪指导案例，总结经验、深化海事犯罪的治理。

（三）完善海事犯罪行刑衔接机制

首先，加强海上执法力量，尽快整合基层海警队伍。我国交通运输系统内部设置了诸多港口公安局，此外还另设了天津海事公安局、上海海事公安局、广州海事公安局和长航公安局等具有侦查职能的交通公安局，对海上侵权犯罪可以直接行使刑事侦查权，如何处理这些机构与海警的关系需要通盘考虑。其次，为了避免行政机关的选择性执法，对海事行政机关也应当有约束，提高海事行政证据的技术标准，缩小行政证据与刑事证据的技术差距，减小证据灭失的可能性。最后，目前宁波海事法院已经开启了刑事审判试点工作，建议尽快研究在全国推广的方案，为建立国际海事司法中心提供支撑。

论我国刑法平等原则缺位及其立法规制

朱建华* 谷 超**

“我国刑法的发展就像我国经济一样，速度之快，前所未有。”① 鉴于如此之速度，我国刑法逐步实现了从无到有、从粗到细的过程，具体条文中也融入了当代刑法的基本理念，如人权理念、平等理念等。这样飞速发展的刑法是否符合当下之社会形势暂且按下不表，但平等这一刑法基本原则和理念是否于刑法条文之中得以充分贯彻则有待商榷。《中华人民共和国刑法》（以下简称刑法）第 4 条规定了平等适用刑法原则，② 诚如多数学者所言，该条规定的是刑法的司法平等，而非全部意义上的平等。就该法条的字面意思而言其本身也仅限定于刑法的适用层面，此即导致刑事司法的不平等容易引起广泛关注，而平等原则在部分条款中是否缺位及缺位的深层次原因常被忽视。

一、我国刑法平等原则缺位之现状

就刑法平等原则之内涵，有学者指出：平等乃是所有人相同的权利，都会得到相同的保护。③ 由上述可知，刑法的平等不应限于形式之平等，更应该包含实质平等。而当下刑法平等原则之规定本应针对的是过去或当下刑法中有失平等之现状，此亦为平等原则以条文形式规制之目的。借用博登海默之言即法律的实质性目的是保障社会的生活条件。④ 当平等成为当下生活之必要条件乃至实质性需要之时，刑法是否真如条文之规定将其作为必需的保护要件加以规制则有待发掘。

刑法平等原则缺位之首要表现是刑法标签化之存在。鉴于社会是刑法“永远走不出的背景”⑤，刑法之评价功能在某一社会阶段之内必然存有当下社会评价之实质。“由于刑法毕竟是社会的刑法而刑法评价毕竟是社会评价，故通过定罪量刑而贴出的犯罪标签便永远是刑法实施的一种副产品。”⑥ 有鉴于此，刑法评价之标签化是刑法评价之当然。虽然就惩治与预防犯罪而言，刑法是强有力的手段，但是就刑法评价之结果而言，却是将改造完毕的犯罪人排斥于正常社会之外，即在犯罪人

---

* 西南政法大学刑法学博士生导师。

** 西南政法大学刑法学 2016 级博士研究生。

① 王牧：《我国刑法立法的发展方向》，载《中国刑事法杂志》2010 年第 1 期。

② 《中华人民共和国刑法》第 4 条规定：“对任何人犯罪，在适用法律上一律平等。不允许任何人有超越法律的特权。”

③ 参见高铭暄、马克昌主编：《中国刑法解释》（上卷），中国社会科学出版社 2005 年版，第 61 页。

④ 参见［美］博登海默：《法理学——法哲学及其方法》，邓正来、姬敬武译，华夏出版社 1987 年版，第 105 页。

⑤ 利子平、石聚航：《刑法社会化初论》，载《南昌大学学报》2010 年第 5 期。

⑥ 谷超、马荣春：《论刑法的标签化及其克制》，载《海峡法学》2014 年第 4 期。

之犯罪行为被刑法处罚后，囿于刑法未有去除犯罪标签之规定——标签退出机制——导致“社会对犯罪人刻意区别，导致犯罪人角色的定型”，[①] 无法以正常人的角色融入社会。我国刑法欠缺去标签化机制之时，却又持续强化着犯罪标签之存在，如我国刑法第100条规定的前科报告制度，[②] 该条规定明确肯定了犯罪标签制度的合法性及合理性，其本质是对平等原则的选择性忽视。

因刑法选择性忽视平等原则，致使当下之刑法欠缺标签退出机制。就既成之刑法标签化事实而言，犯罪人的犯罪标签无法被及时移除，在犯罪标签被社会评价“及时”肯定之后，致使改造后的犯罪人被视为“异类”而始终被归位于“犯罪人”之范围。概因犯罪标签之持续作用，改造后的犯罪人无法以正常角色融入社会。于上述模式而言，刑法不断通过肯定和强化标签的存在而持续否定个人的价值。对于改造后的犯罪人，其改造的效果暂且不表，单就其个人价值而言，会被社会利用已决之标签予以否定，致使改造后的犯罪人被孤立而无法融入社会，致使改造后的犯罪人因刑法之规定，成为正常社会价值之外的“异类”、“弃儿”，最终可能会重归犯罪人之范围。由此可知，刑法于法条之中否定了自身“治病救人”之目标，否定了平等原则应有之价值。

刑法平等原则缺位的另一表现是既存之反向歧视。刑法中不可避免地会涉及性别之问题，但是在面对性别之时，当下之刑法不可避免地落入反向歧视之窠臼。反向歧视是指：“形式上表现为对特定群体给予特别保护或照顾，但实际上却构成了对该特定群体的歧视。”[③] 例如，我国刑法第236条强奸罪第1款之规定[④]，其背后蕴含的深意是：“女性的性权利容易被侵犯，故将女性的性权利列为刑法特殊保护的对象。”[⑤]

此条之规定，看似是对处于弱势的女性之性权利的尊重和保护，但是应用于当下社会则会产生本应从属于男权社会道德观念之中的性别歧视，被公然隐藏于“保护弱者”之借口中，进而在法律适用之后形成反向歧视。在男权社会中，性侵个案中的弱势群体反而成为公众嫌弃之对象，刑法此种保护于弱势群体而言则是二次伤害，本应为“善法”的刑法被道德观念扭曲成“恶法”，结果是对女性提出坚守贞操之特别义务。同时，因刑法迎合道德观念，致使对女性性义务的规制由本道德层面演化成为有刑法层面。该现象的本质是刑法为迎合道德观念的“口味”通过如强奸罪等刑法规定借保护之名行强加义务之实，最终背离对人特别是对女性的人文关怀和平等关爱之初衷，也背离了平等原则之内涵。

作为社会中的刑法，无法避开社会给予的性别问题，尤其是被视为弱势群体的

---

① 刘朝阳：《从犯罪标签理论的角度看刑法第100条的规定》，载《山东公安专科学校学报》2004年第3期。

② 我国刑法第100条规定：“依法受过刑事处罚的人，在入伍、就业的时候，应当如实向有关单位报告自己曾受过刑事处罚，不得隐瞒。”

③ 马荣春、谷超：《论刑法的反向歧视》，载《福建行政学院学报》2015年第1期。

④ 《中华人民共和国刑法》第236条第1款规定：“以暴力、胁迫或者其他手段强奸妇女的，处三年以上十年以下有期徒刑。”

⑤ 马荣春、谷超：《论刑法的反向歧视》，载《福建行政学院学报》2015年第1期。

女性。女性于刑法之定位本应是基于其自身价值而非道德观念的喜恶。但当下刑法中既有之反向歧视，是引入社会道德中的价值判断作为评判女性标准之结果，此种评判标准是将本应属于女性私人领域的事务纳入刑法的评价体系，是刑法过度扩张之体现，也是刑法维持道德歧视之外化，亦为刑法否定女性自身需求之症相。导致本应属于传统意义上私人领域中自律之事受制于国家权力，且此种自律在被公权力侵犯之后无法得到应有之保障。① 如此，女性在刑法中永远无法作为独立的个体而存在，也无法独立存在于男性主导的社会道德。

从上述可见，对于我国刑法中既存之诸多平等原则缺位现象而言，其是法条之规定出现偏颇。归根结底是立法者于刑法立法过程中忽视平等原则之结果，而在刑法立法时如何规制，则需进一步探讨。

二、我国刑法平等原则缺位原因探析

我国刑法平等原则缺位源于刑法立法之初对个人价值之忽视。刑法作为社会的产物，于立法之初便需符合社会之需要及“口味”，此即决定了刑法的社会性和历史性，更决定了刑法内容不会与当下社会现状脱节。当下刑法条文——诸如强奸罪——出于维护道德之需要，将道德观衍生之刑法理念，特别是男权文化中的部分观念“烙入”刑法，致使不平等成为刑法中的一种应然状态。“当社会道德对女性提出了坚守贞操的特别义务要求，则迎合这一社会道德特别要求的刑法条文便在强奸罪等罪名上借保护之名而行苛求之实。”② 因而，于法条之后，我们更多地看到的是刑法向社会道德屈服，换言之，是刑法为社会道德服务。此种屈服是刑法之平等被道德观念“践踏”，也是刑法对私人领域的过度干预和对个人价值的否定。于此而言，部分群体或个人被排除在平等原则之外。刑法对道德观之屈服是刑法对自身评价体系和价值观念的偏离，也是刑法将自身置于非正常道德观念麾下之表现。在刑法屈服于社会道德之后，部分群体或个人的价值无法独立存在，社会道德亦会借助刑法之屈从成为有强制力的评判标准。在此之下，刑法的平等原则何存之有呢?

在此情形之下，社会个体因立法本意，不得不通过压制自身欲求避免被贴上标签，个人无法通过表达正常欲求以实现其社会价值，“最终个人价值在刑法评价的标签化之下变得迷茫，以至于迷失”。③ 由于个人的欲求被压制，为避免权力与义务之间衔接的“真空”，个人义务会被变相增加，个人欲求的“地盘”会被“侵占”。因此，在此立法本意之下，个人权利的“地盘”会越发萎缩，刑法会逐步丧失自身之独立性而成为社会标签之附庸。于刑法评价体系而言，在刑法对犯罪人之否定性评价被社会评价体系采用后，刑法又再行通过明文规定肯定该不利评价之合理性与正当性，致使犯罪人的个人价值和社会价值被“践踏”，犯罪人被刑法这堵“看不见的墙”隔离在正常社会生活之外。

---

① 参见周安平:《性别平等的法律构建》，苏州大学2004年博士学位论文。

② 谷超、马荣春:《论刑法的标签化及其克制》，载《海峡法学》2014年第4期。

③ 谷超、马荣春:《论刑法的标签化及其克制》，载《海峡法学》2014年第4期。

刑法之平等“包括两个因素——公平地分配负担和机会平等”。① 而当下刑法立法之初仅以结果平等为追求，而非以机会平等为己任。在追求机会平等的过程中，任何因道德影响而产生的障碍都会在刑法中得以体现；任何个人、团体或者阶层的特权在刑法中都有所体现；立法者为推进平等而做出的努力以及采取的措施，并非无差别地适用于所有人。最终“产生为获取这一机会以及结果而进行的‘权钱交易’、‘权力商品化’、‘以权谋私谋财’的权力寻租现象”。② 同样也产生了诸如当下不同群体或者阶层通过刑法“谋私”之结果。因而刑法立法之初并未主张机会平等，背离了“保障社会的安定与和平”③ 之目标，此亦是从根源上产生特殊待遇及“谋私”之存在，也是平等原则并未彻底浸入刑法条文之表现。

由前所述，刑法平等原则缺位已然绝非刑法适用之果，而是刑法平等原则于立法时缺位之憾。“在和平时期的社会生活管理中，刑法是最后的也是威力最强的一个手段。”④ 如需规制此种非平等，则需从立法之初即加以规制。

三、我国刑法平等原则缺位之立法规制

（一）坚持刑法的谦抑性原则

刑法的谦抑性乃有谦让、抑制之意，“是必罚主义的否定，是干涉主义的排斥。它自然而然是恣意与苛酷的共同否定。所谓谦抑，的确不外乎过大的干涉与必罚，进而恣意与苛酷的反题。”⑤ 该原则应贯穿刑法立法之始终，此即因为刑法并不适用于全数之违法行为，因而只能被限制适用于必要之范围。在立法过程中贯彻刑法的谦抑原则即要坚持如下要义：

首先需坚持刑法之补充性。刑法之补充性，即有关社会全体或部分成员之事项，当其他的手段穷尽且无法规制之情形下才可进入刑法立法的视野。坚持刑法的谦抑原则亟须在当下刑法立法的过程中，去除反向歧视和标签化的影响，限缩刑法之规制范围，给予社会成员足够的空间，如此方可归正刑法立法之本源。诚如有学者指出：“我们国家目前之所以还很看重（刑法），主要是现在社会还存在着对刑罚的严重依赖。”⑥ 由此可见，对刑罚之依赖导致刑法的无限制扩张，为规制刑法不必要之扩张，需于刑法立法之初即摒除对刑法的依赖性，需立法者于立法之过程坚持刑法的补充性，而绝非当下强加刑法于每一个体乃至每一行为之始终；同时，亟须将刑法的影响限制于特定群体中，而非作用于本应被合理保护的弱势群体或者是单个社会成员。

其次需坚持刑法的宽容性。刑法的宽容性也被形容为刑法之自由尊重性。当下

---

① ［美］贝勒斯：《法律的原则》，张文显等译，中国大百科全书出版社 1996 年版，第 424 页。

② 李邦友：《论刑法平等原则的理论基础》，载《现代法学》2002 年第 3 期。

③ ［奥］路德维希·冯·米瑟斯：《自由与繁荣的国度》，韩光明等译，中国社会科学出版社 1995 年版，第 89 页。

④ 王牧：《我国刑法立法的发展方向》，载《中国刑事法杂志》2010 年第 1 期。

⑤ ［日］平场安治等编：《团藤重光博士古稀祝贺论文集》（第 2 卷），有斐阁 1984 年版，第 4-5 页。

⑥ 陈兴良：《当代中国的刑法理念》，载《国家检察官学院学报》2008 年第 3 期。

"人不或多或少侵犯他人就不能生存下去",[①] 再看当下刑法，标签化和反向歧视之存在间接地引导社会成员排挤已被处罚之对象或者本应被刑法保护的弱势群体。弱势群体之价值被通过刑法规定加以比较，以便作出有利于优势价值发展之选择。诚然，个体乃至群体之价值无法衡量更无法相互比较，概因社会之组成是由人格者之结合而成立，对之尊重并加以保护是刑法本质、刑法秩序之需求。因而任何意义上之比较与选择都应当被否定，此为法之本质立场。[②] 此种境遇下，刑法给予社会成员的引导作用仅限于消极的、负面的层面，由刑法保护及引导的社会成员之包容心会趋向于消亡。由此可见，欲实现刑法平等之目的，当需在立法的过程中坚持刑法的宽容性，通过条文体现刑法的宽容胸怀，且平等对待每一个社会成员。

（二）摒弃以道德中心的刑法规制观

刑法之架构离不开道德的支撑，同时道德也需要刑法的保障。离开了道德支撑的刑法会失去其存在的正当性根基和理由，"刑法要发挥其作为一种规范的作用，就必须与道德规范相衔接"。[③] 道德之维护和贯彻也需刑法强制力予以保障，否则其会沦为"嬉笑怒骂"的谈资而失去其自身之规范作用。而当下刑法在立法过程中对道德的屈服和迎合，致使刑法以保护之名行苛求之实。换言之，在刑法立法过程中是否应摒弃道德传统与道德观念，行刑法与道德"泾渭分明"之实呢？答案当然是否定的。就二者调整对象之关系，有学者指出：道德所调整的对象可以被法律调整的对象包含。[④] 可见，社会生活中无法割断法律与道德之联系，引申入刑法之立法亦是如此。如卡多佐所言：法条之设立必须参引道德规范来补充成文规范，而整个法律体系之设立则是建立在"法律是道德的一种表达"这一逻辑之上。[⑤] 正如哈耶克指出：社会道德中的规则有一些早就获得了权力机构赋予的法律效力，而另有一些规则暗含在那些业已取得法律效力的规则之中。[⑥] 如果这些暗含的规则也得到遵守时，那么道德即成功借法律"上位"，概标签化与反向歧视莫不如此。

同样，就刑法是否借鉴社会道德而言，有学者认为："违反刑法规范的实质就是违反刑法规范背后的社会伦理规范。"[⑦] 我们大可不必担心因道德的介入而背离了刑法之本意，"刑事法律……与道德价值及其内在精神的追求并行不悖，寄望和谐共处的刑事法律不是要撇开道德绝尘而去，而是以道德作为支撑以求走得更稳、更长久。"[⑧] 由此可见，道德并不是处于刑法之对立面，而是作为刑法"入世"之必要基础。而刑法欲发挥其本自具足之规范作用，则需借鉴道德规范。此中俱因道德之群众基础更为广泛，如此方可为群众熟知。基于此，刑法规范会更好地在社会

① 张明楷：《外国刑法纲要》，清华大学出版社 2007 年版，第 8 页。

② 参见［日］木村龟二：《刑法总论》，有斐阁 1978 年版，第 270 页。

③ 马荣春：《刑法立法的正当性根基》，载《中国刑事法杂志》2013 年第 3 期。

④ 马荣春：《刑法立法的正当性根基》，载《中国刑事法杂志》2013 年第 3 期。

⑤ 参见［美］本杰明·N. 卡多佐：《法律的成长——法律科学的悖论》，董炯、彭冰译，中国法制出版社 2002 年版，第 104 页。

⑥ 参见邓正来：《西方法律哲学文选》（上），法律出版社 2008 年版，第 147 页。

⑦ 周光权：《刑法学的向度》，光明日报出版社 1989 年版，第 521 页。

⑧ 陈伟：《人身危险性研究》，法律出版社 2010 年版，第 111 页。

公众中传播并根植于社会公众的心中，也有助于发挥刑法规范在社会公众中的作用。[①] 因而存有道德观念展示出的刑法才是“接地气”的刑法，才是有“规制”、有“根基”之刑法，才能达到“与道德规范充分衔接，从而减少人们认知的难度”[②] 之目标。

就刑法立法过程而言，因法律与道德存有相互渗透、相互补充之状态，因而我们不但不能将道德归于刑法的对立面，反而应该接纳“最低限度的道德”。引入以道德为基础的规制并不是接纳所有的道德内容，融入“最低限度的道德”的目的是避免刑法承受过多的道德压力及干扰，避免刑法成为道德之附属品，避免刑法成为道德伤害第三方的工具。同样，融入“最低限度的道德”会使得刑法在立法阶段就可实现慰藉公众朴素的道德情感，进而达到维持公众道德标准之目标。引入以道德为基础的规制并不是为了达到附和道德借助刑法干预私人领域之目的，而是为了避免道德借助刑法条文之规定，轻易地将道德问题“上位”成刑法规范事实的出现。只有在刑法立法过程中融入“最低限度的道德”，才会避免道德通过刑法之规定压缩个人权利的空间，避免道德通过刑法之规定将道德义务强加至个人生活之每个方面，出现道德“一家独大”之局面。

虽然在立法过程中一直强调避免道德问题成为立法问题，道德领域的内容应该避免利用法律规制，但是融入“最低限度的道德”是鉴于社会的需要以及道德之现实存在，同时也是刑法对道德的尊重和肯定，是刑法对道德这一最后底线的肯定和维护，也是刑法对道德提供坚强后盾的体现。于刑法立法中融入“最低限度的道德”，是为了固定道德的规制范围。使个人的权利空间被刑法肯定和维护，个人之权利范围免于被刑法不断压缩，也使得个人免于处于被道德通过刑法强加过多义务之处境。如若不然，个人的价值最终难以于刑法及社会中觅得一席之地，人权也会成为无稽之谈。

可见在刑法立法过程中，无须谈道德即色变，相反道德却是刑法可以借用和参考的标准，也是让刑法“接地气”的工具。适当“接地气”的刑法可以让刑法和道德的关系步入良性循环的轨道，“我们可以说法律包括刑法或特别是刑法至少是‘底线道德’或‘底线伦理’的‘播种机’，并且首先是‘播种’在刑法立法阶段。”[③]

（三）以人之需求为立法导向

人因其社会属性与价值追求，其在生存的过程中会产生诸多的需求，即使刑法之产生也概莫能外。“人的基本需求……的满足是人类社会存在和发展的基础。而作为最后的法律手段，刑法保护的就是人的这些基本需要的合理满足……保护这些基本需要的合理满足是刑法产生与存在的基础。”[④] 人之需求既是个人价值和个人需求，也是社会中的人最基本之需求。当个人需求需要被保护之时，刑法应当及时

① 马荣春：《刑法立法的正当性根基》，载《中国刑事法杂志》2013年第3期。
② 袁彬：《刑法的心理学分析》，中国人民公安大学出版社2009年版，第5页。
③ 马荣春：《刑法立法的正当性根基》，载《中国刑事法杂志》2013年第3期。
④ 袁彬：《刑法的心理学分析》，中国人民公安大学出版社2009年版，第2-3页。

运作。如果说刑法在立法过程中忽视了个人之基本需求，换言之，如若刑法过度地关注非基本需求，那么刑法是非善之刑法。当下之刑法通过否定部分群体的需求及价值，进而“满足”社会中“掌权派”或者“正常人”之需求和价值追求。这种做法虽可实现刑法在某个时间段内的平稳价值，但会存有成为少数人暴政工具之隐忧，这种“工具式隐忧”之排除，必然需要通过个人正确需求加以引导，以需求为导向实现价值之肯定。个人需求于刑法平等原则之价值中得以被尊重、被保护的刑法才是刑法应有之态度，也是刑法立法需依靠的本真和本善。

刑法作为需求保障的法，如果仍然坚持以否定需求为价值导向，那么刑法发展必定远远落后于社会发展，也定会落后于需求觉醒之速度。因个人需求之内容在与时俱进，个人需求之内涵和外延亦在不断发展，故刑法之立法需正视此种变化，实现与个人价值俱进、与社会发展俱进，通过不断调整自身保护的对象和保护的范围以体现对个人的尊重。若是刑法一味地因循守旧，那便是刑法于立法之初即已故步自封。

在个体需求被刑法满足之时，社会公众心理亦会得到刑法的尊重和保护。因为如果从意识层面来说，社会中的每个个体都是分开的，但是在无意识层面，社会中每个个体的思想、观念乃至需求基本是一致的，因而这些众多个体之意识可被视为集体无意识。[①] 对于这种集体无意识，刑法对其尊重、满足并非仅仅实现其中个体的平等，更需要通过其自身价值公正之实现，促成平等实现之初衷，因为“作为抽象的人或曰一般意义上的人，即作为独立、自由的人格主体，则应该在法律上是一律平等的。”[②] 只有在需求被满足时或曰刑法以需求为立法导向之时，刑法之个体及群体根基才会更加稳固，刑法之施行才会被尊重，刑法的价值才会在社会中得以体现。

（四）以实质平等为立法追求

刑法之“目的在于根据罪责、危害程度，以及减轻和加重因素的差别，对人们做出区别对待。”[③] 因此，刑法在解决不同性别、身份等群体间之冲突时，平等应是唯一正确之方式和被社会接受的仅有之合理内涵。于个体而言，这种平等必须是真正有益的平等，即实质平等，而非当下之形式平等，此“是社会制度的首要价值，一如真理是思想体系的首要美德一样”。[④] 而绝非“使人抽离于社会，将人的社会属性人为剥离，并不必然地会有意义地改变人与人之间原有且实际的处境”。[⑤] 此种处境下，作为法治群体的组成部分，每个个体都可以依据刑法之规定，实现自身利益有效地被保护，且可以根据刑法规定享有平等之机会。当然，此种规定并不仅限于个人之人身、财产利益，也包括精神平等之价值与保护，同时也应提供给社会成员平等选择之机会。如若不然，则精神上只有不平等之负担，此中之情形与反向歧视又有何异？

刑法作为社会中特殊的法，其运作之背后是利益的博弈，但是这种博弈状态之

① 参见［瑞士］荣格：《心理学与文学》，冯川、苏克译，三联书店1987年版，第54页。

② 林来梵：《从宪法规范到规范宪法》，法律出版社2001年版，第106页。

③ ［美］贝勒斯：《法律的原则》，张文显等译，中国大百科全书出版社1996年版，第424页。

④ ［美］罗尔斯：《正义论》，何怀宏、何包钢、廖申白译，中国社会科学出版社1988年版，第1页。

⑤ 姜涛：《为了社会正义：将倾斜保护原则植入刑法理论》，载《江淮论坛》2013年第2期。

下的人应当有最大的活动空间，而正确之平等形式即为此种活动空间提供平等的机会保障。因为只有机会平等才能提供给每个个体或者每个群体平等选择之权利，其亦可于此选择之下作出最有利自己之决定，才可于刑法中保证自己之利益，或言之，保证自己合法之利益不被侵犯，尤其是免于被法条背后蕴含的道德标准侵犯。因而，就刑法平等原则而言，需在立法过程中还原其本来之价值面貌，即在立法过程之中，尤其是法条展现之过程中，不偏向于任何人、群体或者特殊情境，充分考虑到平等之价值内涵，实现每个人、每个群体都有平等选择以及被平等对待之可能。同时，赋予每个个体或者群体机会选择之自由，使其在作出选择之时及之后免于承担过多之负担。

关于罪刑法定原则上升为宪法原则的再思考

张国轩[*]

罪刑法定原则强调“没有法律，就没有犯罪”，“没有法律，就没有刑罚”。亦即“无法无罪”、“无法无刑”。其基本精神和内在价值在于最大限度地保障人权和限制国家的司法权，禁止司法机关在法外定罪判刑。我国1997年《刑法》第3条规定：“法律明文规定为犯罪行为的，依照法律定罪处刑；法律没有明文规定为犯罪行为的，不得定罪处刑。”笔者在《国家检察官学院学报》2005年第5期上发表的《罪刑法定原则的内在要求及面临的挑战》一文中曾建议：在修改宪法时，应当将我国刑法规定的罪刑法定原则宪法化，因为它可以最大限度地保障人权，特别是可以充分地、有效地实现“公民的人身权神圣不可侵犯”和“公民的财产权神圣不可侵犯”的规定。[①] 在全面依法治国和尊重保障人权的今天，笔者再次建议将罪刑法定原则上升为宪法原则。

一、罪刑法定原则宪法化的主要依据

（一）政策依据

维护宪法法律权威和尊重保障人权，是中央关于全面深化改革和全面依法治国作出的重大决策和部署。2013年11月12日，中国共产党第十八届中央委员会第三次全体会议通过的《中共中央关于全面深化改革若干重大问题的决定》在“维护宪法法律权威”中指出：“宪法是保证党和国家兴旺发达、长治久安的根本法，具有最高权威。要进一步健全宪法实施监督机制和程序，把全面贯彻实施宪法提高到一个新水平。建立健全全社会忠于、遵守、维护、运用宪法法律的制度。坚持法律面前人人平等，任何组织或者个人都不得有超越宪法法律的特权，一切违反宪法法律的行为都必须予以追究。”在“完善人权司法保障制度”中指出：“国家尊重和保障人权。进一步规范查封、扣押、冻结、处理涉案财物的司法程序。健全错案防止、纠正、责任追究机制，严禁刑讯逼供、体罚虐待，严格实行非法证据排除规则。逐步减少适用死刑罪名。”

2014年10月23日，中国共产党第十八届中央委员会第四次全体会议通过的《中共中央关于全面推进依法治国若干重大问题的决定》在“维护宪法法律权威”和“健全宪法实施监督制度”中指出：“任何组织和个人都必须尊重宪法法律权威，都必须在宪法法律范围内活动，都必须依照宪法法律行使权力或权利、履行职责或义务，都不得有超越宪法法律的特权。”“宪法是党和人民意志的集中体现，是

---

* 江西省人民检察院副检察长，教授。

① 参见张国轩：《罪刑法定原则的内在要求及面临的挑战》，载《国家检察官学院学报》2005年第5期。

通过科学民主程序形成的根本法。坚持依法治国首先要坚持依宪治国，坚持依法执政首先要坚持依宪执政。全国各族人民、一切国家机关和武装力量、各政党和各社会团体、各企业事业组织，都必须以宪法为根本的活动准则，并且负有维护宪法尊严、保证宪法实施的职责。一切违反宪法的行为都必须予以追究和纠正。”在“加强人权司法保障”中指出：“强化诉讼过程中当事人和其他诉讼参与人的知情权、陈述权、辩护辩论权、申请权、申诉权的制度保障。健全落实罪刑法定、疑罪从无、非法证据排除等法律原则的法律制度。完善对限制人身自由司法措施和侦查手段的司法监督，加强对刑讯逼供和非法取证的源头预防，健全冤假错案有效防范、及时纠正机制。”

因此，将罪刑法定原则上升为宪法原则不仅是落实中央关于维护宪法法律权威和尊重保障人权的需要，而且是完成“健全落实罪刑法定、疑罪从无、非法证据排除等法律原则的法律制度”的重大举措。

（二）法律依据

首先，罪刑法定原则的内在价值和法律地位符合宪法的要求。宪法是国家的根本大法，尊重和保障人权，尤其是保障所有公民和组织体不受法外定罪和判刑，应当是宪法的重要任务。《宪法》第13条第1款、第2款规定：“公民的合法的私有财产不受侵犯。国家依照法律规定保护公民的私有财产权和继承权。”第33条第3款规定：“国家尊重和保障人权。”第37条第1款规定：“中华人民共和国公民的人身自由不受侵犯。”第38条规定：“中华人民共和国公民的人格尊严不受侵犯。禁止用任何方法对公民进行侮辱、诽谤和诬告陷害。”第39条规定：“中华人民共和国公民的住宅不受侵犯。禁止非法搜查或者非法侵入公民的住宅。”第40条规定：“中华人民共和国公民的通信自由和通信秘密受法律的保护。除因国家安全或者追查刑事犯罪的需要，由公安机关或者检察机关依照法律规定的程序对通信进行检查外，任何组织或者个人不得以任何理由侵犯公民的通信自由和通信秘密。”

其次，罪刑法定原则在刑法和刑事诉讼法中的地位和作用决定了应当将其宪法化。罪刑法定原则不仅是刑法规定的三个重要原则之一，而且是刑法所特有的基本原则，其在刑法体系中的地位和作用应当是独一无二的。2012年3月14日修改的《刑事诉讼法》第2条也将“尊重和保障人权”规定为刑事诉讼法的任务之一。可见，罪刑法定原则是我国刑法已经明确规定的基本原则，只是由于其在刑法中举足轻重的独特地位和在司法实践中对人权保障的独特功能，才将其从基本法律的原则上升为根本大法的原则，并不是新设刑法原则或者宪法原则。

再次，罪刑法定原则入宪更有利于实现其他部门法对公民人身权、财产权等重要权利的位阶保障和保障力度。《民法总则》第3条规定：“民事主体的人身权利、财产权利以及其他合法权益受法律保护，任何组织或者个人不得侵犯。”《民法通则》第5条规定：“公民、法人的合法的民事权益受法律保护，任何组织和个人不得侵犯。”《物权法》第4条规定：“国家、集体、私人的物权和其他权利人的物权受法律保护，任何单位和个人不得侵犯。”《公司法》第5条第2款规定：“公司的合法权益受法律保护，不受侵犯。”《治安管理处罚法》第2条规定：“扰乱公共秩序，妨害公共安全，侵犯人身权利、财产权利，妨害社会管理，具有社会危害性，依照《中华人民共和国刑法》的规定构成犯罪的，依法追究刑事责任；尚不够刑事处罚的，由公安机关依照本法给予治安管理处罚。”《行政处罚法》第 3 条规定：“公民、法人或者其他组织违反行政管理秩序的行为，应当给予行政处罚的，依照本法由法律、法规或者规章规定，并由行政机关依照本法规定的程序实施。没有法定依据或者不遵守法定程序的，行政处罚无效。”因此，只有罪刑法定原则入宪才能使部门法的规定高位阶地、强有力地得到保障。因为，对于公民和组织体来讲，对他们合法权利的最大威胁和剥夺，就是来自司法机关在法外对他们定罪判刑。所以，将罪刑法定原则上升为宪法原则，可以从法律位阶和根本大法上进一步贯彻罪刑法定原则的要求，进一步明确禁止司法机关在法外对当事人定罪判刑。

最后，罪刑法定原则入宪有国际法依据。《世界人权宣言》第 11 条第 2 款规定：“任何人的任何行为或不行为，在其发生时依国家法或国际法均不构成刑事罪者，不得被判为犯有刑事罪。刑罚不得重于犯罪时适用的法律规定。”《公民权利和政治权利国际公约》第 15 条第 1 款规定：“任何人的任何行为或不行为，在其发生时依照国家法或国际法均不构成刑事罪者，不得据以认为犯有刑事罪。所加的刑罚也不得重于犯罪时所适用的规定。如果在犯罪之后依法规定了应处以较轻的刑罚，犯罪者应予减刑。”行为仅于行为时已有法律规范建立可罚性者，才可予以处罚。内国法所熟知的罪刑法定原则会在国际法层次受到一定程度的限制。不过仍可从国际法的罪刑法定原则推导出以下衍生效果：明确性原则、类推禁止、回溯禁止。再者，国际刑法也适用“无法律，即无刑罚”。①

（三）理论依据

罪刑法定原则是刑法所特有的、贯穿罪责刑的全过程、对刑法体系起决定性作用、对刑事司法起指导作用的准则，具有特殊性、共通性、决定性和指导性等重要特征。我国台湾地区林山田教授认为，罪刑法定原则乃是欧陆法系国家经历长期的历史演进而建立的极具重要性的刑法原则……罪刑法定原则乃从刑法原则跃升为民主法治国家中一个极为重要的宪法原则。有些国家不但将罪刑法定原则明文规定于刑法典中，而且同时将其规定于宪法之中。例如，德国早在 1919 年的《德意志帝国宪法》（即《魏玛宪法》）第 116 条明定罪刑法定原则；至今则以同样的条文将罪刑法定原则分别规定于刑法第 1 条与其基本法（即宪法）第 103 条第 2 项。② 所以，张明楷教授也认为：“罪刑法定原则不仅是刑法原则，也是宪法原则。”③

当然，由于目前在大陆宪法中并没有明确规定罪刑法定原则，所以将其称作宪法原则，只能是从刑法学和宪法学上讲，而不能体现在宪法法典上。

---

① 参见［德］Helmut Satzger：《国际刑法与欧洲刑法》，王士帆译，元照出版有限公司 2014 年版，第 429-430 页。

② 参见林山田著：《刑法通论》（上册，增订十版），北京大学出版社 2012 年版，第 35 页。

③ 参见张明楷著：《刑法学》（第四版），法律出版社 2012 年版，第 51 页。

二、外国宪法关于罪刑法定原则的规定

林钰雄教授指出："罪刑法定原则，是现代法治国家最为重要的刑法基石，可以说是具有普世人权特性的共通原则，现今法治国或规定于刑法，或同时规定于宪法，并且见诸国际人权公约。"[①] 当今世界各国对罪刑法定原则的规定大致有三种情况：一是只在宪法中规定，而不在刑法中规定；二是只在刑法中规定，而不在宪法中规定；三是在宪法和刑法中同时规定。第一种方式和第三种方式都是将罪刑法定原则在宪法中有规定，我国目前属于第二种存在形式，将其变更为第三种方式并非我国在立法上的独创。

从目前外国宪法关于罪刑法定原则的规定来看，主要存在于欧洲国家和亚洲国家的宪法之中。[②]

1814 年 5 月 17 日通过的《挪威王国宪法》（2012 年 5 月 15 日修正）第五章"一般规定"第 96 条（无罪推定与禁止酷刑）规定："非依据法律不受指控，非依据法院的判决不受惩罚。严禁刑讯逼供。"第 97 条（禁止溯及既往）规定："任何法律都不具有溯及既往的效力。"

1949 年 5 月 23 日德意志联邦共和国国会颁布的《德意志联邦共和国基本法》[③]第一章"基本权利"第 2 条规定："人人享有生命和身体不受侵犯的权利。人身自由不可侵犯。只有依据法律才能介入此类权利。"

1974 年 2 月 28 日瑞典议会通过的《政府组织法》[④] 第二章"基本权利与自由"第 10 条规定："一、如果一个行为在其发生时不构成刑事犯罪，则不应对其施以任何刑罚或其他刑事处罚。对犯罪行为所施加的刑罚也不得重于犯罪发生时所适用的规定，以上有关刑罚的规定同样适用于财产的没收或刑事犯罪所导致的其他特别法律后果。"

1978 年 10 月 31 日西班牙国会两院通过的《西班牙王国宪法》第一章"基本权利和义务"第 25 条规定："第 1 款：任何人在作为或不作为发生之时，依据当时所施行的法律不构成重罪、不轨行为或行政违法的，不得被宣判或受到刑事处罚。"第 17 条规定："第 1 款：人人享有自由和安全的权利。除执行本条款规定、在案件诉讼过程中及法律规定的方式外，任何人不得被剥夺自由。"

《希腊宪法》（个人权利和社会权利）第 7 条规定："一、除非行为实施前业已生效的法律已确定犯罪行为的构成要件，否则任何人的行为不得被定罪判刑。在任何案件中，施加的刑罚均不应比实施这一行为时明确规定的刑罚更重。"

《葡萄牙宪法》（第二章权利、自由及其保障）第 29 条（刑法的适用）规定："1. 除非现行法律中规定该作为应当受到处罚，否则不得对任何人判处刑罚，也不

① 林钰雄著：《新刑法总则》，元照出版有限公司 2011 年版，第 36 页。

② 以下外国宪法条文的规定，均引自孙谦、韩大元主编《世界各国宪法》亚洲卷、欧洲卷等，中国检察出版社 2012 年版。

③ 1990 年 8 月，两德统一后对基本法的某些条款作了修改，10 月 3 日起适用于统一后的德国。

④ 系《瑞典宪法》组成部分之一。

得对任何人采取现行法律中未予规定的治安措施。”

《荷兰宪法》（第二章基本权利）第 16 条规定：“定罪量刑应当基于犯罪当时生效的法律。”第 15 条规定：“除非依照或者基于议会法令的规定，否则任何人不得被剥夺自由。”

《俄罗斯宪法》（人和公民的权利与自由）第 54 条规定：“1. 规定或加重责任的法律不具有溯及力。2. 任何人均不得对其实施时未被认定为违法的行为承担责任。如果在违法行为实施后，该行为应负的责任被撤销或减轻，那么应当适用新法律。”

1946 年 10 月 7 日日本帝国议会通过的《日本国宪法》（又名《昭和宪法》）第三章“国民的权利和义务”第 39 条规定：“任何人在其实施的当时为合法的行为或已经被宣判无罪的行为，均不得再追究刑事责任。同时，对同一犯罪行为不得重复追究刑事上的责任。”第 31 条规定：“不经法律规定的程序，不得剥夺任何人的生命或自由，或科以其他刑罚。”第 32 条规定：“不得剥夺任何人在法院接受裁判的权利。”

《韩国宪法》（第二章国民的权利和义务）第 13 条规定：“国民的行为除按当时的法律规定为犯罪的外，不因同一犯罪而受到重复处罚。”第 12 条规定：“国民享有人身自由。未经法律许可，任何国民都不受逮捕、拘禁、搜查、扣押或审讯；未按照法律和合法程序，不受处罚、保安处分或强制劳役。”

《印度宪法》（第三编基本权）第 20 条（判罪的保障）规定：“1. 非以行为时即规定该行为构成犯罪的有效法律不得对其科罪，所科的刑罚不得重于行为时有效法律所可能科以的刑罚。2. 不得对同一犯罪行为进行重复的检控或者惩罚。3. 不得迫使犯罪嫌疑人自证其罪。”第 31 条规定：“非经法定程序，不得剥夺任何人的生命和人身自由。”

《新加坡宪法》（第四编基本自由）第 9 条规定：“除非依照法律，不得剥夺任何人的生命或人身自由。”第 11 条（刑法不溯及既往和不重复审判的保障）规定：“（1）禁止以行为时法律规定为犯罪的作为或者不作为处罚任何人，禁止以重于行为时法律规定的刑罚处罚行为人的犯罪行为。（2）凡被宣判为无罪或有罪者，不得因同一犯罪再次受审，除非原审法院的上级法院推翻判令并下令重审。”

2008 年 5 月 29 日缅甸全民公决通过的《缅甸联邦共和国宪法》第一章“联邦基本原则”第 43 条规定：“不得制定任何具有溯及既往的刑法。”第八章“公民、公民的基本权利和义务”第 373 条规定：“违反法律的人，只能根据当时实施的法律对其定罪，且量刑不应超出该法律的规定。”

因此，以上国家在宪法中关于罪刑法定原则的规定，虽然有时间上的巨大差距、内容上的多寡不均、表述上的大同小异、条序上的不同编排等差异，但是，最大的共性是重视将罪刑法定原则作为一项宪法原则来对待，并且在宪法中予以明确。这一立法模式和经验，值得我们借鉴。

三、如何在宪法中规定罪刑法定原则

笔者认为，如何在宪法中规定罪刑法定原则涉及在宪法的什么部分、什么条文中规定和规定什么内容这两个问题。

首先，在我国《宪法》第二章“公民的基本权利和义务”中规定罪刑法定原则比较妥当，并且建议在第33条中规定，而不宜在第37条或者其他条文中规定。因为，第33条的内容是：凡具有中华人民共和国国籍的人都是中华人民共和国公民。中华人民共和国公民在法律面前一律平等。国家尊重和保障人权。任何公民享有宪法和法律规定的权利，同时必须履行宪法和法律规定的义务。第37条的内容是：中华人民共和国公民的人身自由不受侵犯。任何公民，非经人民检察院批准或者决定或者人民法院决定，并由公安机关执行，不受逮捕。禁止非法拘禁和以其他方法非法剥夺或者限制公民的人身自由，禁止非法搜查公民的身体。第33条涉及的权利的内容比较全面，而第37条和其他条文涉及的权利的内容均相对单一。所以建议在第33条第2款“国家尊重和保障人权”之后增加规定“罪刑法定原则”，也不宜另增一款来单独规定。

其次，关于罪刑法定原则规定的内容。德国刑法理论大师李斯特就曾生动地说：罪刑法定原则乃犯罪者的大宪章。[①] 我国台湾地区林钰雄教授认为，罪刑法定原则的目的在于：防止国家滥用刑罚并保障个人权利，因为在此原则之下，国家不能恣意罗列罪名来处罚不受欢迎的人物。因此，整部刑法所定的法律要件及处罚规定具有相当重要的保障功能，可以说是防止个人权利受国家恣意侵犯的保证书。[②] 目前我国刑法第3条的规定比较全面，涉及正反两方面的规定，尤其是中间是用“；”隔开的，这就形成了两种截然不同的含义，致使我国大陆的罪刑法定原则变成了双重价值和功能。笔者认为，这种违背罪刑法定原则本来含义和价值功能的立法弊端，应当在宪法规定中尽量克服和避免。因此，建议在将来通过宪法修正案时，可以将宪法第33条第2款修正为：“国家尊重和保障人权。法律没有明文规定为犯罪行为的，不得定罪处刑。”

---

① 转引自林钰雄著：《新刑法总则》，元照出版有限公司2011年版，第38-39页。

② 林钰雄著：《新刑法总则》，元照出版有限公司2011年版，第38页。

犯罪化立法视阈下刑事不法内涵之解构与适用

童伟华[*]　徐海波[**]

自1997年刑法颁行20周年以来，我国刑事立法活动较为频繁，迄今已通过九个刑法修正案进行了大量犯罪化立法，因此犯罪化是我国刑法立法的主旋律。[①] 尤其是《刑法修正案（八）》与《刑法修正案（九）》新增了较多犯罪，如危险驾驶罪、拒不支付劳动报酬罪、组织考试作弊罪和使用虚假身份证件、盗用身份证件罪以及相关恐怖主义犯罪等，呈现出令人堪忧的扩张局面。现代刑事法治赋予刑法立法神圣的历史使命，刑事立法科学化仍是根本意义上的重要课题，因而对于犯罪化立法的扩张应进行深刻的反思与检视。值得重点关注的是，某一行为属于刑事不法方可对其犯罪化，可见犯罪化立法与刑事不法内涵关联紧密，犯罪化立法应当契合刑事不法内涵。换言之，行为契合刑事不法内涵应是犯罪化立法的前提，犯罪化立法的实质根据主要在于是否符合刑事不法内涵。刑事不法内涵的厘清有助于明确犯罪化与非犯罪化之边界、有助于充分保障公众的人权与自由以及有助于促进犯罪化立法的科学化与法治化。然而，目前在学界刑事不法内涵尚未得到充分厘清，而且立法者在犯罪化立法过程中可能也未充分注重刑事不法的实质内涵。本文拟在犯罪化立法视阈下对刑事不法内涵展开解读、理论建构与适用分析，在判断行为是否应予犯罪化问题上提供较为理性的论证，从而助推我国犯罪化立法的科学化与法治化，进而充分保障人权和实现刑事法治的良性发展。

一、犯罪化立法视阈下刑事不法内涵之解构

经由犯罪概念产生的刑事不法内涵语意具有高度的抽象性，[②] 因而对其具体理解在学界存在较大争论。以下，对犯罪化立法视阈下刑事不法内涵的解读与理论建构展开分析：

（一）犯罪化立法视阈下刑事不法内涵之传统解读

在刑事立法过程中，社会危害性是区别犯罪化与非犯罪化的标尺。[③] 传统刑法学理论也主要从“社会危害性说”探讨犯罪化的刑事不法内涵，[④] 往往认为某一行

---

* 海南大学法学院副院长，教授，博士生导师。

** 海南大学法学院刑法学博士研究生。

① 陈兴良：《犯罪范围的扩张与刑罚结构的调整——〈刑法修正案（九）〉述评》，载《法律科学》2016年第4期。

② 李圣杰：《刑事不法内涵的图像》，载《台湾本土法学杂志》2006年第84期。

③ 高铭暄、陈璐：《论社会危害性概念的解释》，载《刑法论丛》2012年第3卷。

④ 关于犯罪的内涵与本质界定，还有“权利侵害说”、“义务违反说”、“秩序违反说”以及“法益侵害说+义务违反说的折中说”等学说。由于这些学说影响力较小，且难以融入我国学术体系，在此不予详述。

为之所以被犯罪化，正是由于其具有相当的社会危害性。自贝卡利亚以来的古典刑法思想认为，犯罪是客观的、外在的，衡量犯罪的唯一标准是行为对社会的危害性。但是，采用社会危害性理论探讨刑事不法内涵，显得过于空泛与抽象，社会危害性概念大而含糊，容易成为违反罪刑法定原则任意入罪的突破口，因而广遭诟病。[①] 而且，对社会危害性的传统解读主要指向侵犯社会关系。而事实上，除人与人之间的社会关系外，如食品安全、环境安全均是刑法应予保护的范畴。此外，对社会危害性的传统解读体现的是国家本位与社会本位，其价值追求指向社会秩序及其控制，并非为了最大限度地保障国民的权利与自由，因而在一定程度上背离了法治精神，遭到学者们的严厉批判。由于社会危害性理论属于主客观相统一的范畴而内容宏大，且存在欠缺规范属性等显见缺陷，[②] 加之法益侵害仅是社会危害性的客观方面，其较之社会危害性更为具体和直观。因此，更宜采用法益理论解读刑事不法内涵。事实上，对于犯罪化立法中的刑事不法内涵，学界经过多年发展的既有研究主要从法益与规范的对立出发，映射于实质的违法性上，存在法益侵害说与规范违反说之争。这两种学说主要在实质犯罪概念的领域内展开，并能指导刑事立法的方向与标准。法益侵害说在不法论上的基本观点是："由于刑法的目的是保护法益，故刑法将违反该目的的事态作为禁止的对象，违法性的本质就是侵犯法益。"[③] 如罗克辛指出，刑法的任务在于保护法益。规范违反说在不法论上的基本观点则是违法性的本质在于规范违反。如雅各布斯主张，刑法保护的不是法益，而是规范的效力。犯罪就是对规范的否认。[④] 总体看来，关于犯罪化立法视阈下的刑事不法内涵，传统刑法学主要围绕社会危害性这一宏大抽象的理论展开，经过发展的既有研究也往往局限于从法益或规范的单一面向展开论证分析。

（二）犯罪化立法视阈下刑事不法内涵之新解与理论建构

本文认为，刑事不法内涵在宏观层面主要包含"犯罪的内涵与本质"、"违法性"以及影响犯罪化立法的重要深层理论因子。法益作为现代刑法学在讨论犯罪内涵与本质过程中愈显有力的理论自然无法脱离刑事不法内涵的讨论范畴。但正如日本学者甲斐克则认为，法益概念和法益论，不是解决所有问题的"王牌"。[⑤] 因此，法益之外还需探寻其他影响因素作为犯罪化立法的补充。我们应当承认，以法益与规范理论的论争对刑事不法内涵的研究存在可资借鉴之处，本文赞同对法益侵害说与规范违反说进行融合。[⑥] 因为某些所谓的法益，实际上是规范关系、规范秩序，从而将法益保护和规范维护有机统一起来，将对法益的解释转化为对规范关系的解释。例如，聚众淫乱罪的保护法益是社会善良风俗，其这一法益同时也是规范关

---

① 何立荣：《中国刑法发展的辩证研究》，中国政法大学出版社 2013 年版，第 107 页。

② 梁根林：《刑事法网：扩张与限缩》，法律出版社 2005 年版，第 13 页。

③ 张明楷：《结果无价值论的法益观——与周光权教授商榷》，载《中外法学》2012 年第 1 期。

④ ［德］克劳斯·罗克辛：《对批判立法之法益概念的检视》，陈璇译，载《法学评论》2015 年第 1 期。

⑤ ［日］甲斐克则：《刑事立法和法益概念的机能》，载《法律时报》第 75 卷（2003 年）第 2 号。

⑥ 张军：《刑事违法性理论研究——犯罪评价的规范基础及其实践价值》，中国检察出版社 2017 年版，第 127-128 页。

系。[1] 有德国学者主张在刑法目的这一问题上，法益保护与规范效力的保障并非相互排斥，而是两个分属不同层次、完全能够彼此兼容的思想。[2] 大塚仁也指出，刑法学对于法益侵害说与规范违反说两种立场的异质性似乎强调得有些过分了，这两种立场只不过是从不同的角度认识违法性的实质，绝非不相容。[3] 因此，本文赞同法益与规范可以进行融合。而且在对两者进行融合既考虑法益又考虑行为背德性（社会伦理规范）的同时，还应当进行延展，运用刑事政策充实法益，[4] 刑事政策影响法益保护的必要性，属于犯罪化立法中非常重要的影响因子，因此，有必要将其纳入刑事不法内涵的理论建构范畴。规范理论主要体现为法规范，法规范的实质又是社会伦理规范，[5] 本文在同一含义上使用将其称为“行为背德性”，并将行为背德性也纳入刑事不法内涵的理论建构范畴。质言之，即以法益为中心，并融合行为背德性以及刑事政策对犯罪化立法的刑事不法内涵作出新的解读与理论建构。基本要义为：法益属于刑事不法内涵之内核，刑事政策影响法益保护的必要性，而行为背德性能够提升法益的保护程度。

二、犯罪化立法扩张对刑事不法内涵背离之检视

当前我国的犯罪化立法，由于对刑事不法内涵的理解与适用不当，导致存在一些一定程度上背离刑事不法内涵的犯罪化立法情形需要加以检视。本文选择以下几种典型立法情形展开分析：

（一）刑法介入的早期化、前置化对刑事不法内涵的背离

为适应现代社会风险治理和控制的需要，我国犯罪化立法的扩张，充分体现了刑法干预的早期化和处罚的提前化。其一，体现为抽象危险犯的扩张。在《刑法修正案（八）》当中，《刑法》第141条规定的生产销售假药罪由具体危险犯转为抽象危险犯，只要行为人生产销售假药就构成生产销售假药罪。其二，体现为预备行为实行化，《刑法修正案（九）》大量增设了有关反对恐怖主义、极端主义的犯罪。预备行为的实行犯化，必然导致刑罚处罚线向前拉长，法益保护过度前置，模糊了刑法与前置法的应有界限。抽象危险犯概念就是保护超个人法益的工具。但抽象危险犯概念可能是难以把握的，它的存在与法益侵害说多少有些矛盾——究竟是保护法益，还是保护社会的规范关系，难以说清。[6] 当抽象危险犯的立法纯粹为了保护社会规范关系时，就背离了刑事不法内涵。

总之，立法者不能盲目设立刑事处罚早期化、前置化的犯罪类型，尤其是要警惕集体法益与抽象危险犯的结合所可能导致的刑事立法的过分扩张问题。在增设刑

---

① 周光权：《行为无价值论的法益观》，载《中外法学》2011年第5期。

② ［德］乌尔斯·金德霍伊泽尔：《法益保护与规范效力的保障——论刑法的目的》，载《中外法学》2015年第2期。

③ ［日］大塚仁：《犯罪论的基本问题》，冯军译，中国政法大学出版社1993年版，第116页。

④ 德国学者罗克辛教授，就是尝试运用刑事政策内容充实法益内涵的代表人物之一。法益仍是刑法的本体，而政策化可以成为解读法益内涵的来源之一，这也是德国刑法信条学发展的结果。

⑤ 周光权：《刑法学的向度》，中国政法大学出版社2004年版，第209页。

⑥ 舒洪水、张晶：《近现代法益理论的发展及其功能化解读》，载《中国刑事法杂志》2010年第9期。

事处罚早期化、前置化的犯罪类型时，均须充分体现行为与法益的关联性，否则，这样的犯罪化立法就缺乏正当化根据，亦即对刑事不法内涵的背离。

（二）象征性立法的扩张对刑事不法内涵的背离

所谓象征性刑事立法，通常的理解是对保障和平的共同生活不是必要的，但为了向国内外表明国家的政治观、世界观的自我姿态的刑事立法。现代刑法之象征化现象，纯粹在于试图维系规范的有效性，而国家最终得以透过刑法进行全面的社会控制。① 我国典型的象征性刑事立法包括恐怖犯罪、网络犯罪、环境犯罪等。就象征性刑事立法的法益是否属于刑法保护的适格对象，个人主义法益论者多有争议，罗克辛认为这些立法的目的是值得肯定的目标设立，但对这些犯罪的追究并不服务于法益保护，以此目的而纳入刑法是不合法的。

由于法益概念在现代社会被逐步抽象化、精神化、稀薄化是不可扭转的趋势，法益概念的批判功能日益式微。某种原来并不受重视的利益一旦被立法者认为有必要在刑法上加以保护，其就上升为法益。许多立法与其说是要保护国民的利益，不如说是为了回应国民“体感治安”的降低，试图保护其“安心感”，从而使立法带有明显的象征性色彩。② 刘艳红教授认为，为了回应国民的“体感治安”，民众的“安心感”成为晚近以来恐怖犯罪、网络犯罪、环境犯罪等新型风险犯罪的立法理由。象征性立法因过多地服务于安全目的而损害了刑法的法益保护功能，因谦抑性不足而损害了刑法的人权保障功能。③ 根据刘艳红教授的论述，象征性立法往往以风险防控、预防犯罪为目的，并不在于保护真正值得刑法所保护的法益并“招致保护法益的稀薄化”，此种犯罪化立法往往基于对社会问题的情绪以及价值偏好，由于过度重视国家安全与社会秩序之控制而带有很大的非理性，其在很大程度上背离了犯罪化立法的刑事不法内涵。

（三）情绪性、应激性立法的扩张对刑事不法内涵的背离

新近颁行的《刑法修正案（九）》中，情绪性立法现象表现较为突出和严重。废除嫖宿幼女罪，增设编造、故意传播虚假信息罪，增设拒不履行网络安全管理义务罪等规定均是《刑法修正案（九）》中情绪性立法的典型立法例。④ 关于应激性立法，有观点指出，从1979年到2011年，刑事立法的短期化政策倾向越来越浓厚，并有明显的从应急立法向应激立法转变的趋向。⑤ 应激性立法一般是指由于一定时期的社会重大热点案件，引发社会舆论的一直关注与集体焦虑，继而要求刑事立法给予制度上的回应，将刑法作为这些社会重大事件的釜底抽薪之举。社会热点刺激，刑事立法回应，一条应激的链条就得以形成。典型的应激性立法如增设拒不

① 古承宗：《风险社会与现代刑法的象征性》，载《刑法的象征化与规制理性》，元照出版有限公司2017年版，第103页。

② ［日］松原芳博：《刑法总论重要问题》，王昭武译，中国政法大学出版社2014年版，第17页。

③ 刘艳红：《象征性立法对刑法功能的损害——二十年来中国刑事立法总评》，载《政治与法律》2017年第3期。

④ 刘宪权：《刑事立法应力戒情绪——以〈刑法修正案（九）〉为视角》，载《法学评论》2016年第1期。

⑤ 李怀胜：《刑事立法的国家立场》，中国政法大学出版社2015年版，第2页。

支付劳动报酬罪以及危险驾驶罪。

情绪性立法容易背离刑法的谦抑原则，对犯罪化立法产生不良效应。至于应激性立法，笔者认为其在满足公众社会期待的同时，可以说刑事立法的正当性根据与共识性基础均受到了前所未有的挑战，且这种应激性立法的背后隐藏着侵犯国民自由的巨大危险。总体而言，情绪性立法与应激性立法的扩张由于受到民意与社会舆论的影响，而在忽视刑事不法内涵内核及其影响因素的情形下进行犯罪化立法，极易导致对刑事不法内涵的背离，呈现出高度的非理性。

三、犯罪化立法视阈下刑事不法内涵之适用限定

解决犯罪化立法非理性扩张的路径在于谨守刑事不法内涵，通过刑事不法内涵对非理性的立法扩张予以限定。谨守的前提是需要充分明确刑事不法内涵的具体内容。此外，法学理论的设计与论证应当为法治实践服务，因而如何将本文所论及的刑事不法内涵的理论建构适用于犯罪化立法之中亦属于重要的任务。

（一）犯罪化立法中法益的诠释及其适用限定

法益能够对犯罪化立法产生基础性的导向作用，因为法益揭示了刑法保护的对象，为刑事立法划定了界限和标准，具有检验刑事立法的机能。[①] 如前所述，犯罪化立法又须契合刑事不法内涵，因而法益与刑事不法内涵紧密关联。法益理论是在探讨犯罪概念和本质的过程中产生的，在主流观点看来，犯罪的实质是法益侵害。因此，于刑事立法之上，立法者只能将具有法益侵害性的行为规定为犯罪。我国台湾地区学者黄荣坚教授认为，世界上不会有欠缺保护法益的刑事立法，且法益的基本概念是利益，不过刑法学在用字上一直使用保护法益的字眼，一般解释为刑法所保护的生活利益。[②] 陈志龙教授则认为，法益既被界定为与基本权利实现相互关联，则其与生命、身体、自由、名誉与财产具有相同或直接关联的本质者，才是具有刑法上保护必要的法益内涵。[③]

当前，学界对于法益的理解仍然存在疑问与较大争议，如某些犯罪所谓的侵害良善风俗是无法被感触或感知的抽象观念，是否能被视为法益的范畴值得进一步商榷与探讨。如有学者认为，风俗以及模糊的法益不值得刑法保护。虽然这一点已在观念层面上被普遍接受，但实践层面上仍要警惕。[④] 可以肯定的是，法益概念的确定，是行为入罪化与除罪化的基准，刑法只有对较为重大的法益受到侵害或面临急迫的危险时才予以保护。因而在犯罪化立法中，刑事不法内涵范畴内的法益应被适当限定，即并非所有侵犯法益的行为均要入刑。有学者指出，从约束国家刑罚权的发动而言，有必要对法益概念作限缩性的界定，因为法益的内涵越明确、越具象化便越能有效地约束国家刑罚权。[⑤] 本文初步主张刑法所保护的法益应当坚持可以被

① 苏青：《法益理论的发展源流及其启示》，载《法律科学》2011年第3期。

② 黄荣坚：《基础刑法学》（上），元照出版有限公司2012年版，第21、29页。

③ 陈志龙：《法益与刑事立法》，高尚印刷企业有限公司1992年版，第105页。

④ 吕英杰：《风险刑法下的法益保护》，载《吉林大学社会科学学报》2013年第4期。

⑤ 劳东燕：《风险社会与变动中的刑法理论》，载《中外法学》2014年第1期。

直接感触或感受的基本标准，并且不得牺牲自由主义的精神内核而进行犯罪化立法。

（二）犯罪化立法中刑事政策的解读及其适用限定

当前，刑事政策对犯罪化立法具有重要的指导作用已成为学界所达成的基本共识。有学者指出，刑事政策是针对犯罪的“最佳对策”，在犯罪化与非犯罪化之间作出明智或理性的选择。[①] 本文认为，刑事政策影响法益保护的必要性，从而影响犯罪化立法。

对于刑事政策在犯罪化立法中的限定，应该通过制度化、法治化的方式继续深入推行宽严相济的刑事政策。[②] 显然，刑事政策不能不受限制地影响刑法，应当通过刑法的规范原则进行适当的制约。为了避免大而化之的宏大叙事，有学者多次赞同刑事政策应当被置于刑法体系，作为内在参数。[③] 而且只有那些成熟的、稳定的刑事政策思想在有立法必要时才转化为刑事法律。[④] 对于刑事政策的限定，还需注意的是，刑事政策的立法化也必须坚持刑法犯罪化的根据与原则，强调刑法对行为处罚的正当性和限度。在笔者看来，刑事政策具有抽象性以及宽严两个具体维度。采取何种维度直接关乎行为的罪与非罪，因而应当受到具体限制，不能恣意采取严厉或宽缓的刑事政策决定对行为入罪与否。一般而言，也只有当行为满足对个人、社会或国家的法益具有重大侵害时，才能采取刑事政策对该种行为实行犯罪化。

（三）犯罪化立法中行为背德性的阐析及其适用限定

刑法的任务是维持社会伦理，这种观点仍然是符合社会实情的学说，有学者指出，刑法修正案犯罪化的行为特征除了重大危害或邪恶还需满足不法性，而不法的判断具体就包括了是否具有道德上的可责罚性。[⑤] 笔者认为，犯罪化立法应当将行为是否具有背德性列入考量范畴。可见，属于刑法核心领域的所有重要不法构成要件，皆具相当的社会伦理不法内涵。现代刑法道德主义观认为，刑法的基本功能在于维护社会道德，即使行为对他人或自己没有伤害，行为仍然可以因为其不道德而被刑法禁止。[⑥] 通常情况下可以把道德分为公共道德与私人道德。法律总是允许介入公共道德的核心领域。因而犯罪化立法与行为背德性关联紧密。我国某些犯罪就是考虑到法益侵害加上行为背德性而设立的。譬如，抢劫罪、背信损害上市公司利益罪以及考试作弊入刑等。当然，刑法并不应当被泛道德化，但不可否认的是，行为背德性能够提升法益的保护程度，某些侵害了法益又违背道德的行为应当予以犯罪化。

---

① 夏勇：《和谐社会目标下“犯罪化”与“非犯罪化”的标准》，法律出版社 2016 年版，第 30 页。

② 卢建平：《宽严相济与刑法修正》，载《清华法学》2017 年第 1 期。

③ 劳东燕：《刑事政策与刑法体系关系之考察》，载《比较法研究》2012 年第 2 期；聂慧萍：《刑事政策的刑法规范化研究》，法律出版社 2015 年版，第 6 页。

④ 卫磊：《刑事政策的法律与政策属性之紧张与平衡》，载严励主编：《刑法学前沿与热点问题研究》，中国法制出版社 2017 年版，第 276 页。

⑤ 姜敏：《刑法修正案犯罪化及限制》，中国法制出版社 2016 年版，第 334-335 页。

⑥ Joel Feinberg, The Moral Limits of the Criminal Law: Volume 1: Harm to Others, Oxford University Press 1984, p. 27.

当然，行为背德性也应受限定，并非所有违背道德的行为均应予以犯罪化。不具有现实的恶害性的单纯道德违反，不应作为犯罪。譬如，见死不救虽不道德，但并未伤害到他人权益、自由，应当属于个人的自由、自主的范畴。容忍这种个人自由会造成小恶，但如果允许公权力侵入国民自由领域，那将造成自由底线的全面溃败，酿成大恶。此外，公共道德的边缘领域一般也是法律无法介入的。总之，笔者赞同的观点是："刑法肩负的作用是，确保为维持共同生活秩序所必要的最小限度的道德性、伦理性规范，将其内容呈现给国民（规范性机能）。"①

四、结语

自 1997 年刑法典颁行以来，我国犯罪化立法的非理性扩张饱受争议，因此对于中国未来的犯罪化刑事立法，必须将刑事不法内涵纳入规范的考量体系，从而全面衡量犯罪化立法的科学合理与否，使我国的刑事立法不仅在程序上走向法治化，而且在实质的内涵上也实现法治化。囿于篇幅，笔者在犯罪化立法视阈下对刑事不法内涵的解构与适用限定展开了粗略的论述，归结起来，本文的宏旨即在犯罪化立法过程中要充分考量是否契合以法益为中心并融合了行为背德性与刑事政策的刑事不法内涵，绝不能背离刑事不法内涵，只考虑对国民的安抚，将刑法过度民粹化，或者以安全之名加强对社会秩序的控制，或者针对某种社会现状进行象征性立法、情绪性立法等非理性立法，因为唯有谨守刑事不法内涵，才能实现犯罪化立法科学化与法治化。

① ［日］藤木英雄：《刑法讲义总论》，日本弘文堂 1975 年版，第 6 页。

犯罪门槛之20年变迁：形态、特征与走势*

姜瀛**

我国刑法在经过1997年的大修之后已实施了整整20个年头，这期间经历了九部刑法修正案。如今的刑法在内容与结构上较1997年修订之时已经有了较大的改变。但从本质上来看，我国刑法属于典型的“重罪重刑法”或“小刑法”。在1997年刑法实施了20年之后，我国的刑法结构在整体上没有发生质的改变。然而，在微观层面上，与刑法结构密切相关的“技术指标”——犯罪门槛——却一直处于变动之中，这种变动有待进一步考察。鉴于此，本文基于价值中立立场对我国犯罪门槛的20年变迁作客观梳理——不涉及对我国所特有的“犯罪门槛”制度作出肯定或者是批判，希望以“犯罪门槛”为线索对1997年刑法的20年变迁作解构式研讨。

一、犯罪门槛的概念及认知要素

卢建平教授曾经指出，“犯罪门槛是一个颇具中国特色的概念，因为世界绝大多数国家没有犯罪门槛这个词汇。就中国而言，犯罪门槛也不是一个精准的法律概念，而是理论与实务界约定俗成的通俗说法。犯罪门槛作为认定犯罪的标准，具有重要的限制或过滤功能，一个行为只有越过犯罪门槛才能进入刑法的规制范围，构成犯罪”。① 可以看出，犯罪门槛是划分一般违法行为与刑事犯罪之间的分界线，也即“门槛”之外是一般违法行为；而达到“门槛”或曰跨过“门槛”之后，行为的性质就发生了质的改变——构成了刑事犯罪。由此说来，犯罪门槛是与刑法结构密切相关的概念。从本质上来看，犯罪门槛是刑事政策或者结构上的术语，是认知犯罪治理体系中刑事犯罪与行政（治安）处罚之关联性纽带。

通常认为，我国刑法第13条“但书”条款所规定的“情节显著轻微危害不大的，不认为是犯罪”是催生出犯罪门槛的规范依据。由于“但书”的存在，那些性质上相同的行为因为某些考察因素的差别而被置于门槛内外，最终被区分为犯罪或者是一般违法行为。当然，正如前文所指出，犯罪门槛是一个相对抽象的学术概念，而非刑法中的规范术语。因此，对于犯罪门槛的认知需要借助一系列要素。从我国刑法分则的规定来看，构成犯罪门槛的基本要素包括了“数额、情节、次数及特定条件”。

其一，关于数额。在财产犯罪、经济犯罪以及其他相关犯罪中，犯罪数额通常

---

* 本文系中央高校基本科研业务费专项项目“DUT17RC（4）44”阶段性研究成果。

** 大连理工大学法律系讲师，法学博士。

① 卢建平：《犯罪门槛下降及其对刑法体系的挑战》，载《法学评论》2014年第6期。

可以代表遭受犯罪行为所侵犯的财产价值或经济价值，具有可计量性。因此，在我国刑法中，一些犯罪的罪状表述中规定了以“特定数额”或“数额较大”作为该罪的成立要件，而达到数额较大之标准便属于该罪的“犯罪门槛”。例如，我国刑法第140条“生产、销售伪劣产品罪”中所规定“销售金额五万元”便属于特定数额型犯罪门槛；又如，我国刑法第163条“非国家工作人员受贿罪”则规定了“数额较大”之犯罪门槛。从反面来看，如果行为人实施了在性质上符合相关构成要件的行为，但未能到达特定数额或数额较大的标准，其行为便不能被认定为犯罪。

其二，关于情节。从广义上讲，刑法中的犯罪情节可分为定罪情节与量刑情节，而定罪情节通常是指区分罪与非罪的标志，作为犯罪门槛所存在的犯罪情节指的便是定罪情节。从学理上来看，作为犯罪门槛存在的犯罪情节，是指刑法明文规定的表明行为的法益侵害程度而为犯罪成立所必需的情节性要件。从刑法分则中具体罪名的罪状表述来看，犯罪情节表述方式是多样化的，包括“情节严重”、“情节恶劣”及“造成严重后果（后果严重）”，等等。例如，我国刑法第216条“假冒专利罪”规定了“情节严重”的犯罪门槛；又如，刑法第260条“虐待罪”规定了“情节恶劣”的犯罪门槛；再如，我国刑法第136条“危险品肇事罪”规定了“造成严重后果”的犯罪门槛。

其三，关于次数。从学理上来看，违法犯罪次数是表征行为人人身危险性的主要依据。与之相应，次数型犯罪门槛是指刑法所规定的行为人在一定期限内因实施多次性质相同的违法行为进而被认为成立犯罪的考量标准。[①] 近年来，在我国刑法和司法解释中，以次数作为成立犯罪之门槛已成为普遍现象。例如，《刑法修正案（八）》（以下简称《修八》）后相关司法解释对“多次盗窃”概念的重新诠释，在敲诈勒索罪中增加了的多次敲诈勒索之犯罪门槛；《刑法修正案（九）》（以下简称《修九》）又在抢夺罪中增加了多次抢夺之犯罪门槛。此外，值得注意的是，“次数”已经成为网络犯罪司法实践中最为依仗的犯罪门槛。例如，2004年《关于办理知识产权刑事案件具体应用法律若干问题的解释》专门将“传播他人作品的实际点击数达到5万次以上的”作为“其他严重情节”的判断标准。再如，2013年《关于办理利用信息网络实施诽谤等刑事案件适用法律若干问题的解释》在网络诽谤“情节严重”判定标准中增加了“点击次数”和“转发次数”。[②]

其四，关于特定条件。毫无疑问，“数额”“情节”及“次数”是刑法中最为常见的犯罪门槛类型。然而，对于刑法中的具体罪名而言，犯罪门槛所评价的是整体的入罪格局，某一行为附加了特定条件也可能成为犯罪门槛。正如前文所指出，盗窃罪的犯罪门槛则涉及数额型、次数型以及特定条件型等不同类型。在传统的数额型盗窃、次数型盗窃罪的犯罪门槛之外，“入户”“携带凶器”及“扒（窃）”等特定条件附加在盗窃行为之上就可以成立盗窃罪。易言之，“入户”“携带凶器”

① 参见张志勋、卢建平：《多次犯：刑法的制度化产物及其限制路径》，载《江西社会科学》2015年第6期。

② 卢建平、姜瀛：《犯罪网络“异化”与刑法应对模式》，载《人民检察》2014年第3期。

及“扒（窃）”等特定条件也属于盗窃罪的犯罪门槛。[①] 当然，特定条件型犯罪门槛是一种特殊的门槛类型，在我国刑法中相对较少。

二、我国犯罪门槛20年变迁的基本形态

在1997年刑法逐步修改完善的20年间，犯罪门槛的变动在整体上表现为“质”的变化与“量”的调整两种基本形态。其中，前者主要由“立法修改”所导致的，而后者则通常表现为“司法解释”层面的调整。

（一）犯罪门槛“质”的变化

1997年刑法实施的20年间伴随着九部刑法修正案的出台，相关罪名的犯罪门槛可能发生改变，而因立法修改所引发的犯罪门槛变化通常都是“质”的变化。“质”的变化通常表现为某一罪名犯罪门槛在构成要件层面的调整，而不仅仅是数额的增减或者是情节的变化。具体而言，由于立法修改所引发的犯罪门槛“质”的变化可以分为以下情形：一种情形是犯罪门槛的类型化增补，典型例子便是《修八》对于盗窃罪的修改。事实上，立法上修改盗窃罪的核心内容便是犯罪门槛的变化，原有的犯罪门槛类型进一步扩充，在传统的数额型盗窃、次数型盗窃罪的犯罪门槛之外，“入户”“携带凶器”及“扒（窃）”等特定条件也被纳入盗窃罪犯罪门槛之中。再如，抢夺罪、敲诈勒索罪中对于次数型犯罪门槛的增设都属于犯罪门槛“质”的变化。

犯罪门槛“质”的变化另一种情形表现为犯罪门槛立法模式的改变。也即刑法修改过程中将犯罪门槛设定模式由“立法明示”模式修改为“概括规定”模式，并以司法解释形式再进一步明确犯罪门槛。例如，在《修九》对贪污贿赂犯罪作出修改之前，原刑法第383条采取立法明示模式，直接规定了贪污罪、贿赂罪“五千元”的犯罪门槛。而《修九》对贪污贿赂犯罪进行修改的核心内容之一，便是将上述二罪的犯罪门槛由“立法明示”模式修改为“概括规定”（数额较大或有其他较重情节的）模式，并以司法解释的形式提升了贪污贿赂犯罪之犯罪门槛。[②] 此外，《修八》对于“走私普通货物、物品罪”的修改也是将该罪的数额型犯罪门槛由“立法明示”模式修改为“概括规定”模式。目前，保留“立法明示”犯罪门槛模式的罪名已经成为少数，其中，刑法第140条“生产、销售伪劣产品罪”中在罪状表述中直接规定“销售金额五万元”，该罪属于常见罪名中由立法直接规定犯罪门槛的代表。

此外，犯罪门槛“质”的变化还可能是由于某一罪名构成要件的修改所导致。此后，出台相应的司法解释或对原司法解释作出修改往往都会对原罪名的犯罪门槛作进一步的扩充，以此来适应社会发展之需要。典型的例子便是《修八》对刑法第338条“污染环境罪”（原罪名为“重大环境污染事故罪”）进行全面修改之后，

---

① 参见卢建平、刘传稿：《法治语境下盗窃罪治理模式探究——基于犯罪统计的分析》，载《现代法学》2017年第3期。

② 卢建平、赵康：《论受贿罪犯罪门槛的科学设置》，载《北京师范大学学报》（社会科学版）2015年第5期。

司法解释该罪的犯罪门槛被进一步扩充，如今，污染环境罪的犯罪门槛已经达14项之多。①

（二）犯罪门槛“量”的调整

正如前文所言，立法中直接规定犯罪门槛的情形已经成为少数，概括规定模式中“数额较大”“情节严重”或“多次”等犯罪门槛已经成为当今的立法选择。在此基础上，最高司法机关被授权对“数额较大”“情节严重”或“多次”在司法实践中的标准进行具体解读。同时，考虑到我国不同地区的经济水平差异，对于一些常见的经济犯罪、财产犯罪而言，如盗窃、诈骗，最高司法机关进一步授权各省、自治区、直辖市结合本地区经济社会发展状况并在特定区间内对“数额较大标准”作出具体的规定。因此，随着社会发展与经济水平的提高，一些财产犯罪、经济犯罪的数额型犯罪门槛也在发生着“量变”。

例如，依据1998年《关于审理盗窃案件具体应用法律若干问题的解释》第3条规定，各省、自治区、直辖市应当在盗窃公私财物价值人民币“五百元至二千元”的基本区间内确定“数额较大标准”。而2013年《关于办理盗窃刑事案件适用法律若干问题的解释》（以下简称2013年《盗窃解释》）则将确定“数额较大标准”基本区间调整至“一千元至三千元”。与之相同，1996年《关于审理诈骗案件具体应用法律的若干问题的解释》所规定的确定诈骗罪“数额较大标准”的基本区间为“二千元至四千元”，而2011年《关于办理诈骗刑事案件具体应用法律若干问题的解释》则将确定“数额较大标准”的基本区间提升至“三千元至一万元”。再如，在《修九》出台之前，原刑法第383条直接规定了贪污罪、贿赂罪“五千元”的犯罪门槛。《修九》将贪污贿赂犯罪“五千元”的犯罪门槛修改为“数额较大或有其他较重情节”的“概括规定”模式后，2016年《关于办理贪污贿赂刑事案件适用法律若干问题的解释》（以下简称《贪污贿赂解释》）将数额较大标准调整为“三万元”，并同时规定了“一万元数额标准+特定情节标准”的复合型犯罪门槛。②

此外，近几年来，犯罪门槛的另一个“量”变还表现为数额型犯罪门槛的“折扣化”。所谓数额型犯罪门槛的“折扣化”，即在原有数额型犯罪门槛的基础上，为了降低犯罪门槛、严密刑事法网，司法机关确立了“50%数额门槛”附加“特定情节”的犯罪门槛模式。例如，2013年《盗窃解释》第2条规定，“盗窃公私财物，具有下列情形之一的，③‘数额较大’的标准可以按照前条规定标准的百分之五十确定”。此外，抢夺罪、敲诈勒索罪的犯罪门槛中也出现了类似的“折扣化数额门槛”。“折扣化数额门槛”是通过情节的增补实现了数额型犯罪门槛之“量”的调整，进一步丰富了犯罪门槛的类型。

① 详见2013年《关于办理环境污染刑事案件适用法律若干问题的解释》第1条的规定。

② 详见2016年《关于办理贪污贿赂刑事案件适用法律若干问题的解释》第1条的规定。

③ 详见2013年《关于办理盗窃刑事案件适用法律若干问题的解释》第2条的规定。

三、犯罪门槛20年变迁之新兴特点

（一）概括式犯罪门槛成为趋势

在1997年刑法实施至今的20年中，立法者对于犯罪门槛设定模式也行了相应的调整，“立法明示”犯罪门槛模式已经明显减少，“概括规定”犯罪门槛模式逐渐成为主流。尤其是对于常见罪名而言，目前由立法明示规定犯罪门槛模式的也仅限于刑法第140条“生产、销售伪劣产品罪”等少数罪名。正如前文所指出，《修九》对贪污贿赂犯罪的修改、《修八》对于“走私普通货物、物品罪”的修改都是将犯罪门槛修改为“概括规定”模式——“数量较大、情节严重”等犯罪门槛的增设，并将之交由最高司法机关在总结实践经验的基础上以司法解释形式确定犯罪门槛的具体标准。

本质上来讲，上述犯罪门槛设置模式上的变化能够更好地适用司法实践的现实需求，及时补充并丰富犯罪门槛的类型，避免因犯罪门槛的僵化而导致司法适用的困难，扩充刑法的适用空间。同时，“概括规定”犯罪门槛模式将有助于克服我国刑法中犯罪门槛过高的结构性困境，进一步发挥刑法的法益保护功能。可以看出，在犯罪门槛设置中减少明示、刚性的数额或情节标准，而选择概括规定模式，由司法机关综合司法实践情况，综合犯罪的主体、行为方式、谋取的利益性质、危害后果、数额等犯罪门槛的组成因素，从多个方面考虑是否构成犯罪，已是大势所趋。①

（二）次数型犯罪门槛的增多

自《修八》以来，次数型犯罪门槛在常见犯罪中日渐增多，这一现象与劳动教养制度的废止密切相关。事实上，虽然劳动教养制度被全面废止，由劳教制度所规制的对象——多次、微罪行为者——仍然是摆在我们面前的现实问题，这些特定的犯罪问题不会随着劳教制度的废止而消失。而从根本上讲，次数性犯罪门槛是将“制裁多次、轻微罪行的制度”由原来的行政制裁体系移转至刑事司法制裁体系内，以此来弥补劳教废止后的制度空白。可以预计，次数型犯罪门槛将成为缓和我国刑法中结构性摩擦的现实选择，也是将行为人刑法因素融入我国刑法中的有效路径。

此外，次数型犯罪门槛已经成为网络犯罪中颇具代表性的犯罪门槛。其实，网络中“浏览、点击与转发以及评论”次数能够表征犯罪行为所引发危害后果之严重程度，如针对网络诽谤行为，通过考察捏造事实被“点击或转发”的次数，我们便可以大体上评判该事实所引发的社会影响。事实上，网络犯罪因其“扩散快、范围广以及有组织化”的特点而具有更为严重的社会危害性，司法机关结合司法实践发掘出“信息网络”的可复制性、可记录性等属性，将“浏览、点击与转发以及评论”次数标准作为网络犯罪之门槛，表明网络犯罪具有不同于现实社会的表现形式。②

---

① 卢建平、赵康：《论受贿罪犯罪门槛的科学设置》，载《北京师范大学学报》（社会科学版）2015年第5期。

② 王博、姜瀛：《论诽谤罪的“网络门槛”下降及其意义》，载《北京警察学院学报》2014年第4期。

（三）“数额+情节”复合式门槛的引入

随着对司法实践经验的进一步总结，单纯的数额型或情节型门槛都表现出一定的局限性，在适用过程中暴露出刑事法网上的疏漏。加之劳动教养制度废止后吸纳轻微犯罪行为、扩张犯罪圈的现实需求，数额型犯罪门槛与情节型犯罪门槛呈现出一定的融合趋势，由此出现了“数额+情节”复合式门槛。这种复合式犯罪门槛的特点在于，数额与情节都作为犯罪门槛标准的一部分被纳入某一罪名之中，对二者的综合评价能够有效地弥补单纯的数额型或情节型门槛在评价社会危害性方面的不足。

目前，一些传统的财产犯罪，如盗窃、抢夺、敲诈勒索等罪名都在原有数额型犯罪门槛的基础上确立了“50%数额”门槛标准——前文所称“折扣化数额门槛”。当然，在达到“50%”的数额门槛标准的同时，行为还需要符合特定的情节门槛标准——“一年内曾因盗窃受过行政处罚的”——才能最终构成犯罪。此外，另一些罪名是在情节型门槛标准的评价中引入了数额型门槛标准，如《修九》修改后的贪污贿赂犯罪规定了“其他较重情节”之犯罪门槛，而《贪污贿赂解释》中则在这一情节型门槛中融入了数额标准，也即规定了“一万元数额+特定情节”的复合型犯罪门槛。

（四）传统犯罪“网络门槛”与“现实门槛”之二元并立格局

在犯罪行为进入虚拟网络后，其所表现出的社会危害性往往不同于现实空间。对于对网络中相关犯罪行为犯罪门槛之设定，我们应当立足于网络自身的特征作进一步思考，也即结合网络特点确立犯罪行为的“网络门槛”。在这种情况下，某一行为的犯罪门槛将进一步演化为现实社会中的门槛标准与虚拟网络中的门槛标准，且二者具有不同的评价体系——犯罪行为的“网络门槛”要明显有别于其在现实社会中的犯罪门槛。

事实上，对定罪情节和量刑情节进行系统的梳理与反思已经成为信息时代网络刑法体系整体建构的重要内容。面对快速多变的网络犯罪，传统的“犯罪数额”在网络犯罪入罪标准体系中的地位已经明显下降，信息时代犯罪对象的虚拟化、使用权化将会导致“次的标准”、“人的标准”与“量（如时长）的标准”之兴起。①概言之，为了回应网络犯罪的司法实践，传统入罪标准的内涵和外延逐渐变化，体现网络特色的新型入罪标准将不断出现，同一传统罪名之下将会出现“现实犯罪门槛”与“网络犯罪门槛”之二元并立格局。

四、归纳与展望：犯罪门槛制度之基本走势

通过上述分析，我们可以对1997年刑法实施20年后的犯罪门槛制度及其基本走势作进一步的归纳与展望。直观来看，随着经济的发展，传统的数额型犯罪门槛一直处于上升之中。但整体而言，我国的犯罪门槛呈现下降趋势。当然，犯罪门槛

① 郭旨龙：《信息时代犯罪定量标准的体系化实践》，载《上海政法学院学报》（《法治论丛》）2015年第1期。

的下降尚不足以撼动我国现有的“小刑法”结构。

（一）经济发展与数额型犯罪门槛的升高

随着经济发展与收入水平的提高，一些财产犯罪、经济犯罪的数额型犯罪门槛一直在同步变化，其表现为刑法的修改以及刑事司法解释的出台往往会对数额型犯罪门槛作出修改。[①] 以盗窃罪为例，我国盗窃刑事立案数额标准大体经历了五个阶段，[②] 多数地区经历了“25元、80元、500元、1000元、2000元”的变化。目前所处的第五阶段，也即“2013年至今”，各地区在“一千元至三千元”重新确立了盗窃罪的数额型犯罪门槛。当然，在1997年刑法修改完善的20年间，诈骗罪、抢夺罪、敲诈勒索罪以及金融犯罪的数额型犯罪门槛也都在提升。

事实上，如果仅仅从经济发展的角度来看，同等涉案数额的犯罪行为在1997年所表现出的社会危害性与20年后的今天已经不具备可比性。随着社会财富的增加与人均收入的提高，同等涉案数额的犯罪行为对个人、国家或社会造成的影响自然不可同日而语。因此，直观看来，对于数额型犯罪门槛的适度提升，将那些在当下已经表现出社会危害性同步下降的轻微犯罪行为排除在犯罪圈之外，这是数额型犯罪门槛逐步提升的逻辑所在。当然，在1997年刑法修改完善的20年间，变量不仅是经济发展；制度建设、法治程度以及守法意识也应随之提升，加之就业率的保障与收入类型的丰富，我们对于公众的守法认知与法治信仰也应当提出更高的要求。易言之，如果对经济发展与法治建设进行双向度的思考，数额型犯罪门槛的升高似乎并不是理所当然的。

（二）刑法结构调整与犯罪门槛的整体下降

自1997年刑法修订以来，虽然一些罪名的数额型犯罪门槛也出现了提高，如诈骗罪数额型犯罪门槛在持续走高，但从整体上看，我国刑法中的犯罪门槛呈下降趋势，其主要表现为犯罪门槛类型的多样化。例如，原来的“立法明示”犯罪门槛模式调整为“概括规定”模式；又如在数额型犯罪门槛之外增设了其他类型的犯罪门槛；在原有的情节门槛之中又补充了新的情节标准，还有就是将数额与情节结合起来共同构成犯罪门槛。总之，在1997年刑法施行20年间，我国犯罪门槛类型越来越丰富，即使数额型犯罪门槛在升高，但也无法阻止我国犯罪门槛下降的整体趋势。

“门槛”的功能在于调控刑法介入社会生活的程度，以期节约刑法资源、提高刑罚效益。其实，我国为刑法介入社会生活设置了较高的门槛并配置了较重的刑罚，在刑事反应体系上表现出从合法到违法、从一般违法再到犯罪的阶梯，这在一

---

① 参见马仁慧：《盗窃刑事立案标准研究》，载《江苏公安专科学校学报》2001年第6期。

② 第一阶段为1956年至1983年，以1956年公安部制定的公安机关内部掌握的盗窃案件立案标准为依据，即城市为25元、农村为15元。第二阶段为1984年至1992年，以1984年8月9日公安部印发的《关于修改盗窃案件立案标准的通知》为依据，该标准将立案标准提高至城市80元、农村40元。第三阶段为1992年至1998年，以1992年3月19日和1993年9月9日公安部制定的《关于修改盗窃案件立案统计办法的通知》、《关于报警案件统计中几个问题的解答》为依据，该标准明确规定盗窃刑事立案标准为盗窃数额达到当地规定的盗窃犯罪数额标准。第四阶段是1998年至2013年，1998年各省（市）高级人民法院根据最高人民法院《关于审理盗窃案件具体应用法律若干问题的解释》，将盗窃犯罪立案数额标准提高至500元至2000元。

定程度上体现出刑法的谦抑性原则与保障法之地位。① 而犯罪门槛下降的整体趋势表明，刑法介入我国社会生活将更为普遍，吸纳轻微犯罪行为后犯罪圈的扩张将会导致原本属于行政处罚范围内的违法行为被纳入刑法规制体系中，由此将会面临“司法资源紧张、刑法谦抑性及犯罪标签效应”等新的问题。因此，与犯罪门槛变动相同步的必将是刑事政策上的科学输出与刑事立法上的新思考。

（三）犯罪门槛下降尚不足以撼动我国二元违法犯罪制裁体系

从本意上讲，犯罪门槛的设置意在划定犯罪圈，将某些违法行为排除在刑事处罚范围之外。近几年来，刑法开始蚕食一些治安处罚规范中的内容，“劳教”制度的废止与犯罪门槛的下降使得原本的一般违法行为被轻罪化或是微罪化。但从本质上来看，我国目前仍然是将刑法所规定的犯罪行为纳入刑事司法系统中，将同样涉及将剥夺人身自由的治安违法行为纳入治安管理处罚法及行政程序之中。因此，相对于世界绝大多数国家的刑法而言，我国的刑法仍然是“重罪重刑法”或“小刑法”。即使我国已经表现出犯罪门槛下降之趋势，但这一趋势仍然无法撼动我国治安处罚与刑事制裁并立的二元化的违法犯罪制裁体系。

事实上，虽然刑法的扩张必然会压缩治安处罚制度的适用空间，但从制度结构的现状来看，由于我国尚没有从根本上确立犯罪分层制度的立法构想，没有考虑吸收或引入西方国家的轻罪、微罪或违警罪制度，保安处分制度也没有再立法层面上得以确立。因此，犯罪门槛的下降与犯罪圈的扩张仅仅表现为刑法的“形式膨胀”，尚不能在体系结构上冲击到我国的“小刑法”结构，也无法撼动我国二元化的违法犯罪制裁体系。

① 姜瀛：《劳教废止后“微罪”刑事政策前瞻》，载《学术交流》2015年第11期。

1997年以来单位犯罪立法的修改与完善

周振杰[*] 胡圣鑫[**]

1997年刑法第30条规定："公司、企业、事业单位、机关、团体实施的危害社会的行为，法律规定为单位犯罪的，应当负刑事责任。"这一规定正面回应了关于单位是否能够成为犯罪主体的争论的同时，也明确表示我国的单位犯罪乃是法定犯[①]，即只有在刑法分则中规定为单位犯罪的，才能对单位定罪量刑。而刑法分则条文会根据社会发展需要不断进行着变更。因此，笔者就《刑法修正案（一）》至《刑法修正案（九）》以及单行刑法《全国人民代表大会常务委员会关于惩治骗购外汇、逃汇和非法买卖外汇犯罪的决定》（以下简称《决定》）对单位犯罪的立法修改为背景，梳理其立法沿革，以总结出基本立法变化情况乃至立法发展规律。

一、1997年以来单位犯罪修改概况

（一）新增罪名

自1997年刑法颁布以来，新增27个单位犯罪罪名。其中纯正的单位犯罪仅有《刑法修正案（六）》新设的大型群众性活动重大安全事故罪，其余皆为不纯正的单位犯罪。相对而言，纯正的单位犯罪因具有独立的犯罪构成，更利于司法上的认定。新增罪名中经济类犯罪罪名有18个。质言之，新增的单位犯罪罪名之中，经济类犯罪占据大多数，而且犯罪主要存在于破坏经济秩序、妨害社会管理以及危害公共安全的犯罪以及贪污贿赂罪的范围内。

（二）修改罪名

1997年刑法以后一共有21项罪名修改，其发生主要通过对原有罪名的罪名构成要件要素更改和其他方式对原罪名进行变化，使得原有罪名实质成为另外一种犯罪，如《刑法修正案（四）》第125条非法买卖、运输核材料罪改为非法制造、买卖、运输、储存危险物质罪，其第2款将核材料改为毒害性、放射性、传染病病原体等物质，修改了犯罪对象，并增加制造、储存行为方式；修改第152条，将走私固体废物罪改为走私废物罪的同时，将犯罪主体扩大至单位；修改第344条，将国家其他重点保护植物加入该罪对象之中，非法采伐、毁坏国家珍贵树木罪即变为非法采伐、毁坏国家重点保护植物罪；《刑法修正案（八）》修改第134条，将生产、销售不符合卫生标准的食品罪改为生产、销售不符合安全标准的食品罪之时，

---

* 北京师范大学刑事法律科学研究院教授，法学博士。

** 北京师范大学刑事法律科学研究院硕士研究生。

① 曾有祥：《单位犯罪存在范围的批判性反思》，载《法学杂志》2012年第2期。

变更了其中情节要求，亦即将“对人体健康造成严重危害”改为“对人体健康造成严重危害或者有其他严重情节的”。一般而言，罪名修改通常意味着罪名适用范围的变化（以扩大为主）以及处罚力度的变化，如《刑法修正案（七）》修改第201条将偷税罪改为逃税罪的同时，取消了具体数额和罚金的比例限制；《刑法修正案（九）》修改第244条将强迫职工劳动罪改为强迫劳动罪时，增加第3款对单位判处罚金的规定。其间与后述单位犯罪变更有所重叠之处，暂不赘述。

（三）修改罪名适用范围

1. 原有犯罪主体由自然人扩大到单位

《刑法修正案（七）》修改第312条掩饰、隐瞒犯罪所得、犯罪所得收益罪。《刑法修正案（九）》修改第285条非法获取计算机信息系统数据、非法控制计算机信息系统罪和提供侵入、非法控制计算机信息系统程序、工具罪；第286条，破坏计算机信息系统罪、网络服务渎职罪；第313条的拒不执行判决、裁定罪，将此四个罪名原犯罪主体由自然人扩大到单位。

2. 扩大罪名适用范围

1997年刑法以后，九个《刑法修正案》以及《决定》对于单位犯罪罪名适用范围上的变更，几乎无他的是扩大。总结而言，立法上主要是通过修改犯罪形态、改变犯罪构成要件要素、修改情节要求和增加上游犯罪等方式扩大单位犯罪罪名适用范围的。

（1）修改犯罪形态。《刑法修正案（四）》修改第145条的生产、销售不符合标准的卫生器材罪，将情节从“对人体健康造成严重危害的”改为“足以严重危害人体健康的”，将结果犯改为了危险犯，在单位生产、销售不符合标准的卫生器材此特定行为之上，降低了入罪门槛。

（2）改变犯罪构成要件要素。第一，扩大犯罪主体范围。《决定》第2条修改第190条删除“国有”，扩大逃汇罪犯罪主体延伸至一般公司、企业与其他单位；《刑法修正案（六）》修改第135条的重大劳动安全事故罪，将“工厂、矿山、林场、建筑企业或者其他企业、事业单位的劳动安全设施不符合国家规定，经有关部门或者单位职工提出后，对事故隐患仍不采取措施”改为“安全生产设施或者安全生产条件不符合国家规定”，去除了对单位的限定和经有关部门或单位职工提出的前置条件限定，增加“安全生产条件”；《刑法修正案（九）》修改了第253条之一的出售、非法提供公民个人信息罪、非法获取公民个人信息罪，删除“国家机关或者金融、电信、交通、教育、医疗等单位的工作人员”的主体限制，扩大了该罪处罚范围。

第二，扩大犯罪对象范围。《刑法修正案（一）》修改第174条第1款，将擅自设立金融机构罪由“未经中国人民银行”改为“未经国家有关主管部门”批准，设立的金融机构由“商业银行或其他金融机构”扩大到“商业银行、证券交易所、期货交易所、证券公司、期货经纪公司、保险公司或者其他金融机构”；《刑法修正案（八）》修改第107条，将资助危害国家安全犯罪活动罪，删除资助对象“境内组织或个人”，使犯罪对象不限于境内组织或个人。

第三，增加行为方式。《刑法修正案（一）》修改第180条内幕交易、泄露内部信息罪将“证券交易”扩大到“证券、期货交易”，修改第225条，在非法经营罪中增加“未经国家有关主管部门批准，非法经营证券、期货或者保险业务的”(第3项)；《决定》第3条将“在国家规定的交易场所以外非法买卖外汇，扰乱市场秩序，情节严重的”的行为纳入非法经营罪之中，扩大了其适用范围；《刑法修正案（八）》修改第226条强迫交易罪，增加“强迫他人参与或者退出投标、拍卖的”、“强迫他人转让或者收购公司、企业的股份、债券或者其他资产的”、“强迫他人参与或者退出特定的经营活动的”为该罪名的行为方式。

(3) 修改情节要求。《刑法修正案（八）》修改第141条的生产、销售假药罪，首先将入罪标准中“足以危害人体健康的”情节删除，降低了该罪名的入罪标准；其次将“对人体健康造成严重危害的”改成“对人体健康造成严重危害或者有其他严重情节的”；将“致人死亡或者对人体造成特别严重危害的”改为“致人死亡或者有其他特别严重情节的”；修改第144条的生产、销售有毒有害食品罪，将“对人体健康造成严重危害”改为“对人体健康造成严重危害或者有其他严重情节的”。《刑法修正案（九）》修改第288条的扰乱无线电管理秩序罪，删除“经责令停止使用后拒不停止使用”的前置条件，将“造成严重后果的”改为“情节严重的”，皆是将“严重危害”、“严重后果”改为“情节严重”此类用语，或是增加其他“严重情节”以降低原有罪名情节要求，从而扩大该罪名的适用范围。

(4) 增加上游犯罪。增加上游犯罪主要是针对洗钱罪，《刑法修正案（三）》将“恐怖活动犯罪”新增为洗钱罪违法所得及收益的上游犯罪，《刑法修正案（六）》增加“贪污贿赂犯罪、破坏金融管理秩序犯罪、金融诈骗犯罪”上游犯罪，并将“违法所得及其产生的收益”改为“所得及其产生的收益”，进一步扩大了洗钱罪的适用范围。

（四）刑罚变化

1. 财产刑的变更

《决定》第2条修改第190条，增加逃汇罪对单位判处5%以上30%以下罚金的规定。《刑法修正案（八）》修改第141条生产、销售假药罪，第143条生产、销售不符合卫生标准的食品罪，第144条生产、销售有毒、有害食品罪的罚金刑，删除“并处销售金额百分之五十以上二倍以下”罚金倍数，将一般情节中的“并处或单处”直接改为“并处”；修改第200条，增加第192条集资诈骗罪；第194条票据诈骗罪、金融凭证诈骗罪，第195条信用证诈骗罪的单位直接负责的主管人员和其他直接责任人员“可以并处罚金”，“数额巨大或者有其他严重情节的”、“数额特别巨大或者有其他严重情节的”，“并处罚金”。修改第226条的强迫交易罪，增加“情节特别严重的，处三年以上七年以下有期徒刑，并处罚金”。《刑法修正案（九）》修改第164条的对非国家工作人员行贿罪、第391条的对单位行贿罪、第393条的单位行贿罪，增加对单位直接负责的主管人员和其他直接责任人员的“并处罚金”；第313条的拒不执行判决、裁定罪，“情节特别严重的，处三年以上十年以下有期徒刑，并处罚金。”

2. 刑期变更

《决定》第2条修改第190条；《刑法修正案（三）》修改第191条；《刑法修正案（八）》修改第151条、第226条；《刑法修正案（九）》修改第288条、第313条分别增加了逃汇罪，洗钱罪，走私文物罪，走私贵重金属罪，强迫交易罪，扰乱无线电管理秩序罪，拒不执行判决、裁定罪“情节严重”时的新法定刑层次的规定，提高这些罪名的最高刑。《刑法修正案（八）》同时将走私文物罪、走私贵重金属罪的一般情节法定刑由“处五年以上有期徒刑”改为“处五年以上十年以下有期徒刑”，并删除了其与走私普通货物、物品罪的死刑规定；《刑法修正案（九）》修改第151条、第199条，删除走私武器、弹药罪及走私核材料罪、走私假币罪、集资诈骗罪的死刑规定。

对单位犯罪作出刑罚更正的主要集中在《刑法修正案（八）》与《刑法修正案（九）》。在财产刑的变更中，前者主要集中于破坏社会主义市场经济秩序罪，而后者则主要针对贿赂犯罪，但两者都无疑增加或者扩大罚金刑的适用。无论是罚金刑还是没收财产在我国都长期处于从属地位，这从根本上限制了其作用的充分发挥。[①] 通过对犯罪企业处以罚金或者没收其犯罪收益，对于预防单位犯罪而言，也是具有积极价值的。[②] 财产刑的扩大适用，无疑是单位犯罪修改中的一个进步内容。

颇为明显的是罚金刑的扩大适用多体现在对单位的直接主管人员和其他直接责任人员上。我国单位犯罪的处罚原则是以两罚制为主要以单罚制为补充。立法上虽未明确追究单位刑事责任的基础，理论界对此也颇多争议。但笔者认为，单位是一个抽象概念，其并不能自己实施犯罪，而是通过特定人亦即单位直接负责的主管人员和直接责任人员的行为外在表现出来。正如有的学者认为，公司在许多方面都可以比拟为人体，其直接负责的主观人员和直接责任人员代表公司的指导思想和意志并控制其行动。[③] 另外，单位犯罪的实际获利通常十分庞大，对单位本身的罚金相对而言微不足道。因此，对单位的直接主管人员和其他责任人员增加罚金刑对于实际实施犯罪此类人员提高了犯罪的风险成本，起到了更大的威慑作用。

与此同时，在刑期的变化里，《刑法修正案（八）》与《刑法修正案（九）》皆主要表现为增加新法定刑层次。可以说，无论是在财产刑还是刑期上，立法对单位犯罪的处罚呈现越发严格的趋向。值得一提的是，《刑法修正案（八）》、《刑法修正案（九）》皆删除了对部分单位犯罪的直接负责的主管人员和其他直接责任人员的死刑适用。贝卡利亚提出，体现公共意志的国家和法律剥夺他人生命不具有合理性。[④] 有学者认为，刑罚应当具有公正、谦抑、人道这三大价值。[⑤] 在此价值基础之上，应当废除死刑制度或者罪行极其严重的犯罪行为才能够适用死刑。单位犯罪中的直接责任人限制于单位犯罪的主观要求之下，考虑的往往是单位利益，其

① 参见陈丽天：《单位犯罪刑事责任研究》，中国法制出版社2010年版，第192页。

② 周振杰：《比较法视野中的单位犯罪》，中国人民公安大学出版社2014年版，第25页。

③ 参见何秉松：《法人犯罪与刑事责任》，中国法制出版社2000年版，第120-121页。

④ ［意］贝卡利亚：《犯罪与刑罚》，黄风译，北京大学出版社2008年版，第69页。

⑤ 参见陈兴良：《刑法的价值构造》，中国人民大学出版社2006年版。

主观恶性通常较小。何况对于即使刑事责任基础尚未厘清的单位犯罪而言，自然人也并非单位犯罪的犯罪主体，这决定了其不可能承担单位犯罪的完全责任。因此，笔者认为，单位犯罪中对死刑适用条款的删除，使得立法在对单位犯罪处罚严格化的同时，也更为科学化、合理化。

二、1997 年以来单位犯罪立法修改的特点

（一）规制范围日趋完善

总体而言，单位犯罪的修改呈现更为完备的趋势。首先，单位犯罪中的单位概念本身在扩大，我国刑法第 30 条所规定的依法负刑事责任的单位具体包括公司、企业、事业单位、机关、团体。最高人民法院《关于审理单位犯罪案件具体应用法律有关问题的解释》将我国刑法规定符合单位犯罪主体条件的单位限定为具有法人资格的国有或者非国有单位；《全国法院审理金融犯罪案件工作座谈会纪要》中又指出，单位的分支机构或者内设机构、部门以自己的名义实施犯罪，违法所得归己所有，应认定为单位犯罪。其次，单位犯罪的适用范围在不断地扩大。这集中体现在刑法分则的修改上。无论是新增单位犯罪罪名，还是罪名修改，抑或是通过修改犯罪形态、增加上游犯罪、行为方式、扩大主体与对象范围、扩大原有单位犯罪罪名的适用范围，都是在不断地扩大单位犯罪的适用范围，使得原有的刑事法网体系更为严密。刑法分则最基本的价值取向是严密刑事法网、确定应得刑罚，突出刑法分则的保护功能。[①] 单位犯罪的立法完备化，最终会有益于刑法分则的价值体现。

（二）主要关注经济犯罪

如前面 1997 年以来单位犯罪的立法概括所展示，无论在对单位犯罪进行修改的四种方式的哪一种之中，经济类犯罪都能够占据大部分甚至绝大部分的席位。这是由于单位犯罪本身的产生背景所导致的：国家立法机关在我国经济体制和社会生态的转型时期规定了单位犯罪，反映出国家在脱离计划经济体制、走向市场经济社会的宏观决策。[②] 单位犯罪实际是社会经济发展到一定阶段的产物。我国在 1997 年刑法以前立法上甚至尚未承认单位犯罪，而 1997 年以后为了适应市场经济模式的开启与高速运转，单位犯罪不仅被法定化，而且大范围在刑法分则中犯罪化。除开专门为了犯罪而设立的公司、企业或者其他单位，单位在实施不同的违法犯罪行为之时，目的几乎都指向了谋取不正当利益。单位犯罪注重经济类犯罪的立法，其实不过是紧跟时代需要。

（三）及时回应时代要求

笔者虽将 1997 年以来立法上单位犯罪的变化按照新增、罪名修改、适用范围与刑罚变化这四个方面予以分类梳理，但实际各刑法修正案中对单位犯罪作出的修改紧密贴连着时代背景，如《刑法修正案（三）》出台以前，我国尚未有规范恐怖活动的刑事立法，随着“9・11”事件的发生，恐怖活动犯罪也引起了我国立法

① 储槐植、梁林根：《刑法分则修订的价值取向》，载《中国法学》1997 年第 2 期。

② 黄晓亮：《论我国“单位犯罪”概念的摒弃》，载《政治与法律》2015 年第 3 期。

部门的极大重视。也因此，与恐怖活动相关的行为成为了单位犯罪的重大修改内容。而关于贪污贿赂类的单位犯罪的增加与修改，也基本只存在于《刑法修正案（九）》之中。

三、单位犯罪立法的不足和完善

（一）单位犯罪的存在范围限制

自 1997 年以来的立法虽然大幅地扩大了单位犯罪的适用范围，但单位犯罪随着社会的发展一直不停变换。我国现有的单位犯罪立法仍然远不足以起到良好的预防和规制单位犯罪的作用。根据刑法第 30 条的规定，单位犯罪只能存在于刑法分则之中，其增加与修改只能通过列举的方式进行。虽然这一规定出发点在维护刑法的统一性与完整性，但这种列举式的立法模式必然造成法律上的空白与司法上的困惑。① 笔者认为，应当在最大程度保证现阶段刑法的统一性与完整性的基础之上，修改单位犯罪在刑法总则上的增加单位犯罪成立条件、范围的规定，将单位犯罪的产生、变更与修改由刑法分则的具体条款内容扩大至普遍罪名范围之中。这样既可以避免刑法不必要的烦琐修改，也可以解决司法上的定性疑难问题。

（二）单位犯罪中处罚单位成员的具体内涵的缺失

在肯定双罚制的前提下，我国刑法明确规定单位犯罪中处罚的单位成员是“直接负责的主管人员和其他直接责任人员。”那么，这二者的具体内涵究竟是什么？2001 年最高人民法院印发的《全国法院审理金融犯罪案件工作座谈会纪要》（以下简称《纪要》）指出：“直接负责的主管人员，是在单位实施的犯罪中起决定、批准、授意、纵容、指挥等作用的人员，一般是单位的主管负责人，包括法定代表人。”给认定直接负责的主管人员与其他责任人员提供了方向，但同时其将单位犯罪中直接负责的主管人员限定在上述五种之中，此特征描述实际不具有严谨性。② 笔者认为，单位犯罪中处罚的两种单位成员皆具有“直接责任”，即应当是对单位犯罪具有直接责任的单位成员，其主要包括两个层面的具体内涵。首先，直接负责的主管人员是具有支配、操控意思和能力的主管人员，即只有该主管人员客观上在特定单位犯罪之中起操控和支配作用，主观上也可以追求该罪的罪过，那么其应对该单位犯罪负有刑事责任，其可以是法定代表人、单位部门负责人也可以是只负责与单位犯罪相关方面工作的其他主管人员。其次，其他直接责任人员应当是对该单位犯罪具有直接行为责任的从业人员③，这类单位成员直接实施了单位犯罪的特定行为。

正如有的学者所言，单位犯罪直接责任人员承担单位犯罪刑事责任的前提在于单位成员对单位具有从属性，即单位成员参与单位犯罪，是履行其在单位中职责的

---

① 曾有祥、王聿连：《单位犯罪存在范围的批判性反思》，载《法学杂志》2012 年第 2 期。

② 王良顺：《论单位犯罪中直接责任与直接责任人员的认定》，载《法商研究》2007 年第 2 期。

③ 外国刑法中法人犯罪或说企业犯罪双罚制中自然人一般仅限于此，参见黎宏：《完善我国单位犯罪处罚制度的思考》，载《法商研究》2011 年第 1 期。

行为。[①] 单位犯罪中自然人的行为既有从属性，又有其独立性。在单位犯罪中直接负责的主管人员是因自身的罪过和行为而承担责任。[②] 单位犯罪的刑事责任的分配应当依据行为为基础，单位犯罪中的自然人根据自己的直接或间接行为实施了单位犯罪，因而承担相应的刑事责任。例如，不限定应当处罚的单位成员在上述二者之中，将大大地扩大单位犯罪中处罚的单位成员范围，这既不利于司法实践中确定双罚制中处罚自然人，也不符合法理。因而，我国日后单位犯罪的立法应当明确单位犯罪中处罚的单位成员是对该单位犯罪负有直接行为责任的单位成员。

（三）刑罚上的不足与完善

1. 罚金刑

如前所述，我国的罚金刑在1997年以后尤其是《刑法修正案（八）》以后得以扩大适用在单位犯罪之中，但是在经过九个刑法修正案修改以后，除《决定》修改的逃汇罪采比例制罚金以外，其余所增加的罚金刑皆为无限额制罚金[③]。无限额制罚金自然有着其超强的适应性[④]，但由于其所能受的只有刑法第52条规定的“判处罚金，应当根据犯罪情节决定罚金数额”的约束，但实际又未规定判决罚金时需要考虑的具体因素，这赋予法官过大的裁量权，且具有很大的随意性，大大降低了罚金刑的可操作性，从而削弱了其的执行效果。笔者认为，应当在立法中通过明确罚金刑的裁量依据的方式将罚金刑予以明确化。有学者认为，可以通过效仿法国，在分则中明确规定各种具体的自然人犯罪的罚金额或幅度，在总则规定单位犯罪罚金额与自然人犯罪罚金额的比例关系来确定单位犯罪的罚金额。[⑤] 但在我国刑法体系之下，对于自然人犯罪的罚金额或幅度的规定本身颇为缺乏，短时期内想要完善较为不易，且自然人犯罪同样面临着犯罪数额难以确定等困难，其罚金额的确立标准也难以统一，这就使得单位犯罪的罚金认定上呈现循环的困难。也有学者认为，在单位犯罪罚金刑的适用上，应当根据刑法第52条规定的犯罪情节兼顾犯罪人支付能力的方式来确定罚金刑的金额。[⑥] 此方式既符合罪责刑相适应的原则，也符合刑罚个别化的要求。笔者认为，单位犯罪的立法上应当明确罚金刑的裁量依据是依托犯罪情节参考具体支付能力，在具体数额上与个人犯罪相挂钩，将其限定在较小范围之内供法官裁量。

2. 没收财产刑

自1997年以来对单位犯罪的修改并未突出在没收财产刑之上，实际上，没收财产刑也并未对于规制单位犯罪起到什么影响。在实践中，单位犯罪的实际获利情况难以确定，而罚金由于数额上的限制，也时常被犯罪人在犯罪之前就作为犯罪的

---

① 石磊：《单位犯罪的适用》，中国人民公安大学出版社2012年版，第83页。

② 谢治东：《单位犯罪中个人刑事责任研究》，法律出版社2014年版，第120页。

③ 罚金的数额可分为定额制罚金、比例制罚金、倍数制罚金、倍比制罚金和无限额罚金。参见王良顺：《单位犯罪论》，武汉大学出版社2008年版，第209页。

④ 参见马克昌：《刑罚通论》，武汉大学出版社1999年版，第455页。

⑤ 陈丽天：《单位犯罪刑事责任研究》，中国法制出版社2010年版，第196页。

⑥ 袁林：《单位犯罪罚金刑适用的再思考》，载《西南民族大学学报》2005年第9期。

风险成本预计其中。可以说，罚金刑对于犯罪数额巨大的犯罪而言所起的威慑效果十分有限，此种情形之下，国外的法人犯罪通常引用没收财产进行处罚。

3. 设立资格刑

资格刑是国外刑法常用的处罚方式之一，却在我国刑法中缺席。对单位的资格刑如取消单位的营业资格、吊销执照、强制破产、限制单位特定营业活动等。一方面，单位的资格刑对单位而言意味着极大的犯罪成本，这就能够在单位犯罪的一般预防上起到巨大的警示和威慑作用。另一方面，在单位已经实施犯罪之后，对其实施资格刑意味着剥夺其再犯罪能力，实现特殊预防。并且，在对单位予以处罚以后，还可以建立起公示制度，[①] 使得单位犯罪面目暴露在公众面前，防止单位犯罪行为造成的损害进一步扩大。

① 笔者在此提及的并非是法院的文书公示，我国早有审判公开、判决公开等制度，但这仅在法院的公示栏出现，实际影响力较小。此公示制度是针对社会公众而言的单位犯罪公示制度。

刑法典颁行20年来的单位犯罪立法问题思考

——基于《关于〈中华人民共和国刑法〉第三十条的解释》的思考

杨国章*

我国的单位犯罪问题思考源于20世纪80年代，当初有关单位犯罪的理论争议和实践探索，主要是解决法律没有规定单位犯罪进而不能追究相关人员刑事责任的刑法理论禁锢，以实现有力打击日趋严重的以单位名义、为单位利益实施的严重危害社会行为的政策需要。在经历了单位犯罪肯定论与否定论的激烈之争后，1997年修订后的刑法对单位犯罪进行了全面的规定。但是，单位犯罪的问题并没有因为刑法的确认而得到解决，特别是刑法第30条作为单位犯罪的纲领性规定一直饱受争议。2014年4月24日，第十二届全国人民代表大会常务委员会第八次会议通过了《关于〈中华人民共和国刑法〉第三十条的解释》（以下简称《解释》）。① 根据《解释》的规定精神，当初事实上根本就无须单位犯罪的刑事立法，完全可以自然人犯罪追究单位中直接负责的主管人员和其他直接责任人员的刑事责任，再配以对单位实施相应的行政处罚，进而有效打击各种愈演愈烈的以单位名义、为单位利益实施的严重危害社会行为。那么，长达经年的单位犯罪肯定论与否定论的争议以及修订后刑法大量地规定单位犯罪的意义何在？单位犯罪的本质究竟是什么，我国个人刑罚主义的刑法基础是否因为单位犯罪的规定而发生了改变？以及单位犯罪的立法完善等？这些都将成为《解释》出台后值得反思的问题。

一、单位犯罪肯定论与否定论的再思考

我国单位犯罪的立法和司法并不是理论研究成熟的产物。相反，在单位犯罪肯定论与否定论还在激烈论战过程中，我国单位犯罪的立法和司法实践已经开始不断地探索推进了，直至1997年刑法修订全面肯定了单位犯罪。但是以自然人犯罪为基础的传统刑法理论根深蒂固、难以轻松逾越，单位犯罪否定论的观点并未就此偃旗息鼓，质疑和反对单位犯罪的观点一直不断呈现。例如，有学者指出“对单位犯罪的立法实践和司法实践，我们所看到的确认单位犯罪的积极意义，不过是在犯罪的单位中的自然人的惩罚才能得到体现，而对单位的财产刑处罚或者其他类似资格

* 法学博士，全国检察业务专家，三级高级检察官，浙江省纪委、省监委驻浙江省人民检察院纪检监察组副组长。

① 《解释》规定：公司、企业、事业单位、机关、团体等单位实施刑法规定的危害社会的行为，刑法分则和其他法律未规定追究单位的刑事责任的，对组织、策划、实施该危害社会行为的人依法追究刑事责任。

刑的处罚，不过是变了一个名称、换了一个符号的行政处罚和经济处罚而已”。①更有学者认为，在我国刑法中如此大量而粗糙地规定单位犯罪，不是一个值得称道的立法取向。对此应当在调查研究的基础上，从立法上予以果断删除。②

（一）单位犯罪肯定论与否定论之争的背景意义

我国单位犯罪的从无到有，之所以会发生肯定论与否定论的争议，是因为当时的单位都是姓公的，单位犯罪肯定论与否定论之争的实质，在很大程度上是源于“为公犯法到底犯不犯罪”的争论。对于不具有全民所有制和集体所有制性质的企业实施的犯罪行为，这在当时的刑法理论界和司法实务界都不认为是单位犯罪而应该按个人犯罪处理的。所以，单位犯罪肯定论与否定论的争议，是在国有、集体企事业单位占绝对优势的特定历史背景下引发的，主要是针对公有制单位的犯罪问题的肯定与否定之争。但经过30多年的改革开放，我国当前的公司企业状况已经发生了翻天覆地的变化，在普通经济领域，“国退民进”已经成为了基本方略，民营企业的数量已远远多于国有企业。在历史背景已经消失的情况下重新审视，单位犯罪的社会现实状况已然发生变化，有关单位犯罪的立法思想和理论观点自然应随着客观形势的变化而适时进行修正。《解释》正是针对长期困扰单位犯罪司法实践问题，顺应单位犯罪主体性质和单位犯罪基本现状的发展变化，而对单位犯罪的立法含义进行了权威解释，既是顺应形势变化的务实之举，更是答疑解惑、确保法律统一正确实施的必要之举。

所以，单位犯罪肯定论与否定论之争，是特定历史背景下的产物，在当前《解释》的精神背景下，绝无可能发生更遑论引发如此规模巨大、旷日持久的争论。但距1997年刑法修订全面规定单位犯罪，到2014年才对饱受争议的刑法第30条规定作出相关的立法解释，恰恰说明刑法理论界和立法司法界在经历了十多年的磨合探索之后，才对刑法中单位犯罪的基本问题逐步形成了相对统一的认识。所以，单位犯罪肯定论与否定论的争论，是触动我国以个人刑罚主义为基础的传统刑法理论的一场挑战，针锋相对的争论过程催生了大量的相关理论研究成果，促进了我国刑法理论研究的整体进步和深化发展，为我国刑法理论研究和刑事立法史上留下了浓墨重彩的一笔，具有深远的历史和现实意义。

（二）单位犯罪肯定论与否定论之争的持续思考

1997年修订后的刑法对单位犯罪的全面肯定，从形式上看，是单位犯罪肯定论最终取得了全面的胜利，但这并不表明单位犯罪否定论合理内核的全面消失。综观刑法分则中大量的单位犯罪规定，无一例外地以追究单位中直接负责的主管人员和其他直接责任人员为必要，立法规制和刑罚处罚的重心始终在于自然人，所以，修订后刑法的个人刑罚主义基础并没有因为单位犯罪的规定而发生实质的改变。《解释》的规定精神，恰恰是以个人刑罚主义为基础的单位犯罪否定论观点的核心思想

① 参见杨兴培：《（法人）单位犯罪立法理论与实践动作的逆向评价》，载《华东政法大学学报》2001年第3期。

② 参见赵秉志：《我国刑事立法领域的若干重大现实问题探讨》，载《求是学刊》2009年第2期。

体现。这实际上是以单位犯罪否定论的观点来解释单位犯罪肯定论的立法规定！就此而言，单位犯罪肯定论与否定论之争，在某种意义上，最终是以肯定论的形式胜利与否定论的实质胜利而告终！对于这样的戏剧性的结果，事实上并不足为奇，深入分析都具有深刻的法学理论和法律体系根源。

众所周知，我国的法律体系总体上渊源于大陆法系。就绝大多数大陆法系国家而言，由于深受“社团不能犯罪”的罗马法思想的影响，否定法人犯罪能力和刑事责任能力的理论依然占据支配性地位，但随着社会经济形势的发展，法人犯罪的客观存在的事实以及欧洲共同体市场对法人刑事责任的有限度承认，使得越来越多的大陆法系国家开展了法人犯罪的理论与实践探索。所以，一方面坚持个人刑罚主义原则和法人犯罪否定论的理论主导地位，另一方面出于现实需要不断加大对法人犯罪的打击力度，是绝大多数大陆法系国家在法人（单位）犯罪问题上的基本立场和普遍做法。作为大陆法系渊源国家的一员，我国单位犯罪的理论与实践存在一定的冲突，是整个大陆法系法人犯罪理论与实践的一个缩影，这实际上涉及实用主义刑法观与伦理主义刑法观的对立与冲突，在我国以个人刑罚主义为基础的传统刑法理论没有得到彻底转变之前，这种冲突可能在一定时期内继续存在。

总之,《解释》实际上是以单位犯罪否定论的观点来解释肯定论的立法，这在某种程度上说明了单位犯罪其实从来就不是一个理论问题，而是一个政策问题。我国单位犯罪的产生和存在与其他国家的法人犯罪一样并不是理性主义和理论逻辑的结果，而是功利主义和现实政策需要问题，以否定论的观点来解释单位犯罪的立法，是有关单位犯罪解释论上的一种无可奈何的折中和妥协。当然，这并不成为司法实践中继续依据现行法律规定有力打击单位犯罪的障碍。相反，在全球视野和理论观点碰撞中审视我国刑法中的单位犯罪及其发展轨迹，可以有助于我们进一步深化对单位犯罪本质的理解、明晰单位犯罪司法实践的疑难争议问题的根源，以便单位犯罪立法规定的统一正确实施。

二、单位犯罪本质的再思考

在传统刑法中，犯罪主体和刑事责任主体仅限于自然的、伦理的人。法人（单位）并非自然、伦理意义上的人，因为其缺乏固有的思想和行为能力，但法人制度的建立，使得这种事实上由一定自然人和财产结合而成的组织体取得与自然人一样的独立法律人格，能够以自己的名义独立地享受权利和承担义务，从而使得法人犯罪和法人刑事责任成为可能。法人（单位）何以能够成为法律主体，也即法人（单位）作为法律主体的本质问题，是解决法人（单位）犯罪和刑事责任的首要前提。

（一）法人拟制说和实在说的再思考

关于法人（单位）的本质，主要存在两种观点：法人拟制说和法人实在说。法人拟制说站在主体一元论的基础上，认为法人仅仅是一种“抽象的观念的整体”，是法律基于某种考虑将自然人组合或财产组合视为一个整体性的实体而已。① 所以，作为拟制的法人其法律主体资格实际并不存在，当然也不具有意思能力和行为能力，不可能成为犯罪主体。法人实在说以自然人、法人二元论为基础，认为法人不只是观念上的整体而具有真实的整体性，这种真实的整体性区别于组成法人的各个自然人而具有独立性。所以，法人具有其独立的意思能力和行为能力，进而具有犯罪能力，可以成为犯罪的主体。在这一点上，法人实在说为法人的刑事责任提供了理论依据，出于打击危害日趋严重的法人危害社会行为的政策需要，法人实在说得到了广泛的支持。但是，法人实在说也存在事实与法律的明显矛盾，并没有实现一统天下的地位。

应该说，我国单位犯罪否定论与肯定论之争，在很大程度上也是法人拟制说与法人实在说以及犯罪主体一元论与二元论的争论过程。修订后的刑法对单位犯罪进行了全面的确认。对此，理论界普遍认为，对单位中的单位法人采用“实在说”，是肯定单位犯罪的前提。② 我国刑法对单位犯罪的规定确立了我国刑法自然人与单位二元分立的立法模式。但自然人与单位二元分立的固有矛盾始终存在：从法律规定看，单位犯罪的主体是单位；从事实基础看，单位犯罪只能由自然人实施；从法律效果看，单位犯罪原则上实行双罚制，既处罚单位，又处罚自然人。在单位犯罪中，作为单位成员的自然人，其法律地位如何界定，其与单位主体之间究竟是一种什么样的关系，应否承认其行为同时也构成独立的自然人犯罪，单位犯罪及其刑事责任的法律性质该如何认识等，都需要进一步的统一认识。而要解决上述问题，必须回归单位主体制度本身，只有对单位作为法律主体的实质，即单位的本质作出准确的定位，才能彻底厘清单位犯罪与自然人犯罪的关系。

《解释》的出台，在一定程度上回应了相关疑问与困惑。根据《解释》的规定精神，作为单位成员的自然人行为具有独立性和基础性地位，其行为可以独立构成自然人犯罪并依法承担刑事责任，而不论其归属的单位是否构成单位犯罪。只有法律明文规定为单位犯罪的，自然人的行为才能够成立单位犯罪并承担相应的刑事责任。所以，就单位与作为单位成员的自然人的关系而言，自然人的行为是独立的事实基础行为，单位行为不过是自然人行为的法律归属，单位犯罪是自然人犯罪的法律拟制。同时，进一步深入分析法人制度本身，从现代法人制度的产生、发展及构造来看，法人之所以逐渐取得独立于其成员的主体地位，主要是便于人们以集合体的形式参与交易。所谓的法人，实际上是自然人利用其实现目的的一种手段和工具，是自然人基于特定秩序所形成的利益的集合和归属载体。作为法律上的独立主体，法人只是一种名义或技术上的存在，其本质是一种法律拟制。

（二）单位犯罪及其刑事责任本质的再思考

如前所述，单位犯罪不过是自然人行为的特殊法律评价，单位犯罪是自然人犯罪的法律拟制，乃至单位本身也不过是一种法律拟制。基于法律拟制论的观点，我

---

① 参见郑泽善：《刑法总论争议问题比较研究》，中国人民大学出版社 2008 年版，第 122 页。

② 参见马克昌主编：《犯罪通论》，武汉大学出版社 2001 年版，第 297 页。

国刑法的一元论基础并没有发生根本性的变化，即我国刑法中的犯罪主体和犯罪类型就本质而言只有自然人和自然人犯罪。而所谓的单位犯罪主体和单位犯罪都不过是一种观念上的存在，是一种纯粹的法律技术上的假设、虚构。当然，单位和单位犯罪作为一种拟制主体和拟制犯罪，绝非毫无根据的虚构。单位作为拟制主体，其前提和事实基础是自然人个人及其行为，即通过自然人个人的行为归于单位，以此来满足单位作为法律主体的要求，单位作为法律主体的权利义务，归根结底是自然人个人的权利义务的集合，从这个意义上说，单位的实质是一个归属问题，其作为法律主体与自然人主体不可能是一种平等、并列的关系，而是一种观念与现实的关系；单位犯罪作为拟制犯罪，其前提和事实基础是自然人犯罪，是自然人犯罪对单位的归属，所谓的单位犯罪，实际上是统一于单位名下的自然人犯罪，是对某种特定类型的自然人的习惯性表述，其作为一种犯罪形态，不可能与自然人犯罪出于并列、同等的地位，而是一种表象与真相的关系。①

由于单位的刑事责任以单位犯罪为前提，而单位犯罪的本质是自然人犯罪的归属，所以，单位刑事责任的事实基础当然也是自然人犯罪及由此产生的刑事责任。单位刑事责任的本质也是自然人刑事责任对单位的归属问题，其性质是一种拟制的刑事责任。这个拟制过程实际上就是将自然人犯罪产生的刑事责任，在单位和自然人之间进行了适当的分担。其中，单位承担的拟制刑事责任并不是针对单位自身的本体责任，而是一种自然人刑事责任的转嫁或替代责任，而且，由于单位本身只是一种观念上的存在，其刑事责任也仅仅是一种形式上的转嫁或替代责任，特别是其所承担的罚金责任，归根结底仍然由存在利益关系的相关自然人承受。

三、单位犯罪立法完善的再思考

我国刑法对单位犯罪立法采取总则与分则相结合的方式，在刑法总则第30条规定：公司、企业、事业单位、机关、团体实施的危害社会的行为，法律规定为单位犯罪的，应当负刑事责任。在刑法分则按照具体罪名有选择地对单位犯罪的范围作了限定，只有刑法分则有明文规定才能成立单位犯罪。

刑法第30条的规定，实际上仅规定了单位犯罪构成要件的主体要件（公司、企业、事业单位、机关、团体）、客观要件（必须有危害社会的行为）和前提条件（必须有法律的明文规定）。但是实在危害性和形式违法性是任何犯罪都必须具备的要件，无论单位犯罪和自然人犯罪，因而这两个要件显然不足以认定单位犯罪的成立或者对单位犯罪与自然人犯罪作出有效的区分。

（一）单位犯罪的归责模式反思

由于总则条文没有对单位犯罪的定义以及单位犯罪成立的条件作出明确的界定，导致了实践中单位犯罪认定的困惑。为此，理论界试图给出单位犯罪的定义，如有学者认为：单位犯罪是指公司、企业、事业单位、机关、团体为单位谋取非法

---

① 参见张克文：《拟制犯罪与拟制刑事责任——法人犯罪否定论的回归》，载《法学研究》2009年第3期。

利益或者以单位名义、经单位集体研究决定或者由负责人决定，故意或者过失实施的犯罪。[①] 从理论界对单位犯罪的定义以及刑法分则关于单位犯罪的表述规定看，都是把单位作为与自然人并列的主体，完全套用自然人犯罪构成体系，按主体、客体、主观和客观方面四要件标准来判定单位犯罪。这实际上是把单位作为一个与自然人相对并列的整体进行评价。评定单位犯罪是否成立并不是以作为单位成员的自然人行为出发，而是将单位作为一个独立主体，以单位整体行为和整体意志为出发点。在这样的立法模式下，单位犯罪的归责模式是：出现了危害社会的行为后果→判断该行为是否属于单位行为和单位意志→判断并追究单位刑事责任。在这种归责模式中，单位具有自己的独立意志和行为，单位成员的行为和意志被包容在单位整体行为和整体意志之中，单位成员的行为被评价为单位整体行为的一部分，单位成员并不具有独立的人格和独立的犯罪主体地位，对单位成员的行为也不需要进行独立的法律评价。

上述单位犯罪归责模式和思维定式，随着《解释》的出台，受到了冲击和转变。根据《解释》的规定，单位实施刑法规定的危害社会的行为，法律未规定追究单位的刑事责任的，对组织、策划、实施该危害社会行为的人仍然应按照个人犯罪依法追究刑事责任。这实际上是从立法的层面确立了作为单位成员的自然人的行为具有独立性和基础性地位，可以独立构成自然人犯罪并依法承担刑事责任，而不论其行为是否归属于单位以及作为其归属的单位是否构成单位犯罪。鉴于此，单位犯罪的归责模式实际已转化为：出现了危害社会的行为后果→判断实施该行为的自然人→判断该自然人的行为是否构成自然人犯罪→判断并追究个人犯罪的刑事责任→（在刑法分则规定单位犯罪的情况下）进一步判断该行为是否属于单位行为和单位意志→判断并追究单位刑事责任。

这种新型的归责模式不仅是立法解释的必然结果，而且具有明显的相对科学性、合理性。因为单位不能亲自实施犯罪行为，单位犯罪中的具体行为是由作为单位成员的自然人实施的，认定单位行为具有间接性，其事实基础是作为单位成员的自然人行为，是对自然人行为的法律拟制。所以，判定单位犯罪和单位刑事责任，首先必须从作为单位成员的自然人行为出发，判断自然人的行为是否构成个人犯罪，如果构成个人犯罪则应该依法追究刑事责任，只有在刑法同时规定了单位犯罪的情况下，才有必要判断该自然人的行为是否符合单位整体意志、属于单位整体行为，进而作为事实基础促使单位构成了犯罪并需要依法追究单位的刑事责任。在这样的归责模式和过程中，自然人及其所属的单位是否构成犯罪实际上是分别判断的，只不过在同时构成自然人犯罪和单位犯罪的情况下，对自然人的处罚合并在单位犯罪的刑事责任规定之中。这种模式可称之为单位犯罪和自然人犯罪的定罪分离式和处罚合并式。[②]

---

① 参见陈兴良：《单位犯罪：以规范为视角的分析》，载《河南省政法管理干部学院学报》2003 年第 1 期。

② 参见郭越：《单位犯罪立法模式比较研究》，吉林大学 2014 年硕士学位论文。

(二)单位犯罪的立法模式完善

单位犯罪归责模式的转变，倒逼了单位犯罪立法模式的随之改进，即必须建立一套独立于自然人犯罪构成体系的单位犯罪构成体系。单位由于其特殊的组织结构特性，并不能直接地实施具体犯罪行为，也不能直接地表现出犯罪主观意图，单位行为和单位意志必须通过其内部成员的行为或其他客观情形间接地表现出来，并作为一个整体行为与危害结果产生因果关系。所以，必须寻求一种独立的标准来补齐成立单位犯罪所欠缺的主观和客观方面条件，即要在立法上明确一种相对普遍适用的标准来评定单位成员个人的行为和主观意志如何归于单位，进而明确认定单位犯罪的成立。

单位的行为必须通过作为单位成员的自然人行为表现出来。作为单位成员的自然人，大致上可以分为高级管理人员、中层管理人员和受雇佣纯粹从事业务和事务工作的普通员工三种类型。根据单位成员类型的不同行为责任归属情况，单位犯罪主要成立于以下几种情形：一是单位的负责人、董事、经理等为了单位利益决定实施的犯罪。由于单位的负责人、董事、经理等高级管理人员处于单位的决策和控制地位，其行为和意图可以直接归属于单位本身，所以，单位应负绝对的责任，除非法律或司法解释有例外规定。[①] 二是单位中层管理人员在其授权范围内或者普通雇员在其职责范围内为了单位利益决定实施的犯罪。由于单位的中层管理人员或者普通雇员在其授权或职责范围内实施的行为，属于单位代理权限范围内的代理行为，原则上应当由单位作为被代理人承担相应的法律责任。但为了促使单位的高级管理人员审慎地选任代理人以及加强监管职责，可以允许单位以给予了适当的注意、很好地履行了监督职责作为抗辩理由，要求免除单位的责任。三是单位的普通雇员在从事具体业务或事务过程中造成重大社会危害后果的。这主要是指单位的生产、业务行为造成重大环境污染、重大责任事故等，原则上也应该由单位承担责任。但单位对相关重大事故已经采取了有针对性的预防措施并提供有效证据的除外。

鉴于上述情形分析，为完善单位犯罪立法，可以在刑法总则中增加下列规定，作为刑法第30条第2款：公司、企业、事业单位、机关、团体实施危害社会的行为，具有下列情形之一的，构成单位犯罪：1. 经单位的决策机关或负责人决定，以单位名义、为了单位利益实施的。但法律或司法解释另有规定的除外；2. 由单位其他成员在其授权范围内或职责范围内以单位名义、为了单位利益实施的；3. 因单位的政策或疏于监督管理，致使单位成员在履行职责、业务过程中造成重大损失的。从而在刑法总则部分，明确了单位成员的行为归责于单位的普遍适用标准，结合实践中作为单位成员的自然人行为的具体情形，认定单位犯罪的成立并依法追究单位的刑事责任。

---

① 例如，1999年最高人民法院《关于审理单位犯罪案件具体应用法律有关问题的解释》第3条规定，盗用单位名义实施犯罪，违法所得由实施犯罪的个人私分的，依照刑法有关自然人犯罪的规定定罪处罚。

中国公司刑事责任规范的确立历程

李山河*

中国公司刑事责任规范隶属于单位刑事责任规范。1979年刑法没有单位犯罪的规定，当然也无公司犯罪及刑事责任的规定。自1987年海关法确立单位刑事责任规范从而也就确立了公司刑事责任规范以来，单位以及公司刑事责任立法不断发展，以至于形成今天约有166个罪名涉及单位以及公司刑事责任规范的局面。现对中国公司刑事责任规范的确立历程与未来发展作一简要回顾与展望。

一、中国公司刑事责任规范的初创：海关法规定的单位走私罪

1987年1月22日，第六届全国人民代表大会常务委员会第十九次会议通过的《中华人民共和国海关法》第47条、第48条可以认为是较为独立的刑法规范，特别是第47条第4款规定："企业事业单位、国家机关、社会团体犯走私罪的，由司法机关对其主管人员和直接责任人员依法追究刑事责任；对该单位判处罚金，判处没收走私货物、物品、走私运输工具和违法所得。"该款规定了走私罪的单位犯罪，在我国刑事立法史上首开了规定单位犯罪的先河。在此之前，尽管学界对于法人是否可以犯罪争论热烈，但刑法并没有规定单位犯罪，也即中国刑法以及其他立法中都没有规定单位犯罪制度。1987年《海关法》在新中国立法史上首次规定单位犯罪，首创单位走私罪犯罪规范，由于这里的单位包含了公司、企业，因此，单位走私罪的创设也就标示着中国刑法立法中公司刑事责任规范的诞生。

之所以在《海关法》中设立走私罪的单位犯罪，立法者主要是考虑到自改革开放以来走私活动猖獗，不但自然犯罪人实施走私犯罪，甚至一些公司企业事业单位、社会团体乃至国家机关也参与其中。为了打击走私罪以及单位走私犯罪，立法者选择了肯定法人能够构成犯罪的立场，海关法创设了走私罪的单位犯罪，也在中国刑法立法史上创设了包括公司在内的单位刑事责任规范。

可以说，立法者在海关法中创设单位犯罪主要是为了打击走私罪的现实需要，但其创设这一制度的刑法理论准备并不充分。进入20世纪80年代以来，随着改革开放的深入，原来计划经济体制有所松动和改变，法人组织日益增多，经济活动逐渐频繁，利益诉求也渐趋多元化，一些单位利用法律漏洞实施犯罪的现象不断涌现出来。于是有学者论及法人刑事责任问题，对法人不能成立犯罪主体的传统观点提出挑战，并进而引发了我国20世纪80年代中期以后关于法人能否成为犯罪主体的

* 北京师范大学刑事法律科学研究院研究人员、法学博士。

论战。当时，肯定论和否定论两种观点势均力敌，长期争持不下。[①] 肯定论者认为：法人既然可以成为民法、行政法以及经济法的调整对象，当然也能成为刑法规范所规定的犯罪主体从而纳入刑法的调整范围之内。况且，法人犯罪已是现实社会生活中存在的客观事实，如法人走私、投机倒把等行为，所以必须将法人的违法行为犯罪化。而持否定论者认为，法人不同于自然人，其并无自己的意志，所谓法人犯罪实际上是自然人以法人的名义所实施犯罪行为。[②]

因为海关法走私单位犯罪的确立，法人能否成立犯罪争论的形势发生变化，此后肯定论因为立法的支持而占了上风，研究者们也从各个方面深化对法人犯罪的研究，包括对于英美法系以及大陆法系各国乃至国际法上关于法人犯罪立法与理论的研究与借鉴。

二、《关于惩治违反公司法的犯罪的决定》及其他单行刑法的公司刑事责任规范

海关法创设单位犯罪之后，立法者通过单行刑法的颁行而使单位犯罪的立法得到快速的扩张。据统计，截至1997年刑法修改之时，中国单位犯罪的罪名多达49个，约占全部罪名的三分之一。

中国立法机关从1981年到1995年的14年间通过了23个单行刑法，其中有19个是在海关法创设单位犯罪之后通过的，而这19个单行刑法中，有12个规定有单位犯罪，从而也就规定有公司刑事责任规范，包括：

1988年1月21日《关于惩治走私罪的补充规定》，增设了有关走私类犯罪的单位犯罪。

1988年1月21日《关于惩治贪污罪贿赂罪的补充规定》，增设了2个纯正的单位犯罪，即单位受贿罪与单位行贿罪。

1990年12月28日《关于禁毒的决定》，增设了走私制毒物品罪及其单位犯罪；非法提供麻醉药品、精神药品罪及其单位犯罪。

1990年12月28日《关于惩治走私、制作、贩卖、传播淫秽物品的犯罪分子的决定》，增设了走私淫秽物品罪及其单位犯罪，制作、复制、出版、贩卖、传播淫秽物品牟利罪及其单位犯罪，为他人提供书号出版淫秽书刊罪及其单位犯罪，传播淫秽物品罪及其单位犯罪，组织播放淫秽音像制品及其单位犯罪。

1992年9月4日《关于惩治偷税、抗税犯罪的补充规定》，增设了偷税罪及其单位犯罪，妨碍追缴欠税罪及其单位犯罪，骗取出口退税罪的单位犯罪。

1993年2月22日《关于惩治假冒注册商标犯罪的补充规定》，增设了假冒注册商标罪及其单位犯罪，销售假冒注册商标的商品罪及其单位犯罪，非法制造、销售非法制造的注册商标标识罪及其单位犯罪。

---

① 高铭暄：《中华人民共和国刑法的孕育诞生和发展完善》，北京大学出版社2012年版，第210-211页。

② 高铭暄主编：《新中国刑法学研究综述》，河南人民出版社1986版，第199-215页。

1993年7月2日《关于惩治生产、销售伪劣商品犯罪的决定》，增设了生产、销售伪劣产品罪，生产、销售假药罪，生产、销售劣药罪，生产、销售不符合卫生标准的食品罪，生产、销售有毒有害食品罪，生产、销售不符合标准的医用器材罪，生产、销售不符合安全标准的产品罪，生产、销售伪劣农药、兽药、化肥、种子罪，生产、销售不符合卫生标准的化妆品罪，以及上述犯罪的单位犯罪。

1994年3月5日《关于严惩组织、运送他人偷越国（边）境犯罪的补充规定》，增设了偷越国（边）境罪及其单位犯罪。

1994年7月5日《关于惩治侵犯著作权的犯罪的决定》，增设了侵犯著作权罪及其单位犯罪，销售侵权复制品罪及其单位犯罪。

1995年6月30日《关于惩治破坏金融秩序犯罪的决定》，增设了擅自设立金融机构罪及其单位犯罪，伪造、变造、转让金融机构经营许可证罪及其单位犯罪。

1995年10月30日《关于惩治虚开、伪造和非法出售增值税专用发票犯罪的决定》，增设了虚开增值税专用发票罪，伪造、出售伪造的增值税专用发票罪，非法出售增值税专用发票罪，非法购买增值税专用发票、购买伪造的增值税专用发票罪，虚开用于骗取出口退税、抵扣税款的发票罪，非法制造、出售非法制造的用于骗取出口退税、抵扣税款发票罪，非法出售用于骗取出口退税、抵扣税款发票罪，非法出售发票罪，骗取增值税专用发票或者其他发票的诈骗罪，以及上述犯罪的单位犯罪。

而1995年2月28日发布的《关于惩治违反公司法的犯罪的决定》是为了维护社会经济秩序、保护公司的合法权益、惩治违反公司法的犯罪行为而对刑法所作的补充规定。其较为详细地规定了违反公司法的犯罪行为。其规定了虚报注册资本罪，虚假出资、抽逃出资罪，欺诈发行股票、公司债券罪，提供虚假或者隐瞒重要事实的财务会计报告罪，妨害清算罪，提供虚假证明文件罪，擅自发行股票、公司债券罪，以及上述犯罪的公司犯罪。这一决定是刑法立法主动回应公司法而作出的，因此，这一决定集中规定了相关公司犯罪以及公司人员犯罪，表明中国公司犯罪的刑法立法有了重要的进展。

三、1997年刑法的公司刑事责任规范

从中国最高立法机关于1982年提出修改刑法起，研究和修订刑法的工作历时15年，大体上经历了酝酿准备、初步修改、重点修改、全面修改、立法审议通过五个阶段，[①] 从而最终颁行了1997年刑法。

“要制定一部统一的、比较完备的刑法；将刑法实施17年来由全国人大常委会作出的有关刑法的修改补充规定和决定研究修改编入刑法；将一些民事、经济、行政法律中‘依照’、‘比照’刑法有关条文追究刑事责任的规定改为刑法的具体条款；将拟制定的反贪污贿赂法和军委提请常委会审议的惩治军人违反职责犯罪条例编入刑法，在刑法中规定为贪污贿赂罪和军人违反职责罪两章；对于新出现的需要

① 高铭暄、赵秉志：《中国刑法立法之演进》，法律出版社2007年版，第54–58页。

追究刑事责任的犯罪行为，经过研究认为比较成熟、比较有把握的，尽量增加规定。”[①] 1997 年刑法正是在运用上述立法指导思想与立法体例、立法技术的情况下产生的。1997 年刑法在许多方面都超越和发展了 1979 年刑法，在诸多方面都进行了重大的改革，取得了显著的进展。[②]

1997 年刑法的公司刑事责任规范是通过刑法单位犯罪的规定体现的。

关于单位犯罪的立法模式，在刑法修订研拟过程中存在不同看法。有的学者认为，可以在总则中规定，有的认为可在分则中规定，也有的认为可以在特别刑法中规定。有的学者则认为，可以采用总则与分则相结合的立法模式，即在总则中明确规定单位犯罪的一般处罚原则，适用刑罚的种类；在分则中具体规定单位可以构成犯罪的罪种及具体的刑种刑度。[③] 立法机构最终采纳了总则与分则相结合的立法模式，不仅在刑法总则中规定了单位犯罪的处罚原则等，而且也在分则中对单位可以构成的具体犯罪作了明确规定，即 1997 年刑法在总则第二章“犯罪”部分第四节设“单位犯罪”专节对单位犯罪的成立范围以及处罚原则作了规定。在分则中规定了大量的单位犯罪，分则十章中，除了第十章“军人违反职责罪”外，其余九个章节都规定有单位犯罪以及公司刑事责任规范。特别是分则第三章第三节“妨害公司、企业管理秩序罪”是对一般意义上的公司刑事责任规范的集中规定。也就是说，分则对于公司刑事责任，既有专节的集中规定，也有其他分则章节中的分散规定。

四、1997 年刑法颁行迄今对于公司刑事责任规范的刑法修正

自 1997 年刑法颁行以来，全国人民代表大会常务委员会已经对 1997 年刑法作了 10 次立法修改。上述对于刑法的修改，除了《刑法修正案（五）》不涉及公司刑事责任规范的修正外，其余 1 个单行刑法以及 8 个刑法修正案都涉及公司刑事责任规范的修正。通过这些修正，据笔者统计，截至目前，刑法及单行刑法共设立罪名 470 个，涉及公司刑事责任规范的罪名有 166 个。

上述单行刑法以及刑法修正案对于单位犯罪以及公司刑事责任规范的修正具体体现在：

1998 年的《关于惩治骗购外汇、逃汇和非法买卖外汇犯罪的决定》规定了骗购外汇罪及其单位犯罪，将逃汇罪的主体由原来的“国有公司、企业或者其他国有单位”修改扩充为“公司、企业或者其他单位”，明确了在国家规定的交易场所以外非法买卖外汇，扰乱市场秩序，情节严重的以非法经营罪及其单位犯罪处理。

1999 年的《刑法修正案》主要惩治违反会计法犯罪、期货犯罪以及国有公司、企业、事业单位人员渎职犯罪。该修正案首次采用刑法修正案模式对刑法进行修

① 王汉斌：“关于《中华人民共和国刑法（修订草案）》的说明——在 1997 年 3 月 6 日第八届全国人民代表大会第五次会议上”，载中国人大网，http://www.npc.gov.cn/wxzl/gongbao/2000-12/07/content_5003708.htm.

② 高铭暄、赵秉志：《中国刑法立法之演进》，法律出版社 2007 年版，第 58 页。

③ 赵秉志：《刑法改革问题研究》，中国法制出版社 1996 年版，第 167 页。

正。该修正案增加了“隐匿、故意销毁会计凭证、会计账簿、财务会计报告罪及其单位犯罪”，修正了原来第168条“徇私舞弊造成破产、严重亏损罪”的罪名为“国有公司、企业、事业单位人员失职罪”以及“国有公司、企业、事业单位人员滥用职权罪”两个罪名。修改了原来第174条“擅自设立金融机构罪”构成，将原来的“伪造、变造、转让金融机构经营许可证罪”变为“伪造、变造、转让金融机构经营许可证、批准文件罪”。将原来第180条、第181条、第182条的条文增加进“期货”的内容，原第180条“内幕交易、泄露内幕信息罪”罪名不变，第181条原罪名“编造并传播证券交易虚假信息罪”变为“编造并传播证券、期货交易虚假信息罪”，第182条原罪名“操纵证券市场罪”变为“操纵证券、期货市场罪”。修改了刑法第225条非法经营罪构成。

2001年的《刑法修正案（二）》将刑法第342条作了修改，将保护范围由耕地扩大为农用地，罪名也由原来的“非法占用耕地罪”变为“非法占用农用地罪”。

2001年的《刑法修正案（三）》新增第120条之一，规定了新罪名“资助恐怖活动罪”。将刑法第125条第2款作了修改，罪名由“非法买卖、运输核材料罪”变为“非法制造、买卖、运输、储存危险物质罪”。将第191条洗钱罪增加了恐怖活动犯罪这一上游犯罪。

2002年的《刑法修正案（四）》主要是为了惩治破坏社会主义市场经济秩序、妨害社会管理秩序和国家机关工作人员的渎职犯罪行为。将第145条规定的生产、销售不符合标准的医用器材罪降低入罪门槛，提高法定刑。在第152条中新增走私废物罪及其单位犯罪。调整了第155条以走私论的行为范围，将“逃避海关监管将境外固体废物运输进境”的行为直接按照新增的走私废物罪处理。扩大第344条的保护对象范围以及行为方式，原罪名“非法采伐、毁坏珍贵树木”相应改变为“非法采伐、毁坏国家重点保护植物罪”，并新增罪名“非法收购、运输、加工、出售国家重点保护植物、国家重点保护植物制品罪”。将第345条第3款非法收购、运输盗伐、滥伐的林木罪的牟利要件取消。

2006年的《刑法修正案（六）》对刑法第161条进行修改，增加了依法负有信息披露义务的公司、企业不按照规定披露依法应当披露的重要信息的行为，原罪名“提供虚假财会报告罪”改变为“违规披露、不披露重要信息罪”。新增第162条之二规定了公司、企业的“虚假破产罪”。修改第164条，增加行为对象公司、企业之外的“其他单位”，原罪名由“对公司、企业人员行贿罪”变为“对非国家工作人员行贿罪”。新增第169条之一“背信损害上司公司利益罪”，新增第175条之一“骗取贷款、票据承兑、金融票证罪”，修改第182条规定，原罪名“操纵证券、期货交易价格罪”改为“操纵证券、期货市场罪”。新增第185条之一，规定了两个纯正的单位犯罪“背信运用受托财产罪”和“违法运用资金罪”。第191条洗钱罪的上游犯罪又增加了三种，即贪污贿赂犯罪、破坏金融管理秩序犯罪、金融诈骗犯罪。

2009年的《刑法修正案（七）》将刑法第151条第3款作了修改，扩大了犯罪对象，原罪名“走私珍稀植物及其制品罪”改变为“走私国家禁止进出口的货物、物品罪”。修改第180条内幕交易、泄露内幕信息罪，增添了明示、暗示他人从事内幕交易活动的行为方式。将第201条作了修改，原罪名“偷税罪”改变为“逃税罪”。新增第224条之一“组织、领导传销活动罪”。新增第153条之一“出售、非法提供公民个人信息罪”、“非法获取公民个人信息罪”。新增刑法第285条第2款、第3款，规定了“非法获取计算机信息系统数据、非法控制计算机信息系统罪”、“提供侵入、非法控制计算机信息系统程序、工具罪”。将第312条掩饰、隐瞒犯罪所得、犯罪所得收益罪增加了单位犯罪。修改了原第375条第2款，原罪名分解完善为两个罪名：“非法生产、买卖武装部队制式服装罪”与“伪造、盗窃、买卖、非法提供、使用武装部队车专用标志罪”。

2011年的《刑法修正案（八）》对总则部分所作的多方面修改都会直接或者间接影响到公司刑事责任，分则方面，在死刑改革方面的体现是取消了13个经济性非暴力犯罪的死刑，占我国刑法死刑罪名的近五分之一。其中涉及公司犯罪的罪名有10个。

《刑法修正案（八）》还修改第107条资助危害国家安全犯罪活动罪，扩大了犯罪对象。修改第141条生产、销售假药，由危险犯改为行为犯。修改第143条，原罪名“生产、销售不符合卫生标准的食品罪”变为“生产、销售不符合安全标准的食品罪”。修改第144条生产有毒、有害食品罪，量刑情节与法定刑有所变动。修改第164条新增“对外国公职人员、国际公共组织官员行贿罪”。新增第205条之一“虚开发票罪”。

2015年的《刑法修正案（九）》取消了9个犯罪的死刑，涉及公司刑事责任的罪名有走私武器、弹药罪以及走私核材料罪、走私假币罪、集资诈骗罪等。

还修改“资助恐怖活动罪”为“帮助恐怖活动罪”，修改了向非国家工作人员行贿罪、侵犯公民个人信息罪法定刑或者犯罪构成，新增“虐待被监护、看护人罪”及其单位犯罪。修改“非法生产、销售专用间谍器材”为“非法生产、销售专用间谍器材、窃听、窃照专用器材罪”。第285条规定的相关犯罪新增单位犯罪。第286条破坏计算机信息系统罪新增单位犯罪。新增第286条之一“拒不履行信息网络安全管理义务罪”、第287条之一“非法利用信息网络罪”、第287条之二“帮助信息网络犯罪活动罪”。修改第288条扰乱无线电管理秩序罪的行为方式并取消行政前置性条件。新增第307条之一“虚假诉讼罪”、第308条之一“披露、报道不应该公开的案件信息罪”。修改第313条“拒不执行判决、裁定罪”，增加单位犯罪规定，增设法定刑档次。新增第390条之一对有影响力的人行贿罪。修改第391条第1款对单位行贿罪，增加罚金刑，修改第393条单位行贿罪，增加直接责任人员的罚金刑。

五、立法解释及立法解释性文件对公司刑事责任规范的规定

（一）立法解释中与公司刑事责任规范相关的规定

自1997年刑法颁布以来，全国人民代表大会常务委员会先后通过了一系列立

法解释，常务委员会的法律工作委员会也通过了一些立法解释性文件，针对相关刑法规范进行了解释。

与公司刑事责任规范有关的立法解释有：

第一，关于刑法第 93 条第 2 款的解释。2000 年 4 月 29 日，全国人民代表大会常务委员会通过了《关于刑法第 93 条第 2 款的解释》，根据这一立法解释的规定，村民委员会等村基层组织人员协助人民政府从事相关行政管理工作时属于刑法第 93 条第 2 款规定的“其他依照法律从事公务的人员”。

第二，关于土地犯罪的立法解释。全国人民代表大会常务委员会于 2001 年 8 月 31 日作出了《关于〈中华人民共和国刑法〉第 228 条、第 342 条、第 410 条的解释》。根据该解释的界定，刑法第 228 条、第 342 条、第 410 条规定的“违反土地管理法规”，是指违反土地管理法、森林法、草原法等法律以及有关行政法规中关于土地管理的规定。

第三，关于黑社会性质组织的解释。全国人民代表大会常务委员会于 2002 年 4 月 28 日发布《关于刑法第 294 条第 1 款的解释》，以立法解释的形式对黑社会性质组织作了界定。按照该解释，黑社会性质组织的成立应当同时具备相关特征，2011 年的《刑法修正案（八）》将该解释直接吸收进刑法。

第四，关于拒不执行判决、裁定罪的解释。2002 年 8 月 29 日全国人民代表大会常务委员会通过《关于〈中华人民共和国刑法〉第 313 条的解释》，该解释对拒不执行判决、裁定罪的若干用语及犯罪的情节等作了进一步的明确，即明确了“判决”、“裁定”的内涵及外延；明确了构成本罪的犯罪情节；对构成共犯和牵连犯的情形作了明确。

第五，关于刑法有关信用卡规定的解释。为了统一电子支付卡相关犯罪的司法，2004 年 12 月 29 日第十届全国人民代表大会常务委员会第十三次会议通过《关于〈中华人民共和国刑法〉有关信用卡规定的解释》，对“信用卡”的含义作出了明确的界定，即刑法规定的“信用卡”，是指由商业银行或者其他金融机构发行的具有消费支付、信用贷款、转账结算、存取现金等全部功能或者部分功能的电子支付卡。

第六，有关出口退税、抵扣税款的其他发票的解释。2005 年 12 月 29 日第十届全国人民代表大会常务委员会第十九次会议通过《关于〈中华人民共和国刑法〉有关出口退税、抵扣税款的其他发票规定的解释》，确定刑法规定的“出口退税、抵扣税款的其他发票”，是指除增值税专用发票以外的，具有出口退税、抵扣税款功能的收付款凭证或者完税凭证。

第七，关于具有科学价值的古脊椎动物化石、古人类化石的解释。第十届全国人民代表大会常务委员会第十九次会议于 2005 年 12 月 29 日通过《关于〈中华人民共和国刑法〉有关文物的规定适用于具有科学价值的古脊椎动物化石、古人类化石的解释》，明确规定：刑法有关文物的规定适用于具有科学价值的古脊椎动物化石、古人类化石。

第八，关于公司等单位犯罪问题。2014 年 4 月 24 日第十二届全国人民代表大会常务委员会第八次会议通过《关于〈中华人民共和国刑法〉第三十条的解释》，针对刑法第 30 条的含义及公司、企业、事业单位、机关、团体等单位实施刑法规定的危害社会的行为，法律未规定追究单位的刑事责任的，如何适用刑法有关规定的问题作出解释：公司、企业、事业单位、机关、团体等单位实施刑法规定的危害社会的行为，刑法分则和其他法律未规定追究单位的刑事责任的，对组织、策划、实施该危害社会行为的人依法追究刑事责任。

第九，关于公司资本犯罪的解释。2014 年 4 月 24 日第十二届全国人民代表大会常务委员会第八次会议通过《关于〈中华人民共和国刑法〉第一百五十八条、第一百五十九条的解释》明确刑法第 158 条、第 159 条的规定，只适用于依法实行注册资本实缴登记制的公司。

第十，关于掩饰、隐瞒犯罪所得、犯罪所得收益的解释。2014 年 4 月 24 日第十二届全国人民代表大会常务委员会第八次会议通过《关于〈中华人民共和国刑法〉第三百四十一条、第三百一十二条的解释》，规定：知道或者应当知道是刑法第 341 条第 2 款规定的非法狩猎的野生动物而购买的，属于刑法第 312 条第 1 款规定的明知是犯罪所得而收购的行为。

（二）立法解释性文件中与公司刑事责任规范相关的规定

第一，全国人民代表大会常务委员会法制工作委员会关于对“隐匿、销毁会计凭证、会计账簿、财务会计报告构成犯罪的主体范围”问题的答复意见。该答复意见规定，任何单位和个人在办理会计事务时对依法应当保存的会计凭证、会计账簿、财务会计报告，进行隐匿、销毁，情节严重的，构成犯罪，应当依法追究其刑事责任。同时，该答复意见还规定了该犯罪行为的刑事管辖问题。

第二，全国人民代表大会常务委员会法制工作委员会对关于公司人员利用职务上的便利采取欺骗等手段非法占有股东股权的行为如何定性处理的批复的意见。该意见强调：据刑法第 92 条的规定，股份属于财产。采用各种非法手段侵吞、占有他人依法享有的股份，构成犯罪的，适用刑法有关非法侵犯他人财产的犯罪规定。

六、中国公司刑事责任规范未来展望

首先，中国刑法中单位犯罪以及公司犯罪罪名数量目前约占总罪名数量的三分之一还要强，可以预料的是，随着未来立法犯罪化趋势的延展，单位以及公司刑事责任规范将会不断增设，单位犯罪以及公司犯罪罪名将会继续增多。但一些罪名是否要设立单位以及公司犯罪，是以后立法需要慎重考虑的问题。就如现有的单位以及公司刑事责任的立法，从规范表述来看属于单位犯罪，但仅仅处罚直接责任人员而不处罚单位或者公司，这样的单位及公司刑事责任规范设立的必要性是应该被仔细考量的。

其次，中国单位以及公司刑事责任规范采用的是刑法典立法模式，现在还看不到中国刑法立法的刑法典模式以及公司刑事责任规范的刑法典模式有作出改变的趋向。可以预料，在未来相当长的时间内，还是会维持这一种刑法典模式。但是，刑法立法经验的累积、司法实践的推动以及法学研究的促进，会使刑法典模式发生一些变化。有研究者认为，应该建立各立法模式相互结合的刑法立法模式、恢复对单行刑法立法模式的使用、改善附属刑法立法模式的适用、缩减刑法修正案立法模式的修正范围，建立以刑法典为主，以单行刑法、附属刑法为辅的刑法立法模式，并认为这是完善我国刑法立法模式的必由之路。① 与此相应，对于公司刑事责任规范的立法而言，大一统的刑法典模式是否妥当、到底应该实行什么模式的立法也存在争议。例如，有研究者就建议我国采取独立性散在型的立法模式，使公司犯罪立法与公司法的规定能够相互协调和衔接，即在公司法中附属规定公司犯罪及其刑事责任和刑罚，采取倒置公司刑事立法的现行构架，将刑法为主的刑法立法模式改变为以附属公司刑法规范为主的立法模式的方法。②

上述研究者的观点，都是出于对于大一统刑法典立法模式弊端的反省而提出来的观点。固然，大一统刑法典模式有它的优点，而且刑法典模式显然得到了现在立法者的支持，也是现在中国刑法立法实际所遵循实行的模式。但毋庸讳言，刑法典立法模式也有它的弊端，而且随着刑法立法以及司法实践的推进，刑法典立法模式的弊端也愈益显露。未来中国公司刑事责任规范的刑法典模式会否发生变化，是值得观察的一件事。

最后，公司刑事责任承担的形式，即目前单罚制以及双罚制并存是否会变为一律的双罚制，以及单位犯罪的名称是否会变为法人犯罪等其他相关问题是否会有所变化，也会随着立法与司法的发展而有所期待。

① 郑翔：《刑法立法模式研究》，安徽大学2014年硕士学位论文。

② 林清红：《公司犯罪的刑事立法思考与建议》，载中国优秀硕士学位论文全文数据库2011年S1期。

对过失行为犯罪化趋势的反思

——以抽象危险犯的扩张为切入点

田　旭*　宋伟卫**

过失行为，是指过失犯罪当中偏离社会一般规范的危险行为；过失行为的犯罪化趋势，是指将反对结果发生心态下有意实施该危险行为直接规定为独立犯罪的立法趋势。为了有效应对危险行为对公共法益造成的可能威胁，立法者将危害结果从构成要件要素中剔除，代之以抽象危险，使刑法得以在实害结果尚未发生甚至现实危险状态未出现之前实现对危险行为的约束，能够更为及时地保护重要的社会利益。但是将原本不出现危害结果则不予以处罚的危险行为规定为犯罪，对以结果为本位构建的犯罪主观罪过理论产生了极大的冲击，有必要对其合理性与法理依据进行深入思考。

一、我国犯罪构成中故意与过失的划分标准

在我国刑法理论中，犯罪故意中的“明知”与犯罪过失中的“预见”，指向的内容都包括危害行为与危害结果两个部分①。从认识因素方面看，明知的内容为“行为会发生危害社会的结果”，所谓“会发生”包含了可能发生与必然发生，这种可能性既包括高度的可能性也包括低度的可能性；而预见的内容为“行为可能发生危害社会的结果”，其中“可能发生”并无具体的程度标准，但在过于自信的心态中，行为人基于对有利因素的估计而认为结果不会发生②，因此，在行为人看来，危害结果的发生并非一种高度的可能性，而为一种低度的可能性。

在过于自信型过失犯罪中的认识因素，与故意犯罪中的认识因素存在重合部分，行为人对自己“正在实施可能发生危险的行为”本身是明知③的，亦即行为人是有意为之，如果抛开行为人对结果要素的意志态度，以外部观察视角看来，行为人“故意”实施了后来造成结果发生的行为，这是过于自信型过失犯罪与故意犯罪

---

* 河北大学政法学院讲师。

** 河北大学政法学院副教授。

① 一般认为，我国《刑法》第14条规定的故意犯罪中的“明知”，包含行为内容与性质、结果的内容与性质、危害行为与危害结果的因果关系以及其他犯罪构成要件要素（犯罪的对象、手段、时间、地点等）；《刑法》第15条规的过失犯罪中的“预见”，包含危害行为、危害结果以及后者发生的可能性。参见高铭暄、马克昌主编：《刑法学》（第七版），北京大学出版社、高等教育出版社2016年版，第108-115页。

② 参见姜伟：《犯罪故意与犯罪过失》，群众出版社1992年版，第335页。

③ 疏忽大意型过失犯罪的表述为“应当预见自己的行为可能发生危害社会的结果，因为疏忽大意而没有预见”，因此，此类型过失犯罪中，行为人完全可能认为自己的行为没有危险性，所以，本文讨论的过失犯罪主要是指过于自信的类型。

主观罪过内容中的相同点；但行为人对于行为造成之危害结果的现实发生持反对态度，这是二者在主观事实构造上的不同点。我国刑法通说认为，行为人对自己行为造成的危害结果的心理态度是区分故意犯罪和过失犯罪的关键点。① 过于自信型过失犯罪与故意犯罪中都存在对行为本身的“知与欲”，但是犯罪主观方面的事实，是指“行为人对其行为引起的危害后果所持的心理态度，而不是指行为人对其行为本身所持何种态度”②。

危害结果被限定于危害行为致使犯罪客体发生的事实上的损害或危险状态③，而社会关系的损害状态或者所处的危险境地，与行为人实施的行为是两类相互独立的客观事实，不具有合一性。如果缺乏对危害结果的希望或者放任，仅仅存在对危害行为的认识与追求，则不能满足我国刑法中犯罪故意的基本要求。行为人对危害行为有意为之，并不等于对犯罪故意为之。④

二、抽象危险的本质属性

“危险”属于危害后果，是在危险犯中规定的与实害结果相对的一种具体的结果类型，表现为一种“危害行为引起法律所保护的社会关系足以发生一定实害结果的危险状态”⑤。质言之，所谓危险，即实害发生的可能性。

（一）抽象危险是行为属性而非危害结果

一般认为，刑法中的危险可以具体分为两种类型：具体危险与抽象危险。虽然当前刑法理论认为，具体危险与抽象危险都属于一种危害结果，但实质上抽象危险是否能够满足危害结果的基本定义值得商榷。

所谓抽象危险犯，是针对特定的行为形式所作的规范，当行为出现时，即认定危险存在，犯罪即行成立。⑥ 从法益角度看，抽象危险是法益的相交往圈中一般的社会相当的危险，而并非什么特定的危险。⑦ 抽象危险是由立法者基于一般的社会生活经验而对行为是否具有造成结果可能性的抽象判断，而非像具体危险那样需要裁判者深入个案事实对行为是否可能现实地造成实害结果作个别化判断。有学者认为，抽象危险犯是立法者出于保护制度性利益的需要而直接拟制某些特定行为具有破坏制度的危险潜在性，并通过刑法规范对破坏制度性利益的行为所做的一种扩张性风险预防。⑧ 这种拟制的危险表现了立法者判断对裁判者判断的超越或覆盖，即

---

① 高铭暄：《刑法专论》，高等教育出版社 2006 年版，第 243 页。

② 马克昌：《犯罪通论》，武汉大学出版社 1999 年版，第 304 页。

③ 马克昌：《犯罪通论》，武汉大学出版社 1999 年版，第 190 页。

④ 储槐植教授对我国刑法中的故意概念提出了批评，主张将一元化的故意概念（以结果为本位）调整为二元化的故意概念（行为故意与结果故意）。参见储槐植：《刑事一体化》，法律出版社 2004 年版，第 224-225 页。

⑤ 高铭暄：《刑法专论》，高等教育出版社 2006 年版，第 201 页。

⑥ 柯耀程：《刑法释论 I》，台湾一品文化出版社 2014 年版，第 289-290 页。

⑦ 参见［德］乌尔斯·金德霍伊泽尔：《刑法总论教科书》（第六版），蔡桂生译，北京大学出版社 2015 年版，第 68 页。

⑧ 参见谢杰、王延祥：《抽象危险犯的反思性审视与优化展望——基于风险社会的刑法保护》，载《政治与法律》2011 年第 2 期。

司法者只需判断行为人有意实施的行为是否符合法律所禁止的行为类型即可，并不需要进一步考察行为是否具有威胁法益的现实可能性。

质言之，抽象危险并未客观化，没有从行为之内独立出来，是一种观念层面而非客观存在的危险，其仅以少量的特定客观事实为判断依据①，所以不会因为不同案件事实的差异而发生变化，也就无法从客观层面判断危险是否会发生。“结果是由一事物引起另一事物的现象。无论这种现象是以什么形式出现，它都具有客观现实性。刑法上的危害结果尽管有其特定的内涵，但必须以哲学上的结果为其理论依据。”② 观念性的抽象危险是一种主观判断，而非一种实存现象，并不符合危害结果应当具有现实性的基本要求。在构成要件中剔除具体危险与实害结果，使客观上即使欠缺法益侵害的可能也能够认定犯罪的成立，让部分学者产生了刑法防线过于提前从而蕴含侵犯人权危险的担忧，进而主张在具体的场合不能认定行为侵害法益之可能性时，应否定抽象危险的发生与抽象危险犯的成立。③

然而，以具体判断抽象危险有无的方式来限制抽象危险犯的适用边界从而实现对人权的保障，的确具有积极的意义，但也存在一定问题。一方面，对于行为人刚开始实施不法行为即被发现，还未进入“具体场合”的情况，由于不存在能够进行具体判断的事实依据，行为人的不法行为是否可能发生危险也就处于一种假设状态，无法确定。另一方面，抽象危险犯的设置，尤其是过失行为的抽象危险化，目的就是通过“以纯行为不法的规范介入方式避免具体因果的判断难题”④。

（二）抽象危险在内容上与具体危险具有一致性

抽象危险是具体危险发生的可能性，具体危险是法益受损的现实可能，实害结果则是具体危险的客观化。其中，抽象危险是人们对危害行为可能造成某种危险的经验判断，后两者则是危害行为造成外界具体变化状态的不同阶段。从是否现实存在于外部世界的角度看，抽象危险作为一种经验判断，与后两者有质的区别，但是从危险的具体内容上看，实害结果、具体危险与抽象危险具有相似性，是同类内容事实不同程度的具象化形态或者说是同一内容事实不同时间阶段的发展状态。

那么，对于行为人来说，其是否可能处于“希望抽象危险发生，但又反对具体危险发生”的主观心态中呢？如果将抽象危险替换为“可能发生具体危险”，就可以清楚地得出结论：行为人明显不可能在希望或追求“发生具体危险可能性”的同时，又反对“具体危险的发生”。实质上，只要能够确定行为人希望抽象危险发生，就不可能反对具体危险的发生，危险转化为实害的概率大小本身并不会对此产生影响。换言之，并非希望出现不太可能发生的危险就是反对发生具体危险，而希望出现很有可能发生的抽象危险就是追求具体危险。而且在抽象危险本身不需要结合其

① 抽象危险的判断是行为的判断，其考察的客观事实也是行为事实，不考察具体的犯罪情境（时间、地点等具体的外部环境）。

② 高铭暄：《刑法专论》，高等教育出版社2006年版，第178页。

③ 参见付立庆：《应否允许抽象危险犯反证问题研究》，载《法商研究》2013年第6期。

④ 李川：《抽象危险犯自身谦抑机制研究——以醉驾案件具体危险犯化认定倾向为视角》，载《政治与法律》2013年第12期。

他案件事实进行具体考察的情况下，自身也不存在程度高低的区别。但是，是否能够依据“行为人实施了法律禁止的危险行为”这一事实，得出行为人希望抽象危险发生进而希望具体危险发生的结论呢？答案是否定的。因为行为属性与结果互相独立，认识与意志也并不相同，认识到行为属性并不等于希望结果发生。抽象危险只是观念危险，但是作为其载体的危险行为在现实里总是蕴含着发生结果与不发生结果两种情况，虽然裁判者不需要判断抽象危险是否具有转化为现实危险的可能，但是行为人却会考虑此一问题，并得出肯定或否定的结论。因此，单纯从行为人认识到抽象危险并有意实施行为这一客观事实，无法推知行为人对“危险的实现”究竟持何种意志态度。

抽象危险作为危险发生的可能性，只是从外部视角对行为属性所作的判断，并非行为人主观意志指向（即希望、追求、放任或反对）的对象，意志对象只能是“希望发生危险”或“反对发生危险”这一行为的结果。假若不考虑其所处的具体环境，单纯从行为人实施危险行为本身难以对其主观意志进行准确认定。而且在过失犯罪中，如果行为人只有抽象的危险认识，就意味着其欠缺危险化意思，认为自己行为只有“抽象的危险”的人，原本就没有将其当作危险的行为。[①] 认识并决意实施某种危险行为，与追求或者放任危害结果发生的犯罪故意并不相同。

（三）危险抽象化的规范意义——刑法介入的提前而非犯罪圈的扩张

抽象危险并不是一种危害结果，而是一种行为属性，因此，抽象危险的判断也就不依赖于行为对外部事件造成的现实影响，所以立法者对抽象危险存在的“法律拟制”，即表现为在法条中“不规定”危险结果，而只规定危害行为，这也是抽象危险犯的本质特征。传统罪责刑法以出现具体危险或发生实害为介入时点，表现为一种事后性的处罚。而在抽象危险犯中，刑法则在具体危险发生以前就积极介入，表现为一种事前性的预防。抽象危险犯的规定使得法官在实害结果发生甚至具体危险状态出现之前，即能够直接对某种行为作出规制与处罚，展现了刑法保护的前置性或扩张性。

从法条本身的规定来看，立法者在规定抽象危险犯时“抽去”了结果要素，只留下了行为事实，意味着抽象危险的认定依据即在于所规定的行为事实，而非行为事实之外的其他事实因素。因此，“抽象危险犯既可以是行为犯，也可以是不以法益侵害作为结果的犯罪”[②] 在抽象危险犯中，危害结果并不需要被司法机关考察和评价，其造成的直接影响便是危害结果不再发挥“限制犯罪成立”的规范效力。但必须说明的是，危害结果的取消并不意味着犯罪圈的扩大，而只是介入时间的提前，即抽象危险犯规制的行为，是若不制止即发展为具体危险或实害结果的行为。

---

① 参见［日］甲斐克则：《责任原理与过失犯论》，谢佳君译，中国政法大学出版社 2016 年版，第 14–15 页。

② ［德］乌尔斯·金德霍伊泽尔：《刑法总论教科书》（第六版），蔡桂生译，北京大学出版社 2015 年版，第 67 页。

三、以抽象危险简化犯罪构成要件的法理依据

在抽象危险犯中，只要存在符合法定标准的特定行为，即可通过确认行为的存在而“认定”危险的存在，无须对具体危险状态的有无作进一步的判断。但刑法并非专断意志的产物，必须经受“是否合理”的规范拷问，对公民的处罚应当具有公正性。抽象危险犯面临的正当性诘问是：立法者以何种理由认为某种行为会产生普遍意义上的危害结果？

（一）结果必然性与主观追求——传统故意犯罪中抽象危险的认定

抽象危险犯的设定作为法益保护的前置化表现，首先是被适用于传统故意犯罪中，此时刑法并不等待具体危险或实害结果产生，在行为人实施预备行为或实行行为时就直接介入。

在故意犯罪中，行为人对自己的行为会发生危害社会的结果存在明确的认识，当行为人意图实施的行为必然发生危害结果的情况下，这种必然性本身就表明了危险转化为实害结果的普遍性①；当行为人实施的行为只是可能发生危害结果的情况下，行为人追求危害结果发生的意志态度也可以作为危险必然发生的认定依据。不容忽视的是，在故意犯罪中规定的抽象危险犯，虽然不要求危险结果现实发生，但都需要确认结果发生的必然性或者行为人存在追求结果发生的意志。

在刑法提早介入的情况下，人们无法从“客观层面”判断抽象危险是否能够转化为具体的危险，因此，“行为会发生危险”这一结论是借助于“主观内容”被“推定”出来的：由于抽象危险是行为的属性，具体危险是行为造成的结果，那么“行为是否会导致危险”就与行为人的后续行为密切相关。如果能够查明行为人有追求危害结果的主观意图，即可确定当前具有抽象危险的行为，“必然”能够持续存在并制造出具体危险。因此，行为人主观层面对危害结果的追求，可以作为推定该行为具有普遍会发生具体危险的依据，从而在该行为尚未造成具体危险的情况下，即可通过刑法加以禁止并对行为人进行处罚。质言之，行为人具有追求危害结果的目的，是刑法得以提前介入的正当性根据。

一般来说，故意犯罪中的抽象危险犯通常有与之对应的具体危险犯以及实害犯的规定，在主观构成要件层面，抽象危险犯、具体危险犯以及实害犯的主观罪过在法条中具有同一性，从抽象危险演变为具体危险到最后发生实害结果，法条只是因为法益侵害的产生以及程度的加深而变动法定刑，并未增加额外的认识或意志要素，也可以表明故意犯罪中行为人对具体危险或实害结果的追求心态同样在抽象危险犯中发挥限制犯罪成立的作用。在故意犯罪中设置抽象危险犯之所以具有合理性与正当性，是因为对追求实害结果发生的行为人，如果要求刑法必须等到具体危险的出现或者实害结果的发生才能对其行为进行干涉，则为时已晚，不利于实现刑法

---

① 这种行为必然产生危险的情况主要表现为举动犯，如在伪证罪中，行为人需要对所实施之虚伪陈述有认识，而不需要对结果有认识。参见陈子平：《刑法总览》，中国人民大学出版社2009年版，第129页。因为虚伪陈述本身为法律所禁止，对查清案件事实具有负面作用，虚伪陈述一经实施即可发挥证据效力，如果司法机关不积极求证，这种负面作用就会产生。

的社会保护机能。

抽象危险犯作为对为重大法益的前置化刑法保护，本身并不涉及对犯罪主观要件要素的改造，在明确行为人追求实害结果的情况下，刑法的提前介入能够有效避免法益侵害，同时也不会限缩公众的行为自由。

（二）过失行为中抽象危险的认定无法沿用故意犯罪的论证路径

在过失犯罪中，行为人可能根本没有认识到自己实施行为的危险性，或者虽然认识到行为的危险性但认为自己能够避免危害结果的发生。一方面，无论行为人是否认识到自己在实施一种危险行为，行为人在主观上都反对具体危险或实害结果的发生；另一方面，在过失犯罪中，危害结果只是具有发生的可能，其与行为人实施的行为之间并不存在必然联系。

在反对结果发生的情况下，抛开行为以外的客观事实，某种行为是否会产生具体危险并不确定，同时由于行为人主观层面缺乏追求结果发生的意志因素，也就难以得出过失心态（反对结果发生时）下有意实施的行为能够在普遍意义上造成某种危害后果的一般性结论，而且从现实生活中看，反对结果发生心态下的危险行为最终造成危害结果只是少数情况。所以传统意义上的过失犯罪，都以过失行为造成严重的实际危害结果作为犯罪成立的必备要件①，或者至少应当是造成了具体危险的情况，否则会导致进入刑法规范领域的行为数量过于庞大，给司法部门造成过重的压力。

但是在危险丛生的现代社会，产生了提前对行为人有意识违反相关注意义务的行为进行规制的现实需求，即将原本存在于过失犯罪中的有意违反注意义务的行为规定为犯罪。在《刑法修正案（八）》中增设的危险驾驶罪中，将“醉酒驾驶行为”、“严重超载行为”与“严重超速行为”等行为规定为犯罪，即将原本过失犯罪中的危险行为直接规定为抽象危险犯的典型表现。

但在过失心态下的危险行为中，行为人主观上反对危害结果发生，且危险行为并不必然造成危害结果，将原本属于过失犯罪的危险行为设定为抽象危险犯，必然无法按照在故意犯罪中拟制抽象危险的方式进行合理性论证，也即难以通过主观方面的“追求或希望”将危险行为与危害结果进行一种“必然性”连接。此种情况下抽象危险存在与否的判断，实质是对行为人能否将危险行为控制在适当限度之内的判断，即行为人是否具有足够的控制能力，而行为人的控制能力与其自身状态密切相连。一般而言，行为人对自身行为的控制能力越差，抽象危险转化为现实危险的可能性就越高，其行为的危险性也就越高，反之则行为的危险性就越小。②

然而一种不符合社会期待的行为是否可能产生具体危险或实害结果，还需要考察行为所处的外部环境、行为指向的侵害对象等事实因素。将其他因素排除在外，意味着可能存在将不会发生具体危险的危险驾驶行为认定为危险驾驶罪的可能性。

① 马松建：《过失危险犯比较研究》，载《郑州大学学报》（社会科学版）2000年第4期。

② 在笔者2017年7月就危险驾驶罪的现状与河北省石家庄市鹿泉区公安局事故科工作人员进行交流时，曾问及危险驾驶行为的危险程度是否随着车辆类型由小到大而递增，对方给出了否定答案，并认为摩托车的危险性反而比轿车、货车更高。

有论者即批评了司法实务中的某些做法，如有的司机在公共停车场仅为调整机动车的停放位置而发动并驾驶机动车即被认定为危险驾驶罪。①

一个不能忽视的事实是：立法者对行为是否发生危险的判断同样需要经过科学、细致的论证，并接受是否合理的检验。由于立法者与个人相比，同样存在认识缺陷，因此，不能以法律判断比个人判断合理的理由论证抽象危险规定的合理性。②将过失行为规定为抽象危险犯的做法，必须要经受更为严格的论证和检验。

（三）后发型与可能型——不同主观罪过下的抽象危险

有论者认为抽象危险存在不同类型，在某些场合，抽象危险是指具有发生实害可能的特别重大、紧迫的危险，如刑法第 144 条规定的生产、销售有毒、有害食品罪；在某些场合，抽象危险实际上几乎等同于实害。例如，侮辱、诽谤罪属于抽象的危险犯；在某些场合，抽象危险是比较缓和的危险，亦即距离实害比较远的危险，如毒品犯罪、危险驾驶罪中的抽象危险，就属于这一类。③

然而，仔细分析可以发现，作为原属过失犯罪中危险行为的危险驾驶罪所蕴含的抽象危险，与其他故意犯罪中的抽象危险并不相同。在生产、销售有毒、有害食品罪中，行为人的目的在于通过商品交换获得资金，必然造成有毒、有害食品为消费者购买，而此类食品对公众造成的损害具有普遍性，此时危险虽然暂时未发生但具有发生的普遍性。而侮辱、诽谤行为对他人的精神伤害本身即属于现实存在的危害结果，只是其作为一种非物质性结果不好具体测算，此时的精神损害已经不再属于抽象危险而成为了客观事实；而毒品本身则属于违禁品，其功能也具有特定性，无论是自己吸食还是卖给他人吸食均能对身体造成损害，这种损害也被社会公众普遍认可。可以说，故意犯罪中抽象危险向具体危险、实害结果渐进演变的历程具有普遍性，更为关键的是，行为人存在实现此种危害结果的意志态度。但在危险驾驶罪中，符合犯罪构成的不规范驾驶行为是否会产生具体危险则处于一种不确定的状态，既存在造成具体危险并转化为实害结果的可能，也存在不产生具体危险的可能。同时行为人本身也不追求危害结果的发生，如果对该危险行为不加制止，可能并不会造成具体危险或实害结果。④

可以说，前几种犯罪中的“抽象危险”，是行为当时未产生但将要普遍发生的、距离犯罪行为较近或较远的危险，此类危险的抽象性实质上是一种时间层面的“后发性”，属于后发型的抽象危险；但危险驾驶罪中的“抽象危险”则无法确定其是否会随着行为实施产生具体危险进而造成实害结果，此时危险的抽象性就是一种“可能性”，属于可能型的抽象危险，这种可能性是人们的推断，所以是观念层面的

① 参见梁根林：《“醉驾”入刑后的定罪困扰与省思》，载《法学》2013 年第 3 期。不过，根据 2017 年 1 月 17 日浙江省高级人民法院、浙江省人民检察院、浙江省公安厅《关于办理“醉驾”案件的会议纪要》的规定，醉酒在公众通行场所挪动车位的，可以不作为犯罪处理。

② Brenner M. Fissell . Abstract Risk and the Politics of the Criminal Law. American Criminal Law Review, vol. 51，No. 3.

③ 参见张明楷：《危险驾驶罪的基本问题——与冯军教授商榷》，载《政法论坛》2012 年第 6 期。

④ 在危险驾驶罪中，危险发生的可能性无法脱离行为独立存在，所以当行为结束时则危险状态亦随之结束。

危险，实质是对偏离规范行为的不信任。因此，传统故意犯罪与当前过失行为中的抽象危险并不具有同质性。

四、过失行为抽象危险化的合理设定

在《刑法修正案（八）》出台之前，刑法并没有规定过失行为的抽象危险犯，由于故意犯罪中存在行为与结果之间的必然性联系或者行为人追求危害结果发生的意志态度，抽象危险的拟制并不会造成理论冲突，由于其规范效力在于使刑法提前介入，也不存在合理性危机。但是将并不一定发生且行为人并不主动追求的观念危险拟制为普遍发生的危险，既冲破了我国现有的罪过划分标准，也蕴含着处罚无辜者的风险，人不再只是目的，而成为了维护公共福祉的工具，从而无法摆脱腐蚀刑法人权保护机能的阴影。

要解决过失行为抽象危险化面临的理论与现实问题，首先应当重新审视我国刑法中的罪过类型，赋予“有意实施危险行为”以独立的地位，消除其无法与罪过理论兼容的尴尬处境。例如，可以借鉴英美刑法中规定“轻率”这一特殊心态的做法，将其设定为反对结果发生但仍然实施危险行为的主观罪过类型。其次，应当通过实际的调查研究来准确认定行为人的控制能力，以行为人无法有效控制危险行为作为客观方面犯罪是否成立的根本标准①，清除过失危险行为入罪化在公正性方面存在的障碍。以醉驾行为为例，当前作为犯罪成立主要认定依据的血液中的酒精含量，实质是诸多表明行为人是否处于“醉态”指标当中的一种，可以借鉴国外做法，将单脚直立、直线行走或者画同心圆等作为辅助测验，以全面检视行为人是否具有足够的控制能力。最后，还需要结合危险行为发生的具体情境，将特殊情况下不可能现实化的危险行为作出罪或者减轻、免罚处理，② 以合理应对极端案例。

立法关系到每个人的权利和义务，所以在立法进程中应当让公众参与、表达声音、提出意见和建议。③ 以突破现有法律规定的方式扩大处罚范围来保护公共权益，不仅需要科学的论证，恐怕还需要公众的认可与授权，否则，可能要始终面临殃及无辜的合理性拷问。

---

① 有学者梳理了酒精对人驾驶能力的影响：如果每 100cc 血液中酒精含量小于 0.03 克，则无明显影响；若处于 0.03~0.05 克，则“视觉反应灵敏度减弱，对速度及距离判断力较差”；若处于 0.05~0.08 克，则“反应迟钝、驾驶能力受损，对事情之判断开始犹豫不决”；若处于 0.08~0.15 克，则“判断力严重受损，体能与精神协调力受损”；若处于 0.15~0.5 克，则“视线摇晃，驾驶人已进入恍惚状态，判断及理解与事实不符、驾驶不稳定”；若大于 0.5 克，则“无法开车，会致死”。参见张丽卿：《交通刑法》，台湾学林文化事业有限公司 2002 年版，第 73 页。

② 根据 2017 年 5 月 1 日最高人民法院《关于常见犯罪的量刑指导意见（二）（试行）》的规定，危险驾驶罪的量刑除了考察被告人的醉酒程度以外，还需要考察机动车类型、车辆行驶道路、行车速度、是否造成实际损害等情况。可见，司法实务部门已经开始将危险驾驶置于具体情境中进行考察，虽然其效力目前仅止于量刑层面。

③ 佟丽华：《十八大以来的法治变革》，人民出版社 2015 年版，第 94 页。过失行为的抽象危险化突破了传统刑法的处罚边界，是现代社会面临的一道选择题：是更注重安全还是更在意权利。

数额犯的兴起与衰微

卢建平* 王晓雪**

20世纪80年代中期，伴随着中国刑法理论的发展，特别是德日等发达大陆法系国家刑法理论的导入，犯罪构成及犯罪形态的研究引起学者们的广泛兴趣，数额犯就是这一时期发展起来的具有中国特色的犯罪形态。所谓数额犯是以数额作为定罪量刑唯一或者主要标准的极具中国特色的理论概括。在中国古代就有计赃论罪、计赃量刑的历史传统，新中国进入法典化时代以后，其由司法传统、立法经验最终上升为立法，后立法被理论固化。然而，与犯罪本质进化的缓慢性相较，犯罪形态的进化则极其显著。伴随人类社会的发展，当根据某一特征划分的犯罪形态不再符合社会公平正义的需求，其理论必将走向衰亡。换言之，任何理论有生必有死，有盛必有衰，在1997年《中华人民共和国刑法》（以下简称“97刑法”）颁布之初，数额犯理论被认为是罪刑法定主义的当然体现，备受推崇。但是在最近20年司法实践中反而呈现渐次衰微的态势，其具体表现形式为何？由盛而衰的原因何在？数额犯未来又将走向何方？本文将对这些问题进行初步探究。

一、数额犯由盛而衰的具体表现形式

（一）兴起

新中国成立初期，百废待兴，刑法尚未制定，为了配合社会改革运动的需要，国家制定了几个单行刑法①，如1961年《中华人民共和国惩治反革命条例》、《妨害国家货币治罪暂行条例》，1952年《中华人民共和国惩治贪污条例》（以下简称《惩治贪污条例》）等。其中，只有《惩治贪污条例》按照具体贪污数额设定量刑标准，但并未明确以具体数额为入罪标准。

1979年《中华人民共和国刑法》（以下简称“79刑法”）总则中“但书”规定“情节显著轻微危害不大的，不认为是犯罪”，分则中将“数额较大、情节严重、后果严重”等概括因素作为区分罪与非罪的标准，形成独具中国特色的“立法定性+定量”的犯罪概念设定模式，定量因素中对数额的偏爱直接催生了新中国制定法意义上的数额犯。由于79刑法秉承“宜粗不宜细”的立法理念，虽然总则中有犯罪定量规定，但分则中量化要件并不突出，且立法专家们也认为以固定的数额作为区分罪与非罪的依据未必适合不同时期和不同地区的情况，据此79刑法没有

* 北京师范大学法学院教授，博士生导师。

** 北京师范大学法学院博士研究生，北京市顺义区人民检察院检察官助理。

① 单行刑法覆盖面不大，办案主要还是依靠政策。

任何一个条文以明确的数额作为定罪量刑标准，仅对盗窃罪、诈骗罪、抢夺罪[①]规定“数额较大”的入罪门槛。何谓“数额较大”，法律未规定具体数字，只能由各地司法机关根据本地实际情况具体掌握。此时并没有一个明确的数额犯的概念，且以“抽象数额”作为定罪量刑标准也只在少数几个侵犯财产类犯罪中出现，这一阶段是我国法制建设初创时期，也是数额犯兴起的时期，其表现为少数财产类犯罪中的“抽象数额”模式。

（二）繁荣

79刑法内容“粗犷”，入罪标准模糊，定罪标准由地方司法机关掌握，与当时的司法水平和司法理念极其不相适应，司法可操作性差。所以从刑法颁布之日起，对刑法的修改补充工作就一直在进行，到97刑法之前，全国人民代表大会常务委员会先后制定和颁布了22个[②]补充规定或决定，其有许多以具体数额或者概括数额作为定罪量刑标准。例如，1988年《关于惩治贪污贿赂罪的补充规定》将原本无明确定量入罪因素的贪污犯罪变为具体数额犯，以2000元作为入罪定量因素。1988年《关于惩治走私犯罪的补充规定》将走私普通货物、物品类走私罪由情节犯变为具体数额犯，以2万元作为入罪定量因素。1992年《关于惩治偷税、抗税犯罪的补充规定》将偷税罪“情节严重”变为“具体数额+情节”，将偷税数额占应纳税额10%以上并且偷税数额在1万元以上，或者因偷税被税务机关给予二次行政处罚又偷税的作为偷税罪的入罪定量因素。1993年《关于惩治生产、销售伪劣商品犯罪的决定》将违法数额2万元作为生产、销售伪劣产品罪入罪的定量因素。1994年《关于惩治侵犯著作权的犯罪的决定》以“违法所得数额较大或者有其他严重情节”作为侵犯著作权罪的入罪定量因素。1995年《关于惩治违反公司法的犯罪的决定》将“虚报注册资本数额巨大、后果严重或者有其他严重情节的”作为虚报注册资本罪的入罪定量因素。1995年《关于惩治破坏金融秩序犯罪的决定》将“数额较大”作为出售、购买、运输假币罪、持有、使用假币罪、变造货币罪、金融票据诈骗罪、信用卡诈骗罪、保险诈骗罪的入罪定量因素。

79刑法至97刑法期间，我国正处于改革开放初期，犯罪态势严峻，严打之风盛行，任意出入人罪的现象日益明显，刑法理论上由主观主义向客观主义转变，出于对严打的反思，对罪刑法定主义的模糊认识，以刑法补充规定方式大量增加了按照数额定罪量刑的罪名数量，有的是以具体数额入罪，有的以抽象数额入罪，有的以抽象数额加情节入罪，前两种形式是数额犯的典型代表，数额犯迎来了刑事立法生涯急速上升的时期。

---

① 79刑法考虑盗窃、诈骗、抢夺三种罪轻重程度大体相当，且实践中犯罪分子既盗窃又诈骗又抢夺或者兼具有其中两种行为的为数不少，为了处理上的方便，无须都搞成数罪并罚，因此将他们合成一个条文来写。

② 关于《中华人民共和国刑法（修订草案）》的说明。

97 刑法废除类推制度，在第 3 条规定了罪刑法定原则。在绝对罪刑法定原则的指导下，大面积将数额作为定罪量刑依据，97 刑法是数额犯发展的高潮。“据不完全统计，在该法典分则性条文中，仅‘数额较大’就出现了 42 次之多；还有 10 个条文使用了‘数量较大’”[①]，有 8 个罪[②]的罪状中直接规定了具体值或数量，遍布破坏社会主义市场经济秩序犯罪、侵犯财产犯罪、妨害社会管理秩序罪和贪污贿赂犯罪四大多发的类罪名。其中以数额（或数量）作为构成要件的罪名有 40 余个，占 97 刑法 413 个罪名的 12% 左右。此外，后续诸多刑法修正案和司法解释将刑法中没有量化规定的罪名解释为数额犯，如刑法第 350 条非法生产、买卖、运输、走私制毒物品罪，没有规定数额，司法解释却明确规定构成该罪需达到的数量标准，或是将综合量化情节解释为单一数额犯，如刑法第 225 条非法经营罪仅规定了“情节严重”，司法解释则将该综合情节直接解释为具体数额标准。可以说，数额犯罪占据了我国刑法罪名的半壁江山，且多为常见罪、多发罪。

（三）衰微

自 2011 年以来，刑事立法和司法解释对数额的绝对依仗出现了松动，相继出台的刑事立法以及部分准刑事立法（司法解释）或以降低入罪门槛、淡化入罪量化要求，或将入罪量化因素多样化，逐渐挑战数额犯近 20 年“一枝独大”的局面。

以具体数额为入罪定量因素是最典型的数额犯，以抽象数额为入罪定量因素是次典型的数额犯，以抽象数额加其他情节为入罪定量因素是非典型的数额犯，所以由具体数额犯转化为抽象数额犯或抽象数额与其他情节并重，或抽象数额犯转化为抽象数额与其他情节并重都是数额犯衰微的表现形式之一。例如，《中华人民共和国刑法修正案（八）》（以下简称《修八》）第 27 条将 97 刑法第 153 条走私普通货物、物品罪“偷逃应缴税额在 5 万元以上”具体数额的入罪定量因素变为“应缴税额较大或者在一年内曾因走私被给予二次行政处罚后又走私的”；《中华人民共和国刑法修正案（九）》（以下简称《修九》）第 44 条将 97 刑法第 383 条将贪污罪“5000 元”入罪量化因素变为“数额较大或其他较重情节”。二者均属于将具体数额转换为抽象数额与其他情节并重的形式。《修八》第 39 条在 97 刑法第 264 条盗窃罪中新增入户、携带凶器、扒窃作为与数额并列的入罪量化情节；第 40 条在第 274 条敲诈勒索罪中新增多次敲诈勒索作为与“数额较大”并列的入罪量化情节；《修九》第 20 条在第 267 条抢夺罪中新增多次抢夺作为与“数额较大”并列的入罪量化情节。三者属于将抽象数额转换为抽象数额与其他情节并重的形式。

《修八》第 22 条增设危险驾驶罪；第 23 条将第 141 条生产、销售假药罪由危险犯变为行为犯；第 46 条将第 338 条污染环境罪“造成重大环境污染事故、致使公私财产遭受重大损失或者人身伤亡的严重后果”的入罪标准降低为“严重污染环境”；《修九》第 7 条新增准备实施恐怖活动、宣扬恐怖主义、极端主义、煽动实施恐怖活动等与恐怖活动相关的非实行行为为犯罪；第 25 条增设组织考试作弊罪，

---

① 唐世月：《数额犯论》，法律出版社 2005 年版，第 6 页。

② 生产销售伪劣产品罪、走私普通货物物品罪、偷税罪、逃避追缴欠款罪、非法持有毒品罪、非法种植毒品原植物罪、贪污罪、贿赂罪。

非法出售、提供试题、答案罪，替考罪。上述立法规定不断降低入罪门槛，淡化入罪的量化要求以及定罪量刑标准的多元化共同反映数额犯在我国刑法中地位的动摇。

与立法上整体的由盛而衰不同，数额犯在司法上表现出盛衰的矛盾对立。一方面司法解释将《修八》、《修九》已经成功“拨乱反正”的“抽象数额加其他情节”中的“抽象数额”又明确为“具体数额”，或是将97刑法中未及量化的“抽象数额”明确为“具体数额”，或是将其中尚未规定量化因素的以具体数额入罪，大大增加了司法数额犯的数量，如2016年最高人民法院、最高人民检察院《关于办理贪污贿赂刑事案件适用法律若干问题的解释》（以下简称《贪污贿赂解释》）将“数额较大”具体化为“1万至3万”；另一方面部分司法解释又降低具体化后的“抽象数额”标准与其他情节并重作为入罪定量因素，或是将“其他情节”予以具体化，前者如2013年最高人民法院、最高人民检察院《关于办理抢夺刑事案件适用法律若干问题的解释》将具体化后的数额标准的50%与曾因抢劫、抢夺或者聚众哄抢受过刑事处罚等具体情节并列为入罪定量因素；后者如《贪污贿赂解释》将其他较重情节具体表述为“贪污救灾、抢险、防汛、优抚、扶贫、移民、救济、防疫、社会捐助等特定款物的；曾因贪污、受贿、挪用公款受过党纪、行政处分的曾因故意犯罪受过刑事追究的”等。

司法解释中数额因素的弱化和其他情节因素的强化无疑是数额犯衰微在司法上的体现，然司法数额犯的增加是否说明数额犯在司法上势头依旧强劲呢？我们不敢妄下结论，因为司法数额犯的合法性问题依然备受质疑，而且其增加与我国目前司法水平和司法人员能力素质密切相关，立法上标准虽然没有了，但一线办案的司法人员还是希望有一个统一的标准来指导，没有标准他们就无所适从，所以司法上的标准反而在强化。但伴随着我国司法人员水平的提高，以明确数额为标准的典型数额犯不断减少的趋势也是可以预测的。

综上，数额犯兴起于79刑法，此时的数额犯朴素而单纯，是对中国古代计赃论罪观念的传承，到97刑法，观念传承成为立法的当代中国经验、罪刑法定的标本。时间维度上以79刑法为起点，以97刑法为高潮，从2011年《修八》开始走下坡路；逻辑维度上从模糊到明确到相对明确再到渐渐模糊；空间维度上从司法到立法再回归司法。数额犯地位的动摇会成为我国刑事立法和司法解释的一种趋势，动摇表象下更深层次的刑事立法理念和立法模式的变革，乃至大众刑法观念的变化，都是值得深入研究和探讨的。

二、数额犯由盛而衰原因分析

与数额犯立法及司法实践相伴而生，我国对数额犯的研究起步于20世纪90年代，这一时期对数额犯的认识局限于犯罪定量因素具体化形式，充分诠释了罪刑法定和刑法谦抑原则，是我国刑法的创新，全面推崇；伴随97刑法、修正案及司法解释的出台，数额犯在刑事立法和准刑事立法中的统治地位逐渐确立，司法实践中的“唯数额论”也愈演愈烈，在适用有具体数额规定的数额犯法条时，少1元、2

元都不应当定罪，相反只要达到法定数额，不论其他情节一律定罪的极端思想成为主流。立法偏激导致司法不公。数额犯的缺陷开始显现，伴随对犯罪定量因素和罪刑法定的深入思考，学界的质疑声也浮出水面。介于此，不少学者已经认识到“唯数额论”的弊端，或是全盘否定定量的立法模式进而否定数额犯，或是提出以概括情节替代单一数额，但相关的深入分析和研究却鲜有出现。基于对数额犯变革的客观描述，我们认为其由盛而衰的表象背后，深藏着我国刑事法律对犯罪定量因素和罪刑法定主义理念认识和反思的深意。

（一）犯罪定量因素对数额犯兴衰的影响

与世界其他国家对犯罪概念单纯的“立法定性”分析不同，我国独特的“立法定性+定量”分析模式中犯罪定量因素对数额的偏爱催生了数额犯的出现和膨胀，同时也是其走向衰微的必然原因。

1. 犯罪定量因素的内涵

储槐植教授对“立法定性+定量”分析模式的概念有过经典的论述，“所谓定性+定量分析，是指在界定犯罪概念时，既对行为的性质进行考察，又对行为中所包含的‘数量’进行评价，是否达到一定的数量对决定某些行为是否构成犯罪具有重要意义”。① 概念里虽然以“数量”表述犯罪定量因素，但实际上是对我国犯罪概念中所要求的“应受刑罚处罚的严重社会危害性”的概括。人们对犯罪行为社会危害性认识的全面化和精密化程度决定了刑法所规定的具体犯罪的犯罪定量因素指向的科学性。

不同犯罪给社会造成的危害性质与特点是不同的，用以衡量其危害性及其程度的犯罪量化因素也应该有所差别，立法者不可能用一种量化因素来描述所有犯罪。然而立法者只是选择“犯罪定量因素”来描述社会危害性程度，“犯罪定量因素”实际上并不等同于社会危害性程度。因为只有客观上可以量化、立法者主观上能够认识、可以用立法语言予以描述的因素才可以成为犯罪定量因素纳入刑法规范用以区分罪与非罪，犯罪定量因素实际上是连接刑事可罚性与社会危害性程度的媒介。是否所有社会危害性程度均可以量化这一客观局限性涉及“立法定量+定性”模式自身科学性问题②，在此暂不予探讨。立法者认识水平这一主观局限是数额犯由盛而衰的重要原因。

2. 以数额作为主要犯罪定量因素的原因及弊端

79 刑法至 97 刑法之所以选择数额，而不选择其他因素作为衡量犯罪行为社会危害性程度的定量因素，正是受到立法者对行为性质的认识和立法能力的限制，是在当时立法能力基础上，对某些行为危害性程度评价基准的主观选择。立法者认为，“在立法定量的前提下，形式多样的数额能够较准确地反映不同犯罪的社会危害程度，在某些特定领域，用数额表示行为的社会危害性程度或造成的客观危害，

① 储槐植、汪永乐：《再论我国刑法中犯罪概念的定量因素》，载《法学研究》2000 年第 2 期。

② 如储槐植教授认为，“在人们尚不能够对犯罪行为的社会危害性精细地予以量化以及’数量因素’在大多数场合还不是决定行为社会危害性程度的唯一甚或主要因素的情况下，在刑法典中过多地引入定量的犯罪概念又是不科学的”。

比抽象的感性判断更具有说服力，数额是定量的最佳体现。”[1] 当时立法者尚未认识到代表行为社会危害性程度的全部因素，即使认识到除数额外的部分因素，也因为无法简单明确地写在法条中而予以抛弃。与此相较，数额所具有的直接反映行为社会危害性的显性特征与我国法制建设初期立法水平低下、社会大众和裁判者均渴望整齐划一的入罪标准相适应，数额犯就此成为时代的宠儿，兴起并繁荣。

但从理论角度，数额只能是犯罪定量因素的内容之一，不能排斥其他非数额因素，对于部分犯罪（主要是财产犯罪）它虽然可以成为最主要内容，但仍不是唯一内容，否则就违背我国刑法主客观相统一原则，导致司法不公。从实践角度，立法或司法解释规定只有达到法定数额才能作为定案的主要依据，这种逻辑演绎的结果必然是司法上普遍的“唯数额论”，以盗窃罪为例，地方司法机关在处理具体盗窃案件时，往往只限于或主要限于对“盗窃数额”大小的关注，而忽视对盗窃行为其他情节（如盗窃财物的性质、受害人的经济情况、盗窃的手段、目的、动机、行为人平时一贯表现）的考察，结果只能造成定罪量刑上的不合理。

3. 犯罪定量因素的自我修正

如果说新中国刑事法治的前 30 年囿于犯罪定量认识水平和立法司法能力的限制，导致数额犯的非正常繁荣，那么近 10 年的刑事法治发展就是犯罪定量因素自身“拨乱反正”、自我修正的过程，逐步让数额回归犯罪定量因素之一的原本面貌，即数额犯罪走向衰弱的过程。

根据目前的司法实践经验，犯罪构成共同要件以外判断行为社会危害性程度应该从以下几个方面考虑：（1）主观恶性。（2）行为方式。（3）客观后果。（4）行为人的一贯表现及行为后的态度。[2] 犯罪定量因素作为犯罪行为社会危害性程度的描述应该将上述四个方面综合起来考虑，而非单独取出其中一个因素作为罪与非罪的标准。

基于对犯罪定量因素较为全面、系统、客观的认识以及立法技术的提升，多样化、综合性的犯罪定量因素已经在刑事立法和司法解释中崭露头角，包括盗窃、诈骗、抢夺等财产犯罪，也包括贪污贿赂型犯罪。“唯数额论”的刑事立法和司法现象正在衰弱。例如，盗窃罪，79 刑法犯罪定量因素为“盗窃数额较大”，97 刑法为“数额较大或多次盗窃”，2011 年《修八》为“数额较大，或者多次盗窃、入户盗窃、携带凶器盗窃、扒窃”，即盗窃数额与盗窃次数、是否入户、是否携带凶器、是否扒窃并列成为决定罪与非罪的犯罪定量因素，盗窃罪犯罪量化因素不断多样化；2013 年最高人民法院、最高人民检察院《关于办理盗窃刑事案件适用法律若干问题的解释》第 2 条对于具有“曾因盗窃受过刑事处罚的；一年内曾因盗窃受过行政处罚的；组织、控制未成年人盗窃的”等情节的盗窃行为，盗窃数额标准减半，即在出现法定情节的情况下，未达到法定盗窃数额同样构成犯罪。此外，第 7 条“盗窃公私财物数额较大，行为人认罪、悔罪，退赃、退赔，且具有法定从宽处

---

① 参见赵威：《数额犯研究》吉林大学法学院 2005 年博士学位论文。

② 参见陈兴良主编：《刑事司法研究》，中国人民大学出版社 2008 年版，第 59-60 页。

罚，情节轻微的，可以不起诉或免予刑事处罚；必要时，由有关部门予以行政处罚。”即使达到数额较大，但行为人事后认罪、悔罪、退赃、退赔且具备法定情节的，可以出罪。就此，数额不再是盗窃罪唯一的犯罪定量因素，即使达到法定数额但综合考虑行为人事中、事后的行为亦可出罪。

然立法者能否穷尽对所有犯罪定量因素的认识并用适当的语言对其进行规范化？对于这种绝对主义的认识论我们是持否定态度的，因为它夸大人的理性能力，追求刑法内容上的完整性，无疑是一种法律乌托邦。我们只能判断相较于“唯数额论”，犯罪定量因素的多样化更加科学、合理。

（二）绝对罪刑法定向相对罪刑法定的变革

数额犯的兴盛与罪刑法定主义在我国刑事法治的确立密切相关，走向衰弱是对罪行法定主义，对刑法精髓，对刑事法治的理解更加全面、深刻和成熟的结果。

1. 罪刑法定主义嬗变的过程

罪刑法定主义的理论基础来源于17、18世纪启蒙运动所确立的天赋人权、自由、民主等政治法律思想。罪刑法定主义的基本含义是“法无明文规定不为罪，法无明文规定不处罚”，因其所内含的形式理性、权力制约以及人权保障的价值内容而成为现代刑事法治根本原则和精神内核。由于深受中世纪刑罚权无节制扩张和滥用之苦，罪刑法定的古典形态将公民个人自由作为价值取向，通过限制国家权力保障个人权利，其中对国家权力的限制具体表现为限制立法权和立法对司法的限制，后者强调司法绝对服从立法，否定法官的自由裁量。这一时期的罪刑法定被称为绝对的罪刑法定主义，法官只是法律的机械执行者，没有任何自由裁量权。进入20世纪，个人本位向社会本位进化，为适应时代发展与社会变迁，罪刑法定主义发生了从绝对罪刑主义到相对罪刑主义的演变，“从完全取消司法裁量到限制司法裁量，从完全否定类推到在有利于被告的场合容许类推适用，从完全禁止事后法到从旧兼从轻，增加刑法的灵活性与适应性，实现刑法人权保障与社会保护的双重机能”①，完成罪刑法定主义的自我完善。

2. 我国罪刑法定的嬗变与数额犯的兴衰

罪刑法定主义对于我国刑法来说，完全是舶来品。我国古代刑法就有“比附援引”的规定，79刑法师法苏俄明确规定类推制度，97刑法才废除类推，规定罪刑法定原则。此时，距西方绝对罪刑法定主义嬗变为相对罪刑法定主义已经有近两个世纪之久，但我国刑事法治也经历了从刑事类推向绝对罪刑法定再向相对罪刑法定的嬗变。因为“事实已经证明，迟发展的社会尽管可以借鉴与吸收早发展社会的价值、制度与技术，从而加快发展进程，但历史阶段又是不可超越的。”② 在绝对罪刑法定主义影响下，我国数额犯兴起并繁荣，在相对罪行法定主义浪潮下，其又逐步衰弱。

新中国成立初期，政策是治国的主要依据。司法活动以抽象、笼统的政策为指

① 陈兴良：《罪刑法定主义》，中国法律出版社2010年版，第103页。
② 陈兴良：《罪刑法定主义》，中国法律出版社2010年版，第179页。

引，从而给司法人员司法裁量留下广阔的空间，加之司法人员素质差别较大，造成司法混乱。79 刑法颁行后，司法工作开始进入一个基本上有法可依的法治轨道，但立法规定的概括性和类推制度的存在，在一定程度上增加了司法人员行为的任意性和随机性，个人自由和司法公正难以得到切实保障。为了避免罪刑擅断和保障人权，97 刑法废止类推并在总则中明确规定罪刑法定原则，但如何在刑事立法中贯彻该原则却成为急需解决的问题。因为在我国犯罪“立法定性+定量”的界定模式下，除构成要件明确性外，行为的定量因素也要予以明确。关于犯罪定量因素的设定方式，总则上表现为“但书”的规定，分则上有以下几种：（1）造成严重后果或危险；（2）数额的规定；（3）情节的规定。[①]（1）与（3）两种设定方式的共同特点是具有极强的概括性、不明确，无法在司法中直接操作，需要法官在个案中予以裁量。（2）以到达某一数额作为犯罪定量因素，根据数额的明确程度又可以分为明确性数额和概括性数额。前者的数额标准是具体明确的，如 97 刑法中生产、销售伪劣产品罪，偷税罪，走私、贩卖、运输、制造毒品罪，非法持有毒品罪，非法种植毒品原植物罪，贪污罪等。后者的数额是概括性的，如“数额较大”、“数量较大”，具体何为“较大”由最高司法机关的司法解释加以明确，所以以最高司法机关的司法解释为桥梁，立法上的概括性数额犯又等同于立法上明确性数额犯。[②]以具体数额描述行为的社会危害性程度，公民以该数额为标准规范自己的日常行为，法官按照该数额进行定罪，无疑是行为规范和裁判规范的双优之选。在该种设定方式下，凡是符合该数额的一概入罪，不符合该数额一概出罪，法官没有任何司法裁量权。司法机械化运作成功规避了 79 刑法任意性的弊端，符合由类推走向绝对罪刑法定之明确性、防止司法擅断的要求，数额犯也随之兴盛。

97 刑法之后，我国刑事立法和司法解释所体现的对数额犯的推崇已经达到极致，“唯数额论”严重限制法官的自由裁量权，所有法官唯立法数额、唯司法数额论的现象越发明显，没有具体数额法官就不会办案也不敢办案。数额犯以“数额”这一客观要素描述行为的社会危害性程度，在我国刑法从主观擅断到客观化、从刑事类推到罪刑法定过渡中起到了一定的作用，但客观化不等于客观归罪、罪刑法定不等于“唯数额论”。数额犯本身是古典刑法、早期行为刑法为了适应法官素质相对低下的状况而设置的定罪量刑标准，体现立法权对于司法权的过度控制，这种绝对的罪刑法定主义难以与时俱进，直接导致司法机械化，无法全面评价犯罪的社会危害性，难以实现罪刑均衡以及法律最基本的公平正义的价值。我国目前力推的司法体制改革，突出以审判为中心、突显司法权和强化法官的地位，实际上就是在具体案件中赋予法官更多的自由裁量权，综合罪前、罪中、罪后各阶段的具体情节定

① 参见李洁：《罪刑法定之明确性要求的立法实现——围绕行为程度之立法规定方式问题》，载《法学评论》2002 年第 6 期。

② 虽然最高司法机关的司法解释在法律地位上备受质疑，但客观上其已经成为独立性极强的副法体系，主观上司法人员一旦遇到疑难问题均希望能找到对应的司法解释予以解决，特别是在《修九》将贪污贿赂犯罪定量因素由数额犯改为“数额+情节”犯后，法院对一大批贪污贿赂犯罪进行延审，只待关于具体数额和情节的司法解释出台。按照目前的状况，如果离开司法解释，整个刑事司法将陷入混乱。

罪量刑，确保人们在每一个案件中切实感受到公平与正义，这也正是相对罪刑法定主义的精神内核所在。而数额犯以古老的计数原理片面认定罪与非罪，无视法官自由裁量权已经明显与相对罪刑法定主义相背离，其在这场改革中必然走向衰弱。

三、数额犯的未来走向

数额犯以具体数额量划分罪与非罪，客观上具有限缩犯罪圈、排除社会危害性较轻的轻微越轨行为的作用，日本刑法学家西原春夫也曾指出："在非犯罪化方面，让我吃惊的是，中国目前的刑法真是完美的非犯罪化。"① 但数额犯本身是犯罪概念"立法定性+定量"模式下，犯罪定量因素单一化认识的产物，是绝对罪刑法定主义限制法官自由裁量、片面追求明确性在刑事立法和司法的极端表现，伴随犯罪定量因素多样化、综合性的认识、立法技术的提升以及司法人员素质的提高，数额犯不再是符合时代需求的犯罪设定模式，必然由盛而衰。从哲学层面思考，世间没有永恒的真理，任何不能与时俱进、适应时代发展脉络的理论，必将被抛弃。

就目前刑事立法与司法改革实践而言，"数额+情节"的犯罪量化标准正替代"单一数额"标准，以解决"立法定性+定量"模式下"唯数额论"问题。所以在一段时间内，综合量化标准、精细化改良将成为数额犯改革的主要方向。但令人担忧的是日渐势微、被立法否定的数额犯思维仍活跃于改良过程中。主要体现于数额犯的数额标准水涨船高。以贿赂罪为例，1997 年贿赂罪入罪标准是 5000 元，到 2016 年就变成 3 万元，同样是受贿 10 万元，在 1997 至 2016 年前要在 10 年以上有期徒刑的幅度内量刑，而 2016 年 4 月 18 日《贪污贿赂解释》出台后，则要在三年以下有期徒刑或拘役的幅度内判处刑罚。按照数额是社会危害性的客观表征来说，客观危害在增长，刑罚量却在下降，这个现象如何解释？唯一的解释是经济发展，人民的收入增加了。同样数额的财产代表这类犯罪的社会危害性在下降。实际上是在进一步抬高社会对于犯罪行为的容忍度，意味着门槛还要进一步抬高，意味着社会谴责程度的下降。反过来按照菲力的观点，犯罪是受社会集体道德的谴责和非难，犯罪门槛提高意味着非难程度降低。我们的解释是我国实行行政违法和刑事违法的二元制治理模式，大量行政违法案件由公安机关处置，但实际上这是法制建设初期赋予行政机关过度信任的表现，这不符合刑事法治的发展规律。

国家从无到有，再从专制国家、警察国家、法治国家发展演化到福利国家，其中警察国家是由专制国家演进为法治国家的一种过渡性国家形式，强调"国家本位"，行政权无限扩张；对国民而言，则是"义务本位"，个人权利被忽略②。法治国家则强调以法律治理国家，保障公民权利。因此，法治国家不应该由警察作为干预主体。我国正在大力建设法治国家，必然要限缩警察权，逐步把伴随犯罪圈扩大而产生的新型刑事案件的处理权限从公安行政系统中剥离出来，纳入刑事司法体系。这不仅有助于扩大司法权参与社会治理的范围与权限，防止行政权滥用，而且

① ［日］西原春夫：《我的刑法研究》，曹菲译，北京大学出版社 2016 年版，第 193 页。

② 卢建平：《法国违警罪制度对我国劳教制度改革的借鉴意义》，载《清华法学》2013 年第 3 期。

通过为当事人提供必要的司法保障，能够有效发挥保障人权的功能。所以与其在一个小而重的刑法体系外部边缘探讨刑法与行政法的关系问题，不如在一个大而轻的刑法体系中探讨犯罪分层与程序多元配置的问题，法益是受法律保护的利益，虽然有轻有重，但基本核心权力是不能克减的，必须由刑法予以保护。因此，我们认为犯罪“一元”治理模式彻底解决数额犯罪给我国刑事法治带来的诸多困扰，也是数额犯最终的发展方向。

我国数额犯“立法定性兼定量”模式的回顾与展望

欧锦雄*

在我国刑法规定的犯罪概念里，定量因素是犯罪成立的必要要素。与此相对应，我国刑法分则规定的许多犯罪在犯罪构成里确定了定量因素。从现行刑法看，我国在犯罪成立的规定上采用了“立法定性兼定量”的立法模式。

在我国刑法分则规定的经济犯罪里，数额犯是一种较普遍的犯罪类型。所谓数额犯，是指以法定的金钱数额作为犯罪（基本犯）成立的基本定量因素的犯罪。在数额犯里，其犯罪数额往往被划分为几个数额等级，每个数额等级对应不同的法定刑，其中，具备最低等级数额的犯罪构成之犯罪是基本犯，而符合基本犯之上的犯罪数额之犯罪属于加重犯。例如，生产、销售伪劣产品罪（刑法第140条）被划分了四个数额等级，每个数额等级对应不同的法定刑，其中，它以“销售金额5万元”作为该罪基本犯成立的最低定量必要要素；又如，贪污罪（刑法第383条）也被划分为几个数额等级，并规定了相应的法定刑。① 与其他犯罪一样，我国刑法在数额犯的规定上，长期采用“立法定性兼定量”的立法模式。自1979年刑法典实施以来，尤其是1997年刑法典颁布以来，我国数额犯在立法上发生了较大的变化，并影响了司法实践。由于数额犯的定性兼定量立法模式利弊兼有，因此，我国一些刑法学者对数额犯的现有立法模式进行了批判。目前，正值我国现行刑法典颁布实施20年之际，笔者拟对我国数额犯的立法模式进行回顾，探讨其利弊得失，在全面地了解我国数额犯的现有立法模式后，提出一些立法或司法方面的设想。

一、我国数额犯“立法定性兼定量”模式的历史回顾

（一）数额犯在1979年刑法典中的立法模式及其演变

改革开放之初，我国开始重视法制建设，并于1979年颁布了新中国成立后的第一部刑法典。该刑法典第10条所规定的犯罪概念包含了犯罪成立的定量要素，其分则所规定的许多犯罪也规定了犯罪成立的定量要素，且其条文以“情节严重”、“情节恶劣”和“数额较大”等词语来表述。可见，1979年刑法典在犯罪成立的规定上呈现了“立法定性兼定量”的立法模式。该刑法典明确规定的数额犯仅寥寥数

* 广西政法管理干部学院教授，广西民族大学刑法学硕士生导师，中国刑法学研究会理事。

① 数额犯与数量犯是有区别的。数量犯是以法定数量作为犯罪成立的基本定量因素的犯罪。数额犯仅属于数量犯中的一种，它以法定的金钱数额为犯罪成立的基本定量要素，而其他数量犯以金钱数额以外的法定计量单位的数量作为犯罪成立的定量要素，如非法种植毒品原植物罪（第351条）以种植毒品原植物的株数作为其定量要素。

个，其主要有：盗窃罪（第 151 条）、诈骗罪（第 151 条）、抢夺罪（第 151 条）。刑法条文明文规定这些犯罪以“数额较大”为其基本犯成立的必要定量因素。在该刑法典中，走私罪（第 116 条）、敲诈勒索罪（第 154 条）、贪污罪（第 155 条）、受贿罪（第 185 条）均不是刑法条文规定的数额犯。这一刑法典规定的所有数额犯均属于概括的数额犯，刑法条文对这些犯罪的法定数额以“数额较大”的概括性用语来表达，并没有明文规定具体的、明确的法定数额作为其犯罪成立的定量要素。

自 1979 年刑法典实施至 1997 年刑法典颁布的 17 年间，我国立法机关共颁布了《关于严惩严重破坏经济的罪犯的决定》等 23 个单行刑法。在这些单行刑法里，许多犯罪被确立为数额犯，这些数额犯分两类：一是概括数额犯。对于这种数额犯，刑法条文一般以“数额较大”等概括性词语来表述，另一类是具体数额犯。它是以法定的具体数额作为其基本犯成立的基本定量要素的犯罪，其主要有以下六种：（1）走私普通货物、物品罪。该罪基本犯成立的基本定量要素之最低限被确定为“走私货物、物品价额 2 万元”（1988 年 1 月 21 日颁布的《关于惩治走私罪的补充规定》第 4 条）。（2）贪污罪和受贿罪。这两罪基本犯成立的基本定量要素的最低限为 2000 元（1988 年 1 月 21 日颁布的《关于惩治贪污罪贿赂罪的补充规定》第 2 条、第 5 条）。（3）偷税罪。该罪基本犯成立的基本定量要素为“偷税数额 1 万且偷税数额占应纳税额的 10%以上”。（4）逃避追缴欠税罪。该罪基本犯成立的基本定量要素之最低数额为“税务机关无法追缴欠缴税款 1 万元”（1992 年 9 月 4 日颁布的《关于惩治偷税、抗税犯罪的补充规定》第 1 条、第 2 条）。（5）骗取出口退税罪。该罪基本犯成立的基本定量要素的最低数额为“骗取国家出口退税款 1 万元”（《关于惩治偷税、抗税犯罪的补充规定》第 5 条）。（6）生产、销售伪劣产品罪。该罪基本犯成立的基本定量要素之最低数额是“违法所得数额 2 万元”（1993 年 7 月 2 日颁布的《关于惩治生产、销售伪劣商品犯罪的决定》）。在这一时期，具体数额犯的出现和概括数额犯的不断增加，表明了立法机关对犯罪定量因素越来越重视。

（二）数额犯在 1997 年刑法典中的立法模式及其发展

由于国家形势的快速发展和变化，1979 年刑法典已不能较好地适应社会的需要，为此，我国立法机关于 1997 年对 1979 年刑法典进行了全面修改，颁布了 1997 年刑法典（即现行刑法典）。1997 年刑法典在第 13 条规定的犯罪概念同样确立了犯罪成立的定量要素，整个刑法典在犯罪成立的规定上同样体现了“立法定性兼定量”的立法模式。1997 年刑法典在分则里增加了不少新罪名，它将 1979 年刑法典实施后另行颁布的 23 个单行刑法中的大部分内容纳入了其体系。1997 年刑法典规定的数额犯也分两类：（1）概括数额犯。对于这些犯罪，刑法条文一般以“数额较大”这一概括性词语表达其犯罪成立的定量因素，也有少量犯罪以“数额巨大”作为其犯罪成立的定量因素。（2）具体数额犯。对于这类数额犯，1997 年刑法典以具体明确的数额作为其犯罪成立的定量因素。这类数额犯共有以下六个：①生产、销售伪劣产品罪（第 140 条）。该罪以“销售金额 5 万元”作为其基本犯成立的基本定量因素之最低数额。②走私普通货物、物品罪（第 153 条）。该罪以“偷逃应缴税额5万元”作为其基本犯成立的基本定量因素之最低数额。③偷税罪（第201条）。该罪以“偷逃税款1万元且偷税数额占应缴税额的10%以上不满30%”作为其基本犯成立的基本定量因素之最低数额。④逃避追缴欠税罪（第203条）。该罪以“致使税务机关无法追缴欠缴的税款1万元”作为其基本犯成立的基本定量数额之最低数额。⑤贪污罪（第383条）。该罪以“个人贪污5000元”作为其基本犯成立的基本定量数额之最低数额。⑥受贿罪（第386条和第383条）。该罪以“受贿5000元”作为其基本犯成立的基本定量数额之最低数额。1997年刑法典规定的数额犯大多数是概括数额犯，具体数额犯仅有这少量的几个。

自1997年刑法典颁布实施以来，我国立法机关根据形势的发展变化对刑法典进行了修改，共颁布了一个单行刑法和九个《刑法修正案》。修改后的刑法在犯罪成立规定上依然坚持立法定性兼定量的立法模式。在数额犯的立法上出现了两个趋势：（1）将具体数额犯修改为概括数额犯。具体表现为：①走私普通货物、物品罪由具体数额犯（犯罪基本定量因素为“偷逃应缴税额为5万元以上不满15万元的”）修改为概括数额犯（犯罪基本定量因素为“偷逃应缴税额较大”）（《刑法修正案（八）》第27条）；②偷税罪（后改名为“逃税罪”）由具体数额犯（犯罪基本定量因素为“偷税1万元以上不满10万元且偷税数额占应缴税额的10%以上不满30%”）修改为概括数额犯（犯罪基本定量因素为“逃避缴纳税款数额较大并且占应纳税额10%以上的”）（《刑法修正案（七）》第3条）；③贪污罪由具体数额犯（犯罪基本定量因素为5000元以上不满1万元）修改为概括数额犯（犯罪基本定量因素为“数额较大”）（《刑法修正案（九）》第44条）；④受贿罪由具体数额犯（犯罪基本定量因素为5000元以上不满1万元）修改为概括数额犯（犯罪基本定量因素为“数额较大”）（根据《刑法》第386条和《刑法修正案（九）》第44条）。（2）概括数额犯采取了“数额”和“非数额情节”的双轨定罪量刑标准，即以数额作为其犯罪成立或量刑的一个基本标准，同时以“较重情节”等非数额情节作为其犯罪成立或量刑的另一个标准。例如，《刑法修正案（九）》第44条在修改贪污罪的定量因素时规定“贪污数额较大或者有其他较重情节的，处三年以下有期徒刑或者拘役，并处罚金”。在这里，贪污罪以“数额较大”作为其犯罪成立的一个基本定量标准，同时，它又以数额以外的“较重情节”作为其犯罪成立的另一个基本衡量标准。

二、我国数额犯“立法定性兼定量”模式的基本评价

我国刑法规定了大量的数额犯。这些数额犯又可分为纯粹的数额犯和非纯粹的数额犯，前者是指以法定的金钱数额作为其基本犯成立必不可少的定量要素的犯罪。这类数额犯在意欲实现基本犯犯罪构成的情况下，若其在不具备法定的金钱数额的情况下，即使出现特殊的情节，也不具备其基本犯的犯罪构成，因而不成立犯罪。例如，生产、销售伪劣产品罪（第140条）以“销售金额5万元”作为其基本犯成立必不可少的定量因素，而诈骗罪（第266条），集资诈骗罪（第192条），非国家工作人员受贿罪（第163条），对非国家人员行贿罪（第164条），出售、购买

假币罪（第170条）等犯罪以“数额较大”作为基本犯成立必不可少的定量因素。而后者是指在一般情况下以法定的金钱数额作为基本犯成立的定量因素，但在具备特殊的“非数额情节”的情形下其基本犯也可成立的犯罪。例如，《刑法修正案（九）》第44条规定的贪污罪属于非纯粹的数额犯，在一般情况下，贪污罪以“数额较大”作为其基本犯成立的定量因素，但是，若出现较重的“非数额情节”也可成立其基本犯。此外，受贿罪（第386条和第383条）、侵犯著作权罪（第217条）、故意毁坏财物罪（第275条）、虚假注册资本罪（第158条）等犯罪也属于非纯粹的数额犯。

无论是纯粹的数额犯还是非纯粹的数额犯，它们均体现了我国数额犯在犯罪成立规定上“立法定性兼定量”的特征，并反映其立法价值，同时，也显现了其所存在的缺陷。

（一）数额犯“立法定性兼定量”立法模式的优点

我国数额犯的“立法定性兼定量”立法模式具有以下优点：

1. 缩小犯罪圈，体现了刑法的谦抑性

数额犯的基本犯在犯罪成立上不但要具备犯罪行为样态的基本要求，而且要具备定量因素才可构成犯罪。其定量因素起到缩小犯罪圈的作用，凡未达到其定量因素（纯粹数额犯的数额和非纯粹数额犯的“非数额情节”均属于定量因素）要求的行为，即可以根据“情节显著轻微，危害不大”的规定排除犯罪的成立，从而降低社会的犯罪率，这体现了刑法的谦抑性精神。

2. 限制司法裁量权，防止司法专横

我国数额犯在立法上的定性兼定量模式在司法实践中可以限制司法裁量权。司法人员在确定数额犯是否成立时，首先要判断行为是否符合该数额犯的犯罪行为样态（犯罪主客要件所形成的最基本的行为式样），这是数额犯成立的基本前提；其次，要判断行为是否达到法定定量因素的要求。若行为不符合犯罪行为样态或法定定量因素，就不能认定其成立该种数额犯。在数额犯里，其法定的定量数额具有限制司法裁量权，防止司法专横的作用。

3. 合理界定刑法与民法、行政法等法律规范或其他规范的调整范围

数额犯是以法定的金钱数额作为其基本犯成立的定量因素的犯罪，从我国刑法规定的数额犯看，它们均属于经济犯罪，而且，它们均是既触犯了刑法，也触犯了民法或行政法等法律规范或其他规范的犯罪。从行为的最基本样态看，数额犯的行为基本样态和民事违法行为、行政违法行为或其他规范违反行为的基本样态是相同的，它们之间的区别在于是否具有法定的定量因素。例如，走私普通货物、物品罪属于数额犯，它与一般行政违法的走私行为的区别在于，是否具备“偷逃应缴税额较大或一年内曾因走私被给予二次行政处罚后又走私”这一定量因素（这里包括了法定的金钱数额定量因素，也包括了“非数额情节”的定量因素）。

4. 国家可以集中有限的力量有效地打击和预防重大的危害行为

数额型违法行为属于常见的、数量很大的违法行为类型，而我国司法机关的力量是有限的。数额犯在立法上被确定了定量因素后，可以将许许多多的数额型违法

行为排除在犯罪圈之外，这有利于司法机关集中力量有效地打击和预防重大危害行为。

5. 防止犯罪标签滥贴，让更多的人有悔过自新和更好地发展自我的机会

在我国，"犯罪"是一个最邪恶、最恶劣的代名词，如果一个人被贴上"犯罪"的标签，那么，他的未来人生之路将非常艰难。因为他是犯罪人，他的亲戚、朋友、同学、同事、社会上的其他人将疏远他、提防他、蔑视他，找工作将遇到困难，出国求学、旅游等将受到限制。对很轻微的危害行为贴上犯罪的标签，这是很不合理的。任何人均有犯错的可能，若对很轻微的危害行为也以犯罪处理，就可能使许许多多的人无法通过悔过自新更好地发展自我。

（二）数额犯"立法定性兼定量"立法模式的缺陷

根据法定的定量数额的具体与否，数额犯可分为具体数额犯和概括数额犯。根据法定的金钱数额定量因素是否是基本犯成立的必要要素，数额犯可分为纯粹的数额犯和非纯粹的数额犯。我国每一种数额犯均采用"立法定性兼定量"立法模式，但是，每种数额犯立法模式的缺陷是存在差异的，下面分而述之。

1. 纯粹的数额犯立法模式的缺陷

纯粹的数额犯又可分两种：一是纯粹的具体数额犯。它是指以法定的、具体的金钱数额作为其基本犯成立的必要的基本定量因素的犯罪。例如，逃避追缴欠税罪（第203条）即属于纯粹的具体数额犯，该罪以"致使税务机关无法追缴欠缴的税款1万元"作为其基本犯成立的必要的基本定量因素之最低数额，如果其数额不达到1万元，就不能成立该罪的基本犯。在刑法典中，另一个纯粹的具体数额犯是生产、销售伪劣产品罪（第140条），该罪以"销售金额5万元"作为其基本犯成立的、必要的基本定量要素之最低数额，如果其数额不达到5万元，就不能成立该罪的基本犯。二是纯粹的概括数额犯。它是指以法定的概括金钱数额作为其基本犯成立的、必要的基本定量因素的犯罪，其概括的金钱数额一般以"数额较大"或"数额巨大"来表述。纯粹的概括数额犯有：诈骗罪（第264条），集资诈骗罪（第192条），出售、购买假币罪（第170条），非国家工作人员受贿罪（第163条），等等。下面对这两种数额犯的立法缺陷予以论述。

（1）纯粹具体数额犯立法模式的缺陷。

第一，全国规定同一的、具体金钱数额定量因素会导致定罪起点数额不合理。同一法定的金钱数额的定量因素在不同区域所呈现的社会危害性是不同的。在我国各区域的经济发展很不平衡，北京、上海等经济发达地区与西部一些欠发达地区相比，其居民的人均生产总值、人均收入、相同数额货币的购买力和所代表的财富是有很明显的区别的。[①] 同样是生产、销售伪劣产品5万元，在经济发达地区和欠发达地区，其社会危害性大小是大不相同的，而社会危害性大小是犯罪成立的基本依据。可见，刑法典在条文上明确规定一个全国统一适用的具体金钱数额定量因素会导致犯罪成立的起点不合理。

---

① 参见赵秉志：《贪污受贿犯罪定罪量刑标准问题研究》，载《中国法学》2015年第1期。

第二，社会经济的发展变化会导致原定的犯罪定量起点数额不合理。法定的具体金钱数额所体现的社会危害性会随着社会经济的发展变化而变化。1997年刑法典确定的生产、销售伪劣产品罪的犯罪起点数额为“销售金额5万元”，但是，在我国经过近20年的快速发展和通货膨胀率的不断影响后，现在，该罪的犯罪起点数额仍是“销售金额5万元”，1997年的5万元与现在的5万元根本就是两个具有天壤之别的不同价值概念。它们所体现的社会危害性是具有巨大区别的。其社会危害性已发生巨大变化，但是，目前，我国仍以原定的犯罪定量起点数额作为其犯罪成立的依据，是很不合理的。

第三，受法定的最低定罪起点数额限制，当出现特别恶劣的“非数额情节”时无法对行为定罪处罚。

个罪的社会危害性主要通过行为侵犯的客体、行为的手段、后果以及时间、地点、行为人的主观方面等因素来体现。[①] 在数额犯里，尽管数额是衡量其行为的社会危害性的基本依据，但是，在有的情况下，当行为没有达到法定的基本定量数额时，如果出现特别恶劣的情节，且这一特别恶劣的情节已成为衡量行为社会危害性的基本依据或重要依据时，从法理上讲，应予以定罪。但是，我国刑法规定的纯粹的具体数额犯以法定的具体定量数额作为基本犯成立的必要要素，因此，当行为没有达到法定的基本定量数额时，即使出现异常恶劣的情节，也不能对行为定罪处罚。这显然是不妥当的。

（2）纯粹的概括数额犯立法模式的缺陷。

第一，概括数额具有模糊性，有违罪刑法定原则之派生原则“明确性原则”，有可能导致同案不同判的结局。纯粹的概括数额犯以“数额较大”或“数额巨大”这种模糊术语作为其基本犯成立的定量必要要素，这确实违背了明确性原则，但是，在我国司法实践中一般由最高人民法院或最高人民检察院颁布司法解释来确定“数额较大”或“数额巨大”的定罪起点数额，因此，从实践上看，对于大多数案件来说，“数额较大”或“数额巨大”的明确性问题是可以得到解决的。对于那些还没有司法解释阐明的纯粹的概括数额犯而言，由于不同法官对何为“数额较大”或“数额巨大”存在不同理解，因此，就可能导致同案不同判的结局。

第二，受司法解释所定的定罪起点数额限制，当出现特别恶劣的“非数额情节”时，无法对该行为定罪处罚。这与纯粹的具体数额犯具有相同的立法缺陷。在司法实践中，最高司法机关会对纯粹的概括数额犯“数额较大”或“数额巨大”作出司法解释，对其犯罪起点数额作出规定。在这一情况下，若行为未达到犯罪起点数额，即使出现特别恶劣情节，也是不成立犯罪的。

2. 非纯粹的数额犯立法模式的缺陷。非纯粹的数额犯又可分为非纯粹的具体数额犯和非纯粹的概括数额犯，下面分别论述两者的立法缺陷。

（1）非纯粹的具体数额犯立法模式的缺陷。

非纯粹的具体数额犯是指在一般情况下以法定的具体金钱数额作为其基本犯成

① 参见赵秉志：《贪污受贿犯罪定罪量刑标准问题研究》，载《中国法学》2015年第1期。

立的最低定量因素，但在特别情况下以“非数额情节”作为其基本犯成立的另一衡量依据的犯罪。

对于这种数额犯，在一般情况下以法定的具体金钱数额作为其基本犯成立的最低定量因素，但在具备特别的“非数额情节”时，即使不具备法定的具体金钱数额定量因素，其基本犯罪亦可成立。目前，我国刑法典并没有非纯粹的具体数额犯。但是，我国刑法曾出现过非纯粹的具体数额犯的立法例，如在2015年《刑法修正案（九）》颁布前，我国1997年刑法典曾规定贪污罪为非纯粹的具体数额犯，根据刑法原第383条规定，在一般情况下，贪污罪以5000元作为其基本犯成立的最低定罪数额，但是，若出现“较重情节”（非数额情节），即使其贪污数额没有达到5000元，也可成立其基本犯。

非纯粹的具体数额犯还可分为两个类型：第一，“具体数额或有限的非数额情节”型。这种类型的数额犯的特点是，其非数额情节是有限的，一般通过列举方式描述出来。例如，在2009年《刑法修正案（七）》颁布之前，刑法典原第201条规定的偷税罪即属于这种类型的数额犯，该数额犯的非数额情节仅有一个，即“因偷税被税务机关给予二次行政处罚又偷税的”。第二，“具体数额或无限的非数额情节”型。这种数额犯的特点是，其非数额情节是无限的，一般以“情节较重”的概括性语词来表述。例如，《刑法修正案（九）》颁布之前的贪污罪即属这一类型，刑法典原第383条涉及贪污罪非数额情节的条款是这样规定的：“个人贪污数额不满5000元，情节较重的，处二年以下有期徒刑或拘役。”由此可知，其非数额情节为“较重的情节”，这种概括性的情节表现其具有开放性、无限性。

就“具体数额或有限的非数额情节”型数额犯立法模式而言，它与纯粹的具体数额犯立法模式具有基本相同的缺陷，具体为：第一，全国规定同一的、最低的具体金钱数额定量因素会导致定罪起点数额的不合理；第二，社会经济的发展变化会导致原定的最低犯罪定量起点数额不合理；第三，受法定的定罪起点数额限制，当出现法定“非数额情节”以外的特别恶劣的“非数额情节”时无法对行为定罪处罚。虽然该类型数额犯也被规定可以以“非数额情节”为基本犯成立的主要依据，但是，其规定的“非数额情节”是封闭的、有限的，当出现法定“非数额情节”以外的特别恶劣情节时，若不定罪，就显得很不合理。可见，它的立法模式与纯粹具体数额犯具有相同的缺陷。

就“具体数额或无限的非数额情节”型数额犯立法模式而言，它与纯粹的具体数额犯立法模式的缺陷相比，具有前面两个相同的缺陷：第一，全国规定同一的、具体的最低定罪起点数额因素具有不合理性；第二，社会经济的发展变化会导致原定的最低定罪起点数额不合理。

由于该类型数额犯确立了以“无限的非数额情节”作为其基本犯成立的另一个基本依据，因此，在行为没有达到数额定罪量刑标准中的最低定罪起点数额的情况下，若出现了特别恶劣的“非数额情节”，行为也可成立犯罪。正因如此，这一类型的数额犯立法模式并不具有纯粹的具体数额犯立法模式的第三个缺陷，即受法定最低定罪起点数额限制，当出现特别恶劣的“非数额情节”时无法对行为定罪处罚。但是，这一“无限的非数额情节”的入罪规定是开放的、无限的，这又使其走向了另一个弊端：司法人员自由裁量权过大，容易产生司法专横。

（2）非纯粹的概括数额犯立法模式的缺陷。非纯粹的概括数额犯是指在一般情况下以法定的概括金钱数额作为其基本犯成立的最低定量因素，但在特别情况下以“非数额情节”作为其基本犯成立的衡量依据的犯罪。

对于这种数额犯，在一般情况下以法定的概括金钱数额作为其基本犯成立的最低定量因素，但在具备特别的“非数额情节”时，即使不具备法定的概括金钱数额定量因素，其基本犯也能成立。我国刑法典规定了一定数额的非纯粹的概括数额犯。例如，我国刑法典第275条规定的故意毁坏财物罪即属于非纯粹的概括数额犯。在一般情况下，该罪以“数额较大”作为其基本犯成立的定量因素，但是，若出现“严重情节”（非数额情节）时，即使其故意毁坏的财物价值未达到“数额较大”，也可成立犯罪。

非纯粹的概括数额犯也可分为两个类型：第一，“概括数额或有限的非数额情节”型。这种类型的数额犯与前面论及的“具体数额或有限的非数额情节”的数额犯具有同样的特点，即其非数额情节是封闭的、有限的，一般通过列举方式描述出来。例如，我国现行刑法典第264条规定的盗窃罪即属于这种类型的数额犯，其非数额情节共列举了有限的四个：一是多次盗窃，二是入户盗窃，三是携带凶器盗窃，四是扒窃。第二，“概括数额或无限的非数额情节”型。该种数额犯的特点是，其非数额情节是开放的、无限的，并以“严重情节”等概括性语词来描述。例如，前面论及的故意毁坏财物罪即属于这种类型的数额犯，其条文是这样规定的：“故意毁坏财物，数额较大或者有其他严重情节的，处……”由此可见，其非数额情节“其他严重情节”表现为开放性、无限性。

对于“概括数额或有限的非数额情节”型的数额犯立法模式来说，它具有与纯粹的概括数额犯立法模式相近的缺陷，具体为：第一，概括数额具有模糊性，违背罪刑法定原则的派生原则“明确性原则”，有可能导致同案不同判的结局。第二，受司法解释确定的定罪起点数额限制，当出现法定的、有限的“非数额情节”以外的特别恶劣的“非数额情节”时，不能对该行为定罪处罚。例如，盗窃罪属于该类型的数额犯，刑法第264条规定的有限的非数额情节仅有四种，如果其盗窃行为尚未达到“数额较大”的要求，且不符合这四种有限的非数额情节的情形，即使该盗窃行为出现致人死亡或自杀等恶劣情节，也不能定罪。这显然是违反刑法正义的。

对于“概括数额或无限的非数额情节”型的数额犯立法模式而言，它具有纯粹的概括数额犯立法模式的第一个缺陷，即在其数额的定罪量刑标准体系中，其概括数额具有模糊性，违背罪刑法定原则的派生原则“明确性原则”，有可能导致同案不同判的结局。在其“非数额情节”的定罪量刑标准体系中，由于其“非数额情节”具有开放性、无限性，因此，当行为未达到数额情节中的最低的定罪数额时，一旦出现任何恶劣的非数额情节，其行为均可能成立该罪。因此，该种类型的数额犯立法模式与前面的“具体数额或无限的非数额情节”型数额犯立法模式具有同样的缺陷：司法人员自由裁量权过大，容易产生司法专横。

三、我国数额犯“立法定性兼定量”模式的展望

当今世界，犯罪成立的立法模式主要有两种：一是以我国为代表的“立法定性兼定量”模式，二是德日等国的“单纯立法定性”模式。由于德日等国的“单纯立法定性”模式极大地扩大了犯罪圈，在犯罪定量方面给予司法人员巨大的自由裁量权，容易产生司法专横，而我国的“立法定性兼定量”模式克服了德日等国立法模式的缺陷，以犯罪定量因素限制了犯罪的成立范围，体现了刑法谦抑性，并限制了司法人员的自由裁量权。在权衡利弊后，笔者认为，在未来，我国的数额犯等犯罪在犯罪成立规定上仍应采用“立法定性兼定量”模式。但是，针对前文对各种数额犯的优劣分析，在今后，我国数额犯在立法上应进一步完善，在司法上也应有所改进。

（一）我国数额犯立法模式的完善

1. 数额犯的定量数额在立法上均应采用概括数额

我国刑法仍规定有具体数额犯。刑法统一规定某罪的具体犯罪起点数额并适用于全国，这是不合理的，随着社会经济变化发展，原定的、具体的犯罪起点数额还会变得更加不合理，因此，在刑法里不应规定具体数额犯。1997年颁布刑法典时，当时的刑法典所包含的具体数额犯有走私普通货物、物品罪，偷税罪，逃避追缴欠税罪，贪污罪和受贿罪。后来，《刑法修正案》将生产、销售伪劣产品罪，走私普通货物、物品罪，偷税罪（后改为“逃税罪”），贪污罪和受贿罪四个罪由具体数额犯修改为概括数额犯。现在，刑法典仅有生产、销售伪劣产品罪和逃避追缴欠税罪两罪属于具体数额犯了。概括数额犯克服了具体数额犯的不合理性、滞后性，其概括数额的非明确化的缺陷可通过最高司法机关颁布司法解释的方式来克服，因此，我国具体数额犯宜全部改为概括数额犯，以适应社会的变化发展，并使刑法典显得更协调。具体而言，生产、销售伪劣产品罪（刑法第140条）的定量因素“销售金额5万元以上不满20万元的”可修改为“销售金额数额较大的”；逃避追缴欠税罪（刑法第203条）的定量因素“致使税务机关无法追缴欠缴的税款，数额在一万元以上不满十万元的”可修改为“致使税务机关无法追缴欠缴的税款，数额较大的”。至于各罪的“数额较大”的明确化问题，由最高司法机关另外颁布司法解释的方式来解决。

2. 纯粹数额犯在立法上应修改为非纯粹数额犯

纯粹数额犯立法模式的一个重要缺陷是，受定罪起点数额（或法律确定或司法解释确定）限制，在行为实施时，若其未达到定罪起点数额，即使出现特别恶劣的情节，其行为也不能成立犯罪，这违反了刑法正义。而非纯粹数额犯自身存在两个定罪量刑标准，一是以数额为依据的定罪量刑标准（这是其基本标准），二是以“非数额情节”为依据的定罪量刑标准（这是其辅助标准），因而，非纯粹数额犯的立法模式可以克服纯粹数额犯立法模式的前述弊端，为此，笔者建议，今后，我国数额犯均应采取非纯粹数额犯的立法模式。

应当指出，非纯粹数额犯有两种类型：一是“数额或有限的非数额情节”型，

二是“数额或无限的非数额情节”型。由于前者的“非数额情节”是封闭的、有限的，因此，这种类型的非纯粹数额犯与纯粹数额犯具有同样的弊端。而后者的“非数额情节”是开放的、无限的，这种类型的非纯粹数额犯才可真正克服纯粹数额犯的前述缺陷。因此，笔者认为，我国数额犯应普遍采取“数额或无限的非数额情节”型的非纯粹数额犯。但是，这种类型的数额犯的“非数额情节”具有开放性、无限性，致使其具有另一弊端：给予司法人员过大的自由裁量权，容易产生司法擅断。为了克服这种弊端，在立法上或司法解释上应明确这种类型数额犯的主要的、基本的定罪量刑标准是以数额为依据的定罪量刑标准，“非数额情节”仅是其定罪量刑的辅助标准、次要标准。在未达到数额标准中的最低定罪起点数额的情况下，只有出现异常的、特别恶劣的“非数额情节”，才可对其行为定罪，此外，还可以通过刑事诉讼制度的设置，防止司法擅断现象。

（二）数额犯合理性的司法保障

我国犯罪成立的立法模式采取“立法定性兼定量”模式，其概括性定量因素具有模糊的特点。为了适应各地千差万别的情况，确保数额犯司法适用的合理性，最高司法机关需要适时制定、颁布各种司法解释，明确各种数额犯的定罪量刑数额以及规定各种具体的情节标准。在我国，最高司法机关制定、颁布司法解释具有必要性和合理性，这是不言而喻的。为了确保数额犯司法适用的合理性，在司法解释方面，笔者提出以下建议：

1. 最高人民法院宜成立一个“犯罪定罪量刑数额协调工作小组”

数额犯在我国刑法规定的所有犯罪中占有较大的比例，而我国数额犯的定罪量刑数额需要最高司法机关制定司法解释来确定，同时，这些数额随着时间的变化、社会的发展是需要适时调整的。为了使我国所有的数额犯的定罪量刑数额都具有合理性，且相互之间协调，笔者认为，最高人民法院宜成立一个“犯罪定罪量刑数额协调工作小组”，该小组的主要职责是，全面调研数额犯的问题，并提出制定、修改各种数额犯定罪量刑数额司法解释的建议报告书，并通过制定司法解释的程序，让各种科学的、有关数额犯的司法解释得到及时颁布。

2. 每两年对所有数额犯的定罪量刑数额进行一次全面的评估

“犯罪定罪量刑数额协调工作小组”应由一定量的专职业务专家和法学专家组成。该工作小组应到全国各地去调研，掌握第一手材料，同时，可要求各地高级人民法院每年提交“犯罪定罪量刑数额制定、修改的建议报告书”，通过充分的调研，每两年定期提出“犯罪定罪量刑数额制定、调整报告书”，并按司法解释制定的程序，使其相关内容能通过司法解释的形式颁布，从而使数额犯在司法适用上能适应社会的变化发展，更好地实现刑法正义。

罪刑关系的新进展及其未来发展趋势

——以我国晚近刑事立法为基础的分析

王志祥* 臧 蒙**

一、问题的提出

犯罪是“源”，刑罚是“宿”，犯罪与刑罚的关系问题是刑法学必须直面的基本问题。我国自1997年系统修订的《中华人民共和国刑法》（以下简称《刑法》）颁行以来，共通过了1个单行刑法和9个刑法修正案对其进行修改完善。综观1997年刑法典之后的刑事立法，犯罪问题是单行刑法和历次刑法修正案规定的重点内容，而直到2011年2月25日全国人大常委会通过的《中华人民共和国刑法修正案（八）》（以下简称《刑法修正案（八）》才首次对1997年《刑法》中的刑罚内容进行系统的修改和完善，犯罪与刑罚在修改上由此体现出了一定的联动。基于此，以《刑法修正案（八）》颁行以来我国刑事立法对犯罪和刑罚的相关规定为基础，探讨我国罪刑关系的新进展及其未来发展趋势，关系到我国刑事立法的下一步走向，因而具有重要的理论价值和实践意义。

二、罪刑关系的新进展

（一）犯罪方面的新规定

就犯罪方面的规定而言，主要体现为增设新罪和扩展旧罪两个方面。在增设新罪方面，《刑法修正案（八）》和2015年8月29日全国人大常委会通过的《中华人民共和国刑法修正案（九）》（以下简称《刑法修正案（九）》）分别新增了9种犯罪和20种犯罪。新增犯罪的目的主要是应对社会转型发展过程中产生的新情况、新问题，进一步严密我国的刑事法网，扩大我国的犯罪圈，降低入罪门槛。由此，大量的轻罪入刑的现象得以出现。《刑法修正案（八）》和《刑法修正案（九）》中关于危险驾驶罪，拒不支付劳动报酬罪，准备实施恐怖活动罪，宣扬恐怖主义、极端主义、煽动实施恐怖活动罪，非法持有宣扬恐怖主义、极端主义物品罪，使用虚假身份证件、盗用身份证件罪，代替考试罪，虚假诉讼罪，泄露不应公开的案件信息罪和披露、报道不应公开的案件信息罪等犯罪的规定就是这种现象的具体体现。

在扩展旧罪方面，罪刑关系的新进展表现为扩展部分旧罪的内容，以达到扩张

---

* 北京师范大学刑事法律科学研究院外国刑法与比较刑法研究所所长、教授、博士生导师，法学博士。

** 中国冶金地质总局中南局纪检干部、法律硕士。

刑法处罚范围的效果。在具体立法方法上，扩展旧罪存在以下三种形式：增加行为方式、增加行为对象、降低入罪门槛。①

第一种形式是增加行为方式，如《刑法修正案（八）》在1997年《刑法》第264条规定的“盗窃公私财物，数额较大”和“多次盗窃”的基础上，增加了“入户盗窃”、“携带凶器盗窃”和“扒窃”三种构成盗窃罪的行为方式。通过增加行为方式的方法，刑法中盗窃罪的处罚范围得以扩张。

第二种形式是增加行为对象，如《刑法修正案（九）》将强制猥亵的行为对象从妇女扩展为他人，由此使男子也可以成为被猥亵的对象。这样，通过增加行为对象的方式，刑法中强制猥亵罪的处罚范围也得以扩展。

第三种形式是降低入罪门槛，如《刑法修正案（八）》将“多次敲诈勒索”规定为构成敲诈勒索罪；《刑法修正案（九）》将“多次抢夺”规定为构成抢夺罪。这样的规定在实质上意味着降低了敲诈勒索罪和抢夺罪的入罪门槛。

从总体上看，《刑法修正案（八）》和《刑法修正案（九）》在犯罪的规定方面，通过增设新罪和扩展旧罪的方法，将一些以往认为不需要或不值得动用刑法予以处罚的轻微的法益侵害行为纳入刑法的处罚范围，大量轻罪入刑的现象得以出现。这显现了犯罪圈扩大、入罪门槛降低的特点，体现了明显的犯罪化的趋势。

（二）刑罚方面的新规定

从《刑法修正案（八）》和《刑法修正案（九）》刑罚修改的内容来看，主要体现在以下六个方面：

1. 减少死刑的罪名。《刑法修正案（八）》成规模地废止了13种犯罪的死刑规定，由此开启了我国削减死刑罪名的先河；《刑法修正案（九）》进一步废止了9种犯罪的死刑规定。两个刑法修正案共减少22个死刑罪名，这占1997年刑法典全部死刑罪名的32%，为我国今后死刑改革奠定了坚实的基础。

2. 限制死缓犯的减刑。《刑法修正案（八）》第4条规定，在死刑缓期执行期间，如果确有重大立功表现，2年期满以后，减刑后的刑罚由原来的15年以上20年以下有期徒刑调整为25年有期徒刑，同时规定对特殊死缓犯，法院可以根据犯罪情节等情况决定限制减刑。对于特殊死缓犯减刑后的实际执行刑期，《刑法修正案（八）》第15条第3项规定，特殊死缓犯减为无期徒刑的，实际执行期限不能少于25年，减为25年有期徒刑的，不能少于20年。

3. 延长了无期徒刑的执行期限。《刑法修正案（八）》第15条第2项将1997年刑法典中无期徒刑最低执行10年的刑期修改为最低执行13年，无期徒刑的最低执行期限由此普遍提高了3年。

4. 细化并在一定条件下提升了有期徒刑数罪并罚的刑期。我国1997年《刑法》原第69条将有期徒刑数罪并罚的刑期规定为，最高不能超过20年。《刑法修正案（八）》第10条将该规定修改为，有期徒刑总和刑期不满35年的，最高不能

---

① 参见陈兴良：《犯罪范围的扩张与刑罚结构的调整——〈刑法修正案（九）〉述评》，载《法律科学》2016年第4期。

超过20年，总和刑期在35年以上的，最高不能超过25年。

5. 提高了死缓犯执行死刑的门槛。《刑法修正案（九）》第2条将1997年刑法典规定的死缓犯执行死刑的事由“故意犯罪的”，修改为“故意犯罪、情节恶劣的”。

6. 规定对特重大贪污受贿犯罪的终身监禁制度。根据《刑法修正案（九）》第44条的规定，犯贪污、受贿罪，数额特别巨大或者有其他特别严重情节，被判处死刑缓期执行的，人民法院根据犯罪情节等情况可以同时决定在其死刑缓期执行2年期满依法减为无期徒刑后，终身监禁，不得减刑、假释。

从总体上来看，我国晚近刑事立法对刑罚的修改内容主要表现为：死刑罪名减少和生刑加重。从表面上来看，死刑和生刑的“此消彼长”使我国的刑罚结构更加趋于合理。但是，从实质上进行分析，废除的死刑罪名在司法实践中多属于备而不用或备而少用的罪名。这样，22个死刑罪名的废除对我国刑罚结构的减轻就并没有产生实质上的影响，但伴随着生刑的加重，刑罚的投入量明显增加，我国的刑罚结构在实质上变得更为严厉。

（三）犯罪与刑罚关系的新进展

对于犯罪与刑罚的关系，有学者提出我国的刑法结构应该由“厉而不严”向“严而不厉”的方向转变，其中，严是指刑事法网严密，刑事责任严格；厉主要指刑罚苛厉，刑罚过重。[①] 这一观点得到了学界大多数学者的支持。纵观我国晚近的刑事立法，随着犯罪圈扩大、入罪门槛降低、大量轻罪入刑，我国的刑事法网日益严密。与此同时，强化死缓、无期徒刑和有期徒刑威慑力的举措事实上增加了整个刑罚结构的实际刑罚投入量。[②] 我国的刑罚结构在实质上表现出了更加严厉的趋势。我国的犯罪与刑罚的关系正朝着“又严又厉”的方向发展，这一立法倾向应该引起我们的高度重视。如照此发展下去，会造成我国刑法结构的整体失衡，出现犯罪与刑罚不协调的现象，进而影响刑法机能的有效发挥。

三、罪刑关系的未来发展趋势

在我国现行刑法典的结构中，在认定犯罪方面采取“定性+定量”相结合的模式，在刑法总则第13条“但是情节显著轻微危害不大的，不认为是犯罪”这一规定的约束下，刑法典主要规定了较为严重的犯罪，而将一些轻罪排除在刑法典之外；在刑罚适用方面主要是以死刑和监禁刑为主导，重刑特点突出。因此，可以说我国现行刑法典是一部“重罪重刑”式的刑法典。但同时，随着晚近以来刑事立法中大量的轻罪入刑现象出现的同时因生刑加重所导致的刑罚投入量不断加大，我国刑法结构中显现出了罪刑不相均衡的发展趋势。

罪刑均衡原则是我国刑事立法需要遵循的一项基本原则，其基本含义是：行为人实施了危害性多大的犯罪，就应该承担多重的刑事责任，审判机关也应判处行为

① 参见储槐植：《严而不厉：为刑法修订设计政策思想》，载《北京大学学报》（哲学社会科学版）1989年第6期。

② 参见王志祥、韩雪：《中国死刑制度的发展历程与未来走向》，载《公民与法》2013年第9期。

人相应轻重的刑罚，做到轻罪轻罚，重罪重罚，一罪一罚，罪刑相称，罚当其罪。[①]罪刑均衡原则要求犯罪与刑罚在整体上要协调统一。为此，在今后的刑事立法中要使犯罪与刑罚在内容规定上形成联动，一方面，针对我国目前刑罚较重的总体情况，在今后要深入推进死刑制度改革，严格限制加重生刑。另一方面，针对我国犯罪门槛降低、大量轻罪入刑的现实情况，要合理区分重罪和轻罪，对刑法典进行轻罪化改造，建立与轻罪相适应的轻刑体系。

（一）深入推进死刑制度改革

我国通过两次刑法修正案连续废除了22个死刑罪名，这符合国际社会废除和严格限制适用死刑的整体发展趋势，彰显了我国推进死刑制度改革的决心和信心。但是，我国目前刑法中还存在46个死刑罪名，我国在世界上仍然属于死刑罪名较多的国家，因此应该在将来的刑事立法中深入推进死刑制度改革。

1. 立法上逐步减少死刑罪名和司法上严格限制适用死刑相结合。目前，我国的犯罪形势依然较为严峻，现阶段在刑事立法上大规模地废止相关罪名的死刑尚不现实。较为可行的方法是，一方面在立法上先后废除非暴力性犯罪的死刑、非致命性暴力犯罪的死刑和致命性暴力性犯罪的死刑，另一方面严格掌握死刑案件的适用程序和适用标准，在司法上大量减少死刑的适用，以达到最终从立法和司法两方面废止死刑的目的。[②] 我国先期废除的22个死刑罪名中，除了强迫卖淫罪、阻碍执行军事职务罪包含暴力手段外，其余20个罪名都属于非暴力犯罪。在今后废止死刑罪名的进程中，应该进一步加大废止剩余的非暴力犯罪死刑罪名的力度，逐步地废除非致命性暴力犯罪的死刑罪名，并在司法上严格限制致命性暴力犯罪死刑的适用，同时在条件成熟时适时废止致命性暴力犯罪的死刑罪名。

注重对“死刑大户”罪名的改革。在仍保留的死刑罪名中，故意杀人罪、故意伤害罪、抢劫罪和严重毒品犯罪是司法实践中适用死刑较多的罪名。合理改革适用“死刑大户”的罪名，可以大量地减少实际适用死刑的数量。例如，我国刑法规定了走私、贩卖、运输、运输、制造毒品罪，这四种毒品犯罪行为都可以适用死刑。为了减少毒品犯罪死刑适用，一方面，对走私、贩卖、运输、制造毒品罪，在立法上显著提高可以适用死刑的毒品数量标准，这样就可以大大减少适用死刑的人数；[③]另一方面，由于运输毒品的行为处于毒品犯罪的中间环节，与走私、贩卖、制造毒品相比，运输毒品并没有直接生产或者销售毒品，其社会危害性相对较小，并且近年来在立法上废除运输毒品犯罪死刑的呼声很高，在条件成熟时可以考虑优先废除运输毒品犯罪的死刑，减少毒品犯罪适用死刑的种类，达到限制毒品犯罪适用死刑罪名的目的。

2. 注重死刑观念的正确引导。在“杀人偿命”、崇尚死刑等传统观念的支配下，普通民众中仍然普遍存在着过度依赖死刑的心态，即便是在司法工作人员和专

---

① 参见韩轶：《法益保护与罪刑均衡》，中央民族大学出版社2015年版，第32页。

② 参见王志祥、韩雪：《中国死刑制度的发展历程与未来走向》，载《公民与法》2013年第9期。

③ 参见赵秉志：《死刑改革新思考》，载《环球法律评论》2014年第1期。

家学者中也存在着崇拜死刑的刑法工具主义倾向。因此，我国在死刑改革进程中需要对死刑观念进行正确引导。正如死刑观念不是一朝一夕形成的一样，死刑观念的转变也不会一蹴而就，需要经历一个多方参与的循序渐进的过程。例如，立法者只有保持死刑政策的相对稳定，才能不断培育民众“少杀、慎杀”的死刑观念；随着人权思想的日益普及，专家学者引导民众重新审视生命的价值，尊重个体的生命权，重新考量死刑的适用价值；通过错误适用死刑而造成冤假错案的典型案例，新闻媒体引导民众深刻理解死刑的残酷性，特别是错误适用死刑后结果的不可逆转性，重新思考适用死刑的必要性，进而逐步转变适用死刑的观念。

（二）严格限制加重生刑

在我国，生刑包括管制、拘役、有期徒刑和无期徒刑，同时，死刑缓期执行虽然属于死刑的一部分，但实践中死缓犯很少被执行死刑，所以死刑缓期执行在广义上也属于生刑的范畴。在我国 1997 年刑法中，死缓实际上相当于有期徒刑 24 年，实际执行年限大概是在 18 年，无期徒刑实际上相当于有期徒刑 22 年，实际执行年限大概在 15 年，有期徒刑最高可以达到 15 年，实际执行年限在 10 年左右。[①] 对于我国生刑的轻重问题，有的学者指出，无论从我国刑事立法对生刑的规定，还是从刑事司法实践中所实际判处的生刑来看，我国都不存在“生刑过轻”的问题；而且，无论是相对于人的平均寿命及犯罪年龄而言，还是从实现刑罚目的需要的角度分析，我国的生刑也都不存在“过轻”的情况。就此而言，我国并不存在任何需要提高生刑期限的客观基础。[②] 笔者赞同上述观点。应当看到的是，我国 1997 年刑法典规定的生刑已然很重，与此同时，随着晚近刑事立法对刑罚结构的调整，我国无期徒刑和长期徒刑的实际执行期限得以延长，我国生刑继续加重的余地已经极为有限。因此，在今后的刑事立法中，要严格限制加重生刑，避免进一步不当加重刑罚。

与此同时，严格限制加重生刑，还需要关注终身监禁规定的拓展适用问题。在《刑法修正案（九）》中，由于终身监禁只是规定在贪污受贿犯罪的刑罚之下，因此其并不是一种独立的刑罚种类，而只是对贪污受贿犯罪进行从严惩治的一种措施。终身监禁规定在立法审议的过程中就引起较大争议，并且在《刑法修正案（九）》颁行后，司法实践中白恩培、魏鹏远、于铁义三名腐败分子先后被判处终身监禁，进一步使终身监禁规定及与其相关的问题都备受关注，其中就涉及是否应将终身监禁规定扩展适用于其他犯罪的问题。

笔者认为，应该将终身监禁规定严格限制于贪污受贿犯罪之内，而不能扩展适用于其他罪名。理由如下：第一，如上所述，我国生刑已然很重，继续加重的余地极为有限，而终身监禁是生刑的最极端形式，不能在我国刑罚体系中普遍适用。第二，终身监禁规定是针对我国腐败犯罪的现实情况而特别设计的，不具有普遍适用的前提条件。由于贪污受贿犯罪是典型的经济性、非暴力犯罪，不宜适用死刑立即

① 参见陈兴良：《宽严相济政策与刑罚规制》，载《法学杂志》2006 年第 6 期。

② 参见刘宪权：《限制或废除死刑与提高生刑期限关系论》，载《政法论坛》2012 年第 3 期。

执行，自2007年国家食品药品监督管理局原局长郑筱萸因受贿被判处死刑立即执行之后，中国对于省部级高官的受贿犯罪再未判处过死刑立即执行。[①] 但是，随着党的十八大以来惩治腐败力度的空前加大，发现了一些较为严重的贪腐问题，在“严格控制和慎重适用死刑”的死刑政策与“生刑较轻”观念的共同作用下，立法者选择增加对特重大贪污受贿犯罪予以终身监禁的规定，以加大对贪污受贿犯罪的惩处力度。但是，就其他严重犯罪而言，其死刑制度仍在实际适用，同时与特重大贪污受贿犯罪相比，其他犯罪也无加重其刑罚处罚的现实需要，且我国目前的生刑已然很重，如果普遍适用终身监禁制度，必然会造成刑罚过重。第三，就作为死刑的替代措施而言，也不能拓展适用终身监禁制度。从刑罚严苛性的角度来看，终身监禁刑的残酷性在某种程度上并不逊于死刑，后者是消灭犯罪人的自然属性，而前者则是消除犯罪人的社会属性。[②] 以一种严厉的刑罚代替另一种严厉的刑罚，在立法选择上显然是不可取的。

（三）区分重罪和轻罪，推动刑法典轻罪化改造

以1810年法国刑法典为代表，国外一些国家将犯罪分为重罪、轻罪和违警罪。与这些国家的立法例不同，我国现行刑法典中是以重罪重刑为主导，而并未对重罪和轻罪进行区分，这使得在为轻罪设定法定刑时，只能参考与其相类似的犯罪规定，容易引起犯罪间的法定刑相互攀附的现象，造成刑罚量的不当升高。正如有的学者所言，缺乏重罪轻罪的一般标准，在对分则个罪配置法定刑时，就无法对个罪的社会危害性作出基本的评价，就可能出现法定刑配置上的大的偏差。[③] 因此，在犯罪门槛降低、大量轻罪入刑的情形下，我国刑法有必要明确规定区分重罪和轻罪的标准。同时，与大量轻罪入刑相适应的是刑罚在整体上要向轻刑化的方向发展，而我国重罪重刑的刑法体系是与刑罚轻刑化的要求相违背的，因此，需要对我国刑法典进行轻罪化改造。[④]

就重罪和轻罪区分标准而言，有学者呼吁对我国刑法进行犯罪分层。[⑤] 笔者赞同以法定最高刑为3年有期徒刑作为重罪和轻罪的界限。就对我国现行刑法典进行轻罪化改造而言，笔者认为，在改造的过程中需要明辨法定刑之轻重、细化法定刑的档次。具体而言，就是应将犯罪性质、社会危害性程度、客观表现形态、主观方面等作为分类依据，对相似犯罪或相关犯罪的法定刑的轻重进行区分，并作出相应评价；在评价之后，对于某些法定最低刑明显偏高或法定刑档次的跨度较大且法定刑档次显著偏少的犯罪增加法定刑为3年以下有期徒刑、拘役或管制这一轻刑档次。[⑥] 例如，目前我国刑法中诸如经济犯罪、职务犯罪、财产犯罪等非暴力犯罪类

---

① 参见赵秉志：《论中国贪污受贿犯罪死刑的立法控制及其废止》，载《现代法学》2016年第1期。

② 参见李翔：《论刑法修正与刑罚结构调整》，载《华东政法大学学报》2016年第4期。

③ 参见周光权：《法定刑配置的合理性探讨——刑罚攀比及其抗制》，载《法律科学》1998年第4期。

④ 参见王志祥、韩雪：《我国刑法典的轻罪化改造》，载《苏州大学学报》（哲学社会科学版）2015年第1期。

⑤ 参见卢建平：《犯罪分层及其意义》，载《法学研究》2008年第3期。

⑥ 参见王志祥、韩雪：《我国刑法典的轻罪化改造》，载《苏州大学学报》（哲学社会科学版）2015年第1期。

型的刑罚，在整体上仍然显得过于严厉，与世界各国和地区“轻刑化”的发展趋势并不吻合。[①] 对于这些整体上处罚过于严厉的非暴力犯罪，可以将其作为切入点，为其增加轻刑的法定刑档次，率先对其进行轻刑化改造，并且分批次逐步地完成我国刑法典的轻罪化改造。

（四）完善与轻罪危害性程度相适应的轻刑体系

罪刑均衡原则要求为每种犯罪都配备与之危害程度相适应的法定刑。我国晚近刑事立法中出现了犯罪门槛降低、大量轻微犯罪入刑的现象，这样就需要配备与轻罪的罪质和罪量都相适应的轻刑。但是，我国现有的刑罚结构是以生命刑和自由刑为中心的，属于典型的重刑结构，因而无法有效解决大量轻罪入刑的问题。伴随着大量轻罪入刑和刑罚轻刑化的趋势，我国的刑罚结构也要从以生命刑和自由刑为中心向以自由刑为中心转变，同时扩大非监禁刑的适用范围，建立与轻罪相适应的轻刑体系。

1. 管制刑刑种的调整。管制是我国刑法所独创的一种刑罚方法，具有行刑社会化、非监禁化的特点，可以适用于对于轻罪的惩治，具有多方面的积极意义。但司法实践中管制适用率极低，没有发挥应有的作用。《刑法修正案（八）》对管制增加禁止令，明确规定对于被判处管制的犯罪分子依法实施社区矫正。2012 年 1 月 10 日最高人民法院、最高人民检察院、公安部、司法部颁布的《社区矫正实施办法》对社区矫正作出了明确具体的规定。例如，其中的第 16 条规定了“有劳动能力的社区矫正人员应当参加社区服务”，这样就增强了管制刑的惩罚性。《刑法修正案（八）》以及《社区矫正实施办法》中的相关规定，有利于发挥管制的积极作用。同时，笔者认为，对于管制刑刑种的调整，一方面司法机关根据情况可以判决强制周末监禁、夜间监禁、业余监禁等执行方式，[②] 另一方面可以进一步增加对管制刑的法律救济手段。在我国当前对非监禁刑大力推行社区矫正的总体趋势下，对管制刑的法律救济应重点谋求在社区矫正的范围内加以解决。具体而言，对于违反管制规定的罪犯，社区矫正部门可对其进行警告并责令其改正，对仍然不予改正的，矫正部门可以强制性地将其送交本地具有隔离性的矫正设施中进行一定时期的封闭式教育改造；对于严重违反管制规定的罪犯，也可以直接决定对其进行封闭式教育改造。[③]

2. 改革现有罚金刑制度。一是将罚金刑升格为主刑。我国目前罚金刑适用率较高，但大多是与其他主刑并科执行。在这种情形之下，一方面受“打了不罚、罚了不打”的传统思维影响，并科执行的“双罚制”造成了司法实践中罚金刑执行率偏低；另一方面对于单独适用罚金刑足以达到惩处效果的一些贪利性和轻微性的犯罪，完全没有必要再设置自由刑。将罚金刑升格为主刑，扩大罚金刑单独适用的比例，可以有效解决上述问题。二是建立罚金易科制度。罚金刑作为主刑单独适用

---

① 参见刘宪权：《中国刑法发展的时代脉动——97 刑法颁布实施 20 年刑事法治纵览与展望》，载《法学》2017 年第 5 期。

② 参见吴宗宪主编：《中国刑罚改革论》（下册），北京师范大学出版社 2011 年版，第 160 页。

③ 参见王志祥、敦宁：《刑罚配置结构调整论纲》，载《法商研究》2011 年第 1 期。

后，为了解决罚金刑无法或难以执行的问题，可以建立罚金易科制度。同时，对不缴纳罚金的行为要区分不同情形区别对待。正如有的学者所言，对于罚金刑难以执行的犯罪人，可以考虑区分不同情形建立和适用罚金刑易科制度，对于有能力缴纳而不缴纳的犯罪人，应当易科为自由刑，对于无能力缴纳罚金而不缴纳的犯罪人，应该易科为社区服务。①

3. 建立资格刑体系。《刑法修正案（九）》规定了从业禁止制度，但其属于预防性措施而不是资格刑。我国刑法上规定有两种资格刑，即驱逐出境和剥夺政治权利。由于驱逐出境的适用对象是实施犯罪的外国人，因此适用于我国公民犯罪的资格刑就只有剥夺政治权利一种。有学者将我国刑法中资格刑的缺陷归纳为以下四点：(1) 剥夺政治权利的称谓政治色彩太浓；(2) 资格刑的内容狭窄，不能适应惩治犯罪的需要；(3) 只有剥夺政治权利一种称谓，一经法院判决剥夺政治权利，《刑法》第 54 条规定的四项权利都被剥夺；(4) 对单位犯罪没有规定相应的资格刑，这不利于惩治单位犯罪。② 针对资格刑存在的上述缺陷，笔者认为，应该改变我国现有资格刑的模式。具体而言，应取消剥夺政治权利的称谓；根据惩治犯罪的需要，扩展资格刑的种类，增加单位犯罪的资格刑；每个资格刑之间相互独立，可以单独适用，也可以合并适用。应建立完备且针对性强的资格刑体系。这样，针对不同的犯罪情形适用不同的资格刑，一方面可以起到预防犯罪的良好效果，另一方面对于资格刑能够达到惩治犯罪效果的一些轻微犯罪，可以不再同时使用自由刑，达到刑罚轻刑化的效果。

---

① 参见吴宗宪主编：《中国刑罚改革论》（下册），北京师范大学出版社 2011 年版，第 497 页。

② 参见刘守芬等：《罪刑均衡论》，北京大学出版社 2004 年版，第 71 页。

我国刑法微罪制度初探

储槐植[*]　李　梦[**]

微罪是刑法针对不轨行为最敏感的一种反应，我国现行刑法中三个典型的微罪为：危险驾驶罪，使用虚假身份证件、盗用身份证件罪和代替考试罪，这些罪名都是近两次刑法修正增设的罪名。客观而言，增设微罪是我国社会发展的需要，与我国社会发展现状相适应，是现代文明社会发展的必然结果，也是我国刑法现代化发展的产物。我国增设微罪，其法定最高刑仅为拘役，尽管刑罚幅度较小，但在现实中却起到了很大的功效。

一、微罪概念的提出

微罪是世界通行的概念，微罪的实质内涵是更好地建构刑法中的罪刑关系，实现实质上的有罪必罚，罚当其罪。根据各国刑罚设置情况，容许各国微罪的刑罚标准有些许差异，但应当把握罪刑相适应的基本原则，避免微罪的刑罚配置畸重。在我国刑法中，“微罪”是新近出现的词，这与我国长期以来“严打”和重刑思想严重有关。轻刑和重刑以何分隔，我国没有法律规定，学理解说不一。据最高人民法院的司法统计，判处5年以上有期徒刑至死刑的称为“重罪”，判处5年以下有期徒刑、拘役、管制合称为“轻罪”。微罪是微小的轻罪，本质上是对妨害社会管理、扰乱市场秩序的行为进行法律规制。目前，3个法定拘役的微罪都属于法定犯，法定犯也是刑法修正的主要领域。《刑法修正案（九）》新增的20种犯罪，其中14个均为法定犯。社会发展水平越高，使得管理不断细化和深入，就出现新的妨害社会管理的犯罪。

市场经济条件下，随着自由市场的发展，人们的自由空间越来越大。随着经济的发展，需要刑法规制的各种经济类及破坏社会秩序类犯罪逐渐增多，法定犯的种类和数量激增。生活经验告诉我们，小洞不补，大洞吃苦。同理，经验表明，在法律领域治小罪可以防大害。社会重在治理，法律所关切的面向，正转向规制行为者的不适当的态度，通过要求国民正确对待各种法律规范，以实现民众守法意识的觉醒与强化。刑法设立危险犯发挥积极一般预防功能的最新实例莫过于《刑法修正案（八）》中对于危险驾驶罪的设立。根据公安部的统计，在此罪实施后的半年时间内，全国共查处酒后驾驶比上一年同期下降了45%，醉驾较上年同期下降45.3%，全国酒后驾驶造成交通事故死亡人数，较上年同期下降了22.3%。[①]

* 北京师范大学刑事法律科学研究院特聘教授、博士生导师。
** 北京师范大学刑事法律科学研究院刑法学博士研究生。
① 转引郑明玮：《论刑法中危险犯的“危险”》，上海人民出版社2017年版，第82页。

社会不轨行为在经济运转阶段越早进行治愈，其社会机体要比已经造成严重后果再进行治疗更容易恢复健康。我国经济运转方面的刑事立法过于粗糙，缺乏可适用性，难以解决实际问题。网络犯罪和证券犯罪尤其为刑法修订的重点。以网络犯罪为例，网络犯罪中的中立帮助行为能不能入罪？该行为造成的社会影响不好，与一般社会评价相违背，出罪并不可取。在快播案审判中，中立的帮助行为就被定性为不法。目前，刑法改革应重点关注社会管理领域的犯罪。在法定犯方面，刑法仍然存在罪名界定、范围分工不够细致，法条规定过于笼统。社会管理和日常生活愈加复杂，与之相对应，规定社会管理的法律亦应当愈加详细。现代刑法之专业化、职业化和规范化发展，需要完善法定犯立法。

目前，我国刑法罪名持续增加，刑法也要考量罪刑完善，3 种法定拘役刑的出现唤醒了刑法中沉睡的拘役刑罚。我国刑罚体系由主刑和附加刑组成。主刑是只能独立适用的主要刑罚方法，一个罪只能适用一个主刑。附加刑是补充主刑适用的刑罚方法。5 种主刑按轻重排序：(1) 管制（对罪犯不予关押，但限制一定自由，实行社区矫正的刑罚方法），(2) 拘役（短期剥夺自由的刑罚方法，期限为 1 个月以上 6 个月以下，数罪并罚不得超过 1 年），(3) 有期徒刑（6 个月以上 15 年以下剥夺自由的刑罚方法），(4) 无期徒刑，(5) 死刑。管制和拘役为轻刑，无期徒刑和死刑为重刑，有期徒刑兼跨轻刑和重刑。拘役是自由刑中最轻的刑罚，比 5 年以下有期徒刑显然更轻，比轻者更轻，判处拘役的称为“微罪”，合乎语法，顺乎情理。刑法中的拘役分为两种，法定拘役和权衡拘役。法定拘役是法律明确规定犯罪只能判处拘役。权衡拘役，就是可以选择的，可以选择判处服刑年数较少的有期徒刑，也可以选择拘役。权衡和法定是相对的，法定不能有弹性，权衡意思是有弹性的，可以有选择的。“法定拘役”和“权衡拘役”类似德国起诉制度的“法定起诉”和“权衡起诉”。德国的刑事起诉，半个世纪以前叫作“法定起诉原则”，意思是必须起诉，司法部门不能不起诉。后来演变为“权衡起诉”，意思是达到此种情况，可以起诉也可以不起诉。在我国，刑法分则里有 398 个犯罪的刑罚中规定有权衡拘役，权衡拘役体现在刑法分则规定“……罪，处五年（三年、二年、一年）以下有期徒刑或者拘役”。轻刑种类管制和单独适用罚金在刑罚体系中的地位偏低，虽然立法中有大量权衡拘役的规定，但是司法中的适用率偏低。刑法分则规定的刑罚以徒刑为主，拘役一直受司法和学界忽视。拘役的增多适用是在法定拘役写进刑法之后出现的。从刑法分则的立法来看，《刑法修正案（八）》以前没有一个罪不能判有期徒刑的。《刑法修正案（八）》增加新罪“危险驾驶罪”，刑罚为“处拘役，并处罚金”，这是刑法中第一个设定了法定拘役的犯罪。2015 年《刑法修正案（九）》又增加 2 个判处法定拘役犯罪：替考罪和冒用身份证件罪。虽然法定拘役的数量有限，但是此举仍然释放一种刑法创新的信号：在刑法中规定的犯罪不一定判处徒刑，可以判处较之徒刑更轻的拘役。最高人民法院《关于常见犯罪的量刑指导意见（二）》规定的八种常见多发犯罪的“量刑起点”就都规定了拘役。

从刑法规定来看，微罪不判处有期徒刑只能判处拘役，是对我国刑法重刑结构的重大调整。所谓重刑结构，从立法上看，不仅有死刑，而且所有的罪最低都可以判处有期徒刑。重刑结构改革需从两方面进行，“逐步减少适用死刑罪名”（这是上层）和最轻刑种适用增量（这是底层）。对微罪行为犯罪化一方面要看刑罚能否对该犯罪进行有效干预；另一方面要考虑刑法资源配置的科学性。[①] 从实体而言，微罪判处拘役，而非有期徒刑，拘役要比有期徒刑的刑期短。对轻微罪的被处罚人而言，处罚更具有公平性。微罪的最高刑是拘役，但是对于轻微罪案定罪就是一种惩罚。[②] 法律规定拘役不适用逮捕强制措施。判处有期徒刑在程序上都可以适用逮捕，一旦被逮捕，就意味着很有可能作出有罪判决。侦查中的逮捕由检察院批准和决定，在实践中存在为了便利侦查，以捕代侦过度适用逮捕而普遍羁押的情况，这严重侵犯了公民的人身自由。由于存在错案追责的问题，被逮捕人即使实为无罪，法院也不容易宣告无罪。所以，错案对被告人造成的伤害是很难补救的。实践中，逮捕率减少 10%，就能少捕 10 万人。

在我国，监禁刑是主要的刑事执行方式，而国外能够独立适用非监禁刑的比例远远比使用监禁刑高。比如，德国实际刑罚处罚结构中，罚金刑占了 85%以上，其余 15%左右是自由刑。自由刑中大部分是带缓刑的自由刑，只有不到 3%的自由刑是不带缓刑的自由刑。[③] 重刑结构的改革是我国刑法现代化的重大问题，改革需要立足中国的实际情况。解决中国的问题需要具有世界的眼光，但又不能照搬外国的制度。微罪的罪质虽小，对刑法改革的意义重大。微罪的广泛适用大大降低了逮捕率，这在刑事法的改革上是一个重大进步。逮捕率的降低从源头上阻断了逮捕带来的问题，既提高了司法文明，也保障了公民人权。另外，微罪治理社会效果的好坏，是由立法部门、司法机关到执行机关共同决定的。根据刑事诉讼法的规定，对于判处拘役的罪犯，由公安机关执行。微罪的最高刑是拘役，所以微罪的执行机关是看守所，不是监狱，也不是社区矫正机构。因此，对看守所的管理进行有效监督，切实保障被羁押人的权利是微罪在刑事法执行的最终落脚点。加强对看守所的规范管理，将轻微犯罪的犯罪人区别于一般刑事犯罪人，做到惩罚犯罪与保障人权并举，成为我国刑事司法改革和发展急需解决的重要问题。

二、微罪概念对犯罪类型的合理化

刑事立法体系化的建设，需要借助于类型思维。类型化是将不同要素的组合作为一个整体类型看待，既能显现整个体系的意义脉络，又能体现各要素之间的相互协作关系，总之整个犯罪的结构呈现为结构性的整体。[④] 犯罪分类的逻辑起点基于类型思维而非概念思维，相较概念的隔绝式、封闭式而言，类型则更为开放。类型只有一个固定的核心，但没有固定的边界。在类型和类型之间存在过渡区域，在过

① 肖怡：《“轻轻重重”刑事立法政策——规制无被害犯罪的理性选择》，载《环球法律评论》2008 年第 4 期。

② 储槐植：《解构轻刑罪案，推出“微罪”概念》，载《检察日报》2011 年 10 月 13 日第 3 版。

③ 作者与北京师范大学刑事法律科学研究院赵书鸿老师探讨后获悉。

④ 杜宇：《类型思维的兴起与刑法上之展开路径》，载《中山大学法律评论》第 12 期第 3 辑。

渡区域也很难区分类型之间的界限，无法作出“非此即彼”的判断。[①] 犯罪分层指根据犯罪的严重程度将所有犯罪划分为不同层次的犯罪分类方法。[②] 衡量犯罪程度的单位是罪量，罪量就是法定犯罪轻重的数量表现，也即法定犯罪严重性程度的综合评价。[③] 而赵廷光教授认为罪行是犯罪的最小单位，罪行是依照我国刑法规定，具有特定构成要件或者符合特定构成要件要求，并配置一定法定刑的行为模式或者适用一定法定刑的现实行为。[④] 不管是以罪量还是罪行作为犯罪程度的标准，从构成犯罪的性质分析，微罪仍然是立法者根据所预想到的最轻微犯罪程度设定的犯罪类型。

从比较立法的角度能够得出，一部分国家采用特别刑法法律模式对微罪行为进行评价，如日本制定《轻犯罪法》将违警行为列为轻微犯罪行为；大部分国家通过统一刑法典的模式在刑法典中规定违警罪或者轻罪专章，如美国、法国等。[⑤] 1962年，美国法学会拟制的《模范刑法典》（Model Penal Code）按刑罚轻重把犯罪分为四等：重罪（felony）、轻罪（misdemeanor）、微罪（petty misdemeanor）、违警罪（violation）。微罪的最高刑期为30天。[⑥] 法国是最典型的对犯罪采三分法的国家，即重罪、轻罪和违警罪。三分法也是最典型的犯罪分层模式。[⑦] 我国主张根据犯罪严重程度强弱不同构建3种不同犯罪类型，即微罪、轻罪和重罪。微罪是可判处拘役或以下之刑的罪。[⑧] 从认定微罪标准的角度分析，学界主流观点认为以法定刑作为犯罪分类的标准。法定刑标准具有实体方面和程序方面的特点。[⑨] 在诉讼开始前就可以确定是否属于微罪，就可以获得与微罪匹配的诉讼权利保障。

三、我国刑法微罪的立法价值

科学立法，是指在符合自然规律的前提下，立法机关对必须由法律进行调整的社会关系进行合理的利益分配并形成法律规范的活动。[⑩] 科学性不仅体现在法的概念、术语、范畴和分类上，还能够在法律层面上讨论公正，将更多更好的条款写进法律保障人权以及实现个人自由。微罪是科学立法的具体体现，能够有效推进立法精细化。进一步而言，对轻微犯罪适用轻微处罚措施，如拘役及以下刑罚制裁措施，方能“从总体上认真查纠、从宽发落多数轻微罪案，方能分化凸显、有力打击少数严重罪案”[⑪]。时至今日，如果对我国刑事立法进行深入分析，就会发现刑事

---

① 杜宇：《基于类型思维的刑法解释的实践功能》，载《中外法学》2016年第5期。

② 卢建平：《刑事政策与刑法变革》，中国人民公安大学出版社2011年版，第147页。

③ 白建军：《犯罪轻重的量化分析》，载《中国社会科学》2003年第6期。

④ 赵廷光：《量刑公正实证研究》，武汉大学出版社2005年版，第109页。

⑤ 张晶、刘焱：《中国治安管理处罚法律制度研究》，北京师范大学出版集团、安徽大学出版社2014年版，第32-36页。

⑥ 储槐植：《美国刑法》，北京大学出版社2005年版，第6页。

⑦ 卢建平：《刑事政策与刑法变革》，中国人民公安大学出版社2011年版，第148页。

⑧ 本文旨在对微罪进行阐述，因篇幅有限对轻罪和重罪不进行赘述。

⑨ 田兴洪：《宽严相济语境下的轻罪刑事政策研究》，法律出版社2010年版，第39页。

⑩ 欧修权：《试论科学立法的含义及其实现途径》，载《人大研究》2009年第1期。

⑪ 储槐植：《解构轻刑罪案，推出“微罪”概念》，载《检察日报》2011年10月13日第3版。

法律的立法重心没有与时俱进，还是处于不合适的立法模式：法定刑情节较重的侵犯法益行为的立法相对密集，而法定刑情节相对较轻的侵犯法益行为则立法稀疏。这种立法上的不均衡直接造成实践中忽视轻微犯罪，导致很少适用法律规定的量刑下线：拘役和管制。

拘役和管制属于较轻的刑罚处罚，是由轻到重过渡的刑罚谱系不可分割的一部分，对划分罪与非罪起界碑的标识作用。刑法共有468个罪名，其中398个罪名设置了拘役，按理说，拘役的适用率应该广泛，但在我国拘役和管制却始终未能得到广泛应用。直到增设了危险驾驶罪之后，危险驾驶罪的案件数量占了法院审理案件总数量较大的比重，判决书中开始广泛使用拘役。尽管刑法分则只有3个微罪罪名，称之为体系尚早，然而意义重大。法治的目标可以通过渐进的改善而逐步接近，可以预见，随着文明云蒸霞蔚，微罪的发展是法治不可回避的道路。微罪具有在罪与非罪之间划分一条是非之线的功能，微罪的发展是刑法走向精致的客观需要。一方面，微罪是文明积淀的表征，其规模和深度与文明将成正比。文明程度越高，微罪的数量也会越多，大量的微罪可以有效弥合违法犯罪和生活经验的裂隙。另一方面，因为犯罪花样不断翻新，可以预见在未来很长一段时间，我国的法定罪名一定有较大程度的增加。罪名增加是社会发展的需要，社会发展的需要是刑事法律发展的动力。有鉴于此，从社会发展来看，罪名增加不是社会的倒退，而是法律适应社会发展的体现。

《刑法修正案（九）》颁布后，我国刑法罪名共计468个。相比较而言，《日本刑法典》只有262条，但是日本的行政法律中规定的罪名数目却不计其数。我国刑法不仅罪名数量稀少，而且我国法律立法粗糙，缺乏可执行性。例如，在科技发展的背景之下，假冒专利行为越来越多，我国专利法中仅有“假冒专利……构成犯罪的，追究刑事责任”。侵犯专利权不法行为有不同类型，专利法单靠一句话，缺乏可执行性。现阶段我国行政法律中没有罪刑条款，所有的犯罪全部规定在刑法里。我国刑法第216条规定“假冒他人专利，情节严重的”，用宣示性的罪刑规定对专利权进行保护。比较来看台湾地区的“专利法”将专利犯罪分为三种类型，每一种类型又分为3种犯罪，均附相应的刑罚。所以台湾地区“专利法”有9个罪刑条款，能够较好地执行。宣示性立法在我国刑法上并不是个案。我国证券法中“构成犯罪的，追究刑事责任”，证券法没有具体的罪刑规定，单凭宣示性附属刑法，附而不属，可执行性太弱。再看3种微罪行为，在入罪之前均被认定为违法。但因为缺乏惩罚措施或者犯罪和惩罚不对等，使得行政处罚流于形式，违法行为屡禁不止。在2007年修订的《道路交通安全法》第22条第2款规定饮酒、服用国家管制的精神药品或者麻醉药品，或者患有妨碍安全驾驶机动车的疾病，或者过度疲劳影响安全驾驶的，不得驾驶机动车。可以说，法律规定细致，但属于宣示性条款，无法解决实际问题。从刑法作为其他法律的保障法的属性而言，行政法中设置罪刑条款（行政刑法，行政违法行为犯罪化）本质上是该行政法本身的需要。

替考入罪之前，替考行为主要由2012年修改的《国家教育考试违规处理办法》作出规定，替代他人考试的，给予暂停该项考试1~3年的处理，如果是在校学生、在校教师替代他人考试的，由所在学校严肃处理，直至开除或予以解聘。而对于非在校学生、在校教师替代他人考试的，仅规定为违法，并没有规定任何处罚。如此一来，形式上规定为违法，没有对违法行为设置一个对称的处罚，导致实质上很难处罚。在冒用身份证件行为入罪之前，只有《中华人民共和国居民身份证法》对居民身份证的使用作出规定，并根据法律进行行政处罚，由公安机关处200元以上1000元以下罚款，或者处10日以下拘留，有违法所得的，没收违法所得。公民身份信息泄露的行政处罚实在是不够严厉。随着网络深入我们生活的各个领域，身份信息与我们的日常生活息息相关。但是对侵犯身份信息行为的处罚显著轻微，无法有效保护公民的身份信息。身份信息的泄露不仅会引起大众的恐慌，泄露身份信息还往往是其他犯罪的上游行为。这种只在形式上宣示为违法的正义已经不能应对现实的侵害，迫切需要刑法的介入。现在刑法规定的3种微罪，正是对屡禁不止的违法行为做出的反应。做不到实质正义就无法对受侵害的法益进行有效的保护。微罪将严重违法行为规定为犯罪，进行有效的惩罚。其重要性在于通过对犯罪人进行惩罚使犯罪成为得不偿失的行为，避免犯罪被人们争相模仿，切实保护法益的目的。比较中外刑事制裁的方式，可以得出：刑法适当地增加罪名是现代文明社会发展的需要。犯罪罪名的多寡不是衡量文明程度的指标，罪名的增加配合刑罚总量的降低，而刑罚总量的大小相当程度上体现着文明程度。罪名的增加与刑罚的轻缓相配合是刑事立法进步的体现。

四、结语

微罪与要解决的社会问题有千丝万缕的关联，它是社会治理的内容之一。增设微罪是建立和保持一种便利人们相互交往和行为的秩序。微罪是保证公共秩序稳定的法治建设，能够改变人们长期存在的思维模式，强化人与社会的密切关系。增设微罪是执法实现的前提和基础，严格的执法也会强化公民的守法意识，促使公民恪尽职守。虽然微罪不能把现世改造成一个理想社会，但是仍然具有抑制人间罪恶，促进人们内心道德建立的智慧。正如醉驾入刑可以祛除根深蒂固的喝酒陋习，形成“喝酒不开车，开车不喝酒”的良好社会效果。

中国轻微犯罪立法的反思与完善

陈志军*

刑事古典学派的鼻祖贝卡利亚认为，破坏社会契约的越轨行为轻重程度存在差异，宛如“阶梯”，作为越轨行为组成部分的犯罪行为也“沿着这无形的阶梯，以从高到低顺序排列”。[①] 在这种犯罪阶梯中，危害程度较为轻微的那部分犯罪就是轻微犯罪。就中国现行刑法而言，本文所谓的轻微犯罪特指《刑法修正案（八）》、《刑法修正案（九）》新增的危险驾驶罪，使用虚假身份证件、盗用身份证件罪和代替考试罪三个法定最高刑为拘役的犯罪。相对于较重犯罪而言，轻微犯罪在社会危害性程度等方面有其特殊性，需要在刑事处遇方面作出特殊的制度设计。中国需要充分考察世界范围内轻微犯罪的立法经验和教训，对轻微犯罪立法的不尽如人意之处进行反思，制定切实可行的综合性完善措施。

一、中国轻微犯罪的立法沿革

（一）中国近代刑法中的轻微犯罪立法

标着中国刑法近代化开端的1911年《钦定大清刑律》[②] 就将拘役规定为与有期徒刑并列的主刑，在其分则中就规定了一些法定最高刑仅为拘役的犯罪或者最高刑仅为拘役的较轻量刑幅度。例如，第253条规定：“业务上常用度量衡之人，知其不平而收藏者，处拘役或50元以下罚金。”第292条规定：“贩卖猥亵之书画物品或意图贩卖而制造或收藏，或自外国贩运者，处拘役或50元以下罚金。”又如，第164条第1款规定：“聚众意图为强暴、胁迫，已受当该官员解散之命令仍不解散者，处四等以下有期徒刑、拘役或300元以下罚金。”第2款规定：“附和随行仅止助势者，处拘役或50元以下罚金。”[③] 1928年《中华民国刑法》也规定了法定最高刑仅为拘役的轻微犯罪。例如，第147条规定：“意图侮辱公务员或公署，而损坏、除去或污秽实贴公共场所之文告者，处拘役或100元以下罚金。”第250条规定：“公然为猥亵之行为者，处拘役或100元以下罚金。”第324条规定：“公然侮辱人者，处拘役或200元以下罚金。”[④] 1935年《中华民国刑法》也规定了这类轻微犯罪。例如，第312条规定：“对于已死之人公然侮辱者，处拘役或300元以下

* 中国人民公安大学法学院教授、博士生导师。

① ［意］贝卡利亚著：《论犯罪与刑罚》，黄风译，中国大百科全书出版社1993年版，第66页。

② 中国大陆学界习惯称之为《大清新刑律》。

③ 赵秉志、陈志军编：《中国近代刑法立法文献汇编》，法律出版社2016年版，第236页、第239页、第228-229页。

④ 赵秉志、陈志军编：《中国近代刑法立法文献汇编》，法律出版社2016年版，第569页、第578页、第584页。

罚金。”第315条规定：“无故开拆或隐匿他人之封缄信函、文书或图画者，处拘役或3000元以下罚金。”[①]

（二）新中国刑法中的轻微犯罪立法

新中国的刑法立法中，2011年《刑法修正案（八）》第一次规定了危险驾驶罪这一法定最高刑仅为拘役的轻微犯罪，2015年《刑法修正案（九）》又新增了使用虚假身份证件、盗用身份证件罪和代替考试罪两个法定最高刑为拘役的犯罪。

二、中国轻微犯罪的司法现状

考察我国刑法轻微犯罪立法的实际效果，才能对我国轻微犯罪的立法作出客观的评估。综合各种数据和情况，三个轻微犯罪的司法适用状况如下：

（一）危险驾驶罪的司法现状

危险驾驶罪增设之初，在遏制醉驾方面取得了一定的成效。据公安部交管局统计，2011年5月1日至2012年4月20日，全国公安机关共查处醉酒驾驶5.4万起，同比下降44.1%。[②] 但是，危险驾驶罪的司法实践中也出现了占用过多的司法资源的突出问题。《刑法修正案（八）》施行以来，危险驾驶罪案件（主要是醉酒驾驶）的数量居高不下，占用了大量的司法资源。例如，2013年全国各级人民法院审结一审刑事案件95.4万件，其中危险驾驶犯罪案件9万件，占比9.5%，约占当年全部审结刑事案件1/10；[③] 2014年全国各级人民法院新收刑事案件116.4万件，其中危险驾驶罪案件11.1万件，占比9.5%，约占当年全部新收刑事案件1/10。[④] 再以江苏省为例：2014年该省各级人民法院一审判决构成犯罪人数为79434人，其中认定构成危险驾驶罪的11527人，占比14.5%，已达1/7强。[⑤] 又如浙江省，2013年浙江全省各级人民法院判处罪犯12.46万人，1.38万人因醉驾获刑，占比11.1%，约占总数的1/9；[⑥] 2014年浙江全省各级人民法院审结8.8万件刑事案件，其中20694件为醉驾案件，占比23.5%，约占总数的1/4；[⑦] 2015年浙江全省各级人民法院判处罪犯12万人，其中1.8万余人因醉驾被依法判刑，占比15%，约占总数的1/6。[⑧] 又如仅仅一个福建厦门市，自2011年5月1日起至2016年4月

---

① 赵秉志、陈志军编：《中国近代刑法立法文献汇编》，法律出版社2016年版，第721页、第722页。

② 焦轩：《全国酒驾醉驾降幅均超四成》，载《人民公安报·交通安全周刊》2012年5月3日第1版。

③ 2014年3月10日最高人民法院院长周强在第十二届全国人民代表大会第二次会议上所作的《最高人民法院工作报告》。

④ 袁春湘：《依法惩治刑事犯罪　守护国家法治生态——2014年全国法院审理刑事案件情况分析》，载《人民法院报》2015年5月7日第5版。

⑤ 2015年1月29日江苏省高级人民法院院长许前飞在江苏省第十二届人民代表大会第三次会议上所作的《江苏省高级人民法院工作报告》。

⑥ 徐建国：《浙江2013年1.38万人醉驾获刑　居全国前列》，载《钱江晚报》2014年6月18日第A6版。

⑦ 尚淑莉：《浙江2014醉驾排行榜：宁波全省第一　杭州第二》，载《现代金报》2015年11月27日第A4版。

⑧ 余勤：《浙江2015年醉驾入刑1.8万余人》，载《浙江日报》2016年1月21日第10版。

30日止，公安机关就共查获醉酒驾驶机动车违法行为6376起。[①] 针对这种轻微犯罪占用过多司法资源的状况，江苏省高级人民法院许前飞院长在第十二届全国人大四次会议江苏团分组审议全国人大常委会工作报告时对此表达了担忧："我们打击刑事犯罪的重点在哪里?""任何一种行为通过立法入刑都要特别慎重，要考虑具体情节轻重。""监狱人满为患，我们何必把有限资源用来关喝酒的人?""对于醉驾、考试作弊'枪手'入刑等新的司法实践，应非常慎重。"[②] 这显然已非立法者当初所能预想到的情况。

（二）使用虚假身份证件、盗用身份证件罪的司法现状

从媒体所报道的案件来看，该罪已经出现了被广泛适用的趋势。实践中以该罪论处的案件绝大多数是因为使用伪造的驾驶证；[③] 有的是因为使用变造的驾驶证；有的是因为持伪造的机动车驾驶证到交警部门处理交通事故或者交通违章；有的是因为用所捡拾的他人驾驶证到交通部门接受扣分等交通违章处理；有的是因为持虚假的社保证明及变造的《××省居住证》到车辆管理所办理车辆上牌业务；有的是因为使用虚假的身份证件先后入住三家酒店；[④] 有的是因为盗用他人居民身份证多次购买火车票登乘火车；有的是因为网吧老板盗用他人身份证件为前去上网的未携带身份证的人提供开机上网服务；有的是因为提供伪造的常住人口登记卡及身份证，向征地拆迁所申报安置房资格；有的是因为使用伪造的他人居民身份证冒充其身份参加竞标；有的是因为警察巡查时提供虚假的居民身份证；有的是因为警察出警处理所涉纠纷核实双方身份时出示伪造的居民身份证；等等。

（三）代替考试罪的司法现状

从媒体所报道的案件来看，代替考试罪的适用主要发生于以下国家考试中：全国硕士研究生入学考试；普通高等学校招生考试文化课考试；普通高考体育专业考试；普通高等学校艺术类专业考试；公开考试录用公务员笔试科目的考试；[⑤] 高等教育自学考试专升本考试；[⑥] 成人高校招生全国统一考试；机动车驾驶证科目一、科目二、科目三、科目四考试；全国护士执业资格考试；全国二级建造师执业资格考试；省会计从业资格考试；等等。需要注意的是，在我国的司法实践中，机动车驾驶证考试中的替考发案较多，已经成为代替考试罪的主要适用对象，这也许已经超出了立法者维护教育考试公平的初衷。

---

① 杜昌营：《厦门："醉驾入刑"五年来查获醉驾6300余起》，载《人民公安报·交通安全周刊》2016年5月10日第1版。

② 陈竹沁：《江苏1/7一审审结刑案为醉驾，高院院长吁立法入刑门槛要严》，http://www.thepaper.cn/newsDetail_forward_1442611，2016-03-11/2016-07-10，2017年7月1日访问。

③ 桑应东：《获嘉警方查获涉嫌使用虚假身份证件罪第一人》，载《平原晚报》2016年3月2日第B7版；洪丽燕：《南安首例使用虚假身份证件案判决：男子用假驾照开车载人载客获刑》，载《海丝商报》2017年4月7日第N4版。

④ 游春亮：《深圳首例使用虚假身份证件案宣判》，http://www.legaldaily.com.cn/locality/content/2016-09/13/content_6803498.htm?node=37232，2017年7月1日访问。

⑤ 骆谦：《代替考试罪的定性量刑分析——四川雅安中院判决张理源、杨晓芳代替考试案》，载《人民法院报》2016年12月29日第6版。

⑥ 高鑫：《北京首例自考替考案宣判》，载《检察日报》2016年7月18日第1版。

三、中国轻微犯罪的缺陷反思

在刑法中规定轻微犯罪本身并无不当，需要注意的只是应当坚持刑法的谦抑性原则和宽严相济的刑事政策，应当针对轻微犯罪规定一系列配套制度。中国轻微犯罪的立法和司法存在以下缺陷，需要予以认真反思，采取有针对性的应对措施。

（一）将大量轻微不法者打入犯罪另册不利于社会的长治久安

当一个人因为危险驾驶罪等轻微犯罪被认定为有罪后，会产生刑法上的不利后果和其他附随性不利后果。刑法上的不利后果包括：第一，拘役、管制或者罚金等刑罚处罚；第二，入伍、就业时报告期前科。其他附随性不利后果则非常宽泛，除了吊销机动车驾驶证等行政处罚外，还包括至少30余种资格禁止类和资格丧失类不利后果。① 还有可能因此殃及其子女高考、公务员录用等的政审。可以说，在中国将一个公民认定有罪，就是将其打入另册。如前所述，2014年危险驾驶罪案件11.1万件，约占当年全国各级法院全部新收刑事案件1/10，已经成为数量上仅次于盗窃罪、故意伤害罪的第三大刑事犯罪；② 2014年浙江全省各级人民法院审结醉驾案件20694件，约占全部刑事案件总数的1/4。每年将如此多的轻微违法行为人以犯罪论处，将其边缘化，推到社会的对立面，甚至殃及其子女前途，无论从巩固政权基础、减少对立面之政治角度，还是从权衡投入和产出的法律经济学角度，都是值得反思的。正如有论者所指出的那样，尽管任何犯罪都有犯罪标签的负面效应问题，但要考虑将一种行为上升为犯罪的各种成本与收益的衡量。③

（二）有悖宽严相济的刑事政策

宽严相济的刑事政策是我国当今的基本刑事政策，但在轻微犯罪的立法和司法适用中却面临被忽视的尴尬境地。

1. 轻微犯罪的立法忽视刑法的谦抑性

我国的刑法立法已经出现简单遵循以下逻辑的现象：将主要是因为行政执法不力所造成的打击不力解释为行政处罚无效—入罪—发现仍然打击不力—加重法定刑。目前我国刑法上的三个轻微犯罪所指的问题是否已经穷尽了行政法律手段而无法有效遏制？笔者认为，并非如此，只要相关的行政立法和执法及时到位（例如，对醉驾终身禁止驾驶），危险驾驶等相关的现象大多数可以得到有效的遏制。很多人将我国社会综合治理体系的诸多不足习惯性地归因于刑法的介入不足。笔者认为，我国社会综合治理体系的基础应当是行政立法和行政执法，要想完善中国的社会综合治理体系，首先必须正视已经长期存在但被忽视的非常严重的行政执法不力问题。正如有论者所指出的那样，由于中国行政执法所具有的被动性（表现为不及时、不彻底、不连续和不持久）与功利性（表现为运动性、突击性、波动性、恐吓性、蛊惑性和张扬性）两大顽疾，导致破坏市场秩序、危害公众合法权益的违法事

① 刘玉江：《“醉驾”入罪的附随后果及制度危机化解》，载《江苏警官学院学报》2011年第3期。

② 袁春湘：《依法惩治刑事犯罪　守护国家法治生态——2014年全国法院审理刑事案件情况分析》，载《人民法院报》2015年5月7日第5版。

③ 周详：《民生法治观下“危险驾驶”刑事立法的风险评估》，载《法学》2011年第2期。

件屡禁不绝，公众对行政执法现状极度不满，对政府行政执法能力产生怀疑，在某些领域行政执法的威信正遭遇空前挑战。[①] 因此，在这种行政法软弱无力的现状下，动用刑法这一最后的法律手段成为不二药方。刑法介入后，我们又会发现新问题，那就是行政执法与刑事司法的衔接不畅，行政执法机关发现了犯罪线索不移交，轻的以罚代刑，包庇纵容的也不少。在刑法介入后发现效果仍然不好后，于是又有人会认为原因是刑罚过轻，于是建议加重法定刑。长此以往，必然陷入重刑主义的泥潭。[②] 笔者认为，应坚持刑法的谦抑性，切实加大对行政执法不力的治理力度，而不可迷信刑法介入具有神奇功效，将"降低相关社会管理成本"作为刑法介入的理由。

2. 轻微犯罪的司法适用"当宽不宽"

在危险驾驶罪这一轻微犯罪的司法适用中也出现了完全忽视宽严相济刑事政策的现象。例如，有关部门提出了醉驾一律刑事立案、一律提起公诉、一律判处实刑不得缓刑、不受刑法第 13 条犯罪概念"但书"的制约等司法指导意见。这种主张显然不符合宽严相济刑事政策"当宽则宽"的要求。就连故意杀人罪（如一些极特殊的安乐死案件）、抢劫罪（如 2006 年最高人民法院《关于审理未成年人刑事案件具体应用法律若干问题的解释》第 7 条）等严重犯罪都要受刑法第 13 条"但书"的制约，危险驾驶罪这么一个轻微犯罪自然不能例外。正如有学者所指出的那样，不能因为《刑法修正案（八）》第 22 条没有为醉驾入罪设定情节限制，就突破刑法总则第 13 条"但书"的规定一律入罪。[③]

（三）忽视短期自由刑所带来的弊端

轻微犯罪所适用的主刑主要就是拘役这一短期自由刑。短期自由刑存在严重的弊端已经成为国内外刑法学界的共识：第一，惩罚功能和犯罪预防功能差。时间太短，威慑力有限，一般预防效果差；执行机关没有足够时间进行矫正改造，但由于混合关押，容易导致罪犯之间恶习交叉感染，短的刑期使其"变好不足，变坏有余"，特别预防效果也差。第二，标签效应损害其自尊心，使其自暴自弃，容易走上再犯道路。而这些人大多数属于初犯，尚有一定的羞耻心，容易改过自新。第三，入狱执行和执行后的"后遗症"多，如可能因此失业、失学、家庭婚姻破裂、子女教育培养受不良影响、再就业困难，面临严重的再社会化障碍。[④] 因此，世界各国早已从立法和司法等层面设置了很多制度，尽量减少短期自由刑的适用和执行。我国的司法实践中，短期自由刑（3 年以下有期徒刑和拘役）的适用比例很高。2014 年中国共有 1164531 人被宣判有罪并给予刑事处分，其中被判处 3 年以下有期徒刑未被宣告缓刑的为 430664 人，被判处拘役未被宣告缓刑的为 145086 人，

① 胡宝岭：《中国行政执法的被动性与功利性——行政执法信任危机根源及化解》，载《行政法学研究》2014 年第 2 期。

② 陈志军：《罪刑法定与行政法治的关系协调》，载《华北水利电力大学学报（社会科学版）》2017 年第 2 期。

③ 赵秉志、袁彬：《醉驾入刑诸问题新探讨》，载《法学杂志》2012 年第 8 期。

④ 陈志军：《短期自由刑的困境与出路》，中国人民公安大学出版社 2015 年版，第 88-90 页。

被判处3年以下有期徒刑或拘役而被宣告缓刑的为368129人。[①] 可见，2014年中国被判处短期自由刑的犯罪人达到943879人，占全部被定罪判刑人员的81.05%。但我国刑法立法对短期自由刑的弊端未予以应有的重视，而危险驾驶罪等轻微犯罪的增设更是加剧了短期自由刑问题。

四、中国轻微犯罪立法的完善建议

中国的轻微犯罪立法需要在以下方面采取针对性的配套完善措施，这样才能既发挥其积极作用，又尽量减少其弊端。这种完善既包括刑法的完善，也包括刑事诉讼法的完善。

（一）将轻微犯罪全部纳入附条件不起诉制度的适用范围

2012年修正后的《刑事诉讼法》新增了附条件不起诉制度，即对于未成年人涉嫌刑法分则第四章、第五章、第六章规定的犯罪，可能判处1年有期徒刑以下刑罚，符合起诉条件，但有悔罪表现的，人民检察院可以作出附条件不起诉的决定。这一制度有助于减少对轻微犯罪的行为人实际作出有罪判决以及执行短期监禁，避免因此可能导致的诸多弊病。但该制度不能完全涵括目前我国刑法中所规定的三个轻微犯罪，必须作出以下修改：第一，应当将属于刑法分则第二章的危险驾驶罪也纳入其中；第二，将适用对象扩大到任何年龄的实施三个轻微犯罪的行为人，不再限于未成年人。

（二）将危险驾驶罪的刑罚修改为“拘役或者管制，并处或者单处罚金”

比较现有的三个轻微犯罪的法定刑可以发现，使用虚假身份证件、盗用身份证件罪和代替考试罪都为“处拘役或者管制，并处或者单处罚金”，而危险驾驶罪的法定刑为“处拘役，并处罚金”。笔者认为，这些年的司法实践已经表明，危险驾驶罪的个案在被告人的醉酒程度、机动车类型、车辆行驶道路、行车速度、认罪悔罪等方面差异性很大，立法上绝对确定地适用拘役并不能很好地贯彻罪责刑相适应原则，笔者建议也像《刑法修正案（九）》新增另外两个轻微犯罪一样，将其法定刑修改为“拘役或者管制，并处或者单处罚金”，这也有助于改变因为危险驾驶罪过多适用短期自由刑的现状。

（三）建立拘役易科罚金制度

境外很多国家和地区的刑法都有短期自由刑可以易科罚金的规定，意图减少短期自由刑实际执行的弊端。《葡萄牙刑法典》第43条规定了短期监禁易科罚金的条件：“被判处的监禁不超过1年的，除非为了预防其将来实施犯罪而有必要执行监禁的，应当以罚金刑或可适用的其他非剥夺自由的刑罚予以替代。”“如果被判刑者不缴纳替代的罚金的，应当让其服所判处之监禁。”[②]《巴西刑法典》第44条规定：“对被判处1年或者不足1年剥夺自由的罪犯，可以用罚金……予以替代；如果被

---

① 《2014年全国法院审理刑事案件被告人判决生效情况统计表》，载《中华人民共和国最高人民法院公报》2015年第4期。

② 陈志军译：《葡萄牙刑法典》，中国人民公安大学出版社2010年版，第17页。

判处超过1年的剥夺自由的，可以用剥夺权利并科罚金或者用两种剥夺权利予以替代。”“对属于累犯的行为人，考虑到其前罪的情况、所建议采取的社会化手段和没有再实施同一犯罪的可能性，法官也可以适用前述替代。”[①]《希腊刑法典》第82条对剥夺自由易科罚金或者科料的条件和程序作出了非常详细的规定：“不超过1年的剥夺自由刑，易科为罚金或者科料。”“超过1年但不超过2年的剥夺自由刑，易科为罚金，但行为人是累犯并且法院出于预防其实施其他犯罪的目的而有合理根据地决定拒绝对其予以易科的除外。”“应当考虑被判刑人的经济条件，在判决中有具体根据地确定易科金钱刑的数额。1日监禁易科为4欧元40欧分至59欧元；1日拘役易科为2欧元10欧分至15欧元。如果该被判刑人因为经济状况不能支付易科金钱刑的下限数额并且所犯之罪不是贪利型犯罪的，作出说明具体的理由的判决，将易科的金钱刑数额减少至不超过下限数额的1/3。”[②]《土耳其刑法典》第49条和第50条规定，1年或者不满1年的短期监禁，可以易科为罚金。即根据罪犯的人格、社会和经济地位、在审理期间所显示出来的悔改情况、犯罪的情节，短期监禁可以易科为罚金等。犯罪时不满18周岁或者已满65周岁而被判处30日以上1年以下监禁的人，如果此前其未曾受到有罪判决的，可以易科罚金。如果是因为过失犯罪而被判处监禁的，即使刑期超1年，但只要符合上述其他条件，也可以易科罚金。[③] 中国台湾地区“刑法典”第41条规定了“徒刑或拘役之易科罚金”制度：“犯最重本刑为5年以下有期徒刑以下之刑之罪，而受6个月以下有期徒刑或拘役之宣告者，得以新台币1000元、2000元或3000元折算一日，易科罚金。但确因不执行所宣告之刑，难收矫正之效或难以维持法秩序者，不在此限。”《澳门刑法典》第44条规定了短期徒刑易科罚金或其他非剥夺自由的刑罚的制度：“对于所科处的徒刑不超过6个月，且不执行徒刑亦可预防行为人将来再犯罪的犯罪人，法院应以相等日数的罚金或以其他可科处的非剥夺自由的刑罚代替所判处之徒刑。”中国大陆应当针对轻微犯罪（甚至被判处3年以下有期徒刑的犯罪）规定在一定条件下可以易科罚金的制度。

（四）建立拘役易科社区服务制度

针对轻微犯罪所被判处的拘役，可以建立在一定条件下易科社区服务这种非刑罚处理措施的制度，以减少短期自由刑的实际执行。1950年在海牙举行的第12届国际刑法及监狱会议上的决议也指出，不予以拘禁而强制劳动的方法在代替短期自由刑时也应考虑采用。[④] 采用这一替代方式的有英国、阿尔巴尼亚、墨西哥、希腊、土耳其、葡萄牙、冰岛、匈牙利、罗马尼亚、中国台湾地区等。[⑤] 英国1972年《刑事司法法案》第14条至第17条创设了社区服务命令（Community Service Order）制度，用以代替短期自由刑。《土耳其刑法典》第49条和第50条规定，1年或者不

① 陈志军译：《巴西刑法典》，中国人民公安大学出版社2009年版，第19页。

② 陈志军译：《希腊刑法典》，中国人民公安大学出版社2010年版，第26-27页。

③ 陈志军译：《土耳其刑法典》，中国人民公安大学出版社2009年版，第21页。

④ 张甘妹：《刑事政策》，台湾三民书局1979年印行，第279页。

⑤ 陈志军：《短期自由刑的困境与出路》，中国人民公安大学出版社2015年版，第120页。

满1年的短期监禁，可以易科为从事公益劳动。即根据罪犯的人格、社会和经济地位、在审理期间所显示出来的悔改情况、犯罪的情节，短期监禁可以易科为自愿从事公益工作，其间为所判刑期的1/2以上1倍以下。[①] 中国台湾地区“刑法典”第41条第3项规定：“受6个月以下有期徒刑或拘役之宣告，不符第1项易科罚金之规定者，得依前项折算规定，易服社会劳动。”笔者认为，针对危险驾驶罪等三个轻微犯罪可被判处拘役的犯罪人，可以在刑法立法上作出规定，如果其符合一定条件的，可以易科为从事与所犯罪行相关的社区服务（如危险驾驶罪的行为人从事路口维持交通秩序、代替考试罪的行为人参与考试诚信宣传）。

（五）将轻微犯罪全部纳入犯罪记录封存制度

顺利再就业是刑满释放人员再社会化成为守法公民的关键一环，我国刑法第100条第1款规定的前科报告制度因为具有妨碍有前科人员再社会化的作用而备受诟病。笔者建议应当将现有的三个轻微犯罪都纳入犯罪记录封存制度的范围（对象扩大到成年人），区分其判处的是罚金、管制和拘役之不同，如果分别在服刑完毕后1年、2年或者3年的期间内表现良好的，其轻微犯罪的犯罪记录予以封存。

---

① 陈志军译：《土耳其刑法典》，中国人民公安大学出版社2009年版，第21页。

我国微罪刑法立法的回顾与展望

孙本雄*

1997年刑法颁布以来，我国通过1个单行刑法和9个刑法修正案对其予以修订，使新刑法在与时俱进的同时，也使刑法结构更加合理。其中，就犯罪的分类而言，在新刑法发展的过程中，微罪这一新型犯罪类型或犯罪层次崭露头角，意味着犯罪分层的观念逐渐在我国刑法中得到贯彻落实，这是我国刑法立法的重要发展，对于促进我国刑法结构从“厉而不严”向“严而不厉”转变，推进刑法结构现代化具有现实意义。在新刑法颁布20周年之际，对微罪这一晚近刑法立法现象予以界定的同时，回溯其历史变迁并展望其未来的立法发展，无疑有助于推进我国刑法立法的发展。

一、微罪的界定

微罪，顾名思义即轻微的犯罪。但轻微所指称的对象是罪行还是罪名？是只包括危害行为所造成的客观损害，还是也包括行为人的主观恶性及人身危险性？微罪之微所指称之量应如何划定？这些问题的回答无疑都是我们界定微罪之内涵的关键。

微罪之罪，我们认为应当指罪行，即刑法为其规定特定构成要件，并配有特定法定刑的行为模式。[①] 首先，微罪是与重罪、轻罪相对应的概念，它们之间的比较不是罪名的比较。一方面，罪名是个多层次的概念，既可指称类罪名，也可以指称刑法分则规定的某个具体罪名，将这种不特定的指称用作犯罪分层的标准，不具有科学性。另一方面，在我国《刑法》中，有的罪名只包括1种罪行，有的罪名包括数种罪行，法定刑幅度和刑种也不能一一对应。另外，犯罪性质与罪名是同一问题的一体两面，[②] 与罪名一样，也不适合作为划分刑法上重罪、轻罪及微罪的标准。其次，将危害行为造成的客观损害作为区分犯罪轻重的标准，也不合适。行为造成的客观损害或行为人的主观恶性及人身危险性的某一方面并不能全面反映行为的社会危害性，而应当在考虑行为与行为人主、客观方面的特点后，对重罪、轻罪及微罪作出适当的规定。[③] 最后，以罪行为依据来划分犯罪的轻重，具有合理性。一方面罪行是组成犯罪的最小单位，能明确表明具体犯罪的犯罪构成与法定刑，[④] 即具体罪行中有一一对应的犯罪构成与法定刑，不存在一个罪行对应多个犯罪行为或法

---

* 北京师范大学刑事法律科学研究院博士研究生。

① 参见赵廷光：《论罪行》，载《中国法学》2004年第3期。

② 郑丽萍：《轻罪重罪之法定界分》，载《中国法学》2013年第2期。

③ 参见王文华：《论刑法中重罪与轻罪的划分》，载《法学评论》2010年第2期。

④ 参见黄开诚：《我国刑法中轻罪与重罪若干问题研究》，载《现代法学》2006年第2期。

定刑的情形，指称具有特定性，罪行与罪行具备可比性；另一方面，罪行中既涉及犯罪构成，也涉及法定刑，能够在罪与刑之间作出全面的比较，以确定犯罪的轻重。

微罪之微即罪行之轻微，包括犯罪构成所映射的行为社会危害性轻微、行为人的主观恶性和法定最高刑较轻。这涉及犯罪分层的标准问题：只坚持从行为的社会危害性角度来确定犯罪轻重的标准被称为实质标准说；只坚持从犯罪的法定刑来区分罪轻罪重的标准被称为形式标准说；坚持从实质与形式相结合的角度来确定区分标准的学说被称为综合标准说。[①] 多数学者主张形式标准，坚持认为从犯罪的法定刑来判断罪行是否轻微，以确定该罪是否属于微罪。因为从立法的角度看，立法者之所以将某种行为规定为微罪，是在综合考虑行为可能造成的危害、行为在社会生活中的发生率、行为人的主观恶性、行为人可能的人身危险性等因素后作出的价值选择。而这些因素的判断，都相互联系且较为复杂，不宜直接作为判断某个行为是否构成微罪的依据。而法定刑是一个犯罪罪行轻重最直接、最全面的体现，是立法者在全面考量上述因素之后所得出的结论性判断，以此作为区分犯罪轻重的标准，具有合理性。值得一提的是，虽然立法时可能出现罪刑不均衡而存在罪行与法定刑不匹配的情况，但随着立法民主化、法治化进程的加快，刑法立法的质量正逐步提高，出现此种情形的可能性较小，而且通过严格立法程序所立之法尚存在这种现象，司法中直接根据实质标准确定罪行轻重做法，更容易出现罪与刑之间的不协调，导致微罪认定的恣意与混乱。

之所以选择犯罪的法定最高刑而不是宣告刑和与行为对应的法定刑幅度之最高刑作为区分犯罪是否属于微罪的标准，是因为：首先，宣告刑和行为对应的法定刑幅度受多种因素的制约，如行为人的责任能力、行为是否实施完毕、行为人的事后表现等，在人身危险性评估机制尚未有效引入定罪、量刑过程中的当下，较轻宣告刑所对应的犯罪有可能是刑法严厉防范和打击的犯罪，如恐怖活动犯罪。因而，将宣告刑和行为对应的法定刑幅度中的最高刑作为划分微罪的标准，不可取。其次，划分微罪的目的一方面是促进人们改变对待犯罪的看法，认识小恶也是恶的同时，改变所有的犯罪都是十恶不赦之行为的观念，树立犯罪是“我们”的行为，而不是“他们”的行为[②]的认识；另一方面，将微罪区分开来，也是为了贯彻宽严相济刑事政策的同时，建构区别对待的刑事处遇程序、措施，刑事诉讼制度，推进刑罚社会化的需要。故微罪的区分应当从一开始就能将微罪区分开来，以适用较为特别的刑事诉讼程序。最后，之所以选择法定最高刑作为区分微罪的标准，是因为微罪即

① 在综合说中，存在两种观点。有的学者主张以实质标准为主，以形式标准为辅，如叶希善认为，“从科学的角度和追求良法的角度看，应该以实质标准为主，以形式标准为辅。只有从实质标准出发，才能发现真正的‘严重犯罪’，从而为犯罪控制提供一个方向，为设计合理的犯罪控制政策提供智识支持”。（叶希善：《犯罪分层研究——以刑事政策和刑事立法意义为视角》，中国人民公安大学出版社2008年版，第86页。）有的学者认为应以形式标准为主，兼顾实质标准，如孙道萃认为，“犯罪分层模式以法定刑为主要依据具有相当的合理性，但同时也要兼顾司法中存在的真实分层模式，而这主要是借助刑事强制措施得以实现”。参见孙道萃：《犯罪分层的标准与模式新论》，载《法治研究》2013年第1期。

② 刘广三：《犯罪现象论》，北京大学出版社1996年版，第40页。

社会危害性轻微的犯罪，而法定最高刑是一个犯罪行为社会危害性最为严重的表达，只有在即使实施了最严重的行为也仍然只能被判处轻微刑的犯罪，才能被称为微罪。

应该如何确定微罪的划分界限，我国存在不同的观点，有的学者认为微罪是指1996年刑事诉讼法第142条规定不需要判处刑罚或免除刑罚的犯罪；[①] 有的学者认为应当以拘役为界，认为法定最高刑为拘役的犯罪称为微罪；[②] 有的学者认为应当以3年为界，区分轻罪与微罪，认为微罪主要是指那些可以或者应当免除刑罚处罚的犯罪，也即告诉才处理的犯罪案件、法定刑在3年以下有期徒刑的故意犯罪案件、后果不是特别严重的过失犯罪案件。[③] 我们认为，以法定最高刑为拘役作为区分微罪的标准，具有合理性。第一，3年在我国刑法中属于划分重罪与轻罪的标准，这从管辖中我国公民在外国犯我国刑法规定之最高刑为3年以上有期徒刑之罪的，可以不予以追究和外国人在中国领域外针对我国国家和公民犯我国刑法规定之法定最低刑在3年以上之罪的，可以适用本法等规定，可以得到证明；第二，不需要判处刑罚的行为属于不构成犯罪的行为，自然不属于刑法意义上的罪（包括微罪）；第三，免除刑罚属于宣告刑的范畴，不宜作为区分罪轻罪重的标准；第四，后果不是特别严重的过失犯罪中的后果不是特别严重与上文所主张的形式标准不一致，且在实践中容易造成恣意，也为我们所不取；第五，将法定最高刑为拘役作为区分轻罪与微罪的标准，具有合理性。一方面，拘役是我国主刑中最轻的刑种，对最高刑被判处拘役的犯罪人也不能适用逮捕等严重剥夺人身自由的刑罚，这些都与微罪作为最轻的犯罪具有对应性；另一方面，法定最高刑为拘役的犯罪是晚近两次刑法修正时新增加的犯罪类型，这些犯罪之前大多是由相关行政法规予以规制，法治化程度有待提高，伴随着社会治理法治化进程加快，刑法将这些行为纳入规制范畴（如醉酒驾驶机动车的于2011年以前，最高处罚是拘留15日，暂扣3个月以上6个月以下机动车驾驶证，并处500元以上2000元以下罚款），但从限制人身自由的角度看，为这些新增加的犯罪配置最高刑为拘役的法定刑，与行政处罚的严厉程度相当，具有合理性。

二、微罪刑法立法的历史回顾

微罪刑法立法是国家治理体系和治理能力现代化的重要组成部分，具有历史必然性。从上文的界定来看，我国刑法中的微罪目前有三个：危险驾驶罪，使用虚假身份证件、盗用身份证件罪，代替考试罪。回顾微罪刑法立法的历史背景与逻辑进路，有助于我们准确把握微罪的发展方向。

---

① 参见盛宏文：《微罪被不起诉人社区帮教工作机制探索》，载《中国刑事法杂志》2012年第1期。

② 参见储槐植：《解构轻刑罪案，推出“微罪”概念》，载《检察日报》2011年10月13日第3版；韩炳勋：《微罪刑事政策研究》，北京师范大学2015年博士学位论文。

③ 参见潘丽娜：《刑法微罪出罪及其机制研究》，华东政法大学2008年硕士学位论文；钱叶六：《应对微罪之非刑罚处罚方法探究》，载《南京财经大学学报》2009年第6期。

(一) 微罪刑法立法发展的历史背景

微罪的刑法立法也是在特定的历史背景下展开的，这些历史背景主要包括：

1. 社会治理逐渐法治化

社会治理逐渐法治化，主要表现在以下五个方面：第一，我国的治国理政观念实现了从管理到治理的转型。党的十六大以来，依法治国的基本方略得到强化，权力受到有力监督、权利得到进一步保障，参与社会治理的主体逐渐多样化，更加强调运用法治方式管理国家事务、管理经济和文化事业、管理社会事务的同时，强调全面推进依法治国，推进法治中国建设，坚持依法治国、依法执政、依法行政共同推进，坚持法治国家、法治政府、法治社会一体建设，坚持系统治理、依法治理、综合治理、源头治理，实现了国家治国理政观念从管理到治理的转型。第二，中国特色社会主义法律体系已经形成，为社会治理法治化提供制度保障。在社会治理中的作用逐渐增强。第三，为促进法律体系科学和谐统一，我国多次进行法律的修改完善工作，并于2011年宣布初步形成中国特色社会主义法律体系。第四，法律在社会治理中的作用逐渐增强。无论是依法治国的推行还是法治中国的建设，法律在其中均处于重要的核心位置，随着这些进程的加快，法律在社会治理中的作用得到显著增强。第五，随着法治中国建设进程的加快，我国的人权得到进一步保障。如2013年12月28日，全国人民代表大会常务委员会通过《关于废止有关劳动教养法律规定的决定》，将这一实行多年且可能严重威胁公民人身权益的制度予以废止，将原来由该决定处罚的多数行为予以司法化改造，这对提升我国人权保障的法治化水平意义明显。

2. 宽严相济刑事政策得到进一步落实

2004年12月时任政法委书记罗干同志提出宽严相济刑事政策以来，官方对其定位虽然出现过摇摆，但现在主流观点均认为该政策属于我国的基本刑事政策，[①]并积极将该政策予以贯彻落实。首先，该政策在立法上逐渐得到贯彻落实。在学界普遍将宽严相济刑事政策定位为基本刑事政策之后，设置了自1997年刑法颁布以来的第一个宽缓制度，即为逃税罪设置了出罪路径，从严的方面，提高了巨额财产来源不明罪等社会反映刑罚力度较轻的犯罪的法定刑。其次，该政策逐渐被我国最高司法机关通过司法解释的形式予以确认。2006年12月28日，最高人民检察院通过《关于在检察工作中贯彻宽严相济刑事司法政策的若干意见》要求全国各级人民检察院在检察工作中积极贯彻宽严相济刑事政策，为构建社会主义和谐社会服务；2010年2月8日，最高人民法院通过《关于贯彻宽严相济刑事政策的若干意见》，明确指出宽严相济刑事政策是我国的基本刑事政策，贯穿于刑事立法、刑事司法乃至刑罚执行的全过程，是对惩办与宽大相结合刑事政策的继承、发展和完善，是司法机关正确实施国家法律的指南，并从“从宽”、“从严”和“相济”三个方面对法院贯彻宽严相济刑事政策提出了要求。最后，该政策在司法上逐渐得到贯彻落

① 部分学者认为宽严相济刑事政策仍然应当向刑事司法政策回归。参见孙万怀：《宽严相济刑事政策应回归为司法政策》，载《法学研究》2014年第4期。

实。例如，2007 年 7 月 8 日最高人民法院、最高人民检察院印发的《关于办理受贿刑事案件适用法律若干问题的意见》第 12 条指出，“在从严惩处受贿犯罪的同时，对于具有自首、立功等情节的，依法从轻、减轻或者免除处罚”。再如，2010 年 11 月 26 日最高人民法院、最高人民检察院发布的《关于办理国家出资企业中职务犯罪案件具体应用法律若干问题的意见》第 8 条，明确规定，“对于主观恶意明显、社会危害严重、群众反映强烈的严重犯罪，要坚决依法从严惩处；对于特定历史条件下、为了顺利完成企业改制而实施的违反国家政策法律规定的行为，行为人无主观恶意或者主观恶意不明显，情节较轻，危害不大的，可以不作为犯罪处理”。

3. 刑法结构持续优化

1997 年刑法颁布至 2011 年《刑法修正案（八）》规定微罪这一期间内，无论是单行刑法还是 7 个刑法修正案，均是推进刑法犯罪化的过程，其中单行刑法增加 1 个罪名，7 个刑法修正案共增加 30 个罪名，而《刑法修正案（八）》和《刑法修正案（九）》分别增加了 7 个和 20 个罪名。可以看出，在《刑法修正案（八）》之前，虽然犯罪化的进程较慢，但是始终坚持犯罪化的方向，进一步扩大我国刑法的犯罪圈，严密我国的刑法法网。自《刑法修正案（八）》之后，我国更是开启了犯罪化的新征程，于《刑法修正案（九）》中一次性增加了 20 个新罪名。可以说，我国微罪的发展是随着刑法犯罪化的进程展开的。与犯罪的发展相对应，我国的刑罚制度也呈发展趋势，如于《刑法修正案（八）》中，一次性削减 13 个经济性非暴力犯罪的死刑，限制已满 75 周岁老年人的死刑适用，增设限制减刑制度，增设禁止令制度等。

通过多种方式进一步降低犯罪门槛。例如，《刑法修正案（八）》增设了入户盗窃、携带凶器盗窃与扒窃三种无须数额与行为次数要求的行为类型，将许多过去只能予以治安管理处罚或者劳动教养处分的盗窃行为予以犯罪化；将重大环境污染事故罪的主观方面由过失扩大为兼容故意、过失，并取消了“造成重大环境污染事故，致使公私财产遭受重大损失或者人身伤亡的严重后果”的构成要件结果而将法益保护予以前置化，使得只要违反国家规定，排放、倾倒或者处置有放射性的废物、含传染病病原体的废物、有毒物质或者其他有害物质，“严重污染环境”的，即构成污染环境罪；将生产、销售假药罪由具体危险犯修改为抽象危险犯。

4. 犯罪治理成效明显

1997 年以来，我国犯罪现象正呈现一个“双降”“双升”的趋势。“双降”，一是近年来八类严重暴力犯罪的犯罪率逐年下降。据公安部 2013 年统计数据，八类严重暴力犯罪在全部刑事案件中的占比首次跌入 30%以下，大约为 29%。与此同时，以 2014 年全国法院审理刑事案件数量为例，按其在全部刑事案件中所占比例的高低，依次是盗窃罪、故意伤害罪、危险驾驶罪、交通肇事罪等。二是重刑率在下降，从 1995 年的 45%，到 2004 年的 19%，再到 2008 年的 15.8%及 2014 年的 9.43%，2015 年的 9.37%。“双升”，一是轻微犯罪率大幅度上升，二是轻刑率稳步提升。与此同时，我国的犯罪，尤其是严重暴力犯罪并没有反弹，反而呈现下降趋势。[①] 这充分说明我国犯罪治理的有效性，说明犯罪现象与结构正在向着良性可控的方向发展，说明我们的犯罪治理体系与治理能力现代化的程度在不断提升。如果横向比较，中国的犯罪治理绩效远好于发达国家、发展水平与我国接近的发展中国家以及不发达国家。[②]

（二）微罪刑法立法的逻辑进路

我国刑法中的微罪通过《刑法修正案（八）》、《刑法修正案（九）》两个刑法修正案增设，具体的增设进路如下：

首先，《刑法修正案（八）》第22条第1款的规定增加了我国刑法中的第一个微罪，该款规定："在刑法第一百三十三条后增加一条，作为第一百三十三条之一：'在道路上驾驶机动车追逐竞驶，情节恶劣的，或者在道路上醉酒驾驶机动车的，处拘役，并处罚金。'"该罪罪名叫危险驾驶罪，主要包括两种行为方式：一是在道路上驾驶机动车追逐竞驶，情节恶劣的；二是醉酒驾驶机动车的。之所以将这两种行为方式纳入刑法的规制范畴是因为我国经济发展迅速，汽车拥有量迅猛，城镇化发展迅猛，但国民尚未养成良好的驾驶习惯，部分汽车驾驶人尤其是年轻人驾驶汽车追求速度与激情，严重危害社会秩序，威胁着不特定多数人的生命、财产安全，也威胁着汽车驾驶人的生命、财产安全；部分汽车驾驶人酒后驾驶已成风气，如仅在2008年因酒后驾驶机动车辆发生交通事故造成约18371人死亡，76230人受伤，直接财产损失2.5025亿元，酒后驾驶平均每天死亡约50人。[③]

其次，《刑法修正案（九）》第8条第1款增加两种行为模式，对危险驾驶罪予以补充完善，该款规定："将刑法第一百三十三条之一修改为：'在道路上驾驶机动车，有下列情形之一的，处拘役，并处罚金：（一）追逐竞驶，情节恶劣的；（二）醉酒驾驶机动车的；（三）从事校车业务或者旅客运输，严重超过额定乘员载客，或者严重超过规定时速行驶的；（四）违反危险化学品安全管理规定运输危险化学品，危及公共安全的。'"通过此次修改，危险驾驶罪的行为模式增加到4种。之所以增加这两种行为模式，是因为追逐竞驶型和醉酒型危险驾驶入刑之后，收到良好的社会效果，证明通过将严重威胁社会公众安全的行为入罪，符合社会公众的预期，且实践中从事校车业务或者旅客运输业务的人，经常存在严重超过额定乘员载客，或者严重超过规定时速行驶，或者从事危险化学品运输的人违反危险化学品安全管理规定运输危险化学品危及公共安全的现象，严重威胁着公共安全，有必要通过刑事手段予以规制。

再次，《刑法修正案（九）》第23条增设了我国的第二个微罪，该条规定："在刑法第二百八十条后增加一条作为第二百八十条之一：'在依照国家规定应当提供身份证明的活动中，使用伪造、变造的或者盗用他人的居民身份证、护照、社会保障卡、驾驶证等依法可以用于证明身份的证件，情节严重的，处拘役或者管制，

① 参见卢建平：《我国犯罪治理的大数据与大趋势》，载《人民检察》2016年第9期。

② 参见卢建平：《宽严相济与刑法修正》，载《清华法学》2017年第1期。

③ 参见贾凌、毕起美：《醉酒驾驶行为入罪论》，载《法学杂志》2010年第9期。

并处或者单处罚金。’‘有前款行为，同时构成其他犯罪的，依照处罚较重的规定定罪处罚。’”该条所增设的罪名是使用虚假身份证件、盗用身份证件罪。之所以将这些行为入罪，是因为随着我国城市化进程的加快，人口流动性较大，而社会治理法治化增强而社会管理弱化的现实背景下，使用虚假身份证件、盗用身份证件的行为增加了社会管理的难度，破坏了社会诚信，严重妨碍我国的社会管理秩序。

最后，《刑法修正案（九）》第25条第4款增设了我国的第三个微罪，该款规定：“代替他人或者让他人代替自己参加第一款规定的考试的，处拘役或者管制，并处或者单处罚金。”该罪的罪名是代替考试罪。刑法之所以将该行为规定为犯罪，一是因为代替考试的行为严重扰乱了我国的社会管理秩序；二是因为代替考试的行为严重破坏了教育领域的公平竞争，破坏了社会诚信。

三、微罪刑法立法发展前瞻

在明确微罪的内涵、回溯我国微罪刑法立法进程之后，展望我国刑法中微罪的发展前景，为我国微罪刑法立法提供方向指引，是探讨微罪制度的关键。

（一）在刑法总则中确立微罪的概念

在刑法总则中确立微罪的犯罪概念，指的是在刑法总则中直接确立犯罪分层制度，并将犯罪分为重罪、轻罪和微罪。其中，明确规定微罪的内涵，即规定“法定最高刑为拘役的犯罪是微罪”。在刑法总则中确立微罪的概念，有如下意义：第一，有利于促进社会公众改变罪的观点，减少标签化带来的危害，促进社会和谐。标签理论认为，一个人一旦被烙上越轨的标签，随着他人将其作为越轨者来看待，他自己也会出现这样的变化：他感觉自己被边缘化了，他被为越轨者提供社会支持的亚文化所吸引，他从内心认可了越轨者的身份，他因为自己所受到的来自社会控制之处理权的伤害而产生了不公平的感觉，而他尊严的丧失则会因为使其难以合法地生存而将其进一步推向犯罪社会。[①] 确立微罪概念，在一定程度上能促进人们改变将犯罪人看成不同于普通民众之罪犯的观念，而树立起将犯过罪的人看作犯过错误的同胞，不再将犯罪人视为“例外”或“特别”之人，而是平常的普通人，属于我们中的一员，不应当有将其予以排斥的观念，这有助于他们再次融入社会、融入生活。第二，确立微罪概念能在刑法制度上为宽严相济刑事政策提供制度基础。宽严相济刑事政策要求对待严厉的犯罪要以严济宽，而对待轻微犯罪则要以宽济严，确立犯罪分层观念的同时确立微罪概念，能够在法律制度上区分重罪、轻罪与微罪，为宽严相济刑事政策的贯彻提供制度基础。第三，确立微罪制度有助于指导设置区别对待的刑事诉讼程序。微罪的社会危害性较小、行为人的人身危险性也通常较小，应当适用区别对待且更为简化的刑事诉讼程序，确立微罪概念，能够为设置包括这些程序在内的立体化程序体系提供实体上的制度支持。

（二）刑法分则继续推进微罪的刑法立法

根据罪刑法定原则的要求，刑法立法不仅要求罪之法定，也要求刑之法定，在

① ［澳］约翰·布雷思韦特：《犯罪、羞耻与重整》，王平、林乐鸣译，中国人民公安大学出版社2014年版，第22-23页。

刑法总则中确立了微罪的犯罪概念，只是实现了微罪犯罪概念的法定化，为人们判断微罪提供了观念指引。但要充分贯彻罪刑法定原则，应当在刑法分则中将微罪犯罪概念予以具体化，即根据不同的行为模式，规定不同的犯罪，配置相对应的法定刑幅度。在刑法分则继续推进微罪刑法立法、扩大微罪范围，除了具体化微罪犯罪概念、贯彻罪刑法定原则这一理论意义之外，还有明显的实践意义。一方面，伴随着风险社会的降临，社会管理弱化，此时应该加强社会防卫，在保证社会公众自由的前提下，提前预防社会风险，维护社会管理秩序，保卫社会安全；另一方面，行政权有恣意扩大的风险，故有必要对现行由治安管理处罚法等行政法调整的行为纳入刑法范畴，予以司法化改造，提升社会治理的法治化水平。

（三）推进微罪出罪机制的构建

随着微罪数量的增多，刑事案件数量持续增长与刑事司法资源的有限性之间呈现出紧张关系，此时应当适时构建适合微罪的刑事出罪程序，将不需要运用刑罚处罚的微罪案件予以出罪，在贯彻宽严相济刑事政策的同时，提升刑事诉讼效率。就贯彻宽严相济刑事政策而言，对于认罪认罚、事后积极采取补救措施的犯罪嫌疑人、被告人，应当本着教育为主、惩罚为辅的理念，运用认罪认罚从宽政策，鼓励微罪犯罪嫌疑人、被告人认罪、认罚，在引导他们认罪、悔罪的同时，恢复被犯罪行为所造成的损害，变对抗式司法为协作式司法，消除犯罪嫌疑人、被告人的抵触情绪和社会公众排斥犯过罪之人的心理。就提升刑事诉讼效率而言，应当赋予刑事司法人员较大的自由裁量权，从刑事诉讼的全流程的角度对微罪案件予以分流，及时将不需要刑事处罚的微罪案件排除在刑事诉讼程序之外，转移更多的司法资源用于处理疑难复杂的案件，真正助力于以审判为中心的刑事诉讼制度改革。

（四）推进微罪处遇措施的多元化、社会化

微罪属于我国刑法中最为轻微的犯罪，所规制的行为模式客观上所能造成的损害结果十分有限，不至于严重危害社会治安秩序，且行为人的主观恶性与人身危险性通常也较小，对于这样的犯罪及犯罪人，依然采用监禁性质的刑罚和刑事处遇措施，不仅容易让这些犯罪人产生逆反心理，削弱刑罚（法）的作用，同时也会为这些犯罪人提供学习犯罪技能——如伪造身份证、变造身份证等的机会，造成交叉感染。这就为这些犯罪人革除行为陋习设置了障碍，因而设置有针对性的多元化刑事处遇措施如社区刑罚等十分必要。另外，行为人虽然实施了危害社会的行为，但导致其实施该种行为的原因是多元的，不仅有其个人的原因，也有家庭、社会等方面的原因，也即犯罪人来自社会，最终也要回到社会，因而推进微罪刑事处遇措施的社会化，在社会中革除行为人的行为陋习与犯罪心理，不仅必要且容易实现我们所期望的效果。并且，通过微罪刑事处遇措施的多元化、社会化也能推动轻罪、重罪刑事处遇措施的发展，进而推进我国的刑法改革。

（五）构建微罪犯罪记录封存制度

由于我国目前采取的是统一刑法典的刑法立法模式，将所有的犯罪行为均规定在统一的刑法典中，这样就造成所有的犯罪行为包括危险驾驶罪、代替考试罪等微罪也将面临与故意杀人罪、抢劫罪等重罪同样的处遇措施，而形成犯罪记录，进而严重影响微罪行为人的社会生活。但实际上，微罪行为人的人身危险性相较于故意杀人罪与抢劫罪等重罪的行为人通常较轻，改造的可能性较大，封存其犯罪记录不仅有利于淡化犯罪标签效应，也有助于平衡人权保障与秩序维持之间的矛盾，并起到良好的教育矫正作用。一方面，犯罪记录封存，相当于把微罪行为人的犯罪标签予以遮盖，但又有随时揭开的可能，这有助于督促行为人铭记自己曾经的过错，矫正自己的行为；另一方面，犯罪记录封存遮盖了行为人的犯罪历史，能够积极激发微罪行为人融入社会的热情，认同社会普遍的价值观，这有利于促进刑法积极预防作用的发挥。

四、余论

我们通过法定最高刑来界定微罪的内涵与外延，实属无奈之举，实质上以宣告刑作为微罪的判断标准更为合理，因为司法实践中根据行为的客观危害、行为人的人身危险性及再犯可能性确定的宣告刑，比立法者设定罪状时的主观预估更为准确，更能直接反映行为人的人身危险性，进而判断对行为人是否应当采取微罪处遇措施，但目前我国行为刑法观念残余严重，行为人刑法观念尚未得到足够重视，人身危险性和再犯可能性评估机制在司法实践中几乎完全缺失，故从限制司法人员的自由裁量权、防卫社会的角度看，根据立法规定的法定最高刑来界定微罪，有其合理性。但如若司法实践中的人身危险性及再犯可能性评估机制得到充分重视，且有相应的制度保障，应当改变以宣告刑为依据确定划分微罪标准的做法，将宣告刑为拘役以下刑罚的犯罪认定为微罪。但无论如何确定微罪的认定标准，相应的配套制度如微罪出罪制度、微罪犯罪记录封存制度等都是不可或缺的。

从刑法修正案看我国轻微犯罪的立法趋势及其影响

王 烁*

从2006年的《刑法修正案（六）》到2015年的《刑法修正案（九）》，刑法修正幅度较之前五次的刑法修正案有较大的提升，尤其是《刑法修正案（八）》和《刑法修正案（九）》，两次修正条文数均高达50条左右，对刑法分则罪名内容和结构产生了巨大的影响。其中，这几次刑法修正中所出现的强烈的轻微犯罪立法趋势尤其应当引起我们的重视。

一、轻微犯罪的概念

不少国家刑法采取犯罪分层制度，明确规定有轻罪、重罪之分。从模式上看，包括以德国、奥地利、意大利等国中重罪和轻罪或者重罪和违警罪的二分模式，以法国为代表的重罪、轻罪、违警罪的三分模式，以俄罗斯为代表的轻罪、中等严重的犯罪、严重犯罪和特别严重犯罪的四分模式，以及以美国《模范刑法典》中将犯罪分为重罪（一级、二级、三级）、轻罪、微罪和违警罪为代表的多层模式。从分层标准上看，主要是以有期自由刑的刑期长短为标准，部分国家采取的是以刑罚种类或者具体的刑事诉讼活动（如起诉、逮捕等）方式为标准。

虽然我国刑法中并没有类似前述国家一样明文规定轻微犯罪，但我国不少学者很早便已经意识到区分轻微犯罪和重罪的重要性，在研究中提出了轻罪或轻微犯罪的概念，并提出明确的标准，为其设定了范围。笔者认为，我国立法中的轻微犯罪应当是指法定最高刑为3年以下有期徒刑、拘役、管制或者罚金的犯罪。① 具体而言，我国刑法中的轻微犯罪可以分为轻罪和微罪两个部分，轻罪是指法定最高刑为3年以下有期徒刑的犯罪；微罪是指法定最高刑为拘役、管制或者罚金的犯罪。

首先，在区分重罪和轻微犯罪的刑期标准上，应当以3年有期徒刑为标准。学界对此主要存在两种不同的观点：一种是主张以有期徒刑3年作为区分重罪和轻罪的标准，另一种则是主张以有期徒刑5年作为区分的标准。笔者认为，从现行刑法的相关规定，如第7条属人管辖、第8条保护管辖、第72条缓刑等，第一种区分标准更为合理。除此之外，虽然我国并无立法意义上的轻微犯罪，但在我国的司法实践活动中存在着轻微刑事案件的概念，如2006年12月29日最高人民检察院《关于办理当事人达成和解的轻微刑事案件的若干意见》、2011年1月29日最高人

---

* 北京化工大学文法学院讲师，硕士生导师。

① 虽然我国现行刑法中并不存在法定最高刑为管制或罚金的犯罪，但并不能因此否定以后因刑法修订而出现此类犯罪的可能性。

民检察院《关于依法快速办理轻微刑事案件的意见》均将轻微刑事案件规定为“可能判处3年以下有期徒刑、拘役、管制或者单处罚金”的刑事案件。从上述规定也可以看出，以有期徒刑3年作为区分轻罪和重罪的标准符合我国长期以来的司法实践经验。

其次，区分重罪和轻微犯罪不能以宣告刑为标准，而应当以法定刑为标准。前述司法解释中定义的轻微刑事案件均以宣告刑为标准，不论该案件所涉犯罪法定最高刑，只要是宣告刑可能为3年以下有期徒刑、拘役、管制或者单处罚金即可。以宣告刑作为标准属于司法层面上的区分方式，而本文所讨论的轻微犯罪属于立法层面，应当使用立法层面上的法定刑作为区分标准。

二、历次刑法修正案中轻微犯罪的修正及其特征

由于前期立法水平不高，以及近20年来我国社会、经济状况的快速发展和变化等原因，1997年刑法实施至今，不到20年的时间，已经进行了九次修正，平均两年左右修正一次，修正的条文数累计达到162条，[①] 占刑法全部条文数的35.8%。修正频率之高，范围之大，都是其他国家的刑法所没有的。对历次的刑法修正进行梳理，可以发现我国刑法立法的趋势和动向。

我们对历次刑法修正中涉及的法定最高刑3年以下有期徒刑的轻微犯罪进行整理。刑法修正案（一）至（五）并没有新增、修改法定最高刑为3年以下有期徒刑的犯罪。《刑法修正案（六）》第5条修改刑法第161条的违规披露、不披露重要信息罪，法定刑为3年以下有期徒刑或者拘役，并处或者单处2万元以上20万以下罚金。《刑法修正案（七）》第7条新增刑法第253条之一的出售、非法提供公民个人信息罪、非法获取公民个人信息罪，法定刑均为3年以下有期徒刑，并处或单处罚金；第11条修改刑法第337条第1款的妨害动植物防疫、检疫罪，法定刑为3年以下有期徒刑或者拘役，并处或单处罚金；第12条修改刑法第375条第2款的非法生产、买卖武装部队制式服装罪，法定刑为3年以下有期徒刑、拘役或者管制，并处或单处罚金。《刑法修正案（八）》第22条新增刑法第133条之一的危险驾驶罪，法定刑为拘役，并处罚金。

与前八次修正案中轻微犯罪修正所占比例不大不同，2015年通过的《刑法修正案（九）》中，涉及轻微犯罪修正的条文共计14条，占47条分则修正条文的近30%，涉及罪名高达23个。《刑法修正案（九）》第7条新增刑法第120条之五的强制他人穿着、佩戴宣扬恐怖主义、极端主义服饰、标志罪，法定刑为3年以下有期徒刑、拘役或者管制，并处罚金；新增刑法第120条之六的非法持有宣扬恐怖主义、极端主义物品罪，法定刑为3年以下有期徒刑、拘役或者管制，并处或者单处罚金；第8条修订刑法第133条之一的危险驾驶罪，法定刑为拘役，并处罚金；第

① 除去修正案中关于施行时间的条文，《刑法修正案（一）》修正条文8条，《刑法修正案（二）》修正条文1条，《刑法修正案（三）》修正条文8条，《刑法修正案（四）》修正条文8条，《刑法修正案（五）》修正条文3条，《刑法修正案（六）》修正条文20条，《刑法修正案（七）》修正条文14条，《刑法修正案（八）》修正条文49条，《刑法修正案（九）》修正条文51条。

21条修改刑法第277条的妨害公务罪，法定刑为3年以下有期徒刑、拘役、管制或者罚金；第22条修改刑法第280条第2款的伪造公司、企业、事业单位、人民团体印章罪，法定刑为3年以下有期徒刑、拘役、管制或者剥夺政治权利，并处罚金；第23条新增刑法第280条之一的使用伪造、变造、盗用他人身份证明证件罪，法定刑为拘役或者管制，并处或者单处罚金；第25条新增第284条之一的考试替考罪，法定刑为拘役或者管制，并处或者单处罚金；第26条修改刑法第285条的非法侵入计算机信息系统罪，法定刑为3年以下有期徒刑、拘役或者管制；第28条新增刑法第286条之一的不履行信息网络安全管理义务罪，法定刑为3年以下有期徒刑、拘役或者管制，并处或者单处罚金；第29条新增刑法第287条之一的设立违法犯罪活动网站、通讯群组、发布违法犯罪信息罪，刑法第287条之二的为利用信息网络犯罪提供帮助罪，法定刑均为3年以下有期徒刑或者拘役，并处或者单处罚金；第31条新增刑法第290条第3款的多次扰乱国家机关工作秩序罪、第4款的多次组织、资助他人非法聚集罪，法定刑均为3年以下有期徒刑、拘役或者管制；第34条修改刑法第302条的盗窃、侮辱、故意毁坏尸体、尸骨、骨灰罪，法定刑为3年以下有期徒刑、拘役或者管制；第36条新增刑法第308条之一的泄露不公开审理案件信息罪，公开披露、报道不公开审理案件信息罪，法定刑均为3年以下有期徒刑、拘役或者管制，并处或者单处罚金；第37条修改刑法第309条的扰乱法庭秩序罪，法定刑为3年以下有期徒刑、拘役、管制或者罚金；第38条修改刑法第311条拒不提供间谍犯罪、恐怖主义、极端主义犯罪证据罪，法定刑为3年以下有期徒刑、拘役或者管制；第40条修改刑法第322条偷越国（边）境罪，其中为参加恐怖活动组织、接受恐怖活动培训或者实施恐怖活动而偷越的，法定刑为1年以上3年以下有期徒刑，并处罚金；第46条新增刑法第390条之一的对有影响力者行贿罪，其中单位实施的，对直接负责的主管人员和其他直接责任人员，法定刑为3年以下有期徒刑或者拘役，并处罚金；第47条修改刑法第391条第1款的行贿罪，法定刑为3年以下有期徒刑或者拘役，并处罚金；第48条修改刑法第392条第1款的介绍贿赂罪，法定刑为3年以下有期徒刑或者拘役，并处罚金。

对上述历次刑法修正案中对轻微犯罪修正的条文进行分析，我们可以看出如下特征：

首先，从修正的内容上看，主要是犯罪化。对刑法的修正包括四种形式：新增犯罪、删除犯罪、修改构成要件、修改法定刑，从修正的结果来看，新增犯罪是犯罪化，删除犯罪是非犯罪化，而修改构成要件则包括犯罪化和非犯罪化，修改法定刑则导致重刑化或轻刑化。《刑法修正案（六）》到《刑法修正案（九）》共计修正轻微犯罪29个，其中实现犯罪化的23个，重刑化4个。还有两个轻微犯罪的修正并不能归属于上述几类结果，其中《刑法修正案（七）》对刑法第375条第2款的修正，实际上是刑法新增第375条第3款的伪造、盗窃、买卖、非法提供、非法使用武装部队专用标志罪后导致原刑法第375条第2款中的非法生产、买卖车辆号牌等专用标志的行为从该款中独立出来，所以对于非法生产、买卖武装部队制式服装的行为并没有被修正；而《刑法修正案（九）》对第277条的修正，只是增加

"从重处罚"的规定，也并没有实质修改该罪法定刑。由此可以看出，修正案中修正的轻微犯罪主要以犯罪化为主，少部分为重刑化。

其次，从对法定刑的修正上看，主要为增加罚金刑。且由于轻微犯罪法定刑较轻，重刑化很难表现为主刑幅度的提升，一般表现为增加附加刑，具体而言为增设罚金刑，上述统计的4个重刑化中，除了《刑法修正案（九）》对刑法第322条的修改是将法定最高刑由原来的1年有期徒刑提高至3年有期徒刑外，其余的3个重刑化都表现为增设罚金刑，且增设的罚金刑形式均为"并处罚金"。

再次，出现一定数量的法定刑不含有期徒刑的轻微犯罪。《刑法修正案（八）》新增的危险驾驶罪，法定刑仅为拘役，并处罚金，是我国刑法分则中第一个法定刑中不设有期徒刑的犯罪。《刑法修正案（九）》修改的危险驾驶罪，新增的使用伪造、变造、盗窃身份证明证件罪和考试替考罪三个犯罪的法定刑同样不设有期徒刑，危险驾驶罪的法定刑仍仅为拘役，并处罚金，使用伪造、变造、盗窃身份证明证件罪和考试替考罪的法定刑均为拘役或者管制，并处或单处罚金。

最后，从修正的轻微犯罪所属章节上看，主要集中在刑法分则第六章"妨碍社会管理秩序罪"。在修正的29个轻微犯罪当中，4个属于分则第二章"危害公共安全罪"，1个属于分则第三章"破坏社会主义经济秩序罪"，3个属于分则第四章"侵犯公民人身权利、民主权利罪"，17个属于分则第六章"妨害社会管理秩序罪"，1个属于分则第七章"危害国防利益罪"，3个属于分则第八章"贪污贿赂犯罪"。在第六章的17个轻微犯罪的修正当中，14个是新增犯罪，即犯罪化，2个是重刑化。

三、我国轻微犯罪立法的发展趋势

通过《刑法修正案（一）》至《刑法修正案（九）》对于轻微犯罪修正所涉及的轻微犯罪的数量趋势。可以看出，《刑法修正案（一）》至《刑法修正案（五）》均没有出现轻微犯罪的修正，而从2006年的《刑法修正案（六）》开始，直至2015年通过的《刑法修正案（九）》，历次的修正中均有轻微犯罪的修正，并且在《刑法修正案（九）》中出现了"井喷"的现象。

之所以在这九次刑法修正案中出现上述动向，主要在于以下几个原因：

第一，国家基本刑事政策的转向。1979年刑法中确定了"惩办与宽大相结合"的基本刑事政策，1997年刑法中虽然并未再明确规定该基本刑事政策，但在1997年刑法颁布后的很长一段时间内，立法和司法中仍然以该刑事政策作为指导思想。2006年国家将宽严相济刑事政策确定为基本刑事政策，并在其"该宽则宽、该严则严、严中有宽、宽中有严、宽严相济"的指导思想下展开立法和司法活动。虽然与惩办和宽大相结合的刑事政策相比，宽严相济刑事政策更多的是要求非犯罪化、轻刑化、非监禁化。但是"我国在《刑法》立法层面上的非犯罪化空间不大，甚至就目前我国犯罪圈的划定范围来看，相当长时间内刑法立法的重心不应是非犯罪化而应是犯罪化，因为我国《刑法》当前的实际保护范围与《刑法》调控社会的应然需要相比，可能还存在着相当的距离”。[①] 在立法应当继续犯罪化，也即立法继续趋严的前提下，宽严相济刑事政策“严中有宽”的要求对立法的影响应表现为对新入罪行为处刑的宽缓化。这种刑法修订趋势也正是改变我国刑法现阶段“厉而不严”，实现刑法的“严而不厉”的重要手段。

第二，行政权尤其是警察权的限缩，司法权的扩张。不同于国外的“三权分立”，我国行政机关的行政权和司法机关的司法权均来源于权力机关，向权力机关负责。“司法权以判断为本质内容，是判断权，而行政权以管理为本质内容，是管理权。”[②] 作为判断权的司法权具有被动性、中立性、公平性、重形式等特征，而作为管理权行政权为了处理纷繁复杂、数量庞大的社会事务，则恰好相反，具有主动性、灵活性、倾向性、重结果等特征。长期以来，我国以经济建设为中心，注重提升人民的物质生活水平，追求效率，使得我国行政机关的行政权在国家权力配置中处于重要地位。而随着我国经济发展取得了全球瞩目的成果，党和国家逐步开始重视法治建设，追求社会公平正义，则司法权需要在国家权力配置中占据更为重要的地位。尤其在涉及限制、剥夺公民财产权利、人身自由等方面，行政权（具体而言为警察权）应当让位于司法权。2013 年 12 月 28 日第十二届全国人民代表大会常务委员会第六次会议通过《关于废止有关劳动教养法律规定的决定》，正式废除实施了近 60 年的劳动教养制度，这是我国法治发展进程中里程碑式的事件。劳动教养制度的废除意味着公安机关不再拥有通过劳动教养剥夺他人人身自由的权力，警察权受到了限缩。原本由劳动教养处置的行为需要重新定位，进行妥当处理。符合法治的处理方式，即应当将其纳入司法权的处置范围，即纳入刑法中，作为犯罪进行处罚，而非重返警察权之中，归入治安处罚的范围。

基于上述原因，在坚持宽严相济刑事政策作为我国基本刑事政策，以及我国推动法治建设，司法权继续扩张[③]的影响下，可以预测，我国的轻微犯罪立法在未来将出现以下发展趋势：

第一，轻微犯罪数量将呈现继续快速增长的趋势。《刑法修正案（六）》以来的四次修正中所出现的轻微犯罪修正绝不是“昙花一现”，《刑法修正案（九）》中修正的 23 个轻微犯罪更是一种强势的宣示，宽严相济刑事政策的继续贯彻实施、司法权的持续扩张，将使得轻微犯罪的增加成为未来刑法犯罪化的主要组成部分。

第二，更多的妨害社会管理秩序的行为将被作为轻微犯罪进行处置。《中华人民共和国治安管理处罚法》中规定的违反治安管理的行为包括四种类型：扰乱公共秩序的行为，妨害公共安全的行为，侵犯人身权利、财产权利的行为以及妨害社会管理的行为。从行为侵害社会关系的性质，以及与刑法的对应关系上看，扰乱公共

---

① 黄京平：《宽严相济刑事政策的时代含义及实现方式》，载《法学杂志》2006 年第 4 期。

② 孙笑侠：《司法权的本质是判断权——司法权与行政权的十大区别》，载《法学》1998 年第 8 期。

③ 劳动教养制度废除之后，现存的由公安机关实施的可限制公民人身自由的收容教育、收容教养、强制戒毒等制度成为学界改革的焦点。甚至是能够对违法人处以行政拘留的治安处罚，也因为其限制公民人身自由，而受到了某些学者的关注。随着法治的逐步健全完善，收容教育、收容教养、强制戒毒等制度将或者废除、或者司法化，治安处罚中，公安机关也仅能具有对违法人进行罚款的权力，而不能再限制公民的人身自由。

秩序的行为、妨害社会管理的行为主要对应着刑法中的妨害社会管理秩序罪，妨害公共安全的行为对应着危害公共安全罪，侵犯人身权利、财产权利的行为对应着侵犯公民人身权利、民主权利罪和侵犯财产罪。由于公共安全、人身权利较为重要，刑法也对其予以重点保护，《治安处罚法》中的妨害公共安全的行为、侵犯人身权利的行为大部分均可在刑法中找到相对应的犯罪行为，且法定刑较重；而侵犯财产权利的行为，作为对人类固有的原始权利，对人类最基本的道德感的侵犯的自然犯，也均在刑法中有对应犯罪规定，并随着财产数额的增加而设置了逐步加重的法定刑。

第三，将出现大量法定刑较低的轻微犯罪。从分则法定刑的总体上看，3年以下有期徒刑的已经是较轻的法定最高刑了，但《刑法修正案（八）》首次出现法定最高刑为拘役的犯罪，《刑法修正案（九）》则出现了数量更多的法定最高刑为拘役的犯罪，新增法定刑较低的轻微犯罪的趋势明显。在司法权扩张的背景下，原本情节较为轻微，损害后果并不严重的包括治安违法行为在内的某些非犯罪行为，在被犯罪化后，根据罪责刑相适应的原则，理应为其配置较轻的法定刑。可以预见，在未来新增的轻微犯罪中将会出现更多的法定最高刑低于3年有期徒刑的犯罪，包括法定最高刑仅为拘役、管制，甚至法定刑仅为罚金的犯罪。

四、我国轻微犯罪立法趋势带来的影响

法定最高刑为3年以下有期徒刑的轻微犯罪的增多将改变我国现阶段“重罪重刑罚”的现状，给我国建立在此之上的刑法体系、制度和相应的司法实践活动带来巨大的挑战。

（一）对刑法体系的挑战

我国刑法采取了“立法定性+立法定量”的犯罪化模式，要成为刑法中的犯罪行为必须满足一定的定量因素的要求，由此“设定了一个从合法到违法、从一般违法到严重违法、再到犯罪的行为阶梯，在制裁手段上，行政制裁与刑事制裁的二元体制被称为中国特色的制裁体制”①。刑法中轻微犯罪的大量设立，将缩小行政制裁和刑事制裁之间的差别，模糊两者之间的界限，“立法定性+立法定量”的犯罪化模式的操作空间越来越小。在此趋势下，我国未来极有可能不再采取二元制裁体系，而是发展为仅有刑事制裁的单一制裁体系。

（二）对刑法制度的挑战

从整体上看，原有的刑法分则罪名的法定刑较高，刑法中不少制度的设计都是建立在“重罪刑法”的基础之上，而随着轻微犯罪增多，“重罪刑法”的结构逐步轻缓化，部分原先的刑法制度（包括犯罪制度和刑罚制度）可能与新的结构并不十分契合，需要予以针对性调整。如《刑法修正案（九）》之前，刑法第69条中并未规定有不同种有期自由刑的数罪并罚原则，在几乎所有的分则犯罪的法定刑均包含有期徒刑的情况下，未规定不同种有期自由刑的数罪并罚确实并不会给司法实务造成太大的影响，因为司法实务中完全可以通过升格或降格宣告刑，将本为不同种

① 卢建平：《犯罪门槛下降及其对刑法体系的挑战》，载《法学评论》2014年第6期。

有期自由刑变为同种有期自由刑来回避这个问题。但是，当刑法中出现法定刑中不含有期徒刑的犯罪的时候，前述的操作方式便毫无余地了。《刑法修正案（九）》及时地规定了不同种有期自由刑数罪并罚的原则正是应对轻微犯罪增多趋势的调整。①

（三）对诉讼程序的挑战

从宏观上看，轻微犯罪数量的增加，犯罪圈的扩大，必然导致案件数量的增加。从微观上看，轻微犯罪的行为轻微性往往导致易于实施，对单个犯罪而言，轻微犯罪案件数量高于重罪案件数量。上述两个因素会导致随着轻微犯罪的继续增加，未来需要处理的案件数量的大幅增加，这将使得本已不堪重负的刑事司法资源更加捉襟见肘。为了提高诉讼效率，合理分配刑事司法资源，将其重点用于更为重要的重罪案件的处理，应当为轻微犯罪案件的处理设计快速、高效的诉讼程序。自2014年开始，我国展开了为期2年的刑事案件速裁程序的试点，针对符合条件的危险驾驶、交通肇事、盗窃、诈骗、抢夺、伤害、寻衅滋事、非法拘禁、毒品犯罪、行贿犯罪、在公共场所实施的扰乱公共秩序犯罪情节较轻、依法可能判处1年以下有期徒刑、拘役、管制的案件，或者依法单处罚金的案件适用速裁程序，即对一些司法上的轻微犯罪案件设计了专门的应对程序。可以考虑在此试点基础之上，未来扩大速裁程序适用范围，针对立法上的轻微犯罪案件设计专门的诉讼程序。

（四）对司法救济的挑战

首先，从辩护的角度上看，轻微犯罪案件的危害行为较为简单，危害后果较为轻微，可辩护的争点较少，同时所受到的刑罚处罚也较为轻微，能够带来的经济收益较低，辩护律师对于参与此类案件的积极性不高。其次，如果未来针对轻微犯罪案件设计了专门的诉讼程序，该程序最大的特点即在于诉讼花费时间较少、效率较高，但这种时间上的局限性可能导致辩护律师不能及时介入案件当中提供法律帮助。这都将影响到轻微犯罪案件中犯罪嫌疑人、被告人获得律师帮助、司法救济的权利。虽然轻微犯罪案件中犯罪人可能受到的刑罚处罚较为轻微，但是其仍然应当有获得法律帮助的权利；虽然轻微犯罪案件诉讼程序可以快速、简便，但犯罪人所应当享受的法律权利必须得到同等的保障，减程序但并不能减权利。所以，应当建立完善相应机制，如律师值班制度等，充分保障轻微犯罪案件中犯罪人的合法权利。

正如前文所述，数年之前便有不少学者有感于国外的犯罪分层制度的优点，提出应当在中国刑法中采取犯罪分层制度，建立重罪制度和轻罪制度。但在当时“二元制裁体系”稳固的环境下，在原有的整体法定刑偏重的“重罪刑法”的基础上讨论构建轻罪制度，论证理由确实略显不足。而近年来明显的轻微犯罪立法趋势，以及其所带来的众多挑战，使得轻微犯罪制度的建立不再是学者们的自说自话，而是存在着现实的紧迫性。应当在刑法分则中单独设立轻微犯罪，并在总则中为其设立相应的配套制度，以及在刑事诉讼法中设立专门的轻微犯罪案件诉讼程序。

① 但其针对有期徒刑和拘役的并罚规定为吸收原则，则又与轻微犯罪增多之趋势有所冲突。参见王烁：《轻微犯罪化视野下不同种有期自由刑数罪并罚》，载《河南司法警官职业学院学报》2016年第1期。

我国刑事立法中的轻罪标准设置研究

凌萍萍[*] 焦孟崱[**]

自1997年刑法生效以来，我国刑法领域对于轻罪问题的探讨一直持续。就理论层面而言，轻罪代表着一种虽然入罪，但是可以被刑法宽缓评价的部分罪名或者罪行。在理论研究时，人们更多地关注轻罪与重罪划分的基础为何，轻罪的概念如何界定，轻罪圈是否应当扩充，轻罪适用的非监禁刑应当如何充实和完善。而在司法实践中，人们则更多地关注轻罪界定对刑事诉讼程序带来的改变，司法资源的节省，刑罚执行模式的变革，等等。毋庸置疑的是，轻罪已经成为刑事立法中必须进行深入研究的犯罪，而轻罪的界定成为首要问题。轻罪的界定不能单纯地通过法定刑、犯罪情节等各种指标中的某一种来进行确立，而是需要一个从形式到实质，从理论到实践的综合评判。

轻、重罪的价值判断主要体现为罪质的不同。何种犯罪性质是严重的，何种犯罪性质是轻微的，同一个罪名的犯罪性质无论何种情节是否完全一致都是罪质中需要解释的问题。罪质是一个犯罪中最为核心的内容，也是此犯罪区分于彼犯罪最为典型的特征。以“罪质”为标准是最为常态的划分轻罪与重罪的标准。单纯罪质的分类标准是以罪名作为唯一的划分标准，将部分罪名作为绝对的重罪，部分罪名作为绝对的轻罪。但是这种分类标准过于粗糙，并非所有的犯罪都是绝对的轻罪或者绝对的重罪。例如，交通肇事罪，刑法规定“……处三年以下有期徒刑或者拘役；交通运输肇事后逃逸或者有其他特别恶劣情节的，处三年以上七年以下有期徒刑；因逃逸致人死亡的，处七年以上有期徒刑”。一般的交通肇事罪可以判处3年以下有期徒刑或者拘役，这种交通肇事罪在刑事司法中往往可以通过获得被害人谅解、积极赔偿等方式获得典型的轻刑化处理或者采取速裁程序进行审理，属于较为典型的轻罪范畴。但是当交通肇事逃逸或者有其他严重情节时，则必须在重罪之下进行处罚。可见，在这种情形下，单纯罪质的分类标准则并不完全适用。因此，在界定轻罪时，需要借助复合罪质标准来进行。复合罪质标准首先需要进行的就是法益性质的确认。

一、轻罪标准确立的基础——法益的确认

法益种类无疑对犯罪性质产生最为核心的影响。故意杀人罪的法益为人的生命权，无论最终处以何种性质的刑罚处罚，只要刑法对其评价为故意杀人罪，其行为必然侵犯了人的生命权——这一个人法益中最高级别的法益，即便其行为存在其他

---

* 刑法学博士，副教授，南京信息工程大学法律系主任。

** 苏州大学王健法学院刑法学研究生。

可以被刑法轻处的情节。我们容易忽视的一个问题是，很多时候人们对犯罪所关注的仅仅是刑罚结果，而并非罪名本身，罪名设置的重要原因就在于其法益性质的不同，故意杀人罪（未遂）与故意伤害罪（轻伤）在某种场合下都存在结果竞合的可能性，但这并不代表两者性质相同，法益存在的一个重要作用就是为了区分罪质，而并非刑罚。由此可以看出，法益是在对轻重罪划分时一个绝对确定的标准。只有当法益侵害的是较低阶层的法益时，才存在轻罪的可能性。

法益的阶层是划分轻罪与重罪的基本标准。部分法益的性质决定其无论侵害结果如何都不能被划分到轻罪的法益之中。如何划分法益的阶层就成为区分轻重罪的基本条件。法益阶层在我国刑法立法中应当根据以下标准来设置：

第一阶层法益：国家法益，这里的国家法益应做广义理解，国家安全、国防利益以及其他各种和国家法益相关的利益。公共法益，对于公共法益可以再做具体的划分，根据人身标准来设置，能导致严重人身伤亡的公共法益属于这一阶层的法益；根据影响范围大小来设置，能导致公共其他利益陷入不可逆的危害中的法益也属于这一阶层的法益。个人法益，主要针对涉及人身伤亡、对伤亡有着重大威胁的法益（在我国刑事立法中所涉及的罪名主要是危害国家安全罪，危害国防利益罪，军人违法职责罪，贪污贿赂罪，渎职罪中的部分罪名以及危害公共安全罪，侵犯公民人身权利、民主权利罪与侵犯财产罪中的少量罪名）。

第二阶层法益：公共法益中涉及部分群体利益，但是这部分群体利益属于可恢复的法益，没有导致严重人身伤亡的风险的法益、影响范围较小的法益；个人法益中没有导致严重人身伤亡危险的法益、较为严重的财产法益和其他法益（在我国刑事立法主要涉及的罪名是危害公共安全罪，破坏社会主义市场经济秩序罪，扰乱社会管理秩序罪，军人违法职责罪，贪污贿赂罪，渎职罪，侵犯公民人身权利、民主权利罪，侵犯财产罪中的大多数罪名）。

第三阶层法益：个人法益（主要是涉及较轻财产法益与其他法益）以及其他刑事立法明确法定最高刑为3年有期徒刑的罪名（在我国刑事立法中主要涉及的罪名是侵犯公民人身权利、民主权利罪与侵犯财产罪中的少量罪名等）。

从法益区分的阶层可以看出，第一阶层的法益所涉及的犯罪是必然的重罪，无论最终可判处的刑期如何。这部分罪名侵害的法益是刑法中最为重要的法益，彰显着刑法的权威性，在任何情况下都不能被轻罪化。第二阶层的法益需要结合具体的情况来判断，也就是说，这部分法益所涉及的罪名是轻、重罪划分最为关键的领域。由于这部分法益所涉及的内容具有一定的弹性，如何对这部分罪名进行轻重罪的划分不能依赖罪名来完成，需要通过更为具体的认定标准来进行进一步充实。第三阶层法益所涉及的罪名则是刑法典中最为典型的轻罪，可以通过罪名将其轻罪化，除非出现轻罪之外的重结果而需要发生罪名转化或者结果加重的情形。

二、轻罪标准设立的方式——形式标准与实质标准

有学者认为，“由于罪行是犯罪的最小单位，又表明特定的犯罪构成和法定刑，罪行的轻重就无疑具有可比性。因此，我国刑法中的轻罪是指轻罪行，重罪是指重罪行。轻罪与重罪的划分就是指轻罪行和重罪行的划分。”① 将轻罪理解为罪行轻的主要原因在于我国刑法罪名设置的跨度大，以故意伤害罪为例，从其犯罪结果来看，可以分为故意伤害致死、故意伤害重伤、故意伤害轻伤，重伤致死的情形最高可以判处死刑，而故意伤害轻伤如果存在自首、立功等从轻或者减轻情节，最低可以到管制，在刑罚适用时可以适用缓刑。能适用非监禁刑和缓刑执行制度的罪名如果强行归结为重罪，显然不妥。因此，在设置轻重罪划分标准时，具体的罪行是必须考量的因素。但需要强调的是，罪行考量的前提是法益所处阶层的许可②。也就是说，只有在前文所提及的第二阶层的法益所涉及的犯罪才应当去考虑罪行对轻重罪的分类影响。罪行轻重需要评判什么因素，需要评判到何种程度，轻重罪划分的标准是一个需要格外关注的问题。

（一）形式标准

从区分轻、重罪的必要性角度出发，对轻重罪的区分并不是仅仅为了理论研究，更重要的是需要通过刑事诉讼的初级、中级阶段来确定轻、重罪所分别适用的程序以及处罚方式。法益性质的确立可以在理论研究阶段完成，甚至可以通过立法途径来加以固定实现，但是罪行轻重却需要更为具体的价值判断和司法评判。这就需要为轻、重罪在诉讼初、中期的确定设置具有可操作性的标准和边界。轻罪形式上的标准或者边界确立的一个重要途径就是设置宣告可能刑。提出宣告可能刑的意义在于轻、重罪标准必须与宣告刑的幅度大致相当。所谓宣告可能刑，是指在诉讼初、中期阶段，由相应诉讼阶段的司法操控者对案件的整体进行适当评估，对最终可能的宣告刑进行预评判，最终得出具有一定幅度的宣告可能刑，以便于选择合理的诉讼程序。但是这里的宣告可能刑并不具备约束力，审判者不会受到宣告可能刑的限制。宣告可能刑的主体不宜做严格的限制，可以是侦查机关，也可以是公诉机关和审判机关。但是宣告可能刑的设置是否能够完全准确区分轻重罪，是需要进一步明确的问题。也就是说，进行宣告可能刑的评判并不针对所有犯罪，也就是不符合罪名要求或者法益要求的犯罪并不需要进行宣告可能刑的预评判。

需要注意的另一个问题就是宣告可能刑应当设置什么标准来区分重罪与轻罪。“每个国家的每部《刑法》都为每一犯罪配置了高低不等的法定刑，也即标明了每个罪行轻重的法定刑读数。但由于这些读数从来没有说明过求解的方式和程序，因此，无从解释每一读数的由来和读数之间的差异……这些法定读数可能是准确的，也可能不准确。问题不在于读数的准确与否，而在于它们是否经过任何论证。作为

① 黄开诚：《我国刑法中的轻罪与重罪若干问题研究》，载《现代法学》2006年第2期。

② 正如前文所言，轻重罪的划分必须是以法益作为其划分的前提，涉及刑法保护的根本性法益或者法益的侵害属于不可逆时，这部分法益所体现出的罪名是无法纳入轻罪的范畴的，这是由轻罪自身的特性所决定的，也是刑法的保障法性质决定的。

测量尺度的刑之于作为测量对象的罪，非但不像度量衡之于被测物品那样，精确性已不容置疑，甚至也不像价格之于价值，至少经过市场之手的拨弄和市场之争的考核。要形容的话，只能喻之为计划经济体制下撇开价值规律的产品定价。"① "法定刑与罪行的配置一经法律确定，它便是衡量和区分罪行轻重的唯一标准。"② 当我们不完全在理论领域内讨论轻、重罪的问题，那就需要将轻罪的范围划分与司法实践的便利、司法资源的节约作为一个重要考察内容，轻罪的设置导致的一个最为典型的结果就是程序的简化与处置结果的非刑罚化，我们需要考虑的是宣告可能刑应当设置在何种幅度内才符合轻罪的价值内涵。

虽然我国刑事立法没有对轻罪的界限作出明显的划分，但是在相关条款中也能看出我国刑事立法者的态度，如刑法第72条规定，"对于被判处拘役、三年以下有期徒刑的犯罪分子，同时符合下列条件的，可以宣告缓刑……" 虽被判处缓刑的行为人可以在判决之后回归社会，尽管受到一定条件的限制，但是与社会一般人的各种待遇基本一致。同时对行为人作出缓刑判决时，意味着这部分行为人经过国家司法审判被确定为"犯罪行为危害性较小"或者"对社会没有明显的现实危险性"的人群。由此可见，缓刑立法对于行为人的宣告刑的确立，为轻罪宣告刑的设置提供了一定的参考。同时，最高人民法院、最高人民检察院、公安部、国家安全部、司法部《关于在部分地区开展刑事案件认罪认罚从宽制度试点工作的办法》第16条规定，"对于基层人民法院管辖的可能判处三年有期徒刑以下刑罚的案件，事实清楚、证据充分，当事人对适用法律没有争议，被告人认罪认罚并同意适用速裁程序的，可以适用速裁程序"。对于3年以下有期徒刑的案件可以按照速裁程序来进行审理，充分说明3年以下刑期符合"轻罪"的部分特质。

据此，我们可以将轻罪的宣告可能刑的界限设置在3年以下有期徒刑及其以下刑罚。

（二）实质标准

宣告可能刑为轻罪的认定提供了必要的程序性标准，但是并不代表满足程序性条件就可以称之为轻罪，轻罪还需要具备实质性的条件。我国用"社会危害性"大小来统一评价犯罪的轻重。刑法第13条"但书"明确提出"情节显著轻微危害不大的，不认为是犯罪"。根据该规定可以看出，我国对于犯罪程度的认定标准为"犯罪性质+犯罪情节"，犯罪性质是理论上构成犯罪条件的前提，也就是所有行为能够被刑法关注的基础，而犯罪情节则是入罪的界限。而这里的情节与我国刑法规定的各种量刑情节有着本质的区别，这里的情节是评判社会危害性大小的标准，而社会危害性则是一个概括性的概念，包括客观内容和主观内容两个部分，但是社会危害性却并不与犯罪构成一一对应，也就是说，在某些情形下，行为虽然具备犯罪构成的全部要素，但是由于其社会危害性没有达到一定程度，并不一定被评判为犯罪，或者在实践中不作为犯罪来处理。例如，关于强奸幼女的相关规定，"对于已

① 郑伟：《重罪轻罪研究》，中国政法大学出版社1998年版，第32页。

② 赵廷光：《罪刑均衡论的兴衰与罪责刑均衡论的确立》，载《山东公安专科学校学报》2003年第4期。

满14周岁不满16周岁的人，对于与幼女发生性关系，情节轻微、尚未造成严重后果的，不认为是犯罪。”此处的行为与一般情形下的强奸幼女行为的主要区别在于：犯罪主体的特殊性+犯罪结果的轻微。当这两个条件同时具备时，行为可不构成犯罪，当这两个条件缺乏任何一个，行为就应当被评价为犯罪。但是强奸罪属于行为犯，其犯罪构成并不以危害结果来最终确立，而是以行为完成作为犯罪既遂的标准。也就是说，这里的准强奸行为入罪与否并不能完全依赖犯罪构成这一具体的入罪体系，而应当适用“社会危害性”这一抽象的入罪体系。因此，我国刑法所提及的社会危害性所包含的情节应当是一个多层面、有限开放式的体系性内容，而非通过列举可以穷尽的各类犯罪情节。

三、轻罪认定标准模式

轻罪的认定关系到司法程序与刑罚执行模式的选择，其认定模式不应当是一元模式，而应当是一个多元化的模式。轻罪没有具体明确的罪名与准确单一的规范化立法，轻罪在刑事立法与刑事司法中应当是一种体系性的类罪，而这种体系性的存在方式，标志着我国的轻罪设置不应当是平面的罪名罗列，而应当是包含轻罪理念①、轻罪法益结构与轻罪认定模式在内的多层级整体。其认定标准需要通过以下三种类型来确立。

（一）“完全型轻罪认定”模式

这是最为典型的轻罪类型，这种犯罪具有犯罪性质、社会危害性、法定刑等多个角度的轻罪特质。从犯罪性质来看，其行为侵害的利益属于刑法保护的第三阶层的法益。从社会危害性来看，其行为虽然符合犯罪对社会危害性的要求，但是仅仅停留在具有社会危害性，可以被评价为犯罪的阶段，尚未进入“社会危害性较大”或者“社会危害性巨大”等状态。从法定刑角度来看，刑法对其设置的法定刑最高刑幅度在3年以下②。应该说，这部分犯罪是最为单纯的轻罪，也是司法实践中最易认定的轻罪。

（二）“法益性质+犯罪构成要素的不充足+宣告可能刑”模式

这类轻罪属于非典型轻罪，这种轻罪从某种程度上看，并不具备轻罪的典型特征，但是在综合全案进行考量时，可以发现，无论是行为所导致的社会危害性，行为所造成的危害结果，都没有进入重罪范畴，或者说这部分犯罪虽然在罪质上可以归类于重罪，但是由于其具有某些可以被刑法宽缓评价的理由而使得其行为可以按照轻罪处理，这部分轻罪我们可以称之为“准轻罪”。需要注意的是，这部分轻罪

---

① 轻罪理念是一种抽象性的概念，在我国宽严相济刑事政策的指引之下，轻罪应当随着刑事立法与司法实践的完善以及司法改革的不断推进来做相应的调整，实现轻罪在简化程序与轻缓刑罚方面的功效。

② 我国刑法没有对社会危害性的程度做出相应的区分，但是从刑事立法中可以根据法定刑幅度与跨度来确定社会危害性的大小，完全意义上的轻罪对应的应当是较轻的社会危害性，这种社会危害性的程度对于某些犯罪而言仅仅是一个界限，如数额犯中的数额，继续犯中的持续时间等，或者说刑法中的立案标准，往往是一个犯罪的社会危害性边界的体现。因此，一般的轻罪中涉及的社会危害性应当是刚刚超过刑事立案界限。

必须满足三个条件：第一，其侵害的法益属于刑法所保护的第二阶层法益，如果侵害到刑法所保护的第一阶层法益，无论其后续条件如何都不能被归类于轻罪，如危害国家安全罪中的部分犯罪（武装叛乱、暴乱罪的法定刑规定：……对其他参加的，处3年以下有期徒刑、拘役、管制或者剥夺政治权利），对于此类犯罪，即使根据案件所包含的情节应当在3年以下来对其进行处罚，但是其行为所侵害的法益属于刑法所保护的第一阶层法益——国家安全，这种犯罪必须排除在轻罪之外。第二，犯罪具备“犯罪构成要素不充足”的情形，这里所说的犯罪构成要素不充足应当和其他主观的从轻或减轻情节相区别，原因在于犯罪构成要素的不充足往往针对的是犯罪行为所导致的危害结果相较于其他同种犯罪较轻，如犯罪未遂、犯罪中止、犯罪预备等。在这些情形之下，犯罪构成的不充足实现的是客观危害的减小，而非行为人主观恶性、人身危害性的降低。区分的必要性主要体现在危害行为的直接影响，评价具有客观依据。而主观因素导致的宽缓型情节虽然也具备宽缓处罚的理由，但是这种评判更多地依赖于司法工作人员主观的判断（例如，对于自首的认定，不同的司法工作者对其所持有的观点具有较为明显的差异），在这种状态下就容易出现在刑事诉讼初、中级阶段，司法工作人员根据主观宽缓情节，作出3年以下有期徒刑的宣告可能刑，将案件归类为轻罪，但是通过审判，最终判处3年以上有期徒刑，案件不应当被归于轻罪，但是却适用了轻罪的相关程序的尴尬境地。因此，将“犯罪构成要素不充足”与“主观性宽缓型情节”相区别具有一定的必要性。第三，宣告可能刑应当在3年以下，由于宣告可能刑往往是以区间形式出现，这里要求宣告可能刑的上限不能超过3年有期徒刑。

（三）“法益性质+主观类情节+宣告可能刑（第三方认可）”

这里所涉及的轻罪的判断需要考察以下三个因素：第一，法益性质，这里的法益性质也应当属于第二阶层的法益，不能突破此底线。第二，主观类情节。这里的主观类情节既包含基于行为人的主观类情节，如自首、立功、认罪认罚①等，也应当包括被害人的主观类情节，如被害方谅解②、被害人承诺。被害人方面的情节在刑事立法中并没有作出明确的规定，但是这类案件由于行为人（或者行为人的近亲属）做出对被害方有利的补偿、赔偿或者其他弥补性行为，获取了被害方的谅解，而这类案件本身在一定的范围之内允许双方有一定的自由和解的可能性，双方的谅解协议对案件的轻缓性影响是客观存在的。根据司法实践的具体案例可以看出，这类案件的判决与同类型案件相比，其宣告刑的降低是明显的。主观类情节从某种程度上可以体现行为人的人身危险性，但是需要凭借司法工作人员的主观判断来实现，这就有可能出现由于评判标准不统一而导致的处理结果差异较大的情况。尤其

① 认罪认罚制度的推行使得认罪认罚成为一种确定的从宽情节，但是认罪认罚制度适用的场合更多的是行为人为了减轻罪责而做出的表态，其社会危害性与人身危险性并没有确定性的降低，因此，当其作为一种主观从宽情节时，应当更为谨慎地进行轻罪的界定。

② 这里所提及的“被害方”这个概念的意义在于，有部分刑事案件中被害人由于犯罪侵害陷入无法表达真实意愿的情形（如被害人死亡、被害人受伤、被害人不具有完全行为能力等情形），此时，被害人的意愿就应当由其近亲属或者其他有利害关系的人来表达。

当轻罪判断的结果直接影响司法程序的适用，这种判决差异存在的可能性就更大，因此，对于存在一定司法风险的轻罪认定需要更为严格的程序性、客观性的判断。第三，宣告可能刑。为了规避在诉讼中出现的轻罪认定的冲突问题，可以在作出宣告可能刑时引入第三方认可模式，来对轻罪的界定加以强化。这里的第三方认可可以借鉴速裁程序中的值班律师制度来进行设置。

轻罪认定标准是一个开放式的标准体系，应当随着刑事立法的不断变化及时进行调整，轻罪制度的构建需要在刑事立法、刑事司法不断完善的过程中慢慢推进。

轻微罪处置模式的立法选择

王明辉[*] 唐煜枫[**]

随着晚近以来刑法修订中轻罪入刑的立法趋势及劳动教养制度的废止，刑法应否规制从社会规范中脱逸程度或者对法的侵害程度较为轻微的行为成为热议话题。其核心部分就是行政违法与刑事犯罪分界的问题。二者之间边界的划定关系着对公民违规行为处置方法的选择、行政机关与司法机关之间的权力配置状态以及社会管理资源应如何分配。本文着重阐述轻微罪模式的立法选择，即立法者在制定相关法律以决定采用刑罚还是行政罚制裁时应考虑哪些因素，依据什么标准并当如何做出选择。

一、我国轻微罪处置模式的立法现状

一切部门法律问题的研究都立足于解决特定国家的实践问题，我们需要了解现实并超越现实。故对此问题的讨论应该从我国当下的立法现状开始。

众所周知，我国刑法对犯罪所采取的立法模式为既定性又定量，刑法在规定了构成犯罪之行为类型的同时，还提出了量化要求。这样的量化要求在总则部分体现为刑法第13条中“但书”的规定，在分则中表现为各种情节、数额、结果等要求。这种定性并定量的立法模式，导致相当数量的刑法所禁止的行为类型由于没有达到量化要求而不能由刑法来进行否定性评价，但是其危害社会的现实又不容放纵，于是没有达到量化要求的相关行为就可能会面临行政处罚的结果。

在我国，规定了行政处罚后果的法律可以被划分为两种类型：其一为规范、管理特定行业、领域的法律，如《产品质量法》、《保险法》、《环境保护法》、《出境入境管理法》等，这类法律中规定了大量行政法上的禁止性规则，并对相关违法行为规定了不同的行政处罚。而且在这些法律中，往往还有专门条款规定了“违反本法规定，构成犯罪的，依法追究刑事责任”的内容，为刑罚与行政处罚的衔接提供了保证。其二为《治安管理处罚法》。在这部法律中综合规定了各类扰乱治安秩序的行为。该法第2条规定，扰乱公共秩序，妨害公共安全，侵犯人身权利、财产权利，妨害社会管理，具有社会危害性，依照《刑法》的规定构成犯罪的，依法追究刑事责任；尚不够刑事处罚的，由公安机关依照该法给予治安管理处罚。开宗明义说明了该法与刑法的密切关系，事实上其中所具体规定的禁止性行为类型与刑法相关规定存在大量的交叉甚至重合，以保证不够刑事犯罪处罚标准的行为能够被行政

[*] 中国刑警学院法律部教授。

[**] 法学博士，辽宁大学法学院副教授。

处罚所堵截。①

从刑法及相关行政性法律所规定的具体内容看，整体呈现为交叉关系，即除了部分行为类型只为刑法所规定或仅为行政性法律所规定外，有大量的行为类型同时为二者所禁止。同时为二者所禁止的行为究竟受刑罚处罚还是行政处罚，其具体的界分标准因行为不同而各异。有些标准比较具体，如致人伤亡的结果、一定财产数额；有些标准则相对抽象，如情节严重这样的立法表述。事实上，即使是伤亡结果、财产数额之类，也只是相对具体而已，在实践操作中为了保证执法标准的统一，仍须依赖于最高司法机关等机构所发布的解释性文件。所以刑法中定量规定，只是确定了行政违法与刑事犯罪界分的大致方向，而具体的分界标准事实上掌握在司法机关手中。

这种质量标准同时采用的立法模式，决定了我国刑法中所规定的犯罪都是危害程度较高的行为，与之对应所配置的法定刑也相对较高。所有针对自然人犯罪所规定的基本刑中都包括了有期徒刑，3 年或者 5 年以下有期徒刑是很多犯罪基本刑的"标配"，即使规定了可以单处罚金或者资格刑，也都是在与有期徒刑和其他自由刑的组合中选处。这种立法状态直到《刑法修正案（八）》才开始发生转变。②

《刑法修正案（八）》中的相关规定打破了原有的这种"行刑"区分模式和罪刑配置状态。其一是增设了危险驾驶罪，把原来的行政违法行为上升为犯罪，同时仅仅规定了拘役作为唯一的自由刑；其二是把原属于盗窃罪中具体行为方式的入户盗窃、携带凶器盗窃和扒窃单列出来，取消了数额和次数的要求，仅以特定行为类型入罪，这意味着原本按照《治安管理处罚法》处罚的盗窃行为现在会作为犯罪来定罪处罚，但刑罚并没有调整。另外，敲诈勒索罪增加了多次实施的入罪规定也属于此类。由此开启了我国轻微罪入刑的立法尝试。一方面在危险驾驶罪中仅以拘役为最高刑罚，大大降低了个罪中刑法否定评价的力度，另一方面对于较轻的犯罪取消量化标准，仅以行为类型入罪，这都意味着行政违法与刑事犯罪的边界在向行政法方向移动，更多的行政违法行为进入刑法评价的领域。

沿着《刑法修正案（八）》所开辟的这个方向，2015 年出台的《刑法修正案（九）》继续将行政违法与刑事犯罪的边界向行政法方向推进。其方式也基本相似，只是涉及的犯罪更多。首先，再次增加轻微罪规定，即只以拘役为最重刑罚的使用虚假身份证件、盗用身份证件罪和代替考试罪。其次，又有一部分犯罪在基本刑主刑不变的情况下，扩大了受处罚的行为类型或者降低了入罪标准，包括危险驾

① 此外，《治安管理处罚法》与前者类型的行政性法律并非毫无关联。在前者类型的行政性法律中除规定有具体的行政处罚之外，还有适用《治安管理处罚法》的规定。例如，《出境入境管理法》第 76 条第 2 款规定，旅馆未按照规定办理外国人住宿登记的，依照《治安管理处罚法》的有关规定予以处罚；未按照规定向公安机关报送外国人住宿登记信息的，给予警告；情节严重的，处 1000 元以上 5000 元以下罚款。

② 事实上也许转变可以推延至更早。《刑法修正案（六）》规定，以暴力、胁迫的手段，组织残疾人、未满十四周岁的未成年人从事乞讨的是犯罪行为。紧接着，《刑法修正案（七）》又规定了组织未成年人进行盗窃、诈骗、抢夺、敲诈勒索等违反治安管理活动的行为为犯罪。都是将原来受到行政处罚的行为上升为犯罪行为。但是因这两类犯罪并非实践中常见多发，而且所设置的法定刑基本与刑法典中常见的基本刑配置相近，所以这种立法变化与《刑法修正案（八）》所开启的变化本质上不同。

驶罪，抢夺罪，伪造、变造、买卖身份证件罪，非法生产、销售专用间谍器材、窃听、窃照专用器材罪，扰乱无线电通讯管理秩序罪，扰乱法庭秩序罪等犯罪。此外，还通过新增罪名将原来受行政处罚的行为纳入刑法，如扰乱国家机关工作秩序罪，组织、资助非法聚集罪等犯罪。

二、针对立法现状的理论争鸣

犯罪门槛下降，原来被评价为行政违法的行为成为犯罪，这似乎是我国刑事立法的一种新趋势。其未来走势如何，是仅仅降低量化要求的标准还是干脆取消量化要求，还有哪些类型的犯罪会做出此类立法调整，刑法第 13 条“但书”的规定是否会被取消或者修改，不得而知。但是现在的变化已经至少影响到了立法权、司法权与行政权的重新配置，影响到程序法的调整和改革。理论上需要对此密切关注和深入研究，无论是支持此种发展趋势并为下一步的发展献计献策，还是持反对意见增加此种立法趋势的摩擦力，都会为理性的立法选择作出应有的贡献。

对于行政违法与刑事犯罪应如何在立法上分界，我国刑法理论界始终存在观点分歧。主要分歧点就在于二者边界的确定究竟是单纯依靠行为类型还是在行为类型基础之上附加量化要求，或者说是行为方式还是行为程度应该成为界分标准。

尽管理论上的讨论由来已久，但是对立法产生实际影响始自《刑法修正案（八）》，不仅取消了盗窃罪常见行为表现的量化标准，而且对危险驾驶罪只规定了拘役为最高刑种。《刑法修正案（九）》则在更多罪名上延续了这种做法。这种立法实践不仅把行政违法与犯罪行为之间的分界线向扩大刑罚适用范围的方向发展，而且打破了原有立法及司法操作层面长期以来所形成的某种平衡关系。

对于这种立法现实，理论界的多数意见倾向于持认可观点，此类观点大致上有两种类型的表达。其一，从总论层面，理论上结合行政违法与刑事犯罪界分的基本理论、关于轻罪或者轻微罪处置模式的相关理论和域外的立法实践，主张我国立法应该以行为方式作为划分行政违法与刑事犯罪界限的标准，或者提出应降低入罪门槛把更多的行政违法行为纳入刑事司法领域。作为论证基础的考虑包括罪刑法定原则中明确性原则的要求、促进刑罚宽缓化、程序公正的实现、管辖的合理划分、行政权与司法权关系的理顺、严密刑事法网、劳动教养制度被废除而导致的对违法行为的处置缺位等。其二，通过对修正案中一系列新增轻罪以及原有犯罪降低入罪标准的认可，表达出对此种立法趋势的赞同。在为数不少的文章中，虽然对《刑法修正案（八）》、《刑法修正案（九）》中哪些罪名的修改或者增加妥当、哪些有过度犯罪化之嫌颇有意见分歧,[1] 但是对于危险驾驶类犯罪降低法定最高刑配置、扩大犯罪圈将行政违法行为纳入刑法处罚的做法，总体而言并不反对。

与此相对，理论上也有截然相反的呼吁，主张考虑到当下我国的实际国情，应当在坚持刑法谦抑性原则的前提下，停止刑法调控范围的扩张，不考虑轻罪的入刑化，拒绝进一步的犯罪化。[2]

三、轻微罪处置模式之确立的基础逻辑

综观上述分歧观点的具体论证，主张把更多行政违法行为纳入刑法规制轨道的观点主要是立足于理论逻辑的妥当性，基本分析都是在相关概念、观点的规范性理论的基础上进行推演，所有结论都是法治、罪刑法定、刑罚轻缓化、程序公正、行政权控制等理论的内在逻辑要求。而反对观点则主要着眼于中国当前社会现实，所考虑的是在当下现实中什么才是更合理的选择。

相比较而言，本文更愿意选择后者的论证逻辑，并认为中国未来的相关立法也应立足于此。如此选择并非是要否定理论的必要性和正当性以及理论对立法和实践的指引与评价作用，更不否认理论上公认的法律本身所应具备的基本价值标准和品性。而是因为法律的制定和适用永远都是在特定社会中，要与这个社会的全部现实条件进行互动，它不可能只追求理论逻辑的完美、妥当而罔顾现实条件。从这个意义上讲，无论某种理论观点在逻辑上多么完整、周延，都不意味着在现实中能够行得通。行政违法与刑事犯罪边界的问题，不仅仅是一个理论问题或者价值选择问题，它更是一个事实现象，而且是总在不断发展变化的无法回避的现实。

另外，将某种行为划入刑事犯罪范畴还是行政违法范畴必须要考虑处罚所能达到的社会效果，包括治理效果和可能的负面效应，这也是事实问题，尽管这个事实也需要理论上的分析和验证，但所需要的是实证性研究所提供的经验性知识，而不仅仅是规范性的理论知识。这也决定了我们的理论分析首先是事实面向的。

基于以上考虑，本文所作出的选择是我国现行立法中既定性又定量的界分模式，以及在这种模式下所设置的相对较高的入罪门槛不可轻易改变，否则原有立法及其适用多年以来所形成的某种平衡将被打破，如扒窃、入户盗窃直接入罪，不仅破坏了盗窃罪而且是破坏了整个财产犯罪的平衡，多次敲诈勒索、多次抢夺行为陆续入罪是重新平衡侵犯财产罪的符合当前立法逻辑的选择。那么，未来的入罪门坎

---

① 例如，对于《刑法修正案（九）》所增加的犯罪中，有的学者认为组织、资助非法聚集罪，披露、报道不应公开的案件信息罪存在过度犯罪化问题，而有的学者则认为组织、资助他人非法聚集犯罪保持了适当的高入罪门槛，是适度犯罪化（参见谢望原、张宝：《〈刑法修正案（九）〉的亮点与不足》，载《苏州大学学报》（哲学社会科学版）2015 年第 6 期；赵秉志、袁彬：《中国刑法立法改革的新思维——以〈刑法修正案（九）〉为中心》，载《法学》2015 年第 10 期）。对于“让他人代替自己考试”的行为，有的认为惩治失信、背信犯罪，维护社会诚信，有的则认为可以通过剥夺其今后一定期限的考试资格和行政拘留等行政手段予以解决，将替考行为入罪似并不符合宽严相济刑事政策的从宽要求，值得商榷［参见谢望原、张宝：《〈刑法修正案（九）〉的亮点与不足》，载《苏州大学学报》（哲学社会科学版）2015 年第 6 期；赵秉志、赵远：《修法特点与缺憾：〈刑法修正案（九）〉简评》，载《求索》2016 年第 1 期］。

② 刘艳红：《我国应该停止犯罪化的刑事立法》，载《法学》2011 年第 11 期。

还会在哪些罪名、以什么样的形式降低？降低门槛后会给司法实务带来什么影响？我们无法预知打破平衡后可能出现的各种问题和困境，这是我们无法脱离的社会现实。面对这种现实，立法应宁可采取保守的姿态，严格控制犯罪圈向行政法领域的扩张。

此种立场既与国家相关机构当前的立法选择倾向相契合，又有一定的实务共识。就前者而言，2017年年初，公安部公布了《中华人民共和国治安管理处罚法（修订公开征求意见稿）》。该稿第2条基本保留了原来的规定，即扰乱公共秩序，妨害公共安全，侵犯人身权利、财产权利，妨害社会管理，具有社会危害性，依照《刑法》的规定构成犯罪的，依法追究刑事责任；尚不够刑事处罚的，由公安机关依照本法和其他有关治安管理的法律、法规给予治安管理处罚。明确沿袭了之前既定性又定量的轻微罪处置模式。不仅如此，在具体处罚的行为类型中，在基本保留了原有规定的基础上，还根据刑法中新增犯罪行为类型而增加了处罚对象，并以量化标准与刑法相区别。在刑法修正案扩展了对轻微罪处罚范围的现实背景下，《治安管理处罚法（征求意见稿）》仍然保持了原有的定性加定量以与刑法相界分的基本立场。

就后者而言，扩大对轻微犯罪处罚范围并不被实务界所认可。有相关的实务研究指出，轻微刑事案件司法处置中的根本问题在于犯罪圈的不当扩大，不当扩大的主因在于司法理念的落后、规范及操作层面的不完备。具体包括：案件一旦进入刑事追诉程序便容易产生“司法运行惯性”，从整体上看，刑事司法权运行缺乏充分的自我抑制能力；只关注刑法分则不关注刑法总则，忽视“情节显著轻微危害不大不认为是犯罪”的但书规定的适用，在轻微刑事案件的处置中，构罪即捕、诉、判；考评机制不合理，工作高负荷等。①

从表面上看，相对于庞大的分则犯罪群，发生变化的只是少数犯罪，所占比例非常低，但是“立法中微小的变化，经历长久的时间聚集起来后，即可能会在刑事政策中造成较大规模的变化”，“大多数的大规模变化是经由微小变化长时间累积的”，而且“由小步骤的渐次变化累积而成的政治信息结构很难察觉、意识和反应”。② 因此，对于这种较轻或者轻微危害行为入刑的立法调整，理论上必须要有敏锐的关注和审慎的分析。

四、轻微罪立法应量的因素

当立法处置轻微罪行为，要对行政违法与刑事犯罪之间的界限作出某种倾向性选择时，以下因素应当予以考虑：

其一，刑罚的遏制效应问题。该效应意味着刑罚的存在和实施能否对特定犯罪人和潜在犯罪人起到阻碍其犯罪选择的作用，即刑罚对未来的效果问题。对此国外有相当多的研究。但刑罚对于未来犯罪是否具有妨碍作用的证据并不一致，很多学

① 北京市人民检察院课题组：《轻微刑事案件司法处置实证研究》，载《法学杂志》2014年第7期。
② ［挪威］托马斯·马蒂森著：《受审判的监狱》，胡菀如译，北京大学出版社2014年版，第60页。

者认为真实惩罚对犯罪及违法行为的一般妨碍和特殊妨碍作用都是十分有限的，有时甚至根本不存在。[①] 之所以把更多的行政违法行为纳入犯罪，其重要的原因之一是希望发挥刑罚对于遏制犯罪的作用，可是如果没有稳定、可靠的证据能够证明此种作用的存在，我们的选择就要极为慎重了。

其二，行政管理手段是否充分发挥其作用。这还是社会管理手段的实际效应问题。即对于可能入罪的行政违法行为，现有的行政管理手段是否已经在立法上有充分的规定，在实践当中是否被合理适用，是否存在立法规定不足或者虽然立法上有规定而实践中却缺乏合理适用的情况。事实上，从现有立法看，我国行政制裁手段的多样性远高于刑罚，对于社会治理而言理应具有更强的应对性。如果行政管理手段、制裁措施能够充分发挥其作用，不仅是不需要刑法介入，而且是很多危害行为从开始就不会发生，或者在产生之初就被妥善处置了。

之所以理论上很多学者主张应该把更多的行政违法行为纳入刑法范畴，是出于对行政权滥用的担心。但事实也许是，我们对行政权会比司法权更倾向于滥用的批评或许不是真正指向行政权本身，而是因为行政权滥用是与某种普遍的无规则状态联系在一起。这种无规则状态不仅在行政领域，在司法领域同样存在。即真正需要批评、改变的是无规则或者有规则而不遵守的普遍表现。

其三，刑事司法对社会（公众）的实际影响。“人们往往是从与警察和法官打交道的过程中，总结概括从而形成自己对法律和社会的观点。”[②] 对刑事司法活动的参与或感知，直接影响到社会公众对法律本身公正性和合法性的认知，进而影响到其对法律的信赖和遵守。当大量的轻微危害行为进入刑法、进入刑事司法体制，有限的司法资源面对迅速增加的案件，其必然的反应就是改革程序、提高效率。[③] 但提高刑事诉讼效率的举措往往伴随着减少“局外人”（包括当事人）对刑事司法的参与，效率仅仅服务于少数易于量化的价值，譬如服务于剥夺资格的刑罚。报应、维护受害人、教育公众或调解并治愈被告人、受害人以及小区等方面的许多讨论被漏掉了。它可能使产出量增至最大限度，但忽略了程序的质量及其应有的软件目标。[④] 这种“批量生产的客观的官僚化司法”[⑤] 虽然可以提高效率，但从长远看，可能削弱了公众对刑事司法的参与和了解，损害了司法制度和社会公众之间必要的

---

① ［美］斯蒂芬·E. 巴坎著：《犯罪学：社会学的理解》（第4版），秦晨等译，上海人民出版社2011年版，第154页。

② ［美］斯蒂芬诺斯·毕贝斯著：《刑事司法机器》，姜敏译，北京大学出版社2015年版，第94页。

③ 我国从2014年开始推行的刑事案件速裁程序试点改革以及在此基础上展开的认罪认罚从宽制度即为适例。全国人大授权最高人民法院、最高人民检察院在北京、天津、上海、重庆、沈阳等城市开展刑事案件速裁程序试点工作。对事实清楚，证据充分，被告人自愿认罪，当事人对适用法律没有争议的危险驾驶、交通肇事、盗窃、诈骗、抢夺、伤害、寻衅滋事等情节较轻，依法可能判处1年以下有期徒刑、拘役、管制的案件，或者依法单处罚金的案件，进一步简化刑事诉讼法规定的相关诉讼程序。法院适用速裁程序审理案件，可由审判员一人独立审判，一般应当在受理后7个工作日审结，庭审中可以不再进行法庭调查、法庭辩论，但应当听取被告人的最后陈述，并当庭作出宣判。

④ ［美］斯蒂芬诺斯·毕贝斯著：《刑事司法机器》，姜敏译，北京大学出版社2015年版，第3页。

⑤ ［美］斯蒂芬诺斯·毕贝斯著：《刑事司法机器》，姜敏译，北京大学出版社2015年版，第210页。

信息沟通和互动关系，进而可能会影响公民对法律和司法活动的信任和尊重①。行政违法与刑事犯罪边界的调整不能无视由此可能引发的诸种问题。

其四，资源分配问题。国家能够投入社会管理的资源（包括人力、物力和时间）是有限的。在该前提之下，“花在最低限度刑事制裁边际使用上的治安、检控、司法和矫正的每一个小时，都是丧失预防严重犯罪机会的一个小时。相反，将每一种轻微的、臆想的或者在其他方面存疑的犯罪从刑事犯罪列表中删除都意味着对重要资源的解脱，以这些资源去满足刑事司法制度的首要需要”②。在犯罪控制问题上，我们是在资源有限、社会价值目标多元的情况下提出应对策略。注定无法十全十美，也不可能防止所有犯罪发生，因此必须权衡成本作出选择。

如果如帕克所言，使首恶之行首罚之，而且还应该将微末之事放在最后处理，则合理的资源分配应奠基于当下的犯罪现实情况。所以对于立法欲调整其处罚边界的危害行为应有充分的实证性调查，在发案量、常态表现、危害状况、社会公众对其舆论态度、行为人情况等事实基础上决策边界位置。如果一时无法对现实有充分了解和认知，那么就宁可选择不为。

① 之所以社会公众常常会提出扩大犯罪圈的建议，其原因之一就是对刑事司法现实了解不足，有限地从媒体或者政治途径所曝光出来的案件了解案情，往往又存在处罚上或者过轻或者过重的问题，由此而带来的对刑事司法的不信任，导致公众趋向于通过立法来驱动或者限制司法。

② ［美］哈伯特·L. 帕克著：《刑事制裁的界限》，梁根林译，法律出版社2008年版，第256页。

"后劳教时代"构建我国轻罪制度的若干反思

李颖峰*

一、问题的提出

法制发达国家一般根据一定标准，对本国刑事立法中的犯罪进行轻重有别的分类，并根据"罪"或"刑"的轻重，适用一系列不同的实体规定与程序规定。我国刑事立法中不存在此种"轻罪"与"重罪"的法定分类，而在我国的理论话语体系中，对此一般有两种不同理解：一是以实定法为根据，按照一定标准，将现行刑法规定的犯罪划分为轻罪与重罪；二是不限于实定法的规定，从比较研究或应然层面探讨违法行为（广义）的轻罪与重罪的归类问题。本文将基于第二种理解展开讨论。

2013年，饱受诟病的劳动教养制度被废止，在此之前我国对违法犯罪行为采取的是"治安管理处罚—劳动教养—刑事处罚"的三维制裁体系，劳动教养制度废除后，如何弥合这一处罚体系的断层，便受到了学界高度关注，同时以此为契机，构建我国轻罪制度的观点也不断提出和重现。在此背景下，如何检视现阶段构建我国轻罪制度的主张，便具有迫切的现实意义与长远的理论意义。

二、应然层面的审视

从理论沿革的角度看，构建我国轻罪制度的观点早已有之，与此次废除劳动教养制度并无必然的因果关联，而借鉴法治发达国家构建我国轻罪制度的最大制度障碍就是我国刑法"定性+定量"的犯罪界定模式。总则中此种模式最直接的体现就是刑法第13条，该条在从正面列举何为我国刑法中的犯罪后，又从反面规定："但是情节显著轻微危害不大的，不认为是犯罪"，这显然是对成立我国刑法中犯罪的定量要求，而分则中这种模式则具体表现为"情节严重"、"情节恶劣"、"后果严重"、"数额较大"等犯罪成立定量要件的大量存在。此种犯罪界定模式决定了，在我国某种违法行为若在"量"上达不到成立犯罪的要求，就将被排除在犯罪圈之外而受到行政处罚或劳动教养①。性质相同的违法行为只因社会危害程度或法益侵害程度有别而受到性质截然不同的处罚，这显然与轻罪制度的初衷背道而驰，因为轻罪制度的宗旨在于根据罪行的不同严重程度，配置轻重不同的刑事处罚，做到

* 武汉大学法学院讲师。

① 关于劳动教养的法律属性，不仅相关规范性文件的界定前后不一，而且理论界对此也有诸多观点，参见魏东：《论以刑法修正案形式规范劳动教养——侧重于劳动教养制度的实体法完善研究》，载《北方法学》2013年第1期。

“重罪重罚、轻罪轻罚”，使较轻的违法行为也能得到司法上的处理，即受到司法程序的“关怀”，而不是使相对较重的违法行为独占司法资源，将较轻的违法行为排除在司法程序之外，使其接受程序保障相对较弱的行政法上的处理。与我国的犯罪界定模式不同，法治发达国家的刑法一般采取的是“立法定性，司法定量”的模式，即立法上是否构成犯罪，只考虑行为的违法性质而不考虑其违法程度，至于行为违法程度的不同只对司法上的起诉与否及量刑轻重产生影响。很显然，该种犯罪界定模式与轻罪制度之间具有天然的契合性。

除了与轻罪制度之间的“排斥反应”之外，学者们还列举了我国“定性+定量”的犯罪界定模式的其他弊端，以从反面论证抛弃该种模式，构建我国轻罪制度的合理性。这些弊端至少包括以下四点：其一，该种犯罪界定模式与罪刑法定原则的明确性原则之间存在严重冲突。不论是总则第 13 条“但书”中“情节显著轻微危害不大”的表述，还是分则中“情节严重”等大量的犯罪成立定量要件，都存在含义不够明确的问题。为了缓和与明确性原则之间的冲突，我国最高司法机关发布了大量的司法解释，但是这种做法至少存在以下两方面问题：一是司法权对立法权的僭越；二是无法彻底解决明确性问题，最突出的表现就是，很多司法解释出于各方面考虑，在对刑法中的定量要件进行解释之后，往往会附加一个“尾巴”——“其他情节严重的情形”等，但如此一来，司法机关所作的解释似乎有“回到原点”、“前功尽弃”之嫌。其二，我国的犯罪界定模式导致刑事处罚与行政处罚出现重叠与脱节，“重叠”（治安管理处罚法与刑法对某种违法行为成立要件的表述完全相同或没有本质区别）将引发实践中法律适用的混乱与司法（执法）腐败，而“脱节”（行政处罚与刑事处罚之间未实现无缝衔接，跨度过大）则为劳动教养这种明显弊大于利的制度提供了生存空间。其三，为理论上解释情节犯、数额犯的相关问题（如成立、既未遂等）徒增诸多困惑，造成理论上的尴尬。其四，给国外理论的借鉴与比较研究以及国际交流制造障碍。

从我国刑事法制发展的长远视角看，本文十分赞同以上观点，并认为我国刑法应在将来放弃“定性+定量”的犯罪界定模式，而采用仅仅依据违法行为的性质界定犯罪的“定性模式”，并在此基础上，从我国的法制环境与法律文化传统出发，借鉴法制发达国家的成熟经验，构建我国的轻罪制度。

三、实然层面的考察

如上所述，主张采用单一定性的犯罪界定模式，并在此基础上构建我国轻罪制度的观点早已有之，而在此次废除劳动教养制度前后，该种观点也变得更加活跃，那么现阶段我国是否已经具备实现这种转变的各方面条件，则需要我们进行审慎的检讨。本文认为，目前我国尚不具备或者说没有充分具备这些条件，因此对于实现这种转变不宜操之过急。其理由有以下三点：

其一，从法律制度层面看，轻罪制度的构建是一项系统工程，而绝非单体工程，即它是一个“牵一发而动全身”的问题。任何一项法律制度的构建都需要有供其存续的法制环境与配套制度，而这一点在轻罪制度的构建上体现得尤为明显。具体而言，首先，我国刑法“定性+定量”的犯罪界定模式是我国“违法—犯罪”二元制裁体系构建和存续的基石（姑且将劳动教养视为行政处罚措施），因此改变这一基础和前提所涉及的不仅仅是治安管理处罚法、劳教制度相关法规（已废止）与刑法之间的整合重构问题，它还将牵涉大量行政法规、经济法规与刑法之间处罚范围的协调重构问题。也就是说，改变现行犯罪界定模式将带来整个违法犯罪制裁体系的颠覆与重新洗牌，其中浩大的修法工程量不是短期内可以完成的①。其次，从刑事法律体系自身考察，构建轻罪制度需要一系列配套制度的构建与修改，其中需要强调的是，前科消灭制度与保安处分制度。轻罪制度的构建将扩大我国的犯罪圈，将以往给予行政处罚的部分行为纳入刑事处罚范围，意味着这部分行为人将被贴上犯罪人的标签，因此制定专门针对轻罪的前科消灭制度对于这些人回归社会而言显得十分重要，但是，我国目前尚无一般意义上的前科消灭制度。而之前作为劳动教养对象之一的人身危险性较大的违法行为人，需要对其适用保安处分，但我国刑法采取的是一元的刑事制裁体系，没有规定保安处分制度，虽然刑事与行政类法律中也存在一些实质上的保安处分措施，但其中大部分都不够健全，难以满足劳教制度废除之后的制度需求。最后，轻罪制度还与我国的司法解释制度（实质意义上刑法立法权的再分配）、刑事司法程序、未遂犯与共犯的处罚范围、刑罚体系的调整等之间具有密切的制度关联，而我国目前在这些领域的制度规定均无法与轻罪制度相匹配。总而言之，现阶段我国即刻制定轻罪制度不具有制度上的可行性。

其二，从司法运行层面看，轻罪制度的核心就是将尽可能多的一般违法行为纳入刑事司法程序，使更多的一般违法行为人享受司法程序的“关怀”，最大限度地降低行政权对公民权益的任意处分与侵害。从这一意义上讲，司法资源的有效分配是实现轻罪制度的宗旨并决定其成败的关键所在。但是，考察现阶段我国司法资源的现状将发现情况并不乐观。我国目前处于社会转型期，各种社会矛盾和纠纷急剧增加，刑事案件的数量也一直在高位徘徊，相较于这一社会现状，我国目前的司法资源可谓相当紧缺，在此情况下，将大量一般违法行为纳入刑事司法程序无疑会使司法机关不堪重负。对此，主张建立轻罪制度的学者大都认为应当配套构建我国的轻罪速裁程序，同时建立专门的轻罪法院，以缓解这一矛盾。这种观点符合法制发达国家的普遍做法，确实是解决这一问题的良策，但制度与机构的建立并非一朝一夕可以完成，尤其是当前我国法定犯罪圈内的刑事案件数量多，司法资源不足的情况下，即使建立了相应的制度与机构，我们也不得不考虑是否有足够的合格的司法人力资源可以分配给轻罪制度。因为，轻罪制度针对的一般违法行为虽然案情不至于十分复杂，但其基数却是相当庞大，其在整个刑事案件中所占比例可能相当之

① 也许有人认为，采用单一定性的犯罪界定模式就是将原先给予行政处罚的行为全部纳入刑事处罚范围，其修法工程量根本不大。但是，需要指出的是，即使是采用单一定性模式的法制发达国家也并不是将所有的违法行为全部作为犯罪处理，这些国家同样在刑事处罚之外存在行政处罚，同样面临着刑事处罚与行政处罚的衔接问题，更何况西方国家目前非犯罪化趋势相当明显，其针对的就是原先作为犯罪处理的轻微违法行为，因此轻罪制度的构建是一个相当复杂的问题。

高，“醉驾入刑”就是最好的例证。①

其三，从社会效果与社会心理层面看，首先，虽然学者之间就轻罪制度将在何种程度上扩大我国的犯罪圈这一问题存在不同观点②，但是犯罪圈将被扩大本身却是不争的事实。如果效仿法制发达国家的做法构建我国的轻罪制度，将偷窥、潜入无人居住和管理的建筑物等行为也纳入刑事处罚范围，那么我国的犯罪圈大幅扩张就是不可避免的。长期以来，我们一直宣传我国的犯罪率和重新犯罪率比西方国家低很多，但其实这与我国的入罪门槛显著高于西方国家有直接关系，在我国大量的治安案件和劳动教养案件是没有统计在内的。因此，有学者指出：“如果参照国外很多国家的做法把治安案件作为轻罪案件纳入犯罪统计中，那么我国的犯罪问题将更为严重。”③ 我国目前正处于社会转型期，各种矛盾凸显，维稳压力巨大，此时仓促建立轻罪制度，大幅扩张犯罪圈所带来的社会震荡和政治影响也是我们需要审慎对待的问题。其次，构建轻罪制度必须考虑我国的法律文化传统，正如有学者指出：“犯罪在中国传统文化中，其负面社会心理效应是十分广泛而沉重的。犯罪在我国民众的观念中，不仅是法律上的恶，更是道德上的一种恶，‘犯罪人’的烙印被打上后，将会使其背上终身重压，并且还要连累家人。”④ 有观点主张，轻罪制度可以提升国人的规范意识，并通过这种制度的转变促进国人犯罪观的转变⑤，这种见解确有一定道理，但是，关于“犯罪—罪犯”问题上的民族文化“灵魂”正是那业已铭刻于国人骨子里、渗溶于国人血液中的“犯罪=恶”、“罪犯=坏人”的文化理念，因而它是不可能因循国家政治或法律决策层关于“犯罪”规范的一朝修改而悉数消失的⑥。因此，短时间内试图用轻罪制度强行转变国人犯罪观的做法不仅不现实，而且可能因犯罪的“标签效应”给轻罪行为人的家庭、就业等各方面造成严重的负面影响。

四、现阶段解决轻罪问题的方案

从法治发展的长远视角看，构建轻罪制度是大势所趋，但是在我国目前的法制环境与文化传统下，还不具备建立与法制发达国家相同的轻罪制度的各方面条件。但是，这并不妨碍我们在现阶段寻求向这一目标靠拢的其他路径，那就是尽可能在现有制度框架内或者不对现有制度进行颠覆性改造的情况下，寻找问题解决途径，有学者将这种思路称为“体系内问题思考方式”⑦。在维持现有“定性+定量”的犯罪界定模式的大前提下，本文的思路包括以下要点：

其一，严守刑法谦抑性原则，将不需要动用刑事处罚手段即可有效规制的行为

① 参见刘仁文、郭宁：《醉驾入刑五年来的效果、问题与对策》，载《法学》2016 年第 12 期。

② 参见高长见：《轻罪制度研究》，中国社会科学院研究生院 2010 年博士学位论文。

③ 胡联合：《转型与犯罪：中国转型期犯罪问题的实证研究》，中共中央党校出版社 2006 年版，第 4 页。

④ 储槐植：《议论劳动教养制度改革》，载《中国司法》2005 年第 5 期。

⑤ 参见高长见：《轻罪制度研究》，中国社会科学院研究生院 2010 年博士学位论文。

⑥ 参见屈学武：《“轻罪”之法价值取向与人身权利保护》，载《河北法学》2005 年第 11 期。

⑦ 参见赵秉志、商浩文：《论劳动教养制度的废止与刑法的调整》，载《法律科学》2015 年第 3 期。

严格排除在犯罪圈之外。之所以首先强调这一点是因为即使是有成熟轻罪制度的法制发达国家也并不是将所有的违法行为都作为犯罪处理，某种行为应否予以犯罪化，牵涉一个国家和民族的文化、国情等复杂的因素，不可一概而论。但可以肯定的一点是，我国的法律文化传统和国情决定了，即使将较轻微的违法行为犯罪化，其入罪门槛也应高于其他国家，如有些国家将夜间喧闹、公共场所涂鸦、乞讨等行为规定为轻罪，这些行为在我国则显然缺乏犯罪化的根据。近些年我国刑法修改出现了入罪门槛下降的趋势，这一方面可以看作逐步构建我国轻罪制度的利好信息，但另一方面也是对刑法谦抑性原则的潜在威胁，值得我们警惕。

其二，如果原先的劳动教养制度和治安管理处罚法处罚的部分违法行为根据社会情势的变化需要将其纳入刑事处罚范围，那么，现阶段可行性较高的方案就是通过司法解释适当降低犯罪成立要件中定量因素的入罪门槛①，这种方案的好处就是可以在不打破现有犯罪界定模式与司法解释制度的前提下，对部分轻微违法行为的犯罪化要求做出理性回应，同时轻微违法行为的逐步入罪有利于提升国民的规范意识，并可以在潜移默化中扭转国民的犯罪观，为今后全面建立轻罪制度进行社会心理层面的铺垫。此外，这里还需要注意以下两点：一是要通过修法消除治安管理处罚法（包括其他非刑事法律）与刑法对某种违法行为进行相同或没有实质区别的描述的现象，这是避免执法混乱，降低执法腐败的有效途径。可供考虑的具体方案包括：在刑法的犯罪成立要件中增加定量因素，或者在条件成熟时将该种行为进行轻罪化处理。二是要通过修法（如设置“情节较轻”等减轻处罚条款）尽可能实现刑事处罚与行政处罚之间的衔接，这是填补劳教制度废除造成的处罚真空的有效举措，当然这里将牵涉我国刑罚体系的改革问题，需要我们进行全局性考量。

其三，我国需要建立系统的保安处分制度，其重要意义之一就是应对原劳教制度中人身危险性较大的轻微违法行为人，将这些行为纳入司法程序之中。我国刑法目前采取的是一元制裁体系，虽然刑事法律及相关行政法律中存在一些实质意义上的保安处分制度，但这些制度较为零散且不够健全，尚不足以有效弥补劳教制度废除后的制度空白。一个完整的保安处分法（制度）包含的内容十分庞杂，对立法技术的要求也相当高，以我国目前的状况看，短期内制定一部系统的保安处分法似乎并不现实，鉴于此，本文认为现阶段宜借鉴刑事禁止令制度与精神病人强制医疗程序的立法经验，以立法修正案的形式，在刑法与刑事诉讼法等相关法律中逐步设立新的保安处分措施或者将既有保安处分措施具体化②，并在今后时机成熟时，制定一部系统的保安处分法或者在刑法典中设立系统的保安处分专章。

其四，我国需要尽快确立前科消灭制度，尤其是针对较轻罪行的前科消灭制度，为今后全面构建轻罪制度进行制度准备。前科消灭制度是一国刑事法律制度的重要组成部分，但这一制度在我国长期处于缺位状态，不仅如此，我国刑法还明文规定了前科报告制度，这种状况不仅使重刑主义留下的犯罪“标签效应”得到了制

---

① 参见赵秉志、商浩文：《论劳动教养制度的废止与刑法的调整》，载《法律科学》2015年第3期。

② 参见魏东：《论以刑法修正案形式规范劳动教养——侧重于劳动教养制度的实体法完善研究》，载《北方法学》2013年第1期。

度性的强化①，而且给轻罪制度的构建造成了严重的障碍。可喜的是，近年来这一困境开始出现“解冻”的迹象，继《刑法修正案（八）》增设犯罪时不满18周岁被判处5年有期徒刑以下刑罚的人免除前科报告义务的规定之后，2012年新《刑事诉讼法》又规定了这些人的犯罪记录封存制度。据此，不少学者主张，可以以此为契机，构建我国的轻罪前科消灭制度，主要内容为：对受过轻罪处罚的行为人的犯罪记录予以封存，等刑罚及相应的处罚措施执行完毕以后，可以将轻罪前科予以消灭，不进行入档登记②。在目前我国没有完整的前科消灭制度的情况下，借鉴上述立法经验，以满足一定条件的罪行为突破口，先行制定针对此类罪行的前科消灭制度，为今后系统构建轻罪制度与前科消灭制度做准备，是一个可行性较高的方案。

其五，我国需要逐步建立针对较轻罪行的司法程序，为今后系统构建轻罪制度进行程序上的铺垫。如前所述，将较轻的违法行为纳入刑事司法程序是轻罪制度的要旨之一，同时也是决定轻罪制度成败的关键。有鉴于此，本文认为可以从以下三个方面入手：第一，以目前的简易程序为蓝本，对之进行一定改造，进一步扩大简易程序的适用范围，提升其程序效率与适用率；第二，加大审查起诉阶段的程序分流力度，即充分发挥不起诉制度在轻微案件中的分流机能，节省司法资源；第三，从长远看，我国需要建立专门的轻罪法院，但是考虑到目前尚未进行大规模的轻罪化以及其他各种因素，较为可行的做法应当是在法院中设立轻罪法庭，专门负责审理轻微刑事案件。

五、结语

从某种意义上讲，扩大司法权对社会生活的调节范围，有效限缩行政权的干预空间，规范行政权的行使，符合保障人权的大方向③，因而也是衡量一国法治发展水平的标尺。轻罪制度无疑符合这一大方向，因而也是今后法治发展的必然趋势，但是，用这一标尺衡量我国法治发展现状时将发现，目前我国尚不具备构建轻罪制度的各方面条件。在此状况下，我们不宜追求“一步到位”，试图短时间内构建完善的轻罪制度，而应“循序渐进”，不断朝这一目标做出有意识的努力，待时机成熟时，相信轻罪制度的建立将是水到渠成之事。

① 参见梅传强：《论“后劳教时代”我国轻罪制度的构建》，载《现代法学》2014年第2期。

② 参见梅传强：《论“后劳教时代”我国轻罪制度的构建》，载《现代法学》2014年第2期。

③ 参见卢建平：《法国违警罪制度对我国劳教制度改革的借鉴意义》，载《清华法学》2013年第3期。

刑法典颁行20年来主刑修正及刑罚结构的调谐完善研究

董文辉*

主刑是对犯罪适用的主要刑罚，是我国刑罚体系中至关重要一类刑罚方法。我国1979年刑法典规定了管制、拘役、有期徒刑、无期徒刑和死刑五种主刑。以性质和内容为划分标准，这五种主刑大致可以分为自由刑和生命刑两种类型，前者包括管制、拘役、有期徒刑、无期徒刑，后者指死刑。其中，根据执行特点的不同，自由刑又可以分为非监禁自由刑和监禁自由刑两种类型，前者是指管制，后者包括拘役、有期徒刑、无期徒刑。我国由此形成了科学设置、合理搭配、衔接有序的主刑体系。1997年刑法典修订时并未增删主刑种类，但对每种主刑的具体内容都作了或多或少的完善。1997年刑法典颁行20年来，在长期的适用中，我国主刑刑罚结构也渐渐暴露了一些不协调的问题。中央司法体制和工作机制改革意见提出："完善死刑法律规定。适当减少死刑罪名，调整有期徒刑、无期徒刑和死刑之间的结构关系。建立严格的死刑缓期执行、无期徒刑执行制度，明确死刑缓期执行和无期徒刑减为有期徒刑后罪犯应实际执行的刑期。"有鉴于此，近年来我国立法机关对主刑部分刑种作了较大幅度的修正，而经过修正，主刑的刑罚结构也产生了较大变化，不协调问题也得到了一定程度的纠正。然而，我国当前的主刑刑罚结构并非完美无缺，仍有必要研究和修正，以实现其优化和调谐。

一、1997年刑法典刑罚结构与主刑修正

长期以来，刑法理论界一直存在认为我国1997年刑法典中的刑罚存在"死刑过重、生刑过轻"的结构性弊病的观点，即一方面直接剥夺罪犯生命的死刑过于严厉，另一方面自由刑又过于轻缓。具体表现为，一是死缓的实际执行过轻。从死缓实际执行的上下限规定看，死缓实际上相当于14年以上22年以下有期徒刑，而当死缓犯减为无期徒刑或者有期徒刑开始适用减刑、假释制度后，最终一般实际执行18年左右的监禁刑，使其严厉性程度大为降低；二是无期徒刑实际执行过轻。从无期徒刑的实际执行上下限来看，无期徒刑相当于12年以上22年以下有期徒刑，最终一般实际执行15年左右，无期徒刑与有期徒刑的距离过小，有失合理性；三是单一犯罪有期徒刑刑期最高为15年，数罪并罚最高也只有20年有期徒刑。从原判15年有期徒刑罪犯的实际执行刑期看，最终一般实际执行12年左右，而数罪并罚

* 浙江工商大学法学院讲师，法学博士。

20 年有期徒刑的罪犯的实际执行刑期一般在 15 年左右。[①] 有期徒刑刑期的规定总体偏短，当罪犯身犯数罪，数罪并罚总体刑期很高，但又无法适用无期徒刑或者死刑时，有期徒刑刑期难以实现罪责刑相适应。基于上述理由，论者一方面主张从立法上和司法上减少或严格限制死刑适用，另一方面主张加重生刑，即提高死缓、无期徒刑的最低实际执行刑期、有期徒刑刑期上限以及有期徒刑数罪并罚时的刑期上限。[②] 而另有一种观点认为，导致"生刑过轻"问题的原因并不在于我国刑事立法本身，而在于刑罚实际执行过于宽松。学界和社会上对我国刑罚结构所持的"生刑过轻"的认识并不准确、全面，从刑法对个罪配置的无期徒刑和有期徒刑的规定情况以及司法适用情况上看，我国的生刑并不存在过轻的问题，"生刑过轻"是一个伪命题，况且提高生刑易造成重刑化的倾向，违背刑法的谦抑性。因此，不应通过提高有期徒刑期限的途径来改变所谓的"生刑过轻"的问题，应采取的合理途径是进一步完善刑罚执行制度并严格刑罚执行实践。[③]

笔者认为，生刑轻重命题的具体判断，要从立法、司法和执行三个层面进行。在立法层面：一是要看生刑配置立法的轻重，即刑法分则关于具体犯罪的生刑配置情况，主要是无期徒刑和中、长期有期徒刑的配置比重；二是要看生刑执行立法的轻重，即刑法关于死缓减为无期徒刑或者有期徒刑、无期徒刑减为有期徒刑、有期徒刑减刑幅度、限度以及最低执行刑期的立法情况；在司法层面，主要看无期徒刑以及中、长期有期徒刑的司法适用情况，即无期徒刑以及中、长期有期徒刑的适用比重；在执行层面，主要看死缓减为无期徒刑或者有期徒刑、无期徒刑以及中、长期有期徒刑的减刑幅度、限度以及对减刑、假释执行监督等方面是否过于宽松。从我国刑法关于生刑配置的立法情况以及生刑的司法适用情况看，"生刑过轻"的确无明显体现，造成我国"生刑过轻"现象的主要原因的确在于刑罚执行的立法和实践存在"过轻"的问题。从生刑执行的立法上看，我国管制刑的执行存在监管不严、执行不力、刑罚威慑力不强等问题，我国死缓减为有期徒刑、无期徒刑减为有期徒刑的幅度过大，死缓、无期徒刑的最低执行刑期偏短；从实际执行上看，有期徒刑、无期徒刑的减刑幅度、限度标准掌握得较为宽松，适用程序上把关不严，执行监督力度不强。

因此，上述论者关于我国 1997 年刑法典规定的刑罚结构存在"生刑偏轻"问题的分析并不矛盾。前者侧重于从我国生刑执行立法的角度分析，得出了我国"生刑偏轻"的结论，是正确的，后者侧重于从我国生刑配置立法和司法状况分析，得出我国生刑在这两个方面并不存在过轻问题的结论，也是正确的。二者都主张从完善刑罚执行制度角度来改变"生刑过轻"的局面。在笔者看来，完善刑罚执行制度，改变生刑执行立法过轻的主要途径有两个：一是提升死缓减为有期徒刑的刑期、无期徒刑减为有期徒刑的刑期，通过控制生刑减刑幅度，从死缓、无期徒刑减

① 参见陈兴良：《刑罚改革论纲》，载《法学家》2006 年第 1 期。

② 参见陈兴良：《宽严相济刑事政策与刑罚规制》，载《法学杂志》2006 年第 4 期。

③ 参见刘宪权：《限制或废除死刑与提高生刑期限关系论》，载《政法论坛》2012 年第 3 期。

为有期徒刑的刑期上予以控制；二是在立法上提高生刑的最低执行刑期，这在某种意义上说也是上述第一种观点所称的“加重生刑”，也可称之为“提高生刑”，只是提高的对象不是生刑在立法上配置的刑期，而是生刑在立法上规定的需要实际执行的刑期。

上述第二种观点反对通过提高有期徒刑期限的途径来解决所谓的“生刑过轻”的问题，这与第一种主张提升有期徒刑刑期上限以及有期徒刑数罪并罚时的刑期上限的观点是相对立的。笔者认为，我国1997年刑法典关于有期徒刑最高刑期的规定总体上是合理的，基本符合我国司法实践的需要，能够较好地起到惩治犯罪、实现刑罚目的的作用，没有提升的必要。但是，第一种观点中关于有期徒刑数罪并罚最高刑期过短的一些情况也是实际存在的，按照1997年刑法典规定，无论罪犯有期徒刑数罪并罚的总和刑期是多长，有期徒刑数罪并罚的最高刑期都为20年，其经过减刑、假释后最低的执行刑期为10年，这与15年有期徒刑经过减刑、假释后的最低执行刑期7.5年相比较而言差距不大，难以体现罪责刑相适应。因此，应对有期徒刑区分一罪单罚和数罪并罚进行区别处理，也应根据有期徒刑数罪并罚后总和刑期的长短情况对其设立不同的最高执行刑期，以拉开有期徒刑数罪并罚后总和刑期较长情形与有期徒刑数罪并罚后总和刑期超长情形之下的最高执行刑期的差距，从而实现罪责刑相适应。正是由于我国1997年刑法典存在生刑执行立法过轻的现象，导致我国1997年刑法典出现“生刑过轻”的结构性缺陷，这一缺陷催生了在立法上对我国主刑部分刑种的修正。

二、刑法典颁行20年来的主刑修正

1997年刑法典颁行以来，我国主刑的修正并非常规进行，而是集中在最近两次的刑法修正案中，即《中华人民共和国刑法修正案（八）》（以下简称《刑法修正案（八）》）、《中华人民共和国刑法修正案（九）》（以下简称《刑法修正案（九）》）。具体内容如下：

（一）主刑中非监禁刑的修正

作为一种非监禁刑，管制刑基于其得天独厚的优势，长期以来对于促进罪犯复归社会、节省监禁成本等方面发挥了不可替代的作用，但同时也存在监管不严、执行不力进而影响刑罚威慑力等问题。《刑法修正案（八）》系刑法典颁行20年来首次对刑法总则部分进行修改，其中，对管制刑作了较大幅度完善。一是规定可以根据犯罪情况对判处管制的犯罪分子同时适用禁止令，禁止犯罪分子在执行期间从事特定活动，进入特定区域、场所，接触特定的人，同时规定了违反禁止令的不利后果。二是将1997年刑法典对管制刑规定的“由公安机关执行”改为“依法实行社区矫正”。两项修改内容对于强化管制刑罪犯管理、确保非监禁刑执行效果、维护社会稳定等方面具有较强的积极作用。

（二）主刑中监禁刑的修正

我国的监禁刑主要包括拘役、有期徒刑和无期徒刑，三者分别为短期监禁刑、长期监禁刑和无期监禁刑。刑法典颁行20年来，立法并未修正拘役刑，但对有期徒刑和无期徒刑作了部分调整。就有期徒刑而言，因有期徒刑数罪并罚情形多样，立法区分情况并提升了其数罪并罚最高执行刑期，即《刑法修正案（八）》将“有期徒刑最高不能超过二十年”修改为“有期徒刑总和刑期不满三十五年的，最高不能超过二十年，总和刑期在三十五年以上的，最高不能超过二十五年”。就无期徒刑而言，无论是减刑还是假释，立法提高了无期徒刑罪犯的最低执行刑期，即将原来的“不能少于十年”修改为“不能少于十三年”。

（三）主刑中生命刑的修正

死刑是我国刑法立法和刑事司法的热点问题。刑法典颁行20年来，在经历了较长时间的死刑适用实践后，我国逐步形成了“保留死刑，严格控制死刑”的基本死刑政策。在这一过程中，为了缩小死刑和“生刑”的差距，刑法修法既有严格控制死刑的一面，也有增大死缓执行力度的一面。

1. 死刑适用对象的修正

1997年刑法典中没有对于老年人犯罪从宽处理的规定，考虑到老年人犯罪非暴力居多的特点、中国法制史上对老年人犯罪从宽的传统以及国际社会宽宥老年人犯罪的普遍做法，《刑法修正案（八）》在不适用死刑的对象中增加了“审判的时候已满75周岁的人，不适用死刑，但以特别残忍手段致人死亡的除外”之规定。

2. 死刑适用罪名的缩减

1997年刑法典中，我国可适用死刑的犯罪达68种。随着我国经济社会的发展以及国际社会废除死刑历史进程的推动，我国刑法理论界和司法实务界也基本达成“逐步减少死刑罪名”的共识。因此，在《刑法修正案（八）》、《刑法修正案（九）》中，我国已两次共计废除22个经济性非暴力犯罪的死刑配置，目前我国配置有死刑的犯罪已下降至46种。

3. 死缓法律后果的修正

死缓是死刑的一种执行制度。长期以来，死缓制度给了不是必须立即执行死刑的罪犯回归社会的机会，有利于缓和死刑严厉性、彰显刑法人道性。但是，在死缓制度20年的适用中，也渐渐暴露出一些问题，主要问题集中在死缓的法律后果上。因此，《刑法修正案（八）》、《刑法修正案（九）》对该制度进行了修正。

（1）死缓期间有重大立功表现减刑的修正。死缓执行期间如有重大立功表现，理应在其死缓期满减刑时与无重大立功表现者有所区别。1997年刑法规定，对死缓期间有重大立功表现的，二年期满以后，减为15年以上20年以下有期徒刑。鉴于被适用死缓罪犯本身所犯罪行严重性，如此大的减刑幅度有损死刑的威慑力，使其基本的报应功能大打折扣。在经过充分的论证后，《刑法修正案（八）》将“二年期满以后，减为十五年以上二十年以下有期徒刑”修改为“二年期满以后，减为二十五年有期徒刑”，提升了死缓减为有期徒刑的刑期。

（2）死缓执行期间故意犯罪法律后果修正。1997年刑法典规定，如果故意犯罪，查证属实的，由最高人民法院核准，执行死刑。因故意犯罪情形多种多样、危害性大小不一，如故意犯罪即核准执行死刑，有过于严苛之嫌，也有失公允。因此，《刑法修正案（九）》将该规定修改为“如果故意犯罪，情节恶劣的，报请最高人民法院核准后执行死刑；对于故意犯罪未执行死刑的，死刑缓期执行的期间重新计算，并报最高人民法院备案。”

（3）严重犯罪死刑缓期执行法律后果修正。立法调研显示，全国监狱近几年释放的原判死缓罪犯中，平均服刑期限为16年2个月，被假释的原判死缓罪犯平均服刑期限是15年9个月①，而被判处死缓的罪犯所犯罪行性质、人身危险性程度有所区别，死缓累犯以及暴力性重罪犯罪分子如在此期限内即复归社会，一方面与其所犯罪行应受惩罚不相适应、有失公平正义，另一方面给社会治安带来压力，难以安抚被害方。基于此，《刑法修正案（八）》增加规定：“对被判处死刑缓期执行的累犯以及因故意杀人、强奸、抢劫、绑架、放火、爆炸、投放危险物质或者有组织的暴力性犯罪被判处死刑缓期执行的犯罪分子，人民法院根据犯罪情节等情况可以同时决定对其限制减刑。”该条款明确了限制减刑的对象范围和人民法院限制死缓犯减刑的自由裁量权。同时，在刑法典第78条减刑的规定中增加“人民法院依照本法第五十条第二款规定限制减刑的死刑缓期执行的犯罪分子，缓期执行期满后依法减为无期徒刑的，不能少于二十五年，缓期执行期满后依法减为二十五年有期徒刑的，不能少于二十年”的规定。这样一来，实际上可将死缓分为两个类型：一是普通死缓，即刑法典第50条第1款规定的死缓；二是限制减刑的死缓，也可称为特殊死缓，即刑法典第50条第2款规定的死缓。

（4）部分具体犯罪死缓犯法律后果的修正。《刑法修正案（九）》对贪污罪、贿赂罪的刑罚作了修改，规定人民法院可以根据犯罪情节对部分贪污罪、受贿罪死缓犯适用不得减刑、假释的终身监禁措施。这一调整其实是对贪污罪、受贿罪死缓犯减为无期徒刑后，对其再减刑、假释进行限制，从而达到加重这两种犯罪部分罪犯生刑的效果。

三、刑法典颁行20年来主刑修正对刑罚结构的调谐

立法修正的目的是顺应实践发展的需要，弥补前有规定的不足。刑法典颁行20年来，如何将死刑立即执行、死刑缓期执行、无期徒刑、有期徒刑的结构和严厉性维持在一个比较合理的水平，是调整刑罚结构的重点问题。经过《刑法修正案（八）》、《刑法修正案（九）》对主刑的修正及相应司法解释的配套调整，一方面，死刑过重问题得以和缓。主要体现在：死刑立即执行排除对象的扩大、死刑适用罪名的缩减和死缓期间故意犯罪执行死刑条件的增加等方面；另一方面，生刑过轻问题得以纠偏。主要体现在：管制刑监管执行力度得以规范化和强化，死缓减为有期徒刑的幅度得以缩小，严重犯罪死缓犯、无期徒刑犯的最低执行刑期有所提升，有期徒刑数罪并罚总和刑期超长情形的上限刑期有所提升。由此我国刑罚结构中以往存在的“死刑过重、生刑过轻”问题在一定程度上得到了科学的调谐，形成了以下新的、由轻到重的主刑刑罚结构格局：管制（3个月以上2年以下）、拘役（1个月以上6个月以下）、普通有期徒刑（6个月以上15年以下）、特殊有期徒刑

① 参见黄太云：《〈刑法修正案（八）〉解读（一）》，载《人民检察》2011年第6期。

(10年以上有期徒刑，不得假释)、普通数罪并罚有期徒刑（总和刑期35年以下的，最高不得超过20年)、特殊数罪并罚有期徒刑（总和刑期35年以上的，最高不得超过25年)、普通无期徒刑（最低执行刑期为13年)、特殊无期徒刑（最低执行13年，不得假释)①、普通死缓（实际执行刑期不得少于15年，死缓期间不包括在内)、特殊死缓（即限制减刑死缓，减为无期徒刑的，最低执行刑期不得低于25年；减为25年有期徒刑的，最低执行刑期不得低于20年，死缓期间不包括在内)、死刑立即执行。

四、我国现行刑法中主刑及刑罚结构进一步完善的建议

笔者认为，刑法典颁行20年来，尤其是经过《刑法修正案（八）》、《刑法修正案（九）》两次刑法修正，主刑结构较1997年刑法典规定更趋合理和完善，“死刑过重、生刑过轻”的结构性弊病有所缓和，但是总体而言，还存在进一步完善的空间。主要体现在以下几个方面：

（一）部分刑罚之间协调性有待提升

1. 普通死缓和特殊死缓的协调性有待提升

按照现行刑法立法，我国普通死缓的最低执行刑期为15年。笔者认为，普通死缓的最低执行期限设置过低，存在诸多不协调之处：其一，普通死缓与无期徒刑最低执行期限之间的差距过小，前者最低执行15年有期徒刑，后者最低执行13年有期徒刑。普通死缓是被判处死刑，缓期执行，无期徒刑是生刑、自由刑，上述规定导致二者差距较小，有失科学。其二，普通死缓和特殊死缓之间的差距过大。特殊死缓的最低执行刑期视有无重大立功表现分别为20年和25年。值得注意的是，在死刑缓期执行2年期间，罪犯获得重大立功表现的机会是不多见的，多数特殊死缓罪犯最低执行刑期应为25年。由此可见，通常情况下普通死缓和特殊死缓最低执行刑期的差距最大为10年。在笔者看来，对特殊死缓减为无期徒刑后设置25年的最低执行期限是比较妥当的，一来在严厉性层面可以体现其与死刑立即执行之间的协调，保证刑罚的严肃性，二来与其他国家或地区的较长的终身监禁刑期相比较，差距进一步缩小，符合世界潮流。出现问题的关键在于普通死缓的最低执行期限较短。其三，不能体现普通死缓减为无期徒刑和普通死缓减为25年有期徒刑之间的区别，普通死缓减为无期徒刑者无重大立功表现，普通死缓减为25年有期徒刑者有重大立功表现，二者最低都执行15年有期徒刑，有失公平。其四，普通死缓与死刑立即执行之间的差距过大，死刑缓期执行和死刑立即执行是死刑的两种执行制度，但是前者最低执行15年，而后者剥夺生命，二者不可同日而语。

笔者认为，解决这一问题的方案是区分情况提升普通死缓的最低执行刑期。笔者建议，将普通死缓减为无期徒刑后的最低执行刑期提升为20年，将普通死缓减为25年有期徒刑后的最低执行刑期提升为18年，不仅使普通死缓减为无期徒刑和

① 根据刑法第81条第2款规定，对累犯以及因故意杀人、强奸、抢劫、绑架、放火、爆炸、投放危险物质或者有组织的暴力性犯罪被判处10年以上有期徒刑、无期徒刑的犯罪分子，不得假释。这类有期徒刑可称为“特殊有期徒刑”，这类无期徒刑可称为“特殊无期徒刑”。

减为25年有期徒刑的最低执行刑期距离得以拉开，同时使普通死缓与无期徒刑的最低执行刑期差距得以扩大，亦使普通死缓和特殊死缓的最低执行刑期差距得以缩小。同时，为了进一步体现普通死缓和特殊死缓的差异，将普通死缓的最低执行刑期做上述调整后，特殊死缓减为25年有期徒刑的最低执行刑期也以适当提升为妥，笔者认为，将其提升为最低执行22年是妥当的。

按照上述调整思路，特殊死缓减为无期徒刑、特殊死缓减为25年有期徒刑、普通死缓减为无期徒刑、普通死缓减为25年有期徒刑的最低执行刑期依次为25年有期徒刑、22年有期徒刑、20年有期徒刑、18年有期徒刑。笔者认为，这样调整之后，梯度较为合理，轻重较为适当，符合罪责刑相适应的原则和刑罚结构的科学性要求。

2. 无期徒刑的最低执行刑期有待提高

按照现行立法规定，无论是普通无期徒刑还是特殊无期徒刑，最低执行刑期均为13年有期徒刑，不仅未能体现普通无期徒刑和特殊无期徒刑轻重之差别，也未与特殊数罪并罚有期徒刑最低执行刑期（12年半）拉开差距。另外，将无期徒刑的最低执行刑期规定为13年，与其他国家和地区相比偏低，不符合世界趋势。①

笔者认为，无期徒刑最低执行刑期的设立，不仅要体现其与特殊数罪并罚有期徒刑的差距，还应体现普通无期徒刑和特殊无期徒刑之间的差距，笔者建议提高普通无期徒刑的最低执行刑期，将其由13年提高到15年，另外，提高特殊无期徒刑的最低执行刑期，将其由13年提高到18年。如此调整后，普通无期徒刑最低执行刑期与特殊数罪并罚有期徒刑最低执行刑期最小差距由原来的半年提高到2年半，普通无期徒刑最低执行刑期和特殊无期徒刑最低执行刑期之间的差距为3年，两种差别要求均得到体现。另外，这样的修改也缩小了我国与其他国家或地区关于无期徒刑的最低执行刑期的差距，符合世界趋势。

按照上述方案，普通死缓减为25年有期徒刑后的最低执行刑期与特殊无期徒刑出现了重合，即二者均为18年，笔者认为这不矛盾。诚然，最低执行刑期设定的最重要的根据应为刑种的轻重，但是由于各刑种亦具有各自的特殊情形，因此，刑种的轻重又具有相对性。普通死缓中的较轻情形，即普通死缓减为25年有期徒刑情形，与无期徒刑中的较重情形，即特殊无期徒刑情形，单从刑种看，前者重于后者，但是综合考虑两种情形背后所反映的社会危害性以及人身危险性，两个刑种之下的不同情形又使两个刑种的轻重产生了相对性，因此，两种情形下的最低执行刑期出现了重合，是可以成立的。

（二）刑罚制度间的融合性有待提升

刑罚结构科学协调的基础是静态的刑罚立法体系，但同时也与刑罚的动态运行密切相关。我国主刑结构与减刑、假释等刑罚执行制度有莫大关联。按照现行立法规定，特殊有期徒刑、特殊无期徒刑、特殊死缓均不得假释。但是特殊有期徒刑、特殊无期徒刑均可以减刑，特殊死缓也只是可以限制减刑。笔者认为对三者不得假

① 以被判处无期徒刑的罪犯假释的最低执行期限作为参考，意大利规定为26年，俄罗斯规定为25年，我国台湾地区规定为25年，罗马尼亚和阿根廷规定为20年，瑞士和奥地利规定为15年。

释但是可以减刑的做法有失妥当。

与国外多数国家只有假释制度没有减刑制度不同的是，我国的减刑、假释两种制度是并存的。我国的减刑制度具有自身特色，但无论是刑法理论界还是司法实务界，越来越多的人认识到：假释制度较减刑制度具有优越性。第一，从维护原判刑罚的稳定性以及司法权威的角度看，减刑制度易对原判决造成较大冲击，进而破坏刑罚结构的平衡性和合理性，而假释制度更多地体现为对刑罚执行场所的变更，对原判确定的刑罚是一种间接的变更，基本不会对原判造成冲击，与减刑相比，更有利于维护法院判决的稳定和权威。第二，从实现刑罚目的的角度看，减刑制度易对刑罚的威慑力造成冲击，同时缺乏事后制约性和过渡性，难以实现刑罚目的，而假释制度并未对刑罚的威慑力造成冲击，同时将罪犯的再犯可能性纳入实质条件，且具有预后性和过渡性，更容易实现刑罚目的。第三，从促进罪犯持续保持良好的表现的角度看，减刑的适用通常只需在短期内表现良好即可获得，且不可撤销，另外，还可能出现即使表现良好也因为减刑间隔等客观因素无法减刑的情形，因此，难以使罪犯维持持续的良好表现，而假释的获取以较长时间的良好表现为前提，且具有事后制约性，罪犯在假释前后都须保持良好表现有利于强化持续改造效果。第四，从引导罪犯顺利回归社会的角度看，减刑是对原判刑期的绝对缩减或者是刑种由重到轻的变更，可以实现罪犯及早回归社会，但是并无促进罪犯逐渐适应社会进而顺利回归社会的过渡阶段和措施，而假释是附条件的提前释放，所附条件使罪犯从完全失去自由至完全恢复自由之间必须经历半自由的缓冲和过渡，考验期内还有社区组织对其进行教育、帮扶，因此假释具有约束和引导双重功能，更有利于罪犯顺利回归社会。第五，从节省司法资源角度看，从理论上来说，减刑制度可以对罪犯反复适用，而对于长期徒刑犯而言，事实亦是如此，耗费了大量的司法资源，而假释制度对于在监服刑犯只适用一次，不需要耗费大量的司法资源。

结合减刑、假释制度的利弊特点，笔者认为，对特殊有期徒刑、特殊无期徒刑、特殊死缓减为无期徒刑或者有期徒刑均应允许在符合法定条件时予以假释。但是，其假释的最低执行刑期应符合法定最低执行期限，按上述建议，特殊无期徒刑为18年，特殊死缓减为无期徒刑的应为25年，特殊死缓减为25年的应为22年。对于特殊有期徒刑，考虑到其与普通有期徒刑的区别，笔者建议将其假释的最低执行期限设置为原判有期徒刑的2/3。

（三）部分刑罚修法统筹性有待提升

1. 个罪死刑废除应注重统筹性

《刑法修正案（八）》废除了13个经济性、非暴力犯罪的死刑，开启了我国废止个罪死刑的历史进程。《刑法修正案（九）》继续废除了9个犯罪的死刑，使我国刑法中死刑的数量减至46种。笔者认为，从宏观上看两次死刑废止符合时代趋势和“非暴力犯罪—暴力犯罪”的死刑废止基本顺序，单一考察也基本遵循废止死刑的主流思路，但若将其纳入配置死刑的“罪名大军”中考察，合理性和协调性尚存探讨空间。例如，走私武器、弹药罪，走私核材料罪与非法运输、邮寄枪支、弹药、爆炸物罪，非法运输危险物质罪之间的协调性问题，强迫卖淫罪和强奸罪的协调性问题，战时造谣惑众罪与隐瞒、谎报军情罪的协调性问题等，值得深入研究。从长远看，每次修法时方拟定若干死刑罪名进行废止欠缺前瞻考虑和整体规划。结合我国实际，可将废止死刑罪名的基本标准确定为“是否暴力、是否致命或致其他极度严重后果”，并结合实践中配置死刑的犯罪是否较多适用死刑、废止死刑是否会带来较大负面影响等因素，在稳妥推进、多量少次、统筹协调等原则指导下，全面梳理我国死刑罪名并分门别类，按照废止死刑罪名的基本标准拟分若干批次，分别列出每一批次拟废止死刑配置的罪名名单，逐步废止全部死刑罪名。

2. 终身监禁配置应注重统筹性

基于缓解贪污罪、受贿罪死刑和自由刑失衡矛盾的现实考量，刑法第383条第4款新增不得减刑、假释的终身监禁规定。该终身监禁不同于国外立法例，其既非刑罚种类，也非刑罚制度，是让具备法定条件的罪犯终身被监禁执行自由刑的刑罚措施。笔者认为，这一举措属于为解决某一具体问题而创设，将其放置在整个刑罚体系和制度中看，并未做通盘考虑，缺乏统筹性。其立法价值有待商榷，具体理由如下：其一，不得减刑、假释的终身监禁措施将罪犯与社会永久隔离，预防再犯，应为人身危险性强的暴力犯罪罪犯设计，而非人身危险性较小的经济犯罪罪犯。其二，我国刑法存在死缓限制减刑的规定，该规定针对的对象是被判处死刑缓期执行的累犯以及因故意杀人、强奸、抢劫、绑架、放火、爆炸、投放危险物质或者有组织的暴力性犯罪被判处死刑缓期执行的犯罪分子，适用的后果是最低执行20年或者25年有期徒刑。有观点认为，限制减刑的死缓与不得减刑、假释的终身监禁，“一个侧重打击暴力犯性犯罪，另一个侧重惩治腐败分子，均是对死刑执行方式的变通，较好地纠正了我国‘死刑偏重、生刑偏轻’的不合理现象……”①，笔者认为，较之限制减刑的死缓适用对象，贪污罪、受贿罪的犯罪性质、社会危害等都有所不及，但不得减刑、假释的终身监禁的严厉程度却远远高于限制减刑，只对贪污罪、受贿罪适用该措施有失统筹考虑，不符合刑法罪责刑相适应的基本原则。其三，有观点认为，“‘终身监禁’是反腐的又一利器，不仅堵死了犯有重大贪污受贿罪的贪官谋求减刑、假释的通道，而且彻底打破了他们重返社会的幻想……”②，笔者对此持不同看法，刑罚不应阻塞部分确有悔改表现、再犯可能性较小的罪犯回归社会，如此不符合改造规律，缺乏科学性和合理性。其四，德、意、荷、新西兰、匈牙利等国的终身监禁，均将适用范围限定为谋杀、种族灭绝战争、反人类、强奸等严重暴力犯罪，未见贪污贿赂罪，此举不符合世界立法通例。

笔者认为，为了加大对贪污罪、受贿罪的惩治力度，缓解贪污罪、受贿罪“死刑过重、生刑过轻”的困境，在二罪死刑废除前，可通过将其纳入既有的限制减刑死缓范围的方式予以破解；废除贪污罪、受贿罪死刑后，对严重贪污、受贿罪犯（包括其他废除死刑犯罪的罪犯），建议采取限制减刑的终身监禁或者可假释的终身监禁予以惩治。

---

① 参见沈帅：《我国终身监禁制度探析》，载《江苏法制报》2016年2月5日C版。

② 参见舒心萍：《“终身监禁”打破巨贪幻想》，载《检察日报》2015年8月26日第6版。

我国刑罚体系中预防性措施的立法进路与功能定位

——以风险刑法为视角

李岚林*

1997年刑法典颁行至今已20年，其间历经九部刑法修正案，在面临社会结构的转型和全面深化改革的时代背景下，法律变革给刑事立法带来巨大的影响。随着风险社会的到来，刑法如何应对和治理“风险”，“风险刑法”的理论由此应运而生，这不仅为理解和把握现代刑法提供了全新的观察视角，也为反思传统刑法提供了重要的理论工具。基于“风险刑法”理论下所倡导的“法益前置化保护”理念，我国“预防性刑法”的立法模式已由碎片化条款向类型化立法转变。以刑事禁止令和从业禁止制度为代表的预防性措施的立法入刑，使得我国刑罚体系在犯罪圈的适度扩大下走向刑罚适中的结构，在严密刑事法网的前提下逐步实现“严而不厉”的刑罚体系。

一、“风险刑法”理论的兴起与我国刑法体系的预防走向

（一）“风险刑法”理论的兴起

随着“风险社会”的来临，对现代法秩序提出了严峻挑战，如何预防和控制风险，是人类社会亟待解决的问题。传统刑法理论所构建的“事后应对”模式已经无力回应“风险社会”带来的挑战，以“事前预防”模式为核心的“风险刑法”① 理论迅速兴起。“风险刑法”理论与传统刑法相比，主张通过刑事立法和刑事司法层面的扩张来控制风险，化解风险社会的危机。② 学者们关于“风险刑法”理论的具体主张有不同的表述。例如，劳东燕教授认为，“风险刑法”理论的观点和主张可以表述为“风险社会”背景下公共政策入侵传统刑法领域，并通过一系列制度技术对传统刑法进行改造的结果。③ 张明楷教授将“风险刑法”理论归纳为三点：一是

* 西北政法大学讲师，法学博士，北京师范大学刑事法律科学研究院博士后。

① 据学者考证，首次提出“风险刑法”概念的学者，是德国刑法学家普里特维茨教授于1993年在其题为《刑法与风险：风险社会中刑法和刑事政策的危机研究》的著作中，第一次以专著的形式梳理了“风险社会”和“风险刑法”这两个概念在刑法学上的意义，拉开了德日刑法学者探讨“风险刑法”的序幕。参见郝艳兵：《风险刑法——以危险犯为中心的展开》，中国政法大学出版社2012年版，第7页。2007年，劳东燕教授的《公共政策与风险社会的刑法》一文，首次开启了国内风险刑法理论的研究历程。参见劳东燕：《公共政策与风险社会的刑法》，载《中国社会科学》2007年第3期。从2008年开始，国内关于风险刑法理论的研究开始大量涌现。

② 参见南连伟：《风险刑法理论的批判与反思》，载《法学研究》2012年第4期。

③ 参见劳东燕：《公共政策与风险社会的刑法》，载《中国社会科学》2007年第3期。

"风险社会"的到来，刑法应扩大处罚范围；二是违法性的根据不是结果无价值，而是行为无价值；三是不能恪守责任主义，而应当采取严格责任。[①] 陈晓明教授从五个方面分析"风险刑法"理论的主要内涵：一为法益抽象化：以防范风险发生为目的，不再预设法益的特定内容，不以具体客体对象存在为前提，仅以一般危险性和预防必要性作为划定可罚性的界限，并以义务违反取代法益侵害作为处罚的基础；二为行为拟制化：将社会已经形成共识的典型行为视为一种当然可能会造成实害的行为，为了预防实害的发生，将其作为被禁止的行为而直接入罪，即通过事前的判断直接将该类行为拟制为风险行为；三为刑罚前置化：不需考虑实害结果，只要行为制造了一定风险即可入罪并施以刑罚；四为罪责功能化：突破传统的罪责理论，以刑事政策的考量取代刑法体系自身的判断基准；五为预防积极化：实行严格的预防导向，以全面的预防代替事后的恢复。[②]

随着"风险刑法"理论的论著和研究如雨后春笋般涌现，相关讨论也呈现出意见纷呈的局面。部分刑法学者以冷静谨慎的态度对其质疑和批判，认为会带来自由与安全的价值冲突、有悖传统刑法的"罪责自负原则"、隐含着扩张"犯罪圈"的风险，等等。有的甚至因为否认存在社会基础的变化而全盘拒绝"风险刑法"理论，[③] 有的持保守立场，主张兼顾二者关系，肯定刑法体系面对风险问题应作出必要的回应，同时强调"风险刑法"应限定在适当范围内[④]；部分刑法学者认为"风险刑法"理论是时代的潮流应当积极予以支持[⑤]。

（二）我国刑法体系的预防走向

我国1997年新刑法典[⑥]颁布至今，自1999年至2015年共出台了9个刑法修正案，预防性立法的条文整体处于增长态势，在部分领域的犯罪认定方面，已从传统刑法的"结果无价值"转向"行为无价值"。例如，2001年的《刑法修正案（三）》在刑法第120条后增加了资助恐怖活动罪，将帮助行为正犯化；2012年的

---

① 参见张明楷：《"风险社会"若干刑法理论问题反思》，载《法商研究》2011年第5期。

② 陈晓明教授较全面地阐述了"风险刑法"理论的基本主张。参见陈晓明：《风险社会的刑法应对》，载《法学研究》2009年第6期。

③ 参见张明楷：《"风险社会"若干刑法理论问题反思》，载《法商研究》2011年第4期；刘艳红：《"风险刑法"理论不能动摇刑法谦抑主义》，载《法商研究》2011年第4期；于志刚：《"风险刑法"不可行》，载《法商研究》2011年第4期。

④ 参见陈晓明：《风险社会的刑法应对》，载《法学研究》2009年第6期；陈兴良：《"风险刑法"与刑法风险：双重视角的考察》，载《法商研究》2011年第4期；齐文远：《刑法应对社会风险之有所为有所不为》，载《法商研究》2011年第4期；夏勇：《"风险社会"中的"风险"辨析：刑法学研究中"风险"误区之澄清》，载《中外法学》2012年第2期；南连伟：《风险刑法理论的批判与反思》，载《法学研究》2012年第4期。

⑤ 参见郝艳兵：《风险社会下的刑法价值观念及其立法实践》，载《中国刑事法杂志》2009年第7期；王立志：《风险社会中刑法范式之转换》，载《政法论坛》2010年第2期；姜涛：《风险社会之下经济刑法的基本转型》，载《现代法学》2010年第4期；高铭暄：《风险社会中刑事立法正当性理论研究》，载《法学论坛》2011年第4期。

⑥ 1997年颁布的刑法典中，本身就已经存在预防性立法的条文，如刑法第107条的资助危害国家安全犯罪活动罪，这种资助行为是分裂国家、武装叛乱、暴乱等行为的帮助行为，此罪并未对国家安全造成直接的法益侵害，体现了刑法的提前介入，加强对国家安全的保护。

《刑法修正案（八）》新增危险驾驶罪，该罪为典型的抽象危险犯，只要实施了追逐竞驶或醉酒驾驶行为的，不需要进行具体危险的判断，只需通过行为推定即以本罪论处；另外，对刑法第141条生产、销售假药罪进行了修改，将“足以严重危害人体健康”删除，由原来的具体危险犯改为抽象危险犯，提前了对法益的保护；对刑法第358条增加协助组织卖淫罪，将协助组织卖淫的帮助行为直接规定为独立犯罪，降低了犯罪的门槛，加大了处罚力度；2015年的《刑法修正案（九）》更加表明了这种趋势，主要体现在恐怖主义立法方面。例如，取消了资助恐怖活动罪的罪名，直接将其修改为“帮助恐怖活动罪”；此外，修法中还增加了准备实施恐怖活动罪、煽动实施恐怖活动罪、非法持有宣扬恐怖主义、极端主义物品罪等，将预备行为、帮助行为、单纯的持有行为规定为犯罪。

“风险刑法”理论立足于功利主义的刑罚思想，倡导积极的一般预防理论。刑罚的正当化依据在刑法理论上存在报应刑论和目的刑论的对立。报应刑论是前期古典学派的主张，针对欧洲中世纪刑法罪行擅断和残酷的刑罚，该理论主张对犯罪人判处与其罪行相称的刑罚，以实现罪刑之间的均衡。“报应刑论将刑罚理解为对犯罪的报应，即刑罚是针对恶行的恶报，恶报的内容必须是恶害，恶报必须与恶行相均衡。”[①] 与报应刑论针锋相对的目的刑论是新派的理论，认为刑罚本身并没有什么意义，只有在为了实现一定目的即预防犯罪的意义上才具有价值，因此，在预防犯罪所必要而且有效的限度内，刑罚才是正当的。[②] 可见，刑罚的目的是犯罪预防，包括特殊预防和一般预防。特殊预防论中威慑论或惩罚论主张通过惩罚或威慑犯罪人使其不再犯罪；特殊预防中的教育刑论或改善刑论主张通过教育或者改善犯罪人使其不再犯罪。[③] 一般预防包括消极的一般预防和积极的一般预防，前者是指通过刑罚的设置和执行以威慑不稳定分子，通过心理上的强制，迫使其放弃犯罪，其对象是潜在的犯罪人；后者是指通过适用刑罚令国民认识到违法行为不值得仿效，培养国民对刑法规范的忠诚，由不敢犯罪向不想犯罪转变，其对象是全体国民。

在报应刑和目的刑之间，“风险刑法”理论在刑罚的正当性依据上坚持目的刑论的观点，否定了报应刑论。“‘风险刑法’实行严格的预防导向，不同于传统刑法以报应为中心，而是以预防为核心，以全面预防代替事后的恢复，因此，风险刑法是一个超越传统人本思考范畴的刑法，被视为‘向未来防卫’的刑法。”[④] 在“风险刑法”理论背景下，随着刑法功能的转型，预防性措施在刑罚体系中比重加大，如除了修法前的1997年刑法典本身所规定的具有直接预防性质的监管措施“剥夺政治权利刑”，以及我国刑法上的管制刑、缓刑、非监管措施等均包含一定的预防刑法性之外，《刑法修正案（八）》将社区矫正制度写入刑法，并新增规定了刑事禁止令，《刑法修正案（九）》新增规定了职业禁止令，这些修法体现了我国

① 张明楷：《刑法学》，法律出版社2016年版，第504页。

② 张明楷：《刑法学》，法律出版社2016年版，第505页。

③ 张明楷：《刑法学》，法律出版社2016年版，第506页。

④ 陈晓明：《风险社会之刑法应对》，载《法学研究》2009年第6期。

刑罚从最初单纯注重惩罚转向惩罚与预防并重，刑法的预防性观念和措施在不断地强化。

二、我国预防性措施的立法进路

在风险社会中，“风险”的性质不断发生变化，其不确定性也愈加突出，这使得刑法控制和防范风险的视角需随着风险的发展而发生变化，需要更加注重从事前预防的角度而不是事后惩罚的角度来防范风险，相应地，在“风险刑法”理论所倡导的预防刑法或安全刑法的理念支配下，应综合运用各种法律技术和研究方法，促使风险防范的刑法机制在刑罚体系中合理实现，在刑罚内部实现刑罚价值的均衡，最终实现刑罚的终极目的——预防犯罪，达到风险社会的治理和控制。我国现行刑法中，相关预防性措施立法概况如下：

（一）《刑法修正案（八）》以前的预防性措施

2011年《刑法修正案（八）》出台以前的现行刑法中，预防性措施主要有：主刑中的管制刑、附加刑中的剥夺政治权利刑、刑罚裁量中的缓刑以及非刑罚性措施。

1. 管制刑

管制刑是一种对罪犯不予关押，但限制其一定自由的刑罚。其预防性措施体现在《刑法》第39条第1款的规定中：“被判处管制的犯罪分子，在执行期间，应当遵守下列规定：（一）遵守法律、行政法规，服从监督；（二）未经执行机关批准，不得行使言论、出版、集会、结社、游行、示威自由的权利；（三）按照执行机关规定报告自己的活动情况；（四）遵守执行机关关于会客的规定；（五）离开所居住的市、县或者迁居，应当报经执行机关批准。”

2. 剥夺政治权利刑

剥夺政治权利是一种剥夺犯罪人参加管理国家和政治活动的权利的刑罚方法。剥夺政治权利刑是最直接体现预防性质的一种监管措施。根据《刑法》第54条的规定，“剥夺政治权利是剥夺下列权利：（一）选举权和被选举权；（二）言论、出版、集会、结社、游行、示威自由的权利；（三）担任国家机关职务的权利；（四）担任国有公司、企业、事业单位和人民团体领导职务的权利。”

3. 缓刑

缓刑是有条件地不执行所判决的刑罚，其特点是既判处一定刑罚，又暂不执行，但在一定期间保留执行的可能性。缓刑不是独立的刑种，从裁量是否执行所判刑罚的意义上说，缓刑是量刑制度；从刑罚执行的意义上说，缓刑也可谓刑罚执行制度。[①] 缓刑犯的预防性措施体现在刑法第75条：“被宣告缓刑的犯罪分子，应当遵守下列规定：（一）遵守法律、行政法规，服从监督；（二）按照考察机关的规定报告自己的活动情况；（三）遵守考察机关关于会客的规定；（四）离开所居住的市、县或者迁居，应当报经考察机关批准。”

① 张明楷：《刑法学》，法律出版社2016年版，第613页。

4. 非刑罚性措施

非刑罚性措施是指“对于犯罪情节轻微不需要判处刑罚的，可以免予刑事处罚，但是可以根据案件的不同情况，予以训诫或者责令具结悔过、赔礼道歉、赔偿损失，或者由主管部门予以行政处罚或者行政处分。”（《刑法》第37条之规定）

（二）《刑法修正案（八）》之后的预防性措施

1. 刑事禁止令

为加强对管制、缓刑等非监禁刑执行的监管，促进对管制犯、缓刑犯的教育矫正，有效保护被害人、证人等利害关系人的安全，防卫社会，预防再犯罪，《刑法修正案（八）》新增了对管制犯、缓刑犯适用刑事禁止令的规定。具体而言，在《刑法》第38条第2款规定：“判处管制，可以根据犯罪情况，同时禁止犯罪分子在执行期间从事特定活动，进入特定区域、场所，接触特定的人。”同时，修正后的《刑法》第72条第2款规定：“宣告缓刑，可以根据犯罪情况，同时禁止犯罪分子在缓刑考验期限内从事特定活动，进入特定区域、场所，接触特定的人。”第77条第2款规定：“被宣告缓刑的犯罪分子，在缓刑考验期限内，违反法律、行政法规或者国务院有关部门关于缓刑的监督管理规定，或者违反人民法院判决中的禁止令，情节严重的，应当撤销缓刑，执行原判刑罚。”

刑事禁止令是典型的“风险刑法”体系下为保障安全刑法的预防性措施，在一定程度上反映了对行为人进行“矫正”和“社会防卫”的刑事实证学派的理论，通过适用刑事禁止令，一方面能有效隔断罪犯和可能刺激、诱发其再次犯罪的因素之间的联系，消除其再次犯罪的客观条件，防止其对被害人继续实施侵害，增加其社会安全感；另一方面对罪犯开展有针对性的矫正，抑制其违法犯罪意念，将其改造为合法公民。

2. 从业禁止制度

《刑法修正案（九）》针对腐败犯罪增设了从业禁止[①]的预防性措施，规定在《刑法》第37条之后的第37条之一中：“因利用职业便利实施犯罪，或者实施违背职业要求的特定义务的犯罪被判处刑罚的，人民法院可以根据犯罪情况和预防再犯罪的需要，禁止其自刑罚执行完毕之日或者假释之日起从事相关职业，期限为三年至五年。被禁止从事相关职业的人违反人民法院依照前款规定作出的决定的，由公安机关依法给予处罚；情节严重的，依照本法第三百一十三条的规定定罪处罚。其他法律、行政法规对其从事相关职业另有禁止或者限制性规定的，从其规定。”根据该条款的规定，从业禁止，也称“剥夺职业资格”或“职业禁止”，是指剥夺或限制相对人在一定期限内从事相关职业的权利或资格。

从业禁止制度作为一种预防性措施，弥补了传统刑罚在治理犯罪方面存在的缺陷，赋予了针对职业犯罪进行剥夺资格处罚的司法裁量权，对惩罚和预防职业犯罪具有积极意义，契合了“风险刑法”理论对社会防卫和社会安全的目标追求。

---

① 《刑法修正案（九）》颁布之后，有关本制度尚无统一的立法名称，刑法学界多称之为“从业禁止”或“职业禁止”。

三、预防性措施的功能定位——以刑事禁止令为例

在“风险刑法”理论下，预防性措施是刑法在保持既有谦抑性的前提下，其犯罪预防功能的扩张，“形式上从隐性向显性突显，实质上从间接预防向直接预防过渡。”① 以刑事禁止令为例，作为一项预防性刑法措施，全国人大常委会法制工作委员会在草案说明中也指出，在刑法中增加刑事禁止令的目的在于“通过对管制的执行方式和缓刑的考察方式作出适时调整，有针对性地对被判处管制的犯罪人和被宣告缓刑的犯罪人进行必要的行为管束，以适应对其改造和预防再犯罪的需要。”由此可见，刑事禁止令的立法定位即为犯罪预防本位，从犯罪预防的必要性、规范性和可行性来完善刑事禁止令的制度体系，以期达到对管制犯、缓刑犯的矫正目的。

（一）预防性措施并非刑罚本身

刑事禁止令和从业禁止是我国刑法应对风险社会在立法上最具代表性的两种预防性措施，且都是以“禁止令”的形式规定，其性质为预防性的刑罚辅助措施，但与刑罚本身仍是有区别的。根据张明楷教授的定义，刑罚是指国家为了防止犯罪行为对法益的侵犯，由法院根据刑事立法，对犯罪人适用的建立在剥夺性、限制性痛苦基础上的最严厉的强制措施。②

以刑事禁止令为例，虽然国外有将其纳入附加刑的立法先例，但我国《刑法修正案（八）》并未将禁止令纳入刑罚体系中，而只是在《刑法》第 38 条和第 72 条中作为其中的一款来进行规定。这是因为，首先，刑事禁止令本身并不是对其犯罪行为的一种处罚，而是由于已然犯罪的犯罪人因其“犯罪情况”和人身危险性，为了防止其在管制执行期间、缓刑考验期间重新犯罪，以便实现良好的社区矫正和社会防卫效果，而对管制犯、缓刑犯给予的一种针对性的预防措施。其次，刑罚所要达到的目的是通过具体的刑罚对犯罪人既有权利作出实质性的处分，如在我国的刑罚体系中，死刑对犯罪人生命权的处分、罚金和没收财产对财产权利的处分，拘役、有期徒刑和无期徒刑是对人身自由权利的处分，但刑事禁止令只是对管制犯、缓刑犯未来某些特定自由或权利的限制，不具有刑罚意义上的惩罚性。此外，在罪刑法定原则的要求下，刑罚所应坚持的是“有罪必罚”，而刑事禁止令并非“有罪必禁”，而是将“禁”与“不禁”交由法院在具体案件中根据具体的犯罪情况和预防犯罪的必要性进行自由裁量。

（二）预防性措施并非保安处分

保安处分是社会防卫理论发展并实践的结果，是刑事实证学派为了批判刑事古典学派的报应刑主义，弥补报应刑在预防犯罪方面的缺陷，从犯罪的个别化矫正和

---

① 张永强：《规范与进路：预防本位下刑法禁止令之定性》，载《西南政法大学学报》2013 年第 5 期。

② 张明楷：《刑法学》，法律出版社 2016 年版，第 503 页。

预防的角度提出的犯罪预防措施。在国外刑法理论中，保安处分[1]是指由法院依据刑事法律的规定，以实施危害行为、具有人身危险性的犯罪分子为对象，以预防犯罪和保护社会为目的，以矫正、感化、医疗、禁戒等为手段，用以补充或者代替刑罚的矫治改善或者监禁隔离的安全措施。[2] 显然，保安处分的适用并不以刑罚的适用为前提，而是以犯罪分子的人身危险性为前提，可以在排斥刑罚的情形下单独适用，以便补充或者代替刑罚的执行。因此，保安处分不一定要与实施了应受刑罚处罚之行为联系在一起，只是在相互交叠的部分两者存在着可以替代的关系。[3]

虽然刑事禁止令和保安处分在犯罪预防和社会防卫方面存在着一定功能上的重叠和交叉，但我国刑法并未出现典型的保安处分制度，但仅因其具有刑法的规定、法院的宣告以及适用刑事诉讼程序而将刑事禁止令界定为保安处分，难以和我国现行刑法制度建设相契合，必然产生不必要的制度成本。为了罪犯的有效改造，防止诱发犯罪风险与避免再次被害等均可独立成为刑事禁止令的适用依据。刑事禁止令适用的独特性，也恰恰是刑事禁止令区别于保安处分的关键所在。

（三）预防性措施的功能定位

如前所述，在风险刑法中，报应刑对罪犯的惩罚由于具有滞后性，在风险控制上作用并不大，但实施了犯罪行为的人必须承担刑事责任。风险刑法将风险社会治理中值得刑法科处刑罚的风险或者危险行为规定为犯罪，会导致犯罪圈的扩大，但在保证刑法谦抑性的前提下，这种犯罪圈的适度扩大具备一定的合理性和必然性，同时也是建立严密法网的需要，也是刑法“严”之体现。但这种“严”不代表风险刑法的残酷和不尊重人权，因为在严密的法网下，风险刑法的刑罚是轻缓的，也就是刑法“不厉”之体现，因此风险刑法所规定的犯罪应当是轻罪。基于风险刑法体系下的刑罚结构应当“严而不厉”，刑罚的设置应当在严密刑事法网的前提下提倡刑罚宽缓化。

不论是刑事禁止令还是从业禁止制度，作为一种风险社会结构下的刑法治理风险的应对措施，正是基于预防本位的监管措施。在“风险刑法”理论下，根据预防性措施创设的背景和立法精神，回归限制性预防本位。故此，预防性措施在刑罚体系中的功能定位在立法上的体现为一种预防性措施，目的是预防犯罪，实施依据是犯罪分子的人身危险性，符合我国现行引起法律的规定，避免了刑罚种类之争，不会引起刑罚执行的混乱。这种功能定位要求立法上预防性措施的制度设计上应摒弃惩罚思想、坚持预防思维，并且在司法实践中也要遵从预防逻辑、坚持必要性审查，从而避免在司法适用中的混乱。

---

① 保安处分的定性在学界也存在着较大的争议。在保安处分与刑罚的区别上存在着一元主义和二元主义的争论，新派主张一元主义，认为保安处分与刑罚是相同性质的司法处分措施，在手段上都具有限制、剥夺法益的性质，二者仅在量上存在区别，最终目的都是预防再犯、防卫社会，因此立法中保留其一即可；旧派持二元主义，认为保安处分和刑罚在本质上是有区别的，主要表现在适用对象、适用条件、适用机关预防时间和预防手段上，保安处分是一种非刑事制裁措施。

② 屈学武：《保安处分与中国刑法改革》，载《法学研究》1996 年第 5 期。

③ 张永强：《规范与进路：预防本位下刑法禁止令之定性》，载《西南政法大学学报》2013 年第 5 期。

刑罚体系中的终身监禁

李卫红*

我国1979年《刑法》规定了无期徒刑，1997年修订后的《刑法》依然沿用了这一刑种。2015年出台的《刑法修正案（九）》首次明文规定了在贪污贿赂犯罪领域可以适用终身监禁，与原有的无期徒刑相比，有三点不同：一是适用特定对象，仅限于贪污贿赂犯罪人；二是不得减刑、假释；三是程序上直接在判决书中宣告死缓后终身监禁。2016年年末的中国终身监禁第一案——白恩培案的判决，司法践行了立法的规定，同时，在学界引起了更为激烈的争论，终身监禁是否属于刑罚体系的刑种？其当代命运的走向如何？其中心主题是否昭示其背后人们对犯罪评价观念的改变？甚至所有这些是否预示着终身监禁对中国现有刑罚体系和死刑制度产生极大的影响。

一、终身监禁的性质

无期徒刑本是我国刑罚体系中的独立刑种，理论上的无期徒刑是剥夺犯罪分子终身自由的刑罚，但从我国《刑法修正案（九）》以前的立法规定及司法实践来看，没有对任何的犯罪分子剥夺过终身自由，虽然判处其无期徒刑，但可以减刑、假释，在《刑法修正案（八）》颁布之前，理论上，被判处死缓的服刑人员最长执行年限可达24年①。

刑法及刑法修正案一直在试图改变并完善无期徒刑的各种适用措施。1997年《刑法》第81条第2款规定："对累犯以及因杀人、爆炸、抢劫、强奸、绑架等暴力性犯罪被判处十年以上有期徒刑、无期徒刑的犯罪分子，不得假释。"其中就有对累犯及暴力性犯罪被判处无期徒刑不得假释的规定，但司法实践没有相关的判例，如果有，应当就是最早的终身监禁。

《刑法修正案（八）》将1997年《刑法》第50条第1款"如果确有重大立功表现，二年期满以后，减为十五年以上二十年以下有期徒刑"修订为"减为二十五年有期徒刑"，并增设了第2款，即"对被判处死刑缓期执行的累犯以及因故意杀人、强奸、抢劫、绑架、放火、爆炸、投放危险物质或者有组织的暴力性犯罪被判处死刑缓期执行的犯罪分子，人民法院根据犯罪情节等情况可以同时决定对其限制减刑。"司法判例依然没有绝对的限制减刑。

第81条关于假释的条件修改为："被判处有期徒刑的犯罪分子，执行原判刑期二分之一以上，被判处无期徒刑的犯罪分子，实际执行十三年以上，如果认真遵守

* 中国青年政治学院法学院教授。

① 参见陈兴良：《死刑备忘录》，武汉大学出版社2006年版，第52页。

监规，接受教育改造，确有悔改表现，没有再犯罪的危险的，可以假释。如果有特殊情况，经最高人民法院核准，可以不受上述执行刑期的限制。”第2款：“对累犯以及因故意杀人、强奸、抢劫、绑架、放火、爆炸、投放危险物质或者有组织的暴力性犯罪被判处十年以上有期徒刑、无期徒刑的犯罪分子，不得假释。”上述规定对于严重危及人身安全、公共安全及暴力性犯罪分子，限制对其减刑及不得假释，立法规定非常清晰与明确，将原来的无期徒刑或延长在狱中最低期限及越来越接近真正的终身监禁，无期徒刑如果得不到减刑与假释，那就是绝对的无期徒刑了。到《刑法修正案（九）》，终身监禁具化了无期徒刑。而且，终身监禁将法定刑、宣告刑及执行刑三者基本同一起来，例外的因素越来越少。

有学者解读立法原意是针对罪行极其严重的贪污受贿犯罪分子，以终身监禁替代死刑立即执行，立法机关在《刑法修正案（九）（草案）》审议过程中曾对终身监禁的立法精神和立法本意予以阐明，即对贪污受贿数额特别巨大、情节特别严重的犯罪分子，特别是其中本应当判处死刑（立即执行）的，根据慎用死刑的刑事政策，结合案件的具体情况，对其判处死刑缓期二年执行依法减为无期徒刑后，采取终身监禁的措施，有利于体现罪刑相适应的刑法原则，维护司法公正，防止在司法实践中出现这类罪犯通过减刑等途径服刑过短的情形，符合宽严相济的刑事政策。据此，《刑法修正案（九）》规定了对特重大贪污受贿犯罪的死缓犯终身监禁的制度。①

其实在国外，终身监禁也具有类似的功能。作为英美法律刑法体系中监禁刑的一种，即把犯罪人监禁终身，限制其人身自由直至死亡的刑罚，适用于比较严重的犯罪，被判处终身监禁的罪犯理论上要被关押终生②。目前世界上已经废止死刑的国家对死刑替代刑的选择大致可分为两种模式：一种是以大多数欧洲国家为代表的有假释的终身监禁，包括绝对终身监禁（必须强制适用终身监禁）和裁量终身监禁（法官可自由裁量，但最高刑罚为终身监禁）；另一种是美国大多数州所选择的无假释终身监禁（LWOP）。另外，还有少数国家选择了确定刑期的有期监禁③。在英美法系国家的刑事立法中，绝对的终身监禁主要适用于谋杀罪及犯罪情节与谋杀罪类似程度的其他犯罪中。不可假释的终身监禁与死刑具有相似的惩罚程度。20世纪70年代以来，在英美法系国家，不可假释的终身监禁制度作为死刑的主要替代措施。④

如果说死缓是死刑的一种适用制度，那么终身监禁不过是无期徒刑的一种适用制度，是死缓的法律执行结果之一，至于犯人是否真的在狱中度过余生，还要取决

① 参见赵秉志：《终身监禁新规之解读》，载《法制日报》2016年10月12日第9版。

② 参见曾瑞、张宇开：《浅谈终身监禁入法的意义》，载《法制与社会》2016年第3期。

③ 参见武晓雯：《终身监禁，国外是怎样执行的?》，http://world.people.com.cn/n/2015/0826/c157278-27518463.html，2017年2月8日访问。

④ 参见郝湛博：《增设终身监禁的意义与适用问题》，载《决策论坛——区域发展与公共政策研究学术研讨会论文集》（下），第253页。

于他在被终身监禁的刑罚执行过程中是否具有重大的立功表现[①]，这存有争议，其实这也是古典学派与现代学派之争，究竟是静态地看待罪责刑相适应还是动态地看待这一原则，在刑罚被确定时主要根据行为人已然的行为等，在刑罚被执行时，需要观察其被改造的情况，刑法规定可以减刑、假释就是制度的最好体现。终身监禁中的不得减刑不得假释也面临着价值取向背后的解释。另外，或许遇上大赦特赦，或许符合监外执行的条件，除此以外，牢底坐穿。

二、终身监禁可替代死刑立即执行

根据《刑法修正案（九）》第44条的规定“犯第一款罪，有第三项规定情形被判处死刑缓期执行的，人民法院根据犯罪情节等情况可以同时决定在其死刑缓期执行二年期满依法减为无期徒刑后，终身监禁，不得减刑、假释”。

因此，依据上述立法和司法解释的规定，针对贪污受贿犯罪的死缓犯适用终身监禁措施，需要同时满足以下两个条件：其一，因严重贪污受贿犯罪被判处死刑缓期执行。终身监禁的适用对象必须是针对本应判处死刑立即执行的贪污受贿罪犯，基于慎用死刑的刑事政策，结合案件的具体情况，以及法律的相关规定，对其判处死缓。此种立法目的也体现在最高人民法院、最高人民检察院《关于办理贪污贿赂刑事案件适用法律若干问题的解释》（以下简称《解释》）中，该解释第4条第3款规定，死缓犯终身监禁的适用必须符合该条第1款[②]规定死刑（立即执行）的情形。可以看出贪污受贿犯罪判处死刑的条件比较高，要同时满足上述适用死刑的四个条件中，除数额标准在《解释》中已有概括规定外，其他三个条件：“犯罪情节特别严重、社会影响特别恶劣、使国家和人民利益遭受特别重大损失”都要求情节严重到一定程度，同时这些因素都需要法官综合社会舆论、案件具体情况、社会影响等多方面因素进行自由裁量，这也体现了适用刑罚的谨慎刑法的谦抑原则和尽量减少死刑适用的观念。

其二，人民法院根据“犯罪情节等情况”裁量认为应当适用终身监禁。根据《刑法修正案（九）》和《解释》的规定，人民法院根据犯罪情节等情况决定对被判处死刑缓期执行的犯罪分子是否适用终身监禁。《刑法修正案（九）》对贪污受贿犯罪的定罪量刑，由之前的“数额主导制”转变为“犯罪情节中心制”。“犯罪情节中心制”的确立，明确了犯罪情节因素在定罪量刑上的应有功能，但立法修改只是一个开端，还不能一劳永逸地解决问题。情节因素的非闭合性和不确定性，使得情节因素在以后的定罪量刑中存在边缘化的风险。[③] 这需要立法细化对犯罪情节的具体规定，深化裁判者对于犯罪情节的理解以便更好地在实践中运用，使得刑罚

---

① 参见张明楷：《终身监禁的性质与适用》，载《现代法学》2017年第3期。

② 参见最高人民法院、最高人民检察院《关于办理贪污贿赂刑事案件适用法律若干问题的解释》第4条第1款：贪污、受贿数额特别巨大，犯罪情节特别严重、社会影响特别恶劣、给国家和人民利益造成特别重大损失的，可以判处死刑。

③ 参见戴萍、陈鹏飞：《论贪污、受贿罪罪行体系的立法修改——以〈刑法修正案（九）〉为视角》，载《时代法学》2016年第4期。

与犯罪行为的社会危害性更相匹配，更加符合罪责刑相适应原则的要求。

自《刑法修正案（九）》出台以来，人民法院已先后对白恩培、魏鹏远、于铁义三名严重腐败犯罪分子判处了不得减刑、不得假释的终身监禁。人民法院对案件定罪量刑的论证部分大体相似，以白恩培案为例，从案件的判决①我们可以看出，在实践中，对于终身监禁的具体适用可以从实体和程序两个方面加以明确：在实体方面，司法解释明确规定对于那些判处死刑立即执行过重，判处一般死缓又偏轻的重大贪污受贿罪犯，可以决定终身监禁；在程序方面，凡是决定对犯罪分子适用终身监禁的，在一审、二审作出死缓裁判的同时应当一并作出终身监禁的决定，而不能等到死缓执行期间届满再视情况而定。就目前媒体披露出来白恩培案②、魏鹏远案③、于铁义案④的案件信息，这三个案件的具体犯罪情节和社会危害程度都十分严重，虽然论罪应当判处死刑，但鉴于他们到案后，如实供述自己的罪行，认罪悔罪，赃款赃物基本追缴，具有法定、酌定从轻处罚情节，故未被判处死刑。但是根据罪刑法定和罪责刑相适应的刑法基本原则，若仅判处死缓犯罪分子不能得到相应的惩处，故而同时裁量决定对其适用终身监禁。终身监禁就是让犯罪人在狱中度过余生，法院不得对其减刑、假释。犯人只有在符合监外执行的条件下可出狱，但大多他们由于身体或精神的原因客观上已无能力享受社会生活；另一种情况就是遇到国家大赦或特赦，这里有运气的成分，国家的开明并长治久安等条件需要同时具备。学界又出现争论，这样不是比死刑还残酷？无期徒刑并非真正的无期，而终身监禁真的是终身监禁，这种让人失去希望的刑罚难道不是生不如死吗？

犯罪主体、制定刑罚主体及社会中的第三人主体对终身监禁是否重于死刑都会有不同的结论，犯罪个人的价值观不同，生死观各异；立法者的价值判断、民意的舆论导向、国家的大政方针乃至文化传统等诸多因素影响国家即制定刑罚主体对两

---

① 参见《白恩培一审被判死缓》，http://www.spp.gov.cn/zdgz/201610/t20161010_168954.shtml，2017年2月7日访问。法院认为，白恩培受贿数额特别巨大，犯罪情节特别严重，社会影响特别恶劣，给国家和人民利益造成特别重大损失，论罪应当判处死刑。鉴于其到案后，如实供述自己的罪行，主动交代办案机关尚未掌握的大部分受贿犯罪事实；认罪悔罪，赃款赃物已全部追缴，具有法定、酌定从轻处罚情节，对其判处死刑，可不立即执行。根据犯罪事实和情节，依据刑法的有关规定，决定在其死刑缓期执行二年期满依法减为无期徒刑后，终身监禁，不得减刑、假释。

② 参见《白恩培成终身监禁“第一人”》，http://news.sohu.com/20161010/n469840450.shtml，2017年2月7日访问；参见《〈永远在路上〉之〈人心向背〉》，http://tv.cctv.com/2016/10/18/VIDARkmmgzM99ZOJY5JNyGDX161018.shtml，2017年2月8日访问。从中央纪委公开的相关案件的贪腐细节中，白恩培喜欢红木和茶叶，其妻张慧清酷爱翡翠和玉石，从白家查获的藏品多得让办案人员震惊。据中央纪委纪检监察室的办案人员说，他们光清理这些藏品就花了十几天的时间。

③ 参见《终身监禁！国家能源局“巨贪”魏鹏远一审被判死缓》，http://news.163.com/16/1017/11/C3IUSPDH0001899O.html，2017年3月1日访问。从公开的案件事实中，魏鹏远案是新中国成立以来检察机关一次起获赃款现金数额最大的案件，执法人员调去5台点钞机清点魏鹏远家中的赃款，因长时间不间断工作，竟当场烧坏了一台点钞机。

④ 参见《龙煤高管于铁义受贿超3亿　一审判死缓并终身监禁》，http://news.163.com/16/1022/17/C40GBO8N000187VE.html，2017年3月1日访问。在于铁义受贿案披露的细节中可知，于铁义犯罪时间持续多年，案情触目惊心，黑龙江省纪委案件检查一室副主任赵清洁在有关采访中介绍，于铁义有几十辆豪车，包括价值四五百万元的宾利和上千万元的劳斯莱斯。于铁义喜欢打牌，经常召集供应商陪他玩“斗地主”，供应商们必须随叫随到。

种刑罚的判断；社会中的第三人更为复杂，持报应主义、预防主义、人道主义会得出不同的结论，因此，无法论证或没有客观标准验证究竟终身监禁轻于死刑还是重于死刑，只能从生命是唯一的、不可替代的客观方面说明自由刑轻于生命刑。先能活下来，还有机会，一旦失去生命，对于其个人而言，全部归零。有学者认为，“终身监禁与人道主义的价值追求背道而驰”[①]，这依然是从不同的角度看待，人道主义也是相对的，自由刑相对于生命刑就是人道主义的，财产刑相对于自由刑也是人道主义的，虽然可能对于个别人的主观感受不同，但从宏观角度而言，这一点应当被确信。

世间很难有一种理论放之四海而皆准，如刑罚的一般预防或特殊预防，虽然目前学界基本达成共识，但是仍有巨大的认识空间可探究。有学者认为，“从预防刑的角度，终身监禁的设立排除了教育和改造犯罪人重归社会的可能，将犯罪人永久隔离于社会的做法不利于服刑人员重新做人，从而减少犯罪”。[②] 那么，以此推理，死刑更无改造的可能，人都已不存在，更谈何回归社会？正如以子之矛攻子之盾，这是无法论证下去更无法说服他人的观点。终身监禁与犯人回归本来就矛盾，设置它作为无期徒刑的执行方式之一，就是一种价值选择，舍前而顾后，就像我们一直被要求听党的话，同时依法治国，当两者一致时没有疑问，但当两者出现矛盾时，即党的利益与国家的利益或与公民的个人利益发生冲突时，我们是听党的话还是依法而定？虽然发生这种情况的概率极低，但如果发生怎么办？我们时常面临两难境地，当保障人权与保护社会一致时，禁止刑讯逼供、非法证据排除是司法工作的准则，当两者产生矛盾时，如面对极端恐怖分子的供与不供直接关系到数万人的生命安全时，是否对其刑讯逼供不能不是一个问题，换言之，禁止刑讯逼供也非绝对。

终身监禁更多地体现在国家对于贪污贿赂犯罪分子处罚的态度，以立法的方式规定下来，司法适用。惩罚与教育是刑罚的内在属性，刑罚具有剥夺功能、威慑功能、改造功能、教育功能、安抚功能和鼓励功能。[③] 每一刑种有其中的多项功能，但并不是所有的刑种都完全具备所有的功能，有些有侧重，有些有倾向，这一概括性的功能论证并不适用所有的刑种。

即便多元的价值观会使人们有各种不同的认识，但仅就生命的唯一性而言，这是事实并基本达成共识，对生命的尊重是每一个人、每一个国家应有的努力做法，终身监禁再残忍，相对于生命刑，它还是自由刑。人类早已开始追求不死，只不过二三十年后才有可能，“在追求幸福与不死的过程中，人类事实上是在努力把自己升级为神”。[④]“我们曾期望持久的满足感，但实际情形并非如此，处在一个地方所

① 参见吴雨豪：《论作为死刑替代措施的终身监禁》，载《环球法律评论》2017年第1期。

② 参见吴雨豪：《论作为死刑替代措施的终身监禁》，载《环球法律评论》2017年第1期。

③ 参见高铭暄、马克昌主编：《刑法学》，北京大学出版社、高等教育出版社2016年版，第129-222页。

④ 参见［以色列］尤瓦尔·赫拉利：《未来简史》，林俊宏译，中信出版集团股份有限公司2017年版，第38页。

得的幸福感和同一个地方联系在一起的幸福感似乎一定只能是短暂的。”① 幸福与不死都是相对的，没有绝对的幸福与不死，前者更为主观，后者更为客观。终身监禁制度设计是在生与死之间进行的一场博弈，这背后体现的是坚持刑法基本原则和尊重人权的双重考量。一方面犯罪分子犯罪情节、犯罪的严重后果和对社会秩序的破坏根据罪刑法定的规定足以对其适用死刑，同时考虑到罪责刑相适应的原则综合其认罪态度和积极配合的表现对其选择适用死刑缓期执行制度，但是判处其无期又不足以对其所犯的罪行作出最合理的惩罚，于是同时决定对其适用终身监禁制度。由死到生，又由生到对自由宣判死刑，这个角逐过程体现了对人权和社会秩序这两种法益之间的衡量，也体现了我国的刑罚思想的转变。

三、刑法与刑事政策的边界

虽然终身监禁可以作为替代死刑立即执行的措施之一，但在具体适用上不能混淆刑法与刑事政策，两者有一定的边界。刑法中的一项基本原则是从旧兼从轻原则，法不溯及既往，除非新法比旧法处罚轻，其标准应当以法定刑为限，它本身已包涵了立法者对罪质的考量及司法者的量刑规则。我国少杀、慎杀的刑事政策应当在刑法基本原则前提下适用，重法不具有溯及力，白恩培案不应当被判处终身监禁，② 即便终身监禁在现阶段可以成为替代死刑的措施，那也是两个层面的问题。法不溯及既往是刑法问题，少杀、慎杀是刑事政策问题，罪刑法定永远是刑事政策不可逾越的樊篱。

刑事政策的研究范畴在于，从长远角度而言，终身监禁制度设立的意义不能仅局限于贪腐领域的研究，根据国际上的刑罚实践来看，终身监禁充当着死刑的替代角色。《刑法修正案（九）》在典型的非暴力犯罪——贪腐犯罪领域引入该制度，为了顺应尊重保障人权减少死刑数量的刑法发展，循序渐进地推广该制度将逐步减少甚至是废除死刑适用，以此替代死刑。

终身监禁是一刑种还是一措施？学界主要存在以下几种学说：“刑种说、措施说”③，根据措施说的观点，终身监禁是针对严重贪污受贿犯罪的刑罚执行措施非新设刑种，笔者同意这一观点。但对于该制度适用的范围和空间学界还是持开放的态度，④ 更多的是把终身监禁制度提升到刑罚制度改革这个高度去研究⑤，这项制度本身既是对国外刑罚制度的借鉴也是本土化的创举，研究适用的空间巨大。

---

① 参见［英］阿兰·德波顿：《旅行的艺术》，南治国等译，上海译文出版社 2012 年版，第 22 页。

② 参见张明楷：《终身监禁的性质与适用》，载《现代法学》2017 年第 3 期。

③ 参见黄明儒、项婷婷：《论〈刑法修正案（九）〉“终身监禁”的性质》，载《湘潭大学学报》（哲学社会科学版）2016 年第 5 期。

④ 参见陈兴良：《犯罪范围的扩张与刑罚结构的调整——〈刑法修正案（九）〉评述》，载《法律科学》2016 年第 4 期，第 179 页。文章将贪污罪和受贿罪设置终身监禁列为加重生刑的重要立法措施，从刑罚结构的调整这一视角去研究终身监禁制度设立的重要意义，并没有仅仅局限于在某类犯罪中研究。

⑤ 参见魏东：《刑法总则的修改与检讨以〈刑法修正案（九）〉为重点》，载《华东政法大学学报》2016 年第 2 期。文章认为终身监禁制度的设立表面上仅仅是对贪污和受贿罪作出了创设性的修改，实则牵涉到了刑罚观念变化和刑罚制度改革的重大转变，对于今后我国制定颁行新的修正案也有特别的指导意义。

终身监禁制度与死刑制度之下的死刑缓期执行制度虽然两者的设立都是为了减少死刑的适用，但是它们也存在根本意义上的区别。死刑缓期执行的实质是刑罚制度之间的过渡桥梁，它将给予犯罪人转化刑罚处罚方式的机会，从而来减少死刑的适用。根据刑法中对死刑缓期执行制度的规定，犯罪人在死缓执行期间没有故意犯罪，2 年期满之后，减为无期徒刑；确有立功表现 2 年期满之后减为 25 年有期徒刑；如果故意犯罪，查证属实的，由最高人民法院核准，执行死刑。从中可以看出，针对犯罪人被判处死刑缓期执行后具体情节的不同，对接不同的刑罚制度。死刑缓期执行的本质属于附条件的不执行，附条件的刑罚转换，本应判处死刑的犯罪人由于其存在法定的情节而对其转变刑罚处罚方式。然而，不可减刑不可假释的终身监禁制度，并没有后续对接的刑罚，它是对犯罪人不附加任何条件的最终判决，从判决开始犯罪人就免予剥夺生命。一旦被判处终身监禁就意味着该犯罪人终身不得减刑、假释，不存在对犯罪人的考验期，意味着一个确定的判决将即刻生效。

终身监禁入刑的最大意义不应该局限在对于贪污贿赂犯罪的惩处，而是它的突破和实验意义，我们应该考虑到它的设立对于现行的刑罚制度的影响，以及对死刑制度的冲击。其表面上仅仅是针对贪污罪和受贿罪作出的终身监禁的创设性修改，实则牵扯到刑法观念的变化和刑罚制度改革的重大转变，对于今后我们国家制定颁行新的刑法修正案也具有特别的指导价值。①

目前的刑罚结构过度依赖死刑，主要原因是社会普遍认为死刑作为对生命自由彻底的剥夺是对犯罪分子最严厉的惩罚，死刑制度集中体现了刑法的震慑惩罚功能。而终身监禁制度的威慑力和影响力在某种程度上来说不亚于死刑。边沁曾经说过："给人恐惧最大的是持续的痛苦，而不是转瞬即逝的残忍场面。"从另一角度看，作为一个理性人来说，自由对于人的意义甚至比生命还重要，终身监禁从这一角度来说完全可以实现刑罚的报应目的，体现报应的正当性。

将终身监禁具体化在刑罚之中，无疑是在死刑过重和生刑过轻的两个极端间起到了调节作用。体现了对人权的保障和尊重。虽然目前终身监禁制度仅适用于贪污受贿犯罪领域，但是，可以扩大，在无法完全废除死刑的大背景之下，逐渐用终身监禁制度去替代死刑制度将有效减少死刑的适用量，将成为终身监禁制度的发展方向。

结合国外的实践经验，考虑到终身监禁制度对于刑罚目的的实现和刑罚改革的重要意义，作为死刑的替代措施，终身监禁在刑罚制度中应该与死刑位置类似，也就是说，在目前已有的最严厉的刑罚处罚方式——死刑基础之上，又增加一种新的刑罚处罚方式。按照目前从轻到重的刑罚体系排列顺序，死刑和终身监禁都适用于极为严重的犯罪行为，二者都应当归入最严厉刑罚这类，但两者的本质区别在于是否剥夺犯罪人的生命，死刑是对犯罪人的生命宣告终结，而不得减刑、不得假释的终身监禁制度是对当事人的自由宣告终结。以两者的本质区别作为划分界限，可以

① 参见魏东：《刑法总则的修改与检讨以〈刑法修正案（九）〉为重点》，载《华东政法大学学报》2016 年第 2 期。

划分死刑和终身监禁的适用范围。

四、终身监禁的扩大使用

随着人权观念的深入和刑法谦抑原则的广泛传播，“去死刑化”在很多国家已经实现，在1977年，全球只有16个国家废除了死刑，而如今则有140个国家（约占世界国家总数的三分之二）在法律上或实际操作中废除了死刑。我们应该看到死刑的废除是一种刑罚的改革也是一种社会制度的改变，它与一个国家的文化、经济、国民心态、社会心理有着千丝万缕的关系。

毕竟在中国这样一个有着悠久历史、社会心态比较复杂的社会中，民众在长期文化历史的熏陶下形成的报复心理注定废除死刑不能一蹴而就。目前理论上的共识是减少死刑，保留原因有：第一，中国在社会转型过程中的犯罪率居高不下①，现实生活中还存在危害国家安全、危害公共安全、危害人身安全等严重危害他人和社会法益的犯罪，保留死刑有利于惩治这些犯罪，保护国家和人民的重大利益；第二，死刑作为威慑力最高的刑罚，其存在会极大地震慑到犯罪人，起到特殊预防的目的，有利于刑罚目的的实现；第三，符合我国现阶段社会价值观念，由于历史和传统观念的影响保留死刑为广大公民支持，它的存在满足社会大众安全心理的需要。在笔者看来，虽然目前中国并没有废除死刑但是对死刑的使用慎之又慎，死刑存在的形式意义远高于其存在的实际意义。

有学者提出我国废除死刑的进程三步走②。致命暴力犯罪、非致命暴力犯罪、非暴力犯罪在某种意义上也存在着个案的差异，贪污贿赂犯罪如果数额特别巨大、情节特别恶劣，其社会危害性并不亚于刑法规定的任何一种犯罪，包括杀人、放火、强奸等暴力犯罪，既然终身监禁可以作为死刑替代措施，它也可以作为所有犯罪的死刑替代，无论从学派的发展还是刑法的规定，在逻辑上都是畅通的。终身监禁制度作为死刑与生刑之间的过渡，在量刑中给了裁判者更多的选择，原本应该判处死刑缓期执行的犯罪分子，依旧应当按法律规定判处死刑缓期两年执行。但是对于依照目前法律判处死刑立即执行过重，判处死刑缓期两年执行过轻的情况可是适用该制度，一方面减少死刑适用，另一方面也避免了处罚过轻的质疑。而在此过程中，不得“减刑、假释”已充分体现了罪责刑相适应原则。

终身监禁作为死刑的替代措施，在中国保留死刑但限制死刑的背景下，可针对所有规定死刑的法条加上终身监禁，将适用的特殊化向普遍化转变，将其作为主刑加入现有的刑罚体系，部分地替代死刑立即执行。

---

① 资料来源：中华人民共和国国家统计局，http：//data. stats. gov. cn/search. htm？ s＝%E7%8A%AF%E7%BD%AA%E7%8E%87，2017年4月10日访问。

② 参见赵秉志：《中国逐步废除死刑论纲》，载《法学》2005年第1期。

生刑与死刑的立法结构调整及其司法实效考量

——我国现阶段死刑控制模式的选择

茹士春*

2011年《刑法修正案（八）》废除了13个罪名的死刑，同时作出若干加重生刑的规定。这是中国死刑制度改革迈出的重要一步，也是新刑法修订20年以来刑罚体系最重要的变化。从某种意义上讲，加重生刑、限制死刑成为我国刑罚体系变革的重要指导理念。但是，接下来应当如何推进死刑向生刑过渡的进程是一个很值得探讨又没有形成共识的问题。对此，本文的观点是：在立法上废除死刑是我国刑法体系完善的必经之路，但在现阶段，死刑在司法中仍可发挥生刑无法替代的作用。因此，在立法上生刑与死刑更替进度应适当放缓，近期内修改刑法不是必须继续削减死刑罪名。

一、死刑适用率视角下死刑与生刑的关系

从抽象意义上讲，死刑罪名的数量与死刑的实际执行数量成正比，后者随着前者增减而起落。如果能够通过修改刑法一次性全面废除所有犯罪的死刑，就不可能存在死刑实际执行的情况了。但是，如果不能通过立法途径一次性废除全部死刑罪名而只能选择一部分死刑罪名率先废除，那么选择废除哪些罪名的死刑，就是一个直接决定对实际减少死刑执行数量能否产生实际效果以及效果是否明显的重要问题。我们知道，不同死刑罪名在实践中“顶格判”的概率并不相同甚至差距很大，或者说不同罪名的死刑适用率是不相同的。对于死刑适用率高的死刑罪名而言，其死刑一旦废除，则无疑会对实际减少死刑执行的数量产生立竿见影的效果，但是对死刑适用率很低或备而不用的死刑罪名而言，即使废除了死刑，对实际减少执行死刑的数量来说也可能收效甚微。从逻辑上讲，如果不是一次性全面废除全部死刑罪名而是只能分期筛选削减，在死刑适用率较低的罪名废止死刑之前，作为“死刑大户”的重罪的死刑不可能率先废除；而在几种“大罪”的死刑废止之前，其他死刑罪名的削减对真正减少死刑适用又无济于事，于是，如何确立削减死刑罪名的筛选标准就成为我国目前死刑立法控制面临的一个现实难题。

《刑法修正案（八）》取消的都是近年来“较少适用或基本未适用过”的死刑罪名。《关于〈刑法修正案（九）（草案）〉的说明》中也指出：“这次准备取消死刑的9个罪名，在实践中较少适用死刑，取消后最高还可以判处无期徒刑。”可见，死刑适用率是《刑法修正案（八）》和《刑法修正案（九）》遴选废除死刑

* 西南政法大学刑事侦查学院讲师，民商法学院博士后研究人员。

罪名时考虑的共同因素。有学者指出“目前，我们在这方面（指死刑研究——引者注）存在一个突出问题是，死刑信息不公开，对死刑无法进行实证研究。与此相联系，学术界对死刑问题的研究尚处于起步阶段，各种分类的、深入的、有说服力的研究成果还很难见到。”[①] 与理论上提出的其他标准相比，死刑适用率是可以进行统计和量化的指标，应当说已经具备实证研究的基本特征，但以死刑适用率作为削减死刑罪名的标准仍然说不上是非常“有说服力的研究成果”。因为，首先，从原因角度分析，某个罪名在特定统计周期内的死刑适用率低可能存在两种不同情况：一是此种犯罪达到适用死刑程度的案件比例低。以死刑适用率作为削减死刑罪名的标准应当特指此种情况，即有的犯罪虽然犯罪率并不低，但绝大多数甚至所有案件都没达到适用死刑的程度，如盗窃罪。二是此种犯罪本身的犯罪率低。由于犯罪率低，所以包括死刑在内的刑罚适用率自然也低，但这样的犯罪一旦发生，性质又可能非常严重，如战时犯罪。决定此类犯罪死刑的存废，显然不能以特定统计周期内死刑适用率高低为依据。可见，以死刑适用率作为划定削减死刑罪名范围的标准是存在一定局限的。[②] 其次，即使就上述第一种情况而言，犯罪达到适用死刑程度的概率又取决于犯罪危害轻重、社会治安好坏、刑事政策宽严等许多复杂的因素，而这些因素不但是变化的，而且对死刑适用率的影响程度也不相同。这决定了死刑适用率本身是一个动态指标，统计某种（类）罪名死刑适用率，必须经过足够长的统计周期才能得出可靠的结论。

二、从立法上过快废除死刑，可能导致死刑与生刑之间出现结构性断层

“死刑过重、生刑过轻”被认为是我国刑罚结构体系中的一个结构性缺陷，《关于〈刑法修正案（八）（草案）〉的说明》也指出，“我国的刑罚结构总体上能够适应当前惩治犯罪，教育改造罪犯，预防和减少犯罪的需要。但在实际执行中也存在死刑偏重、生刑偏轻等问题，需要通过修改刑法适当调整”。

所谓死刑过重是指“我国在刑法上规定的死刑罪名过多，在司法上适用死刑过滥”；生刑过轻则是指“我国刑罚体系中除死刑立即执行以外的刑罚方法过于轻缓。”[③] 所以，限制死刑与加重生刑并行推进就成为我国刑法结构调整的指导理念。正是在这种理念的指导下，《刑法修正案（八）》在作出了限制死刑规定的同时，还作出了若干加重生刑的规定，其中与死缓制度相关的规定有：将死缓减为有期徒刑的幅度由原来的“十五年以上二十年以下有期徒刑”修改限定为“二十五年有期徒刑”。增加规定“对被判处死刑缓期执行的累犯以及因故意杀人、强奸、抢劫、绑架、放火、爆炸、投放危险物质或者有组织的暴力性犯罪被判处死刑缓期执行的

① 刘仁文：《死刑的全球考察·译后记》，引自［英］罗吉尔·胡德：《死刑的全球考察》，刘仁文等译，中国人民公安大学出版社 2005 年版，第 629 页。

② 《刑法修正案（八）》划定削减死刑罪名的范围时采用了死刑适用率低、经济性和非暴力三个标准而不是只看死刑适用率，应该也是基于同样的考虑。

③ 陈兴良：《刑罚结构亟待调整：限制死刑　加重生刑》，载《人民检察》2007 年第 19 期。

犯罪分子，人民法院根据犯罪情节等情况可以同时决定对其限制减刑。”增加规定减刑后实际执行的刑期“限制减刑的死刑缓期执行的犯罪分子，缓期执行期满后依法减为无期徒刑的，不能少于二十五年，缓期执行期满后依法减为二十五年有期徒刑的，不能少于二十年。”

在以上规定中，限制死刑（立即执行）与加重生刑（死刑缓期执行）的立法进程看似同步，但对于废除死刑的罪名来说，由于在立法上废除了死刑，对被告人不但不能适用死刑立即执行，而且也不能适用死缓，有关死缓部分加重生刑的修改规定完全没有意义，其实际效果是从死刑立即执行直接降到无期徒刑，因此出现了“死刑已减，生刑未加”的处罚断层。“死缓制度是我国刑事立法上的独创”，[①] 在死刑向生刑过渡过程中发挥着重要的缓冲作用。从刑罚结构合理性的角度来看，废止某些罪名的死刑意味着死缓在这些罪名适用中所发挥的刑罚缓冲作用也会失去。如何尽量缩小由于不能适用死缓而导致的死刑与生刑之间出现的明显落差，是实践中适用已经废止了死刑的罪名时需要探索的问题。如何尽量保留死缓制度的缓冲作用，有效避免死刑与生刑之间的落差过大，是制定死刑立法控制规划时必须考虑的问题。

三、在立法上保留部分死刑，生刑加重后死刑的司法控制获得了更大的空间

理想的刑罚体系应当由衔接紧凑的刑罚措施构成，如果中间出现处罚上的断层，则会导致非轻即重的罪刑失衡现象。在我国刑法中，不同性质的刑种之间跨度过大集中体现为上文已经提到的刑罚体系中存在的“死刑过重、生刑过轻”这一缺陷，而为了保证“起到惩戒作用”，在司法实践中一般只能就高不就低、适用较重的刑罚填补这种立法上的处罚断层，所以“死刑过重、生刑过轻”的刑罚结构缺陷会直接导致被告人“出生入死”的巨大命运落差。从立法规定角度看，死刑过重与生刑过轻是分别代表两个极端的背离关系，但从法律适用角度看，生刑过轻又是死刑过重的一个诱因。按照陈兴良教授的分析，“在我国司法实践中，被判处死缓的，一般服刑 18 年左右可以重获自由；被判处无期徒刑的，一般服刑 15 年左右可以重获自由；被判处有期徒刑 15 年的，一般服刑 12 年可以重获自由”。[②] 如果这是司法实践中普遍执行的刑期折扣标准，对被告人判处死缓无非是让他“服刑 18 年左右”。法官如果认为这样判决难以“起到惩戒作用”，就很可能放弃适用死缓，选择适用死刑立即执行。可见，生刑过于轻缓会导致死刑的“替补”适用，出现死刑更重的局面。

如上文所述，为了在立法上完善刑罚结构，避免出现因生刑过轻导致死刑“替补”适用、出现死刑更重的局面，《刑法修正案（八）》在削减 13 个死刑罪名的同时还对加重生刑作出了一系列规定。对同时被废除死刑的若干罪名来说，加重生

① 马克昌主编：《刑罚通论》，武汉大学出版社 1999 年版，第 122 页。
② 陈兴良：《刑罚结构亟待调整：限制死刑　加重生刑》，载《人民检察》2007 年第 19 期。

刑的规定（特别是有关死缓的规定）的意义不大，反而可能由此产生“死刑已减，生刑未加”的处罚断层。但是对更多尚未废除死刑的罪名而言，加重生刑的规定的积极意义却非常明显。本文认为，《刑法修正案（八）》中加重生刑的规定（尤其是有关死缓的规定）的适用，会使死刑与生刑之间的衔接紧密化，此前由于生刑过轻难以“起到惩戒作用”不得不适用死刑立即执行的案件都可以适用死缓。早在10年前，陈忠林教授就提出，我国刑法规定的“对于应当判处死刑的犯罪分子，如果不是必须立即执行的，可以判处死刑同时宣告缓期二年执行”，应当理解为：“即使行为已经达到罪行极其严重的程度，并且‘应当判处死刑的犯罪分子’，只要没有充分理由必须立即执行的，一般都应当‘判处死刑同时宣告缓期二年执行’。特别是对那些即使按现行法律标准达到‘罪行极其严重’，‘应当判处死刑’的程度，但不是严重危及人身安全的非暴力性犯罪更是原则上都适用死缓。”“只要我们按此理解来正确地掌握判处死刑缓期二年执行的范围，我们完全可以将目前判处死刑立即执行的案件中的二分之一都判处为死缓。”① 可以预见，随着《刑法修正案（八）》的施行，由于以死缓为代表的生刑加重，所以完全可以在不影响刑罚功能发挥的前提下进一步扩大死缓的适用范围，死刑实际执行的案件必然会相应减少。也就是说，刑法修改加重生刑后，死刑的司法控制获得了更大的空间。

四、域外立法经验教训表明，立法废除死刑宜稳不宜急

有学者指出，“我国在死刑问题上‘一枝独秀’，会产生一系列的消极后果”，首先就是“容易与国际社会产生隔阂，影响我国的社会主义形象。”② 实际上，这不仅是大多数主张限制和废除死刑的学者所共同关心或担心的问题，也一直是国内刑法学界主张废除死刑的重要论据之一。本文认为，这种担心并非没有道理，只是应当指出，如果一个国家刑法中的死刑罪名数量为0，当然意味着该国在法律上完全废除了死刑；但对法律上未完全废除死刑的国家而言，在刑法中规定的死刑罪名数量一般并不是反映该国死刑立法状况的指标。长期担任联合国死刑问题顾问的罗吉尔·胡德教授所著《死刑的全球考察》一书的附录列表A1.6列出的反映各国死刑状况的三项主要指标是：（1）是否完全废除了死刑；（2）是否废除了普通犯罪的死刑；（3）是否保留但事实上废除了死刑。③ 由此可见，在国际视野中，反映一个国家死刑（如果没有在法律上完全废除死刑的话）立法状况的指标主要是死刑罪名的性质而不是数量。这也从另一个侧面表明，如果仅从改变国家在死刑问题上的形象角度来考虑，为了削减死刑罪名而削减死刑罪名甚至运用立法技巧“合并减少”死刑罪名的做法实无必要。根据相关统计，“截至2009年6月底，废止死刑的

---

① 陈忠林：《死刑与人权》，载陈兴良、胡云腾主编：《中国刑法学年会文集（2004年度）》（第一卷），中国人民公安大学出版社2004年版，第108页。

② 刘仁文：《死刑政策：全球视野及中国视角》，载陈兴良、胡云腾主编：《中国刑法学年会文集（2004年度）》（第一卷），中国人民公安大学出版社2004年版，第958页。

③ 参见［英］罗吉尔·胡德：《死刑的全球考察》，刘仁文等译，中国人民公安大学出版社2005年版，第515页。

国家数量达到了103个（其中95个国家废止了所有犯罪的死刑，无论和平时期或者战争时期实施的犯罪，也无论是军事法或平时法规定的犯罪；另外8个国家废止了普通犯罪的死刑，但是军事犯罪或者战时的间谍犯罪除外）”，“在法律上保留死刑的93个国家中，只有48个国家在过去的10年间曾经处决过死刑犯——约占所有联合国成员国的四分之一。联合国把其余的45个国家归类为事实上废止死刑的国家，即在过去的10年间没有处决过任何死刑犯。”[①] 可见，在国际视野中，一国只要在法律上废除了普通犯罪的死刑（尽管仍保留军事犯罪或战时间谍犯罪死刑），就可以算作“废止死刑的国家”；一国在法律上即使普通犯罪的死刑也保留，但只要10年内不处决任何死刑犯，也会被归入“事实上废除死刑的国家”的行列。域外立法的经验表明，在立法上削减死刑罪名的步伐不必过快。或者说，我国即使在刑法中保留死刑的罪名较多，但只要能够做到事实上减少甚至停止执行死刑，因死刑问题“容易与国际社会产生隔阂，影响我国的社会主义形象”的顾虑就完全可以解除。

在20世纪的前25年结束时，葡萄牙、圣马力诺、荷兰、挪威、瑞典以及意大利等国，废除了和平时期所有犯罪的死刑，但这些国家都在随后一段时间内重新恢复了死刑。[②] 时至20世纪90年代，尽管最终在立法上全面废除死刑在世界范围内早已成为大势所趋，但这个过程的发展仍然出现过反复。比如，“巴布亚新几内亚在1975年获得独立时曾废除了普通犯罪的死刑，但到1991年却又恢复了故意杀人罪的死刑。菲律宾曾在1987年推翻前总统马科斯的统治后废除了死刑，但在1993年又恢复并扩大了死刑的适用范围。在冈比亚，废除死刑的时间更短：仅从1993年到1995年。在美国，纽约州在废除死刑30年后又恢复了死刑”。[③] 虽然在这些国家或地区恢复死刑后几乎并未真正恢复执行死刑，但是这种情况首先难免有“早知今日，何必当初”的遗憾；其次又势必有损刑事立法的严肃性；而且这种立法上的反复会被看作违背国际潮流的“倒退”。域外立法的教训表明，在立法上削减死刑罪名的步伐不应过快。上述国家废除死刑后又恢复死刑的尴尬历史，对我国今后刑法立法来说无疑是前车之鉴：在立法上大规模削减死刑罪名必须等到条件具备、时机成熟，否则难免会走死刑仓促废除后又不得不恢复的弯路。

五、我国现阶段死刑控制模式应当是“司法先行、立法缓行”

在经历了激烈的死刑存废争论之后，我国法学理论界和实务界形成的一致看法是：死刑不能立即废除但应有所控制。但关于如何具体控制死刑，又是众说纷纭，没有定论。一般而言，死刑控制的具体模式大致可以分为立法控制与司法控制，其

---

① ［英］罗吉尔·胡德：《废止死刑：从全球视角看中国》，苗苗等译，载《刑法论丛》2010年第2卷，第44-45页。

② ［英］罗吉尔·胡德：《死刑的全球考察》，刘仁文等译，中国人民公安大学出版社2005年版，第2页。

③ ［英］罗吉尔·胡德：《死刑的全球考察》，刘仁文等译，中国人民公安大学出版社2005年版，第8页。

中立法控制又可进一步分为总则立法控制和分则立法控制。目前，只谈死刑的立法控制不讲司法控制的观点已经很少有人赞同。在都支持对死刑进行司法控制的前提下，由于对死刑立法控制所持的态度不同，有关死刑控制模式的观点又分化为两种基本理论倾向：第一种理论倾向可以称为“司法先行、立法缓行论”。持这种观点的学者认为，包括死刑罪名在内的任何法律规定都必须通过解释才能适用，“从法律逻辑上说，即使对现行刑法不做任何修改，法官也可以做到不判处一例死刑”。① 所以应当“通过（法院）司法逐步减少乃至不适用或不执行死刑，使死刑达到名存实亡的程度再从立法上废除。”② 第二种理论倾向可以称为“立法司法双管齐下论”。主张这种观点的学者认为，在通过司法实现对死刑的控制的同时，还要积极通过修改刑法的方式来逐步限制并最终废止死刑。

中央关于深化司法体制和社会体制改革的任务也要求，完善死刑法律规定，逐步减少适用死刑的罪名，但“逐步减少适用死刑的罪名”不意味着每次修改刑法都必须削减几个死刑罪名。本文赞成司法先行、立法缓行的观点，因为在尚不具备全面废除死刑的条件的现阶段，死刑的司法控制比立法控制更加稳妥、更不容易出错，而且只有在相对长期的司法控制过程中才能探索出在立法上逐步削减死刑罪名，并最终走向全面废除死刑的最佳方案。同时必须说明的是，赞同死刑控制“立法缓行”的观点不等于主张死刑控制的立法应当停顿。本文认为通过立法削减死刑罪名的进度应当放缓，只是对近期刑法立法（《刑法修正案（十）》）不必密集废除死刑罪名的一种理论建议，而不是否认在立法上削减死刑罪名是一个合理趋向，因为死刑的全面废除必然最终体现为在立法上削减全部死刑罪名。

---

① 张明楷：《刑法学者如何为削减死刑作贡献》，载《当代法学》2005 年第 1 期。

② 阮齐林：《中国控制死刑方略》，载陈泽宪等主编：《刑法理论与实务热点聚焦》（上卷），中国人民公安大学出版社 2010 年版，第 747 页。

我国死刑立法改革与完善的几点思考

鲜铁可[*] 肖先华[**]

死刑作为最严厉的刑罚方法，在立法上应当特别慎重。1997 年刑法全面修订以来，又以刑法修正案的形式进行了多次修改，死刑制度的修改是其中的重要组成部分。特别是《刑法修正案（八）》后，我国死刑立法改革进程明显加快，取得了明显成效。然而，死刑立法仍存在一些不协调的地方，需要进一步改革完善。

一、20 年来我国死刑立法状况

1979 年刑法对死刑采取很谨慎的态度，共规定了 28 个死刑罪名，其中，反革命罪 15 个，危害公共安全罪 9 个，其他罪名如故意杀人罪、强奸罪、抢劫罪和贪污罪 4 个；同时规定“死刑只适用于罪大恶极的犯罪分子”、“死刑不适用于犯罪时未满 18 岁的人和审判的时候怀孕的妇女”等限制性条件，还创设了死缓制度。20 世纪 80 年代后，我国陆续颁布了多部单行刑法，增设了一批死刑罪名。1997 年刑法典全面修订时，单行刑法中的相关罪名被纳入刑法，自此死刑罪名达 68 个，几乎占所有罪名的七分之一。

此后，虽然全国人民代表大会常务委员会多次颁布刑法修正案，但均未涉及死刑制度。直至 2011 年 2 月《刑法修正案（八）》出台，开创了在立法上改革死刑制度的先河，具有里程碑式的意义。主要内容有：一是废除了走私文物罪，走私贵重金属罪，走私珍贵动物、珍贵动物制品罪，走私普通货物、物品罪，票据诈骗罪，金融凭证诈骗罪，信用证诈骗罪，虚开增值税专用发票、用于骗取出口退税、抵扣税款发票罪，伪造、出售伪造的增值税专用发票罪，盗窃罪，传授犯罪方法罪，盗掘古文化遗址、古墓葬罪，盗掘古人类化石、古脊椎动物化石罪 13 个非暴力犯罪的死刑，占全部死刑罪名的近五分之一；二是进一步规定了死刑适用的限制性条件，即“审判的时候已满七十五周岁的人，不适用死刑，但以特别残忍手段致人死亡的除外”；三是完善了死缓制度，规定死缓执行期间，确有重大立功表现，2 年期满以后减为 25 年有期徒刑。对被判处死缓的累犯以及因故意杀人、强奸、抢劫、绑架、放火、爆炸、投放危险物质或者有组织的暴力性犯罪被判处死缓的犯罪分子，可以同时决定限制减刑。

2015 年 8 月颁布的《刑法修正案（九）》再一次修改了死刑制度。主要内容是：一是废除了走私武器、弹药罪，走私核材料罪，走私假币罪，伪造货币罪，集资诈骗罪，组织卖淫罪，强迫卖淫罪，阻碍执行军事职务罪，战时造谣惑众罪 9 个

---

* 最高人民检察院公诉二厅厅长，中国刑法学研究会常务理事。

** 最高人民检察院公诉二厅干部。

罪名的死刑，刑法可适用死刑的罪名减至 46 个；二是进一步规定了死刑适用限制性条件，即死缓执行期间故意犯罪，情节恶劣的才报请最高人民法院核准后执行死刑；三是创设了职务犯罪终身监禁制度，规定职务犯罪被判处死缓的，可以同时决定在死缓减为无期徒刑后，终身监禁，不得减刑、假释。

20 年来，经过多次立法修改，我国死刑制度取得了巨大进步，死刑罪名减少了三成以上，进一步限制了死刑适用的条件，调整了死刑、死缓、无期徒刑和有期徒刑的内在结构关系，优化刑罚体系。尽管如此，我国死刑立法改革仍有较大空间，需要进一步加强研究，厘清思路，统一认识，推动死刑立法在更高层次上的改革完善。

二、死刑立法的基本思路

长期以来，死刑问题成为我国刑法学界研究的热点，关于死刑立法改革争论的代表性观点有：

一是主张立法上扩张死刑。该观点认为，考虑到社会治安形势以及死刑威慑力等方面的因素，应增设必要的死刑罪名。[①] 目前，持这种观点的学者较少。

二是主张立法上立即废除死刑。该观点认为，“死刑必须立即予以废除，而且越快越好，哪怕提早一天都是好的”。[②]

三是主张立法上当前保留死刑，但严格限制死刑，将来再废除死刑。这是当前刑法学界普遍认同的观点。部分学者还设计了具体路径，赵秉志教授提出了三阶段论主张，第一阶段，从 2005 年至 2020 年，先废除非暴力犯罪的死刑，包括侵犯个人法益的财产型非暴力犯罪、无具体被害人的侵犯社会法益型非暴力犯罪、贪污贿赂型非暴力犯罪、侵犯社会法益的危害公共安全型非暴力犯罪。对于侵犯国家法益的危害国家安全型非暴力犯罪、危害国防利益型非暴力犯罪以及军人违反职责型非暴力犯罪，在全面废除死刑前，保留死刑规定；第二阶段，再经过 10 年至 20 年的发展，进一步废除非致命性暴力犯罪的死刑，对于原本属于故意致命性的普通暴力犯罪，可将其转以故意杀人罪论处，从而废除其死刑；第三阶段，至 2050 年左右，全面废除死刑。[③]

我们认为，一方面，严格控制死刑体现了保障人权的理念，符合我国保障人权的宪法原则，顺应了严格控制死刑乃至废除死刑的国际潮流。据统计，截至 2014 年 12 月 31 日，全球已有 140 个国家废除及不使用死刑，仍维持死刑的只有 58 个国家，也即目前全球已有超过 2/3 的国家废除死刑，且 2014 年世界各地执行死刑数量比 2013 年下降了 22%。[④] 目前，欧洲除白俄罗斯外的其他国家以及加拿大、澳大

① 参见张利民：《关于中国死刑适用的思考》，载《现代法学》1994 年第 6 期；何秉松：《我国犯罪形势、原因与形势政策》（下），载《政法论坛》1989 年第 6 期。

② 曲新久：《推动废除死刑：刑法学者的责任》，载《法学》2003 年第 4 期。

③ 参见赵秉志：《中国逐步废除死刑论纲》，载《法学》2005 年第 1 期。

④ 参见赵秉志、黄耀佳：《台湾地区死刑废除运动的困境及建议》，载赵秉志主编：《刑法论丛》（2016 年第 1 卷），法律出版社 2016 年版，第 510-511 页。

利亚等主要国家均已废除死刑，在以往废除死刑进程较为缓慢的亚洲地区，近年来也出现了一些新的进展。例如，日本将死刑作为一种“极其例外的象征性刑罚”来加以适用。[①] 相比之下，我国的死刑罪名虽然经过多次刑法修改后大幅下降，但总体上仍然偏多，内部结构上仍存在着不平衡、不协调的地方，需要进一步修改完善。

另一方面，虽然“死刑作为理念是应当废除的。然而抽象地论述死刑是保留还是废除，没有多大意义。关键在于重视历史的社会的现实，根据该社会的现状、文化水平的高下等决定之。”[②] 我们认为，从当前我国的实际情况来看，保留死刑仍具有合理性，在相当长一段时间内，我国仍将保留死刑，将死刑适用于极少数罪行极其严重的犯罪分子。我国幅员辽阔，社会发展不平衡，将长期处于社会主义初级阶段，当前正处于社会转型期，各种风险、矛盾高发，社会治安形势较为严峻，对于暴力、恐怖主义等极端恶性案件要严厉打击，短期内尚未达到废除死刑的条件。我国民众对于保留死刑也有着强烈的认同感，认为死刑是实现社会正义的必要手段，在某些情况下甚至是唯一手段。死刑具有广泛的民意基础，对于影响群众安全感的严重犯罪，人们要求从严惩处，必要时适用死刑。[③]

三、死刑立法展望

（一）进一步减少死刑罪名

在刑法修正案两次减少死刑罪名的基础上，当前死刑罪名配置上仍不尽合理，需要进一步删减。“逐步减少适用死刑罪名”也是党中央在十八届三中全会《关于全面深化改革若干重大问题的决定》中明确提出的改革任务之一。对于死刑罪名的配置问题，相关国际公约给我们提供了有益借鉴。联合国《公民权利和政治权利国际公约》第5条规定，在未废除死刑的国家，判处死刑只能是作为对最严重的罪行的惩罚。对于何谓“最严重的罪行”，联合国经社理事会《关于保障面临死刑的人的权利的保障措施》第1条规定为不应超过致命的或其他极度严重后果的故意犯罪。我国学者进一步从刑罚理性即刑罚的正当性根据方面进行了阐释，指出死刑只应分配于所侵害的权益的价值不低于人的生命的价值的犯罪。[④] 换言之，死刑罪名的配置要充分考虑刑罚的效益，以最低的刑罚成本换取最大的刑罚效果。当死刑所保护的权益的价值大于人的生命时，死刑是有益的。当死刑所保护的权益的价值小

① 参见刘仁文：《死刑的全球视野与中国语境》，中国社会科学出版社2013年版，第9-13页。

② ［日］正田满三郎：《刑法体系总论》，良书普及会1979年版，第371页。转引自马克昌：《比较刑法原理——外国刑法学总论》，武汉大学出版社2002年版，第768页。

③ 近年来，一些学者对死刑立法存废的民意问题作了调研。例如，2003年，西北政法大学对包括法学、非法学共1873名本科生进行的死刑问卷调查显示，75.6%的人表示应保留死刑，参见贾宇：《死刑实证研究之死刑观的调查报告》，载《法学评论》2005年第3期。2004年，武汉大学对以律师、公检法人员为主体的2019人进行的死刑问卷调查显示，强烈支持或支持死刑制度的占67.1%，持中立态度的占16.4%，参见康均心：《理想与现实——中国死刑制度报告》，中国人民公安大学出版社2005年版，第28页。

④ 参见邱兴隆：《刑罚理性导论——刑罚的正当性原论》，中国政法大学出版社1998年版，第360-361页。

于人的生命时，死刑即使有效，也是无益的。[①]

具体而言，国家安全是我国刑法首要保护的法益，现有的7个死刑罪名在配置上符合刑罚效益原则，且刑法明确规定“对国家和人民危害特别严重、情节特别恶劣的”才判处死刑，因此是合适的。公共安全也是高于人的生命的权益，总体上可配置死刑，但现有14个死刑罪名中的破坏交通工具罪，破坏交通设施罪，破坏电力设备罪，破坏易燃易爆设备罪，非法制造、买卖、运输、邮寄、储存枪支、弹药、爆炸物罪，非法制造、买卖、运输、储存危险物质罪，盗窃、抢夺枪支、弹药、爆炸物、危险物质罪，抢劫枪支、弹药、爆炸物、危险物质罪8个罪名，破坏、制造、买卖、运输、邮寄、储存、盗窃、抢夺、抢劫等行为本身的危害性不足以配置死刑，建议调整罪名，规定故意致人死亡时按故意杀人罪处理，其他情形不再配置死刑。[②] 破坏社会主义市场经济秩序罪总体上不宜配置死刑，但鉴于我国食品、药品安全问题突出，刑法规定生产、销售假药罪，生产、销售有毒、有害食品罪在致人死亡或者有其他特别严重情节时可适用死刑，是必要的。在侵犯公民人身权利、民主权利罪方面，现有的5个死刑罪名中，故意伤害罪，强奸罪，拐卖妇女、儿童罪3个罪所保护的身体健康权、性自主权等权利的价值低于生命的价值，一般情况下可废止死刑规定，仅保留个别极端情况下的死刑适用。[③] 侵犯财产罪、妨害社会管理秩序罪总体上不宜配置死刑，建议对现有的抢劫罪、暴动越狱罪、聚众持械劫狱罪3个死刑罪名进行调整，规定故意致人死亡时按故意杀人罪处理，其他情形不再配置死刑。因毒品犯罪危害极大，是我国严厉打击的犯罪，配置一定数量的死刑罪名是合适的。危害国防利益罪中的破坏武器装备、军事设施、军事通信罪，故意提供不合格武器装备、军事设施罪，因国防利益的特殊重要性，目前配置死刑是合适的。贪污贿赂罪方面，因当前我国反腐败斗争形势严峻，民众对贪污贿赂犯罪反映强烈，关系人心向背，可暂时保留贪污罪和受贿罪的死刑规定。军人违反职责罪方面，因军事利益关系国家政权安危，对部分犯罪行为可配置死刑，但现有10个死刑罪名中的盗窃、抢夺武器装备、军用物资罪和非法出卖、转让武器装备罪危害性较小，可废除死刑规定。上述罪名是我们认为应当优先废止死刑的罪名，随着刑事法治的进步，死刑罪名应逐渐缩减至严重危害国家安全及致命性暴力犯罪等少数领域，实现死刑配置的科学、合理。

（二）进一步细化死刑罪名分类

当前，司法实践中适用死刑最多的有两个罪名，即故意杀人罪和走私、贩卖、运输、制造毒品罪。为了减少实际适用死刑的数量，必须在立法上重点改革这两个罪名。基本思路是细化罪名，区别对待不同类型的杀人犯罪和毒品犯罪。根据宽严相济刑事政策，重点打击蓄意谋杀犯罪与走私、制造、贩卖毒品犯罪，尤其是累

---

① 参见邱兴隆：《死刑的效益之维》，载《法学家》2003年第2期。

② 《刑法修正案（九）》已废除走私武器、弹药罪、走私核材料罪的死刑，相比之下，运输枪支、弹药、爆炸物罪，运输危险物质罪的社会危害性更小，更应废除死刑。

③ 《刑法修正案（九）》已废除了组织卖淫罪、强迫卖淫罪的死刑，刑法规定“强奸后迫使卖淫”作为该罪的加重情节，相比之下，强奸罪的社会危害性更小，更应废除死刑。

犯、再犯和有组织犯罪；而对于民间矛盾等因素引发的非谋杀犯罪，毒品犯罪中的普通受人指使的运输毒品犯罪，初犯、偶犯，可在立法上明确不配置死刑。具体而言：

刑法第232条对故意杀人罪进行了规定，非法拘禁、刑讯逼供、聚众斗殴等行为致人死亡的转化为故意杀人罪定罪处罚。但根据刑法规定，并非所有故意致人死亡的行为均转化为故意杀人罪，如强奸罪、抢劫罪等。总的来看，我国对于故意杀人罪规定的罪状十分简单。有观点认为，这样规定原则、简练，可以使司法机关有较大的裁量余地，以应对较复杂的司法实践。① 而实际上，故意杀人罪规定过于简略，且将故意杀人行为分散在刑法分则中分别予以规定，容易引起司法适用混乱，不利于严格控制和慎重适用死刑。一方面，立法对于故意杀人罪缺乏明确具体的罪状描述，不利于贯彻罪刑法定原则，致使故意杀人行为作为一类犯罪不分具体情况进行司法评价，而故意杀人罪的法定刑从重往轻排列，首当其冲的是死刑，司法中难以抑制适用死刑的冲动，容易导致死刑适用扩张。另一方面，故意杀人罪立法粗略，对刑事司法缺乏明确指引，导致自由裁量权过大，实践中一些故意杀人犯罪"同案不同判"，罪刑不相适应，甚至产生死刑适用错误。从国外情况看，各国普遍将故意杀人罪进行细分，如谋杀罪、非预谋杀人罪、杀婴罪等，配置不同的法定刑。在我国历史上，如秦汉律与唐律，也对故意杀人行为进行分类规定，分别处罚。② 因此，我国立法有必要进一步区分故意杀人犯罪的类型，将故意杀人行为作系统性规定，确保死刑严格公正适用。在罪名上，进一步区分蓄谋杀人、普通杀人、激愤杀人等不同类别，原则上只在蓄谋杀人方面配置死刑；在行为方式上，死刑适用的重点是蓄意和有预谋地杀人，以极其残忍的手段杀人，故意杀害多人，抢劫、强奸以及妨害公务中的杀人，有组织或者集团犯罪杀人，暴力恐怖和黑恶势力杀人，冒充军警、执法人员杀人等。对于因民间矛盾引发的杀人，因被害方过错引发的杀人，被告人具有法定从轻情节的杀人等普通杀人犯罪可不规定死刑。

在毒品犯罪方面，刑法将走私、贩卖、运输、制造毒品行为并列作为选择性罪名进行规定。这一规定的主要问题有：一是走私、贩卖、运输、制造行为社会危害性并不相同，特别是运输毒品行为，本身属于走私、制造、贩卖毒品犯罪的中间环节，在整个毒品犯罪中具有从属性、辅助性特点，其危害性显然比其他几类行为较小，将其与其他几类行为适用同一法定刑有失妥当。建议在立法上明确规定运输毒品罪原则上不适用死刑。作为例外情况，对于运输毒品犯罪集团首要分子、主犯、毒枭、职业毒犯、毒品再犯、武装掩护运输毒品以及以运输毒品为业、多次运输毒品的犯罪分子，以及具有运输毒品数额巨大或者特别巨大等情节的，可依法适用死刑。二是走私、贩卖、运输、制造行为性质各异，实施相应的行为均可构成独立的犯罪，与通常的选择性罪名在行为性质、主体等方面相同或相似有很大不同，且立法将走私、贩卖、运输、制造行为作为选择性罪名规定，容易导致将数个行为叠加

---

① 参见周其华：《中国刑法罪名释考》，中国方正出版社2000年版，第329页。

② 参见刘晓林：《秦汉律与唐律"谋杀"比较研究》，载《甘肃社会科学》2013年第2期。

重复评价，或者以某一行为吸收其他行为简单评价，引发刑罚的畸重或畸轻，不利于死刑的公正适用。建议在立法上适时将走私、贩卖、运输、制造毒品进行分别规定。总的来说，死刑适用重点应当放在走私、制造毒品和大宗贩卖毒品等源头性犯罪，毒枭、职业毒犯、再犯、累犯、惯犯、主犯等主观恶性深、人身危险性大、危害严重的毒品犯罪分子，以及武装掩护犯罪，暴力抗拒检查、拘留、逮捕，多次、向多人实施毒品犯罪，参与有组织的国际贩毒活动等。对于罪行较轻，具有从犯、自首、立功、初犯等法定、酌定从宽处罚情节的犯罪分子，要区别对待，做到罪刑相适应。

（三）进一步完善死刑的配套制度

死刑立法改革与完善是一项系统工程，不仅要修改死刑罪名和完善死刑的适用标准，还需要健全死刑的配套制度。主要有：

首先，完善死刑适用的消极条件。目前，我国刑法规定的死刑适用的消极条件包括未满 18 岁的未成年人犯罪，审判时怀孕的妇女和已满 75 周岁的老年人犯罪，其中，已满 75 周岁的老年人犯罪以特别残忍手段致人死亡的除外。这些死刑适用的消极条件，对特殊人群进行了特殊保护，彰显了法治文明。实践中，还有一类特殊人群犯罪值得特别关注，即精神病人犯罪。刑法第 18 条规定，间歇性的精神病人在精神正常的时候犯罪，应当负刑事责任。尚未完全丧失辨认或者控制自己行为能力的精神病人犯罪的，应当负刑事责任，但是可以从轻或者减轻处罚。可见，我国对限制刑事责任能力的精神病人并未完全排除死刑的适用。联合国《关于保证面临死刑者权利的保护的保障措施》规定，精神病人列入不适用死刑之列。[①] 在国际刑事司法领域以及不少国家的立法，也采取了对精神病人限制适用死刑的态度。可以说，对精神病人排除死刑适用是大势所趋。我们认为，精神病人作为一类特殊主体应当特别对待，目前刑法特殊保护的力度仍然不够，建议立法上明确规定限制刑事责任能力的精神病人犯罪不适用死刑，实现罪刑相适应，发扬人道主义精神。

其次，完善死缓的适用条件。我国刑法第 48 条规定，对于应当判处死刑的犯罪分子，如果不是必须立即执行的，可以判处死刑同时宣告缓期二年执行。死缓制度是我国刑法的独创，“对于减少死刑立即执行数量、限制死刑立即执行适用范围，起到了重要的作用，受到了学界的普遍好评甚至国际社会的高度赞赏”。[②] 鉴于死缓制度在减少、限制死刑方面的独特作用，发挥好死缓的作用成为刑法学界和司法实务界的共识。有学者认为，刑法应将死缓作为所有判处死刑案件的必经程序[③]，有的甚至建议将死缓规定为独立的刑种。[④] 从刑法规定来看，死刑的适用标准是罪行极其严重，判处死刑的犯罪分子不是必须立即执行的可宣告死缓，也就是说，罪行极其严重的犯罪分子不是必须立即执行的可宣告死缓，只有在必须立即执行的情

---

① 参见赵秉志、［加］威廉·夏巴斯：《死刑立法改革专题研究》，中国法制出版社 2009 年版，第 14 页。

② 高铭暄：《略论中国刑法中的死刑替代措施》，载《河北法学》2008 年第 2 期。

③ 参见张文、黄伟明：《死缓应当作为死刑执行的必经程序》，载《现代法学》2004 年第 4 期。

④ 参见刘仁文：《建议将死缓改为一独立的刑种》，载《法制日报》1996 年 11 月 14 日。

况下才使用死刑立即执行。由此可见，“罪行极其严重”只是死刑适用的基本门槛，实际上仅达到死缓的适用标准，只有以此为基础达到“必须立即执行”的程度才能适用死刑立即执行。如果将罪行极其严重理解为死刑立即执行的标准，则刑法规定“应当判处死刑（立即执行）的犯罪分子”，又规定“如果不是必须立即执行”就存在明显的逻辑矛盾。所以，刑法关于死刑的规定存在一种递进的逻辑关系，死刑适用时要“首先考察是否属于‘罪行极其严重’，以确定是否达到适用普通死缓的标准；其次考察是否满足第50条第2款规定的条件，以确定能否适用死缓限制减刑；最后考察是否属于‘必须立即执行’，以确定应否适用死刑立即执行。”① 换言之，死刑适用应将死缓的适用作为原则，以死刑立即执行作为特例。遗憾的是，实践中往往首先考虑对被告人适用死刑立即执行，只是在具有从轻情节等特殊情况下才考虑适用死缓作为例外。因此，建议在立法上进一步明确死缓的适用条件，规定在死刑适用时首先考虑死缓的适用，有特别的严重情节确实必要时才适用死刑立即执行。

再次，扩大死缓、死缓限制减刑的适用范围。死刑立即执行与死刑缓期二年执行的界限，刑法并无明确规定。我们认为，对于死缓适用的条件“不是必须立即执行”，应当结合罪行和刑事责任的大小来进行把握。从主客观一致的角度来考虑，则只有行为的客观危害严重，行为人的主观恶性和人身危险性大的情况下才能适用死刑立即执行，其他情况下只能适用死缓，包括行为的客观危害相对较轻，行为人的主观恶性和人身危险性相对较小；行为的客观危害相对较轻，行为人的主观恶性和人身危险性大；行为的客观危害重，行为人的主观恶性和人身危险性相对较小。具备法定从轻或减轻处罚情节的被告人，一般可视为“不是必须立即执行”的犯罪分子，常见的情节如自首、立功、重大立功、限制刑事责任能力等，建议在立法上予以明确。对于具有酌定从轻处罚情节的被告人，结合案件具体情况也可不判处死刑立即执行，而适用死缓。常见的酌定从轻处罚情节包括：一是因婚恋、邻里等民间矛盾引发；二是被害人存在一定过错；三是积极赔偿被害方；四是在共同犯罪中作用相对较小；五是因激愤而引发犯罪或事出有因；六是犯罪后积极救助被害人；七是基于生理、精神、身份等原因形成的特定主体，如偶犯、初犯、残疾人等；八是属于值得保存的“活证据”，从而有可能破获其他重大案件或可以用作犯罪学或犯罪心理学研究的活材料的；九是出于国家政治、外交、统战、重大科研等特殊需要的；十是有其他应留有余地的情况。② 对于上述酌定量刑情节，建议在立法上适时予以规定，为刑事司法提供明确的指引。

《刑法修正案（八）》创设了死缓限制减刑制度，对被判处死缓的累犯以及因故意杀人、强奸、抢劫、绑架、放火、爆炸、投放危险物质或者有组织的暴力性犯罪被判处死缓的犯罪分子，可以同时决定限制减刑。这一规定为罪责介于死刑立即执行与死缓之间的犯罪提供了制度选择，对严格控制死刑，少杀、慎杀有着重要的

① 劳东燕：《死刑适用标准的体系化构造》，载《法学研究》2015年第1期。

② 参见祝铭山：《中国刑法教程》，中国政法大学出版社1998年版，第162页；张正新：《中国死缓制度的理论与实践》，武汉大学出版社2004年版，第106-112页。

意义。值得注意的是，在当前司法实践中，除致命性暴力犯罪被判处死刑较多外，毒品犯罪死刑适用增长较快。与致命性暴力犯罪相比，毒品犯罪作为非暴力犯罪，在死刑适用时更应当从严控制。因此，建议在立法上将毒品犯罪，特别是毒品再犯纳入死缓限制减刑的适用范围，以便更好地解决毒品犯罪死刑适用的难题。

最后，进一步处理好“死刑”和“生刑”的刑罚衔接。长期以来，我国刑法死刑罪名较多，而无期徒刑和有期徒刑实际执行期限较短，导致“死刑过重”、“生刑较轻”的局面，不利于严格控制死刑，甚至有悖于罪刑相适应原则，呈现出刑罚结构性矛盾。随着刑法修正案的多次修改，这一矛盾得到一定程度的缓解。《刑法修正案（八）》规定了被判处死缓限制减刑的犯罪分子，缓期执行期满后减为无期徒刑的，实际执行期限不少于25年，缓期执行期满后减为25年的，实际执行期限不少于20年；无期徒刑的实际执行期限提高到不少于13年；此外，还将有期徒刑数罪并罚最高宣告刑期提高到25年。然而，从总体上看，普通死缓和无期徒刑实际执行期限规定的仍然偏短，与死缓限制减刑、有期徒刑的衔接尚存在不平衡问题。建议立法上进一步提高普通死缓和无期徒刑的实际执行期限，为严格控制和慎重适用死刑提供有利条件。

死刑修改的刑罚论分析

魏　东*

我国1997年刑法典颁行以来20年时间里，刑罚改革力度较大，内容较多，其中包括死刑、财产刑、资格刑以及数罪并罚制度、死缓制度、缓刑制度、减刑制度、假释制度的修改，还包括新增规定社区矫正、禁止令、职业禁止等保安处分措施。应当说，近20年来刑罚改革的成果和利弊得失值得展开深入研讨，既为今后我国刑罚改革提供恰当的理论指导，更有利于确保我国刑罚改革的正确发展方向，意义十分重大。本文专门研讨死刑修改所涉法理问题，以期抛砖引玉，共襄我国的刑罚改革壮举。

一、近20年来死刑修改的基本内容、主要成就与不足

我国近20年来较大规模地废除死刑，修改完善死缓执行制度，取得了举世瞩目的成绩。我国最高立法机关在1997年刑法典总则中删除了之前对不满18周岁的未成年人可适用死缓的规定并将死刑罪名的数量由之前的72种减至68种的基础上，分别在2011年《刑法修正案（八）》废止13种罪名的死刑，①在2015年《刑法修正案（九）》废止9种罪名的死刑，目前我国刑法规定的死刑罪名数下降至46种。②在此基础上，《刑法修正案（九）》对死刑缓期执行制度予以修改完善，将死缓期间只要有故意犯罪就核准执行死刑的规定，修改为只有故意犯罪、情节恶劣的才核准执行死刑，提高死缓执行死刑的门槛，有利于实务上大幅度削减死刑的实际执行；同时，新增规定死缓犯报备制，即规定“对于故意犯罪未执行死刑的，死刑缓期执行的期间重新计算，并报最高人民法院备案”，有利于规范死缓执行制度，也有利于最高法对死缓执行制度的贯彻实施予以有效监管。

应当说，我国在死刑立法上的这些修改较好地体现了死刑削减和死刑严格限制的刑事政策精神，方向明确，路径正确。关于中国死刑制度改革的路径，中国刑法学界有的主张死刑制度改革应采取司法改革的路径③，有的主张死刑制度改革应采取立法改革的路径④，而较多的学者主张死刑制度改革应当采取立法与司法并进的路径⑤。赵秉志教授指出，我国死刑制度改革应当采取立法废减死刑与司法限制适

---

* 四川大学法学院教授、博士生导师，法学博士。

① 参见赵秉志：《再论我国死刑改革的争议问题》，载《法学》2014年第5期。

② 参见魏东：《〈刑法修正案（九）〉之五读五问》，载《法治研究》2016年第2期。

③ 参见潘庸鲁：《中国语境下死刑限制非常规路径探讨》，载《东方法学》2009年第4期。

④ 参见钊作俊：《中国死刑制度改革论纲》，载《甘肃政法学院学报》2005年第2期。

⑤ 参见赵秉志：《中国现阶段死刑制度改革的难点及对策——从刑事实体法视角的考察》，载《中国法学》2007年第2期。

用死刑并进的路径，以适度超前的死刑制度改革引导民众死刑观念的转变，根据社会发展阶段并结合死刑罪名的不同情况逐步废减死刑，最终目标是争取在21世纪上半叶分三个阶段逐步废止死刑。[①] 可以看出，目前我国立法废减死刑与司法限制死刑的实践大体上是按照这种既定思路向前推进，现有成效值得充分肯定。

但是不容忽视的问题也逐步暴露出来。一是当前我国立法废减死刑的整体步伐仍然缓慢，尤其是当前废减死刑的主要犯罪不仅仍然仅限于非暴力犯罪，而且我国至今保留了大量的非暴力犯罪死刑规定，目前我国刑法保留的死刑罪名数量仍然有46种之多，深刻表明立法废减死刑的任务艰巨，难以确保在可以预期的时间段完成废减死刑的立法修改任务。二是死刑观念、重刑思想仍然顽固地残存于部分学者、官员和民众之中，从《刑法修正案（八）》和《刑法修正案（九）》废减部分犯罪的死刑的讨论过程中存在不少反对声音可见一斑，可以预测下一步立法上废减死刑的困难不小。三是立法上废减死刑的举措失衡，突出表现在《刑法修正案（九）》新增规定了贪污罪和受贿罪的终身监禁制度，在没有完成废减贪污罪和受贿罪两罪的死刑规定的前提下反而额外增加了较为落后野蛮的终身监禁制度，使得两罪的刑罚改革结果呈现出死刑与终身监禁“双酷刑并行”的不利局面，为下一步废减死刑立法实践增添了新的不利因素和理论障碍，难免使得死刑废减问题进一步复杂化。

二、死刑存废之争的复杂化与深刻化

如果说我国在《刑法修正案（九）》出台终身监禁制度之前，我国刑法学界关于刑罚制度的学术争议主要是死刑存废之争以及是否存在进而是否需要解决“死刑过重、生刑过轻”的问题之争，那么，在《刑法修正案（九）》颁行之后，我国刑罚制度的学术争议又在此前学术争议的基础上横空出现了终身监禁制度存废之争。应当说，终身监禁制度存废之争在本质上从属于死刑存废之争，因为终身监禁制度只发生在死刑缓期两年执行宣判之后改为无期徒刑时才可能出现这个问题。而终身监禁制度存废之争并非从属于我国过去存在的无期徒刑存废之争，因为我国的无期徒刑执行制度中本身并不存在终身监禁制度这一内容。因此，我国刑法规定的终身监禁制度，在根本意义上使得我国的死刑存废之争进一步复杂化和深刻化，需要重新审视刑罚论。

刑罚论的基础和核心是刑罚正义根据论，简称刑罚根据论、刑罚论。刑罚根据论在概念逻辑上存在报应论（报应刑论）、功利论（预防刑论与目的刑论）、并合论（一体论）之分[②]，并且应当注意的是，在人类刑法实践历史上应当说并不存在单纯的报应论或者单纯的功利论，从古至今世界各国普遍遵行相当意义上的并合论，“抛弃片面的报应论与功利论而追求系统的一体论，应该是关于刑罚根据论的

① 参见赵秉志：《中国现阶段死刑制度改革的难点及对策——从刑事实体法视角的考察》，载《中国法学》2007年第2期；赵秉志：《再论我国死刑改革的争议问题》，载《法学》2014年第5期。

② 参见张明楷：《新刑法与并合主义》，载《中国社会科学》2000年第1期；邱兴隆：《关于惩罚的哲学：刑罚根据论》，法律出版社2000年版，第331-333页。

一种必然而合理的选择”[①]。刑罚的正当化根据是报应的正当性与预防犯罪目的的合理性，基于报应所裁量的刑罚是责任刑，基于预防犯罪目的所裁量的刑罚是预防刑。[②] 应当说，刑罚根据论的并合论命题一经发现和明确提出即获得了广泛共识，并且表面上至今没有人提出更具创新性的理论洞见。例如，有学者提出“观念刑”这一概念，认为“刑罚是为了满足人们的报应观念而被规定和科处，刑罚的轻重既不是由犯罪所造成的侵害大小直接决定，也不是由犯罪人的再犯可能性的大小直接决定，刑罚的轻重应当与人们基于报应观念所期待的惩罚的轻重相适应”；断言观念刑作为运动的刑罚观能够对各种刑罚现象作出合理解释，尤其是比目的刑（论）更科学、更周延。[③] 而实际上，观念刑概念本身并没有脱离报应刑论的基本思想，充其量可以说是一种“动态的”报应刑论，同时值得注意的是，“观念刑”论者所隐含主张的刑罚根据论因欠缺了功利论因素而倒退回了片面的刑罚根据论，其不符合并合论和一体论的基本立场，因而突出存在“基本立场”错误，更难说是一种超越既有刑罚根据论的新论。再如，有学者提出“刑罚进化论”，认为以进化论为视角，刑罚存在的正当依据应该是“社会进化的必要性”。[④] 但是，笼统以“社会进化的必要性”来概括刑罚根据未免太过于“宏大叙事”且包围圈过大，人的直立行走和群居生活都与此命题所谓“社会进化的必要性”密切相关，显然不宜将这些过于宽泛的理由作为刑罚根据论；另外，“社会进化的必要性”本质上仍然没有超越功利论（目的刑论）的思想范畴，充其量可以称作“进化论的”刑罚功利论，也难说可以成为一种新论。不过公允地讲，“观念刑”强调报应观念的进化发展，“刑罚进化论”强调刑罚根据论的历史进步性和时代发展性，这些合理内容是值得重视的。尤其是在并合论作为一种理论共识，在当下刑罚理论研究中可能已经被较多地滥用和庸俗化，不但毫无生气、难有创新，而且有的时候可能还走向反面，甚至成为某些反人类措施（如死刑）和某些不当刑罚制度（如终身监禁制度）的“理论”根据，从而其在相当程度上呈现出某种粗糙的甚至机械陈旧的“万金油理论”形象，因此，并合论这种简单粗糙的理论概括及其被滥用和庸俗化的倾向深刻表明了刑罚论理论创新研究的必要性和紧迫性。

刑罚论一般认为，刑罚是由刑法所规定的、由国家审判机关依法对犯罪人适用的、剥夺或者限制犯罪人某种权益的最严厉的法律强制性制裁方法，刑罚具有的鲜明特征是惩罚性、最严厉性、对象特定性、法定性、专门性和目的性。[⑤] 在刑罚的概念界定和特性归纳中，反复出现的一个语词是“最严厉（性）”，这给人一种十分突出的错觉：刑罚是最严厉（性）的制裁措施，似乎是越严厉越正当甚至理所当然。或许某些学者与政治家正是以此为据强化刑罚的严厉性，并引导民意厉行改革

① 邱兴隆：《关于惩罚的哲学：刑罚根据论》，法律出版社 2000 年版，第 332 页。但是邱兴隆教授认为“报应论与功利论在人类历史上曾各领风骚，各显辉煌，但终归为一体论所取代”。

② 参见张明楷：《论预防刑的裁量》，载《现代法学》2015 年第 1 期。

③ 参见王联合：《观念刑论纲》，载《法学评论》2013 年第 1 期。

④ 参见龙腾云：《刑罚本质理论的重构——以刑罚进化论为视角》，载《河北法学》2014 年第 7 期。

⑤ 参见魏东主编：《刑法》，中国民主法制出版社 2016 年版，第 231-232 页。

刑罚制度，乃至不惜保留甚至引入堪称惩罚严厉性之最的死刑与终身监禁。由此引出的问题在于："最严厉（性）"确实应成为刑罚的特性，那么，现在强调刑罚的"最严厉（性）"有何问题吗？进而中国保留死刑和引入终身监禁有何问题吗？此其一。其二，刑罚根据论的并合论命题本来就包括报应论和功利论两面，死刑和终身监禁均可以在并合论之中获得"理论正确性"，对此质疑的法理依据似乎难以成立，那么，刑罚根据论的并合论有何问题吗？不可否认，上述两个质问表面上看是有道理的、是"没有问题"的，刑罚特性之"最严厉（性）"与刑罚根据论之并合论是天经地义的、合理的、"应在"的存在。但是，最低限度的人类理性告诉我们，这种"表面"的理性存在恰恰是值得我们高度警惕的，刑罚特性和刑罚根据论的学术史考察可能有助于我们发现问题的实质和症结之所在。

刑法学界早就有一种清醒认识，"从刑罚的流变我们可以发现一个值得注意的现象，那就是，对于许多犯罪而言，犯罪的特点与内容并无明显的改变，但对犯罪人施以的刑罚却有了显著的变化，同样的某种罪行，在古代社会可能被判处死刑或身体刑，在现代社会则可能只是被处以较轻的刑罚。刑罚轻缓化的历史流变实际上折射出的是一定社会的基本价值观念的辩化"。① 这种刑罚轻缓化的历史演进规律揭示的问题的实质是什么？答案只能是刑罚报应论的价值观念的进化与刑罚之"最严厉（性）"的实体内容的改变，不择手段的同态复仇与剧烈激进主义的报应论逐步被唾弃、被否定，从而使得刑罚报应论在人类社会的文明进化中逐步走向"限定的刑罚报应论"与"限定的"最严厉（性）。当然，刑罚轻缓化的历史演进中可能也涉及刑法功利论的价值观念与技术观念的优化问题，如对于行政犯和非暴力犯罪的刑罚措施强调"对症下药"地、功利地优化适用较为轻缓的自由刑和财产刑而排除死刑适用，但是即便如此我们还是应当承认刑罚轻缓化的历史演进的主要依据是刑罚报应论的进化论（限定的刑罚报应论），其次才是与之相对应的非剧烈激进主义的刑罚功利论（转而呈现出保守矫正犯罪人的刑罚功利论）。

如前所述，自古以来直至当下社会的刑罚论均可以概括为报应论与功利论的并合论（一体论），无一例外，只是其中报应论的价值观念和功利论的技术观念（及其价值观念）有所差异，并且在报应论与功利论之间的价值权衡有所差异。我国有学者指出，"对刑罚根据的探讨刚刚起步的中国刑法学界虽然普遍拥护报应与功利一体化，但对报应与功利一体化的实质在于报应限制功利没有明确认识。与理论研究的不足相适应，中国的刑事立法与司法仍然带有浓厚的功利主义色彩，报应限制功利的意义仅仅主要体现在刑罚的发动上，亦即主要只表现为责任作为施加刑罚的前提，而在刑罚的配置上，立法上超出罪刑相适应的限制而对轻微的犯罪规定严厉的法定刑与司法上轻罪重罚的现象普遍存在。因此，断言中国新刑法贯彻了一体论，尚为时过早"。② 这里，邱兴隆教授指出的问题是我国刑罚论对一体论的实质在于"报应限制功利"这一问题认识不清，强调我国理论和实践要解决的重要问题

① 魏东主编：《刑法》，中国民主法制出版社 2016 年版，第 233 页。

② 邱兴隆：《关于惩罚的哲学：刑罚根据论》，法律出版社 2000 年版，第 333 页。

是“如何贯彻刑罚一体化”，应当说较大程度上击中了问题的要害。何荣功教授指出，刑法立法的预防转向是现代社会法律整体价值立场转换的一个具体面相，未来我国预防刑法的发展不可避免，如何防范预防刑法对法治的解构是一个重要问题；限制预防刑法需要从宪法和刑法两个方面进行，对于刑法立法而言，关键在于确立法益侵害危险的规范构造，坚持刑法的谦抑性。[①] 何荣功教授强调限制预防刑需要从宪法和刑法两个方面进行，其中应当说也隐含了“报应限制功利”和“宪法限制功利”的合理因素，值得充分肯定。不过在笔者看来，我国刑罚根据论不仅仅是在“报应限制功利”这一问题上“没有明确认识”，更在报应本身是否应当有所限制以及如何限制这一问题上认识不到位。

报应本身是否需要限制，如何限制？这是现代刑罚根据论必须回答、揭示和强调的重大理论问题！如前所述，或许进化的“观念刑”、“刑罚进化论”、限定的报应论能够给予我们适当的学术启迪，值得刑罚哲学关注。在人类社会较为落后、人类理性较为有限的古代社会中，呈现出的是倾向强化不择手段的同态复仇式的报应论和剧烈激进主义的功利论的并合论；而在近代启蒙时代开始以来的近现代社会中，呈现出的是倾向弱化同态复仇式的报应论（即限定的报应论）和较为缓和的激进主义的功利论的并合论；发展至当下，有的大国仍然呈现出启蒙之初的倾向弱化同态复仇式的报应论和较为缓和的激进主义的功利论的并合论（以美国和中国为代表），有的现代化国家则呈现出显著弱化的报应论（严格限定的报应论）和倾向保守主义矫正论的功利论的并合论（如多数欧洲国家）。在当今时代，美国作为一个现代化的强大国家，死刑和终身监禁仍然广泛适用（尤其是终身监禁的广泛适用），其与多数欧洲国家明令禁止死刑和终身监禁的发展方向完全不同；换言之，美国与欧洲国家在废减死刑和终身监禁制度的道路上相背而行并且渐行渐远，这种现象与其各自秉持的刑罚根据论应当说是密切相关的，值得我们警惕和反思。而我国却有人主张在是否废减死刑和终身监禁制度“这个点”上紧步美国后尘，不但在刑事政策上值得警惕和反思，而且尤其在刑罚根据论上值得警惕和反思。

综上所述，刑罚根据论的问题意识在于：作为从古至今刑罚根据论的并合论（一体论），其历史意蕴和时代意义何在，其为何能够同时成为以及如何同时成为死刑存废之争、终身监禁存废之争的“共通的”法理根据？亦即并合论已经“实然”地同时成为了死刑保留论与废除论、终身监禁制度保留论与废除论、无期徒刑保留论与废除论的“共通的”理论根据，为何并合论具有如此两面性，如何诠释并合论的两面性？上述刑罚论的问题意识可以具体分解为以下两个疑问：其一，刑罚根据论的并合论的历史解释结论与当今时代的客观解释结论有何实质差异，或者说，历史上的并合论与当下时代的并合论有何实质差异和理论阐释力？其二，当下时代的并合论的具体内涵及其对于死刑存废之争、终身监禁存废之争的法理意义何在？对于这两个问题的简化的答案可能在于：以现代人权观审查，刑罚根据论的并合论在光鲜外表下仍然可能藏污纳垢，如古代社会里存在的倾向强化同态复仇式的报应论

① 何荣功：《预防刑法的扩张及其限度》，载《法学研究》2017年第4期。

和剧烈激进主义的功利论的并合论其实并不反对死刑、身体刑以及各种酷刑和羞辱刑充斥其间，只有秉持一种显著弱化同态复仇式的报应论（严格限定的报应论）和倾向保守主义矫正论的功利论的并合论才能适应当今人权社会发展的需要，才能恰当阐释废减死刑和终身监禁制度的理论根据，才能从法理上阐释死刑存废之争与终身监禁制度存废之争的根本症结之所在。限定的报应论与保守矫正主义的功利论相结合所型构的限定且保守的并合论，主张限定刑罚强度并在此基础上适当采用非犯罪化、非刑罚化、非监禁化，包括逐步废减死刑和无期徒刑，逐步完善有期徒刑、资格刑和财产刑，尤其是进一步扩大适用免除处罚、有期徒刑的减刑、缓刑与假释并完善社区矫正等制度性措施，催生出的以多数欧洲国家为引领的当代刑罚实践探索及其既有成果，应当成为我国刑罚改革发展借鉴吸纳的重要参照内容。因此可以说，刑罚论的创新维度，应当是限定且保守的刑罚根据论的并合论。

三、死刑废减的创新维度：限定且保守的并合论之具体展开

如前所述，刑罚根据论的创新维度只能是秉持一种限定且保守的并合论，而不是一种泛泛而谈的并合论。那么，这种限定且保守的并合论具体包括限定的报应刑论和保守主义矫正论的功利论两个侧面，可以为死刑废减提供一种理论创新根据。

根据限定的报应刑论，作为对犯罪报应的责任刑，刑罚即使是作为最严厉（性）的制裁措施，仍然并非是越严厉越正当，而是成为受现代人道主义和现行制裁强度严格制约的一定程度上的最严厉（性）的制裁措施。现代人道主义并没有在死刑和终身监禁制度这样两种制裁措施的合法性上形成理性共识，绝大多数国家和地区在基本立场上并不认同死刑和终身监禁制度的合法性（合乎现代人道主义的正当性），目前世界上已有超过三分之二的国家和地区在立法上或者司法实践中废除死刑（尤其是非暴力剥夺生命犯罪的死刑）[①]，除美国和中国等极个别国家之外的绝大多数国家和地区在立法上废除了终身监禁制度（尤其是非暴力剥夺生命犯罪的终身监禁制度）[②]，从这样一种现实主义的现代人道主义现状考察可以看出，死刑和终身监禁制度的废减成为一种基本判断。当前我国在死刑废减的学术研究中，存在一种值得警惕的倾向是主张通过扩大终身监禁制度的立法规范和司法适用作为死刑废减的替代措施，提出“应综合考虑死刑改革的大局，审慎扩大死缓犯终身监禁制度的适用范围”[③]，仍然停留在启蒙之初的那种倾向弱化同态复仇式的报应论和较为缓和的激进主义的功利论的并合论立场，欠缺足够的理论创新维度。这种学术倾向的动机是“不惜一切代价”努力推进死刑废减工作，但是其在“审慎扩大死缓犯终身监禁制度的适用范围”的改革方向和改革举措上可能存在合理性疑问，尤

---

① 参见赵秉志：《罪刑总论问题》，北京大学出版社2010年版，第174页；王水明、王春萍：《当代国际死刑发展趋势及其对我国的启示》，载《法学杂志》2011年第8期。

② 在主张保留无期徒刑或者终身监禁刑的国家刑法规定中，除美国和中国等极个别国家外绝大多数国家和地区基本上均有准许假释（并且部分国家刑法还规定了准许减刑）的补救措施。参见魏东：《刑法总则的修改与检讨——以〈刑法修正案（九）〉为重点》，载《华东政法大学学报》2016年第2期。

③ 参见商浩文、赵秉志：《终身监禁新规法理争议问题论要》，载《现代法学》2017年第4期。

其是对刑罚人道主义的损害太深、代价太大，完全背离了限定且保守的刑罚根据论的并合论立场，应当说是不可取的。对此，我国有学者早就指出，终身刑与无期徒刑并非等同概念，终身刑是侵害人格尊严、比死刑更为残酷的惩罚方法，不应成为死刑的替代刑；死刑的削减与废止不依赖于终身刑的设置；终身刑未具备刑罚的正当化根据，无助于刑罚体系的完善，没能顺应刑罚的发展趋势，不符合行刑的合理目标。①

基于此，笔者认为，我国应当充分尊重现代人道主义发展理性，在既有废减死刑的道路上进一步加快废减死刑的立法步伐，力争在21世纪中叶到来之前的30余年时间内完成废除死刑的立法任务，同时在近期尽快启动废除终身监禁制度的立法程序，并且废除终身监禁的立法行动应当当机立断，不留后路。

文末需要强调指出的是，我国的死刑废减和终身监禁制度立法废止两项改革活动，必须放置于刑罚改革乃至整体刑法改革的大局中进行谨慎而坚决的战略决断。应反思传统并合论并发展新并合论（限定且保守的刑罚根据论的并合论），最低限度要反对敌人刑法观念、反对过度的风险刑法观、反对过度地限缩公民自由，坚定不移地废减死刑、废除终身监禁刑②；应坚持传统的小刑法观，严格限制犯罪圈和刑罚量，应该适当强调刑法谦抑性、不得已性、最后手段性，严格审查刑罚必要性，同时推动我国治安拘留处罚措施的司法化改革等③。

① 参见张明楷：《死刑的废止不需要终身刑替代》，载《法学研究》2008年第2期。

② 参见魏东：《〈刑法修正案（九）〉之五读五问》，载《法治研究》2016年第2期。

③ 参见魏东：《刑事政策原理》，中国社会科学出版社2015年版，第156-157页。

20年来死缓制度的层级变化、动力、走向

赵　亮[*]　张　凯[**]

1997年10月1日起，第八届全国人民代表大会第五次会议修订的刑法开始生效，时至今日，刑法已然颁行20周年。20周年以来，死刑缓期二年执行制度（以下简称死缓制度）发生了重大的变化，显著的特征是死缓制度因法律后果差异、严厉程度不同显示出越来越多的层级。这种变化的内在逻辑值得我们关注。可以展望，未来死缓制度将逐渐取代死刑立即执行制度，并最终随着死刑制度的废除而消失，但其带来的影响依然会存在很长时间。

一、死缓制度的层级变化

（一）1979年刑法中的死缓制度

1979年，新中国首部刑法诞生。刑法中明确规定了死缓制度，以今天的视角来看，该规定相对严厉，部分内容缺乏科学性，甚至有些方面不符合世界人权发展的潮流。

1979年刑法中规定，死缓的对象条件有四个。第一，实质条件。死刑只适用于罪大恶极的犯罪分子。第二，不是必须立即执行。对于应当判处死刑的犯罪分子，如果不是必须立即执行的，可以判处死刑同时宣告缓期2年执行，实行劳动改造，以观后效。第三，排除条件。犯罪的时候不满18岁的人和审判的时候怀孕的妇女，不适用死刑。第四，排除条件的例外。已满16岁不满18岁的，如果所犯罪行特别严重，可以判处死刑缓期2年执行。

依据1979年刑法规定，死缓按照严厉程度可以分为4级。第一级，判处死刑缓期执行的，在死刑缓期执行期间，如果确有悔改，2年期满后，减为无期徒刑。第二级，如果确有悔改并有立功表现，2年期满后，减为15年以上20年以下有期徒刑。第三级，抗拒改造情节没有达到恶劣程度的，不裁定或者核准，不执行死刑。第四级，如果抗拒改造情节恶劣、查证属实的，由最高人民法院裁定或者核准，执行死刑。

（二）1997年刑法中的死缓制度

1997年修订后的刑法对死缓制度进行了较大调整，对有些不符合世界人权发展潮流的内容予以删除、调整，对未成年人彻底不适用死刑。

1997年刑法中规定，死缓的对象条件有三个。第一，实质条件。死刑只适用于罪行极其严重的犯罪分子。第二，不是必须立即执行。对于应当判处死刑的犯罪分

* 西南政法大学刑法学博士，北京师范大学刑事法律科学研究院博士后，中央司法警官学院副教授。

** 西南政法大学刑法学博士，中央司法警官学院副教授。

子，如果不是必须立即执行的，可以判处死刑同时宣告缓期 2 年执行。第三，排除条件。犯罪的时候不满 18 周岁的人和审判的时候怀孕的妇女，不适用死刑。

依据 1997 年刑法规定，死缓按照严厉程度可以分为 4 级。第一，判处死刑缓期执行的，在死刑缓期执行期间，如果没有故意犯罪，2 年期满后，减为无期徒刑。第二，如果确有重大立功表现，2 年期满后，减为 15 年以上 20 年以下有期徒刑。将确有悔改并有立功表现减为有期徒刑的条件修改为确有重大立功表现。笔者认为，这是提高了死缓减为有期徒刑的条件。第三，如果过失犯罪，不核准执行死刑。第四，如果故意犯罪，查证属实的，由最高人民法院核准，执行死刑。将抗拒改造情节恶劣修改成为故意犯罪，更加符合罪刑法定原则。

（三）2015 年后刑法中的死缓制度层级

2015 年 11 月 1 日，《刑法修正案（九）》生效。《刑法修正案（九）》继《刑法修正案（八）》之后对死缓制度进行了较大调整，死缓的层级更加丰富。

依据死缓法律后果不同，死缓大致存在 8 种层级。这 8 种情形分别是：第一种，在死刑缓期执行期间，如果故意犯罪，情节恶劣的，报请最高人民法院核准后执行死刑。第二种，在死刑缓期执行期间，对于故意犯罪未执行死刑的，死刑缓期执行的期间重新计算，并报最高人民法院备案；第三种，判处死刑缓期执行的，在死刑缓期执行期间，如果过失犯罪，定罪量刑，合并执行死刑缓期执行，2 年期满后，减为无期徒刑；第四种，贪污犯、受贿犯数额特别巨大，并使国家和人民利益遭受特别重大损失的，被判处死刑缓期执行的，人民法院根据犯罪情节等情况可以同时决定在其死刑缓期执行 2 年期满依法减为无期徒刑后，终身监禁，不得减刑、假释；第五种，限制减刑的死刑缓期执行的犯罪分子，缓期执行期满后依法减为无期徒刑的，不能少于 25 年；第六种，限制减刑的死刑缓期执行的犯罪分子，缓期执行期满后依法减为 25 年有期徒刑的，不能少于 20 年；第七种，判处死刑缓期执行的，在死刑缓期执行期间，如果没有故意犯罪也没有过失犯罪的，2 年期满后，减为无期徒刑；第八种，在死刑缓期执行期间，如果确有重大立功表现，2 年期满后，减为 25 年有期徒刑。

刑法中不仅为死刑缓期执行设置了诸多结局，在相关司法解释中也为死缓设置了丰富的结局，通过调整死缓犯减为无期徒刑后的刑期来实现对死缓犯的特殊处理。2016 年 11 月 15 日，最高人民法院《关于办理减刑、假释案件具体应用法律的规定》（以下简称 2016《减刑、假释规定》）颁布，依据 2016 年《减刑、假释规定》被判处死刑缓期执行的罪犯减为无期徒刑后，尚可分为 5 种层级。

第一种，被限制减刑的死刑缓期执行罪犯，减为无期徒刑后，符合减刑条件的，执行 5 年以上方可减刑。普通的死刑缓期执行罪犯，减为无期徒刑后，符合减刑条件的，执行 3 年以上方可减刑。第二种，确有悔改表现或者有立功表现的，可以减为 25 年有期徒刑；第三种，确有悔改表现并有立功表现的，可以减为 24 年以上 25 年以下有期徒刑；第四种，有重大立功表现的，可以减为 23 年以上 24 年以下有期徒刑；第五种，确有悔改表现并有重大立功表现的，可以减为 22 年以上 23 年以下有期徒刑。

2016年《减刑、假释规定》中规定普通死缓犯在不包含缓期执行的期间内，实际执行的刑期不少于15年。较被限制减刑的死缓犯，普通死缓犯服刑时间要少5-10年或者要少更多。因为刑法仅规定了被限制减刑的死缓犯的最低服刑年限。

二、死缓制度变迁的动力

死缓制度实行20年来，发生了巨大的变化，层级丰富，结局多样。笔者认为发生如此变化的动力主要是人权因素影响、宽严相济刑事政策推动和减少死刑立即执行的需要。当然，也可能存在其他原因值得扩展研究。

(一) 保障人权的要求

我国宪法中明确规定，“国家尊重和保障人权”，人权已经写入我国的根本大法，成为社会主义法治建设中的重要组成部分，成为人类命运共同体中的一个不可或缺的组成部分。构建人类命运共同体，应该找到平衡点，达成政治、法律等方面的共识，和谐共存。保护人权是构建人类命运共同体的一个共识，“《联合国宪章》序言中说，为保护人类和尊重人权，需要‘力行容恕，彼此以善邻之道，和睦相处’，这是人类和平的种子，是重构新秩序理当遵循的原则”。[①] 由此可见，人权在人类共同体建设中的重大作用。

随着我国逐渐融入世界并在国际事务中发挥越来越重要的作用，“中国对于人类、世界的认识越来越清晰，对于自己在国际人权事业中的权利和责任的认识也更加深刻，人权也成为中国与世界沟通交流的重要媒介”。[②] 死刑问题在国际上通常和人权问题紧密联系在一起，成为衡量一个国家人权状况的指标之一。我国是世界第一人口大国，在保留死刑的国家中，是对死刑控制具有极大影响力的大国。我国能够实现良好的死刑控制，全球死刑控制也能上一个新台阶。在我国实现削减死刑立即执行的人数，在世界人权发展中，也能迈出一大步。

(二) 宽严相济刑事政策的要求

始于1983年的严打在当年的特定政治、经济、文化、社会治安状况下确实发挥了一定的积极作用。改革开放带来的社会转型导致大规模犯罪产生，如果不开展严打活动，有可能导致改革开放所必需的良好经济秩序、社会秩序被破坏，从而影响改革开放的成果。国家公检法司机关全面发动，在打击违法犯罪，维护社会良好秩序、保护人民利益，保障国家利益方面等收到了药到病除的积极作用。

但是在严打过程中，将惩办与宽大相结合的政策置于一旁，“从重”、“从快”、“打击”成了严打的关键词。一味追求严厉打击，成了治理重刑犯或者普通犯罪的灵丹妙药。“‘从重从快’脱离了‘依法’的限制，‘从重’变成多杀重判，不顾规格和标准；‘从快’变成了越快越好，以至于出现公检法三机关联合办案，上级法院提前介入办案等违反诉讼程序的现象。”[③] 当严打失去了依照法律这个条件，失

---

① 国纪平：《为世界许诺一个更好的未来——论迈向人类命运共同体》，载《人民日报》2015年5月18日。

② 卢建平：《中国死刑制度改革的人权维度》，载《北京师范大学学报》（社会科学版）2015年第3期。

③ 储槐植、赵合理：《国际视野下的宽严相济刑事政策》，载《法学论坛》2007年第3期。

去了惩罚犯罪、保护人民的目的约束后，将可能变成单纯为了完成上级任务的一种机械工作。严打使惩办与宽大相结合政策中的惩办被无限放大，忽视了从宽的重要性，失去了宽大的柔性对严打这种刚猛政策的调剂。

从理性角度反思，严打政策是特殊环境下对违法犯罪活动采用的特殊手段，其实际产生的效果，如大量适用死刑等措施已经在实践中得到检验，值得反思。严打活动，很可能会突破罪刑法定、罪刑均衡原则，有可能出现政策对法律的越界。严打刑事政策在内容与逻辑上都与惩办与宽大相结合的政策存在矛盾空间。

经过较长时间严厉打击犯罪的实践，结合对我国现实以及外国现实与理论的反思，立法者终于认识到，犯罪是不能消灭的一种社会现象。针对社会生活中出现的形形色色的犯罪，刑事政策与刑法能够发挥的最大或曰最优效果，就是将犯罪控制在社会运行的正常轨道之中，在犯罪不影响政治、经济、文化等正常运行的情况下，容忍或者接受其存在，在现有国家暴力发动能力范围内，将其控制住即可。杀光所有罪犯是不现实、不理性、不可能实现的犯罪控制方式。

在犯罪控制或者治理领域内，最需要防止的是道德洁癖，不允许任何犯罪存在于社会中。从立法意义上看，犯罪是由刑罚制造出来的，刑罚惩罚什么样的行为，什么样的行为就会成为犯罪行为。除非刑罚解除与某种行为的关系，它才不再是犯罪行为。人类历史上某些犯罪行为消失，不完全是因为这种行为消失，而是国家不再动用刑罚惩罚这种行为。譬如，同性恋行为，在欧洲某个时期，同性恋行为是犯罪行为，要受到刑罚惩罚。而在今天，这种行为在欧美国家不再受刑罚惩罚，不是犯罪行为，甚至在有些国家已经成为合法行为，同性恋者甚至享受到婚姻法的保护。

彻底改变一个国家或者社会中的犯罪现象与犯罪规律，彻底消灭一个国家或者社会中的犯罪现象，这不是严打刑事政策能够做到的，不是靠大量适用死刑能完成的，更不是刑法一种规范就能实现的。人类与犯罪作斗争的历史已经证明了这一点。

宽严相济的刑事政策深刻地反映了我国社会治理尤其是犯罪治理宏观方略的变化。在我国古代治理中也存在类似刑事政策的方针政策，但是刑事政策的概念却是舶来品。我国普遍接受的广义的刑事政策——国家和社会整体为了治理或解决犯罪这一公共问题而制定的战略、艺术①是较为晚近的概念。

2004年12月22日罗干同志在中央政法工作会议上指出：“正确运用宽严相济的刑事政策，对严重危害社会治安的犯罪活动严厉打击，绝不手软，同时要坚持惩办与宽大相结合，才能取得更好的法律和社会效果。”宽严相济的刑事政策思想开始得到提倡。

2010年2月，最高人民法院印发的《关于贯彻宽严相济刑事政策的若干意见》，第29条对“保留死刑，严格控制和慎重适用死刑”的刑事政策提出了原则性指导意见。文中指出，要依法严格控制死刑的适用，统一死刑案件的裁判标准，确

① 卢建平：《刑事政策与刑法》，中国人民公安大学出版社2004年版，第3-6页。

保死刑只适用于极少数罪行极其严重的犯罪分子。这意味着死刑适用对象数量应该是极少数，且罪行是极其严重，需要“双极”标准。对于罪行极其严重，但只要是依法可不立即执行的，就不应当判处死刑立即执行。

死缓制度在宽严相济的刑事政策影响下，层次丰富、种类多样，无论是普通死缓犯还是被限制减刑的死缓犯，实际服刑年限都有明显提高。随着死刑被大量废除，死刑立即执行被克制适用，死缓制度将发挥重大的替代作用。届时严打中的死刑立即执行犯将转化成宽严相济刑事政策影响时代的被限制减刑的死缓犯或者普通死缓犯。

(三) 逐步减少死刑立即执行的需要

2013 年 11 月，党的十八届三中全会提出“逐步减少适用死刑罪名”。虽然我国在逐步削减死刑罪名，但是依然难以满足废除死刑的需要，结合逐步减少适用死刑罪名，双管齐下，才能真正减少死刑立即执行的数量。笔者认为，丰富的死缓结局为法官减少适用死刑立即执行开拓了制度空间。

死缓制度的层级不断变更，是法官减少适用死刑立即执行的需要。通过有限适用来减少死刑立即执行的方式，需要在立法上设置更多可供选择的惩罚方式，拓展罪刑均衡原则在刑事立法、司法中得以精致实现的空间。刑法应该让法官选择可以适用的死刑种类之时，能够有更多的选择可能。意大利刑法思想家贝卡里亚认为，“对于无穷无尽、暗淡模糊的人类行为组合可以应用几何学的话，那么也很需要有一个相应的、由最强到最弱的刑罚阶梯。”① 笔者认为，减少适用死刑立即执行，可以从实质上设置更多层级的死缓制度，达到死刑制度的精密化。

在死刑种类设置方面，我国古人的制度设计思想给了现代立法者很多有益的启发。以秦的死刑制度设计为例，日本学者依据秦简等研究认为，“秦律中的死刑按名称可以分为两大类：一类是以行刑方法命名的腰斩、弃市和斩首等，另一类是根据尸体处理办法命名的枭首和磔等。”② 国外学者研究相对有限，对此作了更加细致研究的沈家本认为，秦的死刑有“夷三族”、“斩”、“戮尸”、“枭首”、“车裂”、“弃市”、“具五刑”、“腰斩”、“凿颠”、“抽肋”、“镬亨”、“体解”、“磔”、“蒺藜”。③ 通过执行死刑的方式不同、导致死亡的时间长短差异、控制死亡人数的多少等设计，使最终会导致人死亡的死刑也能区分出不同的严厉程度。死刑严厉程度差异层次越多，越能够适用于更多危害社会程度不同的犯罪，可以更加精确地实现罪刑均衡原则的要求。

现代社会在努力杜绝酷刑，不能像古人一样设置折磨肉体和生命的惩罚方式，但是可以设置更多后果不同的死刑缓期执行种类。死缓制度层级丰富，能避免法官在适用死刑规范时直接从较为普通的死缓向死刑立即执行靠拢，而是能够在终身监

① ［意］切萨雷·贝卡里亚：《论犯罪与刑罚》，黄风译，北京大学出版社 2008 年版，第 18 页。

② ［日］冨谷至：《秦汉刑罚制度研究》，柴生芳、朱恒晔译，广西师范大学出版社 2006 年版，第 46-47 页。高绍先教授考证，秦时的死刑有十余种，即车裂、腰斩、枭首、磔、坑、绞、戮、弃市、定杀、囊扑、凿颠、抽肋、镬烹、具五刑等。高绍先：《中国刑法史精要》，法律出版社 2001 年版，第 396-398 页。

③ 沈家本：《历代刑法考》，商务印书馆 2011 年版，第 12-14 页。

禁死缓、限制减刑死缓、普通死缓等措施当中选择一个相对合理的判刑。

三、死缓制度的命运走向

死缓制度随着层级越来越丰富，既能够提供转化为死刑立即执行的种类，也能提供转化为终身监禁的种类，还能够提供转化为 25 年有期徒刑的种类等。在这些变化中，死缓制度缓慢带动自由刑的上限提升，能够部分实现死刑立即执行的功能，将逐步取代死刑立即执行，并最终在中国刑法史上成为一种过去的制度。

（一）逐步带高自由刑的上限

死缓制度的重大变化，尤其是死缓中设置严厉的层级，几乎都会带来有期徒刑上限以及无期徒刑下限的提升，在死缓制度没有发生重大变化的时候，有期徒刑与无期徒刑几乎没有发生这种变化。

1979 年刑法与 1997 年修订的刑法中对死缓制度没有在严厉程度上进行调整，因此有期徒刑和无期徒刑的服刑期限都没有发生变化。死缓转化为自由刑的规定除了条件上有些变化外，减为自由刑并没有实质性变化，同为 2 年期满以后，减为无期徒刑；如果有更好的表现，2 年期满以后，减为 15 年以上 20 年以下有期徒刑。两个时期，有期徒刑数罪并罚的上限均为 20 年，经过减刑后，不能少于原判刑期的二分之一。被判处 20 年有期徒刑的罪犯，实际执行刑期不能少于 10 年，被判处无期徒刑的罪犯，经过减刑后实际执行的刑期不能少于 10 年。

2011 年《刑法修正案（八）》修订后的刑法中，死缓制度发生了两个重大变化。第一，死刑缓期执行期间重大立功的后果变化。被判处死刑缓期执行的罪犯，在死刑缓期执行期间，确有重大立功表现的，2 年期满以后减为 25 年有期徒刑。原规定减为 15 年以上 20 年以下的一个弹性幅度，现规定为一个 25 年的确定刑期，提升了 5~10 年。第二，增加限制减刑的死刑缓期执行。9 类罪犯，即累犯以及因故意杀人、强奸、抢劫、绑架、放火、爆炸、投放危险物质或者有组织的暴力性犯罪的罪犯，被判处死刑缓期执行后，人民法院可以根据犯罪情节等情况同时决定对其中一部分限制减刑。被限制减刑的死缓犯，减为无期徒刑后，最少服刑 25 年；因重大立功表现，减为 25 年有期徒刑后，最少服刑 20 年。这使一部分死缓犯的服刑期限提升很多，增加了死缓的层级以及严厉性。

《刑法修正案（八）》中死缓制度发生重大变化，带来有期徒刑和无期徒刑都随之更加严厉。有期徒刑判决宣告以前一人犯数罪的，除判处死刑和无期徒刑的以外，有期徒刑总和刑期不满 35 年的，最高不能超过 20 年；总和刑期 35 年以上的，最高不能超过 25 年。被判处 25 年有期徒刑的罪犯，经过减刑后，实际执行的刑期不能少于 12 年 6 个月，提升了 2 年 6 个月。无期徒刑经过减刑后，实际执行的刑期提高到不能少于 13 年，提升了 3 年。

在死缓的层级丰富，严厉性增强的情况下，自由刑，尤其是无期徒刑和有期徒刑的执行变得更长。

（二）逐步成为死刑立即执行的替代品

在死刑缓期 2 年执行的制度设计中，尤其重视人身危险性更强的犯罪人，对这类罪犯，需要在长期监禁中实现隔离与矫正。死刑缓期执行制度，通过其丰富的层级设置，带动无期徒刑与有期徒刑的刑期增长，能够长时间将罪犯与社会隔离，正在逐渐成为死刑立即执行的替代品。

根据2016年《减刑、假释规定》，以对被判处死刑缓期执行的职务犯罪罪犯的最一般情形为例，罪犯在死缓考验期没有发现漏罪或者新罪，也没有重大立功，经过2年后，应该减为无期徒刑。罪犯的无期徒刑服刑3年以后，没有新罪、漏罪，也没有重大立功或者立功，减为25年有期徒刑。罪犯减为25年有期徒刑后，减刑幅度比照有期徒刑犯从严掌握，一次不超过1年有期徒刑①，两次减刑之间应当间隔2年以上。假设该职务犯罪的罪犯在监狱表现优秀，每次都能获得6个月的减刑；假设该职务犯罪的罪犯每次都能间隔2年即可获得1次减刑；假设人民法院的减刑裁定程序都能在最短时间内完成，则该罪犯在25年的有期徒刑中，最多能获得14次（笔者在法院、监狱部门调研中，与干警探讨过这个问题，这几乎不可能实现）减刑，共减去7年有期徒刑。在最理想状态下，在未来减刑、假释规定不发生变化的情况下，被判处死刑缓期执行的职务犯罪罪犯，在监狱中被剥夺自由的时间为23年。2016年《减刑、假释规定》第11条中规定的其他②罪犯也是如此。

对被判处死缓以及实施了故意杀人、抢劫、爆炸或者有组织的暴力犯罪的被判处死刑缓期执行的犯罪分子，立法者认为其中一部分人犯罪情节恶劣，人民法院可以根据实际情况对其限制减刑。被限制减刑的死缓，在监狱中视死缓期间是否有重大立功表现，减为无期徒刑的，最少服刑时间为25年；减为25年有期徒刑的，不能少于20年。但是，对于被限制减刑的死缓犯，法律规定最少服刑20年，死缓考验期的2年不在其中，其被剥夺自由的时间最少22年。这就与上述被严格减刑的死缓犯之间几乎没有差距，从罪刑均衡的角度出发，还需要提升被限制减刑的死缓犯实际服刑的年限。

如果事实证明罪犯失去了矫正的可能性，刑法将付诸死刑立即执行处理。《刑法修正案（九）》修订后的第50条规定，死缓犯如果在死缓期间故意犯罪，情节恶劣的，需要报请最高人民法院核准后执行死刑。这其中，虽然保留了死缓犯向死刑立即执行转化的可能，但是转化条件相对较高。“情节恶劣”的有关立法、司法解释尚未出台，全国人大法工委刑法室的观点认为，“需要结合犯罪的动机、手段、

---

① 据笔者了解，部分省（自治区、直辖市）的中级或者高级人民法院审判监督庭会根据本地政策或者规范，在监狱报请减刑若干年月的基础上再次扣减一部分，较少存在监狱报请减刑1年，即能获得1年减刑的情况。

② 2016年《减刑、假释规定》第11条中规定的从严减刑之死刑缓期执行罪犯，是指：1. 职务犯罪罪犯；2. 破坏金融管理秩序和金融诈骗犯罪罪犯；3. 组织、领导、参加、包庇、纵容黑社会性质组织犯罪罪犯；4. 危害国家安全犯罪罪犯；5. 恐怖活动犯罪罪犯；6. 毒品犯罪集团的首要分子；7. 毒品再犯；8. 累犯；9. 故意杀人；10. 强奸；11. 抢劫；12. 绑架；13. 放火；14. 爆炸；15. 投放危险物质；16. 有组织的暴力性犯罪的罪犯；17. 确有履行能力而不履行或者不全部履行生效裁判中财产性判项的罪犯；18. 数罪并罚被判处死刑缓期执行的罪犯。

危害、造成的后果等犯罪情节，以及罪犯在缓期执行期间的改造、悔罪表现等综合确定”。[①] 该规定导致一定数量的死刑缓期执行犯在2年考验期间故意犯罪不会被执行死刑立即执行，再次重新计算考验期后，将转化为无期徒刑或者25年有期徒刑。

经过20余年的监禁、矫正，罪犯再次实施犯罪的能力将明显下降。死刑缓期执行此时几乎能收到与死刑立即执行相同的报应效果与预防效果，开始逐渐取代死刑立即执行。

（三）逐步走向被废除

死缓制度是死刑制度的一种执行方式，它依然存在转化为死刑立即执行的可能性。尽管立法机关与司法机关都在努力控制罪犯在死缓期间转为死刑立即执行的可能性，但是终究会有罪犯在死缓期间实施情节恶劣的犯罪，转化为死刑立即执行。这还是在立法与司法中保留了将死缓犯处以死刑立即执行的空间，存在剥夺罪犯生命的可能。

笔者认为，死缓制度在取代死刑立即执行，减少死刑立即执行数量方面确实能发挥重大的不可取代的作用，但终究不是长久之计。死缓制度附着于死刑制度之上，应该逐渐收缩，逐渐被废除。

① 臧铁伟、李寿伟主编：《中华人民共和国刑法修正案（九）条文说明、立法理由及相关规定》，北京大学出版社2016年版，第15页。

刑法第35条驱逐出境的立法与实践问题探讨

王 姝*

我国的刑事驱逐出境制度作为一种刑罚手段，是针对犯罪的外国人而设置的，为了防止其在我国继续从事犯罪活动，通过剥夺该外国人在本国居留权的方式，实现维护国家安全和社会公共秩序的目的。一个主权国家通常拥有将外国人驱逐出境的权力，这可以视为主权国家有权拒绝外国人入境的一种自然延伸，并被国际社会所承认。驱逐出境是国家主权范围内的一种自主权力，一国可基于其国内立法自主决定，他国无权干涉。但国家不应滥用这种权力，驱逐出境也受到《世界人权宣言》、《关于难民地位的公约》等国际法的限制。我国的刑事驱逐出境制度规定在刑法第35条，内容较为简略，在司法实践中难免存在适用标准不统一、个别案件处罚不合理之情形。本文以驱逐出境的刑事立法与司法实践为出发点，着重探讨驱逐出境适用的基本标准以及相关的学理问题。

一、我国刑事驱逐出境的立法情况

（一）刑事驱逐出境的立法沿革

在刑法典颁布以前，新中国的刑事法规中并没有驱逐出境的规定，但我国司法实践中却早已存在类似的刑罚并称之为“逐出国境”。作为对司法经验的总结，我国在1954年《中华人民共和国刑法指导原则草案》中对“逐出国境”作了规定，但只对在我国境内进行间谍活动的外国人适用。① 直到1979年颁布的《中华人民共和国刑法》，驱逐出境才正式作为一种刑罚种类被明确规定在第30条，即“对于犯罪的外国人，可以独立适用或者附加适用驱逐出境。”此时，其名称已经由“逐出国境”改为“驱逐出境”。这一名称的改变有着更科学的意义，驱逐出境中的“境”既包括国境，也包括边境，比“逐出国境”所涵盖的范围更大、适用性更广。

随后，1997年颁布的刑法沿用了1979年刑法对驱逐出境的规定，一字不差地将其作为刑法第35条的内容加以规定，即“对于犯罪的外国人，可以独立适用或者附加适用驱逐出境。”我国刑法对驱逐出境的规定仅仅以此为内容沿用至今。为了明确驱逐出境的执行问题，1992年最高人民法院、最高人民检察院、公安部、外交部、司法部、财政部联合颁布了一项规定，即《关于强制外国人出境的执行办法的规定》，对驱逐出境的适用范围、执行机关、执行前的准备工作、执行期限、出

---

* 北京师范大学刑事法律科学研究院博士研究生。

① 参见高铭暄、赵秉志主编：《新中国刑法立法文献资料总览》（上册），中国人民公安大学出版社1998年版，第171、173页。

境口岸、执行方式及有关事项、经费等具体内容加以明确。该规定虽然对驱逐出境的执行问题加以明确，却无法弥补刑法立法上的简陋。针对刑事驱逐出境的具体适用问题，除了刑法第 35 条规定的一句话之外，并没有其他条款加以阐释，也没有相关司法解释予以明确。这样简单的刑事立法，必然会在司法实践中产生困惑和问题。

（二）对刑法第 35 条驱逐出境的剖析

我国的刑事驱逐出境制度作为一种刑罚手段，规定在刑法第 35 条："对于犯罪的外国人，可以独立适用或者附加适用驱逐出境。"该条款只有一句话，内容包括两方面，即驱逐出境的适用对象和驱逐出境的适用方式。

驱逐出境的适用对象为"犯罪的外国人"，而非本国人。在我国刑罚体系中，驱逐出境既不属于主刑（规定在刑法第 33 条），也不属于附加刑（规定在刑法第 34 条）。驱逐出境以独立的条款规定，在学理上通常被视为一种特殊的刑罚手段，只对犯罪的外国人适用。我国的附加刑中罚金、没收财产是既可以适用于本国人也可以适用于外国人，剥夺政治权利只能适用于本国人，而驱逐出境则只能适用于外国人。"外国人"包括具有外国国籍的人和无国籍的人，我国"一国两制"基本国策下港澳台地区的中国人显然被排除在驱逐出境的适用范围之外。

驱逐出境的适用方式有多种。刑法第 35 条使用了"可以"一词，并放在"独立适用或者附加适用驱逐出境"之前。对于这里的"可以"，结合前后句内容应该有两种理解：一种是可以驱逐出境也可以不驱逐出境；另一种是在选择驱逐出境的情况下，可以独立适用，也可以附加适用。换句话说，对于犯罪的外国人在是否适用驱逐出境的问题上存在以下三种结果：一是不适用驱逐出境；二是独立适用驱逐出境；三是附加适用驱逐出境。这意味着，法官在决定犯罪的外国人是否适用以及如何适用驱逐出境的问题上，拥有极大的自由裁量权。

二、刑事驱逐出境制度应明确适用的基本标准

刑法第 35 条对驱逐出境的立法规定过于简单，"可以"赋予法官的自由裁量权太大。由于我国并未出台相关司法解释，司法实践中对于何时不适用、何时独立适用、何时附加适用驱逐出境也没有进行明确的区分，法官心目中似乎形成一种惯性思维即外国人犯罪都要被驱逐出境，以致实践中的大部分案件都选择附加驱逐出境的方式，其中不乏不合理之情形。笔者认为，应当通过出台司法解释的方式明确驱逐出境的适用标准，使得独立适用、不适用驱逐出境的方式都有应用的空间，让驱逐出境制度的适用更加符合罪责刑相适应原则。具体的适用标准，笔者建议如下：

（一）可以附加适用驱逐出境的情形

附加适用是驱逐出境适用最普遍的形式。对判处有期徒刑以上刑罚的，或者主观恶性较深、人身危险性较强、再犯可能性较大的外国犯罪人，可以在判处主刑的同时附加驱逐出境。该类人犯罪较重，严重危害到我国的国家安全和社会公共秩序，应当受到相应的刑罚处罚并剥夺其继续居留的资格，在主刑执行完毕后，附加适用驱逐出境，以防止其继续在我国从事犯罪活动。目前，对犯罪的外国人我国在

司法实践中基本上都采取附加驱逐出境的方式，轻到罚金[①]、拘役[②]，重到无期徒刑[③]甚至死缓[④]，都附加驱逐出境，虽然该处理方式并不违反刑法第35条的规定，但在个别特殊案件中不乏不合理之处，此时可以考虑独立适用或者不适用驱逐出境。

（二）可以独立适用驱逐出境的情形

1. 犯罪较轻、危害不大，理论上应被判处管制、拘役刑罚的人，可以将该主刑转换为独立适用驱逐出境。管制、拘役的刑期较短，犯罪嫌疑人自羁押之日到判决作出之日往往会经历几个月的时间，以羁押时间折抵刑期后，剩余需执行的刑期常常所剩无几。例如乌某、尼某犯盗窃罪一案，两名外国人在我国因盗窃一部iPhone5s手机未遂而被判处拘役6个月、罚金人民币2000元、附加驱逐出境，在法院作出判决时，以先行羁押的日期折抵刑期后，该犯罪人剩余需执行的刑期只有1个月零2天。[⑤] 此时继续执行管制或拘役刑罚，由于剩余可执行的刑期过短，可能并不能达到惩罚、改造罪犯的作用，还会浪费司法资源。针对该类犯罪人，继续居留在我国将不利于我国的社会公共秩序，将其驱逐出境比关押在我国境内有更大的积极意义，一方面可以节约管理这些外国人的司法资源，另一方面可以威慑其他可能犯罪的外国人。因此，建议对该类犯罪的外国人独立适用驱逐出境。

2. 有特殊身份但又无外交特权和豁免权的人，可以独立适用驱逐出境。基于国际法原则，有外交特权和豁免权的人享有管辖豁免的待遇，其刑事责任要通过外交途径解决。但针对那些有特殊身份又无外交特权和豁免权的人犯罪，我国可依法对其判处刑罚。只是基于其特殊身份，留在我国执行刑罚可能会带来许多管理上的不便，甚至其继续犯罪会给我国带来不利，此时可独立适用驱逐出境，这种做法也是出于外交方面考虑的结果。

3. 患有严重疾病、传染病等不宜在我国监狱关押的，可以独立适用驱逐出境。值得注意的是，独立适用驱逐出境时需考虑到犯罪人是否已得到应有处罚，避免外国犯罪人只被驱逐出境而不受其他主刑处罚从而逃避法律责任、逍遥法外，甚至导致对本国公民的司法不公。例如肯思雷贩毒一案，该外国犯罪人因犯走私、运输毒品罪，被一审法院判决独立适用驱逐出境。二审法院认为一审判决仅对肯思雷单独适用驱逐出境量刑畸轻，改判为有期徒刑15年，并处没收财产人民币50000元，

---

① 参见中国裁判文书网：《陈某、安某、珀某妨害信用卡管理罪一审刑事判决书》，（2014）厦刑初字第13号。菲律宾国籍的安某、珀某因犯妨害信用卡管理罪，被判处罚金人民币10000元，附加驱逐出境。

② 参见中国裁判文书网：《VI某某危险驾驶罪一审刑事判决书》，（2014）靖刑初字第156号。外国人VI某某因犯危险驾驶罪，被判处拘役3个月，并处罚金人民币2000元，附加驱逐出境。

③ 参见中国裁判文书网：《歇米拉·艾博奈赛·奥吉走私、贩卖、运输、制造毒品罪一审刑事判决书》，（2010）浙金刑一初字第101号。该外国人因犯走私毒品罪，被判处无期徒刑，并处没收个人全部财产，附加驱逐出境。

④ 参见中国裁判文书网：《金意成减刑刑事裁定书》，（2016）吉刑更275号。金意成因犯运输毒品罪，被判处死刑，缓期2年执行，并处没收个人全部财产，附加驱逐出境。

⑤ 参见中国裁判文书网：《尼X等盗窃罪一审刑事判决书》，（2015）朝刑初字第1012号。刑期从判决执行之日起计算，判决执行以前先行羁押的，羁押一日折抵刑期一日，犯罪人的刑期即自2014年12月25日起至2015年6月24日止，而判决作出的时间为2015年5月22日，剩余需执行的刑期仅为1个月零2天。

附加驱逐出境。[①] 针对该案，独立适用驱逐出境显然不能有效地惩罚犯罪人，该外国人仅仅被剥夺在该国的居留权，出境后反而可以免受刑事处罚，这不仅是对外国人犯罪的放纵，还会造成对本国同样犯罪人的司法不公，毕竟本国犯罪人需要在国内接受限制人身自由的刑罚。因此，对于论罪应当判处较重刑罚的外国犯罪人，根据实际情况认为可以独立适用驱逐出境的，需要有监督机制进行约束，如报高级人民法院审核，从而作出慎重决定。

（三）可以不适用驱逐出境的情形

1. 过失犯罪或犯罪较轻，被判处缓刑或者系偶犯、初犯的外国人，可以不适用驱逐出境。过失犯罪人，本身对犯罪不存在故意，社会危害性较小，再犯的可能性也较小；犯罪较轻被判处缓刑或者系偶犯、初犯的人，其犯罪较轻、社会危害性不大、主观恶性较低，再犯的可能性也不大，继续居留并不会对我国国家安全、社会公共秩序造成危害，针对该类犯罪的外国人只要对其判处相应主刑或附加刑即可达到惩罚犯罪、教育改造的效果，不必剥夺其继续居留的资格，因而可以不适用驱逐出境。例如李某等引诱、教唆、欺骗他人吸毒罪一案中，李某是美国籍，长期在我国国内工作和生活，因犯欺骗他人吸毒罪被判处有期徒刑9个月、缓刑1年零6个月，并处罚金人民币5000元。[②] 法院考虑到李某被判处缓刑，且是初犯、偶犯，并自愿认罪积极赔偿被害人损失，不致再危害社会，因此没有对其适用驱逐出境。

2. 从刑罚个别化的视角来看，对于犯罪较轻且已在我国长期居住，尤其是在我国境内建立家庭、拥有企业财产的外国人，可以不适用驱逐出境。驱逐出境给外国人带来的一个重要影响，即被收缴居住证，失去继续居住的条件，从这个角度来看，驱逐出境是对外国人在中国居留或停留资格的剥夺。对于那些长期居住、组建稳定家庭或拥有企业财产的外国人来说，驱逐出境将会直接影响他们的生活、工作与家庭关系。因此，对于连续居住一代或一代以上但因某种原因不能入籍的外国人（如与本国公民结婚而仍未加入居住国国籍的侨民，因本国公民合法收养但仍未入籍的儿童），犯罪较轻时可以不适用驱逐出境。[③] 彭某走私、贩卖、运输、制造毒品一案即为此例。彭某虽然加入美国国籍，但其出生在我国四川成都，在美国已经没有亲人和住所，其父亲、配偶及两个儿子均在国内居住生活，需要其抚养和照顾，其在家乡四川成都也购置了房产，长期在国内定居生活。法院考虑到该情况，对其以走私毒品罪，判处有期徒刑7个月，并处罚金人民币2万元，没有驱逐出境。[④] 该处理方式比较人性化，既合法又合理，值得推崇。

3. 依法受政治庇护的人原则上不适用驱逐出境。这是国际法上政治犯不引渡原

---

① 参见中国裁判文书网：《肯思雷贩毒案二审刑事判决书》，（2015）湘高法刑二终字第76号。

② 参见中国裁判文书网：《李诗魁、张吉祥等引诱、教唆、欺骗他人吸毒罪一审刑事判决书》，（2014）扬刑二初字第00005号。

③ 参见赵永琛：《论驱逐出境——兼论我国驱逐出境制度的完善》，载《中国人民公安大学学报》1991年第4期。

④ 参见中国裁判文书网：《彭某走私、贩卖、运输、制造毒品一审刑事判决书》，（2016）粤07刑初90号。

则的延伸。在驱逐出境问题上，驱逐国只关心摆脱某外国人，不限制他离境后的行动自由，对于离境后的目的地他可以自由选择。但在实践中被驱逐出境的外国人，往往同样会受到其他国家的排斥，以至于不得不将其移交给其国籍所属国，即对他提起刑事追诉的国家。① 这意味着，驱逐出境虽然是一个国家单方面作出的决定，但在事实上的却能够让该犯罪的外国人回到对其进行刑事追诉的国家，从而在客观上造成了与引渡相同的结果，因此驱逐出境也被称为事实引渡。② 驱逐出境作为引渡的一种特别形式，也应遵守国际法上对引渡所规定的一系列限制性原则，其中包括政治犯不引渡原则。政治犯不引渡是指被请求国不将居住在该国的政治犯移交给请求国接受起诉或审判。如果将居住在该国的政治犯驱逐出境，势必会造成事实引渡的效果，这将从根本上违反国际法原则。此外，《关于难民地位的公约》第 33 条中规定："任何缔约国不得以任何方式将难民驱逐或送回（"推回"）至其生命或自由因为他的种族、宗教、国籍、参加某一团体或具有某种政治见解而受威胁的领土边界。"该条款的内容也是依法受政治庇护的人不应被驱逐出境的直接体现。虽然我国没有相关的具体规定，但是当犯罪的外国人以自己依法受庇护为由申请不适用驱逐出境时，我国应当接受该申请。这不仅是保障公民权利的要求，也是履行我国国际义务的重要举措。

总而言之，刑事驱逐出境的适用应当考虑犯罪的事实、犯罪的性质、犯罪的情节、犯罪的社会危害程度等综合性因素，以此判断该外国人继续居留是否有害于本国的国家安全和社会公共秩序，对严重犯罪和轻微犯罪加以区别对待，而不应对所有犯罪的外国人均适用驱逐出境。当然，对犯罪的外国人是否驱逐出境，也并不完全取决于被告人犯罪行为的严重程度和所判刑罚的轻重，还要考虑国家安全、外交等方面的因素，作出综合决定。

三、附加驱逐出境适用的学理问题

在我国的司法实践中，经常见到被判处无期徒刑或死缓的外国人同时被判附加驱逐出境的案例，该做法虽然并不违反刑法第 35 条的规定，但从学理上分析却是逻辑不通、与刑法规定相矛盾的。那么，对判处无期徒刑或死缓的外国人能否附加驱逐出境呢？从事实与情理的角度来看，判处有期徒刑的犯罪人尚且可以附加驱逐出境，举轻以明重，判处更重刑罚的犯罪人当然可以附加驱逐出境。但是，从无期徒刑、死缓这两个制度的内涵进行分析，对判处该类刑罚的犯罪人附加驱逐出境却是不科学的做法。

（一）对判处死缓的外国人不能附加驱逐出境

对判处死刑的外国人，由于执行死刑而被剥夺了生命，显然不存在附加驱逐出境的可能，这是执行不能而导致的结果。类似的，对判处死缓的外国人也不应附加驱逐出境。死缓是死刑的一种执行方式，是附条件的不执行，即犯罪人是否执行死

① 黄风、凌岩、王秀梅：《国际刑法学》，中国人民大学出版社 2007 年版，第 214 页。

② 黄风、凌岩、王秀梅：《国际刑法学》，中国人民大学出版社 2007 年版，第 212 页。

刑取决于其在缓刑考验期内的表现，法院在作出死缓判决时并不能判断该犯罪人将来是否会被执行死刑。如果该犯罪人在缓刑考验期内故意犯罪、情节恶劣而被执行了死刑，此时显然也不存在执行驱逐出境的可能。一旦法院在作出死缓判决时附加驱逐出境，而犯罪人又因故意犯罪、情节恶劣而被执行了死刑，便会出现自相矛盾的情况，同时使得法院的判决存在预设犯罪人不会被执行死刑的嫌疑，这显然与死缓制度的初衷相违背。因此，对判处死缓的外国人不能附加驱逐出境。

（二）对判处无期徒刑的外国人不能附加驱逐出境

虽然在实际执行中，被判无期徒刑的犯罪人往往都会在满足一定条件时减为有期徒刑进而逐步回归社会，但是无期徒刑作为一种严厉程度仅次于死刑的刑罚，其设置的本意是剥夺犯罪人的终身自由。作为剥夺终身自由的刑罚显然也不存在适用驱逐出境的条件。如果在判处无期徒刑的同时附加驱逐出境，则会与无期徒刑的内涵产生矛盾，因此对判处无期徒刑的外国人不能附加驱逐出境。

（三）对判处无期徒刑、死缓的外国人，在减刑或假释的裁定中能否决定附加适用驱逐出境？

既然对判处无期徒刑、死缓的外国人不能在判决中附加驱逐出境，那么当其在服刑期间满足一定条件可以减刑、假释时，可否在减刑或假释的裁定中决定附加驱逐出境呢？针对这一问题，不同地区的法院出现了不同的观点。

云南省高级人民法院在（2015）云高刑执字第61号减刑刑事裁定书中表明了其对该问题的观点，即对判处无期徒刑的外国人不能在判决中附加驱逐出境，可以在减刑裁定中附加驱逐出境。该案中，泰国籍被告人洛某在一审被云南省昆明市中级人民法院以走私、运输毒品罪，判处无期徒刑附加驱逐出境。云南省高级人民法院在二审中，维持原判对被告人的定罪、主刑的量刑部分，撤销了驱逐出境的附加刑部分。被告人服刑一段时间后，云南省高院在将被告人无期徒刑的刑罚减为有期徒刑19年零11个月的减刑裁定书中，对其附加驱逐出境。[①] 类似的，北京市高级人民法院在2013年12月公布的刑事参阅案例中明确指出：对于被判处无期徒刑的外国籍被告人，当其在服刑期间满足条件被减为有期徒刑时，根据案件具体情况有必要驱逐出境的，法院可以在作出减刑裁定时一并对被告人附加驱逐出境。北京高院认为，刑事驱逐出境既不属于主刑，也不属于附加刑，只是针对外国籍犯罪分子实施的防止其再在我国进行违法犯罪行为的一种制裁措施，法院在减刑时一并附加驱逐出境并未加重被告人的刑罚。[②]

上海市高级人民法院则持相反观点，在2008年9月22日颁布的《上海市高级人民法院刑二庭涉外刑事案件法律适用问题解答》中指出：被判处无期徒刑或者死缓的外国籍被告人不能在减刑或者假释裁定中决定驱逐出境。因为，驱逐出境是刑罚的一种，只能在经过审理后作出的判决中依法宣告，不能在减刑或假释的裁定中增加适用，否则既与法理不合，也剥夺了被告人的辩护权和上诉权。如果被告人被

① 参见中国裁判文书网：《洛帕告减刑刑事裁定书》，（2015）云高刑执字第61号。

② 参见北京市高级人民法院刑事参阅案例，北京法院审判信息网，http：//www.bjcourt.gov.cn/article/newsDetail.htm？NId=25000080&channel=100015004，发布时间2013年12月26日。

减刑或者假释，在刑罚执行完毕之后，可以由公安机关以被告人违反我国《外国人入境出境管理法》第 16 条“对不遵守中国法律的外国人，中国政府主管机关可以缩短其在中国停留的期限或者取消其在中国居留的资格”为依据驱逐出境。[①]

笔者认为上海高院的做法更符合刑事法治理念，为了保障被告人的辩护权和上诉权，在减刑、假释裁定中不适宜增加驱逐出境的决定。这意味着，对判处无期徒刑或者死缓的外国人，无论在作出判决时还是在作出减刑、假释裁定时，都是不能适用刑事驱逐出境的，如果确有必要驱逐，只能依据行政法作出行政驱逐出境的决定。但是这样似乎又出现了一个悖论：判有期徒刑的外国犯罪人可以附加刑事驱逐出境，而犯更重的罪被判无期徒刑甚至死缓的外国犯罪人却不能附加刑事驱逐出境！虽然对判无期徒刑、死缓的外国犯罪人可以以行政驱逐出境的方式达到与刑事驱逐出境同样的效果，但这一做法无疑弱化了刑事驱逐出境作为刑罚手段的价值。进而引发一个新的问题：驱逐出境制度到底有没有必要作为一种刑罚手段？这个问题值得深入研究探讨。

四、结语

习近平主席提出的“一带一路”倡议，推动经济全球化进入新阶段，中国作为“一带一路”的倡导国和负责任的大国，对外开放的程度会越来越大。与更多国家间的互联互通必将会吸引越来越多的外国人来华旅游、学习、工作，相应地，涉外犯罪活动也不可避免地与日俱增。如何处理好涉外犯罪案件便成为我国刑法将要面临的一个重要挑战。驱逐出境制度，作为惩罚外国犯罪人的一项重要刑罚手段，在涉外犯罪案件的处理中可以发挥很大作用。我国刑法典颁行 20 年来，对驱逐出境制度并没有进行立法修正或司法解释等工作，在司法实践中却出现了不少适用问题。为了更好地应对越来越多的涉外犯罪，更好地维护国家安全和社会公共秩序，我国立法和司法部门有必要重视并完善驱逐出境制度，而完善刑事驱逐出境制度首先要从明确其适用标准入手，让不同形式的驱逐出境都有适用的空间。

---

① 参见上海市高级人民法院于2008 年 9 月 22 日颁布的《上海市高级人民法院刑二庭涉外刑事案件法律适用问题解答》。

刑法规范绝对明示化罪名并冠首之立法建议

徐留成*

由于1997年刑法没有将具体个罪罪名全部写入刑法典，在其颁布后，最高人民法院和最高人民检察院曾一度就罪名问题分别作出过司法解释，但二者的解释不一致，造成了适用上的不统一。究其原因就在于罪名没有完全在刑法典中绝对明示化。2002年3月15日公布，并于2002年3月26日起施行的最高人民法院和最高人民检察院《关于执行〈中华人民共和国刑法〉确定罪名的补充规定》较好地解决了统一适用罪名的问题。之后，"两高"就确定罪名问题，又进行了五次补充规定。为趋于完善，罪名法定化、法典化问题仍需深入研究。笔者就此问题谈谈自己的看法，供专家学者指正。

一、罪名法定是罪刑法定原则的必然要求

罪名是立法机关或司法机关，以简洁的语词对某种犯罪之罪状的本质特征或者主要特征作出的高度概括。① 而罪状是法定的，因此，罪名法定是罪刑法定原则的必然要求、应有之义。

详言之，罪刑法定原则不仅要求犯罪行为法定、刑罚法定，还要求罪名法定。对此，我国著名刑法学家陈兴良教授早有论述。他说，罪之法定体现了社会主义法制的要求，罪名合法同样也是罪刑法定原则的要求，是法律文化进步、科学的重要标志之一。②

二、我国刑法中将罪名法定的历程

我国刑法典主要采用"暗含推理式"来确定罪名。具体来讲，是指刑法分则条文或者有关刑事法律规范不对罪名作明确规定，只直接规定具体犯罪的罪状，而使罪名包含在罪状之中，在确定该罪的罪名时，要通过对包含着罪名的罪状进行推理、归纳、抽象。例如，我国刑法第305条规定："在刑事诉讼中，证人、鉴定人、记录人、翻译人对与案件有重要关系的情节，故意作虚假证明、鉴定、记录、翻译，意图陷害他人或者隐匿罪证的，处三年以下有期徒刑或者拘役；情节严重的，处三年以上七年以下有期徒刑。"又如第310条第1款规定："明知是犯罪的人而为其提供隐藏处所、财物，帮助其逃匿或者作假证明包庇的，处三年以下有期徒刑、拘役或者管制；情节严重的，处三年以上十年以下有期徒刑。"等等。诸如此类的

* 青海省高级人民法院审委会委员、庭长，刑法学博士，法理学博士后，研究员。

① 参见陈兴良主编：《刑法各论的一般理论》，内蒙古大学出版社1992年版，第96-97页。

② 参见陈兴良主编：《刑法各论的一般理论》，内蒙古大学出版社1992年版，第103页。

刑法条文中只有罪状和法定刑，而没有罪名的明确规定。与我国相似，采用暗含推理式罪名的国家还有有西班牙、巴西等。例如，西班牙刑法典第272条规定："伪造国家印章者，应处长期苦役"。巴西刑法典第146条规定："用暴力或严重威胁，或者在用任何其他方法削弱他人的抵抗力后，强迫他人不做合法的事或做违法的事，处三个月或一年的拘役，或者五百至五千元罚金。"

这种暗含推理式确定的罪名，由于对罪状的理解不同，以及抽象、推理、归纳的方法不同，其运用往往会出现问题。尤其是在我国，有权确定罪名的主体尚不明确。实践中，最高人民法院和最高人民检察院两家都有权解释罪名，难免会出现前述的罪名适用上的不统一。[①] 最高人民法院于1997年12月9日颁布的《关于执行〈中华人民共和国刑法〉确定罪名的规定》对刑法典中的罪名解释为413个（一个概括性的选择性罪名在数量上被视为一个），最高人民检察院于1997年12月25日通过的《关于适用刑法分则规定的犯罪的罪名的意见》将罪名解释为414个（同样也将一个概括性的选择性罪名在数量上被视为一个）。这样，最高人民检察院的解释就多出一个罪名，即国家机关工作人员徇私舞弊罪（刑法第397条第2款），最高人民法院认为该款不存在独立罪名。另外，"两高"对其中三个罪名的表述还不尽相同。比较如下：

所在刑法条款	最高人民法院解释	最高人民检察院解释
第397条第2款	不存在独立罪名	国家机关工作人员徇私舞弊罪
第399条第1款	徇私枉法罪	枉法追诉、裁判罪
第399条第2款	枉法裁判罪	民事、行政枉法裁判罪
第406条	国家机关工作人员签订、履行合同失职罪	国家机关工作人员签订、履行合同失职被骗罪
所在刑法条款	最高人民法院解释	最高人民检察院解释
第397条第2款	不存在独立罪名	国家机关工作人员徇私舞弊罪。
第399条第1款	徇私枉法罪	枉法追诉、裁判罪
第399条第2款	枉法裁判罪	民事、行政枉法裁判罪
第406条	国家机关工作人员签订、履行合同失职罪	国家机关工作人员签订、履行合同失职被骗罪
所在刑法条款	最高人民法院解释	最高人民检察院解释
第397条第2款	不存在独立罪名	国家机关工作人员徇私舞弊罪
第399条第1款	徇私枉法罪	枉法追诉、裁判罪

① 参见陈兴良主编：《刑法各论的一般理论》，内蒙古大学出版社1992年版，第114-116页。

续表

所在刑法条款	最高人民法院解释	最高人民检察院解释
第 399 条第 2 款	枉法裁判罪	民事、行政枉法裁判罪
第 406 条	国家机关工作人员签订、履行合同失职罪	国家机关工作人员签订、履行合同失职被骗罪

虽然 2002 年 3 月 15 日“两高”联合公布了《关于执行〈中华人民共和国刑法〉确定罪名的补充规定》（以下简称《补充规定》），较好地解决了统一适用罪名的问题，但其做法也没有从立法上根本地解决问题，并非上乘之策。

此外，我国个别刑事规范采取了“定义明示式”来确定罪名，即在刑法分则条文或有关刑事规范中，以定义的方式确定罪名。例如，我国刑法第 382 条第 1 款规定：“国家工作人员利用职务上的便利，侵吞、窃取、骗取或者以其他手段非法占有公共财物的，是贪污罪。”又如，第 385 条第 1 款规定：“国家工作人员利用职务上的便利，索取他人财物的，或者非法收受他人财物，为他人谋取利益的，是受贿罪。”在国外，西班牙和英国等国家也采取了这种方式。由于这种方式确定的罪名在适用上不会发生争议，可以称之为绝对明示式。但如将刑法分则各个条文都采取这种方式也不现实，尤其是包含简单罪状的条文。例如，我国刑法第 232 条（规定：“故意杀人的，处死刑……”）及第 264 条（规定：“盗窃公私财物，数额较大或者多次盗窃的，处……”）等诸如此类的条款，就不宜采用这种方式。显然，这种方式也有不妥之处。

可见，通过“两高”分别作出司法解释确定罪名，不如将罪名直接写入刑法典，至少像现在一样，由“两高”联合统一确定罪名，以免造成适用罪名上的不统一。

三、国外刑法典中罪名在立法时就冠首部的经验

在国外刑法典中，将罪名在立法时就冠于首部的做法值得借鉴。具体来讲，即采用“分列相对明示式”① 来确定罪名，在刑法分则条文或者在其他有关的刑事法律规范中，对罪名列于条首作出相对明确的规定。

采用分列明示式的国家有瑞士、前西德、意大利等国家，例如，前西德刑法典第 186 条规定：“（恶意诽谤）主张或散布使他人受轻蔑或于公评上受不良影响之事实，而不能证明其为真实者，处一年以下自由刑或并科罚金……”又如，意大利刑法典第 372 条规定：“（伪证）证人于法院供述时，陈述虚伪事实……处六个月以上三年以下徒刑。”以上条文之首括号内所列名称一般都是相应条文规定的罪名，罪名与罪状分列，因而可称之为分列明示式。然而，其明示罪名亦是相对而言，即大多数条首括号内语词都可直接作为罪名使用，而个别的也不能直接作为罪名使用，如意大利刑法典第 403 条规定：“（私人在公文书内间接伪造其内容）关于以文书证

① 参见陈兴良主编：《刑法各论的一般理论》，内蒙古大学出版社 1992 年版，第 114-115 页。

明事实之事项，而使公务员登载不实之事项于公文书者，处二年以下徒刑。”该条括号内的语词就不符合罪名的特点，不称其为罪名，因而，分列明示式又被称之为相对明示。其缺陷是显而易见的。

但是，从这种方式中我们应得到启发，即采用绝对明示式是毋庸置疑的，因其不会发生争议。至于采用哪种绝对明示式待下文讨论。

四、“两高”补充修改罪名的具体过程

（一）概况

1. 1997年刑法于生效施行后，为了适应经济、社会的发展和同犯罪作斗争的需要，全国人大常委会先后通过了《关于惩治骗购外汇、逃汇和非法买卖外汇犯罪的决定》和《刑法修正案》、《刑法修正案（二）》、《刑法修正案（三）》，对罪名有所增减。为了避免检察院和法院对罪名的规定不同，最高人民法院、最高人民检察院联合发布《关于执行〈中华人民共和国刑法〉确定罪名的补充规定》，对罪名进行了调整：

新增加了16个（含有概括性的选择性罪名者被视为一个）罪名：（1）投放危险物质罪；（2）过失投放危险物质罪；（3）资助恐怖活动罪；（4）非法制造、买卖、运输、储存危险物质罪；（5）盗窃、抢夺枪支、弹药、爆炸物、危险物质罪；（6）抢劫枪支、弹药、爆炸物、危险物质罪；（7）隐匿、故意销毁会计凭证、会计账簿、财务会计报告罪；（8）国有公司、企业、事业单位人员失职罪；（9）国有公司、企业、事业单位人员滥用职权罪；（10）伪造、变造、转让金融机构经营许可证、批准文件罪；（11）编造并传播证券、期货交易虚假信息罪；（12）诱骗投资者买卖证券、期货合约罪；（13）操纵证券、期货交易价格罪；（14）骗购外汇罪；（15）投放虚假危险物质罪；（16）编造、故意传播虚假恐怖信息罪。取消了12个罪名：（1）投毒罪；（2）过失投毒罪；（3）非法买卖、运输核材料罪；（4）徇私舞弊造成破产、亏损罪；（5）中介组织人员提供虚假证明文件罪；（6）中介组织人员出具证明文件重大失实罪；（7）奸淫幼女罪；（8）非法占用耕地罪；（9）国家机关工作人员徇私舞弊罪；（10）枉法追诉、裁判罪；（11）枉法裁判罪；（12）国家机关工作人员签订、履行合同失职罪。变更了3个罪名：将取消的“中介组织人员提供虚假证明文件罪、中介组织人员出具证明文件重大失实罪、非法占用耕地罪”，分别变更为“提供虚假证明文件罪、出具证明文件重大失实罪、非法占用农用地罪”。统一了“两高”在1997年解释不一致的4个罪名：（1）采用最高人民法院解释的“滥用职权、玩忽职守罪”，取消了最高人民检察院解释的“国家机关工作人员徇私舞弊罪”；（2）采用最高人民法院解释的“徇私枉法罪”，取消了最高人民检察院解释的“枉法追诉、裁判罪”；（3）采用最高人民检察院解释的“民事、行政枉法裁判罪”，取消了最高人民法院解释的“枉法裁判罪”；（4）采用了最高人民检察院解释的“国家机关工作人员签订、履行合同失职被骗罪”，取消了最高人民法院解释的“国家机关工作人员签订、履行合同失职罪”。可以看出，“两高”原解释不一致的四个罪名，各采用两个、取消两个。

2.2003年8月21日，根据《刑法修正案（四）》，“两高”《关于执行〈中华人民共和国刑法〉确定罪名的补充规定（二）》修改了3个罪名：走私固体废物罪改为走私废物罪，非法收购盗伐、滥伐的林木罪改为非法收购、运输盗伐、滥伐的林木罪，非法采伐、毁坏珍贵树木罪改为非法采伐、毁坏国家重点保护植物罪。新增了4个罪名：（1）雇用童工从事危重劳动罪；（2）非法收购、运输、加工、出售国家重点保护植物、国家重点保护植物制品罪；（3）执行判决、裁定滥用职权罪；（4）执行判决、裁定失职罪。

3.2007年11月6日，根据《刑法修正案（五）》、《刑法修正案（六）》，“两高”《关于执行〈中华人民共和国刑法〉确定罪名的补充规定（三）》修改了8个罪名：（1）提供虚假财会报告罪改为违规披露、不披露重要信息罪；（2）公司、企业人员受贿罪改为非国家工作人员受贿罪；（3）对公司、企业人员行贿罪改为对非国家工作人员行贿罪；（4）操纵证券、期货交易价格罪改为操纵证券、期货市场罪；（5）违法向关系人发放贷款罪、违法发放贷款罪改为违法发放贷款罪；（6）用账外客户资金非法拆借、发放贷款罪改为吸收客户资金不入账罪；（7）非法出具金融票证罪改为违规出具金融票证罪；（8）窝藏、转移、收购、销售赃物罪改为掩饰、隐瞒犯罪所得、犯罪所得收益罪。新增了14个罪名：（1）强令违章冒险作业罪；（2）大型群众性活动重大安全事故罪；（3）不报、谎报安全事故罪；（4）虚假破产罪第162条之二；（5）背信损害上市公司利益罪；（6）骗取贷款、票据承兑、金融票证罪；（7）妨害信用卡管理罪；（8）窃取、收买、非法提供信用卡信息罪；（9）背信运用受托财产罪；（10）违法运用资金罪；（11）组织残疾人、儿童乞讨罪；（12）开设赌场罪；（13）过失损坏武器装备、军事设施、军事通信罪；（14）枉法仲裁罪。取消了1个罪名：违法向关系人发放贷款罪。

4.2009年10月16日，根据《刑法修正案（七）》，“两高”《关于执行〈中华人民共和国刑法〉确定罪名的补充规定（四）》修改了4个罪名：（1）走私国家禁止进出口的珍稀植物及其制品罪改为走私国家禁止进出口的货物、物品罪；（2）偷税罪改为逃税罪；（3）逃避动植物检疫罪改为妨害动植物防疫、检疫罪；（4）非法生产、买卖军用标志罪改为非法生产、买卖武装部队制式服装罪。新增了9个罪名：（1）利用未公开信息交易罪；（2）组织、领导传销活动罪；（3）出售、非法提供公民个人信息罪；（4）非法获取公民个人信息罪；（5）组织未成年人进行违反治安管理活动罪；（6）非法获取计算机信息系统数据、非法控制计算机信息系统罪；（7）提供侵入、非法控制计算机信息系统程序、工具罪；（8）伪造、盗窃、买卖、非法提供、非法使用武装部队专用标志罪；（9）利用影响力受贿罪。

5.2011年5月1日，根据《刑法修正案（八）》，“两高”《关于执行〈中华人民共和国刑法〉确定罪名的补充规定（五）》修改了3个罪名：（1）生产、销售不符合卫生标准的食品罪改为生产、销售不符合安全标准的食品罪；（2）强迫职工劳动罪改为强迫劳动罪；（3）重大环境污染事故罪改为污染环境罪。新增了7个罪名：（1）危险驾驶罪；（2）对外国公职人员、国际公共组织官员行贿罪；（3）虚开发票罪；（4）持有伪造的发票罪；（5）组织出卖人体器官罪；（6）拒不支付劳动报酬罪；（7）食品监管渎职罪。

6. 2015年10月30日，根据《刑法修正案（九）》，“两高”《关于执行〈中华人民共和国刑法〉确定罪名的补充规定（六）》修改了13个罪名（其中有两处由2个罪名合并成1个罪名，即修改减少了2个罪名）：（1）资助恐怖活动罪改为帮助恐怖活动罪；（2）强制猥亵、侮辱妇女罪改为强制猥亵、侮辱罪；（3）出售、非法提供公民个人信息罪和非法获取公民个人信息罪改为侵犯公民个人信息罪（两个罪名合并为一个罪名）；（4）伪造、变造居民身份证罪改为伪造、变造、买卖身份证件罪；（5）非法生产、销售间谍专用器材罪改为非法生产、销售专用间谍器材、窃听、窃照专用器材罪；（6）组织、利用会道门、邪教组织、利用迷信致人死亡罪改为组织、利用会道门、邪教组织、利用迷信致人重伤、死亡罪；（7）盗窃、侮辱尸体罪改为盗窃、侮辱、故意毁坏尸体、尸骨、骨灰罪；（8）拒绝提供间谍犯罪证据罪改为拒绝提供间谍犯罪、恐怖主义犯罪、极端主义犯罪证据罪；（9）走私制毒物品罪和非法买卖制毒物品罪改为非法生产、买卖、运输制毒物品、走私制毒物品罪（两个罪名合并为一个罪名）；（10）战时拒绝军事征用罪改为战时拒绝军事征收、征用罪；（11）非法批准征用、占用土地罪改为非法批准征收、征用、占用土地罪。新增了20个罪名：（1）准备实施恐怖活动罪；（2）宣扬恐怖主义、极端主义、煽动实施恐怖活动罪；（3）利用极端主义破坏法律实施罪；（4）强制穿戴宣扬恐怖主义、极端主义服饰、标志罪；（5）非法持有宣扬恐怖主义、极端主义物品罪；（6）虐待被监护、看护人罪；（7）使用虚假身份证件、盗用身份证件罪；（8）组织考试作弊罪；（9）非法出售、提供试题、答案罪；（10）代替考试罪；（11）拒不履行信息网络安全管理义务罪；（12）非法利用信息网络罪；（13）帮助信息网络犯罪活动罪；（14）扰乱国家机关工作秩序罪；（15）组织、资助非法聚集罪；（16）编造、故意传播虚假信息罪；（17）虚假诉讼罪；（18）泄露不应公开的案件信息罪；（19）披露、报道不应公开的案件信息罪；（20）对有影响力的人行贿罪。

（二）意义

其主要意义在于，“两高”联合确定新罪名，与各自确定相比，显然是提高了效率，这是“公正与效率”新世纪主题的要求。此其一。

其二，给我们带来了有益的启示：与其在立法后解释罪名，倒不如在立法时明明白白、直截了当地写入刑法典，以免再烦请“两高”劳神劳力地去解释罪名。

五、立法建议——罪名法典化的最佳方式是绝对明示化，将罪名直接冠于法条首部

如前述，确定罪名，无论采用分列明示式，或者定义明示式或暗含推理式，都有不妥之处。关于罪名的立法规定，笔者建议，像《中华人民共和国刑法罪名手册》[①] 一书载明的罪名与法条的关系模式一样，采用绝对明示式，直接将罪名写在

① 参见《中华人民共和国刑法罪名手册》，法律出版社出版1997年版。

法条首部，简约明了，便于操作，也避免了“两高”不必要的劳动和争议。

这种做法贯彻于新的刑法典，还只是个期待。就目前而言，立法机关根据实践的发展，新的刑事法律补充决定或者修正案会不断出台。建议在颁布新修正案时，直接将罪名写在法条首部，以逐步实现罪名刑事法典绝对明示化。顺便提及，采用“补充决定”的方式来修正刑法的做法不足取。因其又单独形成了新的单行刑法，像打个补丁似的，破坏了原刑法典的完整体系。不像刑法修正案完全融入刑法典，与原刑法典形成统一整体。对此，我国许多专家学者早有论及，立法机关已不再采用此种做法。因此，刑事司法中，在制作裁判文书时可直接引用刑法条文，未必再引用某某《刑法修正案》，等等。像这样引用法条，简单明了，避免了文牍之赘。

论我国反恐刑事立法的演进

王政勋*

已经成为国际公害的恐怖主义犯罪20世纪90年代在我国开始出现，以极端主义为思想基础、以分裂主义为目标、以恐怖主义为表现形式的“三股势力”在新疆制造了数百起暴恐事件，并且有向内地蔓延的趋势。反恐对策包括治本之策和治标之策，治本之策包括政治的、经济的、文化的等多种措施，其价值在于铲除恐怖主义的根源，治标之策则是为了遏制恐怖主义蔓延的势头，将暴恐犯罪控制在最小范围之内。包括刑法在内的反恐法律作为一种治标之策，在反恐斗争中起着不可或缺的作用。

本文将梳理我国20年来反恐刑事立法的演进脉络，分析演进的规律，以求达到对我国反恐刑法的全面认识。

一、反恐刑事立法演进的脉络

20世纪90年代之前，虽然我国有类似恐怖主义的犯罪，但当代意义上的恐怖主义并不存在，《惩治反革命条例》和1979年刑法对于类似犯罪，是以反革命破坏罪、反革命杀人罪、反革命伤人罪等罪名论处的。

1990年新疆阿克陶县巴仁乡发生的“4·5”反革命武装暴乱标志着我国正式产生了当代意义上的恐怖主义犯罪。此后，境内“三股势力”与境外敌对势力、国际恐怖主义相呼应，制造了一系列暴力恐怖事件，严重影响了新疆的社会政治稳定和国家安全。在这种情况下，原来的规定已经不能适应遏制犯罪的需要，1997年刑法第120条首次规定了法定最高刑为10年有期徒刑的组织、领导、参加恐怖组织罪，规定“犯前款罪并实施杀人、爆炸、绑架等犯罪的，依照数罪并罚的规定处罚”。该规定使我国刑法中首次出现了“恐怖活动”、“恐怖活动组织”的概念，在全社会起到了重要的警示作用；对组织、领导、参加恐怖组织并实施了具体的暴恐犯罪的实行数罪并罚，突破了个人责任原则、禁止重复评价原则的限制。

1999年，“三股势力”企图在建国50周年大庆期间实施全疆范围的大规模恐怖破坏活动，叫嚣“2000年实现新疆独立”,① 这些图谋虽然被粉碎，但也表明我国的反恐形势日益严峻。2001年6月15日，中国、俄罗斯等六国发起成立上海合作组织，其宗旨之一就是“维护和加强地区和平、安全与稳定，共同打击恐怖主义、分裂主义和极端主义、毒品走私、非法贩运武器和其他跨国犯罪”。2001年美

---

* 教授、博士生导师，法学博士，西北政法大学科研处处长，中国刑法学研究会常务理事。

① 努尔·白克力：《2008年9月10日在自治区干部大会上的讲话》，新疆维吾尔自治区人民政府网，http：//egov. xinjiang. gov. cn/lspd/lslm/2008/45675. htm，2014年7月8日访问。

国发生了“9·11”事件，中国在第一时间表达了慰问并阐明了中国“反对一切形式的恐怖主义”的立场，国际反恐局势进入一个新时期。2001年12月29日的《刑法修正案（三）》的宗旨是“为了惩治恐怖活动犯罪，保障国家和人民生命、财产安全，维护社会秩序”，内容包括：（1）将组织、领导恐怖组织行为的法定刑提高为“10年以上有期徒刑或者无期徒刑”，对其他参加的增设了剥夺政治权利的附加刑；（2）增设刑法第120条之二，将“资助恐怖活动组织、实施恐怖活动的个人的”行为规定为犯罪，单位可以成为本罪主体；（3）将恐怖活动犯罪列为洗钱罪的上游犯罪；（4）增设刑法第291条之一，规定了投放虚假危险物质罪，编造、故意传播虚假恐怖信息罪；（5）将刑法第114条、第115条原投毒罪修改为“投放毒害性、放射性、传染病病原体等物质”的投放危险物质罪；（6）将刑法第125条原第2款的“非法买卖、运输核材料罪”修改为非法制造、买卖、运输、储存危险物质罪；（7）在刑法第127条盗窃、抢夺、抢劫枪支、弹药、爆炸物的犯罪中增加了盗窃、抢夺、抢劫毒害性、放射性、传染病病原体等物质的规定。

《刑法修正案（三）》初步建立起了我国反恐刑事立法的体系，体现出反恐刑法体系化、严厉化的特点。

由于反恐刑法体系的初步建立和国际反恐合作的开展，也由于美国忙于反恐战争而使我国获得了战略机遇期，我国暴恐犯罪沉寂了几年。但2008年北京奥运会前后，国际反华势力联合起来加强了对中国的遏制和渗透，我国的反恐形势再次趋向严峻。暴恐分子制造了多起暴恐事件，在喀什的“8·4”事件中，暴恐分子开着自卸式大卡车，开足马力从背后冲向正在集体出操的公安边防支队70多名武警官兵，后又手持枪支、砍刀袭击倒在血泊中的武警战士，引爆自制的爆炸装置，向公安边防支队院内投掷炸药，共造成受袭武警16人死亡、16人受伤。① 2009年乌鲁木齐的“7·5”事件共造成197人死亡、1700多人受伤，331个店铺和1325辆汽车被砸烧，众多市政公共设施被损毁。② 2009年7月24日，新疆维吾尔自治区人大常委会通过了《关于依法严厉打击严重暴力犯罪，坚决维护民族团结和社会稳定的决议》，要求用铁的手腕狠狠打击敌人的嚣张气焰，坚决遏制暴力犯罪行为。③ 此后暴恐犯罪暂时趋于沉寂。2011年2月25日的《刑法修正案（八）》有三处涉及恐怖活动犯罪：（1）在死缓制度中规定“因有组织的暴力性犯罪被判处死刑缓期执行的犯罪分子，人民法院根据犯罪情节等情况可以同时决定对其限制减刑”；（2）增加规定恐怖活犯罪可成为特别累犯的成立事由；（3）在假释的条件中增设“因有组织的暴力性犯罪被判处10年以上有期徒刑、无期徒刑的犯罪分子，不得假释”。这里的“有组织的暴力性犯罪”中当然包括暴恐犯罪。全国人大常委会于2011年10月29日出台了《关于加强反恐怖工作有关问题的决定》，该决定作为反恐特别法，涉及反恐的许多方面，其中第2条规定了恐怖活动、恐怖组织、恐怖活

① 《新疆警方披露喀什暴力袭击事件细节：恐怖活动蓄谋已久》，载人民网，http://society.people.com.cn/GB/42733/7621692.html，2017年7月20日访问。

② 国务院新闻办公室：《新疆的进步与发展》（白皮书），2009年9月发布。

③ http://www.iyaxin.com/content/2009-07/25/content_1131652.htm，2014年7月11日访问。

动人员的定义，基于一元的违法论和刑法解释的一般原理，这三个定义具有刑法意义。

2012年和田市“6·29”劫机事件（未遂）、2013年巴楚县色力布亚镇“4·23”暴恐事件开始，新疆的暴恐犯罪再次猖獗起来，并且向内地蔓延。在这种情况下，一方面，新疆地区加大了打击暴恐犯罪的力度，按照国家反恐怖工作领导小组部署要求，自治区党委决定从2014年5月23日起至2015年6月，以新疆为主战场启动严打暴力恐怖活动专项行动；另一方面，国家加紧制定《刑法修正案（九）》和《反恐怖主义法》，这两部法律先后于2015年8月30日、12月27日颁布。

《刑法修正案（九）》在反恐方面的修改包括：（1）对组织、领导、参加恐怖组织罪增设了财产刑；（2）将“资助恐怖活动培训”、“为恐怖活动组织、实施恐怖活动或者恐怖活动培训招募、运送人员”增设为帮助恐怖活动罪的行为方式；（3）增加了刑法第120条之二到之六共5个条文，规定了准备实施恐怖活动罪，宣扬恐怖主义、极端主义、煽动实施恐怖活动罪，利用极端主义破坏法律实施罪，强制穿戴宣扬恐怖主义、极端主义服饰、标志罪，非法持有宣扬恐怖主义、极端主义物品罪共5个新罪名；（4）将第311条拒绝提供间谍犯罪证据罪修改为拒绝提供间谍犯罪、恐怖主义犯罪、极端主义犯罪证据罪；（5）在刑法第322条偷越国（边）境罪中增设“为参加恐怖活动组织、接受恐怖活动培训或者实施恐怖活动，偷越国（边）境的”这一适用更高法定刑的情节。

经过这些修改，目前我国刑法总则中直接针对恐怖活动犯罪的制度有死缓限制减刑、特别累犯和不得假释的规定；分则中有关恐怖活动犯罪的罪名包括：（1）组织、领导、参加恐怖组织罪；（2）帮助恐怖活动罪；（3）准备实施恐怖活动罪；（4）宣扬恐怖主义、极端主义、煽动实施恐怖活动罪；（5）利用极端主义破坏法律实施罪；（6）强制穿戴宣扬恐怖主义、极端主义服饰、标志罪；（7）非法持有宣扬恐怖主义、极端主义物品罪；（8）洗钱罪；（9）投放虚假危险物质罪；（10）编造、故意传播虚假恐怖信息罪；（11）拒绝提供间谍犯罪、恐怖主义犯罪、极端主义犯罪证据罪；（12）偷越国（边）境罪。

二、反恐刑事立法演进的规律

20年来，我国反恐刑法的条文由少到多、范围由窄到宽、处罚由轻到重。反恐刑法的演进是对恐怖活动犯罪演变的刑法反应，是反恐刑事政策的刑法体现。

近年来我国恐怖活动犯罪的发展大致经历了以下阶段：（1）20世纪90年代，开始形成并逐渐泛滥；（2）2001~2007年，沉寂期；（3）2008~2009年，猖獗期；（4）2010~2011年，沉寂期；（5）2012~2014年，猖獗期；（6）2015年至今，沉寂期。反恐刑事立法的演进与此相适应，表现为“猖獗—打击—沉寂—再猖獗—再打击—再次沉寂”的特点。

新中国成立后很长一段时间内我国不存在恐怖主义犯罪。20世纪80年代以后，国家放松了意识形态管控，宗教泛化倾向开始在新疆尤其是南疆地区出现，新疆的清真寺由1980年的4000多座猛增到1995年的24000多座，信教群众中每万人有

23座，而伊朗每万人只有1.26座，沙特阿拉伯每万人只有3.75座；“文化大革命”后平反冤假错案时未能充分考虑新疆的特点，一些长期被关押的老牌分裂分子被平反、释放且取得诸如政协委员等称号，他们利用其身份、利用宗教教义煽动信教群众，私带弟子，传授宗教极端思想；[①] 苏东剧变后西方敌对势力加紧对我国实施“西化”式思想渗透和“分化”式战略遏制，把所谓“新疆问题”作为实现其战略的突破口；苏联解体后出现的中亚国家经济落后、国家能力弱，泛突厥主义、泛伊斯兰主义在中亚泛滥起来并波及新疆地区。境内外的极端分子、分裂分子加紧勾结，新疆周边形成一条动荡地带。1990年的巴仁乡暴乱标志着以“东突”恐怖组织为首的“三股势力”死灰复燃，此后暴恐分子先后制造了1992年乌鲁木齐“2·5”公共汽车系列爆炸案、1993年喀什“6·17”系列爆炸案、1994年阿克苏“7·18”系列爆炸案、1995年和田“7·7”打砸抢骚乱事件、1996年温宿“2·10”抢枪杀人案、库车县“4·29”系列爆炸杀人案、喀什“5·12”暗杀自治区政协副主席阿荣汗阿吉案、叶城县“8·27”洗劫江格力斯乡政府案、沙雅“7·15”暴狱事件，1997年伊犁“2·5”打砸抢骚乱事件、乌鲁木齐“2·25”公共汽车爆炸案等一系列暴恐事件。[②]

针对这种情况，1996年中央专题研究新疆稳定工作并下发7号文件，明确提出了“影响新疆稳定的主要危险是民族分裂主义和非法宗教活动”的论断，对维护新疆稳定作出部署。自治区党委为了贯彻落实中央决策，针对严峻的对敌斗争形势，提出了“主动出击、露头就打、先发制敌”的反对“三股势力”的刑事政策，采取措施坚决把敌人的嚣张气焰打下去、坚决不让敌人坐大成势，取得了反分裂斗争的阶段性胜利。组织、领导、参加恐怖组织罪就是在这种背景下首次规定在1997年刑法中的。

此后，以泛突厥主义为思想基础的分裂势力仍在不断发展，设立于1996年的美国“自由亚洲电台”于2001年开播“维语部”，把人权、民主、自由与民族、宗教问题等相挂钩，针对新疆地区大肆进行煽动、渗透。极端主义思想不断向新疆渗透。新疆的严打行动虽然取得了一定成效，但反恐形势依然严峻。遏制“三股势力”需要国际合作特别是和周边中亚国家的合作，上海合作组织签署的《打击恐怖主义、分裂主义和极端主义上海公约》序言指出，各方“认识到恐怖主义、分裂主义和极端主义对国际和平与安全，发展国家间友好关系和实现人的基本权利和自由构成威胁；认为上述现象对各方的领土完整和国家安全以及政治、经济和社会稳定构成严重威胁……确信本公约确定的恐怖主义、分裂主义和极端主义，无论其动机如何，在任何情况下不得为其开脱罪责，从事此类行为的人员应被绳之以法”；公约明确了恐怖主义、分裂主义和极端主义的定义，并规定：“各方应采取必要措施，包括适当时制定国内立法，以使本公约第一条第一款所指行为在任何情况下不得仅

---

① 郭永辉：《宗教极端思想何以在新疆渗透》，载新疆维吾尔自治区法学会、中国犯罪学学会编：《“当前暴力恐怖活动的发展态势与对策策略”研讨会论文集（内部资料）》，2014年，第322页。

② 努尔·白克力：《2008年9月10日在自治区干部大会上的讲话》，载新疆维吾尔自治区人民政府网，http：//egov.xinjiang.gov.cn/lspd/lslm/2008/45675.htm，2014年7月8日访问。

由于政治、思想、意识形态、人种、民族、宗教及其它相似性质的原因而被开脱罪责，并使其受到与其性质相符的处罚。”“9·11”事件的发生标志着国际反恐统一战线的建立，由于中国对美国反恐战争的同情和支持，西方国家与中国开展了有价值的反恐合作。《刑法修正案（三）》就是在这种背景下出台的。

由于国际反恐统一战线的建立，西方敌对势力对我国的战略遏制有所减弱，对我国的反恐行动给予了一定支持，“东突”势力的恐怖性质逐步为全世界所认识。2002年，“东突厥斯坦伊斯兰运动”被联合国安理会列入恐怖主义制裁名单。2003年，“东伊运”头目艾山·买合苏木在巴基斯坦的一次反恐行动中被击毙。“东突”势力为逃避打击，开始打着“民主”、“人权”、“自由”的幌子，极力洗刷恐怖罪名，变换手法继续从事反华分裂活动。2004年，“东突”势力在境外拼凑成立了“世界维吾尔代表大会”。与此同时，随着美国反恐战争取得初步成效和我国综合国力的大幅上升，西方敌对势力为遏制中国又开始了对“东突”分裂势力的新一轮支持。北京奥运会前夕，西方敌对势力对我国的渗透破坏、分裂颠覆活动进一步加剧。“世维会”也加紧活动，组织了新一轮暴恐袭击，至2009年的“7·5事件”达到高潮。

2010年，中央先后召开对口支援新疆工作会议、第一次新疆工作座谈会，指出“新疆的发展和稳定，关系全国改革发展稳定大局，关系祖国统一、民族团结、国家安全，关系中华民族的伟大复兴，具有重大经济意义和重大政治意义”；① 会议确定了包括遏制暴恐犯罪在内的新疆工作的总体方针和具体措施。新疆也加大了对暴恐犯罪的打击力度，要求“对严重暴力犯罪分子，要从重从快、依法严惩、除恶务尽，充分显示人民民主专政打击敌人、保护人民的强大威力”，并且就维护祖国统一、增进民族团结、维护社会稳定做了大量工作。②

由于后续处置标本兼治、措施得力，因而“7·5”事件之后恐怖犯罪沉寂了一两年。但随着“重返亚太”战略的展开，美国加大了对“世维会”的支持力度，他们把热比娅包装成所谓“维吾尔民族的代言人”、“维吾尔民族的精神母亲”、“人权斗士”、“自由勇士”，提供巨额活动经费，多次出资举办“国际维吾尔领导人培训班”、“国际维吾尔妇女培训班”，为东突势力培养了一大批青年骨干；奉行单边主义、采用双重标准的美国反恐战争成为伊斯兰极端主义在世界范围内传播的助推器，地区政局的动荡、混乱为国际恐怖主义的泛滥创造了客观条件；③ “ISIS”组织取代基地组织和塔利班武装成为国际恐怖主义的中心，以中东为核心的极端主义、恐怖主义势力向全球蔓延，现代通讯技术的迅猛发展既增强了境内外恐怖分子的勾结，也使极端倾向明显的暴恐音视频得以在新疆广泛传播，成为暴恐犯罪的催化剂。2012年以后，特别是2013年至2014年，新疆地区包括疆外发生了多起危害

---

① 邹声文、顾瑞珍：《中共中央国务院召开新疆工作座谈会 胡锦涛温家宝发表重要讲话》，载《人民日报》2010年5月20日第1版。

② http：//www. iyaxin. com/content/2009-07/25/content_ 1131652. htm，2014年7月11日访问。

③ 古丽燕：《国际恐怖主义犯罪及其对中国的影响》，载新疆维吾尔自治区法学会、中国犯罪学学会编：《“当前暴力恐怖活动的发展态势与对策策略”研讨会论文集（内部资料）》，2014年，第530页。

严重的暴恐犯罪。如果说“7·5”事件之前的暴恐犯罪有明显的分裂主义意图并得到西方敌对势力的支持，那么“7·5”事件之后由于分裂主义越来越不得人心，西方敌对势力转而试图祸水东移、驱虎吞狼，图谋利用反西方倾向明显的伊斯兰极端主义，借刀杀人、分化中国，引导境内暴恐分子与中东极端主义组织相勾结，以极端主义蛊惑人心，叫嚣“圣战杀人上天堂”，因而这几年的暴恐犯罪都有浓厚的宗教极端主义色彩。[①]

2014年5月，中央召开第二次新疆工作座谈会，将反恐纳入“总体国家安全观”，指出暴恐犯罪既不是民族问题，也不是宗教问题，要把严厉打击暴力恐怖活动作为当前斗争的重点，强化国际反恐合作；要在各民族中牢固树立国家意识、公民意识、中华民族共同体意识；处理宗教问题时，要保护合法、制止非法、遏制极端、抵御渗透、打击犯罪。[②] 习近平强调，“对暴力恐怖活动，必须保持严打高压态势，先发制敌，露头就打，打早、打小、打苗头，以迅雷不及掩耳之势、用铁的手腕予以毁灭性打击，坚决把暴力恐怖分子嚣张气焰打下去”。[③] 中央的一系列部署确定了反恐总体策略，建立起了以去极端化为核心的预防性反恐刑事政策体系，《刑法修正案（九）》、《反恐怖主义法》就是反恐刑事政策的刑法化、反恐策略的法律化。

三、反恐刑事立法的合法性

这些刑事政策在我国的反恐刑事立法中表现为实质犯罪形式化、具体危险抽象化、预备行为实行化、帮助行为正犯化、刑罚制裁严厉化，体现出鲜明的预防性刑法的特征。

对于这种预防性反恐刑事立法，理论界有人持消极态度，认为“反恐领域的法治逆流与时代的发展和人权的张扬并不合拍。不能片面追求社会秩序的维护而突破法治的底线，恣意侵犯基本的人权。因为即便恐怖主义犯罪的危害再严重，也不值得以牺牲现代人类文明的根基为代价。”[④] 有学者对其持有疑虑，认为应当“使刑法在恐怖主义威胁面前保持足够的理性和谨慎，从而保持社会防卫和人权保障的平衡”；[⑤] 预防性反恐刑法“在当下的我国，其不失为国家的理性选择……但国家要警惕幽暗而缺乏宽容的刑事政策借反恐之名进一步扩张，‘敌人刑法’的观念是一

---

① 更详尽的分析见王政勋：《当前暴恐犯罪的特点分析和态势评估》，载陈兴良主编：《刑事法评论》（第35卷），北京大学出版社2015年版，第645页以下。

② 贾玥：《盘点：十八大以来中央对新疆工作的重要表态》，载人民网，http：//politics. people. com. cn/n/2014/0606/c1001-25114893. html，2014年6月6日发布，2014年7月10日访问。

③ 李斌、霍小光：《把祖国的新疆建设得越来越美好——习近平总书记新疆考察纪实》，载《人民日报》2014年5月4日第1版。

④ 阴建峰、侯日欣：《我国新时期反恐刑法立法宏观问题论要》，载《北京师范大学学报》（社会科学版）2015年第6期。

⑤ 赵秉志、杜邈：《中国反恐刑法的新进展及其思考——〈刑法修正案（九）〉相关内容评述》，载《山东社会科学》2016年第3期。

种危险的思考和解决问题的方法。”①

到底应该如何评价我国的反恐刑事立法呢？

在笔者看来，中国作为后发现代化国家，为实现国家的强盛与个人自由的全面发展，必然要通过政策推动、制度设计来主动干预、引导社会生活，控制犯罪、整合社会、引领发展。普通犯罪是现代文明的寄生物，以民族分裂为目标、以反现代性的极端主义为思想基础的恐怖主义犯罪则企图打碎中华文明的基本框架、毁灭中华文明的核心价值，两者的危害性不可同日而语。反恐斗争是保卫具有红色基因、正在走向现代化的中华文明的斗争，反恐刑法是保卫民族、文明的重要手段。暴恐犯罪不但体现了结果无价值，更体现了行为无价值，不但侵害了法益，更违反了伦理规范和文化规范，以法益侵害、结果无价值、报应刑为内容的回应性刑法无法应对恐怖主义，只有预防性刑法才能遏制暴恐犯罪、促进国家复兴。反恐，是以法律手段解决政治问题，必然受到政治的影响，反恐刑法的合目的性追求高于合理性考虑。所以，普通刑法是自由刑法，反恐刑法是安全刑法。和普通刑法相比，反恐刑法是预防性刑法而不是报应性刑法，是功能性刑法而不是回应性刑法。从目的和手段的关系看，反恐刑法具有保护利益的重大性、目的的高度正当性，只要符合比例原则，就可以采用特殊反恐手段；从公正与效率的关系看，普通刑法更重视公正，反恐刑法应更重视效率；在法益保护和人权保障的选择上，反恐刑法更强调法益保护，有效性追求高于正当性考量。另外，在法治反恐的前提下，政治需求、政治选择不至于使犯罪的定义主体完全丧失正当性限制；法治化确定了反恐刑事政策的边界，教义刑法学限制了反恐刑事政策的扩张；反恐刑法须和其他治标之策、治本之策相结合。所以，预防性反恐刑法不会产生制造仇恨、忽视公正的结果，可能在一定程度上影响自由保障，但这是两害相权取其轻的不得已选择，是保卫文明的必要代价。美、俄等国及欧洲地区面临严峻的反恐形势时无不采取预防性反恐措施；新疆地区开展的“严打暴力恐怖活动专项行动”取得了明显成效。所以，我国的预防性反恐刑法的存在有其合理性、合法性和可行性、有效性。

① 何荣功：《“预防性”反恐刑事立法思考》，载《中国法学》2016年第3期。

限定"敌人刑法"立场下对我国反恐刑事法的反思

陈京春[*]　范炯宇[**]

雅科布斯教授的"敌人刑法"理论一经提出就在法学理论界引起轩然大波。这不仅是因为其内涵中包括"敌人"、"战争"、"征伐"、"剥夺程序性权利"等涉嫌违反法治国原则的表述，还因为其带有与刑事立法司法渐趋一致的实用主义倾向，容易丧失对刑事法规制泛罪化、重刑化问题的应有警惕。尽管"敌人刑法"理论受到诸多非议，但是，它对反恐刑事立法的反映是客观的，影响是显见的。如何评价"敌人刑法"理论，如何合理限定恐怖主义犯罪的成立范围，如何有限克减恐怖主义犯罪程序性权利等问题，是当下需要认真研究的问题。

一、关于"敌人刑法"的理论争锋与法律影像

"敌人刑法"是与"市民刑法"相对应的刑法范畴，其理论源头为德国雅科布斯教授从现行法律发掘出的"敌人刑法元素"。这些法律元素带有实体上从重、程序上从快的特点。雅科布斯教授从机能主义刑法观和规范论立场出发，将其归纳提炼，提出"敌人刑法"理论。

（一）有关"敌人刑法"理论的理论争锋

"敌人刑法"理论中所指称的"敌人"是"根本性的偏离者，对于具有人格之人所应为之行为不给予保证，因此，他不能被当作一个市民予以对待，他是必须被征讨的敌人。"① 鉴于部分严重犯罪是对法规范的原则性违反，实施这些犯罪的行为人已经失去"市民"资格，需被当作"敌人"看待。面对行为人的危险特质，刑法规制的启动必须提前。这些决意持续性违反法律的严重犯罪包括恐怖主义犯罪、黑社会组织犯罪、严重危及经济秩序的犯罪以及某些性犯罪。市民犯罪人不同于"敌人"，其犯罪行为虽然手段、结果可能与"敌人"有相似之处，但其并未原则性否定现有秩序规范，只是出于某种原因导致其失范行为。犯罪市民拥有值得社会宽恕的事由，刑罚和保安处分可以唤起其自身对社会规范的认同、对基本规则的遵守，仍然可能完成再社会化，重新成为"人格体"。② 在雅科布斯教授看来，敌人刑法是对"敌人"的刑事法规制，包含以下四个主要方面："处罚范围的前置

* 西北政法大学刑事法学院教授、反恐怖主义法学院兼职教授，法学博士。

** 西北政法大学反恐怖主义研究院研究助理。

① ［德］雅科布斯：《市民刑法与敌人刑法》，徐育安译，许玉秀主编：《刑事法之基础与界限——洪福增教授纪念专辑》，台湾学林文化事业公司2003年版，第39页。

② 参见吴情树：《京特·雅科布斯的刑法思想介评》，载《刑法论丛》2010年第1卷。

化”、“罪刑不均衡”、“向一般犯罪领域的扩散”和“程序保障的限制”。[①]

对于“敌人刑法”理论，批评者众，赞同者罕。在德国，反对“敌人刑法”的学者众多。贝恩德·许迺曼教授一贯支持存在论、反对规范论，认为敌人刑法理论无视法治基本原则，缺少对国家权利之控制与束缚，存在侵犯人权、限制自由的极大危险。[②] 雅科布斯教授的学生帕夫利克教授也认为敌人刑法思想有亲近纳粹思想的嫌疑。[③] 在国内理论界，反对的声音也相当强烈。刘仁文教授即指出，“敌人刑法”存在四种危险：一是“敌人”的界定尚无标准；二是国家当权者可能用“敌人刑法”来消除异己；三是“敌人刑法”会使刑法丧失明确性、可操作性；四是“敌人刑法”可能使得惩治犯罪流于形式。[④] 也有观点认为，“雅科布斯对于敌人刑法产生的现实社会背景的体察，有夸大其辞之嫌。”[⑤] 雅科布斯教授主张的处罚罪名范围过于宽泛，其将部分属于市民刑法规制的犯罪，如性犯罪、危及经济秩序犯罪纳入敌人刑法视野，值得商榷。

尽管“敌人刑法”理论在刑法学界引起的争议颇大，但有一点不争的事实：世界各地的暴恐袭击案件，正逐渐在广大民众心中制造恐慌和不安全感，刑事法律必须对于这种现实反恐需求做出应有的反应。作为反恐实务需求的一种积极反应，雅科布斯教授将公民划分为“敌人”和“市民”的做法，有着其迫切而真实的实践意义，是对现实做法的一种提炼和总结，更多的是实然层面的描述而不是应然层面的提倡，其对现有反恐刑事立法的反思意义不容忽视。

二、“敌人刑法”理论在各国刑事法律中的影像

在“敌人刑法”理论提出之前，世界各个大国大都开始通过司法惩治手段打击恐怖主义犯罪，基于风险防控考量的各种限制权利、从严惩处的制度设计已经开始出现。从这个意义上讲，“敌人刑法”理论也只不过是对各国日趋严厉、预防前置的刑事法立法趋势的描述和总结。

（一）国外刑事法律中的“敌人刑法”理论影像

1. 美英等国反恐对策对“敌人刑法”理论的实然适用

“9·11”事件后，美国通过一系列刑事立法来适用司法手段遏制恐怖主义犯罪对美国本土的安全袭击。美国先后制定五部主要反恐法规[⑥]，授权各职能部门对恐怖主义犯罪的监控、管制。其在法律中设置国内恐怖罪，资助、支持恐怖主义罪，

---

① 李茂生：《风险社会与规范论的世界》，载《月旦法学杂志》2009 年第 173 期。

② 参见［德］贝恩德·许迺曼：《“敌人刑法”——对刑事司法现实中令人不法忍受的侵蚀倾向及其在理论上的过分膨胀的批判》，杨萌译，载冯军主编：《比较刑法研究》，中国人民大学出版社 2007 年版，第 261 页以下。

③ 参见［德］米夏埃尔·帕夫利克：《人格体·主体·公民——刑罚的合法性研究》，中国人民大学出版社 2011 年版，第 50~51 页。

④ 参见刘仁文：《敌人刑法，一个初步的清理》，载《法律科学》（西北政法学院学报）2007 年第 6 期。

⑤ 王莹：《法治国的洁癖——对话 Jakobs“敌人刑法”理论》，载《中外法学》2011 年第 2 期。

⑥ 五部法规分别是：《2001 年防止生物武器恐怖主义法》、《爱国者法案》、《爱国者法增补及再授权法》、《爱国者法附加授权修正案》、《2006 年巴勒斯坦反恐怖主义法》。

违反反恐调查保密义务罪等，极大扩张对恐怖主义犯罪的打击范围；延长拘留期限、授权执法部门技术侦查、弱化司法令状对侦查部门的限制；重刑打击恐怖主义犯罪，甚至不惜动用很少使用的死刑，广泛适用资格刑、普遍适用罚金刑、没收财产，已经逐渐脱离比例原则的约束；使用预防性措施，帮助、预备行为实行化，修改恐怖主义阴谋活动罪，有关犯罪前置化的内容大量增加。[①] 2001年《爱国者法》通过后，美国原有的量刑指南也做出相应调整，增设 Section 3A1.4，对恐怖分子适用加重处罚的量刑幅度，提升后的量刑幅度远远超过了普通处罚条款规定的内容。[②]

“9·11”事件发生后，英国迅速制定《反恐怖主义犯罪及安全法案》等反恐专门立法，其中存在大量涉及刑事实体法和程序法的内容，是英国运用刑事法手段严厉惩治恐怖主义犯罪的集中体现。英国已经将部分预备行为、帮助行为实行行为化，将刑罚处置前置化，且其反恐怖主义法规定之犯罪覆盖恐怖袭击发生的各个环节，呈现出刑罚趋重、法网趋严的特点。[③] 而且部分刑事诉讼基本原则亦被突破，如程序正义原则、无罪推定原则、罪刑均衡原则等。[④] 在程序权利的保护方面，英国做出一定让步和妥协，对于暴恐分子的程序性权利进行部分克减，陪审团和沉默权的适用都受到限制，甚至一事不再理原则也被突破。

2. 法德等国反恐立法对“敌人刑法”理论的法治化限定

冷战结束后，法国的恐怖主义犯罪逐渐呈现出复苏的态势，法国刑事法的宽缓化趋向开始发生微妙变化，对于部分严重犯罪趋重的表现日渐显现。法国在刑事诉讼法的修改中设置反恐特别程序，包含设置审判专门法庭、提高拘留最高期限、限制律师会见机会、部分案件举证责任倒置等诸多内容。在实体法的规定中，法国刑法已经将恐怖活动罪作为一种特殊犯罪加以惩治，同时设有“置他人于危险罪”，强调犯罪分子的主观违法性。[⑤] 2014年法国又通过《反恐怖主义法》，设立“个人恐怖行为罪”，将预备行为实行化，私藏武器或爆炸物的行为入罪。整体而言，“法国惩治恐怖主义犯罪的体系是以刑法典为主要内容、反恐法中的刑事条款为补充。”[⑥] 安全保障与预防犯罪构成了现在法国实际反恐刑事法律的主要内容。

自2002年起，德国先后颁布《反国际恐怖主义法》等法律法规，对《德国刑法典》、《德国刑事诉讼法典》进行局部修订。《德国刑法典》重视恐怖主义犯罪的特殊目的，将该目的作为普通犯罪加重处罚情节。德国在刑法修订的过程中，基于社会防卫的现实需要，将参与、帮助、宣传、支持、资助、成立恐怖组织或个人的行为规定在“针对公共秩序的犯罪行为”这一章的第129条，作为刑事犯罪来加以惩治。为加强对恐怖主义犯罪打击力度，德国刑法采用保护管辖原则，着力打击跨

① 参见于改之、贾配龙：《美国反恐立法评析》，载《山东社会科学》2013年第9期。

② See Wadie E. Said, Sentencing Terrorist Crimes, 75 Ohio St. j. 477 (2014).

③ 参见杜邈：《英国反恐立法的新发展》，载《时代法学》2009年第5期。

④ 参见齐文远、魏汉涛：《英美反恐立法的得失及其启示》，载《中国高校社会科学》2015年第6期。

⑤ 参见李晓明：《轻轻重重与宽严相济：域外刑事政策的借鉴（下）》，载《法治研究》2010年第4期。

⑥ 赵秉志主编：《惩治恐怖主义犯罪理论与立法》，中国人民公安大学出版社2005年版，第37页。

国恐怖组织。[①]《德国刑事诉讼法典》的修订则呈现出以下特点：侦查机关的调查取证权限有所扩大、情报部门与司法机关的合作得到加强、司法机关处理暴恐犯罪的程序性要件适当简化。[②] 这种立法现状呈现出法益保护前置化、行政干预扩张化、刑事规制扩大化等倾向。

（二）我国反恐刑事立法的特征

1. 我国刑法中的反恐立法

我国刑法条文中明确规定恐怖主义相关罪名始于1997年颁布的《中华人民共和国刑法》。2015年通过的《刑法修正案（九）》成为一个重要的分水岭。该修正案对于恐怖主义犯罪的多重规制开始体现出“敌人刑法”理论的痕迹。一个明显痕迹就是刑法第120条将预备、帮助行为类型化为实行行为，将“宣扬”、“煽动”行为直接用刑法独立罪名加以规制。强制穿戴宣扬恐怖主义、极端主义服饰、标志罪的设定，表明立法机关将现实社会中恐怖组织用以控制、扭曲普通信教群众之常用手段作为犯罪行为进行防范的立场，注重社会防护，将社会秩序的维护放在相对重要位置。此外，在对第322条偷越国（边）境罪进行立法修订时，立法机关基于“此类偷越行为，目的在于强化恐怖主义观念，学习实施恐怖活动犯罪的技能和方法，增强对抗社会的‘本领’”[③] 的现实考虑，将“为参加恐怖活动组织、接受恐怖活动培训或者实施恐怖活动”作为偷越国（边）境罪的升格条件，对带有恐怖主义活动目的的偷越国边境行为加重处罚。

2. 我国刑事诉讼法中的反恐条款

“敌人刑法”理论在我国新刑事诉讼法中有所反映，主要体现在第37条第3款、第73条第1款、第83条第2款、第148条第1款、第280条第1款。相比刑事诉讼法的原有规定，修改后的法条明显减轻了公检法部门对于恐怖主义犯罪的证明责任、扩展了公检法部门对于恐怖主义犯罪的打击手段，更加注重社会秩序和公共安全的保护。这种刑事诉讼程序的变化，意味着恐怖主义犯罪嫌疑人、被告人在这种司法程序中，将不加区分一律按照单一标准遭受权利克减、从严处罚，处于被国家权力不断压制的状态。[④] 单一的标准和片面高效的程序存在适用偏差的“风险”，如何区分“敌人”与“市民”，进而适用不同的程序成为问题。

三、“敌人刑法”在刑事法反恐的限定适用

“敌人刑法”理论的诞生并不完全是出于对恐怖主义犯罪的过度反应，金德霍伊泽尔教授曾说道，“如果谁否定刑法上的相关敌人的存在，那么，也并不代表他

---

① 参见杜邈：《反恐刑法立法研究》，法律出版社2009年版，第87页。

② 参见倪春乐：《恐怖主义犯罪特别诉讼程序比较研究》，群众出版社2013年版，第17页。

③ 沈德咏主编：《〈刑法修正案（九）〉条文及配套司法解释理解与适用》，人民法院出版社2015年版，第357页。

④ 参见李勇、于逸生：《特别程序措施中的权力运行与权利保障——兼评〈新刑事诉讼法〉中相关规定的得与失》，载《比较法研究》2012年第6期。

一定就对自然事实视而不见。人们可以清晰地看到，确实存在一些确定的经验上的证据。"①同时，不得不承认的是，"敌人刑法"的理论构建有着其固有的缺陷和不足。或许，将"敌人刑法"理论作为一种调节性理念，用相对法治国基本原则进行限定，将其适用范围、适用对象、适用方式均加以限缩，将会是一种比较可取的思路。

(一)"敌人刑法"应被限定适用于恐怖主义犯罪

现实中的恐怖主义犯罪，行为手段残忍、行为目的明确、行为对象不定，对社会普遍价值的颠覆性不容小觑。"敌人刑法"理论认为恐怖主义犯罪本身意味着一种"价值性冲突"，恐怖主义犯罪人是"根本性偏离者"这一界定也具有一定合理性。需要指出的是，该理论主张将其他犯罪，如黑社会性质犯罪、部分严重经济犯罪甚至个别性犯罪，也纳入敌人刑法规制的视野的做法并不妥当。这几类犯罪与恐怖主义犯罪有着本质上的区别，"敌人刑法"理论将这些犯罪的行为人视为"敌人"，并不准确，难免有扩张重刑化的嫌疑。恐怖主义犯罪行为人完全接受一套不同于世俗社会的世界观与价值观，对于法规范持一种否定、反对态度，对于整个社会基本秩序是一种本质性威胁，与上述几类犯罪有着本质区别。

(二)行为无价值二元论对"敌人刑法"理论的限定

"敌人刑法"理论的诞生，其理论根源是雅科布斯教授一直坚持的规范论。相较于行为无价值二元论而言，规范论更强调规范，而忽略法益的实质意义。雅科布斯教授严格贯彻目的行为论的观点，认为"规范是决定违法和责任的唯一因素"②，行为一旦违反规范而动摇规范的效力就会引发刑罚的发动。这就决定了雅科布斯教授的"敌人刑法"理论重视所谓规范违法性、人身危险性以及积极的一般预防。所以，"敌人刑法"理论容易引起结果无价值论者的反对也就不足为奇。

雅科布斯教授对于"敌人刑法"理论的固有弊端并非视若无睹，而是不断加以调整。"敌人刑法"理论虽然主张对持续性、根本性偏离者进行程序性权利克减、实体性处罚加重的严厉区别对待，但是"敌人刑法"还是为"敌人"保留了一些权力，国家也不可以采取一切不受限制的措施，而是有所节制，正所谓"敌人并不一定是永恒的敌人，而可以嗣后重新与市民缔结和约"③。修正变化后的"敌人刑法"理论，与行为无价值二元论的主张已经有所接近。行为无价值二元论与行为无价值一元论皆属于刑法客观主义的范畴，两者主张带有部分相似性。同时，行为无价值论二元论与结果无价值论也有相似之处，例如，两者都主张对于法益的保护。行为无价值二元论在坚持保护法益的基础上，更加强调对法规范不可否定性的保障。所以，从某种角度来看，运用行为无价值二元论对"敌人刑法"理论进行合理改造与限定，是刑事反恐值得关注的一个方向。

在行为无价值二元论看来，犯罪，包括恐怖主义犯罪，不再仅仅是违反既定法

① [德]沃斯·金德霍伊泽尔：《适应与自主之间的德国刑法教义学——用教义学来控制刑事政策的边界?》，载《国家检察官学院学报》2008年第2期。

② 周光权：《行为无价值论的中国展开》，法律出版社2015年版，第373页。

③ 蔡桂生：《敌人刑法的思与辨》，载《中外法学》2010年第4期。

规范的行为，而是违反了行为规范并造成法益侵害的行为。① 所以，虽然恐怖主义犯罪行为人行为体现的是背离整个社会规范的“价值性冲突”，需要将恐怖主义犯罪分子认定为“根本偏离者”，但是作为法益保护底线的罪刑法定原则还是不能突破，必须在法定范围内对特定重罪扩张刑罚、对特定犯罪人克减程序性权利。在当代中国社会转型期，坚持刑法客观主义中的行为无价值二元论，对于防止恐怖主义犯罪带来的严重社会失范有着特殊意义。从根本上讲，依法反恐与人权保障需要保持动态平衡，对安全的侧重并不意味着对自由的放弃，而是一种相对的限制。

（三）对“敌人”的限定

恐怖主义犯罪目前的主要形式仍是有组织犯罪，“独狼式”恐怖主义犯罪本身力量的有限性、犯罪动机的多样性制约了此类恐怖主义犯罪的社会危害性。作为一种有组织犯罪，恐怖主义犯罪行为人在共同犯罪中所发挥作用的大小往往反映出其是否属于社会规范价值“根本偏离者”。就实施恐怖主义犯罪的主动性而言，相当一部分所谓恐怖分子在转变之前只是普通信教人员，其本身的人身危险性并不强，对于社会规范价值的原则性偏离并不持续、坚定。在少数民族聚居地区，恐怖组织的骨干或者积极参与者通过传教讲经的机会灌输恐怖主义思想，不断利用信息网络技术开展恐怖主义培训，诱使普通信教人员接受洗脑、加入恐怖组织或实施恐怖犯罪。② 所以，恐怖主义犯罪人并非都是“根本性的偏离者”，即使存在恐怖主义犯罪行为，并不必然推定其为“敌人”，还应具体问题分别对待。对于敌人的认定，必须进行严格实质解释，将敌人的范围尽量缩小而不是扩大化。在进行实质判断时，必须保障恐怖主义犯罪嫌疑人和被告人的辩护权，对犯罪构成要件进行目的解释、客观解释，对“敌人”的内涵作出符合时代公共政策需要的诠释。

四、基于限定的“敌人刑法”理论对我国反恐刑事法的反思

虽然我国刑事法修正加大了对恐怖主义犯罪分子的处罚力度，对权利克减作出了明确规定，但是现行刑事法在面对恐怖主义犯罪时，仍然存在许多短板，如处罚范围明确性不足、犯罪人改造不足、侦查时限过于严苛、证据制度过于粗糙等问题。

（一）对反恐刑法立法的反思

我国现有法律将“敌人刑法”与“市民刑法”混在一起，“敌人刑法”和“市民刑法”在适用对象上出现混同，容易导致打击恐怖主义犯罪的扩大化。例如，敌人刑法的规则广泛存在于现实法秩序中，一定的预备行为犯罪化对于法秩序的维持、法规范的遵守都是必不可少的。③ 我国刑法规定的帮助恐怖活动罪却可能面临实践困境。按照最高院、最高检相应司法解释，实施恐怖活动个人包括预谋实施、

---

① 参见周光权：《行为无价值的中国展开》，法律出版社 2015 年版，第 371 页。

② 参见时延安等：《〈中华人民共和国刑法修正案（九）〉解释与适用》，人民法院出版社 2015 年版，第 83 页。

③ 参见［德］斯特凡·希克：《作为调节性观念的敌人刑法》，谭淦译，载《刑事法评论》2014 年第 2 期。

准备实施和实际实施恐怖活动的个人。这就可能造成一种尴尬局面：一旦预谋恐怖活动的行为中止，对这种预谋行为即无须启动刑法介入，但相应的资助行为却因为帮助行为已经实行化，从而单独成罪，与我国通行的共犯从属性做法直接自相矛盾。

为更好地打击恐怖主义犯罪，分化瓦解恐怖组织，我国今后的刑事立法修正必须在坚持基本原则的基础上，贯彻区分化对待、个别化惩处的原则，对恐怖主义犯罪实施细节作出合理规定。例如，为了更好地惩治这种直接以恐怖主义为目的的暴力实行行为，我国刑法反恐条文在今后修改中可以设置独立罪名。该罪危害的法益主要是社会公共安全，可将其设置于"危害公共安全罪"中，并借鉴"敌人刑法"的做法，将该罪行为人视为持续性、原则性偏离社会价值规范的敌人，适用更加严厉的刑罚手段，防止将来的行为危险。对于强迫未成年人参加恐怖组织、实施恐怖活动犯罪的行为，可以单独作为犯罪处理或是作为从重处罚的情形；对于被迫实行、被骗实施帮助恐怖活动、准备实施恐怖活动的行为人，可以予以从轻或减轻处罚。对恐怖主义犯罪行为人需留有出罪机制，对于参加恐怖组织，没有实施其他违法犯罪活动的，或者受蒙蔽、胁迫参加恐怖组织，情节轻微的行为人不作为罪犯处理。

（二）对反恐刑事诉讼立法的反思

现有规定虽然对恐怖主义犯罪的遏制需要作出积极回应，但其对于所有恐怖犯罪人采用"一刀切"的程序权利克减，容易忽视部分被教唆或是仅仅实施帮助行为的恐怖犯罪行为人的法益保护。《刑法修正案（九）》针对恐怖主义犯罪进行的立法修订，使得预备、帮助、教唆等行为实行化，抽象危险犯大量进入刑法规制范围。为了减轻公诉方举证责任、破解口供获取困境，刑事诉讼法对于恐怖主义犯罪分子的主观构成要件证明、刑罚措施的执行程序进行部分调整。恐怖主义犯罪的证明对象被简化、证明标准被降低，刑罚措施更加严厉、执行程序更加快捷。推定制度被大量运用于刑事诉讼过程中，使得司法机关可以从快从重对恐怖主义犯罪做出惩处。虽然推定制度可能将真正的恐怖分子依法严惩，也可能会将未尽举证责任强行转嫁给无辜之人，存在着与刑事诉讼原则背离的风险。[①] 这种混用敌人刑法和市民刑法的立法模式，其自身固有之弊端在恐怖主义犯罪证据问题上凸显出来。

（三）打防结合视角下对现行反恐刑事法的反思

对于恐怖主义犯罪，我国近年来一直坚持"保持严打高压态势，先发制敌，露头就打，打早、打小、打苗头"。此处的"打"与"刑事惩处"不能等同视之，还应包含动用保安处分来矫治可以改造或控制人身危险性的行为人，在我国现阶段更多的是指社区矫正、安置教育等再社会化制度。

我国现有刑法中没有保安处分制度，而社区矫正、安置教育制度仍在不断发展探索之中，这就造成整个社会防卫制度的不完备。一方面，该"打"的没"打"。根据学者调研，新疆监狱中关押的许多犯罪行为较轻、但恐怖主义思想顽固的恐怖

① 参见邓子滨：《刑事法中的推定》，中国人民公安大学出版社2003年版，第23-24页。

主义犯罪分子在刑满释放后参与了2009年的“7·5”事件。[①] 另一方面，不该“打”的却被“打”。被迫或是情节轻微的行为人，其本质还是属于可以改造的“市民”。现有制度并没有完全脱离原有“严打”模式，这就造成权力被滥用、犯罪扩大化的担忧。所以，因此，我们需要从源头上采取保安处分措施或类似保安处分措施的柔性刑法，将真正的“敌人”从“市民”中分离出来。对于可以与市民重新缔结和约的所谓“敌人”，创造有利于行为人回归“市民社会”的环境；对于经过沟通疏导后仍然彻底性颠覆社会秩序的真正“敌人”，合法适用严厉刑罚加以惩治。

五、结语

就恐怖主义犯罪而言，刑事法应该承担之角色是运用高效但受法治规则控制的工具去惩治敌人，保护市民。防治恐怖主义犯罪，“敌人刑法”理论不是万能的，但完全否定“敌人刑法”理论存在的合理性亦未尝是理性行为。对于“敌人刑法”理论，保留其区分对待、侧重反恐的合理因素，运用行为无价值学说进行限定改造，将是一条务实可行的思路。立法者应当保持基本理性，防止反应过限，“最后手段原则、法律约束力和法官独立原则应该成为不言自明的常识。”[②] 沟通顺畅、氛围宽容、注重教化的“市民社会”是恐怖主义犯罪防治的关键支撑点，也是保卫社会安全的最后一道防线。

① 参见舒洪水：《我国新疆地区恐怖主义犯罪的刑事法规制研究》，载《刑事法评论》2015年第1期。

② [德] 埃里克·希尔根多夫：《德国刑法学——从传统到现代》，江溯、黄笑岩等译，北京大学出版社2015年版，第45页。

反恐怖刑法立法若干疑难问题研究

王秀梅[*] 任成玺[**]

恐怖主义犯罪与普通刑事犯罪相比，既有共性又有特殊性。反恐怖主义的刑事立法应该反映和体现上述特点。随着全球化及风险社会的到来，世界各国出现了风险刑法、安全刑法、预防刑法等种种反恐怖主义刑事立法思潮，并在一定程度上对中国反恐怖主义刑法立法的基本原则、价值理念、发展趋势和基本走向产生了一定的影响。近年来，在反恐怖刑法立法过程中，在恐怖主义的犯罪客体、客观方面、恐怖主义犯罪在刑法分则体系中的位置等重点问题和疑难问题上存在较大分歧和争议，在一定程度上制约和影响了反恐怖刑法立法的整体质量和最佳效果。笔者将在比较恐怖主义犯罪和普通刑事犯罪异同点的基础上，介绍世界各国出现的种种反恐刑法立法趋势，并结合实际对中国反恐刑法立法在恐怖主义的犯罪客体、客观方面、恐怖主义犯罪在刑法分则中的位置等诸多疑难问题进行详细探讨。

一、恐怖主义犯罪的共性与特殊性

（一）恐怖主义犯罪与普通犯罪的联系

恐怖主义犯罪与普通犯罪尤其是故意杀人、抢劫等暴力犯罪在客观的行为、手段、方法和危害结果等方面存在相同、交叉或重合之处。在刑法中，有一部分是专门针对恐怖主义犯罪而设的，如组织、领导、参加恐怖组织罪，帮助恐怖活动罪，准备实施恐怖活动罪等；除上述专门罪名之外，对现行刑法未作专门规定的故意实施的其他涉及恐怖主义、恐怖活动的故意犯罪行为，反恐怖主义司法实践中会依据实际行为的样态和造成的危害结果认定为相应的普通刑事犯罪。2014 年最高人民法院、最高人民检察院、公安部三部门联合出台的《关于办理暴力恐怖和宗教极端刑事案件适用法律若干问题的意见》（以下简称《意见》）对准确把握恐怖主义犯罪与普通犯罪的联系和区别具有较强的指导意义。《意见》对暴力恐怖犯罪和宗教极端主义犯罪中如何准确认定、把握组织、领导、参加恐怖组织罪，煽动民族仇恨、民族歧视罪，煽动分裂国家罪，寻衅滋事罪和编造、故意传播虚假恐怖信息罪，故意伤害罪，妨害公务罪等定罪处罚进行了明确规定。

国外也有观点认为，不应将恐怖主义犯罪与普通犯罪截然区分开来，而是应更多地强调其联系和共同点。托尔布约格教授所著的《恐怖主义犯罪预防》一书最突出的贡献是改变了以往将恐怖主义犯罪视为与普通刑事犯罪截然不同的一类犯罪的

---

* 北京师范大学刑事法律科学研究院教授、法学博士、博士生导师，北京师范大学反恐国际研究中心副主任，国际刑法学协会副秘书长暨中国分会秘书长。

** 公安部监所管理局调研员、副处长、法学博士，中国人民公安大学犯罪学学院警务硕士兼职导师。

观念，用犯罪预防的一般理论来解释恐怖主义犯罪预防。恐怖主义是一种犯罪形式，应当适用整个犯罪预防机制和措施。从原则上说，犯罪预防一般模式的研究成果适用于几乎所有类型的犯罪。传统上，警察和其他部门倾向于认为犯罪预防和反恐或者对普通犯罪和恐怖主义活动的反应是两个相互独立的体系，采取的也是不同的行动措施。托尔布约格教授所提出的预防模式跨越了传统的分界，将恐怖主义视为一种严重的犯罪，并且在犯罪预防的框架内讨论反恐。在此理论基础上，他探讨了九大犯罪预防机制，在恐怖主义和极端主义发展的不同阶段采用不同的机制和具体措施预防，即规范预防机制、社会和政治预防对策机制、抑制机制、制止机制、情景预防机制、减少恐怖主义的危害结果、减少回报机制、消除能力机制、脱离恐怖主义机制等。

（二）恐怖主义犯罪与普通犯罪的区别

科学认识恐怖主义犯罪的特殊性是我们进行反恐怖主义刑事立法的前提，有助于我们在立法工作中采取与普通犯罪不同的应对思路。很多观点从犯罪动机目的、犯罪对象和客体、方法手段和社会危害性等方面探讨了恐怖主义的特殊性。归纳起来，主要有以下方面的内容：

第一，犯罪动机、犯罪目的和心理特征方面。从犯罪动机来讲，恐怖主义犯罪往往出于政治动机，而普通犯罪不一定出于政治动机。普通犯罪往往以获得个人利益为目的，这是与恐怖主义犯罪最大的区别，恐怖主义犯罪均具有政治性的目的；普通犯罪的犯罪人出于趋利避害的心理，对于犯罪事实会极力掩盖，而恐怖主义犯罪通过制造社会恐慌来实现其政治上的目的，因此实施犯罪行为后不会避忌，反而希望其犯罪行为被广泛知悉。[①] 普通犯罪具有一般的犯罪目的，而恐怖主义犯罪是为了制造社会恐慌。普通犯罪分子一般具有个人目的，为了个人利益，是个人收益、满足和物质。而恐怖分子是为了社会影响。有学者认为，“恐怖活动犯罪与普通刑事犯罪在犯罪构成方面并无实质性差别，只在犯罪目的——制造社会恐慌方面存在本质区别。”[②]

在心理特征方面，有观点认为，这类犯罪人的认知过程相对于一般人具有强烈的偏执性特点，久之将认知结构中的强烈的反社会的恐怖主义理念在认知中合理化，这一合理化的形成与他们极端的民族宗教思想是密不可分的。[③]

第二，犯罪对象和犯罪客体方面。恐怖主义最明显的特征是滥用暴力。恐怖主义的目标是平民和非战斗人员，针对的是无辜平民，是无差别攻击的暴力，滥用暴力，恐怖主义者未能在有罪过的人和无罪过的人之间做出区分，同时又毫不在意无辜者是否会受到伤害；普通犯罪大多数有特定的目标，认识犯罪对象；而恐怖主义犯罪分子不知道或不认识犯罪对象，犯罪分子和犯罪对象之间没有什么联系和交往，目标选择具有随意性。随机确定平民和大家所认为的无辜旁观者。有反恐怖大师之称的以色列前总理内塔尼亚胡曾经特别强调指出，攻击的目标与其不满的对象

---

① 杜邈：《恐怖主义犯罪专题整理》，中国人民公安大学出版社 2008 年版，第 27 页。

② 陈忠林：《我国刑法中“恐怖活动犯罪”的认定》，载《现代法学》2003 年第 3 期。

③ 张保平：《关于恐怖主义犯罪心理和行为特点的初步研究》，载《犯罪研究》2003 年第 5 期。

联系越少，其行为就越具有恐怖主义性质。[①]

在犯罪客体方面。恐怖主义犯罪同时侵犯三种或多种客体，普通犯罪只侵犯一种或两种客体。换言之，恐怖主义犯罪侵犯的均是复杂客体。作为犯罪发展的第三种形态——恐怖主义犯罪以制造大规模群体性事件为犯罪常态，这种状态下，其侵犯的法益或者说客体就必然涉及公共安全、国家安全与个人安全。普通刑事犯罪即使侵犯多重客体，最多仅仅同时能够侵犯双重客体，绝对不会出现侵犯三重客体的情况。[②]

第三，犯罪手段方面。一般犯罪分子并不追求手段的恐怖性、残忍性，只会采用或选择合适的手段，而恐怖分子所使用的手段措施追求恐怖性，不考虑手段的相应性，只要能达到目的，不择手段。虽然某些非暴力的手段也能产生社会恐怖的效果，恐怖活动基本上是采取暴力、恐吓或破坏手段。

第四，行为特征方面，恐怖主义所具有的突发性、隐蔽性，特别是行为的恐怖性，是普通刑事犯罪所无法比拟的。韦伯尔在对50多位采访对象的体验进行了解和分析的基础上，对恐怖要素概括为相互关联的6个要素：其一，这种体验被描述为无能为力的一种状态，在受攻击期间（在战争期间飞机的轰炸或恐怖分子攻击的汽车炸弹），人们感到无助和彻底的易受伤害。其二，受害者认为自己处于不能控制的处境中，丧失了自主性，向通常不可预见的、威胁性的他者投降。其三，事件的结果普遍地被认为是无法预见的（可能导致身体的伤害或死亡）。而且这种恐怖即便不是无限的持续，但还是感到存在的不明确性。其四，突出的极端焦虑的主观感受，惊恐不安以致造成暂时的定向障碍，只有空间深度的认知定位。其五，人们经历了呆滞、麻木和通常感觉瘫痪等身体症状，缺少自我定向及活动的能力。其六，恐怖的体验强度如此之大以至于绝大多数人发现他们自己无法表达，当他们用口头描述时，只能欲说还休。[③]

第五，犯罪性质方面。问题的焦点在于恐怖主义是犯罪还是战争？恐怖主义犯罪除了是犯罪行为，还被视为战争行为，既是犯罪又是战争。不同国家、不同部门、不同领域基于不同的角度和立场有着不同的答案。例如，“9·11”事件之前，美国司法部认为是犯罪，美国国防部认为是战争。“9·11”事件之后，美国认为其面临的是极度危险、史无前例的超级恐怖主义敌人，这个敌人拥有大规模杀伤性武器，并和流氓国家、无赖国家结合在一起，只能用战争的方式才能解决。一部分国家认为恐怖主义只能是犯罪，拒绝承认恐怖主义是战争。比较折中的观点则认为，恐怖主义具有双重属性，既是犯罪，也是战争。反恐行动既包括执法也包括军事手段，视具体情况而定，这取决于观察恐怖主义的角度。犯罪和战争从不同侧面反映了恐怖主义的本质和属性，把二者结合起来将有助于更加全面地认识恐怖主义的真实面目。

第六，危害程度方面。恐怖主义犯罪所造成的危害后果远远超过普通犯罪，危

---

① ［以］本雅明·内塔尼亚胡：《打击恐怖主义》，纽约，1995年，第7-8页。

② 储槐植、江溯：《美国刑法》（第四版），北京大学出版社2012年版，第10页。

③ ［以］依高·普里莫拉兹编：《恐怖主义研究——哲学上的争议》，周展等译，浙江大学出版社2010年版，第75页。

害更加严重，社会危害性更大，手段更加凶残，隐蔽性更强。2002年10月12日，印度尼西亚巴厘岛一个最受欢迎的旅游景点发生卡车爆炸袭击，来自20多个国家的200多人死亡；2002年10月26日莫斯科文化宫劫持人质事件造成150人死亡；2004年8月24日同一天2架民航客机遭袭击坠毁，死亡90人；2009年9月1日至3日，车臣武装分子袭击了俄罗斯别斯兰市的一所学校，劫持了学校的1200名儿童、父母和教师作为人质，绑架人质事件造成至少330人死亡。1998年8月7日，美国驻肯尼亚和坦桑尼亚大使馆发生恐怖爆炸，其中内罗毕291人死亡，5000多人受伤；达累斯萨拉姆至少10人死亡，77人受伤。

第七，从所属安全领域来看，普通犯罪可归结于传统安全问题，恐怖主义犯罪属于非传统安全问题。相对于传统安全问题，以恐怖主义为代表的非传统安全问题具有以下特性：非传统安全问题是各类非国家行为体活动的结果，多是与个人和特殊社会群体的个人行为直接相关。非传统安全问题具有更强的社会性、跨国性和全球性，治理难度大、过程长、关联性强，是世界性问题，成因复杂，给整个人类社会都带来前所未有的威胁。传统安全与非传统安全问题紧密交织在一起而且在一定条件下相互转化。传统安全与非传统安全交织对刑法应对方式产生重大影响，刑法必须建立防范和解决传统安全与非传统安全威胁的新体系。

第八，从应对手段上来讲，应对普通犯罪只是司法机关的任务，而应对恐怖主义方面，很多国家都赋予军队反恐职能。反恐手段措施带有明显的行政性甚至军事性色彩，司法手段与行政手段、军事手段之间难以明确界分。

二、恐怖主义犯罪的客体

在恐怖主义犯罪刑事立法过程中，分析恐怖主义对安全的威胁和侵害时，“谁的安全”即恐怖主义所侵害或威胁的客体问题是近年来学界和实务界经常要讨论的一个重要问题。近年来，安全的分类、概念、内涵都在不断演变、拓展和深化之中，研究的领域和重点也逐步从“传统领域”走向“非传统领域”，加之实践中不同的安全主体有着不同的安全理解和安全需求，从而导致了人们对恐怖主义客体的内容及其在刑法分则中位置的理解呈现出多元化和复杂化。

（一）关于恐怖主义犯罪客体的主要观点

关于恐怖主义犯罪的客体，学界主要存在以下几种代表性的观点：

第一种观点认为，恐怖主义犯罪侵犯的客体具有复杂性，有直接客体也有间接客体，“恐怖主义犯罪侵犯的客体不仅是公众人物本人的生命安全，还可能包括公共安全、国家机关、企事业单位、人民团体的工作秩序，社会管理秩序和社会经济秩序等。前者是直接客体、目标客体，后者是间接客体、目的客体，对间接、目的客体的侵犯往往才是恐怖主义犯罪实施者的真正目的。”①

第二种观点认为，恐怖主义犯罪客体是公共安全。有学者指出，“我国1997年

① 童伟华：《论恐怖主义犯罪的界定》，载《甘肃政法学院学报》2002年第4期。

刑法将涉及恐怖主义的犯罪列为危害公共安全的犯罪，其分类方法合情合理。”①

第三种观点是国家安全说。有论者认为，“把公共安全或复杂客体（国家安全、社会公共安全或危害公众生命健康与财产安全）作为恐怖主义犯罪的法益是不妥当的，只有国家安全才能成为类罪的恐怖主义犯罪的法益。无论是从我国反恐怖主义犯罪的形势看，还是从反恐怖主义犯罪的国际合作看，都必须明确恐怖主义犯罪的政治犯罪的性质，进而确立恐怖主义犯罪在我国刑法分则中危害国家安全罪的地位。”②

第四种观点认为，“随着社会矛盾、宗教矛盾、民族矛盾调和空间的缩小，调和难度的增大，犯罪主体性质的变化与犯罪主观方面恶意因素的增大，促使其犯罪客体的变异，由危害公共安全向同时危害公共安全和危害国家安全演变。”③

第五种观点认为，“恐怖主义犯罪的客体是国际社会的整体利益、国际社会的和平与安全及正常的国际交往秩序。”④

上述各种观点在恐怖主义犯罪所指向的客体方面，无论是在包含的安全种类还是强调的侧重点方面都有较大差异。第一种观点和第四种观点揭示了恐怖主义客体的方方面面及其相互关系，强调恐怖主义所侵犯客体的复杂性、多样性以及恐怖主义犯罪侵害、威胁的客体与一般刑事犯罪所侵犯客体的不同之处，对恐怖主义犯罪侵犯的客体所包含的层次、领域、属性和特点的认识比较全面、系统和科学，有助于我们从整体上理解和把握恐怖主义客体的丰富内涵和外延，特别是第四种观点在强调安全多样性基础上还注意到了安全的动态变化以及在内容和类型上的扩展。第二、三、五种观点则持恐怖主义的客体是单一客体的观点，只是仅仅重点关注和过分强调了安全的特定方面，如第一种观点强调公共安全，第三种观点仅仅强调国家安全，第五种观点片面强调国际安全，而忽略了恐怖主义对其他方面安全的影响，舍弃了各种安全之间的联系，缺乏系统思维和层次观念，视野过于狭窄，思路过于僵化，观点过于片面，因而不能实现对恐怖主义客体整体、全面的正确认识。

（二）“安全”客体的属性和特点

为什么会出现观点上的差异？笔者认为，这是由恐怖主义犯罪所侵犯的客体即安全的层次性、重合性以及在内容上相互转化、相互交织等特点以及认识者认为何种安全价值应该优先得到重视和保护等所决定的。本文认为，关于安全，应该从不同的角度、运用不同的方法对其进行多层次和多侧面的分析和透视。安全是客观的，同时也有主观性和建构性；安全是分层次和领域的，同时也具有一定的模糊性，在一定条件下还具有一定的冲突和紧张关系。

一般认为，安全由三大要素组成，即“客观上没有威胁”、“主观上没有恐

① 莫洪宪、王明星：《我国对恐怖主义犯罪的刑法控制及立法完善》，载《法商研究》2003 年第 6 期；王守宽：《恐怖主义犯罪及我国刑事立法的完善》，载《武汉理工大学学报》（社会科学版）2004 年第 5 期。

② 喻义东：《恐怖主义犯罪法益问题研究》，载刘仁文主编：《刑事法治视野下的社会稳定与反恐》，社会科学文献出版社 2013 年版，第 86 页。

③ 叶海辉：《对恐怖主义犯罪客体的研究》，载《法学杂志》2003 年第 6 期。

④ 李小明：《试论国际恐怖主义犯罪及其国际刑事责任》，载《湖南大学学报》（社会科学版）2004 年第 1 期。

惧”、“主体间没有不安全的普遍认同”，即客观安全条件、主观安全感和安全的主体间建构性。[①] 如何界定安全的内涵、外延和特点，通常受到主观因素、客观因素的影响。从客观因素和条件来说，主要有国家所处的国际、地区和周边战略环境，国家在一定历史发展阶段的战略重点，国家核心利益特别是主权等面临的内外威胁程度，国家抵御外来威胁能力的大小等。从主观因素来讲，包括对威胁的主观认知、认知主体的意识形态和价值观、国民的历史记忆、社会大众的政治情绪等。关于安全的建构性，传统的恐怖主义研究在恐怖主义的性质认识方面仅限于其是客观存在的事实，而忽略了研究者在认识恐怖主义事实的过程中将其自身因素即主体因素投入当中，融合或凝结于认识结果而使认识结论不可避免地带有主体属性和主观影响，忽略了恐怖主义和恐怖分子一开始就是被人们所建构的产物。而采用建构主义的认识论来研究恐怖主义，则会认为恐怖主义除了是一种客观事实之外，还认为恐怖分子之所以存在和恐怖活动产生的作用和影响是社会公众的主观评价的结果，恐怖主义是人们通过话语进行主观建构的产物。

安全是分层次的，可以分为国际层次、区域层次、国家层次、社会层次、公共层次、个人层次等。具体落实到反恐怖主义领域，我们需要考虑的是，恐怖主义侵犯的是哪个或哪几个层次的安全？各个层次的安全之间是否完全一致？是否存在一定的冲突和紧张关系？国家在保护这些安全的时候，是否存在先后主次、价值优先和轻重缓急之分？这些都需要在刑事立法过程中加以认真思考和深入研究。

（三）本文观点

刑事立法实践中的分歧和差异主要集中于以下问题：恐怖主义所侵害或威胁的客体是单一客体还是复杂客体？在刑法分则中恐怖主义犯罪应该归属于危害国家安全罪还是危害公共安全罪？是否像许多学者所建议的那样为了体现恐怖主义犯罪的特殊性，应该在刑法分则中为恐怖主义犯罪单设专门章节？这些都是在反恐刑事立法中迫切需要解决的问题。

关于恐怖主义犯罪客体的内容方面，笔者赞同复杂客体说，这也是被近年来有关刑事法律和反恐怖主义的立法所确认和坚持的处于通说地位的观点。首先，从刑事立法来看，我国《刑法修正案（三）》作为惩治恐怖活动犯罪的一次重要立法，在开篇中便立场鲜明地指出，为了惩治恐怖活动犯罪，保障国家和人民群众生命、财产安全，维护社会秩序。其次，全国人大常委员在2011年就加强反恐怖工作有关问题所作出的决定中也体现了反恐怖工作的宗旨、任务和目标，反恐怖工作是为了保障国家安全和人民生命、财产安全，维护社会秩序，这在很大程度上进一步明确了恐怖主义犯罪的客体。再次，从《中华人民共和国反恐怖主义法》的立法目的来看，其第1条明确规定，为了防范和惩治恐怖活动，加强反恐怖主义工作，维护国家安全、公共安全和人民生命财产安全。最后，从恐怖主义的定义来看，反恐怖主义法中明确规定，恐怖主义是指通过暴力、破坏、恐吓等手段，制造社会恐慌、危害公共安全、侵犯人身财产，或者胁迫国家机关、国际组织，以实现其政治、意

① 余潇枫等著：《中国非传统安全能力建设》，中国社会科学出版社2013年版，第49页。

识形态等目的的主张和行为。

三、恐怖主义犯罪的客观方面

恐怖主义犯罪的客观行为与普通犯罪的客观行为相比，具有多方面的特殊性，针对普通刑事犯罪的法律难以有效应对，必须采取不同于一般刑事犯罪的立法。与此相适应，从世界范围来看，反恐怖主义刑事立法在一定程度上和范围内出现了犯罪化、重刑化、灵活化、扩张化、前置化的方向和趋势。世界许多国家等反恐实践经验和理论研究比较领先的国家，在恐怖主义犯罪治理中都突破了应对普通犯罪中所坚持的一些原则，将恐怖主义客观行为的内涵和外延进行了拓展、延伸和扩大，把预备行为、帮助行为、教唆行为等视作实行行为。这对传统的行为学说和理论，如预备行为与实行行为的区别，预备犯、共犯、帮助犯、教唆犯与正犯的分类、本质和定义产生了较为深刻的冲击和影响。其中，敌人刑法、风险刑法、安全刑法、预防性刑法等刑法思潮相继产生，并被大量运用到反恐怖主义刑法立法活动中。

“敌人刑法”概念是由德国刑法学家雅科布斯教授首先提出的极具争议性的观点。雅科布斯教授主张，“敌人刑法”所针对的是根本性的偏离者，应排除其人格身份，可以将其看作不具有人类身份的普通物品和可以随意处置的牲畜。此种观点主张在打击恐怖主义犯罪时，自由应当给安全让路，必要时可以适当牺牲法治原则、正当程序、比例原则、保障人权原则和最后手段原则。按照传统的、通行的理解，作为国家最严厉手段的刑法应该总是最后的手段，只有在其他所有的方法都失败时，动用刑法才是最合理的。但是，面对急剧泛滥、迅速蔓延的恐怖主义，当前的刑事立法削弱或放弃了这些原则，刑法不仅没有被用作最后的手段，而且常常被当作最先考虑的方法加以运用，有时甚至是唯一可选择的举措，这最明显地体现在反恐怖主义与打击黑社会犯罪、毒品犯罪等有组织犯罪当中。

风险刑法又称安全刑法，其主要观念、主张和理念具有与敌人刑法异曲同工之妙，其理念体现到反恐刑事立法中，具体表现为主张扩大刑法在打击恐怖主义犯罪中的适用范围，实行预备行为实行化、共犯行为正犯化、具体危险犯转化为抽象危险犯。同样，在反恐刑事立法中，刑法所具有的自由保障机能、社会保护机能、行为规制机能、社会控制机能、报应机能、预防机能之间的关系也发生了微妙的变化。在针对普通犯罪的刑事立法中，刑法优先考虑的是刑法的谦抑主义，强调自由保障机能和报应机能，而在针对恐怖主义犯罪的刑事立法中，刑法则侧重强调社会保护机能、预防机能。

当今恐怖主义的刑事立法发展一个重要趋势是由报应逐渐转变为预防。1988年，彼得—阿列克西·阿尔布雷希特教授在第12届刑事律师论坛开幕式上以“从自由法治国走向社会干预国的刑法—刑事实体法的发展趋势”为题作了开幕演讲。其报告的核心论点在于，从19世纪的自由法治国向20世纪的社会福利国过渡的过程中，刑法的基本思想也从事后的镇压控制转向了事后的预防控制模式。温弗里德·哈塞默认为，“当今刑法的发展主要有两种趋势：一种趋势是刑法日益成为刑事政策的工具，哈塞默将其称之为刑法的功能化；而另一种趋势则被哈塞默称之为刑法的去形式化，他将此形容为消除或削弱传统法治国所设置的、用来阻碍政策目标实现的各种障碍。实现刑法灵活化的重要立法工具之一，是在刑法典中设置抽象危险犯及沉湎于象征刑法之中。”①

中国近年来的反恐刑事立法对恐怖主义的客观行为的认识和设置经历了一个不断拓展、延伸和扩大范围的过程。近年来的反恐刑事立法趋势也反映了这一点。针对恐怖主义犯罪突发性强、隐蔽性强、破坏性强、侦破难度大的情况，刑事立法把工作的着力点、切入点前移到事件将发而未发之时，打早、打小、打苗头，切实做到提前介入、主动干预、从源头着手，将恐怖活动制止或者消灭于萌芽状态。针对反恐刑事立法“厉而不严”、立法技术粗疏、碎片化和不完整性明显、犯罪圈较小、保护范围较窄的特点，进一步完善反恐怖刑事立法，推动立法结构由“厉而不严”向“严而不厉”转变，进一步严密反恐主义刑事法网。《刑法修正案（九）》将资助恐怖活动培训，为恐怖活动培训招募、运送人员以及明知他人有涉嫌恐怖主义、极端主义等犯罪行为，在有关的公安机关、国家安全机关等执法和司法机关向其调查相关事实情况、收集有关证据时拒不提供且情节严重的，纳入犯罪圈予以定罪处罚。坚持法益保护早期化、处置阶段前置化、保护范围扩张化、处罚力度严厉化的原则，进一步重视恐怖犯罪活动的危险犯化、行为犯化，尽可能拓展、延伸对恐怖活动犯罪打击的触角和范围。从 1997 年刑法规定组织、领导、参加恐怖组织罪，到《刑法修正案（三）》提高恐怖活动犯罪的法定刑、增加“资助恐活动罪”，把恐怖活动犯罪列为洗钱罪的上游范围；《刑法修正案（八）》对特别累犯进行修改，将恐怖活动犯罪纳入特别累犯范围；2012 年 3 月修改后的刑事诉讼法专门规定对恐怖活动犯罪的技术侦查措施；2015 年 8 月 29 日通过的《刑法修正案（九）》对恐怖主义犯罪的规定已经充分体现了这种趋势：将为实施恐怖活动准备凶器、危险物品或者其他工具，进行策划或者其他准备，与境外恐怖活动组织或者人员联络等预备行为或者帮助行为规定为独立的犯罪，以适应打击这类犯罪活动的需要。相对于以往的刑事立法来说，这是一种突破、发展。

四、恐怖主义犯罪在刑法分则中的位置

“关于恐怖主义犯罪的客体的研究将直接决定恐怖主义犯罪在刑法分则体系中的地位，而论者对恐怖主义犯罪本质的认识会影响到他们对恐怖主义犯罪复杂客体孰轻孰重的认识。”② 恐怖主义犯罪在各国刑法中设置“区位”的情况，可以分为以下三种情况：“第一种情况，设置在有关危害国家安全犯罪的章节中。这种情况的代表主要有越南、意大利、丹麦等国家。越南将恐怖主义犯罪设置在危害国家安全罪一章之中。意大利将恐怖主义犯罪设置在危害国家国际地位的犯罪的章节之中。丹麦的刑法典将恐怖主义犯罪设置在侵害宪法和国家最高权威之犯罪之中。第二种情况，在严格区分危害公共安全和危害公共秩序的基础上，设置在有关危害公

① ［德］埃里克·希尔根多夫著：《德国刑法学——从传统到现代》，江溯、黄笑岩等译，北京大学出版社 2015 年版，第 249 页。

② 赵秉志主编：《刑法学各论研究述评》，北京师范大学出版社 2009 年版，第 55 页。

共秩序犯罪的章节中，其代表主要有西班牙、奥地利和我国澳门地区。第三种情况，设置在危害公共安全犯罪的章节之中，如中国和俄罗斯。”①

既然恐怖主义犯罪侵害或者威胁的是多种客体，包括国家安全、公共安全、社会秩序及公民的生命、健康和财产安全，是否就代表既可以随意将其归入危害国家安全罪一章，也可以将其归入危害公共安全罪一章？甚至可以将其归入侵犯公民人身权利、民主权利罪一章？“根据恐怖活动犯罪自身的特点，并结合刑法中关于犯罪客体的理论，可以将恐怖活动犯罪作为一节规定在妨害社会管理秩序罪一章中。”② 立法者选择将其列入危害公共安全罪一章的做法有何立法目的和深层次考虑？体现的是什么样的价值取向？“事实上，在刑法修订过程中，恐怖组织犯罪起初是被规定在刑法分则第一章‘危害国家安全罪’中的，后来才被调整在刑法分则第二章‘危害公共安全罪’中，这也从一个侧面反映了立法起草者对该种犯罪的高度重视。”③ 笔者认为，这绝不是表面上位置的随意变化，而是立法者顺应国家安全形势的新变化、新问题，为了更好地应对恐怖主义，经过深思熟虑进行的制度设计，在一定程度上反映了人们包括立法者在内的安全观念的变化以及打击恐怖主义理念、思路和方法的变化。这就提醒我们，对恐怖主义犯罪在刑法分则体系中的排列顺序，绝不能只注意其表象，而应该通过表面现象去探究其排列顺序背后所蕴含和体现的立法者的深层次的根据和考量。

笔者认为，上面提到的有的国家将恐怖主义犯罪规定在危害国家安全罪的章节里，有的国家将其设置在危害公共安全罪里面，有的国家将其列入危害公共秩序罪的范围，实际上蕴含着一个国家在刑法上应对恐怖主义的价值理念和方向路径，并最终影响着反恐资源的配置和反恐制度的设计。恐怖主义犯罪在刑法分则体系中位置划分的科学性，直接涉及反恐怖主义中的一系列重要问题，具有重要的理论和实践意义。

本文支持和赞同现行刑法将恐怖主义犯罪归属于危害公共安全罪一章的做法。具体理由和观点如下：

第一，恐怖主义犯罪在刑法分则体系中的位置是由恐怖主义的社会危害性、犯罪性质、该罪所侵害或威胁的客体的重要程度以及该类犯罪与其他种类的犯罪的关系等诸多因素所综合决定和制约的。“刑法分则体系，是指刑法分则对各种犯罪进行科学的分类，并按照一定的次序而形成的有机整体。理论上一般认为，我国刑法分则体系具有如下特点：以同类客体为标准对犯罪进行分类，由此形成分则的十章犯罪；各类犯罪大体上是根据各类犯罪同类客体的重要性程度，亦即各类犯罪的社会危害性质和程度，按照由重到轻的顺序进行排列；在每一类犯罪中，具体犯罪原则上也是按照犯罪的社会危害性质和程度，以及各罪之间的关系由重到轻排列的。”④ 也有论者认为，我国刑法分则体系除了具有上述特点外，还有一个特点，

① 王燕飞：《恐怖主义犯罪立法比较研究》，中国人民公安大学出版社 2007 年版，第 68-75 页。

② 赵秉志、阴建峰：《论惩治恐怖活动犯罪与中国国内立法》，载赵秉志主编：《国际刑事法院专论》，人民法院出版社 2003 年版，第 436 页。

③ 高铭暄：《中华人民共和国刑法的孕育诞生和发展完善》，北京大学出版社 2012 年版，第 316 页。

④ 高铭暄、马克昌主编：《刑法学》（下编），中国法制出版社 1999 年版，第 570-572 页。

依据犯罪的主要客体对复杂客体进行归类，“复杂客体的犯罪侵犯了两种以上的合法权益，刑法分则根据主要（较为重要的客体）将其归入不同的类罪，如将抢劫罪归入侵犯财产罪，将合同诈骗罪归入破坏社会主义市场经济秩序罪等。”①

第二，从恐怖主义所侵害或威胁的客体来看，虽然恐怖主义同时侵害了国家安全、公共安全、公共秩序和社会管理秩序等，但是从受攻击的主要目标和受侵害的严重程度上来说，公共安全是恐怖主义优先攻击的首要目标，也是受恐怖主义侵害或威胁程度最严重的安全领域。从应该受保护的轻重缓急来说，公共安全是最迫切需要得到保护的安全领域。公共安全一般是指不特定多数或者特定多数人的生命、健康、公私财产或其他重大公共利益的安全。有学者专门探讨了恐怖主义与公共安全的深刻关联，并得出结论认为恐怖、恐怖主义的本质和特点决定了公共安全是恐怖行为的主要攻击目标。他认为，“在国家、政府的众多管理目标中，无疑公共安全最为要害。恐怖主义作为极端的破坏行为合乎逻辑地选择公共安全本身作为其攻击国家、政府的首要目标。其次才是政要、关键人物、要害部门和关键设施，等等。并且即使对这些非公共安全本身的目标的攻击，往往也是通过破坏公共安全，滥杀无辜的形式实现的。”②

第三，恐怖主义虽然也对国家安全造成一定威胁，但远没有想象的那样严重，国家有能力预防、打击并最终战胜恐怖主义，不必对恐怖主义采取过度的反应和过激的举措。换句话说，恐怖主义对国家安全的危害要比对公共安全的危害小得多。法国主流的刑事政策对恐怖主义危害的认识和反恐刑事立法实践也印证了上述观点。法国的刑事政策将恐怖活动视为一种“横向”行为：法国刑事政策主要惩罚的是大量运用各种手段、有着各种目标的行为。即使人们认识到国际恐怖主义无所不知，知道国际恐怖主义组织的手法多样，而且是“以严重扰乱公共秩序为目的，采取恐吓手段或以恐怖手段进行的”行为，人们也认为恐怖主义没有危害到国家权威，这本身就是对恐怖主义的一种胜利。与此不同，危害国家权威的行为可能是纵向的、直击某个特定国家（如法国）最高层的行为，这种行为的目的应该是摧毁国家，但所采用的手段和实际效果却微不足道。1994年生效的新刑法典的编排便可以证明这一点：刑法典第四卷名为“危害民族、国家及公共安宁罪”，其中第一编名为“危害国家基本利益罪”，包括谋反罪和策划谋反罪的惩罚，而恐怖活动罪仅排在该卷的第二编，名为“恐怖活动罪”，也就是说恐怖活动并没有危害到国家的基本利益。恐怖主义不过是在制造恐怖。③

第四，将恐怖主义犯罪归属于刑法分则中的危害公共安全罪一章中，有助于淡化恐怖主义犯罪的政治色彩，符合当今对恐怖主义进行“非政治化”的趋势，有利于反恐国际执法合作和开展刑事司法协助。理论上一般认为，恐怖主义犯罪在一个

① 张明楷：《刑法学》（下），法律出版社1997年版，第516页。

② 张绍彦：《恐怖成因探源及其与公共安全》，载刘仁文主编：《刑事法治视野下的社会稳定与反恐》，社会科学文献出版社2013年版，第144页。

③ ［法］雅克·博里康、朱琳编著：《法国当代刑事政策及借鉴》，中国人民公安大学出版社2011年版，第434-435页。

国家刑法分则体系中的位置，与是否强调恐怖主义犯罪的政治性有关。如果肯定恐怖主义犯罪具有政治性质，就容易得出恐怖主义犯罪侵犯了国家安全的结论，而如果认为恐怖主义犯罪具有非政治性，那么就可能容易理解恐怖主义犯罪主要侵犯了公共安全的观点。① 有的国家较多地强调恐怖主义犯罪的反国家属性、政治目的、政治属性，认为恐怖主义是出于一定的政治目的、政治动机，政治性是恐怖主义的基本属性。而有的国家认为政治目的并非构成恐怖主义的必要和充分条件，也并非唯一条件，恐怖主义对目的并非一定有特别和具体的要求，可以有多种目的，可以有此种目的，也可以有彼种目的，如宗教目的、民族目的、意识形态目的、经济目的，甚至是为了实现保护环境、保护动物、反对堕胎等某一项具有特定社会价值的目的等。鉴于此，应该纠正以往历史上过度关注其政治性的传统观点，顺应当今世界对恐怖主义采取"非政治化"的趋势，以便于国际执法合作和引渡。

第五，反恐已经不单纯是国家安全保护的问题，它更关乎公民安全与利益的保护。将恐怖主义犯罪归属于危害国家安全罪还是危害公共安全罪，并不是简单地在刑法分则中随意排列问题，而是体现着立法者以此为基点如何设计维护安全的路径、手段和力量等深层次问题。国家有必要从公共安全角度，让全社会理解反恐、支持反恐，提高公民对恐怖袭击的警觉性，提升其自救互救意识，并引导其应对突发恐怖袭击事件的基本能力。如果片面强调国家安全，那么维护安全的主体就是公安机关、安全机关、军队等专门的执法部门，如强调公共安全，参与保障安全的主体就是全社会，那么反恐的力量不该限于公安、司法、军队等部门，还应该包括广大民众。将恐怖主义犯罪归属于危害公共安全罪一章中，能够使公民意识到反恐怖主义工作的公共性，认识到反恐怖主义对每个人的价值，从而争取全体公民参与。

第六，刑法分则只是原则上根据同类客体进行分类，而对于有些犯罪是否作为独立的一类犯罪规定，还要考虑其他因素。例如，恐怖主义犯罪归入危害公共安全罪中，其原因或许是当初这些条文太少，如作为独立一节或者一章与前后包含较多的章节不协调，而且它们也包含对公共安全的侵害或者威胁。近年来，反恐刑事立法迅速发展，无论是条文、罪名都有了较大的发展，数量和规模上具备了独立成为章节的可能性，在适当时候，可以考虑单设章节，以凸显恐怖主义犯罪与一般刑事犯罪的不同之处以及国家对恐怖主义犯罪的强烈否定和打击恐怖主义犯罪所持的坚决态度。例如，国内有学者就提出"专章规定国际犯罪并将恐怖活动犯罪纳入其中予以集中规定，在国内立法化的过程中，可以考虑将国际犯罪在刑法分则中专章予以规定。将国内立法化了的全部国际犯罪集中起来，作为刑法分则中独立的一章予以专门规定。而进一步讲，即便恐怖活动犯罪可能与某些普通犯罪之间具有行为方式等方面的竞合关系，但不能据此否认其自身的特点。同时，考虑到惩治与预防恐怖活动犯罪的现实需要，我们认为，恐怖活动犯罪应在刑法分则之国际犯罪专章中拥有一席之地。"②

---

① 赵秉志主编：《刑法学各论研究述评》，北京师范大学出版社 2009 年版，第 55 页。

② 赵秉志、杜邈：《中国反恐法治问题研究》，中国人民公安大学出版社 2010 年版，第 52 页。

反恐刑法的立法嬗变与完善

杨淼鑫* 刘胜超**

我国防控恐怖活动犯罪的立法涵盖《刑法》、《刑事诉讼法》、《反恐怖主义法》、《网络安全法》、《反洗钱法》、《突发事件应对法》以及新疆、西藏、北京等地的反恐地方性规定等多项内容。刑法是惩治恐怖活动的保障法，当其他手段都不足以治理恐怖活动行为时，刑法作为最后手段发挥作用。自1997年刑法颁布以来，我国的反恐刑法的立法一直处于变化之中以回应时代的变迁，直至今日，依旧存在不少不足之处亟须加以完善。

一、反恐刑法的立法嬗变

自刑法典颁行20年来，我国《刑法》中的反恐罪名和规定几经变更，明确反恐刑法的嬗变及存在的问题，是完善反恐刑法的先决条件。

（一）1997年《刑法》的规定

1997年《刑法》对涉及恐怖活动的犯罪作出明确规定，主要包括纯正恐怖活动犯罪和非纯正恐怖活动犯罪两类。[①] 其中，纯正恐怖活动犯罪是指《刑法》第120条规定的组织、领导、参加恐怖组织罪；非纯正恐怖活动犯罪，主要包括放火罪，决水罪，爆炸罪，投放危险物质罪，故意杀人罪，破坏交通工具罪，破坏交通设施罪，劫持汽车、船只罪，暴力危及飞行安全罪，非法制造、买卖、运输、储存危险物质罪，洗钱罪等。

我国1997年《刑法》没有单独规定恐怖活动罪，而只是在规定组织、领导、参加恐怖组织罪的基础上，将其他恐怖活动犯罪以相应罪名处理。此种立法模式虽然可以从防患于未然的角度对恐怖活动犯罪进行有效的立法防范，但是恐怖活动犯罪并非一定以恐怖活动组织的形式来进行，如果未形成恐怖活动组织的个人或团体实施恐怖活动犯罪，应如何处理？尽管有些恐怖活动行为能以刑法中的相应罪名处理，但挂一漏万在所难免，肯定会有一些恐怖活动行为因法无明文规定而逃避处罚。而且，将恐怖活动犯罪以普通刑事犯罪论处，往往会抹杀它们之间的界限，不利于惩治和防范恐怖活动犯罪。

（二）《刑法修正案（三）》的补充修订

“9·11”事件发生后，联合国安理会通过《国际合作防止恐怖主义行为的决

---

* 广西壮族自治区纪律检查委员会干部，法学博士。

** 湖北山河律师事务所律师，法学博士。

① 参见王利宾：《反恐怖犯罪刑事法完善研究——兼论反恐怖系统化立法》，载《政治与法律》2014年第10期。

议》，要求各国采取措施防止并消除恐怖活动。为有效应对“东突”恐怖势力对我国的威胁，2001年12月29日我国通过《刑法修正案（三）》，在该修正案中指出：“为了惩治恐怖活动犯罪，保障国家和人民生命、财产安全，维护社会秩序，对刑法作如下补充……”增设了第120条之一“资助恐怖活动罪”；将恐怖活动犯罪列为第190条洗钱罪的上游犯罪；完善第120条“组织、领导、参加恐怖组织罪的法定刑”。[①] 总体而言，《刑法修正案（三）》增设了资助恐怖活动罪，投放虚假危险物质罪，编造、故意传播虚假恐怖信息罪三个与恐怖活动相关的新罪名，修订了原有的五个罪名及罪状。[②] 而且，调整了恐怖活动的法定刑设置。

在加重组织、领导者法定刑幅度的同时，将组织、领导者的法定刑与积极参加者的作出区分。此外，《刑法修正案（三）》还增设洗钱罪作为恐怖活动犯罪的上游犯罪，增强对恐怖活动犯罪洗钱行为的法律规制。

（三）《刑法修正案（八）》的修订

2011年《刑法修正案（八）》扩大了特殊累犯的范围，规定恐怖活动犯罪分子可以成立特殊累犯。《刑法修正案（八）》还对判处一定刑罚的有组织的暴力犯罪分子作出限制减刑和不得假释的规定，鉴于恐怖活动犯罪与有组织暴力犯罪之间的密切关系，这些条款也能适用于有组织性的恐怖活动犯罪。为遏制恐怖活动的多发、频发，《刑法修正案（八）》采纳学界的建议，将恐怖活动犯罪纳入特殊累犯的范畴，以加强对恐怖活动犯罪的打击力度。[③] 对按特殊累犯处罚的“恐怖活动犯罪”，应明确其涉嫌的罪名，这是正确认定特殊累犯的必要前提。

有关网络犯罪的刑法规定对打击网络恐怖活动犯罪也具有重要的指导意义。我国关于网络犯罪的条款主要集中在《刑法》第285条、第286条和第287条，以及全国人大常委会《关于维护互联网安全的决定》之中。《刑法》第285条、第286条规定了侵犯计算机信息系统安全的犯罪，犯罪人实施上述犯罪行为的，按照相关罪名定罪处罚。《刑法》第287条和《关于维护互联网安全的决定》规定，利用计算机、互联网实施以上两罪以外其他严重危害社会行为，构成犯罪的，依照刑法相关规定追究刑事责任。

（四）《刑法修正案（九）》的修订

《刑法修正案（九）》通过后，我国《刑法》中有关恐怖活动的法条增至11条，分别为《刑法》总则第四章关于累犯的规定，分则第二章“危害公共安全罪”第120条、第120条之一、第120条之二、第120条之三、第120条之四、第120条之五、第120条之六规定的7种犯罪，分则第三章第四节“破坏金融管理秩序罪”第191条、第六章“妨害社会管理秩序罪”第291条之一以及第311条，涵盖危害公共安全、破坏金融管理秩序、扰乱公共秩序以及妨害司法秩序等不同客体，

---

① 参见黎宏：《〈刑法修正案（九）〉中有关恐怖主义、极端主义犯罪的刑事立法》，载《苏州大学学报》（哲学社会科学版）2015年第6期。

② 参见刘志伟、周国良主编：《刑法规范总整理》，法律出版社2013年版，第122-123页。

③ 参见王志祥主编：《〈刑法修正案（八）〉解读与评析》，中国人民公安大学出版社2012年版，第173-174页。

这些规定为打击恐怖活动犯罪提供了重要法律依据。

《刑法修正案（九）》将为实施恐怖活动准备凶器、危险物品或者其他工具等预备行为进行犯罪化处理。一方面，从行为对犯罪发生的作用角度来看，恐怖活动的预备、策划行为，是整个恐怖活动犯罪链条的重要组成部分，其对恐怖活动的发生起着举足轻重的作用。另一方面，将预备行为犯罪化符合刑法介入前置化的国际反恐立法趋势，是反恐情势变迁的必然要求。《刑法修正案（九）》增设宣扬恐怖主义、极端主义、煽动实施恐怖活动罪，符合打击暴力恐怖活动犯罪的现实要求，作为恐怖活动的重要诱因，宣扬、煽动行为能创造生发出大量的暴力恐怖活动，对社会的危害并不低于暴力恐怖活动本身，应予以严密防范和严厉惩治。

《刑法修正案（九）》将利用极端主义煽动、胁迫群众破坏国家法律确立的婚姻、司法、教育、社会管理等制度实施的行为规定为犯罪，契合了反恐政策的要求。在恐怖主义的发展过程中，持有行为是恐怖主义思想广泛传播和产生影响的关键环节，既可以被继续分发散布，也可以由持有者进行自教育，完成暴力恐怖活动的"孵化"。持有恐怖活动物品的危害性不低于我国刑法规定的其他持有型犯罪，将非法持有宣扬恐怖主义、极端主义物品予以犯罪化具有现实依据。恐怖活动犯罪的最终目的是分裂中国，公民拒绝提供恐怖主义犯罪、极端主义犯罪证据的行为违背了国家安全法等法律规定的义务，拒绝提供恐怖主义犯罪、极端主义犯罪证据罪的设立具有正当性、必要性。

二、反恐刑法规定存在的问题

目前，我国的反恐立法规定主要以《刑法》为主，《刑法》在惩治恐怖活动犯罪中发挥重要作用。但是，刑法对恐怖活动犯罪的规定并不完善，存在诸多问题。

（一）恐怖活动犯罪的认定问题

其一，恐怖活动犯罪与一般刑事犯罪的衔接不明。我国没有明确区分恐怖活动犯罪与一般的刑事犯罪。抹杀恐怖活动犯罪与一般刑事犯罪界限的做法，既不能突出恐怖活动犯罪的特殊性，也不能体现刑法对恐怖活动犯罪的应有评价，使恐怖活动犯罪在程序上不能适用有关恐怖犯罪的特殊规定，增加了法律审判恐怖分子的难度。美国学者认为，"恐怖主义犯罪只有在政治上具有切实可行的目标时才能被授予政治的内容。要不然他就应该与普通的犯罪行为等量齐观。"① 对于恐怖活动犯罪与一般刑事犯罪的区分标准问题，我国尚无明确规定。为了将恐怖活动犯罪与一般的刑事犯罪区别开来，一些学者主张在我国增设恐怖行为罪，将以制造社会恐慌为目的利用恐怖手段实施的杀人、放火、爆炸、绑架、投放危险物质等行为，独立规定为相应的恐怖行为罪。② 笔者认为增设新罪名的建议，不仅造成立法上的重复，还破坏了刑法规范整体的统一性，实不足取。如何有效衔接恐怖活动犯罪与一般的刑事犯罪，目前尚未达成一致意见。

---

① ［美］博拉朵莉：《恐怖时代的哲学》，王志宏译，华夏出版社2005年版，第58页。

② 张泗汉：《惩治恐怖活动犯罪的刑法立法完善》，载《山东警察学院学报》2006年第2期。

其二，恐怖活动犯罪侵犯的客体规定不清。对我国恐怖活动犯罪侵犯的客体，学者们主要存在三种代表性的观点：第一种是“公共安全说”，该观点认为恐怖活动侵犯的客体是公共安全。第二种是“国家安全说”，该观点明确恐怖活动犯罪的政治性，确立了恐怖活动犯罪在我国刑法分则危害国家安全罪中的地位。[①] 第三种是“复杂客体说”，该观点认为恐怖活动犯罪侵犯的客体包括国家安全、公共安全、社会秩序、公民的人身财产安全等方面。我国刑法将组织、领导、参加恐怖组织罪和资助恐怖活动罪规定在“危害公共安全罪”一章，而编造、故意传播虚假恐怖信息罪则存在于妨害社会管理秩序罪中，其他一些涉恐罪名更是散见于不同章节，这种分散的立法模式造成恐怖活动犯罪侵犯客体的模糊不清，阻碍对恐怖活动犯罪本质的认识。

（二）恐怖活动犯罪与加入的国际公约无法完全衔接

在国际反恐合作大背景下，我国在反恐情报信息交流、控制恐怖活动资金来源、引渡和遣送恐怖主义犯罪嫌疑人方面与世界各国进行了广泛合作。我国加入了一系列反恐国际公约，并为履行反恐公约所规定的国际义务，以刑法修正案等方式实现了部分国际公约内容的本土化。[②] 但是随着我国加入的国际公约不断增多，我国恐怖活动犯罪的规定并没有与加入的国际公约完全衔接。这在一定程度上制约了国际刑事司法协助的开展，[③] 阻碍国际司法合作的进程。

我国加入《制止危及大陆架固定平台安全的非法行为议定书》，但却没有相应的对接罪名，对大陆架固定平台的保护不利；我国已经加入《核材料实物保护公约》，但没有设置非法获取和使用核材料的相关犯罪；我国批准《联合国海洋法公约》，但却没有规定海盗罪；我国也加入了《关于防止和惩处侵害应受国际保护人员包括外交代表罪行的公约》，但并没有设置侵害应受保护国际人员罪。此外，我国也加入了《反对劫持人质国际公约》，但没有设置单独的劫持人质罪。[④] 相关涉恐罪名的欠缺，使我国与加入的国际公约不能很好地衔接，造成一些恐怖主义罪行在我国无法可依。如何促进我国反恐立法与加入的反恐国际公约的衔接，成为我国反恐立法的难点之一。

（三）恐怖活动犯罪的刑罚设置不合理

一方面，我国恐怖活动犯罪的刑罚种类规定不全面。其典型性缺陷是缺乏对资格刑和财产刑的全面规定。就资格刑而言，我国刑法仅规定了剥夺政治权利，但是此项权利剥夺的内容基本上对恐怖主义犯罪没有多大影响。可以说，我国刑法规定的资格刑基本上没有发挥应有的作用。就财产刑而言，我国刑法虽规定了没收财产和罚金，但在恐怖主义犯罪诸罪名的立法中，我国基本上没有规定太多的财产罚形

---

① 喻义东：《论恐怖主义犯罪在刑法分则中的地位》，载《法学》2005年第2期。

② 徐岱：《打击恐怖犯罪的中国刑法应对》，载《华东政法学院学报》2007年第1期。

③ 赵秉志、杜邈：《中国惩治恐怖主义犯罪的刑事司法对策》，载《北京师范大学学报》（社会科学版）2008年第5期。

④ 付晓雅：《惩治、防范恐怖主义犯罪的反思与应对》，载《法学杂志》2010年第2期。

式。[1] 此种刑罚的缺失，导致除非该种犯罪行为涉嫌洗钱罪等经济犯罪，否则很难找到刑法上的依据来截断其经济根源。资金是恐怖活动发生的关键，恐怖活动组织及其人员通过外部资助、内部商业运作或违法犯罪活动获得资金支持。只有遏制和消除恐怖活动融资行为，才能摧毁恐怖活动组织的蔓延和再生能力，增设财产刑对预防恐怖活动犯罪尤为必要。

另一方面，量刑制度不科学。我国刑法对恐怖活动犯罪的立法没有贯彻区别对待的理念，这主要体现在对恐怖主义犯罪加重、从重、从轻、减轻、免除刑事责任的制度规定不够，特别是对其中酌定量刑情节的范围和如何适用等问题规定不明确。随着恐怖活动犯罪的网络化和信息化，恐怖活动的侦破越发困难，通过减免处罚等量刑制度瓦解恐怖犯罪组织、获取相关涉恐信息对打击恐怖活动尤为重要。而我国量刑制度不科学，无法体现宽严相济刑事政策的要求，不利于遏制恐怖活动犯罪。

三、反恐刑法立法的完善建议

（一）完善对“恐怖活动犯罪”等相关概念的界定

自《刑法修正案（三）》颁布以来，“恐怖活动犯罪”的概念一直是我国刑法学界关注的重点和难点，学界的争议主要集中在恐怖活动犯罪的客体、客观方面、主体和主观方面。[2] 我国现有《反恐怖主义法》对“恐怖主义”、“恐怖活动”等概念作出界定，为“恐怖活动犯罪”的认定创设前提。《反恐怖主义法》规定，恐怖活动是指具有“恐怖主义性质”的行为，那么，“恐怖活动犯罪”则是具有严重社会危害性的，应受刑法处罚的具有恐怖主义性质的行为，概言之，“恐怖活动犯罪”是指依照我国刑法应负刑事责任的恐怖活动行为。虽然“恐怖活动犯罪”属于刑法上的概念，但必须用时代的眼光解释恐怖活动犯罪，只有这样才能为打击恐怖活动提供强有力的依据。如果将“恐怖活动犯罪”与普通的刑事犯罪混为一谈，有可能会分散现有的司法资源，无法形成打击恐怖活动犯罪的整体合力。

（二）增设新罪名以回应国际公约中所规定的罪行

“条约必须信守”是国际法的基本原则，但我国目前尚没有关于国际公约的实施方式及其在整个法律体系中地位的立法规定。在国际条约国内化的过程中，我国刑法采用了两种转化模式，一种是设立独立的罪名，一种是纳入原有的罪名体系。虽然 1992 年 3 月 1 日《制止危及大陆架固定平台安全非法行为议定书》即对我国生效，我国也于 1998 年 6 月 26 日实施了《专属经济区和大陆架法》，但我国《刑法》仍然没有专门保护大陆架固定平台方面的规定。[3] 对于实践中发生的危害大陆架固定平台安全的行为，我国只能按照《刑法》中以危险方法危害公共安全罪进行定罪处罚。但这既不符合《制止危及大陆架固定平台安全非法行为议定书》的规

① 师维：《反恐刑法的基本理念及立法完善研究》，载《河北法学》2012 年第 7 期。

② 参见杜邈：《反恐刑法立法研究》，法律出版社 2009 年版，第 312 页。

③ 阮传胜：《恐怖主义犯罪研究》，北京大学出版社 2007 年版，第 225 页。

定，也不能满足对大陆架固定平台的特殊保护需要。因此，我国应该根据《制止危及大陆架固定平台安全非法行为议定书》的规定，在《刑法》中增设危及大陆架固定平台安全罪，以适应惩治恐怖活动犯罪的需要。

对于侵害应受国际保护人员的行为，目前我国《刑法》根据行为方式的不同来追究刑事责任。这导致与一般的侵犯人身、财产权利和社会秩序犯罪性质不同的侵害应受国际保护人员的行为，被认为是与一般犯罪具有同一性质的行为而追究刑事责任。此外，我国《刑法》没有规定对威胁侵犯应受国际保护人员及其公用馆舍、私人寓所或交通工具的行为的处罚措施，这使得我国刑法规定与《关于防止和惩处侵害应受国际保护人员包括外交代表的罪行的公约》相脱节。在我国《刑法》中增设侵害应受国际保护人员罪，将故意侵犯应受国际保护人员人身或自由的行为，暴力攻击他们的公用馆舍、私人寓所或交通工具的行为，以及威胁进行任何上述攻击的行为综合规定在该罪中，既可以弥补我国现行刑法在保护应受国际保护人员上存在的不足，又有利于提升我国的国际形象，促使我国刑法与国际反恐公约更好地接轨。核材料因其潜在的巨大破坏性，成为恐怖分子热衷使用的物质，核恐怖主义也正成为一种新型恐怖威胁。虽然迄今为止还没有关于恐怖组织利用放射性物质的报道，但由于放射性物质极易导致死亡结果的发生，因此多国政府对于放射性物质的散播多有担心。① 我国对核材料历来比较重视，《刑法》中已经明确规定了走私核材料罪，但是对于非法收受、使用、转移、变更、处理、散布、诈骗以及威胁使用、盗窃、抢劫核材料的行为却缺乏明确的规定。这种立法状况与国际公约的要求不符，导致对核材料犯罪的打击力度不够。我国应进一步补充核材料犯罪的客观构成要件，将通过各种行为手段获取核材料的行为都作为犯罪处理。通过增设新罪名等方式促进国际公约与国内法的有机衔接，切实加强我国与世界各国在反恐怖斗争领域的协调合作。

（三）完善量刑情节和刑罚种类

为了从内部瓦解恐怖活动组织，促使恐怖分子悔过自新，许多国家都重视刑事政策的运用，规定了特殊的减免处罚事由。《法国刑法典》第 422-1 规定："图谋进行恐怖活动的任何人，如其告诉行政当局或者司法当局，从而得以避免犯罪既遂，且在相应的场合，得以侦破其他犯罪的，免于刑罚。"② 俄罗斯和意大利刑法典也对恐怖活动人员的减轻和免除处罚事由作出规定。我国也应明确规定涉恐犯罪的特别减免情节，分化瓦解恐怖活动组织，实现宽严相济的刑事政策。恐怖活动人员在组织实施恐怖犯罪之前，积极向有关机关自首、及时报告或采取其他措施防止恐怖行为的发生，有效避免人员伤亡或财产损失的，应作为法定减轻情节予以考虑。对情节较轻、危害不大、未造成严重后果，且认罪悔罪的初犯、偶犯、受裹挟蒙蔽参与犯罪、在犯罪中作用较小，以及其他犯罪情节轻微不需要判处刑罚的，可以依法免予刑事处罚。但对组织、策划、实施暴力恐怖、宗教极端违法犯罪活动的

① 廖政军：《全球恐怖主义形势依然复杂》，载《人民日报》2014 年 3 月 26 日第 21 版。
② 莫洪宪、王明星：《我国对恐怖主义犯罪的刑法控制及立法完善》，载《法商研究》2003 年第 6 期。

首要分子、骨干成员、罪行重大者，以及曾因实施暴力恐怖、宗教极端违法犯罪活动受到行政、刑事处罚或者免予刑事处罚又实施暴力恐怖、宗教极端犯罪活动的，应依法从重处罚。

在刑法总则中规定恐怖活动犯罪的从重处罚条款。恐怖犯罪是严重的刑事犯罪，应调整、加重刑罚力度，实现罪罚相当。[①] 严惩恐怖主义犯罪是国际社会的基本趋势，《西班牙刑法典》规定，恐怖主义犯罪将被处以比普通刑事犯罪更重的刑罚。[②] 荷兰《恐怖主义罪行法》中规定，若重大犯罪具备恐怖主义目的，最高处罚可增加50%。[③] 与普通刑事犯罪相比，恐怖活动犯罪人的主观恶性、人身危险性以及行为的社会危害性更大，造成的影响也更为恶劣。在我国当前立法情况下，对于以恐怖主义为目的，实施的故意杀人、故意伤害、绑架、放火等行为，只能按照普通的故意杀人罪、故意伤害罪、绑架罪和放火罪等一般刑事犯罪进行处罚，该种处理既不能突出恐怖活动犯罪的特殊性，也不能体现刑法对恐怖活动犯罪应有的评价。在我国宽严相济的刑事政策背景下，对恐怖活动犯罪规定从重处罚条款，才能彰显出对恐怖活动犯罪严厉打击的立场，遏制恐怖活动人员的嚣张气焰。

此外，还应当增设附加刑的种类，对组织、领导、参加恐怖组织的行为人设置特殊的资格刑，剥夺犯罪人服刑后继续从事恐怖活动的能力。恐怖活动组织能够生存的最主要原因是具有雄厚的资金支持，财产刑的设立对摧毁恐怖活动组织的经济基础发挥重要作用。由于我国刑法仅对资助恐怖活动罪和洗钱罪设立财产刑，所以应进一步完善财产刑的规定，修改《刑法》第120条，在组织、领导、参加恐怖组织罪的法定刑中增加罚金或者没收财产的规定。待条件成熟时，可进一步扩展财产刑的适用范围，将涉恐罪名都附加判处罚金或没收财产。

① 张泗汉：《惩治恐怖活动犯罪的刑法立法完善》，载《山东警察学院学报》2006年第2期。

② ［西］胡塞·路易斯·德拉奎斯塔：《西班牙的反恐立法：基于刑事法视角的考察》，杜邈译，载《中国刑事法杂志》2008年第1期。

③ 赵秉志、杜邈：《反恐立法模式的理性选择》，载《法学》2008年第3期。

刑法典颁行20年来反恐怖刑法立法演进与评析

高劲松[*] 高小艳[**]

从1997年刑法将恐怖组织首次入刑，到2001年美国“9.11”恐怖袭击事件之后我国《刑法修正案（三）》对涉恐犯罪的完善，2011年2月25日《刑法修正案（八）》将“恐怖活动犯罪”纳入特殊累犯，不断增加对恐怖活动的惩处力度，再到2011年10月29日全国人大常委会通过《关于加强反恐怖工作有关问题的决定》（以下简称《反恐决定》），首次以国内法的形式明确“恐怖活动”、“恐怖活动组织”等概念，弥补了以往立法中对缺乏相关概念定义的不足。随着国内外反恐形式的变化，基于打击恐怖活动犯罪的现实需要，2015年8月29日《刑法修正案（九）》通过增设新罪名、完善罪状和刑罚等方式，进一步严密反恐刑事法网。2015年12月27日全国人大常委会通过《反恐怖主义法》规定了“恐怖主义”、“恐怖活动”等条款，对刑法规定进一步补充和完善。

本文基于对1997年刑法典颁行以来我国反恐刑法立法进程的梳理，评析反恐刑法立法趋势及不足，探寻完善中国反恐刑法立法的现实路径。

一、历史脉络：1997年以来反恐刑法立法沿革

（一）演变进程

随着国内外反恐形势的变化和经济社会的发展，我国对于恐怖主义犯罪的立法也在不断完善之中。1997年刑法典颁行以来，我国的反恐刑法立法经历了从产生、发展到不断修改完善的演变进程。以时间顺序为标志，可将我国反恐刑法立法进程划分为三个阶段。

1. 产生阶段（1997~2001年）

1997年《刑法》第120条规定了组织、领导、参加恐怖活动组织罪，还将具体的恐怖主义行为纳入危害公共安全罪，侵犯公民人身权利、民主权利罪，妨害社会管理秩序罪等类罪名中作为普通刑事犯罪予以打击。上述规定弥补了我国反恐刑法立法的空白，对于有效遏制打击恐怖主义犯罪具有积极的意义。但因系对恐怖犯罪的首次规定，相关条款和罪名规定略显粗疏，难以满足打击恐怖活动犯罪的现实需要。

2. 发展阶段（2001~2011年）

美国“9.11”恐怖袭击事件发生后，各国纷纷制定专门的反恐法，将反恐怖工作纳入法制轨道。为及时有效地惩治恐怖犯罪，把我国缔结或加入的国际公约纳入

* 北京市顺义区人民检察院副检察长。

** 北京市顺义区人民检察院审查逮捕部检察官助理。

国内法的适用范围，我国加快了反恐刑法立法的步伐：2001 通过《刑法修正案（三）》，首次集中对 1997 年刑法典中恐怖犯罪进行修改补充，增设“编造、传播虚假恐怖信息罪”、“投放虚假危险物质罪”、“资助恐怖活动罪”三个新的罪名，把恐怖活动犯罪增列为洗钱罪的上游犯罪，提高刑罚处罚的幅度等弥补 1997 年刑法典惩治恐怖活动犯罪规定上的不足。2011 年 2 月 25 日通过的《刑法修正案（八）》将恐怖主义犯罪列为重点打击对象，把恐怖主义犯罪纳入特殊累犯，进一步增加了惩处的力度。同年，全国人大常委会通过了《关于加强反恐工作有关问题的决定》，首次定义恐怖活动、恐怖活动组织、恐怖活动人员的概念，以《反恐决定》的形式推进反恐立法。

3. 修改完善（2011 年至今）

面对恐怖主义犯罪出现的新趋势，2015 年 8 月 29 日通过的《刑法修正案（九）》以修正案的方式完善刑法典应对恐怖主义犯罪。通过引入专门概念、严密犯罪体系、完善刑罚配置等方式，进一步加大了对恐怖活动犯罪的惩治力度，反映了国际反恐立法的新趋势。[①] 2015 年 12 月 27 日通过的《反恐怖主义法》规定的“恐怖主义”、“极端主义”、“恐怖活动”等概念及恐怖活动组织和人员的认定方式等正是对刑法规定的补充和完善，与《刑法修正案（九）》规定的条款相互呼应，共同组成反恐法律概念体系。

从近年来我国反恐刑事立法演变进程可以看出，国内外的反恐形势不断推动着反恐刑法立法的发展。立法机关在专门反恐法中并未规定实质性刑法内容，而是通过刑法修正案的方式不断完善与恐怖主义相关的刑法内容。

（二）立法趋势

通过对反恐刑法的立法进程进行全方位、多维性的分析发现，我国反恐刑法从立法理念、立法模式、立法内容到罪刑体系呈现出以下发展趋势：

1. 立法理念：从鲜明的应急性到法益保护前置

回顾反恐刑法立法演变过程，不难看出我国现行反恐法律框架愈加投射出鲜明的应急性特征。2001 年美国“9.11”恐怖袭击事件发生后，我国通过的《刑法修正案（三）》无论是从刑法介入的广度还是深度都体现出鲜明的应急性和趋严、趋重的打击力度。之后随着国内外恐怖活动形势的发展变化，各国在刑事立法上把集体法益纳入其中，法益保护前置呈现出普遍发展的趋势。具体表现为立法机关通过增设新的罪名，对现有罪名罪状进行扩充以及对恐怖犯罪分子限制减刑和假释、设立特别累犯等逐步收紧恐怖主义相关行为的刑事法网。基于此，《刑法修正案（九）》将实施恐怖活动进行策划或者准备的行为规定为犯罪，满足保护重要法益的现实需要，体现了刑事立法领域贯彻“保护法益前置”的理念。然而，反恐刑法的立法理念由鲜明的应急性发展到法益保护前置与现代刑法的谦益性特征存在一定的冲突，这就需要在反恐刑法的前置化与刑法谦抑性之间寻求平衡，以此来满足当

① 赵秉志、杜邈：《中国反恐刑法的新进展及其思考——〈刑法修正案（九）〉相关内容评述》，载《山东社会科学》2016 年第 3 期。

前打击恐怖活动犯罪的现实需要。

2. 立法模式：刑法典与反恐怖法相结合的模式

反恐立法模式关系一个国家对反恐工作的整个立法体系的问题。1997年刑法典对恐怖主义犯罪的立法采用分散立法模式，对它没有专章、专节的规定，呈现一种“以刑法为主，诸法配合”的局面，容易使人将反恐怖工作与刑事制裁相混同，且与国际反恐立法的发展趋势不符。在此背景下，理论界和实务界强烈要求制定专门的反恐法。为此，全国人大常委会通过了《反恐决定》，该决定涵盖概念界定、工作体制、预防和国际合作等多项内容，使我国反恐立法格局发生了重大变化。之后《刑法修正案（九）》增设恐怖活犯罪的相关罪名与出台专门的反恐怖法相衔接，形成了“专门反恐法为核心、刑事法为主体、其他附属立法配合”的新格局[①]，这就意味着我国反恐立法正在逐步完成从单一法典型到多元专业化的理性选择。

3. 立法内容：由分散杂乱到集中完整性的转变

现有反恐刑法立法过于粗疏、简单，立法内容单一薄弱，缺乏非刑事法律中的预防条款。[②] 1997年刑法典没有为恐怖活动行为设置专门的恐怖犯罪罪名，关于恐怖活动犯罪的相关内容散见于现行刑法危害公共安全罪，侵犯公民人身权利、民主权利罪以及妨害社会管理秩序罪三章之中，使得恐怖犯罪的犯罪客体既不统一又难以确定，导致给具体犯罪行为的定性带来不便。对于刑法没有规定的某些恐怖活动犯罪进行定罪量刑时都以普通刑事犯罪论处。[③] 随着国内外恐怖主义的不断发展变化，我国陆续以刑法修正案的方式将恐怖活动犯罪纳入刑法典之中，《刑法修正案（九）》更是通过增设新罪、修改罪状等方式来扩大追究刑事责任的范围，与基于总结我国近年来防范和惩治恐怖活动经验颁行的《反恐怖主义法》共同完成了反恐立法内容由分散杂乱到集中完整性的转变。

4. 罪刑体系：科学设置与严而不厉的理性选择

罪名设置是立法者在对社会现实进行深入考察之后实施的抽象立法活动，刑罚配置则以犯罪的社会危害性所能达到的最高程度和最低程度为依据。1997年刑法典第120条仅规定了组织、领导、参加恐怖组织罪，该时期的反恐刑法立法主要突出组织性特征，对直接实施恐怖犯罪的实行行为缺乏专门和明确的规定，罪名设置不科学。犯罪分子在恐怖活动中实施的暴力犯罪行为，在不能确定其为恐怖组织成员的情况下，只能按照故意杀人罪、爆炸罪等相应的普通刑事犯罪定罪处罚，这种做法显然没有反映出反恐怖斗争的特殊性。为此，《刑法修正案（三）》增加资助恐怖活动罪，将资助恐怖活动组织或者实施恐怖活动的个人的行为新增规定为犯罪，把恐怖犯罪的实行行为作为反恐刑事立法的重心。《刑法修正案（九）》更是完成了从组织性到实行行为的再次扩展，其将预备实施恐怖活动、帮助恐怖活动等行为“正犯化”，为组织、领导、参加恐怖组织罪等罪名配置财产刑，并且根据犯罪分子

① 杜邈：《中国反恐立法的回顾与展望》，载《西部法学评论》2012年第6期。

② 高玉敏、屈耀伦：《中国反恐刑法的新进展及其思考——〈刑法修正案（九）〉相关内容评述》，载《兰州交通大学学报》2014年第5期。

③ 郭永良：《论中国反恐立法的基本轨迹》，载《太平洋学报》2015年第8期。

在恐怖组织中的地位和作用，配置了轻重不同的刑罚，进一步严密法网，提前刑法介入的时间，最大限度地剥夺犯罪人的犯罪机会与再犯能力。

二、立法缺陷：我国现行反恐刑法立法的不足

从对我国现有反恐刑法立法的梳理来看，立法机关对涉恐犯罪的打击力度越来越严厉，从刑法修正案到反恐决定、反恐怖主义专门立法在打击恐怖活动犯罪方面虽然取得一定的成就，但其中仍存在一些不足。

（一）基础性概念界定不清

在反恐刑事立法中对专门的概念研究是准确定罪量刑的起点，也是整个反恐法律体系的基石。我国刑法典虽然规定了恐怖活动犯罪，却没有对恐怖活动、恐怖活动组织和恐怖活动人员的含义作出规定。2011 年出台的《反恐决定》虽然对恐怖活动这一概念进行了界定，但相关规定过于原则化，实践中难以把握具体概念的内涵。基础性概念界定不清，司法机关难以对案件的性质准确把握，给打击恐怖主义犯罪带来诸多困难，社会公众降低了对恐怖主义及恐怖活动的重视程度，面对多样化的恐怖活动犯罪，很容易把恐怖主义犯罪和普通刑事犯罪混为一谈，影响到我国反恐刑法立法的实施效果。同时《刑法修正案（九）》引入了一系列专门概念，《反恐怖主义法》亦规定了“恐怖主义”、“极端主义”等概念的内涵，又涉及刑法典与《反恐怖主义法》概念衔接问题。

（二）罪刑设置缺乏系统性

完善反恐刑法立法罪名设置和刑罚配置的合理化，需要增设专门罪名并配置相应的刑罚。现行刑法典中专门的反恐罪名非常有限，相应的恐怖活动的刑事制裁体系缺乏，既不能充分贯彻国际反恐公约的要求，也难以满足不断发展的反恐需要。总体来说，我国恐怖活动犯罪的罪名设立与刑罚配置不够科学。① 对于具有暴力恐怖色彩的犯罪活动，如果按照普通罪名定罪量刑，以一般刑事犯罪定罪处罚，未能抓住恐怖主义活动犯罪的本质，对惩治恐怖主义犯罪起不到应有的作用。因此，应当专门设置恐怖活动罪进一步淡化恐怖活动的政治色彩，为反恐怖工作提供更有力的刑法保障。同时，根据新增的罪名配置相应的刑罚措施，将恐怖活动犯罪与普通犯罪区别开来，更好地结合恐怖活动犯罪的特殊性对其采取特殊的刑事制裁措施。

（三）反恐法律体系不协调

从国内立法层面，应对恐怖主义犯罪的反恐立法应当妥善处理反恐刑法与专门反恐法、程序法等法律的衔接与协调问题，尤其是反恐刑法与《反恐怖主义法》在基础概念、认定模式、法律责任等方面的协调统一。从对国际刑法的回应与关切来看，美国“9·11”恐怖袭击事件发生后，我国积极签署、批准或缔结一系列国际性、区域性反恐公约、条约，加大对恐怖活动犯罪的打击力度，但国内立法中有关惩治恐怖活动的国际刑法规范尚未全面囊括恐怖活动犯罪的方方面面。无论从国内法层面还是对国际刑法的回应上来看，我国反恐法律体系仍存在衔接不畅问题。

---

① 于志刚：《恐怖主义犯罪与我国刑法应对》，载《人民检察》2011 年第 21 期。

三、现实路径：完善反恐刑法立法之建言

正如前文所述，1997年以来我国对反恐刑法的修改，在很大程度上完善了涉恐犯罪的刑事立法。《刑法修正案（九）》引入“恐怖主义”、“极端主义”等专门概念，进一步严密犯罪体系，完善刑罚配置，但在具体司法操作上仍存在的一定问题。未来我国反恐刑事立法应围绕科学严谨地界定相关概念，完善恐怖活动犯罪的罪刑体系，积极促进反恐法律体系的有效衔接等方面予以完善。

（一）科学严谨地界定基础性概念

现行刑法典对恐怖犯罪的表述较为简略，《反恐怖主义法》的相关概念正是对刑法规定的补充和完善，起到了帮助司法机关认定和识别的作用。《反恐怖主义法》规定恐怖活动是指恐怖主义性质的特定行为，但刑法意义上的“恐怖主义”与“恐怖活动”关系应如何认定，“极端主义犯罪”与“恐怖主义犯罪”之间是否存在交叉、包含关系等需要明确。从《刑法修正案（九）》的规定来看，基础性概念应当具有明确性，使有关机关在执法办案时有具体的认定标准，否则容易造成相关犯罪在司法实践中的模糊。同时，社会公众可以根据专门概念认识到恐怖主义的特点和社会危害性，对相关行为可能引发的刑法后果进行预判、规避，消除恐怖主义滋生的社会土壤。① 因此，立法机关应当通过立法解释或司法解释对《刑法修正案（九）》新引入的“恐怖主义”、“极端主义”等概念做出权威界定，同时对“恐怖主义”与“恐怖活动犯罪”、“恐怖主义”与“极端主义”、“恐怖活动犯罪”与“极端主义犯罪”的关系作出明确区分，为相关犯罪的法律适用提供明确依据。

（二）完善恐怖活动的罪刑体系

完善恐怖活动的罪刑体系主要是通过刑法修正案的方式在刑法中增设恐怖活动犯罪的罪名体系，相应地配置恐怖活动犯罪刑事制裁体系，同时以立法解释或司法解释的形式对具体犯罪构成予以明确。

1. 增设恐怖犯罪的类罪名

《刑法修正案（九）》规定了暴力、破坏型的恐怖活动，也规定了组织、帮助、预备、宣扬、煽动型的恐怖活动，但并未将暴恐活动的实行行为规定为独立的犯罪。在今后修订刑法典时，建议将恐怖犯罪类型从刑法分则各章节中分离出来设立恐怖活动罪，以类罪名的设立统一立法模式。通说认为，恐怖活动犯罪客体是复杂客体，它不仅侵犯公共安全，还给人民的生命财产造成损害，同时也有侵害到国家安全，但该罪侵犯的主要客体是社会公共安全，故可将“恐怖活动罪”规定于“危害公共安全罪”中，从而与危害国家安全犯罪、侵犯公民人身权利犯罪相区分。即将刑法分则第二章危害公共安全罪划分为数节，专设“恐怖活动罪”。自《刑法修正案（八）》颁行以来，我国逐渐削减死刑，相应的在刑罚配置上，恐怖活动罪的最高法定刑不一定要配置死刑，但可在既有刑种和刑罚幅度内选择对恐怖活动

① 赵秉志、杜邈：《中国反恐刑法的新进展及其思考——〈刑法修正案（九）〉相关内容评述》，载《山东社会科学》2016年第3期。

犯罪从严处罚。① 因而，将恐怖活动罪的最高法定刑配置到无期徒刑即可，情节严重的可以与故意杀人罪、放火罪、爆炸罪、决水罪等数罪并罚处以死刑。

2. 完善恐怖犯罪客观方面

《刑法修正案（九）》增设了新的罪名，进一步严密了刑事法网。但是这些罪名的规定是否完善，如宣扬恐怖主义、极端主义、煽动实施恐怖活动罪是否有情节上的要求，非法持有宣扬恐怖主义、极端主义物品罪中的情节严重如何理解等有必要进一步明确。

（1）宣扬恐怖主义、极端主义思想、煽动暴力恐怖活动罪的“情节限制”。极端主义思想是我国恐怖活动的主要思想基础，宣扬极端主义思想与恐怖活动犯罪具有密切联系，因而《刑法修正案（九）》将宣扬“恐怖主义”与“极端主义”并列规定。“宣扬”的对象应当是恐怖主义、极端主义思想；“煽动”则是以语言、文字、图像等方式对他人进行鼓吹，意图使他人接受或相信所煽动的内容，从而对公共安全等犯罪客体造成危害。对于此罪，现行刑法没有作出情节上的要求，如果行为人仅宣扬一次极端主义思想是否有必要将其入罪，值得商榷。笔者认为，成立本罪首先要有宣扬恐怖主义、极端主义的行为，包括制作、散发资料、当面讲授，也包括通过信息网络、传播音视频等新型方式宣扬恐怖主义、极端主义或煽动实施恐怖活动。其次要有宣扬的主观故意，如以一般人的法律认知标准和恐怖主义界定标准，认定行为人宣扬恐怖主义性质非常明显，应当从其行为推定其主观故意。最后需结合行为人的社会背景、有无宗教信仰、一贯表现等综合考虑行为人的主观恶性及社会危险性。另外，对于本罪的第二档“情节严重”标准应综合考虑宣扬煽动的对象、次数、场所，是否引起暴力恐怖活动，是否利用互联网等情形等方面，且应通过立法或司法解释予以明确。

（2）对非法持有宣扬恐怖主义、极端主义物品罪中“情节严重”的理解。非法持有宣扬恐怖主义、极端主义物品罪属于“持有型”犯罪，持有的对象包括宣扬恐怖主义、极端主义的图书、音视频资料等物品。无论行为人获得上述物品的方式和来源如何，只要未经合法批准而形成了事实上的支配、控制，且情节严重的，均应受到刑法的制裁。但本罪需要造成情节严重后果才能成立犯罪。《反恐怖主义法》亦规定对于情节轻微，尚不构成犯罪的，可以由公安机关进行处理。关于“情节轻微”、“情节严重”，目前相关法律和司法解释并没有明确规定，司法实践中如何理解“情节严重”成为准确定罪量刑的关键。在行为人主观出于好奇心态而持有或传播暴恐音视频，且数量不大，尚没有造成严重后果的情况下，很多案件就介于罪与非罪之间。笔者认为，判断情节是否严重，要从行为人的背景，主观动机目的，非法持有的次数、时间、数量，持有物品的内容，持有后的行为以及查获时的态度等综合考虑。另外，如果无法查清行为人持有上述物品是否具有实施暴力恐怖活动的目的，仍可以纳入刑法制裁的范围，依照本罪处理；如果能认定目的何为，则要按照本罪和目的所为之罪从一重罪处断。

① 刘仁文：《中国反恐刑事立法的描述与分析》，载《法学家》2013年第4期。

（三）有效促进反恐刑事立法衔接

从总体国家安全观的角度出发，统筹考虑反恐刑法完善与《反恐怖主义法》的衔接问题，只有两者在恐怖活动组织和恐怖人员的认定模式、涉恐行为的处理与法律责任追究方面形成衔接，才能有效发挥多方力量，形成共同参与的反恐怖工作合力。

1. 恐怖组织及恐怖人员的认定

《反恐怖主义法》规定了恐怖活动组织和人员的行政认定，事实上确认了司法认定和行政认定并存的双轨制。实践中，法院依照刑法认定某组织是否属于恐怖组织，最终目的是追究犯罪分子的刑事责任；国家反恐怖主义工作领导机构对某组织是否属于恐怖组织进行确认，目的在于对其进行行政制裁。在法院和国家反恐怖主义工作领导机构均有权认定上述组织和人员的情况下，就需要明确行政认定和司法认定之间的关系。我们认为在办理涉恐犯罪案件时，关于恐怖组织及恐怖人员的实体性认定标准仍需依据刑法的相关规定来进行。

2. 涉恐行为与法律责任的衔接

为保持反恐刑法立法体系的完整与统一，反恐法原则上不涉及犯罪与刑罚的内容，恐怖分子需依照本国刑法规定承担刑事责任。实践中，司法机关应首先对特定组织和人员的性质进行判断，进而查明行为人是否实施了具体行为。而行政机关认定的涉恐行为，并不必然进入刑事司法程序，成为刑法意义上的恐怖活动犯罪，如不符合刑法规定的犯罪构成、犯罪情节显著轻微等情形，对于情节显著轻微的恐怖活动，不需要进入司法程序。因此，需要对相关犯罪的定罪情节予以明确，使刑法和专门反恐法在形式和内容上达成衔接，对于社会危害性未达到严重程度的行为，可不作为犯罪处理，由公安机关给予行政处罚。

通观刑法典颁行20年以来我国反恐刑法的演变进程，我们应当正视我国反恐立法的不足，未来以刑法修正案的方式不断完善反恐刑法立法，以适应不断发展的现实需要。我们相信，随着经济社会发展与国家法治的进步，我国反恐刑法立法必将逐步得到完善。

我国恐怖主义犯罪刑事立法之论衡

郭泽强[*]　段玉英[**]

一、反恐领域刑法介入20年之总体情势

频发且危害性极大的恐怖主义犯罪正成为影响国家安全和国际社会安全的重要因素，应对不断发展变化的恐怖主义，刑法与时俱进的干预与介入就不可或缺。

（一）《刑法修正案（九）》之前的刑事实体的立法

1997年我国第一次出现针对恐怖主义犯罪的刑法条文，将其作为对公共安全法益的侵害，侧重打击恐怖主义犯罪组织。2001年的美国"9·11"事件促使我国更为关注恐怖主义犯罪立法。该修正案提高了原第120条的法定刑，最高刑可到无期徒刑，并对积极参加者增设了附加剥夺政治权利的刑罚。此外，从经济上加强对恐怖主义犯罪的打击，增设了资助恐怖活动罪，为杜绝恐怖主义犯罪所得的合法化渠道，将其作为洗钱罪的上游犯罪。这是我国刑法第一次从经济上对恐怖主义犯罪采取规制措施。另外，首次对公民相关的言论自由进行限制，增设了"编造、故意传播虚假恐怖信息罪"，避免虚假的恐怖信息破坏社会公共秩序，造成危害后果。但此次刑法的修订并未考虑到涉及恐怖活动犯罪的关联犯罪。2011年，我国的恐怖主义犯罪开始出现本土化、分散化、网络化、常态化的特点①，民族分裂主义、宗教极端势力也有所抬头。在中央宽严相济的刑事政策背景下，我国刑法通过对刑罚具体适用上的修改，间接加强了对恐怖主义犯罪的惩罚力度。

（二）反恐上程序的立法

2012年的全国人民代表大会《关于修改〈中华人民共和国刑事诉讼法〉的决定》（以下简称《决定》）首次对涉恐案件的诉讼程序问题作出特殊规定。在《决定》中，分别从管辖、律师会见、证人保护、监视居住、拘留后通知家属时间、技术侦查措施采用条件、违反所得的没收程序七个方面进行了规定。它一方面加强了对恐怖主义犯罪分子的侦查技术和手段方式进行打击、经济基础的削弱，另一方面也给予其他公民敢于参与反恐的信心。

（三）《刑罚修正案（九）》的新增规定

2015年的《刑罚修正案（九）》是在我国恐怖主义犯罪越发猖獗，对国家安全、社会正常生活秩序、人民生命财产安全造成严重威胁的背景下出台的，"进一

---

* 中南财经政法大学刑事司法学院教授，法学博士。

** 中南财经政法大学刑事司法学院刑法学专业2015级硕士研究生。

① 黎宏：《〈刑法修正案（九）〉中有关恐怖主义、极端主义犯罪的刑事立法——从如何限缩抽象危险犯的成立范围的立场出发》，载《苏州大学学报》（哲学社会科学版）2015年第3期。

步严密刑事法网，使刑法治理的范围涵盖人员、物品、资金、信息等多个领域，以及发动暴恐袭击的各个环节，强化了刑法在应对恐怖主义方面的作用。”①

（1）帮助犯独立成罪。首先，《刑罚修正案（九）》将“资助恐怖活动罪”修改为“帮助恐怖活动罪”，扩大了帮助行为的形式，从经济、物质帮助行为扩大为“提供帮助行为”的行为，不再拘泥于物质帮助的形式，扩大了打击面。其次，特殊规定了资助恐怖活动培训、为恐怖活动组织、实施恐怖活动或者恐怖活动培训招募、运送人员的帮助行为直接正犯化。此外，还对“拒绝提供间谍犯罪证据罪”作出修改，规定若是拒绝向司法机关提供恐怖主义、极端主义犯罪证据且情节严重的行为，也构成犯罪。这一规定无疑是刑法扩大对恐怖主义犯罪打击面，并对此层面的公民义务的扩大。

（2）预备行为的入罪化。《刑罚修正案（九）》规定为实施恐怖活动准备凶器、危险物品或其他工具，组织恐怖活动培训或积极参加恐怖活动培训，为实施恐怖活动与境外恐怖活动组织或者人员联络，为实施恐怖活动进行策划或者其他准备的行为，构成犯罪。我国刑法原则上处罚故意犯罪，并例外处罚过失犯罪，预备行为的入罪更是例外中的例外。刑法将预备行为实行化，充分体现了“重大法益的提前保护”，无疑是我国刑法在涉恐犯罪的刑罚扩张立场。

（3）抽象危险行为的犯罪化。《刑罚修正案（九）》从三个方面对抽象危险行为进行入罪化处理：第一，宣扬、煽动类：以制作资料、散发资料、发布信息、当面讲授或通过音频视频、信息网络等宣扬恐怖主义、极端主义，以及煽动他人从事恐怖活动、参加恐怖组织；第二，破坏法律实施类：利用极端主义思想煽动、强迫他人破坏法律实施；第三，持有、强制穿戴类：持有宣扬恐怖主义、极端主义的物品、图书、音频视频资料或强制他人穿戴宣扬恐怖主义、极端主义服饰、标志的。抽象行为的犯罪化是我国在互联网时代的大背景下，对我国某些地区极端宗教主义和恐怖主义危害性的慎重选择。

（4）反恐刑事立法注重对涉恐犯罪的经济能力的削弱。涉恐犯罪无论是有组织的犯罪或独狼式的犯罪活动，均离不开一定财力的支撑。因此，从根源上遏制涉恐犯罪，断绝其经济基础就尤为重要，英国反恐法也有规定加强对可能用于恐怖活动的资金管制，防止恐怖分子通过洗钱筹措恐怖活动资金。②《刑法修正案（九）》对涉恐资金也有相应规定，对大部分修改或新增的涉恐犯罪规定了不同程度的财产刑。此外，多元化配置涉恐犯罪财产刑上，根据不同罪名设置了单处没收财产、并处罚金、并处罚金或没收财产、并处或单处罚金四种模式。最后，还赋予法官可以根据犯罪的情节、犯罪人的主观态度、犯罪行为危害后果的大小等因素来综合裁量罚金刑的使用和具体的数额，力求将涉恐犯罪遏制在萌芽阶段。

我国的反恐应对行动虽出现较迟，但在近些年来的国内和国际反恐斗争中我国也积累了相当的经验，并不断地修改反恐刑事立法条文，严密反恐法网。但是，法

① 赵秉志、杜邈：《中国反恐刑事立法的新进展及其思考——〈刑法修正案（九）〉相关内容的评述》，载《山东社会科学》2016年第3期。

② 齐文远、魏汉涛：《英美反恐立法的得失及其启示》，载《中国高校社会科学》2015年第6期。

益保护前置的规定不可避免地会引发对刑法谦抑性、法治和人权保障理念、安全与自由基本价值的衡平问题的争论。

二、恐怖主义犯罪的法益保护之考量

（一）恐怖主义犯罪与法益

“法益是个人及其自由发展为目标进行建设的社会整体制度范围之内，有益于个人及其自由发展的，或者是有益于这个制度本身功能的一种现实或者目标设定。这个法益概念包含了已经被法所实现发现的状态以及同样由法才能创设的遵守规范的义务。”①

犯罪行为包含了对法规范的违反。在犯罪现象理论的构建中，韦伯曾指出，社会冲突的根源在于社会三大维度——权力、财富和声望不平等的叠加出现，并将犯罪原因归纳为物质层面原因和精神层面原因。从对规范违反的角度分析，恐怖主义犯罪也可以分为两类：一类是为了个人物质目的，如本身并没有政治信仰或宗教信仰或当地居住背景的人，在利益的驱使下，也为恐怖组织实施购买工具或为其提供帮助和参与实施恐怖袭击等行为。另一类是为了社会目的，如价值准则或是社会制度。当然两者之间也有交叉的可能，如因仇视现有社会主流价值准则和社会制度而实施恐怖主义犯罪时，同时获取相应的物质。相较于因物质原因导致的犯罪行为，价值准则和社会制度上的矛盾更难以调和。恐怖主义犯罪分子无疑是在这两类冲突下选择了“反抗”模式②，通过违法犯罪手段来表达自己的诉求。

法益是刑事立法犯罪化与非犯罪化的直接动因。我国刑法典分则各犯罪的分类规定都是在“根据某种利益的价值、面临的危险的频繁和程度、保护的必要性和可能性等因素……并通过分析社会的存在状况进而显示出来的社会保护需求来加以确定的。”③ 恐怖主义犯罪侵犯的是一个涉及国家安全、社会秩序、公民人身财产安全多方面法益的复杂犯罪行为。从我国反恐刑事立法的历史发展看，我国刑法将恐怖主义犯罪规定在刑法分则“危害公共安全罪”一章中，《反恐怖主义法》第一章总则第1条规定：“为了防范和惩治恐怖活动，加强反恐怖主义工作，维护国家安全、公共安全和人民生命财产安全，根据宪法，制定本法。”并在第3条对恐怖主义定义为“通过暴力、破坏、恐吓等手段，制造社会恐慌，危害公共安全、侵犯人身财产，或者胁迫国家机关、国际组织，以实现其政治、意识形态等的目的的主张和行为。”通过以上表述，说明针对恐怖主义犯罪，我国反恐刑事立法所保护的是超个人的法益，是对国家安全和社会秩序以及不特定多数人生命财产安全的保护。

---

① ［德］克劳斯·罗克辛：《德国刑法学总论》（第1卷），王世洲译，法律出版社2005年版，第15页。

② 来源于默顿提出的著名的“类型化适应”（Typology of Adaptations），强调个体在面临同样的社会紧张时必然会应用一些社会化适应策略予以缓解或消除，但不同个体对于适应策略的选择是不同的，而不同策略选择带来不同法律评价的行为模式，既有倾向于守法的，也有倾向于违法的。默顿将这些不同的适应策略总结为五大类型：遵从、程式、创新、反抗和自弃，而其中反抗者往往全盘否定现行社会制度安排，一方面为自己重新设定社会化目标，同时为实现这些目标规划全新的，往往为非法的手段。

③ 郝艳兵：《奉献社会下刑法价值观念与其立法实践》，载《中国刑事法杂志》2009年第7期。

（二）恐怖主义犯罪与重大法益的提前保护

重大法益的提前保护是基于现代风险社会①立场，强调事先控制与预防。在面对恐怖主义犯罪时，我国刑法从传统的本体刑法观规制到风险规制的扩展。恐怖主义犯罪最大的特点除了危害范围广外，更为重要的是它对社会造成的恐慌，公民对社会产生的无序感。恐怖主义犯罪一旦被实施，将给社会安全和人民生命财产造成不可估量的损失，预备行为与帮助行为往往会为犯罪的实施创造某种条件，并且有可能成为独立于实行行为而本身具备相当的危害性，所以为了在犯罪发生的苗头出现时，果断及时地扼杀，有必要将其犯罪化；持有和宣扬类的抽象危险行为，虽然并没有直接的物质上的危害结果，但是一方面它造成了社会不特定多数的恐慌、破坏维持社会正常运转的安定感和秩序感，另一方面从教唆、煽动和传授犯罪方法的角度看，它与恐怖主义犯罪的实施行为密切关联。

《刑法修正案（九）》新增涉恐犯罪中规定了抽象危险犯。抽象危险犯是指将在社会一般观念上认为具有侵害法益危险的行为类型化之后所规定的犯罪，即这种行为以损害某种法益为指向。抽象危险犯的处罚立足于它对法益可能具有的某种侵害可能性，为了防卫社会，刑法提前介入。预备犯是实害行为的前置手段，对预备犯处罚的理论根据有目的论和二元论两种主要观点。目的论认为预备犯的处罚应当满足行为主客观上与实行行为有内在的联系——“制造条件”或“准备工具”，足以显示出法益侵害的危险和行为人主观上的不法意识。二元论则要求预备犯同时具备三个条件：第一，行为与法益侵害后果有联系；第二，行为表现出法益侵害性；第三，行为人本身具备实行行为的主观因素。即预备行为与法益之间存在关联性时，刑法才发挥它的功能。笔者认为，对预备犯的处罚是因为其是为即将实施的恐怖犯罪准备工具和创造条件的行为，其次它与保护的法益具有关联。

三、价值衡平观念层面的理性思考

价值观念关注的是刑法规范的价值理性，它是对制度设置的实质合理性、正义性进行反思与检讨。② 在整个反恐制度的更迭、演进过程中，刑法价值观念居于潜隐的地位，它最终决定着反恐制度的运作与建构，更是对制度表述形式——立法技术起着导向作用。

（一）安全价值与自由价值之于反恐的意义

安全、公平和自由是法律制度三个最基本的价值。每一种法律制度无不是结合社会具体实践，在这三者之中寻求平衡。法理学认为秩序的存在是人类一切活动的

---

① 风险社会，由德国社会学家乌尔里希·贝克提出，它是指西方工业国家在经济、社会、技术和医疗结构高速改进过程中，社会机体对混乱的抵抗力完全丧失的一种社会状况。在刑事立法和刑事政策中，风险刑法则是和本体刑法相抗衡的一个概念，前者以行为的抽象危险性作为前提，只要行为人的行为存在法定危险，刑法即可在抽象危险造成实害之前介入，避免风险变成实害。而后者则是传统社会所坚持的刑法观，即以规制实害和保障人权为核心，且更为偏向于保护机能。二者实际上是站在安全与人权的不同侧重点对刑法机能的选择。

② 参见郭泽强：《正当防卫研究的新视界》，中国社科文献出版社2010年版，第88页。

必要前提，构成了人类理想的要素和社会活动的基本目标。秩序的核心是安全，秩序的需要实质上就是安全的需要。自由，常常被定义为“be free from”不受他人的干预和限制的消极自由，和“be free to do”自己依赖自己，自己决定自己的积极自由。二者也可以简单地归纳为社会防卫与个人自由两种价值。前者注重犯罪的预防与控制，后者则更加关注个人权利的保障和对国家权力的限制，因而二者常存在冲突。立法者常常根据不同的历史时期和社会发展要求对二者有不同的侧重。随着时代的变迁，古典报应刑罚观逐步转向有着预防和惩罚双重目的的刑罚观。有的刑法条文规定更是站在功利刑法的立场上，将预防犯罪作为刑事立法的核心价值。例如，美国模范刑法典就有对惯犯的“三振出局”法规定，目的就在于“减少国家中最危险的累犯，将这些人终身监禁。”① 在反恐刑事立法领域，安全与自由更是一个永恒的命题。在“9·11”事件后，为了快速平息公众的恐慌和树立政府形象，英美反恐法皆有以牺牲自由换安全的政策，并在短期内取得了良好的社会效果，但是从之后各阶层和社会各方面传来的激烈反抗声中，均表明公众对自由和个人基本权利的追求才是最终极的目标。所以，在我国反恐刑事立法和专门反恐立法中，无疑在自由与安全价值中寻求一个平衡点，才能最终达到最大限度保障公民自由的目标。

（二）自由价值与安全价值之衡平

1. 必然的有限自由

人民的安全乃是至高无上的法律。我们必须承认当今社会恐怖主义犯罪频发且危害极大，而往往在实践中一些预备行为和帮助行为是否涉恐也难以认定，但的确存在着大量的涉恐预备行为，他们往往通过各种方式，包括网络新闻媒体等来直接或间接地威胁国家和社会安全，并且部分预备和帮助行为本身就具备一定的危害性，如为恐怖组织培训而与国外联络等。此外，一旦这种风险实害化，对公众造成的生命、财产的威胁巨大。因而，刑法有必要提前介入，并将其扼杀在萌芽状态。同时，我们不可避免地发现，现代刑法也出现了在规定某些超个人法益时，将社会和集体利益的名义套在公众的头上，混淆了行政法、社会道德和刑法的边界，甚至试图将刑法作为解决某些社会问题的救星。笔者认为，虽然我们不否认借助刑法手段来维护社会安全的合理性，但刑法是社会的最后保障法这一前提仍是高悬在立法者头上的剑。只有在民事、行政的法律手段和措施仍不足以解决问题时，刑法才会以强硬的姿态介入。并且在这种强硬的介入中，仍是以明确的法律规范和实害后果或是严重情节为基础的。反恐刑事立法在尽力提高预防犯罪有效性上，更多地关注行为本身的危险性，将刑法的防卫线进一步提前，试图用刑罚的方式来预防犯罪。笔者不否认在反恐领域，预防性刑法出现的正当性。但是必须考虑到预防性刑事立法可能对个人自由这一法律基本价值的冲击。尤其是在将刑法介入提前、处罚抽象危险犯和对恐怖主义犯罪特殊程序规定的情况下，确保这些条文在实践中“介入社

① ［美］保罗·H. 罗宾逊：《对危险性的惩罚：刑事司法掩盖下的预防性羁押》，李晓蕾译，载《哈佛法律评论（刑法学精粹）》，法律出版社2005年版，第324页。

会生活力求风险的同时，仍然兼顾保障和扩大自由，在尽可能小的风险条件下，为发挥个人能力和满足个人需要留出充分的空间。”①

2. 自由限制的法制化

对于某些抽象危险犯，如利用恐怖主义和极端主义破坏法律、教育和婚姻制度，这是由于在我国某些地区，实际上恐怖主义分子在当地有广泛的影响力，他们禁止小孩上汉族学校，并从小给他们灌输对汉族和其他民族的仇恨，及其颠覆政府的理论和主张。在这些背景下，为了应对恐怖主义风险，采取一些特殊的措施也是很有必要的。如适当地延长羁押期限和对律师会见严格规定、加大对恐怖主义犯罪的刑罚，都是应该被认可的。但是对抽象危险行为入罪和持有性行为的入罪认定，无疑需要结合当地的时空条件和反恐环境，谨慎认定。并从司法和行政上对执法机关的行为进行监督，对犯罪的认定只能限制在刑法有明确规定的基础上。从我国历年反恐实践看，我国反恐行动大多依靠一线民警和公安机构依靠多年的当地经验，制定内部政策与规定。一线的反恐条件和当地环境是大的章程性法律和法规无法完全涵盖的，故而部分条文并不具有可操作性，导致在反恐实践中一线公安机构做出一些破格行为。“对个体的不公正会改变团体对个体和国家的关系的认识，可能激发社会团体质疑执法机关及其权利的合法性。”② 而这些无疑对我国统一反恐行动的有效性带来阻碍。因而将反恐执法行为纳入法制化、规范化的轨道上来，是我国《反恐怖主义法》和新增反恐刑事立法的重要任务之一。努力地将原本概括性和模糊性的定义和规定尽量具体化，使条文更具可操作性。

3. 罪刑法定的价值选择

坚守罪刑法定的原则，超越形式的法律主义的要求来实现刑法法规内容的正当，从实质上保障人权，承认即便是一个专注于制造安全的刑法，它仍不是危险防御法。刑事立法在安全、公平和自由价值的选择时，往往需要随着社会的实际情况而有所偏重。将刑法等同于社会防卫法出现的时机，应当是社会出现严重危机，不严法无以治国的情况。部分反恐刑事立法如持有型犯罪和强制穿戴型犯罪，是不是刑法对社会危机的过高估计，对恐怖主义犯罪的过激反应？因此，在适用时应当注意分区域，结合当地当时的反恐形势，尤其是在反恐形势并没有那么严重的内陆地区，更是要严格谨慎地适用。虽然在《反恐怖主义法》中我国规定了由国家反恐怖主义工作领导机构的办事机构来领导和协调全国反恐行动，但是这种权力的高度集中也就必须防止有人以权谋私，防止因个人宗教或是政治原因而导致权力的滥用。只是强调反恐形势的紧迫，各级政府和社会机构就各行其是地采取措施，社会就会出现新的混乱，造成民众对政府信任度的降低，而这无疑是满足了恐怖主义犯罪分子的目的。“如果国家对恐怖主义反应过度，恰好会落入恐怖分子的圈套，民众会很快撤销对政府的支持，使政府变得软弱，国家会因此更加混乱，而恐怖分子会更容易找到发动下一次袭击的机会。”③ 20世纪80年代的严打政策的历史经验教训告

① 魏文涛：《风险社会的刑法风险及其防范》，载《北方法学》2012年第6期。

② 齐文远、魏汉涛：《英美反恐立法的得失及其启示》，载《中国高校社会科学》2015年第6期。

③ 赵秉志、杜邈：《论刑法在反恐怖斗争中的功能与局限》，载《政治与法律》2009年第11期。

诫我们，越是在面临这种严重社会问题时，政府更要协调各机关、组织力量，依法办事。在我国宽容相济的刑事政策语境下，和我国社会治理方式逐步实现“从国家本位到社会本位、权利本位的转变，从依靠暴力强制的管理型社会向依靠社会各种力量协调治理的自治型社会的转变”① 的大背景下，平衡安全与自由价值，应贯彻刑事政策谦抑宽容“三大一小”的价值理念：最大限度保障人权、最大限度促进社会发展、最大限度体现社会公正、最小限度维持秩序（必要秩序）②。也就是说，在“人权保障”和“犯罪防控”上，坚持最大限度地保障人权，不冤枉一个好人，坚持人权保障有限并兼顾犯罪防控。不能打着社会防卫的大旗搞形式主义、怀疑主义执法，滥用的反恐执法实质上也等于恐怖主义。刑法专注于行为人个人并且必须公正地对待这个人。刑法不仅是和自由、名誉和财产等基本权利之侵犯有关，更是涉及一项社会道德的是非评价判断。从而可以得出对于牵涉其中的相关人员应该给予最大可能的宽容以及符合持续的坦诚运用较为温和手段的义务。

四、对恐怖主义犯罪刑法适用的未来展望

（一）贯彻刑法的谦抑性原理、坚持犯罪认定的适度化

1. 反恐执法行为应纳入法治轨道

从我国历年反恐实践看，我国反恐行动大多依靠一线民警和公安机构依靠多年的当地经验，制定内部政策与规定。一线的反恐条件和当地环境是大的章程性法律和法规无法完全涵盖的，部分条文并不具有可操作性，导致在反恐实践中一线公安机构做出一些破格行为，可能激发社会团体质疑执法机关及其权利的合法性。这些无疑对我国统一反恐行动的有效性带来阻碍。因此，将反恐执法行为纳入法制化、规范化的轨道上来，是我国《反恐怖主义法》和新增反恐刑事立法的重要任务之一。

刑法的提早介入和对危险犯处罚虽然是基于社会防卫的需要，但是在实际适用中不可避免地会出现侵害人权、干涉自由的危险，也难以排除公安司法系统中出现权力的滥用。故在适用过程中，必须谨慎。“即便是一个专注于制造安全的刑法，它还是刑法而不是危险防御法，对于刑法的限制并不是始于比例原则，而是很早就基于责任原则的有限度功能所取得的。它是专注于行为人个人并且必须公正地对待这个人。刑法不仅是和自由、名誉和财产等基本权利之侵犯有关，更是涉及一项社会道德的是非评价判断。从而可以得出对于牵涉其中的相关人员应该给予最大可能的宽容以及符合持续的坦诚运用较为温和手段的义务。刑法必须严肃地看待真实追求并且对此提供保障。”③

2. 犯罪认定的适度化

（1）贯彻谦抑宽容“三大一小”价值理念。最大限度保障人权、最大限度促

---

① 魏东：《刑事政策原理》，中国社会科学出版社 2015 年版，第 92 页。

② 参见魏东：《刑事政策原理》，中国社会科学出版社 2015 年版，第 93 页。

③ 魏东：《刑事政策原理》，中国社会科学出版社 2015 年版，第 93 页。

进社会发展、最大限度体现社会公正、最小限度维持秩序（必要秩序）[①]。也就是说，在“人权保障”和“犯罪防控”上，坚持最大限度地保障人权，不冤枉一个好人，坚持人权保障优先并兼顾犯罪防控。不能打着社会防卫的大旗搞形式主义、怀疑主义执法，滥用的反恐执法实质上也等于恐怖主义。

（2）坚持罪刑法定基本原则。对于犯罪的认定，必须有法律的明文规定为犯罪的才能处罚，不能因为反恐工作的严峻形势就破坏无罪推定和程序正义的基本原则。罪刑法定的实质要求不能教条化地对法律条文进行解读，而是在实质上对人权的保障，从而实现刑罚的正当。另外，部分涉恐犯罪的认定应该注意结合当地当时的社会文化和地理环境，如持有和强制穿戴类犯罪，它本身的立法背景是我国某些地区的特殊情势，所以在适用时应当注意分区域，结合当地当时的反恐形势，尤其是在反恐形势并没有那么严重的内陆地区，更是要严格谨慎地适用。

3. 禁止选择性执法

文化是每一个民族的瑰宝，而我国五十六个民族的各具特色的民族文化更是中华文化不可缺少的组成部分。尊重每一个民族的文化与传统，宗教与信仰自由也是我国民族政策的基本原则。不可否认，我国当前不少恐怖活动犯罪是由某些有特定宗教信仰和民族的人实施的，尤其是“东突”和“藏独”两股势力，但是如果在实践中特意加强对特定民族、宗教、肤色和户籍的人的特殊对待和截停羁押，无疑正是以执法的外衣，行歧视之实，更容易激化民族矛盾，挑起民众对政府的不信任，更容易使恐怖主义分子以遭受“民族压迫”为借口，给外国势力介入中国内部事务提供机会。所以，在反恐行为中也要注意对我国“各民族共同发展、共同繁荣”民族政策的贯彻，促进民族团结和繁荣。

（二）坚持体系思考，明确界定恐怖主义、极端主义犯罪内涵

法律的生命力在于它的明确性，不明确的法律容易导致执法者权力的滥用。在反恐刑事立法赋予执法机关更大的权力的同时，必须要以制度和程序的链子构建权力的牢笼，防止国家权力在反恐实践中的不当扩张和对公民自由不必要的侵犯。

此次我国《反恐怖主义法》明确界定了恐怖主义和极端主义的概念。《反恐怖主义法》第一章总则中第1条规定：“为了防范和惩治恐怖活动，加强反恐怖主义工作，维护国家安全、公共安全和人民生命财产安全，根据宪法，制定本法。”并在第3条对恐怖主义定义为“通过暴力、破坏、恐吓等手段，制造社会恐慌，危害公共安全、侵犯人身财产，或者胁迫国家机关、国际组织，以实现其政治、意识形态等的目的的主张和行为。”但是在刑法立法中，没有进一步用叙明罪状的方式来描述二者的内涵，但对二者规定了不同的罪名。第一，二者同时出现在选择性罪名中，如强制穿戴宣扬恐怖主义、极端主义服饰、标志罪；第二，只对恐怖主义或恐怖活动犯罪作出规定，如准备实施恐怖活动罪；第三，只对极端主义犯罪作出规定，如利用极端主义破坏法律实施罪。这表明我国刑法对恐怖主义和极端主义的性质是有所区别的，在强制穿戴和持有型犯罪上，将二者的危害性是等同的，但是在

① 齐文远、魏汉涛：《英美反恐立法的得失及其启示》，载《中国高校社会科学》2015年第6期。

准备行为上，又只惩罚恐怖活动犯罪，表明恐怖主义或恐怖活动犯罪的准备行为的危害性比极端主义犯罪准备行为更值得刑法的处罚。但是需要注意的是，无论是恐怖主义犯罪抑或是极端主义犯罪，它们本身都是刑法防卫社会的重点内容，二者在行为方式上和表现形态上也多呈交叉的形式，刑法这种忽重忽轻的立法方式很有可能造成法网恢恢，疏而有漏。

（三）倡导反恐社会整体性治理

法律不能创建生活，刑法也不是解决社会问题最有效的措施。急则治标，缓则治本。在面对涉恐犯罪时，国家先后出台的法律规范不断地严密法网，用严厉的刑罚来试图达到威慑的目的，通过对公民个人义务的扩展来阻断恐怖主义思想的传播。但是一些恐怖分子将其实施恐怖活动的行为视作正义的、高尚的，视死如归。刑罚对他们的威慑作用有限。另外，严峻的刑法尽管短期内有效，但往往会带来更大的负面作用。英美等国也在大型恐怖犯罪发生后出台过一系列的强硬的反恐法规，短时间内的确取得了一定的成效。但是随着各反恐法案的实施，逐渐暴露出执法机关侵害公民基本人权和自由严重、公民质疑政府以反恐名义试图控制民众生活、控制社会等问题。所以，预防和控制涉恐犯罪，仅仅依靠刑法是远远不够的。

从犯罪的原因角度看，恐怖主义犯罪产生的物质原因是由于社会经济发展的不均衡，贫富差距大。恐怖主义犯罪的精神层面原因是对社会主流价值和社会制度的不满，它可能涉及国家的民族政策、社会的文化水平、民族的宗教信仰和外来势力的干预等多方面的原因。因此，恐怖主义犯罪问题是一个多方面矛盾的综合体，解决恐怖主义犯罪问题需社会多方面的整体治理。解决物质矛盾，需要大力发展经济，努力做到各地区“去贫困化”。文化反恐要求我们努力做到消除恐怖主义犯罪分子错误的价值准则和对社会制度的仇恨，同时避免其他公民接受这种错误的思想，成为潜在的恐怖主义犯罪分子。此时，国民教育和文化建设就必须站出来扛起精神文化建设的大旗。从文化上反恐，一是针对已存在的恐怖主义思想，我们要遏制它的传播范围，坚决杜绝宣扬恐怖主义、极端主义的资料的传播途径，对恐怖主义、极端主义分子进行积极的改造。二是针对可能受影响的地域和人群，首先要加强精神文明建设和国民教育建设，增强其国民认同感和爱国意识，其次教育它们正确认识恐怖主义犯罪的性质与危害。三是针对全体国民，要大力发展教育建设，增进民族间交流和发展，提高公民应对恐怖活动的信心。促进和谐民族关系的发展和社会建设。此外，面向社会团结的民族政策也尤为重要。鼓励各民族之间的交往与融合；对于民族宗教信仰和民族风俗，依旧要坚持信仰自由与不干涉的原则。但是对于宗教的管理要注意“去极端化”，极端的宗教主义并不是真正的民族宗教，面对他们，一方面要加强正信挤压，宣扬正确的宗教教义，帮助民众认清极端宗教主义的虚伪和危害，另一方面也要加强法制的约束，依法管理宗教事务，用法治来引领社会预期；当然，在工作中也要坚决避免伤害民族感情的选择性执法行为。总而言之，恐怖主义犯罪问题是一个多方面矛盾的综合体，解决恐怖主义犯罪问题需社会多方面的整体治理。

我国反恐怖刑法立法完善问题研究

——以《刑法修正案（九）》为观察视角

邢 冰*

自2001年美国“9·11”事件以来，很多国家和地区相继发生后果严重的恐怖事件，恐怖主义已成为全人类公敌，恐怖主义犯罪不仅严重破坏国家对社会的管理与控制，还会对普通国民的心理造成不可弥合的创伤。为防范和打击恐怖主义犯罪，各国均加强和完善了反暴恐活动方面的立法。在这场席卷全球的恐怖主义犯罪浪潮中，中国亦未能幸免，以2009年新疆乌鲁木齐“七·五事件”为标志，我国的恐怖主义犯罪进入了一个新的发展阶段，呈现出较为严峻的发展态势。针对这一态势，在2014年5月召开的上海亚信峰会上，习近平总书记指出，对恐怖主义、分裂主义、极端主义这“三股势力”，必须采取零容忍的态度。为维护国家安全、公共安全和人民生命财产安全，同时也是顺应国际安全形势发展的新要求，我国不仅出台了反恐怖的专门立法《反恐怖主义法》，同时通过《刑法修正案（九）》或修改，或增设了若干条涉及恐怖主义犯罪的规定，在反恐斗争中发挥着至关重要的作用。

一、我国恐怖主义犯罪的现状及特点分析

我国的恐怖主义犯罪始于20世纪90年代，在此之前，恐怖主义、极端主义犯罪在我国表现并不突出。① 但自2009年新疆乌鲁木齐“七·五事件”以来，边境地区及内地大中城市发生了一系列暴恐案件，恐怖主义犯罪呈现出严峻的发展态势，危险与日俱增，局面日趋复杂，给国家安全、社会稳定和人民群众生命财产安全造成严重的侵害和威胁。基于日益严峻的恐怖主义犯罪形势，2014年最高人民法院在工作报告中首次对全国各级法院审理的煽动分裂国家、暴力恐怖袭击等犯罪作出专门汇报。数据显示，2014年全年，全国法院审结恐怖主义犯罪558件，涉及罪犯712人，分别比上一年度上升14.8%和13.3%。② 2015年全年，全国法院积极参与反恐怖反分裂反邪教斗争，加大对煽动分裂国家、组织领导参加恐怖组织、传播暴力恐怖音视频等犯罪的打击力度，审结危害国家安全、暴力恐怖犯罪案件1084件，判处罪犯1419人，比上一年度又有较大幅度的增长。③ 总体而言，恐怖主义犯

---

* 济南大学政法学院讲师。

① 黎宏：《〈刑法修正案（九）〉中有关恐怖主义、极端主义犯罪的刑事立法》，载《苏州大学学报》（哲学社会科学版）2015年第6期。

② 周强：《最高人民法院工作报告（2015）》，载《人民日报》2015年3月21日第2版。

③ 周强：《最高人民法院工作报告（2016）》，载《人民日报》2016年3月21日第2版。

罪呈现出以下特点：

（一）恐怖主义犯罪总体呈多发态势，犯罪手段多样化，地域特征较明显

晚近十年可搜集到的恐怖主义犯罪案件数据显示，我国已经进入恐怖主义犯罪的多发期，各地特别是边疆地区如喀什、鄯善、库车等地暴恐案件呈持续递增的态势，而诸如北京、昆明、拉萨、乌鲁木齐等政治中心或边境大中城市，也成为暴恐分子的作案目标。恐怖主义犯罪案件的数量趋于上升，犯罪手段则呈现多样化的趋势，特别是日趋智能化、网络化。伴随着网络的普及，互联网逐渐成为恐怖势力开展活动的主要工具。由于网络具有即时性、互动性、快捷性、跨地域性等特点，恐怖势力越来越多地借助网络进行暴恐宣传、组织、煽动、勾结等犯罪活动，同时也使得国内恐怖分子和国外恐怖组织之间的联系进一步紧密起来。从恐怖主义犯罪发生的地域特征来看，尽管大多数恐怖主义犯罪发生在边疆地区，但不能否认的事实是，这股势力呈现出从边疆向内地渗透和扩展的倾向。因此，地域上呈现两极化的特点，一方面是边境的村镇或少数民族聚居区等地区逐渐成为恐怖主义犯罪的高发区，另一方面是暴恐分子为了扩大其政治影响力而逐步将力量向内地大中城市渗透和扩展。

（二）恐怖主义犯罪的发生具有较强的突发性，难以预知和事先防控

通过对近五年中发生的暴恐案件进行个案分析可见，恐怖主义犯罪的发生突发性较强，较难事先进行预防和控制。特别是发生在边境小城市、村镇等地的恐怖主义犯罪，由于村落中各户村民之间居住的距离相对较远，加之交通不便，很难事先预知恐怖主义犯罪的预谋并及时采取措施防范。实践中，曾发生过这样的案例，社区工作人员在走访中偶然发现某户居民家中有异常情况，于是及时联系当地有关部门汇报情况，但此后便遭暴恐分子杀害，而接到汇报后赶来的当地基层干部及公安派出所民警亦未能幸免，被暴恐分子一并残忍杀害。① 这一暴恐案件的发生，充分说明了实践中开展恐怖主义犯罪预防工作的困难和危险。发生在少数民族聚居的村落或小城镇中的恐怖主义犯罪，行为指向的主要是基层的干部或者民警等公务人员以及基层政府及派出机构，发生在大中城市中的恐怖主义犯罪其行为则直接指向不特定多数人的市民群体以及市政公共设施等。而暴恐事件一旦发生，直接后果是导致不同程度的人员伤亡。在针对大中城市的恐怖主义犯罪中，绝大多数遇害人为普通无辜民众；在一些发生在边境村落或小城镇中的恐怖主义犯罪，因其直接指向的是基层干部、民警或者政治立场上倾向于政府的信教群众，其后果往往是导致基层干部、民警等公务人员不同程度的伤亡。

（三）实施恐怖主义犯罪的行为人大多较为年轻，低龄化、低文化特征明显

实施恐怖主义犯罪的行为人大多数比较年轻，呈现出较为明显的低龄化趋势。18周岁以上、30周岁以下的年轻人参与恐怖主义犯罪的案件数量逐年增多，其中部分恐怖主义犯罪案件的行为人年龄甚至不满18周岁，这一趋势可以从近几年发

---

① 《新疆巴楚县发生严重恐怖案件造成民警、社区工作人员15人死亡》，载《人民日报》（海外版）2013年4月25日第4版。

生的恐怖主义犯罪案件中得到直观印证和体现。2014年6月，新疆和田棋牌室暴恐案，砍杀普通百姓的三名暴徒中有两人18岁，一人19岁；同年7月，新疆一位德高望重的大毛拉被杀害，而嫌犯只有19岁，幕后指使人只有18周岁。众所周知，我国恐怖势力主要活跃在新疆地区，特别是相对比较贫困的南疆地区。一方面，在贫困、无知、极端宗教信仰、境内外恐怖势力的蛊惑与利诱等综合因素作用之下，很多“80后”“90后”的年轻人参与到恐怖主义犯罪之中，在系列恐怖主义犯罪中充当了“急先锋”的角色，成为恐怖活动组织的“新鲜血液”。值得关注的另一方面是，并非只有文化程度偏低的年轻人参与恐怖主义犯罪，一部分文化程度较高的年轻人也在宗教极端主义思想的操纵下参与其中。因此，这些参与恐怖主义犯罪的年轻人中，呈现出两极分化的趋势。以现有掌握的材料来看，恐怖主义犯罪的直接实施者大多是文化水平不高的年轻人，其中多数只有小学或初中以下文化，辨别是非能力弱，很容易被境内外恐怖势力拉拢和利用，这类人群占据恐怖主义犯罪分子中年轻人的大部分；而一些生活富裕、文化素质较高的年轻人则充当着恐怖主义犯罪的领导者、策划者、组织者和指挥者的角色，这类人群则占据恐怖主义犯罪分子中年轻人的一少部分。[①] 这部分人群所占比例较低，因此从总体来看，恐怖主义犯罪行为人文化水平较低的特征较为明显。

二、《刑法修正案（九）》中恐怖主义犯罪的规定分析

我国《刑法》对于恐怖主义犯罪的关注与遏制并非始自《刑法修正案（九）》，而始自1997年《刑法》，并在此后出台的《刑法修正案（三）》、《刑法修正案（八）》等修正案及相关司法解释中进行了系列修改和规定，逐步加以完善。而迄今为止修改力度最大的一次，则莫过于《刑法修正案（九）》。

（一）法益保护前置，增加规定若干恐怖主义犯罪罪名

有鉴于恐怖主义犯罪的突发性、后果的严重性以及较高的预防预控难度，《刑法修正案（九）》在严密恐怖主义犯罪刑事法网的政策指引下，增设了五项关于恐怖主义犯罪的罪名，将预备行为实行行为化，将具体危险犯转化为抽象危险犯。具体包括：增加规定第120条之二，增设准备实施恐怖活动罪；增加规定第120条之三，增设宣扬恐怖主义、极端主义、煽动实施恐怖活动罪；增加规定第120条之四，增设利用极端主义破坏法律实施罪；增加规定第120条之五，增设强制穿戴宣扬恐怖主义、极端主义服饰、标志罪；增加规定第120条之六，增设非法持有宣扬恐怖主义、极端主义物品罪。其中，准备实施恐怖活动罪原本属于恐怖活动犯罪的预备行为，原本是通过总则的相应规定按照所触犯罪名的预备犯论处，但《刑法修正案（九）》将此种预备行为予以实行行为化或既遂化，规定其独立成罪，因此也就不能够再适用总则对于预备犯所规定的“可以比照既遂犯从轻、减轻或者免除处罚”的量刑原则，而是直接按照刑法分则规定的法定刑量刑。体现了对于重大法益保护的早期化、处置阶段的前置化、保护范围的扩张化和处罚程度的严厉化，加

① 楠丁：《暴恐活动新特征》，载《人民公安》2014年第11期。

大了对于恐怖犯罪的打击力度，尽可能延伸、拓展了对于恐怖主义犯罪打击的范围。

（二）严密刑事法网，增加规定部分恐怖主义犯罪罪状

在严密恐怖主义犯罪刑事法网、强化对恐怖主义犯罪打击力度的政策指引之下，《刑法修正案（九）》对于部分恐怖主义犯罪增加规定了罪状。一是对第120条之一的资助恐怖活动罪进行了修改，扩充了其的罪状，增加规定了“资助恐怖活动培训”以及“为恐怖活动组织、实施恐怖活动或者恐怖活动培训招募、运送人员”的情形，并将罪名相应修改为“帮助恐怖活动罪”，将共犯行为正犯化。作出上述修改的结果是，帮助犯的行为将被作为正犯的行为来论处，不仅不再适用总则对从犯规定的“应当从轻、减轻处罚或者免除处罚”的量刑原则，失去了免除处罚的可能性，直接适用刑法分则条文规定的法定刑，而且如果对原属于帮助犯、现已被刑法规定作为正犯论处的前述行为提供帮助或加以教唆的行为，也会作为本罪的共犯行为加以惩处，这在无形中既加强了刑法的打击力度，也扩大了刑法的调整范围。[①] 二是对第311条规定的拒证罪进行了修改，扩充了该罪的罪状，增加规定了拒绝向司法机关提供恐怖主义犯罪、极端主义犯罪证据的情形，原罪名也相应改为“拒绝提供间谍证据、恐怖主义犯罪、极端主义犯罪证据罪”。这一修改体现了扩大恐怖犯罪的处罚范围、加重恐怖犯罪的法定刑的立法指导思想，但也有学者诟病该项规定对一些国家和地区承认的不得强迫自证已罪权和拒绝证言权构成了威胁。[②] 三是对第322条规定的偷越国（边）境罪进行了修改，扩充了该罪罪状，增加规定了“为参加恐怖活动组织、接受恐怖活动培训或者实施恐怖活动，偷越国（边）境的”情形，并针对这一情形规定了相比普通偷越国（边）境犯罪行为较重的法定刑。事实上，由于受到“迁徙圣战”宗教极端主义思想的影响，一些宗教极端分子在蛊惑煽动下寻求出境参加恐怖组织和“圣战”。部分人在偷渡过程中一旦遇阻，则就地实施暴恐活动。[③] 而这一规定主要是为了在加大针对有恐怖主义倾向的行为人进出境审查力度之后，防范境内恐怖分子通过偷越国（边）境出境，接受境外恐怖势力的训练或者加入恐怖活动组织，或者经过训练之后，逃避较为严格的入境审查，通过偷越国（边）境的方式潜回国内从事恐怖主义犯罪活动。

（三）完善恐怖主义犯罪法定刑体系，增加规定财产刑的适用

《刑法修正案（九）》对恐怖主义犯罪增加规定了财产刑，完善了恐怖主义犯罪的法定刑体系。组织、领导、参加恐怖组织罪作为刑法规定的首个恐怖主义犯罪罪名，虽然经过《刑法修正案（三）》的修改，大幅提高了该罪的自由刑幅度，但一直以来该罪并未规定相应的财产刑。有学者指出，无论是组织、领导恐怖组织的行为，还是参加恐怖组织的行为，都无法离开物质上的支持和保障，而刑法的原

---

① 张明楷：《论〈刑法修正案（九）〉关于恐怖犯罪的规定》，载《现代法学》2016年第1期。

② 艾明：《拒绝提供恐怖主义犯罪、极端主义犯罪证据罪正当性反思——以刑事程序权利保障为视角》，载《政治与法律》2016年第8期。

③ 贾世煜：《“东伊运”煽动“迁徙圣战”：偷渡遇阻就地暴恐》，http：//epaper. bjnews. com. cn/html/2015-01/19/content_ 558234. htm？div=-1.

有规定并未考虑这一客观事实，因而导致该罪财产刑的缺失，对于预防和惩治恐怖主义犯罪十分不利。此次修正充分认识到财产刑对于遏制恐怖主义犯罪的重要作用，不仅对本罪增加规定了财产刑，而且对新增的准备实施恐怖活动罪，宣扬恐怖主义、极端主义、煽动实施恐怖活动罪，利用极端主义破坏法律实施罪，强制穿戴宣扬恐怖主义、极端主义服饰、标志罪，非法持有宣扬恐怖主义、极端主义物品罪等几项恐怖主义犯罪罪名也全都配置了财产刑。这样一来，我国刑法中的恐怖主义犯罪罪名均配置了财产刑，从而使得恐怖主义犯罪形成了涵盖主刑、附加刑在内的配置合理、防控有效的法定刑体系。一方面促进了恐怖主义犯罪刑法结构的合理化，通过控制恐怖主义的活动资金，有效剥夺其再次实施恐怖主义犯罪的经济基础；另一方面也为惩治恐怖主义犯罪提供了有力的保障，釜底抽薪，防止其死灰复燃。

三、《刑法修正案（九）》中的恐怖主义犯罪中的立法完善问题分析

（一）合理界定极端主义及极端主义与恐怖主义间的联系与区别

尽管《刑法修正案（九）》中至少有五个罪名涉及“极端主义”，但是对于什么是“极端主义”则没有明确定义，因此合理界定“极端主义”的内涵与范围显得尤为重要。习近平总书记在新疆考察期间明确指出，“暴力恐怖活动根子是民族分裂主义，思想基础是宗教极端”。极端化是暴恐分子的典型个体特征，恐怖主义犯罪也呈现出“宗教极端分子不一定是暴恐分子，但暴恐分子一定是极端势力”的特点。[①]《反恐怖主义法》（以下简称《反恐法》）在其草案第十章附则的第104条第6款规定：“本法所称极端主义，是指歪曲宗教教义和宣扬宗教极端，以及其他崇尚暴力、仇视社会、反对人类等极端的思想、言论和行为。”不过，《反恐法》最终删除了关于极端主义的定义。显而易见的是，如果司法适用中参照这一定义去界定极端主义，则很容易将思想也包括到极端主义的范围之内而加以刑法惩处，这显然违背了无行为则无犯罪的原则。也有学者认为，极端主义是一种思潮，将煽动他人以传统的方式结婚等行为规定为犯罪会造成打击面过大，会激化矛盾，因此主张废除利用极端主义煽动胁迫群众破坏法律实施犯罪的规定。[②] 2001年6月5日在上海签署的《打击恐怖主义、分裂主义和极端主义上海公约》第1条规定，极端主义“是指旨在使用暴力夺取政权、执掌政权或改变国家宪法体制，通过暴力手段侵犯公共安全，包括为达到上述目的组织或参加非法武装团伙，并且依各方国内法应追究刑事责任的任何行为”。这一定义将极端主义定义为“行为”，满足了行为中心论的要求，但是在内涵界定上相对模糊，并不能对极端主义和恐怖主义作出合理界分。有学者则认为，极端主义主要指的是宗教极端主义，当下存在的恐怖主义绝大多数都是由宗教极端主义催生的，宗教极端主义对恐怖犯罪具有催生作用，是恐

① 贾宇：《中国新疆恐怖主义犯罪的现状与对策》，载《战略与管理》2015年第2期。

② 赵秉志主编：《〈中华人民共和国刑法修正案（九）〉的理解与适用》，中国法制出版社2016年版，第27页。

怖主义的思想基础。[①] 国外早期研究著作《政治恐怖主义》一书，分析了1936~1983年学者们提出的109个恐怖主义的定义，并在此基础上归纳了恐怖主义的定义，而即便如此，该定义也引发了争议。无论恐怖主义还是恐怖活动，在国际上并无广泛接受的概念。

《刑法修正案（九）》在对第311条的规定中使用了“恐怖主义犯罪”和“极端主义犯罪”两个新词，但《刑法修正案（九）》和《反恐法》也都未能对其作出说明，仅是《反恐法》第3条第1款对于恐怖主义作出了界定：“本法所称恐怖主义，是指通过暴力、破坏、恐吓等手段，制造社会恐慌、危害公共安全、侵犯人身财产，或者胁迫国家机关、国际组织，以实现其政治、意识形态等目的的主张和行为。”如果说《反恐法》第3条第1款关于恐怖主义的规定可以作为界定何谓恐怖主义犯罪的重要参考的话，那么如何确定极端主义犯罪以及与恐怖主义犯罪之间的区别则仍成为问题。

（二）合理界定恐怖主义犯罪中的入罪门槛与“情节严重”的范围

《刑法修正案（九）》所增设的若干罪名均存在着入罪门槛降低的情形，也即情节一般作为入罪门槛，而“情节严重的”则加重法定刑，成为加重情节。有学者提出，与过去一般情况下只有情节严重的违法行为才能入罪不同的是，对于此次修正案中涉及的恐怖主义犯罪，犯罪门槛降低，罪与非罪的界限变成情节一般即可构成犯罪，而情节严重则成为升格法定刑的条件。而要把握《刑法》第120条之三、之四、之五规定之罪的所谓情节一般的犯罪行为，必须联系《反恐法》第80条和第81条的规定。[②]

《刑法修正案（九）》规定第120条之六的非法持有宣扬恐怖主义、极端主义物品罪要求必须满足“情节严重”才能构成犯罪，而对于何为情节严重，并未有相应的司法解释。对此有学者提出了不同的意见。有的观点认为，情节严重应当包含以下情节之一。一是国家工作人员、军人持有的；二是将宣扬恐怖主义、极端主义物品存放于学校、广场等人流密集场所的；三是所持有的物品详细指示恐怖活动的方法、步骤以及场所的；四是持有宣扬恐怖主义、极端主义物品的数量较大或者种类较多的。[③] 还有学者主张，尽管《刑法修正案（九）》所规定的恐怖主义犯罪对于犯罪行为规定得比较详细，但是仍然不能排除的是实践中认定的困难。比如，何为恐怖主义、极端主义的图书、音视频等资料的认定缺乏明确的标准，也难以形成统一的认识。在不同人眼里会有不同的认定，在不同地区有不同的认定，在认定持有型犯罪时就会因为标准不同而难以对其定罪。正如有学者所言，“在非法持有型犯罪的非法性判断、证明上，在何谓‘宣扬恐怖、极端主义物品’的界定、判明上

---

① 王政勋、王颖博：《论宣扬恐怖主义、极端主义、煽动实施恐怖活动罪的客观行为》，载《中国刑法改革与适用研究》，中国人民公安大学出版社2016年版，第901页。

② 赵秉志、牛忠志：《〈反恐怖主义法〉与反恐刑法衔接不足之探讨》，载《中国刑法改革与适用研究》，中国人民公安大学出版社2016年版，第701页。

③ 魏汉涛、李娜：《非法持有宣扬恐怖主义、极端主义物品罪解读》，载《中国刑法改革与适用研究》，中国人民公安大学出版社2016年版，第906页。

均存在界限模糊的困难”。[①]

（三）恐怖主义犯罪中所涉及的构成要件交叉问题

《刑法修正案（九）》对于恐怖主义犯罪的密集修正带来的一个问题就是导致数罪之间的构成要件出现交叉的现象。比如，犯有帮助恐怖活动罪、准备实施恐怖活动罪的行为人可能同时构成组织、领导、参加恐怖组织罪，成立该罪的帮助犯或预备犯，在利用极端主义煽动、胁迫群众破坏国家法律确立的婚姻、司法、教育、社会管理等制度实施的时候发布、宣传恐怖主义或者极端主义，有可能同时构成利用极端主义破坏法律实施罪和宣传恐怖主义、极端主义、煽动实施恐怖活动罪等。预备行为实行行为化或者预备行为既遂化的情况下，该罪与组织、领导、参加恐怖组织罪的竞合关系。当预备行为升格为实行行为，并被规定为独立罪名时，表明该行为本身已经不具备从属性的性质，应当独立成罪。因此，在一般情况下，如果行为人既实施了准备实施恐怖活动罪的行为，又实施了后续的恐怖活动犯罪的行为，应当将前后两个行为分别评价。而如果是行为人所实施的同一行为同时触犯了准备实施恐怖活动罪，并且也触犯了作为恐怖活动犯罪的预备犯，那么按照立法的原意，一般按照准备实施恐怖活动罪论处。比如，准备实施恐怖活动罪的犯罪目的是实施恐怖活动而实施相应的行为，组织、领导、参加恐怖组织罪的犯罪目的是组织、领导、参加恐怖活动组织而实施相应的行为。行为目的或者行为的指向不同，由此导致触犯的罪名不同。如果行为人犯参加恐怖组织罪，同时又犯准备实施恐怖活动罪，应当数罪并罚。此外，对于参加恐怖组织又故意杀人的，应当按照数罪并罚的原则来论处。行为人准备实施恐怖活动的行为同时构成其他犯罪时，依照处罚较重的犯罪定罪处罚。比如，行为人为了实施恐怖活动而准备枪支、弹药、爆炸物，同时构成了非法储存枪支、弹药、爆炸物罪和准备实施恐怖活动罪。此时，应当按照处罚较重的罪名定罪处罚。

结语

《刑法修正案（九）》对于恐怖主义犯罪作出的密集修正，顺应了反恐斗争的时代要求，同时也为刑法学者提出了新的问题。因此，对这些问题作出合理的解答，并将恐怖主义犯罪的刑法打击与《反恐法》合理衔接，对反恐刑法中的暴恐罪名的司法适用提出合理解释，回应社会之需，就显得尤为重要，也是时下的当务之急。

① 齐文远、夏凉：《运用刑事法制理念应对恐怖主义犯罪问题研究——以美军利比亚反恐为切入》，载《武汉科技大学学报》（社会科学版）2016年第1期。

刑法典颁行20年来反恐刑法立法之评价

闫永安[*] 唐大森[**]

一、问题提出：20年来反恐刑法立法之演进

中国反恐刑法立法的演进，理论上以特定时间节点为标准，将其分为四个阶段。第一阶段以1997年刑法在第120条规定组织、领导、参加恐怖组织罪为标志，恐怖主义犯罪首次入刑。同时，根据恐怖主义犯罪行为的相关特征，刑法在第121条、第122条、第123条增设了劫持航空器罪，劫持船只、汽车罪，暴力危及飞行安全罪。1997年刑法虽对恐怖主义犯罪的规定比较粗疏，尚不能全面有效防范、遏制和惩治中国境内渐趋严重的恐怖主义犯罪，但在当时确实弥补了中国刑法立法在反恐领域内的空白，并对此后中国有效惩治和打击恐怖主义犯罪起到了积极作用。第二阶段以9·11事件发生为标志，因应国际社会对恐怖主义犯罪迅速反应，加强本国反恐立法的大背景，中国于2001年颁布《刑法修正案（三）》（以下简称刑修（三）），对刑法的反恐条款进行重要补充：一是增设新罪名。增设第120条之一，规定资助恐怖活动罪，并将单位作为本罪的犯罪主体。增设第291条之一，规定编造恐怖信息罪和故意传播恐怖信息罪。对127条第1、2款进行修改，增设盗窃、抢夺危险物质罪，抢劫危险物质罪。二是将组织、领导、参加恐怖组织罪中的组织、领导行为和参加行为立法区别对待，且相应提高了法定刑。这一方面彰显了对恐怖组织的组织者和领导者加大打击力度；[①] 另一方面在保留恐怖组织参加者量刑标准的同时，增加了剥夺政治权利的附加刑。三是增删法条内容，以契合反恐的形式需要。例如，将投毒修改为投放毒害性、放射性、传染病病原体等危险物质，用投放危险物质罪取代投毒罪。修改第125条第2款，罪名由原来的非法买卖、运输核材料罪改为非法制造、买卖、运输、储存危险物质罪。修改第191条，以类罪名恐怖活动犯罪作为洗钱罪的上游犯罪。[②] 第三阶段以进一步贯彻落实宽严相济刑事政策为标志，进一步推进反恐刑法立法，于2011年颁布《刑法修正案（八）》（以下简称刑修（八）），在刑法总则中增加了直接或者间接规制恐怖主义犯罪的条款。直接规制恐怖主义犯罪的条款为：修改第66条，扩大特殊累犯成立范围，

* 法学博士，中央民族大学法学院讲师。

** 安徽大学法学院教授。

① 对恐怖组织的组织者和领导者由原“三年以上十年以下有期徒刑”的量刑幅度修改为“十年以上有期徒刑或者无期徒刑”。

② 此举规定之目的在于“阻止恐怖活动犯罪的违法所得合法化，从而在经济上对恐怖主义犯罪进行打击”。参见黎宏：《〈刑法修正案（九）〉中有关恐怖主义、极端主义犯罪的刑事立法——从如何限缩抽象危险犯的成立范围的立场出发》，载《苏州大学学报》（哲学社会科学版）2015年第6期。

以类罪名恐怖活动犯罪作为特殊累犯成立的前提条件之一。间接规制恐怖主义犯罪的条款为：修改第 50 条，将符合法定条件的恐怖主义犯罪纳入限制减刑的范畴；修改第 81 条，将符合法定条件的恐怖主义犯罪纳入不得假释的范畴；修改第 74 条，将犯罪集团的首要分子纳入不得适用缓刑的范畴。因恐怖主义犯罪多为有组织性或者暴力性犯罪，故以集团形式或暴力手段作案为恐怖分子进行恐怖主义犯罪的常见形式。刑修（八）对限制减刑、不得假释制度的创设，限制了严重恐怖主义犯罪适用减刑、假释的空间；对适用缓刑尺度的限缩，将犯罪集团的首要分子排除在缓刑适用之外。第四阶段以中国当时正处在恐怖主义犯罪“三期叠加”的时期和面临着严峻的反恐形势为标志，[①] 进一步扩大反恐刑法规制力度，于 2015 年颁布《刑法修正案（九）》（以下简称刑修（九））。其对刑法中反恐条款之修改数量和规模，对涉恐犯罪的调整范围之广，前所未有。具体表现为：一是修改罪状，完善刑罚配置。再次修改第 120 条第 1 款，对组织、领导恐怖组织罪，增加并处没收财产；对积极参加恐怖组织的，增加并处罚金；对其他参加的，增加可以并处罚金。修改第 120 条之一罪状，扩大行为的规制范围，将原罪名资助恐怖活动罪修改为帮助恐怖活动罪。在第 322 条增设对“迁徙圣战”行为的处罚，将“为参加恐怖组织、接受恐怖活动培训或实施恐怖活动”而偷越国（边）境的行为，作为偷越国（边）境罪的刑罚加重情节。二是增设新罪。即增设第 120 条之二、第 120 条之三、第 120 条之四、第 120 条之五、第 120 条之六，规定了准备实施恐怖活动罪，宣扬恐怖主义、极端主义、煽动实施恐怖活动罪，利用极端主义破坏法律实施罪，强制穿戴宣扬恐怖主义、极端主义服饰、标志罪和非法持有宣扬恐怖主义、极端主义物品罪。修改第 311 条，将拒不提供恐怖主义、极端主义犯罪证据的规定为犯罪，增设拒绝提供恐怖主义犯罪、极端主义犯罪证据罪。因应网络恐怖主义犯罪的泛滥，增设第 286 条之一、第 287 条之二，规定了拒不履行信息网络安全管理义务罪和帮助信息网络犯罪活动罪。三是引入恐怖主义、极端主义新概念。

随着恐怖主义犯罪在中国的产生、发展、活跃及其严峻程度，根据中国的反恐实践和具体经验，结合国际反恐的特定背景情势，中国 20 年来对恐怖主义犯罪的刑法立法经历了一个从无到有、从少到多、逐渐增加的过程。伴随着该过程，中国反恐刑法立法也正在从不成熟、不完善发展到日趋成熟和完善。中国反恐刑法立法的成熟和完善有赖于反恐刑法理论研究的跟进和深入。通过对中国 20 年来反恐刑法立法的评价，阐明中国在此过程中反恐刑法立法的得失存在，并为其完善提供只言片语，是为本文的意义所在。

---

① “三期叠加”是指中国新疆正处在暴力恐怖活动的活跃期、反分裂斗争的激烈期、干预治疗阵痛期。参见 2014－6－20，http：//www. shandongbusiness. gov. cn/public/html/news/201406/314736. html，2016 年 7 月 11 日访问。下述数据说明中国当时面临着严峻的反恐形势：中国 2014 年的恐怖威胁指数为 5. 21，全球排名第 25 位。参见余潇枫、魏志江主编：《中国非传统安全研究报告（2014～2015）》，北京：社会科学文献出版社 2015 年版，第 92 页。另根据最高人民法院在 2015 年两会中的报告，2014 年全国各级法院审结煽动分裂国家、暴力恐怖袭击等犯罪案件 558 件，判处罪犯 712 人，同比分别上升 14. 8% 和 13. 3%。参见 2015－3－12，http：//news. qq. com/a/20150312/014418. htm，2016 年 7 月 11 日访问。

二、成果清单：20年来反恐刑法立法之亮点与进步

（一）宽严相济刑事政策被明确为反恐刑法立法的指导思想。

从中国20年反恐刑法立法的轨迹来看，在2011年刑修（八）颁布以前，对于反恐刑法立法没有明确的指导思想。[①] 刑事政策是刑法的灵魂，刑法则是刑事政策的具体化。刑事政策是一个系统体系，其行动目标就是对犯罪的预防和控制，就是国家和社会整体对具体的犯罪策略、方针的选择。没有正确的刑事政策指导，不但无法确定正确的犯罪预防策略和方针，也会使刑事立法和刑事司法根本无法有效地运行，也必然会造成刑事立法和刑事司法上的混乱。确立和坚持刑法立法的指导思想，因此成为迫切需要。刑修（八）（草案）对宽严相济刑事政策的落实，[②] 刑修（九）（草案）对宽严相济刑事政策的坚持[③]，说明“目前中国基本刑事政策是宽严相济刑事政策，那么也就意味着，在制定、适用、执行刑法中，都要始终考虑宽严相济刑事政策，将刑法纳入宽严相济刑事政策的框架内予以评价”。[④] 当然，反恐刑法立法也不能例外。

中国反恐刑法立法对宽严相济刑事政策的落实，主要体现有三方面：

首先，严密了惩治恐怖主义犯罪的法网。例如，通过刑修（三）、刑修（八）、刑修（九）的修法，不但在总则中规定了涉恐条款，且在分则中进一步扩大、丰富和完善了惩治恐怖主义犯罪的罪名体系。[⑤]

其次，整体趋严。例如，对宣扬恐怖主义、极端主义、煽动实施恐怖活动罪等，在定罪上取消了情节或结果的限制。再如，对组织、领导、参加恐怖组织罪的修改，刑修（三）提高了其法定刑，刑修（九）增加规定了财产刑，更加严厉，同时将特殊累犯扩展至恐怖活动犯罪等。

最后，宽缓主要体现对新增设的恐怖主义、极端主义的犯罪，法定刑一般不高，不超过五年。

---

① 1979年刑法第1条所规定的惩办与宽大相结合的刑事政策，作为当时的基本刑事政策，对当时的刑法立法和司法活动发挥着举足轻重的作用。但随着1983年中共中央在《关于严厉打击刑事犯罪的决定》中确立严打刑事政策以后，作为权宜之计和应急措施的严打刑事政策异变为刑事政策的主要载体，成为了国家的基本刑事政策，而作为基本刑事政策的惩办与宽大相结合刑事政策则被严打刑事政策所遮掩，失去了作为基本刑事政策的地位，没有发挥基本刑事政策的功能。所以在当时和现在严打成为众所周知的世俗化用语被广泛熟知，而惩办与宽大则被无视，退到了历史的后台。1997年刑法废除了惩办与宽大相结合的刑事政策。2004年宽严相济刑事政策作为司法刑事政策被提出。其后，宽严相济刑事政策作为刑法立法政策和刑法司法政策在国家层面得到确认。

② 关于《中华人民共和国刑法修正案（八）（草案）》的说明中指出：“中央关于深化司法体制和工作机制改革的意见也要求进一步落实宽严相济的刑事政策，对刑法作出必要的调整和修改。”

③ 关于《中华人民共和国修正案（九）》（草案）的说明中指出，《刑法修正案（九）》的指导思想是：坚持正确的政治方向，坚持问题导向，坚持宽严相济的刑事政策，坚持创新刑事立法理念，进一步发挥刑法在维护社会主义核心价值观、规范社会生活方面的引领和推动作用。

④ 闫雨、储槐植：《宽严相济在惩治我国民族恐怖主义犯罪中的应用》，载《湖北经济学院学报》2015年第3期。

⑤ 恐怖主义、极端主义概念引入刑法，基于刑法对其内涵和外延界定的缺失，无疑会使《刑法修正案（九）》中规定的极端主义、恐怖主义犯罪拥有了开放的犯罪构成，面临扩大适用的风险。

需要补充说明的是，从20年反恐刑法立法的内容看，整体偏严（重）是一个不争的事实。对此，当前西方国家刑事政策从“轻轻重重”以轻为主，向“轻轻重重”以重为主的转向[①]，似乎可以对其予以阐明。

（二）确立了以修正案进行反恐刑法立法的模式选择

“我国刑法立法在反恐中始终走在前列，引领了整个反恐工作。”[②] 在《反恐怖主义法》实施以前，基于反恐前置法缺失而持续推进的反恐刑法立法，在整个反恐法律体系中起到了重要作用，并逐步形成了“以刑为主，诸法配合”之格局。[③] 但《反恐怖主义法》实施以后，形成了“以反恐法中心，诸法配合”之新反恐法律体系。在构想或者描述新反恐法律体系时，反恐刑法立法的作用被淡化。关于反恐刑法立法与专门反恐法的关系应当如何定位，应当采取何种立法模式？对此，学者们进行了不同阐述，至今也没有形成共识。[④] 但寻迹刑修（三）至刑修（九）对反恐刑法立法的过程，特别是刑修（九）在其立法指导思想中明确指出要“进一步发挥刑法在维护社会主义核心价值观、规范社会生活方面的引领和推动作用”，可以看出，以修正案的方式进行反恐刑法立法，已成为现实的模式选择。这不但回应了多数学者以修正案方式进行反恐刑法立法的主张，亦有利于维护反恐刑法立法的统一和稳定，保持了惩治恐怖活动犯罪体系的系统性和完整性。

以修正案方式进行反恐刑法立法的模式选择，通过实施后的《反恐怖主义法》规定的内容，亦可以得到印证。[⑤] 因此，从整体上讲反恐刑法立法作为保障法的体系性地位没有发生根本性的变化。

（三）反恐刑法立法预防性思想凸显

近代刑法理论对刑法功能的论述呈现出刑法既是“犯罪人的大宪章”，亦是“市民自由的大宪章”的悖论。[⑥] 国家通过对犯罪分子适用最严厉、最极端的刑事

---

① 陈兴良：《宽严相济刑事政策研究》，载《法学杂志》2006年第1期。

② 阴建峰、侯日欣：《我国新时期反恐刑法立法宏观问题论要》，载《北京师范大学学报》（社会科学版）2015年第6期。

③ 参见赵秉志、杜邈：《我国反恐怖法律体系的初步形成》，载《法制日报》2011年11月12日第12版。

④ 第一种观点将专门的反恐法定位为单行刑法。此一专门、系统的反恐法不仅可以吸纳我国参与或者缔结的相关国际反恐规约的内容，也契合对恐怖犯罪进行单独立法之国际通例。参见宋长海：《浅论我国反恐怖犯罪立法的完善》，载《北京人民警察学院学报》2004年第1期；黎亚薇：《试论我国反恐刑事立法的完善》，载《河南科技大学学报》（社会科学版）2004年第2期。第二种观点将专门的反恐法定位为综合性法律，内容不但涵括恐怖主义犯罪的定罪和量刑，还包括其他部门法。参见王立民：《完善反恐立法　有效打击恐怖主义犯罪》，载《法学》2003年第6期。第三种观点认为完全可以通过刑法修正案的方式来实现对恐怖犯罪的界定及其处理。至于其他行政措施和预防等问题，则可以通过其他法律解决。参见夏勇：《对我国反恐刑事立法的几点思考》，载《山东警察学院学报》2006年第2期。第四种观点认为通过刑法修正案的方式对反恐刑法立法进行修改补充的同时，制定专门的反恐法，以保持刑法的完备与统一。参见赵秉志、杜邈：《我国反恐怖主义立法完善研讨》，载《法律科学》2006年第3期。第五种观点主张应先通过刑法修正案对反恐刑法立法进行调整，待立法时机成熟，再全面、系统地对刑法典进行修订。同时，应注重刑法反恐立法与专门反恐法的衔接与和谐。参见杜邈：《反恐刑法立法研究》，法律出版社2009年版，第290页。

⑤ 在《反恐怖主义法》中并没有关于犯罪和刑罚的规定。其从性质上来讲，应当属于综合性的行政法律规范。

⑥ 参见［德］拉德布鲁赫：《法学导论》，米健译，商务印书馆2013年版，第141页。

制裁手段，以实现法律的终极权威和威慑。但因刑事制裁的强制性和极其昂贵性，所以其应被适用于那些真正危害严重的行为。[①] 近代刑法原则上只处罚实害犯，将对预备行为的惩罚作为例外的选择为其提供了注脚。但晚近20多年来，面临现代社会问题，传统刑法的理论立场正在悄然发生改变。例如，在恪守法治的德国，针对有组织犯罪和恐怖主义活动的严重威胁，国家在犯罪发生之前，对某个行为人特定犯罪的嫌疑具体化之前就已经开始介入，说明其刑法的功能明显地转向预防与安全。[②] 在反恐领域，预防性反恐立法最为显著，这大大超出了传统刑法应对犯罪的方式。

中国反恐刑法规范对恐怖主义犯罪规制的逐步延伸，最终集中体现在了反恐刑法立法对恐怖主义犯罪的提前干预。[③] 中国当时“三期叠加”的严峻反恐形势，实际上是对恐怖主义犯罪提前干预的一种倒逼式推动，体现了立法者反恐刑法立法观念的转变。这使得传统刑法理论在中国出现了显著的偏向。这种预防性的反恐刑法立法，通过刑修（九）对恐怖主义、极端主义等大量新概念的引入，大幅扩展刑法干预恐怖主义犯罪的范围；通过对准备实施恐怖活动等预备行为实行行为化将恐怖主义犯罪介入时点提前，暗合《反恐怖主义法》确立的“先发制敌，保持主动”预防性战略立场；通过增设公民义务负担，惩治拒绝提供恐怖主义、极端主义犯罪证据的行为，得以彰显。

中国反恐刑法立法的其他亮点和进步，因学者已多有论述，在此不再赘述。

三、负面清单及其解决：20年来反恐刑法立法的缺陷及其路径选择

（一）实施恐怖活动罪基本罪名的缺失

虽然经过历次刑法修正，丰富了中国恐怖主义犯罪的罪名体系，基本满足了中国惩治恐怖主义犯罪的现实需要。但此并未全面解决中国恐怖主义犯罪罪名体系严重滞后性的问题，其中，表现最为突出的当属实施恐怖活动罪基本罪名的缺失。

在修正案中，虽然已将恐怖主义犯罪的帮助行为、教唆行为或者预备行为正犯化或者实行行为化，但对真正恐怖主义犯罪的实行行为——实施恐怖活动罪却付之阙如。

可以说，组织、领导、参加恐怖组织罪中的组织、领导和参加行为都是实施恐怖活动罪的一种特殊形态。帮助恐怖活动罪和准备实施恐怖活动罪中的帮助行为和准备行为，其成立犯罪均应当以实施恐怖活动罪的存在为前提，因此，其也是实施恐怖活动罪的一种特殊形态。在上述特殊形态行为均犯罪化的情况下，独缺少对实施恐怖活动罪基本罪名的规定，反映了中国不但对“独狼”式恐怖袭击和网络恐怖

① 参见［美］哈伯特·L. 帕克，:《刑事制裁的界限》，梁根林译，法律出版社2008年版，第246页。

② 参见何荣功：《“预防性”反恐刑事立法思考》，载《中国法学》2016年第3期。

③ 对此，有学者主张刑法介入早期化具有“必要性和正当性”。参见刘志伟：《〈刑法修正案（九）〉的犯罪化立法问题》，载《华东政法大学学报》2016年第2期。有学者主张刑法前置化立法将致使“违法相对性理论崩溃”。参见孙万怀：《违法相对性理论的崩溃——对刑法前置化立法倾向的一种批评》，载《政治与法律》2016年第3期。

主义犯罪的发展趋势没有足够关注，且深陷于大部分恐怖主义犯罪均由恐怖组织实施这种传统理论和制裁思路之中。然而，当下大量“独狼”式恐怖活动犯罪的涌现，加上网络恐怖主义犯罪常常不需要以有组织犯罪的方式实施，因而不能成立组织、领导、参加恐怖组织罪。但若因此对此类单独实施的恐怖活动犯罪以其单独成立的故意杀人罪或者破坏计算机信息系统罪进行评价，则不能彰显该行为的恐怖主义性质和其更为严重社会危害性的现实。同时，也可能会使刑修（八）增设的恐怖活动犯罪的特别累犯制度虚置。鉴于此，中国反恐刑法立法可以借鉴俄罗斯或法国等国家的立法例，单独规定实施恐怖活动罪或者实施恐怖袭击罪。

（二）竞合处罚方式的混乱造成罪刑失衡严重

对组织、领导、参加恐怖组织罪的恐怖分子，又犯杀人、爆炸、绑架等犯罪的，刑法第120条第2款规定了数罪并罚原则。而在第120条之二，对准备实施恐怖活动罪，同时又构成其他犯罪的，则规定依照处罚较重的规定定罪处罚。在同一个法条中，规定了两种不同的竞合处罚方式，不但体现了立法标准的任性和混乱，且可能无法突出犯罪的恐怖主义性质。

除此之外，刑法在第322条后段将“为参加恐怖活动组织、接受恐怖活动培训或者实施恐怖活动”作为偷越国（边）境罪的加重处罚情节，更是违背了罪数理论的一般常识，漠视了罪责刑均衡的原则，抹杀了行为的恐怖主义性质。因为，为参加恐怖活动组织而偷越国（边）境的，分明构成了参加恐怖组织罪（预备）与偷越国（边）境罪的牵连竞合，为实施恐怖活动而偷越国（边）境的，则构成了准备实施恐怖罪（预备）与偷越国（边）境罪的牵连竞合，对此牵连竞合不进行数罪并罚，也不择一重罪处罚，根本无法体现行为的恐怖主义性质和对其从严处罚的立法精神。因为无论是参加恐怖组织罪还是准备实施恐怖活动罪其法定刑均远远重于偷越国（边）境罪。

因此，可以通过对恐怖主义犯罪的竞合犯进行一律并罚的方式对此问题便宜解决。

（三）过度犯罪化和对刑事管辖权修正的缺失，造成了反恐刑法立法与《反恐怖主义法》的冲突与抵牾

首先，虽然中国在一定时期存在着严峻的反恐形势，中国反恐刑法立法也对此给予了关注和回应。安全刑法观表现在刑法立法上就是对抽象危险犯规定的扩大化，刑罚规制行为呈现出扩张化趋势。但不分行为情节或者结果的轻重，一味地注重对抽象危险予以扩张并犯罪化，扩展刑法的反恐边界，将介入时间提前，强调在萌芽状态消灭极端主义、恐怖主义犯罪，听起来似乎很有必要。但刑法作为控制社会的手段，应当以补充性、谦抑性、片段性为支撑，只能在迫不得已时才能适用，否则会造成寒蝉效应，让全体社会成员的生活产生萎缩的效果。因此，为了使刑法不成为消除表面上的危机所伴随的不安感、恐惧感的工具，从而丧失其存在的本来意义，必须对刑法第120条之三、第120条之四、第120条之五规定的宣扬恐怖主义、极端主义、煽动实施恐怖活动罪，利用极端主义破坏法律实施罪，强制穿戴宣扬恐怖主义、极端主义服饰、标志罪，在罪的构成上设立限制条件，以缩小刑法规制的范围，否则会导致过度犯罪化的结果。只有如此，才能与《反恐怖主义法》相衔接。因为根据《反恐怖主义法》第80条规定，对上述三种行为、情节轻微，尚不构成犯罪的，由公安机关给予行政处罚。由此可见，上述三种行为只有具备情节严重，才能构成犯罪。所以，为了调适法律之间的冲突，彰显刑法的谦抑性、补充性性质，最大限度地使刑法维持社会秩序的机能得以实现，必须祛除“过度犯罪化”，确立“适度犯罪化”的立法原则。

其次，根据《反恐怖主义法》第11条之规定：在中国领域外对中国国家、公民或者机构实施的恐怖活动犯罪，或者实施的中国缔结、参加的国际条约所规定的恐怖活动犯罪，中国行使刑事管辖权，依法追究刑事责任。中国对发生在域外的恐怖主义犯罪行使刑事管辖权并不需要恐怖主义犯罪的罪行轻重，均应当适用中国刑法一律追究，并不存在刑罚轻重的限制条件，这与刑法第7条属人原则、第8条保护原则的规定相抵牾。中国对发生于域外的其所缔结、参加的国际条约中规定的恐怖活动犯罪，均应当一律追究，并不存在“承担条约义务范围”的限制，这与刑法第9条规定的普遍原则相冲突。解决该冲突与抵牾的方式，别无他法，只能通过反恐刑法立法将恐怖主义犯罪的刑事管辖权予以特别规定，即在上述各该条中增设恐怖主义犯罪例外的规定。

国内外反恐怖融资研究现状及对策*

兰立宏**

金融反恐与外交、司法、情报、军事反恐一起，构成了当前国际社会应对恐怖主义的五大战略。通过预防和打击恐怖主义融资，切断、追查恐怖活动组织或个人的资金来源，以限制其实施恐怖活动的能力，锁定恐怖分子及其支持者，挫败恐怖分子的阴谋，是有效预防和打击恐怖主义的治本之策。自2014年以来，金融行动特别工作组针对恐怖融资问题发布了一系列建议、战略、报告，形成了新的国际反恐怖融资标准，并定期对我国相关法律机制的技术合规性和内容有效性进行评估。《反恐怖主义法》的通过，在一定程度上标志着我国反恐怖融资法律基本框架的初步形成，但我国反恐怖融资法律与国际新标准相比仍有一定差距，亟待细化和完善。《国民经济和社会发展第十三个五年规划纲要》明确要求"完善反洗钱、反恐怖融资、反逃税监管措施，完善风险防范机制体制"。

一、关于反恐怖融资问题之国内研究

(一) 专门研究之文献较少

反恐怖融资问题尚未引起反恐怖研究领域和反洗钱研究领域学者应有的高度重视，专门研究反恐怖融资问题的文献较少，而且主要是从反洗钱的视角研究反恐怖融资问题，以反恐怖融资的角度研究反洗钱问题或者以反恐怖主义的视角研究反恐怖融资的文献更少，反恐怖融资机制的独特性和体系性未引起应有的重视。

(二) 专门研究之文献较为分散

国内专门研究反恐怖融资问题的文献较少，并集中在刑法学、金融学、国际法学、国际政治学等学科。刑法学者运用刑法学原理，结合相关国际及外国立法，从协调资助恐怖活动罪与洗钱罪及相关罪名关系的角度，探讨了资助恐怖活动罪的犯罪构成、法定刑、法律适用、刑事政策及其完善之道。这类代表性文献包括于志刚的《资助恐怖犯罪中资助行为之内涵——从国际社会立法差异性角度进行的分析》①、莫洪宪的《略谈我国的金融反恐》②、王新的《零适用的审判现状：审视资

* 基金项目：2017年国家社科基金一般项目"国际法视域下我国反恐怖融资法律机制完善研究"（批准号：17BFX141）的阶段性成果。

** 法学博士，公安部铁道警察学院科研处副处长、副教授，跨国犯罪与恐怖主义研究中心主任，加拿大麦吉尔大学法学院访问学者。

① 于志刚：《资助恐怖犯罪中资助行为之内涵——从国际社会立法差异性角度进行的分析》，载《云南大学学报》（法学版）2006年第2期。

② 莫洪宪：《略谈我国的金融反恐》，载《法学评论》2005年第5期。

助恐怖活动罪的适用》[1]、黎宜春的《论帮助恐怖活动罪的法律适用——以反恐怖主义融资为视角》[2] 等论文。

金融学者运用经济学原理，根据国际反恐怖融资标准的要求，提出了评估恐怖融资威胁及我国反恐怖融资机制有效性的理论模型，并结合我国国情实际予以验证，在此基础上提出了完善我国反恐怖融资机制特别是反恐怖融资监管机制的建议，如侯合心的《〈全球洗钱及恐怖融资威胁评估体系〉解析与借鉴》[3]、童文俊的《基于层次分析法的中国反恐怖融资机制研究》[4]、张梅琳等的《国际金融反恐：现状与启示》[5] 等论文。

国际法学者从履行国际反恐怖融资义务的角度，运用国际法和比较法的研究方法，对国际反恐怖融资机制的内容、问题与原因、完善之道及对我国的启示进行了研究，特别是对国际反恐怖融资法律之执行情况及联合国定向金融制裁决议的国内实施、涉恐资产冻结管理等制度进行了深入研究，取得了不少高质量的成果，如赵秉志、王剑波的《金融反恐国际合作法律规范及其执行情况之考察》[6]、黄风的《金融制裁法律制度研究》[7] 和《国际金融制裁法律制度比较研究》[8]、孙昂的《联合国安理会制裁机制的正当程序》[9] 等。国际政治学者运用国际关系机制互动理论，对国际反恐怖融资机制的内部互动、外部互动、实效问题及改进之道进行了探讨，如王文华的《论国际金融反恐的现状与反思》[10]、朱杰进的《G20 与中国反恐怖融资体系建设》[11]。

（三）法学视角之系统深入研究缺乏

国内仅有的两部专著为上海大学法治建设与法学理论研究部级课题组的《金融反恐趋势与对策：以指标检测法分析》[12] 和童文俊的《恐怖融资与反恐怖融资研究》[13]。前者从金融学的角度对金融反恐与反洗钱的关系、部分国家（美国、瑞士等国）的金融反恐机制、金融反恐监测指标的建立、金融反恐的发展趋势、我国金融反恐体系的完善等问题进行了较为系统的介绍和探讨。但是，该书整体上是在反

---

① 王新：《零适用的审判现状：审视资助恐怖活动罪的适用》，载《政治与法律》2012 年第 7 期。

② 黎宜春：《论帮助恐怖活动罪的法律适用——以反恐怖主义融资为视角》，载《学术论坛》2016 年第 5 期。

③ 侯合心：《〈全球洗钱及恐怖融资威胁评估体系〉解析与借鉴》，载《云南财经大学学报》2012 年第 6 期。

④ 童文俊：《基于层次分析法的中国反恐怖融资机制研究》，载《金融理论与实践》2013 年第 11 期。

⑤ 张梅琳等：《国际金融反恐：现状与启示》，载《上海金融》2007 年第 6 期。

⑥ 赵秉志、王剑波：《金融反恐国际合作法律规范及其执行情况之考察》，载《刑法论丛》2016 年第 4 卷。

⑦ 黄风：《金融制裁法律制度研究》，中国法制出版社 2014 年版。

⑧ 黄风：《国际金融制裁法律制度比较研究》，载《比较法研究》2012 年第 3 期。

⑨ 孙昂：《联合国安理会制裁机制的正当程序》，载《国际法研究》2015 年第 6 期。

⑩ 王文华：《论国际金融反恐的现状与反思》，载《国际论坛》2008 年第 3 期。

⑪ 朱杰进：《G20 与中国反恐怖融资体系建设》，载《外交评论》2011 年第 3 期。

⑫ 上海大学法治建设与法学理论研究部级课题组：《金融反恐趋势与对策：以指标检测法分析》，华东理工大学出版社 2008 年版。

⑬ 童文俊：《恐怖融资与反恐怖融资研究》，复旦大学出版社 2012 年版。

洗钱的框架内探讨金融反恐问题的，对金融反恐的独特机制及其实施效果缺乏关注，而且也未探讨联合国、金融行动特别工作组等国际组织的金融反恐机制，因而对于探讨建立科学有效的反恐怖融资机制作用有限。

后者以金融学为视角，从恐怖融资资金的来源、转移及转移掩护三个方面，对恐怖融资的具体风险、手段、模型进行详细分析，进而从反恐怖融资法律执行机制和行政监管机制两个方面，阐释了金融行动特别工作组、联合国等国际组织的相关要求，并提出了构建我国反恐怖融资战略和实施机制的建议。但是未对我国反恐怖融资法律机制的具体完善和设计问题进行深入探讨，也未结合2012年以来出现的新国际反恐怖融资标准及相关国家的良好做法，提出完善国际及我国反恐怖融资法律机制的针对性建议。

总体而言，国内学界对反恐怖融资问题进行了一定探讨，取得了重要研究成果，对我国反恐怖融资和反洗钱法律机制的发展起到了重要参考和推动作用，也为本文研究提供了重要的理论支撑和方法论启迪。但由于成果完成时间较早、学科局限等原因，目前国内学界尚未从法学视角特别是国际法视角对我国反恐怖融资法律机制进行全面系统的研究；更未对2012年以来特别是近两年来出现的国际反恐怖融资新标准，以及恐怖融资风险较大的代理行业务、非营利组织、虚拟货币等的反恐怖融资问题展开系统深入研究。现有研究大多在反洗钱理论框架下研究反恐怖融资问题，而从有效预防和打击恐怖主义的视角研究反恐怖融资问题的成果较少，在反恐怖融资框架下研究反洗钱问题的成果更少，反恐怖融资机制的独特内涵和重要价值尚未引起实务界和理论界应有的高度重视。

二、关于反恐怖融资问题之国外研究

与我国国内反恐怖融资研究多数体现在有关洗钱与反洗钱的研究之中不同，国外学术界特别是欧美学术界较早关注反恐怖融资机制的独特内涵和重要价值，自2001年“9·11”恐怖袭击事件以来，从有效反恐的目的出发，对恐怖融资的资金来源、资金转移渠道以及反恐怖融资机制的内涵、作用、发展历程、有效性、消极影响、完善之道等方面进行了较为全面深入的探讨。

国外学界对恐怖融资与反恐怖融资机制的探讨主要有五种思路：一是在分析恐怖融资内涵的基础上，考察不同地区或国家恐怖融资的现状，并比较其反恐怖融资战略的内容和有效性，如珍妮·吉拉尔多（Jeanne Giraldo）等的论文集《恐怖融资与国家应对：比较的视角》①。二是对洗钱与恐怖融资、反洗钱与反恐怖融资的关系进行深入剖析，强调要在了解恐怖融资的基础上建立独特的反恐怖融资机制，并结合反恐怖融资机制的实施效果，提出在制定和实施反恐怖融资战略的过程中注意平衡维护国家安全与保护公民权利间的关系。如科林·金（Colin King）等的《反

① Jeanne Giraldo et al, Terrorism Financing and State Responses: A Comparative Perspective, Stanford University Press, 2007.

恐怖融资：一种多余的碎片化？》[①]，阿摩司·贵奥拉（Amos Guiora）等的《使用和滥用金融市场：作为恐怖主义要害的洗钱》[②]，劳拉·多诺霍（Laura Donohue）的《英国和美国的反恐怖融资战略》[③] 等。三是从正当程序和公民权利保护的角度，对联合国安理会恐怖主义制裁机制及其国内实施机制的正当性和协调性进行了探讨，并提出完善联合国和国内恐怖组织或个人认定机制及涉恐资产冻结机制的建议。例如，克雷格·福赛斯（Craig Forcese）等的《跌跌撞撞地走进未来：处于十字路口的联合国 1267 恐怖主义列名程序》[④]、彼得·马古利斯（Peter Margulies）的《一个愚蠢决定的后果："卡迪二审"案件之后的联合国恐怖主义制裁机制》[⑤] 等。四是对国际社会及部分国家在某一方面的反恐怖融资措施的有效性和影响进行评估，在此基础上提出完善反恐怖融资措施的建议。例如，妮娜·克里姆（Nina Crimm）的《反恐怖融资措施的道德风险：破坏公民社会和国家利益的可能性》[⑥]、希玛·巴拉达仁（Shima Baradaran）等的《资助恐怖主义》[⑦] 等。五是以某一国提出的"金融反恐战"要求为标准，对国际组织及部分国家的反恐怖融资制度的有效性进行评估，在此基础上，提出完善反恐怖融资制度之建议。例如，尼古拉斯·莱德（Nicholas Ryder）的《金融反恐战：2001 年以来的反恐怖融资战略回顾》[⑧] 一书等。

总体而言，国际社会关于反恐怖融资机制的研究由主要的政府间国际组织主导，以学术界相对独立、富有批判精神的成果为补充。国外学术界较为重视反恐怖融资机制的独特内涵和重要价值，在对洗钱与恐怖融资及反洗钱与反恐怖融资进行区分的基础上，对反恐怖融资机制的内涵、特征、效果、完善路径等方面进行了较为全面深入的探讨。但是由欧美国家掌握国际话语权的国际学术界，在评估国际及国内反恐怖融资机制的有效性与影响之时，具有鲜明的霸权主义和国家利益至上的特点，既没有严格以联合国和金融行动特别工作组的国际标准为准则的国际法意识，又没有深度关注中国反恐怖融资机制发展进程的国际主义精神，国外学术界同样未对国际反恐怖融资新标准开展系统深入的研究，未对近两年新兴的恐怖融资威

---

① Colin King & Clive Walker, Counter Terrorism Financing: A Redundant Fragmentation?, New Journal of European Criminal Law, Vol. 3, 2015 (3).

② Amos Guiora et al, Using and Abusing Financial Markets: Money Laundering as the Achilles' Heel of Terrorism, University of Pennsylvania Journal of International Law, Vol. 1, 2010.

③ Laura Donohue, Anti-Terrorist Finance in the United Kingdom and United States, Michigan Journal of International Law, Vol. 1, 2006.

④ Craig Forcese et al, Limping into the Future: The U. N. 1267 Terrorism Listing Process at the Crossroads, George Washington International Law Review, Vol. 3, 2010.

⑤ Peter Margulies, Aftermath of an Unwise Decision: The U. N. Terrorist Sanctions Regime After Kadi II, Amsterdam Law Forum, Vol. 2, 2014.

⑥ Nina Crimm, The Moral Hazard of Anti-Terrorism Financing Measures: A Potential to Compromise Civil Societies and National Interests, Wake Forest Law Review, Vol. 2, 2008.

⑦ Shima Baradaran et al, Funding Terror, University of Pennsylvania Law Review, Vol. 3, 2014.

⑧ Nicholas Ryder, The Financial War on Terrorism: A Review of Counter-Terrorism Financing Strategies since 2001, Routledge, 2015.

胁进行研究。因而，结合新兴恐怖融资威胁，以最新的国际反恐怖融资标准为依据，参照其他国家良好做法，结合我国国情实际，提出完善我国反恐怖融资机制之建议，十分有必要。

三、加强我国反恐怖融资对策研究之建议

为构建独特、高效的反恐怖融资法律机制提供理论支撑，建议在厘清国际反恐怖融资法律义务（《制止恐怖融资国际公约》、联合国安理会相关决议及金融行动特别工作组相关建议与报告等），特别是国际反恐怖融资新标准的基础上，借鉴美国、英国、以色列、瑞士等国的反恐怖融资良好做法，结合我国恐怖融资形势与法治实际，从以下几方面提出细化和完善我国反恐怖融资法律机制之建议。

（一）准确把握恐怖融资犯罪之现状

在分析恐怖融资的内涵与外延的基础上，梳理总结其发展特点与规律，这是研究风险为本的反恐怖融资法律机制的前提。联合国和金融行动特别工作组均规定要求将恐怖融资作为一种独立的犯罪予以综合的界定，金融行动特别工作组《恐怖融资刑事定罪指引（建议五）》（2016）更是对恐怖融资的刑事定罪给予了详细具体的指导。恐怖融资的法律界定与恐怖主义、恐怖活动、恐怖活动组织与个人的界定联系紧密，不同国家的界定方式差异较大。我国刑法关于帮助恐怖活动罪的规定在适用范围、法定刑等方面较为简单粗线条，与《反恐怖主义法》等法律衔接不够，亟待细化完善。另外，了解恐怖融资与洗钱相比所具有的特点，是科学界定恐怖融资、构建独特反恐怖融资机制的前提和基础。尽管清洗恐怖融资所得资金、使之表面合法化构成洗钱，恐怖融资资金的转移也会经常借助洗钱手段，预防和打击洗钱犯罪有助于对恐怖融资犯罪进行防控，但是恐怖融资与洗钱在资金来源、资金数量、犯罪目的、运作过程等方面具有较大差异，使得反洗钱机制（如大额交易上报、可疑交易上报等）难以对恐怖融资进行有效监测、预警和制止，需要建立相对独立有效的反恐怖融资机制。① 恐怖融资的资金来源可分为合法来源和非法来源，恐怖分子常常借助非营利组织、替代性汇款系统、现金走私等方式筹集、转移资金。在“伊斯兰国”迅速崛起，外国恐怖战斗人员“迁徙圣战”问题突出，利用伊斯兰教天课筹集资金较为普遍，利用网络犯罪筹集和转移资金渐成趋势的今天，对反恐怖融资机制的有效性和完善路径进行系统深入的研究，迫在眉睫。

（二）完善反恐怖融资监督管理机制

加强反恐怖融资监管，构建预防性反恐怖融资法律制度，是反恐怖融资机制的基础和核心。采用风险为本的方法，在了解恐怖融资手段的基础上，结合金融机构及特定非金融机构与职业的恐怖融资风险，进行反恐怖融资分类管理，针对不同种类的反恐怖融资义务主体确立具有针对性的反恐怖融资义务，对义务主体的反恐怖融资工作进行指导和监督管理，从而对恐怖融资活动进行有效威慑、监测、预警和

① 童文俊：《论恐怖融资与洗钱、反恐怖融资与反洗钱的主要区别与政策建议》，载《南方金融》2012年第3期。

预防，是国际反恐怖融资标准规定的反恐怖融资机制的基本组成部分，也是反恐怖融资机制较为有效国家的惯常做法。据联合国调查，常规的反洗钱监管可能会漏掉30%的恐怖融资资金监管。当前，金融系统难以监控宗教极端思想传播资助资金的流入，一些具有国家背景的宗教组织、基金会通过伊斯兰银行系统提供奖学金、修建清真寺资金及赠送宗教书籍等方式，推动宗教极端思想快速传播。另外，“迁徙圣战”问题突出，外国恐怖主义战斗人员会利用银行系统将资金转移至叙利亚周边具有正式银行系统的国家（如土耳其），通过自动取款机在这些国家取出资金后，携带至叙利亚；或者利用虚假的身份在银行开立账户；或者腐败的银行职员为恐怖融资或银行贷款诈骗提供便利。目前，金融机构的海外分支机构、代理银行业务、慈善机构、境外非政府组织、虚拟货币存储与交易机构等金融机构与非金融机构，由于其业务的跨国性、服务分散化、现金密集、去中心化、匿名性等特点，其反恐怖融资监督管理较为薄弱甚至缺少，成为恐怖分子筹集和转移资金的新兴恐怖融资方式。

《慈善法》、《境外非政府组织境内活动管理法》仅对相关反恐怖融资监督管理作出笼统规定。《关于防范比特币洗钱风险的通知》（2013）属于规范性法律文件，不足以对比特币等虚拟货币的恐怖融资风险进行防范。建议依照《金融行动特别工作组建议：打击洗钱、恐怖融资与扩散融资的国际标准》（2012）、《打击非营利组织滥用的最佳做法（建议八）》（2015）、《关于虚拟货币的风险为本防止指引》（2015）、《关于代理银行服务的报告》（2016）及巴塞尔银行监管委员会《洗钱和恐怖融资风险良好管理指引》（2016）、《关于修订代理银行业务附件的建议》（2016）等，借鉴美国等国的良好做法，针对银行机构、虚拟货币交易商、慈善机构、境外非政府组织等，制定专门的反恐怖融资监管管理办法，或细化完善现有相关规定，对客户正当注意、交易记录保存、大额交易和可疑交易上报、反恐怖融资内控等方面义务作出具体规定，同时注意保护公民个人合法权利。

（三）协调细化恐怖组织、个人认定及涉恐资产冻结管理办法

恐怖活动组织与人员的认定及其资产冻结机制是反恐怖融资机制最独特的部分。综合全面的国际反恐公约的缺少和统一的恐怖主义定义的缺乏，再加上反恐国际合作的必要性，使得联合国对恐怖活动组织和个人的认定极具战略性和有效性，有利于从全球层面对涉恐资产实施及时有效的冻结。联合国对恐怖活动组织和人员的认定是由联合国安全理事会制裁委员会具体作出，制裁对象关于解除制裁的申请则由其居住国或国籍国转给联合国安全理事会制裁委员会监察员办公室复核提出意见，最终由安理会制裁委员会或安理会作出决定。联合国安理会制裁决议的行政性和司法救济措施的缺少，使其面临正当性和合法性方面的挑战。但是《金融行动特别工作组建议：打击洗钱、恐怖融资与扩散融资的国际标准》（建议六）明确要求成员国实施定向金融制裁和恐怖融资资产冻结措施，且要求适用于所有自然人和法人；要求国家建立一种使联合国的冻结命令自动生效的国内程序，使金融机构和特定非金融机构与职业一得知联合国发布了冻结命令，即可临时冻结被制裁对象相关财产；合理设定认定恐怖活动组织或个人的时间，以便一方面能够允许恐怖分子在一定时间内在组织网络内部转移资产，从而有助于识别之前尚未被识别的恐怖分子同伙或资产，或者有助于更清楚地了解其活动性质，另一方面能够及时有效地冻结恐怖分子的资产。

《反恐怖主义法》第二章对恐怖活动组织和人员的认定作出专门规定，确立了我国认定恐怖活动组织和人员的模式：双轨制，即行政认定与司法认定并存，并相互补充；《涉及恐怖活动资产冻结管理办法》对涉恐资产的冻结管理作出明确规定。但我国目前采用外交部下发通知的形式执行安理会金融制裁决议，缺乏使联合国金融制裁决议在国内实施的法律规定，而且国内主管机关对恐怖活动组织和人员认定异议的裁决在理论上存在与联合国安理会金融制裁决议相违背的可能性，关于恐怖活动组织和人员的行政认定缺乏实施细则，《反恐怖主义法》规定的认定异议处理程序与涉恐资产冻结措施异议处理程序存在不协调的方面，涉恐资产冻结措施仅适用于金融机构和特定非金融机构，并非适用于所有自然人和法人，而且对特定非金融机构的界定范围与国际标准要求仍有较大差距等。所有这些问题亟待在借鉴外国良好做法的基础上，对我国的恐怖活动组织和个人认定及涉恐资产冻结管理规定进行完善。

（四）加强对恐怖融资的刑事司法打击

对恐怖融资犯罪实施有效的刑事司法打击，及时调查、起诉和审理恐怖融资活动，以有效地中止、威慑和预防恐怖融资犯罪，构建有效的惩罚性反恐怖融资法律机制，是有效的反恐怖融资法律机制的必要组成部分。我国于2001年通过《刑法修正案（三）》规定了“资助恐怖活动罪”，但是长期以来适用该罪名进行的刑事定罪较少。这既和资助恐怖活动罪及相关犯罪的法律界定不科学、不清晰有关，又和刑事司法机构侦查、起诉、审判资助恐怖活动案件的能力有关。长期以来，我国反洗钱工作的重心在于预防和打击贪污贿赂等犯罪，而不是包括资助恐怖活动罪在内的恐怖活动犯罪，反恐怖融资监管、侦查、起诉、审判机关与反洗钱部门重合，缺乏专门的反恐怖融资刑事司法机关。反恐怖融资工作的专业性、涉密性等特点，使得成立专门的反恐怖融资机关成为欧美国家在“9·11”事件后的普遍做法。例如，在美国，财政部专门设立了恐怖融资与金融犯罪办公室，联邦调查局在反恐处下设恐怖融资行动科，中情局也设立了专门针对恐怖融资犯罪的部门。在英国，伦敦大都市警察局反恐指挥处设置了专门侦查恐怖融资案件的“恐怖融资侦查科”，通过恐怖融资侦查为反恐调查提供金融情报和金融瓦解措施，并在英格兰、苏格兰和北爱尔兰设立了十余个“反恐中心”，对管辖区的恐怖融资案件进行侦查；英国国家反犯罪局反恐怖融资工作组负责识别、评估和利用提交上来的可疑交易报告。此外，美国等国对恐怖融资资产实施刑事没收和民事没收相结合的方法，也值得我国借鉴。

（五）深化反恐怖融资国际国内合作

反恐怖融资国际国内合作是反恐怖融资高效运转的重要保障。在国内协调合作层面，我国建立了反洗钱部际联席会议制度，但是联席会议在统筹协调和分工配合方面亟待加强，宜结合反恐怖融资工作要求适当挑战部际联系会议的成员构成和功能职责分工，特别是中国人民银行反洗钱局、中国反洗钱监测分析中心、公安部经济犯罪侦查局、公安部反恐怖局等部门的职责分工与协调配合亟待细化和加强；慈善组织、境外非政府组织、虚拟货币交易商等易于遭受恐怖融资滥用的部门与反恐怖融资部门的密切合作，也是有效监测和防范新兴恐怖融资风险的关键。

国际合作领域宜包括法律政策制定协调、金融情报信息共享、监管合作、国际警务合作、刑事司法协助、学术交流合作等方面。实现联合国安理会金融制裁机制与我国反恐怖融资机制的良好衔接与互动，积极参与金融行动特别工作组互评估工作并发挥更大作用，是我国在国际层面加强反恐怖融资合作的重点；不断加强上海合作组织框架内的反恐怖融资国际合作，积极发挥在欧亚反洗钱和反恐怖融资组织、亚太反洗钱组织等地区性反洗钱和反恐怖融资组织中的作用，是从地区层面加强反恐怖融资合作的重点；不断加强与美国、英国、俄罗斯、哈萨克斯坦、巴基斯坦、泰国等国的反恐怖融资交流与合作。

跨国犯罪管辖之中国视角

——以参与打击国际恐怖主义犯罪为例

张 屹*

引言

恐怖主义犯罪是重大国际犯罪，同时也是跨国犯罪。对于两者的不同犯罪特征，我们应该采取稍有区别但又相互关联的国际合作反恐策略和实施机制。传统的反恐合作一般指刑事司法协助和引渡。然而今天的国际反恐合作所包含的内容更为丰富。段洁龙在《中国国际法实践与案例》中指出，“刑事司法协助一般通过两种途径进行：一是缔结司法协助条约，根据条约的规定相互请求和提供司法协助；二是在没有相关条约的情况下，通过外交途径根据互惠原则相互请求和提供司法协助”。① 然而，后者与国际反恐合作的外交机制层面有重合，因此“外交途径下的司法协助”应作国际法律合作机制的广义层面来理解。

对于双边引渡合作问题，中国的态度是，承认政治犯罪不引渡原则，且已在双边条约中体现——1987 年中国与波兰缔结首个涉及刑事司法协助的双边条约，首次将政治犯罪和军事犯罪列为不予协助的理由。该条约第 24 条第 1 项规定：如果被请求的缔约一方认为该项请求涉及的犯罪具有政治性质或为军事犯罪，可以拒绝提供刑事司法协助。然而，中国坚决反对一切形式的恐怖主义且反对一切形式的恐怖主义向政治犯罪靠拢。

作为反恐国际司法合作的一个重要环节——引渡合作，这是很多国家都面对着的敏感问题，虽然国际法上有“或引渡或起诉”的一般国际法原则，然而双边引渡条约对于任何一个国家都属于敏感的政治问题。中国、俄罗斯也不例外。（上文我们谈过了中国的引渡合作困境）2002 年莫斯科人质事件发生后，策划该事件的恐怖分子受到国际社会的强烈谴责，丹麦政府在俄罗斯的强大政治压力之下才逮捕了正身处哥本哈根的事件主谋扎卡耶夫。可以看出，在反恐国际合作中，特别是司法领域的合作，现实主义仍是主要的决定因素。在国际法的理想主义花环下，两者的辩证关系可以视为反恐国际合作机制的演化进程。

一、打击国际恐怖主义犯罪的中国视角

国际刑事司法合作概括起来有四个层次，两种形式。其中四个层次是指：引

* 中国国际问题研究院亚太研究所助理研究员，法学博士，主要从事非传统安全问题，全球治理，国际人权与人道法等领域的研究。

① 段洁龙：《中国国际法实践与案例》，法律出版社 2011 年版，第 232 页。

渡；狭义刑事司法协助；刑事诉讼移管；相互承认和执行刑事判决。两种形式是指双边合作与多边合作。其中，狭义的刑事司法协助其内容包括：刑事诉讼文书的传达、调查取证、解送被羁押者出庭作证、移交物证和书证、冻结或扣押财产、提供法律情报。司法合作可以理解为广义的司法协助，而司法协助可以理解为狭义的司法合作。在早期，引渡合作几乎成为国际刑事司法合作的全部内容。只是从1988年《联合国禁止非法贩运麻醉药品和精神药物公约》确立之后，国际刑事司法合作才逐步得以完善并实现其全面而丰富的真正内涵。至2007年8月31日，中国与57个国家缔结了90项涉及国际司法合作的双边条约或者双边协定，其中有关刑事司法合作的条约有40项，包括引渡条约31项。在多边条约方面，中国加入了《联合国打击跨国有组织犯罪公约》和《联合国反腐败公约》等近20项涉及刑事司法合作的国际公约。这些公约对于国际反恐司法合作与中国的司法参与具有重要的推动作用，即便有些公约并没有涉及反恐的内容，但是同样对于反恐的司法合作具有参考价值。

美国学者巴西奥尼将国际刑事司法合作划分为八种主要形式。即在传统上国际刑法学界公认的引渡和双边法律协助这两种主要合作形式的基础上又补充了“外国判决的执行”、“外国刑事判决的认可”、“刑事程序的转移”、“冻结和没收犯罪所得财产”、“情报执法部门的信息收集和共享”以及“区域和亚区域司法空间”六种合作形式。

1981年《瑞士联邦国际刑事协助法》将协助划分为四种主要形式——引渡、支持国际刑事诉讼的协助、诉讼和犯罪处罚的移管、外国刑事判决的执行。而中国的情况则有所不同——中国1996年《刑事诉讼法》第17条规定：“根据中华人民共和国缔结或者参加的国际条约，或者按照互惠原则，我国司法机关和外国司法机关可以相互请求刑事司法协助。”

1997年《人民检察院实施〈中华人民共和国刑事诉讼法〉规则（试行）》第387条规定：“人民检察院司法协助的范围主要包括刑事方面的调查取证、送达刑事诉讼文书、通报刑事诉讼结果、移交物证、书证和视听材料、引渡以及国际条约规定的其他司法协助事宜。”

2006年《反洗钱法》第29条规定：“涉及追究洗钱犯罪的司法协助，由司法机关依照有关法律的规定办理。”

以上三部涉及国内相关立法是该领域最具有代表性意义的。上述三部法律法规初步勾勒出了中国关于国际刑事司法合作的进展和思路，应该指出的是，它们并未像一些西方发达国家那样采用列举的方式对合作内容进行界定，而是以更为宽泛的方式给行政部门、情报执法部门赋予了更广阔的行动空间和诠释空间。

根据《罗马规约》第93条第3款所述，被请求国也有权利对方所要求的司法协助，因为其本国法律相关原则可以作为有效依据；而依据第93条第4款和第5款规定，被请求国也可以出于自身国家安全的考虑作出这一拒绝，第72条也可以作为此依据。此时，政治解决甚或一些大国所通常诉诸的武力干预方式便在所难免。

在著名国际刑法学者巴西奥尼那里，“直接执行制度”是指国际司法机构适用的执行其命令和判决，而无须通过国家或任何其他法律机关的制度。反之则为“间接执行制度”。巴西奥尼提道：“国际刑法从间接执行模式向直接执行模式转化是比较困难的。但这种困难并非国际刑法学科固有的，而是国际刑法通过立法程序逐渐产生的。在这个立法程序中，参与者是外交家而不是国际刑法、比较刑法或诉讼方面的专家。”①

可以看出，在无法回避的后威斯特伐利亚国际体系的现实主义状况下，尽管国际社会法制化是人类的普遍理想，外交对话仍然是开启司法合作进程、联结国内刑法与国际刑法的必要途径。

另如《联合国打击跨国有组织犯罪公约》第 18 条第 9 款也有类似的规定：“被请求国可以在其认为适当的时候在其斟酌决定的范围内提供协助，而不论该行为按被请求缔约国本国法律是否构成犯罪”。

在国际反恐司法合作机制中，由于传统的司法协助机制形成的惯性和路径依赖，各国具体参与的主体部门有所不同。比如美国、加拿大、欧盟国家以其本国司法部为参与主体；而俄罗斯以其最高检察院为参与主体。这从而又使得合作变得更为复杂且增加了沟通成本，这一客观事实也使得双边合作比多边区域合作更为高效；而多边区域合作较之跨区域合作乃至全球合作更为高效。

中国在参与国际刑事司法机制过程中，采取了相对灵活的多元化策略。根据近十年来中外双边司法合作条约内容显示，中国在与美国、加拿大、澳大利亚、土耳其、塔吉克斯坦、法国等国家的合作中曾指定中国司法部作为主管牵头部门进行参与；而中国与俄罗斯、哈萨克斯坦、吉尔吉斯斯坦、乌兹别克斯坦等国家的合作中曾指定中国最高人民检察院和司法部共同参与。②

这一历史经验充分说明中国在参与国际刑事司法合作过程中充分尊重别国自身制度体系，充分考虑对方在合作过程中的客观需要和局限性，进而运用灵活、多元的合作方式进行参与，这样一种既有的合作模式必然将会在今后相当长的时期内塑造并影响国际反恐合作司法机制的开展模式和运行效率，因此，若要不断完善和提升反恐实效，在这个既有的框架体系内寻求更为快捷高效的合作模式（例如，考虑各国单设对应主管机关或统一现有合作职能部门）而非打破或试图超越这一框架体系，才是切实可行的反恐策略。

二、国际刑事司法合作机制分析

国际法的鼻祖格老秀斯认为，国与国之间的共同利益构成国际法“或起诉或引渡”原则的法理基础，虽然到目前为止“或起诉或引渡”原则在实践中受到很多限制，在推进国际共识方面也是举步维艰，但是各国一致认为包括种族灭绝罪、危害人类罪、战争罪、酷刑罪、恐怖主义犯罪在内的几项国际重大刑事犯罪，应该对

① ［美］巴西奥尼：《国际刑法导论》，赵秉志等译，法律出版社 2006 年版，第 17-60 页。

② 黄风：《国际刑事司法合作的规则与实践》，法律出版社 2008 年版，第 128 页。

其实行严格的“或起诉或引渡”法律原则，而禁止任何国家对其进行包庇和纵容。同时，这些犯罪也不能运用“政治犯不引渡”原则进行任何辩护。

尽管国际引渡合作面临着各种各样的政治阻碍，区域性国际组织框架内的国家间引渡合作被公认为取得了实质性的进展，这其中以欧盟作为典范。中国在治理“东突三股势力”的司法过程中，在可以预见的今后一段时期内，以上海合作组织作为有效的区域性反恐刑事司法合作平台，有望对恐怖分子的引渡合作机制深入展开。以欧盟为例，欧盟体制内任何一国发起的针对国际重大犯罪的诉讼和签发的逮捕令，都可以得到欧盟内部任何其他国家的认可和有效执行。这将成为未来区域性引渡合作的国际范例。

条约批准国可以引导其内部立法体系与尚未批准加入一项条约的国家彼此进行对话协商，从而来逐步推动相关国家之间的司法体制趋同化，进而有助于国际间的司法协助。这样超越司法体制之外的合作方式可以作为缓冲有效维护国家主权，不至于使个别大国凌驾于别国之上。从而，在这一司法协助过程中，外交途径与政治解决便显得尤为重要。

“如果在缔约国看来，移交某种文件会危及国家安全利益，缔约国可能拒绝司法协助的请求（第 72 条、第 93 条第 4 款）于此种状态，国际刑事法院的起诉方就需要通过有效的手段来保护缔约国国家安全以及相应利益，而缔约国也需要向国际刑事法院的起诉方说明拒绝司法协助的明确理由（第 72 条第 5 款和第 6 款）。”①

因此，不同于两国之间直接开展的双边司法协助，在国际刑事法院框架内开展的多边合作增加了一层屏障，使合作机制更为稳固、可靠，也同时促进了当事国之间的信任与合作常态化。

作为罗马规约的非缔约国，并没有责任和义务对于国际刑事法院的请求提供相关的司法协助。不过可以通过其他形式比如通过国际刑事法院发出的邀请来让非缔约国签订特别协议。例如，规约第 87 条第 5 款所述：1. 本法院可以邀请任何非本规约缔约国的国家，根据特别安排、与该国达成的协议或任何其他适当的基础，按本编规定提供协助。2. 如果非本规约缔约国的国家已同本法院达成特别安排或协议，但没有对根据任何这种安排或协议提出的请求给予合作，本法院可以通知缔约国大会，或在有关情势系由安全理事会提交本法院的情况下，通知安全理事会。

在反恐国际合作机制的执行层面，最为常见的就是引渡和外国判决的承认、执行两种途径。而作为国际刑事司法协助公认的八种主要形式之一的向他国申请冻结没收犯罪所得财产的法律方式，见于 1988 年《联合国禁止非法贩运麻醉药品和精神药物公约》、1991 年《欧洲反洗钱条约》等，其最初的立法对象是国际毒品犯罪和金融犯罪，然而在实践中，将其向国际恐怖主义犯罪的惩治机制进行嫁接已是势在必行。况且当今国际恐怖主义与毒品犯罪、金融犯罪等重大国际犯罪逐渐融合的趋势越加明显，即便在条约立法层面稍有些分离和独立，却在司法管辖与执行层面有统一操作、统一侦查的现实必要。

---

① ［美］巴西奥尼：《国际刑法导论》，赵秉志等译，法律出版社 2006 年版，第 449 页。

如果说1988年《联合国禁止非法贩运麻醉药品和精神药物公约》和1991年《欧洲反洗钱条约》是针对上述单一类型犯罪的国际立法，那么另外一个条约《联合国禁止资助恐怖主义条约》则是确切地将矛头对准了上述犯罪共同体。这三个国际条约是目前国际上仅有的以金融监管执行为手段的国际刑事司法协助条约。而该项内容尚未出现双边条约。

在运用国际刑事司法惩治恐怖主义犯罪的时候，是采取直接执行制度还是间接执行制度，这也是未来国际合作的一个困境。直接合作制度是指国际司法机构适用的执行其命令和判决，而无须通过国家或任何其他法律机关的制度。反之则成为间接执行制度（参见巴西奥尼著《国际刑法导论》第17页）。直接执行制度必然有损国家主权，这也是迄今大国几乎都不愿加入国际刑事法院《罗马规约》的重要原因。因此这种直接执行制度限制了惩治国际重大刑事犯罪的执行范围和执行效果。最终仍须诉诸外交渠道进行惩治恐怖主义犯罪的国际合作，仍须依赖国家的合作意愿。

美国联邦法院在审判"9·11"恐怖袭击事件中的主要恐怖分子之一法籍摩洛哥人穆萨维的时候，需要从相关的几个欧洲国家对其进行调查取证，以便在定罪上合乎司法程序。故此美国司法机构向相关国家请求司法协助，最终可能按照美国国内立法对穆萨维判处死刑。法国政府考虑到美国对穆萨维很有可能判处死刑，因此坚决限制与美国进行司法合作，法国司法部长玛丽利斯-勒布朗许2002年3月28日发表声明："法国将不会向美国提供任何有助于穆萨维死刑判决的文件。"2006年5月，美国联邦陪审团在经过对穆萨维案件连续7天的审判讨论之后，终未判处穆萨维死刑，而是判处其终身监禁。①

三、国际刑事司法协助与警务执法合作的中国参与

（一）中国目前相关立法解释与司法解释

在刑法解释领域经常使用到的主要包括立法解释与司法解释。《人民检察院刑事诉讼规则（试行）》（其中第466条强调，本规则具有司法解释效力）第十六章整个章节全面论述了作为中国国内司法机关的检察院在参与刑事司法协助过程中的相应措施和机制，其中第676条主要提到，检察机关参与国际司法协助可以按照中国缔结的国际条约来进行，如果没有相应条约规定，就以体现互惠原则的外交途径来执行。而第678条还详细列举了对于一些特殊行为主体，如对于享有外交特权和豁免权的外国人的刑事责任，以外交途径来进行协调追究。

在开展国际刑事司法合作过程中，对于如何有效避免政治意见分歧和意识形态冲突，中国当前的立法实践有限地体现在国际司法协助的部分相关条款中。当然这些经验还是远远不足的。比如《人民检察院刑事诉讼规则（试行）》中的第681条规定："人民检察院对外进行司法协助，应当根据我国有关法律规定的程序向外国提供司法协助和办理司法协助事务。依照国际条约规定，在不违背我国法律规定的前提下，也可以按照请求方的要求适用请求书中所示的程序。"以及第682条规

① 参见《9·11恐怖事件嫌犯穆萨维被判终身监禁》，载《人民日报》（海外版）2006年5月6日第7版。

定："外国有关机关请求的事项有损中华人民共和国的主权、安全或者社会公共利益以及违反中国法律的，应当不予协助；不属于人民检察院职权范围的，应当予以退回或者移送有关机关，并说明理由。"最高人民法院也有类似的立法实践，最高人民法院《关于适用〈中华人民共和国刑事诉讼法〉的解释》中有关涉外刑事案件司法协助的第408条指出："根据中华人民共和国缔结或者参加的国际条约，或者按照互惠原则，人民法院和外国法院可以相互请求刑事司法协助。外国法院请求的事项有损中华人民共和国的主权、安全、社会公共利益的，人民法院不予协助。"此外《人民检察院刑事诉讼规则（试行）》第683条指出，最高人民检察院是检察机关办理司法协助事务的最高主管机关，依照国际条约规定是人民检察院司法协助的中方中央机关。地方各级人民检察院是执行司法协助的主管机关，依照职责分工办理司法协助事务。

在检察院参与国际司法协助的过程中，涉及国内地方检察院的情况下，《人民检察院刑事诉讼规则（试行）》第685条指出，有关司法协助条约规定最高人民检察院为司法协助的中方中央机关的，由最高人民检察院直接与有关国家对应的中央机关联系和转递司法协助文件及其他材料。有关司法协助条约规定其他机关为中方中央机关的，地方各级人民检察院通过最高人民检察院与中方中央机关联系和转递司法协助文件。《人民检察院刑事诉讼规则（试行）》第688条规定，人民检察院需要通过国际刑事警察组织缉捕人犯、查询资料的，由有关人民检察院提出申请，层报最高人民检察院审查后与有关部门联系办理。在人民检察院应该如何提供司法协助的方面，我国《人民检察院刑事诉讼规则（试行）》第691条指出了在国际条约的框架内的合作机制——最高人民检察院通过有关国际条约规定的联系途径或外交途径，接收外国提出的司法协助请求。此外，该司法解释还规定了人民检察院向外国提出司法协助请求时所应适用的相关规则，基本与接受外国请求司法协助的规则相互对应。

（二）最高人民法院《关于适用〈中华人民共和国刑事诉讼法〉的解释》

最高人民法院《关于适用〈中华人民共和国刑事诉讼法〉的解释》与《人民检察院刑事诉讼规则（试行）》基本是相对应的。其中第十八章专门规定了涉外刑事案件的审理和司法协助的相应规则。第409条规定，请求和提供司法协助，应当依照中华人民共和国缔结或者参加的国际条约规定的途径进行；没有条约关系的，通过外交途径进行。这一点与《人民检察院刑事诉讼规则（试行）》要求在条约框架内参与司法协助的要求是一致的。从这一条款中清晰地反映出，外交机制在国际交往的实践中不可避免地成为国际法律机制的必要补充和有效的引擎。特别是当反恐合作涉及意识形态问题和双重标准认知的时候，国际反恐法律机制往往由于政治阻力而难以开展下去，此时反恐合作中的多边外交甚至决策者的私人会晤都有可能带来新的合作契机。无独有偶，同样作为司法机关的检察院也有相类似的立法实践——《人民检察院刑事诉讼规则（试行）》第687条规定："对尚未与我国缔结司法协助条约的国家，相互之间需要提供司法协助的，应当根据互惠原则，通过外交途径办理，也可以按照惯例进行。"该解释第410条规定，人民法院请求外国提供司法协助的，应当经高级人民法院审查后报最高人民法院审核同意。外国法院请求我国提供司法协助，属于人民法院职权范围的，经最高人民法院审核同意后转有关人民法院办理。这一条与《人民检察院刑事诉讼规则（试行）》的相应规定是一致的。由此看来，各司法部门参与国际刑事司法协助的合作机制已经有了一个明确的可供参照的标准，以致不同的司法部门和行政部门产生一种“趋同效应”。

（三）引渡与警务执法合作

出于国民保护原则的考虑，一国可以拒绝引渡本国公民或者其他不利于本国公民的司法协助方面的合作。以《中华人民共和国和俄罗斯联邦关于民事和刑事司法协助的条约》为例，该条约明确规定：“如若该项请求涉及的犯罪嫌疑人或罪犯是被请求的缔约一方国民，且不在提出请求的缔约一方境内，被请求国可以拒绝提供协助。”在上合组织作为平台的合作框架下，中俄两国的反恐合作面临的问题之一就是国民保护原则与普遍管辖原则的内在张力。在这里，中俄两国的司法合作仍然体现出管辖权的保护原则高于普遍管辖原则。这或许是对合作深度的一种制约，然而客观来讲，却也是对两国关系和反恐执行机制的一种安全阀门，这种安全阀门使被请求国可以选择对本国国民行使固有的司法管辖，使本国国内司法拥有至上性，同时也使本国的执法行动获得了较大的空间和余地，促使两国的合作建立在互信基础之上，进而切实履行“或引渡或起诉”的国际法基本原则。1973 年反恐公约规定各国在引渡合作方面的原则：第一，在各缔约国之间的任何现行引渡条约未将第 2 条所列举的罪行列为应该引渡的罪行范围内，这些罪行应视为属于应该引渡的罪。缔约国承允将来彼此间所订立每一引渡条约中都将这些罪行列为应该引渡的罪。第二，以订立条约为引渡条件的缔约国从未与该缔约国订立引渡条约的另一缔约国接到引渡要求时，如果决定引渡，得视本公约为对这些罪行进行引渡的法律依据。引渡须依照被要求法律所规定的程序和其他条件办理。第三，不以引渡条约为引渡条件的缔约国应承允这些罪行为彼此间应该引渡的罪，但须依照被要求国法律所规定的程序和其他条件办理。[①]

作为国际反恐合作司法机制，其具体实现途径又是多种多样的。主要包括：外交渠道、领事沟通、政府首脑联系渠道以及各国司法机关直接外事交往，对于最后一种情况是最为常态的国际司法合作机制，如果参照近年来学术界新创造的“警务外交”概念，我们或可称之为“司法机关外交”。对于第一种渠道，正如上文所述，以目前国际法律机制有限的效力和不尽如人意的运行现状，外交渠道既是必要的辅助通道，也是及时缓解国家间紧张关系的安全阀门。因此，虽然我们可以勉强把国际反恐中的外交合作与司法合作视作两个层面的机制来进行分析研究，然而在实践操作中，外交合作是司法合作的必要辅助，反过来，司法合作也是多轨道外交的重要一环，两者密不可分。领事沟通作为第二种合作渠道目前主要还是作为外交机制的一个组成部分。对于第三种渠道，即政府机关首脑直接联系渠道。目前上海合作组织的反恐合作机制中较多地体现了这样一种方式。比如上合组织订立的《打

① 邵沙平：《国际刑法学》，武汉大学出版社 2000 年版，第 224 页。

击恐怖主义、分裂主义和极端主义上海公约》第4条第2款在谈到司法合作问题方面时指出“各方中央主管机关就执行本公约规定的有关事项直接相互联系和协作”。对于第四种情况，包括各国中央政府间的合作以及各国地方政府间的合作两个层面，值得一提的是后一个层面，目前各国地方政府间的反恐合作机制尚有不完善之处，处于发展探索阶段。

执法合作由于上述原因（在中国，执法机构与行政机构的紧密结合）使之与政治外交层面的合作难以区分；同时，在世界范围内，执法合作与司法协助体系（即司法合作）又有着诸多相似之处：第一，合作主体不同。对于司法合作的主体《中华人民共和国和罗马尼亚关于民事和刑事司法协助的条约》第1条第2项规定：“‘主管机关’系指法院、检察院和其他主管民事和刑事案件的机关。”而执法合作的主体则包括各个具有行政执法职能的政府机关。第二，合作针对的客体不同。司法合作一般是在确立管辖范围其间和其后进行；执法合作则可以是在前期预防、侦查到后期实施、执行等各阶段进行开展。第三，合作的程序不同。司法合作必须在尊重和符合合作各方即当事国的国内司法体制的基础上开展，须当事国的主动配合或至少消极默许；而执法合作往往是在情况紧急时运作，在治理突发事件的时候，只要不违法国际法律一般准则，即使没有确切的法律依据，亦可开展。第四，合作所依据条约的生效机制不同。司法合作所要依据的国际条约必须经过各当事国的议会（中国的人大常委会）批准方可生效；而执法合作因其实质上具有政府部门间的行政合作性质，所以其依据的国际法律文件不是严格意义上的国际条约，而是政府间的联合声明、共同宣言、互助协定等形式。对于此类文件，只要经当事国政府主管部门签字批准即可生效，无须经过议会。

从以上几个方面的区别可以看出，执法合作较之司法合作具有更加灵活、更高效率、实施范围更广等特点。然而也正是由于这些特点，使之容易蜕变为不受司法规则约束的傲慢的公权力。从而，我们再一次不禁感慨——安全问题考验着国际社会法律体系的健全与否，考验着全球治理过程中的民主与法治；正如安全问题如何考验着任何一国国内社会民主与法治那样。

四、结语——刑事司法合作的国际对接与国内对接

随着国际反恐态势的发展，情报部门与执法部门常常密不可分，统称为情报执法部门。虽然“历史上情报和执法机构共享信息一直游离于司法监督之外，且该种国际合作形式也一直秘密进行”①。特别是近些年来随着毒品犯罪、金融犯罪、洗钱、走私等重大国际犯罪与恐怖主义犯罪的融合趋势，情报部门和执法部门密切联系并共享信息资源的现实需求已是不争的事实。在中亚、拉美等这些恐怖主义犯罪形态多元化、犯罪呈现“共生态”的地区，情况尤其如此。这一现实趋势还要求诸如国际刑警组织、欧洲警察组织这样的国际组织参与进来，然而随之带来的另一个问题是，缺少相关的国际性、区域性、双边性立法条约，使这些组织或机构运作起

---

① ［美］巴西奥尼：《国际刑法导论》，赵秉志等译，法律出版社2006年版，第312页。

来找不到依据和有效的机制框架，更多地带有随机性、非常规性。

中国人民公安大学的张杰专门提出了“警务外交”的概念。[①]鉴于目前中国执法与行政在实践中具有密不可分的关系。因此在探讨执法部门（主要指公安部）的国际合作的时候，执法合作层面似乎更应该从属于政治外交合作层面，而此处我们在司法协助的框架内讨论警务执法，在法理上应作广义的理解。而这一概念的提出在国内外实践中已经具备了一定基础，如中国在2009年10月颁布的《驻外外交人员法》规定，警务联络官受使馆和派出部门双重管辖，所以警务联络官具有警务人员和外交官的双重身份。(夏丽萍在《领事保护与实践》一书的第328页详细论述了警务联络制度与反恐的关系）这一职责所包含的众多具体内容中，最为重要的是参与司法协助和国际刑警组织的协调工作；2014年西班牙马德里火车站“3·11”恐怖主义爆炸事件，致使欧洲反恐协调员岗位最终设立；此外，由于在反恐国际合作中，证件防伪技术的必要性，从而出于进行数据库的协同管理的必要考虑，最终很多国家与国际刑警组织建立了相关合作。这一系列的立法和司法实践经验的积累，都使得警务外交这一概念的提出在国际反恐合作中具备了必然性与合理性。换一个角度来分析，张杰所定义的“警务外交”其实也就是本文所要论述的国际反恐合作中的“执法合作”层面。

2013年开始实施的《公安机关办理刑事案件程序规定》第十三章就“刑事司法协助和警务合作”进行了详细的阐述和规定。其中第364条指出，公安部是公安机关进行刑事司法协助和警务合作的中央主管机关，通过有关国际条约、协议规定的联系途径、外交途径或者国际刑事警察组织渠道，接收或者向外国提出刑事司法协助或者警务合作请求。地方各级公安机关依照职责分工办理刑事司法协助事务和警务合作事务。其他司法机关在办理刑事案件中，需要外国警方协助的，由其中央主管机关与公安部联系办理。此外，《公安机关办理刑事案件程序规定》第371条还详细阐述了公安机关与国际刑警组织进行警务执法合作的相应程序——“需要通过国际刑事警察组织缉捕犯罪嫌疑人、被告人或者罪犯、查询资料、调查取证的，应当提出申请层报国际刑事警察组织中国国家中心局。”

不同层次国际法实体之间的合作是必要的，包括普遍性、专门性国际组织与区域性国际组织、与国家之间的合作。比如总部位于法国里昂的国际刑警组织，其机构内部拥有一个涵盖全球范围内重大跨国犯罪嫌疑人名单，只需几秒钟就可以进行信息匹配确定可疑目标。该组织正在努力与各国的海关、出入境管理部门建立统一的网络数据库，以便于协调反恐机制，加速反恐预警机制。然而，很多国家出于自身主权独立完整性以及外交关系中诸多敏感因素的考虑，对于与全球性国际组织的合作一般持有谨慎态度，包括很多国家对参与国际法院、国际刑事法院也是同样的态度。因此，在这样一个被很多学者质疑进入“后威斯特法利亚体系”的当今世界中，推动普遍性国际反恐立法机制与合作机制，通过区域性国际组织及以之为基础的区域反恐合作仍然是一个漫长而稳妥可行的道路。

① 张杰：《反恐国际警务合作》，中国政法大学出版社2013年版，第112页。

刑法典中交通刑法体系的立法问题

——以对危险驾驶罪的立法梳理和评析为视角

杨　宁*

一、问题的提出

广义的交通刑法规定发生在道路、轨道、水陆和航空等所有交通领域中的犯罪和刑罚。在我国刑法的危害公共安全罪一章中规定了大量交通犯罪。一般将狭义的交通刑法限定为规定违反交通规则而引起的严重的交通危险的犯罪和刑罚。其中最狭义的交通刑法是指刑法规定的违反道路交通规则而引起严重的交通危险、导致发生重大交通事故的行为。因道路交通占据了交通中最主要的部分，本文在此意义上使用交通刑法和犯罪的概念。我国刑法典中交通刑法体系主要由以下法条组成：第133条的交通肇事罪、第133之一的危险驾驶罪以及第114条、第115条第1款以危险方法危害公共安全罪和第115条第2款过失以危险方法危害公共安全罪。

危险驾驶罪是2011年《中华人民共和国刑法修正案（八）》（以下简称《刑法修正案（八）》）新设罪名。2015年《中华人民共和国刑法修正案（九）》（以下简称《刑法修正案（九）》）对危险驾驶罪进行了大幅修正。从整体来看，危险驾驶罪的创设对于我国交通刑法体系的意义重大。一方面，揭示了我国交通刑法体系的重心从实害犯向危险犯的转移；另一方面，也使得危险驾驶罪成为了提纲挈领理解交通刑法体系的核心。但危险驾驶罪从立法诞生之始便处于争议的旋涡之中，关于危险驾驶罪的性质、内容、其与其他交通犯罪的关系，理论界一直争论不休。

交通领域的犯罪的特殊之处正在于其行为属于日常生活中的一部分，每个交通参与人都可能成为犯罪人。尤其在我国已进行危险驾驶罪立法并不断扩张的情势下，检讨危险驾驶罪的立法问题，可以实现对危险驾驶罪处罚范围的“源头控制”。在实务对于法律适用困境和立法的现状的对比中，可以重新思考危险驾驶罪的实务适用困难的原因。在应然的立法理论与我国实际立法的对比中，能够发现法律缺陷的根源，为立法的进一步完善提供思路。

二、危险驾驶罪的立法回顾

1.《刑法修正案（八）》的立法背景

在2011年之前，我国司法实践中一般只以交通肇事罪对交通犯罪进行处罚。

* 天津大学法学院讲师，法学博士。

但实践中出现了严重违反交通规则的恶性驾驶行为并造成重大交通事故，此时认定为交通肇事罪明显评价不足。为此，2009 年最高人民法院作出了《关于印发醉酒驾车犯罪法律适用问题指导意见及相关典型案例的通知》，将黎景全案和孙伟铭案作为典型案例推广。该司法解释认定两案中的被告“醉酒驾车”发生事故后继续撞击车辆或行人，主观上对危害结果的发生有间接故意。司法解释将导致二次肇事的醉酒驾驶行为认定为构成第 115 条第 1 款的以危险方法危害公共安全罪，认为行为人醉酒驾驶是为了造成公共危害的结果。①

上述两判决可能扭曲了两案件的基本事实：黎景全案和孙伟铭案都无法证明行为人主观上对于危害结果的故意态度。黎景全案件中，黎景全驾驶时血液酒精含量高达 369.9mg/100ml。因此在第二次事故发生之时，他已经处在严重醉酒状态，无法说明对于其他人是否是间接故意。② 应当认为黎景全对于驾驶车辆造成公共安全的危险是故意的，但是对于造成实害结果根据案件的证据只能认定为过失。孙伟铭案件也存在相似的问题。根据该案中的证据只能认为孙伟铭对于死伤结果至少存在过失。③

---

① 理由为醉酒机车犯罪大致分为两种情况：一种是醉酒驾车肇事后，立即停止行驶；另一种是醉酒驾车肇事后继续驾驶，导致再次肇事，即所谓的二次碰撞。第一次碰撞时，一般对危害结果是过失的，应认定为交通肇事罪。而第二次碰撞下，行为人在第一次碰撞时就足以认识到其醉酒驾车行为具有高度的危险性，会对他人的生命造成伤害，但仍然继续驾车行驶，导致更严重的事故。这种状态明显反映出行为人不计后果，对他人伤亡的危害结果持放任态度，主观上具有危害公共安全的间接故意，应认定为以危险方法危害公共安全罪。参见高贵君、韩维中、王飞：《〈关于醉酒驾车犯罪法律适用问题的意见〉的理解与适用》，载《人民司法》2010 年第 1 期。

② 黎景全在上诉理由中反复说明当时自己是失去控制而不是故意撞行人。但广东省高院只给出了如下含糊的结论：“但经鉴定，黎景全案发时血液中乙醇含量为 369.9 毫克/100 毫升，属极其严重的醉酒状态，辨认能力和控制能力严重下降，以致在首度肇事后完全没有必要离开现场的情况下，离开只是出于其本能的反应，对可能给毫无利益冲突的乡亲甚至是好友造成伤害的后果，仅是一种不自觉的放任态度。故其主观恶性与出于发泄不满情绪或者其他不良动机而放任犯罪结果的间接故意犯罪，特别与蓄意危害公共安全的直接故意犯罪有所区别。”参见黎景全以危险方法危害公共安全罪判决书，（2007）粤高法刑一终字第 131-1 号。

③ 孙伟铭无证驾驶车辆，在发生了一起轻微追尾事故后，继续超速行驶，越过道路中黄色双实线与对面车道中行驶的四辆汽车相撞。法院认定：“孙伟铭不计后果，以超过限速两倍以上的速度驾车在车辆、人流密集的道路上穿行逃逸，最终跨越道路黄色双实线，冲撞多辆车辆，造成四死一伤、公私财产损失数万元的严重后果。事实表明，孙伟铭对本次行为可能造成严重危害公共安全的后果完全能够预见，虽不是积极追求这种结果发生，但完全放任这种结果的发生，未采取任何避免的措施，其行为完全符合刑法关于以危险方法危害公共安全罪的构成规定，已构成以危险方法危害公共安全罪。”但是，孙伟铭的行为是一种违规的驾驶行为，而非与放火、爆炸、决水一样的追求死伤结果的行为。换言之，孙伟铭的无证、醉酒、超速驾驶行为是对于公共安全的危险行为，孙伟铭对此存在故意，但是对于造成死伤结果则难以证明是故意。参见孙伟铭以危险方法危害公共安全罪判决书，四川省高级人民法院（2009）川刑终字第 690 号。法院认为孙伟铭不成立过失的理由是“过于自信的过失是一种有认识的过失，即应当避免而没有避免。应当避免是避免义务与避免能力的统一。虽有避免义务，但没有避免能力，仍属于缺乏应当避免这一要件。在过于自信的过失中，行为人认为凭借自己熟练的技术、敏捷的动作、高超的技能、丰富的经验、有效的防范，完全可以避免发生危害结果，但实际上过高地估计了自己的力量，因而未能防止危害结果的发生。在本案中，孙伟铭既没有经过专业培训，也没有通过国家专门部门考核取得机动车驾驶资格，更没有长期丰富的经验、取得熟练的技术及意外处置能力，其酒后高速驾车之行为不仅完全丧失对危害的有效防范，而且大大降低其驾驭危险交通工具的能力。因此，孙伟铭对危害结果的发生没有避免能力，其无证、醉酒、高速驾车发生交通事故，造成重大损害结果的发生是必然的，其主观心理状态上的自信没有客观根据”。

造成上述错误的原因有三点：其一，将刑法第114条和第115条第1款的关系错误地理解为仅包含未遂犯和既遂犯的关系，实际上第115条第1款包含了第114条的既遂犯和结果加重犯两种不同的类型，司法机关认为第115条第1款是第114条的既遂犯，则只能认定第114条以危险方法危害公共安全罪。[①] 其二，对于故意犯罪的理解有误，认为刑法第14条规定的故意犯罪："明知自己的行为会发生危害社会的结果，并且希望或者放任这种结果发生"，将结果认为只是实害，认为故意只能是对实害结果的故意。实际上既存在实害故意，也存在危险故意。其三，没有认识到交通具体危险犯的可罚性，也不区分行为的危险和行为的实害。总之，黎景全案和孙伟铭案凸显了当时我国交通刑法对于如何处理高度危险的驾驶的行为存在的困境。

2. 立法方案的选择

2011年面对我国交通刑法的不足，在刑法修正时对于是否增设交通犯罪进行了激烈的讨论。当时有以下三种主张：一是主张设立抽象危险犯的危险驾驶罪[②]；二是主张增设"危险驾驶致死伤罪"[③]；三是反对设立抽象危险犯的危险驾驶罪，认为单纯的危险驾驶行为只是行政违法行为。[④] 可能的解决思路是将"醉酒驾驶"等严重行为作为交通肇事罪的加重量刑情节[⑤]。

应当认为第三种思路仅勉强将醉酒等严重违规造成的交通事故按照交通肇事罪加重处罚，但无法解决当时更大的难题：高度危险的驾驶行为未发生实际危害时如何处理。而第二种思路是借鉴了日本2001年增设的危险驾驶致死伤罪，即结果加重犯的模式。增设危险驾驶致死伤罪可以对高度危险的驾驶行为发生实害后果的情况进行处罚，但是也存在着第三种思路同样的弊病。第一种观点是当时大多数学者所支持的思路，最终被《刑法修正案（八）》采纳，即用抽象危险犯来对法益进行提前保护。这种方式可以对高度危险的驾驶行为进行处罚，同时对于高度危险驾驶行为造成实害后果的情况也可以通过兼采第三种思路的方法：通过对交通肇事罪的重新解释而得以完成。

相比较而言，第一种思路有明显的优点，但其隐含着两个不容忽视的问题：其一，与我国刑法及其他法律的协调问题。设立危险驾驶罪承认了危险驾驶行为的抽象危险性，则产生新的疑问：危险驾驶行为产生具体的危险应如何处罚？危险驾驶行为造成实害后果应如何处罚？换言之，其与交通肇事罪、以危险方法危害公共安全罪如何协调的问题。该问题至今仍被热议。其二，抽象危险犯本身的缺陷相关。在理想的情况之下，应当是《道路交通安全法》中已经规定了典型的多发的高度危

① 参见张明楷：《危险驾驶的刑事责任》，载《吉林大学社会科学学报》2009年第6期。

② 参见周光权：《有必要在我国增设危险驾驶罪》，载《中国社会科学报》2009年8月18日第7版；周永坤：《对酒后驾车应单独立法并予以严惩》，载《河北学刊》2009年第6期。

③ 参见刘明祥：《有必要增设危险驾驶致死伤罪》，载《法学》2009年第9期。

④ 参见王政勋：《危险驾驶罪的理论错位与现实危险》，载《政法论坛》2011年第3期。

⑤ 参见于志刚：《危险驾驶行为的罪刑评价——以"醉酒驾驶"交通肇事行为为视角》，载《法学》2009年第9期。

险的违法行为类型，刑法中也规定了交通具体危险犯，在国民心中形成了对于某种高度危险行为类型有提前处罚必要的共识，再设立相应的抽象危险犯。现实的情况是：我国法律体系中现实条件不具备，《道路交通安全法》对违法行为的行政处罚尚不完备、刑法中也没有规定交通具体危险犯的情况下；理论准备不充分，缺乏对抽象危险犯所设立的行为类型是否具有典型意义、是否值得处罚的深入研究。在此背景下修法，容易导致抽象危险犯的设立偏离"交通抽象危险犯只是个备胎"的地位，甚至将某些不具有典型性的行为类型作为抽象危险犯。该问题在《刑法修正案（九）》中已经有所展现，下文将继续展开。

本文认为在当时的立法背景下可能还存在着第四种解决思路：设立交通具体危险犯，类似于《日本道路交通法》中设立的醉酒驾驶罪、过劳驾驶罪、刑法中的危险驾驶致人死伤罪的基本犯和德国刑法第315条c的危害公路交通安全罪。该类型犯罪既可以处罚高度危险驾驶行为但尚未发生危害结果的情形，也可以与交通肇事罪、以危险方法危害公共安全罪协调。第四种思路的意义在现行法创设了危险驾驶罪之后依然没有减损。

总之，《刑法修正案（八）》新设了危险驾驶罪包含追逐竞驶和醉酒驾驶两种类型，《刑法修正案（九）》对危险驾驶罪进行了大幅修改，新增了载客超载或超速和违规运输危害品两种行为类型。危险驾驶罪成为了典型的抽象危险犯。①

三、对危险驾驶罪立法的评析

如前所述，危险驾驶罪的创设可以弥补我国实务长期苦恼的危险驾驶行为未造成严重后果情况下的定罪处罚问题，但是难以谓之最佳立法方案。目前，我国现行交通刑法的不足体现为：一方面交通刑法体系上仍然不完整，没有规定交通犯罪的具体危险犯，只能以第114条以危险方法危害公共安全罪来处理高度危险的驾驶行为未造成严重事故时的定罪处罚问题，但是以危险方法危害公共安全罪本身的构成要件不明确、被诟病极多；另一方面危险驾驶罪自身的立法内容有缺陷，主要体现为选取的行为样态不具有作为抽象危险犯的典型性。以下具体分析危险驾驶罪的立法缺陷。

（一）危险驾驶罪作为抽象危险犯的立法缺陷

危险驾驶罪的立法缺陷集中地体现在其规定的行为类型不具有典型的抽象危险的代表性。这造成了司法实践的困难，以违规运输危化物品类型的危险驾驶罪为典型。

抽象危险犯是立法者根据某种行为的一般、典型危险性而设立的犯罪。其立法的依据正在于行为的典型危险性和可以定型性。而违规运输危化物品既没有典型危险性，也不符合定型性的标准。首先，违规运输危化物品不具有危险驾驶的典型危险性。不可否认违规运输危化品行为对公共安全具有很高的危险性。但是这种危险行为并不具有典型代表性。或者说与醉酒驾驶、追逐竞驶、载客超载或超速相比，

① 危险驾驶罪包含着不同的抽象危险犯类型，限于篇幅此处不再赘述。

违规运输危化物品造成严重交通事故的行为比较少见。既然不具有典型性危险，完全可以在造成具体危险时，按照以危险方法危害公共安全罪或者危险品肇事罪来处罚。其次，违规运输危化物品与其余三类行为相比较，最大的差异是构成要件的非定型化。醉酒驾驶之所以成为世界上最常见的危险驾驶类型，正是因为其行为具有较好的类型化特点。抽象危险犯的模式，是立法者对行为危险性判断的垄断，只有当某一类行为仅仅根据行为的描述就能够合理地界定范围时，立法者才应当对其犯罪化。反之，如果立法者将含义不明的行为作为抽象危险犯，则不仅不能实现抽象危险犯仅根据行为判断就成立犯罪的准确性和高效性，反而会造成没有实际危险性的行为被认定为犯罪，而有实际危险性的行为又无法认定为犯罪。举例来说，《危化品管理条例》中规定，行为人应当在指定的路线上驾驶车辆。但是行为人某天换了路线，从闹市区穿过。此时根据法条的表面意思，已经完全符合违规运输危化物品的含义。实际上这种行为并不一定具有相当的危险性。另外值得思考的是：有没有必要将违反危化物品运输的行为设为危险驾驶罪。或许将其作为危险品肇事罪的抽象危险犯更合适。

（二）反思立法缺陷的原因

1. 危险驾驶罪的立法应考察行为是否具有当罚性与要罚性

不是所有对公共交通安全有法益侵害危险性的行为都应当作为犯罪。法益保护是刑法的基本原则之一，但需要注意刑法是法益保护的最后手段。日本学者山中敬一认为将谦抑性与法益保护相结合，在进行犯罪化时，除了考虑当罚性要件之外还需要考虑要罚性。也即当罚性要件是指对行为社会危害性的评价，而要罚性必须考虑国家的刑罚目的，在其他非犯罪化的规范手段均无法保护法益时，才应当动用刑罚。[①] 所谓的要罚性的考虑，在我国可以比较行政法与刑法的处罚范围、程度而得知。如果一种行为在行政法中都不被作为最严重的违法行为处罚，那么刑法也没有必要对其科以刑罚。在《道路交通安全法》中规定的处罚包括：警告、罚款、暂扣、吊销机动车驾驶证、拘留。目前危险驾驶罪的四种类型中能够与《道路交通安全法》中严重违法行为相对应的，仅有“饮酒后驾驶运营机动车”被作为最严重的行政违法行为处以15日拘留并处5000元罚款、吊销机动车驾驶证5年内不得重新考取。追逐竞驶型危险驾驶罪的典型形态是“飙车”，该行为与行政违法中的超过最高限速驾驶有相似性。在《道路交通安全法》第99条中规定超过规定时速50%仅能处以200元至2000元罚款、可以并处吊销机动车驾驶证。载客超载或超速型危险驾驶所对应的客运车辆超载行为在《道路交通安全法》第92条最高也只能处以500元至2000元以下罚款。根据《校车安全管理条例》第50条校车超载依照《道路交通安全法》中的规定从重处罚。而违规运输危化品型危险驾驶所对应的行为在《道路交通安全法》中没有被规定。申言之，醉酒驾驶行为与其他三类行为在行政违法程度上有显著差异，醉驾、饮酒驾驶行为是行政法上最严重的违法行为，而后三类行为则显然并非如此。行政法尚未穷尽处罚此类行为的所有手段，在刑法

---

① 参见［日］山中敬一：《刑法总论》（第2版），成文堂2008年版，第52页。

上也不宜将其入罪。

当然，各国的交通行政法的具体规定影响其要罚性的判断。以日本为例，其道路交通行政法中规定了种类繁多且严苛的行政处罚。以醉酒驾驶罪为代表的交通犯罪没有规定在刑法典中，而是作为行政刑法直接规定在行政法中，其维护交通秩序的属性较保护公共安全更为突出。所以在日本可以承认超速、不携带驾照等驾驶行为的要罚性。我国交通行政法中的行政违法行为种类较少、处罚较轻。危险驾驶罪属于危害公共安全的犯罪而不是危害社会管理秩序的犯罪。在我国难以说明超速、不携带驾照等驾驶行为作为危害公共安全犯罪的要罚性。

2. 危险驾驶罪的立法应符合抽象危险犯的立法模式

即便危害公共交通安全的行为具有当罚性和要罚性，也不应全部作为抽象危险犯入罪。要罚性仅仅是初步肯定刑法应当提供最后的保护，如何保护则需要技术性地考察刑法各种立法模式的优缺点。实害犯、具体危险犯和抽象危险犯都是刑法的立法形式，它们的区别在于对法益保护的阶段不同。其中抽象危险犯是最应慎选的立法模式。立法技术性地提前介入是抽象危险犯的特点。抽象危险犯的犯罪构成中只规定了行为而没有规定侵害或危险的结果，一旦符合了行为及其他要件便成立犯罪。因此在造成重大且无法挽回的实害结果之前，通过抽象危险犯可以实现对法益的提前保护，这是抽象危险犯的优点。但作为硬币的反面，抽象危险犯的缺点是对个人自由造成严重的干预。如果将边界模糊的行为规定为抽象危险犯，一方面无法给个人以明确的行为指导，甚至使得行为人因忌惮于刑罚而完全放弃此类行为，另一方面导致司法上抽象危险犯的处罚范围的无限扩张。为了在法益保护和个人自由之间获得一个适度的平衡，在技术上挑选更合适的行为类型是抽象危险犯独特的立法问题。抽象危险犯的行为要件应当是符合一般生活经验的典型的对法益有侵害危险性。典型性意味着该行为的危险性既被公众认可，也易于被刑法识别、描述和判断。

在严重违反交通行政法的驾驶行为中，醉酒驾驶行为是最具有典型性的。虽然对于醉酒的判断标准可能存在争议，但是高度醉酒造成驾驶人驾驶能力普遍、显著的降低是毋庸置疑的。与醉酒驾驶相类似的是服用药物（毒品、麻醉药品及其他相类药品）驾驶。德国和我国台湾地区仅将醉酒驾驶和服用药物驾驶作为抽象危险犯。日本则将醉酒驾驶和服用药物驾驶作为抽象危险犯处以最重刑罚，并要求醉酒、服药的程度已经达到“有无法正常驾驶之虞的状态”。而除此之外的超速、超载驾驶等行为则难以辨别行为的危险程度。究竟超速、超载达到何种程度才能够显著降低驾驶能力、具有对公共安全的危险性？从生活经验来看，不同的车辆型号、车辆状况、道路情况下以同样程度的超速或超载驾驶发生重大交通事故的可能性有较大的差别，难以总结出典型的行为样态。所以，单纯的超速、超载不宜作为抽象危险犯被立法描述、司法判断。德国和我国台湾地区规定的不能安全驾驶罪均规定在刑法典的危害公共安全一章，均不包含超速、超载等驾驶行为。[①]

3. 危险驾驶罪立法用语应明确

在将具有典型危险性的行为作为抽象危险犯立法时，需要在技术上对行为的描述选用更精确的用语。即便认可超速、超载等驾驶行为是典型的具有危害公共安全的行为，适宜作为抽象危险犯立法，如何选择适当的法律语言以更精确地描述行为是值得深入的问题。当然，立法用语导致的法律适用问题也出现在实害犯、具体危险犯中，但是对于以行为是否存在为最重要判断内容的抽象危险犯来说其危害性更严重，或者致使条文无法适用，或者造成刑罚滥用。

在危险驾驶罪的四种行为类型中，存在明显立法用语问题的是追逐竞驶类型和违规运输危化品类型。"追逐竞驶"非法律用语，在道路交通行政法中没有能与之完全对应的法律概念，能与之相联系的交通行政违法行为是违规超车、不保持安全距离、超过限速等。比较而言，英美法上对于赛车行为的处罚来自行政法中的定义。例如，《英国道路交通法》中规定禁止未经许可在公共道路上进行竞速比赛（Race of speed）并处以刑罚。[②] 该规定内涵明确只包含竞速比赛行为。

在我国实务中对"追逐竞驶"的理解有两种截然不同的做法：其一，最高人民法院第32号指导案例中主张"追逐竞驶"是"一般指行为人出于竞技、追求刺激、斗气或者其他动机，二人或二人以上分别驾驶机动车，违反道路交通安全规定，在道路上快速追赶行驶的行为"。[③] 简言之，"追逐竞驶"是二人以上驾车快速追赶的行为。其二，认为"追逐竞驶"的范围不限于二人飙车的行为，一人的竞速赛车行为也属于"追逐竞驶"。[④] 在学理上对于"追逐竞驶"的理解偏向于实务中的后者，即认为行为人在道路上高速、超速行驶，随意追逐、超越其他车辆、频繁、突然并线，近距离驶入其他车辆之前的危险驾驶行为。[⑤] 但是，对于近距离驶入其他车辆之前等妨害行为是否能解释为"追逐竞驶"尚存疑问。

违规运输危化品类型危险驾驶罪的法条仅言"违反危险化学品安全管理规定运输危险化学品"。第一，以"空白罪状"描述抽象危险犯极其不妥。"空白罪状"是将构成要件的具体规定委任于相刑法之外的法律法规，其不明确性长期被人诟病，[⑥] 当用它规定实害犯、具体危险犯时，因为构成要件中除行为要件之外还有结果等其他要件，其不确定性可以得到一定程度的弥补。例如，交通肇事罪中规定

---

① 超速、超载等其他危险驾驶行为可以采取实害犯或者具体危险犯的立法模式。实害犯或具体危险犯的犯罪构成中实害结果或具体危险作为结果要件，可以有效地限制处罚的范围。德国刑法中的第315条c危害公路交通安全罪中将饮酒、服用药物、错误超车等严重违反交通规则的行为造成具体危险的规定为犯罪。德国学者罗克辛认为这是一种"危险结果加重犯"，损害的具体危险导致了更严厉的刑罚。参见［德］克劳斯·罗克辛：《德国刑法学总论（第1卷）》，王世洲译，法律出版社2005年版，第221页。

② 参见修法小组：《部分国家或地区对追逐竞驶行为处罚的规定》，载《道路交通管理》2015年第8期。

③ 参见2014年12月18日最高法院第八批指导案例第32号：《张××、金×危险驾驶案》。

④ 一人为追求刺激等目的在公共道路上超速、随意并线、超越其他任意车辆的行为被法院认定为"追逐竞驶"危险驾驶犯罪。参见北京市东城区人民法院（2015）东刑初字第01025号判决书。

⑤ 参见张明楷：《刑法学》，法律出版社2011年版，第637页。

⑥ 参见张建军：《论空白罪状的明确性》，载《法学》2012年第5期。

“违反交通运输管理法规”，可以说其行为要件也是不完全的，但是“因而发生重大事故”的结果要件对其进行进一步的补充说明，则可以确保犯罪构成相对的明确化。换言之，即便是严重违反交通运输管理法规的行为，但没有造成重大事故，不构成交通肇事罪。当以“空白罪状”规定抽象危险犯时，因为抽象危险犯的犯罪构成中重行为要件无结果要件，则无法对不明确的构成要件进行明晰化，更遑论对其进行限定。我国《危险化学品管理条例》、《道路危险货物运输管理》中驾驶人义务的内容包括：依法取得从业资格、具备危险化学品知识、配备应急处置设备、长时间停车的安全防范措施、及时报告义务等。是否一旦实施了严重违反驾驶人上述义务的行为就可以构成本罪？第二，“运输”化学品的范围广于危险驾驶罪的共同要件：在道路上“驾驶”机动车，将导致行为范围的不当扩大。有学者认为该立法的规定已经使得本款变为危险“运输”危化品的犯罪。对于在运输危化品途中因住宿需要较长时间停车时，驾驶人员和押运人员没有采取相应的安全防范措施的也构成危险驾驶罪中的违规“运输”危化品行为，换言之“从事危险化学品运输的，即使没有驾驶行为，也要保证危险化学品的安全防范，否则将构成危险驾驶罪”。①第三，以“危及公共安全的”作为情节要素亦无法弥补行为要件模糊的缺陷。“危及公共安全的”是作为对违规运输危化品行为抽象危险性的一种情节要求。② 但是抽象危险犯的特性正在于通过行为要件将典型的具有对法益侵害危险性的行为规定为犯罪。“危及公共安全的”依然表示的是违规运输危险化学品行为的内在属性，而不是侵害结果。如果行为的基本要素的描述模糊，则无法衡量其是否危及公共安全。例如，行为人无从业资格在道路上驾驶运载危险化学品的车辆，违反了行政法的规定，但是否“危及公共安全”，则只能在具体行为事实中把握。或许可以等待司法解释或者指导案例对于本款犯罪的进一步说明，但是该款“空白罪状”的根本问题仍然有待解决。

四、结语

从《刑法修正案（八）》的立法背景梳理中，可以发现将其作为抽象危险犯立法以填补我国立法漏洞的定位是十分明确的。而仔细分析《刑法修正案（九）》对危险驾驶罪的大幅修正，可以发现载客超载或超速和违规运输危化品两种类型明显不符合抽象危险犯所需要的自身的高度危险性和明确性，以及缺乏与驾驶能力降低的实质违法性的相关性，应当认为是科学性的有待商榷的立法。同时，抽象危险犯的行为类型应当是危险犯行为类型中易于从立法上进行判断的，一般人对该行为的危险性应当具有高度的认同。最后，危险驾驶罪是一种对保护法益免受实际损害的“补充（截堵）构成要件”，是万不得已才设立的最后一道防线。

① 参见彭文华：《危险驾驶行为入罪的必要性与可能性——以〈刑法修正案（九）〉的相关规定为视角》，载《法学论坛》2015年第4期。

② 刑法第130条非法携带枪支、弹药、管制刀具、危险物品危及公共安全罪，也规定了“危及公共安全的”，一般认为该罪是具体危险犯。

从我国刑法典交通刑法体系的整体来看，今后若要构建一个更完备的法律体系，则应该包含抽象危险犯、具体危险犯和实害犯三种犯罪类型，且各法条内容与所属犯罪类型的特点应相一致，而条文之间又需尽量协调。这样的任务不可谓不艰巨。从目前我国的立法来说，先从将危险驾驶罪立法的科学化入手，是一条现实可行的完善途径。

经济刑法20年来犯罪化趋势及检讨

孙国祥*

1997年我国修订后的《刑法》施行以来，为因应经济改革、社会变迁对刑法调整的需求，迄今已作过十次补充和修正（一个决定和九个刑法修正案）。从20年来刑法修正内容看，经济刑法是重点，9次刑法修正案涉及《刑法》141个分则条文，其中涉及分则第三章破坏社会主义市场经济秩序罪的修改有50个条文，接近分则条文修改总数的35%强。[①] 经济刑法不但是我国刑法修改、完善中最活跃的领域，而且经济刑法的修改内容，基本上是增加罪名或加重对某些犯罪的刑罚，[②] 从而凸显了20年来经济刑法犯罪化、重刑化的总体趋势。本文限于篇幅，仅就经济刑法立法犯罪化趋势作回顾与检讨。

一、经济刑法20年犯罪化概览

所谓犯罪化，“系指通过刑事立法手段或刑事法规的解释和适用，将本来不属于犯罪的行为，赋予刑罚的法律效果，而成为刑事制裁的对象”。[③] 立法机关对经济刑法犯罪化的实现，大致通过显性的（通过直接增加罪名）和隐性的（通过犯罪构成要素的修正）立法方式实现。

（一）直接增加新罪名

20年来历次刑法修正增加的经济犯罪罪名有：（1）骗购外汇罪。（2）隐匿、故意销毁会计凭证、会计账簿、财务会计报告罪。（3）妨害信用卡管理罪。（4）窃取、收买、非法提供信用卡信息罪。（5）虚假破产罪。（6）背信损害上市公司利益罪。（7）骗取贷款、票据承兑、金融票证罪。（8）背信运用信托财产罪。（9）违法运用资金罪。（10）利用未公开信息交易罪。（11）组织、领导传销活动罪。（12）对外国公职人员或者国际公共组织官员行贿罪。（13）虚开发票罪。（14）持有伪造的发票罪。

（二）对犯罪构成要素作调整，立法扩大原罪名的涵摄范围

1. 扩大犯罪主体范围

（1）《关于惩治骗购外汇、逃汇和非法买卖外汇犯罪的决定》将逃汇罪的犯罪主体由“国有公司、企业或者其他国有单位”修改扩展为“公司、企业或者其他单位”。（2）《刑法修正案（四）》将原《刑法》第152条“走私废物罪”的主体

---

* 南京大学法学院教授，博士生导师。江苏省刑法学研究会会长。

① 本文所称的经济刑法，仅指刑法分则第三章“破坏社会主义市场经济秩序罪”所涉内容。

② 参见郎胜：《在构建和谐社会的语境下我国刑事立法的积极与谨慎》，载《法学家》2007年第5期。

③ 许福生：《刑事政策学》，中国民主与法制出版社2006年版，第70页。

扩大到“单位”。(3)《刑法修正案(六)》将原《刑法》第161条“违规披露、不披露重要信息罪”的主体由“公司”扩大到“公司、企业”。(4)《刑法修正案(六)》将原《刑法》第163条规定的“公司、企业人员受贿罪”的主体范围扩大到了公司、企业之外的“其他单位的工作人员”,罪名也因此改为“非国家工作人员受贿罪”。

2. 增加具体经济犯罪的行为方式

(1)1999年《刑法修正案》在《刑法》第225条“非法经营罪”中增加了一项“未经国家有关主管部门批准,非法经营证券、期货、保险业务的”的行为。(2)《刑法修正案(四)》将《刑法》第155条“在内海、领海运输、收购、贩卖”国家禁止或者限制进出口物品、货物的走私行为扩大到“内海、领海、界河、界湖”。(3)《刑法修正案(五)》在《刑法》第196条“信用卡诈骗罪”中增加了“使用以虚假的身份证明骗领的信用卡的”规定。(4)《刑法修正案(六)》在《刑法》第161条“违规披露、不披露重要信息罪”中增加了“对依法应当披露的其他重要信息不按规定披露”的行为方式。(5)《刑法修正案(七)》在“非法经营罪”中增加了“非法从事资金支付结算业务的”规定。(6)《刑法修正案(八)》在《刑法》第153条“走私普通货物、物品罪”中增加了“一年内曾因走私被给予二次行政处罚后又走私的”构成走私罪的规定。(7)《刑法修正案(八)》在《刑法》第226条“强迫交易罪”中增加了“强迫他人参与或者退出投标、拍卖,强迫他人转让或者收购公司、企业的股份、债券或者其他资产,强迫他人进入或者特定的经营领域”三种行为方式。

3. 扩展具体经济犯罪的对象范围

(1)1999年《刑法修正案》在《刑法》第174条“擅自设立金融机构罪”、“伪造、变造、转让金融机构经营许可、批准文件罪”中,增加了“证券交易所、期货交易所、证券公司、期货经纪公司、保险公司”。(2)《刑法修正案(七)》在《刑法》第180条“内幕交易、泄露内幕信息罪”、第181条“编造并传播证券、期货交易虚假信息罪”、“诱骗投资者买卖证券、期货合约罪”、第182条“操纵证券、期货市场罪”中,增加了期货交易所、期货交易的内幕信息、期货交易的虚假信息、期货交易价格等。(3)《刑法修正案(三)》将《刑法》第191条“洗钱罪”的对象扩大到恐怖活动犯罪的违法所得及其产生的收益;《刑法修正案(六)》则将其进一步扩大至“贪污贿赂犯罪、破坏金融秩序犯罪、金融诈骗犯罪的所得及其产生的收益”。(4)《刑法修正案(四)》将《刑法》第155条规定的“走私固体废物罪”的对象扩大到液态废物、气态废物,其罪名也因为修改为“走私废物罪”。(5)《刑法修正案(六)》将《刑法》第164条“对非国家工作人员行贿罪”的对象扩大到“公司、企业或者其他单位工作人员”。(6)《刑法修正案(七)》将《刑法》第151条“走私国家禁止进出口的货物、物品罪”的对象扩大到“走私珍稀植物及其制品等国家禁止进出口的其他货物、物品”。

4. 对经济犯罪数额的种类和构罪标准作了修正

(1)原《刑法》第186条“违法发放贷款罪”和187条“吸收客户资金不入

账罪”以“造成较大损失”、“造成重大损失”等实害结果作为构罪条件,《刑法修正案(六)》改为发放贷款和吸收客户资金不入账“数额巨大或者造成重大损失的”作为构罪条件,即由单一的损失数额修改为“涉案数额”或者“损失数额”,从而扩大了入罪范围。(2)《刑法修正案(八)》将《刑法》第153条“走私普通货物、物品罪”由原“具体数额犯”修改为“相对数额犯”,为日后司法根据形势需要调整起刑数额标准预留了空间。

5. 对主观要素做调整

(1)将《刑法》第187条第1款“吸收客户资金不入账罪”修改为“吸收客户资金不入账罪”,删去了“以牟利为目的”的主观要素。(2)删除了《刑法》第168条规定的“国有公司、企业人员失职罪、滥用职权罪”中“徇私舞弊”目的。(3)《刑法修正案(六)》删除了《刑法》第182条“操纵证券、期货市场罪”中的“获取不正当利益或者转嫁风险”的主观要件。

6. 修正了部分犯罪的既遂形态,原结果犯、目的犯、数额犯修正为危险犯或者情节犯

(1)《刑法修正案(四)》放宽了原《刑法》第145条规定的“生产、销售不符合标准的医用器材罪”定罪标准,将原条文规定“对人体健康造成严重危害的”结果犯修改为“足以严重危害人体健康的”危险犯。(2)《刑法修正案(六)》将《刑法》第188条“违规出具金融票证罪”中“造成较大损失”(结果犯)修改为“情节严重”(情节犯)就可以构成。(3)《刑法修正案(六)》将刑法第161条“违规披露、不披露重要信息罪”由结果犯修改为“结果犯”或“情节犯”。(4)《刑法修正案(八)》删除了原《刑法》第141条规定的“足以严重危害人体健康”要素,行为人只要生产、销售假药,就可以构成犯罪,修改为行为犯。

二、经济刑法犯罪化趋势的理论争议和辨析

不难发现,20年来,刑法修正案或者创设经济刑法保护的新法益,或者通过刑法干预的早期化、扩大化等方式强化了原有法益的保护力度。由此,在经济犯罪领域,伴随着经济发展所衍生的诸多问题,在经济领域中又产生了一股与整体刑法发展相反的运动,即犯罪化趋势。[①]

(一)经济刑法犯罪化的理论争议

学界对经济刑法犯罪化进程有着截然不同的评价。

1. 对经济刑法犯罪化的批评与质疑

理论界,有不少学者认为我国经济刑法明显存在着调整范围过度的现象。[②] 经济刑法成为屡次刑法修正关注的对象,且犯罪圈越来越大,这与契约主义刑法观的失守和机能主义刑法观的兴起有关,后者立足于积极的一般预防理论与目的合理的刑法体系的尝试,把刑法当成了一种社会控制的工具,从而带来了经济刑法的“肥

① [德]克劳斯·梯德曼:《西德经济刑法——第一和第二经济犯罪法之检讨》,许玉秀译,载《刑事法杂志》1988年第2期。

② 何荣功:《经济自由与刑法理性:经济刑法的范围界定》,载《法律科学》2014年第3期。

大症”现象。[①] 由此，从应然的层面，应停止经济刑法的犯罪化作业，朝着非犯罪化的方向前行。所依据的主要理由主要有：

（1）经济刑法领域广泛的犯罪化与刑法及刑事政策的发展趋势相矛盾。除罪化（非犯罪化）是现代刑法与刑事政策的重要发展趋势。[②] 刑法在解决社会矛盾中的作用也是有限的，尤其是在经济领域，刑法不能过于前置，代替其他法规范的作用，易言之，不能动辄使用刑法。因为“从根本上说，各种经济关系与经济矛盾还是通过市场的自发调整得以解决，过分严厉的刑罚与市场经济的内在逻辑本身是矛盾的”。[③] 因此，“我国当前的任务不是实行犯罪化，而是应当推进非犯罪化”。[④]

（2）广泛的犯罪化违背了刑法谦抑性的原则。谦抑性是刑事立法的重要原则，尤其是经济刑法，更应坚持二次性、后盾法的秉性。而在犯罪化的进程中，一些本可以作为民事、行政法律调整的关系动用刑法，有违刑法谦抑性原则。例如，有学者认为，“在刑事领域，可以考虑将以下行为进行从宽或者无罪化的处置：《刑法》第160条欺诈发行股票、债券罪，《刑法》第174条擅自设立金融机构罪，《刑法》第176条非法吸收公众存款罪，《刑法》第187条吸收客户资金不入账罪，《刑法》第252条非法经营罪”。[⑤]

2. 对经济刑法犯罪化的肯定和吁求

学界也有许多学者对经济刑法犯罪化趋势持肯定和赞成的观点。其理由大体从实然和应然两个层面展开。

从实然的角度看，经济刑法的犯罪化是社会经济发展的客观需要。从应然的层面看，本来就应加大经济刑法的犯罪化力度。例如，有学者指出，“对经济生活中出现的很多问题，可以多运用刑法解决。对经济生活中的不良现象，可以大幅度进行犯罪化处理，但刑罚要轻缓。经济生活中的不良行为多来自贪财动机，因而，对这种犯罪主要适用经济、资格、名誉等非生命刑和非人身自由处罚方法去惩罚，刑罚方法必须多样化。这样，在经济生活中出现的和可能出现的问题，既可以充分地利用刑法武器，又可以防止所谓的刑罚滥用”。[⑥] 从应然的角度分析，我国刑法目前介入社会经济生活的广度和深度都是不够的。20世纪末，学者就指出，现实中不存在经济刑法规范过多、适用于经济犯罪的刑罚量过大的问题，不断制定新的经济刑法规范、增设新罪名、进一步严厉打击经济领域中的犯罪，仍然是我国立法、司法部门应努力的方向。[⑦] 即使1997年新修订的刑法实施以后，仍然有学者吁求，应严密我国经济犯罪的刑事法网，扩大经济犯罪的轻罪范围。[⑧] 换句话说，“刑法规

---

① 姜涛：《经济新常态与经济刑法体系创新》，载《法学》2016年第7期。

② 参见林山田：《刑法通论》（上册），北京大学出版社2012年版，第52页。

③ 陈兴良：《走向哲学的刑法》，法律出版社1999年版，第468页。

④ 刘艳红：《我国应该停止犯罪化的刑事立法》，载《法学》2011年第11期。

⑤ 张洪成：《非法集资行为违法性的本质及其诠释意义的展开》，载《法治研究》2013年第8期。

⑥ 王牧：《我国刑事立法的发展方向》，载《中国刑事法杂志》2010年第1期。

⑦ 杨春洗等：《我国当前经济犯罪问题研讨会暨中国法学会刑法学研究会1995年年会综述》，载《国家检察官学院学报》1995年第4期。

⑧ 刘华：《论经济犯罪的刑事政策》，载《法学》2003年第11期。

定的内容应当与当下社会保护法益的需要保持一种最大限度的一致性，尤其是在‘自由给安全让路’的观念已经深入人心的现代社会，刑法更应当牢牢地当好各部门法的后盾，为个人的安全和社会的秩序筑起坚实的防线”。[①]“对经济生活中出现的很多问题，可以多运用刑法解决。对经济生活中的不良现象，可以大幅度进行犯罪化处理。”[②]

（二）经济刑法犯罪化趋势合理性思考

经济刑法的犯罪化抑或非犯罪化，肯定说和否定说各执一端，抽象地看逻辑上似乎都能自洽。特别是非犯罪化的刑法发展趋势，更为许多刑法学者趋之若鹜。但犯罪化抑或非犯罪化，都是社会建构的现实存在，并非完全是单纯的刑法理论论证。如果脱离具体的社会情境，仅仅抽象地以刑法的谦抑性和刑法发展的整体趋势为价值依据，取代经济生活现实的刑法调整需要，有失偏颇。站在封闭的刑法理论立场，从一般的原则论证中获得结论，并不困难，但结论是否科学和符合社会经济刑法需要则令人心生疑窦。因为“犯罪是一种社会政治现实，而不是一个自然现象……只有当这个基本的事实被人们所理解，我们才可能理性地解决选择的问题，即适当运用刑事制裁的相关标准”。[③] 犯罪化或者非犯罪化的论证，必须结合广泛的社会背景以及从时代的社会关系出发，即刑法如何回应现代社会，如何在现代社会中发挥其功能，而不是通过刑法理论的所谓趋势而强加社会的抉择。

在笔者看来，经济刑法犯罪化趋势的合理性至少有以下几种支撑性的依据：

第一，社会转型时期的特殊背景。经济的迅速发展，催生了各种新型社会关系，经济工具的现代化，由此产生了新的保护的必要性，即不断产生新类型的法益。经济犯罪形式也随之复杂化，刑法对经济危害行为的规制常常慢一拍，漏洞百出，需要与供给“不足”的矛盾始终存在，这一特殊的政治经济背景是经济刑法发展所绕不过去的宏观变量，市场经济秩序这一法益保护的使命促使经济刑法“全力以赴”应对，客观上为经济刑法的扩张与完善创造了条件，提供了动力。无论是新增加的罪名抑或在原罪名基础上对构成要件所作的调整，都体现了经济刑法的现实需要。有些是为了填补1997年《刑法》修订时留下的明显漏洞。例如，对《刑法》“徇私舞弊造成亏损、破产罪”修改，就修补了原罪名对国有公司、企业、事业单位的工作人员由于严重不负责任或者滥用职权无法追究刑事责任所形成的尴尬。有些行为（如传销行为）原本已经通过司法解释纳入了刑法调整范围（非法经营罪），但该行为的独特特征，符合单立罪名的条件，故刑法修正案采增设罪名的方式。诸如此类，针对市场经济发展过程中出现的一些新的犯罪情况，及时充实经济刑法以严密法网，是现实需要的反映，总体上应该肯定。

第二，符合经济刑法发展的特点。与普通刑法相比，经济刑法的历史较短，人们对经济领域中危害行为的认识有一个逐渐深化的过程，经济刑法本身也需要在犯罪化的进程中累积成形。“犯罪化并非也不可能仅仅体现为立法者对犯罪的一次规

① 陈璐：《犯罪化如何贯彻法益侵害原则》，载《中国刑事法杂志》2014年第3期。

② 王牧：《我国刑事立法的发展方向》，载《中国刑事法杂志》2010年第1期。

③ ［美］哈伯特·L. 帕克：《刑事制裁的界限》，梁根林等译，法律出版社2008年版，第361页。

模化的集中作业。受人的主观认识能力局限性的影响，立法者对于犯罪的评定不可能一次就无遗漏地完成。”[①] 不仅仅在我国，各国经济刑法的发展史，事实上也是不断扩大经济刑法的干预范围，加以犯罪化的历史。例如，在德国经济犯罪领域，伴随着经济发展所衍生的诸多风险问题，经济领域中又产生了一股与整体刑法发展相反的运动，即犯罪化趋势[②]。尤其是单位犯罪的增加，符合经济刑法本来的规制方向，因为现代经济刑法侧重的就是对各类单位为了单位利益而实施的犯罪进行有效规制。正如国家刑事立法机关官员所预测的，“在国家迅速发展的过程中，新的社会矛盾、新的问题、新的挑战仍将不断涌现。推动刑法不断发展的基本动因也不可能有根本上的改变。因此，在相当一段时期内刑法立法的活跃态势仍将持续”。[③]

实际上，这也不是我国所独有的现象。当前世界各国刑法对于经济领域的犯罪都有一种打击前置化、规制严厉化的趋势，善于将经济制度之运作、交易制度之信赖等抽象而集体性的概念作为保护法益而成为立法正当化的依据，呈现刑罚积极主义的倾向以及刑法基本原理机能退化的特征。[④] 在德国，犯罪化趋势在许多领域都有体现，其中重要领域之一是经济刑法。[⑤] 正如我国学者指出，“犯罪圈的不断扩大，刑事立法日益活性化绝非我国刑事立法所独有，而是当代刑法变迁的世界性趋向”。[⑥] 我国经济刑法犯罪化的趋势实际上与各国经济刑法发展的逻辑具有一致性。

第三，经济制度的变革客观上给经济犯罪的变量产生影响。实际上，扩大经济刑法的干预范围，这与经济自由主义的相对性不无关系。一段时期，新自由主义主张经济领域中的自由化、私有化和市场化。认为“离开了市场就谈不上经济，无法有效配置资源，反对任何形式的国家干预”。[⑦] 经济越自由，经济发展就越好。但新自由主义过度强调市场的作用，也不可避免地形成其本身的局限性。“生产力的发展还使各种经济组织和经济联系日趋复杂，经济形势变化莫测，各种机遇和风险大为增加，从而为经济犯罪提供了更为便利的条件。于是，西方的经济犯罪逐渐走出了上层社会的圈子，成为一种在社会中泛滥成灾的现象。”[⑧] 如近年来持续发酵的金融危机，与一些国家放弃或者缺乏对金融机构有效监督分不开。市场经济下无序竞争的副作用，没有法律包括刑法对市场秩序的维护，矛盾和问题就会不断积累和扩大，从而威胁到整个经济秩序的安全。因此，不断健全经济刑法具体内容，预防和惩治各种经济犯罪，是现阶段各国所采取的普遍措施。从这一意义上说，作为

---

① 郑丽萍：《犯罪化与非犯罪化并趋——中国刑法现代化的应然趋势》，载《中国刑事法杂志》2011年第11期。

② ［德］克劳斯·梯德曼：《西德经济刑法——第一和第二经济犯罪法之检讨》，许玉秀译，载《刑事法杂志》1988年第2期。

③ 郎胜：《在构建和谐社会的语境下谈我国刑法立法的积极与谨慎》，载《法学家》2007年第5期。

④ 参见谢煜伟：《检视日本刑事立法新动向——现状及其课题》，载《月旦法学杂志》2009年第2期。

⑤ ［德］埃里克·希尔根多夫：《德国刑法学：从传统到现代》，江溯、黄笑岩等译，北京大学出版社2015年版，第27页。

⑥ 梁根林：《刑法修正：维度、策略、评价与反思》，载《法学研究》2017年第1期。

⑦ 吴乐珺等：《人民日报：新自由主义风光不再》，载《人民日报》2014年6月3日。

⑧ 杨诚：《从美国经济刑法得到的启示和借鉴》，载《法学》1991年第1期。

经济工具的经济刑法，本身附属于经济发展而发展。

第四，刑法法益保护的路径发生了显著的变化。现代社会，经济秩序已经成为人类社会的基本条件，考虑到经济法益保护的重要性以及风险社会的时代特征，刑事政策上的侵害预防成为经济刑法的重要机能，在此背景下，经济刑法正日益表现出主动性的特点。正如德国学者所指出，经济刑法的“立法修正工作，不在于为经济犯罪行为确立一个体系概念，亦不从传统保护法益保护之秩序观点着眼，而系根据刑事诉讼实务经验，决定有无修正法律之必要”。① 事实上，经济刑法所保护的法益通常是“超个人的法益”（集体法益：整体的经济秩序及其重要部门，如信用市场、资本市场、营业竞争秩序、非现金的交易制度等），本身就具有抽象性，与此相应，抽象的危险构成成为“对抗经济犯罪的重要手段”。② 即刑事政策上的积极一般预防的倡导，为实现刑法法益保护机能，提倡应将新类型的法益侵害行为入罪化，从而扩大了刑法的干预范围，尽管没有明确的普遍接受的犯罪化和非犯罪化的标准，但这种刑事政策上的抉择仍然得到了社会的肯认。即从趋势上看，“随着工业社会的发展以及全球化带来的风险与矛盾的增加，在‘自由给安全让路’的观念深入人心的当代社会，人们更加关注的是刑法的‘预防性’、‘及时性’和‘严密性’，因此立法上的谦抑主义必将遭遇一定程度的削减，表现为立法的继续犯罪化趋势”。③

正是基于以上理由，笔者倾向于肯定说的观点，概言之，经济刑法的发展，不在于是否契合刑法整体的发展趋势，而应由自身的发展逻辑来决定，现阶段经济刑法的犯罪化进程有一定的合理性。

三、经济刑法犯罪化趋势的检讨——警惕经济刑法的过度犯罪化

笔者虽然肯定现阶段经济刑法的犯罪化进程有合理性，但这并不代表对立法修正中的犯罪化所有设定都认同。社会发展尽管需要经济刑法的犯罪化进程，但犯罪化绝不是无限制的、任性的。多年来我国经济刑法超常规的快速发展，犯罪化处于一种强势地位，不但给社会传递了刑法万能主义的思维，而且由于法条膨胀，形成了太多的法条竞合、想象竞合，叠床架屋式的规定，给司法适用带来了诸多困扰。由此，质疑经济刑法犯罪化进程的否定说观点，具有警示意义。笔者认为，未来经济刑法犯罪化进程应秉承谨慎和有限原则，以防止过度犯罪化。对此，笔者具有如下初步思考。

（一）审慎地平衡经济刑法干预经济活动与经济自由的界限

经济刑法的发展，事关人的经济活动的自由度与政府权力的界限。虽然犯罪化是目前经济刑法发展无可避免的选择路径，但在这进程中，仍需要追问和明辨犯罪化的实质理由，防止经济刑法扩张过程中对国民的经济自由过度干预、过度犯罪化

① ［德］克劳斯·梯德曼：《西德经济刑法——第一和第二防制经济犯罪法之检讨》，载《刑事法杂志》1987年第1期。

② 林东茂：《危险犯与经济刑法》，五南图书出版公司1999年印行，第95页。

③ 陈璐：《综合主义刑法观念的提倡》，载《法制日报》2014年4月30日。

而造成经济刑法的“肥大化”。在应然层面，一些学者提出了不少经济领域中需要犯罪化的清单。例如，有学者提出，应增加协议垄断罪、滥用市场支配地位罪和非法集中罪以及骗取社会福利罪等。[①] 在笔者看来，这些犯罪化的候选对象能否立法“转正”，需要接受犯罪化一般原则的检验和过滤。至少需要考虑以下内容：

1. 任何行为的犯罪化应该以实质性的具体法益侵害为依据

法益侵害虽然是犯罪化的实质依据，但如前所述，由于经济刑法的法益界定为整体经济秩序（在我国称之为市场经济秩序），具有高度的抽象性，法益的高度抽象性无法为立法提供一个可以在法律上作为基础的和在内容上令人满意的界限。[②] 导致立法者可以保护抽象的经济秩序名义而扩张经济刑法变得轻而易举，从而可能弱化法益的犯罪化限制机能。对此，不少学者提出了强化实质性的具体法益侵害对经济刑法犯罪化的基础性意义。经济刑法之父梯德曼教授曾指出，在经济刑法中，即使存在抽象危险犯的立法，仍需要损害或具体危险之发生及证明其发生为必要。此种抽象危险犯之规定，实意味着可罚性之重大扩张，此种扩张，只有当抽象之危险在刑事上已属应罚之情形下，方能容忍。[③] 换句话说，具体到经济刑法，面对破坏经济秩序的行为，并不意味着可以不经慎重地选择就加以犯罪化。[④] 在我国，经济刑法承载着为经济发展“保驾护航”的历史使命，而这并不意味着凡是有害于市场经济秩序的行为都要予以犯罪化。泛泛而论的市场经济秩序终究是抽象的，犯罪化应当建立在具体法益受侵害或者威胁的基础性上。例如，骗取贷款的行为，抽象的贷款秩序不应是危害的实质，而应是金融机构的贷款安全。基于贷款安全的考虑，用欺骗的方法获取贷款只有在造成金融机构损失或者贷款风险的情况下才能构成。据此，《刑法》第 175 条之一规定的“骗取贷款、票据承兑、金融票证罪”的构成要素设定就存在一定的问题，该罪的罪状表述为“以欺骗手段取得银行或者其他金融机构贷款、票据承兑、信用证、保函等，给银行或者其他金融机构造成重大损失或者有其他严重情节的行为”，最高人民检察院、公安部《关于公安机关管辖的刑事案件立案追诉标准的规定（二）》第 27 条规定，“以欺骗手段取得贷款、票据承兑、信用证、保函等，数额在 100 万元以上的”，应予立案追究刑事责任。这就是说，即使没有损失或者金融机构也没有造成损失的危险，只要采取了欺骗行为，取得 100 万元以上的贷款，就可以构成犯罪。然而在笔者看来，单纯的欺骗行为，其目的可能只是为了获取贷款，并不必然威胁到贷款安全，在没有威胁贷款安全的情况下，对刑法所需要保护的法益没有形成实质性的危险，仅仅是一种违反贷款准则的一般违规行为，不应将此种行为加以犯罪化。[⑤]

---

① 王良顺：《保护法益视角下经济刑法的规制范围》，载《政治与法律》2017 年第 6 期。

② ［德］克劳斯·罗克辛：《德国刑法学总论》（第 1 卷），王世洲译，法律出版社 2005 年版，第 14 页。

③ ［德］克劳斯·梯德曼：《西德经济刑法——第一和第二防制经济犯罪法之检讨》，载《刑事法杂志》1987 年第 1 期。

④ 林东茂：《危险犯与经济刑法》，五南图书出版公司 1996 年印行，第 74 页。

⑤ 孙国祥：《骗取贷款罪司法认定的误识与匡正》，载《法商研究》2016 年第 5 期。

2. 重视经济犯罪预防的替代模式

无法否认的现实是，犯罪化具有经济犯罪的预防功能。但同样不得不接受的另一事实是，经济刑法的犯罪化进程并没有完全阻遏经济犯罪严重化的发展，这说明犯罪化的预防效果具有局限性，单纯依靠犯罪化无法从根本上起到预防经济犯罪的作用。尽管在法益保护面前，人们总是希望刑法冲锋在前，但不能高估经济刑法的作用。国家的法益保护体系中，不同的法律所承担的任务应有合理的分配，对经济秩序的维护，经济刑法不应也不可能独挑大梁。有学者认为，刑法保护是最高等级的法律保护。① 虽然人们总是希望获得最高等级的保护，但如果能够用低级别的保护达到同样目的的情况下，就不能轻易动用"最高级别"保护，立法意义上的刑法"二次性"是有道理的。经济刑法的立法更应注意其"二次性"法的性质。因为"经济活动、经济行为有一定的特殊性，决定了法安定性对于经济活动具有特殊的意义！企业家的冒险——商业性风险——可以也应当在原则上不受刑事司法的制约"。② 市场经济的发展必然会衍生出新型犯罪形式，当经济犯罪日趋严重时，刑法的介入是必然的，但是应当慎重干涉，法治国所公认的刑事立法的"比例原则"和"最小限度原则"对犯罪化起到限缩作用，否则"就会影响经济发展的动力和活力……当能用其他非刑事法律解决问题时，刑法就要退居二线，非刑法不能干预时，也应尽量使用轻缓的刑罚"。③ 如前所述，经济刑法大规模的犯罪化中，"在立法上出现了对经济活动领域的一些无序、失范行为，在没有取得规律性认识，没有动用民商法、经济法和行政法手段予以有效调整的情况下，就匆忙地予以犯罪化，纳入刑罚圈的现象，是刑罚的触须不适当地伸入经济活动的某些领域"。④ 实际上，经济犯罪的预防而言，由于刑法作用的有限性，应考虑尽可能地采取一些刑罚之外的替代模式。例如，更多是依靠企业或者行业的自制对企业的合规行为进行自我管理，企业内部良好的合规计划以及合规义务的推行，一定程度上能够减少经济犯罪的发生，体现了经济犯罪治理的多元化。

3. 贯彻责任主义的原则

不法与责任是犯罪成立的核心要素，责任主义要求对公民定罪量刑必须以"责任"为前提，被告人必须具有故意或过失以上的过错才能承担刑事责任。我国刑法历来强调主客观相统一的原则，因此，经济刑法的犯罪化也不能违背基本的责任主义原则。梯德曼教授曾指出，在经济刑法的发展过程中，有主张"经济刑法之犯罪构成要件，尤应在不使用诸如举证责任之倒置、责任之推定或责任要素之放弃等与法治国原则不符之立法技巧之情形下，简化证明程序。此种主张经常被提出，其可

① 王世洲：《刑法保护是最高等级的法律保护——主译序》，载［德］克劳斯·罗克辛：《德国刑法学总论》（第2卷），王世洲等译，法律出版社2013年版，第2页。

② ［德］克劳斯·梯德曼：《德国经济刑法导论》，周遵友译，载赵秉志主编：《刑法论丛》2013年第2卷（总第34卷），法律出版社2013年版，第28页。

③ 孙战国、杜宪苗：《论刑法犯罪化的延伸边界》，载《河南社会科学》2007年第4期。

④ 参见储槐植：《罪刑矛盾与刑法改革》，载《中国法学》1994年第5期。

行性却有争论”。[①] 我国学者也指出，“由于经济犯罪大都属于法定犯，属于法律‘禁止的恶’，其违法性程度本来就较自然犯为低，所以，国家在将该类行为犯罪化时，要尽可能克制”。[②] 此外，虽然传统的责任原则，违法性认识错误不影响责任的认定。但经济刑法规制的犯罪通常是法定犯，由于“在附属刑法与经济刑法中允许的界限经常是这么难以辨认”，容易陷入禁止性错误。[③] 因此，经济刑法领域，违法性认识错误不可避免的场合，应阻却责任的存在。[④] 然而，从刑法修正案的规定看，越来越多地适用推定确定犯罪故意，故意的意志因素也正在故意认定中被淡化，这种责任要素的淡化抑或虚置都是需要进一步论证的，经济刑法发展的特殊性必须在法治国的基本框架内，逾越法治基本原则的犯罪化是不应该被接受的。

（二）应重视经济刑法中的非犯罪化需要

现代刑事政策的实践是犯罪化与非犯罪化并非截然两分，不是单向度的犯罪化或者非犯罪化，而是相伴而生、并行不悖。犯罪化的同时，应认真评估在经济刑法领域中，是否存在过剩的、不合时宜的规定。“罪刑圈因应社会情势作适宜调整，是确保刑事立法时代品格的必然选择，但这一变动宜呈现扩张与紧缩并立的双向性，方能反映社会生活的全貌。”[⑤] 在体制转型过程中，计划经济思维在经济刑法中仍然有许多残余，有些罪名带有浓厚的制度转型色彩，随着市场经济体制的完善，这些罪名已经完成了历史使命，已经彰显了除罪化的需要，需要及时清理。[⑥] 多位学者列出了非犯罪化的罪名清单。有学者认为，应将“伪造、编造、转让金融机构经营许可证、批准文件罪”，“伪造、变造股票、公司、企业债券罪”，“擅自发行股票、公司、企业债券罪”，“伪造、变造国库券罪”和“国库券诈骗罪”属于单纯秩序不法，缺乏法益侵害，因而应当予以“去罪化”。[⑦] 也有学者认为，不侵犯国家和社会在经济活动中的经济利益的犯罪（包括非法经营同类营业罪和高利转贷罪等），侵犯国家和社会在经济活动中的经济利益的程度不严重，行政处罚或者民事责任足以为之提供有效保护的法律保护的犯罪（主要有生产、销售伪劣产品罪，虚报注册资本，虚假出资、抽逃出资罪以及骗取贷款罪等）。[⑧] 换句话说，一些寄生于计划经济体制基础上的罪名，早就应该被时代所抛弃。遗憾的是，历次刑法修正中，经济刑法的非犯罪化（除罪化）实践只在个别修正案中虽有所体现，总体上未受到足够的重视，屈指可数的是：《刑法修正案（七）》对偷税罪（罪名已

① ［德］克劳斯·梯德曼：《西德经济刑法——第一和第二防制经济犯罪法之检讨》，许玉秀译，载《刑事法杂志》1987年第1期。

② 何荣功：《经济自由与刑法理性：经济刑法的范围界定》，载《法律科学》2014年第3期。

③ ［德］克劳斯·罗克辛：《德国刑法学总论》（第2卷），王世洲译，法律出版社2013年版，第29页。

④ 孙国祥：《违法性认识错误的不可避免性及其认定》，载《中外法学》2016年第3期。

⑤ 刘沛谞：《出罪与入罪：宽严相济视阈下罪刑圈的标准设定——一个基于实证范例的考察》，载《中国刑事法杂志》2008年第1期。

⑥ 有学者将非法经营罪、虚报注册资本罪、抽逃出资罪等都归属于此类犯罪。参见何荣功：《经济自由与刑法理性：经济刑法的范围界定》，载《法律科学》2014年第3期。

⑦ 魏昌东：《中国经济刑法法益追问与立法选择》，载《政法论坛》2016年第6期。

⑧ 王良顺：《保护法益视角下经济刑法的规制范围》，载《政治与法律》2017年第6期。

经修改为“逃税罪”）进行了大幅修改，将原刑法中的部分偷税行为予以非犯罪化。[①]《刑法修正案（六）》对《刑法》第182条“操纵证券、期货市场罪”的修改，删除了“相互买卖并不持有的证券”行为，某种意义上，也使该罪有一定的限缩。全国人大常委会2014年4月24日通过的《关于〈中华人民共和国刑法〉第一百五十八条、第一百五十九条的解释》规定：“刑法第一百五十八条、第一百五十九条的规定，只适用于依法实行注册资本实缴登记制的公司。”也就是说，现行公司法对注册资本实行注册资本实缴登记制、认缴登记制两种形式。刑法第158条、第159条规定的“虚报注册资本罪”、“虚假出资、抽逃出资罪”只适用于依法实行注册资本实缴登记制的公司，不适用于认缴登记制的公司。无疑缩小了该罪的适用范围。

四、结论

社会转型是经济刑法发展的内在依据，在构建市场经济体制的背景下，完善法律是健全市场经济秩序的重要内容，经济刑法作为规制经济失范行为的手段，在经济体制转型中应当有自己的担当。由于社会矛盾变动不居，常换常新，犯罪化的任务也就永无止境。“犯罪化实际上是一个永无终局的过程，是刑法嬗变、发展永远的旋律之一。”[②] 那种要求停止犯罪化的主张殊不可取。但经济刑法大规模的、超常规的犯罪化也带来了过剩之危险，犯罪化中一些罪名和罪状设置已经有过度干预之端倪，刑法万能主义的思维同样需要警惕。由于经济生活中充满着各种失范现象，若将所有的经济失范行为皆纳入经济刑法的规制法网，则可能导致人们的经济行为动辄受罚，无法充分地展现市场经济的活力。社会对经济危害行为的手段应该是多元的，通过经济刑法达到维护经济秩序有效但有限，经济刑法犯罪化的应秉承审慎之精神，面对经济刑法犯罪化需要时，仍应坚持必要性、谦抑性和法益侵害性等刑事立法的一般政策，未来经济刑法的发展，应在犯罪化与非犯罪化交替出现中平稳而不是激进前行。

---

① 严格地讲，该款并非非犯罪化的规定，而仅仅是处罚阻却事由。只要行为人的逃税行为符合刑法第201条第1款的规定，并具备其他责任要素，其行为就成立逃税罪，只是还不能发动刑罚权而已。参见张明楷：《逃税罪阻却处罚事由》，载《法律适用》2011年第8期。但在实务中，没有处罚必要的行为通常也就不再作为犯罪追究刑事责任，因此，事实上成为非犯罪化的事由。

② 郑丽萍：《犯罪化与非犯罪化并趋——中国刑法现代化的应然选择》，载《中国刑事法杂志》2011年第11期。

回顾与展望：危害食品安全犯罪刑事立法 20 年

张伟珂[*] 杨 朔[**]

一、前言

20 世纪 90 年代初，随着我国社会主义市场经济体制的进一步发展，市场主体的利益诉求呈现出多元化的趋势，生产、销售伪劣食品的犯罪现象也随之变得突出起来。始于 20 世纪 80 年代以重大责任事故罪惩治危害食品安全犯罪的立法已经难以满足司法治理的现实需要。为了遏制、防范此类犯罪行为，全国人大常委会于 1993 年专门通过《关于惩治生产、销售伪劣商品犯罪的决定》（以下简称《决定》）对生产、销售不符合卫生标准的食品犯罪和生产、销售有毒、有害食品犯罪作了明确规定。① 由此也奠定了此后 20 余年我国危害食品安全犯罪刑事立法的基本框架。而今，回顾 20 年食品安全刑事立法的发展、完善，我们会发现，如何在保持立法稳定性的同时又能在复杂多变的犯罪形势面前实现立法的高效性、前瞻性，成为食品安全刑事立法发展始终面临的问题。

二、食品犯罪刑事立法的历史脉络

（一）1997 年刑法典关于危害食品安全犯罪的刑事立法

1. 关于生产、销售不符合卫生标准的食品罪的立法问题

在修订研讨过程中，有人认为，生产、销售不合格食品，造成严重食物中毒或者其他严重食源性疾患的后果才负刑事责任，这一规定在实践中很难执行。因为，这类犯罪的受害者是不特定的社会公众，有的由于发病潜伏期长，是否有这一后果，很难查证，即使有人中毒或发生严重的食源性疾患，其发病期与所用食品之间的因果关系也很难举证。为此，立法机关经研究，将生产、销售不符合卫生标准的食品犯罪由原来规定的结果犯修改为危险犯，放宽了构成犯罪的条件。不再要求必须造成实际危害后果才构成犯罪，只要足以造成严重食物中毒事故或者其他严重食源性疾患即成立犯罪。② 同时，在刑罚方面，调整了刑罚的档次，将以违法所得改

---

[*] 中国人民公安大学警体战训学院讲师，法学博士。

[**] 北京市第一中级人民法院刑二庭法官，法学硕士。

① 参见高铭暄：《中华人民共和国刑罚的孕育诞生和发展完善》，北京大学出版社 2012 年版，第 344-345 页。

② 参见《中央有关部门、地方及法律专家对刑法修订草案（征求意见稿）的意见》，载高铭暄、赵秉志编：《新中国刑法立法文献资料总览（下）》，中国人民公安大学出版社 1998 年版，第 2162 页。

为销售金额作为罚金数额的判断标准，同时丰富了法定刑的量刑档次。[①] 经过此次修订，新刑法典第143条把生产、销售不符合卫生标准的食品罪规定为："生产、销售不符合卫生标准的食品，足以造成严重食物中毒事故或者其他严重食源性疾患的，处三年以下有期徒刑或者拘役，并处或者单处销售金额百分之五十以上二倍以下罚金；对人体健康造成严重危害的，处三年以上七年以下有期徒刑，并处销售金额百分之五十以上二倍以下罚金；后果特别严重的，处七年以上有期徒刑或者无期徒刑，并处销售金额百分之五十以上二倍以下罚金或者没收财产。"

2. 关于生产、销售有毒、有害食品罪的立法问题

关于生产、销售有毒、有害食品犯罪，立法机关在《决定》的基础上增加了"销售明知掺有有毒、有害非食品原料的食品"的行为，以适应打击犯罪的需要。对于是否应该把"明知"作为惩治销售伪劣商品行为的构成要件，立法机关认为，如果行为人主观上不知道其销售的系掺有有毒、有害的非食品原料的食品，根据主客观相一致原则，就不能认定其具有犯罪故意，也就不能按犯罪处理，所以增加明知的要求是必要的。[②] 同样，对于本罪的法定刑也进行了调整，把违法所得改为销售金额作为罚金数额的比照标准，同时丰富了法定刑的量刑档次。经过这些修改和调整，刑法典在第144条规定了生产、销售有毒、有害食品罪，即"在生产、销售的食品中掺入有毒、有害的非食品原料的，或者销售明知掺有有毒、有害的非食品原料的食品的，处五年以下有期徒刑或者拘役，并处或者单处销售金额百分之五十以上二倍以下罚金；造成严重食物中毒事故或者其他严重食源性疾患，对人体健康造成严重危害的，处五年以上十年以下有期徒刑，并处销售金额百分之五十以上二倍以下罚金；致人死亡或者对人体健康造成特别严重危害的，依照本法第一百四十一条的规定处罚"。

（二）《刑法修正案（八）》对危害食品安全犯罪立法的修订

2011年5月实施的《刑法修正案（八）》对刑法第143条、第144条进行了修订，以适应犯罪治理的现实需要。

之所以对上述两个条款进行修改，与刑事立法的滞后性、不科学性具有密切关系。就刑法第143条来说，该条文滞后于2009年新修订的食品安全法，难以与之充分衔接。2009年全国人大常委会通过食品安全法，规定由国务院卫生行政部门对这些标准中的强制性标准予以整合，统一公布为食品安全国家标准。随着食品安全法将"食品卫生标准"改为"食品安全标准"，刑法中关于"不符合卫生标准"的表述与食品安全法的规定不协调。除此以外，在法定刑方面，一是这两个条文的法定刑设置明显偏低，轻的可以判处拘役或者单处罚金，处罚太轻。二是对于伪劣食品的生产者在追究上遇到困难。虽然刑法规定这两个罪名的立法本意是要严厉打击伪劣食品的生产、销售者，但实践中有的部门认为，刑法规定对危害食品安全犯罪

① 参见全国人大常委会法制工作委员会刑法室编：《中华人民共和国刑法条文说明、立法理由及相关规定》，北京大学出版社2009年版，第224-227页。

② 参见《第八届全国人大常委会第二十三次会议分组审议刑法修订草案的意见》，载高铭暄、赵秉志编：《新中国刑法立法文献资料总览（下）》，中国人民公安大学出版社1998年版，第2187页。

除判处自由刑外，还规定要以销售金额作为比照标准认定罚金的数额，但对生产出来还没有销售出去的，不存在销售金额问题，该不该追究刑事责任，如何判处罚金数额，有时存在认识分歧，导致部分劣质食品的生产者没有得到应有的惩处。[①] 正是基于对这些问题的认识和反思，《刑法修正案（八）草案二审稿》第 24 条、第 25 条对刑法第 143 条、第 144 条进行了修订，并在此后的三审中顺利通过，被《刑法修正案（八）》采纳。[②]

对于刑法第 143 条，《刑法修正案（八）》从罪状和法定刑两个方面进行了修订。在罪状方面，将原条文中的“不符合卫生标准的食品”修改为新的“不符合安全标准的食品”，将原条文中的“足以造成‘食源性疾患’”改为“食源性疾病”，从而与 2009 年食品安全法的表述相一致；在法定刑上，在取消单处罚金的同时，丰富适用较重刑罚的法定条件。在原条文要求“对人体健康造成严重危害”的基础上，增设“或者有其他严重情节”的，作为适用第二档法定刑的法定情节。同时，删除原条文以“销售金额百分之五十以上二倍以下”计算罚金数额的规定，直接规定“并处罚金”，即取消以销售金额作为罚金数额的裁量标准。对于刑法第 144 条，此次修订主要是对法定刑进行调整。一是删除原条文中拘役或者单处罚金的规定；二是对第二档次、第三档次的加重情节进行修改，即删除原条文第二档次“造成严重食物中毒事故或者其他严重食源性疾患”之条件，增加“或者有其他严重情节的”规定；在原条文第三档次“处十年以上有期徒刑、无期徒刑或者死刑”的条件中，将“或者对人体健康造成特别严危害的”修改为“或者有其他特别严重情节的”，从而扩大了加重处罚的适用条件。

值得注意的是《刑法修正案（八）》（草案）（二审稿）中新增了食品安全监管渎职犯罪，即“在刑法第四百零八条后增加一条，作为第四百零八条之一：‘负有食品安全监督管理职责的国家机关工作人员，滥用职权或者玩忽职守，导致发生重大食品安全事故或者造成其他严重后果的，处五年以下有期徒刑或者拘役；造成特别严重后果的，处五年以上十年以下有期徒刑。’”

三、食品犯罪刑事立法的改革特点

（一）在社会层面，食品安全刑事立法积极回应了刑事政策的要求

如何根据犯罪形势，在刑法层面实现从严治理的政策要求，积极回应公众对食品安全的期待，缓和严峻的犯罪形势，成为刑事立法必须面对的问题。

1. 回应社会公众诉求。

贯彻从严惩治的食品安全刑事政策，是对公众需求的积极回应。这一点，在 2011 年《刑法修正案（八）》对食品安全犯罪的系统修订时体现得更为明显。《刑法修正案（八）》（草案）中并不涉及食品安全犯罪立法的修订问题，但是在该草案征求意见以后，有的常委会组成人员、代表、部门和社会公众提出，近年来食品

---

① 参见黄太云：《〈刑法修正案（八）〉解读》，载《人民检察》2011 年第 7 期。

② 参见赵秉志主编：《〈刑法修正案（八）〉理解与适用》，中国法制出版社 2011 年版，第 210 页。

安全方面的违法犯罪出现了一些新情况，刑法有关规定应及时作出相应调整，还应与全国人大常委会2009年通过的食品安全法相衔接，并进一步明确负有食品安全监督管理职责人员渎职行为的刑事责任。① 因此，《刑法修正案（八）》（草案）（二审稿）中增加了新的条款对刑法第143条和第144条进行修订。由此看来，此次修订主要通过加大刑事处罚的力度来回应公众诉求。在社会舆论的层面上，危害食品安全犯罪频发，与刑法的威慑性不足有密切关系。正如有观点在分析影响全国的三聚氰胺奶粉事件时所提到的，公安机关在"办案中查获的涉嫌生产销售数十吨三聚氰胺问题奶粉的主犯，最后只判了三年有期徒刑，而且缓刑三年。这样的打击力度不足以震慑犯罪，也不足以制止这种犯罪行为的继续发生"。② 而此次修订删除原条文中拘役或者单处罚金，对加重情节进行修改的规定，都体现出了对民意的接纳。

2. 加强部门法律协调。

刑法作为部门法的最后保障法，对于食品安全领域行政法规范的实施具有重要作用。因此，对于行政犯罪来说，刑法需要依照行政法律的规定设置合理的犯罪行为，从而实现行政法与刑法之间的紧密衔接，建立严谨的违法行为与犯罪行为相互对应的犯罪网络。在食品安全领域，1997年刑法典中规定了生产、销售不符合卫生标准的食品罪，但随着2009年食品安全法的实施，"食品卫生标准"被"食品安全标准"所代替，刑法第143条原规定中的"生产、销售不符合卫生标准的食品"的认定就难以找到准确的行政法依据，因此，修订刑法第143条，就成为加强两个部门法之间协调性的现实要求。正如有学者所提到的，食品安全法修订以后，刑法中关于危害食品安全犯罪的罪名设置表现出了滞后性。一些违反食品安全法的犯罪行为难以用刑法准确定性。比如在刑法第143条"生产、销售不符合卫生标准的食品罪"中，其使用的概念"卫生标准"明显低于"安全标准"。③ 可以说，《刑法修正案（八）》（草案）（二审稿）对刑法第143条罪状的修改，将其中的"不符合卫生标准"修订为"不符合安全标准"正是基于食品安全领域行政与刑法协调统一的及时回应。

3. 加大刑事治理力度。

不管是立法者顺从民意，还是实现部门法之间的衔接，在法律效果上都可以视为加大了对危害食品安全犯罪的刑事治理力度，积极贯彻危害食品安全犯罪刑事政策。客观而言，从严惩治的刑事政策，既可以通过增加刑罚的严厉性，建立重刑的刑罚体系和重罚的裁量标准予以实现，也可以对罪状到法定刑进行技术调整，构筑严密的刑事网络，从而确保具有严重社会危害性的行为得到应有的刑法评价并可以适当的刑罚。从《刑法修正案（八）》的修订情况来看，立法者显然倾向于从罪

① 参见李适时：《全国人民代表大会法律委员会关于〈中华人民共和国刑法修正案（八）（草案）〉修改情况的汇报》，载全国人大网：http：//www.npc.gov.cn/huiyi/lfzt/xfxza8/2011－05/10/content_1666051.htm，2017年5月22日访问。

② 参见杨华云：《公安部官员称食品安全刑罚力度不足以震慑犯罪》，载《新京报》2010年8月30日。

③ 参见杜萌：《专家称严惩食品安全犯罪亟须修订刑法》，载《法制日报》2010年9月21日。

状到法定刑两个方面进行适度调整，不追求单纯的重刑、重罚，而是在严密法网的前提下适度提高法定刑的标准、丰富法定刑的情节。比如，食品安全标准的内容包括了食品通用标准、产品标准、生产经营规范和检验方法标准等多个内容，食品卫生标准只是其中的一个组成部分。如果不对刑法第143条进行修订，就会导致不符合食品安全标准但是在卫生标准上合规的食品难以得到应有的法律评价，从而产生治理上的漏洞。因此，《刑法修正案（八）》虽然只是修改了罪状中的一个词，但却有助于严密法网，加大对不法行为的治理力度。相应的，在法定刑的“加重情节”中增加量刑情节，可以使更多能够反映行为社会危害性程度的情节得到法定认可，既有助于统一司法裁量标准，更重要的是以加重情节的形式出现，可以提高刑罚适用的强度，从而提高刑法的威慑性。

（二）从规范层面上看，食品安全刑事立法呈现出较高的稳定性

一是维持犯罪归属的稳定性。河南瘦肉精案件和三鹿奶粉事件在食品安全形势治理领域具有重要的司法价值。这不仅源于其对于部分主要犯罪人适用了死刑立即执行，而且在定性上将其认定为以危险方法危害公共安全犯罪，从而在食品安全领域确立了以危害公共安全犯罪认定的司法标志。当然，这两起案件也将食品安全犯罪在立法上一直存在的争议性问题进一步凸显出来，即危害食品安全犯罪在犯罪性质上究竟应认定为危害公共安全犯罪还是破坏社会主义市场经济秩序的犯罪。对此，有学者认为，“刑法对于食品安全的规定，是食品安全管理制度的一个方面，是严重违反食品安全管理制度的人要承担的最严重的责任，因此，也应当符合食品安全管理制度的职能。将食品安全相关的罪名归入危害公共安全类犯罪，是符合食品安全管理目的的”。[①] 但是，到目前为止，刑法历次修订都没有改变危害食品安全犯罪的犯罪定位，仍然将社会主义市场经济秩序作为其主要的犯罪客体来对待。当然，从危害后果的角度来看，不管是“足以造成严重食物中毒事故或者其他严重食源性疾病”的生产、销售不符合安全标准食品的行为，还是生产、销售有毒有害食品的行为，客观上都存在危及公共安全的后果，但是以此为考虑而将此类犯罪认定为危害公共安全犯罪，就必然涉及危害食品安全犯罪的体系性调整，即不仅要把生产、销售此类食品的行为规定为危害公共安全犯罪，而且还要把涉及此类食品投入公共领域的行为都规定为犯罪，这样才能实现立法体系调整的目的。否则，仅仅将刑法第143条、第144条从刑法第三章调整第二章，不仅不能实现加强惩治的目的，而且会导致刑法体系的变动（其他生产、销售伪劣产品的行为也与公共安全具有密切联系）。因此，在没有充分协调刑法体系的情况下，不宜为了凸显其危害公共安全的属性而对立法进行调整。

二是保持不法类型的稳定性。从形式上来看，刑法第143条、第144条涉及的不法行为仅是生产、销售行为；涉及的行为主体只有生产者、销售者，但食品安全法修订后，将原来食品卫生法中的生产、销售行为改为生产、经营行为（包括食品

① 参见刘伟：《风险社会语境下我国危害食品安全犯罪刑事立法的转型》，载《中国刑事法杂志》2011年第11期。

销售和餐饮服务)，同时，食品安全法对食品以及食品添加剂、食品相关产品的生产经营者以及监管者规定了相应的义务。这样一来，当他们违反义务应承担刑事责任时，在刑法中却不能找到恰当的罪名。[①] 客观而言，这些问题都是司法实践中的突出问题，面对危害食品安全行为的多样性、复杂性，仅仅将生产、销售行为规定为犯罪必然会带来立法上的疏漏。但是从立法发展情况来看，立法者始终没有对危害食品安全行为的不法类型进行丰富，仍然保持着这两种主要的不法行为。不过，这并不意味着司法实践出现的生产、销售行为之外的不法行为不能受到法律追究，从当前的情况来看，最高司法机关通过司法解释的方式充实了不法行为的类型。比如，2013 年 5 月最高人民法院、最高人民检察院联合发布《关于办理危害食品安全刑事案件适用法律若干问题的解释》(以下简称《解释》) 明确规定，明知他人生产、销售不符合食品安全标准的食品，有毒、有害食品，提供资金、贷款、账号、发票、证明、许可证件的，提供生产、经营场所或者运输、贮存、保管、邮寄、网络销售渠道等便利条件的，提供生产技术或者食品原料、食品添加剂、食品相关产品的，提供广告等宣传的，以生产、销售不符合安全标准的食品罪或者生产、销售有毒、有害食品罪的共犯论处，从而以共同犯罪的形式解决了相关不法行为的定性问题。

三是罚金刑、资格罚有限调整。从立法影响来看，这种有限性主要表现为罚金刑的有限扩张和资格罚的缺位。对于破坏市场经济犯罪来说，罚金刑和资格刑是重要的预防犯罪的手段。行为人之所以从事危害食品安全犯罪的行为，主要目的往往不在于侵害公众的人身健康和生命安全，而是为了谋取利益。因此，要实现犯罪预防的效果，不仅要确保刑法的及时实现，而且要为其配置合理的刑罚，利用罚金刑、资格罚的优势来震慑犯罪。然而，从现行规定来看，罚金刑、资格罚的适用的都不尽如人意。一方面，《刑法修正案（八）》取消了单处罚金的规定，同时取消以销售金额作为罚金数额的裁量标准。这一规定虽然避免了单处罚金这一轻缓的处罚方式，但是没有规定罚金刑的最低限额，导致罚金刑适用走向了另一个极端。因为该规定极易导致司法人员在缺乏判断标准的情况下量刑过于随意，使其失去应有的威慑力。另一方面，食品安全刑事立法上资格罚的适用没有得到足够的重视，存在缺位的嫌疑。虽然《刑法修正案（九）》明确规定了职业禁止，对于“因利用职业便利实施犯罪，或者实施违背职业要求的特定义务的犯罪被判处刑罚的，人民法院可以根据犯罪情况和预防再犯罪的需要，禁止其自刑罚执行完毕之日或者假释之日起从事相关职业，期限为三年至五年”。但由于这一规定没有明确针对食品安全犯罪而予以认定，因此，在何时适用于食品安全犯罪问题上难以实现其立法目的。[②]

① 参见杜萌：《专家称严惩食品安全犯罪亟须修订刑法》，载《法制日报》2010 年 9 月 21 日。

② 参见张伟珂：《食品安全犯罪刑事司法政策经验研究》，载《中国人民公安大学学报》2017 年第 3 期。

四、食品犯罪刑事立法的实践审视

（一）刑事立法的保守与司法解释的灵活交织

保守性主要表现在不法行为的类型没有因为食品安全法的修订而系统改变。我们可以从三个方面了解食品安全法的显著变化：（1）从行为方式来看，原食品安全法中的食品生产和流通（销售）在新食品安全法中修改为生产、经营（销售和餐饮）；除此以外，食品的贮存、运输也被新食品安全法明确列为调整范围。这样一来，食品安全法明确调整的行为方式已经发生了变化，并且这种变化也在“法律责任”一章中得到体现。当然，这种行为方式的变化也必然导致行为主体责任的变化，如食品安全法第132条就规定了食品贮存、运输、装卸违法行为的法律责任。（2）从调整对象来看，食品添加剂、食品相关产品的生产经营和使用也被明确列为食品安全法的调整范围。因为食品添加剂和食品相关产品是食品生产经营中必不可少的物质，与食品安全息息相关，可以说没有食品添加剂和食品相关产品的安全，就没有食品安全。所以食品安全法需要对食品添加剂和食品相关产品的生产经营活动，以及食品生产经营者使用食品添加剂、食品相关产品进行规范和调整。[①] 这些变化对食品安全刑事立法提出了新的要求。但是2009年以后，刑法典只是通过一次修正案对刑法第143条的罪状作出了局部修改，没有系统性的完善食品安全刑事立法。这不仅导致食品添加剂、食品相关产品等能否成为食品安全犯罪的犯罪对象产生争议，而且在犯罪行为的方式是否仅限于生产、销售行为，生产者、销售者以外的其他人是否可以成为此类犯罪的主体都引起了巨大的社会争议。可以说，刑事立法稳定性是以其保守的立场为基础的。

当然，犯罪形势的变化需要我们加大对不法行为的治理力度，尤其是对于情节严重的食品安全违法行为来说，如果不能建立与之相应的刑事责任追究，极易导致犯罪治理上的漏洞。面对刑事立法的保守做法，最高司法机关以司法解释的方式担负治理犯罪的现实责任。除了上述提到《解释》第14条关于共犯的规定以外，第10条规定：“生产、销售不符合食品安全标准的食品添加剂，用于食品的包装材料、容器、洗涤剂、消毒剂，或者用于食品生产经营的工具、设备等，构成犯罪的，依照刑法第一百四十条的规定以生产、销售伪劣产品罪定罪处罚。”从内容上来看，该解释条文根据食品安全法对食品添加剂和食品相关产品的规定，明确了生产、经营不符合食品安全标准的上述两类行为的性质，有助于统一司法裁判标准，解决理解上的分歧。但是，第14条关于共同犯罪的规定却没有能够很好地处理贮存、运输不符合安全标准食品行为的刑事责任问题，相应的，对于贮存者、运输者在没有参与共同犯罪的情况下，在何种条件下可以认定为犯罪仍然不明确，这也导致行政责任与刑事责任难以实现充分衔接。同时，虽然第14条的规定具有重要的实践意义，但是将片面帮助行为共犯化的做法，不无超越刑法规范进行越权解释的

① 信春鹰主编：《中华人民共和国食品安全法解读》，中国法制出版社2015年版，第6页。

嫌疑。[①] 基于此，笔者认为，司法解释的灵活性固然可以在一定程度上弥补刑事立法稳定性所带来的不足，但它毕竟只是司法解释对现行法律适用的疑难问题所做的阐释和说明，不能超越刑法立法的规定，因此，以司法解释来补充刑事立法的做法是值得商榷的。

（二）刑事立法与行政立法的协调与割裂并存

我们应当注意到刑事立法与行政立法在食品安全领域仍然在相互割裂的情形，典型表现就是“有毒有害非食品原料”这一构成要素的存在。

刑法第144条生产、销售有毒有害食品罪的核心构成要素是“有毒有害的非食品原料”。作为本罪的重要特征之一，有毒有害的非食品原料并非食品安全法中的概念。改革开放以后，我国相继颁行了五部食品安全领域的行政法律、法规，分别是1979年8月28日发布的国务院《食品卫生管理条例》，1983年7月1日起试行《食品卫生法（试行）》，1995年10月30日公布实施的《食品卫生法》，2009年6月1日起施行《食品安全法》以及2015年系统修订后的现行《食品安全法》。上述立法中，只有《食品卫生法》第39条第2款使用了“有毒有害的非食品原料”一语。除此以外，大都沿用了1993年以前刑法修订草案中使用的“含毒”、“其他有害食品”等表述。2009年版以及现行的《食品安全法》也没有使用“有毒有害非食品原料”的概念，而是用了“食品、食品相关产品中的致病性微生物、农药残留、兽药残留、重金属、污染物质以及其他危害人体健康物质的限量规定”一语，通篇没有明确把“掺入有毒有害的非食品原料”作为食品安全标准规范中的禁止性行为。这五部法律甚至没有对“非食品原料”进行明确阐释。可以说，现行刑法关于“有毒有害的非食用原料”之表述，不是援引了食品安全行政法律规范的规定。至于立法者当时是从何种角度来理解这一构成要件并明确犯罪的界限，难以从现有的规范文件中予以查明。因此，笔者认为，“有毒有害的非食品原料”原本是一个大众性的社会化用语，而非行政性的规范化表述。也正是因为该犯罪中的这一构成特征难以在行政立法得到合理解释，因此，在理论和实践中该如何理解“有毒有害非食品原料”的内涵产生了较大分歧。

作为行政犯罪来说，行政法规范往往是解释犯罪构成要件要素的基础，但食品安全法与刑法在“有毒有害非食品原料”这一范畴上的割裂，却使犯罪构成失去了应有的明确性。从根源上来说，这种脱离行政法规范本身而去创设性地设置构成要素的做法，是对食品安全领域专业性的背离。之所以这样讲，是因为“有毒有害”在食品安全问题上本身就是一个高度模糊的词汇，在任何忽视“量”去谈“毒性”都是不科学的情况下，单纯讨论“非食品原料”的毒害性必然导致犯罪圈的随意扩张。毕竟，绝大多数的非食品原料都可能给人体造成伤害，只是在何种含量的情况下才会导致而已。其实，从刑法第143条关于生产、销售不符合安全标准食品罪的认定来看，不符合食品安全标准的食品，只有在足以造成严重食物中毒或者其他严

① 参见赵秉志、张伟珂：《食品安全犯罪司法认定问题研究》，载《中南民族大学学报》2017年第2期。

重食源性疾病的情况下才能认定为犯罪。其中不符合食品安全标准的食品，就包括了违规掺入非食品原料的情形。从食品安全的角度分析，只有掺入的非食品原料具有毒害性的情况下，才会足以造成严重危害人体健康的危险状态。就此而言，刑法第 144 条专门把在食品中掺入有毒有害非食品原料的行为独立成罪的合理性不无疑问。当然，从适用的角度来看，可以通过立法或者司法解释的方式来明确“有毒有害非食品原料”的内涵，从而使满足法治原则下明确性的要求，但是概念本身的非专业性必然会给解释带来困难，凸显行政立法与刑事立法相互割裂造成的现实困境。正如《解释》第 20 条规定四类物质应当认定为“有毒、有害的非食品原料”，但因不够科学而引起极大的司法争议。①

五、结语

食品安全刑事立法 20 年，也是我国运用刑事法制积极有效地惩治危害食品安全犯罪行为的历史时期，但是也让我们看到了刑法工具主义对立法活动的深刻影响。在立法中，过于关注犯罪形势和公众诉求，缺乏对立法修改的科学性、规范性分析，所造成的结果就是刑事立法的操作性存在极大的实践障碍，并侵蚀着法治国的权威性。在笔者看来，食品安全刑事立法的改革之路，提醒立法者要注重行政犯罪的特殊性和专业性。在食品安全领域，刑事立法活动要尊重食品安全科学规律，建构与行政立法相协调、统一的违法、犯罪体系，这才是应当恪守的原则要求。

① 参见赵秉志、张伟珂：《食品安全犯罪司法认定问题研究》，载《中南民族大学学报》2017 年第 2 期。

刑法颁行20年来操纵证券市场罪立法问题研究*

郭　研**

一、操纵证券市场罪立法演进梳理

学界普遍认为，刑事制裁介入经济违法行为应当以经济法为前置要件，只有行为违反了经济法等金融刑法（前置法），才能启动刑事制裁。① 由于历史原因，新中国第一部刑法典在1979年得以颁布实施，受制于20世纪80年代我国金融业发展程度整体较低的现状，金融犯罪在所有刑事犯罪中占比例较低，1979年刑法没有规定金融犯罪的独立章节，在整个第三章"破坏社会主义市场经济秩序罪"中，对于金融犯罪的规定仅有第122条伪造和贩运伪造的国家货币罪、第123条伪造有价证券罪。② 此外，1979年刑法中的投机倒把罪、诈骗罪则用于规制擅自设立金融机构等违反金融法规的行为、金融诈骗犯罪行为，而对于金融犯罪中的操纵证券市场行为，由于我国1990年才成立沪深交易市场，所以也未形成实施操纵证券市场行为的客观环境，当时刑法无法针对证券犯罪进行相关立法规定。

自1993年国务院证券管理委员会颁布《禁止证券欺诈行为暂行办法》时起，对操纵证券市场行为的规制有了行政法规依据；③ 1996年中国证券监督管理委员会发布《严禁操纵市场通知》进一步细化了操纵证券市场的行为方式；④ 虽然1997年刑法第182条规定了操纵证券交易价格罪，但证券法是在1998年才得以出台，致使我国关于证券违法犯罪的立法规定呈现出先有刑事立法规定，而后出台证券法

* 本文系2016年江苏省社会科学基金：我国"犯罪人—被害人—国家"三元范式犯罪论体系转向（项目编号：16FXD004）阶段性研究成果。

** 西北政法大学刑事法学院讲师，法学博士。

① 参见龙兴盛：《经济违法行为刑事制裁介入度研究》，法律出版社2015年版，第225页。

② 参见刘宪权：《金融犯罪刑法学新论》，上海人民出版社2014年版，第55页。

③ 该办法第7条规定，禁止任何单位或者个人以获取利益或者减少损失为目的，利用其资金、信息等优势或者滥用职权操纵市场，影响证券市场价格，制造证券市场假象，诱导或者致使投资者在不了解事实真相的情况下作出证券投资决定，扰乱证券市场程序。第8条列举了6种前述操纵市场行为的具体方式，其中第7款是兜底条款"其他操纵市场的行为"。本办法2008年经《中华人民共和国国务院令》第516号决定废止，相关内容已由2005年《中华人民共和国证券法》代替。

④ 该通知规定：禁止任何单位和个人以获取利益或者减少损失为目的，利用其资金、信息等优势操纵市场，影响证券市场价格，诱导投资者在不了解事实真相的情况下作出证券投资决定，扰乱证券市场秩序。列举了9种操纵市场行为，第10种为中国证监会认定的其他操纵市场的行为。该法规后经《中国证券监督管理委员会关于废止部分证券部门规章的通知》废止（1999年12月21日颁布）。

的立法倒挂现象;[①] 1998 年的证券法基于上述 1993 年、1996 年的规定,要求"操纵"必须是行为人主观上以获取利益或者减少损失为目的,客观上要求影响证券市场价格;随后,2005 年修订的证券法删除了对行为人主观方面认定的规定,第 77 条仅规定了禁止任何人以下列手段操纵证券市场,包含连续交易、相对委托、洗售三种列举的行为方式及其他方法的兜底条款;2006 年《刑法修正案(六)》随之做了相应修改,删除了原文中"获取不正当利益或者转嫁风险"的要件,取消了主观方面的规定,同时,取消了单位犯罪中主管人员和其他直接责任人员独立的法定刑,按照自然人犯操纵证券、期货市场罪的法定刑处罚单位犯罪中的自然人;[②] 2007 年中国证券监督管理委员会发布《证券市场操纵行为认定指引(试行)》,对"连续交易操纵、约定交易操纵、洗售操纵认定以及其他手段认定"进行了细化,其中"其他"包括:蛊惑交易操纵、抢帽子交易操纵、虚假申报操纵、特定时间的价格或价值操纵、尾市交易操纵,以及中国证监会认定的其他操纵证券市场的行为;2017 年证券法修改草案在进一步审议中,据悉拟将增加对操纵市场认定的情形。

二、操纵证券市场罪立法演进分析

操纵证券市场行为非到情节严重不涉及刑法规制,分析刑法第 182 条的立法规定需要从两条轨迹入手,其一是证券业相关规定的变化轨迹,是为刑法前置法的规定前提;其二是刑法规定本身的变化轨迹。总体而言,纵观 20 年来刑法第 182 条的立法变化,其规定同证券业有关证券市场操纵行为的规定内容互相调整、彼此"磨合",似有趋同的趋势。

(一)轨迹一:操纵证券市场行为的前置法规定分析

近 20 多年来,操纵证券市场行为的前置法及相关规定逐步细化,从该行为方式的内涵确定来看,经历了从模糊到逐渐清晰的规定过程。1990 年上交所成立,我国证券市场正式诞生,1993 年《禁止证券欺诈行为暂行办法》列举了"以散布谣言等手段影响证券发行、交易"等 6 种操纵证券市场行为方式,并有第 7 款兜底条款作为补充;1996 年《严禁操纵市场通知》基于以上规定,增加了"以自己的不

① 1997 年刑法第 182 条原条文(操纵证券交易价格罪),有下列情形之一,操纵证券交易价格,获取不正当利益或者转嫁风险,情节严重的,处五年以下有期徒刑或者拘役,并处或者单处违法所得一倍以上五倍以下罚金:(一)单独或者合谋,集中资金优势、持股优势或者利用信息优势联合或者连续买卖,操纵证券交易价格的;(二)与他人串通,以事先约定的时间、价格和方式相互进行证券交易或者相互买卖并不持有的证券,影响证券交易价格或者证券交易量的;(三)以自己为交易对象,进行不转移证券所有权的自买自卖,影响证券交易价格或者证券交易量的;(四)以其他方法操纵证券交易价格的。

② 结合 1999 年《刑法修正案》对本条进行第一次修订将操纵期货市场行为犯罪化,现行刑法第 182 条的表述为:在有下列情形之一,操纵证券、期货市场,情节严重的,处五年以下有期徒刑或者拘役,并处或者单处罚金……(一)单独或者合谋,集中资金优势、持股优势或者利用信息优势联合或者连续买卖,操纵证券交易价格或者证券、期货交易量的;(二)与他人串通,以事先约定的时间、价格和方式相互进行证券交易,影响证券、期货交易价格或者证券交易量的;(三)在自己实际控制的账户之间进行证券交易,或者以自己为交易对象,自买自卖期货合约,影响证券、期货交易价格或者证券、期货交易量的;(四)以其他方法操纵证券、期货市场的……

同账户在相同的时间内进行价格和数量相近、方向相反的交易"、"证券投资咨询机构及股评人士利用媒介及其他传播手段制造和传播虚假信息，扰乱市场正常运行"、"上市公司买卖或他人串通买卖本公司的股票"3种操纵证券市场的行为方式，逐步扩大并明确证券市场操纵行为的范围。

随即，1999年证券法颁布施行，为了与1997年刑法第182条操纵证券交易价格罪的规定相一致，证券法第71条明确了操纵证券交易价格的行为，并对操纵行为的主观方面进行规定（该主观方面的规定后被2005年修订的证券法删除），同时第184条规定了"禁止操纵证券交易量，获取不正当利益或者转嫁风险的行为"，将操纵证券交易量的行为纳入规制范围，成为与操纵证券交易价格并列的行为方式，随后，2006年《刑法修正案（六）》也删除了"获取不正当利益或者转嫁风险"的要件，同时，对第182条第1款第1项增加了"操纵证券交易量"（与证券法第184条规定相一致），第3项增加了"在自己实际控制的账户之间进行证券交易"的行为方式。2007年《证券市场操纵行为认定指引（试行）》（迄今仍在适用）第2条，再度重申，将操纵行为定义为不包含主观方面的，行为人以不正当手段，影响证券交易价格或者证券交易量，扰乱证券市场秩序的行为规定了证券市场操纵行为，同时，对证券市场操纵的具体行为方式。之后，鉴于2015年中国股灾的教训总结，2017年证券法草案修订稿审议稿中拟将增加操纵证券市场的行为方式。从证券业相关规定的形成轨迹可以看出，证券市场操纵行为内涵的逐步明确，一方面符合我国金融市场变化和发展的要求，另一方面也是迎合刑法相关立法规定的产物，而在这一"迎合"过程中，前置法的相关规定与刑法的规定相互影响、相互"磨合"。简言之，由于证券业规定中的"证券市场操纵行为"内涵的不断扩大得以明确，证券业对证券市场操纵行为的规制范围是随之不断扩大。

（二）轨迹二：操纵证券市场罪的立法现状分析

从上文操纵证券市场罪的立法演进可以看出，刑法层面对操纵证券市场行为的规定趋于宽泛，刑法第182条所规制的范围处于从清晰到逐渐模糊的过程。我国1997年刑法完善金融犯罪的立法，以第182条确立了操纵证券交易价格罪，保留了"以其他方法操纵证券交易价格的"兜底条款，以列举的方式明确了"连续交易""相对交易""洗售"三种操纵证券交易价格的行为方式。通过对比可以看出，1997年刑法第182条相对于以上1993年、1996年的前置法规定而言，似乎属于"横空出世"的立法，一方面仅将操纵"证券交易价格"而非操纵"证券市场"（包括证券价格和证券交易量两个方面）的行为方式纳入刑法规制范围；另一方面，通过列举的方式仅明确了操纵证券交易价格的3种行为方式，而未采6种或9种"证券市场操纵行为"的行政法规规定，同时，立法之初即规定了本罪的主观方面要件，进一步限缩了本罪的成立范围，彼时刑法第182条"操纵证券交易价格罪"的规制范围似乎是明确的。然而根植于法律之间、法律与法规之间规定的不一致，却带来了刑事立法不断修改的诟病以及刑法解释的举步维艰。

从本罪主观方面的变化轨迹来看，1997年刑法在规定该罪名之前，证券业有关行政法规等规定并没有对证券市场操纵行为的主观方面作出规定，而1997年刑法出于齐备犯罪构成要件的考量，对该罪主观方面进行了明确，一方面似乎限缩了构罪的成立范围，但另一方面直接倒逼1998年证券法在证券市场操纵行为的认定中增加了“获取不正当利益或者转嫁风险”的规定，增加了主观方面的规定。从1999年证券法开始实行直至2005年证券法修改，我国证券业发展的客观现实随即证明了需删除该行为主观方面认定的必要性，证券法修改，而后刑法相应修改，删除了主观要件的刑法第182条规制范围随之扩大。一方面，可以看出，证券业有关证券市场操纵行为的规定与刑法的规定内容有趋同的趋势；另一方面，如果说1997年刑法第182条的主观方面的规定似乎有些仓促，那么随后的证券法与刑法相关规定的互相不断调整，则走了许多弯路。此外，由于刑法第182条仅列举3种操纵证券市场的行为方式，可以说立法的滞后无法适应证券业发展现实，如利用职权操纵证券市场、“抢帽子交易”等行为能否构成本罪的问题显现。此时，本罪兜底条款的规定以其“概括性、模糊性”的特征似乎成为了能够通过刑法解释解释为符合罪刑法定原则的、能够规制上述新型操纵证券行为的“大口袋”，而至于“以其他方法操纵证券市场”的行为内容的涵摄范围，并没有抽象化的类型总结，使得兜底条款的内容更加模糊。

三、操纵证券市场罪立法问题的提出

（一）立法规定阙如

无论从本罪主观方面要件的规定、删除之立法过程，还是从本罪客观方面加入操纵证券交易量的行为方式的立法修改中，都能够看出刑法与其前置法规定之间的冲突、磨合、趋同的立法过程。然而由于我国对于证券犯罪的刑事立法先于证券法立法，一段时间内认定刑法规定的证券犯罪缺乏“违反法规”的要件，同时，刑法的规定也必然影响了本应属于“前置法”的后立之法的立法内容，导致立法规定之间有本末倒置之嫌。此外，刑法第182条的不断修改并没有解决法律之间、法律与法规之间的规定不一致问题，虽然现行有效的证券法第77条与刑法第182条操纵证券市场行为的条文表述一致，但是，市场操纵的基本定义或者实质内涵究竟覆盖了哪些内容，法律条文并没有给出直接且确定的回答。① 区别于刑法立法及司法解释，证券业其他法规文件对证券市场操纵行为进行了更进一步细化，以“抢帽子交易”行为为例，规定在2007年中国证券监督管理委员会发布《证券市场操纵行为认定指引（试行）》“其他证券市场操纵行为”中予以明确，而刑法第182条的“以其他方法操纵证券市场”的兜底条款的范围则并没有相关规定予以明确，致使如“抢帽子交易”行为是否适用刑法第182条兜底条款，一度成为实务界的难题、理论界的研究焦点，即使已有汪建中抢帽子交易案件判决直接适用兜底条款对其行

① 参见刘宪权、谢杰：《市场操纵犯罪的实质解构：法律与经济分析》，载《现代法学》2014年第6期。

为进行规制,[①] 但该裁判结论饱受争议。

(二) 立法衔接不足

立法内容的阙如直接导致立法衔接不足，造成这一问题的根本并不在于兜底条款的立法本身，也不在于刑法与证券法均采取“兜底条款”规定的“双重兜底”的立法技术。原因在于操纵证券市场罪3种列举式立法内容限制了兜底条款的范围，而基于罪刑法定，刑法的兜底条款适用又必须审慎，是否能够包含前置法列举的“其他证券市场操纵行为”于法无据。一方面，我国没有关于兜底条款具体应包括哪些内容的法律授权及司法解释，德国与中国均采取了“兜底条款”刑事立法技术，但德国经济刑法明确对“兜底条款”的解释问题进行了法律授权，金融监管机构及时将抢帽子交易作为一种操纵市场的具体犯罪类型对经济刑法规范进行了有效填充，确保了刑事司法实践不会对抢帽子交易是否具有操纵市场犯罪属性问题存在争议,[②] 而我国虽有2007年《证券市场操纵行为认定指引（试行）》对兜底条款的内容进行细化，但由于没有授权，就导致刑法的适用没有立法依据，无法进行立法衔接。另一方面，受制于兜底条款之上的3种列举方式的操纵证券市场行为的表述，依刑法教义学对“不能被嘲笑的立法”作同质解释，兜底条款的适用范围则应限定在“交易型”操纵证券市场行为，当然的需要将非交易型操纵证券市场行为排除在本罪规制范围之外，但以上述“抢帽子交易”为例，其造成证券价格异常变动的核心行为是“购买股票后向公众推荐”的行为，而并非买卖股票的“交易行为”，那么基于罪刑法定，抢帽子交易行为能否纳入刑法第182条兜底条款的规制范围受学界争议匪浅。

立法是刑法教义学的规范基础，虽然“立法不是被嘲笑的对象”，但如果立法本身存在缺陷，是难以通过刑法教义学的分析获得正义的，同时，本来可以由立法解决的问题，交给刑法教义学分析，不仅会带来“公说公有理婆说婆有理”的纷争局面，而且会导致实践对刑法理论的远离，并不是应有的法治实践主张。[③] 立法也是司法的前提，然而从司法实践中可以看出，传统的老庄式交易等操纵证券市场手段几乎绝迹，新型操纵手段频出，囿于立法规定对操纵证券市场行为认定范围的模糊，兜底条款的适用范围逐渐扩大，只要符合不法控制交易价格、交易量的行为特征，即使不在刑法规定的3项行为之列，不符合3项行为的同质性特征，也有认定为操纵行为的空间。可以说这一怪相背后的症结是为20年来刑法第182条（操纵证券交易价格罪→操纵证券市场罪）的立法顽疾，当我们想把这个20岁的青年描

---

① 该案于2011年8月3日宣判，认定汪建中先行买入证券、后向公众推荐、再卖出证券的“抢帽子”交易行为构成操纵证券市场罪，一审被判有期徒刑七年，罚金一亿二千万余元。该判决依据我国刑法第182条兜底条款（以其他方法操纵证券市场的）作出，学界展开了兜底条款的引用是否违反罪刑法定原则的争论，以及对这种“抢帽子”交易行为是否构罪的讨论。

② Directive 2003/6/EC of The European Parliament and of The Council of 28January 2003 on Insider Dealing and Market Manipulation (Market Abuse), Article 1 (2). 转引自刘宪权:《操纵证券、期货市场罪的“兜底条款”解释规则的建构与应用——抢帽子交易刑法属性辩证》，载《中外法学》2013年第6期。

③ 参见姜涛:《二元化犯罪模式与刑行交叉的立法对策》，载《中国刑法改革与适用研究》(上卷)，中国人民公安大学出版社2016年版，第43页。

绘成王子的模样时，必须不能忽视的是如何弥补他先天不足的缺陷，立法的问题需要通过修改立法来解决。

四、操纵证券市场罪的立法完善

（一）缓和的违法一元论的理论选择

需要说明的是，二次违法性、违法相对性、违法一元论等理论是关于刑事违法性判断的，用以解决刑行交叉问题的刑法教义学领域的理论，本文试图在完善操纵证券市场罪的立法对策制定上，借以这样的理论，不受制于教义学、立法学的领域束缚，来解决上述立法问题。通说认为，金融犯罪是法定犯（或称为行政犯），刑法所规定的金融犯罪理当以关于金融的行政或者经济立法存在为前提，否则就难以名副其实。刑法中的行政犯以行政不法为前提，行政犯的罪状设置，不但需要有“违反国家规定”等前置违法条件过滤，而且罪状中的部分构成要素也常交由行政法规设定和充实。① 对于行政犯界域的把握根本上依赖于前置法的基本界定，但从我国立法现状来看，由于刑法首先对证券犯罪作出规定，后有证券法蹩脚地作出相应立法，刑法对证券犯罪的界定后又依赖于前置法的规定，而前置法的界定又受制于刑法的规定，就形成了逻辑上的定义怪圈，对于操纵证券市场行为的认定“不是证券法压倒刑法，就是刑法压倒证券法”，依此逻辑，永远不可能划定操纵证券市场罪的规制范围。

从我国刑法第 182 条操纵证券市场罪的立法演变及立法现状可以看出，相关法律法规对操纵证券行为的规制经历了确立、检验、完善，直至通过立法的形式予以确立的过程，但部门法之间的衔接问题一直存在。从 1997 年刑法第 182 条立法没有完全采纳 1993 年、1996 年证券业对操纵证券市场行为的规定——→1997 年刑法倒逼 1998 年证券法有关操纵证券市场行为的规定同刑法规定相一致——→2005 年证券法修改——→2006 年刑法随之修改……刑法第 182 条和证券法及相关规定反复磨合，意在趋同却又未实现趋同。在操纵证券市场罪的讨论中，因为刑法在先、前置法在后，刑法与经济法等前置法的衔接成了伪命题，一旦新型操纵证券市场行为出现，刑法的适用就变得不确定，因此，基于法秩序统一性，首先需要明确的是刑法与前置法谁依托谁的问题。本文采缓和的违法一元论的观点，主张刑事违法性与前置法的违法性相竞合，刑事违法性的判断以前置法的立法为依据，同时，刑法第 182 条的规定需要与前置法规定相一致并作出相应修改。在强调法秩序统一性的前提下，进行刑法体系内的违法性相对判断，做到在整体法秩序上的协调统一，不同领域部门法在违法性判断上所得出的最终结论不应矛盾冲突，同时，承认不同法领域的违法性判断有其独立性，同一不法行为在不同法律领域的法律效果未必完全相同。

此外，明确了刑事违法性的判断依托前置法的规定，就要求前置法的立法更加审慎，而这种审慎是结合自身发展规律及价值判断进行立法，而并非事先纠缠刑事事后法后续如何衔接的问题。不同法学部门之间虽有交叉联系，同时也具有独立

---

① 参见孙国祥：《行政犯违法性判断的独立性和从属性研究》，载《法学家》2017 年第 1 期。

性，作为前置法的证券法与刑法对证券犯罪的判断具有前置法的指引功能，体现了学科之间的交叉，而证券法的修改必须基于证券市场发展的自身规律以及价值判断，体现了学科之间的独立，否则刑法的规定与前置法的界定互相依赖的逻辑定义怪圈问题会再次显现，前置法的“前置”功能将形同虚设。

（二）立法由“粗放”转向“精致”——赋予兜底条款相对明确的规制范围

操纵证券市场罪是证券犯罪体系中的核心犯罪类型，从形式上看，刑法第182条“兜底条款”的模糊性与罪刑法定原则所要求的明确性存在不一致，但是“兜底条款”的规定本身并不违反罪刑法定原则，纵观国内外关于操纵证券市场罪的立法均有兜底条款的规定。一方面，“兜底条款”的立法本身，可以实现法条内涵范围的最大化，并可以通过这种有效提升刑法规范张力的方式强化社会保护；另一方面，刑法明示的操纵证券期货市场犯罪类型逐渐演变为相对“多样”的行为模式，“兜底条款”司法适用的必要性与重要性随之提升。① 刑法“兜底条款”的认定，必须通过与同一条文明确规定的行为类型进行比照，确定其具有相同或者类似的价值。② 刑法第182条以列举的方式规定了操纵证券市场罪的3种行为方式，在同一犯罪构成中，列举性规定所描述的行为和可涵摄于兜底条款中的行为具有同质性，依据列举性规定可以推断兜底条款的大致含义，并预测行为的法律效果。③ 然而目前刑法第182条规定的3种操纵证券交易市场的行为属于“交易型”操纵行为，排除了非交易性操纵行为，认定操纵证券市场行为的范围小于证券业相关规定。基于法秩序统一性的考察，依据缓和的违法一元论，刑法规制的操纵证券市场行为的范围应当依赖于前置法的规定。由于我国1997年刑法第182条规定之初就并未采纳前置法1993年、1996年相关规定的6种或9种操纵证券交易价格行为的规定，导致随后刑事立法出台倒逼证券法作出相应调整，趋于同刑法第182条规定的操纵证券交易价格行为方式相一致，即3种列举+兜底条款，使得前置法规定的3种以外的操纵证券交易价格行为能否被刑法第182条规制成为疑问，同时，实践证明，3种列举+兜底条款的立法内容无法满足司法实际，如今兜底条款的功能恰恰在3种交易型操纵行为以外的操纵行为中得以适用，形似弥补彼时的立法缺陷，实则削弱了罪刑法定原则的权威。

赋予兜底条款相对明确的规制范围，实际上就是解决刑法与前置法的立法衔接问题，需要对刑法第182条的条文表述作出修改。可以效仿德国立法，授权前置法规定刑法第182条操纵证券市场行为的具体内容，将刑法第182条规定第1款修改为：有下列情形之一，“违反证券法规”操纵证券、期货市场……的；将第4项兜底条款“以其他方法操纵证券市场的（行为）”的内容修改为“其他法律法规规定的操纵证券市场的（行为）”。由此，刑法第182条兜底条款的内容包括2007年中国证券监督管理委员会发布的《证券市场操纵行为认定指引（试行）》中的其

① 参见刘宪权：《操纵证券、期货市场罪的“兜底条款”解释规则的建构与应用——抢帽子交易刑法属性辩证》，载《中外法学》2013年第6期。

② 参见何荣功：《刑法“兜底条款”的适用与“抢帽子交易”》，载《法学》2011年第6期。

③ 参见张建军：《论刑法中兜底条款的明确性》，载《法律科学》2014年第2期。

他证券市场操纵行为，即包括蛊惑交易操纵、抢帽子交易操纵、虚假申报操纵、特定时间的价格或价值操纵、尾市交易操纵 6 种操纵行为，以及中国证监会认定的“其他”操纵证券市场的行为，包括行为型交易、信息型交易、虚假申报交易等行为。[①] 此外，需要明确的是，刑法第 182 条规制的操纵证券市场行为的内涵是事实层面的判断，至于是否构成犯罪，刑法学研究行为人的行为是否符合犯罪的构成要件，而并不以其他部门法上的责任分担与法律效果为判断前提，两者不能相混淆。

五、结语

资本市场金融创新客观上衍生了操纵市场违法犯罪行为的“创新”，在后金融危机时代法律制度发生着深刻的变革，我国刑事立法与司法实践持续面对证券犯罪的挑战。近年来，我国发生的操纵案有：中科创业操纵案、亿安科技操纵案、德隆操纵案、广东中恒信操纵案、汪建中抢帽子操纵案、唐建平操纵案等等。2007～2009 年总趋势是逐年增加，2010～2012 年明显回落，2013 年又呈爆发式增长：2007 年老庄股操纵占全国发生操纵证券案件数的 70%，截至目前该种操纵方式逐渐绝迹；2008 年虚假申报操纵占 50%；2009 年抢帽子交易占 50%；2010～2012 年高发类型为新型连续交易，分别为 63%、83%、43%，对于证券市场的规范、证券市场操纵行为的规制需要部门法之间的协调衔接。

可以看到，在认真总结 2015 年股市异常波动的经验教训基础上，2017 年《证券法》修订草案在制定和修改过程中，增加了证监会依法监测并防范、处置证券市场系统性风险的原则性规定，同时加大了对证券违法行为的处罚力度，扩大操纵市场行为范围，提高罚款数额，更加完善处罚规则，是不断完善规范证券市场的有利信号，与之相对应，刑事立法与证券法的衔接亟待提上日程。

---

① 行为型交易，指以洽谈或者签订股权转让协议、资产重组协议等方式，影响证券交易价格或者交易量，卖出相关证券；信息型交易，不同于老庄式连续交易，无须连续和联合。上市公司及其董事、监事、高级管理人员、实际控制人、控股股东或者其他关联人员通过控制本公司信息披露影响证券市场价格或者交易量，买入或者卖出相关证券；虚假申报交易，指以虚假申报等方式影响证券、期货市场交易价格或者交易量，买入或者卖出相关证券、期货合约。参见最高人民法院刑二庭法官刘晓虎：《证券期货犯罪疑难问题解读》，2017 年方正证券讲课稿。

代替考试罪与微罪立法趋势*

敦 宁** 黄云波***

代替考试罪是2015年的《刑法修正案（九）》新增设的一个罪名，其具体规定是：代替他人或者让他人代替自己参加法律规定的国家考试的，处拘役或者管制，并处或者单处罚金。代替考试罪也是继危险驾驶罪之后，我国刑法新增设的又一种以拘役刑为法定最高刑的犯罪。这一犯罪与危险驾驶罪一样，在学界引发了广泛的争议。那么，我们应当如何来看待相关的学术争议？代替考试罪的增设体现了我国刑法怎样的立法趋势？其又会带来哪些传统刑法观念的转变？本文即针对这些问题展开专门的分析与探讨。

一、《刑法修正案（九）》增设代替考试罪引发的争议

对于《刑法修正案（九）》增设代替考试罪，我国刑法学界既有肯定意见，也有否定意见。肯定意见总体上认为，《刑法修正案（九）》增设代替考试罪很有必要。例如，有学者认为，近些年来愈演愈烈的考试作弊现象严重地破坏了考试的公平竞争秩序，损害了国家考试制度的严肃性，挫伤了国人对考试制度的信任感。对于考试作弊行为，我国的行政法规已经难以发挥有效作用，而刑罚规制的缺失则导致考试作弊风气愈加盛行。《刑法修正案（九）》增设考试作弊犯罪是对迫切的社会现实与民众呼声的回应。① 也有学者指出，代替考试行为具有严重的社会危害性。在《刑法修正案（九）》通过之前对代替考试行为只能通过行政法规予以制裁，但是，在“枪手替考”现象泛滥的情况下，以道德说教或者行政法规进行规制的做法反而会从客观上纵容替考行为。所以，作为社会治理的最后手段，在道德与其他部门法对替考行为无能为力时，刑法介入是非常必要的。②

不过，更多的学者却对代替考试罪作出了否定评价。例如，有学者指出，“对替考者、让他人替考者进行行政处罚已经足够，将其犯罪化可能处罚过严。”③ 也有学者指出，将替考行为入罪有一点过，只要把组织考试作弊入罪就可以了。④ 还

---

* 本文系2015年度河北省社会科学基金项目“地方高校重点领域腐败预警体系研究”（HB15FX041）的阶段性研究成果，同时还得到了第二批“河北省青年拔尖人才支持计划”的资助。

** 河北大学政法学院副教授，法学博士。

*** 天津大学法学院讲师，刑事法律研究中心研究人员，法学博士。

① 参见赵秉志：《〈中华人民共和国刑法修正案（九）〉理解与适用》，中国法制出版社2016年版，第279页。

② 参见周凌、赵金金：《代替考试罪的刑法规制路径及其完善——以〈刑法修正案（九）〉为视角》，载《中南财经政法大学研究生学报》2015年第5期。

③ 周光权：《〈刑法修正案（九）（草案）〉的若干争议问题》，载《法学杂志》2015年第5期。

④ 参见王怡鑫：《高考替考，法律有无力感吗?》，载《人民法院报》2015年6月15日第5版。

有学者认为，《刑法修正案（九）》将替考者与被替考者入刑是值得商榷的。代替考试罪的设立是与刑法的谦抑原则相违背的；由于该罪的实施者很多都是在校学生，对于这些还处于世界观、人生观逐步形成阶段的年轻人处以严厉的刑罚，不是对他们的挽救，而是把他们推向社会的对立面；就刑罚配置而言，代替考试罪的刑罚为拘役、管制、罚金刑，短期自由刑的弊端是为学界所公认的，其可能产生的不良后果已经为实践所证明，而罚金刑对于并没有收入来源的在校学生而言也是明显不合适的。①

上述肯定意见和否定意见的提出，直观地反映出了当前我国学界在刑法立法方面的两种不同立场。具体而言，肯定论者的指导思想是“严而不厉”的刑事政策。在“严而不厉”刑事政策的指导下，我国今后的刑法立法应当逐渐扩大犯罪圈，构建轻罪或微罪制度，最终实现刑事法网的“严而不厉”。否定论者则是以我国传统的刑法理论为基础。在我国传统刑法观念之中，刑罚是对社会危害行为最为严厉的制裁措施，因而，刑法的范围应当被严格控制，我国的刑法只对社会危害性达到一定严重程度的行为进行处罚，其他社会危害性程度较低的行为应被排除在刑罚处罚的范围之外。上述学者立足于完全不同的立场，由此对刑法增设代替考试罪作出不同评价，当然不足为奇。

从代替考试罪的法定最高刑来看，这一罪名在我国应归属于微罪的范畴。我国学界在划分重罪与轻罪时一般是以 3 年有期徒刑为界，法定最高刑为 3 年有期徒刑的犯罪被称为轻罪。法定最高刑为拘役的犯罪显然比轻罪更轻，因此可将其称为“微罪”。在我国刑法中增设微罪的做法是与扩张犯罪圈、实现刑事法网的“严而不厉”目标相一致的。因此，立足于刑法的发展完善角度对这一立法给予肯定评价也就理所当然。不过，就我国刑法的整体结构以及传统刑法观念来看，代替考试罪确实属于我国刑法中的异类。因为，即使是在《刑法修正案（九）》通过之后，目前《刑法》之中以拘役为法定最高刑的罪名也只有三个，即危险驾驶罪、使用虚假身份证件、盗用他人身份证件罪和代替考试罪。众所周知，在《刑法修正案（八）》增设危险驾驶罪前后，这一罪名曾经在理论界与实务界都引发过巨大的争议。如今，危险驾驶罪引发的争议尚未解决，立法者却又在刑法之中增设另外两个以拘役为法定最高刑的新罪名，这种做法当然会受到质疑与批评。

通过上述分析也可以看出，肯定论者与否定论者的分歧事实上已经不再局限于代替考试罪的问题之上，而是已经涉及我国刑法立法的根本发展方向与刑法的基本观念等重大问题。

二、增设代替考试罪体现了微罪立法的趋势

从传统的刑法观念来看，代替考试罪的增设确实有些突兀。单就行为本身而言，不论是代替他人参加考试，还是让他人代替自己参加考试，都很难说具有严重

---

① 参见骆群：《对〈刑法修正案（九）〉中几个条文的商讨》，载《苏州大学学报》（哲学社会科学版）第 2015 年第 6 期。

的社会危害性，对这类行为似乎以行政处罚就可以应对，而并不必要进行刑事处罚。但是，随着科学技术的飞速发展，近年来考试作弊已经成为我国考试制度方面的最大弊病。每当面临重要考试，人们就会看到“助考”机构的广告信息铺天盖地，考试泄题、枪手替考、以高科技手段作弊等现象屡禁不止。在中国，“一考定终身”的情况在一定程度上是确实存在的。对考生而言，一场重大考试的成功往往至关重要，并且不是一般的金钱利益可以衡量的。因此，每场重要的考试都包含着巨大的诱惑，考生可能会为了这一诱惑而不择手段，“助考者”也往往会为了经济利益铤而走险。国家考试涉及的既是每一个考生的利益，也是考生背后的家庭利益，关系到的是教育的公平性，以及国家对人才的合理选拔。过去的经验已经表明，以行政手段等非刑罚措施治理考试作弊的效果是微乎其微的。考试作弊已经成为了广大民众极其痛恨并无法继续容忍之事。因此，立法者将其纳入刑罚处罚范围可谓正当其时。

事实上，代替考试罪的增设已经在一定程度上反映出了我国刑法的微罪立法趋势。从刑法立法进程来看，《刑法修正案（八）》增设的危险驾驶罪是我国微罪立法的首次尝试。该罪设立后曾受到了许多学者的诟病。比如，有论者认为，“醉驾”入刑并不能有效遏制“醉驾”，且存在查获不均、处罚不均、罪责刑不相适应、司法资源浪费等问题，因此对“醉驾”入刑的必要性应当重新审视。[①] 我们认为，此种认识的客观性是值得商榷的。尽管并不能否认，在司法实践中，对“醉驾”行为的定罪与量刑确实存在着一些问题。[②] 但是，相关的实践情况已经表明，“醉驾”入刑在遏制“酒驾”和“醉驾”行为方面确实是有其实际效果的。例如，据公安部统计，从2011年5月1日（《刑法修正案（八）》生效实施）至2012年4月20日，全国公安机关共查处酒后驾驶35.4万起，同比下降41.7%；其中，醉酒驾驶5.4万起，同比下降44.1%。[③] 另据公安部2013年5月公布的数据显示，《刑法修正案（八）》生效实施两年来，全国公安机关共查处酒后驾驶87.1万起，同比下降39.3%；其中，醉酒驾驶机动车12.2万起，同比下降42.7%。[④] 2014年5月，公安部的统计数据再次显示，“醉驾”入刑3年来（2011年5月1日至2014年4月30日）累计查处酒驾127.4万起，醉驾22.2万起，同比分别下降了18.7%和42.7%。[⑤] 并且，随着危险驾驶罪的实施，“喝酒不开车、开车不喝酒”的观念也已经逐渐深入人心，从而取得了良好的社会效果。

由此可见，与行政处罚手段相比，刑法对社会危害行为的治理无疑是具有一定优势的。也正是基于刑法这种良好的规制效果，《刑法修正案（九）》不仅扩大了

---

① 邓崇专：《“醉驾入刑”之必要性再审视——基于实证分析的初步回应》，载《河北学刊》2011年第5期。

② 例如，“醉驾”是否应当一律入罪的问题，“醉驾”犯罪量刑的均衡性问题等。

③ 参见邹伟、陈菲：《“醉驾入刑”近一年　全国酒驾醉驾降幅均超四成》，http：//www.chinanews.com/fz/2012/04-28/3855914.shtml，2016年11月20日访问。

④ 参见佚名：《醉驾入刑两周年　治理酒驾取得显著成效》，载《人民公安报》2013年5月2日第1版。

⑤ 参见张洋：《醉驾入刑有效果　法治入心显力量》，http：//news.xinhuanet.com/legal/2014-10/20/c_1112888775.htm，2016年11月20日访问。

危险驾驶罪的规制范围[①]，而且还将代替考试等许多其他的行政违法行为也都进行了犯罪化处理，以期刑法能够在更为广阔的领域发挥其行为规制效应。进而，也就使我国刑法呈现出了微罪立法的趋势。总体来看，立法者在我国刑法中增设微罪名，既能实现对相关社会危害行为的有效治理，又不会因为处罚过于严厉而给犯罪人带来重大痛苦；既能实现对法益更为完善的保护，同时也可以通过司法程序满足基本的人权保障要求。因此，这一立法趋势是值得肯定的。

三、微罪立法趋势下传统刑法观念的更新

在微罪立法趋势下，我国传统的刑法观念也需要进行一定的更新。其中，重点就是对刑法谦抑原则予以准确理解，并实现从“重罪重刑”到“轻罪轻刑”的立法观念转变。

（一）刑法谦抑原则的准确理解

刑法谦抑原则的理论源自日本，后被各国普遍接受。日本刑法学界一般认为，由于刑罚是最为严厉的法律制裁方法，因此刑法不能采取那种骄傲不逊的态度，对一切违法行为都发动刑罚来制裁，而应当基于谦让抑制的本旨，将其控制在必要的最小限度之内。[②] 欧洲国家则多将这一原则称为刑法的“辅助性”原则。例如，德国刑法学者罗克辛在谈到刑法对法益保护的“辅助性”时指出：“法益保护并不会仅仅通过刑法得到实现，而必须通过全部法律制度的手段才能发挥作用。在全部手段中，刑法甚至只是应当最后予以考虑的保护手段，也就是说，只有在其他解决社会问题的手段——如民事起诉，警察或者工商管理规定，非刑事惩罚等——不起作用的情况下，它才能允许被使用。人们因此称刑罚是‘社会政策的最后手段’，并且将其任务定义为辅助性的法益保护。”[③]

我国古代也存在慎刑、恤刑的思想，但就总体而言，我国古代长期盛行的却是重刑主义。即使是在新中国成立之后，重刑主义思想、“严打”政策也依然长盛不衰。基于对非法治时代的反思，近些年来，人权保障几乎成了我国刑法学研究最为重要的主题。因而，我国刑法学界对刑法谦抑原则也进行了普遍的肯定。基于此，每当有新的刑法修正案通过，对于其中的犯罪化问题，就总会有人以违背刑法谦抑原则为由对其进行批判。不可否认，自 1997 年《刑法》颁布以来，我国历次刑法修正的主要趋向是进行犯罪化，这在形式上与刑法谦抑原则的要求无疑是不太一致的。然而，正如李洁教授所指出，中国刑法不但规定了行为的类型，还规定了行为的量，就此而言，刑法谦抑原则在我国刑法中表现得很明显。但是，行为不入罪并不意味着法律对其不予以任何处置，在我国法律体系中，这些行为仍然会受到行政

---

① 《刑法修正案（九）》将如下两种危险驾驶行为也纳入了危险驾驶罪的规制范围：“从事校车业务或者旅客运输，严重超过额定乘员载客，或者严重超过规定时速行驶的”；“违反危险化学品安全管理规定运输危险化学品，危及公共安全的”。

② 参见刘淑珺：《日本刑法学中的谦抑主义之考察》，载陈兴良：《刑事法评论》（第 22 卷），北京大学出版社 2008 年版，第 283 页。

③ ［德］克劳斯·罗克辛：《德国刑法学总论》（第 1 卷），法律出版社 2005 年版，第 23 页。

性的处罚或制裁，并由此导致行政机关对国民自由比较随意的介入。因此，刑法虽然谦抑了，但是却并未达到刑法谦抑所追求的对人权更为周延的保护与保障的目标。① 陈忠林教授也指出，刑法是以保障全体公民的基本人权为目标的，当某种行为侵犯到全体公民的基本人权时，刑法就不能谦抑。刑法该用的时候却仍然保持"谦抑"，那反而是对全体公民基本人权的侵犯。② 因此，刑法谦抑原则并不意味着刑法的调整范围越窄越好，刑法规定的犯罪越少越好，犯罪的门槛提得越高越好。刑法本身以及刑法谦抑原则都是以保障人权为目标的，刑法谦抑原则的核心内容在于刑罚手段的适当使用。

日本和欧洲国家之所以强调刑法谦抑原则，主要是因为其在刑法中不为犯罪设置定量因素，犯罪圈太过庞大，因此需要对入罪范围进行必要的限制。而我国刑法规定的犯罪却是存在定量因素的，犯罪圈总体较为狭窄，刑事法网也比较粗疏，这一状况既不利于保护法益，也不利于保障人权。因此，我国并不应过度强调入罪谦抑，刑法立法的当务之急反而是扩张犯罪圈，将一些严重的行政违法行为进行犯罪化处理。从这一角度来看，我国近些年来刑法修正的犯罪化趋向与刑法谦抑原则的基本精神并不明显冲突。"我们不能认为这是在实行'犯罪化'而与国际刑事立法潮流不相符合，与刑法的谦抑性相违背。这种有限的'犯罪化'符合我国实际，符合谦抑性的要求。"③

但是，从另一角度来看，也不能认为我国近年来的刑法修正是完全符合刑法谦抑原则的。刑法谦抑原则事实上同时包含入罪谦抑与刑罚谦抑两个方面的内容。如果说进行必要的犯罪化在我国有其正当性，则在此过程中，我国显然忽视了刑罚谦抑的基本要求。在当前，我国的刑罚结构依然属于以死刑和自由刑为主导的重刑结构。即便是在《刑法修正案（八）》与《刑法修正案（九）》两次较大幅度削减死刑罪名之后，我国刑法中的死刑罪名也仍然还有46个，并且对贪污罪、受贿罪等非暴力犯罪还仍然保留有死刑。同时，上述两个刑法修正案还进一步加重了自由刑的严厉程度，如增设限制减刑制度、提高有期徒刑数罪并罚的最高期限、增设不得减刑、假释的终身监禁制度等。而如果不改变此种刑罚结构，则"犯罪化"难免会导致"重刑化"，从而在根本上违背刑法谦抑原则的基本精神。从这一层面来讲，我国对刑法谦抑原则的贯彻，合理的做法就是实现从入罪谦抑到刑罚谦抑的重心转换，即力求形成"严而不厉"的刑法结构。这种刑法结构既能实现刑事法网的严密化，又能减轻刑罚的苛厉程度，因此应当成为我国刑法改革的发展方向。④ 就此而言，以"轻罪轻刑"为基本内容的微罪立法显然是一种合理的选择。⑤

（二）从"重罪重刑"到"轻罪轻刑"的立法观念转变

在我国漫长的历史岁月中，刑法一直处于法律体系的中心地位，"乱世用重典"

① 参见徐卫东、李洁等：《刑法谦抑在中国——四校刑法学高层论坛》，载《当代法学》2007年第1期。

② 参见徐卫东、李洁等：《刑法谦抑在中国——四校刑法学高层论坛》，载《当代法学》2007年第1期。

③ 张明楷：《论刑法的谦抑性》，载《法商研究》1995年第4期。

④ 参见储槐植：《严而不厉：为刑法修订设计政策思想》，载《北京大学学报》（哲学社会科学版）1989年第6期。

⑤ 当然，通过进行刑罚改革来逐步实现我国刑罚的轻缓化，也是一项重要的改革任务。

始终是历代当政者的重要治国经验。[①] “事实上，中国几千年的刑罚史就是一部重刑史，严刑峻法一直是统治者施行暴政的法宝，‘以刑去刑’是重刑主义的理论基础。”[②] 我国古代统治者的刑法观念是“乱世用重典”、“以刑去刑”，置身于这种统治环境之下的民众对刑法的看法当然不可能与之产生重大差异。因此，不论是统治者还是普通民众，在其观念中，刑罚均为极其严厉的处罚。与之相对应，犯罪当然也是一种应当受到极度否定评价的严重社会危害行为。简言之，“重罪重刑”是中国人对刑法的基本认识，是中国人的基本刑法观念。在此观念背景下，长期以来，我国始终存在着重刑主义的传统。但是，重刑主义与古代的仁政观念是相矛盾的，于是，统治者在采用重刑治国的同时又选择了“法不制众”的策略，以缩小重刑的处罚范围。[③] 由此，我国也就形成了“重罪重刑”的刑法立法观念，并直接促成了为犯罪设置定量因素以限缩犯罪圈的刑法立法模式。

但是，这种立法观念和模式所造成的直接后果就是法律规范效应的弱化。在我国，由于犯罪的成立存在“定量”因素的限制，因此许多人就认为，轻微的违法不是犯罪，抓住了无非就是批评教育或“罚几个钱”，是“无所谓”的事。进而也就导致，“大错不犯、小错不断”的人在我国社会中普遍存在。同西方国家相比，我国的犯罪率似乎并不高，但群众依然感到社会治安混乱，人身和财产安全不能得到有效的保障，其根本原因就是通过其他法律维持的社会规则未能得到严格的遵守。也正是基于此，储槐植教授明确指出：“由于刑事法网不严密，犯罪概念、犯罪构成有一个定量限制，达不到规定的量，那么就不构成罪，导致道德底线失守，这是个重大的问题。”[④] 在此情况下，将一些较重的违法行为进行犯罪化处理，以提升法律的规范效应，无疑是一种合理的选择。“但是，选择犯罪化的目的，是通过严密法网来强化人们的规范意识，而不是用严厉的刑罚来处罚轻罪。”[⑤] 所以，“轻罪轻刑”应当成为一种基本的刑法立法观念。

另外，随着科学技术的发展，风险社会已经到来。“全球风险社会”所带来的发展变化不仅是经济、社会和政治领域的，它也会从根本上改变法律。[⑥] 尤其是对刑法产生了重要影响。风险社会所产生的危害后果常常是具有灾难性、难以挽回性的，以结果犯为本位构建的传统刑法难以应对这些风险。[⑦] 因此，风险社会要求刑法拓展其调整范围，要求法益保护提前化、刑事处罚前置化。[⑧] 虽然我国目前尚未全面进入风险社会，但各种社会风险已经逐渐开始显现，所以，刑法扩大其调整范

---

① 参见储槐植：《刑事一体化论要》，北京大学出版社 2007 年版，第 55-98 页。

② 孙国祥：《传统刑法观念的解读》，载《河南省政法管理干部学院学报》2002 年第 5 期。

③ 参见储槐植：《刑事一体化论要》，北京大学出版社 2007 年版，第 55-98 页。

④ 储槐植：《走向刑法的现代化》，载《井冈山大学学报（社会科学版）》2014 年第 4 期。

⑤ 冯军：《犯罪化的思考》，载《法学研究》2008 年第 3 期。

⑥ 参见［德］乌尔里希·齐白：《全球风险社会与信息社会中的刑法：二十一世纪刑法模式的转换》，中国法制出版社 2012 年版，第 6-7 页。

⑦ 参见郑延谱：《刑法规范的阐释与改造》，中国人民公安大学出版社 2015 年版，第 24-26 页。

⑧ 参见王永茜：《论现代刑法扩张的新手段——法益保护的提前化和刑事处罚的前置化》，载《法学杂志》2013 年第 6 期。

围势在必行。当然，实现法益保护的提前化与刑事处罚的前置化并不能依赖于重刑，而只能采取较轻的刑罚手段，否则就可能对人权造成更大的侵犯。就此而言，为了应对风险社会的到来，刑法不仅需要扩展其调整范围，而且需要转换其调整手段。也就是说，我国在刑法立法观念上，必须要实现从“重罪重刑”到“轻罪轻刑”的转变。

四、余论

无论刑罚最终能够实现何种良善目的，刑罚在本质上都是一种痛苦。而且，刑罚还会给人们贴上来自社会的最为严厉的耻辱标记，仅凭这一点，就能够彻底摧毁一个人的人生、职业及家庭规划。[①] 因此，即使是“轻罪轻刑”的微罪立法，也应当建立相关的配套制度来保证其良好的适用效果。从长远来看，在微罪立法的趋势下，除在诉讼制度上为微罪设置特殊的简易程序以合理分配司法资源外，最为迫切的任务便是建立微罪前科消灭制度。由于微罪犯的人身危险性并不大，前科效果的持续存在不但并不必要，反而会导致“标签效应”的恶化。鉴于此，随着微罪立法的推进，我国应当及时建立微罪前科消灭制度，以有效降低增设此类犯罪所可能带来的负面效果。

① 参见［美］乔尔·范伯格：《刑法的道德界限：对他人的损害》（第一卷），商务印书馆2013年版，第2页。

我国有组织犯罪刑法立法20年的回顾、反思与展望*

蔡　军**

"有组织犯罪"一词是一个"舶来品"，尽管我国学界对该概念尚未达成共识，但越来越多的学者乃至司法实务工作者认同"有组织犯罪即指黑社会（性质）组织犯罪，即实施有组织犯罪的犯罪组织应以获取经济或其他物质利益为目的，由三人以上组成，具有层级关系与内部分工，持续性地实施犯罪行为"的观点。[①] 本文也采用此种观点，认为我国的有组织犯罪就是指黑社会（性质）组织犯罪，在我国刑法具体体现的罪名为组织、领导、参加黑社会性质组织罪、入境发展黑社会组织罪、包庇、纵容黑社会性质组织罪以及其他关联罪名。

一、我国有组织犯罪刑法立法演进之回顾

综观我国有组织犯罪的刑法立法进程，其演进大概可以分为以下阶段：

1. 立法的探索阶段——以地方法规和部门文件的形式对有组织犯罪进行试探性描述。由于对有组织犯罪这一新的犯罪现象缺乏认识，在1979年新中国颁布的第一部刑法典中对有组织犯罪没有明确具体规定，只是对"共同""聚众""集团"犯罪条款进行了笼统的规定。我国惩治有组织犯罪的刑法立法最早起始于地方法规。改革开放伊始，境外黑社会组织开始向境内渗透。为了有效打击这种新型犯罪势力，1982年，深圳市政府发布了《关于取缔黑社会组织的通告》（以下简称《通告》）。《通告》是自20世纪50年代初打击和取缔反动会道门之后，在我国正式的政府机构文件中首次出现"黑社会"一词。在全国性的官方文件中，第一次出现"黑社会"提法的是1983年第一次"严打"时的"31号文件"；[②] 而在1986年全国第三次"严打"《1986年全国公安工作计划要点》中则明确指出打击"带有黑社会性质的流氓团伙和各种恶霸"。[③] 1988年，珠海市也发布了取缔黑社会组织公告。1989年，深圳市政府再次发布《关于取缔黑社会活动公告》，同时，市公安局、市检察院、市中级人民法院及市司法局四家联合发布了《关于处理黑社会组织成员及

* 本文系2014年度国家社科基金项目"我国有组织犯罪的企业化趋势与刑事治理对策研究"（14BFX045）的阶段性成果。

** 河南大学犯罪控制与刑事政策研究所所长，河南大学法学院教授，法学博士。

① 刘莹：《有组织犯罪侦查研究》，中国检察出版社2011年版，第4页。

② 该文件指出：流氓团伙分子"是新的历史条件下产生的新的社会渣滓、黑社会分子。他们以杀人越货、强奸妇女、劫机劫船、爆炸放火等手段来残害无辜群众，他们仇恨社会主义，对社会治安危害极大。我们一定要认识流氓团伙的性质，绝不能小看他们的破坏作用"。

③ 何秉松：《黑社会组织（有组织犯罪集团）的概念与特征》，载《中国社会科学》2001年第4期。

带黑社会性质的违法犯罪团伙成员的若干政策界限（试行）》。在这一文件中，第一次对黑社会组织和带有黑社会性质的违法犯罪团伙进行界定。1990年，广东省公安厅、广东省高级人民法院、广东省人民检察院和广东省司法厅联合制定“粤公（研）字第156号文件”，对黑社会组织和黑社会性质组织作了明确解释。1992年10月在公安部召开的部分省、市、县打击团伙犯罪研讨会上，第一次提出黑社会性质的组织（犯罪团伙）的六个特征：“（1）在当地已形成一股恶势力，有一定势力范围；（2）犯罪职业化，较长期从事一种或几种犯罪；（3）人数一般较多且相对固定；（4）反社会性特别强，作恶多端，残害群众；（5）往往有一定的经济实力，有的甚至控制了部分经济实体和地盘；（6）千方百计拉拢腐蚀公安、司法和党政干部，寻求保护。”① 1993年11月16日，在广东省第八届人大第五次会议上通过了《广东省惩治黑社会组织活动的规定》，成为我国第一部惩治有组织犯罪的地方性法规，也是我国第一部反有组织犯罪的立法。相对于1989年深圳市对黑社会的定义相比，这个地方法规上述对黑社会组织的界定，抓住了犯罪组织的组织特征，更强调组织结构的严密性，要求有名称、帮主、帮规等特点，体现了对黑社会组织认识的深化，在司法实践中具有一定的可操作性。

2. 立法的初成阶段——我国有组织犯罪刑法立法体系初步确立。1996年，第八届全国人大常委会开始正式启动刑法修改工作。在刑法典修订的研拟中，针对我国黑社会性质的犯罪越来越多、危害越来越大的现实，有部门和学者提出设立相关有组织犯罪的罪名。例如，公安部修订刑法领导小组办公室向全国人大常委会提交了一份《关于增设有组织犯罪和黑社会犯罪的设想》的立法建议文件，提出增设有组织犯罪或黑社会犯罪的立法建议。② 1996年8月，在全国人大常委会法制工作委员会完成的《刑法分则修改稿》中，吸收了公安部上述建议的部分内容，确立了有组织犯罪集团的犯罪，并设置了三款规定。③ 在1996年10月10日刑法修订草案（征求意见稿）中，首次提出并确立了有组织犯罪的相关规定，即第261条规定：“有组织地进行违法犯罪活动，以暴力、威胁或者其他手段为非作恶，称霸一方，欺压群众，对首要分子或者其他罪恶重大的，处五年以上有期徒刑。”在1996年11月举行的刑法修改座谈会上，时任全国人大常委会副委员长的王汉斌同志指出：我国十分典型的、严重的黑社会组织犯罪还没有出现，但带有黑社会性质的犯罪集团

---

① 何秉松：《黑社会组织（有组织犯罪集团）的概念与特征》，载《中国社会科学》2001年第4期。

② 高铭暄、赵秉志主编：《新中国刑法立法文献资料总览》，中国人民公安大学出版社1998年版，第2657页。

③ 高铭暄、赵秉志主编：《新中国刑法立法文献资料总览》，中国人民公安大学出版社1998年版，第1193页。第1款规定：“组织犯罪集团，以非法手段控制社会经济组织，或者试图控制国家机关的司法、行政活动的，对组织者、领导者或罪恶重大的，处7年以上有期徒刑，并处剥夺政治权利、罚金；情节特别严重的，处无期徒刑或者死刑，并处剥夺政治权利、罚金。”第2款规定：“犯前款罪，有杀人重伤等犯罪行为的，按照本法有关规定从重处罚。”第3款规定：“犯本条规定之罪，与境外黑社会组织勾结的，从重处罚。”（参见阮方民、王晓：《有组织犯罪新论》，浙江大学出版社2005年版，第135页）

经常出现。[①] 随后通过多次座谈会的讨论，同时考虑到我国当前尚未出现明显的、典型的黑社会组织犯罪，立法机关在1996年12月形成了《中华人民共和国刑法（修订草案）》，在该草案第266条第1款规定了组织、领导、参加黑社会性质组织罪，而非黑社会组织犯罪。在第2款增加了数罪并罚的规定，第3款增加了对境外的黑社会组织到境内发展组织成员或者进行有组织地违法犯罪活动的规定。到了1997年3月1日，《中华人民共和国刑法（修订草案）》又做了较大修改：一是在草案第1款的罪状中增加了“积极参加”，与“组织”“领导”行为并列；二是将之前规定的“其他参加进行违法活动”修改为“其他参加”；三是对其他参加者增加规定了剥夺政治权利；四是又增加了一款为第4款，规定了包庇黑社会组织罪。[②] 1997年3月14日，《中华人民共和国刑法》经第八届全国人民代表大会第五次会议审议通过，修订后的刑法典在其分则的第六章第一节“扰乱公共秩序罪”第294条规定有黑社会性质组织的犯罪，具体包括三个罪名，即组织、领导、参加黑社会性质组织罪、入境发展黑社会组织罪，以及包庇、纵容黑社会性质组织罪。1997年修订的刑法典第一次在刑法上规定了有组织犯罪集团即黑社会性质组织和有组织犯罪，标志着我国有组织犯罪的刑法立法初步确立，为我国有效打击有组织犯罪提供了明确的法律依据。

3. 立法的完善阶段——经过司法实践的不断磨合促成我国有组织犯罪刑法立法的渐进完善。2000年12月10日，为了配合在全国范围内展开的新一轮打击有组织犯罪的专项行动，解决黑社会性质组织认定标准的不统一问题，最高人民法院发布了《关于审理黑社会性质组织犯罪的案件具体应用法律若干问题的解释》（以下简称《解释》），对刑法第294条黑社会性质组织的规定进行概括性细化，从四个方面明确了黑社会性质组织的法律特征。[③] 相比刑法规定来说，《解释》所确定的认定黑社会性质组织的四个特征更为明确，可操作性也很强。但是，《解释》主张用“保护伞”要件将一般犯罪集团与黑社会性质组织区别开来，这一规定也随之带来了新的质疑。针对《解释》所规定的“保护伞”要件问题，全国人大常委会于2002年4月28日对刑法第294条的有关规定以及如何认定黑社会性质组织的法律特征作出了立法解释——《全国人大常委会关于刑法第二百九十四条第一款的解释》（以下简称《立法解释》），对黑社会性质组织罪应具备的特征做了四个方面的限定，把国家工作人员对黑社会性质组织的包庇或者纵容作为选择特征。自此，我国最高司法机关统一了对黑社会性质组织的认定标准，也为后来对有组织犯罪立法的进一步完善打下了坚实的基础。

---

① 高铭暄、赵秉志主编：《新中国刑法立法文献资料总览》，中国人民公安大学出版社1998年版，第2151-2152页。

② 高铭暄：《中华人民共和国刑法的孕育诞生和发展完善》，北京大学出版社2012年版，第521页。

③ 1. 组织结构比较紧密，人数众多，有比较明显的组织者、领导者、骨干成员基本固定，有较为严格的纪律；2. 通过违法犯罪活动或者其他手段获取经济利益，具有一定的经济实力；3. 通过贿赂、威胁等手段，引诱，逼迫国家工作人员参加黑社会性质组织活动，或者为其提供非法保护；4. 在一定区域或者行业范围内，以暴力、胁迫、滋扰等手段，大肆进行敲诈勒索，欺行霸市、聚众斗殴、寻衅滋事、故意伤害等违法犯罪活动，严重破坏经济社会、生活秩序。

2006年10月，中共中央十六届六中全会通过了《关于构建社会主义和谐社会若干重大问题的决定》，明确提出要实施宽严相济的刑事政策。同时，由于各地方尤其是重庆地区在“打黑除恶”专项行动中出现了一些新问题，2009年12月，三部委联合下发了《办理黑社会性质组织罪案件座谈会纪要》（以下简称《纪要》）。《纪要》的核心内容是对黑社会性质组织的“四个特征”作了更为具体、明确的规定，针对司法实践中出现的具体问题也做了具体回应，如黑社会性质组织如何认定、办理黑社会性质组织犯罪案件的其他问题如何处理等。《纪要》的规定为后来《刑法修正案（八）》中对有组织犯罪立法的重大修改完善提供了指导方针。

进入21世纪以后，伴随着我国政治、经济、文化等各层面的变革加快，我国的有组织犯罪也进入了活跃期，不断出现新情况、新变化和新特点，犯罪的破坏性也在不断加大，抗打击能力不断增强，犯罪分子逃避法律制裁的行为方式不断变换，如有组织犯罪的企业化趋势日益明显等。现行立法面对我国有组织犯罪的这种当代转型时出现了诸多不适应的地方，刑法立法的不足得以不断显现。为了应对新形势下有组织犯罪发展的新趋势，解决司法实践中面临的新情况和棘手问题，同时为了在宽严相济刑事政策的指导下将自1997年以后10余年来在历次司法解释、立法解释以及司法实践中形成的经验予以总结和统一，在2011年2月25日，《刑法修正案（八）》在第43条对1997年刑法第294条关于黑社会性质组织犯罪的专门规定进行了较大修改，同时也在修正案的其他若干条文中对有组织犯罪关联犯罪的立法予以修订。从《刑法修正案（八）》对有组织犯罪立法的修改情况看，此次修订比较全面地贯彻了宽严相济刑事政策的要求，概括归纳总结了1997年修订刑法后我国有组织犯罪刑法立法在实践中适用的经验，体现了刑事一体化思想，使得法网更加严密，有关有组织犯罪的罪状表述和认定标准更加明确具体，对犯罪的惩处力度有所加大，基本符合罪责刑相适应的要求和刑法的根本价值追求。[①] 至此，经过30余年的发展完善，我国惩治有组织犯罪的刑法体系基本建成。

二、我国有组织犯罪20年刑法立法之反思

综观我国有组织犯罪刑法立法的演进过程，发现其呈现出犯罪形势、刑事立法、刑事司法相互影响的互动特色，反映了我国随着对有组织犯罪观念的不断深化，刑事政策观念及刑事立法也在不断调整的动态发展过程。

1997年刑法初步确立有组织犯罪的相关罪名时，由于我国有组织犯罪的特征和危害并没有完全显露，司法实务界和理论界对此犯罪现象尚未深入观察研究，立法者并没有完全认识到有组织犯罪与普通犯罪集团的根本差别，还只是将其视为一个由共同犯罪→犯罪集团→黑社会犯罪发展链条中的最高级阶段的犯罪形态，进而认为有组织犯罪在总体上还属于共同犯罪和犯罪集团的范畴。基于这种犯罪观念，1997年修订刑法时在第294条规定了有组织犯罪的三个相关罪名，虽然是刑法立法

① 王晨：《黑社会性质组织犯罪的立法变化及其进一步完善——以〈刑法修正案（八）〉为观照》，载《时代法学》2011年第5期。

上的巨大进步，但是其缺陷和不足显而易见。这种缺陷和不足不仅表现在罪状表述上，更多地表现在打击和惩处有组织犯罪的社会效果上，间接促进了进入 21 世纪以后我国有组织犯罪的快速发展演变。犯罪形势的发展倒逼司法部门在司法实践中不断地检讨固有立法，改变犯罪观念，进行司法创新；同时，犯罪观念的转变也会塑造新的刑事政策观，并最终促成刑法立法的变革。经过 1997 年后 10 余年的实践摸索和理论探究，2011 年《刑法修正案（八）》放弃了传统的脸谱化观念，认识到有组织犯罪从根本上与普通犯罪集团相去甚远，运用一般共同犯罪、犯罪集团的理论和规定无法有效打击和预防有组织犯罪的转型升级，遂站在新的刑法立场上运用新的刑法手段对刑法立法予以修正，[①] 将有组织犯罪视为与传统共同犯罪和普通犯罪集团完全不同的新的犯罪类型，在更加宽阔的视野上尝试性地适用新的罚则和刑事诉讼程序，初步开始了从专门立法向关联立法甚至是立体立法的转变[②]。应该说，《刑法修正案（八）》虽然并不完美，但却是我国有组织犯罪观念和刑法立法的一次飞跃。

但是回顾我国有组织犯罪刑法立法 20 年的演进，仍能发现其存在诸多不足之处。主要问题概括如下：

1. 立法模式问题

综观世界各国关于有组织犯罪的立法例，大体上可分为隐含式、法典式、专门立法式以及综合式四种模式。[③] 1997 年修订刑法时第一次在刑法中设置了有组织犯罪的相关罪名，从立法模式上看，我国有组织犯罪立法采取的是法典式体例，即在刑法典分则中专门规定有组织犯罪的条款。法典模式虽然结束了打击和惩处有组织犯罪无法可依的局面，但是由于不能适应快速变化的犯罪形势和复杂多样的犯罪现实，其保守性、滞后性也备受各方质疑。另外，虽然法典模式有利于保持刑法规范的协调、统一和稳定，更具权威性和威慑力，但是受制于刑法典分则这一特点，在解决惩治有组织犯罪的实体问题的同时很难兼顾办理有组织犯罪案件特殊程序性的规定，如电子监视、控制下交付、证人保护、污点证人等制度，而这恰恰是与实体规定相辅相成，不可偏废的重要制度，它们对预防和有效打击有组织犯罪起到不可估量的作用。

2. 立法的前瞻性问题

经过 30 余年的快速发展演变，我国有组织犯罪已经呈现出新的发展面向，表露出不同于以往乃至不同于国外的新特征。例如，有组织犯罪的各种发展形态交替演进、同时并存，“去暴力化”尤其是“合法化”趋势加剧，犯罪手段日益多样化，新型犯罪组织开始涌现、出现大量成熟的有组织犯罪集团等。[④] 刑法立法应当

---

① 周光权：《转型期刑法立法的思路与方法》，载《中国社会科学》2016 年第 3 期。

② 针对当前有组织犯罪已经呈现多样化特点，《刑法修正案（八）》对黑社会性质组织经常实施的犯罪行为作出了专门规定，如对强迫交易罪、敲诈勒索、寻衅滋事等降低入罪门槛，提高法定刑，来实现对该类犯罪的协同打击和预防。

③ 卢建平主编：《有组织犯罪比较研究》，法律出版社 2004 年版，第 60-63 页。

④ 蔡军：《中国反有组织犯罪的刑事政策研究》，中国大百科全书出版社 2013 年版，第 49-66 页。

满足与犯罪作斗争的实际需要。然而，由于现有的立法只规定了三种有关黑社会性质组织的犯罪，受制于立法规制的范围和层次，一方面使得司法实践中无法同尚未达到黑社会性质组织犯罪标准的非典型有组织犯罪作斗争，无法有效预防和控制有组织犯罪的实施与演化；另一方面当黑社会性质组织进一步发展到顶级形态的黑社会阶段时，我们也将面临无法可依的局面。因此，立法上严重脱离实际且缺乏前瞻性，是我国当前有组织犯罪立法的致命缺陷之一。这种缺陷短期内负面影响也许并不明显，但在可以预见的将来，其必然会极大地制约我国预防和惩治有组织犯罪的顺利进行。此外，尽管《刑法修正案（八）》是在“宽严相济”刑事政策的指导下制定，但在有组织犯罪的立法方面主要体现的是“从严”的一面，主要强调严密法网、提高法定刑，而“以宽济严”的一面显得相对不足，这也必将大大制约对未来多变的有组织犯罪新形态的打击和预防。

3. 立法的系统性问题

从1997年修订刑法增设黑社会性质组织罪到《刑法修正案（八）》完善有组织犯罪刑法立法，我国初步建立起了有组织犯罪的刑法体系。然而，相较于国外以及我国港澳台地区有组织犯罪的刑法立法，我国现行刑法立法仍存在较大的体系性问题，相关规定不够严密，留下了很多法律漏洞。例如，我国台湾和香港地区，经过长期的发展完善，有组织犯罪的刑法立法已经从特别立法演进到专门立法再到步入关联立法阶段。[①] 在关联刑法立法阶段，有组织犯罪的规定不再是在孤立于刑法某一或某几个条文中规定某一个或某几个犯罪罪名，与其他犯罪乃至刑法总则规定没有任何衔接与配合，而是在深入认识犯罪现象的基础上树立的整体犯罪观指引下，对有组织犯罪的预防、惩处和打击所作出的整体性（立体性）刑法安排。经过20余年的刑法立法演进，我国的有组织犯罪的刑法立法充其量属于专门立法阶段，《刑法修正案（八）》的修订才刚刚体现出些许关联刑法的雏形，缺陷明显：其一，没有在刑法总则犯罪体系和刑事责任体系中对有组织犯罪作出特别的制度设计，“黑社会性质组织犯罪”的刑法定性及认定标准的规定仍然忽视了有组织犯罪的发展规律，大大束缚了对有组织犯罪的全面打击和预防；其二，除了《刑法修正案（八）》对强迫交易罪、敲诈勒索罪和寻衅滋事罪等进行修改外，没有进一步规定严厉打击与有组织犯罪相牵连的其他犯罪行为，如接受带有黑社会性质组织贿赂的受贿罪、妨害对带有黑社会性质组织调查的犯罪行为、有组织高利放贷行为、资助有组织犯罪的行为等，也没有对有组织犯罪集团习惯实施及赖以生存的洗钱犯罪作出详细的规定；其三，由于有组织犯罪集团特殊的组织性结构和掩饰性极强的行为模式，对有组织犯罪的有效打击必须内外结合，注重从组织的内部进行分化瓦解，这也能体现宽严相济刑事政策精神，而现行刑法并没有鼓励单纯参加犯罪组织者自动退出的规定；其四，未规定严厉打击黑社会所实施的其他犯罪行为，因为有组织犯罪最根本的危害和特征就是犯罪的“组织性”，其危害远非个人犯罪或者基于个人犯罪的共同犯罪所能比拟，必须与普通犯罪的刑罚规定有所区别。

---

① 李仲民：《两岸四地黑社会（性质）组织犯罪比较研究》，西南政法大学2015年博士学位论文。

4. 刑事责任与刑罚配置问题

与一般的共同犯罪和集团犯罪相比，有组织犯罪具有更为独特的典型特征与极强的反社会性倾向，社会危害性巨大。因此，为有组织犯罪设置区别于一般共同犯罪或者普通的集团犯罪的特殊罚则理所当然，而域外一些国家、地区和联合国公约的相关规定也证明了这一思想被广泛接受。然而，除了在《刑法修正案（八）》中将有组织犯罪纳入特殊累犯制度和禁止缓刑、假释之列外，我国刑法对于多数有组织犯罪并未规定特殊的刑罚原则，对除符合《刑法修正案（八）》规定以外的其他有组织犯罪均依普通的个人犯罪或者共同犯罪处罚。然而，有组织犯罪不仅具有强烈的经济目的，而且还具有一定的政治渗透力和对一定行业或地区的非法控制力，组织成员众多，犯罪能量巨大，远非一般共同犯罪中“孤立的个人行为的一种合意”能比。因此，仅依据一般共同犯罪的刑罚罚则惩治有组织犯罪，无论是从行为的社会危害性和行为人的主观恶性考量，还是从行为人的人身危险性角度观察，均有悖于罪刑均衡的量刑原则，无法实现报应刑和目的刑的初衷。此外，现行刑法缺乏针对有组织犯罪的特殊的量刑情节，没有根据有组织犯罪的性质作有针对性的处罚。

三、我国有组织犯罪刑法立法之展望

针对我国有组织犯罪刑法立法前文所述的缺陷，我国未来的刑法立法改革走向就是要总结既往立法和司法实践探索经验，正视立法存在的不足，不断地从结构、制度和立法技术等方面加以完善，运用多元、能动、理性的总体立法方略构建完备的有组织犯罪刑法体系。

1. 通过多元立法解决立法的模式问题

关于如何选择我国有组织犯罪刑法立法模式，学者们提出了如下主要意见：一是主张维系现有立法模式不改变，可对现行刑法典进行修订、补充和完善。① 二是认为“通过专门法规对有组织犯罪的相关问题加以规定则有助于消除刑法典立法模式不能对实体问题和程序问题同时加以规定这一缺陷”，“从长远看，专门法规型立法模式有助于对有组织犯罪做出系统、完备的规定”。② 第二种主张是当前我国学界的主流观点。“为某一国人民而制定的法律，具有国民的适就性，如果一个国家的法律竟能适合于另一个国家的话，那只是算作凑巧。”③ 虽然我国刑法理论上对刑法立法模式存在争议，但是事实上我国近20余年的刑法立法实践无疑是走着法典化道路，即不断通过刑法修正案的方式修订刑法。虽然统一的刑法典模式具有不可否认的积极价值——在确保刑法立法的统一性的同时兼顾了灵活性，但也有学者指出，修正案立法模式的“零打碎敲”在总体立法思路上未必清晰，在方法上还比较粗放，不能将刑法典作为唯一倚重的对象，而是在多元化的基础上建立以刑法典

---

① 赵秉志、张伟珂：《中国惩治有组织犯罪的立法演进及其前瞻——兼及与〈联合国打击跨国有组织犯罪公约〉的协调》，载《学海》2012年第1期。

② 卢建平主编：《有组织犯罪比较研究》，法律出版社2004年版，第62-63页。

③ ［法］孟德斯鸠：《论法的精神》（第一册），张雁深译，商务印书馆1982年版，第6页。

为核心，形成刑法典和其他立法形式分工协调的成文刑法体系。[①] 对此，笔者深以为然，主张我国有组织犯罪立法应采取综合性立法模式，即在刑法典和刑事诉讼法上分别制定有关有组织犯罪的相关规定，同时又制定单行刑事法律，采用刑法典和单行刑事法规相结合的立法模式。尽管此种多元综合的立法模式失之于零散而给司法活动带来一定麻烦，但是其有助于对有组织犯罪的相关问题作出详细、完备的规定，同时又维系了刑法典的统一性和权威性。

2. 通过能动立法解决立法的前瞻问题

能动立法，是指要根据社会情势的变化和需要，立法上及时作出回应，从而保持立法的活跃化和积极干预社会生活的姿态。[②] 能动立法观念必然要求刑法立法具有前瞻性。但是，立法的前瞻性必须建立在科学的基础上，[③] 这就要求刑法立法始终坚持以解决实践问题为主的立法导向，始终坚持以解决重点问题为重心的立法方向。从我国有组织犯罪刑法立法演进过程来看，一直以来仍然沿用的是传统的回应式立法思路，从而导致对有组织犯罪的刑法治理陷入"越打越强"的怪圈。因此，应立足于现代转型社会有组织犯罪发展演变的新态势，以一种前瞻式的立法思路指导刑法立法，有效规制有组织犯罪：其一，正视我国目前有组织犯罪多种形态同时并存、交替演进的犯罪现状，适当转换"我国现阶段尚不存在典型黑社会"的观念，在刑法中引入和确立"有组织犯罪"的概念，实现对有组织犯罪"从小到大"发展的全过程预防和规制；其二，针对有组织犯罪出现的"行为多样化""犯罪掩饰化"等特点，及时转变立法的保守局面，适当加大犯罪化的力度，增加有组织犯罪的罪名设置，如增设帮助、资助、保护有组织犯罪组织罪和有组织高利放贷罪等，扩大与细化"组织罪"与"行为罪"的规定，丰富和完善我国有组织犯罪的罪名体系；其三，由于有组织的集团在分工明确的情况下以合作方式实施的违法行为，其社会危害性远大于单独犯罪，因此应当在准确预测有组织犯罪未来发展趋势的基础上，刑法积极介入以拓宽刑法惩治的领域，对有组织犯罪"去暴力化"尤其是"企业化"趋势等予以综合性、前瞻性的制度设计与立法安排。

3. 通过理性立法解决立法的体系性与罪刑设置问题

既有经验表明，构建良好完善的刑法结构一定要坚持理性的立法观念。这里所讲的理性，意指在立法总体思路和罪刑设置上注重科学性、系统性和适度性。"传统刑法以对付个人犯罪、强调个人责任为特色。"[④] 就我国有组织犯罪刑法立法而言，由于一直坚持的是传统刑法观念，现行刑法有关有组织犯罪的规定存在体系性缺陷，罪刑设置上也不符合理性立法要求，未来立法应当作出完善：第一，必须基于对犯罪现象的认识而改变传统的犯罪观念，回应刑事治理的迫切需求，将有组织犯罪与个人犯罪彻底区分，在刑法总则、分则的体系安排上作出特殊设计，围绕有组织犯罪的"组织性"特征修订刑法，同时制定单行法律——《有组织犯罪法》，

---

① 周光权：《转型期刑法立法的思路与方法》，载《中国社会科学》2016年第3期。

② 周光权：《转型期刑法立法的思路与方法》，载《中国社会科学》2016年第3期。

③ 何勤华：《立法超前——法律运行的规律之一》，载《法学》1991年第3期。

④ 周光权：《转型期刑法立法的思路与方法》，载《中国社会科学》2016年第3期。

形成以刑法为基础、刑事诉讼法、单行刑法紧密配合的立体刑事法律体系；第二，针对有组织犯罪的发展演变规律和特别危害，进一步严密惩处体系，将支持、包庇有组织犯罪的外围犯罪以及有组织犯罪的伴生犯罪行为纳入规制范围，形成有组织犯罪的“组织罪”“行为罪”和“掩饰隐瞒罪”一体化的规制惩处体系；第三，秉承理性观念，贯彻“宽严相济”的刑事政策，根据罪刑相适应原则有针对性地合理分配刑事责任，合理设置罪刑体系：针对我国有组织犯罪中的“组织罪”刑罚设置偏重、“行为罪”的刑罚设置偏轻的状况，应适当降低有组织犯罪中的“组织罪”的刑罚幅度，适度加重有组织犯罪集团实施的“行为罪”的刑罚设置；以有效预防和打击有组织犯罪为根本目的，科学合理地设计刑法总则和刑法分则规定，规定特殊的量刑情节，建立起科学、合理、有效的刑罚体系；针对有组织犯罪“牟利性”本质，丰富刑罚种类，增加资格刑和财产刑（如没收制度）的比重，科学规范地处置有组织犯罪的涉案财产。

总之，经过晚近20余年的立法演进，我国有组织犯罪的刑法立法无论是在科学性还是完备性方面，都取得了不同程度的增强，为我国预防和打击有组织犯罪提供了刑事法律支撑。当然，正如前文所述，我国有组织犯罪的刑法立法尚存较大不足，我们要总结刑法立法的既往经验，在正视不足的基础上坚持多元、能动、理性的刑法立法观，积极探索刑法立法的体系优化、制度改革和技术完善，严密法网，不断地从结构、制度和技术等方面完善我国有组织犯罪的刑法立法。

环境犯罪非刑处罚制度的立法探析

曾粤兴* 蔡鑫韵**

概览我国新刑法典颁行20年来，刑罚体系的发展以及理论研究脉络，可以看到我国刑罚的进化趋势表现为：死刑从限制逐步走向废止、自由刑逐步萎缩、财产刑从低迷走向兴盛、资格刑逐步拓展与繁荣以及非刑罚措施逐步兴起。作为刑罚体系下的环境刑罚的进化过程也呈现上述趋势，即逐步从过去重视制裁模式过渡到刑事惩罚与环境补偿相配合模式。可以说，这种转变使得现今的环境保护目的不再局限于过去的惩治犯罪，而更多的是关注如何使人类生存的环境更加和谐与美好。这一系列的变化意味着，环境刑罚体系的未来发展趋势，不应局限于对刑罚尺度的设计，一概以刑罚手段规制环境犯罪。相反，应立足恢复环境的目的，将刑罚惩治与恢复环境手段结合起来，实现环境问题的综合治理。① 尤其是非刑罚措施的构建将成为架设预防环境犯罪的首选方式。

所谓非刑罚措施是指人民法院对犯罪分子适用的刑罚方法以外的其他处理方法的总称。② 非刑罚措施，就其性质而言，属于行政性措施或补偿性措施而不属于刑罚方法，不属于刑罚的种类，不具有其他刑罚所具备的功能。③ 但是，非刑罚措施与其他刑罚方法一样，也是犯罪人承担刑事责任的一种方式。④ 因此，非刑罚措施是刑罚处罚的必要补充，起到替代作用，与其他刑罚处罚相配合，形成我国多元化的环境刑罚体系。

一、非刑罚措施的地位与适用范围

根据我国现行《刑法》第37条的规定，我国非刑罚措施的种类主要囊括了予以训诫、责令具结悔过、赔礼道歉、赔偿损失，或者由主管部门予以行政处罚或者行政处分。由此，可分析出非刑罚措施在我国刑罚体系中的地位与相应的适用范围。

（一）非刑罚措施的地位

根据我国刑法关于非刑罚措施的规定，可以看出：其一，非刑罚措施的处置权

---

* 昆明理工大学法学院暨云南省地方立法研究院院长，教授、博士生导师，法学博士。

** 昆明理工大学法学院博士研究生。

① 参见赵秉志主编：《环境犯罪及其立法完善研究——从比较法的角度》，北京师范大学出版社2011年版，第34页。

② 参见赵秉志主编：《刑法总论》，中国法制出版社2008年版，第404页。

③ 赵秉志主编：《刑法总论》，中国法制出版社2008年版，第404页。

④ 于阜民：《刑法学》，科学出版社2013年版，第175页。

归司法机关享有。这里的司法机关指的是广义上的司法机关，包括法院与检察院。[①]这是与行政处罚方法、民事制裁方法相区别的一个方面，即非刑罚措施的决定，依旧以承认犯罪为前提。其二，非刑罚措施适用的对象限于犯罪分子。在这点上，非刑罚措施适用的对象与其他刑罚措施适用的对象是相同的，都是对那些构成犯罪的人适用，而不是其他违法分子。因此，对于有些学者认为，非刑罚处罚方法作为刑罚体系中的处罚措施，有损于刑法的独立性与完整性，进而认为应在刑罚体系中排除非刑罚处罚方法的适用。[②] 笔者认为，不足取。因为非刑罚方法之所以被纳入刑罚体系，就是因为它是以犯罪为前提，从而与刑罚方法密切相连，相辅相成。[③] 其三，具有非刑罚的强制性。非刑罚措施，一方面表现于其处罚方法具有非刑罚性，不同于其他刑罚种类。可以说，非刑罚措施与其他刑罚种类相较，除严厉程度不同外，其依据的法律也有所不同。其他刑罚措施的法律依据主要是刑法与刑事诉讼法的相关规定。但非刑罚处罚的适用除要依据刑罚、刑事诉讼法外，还得依据民法、行政法等相关规定。另一方面非刑罚处罚作为刑罚体系下的方法，依旧具有强制除发行，知识这种强制性一般来说弱于其他刑罚措施。总之，非刑罚措施在刑罚体系中的地位尽管不是刑种，但却是作为其他刑罚的必要补充与替代措施的处罚方法。

（二）非刑罚措施的适用范围

根据上述非刑罚措施在刑罚体系中的地位，可以分析出非刑罚措施的适用范围有以下几种情况：其一，犯罪情节轻微不需要判处刑罚的情况，可以适用非刑罚处罚措施。[④] 其二，尽管罪行已构成犯罪，但存在免除处罚情节的情况，可以适用非刑罚处罚措施。这里指的免除处罚情节，即包括可以免除的情节，如预备犯；也包括应当免除的情节，如中止犯等。其三，罪行较为轻微需被判处较轻刑罚的，但根据犯罪情况，以非刑罚措施替代刑罚更能起到刑罚作用的情况，可以适用非刑罚处罚措施。这种情况，是非刑罚措施具有刑罚替代性的体现。当然，对于非刑罚措施替代刑罚措施的情形，须从严把握，防止罪该处刑的犯罪分子，逃避与其相适应的刑罚制裁。其四，非刑罚措施依附于刑罚措施的适用。这种情况，是非刑罚措施辅助性或者补充功能的体现，主要适用于较重或严重的犯罪。总之，非刑罚处罚在适用对象上既可以适用于那些犯罪情节轻微的情况，也可适用于严重的犯罪。适用方式上即可以独立适用，也可以附加其他刑罚适用。此外，针对那些“虽然实施了刑法所规定的犯罪行为，但因缺乏犯罪构成主体要件而不能追究刑事责任的人”能否适用非刑罚处罚方法的问题，如精神病人在不能辨认与控制自己行为的情况下实施了犯罪行为能否适用非刑罚处罚。笔者以为，上述情形不能适用非刑罚处罚方法。理由是在我国，犯罪构成是认定犯罪的标准，是负刑事责任的依据，只有符合犯罪构成才能成立犯罪。换言之，缺乏犯罪构成的行为，不可能构成犯罪，不存在是否

① 在司法实践中，人民检察院在侦查和起诉过程中，作出免予起诉决定后，对犯罪人适用非刑罚处罚措施。因此，对于非刑罚措施的处置权不仅法院享有，检察院亦享有。

② 参阅向朝阳、姚平：《关于“非刑方法”的思考与建议》，载《现代法学》1991年第4期。

③ 陈兴良：《刑种通论》，中国人民大学出版社2007年版，第468页。

④ 该种情况主要是指我国刑法第37条的规定。

适用刑罚处罚的问题，也就不存在能否适用非刑罚处罚方法的问题。

二、环境刑罚体系下非刑罚措施存在的必要性

基于上述关于非刑罚措施在我国刑罚体系中的地位与适用范围的阐明中可析，非刑罚措施的存在是科学构建刑罚体系的重要处罚方法。而环境犯罪作为一类特殊的犯罪形态，司法机关对之采取刑罚辅助性手段更有其明显的必要性和合理性。

（一）传统的刑罚处罚不足以应对新型环境犯罪

客观而言，行政犯属性是环境犯罪的基础特征，这意味着，公众对环境犯罪的伦理谴责感与传统犯罪相较而言不深。因而，传统犯罪治理模式对治理环境犯罪而言效果不明显。同时，对于环境犯罪的治理除了要满足惩治环境犯罪的需要外，还应保护环境受害人的权利。因此，环境犯罪的刑事责任若仅体现刑罚处罚，显然并未顾及因环境犯罪造成受害人的利益损失未进行救济的问题。这意味着，传统的刑罚措施，即自由刑、财产刑或资格刑只能遏制犯罪行为继续侵害环境，从客观上起到对环境保护的作用。但是，却无法及时有效地对环境进行恢复，已不能应对新型环境犯罪所带来的社会问题。如果对环境犯罪在适用刑罚措施时，还有选择地附加适用非刑罚方法，即辅之或独立适用非刑措施，则更有利于环境犯罪立法目的的实现，毕竟环境犯罪所造成的危害在某种程度上具有恢复、补救的现实可能性。当然，对于那些不具有恢复、补救的环境犯罪，可以配以适用诸如赔偿或行政处分等非刑措施，以达到惩治与教育的双重作用。

（二）环境犯罪的整体特性决定了非刑罚措施存在的必要性

对于环境犯罪而言，环境犯罪整体而言属于轻罪，具有发展经济和破坏环境双重属性，加之行为人主观恶性不是特别大，[①] 因此，传统的刑罚方式无法适应环境保护和恢复的需要。而非刑罚措施的存在则有利于弥补刑罚处罚的不足，适用于轻罪，进而为充分贯彻谦抑原则提供强有力的支持，促进行为人的反省改造。客观说，非刑处置是轻型化的一个重要反映，是国际性的立法趋势，与整体而言为轻罪的环境犯罪所侵害的法益，相匹配。并且“环境刑事责任的实现不应该是消极地追究环境犯罪行为人的刑事法律责任，而是应该通过环境犯罪刑事责任的实现方式来积极地寻求各种保护生态环境的方法”。[②]

（三）环境犯罪的趋利性决定非刑罚措施存在的合理性

根据波斯纳的法律经济分析的观点，犯罪行为人在进行犯罪前会进行成本与收益的分析，如果有200%的利润就敢犯任何罪，有300%的利润就敢冒绞刑的风险。所以，增加犯罪成本成为打击犯罪的立法和司法决策问题。当然，除了一味地提高法定刑，加重处罚力度外，环境犯罪自身的贪婪性也为其提供了一条增加犯罪成本有效途径，即非刑罚措施。可以说，非刑罚措施诸如限期治理或赔偿受害人等措施，可以增加行为人的环境犯罪成本。与罚金刑不同的是罚金刑处罚的数额是相对

① 蒋兰香：《环境犯罪基本理论研究》，知识产权出版社2008年版，第299页。
② 蔡守秋：《环境资源法教程》，武汉大学出版社2000年版，第570页。

确定的。这意味着，行为人可以把一定数额的罚金纳入犯罪成本范围内来衡量犯罪成本与犯罪利益。但是限期治理等非刑罚措施的适用却未有固定的数额，单位不可能在一开始就已估算好自己污染或破坏的环境需要多少金额的治理资金。因此，非刑罚措施的存在有益于增加行为人的环境犯罪成本，达到预防犯罪的目的。

（四）非刑罚措施可以完善环境刑罚体系的不足

从边沁的“惩罚亦罪恶”到耶林的“双刃剑”，对刑罚在防治犯罪中的有限性，学者们早有清醒的认识，① 一方面，从宏观上而言，刑罚并非万能。具体表现为：其一，从刑罚启动的根源上分析，刑罚的启动是以最低的社会道德标准为限度，与已然犯罪相当，并起到一定的预防功能，但报应与预防功能的内在却决定了刑罚在治理犯罪上只能是有限度的。其二，从社会实践角度而言，犯罪的原因是复杂的，是多元的，并非一成不变的，正因如此，刑罚的功能只能是有限的。其三，从经济学的角度阐释，刑罚的强度要受刑罚成本的制约，从而使国家在预防和惩治犯罪时产生了必不可少的支出，如监禁刑的高成本，因而制约了刑罚功能的发挥。另一方面，从微观的角度而言，刑罚功能也存在内在的局限性。如行为人的“犯罪标签化”，如资格刑过剩，如罚金刑的难执行等，也从微观上限制了刑罚功能的有效发挥。正因如此，非刑罚措施所具有的经济性与补充性为刑罚之不足提供了最好的注解。与此相同，环境刑罚在宏观上与微观上也表现了一定的局限性，以致在应对新兴的环境犯罪，更显局促，也正因如此，非刑罚措施成为完善环境刑罚体系不足的必要方式之一。

对于环境犯罪而言，尽管刑罚处罚才是惩治与预防环境犯罪的主要手段，但非刑罚措施自身固有的优势，成为治理环境犯罪方式之一，较好地弥补了刑罚在治理环境犯罪中所呈现的不足。因此，构建适宜于环境犯罪的非刑罚措施是环境刑罚体系化中必要的一环。

三、非刑罚措施在环境犯罪中的拓展与适用

尽管我国在立法上规定了非刑罚措施，但却不尽如人意。因此，需要从宏观与微观两个层面着手，完善非刑罚措施。

（一）宏观上，非刑处置之完善

第一，在刑法中专节规定非刑罚处罚。② 可以说，我国关于非刑措施的规定较为零散，除了《刑法》第37条与第38条外，还得依据行政处罚与行政处分的相关规定。这种情势下，因立法上的缺陷，导致在司法上，多数非刑处置方法被搁置不用。因此，笔者建议，在轻刑化成为国际性立法趋势的背景下，结合我国的实际情况，在原有关于非刑处置的规定内容上，将分散的规定统一起来，专门一节规定非刑处置。

第二，扩大非刑罚处罚的适用范围。诚如上述所述，非刑罚处罚的适用对象一

---

① 吕欣：《环境刑法之立法反思与完善——以环境伦理为视角》，法律出版社2012年版，第166页。

② 陈兴良：《刑种通论》，中国人民大学出版社2007年版，第482页。

共有四种。因此，不能只看到《刑法》第37条表面上规定的犯罪情节轻微不需要判处刑罚的，可以免予刑事处罚这一情况。相反，应更深层次地对第37条进行解读，只要有必要，对那些已适用刑罚的犯罪分子，也可以同时适用非刑处置，从而实现刑法全方位的功能作用。①

第三，增加非刑罚处罚种类。整体而言，我国非刑罚措施一共包含3类5种方式，即教育性非刑罚措施，其中包括训诫、责令具结悔过与赔礼道歉；民事性非刑罚措施，主要是指赔偿损失以及行政性非刑罚措施，建议予以行政处罚或行政处分。客观地说，这3类5种的非刑处置已不适应治理犯罪的需要，因此，需要增加非刑罚处罚方法。具体增加哪些非刑处置，在下文“微观上，非刑处置之优化”中将会详细阐明，在此不再赘述。

第四，完善非刑罚处罚的监督。确切地说，我国仅对刑罚的监督和检察作了相关规定，但对非刑处罚相关的监督与检察规定却是一纸空白。因此，要从立法上完善非刑罚处罚的监督。具体应规定确定监督执行的机关和人员、规定监督事项、规定违反非刑处置的犯罪分子相关的法律责任、非刑处置的适用方式，即单独适用或两种以上合并适用，等等。可以说，非刑处罚监督体系的完善，是为了司法实践服务，确保非刑处置的顺利执行，发挥非刑处置在环境刑罚体系中应有作用。②

（二）微观上，非刑处置之优化

根据我国现行《刑法》的相关规定，非刑罚处置种类包括以下几类：

1. 关于非刑处置种类的现状与完善

第一，教育性非刑罚措施，包括训诫、责令具结悔过与赔礼道歉三种形式。其一，关于训诫。根据1964年1月最高人民法院颁布的《关于训诫问题的批复》，所谓训诫系指司法机关人员（这里指的是广义的司法机关人员，即包括法院也包括检查员的人员）以国家名义以发表训词的方式对犯罪分子公开谴责，并责令其改正的一种非刑罚处罚方式。其二，关于责令具结悔过。具结悔过系指司法机关人员责令犯罪分子用书面方式保证悔改，不再犯罪。详言之，被判处责令具结悔过的罪犯，应事先写好悔罪书，并当众宣读后递交于司法机关工作人员。当然，为了更好地发挥悔罪书的作用，可以将悔罪书印成多份，晓谕群众。③ 其三，关于赔礼道歉。责令赔礼道歉系指司法机关工作人员责令犯罪分子公开向被害人当面承认错误，表示歉意的一种教育方法。④ 总言之，教育性的非刑罚措施适用的对象一般为犯罪情节轻微的自然人或单位，以悔过或道歉的方式教育犯罪分子，不再实施犯罪。当然，由于教育性非刑罚措施是在《刑法》总则中规定，因此也同样适用于环境犯罪中的自然人与单位。但是，基于环境犯罪所带来的严重污染或破坏环境的后果考虑，教育性的非刑罚措施在适用于环境犯罪时，应扩大教育的方式，即不能囿于当庭悔过或当面道歉的方式，而应尝试通过媒体进行悔过或道歉。

---

① 参见陈兴良：《刑种通论》，中国人民大学出版社2007年版，第482页。

② 参见陈兴良：《刑种通论》，中国人民大学出版社2007年版，第481-483页。

③ 参见陈兴良：《刑种通论》，中国人民大学出版社2007年版，第475-476页。

④ 蒋兰香：《环境犯罪基本理论研究》，知识产权出版社2008年版，第310页。

第二，民事性的非刑罚措施。民事责任倾向于救济权利。对于环境犯罪而言，不仅侵害的是环境法益，还间接地损害了被害人的财产权利，故而对环境犯罪的处罚辅之以民事性非刑罚措施，显然能更好地救济被害人的经济利益。民事性的非刑罚措施主要是指赔偿损失。我国的赔偿损失范围局限于由犯罪人犯罪行为直接造成的经济损失，如对人身伤害、死亡的赔偿，不包含对未然的、间接的经济损失。然而，考虑到环境危害行为所造成的损害具有长期潜伏性的特征，仅对已然的，直接性经济损失进行赔偿，显然不足以应对环境犯罪，尤其是噪声污染，有毒性物质污染等。当然，对于未然的、间接性的精神损害赔偿，在司法实践中，尚未统一标准，因此，应从立法上统一标准。

此外，尽管我国《刑法》有明文规定规定赔偿损失这一非刑罚措施，但运用于司法实践中，却尚不广泛。客观地说，因立法的粗疏，导致民事性的非刑罚措施成为被搁置的非刑罚处罚。为此，笔者以为，针对环境犯罪，特别是污染型的环境犯罪，要从立法角度，硬性规定使用赔偿经济损失这一非刑罚措施，因为污染型环境犯罪基本上都会给被害人造成经济上的损失。①

第三，行政性的非刑罚措施。其具体包括行政处罚与行政处分两种形式。第一，行政处罚式的非刑罚措施。根据《行政处罚法》规定的处罚种类有行政拘留、责令停产停业、暂扣或吊销许可证或执照、罚款、没收违法所得以及非法财物、警告及其他处罚，如责令拆违等。在环境犯罪的处罚中可以与其他刑罚种类并用的行政处罚有：罚款、暂扣许可证或执照和吊销许可证或执照。在此值得说明的是，罚款相较于刑罚处罚中的罚金刑而言，显然失去意义。但对于那些犯罪情节轻微不需要判处刑罚的，可以免予刑事处罚的犯罪人而言，独立适用罚款或合并适用多种非刑罚处罚方式，依旧可以达到教育犯罪人的目的。此外，行政处罚中的警告因其过于轻缓而不必适用于环境犯罪人，行政拘留也因刑罚的适用而显得没有必要。② 第二，关于行政处分式的非刑罚措施。行政处分主要分为警告、记过、记大过、降级、撤职、开除六类。这些行政处分，对于环境犯罪分子而言并没有什么意义，除非是针对国家工作人员实施环境犯罪，但情节轻微的犯罪人，可以适用行政处分式的非刑罚处罚。

此外，笔者建议，针对连续或多次遭受上述非刑罚处罚的单位或者自然人，再次实施环境违法行为的，可视为破坏环境资源犯罪构成要件中的“情节严重”，追究其刑事责任。这样做，理由在于：其一，一方面，非刑罚措施的“强制力”较弱。如上述所言，非刑罚措施的性质属于行政性或补偿性措施，而非刑罚方法，因此，强制力较于刑罚其他手段而言较弱。另一方面，就刑罚种类而言，作为治理犯罪的方法，如果能够良好设计和充分利用的话，应该能够发挥使犯罪人重新融入社会以及恢复被破坏的环境的功能。但是，刑罚种类在适用于环境犯罪的过程中，却体现出“教育性”与“恢复性”较弱的一面，无法较好地遏制环境犯罪的发生，

---

① 参见刘晓莉：《生态犯罪立法研究》，吉林大学出版社 2006 年版，第 237 页。

② 参见刘晓莉：《生态犯罪立法研究》，吉林大学出版社 2006 年版，第 238-239 页。

促进环境犯更好地融入社会。因此，笔者以为，将“强制力”较弱的非刑措施附上次数要求，升格为刑罚，恰恰可以避免各自的弊端，更好地实现对环境犯罪的综合治理。其二，符合近年来刑法修正案的立法趋势，将处罚升格为刑罚。如最高人民法院、最高人民检察院《关于办理环境污染刑事案件适用法律若干问题的解释》第1条第6项规定“二年内曾因违反国家规定，排放、倾倒、处置有放射性的废物、含传染病病原体的废物、有毒物质受过两次以上行政处罚，又实施前列行为的”，应认定为刑法第338条中的“严重污染环境”，等等。

2. 非刑处置种类的增设

对于防治环境犯罪的非刑处置，我国虽然从教育、民事以及行政三个方面进行规定，但其包含的非刑种类却远不能满足现有的治理环境犯罪的需要。笔者以为，应根据环境犯罪单位犯罪居多、危害结果具有延迟性以及难以恢复性等特点，设置适合于抗治环境犯罪的非刑处置，具体需新增的种类如下：

第一，公布犯罪事实与裁判决定。是一种针对自然人或单位的名誉，发挥刑罚打击与预防环境犯罪的功能的教育性非刑处罚。这种“点名羞辱”（naming and shaming）的惩罚对于那些尤其爱惜名誉的单位而言，是非常严厉的处罚，导致的负面公众影响，代价不容低估。①

第二，责令补救。责令补救又可称为恢复损害的原状措施，是一种民事救济的非刑处置，具体是指犯罪人对犯罪行为造成的破坏，需要采取修复等恢复原状的救济性措施。具体到环境犯罪而言，系指环境犯罪人对环境造成一定实际损害，且受到损害的环境要素可以由该行为人进行修复的一种措施。② 可以说，责令补救是损害担责原则在非刑处置中的体现，能够最大限度地补救环境危害的后果。当然，司法机关工作人员在对犯罪分子适用责令补救时，应指明具体的补救方式，如我国《森林法》规定，滥伐林木的，补种滥伐株数5倍的树木。还要明确补救的期限，以及补救后应达到的效果。

第三，建立保证金制度。所谓保证金制度系指责令犯罪分子提供一定数额的金钱保证其在将来（一定期限内）的活动中遵守法律，不再实施犯罪行为。落实至环境犯罪方面，则是保证犯罪分子在将来的活动中遵守环境刑法的相关规定，不再对环境造成污染或损害的后果。保证金制度的建立是改变传统“重惩罚，轻预防”的理念，同时，保证金制度误判易纠，可以发挥其作为非刑罚处罚的预防与教育环境犯罪的作用。

总而言之，在环境犯罪愈演愈烈的情况下，作为治理环境犯罪的最严厉手段，环境刑罚应发挥其应有作用。为此，建立一个体系化的、科学性的、具有可操作性的环境刑罚体系十分必要，在重视刑罚处罚发挥惩治环境犯罪功能的基础上，着重发挥非刑处罚在环境犯罪中的教育作用。

---

① 参见［瑞典］汉斯·舍格伦、约兰·斯科格编：《经济犯罪的新视角》，陈晓芳、廖志敏译，北京大学出版社2006年版，第77-78页。

② 吕欣：《环境刑法之立法反思与完善——以环境伦理为视角》，法律出版社2012年版，第169页。

污染环境罪侵害法益的规范分析
——20年来中国环境犯罪刑事立法述评

李　梁[*]　李文超[**]

虽然自20世纪80年代以来我国就把保护环境确立为一项基本国策，但在1997年《刑法》颁布实施之前，我国刑法中并没有规定关于污染环境方面的犯罪。1997年《刑法》第338条规定了重大环境污染事故罪，并以“造成重大环境污染事故，致使公私财产遭受重大损失或者人身伤亡的严重后果”为构成要件要素；而且，学界一般把该罪解释为过失犯罪。2011年5月25日颁布的《刑法修正案（八）》对重大环境污染事故罪的罪状进行了修改，不仅把原来条文中的“危险废物”改为“有害废物”，删除了“向土地、水体、大气”的修饰语，把“造成重大环境污染事故，致使公私财产遭受重大损失或者人身伤亡的严重后果”修改为“严重污染环境”。随后，最高司法机关把“重大环境污染事故罪”的罪名修改为“污染环境罪”。2013年6月17日，最高人民法院和最高人民检察院联合发布了《关于办理环境污染刑事案件适用法律若干问题的解释》（以下简称《环境污染解释》），再到2016年“两高”联合发布《关于办理环境污染刑事案件适用法律若干问题的解释》（以下简称2016年《环境污染解释》）打击污染环境犯罪的司法解释，是对《环境污染解释》进行版本“升级”，目的在于对环境法益的提前保护，对《刑法》第338条中的“严重污染环境”作出了较为详尽的解释。从立法机关和最高司法机关对污染环境罪的修改和解释出发，大致可以得出这样的结论：污染环境罪的处罚范围在不断扩大。那么，污染环境罪的法益经过了怎样的发展过程？在环境污染日益严重的今天，应当如何解释污染环境罪的法益才有利于惩治环境污染犯罪？污染环境罪的法益应当坚持什么样的发展方向？值得认真分析研究。本文以实质解释为立场，以刑事立法和司法解释的变化为线索，对污染环境罪的侵害法益进行了初步探讨。

一、《刑法》第338条修改前污染环境罪的侵害法益

1997年《刑法》颁布之前，我国刑法分则中没有污染环境方面的犯罪，因而无所谓该类犯罪的法益问题。从1997年《刑法》到《刑法修正案（八）》颁布实施之前，环境污染犯罪在我国刑法上被类型化为“重大环境污染事故罪”。对于重大环境污染事故罪的法益，刑法理论认为包括国家环境管理制度、公私财产权与公

---

* 中央民族大学法学院讲师、硕士生导师，法学博士，博士后。
** 海南政法职业学院法务技术系副教授。

民健康、生命安全。[①] 但在本文看来，这是一种形式主义的解释，其理由来自两个方面：一方面，刑法把重大环境污染事故罪规定在分则第六章“妨害社会管理秩序罪”中，而这里所说的“社会管理秩序”是指狭义的社会秩序，即国家对社会日常生活进行管理而形成的有条不紊的秩序，因而重大环境污染事故罪的法益首先应当是作为社会管理秩序的国家环境管理制度。另一方面，《刑法》第338条把重大环境污染事故罪的结果表述为“造成重大环境污染事故，致使公私财产遭受重大损失或者人身伤亡的严重后果”。其中，“造成重大环境污染事故”的表述为把该罪的法益解释为国家的环境管理制度提供了依据，而“致使公私财产遭受重大损失或者人身伤亡的严重后果”为把该罪的法益解释为公私财产权与公民健康、生命安全提供了依据。而且，重大环境污染事故罪首先侵犯的是国家的环境管理制度，其次才是公私财产权和人身权。但问题是，侵犯了国家的环境管理制度就一定成立重大环境污染事故罪吗？重大环境污染事故又是如何被度量的呢？

修改前的《刑法》第338条规定：“违反国家规定，向土地、水体、大气排放、倾倒或者处置有放射性的废物、含传染病病原体的废物、有毒物质或者其他危险废物，造成重大环境污染事故，致使公私财产遭受重大损失或者人身伤亡的严重后果的，处三年以下有期徒刑或者拘役，并处或者单处罚金；后果特别严重的，处三年以上七年以下有期徒刑，并处罚金。”从这一规定来看，重大环境污染事故罪属于侵害犯，即只有造成重大环境污染事故，致使公私财产遭受重大损失或者人身伤亡的严重后果的，才成立本罪。从法条的表述来看，“造成重大环境污染事故”与“致使公私财产遭受重大损失或者人身伤亡的严重后果”之间是并列关系。又可分为两种情形：一是造成重大环境污染事故，并致使公私财产遭受重大损失的严重后果；二是造成重大环境污染事故，并致使人身伤亡的严重后果。由此来看，如果仅仅是造成了重大环境污染事故，而没有致使公私财产遭受重大损失或者人身伤亡的严重后果的，则不成立重大环境污染事故罪。如果坚持仅仅造成了重大环境污染事故，但没有致使公私财产遭受重大损失或者人身伤亡的严重后果，就可以重大环境污染事故罪的化，那么“造成重大环境污染事故”就没有实质内容。

2008年6月25日，最高人民检察院、公安部联合发布了《关于公安机关管辖的刑事案件立案追诉标准的规定（一）》（以下简称《立案追诉标准（一）》）第60条对重大环境污染事故案的追诉标准作出了详尽的解释。从该条的基本内容来看，重大环境污染事故罪的追诉标准仅限于对公私财产造成损失的程度和对人身的伤亡程度。[②] 由此来看，“造成重大环境污染事故”本身没有实际内容，必须通过“致使公私财产遭受重大损失或者人身伤亡的严重后果”来表现。换言之，“造成重大环境污染事故”与“致使公私财产遭受重大损失或者人身伤亡的严重后果”之间实质上并不存在并列关系，后者是对前者解释，即“造成重大环境污染事故”

① 参见高铭暄、马克昌主编：《刑法学》，北京大学出版社、高等教育出版社2010年版，第649页。

② 《立案追诉标准（一）》第60条共规定了六项内容。其中，前三项属于致使公私财产遭受重大损失的严重后果，第四项和第五项属于致使人身伤亡的严重后果；第六项属于兜底性条款，根据同类解释原则，应当仅限于致使公私财产遭受重大损失和人身伤亡的严重后果。

就是“致使公私财产遭受重大损失或者人身伤亡的严重后果”。以此来看，认为重大环境污染事故罪的法益包括国家环境管理制度、公私财产权与公民健康、生命安全的观点是不符合逻辑的。如果对修改前的《刑法》第338条进行文义解释，并参考相关司法解释，得出的结论只能是：重大环境污染事故罪的法益是公私财产权或者公民健康、生命安全。二者之间是选择关系，但不是非此即彼。

把重大环境污染事故罪的法益解释为国家的环境管理制度，进而通过公私财产权或者公民健康、生命安全来具体化，显然反映了以人为本的法益观。自近代以来，以人为本是西方各国确立刑法法益的出发点和归宿。对此，罗克辛指出：“法益是在以个人及其自由发展为目标进行建设的社会整体制度范围之内，有益于个人及其自由发展的，或者是有益于这个制度本身功能的一种现实或目标设定。”① 正因为基于这种考虑，刑法理论在把法益划分为个人法益和超个人法益的同时，对超个人法益作出了“必须能够还原为个人法益”的限制。② 正是在这种理论的指导下，立法者和司法者往往把公私财产权或者公民健康、生命安全设置或者解释为是否构成重大环境污染事故罪的关键要素。显然，在这种法益观的指导下，衡量环境是否受到损害的关键在于人的利益是否受到损害，环境本身不是法益，因而仅仅对环境的损害不被认为是犯罪。

二、《刑法》第338条修改后污染环境罪的侵害法益

《刑法修正案（八）》对《刑法》第338条的罪状部分进行了三个方面的修改：一是删除了“向土地、水体、大气”的修饰语；二是把原来的“危险废物”修改为“有害物质”；三是把原来的“造成重大环境污染事故，致使公私财产遭受重大损失或者人身伤亡的严重后果”修改为“严重污染环境”。其中，删除“向土地、水体、大气”的修饰语，从逻辑上看是扩大了环境要素的范围，但实质上是一个立法技术问题，因为所谓排放、倾倒或处置无非就是“向土地、水体、大气”排放、倾倒或者处置。把“危险废物”修改为“有害物质”，显然扩大了行为对象的范围。因为危险废物的范围必须依据环境保护部与国家发展和改革委员会于2008年6月6日发布的《国家危险废物名录》来确定，但在确定有害物质的范围时，就不受《国家危险废物名录》的限制。把“造成重大环境污染事故，致使公私财产遭受重大损失或者人身伤亡的严重后果”修改为“严重污染环境”，显然是扩大了行为和结果的范围。一方面，一些不属于重大环境污染事故但具有积累性的污染行为被纳入了处罚范围；另一方面，一些虽然没有造成重大环境污染事故但危害严重的结果被纳入了处罚范围。③ 可见，立法者修改《刑法》第338条的目的主要在于扩大环境污染犯罪的处罚范围。从实质上看，这一修改的背后正是污染环境罪侵害法益的变化。

---

① ［德］克劳斯·罗克辛：《德国刑法学总论》（第1卷），王世洲译，法律出版社2005年版，第15页。

② 参见黎宏：《日本刑法精义》，中国人民大学出版社2008年版，第27页。

③ 参见赵秉志主编：《〈刑法修正案（八）〉理解与适用》，中国法制出版社2011年版，第403-404页。

根据修改后的《刑法》第338条的规定，污染环境罪的成立不再以“造成重大环境污染事故，致使公私财产遭受重大损失或者人身伤亡的严重后果”为条件，而是以“严重污染环境”为条件。至此，“造成重大环境污染事故”只是严重污染环境的一种表现形式。对此，我国刑法理论的通说已经指出，“严重污染环境”，既包括发生了造成财产损失或者人身伤亡的环境事故，也包括虽然还未造成环境污染事故，但长期违反国家规定，超标准排放、倾倒、处置有害物质，已使环境受到严重污染或者破坏的情形。[①] 换言之，污染环境罪的侵害法益除了重大环境污染事故可能侵害的法益之外，还包括其他严重污染环境行为可能侵害的法益。如前所述，在《刑法修正案（八）》颁布之前，“造成重大环境污染事故”就是指“致使公私财产遭受重大损失或者人身伤亡的严重后果”，而在此之后，“严重污染环境”包括“造成重大环境污染事故”，但不限于此。所以，修改后的《刑法》第338条保护的法益包括两种：一是可能被污染环境行为侵害而且遭受侵害后对公私财产或公民的健康与生命权造成现实侵害（如致使公私财产遭受重大损失或者人身伤亡的严重后果）的环境利益；[②] 二是可能被污染环境行为侵害但遭受侵害后并未对公私财产或公民的健康与生命权造成现实侵害的环境利益。[③]

在《刑法》第338条被修改之后，有学者认为，应当依据《立案追诉标准（一）》第60条的规定来解释“严重污染环境”。[④] 但问题是，《立案追诉标准（一）》第60条是对“造成重大环境污染事故，致使公私财产遭受重大损失或者人身伤亡的严重后果”的解释，在“造成重大环境污染事故，致使公私财产遭受重大损失或者人身伤亡的严重后果”被修改为“严重污染环境”之后，依据《立案追诉标准（一）》第60条来解释“严重污染环境”，那就意味着尚未造成重大环境污染事故但已严重污染环境的行为无法受到处罚，相应地，可能被污染环境行为侵害但遭受侵害后并未对公私财产或公民的健康与生命权造成现实侵害的环境利益得不到修改后的《刑法》第338条的保护。所以，坚持以《立案追诉标准（一）》第60条的规定来解释“严重污染环境”的观点，不当缩小了污染环境罪侵害法益的范围，是不妥当的。还有学者认为，污染环境罪的法益包括秩序法益、人的生态法益和非人类的其他主体的生态法益。其中，秩序法益是指国家对生态环境的管理秩序。并指出，从逻辑上讲，在污染环境罪的判定中，秩序法益的侵害是必要条件，却非为充分条件，即污染行为虽侵害了秩序法益，但没有侵害到生态法益或侵害生态法益的程度不足以达到犯罪边界时，仍不能判定其为污染环境罪。[⑤] 问题是，既然单纯侵害秩序法益的行为不能够成立污染环境罪，那么秩序法益又怎能是污染

① 参见高铭暄、马克昌主编：《刑法学》，北京大学出版社、高等教育出版社2011年版，第579页。

② 在此，公私财产权和公民的健康与生命权实质上是判断是否造成严重污染环境的重要参照。

③ 在这个意义上，污染环境罪也把对公私财产和公民健康与生命权的威胁纳入了调整范围。因而，如果以是否对人类利益造成损害为立场来看，污染环境罪不仅包括侵害犯，也包括危险犯。

④ 参见黎宏：《刑法学》，法律出版社2012年版，第864-865页。

⑤ 参见焦艳鹏：《法益解释机能的司法实现——以污染环境罪的司法判定为线索》，载《现代法学》2014年第1期。

环境罪的法益呢?可见,根据修改后的《刑法》第338条的规定,应当把污染环境罪的法益理解为环境利益,表现为严重污染环境行为所侵害的利益。其中,“致使公私财产遭受重大损失或者人身伤亡的严重后果”只是“严重污染环境”的具体表现形式;相应地,可能致使公私财产遭受重大损失或者人身伤亡之严重后果的行为所侵害的法益只是污染环境罪侵害法益的一种。[①] 除此之外,污染环境罪的侵害法益还包括严重污染环境但尚未造成公私财产遭受重大损失或者人身伤亡之严重后果的行为可能侵犯的环境利益。

三、《环境污染解释》颁布后污染环境罪的侵害法益

修改后的《刑法》第338条虽然扩大了处罚范围,但近年来的环境污染犯罪并未因此而有所下降,而是依然呈高发态势。过去的环境污染主要集中在水资源污染和土壤污染上,近年来大气也被严重污染,形成了大气污染、水资源污染和土壤污染齐头并进的态势,国家整体生态环境受到严重危害。这种态势的形成原因,一方面在于部分地方政府的政绩观、价值取向存在严重偏差,地方政府为了追求GDP而任由企业污染环境,企业纠正违法行为的成本远低于其获得的高额物质利益;另一方面在于法律保护不完善,环境保护部门执法能力较差,公众监督力量弱小。[②] 为此,最高人民法院、最高人民检察院于2013年6月17日联合发布了《环境污染解释》。再到“两高”联合发布2016年《环境污染解释》打击污染环境犯罪的司法解释,是对《环境污染解释》进行版本“升级”,目的在于对环境法益的提前保护,即是刑法治理的早期化。

两部《环境污染解释》第1条都对《刑法》第338条中的“严重污染环境”进行了较为详尽的解释。其中,根据2013年《环境污染解释》第1条第5项和2016年《环境污染解释》第1条第6项的规定,两年内曾因违反国家规定,排放、倾倒、处置有放射性的废物、含传染病病原体的废物、有毒物质受过两次以上行政处罚,有实施前列行为的,属于“严重污染环境”我国学者对此项规定提出了质疑。指出,仅有“违反国家规定,排放、倾倒或者处置有放射性的废物、含传染病病原体的废物、有毒物质或者其他有害物质”的行为,并不直接构成污染环境罪,只有当这种行为造成“严重污染环境”的结果时,才能以犯罪论处。然而,两部《环境污染解释》第1条将受过两次行政处罚后再次实施相同行为的情形直接认定为“严重污染环境”,不仅没有区分行为与结果,而且直接取消了结果要素,显然不符合罪刑法定原则。[③] 事实上,除了2013年《环境污染解释》第1条第5项2016年《环境污染解释》第1条第6项属于这种情况之外,2013年《环境污染解释》前四项和2016年《环境污染解释》规定均属于这种情况。这四项内容是:(1)在饮用水水源一级保护区、自然保护区核心区排放、倾倒、处置有放射性的废物、含传染病病原体的废物、有毒物质的;(2)非法排放、倾倒、处置危险废物3

① 参见姜俊山:《论污染环境罪之立法完善》,载《法学杂志》2014年第1期。

② 参见董纯朴:《环境污染犯罪防控研究》,载《公安研究》2013年第9期。

③ 参见张明楷:《简评近年来的刑事司法解释》,载《清华法学》2014年第1期。

吨以上的；（3）非法排放含重金属、持久性有机污染物等严重危害环境、损害人体健康的污染物超过国家污染物排放标准或者省、自治区、直辖市人民政府根据法律授权制定的污染物排放标准3倍以上的；（4）私设暗管或者利用渗井、渗坑、裂隙、溶洞等排放、倾倒、处置有放射性的废物、含传染病病原体的废物、有毒物质的。其中，第1项和第5项只把排放、倾倒、处置行为认定为“严重污染环境”；第2项和第3项虽然规定了排放、倾倒、处置的危险物质的数量，但达到这一数量的并不必然导致严重污染环境结果的发生。由此来看，《环境污染解释》第1条前五项规定均超出了《刑法》第338条“严重污染环境”这一用语的含义范围，不符合文义解释的基本要求。[①] 然而，就当前环境污染犯罪的基本形势来看，2013年《环境污染解释》和2016年《环境污染解释》第1条的规定无疑顺应了人们普遍要求严惩环境污染犯罪的潮流。

既然属于超出刑法用语之含义范围的解释，那么就意味着扩大了处罚范围，相应地，也拓展了污染环境罪的法益保护范围。从类型化角度来看，可以将《环境污染解释》第1条前五项和2016年《环境污染解释》前六项规定的处罚情形进一步类型化为两类：一是只处罚排放、倾倒、处置行为；二是处罚排放、倾倒、处置有害物质达到一定数量的情形。[②] 这两种情形都不必然导致严重污染环境的结果，但均有造成严重污染环境的危险。换言之，两部《环境污染解释》第1条承认了污染环境罪的危险犯，而且其中的危险是对环境的危险。[③] 可见，《环境污染解释》的颁布实施，虽然未增加污染环境罪侵害法益的种类，但实现了对环境利益的提前保护，加强了刑法对环境利益保护的力度。而且，两部《环境污染解释》有一个明显的特点，即在“严重污染环境”的判断标准上实现了多元化。详言之，两部《环境污染解释》对“严重污染环境”的判断不再仅以是否造成财产损失和人员伤亡为参照，而同时以是否造成财产损失和人员伤亡、环境要素的功能是否受到损害或者丧失，是否实施排放、倾倒或处置行为为参照，挣脱了人类中心主义的羁绊，迈向了生态整体主义。

四、结语

到今天为止，我国关于环境污染犯罪的刑事立法20年的时间，但污染环境罪侵害法益的变化却比较迅速。在1997年《刑法》颁布实施至《刑法修正案（八）》颁布期间，污染环境罪的法益实质上是财产法益或人身法益，体现了典型的人类中心主义的法益观。在《刑法修正案（八）》颁布实施至《环境污染解释》颁布期间，污染环境罪的侵害法益除了财产法益或人身法益之外，逻辑上也包括环境法益。然而，由于刑法理论上习惯于用重大环境污染罪时代的思考方式和司法解

① 参见苏永生：《刑法解释的限度到底是什么？——由一个司法解释引发的思考》，载《河南大学学报》（社会科学版）2014年第1期。

② 参见余俊：《环境污染罪的违法性问题思考》，载《法学杂志》2011年第6期。

③ 与传统的危险犯的概念不同，环境犯罪的危险犯是指对环境的危险犯，相应地，侵害犯是指对环境的侵害犯。

释继续解释污染环境罪，致使环境法益未能在污染环境罪侵害的法益中得以彰显。2013年6月17日，最高人民法院和最高人民检察院联合发布的《环境污染解释》虽然在一定程度上突破了《刑法》第338条的文义，有违反罪刑法定原则之嫌，但明显突出了环境法益的地位，彰显了国家治理环境污染犯罪的决心。

然而，与环境刑法较为发达的国家相比，我国在污染环境罪的侵害法益上还显得较为滞后。例如，现行《德国刑法典》第325条第1款规定："违背行政义务，在设备、尤其是工场或机器的运转过程中，造成空气的改变，足以危害设备范围之外的人、动物、植物健康或其他贵重物品的，处5年以下自由刑或罚金。犯本罪未遂的，亦应处罚。"据此，人之外的自然之物也是空气污染罪的行为对象，即使未造成实际损害的行为也应当受到处罚。再如，根据1989年《奥地利刑法典》第180条第1款的规定，违反法规或行政机关的行政处分，污染或侵害水，或污染土壤或空气，而有下列情形之一者，处3年以下有期徒刑或360净额收入以下罚金：(1)致多数人生命、身体之危险；(2)致广大区域动物、植物生存之危险。可见，在环境刑法比较发达的国家，刑法不仅处罚单纯侵害环境利益的行为，而且处罚对环境的危险犯，彰显了环境法益的重要性。在国家整体生态环境受到严重污染，对人们的社会生活带来极大危害的我国当前情况下，环境刑法较为发达之国家的环境刑法立法经验值得我们重视，应当成为我国解释污染环境罪侵害法益的重要参照。

刑法典颁行 20 年来毒品犯罪的立法演进问题

莫洪宪* 薛文超**

刑法的制定与修改是与社会的现实需要分不开的。刑法典对毒品犯罪如何惩处，与毒品犯罪的社会形势和对其认识的程度紧密相关。在政策层面，禁毒工作事关国家安危、民族兴衰、人民福祉，“厉行禁毒”是党和政府的一贯立场和主张，禁毒是一场人民战争。① 如何更好地运用刑罚手段惩处毒品犯罪，实现禁毒目标，在刑事立法上是值得回顾和展望的。2017 年现行刑法典颁行 20 年，有必要对该法典关于毒品犯罪的立法与修正进程进行充分评价，并结合当前毒品犯罪的形势，科学认识毒品犯罪现象，以实现刑罚效果和目标为基本立场，推进毒品犯罪立法的未来发展。

一、刑法典中毒品犯罪立法演进的基本考察

（一）1997 年刑法典的毒品犯罪立法与现实背景

1997 年刑法典对毒品犯罪的立法，是在此前 1979 年刑法典后毒品犯罪立法不断演进的背景下完成的。1979 年刑法典是我国第一部刑法典，该法首次规定了毒品犯罪，即第 171 条“制造、贩卖、运输鸦片、海洛因、吗啡或者其他毒品的，处五年以下有期徒刑或者拘役，可以并处罚金。一贯或者大量制造、贩卖、运输前款毒品的，处五年以上有期徒刑，可以并处没收财产”。但是随着毒品犯罪在当时愈演愈烈，1982 年第五届全国人大常委会通过了《关于严惩严重破坏经济的罪犯的决定》将该罪的处罚修改为“情节严重的，处十年以上有期徒刑、无期徒刑或者死刑，可以并处没收财产”。将法定最高刑提升为死刑。1987 年《海关法》第 47 条在走私行为中规定了携带毒品进出境行为的刑罚，以及对企业事业单位、国家机关、社会团体走私毒品的刑罚，也即增加了毒品犯罪的单位犯罪主体与走私行为类型。1990 年 12 月第七届全国人大常委会通过的《关于禁毒的决定》以单行立法的形式规定了包括走私、贩卖、运输、制造毒品罪；非法持有毒品罪；包庇毒品犯罪分子罪；窝藏毒品、毒赃罪；掩饰、隐瞒毒赃性质、来源罪；非法运输、携带制毒物品进出境罪；非法种植毒品原植物罪；引诱、教唆、欺骗他人吸毒罪；强迫他人吸毒罪；容留他人吸毒并出售毒品罪；非法提供麻醉药品、精神药品罪等。从上述立法进程可见，毒品犯罪不断扩大犯罪圈，加大惩罚力度，这是与当时“严打”的

* 武汉大学刑事法研究中心主任，教授、博士生导师。

** 武汉大学法学院刑法学专业博士研究生。

① 习近平：《坚定不移打赢禁毒人民战争》，载新华网，http：//news.xinhuanet.com/politics/2015-06/25/c_ 1115726852.htm，2015 年 6 月 25 日访问。

背景与毒品犯罪形势紧密相关的。

第八届全国人大第五次会议制定了1997年刑法典。该法对毒品犯罪进行了全面完善。除了第17条在刑事责任年龄制度中将贩卖毒品罪应当负刑事责任的年龄降低为14岁以外，在分则第六章第七节以11个条文规定了12个毒品犯罪罪名，即走私、贩卖、运输、制造毒品罪；非法持有毒品罪；包庇毒品犯罪分子罪；走私制度物品罪；非法买卖制毒物品罪；非法种植毒品原植物罪；非法买卖、运输、携带、持有毒品原植物种子、幼苗罪；引诱、教唆、欺骗他人吸毒罪；强迫他人吸毒罪；容留他人吸毒罪；非法提供麻醉药品、精神药品罪。并在第191条洗钱罪的上游犯罪规定了毒品犯罪。1997年刑法典将前述单行立法、附属刑法规范进行全面吸收，加以调整，基本延续了前述立法的内容。

（二）20年来刑法关于毒品犯罪立法规范及司法解释调整

1997年刑法典关于毒品犯罪的立法修正不多。2001年《刑法修正案（三）》对洗钱罪中毒品犯罪作为上游犯罪的单位犯罪情形进行了修改。2015年《刑法修正案（九）》将《刑法》第350条第1款、第2款修改为：“违反国家规定，非法生产、买卖、运输醋酸酐、乙醚、三氯甲烷或者其他用于制造毒品的原料、配剂，或者携带上述物品进出境，情节较重的，处三年以下有期徒刑、拘役或者管制，并处罚金；情节严重的，处三年以上七年以下有期徒刑，并处罚金；情节特别严重的，处七年以上有期徒刑，并处罚金或者没收财产。”“明知他人制造毒品而为其生产、买卖、运输前款规定的物品的，以制造毒品罪的共犯论处。”即在旧法的买卖行为之外新增了非法生产、运输制毒物品、走私制毒物品罪。

除了刑法典的修正，这一时期通过刑法适用中的频繁的司法解释，也实际扩大或者限缩了毒品犯罪的处罚范围。包括2008年12月《全国部分法院审理毒品犯罪案件工作座谈会纪要》（大连会议纪要）；2015年《全国法院毒品犯罪审判工作座谈会纪要》（武汉会议纪要）；2016年最高人民法院《关于审理毒品犯罪案件适用法律若干问题的解释》等对毒品犯罪的刑事政策；毒品数量的处罚标准；从重处罚的犯罪情节；毒品犯罪罪名认定和区分；毒品共同犯罪的认定；毒品数量的认定；毒品犯罪死刑适用；缓刑、财产刑适用；减刑、假释问题；毒品累犯、再犯问题等进行了明确。

（三）刑法典中毒品犯罪立法的基本特征

第一，1997年刑法典对毒品犯罪的规定体现了刑法法典化的立场。有观点主张，基于犯罪的多样化和社会生活的不断变化，为了适应社会，刑法规范应当由刑法典、单行刑法、行政法中的附属刑法规范等组成，主张我国不宜刑法法典化。这一观点并不妥当，实际上，刑法典采用修正案的形式能够快速应对犯罪形势、满足犯罪治理一体化和适应刑事政策的变化，具有重要价值。[①] 1997年刑法典改变了此前毒品犯罪相对混乱的规范状况，应当坚持。

第二，毒品犯罪立法修改的进程是受到多个因素影响的结果。首先与犯罪态势

① 赵秉志：《当代中国刑法法典化研究》，载《法学研究》2014年第6期。

紧密相关，随着20世纪末毒品违法行为在我国的出现和增长，以及“严打”等社会形势，使得毒品犯罪入刑并迅速扩张犯罪圈。其次毒品犯罪的立法也与我国参加的国际公约、借鉴国外立法有关。当时有学者根据这些理由建议增设种植毒品原植物犯罪、非法持有行为，将吸毒行为出罪化等，①都在随后的立法进程中得以体现。

第三，刑事法律是打击毒品犯罪的主体规范。现行刑法典将毒品犯罪作为一类罪专节规定，犯罪类型多、刑罚设定较重，以至于毒品犯罪司法解释中的一些规定与刑法典总则确定的原则有一定冲突。例如，2008年大连会议纪要对于毒品犯罪和累犯的处罚，与刑法总则原则的冲突。对于毒品犯罪这类法定犯，一般来说是以行政法规范为主体，刑法为保障。但毒品犯罪较为特别，是以刑法为主要的规制法。虽然2007年12月《禁毒法》颁布，作为我国总体上禁毒的基本法律规范，对刑事立法的方向和实际效果也有重要影响，但依旧坚持了刑法中心的模式。

二、近20年毒品犯罪立法的主要问题

（一）刑事政策层面

禁毒居于国家和民族存亡的高度，以刑法为主的立法体系从严惩处，刑罚设置重、重刑比例高。在刑事政策上，存在对刑法功能定位不准确、“严打”色彩比较浓厚的问题。从实证上看，我国毒品犯罪的刑事政策是“以宽济严，以严为主”。②但是，应当反思刑法在反毒品犯罪中的角色和地位：刑法不能在根本上解决毒品犯罪问题，但它仍然是对抗毒品犯罪的不可或缺的手段。当前刑事司法的任务主要在于，将刑法适用的重点从刑罚的严厉性转向执法的严格性，将刑法的导向由形式上的公正转向在犯罪预防方面的有效性。③

毒品作为一种具有成瘾性的化学品，随着科技的发展，是层出不穷的。吸毒者在生理、精神上的依赖很难克服，毒品市场的存在是必然的。因此应当高度重视毒品治理的实际效果。“从毒品犯罪市场化、准组织化的现实来看，刑罚轻重应与毒品犯罪的利益、风险相适应。还应通过医疗技术、替代药物、帮助吸毒者回归正当的社会生活、加强国际合作等举措，更好地发挥社会措施对刑罚的替代作用，尽可能切断毒品犯罪的经济根源，从而限制和减少毒品犯罪死刑的适用。”④应当在刑事政策上充分认识到，毒品犯罪的发生具有一定的必然性，毒品犯罪将会长期存在，应当确立以社会法为主的禁毒法律体系，主要包括完善对吸毒者的医疗救助、完善对弱势群体的社会保障法律体系等，还要更加关注毒品犯罪控制的效果，提高毒品犯罪刑事政策的有效性。⑤因此，有学者认为，当前以刑法为主的禁毒法律体系，未来应形成以《禁毒法》为统帅，毒品刑事立法、行政立法、社会立法三足鼎

---

① 曹子丹、白山云：《完善禁毒立法，运用法律武器惩治毒品犯罪》，载《政法论坛》1990年第6期。
② 赵国玲、刘灿华：《毒品犯罪刑事政策实证分析》，载《法学杂志》2011年第5期。
③ 莫洪宪：《毒品犯罪的挑战与刑法的回应》，载《政治与法律》2012年第10期。
④ 莫洪宪：《中国毒品犯罪死刑的概况及其控制》，载《政法论丛》2014年第6期。
⑤ 胡江：《我国毒品犯罪刑事政策之检视》，载《法治论丛》2010年第3期。

立的禁毒立法格局。[①]

（二）犯罪认定层面

毒品犯罪立法的科学性，应当体现为概念的精准、行为类型的全面性和可区分性强，作为前提，刑法处罚毒品犯罪之法益应当明确。但实际上，现行立法对于毒品犯罪认定层面尚不完善。

第一，毒品概念之界定存疑。1990 年《关于禁毒的决定》首次规定了毒品的含义，即“指压迫、海洛因、吗啡、大麻、可卡因以及国务院规定管制的其他能够使人形成瘾癖的麻醉药品和精神药品。”采取了概况和列举结合的定义模式，不同于 1997 年刑法的“其他毒品”的简单界定。[②] 现行《刑法》第 357 条规定：本法所称的毒品，是指鸦片、海洛因、甲基苯丙胺（冰毒）、吗啡、大麻、可卡因以及国家规定管制的其他能够使人形成瘾癖的麻醉药品和精神药品。但是，这一概念实际上是错误的。毒品首先是化学品，而非药品。药品是国家行政机关批准的合法药用化学品。认定毒品类型的《麻醉药品目录》、《精神药品目录》和《易制毒化学品的分类和品种目录》三个重要文件之物质，并非在任何情况下都是毒品。而且，在三个名录以外，也有很多可使人成瘾的化学品。因此学界建议我国毒品的界定，应当有但书条款，即“用于医疗、教学、科研用途的麻醉药品和精神药品，不是毒品。”以及“对国家规定管制的麻醉药品和精神药品的分子式的苯环或侧链进行改造，所得化学结构相似、药理作用相同的新物质，是毒品”。[③]

第二，毒品犯罪侵害法益的明确，影响毒品犯罪行为的认定。毒品犯罪之侵害法益，一般认为是毒品成瘾所引起的公众健康减损。对毒品牟利本身是否是法益侵害并不确定。在具体罪名上，贩卖毒品与非法持有毒品的界分上，是基于何种法益的不同，存在争议。这会导致对特定行为定性的争议，如对于“蹭吸”行为，也即为他人代购毒品过程中未收取费用，而实际扣取一定毒品用于自吸的，是否构成贩卖毒品罪的“牟利”存在争议。[④] 这实际上是对贩卖毒品罪法益界定不清有关系。

第三，新型毒品犯罪行为是否有必要进一步增加。为了适应毒品犯罪不断翻陈出新的现状，在刑法典上对毒品犯罪上游、下游行为和帮助行为是否扩大犯罪圈，一直存在争议。例如，有学者借鉴台湾地区的立法，探讨了是否需要增设专供制造或者施用毒品器具罪、转让毒品罪、施用或吸食毒品罪、帮助吸毒罪、服毒驾驶罪等行为类型。[⑤]

第四，刑事推定、举证责任转换的内容是否需要在毒品犯罪中增设。毒品犯罪主观明知的认定是毒品犯罪认定的难题，也是一个立法问题。刑事推定能否合理利

---

① 褚宸舸：《中国禁毒立法三十年：以立法体系的演进与嬗变为视角》，载《中国人民公安大学学报》（社会科学版）2008 年第 3 期。

② 胡江：《三十年来我国毒品犯罪立法之演进》，载《云南大学学报（法学版）》2009 年第 5 期。

③ 李云鹏：《我国“毒品”定义之思考》，载《中国人民公安大学学报》2012 年第 3 期。

④ 参见温登平：《以贩养吸型毒品犯罪的性质与数量的认定》，载《福建警察学院学报》2016 年第 4 期；曹玉华、姚单：《为蹭吸替人代购毒品是代购还是贩毒》，载《人民公安报》2015 年 7 月 13 日。

⑤ 刘志刚、邱威：《海峡两岸毒品犯罪立法演进及借鉴》，载《求索》2011 年第 7 期。

用成为打击毒品犯罪的途径。[①] 在比较法上考察，毒品犯罪认定与犯罪收益认定，存在广泛的刑事推定、举证责任转换规则。例如，1991 年联合国《麻醉药品特例法》和 1999 年《有组织犯罪处罚法》规定，在药物不正当交易持续进行的场合，即便在总体上可以证明一定时期内所犯的一系列药物犯罪的不法收益，但是，难以严密证实其中的哪部分收益是因哪一具体犯罪行为所得的情形。《麻醉药品特例法》规定导入药物犯罪收益推定规定，使得单个交易行为与没收对象的联系不再成为举证对象，检察官只需要证明作为全体的复数行为与该期间取得的不法利益存在关联性即足。只需要证明两点：1. 犯罪人犯该罪；2. 犯罪人在以该行为为业期间取得了特定的财产。[②] 英国《2002 年犯罪收益追缴法》规定有三种犯罪生活的类型。法条明文规定毒品犯罪者，在一定期间内多次犯行，如果被告在同一程序内被起诉同一犯行的犯罪共有 4 次以上；或者是在过去 6 年内曾经犯过同一种犯罪 2 次以上，就属于生活模式型犯罪；或者是犯罪持续的时间长超过 6 个月以上。第二、三种情况，犯罪已经成为被告主要生活方式或经济来源，有必要适用较严格的没收程序，以真正有效地没收犯罪所得。

（三）刑罚与相关制度层面

毒品犯罪死刑问题一直在毒品犯罪司法解释和学界研究中备受重视。主张废除毒品犯罪死刑是主流的观点，但是实际上障碍很大。不同于世界上废死国家的不断增多趋势，近二三十年以来，世界上毒品犯罪规定死刑的国家明显增多，而且毒品犯罪死刑废止并未得到我国立法的支持。学者主张，死刑犯罪死刑逐步废止是一个趋势，着力统一毒品犯罪死刑适用的数量标准，客观分析并慎重对待毒品再犯、累犯对死刑适用的消极影响，发挥立功在限制毒品犯罪死刑适用中的限制。[③] 但是毒品犯罪并非最严重的犯罪，废除毒品犯罪死刑是必然的趋势，主张首先废除运输毒品犯罪死刑，再逐步废除毒品犯罪的死刑。[④] 也有学者主张可以扩大自由刑、财产刑的适用以限制死刑。[⑤]

对于毒品犯罪的量刑与刑罚适用，如何概念重刑化趋势也十分重要。对于毒品犯罪，在多层次治理中，如何实现矫正毒品犯罪行为，特别的通过戒毒实现毒品市场的消解，是真正实现毒品治理的治本之策，也是刑罚与相关制度的重要内容。

---

① 莫关耀等：《论毒品犯罪主观明知认定中的推定》，载《云南警官学院学报》2008 年第 3 期。

② 金光旭：《日本刑法中的不法收益之剥夺：以没收、追缴制度为中心》，钱叶六译，载《中外法学》2009 年第 5 期。

③ 赵秉志、阴建峰：《论我国毒品犯罪死刑的逐步废止》，载《法学杂志》2013 年第 5 期。

④ 参见何荣功、莫洪宪：《毒品犯罪死刑的国际考察及其对我国的借鉴》，载《华中科技大学学报》（社会科学版）2012 年第 2 期；莫洪宪、薛文超：《"厉行禁毒"刑事政策下运输毒品罪的死刑废止》，载《广西大学学报》（社会科学版）2016 年第 2 期。

⑤ 梅传强、徐艳：《毒品犯罪的刑罚适用问题思考》，载《甘肃政法学院学报》2006 年第 3 期。

三、我国毒品犯罪修法的趋势展望

（一）毒品犯罪刑事政策的把握与改进

现行的禁毒立法是以刑法典为主线，行政法规和地方性法规互相配套的体系。要进一步对毒品犯罪实行综合治理的方阵，实现“四禁”（禁吸、禁贩、禁种、禁制）并举，堵截源流、严格执法、标本兼治。[①] 在刑事政策上，应当调整对毒品犯罪的认识，一方面充分认识毒品犯罪的危害性，另一方面不迷信刑法的规制手段。刑法作为保障法，不能代替行政法规等基础性法律制度的健全。刑罚从未也不能真正实现消灭毒品犯罪的任务。一味重刑打击毒品犯罪，效果极其有限，且会极大占用司法资源。特别是随着新类型毒品、低毒性毒品的不断出现等现象，在刑事政策上应当更加重视毒品犯罪的预防和社会的整体防控。例如，要以《禁毒法》等为基础，需要改革公安和司法行政机关主导的戒毒制度，建立了归属卫生医疗系统的强制戒毒制度。[②]

（二）毒品概念的重新界定

毒品之界定是毒品犯罪的基础。前述现行刑法典对毒品的界定存在逻辑上的不周延，也不符合概念的基本内容。刑法典规定的“毒品”和“制毒物品”作为刑法上的法律概念，应当严格解释。《麻醉药品目录》、《精神药品目录》和《易制毒化学品的分类和品种目录》中的三个概念物，是否属于刑法中的毒品和制毒物品，需要具体分析。药物成瘾是一种科学现象，而且是一种在化工层面原理简单、易于创新、种类多样的现象。“面对化工科技的发展，未来将被国家列管的具有成瘾性的且容易被滥用的化学物质会越来越多，刑法一概介入存在不能也不可的状况。”[③] 在刑法典的界定上，对毒品的概念可以进行对其化学成瘾性的本质进行界定，并在概念的外延上采取但书条款的形式规定，通过司法上的规范适用和举证证明等实现毒品概念的限缩。

（三）毒品犯罪法益的明确和行为类型的完善

虽然从20世纪80年代开始的禁毒斗争已有三十余年，但是毒品犯罪形势依旧不容乐观。[④] 在基础上，对易制毒化学品的管理是实现毒品工作的重心。在犯罪认定上，易制毒化学品不断被不法者利用，使得新型毒品不断出现，在犯罪的性质认定，含量认定上都存在疑难。应当在毒品犯罪立法上，进一步明确这类行为的属性。对不同毒品罪名的保护法益予以明确，明确不同犯罪的处罚范围和界分。一般

---

① 梅传强：《回顾和展望：我国禁毒立法之评析》，载《西南民族大学学报》（人文社科版）2008年第197期。

② 姚建龙：《禁毒法与我国戒毒体系之重构》，载《中国人民公安大学学报》（社会科学版）2008年第2期。

③ 参见何荣功：《毒品、制毒物品认定标准研讨会举办，专家建议按多因素建立毒品分级制度》，载《法制晚报》2017年8月17日A7版。

④ 《全国人大常委会组成人员分组审议时建议，完善相关立法明确界定处理毒品犯罪》，载《法制日报》2012年6月29日第3版。

认为，非法持有毒品罪是作为走私、贩卖、制造毒品罪的补充罪名而存在的，① 但是其法益特殊性，也应当被充分解释，避免在司法适用上的困难。同时考虑到刑罚处罚的周延性，现实中吸毒者多数并非从贩毒者购买毒品，而是互相传播中获得毒品，有必要对毒品犯罪的帮助犯、赠予毒品的行为入刑。

（四）毒品犯罪刑罚措施的完善

我国加入但尚未签署的《公民权利和政治权利国际公约》第6条第2款规定，在未废除死刑的国家，判处死刑只能是作为对最严重的罪行的惩罚。作为一种牟利为目的的犯罪，毒品犯罪死刑废止是一个必然的趋势。现实上，由于我国毒品犯罪死刑适用主要采取客观标准，通过司法难以达到控制死刑的效果。② 因此，在立法上废除毒品犯罪死刑或者部分犯罪毒品犯罪死刑，是一个必然的选择。在下一步修法中，有必要取消运输毒品罪的死刑。

2016年毒品犯罪司法解释的出台，明确了毒品犯罪“情节严重”“情节特别严重”等标准，对于毒品犯罪量刑，应当充分考虑到各地差异，扩大地方司法机关的量刑裁量权。丰富毒品犯罪的量刑情节，改变以数量为主的量刑模式，实完善足以全面评价案件情节的量刑规范化制度。

---

① 赵秉志、肖中华：《论运输毒品罪和非法持有毒品罪之立法旨趣》，载《法学》2000年第2期。

② 李运才：《论毒品犯罪的死刑立法控制》，载《贵州师范大学学报》（社会科学版）2010年第6期。

我国反腐败刑事立法的回顾与展望（1997-2049 年）

曾明生*

自 1997 年刑法典颁行以来已有 20 年，我国法学界对反腐败刑事立法的发展也曾经进行过一些回顾与展望，但是学者们少有结合刑法目的来加以检讨，并且对其远期立法的前景展望也较粗略。本文试图对此做一些进一步的探究。

一、1997 年刑法典的颁行是我国反腐败刑事立法的新发展

这里的讨论将从立法概况和立法评论两方面来展开。

（一）立法概况

我国 1979 年刑法典是新中国第一部刑法典，其中对贪污、受贿和渎职等腐败犯罪行为作了一些规定。之后，立法者考虑到该刑法典对腐败犯罪的规定过于原则，技术上也存在一定的不足，全国人大常委会又先后在 1982 年和 1988 年通过了两部涉及惩治腐败犯罪的单行刑法——《关于严惩严重破坏经济的罪犯的决定》和《关于惩治贪污罪贿赂罪的补充规定》。为了适应与犯罪斗争的实际需要，我国又在 1997 年全面修订通过了第二部刑法典。当时立法者将前述 1988 年《补充规定》与最高人民检察院正在起草的《反贪污贿赂法》（草案）合并编为刑法典分则中的“贪污贿赂罪”一章，并增设了私分国有资产罪、私分罚没财物罪等新罪名。① 对贪污贿赂犯罪，立法者基本沿袭了这一《补充规定》，其中采取了较为极端的具体数额的立法方式。② 立法调整主要表现在相应地提高了贪污罪和受贿罪定罪量刑的数额标准。其中对五个等级的数额规定在刑法典中都有所提高：把“5 万元以上”提高为“10 万元以上”；把“1 万元以上不满 5 万元”提高为“5 万元以上不满 10 万元”；把“2 千元以上不满 1 万元”提高为“5 千元以上不满 5 万元”；把“2 千元以上不满 5 千元”提高为“5 千元以上不满 1 万元”；把“不满 2 千元”提高为“不满 5 千元”。另外，刑法典还继续专门设立并丰富了“渎职罪”一章，而且根据犯罪主要客体的不同在其他章节中也规定了多种腐败犯罪。③ 由此可见，1997 年刑法典中涉及的反腐败刑事立法对之前的立法进行了体例上和内容上的修改。

（二）立法评论

应当肯定的是，1997 年全面修订刑法典取得了良好的立法成绩，这是我国刑事

* 江西省社会科学院研究员，法学博士。

① 参见赵秉志、肖中华：《中国刑法的最新改革》，载《现代法学》1998 年第 2 期。

② 参见陈兴良：《贪污贿赂犯罪司法解释：刑法教义学的阐释》，载《法学》2016 年第 5 期。

③ 参见赵秉志：《论我国反腐败刑事法治的完善》，载《当代法学》2013 年第 3 期。

立法（包括反腐败刑事立法）在一个新的历史阶段的新发展。当然，现在也不难发现其中曾经存在甚至有的还继续存在的不足和局限性。不过，有些问题是当时没有引起立法者的足够重视的，或者有些问题是在立法之后才凸显出来的。这些问题大多已被后文将述及的修正案所解决，如涉及洗钱罪、利用影响力受贿罪、巨额财产来源不明罪、对外国公职人员、国际公共组织官员行贿罪、食品监管渎职罪和对有影响力的人行贿罪等。另外，尚未解决的问题或者目前尚存较大争议的问题，将在后面第三部分述及。

对于1997年刑法典在反腐败刑事立法上的新发展，它不仅体现在前述体例上和条文内容上，而且体现在目的发展上。刑法条文的修改和增补以及对条文的不同排列组合，是其内在目的的外在表现。反腐败是一切反腐败刑事立法的共同目的，这一点新中国成立以来没有改变，但是刑法目的有立法目的和司法目的之分，立法目的又有一般目的和特殊目的之别。[①] 一般目的（上位目的），通常表现在我国刑法第1条和第2条规定的目的任务条款中。特殊目的是相对一般目的而言的各章节条目的，它主要是指刑法分则中的“章目的”和“条目的”。[②] 那么，1997年全面修订的刑法典的“一般目的”是：“为了惩罚犯罪，保护人民”，“用刑罚同一切犯罪行为作斗争，以保卫国家安全，保卫……保护……维护社会秩序、经济秩序，保障社会主义建设事业的顺利进行”。[③] 其中第八章贪污贿赂罪和第九章渎职罪的章目的及其条目的，立法没有具体明确，但从其一般目的来推知，可以认为其特殊目的是惩罚贪污贿赂犯罪和渎职犯罪，保护合法财产利益以及廉洁制度秩序和正常工作秩序。此外，还有散入其他章节的条文目的。这些与1979年刑法典的立法目的和两个单行刑法的立法目的有一定的异同。

1979年刑法典的一般目的是“依照惩办与宽大相结合的政策”，“用刑罚同一切反革命和其他刑事犯罪行为作斗争，以保卫无产阶级专政制度，保护社会主义的全民所有的财产和劳动群众集体所有的财产，保护……维护社会秩序、生产秩序、工作秩序、教学科研秩序和人民群众生活秩序，保障社会主义革命和社会主义建设事业的顺利进行”。《关于严惩严重破坏经济的罪犯的决定》的立法目的是，“为了坚决打击索贿受贿等经济犯罪活动，严厉惩处这些犯罪分子和参与、包庇或者纵容这些犯罪活动的国家工作人员”；《关于惩治贪污罪贿赂罪的补充规定》的立法目的是“惩治贪污贿赂犯罪，严惩罪犯”等。据此可见，在“惩罚犯罪，保护人民，维护秩序，保障建设事业的顺利进行”等目的上，两部刑法典是相同的。不同在于，1979年刑法典和两个单行刑法的立法目的有从“要求宽”到“要求严”的变化。而1997年刑法典的立法目的中，既综合了其宽和严的要求，又有与时俱进的变化，其中删去了“反革命”和“社会主义革命”的内容。特别要指出的是，其中能否有包含类推的内容。1997年刑法典废除类推制度，确立罪刑法定原则，这是为实现目的在手段选择上的新发展。其中也反映了立法者对保护社会和保障人权并

① 参见曾明生：《刑法目的论》，中国政法大学出版社2009年版，第206、230页。

② 参见张明楷：《刑法学》（上），法律出版社1997年版，第24页。

③ 参见曾明生：《刑法目的论》，中国政法大学出版社2009年版，第233页。

重的追求[①]（机能性目的）。此外，还要注意到这些立法目的的实现程度与效果。在两部刑法典施行期间，腐败犯罪呈现发展趋势。之所以如此，是因为实现其目的的手段（立法、司法、执法与法律监督等）和客观环境存在诸多的不足或局限性。对此，值得人们认真反思、检讨和修正立法等。

二、1997年刑法典颁行之后我国反腐败刑事立法的修正概况与简要评论

这里先讨论立法修正的概况，然后再对立法修正进行简要评论。

（一）立法修正概况

在我国现已通过的九个刑法修正案中，有六个修正案都对腐败犯罪作了不同程度的完善。具体如下：

1999年《刑法修正案》共有9个条文，其中涉及腐败犯罪的条文有2个，即第2条（修改刑法第168条）、第7条（修改刑法第185条）；涉及的罪名为国有公司、企业、事业单位人员失职罪、国有公司、企业、事业单位人员滥用职权罪、挪用资金罪和挪用公款罪等。

2002年《刑法修正案（四）》也有9个条文，其中涉及腐败犯罪的条文有1个，即第8条（修改刑法第399条）；涉及的罪名有徇私枉法罪、民事、行政枉法裁判罪、执行判决、裁定失职罪和执行判决、裁定滥用职权罪。

2006年《刑法修正案（六）》共有21个条文，其中涉及腐败犯罪的条文有9个，即第7条（修改刑法第163条）、第8条（修改刑法第164条）、第9条（增加刑法第169条之一）、第12条（增加刑法第185条之一）、第13条（修改刑法第186条）、第14条（修改刑法第187条）、第15条（修改刑法第188条）、第16条（修改刑法第191条）、第20条（增加刑法第399条之一）；其中涉及的罪名有，非国家工作人员受贿罪、对非国家工作人员行贿罪、背信损害上市公司利益罪、违法运用资金罪、违法发放贷款罪、吸收客户资金不入账罪、违规出具金融票证罪、洗钱罪和枉法仲裁罪等。其中刑法修正案将商业贿赂犯罪的主体扩大到公司、企业以外的其他单位的工作人员，而且规定公众资金管理机构、保险公司、保险资产管理公司和证券投资基金管理公司，违反国家规定运用资金的，对其直接责任人员，依法追究刑事责任。还把洗钱罪的上游犯罪范围扩大到可以包括贪污贿赂犯罪和金融犯罪。

2009年《刑法修正案（七）》共有15个条文，其中涉及腐败犯罪的条文有2个，即第13条（增加刑法第388条之一）、第14条（修改刑法第395条）；其中增设了利用影响力受贿罪，还提高了巨额财产来源不明罪的法定刑。

2011年《刑法修正案（八）》共有50个条文，其中涉及腐败犯罪的条文也有2个，即第29条（修改刑法第164条）、第49条（增加刑法第408条之一）；涉及的罪名为对外国公职人员、国际公共组织官员行贿罪和食品监管渎职罪。

2015年《刑法修正案（九）》共有52个条文，其中主要涉及腐败犯罪的条文

---

① 参见臧冬斌：《刑法保障机能与保护机能的立法调整和司法实现》，载《法学家》2002年第3期。

有6个，即第44条（修改刑法第383条）、第45条（修改刑法第390条）、第46条（增加刑法第390条之一）、第47条（修改刑法第391条）、第48条（修改刑法第392条）、第49条（修改刑法第393条），涉及的罪名为贪污罪、受贿罪、行贿罪、对有影响力的人行贿罪、对单位行贿罪、介绍贿赂罪和单位行贿罪等。其中删去对贪污受贿犯罪规定的具体数额，采用了数额较大、数额巨大、数额特别巨大的规定方式。与此同时，突出数额之外其他情节在定罪量刑中的作用，规定了与之匹配的其他较重情节、其他严重情节和其他特别严重情节。对犯贪污罪和受贿罪，如实供述自己罪行、真诚悔罪、积极退赃，避免、减少损害结果发生的，规定可以从宽处理，同时还加大了对行贿犯罪的处罚力度等。立法者还对贪污罪和受贿罪增设死缓减为无期徒刑后的终身监禁以及增设其罚金刑等。

另外，2012年全面修正的《刑事诉讼法》增设了第三章“犯罪嫌疑人、被告人逃匿、死亡案件违法所得的没收程序”，该章共有4个条文。

（二）对立法修正的简要评论

通过前述多次刑事立法的修正，目前我国已经建立了一个相对合理、较为科学的反腐败刑事法网体系。其主要体现在以下几个方面：

第一，腐败犯罪的罪名体系较为完备。根据腐败行为类型的不同，我国现行刑法典主要设置了五种不同类型的腐败犯罪：一是侵占类腐败犯罪，包括贪污罪、私分国有资产罪等；二是贿赂类腐败犯罪，包括行贿罪、受贿罪、单位行贿罪、单位受贿罪、对有影响力的人行贿罪、利用影响力受贿罪等；三是挪用类腐败犯罪，包括挪用公款罪、挪用资金罪、挪用特定款物罪等；四是渎职类腐败犯罪，包括滥用职权罪、玩忽职守罪等；五是涉及赃物处置的腐败犯罪，包括洗钱罪等。在此基础上，立法者还考虑到身份对行为社会危害性的不同影响，刑法对腐败犯罪主体的身份也作了相应的规定。例如，现行刑法典分则第九章“渎职罪”的主体限于国家机关工作人员，贪污罪受贿罪的主体限于国家工作人员，而职务侵占罪、非国家工作人员受贿罪的主体限于非国有单位的人员等。经过如此立法的完善，我国腐败犯罪的罪名体系在整体上已较为完备和相对合理。①

第二，腐败犯罪的法定刑设置总体上较为科学。其刑罚设置主要以自由刑为中心，少量腐败犯罪同时配有财产刑、资格刑和死刑。其中，自由刑通常又被分为多个量刑幅度，以适应治理危害程度不同的腐败犯罪的需要。因此，从总体来看，我国针对腐败犯罪所设定的刑罚基本上贯彻了罪责刑相适应原则，立法考虑较为周全。②

第三，惩治腐败犯罪的刑事程序更加完善。为严厉打击腐败犯罪和恐怖活动犯罪，对犯罪所得及时采取冻结追缴措施，并与我国已加入的联合国反腐败公约及有关反恐怖问题的决议的要求相衔接，2012年在《刑事诉讼法》中增设了“犯罪嫌疑人、被告人逃匿、死亡案件违法所得的没收程序”的规定。因此，对于贪污贿赂

① 参见赵秉志：《论我国反腐败刑事法治的完善》，载《当代法学》2013年第3期。

② 参见赵秉志：《论我国反腐败刑事法治的完善》，载《当代法学》2013年第3期。

犯罪等重大犯罪案件，犯罪嫌疑人、被告人潜逃、死亡案件违法所得的没收程序有了一定的法律依据，如此加大了对腐败犯罪的打击力度。

然而也要注意到，如此逐步地、积极地完善我国反腐败的刑事法网，目前仍与反腐败的现实需要和国际要求相比，其法网还不甚严密。其中罪名体系的设置还不够严密。我国现行刑法典中腐败犯罪的罪名虽然不少，已达50种以上，但与《联合国反腐败公约》等国际条约相比，其罪名规制实际范围仍较狭窄。譬如，《联合国反腐败公约》明确要求其缔约国将“贿赂外国公职人员、国际公共组织人员”行为入罪。而我国履行公约义务时却只规定了对外国公职人员、国际公共组织人员行贿罪，其中没有将这个犯罪的对向性行为纳入刑法规制范围，对公约的要求还贯彻不彻底。① 有人指出，《刑法修正案（九）》的出台除了增加对有影响力的人行贿罪以外，看不出法网的严密程度有提高。相反，随着数额标准的调整和提高，法网将会变得更加粗疏。② 而且，其中罪状设定也有不完善之处，如行为对象限定不合理③、行为方式设置不当④、行为目的限定不合理⑤等。

另外，腐败犯罪的法定刑设置也有待继续完善。一是对腐败犯罪的立法已设置死刑和终身监禁的刑罚执行制度，与腐败犯罪贪利性和职务性的罪质不符。二是自由刑、资格刑和罚金刑的设定也要进一步完善。⑥

此外，有学者认为，目前总体上没有破除贪污受贿立法本来存在的结构性积弊，《刑法修正案（九）》重新编织的贪污受贿刑事法网以及调整的惩治力度，没有提升刑法对贪污贿赂犯罪的规制能力，而是“名严实宽”，难以满足反腐败刑法供给的需要。⑦ 还有的指出，修正案的修改在体系性、全局性上的考量还不足，主要表现在对总则与分则的关系以及对各条款之间的关系考量不够，⑧ 等等。这与其中法定刑的设置有关，需要进一步完善。

这些都是从法律规范角度来探讨的，而从立法目的视角来分析，上述反腐败刑事法网体系（捕猎体系）与刑罚体系（处置体系）都是一种反腐败的刑事手段和措施，其共同目的就是要反腐败，这与诸多修正案出台之前的反腐败刑事立法目的是一致的。各个修正案均有其立法目的。但是前述六个涉及腐败犯罪的修正案中，只有1999年《刑法修正案》和2002年《刑法修正案（四）》明定了立法目的。它们分别是“为了惩治破坏社会主义市场经济秩序的犯罪，保障社会主义现代化建

---

① 参见赵秉志：《论我国反腐败刑事法治的完善》，载《当代法学》2013年第3期。

② 参见孙国祥：《贪污贿赂犯罪刑法修正的得与失》，载《东南大学学报》（哲学社会科学版）2016年第3期。

③ 这主要体现在将贿赂犯罪的“贿赂物”限定为“财物”以及把挪用犯罪的对象限于“公款”、“单位资金”和“特定款物”。

④ 这主要体现在对挪用公款的行为方式限定过严以及对行贿的行为方式限制过严。

⑤ 这主要体现在对行贿罪有“为谋取不正当利益”的目的限定上。

⑥ 参见赵秉志：《论我国反腐败刑事法治的完善》，载《当代法学》2013年第3期。

⑦ 参见孙国祥：《贪污贿赂犯罪刑法修正的得与失》，载《东南大学学报》（哲学社会科学版）2016年第3期。

⑧ 参见张旭：《也谈〈刑法修正案（九）〉关于贪污贿赂犯罪的修改》，载《当代法学》2016年第1期。

设的顺利进行”和“为了惩治破坏社会主义市场经济秩序、妨害社会管理秩序和国家机关工作人员的渎职犯罪行为，保障社会主义现代化建设的顺利进行”。而其他四个修正案没有明定立法目的。尽管如此，但其具体法条的目的因为要惩治不同犯罪而必然会有所不同。另外，这些目的实现的状况从当前法治反腐的形势来看，仍然不容乐观。因此，将来对当前反腐败刑事立法的修正也是必然的。

三、对我国反腐败刑事立法完善的未来展望（2018-2049年）

在1997-2017年的20年中我国已出台9个刑法修正案。若依此立法修正速度来推测，到2037年我国可能将会共有18个刑法修正案，再到2049年大致可能有23个修正案。当然，这只是一种简单的可能性估测，它并不是必然的，其数量也许会更少些。其具体情况取决于立法者的立法理念和立法的实际需要等诸多因素。而民众的观念和呼声以及其他环境因素也会影响到立法者的立法理念和立法的实际需要。这些未来的修正案，反映的主要是对某些条文规范的修改或补充。它们仍然是目的性选择的结果，因此其中离不开刑事立法政策和立法理念的目的影响。亦即对于我国反腐败刑事立法当前还存在的问题和不足，可以从目的理念和规范制度两个层面提出具有前瞻性的解决办法和完善建议。

（一）坚决改变我国反腐败的传统刑事立法理念

理念是行动的先导。我国反腐败的传统刑事立法理念，过分依赖于刑法的打击和威慑，对“纪在法前”的前置手段作用重视不够。针对当前反腐败刑事法治建设理念方面存在的问题，我国要树立和强化以下五种理念：第一，树立和强化党规国法双轨反腐的理念。党规国法双轨反腐，是指依靠党内法规与国家法律双轨并行和良性互动以实现预防腐败与惩治腐败的一种新的制度反腐模式。要注重党规国法之间和不同法律之间的衔接和配合。努力在全社会构筑起党纪措施、行政手段与刑事手段相互衔接的，综合预防与刑事打击紧密结合的党规国法系统。第二，强化反腐败的刑法谦抑理念。刑法的谦抑性是指刑法立法和适用应当谦虚、有所抑制。反腐败应当强调刑法谦抑理念，即刑法作为最后的手段，只有当其他措施都无法发挥有效作用时，才能动用刑法。① 要警惕和注意转变“刑法万能主义”的观念，合理认识刑法在反腐败中的作用，注重刑法在与其他法律部门有机联系的过程中发挥自我控制的谦抑机能。要促成我国刑事立法理念从严重依赖刑法、不断扩张刑法功能向更加注重惩防并举、综合治理的方向转变。② 第三，强化反腐败的宽严相济理念。宽严相济的刑事政策和理念要求在惩治腐败犯罪时，努力做到当严则严，当宽则宽，严中有宽，宽中有严，宽严适度。第四，树立和强化反腐败的严而不厉理念。“严而不厉”是指扩大刑法打击面，从而增加刑罚规模，降低刑罚强度，走轻刑化道路。它不仅指刑事立法层面的严密但不严厉，而且也指刑事司法和刑事执行层面的严格但不严厉。贝卡里亚说：“对于犯罪最强有力的约束力量不是刑罚的严酷性，

① 参见赵秉志：《论我国反腐败刑事法治的完善》，载《当代法学》2013年第3期。

② 参见张旭：《也谈〈刑法修正案（九）〉关于贪污贿赂犯罪的修改》，载《当代法学》2016年第1期。

而是刑罚的必定性”。[①] 因此，刑法不严厉是刑法未来文明的发展趋势。宽严相济理念与严而不厉理念，是可以并行不悖的，两者并不矛盾，因为其中严是相对的，而不是绝对的。“宽严相济”和“严而不厉”将来很可能会联合成为我国未来反腐败的刑事政策。[②] 第五，强化反腐败的国际合作理念。要顺应国际刑法的发展趋势，在因应国内情势发展需要的同时，在入罪范围、入罪标准等方面尽量和国际刑法规范保持一致，确保我国在应该行驶管辖权时能够行使。因此，在犯罪的国际化趋势增强、国家间的刑事司法合作重要性日益彰显的现代社会，反腐败刑事立法的修改和完善要更加关注国内刑法与国际刑法的有效衔接。[③]

（二）继续完善反腐败的刑事法网

针对反腐败刑事法网尚不够严密的情况，我国将需要通过修改刑法的方式继续完善其反腐败刑事法网。其具体体现在：

第一，尽早增设“外国公职人员、国际公共组织官员受贿罪”，以适应《联合国反腐败公约》的要求。外国公职人员、国际公共组织官员受贿罪的设定虽然会面临实践操作上的难题，这些人可能不在国内，部分外国公职人员、国际公共组织官员甚至享有外交特权和豁免权，但从立法上看却是必要的，否则一旦要追究外国公职人员、国际公共组织官员在中国境内的受贿行为，将无法可依，从而不利于对腐败犯罪的惩治和对《联合国反腐败公约》的贯彻。[④]

第二，在条件成熟时适当扩大部分腐败犯罪的行为范围。其中包括：（1）根据《联合国反腐败公约》的规定，将受贿犯罪和行贿犯罪中的“贿赂物”由“财物”扩大至“利益”或“好处”，以使其涵盖非财产性利益。对于性贿赂入罪与否，法学界有肯定说和否定说两种对立观点，立法者始终持谨慎态度。笔者认为，随着反腐败的不断深入和推进，我国应当力争在2049年之前把不能折算成财产性利益的性贿赂纳入刑法规制范围。（2）取消受贿罪“为他人谋取利益”[⑤] 和行贿罪“为谋取不正当利益”之规定，既减少实践认定的困难，也可进一步扩大刑法规制范围，提高刑法的威慑力，但可以“数额或者数额+情节”方式入罪。（3）将挪用公款罪、挪用资金罪的对象由“公款”、“资金”扩大至“财物”，同时取消挪用公款（或资金）进行营利或者非法活动的“归个人使用”限制，进一步强化挪用型犯罪的保护客体和罪质特征。[⑥]（4）扩大行贿的行为方式，将允诺给予、提议给予好处的行为纳入行贿的行为方式范畴，加大对行贿犯罪的打击力度，使之与《联合国反腐败公约》接轨。应当大力倡导“惩办行贿与惩办受贿并重”原则，修正行贿犯

---

① ［意］切萨雷·贝卡里亚：《论犯罪与刑罚》，黄风译，北京大学出版社2008年版，第62页。

② 参见曾明生：《我国反腐败刑事政策的历史演变与未来发展》，载李少平等主编：《法治中国与刑法发展》（上卷），中国人民公安大学出版社2015年版，第385-386页。

③ 参见张旭：《也谈〈刑法修正案（九）〉关于贪污贿赂犯罪的修改》，载《当代法学》2016年第1期。

④ 参见赵秉志：《论我国反腐败刑事法治的完善》，载《当代法学》2013年第3期。

⑤ 参见钱叶六：《贪贿犯罪立法修正释评及展望——以〈刑法修正案（九）〉为视角》，载《苏州大学学报》（哲学社会科学版）2015年第6期。

⑥ 参见赵秉志：《论我国反腐败刑事法治的完善》，载《当代法学》2013年第3期。

罪的刑法规范。[①] 但也有人认为，以“立法效果论”为依据将行贿行为非罪化会使行贿人与受贿人之间产生“囚徒困境”，从而有助于提高处罚受贿罪的概率并达到预防受贿罪之目的。[②] 笔者更赞同并重对待的做法。因为通过将行贿行为非罪化来提高处罚受贿罪概率的办法弊大于利。这等于放纵或鼓励行贿者行贿，如此无法净化被贿赂污染的环境。

另外，有学者认为，我国刑法典分则规定的“贪污贿赂罪”与“渎职罪”均属于职务犯罪，都具有亵渎职务的共性，因此从体系完善的角度，在采取章节制的前提下，可以考虑将“贪污贿赂罪”与“渎职罪”两章合并为“职务犯罪”一章，这样有利于强化对腐败犯罪的刑法惩治，而为了突出对贪污贿赂犯罪的惩治，可以将贪污贿赂罪与渎职罪在职务犯罪的章下分别设节。[③] 笔者认为，因其涉及的是立法技术问题，在增强预防和惩治犯罪的效能上实际意义不是很大，故而对其修改的可能性较小。

（三）适时调整腐败犯罪的法定刑，分步废止腐败犯罪的死刑

1. 应当分步废除腐败犯罪的死刑。

在当下提出废除贪污罪、受贿罪的死刑，是国情民意所难以普遍接受的。当前要继续严格限制腐败犯罪的死刑立法和死刑适用。但是，对贪污、受贿犯罪配置死刑毕竟是特定历史条件下的产物，并不是永远合理的。总体而言，对这两类非暴力犯罪规定死刑是不符合罪责刑相适应原则的要求的。因此，法学界通常认为，从长远看，在未来条件成熟时，我国应当适时废止贪污罪、受贿罪的死刑。[④] 但是废除其死刑究竟需要哪些条件？距离条件成熟还要多长时间？笔者认为，死刑目的的消解需要从民意突破口（群众基础）、政治突破口（政治家）、法律突破口（立法、司法和执法实践）和经济突破口（必要的经济后盾）等方面同时发力。总之，当人力、物力和财力，软件和硬件齐备之时，消解死刑目的以及废除死刑即可水到渠成。[⑤] 对于废除贪污罪和受贿罪的死刑，也要具备消解其死刑目的的条件，可以从上述四个突破口努力。我国现在废除贪污罪和受贿罪死刑的条件尚不成熟，但是将来应当废除贪污罪和受贿罪的死刑。这是刑罚人道和文明发展的必然趋势。这一革命过程可先由死刑虚置再到死刑废除的渐进方式来完成。第一步，先在立法上作出更为严格的适用死刑条件，在司法上对贪污罪和受贿罪的死刑实行更多的存而不用；第二步，当反腐败取得巨大的长期成效，普遍民意认同以终身监禁的无期徒刑足以遏制腐败时，再在立法上废除贪污罪和受贿罪的死刑规定。可考虑在2027年或者2037年之前废止贪污罪和受贿罪的死刑。力争到2049年之前（届时建成社会

---

① 参见李少平：《行贿犯罪执法困局及其对策》，载《中国法学》2015年第1期。

② 参见姜涛：《废除行贿罪之思考》，载《法商研究》2015年第3期。

③ 参见赵秉志：《当代中国刑法体系的形成与完善》，载《河南大学学报》（社会科学版）2010年第6期。

④ 参见赵秉志：《论我国反腐败刑事法治的完善》，载《当代法学》2013年第3期；另见钱叶六：《贪贿犯罪立法修正释评及展望——以〈刑法修正案（九）〉为视角》，载《苏州大学学报》（哲学社会科学版）2015年第6期。

⑤ 参见曾明生：《刑法目的论》，中国政法大学出版社2009年版，第275-282页。

主义现代化国家）基本废止除暴力犯罪和军事犯罪以外的死刑。[①]

2. 合理增设和完善腐败犯罪的资格刑、罚金刑和自由刑。

针对腐败犯罪的特点，我国还要进一步通过适当增设并完善资格刑、罚金刑和自由刑的方式，加强对腐败犯罪的刑法治理。

第一，适当增设并合理设置腐败犯罪的资格刑。其中适当增设主要腐败犯罪的资格刑，明确规定对这部分腐败犯罪可以单独或者附加适用资格刑以及完善资格刑的内容。考虑增加新的资格刑内容，包括剥夺从事特定职业的权利，以及剥夺犯罪单位荣誉称号、禁止一定期限内从业资格等资格刑。尽管《刑法修正案（九）》增加刑法第 37 条之一，但是禁业期限 3-5 年太短，可考虑将其改为 5-10 年或者 10-20年。同时，也有必要实行资格刑分立制，规定资格刑剥夺的权利可以分解适用，这样可以根据惩罚和预防犯罪的需要，剥夺罪犯一项或多项资格，以避免整体适用造成“刑罚过剩”弊端。[②]

第二，继续合理增设腐败犯罪的罚金刑。应当对非国家工作人员受贿罪、职务侵占罪、挪用公款罪、挪用资金罪、挪用特定款物罪、巨额财产来源不明罪和隐瞒境外存款罪等腐败犯罪增设罚金刑。需要根据这些犯罪行为的危害程度，在相应的法定量刑幅度，规定“应当”并处罚金，以更好地体现罪责刑相当原则。

第三，继续完善自由刑的设置。对于《刑法修正案（九）》规定终身监禁，舆论一片叫好声。有学者认为，终身监禁改善了贪污受贿犯罪“死刑偏重、生刑偏轻”的刑罚结构，“构建了从死刑立即执行到死刑缓期执行且终身监禁再到普通死刑缓期执行的有序衔接”；同时具有“兼顾废除死刑和限制死刑的双重功能”以及“彰显报应与预防的刑罚功能”。[③] 但终身监禁是否有足够的法理依据，也受到理论界一些学者的质疑。有的认为，终身监禁的创设性修订违反了刑法的基本原则和立法法的规定，也背离了刑罚人道主义的立场。[④] 也有的认为，对重大贪污贿赂犯罪设置终身监禁刑存在情绪性立法色彩。[⑤] 还有人认为，一旦适用终身监禁，刑罚目的就成为单向的报应，失去改造的功能。终身监禁不符合以预防为中心的刑罚目的理论，针对贪污贿赂犯罪的终身监禁在特殊预防上毫无意义，因为罪犯仕途终结而无再犯能力。而且，终身监禁不符合刑罚人道化的趋势。再则，终身监禁的实际意义值得质疑，最终改变不了被司法所虚置的命运。[⑥] 然而笔者认为，设置终身监禁利大于弊。通过扎紧减刑、假释的关口，不能同样达到终身监禁所期待的刑罚效

① 这与胡云腾大法官当年的废除死刑百年梦想中的第二阶段基本吻合。

② 参见刘晓梅、于阳：《〈联合国反腐败公约〉框架下我国惩治贿赂犯罪刑事立法之完善》，载《江苏警官学院学报》2009 年第 2 期。

③ 参见黄永维、袁登明：《〈刑法修正案（九）〉中的终身监禁研究》，载《法律适用》2016 年第3 期。

④ 参见魏东：《刑法总则的修改与检讨——以〈刑法修正案（九）〉为重点》，载《华东政法大学学报》2016 年第 2 期。

⑤ 参见刘宪权：《刑事立法应力戒情绪——以〈刑法修正案（九）〉为视角》，载《法学评论》2016 年第 1 期。

⑥ 参见孙国祥：《贪污贿赂犯罪刑法修正的得与失》，载《东南大学学报》（哲学社会科学版）2016 年第 3 期。

果。因其具有替代死刑的功能在未来可能会增加其相应的立法规定和更多的刑罚适用。关于无期徒刑和有期徒刑的规定也有待进一步完善。其中涉及受贿罪与相关罪的刑罚平衡和协调问题。对于贪污罪与受贿罪，因其社会危害性及其表征、侵犯的法益、犯罪成本等不同，适用同一定罪量刑标准不够科学和合理，对其定罪量刑标准应当予以分立。① 可以考虑将贪污罪与索贿型的受贿罪采用同一量刑标准，而收受型的受贿罪处刑略轻，因为索贿的情节更为恶劣。对于盗窃罪、诈骗罪与贪污罪的行为方式相近，因此处刑应当接近。而收受型的受贿罪与行贿罪，应当采用同一量刑标准，以有利于打击犯罪和预防犯罪等。

总之，我国未来的反腐败刑事立法仍然要以自身国情为基础，不断吸收国外成功经验，遵循国际间共有的刑事法共同准则，完善我国反腐败刑事立法，② 其刑事法网将更加严密，制裁防线也将逐步提前，对受贿罪和相关犯罪的处理将更趋平衡，法定刑设置与立法技术也将更为科学合理。宽严相济与严而不厉将可能联手成为我国的反腐败刑事政策。反腐败刑事法律规范的调整，必须服务于刑法目的，维护公平正义的法律秩序。

---

① 参见赵秉志：《贪污受贿犯罪定罪量刑标准问题研究》，载《中国法学》2015年第1期。

② 参见游伟、李长坤：《反腐败30年：我国贿赂犯罪立法回顾与前瞻》，载《东方法学》2008年第6期。

20 年来我国腐败犯罪刑法立法的基本走向及展望*

张兆松**

一、“严而不厉”：20 年来我国腐败犯罪刑法立法的基本走向

我国历来重视对腐败犯罪的打击，综观我国腐败犯罪的刑法立法模式，其存在着刑罚严厉但法网宽疏的特点，即“厉而不严”。

腐败犯罪刑法立法的严厉性主要表现在：1. 贪污罪、受贿罪规定了无期徒刑和死刑。不论是“79 刑法”、《补充规定》，还是“97 刑法”，贪污罪和受贿罪都规定了无期徒刑和死刑。对犯罪数额特别巨大、情节特别严重的贪贿罪犯适用死刑成为我国严厉惩治腐败的主要标志。2. 规定了绝对确定的法定刑。根据原刑法第 383 条、第 386 条规定，个人贪贿数额在 5 万元以上不满 10 万元，情节特别严重的，处无期徒刑，并处没收财产；个人贪贿数额在 10 万元以上，情节特别严重的，处死刑，并处没收财产。上述条文属于绝对确定的法定刑范畴。3. 规定了交叉刑。在《补充规定》和“97 刑法”中，贪污罪和受贿罪是专门规定交叉刑的罪名。

而腐败犯罪法网“不严”则表现在：1. 腐败犯罪定罪标准高。我国“79 刑法”没有明确规定贪贿犯罪起刑点的数额标准。“97 刑法”将贪污罪、受贿罪的定罪数额标准界定为 5 千元，目前则提高到了 3 万元。2. 犯罪构成过于严格。如贿赂犯罪对象过于狭窄；将“为他人谋取利益”作为收受型受贿罪构成要件；行贿类犯罪、斡旋受贿犯罪以及利用影响力受贿罪等的构成要件中均要求具备“为谋取不正当利益”的要件。3. 腐败犯罪酌定情节法定化，使不少腐败分子免予刑罚处罚等。

“厉而不严”带来的不良后果是：抓得少，判得重；多数腐败分子逍遥法外，少数巨贪被抓住的，只能自认“倒霉”。我国公务员腐败发现的概率比较低，为 10%~20%；公务员腐败发现之后受法律惩治的概率更低，为 6%~10%。① 党的十八大以来，反腐败力度空前，但纪检监察机关 2013 年至 2016 年受党纪、政纪处分的人员中移送司法机关追究刑事责任仅 4%。这种“厉而不严”的反腐败模式，既达不到威慑效果，也损害法律的公正性和权威性。

当然，我们应该看到，近 20 年来，立法机关和“两高”也在不断调整腐败犯罪刑法立法的方向，开始缓慢地走向“严而不厉”。主要表现在：

---

* 本文系国家社科基金项目“贪污贿赂犯罪量刑规范化研究”（16BFX078）的阶段性研究成果。

** 浙江工业大学法学院教授。

① 胡鞍钢、过勇：《公务员腐败成本——收益的经济学分析》，载《经济社会体制比较》2002 年第 4 期。

（一）贪贿犯罪的法网不断严密

1. 增设新罪名

从《刑法修正案（六）》至《刑法修正案（九）》，我国先后增设了非国家工作人员受贿罪、对非国家工作人员行贿罪、对外国公职人员、国际公共组织官员行贿罪、利用影响力受贿罪、对有影响力的人行贿罪等罪名，进一步扩大了贪贿罪名。

2. 贪贿犯罪由单纯的“数额”标准修改为“数额或者情节”标准

《刑法修正案（九）》将贪贿犯罪原先单一依据具体数额进行定罪量刑的模式，修改为“概括数额+情节”的定罪量刑模式。

3. 扩大贿赂的范围

最高人民法院、最高人民检察院2016年4月18日联合发布的《关于办理贪污贿赂刑事案件适用法律若干问题的解释》（以下简称《解释》）第12条规定：“贿赂犯罪中的‘财物’，包括货币、物品和财产性利益。财产性利益包括可以折算为货币的物质利益如房屋装修、债务免除等，以及需要支付货币的其他利益如会员服务、旅游等”。这样就将贿赂犯罪的财物，由货币、物品扩大为以货币结算的财产性利益。

4. 对刑法“为他人谋取利益”的认定作了扩张解释

《解释》第13条第2款规定：“国家工作人员索取、收受具有上下级关系的下属或者具有行政管理关系的被管理人员的财物价值三万元以上，可能影响职权行使的，视为承诺为他人谋取利益。”即国家工作人员收受财物，事先虽未接受请托，但可能影响职权行使的，视为承诺为他人谋取利益。

5. 修改行贿罪处罚标准，加大对行贿犯罪的惩治力度

《刑法修正案（九）》第45条将刑法第390条第2款修改为：“行贿人在被追诉前主动交待行贿行为的，可以从轻或者减轻处罚。其中，犯罪较轻的，对侦破重大案件起关键作用的，或者有重大立功表现的，可以减轻或者免除处罚。”上述规定严格了行贿犯罪从宽处罚的条件，在打击犯罪和保障侦查工作顺利进行之间进行了适当的平衡。

6. 加大对贪贿犯罪的财产刑处罚力度

“97刑法”第八章对贪贿犯罪只规定了3处可以适用罚金（单位受贿罪1处和单位行贿罪2处），《刑法修正案（九）》则增设了13处罚金刑，从而使财产刑在贪贿犯罪中得到普遍的适用。

7. 增设职业禁止规定

《刑法修正案（九）》第1条对职业禁止作出了规定，对贪贿犯罪被告人在判处其自由刑、财产刑的同时，在一定期限内判处剥夺其担任特定职务的权利以示警戒。

（二）贪贿犯罪刑罚走向宽缓

（1）“97刑法”规定：个人贪贿犯罪数额在10万元以上，情节特别严重的，处死刑，并处没收财产；个人贪贿犯罪数额在5万元以上不满10万元，情节特别

严重的，处无期徒刑，并处没收财产。《刑法修正案（九）》废除了上述绝对确定的法定刑，对死刑规定了更高的适用标准，其规定“贪贿犯罪数额特别巨大且使国家和人民利益遭受特别重大损失的，处无期徒刑或者死刑”。《解释》第4条进一步明确规定：“贪污、受贿数额特别巨大，犯罪情节特别严重、社会影响特别恶劣、给国家和人民利益造成特别重大损失的，可以判处死刑。”

（2）《刑法修正案（九）》虽然仍保留死刑，但通过终身监禁的设立，使死刑立即执行实质上得到废除。

（3）《刑法修正案（九）》废除贪贿犯罪的交叉刑。

（4）大幅度提高贪贿犯罪定罪量刑数额标准。《解释》将贪贿犯罪定罪数量标准由5000元、5万元和10万元提高至3万元、20万元、300万元。

二、“严而不厉”：未来我国腐败犯罪刑法立法的必然选择

（一）“严而不厉”：世界清廉国家和地区腐败犯罪刑法立法的共同选择

综观世界各清廉国家或地区，其腐败犯罪预防策略的基本特点是“严而不厉”，即刑罚轻缓，但法网严密。刑罚轻缓是指适用轻刑，摒弃重刑。针对贪腐犯罪，世界公认的清廉国家及地区既没有死刑、无期徒刑，也没有终身监禁，其中最重的美国，最高刑也仅15年徒刑，而一般刑罚都是5年以下有期徒刑。新加坡是亚洲最清廉的国家，对贿赂犯罪一般刑罚是5年以下监禁，最高刑是7年监禁。此外，在适用轻刑的同时，这些清廉国家或地区还编织了严密的刑事法网，使腐败分子法网难逃。具体而言，其法网之严密性体现于如下三点：其一，贿赂范围宽泛。如新西兰1961《犯罪法》第99条规定，“贿赂是指任何金钱、有值对价、职务、工作或者任何利益，无论是直接或间接的”；新加坡《预防腐败法》第2条规定，“贿赂”包含任何提供、许诺或者约定报酬的行为；我国香港特区《防止贿赂条例》规定，贿赂的对象是“任何利益”。其二，贿赂行为宽泛。如新西兰1961《犯罪法》将“公务员的腐败和贿赂”界定为“公务员非法地接受、获取、同意接受、索取或试图获取任何贿赂的行为”；我国香港特区《防止贿赂条例》将公职人员索取或接受任何利益的行为均界定为犯罪。其三，行贿受贿同等处罚。

在“严而不厉”预防策略的指导下，贪腐犯罪法网严密，定罪标准低，大大提高了定罪率，惩腐力度显见。2000年至2004年的5年中，新加坡贪污调查局所负责案件的定罪率分别高达96.7%、94.8%、99.1%、98.7%和97.1%。① 1974年香港廉署成立，“截至1988年，廉署共接受涉嫌贪污举报案件达34432宗，其中涉及政府部门和公共机构的公职人员贪污受贿案件达23919宗，占总数的70%。被廉署检控人数达4939人，已定罪人数达3390人，约占被检控人数的70%”。② 2017年1月我国香港廉政公署公布：“2016年共有197人在109宗案件（不包括与选举有关

① 中央党校第23期一年制中青班赴新加坡考察团：《新加坡的反贪机制》，载《学习时报》2008年1月28日，第2版。

② 肖扬：《反贪报告——共和国第一个反贪污贿赂工作局诞生的前前后后》，法律出版社2009年版，第241页。

案件）因涉嫌触犯贪污及相关罪行而被检控。定罪总人数为141人，涉及90宗案件，以人数及案件宗数计算的定罪率分别为74%及81%。”①

（二）“严而不厉”：我国腐败犯罪刑法立法的必然选择

犯罪学理论告诉我们：预防犯罪一定要从小抓起。许多“老虎”贪官，都是从小小的“苍蝇”开始的，聚沙成塔，贪腐分子也经历量变到质变的过程。进一步降低刑罚严厉性并构建严密法网，是我国腐败犯罪刑法立法的必然选择。

1. 放宽犯罪构成，降低入罪门槛，严密刑事法网

近年来，尽管立法机关和司法机关不断严密贪贿犯罪法网，“但其总体上并没有破除贪污受贿立法本来存在的结构性积弊，重新编织的贪污受贿刑事法网以及调整的惩治力度，不但没有提升刑法对贪污贿赂犯罪的规制能力，反而是‘名严实宽’，难以满足反腐败刑法供给的需要”。② 所以，如何编织严密的贪贿犯罪法网，仍是今后贪贿犯罪刑事立法的重点和方向，笔者建议：

（1）扩大贿赂的范围。自我国刑法颁布以来，对贿赂的范围，刑法学界就开展了深入的探讨，主要有三种观点：一是将其限制为财物；二是包括财物以及其他可计量、估算的物质性利益；三是包括财物、物质性利益以及非财产性的不正当利益。笔者认为，腐败犯罪的本质属性、社会危害性和当前腐败的现状及国际公约的规定等，都要求立法机关必须对贿赂的范围，由“财物”、“财产性利益”扩大到各种利益。

（2）取消受贿罪中的“为他人谋取利益”要件。受贿罪侵犯的客体是公职人员职务行为的不可收买性，公职人员利用职务之便，收受了他人贿赂，即构成犯罪。世界上几乎没有一个国家的刑法要求受贿罪要具备“为他人谋取利益”要件。

（3）废除受贿（斡旋）罪、利用影响力受贿罪中的“为他人谋取不正当利益”要件。根据我国刑法第388条及第388条之一的规定，我国受贿（斡旋）罪及利用影响力受贿罪，不仅要具备“为请托人谋取利益”，而且谋取的必须是“不正当利益”。这一立法限制大大地缩小了受贿犯罪圈，并导致这两个罪名形同虚设。建议废除这一要件，只要国家工作人员利用本人职权或者地位形成的便利条件，收受他人贿赂，或者国家工作人员的近亲属或者其他与该国家工作人员关系密切的人，利用该国家工作人员职权或者地位形成的便利条件，收受他人贿赂，数额较大的，即构成犯罪。

（4）取消行贿罪中的“为谋取不正当利益”的要件。在惩处贿赂犯罪中，我国长期存在着“重受贿轻行贿”，对行贿行为打击不力的问题，而之所以难以追究行贿者的刑事责任，主要还是存在立法上的障碍。尽管“两高”司法解释已对不正当利益作出扩张解释。但无论如何都不能将所有利益扩张解释为“不正当利益”。行贿罪侵害的直接客体是国家工作人员职务行为的廉洁性，不惩治行贿，治理贿赂

---

① 参见《香港廉政公署去年共接获2891宗贪污投诉》，载《中国纪检监察报》2017年1月22日第4版。

② 孙国祥：《贪污贿赂犯罪刑法修正的得与失》，载《东南大学学报》（哲学社会科学版）2016年第3期。

只能事倍功半。只有取消行贿罪中的“为谋取不正当利益”的要件，才能保证行贿案件得以严格依法查处。

(5) 修改“挪用型”犯罪的构成要件。第一，将挪用公物行为纳入刑法规制的范围。公款和公物都是公共财物，挪用公款是犯罪，而挪用公物则无罪，难以体现法律的公平性。第二，取消挪用公款罪中“归个人使用”的构成要件。理由是：公款被行为人从单位挪用出去，公款的使用权以及行为人职务行为的廉洁性受到了侵害，这样的行为就已经符合了挪用公款罪的犯罪本质。“‘归个人使用’要件导致司法证明负担增加以及理论上的混乱局面”。①

(6) 大幅度降低贪贿犯罪入罪的数额标准。《解释》大幅度提高贪贿犯罪入罪门槛，是错误的。理由是：背离中央惩治腐败的基本立场和刑事政策；背离法律面前人人平等的宪法原则和刑法原则；提高数额标准的依据不科学，背离国情民意；违背优秀的中华历史法制传统；违背世界普适的腐败犯罪治理路径的选择。笔者建议，贪贿犯罪的入罪标准由现行的3万元调整到5千元。

(7) 增设新罪名，扩大腐败犯罪圈。党的十八大以来查处的腐败案件昭示：“家族腐败”、“亲缘腐败”现象十分严重。“从2015年2月13日至12月31日，该网站共发布34份省部级及以上领导干部纪律处分通报，其中21人违纪涉及亲属、家属，比例高达62%。”② 一些公职人员的亲属，利用官员的职权便利，建立“官商勾结”、“钱权交易”和不当利益输送网络。这些利益冲突行为都没有纳入刑事惩罚的对象。笔者建议，我国应当尽快将利益冲突行为纳入刑法规制的范围，以加大对腐败行为的打击力度。

2. 降低刑罚的严厉性，实现刑罚宽缓化

在严密贪贿犯罪刑事法网的同时，要降低贪贿犯罪刑罚的严厉性，实现刑罚宽缓化。正如贝卡里亚所言：“对于犯罪最强有力的约束力量不是刑罚的严酷性，而是刑罚的必定性。”③ 严刑峻法既不是控制犯罪的理想手段，也与人道主义和人权观念背道而驰。鉴此，笔者认为，降低贪贿犯罪刑罚的严厉性，主要是要从废除死刑入手。具体而言，可以遵循如下三个步骤。

第一步，立法上保留死刑，司法上使死刑虚置。在当下的中国现实，尚不能立即废止贪污受贿犯罪死刑的情况下，基于政治、民意等考量，当前我国还难以直接从立法上废除死刑，但可以通过终身监禁这种死刑替代性措施，在司法上保证死刑得以废除。《刑法修正案（九）（草案）》审议期间，相关的民意调查表明，70%以上的民众反对取消“贪腐死刑”。④ 由此可见，在我国废除死刑还需要一个相当长的时间，期间采取一些过渡措施是必要的。所以，终身监禁“从这个意义上说，

---

① 罗猛：《反腐败刑事政策研究——基于实体与程序的一体化考察》，载赵秉志主编：《刑法评论》2015年第2卷，法律出版社2016年版，第46页。

② 陈磊：《贪官的家族腐败黑洞》，载《法制日报》2016年4月1日第8版。

③ ［意］贝卡里亚：《论犯罪与刑罚》，黄风译，北京大学出版社2008年版，第62页。

④ 向楠：《民调：73.2%受访者主张对贪污贿赂罪保留死刑》，载《中国青年报》2014年11月4日第7版。

也可以说是对死刑的一种替代性措施”。[①] 刑法学界普遍认为，终身监禁是一种轻于死刑立即执行、重于死缓的刑罚执行方式，是废除死刑的过渡性替代。这就意味着，今后对贪贿犯罪判处死刑立即执行的将越来越少或几乎没有，而由“终身监禁”替代。2007年至今已10年，我国对贪贿犯罪已没有出现死刑立即执行的案例，最重的也是死刑缓期执行。2016年已有3名贪贿犯罪被告人被判处死刑缓刑二年执行，在其死刑缓期执行二年期满依法减为无期徒刑后，终身监禁，不得减刑、假释。通过这种终身监禁的方法使死刑在事实上得到废除。

第二步，立法上取消死刑，将无期徒刑作为贪贿犯罪的最重刑罚。《刑法修正案（九）》增设终身监禁后，理论和实务界对终身监禁问题进行了广泛讨论。肯定说认为，死缓犯终身监禁制度有助于严肃惩治严重腐败犯罪；死缓犯终身监禁制度有助于切实减少死刑的实际适用。否定说认为，终身监禁规定并未脱离死刑桎梏；终身监禁适用标准尚未明晰；终身监禁与追诉时效宗旨相互冲突；终身监禁将会增加监狱系统压力。笔者认为，立法机关已确立了终身监禁的法律地位，目前，司法机关应当严格执法，保障终身监禁执法到位。但从贪贿犯罪的治理策略上看，终身监禁不是最理想的治理模式，适用终身监禁难以体现特殊预防的刑罚目的。所以，经过一段时间的过渡后，贪贿犯罪的最高刑罚还是应当回归到无期徒刑。

第三步，从立法上取消无期徒刑，与世界绝大多数国家贪贿犯罪的刑罚相适应。中国走向世界必然要符合世界潮流。对贪贿犯罪没有哪个主流国家会适用死刑和无期徒刑。所以，从未来趋势看，我国不仅要废除死刑，而且也要废除无期徒刑。

我国刑法学界认为，犯罪控制的刑罚模式有以下几种：“又严又厉”、“厉而不严”、“严而不厉”。所谓“严”指刑事法网严密、刑事责任严格；所谓“厉”指刑罚苛厉、刑罚过重。我国传统的刑罚模式为“厉而不严”模式，是应当放弃的模式。“严而不厉”模式既能够体现促进刑罚目的实现，又符合社会发展趋势的模式，是犯罪控制的理想模式，也是当今中国应当采纳的犯罪控制模式。[②] 笔者深以为然。当然，贪贿犯罪刑罚的轻缓化是一个漫长的过程。就腐败犯罪而言，不仅要与其他经济性刑事犯罪刑罚的设置相适应，而且更要与“标本兼治、重在治本”的腐败犯罪治理方略的实现相吻合。如果腐败的源头——权力的监督制约不能有效实现，腐败犯罪得不到有效遏制，重刑化只能是当政者在治理腐败犯罪问题上的唯一选择。但无论如何，腐败犯罪构成的严密化和刑罚的轻缓化，犹如鸟之两翼、车之两轮，互相依存，互相联系，缺一不可。

① 全国人大常委会法制工作委员会刑法室：《〈中华人民共和国刑法修正案（九）〉释解与适用》，人民法院出版社2015年版，第221页。

② 储槐植：《刑事一体化与关系刑法论》，北京大学出版社1997年版，第319页。

监察体制改革背景下完善反腐败刑事立法的思考

蔡春生*

反腐败是从严治党、依法治国的重大战略任务。当前主要采用纪检监察机关的纪律（党纪、政纪）检查和检察机关履行的职务犯罪法律监督双轨模式，前者属于非刑事法治范畴，以党纪、政纪的调查处理为主；后者属于刑事法治范畴，以追究职务犯罪刑事责任为主，是最严厉、最具威慑力的方式，包括反腐败的刑事立法和刑事执法两个环节。目前，中外反腐败刑事立法模式可分为两大类：一是分散型，没有制定专门的反腐败法，主要由宪法、刑法、刑事诉讼法、司法组织法等构成，如美国的反腐败法散见于《政府道德法》、《道德改革法》、《行政部门雇员道德行为准则》、《基本利益冲突法》等一系列法律中。二是集中型，制定了专门的反腐败法，融刑法、刑诉法、司法组织法为一体，自成体系，如《新加坡1970年防止腐败法》、《英国1906年防止贿赂法》等[①]。我国采用分散式的反腐败刑事立法模式，散见于《宪法》、《刑法》和《刑事诉讼法》、《人民检察院组织法》和全国人大常委会所作的相关立法解释等相关法律文件中。

为了落实依法治国方略，建立集中统一、权威高效的反腐败体制机制，推进国家治理体系和治理能力现代化，2016年11月十八届六中全会决定将检察机关的反贪污贿赂、反渎职侵权等部门与原来的行政监察机关一并整合，成立专司反腐败监察职能的国家监察委员会（以下简称监察机关），行使行政违纪违法和职务犯罪的调查与处置等执法监察职能。

“坚持立法先行，让重大改革于法有据”[②]是运用法治思维和法治方式进行依法治国的基本要求[③]，也是确保反腐败重大政治改革[④]全面推进深化的关键，除了

* 法律硕士，中国法学会会员，广西法学会侦查学研究会会员，广西检察理论研究人才，桂林市人民检察院反渎职侵权局副局长。

① 参见余其营：《论我国反腐败法律体系构建》，载《中央社会主义学院学报》2011年第4期。

② 在第十二届全国人民代表大会第三次会议上，全国人大常委会委员长张德江在关于全国人民代表大会常务委员会工作的报告中指出，要完善以宪法为核心的中国特色社会主义法律体系。贯彻党的十八届四中全会精神，坚持立法先行，抓住提高立法质量这个关键，实现立法和改革决策相衔接，做到重大改革于法有据、立法主动适应改革和经济社会发展需要，发挥立法的引领和推动作用。

③ 吴汉民：《提高运用法治思维和法治方式能力》，载《人民日报》2013年12月24日。

④ 党的十八届六中全会通过了《关于新形势下党内政治生活的若干准则》和《中国共产党党内监督条例》（以下称《条例》）。《条例》第37条明确规定：“各级党委应当支持和保证同级人大、政府、监察机关、司法机关等对国家机关及公职人员依法进行监督……”随后，2016年11月7日，中共中央办公厅印发《关于在北京市、山西省、浙江省开展国家监察体制改革试点方案》，方案强调，国家监察体制改革是事关全局的重大政治改革，是国家监察制度的顶层设计。

优先制定新的国家监察法外，还要尽快着手修订完善《宪法》、《刑法》、《刑事诉讼法》。

一、新反腐败体制背景下，修订完善反腐败刑事立法势在必行

为适应和保障新的反腐败体制机制，除优先制定新的国家监察法外，还要尽快修订完善现行《宪法》、《刑法》、《刑事诉讼法》。新的《国家监察法》草案已于2017年6月首次提交全国人大常委审议①，尚未通过实施，不便讨论。本文侧重探讨《宪法》、《刑法》、《刑事诉讼法》的修订完善问题。

（一）新反腐败体制下，需要完善和加强宪法保障

（1）监察体制改革是反腐败重大成果，需要宪法予以确认。新中国成立以来，先后颁布过四部宪法②，现行宪法是1982年12月4日由第五届全国人大常委会通过的，经过了4次修正，例如，1993年“中国特色社会主义”入宪，1999年“依法治国”入宪，2004年“人权”入宪，2012年“尊重和保障人权”的宪法原则写入了刑事诉讼法。2016年11月党的十八届六全会决定设立国家监察委员会，重新配置反腐败权力，这项重大政治改革成果需要宪法确认。

（2）国家监察委员会是新设国家机构，须由宪法确定其法律地位。为了推进全面从严治党、全面依法治国，实现国家治理体系和治理能力现代化，党的十八届六中全会通过了《中国共产党党内监督条例》，该条例明确规定：“各级党委应当支持和保证同级人大、政府、监察机关、司法机关等对国家机关及公职人员依法进行监督。”该决定是代表民意的党中央的集体意志和决策，按照党的政策与国家法律的关系，需上升为更高层级的国家意志即宪法，以便于推动和执行。

（3）当前，设立国家监察机关依据的是党内法规和全国人大常委会的临时授权，需要宪法予以确认。目前，试点设立国家监察委员会是由党内法规和全国人大常委会临时授权③确立的。党内法规虽是我国的法律渊源，但不是国家法律；全国人大常委会的临时授权是支持和保障试点的灵活性安排，虽然具有立法性质，但其法律位阶低于宪法，根据党的政策与法律以及普通法与根本法的关系，由宪法确立设立国家监察机关更有权威。

（二）新反腐败体制下，需要完善和加强刑法的保障

依照《宪法》、《行政监察法》、《刑法》、《刑事诉讼法》等相关法律开展反腐败刑事调查、处置是将来监察机关④的重要职能之一。其中，刑法具体规定了犯罪圈的大小（哪些行为是犯罪的）、刑事责任和刑罚，是构成刑事法网的最重要部门

① 2017年6月23日党的第十二届全国人大常委第二十八次会议首次审议了全国人大常委会法制工作委员协同配合中央纪委机关拟定的监察法草案。

② 1949年10月中华人民共和国成立后，第一届、第四届和第五届全国人民代表大会分别于1954年9月、1975年1月、1978年3月和1982年12月先后制定、颁布了四部《中华人民共和国宪法》。

③ 2016年12月25日，全国人大常委会通过了《关于在北京市、山西省、浙江省开展国家监察体制改革试点工作的决定》。

④ 监察体制改革前，调查职务犯罪由检察机关行使，称为该调查活动称为侦查。

法。我国现行刑法典自1997年实施以来，经过了九次修正，关于腐败犯罪的规定更趋系统、完善，特别是《刑法修正案（九）》针对当前反腐败形势，充分考虑和吸纳学术界、实务界的意见和建议，对贪污贿赂犯罪作了大幅度修改完善，如将贪污贿赂犯罪的定罪量刑标准，由以前单纯数额标准，修改为数额加情节的标准；对重特大贪污受贿犯罪被判处死刑缓期执行的犯罪分子增加了可以终身监禁的执行措施；将贿赂国家机关工作人员的近亲属等有影响力的特定关系人的行为入罪；等等。然而，与反腐败监察体制改革的现实需要和国际反腐败经验相比，现行刑法需要修订完善的问题比较突出。

1. 犯罪圈的设定存在缺陷

现行刑法典关于国家工作人员的贪污贿赂犯罪和国家机关工作人员的渎职侵权犯罪与《联合国反腐败公约》[①]（以下简称《公约》）的规定相比，犯罪圈较窄，影响对腐败问题的全面有效治理。一是贿赂的“利益”范围较窄。贿赂的“利益”范围对于确定犯罪圈的大小、区分罪与非罪，具有重大意义。根据我国刑法和司法解释，贿赂的“利益”一般包括“财物”和“财产性利益”，不包括提供职务晋升、就业、升学机会、提供性服务等能够满足人的其他需要的非财产性利益[②]。《公约》将贿赂的利益明确表述为“不正当好处”，其他相关地区性或者国际公约对贿赂利益的表述多数与此一致。《德国刑法典》将公职人员履职过程中“索取、接受他人允诺或者收受他人利益的”，认定为受贿罪；美国将受贿范围认定为“任何有价之物”，日本在刑事立法中将受贿的范围界定为“贿赂”，在司法实践中任何利益都可以作为贿赂范围；我国香港、台湾地区的刑法均规定，能够满足人的欲望或者需要的一切利益，都是贿赂。二是贿赂犯罪“行为目的”设定不合理。《公约》第15条规定，只要向公职人员实施了行贿行为以使其作为或者不作为，不论行贿人谋取的利益是正当的还是不正当的，均成立行贿罪。根据我国现行《刑法》第389条规定，行贿罪的构成要求行贿人主观上具有“为谋取不正当利益”的目的，该“行为目的”的设定，影响着行贿犯罪圈的大小、区分罪与非罪。根据我国刑法规定，除了要证明行贿人给予了受贿人财物，还要证明行贿人“谋取了不正当利益”，如果行贿人意图谋取的利益属于“正当”的，便不能成立行贿罪，司法实践中侦查机关因为无法证明行贿人“谋取了不正当利益”而不立案或者撤案的情况屡见不鲜[③]。三是贿赂的“行为方式”设定不合理。我国《刑法》第389条将行贿

① 《联合国反腐败公约》于2003年10月31日经第五十八届联合国大会审议通过。2003年12月10日我国外交部副部长张业代表我国政府签署了该公约，2005年10月27日我国第十届人常委会第十八次会议通过了《关于批准〈联合国反腐败公约〉的决定》，同时声明：中国不受《公约》第66条第2款的约束。自此，我国正式成为《联合国反腐败公约》的缔约国。《公约》是世界上第一部全面的反腐败国际法律文件，体现了国际社会治理腐败的共同意愿和决心。

② 2007年7月“两高”《关于办理受贿刑事案件适用法律若干问题的意见》，扩大了贿赂范围，不仅包括金钱和可以用金钱计算的物品，还包括其他财产性利益，如收受干股、证券、期货或者以赌博形式输送利益等。2008年11月“两高”《关于办理商业贿赂刑事案件适用法律若干问题的意见》，同样将“贿赂”范围扩大，除了金钱与财物外，还包括一些可能用货币来衡量的财产性利益。

③ 参见高铭暄、张慧：《论贿赂犯罪的贿赂“范围”》，载《法学杂志》2013年第12期。

的"行为方式"限定为"给予国家工作人员以财物"，影响着犯罪圈的大小、区分罪与非罪。许诺给予、提议给予的行为未被包括在内。《公约》第15条第1款规定行贿的方式不仅包括直接、间接给予的方式，而且还包括许诺给予和提议给予的方式，外延和内涵均大于我国刑法的规定。四是贿赂的"对象"设定不合理。《公约》明确要求缔约国将"贿赂外国公职人员、国际公共组织人员"行为入罪。我国刑法还没这方面的立法。

2. 犯罪的刑罚规制存在缺陷

一是多数职务犯罪没有规定罚金刑和资格刑。现行刑法典针对职务犯罪采取的是以自由刑为中心，对特别严重的贪污、受贿犯罪规定了生命刑和财产刑（没收财产和罚金），其他大部分与腐败有关的职务犯罪，如渎职罪没有规定罚金刑和资格刑。司法实践中大多数滥用职权犯罪背后，存在"权利"与"利益"交换的腐败问题。对于这类犯罪应当根据其对国家造成的损失的大小，规定适当的罚金刑和判处剥夺政治利的资格刑，提高犯罪"成本"。二是对某些腐败犯罪规定死刑，有刑责不相称的问题。纵观古今中外治理腐败犯罪的发展史，最严厉的刑罚并不是遏制前犯罪最有效的刑罚，死刑并不是最有效的遏制腐败犯罪的手段。刑罚在预防犯罪方面能够发挥的作用的大小，主要不是由刑罚的严厉性所决定，而是由刑罚的及时性和确定性所决定。刑罚越及时、越不可避免，其威慑作用就越强大，预防犯罪的效果也就越好。这也是西方近代刑法启蒙学者切萨雷·贝卡里亚所揭示一个刑罚原理①。多年来的我国反腐败斗争实践也印证了该原理，例如，尽管我国刑法对特别严重的贪污罪、受贿罪规定了死刑，但是，腐败犯罪的高发态势并未得到有效遏制。从腐败犯罪的本质特征看，腐败犯罪最突出的本质是贪利性犯罪，对其适用剥夺生命的死刑刑罚，有罪责与刑罚不对等的问题。从时代发展潮流看，减少职务犯罪的死刑及至废除这类犯罪的死刑是未来趋势。国际社会废止死刑的趋势和联合国《公民权利和政治权利国际公约》②等国际公约都清楚地表达了反对经济犯罪适用死刑的立场。我国也一直在朝着这个方向努力，2008年3月原国务院总理温家宝在第十一届全国人大常委支闭幕时承诺尽快施行该公约；2015年8月通过的《刑法修正案（九）》兼顾减少适用死刑和保持对腐败犯罪高压态势两个方面的考虑，对于判处死刑缓期执行的犯罪金额数额特别巨大，或者有其他特别严重情节的贪污或者受贿犯罪，增设了死缓减为无期后可以终身监禁，不得减刑、假释的执行措施，为减少死刑的适用提供了明确的法律依据。

3. 犯罪归类及排序存在缺陷

一是分则中关于职务犯罪的章节安排不科学。现行刑法典将1979年刑法典中有关贪污贿赂犯罪的条款合并后独立成章，同时保留其原有"渎职罪"专章，形成"贪污贿赂罪"和"渎职罪"两章并立格局。从犯罪客体上看，贪污贿赂罪与渎职

---

① 切萨雷·贝卡里亚（1738-1794），意大利刑事古典学派创始人。1764年完成《论犯罪与刑罚》，是人类历史上第一部对罪刑原则进行系统阐述的著作，主张废除死刑。

② 《公民权利和政治权利国际公约》是联合国在《世界人权宣言》的基础上通过的一项公约。1998年10月我国已经签署该公约，但尚未获得全国人大批准。

罪都具有亵渎职务的共性，将两者完全独立，不甚合理，如司法实践中，贿赂犯罪背后渎职罪一般隐藏着权钱交易的贿赂犯罪，并采用并案侦查模式办理。二是分则关于职务犯罪的体系安排不科学。我国刑法分则中罪名的章节顺序总体上是按照由重到轻的规律排列的，即社会危害性相对较大、量刑较重的安排在较前的章节；反之，则安排在较后的章节。腐败犯罪是危害国家政权稳定的严重犯罪，而我国行刑法将贪污贿赂犯罪和渎职犯罪分别安排为刑法分则的第八章、第九章是不合理的。

（三）新反腐败体制下，需要完善和加强刑诉法保障

（1）监察机关履行对腐败犯罪的调查、处置权具有“双重属性”，应当接受国家监察法和刑事诉讼法的规制。国家监察机关承担着行政违纪监察、行政违法监察和腐败犯罪的刑事违法监察多项性质不同的监察职能。对包括职务犯罪在内的一切刑事犯罪的追究，包括调查（侦查）、起诉、审判、执行四个不同又密切联系的阶段（环节），分别由不同的法定国家机关依照各自的组织法和刑法、刑事诉讼法及其他有关法律法规行使职权。国家监察机关调查、处置国家公职人员职务犯罪的活动具有双重属性，既是针对腐败犯罪的刑事违法监察活动，也是针对腐败犯罪的刑事诉讼活动，应同时接受国家监察法和刑事诉讼法的规制。

（2）在刑事诉讼法中要明确监察机关职务犯罪调查权、移送审查起诉权及具体办法，以确保诉讼活动目标的顺利推进和圆满实现。追究国家公职人员腐败犯罪，是国家监察机关、检察机关、审判机关、监狱机关等按照分工负责、相互配合、相互制约原则，共同参与的复杂的刑事诉讼活动过程，只有在刑事诉讼法中明确各机关的职责及相互配合、相互制约的规程，才能确保该诉讼活动目标的顺利推进和圆满实现。

（3）试点地区监察机关依照全国人大授权，开展职务犯罪的调查、处置，是立法机关为了保证改革试点合法和成功的权宜之策。试点是为全面推进监察改革探索和积累有关方面的立法经验。目前，试点地区（北京、浙江、山西）监察机关根据全国人大授权承担对职务犯罪调查、处置职能，明确：现行《刑事诉讼法》第一编总则第 3 条、第二章第 18 条、第二编第二章第 148 条、第 162 ~ 166 条所规定的原来由检察机关行使的职能，改由监察机关行使；《人民检察院组织法》第 5 条第 2 项、《检察官法》第 6 条第 3 项等相关法律规定在试点地区暂停适用①。这是在立法滞后和经验不足的情况下，由全国人大授权推进和保障试点工作的暂时性安排。

二、完善《宪法》、《刑法》、《刑事诉讼法》的构想

（一）宪法的修改建议

1. 在国家机构中增设国家监察委员会一节

规定中央国家监察委员会和地方各级监察委员员分别由全国人民代表大会和地方各级人员代表大会产生，并对其负责和报告工作等内容。

① 2016 年 12 月 25 日，全国人大常委会通过了《关于在北京市、山西省、浙江省开展国家监察体制改革试点工作的决定》，至此，国家监察体制改革的基本框架已经成型。这也需要对应的立法，与改革决策措施紧密衔接。

2. 明确监察机关的法律职能、职权及监督措施

规定国家监察委员是依法履行反腐败执法监督职能的国家机关，依法对所有行使国家公权力的机关、组织或者个人的公务活动情况开展法律监察，履行监督、调查、处置职责；监督检查行使公权力的公职人员或者实体依法履行职务、秉公用权、廉洁从政以及道德操守情况；调查涉嫌贪污贿赂、滥用职权、玩忽职守、权力寻租、利益输送、徇私舞弊以及浪费国家资财等职务违法和职务犯罪行为并作出处置决定；对涉嫌职务犯罪的，移送检察机关依法提起公诉。为履行上述职权，监察委员会可以采用谈话、询问、讯问、查询、冻结、调取、查封、扣押、搜查、勘验检查、鉴定、留置等调查措施。

3. 明确办理职务犯罪案件中与其他有关国家机关的关系

规定监察委员会负责对国家公职人员职务犯罪的立案调查并决定是否移送人民检察院审查起诉；人民检察院负责审查监察机关移送的国家公职人员职务犯罪案件，并决定是否提起公诉；人民法院负责对人民检察院提起公诉的职务犯罪案件的审理和裁判，并负责罚金、没收财产、死刑犯（决定死缓的除外）的执行；公安机关负责配合监察机关对职务犯罪案件开展有关调查工作，并执行人民检察院、人民法院对职务犯罪嫌疑人、被告人作出的拘留、取保候审、监视居住、逮捕决定；监狱等执行机关依法执行法院的判决。

（二）刑法的修改建议

1. 完善职务犯罪圈的规制

一是完善行贿“利益”的规定，将行贿的“利益”范围确定为财产性利益和部分特定的非财产性利益。根据《公约》，借鉴国际反腐败刑事立法经验，结合我国国情，建议将行贿的“利益”由“财物”扩大为“财产性利益”和“某些特定的非财产性利益”。财产性利益包括财物和财物以外的具有财产价值的能够满足人的需要的利益，如著作权、专利权、债务免除等。非财产性利益包括信息、升职、学位、著作权、荣誉或者某些资格、性服务等。为了便于执行，可以采用列举的方式明确纳入犯罪追究的特定的非财产性利益的具体情形。二是完善贿赂犯罪“谋取利益的行为目”的规定。其一，取消行贿罪中“为谋取不正当利益”要件中的“不正当”的限制。根据《公约》的规定，行为人主观上是否“为了谋取不正当利益”不是行贿罪的构成要件。建议将现行《刑法》第 389 条中的“为了谋取不正当利益”修改为“为了谋取利益”。其二，取消被动型受贿中“为他人谋取利益”构成要件。《公约》规定受贿是公职人员或者有关实体，在履行职务过程中，直接或者间接索取或者收受行贿人给予的不正当利益，以作为其执行公务时作为或者不作为的条件。强调了公职人员职务行为与不正当好处的对价性，公职人员是否为行贿人谋取利益不影响对其行为性质的认定。建议将国家工作人员利用职务便利，索取或者非法收受他人财物的行为规定为受贿罪的基本构成要件，对国家工作人员为他人谋取利益作为加重处罚情节，如此规定，可以将长期困扰司法实践的国家公职人员收受大额“红包”、行贿人超前“感情投资”等贿赂问题犯罪化，从源头上加强对腐败犯罪的扼制与打击。三是完善贿赂犯罪“行为方式”规定。调整犯罪形

态，将“要求”、“期约”行为入罪。《公约》规定贿赂犯罪受贿人并不只是已经得到了实际利益，许诺给予、提议给予或者实际给予公职人员本人或者其他人员或者实体不正当利益，均属于犯罪范围。在日本、德国、美国以及我国澳门、台湾等国家和地区，只要行为人实施了“要求”、“期约”、“收受”其中一个行为，就构成受贿罪，且均成立既遂。我国《刑法》第386条规定：“对犯受贿罪的，根据受贿所得数额及情节，依照本法第三百八十三条的规定处罚。索贿的从重处罚。”“受贿所得”是指已经取得财物的形态，受贿罪的成立必须是实际收受，而不包括要求、约定两个阶段。事实上，受贿、行贿的过程均表现为要求、期约、收受三个阶段。“要求”是指受贿者请求给予贿赂的意思表示；“期约”是指受贿者与行贿者双方意思合约将来交付贿赂的约定；“收受”是指受贿者已经从行贿者那里取得了贿赂财物或者对其行使了处分权，如将财物转赠给了其情妇或者其他关系密切人。这样立法将贿赂犯罪的构成及其形态予以前置，增加了惩治贿赂犯罪的广度和力度。四是增设向外国公职人员或者国际公共组织官员行贿罪和外国公职人员或者国际公共组织官员受贿罪。随着改革开放的深入，特别是“一带一路”等经济全球化的影响，对外经济、文化等方面的交往日益密切，发生在这些交往过程的腐败问题也将日渐增多，如果不加规制危害严重。基于对等原则、司法主权原则和落实《公约》的国际义务，可以通过刑事立法，禁止我国公民、公司企业等个人和组织在对外交往中贿赂外国或者国际组织官员，同时禁止这些官员受贿。

2. 完善刑罚设置。

一是用“终身监禁”取代贪污、贿赂犯罪判处死刑的规定。不少国家，如美国，将“终身监禁”作为刑罚。在我国刑罚中增加一个主刑“终身监禁”，明确规定终身监禁的，不得减刑、假释，以区别于无期徒刑，并用以此取代目前对特别严重贪污、贿赂犯罪判处死刑的规定。二是完善罚金刑和资格刑的设置。针对腐败犯罪的特点，增设罚金刑和资格刑，加强对腐败犯罪的制裁和威慑。第一，对贪污罪、受贿罪、挪用公款罪增设资格刑；第二，对造成国家、集体或者公民严重损害的渎职犯罪按照损害情况规定一定比例罚金；第三，完善资格刑的内容。我国现行刑法典中的资格刑是剥夺政治权利，其中包括剥夺“担任国家机关职务的权利”和“担任国有公司、企业、事业单位和人民团体领导职务的权利”，与当前我国反腐败的现实相比，范围比较窄，建议增加新的内容，包括剥夺从事特定职业的权利，以及剥夺荣誉称号、禁止一定期限内从业资格、停业整顿、刑事破产等资格刑。

3. 完善腐败犯罪的归类及在分则中的体系安排。

一是将“贪污贿赂罪”与“渎职罪”归为“职务犯罪”一类，独立成章。贪污贿赂罪与渎职罪均属于职务犯罪，都具有亵渎职务的共性，采取章节制的前提下，将二者归为职务犯罪一类，独立成章，在章下将贪污贿赂罪与渎职罪分别设为第一节、第二节。二是调整“职务犯罪”在刑法分则中的排序。鉴于腐败犯罪对国家政权和社会稳定的严重社会危害性，并且为了突显当前反腐败斗争在国家法治建设地位中的突出地位，建议将合并后的“职务犯罪”安排在第一章“危害国家安全罪”之后，作为刑法分则第二章，其他依次顺延。

（三）诉讼法的修改建议

修订刑事诉讼法，应立足于保障反腐败监察体制改革和着眼于反腐败刑事诉讼活动不同于一般刑事诉讼活动的任务等显著特点。

（1）修改《刑事诉讼法》第18条第2款，规定：贪污贿赂犯罪、国家机关工作人的渎职犯罪、国家机关工作人员利用职权实施的非法拘禁、刑讯逼供、报复陷害、非法搜查的侵犯公民人身权利的犯罪以及侵犯公民民主权利的犯罪，由国家监察机关立案调查。①

（2）刑事诉讼法第64条增加一款，规定：国家监察机关在调查国家公职人员的职务犯罪活动中可以适用留置措施，具体由监察法另行规定。案件移送检察机关审查起诉后，人民检察院、人民法院根据案件情况，可以依法决定对犯罪嫌疑人或者被告人采取拘传、拘留、取保候审、监视居住、逮捕强制措施。

（3）修改《刑事诉讼法》第107条，规定：公安机关或者国家监察机关发现犯罪事实或者犯罪嫌疑人，应当按照管辖范围，分别立案侦查、立案调查。

（4）修改《刑事诉讼法》第148条第2款，规定：国家监察机关在立案后，对于重大的贪污贿赂犯罪案件以及利用职权实施的严重侵犯公民人身权利的重大犯罪案件，根据调查犯罪的需要，经过严格批准手续，可以决定并采取技术调查措施。

（5）将第二编第二章第十一节修订为“监察机关对国家公职人员职务犯罪的调查、处置”，规定：监察机关对公职人员的职务犯罪调查活动可以适用询问、讯问、勘验、检查、搜查、查封、扣押物证、书证、鉴定、技术调查、留置等措施，具体办法由国家监察法另行规定；监察机关调查终结的案件，应当作出提起公诉、不起诉，或者撤销案件的决定；决定起诉或者不起诉的，应当制作起诉或者不起诉意见书，连同案卷和证据材料一并移送人民检察院审查决定。

三、结语

监察体制改革是事关中国前途命运的反腐败政治制度改革，是推进全面依法治国的制度创新。坚持法治思维和法治方式是深化改革和确保改革成功的关键，现阶段除了优先制定国家监察法外，还要抓紧《宪法》、《刑法》、《刑事诉讼法》的修订完善工作，严密反腐败刑事法网，构建集中统一、高效权威的反腐败法治体系，依法推进国家治理体系和治理能力现代化。

---

① 2016年12月25日，全国人大常委会通过了《关于在北京市、山西省、浙江省开展国家监察体制改革试点工作的决定》，明确监察委员会履行监督、调查、处置职责。为履行职责，监察委员会可以采取谈话、讯问、询问、查询、冻结、调取、查封、扣押、搜查、勘验检查、鉴定、留置12项措施。从目前来看，国家监察委会对职务犯罪的查办活动暂时定为“调查”。

我国腐败犯罪刑事治理的困境与出路*

——基于刑事政策的实践反思

刘春花**

问题的提出

2016年G20杭州峰会通过了《二十国集团反腐败追逃追赃高级原则》，旨在打造一个“零容忍”、“零漏洞”、“零障碍”的反腐败国际追逃追赃合作体系。同年4月18日最高人民法院与最高人民检察院联合发布《关于办理贪污贿赂刑事案件适用法律若干问题的解释》，为2015年通过的《刑法修正案（九）》贪污罪、受贿罪量刑细化标准。这些重要举措均是为了适应反腐工作深化的要求，为惩腐肃贪提供刑事法治保障，也是对党的十八大以来党中央“零容忍”反腐败政策的立法和司法回应。刑事政策是刑事法治的“灵魂”，反腐败的刑事政策选择必然反映国家惩治腐败犯罪的立场，对反腐实效产生巨大影响。中央提出“老虎苍蝇一起打”、“受贿行贿一起抓”的反腐策略，毫无疑问，我国现阶段反腐将继续秉持“零容忍”的政策，然而，官场“染缸效应”的裂变式扩散、“窝案”多发等严峻现实，令人不禁怀疑，实践中真的对腐败“零容忍”了吗？“零容忍”反腐刑事政策如何才能真正贯彻落实？本文试图探讨腐败犯罪刑事治理的困境和出路，以期对我国反腐效能的提高有所裨益。

一、腐败与反腐败：概念界定与政策选择

什么是腐败？《辞海》、《古代汉语词典》将其解释为朽烂、败坏。①《牛津法律大辞典》、《元照英美法词典》认为其意指堕落、腐化、败坏。对corruption的同根词corrupt解释为：（1）使在血统上变得污贱；（2）使堕落、向行贿。②值得指出的是，中文定义对腐败没有进行明确的道德评判，甚至还有所谓“享受生活”的网

---

* 本文系国家社会科学基金青年项目“转型时期量刑公正与社会认同的契合路径研究（14CFX069）”和司法部法治建设与法学理论研究项目“网络时代贪污贿赂犯罪的量刑公信力问题实证研究（14SFB30017）”。

** 江苏大学法学院副教授，华东政法大学在站博士后。

① 《辞海》的解释引用《汉书·食货志上》：“太仓之粟，陈陈相因，充溢露积于外，腐败不可食。”参见《辞海》，辞书出版社1989年版，第970页；“腐败”在《古代汉语词典》中不是一个词，而是分开作为两个词，“腐”是烂、朽烂，引用《荀子·劝学》：“肉腐出虫，鱼枯生蠹”。《后汉书·翟酺传》曰：“至仓谷腐而不可食。”“败”为毁坏，败坏，引申为食物腐败，变味变质。参见《古代汉语词典》，商务印书馆2005年版，第432、35页。

② “corruption”指从原本纯洁的状态中发生的堕落。[英]戴维·M. 沃克：《牛津法律大辞典》，光明日报出版社1989年版，第213页。“corruption”：堕落、腐化、败坏，尤指通过贿赂诱使公职官员背离职守。《元照英美法词典》，法律出版社2003年版，第328页。

络新解。而英文释义则表明了强烈的道德否定感。

事实上，对于同一情况是否判断为“腐败”，因不同的文化和历史背景，不同的国家给出的结论并不相同。例如，政党竞选获胜后可以公开利用公权答谢支持者，如任命驻外使节、政务官或者馈赠政府工程项目，西方国家将其视为合法的政治传统，不属于腐败的范畴，但在许多发展中国家，这类行为就属于严重的腐败、典型的权钱交易。不仅如此，就是在同一特定文化领域，不同的群体对腐败也有不同理解。比如，公款吃喝、公车私用、托关系、送红包等行为，本来是违规违纪的典型腐败，当事人却将其视为“特权”和“潜规则”，普通公众虽然反感，却有“羡慕、嫉妒、恨”的复杂情绪。

我国刑法中没有“腐败犯罪”一词，只有“贪污贿赂罪”、“渎职罪”。在传统意义上，“公共权力的非规范非公共运用是腐败行为的核心”①，腐败犯罪的核心是公职人员滥用公权。在古代，对贪官污吏严厉惩处是封建王朝稳固民心的政治传统。中华法系之代表法典《唐律》中规定贪贿犯罪一般要比照普通百姓的盗窃罪加重二等、三等处罚。新中国成立后，仍然遵循“重典惩腐”的思路。贪污罪是最早立法的罪名，最高可处以死刑，“三反”、“五反”中刘青山、张子善案被称为新中国“反腐第一刀”，取得了全国性的震慑和警示作用。1979 年刑法典整体刑罚力度趋向轻缓，但贪污罪仍可处死刑，后来开展“严打”运动，受贿罪也被提高至死刑封顶。当下我国以宽严相济为基本刑事政策，对于腐败犯罪仍是坚持严厉的刑事政策。2010 年最高人民法院《关于贯彻宽严相济刑事政策的若干意见》中有关从“严”的政策要求对于腐败犯罪的说明篇幅最大，不仅明文指出了必须从严惩处的腐败犯罪的类型和发生领域，还特别强调从严掌握职务犯罪减轻处罚、缓刑与免除处罚的适用。特别是党的十八大以来，我国反腐进入新常态，“内外并举”，“虎蝇同打”，其核心是要求对腐败犯罪“零容忍”，既要查处领导机关和领导干部中的严重腐败案件，也要解决群众身边的“小官贪腐”问题。

二、反腐败刑事政策“异化”的实践样态及危害

不可否认，我国的反腐败工作取得了长足的进步。然而，令人忧心的是，随着曝光的腐败人数和犯罪金额增多，社会上存在“越反越腐”的民意困境。②“零容忍”反腐刑事政策在实践中已经发生了某种程度的“异化”，甚至变成了“有限容忍”。有学者从另一个角度指出，我国惩治贪污贿赂犯罪的刑事政策模式是“厉而不严”，司法运行大体上是“不严不厉”。③

（一）在立法上，重典反腐，但刑事法网并不严密，弱化了犯罪惩处效果

“重典”体现在法定刑方面：在 13 种贪污贿赂犯罪类型中，法定最高刑为死刑的罪名包括两种，即贪污罪和受贿罪。在世界范围内横向比较，当前只有极少数国家对腐败犯罪可判处死刑。对非暴力的职务性经济犯罪排斥死刑是多数国家的共

① 王沪宁：《反腐败——中国的实验》，三环出版社 1990 年版，第 7 页。

② 解冰、康均心：《反腐败刑事政策中的民意考量》，载《管理世界》2010 年第 1 期。

③ 孙国祥：《我国惩治贪污贿赂犯罪刑事政策模式的应然选择》，载《法商研究》2010 年第 5 期。

识。经过实践检验，死刑无法阻拦“前腐后继”，相反，共同犯罪的“窝案”（“集体腐败”）增多，贪官的级别和金额节节攀升，说明重刑威慑力有不逮。立法保留死刑对于腐败犯罪的政策宣示是严厉的，而政策执行显然有很大差距。实践中对严重的腐败犯罪逐渐容忍不适用死刑，除了极少数有其他特别严重情节的外，贪污受贿上千万元而没有被判决死刑的案件相当普遍。

刑事法网不严密主要指：一是犯罪构成要件某些要素的设置不恰当地提高了入罪门槛，缩小了防卫范围。“为他人谋取利益”、“为谋取不正当利益”分别作为受贿罪和行贿罪的构成要件要素，这种对主观意图的规定提高了入罪门槛，也造成诉讼证明上的困难。二是以犯罪数额及情节作为处罚标准导致司法量刑情节与立法定罪要件的混同。贪贿犯罪的罪质特征是公职的廉洁性和不可收买性，而立法规定的数额底限则混淆了罪质特征与一般特征之间的关系。数额和情节标准在司法实践中的刚性掌握更会使人们产生一种错觉，误认为一定数额的贿赂是我国法律所允许的，腐败分子在这种立法安排之下就有了一个相对明确的心理预期。[①] 三是利用影响力受贿罪主体的列举，实际上使入罪标准变窄，大量的实质性的影响力交易行为逃脱了法网。构成要件规定得不科学也直接导致反腐败国际司法合作的被动。[②]

（二）在司法上，“选择性执法”现象严重，导致了犯罪黑数的不当扩大

自20世纪80年代起，面对腐败犯罪高发态势，我国一直实施“抓大放小”的反腐策略。1982年《关于打击经济领域中严重犯罪活动的决定》规定，“对于一般案件和重大案件，重点抓重大案件”，“要集中力量抓紧处理大案要案”。在当前反腐败的严峻形势下，将集中力量查办大案、要案作为反贪工作的基本策略是对于有限的司法资源的优化配置，但是不少地方把“狠抓大案要案”等同于放弃“查处小案”，致使大量贪污贿赂因为尚属“小案”而被人为放纵，大量的“犯罪黑数”被隐藏了起来，严重影响了惩治腐败的整体效果。

2005-2009年，全国被判决有罪的职务犯罪被告人中，判处免刑和缓刑的共占69.7%，而同期检察机关对职务犯罪案件抗诉率仅为2.68%。[③] 地方执法以集中力量查办大案要案为由，擅自从内部提高立案标准，规定受贿5万元以下的一律不予查处。[④] 据报载，扬州广陵大案占办案比例达80%，甚至100%。[⑤]

所谓“地方经验”中的“廉政账户”[⑥]，一度被称为官员拒绝腐败的“绿色通道”，导向却模糊，即已构成犯罪却有法不依、违法不究，助长了侥幸“犯罪心理”和“浮夸”的社会心态，而不是有案必查、有贪必肃，维护社会法治公平公正。

---

① 卢建平、郭建：《中国贿赂犯罪立法之缺陷与完善》，载《河北法学》2006年第12期。

② 赵秉志：《中国反腐败刑事法治领域中的国际合作》，载《国家检察官学院学报》2010年第5期。

③ 于杰：《上级检方同步审查　职务犯罪一审判决》，载《京华时报》2010年11月19日第3版。

④ 苏丹丹、段宏庆：《广东东莞海关集体受贿案涉案人员多数被轻判》，载《财经》2005年11月4日。

⑤ 卢志坚等：《扬州广陵：反贪工作五个“百分百”》，载《检察日报》2007年7月23日。

⑥ 各地特设的“拒礼拒贿资金账户”，如“581”（我不要）账户，“510”（我要廉）账户，各地名称不一，但用途相同，即凡是收了不正当钱财的人，可以交到纪委开设在银行的“廉政账户”中去。廉政账户的工作人员对交来的人不记名，不问来源，一旦涉案受累，可以凭着银行的收据作为免除责任的依据。

众所周知，贪腐犯罪存在取证困境，虽然新刑事诉讼法规定对于重大贪贿案件可经批准采取技术侦查措施，但概括授权式立法未能界定技术侦查的内涵与外延，可能降低实施效果，带来更多副作用。“一要坚决、二要慎重、务必搞准”的要求使得司法人员过分谨慎，甚至不破不立。到审判阶段，又常常以直接言词原则为名，过分倚重当庭陈述，忽视庭前证据的效力，结果翻供层出不穷，案件的事实不得不再次“紧缩”。

三、反腐败犯罪刑事政策“异化”的根源反思

贪贿犯罪被“查处的少，采取强制措施的少，不起诉的多，定罪免刑的多，判处缓刑的多，适用减刑、假释的多”，总体上说存在从严不够的情况。[①] 惩治腐败犯罪的刑事政策之所以从“零容忍”异化为“有限容忍”，有着国家政治、社会历史和个人意识等多个层面的原因。

（一）国家政治层面：权力制约和监督网络不健全，腐败查处概率低

我国治理腐败采取的是“纪律+法律”的双轨制模式，将腐败划分为违纪行为和犯罪行为，前者适用党纪政纪处分，后者适用刑法，被追究刑事责任。但是，很多腐败问题被当作思想作风问题予以批评教育，党纪政纪没有被严格执行到位，纵容甚至助长了越来越多的腐败。

行为人在做出腐败行为之前，不仅计算成本（C）与收益（B），还会考虑被查处的概率（P）。当 $B>P\times C$，拒绝贿赂，当 $B<P\times C$，收受贿赂。P 是不确定值，实际上是官员的心理预期和估算。P 值较低，则 C 再大（刑罚再严厉）都无法遏制官员获取 B 的行为。仅比较 B 和 C 哪个大并无意义，因为 C 是预期成本，可能要承担，也可能不承担。[②] 在我国，腐败犯罪被查处的概率偏低，主要原因是权力制约和监督网络不健全。权力过分集中的现象普遍，党政权力集中于一把手，缺乏监督体制，权力没有了制约，必定会造成权力的滥用以及追求权力的“利益化”。主观上没有贪腐之意的官员，或者被权力腐败“传染”，或者被驱逐出权力的行列，“廉官”越来越少。官场腐败“染缸效应”发生裂变式扩散，以至于形成腐败犯罪的“共犯结构”或者“腐败共同体”，已经导致了腐败行为“法不责众”的“规模效应”。

（二）社会历史层面：重刑反腐的威慑效应被官员特权冲淡

运用刑罚惩治贪官，是我国古代整饬吏治的常见手段。早在舜帝时，国家尚在雏形之中，就有了惩戒官吏贪污腐败的“冒于货贿，侵欲崇侈”的罪名。但是，古代统治者，一方面通过立法严惩贪官，另一方面又给予官员诸多“法内”特权，如“刑不上大夫”的礼制原则，“八议”和“官当”等刑罚制度。“八议”又称“八辟”，是指法定的八类人犯罪后可以不受司法机关审判，须奏请皇帝裁决，由皇帝根据其身份及具体情况减免刑罚的制度。“官当”，是贵族官僚用官品和爵位折抵徒

① 姜伟、卢宇蓉：《宽严相济刑事政策的辩证关系》，载《中国刑事法杂志》2007 年第 6 期。

② 熊安邦：《论反腐败零容忍政策的合理性》，载《理论观察》2013 年第 11 期。

流罪的一项法律制度。《北魏律》首次将“官当”制度列入法典，大致内容：犯公罪，可多当一年。五品以上的官衔，可当徒二年，九品以上可当徒一年。现任官品不足以完全当罪，可以用历任官品来当。现任官品当罪有余的，不再罢官，可交铜赎罪。现任和历任全部官品之和都不够当罪的，罢官处理，剩余的也交铜赎罪，不必执行刑罚。[①]“官当”制度确立以后，隋唐宋的封建法典均予以沿用。明清法律中虽未明确规定“官当”之制，却代之以罚俸、革职等一系列制度，以继续维护封建官僚的等级特权。

当前我国重典反腐和司法折中主义无疑都存在一定的历史根源。为学界所诟病的职务犯罪轻刑化，有再现“官当”之嫌。有统计表明，2001年以来职务犯罪的免刑缓刑率十年间攀升了10%。2009年我国法院对职务犯罪案件判处免予刑事处罚、适用缓刑的比率攀升至约70%。[②] 这也就意味着，近七成的职务犯罪者最后都没有真正坐牢。还有一些直接内部处理的腐败案件，官员被以开除党籍、免职或降级等纪律处分和行政处分处罚，根本没有进入诉讼程序，避开了刑事责任的追究。这明显不利于遏制职务犯罪。

（三）个人意识层面：“熟人社会”和人治思维对腐败相对容忍

我国传统上是一个“熟人社会”，虽然随着市场经济的发展，社会结构发生着深刻变迁，但是尚未根本转变。人情关系和地缘关系在社会交往中仍占巨大比重。礼尚往来是常情，礼贿交织是常态。官员和民众对于“关系”、“后门”等形成了严重的“路径依赖”，送红包、托关系、走后门等现象司空见惯。偶有拒绝随大流的，却被嘲笑为迂腐，不懂人情世故。这也反过来印证，为什么“腐败”的中文定义无关道德否定感。人们对于责、权、利的界限比较模糊，处处可见合法与非法的“灰色”地带，法律的严肃性和明确性在实践中不断减损，严惩腐败的刑事政策“异化”为重惩典型和放纵一般案件。

四、腐败犯罪刑事治理的路径选择

如果一个把公仆精神作为理想追求的执政党都不能对腐败“零容忍”，将无从面对公众舆论对政党合法性与公信力的质疑。所以，当下破解腐败多发的困局，不该是怀疑“零容忍”反腐刑事政策的合理性，而应思考如何将发生“异化”、“偏差”的反腐刑事政策予以矫正。

（一）政治层面大力推进“制度反腐”

各国的腐败及其犯罪表现形式不一，应对战略也各不相同，但必须合乎国情。而且腐败和其他犯罪的解决有共通之处，即必备条件是领导层的决心、领导力和顶层设计。[③] 我国新一届领导层的反腐决心和领导力是有目共睹的。通过对《人民日

① 杨英杰、苑朋栋：《中国历史文化》，南开大学出版社2011年版，第102-103页。

② 《为何职务犯罪七成获免刑缓刑》，转自腾讯网，http：//view. news. qq. com/zt2010/dutycrime/bak. htm，发布时间2014年8月18日。

③ Daniel Kaufmann etc. The Big Question：How Can Nations Break the Cycle of Crime and Corruption? World Policy Journal，Vol. 27，No. 1（Spring 2010），pp. 3-6.

报》公开报道之梳理发现，党和国家最高领导人习近平8次“零容忍”表态中有4次涉及反腐。[①] 十八届中央纪委五次全会上强调“要坚持无禁区、全覆盖、零容忍，严肃查处腐败分子，着力营造不敢腐、不能腐、不想腐的政治氛围”。近期反腐“成绩单”也表明，从沿海到内陆各省，从央企到高校，从军队到政法系统，反腐败是全方位的，甚至打破了“政协是退养地，高管是护身符”的惯例。

对权力腐败保持零容忍的高压态势有着充分的正当性根据，但腐败犯罪原因错综复杂，运动式执法并不能解决问题，单纯依赖于加重刑罚，也无法实现治本的目标。腐败犯罪日益隐蔽化、间接化，并不断衍生出新的行为类型以逃避法律的制裁，尤其是基于“染缸效应”形成的“环境性腐败共同体”，反过来对其他公职人员产生极大暗示，削弱了立法对腐败的控制作用。腐败“染缸效应”的根源不在于官员个人的趋利避害选择，而是“制度设计的疏漏或相互间缺乏协调性而为腐败的滋生和发展提供了土壤。造成染缸效应的根源在于包含制度缺位、制度漏洞、多制度间缺乏协调性、未形成制度体系或体系不严密等制度设计疏漏问题”。[②]

因此，“零容忍”反腐刑事政策只是反腐的必要条件，而非充分条件。还需要通过合理的制度设计，消除官场环境中利益博弈的负面效应。忽视政治体制的顶层设计，忽略刑法之外的制度创制和实施，仅依靠“零容忍”是无法解决腐败问题的，这不仅会导致腐败“零容忍”异化为“有限容忍”，还会使得反腐工作不可持续。笔者认为，政治制度的完善应从两方面入手：一是权力的制衡与监督，“要加强对权力运行的制约和监督，把权力关进制度的笼子里”，减少领导干部“一手遮天”的机会，破解腐败犯罪的“共犯结构”，提高腐败发现和查处的概率，实现“不能腐”和“不敢腐”的目标。二是党纪法规的激活与落实。近年来一批党内重要法规出台，如《中国共产党巡视工作条例》、《中国共产党廉洁自律准则》和《中国共产党纪律处分条例》，属于制度反腐的重要组成部分，但还需要充分激活和落实已有的法规，如《公务员法》和《领导干部任免条例》。以官员问责为例，不应表现为“作秀”和腐败行为的淡化处理方式，降级问责应真正适用。

（二）法治层面构建和执行严密的反腐法律体系

全球反腐实践证明，“以法反腐”唯一有效途径，其最佳（公正、有效）理论应是“刑事政策理论”，即以刑法为核心的综合（民事、行政、社会、经济等方面）、全面（预防、惩治相结合）的防治体系。虽然“零容忍”刑事政策实践模式发生异化，多表现为有限容忍的“折中主义”，在立法与司法之间形成了一个由法官自由裁量的“灰色区域”。但不容置疑的是，法律是“反腐败”的天然的和责无旁贷的有效武器，应当抛弃“过分的折中主义”，缩小“过大的灰色区域”，逐步提升刑法的“威慑力”。[③] 所以，贯彻落实“零容忍”反腐刑事政策就需要一套严密的反腐法律体系，内容覆盖独立的反腐机构及其职责权限、查处和惩治腐败的程

① 《习近平8次公开表态“零容忍”4次涉反腐》，载《华商报》2014年9月11日。

② 李怀、邓韬：《腐败零容忍的逻辑悖论——一个基于染缸效应的理论分析》，载《天津商业大学学报》2013年第6期。

③ 韩小鹰：《“反腐败”的刑事政策：对法哲学的重新思考》，载《法治论丛》2003年第6期。

序、举报人的保护、官员财产公示等诸多方面。学界对于出台《反腐败法》和《公务员财产申报法》异议不多，但却未得到立法机构的认同。

另外，充分利用司法解释完善刑事法网的编织。“两高”新近出台的《关于办理贪污贿赂刑事案件适用法律若干问题的解释》，一方面根据社会经济发展水平适当上调贪污贿赂犯罪的定罪量刑数额标准，使之回归合理，另一方面在入罪标准、构成要件解释、刑罚适用等多方面贯彻依法从严惩治贪污贿赂犯罪刑事政策。然而，该解释仍然存在不足之处，其一，司法解释对入罪数额的提高和突出，未能真正体现《刑法修正案（九）》“概括数额+情节”模式中对“情节”的重视，致使司法实践将依然无法摆脱对“数额”的依赖，而犯罪数额并不能测量腐败犯罪的社会危害性，数额大小与公职行为廉洁性受侵害程度无关，数额的存在将导致“选择性执法”的必然发生和对腐败入罪的相对容忍预期；其二，某些入罪构成要件要素理解并无进步，如“为他人谋取利益”可体现为许诺、实施和实现三种情形的任何一种，这在刑法理论和实务中已是共识，此次司法解释也不过重申这一共识，对于感情投资类的礼贿交织行为的出罪还是入罪的判断作用不大。

余语

对贪腐官员而言，最大的威慑不是惩罚的严厉性，而是被惩罚的及时性，这就是对腐败行为零容忍政策的理论依据。[①] 而提高腐败查处概率，一方面要重视轻微贪腐的治理。健全和激活一套与轻微贪腐行为相适应的党纪和政纪处分，有助于提高官员对其腐败行为被查处概率的心理预期。另一方面对于构成犯罪的贪腐行为，刑法治理模式从“消极重惩”转型为“积极防范”。如严密刑事法网，减少法律漏洞，降低入罪、入刑门槛，增设资格刑、财产刑配置，并通过完善相关程序立法（如侦查手段、审判程序、证据制度等）提高检控效率和审判公正。在腐败犯罪日益间接化、群体化、隐蔽化乃至“生态化”的背景下，应侧重发挥刑法的积极的一般预防功能，如构建贿赂犯罪“对称性”治理结构、设置“双边型”特别自首，[②] 加重高级公职人员的刑事责任，对被迫腐败的官员予以轻罚，破解腐败共同体。最后，徒法不足以自行，应当整合反腐机构，改变纪检监察和检察职能定位的交错模糊现状，组建统一、权威、高效的反腐机构。

---

① 熊安邦：《论反腐败零容忍政策的合理性》，载《理论观察》2013 年第 11 期。

② 钱小平：《“积极治理主义”与匈牙利贿赂犯罪刑法立法转型》，载《首都师范大学学报》（社会科学版）2014 年第 6 期。

从反腐败刑事政策反思贪污贿赂犯罪的立法与司法

赵吉平*

贪污贿赂犯罪问题在学术界和实务中一直是关注的焦点和争议的热点，刑法典颁行20年来，立法者一直试图根据学术的成果和实践的需要做出努力和回应。然而刑法修正案的出台和系列司法解释的颁布，并未使这一问题彻底解决或者基本解决。理论研究和实践探索仍蓄势待发，长期持续。本文拟对反腐败刑事政策进行描述和梳理，对立法、司法适用中争议的问题加以分析和研究，以期能对刑法立法完善提出些许建议和参考。

一、反腐败刑事政策

刑事政策是刑事立法、刑事司法和刑罚执行的核心和灵魂，而贪污贿赂犯罪是腐败问题的重要内容和核心问题，所以研究贪污贿赂犯罪问题必须深刻理解和把握国家对反腐败问题的方针政策和总体要求。

（一）反腐败信心和决心始终坚定不移

早在新中国成立初期，毛泽东同志就号召全党以赴京赶考的状态迎接新中国的到来和准备新时期的建设，尤其是针对可能出现的问题，提出了“两个务必”的要求。当接到天津地委刘青山、张子善贪污腐败问题的请示后，毛泽东同志说，“只有处决他们，才能挽救20个、200个、2000个、20000个犯有各种不同程度错误的干部”。[①] 1986年，邓小平尖锐地指出：官场腐败之风如果坏下去，就会形成贪污、盗窃、贿赂横行的世界。习近平总书记2012年在中央政治局集体学习时明确指出，“近年来我们党内发生的严重违纪违法案件，性质非常恶劣，政治影响极坏，令人触目惊心”。习近平总书记2017年在十八届中央纪委七次全会上强调，“要做到惩治腐败力度决不减弱、零容忍态度决不改变，坚决打赢反腐败这场正义之战”。由此可见，党和国家领导人对贪污贿赂等腐败问题一直保持高度的警惕，反对腐败的决心没有变，遏制腐败现象蔓延势头的目标没有变，以深沉的历史责任感和强烈的使命忧患感，号召党员干部廉洁自律、警钟长鸣，彰显了党和国家对惩治腐败的信心和决心始终坚定不移。

（二）反腐败方法和手段逐渐多措并举

在土地革命时期，中央执行委员会1932年就在《关于惩治贪污浪费行为》中

* 郑州大学法学院博士研究生。

① 桑林峰：《在警示面前提升醒悟能力》，载《中国纪检监察报》2015年9月13日。

规定，凡工作人员玩忽职守而浪费公款，致使国家受到重大损失者，即构成浪费罪。[①] 新中国最早的关于贪贿犯罪的规范性文件是1952年4月颁布的《中华人民共和国惩治贪污条例》，规定贪污受贿1亿元（相当于现在1万元）以上判处10年以上有期徒刑或无期徒刑，情节特别严重的判处死刑。早期的反腐败主要是祭起刑法大旗，依赖于事后的严厉惩治，贪贿犯罪的入罪标准非常低，体现了从严从重治吏以纯洁党员干部队伍的刑事政策和司法理念。因此，对腐败也主要是用刑罚的威慑手段使本人和他人不敢铤而走险，以身试法。2015年秋季相继通过《刑法修正案（九）》和随后的司法解释将贪贿定罪量刑数额提高到3万元、20万元和300万元，同时中央纪委提出“四种形态”的要求，是机缘巧合抑或及时安排？“四种形态”强调红脸出汗是常态、轻处分是大多数、重处分是少数，严重违纪涉嫌犯罪的党员干部只能是极少数。贪贿犯罪的标准提高和四种形态的运用，并不意味着对反腐败节奏放缓、力度减缓，而是综合运用教育预防、红脸出汗、咬耳扯袖等方法多管齐下，阻断党员干部从小错误（一种形态）到大问题（另一种形态）演变的路径，从而达到最好的法律效果和社会效果，也就是用多元规制体系应对由轻到重不同程度的腐败。

（三）反腐败司法和执行事实相对宽容

尽管党和国家反腐败的信心、决心始终坚定不移，但在司法实践中事实上仍存在相对宽容的问题。在《刑法修正案（九）》和“两高”《关于办理贪污贿赂刑事案件运用法律若干问题的解释》（以下简称《解释》）出台之前，刑法明文规定贪污贿赂犯罪的定罪标准原则上为5000元，情节恶劣的起刑点仅仅2000元，而在一些地方大量的5万元以下的贪贿行为没有被追究，[②] 原因就在于实践中一些司法机关为了节省司法资源，集中力量办理大要案，而采取了相对宽容的刑事政策。这样不仅使刑法的严肃性和权威性受到挑战，甚至会削弱人们对法律的信任，瓦解珍贵的法治共识。因为法的生命力在于实施，如果连刑法这一社会正义的最后一道防线都不能坚守，依法治国如何实现。同样，在刑罚执行中，对于贪贿犯罪分子仍然存在事实上的宽容现象。贪贿分子都曾经掌握一定的社会资源，编织有复杂的人际关系网。在其被判刑入狱后，这些资源和人情受江湖义气的驱使，反而在减刑和假释等方面发挥意想不到的作用，使得这一类犯罪人服刑时间整体上短于一般刑事犯罪分子。

二、贪污贿赂犯罪的刑事政策检视

贪污贿赂犯罪的刑事立法、刑事司法和刑罚执行是刑事政策的条文化和定型化，必须体现和贯彻反腐败刑事政策的精神和要求。

（一）严密刑事法网，充分体现反腐败的信心和决心

《刑法修正案（九）》和《解释》颁布实施以后，引起学术界和实务界的广泛

① 叶孝信主编：《中国法制史》，北京大学出版社1989年版，第379页。

② 陈兴良：《贪污贿赂犯罪司法解释：刑法教义学的阐释》，载《法学》2016年第5期。

讨论和争议，有人觉得《解释》中的数额标准符合当前的现实需要，尽管调整的幅度较大，但这一数额标准还是合理的。① 也有人认为，应当降低贪污受贿犯罪的入罪标准，无论数额多少，只要有贪贿行为，都以犯罪论处，避免出现破窗效应，体现零容忍。② 这些观点虽然针锋相对，但都非常中肯，只是他们分别从现实需要和反腐理念上进行分析论证。正如前文所述，我国反腐败刑事政策既要体现反腐的信心和决心，又要兼顾当前的实际情况，既要有理性思辨又要有实证分析。换言之，既然贪贿犯罪的“数额加情节”得到普遍的认可和肯定，③ 那么在数额上应以当前司法实际中惩治贪贿犯罪的现实需要为主，而情节上则要彰显中央反腐力度不减、尺度不松的信心和决心。事实上，贪贿犯罪数额标准为 3 万元，20 万元，300 万元，得到理论界和实务界的多数拥护，④ 但是贪贿犯罪情节则饱受诟病，原因是没有区分三档法定刑相对应的“较重情节”、“严重情节” 和 “特别严重情节”，同样《解释》中的九项定罪量刑情节分别运用到不同数额就成为“其他较重情节”、“其他严重情节” 和 “特别严重情节”。应当肯定的是，对于轻微的违纪行为，《解释》将其界定为贪贿犯罪的法定情节，即对贪污、受贿、挪用公款被给予党政纪处分的，再贪污、受贿 1 万元即构成犯罪。这就意味着，对贪贿行为哪怕数额很小，也会受到追究，只是这一次不用刑法调整，以后或可作为定罪量刑的一种因素或情节。这样的规定，深刻诠释了中央“零容忍、全覆盖” 的反腐决心，既严惩数额很大的有来头、有能量、有背景的“大老虎” 和看似不起眼的“小官巨贪”，同时对那些看似“小小不然” 的苗头性腐败问题抓早抓小，用行政、组织、纪律等手段调整后纳入刑法范畴。如此一来，对那些可能演变为犯罪的贪贿行为既可以当头棒喝，又回应了学术界和全社会对提高数额标准可能带来国民反腐意识钝化的担忧。⑤

值得关注的是，《解释》对这些轻微的、苗头性的贪贿行为规定得太少。笔者认为，对贪贿犯罪的情节应当进一步明晰。第一，对于国家工作人员因腐败问题被追责的，都要作为贪贿犯罪的法定情节。2016 年 7 月，《中国共产党问责条例》已经颁布，只要是因为腐败问题被组织调整、检查、诫勉、处分的，都要记入个人档案，以后再发生贪贿行为，前行为都应当作为法定情节，作为降低后行为数额标准的依据。因为在实际工作中，有不少“大错不犯、小错不断” 的公务人员，总以为有点小毛病不算什么，也不会被追究刑事责任。如果能够严密刑事法网，将这些“小毛病” 也界定为将来可能构成犯罪的条件，那么会更加彰显国家反腐的决心和强化全社会对反腐的普遍关切和心理预期。第二，从立法技术上说，《刑法修正案（九）》和《解释》对贪贿犯罪的数额和情节进行明确和规定。总体来看，既然数

① 陈兴良：《贪污贿赂犯罪司法解释：刑法教义学的阐释》，载《法学》2016 年第 5 期。

② 何荣功：《“贪腐解释” 与刑法反腐功能退化的反思》，载《中国刑法改革与适用研究》，中国人民公安大学出版社 2016 年版。

③ 赵秉志：《中国刑法的最新修正》，载《法治研究》2015 年第 6 期。

④ 从 2016 年刑法学年会的发言和提交的会议论文来看，学术界和实务部门多数同志对《解释》中的数额是赞成的。

⑤ 何荣功：《“贪腐解释” 与刑法反腐功能退化的反思》，载《中国刑法改革与适用研究》，中国人民公安大学出版社 2016 年版。

额标准提高入罪的门槛，那么在情节上就应放宽构成犯罪的条件。这样才能体现宽严相济的刑事政策。现在贪贿犯罪仅仅是单纯数额达到3万元、20万元、300万元，即构成犯罪，并对应相应的法定刑；有法定情节，数额标准分别降为1万元、10万元和150万元，这时的入罪标准是数额加情节。但是，仅有贪贿犯罪的情节却不能构成犯罪。刑法分则中，大量的罪状表述为“……行为，情节严重的……”在贪贿犯罪中为什么就不能有这样的罪状？比如，在扶贫救济工作中，贪污9000元专项资金，带来恶劣影响，严重损害党和政府形象，这种腐败的社会危害性不亚于一般的贪污3万元的普遍腐败犯罪。因此，对于特定的贪贿行为，只要是后果严重、影响恶劣、给国家和人民带来重大损失的（破坏党和政府形象也是重大损失），达不到3万元或1万元，也应在刑法立法上加以确认。第三，除了规定单独构成贪贿犯罪的情节外，还应当对降低数额标准的较重情节、严重情节和特别严重情节分别予以界定。《解释》对情节的规定未能厘清情节较重、情节严重和情节特别严重的边界，而是把它们的界限标准交给了数额来判断。法的稳定性和明确性历来是相伴而生的孪生兄弟，如何做到保持法的稳定性和废、改、立相结合并非一道易于解答的奥数题。笔者认为，在法治化程度很高、司法人员职业操守和业务素质都很高，心中充满正义，善于驾驭复杂案件，能够使每一个案件都能彰显公平正义的情况下，法律应当以公民的可预测性为主，杜绝朝令夕改、更多地关注法的稳定性；当法制建设刚刚起步，司法人员良莠不齐，对于案件的驾驭还不足以让公民感受到公平正义的情况下，法律就应更多地关注明确性、可操作性、严格实行罪刑法定原则。当前，中国的法治化进程正处于二者的中间阶段，社会主义法律体系刚刚建立①，但法治环境并不能像经济发展速度那样令人欣慰，呼格案、聂树斌案虽然迎来了迟到的正义，一定程度上彰显了法治的进步，但也说明法治环境尤其是公正司法与人民的期待还有距离。因此，在保证法的稳定性前提下，强化和关注法的明确性、可操作性就是重中之重。如何对《解释》中的较重、严重、特别严重情节进行深入的梳理和规范，笔者认为，应当从数额、影响、后果、损失等方面予以界定和明确，从腐败的情形和程度加以区分和厘清。

（二）严格刑法适用，始终秉持刑法谦抑理念

刑法谦抑主义是刑法的重要价值，体现了刑法最后性、补充性、宽容性的特点。李斯特认为，最好的社会政策就是最好的刑事政策。反腐败多措并举的刑事政策决定了刑法立法应当减少反腐对刑法的依赖和加强对其他诸如教育、行政、组织等手段分类施治的综合考量。意大利刑法学家菲利认为：“每一个社会都有其应有的犯罪，这些犯罪的产生是由于其自然及社会条件引起的，其质和量是与每一个社会集体的发展相适应的。”② 明太祖朱元璋对贪腐乱用重典的方法，效果并不明显。腐败有其复杂的经济社会条件，过度依赖刑法并不能产生好的法律效果和社会效果，所以在法的适用中，只有当其他手段都不能发挥有效作用时，才能启动刑法，

① 2011年，时任全国人大常委会委员长吴邦国宣布，中国特色社会主义法律体系已经形成。

② 参见［意］菲利：《实证派犯罪学》，郭建安译，中国政法大学出版社1987年版，第43页。

尤其是在死刑和终身监禁的适用中，更应当秉持刑法的谦抑理念。

第一，严格限制死刑的适用。死刑的争议由来已久。贝卡利亚在《论犯罪与刑罚》中指出，国家惩治杀人的凶手，而自己又在做这些事情，刑罚的有效性在于其必定性。1979年刑法仅仅有16条规定死刑，后来单行刑法增至61条，1997年刑法修订原则是不增不减，变为58条，去掉流氓、投机倒把等罪的死刑。现行刑法死刑适用仅在贪污贿赂犯罪中规定有死刑，其他都是安全犯罪（包括国家安全、公共安全和个人安全）。《刑法修正案（九）》将贪污罪和受贿罪由原来绝对确定的死刑改为相对确定的死刑。原刑法典规定，贪污受贿10万元以上，情节特别严重的，处死刑，并处没收财产。《刑法修正案（九）》将贪污贿赂犯罪的死刑规定为，“数额特别巨大，并使国家和人民利益遭受特别重大损失的，处无期徒刑或者死刑，并处没收财产”。可以想见，死刑的适用是逐渐减少甚至最终可能会取消。因此，对死刑的适用，既要站在反腐败的高度来把握，又要站在死刑政策和人权事业的角度来看待。不能否认，从保持反腐高压态势、加大反腐力度出发，对贪贿犯罪极其严重的腐败分子设计适用死刑是有必要的。但是，限制和废除死刑是世界刑法发展的大趋势，也是法治逐渐走向文明和人权保护的需要。因此，在现行刑法适用中应当更加严格慎重掌握贪贿犯罪死刑适用条件，绝对不能扩大死刑适用的范围。

第二，正确适用终身监禁。《刑法修正案（九）》创制了终身监禁制度。终身监禁不是独立的刑种，而是刑罚的执行方式，引起了学界的高度关注和广泛讨论。有学者认为，严查贪腐、从严治党，民众可以带有情绪，但作为立法者必须保持理性与冷静，终身监禁不能作为死刑的替代品，有违刑罚的教育改造功能，有违罪责刑相适应原则①。也有人认为，终身监禁为最终废除死刑提供了过渡性措施，也为杜绝“前门进，后门出”提供了立法依据②。还有人认为，杜绝“前门进，后门出”的情况，可以扩大有期徒刑的刑度，对某类犯罪分子判处几十年甚至一二百年的刑期，这样既可以杜绝“前门进，后门出”，也不影响刑罚的一般预防和特殊预防，实现教育改造的目的。

笔者认为，刑法学的发展日新月异，新理论蓄势待发，大体来说，从刑法典的诞生到《刑法修正案（九）》的颁布经历了注释刑法学、刑法哲学和刑法解释学等几个阶段，当前的刑法学除了对刑法条文做合目的性的解释之外，更应该使刑法典能够在司法实践和刑法学术中得到适用和认可，因为立法者不可能穷尽一切社会现象和司法实际，重要的是刑法解释或法学研究能够帮助立法者在刑法适用和司法实践中使刑法得出合乎刑法原理和现实要求的解释和解读。就像张明楷教授所说，法律不是嘲笑的对象，法律的制定者是人不是神，法律不可能没有缺陷，因此，发现法律的缺陷不是什么成就，将有缺陷的法条解释得没有缺陷才是智慧。因此，对于终身监禁应当做出有利于刑法学术和刑事法治发展的研究和探讨。终身监禁制度

① 刘宪权：《刑事立法应力戒情绪》，《法学评论》2016年第1期。

② 张兆松：《论〈刑法修正案（九）〉对贪贿犯罪的十大重大修改和完善》，载《法治研究》2016年第2期。

虽然在很多方面值得推敲，但其在对原来判处死刑缓期执行的行为人，两年期满以后规定终身监禁，不允许减刑和假释，加重了对贪贿犯罪的打击惩治力度，体现了罪责刑相适应的基本原则和报应刑的刑法原理。除了回应社会对行刑不公的普遍关切和彰显刑罚报应的社会正义理念之外，特殊预防和一般预防的刑罚目的也是终身监禁的价值取向和立法初衷。在司法实践中，终身监禁适用贪贿数额特别巨大、犯罪情节特别严重、社会影响特别恶劣、给国家和人民造成的损失特别严重的犯罪分子。首先，适用对象只能是贪贿犯罪人，而且只能是贪污和受贿的犯罪分子，其他挪用公款、单位受贿、利用影响力受贿等都不能构成本罪。其次，根据《解释》，适用条件是数额特别巨大，情节特别严重，社会影响特别恶劣，给国家和人民造成特别严重损失的犯罪人。《解释》对《刑法修正案（九）》的适用标准进行了具体化，原来刑法的表述过于笼统，只有同时具备这几个条件才能适用终身监禁。最后，因贪贿被判处死缓的犯罪人。被判处无期徒刑的人不能适用终身监禁，只有被判处死缓的犯罪人才能附加裁判 2 年期满减为无期徒刑后，终身监禁，不得减刑、假释。这里存在一个问题，死缓 2 年考验期内，如果确有重大立功表现的，期满后根据刑法规定，期满后减为 25 年有期徒刑。有人认为，适用终身监禁的犯罪分子，在考验期内又有重大立功表现的，期满后减为 25 年有期徒刑，这是由于终身监禁只是无期徒刑的行刑方式和结果，因此，在这种情况下，就不再适用终身监禁①。笔者认为，根据刑法规定和案件事实，适用终身监禁的犯罪人，在考验期以前，就已经判处死缓 2 年期满减为无期徒刑，不存在考验期的表现，即便有重大立功表现，也应当按照判决，2 年考验期满减为无期徒刑不得再减刑和假释。

（三）严明刑罚制度，着力消除刑罚执行中的相对宽松现象

既然对于贪贿犯罪在刑事司法和执行中，有些司法人员有意或无意会秉持相对宽容的刑事政策，那么在刑事审判中和刑罚执行过程中就应当从制度层面堵塞漏洞和加强监管。

第一，从严掌握对贪贿犯罪减刑假释的刑罚制度。现行刑法将严重危害国家安全犯罪、恐怖活动犯罪、黑社会性质组织犯罪等犯罪作为特殊罪犯，有学者建议，为了解决贪贿犯罪分子在服刑期间事实上的宽松问题，将这两种犯罪也纳入特殊罪犯。笔者认为，因贪贿犯罪被判刑，一般都要被“双开”，也没有了继续实施犯罪的条件，所以贪贿犯罪通常不会构成累犯。这样规定在实务中是几乎不存在的，如果想要从刑罚制度上体现从严治吏的精神和理念，不如在减刑和假释的条件上作出更加严格的规定。建议刑法第 81 条增加一款，因贪污贿赂犯罪被判处有期徒刑的犯罪分子，执行原判刑期三分之二以上，被判处无期徒刑的犯罪分子，实际执行 18 年以上，才可以减刑。同时，可以对较严重贪贿犯罪分子取消假释的资格，修改第 2 款为，“对累犯以及因故意杀人、强奸、抢劫、绑架、防火、爆炸、投放危险物质或者有组织的暴力性犯罪、贪污贿赂犯罪被判处十年以上有期徒刑的犯罪分子不

① 闫雨：《终身监禁：价值、定性和适用》，载齐文远、莫洪宪、赵秉志主编：《中国刑法改革与适用研究》，中国人民公安大学出版社 2016 年版，第 1236 页。

得假释"，这样既体现对"大老虎"从严，又给一般贪贿犯罪分子以改过自新的机会，符合宽严相济的刑事政策。

第二，放宽司法人员徇私舞弊入罪条件。虽然刑法谦抑性是刑法的重要价值，但是对贪贿犯罪甚至职务犯罪的查处纳入刑法调整的范围，并不是"刑法万能"的体现和延伸。"官本位"的观念在国人的思想观念中根深蒂固，贪贿分子一旦被查处，不管办案人员愿意与否，扑面而来的是各方面的说情、打招呼，说犯罪嫌疑人过去做了多少工作、有多大贡献的有之，说年龄大面临退休的有之，种种理由让办案人员很难无动于衷。如果能从刑法层面加以规范，不仅有利于惩治贪贿犯罪，也使得办案人员得到解脱。比如，对饱受诟病的"滥用职权罪"放宽入罪条件。有学者认为，徇私舞弊应当由结果犯修改为危险犯，甚至行为犯。笔者赞同这种意见。滥用职权本身已经对公权力的严肃性和正当性造成了损害，影响人民对国家工作人员行使国家权力的信任，所以其是否构成犯罪不必以造成特定结果来认定，只要实施徇私舞弊的行为造成一定的影响或危险即构成犯罪。尤其是对办理贪贿案件的司法工作人员，其职权行使直接关乎人民是否对法律的信任，如果在办案中徇私舞弊更应从严查处。所以，司法人员徇私舞弊办理贪贿案件，应当以行为犯处理，这样更有利于惩治打击贪贿犯罪，也使司法人员不被人情等各种因素干扰。

三、结语

刑法颁行20年来，我国经济社会经历了转型期的重大变化。刑事法治是一个历史的概念，时代的变迁不断赋予刑事法治以新的内容。但无论社会如何转型，观念如何变化，刑法所体现的反腐败"零容忍"、多措并举和谦抑价值的刑事政策不会改变。贪贿犯罪具有复杂的经济社会根源，我们不能把预防、遏制、惩治腐败的重任完全寄托在刑法的立法、修改和完善上，刑法仅是社会调整的最后手段和终极方法。正如菲利所说，"在犯罪现象产生或增长的时候，立法者、法学家和公众只想到容易但引起错觉的补救办法，想到刑法或者新的镇压法令"。问题的解决需要全社会共同关注和努力，应当从公职人员提升境界、放大格局，整个社会嫉贪如仇、崇廉尚洁，刑事法网严密高效、宽严相济等方面寻找答案。无论如何，我们应满怀信心，朝着刑事法治完善和反腐败斗争胜利的方向昂首阔步前进。

近 20 年非公经济领域腐败犯罪刑事规制及其完善

操宏均*

在民营化运动的影响下，西方国家非公经济领域得到了空前发展，与此同时，非公经济领域的腐败犯罪问题也逐渐浮出水面，进而引起人们的广泛关注，进行非公经济领域腐败犯罪刑事规制也就应运而生。由于受计划经济体制的深远影响，我国非公经济发展长期不发达已经是一个不争的事实。因此，长期以来，人们已经形成了腐败只会发生在公领域的思维定式。然而事实上，最近 20 年来，依托国家经济发展政策支持，我国非公经济发展迅速，非公经济领域的腐败犯罪也愈演愈烈。毋庸置疑，我国早在 1997 年修订刑法时，就对非公经济领域腐败犯罪设置了诸如职务侵占罪、行贿罪、挪用资金罪等罪名，并且先后在 2006 年《刑法修正案（六）》、2011 年《刑法修正案（八）》和 2015 年《刑法修正案（九）》分别对相关条文进行了修正。由此可见，日益突出的非公经济领域的腐败犯罪现实与不断修改完善的刑法并没有形成有序对接，在科学立法和刑法应该主动适应社会生活的战略目标指引下，需要我们对近 20 年来我国刑法关于非公经济领域腐败犯罪刑事规制状况进行反思与调整。

一、我国非公经济领域腐败犯罪刑事规制现状与评析

第一，从刑事立法模式来看，我国采用的是刑法典立法模式来规制非公经济领域腐败犯罪。这种立法模式虽然有助于人们直观把握一个国家关于犯罪规制的整体情况，但也存在缺陷，即刑法典将刑事犯与行政犯放在一起规定，容易模糊两者间的界限，不利于人们对各自犯罪本质的把握。同时，基于“法安定性”的要求，刑法典的立法模式就注定了其不可能朝令夕改、频繁增删，而非公经济领域腐败犯罪与市场经济运行紧密相关，在一定程度上会受到行政法禁止性规定变化的影响，如回扣与正当商业让利的界限，① 所以，一旦刑法更新不及时就会出现当罚不罚或者不当罚而罚的窘境。于是为了调和刑法典稳定性与法定犯变化性之间这种冲突，采用概括立法或者刑法修正案的方式在刑法中大量出现。然而概括立法又不可避免地增加了立法的模糊性，导致罪与非罪、刑事与民事边界不清晰等问题。而刑法修正

---

* 国家检察官学院讲师、法学博士，兼任中国犯罪学学会副秘书长。

① 张明楷教授对此类进行过细致阐述，具体内容请参见张明楷：《商业贿赂、回扣及相关条款的法律性质》，载《法律适用》2006 年第 9 期。

案在适用功能上也并非万能而是具有很多局限性。[①]

第二，对于非公经济领域腐败犯罪刑事立法的三次修正更多体现的是“面”上的照顾。2006年《刑法修正案（六）》第7条、第8条分别将《刑法》第163条、第164条规定的犯罪主体由“公司、企业的工作人员”扩展到“公司、企业或者其他单位的工作人员”，进而将罪名也调整为非国家工作人员受贿罪（替代“公司、企业人员受贿罪”）、对非国家工作人员行贿罪（替代“对公司、企业人员行贿罪”），主要是为了解决刑法对于发生在诸如医疗机构的药品、器械采购中的商业贿赂行为且数额较大的等公司、企业以外的单位的非国家工作人员利用职务便利进行“权钱交易”、危害社会利益的行为而不济的状况。2011年《刑法修正案（八）》在《刑法》第164条中增加“对外国公职人员、国际公共组织官员行贿罪”，更多体现的是我国作为《联合国反腐败公约》缔约国对商业活动中跨国腐败的一种抵制态度。2015年《刑法修正案（九）》第10条对于“对非国家工作人员行贿罪”的一般行为（数额较大的）增加了罚金刑，主要是为了“加大对行贿犯罪的处罚力度……使犯罪分子在受到人身处罚的同时，在经济上也得不到好处。”[②]但是，对本罪的“特别自首”[③]条款并没有与行贿罪中的“特别自首”一并修改。

第三，我国刑法关于非公经济领域腐败犯罪罪名设置处于“瓜分豆剖”状态，散见于刑法分则的第三章、第五章和第八章。而根据刑法分则各章设置的基本规则，不同章节犯罪其侵犯的犯罪客体是不同的，既然都属于非公经济领域腐败犯罪，但在刑事设置上却有较大的差异，这既不利于刑法典的统一性，也不利于反腐实践的开展。同时，再加上有些非公经济领域腐败行为并未“犯罪化”，导致非公经济领域腐败犯罪刑事规制实际上处于一种较为随意的状态，与当前构建反腐败体系的大格局极不适应。

第四，就我国非公经济领域腐败犯罪刑罚配置来看，也存在不科学的地方。一是与公职人员腐败犯罪相比，此类犯罪的刑法配置往往明显轻于公职人员腐败犯罪的刑罚，甚至有些罪名刑罚悬殊，存在生死两重天的情形。尽管理论上有人指出这是为了突出国家对公职人员更加严苛要求，但是笔者认为，这种说法还停留在过去计划经济的层面，仍然将刑法定位为“打击”而非“保护”角色所造成的，在民营经济日益发达，并在国家经济发展中占有越来越重要的地位的现实状况下，很难说一个民营企业家的重要性就要逊于一个政府工作人员，这种戴着有色眼镜看问题，按照主体身份的差异进行刑罚配置的格局已经日薄西山。新形势下，刑法作为市场经济发展保障法的地位，以及国家对混合所有制经济的大力推动，就要求我们必须一改过去折射出刑法保护不平等的刑罚配置状况。另外，我国非公经济领域腐败犯罪刑罚配置，还是比较偏重于有期徒刑、拘役等自由刑，不能体现非公经济领

① 关于刑法修正案的局限性，黄京平教授等人对此有过专门的研究。具体内容参见黄京平、彭辅顺：《刑法修正案的若干思考》，载《政法论丛》2004年第3期。

② 参见2014年10月27日《关于〈中华人民共和国刑法修正案（九）（草案）〉的说明》。

③ 行贿犯罪中的“特别自首”，即“行贿人在被追诉前主动交代行贿行为的，可以减轻处罚或者免除处罚”。

域腐败犯罪具有较为突出的牟利性特点，不能实现犯罪成本大于收益的平衡，难以发挥预防此类犯罪的功效。

二、域外关于非公经济领域腐败犯罪刑事立法状况及其启示

在西方发达国家，较为成熟的市场经济运行体制和现代化的企业制度，使得人们在关注公权部门腐败问题的同时，也较早地注意到了非公经济领域腐败犯罪问题。将非公经济领域腐败犯罪纳入反腐败体系日益成为世界各发达国家的共识。

首先，非公经济领域腐败犯罪在域外普遍越来越被重视。在以美国等发达国家以及联合国、世界银行、欧盟等国际组织积极推动下，开展非公经济领域腐败犯罪治理受到越来越多国家、地区以及国际组织的重视，不仅有的国家、地区专门就非公经济领域腐败犯罪出台单行刑法，如 2009 年 8 月 4 日我国澳门特别行政区立法会通过了第 19/2009 号法律，即《预防及遏止私营部门贿赂犯罪法》以及欧盟出台的《打击私营部门腐败的框架决定》，也有一些国家在其反腐败法中将非公经济领域腐败犯罪与公共领域腐败犯罪进行统一规定，如 2010 年《英国反贿赂法》、《新加坡预防腐败法》、1988 年《印度防止腐败法》、《韩国反腐败法》，等等。还有一些国家是通过修订刑法在相关章节增加条款，专门规制非公经济领域腐败犯罪，如 2010 年修订后的《西班牙刑法典》就专门增设了私营部门贿赂犯罪的相关规定。当然，也有一些国家基于对腐败犯罪“零容忍”以及操作上的便利，对公私二域腐败犯罪进行高度整合，一般通过制定统一的“反腐败法”来打击腐败犯罪，如 2010 年《英国反贿赂法》、《新加坡预防腐败法》、1988 年《印度防止腐败法》、《韩国反腐败法》等，这种立法形式已经被越来越多国家和地区采用。这些都体现出域外对非公经济领域腐败犯罪现象越来越重视，已经将此类腐败犯罪作为其反腐败“一揽子”计划的重要组成部分来予以考虑。

其次，罪名、罪状的设置上存在繁简两种趋势，但是都旨在突出治理实效性。一种是以 2010 年《英国反贿赂法》为代表的简化模式，直接以行贿罪、受贿罪、对外国公职人员行贿罪和商业组织预防贿赂失职罪四个罪名囊括全部的贿赂犯罪。同时，不以“谋取不正当利益（或者好处）”为犯罪处理必要条件，贿赂行为中的利益输送既可以是行贿人自己直接提供，也可以是第三人代为行贿人提供；而且接受利益者既可以是本人，也可以是第三人。从贿赂犯罪中的利益兑现情况来看，既可以是即时性的，也可以是预期性的。贿赂犯罪对象不限于“财物”，扩展到了“利益”（advantage），诚如大塚仁教授就日本刑法中贿赂犯罪的目的物指出，“不问贿赂的目的物是有形的还是无形的，它包括足以满足人的需要或者欲望的一切利益……甚至盗品等也能成为贿赂”。[①] 另一种情形就是以我国香港特区《防止贿赂条例》为代表的细化模式，如将贿赂犯罪分为一般贿赂犯罪（第 4 条）、为合约事务上给予协助等而作的贿赂犯罪（第 5 条）、为促使他人撤回投标而作的贿赂犯罪

① ［日］大塚仁：《刑法概说（各论）》（第 3 版），冯军译，中国人民大学出版社 2003 年版，第 686-689 页。

(第6条)、与拍卖有关的贿赂犯罪（第7条)、与公共机构有事务往来的人对公职人员的贿赂犯罪（第8条)、代理人的贪污交易（第9条，实际上是代理人的索贿、受贿、向代理人行贿，与我国刑法中的“贪污”含义并不同，同时，本条例第2条将“代理人”（agent）解释为“包括公职人员及受雇于他人或代他人办事的人”，笔者注)。[①] 应该说，这两种形式都旨在对非公经济领域腐败犯罪进行有效惩治，体现出腐败“零容忍”的政策导向。

再次，刑事治理策略上由单一对抗惩治走向“对抗—合作”双驱动，即除了设置带有对抗性质的传统罪名，也有体现合作性质的强调企业进行自我预防的刑法罪名，注重企业内部治理，设置企业具有预防腐败的义务。事实表明，非公经济领域腐败犯罪多发生于企业，而企业作为一个具有高度纪律性、严密结构化、强大经济实力的组织，其成员的腐败犯罪往往在很大程度上与之相关，这就导致完全割裂私营部门个体腐败犯罪行为与企业组织的关系并不可取。于是，率先由美国推动的“企业适法计划”（Corporate Compliance Programs)，即“企业为预防、发现违法行为而主动实施的内部机制。基本的构成要素包括正式的行为规则、负责官员以及检举制度,”[②] 开始受到很多国家、国际组织的认可与肯定。例如，美国采取了奖与惩相结合的策略，即一方面，通过《反海外腐败法》对企业为尽到预防腐败义务的，采取严厉刑事打击；另一方面，依据《组织判刑准则》的规定来判定公司是否有效实行了“企业适法计划”，如果可以确定一个企业实行了有效的遵约制度，因此任何非法行为都可以看作公司内部无赖之徒所为，就可以大大（高达95%）减轻刑事罚金和刑事处罚。[③] 显然，这种一“拉”一“打”的策略，不仅激发了企业大力开展预防腐败犯罪的积极性，也在一定程度上起到了从根源上遏制腐败犯罪的作用，更为重要的是促进现代企业制度的形成。当前，我国大多数民营企业内部治理机构较为混乱，如有研究发现，中国上市公司董事会治理指数基本符合正态分布，绝大多数上市公司董事会治理指数处于不及格的区间，占比高达88.46%，董事会治理质量令人担忧。[④] 域外的这一做法，对于我们通过完善公司内部治理结构来实现反腐败具有很大的启发意义。

最后，刑罚设置不在于严厉，而在于严密法网。例如，在保留死刑的新加坡，在其《预防腐败法》第5~12条中对于腐败犯罪的最高刑期也只有7年，罚金也以

---

① 相关具体条文参见香港政府律政司“双语法例资料系统”公布的“第201章《防止贿赂条例》”，http：//translate. legislation. gov. hk/gb/www. legislation. gov. hk/09/chi/pdf. htm，2015年1月27日访问。

② 转引自周振杰：《企业适法计划与企业犯罪预防》，载《法治研究》2012年第4期。

③ 美国《组织判刑准则》第八章概述了衡量“有效遵约方案”的七个主要标准：能够合理地减少犯罪活动机会的遵约标准与程序；高层人员的监督；授予重要自由裁量权时应有的注意；向各级雇员有效传递信息；实现遵约的合理措施，包括监测和审计制度及举报可疑不法行为的制度；始终不渝地执行，包括惩戒机制；侦查违犯行为时采取应对和预防再度发生类似犯罪行为的合理措施。参见［英］让-弗朗索瓦·阿维、罗纳德·贝伦贝姆：《东亚地区私企反腐败》，李长山、陈贻彦、臧惠娟译，中国对外翻译出版公司2004年版，第40页。

④ 高明华、方芳、苏然：《中国上市公司董事会治理指数研究（2013）》，载张远煌、陈正云主编：《企业家犯罪分析与刑事风险防控（2012-2013卷）》，北京大学出版社2013年版，第121页。

10万新元封顶，但是尽量对腐败犯罪的构成要件作出较为宽泛的理解，如对腐败犯罪主体采用“any person”的表述，对“贿赂”的界定也比较宽泛，包括任何类型的利益或者好处，等等。随着人们刑法观念的不断更新，越来越多的人开始意识到仅仅寄希望于“严刑峻法”来实现腐败犯罪的治理只能是一种妄想，因为“对犯罪最强有力的约束力量不是刑罚严酷性，而是刑罚的必定性。”[①] 加上，日益突出的非公经济领域腐败犯罪在相当程度上与贸易规则、经济运行环境、政府与市场关系等因素密切相关，使得人们越来越认识到刑罚只是遏制腐败犯罪的必要手段之一而不是唯一，所以，体现在刑事立法中就是在刑罚设置上“严厉”已经不是主旋律，而是转向于通过严密惩治腐败犯罪法网，提高反腐败的实效性，实现对腐败犯罪的“零容忍”。

同时，在刑罚种类上，罚金刑与自由刑都是主刑，也十分注重资格刑的适用。域外在规制私营部门腐败犯罪时，已经充分注意到这类犯罪不仅侵犯了代理人职务的廉洁性，还往往具有一定的牟利性。因此，在法经济学的影响下，在刑罚配置上他们也注意到腐败犯罪“收益—成本”的考量，所以罚金刑往往受到重视，这不仅是体现在将罚金刑被定位为与自由刑并列的主刑，还体现在对此类腐败犯罪大量设置与适用罚金刑，如在我国澳门的《预防及遏止私营部门贿赂》、2010年《英国反贿赂法》、《新加坡预防腐败法》、《美国反海外腐败法》，以及意大利、日本、法国、德国等国的刑法中都有所体现，而且对此类犯罪科处罚金的额度也趋重，如英国对有些情形（主要是公诉定罪的）配置了无限额的罚金刑。另外，考虑到腐败犯罪（包括公私二域）主体往往都具有一定身份，拥有一定的职权，在社会层级上往往较为体面，尤其是像民营企业家这类主体往往还拥有强大经济实力的企业做支撑，所以域外在处罚这类腐败犯罪主体时往往也多对其施加资格剥夺，如执业方面的禁限、任职上的禁限、行业准入的禁限，等等。

三、我国非公经济领域腐败犯罪刑事立法完善建议

第一，制定包括非公经济领域腐败犯罪在内的《反腐败法》。当前我国刑法将以民营企业家腐败犯罪等为代表的非公经济领域腐败犯罪罪名分散于刑法分则“第三、五、八章”的状况，不仅人为地将腐败犯罪进行了割裂，而且也破坏了刑法典的统一性，因为我国刑法典是按照犯罪客体将各种犯罪进行分类处理的。而民营企业家腐败犯罪既有“破坏社会主义市场经济秩序罪”的，也有“侵犯财产犯罪”的，还有“贪污贿赂罪”，这种表现形式使得民营企业家腐败等非公经济领域腐败犯罪在刑事立法处于一种较为随意的状态，不利于人们对此类犯罪的把握，更与当前党的十八届四中全会在“全面推进依法治国”的主题下已经明确提出“加快推进反腐败国家立法，完善惩治和预防腐败体系”的战略布局不相适应。在我国公私二域腐败犯罪形势均较为严峻以及制定统一反腐败法已经成为国际大势的状况下，应该着力构建包含非公经济领域腐败犯罪在内的《反腐败法》。

---

① ［意］切萨雷·贝卡里亚：《论犯罪与刑罚》，黄风译，北京大学出版社2008年版，第62页。

第二，对非公经济领域贿赂犯罪构成要件进行修正。(1) 就行贿犯罪而言，应该取消“为谋取不正当利益”的构成要件要素。一方面，“不正当利益”的界定本身就不甚清晰；另一方面，这一构成要件要素导致实践中大量的行贿犯罪因为“不为谋取不正当利益”而非罪化，在一定程度上存在放纵行贿犯罪的情形。同时，就域外相关立法考察来看，很多国家、地区以及相关国际公约并没有将这一要件作为行贿犯罪成立的必要要件，基于严密法网和对腐败犯罪“零容忍”的出发点，因此，笔者主张应该取消行贿犯罪中的“为谋取不正当利益”的构成要件要素。(2) 就受贿犯罪而言，一是应该取消“为他人谋取利益”的构成要件要素。在“非国家工作人员受贿罪”中“为他人谋取利益”是该罪成立的必备要件（包括索贿情形也如此，与公职人员受贿不同），不仅同样存在对这一要素如何界定的问题，而且“是否为他人谋取利益与受贿罪的保护客体是否受到侵害无直接关系，是否为他人谋取利益在不同情况下具有完全不同的性质，价值评价相反”。[①] 另外，就前述域外考察情形来看，在很多国家、地区刑法中以及一些国际公约中，并没有将“为他人谋取利益”作为受贿犯罪成立必要要件。二是应该将贿赂犯罪的对象由财物扩大为财物和其他财产性利益。这主要是因为随着社会的发展，贿赂形式日渐多样化，而将贿赂限定为“财物”已经不能满足实践需要。同时，域外对于“贿赂”尽管规定不尽一致，但是其外延基本上都较宽泛，其范围也远远大于“财物”，这对于打击贿赂犯罪是具有促进作用的，当然我们不能一味照搬。尽管当前“两高”《关于办理受贿刑事案件适用法律若干问题的意见》实际上已经将贿赂犯罪的对象范围扩大到了“财产性利益”，但是这种名不正言不顺的状态并不利于刑法实施，“基于罪刑法定原则和刑法权威性的考虑，贿赂范围还有必要在刑法中进一步明确”。[②] (3) 对贿赂犯罪中的“给予”（输出）、“收受”（输入）也应该进一步拓展，通过对域外相关立法考察，不难发现贿赂犯罪的发展过程通常被分为三个阶段或者三种行为方式，[③] 即“提议给予”、“许诺给予”、“实际给予”，各阶段或各行为方式均可独立成罪。言外之意，并不要求这种“给予”、“收受”行为是即时性的，这种利益交换在时间上是可以存在间隔的。因此，为了从源头上打击贿赂犯罪，应当借鉴域外的通常做法，对我国贿赂犯罪中的“给予”、“收受”用于进行修改完善。

第三，修正“对非国家工作人员行贿罪”、“对外国公职人员、国际公共组织官员行贿罪”中的“特别自首”制度。特别自首不仅进一步助长了“重受贿、轻行贿”的不良思想，也存在被司法人员滥用的风险，导致行贿犯罪处于一种被放纵的状态，不利于反腐败的开展。[④] 并且2015年的《刑法修正案（九）》已经对一般行贿犯罪中的“特别自首”进行了修正。因此，笔者认为，应当基于平等保护公

---

① 李洁：《为他人谋取利益不应成为受贿罪的成立条件》，载《当代法学》2010年第1期。

② 高铭暄、张慧：《论贿赂犯罪的贿赂“范围”问题》，载《法学杂志》2013年第12期。

③ 刘仁文、黄云波：《行贿犯罪的刑法规制与完善》，载《政法论丛》2014年第5期。

④ 关于行贿犯罪的特别自首制度弊端的具体分析，请参见刘仁文、黄云波：《建议取消行贿犯罪特别自首制度》，载《检察日报》2014年4月30日第3版。

私财产的基本理念，对于非公经济领域的行贿犯罪应该同样修正特别自首或者废除特别自首直接适用我国刑法总则关于自首和立功的相关规定。

第四，非公经济领域腐败犯罪财产刑的完善与适用。非公经济领域腐败犯罪除了侵犯职务廉洁性之外，还有一个显著特点就是牟利性，从“成本—收益”角度为其配置罚金刑是十分必要的。但是目前我国刑法在规制此类犯罪时多采取自由刑（当然需要指出的《刑法修正案（九）》对“对非国家工作人员行贿罪”一般行为增设了罚金刑），但是非国家工作人员受贿罪、职务侵占罪、挪用资金罪等只有在情节严重、数额巨大的情形下，才会并处没收财产。显然，这种立法导向体现了对“自由刑”的倚重，并不能体现出对这种具有牟利性犯罪进行相应遏制的特点，不利于此类犯罪的预防。同时，即便是少量设置了罚金刑的，对罚金额度并没有进一步细化，有违罪刑法定原则之明确性要求，而且数额不确定给司法实践带来操作上的困难。同时，就该领域相关犯罪的罚金额度设定来看，存在处罚额度低于犯罪所得的可能，不利于阻止行为人再犯；以及在罚金刑的适用上并没有对自然人犯罪和单位犯罪进行适当区分，因为实践中单位的经济实力要远远强于个人。因此，罚金刑的配置要注意罚当其罪，在数额上应该注意与相关行政法之间的衔接，适当拉开二者罚金刑的距离。

第五，非公经济领域腐败犯罪资格刑的完善与适用。因为非公经济领域腐败犯罪往往以行为人具有相应资格和经济实力为其实施犯罪的前提，并且非公经济领域腐败犯罪中往往会与行为人所在企业有着千丝万缕的联系，其背后还有强大的企业实体作为经济支撑。这些无疑为其进行腐败犯罪提供了重大的支撑，因此，为了防止行为人再犯，应该剥夺行为人的生产资格、经济实力。尽管《刑法修正案（九）》在刑法第37条已经增设“禁业规定”，以及我国现行《公司法》第146条、《商业银行法》第27条、《会计法》第40条等对公司的董事、监事、高级管理人员的资格进行了限定性规定，但由于其过于原则性以及不分轻重的“一刀切”立法模式，加之，日益繁杂的经济实体样态，已经极大突破《公司法》关于“董事、监事、高级管理人员”罗列，所以可以考虑除了对行为人本人实施永久性或者一定期限的商业活动禁止外，对于参与犯罪的企业也可实施诸如吊销营业执照、责令停业整顿等惩处，这样才能从根本上剥夺行为人实施腐败犯罪的条件。另外，对于适用资格刑的，还应当兼顾激发市场经济主体创新能力和防止因为犯罪标签而出现“一竿子打死”的局面，根据其行为、后果等因素考虑建立复权制度。①

① 复权是指对宣告资格刑的犯罪人，当其具备法律规定的条件时，审判机关提前恢复其被剥夺的权利或资格的制度。参见马克昌主编：《刑罚通论》，武汉大学出版社2006年版，第716页。

对贪污罪的主体范围及量刑立法的再思考

陈结淼* 王 刚**

反腐一直是党和国家的一项重要任务，而贪污罪作为刑法“贪污贿赂罪”一章中最重要的罪名是国家反腐的重要利器。为适应国家反腐形势的需要，刑法对贪污罪的立法进行不断的完善和修订。1997 年的《刑法》（以下简称 97《刑法》）将贪污罪从“侵犯财产罪”一章中分离，与贿赂罪一起成为刑法分则的第八章“贪污贿赂罪”。2015 年《刑法修正案（九）》（以下简称《刑九》）则在 97《刑法》的基础上对贪污罪的量刑进行了重大修正。其中，贪污罪的主体范围和量刑标准是贪污罪立法的重点，事关反腐败的力度与成效。通过对刑法典颁布 20 年来贪污罪的立法考察可以看出，对贪污罪的定罪量刑更加科学、合理，不仅适应国家打击腐败犯罪的需要，而且努力贯彻着“宽严相济”的刑事政策。但是，有些立法规定还不够完善，值得反思。

一、关于贪污罪的主体范围问题

（一）现行立法对贪污罪主体的规定

根据 97《刑法》第 382 条规定，贪污罪的主体包括国家工作人员与非国家工作人员两大类。① 其中，国家工作人员包括在国家机关中从事公务的人员，国有公司、企业事业单位、人民团体中从事公务的人员，国家机关、国有公司、企业、事业单位委派到非国有公司、企业、事业单位、社会团体从事公务的人员以及其他依照法律从事公务的人员；非国家工作人员是指受国家机关、国有公司、企业、事业单位、人民团体委托管理、经营国有财产的人员。刑法将并不具备国家工作人员身份的因受委托管理、经营国有财产的人员规定为贪污罪的主体，最早出现在 1979 年《刑法》中，② 在 1985 年最高人民法院和最高人民检察院颁行的《关于当前办理经济犯罪案件中具体应用刑法的若干问题的解答（试行）》中予以明确，并最终在 97《刑法》中确定下来，后来历次颁布的《刑法修正案》都没有对此条进行修改。刑法将非国家工作人员规定为贪污罪的主体，体现了对国有财产的特别保

* 安徽大学法学院教授，博士生导师。

** 安徽大学法学院 2015 级刑法学硕士研究生。

① 《刑法》第 382 条规定：“国家工作人员利用职务上的便利，侵吞、窃取、骗取或者以其他手段非法占有公共财物的，是贪污罪。受国家机关、国有公司、企业、事业单位、人民团体委托管理、经营国有财产的人员，利用职务上的便利，侵吞、窃取、骗取或者以其他手段非法占有国有财物的，以贪污论。与前两款所列人员勾结，伙同贪污的，以共犯论处。”

② 1979 年《刑法》第 155 条规定，贪污罪的主体是“国家工作人员”，“受国家机关、企业、事业单位、人民团体委托从事公务的人员”犯贪污罪的，依照贪污罪的规定处罚。

护，符合计划经济体制的时代潮流，但是随着市场经济的不断发展，该规定是否合理值得反思。

（二）受托管理、经营国有财产人员能否成为贪污罪的主体

笔者认为，受委托管理、经营国有财产的人员（以下简称受委托主体）不应成为贪污罪的主体。理由如下：

1. 贪污罪主体包含“受委托主体”不具有法理根基

在97《刑法》颁布之前，贪污罪规定在“侵犯财产罪”一章，理论通说认为，贪污罪侵害的是公共财物的所有权这一单一客体。① 在97年《刑法》中，刑法分则根据犯罪的同类客体而将犯罪分为十章，贪污贿赂罪独立成章。贪污贿赂罪的同类客体是国家工作人员和国家单位职务行为的廉洁性。② 当前，刑法学界大部分学者认为，贪污罪侵犯的是复杂客体，既侵犯了国家工作人员职务行为的廉洁性，也侵犯了公共财产。③ 其中，对职务行为廉洁性的侵犯表现在两个方面：一是使公务活动下降、办事不公；二是损害了党和政府在人民群众中的形象。④ 那么，既然贪污罪侵犯的是复杂客体，那么构成此罪则必须同时满足既侵犯职务行为的廉洁性，又侵犯了公共财产。同时，贪污罪应当是身份犯。身份犯的实质，就在于不同的身份基于与犯罪构成要素的联系，直接或间接地决定或影响了行为的法益侵害性、罪责性和人身危险性，从而决定或影响了行为的社会危害性。⑤ 就贪污罪而言，国家工作人员这一身份决定了其对职务行为廉洁性的侵犯。受国家机关、国有企业、事业单位人民团体委托经营、管理国有财产的人员，因其不具有国家工作人员的身份，其犯罪行为具有侵犯职务行为的廉洁性就无从谈起。若其犯罪行为只是侵犯了国有财产所有权，而将其定性为贪污罪则缺乏理论根基。

有学者认为，国家工作人员的本质特征是从事公务，不管行为人原来是什么身份，只要实际从事的是公务，就应当认定为国家工作人员。⑥ 受国家机关、国有公司、企业、事业单位、人民团体的委托而管理、经营国有财产的人员，其受托的是国有财产的管理、经营活动，本身就是典型的“从事公务”，应作为贪污罪的主体，同时也应当成为挪用公款罪、受贿罪等犯罪的主体。⑦ 但笔者认为，以是否从事公务来判断贪污罪的主体，会将没有国家工作人员身份的人纳入进来，从而不当扩大贪污罪的主体。不能因为非国家工作人员从事了公务，就把其当成国家人员来要求。这种通过“行为”来判断犯罪主体的做法不符合逻辑。例如，我们不能因为女同性恋患者对另外一个女子实施“强奸”行为，就判断女同性恋者是强奸罪的主体。不是所有从事公务的人员都是国家工作人员，同理，不是国家工作人员实施的

① 王作富主编：《刑法分则研究》（下），中国方正出版社2001年版，第1707页。

② 马克昌主编：《犯罪通论》，武汉大学出版社2015年版，第114-115页。

③ 张明楷：《刑法学》，法律出版社2016年版，第1181页；高铭暄、马克昌主编：《刑法学》，北京大学出版社、高等教育出版社2011年版，第621页、第629页。

④ 赵煜：《惩治贪污贿赂犯罪实务指南》，法律出版社2017年版，第36页。

⑤ 邱陵、甘盛宁：《身份犯的法律本质及功能》，载《中国刑事法杂志》2013年第6期。

⑥ 陈洪兵：《贪污贿赂渎职罪解释论与判例研究》，中国政法大学出版社2015年版，第9页。

⑦ 孙国祥：《贿赂罪的学说与案解》，法律出版社2012年版，第322页。

所有行为都是从事公务的行为。构成贪污罪的主体要满足两个要素：首先，要具备国家工作人员的身份；其次，其实施的行为可以解释为从事公务的行为。因此，不具备国家工作人员身份的人，即使从事的是公务，也不能成为贪污罪的主体。

2. 违背了国家对公私财产平等保护的要求

根据最高人民检察院《关于人民检察院直接受理立案侦查案件立案标准的规定（试行）》的规定，受委托管理、经营国有财产的经济管理形式为承包、租赁、聘用等。那么，假如甲不是国家工作人员，与国有公司签订了《租赁协议书》，约定国有公司将其全部固定资产以及配套设施等租赁给甲使用，只有使用权，资产所有权仍属于国有公司。甲在经营过程中，利用职务上的便利，非法占有了公司资产500万元，根据现行《刑法》第382条第2款的规定，对甲应当以贪污罪论处。但是，当甲租赁的不是国有企业，而是私营企业去生产经营，其同样利用职务上的便利，非法占有了公司资产500万元，根据现行《刑法》第271条规定，对甲应当处以职务侵占罪。这两个案例唯一的不同之处就在于甲侵占的财产性质不同，一个是国有财产，另一个是非国有财产。然而在定罪量刑上，侵占国有财产时就要处以量刑更重的贪污罪，由此可以看出，刑法对国有财产与非国有财产的不平等保护。正如李希慧教授所言，对于非国家工作人员，只要受国家机关的委托，侵占了国有财产就构成贪污罪，而非职务侵占罪，显然是刑法对国有财产进行了更加严格的保护。[①] 笔者认为，这种对国有财产更严格的保护，实质上就是不平等保护。

诚然，除规则之外，政策日益成为刑法领域不容忽视的存在。[②] 将非国家工作人员拟制为贪污罪的主体是基于刑事政策的特别要求，具有一定的时代意义。根据贪污罪主体的立法沿革，将非国家工作人员拟制为贪污罪的主体是在市场经济不够发达的时候。国有经济在国民经济的发展中起主导作用，为了加强对国有财产的保护，从而扩大贪污罪的主体，对非国家工作人员非法占有公司财产处以更严厉的贪污罪，而不是职务侵占罪。[③] 但是随着市场经济的不断发展，非公有制经济成为社会主义市场经济的重要组成部分，国家鼓励、支持、引导非公有制经济的发展，非公有制经济在国民经济的发展中的作用不断加大，那么，公有制经济与非公有制经济同为市场经济的主体，理应受到平等保护，所以，在国家经济发展到现在这个阶段，该款的存在已经不符合时代的要求。在市场经济已经相对发达的今天，不应当再对国有财产与非国有财产进行不平等的保护。将受托管理经营国有财产的非国家工作人员纳入贪污罪的主体，违背了国家对公私财产平等保护的要求，应该予以修正。

---

① 李希慧、徐光华：《贪污贿赂犯罪主体二元化立法模式下的刑法立法完善》，载《昆明理工大学学报》（社会科学版）2009年第7期。

② 劳东燕：《风险社会中的刑法》，北京大学出版社2015年版，第8页。

③ 全国人大法律委员会主任薛驹在1993年3月13日向第八届全国人大作《关于刑法修改草案审议结果的报告》中提出。有的代表提出，贪污罪的主体中未能包括受国家机关、国有公司、企业、事业单位、人民团体委托管理、经营国有财产的人员，不利于对国有财产的保护。因此，建议增加委托主体这一条款。

二、关于贪污罪的量刑问题

(一) 贪污罪的量刑规定

97《刑法》对贪污罪的定罪量刑标准主要是依据犯罪数额分为四个量刑幅度,即:(1) 个人贪污数额在10万元以上的,处10年以上有期徒刑或者无期徒刑,可以并处没收财产;情节特别严重的,处死刑,并处没收财产。(2) 个人贪污数额在5万元以上不满10万元的,处5年以上有期徒刑,可以并处没收财产;情节特别严重的,处无期徒刑,并处没收财产。(3) 个人贪污数额在5000元以上不满5万元的,处1年以上7年以下有期徒刑;情节严重的,处7年以上10年以下有期徒刑。(4) 个人贪污数额不满5千元,情节较重的,处2年以下有期徒刑或者拘役;情节较轻的,由其所在单位或者上级主管机关酌情给予行政处分。在党的十八大之后,随着党和国家不断加大反腐力度,贪污罪的立法规定已不能适应国家反腐需要,为了回应国家反腐的政治诉求,《刑九》在97《刑法》的基础上对贪污罪的量刑进行了重大修正。根据《刑九》第44条的规定,贪污罪的修正主要体现在以下四个方面:

第一,定罪量刑标准的修改。根据97《刑法》第383条第1款的规定,对贪污罪的定罪处罚主要依据贪污的数额,即"计赃论罪"。法律条文对贪污犯罪各个量刑档次对应的具体数额作出了规定。然而,仅以贪污"数额"定罪量刑难以全面反映行为的社会危害性,也难以适应经济的发展和反腐败形势的需要。因此,《刑九》第44条对贪污罪的定罪量刑标准修改为"数额或情节"双重定罪量刑模式。修改了法定刑的量刑幅度,由97《刑法》的四个量刑档修改为三个量刑档,并且法定刑由重到轻的排列修改为由轻到重。在立法语言上采用"数额较大"、"数额巨大"、"数额特别巨大"的模糊语言,① 从而不会因为经济的发展而不断修改法律,可以保持刑法的稳定性。

第二,进一步扩大了坦白从宽的适用范围。97《刑法》第383条第1款第3项规定:"个人贪污数额在五千元以上不满一万元,犯罪后有悔改表现、积极退赃的,可以减轻处罚或者免予刑事处罚"。《刑九》第44条第3款将上述规定进一步修改为:犯贪污罪的,在提起公诉前如实供述自己罪行、真诚悔罪、积极退赃,避免、减少损害结果的发生,有贪污"数额较大或者情节较重"情形的,可以从轻、减轻或者免除处罚;有"数额巨大或者情节严重"、"数额特别巨大或者情节特别严重"情形的,可以从轻处罚。对比可见,这一从宽情节扩大到所有的贪污罪的各个量刑档次,而不是只有在贪污数额在5000元至1万元之间时才适用。

第三,增加了死缓减为无期徒刑后可以决定"终身监禁",不得减刑、假释的

① 《刑九》第44条规定,对犯贪污罪的,根据情节轻重,分别依照下列规定处罚:(1) 贪污数额较大或者有其他较重情节的,处三年以下有期徒刑或者拘役,并处罚金。(2) 贪污数额巨大或者有其他严重情节的,处三年以上十年以下有期徒刑,并处罚金或者没收财产。(3) 贪污数额特别巨大或者有其他特别严重情节的,处十年以上有期徒刑或者无期徒刑,并处罚金或者没收财产;数额特别巨大,并使国家和人民利益遭受特别重大损失的,处无期徒刑或者死刑,并处没收财产。

规定。《刑九》第44条第4款规定，犯贪污罪的，有“数额特别巨大或者情节特别严重”情形，被判处死刑缓期执行的，人民法院根据犯罪情节等情况可以同时决定在其死刑缓期执行2年期满依法减为无期徒刑后，终身监禁，不得减刑、假释。

第四，增加了“财产刑”的适用。97《刑法》并不是在所有的量刑档次都配置了财产刑的刑罚，《刑九》在三个量刑档次中，都配置了财产刑，这对于贪污罪这一贪利性犯罪具有积极意义。

可以说，《刑九》对贪污罪的量刑规定是根据国家打击腐败犯罪的形势需要而作出的必要修订，体现了“宽严相济”的刑事政策，总体来说，更加科学、合理，但也有值得进一步思考和改进之处，尤其是终身监禁的适用问题。

（二）对贪污罪是否应当设置终身监禁，不得减刑、假释

为了更好地惩治腐败犯罪，《刑九》对贪污受贿罪的量刑上确立了终身监禁制度。其具体规定为：犯贪污罪的，有“数额特别巨大或者情节特别严重”的情形，被判处死刑缓期执行的，人民法院根据犯罪情节等情况可以同时决定在其死刑缓期执行2年期满依法减为无期徒刑后，终身监禁，不得减刑、假释。可以看出，终身监禁制度是死缓的具体执行方式，而不是一种独立的刑种，也不是刑罚处罚方法以及执行措施。[①] 终身监禁制度被认为是死刑立即执行的替代措施。笔者认为，对贪污罪设置终身监禁的规定存在诸多弊端。学界普遍认为，限制乃至废除死刑已经成为国际社会不可逆转的潮流和趋势，党的十八届三中全会也明确提出“逐步减少适用死刑的罪名”，减少死刑的适用已成为我国的刑事政策走向。在逐步减少死刑的背景下，对严重的贪污犯罪设置终身监禁措施具有积极的意义。然而，笔者认为，即使在逐步减少甚至废除死刑的背景下，终身监禁之刑罚也不是唯一的措施，终身监禁的立法规定弊大于利。

1. 违背了刑罚的教育改造功能

刑罚除了具有报应功能外，还具有教育感化功能。通过刑罚的执行，对犯罪人进行改造，使其从中受到教育，改过自新，做一个遵纪守法的好公民。而被判处终身监禁的犯罪人，获得自由的可能性没有，那么刑罚就只剩下报应的功能而失去了改造的功能。不得假释的终身监禁不符合“人总是可以改造的”的基本理念，与“废除或限制死刑”的目的也相违背。[②] 由于其没有任何重新获得自由的机会，那么在接下来的服刑中很有可能不再好好改造。所以从犯罪分子改造的角度，不应当建立终身监禁制度，不给犯罪分子任何获得自由的希望。

2. 违背了罪责刑相一致原则，造成量刑失衡

根据《刑法》第50条第2款规定，对判处死缓的累犯以及对犯严重暴力性犯罪的行为人仍然可以减刑，只不过是限制适用减刑。[③] 限制减刑的适用对象是被判处死缓的情形，这说明适用限制减刑时，行为人的罪行还不足以判处死刑立即执

① 赵秉志、商浩文：《论死刑改革视野下的终身监禁制度》，载《华东政法大学学报》2017年第1期。

② 高铭暄、楼伯坤：《死刑替代位阶上无期徒刑的改良》，载《现代法学》2010年第6期。

③ 对判处死刑缓期执行的累犯以及因故意杀人、强奸、抢劫、绑架、放火、爆炸、投放危险物质或者有组织的暴力犯罪被判处死刑缓期执行的犯罪分子，人民法院根据犯罪情节等情况可以同时决定对其限制减刑。

行。根据刑法的谦抑性以及有利于被告人的原则，如果对行为人判处死缓，说明行为人的罪行至少应当判处死缓但是不足以判处死刑立即执行，那么适用限制减刑的对象肯定存在判处死刑立即执行过重，但判处死缓过轻的情形。而终身监禁的适用对象也是判处死刑立即执行过重，判处死缓过轻的情形。假设，一个是严重的职务犯罪，另一个是严重的暴力性犯罪，虽说侵害的法益不同，但是都会存在根据行为人的犯罪事实判处死刑立即执行过重，判处死缓过轻的情形，在此情形下，为什么在确定刑罚时，对严重的职务犯罪是终身监禁，不得假释、不得减刑，而对严重的暴力性犯罪是判处死缓，限制减刑呢？这与人们正常的法感情相违背。正如车浩副教授所说："对于这些严重暴力犯罪的犯罪人规定的尚且是限制减刑，而对于人身危险性和社会危害性较小的贪污受贿罪的犯罪人规定的反而是不得减刑、假释。这种规定至少在常理上难以令人信服。"①

3. 从解释学角度对终身监禁的适用进行限制以避免带来缺陷并不可行

《刑九》出台后，有些学者主张根据解释学原理对终身监禁的适用进行限制，以避免、减少终身监禁带来的种种弊端。大部分学者认为，被判处终身监禁的犯罪分子，在缓期 2 年执行期间若有重大立功表现，根据现行《刑法》第 50 条的规定，在 2 年期满后减为 25 年有期徒刑，那么终身监禁制度就失去了其适用的前提——无期徒刑，则不能再适用终身监禁制度。但是，若行为人在缓期执行 2 年的期间没有重大立功表现，而是在缓期 2 年执行期满之后具有重大立功表现是否要适用终身监禁的刑罚呢？对此，学界观点不一。如黄京平教授认为，重大立功的表现只是发生的时间与阶段不同，但都是应当减刑的法定事由，相同的法定事由应当引起相同的法律后果，这体现了立法与司法的公正，同时也是平衡刑罚不同功能关系、协调刑罚多种功能实现的恰当选项。所以，被判处死缓并决定终身监禁的犯罪分子，无论是在缓期 2 年执行期间有重大立功还是在 2 年执行期满减为无期徒刑后，若有重大立功表现的都应当减刑。② 张明楷教授则从解释学的角度，论证了关于终身监禁不得减刑的规定只是《刑法》第 78 条的"可以减刑"的例外规定，如果罪犯有"应当减刑"的情形时，还是应当减刑，从而不应当执行终身监禁。③ 欧阳本祺教授对此问题持否定观点，认为《刑九》关于终身监禁的规定不能排除适用《刑法》第 50 条第 1 款关于被判处死缓的犯罪分子在 2 年缓期内若有重大立功减为无期徒刑的规定，但可以排除适用《刑法》第 78 条；发生在死缓执行期间内的重大立功与发生在死缓减为无期徒刑以后的执行期间内的重大立功，反映出服刑人员的人身危险性不同：在死缓执行期间就有重大立功表现，说明服刑人员被改造的时间短于后者，从而表明其危险性小于在减为无期徒刑后才有重大立功表现的服刑人员。④

笔者认为，从解释学的角度，认为终身监禁"不得减刑"的规定只是排除适用《刑法》第 78 条规定的"可以减刑"的部分，而不排除第 78 条后半段"应当减

① 车浩：《刑事立法的法教义学反思》，载《法学》2015 年第 10 期。

② 黄京平：《终身监禁的法律定位与司法适用》，载《北京联合大学学报》（人文社科版）2015 年第 4 期。

③ 张明楷：《终身监禁的性质与适用》，载《现代法学》2017 年第 3 期。

④ 欧阳本祺：《论〈刑法〉第 383 条之修正》，载《当代法学》2016 年第 1 期。

刑”的适用，从而认为当犯罪人在2年缓刑考验期满后有重大立功表现的则不应当执行终身监禁的观点太过牵强。我国《刑法》第101条明确规定：“本法总则适用于其他刑罚规定的法律，但是法律有特别规定的除外。”《刑九》关于贪污罪终身监禁的规定就属于第101条中“但是法律有特别规定的除外”的部分，所以终身监禁不得减刑的规定当然排除总则第78条关于减刑的适用。所以这种观点不够合理。当犯罪人在2年缓刑考验期有重大立功表现的，根据《刑法》第50条的规定，减为25年有期徒刑，从而排除终身监禁的适用，从解释学的角度可以解释得通。但是，同样是重大立功，只是发生阶段不一样，却得到不一样的待遇实在难以接受。

笔者认为，监禁制度被认为是死刑立即执行的替代措施，其适用对象本来是应当判处死刑立即执行的犯罪分子，而若在缓期2年执行期间，因为重大立功就直接减为25年有期徒刑，会弱化终身监禁的刑罚力度，与正常的死缓没有什么区别，与立法的初衷不符。所以，根据现行法律规定，被判处终身监禁的犯罪分子，确实要把“牢底坐穿”，从而在现有的立法规定下，不可避免会出现上文所述的种种弊端。

三、完善贪污罪主体及量刑立法的建议

（一）应当删除“拟制主体”

根据上文所述，非国家工作人员非法侵占国有财产，以贪污罪论处不具备法理根基，以及违背了国家对国有财产与私有财产平等保护的要求，应当将此条删除。当非国家工作人员，受国家机关、国有公司、企业、事业单位、人民团体委托管理、经营国有财产，利用职务上的便利，非法占有国有财产时，以职务侵占罪定罪量刑。这样不仅可以保证刑法的处罚与法理相符，还可以保证非国家工作人员不论侵占国有财产还是侵占私有财产都适用同一罪名，从而做到了对国有财产与私有财产的同等保护。

（二）删除“终身监禁”的规定，以“限制减刑”措施替代

有些学者认为，我国存在着“生刑过轻，死刑过重”的刑罚结构缺陷。死刑缓期2年执行作为死刑的执行方式，若无故意犯罪情节恶劣的情形，则会被减为无期徒刑或者25年有期徒刑，从而死缓应当作为“生刑”而不是“死刑”。那么，对于应当判处死刑的重大贪污贿赂的犯罪分子处以这种能使其“生”的刑罚则过轻，但是判处死刑立即执行又过重并且不符合减少死刑的国际潮流，在此情形下应当设立衔接“生刑”与“死刑”的终身监禁制度。①

笔者认为，我国的刑罚结构并不存在“生刑过轻”的问题。根据我国目前的法律规定，被判处死缓的犯罪分子，至少要在监狱服刑15年，被判处无期徒刑的犯罪分子至少要服刑13年。贪污分子在监狱服刑13年后，适应社会的能力都不一定具备，更不用说再犯。之所以人们会觉得我国的“生刑过轻”，是因为刑罚在执行过程中出现了问题。减刑、假释原本是作为一种激励犯罪人积极改造的重要措施，

① 黄永维、袁登明：《〈刑法修正案（九）〉中的终身监禁研究》，载《法律适用》2016年第3期。

在执行过程中却被一些监管人员当成谋取利益的手段，不适当的减刑、假释、监外执行让一些犯罪人提前获得自由。因此，在刑罚执行过程中出现的问题，应当在执行过程中解决，而不是用存在诸多弊端的终身监禁去替代。如果不加强对执行过程中的监管，即使终身监禁的刑罚也不能保证“终身监禁”。同时，我国在规定终身监禁制度时，只规定不得减刑，不得假释，并没有规定不可监外执行，而根据我国监外执行的相关规定，无期徒刑的罪犯在患有严重疾病时可保外就医，这就使得判处终身监禁的贪污犯有机可乘。

即使我国的刑罚存在“生刑过轻”的问题，也不应当设立不给犯罪人任何希望的终身监禁制度。正如魏东教授所言，“加重生刑”本身也有一个限度问题，我国“加重生刑”的做法可能呈现出某种从“略显过头”走向“倒行逆施”的窘境。①

综上，笔者认为，在我国目前对贪污罪仍旧保留死刑的情况下，为了限制、减少死刑的适用，对于罪不当处死刑立即执行的犯罪分子，可以适用《刑法》第50条第2款的规定，对犯罪人判处死缓，并且限制减刑；② 如果刑法废除了死刑的规定，那么对贪污罪的最高刑罚是无期徒刑，立法时可以参照《刑法》第50条第2款规定体现的精神，对犯罪人的刑罚实际执行年限进行限制，至少应当执行20年，既可避免因终身监禁完全堵死犯罪人回归社会的弊端，也不会与人们的法感情相违背。

① 魏东：《〈刑法修正案（九）〉之五读五问》，载《法治研究》2016年第2期。

② 根据我国限制减刑的规定，被判处死缓的犯罪人，在缓期执行期间，有重大立功表现的，两年后减为25年有期徒刑，实际执行不能少于20年，减为无期徒刑的，不能少于25年。

我国贿赂犯罪的刑法立法完善建议

刘 夏*

1997年10月1日，我国全面修改后的刑法正式生效。1997年刑法在1979年刑法与1988年全国人大会常委会《关于惩治贪污罪贿赂罪的补充规定》的基础上，将贪污贿赂犯罪单独设置成章，凸显了国家对惩治这类犯罪的高度重视。其中，刑法第385条规定了受贿罪，第386条规定了对受贿罪的处罚，而第388条则首次在刑法中规定了斡旋受贿行为。除了受贿罪这一罪名之外，刑法第387条规定了单位受贿罪，第389条规定了行贿罪，第391条规定了对单位行贿罪，第392条规定了介绍贿赂罪，第393条规定了单位行贿罪。此后，2006年颁布的《刑法修正案（六）》增设了非国家工作人员受贿罪、对非国家工作人员行贿罪，以及对外国公职人员、国际公共组织官员行贿罪。2009年颁布的《刑法修正案（七）》增设了利用影响力受贿罪，把现实中存在的新型贿赂犯罪形式纳入了刑法惩治规范。而在2015年颁布的《刑法修正案（九）》共计52个条文中，涉及贪污贿赂犯罪的就有6条之多，除了增设了有影响力的人行贿罪之外，还调整了受贿罪的定罪量刑标准、完善了行贿犯罪的财产刑设置、修改了行贿罪的从宽处罚情形。这些规定对我国反腐败刑事法治进行了重要修改和完善，成为修正案值得关注的一大亮点。

毫无疑问，经历了刑法的历次修正后，我国贿赂犯罪的刑事法网更加严密，之前实践中存在诸多疑难问题也得到了有效解决。但结合我国当下重拳反腐的背景，并参考《联合国反腐败公约》的相关规定，目前刑法关于贿赂类犯罪的规定仍有进一步完善的空间。需要指出的是，笔者也反对刑法的频繁修正，认为应当敬畏法律、解释法律而非一味地指责法律、修改法律。只有在不得已的情况下，即在罪刑法定原则的框架内，穷尽所有刑法解释方法仍无法得出公正的结论时，完善刑法就将成为必然选择。下面，笔者将围绕贿赂犯罪刑事立法中存在的突出问题，提出有针对性的完善建议。

一、扩大“财物”的范围

这是一个老生常谈的问题。根据国际公约与域外代表国家关于贿赂犯罪的规定，行为人所获取的贿赂系指不正当的“好处”或“利益”，而我国则规定为“财物”。显而易见，“好处”既可以包括有形的物质性财产，还能够包括其他各种形形色色的非物质性利益，如感情、机会、信息、权力、性关系等。而“财物”的内涵则相对而言较为狭窄，虽然我国刑法中的“财物”是一个包含有体物、无体物以及财产性利益的广泛概念，但仍无法将能够满足人类其他需要的非物质性利益包括

* 河南大学法学院讲师，法学博士。

在内。基于此，我国不少学者呼吁，在当前腐败犯罪严重的形势下，应当借鉴国际与国外的立法经验，扩大贿赂犯罪中“贿赂”的范围，将诸如资格、荣誉、性交易等能够满足人们需求与欲望的非财产性利益纳入其中，[①] 甚至以“利益”、“不正当好处”等词语代替“财物”的表述，以更有力地惩治贿赂犯罪，维护人民的合法权益。

笔者认为，贿赂是为公职人员职务行为所提供的对价，当然不局限于财物，而能够涵盖任何利益。此外，贿赂犯罪也并非财产犯罪，本质是对国家工作人员职务行为不可收买性的侵犯，与其获得财物的多少没有直接关系——绝非国家工作人员受贿越多，其行为的社会危害性越大。从这个角度来说，扩大贿赂犯罪中“财物”的范围是有道理的。只是在刑法修正之前，贿赂犯罪是“计赃论罪”型犯罪的典型代表，以贿赂的数额作为基本或主要量刑情节。由于非财产性利益的价值难以计算，故将非财产性利益纳入贿赂的范围会导致定罪量刑时的困扰。但在刑法修正之后，这一问题在理论上已经不复存在。根据刑法第 383 条的规定，受贿罪的裁量不再唯数额论，亦考虑行为人是否具有其他情节。据此，行为人收受非财产性利益后为他人谋取利益的，可直接以情节较重、严重、特别严重定罪量刑，无须再纠结于利益的具体价值。不过令人遗憾的是，《解释》的出台扼杀了上述做法的可行性。根据《解释》的规定，情节在事实上仍然服务于数额，变相成为财物的“附庸”。只有贿赂达到了一定数额后，情节才会发挥作用；如果低于司法解释要求的最低数额，情节的存在与否就完全没有任何意义。并且，贿赂犯罪中的情节主要包括次数、损害后果、行为目的等因素，和非财产性利益亦无关联。因此，在当前的司法实践中，是无法通过解释的方法将非财产性利益纳入“财物”范围，进行影响贿赂犯罪的定罪量刑。或许有人认为，绝大多数贿赂犯罪案件仅凭财物的数额就足以定罪，根本没有必要考虑非财产性利益；但倘若行为人侵犯了法益并获得了不正当利益，却无须因此承担相应的刑事后果时，难道符合朴素的正义理念和罪责刑相适应原则吗？综上所述，笔者仍建议立法者将贿赂犯罪中的“财物”改为“利益”，以更好地体现出贿赂犯罪的本质，有效惩处该类犯罪，并平息理论上的争议。

在刑法修正之前，非财产性利益在原则上不能被评价为贿赂，但如果在某些特殊场合下，其能够在事实上被折算为金钱，就应当将折算数额认定为贿赂的数额。以社会热议的性贿赂为例，行贿人斥巨资让嫩模向官员提供性服务，甚至发展成为官员二奶的，贿赂的数额应当以其花费的金额为认定依据——尽管我国明确禁止卖淫嫖娼行为，不可能允许对性交易进行明码标价，但行为人毕竟为此支付了金钱，在事实上相当于以等额的金钱向官员行贿。反之，如果行贿人自身向官员提供性服务的，由于未涉及金钱交易，则无法将该服务认定为贿赂。再如，行贿人通过向学校缴纳“赞助费”的方式为官员的子女提供入学机会的，应当认定赞助费的金额为

① 参见杨安、陆旭：《论贿赂犯罪刑事法网的完善》，载《中国刑事法杂志》2014 年第 1 期；魏昌东：《〈刑法修正案（九）〉贿赂犯罪立法修正评析》，载《华东政法大学学报》2016 年第 2 期；康均心：《新问题还是老问题——性贿赂的入罪与出罪》，载《法治研究》2013 年第 2 期；王鹏祥、张彦奎：《当代中国贿赂犯罪的刑法治理——以〈联合国反腐败公约〉为观照》，载《河北法学》2014 年第 2 期。

贿赂数额，等等。虽然这种处理方法可以较好地实现惩治犯罪与保障人权之间的平衡，符合罪刑法定原则与社会公众的认知，但毕竟只是权宜之计，还需要修改刑法这一治本之道。

二、完善单位犯罪主体设置

通过梳理我国贿赂犯罪的刑法条文，单位主体并非在任何贿赂犯罪中都存在，如介绍贿赂罪、利用影响力受贿罪就缺乏相应的单位犯罪。这些行为在现实中并非不可能发生，也具有严重的社会危害性，而刑事立法却并未作出规定。有学者以利用影响力受贿罪为例，主张由于利用影响力受贿罪一般不存在单位犯罪形态，故从立法成本的角度出发，明确规定本罪的犯罪主体包括单位属于资源浪费，并很可能造成法条虚置。[①] 但笔者认为，刑法条文中也有相当一部分备而不用或很少适用，主要起到威慑与行为规制作用，以免出现立法漏洞。因此，以适用极少作为否定立法的理由并不充分。更何况，伴随着我国经济、社会、政治的发展，当前一些公关公司、咨询公司实际上已经承担了相当程度的游说服务。他们以“咨询费”、“服务费”为借口，从事利用影响力受贿或介绍贿赂的情形并不罕见，甚至为数众多。就社会危害性而言，单位实施的贿赂行为与自然人并无本质差异，甚至往往数额巨大。[②] 因此，单位实施的上述非法行为已不能够再以法律的“不计琐细原则”作为出罪的借口；为利用影响力受贿罪与介绍贿赂罪增设单位犯罪主体，也不会导致法条虚置、影响立法权威的现象发生。

另外，从立法的科学性来说，《联合国反腐败公约》第26条规定了“法人责任”：“一、各缔约国均应当采取符合其法律原则的必要措施，确定法人参与根据本公约确立的犯罪应当承担的责任。二、在不违反缔约国法律原则的情况下，法人责任可以包括刑事责任、民事责任或者行政责任。三、法人责任不应当影响实施这种犯罪的自然人的刑事责任。四、各缔约国均应当特别确保使依照本条应当承担责任的法人受到有效、适度而且具有警戒性的刑事或者非刑事制裁，包括金钱制裁。”而在承认单位犯罪的绝大多数国家中，单位均可以构成所有贿赂犯罪，并无罪名差异。在我国刑法分则中，绝大多数贿赂犯罪都有相应的单位犯罪，如受贿罪之于单位受贿罪、行贿罪之于单位行贿罪，对非国家工作人员行贿罪与对外国公职人员、国际公共组织官员行贿罪也均规定了单位犯罪，甚至《刑法修正案（九）》增设的对有影响力的人行贿罪也规定了单位犯罪，却唯独利用影响力受贿罪与介绍贿赂罪缺乏相应规定。因此，无论从国际趋势还是国内立法传统来看，利用影响力受贿罪与介绍贿赂罪均应增设单位犯罪。

最后，现行立法对不构成犯罪的单位处罚力度不足，有必要通过刑罚予以调整。虽然根据相关行政法律法规，够通过罚款、取缔、吊销营业执照、停业整顿等

---

① 参见慕平、甄贞：《〈联合国反腐败公约〉与国内法协调机制研究》，法律出版社2009年版，第79页。

② 参见孙国祥、魏昌东：《反腐败国际公约与贪污贿赂犯罪立法研究》，法律出版社2011年版，第275页。

方式对涉案单位进行处罚，但从社会的否定评价程度与适用方法的强制性上看，行政处罚与刑事处罚存在着较大的差异，不能相互替代。毕竟，除了惩罚的功效之外，刑罚还能通过对犯罪行为的否定性评价和对犯罪人的责难起到一般预防与特殊预防的效果。作为最严厉的制裁手段，其对于普通公民的心理威慑无疑是巨大的，也使得潜在犯罪人在实施不法行为时，不得不衡量其可能获得的利益与将会面临的惩罚之大小，从而在事前起到一般预防的功能。而与刑罚相比，行政处罚的相关作用则要逊色很多，除了事前的威慑力有限之外，对行为人的否定性评价也不够充分，难以实现罪责刑的相适应。因此对于单位犯罪，行政处罚无法起到替代刑罚的作用。

综上所述，我国应当为利用影响力受贿罪与介绍贿赂罪增设单位犯罪主体。但在当前立法尚未修改的情况下，对于以单位名义实施的上述行为应进行如下处理：第一，如果该中介公司、公关公司等是个人为了进行违法犯罪活动而设定的，或是在设立之后以实施犯罪为主要业务的，就不应以单位犯罪论处，但单位负责人或者直接责任人员则可能构成相应犯罪。第二，对于公司在正常成立之后，偶尔从事违法犯罪活动的，应依据全国人民代表大会常务委员会《关于〈中华人民共和国刑法〉第三十条的解释》的精神，对相关责任人以共犯论处：公司、企业、事业单位、机关、团体等单位实施刑法规定的危害社会的行为，刑法分则和其他法律未规定追究单位的刑事责任的，应当对组织、策划、实施该危害社会行为的人依法追究刑事责任。

三、取消利用影响力受贿罪的身份限制

利用影响力受贿罪是身份犯，[①] 其犯罪主体是国家工作人员的近亲属及其他关系密切的人，以及离职的国家工作人员或者其近亲属及其他关系密切的人。相对而言，（离职的）国家工作人员的近亲属以及离职的国家工作人员的范围较为明确，并能在其他法律中找到相应的判断标准。但“其他关系密切的人”则是一个非常具有弹性与模糊性的概念——如何判断行为人与国家工作人员的关系是否达到了“密切”的程度，采取何种判断标准与判断时点，显然不是一个容易回答的问题。从文理解释的角度来说，将“关系密切的人”解释为“非国家工作人员与国家工作人员之间有着亲近的联系，或者保持着经常的交往，非国家工作人员与国家工作人员具有一定的黏合力和影响力”[②] 是比较合理的结论，也最符合社会大众的普遍共识。“判断上要依据‘关系密切的事实’，能够证明双方存在着公务交往活动之外的交往活动的事实，而且这些交往活动足以能够表明两者之间超出普通社会群体之间的关系。”[③] 但这一解释存在理论与实践的双重困境。

从理论上讲，利用影响力受贿罪侵犯的客体是国家工作人员职务行为的不可收

① 参见高铭暄、马克昌主编、赵秉志执行主编：《刑法学》，北京大学出版社、高等教育出版社2011年版，第635页。

② 孟庆华：《新型受贿犯罪司法解释的理解与适用》，中国人民公安大学出版社2012年版，第444页。

③ 马克昌主编：《百罪通论》，北京大学出版社2014年版，第1195页。

买性，而非行为人与国家工作人员之间的密切关系；刑法并不处罚行为人单纯利用自己密切关系的行为，而主要惩治滥用影响力索取或收受财物的行为。故从立法目的出发，不应对利用某种关系实施受贿行为的主体设立一定的界限。[①] 毕竟从本质上讲，无论行为人与国家工作人员的关系是否密切，只要国家工作人员答应其请托事项，并谋取不正当利益的，对法益的侵害没有任何差别，对行为人也不应进行区别对待。正如有学者所指出的那样，本罪主体应当是“具有对国家工作人员和离职的国家工作人员具有非职权性影响力的人”，和双方关系密切与否并无直接关系。[②] 从实践角度出发，首先，在具体案件中，控诉方对于行为人双方是否具有密切关系进行举证证明的困难极大。[③] 其次，现实生活中也完全可能出现行为人虽与国家工作人员的关系并不密切，却能够切实影响到其决策的例子——虽然具备关系密切人这一特殊身份的人，能够单纯通过自己的影响力对国家工作人员职务行为的不可收买性产生侵害；但不具有该身份的行为人，亦可以通过其他非法方式对国家工作人员施加影响。例如，有的黑社会性质组织成员在掌握了国家工作人员的违法或犯罪事实之后，以此为要挟指使国家工作人员为他人谋取不正当利益，并索取或收受请托人财物的。[④] 再如，国家工作人员甲与妻子乙由于感情破裂而离婚，关系一直很差。某日，乙在收受丙的财物后请求甲为丙谋求不正当利益，甲为了免受乙的反复纠缠而最终答应了其要求的。[⑤] 在这些案例中，行为人显然并不具备“关系密切人”的身份，而是通过威胁、恐吓、纠缠、面子甚至名人效应等原因使国家工作人员完成自己的请托，并能够以自己并非“关系密切人”为由，作为逃避利用影响力受贿罪制裁的护身符，从而制造出处罚上的漏洞。

为了解决这一问题，我国通说主张采取事后判断的立场认定“关系密切的人”——无论是谁，只要其在事实上实施了利用影响力的行为，并且为请托人谋取到不正当利益的，即可认定其与国家工作人员具有某种程度的密切关系，并成为利用影响力受贿罪中“关系密切的人”。如张明楷教授认为，没有必要对“有密切关系的人”进行特别限定，即只要能在客观上通过国家工作人员职务上的行为，或者利用国家工作人员的职权或地位形成的便利条件，通过其他国家工作人员职务上的行为为请托人谋取不正当利益的人，肯定都与国家工作人员具有较为密切的关系，应当被认定为“关系密切的人”。[⑥] 孙国祥教授等也认为，认定是否属于“关系密切的人”的关键行为人是否对国家工作人员具有“影响力”；只要具有足够的影响力，能够搭建请托人与国家工作人员为其谋取利益的桥梁，就不论关系是否密切，

---

① 参见康军：《试析“关系人受贿罪”的罪名及要件》，载《贵州大学学报》（社会科学版）2012 年第 5 期。

② 参见陈京春：《刑事一体化视野下的利用影响力受贿罪研究》，载《当代法学》2014 年第 6 期。

③ 参见蒋晗华：《论刑事推定与证明困难——以利用影响力受贿罪为切入点》，载《南昌大学学报》（人文社会科学版）2015 年第 1 期。

④ 参见吴仁碧：《利用影响力受贿罪主体解析》，载《西南政法大学学报》2011 年第 5 期。

⑤ 参见魏艳昭：《受贿案件中特定关系人和关系密切人概念辨析》，载《犯罪研究》2013 年第 2 期。

⑥ 参见张明楷：《刑法学》，法律出版社 2011 年版，第 1081 页。

也均应成为利用影响力受贿罪的主体。[①]

但笔者认为，无论采取何种刑法解释方法，也不能超越概念本身可能具有的含义。由于本罪明确规定了“关系密切人”而非“影响力”这一构成要件要素，就不应认为只要与国家工作人员具有某种关系，并且在事实上为请托人谋取了不正当利益的，就可以成为利用影响力受贿罪的主体——这种观点明显超越了一般人对“关系密切”这一词语的理解，违背了罪刑法定原则，动摇了刑法的可预测性。如果司法实践中对构成“关系密切人”与否的判断，最终需要以行为人是否通过国家工作人员的职务行为为请托人谋取了不正当利益为验证，就极易导致客观归罪情形的发生，或使该表述成为虚置的构成要件要素。[②] 更何况，如果非要将关系并不密切，而是通过其他手段达成目的的行为人也认定为与国家工作人员具有密切关系的话，恐怕双方都不会认可，也不符合人们对“关系密切”一词的通常理解。从这个角度来讲，只要本罪中存在“关系密切人”这一构成要件要素，就将给我们的刑法解释框定了不可逾越的范围，否则就会违反罪刑法定原则。因此，如欲更好地实现罪责刑相适应原则，填补本罪可能存在的处罚漏洞，取消“关系密切人”势在必行。

参考国外的先进立法例，《联合国反腐败公约》第 18 条影响力交易罪的主体并无特殊限制，包括“公职人员或者其他任何人员”，范围十分广泛，只要行为人宣称能够对公职人员施加影响，就有资格构成本罪的主体。与之类似，法国、西班牙、匈牙利、加拿大、美国、新加坡等国家的相关法律也均将类似犯罪行为主体规定为“任何人”。这些立法例没有刻意强调犯罪主体必须与国家工作人员具有何种密切的关系，而是以具有影响力的任何人作为出发中心。因此，我国刑法也完全可以在本罪的现有基础上更进一步，将主体修改为一般主体——无论任何人，只要其通过国家工作人员职务上的行为，或者利用国家工作人员职权或者地位形成的便利条件，或者利用离职的国家工作人员原职权或者地位形成的便利条件，通过其他国家工作人员职务上的行为，为请托人谋取不正当利益，索取请托人财物或者收受请托人财物，数额较大或者有其他较重情节的，均应成立利用影响力受贿罪。

四、余论：严惩贿赂与刑法理性

笔者前面的完善建议大多主张进一步扩大我国贿赂犯罪的成立范围，可谓加大了对贿赂犯罪的惩治力度。但是，绝不是对贿赂犯罪处罚的范围越广、处罚的力度越重，反腐的成效就越大，对贿赂犯罪的刑法完善必须在法治原则内进行。首先，严惩贿赂犯罪可以在立法上适当扩大入罪范围，却不能在司法上降低证明标准。例如，与默认“关系密切人”在司法实践中的虚置化相比，在立法上将其删去的做法更为科学合理。否则，在被告人辩称自己与国家工作人员的关系并不密切时，就会

① 参见孙国祥、魏昌东：《反腐败国际公约与贪污贿赂犯罪立法研究》，法律出版社 2011 年版，第 500-502 页。

② 参见董秀红：《论我国刑法中的关系犯及其特征——以利用影响力受贿罪为视角》，载《三明学院学报》2010 年第 2 期。

在事实上免除了控方的证明义务，并剥夺了被告人的辩解权利。毕竟在法治国家，司法适用的标准应当严格而非宽松，否则就有侵犯人权之虞——冤枉无辜者对公平法治所造成的伤害，无疑要远大于对可能有罪者的放纵。此外，赋予司法机关的这种特权又有可能滋生新的腐败——权力导致腐败，再靠权力打击腐败，本身就是一个可笑的自我轮回！①

其次，虽然当前我国处于严厉打击腐败时期，加大对受贿行为的惩处力度符合中央精神与刑事政策，但矫枉不能过正，即使初衷是严惩腐败犯罪，也应当满足法教义学的基本原理。刑事政策应当在法治框架内发挥作用，而不能成为人治的借口；应当对现行法律实践进行合理指导，保障人权，实现正义，而不能沦为随意出入人罪的手段。因此，在将刑事政策融入刑法教义学时，绝不能违反罪刑法定原则、突破刑法理论的界限。② 相应地，完善罪名认定及处罚也应以修改刑法，而非创设司法解释为主。修改立法虽然烦琐，但是更符合罪刑法定原则，即使扩大了惩处力度，也可以使社会大众具有预测可能性。设立司法解释虽然简单，却存在肆意逾越刑法规定，以解释之名行立法之实的风险。因此，反腐要在刑事法治的框架内进行，在贯彻党的政策与刑事政策的过程中，法官应当以中立的姿态坚守住刑法的底线，而不能被冲动蒙蔽了自己的双眼。

最后，我国关于贿赂犯罪的刑事立法还存在重惩治轻预防、重刑罚轻其他处罚方式的遗憾。“对腐败犯罪的治理，可以通过构建预防性制度，使国家公务人员不能、不敢从事腐败犯罪，也可以通过事后以严刑峻法之形式杀儆威慑。但稍有常识的人都会明了两种犯罪治理模式的优劣所在。”③ “中国腐败犯罪刑事立法与理论体系，需要加快实现三大历史转型，即升级对腐败的惩治性治理功能，创建对腐败的预防性治理功能以及优化程序机制对腐败的预防与治理功能。”④ 因此，国家显然更应提前明确国家工作人员的监督义务与范围，以非刑事措施方式进行有效的事前治理，而非在事后不负责任地将后果一揽子推给国家工作人员，并对其施以严厉的刑事处罚。这种做法既是对司法资源的浪费，也违反了刑法谦抑主义，不可能从源头上治理腐败问题。因此，我们在惩治腐败行为时必须首先反思：是否已经建立起了科学有效的预防体制。否则，仅凭事后的刑法惩治最多只能在一定程度上实现“不敢腐”，却离“不能腐、不想腐”的目标渐行渐远。

① 参见何荣功：《“重刑”反腐与刑法理性》，载《法学》2014年第12期。

② 参见邹兵建：《跨越李斯特鸿沟：一场误会》，载《环球法律评论》2014年第2期。

③ 参见何荣功：《“重刑”反腐与刑法理性》，载《法学》2014年第12期。

④ 魏昌东：《〈刑法修正案（九）〉贿赂犯罪立法修正评析》，载《华东政法大学学报》2016年第2期。

论我国受贿罪刑事立法的发展与完善

——以1997年刑法颁行20年为背景

于雪婷*

受贿罪是一种典型的职务犯罪，是腐败的一种主要表现形式，严重损害国家工作人员职务行为的廉洁性。受贿行为人不仅背离了为政清廉的义务，而且其行为严重腐蚀了国家肌体，损害了党和政府在人民群众中公正严明的形象，降低了国民对政府行为的信任程度，危害了社会主义经济的发展和国家的长治久安，历来是我党反腐倡廉的主要对象，更是刑法这一利器所打击的重点。早在唐朝，《唐律》中便有了关于受贿罪罪状及其处罚的详尽规定。① 时至当代，我国现行刑法将贪污贿赂犯罪作为专章单列，更突出了刑法惩治腐败的重点，这对有效遏制此类犯罪活动，维护社会健康、稳定发展无疑具有极其重要的意义。我国现行刑法是1997年颁布的《中华人民共和国刑法》，时至今日的20年间历经了九个刑法修正案的修正与补充，刑法日趋完善。其间，关于受贿罪的刑事立法也发生了重大变化，对我国反腐工作的开展影响深远。本文拟对1997年刑法颁行20年来受贿罪刑事立法进行梳理和析评，并论其未来的进一步完善。

一、1997年后我国刑法受贿罪之立法演变概况

1997年3月14日，第八届全国人民代表大会第5次会议修订了《中华人民共和国刑法》，并于当年10月1日实施。其中关于受贿罪的规定，是在1979年刑法及《关于惩治贪污罪贿赂罪的补充规定》的基础上修改形成的，并规定在分则第八章贪污贿赂罪中。② 在《中华人民共和国刑法修正案（九）》出台之前（以下简称《修九》），刑法第385条规定："国家工作人员利用职务上的便利，索取他人财物的，或者非法收受他人财物，为他人谋取利益的，是受贿罪。国家工作人员在经济往来中，违反国家规定，收受各种名义的回扣、手续费，归个人所有的，以受贿罪论处。"这是对受贿罪概念的界定。第388条规定："国家工作人员利用本人职权或者地位形成的便利条件，通过其他国家工作人员职务上的行为，为请托人谋取不正当利益，索取请托人财物或者收受请托人财物的，以受贿罪论处。"这是关于斡旋受贿的规定，是1979年刑法和1988年《关于惩治贪污罪贿赂罪的补充规定》中不具备的内容。第386条规定："对犯受贿罪的，根据受贿所得数额及情节，依照本

---

* 东北师范大学政法学院副教授、硕士生导师，刑法学博士，东北师范大学政治学博士后。

① 高绍先：《中国刑法史精要》，法律出版社2001年版，第293页。

② 现行刑法第八章是由1988年《关于惩治贪污罪贿赂罪的补充规定》和最高人民检察院起草的反贪污贿赂法合编而成。

法第三百八十三条的规定处罚。索贿的从重处罚。”这是关于受贿罪处罚依据即法定刑的规定。

依照刑法第383条的规定处罚，也就是依照贪污罪的法定刑进行处罚。因此，《刑法》所规定的受贿罪法定刑即贪污罪的法定刑，也就是当时刑法第383条之内容：“对犯贪污罪的，根据情节轻重，分别依照下列规定处罚：（一）个人贪污数额在十万元以上的，处十年以上有期徒刑或者无期徒刑，可以并处没收财产；情节严重的，处死刑，并处没收财产。（二）个人贪污数额在五万元以上不满十万元的，处五年以上有期徒刑，可以并处没收财产；情节特别严重的，处无期徒刑，并处没收财产。（三）个人贪污数额在五千元以上不满五万元的，处一年以上七年以下有期徒刑；情节严重的，处七年以上十年以下有期徒刑。个人贪污数额在五千元以上不满一万元的，犯罪后有悔改表现、积极退赃的，可以减轻处罚或者免予刑事处罚，由其所在单位或者上级主管机关给予行政处分。（四）个人贪污数额不满五千元，情节较重的，处二年以下有期徒刑或者拘役；情节较轻的，由其所在单位或者上级主管机关酌情给予行政处分。对多次贪污未经处理的，按照累计贪污数额处罚。”

伴随着社会经济的快速发展，经过十几年的司法实践，依据《修九》前《刑法》中受贿罪的定罪量刑标准而作出的案件判决，其公正性、合理性越发受到质疑，根本原因是受贿罪刑事立法本身存在诸多不合时宜的不当之处（下文详细解读）。在学界和司法界的大力呼吁下，2015年8月29日第十二届全国人民代表大会常务委员会第十六次会议通过了《修九》，对贪污受贿罪法定刑作出了重大修改，将刑法第383条修改为：“对犯贪污罪的，根据情节轻重，分别依照下列规定处罚：(一）贪污数额较大或者有其他较重情节的，处三年以下有期徒刑或者拘役，并处罚金。(二）贪污数额巨大或者有其他严重情节的，处三年以上十年以下有期徒刑，并处罚金或者没收财产。(三）贪污数额特别巨大或者有其他特别严重情节的，处十年以上有期徒刑或者无期徒刑，并处罚金或者没收财产；数额特别巨大，并使国家和人民利益遭受特别重大损失的，处无期徒刑或者死刑，并处没收财产。对多次贪污未经处理的，按照累计贪污数额处罚。犯第一款罪，在提起公诉前如实供述自己罪行、真诚悔罪、积极退赃，避免、减少损害结果的发生，有第一项规定情形的，可以从轻、减轻或者免除处罚；有第二项、第三项规定情形的，可以从轻处罚。犯第一款罪，有第三项规定情形被判处死刑缓期执行的，人民法院根据犯罪情节等情况可以同时决定在其死刑缓期执行二年期满依法减为无期徒刑后，终身监禁，不得减刑、假释。”此为1997年《刑法》实施20年以来首次对贪污受贿罪法定刑作出的重大修改，可以肯定的是，无论是量刑依据或是量刑幅度相比之前都更趋合理。然而具体标准的把握仍然是需要进一步明确的问题。鉴于此，2016年4月18日起开始实施《关于办理贪污贿赂刑事案件适用法律若干问题的解释》（以下简称《解释》），对贪污、受贿罪的相关量刑数额作出了进一步的规定，明确了何为数额较大、“数额巨大”、“数额特别巨大”，以及何为“其他较重情节、其他严重情节、其他特别严重情节”。

在《修九》出台之前，受贿罪的定罪量刑标准一直是刑法学界争论的焦点之一，各宗争论当属受贿数额的设定模式问题最为热烈。《修九》最终对此问题作出了回应，为了消除“为数额论”的立法立场，在改变数额规定模式的同时还加入了“情节”这一定罪量刑要素，这无疑是受贿罪刑事立法上的一大进步。然而，笔者始终认为，问题的关键并非是如何规定数额的问题，而是数额能否作为主要定罪量刑标准的问题，且当下又出现了需要思考的另一个问题，即作为定罪标准之一的情节要件，运用起来无论在理论上还是实践中是否适当，下文将对此展开论证。

二、“数额”之于受贿罪刑事立法依据的适当性考量

（一）罪质差异性角度对“贪贿”同罚立法模式适当性之考量

若要探讨受贿罪定罪量刑的依据，首先我们应从宏观角度厘清通常意义上法定刑设置的总体依据是什么。我们知道，犯罪的本质乃法益的侵害性，亦即犯罪行为的社会危害性。法定刑中的最高与最低刑要与犯罪行为所具备的应受刑罚处罚程度的社会危害性之大小相适应，作为划分法定刑刑度之依据的量刑情节也需要体现犯罪行为的社会危害性，而主要量刑情节更应是犯罪行为社会危害性程度的主要表现，而这种社会危害性则要通过犯罪行为对客体所造成的侵害或威胁得以体现。

贪污罪的客体是职务行为的廉洁性和公私财产所有权。贪污行为的行为方式是将属于所在单位的财物据为己有。因此，其本质是利用职务之便实施的侵犯财产性权利的犯罪。贪污的财物数额越大说明犯罪行为的社会危害性就越大，其职务行为的廉洁性和公私财产所有权（客体）所受到的损害或侵害程度就越严重。因此，贪污所得数额之大小能够体现犯罪客体所受侵害的程度，且贪污所得数额之大小也是行为人职务行为廉洁性所受损害程度的直接表征。因此，以犯罪所得数额为基础设置法定刑、划分法定刑幅度是合理的。

受贿罪的客体是职务行为的廉洁性（不可收买性），而主要量刑情节和刑罚幅度的划分依据是受贿所得财物数额。那么，受贿所得数额是否能够反映该罪客体所受侵害之程度呢？换言之，受贿所得财物的数额是否足以在最大程度上反映受贿罪的社会危害性呢？对此笔者持否定态度。试举一种情况予以说明：某国家工作人员收受100万元现金贿赂，将已经符合建筑工程质量标准的建筑予以验收，在出具验收报告的工作限期内的前三天就将验收报告递交验收申请人；某国家工作人员收受了30万元现金，将不符合建筑工程质量标准的建筑予以通过验收。试问，这两种情形之下国家工作人员收受的贿赂数额差距如此悬殊，哪一种情形下的社会危害性更大呢？第一种情形虽然收受的贿赂财物数额巨大，但却没有违背公职的情形发生，只是在规定期限内尽快出具了验收报告而已；第二种情形虽然比第一种情形下的受贿财物数额小很多，但该国家工作人员却严重违背了职责，为行贿人谋取了不正当利益。很显然，第二种情形的社会危害性更大。那么能够反映这种社会危害性程度的主要因素是什么呢？显然不是受贿所得数额，而是国家工作人员对其职务行

为和职责的违背程度。因此，将受贿罪与贪污罪设置以同款罪刑评价标准，且以数额为划分受贿罪罪刑层次，即法定刑幅度的主要依据缺乏充分的理论基础。

（二）既有受贿罪认定标准之于罪质的契合性分析

1. 数额标准

我们知道，受贿罪本质是被收受贿赂之行为所侵害的职务行为廉洁性。职务行为廉洁性受侵害的程度是受贿行为社会危害性程度的体现。如前所述，受贿数额无法从本质上体现受贿罪的社会危害性程度，且从实践中的情况来看，受贿罪的隐蔽性导致很多受贿财物的数额难以查实，司法人员疲于搜集受贿数额方面的证据，甚至有依靠“坦白从宽、抗拒从严”才能获取这方面确切证据的奇怪倾向。[①] 此外，以受贿数额为主要的定罪量刑依据，不利于将非物质受贿之情形纳入犯罪框架之中，无形中缩小了受贿罪的打击范围。而且，金钱数额的实际价值易受到国民经济发展水平的影响，同样数额的金钱在不同历史时期的价值有很大差距，正如孟德斯鸠曾经深刻地指出：“法律要有所规定时，应当尽量避免用银钱做规定。无数原因可以促使货币的价值改变，所以改变后同一金额已不再是同一的东西了。”[②] 正是基于如是种种原因，以确定的数额作为受贿罪定罪量刑的主要依据并不可取这一点已成为共识，考虑到法律条文应具有相对稳定性，《修九》采取了概括式的数额规定模式，如数额较大、数额巨大、数额特别巨大，并在司法解释中明确具体的数额标准。即便如此，从法定刑设置的根本依据角度去衡量，将受贿财物的数额作为受贿罪定罪量刑的主要依据体现在法律条文之中，即仍将受贿数额作为衡量受贿罪之罪刑量化的主要标准，这种模式仍然缺乏足够的科学性。然而，收受财物的行为毕竟是受贿罪的主要实行行为之一，收受的财物越多，反映出受贿人的贪念程度越深，主观恶性也会随之加重，所以在量刑上应对受贿财物的数额从恰当的角度给予充分的考虑是毫无疑问的。

2. 其他情节标准

《修九》关于受贿罪法定刑修订的另一变化是在数额之外规定了情节，将情节作为受贿罪定罪量刑的另一权重标准，相对于先前的受贿罪法定刑而言，能够更加全面地反映出受贿行为的社会危害性。那么我们需要思考的另一个问题便是这些情节是否都能够在本质上反映出职务行为的廉洁性所受侵害之程度。

《解释》明确了《修九》有关“数额较大、数额巨大、数额特别巨大”和“其他较重情节、其他严重情节、其他特别严重情节”的具体标准和情形。根据《解释》的规定，以上情节具体包括：（1）多次索贿的；（2）为他人谋取不正当利益，致使公共财产、国家和人民利益遭受损失的；（3）为他人谋取职务提拔、调整的；（4）曾因贪污、受贿、挪用公款受过党纪、行政处分的；（5）曾因故意犯罪受过刑事追究的；（6）赃款赃物用于非法活动的；（7）拒不交待赃款赃物去向或者拒不配合追缴工作，致使无法追缴的；（8）造成恶劣影响或者其他严重后果的。其

① 鲍永红：《受贿罪法定刑之评析与探讨》，载《黑龙江省政法管理干部学院学报》2004年第4期。

② ［法］孟德斯鸠：《论法的精神》，许明龙译，商务印书馆2009年版，第297页。

中，前三项单独适用于受贿罪的认定，后五项在受贿罪和贪污罪的认定中均可适用。

笔者认为，在以上八项情节中，恰恰只有前三项可以体现出行为人对职务行为廉洁性的侵害，其原因在于该三项情形下行为人必然要在不同程度上违背职责义务，如“索贿”违反了公职人员廉洁自律的职责义务；“为他人谋取不正当利益，致使公共财产、国家和人民利益遭受损失”违反了公平公正履行职责和维护公民、国家、集体利益的职责义务；“为他人谋取职务提拔、调整的”，同样违反了公平、公正履行人事管理职责的义务。而以上义务，均是公职人员所应遵守的本职义务，违反本职义务就是对职务行为廉洁性最直接的侵害，甚至无须以任何受贿财物的给予为前提。而后五项情节显然与行为人职责义务本身没有任何联系，只是在不同侧面反映行为人人格、主观罪恶程度和人身危险性，以及是否配合司法人员工作等罪后表现，而是否有前科、是否配合司法人员的工作等在其他罪名之下通常是作为量刑情节予以考虑的，而非作为定罪或导致法定刑升格之情节。在这样的模式之下，可能面临实践操作和理论上的双重困境：

其一，上述情节即便在受贿罪定罪过程中没有运用，在量刑过程中仍然可能被考虑，甚至可能在定罪和量刑两个环节重复使用。例如，受贿罪定罪数额现在为3万元，如未达到3万元，但在1万元以上3万元以下，且具备前述特殊情节之一的，就应当被认定为具备“其他较重情节”，应予定罪，而在定罪后极有可能发生被认为“构成受贿罪且具备某种情节”从而被加重处罚的情况。同样情节在定罪和量刑两个环节都被考虑，是违反禁止重复评价原则的做法，而这样的情形原本在司法实务中就经常发生，在受贿罪当前的罪刑设置模式下，这样的情形其发生概率很容易被再度提高，因此，必须严格防止此种情形的发生①，首先就需要从罪刑的设置层面去除容易导致这种情形发生的因素。

其二，《解释》所具体明确的八种情节中，第四项是对行为人的既往行为在党纪及行政层面所受过非刑法处罚的考量，第七项是对行为人的罪后行为相对于司法工作的推进而言所存在之意义的考量。我们知道，在现有受贿罪的法定刑中，虽然只有第一个量刑层次中的情节涉及是否构成犯罪的问题，其他几个量刑层次中的情节其作用均是在构成犯罪的前提下决定适用哪个量刑空间，即决定法定刑是否升格适用。然而，量刑空间的选择亦应是对行为社会危害性程度的本质性判断，在此基础上，通过其他情节，如是否有自首、立功，是否积极配合司法人员的工作等去辅助调整具体刑期的最终判定，这在司法实践中是通常的做法。但是如果反过来，将诸如是否配合司法工作的开展等案件侦办过程中的罪后情节作为选定量刑空间的依据，于法理不通，原因在于此类情节与犯罪行为本身并无关系，且从某个角度讲属于事后鼓励性政策，无法从本质上体现出犯罪行为本身的社会危害性。所以，《解释》中所规定的情节之具体内容作为划定不同层次量刑空间的依据是否妥当，值得深入思考。

---

① 周光权：《论受贿的情节——基于最新司法解释的分析》，载《政治与法律》2016年第8期。

三、我国受贿罪刑事立法模式的进一步完善

目前我国受贿罪的主要定罪量刑标准之一为行为人收受贿赂的数额。从犯罪客体的角度来说，由于受贿数额的大小无法反映受贿罪的行为本质，因此，以受贿数额为主要处罚标准和划分法定刑幅度的主要依据缺乏足够的科学性。

（一）行为人违背职责义务之程度应为受贿罪刑事立法的主要依据

受贿行为人违背职责义务的程度能够反映出受贿罪的客体受到侵害的实质程度，并能够反映出行为的社会危害性之所在。如前所述，受贿罪的客体是职务行为的廉洁性。这种廉洁性应当包括以下两个层面的含义：一是所得报酬来源具有唯一性。公职人员作为国家事务的管理者，除了国家派发的薪酬之外，不能再基于自身的职务收取任何其他主体给予的报酬或奖励，由此，即便公职人员没有基于自身职务有任何的作为或不作为，仅基于自身的职务属性而接受他人无故之利益，就已经侵害到了公职人员职务行为的廉洁性。这种贪念，已经严重损害了公职人员在普通民众心中的廉洁形象，影响公民对国家事务管理者的信任度，违背了廉洁自律的职责操守。二是忠于职守的必然性。作为国家公职人员，其职责是代表国家管理社会事务，应当按照国家的一切规定和制度履行自己的职责义务，恪尽职守。照章办事是职责所在，不得因此收受他人给予的任何利益、好处，此为起码之要求；违章办事、颠倒黑白、贪赃枉法，则是在更深层次对公职人员职责义务的违背，即便没有约定任何利益，也严重违背了公平、正义的社会理念，对公职人员职务行为的廉洁性造成了根本的侵害。具有这两个层面属性的行为，可以排列组合出不同具体情形，反映出行为人违背职责义务的不同程度的同时，更能够直观地揭示出受贿罪不同层次的社会危害性和受贿罪客体受到侵害的程度。据此，就可以将纷繁复杂的受贿行为分出不同的具体类型和罪名，便于对各种情形下受贿罪的认定和处罚，正如高铭暄教授所言："对犯罪进行分类，是为了更好地认识各类犯罪的特殊本质，为正确处理犯罪案件创造条件。"① 然而，目前受贿罪法定刑的立法则在客观上忽略了受贿罪的本质属性，这是需要在立法上进行改进的根本原因之所在。

综观各法系主要代表性国家的立法，法定刑中所确立的受贿罪的处罚标准几乎无一例外均为行为违背职责义务的程度，只是这种程度在划分的精细程度上有所差别。② 这也能够从另一个侧面说明以行为违背职责义务的程度作为对受贿罪的主要处罚标准，是能够得到普遍认可的。同时，这种立法模式在各国也历经了长期的实践检验，其科学性和实效性也得到了充分的验证。

（二）受贿罪系列罪名的立法模式应为恰当选择

在众多国家的相关立法例中，笔者认为日本受贿罪法定刑的设置相对合理。日

① 高铭暄：《中国刑法学》，中国人民大学出版社1989年版，第330页。

② 于雪婷、王莘子：《受贿罪罪刑设置模式研究——基于法定刑设置依据的思考》，载赵秉志主编：《刑法论丛》2017年第2卷。

本刑法将受贿罪分为七个具体罪名，[①] 几乎涵盖了受贿罪的所有行为样态。而其他国家有的将受贿罪只区分为受贿枉法和不枉法两种情形，有的区分为三种情形，虽然这些国家对受贿罪的处罚所采用的依据同样是行为违背职责义务的程度，但是对于区分受贿罪具体情形的客观需要而言，这种立法方式还是过于粗略，很多具体问题恐怕还要交由司法程序和法官的自由裁量予以解决。各国的司法程序和制度不尽相同，因此在对犯罪具体情形的区分上，粗略抑或是细致孰优孰劣，不能一概而论。但是作为以成文法为审判依据的我国，很多司法制度尚待完备，司法人员的专业素质参差不齐，在这种前提下，对于形式复杂的犯罪而言，在法定刑上采取相对细致的立法方式也许是更好的选择。

虽然笔者倾向借鉴日本式的受贿罪法定刑的规定思路，但是并不赞同将类似日本受贿罪中的“公务员或仲裁人，有关其职务，收受贿赂，或者要求或者约定贿赂”的情形一概犯罪化。有关职务而收受贿赂，已经侵害到了公职人员职务行为的廉洁性（第一层面的廉洁性），将其规定为犯罪理所当然。然而，有关职务仅仅要求或约定贿赂，而没有付诸实际行动，行为只停留在思想意识的层面，既没有贿赂行为也没有实质的违背职务行为廉洁性的行为，更谈不上违背职责义务，因此，将这种情形规定为犯罪，未免有扩大打击范围之嫌。正如贝卡里亚所言，“法律不惩罚意向”，类似的说法还有“法律不禁止思想、思想不是法律惩罚的对象”等，这些正是禁止主观归罪的思想基础。当然，“意向”或“思想”需要与“犯意”或“犯罪预备”严格区分开来，同样如贝卡里亚所言，“制止犯意需要借助刑罚”。但是这种犯意必须通过客观行为明确表露出来并对法益造成紧迫的威胁时，方能动用刑罚手段予以惩罚，如某人以勒索他人钱财为目的，预谋绑架他人作人质，并为犯罪准备工具，寻找被害人，实际上已严重威胁到现行《刑法》所保护的公民的人身和财产安全，其行为已构成绑架罪（预备），因而应承担刑事责任。然而，有关职务要求或约定贿赂的情形只能算是一种意向，而且这种意向必须付诸实际行动才具有可受刑罚处罚之必要，这就如同某人指名道姓扬言要杀掉该人，这种明确的意思表达并无对其施以刑罚处罚之必要。

综上，《修九》中有关贪污受贿罪的立法修改是具有极大积极意义的，使得贪污受贿罪整体在定罪量刑标准的科学性上有了实质性的提升。然而，当下在以《解释》作为具体指导的司法实践过程中，仍然存在诸多亟待解决的理论及实务方面的问题，其中一个主要方面便是各量刑幅度中具体数额的衔接与把握，依照《解释》中所确定的数额标准仍然会导致量刑不均衡的现象出现。解决这个问题的根本办法应当是改变我国现行《刑法》对受贿罪仍然主要“计赃论罪”的处罚标准和罪刑规定模式，重新审视受贿数额角色之应然定位，建立一套科学的且适合我国国情的处罚标准和法定刑规定模式。这种标准和模式应当是以行为违背职责义务之程度为

---

① 日本现行《刑法》于1908年生效。其中，受贿罪共规定了七个罪名，即第197条至第197条之四的单纯受贿罪、受托受贿罪、事前受贿罪、向第三者提供贿赂罪、加重受贿罪、事后受贿罪、斡旋受贿罪。参见于雪婷、王莘子：《受贿罪罪刑设置模式研究——基于法定刑设置依据的思考》，载赵秉志主编：《刑法论丛》2017年第2卷，第407页。

主、其他标准为辅的综合体系，类似于有的学者所说的“有必要对我国现行《刑法》以财物数额为基础的处罚标准体系进行调整。改为根据贿赂的性质、行为的社会危害程度、对国家机关声誉及正常活动的破坏程度等各种情节进行综合考虑，重新设置并建立以‘犯罪情节’作为贿赂犯罪处罚标准的体系”。①

① 刘璐、张东霞：《试论我国刑法与〈联合国反腐败公约〉的协调与立法完善》，载《中国人民公安大学学报》2005年第1期。

论贪污贿赂犯罪数额规定之立法完善

罗　猛*

犯罪数额以及情节在我国刑事立法中具有重要意义，其直接表明了行为的社会危害性程度，根据它们将行为分为一般违法行为与犯罪行为，而情节也往往转化成数额、次数、后果等可以计量的单位。有些人将腐败犯罪又称为经济犯罪，因为它总是与一定数额的金钱相联系，所以，注定了以占有一定数量的财产作为贪污贿赂等腐败犯罪的犯罪构成或者处罚标准，这也是我国反腐败犯罪立法的特点之一。有学者将犯罪数额分为定罪数额与量刑数额，定罪数额是行为构成犯罪的最低数额条件；而量刑数额是指确定行为人刑罚幅度的数额。①

一、刑法关于贪污贿赂犯罪数额规定之立法沿革

我国 1997 年《刑法》第 383 条是贪污罪的定罪处罚标准，共分了四个层次，一是个人贪污数额在 10 万元以上的，处 10 年以上有期徒刑或者无期徒刑，可以并处没收财产；情节特别严重的，处死刑，并处没收财产。二是个人贪污数额在 5 万元以上不满 10 万元的，处 5 年以上有期徒刑，可以并处没收财产；情节特别严重的，处无期徒刑，并处没收财产。三是个人贪污数额在 5000 元以上不满 5 万元的，处 1 年以上 7 年以下有期徒刑；情节严重的，处 7 年以上 10 年以下有期徒刑。个人贪污数额在 5000 元以上不满 1 万元，犯罪后有悔改表现、积极退赃的，可以减轻处罚或者免予刑事处罚，由其所在单位或者上级主管机关给予行政处分。四是个人贪污数额不满 5000 元，情节较重的，处 2 年以下有期徒刑或者拘役；情节较轻的，由其所在单位或者上级主管机关酌情给予行政处分。可见，一般以 5000 元作为贪污罪的起刑点和定罪标准，但是贪污数额不足 5000 元、情节较重的也构成犯罪，可处 2 年以下有期徒刑或者拘役。另外，根据《刑法》第 386 条的规定，犯受贿罪的，依照贪污罪的规定处罚，索贿的从重。学界也把这种定罪量刑立法模式称为“绝对数额+情节”标准。②

在 1997 年《刑法》实施的十余年间，学者对腐败犯罪的立法模式提出了若干的批评和建议，理由在于：第一，这种立法模式难以全面适时反映贪污受贿个罪的社会危害性。第二，不能充分体现罪责刑相适应原则。第三，难以让公众在贪污受

* 北京市海淀区人民检察院党组成员、政治处主任，法学博士。

① 参见董邦俊：《贪污罪新论》，中国方正出版社 2004 年版，第 274 页。

② 参见赵秉志主编：《〈中华人民共和国刑法修正案（九）〉理解与适用》，中国法制出版社 2016 年版，第 324 页。

贿案件中都能感受到公平正义。第四，不利于刑罚对贪污受贿犯罪预防作用的发挥。① 贪污受贿罪定罪量刑存在的问题，越来越难以适应转型期反腐败的现实需要，在一定程度上影响了我国反腐败的效果和力度，亟待改革完善。

基于此，2015 年《刑法修正案（九）》对贪污、受贿罪的定罪量刑立法模式进行了修改，其将《刑法》第 383 条修改为："对犯贪污罪的，根据情节轻重，分别依照下列规定处罚：(一）贪污数额较大或者有其他较重情节的，处三年以下有期徒刑或者拘役，并处罚金。(二）贪污数额巨大或者有其他严重情节的，处三年以上十年以下有期徒刑，并处罚金或者没收财产。(三）贪污数额特别巨大或者有其他特别严重情节的，处十年以上有期徒刑或者无期徒刑，并处罚金或者没收财产；数额特别巨大，并使国家和人民利益遭受特别重大损失的，处无期徒刑或者死刑，并处没收财产"。此次修正案对受贿罪依照贪污罪处罚的形式没有改变。这种模式称为"概括性数额+情节"定罪量刑标准，即原则规定数额较大或者情节较重、数额巨大或者情节严重、数额特别巨大或者情节特别严重三种情况，同时改变了之前依据刑罚从重到轻排列法定刑，而按照刑法中通常的依据刑罚从轻到重的顺序规定了三个档次。②

二、贪污贿赂犯罪数额之立法与司法迷思

《刑法修正案（九）》修改的好处是取消了定罪数额与量刑数额的规定，使得刑法条文可以适应不断变化的社会需要；但是从修改之后的一段时间看，立法的不明确性又给司法机关出了难题。长期以来，我国在立法上，刑法犯罪社会危害性多以数额犯、情节犯的形式出现，而数额标准、情节标准又归之于立法机关、最高司法机关的立法、司法解释予以细化；在司法上，司法解释长期限制司法工作者的自由裁量权，使得司法工作者思维较为僵化，患上司法解释依赖症。所以，对于《刑法修正案（九）》中贪污受贿罪处罚的概括性规定，在没有立法、司法解释细化的情况下，司法机关不知道如何适用这些条款，问题之一是贪污、受贿是不是还有定罪数额的明确司法解释要求，之二在于量刑情节中的数额较大、数额巨大与数额特别巨大如何把握。结果就是，在《刑法修正案（九）》出台以后，社会坐等司法解释之前的这一段真空期：一方面，侦查机关还按照之前的立案数额标准立案；另一方面，审批机关对于量刑情节把握不准而难以对案件作出判决，司法人员目前的心态就是等待立法机关或者最高司法机关的立法、司法解释。

以腐败犯罪中的贪污、受贿为例，根据 1997 年《刑法》的规定，贪污、受贿犯罪的起刑点（又称定罪标准、立案标准）规定为 5000 元。但是从实际情况看，各地已突破贪污、受贿 5000 元即应立案侦查的法律界限，普遍存在自行提高立案标准的现象。其中，经济发达地区贪污、受贿的立案标准一般控制在 5 万元以上，

① 参见赵秉志主编：《〈中华人民共和国刑法修正案（九）〉理解与适用》，中国法制出版社 2016 年版，第 324-325 页。

② 参见赵秉志主编：《〈中华人民共和国刑法修正案（九）〉理解与适用》，中国法制出版社 2016 年版，第 325-326 页。

经济欠发达地区立案标准也提高到2~5万元，贪污、受贿1万元以下的已很少立案侦查。据统计，从2008~2012年，全国检察机关共立案侦查1万元以下的贪污案1763件，仅占贪污案数的4%，受贿案929件，仅占受贿案数的1.8%。这并非1万元以下的案件少了，而是绝大多数1万元以下的案件均没有被立案查处。而且，还出现了在同一个地方对不同的人也执行不同的立案标准，对级别较高的领导干部立案数额标准要远高于对一般干部的标准，对县处级干部贪污、受贿至少要10万元以上，党委才会同意立案的情况。

1997年《刑法》规定的贪污、受贿犯罪的起刑点在当时是符合我国经济社会发展状况的，也为司法机关认定罪与非罪提供了具体依据。各地高于法定标准掌握立案标准，既有合理因素，也有非正常因素；既有主观原因，也有客观原因。主观上，主要是一些检察机关片面突出查办大要案、片面理解宽严相济的刑事政策；但更主要的是随着我国经济的飞速发展，1997年确定的起刑点已经不能适应当前惩治贪污、受贿犯罪的新形势、新变化。严格执行这种标准，打击面会太大，但各地自行掌握立案标准，也不利于规范执法。

三、关于贪污贿赂犯罪数额之完善

对于在刑法中规定贪污、受贿犯罪的起刑点历来就有争议。在刑法中规定起刑点的好处是有利于保障反贪污贿赂法律的统一、正确实施，防止政出多门、各行其是。不足之处在于刑法具有稳定性，币值具有灵活性，尤其市场经济条件下物价灵活性更大，故作为定罪基本尺度的犯罪数额不宜规定在具有较长时间稳定性的法典之中，应由司法机关根据不同时期的币值情况作出具体规定；而且我国幅员辽阔，经济发展水平不平衡，沿海、内地与西北边境地区即使在同一时期也不宜适用由刑法来统一规定的数额标准，否则就造成法律形式上的平等掩盖客观事实上的不平等。所以，鉴于1997年《刑法》规定的起刑点已难以执行，2015年《刑法修正案（九）》对贪污受贿罪的立法模式已经进行了修改。经过较长时期的研究论证，2016年4月“两高”出台了《关于办理贪污贿赂刑事案件适用法律若干问题的解释》，规定了贪污受贿数额较大的标准为3万元以上不满20万元，数额巨大的标准为20万元以上不满300万元，数额特别巨大的标准为300万元以上。这实际上是把贪污、受贿犯罪的起刑点提高到了“3万元”。

笔者认为，按照我国的经济发展水平，结合类似犯罪的定罪处罚标准，适当提高起刑点的数额标准，并且在刑法中采用概括性规定，通过司法解释作出更为弹性的规定是合适的，但还有需要进一步完善的地方。主张这种观点的主要理由和考虑是：

第一，从社会危害性看，我国刑法从1997年修订到现在已经20年，其间我国经济社会发生了翻天覆地的变化。2014年我国的人均GDP已达46628.5元，约为1996年人均GDP（5878.4元）的7.93倍，2015年为52000元，约为1996年的8.84倍。同样贪污、受贿5000元，在不同历史阶段其社会危害性是不一样的，当前贪污、受贿5000元的社会危害性已远低于1997年修订刑法时的社会危害性。社会各界对5000元起刑点的认同度也发生了变化，2013年“两会”期间，就曾有代表建议将“贪10万元判10年”改为“贪10万元判1年”[①]。

第二，从立法历史看，1979年刑法没有规定贪污、受贿罪的起刑点标准，但1985年司法解释明确为1000元，1988年全国人大常委会《关于惩治贪污罪贿赂罪的补充规定》，将其提高到2000元；过了不到10年，1997年刑法又将其提高到5000元。由于贪污、受贿行为的社会危害性与贪污、受贿数额密切相关，数额是体现社会危害性的重要因素，适应经济社会的发展和贪污贿赂犯罪的变化，适时提高贪污、受贿的起刑点，既防止打击面太大，也可以防止法纪松弛。这种立法传统表明，贪污、受贿犯罪起刑点不是一成不变的，应当也可以随着形势发展而予以调整完善。

第三，从与盗窃、诈骗罪等犯罪纵向比较看，贪污、受贿与盗窃、诈骗等犯罪虽然性质有别，但却都属于贪利性犯罪，数额都是衡量其行为社会危害性的主要因素。盗窃、诈骗罪的起刑点一直是采取“数额较大”的模糊性、概括性规定，具体立案标准由司法解释加以规定。2013年3月，“两高”将盗窃罪的立案标准从1998年的“500元至1000元以上”提高到“1000元至3000元以上”，实际是适应形势发展缩小了打击面，其社会效果是好的，这种立法模式既可以保持刑法的稳定性，又可以通过司法解释的调整来细化起刑点的数额标准，有利于各地执法的规范化。

第四，从地区差别看，我国幅员辽阔，东、中、西部地区经济社会发展很不平衡。2014年，上海GDP 97118元约是重庆GDP 47694元的2.04倍，第一名天津GDP 103642元约是最后一名贵州26371元的3.9倍。在经济发展如此悬殊的情况下，强求各地立案标准完全一致是非常困难的，但是贪污、受贿作为一种危害国家整体利益的犯罪，各地立案标准差别太大也是不行的。既要有地区差异，但又要防止各地各行其是。事实上，挪用公款犯罪的立案标准全国就没有“一刀切”，而是由最高司法机关规定一定的幅度，授权各省级司法机关在规定的幅度内制定本地区的立案标准。挪用公款可以如此操作，从理论上讲，贪污、受贿也可以比照执行。

第五，从立法技术看，这种立法技术应该说是罪刑法定原则的过度张扬，即力求法律的严密和准确，防治司法擅断。这固然是为了突出打击重点、提高打击效率而进行的立法安排，但是这样的立法极大地限制了司法人员的司法能动性与自由裁量权，给人的印象是法网疏漏，立法僵硬，难以实现我国严惩腐败的基本国策。如果将来刑法要将诸如“性贿赂”之类无法用金钱数量来衡量的财产性利益行贿的行为入罪的话，则数额犯的规定将无法实现。有学者早就提出，随着社会的发展变化，贿赂犯罪的对象不能拘泥于财物，而应该将其扩大至财产性利益。还有学者也提出来除财物以及财产性利益外，还应当把诸如招工招干、提拔提职、安排出国留学、吃喝玩乐、性服务等非财产性利益也纳入贿赂的范围。[②] 这其中提议最多的就是将性贿赂入罪问题，从司法实践来看，性贿赂主要有两种形式：一种是一方为谋

① 参见高斌：《零容忍：“一分钱”的腐败也是腐败》，载《检察日报》2013年3月26日。

② 转引自陈兴良：《关于贿赂的比较研究》，载《法学家》1993年第5-6期。

取不正当利益将自己与国家工作人员进行的权色交易；另一种是一方为谋取不正当利益而为国家工作人员的性服务出资的行为。性贿赂“不再仅仅关系性交易当事人的道德健康，而构成了对国家工作人员公职行为不可收买性或廉洁性的肆意亵渎，其行为不仅具有伦理上的可责难性，而且具有刑法上的可罚性，因而进入了刑法应当干预的视野”①。但是由于我国刑法关于贿赂犯罪“以赃论罪”的立法模式阻碍了对那些以非财产性利益进行贿赂行为的评价，所以改变这种状况的路径就是取消贿赂犯罪关于数额的规定。

由此，在取消刑法中贪污贿赂犯罪关于绝对数额的规定后，首先要面临的就是确定衡量社会危害性轻重的起刑点数额。本文认为，贪污受贿数额较大的标准应该按照我国人均 GDP 发展水平予以确定，结合我国当前的经济发展水平，“两高”《关于办理贪污贿赂刑事案件适用法律若干问题的解释》中将标准定为 3 万元，与我们一直主张的 3 万元至 5 万元是相符的，是适宜的。其次，情节严重、特别严重的主要表现形式，如次数多少、后果、对象性质（如接受性贿赂、毒贿赂等）等由立法机关或者最高司法机关作出类型化规定，并辅之以兜底性条款。最高人民法院、最高人民检察院《关于办理贪污贿赂刑事案件适用法律若干问题的解释》对如何判断情节严重、情节特别严重规定了较为清晰的标准同时设定兜底条款，是可取的。如判断贪污罪中的情节严重，根据该司法解释第 1 条和第 2 条，贪污数额在 10 万元以上不满 20 万元的，未达到贪污数额巨大的标准，但具备以下情节之一的，即可认定为“有其他严重情节”，升格法定刑幅度：“（一）贪污救灾、抢险、防汛、优抚、扶贫、移民、救济、防疫、社会捐助等特定款物的；（二）曾因贪污、受贿、挪用公款受过党纪、行政处分的；（三）曾因故意犯罪受过刑事追究的；（四）赃款赃物用于非法活动的；（五）拒不交待赃款赃物去向或者拒不配合追缴工作，致使无法追缴的；（六）造成恶劣影响或者其他严重后果的。”但遗憾的是，此次刑法修订和司法解释并未将性贿赂等非财产性利益纳入贪污贿赂犯罪的对象范围，有待立法上的进一步完善。最后，在立法机关或者最高司法机关确定了全国统一的标准基础上，可以由地方立法机关或者司法机关根据本地经济、社会发展水平来进行二次评价规定，确定本地区的贪污贿赂犯罪起刑点标准。可以采取地方标准报最高司法机关备案或报批的制度。当然，这一方面需要地方立法机关有较高的立法水平，另一方面需要司法官员有较高的自由裁量水平。

除此之外，还要注意贪污罪与其他侵财类犯罪之间的定罪处罚平衡问题。贪污与盗窃都属于侵财类犯罪，世界不少国家对贪污与盗窃的处罚基本一致，如《意大利刑法典》中关于贪污罪和盗窃罪的规定。其一，关于贪污罪处罚的规定，体现在如下条文中：第 314 条规定，公务员或受委托从事公共服务的人员，因其职务或服务的原因占有或者掌握他人的钱款或动产，将其据为己有的，处以 3 年至 10 年有期徒刑。第 316 条“利用他人的错误贪污”的规定，公务员或受委托从事公共服务的人员，在行使其职务或服务时，利用他人的错误，为自己或第三人非法接受或者

---

① 梁根林：《刑事政策：立场与范畴》，法律出版社 2005 年版，第 212 页。

保留钱款或其他利益的，处以 6 个月至 3 年有期徒刑。第 316-2 条规定，“侵吞国家财产”的，处 6 个月至 4 年有期徒刑。第 316-3 条规定，“非法获取国家的捐助”的，处 6 个月至 3 年的有期徒刑。其二，关于盗窃罪处罚的规定，体现在如下条文中：第 624 条规定，为自己或他人获取利益的目的，使他人的财产脱离持有人的控制，将其据为己有的，处以 6 个月至 3 年有期徒刑和 154 至 516 欧元罚金。第 624-2 条规定，“入室行窃和抢夺”处 1 年至 6 年有期徒刑和罚金，情节加重的处 3~10 年有期徒刑和罚金。[①] 又如《日本刑法典》第 253 条“业务侵占罪”的规定：侵占在业务上由自己占有的他人财物的，处 10 年以下惩役。第 235 条“盗窃”的规定：窃取他人财产的，是盗窃罪，处 10 年以下惩役。[②] 由此可见，意大利刑法关于贪污与盗窃的处罚标准差不多，日本刑法对二者的处罚相同。而目前我国刑法对盗窃罪的处罚是，盗窃数额较大（1000 至 3000 元以上）处 3 年以下有期徒刑、拘役或者管制，并处或者单处罚金；盗窃数额巨大（3 万元至 10 万元以上）的，处 3 年以上 10 年以下有期徒刑，并处罚金；数额特别巨大（30 万元至 50 万元以上）或者有其他特别严重情节的，处 10 年以上有期徒刑或者无期徒刑，并处罚金或者没收财产。由此可见，盗窃罪的处罚与《刑法修正案（九）》规定的贪污贿赂罪处罚差别较大，确实存在不平衡的问题。《刑法修正案（九）》对于贪污罪的处罚与盗窃罪、诈骗罪等侵财类犯罪处罚的协调问题值得认真考虑，如何调整才能够使罪责刑相适应原则得到恰当落实的问题需进一步解决。

① 参见《最新意大利刑法典》，黄风译，法律出版社 2007 年版。
② 参见《日本刑法典》，张明楷译，法律出版社 2006 年版，第 89-93 页。

我国财产申报制度与刑法反腐制度衔接

张曙光*

“标本兼治、综合治理、惩防并举、注重预防”是我国反腐败斗争中的指导方针。根据这一方针，对于腐败问题，我们既要治“标”，也要治“本”；既要有严厉的法律制裁手段，更要有一般性的预防儆戒制度。然而，一直以来我国反腐斗争的“支柱”性手段仍是针对孤立犯罪和个人的刑罚惩治，缺乏强有力的、具有涵盖性的预防、儆戒机制。① 我们更应当在预防腐败方面进行制度创新。从各国反腐斗争经验来看，建构一种能与刑法制度“联袂”的公职人员财产申报制度是关键一环。

一、反腐视角下的财产申报制度与刑法制度的一般关系

大致而言，财产申报制度是指法定范围内的国家公职人员依照法定的期限和方式，向有关机关如实申报其财产状况及变化情况，并接受有关机关监督检查的法律制度。② 其特点是通过对公职人员“物”的直接监控来间接防范公职人员的贪腐行为，这是对直接监察公职人员行为的传统制度的有效补充。二百余年来，财产申报制度不断发展演变，已成为现代民主法治国家普遍实行且行之有效的反腐利器、治本之策，有“阳光法案”、“终端反腐”之誉。③

从整个反腐斗争视角观察，如果说刑法制度反腐主要体现在对腐败行为的惩治上，那么财产申报制度反腐主要体现在对腐败行为的预防上。财产申报制度要求公职人员按规定向有关机关申报财产收入、接受有关机关的监督检查，如果违反这种义务，就根据情况给予纪律、行政、经济乃至刑事制裁。这种对公职人员的财产状况的常规性、普遍性的监督和对违反义务的有效惩治，会大幅减少腐败现象的发生，防止任由大量轻微的贪腐行为发展为严重的犯罪。联合国下属有关机构④编写的《反对腐化实际措施手册》（以下简称《手册》）指出了财产申报制度的基本功能：“可以实现警告和预报，据此可以看出一个公职人员的消费水平和生活方式是否与其收入相符，如不相符，即可要求其作出解释，或对其进行监督观察。”⑤

---

* 井冈山大学副教授，法学博士。

① 刑法针对的是严重的孤立的个人侵犯统治秩序的行为，贪腐犯罪虽然较多，但受到刑事惩治的毕竟是少数，可以视之为对“点”的反腐措施。相应地，对全体或大多数公职人员的一般性的预防性、儆戒措施是对“面”的或具有覆盖性的措施。

② 参见胡隽：《公务员财产申报制度亟待立法完善》，载《检察日报》2008 年 4 月 21 日第 3 版。

③ 财产申报制度起源于 240 多年的瑞典家庭财产收入申报制度。1766 年，瑞典公民就有权查看从一般官员直到首相的纳税清单。此外，还有一种说法认为财产申报作为一项法律制度，始于 1883 年英国的《净化选举，防止腐败法》。

④ 全称是联合国社会发展和人道主义事务中心预防犯罪和刑事司法处。

⑤ 转引自赵秉志、赫兴旺：《论中国公职人员财产申报制度及其完善》，载《政法论坛》1995 年第 5 期。

“最好的社会政策就是最好的刑事政策”，财产申报制度作为一种预防法、常法，应当在反腐败问题上发挥首要的、主要的作用。刑法作为最后手段法、事后法、非常法，是社会在不得已的情况下才采取的手段，应起次要的、辅助作用。这是二者在反腐斗争中的基本地位关系，不能颠倒。这才符合我国“惩防并举，重在预防”的方针。

同时，财产申报制度反腐与刑法制度反腐又是相辅相成的联系。一方面，财产申报制度有助于刑法制度反腐的效能和水平：首先，在整个反腐斗争体系中，财产申报制度在源头上预防控制腐败，且对许多腐败行为起到第一次有效拦阻作用，经过这种源头控制和“拦阻”，腐败行为就会大为减少，重大的、严重的贪腐行为数量就会下降，这就会减少刑法制度惩治的任务和压力，降低刑事司法资源成本，有助于刑法制度反腐发挥更好的效能。其次，财产申报制度的有效适用能够及早发现犯罪线索、能为刑法制度反腐提供犯罪事实、证据材料，有助于发挥刑法制度反腐的威力。如多数贪污、受贿等腐败犯罪通常具有私密性质，“自然”案发通常有待时日，证据难以收集，影响及时打击，有了财产申报制度，就可以较早地发现犯罪线索，甚至能够提供犯罪事实证据材料，有助于刑法反腐。最后，财产申报制度为新的刑法反腐制度创建提供前提和基础，如有了财产申报制度，如果公职人员拒不申报、拖延申报或不实申报，或者，不能查明财产来源，那么立法者可以此为设立罪名理由进行刑事惩治，严密刑事法网，彻底堵截腐败犯罪。可见，财产申报制度的建构不仅自身具有重要反腐功能和价值，而且也能够提高现行刑事制度反腐的效能和水平。反之，如果没有财产申报制度或财产申报制度运行不畅，那么刑法反腐制度的效果就会大为降低，如我国目前主要依赖刑法制度反腐颇有些“不堪重负”“左右支绌”之感。

另外，刑法制度是财产申报制度有力保障，也是其发挥作用的有力支撑。就法律性质而言，财产申报制度是一种主要由行政法律规范组成的行政法律规范体系，它离不开刑法制度的支持：一是针对一定违背财产申报制度规定的申报义务而不履行的行为，如拒不申报、申报不实、拖延申报等，情节较为严重的，即在刑法上确立公职人员拒不申报罪、公职人员申报不实罪等予以刑事制裁；二是对拥有较多或巨额财产的财产公职人员被监察时拒不说明、不能说明财产来源的情况确立财产来源不明罪；三是针对根据财产申报制度发现公职人员存在贪污、贿赂行为的，需要刑法制度追究传统贪污、贿赂犯罪等。第一、二种情况典型地表现为对财产申报制度的维护。第三种情况则体现了财产申报制度需要刑法的配合。显然，如果没有刑法这种强有力的保障，仅依靠党纪政纪处分、行政处分是难以保障这一制度的有效适用的。

所以，目前，许多享有廉政美誉的国家和政府无不把财产申报制度及其刑法同时协调规定，让二者在反腐斗争中相辅相成，共同发挥反腐威力。同时，无论是从维护秩序还是人权保障的理念出发，财产申报制度的预防功能在反腐斗争得到异常重要的强调。

二、缺乏财产申报制度有效支持的我国刑法制度反腐

改革开放后，我国经济、社会迅猛发展。与此同时，公权力领域也出现“异常”的贪污腐化现象，一些国家工作人员利用手中权力大搞权钱交易等违法犯罪活动以敛取钱财，并愈演愈烈。为了遏制腐败现象，刑事立法迅速做出反应，修改完善刑法反腐制度。其特点是不断加大刑罚惩治力度，扩展打击范围，如受贿罪从最初的单一刑种扩展到今天的单位受贿罪、介绍贿赂罪、利用影响力受贿罪等。最能说明问题的是，为了克服贪污贿赂罪具有多发性、隐秘性的特点导致的实务上常常难以具体查明一些国家工作人员手中明显超过合法收入、差额巨大财产的来源，难以依照传统罪名（如贪污、贿赂等）予以定罪的问题，在尚没有确立财产申报制度的情况下，1988 年国家立法机关确立了著名的巨额财产来源不明罪：“国家工作人员的财产或者支出明显超过合法收入，差额巨大的，可以责令其说明来源。本人不能说明来源是合法的，差额部分以非法所得论，处 5 年以下有期徒刑或拘役，并处或者单处没收其财产的差额部分。”这是在传统贪污贿赂等反腐罪名之外另设的一道反腐防线，被认为是我国惩治腐败犯罪的“锐利武器”。此外，我国还一直不断地吸取国外反腐经验，强化反腐刑法制度建设，以发挥刑罚在反腐斗争中的作用。如今，刑法反腐制度体系总的来说已经较为完整合理，在我国反腐制度体系中当之无愧起到中流砥柱的作用。

然而，在肯定刑法制度反腐取得重大成绩的同时，我们也看到一种事与愿违的情况：尽管经过长期的努力，我国的腐败现象仍处于高发状态，严峻形势没有多少改观，而刑法反腐制度体系建设已没有多少提升空间。人们寄予厚望的刑法反腐制度，不仅没有达到预期目的，反而产生不少质疑的意见。如前文提到的巨额财产来源不明罪，人们肯定该罪一经颁布就立即发挥重要防止放纵贪腐犯罪、严密刑事法网的作用，确实有许多贪官在不能按传统的贪污、贿赂等犯罪追究刑责时被按该罪论处，得到一定惩治，但是，随着时间的推移，越来越多的人批评该罪法定刑过轻，已沦为贪官们为自己开脱罪责、逃避严惩的“避风港”、“安全岛”。立法者不得不在《刑法修正案（七）》将其法定最高刑从 5 年提高到 10 年，但仍不能平息人们的意见。原因是对那些越来越多的明显是贪污、受贿得来几百万、几千万甚至上亿元资产的贪官们，仅因为其“不能说明来源”就判处 10 年以下有期徒刑，仍有放纵犯罪之嫌。然而，由于巨额财产来源不明罪在一定程度上是存在牺牲部分实体公正以求司法效率的价值抉择结果，其法定刑不能过高，否则有可能严重伤及无辜之嫌。就世界范围看，我国巨额财产来源不明罪的法定刑幅度已经是最高的了。事实上，问题的根本不在于巨额财产来源不明罪的法定刑问题，而是在于其上游出现了太多令人瞠目的巨额贪腐犯罪，这是其他国家难以出现的现象。这一反腐利器的现实“窘境”，其实是整个刑法制度反腐困境的一个“缩影”。我国现行刑法反腐制度无论是其完善程度、严厉程度和现实效果等，都不是不可以称道的，在现实中也对遏制腐败发挥着中流砥柱的作用，但是在严峻的腐败犯罪形势面前却表现为“无能为力”或“不堪重负”。

问题的关键在于，由于我国反腐制度体系建设严重依赖刑法制度，轻视在刑法制度之前一些常规、有效的预防腐败犯罪的制度或机制的建构，特别是缺乏严格意义上的财产申报制度。由于缺乏对公职人员的财产状况常态、有效的预防监督机制，公职人员的腐败行为呈现自然成长状态，出现后又得不到及时制止，任其发展成为腐败犯罪，无疑增添了刑法反腐制度的工作量，而且因为不能适时地发现违法犯罪情况，等到事后才发现腐败犯罪的现象，难免会因“事过情迁”难以收集、提供足够的证据而妨碍对其进行有力制裁，实务上不能不退而求其次运用巨额财产来源不明罪来进行有限的惩治，这本身已经妨害了刑法反腐的效果。而此时许多案件往往已发展成为惊天大案、复杂大案，数额巨大且难以查清来源，结果只能按照巨额财产来源不明罪的法定刑“从轻”处理，①这就使得该罪“异变”为贪官们的“安全岛”或“保护伞”，成为人们所指责的对象。这说明，如果缺乏常规、有效的预防腐败犯罪机制，单凭倚重刑法制度反腐，无论增添多少个刑法罪名、设置多少道最后防线、提高多少刑罚量，恐怕也难以抵挡汹涌而来的腐败犯罪浪潮。

刑法之前常规地、有效地对公职人员的行为或财产状况进行监控制度，其意义不仅在于可以在刑法“上游”拦截大量可能发展成为犯罪的腐败行为，将处在萌芽状态的腐败行为消灭，防止微小的腐败行为发展成为复杂、令人震惊的大案，具有独立反腐的价值，减少刑法制度反腐的压力，还在于这种制度的确立和适用能够提升现有刑法制度反腐的能力和效率。因为这种常规性、有效的监控能够及时发现公职人员的行为与财产的“异动”，因而能够及早地收集和固定证据，有利于迅速及时地运用刑罚手段对腐败犯罪进行有效打击，减少腐败行为对社会的伤害。

对我国巨额财产来源不明罪而言，一般性的监控预防制度建构还具有特别的多重意义。首先，一般来说，财产申报制度对公职人员提出了财产申报、如实申报的义务要求，对于财产较多拒不说明来源或不能说明来源的，那么就可以以财产来源不明罪予以惩治，在这里，财产来源不明罪因为财产申报制度的存在获得了坚实的正义理由。其次，财产来源不明罪还因财产申报制度的存在获得相对独立的反腐手段意义，并能发挥更大的作用。我国因缺乏严格意义上的财产申报制度，巨额财产来源不明罪实际是附属于贪污、贿赂等公职人员贪渎犯罪的附属罪名，即在不能查明财产来源而无法追究上述关联犯罪的情况下，才适用该罪作为补漏，如果腐败行为不能进入追究上述关联犯罪轨道，那么巨额财产来源不明罪也难以适用。在这种情况下，巨额财产来源不明罪不具有独立意义，必然限制其在反腐斗争中作用。财产申报制度则可以使巨额财产来源不明罪从束缚中解脱出来，直接针对不能说明来源行为进行追究，这就扩大了其追究适用范围。最后，严格意义上的财产申报制度确立，必然会减少腐败犯罪的数量，大案化小案，刑法反腐制度整体效率提高，压力减少，作为最后一道刑法防线的巨额财产来源不明罪不必面临着进一步提升法定刑的压力。

---

① 这里是与贪污罪、贿赂罪等罪名比较而言的，巨额财产来源不明罪由于其法定刑的限制，算是“轻刑”。

可见，由于我国处于急剧的社会转型期、犯罪高发期，在反腐败斗争领域，主要倚重刑法制度反腐是远远不够的。我国现行刑事反腐制度要求一种有实效的、具有覆盖性的预防贪腐现象的机制予以配合。其中，至为关键的是创设有效的财产申报法律制度。

三、确立严格意义上的财产申报制度与刑法反腐制度调整

1988 年，我国国务院监察部会同法制局曾起草了《国家行政工作人员报告财产和收入的草案》，但该草案由于种种原因迄今仍未面世。1994 年全国人大将《财产收入申报法》列入“八五”立法规划，但至今也未见草案出台。1995 年 4 月 30 日，中共中央办公厅、国务院办公厅发布了《关于党政机关县（处）级以上领导干部收入申报的规定》（以下简称《规定》），《规定》被视为我国创建财产申报制度的里程碑。1997 年 1 月 31 日中共中央办公厅、国务院办公厅又发布了《关于领导干部报告个人重大事项的规定》。2001 年 6 月 15 日，中共中央纪委、中共中央组织部联合发布了《关于省部级现职领导干部报告家庭财产的规定（试行）》的行政规范文件。此外，个别地区还出台了《县（处）级领导干部财产申报规定（试行）》，等等。这些行政文件形成了目前我国“特有”的财产申报制度。①

然而，尽管我国也有了“财产申报制度”，但在实践中上述“财产申报制度”无不形同虚设，没有实际意义。资料表明，有关公职人员根据上述规定主动申报的概率通常是零，迄今为止也没有人因为上述财产申报制度的适用而被给予刑事处理。② 原因固然很多，但是同国际上一些国家较成熟的财产申报制度相比，我国上述“财产申报制度”至少具有以下重大缺陷和不足：

其一，效力地位低。上述各种《规定》制定主体都是党政机关，在性质上属于政策性文件，不是严格意义上的法律制度，因而权威性、严肃性较差。引不起规范对象的重视。

其二，内容粗略、缺失。以 1995 年《规定》为例，该《规定》的申报主体限于“各级党的机关、人大机关、行政机关、政协机关、审判机关、检察机关的县（处）级以上领导干部”。有学者批评这里存在四处不足：③ 一是缺少军职人员；二是限于县处级以上，范围有待扩大；三是离退休干部未包括在内；四是对公职人员的亲属财产申报缺乏规定。此外，该《规定》申报范围仅限于四类“收入”而不是所有“财产”、申报种类简单（仅在每年 7 月或 1 月申报）、受理机关是本机关的组织、人事部门等，内容过于简单、形式化，且漏洞百出。上述其他《规定》也存在类似的问题。这种内容的缺失，很难实现对公职人员财产起到具有实际意义的

① 参见卢乐云：《财产申报制度的法制化》，载《国家检察官学院学报》2007 年第 4 期。

② 如上述规定出台以来，整个社会没有得到关于申报结果的任何信息。1997 年至 2009 年，我国惩处县处级以上官员 4 万多人，省部级官员也有 100 多人，其中没有一人是因为执行上述《规定》而发现的。参见许向阳：《“阳光法案”应尽快出台——关于建立“公职人员财产申报制度和公示制度”的思考》，载《中国改革》2005 年第 5 期。

③ 参见赵秉志、赫兴旺：《论中国公职人员财产申报制度及其完善》，载《政法论坛》1995 年第 5 期。

监控。

其三，普遍缺乏有力的制裁措施。上述《规定》尽管都规定了一定范围内公职人员申报收入或财产的义务或纪律，但是如果违反这种义务或纪律，那么仅得到的警告、记过等纪律处分（当然，这也与上述《规定》本身都是政策性文件有关）。这种惩治措施过于“柔性”的特点，难以保证公职人员进行申报、如实申报，必然使《规定》流于形式。

其四，申报缺少公开性、缺少有力的监督机关。财产申报制度之所以被称为“阳光法案”，在于申报公开是其三大基本原则之一及制度首要内容。① 因为申报公开，特定范围内的公职人员的财产状况才能处于人民群众和有关部门的监督之下，“阳光法案”才能发挥其威力，才能有效震慑、遏制各种各样的腐败。我国的“财产申报制度”普遍缺乏这种公开性，如中共中央办公厅、国务院办公厅的两个《规定》只是要求申报主体向所在单位的领导班子公开其申报内容。而《广州市依申请公开政府信息办法》明确规定“领导成员廉洁信息”不应公开，与国际上通行做法明显相悖。缺乏公开性的财产申报制度，不仅使人民群众无法对公职人员实行监督，而且也导致有关机关无法对其监督和制约。刑法制度反腐也无从借助。

最后，由于效力地位低下、内容缺失，这种“财产申报制度”明显不能与刑法根本就不“搭界”，既得不到刑法的强力支持，也不能对刑法反腐制度创新提供前提铺垫以及不能发挥刑法制度水平，等等。所以，我国特色的财产申报制度仅具有象征意义，而不是一种严格的具有法律意义的财产申报制度。从法律的视角看，我国的财产申报制度实际是不存在的。无论是从建立有效的预防贪腐犯罪预防机制、改善反腐斗争严峻形势而言，还是从进一步发挥刑法制度反腐的效能来说，建立一种严格意义（法律意义）上的财产申报制度都是至关重要的。

对于如何建立严格意义上的财产申报制度，国内理论界、实务界已进行了大量的研究，笔者已无须置喙。本文只依据这一前提，就刑法反腐制度如何进行调整、创新提出以下三点看法：

一是重新确定巨额财产来源不明罪在反腐斗争中的政策地位、功能，并据此调整该罪罪状、降低量刑幅度。

重新确定该罪的政策地位和功能。目前，由于我国没有严格意义上的财产申报制度作为前提，现行的巨额财产来源不明罪成为追究国家工作人员贪污、贿赂等关联犯罪的补漏性罪名，即在刑事诉讼中如果因为国家工作人员对其拥有明显超过合法收入、差额巨大的财产“不能说明来源”（实际是司法机关不能查清来源）而无法追究贪污贿赂等关联犯罪的情况下，才能够以该罪论处。或者说，巨额财产来源不明罪实际是追究贪污、贿赂等关联犯罪的诉讼中的“副产品”。② 该罪名仅对追究上述关联罪名起到补漏、堵截、防止放纵犯罪的作用，其意义是有限的。而确立严格意义的财产申报制度后，巨额财产来源不明罪就能够“摆脱”上述关联犯罪的

① 其他两大原则是强制申报、如实申报原则。申报公开是首要原则。

② 参见张曙光：《持有的本质——以巨额财产来源不明罪为例的分析》，载陈兴良主编：《刑事法评论》第26卷，北京大学出版社2010年版，第438-442页。

"束缚"、成为与贪污、贿赂等反腐罪名并列的独立罪名，直接与财产申报制度发生关联，只要在财产申报制度适用过程中，国家工作人员不能说明一定数量财产的来源，就可以以"巨额财产来源不明罪"或"财产来源不明罪"论处，这就扩大了其适用范围，不仅成为名副其实的"反腐利器"，而且也对财产申报制度的适用形成强有力的支持。

改"巨额财产来源不明罪"为"财产来源不明罪"。在罪状设计上，现行的巨额财产来源不明罪要求必须事先存在"国家工作人员拥有明显超过其合法收入、差额巨大的财产"（非此不能称为"巨额"财产来源不明罪），在此前提下，才能责令其说明来源，进而在"不能说明来源"的情况进行"非法所得论"的推定，在"持有非法巨额财产"或"非法持有巨额财产"的意义上追究其刑事责任。上述"巨大财产"事实条件提高了该罪成立的"门槛"，也束缚了该罪发挥反腐作用。确立了严格意义上的财产申报制度，公职人员应对所有财产说明来源，只要对足够多的财产不能说明来源的，那么就可以"财产来源不明罪"追究其刑事责任，而不必要求"数额巨大"。这样一来，该罪的惩治范围就远远超出原来的范围，提高了该罪的适用效能，也强化了二者之间的联系。

降低该罪的法定刑。确立了严格意义上的财产申报制度，那么，就能够在刑事司法实践中避免"出现像今天这么多的国家工作人员巨额财产来源不明罪的尴尬现象"，能够避免出现越来越多的贪官一到刑事诉讼中就得了"健忘症"而使该罪"沦为"贪官的"避风港"、"安全岛"的"奇特景观"，立法机关也不必面临着提升该罪法定刑的压力。相反，由于案件减少、不能说明财产数额低，立法者应当降低该罪的法定刑。

二是确立拒不申报（包括拖延申报）财产罪、申报不实罪。为了确保财产申报制度的有效实行，同时提升刑法制度反腐的效能，我们可以借鉴国外通行做法，在刑法中增设国家工作人员拒不申报财产罪和国家工作人员申报财产不实罪，二罪的法定刑设置不必过高，三年以下有期徒刑、拘役或者管制，甚至单处罚金、没收财产即可。二罪与财产来源不明罪、贪污贿赂犯罪一起共同构筑严密的预防贪腐犯罪的法网。

三是财产申报制度确立并有效实施之后，刑法制度在整个反腐斗争中应当逐渐"退居二线"，而不是目前被严重依赖的地位。财产申报制度的价值主要在于预防腐败，这种预防主要通过相关人员不能或难以腐败来实现；刑法制度的主要目的也是预防而不在于惩治，这种预防主要通过刑罚威慑和惩治来实现。比较而言，前者更具有民主进步意义，符合保障人权的价值理念。根据"惩防并举，重在预防"的方针，财产申报制度应当在反腐制度体系逐渐取得主导性地位，而刑法制度应当恢复其他法律部门的"保障法"、"二次法"的地位，这不仅能够有效遏制腐败现象，而且也能够帮助刑法制度走出困境、恢复权威。

我国行贿罪立法完善问题研究

牙韩选*

长期以来，我国反腐败犯罪持“重受贿轻行贿”的思路，行贿犯罪得不到应有的打击，《刑法修正案（九）》对行贿罪的修订明显地加重了处罚力度，进一步完善了行贿犯罪的刑事立法。但是刑法理论上在行贿犯罪刑事政策、行贿犯罪存废以及“为谋取不正当利益”主管要素、行贿罪从宽处罚特别规定等问题上存在诸多争议，修订后的行贿罪刑事立法仍然存在急需完善之处。为更好惩治贿赂犯罪，当前在刑事立法上对于行贿犯罪应当持“又严又厉”惩处行贿罪的总体思路，同时在微观上对行贿罪进行局部修订：删除行贿罪罪状中“为谋取不正当利益”，不论是合法利益或者非法利益，也不论是正当利益或不正当利益，均应构成犯罪，谋取“不正当利益”或“非法利益”可以作为从重处罚的情节予以考虑；从从严惩治贿赂犯罪的视角来看，应删除行贿罪的从宽处罚特别规定。如此，刑罚的一般预防功能更能得以体现，也更有利于从源头上遏制贿赂犯罪。

一、我国行贿罪立法概述

行贿犯罪，是指为谋取不正当利益给予国家工作人员或者国家机关等国有单位财物的行为。行贿犯罪是一种严重腐蚀国家工作人员职务行为廉洁性的犯罪，是滋生腐败的温床，具有严重的社会危害性。行贿与受贿似是一对孪生兄弟，因为行贿产生受贿，因为受贿刺激行贿。为了有效地遏制受贿犯罪，必须从源头上打击和预防行贿犯罪。① 我国刑法历来重视对行贿犯罪的惩治。由于行贿受贿之间存在对合关系，理论上把行贿、受贿以及与此相关联的介绍贿赂犯罪统称贿赂罪。② 梳理行贿罪的立法沿革对于研究行贿罪将起基础性的作用。

（一）我国行贿型犯罪的立法沿革

1979年刑法“第八章”渎职罪第185条第3款规定了行贿罪③，即“向国家工作人员行贿或者介绍贿赂的，处三年以下有期徒刑或者拘役”。“按照该规定，只要行贿就可能构成犯罪，但为谋取合法利益而行贿甚至是被迫行贿也一律认定认罪并不恰当。”④ 最高人民法院、最高人民检察院1985年7月18日《关于当前办理经济

---

* 中南财经政法大学刑事司法学院2016级刑法学博士研究生。

① 杨兴国：《贪污贿赂犯罪认定精解精析》（修订版），中国检察出版社2015年版，第259页。

② 杨兴国：《贪污贿赂犯罪认定精解精析》（修订版），中国检察出版社2015年版，第259页。

③ 1979年刑法第185条规定，国家工作人员利用职务上的便利，收受贿赂的，处五年以下有期徒刑或者拘役。赃款、赃物没收，公款、公物追还。犯前款罪，致使国家或者公民利益遭受严重损失的，处五年以上有期徒刑。向国家工作人员行贿或者介绍贿赂的，处三年以下有期徒刑或者拘役。

④ 杨兴国：《贪污贿赂犯罪认定精解精析》（修订版），中国检察出版社2015年版，第259页。

犯罪案件中具体应用法律的若干问题的解答（试行）》（〔85〕高检会（研）3号）① 第4条关于行贿罪和介绍贿赂罪的问题指出：个人为谋取非法利益，向国家工作人员行贿或者介绍贿赂的，应按刑法第185条第3款追究刑事责任。行贿人因被敲诈勒索而给予国家工作人员财物的，不以行贿论。国家机关、团体、企业事业单位和集体经济组织为谋取非法利益而行贿，数额巨大，情节严重的，对其主管人员和直接责任人员应追究行贿罪的刑事责任。“两高”1985年《解答》弥补了刑法的某些不足之处，为解决单位行贿无法惩处问题提出了对策，但其本身也存在不少问题。在此基础上，1988年全国人大常委会《关于惩治贪污罪贿赂罪的补充规定》对行贿罪做了较大的修改和补充，并纠正了上述法律和司法解释中的失误。表现为：一是明确规定“为谋取不正当利益”是行贿罪的构成要件，因此，为谋取正当利益行贿的不构成犯罪，为谋取非法利益以外的不正当利益也构成犯罪。二是大幅度提高了行贿罪的法定刑，将行贿罪的法定刑规定为三个档次，并规定情节特别严重的处无期徒刑，并处没收财产。三是明确规定因被勒索给予国家工作人员财物，没有获得不正当利益的，不是行贿。如果获得了不正当利益的，应认定行贿。四是明确规定了行贿人在被追诉前，主动交代行贿行为的，可以减轻处罚，或者免予刑事处罚。这种规定符合我国的刑事政策，有利于揭露、打击受贿犯罪，有利于节约司法成本。五是明确规定了单位行贿罪，克服了将单位行贿当成个人行贿的不恰当做法。此外，还规定，因行贿而进行违法活动构成其他犯罪的，依照数罪并罚的规定处罚。②

1997年刑法对《补充规定》基本予以吸收，并在总结以往立法经验和司法经验的基础上，对行贿犯罪做了进一步的修订。一是增加了对单位行贿罪，使对单位行贿行为的处罚有了法律依据；二是1997年刑法将国有公司、企业以外的其他公司、企业人员受贿规定为公司、企业人员受贿罪（2009年“两高”将此罪名改为非国家工作人员受贿罪），与此相关，对上述公司、企业人员行贿的，不能再以行贿罪认定，故规定了对公司、企业人员行贿罪（2009年“两高”将此罪名改为对非国家工作人员受贿罪）；三是删除了因行贿而进行违法活动构成其他犯罪的，依照数罪并罚的规定处罚的规定，使立法更加科学。2011年《刑法修正案（八）》又增设了对外国公职人员、国际公共组织官员行贿罪；2015年又增加了对有影响力人员行贿罪。③

由此，当前外国我国刑法规定的行贿犯罪包括行贿罪、对非国家工作人员行贿罪、对外国公职人员、国际公共组织官员行贿罪、对单位行贿罪和单位行贿罪、对有影响力人员行贿罪六个具体的行贿罪罪名，本文鉴于篇幅有限，仅讨论第一个罪名，即行贿罪。

---

① 本法规因最高人民法院、最高人民检察院关于废止1980年1月1日至1997年6月30日制发的部分司法解释和司法解释性质文件的决定失效，但是笔者认为对于研究行贿罪具有非常重要的历史意义。

② 杨兴国：《贪污贿赂犯罪认定精解精析》（修订版），中国检察出版社2015年版，第259-260页。

③ 杨兴国：《贪污贿赂犯罪认定精解精析》（修订版），中国检察出版社2015年版，第259页。

（二）《刑法修正案（九）》对行贿罪的修改

我国自1979年刑法规定了行贿犯罪之后，经过1997年刑法和2015年《刑法修正案（九）》的修订，行贿罪逐步完善，且每一次修正都有加重行贿罪处罚的趋势。“当前，贿赂犯罪确实出现了一些新情况，不少严重的行贿行为都是为了追求经济利益包括追求竞争优势甚至暴利，有的为此不择手段，不惜重金拉拢、腐蚀国家工作人员，这些行贿行为不仅具有严重的腐蚀性，也严重破坏社会主义市场经济秩序，与过去的行贿行为有很大的不同。要遏制当前经济领域贿赂蔓延的态势，必须加大惩治行贿犯罪的力度。”①

《刑法修正案（九）》对行贿罪的修正主要是加大对行贿犯罪的处罚力度体现在：其一，增加并处罚金刑；其二，明确“使国家利益遭受特别重大损失的”情形，即在“十年以上有期徒刑或者无期徒刑的量刑档次中，增加了‘使国家利益遭受特别重大损失的’的情形”；其三，修改了行贿人在被追诉前主动交代行贿行为从宽处罚的规定，行贿罪从宽处罚的条件受到了更为严格的限制（详见下表）。由原来的“可以减轻或者免除处罚”单一情形修改为两种从宽处罚情形：一是可以从轻或者减轻处罚；二是可以减轻或者免除处罚，即增加新的类型，包括“犯罪较轻的”或者“对侦破重大案件起关键作用的”或“有重大立功表现的”三个相对独立的并列选择关系的情形。

修正前	一般情形	可以减轻或免除
修正后	一般情形	可以从轻或减轻
	犯罪较轻的；对侦破重大案件起关键作用的；或者有重大立功表现的	可以减轻或免除

二、我国现行行贿罪立法问题梳理

（一）关于行贿犯罪宽严的刑事政策问题

在对于行贿犯罪宽抑或是严的问题上，刑法理论上主要存在从宽说和从严说两种主张。有部分学者主张从宽处罚行贿罪，如有学者“主张对腐败犯罪主要应体现宽的一面，因为重刑对贪污贿赂犯罪所起的作用不大，对这种性质的罪犯判处有期徒刑，已经剥夺了其实施犯罪的基础权力，其生存空间已经很差，因此，对他们可以适当降低自由刑”。②

部分学者主张从严惩治行贿犯罪。如有学者指出，“我国现阶段惩治贪污贿赂等腐败犯罪，既要严密法网，又要在刑罚上保持足够的威慑力，不应因对轻刑化的吁求无原则地认同而减损对贪污贿赂犯罪的刑罚供应量，即采用‘又严又厉’的模

① 杨兴国：《贪污贿赂犯罪认定精解精析》（修订版），中国检察出版社2015年版，第266页。

② 韩亮：《数额在职务犯罪审判中的考量——以南京市为例的实证分析》，载赵秉志主编：《刑事法判解研究》，人民法院出版社2006年版。

式应该是我国现阶段惩治贪污贿赂犯罪刑事政策模式的应然选择。”① 据此，应该从严惩治行贿犯罪。诚然，从《刑法修正案（九）》对贪污、受贿、行贿罪的修改来看，均体现了从严惩治贿赂犯罪的精神，如增加罚金这一财产刑；终身监禁制度的确立；行贿罪从轻、减轻或免予处罚条件的限缩；贿赂犯罪死刑的保留。

至于经过《刑法修正案（九）》修改过的行贿罪处罚力度是否足够这一问题上，还是值得探讨的问题。有学者指出，“加强对行贿犯罪的打击力度，不应仅仅表现为对构成犯罪的刑罚措施的严厉，更应前移为对构成行贿犯罪的行贿行为的严密禁止。《刑法修正案（九）（草案）》对此没有涉及，是一大缺憾”。②

（二）关于行贿罪存废问题

在行贿罪与受贿罪是否同等处罚问题上，存在很多争议。我国长期以来，以处罚受贿罪为核心的现状尚未改变。针对行贿罪存废问题，有学者提出，应当废除行贿罪，从“立法因果论”自身存在的问题、刑法立法应该更加重视一般预防、加大处罚力度不如提高处罚概率三个方面论证了废除行贿罪的合理性。③ 有的学者还认为，在目前还不能立马废除行贿罪的情况下，也应当继续坚持传统以来以惩治受贿为中心“重受贿、轻行贿”的政策。④ 而大多数学者基本认可行贿罪的存在价值，如有的学者指出，“在行贿犯罪的查处过程中，行贿人并非仅仅面临着指证受贿人与指证就会遭受行贿罪处罚这一个囚徒困境，而是面临着指证受贿人与遭受受贿人报复，指证受贿人与遭受因受贿而谋取的不正当利益以及长期的团伙利益的损失等多个囚徒困境。因此，即使废除行贿犯罪，行贿人也会因多种博弈而不去指证受贿人，反而有可能产生负面影响”。⑤ 而实务部门也有应当保留行贿罪且对行贿罪应当从严从重处罚的观点，认为我国长期以来对行贿犯罪的惩处现状，导致“司法机关对行贿犯罪惩治不力，惩治行贿犯罪刑事政策模糊不清，使得行贿人屡被放纵的现象已经引起公众不满，行贿人有恃无恐，导致贿赂犯罪有增无减，并不断向多领域、多行业蔓延”，并且认为对于行贿罪应当从重处罚。⑥

（三）关于“为谋取不正当利益”去留问题

对于“为谋取不正当利益”是否应予以保留的问题，也是学界争议比较大的问题。有学者认为，对于“为谋取不正当利益”应予以保留，加大惩治行贿犯罪的力度，其问题的关键不在于是否要以“为谋取不正当利益”为犯罪的构成要件，而在于是否能够严格执法，是否能够克服地方和部门保护主义对司法的干扰，是否真正做到有法必依、执法必严、违法必究，而不是无法不依、法网不严密的问题。对法

---

① 孙国祥：《我国惩治贪污贿赂犯罪刑事政策模式的应然选择》，载《法商研究》2010 年第 5 期。

② 赵新河：《论移除行贿罪之“谋取不正当利益”的构成要件》，载李少平等主编：《法治中国与刑法发展》（下集），中国人民公安大学出版社 2015 年版。

③ 姜涛：《废除行贿罪之思考》，载《法商研究》2015 年第 3 期；刘春花：《行贿罪立法新动向之思考——兼议行贿罪废除论》，载《中州学刊》2015 年第 10 期。

④ 何荣功：《“行贿与受贿并重惩罚”的法治逻辑悖论》，载《法学》2015 年第 10 期。

⑤ 魏再金：《废除行贿罪之否定——兼与姜涛教授商榷》，载《内蒙古社会科学》（汉文版）2017 年第 2 期。

⑥ 李少平：《行贿犯罪执法困局及其对策》，载《中国法学》2015 年第 1 期。

律理解中的问题，特别是“不正当利益”的理解问题，通过加强司法解释和案例指导，是可以解决的。特别是随着司法解释明确谋取竞争优势也属于“不正当利益”后，实践中很多行为都可以也应当以犯罪追究，并不存在法律障碍。[①] 而多数学者认为，“为谋取不正当利益”这一主观要素，导致实践中诉讼证明难度大等诸多困境，立法应删除“为谋取不正当利益”这一要素。[②]

（四）关于行贿罪从宽处罚特别规定问题

关于行贿罪从宽处罚特别规定的合理性，在学界也是争论比较大的问题。有观点建议直接删除行贿罪从宽处罚的特别规定，甚至主张行贿与受贿同罪同罚，或者仅规定从轻或者减轻处罚，不规定免除处罚。[③] 有学者指出，中国在惩治贿赂犯罪刑事政策的选择中所奉行的是一种“非对称性”的刑事政策，具有犯罪圈标准不同、罪量标准不同、刑度配置标准不同、追诉机制的不同等特征，存在不利于实现刑事政策之目的、不利于营造大众廉政文化、不符合国际反腐之发展趋势等刑事政策的运行障碍。[④]“无法否认由于非对称性刑事政策之下，行贿人极少受到法律制裁，行贿罪的重刑配置形同虚设，刑罚的效果严重降低，而行贿收益又远远高于行贿成本和风险，从而导致行贿源源不断产生，是引发受贿罪蔓延的重要原因。”进而提出，应在中国贿赂犯罪治理中倡导对称性刑事政策，有必要取消受贿罪中“为他人谋取利益”的构成要件以及行贿罪中“为谋取不正当利益”的构成要件，取消“因被勒索给予国家工作人员或者其他从事公务的人员以财物，没有获得不正当利益的，不是行贿”之规定，而将此种情况作为行贿罪的法定减轻情节。同时，提出对于特定条件下的受贿犯罪设立特别自首制度、适当提高行贿人特别自首的适用条件，将同罚作为贿赂犯罪刑法改革的发展方向。[⑤]

也有意见认为应当对现行刑法关于行贿罪特别从宽处罚规定予以保留，认为对行贿罪的修改，“会增加对受贿等职务犯罪的侦办难度，甚至会促使行贿人与受贿人达成攻守同盟，不利于惩治腐败犯罪”。[⑥]

而立法机关的考虑是，“由于贿赂犯罪隐蔽性很强，取证难度较大，行贿人主动交代行贿行为，实际上是对受贿人的揭发检举，属于立功表现”。在立法机关看来，只要行贿人在被追诉前主动交代行贿行为的，就可以从轻或者减轻处罚。这一规定与刑法第68条关于犯罪分子有揭发他人犯罪行为，查证属实的，或者提供重要线索，从而得以侦破其他案件等立功表现的，可以从轻或者减轻处罚的规定基本

① 杨兴国：《贪污贿赂犯罪认定精解精析》（修订版），中国检察出版社2015年版，第266页。

② 刘春花：《行贿罪立法新动向之思考——兼议行贿罪废除论》，载《中州学刊》2015年第10期。

③ 全国人大常委会法工委刑法室：《〈刑法修正案（九）〉草案向社会公众征求意见的情况》，法工刑字〔2015〕2号。

④ 钱小平：《惩治贿赂犯罪刑事政策之提倡》，载《中国刑事法杂志》2009年第12期。

⑤ 钱小平：《惩治贿赂犯罪刑事政策之提倡》，载《中国刑事法杂志》2009年第12期。

⑥ 全国人大常委会法制工作委员刑法室编：《〈中华人民共和国刑法修正案（九）〉解读》，中国法制出版社2015年版。

一致。①

三、行贿罪立法完善路径的思考

对于废除行贿罪的观点，笔者持反对意见。对于当前我国惩治贿赂犯罪的现状，应当对于行贿罪从严处罚，才能更好地惩治贿赂犯罪。总体看来，研究如何在刑事立法和司法中对行贿犯罪充分贯彻“又严又厉”的刑事政策，在微观上对行贿罪做适当修改，才是我们应该坚持的修改方向。

（一）贯彻“又严又厉”惩处行贿罪的总体思路

当前，腐败犯罪日益严重，而行贿受贿犯罪则为腐败犯罪最为主要的犯罪。如前所述，行贿罪是受贿罪的源头，治理贿赂犯罪离不开对其源头行贿犯罪的治理。大多数的贿赂案件都是有行贿人不断“寻租”而引发的，应在刑事立法和刑事政策上加大对行贿犯罪的惩处力度，在整个社会形成一种“不敢行贿”的氛围，乃当下惩治贿赂犯罪不得不采取的策略。在现实生活中，行贿人一般不具有特定的身份，加之我国刑法长期以来以惩治受贿为中心，为惩处受贿犯罪提供证据上的方便，对行贿行为“特别从宽”处理的政策，导致行贿的毫无顾忌，不断寻租，在中国“人情社会”味浓的大环境下，使得“贿”与“赂”之间“藕断丝连”，贿赂犯罪难以根治，这一刑事政策有本末倒置之嫌疑，无疑难以从根本上遏制贿赂犯罪。

笔者认为，贿赂犯罪有其社会基础和深厚的土壤，治理贿赂犯罪需要运用各种手段、多种途径才能更好地发挥作用，而刑事制裁仅仅为最后手段。但是发挥刑罚的威慑作用和一般预防功能，将对惩治贿赂犯罪起到非常重要的作用。贿赂犯罪的发生，有其深厚的文化背景，在犯罪学上一般成为犯罪“亚文化”，其实，对于犯罪的预防，从犯罪文化的角度加以研究，是犯罪学的重要方向，笔者认为，刑法学、刑事政策学也应当充分重视。正如，酒驾、醉驾是交通事故频发的最重要原因之一，而酒驾、醉驾并不是人人都乐意的，有时候甚至被动的，毕竟在我国人情社会中，酒文化盛行，人情往来、应酬等场合，大多数人都是“被迫”喝，而刑法修正案将酒驾入刑后，经过一段时间的施行后，目前社会酒风基本降下来，人们养生意识不断提高，喝酒的人也少了，酒驾、醉驾也少了。笔者相信，如果在刑事政策和刑事立法上加强对于行贿罪的惩处，充分发挥刑罚的震慑和一般预防作用，对于营造良好的社会公务、经营文化，杜绝行贿受贿亚文化，对于惩治贿赂犯罪将起到非常重要的作用。

我国长期以来将行贿者作为“污点证人”的做法无疑对于打击受贿犯罪起到一定的作用，毕竟行贿者的言辞可以作为受贿者的定罪量刑证据材料，但是笔者认为，这无疑治标不治本，毫无疑问的是，即便有“污点证人”这个“潜制度”，对于行贿者从轻处罚或者不予处罚，但是在现实中，还是存在很多行贿人不会或不愿意供出受贿人的案件。笔者认为，如何在证据上追究受贿人的刑事责任，证据问题

① 全国人大常委会法制工作委员刑法室编：《〈中华人民共和国刑法修正案（九）〉解读》，中国法制出版社 2015 年版。

应该交由刑事诉讼证据收集程序法解决，而不应当以放弃追究行贿人的方式来追究受贿人的刑事责任。

（二）关于“为谋取不正当利益”的取舍

为尽快结款而给予国家工作人员“加速费”的案件，实践中所在多有。所谓“加速费”通常是指行为人为了方便和加快日常的公务行为流程而给予国家工作人员以财物。如为尽快取得许可证、营业执照或其他批文，为应付与履行合同有关的例行检查、款项结算等而给予费用。[①]“支付目的仅在于加速官员例行职权行使的加速费时，行贿人能否获得加速是不确定的，受贿人对是否加速也有自由裁量权，但如果一概以行贿罪追究刑事责任显然畸重，也有违社会公众的一般认识。”[②]有学者提出，行贿行为的本质是“不但侵犯了职务行为的不可收买性，而且会造成权力被滥用或者市场秩序等社会秩序被破坏的后果”，从这一点出发，可以认为“加速费”是合法的。[③]有学者赞成“加速费”不属于“谋取不正当利益”的观点。[④]笔者认为，行贿人支付类似“加速费”等费用给国家工作人员所谋求的“利益”到底是属于“正当利益”或是“不正当利益”，确实比较难以认定。由此也可以看出“为谋取不正当利益”这一规定给司法实践造成了一定的混乱。因此，笔者赞同将行贿罪罪状中“为谋取不正当利益”直接删除的观点。行为人“为谋取利益”而行贿，不论是合法利益或者非法利益，也不论是正当利益或不正当利益，均应构成犯罪。谋取非法利益或者不正当利益，可以作为行贿罪的加重处罚情节予以考虑。

（三）关于行贿罪从宽处罚特别规定的修订

就刑法第390条对“行贿人在被追诉前主动交待行贿行为的”这一特别从宽处罚规定来看，笔者经过与刑法总则关于自首、立功的规定相对比如下表：

<table>
<tr><td rowspan="2">行贿人在被追诉前主动交待行贿行为的</td><td>一般情形</td><td>可以从轻或减轻处罚</td></tr>
<tr><td>犯罪较轻的，对侦破重大案件起关键作用的，或者有重大立功表现的</td><td>可以减轻或免除处罚</td></tr>
<tr><td rowspan="2">自首</td><td>一般情形</td><td>可以从轻或减轻处罚</td></tr>
<tr><td>犯罪较轻的</td><td>可以免除处罚</td></tr>
<tr><td rowspan="2">立功</td><td>一般情形</td><td>可以从轻或者减轻处罚</td></tr>
<tr><td>有重大立功表现的</td><td>可以减轻或者免除处罚</td></tr>
</table>

由上表可以看出，行贿罪特别从宽处罚的规定的处罚情形其实与自首、立功的情形基本一致，可以认为这一规定仅仅为刑法总则关于自首、立功规定的“注意规

① 鲁建武、覃俊：《行贿罪之“不正当利益”认定中的疑难问题》，载《中国检察官》2014年第19期。
② 夏伟、王周瑜：《对行贿罪中不正当谋取利益的理解》，载《人民司法》2015年第13期。
③ 赵秉志：《商业行贿犯罪中“谋取不正当利益”的认定与修改》，载《人民检察》2006年第7期。
④ 车浩：《行贿罪之“谋取不正当利益”的法理内涵》，载《法学研究》2017年第2期。

定”，而非“法律拟制”，也即第 390 条第 2 款的规定本质上也符合自首立功的规定，也可视为特殊法条与一般法条的关系，在适用上刑法第 390 条为特殊法条而应当优先适用。因此，在笔者看来，对于行贿罪特别从宽处罚的规定，其实规定或删除，表面上差别不大，但实际上，对于司法实践中的影响应当是非常大的，这样就给一线的司法人员一个很感观的指引，也即在对行贿罪的定罪量刑中要特别注意从宽处罚。如此，刑罚的震慑作用、一般预防作用也会大打折扣。所以，在笔者看来，从从严惩治贿赂犯罪的视角来看，在下次修改时，倒不如直接删除为好。

中国刑法学研究会

全国刑法学术年会文集（2017 年度）
The Collected Papers of Annual Conference of China Criminal Law Society（2017）

时代变迁与刑法现代化

The Change of Times and the Modernization of Criminal Law

（下卷）

学术顾问/高铭暄　储槐植
主　　编/郎　胜　朱孝清　梁根林
副 主 编/阴建峰

中国人民公安大学出版社
群众出版社
·北　京·

图书在版编目（CIP）数据

时代变迁与刑法现代化/郎胜，朱孝清，梁根林主编.—北京：中国人民公安大学出版社，2017.11

ISBN 978-7-5653-3072-8

Ⅰ.①时… Ⅱ.①郎…②朱…③梁… Ⅲ.①刑法—研究—中国 Ⅳ.①D924.04

中国版本图书馆CIP数据核字（2017）第244823号

全国刑法学术年会文集（2017年度）

时代变迁与刑法现代化

主编 郎 胜 朱孝清 梁根林

出版发行：中国人民公安大学出版社
地　　址：北京市西城区木樨地南里
邮政编码：100038
经　　销：新华书店
印　　刷：北京普瑞德印刷厂

版　　次：2017年11月第1版
印　　次：2017年11月第1次
印　　张：90.5
开　　本：787毫米×1092毫米 1/16
字　　数：1981千字

书　　号：ISBN 978-7-5653-3072-8
定　　价：310.00元（上、下卷）

网　　址：www.cppsup.com.cn www.porclub.com.cn
电子邮箱：zbs@cppsup.com zbs@cppsu.edu.cn

营销中心电话：010-83903254
读者服务部电话（门市）：010-83903257
警官读者俱乐部电话（网购、邮购）：010-83903253
法律图书分社电话：010-83905745

目 录

上 卷

第一编 刑法典颁行20周年来刑法立法的回顾与展望

一

二

三

四

下 卷

第二编 金融秩序与安全的刑法保护

一

二

三

第三编 公民个人信息的刑法保护

一

二

第四编 中国区际刑法20年实践的检讨与发展

下　卷

第二编　金融秩序与安全的刑法保护

第三编　公民个人信息的刑法保护

第四编　中国区际刑法20年实践的检讨与发展

第二编　金融秩序与安全的刑法保护

金融刑法中“明知”的司法判定

李邦友[*]　姚树举[**]

一、问题提出

“明知”的判定是刑事司法实践中常见的难题之一。我们以金融刑法为视角，探寻“明知”的司法判定方法和规律。本文所称金融刑法，是指与金融活动、金融经济利益有关的刑法规定，包括刑法典、单行刑法以及金融管制相关的附属刑法，如分散地规定于中国人民银行法、商业银行法、保险法等中的刑事法律规范。综观金融刑法规范，立法机关多次使用“明知”。① 在金融刑法中，对于明确规定“明知”的，“明知”是构成相关金融犯罪不可或缺的主观认识因素。例如，在持有、使用假币罪中，行为人在主观上必须明知是伪造的货币而持有或者使用。判定行为人是否构成相关金融犯罪，必须判断行为人在主观上对犯罪对象、行为性质是否明知。另外，判定行为人主观上是否明知也是区分相关金融犯罪界限的核心要素。

考察国外和国际金融犯罪条款，其中也不乏“明知”这一主观要素的规定。例如，根据《英国刑事审判法》，成立协助洗钱罪要求行为人明知或者合理地怀疑他人已经从事犯罪活动或者从犯罪行为中受益。②《联合国打击跨国有组织犯罪公约》关于洗钱犯罪的规定：明知（knowning）财产为犯罪所得，为了隐瞒或者掩饰该财产的非法来源，或者为了协助任何参与实施上游犯罪的人逃避其行为的法律后果而转换或者转让财产；明知（knowing）财产是犯罪所得而隐瞒或者掩饰该财产的真实性质、来源、所在地，处置、转移所有权或者有关权利。③

结合金融犯罪司法实践，我们发现在认定相关金融犯罪时，有的司法工作人员将“应当知道”等同于“明知”。例如，一份判决书在判定被告人“明知”时写道：被告人胡某甲在与文某甲交往过程中，“应当知道”文某甲的家庭经济状况，

---

* 中央财经大学法学院教授。

** 中央财经大学法学院博士。

① 刑法第 171 条第 1 款出售、购买、运输假币罪中“明知是伪造的货币”，第 172 条持有、使用假币罪“明知是伪造的货币”，第 177 条之一妨害信用卡管理罪中“明知是伪造的信用卡”“明知是伪造的空白信用卡”，第 191 条洗钱罪“明知是毒品犯罪、黑社会性质的组织犯罪、恐怖活动犯罪、走私犯罪、贪污贿赂犯罪、破坏金融管理秩序犯罪、金融诈骗犯罪的所得及其产生的收益，为掩饰、隐瞒其来源和性质”，第 194 条第 1 款票据诈骗罪第 1 项“明知是伪造、变造的汇票、本票、支票而使用的”，第 2 项“明知是作废的汇票、本票、支票而使用的”，单行刑法《全国人民代表大会常务委员会关于惩治骗购外汇、逃汇和非法买卖外汇犯罪的决定》第 1 条第 3 款“明知用于骗购外汇而提供人民币资金的”，第 5 条“明知是伪造、变造的凭证和单据而售汇、付汇的”，等等。

② See Criminal Justice Act, S. I. 1994, No. 1759, § 93A.

③ United Nations Convention Against Transnational Organized Crime, Article 6, 1. (a) (ⅰ) (ⅱ).

在文某甲要求其提供公司账户用于转账时，“应当知道”该款项有可能系文某甲贪污受贿所得，而积极帮助寻找相关公司为其提供账户。在文某甲转账到公司后，胡某甲又从公司提取现金并交与文某甲，故其行为构成洗钱罪。[①] 在审理金融犯罪案件中，根据行为人“应当知道”是否能判定行为人“明知”，是本文首先需要重申的问题。

此外，在金融犯罪案件中，有的刑事裁定书没有对“明知”的判定过程进行充分说理。即使被告人以“不知”为由提起上诉，二审刑事裁判文书并未对被告人“不知”这一上诉理由予以回应，对“明知”的判定过程几乎陷入“因为明知，所以明知”式的循环论证。例如，在刘某、吴某非法持有假币案中，两名被告人均以不知所持有美元是假币为由提起上诉，二审法院没有对“不知”是假币予以回应，在“本院认为”部分只是简单地提到两名上诉人“明知”是假币仍然持有。[②] 再如，在赵某洗钱案中，赵某以事先不明知其父所划拨款项是违法所得为由提出上诉。二审法院仅对“不知”予以回应，但并未回应其他与认定明知密切相关的辩护理由。[③] 还有的刑事裁判书关于明知的说理论证违背逻辑规则。例如，有的刑事裁判书一方面认定没有证据证实上诉人明知他人骗取贷款的事实；另一方面又认定上诉人可能知道涉案钱款是他人金融诈骗犯罪或者破坏金融管理秩序犯罪所得。[④] 该说理论证显然自相矛盾，违背不矛盾律这一基本逻辑规律。

我们认为，准确判定行为人是否明知，关系到金融犯罪案件的准确定性，制约着相关金融犯罪罪与非罪的认定，以及此罪与彼罪的区分。如果不能科学合理地判定行为人是否“明知”，那么会造成两种结果：一是行为人对所涉金融犯罪确实不是明知，如果错误地认定行为人在主观上是明知，那么势必造成冤假错案；二是行为人虽然对所涉金融犯罪的对象或者行为性质确属“明知”，由于司法机关判定“明知”的裁判说理缺乏充分性，行为人可能不会真正认罪服判，从而难以收到良好的法律效果和社会效果。研究金融刑法中的“明知”，对于正确审理金融犯罪案件，准确打击金融犯罪，有效避免刑事错案，具有重要理论意义和实践价值。

二、法理分析

根据刑法基本原理，“明知”的内容应当包括作为犯罪构成要件的客观事实，亦即法律规定的构成某种故意犯罪必不可少的危害事实，具体包含三个层面：一是行为人对刑法规定的危害社会行为的内容及其性质的认识；二是行为人对将要产生的危害结果的内容和性质的认识；三是行为人对危害行为或者危害结果相联系的其他构成要件要素事实的认识。[⑤]《美国模范刑法典》从两个层面界定“明知”：如果

① 四川省仁寿县人民法院（2015）仁寿刑初字第 83 号刑事判决书。

② 广西壮族自治区南宁市中级人民法院（2016）桂 01 刑终字第 480 号刑事裁定书。

③ 广东省珠海市中级人民法院（2014）珠中法刑终字第 97 号刑事裁定书。

④ 浙江省绍兴市中级人民法院（2016）浙 06 刑终字第 635 号刑事裁定书。

⑤ 高铭暄、马克昌主编：《刑法学》（第六版），北京大学出版社、高等教育出版社 2014 年版，第 107 页。

行为人明确地意识到自己的行为会产生危害结果，那么行为人对该危害结果即是“明知”；如果行为人认识到行为性质或者事实要件，那么行为人对其行为出于“明知”。[①] 从类型上看，“明知”分为确定的明知和推定的明知。前者是指犯罪嫌疑人或者被告人自己供述的明知；后者是根据案件事实、行为人的年龄、文化程度、职业、社会阅历等情况，推定行为人明知。

问题在于，应当知道（应知）是否属于“明知”的范畴？刑法总则区分使用了“明知”与“应知”（应当知道），刑法分则在同一条款中也区分使用了“明知”与“应知”。例如，《刑法》第219条第2款规定：“明知或者应知前款所列行为，获取、使用或者披露他人的商业秘密的，以侵犯商业秘密论。”在刑法总则中，“应当知道”具有注意义务，毕竟事实上不知道，通常用于表述犯罪过失。有学者指出，刑法分则规定有大量“明知”，都是行为以外需要证明的主观违法要素，不能在行为中直接确证，客观行为并不能为主观要素的认定提供直接根据。因此，在司法活动中对主观要素的认定采取推定的证明方法。有些司法解释设置推定规范，为司法认定明知提供了法律依据。[②]

我们认为，如果使用“应当知道”表述推定明知，那么就违反了刑法基本理论而加大行为人的刑事责任。在审判实践中，由于证据收集困难，司法机关通常难以认定“明知”，这样司法机关就会根据事理、情理推定行为人“明知”，而不是从客观上寻找行为人“明知”的证据。毋庸置疑，证明行为人是否“明知”确有一定难度；但是，并不能因此降低证明标准，将“应当知道”也认定为推定明知，否则违反刑事证明原则。毕竟，“应当知道”是以“不知”为前提，是刑法判断行为人过失的认识标准，将故意的认定标准降低到过失的认定标准，违反了责任主义原则。

职是之故，在认定相关金融犯罪时不能将“应当知道”作为“推定明知”。根据司法实践，可以采用推定方法判定明知。与司法解释中使用“应当知道”表达“明知”相比，采用推定明知具有科学合理性。原因在于，一方面，从本质上看，“应当知道”是过失心理状态的表现，仅属于犯罪过失的范畴；[③] 另一方面，“应当知道”实际上仍然蕴含着行为人对犯罪行为或者犯罪对象的不知。在此情形下，既不排除行为人在主观上的无认识状态，又认定行为人具有认识的罪过而对其科以刑责，这显然自相矛盾。采用推定方法这一特殊的证据标准是一般证明标准的例外，在证据标准上比较宽松，需要严格把握；否则，会造成适用法律错误和侵犯公民权利。[④]

三、判定方法

一般地，行为人供述是认定金融犯罪中“明知”的重要根据。譬如，被告人供

---

① See Model Penal Code § 2.02（2）（b）（ⅱ）.

② 陈兴良：《刑法分则规定之明知：以表现犯为解释进路》，载《法学家》2013年第3期。

③ 张明楷：《如何理解和认定窝藏、销赃罪中的“明知”》，载《法学评论》1997年第2期。

④ 王作富主编：《刑法分则实务研究》（第五版）（上册），中国方正出版社2013年版，第420页。

述他人已经告诉自己所持货币是假币仍然持有，而且证言、录像也印证了有罪供述。此种情况下司法机关可以认定被告人在主观上系“明知”。如果被告人又以不知为由提起上诉，应当驳回上诉。① 但是，大多数情况下行为人通常不会供述自己“明知”而是以不知为由进行辩解。司法机关可以根据案件证据排除合理怀疑地推定行为人明知自己实施了相关金融犯罪行为。最高人民法院《关于审理洗钱等刑事案件具体应用法律若干问题的解释》关于洗钱罪中“明知”的认定方法，其实质是刑事推定。《联合国打击跨国有组织犯罪公约》更是明确地将推定作为“明知”的判定方法：对于洗钱犯罪要素的明知（knowledge）、故意或者意图，可以根据客观事实进行推定（infer）。②

推定是指在不能使用其他证明方法时根据已知事实作出新知性判断。由于推定的逻辑前提是经验，经验的逻辑基础是归纳推理和类比推理，而这两种推理方法得出的推理结论均具有或然性。因此，作为推理前提的经验命题也具有或然性。这决定了推定结论不可避免地具有可反驳性。如果被告人提出正当事由证明自己不知，那么推定结论无效。推定的本质是论证。根据图尔明（Toulmin）论证理论，一个推理要素包括：（1）事实——D，D 主张 C；（2）主张——C，C 由 Q 证成；（3）模态量词——Q，其正当性由 W 证明；（4）正当理由——W，W 由 B 支持；（5）支持——B，B 可能受主张 R 的制约；（6）例外情况或者反驳证据——R。

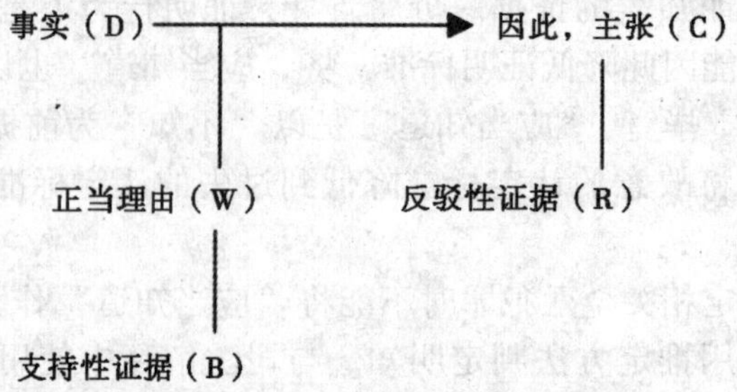

图尔明论证模式

图尔明提出的论证理论中可能出现六个要素，其中，结论称作主张（Claim），用以支持和证成主张的事实是数据（Data）。但是，论证者可能会面临怀疑者关于“根据什么得出该结论”的诘问。于是，保证（Warrant）这一要素必不可少，用于解释数据与主张之间具有相关性。不同的保证使结论的有效性程度不同：对于有些情形保证能够证明数据与结论之间具有必然性，而对于有些情形保证仅能证明可能性。指示不同有效性程度的算子称作模态词（Qualifiers）。鉴于有些保证只能在一般或者通常情况下适用，如果出现例外情形，那么保证即被撤销。与保证相关联的是例外条件或者反驳（Rebuttal）。最后，保证可能受到挑战，图尔明把论证者用以

① 北京市第二中级人民法院（2014）二中刑终字第 48 号刑事裁定书。

② United Nations Convention Against Transnational Organized Crime, Article 6, 2.（f）.

确定保证的权威性的要素称作支援（Backing）。[①]

“明知”的判定最终通过裁判说理而实现。对于被告人如实供述的金融犯罪案件，审判人员结合相关证据即可判定被告人在主观系“明知”。如果被告人拒不认罪并提出“不知”等辩解理由，审判人员应当慎重认定。如果推定被告人系“明知”，应当充分说理；同时，对“不知”这一辩解理由予以回应，做到说理符合逻辑，论证充分，以期最大限度地实现法律效果和社会效果的有机统一。对于被告人以“不知”为由而提出上诉的金融犯罪案件，应当认真审查定案证据；对于已有证据不足以认定被告人“明知”的上诉案件，应当宣告上诉人无罪。

四、操作路径

首先，根据相干性原则，筛选建构支持和证明“明知”的相关证据。在金融犯罪案件中，能够直接证明行为人“明知”的证据通常极少，因此只能依靠间接证据，这些间接证据共同构成判定“明知”的事实根据。如果用于证明行为人明知的证据相互矛盾，根据不矛盾律，相互矛盾的证据既不同真也不同假，必有一真一假。要查明孰真孰假，需要司法办案人员进一步深入调查研究，既不能主观地采信证明行为人明知的证据，也不能轻率地采信证明行为人不知的证据。

其次，在判定被告人是否“明知”的过程中，应当注意案件中的反常事实及其相关证据。人们通常热衷于探究日常生活中反常事实的原因。[②] 如果行为人对于反常行为不能作出合理解释，据此可以作出不利于行为人的司法判定。譬如，人民法院认定被告人甲明知乙非法吸收公众存款，并为其提供资金账户。对此，被告人辩称不知乙非法吸收公众存款。人民法院认定甲“明知”的理由之一是，甲与乙是亲兄弟，甲给乙提供资金账户，乙向该账户汇入与其职业、收入状况明显不符的巨额款项。在此洗钱案中，审判人员在判定“明知”的说理论证中指出作为有认知能力的甲对巨额款项的来源、性质不闻不问，不符合常理。[③] 此外，在本案中还存在其他明显反常现象，如多名亲属都使用甲的账户提现。根据常理，即使关系密切的亲属，通常也有独立账户和密码。被告人允许多名亲属共用其账户提取现金，确实违背常理。

再次，面对公诉机关对于被告人涉嫌金融犯罪的指控，应当允许被告人提出否定“明知”的辩解理由。如果被告人确能提出正当理由，那么应当否定明知推定，被告人不构成相关金融犯罪。最高人民法院《关于审理洗钱等刑事案件具体应用法律若干问题的解释》中“确有证据证明不知道的除外”这一例外规定，允许被告人对明知推定提出反证。同时，该司法解释还明确规定适用第 2 项至第 5 项均要求“没有正当理由”。据此，如果行为人确有正当理由，那么不能推定行为人主观上系“明知”。这一司法解释也表明，推定明知具有可反驳性。

---

① ［美］詹姆斯·B. 弗里曼著：《论证结构：表达和理论》，王建芳译，中国政法大学出版社 2014 年版，第 11-12 页。

② See George P. Fletcher, *Basic Concepts of Criminal Law*, Oxford: Oxford University Press, 1998, p. 69.

③ 参见陕西省横山县人民法院（2015）横刑初字第 00140 号刑事判决书。

事实（D_1，D_2，D_3，…，D_n）→ 明知（上游犯罪所得或者收益）

正当理由（W_1，W_2，W_3，…，W_n）　反驳性证据（R_1，R_2，R_3，…，R_n）

支持性证据（B_1，B_2，B_3，…，B_n）

图尔明论证模式在洗钱罪中的运用

在甲涉嫌洗钱一案中，被告人甲与乙是非法同居关系（事实婚姻），乙将巨额毒资汇入甲的账户。根据最高人民法院《关于审理洗钱等刑事案件具体应用法律若干问题的解释》第6项，协助近亲属或者其他关系密切的人转换或者转移与其职业或者财产状况明显不符的财物的，可以认定行为人“明知”。但是，由于在与甲同居期间乙没有离婚，两人并未长期住在一起，甲仅知乙在做工程项目并不知其制毒，结合甲的认知能力及案件客观事实，不能推定甲明知乙所汇巨额款项是毒资，也不能推定甲明知是洗钱罪规定的其他上游犯罪所得，不构成洗钱罪。[①] 我们认为，该判决书在判定被告人是否“明知”的论证中恰当地运用了反驳性证据。

最后，刑事裁判文书关于“明知”的判定过程应当说理充分。法理分析是裁判文书的核心。它必须客观表明，法院的判决建立在合理推论和逻辑推演的基础上。[②] 应当通过充分论证说理，使司法判决对于法律职业群体和诉讼参与人均具有可接受性。[③] 在吴某洗钱一案[④]中，判定“明知”的说理过程可以遵循如下步骤：(1) 明确被告人吴某与周某是关系密切的亲戚，而且吴某知道周某通过民间借贷融资用于资金周转的事实。(2) 运用已有证据证实吴某知道周某因为涉嫌非法吸收公众存款而被立案侦查。(3) 阐述在周某涉嫌非法吸收公众存款罪被立案侦查后，吴某应当认识到自己所代持涉案煤矿股份可能属于犯罪所得及其收益。(4) 指出周某涉嫌非法吸收公众存款案发后，公安机关向吴某调查杨家寨煤矿相关股权时，吴某否认周某等人在煤矿占有股份。(5) 强调吴某接受调查后与他人签订股权转让协议以及代持股协议，将自己所代持股份转让给他人，并将合同签订日期伪造成周某被立案侦查之前。由此推定，吴某主观上明知煤矿股份是周某非法吸收公众存款犯罪所得及其收益。

五、几点结论

金融刑法中“明知”的司法认定，需要结合金融犯罪自身特点归纳其一般规律和方法。科学合理地认定相关金融犯罪案件被告人主观上是否“明知”，既有助于

① 四川省犍为县人民法院（2014）犍为刑初字第102号刑事判决书。

② 美国联邦司法中心编：《法官裁判文书写作指南》，何帆译，中国民主法制出版社2016年版，第34页。

③ Eveline T. Feteris, Fundamentals of Legal Argumentation, Dordrecht: Kluwer Academic Publishers, 1999, p. 1.

④ 浙江省乐清市人民法院（2013）温乐刑初字第1427号刑事判决书。

被告人认罪服判，也有助于避免由于错误认定“明知”而导致错案。为了提高金融犯罪案件司法专业化水平，准确判定行为人主观上是否“明知”，我们提出如下判定规则：

第一，如果被告人对于金融犯罪行为作出“明知”供述，其供述与相关证据在逻辑上具有自洽性，而且确有证据证实被告人不是出于被刑讯逼供等原因而作虚假供述，那么可以判定被告人在主观上系明知。即使被告人当庭翻供并以“不知”为由提出上诉，但并不能出示证明自己确实“不知”的相关证据，应当维持“明知”的推定结论。

第二，如果被告人已知他人实施相关金融犯罪行为而仍然参与，并在案件侦查过程中存在逃避侦查的反常行为，或者行为人实施其他违背常识、常情、常理的反常行为，只要能够证明行为人实施了相关金融犯罪行为，并且行为人对反常行为不能作出合理解释，那么可以推定行为人主观上是“明知”。

第三，办理相关金融犯罪案件应当慎重适用推定明知。推定明知只有在没有直接证据时使用，不能使用推定方法取代调查取证。推定明知必须以客观事实为基础，不能主观臆测。对于推定结论，应当允许被告人反驳。如果被告人提出正当的反驳性证据，应当撤销推定结论。

第四，在判定“明知”过程中应当坚持疑罪从无原则。如果行为人提出“不知”的辩解理由，应当本着审慎负责的态度假定辩解理由成立。如果辩解理由事实上不能查证，应当认定其辩解理由不成立，可以推定其明知。如果有些证据证明行为人是“明知”，有的证据证明行为人是“不知”，并且对相互矛盾的证据不能作出合理解释，那么不应判断行为人是“明知”。

第五，审理以“明知”为主观构成要素的金融犯罪案件，无论行为人是否以“不知”提出辩解，在裁判文书中都应对“明知”进行充分说理论证；对于被告人及其辩护律师提出“不知”等辩解理由的案件，裁判文书应当对辩解理由进行回应。裁判文书判定“明知”的说理论证应当做到法理与事理相统一，符合论证理论，遵守逻辑规律和规则。

金融平台的类型化及刑法调整

张 建[*] 俞小海[**]

近年来，互联网金融在我国异军突起，对于我国传统金融格局产生了深远影响。P2P 网络金融平台因其在融资方面的便利性、快捷性、及时性，迎合了我国小额贷款的社会土壤，获得了广大资金持有者的青睐，成为互联网金融中极为重要的一环。但是，P2P 网络金融平台在发展中衍生出不同模式，在具体操作上也存在不同做法，给资金持有者的合法权益保障增加了不确定性。近期，我国就发生了多起 P2P 网络金融网站突然关闭或携款潜逃的案件。因此，有必要就 P2P 网络金融平台的法律定性及其涉及的刑法调整问题予以探究，从而进一步规范、引导 P2P 网络金融的良性发展。

一、P2P 网络金融犯罪的情况分析——以上海为例

为对 P2P 网络金融犯罪基本情况有一个更为直观的了解，我们对 2012 年至 2016 年上海涉 P2P 金融犯罪案件进行了分析，通过分析可以看出，此类案件主要呈现以下特点：①

（一）上海 P2P 行业总体发展良好

截至 2016 年年底，上海 P2P 正常运营线上平台 331 家，仅次于广州、北京，同比增长 56.9%，占全国总平台数的 13.5%；贷款余额为 1900.48 亿元，同比增长 153.3%，占全国总量的 23.2%；问题平台率（平台存在一定问题但还没有违法）31.82%，环比下降 2.08 个百分点。平台交易总体活跃，人气较旺。

（二）涉 P2P 金融犯罪案件数量不多，增幅较大

涉 P2P 金融犯罪案件包括非法吸收公众存款罪和集资诈骗罪两类犯罪。近 5 年来，非法吸收公众存款案件增长明显，从 2012 年的 14 件增至 2016 年的 203 件，涨幅 13.5 倍。其中，涉 P2P 金融犯罪案件 49 件，占 14.4%，2016 年增幅较大，收案 41 件，爆发了“e 租宝”等群体性 P2P 案件。集资诈骗案件较少，近 5 年来，共收案 58 件。其中，涉 P2P 金融犯罪的仅 2 件，占 3.4%。可见，涉 P2P 金融犯罪案件总量不大，占比较小。但 2016 年案件数量显著增长，一方面由于国家不断加大规范互联网金融发展力度；另一方面由于经济结构型减速，投资收益率下降，造成资金链断裂而发案。

---

* 上海市虹口区人民检察院检委会专职委员，高级检察官，中国刑法学研究会理事，上海市法学会刑法学研究会副会长兼秘书长。

** 上海市高级人民法院研究室法官助理，上海市法学会刑法学研究会理事。

① 上海市高级人民法院发展研究中心：《关于上海涉 P2P 金融犯罪案件大数据分析》，载《司法决策与参考》2017 年第 10 期。

（三）涉案金额成倍增长，超亿案件占比较多

近5年来，上海涉P2P金融犯罪案件涉案金额增长迅速，从2013年的7亿元增至2016年的143亿元，占全部金融犯罪案件涉案金额的66.4%。涉案金额超过1亿元的案件数共有16件，占总案件数的39%（其他金融犯罪案件超亿案件数不到1%），其中，“热贷网”总涉案金额2.65亿元，“e租宝”总涉案金额高达100多亿元。

（四）自然人犯罪较多，被告人文化程度较高

近5年涉P2P金融犯罪案件中，几乎全部是自然人犯罪，占99.2%，单位犯罪仅占0.8%，共同犯罪占10%。从被告人的学历看，高中及以下学历占50.83%，大专及本科学历占47.5%，硕士以上学历占1.67%。与其他金融犯罪73%以上为高中及以下学历的情况相比，涉P2P金融犯罪被告人文化程度较高。

（五）犯罪手段不断翻新，专业化、智能化、网络化趋势明显

涉P2P金融犯罪案件中，67.4%的案件采用线上线下相结合的方式，通过设立网络借贷平台，发布虚假的借款标的或基金、理财产品，许以高收益、高回报，诱骗投资者，在网上与客户签署电子协议，通过第三方支付平台完成款项交割手续。32.6%的案件采用传统的线下手段发展业务，招揽客户，其中38%采用投放宣传单、小广告的方式，22%采用街面或银行门口设摊的方式，20%采用随机打电话的方式，10%采取老客户、熟人介绍的方式，7%采取举办投资讲座、客户见面会等方式，3%采取微信朋友圈、公众号或QQ推荐的方式。采用网络借贷平台犯罪的案件一般涉及面较广，涉案人数较多，社会危害性较大。

（六）涉P2P金融犯罪案件情节较重

从近5年涉P2P金融犯罪被告人的量刑情况来看，免刑、单处罚金、拘役、有期徒刑3年以下的占67%，有期徒刑3~10年的占30%，3%的被告人被判处10年以上有期徒刑，重大金融犯罪案件较少，但与其他金融犯罪案件80%以上判处3年以下有期徒刑刑罚的情况相比，涉P2P金融犯罪情节较重。

二、P2P网络金融平台的属性及其本土异化

P2P网络金融，即个人对个人通过互联网进行借款、贷款的新型借贷模式，而P2P网络金融平台则是为P2P网络借款、贷款提供中介服务的“居间人”。要想对P2P网络金融平台有更深层次的认识，需要从以下两个方面进一步挖掘其含义。

（一）P2P网络金融平台的基本属性

P2P网络金融平台到底是什么？其本质属性如何？这里面涉及的问题是，P2P网络金融平台究竟是一种金融手段，还是一个金融活动的场所？有观点认为，P2P网络金融平台仅仅是一种手段，其本质还是金融活动。也有观点认为，P2P网络金融平台是一种场所，即区别于实体场所的一种虚拟场所。我们认为，P2P网络金融平台的属性，应当结合有关法律规范进行界定，P2P网络金融平台的本质属性，实质上是指P2P网络金融平台的法律属性。我们认为，无论是作为一种手段，还是作为一个场所，一旦涉及法律定性，依然必须回归到具体的P2P网络金融平台行为。特别是随着互联网技术的发展，行为手段和行为场所完全可能虚拟化。因此，单纯

将 P2P 网络金融平台理解为一种场所或者一种手段，对于 P2P 网络金融平台的法律定性并无意义。同一个 P2P 网络金融平台行为，完全有可能因为行为人的客观行为、主观目的等不同，而出现分别将 P2P 网络金融平台理解为手段或者场所之情形。从这个意义上而言，P2P 网络金融平台兼具手段和场所之属性。

（二）P2P 网络金融平台的本土异化

P2P 网络金融平台均一般会涉及不特定多数人的资金流转，那么，P2P 网络金融平台究竟是为他人向社会公众吸收资金提供帮助，还是本身就是吸收资金或融资的行为？对于这一问题理解的不同，极有可能导致不同的法律评价。比如，2014 年 3 月 25 日最高人民法院、最高人民检察院、公安部《关于办理非法集资刑事案件适用法律若干问题的意见》（以下简称《意见》）第 4 条规定，为他人向社会公众非法吸收资金提供帮助，从中收取代理费、好处费、返点费、佣金、提成等费用，构成非法集资共同犯罪的，应当依法追究刑事责任。能够及时退缴上述费用的，可依法从轻处罚；其中情节轻微的，可以免除处罚；情节显著轻微、危害不大的，不作为犯罪处理。显然，在可能涉及刑事犯罪的情况下，如果将 P2P 网络金融平台理解为为他人向社会公众吸收资金提供帮助，根据上述《意见》第 4 条，则存在出罪的可能性，而如果将 P2P 网络金融平台理解为本身就是吸收资金的行为，则并不存在出罪可能。我们认为，关于这一问题，应视 P2P 网络金融平台的不同形式而予以不同认定。

应当看到，P2P 网络金融平台在国外发展之初是为了撮合借款人和贷款人之间的直接交易，即无须银行介入贷款人就可以直接选择其认为合适的借款人并与之进行交易。P2P 网络金融平台应该是为借款人和贷款人之间的交易提供信息咨询服务的交易平台，扮演居间人的角色。比如，2005 年英国创立的全球第一家 P2P 网络金融平台“协议空间”、2006 年美国创立的“繁荣市场”，还有英国的“融资圈”、德国的“第一信贷市场”、西班牙的“社区借贷”、日本的“社交融资”、韩国的“大众借贷”等。[①] 中国银行业监督管理委员会办公厅在《关于人人贷有关风险提示的通知》（2011 年 8 月 23 日）中针对“人人贷”也明确指出，“这类中介公司收集借款人、出借人信息，评估借款人的抵押物，如房产、汽车、设备等，然后进行配对，并收取中介服务费。”由此可以看出，P2P 网络金融平台似乎应该是一种信贷服务居间人，其本身并不参与融资、投资行为，其地位应当是中性的。

但是，我国目前很多 P2P 网络金融平台发生了诸多异化，开始直接介入借款人和贷款人之间的交易，成为交易的主体。比如，一些 P2P 网络金融平台通过将借款需求设计成理财产品，出售给放贷人，或者先归集资金再寻找借款对象等方式，使放贷人资金进入平台账户，产生资金池。[②] 在具体运作时，P2P 网络金融平台通常借助创始人或其内部成员作为平台创设的一个固定的初始出借人，充当借款人与真正出借人之间的纽带，即由其创始人（或其他内部成员）通过资金出借获得债权，

① 冯果、蒋莎莎：《论我国 P2P 网络贷款平台的异化及其监管》，载《法商研究》2013 年第 5 期。

② 周芬棉：《P2P 三种情形可构成非法集资》，载《法制日报》2014 年 4 月 22 日第 6 版。

再把获得的债权进行拆分组合，通过出让给客户销售理财产品的方式将债权转让出去，投资人与借款人之间并不发生直接的联系，从而借助其创始人之手巧妙地实现了债权资产证券化，并通过理财产品的出售等形成资金池，使其具备银行拥有的吸储、放贷及理财等诸多功能。[①] 从我国实际发生的一些个案来看，P2P 网络金融平台呈现出更为明显的异化特征。比如，有的 P2P 网络金融平台非法募集资金，形成“资金池”，即把资金汇集到一起，形成一个像蓄水池一样的储存资金的空间，再以高利转借给他人；有的 P2P 网贷平台虚构借款事由，将募集的资金用于自己的公司经营，达到“自我融资”的目的；有的 P2P 平台对于借款人及借款用途疏于核查，造成大量虚假借款需求。[②] 在这种情况下，P2P 网络金融平台实质上演变成了民间融资活动中的一个特殊“金融机构”。显然，此时的 P2P 网络金融平台本质上与传统金融服务并无差异，只是以新型的金融方式体现出来而已。

三、P2P 网络金融平台的类型化及其刑事责任

通过上文分析，可以得出目前我国的 P2P 网络金融平台实际上有两种类型：一种为未异化的 P2P 网络金融平台，该种 P2P 网络金融平台仅仅从事借贷中介活动，通过信息提供、成功匹配借贷双方收取佣金，并不成为交易的主体，在性质和地位上是中性的。我们将该种 P2P 网络金融平台定义为中立帮助性质的 P2P 网络金融平台；另一种为异化之后的 P2P 网络金融平台，该种 P2P 网络金融平台或者把资金汇集成“资金池”后用作他用，或者将募集的资金用于自己投资经营，从而具有吸储、放贷及理财等功能。我们将该种 P2P 网络金融平台定义为非中立帮助性质的 P2P 网络金融平台。显然，P2P 网络金融平台刑事责任的讨论，应当在坚持 P2P 网络金融平台类型化的基础上分别进行。

（一）中立帮助行为性质的 P2P 网络金融平台及其刑事责任

中立帮助行为，在大陆法系国家和地区有多种不同的名称，[③] 但所表达的均是一个意思，核心是指在外观上无害，客观上不会对正犯行为、结果起到促进作用的中性行为。中立行为之用语除了说明了此类行为与犯罪没有直接关系外，其现象上的意义是日常的或典型业务。日常行为除了可以指称非业务性质的私人行为（此处所指的日常非业务性质的私人行为，如甲向乙借打火机。乙可能用来点烟，也可能用来点燃火种燃烧建筑物），也可指称业务活动行为。[④] 中立帮助行为是否成立帮助犯，在德日刑法学理论上存在较大争议，概括而言，主要有主观说、客观说和折中说三种。[⑤] 我们认为，无论是客观说、主观说还是折中说，对于中立帮助行为之

① 冯果、蒋莎莎：《论我国 P2P 网络贷款平台的异化及其监管》，载《法商研究》2013 年第 5 期。

② 王春：《浙江 10 家 P2P 网贷平台涉嫌非法集资被查》，载《法制日报》2014 年 4 月 19 日第 8 版。

③ 陈洪兵：《中立的帮助行为论》，载《中外法学》2008 年第 6 期。

④ 蔡蕙芳：《P2P 网站经营者之作为帮助犯责任与中性业务行为理论之适用》，载《东吴法律学报》2006 年第 1 期。

⑤ 张伟：《中立帮助行为探微》，《中国刑事法杂志》2010 年第 5 期；蔡蕙芳：《P2P 网站经营者之作为帮助犯责任与中性业务行为理论之适用》，载我国台湾地区《东吴法律学报》2006 年第 1 期。

成立的判断，所遵循的核心思想是将中立帮助行为的成立限制在一个合理的范围内，从而得出较为妥当的结论。

中立帮助行为性质的P2P网络金融平台，指的是纯粹为了引导借贷双方达成借贷协议、仅仅收取中介费的网络金融模式。通过借鉴国外刑法理论关于中立帮助行为的研究成果。我们认为，该种模式的P2P网络金融平台能否构成刑事犯罪，主要考虑三点：第一，P2P网络金融平台与正犯行为的关联性程度，这是讨论中立帮助行为性质的P2P网络金融平台刑事责任的前提；第二，P2P网络金融平台对他人利用其从事犯罪活动是否具有主观上的明知；第三，P2P网络金融平台与正犯的犯罪行为是否具有因果关系。换言之，P2P网络金融平台帮助犯之成立，必须要有帮助的故意和行为，其中帮助的行为与正犯的实行行为之间具有因果关系。

具体而言，要考察中立帮助行为性质的P2P网络金融平台与正犯行为的关联性，主要考虑两点：一是扣除掉正犯的犯罪行为，提供帮助的P2P行为是否有其他意义；二是正犯的唯一目的是否就是实施犯罪行为。如果扣除掉正犯的行为，提供帮助的P2P网络金融平台没有其他意义，即P2P网络金融平台与正犯行为具有强依附性，且正犯的唯一目的就是实施犯罪行为，则可以得出P2P网络金融平台与正犯行为之间具有强关联性。主观上，要认定P2P网络金融平台是否对于正犯的犯罪行为具有认识。包括两点：一是明确性认识。即P2P网络金融平台对正犯的犯罪行为具有明确性的认知。二是高度怀疑性认识。如果P2P网络金融平台对正犯行为不具有明知，但是存在高度怀疑时，也应当认定P2P网络金融平台对正犯犯罪行为具有主观上的认识。在理解高度怀疑时，应引入信赖原则，即应当相信他人不会通过自己的行为从事违法犯罪活动，因此，除非他人表现出明显的犯罪倾向且本人也已经认识到时，才能认定为高度怀疑。① 关于P2P网络金融平台与正犯犯罪行为之间因果关系的认定，应遵循“帮助行为只要对犯罪结果的发生产生共同作用、提高犯罪成功率，帮助效用并且持续到犯罪结果的发生，即可肯定其与犯罪存在因果关系”② 之通行准则。

（二）非中立帮助行为性质的P2P网络金融平台及其刑事责任

此时，P2P网络金融平台已经突破了中立帮助行为的范畴，而带有自身目的，实质上是民间融资行为，极有可能触犯某些犯罪。尽管根据央行官员的言论，我国对于互联网金融的立场是支持和容忍新型金融产品、鼓励金融创新，并不会取缔互联网金融，③ 因而在短时期内不会对这些行为以犯罪论处，但不可否认的是，一旦发生严重危害后果，刑法介入就显得极为必要。具体而言，该种情况下P2P网络金

① 比如，五金店店主将匕首卖给他人，此时应当相信他人不会用该匕首去杀人，故尽管事后他人用该匕首实施了杀人行为，基于社会相当性的考虑，也不能认定五金店店主卖匕首的行为成立杀人的帮助犯。但是，在五金店店主目光所及的范围内，正在聚众斗殴的人群中有一人跑向五金店向店主购买匕首，此时购买匕首的人已经表现出明显的用匕首伤害（或杀人）的犯罪倾向，如果五金店店主仍然将匕首卖给该人，则有可能成立杀人或者伤害的帮助犯。

② 黄惠婷：《帮助犯之帮助行为——兼探讨网络服务提供者之刑责》，载我国台湾地区《中原财经法学》2000年第5期。

③ 包兴安：《周小川重磅表态：不会取缔余额宝》，载《证券日报》2014年3月5日A1版；史进峰：《央行官员建议：对余额宝等货基实施存准管理》，载《21世纪经济报道》2014年3月19日第11版。

融平台可能涉及以下几种犯罪。

1. 洗钱犯罪

P2P 网络金融平台中的金融活动，从来不问资金来源，出借者或者投资者也不关心资金实际走向，由于游离于正规金融体系之外，国家对这方面的情况也无从掌控和监管，P2P 网络金融平台极有可能成为为违法所得加以隐瞒掩饰，使之变为合法财产的洗钱犯罪的中介。

2. 非法集资类犯罪

P2P 网络金融平台最有可能涉及的就是非法集资类犯罪。对此，中国银行业监督管理委员会办公厅《关于人人贷有关风险提示的通知》（2011 年 8 月 23 日）也指出，"由于行业门槛低，且无强有力的外部监管，人人贷中介机构有可能突破资金不进账户的底线，演变为吸收存款、发放贷款的非法金融机构，甚至变成非法集资"。在实践中，认定某行为是否构成非法吸收公众存款罪的主要标准就是最高人民法院《关于审理非法集资刑事案件具体应用法律若干问题的解释》（2011 年 1 月 4 日，以下简称《非法集资解释》）第 1 条第 1 款所设立的四项条件。将 P2P 网络金融平台与《非法集资解释》中的 4 个条件一一比对后发现，极易得出 P2P 网络金融平台涉嫌非法吸收公众存款的结论。比如，某些 P2P 网贷平台公司超越居间人的角色，直接以融资者的形象出现，向社会公众募集资金，就极有可能满足《非法集资解释》第 1 条第 1 款所规定的非法吸收公众存款罪的构成要件。比如，P2P 网络金融平台"中宝投资"以高息为诱饵，对外发布含有虚假借款人和虚假借款用途等内容的贷款信息，向全国各地公众大量吸收资金。① 当然，如果 P2P 网络金融平台以非法占有为目的，采用诈骗的方法非法集资，则很有可能构成集资诈骗罪。

3. 擅自设立金融机构罪

P2P 网络金融平台游离于金融监管体系之外，未获得中国人民银行的批准，并无从事金融活动的相关资质，却从事着类似于传统商业银行的业务，其与正规金融机构的核心业务并无多大差别，实质上就是"金融机构"。因此，理论上来说，非中立帮助行为性质的 P2P 网络金融平台完全符合我国《刑法》第 174 条规定的擅自设立金融机构罪之构成要件。

4. 盗窃、诈骗、职务侵占等侵犯财产罪

随着社会经济和交易、支付方式的发展，货币更多以虚拟数字的形式得以体现，交易、投资行为也多在虚拟空间中完成，从而使得传统的盗窃、诈骗、职务侵占等侵犯财产犯罪具有新的特征。在当前快速发展的宏观环境下，P2P 网络金融平台也成为家喻户晓的金融理财方式，非中立帮助行为性质的 P2P 网络金融平台融入、持有了大量资金，部分 P2P 网络金融平台有可能窃取客户资金，部分不法分子则很有可能打着金融平台的幌子，骗取投资者的信任，进而骗取他人钱财。另外，如果 P2P 网络金融平台的经营者利用其管理资金的职务便利，挪用资金或者将资金

① 2014 年 4 月 14 日，"中宝投资"网站创立者周辉因涉嫌非法吸收公众存款罪，被浙江省衢州市人民检察院批准逮捕。王春：《浙江 10 家 P2P 网贷平台涉嫌非法集资被查》，载《法制日报》2014 年 4 月 19 日第 8 版。

非法占为己有，则可能构成挪用资金罪和职务侵占罪，等等。

5. 非法经营罪

由于非中立帮助行为性质的P2P网络金融平台通过收取手续费、赚取利息差获利，涉及的付息情况、借贷利率均普遍高于同期金融机构利息和利率，因此非中立帮助行为性质的P2P网络金融平台可能会涉及关于高利贷的认定及司法立场。2002年1月31日中国人民银行《关于取缔地下钱庄及打击高利贷行为的通知》第2条规定，民间个人借贷利率由借贷双方协商确定，但双方协商的利率不得超过中国人民银行公布的金融机构同期、同档次贷款利率（不含浮动）的4倍。超过上述标准的，应界定为高利借贷行为。由此我们认为，所谓高利贷，是指利率超过中国人民银行公布的金融机构同期、同档次贷款利率（不含浮动）的4倍的借贷。由于我国刑事立法并未就发放高利贷行为予以明确，在具体实践中对于发放高利贷行为按照非法经营罪论处是通过一系列个案得以表现，实际上是一种司法犯罪化的进程。[①]比如，2003年1月13日，最高人民法院就武汉市公安局侦办的涂汉江发放高利贷案给公安部经侦局的《关于涂汉江非法从事金融业务行为性质认定问题的复函》（以下简称《复函》）中明确答复：高利贷行为系非法从事金融业务活动，数额巨大，属于《刑法》第225条第4项所规定的“其他严重扰乱市场秩序的非法经营行为”，构成非法经营罪。尽管根据最高人民法院《关于司法解释工作的规定》（2007年3月23日）第5条和第6条，[②] 该《复函》不属于司法解释，并不具有法律效力，但是其对司法实践依然起到了重要的导向作用。通过将高利贷行为解释为“其他严重扰乱市场秩序的非法经营行为”进而将发放高利贷行为以非法经营罪处理几乎成为近年来司法实践的通行做法。[③] 因此，非中立帮助行为性质的P2P网络金融平台中出现的打造“资金池”后以高利转借给他人等行为，极有可能是发放高利贷行为，从而构成非法经营罪。

四、P2P网络金融平台刑法调整的科学化与理性化

“法无禁止即可为”作为一种法理对于P2P网络金融平台的推进和法律立场选择同样适用。P2P网络金融平台是一种金融创新模式，在我国尚属一个新生事物，其存在具有一定的社会土壤和合理性。我们认为，在坚持罪刑法定原则的基础上，应正确处理好鼓励金融创新与刑法介入适度性的关系。对于P2P网络金融平台，刑法一方面应当充分尊重其存在的合理性，肯定金融创新，坚持“民事、行政为先，刑法补充”；另一方面，对于因P2P网络金融平台而引发的严重危害他人合法利益和国家金融管理秩序的犯罪行为，刑法应及时、准确、适度介入，从而发挥刑法对金融秩序和社会稳定的屏障作用。

---

① 张建、俞小海：《强索高利贷行为的刑法分析》，载《中国刑事法杂志》2012年第8期。

② 最高人民法院《关于司法解释工作的规定》（2007年3月23日）第5条规定，最高人民法院发布的司法解释，具有法律效力。第6条规定，司法解释的形式分为“解释”、“规定”、“批复”和“决定”四种。

③ 于志刚主编：《案例刑法学（各论）》，中国法制出版社2010年版，第146页；刘硕：《我市首次判决放高利贷者有罪》，载《南京日报》2011年12月27日A7版。

我国参与金融反恐的现状与挑战*

焦　阳**

一、问题的提出

恐怖主义是全人类的公敌，打击一切形式的恐怖活动已成为全球的共识。近年来，恐怖主义形式花样翻新，波及范围更广、破坏力更大，网络恐怖主义、金融恐怖主义等相继出现，应对这类恐怖主义的冲击是各国必须面对的挑战，也是全面清除恐怖主义土壤的必备一环。

恐怖组织诞生与恐怖活动开展都需要大量经费，全面阻截恐怖分子的融资渠道就切断了恐怖主义发展的物质基础，意义重大。根据美国中情局的估算，“9·11”事件之前，基地组织每年用于维持恐怖活动的经费达到300万美元；而当今全球最富有的恐怖组织ISIS，其年周转资金达到约20亿美元。从现有的恐怖组织经费来源来看，大部分来源于非法活动，如有组织犯罪、黑市地下交易、违禁品贩卖、洗钱活动等，而也有不少来源于看似合法的活动，如公司经营、商品买卖，还有一些来自各类复杂交易和资助。无论哪种渠道，只要金钱最终流入恐怖组织，都应当被切断，成为反恐的一个面向。

所谓国际金融反恐，是指通过各国金融系统和机构的运作，切断恐怖组织、恐怖分子的经济命脉，使恐怖组织、恐怖分子无法生存或发展，使恐怖活动无法实施。具体工作主要是监测恐怖融资行为，防止利用金融机构进行恐怖融资、规范金融机构报告涉嫌恐怖融资可疑交易的行为。① 具体地说，国际金融反恐的主要内容就是监控涉嫌恐怖活动资金的流动，追查、阻截和反洗钱。金融反恐与反洗钱是交叉关系，而恐怖资金来源与洗钱也是交叉关系。洗钱是恐怖组织或个人取得资金的主要手段，但是恐怖活动的资金来源也包括恐怖组织或个人的合法收入、外部资助等其他来源，不全都来源于洗钱活动。因此，单独的反洗钱法律的制定与施行并不是金融反恐的全部。金融反恐工作综合了法律与金融的专业性，需要多部门的配合协调。

国际金融反恐具有必要性和可行性，但我国在参与国际金融反恐方面还存在一些需完善的地方，本文就此问题进行粗浅探讨。

---

* 本文系北京市社会科学基金青年项目“首都反恐体系与反恐国际合作的措施研究”（编号：15FXC048）、中央高校基本科研业务费外交学院青年教师科研启动基金一般项目“国际犯罪中主观故意的认定与证明”（编号：3162016ZYQB01）的研究成果。

** 外交学院国际法系讲师，法学博士。

① 王文华：《论国际金融反恐的现状与反思》，载《国际论坛》2008年第3期。

二、金融反恐工作的依据

国际社会对恐怖主义的打击经历了认识逐渐深化、从一般到具体的过程。国际公约、国际社会宣言、各国实践，都为打击恐怖主义融资行为开辟了道路。

为制止恐怖主义融资，1999 年联合国常任理事会通过了《制止向恐怖主义提供资助的国际公约》。公约要求各签字国将直接或间接向恐怖主义提供资助的行为在国内法中规定为犯罪，并采取适当措施以便识别、侦查、冻结、扣押、没收相关资金。公约通过后，不少国家都对公约作了国内法上的转化并采取了一定的行动。

金融行动特别工作组（FATF）是目前国际上影响力最大的反洗钱和反恐怖融资国际组织，2012 年该组织发布《关于打击洗钱、恐怖融资和大规模杀伤性武器扩散融资的国际标准：FATF 建议》，要求各成员国在金融机构和特定非金融机构中开展有效的反恐融资工作，切断恐怖活动的资金来源。FATF 会定期评估参与各国是否达到反恐融资的工作要求标准，并提出指导建议。

国际社会打击恐怖组织的融资实践大多采用金融制裁的手段，1999 年 10 月 15 日，安理会第 4501 次会议通过了制裁塔利班的 1267 号决议，对与基地组织有关的个人或者组织实施包括冻结资金账户在内的制裁措施。1267 号决议创设了“制裁名单”制度，该机制至此成为安理会反恐的重要机制。至此，对诸如 IS 这样的极端恐怖主义组织，安理会也以决议的方式明确对其制裁的内容，从源头上遏制这类组织继续发展。

在“9·11”事件以后，美国通过了“爱国者法案”，它扩大了美国财政部部长的权限以控制、管理金融方面的流通活动，法案也同时扩大了没收的权限：只要是通过虚假的身份在金融系统中转移的犯罪收益一律予以没收；涉及“混合资金”全额没收。美国新成立了国土安全部，整合反恐行动。此外，美国在 1970 年发布的《银行保密法》，以及后来陆续出台的一系列反洗钱法律法规，也为限制恐怖主义资产转移，对其进行金融制裁提供了一定法律依据。

2001 年，我国签署《制止向恐怖主义提供资助的国际公约》，同年，我国《刑法修正案（三）》明确将恐怖主义犯罪规定为洗钱罪的上游犯罪，还严密了恐怖主义犯罪的法网，除了修改组织、领导、参加恐怖活动罪的规定外，还明确规定了资助恐怖活动罪。该罪名针对的对象是资助恐怖活动组织或者实施恐怖活动的个人，主体自然人和单位均可构成，这是首次将资助恐怖活动的行为单独定罪而非作为组织、领导、参加恐怖活动罪的共犯处理。

2006 年，全国人大常委会通过了《反洗钱法》。这就从法律上确立了中国反洗钱行政管理体制，明确了金融机构的反洗钱义务。该法有一章专门为“金融机构的反洗钱义务”，明确了身份识别制度、客户身份资料和交易记录保存制度、大额交易和可疑交易报告制度。这类制度从各过程规范了反洗钱工作的具体操作，使工作有了明确法律依据。

2007 年，中国人民银行发布金融机构反恐融资报告规章；中国正式成为 FATF 正式成员，反洗钱和反恐融资工作面向国际全方位开展。2011 年，全国人大常委会通过了《关于加强反恐怖工作有关问题的决定》，该决定原则性较强，明确了对涉恐组织和人员的财产冻结措施。2014年，中国人民银行、公安部、国家安全部发布《涉及恐怖活动资产冻结管理办法》，该办法对金融机构、特定非金融机构针对各种资产可采取的冻结措施、监控手段、报告方法等都予以明确，规范了涉恐资产的冻结程序。

2009年11月，最高人民法院颁布实施了中国第一个专门针对洗钱和恐怖融资犯罪的司法解释——《关于审理洗钱等刑事案件具体应用法律若干问题的解释》，该解释明确了以下问题：一是资助包括筹集资金和提供资金两种具体行为，单纯的筹集资金行为，同样应以资助恐怖活动罪定罪处罚；二是“资助”的方式不以金钱为限，为恐怖活动组织或者实施恐怖活动的个人筹集、提供经费、物资或者提供场所以及其他物质便利的行为，均属于资助行为；三是资助恐怖活动罪的成立不以被资助的人具体实施恐怖活动为条件，预谋实施、准备实施和实际实施恐怖活动的个人，均属于刑法第120条之一规定的“实施恐怖活动的个人”。

2015年，我国正式通过《反恐怖主义法》。作为我国第一部全面防范和惩治恐怖活动、加强反恐怖主义工作的法律，《反恐怖主义法》中第一次出现了恐怖主义融资的概念，并对反恐怖主义融资主要制度作了原则性规定。该法第2条将为恐怖活动组织、恐怖活动人员、实施恐怖活动或者恐怖活动培训提供资金、物资等支持、协助、便利的行为认定为恐怖活动，第24条至第26条则规定了国务院反洗钱行政主管部门等有关部门、机构反恐怖主义融资的职责、措施等内容。反恐法是我国反恐领域的基础法律，反恐融资的具体工作在此统领下开展。

《刑法修正案（九）》又对为恐怖主义提供资金的各类行为规制进行了整合，增加了一系列恐怖主义相关犯罪，取消了资助恐怖活动罪罪名，更改为帮助恐怖活动罪。也就是说，无论物质上，还是行动上，各方面为恐怖活动提供帮助的，都以专门的本罪论处。

2016年在我国杭州召开的G20峰会通过的公报中，要求各国团结一致，阻截恐怖主义融资的所有来源、技术和渠道，包括勒索、税收、走私自然资源、抢劫银行、抢劫文化财产、外部捐赠和绑架赎金。同时，公报也要求成员国继续交换情报，冻结恐怖分子资产，将恐怖主义融资入刑，尽快落实金融行动特别工作组标准和联合国安理会第2253号决议。

三、我国在金融反恐领域已采取的举措

我国不断重视金融反恐工作，这既是维护国家安全和金融安全的需要，也是主动参与全球治理、作为负责任大国所要承担的国际使命。除了立法上不断完善反恐融资的程序外，我国还在以下方面采取了一系列举措：

（一）成立专门机构

根据我国《反洗钱法》，金融机构应设立反洗钱专门机构或者指定内设机构负责反洗钱工作。我国的反“洗钱”工作部际联席会议制度于2002年5月经国务院批准设立，原牵头单位为公安部。2003年国务院机构改革后，改由中国人民银行牵

头。2004年5月，反洗钱工作部际联席会议成员单位由原来的16家增至23家，包括人民银行、财政部、外交部、公安部、最高人民法院等，部际联席会议日常工作机构设在人民银行反洗钱局。人民银行是我国的中央银行，具有统领作用，这是银行金融领域最主要的反洗钱工作机构。

2004年4月，中国人民银行成立中国反洗钱监测分析中心，承担反洗钱监测分析的职责。为规划、统筹、协调金融业的反洗钱工作，统一协调银行、证券、保险、外汇等系统反洗钱监管职责，减少重复监管，避免监管工作中的盲区。该中心是中国政府根据联合国有关公约的原则和FATF建议以及中国国情建立的行政型国家金融情报机构（FIU），是为人民银行履行组织协调国家反洗钱工作职责而设立的专门机构。国家外汇管理局也表示，外管局学习和借鉴国际反“洗钱”的先进经验，直接到境外参加培训，学习国际上的反洗钱经验。

专门机构的建立使我国反洗钱工作走上了专业化之路，联席会议机制的建立有助于各部门协调工作，共同应对复杂的反洗钱形势。但是，现有的专业机构主要针对于反洗钱，正如上述，反恐融资与反洗钱还是有区别的，定位到反洗钱领域限缩了范围，会让一些反恐融资行为得不到及时发现处理。另外，参与部门过多会让工作开展的难度增大，统领作用欠缺，损害效率。

（二）加强各国各地区反洗钱机构合作

我国积极参与国际组织，加入相关国际公约。除了国际性和地区性的专业反洗钱组织之外，许多国际性的经济组织和政治组织也对洗钱和恐怖融资问题给予了高度的关注，参与到反洗钱工作领域。这些国际性组织主要包括：国际货币基金组织、亚太经合组织、联合国毒品与犯罪办公室、世界关税组织、世界银行等。我国在这些国际组织中阐明了一贯的反恐立场，并严格按照国际准则履行反洗钱义务，开展信息交流。

我国已与多国签署了相关反恐融资交换情报、信息监控协议。中国人民银行反洗钱监测分析中心与俄罗斯、格鲁吉亚、乌克兰、马来西亚、白俄罗斯、黎巴嫩、赞比亚、阿富汗等几十个国家签订了金融情报交流合作谅解备忘录。[①] 我国金融情报机构将基于互惠原则在涉嫌洗钱和恐怖融资及其他相关犯罪的金融情报信息收集、分析和互协查方面开展合作。加强国际合作是应对恐怖主义向全球蔓延、资产跨国化发展的举措，通过上述措施，有助于我国将境外恐怖组织和非法融资阻挡在国门之外。

四、我国在金融反恐领域的完善之策

我国在金融反恐领域还面临不少挑战，这是因为在整个国家金融安全领域，反恐面向的意识不强，不少规范还处于缺位状态，各部门、系统的联动性机制还不完善。与一般的严重犯罪所获得的大额资金需要清洗和监控严密不同，当前发现的中

① 参见“中国反洗钱监测分析中心”，http：//www. camlmac. gov. cn/com/info. do？lmId = 33&action = query.

国恐怖融资犯罪的资金数额呈现小额和分散的情形，一些涉恐分子变卖家产牲畜，出售房屋，从事合法贸易为掩护筹集资金，如发生在某地一起恐怖活动案件，案件中所需的生活费用和制造爆炸物的资金就来源于在当地开设廉价理发店的微薄收入；也有从事贩毒、盗窃、走私、敲诈等违法犯罪筹资，金额从几万元到几十万元，上百万元的较少。①这都为新形势下的反恐融资工作带来了新的挑战。我们主要面临的问题有对金融系统极端主义资金的流入监控还不到位，金融系统对异常资金向反恐部门的预警机制还不健全，对信息时代反恐融资的方式应对还比较滞后等。

（一）注意金融反恐行动的针对性、专门性

要采取相应举措，准确识别各类恐怖组织、恐怖分子和相关资助人员，切断其资金来源。对于不属于与恐怖活动有关、也未参与资助恐怖活动的人员，不得扩大影响，损害其正当利益。

2017年1月25日，中国银监会出台《关于规范银行业服务企业走出去、加强风险防控的指导意见》。该意见提出，加强反洗钱和反恐融资管理。银行业金融机构应严格执行联合国安理会有关决议，严格遵守境内外反洗钱和反恐融资等相关法律法规和监管要求。及时录入、更新制裁名单，对借款人、汇款人、借款及收款单位的主要股东、高级管理人员受制裁的情况进行动态审查。

该意见为加强反恐融资管理提供了具体方案，对参与金融活动各方的审查全面。在实践中，要明确金融反恐的具体对象，监控审查都要以涉恐为标准，针对涉恐资金线索、来源、去向、中间环节进行专门判断，使该项行动减少盲目性，提升准确性。

（二）建立现代金融反恐网络，提升反恐的时效性

近年来，地下钱庄违法犯罪数量和涉案金额如此之多，与金融系统监管不到位有着一定的关系。有些银行对客户交易的真实性并未进行严格审查，一些银行内部人员甚至利用银行客户资源参与各种票据中介和资金掮客活动。②

针对化整为零的小额资金筹集和转移方式难以识别，社交媒体、电子支付、众筹等新型资金筹集和转移方式的管控手段明显不足，以及对恐怖组织通过国际贸易手段出口其所占有的资源获取资金缺少必要的监管和打击手段等新问题，有必要加快构建国家反恐怖主义融资监控网络，扩大监管对象和监管范围，特别是可以运用大数据分析等新型技术措施，开展针对恐怖主义融资或者疑似恐怖主义融资的全面监测、分析、溯源和阻断措施，查清涉嫌恐怖主义融资的资金来源与去向，跟踪、切断恐怖主义资金链，实现反恐怖主义融资监控网络全覆盖。这个过程以技术手段的发展为基础，以各部门信息的协调为内容，以提升反恐的时效性为目标。

在当下，获取恐怖融资信息来源主要有金融机构信息、执法信息、社会资源信

---

① 李春：《恐怖融资犯罪防控路径研究（上）——以刑法第120条和第191条为视角》，载《犯罪研究》2015年第5期。

② 牛惊雷：《当前我国恐怖融资特征及反恐融资对策研究》，载《武警学院学报》2017年第5期。

息、国家安全机构和情报机构信息、国际领域信息和其他信息等。[①] 多类信息来源不同，应整合这些信息，建立“联系人网络图”，共享并建构信息间的关联。金融机构负责对可疑资金的监控追踪，公安机关已有违法犯罪人员库，恐怖主义组织和人员名单的认定也由公安部门进行。金融机构是反洗钱相关工作的最主要部门，但只有公安机关才有执法权，因此公安机关应主动联系金融机构相关部门，将执法平台与金融交易监管平台相对接。

除了日常的信息交换平台外，还应推进生物特征识别数据库系统与金融反洗钱中心在全国范围内共享，打破单一的平台，建立以新技术为支撑的识别方便的综合金融平台。在平台间设立分流机制，对有恐怖融资嫌疑的资金流向和行为人要予以继续监控挖掘，对其他类型的洗钱犯罪、金融违规行为交由相关主管机关处理，不占用反恐资源。应拓展反恐融资运作体系的面向，在海关、税务总局、法院、检察院等机关设置反恐融资专门部门，展现工作的专业性、协调性，符合分工专业化的要求。

各平台的功能发挥以数据信息的分析研判为组成部分。这需要培养更多有专业知识、有综合背景的金融法律人才，要集中对资金持有人、来源、去向全过程实施监控分析，对异常情况及时处理，增强监测分析的动态性，直至能够掌握恐怖组织的活动空间规律、动态变化状况以及群体行为法则等信息。

（三）增强相关法律法规的可操作性和确定性

法律法规的可操作性是规范施行的基础，我国《反洗钱法》为此目标所做的努力有充分的体现：在行政领域改进涉恐名单的信息分发机制和程序，针对金融机构和部分非金融机构出台细化的操作指引与更为明确的要求；在执法、司法领域，制定报告、查封、冻结、扣押和没收相关资产的专门规定及有效程序，制定除名、解冻及保护善意第三人的具体措施。

我国已施行的《反恐怖主义法》对反恐融资行为进行了专门规定，明确了各机构的安防职责。具体应对方式是发现、冻结，对涉嫌犯罪的交由司法机关处理。未来应将金融反恐法作为反恐法的下位法律，对金融反恐的机构、协调机制、可采取措施、审查模式、救济与合作等内容予以明确，建构完整的金融反恐法。

金融反恐在我国刑法中的体现主要在恐怖主义关联罪的刑法规定上。研究恐怖主义犯罪的分类必须结合本国刑法对恐怖主义活动的具体规定。基于此，我们把散见于刑法分则之中的恐怖主义犯罪活动以其与恐怖行为本身的关系分为恐怖主义行为罪、恐怖主义组织罪和恐怖主义关联罪三大类。[②] 这基于当时刑法的规定，不过该分类对现在仍然适用。恐怖主义关联罪，是指与恐怖主义犯罪密切相关联的犯罪，通常情况下，表现为恐怖主义行为罪的上游犯罪或者下游犯罪。[③] 该类犯罪与恐怖犯罪有密切联系，但外在表现不是恐怖行为本身，有些甚至具有形式上的合法

① 温海燕：《恐怖融资与涉恐资金监测分析路径及方法》，载《武警学院学报》2017 年第 3 期。

② 莫洪宪、王明星：《论恐怖主义犯罪及其法律控制》，载高铭暄、赵秉志主编：《刑法论丛》（第 8 卷），法律出版社 2004 年版。

③ 莫洪宪：《略论我国的金融反恐》，载《法学评论》2005 年第 5 期。

性，需要综合全面地甄别。现有的规制恐怖融资的罪名主要有：资助恐怖活动罪、准备实施恐怖活动罪、洗钱罪、窝藏包庇罪等。资助恐怖活动罪包含资助恐怖主义的一切行为，当然包括为其提供资金的各类行为；准备实施恐怖活动罪包括为实施恐怖活动准备凶器、危险物品或者其他工具的行为，以及进行恐怖活动准备的其他行为；洗钱罪是恐怖主义犯罪的下游犯罪，将涉恐“黑钱”通过各种手段“漂白”都属于该罪；窝藏包庇罪、掩饰隐瞒犯罪所得罪等也可规制恐怖融资的相关行为。从以上论述可以看出，我国对恐怖融资的罪名分散在刑法分则的不同章，针对不同行为表现和出现的不同阶段，分别设置为不同的罪名。这与当时立法认识逐渐加深方式有关，但也表现出对恐怖融资行为的处置不集中。未来立法中可增设专门的恐怖融资罪，对该罪涉及的各类融资行为予以概括，将洗钱罪、恐怖活动相关罪当中的部分内容整合归纳为恐怖融资罪，单独将其置于危害公共安全罪一章，集中规制各类恐怖融资行为，以促进反恐与打击金融犯罪相结合。

此外，我国现阶段还未达到 FATF 的全部要求，中国应接受 FATF 的全面评估，并在 FATF“40+9 项建议”中的 6 项核心建议方面全部或大致合规。在评估基础上，我国应根据建议适时修改相应法律规范。

（四）加强信息的沟通协调

金融情报本身并不足以对抗恐怖主义，反恐部门信息与金融信息相互联系共享才能准确把握恐怖主义动向。由于恐怖分子的金融信息极有预测价值，金融反恐当局应将优先进行金融情报的搜集和共享，这是打击恐怖主义的基础。金融情报交流属于国际反恐合作的组成部分。

基于各部门在涉恐情报技术标准规范方面的差异，反恐部门与金融系统之间存在反恐情报共享不通畅等问题。① 建立系统协调的情报共享机制，实现金融交易资源数据平台与相关业务信息系统的有效对接，对发现恐怖主义的苗头及时监控上报。非金融部门同样会发现异常资金流向，应尽快建立非金融机构与其他部门的信息协调机制，建立统一的信息沟通平台。

信息的沟通协调还包括国内信息与国际信息的交流协调。为了强化反恐怖融资工作，我国有必要充分发挥现有反洗钱情报搜集和监测机制的作用，利用与一些国家开展境外（离岸）资产税务监管合作的现有条件，及时实现反洗钱监管机制与国际收支统计申报机制的接轨。② 我国反恐融资主管机构可主动出击，参与国际组织，参与国际反恐融资领域国际规则的制定。中国应更主动地融入世界，学习发达国家已成型的先进经验，并形成针对我国恐怖主义发展形势的适当规则，对世界反恐斗争作出贡献。

① 白海将、田华伟、李俊蕙：《美国联邦调查局反恐情报共享机制分析及启示》，载《情报杂志》2015 年第 4 期。

② 黄风：《建立境外追逃追赃长效机制的几个法律问题》，载《法学》2015 年第 3 期。

我国金融行为入罪化分析

王海桥*

金融交易的频繁程度是反映一个地区、区域、乃至国家经济繁荣能力的重要指标，现代金融的本质就是经营活动资本化过程，是整个市场经济活动的核心。近年来，随着信息金融时代的到来，尤其是随着金融体制的改革、金融市场的放开、国内金融市场与国际金融体系的逐渐接轨，我国金融领域的犯罪活动大有泛滥之势，除了传统的货币犯罪，针对金融投资人的犯罪、互联网金融犯罪等都呈现出新的行为样态和发展趋势。与我国金融市场从无到有逐步建立相适应，法律对金融市场秩序的保护也从传统的偏重管理秩序逐渐转向重视金融秩序安全和注重金融投资人权益保护。就金融领域而言，金融刑法主要关涉经济法与刑法关系之探讨，其主要价值最终体现为在立法上如何为金融违法与金融犯罪划定边界，以及在司法实践中如何就金融违法与金融犯罪进行准确界分，因此笔者拟兼顾金融秩序安全和金融投资人权益保护视角，将金融违法行为方式和金融法益的规范保护作为金融行为入罪化的讨论基准，对金融行为入罪化予以特定分析。

一、刑法中的金融行为

作为经济犯罪的主要类型，金融犯罪的界定也应当符合经济刑法范畴之限定，是以按照我国现行金融犯罪的刑法规范体系及其确立的具体罪名，笔者将金融犯罪理解为金融参与主体在金融资本流通活动中实施的破坏金融体系运行，违反金融市场管理法规，严重侵害国家金融管理秩序的行为。

（一）传统金融行为

理解金融行为，必然需要理解金融体系的运作机制。金融体系包括金融市场、金融中介、金融服务企业以及其他用来执行居民户、企业和政府的金融决策的机构，金融机构之间的互动使金融资产得以流动，其中市场机制是驱动金融创新的重要力量。当今的金融体系是全球化的，金融资产的流动与传统相差巨大，金融市场和金融中介通过一个巨型国际通信网络相互联结，因此，支付转移和证券交易几乎可以 24 小时不间断进行。[①] 这就意味着，在广义上，金融主体参与金融市场活动进行金融资本流通的行为，均属于金融行为，既包括金融决策行为、金融中介行为，也包括金融交易行为。

金融的范畴现在非常宽泛，在刑法之中讨论金融行为时必须予以限定。简单而

---

* 北方工业大学法律系主任、副教授、硕士生导师。

① 关于金融市场与金融机构的详细分析，请参见《金融学》（第 2 版）第二章相关内容，兹维·博迪、罗伯特·C. 莫顿、戴维·L. 克利顿著，张杰编审，曹辉、刘澄译校，中国人民大学出版社 2009 年版。

言，金融就是金融体系之中货币资金的融通，金融业就是买卖金融资产的行业，它主要包括银行业、证券业和保险业。就刑法与部门法的协调视角而言，金融法属于经济法与商法的交叉融合范畴，因此，刑法之中的金融行为作为经济行为的主要类型，应当被理解为金融参与主体在金融市场活动过程中所实施的与违反金融秩序相关的行为，不仅涵盖了宏观的“金融市场调控行为”和微观的“金融市场规制行为”，也包含了商法所调整的基于商事合同实施的部分金融中介行为和交易行为。刑法中金融行为所破坏的金融市场管理秩序，既包括纵向的金融市场管理秩序，也包括金融市场中平等主体之间的交易安全秩序，由于金融市场调控行为和市场规制行为的主体一般是政府及其相关监管部门，其行为的实施主要在于确保金融市场管理秩序和交易安全秩序，因此被纳入金融犯罪圈予以打击的违法行为，通常属于金融中介行为和交易行为，当金融中介服务机构和金融交易主体的行为严重侵害金融管理秩序和交易安全秩序时，其即属于刑法所规制的金融犯罪行为。我国金融犯罪的刑法规范体系确立了具体的金融违法行为类型，这些金融违法行为类型在事实层面均属于传统的金融行为范畴。

（二）金融行为互联网化与互联网金融行为

对刑法中的互联网金融行为的理解，有必要正确区分金融行为的互联网化和互联网金融行为。金融行为的互联网化，其所侵害的金融法益和构成的金融犯罪类型与传统金融行为相比，性质上并不存在本质区别，其不过是在互联网环境中加以实施，更多影响的是传统金融犯罪的司法认定，因此，金融行为的互联网化，在没有新的金融法益需要保护时，并不会创设新的金融犯罪类型。互联网化的金融行为所构成的犯罪属于金融犯罪的互联网化，而真正意义上的互联网金融行为则与纯粹的互联网金融犯罪相关联。在我国，互联网金融作为2012年最早提出来的学术概念，其属于一个谱系概念，涵盖因为互联网技术和互联网精神的影响，从传统银行、证券、保险、交易所等金融中介和市场，到瓦尔拉斯一般均衡对应的无金融中介或市场情形之间的所有金融交易和组织形式。[①] 在互联网金融领域，由于存在无金融中介和市场情形的金融交易和组织形式，新的支付方式和互联网货币、大数据等金融创新因素的存在，使得金融法规监管处于真空或不完善状态，在此种情形下，互联网金融行为的入罪化分析就需要被慎重对待，既需要考虑现有的金融犯罪类型是否能将其纳入评价范畴，也要考虑刑事处罚的必要性和刑事违法性独立评价的可能，处罚的必要性与金融刑法的规范保护目的相关，而刑事违法性独立评价则与经济刑法刑事违法的二次补充性相冲突，因此，原则上在刑法无明文规定的情形下，对于纯粹的互联网金融行为一般不应直接适用现有金融犯罪罪名，对于确有必要由刑法规制的，应通过立法予以入罪化。

二、金融刑法的保护法益

我国现阶段正处在市场经济体制深化完善的关键时期，国家仍然以宏观调控的

① 具体阐述详见谢平、邹传伟：《互联网金融模式研究》，载《金融研究》2012年第12期。

方式介入经济领域的许多方面，以克服在当前转型经济环境下的市场缺陷，维护交易安全。在我国金融领域，国家既是金融的宏观调控者，也是直接的竞争参与者，所以我国金融市场属于一种不完全竞争市场。强调公权力管理的原因之一就在于，我国金融机构主要以国有资产或通过国家持股的形式而创办，国家直接参与金融竞争，对金融体系的破坏实质上就是对国家所有权的侵害，此外，对公权力的倚重也是传统的计划经济体制下强调行政管治的一种惯性使然。因此，传统意义上刑法作为金融法的后盾和保障，主要是将严重破坏金融秩序的危害行为作为犯罪予以打击和进行刑事责任追究，认为侵害金融秩序的行为不仅侵害了国家所有权，而且还是对国家金融管理权威的蔑视。与此同时，国际金融市场格局的变化对我国金融市场的发展产生了重要影响，尤其是1997年东南亚金融危机和2008年美国次贷危机对我国影响深远，并直接影响了我国金融市场的立法和司法。我国金融立法采用了窄口径的方式，金融品种、金融交易方式的创新受到严格限制，与此同时，加强金融监管以应对金融风险的要求在金融犯罪刑事立法中得到充分反映，倾向于对偏离国家金融监管范围的违规活动追究相应的法律责任，甚至辅之以重刑制裁。

中国银行业体系历史形成的主导地位使金融体系不均衡，银行业的金融存量规模阻碍着资本流向股票和证券，中国金融市场深受资本配置和投资无效痼疾的影响，政府和产业间的关系继续助长信贷错配，且交易市场监管孱弱、投机盛行，这就使得民间融资领域非法集资现象突出，与此同时，金融创新，特别是互联网金融创新容易呈现出无序状态。[①] 就维护金融市场秩序而言，金融业的繁荣不只是以金融机构的多寡为标志，只有在此基础上建立完备的、公平的、有序的金融市场才能健康顺利地开拓发展。完备的金融市场需要各种主体、多种政策、法律、技术措施的介入才有可能建立，我国当前更需要在全社会塑造一种金融诚信观念，建立个人金融信用机制，没有信用可言的金融大市场，不仅金融市场的安全，特别是银行和投资人的安全得不到保障，而且严重影响对金融违法犯罪各类案件的执行效果，反而引发“劣币驱除良币”的怪现象。并且需要注意的是，在信息技术快速发展的今天，尽管我国金融交易平台以及投资渠道都出现了新形态和新模式，金融领域不断创新，但就本质而言，市场机制起主要作用的金融创新仍然是推动金融发展、经济繁荣乃至社会进步的重要动力。

因此，就金融刑事保障角度而言，我国金融市场要想逐渐走向完善，在强化对金融管理秩序和交易安全的刑法保护过程中，一方面刑法应尊重市场机制起主导作用的金融创新，不过度介入金融活动领域，在本身由于金融制度缺陷造成金融管理秩序混乱或因缺乏金融法律法规监管尚未在金融创新领域形成特定金融管理秩序的，不轻易对该类金融行为进行入罪化，给金融渐进式改革和创新发展留下足够的自由空间；另一方面，在司法入罪过程中，刑事法律适用要从传统意义上单方面强调金融管理秩序维护，逐步转向维护金融安全与注重金融投资人合法权益保护并

① 关于中国金融体系的阐释，详细参见［美］海尔·斯科特、安娜·葛蓬著：《国际金融：法律与监管》（下），刘俊译，法律出版社2015年版，第511页以下。

重，这就意味着，在涉及投资人权益的金融活动中，如果金融投资人的合法权益不存在刑法保护的正当性，那么该类金融交易行为虽因其涉众性容易违反金融管理秩序，但并无刑事处罚的必要。

三、金融行为入罪化的规范思考

金融行为的入罪化，除了应当以金融行为和金融保护法益为基准确立具体的违法行为类型之外，还应当考虑立法路径的选择，防止金融机构行政权力的刑法实质化，注重刑法和金融法的有机协调。

（一）委任立法是金融行为入罪化的常规选择，金融刑法规范弹性的存在具有难以避免性和合理性

经济刑法作为主要规制金融违法犯罪的刑法规范，其范畴为经济行政法规与刑法的重叠领域。基于金融刑法的性质，经济刑法规范为适应金融产业发展和金融财经等秩序的变化需要，意图发挥规范的最大效力，就理应在规范上保持相当的弹性空间，因此，采取立法者仅设定概括性条款，委由行政机关以相关行政法规具体化规范内容，再由法院适用该行政法规补充完整构成要件，这样的金融刑法的空白规范模式无疑具有合理性和难以避免性。这是因为：一方面，金融行政部门是获得立法部门的授权进行委任立法，这种间接立法在本质上并不与罪刑法定原则形成对立，法院在适用金融刑法时依然要进行独立的刑法规范判断；另一方面，面对不断变化发展的金融活动，在事实上不可能将所有应予刑罚制裁的金融不法行为，毫无遗漏地加以规范，因为侵害金融投资人权益的犯罪实质内涵并非一成不变，而是随着金融状况及价值观的改变，相对地呈现浮动现象，[①] 针对金融犯罪这种法定犯，采用经济刑法空白规范模式，能够更有效地保持刑法的稳定性和实现刑法的现实化。

比如，近年来，为维护证券、期货市场秩序，保证投资者平等公平开放地参与证券、期货交易，有关部门频出重拳打击内幕交易、泄露内幕信息的违法犯罪行为。但是即便在打击内幕交易已经形成一定声势的背景下，查处内幕交易仍然是困难重重。一方面，是因为内幕交易犯罪手段越来越高明，越来越隐蔽，确认内幕信息泄露和传递的调查取证非常困难；另一方面，由于《刑法》和《证券法》对有关内幕交易的规定仍然比较原则，在具体的案件查处和适用法律上仍有许多争议问题悬而未决。有鉴于此，中国证监会于 2007 年 3 月印发了《证券市场内幕交易行为认定指引（试行）》（以下简称《指引》），对内幕人、内幕信息、内幕交易行为的认定、不构成内幕交易行为的情形、证明标准等作了比较详细的规定。但需要注意的是，我国《刑法》第 180 条第 3 款规定“内幕信息、知情人员的范围，依照法律、行政法规的规定确定。”而《指引》属于供中国证监会使用的证券行政执法指导文件，法律效力上属于部门规章，显然不能在判决书中直接引用《指引》的规定，《指引》只能作为参照。自 2012 年 6 月 1 日起，最高人民法院、最高人民检察

① 参见林山田：《刑法通论》（上），台大法学院经销 1998 年 2 月增订六版，第 20 页。

院《关于办理内幕交易、泄露内幕信息刑事案件具体应用法律若干问题的解释》（以下简称《解释》）正式施行，对一些法律适用问题从司法解释层面上作了明确规定，一些争议得以暂时平息。比较“两高”的司法解释和证监会的《指引》，《解释》吸收了《指引》的有关内容，但又有所区别。问题在于，对于司法解释应该如何加以准确把握？以“内幕信息知情人”为例进行简单分析。当前我国《证券法》正在进行最新修改，其规制内幕交易的理论基础是“公平理论”和“市场效率理论”，但关于内幕信息知情人的规范却存在不同标准，一类按身份划分，强调内幕信息知情人的特定身份；另一类按获取方式划分，强调信息获取的非法性，立法标准不统一。现行《证券法》第74条前6项列举了具有特定身份的内幕信息知情人，限定了“内幕信息知情人”的范围，虽然以兜底条款作了补充性规定，但在第74条的语境下难以扩充至所有知悉内幕信息的人。第73条对“非法”获取内幕信息的表述，容易使人过多关注信息获取的“非法性”，而我国证券市场中通过配偶、亲属、朋友“偶然获知”内幕信息的情况多发，若单纯强调“非法”的获取手段，就免除了“偶然获知”内幕信息的人员本应承担的保密义务，不利于对内幕交易的防范和打击。[①] 虽然《信息披露办法》以及《信息披露通知》对内幕信息知情人的范围进行了扩充，但部门规章的法律效力远不及《证券法》，因此我国《刑法》关于内幕信息知情人的认定，未来应根据司法实践需要以及国际法制发展的趋势，在证券法公平正义的立法宗旨以及立法理论上，重新对《证券法》中关于内幕信息知情人的规范进行独立判断，结合《信息披露办法》、《信息披露通知》以及2008年出台、2011年修订的《上市公司重大资产重组管理办法》中的相关规定，将《证券法》第73条以及第74条的内容进行整合，统一内幕信息知情人划分标准，淡化获取信息手段“非法性”，转为强调“知情”的事实状态，适当扩大内幕信息知情人范围。

（二）金融法规的易变性和片面性导致金融刑法规范出现未计划性，具有偏离立法的倾向，金融行为入罪化应当避免行政权力的刑法实质化

金融刑法补足构成要件所需援引的金融法规存在易变性和片面性，这直接导致金融刑法出现未计划性，行政权力的刑法实质化使金融刑法规范具有巨大的弹性空间，一定程度上偏离了刑事立法原意。金融法规的易变性表现在其立法程序没有刑法严格，其根据金融市场的活动需要经常进行变更，对涉及刑事责任的相关前置规范也予以相应调整；片面性表现在金融法规进行变更时，基于部门法的视角和利益驱动，往往无视其调整内容的普适性以及规范内容与刑法具体条文的科学协调，并且不考虑刑法整个刑法分则规定的内在体系和谐。直接出现的结果是，虽然有利于金融刑法进行必要的社会现实化，但是也存在可议之处：一是行政权力在实质上刑事化，某种意义上行使了刑事司法解释权，甚至逾越了刑法立法权；二是金融法规的变更时常偏离刑事立法原意，导致金融刑法规范呈现出未计划性，不利于刑法分

① 参见中国证券监督管理委员会稽查局编：《证券期货稽查典型案例分析》，科学出版社2013年版，第65页。

则体系的协调和刑法体系内的规范同一性。

笔者此处以信用卡诈骗罪为例适当展开。信用卡业务本身作为一种高风险、高回报的商业活动，其本质上属于一种民事借贷合约，对于该种债权债务关系，原则上刑法不应积极介入。对银行而言，其进行高风险的金融活动，欲完全避免风险不具有可能性，因此特定商业风险的出现应当为刑法所允许，在司法实践中必须正确区分信用卡诈骗和法律所允许的金融风险，区分的标准主要应以信用卡的交易安全是否受到严重侵害为标准。对于那些合法取得信用卡的持卡人所进行的交易活动，除非能有效证明其具有非法占有目的，原则上不应作为犯罪处理，尤其是合法透支行为向恶意透支转化的，应该就《解释》所规定的恶意推定情形适用可疑即排除的原则，另外对于行为人不是处于直接故意进行恶意透支的，应以民事处理方式予以解决。与此同时，鉴于我国现行金融监管并不完善，发卡银行在从事具体金融活动过程中，经常以免缴年费、赠送赠品、附加产品招揽客户，甚至许多根本无固定收入和支付偿还能力的学生也被引诱加入持卡人一族，发卡银行对于信用的审核毫无严谨可言，使信用卡交易安全自始即处于高风险之中，在此种信用绑架的情形下，实难认可刑法对银行法益有予以特别保护之必要，因此笔者认为，如果发卡银行违法违规发放信用卡并授权根本不具备信用资质的人使用的，那么其本质上是一种创造风险并增加风险的行为，对于这种刑事被害人自冒风险的行为，原则上不应对行为人的恶意透支行为作为信用卡诈骗罪处理，而且在该诈骗类犯罪中，被害人的过错对于损害的发生更具有特殊意义，是以此时应当特别考虑银行自身过错，由其自负其责。[①] 这也就意味着，要防止金融机构利用行政权力实质入罪，应限制作为民事纠纷处理。

（三）对于金融行为的入罪化，应坚持刑法的补充性特征，特别注重刑法与金融法规的协调

金融行为的入罪化，实质是刑事法律介入金融监管，因此，确定金融犯罪圈应坚持补充性原则，即如果能以现有监管手段或者以其他法律手段能够确保制止不法行为的，刑事法律就不应当介入；换言之，只有当其他手段不足以遏制不法行为时，刑法才有必要对不法行为评价为犯罪并予以制裁；与此同时，在刑法理论上，金融犯罪属于法定犯，这表明凡是能够最终被认定为金融犯罪的行为，其首先必须是违反民商事、经济、行政法律规范的行为，只有这些法律规范中明确要求追究刑事责任，且在刑法中又予以规定的行为，才能被认定为金融犯罪，二次违法是金融犯罪的基本特征。

近年来，民间集资风险集中爆发，刑法领域的集资犯罪也大量增加，如引起社会广泛关注的“吴英非法集资案”,[②] 公众对社会公平、民间资本出路、金融垄断、价值观标准等一系列问题展开激烈讨论，单纯依赖刑法手段也难以实现防止融资犯

---

① 关于刑事被害人的自冒风险之详细阐释，参见王海桥、马渊杰：《被害人自冒风险的刑事归责——论自我负责原则》，载《中国刑事法杂志》2011 年第 1 期。

② 详细案情及分析可参阅卢勤忠：《非法集资犯罪刑法理论与实务》第十一章“吴英案非法集资案的刑法分析”，上海人民出版社 2014 年版。

罪的预期目标，值得刑法理论深思。民间融资中危害最严重的集资诈骗罪，实施者均是出于贪利目的，但金融犯罪所产出的巨大经济利益与市场对资本的强烈需求高度集中在一起，社会资本筹集与流通渠道的有限，社会征信体系的不健全，均促使行为人铤而走险，被害人主动投入。自20世纪90年代以来，我国在未做充分论证的情形下，将所有未经国家批准的集资行为一律认定为违法，并以破坏金融秩序为由纳入犯罪圈中，而在现行金融体制下，信贷资源大多向国有企业、大型企业倾斜，大量民营中小企业出于正常经营需要，很难通过正规金融渠道获得资金，在未虚构事实的情形下进行的集资活动本质上于社会并无危害。因此，在融资行为入罪的过程中，因金融制度缺陷导致融资行为违反金融管理秩序的，如因信贷错配促使民间集资行为异常突出的，只要不存在虚构事实致使投资人的重大权益损失①或者属于被害人自冒风险的，不应一律采取刑法手段将其纳入金融犯罪的评价范畴。

对于互联网金融行为，只要其符合金融创新的特点，在并未形成相应的互联网金融管理秩序的情形下，不应将其纳入刑法的打击范畴。互联网管理秩序的形成，应该依赖于互联网金融的功能监管和机构监管，② 功能监管的核心是根据互联网金融的业务和风险来实施监管，主要分为审慎监管、行为监管和金融消费者保护；机构监管主要是针对互联网金融的六种主要类型设立专门机构进行监管，即设立金融互联网化、移动支付与第三方支付、互联网货币、基于大数据的征信和网络带宽、P2P网络贷款、众筹融资的相应监管机构进行金融行为监管，这其中急需建立的是P2P网络贷款和众筹融资的机构监管。刑法与互联网金融监管法规相对应，已经形成金融监管秩序互联网金融行为可以纳入金融犯罪的评价范畴，反之，考虑到需要保护的刑法法益尚未明确，不应对相应的互联网金融行为进行入罪化。

① 有学者主张配置正当事由缓解现行集资行为刑事管制模式的紧张状态，具体参见毛玲玲：《金融犯罪的实证研究——金融领域的刑法规范与司法制度反思》，法律出版社2004年版，第197-198页。

② 详见谢平、邹传伟、刘海二：《互联网金融手册》，中国人民大学出版社2014年版，第215页以下。

宽严相济刑事政策指导下的金融犯罪治理问题研究

李存海* 宋 鹏**

金融犯罪危害国家正常的金融秩序，金融犯罪与传统的普通刑事犯罪相比，在犯罪的生成机理、构成要件、社会危害性的具体体现等方面，均存在诸多不同，这就要求司法机关在对金融犯罪进行刑事治理时，充分关注金融犯罪的实际特点，采取针对性举措。要注意运用好宽严相济刑事政策，适用相似罪名时要充分重视金融犯罪背后的社会金融生态，在防止刑事打击滞后的同时也要避免刑事干预过度，还要采取积极有效的措施保护金融犯罪的被害人权益，防止刑事追究的简单化倾向。

一、当前金融犯罪的具体成因及发展态势

金融犯罪通常是指发生在银行、证券和保险等领域中的违反金融管理法规，破坏金融管理秩序，依法应受刑罚处罚的行为。在我国，金融犯罪大体包括刑法分则第三章和第四章“破坏金融管理秩序罪”的罪名和第四节“金融诈骗罪”的罪名，共计30余种。金融危机爆发后，我国的金融犯罪案件更多地集中表现为集资诈骗、非法吸收公众存款等金融犯罪活动，金融犯罪也呈现出新的发展态势。

（一）当前金融犯罪的具体成因

1. 市场经济因素

随着我国公众收入增长，可支配财富增加，社会大众出现了一些急切求富的心理，犯罪分子利用了社会公众的盲目心理，以许诺高回报率为条件，吸收民间资本，而后将吸纳的资金用于高风险投资，一旦投资失败，损失将转嫁到原始投资人身上。我国正处于经济转轨和社会转型期，旧的经济体制被打破，新的经济体制尚未完全形成。虽没有直接证据证实金融危机直接诱发犯罪，但是危机可成为不少经济犯罪案件案发的导火索。在嫌疑人李某某非法吸收公众存款一案中，李某某自2004年起就以高息向他人借款，随后再提高利息转借别人从事经营活动，直至2007年一直具有正常的偿还能力，此后因经济不景气导致下家生意出现问题无法还款才案发。随着金融危机引发的不景气不断蔓延，各类经济问题将进一步爆发，并可能导致经济犯罪的进一步频发。

2. 政府监管不力

不少地方政府为了当地经济发展，竞相招商引资，往往对民间暗涌的可以提高

---

* 北京市顺义区人民检察院副检察长。

** 北京市顺义区人民检察院公诉部检察官。

地方财政收入但违规甚至违法的新型业务采取不作为、默许甚至支持的态度，某种程度上诱发了此类犯罪。此外，社会运行机制、企业管理制度的构建滞后于市场经济的快速发展，政府部门规范、调控市场经济的措施还跟不上，金融监管、工商管理等部门监督管理存在漏洞。例如，犯罪嫌疑人邹某某涉嫌合同诈骗罪、虚报注册资本罪一案中，邹某某等人在明知家美好公司注册资本未到位、连年亏损，无履约能力的情况下，对外隐瞒事实真相，继续与大量供应商签订合同、销售提货券近亿元，最终导致资金链断裂，公司倒闭，上亿元的货款以及提货券无法兑现。此案中主要存在两个监管漏洞：首先是家美好公司增加注册资本一千万元是采用垫资方式，并未实际增资，这直接导致其日后的资金链问题；其次是公司连年亏损，但通过做假账的方式掩盖真实经营状况，造成被害人巨额的经济损失。①

3. 金融机构审核不到位

目前银行办卡仅认“证”而不认“人”，对于犯罪分子使用买来的身份证去银行办理信用卡的情况，没有通过照片比对确认，也没有要求办卡人提供其他材料证明其资信情况，最终导致犯罪分子有机可乘。另外，不少人认为金融机构无小案，几万元、几十万元的案件在金融机构算不了什么，于是不经过司法程序而内部处理了。殊不知，刑罚的威慑性不在于刑罚的严酷性，而在于刑罚的不可避免性。对所谓小案件的放纵，等于给了潜在的犯罪分子一个错误的信号：刑罚是可以避免的。可以说，正是“刑罚可以避免”的错误信号，诱使某些犯罪分子铤而走险。

4. 法制宣传教育存在盲点

目前尚有部分公众并不知晓拾得他人信用卡冒用的行为是犯罪，犯罪嫌疑人往往在到案后才知道自己触犯了法律。由于此类案件涉及金额一般较少，行为人主观恶性不大，情节简单，故各种媒体对此类案件的宣传和报道较少。而事实上，这种情况大量发生在信用卡诈骗中。另外，公众的防范意识虽得到一定程度的提高，但是在各种新类型经济诈骗手段层出不穷的今天，普通公众的防范意识仍稍显薄弱，具体表现在：一是存在侥幸心理，渴望一夜暴富，虽然明知存在风险，但是为了博取高额利润仍不惜以身犯险，成为各类经济犯罪的目标；二是盲从性大，尤其体现在涉众性经济犯罪中，一旦周围人有人参与便认为风险降低，而缺乏识别风险的能力；三是法制意识淡薄，明知某些行为如高额借贷、传销等是不合法的，但仍然参与，造成个人与家庭不可估量的损失。

（二）金融犯罪的发展态势

1. 新形势下金融犯罪呈现高发态势，大案要案幅度上升

在金融犯罪案件中，20 世纪 80 年代，案值上百万元的还不多见，而进入 90 年代，尤其是 21 世纪，金融犯罪的犯罪金额动辄上千万元、上亿元，特别是近 5 年来，案值超亿元、数十亿元乃至超百亿元的大案屡见不鲜。例如，2011 年浙江吴英集资诈骗案，吴英以非法占有为目的，隐瞒其巨额负债和虚假注册公司的事实，向

① 《行政与司法手段并重努力形成打击金融犯罪的合力——访北京市人民检察院第二分院检察长伦朝平》，载《中国金融》2005 年第 10 期。

社会公众非法集资人民币7.7亿余元，实际骗取3.8亿余元。

2. 作案手段呈现智能化、多样化、隐蔽化

作案的手段主要有：(1) 利用计算机网络技术，窃取或破获银行密码，直接进入银行计算机应用系统，篡改数据或窃取信息。(2) 利用工作之便制作新程序或修改原有程序，将他人账单转入自己账户。(3) 非法输入数据或程序，破坏银行计算机应用系统的正常运行或造成整个系统的崩溃。①

3. 涉及金融业务各领域

前些年，金融犯罪主要集中在银行系统，随着我国金融业务和领域的不断开拓，金融犯罪的领域越来越广。从伪造货币、非法集资到利用计算机犯罪；从骗取巨额保险到骗取备用信用证、存款证明书；从伪造、变造金融票证到骗取信贷资金；从证券市场的内幕交易到国债期货市场的操纵，金融系统的每一项业务、每一个市场、每一个机构都存在着被侵犯的事实和风险。

4. 金融诈骗占整个金融犯罪案件的比重突出

在所有的金融犯罪案件中，金融诈骗占的比重越来越大，而金融诈骗中以金融票证、贷款、信用卡、信用证、集资类诈骗案件更为突出，立案数占金融诈骗案件总数的90%。据最高人民法院公布的数据显示：2008年全国各级法院受理集资诈骗类案件数同比上升了61.52%，2009年1~6月与2008年同期相比，受案数又有明显大幅攀升。②

5. 跨区域作案突出，跨省作案、境内外勾结作案屡见不鲜

金融犯罪往往涉及多个地区、数个单位，跨省作案、境内外勾结作案屡见不鲜，且作案后为躲避打击迅速向境外逃窜也是金融犯罪嫌疑人常用的伎俩。金融犯罪的跨地区作案给司法机关的侦破和追赃带来了极大的困难和障碍，从而加大了金融犯罪的危害。

6. 具有与其他刑事犯罪的并发性，如保险或金融诈骗犯罪

金融犯罪往往与其他犯罪相伴而生，如在保险或金融欺诈罪案中，犯罪分子为了便于达到犯罪目的，往往与保险公司理赔人员或银行内部人员相勾结，合谋诈骗保险金或银行资金，保险公司、银行内部工作人员在这种情况下构成贪污或职务侵占罪。再者，保险诈骗犯罪分子为了骗取保险金，而产生故意纵火、杀人、伤害等其他犯罪；非法集资常引发聚众斗殴闹事、破坏社会公共秩序的刑事案件发生。③

二、现有刑事法律在惩治金融犯罪方面发挥的作用和存在的问题

(一) 现有刑事法律在惩治金融犯罪方面发挥的作用

鉴于当前金融欺诈犯罪发案率高居不下的严峻形势，为保护正常的金融秩序，保障市场经济的健康有序发展，我国刑法在惩治此类犯罪方面起到了严厉打击的作用。

① 李波：《新形势下金融犯罪特点研究》，载《经济师》2008年第2期。

② 《最高人民法院公布4起集资诈骗犯罪典型案件》，参见人民网，2012年5月18日访问。

③ 游小勇：《金融犯罪案件的特点及其侦防对策》，载《西南政法大学学报》2004年第4期。

1. 有效强化了对金融犯罪的刑罚打击力度

随着世界性的轻刑化趋势和废除死刑呼声的日益强烈，我国刑法对绝大多数经济犯罪的刑罚是排斥死刑的，对于普通的诈骗罪也是如此。但是考虑到部分金融欺诈犯罪相当猖獗，且社会危害特别严重，为严惩金融欺诈犯罪，刑法第199条基本上保留了1995年《关于惩治破坏金融秩序犯罪的决定》的有关规定，对集资诈骗罪、票据诈骗罪、金融凭证诈骗罪和信用证诈骗罪规定了死刑，但进一步严格限制了适用死刑的条件，即“数额特别巨大并且给国家和人民利益造成特别重大损失的”。这种立法选择，有效地强化了对金融欺诈犯罪的刑罚惩治力度。

2. 有力加大了对金融犯罪的经济处罚力度

我国立法机关对金融欺诈犯罪的惩治，自始至终注重给予经济处罚，规定并处罚金或者没收财产等财产刑，即在经济上予以重罚，使罪犯不能得到经济上的好处。我国刑法对每一金融欺诈犯罪均规定了明确的限额罚金制；而且对新增加的金融犯罪也采纳了这一原则。

3. 进一步强化对金融单位犯罪的严惩

我国立法历来重视对单位实施的金融欺诈犯罪的法律惩治，在1995年《关于惩治破坏金融秩序犯罪的决定》中，就规定单位可以成为集资诈骗罪、票据诈骗罪、金融凭证诈骗罪、信用证诈骗罪和保险诈骗罪的犯罪主体。鉴于近年来司法实践中单位犯罪的情况一直较为严重，我国刑法删除了对单位犯罪的直接负责的主管人员和其他直接责任人员可以适用死刑的规定。这主要是考虑到单位犯罪与个人犯罪的目的不同，对其直接负责的主管人员和其他直接责任人员的处罚，是一种代罚，因为对单位无法科处自由刑，所以这种代罚应与对自然人的处罚有所区别。

（二）现有刑事法律在惩治金融犯罪方面存在的问题

在目前的司法实践中，认定和处理金融犯罪中经常会出现以下几个方面的问题。例如，对某些金融违法行为不当拔高为金融犯罪，不能准确把握金融违法与金融犯罪的界限；不能做到罪刑均衡，某些案件的处理上存在重罪轻判或者轻罪重判；不能有效化解因金融犯罪引发的社会矛盾，平息纠纷，保护被害人的合法权益。

1. 对某些金融违法行为不当拔高为金融犯罪，不能准确把握金融违法与金融犯罪的界限

在实践中，司法机关在认定某行为是否构成金融犯罪时，往往会严格根据刑法条文的规定来判断该行为是否符合相应金融犯罪的客观行为类型；如果符合，再判断数额、情节等方面是否达到入罪标准，一般情况下该种判断方式能够达到准确认定金融犯罪的目的。但在某些情况下，司法实践中会出现一些对金融犯罪客体没有明显严重危害性的金融违法行为。在这种情况下，如何从社会危害性和危害程度入手，判断某行为是构成犯罪还是一般违反金融违规行为，就可能出现模糊和争议，最终会导致把某些金融违法行为认定为金融犯罪。另外，在司法机关认定犯罪过程中，对违法向关系人发放贷款罪，对违法票据承兑、付款、保证罪的主观罪过是否包括过失，以及对金融诈骗犯罪中“非法占有目的”认定标准的争议等，在实质上

也反映出对金融犯罪的不同处理态度。同时，近年来与非法集资行为有关的犯罪案件呈多发态势，该类案件的处置由于涉众型特点，纯粹给予严刑处置很难取得法律效果和社会效果统一的实效。① 集资案件被害人对于犯罪化处置结果不予认同已经成为地方政府工作的难题。

2. 不能做到罪刑均衡，某些案件的处理上存在重罪轻判或者轻罪重判

我国新刑法对金融犯罪的处罚基本上以自由刑为主，对一些社会危害性特别严重的金融犯罪还规定了死刑，如伪造货币罪、集资诈骗罪、票据诈骗罪等。我国目前正处于新旧经济体制转换时期，短期内金融犯罪上升态势不可避免，在这种形势下，扩大金融犯罪圈，对危害社会主义市场经济健康发展的行为动用刑罚加以惩处完全有必要。② 但预防金融犯罪显然并非刑罚越严厉越有效，也并非自由刑最能有效普遍适用于所有的金融犯罪案件处理。此外，从司法追诉角度看，金融机构和司法机关有重视大案件，轻视小案件的倾向。实践中一些人认为金融机构无小案，几万元、几十万元的案件在金融机构算不上什么，于是不经司法程序而内部处理了之。但如贝卡利亚所言，刑罚威慑性不在于严酷性，而在于不可避免性，重大案轻小案的处理原则并非能够更有效地预防和减少金融犯罪。③

3. 不能有效化解因金融犯罪引发的社会矛盾，平息纠纷，保护被害人的合法权益

金融犯罪案件的被害人往往是不确定的多数人，尤其是涉众型金融犯罪案件。由于此类案件涉案人员众多，而涉案赃款在案发时往往已被犯罪分子挥霍大半，损失难以挽回，受害人在面对司法机关时很难理性地分析自己的过错，易将这种损失不能追回的结果归责给司法机关，因此受害人情绪极易波动，可能酿成群体性事件，影响社会稳定。而司法机关很难应对群体性上访事件，不能及时平息纠纷，保护被害人的合法权益。

三、金融犯罪治理中如何贯彻宽严相济的刑事政策

宽严相济刑事政策的指导作用不仅体现在刑事立法上，而且对刑事司法同样具有指导和调节作用。在对金融犯罪定罪量刑的刑事司法活动中，以科学的宽严相济刑事政策为指导，恰当地行使自由裁量权，是宽严相济刑事政策能否得以实现的关键。④

（一）金融犯罪案件侦查中应贯彻宽严相济

一是在行使侦查权过程中要严格把握金融犯罪的立案标准。金融犯罪有一定的立案标准，对于达到立案标准的金融犯罪案件，要坚决予以立案；对没有达到立案标准或者不是金融犯罪案件，仅仅是经济纠纷的，侦查机关不能予以立案，并不能插手经济纠纷。目前侦查机关普遍面临破案指标的牵制，即便如此，也不能只为完

① 毛玲玲：《金融犯罪的新态势及刑法应对》，载《法学》2009年第7期。
② 章亚梅等：《金融犯罪刑罚原则探究》，载《学术交流》2006年第12期。
③ ［意］贝卡利亚：《论犯罪与刑罚》，黄风译，中国大百科全书出版社1993年版，第59页。
④ 龙宗智：《经济犯罪防控与宽严相济刑事政策》，载《法学杂志》2006年第4期。

成破案指标，盲目追求破案率，对部分情节显著轻微的金融犯罪案件作为刑事案件处理，增加群众的敌对情绪，影响社会和谐。

二是在行使侦查权过程中要注意保障金融犯罪案件犯罪嫌疑人以及证人等诉讼参与人的合法权利，正确适用刑事拘留、取保候审、监视居住等强制措施，强制措施往往成为宽严的重要标准，因此更加要谨慎适用。

三是在行使侦查权过程中采取人性化执法，既要嫉恶如仇，又要有悯人之心，对金融犯罪案件的犯罪嫌疑人不能简单采取敌对的心态，而要施以人文关怀，对其正当的权益要加以保障，做到“刚柔相济、恩威并施”。

（二）金融犯罪案件批捕和审查起诉中应贯彻宽严相济

逮捕作为最严厉的一种强制措施，直接关系到对犯罪嫌疑人的人身自由的剥夺。金融犯罪案件的批捕和审查起诉中要严格批捕和起诉的条件，做到以下几点：

一是要严格执行最高人民检察院出台的关于在检察工作中贯彻宽严相济刑事司法政策的几个指导文件，把牢宽严尺度，特别是要把握“有逮捕必要”的条件。在审查批捕工作中重视对金融犯罪案件的犯罪嫌疑人主体身份、主观恶性、犯罪情节、认罪悔罪表现、社会危害性、涉嫌犯罪的法定刑、适用取保候审的条件等多种因素进行综合分析，特别是对经济纠纷与犯罪界限不清等案件更要全面分析逮捕必要性问题，可捕可不捕的应当不予批捕。

二是要严格区分金融犯罪罪与非罪、重罪与轻罪的界限，严格把握宽严尺度，正确行使不起诉决定权。贯彻宽严相济的刑事政策，必须合理掌控不起诉决定权，符合绝对不起诉的要果断作出不起诉决定，符合相对不起诉的依法作出相对不起诉决定，符合存疑不起诉的慎重作出存疑不起诉，体现宽严相济刑事司法政策的内涵，切实做到当宽则宽、当严则严。

（三）金融犯罪案件审判中应贯彻宽严相济的刑事政策

1. 重视金融犯罪法定和酌定量刑情节的适用

以情节对量刑的结果是否产生必然影响为标准，可以将法定量刑情节分为应当型情节和可以型情节。在一般情况下，可以型情节在犯罪的社会危害性和行为人的人身危险性程度之间产生一定的影响，但在某些情况下也可能不发生影响或影响甚微。法官在裁量刑罚时，可以根据案件的实际情况决定处刑轻重。刑法规定的可以型情节，是为了适应刑事案件复杂多变情况的灵活而富有弹性的立法方式，为法官发挥主观能动性提供了余地。从本质上说，与宽严相济刑事政策精神是相吻合的。从世界各国的刑事立法看，可以型情节不仅没有被取消，反而有逐渐增加的趋势。在司法上要积极贯彻宽严相济的刑事政策，充分运用现有的可以型情节规定，促进量刑公正和社会正义的实现。

法定量刑情节是刚性的，不允许司法者任意取舍。而与之相对的是，酌定量刑情节是刑法没有具体规定的，而是法官在量刑实践经验中总结出来的、可以在量刑时灵活掌握、酌定适用的各种事实情况，是决定刑罚轻重的一个弹性、灵活的调节器。[①] 酌定量刑情节的正确运用，有利于实现宽严相济刑事政策指导功能的最大化。

从司法实践看，积极退赃这一酌定量刑情节已经成为左右金融犯罪刑罚轻重的十分重要的因素，因此，在条件成熟时可以考虑从宽酌定量刑情节的法定化。在目前情况下，也应将这一酌定量刑情节作为量刑时必须考虑，甚至是主要考虑的量刑情节。同时，重视酌定量刑情节在罪行较轻的金融犯罪案件中的作用。对于法定刑在5年以下有期徒刑的金融犯罪案件，一旦存在从宽酌定量刑情节，尽可能地不判处有期徒刑或适用缓刑乃至免予刑事处罚。从犯罪数额、量刑情节与量刑轻重的关系可以看出，法定和酌定从轻情节对量刑的影响。例如，犯罪金额同样为10万元左右的几名被告人，有人因兼有自首和退赃情节而被判处的主刑和附加刑均低于法定刑。

2. 重视完善金融犯罪罚金刑执行方式

目前诈骗类金融犯罪案件的处刑存在着自由刑相对轻缓、罚金刑不够严厉且执行不到位的问题。究其原因，罚金刑执行难首当其冲。因此，在金融犯罪罚金刑执行难的大背景下，应当协调好自由刑与财产刑的关系。不能在罚金刑执行不到位的情况下，一味强调自由刑从宽，而应当借鉴国外的成功做法，实行罚金刑易科的制度。建立罚金刑易科自由刑、罚金刑易科劳役、罚金易科不剥夺人身自由的强制性公益劳动、罚金易科训诫等制度，从多角度来完善金融犯罪罚金刑的执行方式，以更好地贯彻宽严相济的刑事政策。

① 高铭暄：《宽严相济的刑事政策与酌定量刑情节的适用》，载《法学杂志》2007年第7期。

民间融资犯罪化的价值、问题及理念转换

王利宾[*] 付传军[**] 赵新彬[***]

一、民间融资犯罪化的价值

之所以要将民间融资中的严重违法行为纳入刑法调整，是因为这种刑法调整既具有必要性也具有可行性。说其具有必要性，是因为：一方面，从实质根据上讲，严重的民间融资违法行为已经突破了其他法律部门可以控制的范围，具备了犯罪所要求的严重社会危害性。另一方面，从调整手段上看，其他任何法律形式都不能有效规制此类行为，唯有借助于刑法来与之对抗。说其具有可行性，是因为：一方面，刑法最为严厉，其威慑力最强；另一方面，刑法在经济犯罪防控方面已经积累了相当经验。

（一）民间融资犯罪化的必要性

1. 非法集资等严重违法行为具有相当严重的社会危害性

一般认为，民间融资指游离于政府管制之外的，非金融机构的自然人、企业及其他经济主体之间以货币资金为标的的价值转移及本息支付。与正规金融不同，民间融资具有非常鲜明的非正规性、隐蔽性、缺乏有效监管性等特点。这些特征决定了民间融资行为极易脱轨，由正常的助推经济发展的金融力量向消极的引发金融灾难的非法集资转化。整体而言，民间融资异化的风险主要表现为经济风险、政治风险和道德风险。

（1）经济风险。“民间融资长期存在的合法性缺失以及缺乏有效的发展路径等问题严重影响其进一步发展的空间，其蕴含的金融风险也在不断增加。例如，民间融资的体外循环容易引起国家宏观调控风险；民间融资的期限短、利率高的特性容易诱发局部金融风险；民间融资以民营经济为融资主体容易导致经营风险。”① 突破常规的非法集资行为对投资人、国家、社会来说都是一场灾难。首先，非法集资中的投资人多呈现金字塔结构，其所筹款项具有逐层累积的特点。非法集资中的资金多为底层群众赖以安身立命的救命钱，一旦资金链断裂，广大集资群众累积的资金将无法返还，这不仅严重影响其生计，更动摇其对未来经济生活的信心。其次，民间融资脱轨后将直接冲击国家的经济管制能力，其对金融秩序和经济秩序都将产生严重破坏。这种破坏性并非靠行政管控就能阻止。最后，一旦民间融资脱轨不受

---

* 河南警察学院学报编辑部副主任、教授，博士后。

** 河南警察学院学报编辑部总编室主任、副教授，硕士。

*** 铁道警察学院科研处处长、学报编辑部主编、教授。

① 闫春英：《我国民间融资的风险及发展路径选择》，载《经济纵横》2013年第1期。

节制，经济主体势必会产生消极认识。这种认识容易导致和加剧实体经济的空心化。因为经济主体都具有理性预期，一旦其认识到从事非法集资利润丰厚却不受处罚，就会大肆从事此类行为，使经济主体“脱实向虚”。

（2）对社会的次生危害。“伴随着融资工具和形式的多样化过程，当前民间融资风险问题显现出由单纯的经济化转为复杂的社会化的特征。”① 民间融资领域非法集资的社会性危害主要表现为其对道德伦理的侵蚀和对社会秩序的冲击。一方面，非法集资的暴利性特征会侵蚀生活伦理和经济伦理。它破坏制度赖以发挥的道德基础，使人们对制度的约束力产生怀疑和不信任，一旦这种状况出现，社会上便会欺诈横行，行为失真。另一方面，非法集资对国家而言不仅是经济灾难，更是政治灾难和社会灾难。这种灾难不仅表现为国家治理能力大打折扣，更表现为投资人和相关利益群体通过直接破坏管理秩序和行政秩序来对政府进行施压。因为，当非法集资崩盘，受害人通过诉讼渠道难以挽回损失时，投资人便会通过政府渠道获取救济。一旦这种救济达不到目的，他们就会对政府产生不满和抵触情绪，其宣泄途径就是围堵政府、扰乱社会秩序。在非法集资发生在局部时间、局部地区的情况下，这种消极影响可能会不被重视。但一旦非法集资具有整体意义，其对政治的冲击便不容小觑。

2. 前刑法制度的无效和低效

一般认为，民间融资领域可能涉及的罪名主要包括非法吸收存款罪，集资诈骗罪，非法经营罪，擅自发行股票、公司、企业债券罪，擅自设立金融机构罪，欺诈发行股票、债券罪，组织、领导传销活动罪。可以看出，与其他罪名不同，这些犯罪都是经济犯罪。而经济犯罪多是法定犯，这种犯罪基本上都是行政法规、经济法规规制无效、低效的结果。所以，要预防和减少此类犯罪的发生，就必须在行政立法、行政规制上下功夫。具体来看，民间融资犯罪实质上是经济违法的量的积累，一旦经济制度、行政规制在此问题上出现漏洞和误区，民间融资中的违法行为必然要向犯罪转化。这种情况对我们有两点启发：第一，要减少犯罪的发生，就必须正本清源，堵塞经济规制上的漏洞。第二，经济总是在动态地发展着，而且这种发展不同于其他社会现象，其状况复杂、瞬息万变，这就意味着：与经济形势相比，包括行政立法在内的经济规制制度必然是滞后的；在前刑法制度严重滞后的情况下，要减少经济越轨对社会生活的巨大危害，刑法对经济违法的迅速介入具有必然性。因为，经济违法的严重社会危害性已经超越了前刑法调整的界限，所以刑法不能回避、不能无视自己的使命，必须在行政法规修改前有所担当。

（二）民间融资犯罪化的可行性

首先，刑法是所有法律的最后保障线。当其他法律无法实现行为调整时，刑法有必要肩负起自身使命，通过自身的功能实现呵护法治的权威。适用刑法意味着对罪犯权利最为严厉的剥夺，这种权利限制对罪犯而言具有最大威慑力。特别是随着刑事责任形式的完善，随着终身监禁制度的出现，随着禁止令等具有保安处分性质

① 李世财：《“金融二元主义”框架下民间金融的风险解构》，载《江西社会科学》2013 年第 11 期。

的强制措施的适用，刑法的威慑力将无比巨大。刑法的逐渐强大意味着法律体系整体功能的强化。因为经济法律的庞杂性使违法行为人无法准确识别违法和犯罪的界限。在法律界限模糊、刑法规制加重的情况下，罪犯会更加警惕地评估自己的行为和后果，以避免为此付出高昂的代价。

其次，民间融资中的行为异化现象是经济犯罪的一种体现。由于刑法能够通过犯罪化对经济犯罪进行调整，所以，其也能够对民间融资的严重异化现象进行犯罪化。不可否认，在经济犯罪规制方面，刑法还有很长的路要走。一方面，它需要总结自己在行为规制上的经验；另一方面，它更需要反思自己规制能力上的问题。但无论怎么，都不能否认刑法在经济犯罪防控上的无可替代性。至少到目前为止，我们还没有发现任何一项制度能够超越刑法的地位。

二、民间融资犯罪化中的问题

（一）调整过度与调整不足并存

1. 刑法介入不足

首先，以涉案人是否潜逃、跑路为标准而不是以实质的社会危害性为标准来判断行为是否应当犯罪化。现实的问题往往是：无论是从社会危害性还是从罪刑法定的立场看，涉案人都具备了犯罪所要求的条件，但无论是执法机关还是司法机关都不对其进行刑事处理，更有甚者，对其违法行为都不予认定。之所以出现此种情况，主要原因是案件涉及人数众多，影响较大，政府从社会稳定的角度考虑，希冀通过非法律方式实现自己的目的。虽然这种状况已经超越了法律评价的范畴，但不能否认司法机关在刑法适用上的缺位。司法机关这种对刑法介入的忽视会产生严重的消极后果。一方面，它减损了刑法的效力和威严，不但对罪犯形不成威慑，更会助长此类犯罪的再次发生。另一方面，对此类犯罪不进行刑法打击就不能有效保护被害人的合法权威，反而会造成被害人群体对社会秩序的更严重的冲击。

其次，以不利于经济发展为借口规避刑法对犯罪的打击。从政治治理的角度看，这种主张实质上是以个人的政绩观代替基本法律在社会生活中的适用。其问题在于：真正意义上的民间融资犯罪并非发展经济的必要形式，其存在恰恰是对经济的干扰和破坏。从更深层次探究，这种主张也可能是经济腐败和责任推脱的借口。因为，从现实情况看，以民间融资为名行非法集资之实的行径之所以屡禁不止，是因为其背后往往有利益勾连和政治腐败的因素。一方面，罪犯要开展犯罪并确保其事后能有效躲避打击就必须依靠公权力维护，为此，其必须支付足够的经济利益以换取这种保护；另一方面，腐败的官员在从事权力寻租后要确保其经济利益不被查处，就必须强力维护贿赂方，以避免鱼死网破。这就是借维护经济发展之名放纵罪犯的深层次原因。

2. 民间融资法律定位模糊，导致犯罪认定随意化、过度化

到目前为止，我国尚未出台专门的民间融资法，更未建立严整的民间融资法律体系，对民间融资活动基本上主要依靠政策指引和部门性行政规范。由于经济政策可操作性较差，部门性行政规范效力不够、普遍适用性较弱，所以，对民间融资中

的非法集资等现象往往认定模糊、随意。首先，制度缺失置民间融资于灰色地带，一旦其融资过程出现消极后果，极易被认定为非法集资乃至非法集资类犯罪。其次，当经济后果和社会后果叠加时更易使立法者和司法者恐慌，助长其对犯罪认定的过度化。

3. 迷信刑法万能论

长久以来，无论理论界还是实务界都存在着迷信刑法万能论的幻象。但问题是，民间融资犯罪具有深刻的经济动因，由于刑法不能根治此类犯罪的发生土壤，所以，单靠刑法治理民间融资犯罪明显不切实际。

（二）民间融资犯罪化过程中对刑法基本原则的偏离

首先，民间融资犯罪化过程中往往偏离罪刑法定的基本原则。第一，刑法对大量的具备严重社会危害性的违法行为没有犯罪化。这种情况主要表现为无视刑法的明确规定，从犯罪构成上排除犯罪成立的可能性。第二，在罪名认定上出现偏离。例如，将本应认定为集资诈骗罪的行为定性为非法吸收公众存款罪，或者进行相反的处理。罪名认定上的错误挑战了罪刑法定的底线，其不但威胁刑法的权威，更会造成适用上的不公正。

其次，民间融资犯罪化过程中经常会背离刑法面前人人平等原则。这主要表现为依据犯罪主体的不同经济属性分别对待民间融资的犯罪化。一方面，在民间融资犯罪过程中对公有经济主体作出特别保护或进行轻纵化处理；另一方面，对非公有制经济主体侵害公有制经济的行为从重认定或对非公有制经济主体的刑法保护不予重视。

（三）立法技术有待改善

1. 犯罪构成规定得过于僵化、过于刚性、过于数量化

国外经济犯罪构成多采用定性的形式，而我国则关注定量的内容。所以，我国刑法中非法集资类犯罪以情节犯和数额犯为基本形态，其中，数额犯立法尤其值得商榷。以刑法第192条集资诈骗罪为例。依据该条规定：集资诈骗成罪以数额较大为必要条件，但立法并未对数额予以明确。2010年5月7日，最高人民检察院、公安部印发了《关于公安机关管辖的刑事案件立案追诉标准的规定（二）》。其中，第49条规定，个人集资诈骗，数额在10万元以上；单位集资诈骗，数额在50万元以上。这种解释方式存在以下几个方面问题：首先，因主体自然属性不同而规定不同起刑点的依据何在，其是否违背刑法面前人人平等原则也值得进一步探究。其次，经济发展一日千里、日新月异，而司法解释则相对稳定，在货币贬值、购买力日益低下的今天，仍遵循10万元这一起刑点是否会面临操作上的障碍。最后，绝对地以固定数额作为犯罪化的依据忽略了行为和行为人的具体情状，降低了案件具体情节的影响，使社会危害性评价过于简单化。

2. 没有明确其法定犯性质

“在现代社会，和自然犯不同，经济犯罪具有弱伦理的性质，它是法定犯。对法定犯的惩处归入行政刑法的范畴。而行政刑法规范绝大部分是空白刑法规范，其

空白需要刑法之外的行政法规来填补。”[①] 由于多数民间融资犯罪具有法定犯特征，所以，我们有必要检讨这类犯罪在此问题上的缺失：由于刑法没有在犯罪构成中明确其法定犯属性，所以，司法人员在认定此类犯罪时根本不考虑其中的行政法规因素而径直按自然犯处理，这样很容易造成过度犯罪化。问题的实质在于，经济犯罪的法定犯属性要求我们在犯罪化过程中必须严格遵循如下原则：首先，只有在行政法规确实存在，且行为已经突破行政法规的相关规定时才能对严重的经济违法犯罪化；其次，在行政法规虽然存在，但缺乏明确的法律规范与此越轨行为对应时，就不应对此行为犯罪化。因为，法律规范缺位时隐含着两种可能：行政法规给经济行为故意预留了可以自由活动的空间以增加行动的积极性；行政法规无法对行为的社会影响超前判断，希望通过实践来动态地评估。而无论是哪种可能性，都预示着国家对此经济行为持开放和审慎的态度。很明显，在此境况下，刑法有必要牢固确立法定犯理念，对此行为拒绝犯罪化。

3. 无视犯罪化、非罪化的辩证关系

学界有观点认为，要实现对经济犯罪的轻缓化处遇，就必须缩小经济犯罪的犯罪圈。其实，这种观点值得商榷。对经济犯罪的处罚总体趋缓无疑是世界各国的通识，但这种刑罚上的处理并不意味着经济犯罪的犯罪圈必然缩小。林山田认为，犯罪化系指对某一破坏法益的不法行为，经过刑事立法政策上的深思熟虑，认定非动用刑罚的法律制裁手段，无法平衡其恶害，或无法有效遏阻者，乃透过刑事立法之手段，创设刑事不法构成要件，赋予该不法行为刑罚的法律效果，使其成为刑法明文规定处罚的犯罪行为。[②] 可以发现，犯罪化是指对犯罪是否成立的判断而不涉及罪行轻重和刑罚负担问题。由于经济犯罪与市场经济具有伴生性，所以在一定意义上，随着经济领域的日益拓展，经济活动的日益复杂化，刑法总会将从前未曾出现过的严重经济违法行为犯罪化。但犯罪圈的扩大和刑罚处遇的总体趋缓并不矛盾，因为刑罚处遇能否体现目的性和实效性，关键还是看刑罚适用是否及时、公正，能否实现行为人良性意识的复归，而不在于刑罚的严厉程度。当然，一方面要随着客观形势的变化适当扩大犯罪圈；另一方面也要适当修正已有的经济犯罪，随着经济形势的变化进行出罪化处理。

三、民间融资犯罪化的理念转换

（一）要完善民间融资法律体系

（1）要通过民事、经济、行政立法构建民间融资法律体系，堵塞民间融资过程中违法犯罪发生的可能性，以保障民间融资健康有序发展。首先，要制定、出台专门的《民间融资法》，明确民间融资的合法地位，界定其与非法集资的区别；确立民间融资主体间的权利、义务关系，并对其融资方式、期限、利率、用途作出明确规定，鼓励和引导民间融资健康发展；引入非法集资风险评估、防范制度，全面规

① 刘遇、尹振国：《非法集资刑法规制应理顺的八大关系》，载《云南大学学报》（法学版）2016 年第 4 期。

② 林山田：《刑法的革新》，台湾学林文化事业有限公司 2001 年版，第 128 页。

定民间融资主体及相关主体的法律责任。其次，要构建立体性的法律防控体系，特别是要通过健全民法、经济法、行政法等初始禁止规范，缓解刑法的压力，真正体现刑法作为“法律的最后保障法”的价值。

(2) 要规范民间融资刑事立法。民间融资刑事立法的整体观念是：犯罪化的重点是间接融资行为，对基本上从事生产经营的直接融资行为持审慎的态度。间接融资犯罪化的标准是：融资后的资金是否最终用于生产经营；生产经营是否足以支撑各项融资性费用；融资行为是否具有可持续性。在民间融资犯罪立法过程中，要高度重视犯罪构成的规范化。犯罪构成规范化的要义是：第一，刑法典明确规定区分经济违法与经济犯罪的犯罪构成。第二，要以情节犯、结果犯为犯罪构成的标本形态，在经济犯罪的构成形态上排除行为犯、危险犯的成立。第三，与自然犯可能出现预备形态、中止形态、未遂形态不同，经济犯罪乃至法定犯只有犯罪构成与否的区分，不应出现既遂与未遂的概念。第四，在立法上，经济犯罪要采取“具体行为+行为后果”的描述形式。立法仅对具体行为进行明确或列举，对“情节严重”、“数额较大”、“损失较大”等行为后果要委于司法解释进行确定。第五，对经济犯罪构成内容的解释要规范化。这种规范化一是指解释的主体要规范，即只有全国人大常委会和最高人民法院才有解释的权力；二是解释的内容要规范，即一般情况下只对具有开放性的、刑法未明确规定的行为后果进行解释；三是解释的形式要规范，即全国人大常委会通过立法解释的形式、最高人民法院采用司法解释的形式才有法定的效力。

（二）恪守刑法基本原则

1. 要坚持法治，全面贯彻罪刑法定原则

刑法中的民间融资犯罪基本上都是经济犯罪，而经济犯罪多为法定犯。所以，在刑事立法过程中尤其要重视下列几个方面的法定化。首先，对法定犯所依托的经济违法、行政违法法定化。这样，既能确保经济犯罪二次违法的性质，也能使经济犯罪从其他部门法中获得流变性的犯罪构成内容，还能通过制度的叠加适用实现对犯罪的综合防治。其次，要对公有制和非公有制区别对待的情况法定化，以实现差别对待的明确化和合理化。最后，要对经济主体同等对待的刑法现象法定化，以体现出对民间融资主体的无歧视对待。

2. 要坚持公正，在立法中贯穿罪刑相适应原则

贯彻罪刑相适应原则要求我们对犯罪主体的所有制属性作出准确定位和评判。只要融资主体的所有制属性不影响行为的社会危害性，就不应当主观化地增加主体的刑事责任。也就是说，只要犯罪主体的所有制属性不影响罪质和罪量，就应当同等对待公有制经济主体和非公有制经济主体的犯罪化问题。

3. 要坚持平等，深入贯彻刑法面前人人平等原则

要做到不论行为主体的所有制性质如何，只要其行为相同，侵犯相同的客体，对社会关系造成相同的侵害，就应当一体处罚；不论是公有制还是非公有制经济成分，只要符合前刑法规范，只要有助于社会主义市场经济秩序的形成和生产力的提高，都应一体保护。

（三）秉承刑法谦抑的立场

1. 坚持将民间融资所涉及的经济犯罪明确界定为二次违法

只有在行为违背行政法律、经济法律的明确规定且相应法律已不能对此行为有效规制的前提下，才能考虑将其行为犯罪化。这其中需要强调的问题是，其一，前置性的违法行为必须要有法律调整。在没有相应法律调整的情况下，不宜径行将其上升为经济犯罪。其二，初次违法中的法，必须是法律，而非法规。其三，对刑法的违法性要作实质性解释。

2. 利用刑法第 13 条“但书”压缩犯罪成立的范围

之所以主张利用刑法第 13 条“但书”限制民间融资犯罪的成立，是因为：第一，当前调整民间融资的法律体系缺失，如若不考量民间融资的立法现状而径直适用刑法可能显得极为盲目和机械，毕竟，刑法是二次法。在行为缺乏初始禁止径行犯罪化的情况下，很难说这种谴责具备了坚实的道义基础。特别是，随着行政法规的出台，这些行为很可能被定性为能够促进经济发展的积极力量。所以，在具备行为正当化理性预期的情况下，运用刑法第 13 条“但书”不失为一种更理想的选择。第二，民间融资过程中往往存在模糊地带，运用刑法第 13 条“但书”也可以成为贯彻刑事政策的有力方式。因为在非法集资出现后，被害人的最为直接和坚决的诉求是收回本息而非将行为人绳之以法。在此情况下，适用刑法定罪量刑是一种威慑，而刑法第 13 条“但书”则成为促使行为人积极赔偿损失的重大动力。一旦行为人认识到这种情况，就有可能通过积极动作来化解经济危机，从而使被害人的经济损失得以挽回。

网络金融犯罪的刑法规制探究

王远伟*

在李克强总理2015年3月5日十二届全国人大三次会议上所作的政府工作报告中，首次提出“互联网+”的行动计划。由此近年来，互联网金融十分活跃，以P2P网络借贷、股权众筹、第三方支付、互联网保险以及通过互联网开展资产管理及跨界从事金融业务的等层出不穷，截至2014年3月29日，余额宝超过5477亿元，投资人数超过8100万人，超过股民人数，天弘基金进入世界十大基金行列。① 由于缺乏有效的规制和监管，在网络金融快速发展过程中，部分机构、业态偏离了正确方向，有些集资平台突破“信息中介”的经营模式，擅自开展金融业务，利用互联网平台以“资金池”的形式进行非法集资活动；有些网络集资平台由于盲目发展、管理不善等原因，出现倒闭、管理者携款潜逃等现象，造成出资人损失严重；② 有些甚至打着“金融创新”的幌子进行非法集资、金融诈骗等违法犯罪活动，严重扰乱了金融管理秩序，侵害了人民群众的合法权益。从规范刑法的角度来看，金融门槛的降低和金融类型的异变，带来的是金融风险的增加与金融犯罪认定方面的疑难，造成了法律在刑事风险控制上的乏力。因此，有必要对网络金融犯罪进行厘定，并探寻合理的规制路径。

一、网络金融犯罪之基本厘定

（一）概念之界定

网络金融，是指借助客户的个人计算机、通信终端或其他智能设备，通过银行内部计算机网络或专用通信网络、互联网或其他公共网络，向客户提供金融产品与服务的金融机构。③ 网络金融是金融与网络信息技术相互融合形成的新型金融业务模式，是新型网络时代的金融运行模式，是现代金融业发展的一个重要方向。其与我们的生活息息相关，应当引起足够的重视与广泛的关注。

关于网络金融犯罪的概念众说纷纭，各不相同。笔者归纳总结了几种典型的代表观点：第一种观点认为，网络金融犯罪与计算机金融犯罪或金融计算机犯罪并无本质区别。金融计算机犯罪是以计算机技术为手段，实施危害社会的犯罪行为。金融领域计算机犯罪是指在金融电子时代，行为人以计算机资源为作案工具或者侵害

---

* 重庆市人民检察院第三分院职务犯罪侦查局综合指导处副处长，刑法学博士，中国法学会会员，首批全国检察调研骨干人才，重庆市检察理论研究人才和重庆市检察系统职侦业务条线人才库人才，西南大学兼职硕士生导师，西南政法大学量刑研究中心兼职研究员。

① 吴景丽：《互联网金融的基本模式及法律思考》，载《人民法院报》2014年3月26日第7版。

② 刘宪权、金华捷：《P2P网络集资行为刑法规制评析》，载《华东政法大学学报》2014年第5期。

③ 张劲松：《网络金融》，机械工业出版社2006年版，第12页。

对象而实施的，危害金融领域正常交易秩序、管理秩序、侵害公私财产所有权、情节严重的行为。① 第二种观点认为，互联网金融的本质仍属于金融，没有改变金融经营风险的本质属性。② 第三种观点认为，网络金融犯罪就是网络化金融犯罪，是指行为人运用计算机技术，借助于网络对其系统或信息进行攻击，破坏或利用网络进行危害金融领域正常交易秩序、管理秩序、侵害公私财产所有权、情节严重的行为。犯罪者通过侵入和破坏金融计算机信息系统，扰乱现有的金融秩序，或者利用计算机网络技术知识和相关设备谋取非法利益，这种行为不仅会破坏被侵入的金融机构、存款人的利益，还严重损害了国家利益，扰乱了社会经济秩序，是利用计算机实施金融犯罪的一种高科技、高智商犯罪行为，具有严重的危害性。③ 第四种观点认为，网络金融犯罪是指行为人通过网络实施的以谋取一定的经济利益或避免损失为目的，在金融及其相关活动中实施的侵害国家金融关系和金融秩序，触犯刑律，依法应受刑法处罚的行为。④

笔者认为，网络金融犯罪是随着世界高科技技术发展而出现的一种新的刑事犯罪，是指在网络金融业务活动中发生各类侵害金融秩序的犯罪行为。网络金融的本质仍然是金融，其潜在的风险与传统金融没有区别。但较之传统金融犯罪而言，网络金融犯罪不是简单的“互联网+金融犯罪”的叠加概念。这里的“网络”也不仅仅指国际互联网（因特网），还包括局域网、金融机构内部的计算机网络等。需要指出的是，一般而言，网络没有计算机就不能存在，因此，网络犯罪与计算机犯罪在犯罪的种类与表现形式上多存有重合。实践中，计算机可分为网络计算机和单机计算机。对单机计算机进行犯罪或者以单机计算机实施犯罪，根据规定其不是网络犯罪。网络犯罪是计算机发展到网络时代的新型犯罪形式，是以网络计算机为基础的。⑤ 从这个角度来讲，网络金融犯罪既涉及网络犯罪，又涉及金融犯罪，其实，“网络金融犯罪”与“经济犯罪”、“职务犯罪”、“未成年人犯罪”等术语相同，均为犯罪学意义上的犯罪类型，而不是刑法规范意义上的一类罪名。因此，若对网络金融犯罪进行刑法处罚，必须符合刑法的基本原则、基本原理和有关规定。

（二）类型之辨析

1999 年 1 月 8 日，中国人民银行颁布了《关于采取有效措施防范金融计算机犯罪的通知》，此通知对防范计算机金融犯罪提出了具体要求。2000 年 12 月 28 日全国人民代表大会常务委员会通过了《关于维护互联网安全的决定》，对我国《刑法》第 285 条、第 286 条、第 287 条规定的“非法侵入计算机信息系统罪、破坏计算机信息系统罪和利用计算机实施金融诈骗、盗窃、贪污、挪用、窃取国家秘密或者其他犯罪”的行为表现等进行了明确和细化，使其更具可操作性。2009 年 2 月 28 日颁布实施的《刑法修正案（七）》，对《刑法》第 285 条作了补充规定，增加

① 殷宪龙：《我国网络金融犯罪司法认定研究》，载《法学杂志》2014 年第 2 期。
② 转引自殷宪龙：《我国网络金融犯罪司法认定研究》，载《法学杂志》2014 年第 2 期。
③ 殷宪龙：《我国网络金融犯罪司法认定研究》，载《法学杂志》2014 年第 2 期。
④ 佟志伟：《论网络金融犯罪及侦查对策》，载《内蒙古民族大学学报》（社会科学版）2007 年第 2 期。
⑤ 史振郭：《网络犯罪刑事立法探析》，载《东南学术》2003 年第 5 期。

了非法侵入他人计算机获取数据，或对计算机实施非法控制，或为实施这类行为提供程序工具的犯罪行为，进一步修改完善了惩治网络犯罪的立法。

综观我国刑事立法历程和相关规定，网络金融犯罪是一类罪名，不是某一具体犯罪，其中涉及金融计算机网络系统的犯罪，主要为犯罪者对银行等金融机构信息系统实施侵入和破坏，以及利用信息系统故障、漏洞或者流程缺陷等实施犯罪。《中华人民共和国计算机信息系统安全保护条例》第2条规定，“计算机信息系统”，是指“由计算机及其相关的和配套的设备、设施（含网络）构成的，按照一定的应用目标和规则对信息进行采集、加工、存储、传输、检索等处理的人机系统”。网络金融犯罪是对金融计算机信息系统的侵害，如利用各种技术手段对信息系统功能、数据、程序进行破坏；非法获取、控制客户金融信息或为实施这类行为提供程序工具的犯罪行为；针对信息系统制作、传播计算机病毒；利用信息系统实施欺诈、盗窃资金等。① 根据上述法律和有关规定，可以将其大致分为两种，即以计算机网络为工具实施的扰乱金融秩序犯罪和以计算机网络为对象实施的扰乱金融秩序犯罪。网络金融犯罪的具体表现形式属于这两大类型，② 如非法吸收公众存款罪、集资诈骗罪等。

二、我国网络金融犯罪刑法规制现状与缺陷

（一）我国网络金融犯罪刑法规制之现状

1. 对传统金融犯罪的刑法规制梳理。对于传统的金融犯罪，我国刑事法律作出了相对明确的规定。但理论界对金融犯罪的定义纷繁复杂，各种各样。需要说明的是，本文所指的金融犯罪，即我国刑法分则第三章第四节“破坏金融管理秩序罪”和第五节“金融诈骗罪”的罪名。《刑法修正案（六）》增加了惩治以欺骗手段取得银行或者其他金融机构贷款、票据承兑、信用证、保函等犯罪的规定；《刑法修正案（八）》也对金融欺诈犯罪的刑罚作出了适当的调整。③

2. 对网络金融犯罪的刑法规制梳理。对于网络金融犯罪，除参照上述传统金融犯罪的罪名规制外，对此目前尚无直接具有针对性的刑事法律规制条款。目前与本文研究相关的刑法规制主要是《刑法》第285条、第286条等。

3. 其他有关规定之梳理。（1）2014年5月4日，最高人民法院、最高人民检察院、公安部联合发布《关于办理网络犯罪案件适用刑事诉讼程序若干问题的意见》（公通字〔2014〕10号），该意见规定了网络犯罪的类型、涉及网络的案件管辖、初查程序、异地取证程序、远程视频程序、电子证据固定程序等诉讼程序的相关问题。（2）2014年5月12日，中国保监会发布的《关于防范利用网络实施保险违法犯罪活动的通知》（保监稽查〔2014〕73号）指出，近期发现一些不法分子通过互联网投保后诈骗保险金、利用互联网非法经营保险业务，以及在网络支付环节盗划、侵占保险客户资金等违法犯罪行为，要求各保险机构加强互联网保险的风险

① 殷宪龙：《我国网络金融犯罪司法认定研究》，载《法学杂志》2014年第2期。

② 殷宪龙：《我国网络金融犯罪司法认定研究》，载《法学杂志》2014年第2期。

③ 傅跃建、傅俊梅：《互联网金融犯罪及刑事救济路径》，载《法治研究》2014年第11期。

管控，堵塞网络漏洞并加强安全防护。

（二）我国网络金融犯罪刑法规制之缺陷

从上述梳理的情况可以看出，目前我国刑法以及其他刑事法律对网络金融犯罪的规定不尽如人意，没有直接规定针对网络金融犯罪的法律条款，对于此，只能按照传统金融犯罪定罪处罚。从刑法规定来看，主要侧重于保护计算机信息系统，即刑法第285条、第286条和第287条，涉及的罪名主要为“非法侵入计算机信息系统罪，破坏计算机信息系统罪，非法获取计算机信息系统数据、非法控制计算机信息系统罪，提供侵入、非法控制计算机信息系统程序、工具罪”等。从这些罪名可以看出，刑法条文的设置主要是为了保护计算机系统，而不是为了保护金融管理秩序和被害人的财产利益。此外，将网络金融犯罪的主体仅仅限定为自然人，单位不是该类犯罪的主体，致使以单位名义实施的网络金融犯罪行为无法规制，此存在法律漏洞。现实生活中单位实施的该类犯罪较多，使其很不具有科学性。不得不提出的是，我国刑法第287条规定“利用计算机实施金融诈骗、盗窃、贪污、挪用公款、窃取国家秘密或者其他犯罪的，依照本法有关规定定罪处罚”，将以计算机为工具的犯罪一律按牵连犯论处，使得在司法实践中，不论具体何种情形而“一刀切”地定罪。其实，实践中利用计算机网络实施的诈骗、盗窃等犯罪行为往往对网络安全、网络秩序等也具有很大的破坏性。因此，从这个意义上讲，其侵犯的犯罪客体多为复杂客体，既侵犯了财产权，也对网络管理秩序、金融安全等客体进行了破坏，具有更大的社会危害性。笔者认为，如果对此有区别地实行数罪并罚，更能打击此类犯罪。

此外，在国家支持互联网金融发展的新形势新环境下，一些刑事法律的规定已经滞后，再以此处理股权众筹、P2P网络借贷、第三方支付等活动，无法实现保护投资者的公共政策目标，没有为民间金融的合法化预留空间，给社会公共利益造成了巨大损害。[①] 比如，在网络金融领域，以非法吸收公众存款罪为例，对于“公众存款”的解释，我国证券法和公司法等均明确规定了“股票债券”，但针对商业银行法则无弹性来解释股票、债券。[②] 同样，以第三方支付平台为例，侵占财物、挪用资金的情形，国家部门规章已确定了应当遵守的一些规则，如《支付机构客户备付金存管办法》、《非金融机构支付服务管理办法》等，第三方支付平台只能根据客户发起的支付指令转移转入的备付金，但不得擅自占用、挪用、为他人提供担保等。鉴于此，就不适用我国刑法第185条之规定。与此同时，金融机构的工作人员利用职务便利挪用资金，也不能推定金融机构以外的单位或个人挪用“客户资金”而构成挪用资金罪。

① 彭冰：《非法集资活动的刑法规制》，载《清华法学》2009年第3期。

② 任曙明：《第三方支付产业的内涵、特征与分类》，载《金融监管研究》2013年第3期。

三、我国网络金融犯罪之刑法规制路径

（一）以保护利益为基准的刑法规制

有学者认为，网络金融作为一种重大的金融创新，在促进中小微企业发展，降低金融交易服务成本等方面有着突出贡献和重要价值。由于立法上的漏洞和过时的法律规范，防范过度的刑法干预扼杀金融创新，应当对互联网金融创新可能带来的对刑法底线的僭越保持一定的限度。[①] 笔者认为，该观点看到了刑法过度干预对金融创新的阻碍，而强调刑法应当在互联网金融活动面前保持一定的限缩。但该思维并没有看到网络金融作为金融活动所具有的金融属性的本质，也忽略了网络金融行政监管体制尚未成熟这一客观事实。[②] 2015年7月18日，中国人民银行等十部委发布了《关于促进互联网金融健康发展的指导意见》（银发〔2015〕221号，以下简称《意见》），此为规范互联网金融行为的纲领性文件。从该文件看出，互联网金融在金融模式上并没有跳出个人信贷、基金、保险等传统的金融行业模式。国家虽然鼓励互联网金融的发展，支持金融创新和大众创业，但对互联网金融企业的准入审批依然要遵循金融企业的资金证明和信用证明的最低要求。因此，金融行业的“互联网+”仍与传统金融的行业相同，不是“法外之地”。对互联网金融犯罪的刑法规制，也是对金融秩序的维护，从而更好地保护金融创新。此外，当前我国还未形成对网络金融有效的行政监管体系，根据刑法谦抑性原则，此时特别需要刑法提供保护，威慑企图网络金融犯罪的不法分子、保证网络金融创新发展。换言之，如果刑法过度谦抑，将放纵网络金融活动中的一些犯罪行为，从而使网络金融市场安全受到一定威胁，有碍良性网络金融市场的形成，不利于投资人权益的保护。从此可以看出，刑法对金融管理秩序本身的保护，最终也是为了投资人利益的保护。根据金融交易主义的刑法观念，在网络金融活动中，当网络金融行为侵犯了具体市场主体的权益时，应当有刑法予以规制。[③]

众所周知，网络创新给人们带来的风险，很大程度上是以新的犯罪形式使人们的合法权益面临遭受侵害的可能性，而相关的侵害本身很多时候在表现形式上与传统社会产生的损害并无不同。[④] 据此理论，网络金融危害行为，只有给投资人的合法权益造成了客观实际损害，即投资者和借款人实际的财产和经济损失，才能根据刑法的罪刑条文对危害行为给予刑事处罚。笔者认为，网络金融犯罪的对象不特定，对投资人具体权益的损失，不能仅以财产的损失数额为依据。网络金融犯罪不同于财产犯罪，应从行为人在网络金融交易行为中是否违背信赖准则与诚信义务且

---

① 刘宪权：《论互联网金融刑法规制的“两面性”》，载《法学家》2014年第5期。

② 陈伟、蔡荣：《互联网金融刑法规制的路径选择与展望》，载《南昌大学学报》（人文社会科学版）2016年第5期。

③ 陈伟、蔡荣：《互联网金融刑法规制的路径选择与展望》，载《南昌大学学报》（人文社会科学版）2016年第5期。

④ 黄晓亮：《第三方支付风险的刑法防控》，载《法学》2015年第6期。

从中获利来判断行为人的行为是否构成犯罪。① 也就是说，如果金融创新模式只是在行为方式上符合网络金融犯罪的构成要件，而未违背信赖义务，也未因此非法获取利益，就不能进行刑事处罚。

（二）以保护信息为基准的刑法规制

以投资人利益保护为重心背景下的对网络金融犯罪的刑法规制，落脚点应该是对信息安全的保护。一般而言，在金融投资中，必然存在信息不对称问题，但在传统金融投资中，法律总是对融资方的信息披露进行严格规定，有效减少了两个主体之间的信息不对称问题。而反观网络金融，投资主体的大众化、平台型交易模式，则直接剔除了中介机构，从而使得传统金融市场中自发形成的对信息劣势的补救机制丧失，网络金融在促进信息交流的同时，也更加使得信息变得“不安全”与“不稳定”。根据规定，刑法维护金融交易秩序的两个核心要素，一个是“反欺诈”，另一个是“反市场优势滥用”，两者的着眼点均在于金融市场自由高效。由于投融资双方信息不对称、平台信息披露义务不明确，往往加剧了引发刑事的风险。诚如有人所讲，金融刑法存在的意义和价值应当是尽可能地防止投资者滥用这种不平等地位，应当重视的是对处于信息资源弱势地位的投资者的保护，防止“劫贫济富”行为的泛滥。②

笔者认为，刑法对信息安全的保护，可以将金融平台不履行审查义务而导致的严重社会危害行为纳入信息披露等相关的刑事犯罪，只要没有尽到实质审查义务，根据具体犯罪事实，就以帮助信息网络犯罪活动罪、拒不履行信息网络安全管理义务罪等罪名定罪处罚。归而论之，刑法应在网络金融活动中通过对平台信息审查义务的惩处和威慑，保障网络金融市场的信息自由和信息安全等，从而更好地保护网络金融活动中普通投资者的利益。③

（三）以多层级保护为基准的刑法规制

刑法传统理论认为，金融犯罪根据分类属于法定犯。据此，金融刑法入罪的逻辑规制为“立罪至后”。所谓“立罪至后”，是指在金融违法责任立法中，金融刑法立罪是在非刑事责任立法之后。④ 也就是说，一方面金融犯罪是行为人在参与非法金融活动过程中实施的，行为若构成犯罪，其前提条件必须是违反金融法律法规等；另一方面，刑法应当保持其谦抑性的本质介入金融活动中，作为行政法规范的后盾，也只有在行政法无法达到规制目的的情况下，才能适用刑法规定。在行政监管不健全的网络金融发展初期，重视刑法对违法犯罪活动予以规制有其现实需要和重大意义，但确立行政监管先行的法律规制层级体系，才是实现网络金融良好规制的发展方向。

在司法实践中，作为法定犯的网络金融危害行为，在没有其他基础性立法情况

① 毛玲玲：《金融领域刑事司法现状的实证考察与启示》，载《法学》2014 年第 2 期。

② 张小宁：《“规制缓和”与自治型金融刑法的构建》，载《法学评论》2015 年第 4 期。

③ 陈伟、蔡荣：《互联网金融刑法规制的路径选择与展望》，载《南昌大学学报》（人文社会科学版）2016 年第 5 期。

④ 胡启忠：《金融刑法立法逻辑论——以金融刑法修正为例》，载《中国法学》2009 年第 6 期。

下，行政法律法规的缺失导致作为后盾的刑法，直接动用刑罚手段惩治该违法行为，此为立法顺序倒置引起的。例如，P2P网络借贷在没有基础性立法或相关性立法的情况下，也完全有可能直接规制P2P网络借贷的刑法条款或刑法规范。从法理上讲，这样的法律规制体系明显存在层级漏洞，既违反了法定犯的基本内涵，使得法定犯“非法定”，同时也扩大了刑法的打击面，致使没有遵守刑法的谦抑性原则，不得不说是我国刑法滥用的突出表现之一。因此，笔者认为，对于网络金融犯罪，不管是其法定犯的属性，还是网络犯罪的特点，都应要求建立行政监管优先、刑法规制为补充的法律规范体系。该法律阶层体系中的行政法先行，则要求对网络金融出现的违法行为先予行政法上的行政处罚，达到需要刑罚的危害程度，才可以依法追究其刑事责任。根据刑法理论，刑法规范体系中的金融犯罪皆为法定犯，即只有行政法上要求追究刑事责任，才能适用刑法对其予以规制。换言之，只有在行政法上规定是违法行为，且行政监管等难以达到规制效果，同时在刑法规范中也认为是犯罪的行为，刑法才能介入并对其予以规制。①

综上，网络金融犯罪冲击了我国现行刑事立法的方方面面，我国刑法有必要跟随金融信息化的发展而修改完善。但是“刑法安定性的最高价值、保障法的法体系地位和司法法的本性决定了我们不能指望刑法成为引领社会进步的力量，但必须尽可能避免刑法成为社会进步的阻碍力量”，② 针对刑法条文中不合理的条款，在目前修改或废止尚不成熟的情况下，应该结合国家的实际金融政策，通过司法解释等方式，限缩相关法条的适用范围，调整相关行为的入罪门槛，以免阻滞网络金融的创新和发展。当条件成熟时，根据刑法谦抑原则，及时制定反网络金融犯罪的专门刑事立法，毕竟网络金融犯罪层出不穷，千变万化，我们不能以牺牲《刑法》的稳定性来适应朝此夕彼的网络金融犯罪。③

---

① 陈伟、蔡荣：《互联网金融刑法规制的路径选择与展望》，载《南昌大学学报》（人文社会科学版）2016年第5期。

② 何荣功：《经济自由与经济刑法正当性的体系思考》，载《法学评论》2014年第6期。

③ 殷宪龙：《我国网络金融犯罪司法认定研究》，载《法学杂志》2014年第2期。

网络金融平台犯罪的刑法规制*

——以治理网络金融平台为视角

皮 勇** 汪恭政***

“网络技术直接作用于社会，造就了一个拥有网络结构的社会。”① 网络金融平台在网络结构社会中处于枢纽地位，汇聚了海量的信息和众多的用户，推动了互联网金融的发展。然而，随着网络金融平台的深入发展，平台协助管理义务加载不足与刑事责任边界模糊加剧了利用网络交易非面对面性与用户信息犯罪的不利现状。因此，对网络金融平台犯罪的刑事规制须以增设网络金融平台协助管理义务和明确其刑事责任边界为核心。

一、网络金融平台犯罪现状：利用交易非面对面性与用户信息犯罪

网络金融平台，是为金融服务提供网络空间以及技术和交易帮助的计算机网络系统。根据平台是否直接经营金融服务可将其分为两类：一类为自营网络金融平台，即网络金融服务交易主体仅有平台和用户（金融消费者）② 两方；另一类为第三方网络金融平台，即为金融服务提供网页空间、交易撮合、信息发布，并供交易双方独立开展交易活动的平台，参与主体有网络金融平台、金融服务提供者、金融消费者三方。现实中，多数网络金融平台依托于网络交易（电商）平台，如淘宝、京东、苏宁、国美等组建而成，平台利用交易非面对面性和海量用户信息为用户提供贷款、基金、保险、众筹等金融服务的同时，也带来犯罪方式的变化。

（一）利用网络交易非面对面性犯罪

利用网络交易非面对面性犯罪，是指行为人利用网络金融服务非直接、当面交易的特征实施的一系列犯罪。网络金融服务交易，相比传统柜台式交易，突破了时间、地域的限制，为来自不同区域的金融服务供需双方的交易提供了便利。然而，由于网络金融服务交易并非当面进行，从而加剧了金融消费者对金融服务提供者的识别、辨识难度，使其很难知晓金融服务内容的真实性，增加了网络金融平台自身以及他人利用平台犯罪的风险。现实中，罪犯利用网络金融平台，以“互助”“慈

* 本文系国家社会科学基金重点项目“全球化信息化社会环境中的新型恐怖活动及其整体法律对策研究”（项目号 13AFX010）、武汉大学马克昌法学基金会重大项目“网络恐怖活动的法律对策研究” （项目号 MJ2012A01）和湖北法治发展战略研究院重点项目“中国反恐怖活动立法研究”（项目号 FZFZYJ2012012）的阶段研究成果。

** 武汉大学法学院教授、博士生导师。

*** 武汉大学法学院刑法学博士研究生。

① 张康之：《论社会的网络结构》，载《理论学刊》2008 年第 3 期。

② 本文的“用户”和“金融消费者”在未作具体说明时，意义等同。

善”“复利”等为噱头，或以高收益、低门槛、快回报为诱饵设计成理财产品出售给出借人，或以先归集资金、再寻找借款对象等方式，使出借人资金进入平台的中间账户，形成资金池，非法吸收不特定用户存款，或者利用平台未尽身份真实性核查义务，未能及时发现甚至默许借款人在平台上以多个虚假名义发布大量借款信息，向不特定对象募集资金。对于自营网络金融平台而言，编造虚假融资项目或借款标的，采用借新还旧的庞氏骗局模式非法筹集资金。更有甚者，同支付平台搭建资金转账接口，并将支付接口接入网络金融平台网站，通过代理商诱骗投资者到平台上投资理财，先以小额“送金”方式让用户获益，等用户加大投入后再以控制理财产品价格涨跌曲线等方式实施反向操作，最终以“杀金”方式使用户遭受巨额亏损，实现非法占有用户投资理财资金的目的。

（二）利用用户信息犯罪

网络金融平台是以信息构成的网络空间，作为网络交易（电商）平台的重要类别，具有“以电子技术集散、处理海量信息”的特征①。在网络金融平台上，金融服务提供者和金融消费者，借助平台提供的第三方支付账户发生交易，围绕交易形成的数据信息开始移至网络金融平台，平台不断发展，使得平台以支付结算为中心，逐步向信贷、理财、保险等金融服务领域扩展。平台的开放性使得传播的单向发散变成了媒介式的汇集，平台媒介成为多重传播汇聚与交叠的“信息传播资源池”。② 网络金融平台常依托于网络交易（电商）平台发展，有学者在研究平台上的信息（数据）时重点谈到两大来源：一是电商平台记录的自身网络内每一次电子商务活动中的数据；二是金融服务的需求方在获得金融服务时主动提供的数据。③例如，淘宝、京东、苏宁、国美等电商巨头都在网络交易平台上提供了丰富的金融服务，掌握了海量的用户信息，包括浏览信息、注册信息、支付信息、设备信息等，控制金融服务交易的能力更强，也为平台自身或者他人利用平台实施侵犯用户信息犯罪及其下游犯罪行为提供了方便。据报道，自 2016 年 5 月开始，公安部展开为期 5 个月的涉嫌网络诈骗等多发性犯罪平台专项整治活动初见成效，其中发现 9 家大型知名网站，竟然涉嫌贩卖公民个人信息和银行卡等资料。④

二、网络金融平台犯罪治理困境：平台协助管理义务和刑事责任规定不足

网络金融平台，不仅为金融服务交易搭建桥梁，也对平台经济的发展起促进作用。⑤ 然而，面对利用交易非面对面性和用户信息犯罪的不利现状，需要围绕网络

---

① 赵鹏：《私人审查的界限——论网络交易平台对用户内容的行政责任》，载《清华法学》2016 年第 6 期。

② 李源粒：《网络安全与平台服务商的刑事责任》，载《法学论坛》2014 年第 6 期。

③ 参见刘国平：《电商金融的运作模式与商业银行的应对策略》，载《互联网金融》2015 年第 8 期。

④ 万里、杨华：《蘑菇街等九网站遭整治》，载《重庆晚报》2016 年 6 月 6 日。

⑤ 平台经济打破传统经济的供需平衡机制，为经济效益和社会目标的实现创造新的可能性。See Orly Lobel, “The Law of the Platform”, *Minnesota Law Review* , vol. 101, Issue 1 (November 2016), pp. 87-166.

金融平台从规范层面对相关犯罪加以整治。“在当今信息社会与互联网产业化时代，通过刑法的网络风险规制与网络犯罪控制的重点已经指向网络服务提供者……其不再是纯粹的商业活动经营者。”① 但是，现有网络金融平台协助管理义务和刑事责任规定的不足，② 使得网络金融平台犯罪的有效规制仍有遗憾。

（一）网络金融平台协助管理义务不足

罪犯利用网络金融平台实施犯罪，平台为金融服务提供网络空间，其行为是否具有刑事违法性，往往与平台自身协助管理义务紧密相关。梳理我国现有前置性规范发现，网络金融平台协助管理义务主要集中在如下方面。

1. 用户信息保护义务

全国人大常委会《关于加强网络信息保护的决定》对网络信息安全的保护作出了规定，其中第1条便禁止非法获取、出售、提供公民个人信息。《网络安全法》第10条要求建设、运营网络或者通过网络提供服务的主体应维护网络数据的完整性、保密性和可用性。同时，该法以专章的形式对“网络信息安全”予以规定，要求网络运营者保密所收集的用户信息，并建立健全信息保护制度；③ 明确收集、使用个人信息的目的、方式和范围；④ 采取技术或者其他必要措施保护个人信息安全；⑤ 接受个人对其收集、存储个人信息的监督。⑥ 行政法规上，《电信条例》第65条规定，用户使用电信自由和通信秘密受法律保护，电信业务经营者不得擅自向他人提供用户所传输的信息。部门规章上，国家工商总局《网络交易管理办法》要求，网络交易的有关服务经营者及其工作人员保密所收集的消费者个人信息，不得泄露、出售或者非法向他人提供；⑦ 而且，该局《网络交易平台经营者履行社会责任指引》规定，网络交易平台经营者应依合法、正当、必要的原则收集、使用消费者相关信息，明示收集、使用信息的目的、方式和范围，并经被收集者同意；⑧ 银监会、工业和信息化部、公安部、国家互联网信息办公室《网络借贷信息中介机构业务活动管理暂行办法》指出，应妥善保管借贷双方的资料与交易信息，不得非法买卖、泄露借贷双方的基本信息和交易信息；⑨ 证监会《证券投资基金销售机构通过第三方电子商务平台开展业务管理暂行规定》也主张，第三方电子商务平台经营者应保证基金投资人身份资料及交易信息的安全，未经法律允许，不得将相关信息泄露给任何机构或者个人；⑩ 保监会《互联网保险业务监管暂行办法》规定，第三

① 梁根林：《传统犯罪网络化：归责障碍、刑法应对与教义限缩》，载《法学》2017年第2期。

② 现实中，多数网络金融平台依托于网络交易平台组建，其平台协助管理义务和刑事责任规定也常受网络交易平台规范的约束。

③ 参见《网络安全法》第40条。

④ 参见《网络安全法》第41条。

⑤ 参见《网络安全法》第42条。

⑥ 参见《网络安全法》第43条。

⑦ 参见国家工商总局《网络交易管理办法》第18条第2款。

⑧ 参见国家工商总局《网络交易平台经营者履行社会责任指引》第15条第1款。

⑨ 参见银监会、工业和信息化部、公安部、国家互联网信息办公室《网络借贷信息中介机构业务活动管理暂行办法》第9条第6项。

⑩ 参见证监会《证券投资基金销售机构通过第三方电子商务平台开展业务管理暂行规定》第16条。

方网络平台应在收到投保申请后24小时内向保险机构提供承保所需的投保人（被保险人、受益人）的姓名、证件类型、证件号码、联系方式、账户等资料信息，除法律规定外不得向任何机构和个人泄露相关信息。①

2. 违法信息或者活动的监管义务

《关于加强网络信息保护的决定》第5条规定，对违法发布或传输的信息停止传输，采取措施并向主管部门报告。《关于维护互联网安全的决定》第7条规定，"……从事互联网业务的单位要依法开展活动，发现互联网上出现违法犯罪行为和有害信息时，要采取措施，停止传输有害信息，并及时向有关机关报告……"《网络安全法》第47条规定，网络运营者应加强对其用户发布的信息的管理，停止传输违法发布或者传输的信息，并采取消除等处置措施。在行政法规层面，虽然《互联网信息服务管理办法》的调整范围不限于网络金融平台，但其作为行政法规，却对网络信息服务的管理起到基础性作用。其中，第13条要求互联网信息服务提供者保证所提供的信息内容合法，第15条规定不得制作、复制、发布、传播法律禁止的内容，第16条指出信息服务提供者发现第15条违法内容的，应停止传输，保存记录并向国家有关机关报告。《电信条例》第62条规定："在公共信息服务中，电信业务经营者发现电信网络中传输的信息明显属于本条例第五十七条所列内容的，应当立即停止传输，保存有关记录，并向国家有关机关报告"。在部门规章层面，《网络交易管理办法》规定，第三方交易平台经营者应对平台上发布的商品和服务信息建立检查监控制度，发现有违反工商行政管理法律、法规、规章的，向工商行政管理部门报告，并及时采取措施制止。②《网络交易平台经营者履行社会责任指引》也规定，网络交易平台经营者应建立信息检查和不良信息处理制度，发现违法、违规行为，报告并采取制止措施。③《网络借贷信息中介机构业务活动管理暂行办法》要求审核借贷双方的资格条件、信息和融资项目的真实性、合法性。④

3. 协助执法义务

法律上，《关于加强网络信息保护的决定》第10条规定网络服务提供者应对主管部门防范、制止和查处非法获取、出售或非法提供用户信息予以配合，提供技术支持。《网络安全法》第49条规定，"网络运营者对网信部门和有关部门依法实施的监督检查，应当予以配合"。部门规章上，《网络交易管理办法》强调第三方交易平台经营者应采取制止措施配合工商行政管理部门查处违反工商行政管理法律、法规、规章的行为，⑤并应协助工商行政管理部门查处网上违法经营行为，及时提供涉嫌违法经营主体的登记信息、交易数据等资料；⑥《网络交易平台经营者履行

① 参见保监会《互联网保险业务监管暂行办法》第11条第2款。

② 参见国家工商总局《网络交易管理办法》第26条第1款。

③ 参见国家工商总局《网络交易平台经营者履行社会责任指引》第17条第1款。

④ 参见银监会、工业和信息化部、公安部、国家互联网信息办公室《网络借贷信息中介机构业务活动管理暂行办法》第9条第2项。

⑤ 参见国家工商总局《网络交易管理办法》第26条第2款。

⑥ 参见国家工商总局《网络交易管理办法》第34条。

社会责任指引》第 17 条第 1 款最后一句提到“网络交易平台经营者还应积极配合监管部门依法查处相关违法违规行为”；《网络借贷信息中介机构业务活动管理暂行办法》第 9 条规定“……（八）配合相关部门做好防范查处金融违法犯罪相关工作”；《证券投资基金销售机构通过第三方电子商务平台开展业务管理暂行规定》指出证监会及其派出机构对第三方电子商务平台经营者的相关行为实施监督管理时，平台经营者应予配合；[①]《互联网保险业务监管暂行办法》也要求第三方网络平台对保监会及其派出机构日常监管和现场检查互联网保险经营行为时应予配合。[②]

综上，网络金融平台的协助管理义务明显加载不足，具体表现在：(1) 关于网络金融平台的协助管理义务，目前仅有《网络安全法》《关于加强网络信息保护的决定》《关于互联网安全的决定》《互联网信息服务管理办法》《电信条例》对相关信息安全、信息保护、信息服务管理作出抽象规定，且当前仅有部分部门规章规定了网络金融平台保护、留存用户信息以及其他协助管理义务，法律效力层级低，难以保障网络金融平台法律责任的落实；(2) 网络金融平台协助管理义务的规定相对分散，用户信息保护缺乏系统性，对于网络金融平台的治理，牵涉人民银行、保险、证券、网络管理等众多部门，管理部门分散导致出台的规范性文件内容分散，特别是对于用户信息的保护，大多分散在不同部门规章中，很难对获取、使用、提供、持有用户信息形成有效的前端保护；(3) 网络金融平台协助管理义务内容规定不足，特别是涉及网络金融平台金融服务交易规则、金融服务交易安全保障、金融消费者权益保护、不良信息处理等管理制度规定的内容仍有缺漏，缺乏网络借贷、股权众筹融资监管规则，[③] 在包括部门规章在内的既有规范性文件中也面临不足。比如，《网络交易管理办法》对网络服务市场的规范主要是原则性、概括性规范，已经不能够满足网络服务市场快速发展对法律规范提出的需求。[④]

（二）网络金融平台刑事责任规定缺憾

1. 网络金融平台刑事责任主体不明确

1997 年《刑法》针对计算机犯罪，设置了非法侵入计算机信息系统罪（第 285 条）、破坏计算机信息系统罪（第 286 条）、利用计算机实施犯罪的提示性规定（第 287 条）。随后，《刑法修正案（七）》在第 285 条增加了非法获取计算机信息系统数据、非法控制计算机信息系统罪（第 2 款）和提供侵入、非法控制计算机信息系统程序、工具罪（第 3 款），从两次刑法条文变动来看，显然未对网络平台（网络金融平台）要求承担刑事责任。值得肯定的是，《刑法修正案（九）》对网络犯罪作出较大幅度修改，增加了拒不履行信息网络安全管理义务罪（第 286 条之一）、非法利用信息网络罪（第 287 条之一）和帮助信息网络犯罪活动罪（第 287

① 参见证监会《证券投资基金销售机构通过第三方电子商务平台开展业务管理暂行规定》第 5 条。

② 参见保监会《互联网保险业务监管暂行办法》第 22 条。

③ 尽管 2016 年国务院办公厅出台《关于印发互联网金融风险专项整治工作实施方案的通知》，重点整治网络借贷和股权众筹业务，但该规范性文件效力层级低，缺乏规范约束力。

④ 国家工商总局《关于促进网络服务交易健康发展规范网络服务交易行为的指导意见（暂行）》第 9 条。

条之二)，三种罪名的出台标志着规制以计算机系统作为犯罪对象、利用信息网络作为犯罪工具向规制在网络场域实施犯罪的方向转变，对规制网络社会中的违法犯罪起到积极作用。据此，有学者提出，目前仅能够针对网络平台进行调整，且后两种罪名通过规定单位犯罪间接地对平台予以调整，① 更不用说根据网络金融平台具体类型化的特点实施针对性规制了。

2. 网络金融平台刑事责任边界模糊

网络金融平台作为金融服务的网络平台，对促进网络金融的创新发展起到重要作用。尽管关于网络金融平台的民事责任已有相对完善的规定，② 但其刑事责任规定的不足，导致刑事责任边界模糊特征明显：一是协助管理义务相关法律和行政法规是网络服务提供者承担刑事责任的基本法律依据，法律、行政法规的内容规定缺漏，使网络金融平台承担刑事责任的范围泛化，当前网络金融平台相关犯罪泛滥就是其恶果。恰如有学者所言，“由于附属刑法的薄弱，导致网络平台的刑法义务范围尚不明确，刑事责任边界也模糊”。③ 二是网络金融平台提供理财、众筹、保险、借贷等金融服务，罪犯利用平台的非面对面性和海量的用户信息实施非法吸收公众存款、非法经营、金融诈骗等犯罪，网络金融平台往往以“通过本网站与其他网站的链接，而获得其他网站所提供的网上资料、内容及服务，用户应该自行辨别及判断，并应当由该等网站对其提供的内容承担相应责任，平台对此不承担任何责任”为由，否认承担相应责任。对于第三方网络金融平台而言，平台提供了展示、介绍以及链接各类型金融服务的网页，投资者点击平台上具体金融服务时，将直接进入该金融服务的页面。由此，平台为投资者和金融服务提供者撮合交易提供了桥梁，具体金融服务引发的犯罪往往同其提供者行为密切关联。这为主张具体金融服务提供者承担刑事责任提供了分析思路，但也为作为桥梁的网络金融平台以面对市场、信用、流动性风险来避免刑事责任的承担提供了“加工”作用，乃至为“外观上无害、客观上对正犯行为或结果起到促进作用的网络中立帮助行为”的观点留有空间。④

三、网络金融平台犯罪刑法规制：注重用户信息保护和厘清刑事责任边界

网络金融平台作为为各类金融服务交易提供网络空间以及技术和交流服务的计

---

① 孙道萃：《网络平台犯罪的刑事制裁思维与路径》，载《东方法学》2017 年第 3 期。

② 《消费者权益保护法》第 44 条规定：“消费者通过网络交易平台购买商品或者接受服务，其合法权益受到损害的，可以向销售者或者服务者要求赔偿。网络交易平台提供者不能提供销售者或者服务者的真实名称、地址和有效联系方式的，消费者也可以向网络交易平台提供者要求赔偿；网络交易平台提供者作出更有利于消费者的承诺的，应当履行承诺。网络交易平台提供者赔偿后，有权向销售者或者服务者追偿。网络交易平台提供者明知或者应知销售者或者服务者利用其平台侵害消费者合法权益，未采取必要措施的，依法与该销售者或者服务者承担连带责任。”按照该条，明确了消费者通过网络金融平台购买商品或者接受服务造成损害的赔偿责任及规则，及时规制了网络金融平台的民事不法行为。

③ 孙道萃：《网络平台犯罪的刑事制裁思维与路径》，载《东方法学》2017 年第 3 期。

④ 刘艳红：《网络中立帮助行为可罚性的流变及批判——以德日的理论和实务为比较基准》，载《法学评论》2016 年第 5 期。

算机网络系统，为资金流、信息流的汇聚提供了场所和空间，平台的开放性凸显了交流的非面对面性和信息利用的广泛性。随着网络金融市场的日益庞大，网络金融平台愈发重要的同时，也为犯罪滋生了土壤，规制网络金融平台犯罪，应在以注重用户信息保护和厘清网络金融平台刑事责任边界为核心的基础上，完善对网络金融平台犯罪的刑法规制。

（一）网络金融平台协助管理义务的配置

1. 协助管理义务设置的原则

在理论上，明确网络金融平台的协助管理义务乃是判断刑事责任的前提。根据前述，尽管前置性规范已对网络金融平台设定了相应义务，但义务规定的缺憾，足以影响平台在犯罪中对刑事违法性和社会危害性的判断。因而，面对既有协助管理义务的不足重新配置时应受到原则的有效指导，“原则就是一种根本规范或基础规范，其在一国法律体系或法律部门中居于基础性地位，为一国法律的基本信条和准则，它寄托了法律的总体精神和根本价值”。[①] 关于网络平台设定义务的原则，目前有两种代表性观点：一是中立行为论；二是直接控制论。[②] 本文主张，配置网络金融平台协助管理义务，一要体现利益平衡原则，网络金融平台作为网络金融服务交易的“信息岛”，平台已从纯粹的商事活动向兼顾承担协助管理职责的主体迈进，对其设置义务时，必须体现出平台对交易秩序的遵守、维护。与此同时，平台金融服务的发展离不开交易安全的保障，平台应树立金融服务交易安全的意识，采取合理可行的措施保障交易安全，不能因交易秩序的维护而忽略交易安全的保障；二要体现用户权益保障原则，对于自营网络金融平台而言，本身应纳入金融机构的监管体系，比照金融机构的类似规定，严格保护用户（金融消费者）的合法权益。对第三方网络金融平台而言，尽管金融服务由其他主体提供，但平台为用户自由选择金融服务提供桥梁的同时，也参与辅助服务的提供，这为掌握用户信息、知晓其他金融服务主体违法犯罪行为提供了便利，因而平台应充分尊重、保护用户的合法权益。

2. 协助管理义务的具体设定

“网络服务交易平台是网络服务集中交易的场所和空间，抓住网络服务交易平台经营者，就直接抓住了维护网络服务交易市场秩序的关键环节。”[③] 实践中，作为网络交易平台具体类别的网络金融平台，平台上发生的犯罪常与平台密切相关，发挥刑法调整社会关系“最后防线”的基本法理，必须完善前置性规范对网络金融平台违法犯罪的治理。具体而言，应在前述原则的指导下：一是尽快出台用户信息的专门性法律，在明确个人信息范围、类别的同时，必须对涉及用户隐私信息、涉

---

① 李可：《原则与规则的若干问题》，载《法学研究》2001 年第 5 期。

② 网络金融平台的行为通常是中立帮助行为，并未制造不被法所容许的危险；若网络金融平台可以直接通过自身的途径或能力，实际发现并可以决定违法信息的传播、扩散以及方式、数量、途径等，才需要对其所控制的违法犯罪信息承担责任。

③ 国家工商总局《关于促进网络服务交易健康发展规范网络服务交易行为的指导意见（暂行）》第 4 条。

及交易安全信息[①]的分离保存作出规定，统一规范网络金融平台收集、使用用户信息，应遵循合法、正当、必要的原则，明示收集、使用信息的目的、方式和范围，并经被收集者同意，构建对违规、违约收集与金融服务无关的个人信息的处罚措施，细化用户信息留存、真实身份验证、对不提供实名认证者拒绝服务的规定。此外，做好与《刑法修正案（九）》侵犯公民个人信息未达"情节严重"入罪门槛的衔接，必须在提供金融服务过程中将不当使用、持有、获取、提供用户信息的行为纳入调整范围；二是面对部门规章和其他规范性文件制定主体"各种为战""制定内容""残缺不全"的不利局面，建议出台相应的行政法规，如《网络金融平台服务管理条例》，明确自营网络金融平台和第三方网络金融平台的职责、权限，分别细化对网络理财、众筹、借贷、保险以及其他金融服务交易规则的规定，注意从用户信息保护、协助执法、违法活动管理角度充实网络金融平台法定义务的内容。

（二）网络金融平台刑事责任的边界

完善网络金融平台刑事责任的边界，前提在于树立平台作为责任主体的观念。针对理论界存在网络金融平台刑事责任主体不明确的问题，有学者进而提出"应当在《网络安全法》《刑法修正案（九）》等法律法规的基础上，着力增加网络平台作为新型犯罪主体",[②] 但本文认为，根据现实状况，网络金融平台是依托公司、企业组建的，网络金融平台参与犯罪本质上属于单位犯罪，虽然按照《刑法》第30条、第31条的规定，网络法人具有主体的限定性、成立范围与责任范围的法定性、处罚模式的二元性等特征,[③] 但并不影响对网络金融平台作为犯罪主体承担刑事责任的判断。单位犯属于法定犯，现有罪刑规范未规定的，应从自然人犯罪行为角度考虑是否存在值得刑法评价的可能，如对于以非法占有他人财物为目的成立网络金融平台，在交易过程中，通过修改金融交易软件系统数据，恶意造成滑点现象甚至操纵行情的，属于隐瞒事实，造成客户亏损，构成要件中的侵财危害行为与财物损失结果之间存在因果关系，对于成立、负责平台运营的自然人直接以诈骗罪处罚。除此之外，从治理网络金融平台视角规制网络金融平台犯罪，须从以下三个方面考虑网络金融平台承担刑事责任的边界。

1. 作为犯形式的单独犯

随着网络交易的发展，网络金融平台上发生的犯罪多数可由平台直接实施，对于平台独立"实现自己的犯罪"的，可以单独构成作为犯。展开而论，不论是自营网络金融平台，抑或第三方网络金融平台，在提供理财、众筹、保险、借贷或者其他金融服务时独立实施犯罪的，直接依照刑法分则构成集资诈骗罪、非法吸收公众存款罪、保险诈骗罪、诈骗罪等相应罪名。[④] 举例说明，依照《证券投资基金销售

① 涉及交易安全的内容，包括用户名、密码、关联银行卡信息等内容；涉及用户隐私的内容，包括注册信息、位置信息、交易信息等。

② 孙道萃：《网络平台犯罪的刑事制裁思维与路径》，载《东方法学》2017年第3期。

③ 高铭暄、马克昌主编：《刑法学》，北京大学出版社、高等教育出版社2016年版，第102-103页。

④ 《刑法》第287条规定："利用计算机实施金融诈骗、盗窃、贪污、挪用公款、窃取国家秘密或者其他犯罪的，依照本法有关规定定罪处罚。"该条对利用计算机实施犯罪作出提示性规定。

管理办法》第8条，或者《证券投资基金销售机构通过第三方电子商务平台开展业务管理暂行规定》第3条第2款的规定，网络金融平台未取得基金销售业务资格自行开展基金销售业务的，或者非法从事基金销售支付结算业务，扰乱市场秩序，情节严重的，直接以非法经营罪定罪。另外，对于依靠平台优势散发影响证券、期货交易虚假信息的，依照《关于维护互联网安全的决定》第3条第4项“利用互联网编造并传播影响证券、期货交易或者其他扰乱金融秩序的虚假信息”的规定处罚。对于仅提供网络借贷信息的第三方网络金融平台，直接或者接受委托从事为自身或者变相为自身向不特定对象吸收公众存款，扰乱金融秩序的构成非法吸收公众存款罪。平台违反法律、行政法规的规定，在提供代销银行理财、券商资管、基金、保险或信托等金融服务过程中将所获取的大量用户信息出售或者提供给他人，情节严重的，依照侵犯公民个人信息罪的规定从重处罚。对于非法利用公民个人信息实施其他犯罪的，需要考虑彼此不法行为之间的关系，根据具体案件事实判断是否以一行为或数行为评价、处罚。

2. 具有帮助性质的犯罪

对于正犯利用网络金融平台实施该当构成要件的不法行为，网络金融平台提供帮助的，一般而言，依照两种方式追究网络金融平台的刑事责任：一种是按正犯的帮助犯处理，因为网络服务提供者的帮助犯罪行为与其业务活动相关，容易与其正常业务活动相混淆，其主观心态成为犯罪成立的关键要件。根据我国刑法通说，帮助犯与实行犯之间必须存在共同犯罪故意，可以为共谋的故意或片面帮助的故意；[①]另一种是按新设立的帮助利用信息网络犯罪活动罪定罪处罚，关于该罪的适用目前争议较大，主要观点有：一是帮助犯的正犯化，即帮助犯已经被分则条文提升为正犯；二是帮助犯的量刑规则，指帮助犯没有被提升为正犯，帮助犯依然是帮助犯，只是因为分则条文对其规定了独立法定刑，而不再适用刑法总则关于帮助犯（从犯）的处罚规定的情形。[②]本文认为，网络平台是未来网络经济发展的主流方向，网络金融平台作为网络平台的重要类别，汇聚海量的信息和集结大量的用户，已日渐形成新的平台经济活动秩序，退一步讲，法益被侵害的状态、危害行为方式都已发生改变，显然网络金融平台帮助信息网络犯罪活动的行为已突破传统的从属地位，具有独立的犯罪性质。现实中，多数网络金融平台是集支付结算服务、金融服务信息发布、理财广告推广于一体的计算机网络系统，技术性帮助特征明显。当网络金融平台明知他人利用信息网络实施犯罪并为其犯罪提供广告推广、支付结算等帮助，达到严重情节的成立该罪，若同时构成其他犯罪的，依照处罚较重的规定定罪处罚。

3. 违反协助管理义务的不作为犯

网络金融的不断创新，推动着传统金融服务向平台金融方向发展，“金融在改革创新过程中确实集聚了一些风险，有些金融风险在现实中确实已陷入金融违法犯

① 高铭暄、马克昌主编，赵秉志执行主编：《刑法学》，北京大学出版社、高等教育出版社2013年版，第165-166页。

② 张明楷：《论帮助信息网络犯罪活动罪》，载《政治与法律》2016年第2期。

罪之泥潭”①。金融法律风险的到来需要法律规范治理的介入，当前由于前置性规范治理的“不尽如人意”，刑法有突破谦抑性之嫌，如在《刑法》第286条之一增设拒不履行信息网络安全管理义务罪。正如前文所述，网络金融平台累积了海量的用户信息，在犯罪发生时存在用户信息泄露的可能，适用该罪名的前提是平台具有“违反、不履行法律、行政法规规定的信息网络安全管理义务，经监管部门责令采取改正措施而拒不改正”的不作为行为，尽管前文主张完善网络金融平台的协助管理义务，但并非完全是服务于该条的适用，而是保持刑法的谦抑性，尽可能地从前置性规范层面控制违法行为的社会危害，加上该罪设立的必要性、适当性有待考究，当前阶段必须对其采取限制性解释以明确司法适用边界。展开而论，适用该罪需考虑如下几点：首先，网络金融平台上发生利用用户信息实施犯罪的行为时，网络金融平台明知有保护、管理用户信息的法律、行政法规层面规定的义务，应先行履行协助管理义务，如网络金融平台事先采取了必要的预警告知措施、一定的技术性主动审查措施，以及网络实名追责措施等；其次，经监管部门责令采取改正措施，平台技术上有能力阻止，且阻止不超过其承受能力却未采取改正措施；最后，对违反用户信息保护义务的按照结果犯认定，平台不作为致使用户信息泄露与造成的严重后果之间应具有直接因果关系，其他后续行为介入导致的人身、财产损失不应纳入该罪的评价范围。

① 郭华：《互联网犯罪概说》，法律出版社2015年版，第1页。

论互联网金融视野下第三方支付的刑事风险

张启飞*

作为一种新兴的支付方式，第三方支付逐渐成为电子商务的一种潮流，并将成为我国网上交易的主要支付手段，但支付宝、财付通、微信支付、易宝支付、网易宝、汇付天下等新兴第三方快捷支付缺少法律监管和约束，其法律性质未予以明确，交易中面临诸多刑事风险。目前，我国已颁布相关法律法规及政策性文件以规范第三方支付的健康发展，但尚不够健全，由于第三方支付发展迅猛，在缺乏有效的行政监管和法律约束的情况下，会给相关利益主体带来安全隐患。此外，立法的滞后，会导致第三方支付的发展受到限制，并逐渐暴露出诸多问题，值得深入研究。

一、刑法视野下第三方支付存在的问题

随着互联网金融的蓬勃发展，第三方支付渗透到生活中多个领域，交易规模不断扩大，逐渐颠覆传统的支付方式，不可避免的是，第三方支付在快速发展过程中会带来一些问题，作为第三方支付的“三宗罪”——信用卡套现、洗钱及沉淀资金是其典型代表，[①] 逐渐暴露出金融隐患。此外，由于我国规范电子商务相关法律法规落后于电子商务的发展，且效力等级不高，使第三方支付面临一定的法律风险。研究第三方支付在发展中存在的问题及其面临的法律风险，有助于维护第三方支付相关交易主体的合法权益并促进其健康发展。

第一，信用卡套现问题。信用卡套现，是指信用卡持卡人违反与发卡银行的约定，避开银行柜台取款或ATM自助终端提现的方式，将信用卡中的透支额度通过POS终端机或第三方网上支付平台等其他方式，全部或部分地转换成现金，而不向发卡银行支付利息的行为。[②] 在通常情况下，信用卡套现表现为信用卡使用者利用刷卡等方式，恶意规避银行正规提现手续，将消费金额转变为现金的行为。[③] 但是，利用第三方支付进行信用卡套现改变了这一方式，通常表现为行为人利用信用卡对本人注册的第三方支付账户进行充值，再申请提现，或者两个行为人之间通过虚假交易，一方作为买方，通过信用卡支付货款；另一方作为卖方，在对方确认“收货”之后，获得货款，然后通过银行立即提现。从技术上来讲，第三方支付平台可以保证交易的安全，但是却无法保证交易的真实，通过第三方支付平台进行信用卡

* 浙江警察学院法律系讲师，法学博士。

① 张春燕：《第三方支付平台沉淀资金及利息之法律权属初探——以支付宝为样本》，载《河北法学》2011年第2期。

② 卫磊：《信用卡套现行为的罪名认定及其处理》，载《政治与法律》2009年第7期。

③ 袁道强：《信用卡套现成本的博弈分析及其监管探讨》，载《金融理论与实践》2008年第12期。

套现的行为人，正是利用这个漏洞，以虚假交易为基础，通过信用卡进行网上支付，在资金进入第三方支付平台后，取消交易，再通过第三方支付平台的账户退款，将资金转移到银行卡中，从而达到在银行套现的目的。[①] 信用卡一般由银行设置一定的额度供用户进行使用，其目的是鼓励消费并非取现，行为人利用第三方支付进行信用卡套现，以交易为名，可以不受额度的限制，轻易套现，这种套现行为违背了发卡行发放信用卡的目的，会导致银行坏账，引发金融风险，第三方支付机构虽采取措施以监控信用卡套现行为，但难以从根本上予以杜绝，若放任套现行为的发生，不仅会导致银行利益受损，还会危及整体金融秩序。

第二，洗钱问题。第三方支付为交易双方提供了一个可以信赖的交易平台，且第三方支付受到的监管较少，为行为人利用第三方支付进行洗钱制造了空间。在第三方支付中，行为人注册多个账户，虚构交易，将资金在不同的账户之间进行转移，在网上既充当买方，又充当卖方，制造虚假交易，将违法所得及其收益转移至第三方支付平台，再从支付平台把资金转移至收款人账户，从而把上述非法财产转换为合法财产。第三方支付把原来一个独立的资金交易过程分割为两个独立的资金交易过程，使金融监管机构无法识别资金的来源和资金的去向，难以掌控资金的流动过程，为洗钱行为人提供了便捷的洗钱渠道。行为人只要在第三方支付机构设立账户，就可以实现资金的隐蔽转移，使“黑钱”得以漂白。此外，第三方支付平台也开始提供跨境支付业务，为跨境资金的异常流动提供便利，[②] 为境内外洗钱行为人提供了便利的洗钱工具，在这种情况下，行为人很容易通过第三方支付工具将非法资金跨境流入经济领域，为洗钱行为提供了便利。

第三，沉淀资金问题。在第三方支付领域，根据其交易的流程和性质，客户在购物时，需在第三方支付企业注册并绑定自己的银行账户，通过银行账户向第三方支付注册账户充值，以便支付货款。但是，在网上买卖交易过程中，客户支付货款和商家收到货款并不是同时进行的，一般先由买方将货款付至第三方支付企业账户，并暂存在第三方支付企业账户，此后，等待卖家发货，然而卖家发货之后还不能马上收到买家的付款，只有等到买家确认收到货物之后发出支付口令时，第三方支付企业才会把货款转移至卖方账户。在买家确认收到货物之后，没有发出支付口令的情况下，第三方支付系统会也在规定的期间内自动把先期支付的货款转移至卖方账户。在这一支付模式中，注册客户的资金将在第三方支付平台企业的网上银行账户中平均停留 7 天左右，[③] 此时，就会产生大量沉淀资金。在第三方支付规模不断扩大的情况下，聚集的沉淀资金日益增多，蕴含的安全隐患也进一步增加。沉淀资金除了容易被挪用、占用、借用或为他人提供担保，可能涉嫌违法犯罪外，资金存放在第三方支付平台上，也容易为“黑客”所攻击，危及财产安全，并对金融系

---

① 2012 年以后，通过第三方支付平台进行信用卡套现的服务被禁止，但在目前监管体系不健全的情况下，尚难以完全禁止。

② 吴朝平：《第三方在线支付业务的洗钱风险及反洗钱监管研究》，载《南方金融》，2012 年第 10 期。

③ 邢丘丹、雷婷：《第三方支付的崛起对网上银行支付业务发展的启示》，载《宁夏大学学报》（人文社会科学版）2009 年第 6 期。

统的稳定造成威胁。

第四，用户信息安全问题。用户信息，是指第三方支付用户在从事第三方支付活动时所注册的个人资料及从事网络活动的相关信息。其中，个人资料具有某种程度的唯一性，结合起来能够识别特定的行为人，这种信息包括姓名、性别、年龄、民族、籍贯、身高、体重、文化程度、身份证号码、银行账号、移动电话、电子邮件、通讯地址、邮政编码等个人基本信息。从事网络活动的相关信息包括行为人浏览网站的记录、网上购物记录、支付记录及其他使用网络的相关记录等。由于这些信息可以被人利用从而具有商业价值，行为人为了获取经济利益，通过窃取、搜集、购买等方式获得用户信息，从而进行违法犯罪活动。第三方支付平台拥有海量注册用户的个人资料，具有信息优势，一旦信息泄露，极有可能给注册用户造成财产损失。

二、利用第三方支付实施犯罪行为的分析

第三方支付平台作为网络金融发展过程中重要的一环，不断进行创新并拓展相关业务领域，对促进网络金融的发展发挥了巨大作用。但由于第三方支付平台参与主体众多，涉及法律关系复杂，加之现行法律规则的欠缺，监管不足，容易滋生违法犯罪现象，不法分子利用第三方支付平台实施犯罪的情况也与日俱增。

第一，利用交易对方对交易规则不熟悉进行诈骗。第三方支付平台作为一种新型的支付方式，具有特殊的交易规则。行为人利用第三方支付平台的交易规则，利用商品的交易流程，诱骗买方提前确认付款或诱骗第三方“超时付款”，从而实施诈骗犯罪。以支付宝为例，利用交易对方对交易规则不熟悉进行诈骗共分“欺骗付款”和“超时打款”两种情况：其一，“欺骗付款”。该种情况是指在卖方点击发货后，买方因不懂交易规则，在未收到商品时却出于轻信或疏忽等原因而点击确认收货，导致钱款会从其支付宝账户转入卖方账户。其二，“超时打款”。该种情况是指卖方点击发货的一段时间后（平邮一般为 30 天、快递为 10 天、虚拟物品为 3 天），若买方没有确认收货或提出异议申请，系统将自动将支付宝账户内的款项划拨给卖方账户。①

根据刑法的基本原理，诈骗罪（既遂）的基本构造为：行为人实施欺骗行为——对方（受骗者）产生（或继续维持）错误认识——对方基于错误认识处分财产——行为人或第三者取得财产——被害人遭受财产损失。② 在利用第三方支付平台进行交易的过程中，行为人虚构事实或隐瞒真相，使交易对方产生错误认识，在没有收到货物的时候诱骗交易对方“欺骗付款”或“超时打款”，行为人取得财产，买方遭受财产损失。这一系列行为完全符合诈骗罪的基本构造，若诈骗他人财产达到数额较大标准，涉嫌构成我国刑法第 266 条规定的诈骗罪。

第二，利用网络钓鱼进行诈骗。网络钓鱼是一种较为常见的网络诈骗方式，20

① 龚培华、陈海燕：《第三方支付平台中的犯罪问题与法律对策》，载《上海政法学院学报》（《法治论丛》）2010 年第 1 期。

② 张明楷：《刑法学》，法律出版社 2011 年版，第 889 页。

世纪90年代中期起源于美国。按照美国司法部的定义，“网络钓鱼”是指制造或使用与知名合法企业、金融机构或政府机关的电子邮件和网站相似的电子邮件和网站，诱骗网络用户透漏他们的银行和金融账户信息或其他个人信息，如用户名和密码。[①] 近年来，网络钓鱼已成为网络病毒之后较为严重的安全隐患，不断威胁到公民的信息和财产的安全。行为人为获取受害人的银行账户、密码等个人信息，假冒银行等金融机构的网站，诱骗受害人点击，骗取上述信息后，实现其窃取或骗取资金的目的。

随着第三方支付业务的兴起，利用网络钓鱼进行诈骗的方式也日益增多，较常见的诈骗方式主要有以下几种：(1) 发送欺诈性电子邮件，以虚假信息引诱收件人登录虚假网站，提供用户名、密码、身份证号、银行卡号、手机号码等个人信息，然后利用这些信息窃取收件人资金；(2) 假冒知名银行、证券机构的网站或发送虚假链接，骗取用户的账号和密码，实施盗窃行为；(3) 通过植入木马病毒或利用黑客技术窃取用户的身份信息，登录用户的银行账户，窃取财产；(4) 利用虚假的购物网站进行诈骗。上述行为方式中，前三种行为是通过设置钓鱼网站窃取被害人的银行账户和密码，在被害人不知情的情况下转移被害人银行账户的资金，实际上是一种盗窃行为。仅第四种行为涉嫌网络诈骗。以淘宝网为例，行为人在网站上发布商品销售信息，买方在询问时，向其发送虚假的网络链接，买方登录网站，并用支付宝进行付款，行为人在收到买方的付款之后就销声匿迹。由于作为第三方支付机构的支付宝存在支付监管的漏洞，无权对用户的账户实施冻结或划拨，行为人通过此种方式进行诈骗屡禁不止。

第三，信用卡诈骗。信用卡犯罪是网络金融犯罪中重要的组成部分，在实践中，以第三方支付为工具进行信用卡套现是信用卡犯罪的新手法。目前，以套现为目的的信用卡诈骗行为主要有两种：其一是行为人在交易过程中，串通虚假交易相对方，出于套现目的使用信用卡，利用第三方支付交易平台存在的漏洞进行套现。以支付宝为例，当行为人并非出于真实交易目的而使用无任何充值、使用限额的信用卡，与支付宝之间设定了资金充值联系，而又串通了虚假的交易相对方时，则信用卡内的钱款可以通过支付宝的途径透支套现。[②] 其二是利用第三方支付的POS机进行套现。利用POS机进行套现主要表现为两种形式：第一，非法套现者通过虚假购物的方式，将交易资金由信用卡账户汇入第三方虚拟账户，卖方获得买方支付的货款后从银行提现，再返还给买方，整个过程没有真实的货物交易。[③] 第二，买方还可以利用第三方支付虚拟的POS机功能通过取消交易的方式实现套现。买方取消要进行的交易，其在第三方支付平台开立的虚拟账户余额会相应增加，并可以将资

---

① See Robert Louis B. Stevenson, Plugging The “Phing” Hole: Legislation Versus Technology, Duke Law & Technology Review. 2005 (5). 转引自陈玲：《“网络钓鱼”与刑法规制》，载《政治与法律》2008年第8期。

② 龚培华、陈海燕：《第三方支付平台中的犯罪问题与法律对策》，载《上海政法学院学报》(法治论丛) 2010年第1期。

③ 黄璟宜：《论对第三方支付机构的法律监管》，载《南方论刊》2010年第3期。

金从虚拟账户转回其他的银行账户进行套现。[①]

在上述行为中，若行为人利用第三方支付平台或POS机恶意透支，数额较大的，涉嫌构成我国刑法第196条规定的信用卡诈骗罪。此外，秘密转移他人支付宝账户所绑定银行卡内资金的行为，也涉嫌构成信用卡诈骗罪。[②]

三、第三方支付面临的刑事风险

第三方支付业务及风险控制多由计算机系统完成，其操作系统的安全性会影响第三方支付的运营安全，由于第三方支付涉及买方、卖方、支付平台、银行等各方主体，在电子信息系统的技术性和安全性存在缺陷、平台运营商、银行及监管部门监管不足的情况下，第三方支付容易为不法分子利用实施违法犯罪活动，从而衍生出刑事风险。在现行刑法的框架下，他人利用第三方支付机构实施的违法犯罪主要包括以下几种：

第一，洗钱罪。如前所述，行为人在网上交易时，利用第三方支付资金快速流动及隐蔽性强的特点，可以轻易地实施洗钱行为，涉嫌构成洗钱犯罪。在第三方支付交易过程中，由于监管机构对银行卡、网银产品监管不足及第三方支付机构本身的客户身份识别机制不完善，行为人很容易通过支付平台进行匿名交易，逃避金融监管。行为人只要将他人上游犯罪所得的赃款转入第三方支付机构的网络平台，再通过该平台转出相应资金，那么赃款的来源和性质便能得以漂白。[③] 如果第三方支付平台或行为人利用这种方式将他人毒品犯罪、黑社会性质的组织犯罪、贪污贿赂犯罪、恐怖活动犯罪、走私犯罪、破坏金融管理秩序犯罪、金融诈骗犯罪的违法所得及其收益通过第三方支付平台转换，为他人提供洗钱服务，则涉嫌构成我国刑法第191条规定的洗钱罪。

第二，非法经营罪。第三方支付从事的资金支付、结算业务作为一种金融活动，具有金融行为的性质，属于非金融机构参与金融业务。根据我国刑法第225条第3项的规定，“未经国家有关主管部门批准非法经营证券、期货、保险业务的，或者非法从事资金支付结算业务的”，情节严重的即可构成非法经营罪。所谓“资金支付结算业务”，是指“通过银行账户的资金转移实现收付的行为”。[④] 据此，若第三方支付机构未经国家有关主管部门批准擅自开展资金支付结算业务，即可构成本罪。或许有人认为，第三方支付机构等非金融机构所开展的是第三方支付、信息咨询等业务而非金融行为，进而认定第三方支付机构等非金融机构所实施的行为并不构成非法经营罪。[⑤] 本文认为，第三方支付机构与银行等金融机构进行业务合作，

---

① 李星廷：《利用第三方支付平台进行经济犯罪问题及其对策初探》，载《北京警察学院学报》2013年第4期。

② 吴波：《秘密转移第三方支付平台资金行为的定性——以支付宝为例》，载《华东政法大学学报》2017年第3期。

③ 刘宪权：《互联网金融面临的刑事风险》，载《解放日报》2014年5月7日第5版。

④ 黄太云：《〈刑法修正案（七）〉解读》，载《人民检察》2009年第6期。

⑤ 刘宪权、金华捷：《论互联网金融的行政监管与刑法规制》，载《法学》2014年第6期。

开展金融业务，两者的行为应进行整体评价，视为金融活动的一部分，若第三方支付机构未经批准擅自开展资金支付结算业务，符合非法经营罪的立案标准的，应以该罪追究相关人员刑事责任。

此外，根据《关于办理妨害信用卡管理刑事案件具体应用法律若干问题的解释》第7条第1款①的规定，若行为人利用第三方支付平台以套现为业，或为他人进行信用卡套现，情节严重的，涉嫌构成我国刑法第225条规定的非法经营罪。

第三，挪用资金罪或职务侵占罪。目前，第三方支付机构发展迅速，但整个行业仍缺乏必要的监督与约束，虽然其法律地位获得了认可，并大致形成了中国人民银行支付司监管和中国支付清算协会进行行业自律的格局，但仍存在监管失之于宽、失之于松的问题，尤其是针对第三方支付衍生的各种金融业务，远没有形成完备的准则和有效的监管。② 前述，第三方支付平台存在大量的沉淀资金，在此情况下，该资金事实上受到第三方支付机构的控制，平台工作人员若疏于自律或监守自盗，利用职务上的便利，挪用平台沉淀资金或将资金非法据为己有，则涉嫌构成我国刑法第272条第1款规定的挪用资金罪或第271条第1款规定的职务侵占罪。

或许有人认为，根据《非金融机构支付服务管理办法》第24条③的规定，沉淀资金不属于第三方支付机构自有财产，但我国刑法第271条、第272条规定的职务侵占罪和挪用资金罪要求“将本单位的财物非法占为己有”或“挪用本单位资金归个人使用或者借贷给他人”，根据罪刑法定原则，第三方支付机构工作人员挪用或侵占上述沉淀资金的行为不构成犯罪。本文认为，《非金融机构支付服务管理办法》的规定并不影响上述两罪的认定。首先，根据《支付机构客户备付金存管办法》第3条第1款的规定：“支付机构接收的客户备付金必须全额缴存至支付机构在备付金银行开立的备付金专用存款账户。”据此，上述沉淀资金事实上存在于第三方支付机构在银行开设的备付金专用存款账户中。其次，根据我国刑法第92条第2款的规定，“在国家机关、国有公司、企业、集体企业和人民团体管理、使用或运输中的私人财产，以公共财产论。”根据上述规定，沉淀资金一旦进入第三方支付平台在银行开立的专用存款账户，则应在刑法上视为第三方支付平台的财产。④ 最后，根据《支付机构客户备付金存管办法》第4条第2款规定：“任何单位和个人不得擅自挪用、占用、借用客户备付金，不得擅自以客户备付金为他人提供担保”。据此，第三方支付机构相关工作人员挪用沉淀资金归个人使用或借贷给他人或非法占为已有，应视为挪用或非法占有本单位的资金，涉嫌构成挪用资金罪或职务侵占罪。

① 该款规定：“违反国家规定，使用销售点终端机具（POS机）等方法，以虚构交易、虚开价格、现金退货等方式向信用卡持卡人直接支付现金，情节严重的，应当依据刑法第二百二十五条的规定，以非法经营罪定罪处罚。”

② 李文韬：《加强互联网金融监管初探》，载《时代金融》2014年第5期。

③ 该条规定：“支付机构接受的客户备付金不属于支付机构的自有财产。支付机构只能根据客户发起的支付指令转移备付金。禁止支付机构以任何形式挪用客户备付金。”

④ 万志尧：《互联网金融背景下第三方支付平台涉罪风险分析——以支付宝为例》，载刘宪权主编：《刑法学研究——互联网金融刑法规制研究》（第11卷），上海人民出版社2014年版，第41页。

第四，侵犯公民个人信息罪。根据2015年8月29日全国人大常委会通过的《刑法修正案（九）》第17条的规定，违反国家有关规定，向他人出售或者提供公民个人信息，情节严重的；将在履行职责或者提供服务过程中获得的公民个人信息，出售或者提供给他人的；窃取或者以其他方法非法获取公民个人信息的，构成侵犯公民个人信息罪。由于开展第三方支付业务需在平台注册个人信息，包括公民个人身份信息、通讯信息、账户信息等，行为人一旦注册之后，第三方支付机构及其工作人员便会自动获取公民个人信息。这些信息不仅包括大量客户基本资料，还蕴含了大量的商业价值，在利益的驱动下，第三方机构及其工作人员利用职务之便获取他人信息后，出售或向他人提供公民个人信息，涉嫌构成侵犯公民个人信息罪。

第五，盗窃、诈骗等其他违法犯罪。盗窃和诈骗等传统侵财犯罪在网络金融时代也在发生日新月异的变化，在第三方支付领域，行为人以支付平台为媒介，实施盗窃、诈骗等行为的侵财案件时有发生。例如，行为人利用非法获取的他人的账户、密码，侵入他人第三方支付账户，将他人账户内的资金非法划拨至自己或第三人的账户内，或者直接利用他人的账户进行消费，涉嫌构成盗窃罪。另外，第三方支付机构的工作人员在获得他人的个人信息后，冒充他人进行网上交易；或者行为人利用第三方支付平台特殊的交易规则，诱骗他人提前确认付款；或者行为人设置钓鱼网站，诱骗受害人登录并输入银行账户、密码，骗取受害人财物的，涉嫌构成诈骗罪。第三方支付作为一种快捷支付方式，在给我们带来便利的同时，也带来了支付的风险。在目前第三方支付产品设计不合理及风险控制机制不够完善的情况下，更加放大了这种风险，一些产品设计不合理或风控水平较差的第三方支付等快捷支付更有可能面临资金被盗或被骗的情况。①

此外，与第三方支付机构相关的犯罪还有很多。比如，利用虚拟货币在第三方支付平台上进行赌博、收受贿赂、利用开设网店逃税等违法犯罪行为也时有发生。除了对第三方支付平台加强行政监管以外，刑法学者也应该加强对第三方支付领域的研究，以规制其存在的各种刑事风险。

---

① 刘宪权：《论互联网金融刑法规制的“两面性”》，载《法学家》2014年第5期。

互联网金融犯罪之现状及其刑事规制研究

董邦俊[*]　马君子[**]

近些年来，互联网金融被纳入了国家顶层设计发展之中，这使得互联网服务发展进入井喷期。2013 年，国务院发布的《关于促进信息消费扩大内需的若干意见》指出“推动互联网金融创新，规范互联网金融服务。”2014 年，政府工作报告指出：保证互联网金融健康成长，完善金融监管协调机制。2015 年，政府工作报告加大了对互联网金融的重视，着力培育新的经济增长点。由此可见，我国政府明确了推动互联网金融健康成长的决心和政治立场，也为互联网金融开辟新的发展之路。在互联网支付、P2P 等多个领域，我国市场规模的发展均居于世界领先地位，互联网金融业也逐步成为我国经济发展的重要支撑力量。但是，我们也应看到，机遇与挑战并存，在我国创新经济体制改革的背景下，互联网经济的迅猛发展，为社会经济和人民便利生活作出了巨大贡献，也滋生了一些新型金融犯罪问题，如网络诈骗、互联网非法集资行为等。那么如何将金融业相关的行政执法与刑法规制科学衔接，严格把关互联网金融犯罪的风险防控问题正是我国法学研究的热点问题，也是我国相关法律制度制定的重要依据。

一、互联网金融犯罪之实证分析

（一）互联网金融犯罪的现状考察

互联网金融是依托互联网与信息数据科技的快速发展而新兴的一种金融业务。以互联网为媒介，实现移动支付、资金整合、互联网保险等业务，如支付宝、余额宝、蚂蚁花呗、网络众筹、网贷等。目前，互联网金融业务的发展已逐步拓展至现金管理、基金理财、转账借贷等传统银行业务领域之内。但由于互联网金融的特殊属性，如交易主体身份不明确、交易缺乏监管、数据信息保密机制类技术风险等，使得互联网金融领域出现一些负面问题的可能性远远大于常规的金融领域，危害性较大。截至 2015 年年底，检察机关突出惩治了互联网金融平台非法集资行为，起诉涉众型经济犯罪 12791 人，依法查处“e 租宝”等重大非法集资平台，所涉及的投资人数约为 17. 8 万人，涉及贷款余额约为 87. 6 亿元。[①] 2014 年上海市发生首起 P2P 网贷平台非法集资案，2015 年上升至 11 件，2016 年则陡升至 105 件，增幅达

* 中南财经政法大学教授、博士生导师、刑事司法学院副院长。

** 中南财经政法大学硕士。

① 央广网：《最高人民检察院检察长：依法办理“e 租宝”非法集资案等重大案件》。http://news.cnr.cn/native/gd/20160313/t20160313_521596595.shtml.

855%。[①] 此类犯罪的增多，引起了人们对于互联网金融犯罪的关注，也使得我国立法及司法机关对于互联网金融犯罪的预防与打击愈加重视。

就互联网金融犯罪的现状来看，互联网金融发展创新的过程中已经出现了超出其体制阈限的范围，一些不法分子打着创新的旗号谋取非法利益或是利用法律真空地带“打擦边球”甚至越界犯罪，严重影响了我国正常的金融秩序与社会和谐稳定。其中不仅包含了金融产品和金融服务类型的犯罪，还存在一些不法分子利用互联网平台进行金融犯罪的情形，如非法吸收存款、集资诈骗、网络洗钱、非法成立金融中介机构、非法入侵金融类网络系统等，已经触碰到了刑法规制的禁区，需要刑事法律的介入进行规制。自 2015 年起，我国互联网金融领域的发展已由井喷式进入调整期，如 P2P 网贷业务，通过自身行业竞争，使得存在问题的 200 多家平台被淘汰，但随着我国经济发展进入缓和期，在行业压力不断增大的情况下，互联网金融领域的犯罪仍然会不断增加，对互联网金融犯罪风险的把控已经成为当前我们亟待解决的问题。

（二）互联网金融犯罪的类型划分

1. 利用网络进行金融诈骗

利用网络进行金融诈骗是网络金融犯罪最常见的类型，主要包括建立虚假金融平台进行诈骗以及利用网络进行信用卡诈骗、保险诈骗等。建立虚假金融平台进行诈骗主要是指犯罪分子在并不具备相应资质的前提下，以骗取钱财为目的，建立虚假网上银行、网上证券网站、网络 P2P 借贷平台等方式进行诈骗，其中尤为建立网络 P2P 虚假借贷平台为最甚。此类平台往往以门槛低、投资少、高回报为诱饵，在吸进民众投资后卷款消失，给受害人造成巨大经济损失。随着信用卡的推广普及，信用卡已成为居民消费领域最常见的支付结算介质。犯罪分子利用信用卡进行网络金融诈骗的方式主要有以下几种：一是犯罪分子冒充他人在金融机构网站申领信用卡，恶意透支或消费；二是伪造、复制他人信用卡进行网络消费。利用网络实施的保险诈骗犯罪，比较常见的是借助保险网络服务管理系统伪造保险文件、修改单据来进行欺诈。由于保险网络是一种局域网，具有非公众服务的特性，所以一般是保险业内人员或者保险业内人员联合业外人员一起实施，这是它与一般保险诈骗犯罪的区别。

2. 利用金融网络洗钱

利用金融网络洗钱，是指犯罪分子将违法所得通过金融网络或其他形式隐瞒、转移、转换其来源和性质，使违法所得变为“合法”资金。金融机构提供的保险、理财、现金交易及转账等形式都是网络洗钱的主要场所和渠道。犯罪分子通过洗钱行为使违法所得脱离司法机关的监管，严重侵蚀着我国的经济基础。近几年，在互联网时代下的第三方支付平台，体现出爆炸式的增长态势，其项目已经涉及充值缴费、跨行转账、跨境交易等领域，其方便快捷、开放多样的特性，给人们生活上带

① 上海法治报：《“非吸”打上了互联网金融的幌子?》，http://www.cngold.com.cn/zjs/20170711d1898n161870623.html.

来了极大的便利，但这些便利，也给不法分子带来可乘之机。例如，湖北曾有过这样一则利用第三方支付平台洗钱的案例，犯罪分子张某、郑某二人事先在第三方支付平台上用虚假的身份信息开设一个账户，然后再利用平台店铺发布一个虚构的茶叶交易信息，假装是一家正常经营的茶叶店铺，以此来掩盖其贩毒活动，但该茶叶货品没有任何的描述和备注，淘宝店铺也异常简陋。之后，张某与买家谈好价格，就会指示买家进入店铺内拍下与毒品等额的商品，买家一旦确认收货，毒资就会以茶款的名义进入张、郑二人预先开设在第三方支付平台的账户内。然后，张某、郑某只需要将平台账户内的资金提现到不同的银行账户即可。至此，二人贩卖毒品所得的赃款就变身为正当的茶叶货款了。由于第三方交易平台没有设定每日的交易限额，张、郑二人每日可以进行大量的交易和现金的转移，并不受任何的监管。在上述案例中，两名毒贩正是通过第三方支付平台转账形式，逃避我国银行对货币资金的监管，将毒资“洗白”成茶叶的货款，这种收取毒资方式，无论是银行还是公安机关，都难以察觉，利用互联网洗钱的隐蔽特性使其隐含着巨大的洗钱风险。

3. 非法入侵金融机构网络系统

随着互联网技术的不断发展以及计算机技术的不断进步，各行业都逐步建立起网上办公系统，而处于转型发展期的金融机构更是致力于建设网络智慧银行，由此也引发了一些列入侵金融机构网络系统的犯罪行为。金融网络系统不仅存储着客户的私人信息、账户信息，金融机构自身的商业秘密，还存储着国家机密型数据，一旦被入侵窃取，后果将不堪设想。例如，2003 年一名年仅 27 岁、初中都没有毕业的农民，竟然通过计算机侵入银行总部的网络系统，批量修改客户的密码，并在短短 4 个多月的时间内，从南京、杭州等地一些银行的 ATM 机上，取走了 118 万余元现金。[①] 近年来，很多金融机构为抢夺市场，匆匆上马互联网金融业务，打造自身互联网金融平台，互联网金融平台有别于传统网银，传统网银是连通金融机构内网核心系统的，只是柜面系统的外延。但是互联网金融平台是全新的业务模式，通常做法是以网上商城为主要内容，因为要适配多个银行的银行卡，所以建立起与内网核心系统无关的单独的一套电子账户系统，且有账户余额。当前整个互联网金融平台建设良莠不齐，安全保护机制不到位，也没有成熟的监管扎账合规体系，漏洞非常大，加剧了犯罪分子入侵金融机构网络系统的风险。

（三）互联网金融犯罪的新特点

互联网金融犯罪以高科技手段为前提，是一种智能型犯罪，区别于传统犯罪形式，其主要呈现出以下特点。

1. 犯罪主体智能化、年轻化

不论是建立虚假网络平台还是入侵金融网络系统，都要求犯罪分子具有较高的计算机操作水平，且熟知金融电子化系统业务处理规则、运算程序等。同时，金融电子化系统配备了多重安全保障技术，并设有多重安全稽核规章制度来保障其运营

① 中国法院网：《入侵银行网络系统　神秘黑客窃走 118 万元》，http：//www.chinacourt.org/article/detail/2003/07/id/69187.shtml.

的安全性，如中国建设银行目前使用的七层架构系统，破解或绕过安全系统不仅需要高技术，更需要先进的破解软件。因此，网络金融犯罪主体往往是既有能力掌握网络系统最专业的知识，熟知安全系统的原理和运行机制，又熟悉金融业务知识的人。在当前的网络金融犯罪中，特别是黑客，青少年的犯罪比例逐年攀高，原因在于他们头脑灵活，信息灵通，学习能力强。2012年，美国相关执法人员逮捕了24名攻击金融网络的嫌疑犯，被逮捕的人年龄最小的18岁，最大的也不过25岁。①网络金融犯罪的主体已经逐步向低龄化迈进。

2. 犯罪成本低、风险小

相较于传统的金融犯罪，网络金融犯罪成本更低，实施起来更加容易。在网络金融犯罪中，犯罪分子往往只需要花费制作网页、租赁服务器的费用就可以实施犯罪行为，投入成本较低，而其犯罪行为一旦得逞，往往能获得较大收益。此外，犯罪分子往往通过变换不同IP地址进行作案，且犯罪行为实施完毕后，往往能够清除及伪造相关记录，降低作案风险，给案件侦破带来较大难度。

3. 犯罪者隐匿身份，隐蔽性强

互联网作为虚拟空间，我们在电脑前的交流和行为都是以数字化的形式呈现在眼前，而利用互联网技术进行的金融犯罪行为往往只会在计算机系统中留下一些电磁记录，且这些记录可以被人为抹去，加之网络身份可以伪造，使得网络金融犯罪不同于一般的犯罪特征，具有较高的隐蔽性。例如，前文提到的利用金融网络洗钱的案例，犯罪分子通过第三方支付平台转账形式，逃避我国银行对货币资金的监管，将毒资“洗白”成茶叶的货款，这种收取毒资方式，无论是银行还是公安机关，都难以察觉，具有较高的隐蔽性；再如，一些犯罪分子正是通过网络洗钱这种隐蔽的方式将贪污受贿所得正当化，使得利用职权谋取利益的形式更加便利、隐蔽、专业。

4. 网络金融犯罪复合化，社会危害性大

犯罪分子利用互联网实施的金融犯罪，轻则造成金融机构网络系统故障、信息被泄露，重则会给金融机构带来巨大的经济损失及声誉风险。且当前网络金融犯罪复合化形态突出，网络金融犯罪与恐怖组织活动、行政违法等交织，往往涉案人员多、金额大，造成危害亦较大。例如，2014年年底，山东某P2P网络借贷平台资金链断裂无法提现，经调查发现当时在网上宣传的那些投资项目几乎全是假的，通过这些虚假信息吸引来的资金被犯罪分子张某用到了自己的企业上。这一非法集资案件由于依托互联网，传播范围非常广，使得全国范围内3000余名投资者上当受骗。这些投资者的身份多样，有工人、公司白领、公职人员甚至还有农民拿出积蓄来投资。总共吸收资金5亿元，造成了投资者8000余万元的损失。②

① 中国信息安全测评中心：《FBI逮捕24名黑客，被疑参与跨洲金融欺诈案》，http://www.itsec.gov.cn/export/sites/itsec/news/fd3d8a71-ea99-11e1-a72a-7d3a45d9e2f0/.

② 大众网：《男子自建网络P2P借贷平台　虚假融资5亿元》，http：//zaozhuang. dzwww. com/news/zznews/201605/t20160518_ 14308234. html.

二、互联网金融犯罪的刑法规制之不足

（一）刑法规制与行政监管不协调

近些年来互联网金融蓬勃发展，但对互联网金融的行政监管仍然较为空缺。2013年，央行首次设立了互联网金融委员会，将互联网金融业务纳入其监管范围；2015年7月，央行发布了《关于促进互联网金融健康发展的指导意见》，在意见中确立了分类监管的原则，明确了六类互联网金融业务的监管主体。上述委员会及相关指导文件的建立及公布，在一定程度上填补了我国互联网金融行政监管的空缺，但在实践中仍然存在监管不力的现象。互联网金融本质上属于金融业的范围，因此，金融类的相关法律也可适当的应用。传统金融类一般依靠的是先行政后刑法的二级阶梯监管模式，将行政监管作为处理金融类案件的前置程序，可以处理绝大多数的金融类违法案件，对于严重的金融违法犯罪案件由刑法规制。但由于互联网金融具有涉及人员广，涉案资金庞大的特点，一旦网络金融案件出现，就直接由刑法进行规制处罚。以P2P网贷为例，为鼓励互联网金融的发展，国家在政策上给予了一定的支持，这在一定程度上促进了P2P网贷融资的发展，但自此类网贷融资出现开始，融资合法性备受质疑，在监管不力的情况下，更出现了由于P2P网贷投资失败而引发的涉众案件，使得此类的互联网金融案件被冠以非法吸收公共存款的罪名，有违公平、公正之虞。[①] 深究其中的原因，正是因为行政监管与刑法规制不协调造成的。二者之间的衔接问题直接导致刑法对互联网金融领域的过度介入，严重影响了我国互联网金融业的正常发展。笔者建议应根据不同的部门法效力，适当运用行政法律法规处理相应案件，避免刑法的过度干预，形成完善的阶梯式监管法律体系，促进互联网金融业的良性发展。

（二）互联网金融犯罪刑罚配置不合理

在互联网金融相关的犯罪中，我国量刑方面主要表现为：第一，刑罚设置总体适当，但是不同罪种之间刑罚幅度差异不大。对于金融类犯罪，主要以自由刑和财产刑为主，最高刑为15年以上有期徒刑加罚金，根据犯罪情节选择适用没收财产刑。当然，集资诈骗罪最高刑可达无期徒刑。虽然2015年《刑法修正案（九）》取消了对集资诈骗罪的死刑设置，但对金融类犯罪的刑罚配置仍然偏重。第二，对于互联网金融犯罪的资格刑设置不合理。对于剥夺政治权利的资格刑，仅适用于集资诈骗罪被判无期的情形，这种单一适用资格刑的情形对于进行互联网金融犯罪人员的威慑力不足。这就要求刑罚配置具有一定的科学合理性。在较轻的刑法能够预防和打击相关犯罪时，我们不适用重刑。我国刑法对于经济类的犯罪一直偏向于重刑主义，在实践中，重刑主义也的确为维护我国的社会主义经济秩序和广大人民群众的经济利益起到了一定的积极意义，但随着时代的发展，重刑主义已经不再适用于我国市场经济的发展，因此，我们应适当将刑罚轻缓化，以保证经济的发展拥有一个良性的环境。

---

① 郭华：《互联网金融犯罪概说》，法律出版社2015年版，第97页。

（三）互联网金融犯罪入罪门槛偏低

互联网金融犯罪的入罪门槛低。一方面，入罪的数额标准偏低，2010年5月公安部印发的《关于公安机关管辖的刑事案件立案追诉标准的规定（二）》（以下简称《立案追诉标准（二）》）中规定个人非法吸存30户以上，造成数额10万元以上的经济损失的，应当追究其刑事责任，但在11月出台的相关解释中规定，这里的“户”即表示为“人”，使得该罪的入罪门槛降低。众所周知，在互联网金融的大背景之下，仅通过P2P网贷的方式进行网络集资，其涉及的人数成百上千，集资的数额可达百千万元，甚至亿元，该解释中规定的数额已经无法适应当前互联网金融发展的模式。另一方面，集资款项用途设定不合理。非法吸收存款罪设立的初衷是为了惩治个人或单位将集资款项用于资本运作或是货币经营的间接融资行为，而非法吸收存款指的是未经银监会批准，个人或单位进行吸存等银行业务的行为。[①]在实践中包含了直接融资行为与间接融资行为，这在一定程度上扩大了打击范围，违反了本罪设立的初衷。典型案例有中宝投资案，[②] 2011年中宝投资成立，通过P2P投资的名义向公众募集资金，并且为投资者提供稳定合理的投资回报，以至于有投资者在中宝投资被立案调查时为其“喊冤”。事实上该公司在3年的经营中，募集的资金主要用于该平台的运营、珠宝投资等，并未将集资款项用于资本运作与货币经营中，所以将这种直接融资的行为定性为非法吸收公共存款罪是存在争议的。

（四）互联网金融犯罪形式多样性与刑法稳定性相矛盾

随着互联网金融的发展，其已经发展成为区别于商业银行之间的融资与资本市场中的直接融资的第三种金融发展模式。但其多样化的发展也为现行刑法框架下对互联网金融案件的规制带来了不小的难题。众所周知，互联网金融的发展不仅为我国市场经济的发展带来了质的飞跃，其所带来的创新价值也是前所未有的。在运用刑法条文对互联网金融犯罪进行规制时，应当注意避免刑法的过度介入，阻碍互联网经济的正常发展；另外，我国互联网金融的发展本身缺乏完备的征信系统，在互联网信息技术与数据管理上仍存在一些缺陷，这就导致一些不法分子利用互联网平台的漏洞，实施诈骗、洗钱、盗窃等违法犯罪行为，严重损害了广大人民群众的人身财产利益。而刑法作为制定法，为维护其公信力，必须维护其稳定性而不能朝令夕改。即使进行修改，也必须遵循相应的法定程序，这就与日新月异、模式多变的互联网经济发展相矛盾。就现阶段的立法模式来看，只能寄希望于刑法修正案的及时出台，但如果缩短刑法修正案的出台周期，势必会造成刑法规定的随意性、过分超前性等不合理现象。[③] 由此可知，仅依靠刑法的规制，已经不足以覆盖现阶段可能出现的互联网金融违法犯罪行为。为达到维护互联网金融的创新与发展，与违法犯罪行为的打击与预防的协调平衡，在维护刑法稳定性的基础之上，笔者建议可以采取拓展司法解释与建立案例指导制度的方式，促进我国市场经济的良性发展。

---

① 彭冰：《非法集资活动的刑法规制》，载《清华法学》2009年第3期。

② 宁广靖：《中宝投资案罗生门》，载《新金融观察》2015年6月29日第39版。

③ 黄辛、李振林：《互联网金融犯罪的刑法规制》，载《人民司法》2015年5月。

三、互联网金融犯罪刑法规制之完善

（一）构建阶梯式监管立法体系

由于网络金融犯罪涉及的面积较广，隐蔽性较强，所以对金融行业也会产生较大的危害。因此，当刑法介入经济生活当中，应当明确把握边界，促进部门法之间的相互协调。凭借不同法律的法律效力不同构建阶梯式的监管立法体系，保障我国经济发展的正常运行。[①] 第一，需要行政法、民法、商法、经济法、刑法等各部门法的协调互补。根据法律的功能，我们可以将上述法律分为基础性的经济、行政法律体系和救济性的刑事法律体系，使它们能够在各自领域内发挥其功能。例如，根据互联网金融违法犯罪行为的危害程度不同，适用经济法、行政法对相应的违法犯罪行为进行监督管理，而作为救济性的刑法体系则作为兜底，惩治严重的违法犯罪行为，保障人们的合法利益。根据违法犯罪行为的特性，对其适用不同的法律，不因适用某一层级的法律而排斥其他法律的适用。例如，网络借贷问题，可以通过自然人的借款合同来解释网络借贷，但并不能推论其无须通过法律介入进行规制。[②] 如果出现网络借贷行为严重违法时，如涉及集资诈骗等行为，则需通过刑法的规制解决。第二，构建阶梯式监管立法体系，要求明确界定各部门法的权限，合理适度执法，以减少重合和法律空白情况的出现。在经济领域，存在着对利益最大化的追求；同时，合法秩序的建立也并不能消灭犯罪。因此，对于互联网金融犯罪，我们应合理评估其规制难度，不断弥补现存的法律漏洞，在保障经济利益的基础上，惩治金融领域内的犯罪行为。第三，惩治互联网金融犯罪，应当“疏”、“堵”结合。一方面，通过行业内部的自治来进行互联网金融活动的监管。可以说行业自律，是作为政府监管、法律监管之外最为重要的一种补充方式，唯有行业自律与政府监管、法律防控共同发力，才能够构建出有效健康的监管模式；另一方面，通过刑事法律的干预，对于相关犯罪行为的责任人追究其刑事责任，通过自治与问责的方式，确立互联网金融活动的最佳规制方案。第四，注意互联网金融犯罪变化的形势，设置新罪名或者通过司法解释对新型的严重金融违法行为泛罪化。

（二）确定刑事立法中的科学刑罚量

互联网金融是我国经济发展的重要组成部分，它是在公平竞争的基础上，最大限度地追求经济利益的发展主体。因此，在规制互联网金融领域犯罪时，我们应维护好广大人民群众的切身利益和我国良好的社会经济秩序。这也正是西方一些发达国家在处理经济类犯罪时相当慎重的重要原因。[③] 笔者建议我国在规制互联网金融领域犯罪时，应当采取科学合理的量刑方式。首先，坚持宽严相济的刑事政策，不同罪种之间增加刑罚区分度。互联网金融的发展在我国属于新兴领域，许多的项目、业务仍处于起步阶段，同时，民间资本运作与互联网金融业是我国金融市场的重要组成部分，宽严相济的形势政策有助于我国互联网经济的发展。具体而言，在

---

① 刘宪权、金华捷：《论互联网金融的行政监管与刑法规制》，载《法学》2014 年第 6 期。

② 姚海放：《网络平台借贷的金融法规制路径》，载《法学家》2013 年第 5 期。

③ 储槐植：《刑事一体化与关系刑法论》，北京大学出版社 1997 年版，第 206-207 页。

互联网金融案件激增的大环境下，一方面注重对于金融犯罪的打击，同时也要避免刑法至上，刑罚适用泛化的状况发生。在立法中注意确定合理的打击范围、合理评估危害结果、行为人主观恶性、认罪态度、退赔情况等，综合考虑，给予合理的法律评价，突出不同罪种之间的刑罚区别。其次，刑罚的设定应注重效益原则。考虑互联网金融犯罪的刑罚手段多样化的特点，采用将自由刑、罚金刑、资格刑相结合的方式，令刑罚实施效益达到最大化。同时，由于互联网具有传播性，互联网金融犯罪往往具有牵涉人员广、涉及金额大的特点，因此应将此类犯罪的金额与量刑确立科学的联系，通过上述方式，将互联网金融犯罪的刑罚结构进行合理的配置，以确保刑罚机制的畅通性与互联网金融犯罪惩治的有效性。最后，考虑不同的金融犯罪种类。

（三）加强司法机关案件审理专业化

互联网金融的发展依托于互联网技术与金融专业技术，因此，互联网金融犯罪亦是具有专业性较强的特点。因此，对于司法机关而言，加大司法机关对互联网金融案件的处理力度也是互联网金融犯罪防控的一个重要环节。针对此类案件的特点，在审理过程中，我们应做到以下几点：第一，建立互联网金融领域专家库。根据案件的专业性，司法机关在案件的审理过程中可以借助一些专业的鉴定机构，如相关领域的科研机构或是高校，并且邀请相关领域的专家，成立专家库，便于案件中存在的疑难问题的解决。同时可以鼓励专家参与到庭审当中，对于专业性较强的证据及鉴定进行解释，有利于控辩双方及社会公众达成共识；第二，提高司法人员在互联网金融领域的专业水平。法官专业水平的高低可以说直接影响了案件的审理质量。因此，对于专职法官的业务培训势在必行。通过法官业务的培训，使得法官能够获得充分的经验积累，让法官成为相关领域的专家，提高案件的审理质量；第三，在法院内部，应当建立对互联网金融犯罪案件的专业合议庭。[①] 通过此类案件的审理，培养相关的法律思维，促进法官业务素养的提高，实现互联网金融犯罪案件审理的专业化。与此同时，还可以建立“三审合一”制度，此项制度来源于知识产权领域案件的审理，此项制度的实施可以集合互联网金融类领域的法官、专家参与到此类案件的审理，有助于解决互联网金融犯罪案件中刑事、民事交叉的情形。

（四）建立案例指导制度弥补现行法律的不足

我国刑法具有制定法所具有的相应优点，如体系性、严密性、稳定性，但也正是因为这些特点的存在，使得司法实践中的应用存在一些局限性，如缺乏灵活性、具体性等。而互联网金融犯罪往往以新型的方式出现，超出了刑法条文中所规定的范畴，如金融衍生品产生的犯罪行为，这就使得制定法实施捉襟见肘。对于上述问题，可以采取制定兜底条款、确立法律原则、拓展法律解释、建立案例指导等方式弥补现行法律的不足。根据实践情况来看，建立相应的案例指导制度是最为有效的弥补方式。[②] 2010 年，最高人民法院发布了《关于案例指导工作的规定》，[③] 此项规

① 黄辛、李振林：《互联网金融犯罪的刑罚规制》，载《人民司法》2015 年第 5 期。

② 刘作翔、徐景和：《案例指导制度的理论基础》，载《法学研究》2006 年第 3 期。

③ 胡云腾：《中国特色的案例指导制度与指导性案例》，载《人民司法·案例》2014 年第 6 期。

定的出台标志着具备中国特色的案例指导制度的建立，并且通过选择一些代表性的案例作为指导，为我国司法工作的顺利进行奠定了坚实的基础。我国互联网金融犯罪初始阶段仅存在于经济较为发达的城市，对于一些经济欠发达地区涉及较少，但由于互联网传播性强的特点，互联网金融犯罪出现由发达地区向欠发达地区蔓延的趋势，这给缺乏相关案件审理经验的司法工作人员带来了前所未有的挑战。而科学的案例指导制度的建立，可以将先进、具体的审判经验直观地展现出来，从而有效地促进互联网金融案件的审判效率，维护法律的公平公正。同时，我国积极应用电子政务，已经采取了裁判文书上网制度，可以通过筛选典型案例的优秀裁判文书，制作法律文书库，辅助案例指导制度发挥其应有的功能。这样有利于司法工作人员通过对比案情，借鉴经验，促进我国法律适用的统一。

互联网金融犯罪的刑事司法认定

——基于互联网金融创新模式探究构成要件之外的刑事认定规则

林　静*

作为近年来新兴的金融业务模式，互联网金融一直缺少一个权威、规范、统一的概念。主要观点包括：同一说①、互联网企业说②、两层次说③、四层次说④。2015年7月央行与十部委联合发布的《指导意见》表述为："互联网金融是传统金融机构与互联网企业利用互联网技术和信息通信技术实现资金融通、支付、投资和信息中介服务的新型金融业务模式。"笔者基于对当下互联网金融犯罪研究的阶段性需要，将本文互联网金融的研究范围作如下界定：第一，在主体范围方面，传统金融机构互联网化的内容，并非本文讨论的重点，故暂排除在外。第二，在金融产品与服务内容方面，互联网金融涉及互联网支付、网络借贷、股权众筹、互联网基金销售、互联网保险、互联网信托和互联网消费金融等，其中网络借贷、股权众筹、互联网支付既涉及金融创新，又在实践中引发诸多问题，将作为本文的研究重点。综合以上分析，本文中的互联网金融采最狭义定义，如无特别说明，特指互联网企业利用互联网技术和信息通信技术设立互联网支付机构、网络借贷平台、股权众筹平台，实现资金融通、支付、投资和信息中介服务的新型金融业务模式。

由于对互联网金融的概念、内涵与外延仍然存在较大的纷争，互联网金融犯罪的概念及犯罪圈的划定并不统一。主要包括：创新说⑤、犯罪学说⑥、金融罪名说⑦、信息网络罪名说⑧等。笔者认为：互联网金融犯罪，是指在互联网金融业务活动中，包括网络借贷、众筹融资、互联网支付等领域，发生的各类破坏金融秩序及互联网管理秩序，侵犯公共财产或个人财产，危害社会，依照法律应当受刑罚处罚的行为。互联网金融犯罪与经济犯罪存在一定的共性，可以说经济犯罪是互联网金融犯罪的上位概念。从互联网金融犯罪的本质出发，可以将互联网金融犯罪归入金融犯罪，而如果采用互联网金融的广义概念，则互联网金融犯罪还应包括信息网

* 刑法学博士，北京市海淀区人民检察院职务犯罪检察部主任。

① 陈志武：《互联网金融到底有多新?》，载《经济观察报》2014年1月6日。

② 参见马云：《详解"金融互联网"和"互联网金融"》，载《人民日报》2013年6月21日。

③ 殷宪龙：《我国网络金融犯罪司法认定研究》，载《法学杂志》2014年第2期。

④ 参见廖理：《全球互联网金融商业模式报告（2015）》，互联网金融创新与发展分议题，乌镇第二届世界互联网大会，2015年12月16日。

⑤ 郭华：《互联网金融犯罪概说》，法律出版社2015年版，第230页。

⑥ 殷宪龙：《我国网络金融犯罪司法认定研究》，载《法学杂志》2014年第2期。

⑦ 刘宪权、金华捷：《论互联网金融的行政监管与刑法规制》，载《法学》2014第6期。

⑧ 参见殷宪龙：《我国网络金融犯罪司法认定研究》，载《法学杂志》2014第2期。

络安全方面的犯罪。有学者提出网络犯罪的最新概念为：网络作为“犯罪对象”、“犯罪工具”或者“犯罪空间”的犯罪行为类型。[①] 由此可推知，互联网金融犯罪应属于“犯罪空间”类网络犯罪。正是因为网络因素的介入，将互联网金融犯罪与金融犯罪区分开来。

一、P2P 网络借贷——互联网金融犯罪中“违法性认识”的判定

P2P 借贷（Peer to Peer Lending）是个体直接向个体的借款，类似于传统意义上的民间借贷。通过互联网平台实现的 P2P 借贷就成了大众所熟知的 P2P 网络借贷。从技术角度审视，P2P 网络借贷实现了 P2P 借贷的互联网化与信息中介化。从金融角度审视，则 P2P 网络借贷使金融脱媒与普惠金融找到了现实的落脚点。

互联网技术的普惠金融特点决定 P2P 网络借贷天然具有“公开性”、“社会性”与“利诱性”，那么“非法性”的判断成为认定其非法集资刑事责任的关键所在。打击 P2P 网络借贷非法集资犯罪应坚持行政违法性与刑事违法性“二次违法”判断，既包括对行为客观违反规定的合规范性判定、溯及力判定，也包括对行为人主观违法性认识的判定。

违法性认识问题本是一个归责问题，但在四要件理论体系中，由于没有专门探讨有责性的部分，所以通常是置于犯罪主观方面来探讨，作为影响行为人对自己行为的社会危害性认识的内容，而被置于犯罪故意的认识内容部分。当违法性认识的缺乏使得行为人无法认识到自己行为的社会危害性时，就被认为可以阻却犯罪故意的成立。有的学者将“违法性认识的可能性归于是故意与过失之外的独立责任要素，而且是故意与过失犯都必须具备的责任要素，如果缺乏违法性认识的可能性，意味着没有责任，因而也可谓责任阻却事由”。[②]

为了便于说明问题，我们以司法实务中实际发生的案件为基础，设计出一个较为理想的案件，在这个案件中，行为人职业背景、专业知识、实际从事工作各不相同，分工涉及多种类型。该案基本案情为：某 P2P 网络借贷公司涉嫌通过自融的方式非法吸收公众存款。其中，犯罪嫌疑人 A，系某 P2P 网络借贷公司技术部门员工，负责某互联网金融平台的技术维护，不了解所在公司正在通过自融的方式非法吸收公众存款。犯罪嫌疑人 B，P2P 网络借贷公司下属某分公司部门主管，负责资金端客户维护，向客户夸大介绍产品收益率，虽然合同中不列明，但承诺保本保息，且指导其他员工规避法律开展业务。但 B 辩解称他不知道总公司将吸收的客户资金用于房地产等与约定内容不符的高风险项目。犯罪嫌疑人 C，P2P 网络借贷公司技术部门负责人，有互联网金融公司工作经历，负责公司平台技术设计，对于客户个人信息、资金流入情况，与第三方支付机构的合作情况熟悉并掌握，但辩解自己不懂金融，不了解 P2P 网络借贷公司不得自融的行政禁止性规定。犯罪嫌疑人 D，某 P2P 网络借贷公司负责人，全面掌握公司的运营模式，但辩解称其设计模式

① 于志刚、郭旨龙：《网络刑法的逻辑与经济》，中国法制出版社 2015 年版。

② 张明楷：《刑法学》（第五版），法律出版社 2016 年版，第 321-322 页。

曾经组织专家论证、律师论证、政府相关主管机关人员论证，均认为符合现行法律规定。本案中，如何看待B、C、D三人关于对自己的行为缺乏违法性认识的辩解，对于正确处理本案具有重要意义。在此，违法性认识可能性的判断至关重要。笔者认为，本案中的A由于在公司中纯粹从事互联网平台技术维护工作，完全没有参与到金融业务当中去，缺乏认识到公司在从事非法集资违法犯罪活动的可能性，且在主观上缺乏犯意及与公司有关责任人员的犯意联络，不能认定构成犯罪。B的行为（维护公司吸收资金的客户，进行产品虚假宣传，承诺保本保息，指导其他员工规避法律开展业务）已经充分证明他已经认识到自身行为的违法性，特别是主动规避法律的行为能够提供强有力的证明。C从事过互联网金融工作，对于该领域的行政管理法律规定应当有所认识，因而具有违法性认识的可能性，其不了解P2P网络借贷公司不得自融的行政禁止性规定的辩解与其曾在互联网金融公司工作的经历不符，难以成立。除非其能提供证据证明他曾查询过相关法律，使其确信自己的行为不违法，否则应当认定其具有违法性认识可能，不能阻却其刑事责任。D的辩解看似合理，但从合法性的角度看并不成立。这是因为，专家与律师的意见一般不认为可以作为没有违法性认识可能性的抗辩。行政主管部门的意见在严格符合形式要件的情况下，可以作为抗辩的理由，但内部个人意见则无此功能。因此，D客观上存在查明法律的机会，主观上并未尽到查明法律的义务，因而仍然应当认定其具有违法性认识的可能性，不能免责。① 本案并不能穷尽所有行为人的违法性认识的情况，但笔者认为，通过以上模拟案例可以看到，共同行为人之间，因为具体情况的差异，对违法性认识的可能性可能各不相同，在判定单个行为人刑事责任时，应当将违法性认识因素纳入考量范围。

二、股权众筹——“穿透性实质审查”判定互联网金融产品的刑事“合法性”

众筹（Crowdfunding）是Crowdsourcing（众包）和Microfinancing（微型金融）两词的融合。依据筹资人（一般称项目发起人）向投资者（或称支持者）提供的回报类型，可以把众筹划分为产品（实物）众筹、股权众筹、债权众筹和公益众筹四类。互联网股权众筹主要是指通过互联网形式进行公开小额股权融资的活动，具有“公开、大众、小额”的特点。在涉及互联网股权众筹的刑事案件中，金融产品的“合法性”审查是刑事责任判断的关键。在司法实践上，应当坚持“负面清单”与“行为监管”并重，进行“穿透性”、“实质性”法律关系审查。以下从“一般投资人与合格投资人”、“单一产品设计与复合型产品设计”两个方面举例说明。

① 有学者为了适应司法技术判断的需要，尝试区分生活领域与专业领域、作为犯与不作为犯、本国人与外国人等不同情况，设立违法性判断的尺度，并且递进性的考查行为人客观上是否存在查明法律的机会，以及主观上是否尽到查明法律的义务，进而分别给予刑罚上的从轻、减轻或免除处理。参见车浩：《法定犯时代的违法性认识错误》，载《清华法学》2015年第9期。笔者认为这种区分和处理原则及标准对于判断违法性认识在互联网金融犯罪领域具有重要参考价值。

（一）一般投资人与合格投资人

“股权众筹虽然大大降低了公众参与的门槛，但并没有改变投资风险。在市场经济中，投资创始企业是典型的高风险高回报的投资，一般创始企业的成活率不到50%，因此，几乎各国都将股权众筹的投资人限定于合格投资人。”[①] 关于合格投资人的规范性文件可以参见《私募投资基金监督管理暂行办法》第12条、《私募股权众筹融资管理办法（试行）》第14条的规定。除了机构投资人由于投资经验丰富及抗金融风险能力强不纳入我们重点关注的范围，对于普通的个人投资人，我们理解规范性文件设立的门槛主要有三条：“第一，单个融资项目的最低金额不低于100万元人民币；第二，投资人个人的金融资产不低于300万元人民币或最近3年个人年均收入不低于50万元人民币；第三，单个融资项目最终的股东累计人数不得超过200人。”[②]

目前的现实情况是，由于互联网金融的“草根”本性与小微企业对融资成本较低资金的需求，各种绕行监管的行为在“两相情愿”的情况下“一拍即合”。比如，通过合伙企业或代持的方式，由一名投资人归集其他数名甚至数十名小额出资人的资金，以其个人名义参与融资项目，显名股东人数控制在200人以内，但如果进行“穿透核查”，则所有参与投资的人数将超过200人，且存在多名投资人不符合对个人资产达标要求的情况。造成规范性文件中关于合格投资人的规定形同虚设。

笔者认为，造成目前现状的原因及改进的建议可以从以下几个方面来考虑：第一，规范性文件设置不合理，没有严格区分“公募”与“私募”。公募或互联网股权融资基于其互联网普惠金融的本质与“公开、小额、大众”的特性不应设立过高的门槛。美国的JOBS法案[③]第302条（B）款，及英国FCA[④]发布的监管方法中均针对互联网上的企业融资众筹行为，将专业投资人，机构投资人与一般的投资人从知识水平、资产净值和金融业务经验等方面进行了区分。有学者尝试结合中国国情，“将金融资产不低于300万元人民币或最近3年个人年均收入不低于50万元人民币的标准在公募模式中降低至100万元和20万元”。[⑤] 第二，关于200人的人数限制尚需进行部门法之间的协调统一。针对特定对象的非公开发行不得超过200人的人数限制的规定来源于《证券法》及相关的部门规章类规范性文件。而根据《公司法》及《合伙企业法》的规定，有限责任公司的股东数不能超过50人。而关于非法集资的司法解释中，针对非特定对象公开发行股票或吸纳资金的人数限制为30人。笔者认为：“私募”情况下的人数限制可以设定为200人，且应当进行穿

① 肖凯：《论众筹融资的法律属性及其与非法集资的关系》，载《华东政法大学学报》2014年第5期。

② 参见《私募投资基金监督管理暂行办法》第12条。

③ 2012年1月，美国总统奥巴马签署通过的《促进创业企业融资法案》（Jumpstart Out Business Startups Act），即著名的“Jobs法案”。

④ 2014 FCA（英国金融行为监管局）发布的《对互联网众筹和基于其他媒介的耕随时可变现证券推销行为的监管方法》（The FCA's regulatory approach to crowdfunding over the internet, and the promotion of non-readilyrealisable securities by other media Feedback to CP13/13 and final rules）.

⑤ 殷华：《网络融资法律问题研究》，法律出版社2016年版，第134页。

透式审查；“公募”情况下，则单个项目股东人数可以超过200人，人数的上限应具体结合项目总金融是否限制，单个项目投资额是否限制等情况综合评定。第三，关于投资单个项目的金额是否应限制在不低于100万元。笔者认为不应做类似限制。我们认为与私募的“人少钱多”不同，公募应当倾向于“人多钱少”的标准设立门槛。以便更符合多层次资本市场的完善，开拓广大一般民众的投资渠道，方便具有创新项目的中小企业融资的互联网股权众筹融资的设立本意。

（二）单一产品设计与复合型产品设计

金融产品的设计本身是个非常复杂的过程，除了市场调研、过程测试等环节，其核心的环节是交易结构的设计。互联网企业和传统金融企业在行为规则和监管要求方面要保持一致，应综合资金来源、中间环节、最终投向等全流程信息，根据业务实质认定业务属性，采取“穿透式”监管方法，防止通过产品嵌套，规避监管。

实践中，通过复杂、组合、嵌套等方式设计金融产品，很可能涉及以下两种目的：一是规避关于合格投资人的准入条件或人数控制的限制；二是规避关于单一产品可能存在的分业经营监管或其他行业监管要求。例如，2014年百度金融平台推出一款新型消费金融产品“百发有戏”，产品方宣称参与者可以享受到前所未有的“消费+理财”新体验。“百发有戏”嵌套了产品众筹和收益权众筹的二元结构，而信托理财要求采用私募的方式。故这种嵌套方式有规避法律监管的嫌疑，通过平台向消费者出售产品并承诺收益的行为具有非法吸收公众存款的风险。① 再如，成立于2015年的“水果营行”，一方面采用“合伙人众筹”的融资方式，承诺直营店投资人作为公司有限合伙人，投入本金获得双倍返还后，继续享有水果营行原始股权。另一方面还通过消费者充值会员卡，赠送充值金额，办卡员工根据“推卡”规则，层层获得提成，赊欠供贷商贷款等方式迅速聚集数亿资金。② 无论是会员预付费，实体店众筹加盟，暂押供应商贷款，单独分析都不违反相关法律的禁止性规定。但整体分析这一事件，水果营行赚钱的方式已经不是销售水果，而是不断地融资，且涉嫌非法集资犯罪行为。

笔者认为，实践中应根据业务实质认定业务属性，采取“穿透式”审查方法。既要从微观上分析单个法律关系，又要从宏观上把握整体法律关系的实质。正如之前实例中分析，金融产品中往往包含多层法律关系，复杂的产品设计一方面是寻求利益的更大化与成本的有效降低，或者是为了吸引更多的资金流。另一方面则往往与绕行监管规定与增加金融风险相关联。每一个单独存在的合法法律关系，在嵌套或叠加之后，则可能存在以合法形式掩盖非法目的，甚至违法违规的情况。在实践中应注意多角度、多层次判断，除了对资金来源、中间环节、最终投向等全流程信息进行分析外，还应注重从经营模式是否合理，营利是否可为继，可否存在用新人资金支付红利的情况，工商注册中的关联企业之间是否存在注册信息的异常变动，企业人员招聘的情况是否与企业的行业定位明显不符等从整体上、系统信息上综合

---

① 杨东、文诚公：《互联网+金融=众筹金融》，人民出版社2015年版，第316页。

② 参见《追踪“水果营行”帝国倒塌　已涉案3亿元CEO被刑拘》，载《南方都市报》2015年12月18日。

判定企业是否处于正常的实体经营状态。

三、第三方支付——“刑事构成要件”之外的“社会经济现实”判定

“第三方支付”是除中国人民银行清算中心、商业银行之外的非金融机构提供支付服务的电子支付。第三方支付首先是非金融机构支付，实行支付牌照许可制度，分为网络型、预付卡型、POS收单型三个种类，网络支付、移动支付是其主要的发展方向。

笔者试图通过第三方支付中关于客户备付金制度的中外比较研究，来论证法定犯适用中，行为的违法性更多源自国家金融管理的阶段性需要，而非行为本身的反社会性。在法律之上，从社会经济层面来正确认识行为的本质，有助于司法官在进行刑事责任判定时，以更广阔的视角与更合理的判断来综合分析行为的社会危害性及刑事可罚性。

“客户备付金是指支付机构为办理客户委托的支付业务而实际收到的预收待付货币资金。”① 无论是美国、欧盟还是中国，都对客户备付金的使用规定了较为严格的监管措施。根据美国联邦与州法律双重监管规定的要求，客户备付金应当被视作负债而非存款，第三方支付机构应当将客户资金与自有资金严格区分，联邦存款保险公司专门为客户备付金提供“存款延伸保险”服务。② 第三方支付机构严格禁止擅自动用客户备付金，客户备付金的投资方向被严格限定在银行储蓄、高评级债券等安全度高、风险性低的投资渠道。③ 根据欧盟《支付服务指令》的规定，“电子货币只能用于支付，在电子货币机构‘沉淀’的客户资金不属于存款，第三方支付机构应当开立专门信托账户用于存放客户资金”。④ 基于保护消费者的权益，法律规定客户资金应当受到存款保险的保障，并且严格限制客户资金的使用用途。一方面规定其投资的数量总额不得超过第三方支付机构自有资金的20倍，另一方面其投资领域也严格限定在活期、债务工具等低风险领域。⑤

我国的相关规定可以参见：中国人民银行在2010年通过的《非金融机构支付服务管理办法》中首次提到客户备付金及其监管的一般规定。2013年公布了《支付机构客户备付金存管办法》，要求第三方支付机构计提风险准备金，以便更好地防范支付风险。2015年《非银行支付机构网络支付业务管理办法》通过，特别强

---

① 中国人民银行《支付机构客户备付金存管办法》〔2013〕6号。

② John D. Muller. Selected U. S. Legal Issures in Issuance of Electronic Money [EB/OL] http://www.icommercecentral.com/open-access/selected-us-legal-issues-in-issuance-of-electronic-money.php?aid=38802，2017-3-18.

③ directive 2007/64/ec of the european parliament and of the council of 13 November 2007 [EB/OL] http://eur-lex.europa.eu/LexUriServ/LexUriServ.do?uri=OJ：L：2007：319：0001：0036：en：PDF 2017-3-18.

④ directive 2007/64/ec of the european parliament and of the council of 13 November 2007 [EB/OL] http://eur-lex.europa.eu/LexUriServ/LexUriServ.do?uri=OJ：L：2007：319：0001：0036：en：PDF，2017-3-18.

⑤ Phoebus Athanassiou，Natalia Mas-Guix，Electronic Money Institutions Current Trends，Regulatory Issues and Future Prospects [J]. European Central Bank Legal Wording Paper Series，No. 7/July，2008 [EB/OL] http://www.ecb.europa.eu，2017-3-18.

调备付金不享受银行信用，将第三方支付机构界定为非金融机构。2016 年央行十四个部委联合印发《非银行支付机构风险专项整治工作实施方案》，要求建立支付机构客户备付金集中存管制度。一些地方的整治工作方案更是清晰地指出，“非银行支付机构不得挪用、占用或借用客户备付金。为了防止支付机构以‘吃利差’为主要营利模式，人民银行或者商业银行不再向非银行支付机构备付金账户计付利息”。① 2017 年，银办发〔2017〕10 号文件规定，“自 2017 月 4 月 17 日起，支付机构必须按 12%～24%的不同比例将客户备付金交存至指定机构专用存款账户，该账户资金暂不计付利息。据媒体估计，截至 2016 年第三季度，267 家支付机构吸收客户备付金合计超过 4600 亿元”。② 该部分利息收入约占支付机构总收入的 11%，约为 14 亿元。

通过以上对比分析，可以得出以下结论：首先，各国均将客户备付金纳入监管与保护的范畴，禁止涉及客户备付金的诈骗类或者挪用类犯罪行为，如广东益民案③、上海畅购案④、浙江易士案⑤。其次，将客户备付金用于其他违反规定的高风险投资，而非低风险的资金项目，致使客户备付金处于有可能损失的“危险”状态行为的刑事评价。客户备付金能否进行经营性营利操作，所获得的利益应当归属于客户还是作为风险准备金，如上所述，各国的做法并不统一。有观点认为从最保障安全的角度，应当存放在指定的商业银行，既不计息，也不允许经营性的操作。另外的观点则认为，此种做法仅仅考虑了安全因素，是对沉淀资金使用价值的巨大浪费，应当允许保证安全情况下的低风险运营操作。我国现行的行政监管法规采用前一种观点，使用客户备付金进行经营活动，或者赚取“息差”是明令禁止的行为，存在挪用资金用于经营活动的刑事法律风险。

笔者认为，国家对互联网金融在多层次资本市场体系中的地位、作用、经营范围的界定，会进一步影响其利润来源，也会反映国家通过行政管理平衡自由市场、金融安全、消费者保护等价值选择。因此，主要作为法定犯的互联网金融犯罪，除了部分因属于自然犯的范畴而不在重点讨论之列，其他的所谓“违规”“违法”行

① 北京市人民政府办公厅《北京市互联网金融风险专项整治工作实施方案》京政办发〔2016〕24。

② 中国人民银行有关负责人就非银行支付机构客户备付金集中存管有关问题答记者问，中国人民银行官网，2017-1-13 访问。

③ “广东益民公司于 2011 年 12 月获得《支付业务许可证》，在未经国家有关主管部门批准的情况下，借用多用途预付卡名义，违规推出‘加油金’业务，以年收益率 21%～28%为诱饵，向不特定的单位和个人非法吸收公众存款，产品销售金额累计达 22.2 亿元，但销售资金并未存入客户备付金账户，而是挪作他用，导致备付金账户余额严重不足，造成资金风险敞口达 6 亿元，引发兑付风险和群众上访。”这三件事，让央行对“支付宝们”痛下决心！2015 年，邹炼等五名公司高管因构成非法吸收公众存款罪被判处 1 年 5 个月至 2 年 10 个月不等的有期徒刑并处罚金。（2015）穗天法刑初字第 1974 号判决书。

④ “2014 年上海畅购在突击检查中被发现其通过虚构商户交易、虚列开支、串户记账等方式将备付金恶意挪用后，用于股东分红、日常开支，甚至被个别高管挪用于个人在境外赌博消费。2016 年 1 月央行依法注销其《支付业务许可证》。江某等高管以挪用资金罪被移送起诉至法院。”这三件事，让央行对“支付宝们”痛下决心！2016 年上海市虹口区人民检察院江某等涉嫌挪用资金罪起诉书。

⑤ “浙江易士公司于 2011 年获得《支付业务许可证》，2014 年在对该公司现场执法检查时发现该公司挪用 5420 万元客户备付金，并存在伪造、变造交易和财务资料，超范围经营支付业务等多项重大违规行为。央行于 2015 年 8 月依法注销该公司《支付业务许可证》，公司负责人因涉嫌挪用资金罪被立案侦查。”

为均具有历史性、区域性、过渡性、行政管理性的特点，本身并不具有必然的反社会性或者道德可谴责性。正如第三方支付是否能够使用客户备付金投资盈利一样，在一些国家和一定历史时期被认为是应当完全禁止的“非法经营”、“挪用行为”，在另一些国家和其他的历史时期或许就是风险有效控制情况下可接受的“合理”行为。

四、结语

总之，笔者认为：基于源头性的监管之策尚未完全确定，导致行政法律、金融法律的不断更迭，刑事司法的处理更是相对保守与滞后。对于所有类自然犯的互联网金融犯罪的司法打击是安全与合理的，而对于法定犯的处理，则有必要首先区分互联网金融的“创新性”与“违法性”，坚持“二次违法”判断，既包括对行为客观违反规定的合规范性判定、溯及力判定，也包括对行为人主观违法性认识的判定；其次，在金融产品“合法性”审查方面，注意坚持“负面清单”与“行为监管”并重，进行“穿透性”、“实质性”法律关系审查；最后，坚持“公正的善良”之心很重要，研究金融法、行政法，甚至民商经济法的相关规范，而非机械地用刑事法律构成要件去简单地对号入座是处理互联网金融犯罪的基本要义。这既包括罪与非罪的判定，此罪与彼罪的界分，也涉及共同行为人刑事责任的划定。

互联网金融风险防范和犯罪控制

马爱平*

近年来，以e租宝、大大集团、泛亚为代表的P2P重大案件，反映了健全相关外部监管、风险内控机制和保护互联网金融消费者合法权益的机制成为研究热点和难点，通过外国监管立法的比较和案例分析，提出事前主体行业准入许可与平台、产品、项目、活动备案制加负面清单的事中事后监管相结合，市场化自治、行政监管和社会治理相结合，机构监管、行为监管、专业监管、网络监管和安全监管有效制约和专业协作的监管组织模式，完善具体P2P投资理财平台运作规则，负面清单管理，完善风险管控机制确保互联网金融安全，倾斜加重金融消费者权益保护，P2P网络理财平台市场准入制度，网络理财平台民事义务与责任法定化的金融消费者保护体系。

一、P2P问题的提出

“互联网金融蓬勃发展的背后反映了中国金融体制深层次的制度弊端”①。以P2P为代表的互联网金融是以网络平台中介开展金融业务的机构，包括传统的线下金融机构、互联网机构、第三方机构、其他机构等，是金融机构、金融业务的网络化。自2012年4月，中国“金融四十人年会”首次提出互联网金融概念以来，《关于促进互联网金融健康发展的指导意见》（以下简称《指导意见》）开启了互联网金融法治的序幕。据财新网报道，仅2015年1月至8月，全国涉嫌非法集资的立案就在3000件左右，涉案金额超过1500亿元。该数据没有包括最近爆发的e租宝、大大集团、泛亚等地震级案件。据研究数据不完全统计，每2家互联网金融平台，就有1家是问题平台。据新华网，P2P金融行业的黑马e租宝非法集资涉案金额多达700亿元，90多万投资人被骗，以e租宝、大大集团、泛亚、中晋为代表的重大案件涉案金额达几百亿元，涉及几十万人，波及全国绝大部分省份。据2016年4月28日的《北京青年报》报道，来自境外互联网金融诈骗活动也在向境内蔓延，如来自俄罗斯的“MMM金融互助社区”，累计参与人员超过10万人。这些案件中，以金融创新、科技金融为名，从事违规经营甚至非法集资等非法金融活动，具有很强的隐蔽性和迷惑性，不仅导致区域性、全国性系统金融风险，还造成很多社会群体纠纷。2016年2月4日，国务院网站发布《关于进一步做好防范和处置非法集资工作的意见》（国发〔2015〕59号），是目前打击非法集资的最高规格的政策，体

---

* 南开大学法学博士，上海市人民政府研究发展中心流动站高级法律顾问。

① 郑联盛：《中国互联网金融：模式、影响、本质与风险》，载《体制改革》2015年第1期，人民大学复印资料。

现了国家近期打击非法集资的决心。2016 年 4 月 12 日，国务院办公厅发布《互联网金融风险专项整治工作实施方案》，要求对 P2P 网络借贷、股权众筹、第三方支付、通过互联网开展资产管理及跨界从事金融业务等重点领域进行整治，加强对互联网金融行业的监管，加大防范处置非法集资的力度。2016 年 10 月 13 日，国务院办公厅《关于印发互联网金融风险专项整治工作实施方案的通知》对互联网金融风险专项工作进行了全面部署安排。2016 年 11 月 14 日晚，央视焦点访谈专访杨东教授：揭批 P2P 乱象，解读 P2P 监管及未来发展，仍有 P2P 公司违规操作，破坏金融秩序，损害公民财产权益。对 P2P 监管最严厉的，防止网下的非法集资打着 P2P 的旗号进行网上和线下宣传，欺骗没有风险识别和承受能力的投资者投资，这是国务院互联网金融风险专项整治最重点针对的行为。[①] 网络理财的投资者保护的理论和实践研究非常不足。在外部监管规则不明的情况下，e 租宝缺少内控体系及金融消费者保护机制，存在较大的法律风险和信用风险，涉嫌非法集资。上海申彤大大集团垄断稀有金属定价权，利用基金公司名义，没有基金公司资质和产品备案，非法吸收金融消费者资金进入公司账户。泛亚交易所推出的日金宝的资金受托产品，宣称的第三方存管只是一种“类三方存管”或资金池模式，并不是真正的第三方托管，本质上是银商转账。金融消费者的资金之间以及与互联网金融机构之间的资金并没有区分。近一年来，涉案金额达百亿元的还有上海中晋（涉案金额 300 亿元），融宜宝（涉案金额 100 亿元），易乾财富（涉案金额超百亿），等等。应当尽快把这些明目张胆的线下集资行为、线下欺骗老百姓进行理财的行为，进行严厉打击。

二、最近互联网风险案例回顾及风险

（一）e 租宝案件和泛亚案件[②]

2014 年 7 月以来，丁宁、张敏、丁甸利用安徽钰诚融资租赁有限公司、金易融（北京）网络科技有限公司、安信惠鑫金融信息服务（北京）有限公司等“钰诚系”公司及“e 租宝”网络平台，伙同彭力、雍磊等人大肆编造虚假融资租赁项目，以转让融资租赁项目债权支付高息为诱饵吸收资金，涉及 90 余万人、580 余亿元，截至案发未兑付金额近 370 亿元。2015 年 2 月以来，犯罪嫌疑人丁宁、丁甸利用安徽钰诚融资租赁有限公司、英途财富（北京）投资顾问有限公司、英途世纪（北京）商务咨询有限公司等“钰诚系”公司及“芝麻金融”网络平台，伙同彭力、雍磊等人，以转让个人债权等项目支付高息为诱饵，编造虚假项目吸收资金，涉及 21 万余人、12 亿余元，截至案发未兑付金额 8 亿余元，上述部分资金由丁宁等人肆意挥霍、占有支配。[③] e 租宝涉嫌假项目、假预期收益、假担保、假托管，

① 央视焦点访谈专访杨东教授：揭批 P2P 乱象，解读 P2P 监管及未来发展，http://business.sohu.com/20161201/n474657907.shtml，2016 年 11 月 24 日访问。

② 新华网：《资金链断裂风口上的“泛亚”》，http://news.xinhuanet.com/fortune/2015-07/22/c_128047281.htm，2016 年 12 月 1 日访问。

③ 新华网：《“e 租宝”案最新进展逾百亿元资金被冻结》，http://news.xinhuanet.com/mrdx/2016-11/24/c_135854348.htm，2016 年 12 月 1 日访问。

诱导金融消费者，业务资质不全，等等。

泛亚有色金属交易所（以下简称泛亚）投资者本金、利息均不能出金，泛亚资金链恐将断裂的事件。此事件涉及全国20个省份，22万个投资者，总金额超过400亿元，当地银行强力推荐泛亚的理财产品，银行理财经理称泛亚理财产品零风险、随用随取、安全可靠，让客户放心买入。恶意操纵现货商品价格，恶意申报，强行逼空方“割肉”，交易所规则不公开、不公平、不公正，内幕交易，价格垄断，生产企业与交易所勾结操控市场，泛亚的很多子公司没有业务资质。泛亚的风险集中在承诺本金和收益，保本，诱导、欺骗客户，恶意操纵、价格垄断，不透明，内幕交易，无照经营，等等。

风险在金融活动中是不可避免的，任何一个互联网金融平台都会有风险，如经营不善风险、合规风险、道德风险等，并且这些风险都有可能朝刑事风险的方向演变。在当下我国互联网金融平台模式纷呈、“鱼龙混杂”，甚至发生某种程度“异化”的情况下，前述风险也就表现得愈加突出。近年来，由此引发的刑事案件也呈持续高速增长态势。据“上海检察”（上海市人民检察院官方微信公众号）发布的统计数据，仅P2P领域，2015年上海市检察机关受理涉P2P网络借贷刑事案件共36件139人，其中集资诈骗罪4件19人，非法吸收公众存款罪32件120人，涉案金额逾12.83亿元。毋庸置疑，防范互联网金融平台的刑事风险是规范平台健康发展的一个底线与基本目标。总体而言，我国各类互联网金融平台（包括伪平台）的刑事风险主要表现在以下几个方面。

（二）风险

1.“伪”平台风险

“伪”平台是指某些从一开始便抱着“卷钱”、“吸金”心理的行为人，利用互联网金融的概念，而创立的所谓“平台”。从本质上看，“伪”平台是以互联网金融平台为名，行集资诈骗、资金自融之实，根本不具有平台的中立性属性。例如，在2015年绍兴市中级人民法院审理的王某某诈骗案中，被告人王某某出资并伙同他人组建某融资咨询有限公司，租用MT4软件，虚构www.isa-fta.com平台，以虚假国际原油期货交易的名义，诱骗他人在该平台进行投资交易，骗取他人资金。

可见，“伪”平台的行为方式多表现为在互联网上发布虚假的借款信息、股权众筹项目或投资产品，营造可供投资人投标的假象，并往往以高息或高比例分红引诱投资人。出借人与借款人，投资人与众筹者不再是一一对应的关系，投资人的资金事实上直接打入“平台”账户而非融资者的个人账户。如果“平台”的操纵者不具有非法占有目的，而只是从事资金自融活动时，其行为可能涉嫌构成非法吸收公众存款罪。如果“平台”的操纵者对投资人资金具有非法占有目的，其行为可能涉嫌构成集资诈骗罪。值得注意的是，此类集资诈骗平台为了骗取更多资金，往往会将前几笔投资如数奉还、如期分红，当“雪球”越滚越大时，才突然卷款跑路。

目前国内“伪”平台的数量颇为可观。仅在P2P领域，“网贷之家”统计的跑路或提现困难的问题平台就达1339家，其中有部分平台涉嫌非法吸收公众存款与集资诈骗。例如，在浙江省杭州市中级人民法院于2015年审理的泮某某案中，行为人泮某某为维系“后账换前账”的循环运作方式，收购某投资管理有限公司（该公司的主要业务系P2P融资）作为其非法集资平台，以经营所谓的“线下P2P”业务为名义，以召集客户前往常山县参观所谓担保企业、虚构其担保能力并提供虚假的股权质押为手段，以年息12%~23%的高息为诱饵，向514名不特定人员非法集资人民币5015万余元，用于偿还债务、支付犯罪成本等。无法维系后，泮某某四处躲避，拒不归还集资款。再如，在2015年杭州市中级人民法院审理的蔡某某合同诈骗案中，银坊P2P金融平台负责人蔡某某以非法占有为目的，虚设投资项目，以高息为诱饵，并伪造担保函、虚构担保，利用互联网进行宣传，向不特定社会公众非法集资2亿余元，最终被判处无期徒刑。这也成为截至目前我国P2P领域被判处的最重刑罚。

2. 模式风险

模式风险是指平台虽然未发布虚假信息，存在真实的融资者与投资人，发生于其上的融资活动也都客观真实，但该平台的运营模式本身可能已经触碰了法律的红线。最为典型的是自担保型平台与债权转让型平台，二者都触碰了银监会所划定的四条红线，前者违反了“平台本身不得提供担保”的禁令，后者则“归集资金搞资金池运作”。监管层之所以明令禁止平台本身提供担保、搞资金池，是由于这两种模式不但偏离了互联网思维下互联网金融平台的要义，并且具有天然的难以避免的高风险。

首先看自担保型模式。自担保型平台的经营不善风险极高，提现困难与跑路几乎成了绝大多数自担保型平台难以逃脱的“宿命”，这主要有以下几个方面的原因。其一，平台所服务的客户并不优质。到平台上寻求融资的多为小微企业与个人，尚未被纳入央行征信系统，更容易发生道德风险，坏账率远远高于银行。其二，平台自身实力又几乎不可能应付如此高的坏账率。“提供担保的平台在很大程度上具有类银行功能，但是银行面临着严格的资本金要求，而平台没有”。上线一个月即宣告破产的自担保型平台“众贷网”的法人代表卢某某称：“整个管理团队的缺失，造成了公司发生运营风险，开展业务时没有把握好风险这一关。”自担保型平台面临着外部压力与自身实力的双重挑战。当服务费收入、担保收入不足以抵冲坏账率时，自担保型平台除了宣告破产外，便只能先虚设融资需求，而后采用“拆东墙、补西墙”的方式以后款偿还前款，这是平台“苟延残喘”的唯一办法。目前，提现困难或跑路的平台已多达上千家，表明这些平台或多或少都扮演了信用中介的角色，这实在不能不引起监管层以及社会对自担保型平台的警惕与反思。

其次看债权转让模式。自宜信创立该模式以来，便一直饱受是否涉嫌非法集资的质疑。在新浪某论坛上，原央行副行长、全国人大财经委员会副主任委员吴晓灵于2015年接受记者采访时提及债权转让型平台，她表示，某些平台将一份债权进行分割，这就涉嫌非法集资，根据我国刑法规定，如果一份债权每笔超过20万元，集资人数超过30人就涉嫌非法集资。笔者认为，吴晓灵女士的此番言论在一定程度上揭示出债权转让模式在合规方面的巨大风险，但其关于平台涉嫌非法集资的结论则很值得讨论。以宜信旗下“宜人贷”平台（2016年6月已更名为“宜人理财”）为例，平台上每笔债权转让交易的达成都将涉及四笔资金流动，其资金流向分别是：第一笔，平台首席执行官唐宁将个人财产打入借款人账户（注：机构放贷须经中国人民银行批准，自然人放贷不受限）；第二笔，投资人将资金打入平台账户；第三笔，借款人将还款打回平台账户；第四笔，平台将还款打回投资人账户。从表面上看，唐宁及其平台似乎从事着类银行的发放贷款、吸收存款活动，容易被人们误认为涉嫌非法吸收公众存款，但事实上其与非法吸收公众存款有着本质的区别，具体表现为以下两个方面的不同。

一方面，是否置身于借贷合同关系中。非法吸收公众存款的行为人本身是借贷合同关系的一方主体；而在债权转让模式下，平台已通过债权转让的方式从原借贷合同关系中彻底“抽离”出来，不特定的借款人与不特定的出借人始终是借贷合同关系的主体。

另一方面，承诺还本付息的主体不同。非法吸收公众存款活动中，吸收公众存款的行为人是承诺还本付息的主体；而在债权转让模式下，吸收公众存款并且承诺还本付息的，始终是借款人，而非平台。平台不过是借款人与出借人之间的信息中介与资金中转站而已。只要平台不虚构借款需求，在借款人均是真实的情况下，每一笔资金的流动都将以平台上借款人与出借人的借贷关系作支撑，因而也就不存在平台自融的问题。从本质上看，债权转让型平台不符合非法吸收公众存款罪的构成要件，反倒是平台上拥有不特定债权受让人的借款人符合了非法吸收公众存款的“一对多”借贷样态。不过，出于鼓励互联网金融创新的政策考虑，《指导意见》已经为互联网上“一对多”的借贷行为扫除了合法性上的障碍。

当然，债权转让型平台及其借款人不构成非法吸收公众存款罪，不代表此种模式没有风险。应当看到，平台作为出借人、借款人的资金中转站，不可避免地会形成资金池，因而导致平台挪用、侵占资金具有了很大程度上的操作空间与可能性。并且平台一旦掌握了资金池，其还可能会以虚构借款人的方式实现自融，进而向非法吸收公众存款的方向演变，其道德风险以及监管难度都将大大提高。这也是监管层之所以三令五申地作出“不得归集资金搞资金池”禁令的根本原因。面对监管政策的收紧，宜信的首席执行官唐宁对此解释称，由于当时科技发展不够，没有电子签名的应用技术，所以只能退而求其次用债权转让的模式。而目前宜信完全可以做到点对点让借贷双方直接签约，这样点对点直接签约的模式已经占到宜信借贷平台业务的近50%，并且比重还在不断上升。

3. 中立帮助行为风险

当某互联网金融平台既不是“伪”平台，亦不存在模式风险的情况下，其仍然可能在正常的提供中立性网络服务的过程中，客观上促成他人的犯罪活动。《刑法修正案（九）》所新增的帮助信息网络犯罪活动罪，便是信息网络时代对此中立帮助行为刑事风险的刑法应对。互联网金融平台的中立帮助行为风险主要有以下两大类。

第一类是互联网金融平台的中立服务行为客观上促成“融资端”的犯罪活动。融资端是指在平台上具有融资需求的一方，具体指P2P网络借贷中的借款人以及股权众筹融资活动中的众筹项目发起人。当互联网金融平台明知借款人、众筹项目发起人通过编造虚假的借款用途，虚报众筹项目，提供虚假资产凭证，伪造虚假的专利、商标、著作权证明等骗取投资人财物，而仍为其提供互联网接入、广告推广、支付结算等帮助的，便有可能触犯《刑法》第287条之二的帮助信息网络犯罪活动罪。

第二类是互联网金融平台的中立服务行为客观上促成“投资端”的犯罪活动。投资端是指在平台上出资的一方，具体指P2P网络借贷中的出借人以及股权众筹融资活动中的“股东”。投资端的犯罪活动主要是洗钱犯罪。当互联网金融平台明知投资人的出资源自毒品犯罪、黑社会性质的组织犯罪、恐怖活动犯罪、走私犯罪、贪污贿赂犯罪、破坏金融管理秩序犯罪、金融诈骗犯罪的所得及其产生的收益，并且投资人的目的是掩饰、隐瞒赃款来源和性质，而仍为其提供支付结算等帮助的，便同样有可能触犯帮助信息网络犯罪活动罪。

综上，“伪”平台风险、模式风险、中立帮助行为风险是当下互联网金融平台最主要的风险样态。由于三类风险有着天然的差异，刑法在应对这三类风险时，便应当体现出差异性，做到区别对待、分而治之，科学而合理地确定不同风险下互联网金融平台刑事责任的边界。

三、P2P模式

互联网时代的历史进程已向纵深处推进，人们不再满足于对互联网技术的突破，转而更加注重对互联网思维的运用。由于以微博、微信、社交网站，以及以“淘宝网”为代表的C2C（个人与个人之间）电子商务网站的蓬勃发展，四面八方的个体实现了在网络平台上自由交流信息，低成本交易商品。随着时代的发展，人们交流的内容或将不局限于信息，人们交易的对象也不再止步于商品。近年来，互联网思维逐步渗入资金融通领域以及资本市场，而作为新兴互联网金融行业存在的标志，则是具有“去中心化”性质的互联网金融平台。近日，随着互联网金融专项整治活动在全国范围内拉开帷幕，我国上千个互联网金融平台的运营状况、风险类别与级别也将逐一暴露在监管层以及社会公众的面前。妥善应对合规型、整改型、取缔型平台，在追究涉案互联网金融平台行政、刑事责任的过程中处理好行政法与刑法的衔接关系，科学而合理地确定互联网金融平台的刑事责任边界，既是当下的一个热点话题，也是一个具有时代意义的理论问题。

我国官方文件曾定义过“互联网金融”。2015年7月14日国务院十部委《关于促进互联网金融健康发展的指导意见》（以下简称《指导意见》）指出，互联网金融是指“传统金融机构与互联网企业利用互联网技术和信息通信技术实现资金融通、支付、投资和信息中介服务的新型金融业务模式”。就此分析，我们不难发现，《指导意见》并未将传统金融机构剔除于互联网金融行业之外，互联网金融行业的业务主体既可以是传统金融机构，也可以是互联网企业。显然，这是一种颇具包容性的定义。

也正因为《指导意见》对互联网金融采取了广义解释，随后其逐一罗列了互联网金融的六种业态：互联网支付、网络借贷、股权众筹融资、互联网基金销售、互联网保险、互联网信托和互联网消费金融。然而笔者认为，互联网基金销售、互联网保险、互联网信托和互联网消费金融，虽然都在互联网平台上进行，但在本质上其仍是传统金融机构面向社会大众的“一对多”线上销售模式，归根结底属于传统金融机构的互联网化，或者说是传统金融的升级版。虽然《指导意见》将其纳入了广义互联网金融的范畴，但其并不是真正意义上的互联网金融。互联网支付虽属于互联网金融的一种业态，但其不具有鲜明的平台属性。互联网金融平台的本质特征在于，“它就是搭建一个交易平台，让所有的需求和供给都在这个平台上自我搜寻和匹配，把集中式匹配变成分布式的‘点对点’交易状态”，从而实现去中心化、低成本化的交易生态。开放、自主、分散的买方与卖方是互联网金融平台不可欠缺的条件。本文拟探讨的互联网金融平台即属此类，从业态上看，主要是指 P2P（个体网络借贷）与股权众筹。

P2P 是指“个体和个体之间通过互联网平台实现的直接借贷”。股权众筹是指“通过互联网形式进行公开小额股权融资的活动。股权众筹融资必须通过股权众筹融资中介机构平台（互联网网站或其他类似的电子媒介）进行”。显而易见，《指导意见》明确将“中介机构平台”的存在作为 P2P 与股权众筹融资赖以进行的必备组织架构，因而欲规范互联网金融健康发展，则不可避免地要守住底线，防范互联网金融平台的刑事风险，明确其刑事责任边界。

互联网金融平台的运营模式，从根本上决定着平台的法律属性及风险级别。“在平台中，双方（或多方）在一个平台上互动……这种模式的特点表现在平台上卖方越多，对买方的吸引力越大，同样卖方在考虑是否使用这个平台的时候，平台上买方越多，对卖方的吸引力也越大”。为了尽可能多地将买方与卖方吸引至平台，我国的互联网金融平台不断演化出以下几种运营模式。

（一）纯平台模式

在纯平台模式中，平台严格将自身定位为纯粹的信息中介，不插手交易的实质内容，而仅为投资人、融资者提供信息发布、信息撮合、信用评级、“一对一”配对、资金结算等技术性服务。股权众筹融资平台均属于纯平台模式，因为在股权众筹融资活动中，融资者与投资人共享收益、共担风险，融资者并不承诺还本付息，因而平台也就不扮演任何形式的信用中介角色，而是纯粹的信息中介。但是，恰恰相反，在 P2P 领域中，纯平台模式却为数甚少。

2007 年成立于上海的“拍拍贷”是中国首家通过互联网方式提供 P2P 无担保网络借贷的信息中介服务平台，也是目前为数不多的以单纯收取服务费为盈利模式的 P2P 平台。“拍拍贷”不担保、不设资金池，始终处于一个独立的、提供服务的第三方平台的角色，风险由借贷交易双方自行承担。“拍拍贷”的借款流程为：借入者发布借款列表、借出者竞相投标、借入者借款成功、借入者获得借款、借入者按时还款。为了控制平台上的借款风险以吸引更多的投资人，“拍拍贷”基于大数据的风控模型，针对每一笔借款给出一个风险评分，以反映对逾期率的预测。每一个评分区间会以一个字母评级的形式展示给借入者和借出者，如从 A 到 F，风险依次上升。为保障投资人利益，“拍拍贷”实施风险备用金计划，当“逾期就赔”标成交时，平台提取一定比例的金额放入“风险备用金账户”。一旦某笔借款逾期超过30天，平台将通过风险备用金向投资人垫付此笔借款的剩余出借本金和利息。

（二）担保模式

由于股权众筹融资平台不存在担保的空间，因而采取担保模式的互联网金融平台也仅局限于P2P平台。近年来，国内出现不少担保型P2P平台，按照担保主体的不同，可将其划分为平台自担保型与第三方担保型两种。平台自担保意味着平台的性质发生了根本改变，平台演化成了担保机构，而不再是单纯的信息中介机构，信用风险由平台承担。这种性质转变的平台，已被现行监管政策所禁止。早在2014年4月21日召开的处置非法集资部际联席会议上，银监会相关负责人就明确指出了P2P网络借贷平台的四条边界：一是要明确平台的中介性质；二是要明确平台本身不得提供担保；三是不得归集资金搞资金池；四是不得非法吸收公众资金。2015年《指导意见》指出：“个体网络借贷机构要明确信息中介性质，主要为借贷双方的直接借贷提供信息服务，不得提供增信服务。”自此，自担保型的P2P平台已不具备合法的生存空间，大批P2P平台转而寻求第三方担保。例如，“有利网”由中安信业承保，“开鑫贷”由江苏省A级以上小额贷款公司提供担保，等等。

值得指出的是，目前国内也存在不少名为第三方担保但实为自担保的P2P平台。如根据“网贷之家”发布的信息，笔者发现了一个名为“和信贷”的P2P平台，其由非融资性担保公司“和信丰泽投资担保有限公司”作为担保机构。但只要查询企业登记信息便会发现，实际上“和信贷”与“和信丰泽投资担保有限公司”这两家公司的法定代表人在某段时期为同一人。虽然其后“和信丰泽投资担保有限公司”更换了法定代表人，但“和信贷”的法定代表人仍然是“和信丰泽投资担保有限公司”的主要股东。因此有充分理由怀疑，“和信贷”在本质上更接近自担保型平台。

陆金所也是典型的自担保型平台。陆金所网络投融资平台由中国平安集团打造。陆金所承诺当借款人逾期不还款，担保公司会对投资人代偿借款人的全部剩余债务，承担连带担保责任。而对于某些指定产品，陆金所还特别承诺若借款方未能履行还款责任，保险公司将对未被偿还的剩余本金和截止到保险理赔日的全部应还未还利息与罚息进行全额偿付。值得注意的是，为陆金所提供担保的担保公司正是平安集团旗下平安融资担保（天津）有限公司以及平安普惠融资担保有限公司。可见，陆金所平台由关联企业提供担保，本质上是自我担保，属于自担保型P2P平台。对此，陆金所负责人曾在某论坛上称，“起初为了P2P方式能够更好地被大家接受，陆金所引入了平安担保，这也是阶段性的考虑，现在陆金所已经逐步撤销担保”。

（三）债权转让模式

除了以纯平台模式（股权众筹融资平台和部分P2P平台）以及担保模式（仅限于P2P平台）运营的互联网金融平台外，公众和媒体将宜信模式也纳入P2P平台的范畴。宜信首创了国内债权转让模式。宜信旗下的P2P平台“宜人贷”（2016

年6月已更名为“宜人理财”）不采用借款人、出借人“点对点”自由配对方式，借贷双方不直接签订债权债务合同，而是通过第三方个人先行放款给资金需求者，再由第三方个人将债权转让给投资人。其中，第三方个人与P2P网贷平台关联度较高，一般为平台的内部核心人员。平台则通过对第三方个人债权进行金额拆分和期限错配，将其打包成类似于理财产品的债权包，供投资人选择。投资人可自主选择受让债权包，却不能自主选择借款人，具体借款人由平台在线下寻找并评估，投资人与借款人不是“一对一”的关系，而是“多对多”的关系。“宜人贷”的盈利模式是向借款人收取占借款总金额4%的服务费。在宜信模式下，借款人不必等待投资人投标便可先行取得平台的放款，平台将借款垫付给借款人之后再通过互联网发标。

四、P2P互联网金融规制的国外立法

授予银行紧急救助在某些案件中视为非法，法院在Züchner案中认为，欧盟竞争法适用于银行部门。[①] 2008年至今，欧盟一共发布了4项公告（不包括其更新），包括银行公告、资产调整公告、受损资产公告、重整公告，规定了欧盟成员国紧急救助与欧盟竞争法兼容的前提。[②] 法律基础上，《欧盟运行条约》第107条（3）（b）明确金融脆弱性、风险性、扩散性、不平衡性，利用财政资金摆脱危机，维持资产质量，减少公私债务。金融市场压力和广泛的负面溢出效应风险持续。相互联系和相互依赖的金融部门持续产生传染性的金融关注。[③] 主权债务市场阐述了持续的金融市场动荡性和不确定性，作为安全网，金融风险相关支持措施规定在107条（3）（b）中。在金融市场持续的压力下，考虑广泛的负面溢出效应风险，欧盟委员会认为要求适用该条。美国《1933年证券法》、《蓝天法案》、《金融服务现代化法》，美国证券交易委员会是P2P网络理财的法定监管机构，2010年《多德—弗兰克法案》确立了监管规则，对线上互联网金融业务，没有规定专门的规则，仍适用传统的监管规则体系。

我国实行央行、银监会、证监会和保监会在国务院的统一领导下，分工明确，互相协调的互联网金融监管体制。互联网金融监管机构有权采取重组、托管、整顿、接管、撤销等监管措施并申请法院中止不利于陷入重大经营风险的互联网金融机构的诉讼和执行程序来防范和化解金融风险，帮助互联网金融机构恢复经营和信用，互联网金融监管机构也可向人民法院提出破产清算或重整申请。依据《企业破产法》等法律法规，金融机构进入破产程序须经金融监管机构批准，部分债务人要由监管机构采取接管、托管等监管措施。互联网金融机构也适用以上法律法规。英

---

① Case 172/80 züchner v. Bayerische Vereinsbank 1981 ECR 2021. Rosa María Lastra, International Financial and Monetary Law, Oxford University Press, 2015, pp. 156-157.

② Andrea Lista, EU Competition Law and the Financial Services Sector, Routledge, 2013, pp. 243-257.

③ Communication from the Commission — The recapitalisation of financial institutions (1) in the current financial crisis: limitation of aid to the minimum necessary and safeguards against undue distortions of competition (Text with EEA relevance) (2009/C 10/03).

国的统一监管组织机制有利于监管协作避免监管空白，但不利于发挥分工明晰的专业监管的优势，相比之下，在我国“依法监管、适度监管、分类监管、协同监管、创新监管”的监管原则下，需要根据互联网金融实践迅速发展和技术复杂性、监管相对滞后性，根据国内外互联网金融风险案例，健全具有一定预见性的监管立法，事前、事中与事后监管相结合，被动型监管向主动型监管和金融消费者服务转变。美国的线上与线下适用同一监管规则，避免了线上与线下监管宽严程度不一的情况，造成线上与线下的不公平竞争和监管规避，以及不必要的合规成本。我国监管立法在设定专门性的互联网金融监管规则时，需要与传统的金融监管规则保持统一一致性、避免宽严不一。

五、P2P互联网金融规制的基本框架

（一）监管组织模式

平衡金融安全和金融自由、金融创新，基于互联网平台的技术复杂性和风险隐蔽性，备案制不能适应P2P乱象失控之势的需要，应将事前主体行业准入许可与平台、产品、项目、活动备案制加负面清单的事中事后监管相结合，市场化自治、行政监管和社会治理相结合。完善第三方资金存管、信息披露、投资者教育和保护等制度来保障互联网金融市场的健康发展，避免因金融创新、技术创新缺乏衔接而造成金融监管真空，导致金融风险在区域甚至全国迅速积累和扩散。具体来讲，机构监管、行为监管、专业监管、网络监管、安全监管流程制约和专业协作。健全中央和地方政府、公安部、工业和信息化部、银监会、金融办、国家互联网信息办公室的协作监督机制。工业和信息化部电信经营资质的授予以获取完全的工商和专业许可为前提，银行业监督管理机构及其派出机构负责行为监管，地方金融办主要负责机构性监管。P2P行业创新，需要创新型的监管组织模式，明晰职责权限分工，加强各监管部门的流程控制，发挥多方机构的监管力量和优势，明确统合监管体制并形成监管合力，为中国金融监管改革创新树立新的典范。根据我国P2P互联网金融行业近期呈现的突出问题、投资者的成熟程度和总体风险承受能力以及整体金融体系稳健的要求，设计具有我国特色的P2P投资理财和资产管理信息中介的监管规则，这也是对传统金融监管模式和方法的重大改革和突破。P2P行业是互联网金融创新中最主要、最混乱、风险最大的重要领域，违法犯罪现象层出不穷，特别是e租宝等一系列恶性事件的爆发，更充分证明了这一领域亟待专门的P2P融资和资产管理信息中介的监管规则出台。在供给侧结构性改革的大背景下，这种监管的创新本身就是供给侧结构性改革的重大举措，体现了我国的监管部门实际上也能发挥能动的供给侧改革作用，为金融创新、风险防范和监管改革提供了非常好的典范。

（二）完善具体P2P投资理财平台运作规则

P2P网络理财初始本质是集众人之力，专家理财。要在立法中明确P2P投资理财平台的内涵，明确适用范围及基本原则，以及P2P投资理财平台的法律地位和资质要求，为其合法开展业务活动提供前提和保障。以互联网为平台，为投资者提供信息搜集、信息公布、资信评估、信息交互、理财产品等服务，具有高效便捷、贴

近客户需求、成本低等特点，完善金融体系，满足民间资本投资理财需求、促进普惠金融的积极发展。具体包括规范资金受托流程、受托资金的运作规则，受托资金退出规则。从事互联网投资理财业务，应当遵循依法、诚信、自愿、公平的原则，对投资人及相关当事人合法权益以及合法的网络投资理财业务和创新活动予以支持和保护。

（三）实行负面清单管理

明确网络投资理财业务规则和负面清单管理。准入许可与准入后许可的规制方式包括正面清单、负面清单与综合清单，其中负面清单列举的限制性准入或准入后规制措施以及禁止性措施是有限的、明示的、公开的、锁定的，不能肆意增加来限制经营者的营业自由，而正面清单则列举无限可扩充、延伸、增加的限制或禁止措施，对营业自由的限制是无限的、不透明的、没有锁定的，综合清单合并了正面清单和负面清单的特点，将正面概括性的准入和准入后条件与有限的限制或禁止措施的列举相结合。以“鼓励创新、防范风险、趋利避害、健康发展”的总体要求，以负面清单限制对网络投资理财的规制和限制，没有列入负面清单的准入和准入后规制措施不能随意增加，为投资理财平台提供充足的自由发展和创新空间。引导其回归信息中介、小额分散、服务实体以及普惠金融的本质，负面清单模式限定了互联网投资理财的业务边界，明确提出不得吸收公众存款、不得归集资金设立资金池、不得自身为投资人提供任何形式的担保和保底收益以及不得公开、诱导性宣传等，在互联网金融自由和市场化自治和约束的前提下，对打着互联网投资理财旗号从事非法集资等违法违规行为，坚决实施市场退出，按照相关法律和工作机制予以打击和取缔，净化市场环境，保护投资人等合法权益。

（四）完善风险管控机制确保互联网金融安全

风控体系整合内部监督和自律力量，协调行政监管和社会监督。在金融业务之间建立“隔离墙”制度。确定不相容职责，明晰职责分工。规定实行客户资金由银行业金融机构第三方存管制度，严格区分客户资产与机构资产，客户与客户资产，防范平台道德风险，保障客户资金安全，严守风险底线。强化投资者适当性制度，投资理财业务的进展以投资者适当为前提，限额管理，对一定风险承受能力的投资者的投资额设定在同一机构及不同机构的投资理财上限。对互联网投资理财网络协议备案管理，避免不公平条款损害投资理财人的合法权益。确立互联网投资理财业务的审计制度。信息披露监管，发挥市场自由和自治作用，创造透明、公开、公平的网络理财经营环境。规定互联网理财机构应履行的信息披露责任，充分披露互联网理财机构及平台，披露借款人和融资项目信息，定期披露网络投资理财平台有关经营管理信息，对信息披露情况等进行审计和公布，保证披露的信息真实、准确、完整、及时。坚持市场自律为主，行政监管为辅的思路，明确了行业自律组织、资金存管机构、审计等第三方机构职责和义务，充分发挥互联网理财市场主体自治、行业自律和社会监督的作用。

（五）倾斜加重金融消费者权益保护

对理财业务消费者进行网络、电话、文件等形式的全程风险揭示，包括合同签订前风险提示，以及风险较大增加后的风险提示，否则合同无效。提供给互联网理财业务消费者有效、高效的争议解决和权益保护机制。明确理财业务消费者的基本条件，互联网金融机构的资质、义务，规定一定比例的风险赔偿金，明确对出借人风险承受能力进行评估和实行分级管理，通过风险揭示等措施保障出借人知情权和决策权，保障客户信息采集、处理及使用的合法性和安全性。鼓励高管参与执业所在的互联网机构众筹，激发高管勤勉尽责，降低锁定风险。还应明确纠纷、投诉和举报等解决渠道和途径，确保及时有效地解决纠纷、投诉和举报等，保护消费者合法权益。

（六）P2P 网络理财平台市场准入制度

国家对互联网金融鼓励政策应与适度监管相结合，没有适当的准入门槛限制，会引发金融风险，损害网络理财投资者的合法权益。十部委《指导意见》对互联网理财金融监管的总体要求，应遵循“科学合理界定各业态的业务边界及准入条件，落实监管责任，明确风险底线，保护合法经营”。完善 P2P 网络理财平台市场准入制度的内容主要包括：平台经营条件的要求。应该对 P2P 网络理财平台设定不同的注册资本和网络平台技术要求。对于小型网络理财平台的注册资本可以参照中小金融机构的注册资本要求，以 5000 万元人民币实缴资本为底线。明确 P2P 网络理财平台的高管团队的要求和任职资格。高管团队应无犯罪记录，没有较大个人债务，资信良好。

（七）网络理财平台民事义务与责任的法定化

应明确网络理财平台为资金投资方和管理法之间的信息交换等中介服务，明确中介的性质和独立责任，主要为理财投资人与管理人提供服务平台，不得提供管理人的增信服务，不得非法集资。依据《合同法》第 442 条明确网络理财推广机构与网络理财管理人之间的居间合同中居间人对委托人的投资者不适当、推广过程中网络理财服务的过错责任和专家责任。强调平台的谨慎勤勉和信义义务，具体包括投资者适当性义务、风险提示义务、第三方托管义务、风险准备金义务、第三方担保义务、强调了金融消费者和平台的信息披露义务，披露义务上，分别对金融消费者和平台提出不同要求，强调动态披露，除了对金融消费者的披露，还应重视重大风险信息报送、一般信息报送和年度审计，重视对监管信息、市场信息反馈渠道和市场约束机制。

六、《网络借贷信息中介机构业务活动管理暂行办法》的评析

2016 年 8 月 17 日公布并施行的《网络借贷信息中介机构业务活动管理暂行办法》（以下简称《办法》）一共 8 章 47 条，包括总则、备案管理、业务规则与风险管理、出借人与借款人保护、信息披露、监督管理、法律责任、附则。第 2 条适用范围是在中国境内从事的网络借贷信息中介业务活动，“网络借贷”措辞不准确，贷款专用于一方为银行业金融机构提供的融资服务，借款可用于非银行业金融机构之间，从立法保护金融消费者角度，“网络理财”更加恰当，所有涉及金融消费者以网络平台为中介使用的金融或非金融机构提供的金融服务，都应纳入本法规制和

保护范围。信息中介业务实际上是第三方网络信息平台，没有包括受托提供网络理财服务的机构或业务，而E租宝等实际上不仅是信息平台中介，也是提供理财和融通资金服务的互联网金融或非金融机构。更何况我国互联网金融发展在实践中业态、形式、企业名称、业务范围复杂多样，为了避免调整空白和互联网金融机构规避立法监管，设计金融消费者保护型互联网金融规制立法，应将调整范围规定为境内备案的网络理财、融通资金等业务活动。对于境外注册或备案或进行的网络理财业务活动，应在各国相关监管机构建立信息共享机制。第3条规定了立法原则，但仅仅规定了信息服务提供机构的依法、诚信、自愿、公平原则，没有对信息、技术、经济弱势的金融消费者利益的倾斜加重保护原则，没有规定金融安全、秩序原则，鼓励金融创新和金融技术，不得直接或间接归集资金的“归集”一词，缺少定义界定，含义不清。不得非法集资概况不全，没有将实践中多发的非法吸收公众存款和非法经营罪纳入原则性禁令。《办法》的风险防范机制并不完善，没有规定这类机构的一定实缴注册资本、风险准备金、真实有效担保机制、第三方托管机制、流动性风险管理机制、高管资质信用（包括专业资质、无犯罪记录和较大个人债务等）、独立性原则（在不同金融消费者委托的资金之间也应坚持独立性原则），避免风险在线上集聚和传递。对接受客户委托的业务规范、运营客户资金规范和退出规范没有规定。尤其是风险提示义务、禁止诱导、欺骗客户，没有规定互联网机构损害金融消费者合法权益的违约责任和损害赔偿责任，尤其是受托理财和提供贷款等业务的互联网金融机构、第三方托管机构、信息中介之间的连带责任。在第七章法律责任中，没有规定违反监管规则的具体法律责任。

七、刑事规制

具有“去中心化”性质的互联网金融平台是互联网思维在金融领域内的创新性产物。国内互联网金融平台主要衍化为纯平台模式、担保模式、债权转让模式三大类，可能存在“伪”平台风险、模式风险、中立帮助行为风险等。防范互联网金融平台的刑事风险是规范该行业健康发展的底线。对于以互联网金融之名行资金自融之实的“伪”平台，应依据资金用途限制非法吸收公众存款罪的适用；对于违规提供担保的平台，应给予行政处罚并令其承担连带保证责任；对于违规设立资金池的平台，应视具体情形作出不同处理；对于提供中立帮助行为的平台，应分别从“投资端”、“融资端”的视角，对帮助信息网络犯罪构成要件中的“明知”作不同的理解和认定。

以互联网金融案件的网络治理为例，在供给侧改革下促进地方检察权力的分解、位移与下沉，完善健全地方检察权力的约束和监督机制，以权力清单限制制约地方检察权力，促进检务权力公开、公信和公民参与监督。以地方检务权力清单为样本，开展实证研究。其中，权力的分解乃促使国家集中型权力秩序模式向国家社会分享型权力结构模式演变的内在驱力；权力的位移系引领单一完整型权力秩序模式向多元分散型权力结构模式演进的制度诱因；权力的下沉则是推动中央集权型权力秩序模式向地方层级分权型权力结构模式变迁的核心要素。实现地方检察权力的分解：集中型权力秩序模式向国家社会分享型权力结构模式演变，它意味着为地方检察所集中的监督权力实现了在国家与社会之间的分立的缓释；地方检察在权力监督领域中的垄断格局已彻底打破，社会则从完全受支配的角色转变为相对自由的监督主体，构建权力监督的民众参与型、从上至下与从下至上双向互动的权力监督治理网络。由此，地方检察社会分享型权力结构模式渐次长成。地方检察权力从无限走向有限——走向有限检察权力，既是宪政国家的标志，也是达成宪政的条件；社会从扁平化状态逐渐舒展，社会自治空间渐次拓展——借助于“回收的治理权”，社会的主体性和创造性获得激发，中国式的公民社会渐次发育丰满，由此奠定了中国宪政的社会基础；社会从国家的高压控制架构中解放出来，成为相对独立的主体和力量，“从一向只被视为‘应变项’的地位转而为‘自变项’的主导力量”。地方检察权力的位移：单一完整型权力秩序模式向多元分散型权力结构模式演进。作为地方检察权力结构演变的一种方式，地方检察权力的位移（displacement）意指地方检察权力在政治体制内部的转移以及由此所引发的权力分散或者分立与分化等状态——宪法的一个基本职能即在于确保检察及其各组织部分都能够各司其职、各负其责。因此，一切有助于这一目标的改革都可以视为向宪政迈进的切实努力。其内容有三：(1）党委、监察、检察关系由模糊到规范有序分工协作，它意味着政党系统与国家法律监督系统的分开，减少不当干预，不仅包括执政党与政府，还包括与国家权力机关、司法机关的分开，各级党的主要领导人不再实际以非法治、非正常途径渠道干预法律监督；地方检察国家权力实现了从党到检的转移，它意味着国家治理的主要职能逐渐实现了从党委向政府转移，党因此逐渐退居幕后扮演决策者和领导者的角色，政府则走向前台承担着执行者和管理者任务；党委和检察各组成分支基于法治原则，在宪法与法律的框架内，行使职权、履行职责。(2）执政党在政治、思想、组织领域行使领导权，不再干预具体的立法、行政和司法工作；立法、行政和司法各守其职、各负其责，独立行使职权。至此，国家权力结构逐渐向“多元分散型权力结构模式”演变。(3）权力的下沉。中央集权型权力秩序模式向地方层级分权型权力结构模式变迁。地方检察作为一种权力秩序变迁方式，权力的下沉（submersion）意指地方检察国家权力从中央向地方各级分流以及由此所引发的中央与地方分权等状态——立宪主义的一条基本原理，即在于构设一种权力配置机制，以确保国家权力在政治体制内的各个单元达至均衡，避免因权力集中而滋生腐败，促进检察一体、检务效率。故此，任何形式的旨在打破集权的变革，在任何时候都可以被看作走向宪政的标志性成就。要义有三：(1）地方各级检察机关摆脱了“中央派出机关”的角色，演变成为其所管辖区域内的决策者和治理者；最高人民检察院的权力则逐渐收缩，从“无所不在”的状态过渡到“在其应在”的状态。(2）地方检察的行动哲学从“无所为”到“有所为”。其中，“无所为”意指地方检察的行动须听命于中央指示或者立法，无指示或者无授权即不可为；“有所为”意指地方检察的行动受其自主性判断所驱使，在其管辖区域内，就有关检务工作，自主决策和行动，除非有法律明文禁止。(3）地方检察之间由彼此隔绝的“块块关系”，演变为相互竞争的“主体间性关系”以及大区有序协作——主体间性即交互主体性，是主体与主体间的共在关系。

地方检察权力清单遵守“法无授权不可为”的法治理念，充分体现了依法行政的法治精神，是控权的一场革命，也是我国政府全面深化改革的重要内容之一。但是在推行过程中，无论是学术界还是实践中均存在“清单之外无权力”“依清单检务”的说法，之所以会产生这样的说法，主要是源于对权力清单的法律属性认识存在争议。为更准确地理解地方检察权力清单，有效推进检务一体、检务治理现代化建设，在理论与实践的基础上，从地方检察权力清单的制定主体、程序、内容和效力四个维度来研究地方检察权力清单的法律属性，提出既有严密的理论依据又有充分实证验证，可操作性强的地方检察权力清单设计。

对于以互联网金融之名、行集资诈骗之实的“伪”平台，应该严格依法以集资诈骗罪追究相关行为人的刑事责任，其中不应该存在需要重新从理念、价值立场出发确定其刑事责任边界的问题。而对于以互联网金融之名行自融之实的平台、存在模式风险的平台，以及实施了中立帮助行为的平台，如何确定其刑事责任的边界与限度，则是当下司法实践无法回避且一直在犹豫观望的难题。笔者以上述对三类平台的本质分析为基础，尝试提出一些刑事责任的边界和定性处理的依据。

（一）以互联网金融之名行自融之实的“伪”平台

不具有非法占有目的，但为了筹集资金的目的搭建所谓的“互联网金融平台”，通过虚设借款人、众筹项目的方式向社会不特定对象吸收资金，以为己用，这是自融型“伪”平台的典型特征。此种平台完全丧失了应有的中立属性，本质上沦为行为人进行网络融资的工具。最典型的有“e 租宝”事件。2015 年 12 月，e 租宝平台被爆自融，一个月后深圳市公安局经济犯罪侦查局官方微博发布消息称，深圳公安机关已经对 e 租宝网络金融平台及其关联公司涉嫌非法吸收公众存款案件立案侦查。办案民警表示，从 2014 年 7 月 e 租宝上线至 2015 年 12 月被查封，相关犯罪嫌疑人以高额利息为诱饵，虚构融资租赁项目，持续采用借新还旧、自我担保等方式大量非法吸收公众资金，累计交易发生额达 700 多亿元。从现有案情看，e 租宝平台确实属于以互联网金融之名行自融之实的“伪”平台。

对此类平台行为应当如何定性？笔者认为，不可“一刀切”式地一律以非法吸收公众存款罪认定。刑法在打击非法集资案件时，应当有的放矢，且行之有度，尤其注意不能背离金融体系的内在规律，更不能逆历史发展潮流而动。“无论从我国金融体系自身发展的规律看，还是从我国经济发展对金融体系的要求看，民间借贷从地下走向地面、由‘暗箱式’操作走向‘阳光化’运作、由无合法身份走向合法经营，都是民间借贷未来发展的必然趋势。”妥适地定位《刑法》第 176 条非法吸收公众存款罪的历史使命，合理界定非法吸收公众存款罪的构成要件，是笔者一以贯之且反复强调的价值立场。“司法实务中必须严格从集资用途上区分间接融资行为与直接融资行为，不应将以合法的商业、生产运营为目的的直接融资行为认定为非法吸收公众存款罪。”就 e 租宝案件而言，假如该平台将非法集资款用于资本与货币经营，而并非投放于实体经济，则对其以非法吸收公众存款罪定性是妥当的。但对于仅仅为了实现资金自融的目的而通过搭建互联网金融平台的方式筹集资金，且将所筹资金完全用于自身生产经营的，则不宜贸然、轻易地将该平台行为认定为非法吸收公众存款罪。不妨以相关行政法律法规为依据，责令相关平台限期整改或依法取缔相关平台。

（二）存在模式风险的平台

自担保型平台与债权转让型平台的模式风险显然已受到监管层的密切关注。2016 年 8 月 24 日中国银行业监督管理委员会、中华人民共和国工业和信息化部、中华人民共和国公安部、国家互联网信息办公室联合制定的《网络借贷暂行办法》第 3 条规定："网络借贷信息中介机构……不得提供增信服务，不得直接或间接归集资金，不得非法集资……"该办法第 10 条还专门指出，网络借贷信息中介机构不得从事或者接受委托从事直接或间接接受、归集出借人的资金；不得直接或变相向出借人提供担保或者承诺保本付息等。《网络借贷暂行办法》旗帜鲜明地表明，监管层态度坚决地意欲将自担保型平台、债权转让型平台打入冷宫。

然而，在我国当下互联网金融生态环境下，自担保型平台与债权转让型平台依然大量存在，这些平台的模式风险也日渐凸显。为此，全国范围内对互联网金融的专项整治活动陆续拉开帷幕。2016 年 4 月 14 日，国务院组织 14 个部委召开电视会议，部署将要在全国范围内启动有关互联网金融领域的专项整治活动，为期一年。上海市互联网金融专项整治工作以及重点整治方向也于 2016 年 6 月 29 日在中国小额信贷联盟互联网金融专项整治研讨会上公开披露，具体做法是要求相关互联网金融平台填写网络借贷信息中介机构基本情况调查表、股权众筹企业调查表等，7 月底前逐个摸底排查其是否存在平台自融或变相自融、平台提供担保、设立资金池、存在债权转让、类资产证券化业务等问题，并根据调查结果，将互联网金融从业机构划分为合规、整改、取缔三个类型，分而治之。在应对摸底排查结果的过程中，便自然而然地引发了一个有关违规平台刑事责任边界的问题。如果互联网金融平台违规提供担保、设立资金池，情节严重的，是否应当追究其刑事责任?

笔者认为，对于存在模式风险的互联网金融平台，在确立其刑事责任边界问题上应当格外审慎。自 2007 年我国成立第一个 P2P 网上借贷平台拍拍贷、2013 年"美微传媒"在淘宝网上发起国内首个股权众筹融资项目以来，我国互联网金融平台的产生、发展才不过短短几年时间，仍处于"摸着石头过河"的模式探索阶段。而与之同样稚嫩、青涩的是监管层的监管政策与法律法规。迄今为止，除刚刚公布的《网络借贷暂行办法》外，我国尚不存在其他任何正式的、专门规制网络借贷、股权众筹从业机构的前置性行政法律法规。

总体而言，监管层的监管思路及其对涉互联网金融平台案件中行政法、刑法如何衔接、刑事责任边界如何确定等问题的态度并不十分明确。但就在这种大背景下，互联网金融平台却实现了异军突起式的增长。据"网贷之家"统计，截至 2016 年 5 月，P2P 平台累计达 4080 家，投资人数 329.5 万人，借款人数 96.52 万人，人均投资金额 44921.7 元。相比之下，股权众筹融资平台则数量较少，据"众筹之家"统计，截至 2016 年 7 月 8 日，国内股权众筹融资平台仅 127 家。两类互联网金融平台在数量上的巨大反差或许说明了一些问题。一方面，从主观上看，目前我国中小投资者承受风险的意愿不强。绝大多数中小投资者更热衷于还本付息的网络借贷，对收益处于不确定状态的股权投资则普遍缺乏兴趣。应当承认，当下互联网金融行业仍然主要服务于将“收回本钱”作为首要目标的投资主体。另一方面，从客观上看，中小投资者的判断能力与投资自信欠缺。他们自知无力从成千上万个众筹项目中明辨良莠，对整个股权众筹领域的收益回报更是缺乏信心，于是也就不愿花费更多的时间与精力去关注众筹项目的运营模式、发展前景，而是更为省事地选择了承诺保本付息的网络借贷。这也是为何我国网络借贷平台多于股权众筹融资平台、有担保的平台多于无担保的平台、承诺高利率的平台多于承诺低利率的平台、互联网金融平台模式风险愈演愈烈的根本原因。诚如某些业内人士所言，我国当前的互联网金融生态是一个“劣币驱除良币”的过程，严守信息中介定位的纯平台模式只是罕见的个例，存在模式风险的平台反倒成了常态。

应当看到，互联网金融平台的模式风险，在某种程度上与我国互联网金融目前所处的发展阶段、绝大多数中小投资者的客观投资能力以及主观投资心理等因素密不可分。笔者认为，监管层对于大量存在的具有模式风险的互联网金融平台不妨予以“同情的理解”与“适度的宽容”。在对互联网金融平台进行排查与整治的过程中，应当优先以相关行政法、民法予以规制，并且放宽一点时间，循序渐进地推动互联网金融平台的历史转型，逐步实现“良币驱逐劣币”的金融生态。具体而言，可以有以下两种处理方式。

一是对违规提供担保的平台给予行政处罚，并依法令其承担连带保证责任。

平台违规提供担保行为，即便情节严重，也不宜入罪。理由是：其一，该行为并不符合非法吸收公众存款罪的构成要件，其本质不是面向社会不特定公众自融资金，而是擅自为他人提供增信服务；其二，该行为也不构成非法经营罪。其不符合“未经国家有关主管部门批准非法经营证券、期货、保险业务”的罪状，“保险”与“担保”是完全不同的两个范畴。保险是基于互助共济原则，多个投保人共同分摊风险损失的法律机制，承担补偿责任的载体是投保人缴纳保费所形成的保险基金，保险合同是独立合同，由《保险法》调整；而担保则是为了确保债权实现而设，其承担补偿责任的主体是担保人自身，担保合同从属于主合同，不具有独立性，由《担保法》调整。可见，平台违规提供担保行为不符合非法经营罪所规定的第3项情形。那么，其是否属于第4项兜底条款所规定的“其他严重扰乱市场秩序的非法经营行为”呢？笔者认为，理解非法经营罪兜底条款的含义应当严格坚持同类解释原则。非法经营罪前三项罪状分别禁止经营的是专营、专卖、限制买卖物品、经营许可、批准文件、证券、期货、保险、资金支付结算业务，可见该罪的客体是国家对特定商品、特定行业、特定市场经营的准入制度。不能将非法经营罪简单而肤浅地理解为只要行为人从事不具备相应资质的活动即构成该罪，这将会灾难性地扩大该罪的适用范围。只有当行为人非法从事了影响国家专营的经营活动并且严重扰乱市场秩序时，方能被解释进该罪的兜底条款。这是现阶段在尚未废除非法经营罪情况下避免其沦为“口袋罪”的限制性解释路径。

事实上，对于平台自担保行为，适用行政法、民法已足以达到规制效果。《网络借贷暂行办法》第10条不但规定“网络借贷信息中介机构不得……直接或变相向出借人提供担保或者承诺保本保息”，并且还于第40条中明确了机构责任，“网络借贷信息中介机构违反法律法规和网络借贷有关监管规定，有关法律法规有处罚规定的，依照其规定给予处罚；有关法律法规未作处罚规定的，工商登记注册地地方金融监管部门可以采取监管谈话、出具警示函、责令改正、通报批评、将其违法违规和不履行公开承诺等情况记入诚信档案并公布等监管措施，以及给予警告、人民币3万元以下罚款和依法可以采取的其他处罚措施”。对违规提供担保的平台予以上述行政处罚，已基本可以控制互联网金融平台的模式风险，并且在尽可能弥补投资人损失问题上也不存在法律障碍。2015年9月1日实施的最高人民法院《关于审理民间借贷案件适用法律若干问题的规定》第22条第2款规定：“网络贷款平台的提供者通过网页、广告或者其他媒介明示或者有其他证据证明其为借贷提供担保，出借人请求网络贷款平台的提供者承担担保责任的，人民法院应予支持。”由此可见，自担保型平台对投资人承担连带保证责任有了明确的法律依据。

值得指出的是，有学者质疑在前述两部规定中，“一个是认可P2P网贷平台担保的法律效力，一个却是否定了网贷平台自担保的合法性，两者之间存在‘神仙架’”。对此，笔者认为，两部规定事实上既不存在逻辑上的矛盾，也不存在法理上的困境。应当明确的是，涉嫌行政违法乃至构成犯罪的行为，并不必然导致民事合同归于无效，只有当其违反了“效力性强制规定”时，合同方才无效。而是否属于“效力性强制规定”，须根据该规定的“规范目的”来判断。比如，行政法层面禁止P2P平台提供担保，其规范目的在于否定并惩罚P2P平台不具有担保机构资质却擅自为他人提供增信服务的行为。但平台一旦与他人订立了担保合同，承诺为他人提供担保，则也当然不能免除其对第三人的民事责任。否认民事合同的效力会与惩罚行为人的初衷相悖，将不当地使行为人从民事责任中“解放”出来，损害第三人的利益。故而，对于违规提供担保的平台，不应减轻其对民事责任的承担。综上所述，以行政法与民法规制平台自担保行为，已足以遏制乃至消除平台的模式风险，并做到尽可能弥补投资人损失，而将这些行为纳入刑法的规制范围似乎没有多大的必要。

二是对违规设立资金池的平台，视具体情形作出不同处理。

国内官方文件多次提及“资金池”，但对具体何为资金池并无一个明确的界定。大致上，资金池是指将不同来源与流向的资金归集在一处，保持“池”中资金量基本稳定的资金集中管理方式。目前的债权转让型平台一般都设有资金池，因为此类平台是将债权进行金额拆分与期限错配，往往要直接经手资金。然而，是否设立资金池的平台都涉嫌构成非法吸收公众存款罪呢？笔者认为，并不尽然，需具体问题具体分析。如果将资金池比作一个设有“进水管”、“出水管”的池子的话，那么从出借人处取得的投资款、从借款人处收回的本息将自“进水管”入池；而向借款人发放贷款、向出借人还本付息、提取平台服务费则从“出水管”流出。“进水”与“出水”的先后顺序不同，将直接导致法律评价的不同。其一，假如平台先“进水”，而后“出水”，说明平台在尚不存在真实借款人的情况下实施了资金自融，而后放贷用于资本运作，这是典型的非法吸收公众存款行为，符合非法吸收公众存款罪的构成要件。其二，假如平台先“出水”，再“进水”，如在债权转让模式中，平台首席执行官先对外发放贷款，后将此债权进行金额拆分，转让给不特定的多个借款人。在借款人、出借人、借款需求均真实的情况下，该行为不存在适用非法吸收公众存款罪的空间。不过如果其未按照监管法规的要求将资金交由第三方银行托管，则构成行政违法，依据相关监管细则对其予以行政处罚、限期整改，甚至最终取缔。其三，假如平台先“出水”，再“进水”，但“出水量”却明显小于“进水量”时，则表明平台所转让的债权额多于真实的债权额，其可能是在通过虚构借款人、借款需求的方式自融资金，而后继续放贷，从而退回到了吸收存款、发放贷款的老路上，对于自融的资金，应当以非法吸收公众存款罪认定。

（三）提供中立帮助行为的平台

经济生活中的日常经营性业务行为在客观上为他人实施犯罪提供了帮助，此为中立帮助行为。比如，出租车司机明知乘客欲前往某地实施犯罪而仍将其运送至目的地；餐馆明知顾客在屋内非法拘禁他人仍为其送外卖；等等。中立帮助行为的显著特征在于其无差别地向不特定对象提供商品或服务。中立帮助行为人不但缺乏与犯罪实行行为人的通谋，也不存在促进犯罪的意思，其既非通谋共犯，亦非片面共犯，因而难以被纳入传统共犯结构之中。鉴于此，刑法理论上才有了此类行为是否要给予刑事处罚，以及如何划定处罚界限的争论。

《刑法修正案（九）》回应了这场争论：“明知他人利用信息网络实施犯罪，为其犯罪提供互联网接入、服务器托管、网络存储、通讯传输等技术支持，或者提供广告推广、支付结算等帮助，情节严重的，处三年以下有期徒刑或者拘役，并处或者单处罚金。单位犯前款罪的，对单位判处罚金，并对其直接负责的主管人员和其他直接责任人员，依照第一款的规定处罚。有前两款行为，同时构成其他犯罪的，依照处罚较重的规定定罪处罚。”这被视为中性业务帮助行为的正犯化规定。应该看到，互联网金融领域大量存在类似的中性业务帮助行为，如 P2P 平台明知贷款人实施集资诈骗犯罪，股权众筹平台明知筹资者所发起的项目已严重侵犯他人知识产权，而仍为贷款人、筹资者提供广告推广、支付结算等服务，这是否构成《刑法修正案（九）》所新增的帮助信息网络犯罪活动罪呢？

划定互联网金融平台刑事责任的边界，离不开对互联网金融行业身处时代及其历史使命的清醒认知。西谚有云，“制度者，机运与智慧之产儿也”。中国的互联网金融之所以较世界其他国家“青出于蓝而胜于蓝”，并且在短期内如火如荼地发展，这与时代机运及当下国情密不可分。中国金融体系中长期的金融压抑及存在的低效率或扭曲的因素，为互联网金融的发展提供了有效生存空间。我国的互联网金融正是在此大背景下应运而生，并由此肩负着历史使命。不论是 P2P 平台还是股权众筹融资平台，都成功打破了传统金融机构向来在资金融通环节中处于核心地位的传统格局，借款人与出借人之间，筹资者与投资者之间不必经由传统金融机构也能快速对接，这对于促进小微企业发展和扩大就业将发挥着现有金融机构难以替代的积极作用。具有小微金融、普惠金融属性的互联网金融，实际上扮演着“倒逼”金融改革的角色，推进并配合着当前的利率市场化改革与股票发行注册制改革。

而互联网金融平台无疑是互联网金融领域最为重要的参与方与市场环节，互联网金融的最显著外观就是金融平台的构建。借款人与出借人，筹资者与投资者经由平台撮合、配对，整个资金融通过程都发生于平台。互联网金融平台为资金融通双方提供服务的行为是典型的具有反复继续性、业务交易性、日常生活性的中立行为。为了合理确定互联网金融平台中立帮助行为的刑事责任边界，笔者认为，应分别从“投资端”、“融资端”视角（即区分互联网平台中立帮助行为的对象），对帮助信息网络犯罪构成要件中的“明知”作不同的理解和认定。

一是对互联网金融平台中立服务行为客观上促成融资端犯罪活动的处理。根据《网络借贷暂行办法》第9条的规定，P2P平台负有对借款人资格条件、信息的真实性、融资项目的真实性、合法性进行必要审核的义务。当P2P平台经过审核后发现融资端存在问题，如明知借款人、众筹者的融资项目不真实、不合法，仍为其提供广告推广、支付结算等服务的，依法构成《刑法》第287条之二的帮助信息网络犯罪活动罪。由于构成帮助信息网络犯罪活动罪必须以“明知”为前提，而刑法分则中的“明知”在大多数情况下均可能包含“确知”和“应知”两方面的内容。对帮助信息网络犯罪活动罪中认定“明知”的直接证明是司法实践中非常疑难的问题，实务中通常以司法推定“应知”的方式来完成对“明知”的认定。在信息网络时代，互联网金融平台无法像传统经济主体那样直接接触交易对手方，犯罪意图、犯罪准备、犯罪征兆等可供信息网络服务提供者判断帮助犯风险的要素相对不足，因此不宜对其“应知”作门槛较低或过于宽松的推定。笔者认为，“大于半数规则”应当是推定“应知”最为合理的量化尺度，即司法机关应当查证互联网金融平台在提供合法服务与帮助犯罪活动之间的客观分配比例，分析、判断、计算其中有多少是为合法行为提供信息网络服务，有多少是为犯罪活动提供信息网络帮助。当其服务的众多对象中，大于半数的对象系利用互联网金融平台实施集资诈骗、非法吸收公众存款犯罪时，便可据此推定互联网金融平台对融资端的犯罪活动属于“应知”。

二是对互联网金融平台中立服务行为客观上促成投资端犯罪活动的处理。投资端的犯罪活动主要为洗钱犯罪。与融资端不同的是，互联网金融平台不会对投资者资金的来源或合法性进行调查与审核，因为其不负有此项义务，现实生活中也几乎没有可操作性。事实上，我国《反洗钱法》对金融机构尚未施加该义务，该法第三章规定，金融机构的反洗钱义务主要包括：建立健全反洗钱内部控制制度、客户身份识别制度以及客户身份资料和交易记录保存制度、大额交易和可疑交易报告制度，显然并不包括查明资金来源的义务。笔者认为，对互联网金融平台完全可施加前述投资者身份识别、记录保存、可疑交易报告等反洗钱义务，但由于互联网金融平台没有义务也无可能直接审查投资者资金的来源，因此就洗钱等犯罪而言，对平台中立帮助行为“明知”的认定就必须达到直接证明的程度，而不宜适用前述推定“应知”的规则。这是根据互联网金融平台对融资端、投资端审查义务的不同所作出的不同处理。

金融创新中涉众型经济犯罪的风险处置与预防

杨 蕊*

当前，我国金融市场创新步伐大幅加快，各项金融业务和金融产品种类繁多。但随着国内经济增速放缓，一些中小企业融资困难加剧，金融犯罪尤其是涉众型犯罪呈现高发态势，且花样翻新，犯罪方式较为隐秘，迷惑度极高。近年来，我国发生了多起震惊全国的非法集资、集资诈骗案，社会危害性大且影响恶劣，给金融创新的成果发展造成了阴影。例如，“e租宝”及“芝麻金融”非法集资案件，截至2016年3月23日，已有超过18万人在投资人信息登记平台登记，且登记人数在继续增加。①

一、金融创新领域中涉众型经济犯罪的渗入与表征

金融创新是对传统金融服务体系的有益补充，全新的形态结构以及运行模式方面对资本市场起到了极大的激发作用。新生事物需要成长的时间和空间，金融创新也不例外，由于本身平台及产品的成熟度不够，以及监管制度方面的缺失，导致部分犯罪尤其是涉众型经济犯罪对上述领域的渗入。为更好地甄别犯罪，寻求防范违法犯罪与保护市场活力之间的平衡，按照不同金融领域的创新成果形式，对其中可能出现的涉众型犯罪进行类别细化，具化其犯罪构成，尤其是其犯罪行为的客观体现和主观方面，以明确罪与非罪的界限十分必要。

（一）私募基金领域可能发生的涉众型经济犯罪

在私募基金在我国“试水”的同时，非法集资犯罪即迅速伪装介入其中。根据有关数据显示，2013年至2014年，天津第二中级人民法院辖区法院审理的22件非法集资刑事案件中，以私募基金作为敛财手段的有18件，涉案金额108.2亿元，涉及被害人3.6万余人。② 在封闭型、半开放型和开放型基金中，由于发起人、投资人、有限合伙人、私募基金管理公司、私募基金投资公司及最终资金流向的项目公司间资本运作方式和风险控制程度的不同，出现非法集资犯罪情形的可能性逐渐增大，尤以开放型私募股权基金的犯罪漏洞最为明显。与封闭型、半开放型基金不同的是，在开放型基金中，发起人对私募基金管理公司不再直接钳制，后者可自行募集或委托募集，以致受委托的理财工作室、小额担保公司以及理财经理，由于专业性、合规性的先天缺失，往往利用传销或非法吸储的方式，导致出现非法集资犯

---

* 法律硕士，天津市河东区人民检察院法律政策研究室主任（正科级）。

① 闫谨：《“e租宝”案已有18万投资人登记信息》，载《北京商报》2016年3月30日第7版。

② 王斗斗、张亮：《天津二中院两年审理私募基金非法集资案18件涉案108亿元　犯罪分子抛出最高25%年息“伪私募”》，载《法制日报》2015年2月3日，第5版。

罪风险，使不明真相的被募集人陷入金字塔式的“旁氏骗局”。

（二）互联网金融领域可能产生的涉众型经济犯罪

近年来，以第三方支付、网络借贷、众筹融资、电商小贷、金融网销等为代表的互联网金融快速发展，日益成为传统金融服务体系的重要补充。① 随着网络的普及和智能手机的深入应用，互联网金融以其易于操作、手续便捷等特点迅速打开市场，但投资人等在相对传统金融服务更为简便地获得经济利益的前提下，让渡出的往往是资金安全的较大风险及个人信息的不当泄露等。金融诈骗就是其中的极大威胁之一，如某些网络接待平台并未建立第三方资金托管机制，这就使得相当大规模的资金处于可能被挪用甚至被非法占有的状态。如前文提到的“e 租宝”案件，根据最高人民检察院在今年 4 月 27 日国务院处非办召开的防范和处置非法集资法律政策宣传座谈会上提供的情况，“e 租宝”共涉及用户 ID 901294 个，累计充值 581.75 亿元，累计投资 745.11 亿元。其中约有 15 亿元被实际控制人丁宁用于赠与妻子、情人、员工及个人挥霍。②

（三）金融中介服务可能衍生的涉众型经济犯罪

在诸多金融创新产品中，均能看到中介机构的身影，其受委托为金融产品提供中介服务。在现实中，由于部分中介机构的介入及其提供的中介服务内容和形式的异化，导致产品发起人对资金募集过程失控，发生非法吸收公众存款等非法集资犯罪行为。目前私募基金为募集资金所雇佣的投资理财顾问、咨询平台无疑打破了这种限制。制作私募基金网站、理财讲座、投资研讨会等宣传形式无形当中把私募基金资金募集行为推向了犯罪的边缘。其中，传销化的运作模式隐秘性、危害性极大。某些中介公司往往招募足够的雇员，通过各种途径塑造公司形象，赢得所谓投资者信任，形成传销式营销网络，或聘请“职业传销客”作为推手，诱导群众进行投资，更快地获取非法收益。

二、涉众型金融犯罪中反映的金融创新风险点分析

找准金融创新发展中等环节中可能产生涉众型犯罪的风险点，是防范犯罪发生和加强风险控制的关键。这些风险的存在并非由于金融创新产品自身的“原罪”，而主要集中在制度缺陷、外部监管不力和运作过程中的异化因素。因此，要严格区分金融犯罪与金融创新的界限，着眼于经济生活发展，在尊重金融市场规则的基础上，紧紧钳住风险点，以实现维护金融市场秩序与激发市场活力的统一。

（一）犯罪人和被集资人法律常识缺失的风险

例如，在有的非法集资犯罪案件中，尤其是某些利用互联网金融平台实施非法集资案件中，一些犯罪人对行为本质缺乏认识，认为自己是金融公司的正式员工，经过公司宣传、培训，自身行为便不属于犯罪。例如，在一起以经营“e 租宝”理财产品为名，实施非法吸收公众存款犯罪案件中，嫌疑人供称：“我相信电视台宣

① 陈琼：《立法规范互联网金融发展》，载《人民日报》2014 年 4 月 23 日第 18 版。

② 周炎炎：《e 租宝专案组：投资人申请身份复核截止，司法审计正在进行中》，载微信客户端《澎湃新闻》2016 年 7 月 18 日。

传的品牌，所以觉得‘e 租宝’挺靠谱的。”此外，犯罪分子常以投资项目系“政府支持、政策扶持”作为噱头，夸大、虚构风险承担能力，甚至打着“支持地方经济发展”“高新产业”“绿色环保产业”“发展三农”等旗号，承诺年息最高达25%，月息甚至高达10%，并承诺以3个月、6个月、1年不等的期限返还投资款及利润。[①]大多数群众缺乏一定的金融知识，且受到高息诱惑，容易被犯罪分子哄骗。

（二）制度供给不足的风险

刑法不是万能的，刑法是二次调整法，对把控风险而言，还是一次调整法即关于金融企业、产品等本身的规范制度更便于操作，实现“源头预防”。但当前相当多的金融企业尤其是互联网金融企业以创新的名义开拓自己的业务，已经进入结算、货币创造、信用放大等领域，这些都是传统金融行业即银行等金融机构的核心业务。上述业务是否能够由新型金融企业开展、金融监管机构如何监管以及新型金融企业运作中其金融技术、风险控制等方面如何规范等，从金融管理制度方面来看并不完善，存在相当部分的制度“真空”，为金融领域的涉众型经济犯罪发生留下隐患。因此，对于金融企业是否是依法设立、发起人等是否适格、融资行为是否合法合规等问题，首先要依靠健全的金融制度体系进行评判和治理，对于刑法介入要谨慎、适度，以保持和维护公平、高效、充满活力的市场环境。若一旦发生重大风险，而相关行为又确实符合刑法构成要件时，刑法应及时介入。刑法就像一把达摩克利斯之剑，需要时应悬在头上，发挥威慑作用。[②]

（三）产品推广过程中的风险

所谓产品，是指向市场提供的，引起注意、获取、使用或者消费，以满足欲望或需要的任何东西。这其中，在向市场供给的过程中，必然有推介、营销的一个阶段。金融创新产品也不例外。但金融产品的宣传推广机制应有一定规范，即在宣传范围、对象、内容、形式等方面应当受到一定限制，这既是防范资本炒作，又是最大限度地防范法律风险的需要。但在实践中，如前所述，相当部分的金融产品推介采取传销化模式，多采用晦涩难懂的投资技术，使生财之道看上去似是而非，又仿佛切实可行，辅之以承诺的所谓超额回报，能够有效地欺骗一般集资者甚至专业集资者。在某些集资照片案件中，犯罪分子通过互联网、QQ、博客及召开现场推介会等方式对其投资项目进行大肆宣传，在前期如约向集资者支付高息回报，给公众造成实力雄厚的假象，诱导所谓集资者作出错误决策。

三、当前金融创新领域风险防控及犯罪预防

针对上文中提及的三大金融创新风险点，笔者认为可以从金融创新领域内部治理、外部监管、社会监督等方面进行全方位的范化，以形成科学、完整的犯罪预防

---

① 王斗斗、张亮：《天津二中院两年审理私募基金非法集资案 18 件涉案 108 亿元　犯罪分子抛出最高 25%年息“伪私募”》，载《法制日报》2015 年 2 月 3 日第 5 版。

② 许芝祥、尹伟、陈晶磊、乔春华：《余额宝等互联网金融平台的刑法思考与风险规制》，载《犯罪研究》2014 年第 3 期。

网络，维护金融市场秩序，并使金融创新市场保有相当的活跃度。可以从如下几个方面进行管控：

（一）健全金融企业内部治理

不断涌现的金融平台、工具及成果对传统金融机构运作模式均有较大突破，因此，进一步健全金融机构内部治理势在必行。针对目前我国金融公司内部治理结构较为松散、组织形式混乱的问题，应着重关注在发起人与股东之间、股东与股东之间以及股东与基金管理公司、项目公司等之间关于财产所有权、使用权、管理权、监督权等内容的内部治理机制，堵塞可能出现非法集资犯罪的制度漏洞。同时，公司内部应加大法律文件审查力度，坚决防止资金募集行为触碰到非法集资犯罪的法律“红线”，坚决防止由“风险投资”的合法融资异变为“伪私募”行为。此外，完善发起人等个人信息披露制度，对于其相关资产、负债情况及个人重大事项变更等情况在公司内部向投资人、股东等进行公示，并及时到相关主管部门进行备案。

（二）加强金融企业外部监管

目前，对于以金融创新成果名义进行经营运作的企业监管，多侧重于规范其登记、注册、备案等程序，缺乏募集、投资、管理方面的实质性规范，以及推广、介绍、销售等环节的具体性规定。但并未有效起到“严把入口”的有效作用，反而让犯罪分子通过手续齐全的准入操作，轻易获得证照和注册信息，公权力的证明作用更容易导致群众受骗。因此，建立系统的市场准入机制是预防合法金融产品转化为非法集资的前提。要对申请主体资格的真实性、资金来源的合法性、管理人员资质以及业务动向上进行实质的全面监管。此外，由于金融市场的紧密关联性，金融监管机构还应当争取相关金融机构特别是银行的紧密配合，保障侦破工作顺利进行。例如，建立非现金支付业务分析系统。非现金支付业务通过支付系统存储着大量的支付信息，如银行卡信息、票据信息、贷记转账信息等，[①] 可以通过监测重点地区可疑人员或企业的账户变更情况、资金转账情况及时发现犯罪线索。

（三）严控金融创新成果推广环节

如前所述，金融创新产品有推广、介绍、销售等环节，实践中不乏私募基金管理人通过报纸、电视、网络等传媒发布其募资广告。如果在这些广告中，私募基金管理人对其投资管理能力、以往业绩等作出与事实严重不符的虚假宣传，则构成虚假广告罪。[②] 因此，金融监管部门应联合相关部门做好实时监督。重点区分针对社会大众的一般性广告宣传和针对特定投资群体的专门性广告宣传。禁止通过任何报纸、杂志、电视、广播、互联网或任何类似媒体的形式进行任何形式的一般性广告宣传。[③] 加强对传统媒体（电视、广播、报刊等）及新媒体（微信公众号、微博等）上涉及金融产品类广告的审查，坚决防止非法金融产品进入正规媒体宣传渠

① 黎明、王家柏：《利用金融平台支持预防和打击经济犯罪的探讨》，载《西南金融》2011 年第 3 期。

② 王冠：《民间私募证券投资基金运营中的涉罪问题研究》，载《铁道警官高等专科学校学报》2013 年第 2 期。

③ 姚奎彦：《私募基金资本运作过程中的非法集资犯罪问题研究》，载《建设公平正义社会与刑事法律适用问题研究——全国法院第 24 届学术讨论会获奖论文集》（下册）。

道，同时对构成虚假广告罪的进行依法查处。此外，在有的宣传中，还聘请了所谓的“专家”对产品进行论证，给出“专家论证意见书”，使被集资人陷于认知错误。因此，笔者建议对于明知或应知是虚假金融产品仍出具专家论证意见，并符合相关金融犯罪构成的，应当依法追究相关人员的法律责任。

（四）建立对非法金融产品的社会监督网络

充分利用媒体优势，教育群众了解非法集资的特征、性质和危害，引导社会公众培养正确的投资理念，增强风险防范意识，并将非法集资活动遏制在萌芽状态。同时，鉴于互联网金融的迅猛发展，犯罪分子的作案目标和范围逐渐向全国范围扩展，因此，应借鉴某些省市设立“处非办”（处置非法集资案件办公室）的做法，在全国范围内做好非法集资案件信息统计报送工作，建立反映快捷的工作机制，提高掌握信息、发现线索的能力，在最短时间内掌控相关犯罪情况，尽可能地减小社会危害性。

（五）准确把握法律规定与刑事政策

据统计，2013 年至 2014 年，在天津第二中级人民法院辖区法院审理的 18 起以私募资金为敛财手段的非法集资刑事案件中，有 16 起涉及空壳公司，公司注册地均为天津市滨海新区，大多数犯罪分子打着滨海新区先行先试的旗号，到全国各地引诱不明真相的群众上当受骗。同时，随着上海、天津等地自贸区建设的推进，可能出现犯罪分子以自贸区为“制度创新”高地等为幌子，超越法律界限进行非法融资。就检察机关而言，要发挥刑事检察监督作用，聚焦具有社会敏感性、钻自贸区改革创新空子的犯罪案件，重点打击走私、洗钱、非法吸收公众存款、诈骗、侵犯知识产权和商业贿赂等破坏社会主义市场经济秩序的犯罪和涉众型侵财犯罪活动。同时，也要严格把握尺度，正确界定适用刑事法律调整的执法边界，助力自贸试验区形成鼓励创新、支持改革的环境氛围。

以非法集资犯罪为切入点探析金融风险犯罪现状

朱艳菊* 宋 涛**

金融活动是当今人类社会极其重要的资源配置手段之一，它通过资金的流动最大限度地提高资金的使用效率，从而创造更多的物质财富，推动社会的发展，改善我们的生活。当前社会企业融资难是多年的顽疾，一些企业为了解决这一问题就在其内部或社会上融资，吸纳社会闲散资金为己所用。虽然一定程度上解决了资金问题，盘活了企业，但很多企业家却因分不清一般的民间借贷行为和“非法吸收公众存款”之间的界限而被追究刑事责任。近年来，全国各地发生了很多涉众资金密集型犯罪，如非法吸收公众存款、集资诈骗、电信诈骗等犯罪，严重破坏了金融秩序，严重影响社会稳定，如何有效防范此类案件风险已成为当前金融监督管理工作中的重要课题。本文结合实例从非法吸收公众存款、集资诈骗类型案件入手，分析此类犯罪活动的特点、成因，并就如何防控此类犯罪进行探讨。

一、非法集资金融类案件的特点

（一）犯罪手段复杂化程度高、形式更隐蔽

随着宣传和打击力度的加大，集资名目除了早先的股权投资、理财和三方借贷担保外，有的犯罪嫌疑人还运用产权式返租、电子商务、投资基金、黄金托管、预分红等新形式，变相进行非法集资。对普通群众迷惑性更强，一般人很难发现背后的猫腻。犯罪手段更加隐蔽，他们没有设立对公账户，群众的钱往往是直接打入个人或员工的账户。集资手段也逐步由传统方式向网络化发展，在资金链未发生断裂的情况下难以及时发现。

（二）案发周期长，案件侦破难度大

主要表现为：一方面，犯罪嫌疑人往往给融资过程披上了合法的外衣，如盛归来投资担保公司，在成立后不到三年的时间里，先后被省市相关部门评为“洛阳最佳担保公司”，获得“最具社会责任感担保机构”、“最受社会信赖投资担保机构”等荣誉称号，国担投资担保公司获河南省法人代表权益保护中心授予的“守法诚信共建单位”、“最具价值投资担保机构、最具社会责任感担保机构”荣誉称号。受害群众也表示因为是“政府批准的合法公司”、“合同及网站上都宣传，如果是非法的公司，我们绝对不会投”。另一方面，犯罪嫌疑人通过“拆东墙补西墙”的方

* 河南省人民检察院未成年人检察工作办公室副主任。

** 河南省洛阳市老城区人民检察院检察长。

式，支付高额利息以诱骗更多人上当，由于早期受害人有利可图，不到东窗事发时，往往不会主动举报，导致案发的周期历时较长。在已发案件中，案发时间多在两年以上，有的案件案发时间竟长达6年以上。

（三）涉及面广、社会危害性大

发案行业由投资、担保、股权投资三大重点行业向商贸、黄金珠宝、咨询、资产管理、农业等各个领域扩散，在涉案主体上，几乎涵盖了社会各个阶层，既有金融从业人员，也有金融业以外的不法分子；有企业高管，也有一般员工；有自然人也有私营企业、贷款公司等单位法人。受害人人数众多，具有极大的不特定性，少则几十人，多则几千人，其中很多是老年人、离退休人员、失业人员、低收入人群等，这些受害人本身经济状况不好，往往是动用一生积蓄参与非法集资活动，投资泡沫破灭，导致其日后生活保障受到严重影响。

（四）违规违法经营现象严重

1. 虚假出资、违规违法经营。根据调查，投资担保公司在成立时90%有虚假出资情况，有很多投资担保公司交给代办公司办理公司注册手续，有些投资担保公司根本就是空壳公司，没有场地、没有专业从业人员、没有项目，违规、违法经营的现象十分严重，有的被监管机构整顿时采用欺骗手法变换形式继续经营，有的被政府约谈后继续开展非法吸收公众资金的违法犯罪活动，资金链断裂后相互进行资金拆借，将集资到的钱随意投资，有些更是肆意挥霍，从而触犯非法吸收公众存款和集资诈骗两个罪名。

2. 经营风险意识低、防控风险机制不健全。担保公司的业务经营没有严格的制度规范，对于业务的审查，缺乏集体讨论机制；对于经营方式、投资方向，仅由董事长或总经理等个别人直接决定。经营过程中出现操作性失误，主要表现在：信息不灵，决策失误；风险意识淡薄；工作人员责任心不强；以权谋私，内部人员贪污、侵占、受贿，提供人情担保等。从业人员对担保业务不熟或经验不足，对担保对象判断不准、对担保条件把握不严，而人为地产生担保风险，出现不必要的代偿。有些担保公司本身没有项目可做，就直接从事民间借贷。据统计，洛阳市的担保公司有三分之二从事民间借贷，用比银行高的利息将钱从个人手中揽上来，再以更高的利息把这些钱放贷出去。前期发案的情况，集资款主要投入房地产，房地产市场不景气，集资款又转投到其他实体企业，但一些下游实体企业项目自身运营不佳，发展低迷，企业借高息高成本运营，导致企业拖欠贷款，无法向担保公司还款，担保公司就无法向投资者还款，引发连锁反应。以投资、担保公司社会吸储成本按月息1.5分计算，年利率至少在18%以上，如果再以月息3分至5分向外借款或投资，而现在没有多少企业的效益能达到30%以上，尤其是在目前宏观经济增速放缓的大背景下，借贷资金迟早会出现断裂。

（五）非法集资犯罪呈现地域化、组织化特征

在非法集资案件中，出现一批专门从事资金低吸高放业务的非法资金掮客，有些还是金融机构的职员，这些人员具有丰富客户资源和专业经验，便于内外勾结充当资金“掮客”从中获取中间利益，逐渐演变成有组织、有预谋、有分工的犯罪集团。案件分布刚开始主要在城市，后来向县域、城镇、农村蔓延，特定地域人员相互传授犯罪手法，跨区域组织非法集资，影响十分恶劣。

二、非法集资犯罪的成因

（一）宏观经济调控下的民间借贷是主要诱因

1. 民间投融资渠道狭窄，市场机制不健全。2008 年金融危机爆发，由于受全球经济衰退的影响，国家货币政策由积极转向稳健，银根趋紧，融资难成为制约中小微企业快速发展的“瓶颈”，一方面一些中小企业资金紧张，对金融服务需求旺盛且日益多样化，但由于金融机构集中度高，银行信贷准入门槛高、手续复杂，导致资金供求关系失衡，融资渠道不畅。另一方面民间借贷市场活跃。新华社援引央行研究局近日的一份调查报告表明，在 2010 年我国民间借贷市场开始抬头之时，这一市场的资金存量就已超过 2.4 万亿元，占当时借贷市场比重已达到 5%以上。我国民间借贷资金量逐年增长，存量资金两年内增长超过 28%。银行存款利率持续走低，能够保值增值的投资和理财方式十分有限，大量民间资本与中小企业“需求急、总量少”的特点相契合，催化了民间借贷市场的活跃，为涉众型金融犯罪滋生提供了现实“土壤”。

2. 国家宏观经济调控失衡。当时实体经济困难较多、效益下滑，国家出台政策支持小额贷款，演化变异为投资担保公司超范围经营和膨胀发展，不规范民间借贷行为引发非法集资犯罪，典型表现为非法吸收公众存款、集资诈骗等。房地产行业持续升温且获利丰厚，刺激了部分生产加工企业抽资，甚至通过民间借贷投资房地产开发，以及一些投资担保公司大量吸收民间资金投资房地产行业，随着国家房地产调控力度加大，房地产市场降温房屋销售不畅情况下导致资金链断裂，引发了大批量的非法集资犯罪案件。洛阳市非法集资问题从 2011 年开始显现，截至目前累计立案 224 起，涉及未兑付资金 164.5 亿元，集资人员 8.9 万人。涉众型金融犯罪呈高发态势，已成为危害经济秩序、诱发群体性事件的重要因素，亟须采取有效措施防范和化解金融风险。

（二）集资参与人缺乏较强的风险防控意识及能力

一方面，随着经济的增长，居民闲置资金也在增加，但当前资本市场面向普通投资者提供的投资工具种类偏少，个人资产保值增值的投资需求旺盛。另一方面，普通投资者风险防控能力较弱，防范意识不强。一是缺乏经济金融和法律方面的知识，缺乏专业的风险管控知识和手段，不能区分合法和非法的界限；二是偏好高收益的投资，逐利投机心理较强。过分关注高额的利息回报，发财心切，轻信熟人介绍和集资方的宣传，心存侥幸，面对犯罪分子打出高回报的幌子，往往抵挡不住诱惑而上当受骗；三是防范意识弱，盲目跟风冒进。对犯罪嫌疑人的资信调查、评估流于形式，对投资风险失去正确判断，被犯罪嫌疑人包装的假象所迷惑，盲目跟风，最终落入不法分子设计好的圈套，导致血本无归。

（三）法律制度不健全

防范、监控、预警和打击非法集资活动需要多部门共同参与，这方面法律制度建设尚不完善，如其中与之密切相关的民间借贷尚缺乏明确的法律规范，现行刑法条款无法对其调整，导致一些民间融资项目的立项、广告宣传、资金筹集、流向等环节无法实现透明严格监管。对融资性担保公司的监管规定不完善之处表现为，监管机构对融资性担保公司的行政处罚权的规定上，对违法经营的行政处罚只有两条规定，即第15条和第49条。《融资性担保公司管理暂行办法》第49条规定："融资性担保公司违反法律、法规及本办法规定，有关法律、法规有处罚规定的，依照其规定给予处罚；有关法律、法规未作处罚规定的，由监管部门责令改正，可以给予警告、罚款；构成犯罪的，依法追究刑事责任。"第49条不太具有可操作性，如罚款的数额没有规定具体幅度。而第15条存在立法权限问题，假设监管部门实施撤销处罚，极可能面临不利的行政诉讼。目前对融资性担保公司监管不力，与融资性担保行政处罚制度不完善不无关系。

（四）监管不足

1. 金融活动主体及平台没有全部纳入金融监管范畴。在经济转型时期，我国金融体制和治理结构不完善，对银行、证券公司、保险公司等正规机构之外的融资平台缺乏有效监管，致使非法融资中介大量成立，成为引发金融犯罪的重要原因。特别是对于自然人或典当行、担保公司、投资公司等缺乏统一的管理规范，没有完全纳入金融监管范围，存在极大风险隐患。

2. 监管机构经验不足、措施缺乏、监管泛化。从2010年起，我国融资性担保公司监管机构变更为省级政府部门监管，融资性担保公司监管机构几经变更，是目前融资性担保监管不力的原因之一。对现在的监管机构来说，一是由于接替监管时间短，经验不足，监管措施缺乏。当前，行业监管仍处在审批、备案管理阶段，事中事后监管力量薄弱、措施滞后，仅依靠年检审计、巡查暗访等无法监控企业资金流向，掌握真实经营情况。二是融资性担保机构多，业务类型复杂，监管机构力不从心。截至2011年年底，在洛阳市工信局融资担保科备案的担保机构就有140家。根据网上不完全统计，截至2012年4月，全国担保机构有万余家，河南省就有一千多家，占到全国的1/5，其中郑州市有各类担保机构近500余家，占全省总数的50%。监管机构面对如雨后春笋般出现的融资性担保机构无力全面地进行深层次监管。现阶段，非法集资搭上了互联网金融的便车，出现了预付卡、销售融资等新形式，现行分业监管模式既无法全面覆盖风险，也难以有效甄别发现问题，面对日常突出的互联网金融风险传统的监管更是无能为力。三是缺少统一的监管标准。比如，对于融资性担保公司经营的监督、指导，由地方监管部门结合本辖区实际情况制定实施细则并组织实施，政府监管部门也没有明确统一的规定和标准，这给地方政府监管带来困惑，致使监管力度不够，指导措施缺位。

（五）被监管对象逃避监管违规违法经营

由于融资性担保公司规模小、出资分散，起步快，发展迅速，数量无序增长，又缺乏正确的导向，加上经济利益的诱惑和不正当竞争，直接导致其经营偏离正确的轨道，走入违法经营、违规经营的误区。融资性担保公司在经营中要接受监管部门的检查，但现实中，非法集资企业多有两到三套账，吸收资金主要经个人银行账户划转，犯罪手段隐蔽，违规违法经营情况在资金链没有断裂的时候总能够想方设法躲过检查，长时间继续其违法违规经营。

三、非法集资金融犯罪的防范

（一）构建科学合理、运转有效的普惠金融体系

一是在市场政策制定和金融资源分配上应向中小微企业、低收入者和农村偏远地区客户等弱势群体倾斜，完善其投融资渠道和手段，使其能够获得与大企业和富裕阶层机会均等的安全、快捷、可承受的正规金融服务和产品，减少非法集资、非法传销等涉众型经济犯罪的活动空间。二是尽快制定有关民间借贷的管理办法，规范和保护正常的民间借贷行为，加强对民间借贷机构的备案管理，通过正规渠道释放民间资本的活力，引导民间借贷逐步走向规范健康的运行轨道。

（二）建立形式灵活、注重实效的宣传教育机制

金融犯罪，特别是非法集资案件多发的现状，与当下社会公众投资者缺少风险意识和法律意识有一定关联。社会各界应当进一步加大宣传教育的力度，通过电视台、广播电台、报纸、网络、短信等媒体，以专题、专栏等形式，对防范打击涉众型经济犯罪开展多层次、多角度、立体化的公益宣传，充分利用主流新闻媒体的正面引导作用，引导群众树立正确的理财观念并理性投资，及时披露涉众型金融犯罪案件信息，加强对社会公众和企业的风险提示和案例警示，使广大群众进一步分清非法融资的敛财本质和严重危害，提高识别能力。有关职能部门也要积极开展法治宣传、法律咨询和警示教育，更多地使用贴近于老百姓生活的方式，借助互联网等新媒体放大宣传效果，普及应对涉众型金融犯罪的知识和技能，切实帮助社会大众提高自我防范意识和识破金融骗局的能力。引导社会公众树立正确的金融投资和金融消费理念，提高投资风险意识，普及金融、法律知识，增强公众风险防范意识。引导民众理性投资，自觉抵制非法集资、非法传销活动，提升社会公众的风险防范意识和能力，营造稳定和谐的社会氛围。

（三）完善金融领域法律、制度建设

1. 提高立法层次，根据《立法法》的有关规定，基本经济制度以及财政、税收、海关、金融和外贸的基本制度只能制定法律，部门规章规定的事项应当属于执行法律或者国务院的行政法规、决定、命令的事项。国家针对融资性担保公司出台了一系列的规定，但效力偏低，如《融资性担保公司管理暂行办法》为中国银行业监督管理委员会、国家发展和改革委员会、工业和信息化部、财政部、商务部、中国人民银行、国家工商行政管理总局七部委联合制定，虽经国务院批准，仍不能改变其部门规章的性质。这也表明国家目前尚未将融资性担保公司纳入金融等基本制度，《融资性担保公司管理暂行办法》属于联席会议执行国务院的决定，立法层次较低，不利于监管机构行使其应用的监管职能，亦不利于与其他相关监管部门的协调。为了改变目前监管不力的状况，应提高监管立法的立法层次，将现行的部门联合规章升格为国务院的行政法规。

2. 与其他相关法律规范相协调。首先应建立与市场经济相适应的金融管理制

度，提高小额贷款公司的准入“门槛”，规范相关审批手续，将其纳入金融监管领域。在融资性担保的准入许可制度与融资性担保违法行为的行政处罚制度设计上，务必与《行政许可法》、《行政处罚法》相协调。其次应当强化制度建设，构建市场经济诚信体系。增强融资担保企业自律意识，要求融资担保企业签订不参与非法集资承诺书，对投资、担保、典当等重点行业法定代表人、股东及其配偶出入境实行备案管理，督促企业诚信经营。

3. 从法律层面提高违法犯罪成本。从洛阳市近两年爆发的大案、要案情况来看，非法集资活动往往能在1年到2年较短时间内大量掠夺财富，非法集资类案件涉案金额动辄千万元、上亿元甚至十几亿元的案件占有相当的比例，社会危害的外溢效应明显，但与普通刑事案件比较，非法吸收公众存款案件犯罪嫌疑人受到的惩处相对较轻，违法犯罪成本较低。我国刑法规定对非法吸收公众存款罪处3年以下有期徒刑或拘役，并处或单处2万元以上20万元以下罚金；数额巨大或者有其他严重情节的，处3年以上10年以下有期徒刑，并处5万元以上50万元以下罚金。在高利诱惑和较低的犯罪成本的驱动下，新的案件不断发生。因此，建议修改现行刑法，提高违法犯罪成本，提高法律的震慑力。

（四）健全预防为主、打防结合的防控工作机制

1. 加强金融市场整顿与监管。1993年至2010年，中央金融监管部门一直承担着对融资性担保公司的监管，已积累了较多的经验，中央金融监管部门具有胜任融资性担保公司监管理能力。银行业监督部门相对地方政府更能胜任对融资性担保公司的监管。建议加强金融机构对融资性担保公司开展业务活动时资金流向的监管，及时发现市场主体或个人账户异常的资金流动，配合政府监管部门将非法集资活动消除在萌芽阶段。同时，切实做好对金融机构职员参与非法集资行为的排查工作，重点防范非法集资等外部风险向银行体系传染渗透，严格禁止银行职员参与民间融资。工商、税务等政府部门要加强对市场主体的监管，引导其强化行业自律。对涉嫌涉众型金融犯罪的，应当及时向当地人民银行分支机构或公安部门报告，以利于后续打击或处置工作的开展。

2. 创新监管手段，改变以人为主的传统监管方式，通过引入第三方机构利用互联网、大数据科技手段进行监测，以及加强对可疑资金账户的监控和披露，逐步建立起常态化的行业监管和预警机制。

3. 推进专业治理，强化金融领域司法保护。加大对涉众型金融犯罪的惩防力度，在司法机关与行政执法机关之间要加强协作配合，建立打击和防范涉众型金融犯罪的长效协作联动机制，在地方党委、政府统一协调下，明确公安、法院、检察院、工商管理、人民银行、银监、金融办等部门的职责分工，定期召开联席会议会商研判，完善处置涉众型金融犯罪的工作方案和预案，研究制定打防对策，区分性质采取不同处置方式，有效促进部门间信息共享和合作联动，实现早监控，早识别，早介入，将风险隐患及时化解。做到合理分工、相互配合、互通信息、形成合力。

（五）抓好统筹协调，强化预警防范工作

1. 建机制统筹协调。防范和治理金融犯罪形势严峻，要牢牢守住不发生区域性、系统性金融风险的底线，建立工作机制，做好统筹协调工作。分层次设立金融工作部门，明确专职机构和人员，对金融风险进行排查、监测。按行业和属地实行“条块结合”管理，增强工作责任感。行业方面，对业务归口明确的行业，由主管部门牵头负责，对无前置审批、监管责任不明确的行业，政府指定部门牵头，联合工商、公安等职能部门开展联合执法检查。

2. 创新防控工作方法。2014 年，洛阳市率先在省内试点利用社区网格化管理开展非法集资监测预警和宣传教育工作，通过拨付经费、召开例会、实施考核，发动网格员、网格警以及楼栋长排查非法集资活动，进门入户宣传。行业日常排查、政府集中巡查相结合，网上、网下相结合，以工商部门和社区工作人员为主，结合走访、巡查，及时铲除、收缴各类违规投资理财广告。利用关键词搜索，对网上的涉嫌非法集资信息进行删除，严格担保公司、小额公司等重点行业投资广告发布备案审查，对外公布举报电话、设立专题网站受理群众举报，对融资性担保公司、小额贷款和典当行等重点行业在年审时开展指定审计。

（六）引入“互联网+”的工作模式，实现金融犯罪防控全国一体化

1. 有效利用企业注册信息开展风险监测预警。洛阳市近年来非法集资活动出现组织化、地域化的特点，如伊川籍人员在全国各地大肆进行非法集资的犯罪活动，建议国家工商总局利用企业注册登记信息开展专门风险监测预警，对短期内以个人名义大量注册公司或某一地区人员集中设立同一类型企业情况进行重点关注，根据排查掌握的情况及时向涉及地市提示和预警，实现预警防控全国一体化。

2. 加快社会信用体系建设。洛阳市查办的亿成、金隆汇通等非法集资案件，主要犯罪嫌疑人均有传销、诈骗等经济犯罪的前科，鉴于此，建议加快社会信用体系建设，建立经济犯罪人员“黑名单”，发挥社会信用体系的作用，使违法犯罪者“一处违法、处处受阻”。

多层次资本市场中集资类犯罪行为的研究

赵文聘* 杨 蕊**

集资类犯罪，也可以称为“非法集资”，在我国现行刑法中并没有明确的规定，概括来说，单位或个人未依照法定程序经有关部门批准，以发行股票、债券、彩票、投资基金证券或者其他债券凭证的方式向社会公众筹集资金，并承诺在一定期限内以货币、实物及其他方式向出资人还本付息或给予回报的行为。① 资本市场参与人员复杂，交易活动复杂，涉及资金数额大，公开和非公开交易并存，极易发生违法犯罪行为。而我国多层次资本市场目前尚处于初级发展阶段，相关制度还不是很完善，相关违法犯罪行为屡见不鲜。从《刑法》来看，有关资本市场的犯罪主要规定在分则第三章第四节“破坏金融管理秩序罪”中，具体包括以下几个主要罪名：非法吸收公众存款罪，擅自发行股票、公司、企业债券罪，内幕交易、泄露内幕信息罪，利用未公开信息交易罪，编造并传播证券、期货交易虚假信息罪，诱骗投资者买卖证券、期货合约罪，操纵证券、期货市场罪，集资诈骗罪，非法经营罪。

本文所谓集资类犯罪主要是指非法吸收公众存款罪，擅自发行股票、公司、企业债券罪，欺诈发行股票、债券罪和集资诈骗罪四个犯罪类型。

一、集资类犯罪的分类

我国目前正处于经济快速发展期，同时也是经济转型期，由于经济快速发展带来的充沛民间资金，也同样需要寻找更多的投资渠道，使资金流动起来，维持经济的持续稳定发展，同样需要大量的资金支持。在经济社会发展过程中，社会对资金的需求不仅庞大，而且呈多样化状态。然而，我国目前的金融体系并不能完全满足各类型企业融资的需求，无法为资金融通提供更为顺畅的路径。

经济转型要求金融体系也需要从国家垄断型金融体系换为符合市场经济发展需要的金融体系，这一转变过程不可能一蹴而就。在此期间，那些急需资金的企业和个人，往往很难从现有的金融体制中获得所需要的资金，不得不自谋出路，违反金融秩序进行融资，以获取发展资金。而一些投机者，千方百计寻找金融体系变革中的不足和漏洞，实施犯罪，通过五花八门的欺骗手段，侵害单位、个体财产。

因此，集资类犯罪从性质上来看，可以划分为两类：一是侵害秩序类集资犯罪，主要是一些真正有融资需求的企业或者个人，由于无法通过正规渠道获得资金

* 天津社会科学院法学研究所助理研究员，法学博士。

** 天津市河东区人民检察院研究室主任，检察员。

① 参见 1998 年国务院《关于取缔非法金融机构和非法金融业务活动中有关问题的通知》。

支持，或者通过正规融资渠道的成本过高，所以选择了非法集资。该类集资犯罪主要是非法吸收公众存款罪，擅自发行股票、公司、企业债券罪，非法经营罪等。二是侵害财产类集资犯罪，主要是集资行为人本身并无融资需求，只是利用非法集资活动来骗取他人财物，自始至终没有归还相应财物的意图。该类集资犯罪主要是集资诈骗、欺诈发行股票、债券罪等。

二、侵害秩序类集资犯罪中的“秩序”

侵害秩序类集资犯罪以非法吸收公众存款罪最为典型。从本质上说，侵害秩序类集资犯罪从三个层面侵害秩序：第一，国家金融管理秩序。非法吸收公众存款加大国家宏观调控难度，破坏国家统一利率，影响币值稳定，增大通货膨胀压力。第二，国家金融市场秩序。非法吸收公众存款行为，减少了银行储源，与银行进行不正当竞争。第三，增加了国家金融风险。非法吸收公众存款存在高利率、高风险和缺乏有效约束与监管机制的不足，由于缺乏足够的保障机制，导致财产损失风险加大，可能引发局部性金融风波和群体性事件，影响社会稳定。[①] 因此，在定罪量刑过程中，非法吸收公众存款罪侵犯的客体便界定为金融秩序。有学者指出，“扰乱金融秩序”是指减少国家储源，加剧银行资金紧张，致使公众财产利益受到损害，造成金融秩序的混乱。[②]

而对违法犯罪行为达到什么标准才算“扰乱或侵害金融秩序”，学界众说纷纭。(1) 结果属性说。有学者认为，实施非法吸收公众存款的行为只有造成了扰乱金融管理秩序的实质危害结果才构成犯罪，如果没有造成实质危害结果，就不能认定为犯罪。[③] 而应当作为一般的违法行为予以行政处罚或者按照民法的相关规定解决纠纷。很明显，如果单纯地吸收存款，并未实质上金融危害不视为犯罪。(2) 行为属性说。有学者认为，只要行为人向公众开展非法的存款业务，且为后者知晓即可构成犯罪既遂，无论其是否现实地吸纳了存款。[④] 意思是说，只要实施了非法吸收公众存款的行为，便违反了金融管理制度，就已经对金融秩序造成了危害，不论对国家、公众利益是否有实际损失，都构成本罪的既遂。

笔者认为，从刑法文字表述上来看，非法吸收公众存款罪有两个适用条件，一是扰乱金融秩序，二是数额巨大或者有其他严重情节，因此扰乱金融秩序的非法吸收公众存款行为需要达到数额巨大或者有其他严重情节，才构成犯罪。这一点在最高人民检察院、公安部联合发布的《关于经济犯罪案件追诉标准的规定》一文中有更细致的体现，本罪在定罪处罚时应当考虑涉案金额、范围以及给存款人带来的经

① 谢望原、张开骏：《非法吸收公众存款罪疑难问题研究》，载《法学评论》2011年第6期。
② 刘建：《金融刑法学》，中国人民公安大学出版社2008年版。
③ 舒慧明：《中国金融刑法学》，中国人民公安大学出版社1997年版。
④ 张军主编：《破坏金融管理秩序罪》，中国人民公安大学出版社1999年版，第199页。

济损失。[①] 根据罪刑法定的原则，在界定非法吸收公众存款犯罪时需要准确把握“秩序”的内涵，对没有对金融秩序产生实质性危害的非法吸收公众存款行为，则没有对其进行刑事处罚的必要性，不应以犯罪论处。

三、侵害财产类集资犯罪中的“诈骗”

随着国家经济的发展特别是改革开放后，一方面人们对财富的追求越来越高，人们的收入逐渐增多，社会闲散资金变大，但另一方面人们的理财观念更新缓慢，相应意识滞后，大多数人对基金、股市等新兴事物不甚了解，容易钻进犯罪分子设置的高收益、高回报圈套。侵害财产类集资犯罪往往受害者人数众多，涉案金额较大，与其他一般的侵犯财产类的犯罪相比社会危害性要大得多。

根据我国《刑法》第 192 条的规定，集资诈骗罪是指以非法占有为目的，使用诈骗方法非法集资，数额较大的行为。因此，侵害财产类集资犯罪的主要特征是通过诈骗的方法非法占有财物。在刑法条文表述中，诈骗方法是指虚构事实或者隐瞒真相的方法。1996 年最高人民法院发布的《关于审理诈骗案件具体应用法律的若干问题的解释》第 3 条规定，诈骗方法是指行为人采取虚构集资用途，以虚假的证明文件和高回报率为诱饵，骗取集资款的手段。

笔者认为，当前侵害财产类集资犯罪手段的欺骗性、隐蔽性越来越强，犯罪分子采用公司化、传销式运作特征明显，通过“新瓶装旧酒”式虚假包装，充分利用信息不对称聚敛财富。这给公安司法机关正确进行定罪量刑增加了难度，实际上，破解这一难题，仍应充分把握“诈骗”的本质。

第一，充分利用信息不对称。人是理性动物，会根据其掌握的信息作出决策，而当前社会信息量庞杂，加之诚信体系不健全，大量信息的真假虚实难以辨识。而信息不对称就是指涉众经济犯罪中所谓投资者与犯罪分子信息不对称，犯罪分子拥有绝对的信息优势。而犯罪分子掩盖、扭曲自身的信息，以获取和非法占有集资的，就构成了“诈骗”。第二，采用多种方式掩盖事实、真相。侵害财产类集资犯罪的实施首先需要获得所谓投资人的信任，传统的个体、作坊式的欺骗模式已经难以达到犯罪目的，成立各种公司甚至是“空壳公司”且拥有足够的雇员，并通过各种途径塑造公司形象，形成营销网络，完善犯罪事实条件和渠道。在此过程中，犯罪分子还善于利用新政策、新概念、新热点等进行虚假包装，诱导所谓投资者进行投资。

实际上，非法吸收公众存款罪也存在类似的情形，即变相吸收公众存款。“变相”的具体方式各异，屈学武教授曾经归纳为以下四种，一是以“绕规模”的手

---

① 2001 年最高人民检察院、公安部联合发布的《关于经济犯罪案件追诉标准的规定》第 24 条规定，非法吸收公众存款或者变相吸收公众存款，扰乱金融秩序，涉嫌下列情形之一的，应予追诉：（1）个人非法吸收或者变相吸收公众存款 20 万元以上的，单位非法吸收或者变相吸收公众存款，数额在 100 万元以上的；（2）个人非法吸收或者变相吸收公众存款 30 户以上的，单位非法吸收或者变相吸收公众存款 150 户以上的；（3）个人非法吸收或者变相吸收公众存款，给存款人造成直接经济损失数额在 10 万元以上的，单位非法吸收或者变相吸收公众存款，给存款人造成直接经济损失数额 50 万元以上的。

法非法以贷吸存，“绕规模”俗称“飞过海”，通常是指贷方银行或者其他金融机构为在上级行规定的放贷规模内放贷，而以账外吸收存款、账外发放贷款的违规操作手法存贷。二是以从存款中先行扣除自己擅自抬高的利率息差的方式非法吸收公众存款。三是以暗自先行给付实物或者期约给付实物的手段非法吸收存款。四是以暗自期许存款方其动产或者不动产的长期使用权限的方式来招揽客户，吸收存款。随着社会的不断发展，犯罪分子的作案手段也在不断地推陈出新，上述四种行为方式已经完全不能涵盖当今非法吸收公众存款的方式，但此处的“变相”是为了规避国家对吸收公众存款的监督管理，行为人非法向社会公众吸收资金、款项，但仍然会出具凭证，承诺到期给予额外的利息补偿，还应当认定为吸收公众存款行为，而非此处的“诈骗”。

四、从吴英案看“秩序”和“诈骗”的界分

非法吸收公众存款罪与集资诈骗罪都属于非法集资类犯罪，二者有诸多相似之处，在司法实践中很难严格把握。2008 年浙江吴英案一石惊起千层浪，吸引全国学界和实务界开始关注非法集资类犯罪。

（一）案件基本事实

2008 年 2 月 22 日，浙江省东阳市人民检察院以被告人吴英涉嫌非法吸收公众存款罪，被告人林卫平、杨卫陵、杨卫江、杨志昂、徐玉兰、骆华梅、杨军涉嫌非法吸收公众存款罪，向东阳人民法院提起刑事诉讼。检察院指控被告本色集团成立后，其法定代表人吴英决定采取书面或者口头承诺还本付息的方式，以借款、投资、资金周转等名义，向社会公众吸收资金。2006 年 4 月至 2007 年 2 月，本色单位以高息从被告人林卫平、杨卫陵、杨志昂以及俞亚素、叶义生等人处非法集资 72079 万元。2004 年 9 月至 2006 年 4 月，被告人吴英采取书面或者口头承诺还本付息的方式，以借款、投资、资金周转名义，向林卫平等 18 人非法集资达到 12707 万元。被告单位本色公司和被告人吴英将非法吸收存款用于偿还本金、支付利息、公司的经营与管理、个人使用等，到案发时尚有 53712 万元本金没有归还。吴英案历时五年，经过学界、实务界的诸多参与，最终得出了集资诈骗的结果。该案 2009 年 12 月 18 日在浙江省金华市中级人民法院一审以集资诈骗罪判处吴英死刑。2012 年 1 月 18 日，浙江省高级人民法院维持金华中级人民法院裁定，驳回吴英上诉，维持原死刑判决。5 月 21 日，浙江省高级人民法院经过重新审理，对吴英案作出终审判决，以集资诈骗罪判处吴英死刑，缓期两年执行，剥夺政治权利终身，没收财产。

吴英的犯罪行为属于两类集资犯罪中的哪一种是学界、实务界争论的一大焦点。实际上，两种犯罪区别难度较大，因为两类犯罪同属于非法集资类犯罪，犯罪主体一致，犯罪客体部分相同，都侵害了国家金融管理秩序，在主观方面两罪都是故意犯罪，客观行为也都表现为实施了非法集资的行为。

（二）学界对两类犯罪的界分标准

学界大致从以下几个标准对两类犯罪进行界分：

1. 客体标准

两类犯罪侵犯的客体虽有重合但不完全相同，非法吸收公众存款罪的犯罪客体是单一客体——金融秩序；集资诈骗罪侵犯的客体是双重客体——金融秩序和公私财产所有权。

然而，在很多非法吸收公众存款案件中，集资人会因为自身经营失败无法偿还集资款项，在难以判断行为人主观上是否具有非法占有他人财产目的的情况下，依据客体标准是难以确定侵犯客体是否包括公私财产的。而在集资诈骗案件中，如吴英案，也可能会出现行为人确实存在经营失败的情况，但偿还集资款与否与经营失败之间的关系又难以界定。因此单纯的客体标准，往往无助于定罪量刑。

2. 主观方面标准

非法吸收公众存款罪和集资诈骗罪行为人在主观上具有明显区别。非法吸收公众存款罪行为人在主观上既可以是直接故意，也可以是间接故意。①

集资诈骗罪行为人主观上必须是直接故意且具有非法占有目的。

但实际上，在非法吸收公众存款罪中，行为人的主观目的是非法获取公众存款，体现的是对财物的追求；而在集资诈骗罪中，行为人同样追求公私财产。两类犯罪中，行为人为了不同的目的，表现出来的都是对公私财产想方设法的追求，正如吴英案，在缺少主观过错方面证据的情况下，很难判断是非法吸收公众存款罪故意还是集资诈骗罪故意。

3. 社会危害性标准

两类犯罪社会危害性不同进而导致其刑罚轻重也不尽相同。集资诈骗罪的行为人主观方面是具有非法占有目的的直接故意，而非法吸收公众存款罪行为人在主观方面既可以是直接故意也可以是间接故意；从犯罪具体情节上来看，集资诈骗罪行为人要采用欺诈、隐瞒等方式掩饰其犯罪目的，非法吸收公众存款罪没有这方面的要求，其行为有可能采取了不必要的夸大手段，也可能没有任何的欺骗行为。因此，可以明显看出集资诈骗罪中行为人的主观恶性更大，社会危害性更大。

然而，作出社会危险性大小判断的依据是行为人主观方面、客观方面，因此依据社会危害性大小对两类犯罪进行界分，只是理论上行得通。

（三）“秩序”、“诈骗”界定在吴英案中的应用

依据上述理论上的标准，可以实现非法吸收公众存款罪与集资诈骗罪进行区分，但是在实践中并非易事。吴英案中，对于吴英及其本色集团的行为是构成非法吸收公众存款罪还是集资诈骗罪就产生了众多的分歧意见，从吴英本身是否具有非法占有目的，其行为方式是否构成欺诈方法，其行为是否符合法律规定的“向社会公众公开募集资金”等各个方面都有争议，然而，从吴英案的危害、犯罪手段等方面来看，结合本文对“秩序”、“诈骗”的界定，吴英案不可能是非法吸收公众存款罪，而是集资诈骗罪。首先，毋庸置疑，吴英案符合危害金融秩序罪类罪特征。其次，吴英案中吴英的表现具备了诈骗的特征：1. 采用多种方式掩盖其经济实力的

① 王凤垒：《金融犯罪研究》，中国检察出版社 2008 年版，第 213 页。

事实。吴英通过短时间大量虚假注册公司，粉饰东阳市本色一条街、进行大宗房地产交易、大量宣传广告等方式给社会公众造成其经济实力雄厚的假象。2. 充分利用信息不对称谋取利益。利用社会公众不知悉其真实信息，诱导所谓投资者或资金供给方作出错误决策，吸引集资。

五、结语

笔者认为，结合文中对“秩序”、“诈骗”的界定，应当对集资行为进行细分并区别对待。首先，随着我国金融改革的逐步推行，金融体系、金融秩序将发生深刻的变化，多层次资本市场建立的初衷是服务经济和社会发展，相应的创新也应当服务于这一根本目的。多层次资本市场创新过程中也可能会产生“扰乱金融秩序”的行为，在司法实践中应当结合变化趋势进行甄别。其次，对于金融改革、多层次资本市场发展过程中出现的“诈骗”犯罪行为应当提高警惕，这些犯罪行为不单单是造成了投资者或出借人的损失，更重要的是加剧了社会拜金主义倾向，恶化社会风气，因此，应当严厉打击。

非法集资共同犯罪实务问题研究

刘德法* 司伟攀**

《刑法》第25条规定共同犯罪的行为主体必须满足“二人以上”的条件。我国刑法规定的金融犯罪，基本上单位也可以成为犯罪的主体，“由于刑法规定了单位犯罪，故两个以上的单位以及单位与自然人共同实施的犯罪，可能构成共同犯罪”。[①] 因此，在非法集资犯罪中的共同犯罪可以分为以下三种类型：自然人之间的共同犯罪、自然人与单位之间的共同犯罪、单位与单位之间的共同犯罪。

但需要注意的是，自然人共同非法集资犯罪中存在假借、假冒所谓合法经济实体的名义进行非法集资的情形。在这种犯罪中，需辨别清楚“单位”的本质，以便与“自然人与单位间的共同非法集资犯罪”区别开来。本文对此以“李传柱等犯集资诈骗、非法吸收公众存款案（穗中法刑二初字第140号）”[②] 为例加以说明。

2007年7月至2010年7月16日，被告人李传柱成立天众投资公司、东兴建材公司及天众投资公司广州分公司三家公司。在2010年3月至2011年7月，被告人李传柱、郝建国、莫范才、毕承志利用这三家公司的名义，向客户以年利率15%至24%的高额回报为诱饵，专门引诱中老年客户投资。共向622名受害人收取投资款人民币49508900元。经查，东兴建材公司除生产过少量隔墙条板外，由于用地手续不全，实际一直处于停产状态；哈尔滨向阳生态园林公墓与天众投资公司、天众投资公司广州分公司、东兴建材公司并无关联，由于审批手续不完善，实际并未投入建设；广州享福老年公寓与李传柱尚未达成交易意向，李传柱亦未就该项交易支付定金。上述向客户吸收的投资款，全部进入李传柱控制的私人账户，并未投入公司实际经营，而是按提成比例私分。余款除支付公司日常开支、返还客户利息外，由李传柱占有支配。一审法院审理后认为，被告人李传柱、郝建国、莫范才、毕承志以非法占有为目的，使用诈骗方法非法集资，数额特别巨大，其行为均已构成集资诈骗罪。李传柱成立三家公司的主要目的是实施集资诈骗犯罪，并无真正的实际经营，以公司名义吸收的集资款全部进入了被告人李传柱的个人账户，并由其支配，因此本案并不构成单位犯罪。

一、行为人主观故意内容不同时共犯关系的认定

共同犯罪的成立需要行为人主观上具有共同的犯罪故意和意思联络，在非法集

* 郑州大学法学院教授、法学博士。

** 郑州大学法学院刑法学硕士。

① 张明楷：《刑法学》，法律出版社2011年版，第410页。

② 案例来源北大法宝网，http：//www.pkulaw.cn/case/pfnl_1970324841523537.html？keywords=非法集资&match=Exact.

资犯罪中，如果行为人之间有完全一致的共同故意和意思联络，则毫无疑问成立共同犯罪，但“非法集资犯罪各罪名之间存在着紧密的联系，两个犯罪之间的差别往往表现为某一构成要件要素的有无（如非法占有的目的）或者某一构成要件要素在表现形式上的差异（如吸收资金的载体）”，[①] 因此，在主观故意不同时如何认定行为人之间的共犯关系是必须解决的问题。

试举一例，行为人甲成立一家公司，招募乙为公司的经理。甲以非法占有为目的从事货币经营业务并向社会公开募集资金。其中乙违反国家法律，积极帮助甲向社会募集资金，但乙并不知甲具有非法占有的目的。案发后，甲携款逃跑。本案中，甲与乙主观故意的内容并不相同，甲与乙是否构成共同犯罪以及在何种范围内构成共同犯罪是必须要思考的问题。

我国司法实践中采取“部分犯罪共同说”的观点。部分犯罪共同说主张，二人以上虽然共同实施了不同的犯罪，但当这些不同的犯罪之间具有重合性质时，在重合的限度内成立共同犯罪。[②] 故本案中，甲乙二人在非法吸收公众存款罪的范围内成立共同犯罪，但对甲应以集资诈骗罪进行定罪量刑，而乙则应定为非法吸收公众存款罪。且相关司法解释也支持了此说，[③] 这也就表明，在我国司法实践中，根据部分共同犯罪理论，在共同犯罪的前提下，存在分别定罪的可能性。也就是认为行为人在非法集资的共同犯罪中，具有非法占有目的的以集资诈骗罪定罪量刑，不具有此种目的的以非法吸收公众存款罪等罪处罚。

二、单位非法集资犯罪中责任主体的范围

1. 一般业务人员

非法集资单位犯罪中，除了起组织、策划、领导作用的主管人员以外，还存在大量的普通业务人员，这些业务人员往往与主管人员并无共谋，仅是负责财务会计、草拟合同、接待客户等具体的吸收公众存款工作。依据 2014 年“两高一部”《关于办理非法集资刑事案件适用法律若干问题的意见》（以下简称《2014 意见》）第 4 条的规定[④]的角度考察，似乎只要是收取了一定费用、为吸收资金提供了帮助行为（往往是职务行为）的员工且不属于情节显著轻微的，就构成非法集资犯罪的共犯，应追究相应的刑事责任。

本文认为，基于主客观一致的原则及宽严相济刑事政策的考量，不能仅以员工客观上提供了帮助行为，就推定其主观上具有非法集资的共同犯罪故意。非法集资犯罪的设立是为了打击实施非法集资行为并实际控制集资款的人，一般的业务人员

① 卢勤忠：《非法集资犯罪刑法理论与实务》，上海人民出版社 2014 年版，第 206 页。

② 张明楷：《刑法学》，法律出版社 2011 年版，第 306 页。

③ 根据最高人民法院《关于审理非法集资刑事案件具体应用法律若干问题的解释》第 4 条第 3 款的规定，非法集资共同犯罪中部分行为人具有非法占有目的，其他人没有非法占有集资款的共同故意和行为的，对具有非法占有目的的行为人以集资诈骗罪定罪处罚。

④ 本条具体规定为：“为他人向社会公众非法吸收资金提供帮助，从中收取代理费、好处费、返点费、佣金、提成等费用，构成非法集资共同犯罪的，应当依法追究刑事责任。能够及时退缴上述费用的，可依法从轻处罚；其中情节轻微的，可以免除处罚；情节显著轻微、危害不大的，不作为犯罪处理。”

并不应包含在其打击的对象范围内。具体从事吸收存款业务的人虽然涉及的金额可能较大，但其并不能控制或使用这些资金，其行为只是对非法集资的实际行为人控制资金起到了帮助作用，但其作用大小并非仅靠非法吸存的数额多少来判定，具体作用是什么、是否构成犯罪还需要根据其在公司工作时间的长短、涉及客户人数的多少、个人从中所获受益多少等进行综合判断。[①] 一般业务人员往往只领取基本工资，而不另外从中获取利益，其在非法集资犯罪中的作用也往往较小。因此，对于此类一般的业务人员不宜作犯罪处理，若依照相关非法集资犯罪予以定罪处罚可能有悖于公平公正的法治理念。

2. 受上级命令指使的人员

"受上级命令的指使"在表面上看来似乎可以成为行为人脱罪的辩解理由，实则不然。在我国常见的违法阻却事由中包括"依法执行命令的行为"与"正当业务行为"，但二者与非法集资中"受上级命令的指使"在性质上并不等同。"依法执行命令的行为"是指按照现行有效的法律法规执行命令的行为。尽管其在表面上也许符合某个犯罪的特征，但因其不具有违法性，故不认为是犯罪。而非法集资犯罪中"受上级命令指使"的人员，其执行命令的前提并不合法，此时行为人执行命令是为非法集资犯罪而服务，并不是履行法律法规所规定的权利或义务。而"正当业务行为"是指"虽然没有法律、法令、法规的直接规定，但在社会生活上被认为是正当的业务上的行为"。[②] 其之所以阻却违法并不是因为从事了"业务"而不构成犯罪，而是因为业务属于"正当"才阻却了犯罪的成立。在非法集资犯罪的情形下，非法集资本身就是"不正当"的业务，因此，"受上级命令的指使"难以成为脱罪的辩解理由。

试举"北京碧溪广场有限公司非法吸收公众存款案"[③] 加以说明。被告人王宝某担任北京碧溪广场有限公司法定代表人兼董事长期间，非法吸收资金共计 7.61 亿元。北京碧溪广场有限公司先后支付业主回报款共计 1.2 亿元。被告人王勇某任北京碧溪广场有限公司财务经理，被告人侯某任销售总监期间，受王宝某的指使，具体负责碧溪家居广场附租约产权式商铺的销售工作。案发后，经法院审理认为，北京碧溪广场有限公司构成非法吸收公众存款罪，被告人王勇某、侯某系受王宝某指使实施犯罪，被认定为从犯。

3. 其他具体非法集资共同犯罪问题

非法集资犯罪的涉案人员，有时成百上千，涉众万人案件也不鲜见。此类犯罪的结构往往呈现"金字塔"形，除了"塔顶"和"塔底"的人员之外，中间还存在三层、四层甚至更多层次的人员。所以，非法集资犯罪中还存在一些其他人员是否可能成立共同犯罪问题。这里的"其他人员"是指当新闻媒体（包括广告经营者、发布者）、明星为非法集资代言、投资者（集资参与人）、中间人等涉及非法

---

① 李彦林：《当前非法集资犯罪案件存在的若干法律适用问题》，载《中国检察官》2013 年第 3 期。

② 刘金祥、高建东：《论我国集体劳动争议行为及其正当性判断标准》，载《华东理工大学学报（社会科学版）》2014 年第 3 期。

③ 朱江：《涉众型经济犯罪剖析与治理》，法律出版社 2014 年版，第 108 页。

集资行为时如何处理的问题。

（1）新闻媒体及明星代言。在当今时代，新闻媒体占据并科利用网络、报纸、期刊等多种平台，受众人群庞大，信息传播迅速。若非法集资通过新闻媒体，刊登广告进行宣传，就会增加公信力，毫无疑问会有大量的民众卷入其中，造成的社会危害也就更大。因此，鉴于这种情况的出现，2010 年最高人民法院《关于审理非法集资刑事案件具体应用法律若干问题的解释》（以下简称《2010 解释》）第 8 条第 1 款就专门对此作出了一定的规制。[①] 但这其中对新闻媒体责任的认定要具体分为两种情况：第一种情形是新闻媒体对行为人非法集资的目的并不明知时，即行为人为非法集资虚构了一系列貌似真实的事实之后，在新闻媒体上刊登广告，大肆宣传。如果此时新闻媒体的确不明知行为人具有非法集资的目的，而予以刊登的，并不成立非法集资犯罪的共犯。尽管此时新闻媒体客观上导致了虚假宣传，为非法集资提供了便利，但这种虚假宣传与便利的提供是由于其没有尽到对新闻审慎审查的义务造成的，其本身并没有非法集资的目的。故，根据主客观相一致原则，新闻媒体不构成非法集资的共犯，而是有可能构成虚假广告罪。第二种情形是新闻媒体明知行为人具有非法集资的目的，而为其刊登广告加以宣传的情形。既包括新闻媒体一开始就明知，也包括新闻媒体一开始不明知但后来明知后仍继续为行为人提供宣传的情况。新闻媒体的大肆宣传、制造声势，其实大大增加了社会民众对行为人集资行为的信任，为行为人顺利集资提供了很大的帮助及便利条件，可以被认定为非法集资犯罪的帮助犯。

在《2010 解释》出台之前，并无“明星代言”可以构成非法集资共同犯罪的先例。但轰动一时的“亿霖木业案”[②]，引发了“明星为非法集资代言”的争议。本案中，被告人赵鹏运、屠晓斌等多人一起成立了亿霖集团及多家关联企业。赵鹏运等人在全国多个省市以低价收购林地。以招聘为幌子，以高额回报为诱饵，前后共从群众手中卷走 16.8 亿元。而在其中某位明星为其作了代言，并喊出“植树造林，首选亿霖”的宣传语。受骗群众说，正是看了该明星的广告代言，才毫不犹豫地将钱交给了亿霖集团。后赵鹏运等人被以非法经营罪定罪处罚，但对那位“明星”并未作出处罚。而本案按照《2010 解释》第 8 条第 2 款的规定，[③] 此明星若在明知行为人从事非法集资犯罪的情形下仍为其提供代言，则应构成非法经营罪的共犯。本款就为处罚“明星代言非法集资”提供了法律依据。

（2）投资者在非法吸收公众存款罪中的共犯问题。非法吸收公众存款犯罪，由于其公开性、社会性而决定其具有广泛的社会影响，涉及的投资者往往成千上万，众多投资者的存在也是非法集资犯罪能够造成重大社会影响的重要因素。在此类案件中，投资者通常情况下对集资人的行为违反国家法律法规的性质是明知的，但其

① 本条规定：“广告经营者、广告发布者违反国家规定，利用广告为非法集资活动相关的商品或者服务作虚假宣传，具有下列情形之一的，依照刑法第二百二十二条的规定，以虚假广告罪定罪处罚……”

② 张乐颖：《明星为非法集资代言将以共犯论处》，载《四川党的建设（城市版）》2011 年第 2 期。

③ 该款规定，明知他人从事欺诈发行股票、债券，非法吸收公众存款，擅自发行股票、债券，集资诈骗或者组织、领导传销活动等集资犯罪活动，为其提供广告等宣传的，以相关犯罪的共犯论处。

为了获取高额的回报仍抱着侥幸心理，下赌拼搏。投资者的这种冒险行为在客观上对集资人的违法犯罪行为产生了刺激作用，也客观上实施了帮助，表面上来看应属于非法吸收公众存款罪的帮助犯，但是否能够以此就认定投资者构成共犯呢？

这里，有一个首先需要明晰的问题，即这些投资者到底是不是刑法中所认为的“被害人”？集资参与人在受到高息的利诱后，往往是自愿参与投资，投资有风险，也是每个投资者都应知的基本道理。而在现实中发生的诸多非法吸收公众存款案中，集资参与人往往在最后集资者跑路得不到偿还本金后，却要求政府、司法机关为其遭受的损失“埋单”，不理性、过激的诉求举动频频发生。很多人在投资之初就抱有“天上掉馅儿饼”、“一本万利”等不切实际的幻想，根本不正视、不考虑“高收益伴随高风险”的投资规律，因此集资参与人在非法吸收公众存款案中可以说处在一个比较尴尬的地位。其不仅在投资失败后通过种种表现将自己扮演为犯罪的被害人，而且法院在审理此类案件时也多将其作为被害人对待。

那么，其究竟是不是刑法意义上的“被害人”，这是值得商榷的问题：

首先，从集资参与人的资金来源角度考察，其不宜被视为刑法中的被害人。集资参与人的资金来源虽然在很多情况下，的确是以其所有的合法财产进行投资，但也存在资金来源非法的情形。如有的资金可能是投资者贪污受贿、挪用公款所得，此时，若将其视为“被害人”，无异于间接承认了来源非法的资金具有“合法性”。

其次，非法吸收公众存款罪保护的法益是国家的金融管理秩序，其中并未涉及集资参与人的利益保护问题。集资参与人在非法集资犯罪中受到损害的是其财产权，但所谓财产权并不是本罪保护的对象，故将其视为被害人并不妥当，且正是因为其积极的参与才导致了社会危害的扩大。根据《非法金融机构和非法金融业务活动取缔办法》[①] 第18条之规定：“因参与非法金融业务活动受到的损失，由参与者自行承担。”故依据刑事被害人的正当性，其不应被视为受害人。此外，在集资参与人与集资者构成非法集资共同犯罪的情况下，更不宜将其视为被害人。

再次，刑法不仅具有打击犯罪的功能，还有教育、指引功能。集资者无视国家法律规定，抱有投机心理参与非法集资助长了此类案件的发生。其将自己的财产参与到非法集资犯罪中，获利后据为己有，遭受损失后却将司法机关当作“返本付息”承诺的保证人，若将他们列为受害人加以保护，有违法律的公正，也会产生不良的示范作用。[②] 另外，资金的返还也不能认定其为被害人。犯罪的赃款本应予以收缴，但为了安抚群众，化解社会矛盾，才一般将涉案财物按比例返还集资参与人，《2014意见》中虽也采取了此种做法，但这并不能成为认定其为被害人的依据。[③] 并且，此意见中的相关法律术语也未将投资人视为被害人，而是称之为“集资参与人”。

---

① 国务院1998年7月13日颁布。

② 北京市人民检察院非法集资犯罪问题研究课题组：《涉众型非法集资犯罪的司法认定》，载《国家检察官学院学报》2016年第3期。

③ 北京市人民检察院非法集资犯罪问题研究课题组：《涉众型非法集资犯罪的司法认定》，载《国家检察官学院学报》2016年第3期。

最后，从刑事诉讼程序考察，若将其视为被害人，那么其将享有受害人的一系列诉讼权利，如申请阅卷、申请抗诉、提起附带民事诉讼、参与庭审、提起上诉等权利。而且检察院、法院还必须在案件受理、判决后履行告知诉讼权利、送达判决书等一系列诉讼程序，这严重影响了诉讼效率。

从以上论述可以得知，投资者的确可能因非法集资受到损失，但综合衡量其并不属于刑事法上典型意义的被害人，故在相关司法实践中不应将其视作刑事法中的"被害人"，将其称作"集资参与人"是正确的。

既然投资者并不处于被害人的地位，那么其能否构成非法吸收公众存款罪的共犯呢？

首先，依据刑法第176条非法吸收公众存款罪的规定，刑法只处罚实施非法吸收公众存款行为人，对于投资者则不予处罚，因此本罪属于片面对向犯。其次，从法益侵害的角度分析，投资者只是以自己的资金向集资人出资，虽然其抱有获取高额回报的动机，尽管存在可能血本无归的风险，但毕竟其并没有直接危害到他人的利益。所以，综合衡量，投资者的出资行为不具有严重的社会危害性，根据刑法总则第13条的"但书"规定，"情节显著轻微危害不大的，不认为是犯罪"。最后，本罪涉及的出资人往往众多，涉及的范围较广，若将出资人皆认定为共犯，则会导致司法成本的剧增，反而失去了打击此类犯罪的有效性。即便法律规定出资额在某数额之上构成共犯的话，涉及的人数仍是不可小觑的，司法机关仍然会不堪重负。因此，本文认为一般情况下，投资者并不构成本罪的共犯。

但在某些特殊场合，投资者也仍然存在构成本罪共犯的可能：

一是投资者教唆行为人集资的情形，即投资者教唆行为人向包括其本人在内的他人集资。投资者为达到获取高额回报的目的，故意教唆他人产生犯意并促使其向不特定对象实施集资行为的，就符合教唆犯的犯罪构成。

二是投资者在集资人不知情的情况下，积极帮助集资人实施非法吸收公众存款的情形。理论上，此种情形被称为片面共犯。日本刑法学者牧野英一认为："盖共同加工的意思属于犯人之心理的事项，其互相交换或共犯者的双方有此交换，不过是外界的事项，故予辈认为，作为共犯的主观要件的此意思，在其片面的场合，尚可成立，在这种场合，对于有此意思的一方，产生共犯效果。"① 因此，在刑法理论上，投资人存在构成片面共犯的可能。

三是以持续获取高额回报等目的，在明知行为人吸收公众存款的行为是违法犯罪行为的情况下，依然以自己获利的事实帮助行为人进行宣传的，理论上，存款人完全有成立帮助犯的可能。② 但此时，若要对投资者进行处罚须慎之又慎。因为投资者的行为与积极实施非法吸收公众存款的行为毕竟存在较大的不同，基于宽严相济的刑事政策，以及刑法第13条"但书"或第27条有关从犯处罚的规定，可以对其适当作出除罪化处理。

---

① 转引自马克昌：《犯罪通论》，武汉大学出版社2001年版，第515页。

② 卢勤忠：《非法集资犯罪刑法理论与实务》，上海人民出版社2014年版，第214页。

四是中间人非法集资共同犯罪问题。《2014 意见》第 4 条同时也是关于本类犯罪中间人共同犯罪问题的规定。之所以作出如此的规定，是鉴于近年来非法集资犯罪中，一些个人或者单位受利益的驱使，帮助行为人实施非法集资犯罪活动，以从中收取代理费、好处费、返点费、佣金、提成等，而这些个人或单位就被称为“中间人”。

在本罪存在中间人时，中间人并不实际出资，但其是以为行为人非法集资提供宣传、进行中介等帮助，而获取佣金等形式的回报，其行为对非法集资犯罪的实施具有推波助澜的作用。中间人共犯关系的认定有以下三种情形：

一是中间人与集资人构成共同犯罪。即中间人接受集资人的委托而向社会非法集资，并将集资款交给集资人的情形。此时，无论中间人是以自己的名义还是集资人的名义，只要其主观上与集资人具有共同故意，客观上帮助集资人实施了非法集资行为，按照主客观相统一的原则，其已构成本罪的共同犯罪。[①]《2014 意见》第 4 条规定的共同犯罪就是这种情形。

二是中间人单独构成非法集资犯罪。即并未与集资人形成共谋，而由中间人以自己的名义向社会不特定对象非法集资，然后以更高的利息放贷给集资人以赚取利息差的，此时中间人的行为单独构成犯罪。以中间人是否具有非法占有的目的，可以单独成立非法吸收公众存款罪、集资诈骗罪或非法吸收公众存款罪与集资诈骗罪并罚。

三是中间人不构成犯罪。如乙和甲熟识，若借钱给甲，甲乐于接受并给付高息；丙、丁等和甲不熟，若借钱给甲，甲不乐于接受或虽接受但只给付低息。于是丙、丁等委托乙以乙的名义将自己的资金放贷予甲，丙、丁等与乙约定乙不担风险，不打借条，甲只知乙，并不知丙、丁等。如果乙自始至终没有从中牟利，由于其和甲没有共同非法集资的故意，而乙本身亦没有单独非法集资的故意，丙、丁等也明确指定钱是放贷给甲的，对乙的行为不应定罪处罚，而应直接认定甲向不特定公众丙、丁等吸收了资金。[②] 这种情形应当适用《2014 意见》第 3 条第 1 项的规定，“在向亲友或者单位内部人员吸收资金的过程中，明知亲友或者单位内部人员向不特定对象吸收资金而予以放任的”，只追究集资人的刑事责任。

---

① 邵成虎：《非法集资案件中间人性质分析》，载《江苏经济报》2014 年 2 月 12 日 B3 版。

② 邵成虎：《非法集资案件中间人性质分析》，载《江苏经济报》2014 年 2 月 12 日 B3 版。

传销式网络非法集资犯罪的司法认定

——以圣·歌莲娜网络股权投资案为例剖析

傅跃建[*] 胡晓景[**]

随着电子商务的发展，以传销方式在互联网上非法集资犯罪的案例越来越多，此类复合型网络金融犯罪，可能涉及集资诈骗罪，组织、领导传销活动罪和非法吸收公众存款罪等，如何准确定性成为司法疑难问题。本文以“圣·歌莲娜网络股权投资案”为例展开剖析和研讨。该案曾获公安部高度评价：“该案情况复杂，不同犯罪行为相互交织，是最高人民法院、最高人民检察院、公安部《关于办理非法集资刑事案件适用法律若干问题的意见》（以下简称《意见》）出台后，对不同犯罪嫌疑人分别以集资诈骗和组织、领导传销活动罪查处的重大案件，具有示范作用。”

一、“圣·歌莲娜网络股权投资案”的基本案情

2010年下半年，被告人宋丽娜、王祝、颜丙金、宋长林、孙锦平、邹彬、“小林”（身份不明）等人商定，由宋丽娜在澳大利亚注册一家公司，命名为“LFG”，建立一个以LFG网站为平台，原始股增值与发展下线可获得高额回报为诱饵，吸引他人交费加入的网络营销模式，呈现出“股票交易+层级返利”的双轨制特征，具体如下：（1）以LFG公司包装宋丽娜的圣·歌莲娜公司上市需要募集资金为由，建立一个关联网站，出售原始股，声称原始股在圣·歌莲娜公司上市后可以获得10~20倍以上的收益；（2）以每股人民币70元配发公司的原始股，原始股锁定1年，并配置相应的网站电子股票，电子股票封存2个月后可以在会员间进行交易、提现；（3）任何人只要交纳人民币7千至7万元不等的钱，即可注册成为网站会员，并按交纳钱的多少分为A、B、C、D、E、VIP六个不同的等级，享受不同的股份和奖金提成，账目以网站电子货币计量，电子货币可以交易或申请提现；（4）会员可以通过发展下线会员获取“直推奖”、“对碰奖”、“推广代数奖金”、“个人组织领导奖”和“全球业绩分红”等，会员直接或间接发展的下线分左、右两个区摆放，发展的下线会员数量越多，级别越高，奖金也越多。

为了顺利推进LFG项目的运行，宋丽娜、王祝、宋长林、颜丙金、孙锦平、邹彬等人对职责进行分工：宋丽娜为总负责，王祝、颜丙金负责市场推广发展下线，孙锦平负责宣传、策划和网站维护，宋长林负责王祝等人的市场与公司的对接工作，邹彬负责编写文案并对外宣传，“小林”负责建设网站。宋丽娜还聘请了澳大

* 浙江省金华市人民警察学校教授，中国犯罪学学会副秘书长、中国刑法学研究会理事。

** 浙江省义乌市纪律检查委员会、监察委员会案件审理室副主任（主持工作）。

利亚人 AMBROSE（中文名：吴道尧，在逃）充当 LFG 公司的总裁。

随后，“小林”租用境外服务器建立了 LFG 网站（www.lg1113.com）。2010 年 11 月下旬，该网站正式运行，王祝和颜丙金介绍刘某乙、王某乙、胡某甲（三人另案处理）等人加入，负责发展会员。刘某乙、王某乙、胡某甲又介绍了王某丙、郭某（二人另案处理）等人加入，并积极发展下线会员。为迅速发展会员，宋丽娜在深圳举办第五届世界华商大会，向会员讲述圣·歌莲娜公司的发展前景以及公司上市后股票的升值预期等情况，并指使孙锦平编造了 LFG 公司的发展历史和雄厚实力，虚构 LFG 公司一年内包装圣·歌莲娜上市的事实，由宋丽娜本人及宋长林、颜丙金、邹彬等人到浙江、河南、广东多地进行宣传，承诺如果公司上市不成功则返还投资款，鼓动群众购买 LFG 公司的原始股。在发展会员过程中，为取信会员，宋丽娜、宋长林等人还制作了 LFG 股权证书，由王祝、宋长林、邹彬、颜丙金等人分发给会员。

2010 年 11 月 12 日起，LFG 网站陆续有会员交费注册，王祝、颜丙金等人让会员将钱打入指定的农业银行账户，再由颜丙金将钱转账至宋丽娜控制的银行账号。会员交钱后，宋长林、杨某某（另案处理）将对应的电子币发到王祝、颜丙金的网站账户里，王祝、颜丙金再指令蔡某甲、苏某在网站上转给下线会员。至 2011 年 4 月 20 日，王祝、颜丙金等人在浙江、福建、广西、江西、广东、河南、山东、河北、湖北、湖南、江苏等地共发展会员账号 6598 个，激活使用 5780 个，会员层级在 80 层以上。各地会员汇入资金约 4800 万元。宋丽娜将吸收的资金中部分发放给下线传销返利，约 2600 万元转移到唐某等人的农行账户，通过唐某转移到香港特区其本人和简某的账户。非法所得款项除了给团队管理层和用于召开世界华商大会、租赁办公场所及装修等支出外，其余部分由宋丽娜占有，致使涉案资金无法追回。

二、“圣·歌莲娜网络股权投资案”的分歧

本案在办理的过程中，对宋丽娜等人的行为定性存在以下几种意见：

第一种意见认为，宋丽娜等人构成组织、领导传销活动罪。理由：宋丽娜等人假借发行原始股之名，以高额回报为诱饵，要求参加者交纳一定费用获得会员资格，并按照一定顺序组成层级，大量发展会员，以直接或间接发展会员的数量作为返利依据，引诱加入者继续发展他人加入，骗取他人财物，扰乱社会秩序，情节严重，其行为已构成组织、领导传销活动罪。

第二种意见认为，宋丽娜等人构成集资诈骗罪。理由：宋丽娜等人以非法占有为目的，违反国家法律法规规定，以 LFG 网站为平台，假借发行原始股之名，以高额回报为诱饵，骗取他人财物，数额特别巨大，其行为已构成集资诈骗罪。

第三种意见认为，宋丽娜等人构成非法吸收公众存款罪。理由：宋丽娜等人以投资入股的方式向社会不特定对象非法吸收资金，扰乱金融秩序，但不是传销活动：（1）投资者缴纳的并非“入门费”。投资者缴纳投资款的主要目的并不是取得加入该组织的资格，而是在该公司网站上开通账户以购买公司宣称的原始股；

（2）层级组织不严密。本案虽存在上线、下线以及层级返利，但组织管理松散，不存在人身或思想控制，不存在严密的组织体系和管理构架；（3）不具备“直接或间接以发展人员的数量作为计酬或者返利依据”的核心特征。虽然公司鼓励投资者去开拓市场，并可以从发展的下线处获得一定返利，但这只是公司拉拢更多人来投资、吸引更多资金的营销手段，吸引投资者的主要原因是原始股在上市后数十倍的预期收益。

第四种意见认为，对宋丽娜等人的犯罪行为应当区分认定，宋丽娜构成集资诈骗罪，王祝等人构成组织、领导传销活动罪。理由：宋丽娜以公司上市为由，招募王祝等人帮其通过网络传销募集资金，要区分宋丽娜与王祝等人在主观故意、客观行为等方面的异同，坚持主客观相一致的原则，分别定罪处罚。

三、如何认定传销式网络非法集资犯罪

目前我国各地司法实践对传销式非法集资行为如何定性存在不同处理方式。结合具体案情，笔者赞同第四种观点，宋丽娜构成集资诈骗罪，王祝等人构成组织、领导传销活动罪。本案意见的分歧主要集中在两个方面：一是宋丽娜等人的集资行为是否系“传销”活动；二是宋丽娜等人主观上是否具有“非法占有”的目的。以下分别就这两方面进行分析阐述。

（一）宋丽娜等人的集资行为系“传销”活动

与传统传销相比，网络传销常常以原始股、投资款、项目资金等名义出现，表现出“不同额度”、“多次”、“自愿”以及“双轨制”等特征，极具迷惑性，需对刑法规范进行本质把握。

1. 投资者缴纳的投资款实质上系“入门费”

有观点认为，投资者在LFG网站缴纳投资款的主要目的是购买公司宣称的原始股，而不是为了取得加入该组织的资格，所以投资款不是入门费。

笔者认为，本案从表面上看投资者在网站支付的款项是股票交易的投资款，但网站规定，A、B、C、D、E、VIP六个级别分别对应1000、3000、5000、1万、2万和10万美元投资额，不同的级别提成及返还均有区别，也就是说，LFG网站的经营模式呈现出“股票交易+层级返利”的双轨制特征。在双轨制模式下，认定缴费条件是否入门费需要对“入门费”进行实质解释，即缴纳的费用是否是商品交易的价值体现，费用是否返利或分红的主要来源。本案中，“股票交易”只是吸引投资人的幌子和道具，宋丽娜等人没有实际经营也无法支撑公司上市兑现原始股收益，投资者缴纳的费用不是商品（股票）交易的价值体现，而是返利的主要来源，属于实质意义上的“入门费”。

2. LFG网站存在“层级结构”

有观点认为，LFG网站虽存在上线、下线以及层级返利，但组织管理松散，不存在金字塔式的层级机构，不存在人身或思想控制，呈现出“自主”、“自愿”等特征。

笔者认为，“按照一定顺序组成层级”不能简单理解为“金字塔式的层级”，

而应把握“层级结构”的实质特征，即后加入人员给先加入人员输送利益。目前在线上线下传销中均盛行的“对碰奖”，将下线分成A、B区，人为地打破了上下线之间线形关系，因此对于层级的认定不能局限于金字塔形状，在层级的分布特征上，表现出下线会员多，上线会员少，“下大上小”的形态即可。[①]

3. LFG网站具备“直接或间接以发展人员的数量作为计酬或者返利依据”的核心特征

有观点认为，LFG网站固然使用了“层级返利”的营销手段，但吸引投资者的主要是原始股在上市后数十倍的预期收益，因此，不具备“直接或间接以发展人员的数量作为计酬或者返利依据”的核心特征。

笔者认为，“直接或间接以发展人员的数量作为计酬或者返利依据”的实质在于“拉人头”，即通过人头抽成、层级返利等方式，蛊惑会员发展下线，实现滚雪球式的发展。本案中，会员按交纳钱的多少分为六个不同的等级，享受不同提成比例和层级返利。会员发展下线可以获取“直推奖”（根据不同级别可获得直接下线投资额6%~10%的奖金）、“对碰奖”（每天将会员左右两个区总业绩对碰一次，会员可获得业绩相对较少区的业绩12%的奖金）、“推广代数奖金”（上线可获得下线业绩0.5%的奖金，根据级别不同最多可向下获得20层）、“个人组织领导奖”（上线可获得下线0.5%的奖金，根据级别不同最多可向下获得6层）和“全球业绩分红”（VIP会员可获得网站当月总业绩的5%的分红）等，发展的下线会员数量越多，级别越高，奖金也越多，属于典型“拉人头”。争议的焦点在于，“股票交易+层级返利”的双轨制经营模式下，一部分会员为了“原始股”加入其中，没有“拉人头”的动机和行为。我们认为，部分被害人没有参与“拉人头”不影响对整个组织“拉人头”的认定，“股票交易+层级返利”双轨制模式下，受害人因不同原因参与投资，组织领导者可能同时触犯集资类和传销类犯罪，择一重罪处罚。

4. 宋丽娜等人的融资行为应认定为“骗取财物”

有观点认为，宋丽娜辩称融资是为了让公司上市，实施LFG三年来她一直在努力做公司上市工作，并且希望通过上市来偿还投资者的收益。不能以后来的没有上市、资金链断裂，推定她一开始融资就是为了“骗取财物”。

笔者认为，判断有没有“骗取财物”，关键在于“股票交易”是否体现商品或服务价值，以及“层级返利”手段能否支持公司可持续经营。2013年“两高一部”《关于办理组织领导传销活动刑事案件适用法律若干问题的意见》（以下简称《意见》）规定：传销活动的组织者、领导者采取编造、歪曲国家政策，虚构、夸大经营、投资、服务项目及盈利前景，掩饰计酬、返利真实来源或者其他欺诈手段，实施刑法第224条之一规定的行为，从参与传销活动人员缴纳的费用或者购买商品、服务的费用中非法获利的，应当认定为骗取财物。本案中，一方面“原始股”只是骗人的幌子，如被告人供述“单纯做网络，下面投资人不会相信的，没有吸引力”，“最好搞个国外的公司来包装上市，比较有影响力，容易圈到钱”。另一方面LFG

---

① 参见何德辉、王悦：《新型网络传销犯罪的司法认定》，载《中国检察官》2014年第12期。

网站的筹集资金只有极少数用于生产经营活动，与筹集资金规模明显不成比例，无法支撑其归还借款或上市。而且资金来源于下线缴纳的费用，是用最后一批接棒人的损失给先加入者带来盈利，参加者萎缩后资金链必然断裂，最低层级的参加者必然成为受害人，符合“骗取财物”的特征。

（二）宋丽娜主观上具有“非法占有”目的，王祝等人不具有“非法占有”目的

“非法占有”目的是构成集资诈骗罪必须具备的目的要件，作为主观上的判定，特别是金融诈骗类犯罪在资金的取得条件、方式、程序上比较复杂，司法机关很难直接证明，必须借助其他证据事实对行为人的主观心理状态进行认定。《全国法院审理金融犯罪案件最高人民法院工作座谈会纪要》规定，在司法实践中，认定是否具有非法占有为目的，应当坚持主客观相一致的原则，既要避免单纯根据损失结果客观归罪，也不能仅凭被告人自己的供述，而应当根据案件具体情况具体分析。结合本案来看，宋丽娜等人否认自己具有“非法占有”目的，也没有证明其具有“非法占有”目的的其他直接证据，只能采取事实推定的方法进行认定。最高人民法院《关于审理非法集资刑事案件具体应用法律若干问题的解释》（法释〔2010〕18号）第4条第2款规定：“使用诈骗方法非法集资，具有下列情形之一的，可以认定为‘以非法占有为目的’：（一）集资后不用于生产经营活动或者用于生产经营活动与筹集资金规模明显不成比例，致使集资款不能返还的；（二）肆意挥霍集资款，致使集资款不能返还的；（三）携带集资款逃匿的；（四）将集资款用于违法犯罪活动的；（五）抽逃、转移资金、隐匿财产，逃避返还资金的；（六）隐匿、销毁账目，或者搞假破产、假倒闭，逃避返还资金的；（七）拒不交代资金去向，逃避返还资金的；（八）其他可以认定非法占有目的的情形。”

1. 可以认定宋丽娜具有“非法占有”的目的

从宋丽娜在大陆的经营状况来看，集资后几乎没有用于其宣传的化妆品的实体经营。宋丽娜在大陆设立两家企业，歌莲娜公司已于1988年注销，以宋长林名义设立的深圳世华商投资担保有限公司注册资金500万元，公司财务主要用于装修、差旅费支出，其化妆品生产主要委托凤凰生活科技公司加工，2010年后的业务量只有几万元。

从宋丽娜在香港特区的经营状况来看，生产经营活动与筹集资金规模明显不成比例。宋丽娜在香港特区设有两家企业，因司法协助机制不畅，侦查机关赴香港未能获取公司经营的直接证据，但根据证人证言以及两家企业在银行的存款数额，公司年利润在几十万至百万港币，与筹集资金规模明显不成比例，无法支撑其归还借款或上市。

从宋丽娜募集资金的去向来看，主要用于撑场面和购买个人房产。宋丽娜以公司上市为由头，募集资金后，部分用于下线返利，数百万元用于租赁和装修办公场所，数百万元用于举办世界华商大会吸引投资者，另有2600余万元转移到香港特区，主要用于购买个人房产等，这些投资均不是直接产生经济效益的经营行为。

从宋丽娜对募集资金的控制来看，其对资金具有最终控制权，除了事先约定的酬劳，其余资金最终全部流入其控制的个人账户，在LFG项目资金链断裂后她没有任何主动还款行为。她在侦查初期还否认参与LFG原始股项目，否认该项目的钱流入圣·歌莲娜公司。

综合以上几方面的分析，可以认定宋丽娜主观上具有“非法占有”的目的。

2. 难以认定王祝等人具有“非法占有”的目的

本案吸引下线投资主要发生在2010年11月至2011年4月，王祝等5人受宋丽娜支配参与集资活动各个环节，虽然自始明知LFG项目是虚假的，但均否认一开始融资的目的是骗取资金占为己有，均称认为宋丽娜有将公司上市的打算。5人均承认融资中后期，看到宋丽娜没有将资金用于发展实业，认清圣·歌莲娜公司上市可能性极低，但此时融资的款项由宋丽娜支配，对于宋丽娜是否用于生产、有无返还意图该5人是难以控制的；且王祝、颜丙金的收入是集资款的提成，宋长林、孙锦平、邹彬领取的收入是固定工资，5人均不直接占有下线交纳的款项。因此，王祝等5人虽然参与了“骗取财物”的传销活动，但不宜认定该5人具有非法占有融资款的主观故意，也难以认定其具有帮助宋丽娜非法占有款项的共同故意。

（三）对宋丽娜应以集资诈骗罪定罪处罚，对王祝等人应以组织、领导传销活动罪定罪处罚

综上，宋丽娜以传销方式集资诈骗，同时触犯集资诈骗罪和组织、领导传销活动罪，根据《意见》第6条的规定，“以非法占有为目的，组织、领导传销活动，同时构成组织、领导传销活动罪和集资诈骗罪的，依照处罚较重的规定定罪处罚”。因此，宋丽娜以传销方式集资诈骗的行为应以集资诈骗罪论处，王祝等5人以传销方式非法集资的行为应以组织、领导传销活动罪定罪处罚。

四、如何把握刑事打击面

如何确定刑法介入的“度”，是传销对法律的巨大挑战，也是当今社会对现时司法的迫切要求。从本案看，2010年11月12日至2011年4月20日，王祝、颜丙金等人在浙江、福建、广西、江西、广东、河南、山东、河北、湖北、湖南、江苏等地共发展会员账号6598个，激活使用5780个，会员层级在80层以上。对于传销组织的发起人或领导人，由于主观恶性和社会危害性大，追究其刑事责任当无疑问。而传销活动的参加者情况却比较复杂，有的明知是非法传销组织，为了追逐高额回报积极参与其中；有的参加者则是被欺骗或胁迫加入传销活动，其本身就是受害者；更有一批受骗的参加者为了挽回个人的利益，越过道德的底线，踏上“杀熟”的道路并越陷越深。如何把握刑事司法的打击面是该案的又一重点难题。

笔者认为，传销活动参加人员众多，涉及面广，定罪量罚难，处理难度较大，应坚持区别对待、贯彻宽严相济的刑事政策，遵循主客观相统一的原则，根据涉案人员的主观恶性、行为危害性及后果等方面综合考虑，精准刑事打击面，确保政治效果、法律效果和社会效果的有机统一。在司法实践中，可将涉案人员分为四类，依据其在犯罪中不同的地位和作用，作出相应处理。

1. 传销组织的组织、领导者

他们倡导、发起、策划、组建传销组织，位于整个金字塔最顶端，在传销网络中处于核心地位，社会危害性最大，予以从严惩处。本案中，宋丽娜、王祝、颜丙金、宋长林、孙锦平、邹彬等人商议创建组织，确定传销商品名称、组织管理制度和奖金分配制度，招募骨干成员，发展会员注册账号5000多人，层级在80级以上，各地会员汇入资金约4800万元，已构成组织、领导传销活动罪，且应当认定为刑法第224条之一规定的“情节严重”。据此，2015年6月5日，台州市中级人民法院作出一审判决，认定宋丽娜犯集资诈骗罪，判处有期徒刑15年，并处罚金人民币100万元，王祝等5人犯组织、领导传销活动罪，判处有期徒刑9年至3年6个月不等的刑期。后宋丽娜、王祝、宋长林、颜丙金、孙锦平提出上诉。2015年8月21日，浙江省高级人民法院二审裁定，驳回上诉，维持原判。

2. 较低层级的组织者

传销犯罪的特殊性在于，开展传销活动与发展新成员、壮大传销组织具有统一和同步性，因此，传销组织成立后积极加入其中，并在由其实施的传销活动中起到组织作用的，也可能成为“传销活动”的组织者。由此，传销活动的组织者可以分为不同层次，包括处于传销组织塔尖的核心人物和处于较低层级的组织者。较低层级的组织者发展会员30人以上且层级在三级以上的，应当追究其组织、领导传销活动罪的刑事责任。

本案中，王祝和颜丙金介绍刘某乙、王某乙、胡某甲等人加入LFG，负责发展会员。刘某乙、王某乙、胡某甲又介绍了王某丙、郭某等人加入LFG，积极发展下线会员。从宋长林邮箱中查获的会员资料制作的传销网络图来看，刘某乙、王某乙、胡某甲、王某丙、郭某5人发展下线注册账号人数在120人以上，达到情节严重标准，但考虑到注册账号存在一人多次注册的情形，而网络图是在案发三年后提取，无法确定这些注册账号对应的真实人数。最终，结合本案已经找到并核实过的下线以及5人在传销组织中的地位作用，认定5人均发展会员人数在30人以上，层级在三级以上，构成组织、领导传销活动罪，但未达到情节严重。后临海市人民法院一审判决该5人犯组织、领导传销活动罪，在5年以下有期徒刑或者拘役量刑。

3. 传销组织中仅从事劳务性工作的人员

《意见》规定，对于受单位指派，仅从事劳务性工作的人员，一般不予追究刑事责任。那么，如何认定团队成员“仅从事劳务性工作”呢？笔者认为，具体可以从两方面来把握：（1）主观上是否明知所参加的是非法传销活动，会给社会带来危险性。（2）客观上是否对整个传销组织的运作和发展起到重要作用，判断时可以从其与传销组织首要分子关系的紧密程度、执行传销组织活动的积极主动程度、在传销活动中的作用、发展下线人数的多少、为传销组织贡献的大小等多方面来考虑。只要上述两个条件有一个是否定答案的，就应认定为“仅从事劳务性工作的人员”，一般不予追究刑事责任。

如本案中，蔡某某和苏某某受颜丙金雇佣发放电子币，并借银行卡给颜丙金用于收取下线的投资，二人均辩解不知道是传销，只以为是接受他人投资，直接指令二人行动的颜丙金也称蔡、苏二人对传销不知情。结合二人在其中工作时间不长、行为作用较小的情况，难以认定具有传销犯罪的主观故意，均没有作为犯罪处理。

4. 传销活动的一般参加者

主观上明知参加的是非法传销活动，客观上发展下线，但情节一般，发展会员人数在30人以下或者层级未达到三级的，属于一般违法行为，不构成犯罪，可以由工商行政管理部门予以相应的行政处罚。另外，没有传销故意、被欺骗参与其中的投资者，是传销活动的受害者，不是违法犯罪者，司法机关要区别对待。

金融改革背景下非法吸收公众存款罪的适用标准

张亚平*

非法吸收公众存款罪是破坏金融管理秩序的犯罪，其构成要件的解释及司法适用应以金融管理秩序为最终标准。改革开放以来长期实行的金融抑制战略已经不适应甚至阻碍了当前实体经济的发展。为此，我国开始着手进行金融体制和金融政策改革。尤其是2017年7月14日至15日召开的中央金融工作会议，为当前金融改革确立了原则，指明了方向。金融刑法应当围绕金融改革确立的政策精神，适当调整其保护范围。非法吸收公众存款罪作为当前最为常见的金融犯罪，也应当反思其保护法益，调整其适用标准。

一、金融改革背景下非法吸收公众存款罪保护法益之反思

非法吸收公众存款罪规定于《刑法》第176条，归属于“破坏金融管理秩序罪”，因此可以笼统地说，本罪的客体或保护法益是金融管理秩序。但是，本罪是如何破坏金融管理秩序的？或者说本罪破坏的是金融管理领域中哪方面的秩序？对此，我国刑法学者一般认为：“非法吸收公众存款或变相吸收公众存款的行为，一般都是通过采取提供利率的方式或手段，将大量的资金集中到自己手中，从而造成大量社会闲散资金失控，不利于国家集中有限的资金进行必要的经济建设。同时，行为人任意提供利率，形成在吸收存款上的不正当竞争，破坏了利率的统一，影响币值的稳定，严重扰乱国家金融秩序。”① 类似的观点还有：“金融机构为了争揽客户，违反国家关于利率的规定，以擅自提高利率或在存款时先支付利息等手段吸收公众存款，将会形成金融机构之间在吸收存款上的不正当竞争，破坏利率的统一，影响币值的稳定，扰乱国家的金融管理秩序，同时削弱国家通过信贷对国民经济进行宏观调控的能力，给社会经济的健康发展带来巨大风险和压力。”② 对上述观点进行归纳，可以认为非法吸收公众存款行为主要从三个方面破坏了金融监管秩序：第一，因破坏利率统一、影响币值稳定而破坏金融管理秩序。第二，因削弱国家通过信贷对国民经济进行宏观调控的能力，而破坏金融管理秩序。第三，因使得社会闲散资金失控，而破坏金融管理秩序。

这三个方面的金融秩序的共同背景是金融抑制。金融抑制是发展中国家金融体

---

* 河南大学法学院教授。

① 高铭暄主编：《新型经济犯罪研究》，中国方正出版社2000年版，第654页。

② “涉众型经济犯罪问题研究”课题组：《非法吸收公众存款罪构成要件的解释与认定》，载《政治与法律》2012年第11期。

制普遍存在一个典型特征。发展中国家一般倾向于发展资本密集型的工业部门（制造业）实现经济增长，而资本短缺却是困扰经济发展的主要问题。于是，政府就将有限金融资源集中于特定工业部门以支持其发展，主动地、有意识地介入金融市场，特别是通过人为地干预金融市场的交易，控制金融市场交易价格，来实现国家在特定时期的既定经济发展目标。为此而采取的手段被称为金融抑制，因此而导致的结果也被称为金融抑制。换言之，金融抑制即指抑制金融的手段，也指因此而导致的结果。金融抑制的主要手段包括：严格的利率水平控制、金融市场的准入控制、进入行业的指导性信贷、高水平的存款准备金率和建立特别的信贷机构等。[①]改革开放以来，我国一直处于发展中国家阶段，贯穿近三十多年来我国金融市场发展始终的一个脉络就是金融抑制战略。[②]

在特定时期，金融抑制战略可以保证国家对金融资源配给的有效控制和高度动员能力，“集中力量办大事”，也有利于政府处理市场失灵和金融风险等宏观问题，但是金融抑制战略有着先天性缺陷，尤其是随着市场经济的深入发展，金融抑制越来越成为扼制经济活力，抑制经济发展的重要因素。金融抑制实行信贷配给制，以保证工业部门的发展，但是服务业却受到压制，从而影响经济结构的转型升级。[③]中小企业在经济体系中的地位和作用越来重要，截止到 2013 年，中小企业创造了 52.2%的税收和 80%以上的就业率，[④] 但是中小企业在需要资金支持的时候，受国家金融抑制政策和信息不对称等因素的影响，又很难获得足够融资，其发展举步维艰。虽然市场经济体制的正当性在我国逐步确立，但受利益集团的左右及对金融风险的忧虑，金融体系的管制放松却显得慢了一拍，以至于中国主流金融体制正在发生由以产权结构为主的歧视向以规模结构为主的歧视的制度变迁。[⑤] 总之，金融抑制战略阻碍了经济增长，它所导致的落后金融体系是许多发展中国家和转轨国家经济增长水平较低的原因。[⑥]

在金融抑制背景下，正规金融的利率管制和信贷配给制导致非正规金融的产生，影子银行大行其道，地下金融格外红火，互联网金融高歌猛进。客观地看，非正规金融是正规金融的补充，但是非正规金融与正规金融并不在同一个轨道上运行，正规金融由政府垄断，属计划体制；非正规融由市场催生，走市场化道路。由于金融抑制背景下，金融利率受严格管控，基本低于经济发展和通货膨胀速度，因此民间资金不愿投往正规金融的银行体系，而是在非正规金融中寻找出路。而政府又认为非正规金融破坏了金融（抑制）管理秩序而对其极力打压，非正规金融只能在夹缝中求得生存，甚至是违法存在。从这样一个大背景出发来审视我国当下关于

① 杨农、匡桦：《非正规金融：根源、运行及演进》，北京师范大学出版社 2012 年版，第 23 页。

② 黄韬：《“金融抑制”与中国金融法治的逻辑》，法律出版社 2012 年版，第 5 页。

③ 王勋、Anders Johansson：《金融抑制与经济结构转型》，载《经济研究》2013 年第 1 期。

④ 尚尉、李肖林：《金融抑制对我国中小企业融资的影响及对策》，载《上海经济研究》2015 年第 10 期。

⑤ 张婕：《结构转换期的中小企业金融研究——理论、实证与国际比较》，经济科学出版社 2003 年版，第 10 页。

⑥ 黄韬：《“金融抑制”与中国金融法治的逻辑》，法律出版社 2012 年版，第 5 页。

利率管制法律规则，我们就会发现所谓的打击“高利贷”的民法、行政法、刑法制度，其实归根结底还是为国家“金融抑制”战略来服务的。[①]

近年来，我国政府逐渐放松金融抑制战略，全方位探索金融体制改革。2013年起，我国利率市场化改革迈入实质化阶段，至2015年年底，利率市场化改革基本完成，商业银行和农村合作金融机构等不再设置存款利率浮动上限。2016年“国民经济和社会发展第十三个五年规划纲要”提出了金融体制改革的基本方向：丰富金融机构体系、健全金融市场体系、改革金融监管框架。其中“丰富金融机构体系”的内容包括：健全商业性金融、开发性金融、政策性金融、合作性金融分工合理、相互补充的金融机构体系。构建多层次、广覆盖、有差异的银行机构体系，扩大民间资本进入银行业，发展普惠金融和多业态中小微金融组织。规范发展互联网金融。稳妥推进金融机构开展综合经营。推动民间融资阳光化，规范小额贷款、融资担保机构等发展。提高金融机构管理水平和服务质量。“健全金融市场体系”则明确要求“提高直接融资比重，降低杠杆率”。2017年7月14日至15日的中央金融工作会议进一步深化金融体制改革，确立了金融的基本原则：金融应服务于实体经济的发展；优化结构，完善金融市场、金融机构、金融产品体系；提高防范化解金融风险能力；发挥市场在金融资源配置中的决定性作用。可以说，中国政府正在逐步实施金融深化（financial deepening）战略。

在金融深化背景下，非法吸收公众存款罪的保护法益也必然要进行根本性调整。保护金融利率稳定，已不符合我国金融政策；集中资金从事重点行业建设，“集中力量办大事”，也没有现实意义；通过指导性信贷实现宏观调控也已成为过去。换言之，关于非法吸收公众存款罪的保护法益的传统观点已经不具有现实意义，根据保护法益而构建起来的非法吸收公众存款罪的成立范围也应进行调整。如果仅仅是承诺还本付息吸收民间资金，就不能再认为破坏了金融管理秩序，不再具有社会危害性。即使是利息高出了年息36%的合法标准，也只能认为高出部分不受法律保护，集资行为本身并不上升为刑事犯罪。

在金融市场中，融资途径可分为间接融资和直接融资。间接融资是指由银行等金融机构吸纳社会资金，再借贷给其他有资金需求的单位或个人；而直接融资则指资金需求者直接向社会吸纳资金。对于间接融资，国家依然实行严格监管，只有由国务院银行业监督管理机构（银监会）审批的金融机构才能从事资金存贷业务；而直接融资当前则逐渐走向市场化，各种非正规金融机构遍地开花。民间集资不经批准严格禁止从事存贷款的间接金融业务，在从事直接融资时，则要严守声誉约束机制，维护金融交易安全。所以，在当前金融政策背景下，民间集资行为对金融管理秩序的破坏主要存在于两方面：一是脱离金融监管，引发金融风险；二是存在金融欺诈，破坏金融交易安全。防范金融风险，保障金融交易安全，是刑法设立金融犯罪的保护法益，也是当前金融刑法的立法目的。因此，刑事司法应紧紧围绕这两方面的保护法益，解释确定非法吸收公众存款罪构成要件及其适用标准。

① 黄韬：《“金融抑制”与中国金融法治的逻辑》，法律出版社2012年版，第18页。

二、防范金融风险与非法吸收公众存款罪的适用标准

民间集资总体上有利于缓解中小企业融资难问题，但是在当前金融改革过程中，有些民间集资并非为了直接融资，而是从事金融业务，形成影子银行。影子银行是指“银行体系之外，从事实体以及非实体活动的信用中介机构”。影子银行的产生是金融发展、金融创新的必然结果，作为传统银行体系的有益补充，在服务实体经济、丰富民众投资渠道等方面起到了积极作用。但是近年来，我国影子银行业务发展偏快，金融空转、“脱实向虚”的现象抬头，既不利于实体经济的持续发展和转型升级，也不利于金融自身的稳健发展。尤其是民间集资形成的地下金融，脱离金融监管，脱离国家货币政策和产业政策的约束，发展无序，对宏观经济调控造成隐形障碍，如果任其发展，则必然存在重大金融风险。在普通银行借贷中，系统性风险更容易被控制，因为从贷款人到客户的现金流都可以被预见，而在地下金融市场，款项放出之后，贷款人将失去对现金流的控制。在地下金融中，任何借款人的资金链断裂都可能导致多米诺骨牌效应，进而影响到整个债务链。地下金融中利率过高，借款人一旦无法偿还本息，将使得地下钱庄经营者无法偿还储户存款，于是形成“跑路”债务危机。①

如果吸收公众存款并非从事金融业务，而是直接用于生产经营，则并不影响金融秩序，一般也不具有金融风险，而且对于缓解中小企业资金紧张，解决其融资难问题，大有裨益。因此，非法吸收公众存款罪的成立范围应仅限于吸收公众资金用于类似于银行的存贷款业务的金融活动。但是，司法实践中，非法吸收公众存款罪的范围被过度放大，如果说在金融抑制背景下，还有其政策合理性的话，在当前金融体制市场化改革的政策背景下，这种扩大适用就不再具有现实合理性。

非法吸收公众存款罪的扩大适用的法条依据在于变相吸收公众存款的扩大解释。应当说，非法吸收公众存款的含义及其界限范围还是比较清楚的，各种政策、规章、司法解释都将非法吸收公众存款限定为非法金融业务。例如，1998年7月国务院颁布的《非法金融机构和非法金融业务活动取缔办法》（以下简称《取缔办法》）中明确将非法吸收公众存款界定为“未经中国人民银行批准，向社会不特定对象吸收资金，出具凭证，承诺在一定期限内还本付息的活动”，是非法金融活动的表现形式之一。理论上也一般认为，非法吸收公众存款是指“未经主管机关批准，面向社会公众吸收资金，出具凭证，承诺在一定期限内还本付息的活动”。②但是，对于变相吸收公众存款的范围界定却并不清晰，从而为司法实践扩大本罪的处罚范围提供了便利条件。应当说，《取缔办法》对变相吸收公众存款的界定也还并不十分宽泛，“是指未经中国人民银行批准，不以吸收公众存款的名义，向社会不特定对象吸收资金，但承诺履行的义务与吸收公众存款性质相同的活动”。在《取缔办法》中，变相吸收公众存款与非法吸收公众存款的区别仅在于是否“以吸

① 沈伟：《中国影子银行风险及规制工具选择》，载《中国法学》2014年第4期。
② 张明楷：《刑法学》（第五版）（下），法律出版社2016年版，第778页。

收公众存款的名义”。虽然,《取缔办法》并没有明确说明何谓“存款”,但由于非法吸收公众存款和变相吸收公众存款同属于“非法金融活动”的表现形式,因此可以认为,此处的“存款”应指类似于银行业务活动中的存款。当然,“存款”和“资金”本身并没有太多区别意义,关键是看吸收存款/资金机构的性质。但是,这至少说明,《取缔办法》中的非法吸收公众存款和变相吸收公众存款中的“存款”并不包括其他实物。

但是,2010年最高人民法院《关于审理非法集资刑事案件具体应用法律若干问题的解释》却无限扩大了变相吸收公众的范围。该解释列举了十一种变相吸收公众存款的行为,以非法吸收公众存款罪定罪处罚。所列举的行为中,有些可以解释为变相吸收公众存款,如第十项“利用民间‘会’、‘社’等组织非法吸收资金的”,但有些所列行为,如果不具有欺诈内容,其本身并不具有危害金融管理秩序的本质。例如,以售后包租的形式销售房产,《商品房销售管理办法》之所以予以禁止,并非因为其破坏了金融管理秩序,而是因为开发商往往并不能兑现承诺,有不少经营者打着售后包租的名义,实际从事欺诈性销售,甚至赤裸裸地欺诈。

在司法实践中,有些案件甚至超越了司法解释,将所谓的“吸收实物”也认定为非法吸收公众存款罪。例如,有检察院指控,被告人吴某某自1996年在家乡做贩卖农副产品生意以来,为积累资本扩大生意规模,擅自以每市斤小麦月付2分至5分不等的高额利息为诱饵,采取出具借条、收据等票证的方式,赊购小麦进行贩卖,后又以现金和购买的化肥等物依据凭条凭证对付结算本利。共计吸收部分现金和小麦1121.0529万元。法院判决被告人吴某某犯非法吸收公众存款罪。法院的判决理由主要是,被告人“以支付高额利息为诱饵”,变相吸收公众资金。法院的判决也得到了部分学者的支持,认为“吴某某表面上只是吸收农产品,但实际上是获得保护特定多数人的资金,并以现金、实物形式支付利息,实际上就是变相吸收存款”。[①] 本文难以接受这种观点,尤其是在当前小微企业融资难的情况下,这种赊购行为应被认为是有效融资,搞活经营的正常经营形式。这里的关键是如何理解“变相”吸收公众存款。

所谓“变相”,是指事物的形式改变,而内容或本质未发生改变。“变相”吸收公众存款就是吸收存款的形式改变,而本质上仍是吸收公众存款。吸收公众存款是银行业专门术语,指银行等金融机构吸收的同业存放款以外的企业或个人存放的资金。银行吸收存款的目的就是发放贷款或从事其他投资性业务,从中赚取利息差或投资回报。既然如此,变相吸收公众存款本质上就是吸收公众资金,但并不将吸收的资金用于实体经济的经营,而是用于借贷或从事金融投资。变相吸收存款既可以是吸收方式的“变相”,也可以吸收对象“存款”的变相。如果吸收的是实物,但是吸收实物后冲抵或变卖为现金,并利用所得现金从事借贷或金融投资业务,也应当认定为非法吸收公众存款。

司法解释和司法实践将变相吸收公众存款过度扩大,主要是因为对本罪的保护

---

① 王作富主编:《刑法分则实务研究》(第四版)(上),中国方正出版社2009年版,第457-459页。

法益理解有误，但另一重要原因还在于功利性的维稳需求。本罪本来是破坏金融管理秩序罪，但是由于涉及面宽，容易因集体讨债而引发群体性事件，实践中俨然将其作为妨害社会管理秩序罪对待。不仅国务院要求地方人民政府要切实担负起依法惩处非法集资的责任，“确保社会稳定”，而且相关司法解释也明确要求将维护社会稳定放在首位。① 虽然司法解释明确认为，此罪的认定不以行政定性为前提，但是在具体处理过程中，却必须接受行政部门统一指挥甚至领导。例如，经国务院同意设置的处置非法集资部级联席会议的召集人是银监会主席，而最高人民法院院长和最高人民检察院检察长却是其成员。由银监会制定的《处置非法集资工作操作流程》（试行）也明确规定了人民法院的职责。一旦将维稳作为处置此类行为的考虑因素，实际上将其视作妨害社会管理秩序的犯罪，那么在认定其成立条件时，就会有意无意忽略其破坏金融秩序的本质特征，只要吸收了他人资金或可变换为资金的实物，不论吸收的资金作何用途，都可能被认定为变相吸收公众存款。

过度扩大解释变相吸收公众存款行为，将大幅压缩正当民间借贷的空间，抑制民间借贷行为，阻碍经济发展。在当前司法思维下，民间借贷与非法吸收公众存款的界限就在于借贷对象是否特定，非法吸收公众存款的对象是不特定的社会公众，而正当民间借贷则仅能针对特定的亲友或单位同事。但是由于亲友的范围极其不确定，而且亲友是否包括亲友的亲友，理解也不统一，向亲友的亲友借钱，很多都被认定为非法吸收公众存款罪；单位同事也不好限定，有的单位人员较多，可达几千甚至几万人，显然向数以万计的“单位同事”借贷，不能不加区别地认定为正常民间借贷，关键是看借钱的用途及是否以欺诈手段借钱。概念的内涵及外延的极度不确定，就导致正常的借贷者无法预判自己借贷行为的法律后果，为了避免可能的牢狱之灾，宁可放弃借贷。此谓“寒蝉效应”（chilling effect）。

过度将维稳作为处置此类犯罪甚至认定犯罪成立的关键因素，不仅偏离了本罪的本质，而且将不利于防范此类违法犯罪行为。非法吸收公众存款罪与集资诈骗罪都属于非法集资类的犯罪，集资者在集资过程中一般都采取欺诈的手段。投资者也应当意识到其中的欺诈风险，之所以仍愿意投资，一方面是因为贪图高额利息，将其作为投资方式，但另一方面基于“出事有政府兜着”的思维，将风险置之度外。而政府也在“稳定压倒一切”的政治生态环境下，积极介入，主动担当起维护投资者利益的家长角色。但是吊诡的是，政府的强力打压防范措施并没有取得明显效果，自 1998 年国务院发布《取缔办法》以来，包括非法吸收公众存款在内的非法集资犯罪不降反升，2016 年由过去的每年两三千起大幅攀升至上万起。②

总之，应当在防范（系统性）金融风险，维护金融秩序的范围内，合理解释变相吸收公众存款，使其符合“吸收公众存款”的本质。无论是非法吸收公众存款，还是变相吸收公众存款，都必须是将吸收的资金用于放贷或从事其他金融投资，才能说破坏了金融管理秩序，因而才能进入刑法的调整范围。

---

① 廖天虎：《论我国非法集资案件处置的困境及出路》，载《学习论坛》2017 年第 2 期。

② 新华社：《公安部：非法集资犯罪案件高发　年立案数升至上万起》，载新华网：http://news.xinhuanet.com/legal/2016-05/13/c_1118864454.htm，2017 年 7 月 19 日访问。

三、保护金融交易安全与非法吸收公众存款罪的适用标准

金融改革过程中，金融管制逐渐放松，金融市场渐趋活跃，各种金融机构如雨后春笋般不断涌现，互联网金融等新的金融形式引领金融潮流，民间集资渐趋活跃。民间资金基于趋利本性，不愿投往银行，而更愿意投往利息回报较高的中小企业主；中小企业很难从正规金融机构获得贷款，而宁愿以较高利息的代价以民间借贷的形式获取资金。但是与正规金融的严格监管不同，民间金融缺乏严格监管。在这种鱼龙混杂的情况下，金融欺诈现象便愈加盛行。所以，在金融深化、金融管制放松的政策背景下，金融刑法一方面要防范金融风险，另一方面也要特别加强保护金融交易安全。当前的金融管理秩序，实质上就是为金融交易提供安全的交易环境，保障金融交易主体间平等的自由交易。“在金融秩序的结构中，金融交易秩序是目的，金融管理秩序是手段。”① 金融秩序应从金融管理本位主义转向金融交易本位主义。在金融交易本位主义下，人们有自由且安全地从事金融交易的权利。一方面，金融交易是自由的，投资者有权决定将资金投往银行、其他民间金融机构，或者直接借贷给他人从事生产经营；另一方面，金融交易也必须是安全的。政府放开了金融市场，就有义务保障金融市场的安全。

从司法解释来看，司法实践也仅处罚欺诈手段的集资。例如，最高人民法院于2010年发布的《关于审理非法集资刑事案件具体应用法律若干问题的解释》第2条规定，以返本销售、售后包租、约定回购、销售房产份额等方式非法吸收资金，构成非法吸收公众存款罪，须前提是“不具有房产销售的真实内容或者不以房产销售为主要目的”；以商品回购、寄存代售等方式非法吸收资金，构成非法吸收公众存款罪，须前提是“不具有销售商品、提供服务的真实内容或者不以销售商品、提供服务为主要目的”；以转让股权、发售债券吸收资金，构成非法吸收公众存款罪，须前提是“不具有发行股票、债券的真实内容”，且虚假转让股权、发售虚构债券，等等。有些情况即使没有明确指明欺诈的前提，实践中具体案件也都是以欺诈手段集资。例如，以代种植（养殖）等方式吸收资金，实践中成立犯罪的，无一例外都是因为存在欺诈因素。

如果集资过程没有欺诈，集资款也用于实体经营，那么集资行为就不应当被作为犯罪处理。“如果没有虚假宣传等欺诈行为，则因出资人具有正常人的判断能力而决定是否出资，这属于民事意义上的意思自治，双方当事人在这种意义上作出的决定，应该各自承担起风险。”② 因此，是否采取欺诈手段集资是此类集资行为罪与非罪的基本标准。一般情况下，民间借贷不仅要有高回报的承诺，而且还要使投资者相信高回报是有保障的，因此集资者一般都要对投资项目的盈利前景进行夸大宣传。不能认为实际的经营过程及盈利情况与当初集资时所宣传的不完全一致，就认定为欺诈性集资。在判断是否为欺诈性集资时，既要考虑夸大程度，也要看市场

① 刘远：《我国治理金融犯罪的政策抉择与模式转换》，载《中国刑事法杂志》2010年第7期。

② 姜涛：《非法吸收公众存款罪的限缩适用新路径：以欺诈和高风险为标准》，载《政治与法律》2013年第8期。

变化情况，甚至还要考虑集资对象，进行综合判断。例如，有的公司本来经营困难，濒临倒闭，但盲目扩大生产规模，而对外宣传经营业绩良好，最后导致集资款无法按时偿还，这种情况可以认为是欺诈性集资。但是，如果当初集资时，企业经营效益良好，只是在后续经营过程中，因市场变化或决策失误，导致经营亏损，不能如期归还集资款，这种情况应视为正常企业经营风险，不应认定为非法吸收公众存款罪。能否如期归还集资款，是判断是否以欺诈手段进行集资的重要参考标准，但是不能仅凭最后是否归还集资款来确定是否为欺诈性集资。

以欺诈手段集资，并不等于具有非法占有目的。非法吸收公众存款罪与集资诈骗罪都属于以非法集资的形式实施的犯罪，二者的区别仅在于是否具有非法占有目的。最高人民法院于2010年发布的《关于审理非法集资刑事案件具体应用法律若干问题的解释》也使用“非法集资”来统一对此两罪所涉及的共性问题进行解释说明。该解释第4条第1款规定：“以非法占有为目的，使用诈骗的方法实施本解释第二条规定所列行为的，应当依照刑法第一百九十二条的规定，以集资诈骗罪定罪处罚。”这表明，成立集资诈骗罪，不仅要使用诈骗的方法集资，而且要“以非法占有为目的”。换言之，成立集资诈骗罪，必然是以诈骗的方法非法集资，但使用诈骗的方法非法集资，并不必然成立集资诈骗罪。

非法吸收公众存款罪规制行为类型略论

刘志洪[*] 黎嘉弦[**]

长期以来，我们倾向于以行政取缔与刑事惩罚的双重规制方式来遏制与预防非法吸收公众存款等非法集资活动的发生。然而，结果并不理想。据统计，2005 年至 2010 年 6 月，非法集资类案件超过 1 万起，涉案金额 1000 多亿元，每年约以 2000 起、集资额 200 亿元的规模快速增加。① 全国法院一审审结的非法吸收公众存款案件的数量也不仅未见下降，反而继续猛增，2014 年审结 1907 件，同比上升 14.7%，2015 年审结 3173 件，同比又上升 66.4%，2016 年审结 4825 件，同比再次增长 39.21%，虽然增速有所下降，可是案件数量始终处于高位运行。② 可见，非法集资活动在我国并未得到有效抑制。本文尝试通过对非法吸收公众存款罪规制范围的反思之后，提出非法吸收公众存款罪规制的合理范围，以期有助于非法吸收公众存款罪的规制更趋科学与合理，从而为民间融资的发展开辟较好的发展空间。

一、非法吸收公众存款罪规制行为类型之争议

出于遏制非法破坏金融管理秩序的目的，我国刑法第 176 条规定了非法吸收公众存款罪。然而，对于非法吸收公众存款罪的规制范围究竟该如何确定，理论界及实务界长期以来都没有形成较为一致的看法。为统一司法适用，最高人民法院于 2011 年 1 月施行的《关于审理非法集资刑事案件具体应用法律若干问题的解释》（以下简称《解释》）对非法吸收公众存款罪的相关问题进行了较全面的解释，并规定在认定非法吸收公众存款罪时，要求同时具备非法性、公开性、利诱性和社会性四个特征。③

毋庸置疑，《解释》的颁布施行有助于司法实务界对该罪的统一适用。但理论界对非法吸收公众存款罪规制范围的争议并没有因此而减少。对《解释》规定内容支持者认为，刑法对该罪名的立法并没有要求规定行为人要有特定的犯罪目的，而且从现实层面来分析，行为人非法吸收公众存款或者变相吸收公众存款后，对吸收存款的资金投向并不仅仅局限于信贷，也可能用于自己生产、经营活动。并提出，

---

[*] 北方工业大学文法学院副教授、硕士生导师、法学博士。

[**] 北方工业大学文法学院刑法学硕士研究生。

① 《最高人民法院出台司法解释，明确非法集资法律界定及适用》，载《人民法院报》2011 年 1 月 5 日第 1 版。

② 《最高法：非法集资案件重刑率上升》，http://finance.sina.com.cn/roll/2016-04-27/doc-ifxrtvtp1396654.shtml；《最高法：2016 年非法集资诈骗案结案率有提高》，http://finance.sina.com.cn/money/bank/bank_hydt/2017-04-25/doc-ifyepsec1034595.shtml.

③ 刘为波：《〈关于审理非法集资刑事案件具体应用法律若干问题的解释〉的理解与适用》，载《人民司法》2011 年第 5 期。

只要未受国家法律法规许可而从事返本付息的融资活动，融资规模达到我国追诉标准的，就应当认定为非法吸收公众存款罪，至于所吸收的款项到底为何用途，则在所不问。① 一些学者则主张，应该限制该罪的处罚范围，认为只有当行为人将吸收的公众存款用于货币、资本的经营时（如发放贷款），才能认定为扰乱金融秩序，才应该以本罪论处。在司法实务中必须严格从集资用途上区分间接融资行为与直接融资行为，不应将以合法的商业、生产运营为目的的直接融资行为认定为非法吸收公众存款罪，将有合理的生产经营需要的“非法集资”活动合法化，并不存在法律制度上的障碍，完全符合罪刑法定的要求，体现了刑法罪刑相适应的基本原则。②也有学者认为，应该立足于民间融资活动对经济发展的积极价值，正确区分合法与非法的民间融资活动，把立足于诚实信用原则、充分披露企业经营信息且利率约定与企业赢利相匹配的融资行为纳入民间借贷范畴，只把以欺诈或超过企业利润率且不具有非法占有目的之大量吸纳资金的行为定性为非法吸收公众存款罪。③ 另有观点则认为，非法吸收公众存款罪的客观方面构成要件要素类型限于：侵害法益为金融管理秩序的“吸收公众资金+用于贷款型”；侵害法益为公众资金安全的“吸收公众资金+欺骗手段型”；“吸收公众资金+未尽审查义务型”。④ 还有的学者通过对该罪的相关规定分析后，甚至主张对非法吸收公众存款罪进行去罪化处理。⑤

二、非法集资的治理路径反思

（一）积极转变对民间金融的态度

非法吸收公众存款罪“越反越猖狂”以及对于该罪规制范围的各种观点纷争无疑有着多重原因。我们认为，陈旧观念所导致的金融抑制以及不区分集资用途就一概打击是其根本原因，而基础性金融法律制度的缺位以及刑事立法与司法的不成熟，则在一定程度加剧了上述问题的恶化并导致罪名被不断扩张甚至被肆意滥用。因而，若不反思当下的治理观念，重构应对策略，仍寄希望于单纯通过现行刑事法律治理此类非法集资活动，其效果自然难以彰显，最终势必造成“越打越多”的现象。可见，目前首要任务就应当从解放思想，积极转变对民间金融的态度，改变传统的“私”即是坏的代表之观念。必须尊重民间融资存在的客观性，摒弃计划经济时代下认为除传统正规金融以外的金融模式都是非法的理念。只有旗帜鲜明地承认正当民间金融的合法性，鼓励与支持众多中小微企业便捷地通过各种平台募集到生产经营的资金，非法吸收公众存款罪才会失去大量的存在空间。

---

① 丁慧敏：《论“变相吸收公众存款”——以三种商品交易形式为例》，载《政治与法律》2011 年第 4 期。

② 张明楷：《刑法学》（第五版）（下），法律出版社 2016 年版，第 778 页；刘伟：《非法吸收公众存款罪的扩张与限缩》，载《政治与法律》2012 年第 11 期。

③ 姜涛：《非法吸收公众存款罪的限缩适用新路径：以欺诈和高风险为标准》，载《政治与法律》2013 年第 8 期。

④ 魏东、田馨睿：《论非法吸收公众存款罪的保守解释》，载《河南财经政法大学学报》2017 年第 3 期。

⑤ 刘新民：《非法吸收公众存款罪去罪论》，载《江苏社会科学》2012 年第 3 期。

(二) 重构金融法律治理体系

在转变观念的同时应当考虑如何重构当下落后、封闭的金融体制，只有从制度构建和政策制定上提供更便捷、更广阔的融资渠道和金融服务，才能从制度上消解犯罪产生的根源。具体而言，至少可通过以下方式改革现行的金融制度，以实现增加金融供给与构建多层次的资本市场的目的：第一，通过减少融资市场的行政审批制度，以法律方式让更多的市场主体进入融资市场，以增加金融市场的金融供给。具体而言，可适度降低民间资本进入银行业的准入门槛，进一步发挥民间资本的积极效用，形成国有银行与私营银行平等竞争、共同发展的良好局面。第二，积极推进金融创新发展，拓宽融资渠道。鼓励发展众创、众包、众扶、众筹空间，发展天使、创业、产业投资，并着手制定统一适用且能有效规制民间融资活动的《民间融资管理法》。以法律的形式对民间融资活动中的相关概念进行准确界定，以严格区分民间融资与非法集资，同时，对相关主体的权利义务、市场准入机制、融资方式(行为类型)、信息披露机制、风险防范和应急处置机制、监管责任、交易主体的法律责任、行政执法与刑事司法衔接机制等一系列问题作出明确、细致且具有可操作性的规定。从而为区分正当的民间融资与非法集资构成的违法与犯罪提供明确的依据。

三、非法吸收公众存款罪刑法规制的合理范围

前已述及，对于非法吸收公众存款罪的规制范围存在着各种不同的看法，这些观点都不无道理，但又或多或少地存在着值得商榷和改进之处。我们认为，要将对非法吸收公众存款行为的刑法规制程度保持在合理范围，既要尊重该罪的法律规定，又要考虑近年来社会经济发展的变化，既要旗帜鲜明地承认为正当民间金融的合法性，又要正视打击严重违法集资的行为的必要性。因而，当前合理认定非法吸收公众存款罪规制的范围应当注意以下几个方面：

(一) 公开吸收资金用于正常生产、经营活动的属合法民间借贷

民间借贷是社会经济发展过程中相对于国家正规金融行业自发形成的一种民间融资信用形式，在我国有着久远的历史和深厚的传统，且为社会广泛熟悉。

1991 年颁布的《关于人民法院审理借贷案件的若干意见》对民间借贷主体仅限于至少一方是公民（自然人)，而对于企业与企业之间的借贷，按照央行 1996 年颁布的《贷款通则》和最高人民法院相关司法解释的规定，一般以违反国家金融监管而被认定为无效。随着经济体制改革的不断深入，落实大众创业、万众创新，着力解决中小微企业融资难，是当前经济发展的重要任务之一。作为正规金融合理补充的民间借贷，因其手续简便、放款迅速而日趋活跃，借贷规模不断扩大，已成为广大市场主体获得生产、生活资金来源、投资谋取利益的重要渠道。为缓解企业“融资难”、“融资贵”等顽疾，最高人民法院于 2015 年 9 月通过并施行的《关于审理民间借贷案件适用法律若干问题的规定》（以下简称《规定》）明确指出，企

业为了生产经营的需要而相互拆借资金，司法应当予以保护。[①]

前已提及，2011年施行的《解释》规定在认定非法吸收公众存款罪时，要求同时具备非法性、公开性、利诱性和社会性四个特征。这里的利诱性被表述为“承诺在一定期限内以货币、实物、股权等方式还本付息或给付回报”，然而正常的民间借贷行为也具备这一特性。由于非法性判断标准的模糊性，有正当资金需求的民间借贷行为只要具备公开性与社会性，就被“巧妙”地归入非法吸收公众存款罪的这一“口袋”之中。这种解释无疑是对非法吸收公众存款罪的规制范围进行了严重的不当扩张。多年前“孙大午案”审理前后的争议，就已激起社会对刑法适用的不良抵触情绪。[②] 尽管《解释》在第3条第4款中指出“非法吸收或者变相吸收公众存款，主要用于正常的生产经营活动，能够及时清退所吸收资金，可以免予刑事处罚；情节显著轻微的，不作为犯罪处理”，但这仍然认为公开吸收资金用于正常生产、经营活动的行为具备违法甚至犯罪的特性。然而，根据《规定》的解释，作为发生在自然人、法人、其他组织之间及其相互之间的资金融通行为的民间借贷，原则上是受到法律保护的合法行为。在民间借贷合法的前提下，通过媒体、推介会、传单、手机短信等途径向社会公开宣传，向社会公众即社会不特定对象吸收资金就不应认定为犯罪。因为，犯罪应当是严重的违法行为，一方面民间借贷合法并且应当受到法律保护，另一方面却认为大量的进行这种合法的行为就非法了，甚至变成了应当受到严厉打击的犯罪行为，这从逻辑和常识上都难以说通！因而，我们应当正面积极地肯定公开吸收资金用于正常生产经营活动的行为属于合法行为，绝不能将此认定为犯罪而予以打击。

此外，需要注意的是，有观点认为，以超过企业利润比率的高额回报吸纳资金的行为应当认定为该罪。因为企业的利润率低于约定的吸纳资金回报率，也就意味着这种资金吸纳方式明显使民众的资金安全受到威胁，这是违背企业经营规律的，也使集资人处于集资活动的“火山上”。因此，那种故意隐瞒企业利润情况，并以“连环集资”方式（即以新集资来的钱还之前集资款的本金与利息）维持“企业经营”的行为，应当被认定为非法吸收公众存款罪。[③] 我们认为，以上观点值得商榷，我们不应简单地认为只要“严重超过企业收益的高回报率”就认定公开吸收资金的行为构成犯罪。实践中有些企业为了解决短期内资金紧张的局面，不得已而高息吸收资金，从而渡过企业短期资金紧张的困局。这种情形，从长远看能够将企业更好地做大做强，因而，以超过企业利润比率的高额回报吸纳资金的行为即使最终出现亏损难以偿还债务，也不能因此认定构成该罪。

（二）严重欺诈公开吸纳资金的行为属于该罪规制范围

上面已提到，行为人公开向不特定社会公众吸收资金，承诺给予利息回报，将资金用于生产经营活动的行为属于法律保护的合法行为。但是，如果集资者对出借

---

① 杜万华：《最高人民法院民间借贷司法解释理解与适用》，人民法院出版社2015年版，第15-19页。

② 何荣功：《社会治理“过度刑法化”的法哲学批判》，载《中外法学》2015年第2期。

③ 姜涛：《非法吸收公众存款罪的限缩适用新路径：以欺诈和高风险为标准》，载《政治与法律》2013年第8期。

人使用了欺骗手段，使所吸收资金处于高度的不安全状态之中，这种严重欺诈公开吸纳资金的行为应当认定为该罪。

一般而言，对于民间借贷来说，出借人对借款人的经济状态或信用有着正确的认知，这就可以事先预知借款的风险，从而理性地作出借与不借的抉择，从而可以很好地规避风险和确保收益，即使因为生产经营亏损而无法还款的，只成立普通的民事违约。但集资人如果提供了虚假资料、进行了虚假宣传，则属于民事欺诈，这时集资人的行为就具备了相应的违法性。[①] 也正是出于这种考虑，中国银行业监督管理委员会、中华人民共和国工业和信息化部、中华人民共和国公安部、国家互联网信息办四个部门于 2016 年 8 月 17 日公布施行的《网络借贷信息中介机构业务活动管理暂行办法》（以下简称《暂行办法》）明确指出，借款人不得通过故意变换身份、虚构融资项目、夸大融资项目收益前景等形式的欺诈借款；不得同时通过多个网络借贷信息中介机构，或者通过变换项目名称、对项目内容进行非实质性变更等方式，就同一融资项目进行重复融资；不得在网络借贷信息中介机构以外的公开场所发布同一融资项目的信息；以及其他法律法规和网络借贷有关监管规定禁止从事的活动。

在具备这种违法性的基础上，就有可能上升到刑事犯罪的程度。根据量变到质变原理，当行为人向多个不特定社会公众借贷时，由于多个民事违法汇集在一起，对社会资金的投资安全无疑会造成严重不良影响。在这种情形下，即使不能查明欺诈者具备"以非法占有为目的"，以非法吸收公众存款罪定罪处罚是完全合乎逻辑的。

正是考虑到某些集资行为的"严重欺诈特性"对金融秩序的危害性，《解释》将"不具有销售商品、提供服务的真实内容或者不以销售商品、提供服务为主要目的，以商品回购、寄存代售等方式非法吸收资金的"、"不具有发行股票、债券的真实内容，以虚假转让股权、发售虚构债券等方式非法吸收资金的"、"不具有募集基金的真实内容，以假借境外基金、发售虚构基金等方式非法吸收资金的"和"不具有销售保险的真实内容，以假冒保险公司、伪造保险单据等方式非法吸收资金的"这些行为类型规定为非法吸收公众存款罪的规制范围。

（三）银行类金融机构之外的主体吸收资金从事贷款类用途属于该罪规制范围

根据《商业银行法》第 11 条的规定，设立商业银行，应当经国务院银行业监督管理机构审查批准。未经国务院银行业监督管理机构批准，任何单位和个人不得从事吸收公众存款等商业银行业务，任何单位不得在名称中使用"银行"字样。这是因为，非银行类金融机构一般不具有商业银行那样强大的经济实力，没有国家财政的支持，在运作过程中没有完善的经营管理制度，缺乏有效的监督机制，其承担金融风险的能力极弱，从本质上无法保证货币的保值、增值，根本无法保证存款人资金的安全和利益，故极有可能给众多"储户"带来风险，造成社会公众财产严重

① 魏东、田馨睿：《论非法吸收公众存款罪的保守解释》，载《河南财经政法大学学报》2017 年第 3 期。

损失，甚至引发局部的社会动荡，影响社会稳定。[①] 可见，为了将吸收的资金进行货币资本经营而进行的吸收公众存款的行为属于该罪的规制范围是不应有争议的。值得注意的是，银行类金融机构之外的主体不仅包括非金融机构，也包括那些没有吸收公众存款业务经营权的金融机构，如典当行、保险公司、证券公司等金融机构，可以构成该罪。有些金融机构，如财务公司，虽然可以吸收存款，但其业务范围仅限于成员单位的本外币存款，而不能向社会公众吸收存款，对于这类金融机构，未经主管机构批准，向社会公众吸收存款的，也应以该罪论处。[②]

与此相关的是，有观点认为，经营范围包括存贷款业务的金融机构，如果擅自提高利率吸收存款的，因为严重扰乱了金融秩序，应以本罪论处。[③] 我们认为，这种观点是存在问题的。对于商业银行等有权向公众吸收存款的金融机构，在吸收存款中有抬高利率等不正当竞争行为的，不能按本罪处理。因为这些机构取得吸收公众存款的资格往往是具备严格的法定条件，其经济实力雄厚，账目健全，资金流向受主管机构监督，因此所造成的后果明显轻于前者。[④] 事实上，为实现市场在资源配置中成为决定性作用的重要环节，促进金融产品多样化发展，为货币政策转型创造基础条件等因素的影响下，2015 年 10 月 23 日，央行已经宣布，对商业银行和农村合作金融机构等不再设置存款利率浮动上限。这意味着，中国已经基本取消利率管制，实现利率市场化了。[⑤] 在这种背景下，抬高利率根本就不具备违反相关金融管制的不法性质，也就更谈不上构成犯罪。

（四）网络借贷中介平台“未尽审查义务”不构成该罪

近年来，随着互联网及其相关技术的发展，互联网金融在我国得到了迅速发展。2013 年以来，P2P 网络借贷出现井喷式发展，在一年之内由最初的几十家增长到几千家，从而不仅实现了数量上的增长，借贷种类和方式也得到扩张，同时也产生了平台角色复杂、监管主体缺位、信用系统缺乏等新问题。[⑥] 为规范网络借贷信息中介机构业务活动，保护出借人、借款人、网络借贷信息中介机构及相关当事人合法权益，促进网络借贷行业健康发展，更好地满足中小微企业和个人投融资需求，2016 年 8 月通过的《暂行办法》中明确规定了网络借贷信息中介平台对于出借人和借款人的资格条件、信息的真实性、融资项目的真实性和合法性有进行必要审核的义务。

有学者认为，应当要求网络借贷信息中介平台对出借人和借款人的资格条件、信息的真实性、融资项目的真实性和合法性等进行实质审查，同时应当适当限制这

① 刘宪权：《金融犯罪刑法学新论》，上海人民出版社 2014 年版，第 221 页。

② 王作富：《刑法分则实务研究》（第五版）（上），中国方正出版社 2013 年版，第 401 页。

③ 张明楷：《刑法学》（第五版）（下），法律出版社 2016 年版，第 780 页。

④ 王作富：《刑法分则实务研究》（第五版）（上），中国方正出版社 2013 年版，第 400 页。

⑤ 《易纲副行长就放开利率上限与专家座谈》，http：//www. pbc. gov. cn/goutongjiaoliu/113456/113469/2969378/index. html.

⑥ 杜万华：《最高人民法院民间借贷司法解释理解与适用》，人民法院出版社 2015 年版，第 33 页。

种实质审查的程度。① 因为，“出借人对于借款人的了解往往仅限于中介公司提供的借款人情况介绍以及借款人身份证、户口簿、不动产产权证等证件的复印件，根本无法对借款人的还款能力有较为充分的了解。这时如果中介公司也仅仅对借款人提供的材料进行形式审查，那么借款人很容易就能够通过提交虚假材料蒙混过关，出借人的资金安全就难以得到有效保障”。当然，“借款本身肯定存在一定的违约风险，出借人在借出资金时就应当做好承担风险的准备，不可能要求中介公司不顾成本地去将风险降到最低，这样的话很可能导致其运营成本过高而不利于民间金融行业的发展。因此，在要求中介公司进行实质审查的同时，也应该明确合理的界限。对于个人借款人，金融公司应当通过银行来审查借款人的个人收入是否属实，同时对于个人的车、房等财产，应当核实有无抵押登记或者存在抵押时其价值能否覆盖全部债务。对于以公司名义进行借款的情况，平台应当对公司或其融资的项目进行实地考察，了解其近几年的经营状况、负债状况、资产抵押情况，并对公司或项目的未来发展前景做出客观的评估”。如果不能尽到以上义务，网络借贷平台的这些行为就应当认定构成了非法吸收公众存款罪。②

我们认为，以上观点就如何界定网络借贷平台的审核范围来说，有较强的借鉴意义。然而《暂行办法》只是部门规章，其效力层级尚不能成为经济犯罪的规范依据，在认定犯罪上只能有一定的参考价值。事实上，实践中借款人提供的虚假材料会有各种可能，让中介平台都审查出来无疑是对平台的过分要求，势必不利于中介平台的发展。正如论者所言，实践中中介平台不可能不顾成本地去调查一个借款人的各种资信。其实，《暂行办法》也只是规定网络借贷中介平台进行必要审查即可，并没有明确要求必须尽到实质审查义务。退一步而言，即使中介平台轻信、疏忽没有进行相应的必要审查，导致集资人的欺诈得以成功，并造成集资人难以偿还债务的情形也不能认定为构成该罪。因为，在这种情形下最多只能认定网络借贷平台具有过失的心态，而非法吸收公众存款罪的主观心态要求必须是出于故意的心理。这时，作为中介的网络借贷平台方可以被追究一定的民事责任，但要追究刑事责任则缺乏相应的依据，至少不能按照非法吸收公众存款罪来认定。因而，将这种过失心理支配下实施的行为认定为构成该罪，不论是从法律的规定还是理论的基本要求都难以作出合理解释。

当然，如果网贷平台在从业过程中，与借款人合谋违法吸收公众存款或者明知借款人存在欺诈吸收公众存款而不制止，这种情形完全符合我国刑法规定的共同犯罪的构成条件，因而应当认定与借款人一起构成非法吸收公众存款罪的共同犯罪。

四、结语

民间融资的刑法制裁体系，是为国家管制民间资本的公共政策服务的，而作为

① 魏东、田馨睿：《论非法吸收公众存款罪的保守解释》，载《河南财经政法大学学报》2017 年第 3 期。

② 魏东、田馨睿：《论非法吸收公众存款罪的保守解释》，载《河南财经政法大学学报》2017 年第 3 期。

一种政策工具的刑法制裁措施，难以摆脱民间融资管制的民商事法律制度和行政法律制度的约束。① 因而，要在非法吸收公众存款罪长期以来的争议之下，合理界定非法吸收公众存款罪的规制范围，只有认真分析近年来金融领域内发生的各种变化，并综合考量金融服务实体经济、防控金融风险以及深化金融改革三项任务才能得出合适的答案。从而使该罪的适用有利于引导资金支持实体经济，避免资金在金融系统空转，最终让金融和经济发展的成果真正惠及普通百姓。

① 李怀胜：《民间融资的刑法制裁体系及其完善》，载《法学论坛》2011年第5期。

单位犯罪与否之下的共同犯罪

——以非法吸收公众存款罪为例

喻贵英*

单位是我国刑法规定的与自然人相对的另一类犯罪主体。1987 年的《海关法》首次明确规定了单位可以成为走私罪的犯罪主体，以后的一些单行刑事法律和附属刑法规范又陆续规定了单位可以成为受贿罪、行贿罪等犯罪的主体。现行刑法在总则第二章中专节规定了单位犯罪，并在分则中规定了 120 多种可以由单位主体构成的具体犯罪。单位成为犯罪主体必须以刑法分则有明文规定者为限。那么，在既能由自然人构成也能由单位构成的具体犯罪比如非法吸收公众存款罪中，区分自然人犯罪与单位犯罪，以及相应的刑罚，就成为必要的研究课题。

一、单位犯罪的特征

《刑法》第 30 条规定："公司、企业、事业单位、机关、团体实施的危害社会的行为，法律规定为单位犯罪的，应当负刑事责任。"据此，我国刑法中的单位实际上是一种刑法意义上的法人，是一个与自然人相对应的概念，应该是指行为受法律调整，并能以自己的名义实施法律行为，且承担法律责任的非自然人实体。① 换言之，单位犯罪，是指公司、企业、事业单位、机关、团体，为了单位的利益，由单位决策机关决定，指示、同意或者默许单位内部自然人以单位名义实施的，依法应受刑罚处罚的行为。②

首先，单位犯罪强调的是该单位必须依法成立，具有形式合法与实质合法性。具体而言，该单位从程序上看，其设立是合法的，是根据国家法律、法令，经有关机关批准、核准登记后成立；该单位从设立的目的上看，其设立必须符合国家和社会公共利益的要求。1999 年 6 月 25 日最高人民法院《关于审理单位犯罪案件具体应用法律有关问题的解释》（以下简称《解释》）第 2 条规定："个人为进行违法犯罪活动而设立的公司、企业、事业单位实施犯罪的，或者公司、企业、事业单位设立后，以实施犯罪为主要活动的，不以单位犯罪论处。"所以，如果是为实施违法犯罪活动而设立单位，或单位成立后以实施违法犯罪活动为其主要内容的，都不属于单位犯罪。

其次，单位犯罪强调单位要有一定的组织机构。这是因为一定的组织机构能保证单位形成独立的犯罪意志。单位的意志源于自然人，但又不是自然人个人意志的

---

* 西北政法大学教授，法学博士。

① 陈忠林、希诺：《单位犯罪的"嵌套责任论"》，载《现代法学》2017 年第 3 期。

② 贾宇主编：《刑法学》，中国政法大学出版社 2017 年版，第 100 页。

简单相加。它一经形成就成为超越纯粹个人意志之上的集体意志。当然，单位的这种犯罪意志要依靠其决策机构指示或默许的自然人来实现。单位意志的具体形成，表现为遵循单位的规章制度，由单位决策机构作出决定或者由负责人决定。尽管这种意志有时以个人的决定形式表现，但此时的个人决定是经单位授权、许可、认可的。①

再次，单位犯罪强调单位具有相对的独立性。这意味着刑法中的单位在一定的范围内，能够以自己组织的名义独立地进行社会活动，并独立地享有权利、承担义务。值得注意的是，并非所有以单位名义实施的犯罪都是单位犯罪，但这并不否认单位犯罪以单位的名义实施。在以单位名义实施的犯罪中，一部分是单位犯罪，另一部分是非单位犯罪。单位犯罪以单位名义实施，不等于以单位名义实施的犯罪就是单位犯罪，所以，“单位犯罪以单位的名义实施”与“以单位名义实施的犯罪就是单位犯罪”是两个不同的概念。有论著以并非所有以单位名义实施的犯罪都是单位犯罪否认单位犯罪以单位名义实施的观点，② 是没有分清楚“单位犯罪以单位的名义实施”与“以单位名义实施的犯罪就是单位犯罪”这两个概念。

最后，单位犯罪主体必须具有刑事责任能力。单位的刑事责任能力主要表现为对其实施的刑法所禁止的危害行为承担刑事责任的能力，也即犯罪能力。单位的犯罪能力是同单位的行为能力联系在一起的，单位的行为能力是国家赋予社会组织独立地进行民事活动的资格，它取决于单位是否依法设立，是否有自己的组织机构和相对的独立性。单位犯罪的确立，是以实在说为前提基础的，它肯定了单位的权利能力和行为能力；同时单位犯罪的确立也离不开法律的拟制，正是通过法律的拟制，才从法律上赋予了公司、企业、团体等社会组织与自然人一样的独立人格，有其整体的意志和行为。这样，单位机关的决策和履行职务的活动，是单位整体的意志和行为，而不是单位中某个自然人的意志和行为。③

值得注意的是，单位的刑事责任能力是否要求犯罪单位有独立的财产和经费，是一个有争议的问题。“独立的财产和经费”是法人成立的必备条件，单位并非都是法人，对单位是否也做同样的要求值得考虑。根据 2001 年 1 月 21 日最高人民法院《全国法院审理金融犯罪案件工作座谈会纪要》的规定，“以单位的分支机构或者内设机构、部门的名义实施犯罪，违法所得亦归分支机构或者内设机构、部门所有的，应认定为单位犯罪。不能因为单位的分支机构或者内设机构、部门没有可供执行罚金的财产，就不将其认定为单位犯罪，而按照个人犯罪处理”。因此，是否有独立的财产和经费不影响单位犯罪的认定。

总之，学界的一致看法是，单位犯罪主体是合法的公司、企业、事业单位、机关、团体，单位犯罪是单位的整合形态，是单位本身的犯罪，而不是单位内部各个成员犯罪的总和。

---

① 张小虎：《单位犯罪基本特征探究》，载《犯罪研究》2004 年第 4 期。

② 赵秉志主编：《犯罪总论问题探索》，法律出版社 2003 年版，第 163 页。

③ 拙文：《单位犯罪之恒定与代罚制之检讨》，载《法律科学》2010 年第 2 期。

二、单位犯罪与自然人犯罪处罚的比较

从世界范围看，各国法律规定的对单位犯罪的处罚原则有三种：一是双罚制，即既处罚单位，也处罚单位中参与犯罪的自然人；二是代罚制，即只处罚单位中参与单位犯罪的自然人；三是转嫁制或单位责任制，即只处罚单位，不处罚单位中参与单位犯罪的自然人。学界普遍认为，我国刑法对单位犯罪的处罚，以双罚制为主单罚制为例外，即对单位判处罚金，并对其直接负责的主管人员和其他直接责任人员判处刑罚，但是，当刑法分则和其他法律另有规定不采用双罚制而采单罚制，只是我国《刑法》只有代罚制的规定，而无转嫁制的规定。①

对单位犯罪双罚制的立法模式有两种：一种是单位犯前款罪的，对单位判处罚金，并对其直接负责的主管人员和其他直接责任人员，依照前款的规定处罚。例如，《刑法》第 176 条规定的非法吸收公众存款罪，对自然人犯罪处 3 年以下有期徒刑或者拘役，并处或者单处 2 万元以上 20 万元以下罚金；数额巨大或者有其他严重情节的，处 3 年以上 10 年以下有期徒刑，并处 5 万元以上 50 万元以下罚金。单位犯前款罪的，对单位判处罚金，并对其直接负责的主管人员和其他直接责任人员，依照前款的规定处罚；另一种是单位犯前款罪的，对单位判处罚金，并对其直接负责的主管人员和其他直接责任人员处低于自然人犯罪的处罚。例如，《刑法》第 180 条第 1 款规定，对自然人实施该条规定的内幕交易、泄露内幕信息罪的，对自然人犯罪“情节严重的，处 5 年以下有期徒刑或者拘役，并处或者单处违法所得 1 倍以上 5 倍以下罚金；情节特别严重的，处 5 年以上 10 年以下有期徒刑，并处违法所得 1 倍以上 5 倍以下罚金”。对单位犯前款罪的，对单位判处罚金，并对其直接负责的主管人员和其他直接责任人员，处 5 年以下有期徒刑或者拘役。据此，立法层面对单位犯罪中的直接负责的主管人员和其他直接责任人员的处罚要么与自然人犯罪的处罚一样，要么轻于自然人犯罪的处罚。鉴于第二种模式已经在立法中明确对单位犯罪中的直接负责的主管人员和其他直接责任人员的处罚低于自然人犯罪的处罚，此处只集中笔墨于第一种模式的分析。

2011 年 1 月 7 日最高人民法院发布的《关于审理非法集资刑事案件具体应用法律若干问题的解释》（以下简称《解释》）第 3 条第 1 款规定：“非法吸收或者变相吸收公众存款，具有下列情形之一的，应当依法追究刑事责任：（一）个人非法吸收或者变相吸收公众存款，数额在 20 万元以上的，单位非法吸收或者变相吸收公众存款，数额在 100 万元以上的；（二）个人非法吸收或者变相吸收公众存款对象 30 人以上的，单位非法吸收或者变相吸收公众存款对象 150 人以上的；（三）个人非法吸收或者变相吸收公众存款，给存款人造成直接经济损失数额在 10 万元以上的，单位非法吸收或者变相吸收公众存款，给存款人造成直接经济损失数额在 50 万元以上的；（四）造成恶劣社会影响或者其他严重后果的。”该条第 2 款规定了数

① 笔者曾撰写论文建议我国取消代罚制，具体理由参见拙文：《单位犯罪之恒定与代罚制之检讨》，载《法律科学》2010 年第 2 期。

下卷・二

额巨大或者有其他严重情节的情形：“（一）个人非法吸收或者变相吸收公众存款，数额在100万元以上的，单位非法吸收或者变相吸收公众存款，数额在500万元以上的；（二）个人非法吸收或者变相吸收公众存款对象100人以上的，单位非法吸收或者变相吸收公众存款对象500人以上的；（三）个人非法吸收或者变相吸收公众存款，给存款人造成直接经济损失数额在50万元以上的，单位非法吸收或者变相吸收公众存款，给存款人造成直接经济损失数额在250万元以上的；（四）造成特别恶劣社会影响或者其他特别严重后果的。”《刑法》第176条第1款是对自然人非法吸收公众存款罪犯罪构成和刑罚的规定，第2款是在单位构成犯罪的情况下对单位及直接负责的主管人员和其他直接责任人员刑罚的规定。乍一看这两款的规定，构成非法吸收公众存款罪，对自然人犯罪主体和对单位犯罪中的直接负责的主管人员和其他直接责任人员的刑罚是一样的。但是，将刑法条文和司法解释统一看后可以发现，自然人与单位犯罪，二者的成罪标准、加重处罚的标准均不相同。单位犯罪中对直接负责的主管人员和其他直接责任人员的成罪标准和加重处罚的标准实际上要低于自然人犯本罪的情况。具体而言，单位犯罪中的直接负责的主管人员和其他直接责任人员非法吸收或者变相吸收公众存款的数额是自然人非法吸收或者变相吸收公众存款的数额的5倍之多时方构成犯罪或上一个量刑档次；单位犯罪中的直接负责的主管人员和其他直接责任人员非法吸收或者变相吸收公众存款对象是自然人非法吸收或者变相吸收公众存款对象的3倍多时方构成犯罪或上一个量刑档次；单位犯罪中的直接负责的主管人员和其他直接责任人员非法吸收或者变相吸收公众存款，给存款人造成直接经济损失数额，是自然人非法吸收或者变相吸收公众存款给存款人造成直接经济损失数额的5倍之多时方构成犯罪或上一个量刑档次。

因此，区分非法集资类犯罪是单位犯罪还是自然人犯罪，直接的意义在于定罪数额和量刑轻重不同。这样，我们就能理解为什么刑事辩护律师对其当事人非法吸收公众存款罪的重要辩点之一便是行为构成的是单位犯罪，而不是自然人犯罪。[①]事实上，不仅仅是非法吸收公众存款罪，根据现行刑法的规定，从整体上看，单位犯罪的刑事责任轻于自然人犯罪，单位犯罪已经成为从宽处罚的一个思路。也就是说，在现实中，我国刑法关于单位犯罪的规定几乎成了相关自然人无罪或从轻处罚的一个重要理由。[②] 这也许在于单位犯罪的意义是，刑法从整体上着眼于作为自然人有机整合的单位个体，而单位不是自然人的简单相加，其有自己独立的财产、存在场所、名誉和对外交往资格，当单位内部成员为单位利益而共同从事某一犯罪行为时，刑法首先对单位自身进行否定评价，其次再对单位内部成员分配刑事责任。[③]也就是说，对于单位犯罪，其刑事责任一般需要由犯罪单位与其成员分担，单位本身承担的是财产部分的刑事责任，而自由刑则应由单位中的责任人员承担。与此同

① 打开中国裁判网进入有关非法吸收公众存款罪的判决，律师的辩护几乎都会集中在认为行为的性质是单位犯罪而不是自然人犯罪。

② 陈忠林、希诺：《单位犯罪的“嵌套责任论”》，载《现代法学》2017年第3期。

③ 王永强：《单位犯罪与共同犯罪关系辨析——以一起单位集资诈骗案为例》，载《政治与法律》2012年第10期。

时，自然人犯罪的刑事责任则完全由犯罪的自然人承担。

三、单位犯罪、自然人犯罪、共同犯罪的关联

立法和司法解释对单位犯罪与自然人犯罪规定不同的处罚标准，不但在理论上引起单位犯罪与自然人犯罪在定罪量刑标准及法定刑配置上的各种争议，也导致了司法实践的诸多困惑。因而有学者建议，应将单位犯罪与自然人犯罪的处罚标准统一起来。[①] 笔者无意评价该建议的合理性和可操作性，只是欲在此文以非法吸收公众存款罪的规定为例，探讨如何合理地认定单位犯罪与自然人犯罪及其刑事责任问题。

有学者认为，虽然单位犯罪中直接负责的主管人员和其他直接责任人员之间在刑法理论层面不是共同犯罪，但是相关单位犯罪司法解释性文件和司法实践中出现的单位犯罪案件与刑法理论的这种认知存在一种紧张与对立，因而提出应该在一定限度内承认单位犯罪中直接负责的主管人员和其他直接责任人员之间本质上是共同犯罪关系，以解决单位犯罪中直接负责的主管人员和其他相关直接责任人员的定罪量刑问题，即根据直接负责人员主观故意的不同，对不同的直接责任人员分别定罪量刑。[②] 该学者针对的是在行为构成单位犯罪的情况下，其直接负责的主管人员和其他直接责任人员之间可构成共同犯罪关系，这样便可根据单位犯罪中不同的责任人员主观故意的不同，在罪名和刑事责任方面予以不同的处理。对于该学者的观点，笔者是赞同的，因为集资类犯罪，[③] 其行为主体往往由多人构成，其中有些人有非法占有目的，有些人没有非法占有目的。而集资诈骗罪与非法吸收公众存款罪的主要区别在于，前者要求有非法占有的目的，后者不要求有非法占有目的。如果将有非法占有目的责任人员的行为认定为集资诈骗罪，将同属该单位的没有非法占有目的责任人员也认定为集资诈骗罪，这对于后者而言是不公平的；相反，如果将没有非法占有目的的责任人员的行为认定为非法吸收公众存款罪，同属该单位的有非法占有目责任人员的行为也认定为非法吸收公众存款罪，对于有非法占有目的的责任人员而言，则是一种放纵。

“没有责任就没有刑罚”，是消极的责任主义的经典表述。现代刑法是消极的责任主义刑法，消极的责任主义原则是法治国国民自由保障之基石。[④] “没有责任就没有刑罚”，意味着科处刑罚必须以存在责任为前提。[⑤] 将犯罪行为或者犯罪结果事实归责于行为人，必须以行为人对此等犯罪行为或犯罪结果主观上具有故意或过失等值得非难的罪过为条件。行为人只能就其本人值得非难的犯罪行为而被归责，

---

① 赵能文：《单位犯罪与自然人犯罪的处罚标准宜统一》，载《法学》2015年第1期。

② 王永强：《单位犯罪与共同犯罪关系辨析——以一起单位集资诈骗案为例》，载《政治与法律》2012年第10期。

③ 该文提及的集资类犯罪都特指集资诈骗罪和非法吸收公众存款罪。

④ 梁根林：《责任主义原则与例外——立足于客观处罚条件的考察》，载《清华法学》2009年第2期。

⑤ 张明楷：《责任主义与量刑原理——以点的理论为中心》，载《法学研究》2010年第5期。

与犯罪行为无关的任何其他人不能因与行为人同属特定团体而连带地被归责。[①] 否则，这就是团体责任在刑法上的泛滥。

根据《解释》第 2 条和第 3 条的规定，下列三种情形应以自然人犯罪论处：个人为进行违法犯罪活动而设立公司、企业、事业单位实施犯罪的，不以单位犯罪论处；公司、企业、事业单位设立后，以实施犯罪为主要活动的，不以单位犯罪论处；盗用单位名义实施犯罪，违法所得由实施犯罪的个人私分的，依自然人犯罪的规定定罪处罚。该司法解释是关于审理单位犯罪案件具体应用法律有关问题的解释，是针对一般性的貌似单位犯罪的自然人犯罪而言的。从《解释》的行文看，这里的个人明知其行为是以单位为幌子，本质上仍然是自然人犯罪。从中国裁判网公布的判决书的抬头上看，集资类犯罪主体为一人的少之又少，大多数是多位责任人员，判决书往往都是列出前几位被告人的名字，最后以某某等字样结束。所以，集资类犯罪，不仅仅是被害人人数众多，犯罪主体也非“孤身一人”。而在这些犯罪人中，有些人有非法占有的目的，其行为应该构成集资诈骗罪；另一些人，则往往中途参与集资，很难说他们有非法占有的目的。如果没有证据证明他们有非法占有的目的，依据疑罪从无原则就无法肯定他们的集资诈骗罪行为，而只能认定他们的行为构成非法吸收公众存款罪。这样，采用部分犯罪共同说和实行行为过限理论，分别对有非法占有目的的行为人定集资诈骗罪和无非法占有目的的行为人定非法吸收公众存款罪，完全符合自然人共同犯罪的理论。

但值得思考的问题是，对于这三种情况下的自然人犯罪，是否要求所有的行为人都认识到自己的行为是自然人性质的行为而非单位性质的行为？我们知道，现实情况是，对于集资类犯罪，参与其中的责任人员并非都知道该单位实质上实施的是自然人犯罪，是自然人性质的行为。因为他们看到，集资活动公开对外不是一天半天，甚至有些集资活动就在国家的行政机关和司法机关的眼皮底下，在资金链断裂之前，从未见国家机关出面干涉。因此，他们参与到集资活动中，错误地认为，集资单位是合法的，是经过合法程序成立的。所以，他们参与集资活动后，理所当然地以集资单位的名义对外宣传，收到或经手的集资款也交给了集资单位，自己只拿相应的提成或点位。而且，被害人也是认准了他们是集资单位的人员，才投资给集资单位的。因此，对于作为行政犯规定的非法吸收公众存款罪而言，如果以自然人犯罪来认定他们的行为，在缺少行为人违法性认识的情况下，是不符合犯罪构成要求的。而刑事责任的唯一根据是犯罪构成，让不吻合犯罪构成的人负刑事责任，是违背刑法的基本原则的。但不符合自然人犯罪构成的条件并不意味着不符合单位犯罪的构成条件。从前文的论证看，他们的行为完全符合单位犯罪的条件。依笔者之愚见，在貌似单位集资类犯罪的自然人犯罪的三种情况下，有非法占有目的的人员，他们对其自然人犯罪的性质有清醒的认识，可认定他们的行为构成集资诈骗罪；而参与其中不具有非法占有目的或非法占有目的不能被证明的人员，如果他们

① 王永强：《单位犯罪与共同犯罪关系辨析——以一起单位集资诈骗案为例》，载《政治与法律》2012 年第 10 期。

是以集资单位的名义对外公开宣传进行集资，集资款又都交给集资单位的，他们自己只能提成或点位，对他们的行为应当认定为非法吸收公众存款罪。这样，对于不同的罪名，只要两个罪名有重叠的部分，完全可以在重叠内容部分构成共同犯罪，而集资诈骗罪与非法吸收公众存款罪的重叠部分是非法吸收公众存款罪，此时单位和自然人可在非法吸收公众存款罪处构成共同犯罪，这完全遵从了共同犯罪的原理。

然而，在已经生效的判决中，法院说理驳斥单位犯罪辩护的理由基本雷同，都是说这些单位为了非法集资设立单位，或者单位设立后的主要业务是非法集资，或者干脆以单位的名义非法集资，从而将有非法占有目的的人员的行为和没有非法占有目的的人员的行为都认定为自然人犯罪。笔者认为，这样的驳斥说理，看似依据的是《解释》第 2 条和第 3 条的规定，但实则是没有对该规定理解透彻，不明白该规定针对的是这样的情况。《解释》第 2 条和第 3 条的规定是说单位犯罪必须以合法单位为前提，而笔者此处指出的情况则是，某些参与集资类犯罪的部分责任人员，不知道单位是为了非法集资设立的，或者单位设立后的主要业务是非法集资，或者干脆以单位的名义非法集资，他们以单位的名义进行集资，集资款交于单位，他们只是拿集资的提成或点位。所以，不能因为存在《解释》第 2 条和第 3 条规定的三种情况，就将所有参与集资的责任人员都认定为自然人犯罪，而是应该区分不同情况，以自然人和单位的共同犯罪论处，对有非法占有目的的人员以集资诈骗罪论处；对不知道单位是为了非法集资设立的，或者单位设立后的主要业务是非法集资，或者干脆以单位的名义非法集资，而以单位的名义进行集资，集资款交于单位，只是拿提成或点位的人员，以非法吸收公众存款罪论处。

非法吸收公众存款案件中集资参与人所获利息、分红相关问题研究

雷爱民[*] 沈 超[**]

近年来，非法吸收公众存款案件持续高发，e 租宝、泛亚等特大案件相继发生，集资金额高达百亿元以上，涉及集资参与人几十万人，对金融秩序的健康运行造成巨大冲击，给集资参与人造成严重经济损失。案件处置过程中，资金返还率低，导致集资参与人自杀、自伤，聚众缠访、闹访，引发新的社会风险，严重影响社会和谐稳定。司法实践中，非法吸收公众存款案件能否得到妥善处理，取决于如何最大限度地追缴涉案财物，提高集资参与人资金返还比例，尽可能挽回经济损失。2014 年最高人民法院、最高人民检察院、公安部《关于办理非法集资刑事案件适用法律若干问题的意见》（以下简称《非法集资意见》）规定，以吸收的资金向集资参与人支付的利息、分红等回报，应当依法追缴。该意见为非法吸收公众存款案件涉案财产追缴提供了依据，但司法实践中，对集资参与人所获利息、分红能否追缴以及如何追缴存在争议，本文就相关问题进行初步探讨。

一、非法吸收公众存款案件中集资参与人之定位

准确界定非法吸收公众存款案件中集资参与人的角色定位，对于理解依法追缴集资参与人所获利息、分红十分重要。笔者认为，在非法吸收公众存款案件中，集资参与人不是被害人。

1. 集资参与人不符合被害人的法律特征。首先，1998 年国务院《非法金融机构和非法金融业务活动取缔办法》第 18 条规定，因参与非法金融业务活动受到的损失，由参与者自行承担。这明显有别于普通刑事案件中被害人损失由被告人赔偿的原则，可见，在非法吸收公众存款案件中，集资参与人的损失不同于普通刑事案件被害人因犯罪行为侵害而遭受的损失，集资参与人不享有被害人的诉讼地位，不能以被害人身份参加案件诉讼程序。其次，我国金融行业是高度管制行业，市场准入制度十分严格，金融机构设立、业务范围、经营限制等都有规定。未经许可，任何单位或个人通过公开宣传的方式向不特定社会公众吸收资金的行为都是违法行为，这是公民应当知晓的常识。非法吸收公众存款罪侵犯的客体为国家金融管理秩序，公民个人财产权益是否受损并不影响犯罪的成立。因此，从立法意图上来看，刑法没有将集资参与人纳入被害人之列。最后，虽然《非法集资意见》规定诉讼终

* 湖北省荆门市人民检察院检察长，中南财经政法大学法律史博士。
** 湖北省荆门市人民检察院检察官助理，中南财经政法大学刑事司法学院在职研究生。

结后，追缴的财物一般应按比例返还给集资参与人，但该返还是为了安抚集资参与人，平息非法集资矛盾，出于非法集资案件处理的社会效果评价，而非基于集资参与人系受害人的诉讼地位。①

2. 集资参与人的行为具有不正当性。非法吸收公众存款案件的泛滥，有中小企业融资渠道短缺、行政监管缺位、集资诱骗性越来越强等客观原因，但集资参与人积极参与亦是重要因素之一。不管非法吸收公众存款犯罪外在表现形式如何，远高于正当理财产品的高利诱惑，是吸引众多集资参与人前赴后继、飞蛾扑火的核心要素，基于财富快速增值的投机心理参与集资，贪图高利，集资参与人的行为同样侵害了国家金融秩序。我国香港地区《放贷人条例》中对借款利率标准采取不同档次的做法，年利率48%以下合法保护，超过48%推定为敲诈，超过60%的构成犯罪。② 我国现行法律未将集资参与人的行为评价为犯罪，但集资参与人明知集资行为人违反规定吸收公众存款而积极参与，获取的利息、分红等回报并非合法利益，不受法律保护，理应成为共识。

3. 集资参与人对危害后果存在过错。非法吸收公众存款案件中，集资行为人未经许可，向集资参与人吸收资金，将集资款一部分用于运作，如生产经营、加息转贷等，一部分用于偿还到期本息，如果资金链运转正常，按期支付利息、分红，案件很难浮出水面。司法实践中，非法吸收公众存款案件被立案查处，绝大多数是因为资金链断裂，集资行为人不能按约定向集资参与人还本付息所致。非法吸收公众存款案件中许多投入大额资金的集资参与人往往存在“试探性”借款，一旦正常还本付息，投入金额极速增加，一些集资参与人通过介绍、拉拢、吸收其他集资参与人获利，这些集资参与人既是非法吸收公众存款犯罪规模不断扩大的帮助者，也是利息、分红的主要获取者，对危害后果发生存在过错。

二、集资参与人所获利息、分红之定性

对于集资参与人所获利息、分红是否应当被追缴，存在分歧。第一种观点认为，相关政策极力放宽对民间资本进入金融行业的限制，对各种游离于法律之外的金融创新形式予以扶持，允许试错，以致监管失控。③ 集资参与人出借本金并收取利息，是正当的逐利行为，所获利息、分红不应被追缴。第二种观点认为，应结合集资参与人的身份、回报率、出资额、对经营的关心度等因素，区分集资参与人中的投资人和投机人，对投资人合理的回报予以保护，对投机人不予保护。④ 第三种观点认为，非法吸收公众存款的行为具有先天违法性，集资参与人获取的利息和分

---

① 北京市人民检察院非法集资犯罪问题研究课题组：《涉众型非法集资犯罪的司法认定》，载《国家检察官学院学报》2016年第3期。

② 袁春湘：《检视我国民间借贷的“四倍利率”上限规定（上）》，载《法制日报》2014年2月26日第9版。

③ 参见何小勇：《我国金融体制改革视域下非法集资犯罪刑事规制的演变》，载《政治与法律》2016年第4期。

④ 高艳东：《诈骗罪与集资诈骗罪的规范超越：吴英案的罪与罚》，载《中外法学》2012年第2期。

红是集资行为人违法所得，应一律追缴。[①] 笔者认为，第一种观点将非法吸收公众存款犯罪中的借贷关系和民间借贷混同考量有误，第二种观点对集资参与人角色划分过于精细，并区别对待，实践中可能引发更多矛盾，第三种观点契合现行非法吸收公众存款犯罪处理的刑事政策，笔者同意第三种观点。

1. 非法吸收公众存款不是民间借贷。民间借贷是指自然人、法人、其他组织之间及其相互之间进行资金融通的行为。正当的民间借贷有助于活跃市场经济，撮合民间投融资需求，是金融体系的必要组成部分，借贷人和出借人意思表示真实并形成合意，该借贷关系即合法有效，受民事法律保护。而非法吸收公众存款是指行为人违反国家法律、法规的规定，在社会上以存款的形式公开吸收公众资金的行为。正当的民间借贷，借款对象在一定程度上具有封闭性和特定性，属于法无禁止即自由的民事范畴，而非法吸收公众存款的对象主要是不特定社会公众，行为本身因为违反国家金融监管制度而具有违法性，应依据行政法律或刑事法律处罚，这是两者的根本区别。

2. 非法吸收公众存款案件中的借贷合同是否有效。非法吸收公众存款案件中借贷合同的效力是争议较大的问题，对借贷合同的效力认定直接影响是否可向集资参与人追缴利息、分红。司法实践中存在争议，一种观点认为，非法吸收公众存款案件中的借贷合同因为违反合同法第 52 条规定，属于无效合同，该借贷关系不被法律承认，不受法律保护。[②] 另一种观点认为，虽然该类案件中集资行为人违反强制性规定，但认定合同无效不仅不利于实现该强制性规定的目的，反而有利于集资参与人，因此应认定合同有效。[③] 笔者认为，认为借贷合同无效的观点着眼于集资参与人无法通过案件中形成的借贷关系获益，有利于案件资金追缴和犯罪预防；认为借贷合同有效的观点目的在于非法吸收公众存款案件中的部分借贷合同存在第三人担保，一旦借贷合同无效则担保合同归于无效，认定借贷合同有效有利于集资参与人通过民事诉讼向担保方追偿，该两种观点均着眼于案件得到妥善处理，降低全案处置难度，消弭处置矛盾，目的一致。最高人民法院《关于审理民间借贷案件适用法律若干问题的规定》第 5 条、第 6 条、第 13 条规定：民间借贷一旦涉嫌非法集资，则应裁定驳回民事诉讼，通过刑事程序处理；如果非法集资中的借贷关系存在担保合同，则依据民间借贷合同与担保合同的效力、当事人的过错程度，确定担保人的民事责任。笔者认为，非法吸收公众存款案件中的借贷合同是否有效可以作以下区分：如果借贷合同没有从属法律关系，不涉及第三人，以无效为原则；如果涉及第三人责任，则据实处理，以有效为例外。另，借贷合同是否有效不影响向集资参与人追缴由集资行为人给付的利息、分红。

① 刘路军、韩祎：《对〈关于办理非法集资刑事案件适用法律若干问题的意见〉的解析及探讨（二）》，载《中国市场》2015 年第 20 期。

② 安徽省高级人民法院课题组：《关于审理非法集资案件的调研报告》，载《人民司法》2016 年第 4 期。

③ 最高人民法院民一庭调研课题组：《建立和完善我国民间借贷法律规制的报告》，载《民事审判与参考》2012 年第 1 辑。

3. 集资参与人获取的利息、分红应当被依法追缴。《非法集资意见》第5条第1款明确规定，“向社会公众非法吸收的资金属于违法所得”。刑法第64条规定，“犯罪分子违法所得的一切财物，应当予以追缴或者责令退赔”。“犯罪分子以犯罪手段所获得的财物，本不属于他所有。因此，应当予以追缴或者责令退赔，使受损失的公私财物恢复原状”。[①] 非法吸收公众存款犯罪损害国家金融管理秩序，具有违法性，集资行为人利用违法吸收的资金支付的利息、分红集不受法律保护，无论集资参与人如何处置，均不能抹去其违法性特征，理应被依法追缴。需要讨论的是，如果集资参与人获取的利息、分红，系集资行为人使用其他资金，如将非法吸收的资金用于正常经营，以营业收入支付的利息、分红能否追缴。对此，笔者认为，亦可以追缴。理由在于：为继续实施非法吸收公众存款活动，集资行为人需要在犯罪存续期间按约定支付利息、分红，因此，以营业收入等非法吸收外的资金支付利息、分红是其犯罪所需，源于犯罪的连续性。从非法吸收公众存款犯罪的整体来看，集资行为人向集资参与人支付利息、分红，其目的在于维持犯罪持续运转，不断吸引新的集资参与人加入，以营业收入支付利息、分红的同时，也必然以非法吸收的资金填补新的缺口，整个犯罪活动中的资金互相补充、互相替代。因此，如果对集资参与人的追缴仅限于以吸收的资金支付的利息、分红，生硬割裂犯罪运转过程中的资金属性，既不利于对非法吸收公众存款案件中集资行为人犯罪行为的整体认知，又无法破解有效处置、追赃减损的实践困境。

三、集资参与人所获利息、分红之追缴

处置非法吸收公众存款案件，解决问题的核心在于归集资金，偿付本金，依法追缴集资参与人所获利息、分红有利于弥补多数集资参与人的经济损失，益大于弊显而易见。但从集资参与人的视角来看，投入本金，获取回报是正常的商业逻辑，符合普通人对投资理财的认知，集资参与人对依法追缴的配合度较低，依法追缴举步维艰。如何追缴成为司法实践中较大的难题。

1. 释法说理，争取集资参与人配合。非法吸收公众存款现行刑事政策明确了集资参与人获取的利息、分红应当依法追缴，但集资参与人毕竟不是犯罪嫌疑人或被告人，追缴可能会引发新的矛盾和冲突。《非法集资意见》第5条第1款明确规定，“集资参与人本金尚未归还的，所支付的回报可予折抵本金”，亦即即使集资参与人获取了利息、分红，但本金有损失的，可以折抵本金，免予追缴，该规定将追缴对象限缩为获取超本金回报的集资参与人，有效降低了追缴风险。司法实践中，获取超本金回报的集资参与人大多是早期参与者或中途抽出本金离场者，应予追缴的资金往往已被用于消费、再投资或转移，如果集资参与人没有故意隐瞒或者转移财产，侦查机关应向集资参与人释法说理，说明所获利息、分红的违法性，依法追缴的强制性，争取集资参与人理解配合，主动退还应予追缴的利息、分红，有效化解追缴中的矛盾，形成示范效应，以点带面推动追缴工作顺利进行。

---

① 李长坤：《刑事涉案财物处理制度研究》，上海交通大学出版社2012年版，第97页。

2. 采取查封、扣押、冻结等强制措施追缴。对集资参与人超本金回报进行追缴过程中，能不能采取查封、扣押、冻结等强制措施，特别是应追缴的回报已经被集资参与人消费、再投资或转移，侦查机关顾虑重重。笔者认为，对集资参与人超本金利息、分红的追缴，源于该回报系集资行为人利用违法吸收的资金给付，具有先天违法性这一根本特征。集资参与人对利息、分红的占有没有合法依据，在此情况下，应追缴的部分是否已经被消费或转移，均不能阻滞追缴行为的正当性和合法性。如果集资人不接受释法说理，拒绝配合追缴工作，对于获取的超本金利息、分红，应当采取扣押、冻结措施强制追缴；如超本金利息、分红已被消费、再投资或转移的，从尽可能归集资金以利于案件综合处置的角度出发，可根据集资参与人的具体情况，对其所有的其他等额财产采取查封、冻结、扣押措施强制追缴。

3. 集资参与人涉嫌掩饰、隐瞒犯罪所得罪。对于侦查机关要求追缴，而集资参与人拒不配合追缴，并存在故意隐瞒、转移等行为的，笔者认为其涉嫌掩饰、隐瞒犯罪所得罪。首先，我国刑法条文中“违法所得”和“犯罪所得”均有出现，鉴于只有违法行为上升到犯罪才会被追究刑事责任，因此，刑法中违法所得应进行限缩解释，在刑法适用时与犯罪所得系同等概念。前文已述，集资行为人吸收的资金系违法所得，当集资行为人被追究刑责时，亦可将其视为犯罪所得。其次，侦查机关依法追缴工作介入后，通过释法说理，集资参与人已明知或者应当明知从集资行为人处获取的利息、分红并非基于借贷合同而产生的孳息，而是集资行为人通过非法吸收公众存款犯罪所得，属于应当被依法追缴的对象。如果集资参与人在此情况下，仍然拒不配合追缴，而故意予以窝藏、转移或者掩饰、隐瞒的，可以掩饰、隐瞒犯罪所得罪追究其刑事责任。侦查机关应迅速采取强制措施，开展立案侦查工作，通过追究刑责督促集资参与人配合追缴，返还超本金回报。

4. 集资参与人涉嫌拒不执行判决、裁定罪。如果集资参与人拒不配合追缴，又没有故意隐瞒、转移等行为的，笔者认为可以在非法吸收公众存款案件判决中对集资参与人判决追缴。首先，从我国刑事案件涉案款物追缴的立法沿革来看，依法追缴涉案款物的对象并不限于被告人，第三人占有涉案款物需要依法追缴的法院可以在判决中判令追缴。[①] 其次，刑事案件涉案款物兼具证据属性和经济属性，依法追缴是查明案件事实的重要组成部分，侦查、检察、审判各环节都有依职权追缴的责任。因此，在案件事实清楚，应当依法追缴的对象和数额能够确定的情况下，把获取超本金回报的集资参与人作为追缴对象，在非法吸收公众存款判决中予以明确并无法律障碍。通过生效判决、裁定固定集资参与人应当配合追缴的法律责任，按刑事执行程序督促集资参与人配合追缴，能有效弥补侦查机关追缴措施不足，提高案件综合处置效率。如果集资参与人无视生效判决、裁定认定的追缴义务，仍然拒

① 最高人民法院研究室《关于对诈骗后抵债的赃款能否判决追缴问题的电话答复》（1992 年 8 月 26 日）：“……人民法院对于需要追缴的赃款赃物，通过判决予以追缴符合法律规定的原则。赃款赃物的追缴并不限于犯罪分子本人，对犯罪分子转移、隐匿、抵债的，均应顺着赃款赃物的流向，一追到底，即使是享有债权的人善意取得的赃款，也应追缴……”虽然上述答复已失效，但通过判决向被告人以外的其他人依法追缴涉案款物符合刑法原理。

绝配合追缴，符合条件的可以拒不执行判决、裁定罪追究集资参与人的责任。

司法实践中，追缴集资参与人所获本金、利息的具体问题远不止本文所及，非法吸收公众存款案件处置过程亦不是单纯的法律问题，本文仅以上述思考为非法吸收公众存款案件资金归集提出可行性建议，为正在制定的《处置非法集资条例》提供基层视角。

银行“飞单”案的刑法适用逻辑

谢 焱*

作为金融业三大支柱之一的银行，本是最受老百姓信任的金融机构，但有些银行工作人员利欲熏心，利用投资者对银行的信任，向他们售卖不属于银行自己的理财产品，从中获得高额的佣金提成，也就是所谓的“飞单”案件频频发生。自2012年华夏银行“飞单”案进入公众视野后，2013年3月25日银监会下发《关于规范商业银行理财业务投资运作有关问题的通知》（2013年8号文），明确规定商业银行代销代理其他机构发行的产品投资于非标准化债权资产或股权性资产的，必须由商业银行总行审核批准。然而关于“飞单”的新闻从未淡出过我们的视野。2017年4月18日，市场传出的民生银行北京分行航天桥支行“飞单”案，再次引发业内和社会的高度关注。① “飞单”案的刑法适用应何去何从，引发我们刑法工作者的反思。

一、已决案例适用罪名

濮某某案是银行业员工“飞单”的首个相对完整的案例，下面以此为例对司法判例所适用的罪名进行解析。

[案情简介]

被告人濮某某为嘉定支行个人客户部经理，2011年11月至2012年3月，在未经华夏银行审批的情况下，私自在华夏银行嘉定支行办公场所，以电话联系、现场宣传等方式向众多银行客户等不特定人员推销“北京中鼎投资中心（有限合伙）入伙计划”的理财产品，招揽100余名投资人，非法募集资金达人民币1.1亿余元，非法获得佣金逾百万元。② 2012年11月，投资者得知项目管理方通商国银已人去楼空，老板也被刑事拘留，该“理财产品”无法如期兑付。华夏银行12月2日宣布，因违规私下参与推介北京中鼎投资中心系列理财产品，该行员工濮某某已被经侦立案。2013年1月，购买“中鼎”产品的客户通过私下和解与担保公司签订转让协议，本金全部收回，但未获得利息。2014年3月，在历经一年半的侦查和审判后，此案兜售“飞单”的前华夏银行客户经理濮某某因非法吸收公众存款罪被判有期徒刑4年零9个月，一起以非法吸收公众存款罪被判处有期徒刑的还有“中鼎”系列理财产品发行方通商国银资产管理公司业务员王某某和李某和第三方理财

* 同济大学上海国际知识产权学院助理教授，同济大学德国研究中心研究员，德国慕尼黑大学法学博士。

① 宋易康：《民生银行“飞单”案：所涉金额或少于30亿元 是否填补票据造假待核实》，载《第一财经日报》2017年4月19日A6版。

② 参见“（2013）沪二中刑终字第726号”。

销售公司的张某霞。

[案例分析]

1. 非法吸收公众存款罪之兜底适用

《刑法》第176条规定，非法吸收公众存款或变相吸收公众存款，扰乱金融秩序的，构成非法吸收公众存款罪。由于我国长期奉行金融管理本位主义，[①] 在现行法律框架下，非法吸收公众存款罪是针对非法集资类案件使用最为频繁的基础性兜底罪名，包括对濮某某“飞单”案的适用。认定为非法吸收公众存款罪的理由是：被告人王某某与李某等人经事先通谋，通过注册成立合伙企业在未经有关部门依法批准的情况下，以投资本金50万元以上、存续期12个月、年化收益11%-13%、提供担保等为诱饵承诺在一定期限内还本付息，通过濮某某向不特定公众宣传、推销涉案股权投资项目，从而募集资金，符合非法吸收公众存款罪的构成要件，并构成共同犯罪。[②] 也就是说，濮某某在整个犯罪过程中明知其他共同犯罪人的行为性质，并参与其中，实施了“向社会公众吸收资金”的活动。通过与其他共同犯罪人的通力协作，共同完成了犯罪。通过对司法解释的形式解读，濮某某构成构成非法吸收公众存款罪顺理成章。据此，我们可以进一步得出该判例的逻辑是：假使没有前面其他共同犯罪人的行为，濮某某的行为无法单独成罪；如果非法吸收公众存款罪的罪名不成立，濮某某即无罪。

近年来，关于非法吸收公众存款罪无论是立法还是司法层面的讨论都是如火如荼，法律及经济学界在研讨中逐渐形成了对非法吸收公众存款罪限缩适用“一边倒”的基本论调。[③] 从立法规范上看，本罪中“非法”、“公众”、“存款”等概念内涵与外延认定不够明确而致使其适用范围不当扩大，由于传统教义学解释因重规范内容形式轻集资方式与用途，而更是进一步助推了这种适用扩大化趋势，将那些形式上符合集资条件而实则合法的民间借贷纳入其规制范围。[④] 从司法实践来看，自1997年入罪至2016年年末，非法吸收公众存款罪犯罪案件数量连年攀升。据相关数据统计，2013年非法吸收公众存款罪结案数量为413件，2014年结案数量为1266件，2015年结案数量为1622件。[⑤] 通过对2016年公共媒体报道的602起企业家犯罪案例进行统计可知，2016年企业家融资类犯罪依旧突出，民企企业家犯罪案例涉及非法吸收公众存款及集资诈骗两项融资类犯罪的约占到总数的三分之一。[⑥] 进而有学者认为非正规金融活动入罪化的立法政策值得反思，从而从立法政策理念论证“非法吸收公众存款罪”的去罪化问题，[⑦] 有学者认为应废除本罪，用民法和

① 刘远：《我国治理金融犯罪的政策抉择与模式转换》，载《中国刑事法杂志》2010年第7期。

② 参考“（2013）沪二中刑终字第726号”。

③ 栗旸：《非法吸收公众存款罪定量要素初探——以罪名线索适用为视角》，载《四川警察学院学报》2014年第8期。

④ 钱一一、谢军：《非法吸收公众存款罪适用扩大化及回归》，载《长白学刊》2017年第3期。

⑤ 钱一一、谢军：《非法吸收公众存款罪适用扩大化及回归》，载《长白学刊》2017年第3期。

⑥ 辛红：《2016年度中国企业家犯罪报告发布》，载《法制日报》2017年4月6日第1版。

⑦ 刘新民：《关于“非法”吸储罪立法政策的反思》，载《华东师范大学学报》2017年第1期。

行政法解决民间借贷问题即可。[①]

濮某某“飞单”案表明了司法活动将这种兜底性罪名当作最常用罪名，对非法吸收公众存款罪的过度依赖可见一斑，这种简单粗放型的司法适用恐难服众，或让人缺乏期待可能，司法活动从而陷入“欲加之罪，何患无辞”的随意性泥沼之中，既严重影响了法治公信力，也无益于整个经济社会的稳定发展。

2. 非法吸收公众存款罪之评价不足

事实上，非法吸收公众存款罪对“飞单”案又是评价不足的。“飞单”早已不是个案，而是银行业务员提成的潜规则。[②] 濮某某案经过学者一番论证，虽然从法律上撇清了其本人与华夏银行的关系，银行既不承担违约责任，濮某某的行为也不构成表见代理，[③] 但是却仍然给银行在投资者心目中的形象蒙上了阴影，因该案直接导致的嘉定支行暂停营业一天和进而引发的华夏银行股价下跌、评级下降说明事件已经不只对金融管理秩序造成了影响，同时对金融机构的声誉和公信力造成恶劣影响。而对于此，刑法其实是无能为力的。

首先，非法吸收公众存款罪的认定没有根据行为人身为银行职员的身份作出足够的刑法评价，会影响对其主观恶性的认定，无法达到主客观相统一。非法吸收公众存款在银行“飞单”的情况下，必然存在多人共同犯罪，由多个无论是否具备特殊身份的人共同承担刑事责任，身份在其中只起到认定在共同犯罪中区分主从犯的作用的众多因素之一，对利用此身份实施非法吸收公众存款的行为从而对这种职务公信力造成的恶劣影响（类似的如公职类犯罪的职务廉洁性）无法全面评价。

其次，与一般的非法吸收公众存款罪相比，“飞单”案中的受害人过错相对较小。“飞单”案中，银行职员通常间或使用积极地虚构事实和消极地隐瞒真相两种方式，对于投资经验较少、文化程度不高或者较为粗心的投资者，当其因行为人工作环境、设施设备等外部因素形成了该产品为该机构所营销的错误认识之时，行为人没有履行说明和风险提示义务，反而利用其错误认识将该产品冒充成本机构营销的理财产品推销给投资人。对于投资经验丰富或比较谨慎的投资者，则主动向客户宣称该理财产品为银行营销，利用其工作环境、设施设备、宣传材料，甚至文书公章、本人职务等暗示该产品至少跟银行有关系，向投资人营造该理财产品在本机构经营范围之内的错误认识。即便在投资人产生疑义时，也以银行为幌子打消投资者的顾虑。[④] 可以说，银行职员的身份和银行销售的环境给人带来的信任感降低了对所购买理财产品的必要审查，并且投资者潜意识里更愿意相信在银行购买的理财产品跟在外面的肯定不一样。如果说普通的非法吸收公众存款罪的受害人具有为了获

---

① 赵星、张晓：《论废除非法吸收公众存款罪》，载《河北学刊》2014年第9期。

② 陈颖婷：《亿元理财产品血本无归银行“飞单”谁之过》，载《上海法治报》2016年1月18日A2版。

③ 曹会杰：《银行员工“飞单”事件的司法解决路径初探——以华夏银行上海嘉定支行濮某某私售“中鼎系列”产品为样本》，载天津市律师协会网站，http://www.china-lawfirm.com/info/f1cb5927656d4cf38d61dc5a5b1d7052，2017年7月31日访问。

④ 王越：《理财产品“飞单”的刑法学分析》，载《法学》2017年第1期。

取高额投资回报而自愿接受理财产品风险，即便遭受财产损失，其缔约合同时的自由意志使得其只能通过民事法律途径获得救济，而置国家法律和金融监管秩序于不顾的过错性更使得其无法获得刑法上的被害人地位的话，在“飞单”案中的投资者则处于一种被蒙蔽的状态中，从而大大减轻了主观过错。而“飞单”的银行职员要承担的刑事责任显然应该更重。

所以，非法吸收公众存款罪虽然是兜底犯罪，却无法兜住“飞单”案的底。

二、其他罪名适用之可能

刑法第187条经过《刑法修正案（六）》的修订，“吸收客户资金不入账罪”指银行或者其他金融机构及其工作人员只要存在吸收客户资金不入账的行为就构成本罪。该罪构成要件主要有几个特征：本罪是特殊主体，只有银行或其他金融机构及其工作人员才能构成，既可以是个人也可以是单位；该罪只要有将应该入账的资金没有入账的行为即可构成，而不关心不入账的原因，资金用途是什么，从而弱化主观目的，降低公诉机关举证责任；入罪门槛量的要求有二，“数额巨大”或“造成重大损失”。

有学者认为，“飞单”行为侵犯了“客户资金清算制度”，是一种吸收客户资金不入账的行为。“‘飞单’行为人虚构事实、隐瞒真相，将非本机构发行或承销的理财产品冒充成本机构产品销售给客户，吸收客户资金，并在客户资金清算体系之外转移给第三方的行为侵害了金融机构的客户资金清算制度，符合吸收客户资金不入账罪的构成要件。”① 同时也指出了其缺陷，如忽视了行为人对金融交易秩序的侵害，无法评价交易欺诈的故意，一定程度上导致罪刑不均衡。

相较于非法吸收公众存款罪，适用吸收客户资金不入账罪优势明显：首先，该罪可以在即便共同作案人不构成非法吸收公众存款罪的情况下因为特殊主体的身份而单独构成犯罪，使得对“飞单”行为人作出的刑法评价具有独立性。其次，该罪构成要件要素更为明确，便于司法机关把握和操作。但其致命缺陷恰恰在于本罪不需要对主观目的予以认定。下面举例说明。

[案情简介]

2007年7月，高某被聘为中信银行温州分行柳市支行（以下简称柳市支行）零售业务部经理。2011年6月29日，接到温州分行通知，高某已无权办理个人委托贷款业务。当年11月，投资人黄某由高某接待，多次在该银行办公室等场所，签订了十余份《“中信投资宝”报告书》，涉及金额共计3450万元。但经法院查证，柳市支行虽在2004年开展过“中信投资宝”理财业务，然而在2008年4月已经停止办理该业务。其后高某将投资人黄某的资金私下借给他人，后因借款人无法归还借款，高某主动向公安机关自首。2013年4月，乐清市人民法院认为高某犯“吸收客户资金不入账罪”，判处有期徒刑7年零6个月，并责令其退赔人民币2400万元。

---

① 王越：《理财产品“飞单”的刑法学分析》，载《法学》2017年第1期。

[案例分析]

1. 吸收客户资金不入账罪之不周延

本案不属于银行员工私售理财产品的“飞单”案，理由在于中信银行案员工没有“飞单”行为：涉案员工向投资者销售的理财产品属于“本行”曾经发售过但是早已停售的“中信投资宝”理财业务，并未销售他行或其他机构的理财产品，相关文件也无关他行或其他机构；所有文件中均是加盖中信银行温州柳市支行的印章，至少从表面上来看银行一方与投资者建立了委托理财合同关系。高某违规向投资者销售已经停售的本行理财产品，并私刻银行印章加盖在理财产品文件中，其目的是挪用钱款私下借给他人，对此被害人完全不知情。此时，高某将应入账的客户资金没有入账而归个人使用，同时触犯了挪用型犯罪。

2001 年最高人民法院《全国法院审理金融犯罪案件工作座谈会纪要》（以下简称《纪要》）规定：“审理银行或者其他金融机构及其工作人员用账外客户资金非法拆借、发放贷款案件，要注意将用账外客户资金非法拆借、发放贷款的行为与挪用公款罪和挪用资金罪区别开来。对于利用职务上的便利，挪用已经记入金融机构法定存款账户的客户资金归个人使用的，或者吸收客户资金不入账，却给客户开具银行存单，客户也认为将款已存入银行，该款却被行为人以个人名义借贷给他人的，均应认定为挪用公款罪或者挪用资金罪。”《纪要》虽然在《刑法修正案（六）》之前作出，但与修正案修订内容并不冲突，精神符合立法原意，具有重要参考价值。

与此同时，有学者认为，在区分挪用犯罪还是吸收客户资金不入罪时，是否经过受害人同意，或者受害人是否至少知情起到了关键作用。“金融机构工作人员只有与存款客户相沟通，没有将存款资金记入金融机构的法定账户，才构成本罪。”① “吸收客户资金不入账罪客观上一般表现为行为人与客户事前进行沟通，在取得客户同意后，将其资金用于非法拆借、发放贷款。如果客户根本不知道其资金未入银行或其他金融机构的账户，而被用于非法拆借、发放贷款，则行为人的行为属于‘挪用型’犯罪。”②

据此，本案中受害人对资金不入账不知情更不会同意，该笔不入账资金被高某以个人名义借贷给他人，鉴于中信银行是国家控股的商业银行，其行为应构成挪用公款罪，而非吸收客户资金不入账罪。所以在本案中，法院以吸收客户资金不入罪定罪，同样犯了没有考虑行为人目的和不入账资金用途的问题，与《纪要》精神相左，没能对案件事实作出全面评价。

2. 主观目的之刑法评价

事实上，金融机构及其工作人员如果将大量的客户资金不入账，都是有其不可告人的目的，而这些目的大致可分为两类，一类是“非法占有”，自然人实施的可能构成职务侵占（贪污）罪，侵犯资金的所有权；另一类是“非法挪用”，则可能

① 陈兴良：《规范刑法学》，中国政法大学出版社 2003 年版，第 293-294 页。

② 曹坚：《区分吸收客户资金不入账罪与“挪用型”犯罪》，载《上海金融报》2009 年 2 月 10 日 A13 版。

构成挪用资金（公款）罪，侵犯资金的使用权。如果从案件事实上无法查明其“非法占有”或“挪用”的意图，即不入账的行为尚未给财产权造成侵犯时，但仍然破坏了资金清算制度，这里的不需要有特殊主观目的其实是立法者对于不构成职务侵占罪或挪用资金罪的一种兜底性规定。其意义相当于巨额财产来源不明罪之于贪污罪、受贿罪。当然，该罪还可适用于金融机构，构成单位犯罪。而职务侵占和挪用犯罪只能是自然人犯罪。而在自然人犯罪的情况下，如果金融机构工作人员将应入账的客户资金没有入账而归个人使用，其行为同时符合挪用犯罪之构成要件时就会发生如何认定的问题。

同样地，在“飞单”案中，来自银行的投资理财经理借助银行内部平台，私自销售非本行自主发行的或非本行授权和达成委托销售关系的第三方机构理财产品，其目的是非常明确的，即按照销售份额所募资金提取个人佣金，这种行为的性质既不是对资金所有权、使用权的侵犯，更不是没有目的，这种为了个人利益而欺瞒客户，置他人钱财安全于不顾的主观恶性恰恰是“飞单”行为的本质，需要重点作出评价。

三、“飞单”案的现实解决路径

通过上述分析，“飞单”行为无论用单独的非法吸收公众存款罪或者吸收客户资金不入账罪来评价，恐怕都是不周全的。在金融犯罪乱象丛生之时，这种刑法适用逻辑无奈地表现出刑法的单薄和无力。在现行刑法框架下，对“飞单”案的刑法适用逻辑应当从想象竞合从一重的处断模式展开。理由如下：

第一，非法吸收公众存款罪和吸收客户资金不入账罪不属于法规竞合。法规竞合是法条之间本身固有的包容、交叉的关系，非法吸收公众存款罪和吸收客户资金不入账罪本身并不必然发生联系，只有当金融机构工作人员将向公众吸收资金并且不入账时才同时触犯两个罪名，所以不适用法规竞合。也不能数罪并罚，如果按非法吸收公众存款罪和吸收客户资金不入账罪并罚，难免对于“吸收”行为进行重复评价，违背了不得对同一行为或者事实作出两次以上的法律评价的基本原则。

第二，银行职员将客户资金不入账时已怀揣其他目的，应当入账而不入账的行为只是表象，挪为他用才是真正具实质意义的行为，基于一个概括的目的所实施的行为应当视为复合行为，如果将先后行为割裂来看，无论视为手段行为和目的行为的牵连，还是从行为和主行为的吸收都合理有据，但恐怕会得出从一重或者为主行为吸收的两种不同结论，这个结果无益于解决问题，只有将一个目的下的行为根据主客观相统一原则视为一个复合行为才是刑法作出评价的应然选择。基于此，“飞单”行为满足想象竞合犯的前提：一个罪过、一个行为。

“飞单”行为人所实施的行为同时触犯了非法吸收公众存款罪和吸收客户资金不入账罪，其虚构事实、隐瞒真相，将非本机构发行或承销的理财产品冒充成本机构产品销售给客户，吸收客户资金，可以视为非法吸收公众存款的手段，在客户资金清算体系之外转移给第三方的行为是不入账的行为，其侵犯了金融管理秩序和客户资金清算制度双重客体，符合想象竞合犯的特征。

第三，在处罚原则上，想象竞合适用从一重处断，有助于最大限度地追求罪刑均衡，增加刑法威慑力，有效预防和打击“飞单”行为。近年来，在金融犯罪愈演愈烈，给社会带来严重危害，给经济安全带来巨大威胁时，2017年7月，习近平总书记在全国金融工作会议上强调，要加强金融监管协调、补齐监管短板，并设立国务院金融稳定发展委员会，保证金融长久健康发展。当我们站在时代发展和国家战略的高度再次审视金融和刑法的关系，不难发现，金融刑法之刑事政策趋严，法网收紧，已然成为弥补金融犯罪的社会危害，进一步预防新的金融犯罪，促进金融市场长治久安的时代使命。当然，想象竞合作为一种处断方式，并不能从根本上解决刑法构成要件对“飞单”行为准确而周延评价的问题，但是在现实条件下最为直接和可行的权宜之计。

在想象竞合的刑法适用中，还应注意以下两点：

第一，想象竞合犯虽然是作为一罪处理，但因其发生两个以上的危害结果，其对社会的危害性是大于单纯一罪的，在法定刑幅度内决定应当判处的刑罚时，应当较单纯一罪从重处罚，以体现后果为从重处罚情节的原则。① 非法吸收公众存款罪的最高刑是10年有期徒刑，吸收客户资金不入账罪的最高刑是15年有期徒刑，但不能简单地就认为吸收客户资金不入账罪是重罪，而是要根据案件具体情况选择适用的法定刑幅度，在此幅度内比较最高刑。例如，以造成存款人直接经济损失50万元为例，根据2010年《关于公安机关管辖的刑事案件立案追诉标准的规定（二）》，吸收客户资金不入账的“重大损失”立案追诉起刑点为20万元，而关于究竟多少是“造成特别重大损失”一直没有明确的司法解释，此时只能参照《刑法》第187条修改前的司法解释。2001年《纪要》规定：对于银行或者其他金融机构工作人员以牟利为目的，采取吸收客户资金不入账的方式，将资金用于非法拆借、发放贷款造成50~100万元以上损失的，可以认定为“造成重大损失”，而《纪要》中“特别重大损失”标准为300~500万元以上。据此，假设在其他变量恒定的情况下，造成50万元损失在吸收客户资金不入账罪这里适用基本刑幅度更为妥当，即最高为5年有期徒刑。而根据2010年最高人民法院《关于审理非法集资刑事案件具体应用法律若干问题的解释》，“个人非法吸收或者变相吸收公众存款，给存款人造成直接经济损失数额在50万元以上的”，属于“数额巨大或者有其他严重情节”，此时适用升格的法定刑幅度，法定最高刑为10年有期徒刑。此时，反而是非法吸收公众存款罪更重，应当适用该罪。

第二，成立想象竞合时并不是只适用一个法条，而是同时适用行为所触犯的数个法条。所以，以保障尽可能地将“飞单”行为在刑法框架下作出最为全面的评价，为了避免重复评价而采取择一重，在判决中应当明示行为触犯的数个罪名，只是按其中较重犯罪的法定刑量刑而已。② 判决书是对刑法活生生的解读，解读得越明确，刑法的内容就越容易被一般人理解，刑法就越能发挥行为规制机能，从而实

① 宁汉林等：《定罪与处理罪刑关系常规》，人民法院出版社1998年版，第22页。

② 张明楷：《法条竞合和想象竞合的区分》，载《法学研究》2016年第1期。

现特殊预防与一般预防。①

综上，对于“飞单”案，不宜单独以非法吸收公众存款罪或吸收客户资金不入账罪定罪处罚，而应当以想象竞合犯从一重罪论处，这是金融维稳形势下刑法应有的适用逻辑。

① 张明楷：《明确性原则在刑事司法中的贯彻》，载《吉林大学社会科学学报》2015 年第 4 期。

P2P 模式下非法集资行为刑事规制的难点及对策

彭新林* 胡 雪**

近年来，P2P 借贷模式因具备手续简单、融资快捷、借贷门槛低等独特优势而在我国呈现“野蛮生长”的态势，但其在保持高速前进的同时，却因平台崩塌、负责人“跑路”频发等现象的出现，逐渐暴露出了其“无准入门槛、无行业标准、无监管机构”的巨大隐患。例如，据有关数据显示，截至 2015 年年底，P2P 网络借贷行业的问题平台数量累计已达 1263 家，仅 2015 年出现问题的平台就有 896 家，较 2014 年约翻了 3. 26 倍。① 可以说，P2P 模式繁荣景象的背后暗藏着巨大的刑事风险。P2P 模式是当代网络科技与金融市场蓬勃发展相结合的产物，是我国传统金融的补充形式，其模式本身并不存在非法集资风险，其之所以负面新闻缠身，成为互联网金融犯罪高发地带，症结不在于平台而在于 P2P 平台中普遍存在的一些非法集资行为。在司法实践中，P2P 模式下的非法集资行为，主要涉及非法吸收公众存款罪、集资诈骗罪。要想保证 P2P 模式在国内的健康发展，纠正当下 P2P 网贷平台监管呈现的杂乱无序现象，适度地将 P2P 非法集资纳入刑事规制确有必要。

一、P2P 模式下非法集资的行为模式和特性

（一）P2P 模式下非法集资的行为模式

1. 资金池模式

所谓资金池，通俗而言就是将资金归集在一块儿，像水一样形成一个池子。但 P2P 平台融资不能设立资金池，私立资金池的行为违反金融法规，扰乱金融市场，具有严重的社会危害性。资金池的存在打破了 P2P 平台“投资端”与“融资端”一一对应的关系，大额资金实际捏在平台经营商手中，使其得以运用资金池从事隐瞒平台风险，收取高额利息，操纵标的“期限错配”等违规行为，并且成为许多问题平台崩塌后老板得以卷款跑路的根本原因。P2P 平台资金池模式相当于替代银行存贷、放贷职能，在内部实际上形成了一个“小银行”，侵害投资人权益，属于“严重违反金融法规，未经批准擅自向社会募集资金的违法行为”，这是 P2P 模式下的集资行为涉嫌非法吸收公众存款罪的主要原因之一。

2. 不合格借款人

所谓不合格借款人，是指 P2P 平台在经营过程中没有履行好征信义务，对借款人真实信息的审查出现严重漏洞，导致不法分子利用借款人身份在平台上通过虚构

* 北京师范大学刑事法律科学研究院中国刑法研究所副所长，中国刑法学研究会副秘书长。

** 重庆高速资产经营管理有限公司干部，法学硕士。

① 邱宇：《去年网贷问题平台达 896 家“跑路”占比过半》，载《海峡都市报》2016 年 9 月 23 日。

多个借款标的等方式，变相非法吸收资金。实践中，P2P 平台一般有三种征信方式：一是通过银行来查询客户的征信报告，但这一做法曾遭到过监管方整顿；二是平台之间数据共享；三是委托第三方征信机构进行征信调查。以上三种征信方式都并未全国联网，无法做到万无一失，存在一定漏洞。实践中，也存在 P2P 平台明知借款人有利用平台非法吸收资金的行为，为了提高平台融资累计额，而听之任之的情形。

借款人虽无非法占有之目的，但其从平台吸收的资金常被用于资金与货币的经营，如从事高利贷或投资股票、债权市场等，严重违背了资金本来用途。按照国务院《非法金融机构和非法金融业务活动取缔办法》，“非法金融业务活动包括未经中国人民银行批准，擅自从事非法发放贷款等”行为。因此，不合格借款人不具备募集资金的主体资格，在 P2P 平台发布虚假信息，向社会不特定的公众募集资金，并将其用于资本经营等非法金融业务活动，涉嫌非法吸收公众存款罪。

3. 庞氏骗局

P2P 平台实施庞氏骗局的原因，可能是为了赚取利息差价，也可能是为了维持平台运转。如前所述，实践中大量存在平台私设资金池的情形，一旦平台无法按时向投资人还本付息，为维持平台正常运转，平台就可能开始“拆东墙补西墙”。一方面是隐瞒平台入不敷出的事实拒不披露，另一方面继续吸引投资资金，将新吸引资金先行返还到期的投资者本息。而事实上，如果投资者的资金都严格由第三方托管，平台账户与资金账户相分离的话，平台实施庞氏骗局的可能性将大大降低。P2P 平台以一定利率承诺还本付息，再以新投资人资金偿还旧投资人本息的行为，实际上银行吸储放储职能具有同一性，属于“未经央行批准，向社会公众募集资金，发给凭证，并承诺在一定时间内还本付息的活动”，涉嫌非法吸收公众存款罪。

4. 平台经营商集资诈骗

司法实践中，平台经营商涉及集资诈骗的案例主要由两类构成：第一，专门设立 P2P 平台进行集资诈骗。此类 P2P 平台的设立初衷即出于集资诈骗目的，因而平台往往为空壳企业，无实际项目，多采取虚构标的加高额投资回报的方式吸引投资人，达到目的后卷款潜逃；第二，平台合法设立后转而进行集资诈骗。此类犯罪人或是由于经营不善面临债务危机，抑或是被巨额资金所诱惑，在平台合法设立后逐渐产生了非法占有目的，虚构假标、空标，继续吸引投资资金，最后卷款逃跑。上述两种方式虽然在时间节点上有所区别，但主观方面均以非法占有为目的，客观方面虚构假标、空标，以高额投资回报收益为诱饵欺骗投资人，侵吞投资人资金，客体上侵害了我国金融市场安全和投资人资金所有权，构成集资诈骗罪并不难理解。但是在司法实践中，检察机关以集资诈骗罪起诉平台经营商，最终却以非法吸收公众存款罪认定的案例却并不少见，如 2013 年轰动全国的深圳网赢天下非法吸收公众存款案。牢牢把握行为人非法占有的主观心态，佐以有力客观证据，将是决定此类案件具体定性的关键所在。

5. 借款人利用平台集资诈骗

借款人利用平台集资诈骗，是指处于融资端的借款人没有真实的融资需求，为非法占有资金，在P2P平台上发布单个大额或多个虚假融资信息，间接向社会公众吸引资金后卷款潜逃的行为。如前所述，我国目前P2P网络借贷行业征信体系并未形成，平台对借款人资质的审查存在漏洞。由于该征信漏洞的存在，使P2P平台交易过程中极易引发道德风险，并由道德风险向刑事风险转化，客观上为借款人利用平台集资诈骗提供了可能。

（二）P2P模式下非法集资的行为特性

1. 公开性与社会性兼具

P2P模式本就是为了解决中小企业、个体经营者们的融资难和人们手中闲置资金日益增多而寻求合适投资渠道的迫切心情之间的矛盾关系而新兴的借贷模式。出于这样的目的而搭建起来的P2P平台，其在运营过程中也就不可避免地要向社会公开推介，从而天然地拥有公开性与社会性这两个特性。

首先，从投资人的主体资格上说，P2P运营模式具有社会性的特点，即吸引的投资对象属于社会不特定多数人。P2P平台账号注册门槛较低，只要你有投资需求，即可注册成为平台用户，通过充值转而成为投资人。与借款人的重重资质审查不同，为吸引投资，大部分平台对于投资者的经济能力和投资数额限制较少。一旦平台运营出现问题，投资回报难以实现时，投资人对投资风险的难以承受将可能演变为社会不稳定因素，引发群体性事件。

其次，从推介方式来看，P2P平台一般会通过网站、门店、媒体、传单、推介会等向社会进行公开宣传，具有公开性的特征。实践中，由于运营模式上的区别，不同类型平台在公开性的强弱上稍有区分。目前P2P平台在我国的运营方式主要有纯线上模式、线下理财模式、线上线下模式三种。纯线上模式顾是指平台仅将P2P网站作为公司实际运营的场所，无论是平台简介、标的信息、投资回报信息等均在平台网站发布。这种模式主要是依托网站进行宣传推介，发布重大信息。线下理财模式与纯线上模式相对，是指线上业务不多，其营业活动主要围绕线下门店开展，由销售人员向客户宣传介绍，吸引其成为投资人，再通过熟人介绍或“口碑营销”的方式拓展业务。这种模式虽公开性稍弱，但以实体门店进行公开宣传更能让投资人产生安全感，吸引资金迅速增加。例如，著名的P2P平台e租宝就是这种模式。所谓线上线下模式，即指平台既依靠网站运转又有线下门店与之呼应，此种模式宣传范围最广，公开性最强。综上，P2P平台的设立目的、运营模式等注定了其必须向社会上不特定的个人进行公开的宣传推介，而天然的具有公开性和社会性。

2. 非法性与利诱性交织

仅具备公开性、社会性的特征，并不能成为认定某个P2P平台非法集资的充分依据。P2P模式下集资行为的非法性和利诱性才是P2P平台能否严守信息中介定位，是涉及非法集资罪与非罪的重要界限。

从借款人的主体资格来看，非法吸收公众存款罪中的行为主体未经有关部门合法批准，从事融资活动具备非法性。P2P平台只能为投融资双方提供撮合服务，不具有融资或吸收存款的主体资格。当平台突破了其信息中介定位，有设立“资金池”等行为时，其主体资格就具有了非法性。另外，非法性是指某一行为违反了国家相关法律法规而缺乏合法依据，因此健全完善的法律体系是界定行为是否合法的必要依据。虽然P2P平台自登录中国以来就问题不断，但从平台运营商内心而言也不愿轻易触碰国家监管红线。P2P行业鱼龙混杂局面的形成，部分原因在于P2P平台野蛮生长的初期，行业监管缺位，平台无法可依。“法无禁止即可为”，因此在没有明显违反现有民商法律的情形下，P2P平台的一些行为就一直游走在合法与非法界限的边缘，在很大程度上造成了债权协议转让等行为在P2P网络借贷行业内的普遍存在，也给侦查机关、公诉机关追查平台犯罪行为、搜集证据带来了阻力。

从风险提示程度来看，非法吸收公众存款罪行为人在吸引投资过程中往往会故意淡化投资风险，让投资人产生所投资金就像存放在银行里的“存款”一样安全的错觉，再以高出一般标准的投资收益作吸引，具有很强的利诱性。与此相对，P2P平台须向投资者尽到切实的风险提示义务，包括信息披露义务，即平台必须将借款人的实际借款用途、真实身份情况以及资金流向过程中的重要信息向投资人一一披露，使投资人能够对自己所借资金流向有所掌握，以预估标的风险和收益；风险预判提醒义务，即在投资人决定投资之前，平台应对借款人的资质信用、经营状况、发展前景等情况作出调查并形成平台自身的风险预判，并将这些潜在的风险因素如实地告知投资人。但在实践中，部分P2P平台为了追求融资规模和效率而选择隐瞒或淡化标的风险，甚至大量存在为吸引资金虚构假标、空标，再抛出年化收益率高达20%之类高额回报的现象，具有很强的利诱性。

只有当某个P2P平台同时具备了公开性、社会性、非法性和利诱性这四个特性时，才有可能继续探讨其是否涉及非法集资犯罪。这四个特性是P2P模式涉嫌非法集资犯罪的前提，是入罪的必要条件而非充分条件。特别是在司法实践中，问题平台构成非法性的原因繁多且杂，可能是因为违规提供担保而具备非法性，但平台本身没有延迟支付收益等其他违规情形，自然不能以非法集资罪名予以追究；也可能平台因自融而违反金融法规，形成资金池，涉嫌非法吸收公众存款罪。所以，只有在P2P平台同时具备公开性、社会性、非法性和利诱性这四个特性的条件下，再具体深入地研究问题平台的运营模式、托管方式、资金流向等，才能做到正确的出罪入罪以及合理定罪量刑。

二、P2P 模式下非法集资行为刑事规制的现状和难点

随着国家对互联网金融管控的逐步深入，P2P平台也从最初的“无准入门槛，无行业标准，无监管机构”的状态逐步走上监管正轨。2015年，P2P行业迎来了监管元年，网贷行业的监管体制机制正逐步建立，网贷业务规制和风险管理的要求也日益清晰规范。目前，我国针对P2P平台出台的监管法规主要集中在监管法规框架的制定和行业自律协会的组建两个方面。在监督管理框架方面，2015年7月18日出台的《关于促进互联网金融健康发展的指导意见》、2015年12月28日出台的《网络借贷信息中介机构业务活动管理暂行办法》等；行业自律方面，越来越多的网贷行业协会组建，如国家级互联网金融协会挂牌成立，将担任重要监管角色，地方上多地互联网金融协会相继组建，并制定政策引导P2P行业规范。从上可以看

出，目前对于 P2P 行业的法律规制更多的还是着落于前期的金融管控上。

（一）P2P 模式下非法集资行为刑事规制的现状透视

目前，对 P2P 模式下非法集资行为的刑事规制，主要是《刑法》第 176 条、第 192 条及相关司法解释的规定。《刑法》第 176 条、第 192 条分别是关于非法吸收公众存款罪、集资诈骗罪的具体规定。就司法解释规定来说，2014 年 3 月 25 日，最高人民法院、最高人民检察院、公安部联合颁布了《关于办理非法集资刑事案件适用法律若干问题的意见》（以下简称《意见》），该意见结合司法实际，进一步明晰了对互联网金融下非法集资行为的刑法适用问题，包括对“向社会公开宣传”的范围作了扩大解释等。显而易见，《意见》注意到了近年来逐渐发展成为非法集资行为重灾区的互联网金融，具有很强的现实性和针对性。另外，最高人民法院 2015 年颁布的《关于审理民间借贷案件适用法律若干问题的规定》（以下简称《规定》），顺应近年来我国经济发展趋势及金融改革方向，对民间借贷具体适用法律问题作出了明确规定。该规定的相关内容与 P2P 模式下非法集资行为的刑事规制也有着密切的关系。详言之，主要涉及以下三个方面：

第一，确认 P2P 模式属于民间借贷范畴，为 P2P 模式下非法集资行为具体适用刑事法律规范提供依据。一直以来，业界对于民间借贷的定义含糊不清，特别是在 P2P 平台、众筹、小额贷款平台等新兴互联网金融模式遍地开花的背景下，界定民间借贷范畴关系到明确互联网金融监管主体及刑法条文适用等的系列重要问题。《规定》第 1 条第 1 款即指出民间借贷是指自然人、法人、其他组织之间及其互相之间实现资金融通的行为；第 1 条第 2 款接着指出经过监管部门批准合法设立的金融机构及其分支机构，由于发放贷款等金融业务引起的纠纷，不在《规定》的适用范围内。根据以上两款关于民间借贷的定义，不难看出 P2P 网络借贷行业应属于民间借贷范畴。首先，P2P 作为个人点对点的一种借贷模式，通过互联网平台实现双方资金融通，符合《规定》对于民间借贷的定义。其次，P2P 平台本身不能开展任何存贷业务，有别于第 2 款但书中不适用该规定的金融机构及其分支机构。明确 P2P 模式属于民间借贷范畴，有助于明晰监管主体，正确引导公检法确立处理 P2P 模式下非法集资犯罪时的法律适用依据。

第二，关于 P2P 平台担保责任的归属问题。需要明确的是，虽然 P2P 平台在非法集资过程中常以自担保来引诱投资者，但 P2P 平台不得提供担保。《规定》强调 P2P 平台仅提供投资需求与融资需求的撮合服务，始终是一种媒介平台，投资人与借款人通过 P2P 平台建立的借贷关系，平台不承担保证责任。然而，许多 P2P 平台为了吸引投资人，扩大平台融资规模，常常向投资人承诺若借款方到期不能履行还款责任，将由平台负责还本付息。这种承诺实际上在投资人与借款人的借贷关系上形成了一个新的担保关系。在平台因非法集资等罪名被检察机关正式起诉后，平台负责人则往往以担保不符合监管要求而拒绝承担担保责任。此次《规定》就明确了 P2P 平台不能提供担保，但如若 P2P 平台经营者通过网页、广告或者其他媒介明示，或经投资人向法庭请求，能有证据证明平台曾承诺担保的，法院可判处 P2P 平台的经营商承担担保责任。如此一来，P2P 平台的担保承诺可作为投资人的维权依据，能够从法律层面警醒平台经营者，推动 P2P 模式的去担保化。

第三，关于 P2P 模式下非法集资行为的民刑事交叉问题。不同于传统的民间借贷金额小、范围窄、对象特定等特点，包含 P2P 平台在内的新兴民间借贷模式往往融资金额巨大、牵涉人员众多、融资形式互联网化，极易卷入非法集资的旋涡。以目前的司法案例来看，民间借贷纠纷常与非法吸收公众存款、非法经营、集资诈骗等罪名夹杂在一块儿，导致由同一个法律事实或两个交叉关系的法律事实所引起的刑事案件和民事案件，即民刑交叉案件。对于民间借贷纠纷引发的民刑事交叉案件的处理及其实体责任的承担，《规定》进行了规范，大致可从以下三个方面把握：（1）P2P 网络借贷纠纷涉嫌非法集资，法院应对相关民事起诉不予受理或驳回起诉，并将案件相关资料移送公安或检察机关；（2）虽与 P2P 平台存在某些关联，但与非法集资犯罪并非基于同一犯罪事实，应将相关材料移送公安或检察机关，民事案件继续审理；（3）借款人非法集资犯罪被判处有罪后，投资人请求 P2P 平台履行担保责任的，应当受理。

（二）P2P 模式下非法集资行为刑事规制的难点分析

这几年，P2P 模式引发的非法集资大案要案涉案金额之大、牵涉范围之广，使之成为社会、媒体热议的话题。如前所述，目前出台的有关 P2P 模式的法规还主要停留在前期金融监管上，而在后期刑事规制方面稍显不足。P2P 模式下非法集资行为刑事规制的道路道阻且长，仍存在不少难点。

1. 发现难

实践中，P2P 的宣传推广、资金吸收等都需要一定的时间，所以 P2P 模式下的非法集资行为通常具有持续性。然而回顾国内的几个 P2P 大案，无论是东方创投还是网赢天下案都没有能够及早发现犯罪行为，给后期犯罪侦查、起诉带来了不小的困难。本文认为，造成司法机关难以及早有效地发现 P2P 模式下非法集资犯罪存在以下两个方面的原因：

一是 P2P 模式下非法集资行为具有极强的隐蔽性，对于司法机关及早发现犯罪、惩治犯罪带来了一定的困难。P2P 模式本质为互联网借贷，运作模式、资金流转、宣传推广等均依靠互联网平台进行，互联网科技的虚拟性、复杂性、隐蔽性为行为人利用互联网隐藏犯罪提供了可能。往往是因为平台出现大规模的违约情形而引起群体性效应才导致案发，而这个时候刑侦介入明显延误了最佳时机，无论是在线索的搜集还是赃款的追回上都失去了优势。

二是行政与司法衔接不畅，导致了 P2P 模式下很多已经触犯非法集资犯罪的行为没能进入刑事侦查程序，而以行政处罚草草了结。行政机关与司法机关之间缺乏必要的联动机制，很多时候“各司其职”是假，“各不相管”是真。以 P2P 模式为代表的互联网金融，几乎都是首先在监管层面被发现出现问题，其次再进入刑事侦查领域。但事实上，当行政机关发现一些平台出现问题时，常处以罚款、责令关闭等行政措施，主动将案件移交司法机关的并不多见。可见，行政与司法衔接不畅是导致司法机关难以及时发现 P2P 模式下非法集资行为的重要原因之一。

2. 定性难

关于P2P模式下非法集资行为在实体法律定性层面的困难，首先是罪与非罪的界限把握问题。实践中，围绕P2P网络借贷关系所产生的一些行为究竟是行政违法行为还是刑事犯罪行为，行政机关与司法机关间常存有分歧。罪与非罪还体现在刑事责任的“边界”与“限度”的把握上。政府之所以在P2P模式登录之初，对其采用较为宽松的政策，除了对P2P模式还不甚了解，相关法律配套还不健全之外，恐怕还有另一个层面上的考虑，那就是国家顺应现代经济发展的趋势，不想以强硬的刑事政策过度干预发展中的新兴经济模式。因此，在当前P2P模式的监管和法律都尚不规范、完善的情形下，对于平台违规吸储等系列行为，是否一律以非法吸收公众存款罪纳入规制，确实是目前司法实践工作中困扰侦查、检察人员的难题。

其次是此罪与彼罪的界限区分问题。一是集资诈骗罪和非法吸收公众存款罪间的区分问题。由于网络犯罪隐蔽性强，侦查介入的滞后性，在行为人主观方面是否存在“非法占有”的认定上缺乏有力线索，导致实践中常出现检察机关与审判机关认定意见不一致的情形。二是P2P模式下非法集资行为同时也可能是其他犯罪的手段行为，涉及竞合问题。例如，一些P2P平台在宣传中承诺提供担保的行为，是很多问题平台实施集资诈骗的引诱手段，同时担保行为违反了《融资性担保公司管理暂行办法》“任何单位和个人未经合法批准不得从事融资性担保业务”的规定。由此，P2P平台提供融资担保的服务是违反国家法律、法规，属于“其他严重扰乱市场经营秩序的非法经营行为”，还涉嫌违反非法经营罪。可见，对于P2P模式下非法集资行为的定性问题还需要公检法机关在侦查、起诉、审判的过程中紧扣案情，具体情况具体分析，才能做到定性准确。

最后是共同犯罪的认定问题。实践中，除了专门设立P2P平台以企图集资诈骗的皮包公司外，P2P平台背后还有一整支专业化的公司团队在支撑着平台的运转。P2P平台卷入非法集资案件后，这种公司化的运作模式使得涉案人员众多，分工各自不同。案发后，一些犯罪嫌疑人辩称自己只是一般公司行政人员，并未接触公司核心事务，把一切罪责都推到负责人身上，而对犯罪事实一无所知。例如，网赢天下集资诈骗案中的被告人钟某身为网赢天下的总经理，在法庭上却表示自己只是公司实际控制人钟某钦的侄子，只是名义上的总经理，没有参与公司事务，连签字都是被伪造的；另一被告网赢天下的运营总监伍某军则辩称，自己只是平台技术负责人，没有经管过资金具体流向等问题，不知道钟某钦的犯罪事实。在此种情况下，案件如何定性，能否认定为共同犯罪以及在适用法律等方面都存在争议。总体而言，本文认为对共同犯罪的认定还应具体分析，应综合考虑嫌疑人的主客观因素，权衡其参与程度及客观后果，合理确定责任大小。对于主观上明明知道公司从事非法活动，即便不知道触犯的具体罪名，客观上实施了帮助行为并且从中获利了的，可以认定为共犯。

3. 追赃难

与暴力性犯罪中被害人关注犯罪人是否被判处刑罚相比，金融类犯罪的被害人更在乎的是赃款能否追回的问题，特别是P2P模式下的非法集资犯罪往往涉案金额巨大，因此返还财物一直是此类案件中的一个焦点所在。实践中，追赃难主要存在四个方面的原因：第一，P2P 模式下非法集资犯罪利用网络隐蔽性强，侦查介入时间晚，导致行为人早已卷款外逃。第二，犯罪周期长，赃款早已被行为人挥霍一空，无赃可追。第三，行为人拒不退赃而侦查线索不足，难以追回。实践中，行为人宁愿被多判几年刑期，也企图对利用赃款进行投资等违法所得进行隐藏，导致无法最大限度地为被害人追回财产。第四，涉案财产范围难以确定。一是平台账户与资金账户混合，平台合法财产与行为人利用平台所获赃款间的区分困难。二是为了躲避侦查，行为人多将所赃款以亲友的身份进行置物，或是将车房挂在他人名义下，就涉及涉案财产与他人财产、家庭财产的区分问题。涉案财产范围的确定是案件定罪量刑的评判标准之一，并关系到案件处置的最终效果，必须予以正确区分。

4. 预防难

刑法具有犯罪预防功能。但事实上，从 P2P 模式登录我国之日起，相关非法集资犯罪一件接一件，涉案金额也呈增加趋势，刑法预防功能并没有有效实现。

一是由于犯罪成本低，威慑力弱。P2P 模式下非法集资犯罪罪刑责不相适应，无法实现刑法的杠杆作用。例如，我国刑法关于非法吸收公众存款罪只有两个量刑幅度，且最高刑期不超过十年，刑法威慑力大打折扣，行为人长期面对 P2P 模式下巨额资金的诱惑，难免会产生哪怕坐几年牢也要铤而走险的念头。

二是由于重打击，轻预防。目前我国 P2P 模式下非法集资行为的刑事处置现状是，司法机关在思想上忽视相关案件的预防和遏制工作，对于 P2P 模式下非法集资行为的法制宣传工作和对平台企业的日常审查工作也常常流于形式。相对的，往往在案发后再花大力气去处理案件，一大部分精力浪费在了安抚被害人等流程上，并且由于刑事介入的滞后性犯罪打击力度也往往有限。可见，有效发挥刑法的预防功能，提高犯罪成本，将犯罪扼杀在萌芽状态，才应是 P2P 模式下非法集资行为刑事规制的治标治本。

三、P2P 模式下非法集资行为刑事规制的完善

（一）推进 P2P 模式下非法集资犯罪侦查、起诉、审判的专业化建设

P2P 模式下的非法集资犯罪作为一种全新的、智能化的犯罪形式，整个犯罪流程与互联网交织在一起，案件线索的查找、证据的搜集等都不同于以往传统的非法集资类犯罪，需要从侦查、起诉、审判各环节全方位地提升案件办理的专业化水准。首先是公安机关内部要成立专门的互联网金融犯罪侦查小组，配备除了具备良好侦查能力外，还掌握网络科技和经济、金融知识的专业型人才，以提升打击包括 P2P 犯罪在内的互联网金融类犯罪的精准性和有效性。其次是检察机关和审判机关业务能力的专业化。检察人员和审判人员除了要准确掌握法律知识外，还应具备一定的网络常识和金融基础知识。只有这样才能从互联网金融犯罪纷繁复杂的法律关系中，厘清犯罪手段方式等要素，从而保证正确适用刑法，精准打击 P2P 模式下的非法集资犯罪。

（二）宽严相济、突出重点，重点打击集资诈骗行为

对于 P2P 模式下的非法集资行为的刑事规制应坚持宽严相济的原则，既要显示

出刑法作为保障法，打击犯罪的功能，又要将一些能够以其他方式进行规制的非法集资行为排除在刑事规制之外。本文认为，应该根据犯罪人的主客观方面具体分析，区别对待。

第一，对于假P2P平台之名义，行集资诈骗之行为的“伪平台”，或是利用平台行集资诈骗的借款人，其集资诈骗行为并不属于真正意义的金融行为，性质恶劣，存在极大的社会危害性。对于此类P2P模式下的非法集资行为，不需要从理念、价值立场等方面重新界定其刑事责任的边界与限度，在其符合集资诈骗罪主客观条件的情形下，应严格以集资诈骗罪追究行为的刑事责任。

第二，对于其他P2P平台经营过程中因开展自融、担保等运营模式等涉嫌非法吸收公众存款的情形，还应结合案件的涉案人数、金额、还款情况及社会影响等综合判断，不可“一刀切”式的以非法吸收公众存款罪定罪处罚。比如，行为人设立P2P平台，没有非法占有资金的目的，虚构标的与借款人信息，向社会集结资金实为自我融资，其行为违背了其信息中介的身份，涉嫌非法吸收公众存款罪。但刑事规制不能逆时代潮流而为，不能违背经济发展的内在规律，而应有的放矢，且行之有度。例如，行为人将募集的资金都用于资本和货币经营，则无疑应以非法吸收公众存款罪追究其刑事责任；反之，若行为人将自融资金用于自身其关联企业的实体经营中，且未出现无法还本付息的严重后果，则可以考虑以行政处罚代替刑事处罚，责任其关闭、限期改正或判处罚金等。

（三）完善资格刑，改变P2P犯罪处罚刑种的单一模式

P2P模式下非法集资行为主要涉嫌《刑法》第176条规定的非法吸收公众存款罪和第192条规定的集资诈骗罪，除了主刑的徒刑外，附加刑判处类型为罚金或没收财产。对于P2P模式下的非法集资类犯罪人而言，很多都是熟悉我国金融市场法律法规和互联网金融操作流程的所谓社会精英人士，在刑期结束后往往还再想投身金融市场。因此，对于此类犯罪现有的刑种并不能达到最好的惩戒效果，只有通过剥夺此类犯罪人从事金融相关工作的经济条件、营利机会，才能真正做到特殊预防。

目前，我国刑法规定的资格刑有剥夺政治权利，驱逐出境及剥夺勋章、奖章、荣誉称号三种，而适用最广的则为剥夺政治权利。综观我国刑事法律规定，在经济类犯罪中并无任何剥夺政治权利的相关规定。也就是说，我国刑法中的资格刑具有相当强烈的政治色彩，主要是为了剥夺犯罪人参与国家政治生活的权利，而并非从限制犯罪人再犯罪的资格和能力来设定。因此，现有的资格刑还并没有发挥其应有的作用，应该予以完善，宜增加特殊行业犯罪的资格限制。本文认为，可以从金融行业职业的禁止、职务的禁止、权利的剥夺三个方面，结合P2P模式下非法集资具体犯罪的犯罪目的、手段情节、社会影响等方面，予以法官一定的自由裁判权，从而剥夺犯罪人再从事此类犯罪的机会。

（四）以刑法修正案而非互联网金融单行法的方式完善相关立法

针对目前国内P2P模式下的非法集资行为横生的乱象，一些学者提出了现行刑法典中的金融立法模式不利于打击日益猖獗的互联网金融犯罪，应该在刑法典外再行建立专属的金融刑法来解决问题。这种观点看似可以专法专治，有针对性解决目前 P2P 模式下一些犯罪行为，但本文认为在我国现有的法律框架内，该提议并不符合国情。

金融行业的发展与金融管理与服务的创新紧紧相连。尤其是当现代金融与互联网科技相结合形成了以 P2P 模式为代表的互联网金融时，就必然会涉及金融创新与法的稳定性问题。在互联网金融的产品与服务推陈出新之际，其中所包含的法律关系也显示出了深刻复杂的变化。再加上网络技术的飞跃式变革，现有的法律体制是远远追不上金融行业的发展变化的。历次刑法修正案中金融犯罪的修正较多，也可以从侧面说明这个问题。因此，设立专属金融刑法并不能从根本上解决金融创新与法的稳定性之间的不平衡。事实上，这个问题没有一劳永逸之法，通过刑法修正案适时修正，或单独设立网络金融犯罪的相关罪名等方式可能更为合适。并且，随着法治进步与立法技术水平的提高，相信在现有法律框架内辅以修正案等方式，可以做到对包括 P2P 模式在内的互联网金融进行有效规制。

（五）确立以金融监管为主、刑事规制为辅的规制格局

放眼域外，很多国家对于 P2P 模式下非法集资行为的规制，更为侧重于前期的金融监管，并将一些可能涉嫌我国非法吸收公众存款罪的行为排除在了刑事规制之外，转而以严密的金融监管和严格的行政处罚代替，如美国、日本就是如此。本文认为，一方面，我国目前市场发展还不成熟，信用体系未建立，社会经济状况还较复杂，此刻贸然废除非法吸收公众存款罪，转而全部依靠金融监管，并不符合我国实际，不利于我国金融市场的稳定；另一方面，对于我国 P2P 模式下的非法集资行为的规制，目前最关键的不在于刑法打击力度大小的差异，而在于现有的监管体制能否与法律体制（包括刑法或其他金融法规）做到有效衔接，是否能将非法集资乱象一一囊括，从而杜绝监管空白，减少法律灰色地带。

刑法是保障公民权利的最后手段，应当具有谦抑性。P2P 模式作为一种新兴的民间借贷模式，可以有效地弥补传统金融的不足，减少借贷成本，平衡投资需求与融资需求的不对等，而且还能够刺激传统金融加速改革，多元化的投资方式，促进我国金融市场又好又快的发展。因此，对于 P2P 模式下非法集资行为的规制，需要我们在刑事规制和金融监管间寻求一个恰当的平衡：一是要适度，绝不能以刑事规制代替金融监管，过度以刑事介入经济生活，使 P2P 模式失去在中国生存的土壤；二是要协调金融监管与刑事规制关系。坚持以前期金融监管为主，后期刑事规制为辅，从而形成一张严密的网，不给不法分子可趁之机。只有这样，才最符合我国对 P2P 模式下非法集资行为进行刑事规制的初衷，指引 P2P 模式走上健康发展的轨道。

P2P 网络借贷平台非法集资刑事问题研究

——以 55 个裁判文书为实证分析样本

陈禹橦*

一、引言

近年来，互联网技术、信息通信技术不断取得突破，推动互联网与金融快速融合。互联网金融的本质仍属于金融，① 其不仅没有改变金融经营风险的本质属性，还因互联网的虚拟性、跨地域性，呈几何倍放大了传统金融本身具有的隐蔽性、传染性、广泛性和突发性风险。与此同时，由于我国互联网金融在极短时间内迅猛爆发的发展特点，行业发展初期或多或少属于“缺门槛、缺规则、缺监管”的野蛮生长时期，其中不乏打着互联网金融旗号实施违法犯罪的虚伪创新。

作为互联网金融概念重要分支的 P2P 网络借贷平台，经历了从 2007 年我国首家 P2P 网络借贷平台“拍拍贷”诞生和不温不火，到 2012 年以后的狂飙突进、野蛮生长，直至 2016 年、2017 年的监管落地、重新洗牌的十年。② 然而十年间尤其是 2012 年以来的高速发展背后，缺乏监管的恶性后果逐步显现，披着金融创新外衣更具有诱惑性的 P2P 网络借贷，成为互联网金融犯罪的重灾区之一。

P2P 网络借贷，是指个体和个体之间通过互联网平台实现的直接借贷，③ P2P 网络借贷涉及的主要刑事风险是非法集资。近年来，借助金融创新概念和互联网平台，P2P 网络借贷非法集资案件大量爆发，P2P 网贷平台涉嫌非法集资的发案数、涉案金额、参与集资人数均大幅增长，并陆续进入刑事司法程序。通过对 2014 年以来我国法院 P2P 网络借贷平台犯罪案件裁判文书④的梳理，我们发现，判决书中

* 北京市人民检察院第一分院。

① 参见 2015 年 7 月 28 日，中国人民银行等十部委联合发布的《中国人民银行等部门关于促进互联网金融健康发展的指导意见》（银发〔2015〕221 号）。

② 参见牧晨：《[网贷十年] 说 P2P 已死，是你的打开方式不对》，http://www.wdzj.com/news/hangye/116700.html，2017 年 7 月 19 日访问。

③ 参见 2016 年 8 月，银监会联合十部委出台的《网络借贷信息中介机构业务互动管理暂行办法》第 2 条。

④ 本文收集案例系通过九章法律平台“律例注疏”，按照案件类型“刑事”、案件日期“2010 年 1 月 1 日至 2017 年 1 月 1 日”、关键词包括“网络借贷”、“网络融资”、“网络金融”、“互联网借贷”、“互联网融资”、“互联网金融”、“P2P 借贷”、“P2P 网贷”、“P2P 借款”查找，共提取出 71 个有关案例，整合同一案件一审、二审文书，有效案例共计 55 个。需要说明的是，因刑事案件需经立案侦查、审查起诉及法院审理多个诉讼阶段，法院裁判文书时间较涉案事实时间、案发时间均会有一定间隔。从笔者梳理的法院裁判文书来看，我国 P2P 网贷平台被认定为非法集资的第一份判决系 2014 年 6 月的甘某非法吸收公众存款一审判决书［（2014）鄂江汉刑初字第 01125 号］，与 2012 年 P2P 网贷平台爆发增长具有一致性。

对于 P2P 网贷平台非法集资与传统非法集资犯罪之间的共性和特性问题还缺乏深入的分析，导致罪与非罪、此罪与彼罪的认定思路不统一。这些问题，有的已经反映为控辩双方争议的焦点问题，有的因为“被告人无异议”还没有引起足够的重视，但可以预见，日后极有可能成为新的焦点问题。因此，加强对 P2P 网络借贷刑事认定问题的研究，对于增强对此类犯罪刑事规制的合理性，无疑具有重要的意义。

二、实证：P2P 网络借贷非法集资案件的司法认定

（一）涉案 P2P 网络借贷平台的基本情况

1. 设立 P2P 网络借贷平台公司的名称、经营范围

表 1　55 个判决中设立涉案 P2P 平台的公司名称统计

设立 P2P 网贷平台公司名称	商务信息有限公司	商务咨询有限公司	电子商务有限公司	金融信息服务公司	金融信息咨询服务公司	投资咨询有限公司
数量	6	6	11	12	11	9
比例	10.91%	10.91%	20%	21.82%	20%	16.36%

涉案 P2P 网络借贷平台均是以公司名义设立的，从设立 P2P 网络借贷平台公司的名称来看，“商务”、“金融”、“信息”、“咨询”成为关键词，经营范围大多围绕上述公司名称展开；没有公司在公司名称或经营范围中标注“信息中介”内容。但这些公司设立 P2P 网贷平台后往往以“借贷中介”、“金融中介”等业务对外宣传，一旦被认定为刑事犯罪，P2P 平台的设立公司可能天然符合“超越经营范围”条件，如（2016）鲁 0902 刑初 175 号判决书中将设立平台的泰安美冠智赢商务信息有限公司的经营范围作为认定其不具有吸收资金业务经营权的依据之一。

但这种认定依据的基础存疑，因为涉案事实发生期间，并无监管规定予以明确，2016 年《网络借贷信息中介机构业务活动管理暂行办法》第一次明确要求“P2P 网贷机构在经营范围中实质明确网络借贷信息中介”，2017 年北京出台的《网络借贷信息中介机构备案登记管理办法（试行）》规定了“新成立的网贷机构在公司名称中必须标注网络借贷信息中介字样”。

2. 涉案 P2P 网络借贷平台的业务模式

表 2　55 个判决中涉案 P2P 平台的业务模式统计

业务模式	为自身融资	金融中介	两种兼有
数量	7	27	21
比例	12.72%	49.09%	38.18%

从判决统计来看，少数涉案 P2P 网贷平台将平台变相为自身非法融资的新手段，将近一半的平台化身为赚取利息差的“影子银行”，利用筹集资金形成资金池，实际从事着资金经营业务；另有 1/3 平台则两种业务模式兼有。这些打着 P2P 旗号的非法集资活动，因为披着互联网金融的外衣而显得更具有迷惑性。

表3 “为自身融资”和包含“为自身融资”共计28个判决中钱款去向统计

为自身融资	P2P平台设立运营费用	企业生产经营	对外投资	归还债务
数量	28	12	17	10
比例	100%	42.86%	60.71%	35.71%

涉及“为自身融资”的判决中，“P2P平台设立运营费用”是必要支出，如（2015）温瑞刑初字第247号判决中称“被告人徐某将集资款项中约200万元用于德赛财富网络投资平台的创建和日常运营”；“企业生产经营”则主要是指设立P2P网贷平台公司的实际控制人所控制的其他公司的生产经营活动，其是否包括因公司经营所欠债务，以及公司与个人债务的区分存在疑问，如（2015）铜中刑终字第38号判决中认为“被告人吴某为维持其名下的铜陵县平华矿业有限责任公司煤矿能够再生产，欠下大量债务，后注册成立铜陵市华强电子商务有限公司，并建立‘华强财富’投融资P2P互联网交易平台，其中部分钱款被其用于归还其个人债务”。多数平台融得资金后会在短时间内大量“对外投资”，投资方向以投资房地产、收购他公司股权、股票期货为主，但截至案发，绝大多数投资款未能收回，如（2014）明刑初字第259号判决中“被告人严某将吸收的公众资金用于投资房地产开发及高息借贷他人”。

表4 “金融中介”和包含“金融中介”作用共计48个判决中业务模式统计

金融中介	虚假融资项目，形成资金池	真实融资项目，先放贷再融资	两者兼有
数量	41	4	3
比例	85.42%	8.33%	6.25%

涉及“金融中介”的判决中，绝大多数平台对外宣称从事的是“借贷中介”，但实际都通过虚假融资项目吸收投资人钱款形成了资金池，再寻找借款人发放高息贷款赚取利息差，如（2016）皖01刑终88号判决中称“被告人刘某搭建了融都P2P借贷网络系统，对外宣称从事融资中介业务，但实际通过发布虚假投资标的，将融资钱款吸收到其实际控制账户后再对外放贷赚取利息差等”。极少数P2P网络借贷平台通过真实的融资项目形成融资债权，再向投资人转让债权获取利息差，如（2015）锡滨刑二初字第00194号判决中“恒融公司先寻找借款人，并以借款人的汽车、房产为抵押先行放贷，然后将抵押借款合同等放到该公司设立的恒融财富网站上进行融资”。但上述涉及“金融中介”的判决中均未明确两种模式性质的区别，原因之一是当时P2P行业监管规定等尚未出台导致上述行为性质难以准确界定。客观上，这种笼统描述的方式不易区分P2P网贷平台正常业务与非法集资之间的界限，也不能说明两种模式各自符合非法集资性的实质理由。

(二) P2P 网络借贷平台的刑事罪名认定

1. P2P 网络借贷平台的罪名分布

表 5　55 个判决认定罪名统计

罪名	集资诈骗罪	非法吸收公众存款罪	两罪
数量	11	41	3
比例	20%	74.55%	5.45%

理论上，P2P 网络借贷平台可能涉及包括非法吸收公众存款罪，集资诈骗罪，擅自发行股票、公司、企业债券罪，非法经营罪等多个罪名，但实践中罪名集中于非法吸收公众存款罪和集资诈骗罪两个非法集资罪名，且以非法吸收公众存款罪为主。绝大多数案件中指控罪名与法院判决罪名均保持一致，只有 2 个案件中法院将认为共同犯罪中部分被告人不具有非法占有目的，将集资诈骗罪变为非法吸收公众存款罪。

2. P2P 网络借贷刑事案件的罪名分析

(1) 非法吸收公众存款罪。

表 6　55 个判决中认定非法集资的重要因素统计①

认定非法吸收公众存款事实重要因素	非法性			公开性		利诱性		社会性	其他重要因素
	无金融业务许可证	笼统说违反国家金融管理法规	其他	网站、电话推广	线下推广	承诺还本付息	平台提供担保	社会不特定公众	虚构融资项目
数量	7	46	3	7	51	55	49	55	48
比例	12.73%	83.64%	5.45%	12.73%	92.72%	100%	89.09%	100%	87.27%

多数判决中在犯罪事实部分会描述认定非法吸收公众存款事实的重要因素，根据 2010 年最高人民法院《关于审理非法集资刑事案件具体应用法律若干问题的解释》(以下简称 2010 年非法集资解释) 第 1 条规定，非法吸收公众存款罪成立需要符合"非法性"、"公开宣传性"、"利诱性"、"社会性"四性，但多数判决中采取的"客观描述 P2P 网络借贷平台业务+笼统认定违反国家金融管理法规"的判决思路，不能真正体现涉案 P2P 网络借贷业务模式与非法吸收公众存款罪四性之间的契合性，如"P2P 网络借贷业务许可性"与"非法性"的关系？"P2P 网络借贷线下推广"与"公开性"的关系？"平台提供担保"是否属于变相保本付息？"虚构融资项目"等行为的性质认定？

① 因为非法吸收公众存款罪是集资诈骗罪的基础罪名，表 6 的"非法集资因素"统计包括了非法吸收公众存款案件和集资诈骗案件。

下卷·二

(2) 集资诈骗罪。

表7 14个包含集资诈骗罪名的判决中认定集资诈骗事实的重要因素统计

认定集资诈骗事实重要因素	虚构事实	未用于生产经营	个人挥霍	偿还债务	其他
数量	14	8	9	8	3
比例	100%	57.14%	64.29%	57.14%	21.43%

认定集资诈骗事实的重要因素分为诈骗的手段要件和集资钱款的去向情况，“虚构事实”包括虚构融资项目、虚构借款用途、虚构担保（担保公司与P2P网络借贷平台系由同一人实际控制）、虚报P2P网络平台设立公司的注册资本等；“钱款去向”一般包括未用于生产经营、个人挥霍、偿还债务、支付犯罪成本等各方面的支出情况，如（2015）诸刑初字第400号判决中认定“被告人杨某作为公司实际控制人，全面掌控、支配吸收到的资金，获取资金后用于归还债务、支付犯罪成本等灭失性处置，造成90%以上的非法集资款无法归还，主观上具有明显的非法占有故意”。还有判决直接以被告人个人实际控制作为认定集资诈骗的依据，如（2015）丽莲刑初字第645号判决中，“针对被告人翁某某及其辩护人提出被告人翁某某因犯罪行为所吸收的资金的用途去向不明或用于雨滴公司运营费用的辩解、辩护意见，法院认为被告人翁某某通过网络平台所吸收到的资金已全部进入被告人翁某某、杨某某等人的个人银行账户，并由其支配使用，上述资金的用途并不影响对两被告人认定为集资诈骗罪”。

多数集资诈骗案件的判决中只是套用2010年非法集资解释第4条认定非法占有目的的情形，[①] 但存在以下两个问题：第一，没有精细化计算各类钱款去向数额和占集资款具体比例；第二，部分钱款去向的性质评价存在较大争议，如归还被告人实际控制的其他公司欠款是否属于生产经营、与偿还个人赌债、信用卡债务是否有区别？投资房地产、炒股属于挥霍还是用于生产经营？投资长期项目但案发前尚未收益的钱款如何评价？个人购买少量奢侈品时能否认定非法占有目的？

另外，对非法占有目的的证明标准，还影响了此类案件中集资诈骗共犯“共犯是否明知主犯非法占有目的”的认定。如（2014）深中法刑二初字第273号判决中，检察机关认为伍某等人伙同钟某钦以非法占有为目的，利用网络借贷平台发布虚假投资标的非法集资，成立集资诈骗罪共犯；法院则认为证明伍某等人参与发布虚假投资标的等虚构犯罪事实的证据不足，进而难以证明伍某等人明知钟某钦对投

① 2010年非法集资解释第4条规定：“……使用诈骗方法非法集资，具有下列情形之一的，可以认定为‘以非法占有为目的’：（一）集资后不用于生产经营活动或者用于生产经营活动与筹集资金规模明显不成比例，致使集资款不能返还的；（二）肆意挥霍集资款，致使集资款不能返还的；（三）携带集资款逃匿的；（四）将集资款用于违法犯罪活动的；（五）抽逃、转移资金、隐匿财产，逃避返还资金的；（六）隐匿、销毁账目，或者搞假破产、假倒闭，逃避返还资金的；（七）拒不交代资金去向，逃避返还资金的；（八）其他可以认定非法占有目的的情形……”

资款的非法占有目的，因而认定伍某等人成立非法吸收公众存款罪。但在（2015）嘉善刑初字第318号判决中，法院认定被告人盛某等人在被告人颜某的指示下，有虚构借款标的、伪造借款材料等行为，为颜某非法集资提供帮助，但仍然认为无法证实盛某等人能明知或推定颜某具有占有该集资款的意图，进而认定被告人盛某等人构成非法吸收公众存款罪，改变检察机关集资诈骗罪的指控罪名。

三、检视：P2P 网络借贷刑法规制的法理论证

非法吸收公众存款罪是非法集资的基础性罪名，集资诈骗罪是加重罪名，P2P 网络借贷平台非法集资的刑事认定思路，应当是在论证 P2P 网络借贷业务模式与非法吸收公众存款行为对应性的基础上，再看是否具有非法占有目的。

（一）非法性：P2P 网络借贷非法集资的认定核心

由于 P2P 网络借贷以互联网为平台，融资对象和融资信息具有不特定性和开放性，而非法集资类犯罪的典型特征之一就是面向社会不特定对象进行公开宣传，P2P 网络借贷与刑法规范所规定的构成要件高度契合，P2P 网络借贷的确比民间借贷更容易构成非法集资犯罪。[①] 实践中辩护人也承认 P2P 网络借贷业务的此种特征，于是围绕 P2P 网络借贷的“非法性”提出质疑，更有人以“法无明文规定”为由，试图将 P2P 网络借贷变成打击非法集资犯罪的“法外之地”，P2P 网络借贷“非法性”的认定，往往成为非法集资犯罪的争议焦点。

诚然，P2P 网络借贷是互联网金融概念下的新生事物，相应的金融监管确实具有滞后性，但互联网金融本质与传统金融并无区别，亦需要遵循国家金融管理法律规定，建立 P2P 网络借贷业务模式与非法集资行为的具体对应性，是论证 P2P 网络借贷非法集资“非法性”的关键。具体分析如下：

（1）在法律要件上，“国家金融管理法律规定”既包括针对互联网金融的具体管理规定，也包括一般金融管理法律规定。根据2010年非法集资解释的规定，非法集资犯罪成立的前提条件是“违反国家金融管理法律规定”，这是因为非法集资犯罪在性质上属于行政犯或者法定犯，根据行政犯或者法定犯一般原理，这类犯罪必须首先违反行政性法律规范，因此，界定此类行为是否犯罪时应当适用“二次违法性”理论，从能否构成犯罪的刑法规定赖于建立的行政前置性法律中寻找依据。[②] 认为 P2P 网络借贷业务模式不具有非法性的主要理由便是国家对互联网金融、P2P 网络借贷业务监管的缺位，但监管缺位不等于不具有非法性，因为认定非法性的法律要件是涉案 P2P 网络借贷活动是否违反了“国家金融管理法律规定”的前置性法律。

从立法逻辑上，针对金融创新的具体管理规定均会落后于金融创新的速度，我国对作为金融创新的互联网金融的具体监管也确实存在滞后性。但互联网金融，不仅要遵守针对互联网金融的具体管理规定，更要遵守针对金融的一般管理规定，后

① 李永升、胡冬阳：《P2P 网络借贷的刑法规制问题研究——以近三年的裁判文书为研究样本》，载《政治与法律》2016年第5期。

② 郭华：《互联网金融犯罪概说》，法律出版社2015年版，第102-103页。

者划定了金融创新的边界，认为P2P网络借贷“无法可依”其实是对“国家金融管理法律规定”含义的人为限缩解释，不具有合理性。

（2）在实质要件上，“非法性”应当区分直接借贷和间接借贷不同层面。判决中认定“非法性”时，或者笼统说“违反国家金融管理法律规定”，或者以未获得“金融业务许可证”为由认为P2P网贷平台“未经有权机关批准”，这种描述方式不仅不能为P2P网络借贷非法集资“非法性”提供实质依据，且容易被诟病是“对金融创新活动入罪标准的泛化解释”。只有从一般非法集资类型出发，理解P2P网络借贷不同业务模式包含非法集资特征区别，才能从实质上理解P2P网络借贷非法集资“非法性”的本质特征。

集资包括直接融资和间接融资两种模式，在我国非法集资刑法规制语境下，两种模式都可能构成非法吸收公众存款罪，直接融资是资金需求者为了自己使用资金向资金供给者直接融资，法律一般不严格限制融资后的用途，间接融资是指资金需求者和资金供给者之间存在着金融中介机构，如商业银行、保险公司等，法律对此类金融中介机构采取特许市场准入制度和严格的监管制度。[①] P2P网络借贷非法集资行为的“非法性”，应当区分P2P网络借贷平台业务模式与直接融资、间接融资的对应关系。

第一，《网络借贷信息中介机构业务活动管理暂行办法》中规定了P2P网络借贷属于直接借贷范畴，将P2P网络借贷平台定位为“直接借贷活动中的金融信息中介”，决定了P2P网络借贷平台与间接融资模式中的金融中介机构不同，不能从事金融中介的特许经营资金业务。涉案P2P网络借贷平台从事如“形成资金池”、“融资期限拆分错配”、“发放贷款”、“提供担保”等业务时，属于P2P网络借贷平台本身不允许从事的间接金融模式下的金融中介业务，违反了《商业银行法》第11条第2款“未经国务院银行业监督管理机构批准，任何单位和个人不得从事吸收公众存款等商业银行业务”的规定，具有非法性。但需要注意的是，随着监管规定出台，P2P网络借贷平台被明确为直接借贷中的信息中介，不宜再按照已有判决中以P2P网贷平台未取得银监会依法颁发的“金融业务许可证”作为非法性依据，因为平台本身就不需要获得该许可，近年来如“网贷备案不同于金融牌照”等相关监管规定，也体现了此点。

第二，为了自己使用资金而设立P2P网贷平台向社会公众吸收资金，属于直接金融模式的变形，认定此种行为非法性的前置性法律不应当是《商业银行法》，而应是《证券法》。涉案P2P网贷平台“为自身或变相为自身融资”时，属于直接金融模式，但《商业银行法》规制的是间接融资模式中的金融中介，商业银行的本质特征是间接金融模式下从事特许资金经营业务，P和2的合一，根本上违背了P2P网络借贷模式，实质上演变为资金使用者直接向社会公众吸收资金的直接融资模式，应当整体评价资金使用者集资行为的非法性。有学者提出规制非法集资中的直

① 彭冰：《非法集资活动的刑法规制》，载《清华法学》2009年第3期。需要注意，本文作者认为我国实践中混淆了直接融资和间接融资，以间接融资方式统领了所有非法集资行为，将直接融资和间接融资都纳入非法吸收公众存款罪处罚的做法不合理。

接融资模式的合理选择，应当是扩大刑法第 179 条擅自发行股票或者公司企业债券罪的适用范围，为 P2P 网络借贷非法集资的刑法规制提供了一个新的思路，即认定此类行为非法性的前置性法律为《证券法》，根据《证券法》第 10 条的规定，未经国务院证券监督管理机构或者国务院授权的部门核准，任何单位和个人不得公开发行证券。这种观点虽然与目前司法实践中普遍适用非法吸收公众存款罪规制涉嫌“为自身或变相为自身融资” P2P 网络借贷平台的做法不一致，但从认定 P2P 网络借贷业务模式与非法集资特征对应性的逻辑角度，显然更具有合理性。

（二）主观罪责：新语境下的“非法占有目的”老问题

非法占有目的是成立集资诈骗罪的法定要件，是区分集资诈骗罪和其他非法集资犯罪的关键所在，也是集资诈骗罪司法认定的难点。① P2P 网络借贷非法集资案件与传统非法集资案件相比，在非法占有目的的认定上，并不存在本质差别，个案认定非法占有目的的具体因素虽然不同，但应当建立认定非法占有目的总体规则，避免机械适用法律或陷入客观归罪。

1. 综合论证是认定非法占有目的的基本原则

集资诈骗案件中，虽然控辩双方的争议焦点会落到 2010 年非法集资解释规定的七种具体情形的符合性上，但绝大多数集资诈骗判决均是结合多种情形综合认定集资人的非法占有目的，因此，综合论证犯罪事实的各种适用情节，是认定非法占有目的的基本原则，综合论证是从量变到质变的关键，实践中被告人、辩护人往往提出单个具体情形不能推导出非法占有目的，但综合分析的方式有利于从整体把握犯罪事实脉络与非法占有目的的对应性，增强非法占有目的论证的证明力。但是，综合论证的本质仍是论证，不能用累计列举的方式简单归纳出具有非法占有目的的结论，而是应该在各事实因素与非法占有目的七种具体情形的对应性基础上进一步地综合分析。

2. “是否有归还能力”和“是否想还”是认定非法占有目的的核心

非法占有目的是主观心态，根据主观见之于客观原则进行判断，“是否有归还能力”和“是否想还”无疑是认定“非法占有目的”的核心；换言之，集资人明知没有归还能力还非法集资的或者已明显反映出不想归还心态的情形，无论如何辩解，都不能否定非法占有目的的存在。以上两点是具体案件中适用 2010 年非法集资解释第 4 条规定七种情形认定非法占有目的的核心，也是理解该规定内在逻辑的基础。例如，“用于生产经营活动与集资款明显不成比例”以及“肆意挥霍集资款”之外，加上“致使集资款不能返还”的实质依据，就是为了证明集资人没有归还能力；“携带集资款逃匿”、“抽逃、转移资金、隐匿财产”、“拒不交代资金去向”、“隐匿、销毁账目，搞假破产、假倒闭”，则是为了证明集资人不想还款的主观目的。需要注意的是，“将集资款用于违法犯罪活动”和非法占有目的其实没有必然联系，而是基于政策考虑所做出的一种法律拟制，不宜单独用来认定非法占有

① 刘为波：《〈关于审理非法集资刑事案件具体应用法律若干问题的解释〉的理解与适用》，载《人民司法》2011 年第 5 期。

目的，而只能作为佐证情形适用。

3. 运用商事思维理解非法占有目的的认定方式

集资人获得资金后的资金去向，对于非法占有目的的认定意义重大，关于资金去向性质的争议，实际上是对这些资金去向与非法占有目的之间对应关系的质疑。比如，归还公司债务、公司经营费用，以及投资房地产、投资期货、股票、比特币等情形是否属于生产经营？如何评价投入周期较长尚未收益项目的资金性质？有观点认为“集资诈骗罪非法占有目的认定存在困境的根本原因，是司法认定时缺乏商事思维、忽视商事特性”，[①] 开拓了运用商事思维认定非法占有目的的思路。上述资金去向实际都属于商事活动，如果不考虑资金使用的商事特性而简单套用解释规定，不仅不能充分说明“上述情况与非法占有目的之间的对应关系”，也不能排除“上述情况可能产生收益、集资人具有还款能力”的合理怀疑；运用商事思维，是指尊重商事活动的特性，站在资金使用时而非完全事后时的市场角度分析资金去向的性质，以更好建立资金去向性质与非法占有目的之间的对应关系。例如，认定“用于生产经营”时，应当客观评价公司生产经营活动必要费用、承认实体经济之外互联网经济等虚拟经济的迅猛发展，不宜将“投资周期较长暂未收益”直接作为认定不具有偿还能力的依据，避免因过分强调投资风险性而陷入客观归罪的桎梏等。

四、余论

金融创新和金融活动从开始之初就显现出一种不同于实体经济的虚拟性，而互联网金融大大加剧了这种虚拟性的程度，使金融风险的产生更加容易。近年来，包括 P2P 网络借贷在内的互联网金融创新层出不穷，随之而来的刑事法律风险发展也极为迅猛，如何保持谦抑包容金融创新和打击犯罪维护金融安全之间的平衡，是使用刑法规制金融刑事风险时必须谨慎考虑的问题。

① 石奎：《集资诈骗罪“非法占有目的”司法认定的实证研究》，法律出版社 2016 年版，第 5 页。

P2P 网络借贷中非法集资行为的刑法规制

——以“e 租宝”案件为视角

张爱艳[*]　苏泽琳[**]

自 P2P 在中国落地生根以来，资不抵债、平台跑路的负面消息不断，因为监管的缺失、法律的空白，P2P 经历了相当长的一段“野蛮生长”。2015 年年末，中国规模最大、信誉度“最高”的 P2P 平台“e 租宝”被警方调查，不久后 P2P 行业监管规则——《网络借贷信息中介机构业务活动管理暂行办法（征求意见稿）》出台①，对 P2P 平台的法律属性给予明确定性，这意味着整个行业将从此告别监管真空状态，为行业的健康发展提供了制度保证。该征求意见稿亮点甚多，其中的“四不原则”——不得提供增信、不得设立资金池、不得非法集资、不得损害国家利益和社会公众利益，为本文 P2P 非法集资行为的刑法规制研究提供了框架性法律依据。下面将以 P2P 网络借贷平台为标杆，同时兼顾刑事政策分析以及金融犯罪化的理论，探讨 P2P 网络集资犯罪行为的司法认定问题，力求在降低或者消弭风险的同时，为互联网金融企业、监管部门、立法机关选择有效合理的法律规制措施提供建议，从而保障 P2P 行业的健康发展。

一、“e 租宝”案情回顾

金易融（北京）网络科技有限公司为安徽钰诚控股集团股份有限公司子公司，金易融公司所辖“e 租宝”平台于 2014 年 7 月在互联网上线。依据公开宣传，“e 租宝”平台以融资租赁债权转让业务为基础，利用中介身份对接后端融资租赁公司与前端金融消费者（即投资人），提供信息撮合服务。融资租赁公司在与项目公司签订融资租赁协议后，由“e 租宝”甄别筛选优质债权在平台发布权益转让信息，转让的债权被包装成“e 租乐盈”、“e 租乐享”等周期不等投资项目。经不特定金融消费者认筹完毕，项目实现资金收集。投资人基于所投资金份额，依据与融资租赁公司间签订的债权转让基础协议，定期获得资金回报。

2015 年 12 月，“e 租宝”涉嫌金融违法相关活动被警方查封，经深圳经侦公布资讯获知，该平台以高额利息为诱饵，虚构债权转让标的，向公众募集资金数百亿元②。投资人所投资金流入“e 租宝”公司或钰诚集团关联公司账户，并未实际参

* 山东政法学院教授，法学博士，山东省高校证据鉴识重点实验室常务副主任，山东省人民检察院公诉一处副处长（挂职）。

** 北京市中银（济南）律师事务所律师，山东政法学院法律硕士研究生。

① 石赫：《论互联网非法集资的入罪化限度和路径》，载《华东政法大学学报》2016 年。

② 福寿螺：《P2P 网贷步入“多事之秋”》，载《法制与社会》2016 年第 7 期。

与真实融资租赁业务。资金去向除部分用于归还先期投资人本息，相当部分被用于挥霍、转移与不良经营。

根据公开信息统计，目前全国共有北京、合肥、广州等 9 个城市由检方对当地“e 租宝”提起公诉，涉及嫌疑人超过 75 人。2017 年 4 月 26 日至 27 日，北京市第一中级人民法院对被告安徽钰诚控股集团、钰诚国际控股集团有限公司以及被告人丁宁等 10 人涉嫌集资诈骗罪，被告人王之焕等 16 人涉嫌非法吸收公众存款罪一案依法公开开庭审理，择日宣判[①]。全国各地其他“e 租宝”案件的审理也在陆续进行中。

二、“e 租宝”模式的本质——P2P 网络借贷

“e 租宝”所宣称的 A2P（资产对个人）模式与其实际经营模式并不相符，其炒作的一个重要概念就是：“在全球率先采用 A2P 模式，提供基于以融资租赁‘债权’交易为基础的互联网金融信息服务。”其实，所谓“债权”指的就是融资租赁机构（出租人）的应收租金。

“e 租宝”几乎所有项目描述中都提到：“该公司已通过融资租赁机构审核以售后回租方式获得××万元授信，融资租赁机构将该笔应收账款通过‘e 租宝’平台分××期进行该债权转让。”而这种模式实际上是融资租赁机构通过“e 租宝”平台为承租人融资，以保证其能够按时缴纳租金。因此，笔者认为，“e 租宝”所谓的 A2P，与 P2P 没有本质区别，也并不符合其以融资租赁交易为基础的描述，只是炒作的新概念。

P2P 网络借贷近几年颇为流行，并且发展迅速，它又被称为点对点网络借贷，是一种将民间小额资金聚集起来借贷给资金需求者的直接融资模式[②]，主要有以下三个特征：

第一，P2P 作为基于互联网思维所进行的金融活动，天然具有去中介化的特性。P2P 借贷平台是用网络平台代替了原有的融资中介银行，让原本需要通过银行进行融资的双方能够点对点进行相对自由度较高的融资商议。同时，这些 P2P 平台的存在也让原本不太能实现的借贷交易得以达成，为借贷双方打造新的融资关系渠道。

第二，P2P 网络借贷平台属于金融脱媒的内涵。“金融脱媒”是指在金融管制的情况下，资金绕开商业银行，直接由从投资者给需求方，完成资金的体外循环[③]。随着经济的金融化、金融市场化进程的加快，商业银行重要金融中介的地位逐渐降低，储蓄资产在社会金融资产中的比重持续下降，逐步促使社会融资方式由间接融

① 王怡鑫：《北京市第一中级人民法院公开开庭审理钰诚国际控股集团有限公司等单位，丁宁、丁甸、张敏等 26 名被告人涉嫌集资诈骗、非法吸收公众存款案》，http：//rmfyb. chinacourt. org/paper/html/2017-04/28/content_ 124894. htm？ div=-1，2017 年 7 月 28 日访问。

② 叶湘榕：《P2P 借贷的模式风险与监管研究》，载《金融监管研究》2014 年第 3 期。

③ 王旭涛、范士爽、张晓斌：《金融脱媒新趋势及对商业银行业务发展影响分析》，载《统计与管理》2014 年第 1 期。

资为主向直、间接融资并重转换。

第三，P2P 属于互联网金融的一种，也是互联网众筹的一种形式。众筹源自 crowd-funding 一词，是指大众筹资或群众筹资。目前主流的众筹有四种：债权众筹、股权众筹、回报众筹和捐赠众筹，P2P 是债权众筹里面最典型的一种方式①。P2P 平台是具有涉众性质的一种金融方式，也是具有涉众性的平台。

基于“e 租宝”案件现已披露的相关细节及 P2P 以上三个方面的特征，我们可以初步认定“e 租宝”模式的本质，即为互联网金融背景下的 P2P 网络借贷。

三、P2P 网络借贷中非法集资行为的入罪思路

国家打击非法集资活动，主要基于对金融秩序的保护。以“e 租宝”为例，行为人借助网络手段实施的集资犯罪活动，本质在于其对金融秩序与他人财产法益的破坏。金融开放和金融秩序本是一对相辅相成的概念，始终处在动态的矛盾对立中。P2P、A2P 等网络金融创新在一定程度上增强了金融流动性，但是创新也在一定程度上给集资犯罪活动形成了滋生空间。异化经营的越轨集资行为则在某种程度上违背了金融运行规律，违反了刑法限制性规定。从打击犯罪、维护社会稳定及保障群众权益的价值衡量上看，刑法介入网络借贷中的非法集资行为具有其必要性。当然，非法集资案件的性质认定最终需要抛除纷繁的外在样态，回归刑法规制个罪的基本理念。

“e 租宝”案件呈现出与非法集资活动的高度紧张关系与相关贴合度，下面将对“e 租宝”案件可能涉及的集资犯罪种类进行适用论证和比较分析②，尽量基于现有资料作出较为合理的推断。

（一）非法吸收公众存款罪的认定

要确定“e 租宝”案件是否涉及非法吸收公众存款罪，除了考虑犯罪主体、主观方面外，主要应从以下四个方面进行分析：

1. 吸收行为的非法性

经济犯罪的法定性要素决定相关吸收存款的行为在刑事犯罪价值评价上应当是非法的，合法吸收存款的行为不会受到该罪规制。依据 2010 年最高人民法院《关于审理非法集资刑事案件具体应用法律若干问题的解释》（以下简称 2010 年《司法解释》）第 1 条描述，“非法”是指违反国家金融管理法律规定，具体而言应该是有关集资管理的法律和法规③。应当注意，“未经有关部门批准”这一客观方面内容虽然一定程度上反映了集资行为的非法性，但不可等同于非法性。现实生活中，很多民间募集资金行为并不存在“国家批准”一说，“批准”的前置要件缺乏逻辑基础，不应作为抗辩因由，而应基于侵害法益角度来判别。

---

① 李倩、王璐瑶：《中国股权众筹运作模式及风险研究》，载《沈阳工业大学学报》（社会科学版）2015 年第 8 期。

② 本文仅针对“e 租宝”案件中集资类犯罪的认定进行研究，对于此案件涉及的其他犯罪，诸如非法持有枪支罪、偷越国（边）境罪、非法组织偷越国（边）境罪等，暂不作探讨。

③ 姜涛：《互联网金融所涉犯罪的刑事政策分析》，载《华东政法大学学报》2014 年第 5 期。

案例中，“e 租宝”作为一家存在 P2P 经营外观的网络信息服务公司，共提供六种保本保息投资产品，而这些服务内容与银行存款业务具有很强的相似性。根据《商业银行法》的规定，全国性商业银行的设立需经专门许可准入，注册资本至少10 亿元，国家对其资本充足率、坏账率、风险备付金具有严格管控。很明显，作为一家仅可提供咨询服务的信息服务公司，“e 租宝”并不具备相应金融存款机构资质，而在实质上进行“准金融机构”的业务。所以，其吸收存款的行为具有非法性。

2. 宣传行为的公开性

构成非法吸收公众存款罪的行为，应当具备公开宣传的特征，通常理解为集资讯息通过一定渠道传播至受众，这种渠道可以被公开知晓。依据 2010 年《司法解释》，公开宣传包括媒体、推介会、传单、手机短信等形式，2014 年“两高”与公安部联合发布《关于办理非法集资刑事案件适用法律若干问题的意见》（以下简称 2014 年两高公安部《意见》）一定程度上修正和充实了相关要件，有关“向社会公开宣传”被一定程度扩张，“各种途径”的规定释解了 2010 年《司法解释》带来的有关“口口相传”是否包括在集资活动传播“……形式”列举中的困惑[①]。

从 2015 年 4 月起，“e 租宝”广告宣传片即每天准时在《新闻联播》前与全国观众见面。与央视携手，是“e 租宝”2015 年品牌战略升级中极其重要的一环。除《新闻联播》前的黄金时间，“e 租宝”还在央视财经频道《经济半小时》、《经济信息联播》等王牌栏目前后进行广告播放。同时，“e 租宝”也加快与地方省级卫视的合作步伐。在登录安徽卫视、冠名北京卫视《音乐大师课》之后，“e 租宝”又先后强势登录凤凰卫视、湖南卫视、浙江卫视、东方卫视、河北卫视、天津卫视、江苏卫视等多家知名卫视。由此，“e 租宝”品牌的传播在主客观方面均高度符合公开宣传的特征。

3. 指向对象的不特定性

非法吸收公众存款罪的行为对象指向的应为不特定社会公众，而不是某一封闭空间内特定人群。对此特征可从“不特定”和“公众”两个角度去把握，“不特定”侧重于范围描述，说明可以接收到集资信息的人群外延是模糊的，造成的危害结果可能也是集资人无法预知和控制的。“公众”代表了规模的广泛性和数量的众多性，集资人与投资人之间通常无须具有特定身份关系。

2014 年两高公安部《意见》对于“社会公众”的认定扩张了原有层面的理解，即行为人在向亲友或是企业内部员工募集资金的同时，有义务采取相应措施防止集资行为再扩大[②]；如果行为人出于营造非法集资活动“合法化外观”等目的，将封闭空间外相关人员纳入狭窄集资圈的行为，也从法律上被认定为向不特定公众吸收。据此，“e 租宝”的行为对象是不特定的。

---

① 福寿螺：《P2P 网贷步入“多事之秋”》，载《法制与社会》2016 年第 7 期。

② 李倩、王璐瑶：《小微企业众筹融资平台风险管理研究》，载《沈阳工业大学学报》（社会科学版）2016 年第 9 期。

4. 投资回报的确定性

非法吸收公众存款的行为得以真正实现，相当程度上依赖集资人对回报的允诺，这种承诺常常伴有高收益特征。以“e 租月享”为例，还款方式为每月还息，到期还本；未达到投资期限的产品，投资人只要支付 2%的违约金，即可提前赎回。

由此，非法吸收公众存款允诺的高收益常具有如下表象：首先，收益获取并不附随资金投资风险，承诺具有现实回报性，集资人否认或者回避资金权能受损的可能，向投资人承诺刚性兑付；其次，回报收益常高于金融领域普通存款投资回报，但这不是绝对的，收益水平低于存款利率回报与非法吸收公众存款活动并不相违背，只是现实情形下集资人为最大限度获得投资人青睐几乎不可能报以极低水平利率；最后，利息种类不仅包括资金，还包括实物、股权等相关权利，内涵较为丰富。

综上，笔者认为“e 租宝”案件可构成非法吸收公众存款罪。

（二）集资诈骗罪的认定

要判断“e 租宝”相关责任人是否构成集资诈骗罪，最重要的也是司法实践中难度最大的就是界定是否存在非法占有目的。认定分析非法占有的目的，应把握以下几项内容：

第一，“非法占有目的”属于对行为人主观方面因素的认定，通常很难真正去直观了解犯罪人当时的心理状态，因此科学的方法是结合客观行为去考察和认定人的主观方面。陈兴良教授认为，通过证据证实的基础事实认定推定事实的存在，是认识的结果，作出推定即意味着推定者对推定事实的肯定，除非有相反的证据证明推定事实不存在①。我国司法实务中也大量运用推定判定行为人的主观目的，即基于常态联系，通过外在行为表现的基础事实，对犯罪人主观意图进行揣测得出推定事实。

第二，2010 年《司法解释》第 4 条第 2 款规定了通过肆意挥霍集资款行为进行非法占有目的推定条款。有关此处“肆意挥霍”这一表达，笔者认为理解的侧重点在于度的把握。“肆意挥霍”强调的是非营业性消费、挥霍性不良投资，集资人实施这种行为并不期待从中受益。如果集资人认为自身一些高级消费属于公司发展的必要性投资支出，但此行为不为社会公众普遍认可，那么这种行为也应当视为“挥霍性消费”②。

根据现有资料，“e 租宝”实际控制人丁某等人在行为过程中存在一个明显的特征为肆意挥霍集资款项，具体而言，为打造“实力雄厚”的背景购买大量不动产、高档汽车及奢侈品，“赠与他人的现金、房产、车辆、奢侈品的价值达 10 余亿元”。很显然这种支出方式与公司日常投资事务并无关联，具有很大的消耗性、无度性和肆意性，直接减损投资人所投资金，恶化集资账面现状，增加资金按时回收风险。可以依据司法解释的规定，认定该行为体现出丁某及相关责任人具有非法占

① 陈兴良：《刑法方法论研究》，清华大学出版社 2006 年版，第 56 页。

② 姜涛：《互联网金融所涉犯罪的刑事政策分析》，载《华东政法大学学报》2014 年第 5 期。

有意图。

第三，“使用诈骗方法非法集资”是“非法占有目的”的必要不充分条件，集资人使用诈骗方法并不必然产生非法占有的目的，但要实现非法占有目的，必然需要使用诈骗方法。针对刑法条文对集资犯罪存在诈骗方式的规定，实践中出现一种做法，即只要使用了诈骗手段便直接认定主观的非法占有目的。但是，主观目的本身是独立于欺诈行为之外的一个方面，这也是理论研究与司法实践在认定非法占有目的上的一个极大分歧。在一些可能存在的情形中，行为人主观目的为非法吸收公众存款，采用的行为方式是通过网贷平台编造虚假债权，借此吸引公众进行投资。在这个行为中，虽然集资人实施了诈骗方法，但是不能基于这样一个单一的条件即认定其具有“非法占有目的”。如果平台筹得资金用于正常经营性行为，集资人尽到善良注意义务，虽然由于外在环境恶化、经营不善等原因导致破产或资金链断裂，最终无法偿还投资人本金和利息，类似情形认定存在非法占有目的并不妥当。

针对“e 租宝”金融违法事件中非法占有目的的认定，不能仅仅依靠融资标的的虚假性认为其存在非法占有目的，需要佐以其他条件，诸如资金流向、使用效能、是否被抽逃转移或用于犯罪活动等，综合后续相关行为进行客观判定。具体而言，推定场景包括 2010 年《司法解释》中罗列的八项情形，故而，只有将诈骗方法与非法占有目的进行有机结合，才能得出准确的结论。公开资料显示，“e 租宝”平台虚构了绝大多数融资项目，通过欺诈的手段将投资人资金收入自身账户，实现自融后对资金并未进行有效的管理，也未将之投入实际生产经营活动，存在转移、隐匿、挥霍资金，毁灭账目证据等行为，事实上造成了投资人资金损失。应将“e 租宝”相关活动作为非法占有目的驱使下实施的欺诈行为来看待，而不单单认为使用了欺诈方法进行集资。

综合以上分析，笔者认为“e 租宝”平台相关责任人存在非法占有的目的并就此实施了非法集资行为，可构成集资诈骗罪。

四、P2P 网络借贷中非法集资行为的入罪限制

通过以上分析，初步认定“e 租宝”案件涉嫌非法吸收公众存款罪和集资诈骗罪。但“e 租宝”平台作为典型的 P2P 平台，并非表示所有 P2P 平台均存在非法集资构成犯罪的嫌疑。在犯罪认定方面，除严格依照上文提及的要件入罪外，还应充分考虑以下入罪限制问题。

（一）刑法谦抑理念

互联网时代比历史上以往任何时代都应当更加旗帜鲜明地捍卫和追求刑法的谦抑价值，这种谦抑价值的昂扬或者说整个社会的去管制化、刑法的去工具化乃是互联网精神的题中应有之义。在“严打难遏网络犯罪高发、所有传统犯罪均‘触网’”的大背景下，如何有效节约司法资源并精准打击网络犯罪，给刑法理论提出

了新课题①。

P2P 网络借贷作为一种新兴的投资方式，它让许多民间闲散资金有了可投资的方向，让中小企业、个人解决了融资难的窘境，提供了可选择的融资模式，一定程度上激活了我国的民间金融市场，使得民间闲散资金得到了更好的利用②。但现实中，多数企业为扩大发展、购买资产、提升规模或迫于资金周转的压力进行过融资行为，如果从严格层面上来说，认定为非法集资也并非完全没有空间。但是这种适用的结果就是导致民间资本流动骤降，刑法的扩张使得市场经济失去原有活力。因此，可以明确的是，如果刑法不加区分地介入，会在一定程度上阻碍金融创新③。

当然，刑法的谦抑性不是无限度的，对于网络融资中存在的一些欺骗投资者造成严重危害后果的，仍需予以犯罪化处理。此种例外情况，并不是对刑法谦抑性理念的违背，恰恰相反，它是对刑法谦抑性理念的传承与发扬。

（二）刑民分界问题

由于互联网非法集资犯罪的行为方式具有多样性、复杂性、迷惑性等特征，往往假借民间借贷或者签订合同的形式，因此，要注意此类案件中的刑民交叉问题，对行为方式是否构成非法集资犯罪进行甄别。

非法集资类犯罪行为，必须符合刑法规定的相应条件，如上文提到的非法吸收公众存款罪，必须满足吸收行为的非法性、宣传行为的公开性、指向对象的不特定性以及投资回报的确定性四个要件，这就是司法解释对于刑法的限制性解释；同样，集资诈骗行为中的“非法占有目的”，司法解释也对此予以细化，如“集资后不用于生产经营活动，致使集资款不能返还”的情形可以认定为非法占有目的。

关于以网络借贷方式进行的民事行为，2015 年最高人民法院《关于审理民间借贷案件适用法律若干问题的规定》（以下简称《审理民间借贷规定》）中明确，“民间借贷，是指自然人、法人、其他组织之间及其相互之间进行资金融通的行为”。这些资金融通行为一旦具备相应的条件即可构成犯罪。目前民间借贷案件日益增多，非法集资频发，《审理民间借贷规定》中第 7 条强调：“民间借贷的基本案件事实必须以刑事案件审理结果为依据，而该刑事案件尚未审结的，人民法院应当裁定中止诉讼。”这主要是基于刑事案件中作为侦查主体的公安机关，往往比民事案件中法院的侦查技术和手段更加成熟完善。但也从另一角度说明，如果民间借贷事实不需要以刑事案件审理结果为依据，则可继续民事诉讼。

因此，对于网络借贷中非法集资行为的入罪限制，首先应以刑法及司法解释明确的犯罪构成要件为依据严格界定，不能在没有充足证据证明或无法形成完整证据链的情况下主观归罪；其次先刑后民原则只是基于同一事实的情况下才遵循的原则，如果不是同一事实，则可民事刑事分别进行。

① 刘艳红：《网络时代刑法客观解释新塑造：“主观的客观解释论”》，载《西北政法学院学报》2017 年第 3 期。

② 丁春燕：《P2P 网络借贷的刑法规制问题研究》，载《华东政法大学学报》2016 年。

③ 张明楷：《网络时代的刑法理念——以刑法的谦抑性为中心》，载《人民检察》2014 年第 9 期。

（三）互联网犯罪的特殊性

网络金融犯罪的认定问题上，向来存在诸多争议点和疑难点。一方面网络非法集资的外观与金融创新存在诸多相似之处，另一方面网络集资的处理又与传统视域的非法集资存在诸多不同①。假若网络借贷平台确实基于信息中介的中立目的经营，进行充分的信息披露和风险提示，但由于实际操作中不可避免地使得资金出现某一时段的沉淀。基于互联网犯罪的特殊性，可以从刑法理论上对集资犯罪构造进行改良，适度接纳合理抗辩。

基于刑法理论的合理抗辩有助于形成正向评价和激励机制，形成一种良性互动关系，使得平台经营者处于中立地位，对投资受众预先进行风险提示及充分的信息披露，减少双方信息不对称，明确行为本质内涵，从而在入罪上划清与网络借贷中非法集资行为的界限。

有如技术层面或交易习惯等因素制约导致日常经营或可出现模糊评价的集资外观，如若确属现阶段常规经营中难以避免的情形，对合理抗辩的采纳可以达到刑法规制集资犯罪与不妨碍金融创新的动态平衡。网络视域增设合理抗辩可以推动相关理论体系的完善，也可视为刑法面对市场创新的适度容忍，有助于缓解当前网络领域集资活动刑事管制模式的紧张状态。

结语

通过上文的梳理，笔者针对“e租宝”案件被告人需承担的刑事责任进行了适用审视，该事件最易触及的罪名包括非法吸收公众存款罪与集资诈骗罪。由该事件之点，及互联网情境之面，将视野拓展到集资犯罪的网络场域，阐释了网络空间内集资犯罪相较传统模式的异化表现，力求为今后处理互联网领域集资犯罪司法实践提供一定的参考。

“e租宝”案件并没有尘嚣落定，预计在今年将进行最终宣判，它无疑给我们带来互联网空间非法集资严重后果的警示。网络领域作为传统社会的延伸处于不断变革与发展中，社会作用日渐重要，如何最大限度避免利用互联网生成新型犯罪模式，是一个亟须解决的问题。我国集资犯罪多发有着深层次的制度和监管背景因素，刑法条文在集资犯罪的规制上也显得较为刚性和滞后，金融刑法的改革还有漫长之路要走。在互联网金融创新进程中，面对出现的新型犯罪形态，需要立足刑法本质内涵加以规制，针对常规经营可能产生的法律适用困惑，可适时对现有立法进行一定范围内的修正，以求更好地适应经济社会的有序发展。

---

① 徐剑锋：《互联网时代刑法参与观的基本思考》，载《西北政法学院学报》2017年第3期。

我国 P2P 网络借贷平台犯罪及其防控

——以《网络借贷信息中介机构业务活动管理暂行办法》的出台为背景

沐　玲*

引言

在《网络借贷信息中介机构业务活动管理暂行办法》(以下简称《暂行办法》)出台以前，我国对于 P2P 网络借贷行业的法律监管几乎处于“空白”地带。因此，在相关监管法律法规缺失的情况下，我国 P2P 网络借贷行业在发展过程中，为了吸引投资者，开始突破原来的中介运营模式，纷纷引入担保机制，并采取了多种创新运营模式。随着 P2P 网络借贷行业创新运营模式的开展，其在大量吸引普通客户投资、为小微企业和个人提供贷款的同时，也产生了大量的风险，甚至涉嫌一系列违法犯罪行为。从 2014 年我国第一例 P2P 网络借贷刑事案件——东方创投案，涉案的两名犯罪嫌疑人被以非法吸收公众存款罪定罪量刑以后，我国 P2P 网络借贷涉嫌刑事犯罪的案件数量呈现急速增长的态势，不仅引发了社会公众的广泛关注，而且也引起了刑法学者的关注和研究。

然而，笔者通过查阅相关文献资料发现，我国刑法学界对 P2P 网络借贷平台犯罪相关的研究多是在 P2P 网络借贷行业“无准入门槛，无行业标准，无监管机构”的“三无”背景下，提出防控 P2P 网络借贷平台犯罪的对策和建议。那么，在《暂行办法》出台后，突破中介性质的 P2P 网络借贷平台本身是否涉嫌犯罪？P2P 网络借贷平台可能涉嫌的违法犯罪与《暂行办法》出台之前相比有无不同？刑法在对 P2P 网络借贷平台涉嫌的犯罪进行防治的时候，对策上应有怎样的改变？上述这些问题的回答，有助于在《暂行办法》出台以后，正确厘清 P2P 网络借贷平台犯罪的边界，维护我国网络金融秩序的健康发展。

一、我国 P2P 网络借贷平台的性质界定

(一)《暂行办法》出台以前，我国 P2P 网络借贷平台的性质界定

2016 年 8 月 24 日《暂行办法》出台以前，对于我国 P2P 网络借贷平台性质的界定，学界一直存在着各种不同的观点，总结学术界对 P2P 网络借贷平台性质的不同理解，主要存在以下几种学说：

第一，金融机构说。该说主流观点认为：“P2P 网络借贷是新兴互联网金融体

* 中南财经政法大学刑法学博士生。

系的重要组成部分，是指在正规金融体系之外，借贷双方利用互联网技术与互联网思维在网络借贷媒介的撮合下，实现信息交互、确立借贷关系并完成资金转移支付的互联网金融活动。”① 由此可见，“金融机构说”把P2P网络借贷平台完全看成一种新型的金融平台，这样就会涉及P2P网络借贷平台有无经营资质，是否需要审批以及其平台运营本身是否违反《金融法》等相关法律法规规定等一系列问题。

第二，中介机构说。大部分学者都认为P2P网络借贷平台应该恪守中介的本质，不应突破中介地位而进行创新性运营。其中最有代表性学者的观点认为：“P2P平台的核心作用应该是中介，通过一定的交易制度设计为借贷双方提供相应的信息发布、资质判定、撮合等中介服务，不应该参与到借款行为的担保、质押中，更不应该成为借款方式中的一个主体，进行吸储和放储行为。”② 由此可见，“中介机构说”认为P2P网络借贷平台只能单纯作为中介机构，不能作为借贷交易的一个主体，参与出借人和借款人之间的借贷交易活动，更不提供担保和质押。

第三，“证券机构说”。持此学说观点的学者较少。代表性观点认为：“P2P网络借贷平台更接近于证券经纪商的角色：借款人实为证券发行人，出借人则为证券投资者，平台负责为证券发行人筹集资金提供必要的经纪服务。”③ 由此可见，“证券机构说”从另一个独特的视角来对P2P网络借贷下了一个定义。然而由于我国《证券法》对于“证券”的定义过于狭窄，而且我国法律对于证券发行机构的资质和条件有严格的规定，所以我国倾向于认为P2P网络借贷借贷平台实际上更符合一个撮合借贷交易的中介平台，而非作为证券发行机构参与到直接融资的过程之中。

第四，复合说。该说认为：“P2P是‘Peer to Peer’或‘Person to Person’的简写，P2P网贷服务机构是指依法登记注册、具有法人资格，利用互联网技术，为民间借贷双方提供个人对个人小额信贷风险管理、理财咨询等一整套信贷风险咨询和管理服务的第三方信息咨询服务机构。”④ 由此可见，“复合说”认为P2P网络借贷是并非“金融机构说”、“中介机构说”或“证券机构说”那么单一，它实质上既提供基本的信息中介服务和也作为交易的主体参与到借贷关系中。其实从经济发展来说，这种具有“复合性质”的P2P网络借贷平台代表了未来我国民间借贷发展的一种趋势，其很好地满足了小微企业和个人的融资需求，也为普通投资者降低了投资门槛，开辟了一个新的投资渠道。关键问题在于这样的P2P网络借贷平台成立本身需要什么样的资质，其从事的业务是否经过了审批，是否符合相关法律法规的规定，否则这样的P2P网络借贷平台其实就办成了“影子银行”⑤，本身就可能涉嫌违法违规。

综上所述，在《暂行办法》出台以前，我国相关部门对突破中介性质的P2P

① 宣刚、王庆国：《论P2P网络借贷犯罪的刑法适用》，载《山东警察学院学报》2014年第6期。

② 李雪静：《国外P2P网络借贷平台的监管及对我国的启示》，载《金融理论与实践》2013年第7期。

③ 赵渊：《直接融资视角下的P2P网络借贷法律问题研究》，载《交大法学》2014年第4期。

④ 杜晓山：《国内外P2P网贷机构发展及相关政策思考》，载《西部金融》2013年第8期。

⑤ 按照金融稳定理事会的定义，影子银行是指游离于银行监管体系之外、可能引发系统性风险和监管套利等问题的信用中介体系（包括各类相关机构和业务活动）。

网络借贷平台存在着只要其没有触犯非法集资的底线，就“默许”其继续经营下去的监管思路。由此看来，法律法规没有对于 P2P 网络借贷平台性质的明确界定，反而为 P2P 网络借贷行业的发展提供了一个宽松的环境，P2P 网络借贷平台得以发展创新出一些既可以满足小微企业要求，又可以满足普通投资者需求的运营模式。当然随着 P2P 网络借贷行业的继续发展，我国对于平台的性质肯定需要作出一个明确的界定，这是平台本身是否违法违规的重要前提。

（二）《暂行办法》出台以后，我国 P2P 网络借贷平台的性质界定

《暂行办法》出台以后，其在第 2 条第 2 款就明确界定了我国 P2P 网络借贷平台的性质，其规定“网络借贷信息中介机构是指依法成立，专门从事网络借贷信息中介业务活动的金融信息中介公司。该类机构以互联网为主要渠道，为借款人和出借人（即贷款人）实现直接借贷提供信息搜集、信息公布、资信评估、信息交互、借贷撮合等服务”。

由此可见，我国最终还是将 P2P 网络借贷平台定位在了信息中介，而非信用中介。这是由于监管机构担心将 P2P 网络借贷平台定位于金融机构或者信用中介将会导致 P2P 网络借贷平台由于准入门槛过高而被施以严格的监管，因此将 P2P 网络借贷平台定位在了信息中介。P2P 网络借贷平台普遍也赞同监管机构把自己定位为信息中介，然而当监管机构严格按照《暂行办法》的“信息中介”的规定，要求 P2P 网络借贷平台去除担保，回归中介的定位，P2P 网络借贷平台又发现自己实际上也难以满足这一定位，而且以前突破中介性质经营“无人监管”，现在一旦突破中介地位，不仅违反《暂行办法》的规定，而且更可能由于其扮演了信用中介或类似“银行”的角色，而涉嫌构成擅自设立金融机构罪和非法经营罪，而被追究刑事责任。

二、我国 P2P 网络借贷平台涉嫌的主要犯罪类型

（一）《暂行办法》出台以前，我国 P2P 网络借贷平台涉嫌的主要犯罪类型

以我国 2014 年至 2016 年涉 P2P 网络借贷犯罪的裁判文书为样本分析可知：被告人所犯罪行基本为非法吸收公众存款罪或者集资诈骗罪。[①] 由此可知，《暂行办法》出台以前，我国几乎所有 P2P 网络借贷平台涉嫌犯罪的类型都以非法集资类犯罪为主。这就涉及以下两种犯罪：

1. 非法吸收公众存款罪

通过上文对 P2P 网络借贷平台性质的介绍，可以得知目前大部分的 P2P 网贷平台都以积极的主体身份参与借贷业务，为借款人提供全额担保，因此投资人在 P2P 网络借贷平台上的收益与具体借款项目的风险并不存在实质上的关联，即 P2P 网络借贷平台实际上已成为信用中介，承担吸储和放储功能，即使平台上一个个明文列示的借款项目给予投资人点对点借贷的错觉，他的资金实质上也是投给平台

① 李永升、胡冬阳：《P2P 网络借贷的刑法规制问题研究——以近三年的裁判文书为研究样本》，载《政治与法律》2016 年第 5 期。

的，并从平台获得利息和本金，平台因此获得自由支配投资人资金的权力。根据我国《刑法》第176条以及2010年12月13日最高人民法院发布的《关于审理非法集资刑事案件具体应用法律若干问题的解释》（以下简称《非法集资的司法解释》）第1条的规定，行为人构成非法吸收公众存款罪必须同时具备的四个条件，简单来说就是未经有权机关依法批准（非法性）；向社会不特定对象即社会公众筹集资金（社会性）；未经批准，公开发行股票、债券等（公开性）；承诺在一定期限内给予出资人货币、实物、股权等形式的投资回报（利诱性）。如上所述，我国大部分P2P网络借贷平台实际上已经作为一个资金流通中介和投资担保主体参与到投资人和借款人之间的资金交易过程中，投资人的投资资金先流入P2P网络借贷平台自有账户或者关联账户，P2P网络借贷平台再将这笔钱拿去匹配相应的借款项目，最后平台到期向投资人还本付息，这种行为明显属于向社会公众即社会不特定对象吸收资金，正如有学者指出的，P2P网络借贷平台的行为与非法集资的行为存在天然的契合①，因此极易构成非法吸收公众存款罪。

2. 集资诈骗罪

《暂行办法》出台以前，我国P2P网络借贷平台基本处于“无准入门槛，无行业标准，无监管机构”的“三无”背景下，成立P2P网贷公司程序简单，限制较少，导致国内的P2P网络借贷泥沙俱下，一些不法之徒任意建立网贷平台骗取资金，然后卷款潜逃。还有一些本身正常经营的平台，随着公司投资客户数量的增加，流入平台的资金大量集聚，除了平台本身无人对资金进行监管。面对这样的大额资金和平台资金管理的漏洞，平台内部人员极有可能产生“非法占有”的目的，最终选择向利益妥协，将犯罪之手伸向投资人的资金。总之，一些非法的P2P网络借贷平台或者P2P网络借贷平台的内部人员，完全可以利用P2P网络借贷平台上出借人和借款人之间高度的信息不对称，而以非法占有为目的，骗取出借人的资金。现实生活常见的就是P2P网络借贷平台“跑路”事件。因此P2P网络借贷平台容易涉嫌构成《刑法》第192条的集资诈骗罪。

（二）《暂行办法》出台以后，我国P2P网络借贷平台涉嫌的主要犯罪类型

《暂行办法》出台以后，其在第10条规定了P2P网络借贷平台禁止实施的十三种行为，由于条文过多，笔者在此不一一赘述。

根据法不禁止即为自由的原则，笔者认为在《暂行办法》出台以后，只要P2P网络借贷平台实施的行为没有在十三项禁止行为之列，则P2P网络借贷平台的行为就是合法的。因此，在《暂行办法》出台以后，为了防范其刑事法律风险，只需要找到十三项禁止性行为中的哪些行为可能触犯刑律，并且对其行为涉嫌的罪名进行归纳，就可以得出P2P网络借贷平台以后可能涉嫌的主要犯罪类型，并且以此展开相应的犯罪预防。在具体的十三项禁止行为中，笔者将其可能涉及刑法中的相关罪名的行为进行了归纳：

第一，可能涉嫌非法集资犯罪的行为：平台为自身或变相为自身融资；平台直

① 彭冰：《非法集资与P2P网贷》，载《互联网金融与法律》2014年第6期。

接或间接接受、归集出借人的资金；平台将融资项目的期限进行拆分。我国在《暂行办法》出台以后，国务院办公厅于 2016 年 10 月 13 日《关于印发互联网金融风融风险专项整治工作实施方案的通知》也明确提出，P2P 网络借贷平台不得设立资金池，不得非法集资。由此可见禁止平台自融、直接或间接归集出借人资金和期限拆分，实际上是堵住了 P2P 网络借贷平台形成“资金池”的渠道，这是防范 P2P 网络借贷平台非法集资类犯罪的法律风险的有效举措。因此，一旦 P2P 网络借贷平台实施上述行为，其等同于 P2P 网络借贷平台存在设立“资金池”的行为，甚至由“资金池”进一步演化为“庞氏骗局”，因此《暂行办法》规定的上述三项行为，P2P 网络借贷平台如果实施，极可能涉嫌非法集资类犯罪。

第二，可能涉嫌非法经营罪的行为：平台发放贷款；平台自行发售理财等金融产品募集资金，代销银行理财、券商资管、基金、保险或信托产品等金融产品；开展类资产证券化业务或实现以打包资产、证券化资产、信托资产、基金份额等形式的债权转让行为；向借款用途为投资股票、场外配资、期货合约、结构化产品及其他衍生品等高风险的融资提供信息中介服务。上述这些行为其实是对平台经营业务的禁止规定。由于我国的贷款发行、理财产品、证券、基金的发售都需经过法律法规的专门批准，并且由具有专业知识的发行机构如银行、基金公司来承担上述产品的发行，一旦 P2P 网络借贷平台实施了上述行为，如果其扰乱了市场秩序，情节严重，就可能涉嫌构成《刑法》第 225 条的非法经营罪。

第三，可能涉嫌虚假广告罪的行为。《暂行办法》第 10 条第 10 项“虚构、夸大融资项目的真实性、收益前景，隐瞒融资项目的瑕疵及风险，以歧义性语言或其他欺骗性手段等进行虚假片面宣传或促销等，捏造、散布虚假信息或不完整信息损害他人商业信誉，误导出借人或借款人”的规定明确禁止了 P2P 网络借贷平台不得对其服务或商品进行虚假陈述和发布虚假信息。我国《刑法》第 222 条规定了“虚假广告罪”，而且《非法集资的司法解释》第 8 条第 1 款也明确规定：“广告经营者、广告发布者违反国家规定，利用广告为非法集资活动相关的商品或者服务作虚假宣传，具有下列情形之一的，依照刑法第二百二十二条的规定，以虚假广告罪定罪处罚：(一) 违法所得数额在 10 万元以上的；(二) 造成严重危害后果或者恶劣社会影响的；(三) 二年内利用广告作虚假宣传，受过行政处罚二次以上的；(四) 其他情节严重的情形。”因此，P2P 网络借贷平台如果为了吸引更多人员投资，而对其借款项目作出虚假陈述，夸大其融资收益率；或者为了让更多的人员到该平台借款，而以虚假的广告进行宣传，打出“零利息”等宣传口号，以此误导出借人和借款人，满足《非法集资的司法解释》第 8 条的规定，就涉嫌构成虚假广告罪。

三、《暂行办法》出台后，我国 P2P 网络借贷平台犯罪的防控

《暂行办法》正式的出台对我国防控 P2P 网络借贷平台乃至整个 P2P 网络借贷行业的违法犯罪风险肯定是有其积极的意义，但这并不意味着《暂行办法》的规定就尽善尽美，不需要完善。因此，对于《暂行办法》出台后，如何防控 P2P 网络

借贷平台犯罪，笔者有以下建议：

（一）合理界定 P2P 网络借贷平台的性质，彻底解决平台本身违法性问题

通过前文论述，我们明白如果将 P2P 网络借贷平台的性质单纯界定为信息中介，其可能导致目前突破中介性质运营的 P2P 网络借贷平台都存在违法运营之嫌。同时其信息中介的定位如果与 P2P 网络借贷平台最容易触发的非法集资问题纠缠在一起，问题则更加复杂。因为作为部门规章，《暂行办法》虽然规定了平台禁止实施的行为，但是其仍然难以触及非法集资的定义和认定。而在具体案件的执行中，P2P 网络借贷平台是否涉嫌非法集资类犯罪的判断常常与集资结果联系在一起，使 P2P 网络借贷平台进退维谷。举例来说：P2P 网络借贷平台运营中如果出现重大风险事件而不能补偿投资人的损失，很可能被投资人报警为非法集资（根据目前关于非法集资的司法解释，P2P 网络借贷平台很容易“满足”非法集资的四要素）；而一旦 P2P 网络借贷平台补偿损失，其就等于进行了自担保，就违反了《暂行办法》关于其是信息中介的规定。如果平台在面对这个违反《暂行办法》和《刑法》这个二选一的问题时，它必然会优先选择违反《暂行办法》而被避免作为非法集资类案件被公安调查。鉴于这样的现状，《暂行办法》出台以后，肯定存在一部分 P2P 网络借贷平台会冒险不合规的经营下去；另一部分 P2P 网络借贷平台想尽办法在形式上满足合规性要求，实质上通过“暗箱操作”继续延续之前的业务模式，其所涉嫌的法律风险特别是刑事法律风险仍会继续聚集。

综上，笔者认为解决 P2P 网络借贷平台本身违法性问题的关键，就是 P2P 网络借贷平台担保的问题。因为在我国目前征信体系不健全、P2P 网络借贷双方信息高度不对称的情况下，投资人如果在没有担保的情况下投资 P2P 网络借贷几乎等同于赌博，这样会阻止大量投资人参与 P2P 投资，势必会为影响 P2P 网络借贷行业的发展，因此客观来说，在很长一段时间担保仍是国内大部分 P2P 网络借贷平台的“标配”。因而笔者认为在界定 P2P 网络借贷平台性质时，应为其提供两种标准：一种是单纯信息中介性质（不提供担保）的 P2P 网络借贷平台，对此类平台，我国不需要对其成立进行严格监管，其成立的条件仅按照《公司法》成立标准对其注册资本进行审批即可；另一种则是具有信用中介性质（提供担保）的 P2P 网络借贷平台，对此类平台的成立需设立严格的准入门槛，规定其成立应取得的相应资质条件，对此可以参照《商业银行法》规定，规定其成立必须缴纳的实际出资额，并且对其经营的业务，如发售理财产品、基金、保险等业务实行“牌照制”[①]，只要其能够申领到相关牌照，则该平台照样能够销售或代理相应的上述产品。我国的 P2P 网络借贷平台可以根据自身的实际情况自愿选择成为信息中介或者信用中介，并按照相应的标准去进行实际整改，满足条件，这样就可以解决 P2P 网络借贷平台的主体资质违法性问题，让突破“中介性质” P2P 网络借贷平台不因主体资格的不合法而时时面临被取缔甚至被追究刑事责任的风险。

---

① 新浪财经：《业内：目前网贷行业中大的 P2P 都在寻求拿牌照》，http：//finance. sina. com. cn/roll/2016-05-12/doc-ifxsenvm0281674. shtml，2017 年 7 月 22 日访问。

（二）加强行政执法与刑事司法的有效衔接，共同防控P2P网络借贷平台犯罪

《暂行办法》出台以前，对于P2P网络借贷可能涉嫌的违法犯罪行为，司法机关都要在保持刑法谦抑性的原则下对其刑事处罚采取谨慎的态度；现在既然出台了《暂行办法》，对P2P网络借贷平台违法行为的评价就必须先经过行政机关对其行为进行评价和处理，如果涉嫌犯罪的再由行政机关移送至相应司法机关处理。上述的处理原则体现了行政执法与刑事司法的衔接，也符合国务院2001年7月9日颁布的《行政执法机关移送涉嫌犯罪案件的规定》第14条第1款的规定："行政执法机关移送涉嫌犯罪案件，应当接受人民检察院和监察机关依法实施的监督。"

然而，对于这样的衔接，在司法实践中处理效果并不好，主要原因在于我国行政法律法规对违法行为的处罚规定太过笼统。从《暂行办法》的规定中，我们可以知道P2P网络借贷平台如果违反规定基本就在于其实施了《暂行办法》第10条规定的禁止行为，然而《暂行办法》对于违反十三项禁止性行为并没有作出详细的处罚规定，仅在第40条第1款①中作出了较为笼统的规定，而且对于P2P网络借贷平台实施非法集资类行为、欺诈行为和虚假陈述行为等极易涉嫌犯罪的行为的规定也一样笼统，仅在第40条第2款规定："网络借贷信息中介机构违反法律规定从事非法集资活动或欺诈的，按照相关法律法规和工作机制处理；构成犯罪的，依法追究刑事责任。"《暂行办法》的上述规定对于实施了十三项禁止性行为中的任意一项行为的P2P网络借贷平台来说，其行为在什么样的情况下由行政机关处罚，在什么样的情况下由司法机关处罚，这个并没有规定清楚，这就可能导致在现实中，行政机关和司法机关在处理P2P网络借贷平台违法犯罪行为时出现责任不明，互相推诿的情况。因此，笔者认为，应从《暂行办法》的十三项禁止性行为出发，对其每一项行为涉及的现有法律或法规进行认真梳理，看看究竟哪些部门或单位对这种行为负有监管职责，并在P2P网络借贷平台实施该项违法行为时，先督促其认真履行相应的监督义务和责任，履行职责过程中发现该行为涉嫌犯罪，再移动至司法机关处理。这样就能明确行政机关和司法机关的责任分工，更有效加强两者之间的衔接，更好地防控P2P网络借贷平台犯罪。

---

① 《网络借贷信息中介机构业务活动管理暂行办法》第40条第1款规定："网络借贷信息中介机构违反法律法规和网络借贷有关监管规定，有关法律法规有处罚规定的，依照其规定给予处罚；有关法律法规未作处罚规定的，工商登记注册地地方金融监管部门可以采取监管谈话、出具警示函、责令改正、通报批评、将其违法违规和不履行公开承诺等情况记入诚信档案并公布等监管措施，以及给予警告、人民币3万元以下罚款和依法可以采取的其他处罚措施；构成犯罪的，依法追究刑事责任。"

擅自发行公司、企业债券罪适用研究

张利兆*

根据1997年刑法第179条的规定，擅自发行公司、企业债券罪是指违反国家有关法律规定，擅自发行公司、企业债券，数额巨大、后果严重或者有其他严重情节的行为。1979年刑法典中并未对擅自发行公司、企业债券罪予以规定。随着我国公司制度以及证券市场的发展，公司、企业债券的发行量也急剧增加。与此同时，一些企业与个人在证券法规尚不健全的状况下，未经有关主管部门批准而擅自发行公司、企业债券，这不仅损害投资者的利益，也严重破坏了金融秩序。为此，全国人大常委会《关于惩治违反公司法的犯罪的决定》第7条明确规定了擅自发行公司债券罪。1997年刑法典对该规定予以吸纳，并对其进一步补充修改，增加了企业债券作为犯罪行为侵犯的对象，将“未经公司法规定的有关主管部门批准”明确为“未经国家有关主管部门批准”，并对罚金刑作了进一步修改。擅自发行公司、企业债券罪是一种典型的涉众型经济犯罪，但具有非常见性、多发性的特点，因此对该罪在适用中的相关疑难问题缺乏深入研究。笔者在此略作探讨，以期抛砖引玉。①

一、擅自发行公司、企业债券罪的主体认定

关于擅自发行公司、企业债券罪主体范围的争论，曾经有两种基本观点。第一种观点为有资格说，即该罪主体为特殊主体，也就是说必须符合一定的限制条件。“根据公司法的规定，只有股份有限公司才可以发行股票和公司债券，只有国有独资公司和两个以上的国有企业或者其他两个以上的国有投资主体投资设立的有限责任公司，才能成为本罪的单位主体。凡是不具有本罪主体的自然人和单位，都不能成为本罪的主体并由此构成本罪。如果不具有本罪主体资格的自然人或单位，擅自发行股票或公司企业债券的，根据具体情况，可能构成新刑法所规定的诈骗罪或非法集资罪。”② 第二种观点为无资格说，即该罪主体为一般主体。它又包含两种情形：其一，该罪主体包括单位与自然人。擅自发行公司、企业债券罪的主体是一般主体，包括自然人和单位，而且根本没有公司、企业债券发行资格的单位和个人

---

* 浙江省宁波市人民政府法制办公室主任，法学博士。

① 刑法第179条规定了擅自发行股票、公司、企业债券罪，该罪属于选择性罪名，即包含擅自发行股票、公司、企业债券罪，擅自发行股票罪与擅自发行公司、企业债券罪三个选择性罪名。股票与债券同属有价证券，但两者又有一定的区别，因为对象的区别，所以在犯罪手法上也有一定的差异。笔者在本文中仅就擅自发行公司、企业债券罪若干疑难问题进行研究。

② 鲜铁可著：《金融犯罪的定罪与量刑》，人民法院出版社1996年版，第361-362页。类似观点还可参见娄云生著：《法人犯罪》，中国政法大学出版社1996年版，第424页。文中所涉《公司法》于1993年12月29日表决通过。

（以下简称无发行资格者），在其未经国家主管部门批准而擅自发行公司、企业债券的情况下，即应认定为擅自发行公司、企业债券的行为；如果数额巨大；后果严重或者与其他严重情节，就应认定为构成本罪。[①] 高铭暄教授进一步指出："擅自发行股票、公司、企业债券罪的犯罪主体是一般主体，即自然人或单位。这既包括那些根本不具有发行股票、公司、企业债券条件的单位和个人，也包括那些具备了发行股票、公司、企业债券的条件，但还没有得到国家有关主管部门批准，而擅自发行股票、公司、企业债券的单位和个人。"[②] 其二，该罪主体只能是单位，即公司、企业。[③]

最高人民检察院、公安部《关于公安机关管辖的刑事案件立案追诉标准的规定（二）》（2010 年 5 月 7 日）第 28 条、第 34 条分别对非法吸收公众存款案和擅自发行股票、公司、企业债券案立案追诉标准作出了规定，但是该规定对两种性质比较接近的犯罪行为在追诉标准的具体规定上有所差异，即对前者进行了个人和单位的区分，而对后者则未作区分。这一规定容易使人对主体问题产生疑惑，从而引发出新的思考，有必要进行探讨。

笔者认为无资格说的第一种情形比较合理。尽管在绝大多数场合，本罪的主体主要是公司债券发行主体，即包括股份有限公司、国有独资公司、两个以上的国有企业或者其他两个以上的国有投资主体投资设立的有限责任公司。上述单位有实施本罪的优势条件，但我们绝不能排除不具有上述优势条件的单位或个人有实施上述行为的可能。理由是：

其一，从立法来看，刑法对《关于惩治违反公司法犯罪的决定》已有很大的突破，不再是单纯为规范公司行为而设立此罪，更主要的是从规范金融管理秩序的角度而设立，因而犯罪主体就不能仅局限于《公司法》所确定的范围。从司法实践看，若将本罪的主体限于"特殊主体"范围之内，不利于遏制破坏金融管理秩序的行为，客观上放纵犯罪。因此，不论是自然人，还是单位只要实施擅自发行公司、企业债券的行为，均可以成为本罪的主体。

对于自然人可以成为该罪的主体，笔者认为有充分的依据。《公司法》第 77 条规定："股份有限公司的设立，可以采取发起设立或者募集设立的方式。发起设立，是指由发起人认购公司应发行的全部股份而设立公司。募集设立，是指由发起人认购公司应发行股份的一部分，其余部分向社会公开募集或者向特定对象募集而设立公司。"从上述规定中可以看出，自然人可以成为股份的发行人，因此，我们可以毫无疑问地得出结论，即擅自发行股票罪可以由自然人实施。而《公司法》第 153 条规定："本法所称公司债券，是指公司依照法定程序发行、约定在一定期限还本付息的有价证券。公司发行公司债券应当符合《中华人民共和国证券法》规定的发行条件。"尽管法律规定债券的合法发行人不能包括自然人，但刑法第 179 条关于

---

① 参见魏智彬著：《证券及相关犯罪认定处理》，中国方正出版社 1997 年版，第 64 页。

② 高铭暄主编：《新型经济犯罪研究》（国家社会科学"九五"规划重点项目），中国方正出版社 2000 年版，第 674 页。类似观点还可参见王昌学主编：《市场经济纵横谈》，法律出版社 2001 年版，第 394 页。

③ 参见李僚义、李恩民著：《中国法人犯罪的罪与罚》，中国检察出版社 1996 年版，第 316 页。

主体的规定，对擅自发行公司、企业债券罪具有统摄作用，因为该条款规定的是一组选择罪名，所谓选择罪名是指所包含的犯罪构成的具体内容复杂，反映出多种犯罪行为，既可概括使用，又可分拆使用的罪名。选择罪名可以分为三种情况：第一，行为选择，即罪名中包含了多种不同的行为方式而形成的选择罪名；第二，对象选择，即罪名中包含了两个或两个以上不同的犯罪对象，因而形成了选择罪名；第三，行为与对象同时选择，即罪名中既包含了多种行为，又包含了多种不同的对象，因而形成选择罪名。[①] 笔者认为本罪的选择是一种对象选择，即在股票、债券之间进行选择，而主体应当具有同一性，即既包括单位，也包括自然人。因此，本罪主体为一般主体，即自然人和单位都可成为本罪的主体。作为单位主体既可以是根本不具备发行公司、企业债券条件的单位，也可以是具备发行条件但未得到批准的单位。对此，刑法第 179 条第 2 款规定：单位犯前款罪的，对单位判处刑罚，并对其直接负责的主管人员和其他直接责任人员，处五年以下有期徒刑或者拘役。这是对单位犯罪的处罚规定。由此可见，该条第 1 款规定的是对自然人犯罪的定罪处罚规定，因此刑法第 172 条第 2 款也对此提供了有力证明。

其二，从法律具体规定看，一般而言，凡有特定身份要求者，刑法均明文作出特殊主体规定，如现行刑法有关公司犯罪专节中所分别规定的虚报注册资本罪、提供虚假财会报告罪、妨害清算罪即属这种情形；另外，现行刑法第 160 条所规定的欺诈发行股票、债券罪，虽然条文本身对犯罪主体未作限制性规定，但因其行为者必须先符合发行股票、债券的相关国家规定后，方能制作招股说明书、认股书或公司债券募集办法，因而其犯罪主体实际上也是特定的身份犯。然而，现行刑法对本条所叙明的罪状并未对本罪主体有所限制，因而本罪主体不应当限定为单位，最高人民法院《关于审理非法集资刑事案件具体应用法律若干问题的解释》（法释〔2010〕18 号）（以下简称《解释》）也秉承了这一原则。

综上所述，擅自发行公司、企业债券罪的犯罪主体应当是一般主体，即自然人或单位。至于单位，它既包括不具有发行公司、企业债券条件的单位和个人，也包括那些具备了发行股票、公司、企业债券的条件，但还没有得到国家有关主管部门批准，而擅自发行公司、企业债券的单位。

二、擅自发行公司、企业债券罪的相对人确定

对此有两种基本观点。第一种观点认为不需要将相对人限定为社会公众。因为刑法第 179 条并未同第 176 条的非法吸收公众存款罪一样，对发行行为的相对人进行限定，因此相关人可以是社会公众，也可以是某些特定人群。如果要限定在不特定的社会公众，则有可能放纵一部分犯罪。第二种观点认为需要将相对人限定为社会公众，应该说这种观点为现行刑法学界通行的观点。例如，有学者从对该罪的立法渊源进行分析中得出结论，认为非法吸收公众存款的实质是非法集资，进而提出了非法吸收公众存款罪与擅自发行公司、企业债券罪是同出于非法集资这一个源

① 参见刘艳红著：《罪名研究》，中国方正出版社 2000 年版，第 22-23 页。

头，立法者只是为了避免将上述行为与单位内部的集资行为相混淆，所以分设该两罪，但该两罪有特别条款与普通条款的关系，即非法吸收公众存款罪是一般条款，而擅自发行公司、企业债券罪为特别条款。[①] 高铭暄教授指出："就实质来说，擅自发行股票、公司、企业债券与吸收公众存款并无差异，是一种变相的非法吸收公众存款。但刑法已将此种行为规定为单独的犯罪，因此，就不能再以非法吸收公众存款罪来论处，对擅自发行股票、公司、企业债券构成犯罪的，应按照法条竞合理论，按特别法优于普通法的原则，以擅自发行股票、公司、企业债券罪来论处。"[②]

笔者同意第二种观点，而第一种观点包括的特定对象，太宽泛。对此，基于以下两点考虑：一是它符合立法原意。在实践中，要对金融秩序造成破坏，如果仅仅是局限于特定的群体是难以达到的，而且《公司法》与《证券法》均明确规定，公司、企业债券发行要坚持公开性原则，顾名思义，公开应当是面向社会公众的。国务院 1998 年 7 月 13 日发布的《非法金融机构和非法金融业务活动取缔办法》第 4 条第 2 款，则对"非法吸收公众存款"和"变相吸收公众存款"作了以下定义性规定："非法吸收公众存款，是指未经中国人民银行批准，向社会不特定对象吸收资金，出具凭证，承诺在一定期限内还本付息的活动"；"变相吸收公众存款，是指未经中国人民银行批准，不以吸收公众存款的名义，向社会不特定对象吸收资金，但承诺履行的义务与吸收公众存款性质相同的活动"。我们从这一解释中能得出一个基本结论，即"公众"为"社会不特定对象"。所谓社会不特定对象，是指对吸收存款的对象没有限制。如果只是为了本单位的生产经营活动而面向本单位职工非法集资，其对象虽属于存款，但因不具有公众性，因此不宜以本罪论处。二是更好地体现了犯罪的社会危害性特征。犯罪的最本质特征是行为的社会危害性，而且这种社会危害性必须达到需要刑事惩处的程度。在涉众型经济犯罪中，如果对象是特定的，一般情况下规模不会太大，因此对社会和经济造成的不良影响和破坏力也是有限的。而且，在对象特定的情况下，行为人与特定对象之间往往具有特殊的人际关系，如后者为前者的员工、亲戚或朋友，而在这种特定的人际关系中，彼此的了解程度和信任程度大大超过一般公众对行为人的理解和信任，因此特定对象对自己的不利行为理应承担更大的责任和更严的后果，由此也使得行为的社会危害性大大减弱，所以不宜将针对特定对象的擅自发行行为纳入其中。

而《解释》第 6 条则将特定对象进行了规定[③]，笔者认为如此规定基于与当时的《证券法》（2005 年 10 月 27 日修订）第 10 条进行衔接。对此，笔者认为并不

① 参见冯亚东、刘凤科：《非法吸收公众存款罪的本质与立法失误》，载《人民检察》2001 年第 7 期。

② 高铭暄主编：《新型经济犯罪研究》（国家社会科学"九五"规划重点项目），中国方正出版社 2000 年版，第 656 页。

③ "未经国家有关主管部门批准，向社会不特定对象发行、以转让股权等方式变相发行股票或者公司、企业债券，或者向特定对象发行、变相发行股票或者公司、企业债券累计超过 200 人的，应当认定为刑法第一百七十九条规定的'擅自发行股票、公司、企业债券'。构成犯罪的，以擅自发行股票、公司、企业债券罪定罪处罚。"

妥当。《证券法》相关规定可以理解为一种法律拟制[①]，即基于一种可能性的分析作出的判断。但是笔者认为，除需要考虑前述的立法原意和社会危害性因素之外，还需要进一步考虑以下两个因素：第一，通过人数来推定是否“公开”有不科学性。正如众多黑社会组织，尽管人数众多，但是很少具有公开性。第二，作为民商法的《证券法》对行为性质的法律拟制是否可以直接适用到刑法中来。笔者认为刑法的适用涉及公民、法人和其他社会组织的重大权益，应当慎之又慎。根据刑法原理，尽管刑法具有二次法或保护法的性质，但是刑法具有自己的独立品性。[②] 因此，如何设定和认定犯罪需要充分考虑刑法自身的目的、价值等因素。

在司法实践中，对象的特定与否并非泾渭分明的。笔者认为在认定擅自发行公司、企业债券犯罪的相对人不特定性上，要把握两点：一是擅自发行行为的相对隐蔽性。这种擅自发行公司、企业债券的非法吸收资金行为，在一般情况下，因为要面向公众发行，其发行的行为具有公开性，但是这种擅自发行行为毕竟是非法的，因此行为人往往会采取一定的方法对行为进行掩饰，从而使它具有了在一定范围内的公开性和该范围之外的隐蔽性这一基本特点。赵秉志教授指出：“这里的‘公开性’，并不一定要求行为人必须是大张旗鼓地对社会进行宣传，实际上因其本身的非法性，决定其更多采取隐蔽的手法作出承诺，比如通过先行存款人向周围人员予以传诵，或以在亲朋好友间散发书面宣传单的形式，等等。”[③] 二是行为相对人具有扩散性，即擅自发行行为不是指向某一特定群体，即使在个别情况下，它是以某一特定群体为基础，但相关人会通过这一群体进行扩散，这是把握不特定性的关键点。最高人民法院、最高人民检察院、公安部《关于办理非法集资刑事案件适用法律若干问题的意见》（2014 年 3 月 25 日）对此予以了明确规定，即将“在向亲友或者单位内部人员吸收资金的过程中，明知亲友或者单位内部人员向不特定对象吸收资金而予以放任的”和“以吸收资金为目的，将社会人员吸收为单位内部人员，并向其吸收资金的”这两种形式纳入“向社会公众吸收资金”的范畴。

综上所述，擅自发行公司、企业债券罪的相对人应该为社会公众，而这里所指的社会公众应当具有不特定性的基本特征。

三、擅自发行的公司、企业债券形式完备性把握

根据《公司法》等相关法律的规定，依法发行的公司、企业债券需要具备相应的形式要件，但是擅自发行的公司、企业债券由于其非法性，往往会出现与法律规定的形式要件不完全相符的情形。对于此类行为是否构成犯罪，容易产生争议。

浙江省余姚市法院曾以擅自发行股票及公司、企业债券罪，一审判处被告人严某有期徒刑八个月，并处罚金 10 万元。这起案件曾在形式的完备性问题上产生过

① 法律拟制是指法律中用“视为”二字，将甲事实看作乙事实，使甲事实产生与乙事实相同的法律效果。见百度百科词条，资料来源：http://baike.baidu.com/link？url=jf9FK0wmijtNZp0nlUNqpYknlFNS90nu107oUC8tmd8Wcsy0CqpP2aNp7XOy8i6gHBK9ts18FNybP0oAVlsJJ_,2016 年 4 月 13 日访问。

② 参见陈忠林著：《刑法散得集》，法律出版社 2003 年版，第 116-117 页。

③ 赵秉志、万云峰：《非法吸收公众存款罪探讨》，载《人民司法》2004 年第 2 期。

争议，非常典型。基本案情是：1999年10月，被告人严某注册成立了“余姚市丽都美食林餐厅”、“余姚市大众广告有限公司”。为了筹集资金，严某以发行股票和公司、企业债券的形式，向公司员工和平时来往的熟人筹集资金。为此，他还特意以公司的名义印制了股票和债券。法院审理认定，严某以“大众广告公司丽都夜花园债券”、“大众广告公司丽都夜花园股票”、“丽都美食林丽都中心厨房及丽都华联食堂债券”等形式向曹某等7人发行了41.5万元的股票、债券。加上职工集资款的部分，严某共发行了股票、债券合计76.7万余元。印制精美的股票、债券，加之一开始严某支付了全部利息，并逐笔归还本金，博取了一些人的信任。但到了后期，由于经营不善，严某的公司进入资不抵债的状况。除归还了5名职工25.5万元和曹某等人6.5万元的本金外，严某尚有44.7万余元的欠款无力偿还。[①] 对此，当时有观点认为股票、债券上的公司名称为“大众广告公司丽都夜花园债券”、“大众广告公司丽都夜花园股票”、“丽都美食林丽都中心厨房及丽都华联食堂债券”，与其公司的实际名称，即“余姚市丽都美食林餐厅”、“余姚市大众广告有限公司”不符。而原《公司法》[②] 第167条规定：“公司发行公司债券，必须在债券上载明公司名称、债券票面金额、利率、偿还期限等事项，并由董事长签名，公司盖章。”由此可见，股票、债券应当具备名称相符这一基本的形式要件。如果对这种不具备基本的形式要件的行为追究刑事责任，则会违反刑法确立的罪刑法定这一刑法的基本原则，因为罪刑法定原则要求行为与犯罪的法律规定的特征相符，而且不能有所僭越，这是罪刑法定原则包含的罪状明确性要求的必然体现。

笔者认为这一争论，涉及对罪刑法定原则的理解和司法解释方法的科学运用。上述观点的产生是其秉承对法律条文进行严格的文理解释的结果。“刑法的文理解释方法，是指从词义或语法结构上对刑法规范规定的含义和内容予以注释阐明的方法。文理解释的特点是：在解释刑法的某一规定时，置一切与该规定相关联的其他因素于不顾，严格按照其词义或文法结构，说明其含义，既不扩大，也不缩小。”[③] 笔者认为这种严格的文理解释是不符合实际的，它既不是对罪刑法定原则的正确理解，也不利于对犯罪的打击。笔者认为，应当在坚持罪刑法定原则的前提下，探寻立法目的，对法律进行当然解释或目的解释（尽管学理上对解释方法有各种分类，但各种解释方法在许多情况下是交叉运用的，因此各种解释方法也就具有了相互补充的意义）。所谓“当然解释是指刑法规定虽未明示某一事物，但依形式逻辑、规

① 参见胡珊、余法：《擅自发行股票债券 浙江余姚一被告人被判刑》，载《人民法院报》2005年4月1日。

② 该法为1993年12月29日第八届全国人民代表大会常务委员会第五次会议通过，根据1999年12月25日第九届全国人民代表大会常务委员会第十三次会议《关于修改〈中华人民共和国公司法〉的决定》第一次修正，根据2004年8月28日第十届全国人民代表大会常务委员会第十一次会议《关于修改〈中华人民共和国公司法〉的决定》第二次修正。而现行《公司法》（根据2013年12月28日中华人民共和国第十二届全国人民代表大会常务委员会第六次会议《全国人民代表大会常务委员会关于修改〈中华人民共和国海洋环境保护法〉等七部法律的决定》修订）第155条作了相似的规定。

③ 李希慧著：《刑法解释论》，中国人民公安大学出版社1995年版，第97页。

范目的及事物属性的当然道理，将该事项解释为包括在该规定的使用范围之内”。[①] “当然解释的解释方法，蕴含了在出罪时举重以明轻、在入罪时举轻以明重的当然道理。在刑法解释中，对于同一性质的行为，应允许进行举重以明轻和举轻以明重的当然解释。”[②] 所谓“目的解释，是指根据刑法规范的目的，阐明刑法条文真实含义的解释方法。任何解释都或多或少包含了目的解释；当不同解释方法得出多种结论或不能得出妥当结论时，最终由目的解释决定取舍。因为目的是全部法律的创造者，每个分则条文的产生都是缘于一种目的。这是各种刑法理论与审判实践普遍接受的解释原理。”[③] 这是在不违背罪刑法定基本原则的前提下，所进行的一种实质解释。刑法规范的目的具有一定的评价性质，其为评价哪一种解释更为合理、客观提供了根据。当法官使用文理解释方法不能明确刑法条文的确切含义、无法阐明刑法规范的意义，或者运用文理解释方法所得出的结果与设定刑法规范的目的或时下的社会公平正义观念相背离时，法官便可使用当然解释或目的论解释方法探寻刑法规范的意义，从而使刑法规范的目的最终通过法官的判决得以实现。因此，学者指出：“在理解罪刑法定的内容、价值时，必须坚持两个基点：其一，充分认识到罪刑法定在个人自由与社会秩序、人权保证和社会保护的协调与平衡。罪刑法定的诞生虽然基于对罪刑擅断、刑罚滥用的否定，但是罪刑法定嬗变的内在动因和结果却是刑法对个人利益与社会利益的协调保障与护卫的追求。刑法通过罪刑法定限制刑罚权以保障人权，但同时，罪刑法定也以对确定罪行的坚决惩治来保护社会。因此，绝不能错误地认为，罪刑法定的内容、价值仅仅在于强调限制刑罚权以保障人权，而忽视或否认罪刑法定对社会的积极作用。其二，从本质上把握罪刑法定的内容和价值。罪刑法定的确立和实现，需要一定的外部表现形式和立法技术，诸如刑法的明确性等。但是对于罪刑法定的把握，却不能盲目地将行为事实与刑法条文机械对应，生硬照搬刑法规范的文字术语，更为重要的应从本质上来考量立法精神，准确理解刑法规范的完整内容和立法旨趣，从而正确适用刑法规范，真正实现罪刑法定在保障人权和保护社会两个方面的协调。”[④] 法律规定内容的确定性、明确性只是形式的罪刑法定主义所追求的内在价值的载体，当法律表现形式与法律目的发生冲突的时候，前者应当服从后者。实质的罪刑法定主义是坚持法之内在价值高于实在的制定法，反对将法律的确定性绝对化。对此，在司法实践中，最高司法机关通过公布案例、解释等形式予以了确认。如最高人民法院刑事审判第二庭公布的案例对被告人杨志华（原系江苏省如东县掘港镇青园居委会党支部书记、主任、经济合作社社长，曾任掘港镇青园村党支部书记、村委会主任、村经济合作社社长）。于1995年上半年至2002年下半年，先后利用担任如东县掘港镇青园村党支部书记、村民委员会主任、村经济合作社社长、青园大酒店（村所属企业）筹建组负责

① 张明楷著：《刑法分则的解释原理》，中国人民大学出版社2004年版，第25页。

② 张明楷著：《刑法分则的解释原理》，中国人民大学出版社2004年版，第26页。

③ 张明楷著：《刑法分则的解释原理》，中国人民大学出版社2004年版，第34页。

④ 陈正云、曾毅、邓宇琼：《论罪刑法定原则对刑法解释的制约》，载《政法论坛》（《中国政法大学学报》）2001年第4期。

人的职务便利，在建设及转让青园大酒店的过程中，非法收受施工单位、材料供应单位、大酒店受让单位人民币计 26.5 万元，构成公司、企业人员受贿罪一案所涉及的法律认识问题进行了分析。① 一是关于筹建中的公司、企业的性质问题。对此分析意见明确指出："刑法第 163 条规定的企业人员应当包括乡村集体所有制企业人员，对于筹建中的公司、企业工作人员利用职务上的便利实施犯罪行为的，可适用刑法关于公司、企业人员犯罪的条款进行处理。因为，企业的成立需要一个过程，不能将依法设立理解为取得营业执照。"二是对于身兼数职，而且行使的实际职权与对外身份不统一的情况的认识问题。对此分析意见明确指出："对于身兼多职的被告人，不能根据其对外表明的身份，而应依照其为他人谋取的利益时所利用的具体职务内容，来认定其是否具有刑法对某一具体犯罪所特别要求的主体身份。"

而近年来的许多司法解释也是奉行了符合实质要求的当然解释或目的解释。如全国人大常委会《关于〈中华人民共和国刑法〉第九十三条第二款的解释》，将村民委员会等基层组织工作人员在协助人民政府从事行政管理职权的情形下，纳入国家工作人员范围之内。《解释》第 6 条将"转让股权"作为"变相发行股票或者公司、企业债券"的手段予以了规定，从一个侧面体现了实质解释的解释理念与方法。由此可见，有关司法解释及相关判决体现了实质解释这一要求。

综上所述，笔者认为在债券形式要件的把握上，以债券在形式上与标准的债券相同或相似，达到使一般人信以为真并愿意接受的程度即可，至于债券不完全符合所有的法定形式、条件或者签名、盖章、编号虚假，不影响犯罪成立。

① 详见最高人民法院刑事审判第二庭公布的案例：《本案是否构成企业人员受贿罪》，载《人民法院报》2005 年 5 月 30 日。

擅自发行股票、公司、企业债券罪疑难问题研究

——以司法审判与刑法解释为视角

田 维*

作为非法集资类犯罪，擅自发行股票、公司、企业债券罪在司法实践中并非常见罪名，学界专门针对本罪名的研究成果凤毛麟角，但由于其涉案金额和社会影响巨大，且多与集资诈骗罪、非法吸收公众存款罪等常见罪名产生牵连关系，每一起涉及该罪名的刑事案件都可能成为社会热点事件，直接关系着经济的有序发展和社会的稳定。作为处置非法集资联席会议的重要部门，法院对相关案件的正确审理是防控非法集资犯罪的重中之重，从司法审判与刑法解释的视角对擅自发行股票、公司、企业债券罪的疑难问题进行梳理和论述，既是非法集资犯罪研究的需要，也有利于进一步指导与完善司法审判实践，为立法提供有益经验材料。

一、本罪司法审判的基本情况

擅自发行股票、公司、企业债券罪在司法实践中并不多见，且少以单独一罪的形式出现。以四川省为例，虽然非法集资类犯罪案件从2006年至2012年呈上升趋势，自2008年开始呈现大幅上升之势，但是于2012年有小幅的下降，在这七年中，新收案件中（不含二审、发回重审等案件）以擅自发行股票、公司、企业债券罪判处的案件仅有一件（擅自发行股票罪），占新收非法集资犯罪案件的0.75%，另有以擅自发行股票、公司、企业债券的方式进行其他非法集资犯罪和多罪名数罪并罚的案件若干，如成都市中级人民法院审理的东方药业、刘寅辉等集资诈骗、擅自发行股票案。在司法审判实践中，擅自发行股票、公司、企业债券案件涉案金额相比其他非法集资犯罪案件通常较低，重刑率也相对较低，案件争议焦点多集中于证据认定（尤其是数额认定）和刑罚裁量中，对行为定性几乎不存在争议。[①]

以四川省首例擅自发行股票案为例：1997年9月，由冯文中任法定代表人的重庆马可波罗实业有限公司与另外四家企业设立了四川成都公路口岸股份有限公司（以下简称口岸公司），注册资本为3000万元。同年3月至5月，冯文中指使肖在芬等人在办理该公司增资扩股时，编造了冯文中、肖在芬等47名自然人虚假存入股金1800万元的谎言，并以此编制了虚假的财务报表。之后，在冯文中的指使下，口岸公司以虚假出资的进账单作为验资依据，委托四川正大会计师事务所有限公司

* 西南石油大学法学院讲师，法学博士。

① 该部分数据源自四川省高级人民法院非法集资犯罪调研数据。

出具了虚假的验资报告。2000年5月，口岸公司又以虚假验资报告、审计等材料向龙泉驿区体改委报送增资扩股材料，于2000年6月19日骗取了省体改委同意增资扩股的批复文件。9月，口岸公司以虚假的审计报告和省体改委的批复，到省工商局将该公司注册资金由3000万元变更为5331.84万元，虚增注册资金1800万元。11月，口岸公司分期向成都托管中心申请托管新增的2331万股股份，这些股票由口岸公司实际控制。之后，口岸公司既未向证监部门申请，也未经证监部门核准，便将该公司股票1280万余元对四川、重庆、贵州等地的公众进行了销售。龙泉驿区法院审理后作出判决：被告单位四川成都公路口岸股份有限公司犯擅自发行股票罪，判处罚金人民币40万元；被告人冯文中犯擅自发行股票罪，判处有期徒刑三年；被告人肖在芬犯擅自发行股票罪，判处有期徒刑一年二个月。[①] 本案中，犯罪行为人（单位的直接责任人员）实施了虚假出资、提供虚假财务报告等行为，这些行为与擅自发行股票行为形成了牵连关系，在司法审判中应当认定为擅自发行股票；行为人后未经申请和批准即发行了1280万余元的公司股票，达到了数额巨大的标准，构成了擅自发行股票罪。实践中，擅自发行股票、公司、企业债券罪仍然存在诸多疑难问题，需要加以进一步的深入研讨。

二、客观方面的复杂性

根据《刑法》第179条的规定，擅自发行股票、公司、企业债券罪，是指未经国家有关主管部门批准，擅自发行股票或者公司、企业债券，数额巨大、后果严重或者有其他严重情节的行为，处五年以下有期徒刑或者拘役，并处或者单处非法募集资金金额1%以上5%以下罚金。单位犯本罪的，对单位判处罚金，并对其直接负责的主管人员和其他直接责任人员，处五年以下有期徒刑或者拘役。

擅自发行股票、公司、企业债券罪是破坏金融管理秩序类犯罪，是随着我国证券市场的建立和发展所产生的。与欺诈发行股票、债券罪等罪名一样，擅自发行股票、公司、企业债券罪也是先由公司法等法律、法规作出了相关规定后，正式成为独立罪名。擅自发行股票、公司、企业债券罪与其他证券类犯罪关系紧密，不仅在犯罪构成上存在诸多相同、相似之处，而且经常会与他罪发生竞合。当前，擅自发行股票、公司、企业债券罪多是在与其他犯罪的关系和界限的层面加以研讨，针对本罪的专门研究尚属罕见。[②] 虽然本罪名在司法实践中并不常见，但是其重大的法益侵害性需要加以重视。而且，擅自发行股票、公司、企业债券行为经常会作为其他犯罪的牵连手段出现，如以擅自发行股票、公司、企业债券的形式来实施集资诈骗罪的情形就在实践中屡见不鲜，这会导致罪名竞合等一系列实际问题。

本罪构成要件的疑难问题主要体现为其客观方面的复杂性。根据刑法规定，本

---

① 何娇娇、尧玉翠：《擅自发行股票两被告人获刑》，http://morning.scol.com.cn/2007/07/13/20070713721584174562.htm，2013年4月27日访问。

② 以CNKI数据库为例，主题为“擅自发行股票、公司、企业债券罪”的学术期刊论文数量为0，而以此为题的学位论文仅有一篇，系2015年北方工业大学法律硕士学位论文《论擅自发行股票、公司、企业债券罪的犯罪构成》。

罪的客观方面表现为行为人实施了未经国家有关主管部门批准，擅自发行股票或者公司、企业债券，数额巨大、后果严重或者有其他严重情节的行为，由以下几个要素构成。

（一）行为人实施了发行股票、公司、企业债券的行为

首先，行为人必须是以发行股票、公司、企业债券的形式进行集资，而不能是以其他方式进行集资。此外，行为人应当实施了股票和债券的发行行为，即该股票、债券已经得以顺利上市、发行，能够被投资者购买。如果是尚未发行或在发行的准备过程中，则不能构成本罪的既遂。

（二）行为人发行股票、公司、企业债券的行为是在未经有权的国家有关主管部门的批准而擅自实施的

未经批准而擅自实施发行行为是擅自发行股票、公司、企业债券罪区别于其他破坏金融管理秩序类犯罪的重要特征，在司法实践中，未经有权的国家有关主管部门的批准而擅自实施发行行为的情形较为复杂。根据相关的规定，国家有关主管部门主要是指国务院证券监督管理机构或国务院授权的部门。未经有权的国家有关管理部门批准而擅自实施的发行行为可能存在多种原因和情形，参照公司法等相关法律法规的规定，未经批准而擅自发行的情形主要有以下几种：（1）股票、债券的发行主体未向有关主管部门报请批准就擅自发行；（2）股票、债券的发行主体已经向有关主管部门报请批准，但是申请没有通过审批或者申请还未完成审批就提前施行了发行行为；（3）发行主体的申请被相关主管机关批准，但是在审批完成后，主管机关发现之前的批准事项不符合法定要求，而追加撤销，此时发行主体在知晓了主管机关的撤销决定后仍然继续发行；（4）股票、债券的发行主体的申请通过了该主管部门的批准，但是在发行过程中，该发行人在发行已达到批准的数额时，仍然继续发行，使其所发行的股票、债券超额发行，超额发行的部分可以认定为“擅自发行”。

（三）达到了数额巨大、造成了严重后果或者有其他严重情节

擅自发行股票、公司、企业债券罪系结果犯，行为人的发行行为必须导致了法定的后果方可成立本罪。根据刑法规定，行为人所募集的资金达到数额巨大的程度、行为导致了严重的后果或者具有其他的严重情节均可构成本罪的既遂，此三种结果形式既可以单独构成本罪，亦可以复合构成。司法实践中，由于擅自发行股票、公司、企业债券罪的经济性、公开性和涉众性，经常会出现造成两种以上结果而构成本罪的情形。

此外，“数额巨大”、“后果严重”和“其他严重情节”均属于价值判断的表述，除“数额巨大”的情形可以通过相关规定得以确认之外，“后果严重”和“其他严重情节”均需要对具体案件进行实际考量，作出实质解释。在具体的司法审判实践中，“后果严重”程度的认定十分复杂，不同案件的审判考量因素和实际情况均可能出现较大不同，如何在规范与经验之间游走而得出合理的解释结果是司法审判的关键。

三、入罪界限的模糊性

擅自发行股票、公司、企业债券罪的客观方面的复杂性同时导致了本罪入罪界限的模糊性，多部门都曾出台相关法规对本罪追诉标准进行了规定。2001 年 4 月 18 日发布的最高人民检察院、公安部《关于经济犯罪案件追诉标准的规定》中对擅自发行股票、公司、企业债券罪的追诉标准作出了规定：（1）发行数额在 50 万元以上的；（2）不能及时清偿或者清退的；（3）造成恶劣影响的。2008 年 1 月 2 日公布并施行的最高人民法院、最高人民检察院、公安部、中国证券监督管理委员会《关于整治非法证券活动有关问题的通知》也对涉及本罪的非法行为认定和责任追究问题作出了原则性规定。在司法实践中，具有以下情形的，可以追诉：（1）发行数额在 50 万元以上的；（2）虽未达到上述数额标准，但擅自发行致使 30 人以上的投资者购买了股票或者公司、企业债券；（3）不能及时清偿或者清退的；（4）其他后果严重或者有其他严重情节的情形。

2010 年 5 月 7 日出台的最高人民检察院、公安部《关于公安机关管辖的刑事案件立案追诉标准的规定（二）》对上述规定进行了修改，成为目前认定擅自发行股票、公司、企业债券罪的有效依据，其第 34 条规定，实施擅自发行股票、公司、企业债券行为，涉嫌以下情形的应予追诉：（1）发行数额在 50 万元以上的；（2）虽未达到上述数额标准，但擅自发行致使 30 人以上的投资者购买了股票或者公司、企业债券的；（3）不能及时清偿或者清退的；（4）其他后果严重或者有其他严重情节的情形。该规定第 90 条专门对“虽未达到上述数额标准”作出了界定——接近上述数额标准且已达到该数额的 80%以上的，从而使本罪的数额标准进一步精确化。在实践中，“其他严重情节”可以解释为多次擅自发行股票、公司、企业债券或者经有关主管部门行政处罚后仍然继续擅自发行等。这些追诉的标准为我们认定数额巨大、后果严重和严重情节提供了依据。①

本罪“后果严重”和“其他严重情节”的认定，目前还无定论。由于擅自发行行为的具体情况灵活多变，所导致的严重后果和严重情节也不尽相同。通常，可以将以下几种情形视作“后果严重”：（1）擅自发行股票、公司、企业债券的行为人不履行或无能力履行发行人向投资人发放股票红利或还本付息的义务，引起众多投资者不满，影响较大的；（2）给投资者造成巨大经济损失或因众多投资者受损而上访、引发群体性事件导致社会秩序严重受损的；（3）造成公司倒闭、企业破产的；（4）造成恶劣国内外影响的；（5）进一步引发投资人人身伤害（如众多投资人自杀、精神病理性受损）等恶性事件等。以下几种情形则可以视为具备了“其他

① 四川省高级人民法院 2002 年 5 月 14 日发布的《四川省高级人民法院关于擅自发行股票、公司、企业债券罪数额执行标准和情节认定标准的意见》对四川省内本罪的认定标准作出了指导性规定：刑法第 179 条规定的“数额巨大”，是指个人擅自发行股票或公司、企业债券数额在 50 万元以上，单位擅自发行股票或公司、企业债券数额在 100 万元以上的。“后果严重”，是指擅自发行股票或公司、企业债券给投资人、债权人造成损失 20 万元以上的。“其他严重情节”，是指具有下列情形之一的：（1）擅自发行股票或公司、企业债券二次以上的；（2）擅自发行股票或公司、企业债券，造成恶劣社会影响的。

严重情节”：(1) 不具备发行资格或发行条件、明知没有相应资产和偿付能力仍然擅自发行的；(2) 被相应的主管部门责令停止，但仍然继续发行的；(3) 因擅自发行股票、公司、企业债券行为受到过行政处罚但又再次擅自发行的；(4) 有多次擅自发行行为的。①

未经国家有关主管部门批准，擅自发行股票或者公司、企业债券，情节显著轻微，危害不大的，可以不作犯罪处理，但是已经达到应受行政处罚程度的，应当受到相应的行政处罚。行为人已经实施了发行行为，但发行行为尚未完成则终止，此时，由于其所欲发行的股票、债券尚未顺利上市、发行，并不能被社会公众所购买，此情形所产生的危害后果并未达到以刑罚加以规制的严重程度，如果没有其他严重情节，可以直接将其作出罪处理，根据证券法等法律法规的规定对其进行行政处罚。

《证券法》第 188 条规定：“未经法定机关核准，擅自公开或者变相公开发行证券的，责令停止发行，退还所募资金并加算银行同期存款利息，处以非法所募资金金额百分之一以上百分之五以下的罚款；对擅自公开或者变相公开发行证券设立的公司，由依法履行监督管理职责的机构或者部门会同县级以上地方人民政府予以取缔。对直接负责的主管人员和其他直接责任人员给予警告，并处以三万元以上三十万元以下的罚款。”同时，《证券法》第 190 条对承销、代理买卖擅自发行证券的证券公司也规定了相应的行政责任：“证券公司承销或者代理买卖未经核准擅自公开发行的证券的，责令停止承销或者代理买卖，没收违法所得，并处以违法所得一倍以上五倍以下的罚款；没有违法所得或者违法所得不足三十万元的，处以三十万元以上六十万元以下的罚款。给投资者造成损失的，应当与发行人承担连带赔偿责任。对直接负责的主管人员和其他直接责任人员给予警告，撤销任职资格或者证券从业资格，并处以三万元以上三十万元以下的罚款。”

本罪立法有意识地对部分细节进行了模糊性处理，这样的技术性设置在严格限定了本罪常见入罪情形的同时，为司法审判预留了自由裁量的空间，在入罪解释时应当严守刑法条文的形式底线，谨慎地进行实质考量，只有当案件后果、影响确实达到了与上述规定情形“相当的”程度，才可以作出入罪处理，以保障刑法的谦抑性及其与其他部门法的有效衔接。

四、刑罚设置的欠妥性

在司法审判实践中，本罪实体问题的争议多出现于刑罚适用中，这一方面体现了本罪的裁量尚需量刑规范化指导，另一方面也凸显出本罪的刑罚设置尚存有一定的问题。根据刑法规定，本罪的刑罚设置为 5 年以下有期徒刑或者拘役，并处或者单处非法募集资金金额 1%以上 5%以下罚金；单位犯本罪的，对单位判处罚金，并对其直接负责的主管人员和其他直接责任人员，处 5 年以下有期徒刑或者拘役。刑

---

① 王作富主编：《刑法分则实务研究》(上)，中国方正出版社 2001 年版，第 437-440 页；胡启忠等著：《金融犯罪论》，西南财经大学出版社 2001 年版，第 261-264 页；刘家琛主编：《经济犯罪罪名释解与法律适用》，中国检察出版社 2003 年版，第 189 页。

法对本罪的自然人主体同时设置了自由刑与罚金刑，但对单位主体构成本罪情形中的直接责任人员只设置了同等的自由刑，而没有附加规定财产刑，这在司法实践中可能会导致同罪不同罚的现象出现。

本罪刑罚设置的欠妥性也体现于刑法与证券法相关规定的不一致上。《证券法》第 188 条规定："未经法定机关核准，擅自公开或者变相公开发行证券的，责令停止发行，退还所募资金并加算银行同期存款利息，处以非法所募资金金额百分之一以上百分之五以下的罚款；对擅自公开或者变相公开发行证券设立的公司，由依法履行监督管理职责的机构或者部门会同县级以上地方人民政府予以取缔。对直接负责的主管人员和其他直接责任人员给予警告，并处以三万元以上三十万元以下的罚款。"可见，证券法明确规定了单位实施擅自发行行为时应当对其直接负责的主管人员和其他直接责任人员给予经济性处罚，但是刑法并未引入证券法的上述处罚规定，这会影响擅自发行证券行为的行政责任与刑事责任的有效衔接，使得擅自发行证券的法律规制出现逻辑上的不自洽。

五、本罪的立法与司法反思

针对擅自发行股票、公司、企业债券罪的特点，我们应当全面把握本罪在立法和司法上所出现的问题，从刑法体系和法治体系的高度对其进行反思，对未来的刑事司法进行指引。

（一）立法反思

1. 资格刑的缺失

擅自发行股票、公司、企业债券罪的犯罪主体多具有与从事证券发行、交易相关的职业身份。但是，本罪并未设置资格刑，这与其他国家的立法有所不同。

本罪行为人的直接目的是募集资金，最终目的是谋取经济利益，适用有利于阻断其利益来源的刑罚更有利于本罪的防控。在风险社会的背景下，社会经济高速发展，融资类行为越发频繁，其涉案金额与社会影响越发难以控制，一旦出现失范行为和刑事犯罪，将会在极短的时间内造成难以估量的损失。资格刑对本罪的防控具有重大意义，一旦被剥夺相应的职业资格，犯罪人将无法继续从事证券行业的相关工作，甚至会永久丧失在该行业中追逐正当经济利益的机会，极大地提升了犯罪成本。而且，对本罪适用资格刑将会对潜在犯罪人产生巨大的心理强制作用，一旦丧失相关的从业资格，行为人将永不能再涉足该行业领域，这样的刑罚设置极具针对性，能够产生良好的预防效果。因此，在立法上可以考虑对本罪增设资格刑。

2. 罚金刑的修正

如前所述，我国对擅自发行股票、公司、企业债券罪的罚金刑设置仍存有一定的问题，这主要体现在单位犯罪中直接责任人员罚金刑的缺失上。为了实现法制体系的自洽和刑罚的科学性，刑事立法可以对这一问题作出适当修正。此外，对于罚金刑的数额，也需要根据经济发展和实践需要作出调整，必要时可以适当提高罚金刑幅度。

（二）司法反思

1. 提倡保守的实质解释立场

擅自发行股票、公司、企业债券罪涉案金额巨大，涉案人数较多，社会影响较大，在司法实践中应当对涉案因素加以全面考量，作出实质判断。由于本罪前述问题的复杂性，本罪的定罪量刑难免会涉及大量的价值判断，并且必然会运用到刑法客观解释的理论方法，容易出现入罪的扩大化的倾向，[①] 对公民自由和人权产生一定的风险。正因如此，本罪的司法实践中，我们更应当提倡相对保守的实质解释立场，尊重刑法文本的权威性，坚守刚性化、形式化的入罪底线，主张入罪上的刚性与形式立场，从法条字面的语义出发进行解释；以主观解释为原则，出罪时兼采客观解释理论方法；以形式解释方法为主，出罪时兼采实质解释理论。[②]

2. 以实质理性的眼光考量案件因素

本罪的自身特征与立法规定决定了司法工作者需要以实质理性的眼光来考量案件中的各种因素。比如，就本罪的犯罪对象而言，股票和债券的交易制度在我国可以分为两种——在证券交易所上市和流通的证券以及在交易所以外场所交易流通的证券，这两种不同交易类型的证券流通性、交易方式及清偿方式差异很大，前者是在证券交易所挂牌，可以被全国乃至境外的投资者所竞买；而后者则为范围较小的定向交易。由于本罪的追诉标准基本是以上市交易的股票为蓝本而制定的，对于非上市交易的股票、债券交易案件而言，该追诉标准适用的合理性就值得反思，在司法实践中应当对其规定进行实质的审查[③]。此外，对配股、送股、增发股票、股权拆分、转移等行为方式的认定、对严重后果和严重情节的考量都需要进行实质的考量。这需要我们在严格把握法条规定的基础上，立足于司法实践的客观情形，充分借鉴已有的相关判例和司法经验，合理运用体系解释、历史解释、目的解释、比较解释等刑法解释方法对不断发展变化中的擅自发行股票、公司、企业债券案件作出相对合理的解释。

① 许发民：《论刑法客观解释轮应当缓行》，载《刑法论丛》2010 年第 3 卷。

② 魏东：《保守的实质刑法观与现代刑事政策立场》，中国民主法制出版社 2011 年版，第 9-10 页；魏东：《刑法研究方法的创新与运用》，载魏东主编：《刑法观与解释论立场》，中国民主法制出版社 2011 年版，第 156 页。

③ 李娜：《论金融安全的刑法保护》，武汉大学 2006 年博士学位论文。

成本考量与刑事治理

——对内幕交易罪的思考

游　伟[*]　赵运锋[**]

在我国证券市场上，内幕交易问题一直存在，近年来还呈愈演愈烈之势，各地内幕交易事件层出不穷。总的来看，内幕交易不但严重干扰证券市场的资本运作，对股民的心理底线也一再冲击。物极则必反，本来是证券市场伴生物的内幕交易越来越引起实务界与理论界的关注，如何应对内幕交易不再只是一个行政行为或司法行为，已上升到政策层面。然而，不管立法主体、司法主体及执法主体采取何种对策，实践上的内幕交易行为还是愈演愈烈，这不能不让我们反思，到底是哪个环节出了问题，致使应对内幕交易的各种策略不能获得预期效果。

一、证券内幕交易罪现状概述

2007年至2011年，全国法院审结内幕交易、泄露内幕信息犯罪案件共22件；据证监会统计，2012年、2013年，内幕交易立案案件分别为70件和86件，相比2011年增幅分别达到46%和79%；2015年，因内幕交易、利用未公开信息交易而被立案调查的共有85起，位居各类案件之首。总的来看，虽然内幕交易案件总量不高，发生率却呈上升趋势，并且还有诸多的内幕交易行为黑数未能查获或追究，资本市场上的内幕交易态势不容乐观。对此，立法主体与执法主体都采取了有针对性的措施，具体表现为立法速度加快、执法力度强化。

第一，规制内幕交易的立法现状。我国禁止内幕交易的立法是随着证券市场的不断发展而逐步完善的，目前已经形成了一个由《刑法》、《证券法》、《公司法》、行政法规和规章以及行业自律性规定组成的，相对完整的禁止内幕交易法律法规体系。我国证券内幕交易的立法是从1990年中国人民银行发布的《证券公司管理暂行办法》第17条开始的，随后，《上海市证券交易管理办法》第39条和第42条与《深圳市股票发行与管理暂行办法》第43条也对内幕交易行为进行了规定。1993年，国务院颁布了《股票发行与交易管理暂行条例》，对内幕交易及其法律责任作出了初步规定。同年，国务院证券委又颁布了《禁止证券欺诈行为暂行办法》，进一步对内幕交易作了明确具体的规定。1997年刑法典纳入证券欺诈条款，以部门法的形式规定证券内幕交易罪，并规定了其刑事责任，为打击内幕交易提供了强有力的法律工具。

1999年生效的《证券法》，对内幕交易的定义、内幕人员的界定、内幕信息的

* 上海文史研究馆副巡视员，华东政法大学教授。

** 上海政法学院副教授，科研处副处长。

内容以及内幕交易的类型都作出了详细、具体的规定。随着资本市场的不断发展和经济改革的持续深入，《刑法》、《证券法》和《公司法》中有关内幕交易的条款分别于1999年和2005年进行了修订，充实了完善公司治理结构、保护中小投资者权益等内容，对诸多违法行为设定了追究民事、行政法律责任的条款。2006年，立法主体通过《刑法修正案（六）》将基金市场上的“老鼠仓”行为纳入规制范畴，作为刑法第180条第4款，罪名为“利用未公开信息交易罪”。2007年，中国证监会颁布了《上市公司董事、监事和高级管理人员所持本公司股份及其变动管理规则》及《限制证券买卖实施办法》，以规范资本市场上的证券交易行为。同时，《证券市场内幕交易行为认定指引》与《证券市场操纵行为认定指引》也已在证监会内部试行并报最高人民法院备案。2012年5月，最高人民法院和最高人民检察院颁布了《关于办理内幕交易、泄露内幕信息刑事案件具体应用法律若干问题的解释》，并于6月1日生效。经过2010年和2014年两次修改的《证券公司分类监管规定》，再次于2017年6月向社会公布征求意见稿，公开征求修改意见。内幕交易罪在立法层面上的扩张，在司法层面上的细化，反映了决策者治理和打击内幕交易的决心。可见，我国对于内幕交易以及相关立法正朝着查漏补缺并不断细化的方向发展，相对以往恪守大陆法系与国情的僵化处置，我国证券法律法规正向英美法系国家借鉴成功之处，并加以批判性吸收，以增加内幕交易者的违规成本，以达到对其形成法律威慑效应之目的。

第二，监管内幕交易的执法现状。我国资本市场的发展虽然起步较晚，但与国外经验相比，我国的内幕交易行为具有自己的特点，主要是内幕交易普遍、隐蔽性强、交易主体多样且与其他违法行为相关联（如虚假陈述、操纵市场等）。复杂的证券犯罪形态加上法律法规和制度建设的相对滞后，使得我国在利用法律打击内幕交易的过程中一直面临着发现难、查处难和监管成本高的困境。尽管如此，也不能掩饰或者阻碍我国证监部门对内幕交易加大执法力度的雄心或决心。自2012年以来，证监会对内幕交易违法行为作出的行政处罚决定迅速攀升，如2012年因内幕交易作出行政处罚决定15项，而2013年上升到35项，2014年上升到46项。据统计，2012年至2015年的四年间，内幕交易处罚金额超100万元的案件有12起，每年都会有一批。例如，2012年证监会对甘肃瀚宇投资有限公司的罚金为144.03万元，2013年对吴伟处罚金额为748.42万元，2013年对光大证券处罚金额为43607.14万元，2014年对吴银旺处罚金额为446.6万元，2015年对深圳市金中和投资管理有限公司处罚金额为252.06万元等。[①] 中国证监会主席郭树清在第九届中小企业融资论坛上强调，中国证监会对内幕交易和证券期货犯罪始终坚持“零容忍”的态度，发现一起坚决查处一起。让人欣慰的是，郭树清的“零容忍”并没有仅仅停留在口头上。[②] 近年来，证监会与各地证监部门对资本市场上的内幕交易行为一直采取高压态势，并探索建立较为有效的监控和查处机制。比如，建立舆情

① 李丹丹：《内幕交易打击力度逐年提高》，载《上海法治报》2015年10月17日。

② 董登新、王海平：《美国查处内幕交易带给我们的启示》，载《大众证券报》2011年12月19日。

监控和股价异动快速反应机制、建立层层递进的监管机制、建立内幕交易线索排查机制、严厉查处内幕交易案件，等等。也正是借此高压态势，不断有重大内幕交易行为被查获，如国美黄光裕内幕交易案、中山李启红内幕交易案、高淳陶瓷内幕交易案、佛山照明内幕交易案及明星基金经理李旭利老鼠仓案等。

虽然立法主体与司法主体都针对内幕交易行为采取了相应措施，但从效果上看并不理想，这从近年来不断出现的内幕交易行为可以推知。总的来看，内幕交易行为频发与各种有关内幕交易的成本问题不无关系。因此，在从司法与执法渠道寻求解决措施的同时，还需关注内幕交易行为的成本，以探究解决内幕交易行为的治本之策。

二、内幕交易行为成本考察

内幕交易的成本问题涉及违法成本、机会成本、司法成本及执法成本。目前来看，我国证券市场上内幕交易之所以处于上行通道，与上述各个成本不无关系，总体表现为违法成本低、司法成本与执法成本高、机会成本高。下文就内幕交易的各种成本状况进行分别阐述。

第一，内幕交易违法成本低。根据违法犯罪效益论，在活动过程中，存在成本与收益之比，行为人通常会在违反犯罪之前进行考量，因此，犯罪成本和收益之比往往影响某种犯罪的发展和走势。在一个平稳发展的社会当中，当其他因素既定的情况下，越轨行为付出的代价与行为是否实施成反比。据此，若要抑制某种危害行为，则需加大该违法行为的成本。目前，我国内幕交易行为之所以猖獗，与刑事立法上的轻刑宽罚不无联系。通过对国内外内幕交易罪的刑罚规定比较可知，我国内幕交易罪在刑罚强度上比美国要弱，比其他国家和地区要强。从刑法规定上看，我国内幕交易罪的成本相对较高。不过，这里的成本是静态的，也即单从刑法条文上看，可以说内幕交易罪的成本高，但实践上却并非如此。比如，在司法实践上，有诸多内幕交易案并没有案发，或者经过较长的时间才完成对行为的处罚。图 1[①] 为内幕交易案件处罚周期分布图：

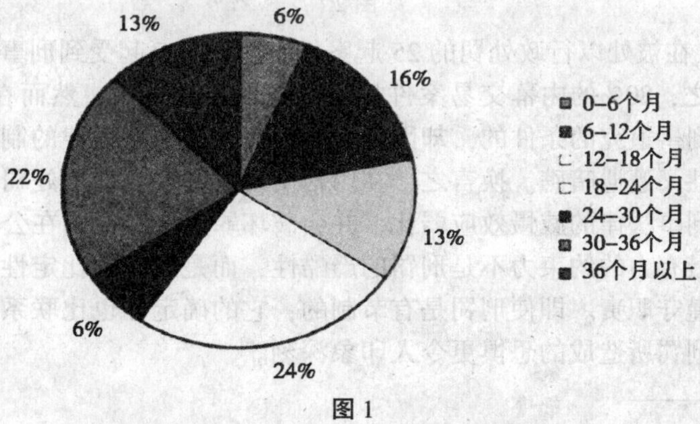

图 1

① 蔡奕：《我国证券市场内幕交易的法学实证分析——来自 31 起内幕交易成案的统计分析》，载《证券市场导报》2011 年第 7 期。

在图1中可以看到，近41%的案件处理时间会达到2年以上，63%的案件处理时间会达到1年半以上，能在1年之内处理的案件仅占所有案件的22%。由此可知，就处理的存在内幕交易行为的案件，其过程是如此漫长，致使惩罚的威慑效应和警示效应早已消失殆尽，刑法的一般预防功能几乎很难体现。对刑罚及时性的作用，贝卡里亚早就指出："只有使犯罪和刑罚衔接紧凑，才能指望相连的刑罚概念使那些粗俗的头从诱惑他们的、有利可图的犯罪图景中立即猛醒过来。推迟刑罚只会产生使这两个概念分离开来的结果。"①

在内幕交易市场上，还有部分案件，虽然进入行政处罚程序，但由于行政处罚程序与刑事处罚程序衔接不畅，或者基于部门利益考量，诸多应刑事立案的内幕交易案件并没有进入刑事追究程序。自2008年以来，证监会调查内幕交易295起，其中移送公安内幕交易案件仅有26起，立案率不足9%。然而，行政处罚与刑事制裁毕竟是完全不同的两种处罚方式，其表征的权力形态与社会价值完全不同，对内幕交易主体传递的信号也大为不同，更为严重的是，上述情况会导致刑法上的基本原则被背离或突破，从而破坏社会民众的法律认同和信仰，并最终侵蚀法治社会的根基。图2② 反映了行政处罚与刑事处罚的衔接问题：

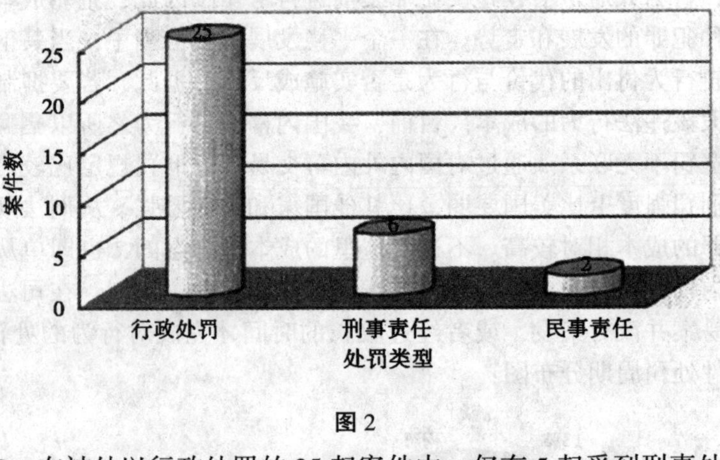

图2

根据图2，在被处以行政处罚的25起案件中，仅有5起受到刑事处罚，占总数的20%，换言之，80%的内幕交易案件接受的都是行政处罚，然而在这些案件中，有部分是符合刑事追究的条件的，却因种种原因而逃脱刑事法律的制裁。至此，刑事处罚的确定性又遭遇暗礁。换言之，在内幕交易案件中，刑事处罚的确定性得不到体现，致使刑事法律的威慑效应弱化，并会破坏罪刑法定原则在公众心目中的形象。对于犯罪最有力的约束力不是刑罚的严酷性，而是刑罚的比定性，这种比定性要求司法官员谨守职责。即使刑罚是有节制的，它的确定性也比联系着一线不受处罚希望的可怕刑罚所造成的恐惧更令人印象深刻。③

① ［意］贝卡里亚：《论犯罪与刑罚》，黄风译，中国大百科全书出版社1993年版，第56页。

② 蔡奕：《我国证券市场内幕交易的法学实证分析——来自31起内幕交易案的统计分析》，载《证券市场导报》2011年第7期。

③ ［意］贝卡里亚：《论犯罪与刑罚》，黄风译，中国大百科全书出版社1993年版，第59页。

总的来看，目前证券市场上虽然存在大量的内幕交易行为，却因监督部门查办不力或者行政程序与刑事程序衔接不畅致使诸多行为人逃脱刑事制裁。由于大量的内幕交易行为得不到处理，致使整个内幕交易的违法成本被摊薄，也即实践上内幕交易罪的违法成本比静态意义上的违法成本要低很多。正因为如此，证券交易市场上内幕信息行为层出不穷。

第二，内幕交易罪司法成本高。证券犯罪与其他犯罪还存在不同，因为在当今的正确市场上，随着技术的飞速发展，办公电子化、无纸化模式日益盛行，在带给证券交易便捷、高效的同时，也在为内幕交易提供方便和条件，并给内幕交易行为的查处和制裁带来诸多不便和障碍。由此，在司法主体介入内幕交易案件之后，往往会耗费大量的物力、人力、财力去获取线索、证据，这也是为何司法主体在一些内幕交易案件查处中举步维艰的原因。司法制度自身的一些不足也是导致司法成本昂贵的重要因素。内幕交易罪与其他罪不同，应有针对性地提出程序上或实体上的措施，以便于内幕交易行为的查处、诉讼和处理。不过，目前来看，内幕交易罪与其他犯罪种类一样，没有在侦查、起诉及定罪流程中规定特别的制度，也是采取检方举证。内幕交易罪是情节犯，司法解释中对内幕交易罪条款中的情节做了细化，即交易额、获利额、避免损失额及交易次数等几个层面认定。不过，在内幕交易案件中，鉴于内幕交易的隐蔽性与迅速性，加上电子化的操作，侦查主体往往很难获得行为人内幕交易的证据，这会延迟追究刑事责任，或致使责任追究不能。基于此，司法主体在追究行为人的刑事责任时，必须查清内幕交易行为是否达致上述数额或次数，这会增加司法主体的司法成本，会影响到司法机关对内幕交易罪追究和制裁的司法效率。

第三，内幕交易罪机会成本低。机会成本（Opportunity Cost）（又称择一成本、替代性成本），是指做一个选择后所丧失的不做该选择而可能获得的最大利益。简单地讲，可以理解为把一定资源投入某一用途后所放弃的在其他用途中所能获得的利益。任何决策，必须作出一定的选择，被舍弃掉的选项中的最高价值者即是这次决策的机会成本。[①] 就内幕交易而言，也存在一个机会成本的问题，也即如果行为人不选择内幕交易，他从合法的证券交易中能获得的最大收益是多少，能否满足行为人的合理预期。换言之，行为人选择内幕交易与否，是否会严重影响到行为人利益的获取比例，如果选择内幕交易与合法交易获取利益没有差别，或者差别不大，则意味着机会成本较小，反之，机会成本则较大。基于此，在资本市场上，机会成本往往是行为人在作出决策时参考的因素之一。长期以来，我国的资本市场都具有消息市的特征，之所以如此，是因为资本市场的上消息不对称与不完全信息环境所致，致使资本市场上的投资者易受他人信息的影响，并进而形成唯消息是瞻的羊群效应。“羊群效应是由于市场信息不公开或者投资者对所持信息不自信而产生的，这种效应在市场信息不流通和投资者缺乏专业知识的证券市场中表现得尤为明

① 丁卫国：《西方经济学原理》，格致出版社2008年版，第96页。

显。”[①] 其实，在资本市场上出现的羊群效应是在信息不完全和不确定的市场环境下产生的，在这种环境下，一些投资者可能会认为同一群体中的其他人更具有信息优势，为了获得更大的收益或者避免更大的损失而根据其他同类投资者的行动而行动，在他人买入时买入，在他人卖出时卖出。总之，之所以出现所谓的资本市场羊群效应，是源于行为人在选购证券时对机会成本所做的一种考虑。

三、治理内幕交易行为应立足于成本考量

据上所述，内幕交易行为与相关的成本问题密切关联，则在应对措施上也应立足于成本，探讨合理的治理措施，具体而言，可以从以下几个维度展开：提高内幕交易的违法成本，增加内幕交易的机会成本，降低内幕交易的司法成本。

第一，提高内幕交易的违法成本。这是从实体法角度而言的。任何犯罪都有成本和收益之比，尤其是经济犯罪，行为人一般都会选择低投入、高产出的行为模式。就此而言，提高行为人的犯罪成本，才能产生明显的治理效应。提高内幕交易成本，可从以下几个角度入手：

首先，强化行政监管的确定性。内幕交易的治理更多依托监管部门的措施。从近年来看，监管部门一直对内幕交易采取高压态势，进行严密监管对于净化市场交易具有显著作用。不过，目前来看，我国对内幕交易的行政监管措施还有盲区，行政监管力度还有欠缺。比如，对内幕信息非法利用渠道不能做到全方位、持续性地监控，对内幕交易主体的行政监管不具有确定性。对此，美国监管部门的做法值得借鉴。比如，1994 年 IBM 公司的一位女秘书在为上司复印材料时，获悉公司即将收购莲花公司的内幕信息，回家后告诉其丈夫，然后其丈夫又告诉朋友，朋友又告诉朋友，一共有 23 人获此内幕信息后从事股票交易而获利。对此，SEC 从 1995 年 6 月至 1999 年 5 月，历经四年通过层层传讯近千名证人，深挖到 6 层之外的内幕交易者，终于查清了这桩内幕交易案。结果 23 人全部被 SEC 以内幕交易罪起诉，除 3 人被判无罪外，其余 19 人都被判有罪，而且有 3 人被罚款罚得破产。[②] 相对来看，我国的内幕交易执法还缺少这种坚韧而执着的精神，很多内幕交易的查处实际上都只触及了皮毛，更多的内幕交易行为根本没有进入监管部门的执法视野。

其次，提高内幕交易罪的刑罚强度。从刑罚幅度上看，内幕交易罪已属重罪范畴，但不足以抑制内幕交易行为的发生。我国法律法规中有关内幕交易的处罚过于宽松，这种处罚规定与动辄千万元的暴利相比，使得内幕交易者违法成本与违法收益极不匹配，致使我国内幕交易的违法行为频繁出现。[③] 美国 1988 年通过的《内幕交易及证券欺诈制裁法》引入行政罚款制度，即无须考虑内幕交易者是否有“利润所得”，一概予以罚款处罚，自然人可处罚金额被提高至 10 万美元至 100 万美元，法人可处以高达 250 万美元的行政罚款。2002 年通过的《公众公司会计改革和投资

① 闫海峰、李鑫海：《羊群效应对股指波动率的影响分析》，载《现代财经》（《天津财经大学学报》）2010 年第 2 期。

② 郭文婧：《严打内幕交易需挥“四记重拳”》，载《每日经济新闻》2010 年第 22 期。

③ 王小丽：《内幕交易新动向及其法律规制研究》，载《浙江金融》2011 年第 10 期。

者保护法》进一步规定，任何人通过信息欺诈或价格操纵、内幕交易在证券市场获取利益，最多可监禁25年或处以罚款。同时还延长了对证券欺诈的追诉期，起诉时间可以延长至非法行为发现的2年内，或者非法行为实施后的5年内。从刑事立法上看，我国在内幕交易罪的刑罚幅度上则过于宽缓；从刑事司法上看，我国对内幕交易主体的刑事处罚过于宽容。由此，需在立法上提高内幕交易罪的自由刑幅度，增加没收财产刑，完善罚金刑立法。在司法上贯彻严厉的刑事政策，对符合该罪构成的内幕交易行为从入罪与刑罚两个角度严格把关，严格依照罪刑法定原则进行定罪量刑。

最后，构建行政司法衔接机制。根据上文可知，目前，诸多内幕交易案件责任的追究都局限于行政处罚，致使应施以刑事处罚的案件都没有得到实施，这不但不利于司法主体对内幕交易案件的刑事责任追究，也在一定程度上降低了内幕交易行为的违法成本。质言之，行为人实施内幕交易行为应处以刑事处罚，却因行政执法与刑事司法机制衔接不畅导致行为人逃脱刑事制裁。对此，应该构建行政司法联动机制，理顺行政主体与司法主体的衔接机制，以达到及时、确定追究内幕交易行为刑事责任的目的。“应当开发‘金融案件行政执法与刑事司法信息共享平台’，由行政执法机关将查处的金融违法案件的相关信息传递至共享平台，方便司法机关及时获得信息，由其根据犯罪证据标准、立案标准的尺度考察行政机关查处的金融违法案件，对达到犯罪标准的金融案件直接予以刑事立案，正式进入追诉程序。启动刑事追诉是对内幕交易罪等金融犯罪予以刑罚震慑的前置程序，顺畅地进行刑事追诉是提高犯罪成本、遏制金融犯罪的有效路径之一。”①

第二，增加内幕交易的机会成本。这是从经济角度而言的。机会成本，是指当把一定的经济资源用于生产某种产品时放弃的另一些产品生产上最大的收益，犯罪机会成本是内幕信息持有人在不从事犯罪行交易的状态下可能获得的收益。如果能制定增加犯罪机会成本的制度，根据其产生的效益利弊分析机制，就能有效控制行为人实施内幕交易罪的利益驱动。质言之，若行为人在公开的市场环境中能获取预期的交易利润，便不易形成非法获取内幕信息并进而实施内幕交易行为决策。实质上，增加机会成本的内幕交易罪控制策略主要是针对上市公司外部市场主体，措施是通过更为完善的强制性披露制度，加大外部主体从市场上获取证券交易信息的可能性，以降低该群体实施内幕交易的概率。因此，需修改有关的证券交易管理、信息披露规范，以达到适当拓宽上市公司少数股东获取重要信息渠道之目的。比如，我国证券法第67条第2款第8项规定，持有公司5%以上股份的股东或者实际控制人，其持有股份或者控制公司的情况发生较大变化的，上市公司应当立即将有关该重大事件的情况向国务院证券监督管理机构和证券交易所报送临时报告，并予公告，说明事件的起因、目前的状态和可能产生的法律后果。该法律规范在持股主体与变动程度上对临时报告制度进行了规定和限制。其实，在该规范的基础上，还应当同时要求上市公司董事、经理、财务主管等高级管理人员的持股数量发生变动

① 郑高键、闫艳：《内幕交易罪的经济学分析》，载《中国刑事法杂志》2010年第2期。

时，也需进行临时报告，以此保障公众股东知悉敏感信息的权利，增加实施内幕信息罪的机会成本，起到内幕交易犯罪控制的效果。

第三，降低内幕交易的司法成本。这是从程序法角度而言的。从实践上看，司法主体惩治内幕交易主体之所以困难，主要源于相关制度的僵化与缺失，如刑事和解、举证责任倒置及内部人举报等。随着证券市场的发展，电子化、无纸化交易模式正在取代传统交易模式，这在带给资本运营诸多便利的同时，也给内幕交易提供了更多方便，且给司法主体惩治内幕交易带来了困难。基于此，应修正程序法上追究内幕交易罪的制度规范。

首先，适用刑事和解制度。刑事和解制度是随着刑事诉讼法修改（2013 年 1 月 1 日正式实施）而引入的一项司法制度改革。刑事和解，是指在刑事诉讼过程中，通过调停人或其他组织使被害人与犯罪嫌疑人、被告人直接沟通、共同协商，双方达成民事赔偿和解协议后，司法机关根据案件的具体情况对犯罪嫌疑人、被告人不再追究刑事责任或从轻减轻刑事责任的诉讼活动。经过一定时间的实践适用，刑事和解制度的存在价值和司法意义值得肯定，如可以恢复被危害行为破坏的社会秩序，可以减少司法资源的支出，可以实现司法效率与公平的平衡等。鉴于获取内幕交易证据存在诸多困难，又需要及时处理和惩治内幕交易行为，因此在内幕交易罪追诉程序中应积极适用刑事和解制度，可以实现司法效益最大化。因此，在处理内幕交易犯罪的司法程序中，应积极适用刑事和解制度。易言之，只要犯罪嫌疑人主动认罪和悔罪，司法主体就可以考虑在刑罚裁量上适度从宽，实现双赢效果，也即行为人因为和解获得较轻的刑事处罚，司法主体因为和解减少了司法资源的投入。

其次，引入举证责任倒置制度。在我国刑事诉讼程序上，举证责任归属于检察机关，但就内幕交易罪而言，其合理性值得商榷，原因是司法主体难以获取内幕交易的犯罪证据。为了保证刑事责任实现的及时性与确定性，在处理内幕交易罪的案件中，可以引入举证责任倒置制度①，对存在内幕交易嫌疑的上市公司，不再由公安机关调查取证，而是辩方对不存在内幕交易事件取证，一旦辩方拿不出足够的证据说明不存在内幕交易行为，司法主体即可判定内幕交易的存在。这样既能节约调查取证的成本，也能对内幕人员形成强烈的震慑，从而提高内幕交易查处的效率。②因此，由行为人举证未实施内幕交易行为，不但可以减小司法主体的举证压力，也可以更好地实现司法诉讼主体之间的攻守平衡。

再次，落实举报奖励制度。许多内幕交易通过口口相传、互赠内幕消息（从而彼此都不是内幕人而无法被认定为内幕交易）等规避法律的方式来完成，在此情境下，交易所即使每天有 600 人看报纸（而不是现在的 60 人），也无法洞若观火。不过，通过奖励措施、动员市场力量来抗击内幕交易，是非常好的监督措施。《证券期货违法违规行为举报工作暂行规定》明确规定：举报事实清楚、线索明确，经调查属实，已依法作出行政处罚且罚没款金额在 10 万元以上的，按罚没款金额的 1%

---

① 在我国刑法分则条文中，已有关于举证责任倒置的刑事立法规定，如巨额财产来源不明罪。还有刑法上、理论上与实践上的刑事推定，一般也是由行为人承担举证责任，否则其将承担不利的司法后果。

② 刘英：《内幕交易及其遏制方法》，载《中国金融》2011 年第 3 期。

对举报人进行奖励；已依法移送司法机关后作出生效的有罪判决的，酌情给予奖励。奖励金额不超过10万元。对于举报在全国有重大影响，或涉案数额巨大的案件线索，经调查属实的，奖励金额不受前款规定的限制，但最高不超过30万元。证监会通过将内幕交易民事罚款的更多奖励给举报者，以此构建强大的市场监督机制。"设立有奖举报措施可以提高投资大众参与打击内幕交易行为的积极性，培育投资者对内幕交易行为'零容忍'的社会氛围。"①

最后，设置内幕交易罪危险犯。内幕交易罪是情节犯，司法解释对情节做了细化，司法主体应根据该标准对内幕交易行为进行罪刑认定。不过，根据上文，情节犯的立法规定不利于对行为主体的司法认定，不但会导致司法成本过高，还可能放纵犯罪行为。因此，在未对内幕交易罪改变举证责任方式的情形下，可以考虑对内幕交易罪的犯罪构成进行适当变化，变情节犯为危险犯，即只要行为人有侵害法益的危险就可上升为犯罪，而非要求具体危害结果的出现。正如有的学者所言："保护的客体是公正、有序的证券市场和投资者信心，属于超个人法益，只要行为呈现法定危险时予以干预，而不需要等到实际危害结果的出现，且避免了因果关系的证明。对应于控方技术力量、执法经验薄弱的现状，内幕交易犯罪手段高明，技术复杂，设置危险犯是对此犯罪行为有力的打击。"②

四、结语

内幕交易是我国资本市场上的顽疾，虽然证券监督管理机构不断加大对内幕交易的监管程度和处罚力度，但内幕交易并没有随之减少，反而处于上升趋势，这表明证券市场上既有的内幕交易行为治理对策还存在不足，因此，需反思现行的立法、司法与执法制度。本文正是沿着这个思路，对证券内幕交易行为的成本问题进行了较为全面的分析，并从各种成本入手构建了内幕交易中综合防治机制。

① 王小丽：《内幕交易新动向及其法律规制研究》，载《浙江金融》2011年第10期。

② 王新：《内幕交易罪危险犯性质及犯罪形态的探析》，载《中国刑事法杂志》2012年第3期。

非典型短线交易行为犯罪化的理论路径

——基于个案的分析

童德华* 张湄茹**

一、案件简要介绍

（一）案情简介

“超级散户”甲使用乙证券账户先后买入“A股份”股票70万股和30万股。几日后，甲利用其资金优势，大量申报买入“A股份”股票，并反复多次使用了“拉抬股价，虚假申报”相结合的操作手法，即先以比市场最后一笔成交价高几个价位的少量申报买入并成交，导致股价上涨，随即挂出大量低于同期市场价几个价位的买入申报，委托主要集中在第2档和第3档的位置，造成大单在低档位买入的假象，并迅速撤单。该期间，甲使用乙、甲账户以5.75元至6.10元短线28笔申报买入“A股份”股票共2792万股，占该时段市场申买量的62%。上述28笔申报撤单26笔，上述26笔撤单平均驻留时间为73秒，最短驻留时间为19秒；上述申报实际只成交4笔（含部分成交）。

在“A股份”股票处于涨停、市场本身已有大量未成交买单、该阶段买入申报明显无法成交的情况下，甲仍然以涨停价大量申报买入，以相对较高的价格卖出已建仓的股票，同时影响其他投资者对相应股票供求和价格走势的判断，为以后交易日出货牟利提供便利。甲、乙证券账户将所持的“A股份”股票全部卖出，获利300万元。

甲采取盘中反复多次拉抬股价、虚假申报、尾盘巨量堆单方式，影响股票价格和交易量，违反了《证券法》第77条第4项的规定，构成《证券法》第203条所述的违法行为。根据当事人违法行为的事实、性质、情节与社会危害程度，依据《证券法》第203条之规定，证监会决定：对甲没收违法所得300万元，并处以300万元罚款。①

（二）理论问题

在这一案件中，甲通过虚假申报的手段拉抬股价，并在短期内迅速撤单，操纵证券市场，造成证券交易秩序的混乱，也对投资者的合法权益造成了侵害。从本案的行政处罚决定来看，这一行为是根据《证券法》第77条第1款第4项认定的以“其他手段”操纵证券市场的违法行为，多以行政处罚的方式对行为人进行惩罚。

---

* 中南财经政法大学刑事司法学院副院长、教授、博士生导师。

** 中南财经政法大学刑事司法学院2016级硕士研究生。

① 参见中国证监会行政处罚决定书（2011）10号。

理论界有学者认为，从《暂行条例》、《公司法》、《证券法》的法律规定来看，短线交易是一种扰乱证券市场金融秩序的违法行为。但如果情节严重，短线交易可以构成犯罪。[①] 这是一种将短线交易行为犯罪化的观点。这样，在理论上就存在下列问题需要探讨：行政处罚是否已经丧失了对类似行为的有效监管和控制呢？明言之，即应否将这类行为予以犯罪化规制呢？假如对类似行为的确有犯罪化之必要，那么又需要如何合理地设定入罪的标准呢？

本文拟以上述案例样本，对这些问题进行探讨。

二、非典型短线交易行为犯罪化的争论

在上述案件中，甲利用资金优势操纵证券市场，极大地影响特定证券的价格，比较符合证券交易中短线交易的行为方式。短线交易行为是一种受到法律规制的行为。依据《证券法》第 47 条第 1 款的规定，上市公司董事、监事、高级管理人员、持有上市公司股份 5%以上的股东，将其持有的该公司的股票在买入后六个月内卖出，或者在卖出后六个月内又买入，由此所得收益归该公司所有，公司董事会应当收回其所得收益。[②] 由此可见，短线交易行为有如下几个特征：一是主体是上市公司的董事、监事、高级管理人员、持股超过 5%的股东；二是行为特征，是在 6 个月内连续买入和卖出所持股票。但是，上述甲的行为不是典型的短线交易，因为他不是上市公司严格意义上的股东。因此，本文将其行为称为非典型短线交易。

笔者认为，法律规制短线交易行为，目的在于防止内部信息外泄，从而保障证券市场交易秩序，维护证券市场的健康运行。“散户”虽然与一般意义上的掌握内幕信息的公司“持股人”不完全相同，但散户相对于“持股人”而言，只是信息透明度相对较低，并非完全不掌握内幕信息。因此，将“散户”解释为“持股人”，并未超出“持股人”这一用语的字面含义。此外，散户利用自身的价格优势拉抬股价，操纵证券市场的行为，会对证券价格和证券交易秩序造成极大的影响，往往也具有严重的社会危害性。对散户短期内连续买进又卖出的行为进行处罚，是一般人理性思考后所能够领悟的，符合国民的预测可能性。因此，将类似甲这种非典型短线交易行为解释为短线交易是扩大解释。如果短线交易应当犯罪化，非典型短线交易也应当受到刑法上的规制。

将非典型短线交易行为犯罪化的主张，基本上暗合我国当前立法中将行政违法行为犯罪化的思潮。在应否将非典型短线交易犯罪化的问题上，有必要充分考量构成犯罪的几个基本要素，在此基础上严格确立犯罪的条件或者基准。讨论非典型短线交易犯罪化的前提是短线交易行为的犯罪化。短线交易的主体往往是公司内部人及持股较多的大股东，他们凭借与公司之间的特殊关系，极易滥用公司内幕信息，从而操纵证券市场。但我国刑法尚未明文规定短线交易是犯罪行为，那么我国《刑法》究竟是否有必要处罚短线交易行为呢？

---

① 喻福东：《短线交易入罪问题之思考》，载《经济师》2006 年第 1 期。

② 参见《中华人民共和国证券法》第 47 条。

有学者认为，短线交易在主体和行为方式上与内幕交易存在着包容与被包容的关系，如果短线交易是在知悉内幕信息的基础上而为的，那么就转变成了内幕交易。而对于内幕交易，已有刑事责任规定，故无须将短线交易入罪。[①] 根据这种观点，短线交易就成为内幕交易的一种表现形式，对其定罪处罚自然没有障碍。但是，正如王作富教授和其他学者所指出的，短线交易与内幕交易虽然都是破坏证券市场管理秩序的行为，但它们在理论上存在着重大区别。它与内幕交易立法相互补充，相互支撑，对于维护证券市场的正常秩序具有重大意义，这也是在刑法上可能需要补充短线交易犯罪规定的主要原因。[②] 也只有在这个基础上，我们才有讨论非典型短线交易犯罪化的空间。

上述两种观点争论的焦点在于，短线交易和内幕交易在构成要件上是否存在本质的区别。从内幕交易罪的犯罪规定模式上来看，其采用的是“行为+情节”的模式，即内幕信息的知情人员利用其知晓的内幕信息从事交易活动，达到“情节严重”的程度应当认定为内幕交易罪，这里将“情节严重”作为本罪的一个入罪标准，如果根据以往的思路情节严重就是结果严重，那么这是一种典型的结果无价值的观点。[③]

王作富教授认为短线交易行为和内幕交易同为破坏市场秩序的行为，虽然在主体、行为方式等方面上有很多重合的部分，但两者在前提条件上存在不同。在他看来，内幕交易需以行为人知晓内幕信息为前提，而短线交易操纵未硬性规定行为人必须掌握内幕信息。只要特定行为人违反了法规范对市场交易的禁止性规定，在法定期间内，买入本公司股票并再行卖出，或者卖出本公司股票后再行买入，无论其是否知晓或利用公司内幕信息，都应当被认定为短线交易行为。这种观点似乎不太关注行为结果，具有行为无价值评价的色彩。

从外国刑法学中有关违法性本质的理论的视角来看，判断某一具体行为是否具有刑事违法性需要考虑该行为是否侵害或威胁到刑法所保护的利益或者该行为本身是否违反了社会伦理规范，即德国刑法学家威尔哲尔所提出的结果无价值和行为无价值理论。理论上，违法性本质的理论有助于厘清刑事违法行为、行政违法行为和非罪行为的界限；司法实务中，其运用有助于明确对行为人处以行政处罚或是刑罚。因此，从结果无价值和行为无价值的角度对短线交易行为进行犯罪化理由的分析，具有重要的理论价值和实践意义。

三、基于一元违法性本质论的犯罪化路径分析

（一）基于结果无价值论的分析

结果无价值以法益侵害说为基础，认为刑法规范是为了保护一定的法益而设定

① 周毅：《关于内幕交易、泄露内幕信息罪认定的若干问题》，湘潭大学2003年硕士学位论文。

② 王作富、顾雷：《证券内幕交易中短线交易犯罪的认定与处罚研究》，载《法学论坛》2011年第2期。

③ 黎宏：《结果无价值之展开》，载《法学研究》2008年第5期。

的，所以刑法规范或刑罚规范具有保护法益的意义。[①] 根据结果无价值论，刑法的任务在于防止对法益的侵害或危险。甲通过短期内连续买进又卖出的手段操纵证券市场，使证券市场的融资功能和优化功能逐渐丧失，造成证券市场秩序的严重混乱。可见，短线交易极易威胁甚至侵害法规范所保护的价值。

和任何一种交易都存在风险一样，股票交易也存在风险，加之其具有投机性，因此股票、证券的交易风险更大、更不容易预判和控制，更容易造成“灾难性”的后果。正因如此，每个参与股票交易的人都应当意识到这种风险，并应自觉分担发生风险后果的责任。但风险合理分担的原则似乎很难找到惩罚交易者的借口，因为行为的结果是难以确定的，除非行为人存在恶意或者利用了内幕信息。就短线交易而言，该行为本身会增加风险，也会触发风险并使之演变成为一种现实灾难。但是行为人利用信息的不对称性获利在现实中是常态现象，在传统商业活动中，商业利益往往就是利用信息优势而取得的。此外，依据该说，行为的意图、目的、心情、故意或过失等主观性要素，以及行为人承担的义务、行为的形态等，对不法没有影响。[②] 但通说认为“行为的客观的、外部的要素决定不法，主观的、内部的要素决定责任”，即在未遂犯中，故意是违法要素，而在既遂犯的场合故意是责任要素，这难免形成不统一的标准。可见，单纯凭借结果无价值论很难对短线交易行为的犯罪化提供充分的依据。

（二）基于行为无价值论的分析

行为无价值以规范违反说为基础，是指行为脱逸了社会的相当性，违反了社会历史所形成的社会共同生活秩序。[③] 根据行为无价值论，刑法的基本思想是保护社会的伦理等价值。证券市场的健康运行，不仅需要上市公司准确披露、提供真实信息，证券管理机构加强对各方当事人交易行为的监管，还需要投资者加强行业自律，严格遵守市场交易规则。社会主义市场经济是信用经济，诚信是市场经济的基础，是规范市场经济秩序的重要保证。而市场经济同时也是追求利润最大化的经济，不可避免地存在着恶意投机行为。如果不对这些恶意投机行为进行有效地规制，就会威胁甚至破坏社会主义市场经济的秩序，阻碍市场经济的健康发展。

从经济风险的合理分担的角度来看，厘清罪与非罪的界限需要把握风险的客观性，确定风险的可知性，评价风险的合理性。甲通过“拉抬股价，虚假申报”相结合的操作手法操纵证券市场，显示出其对规范的敌对态度，违反了法秩序的要求，客观上具有扰乱证券市场交易秩序的风险，且此种风险并未明显偏离传统“可能”概率之外，具有可知性。通过对风险进行定性、定量评价，我们发现该行为在证券市场发生风险的可能性极高，危害程度也相对较大，将短线交易犯罪化才能合理地控制此种行为可能带来的较高风险。

行为无价值论同样也存在不可避免的局限性。依据该说，对于过失犯而言，行

① 童德华：《外国刑法导论》，中国法制出版社 2010 年版，第 32 页。

② ［日］山中敬一：《刑法总论 1》，成文堂 1999 年版，第 388-389 页。

③ 童德华：《外国刑法导论》，中国法制出版社 2010 年版，第 147 页。

为人由于不注意而惹起了结果，违反了法秩序对其行为的要求，其行为的无价值决定了不法的内容。但刑法不可能处罚所有的不注意行为，在某些情况下需以一定的结果无价值为条件。另外，行为无价值本身并不是确定违法性的要素，仅仅是推定违法性的要素，它仅是在和结果无价值的关系上有意义的形式的、不独立的违法要素而已。① 因此，单纯凭借行为无价值论也不能全面地说明短线交易应当犯罪化的原因。

四、基于二元论的犯罪理由

行政不法行为的犯罪化，既要考虑行为人是否具有危害结果发生的主观恶意，也要考虑行为是否具有客观的社会危害性。甲以较低价格买进大量股票，在证券市场出现低档位大量买入的假象后再短期迅速撤单，显然具有操纵证券市场的主观恶意。在我国刑法中，严重的社会危害性是犯罪的本质特征。只有行为在客观上具有严重的社会危害性，才应当在刑法中加以规制。社会危害性的评价标准，是衡量行为是否构成犯罪以及犯罪之轻重的尺度，它是刑事立法的终点，刑事司法的起点。②对行为进行社会危害性评价有助于把握犯罪和非罪的界限以及犯罪的程度，下面我们从其要素依据和公共政策依据出发，探讨非典型短线交易行为的解决政策。

（一）社会危害性评价的基调

公共政策是社会危害性评价的基调，它致力于寻求个体自由与社会秩序之间的平衡。就资本市场的刑法规制而言，它要处理好市场自由和秩序之间的关系，使之保持平衡状态。市场秩序和市场自由是社会主义市场法治的两大重要组成部分，社会主义市场法治的最终实现必须在自由与秩序之间达到一种动态平衡，即在现实生活中，政府不仅要尽可能为市场经济主体开拓出自由空间，而且要致力于维系市场经济活动稳健发展所必须具备的秩序。非典型短线交易从某种意义上来看属于市场主体的自由竞争行为，但这种行为也可能对社会主义市场经济秩序造成了破坏，这是市场法治所不能容忍的，也因此是我国《证券法》所禁止的违法行为。

随着我国资本市场自由化程度的不断增强，交易行为的种类、方式也越来越多，市场交易的风险也随之不断提升。许多新型的市场交易行为往往具有严重危害市场交易秩序的风险，如果不对其进行刑法上的限制，市场交易的正常规则就会被打破，投资者的合法权益也得不到保障。目前的实践中，我国通常以行政处罚的手段惩戒短线交易的行为人，但处罚的效果不甚明显：短线交易操纵能在非常短暂的时间内获得数百万元的操纵利润，而行政处罚手段不足以威慑行为人，证券市场上的短线交易行为自然屡禁不止，难以达到社会治理的效果。甲的非典型短线交易操纵扰乱了正常的证券交易秩序，通过刑法对甲的行为进行规范上的威慑，能够实现秩序价值与自由价值的衡平，并有助于社会主义市场经济下秩序和自由的动态调整。

① ［日］曾根威彦：《刑法学基础》，黎宏译，法律出版社2005年版，第90-91页。

② 曲新久：《社会危害性的评价标准》，载《法学》1993年第5期。

（二）社会危害性评价的要点

社会危害性评价的要点，取决于刑罚的目的。如果我们采取消极的预防观或者报应刑罚观，那么就应当重视行为导致的结果及其程度大小；但如果我们采取积极的预防观或者一般性预防刑罚思想，那么就应当重视行为的样态与方式，将一切可能的风险提前加以防范，避免结果的发生。因此，结果无价值或行为无价值就成为犯罪社会危害性评价的要点内容。如前所述，结果无价值和行为无价值理论都存在固有的局限性，单纯凭借其中任一理论很难全面把握犯罪的界限。二元的行为无价值论主张违法性的判断应当以客观的违法性为基础，综合考虑行为无价值和结果无价值，认为刑法上的违法性是偏离社会相当性的法益侵害或者危险。二元论的观点结合了结果无价值和行为无价值两种理论的优势，综合考虑行为的规范的违反性和对法益的侵害性，更能全面、合理地解释违法性的存在依据。

另外，还必须关注刑法立法所依存的政治结构，在一个奉行“家长主义”[①] 的社会，政府有大量的、充分的理由保护弱小股民，以免股市崩溃。在这种逻辑上，结合结果无价值与行为无价值二元论的观点较为可取，非典型短线交易行为极易造成和其他内幕交易犯罪相当的法益侵害，也具有扰乱市场经济秩序的一般风险，如果国家有意规范交易行为，以期更好、更早做好市场秩序的防控的话，那么该种行为便具有刑法规制的必要和理由。但是，这并不意味着立法上可以任意将一切股票交易行为当作犯罪。立法应当规制何种类型的股票交易、对达到何种程度的该类交易进行规制，都必须以行政法的明确规定为依据，并以行为在实质上的社会现实危害性为标准。从这个意义上来看，非典型短线交易行为不能一概作犯罪化处理，只有在行为同时符合了结果无价值和行为无价值，具有严重的社会危害性时，才能认定为犯罪。

（三）社会危害性评价的向度

1. 经济自由向度

自由是法治的核心价值，市场主体自由是实现社会主义市场经济发展的根本手段。德国前总理艾哈德认为，自由竞争的市场机制是实现经济繁荣的基本路径和重要支柱，是不断解放才能开辟道路的一种工具。[②] 自由激发了市场经济发展的潜力，“自由竞争、自由贸易”理念的倡导使市场主体参与竞争的自由度和积极性都大幅提高。自由竞争机制为市场经济的发展创造了巨大的价值，正如马克思、恩格斯所言：“资本主义在它的不到一百年的阶级统治中所创造的生产力，比过去一切时代创造的全部生产力还要多，还要大。”

但市场自由并非意味着不受任何限制，为保障自由的实现，人类社会必须通过法治来约束人们的自由意志，从而使主体间的自由意志能互相协调、和平共处。[③] 市场只有在秩序的范围内充分保障市场交易主体的自由，才能实现社会生产力最大

① 以家长—子女的关系比喻国家、政府、法律与社会成员的关系，指国家、政府、法律对社会成员的某种干预。

② ［德］艾哈德：《来自竞争的繁荣》（第1版），祝世康等译，商务印书馆1983年版。

③ 陈福胜：《法治的实质：自由与秩序的动态平衡》，载《求是学刊》2004年第5期。

限度的发展。非典型短线交易行为所造成的危险具有高度不可确定性，我们不能仅仅因为其具有发生危害后果的一般风险就认为应将其犯罪化处理。因此，从资本市场培育和发展的一般角度来看，我们应当保障市场主体的交易自由，不能将非典型短线交易行为不加判断地一概犯罪化处理。

2. 经济秩序向度

“人不仅是一种追求目的的动物，而且在很大程度上也是一种遵循规则的动物。”① 秩序是法治的基础价值，其基本特点就是让人们的行为合乎社会发展的内在规则，并以此达到社会关系的有序状态。“历史表明，凡是在人类建立了政治或社会组织单位的地方，他们都曾力图防止不可控制的混乱现象，也曾试图确立某种适于生存的秩序形式。”② 从根本目的看，秩序有利于人类自由本性的实现，是人自由全面发展的保障。有序的社会状态需要社会成员在享受自由权利的同时把握自由的限度，加强对自身行为的控制。有效的社会管理以社会有秩序为前提，在资本市场培育时期，社会主义市场经济的健康运行需要市场主体的行为遵守市场交易的一般显性规则，以维护市场交易秩序，隐形规则往往是应当予以适度控制的。甲的虚假申买与迅速撤单行为给其他投资者行为的选择造成了重大影响，严重破坏了社会主义市场交易规则，扰乱了社会主义市场经济秩序。社会结构不断变化，资本市场不断发展，如果不对具有严重社会危害性的类似行为进行刑法上的规制，就不能实现社会主义市场法治的秩序价值，这将影响整个社会的稳定状态。

3. 衡平与风险负担

自由的存在往往意味着风险的产生。“人类历史上各个时期的各种社会形态在一定意义上都是一种风险社会”③ 基于经济安全秩序维护之必要，赋予具有高度风险的不法行为刑罚的法律效果，是社会管理的必然要求。非典型短线交易行为属于典型的高智商犯罪，涉案面广、涉案金额大，侦查难、取证难等都是我们必须直面的问题。在风险具有高度不确定性的情势下，刑法的提前介入具有其现实意义。在追求利益最大化的资本市场更是不能例外，因为市场主体为了追逐利益可能绞尽脑汁，寻求一切可能的手段和方法，包括大量运用非常态方法。在一个市场体系不够完善的社会，致力于建构市场经济体系的政府为了确保资本市场的稳定和安全，保证投资者的信心，有必要通过刑法对类似行为进行处罚。

但是，证券交易犯罪在本质上还是一种财产犯罪，仍具备传统犯罪的基本属性，其社会危害性与传统财产犯罪的社会危害性相比，并不存在本质上的差别。虽然犯罪样态发生了变化，但是传统理论并未丧失解释新型犯罪的功能。人类长期以来处理传统财产犯罪所积累的经验，也有助于我们处理证券交易犯罪中的一般性问题。所以，对非典型短线交易行为而言，其刑法规制应当顺应形势，适时而为，而

① ［英］哈耶克：《法律、立法与自由》（第1卷），邓正来译，中国大百科全书出版社2000年版，第7页。

② ［美］博登海默：《法理学——法哲学与法律方法》，邓正来译，中国政法大学出版社1999年版，第207页。

③ ［德］乌尔里希·贝克：《从工业社会到风险社会》，载《马克思主义与现实》2003年第3期。

不是大幅度扩张立法。仅对具有产生严重社会危害性极大风险的非典型短线交易行为予以犯罪化，才能在维护社会主义市场经济秩序的同时最大限度地促进社会主义市场经济的发展。

由于短线交易和内幕交易罪具有相当的社会危害性，在界定短线交易的社会危害性时，我们可以参照内幕交易罪的立法规定。从我国《刑法》第180条对内幕交易罪的规定来看，内幕交易罪的入罪标准是“情节严重”。但短线交易采取的是无过错原则，故这里不采用“情节严重”的入罪标准。短线交易对证券市场的危害主要在于对证券交易价格造成了影响，威胁其他投资人的合法权益，扰乱了证券市场秩序。故笔者对“短线交易罪”的罪名拟作如下表述：

短线交易罪，是指上市公司的董事、监事、高级管理人员以及主要股东，在法定禁止期间内，买入本公司股票并再行卖出，或者卖出本公司股票后再行买入，足以影响证券市场价格的行为。

犯短线交易罪的，处5年以下有期徒刑或拘役，没收非法交易所得，并处获取利润或避免损失1倍以上5倍以下罚金。

单位犯前款罪的，对单位判处罚金，并对其直接负责的主管人员和其他直接责任人员处5年以下有期徒刑或者拘役。

五、结论

近四十年来的刑事立法进程实际上是一个刑法不断扩充、部分行政违法行为逐渐犯罪化的进程。从违法性本质的角度分析非典型短线交易行为犯罪化的理由及解决路径，有助于我们深入理解该行为对市场经济秩序的危害性，明确实践中对类似行为处罚的强度，具有重要的理论价值和实践意义。虽然学界对短线交易行为的理解还有争议，但对具有严重社会危害性的证券违法行为进行有效地规制，我国的证券立法才能不断完善，证券交易市场才能健康运行。

证券市场内幕交易行政处罚与刑事规制的实证分析

李 睿[*] 冯柳笛[**]

内幕交易（Insider Trading，or Insider Dealing），又称知情者交易、知内情者交易或内部人交易，是指证券交易内幕信息的知情人员或者非法获取证券交易内幕消息的人员，在涉及证券的发行、交易或者其他对证券的价格有重大影响的信息尚未公开前，买入或卖出，或者泄露信息的行为。① 内幕交易应包含以下三个基本要素：内幕信息②、内幕交易主体③、交易行为④。笔者拟根据整理近十年的行政处罚决定书及刑事判决，对内幕交易行为的行政处罚及刑事犯罪进行理论及实证分析，阐述其中存在的问题以及探讨解决措施。

---

* 上海财经大学法学院，北京市隆安律师事务所上海分所。

** 上海财经大学法学院。

① 顾肖荣：《证券犯罪与证券违法》，中国检察出版社 1998 年版。

② 法定内幕信息知情人员包括：（一）发行人的董事、监事、高级管理人员；（二）持有公司 5%以上股份的股东及其董事、监事、高级管理人员，公司的实际控制人及其董事、监事、高级管理人员；（三）发行人控股的公司及其董事、监事、高级管理人员；（四）由于所任公司职务可以获取公司有关内幕信息的人员；（五）证券监督管理机构工作人员以及由于法定职责对证券的发行、交易进行管理的其他人员；（六）保荐人、承销的证券公司、证券交易所、证券登记结算机构、证券服务机构的有关人员；（七）国务院证券监督管理机构规定的其他人，还包括由于其管理地位、监督地位或者职业地位，或者作为雇员、专业顾问履行职务，能够接触或者获得内幕信息的人员，主要是指期货交易所的管理人员以及其他由于任职可获取内幕信息的从业人员，国务院期货监督管理机构和其他有关部门的工作人员以及国务院期货监督管理机构规定的其他人员。

③ 法定内幕信息知情人员包括：（一）发行人的董事、监事、高级管理人员；（二）持有公司 5%以上股份的股东及其董事、监事、高级管理人员，公司的实际控制人及其董事、监事、高级管理人员；（三）发行人控股的公司及其董事、监事、高级管理人员；（四）由于所任公司职务可以获取公司有关内幕信息的人员；（五）证券监督管理机构工作人员以及由于法定职责对证券的发行、交易进行管理的其他人员；（六）保荐人、承销的证券公司、证券交易所、证券登记结算机构、证券服务机构的有关人员；（七）国务院证券监督管理机构规定的其他人，还包括由于其管理地位、监督地位或者职业地位，或者作为雇员、专业顾问履行职务，能够接触或者获得内幕信息的人员，主要是指期货交易所的管理人员以及其他由于任职可获取内幕信息的从业人员，国务院期货监督管理机构和其他有关部门的工作人员以及国务院期货监督管理机构规定的其他人员。

④ 《刑法》第 180 条规定，证券、期货交易内幕信息的知情人员或者非法获取证券、期货交易内幕信息的人员，在涉及证券的发行，证券、期货交易或者其他对证券、期货交易价格有重大影响的信息尚未公开前，买入或者卖出该证券，或者从事与该内幕信息有关的期货交易，或者泄露该信息，或者明示、暗示他人从事上述交易活动，情节严重的，处 5 年以下有期徒刑或者拘役，并处或者单处违法所得 1 倍以上 5 倍以下罚金；情节特别严重的，处 5 年以上 10 年以下有期徒刑，并处违法所得 1 倍以上 5 倍以下罚金。单位犯前款罪的，对单位判处罚金，并对其直接负责的主管人员和其他直接责任人员，处 5 年以下有期徒刑或者拘役。内幕信息、知情人员的范围，依照法律、行政法规的规定确定。

一、内幕交易违法违规处罚数据分析

我国资本市场大约80%的违法案件与内幕交易有关。[①] 例如，2013年轰动全球的“8·16”乌龙指事件背后牵涉的光大证券内幕交易案[②]、前国美董事长黄光裕内幕交易案、[③] 中山市市长李启红内幕交易案等。[④]

（一）内幕交易处罚案例数量分析

1. 行政处罚的数据分析

证监会统计数据显示，2005年至2017年3月末，证券监管部门初步调查内幕交易案件512起，立案查处内幕交易案件289起，共计801起，占同期总查处案件的47.91%；[⑤] 2008年至2011年，证监会调查的内幕交易案件在非正式调查案件中占比分别达38%、56%、71%、61%，在正式调查案件中占比为32%、24%、51%、51%，在移送公安机关案件中占比为15%、42%、50%、80%。[⑥] 证监会查处的内幕交易案件呈逐年上升趋势。

2. 刑事处罚的数据分析

从全国法院审结的内幕交易、泄露内幕信息犯罪案件共计128件：2007年1件，2008年1件，2009年4件，2010年5件，2011年11件，2012年10件，2013年13件，2014年10件，2015年17件，2016年56件，这意味着近两年法院查处的内幕交易案件数量几乎等同于前20年查处的案件数量。证券犯罪中共设置了7个刑法罪名，内幕交易这一罪名认定为犯罪的比率占全部证券犯罪名的51.8%，内幕交易案件占比上升明显，成为监管执法的主要对象。

综上，可以得出其主要原因有两点：

第一，随着证券市场的不断发展扩大，证券交易量本身也在不断上升，内幕交易行为也就有越来越频繁的趋势。

第二，内幕交易行为严重损害了证券市场的公正性，为了保障投资者利益维护证券市场的秩序，证监会在近些年明确增强了对内幕交易的打击态势。[⑦]

---

① 吴志攀为郑顺炎《证券市场不当行为的法律实证》书所作序言，中国政法大学出版社2000年版。

② 2013年8月16日，光大证券在进行ETF套利交易时，因程序错误，其所使用的策略交易系统以234亿元的巨额资金申购180ETF成分股，实际成交72.7亿元；当日下午，光大证券在此内幕信息未公开前，将所持股票转换为180ETF和50ETF并卖出以对冲风险，同时卖出股指期货空头合约IF1309、IF1312共计6240张，两项交易获利和避损合计8721万元，http：//money.163.com/13/1115/08/9DN7N31O00253B0H.html，2017年5月4日访问。

③ 黄光裕作为原中关村上市公司的董事及鹏泰公司的法定代表人，在公司重大资产置换、重组信息公告前，前后三次指令他人累计购入中关村股票1.4亿余股，成交额为人民币18亿余元，账面收益近4亿余元。参见http：//tech.ifeng.com/it/detail_2012_05/23/14740952_0.shtml，2016年4月29日访问。

④ 原中山市市长李启红（女）在内幕信息敏感期内，串通其丈夫、弟媳等人购买中山公用的股票，共筹集投入670多万元，不到2个月获利1980多万元，http：//finance.sina.com.cn/stock/s/20110331/13579624230.shtml，2014年10月15日访问。

⑤ 钱琼：《内幕交易行为在犯罪与行政违法之间的边界探析》，载《江西警察学院学报》2015年第1期。

⑥ 许志峰：《人民日报专访证监会副主席刘新华：〈内幕交易颠覆股市根基〉》，http：//finance.people.com.cn/GB/70392/17981783.html，2017年4月1日访问。

⑦ 宋远生、谢杰：《经济犯罪对策论》，法律出版社2012年版，第93页。

（二）内幕交易惩处力度数据分析

从惩治内幕交易违法犯罪的数量上来看，财产刑、人身自由刑、资格刑的数量惩处逐步增多。[①] 在财产刑中出现了最大限额的罚单，如“8·16”光大证券公司异常交易事件中的事后对冲交易行为被认定为内幕交易，并处以高达5.2亿元的内幕交易罚没款。[②] 此外，资格刑施行后，应用也更加广泛。但是从执法强度来说，对内幕交易处罚的力度并没有显著增加。

以证监会“实际作出的处罚”与“法律规定的处罚上限”之间的差距作为标准，具体评价证监会的执法强度。

执法强度指数[③]：$\text{执法强度}=\dfrac{\text{证监会作出处罚的实际数值}}{\text{证监会能够作出处罚的最大数值}^{④}}\times 100\%$

表1　对不同内幕交易主体的执法强度观察[⑤]

违法主体	样本数	声誉罚强度指数	财产罚强度指数	市场禁入强度指数
个人	186	—	20	10
单位	7	—	45	—
单位直接责任人员	19	84	69	43

① 参见证监会：《光大证券异常交易事件的调查处理情况》，载中国证监会，www.csrc.gov.cn，2013年8月30日访问。

② 参见证监会：《光大证券异常交易事件的调查处理情况》，载中国证监会，www.csrc.gov.cn，2013年8月30日访问。

③ 张舫、李响：《对证监会执法强度的实证分析》，载《现代法学》2016年第1期。

④ 国际货币基金组织（IMF）的工作报告则根据国际证监会组织（IOSCO）制定的“证券监管目标和原则”，将明确的执法授权、广泛的调查取证权力、快速反应能力、较强的行政处罚权力、协助民事诉讼能力、对违法者积极的刑事处罚，作为衡量一个国家证券法执行强度的标准，并对不同国家的证券法执行强度进行了分析。

⑤ 白建军：《证券违法违规行为惩戒实效的实证研究》，中国财政经济出版社2006年版，第13-18页。

白建军教授等曾对我国证券市场的违法暗数进行过调查。通过对261个上市公司和228位证券公司高层人士的问卷调查，课题组发现：在489个上市公司和证券公司的被调查者中，来自上市公司的被调查者对暗数估计的均值为50.4%，中值为50%；来自证券公司的被调查者对暗数估计的均值为72.7%，中值为80%。如果都取中值，也就是说，在100个证券违法行为中，来自上市公司的被调查者认为有50个左右的行为没有被发现和处罚；来自证券公司的被调查者认为有80个左右的行为没有被发现和处罚。

表 2　不同内幕交易案件的执法强度观察

内幕信息来源	样本数	声誉罚强度指数	财产罚强度指数	市场禁入强度指数
并购重组	115	80	23	1
财务报告	14	—	15	0
重大经营决策或者订立重要合同	39	75	25	1
分配股利或增资计划	19	—	18	0
其他情形	25	100	48	35

二、内幕交易规制中的问题解析

通过上述数据可以得出，国家对内幕交易的处罚数量增多，表面上似乎威慑了内幕交易行为。但实际上执法、司法的力度并没有显著的增加，对内幕交易并没有起到很好的遏制。此外，由于法律法规层级的混乱，行政、刑事处罚界限不明，并没有对规制内幕交易行为起到应有的作用。

根据对法律法规、208 份行政处罚决定书①以及 106 份司法判决②的阅读，结合相关案例的统计数据得出对内幕交易行为规制存在以下问题：

（一）行政、刑事处罚之间界限不明

我国有关内幕交易的法律法规体现在以下三个层面：

第一，法律层面。我国《刑法》、《证券法》、《公司法》等法律对禁止内幕交易行为及其惩处均有明确规定，尤以《证券法》为最，通过第 5 条、第 73 条、第 74 条、第 77 条、第 202 条等多个条款从行为认定到处理结果进行了全面细致的规制。

第二，法规层面。《期货交易管理条例》、《首次公开发行股票并上市管理办法》、《上市公司信息披露管理办法》等法律规范从较为具体的层面规定了内幕交易行为的认定与处罚。

第三，司法解释层面。《关于办理内幕交易、泄露内幕信息刑事案件具体应用法律若干问题的解释》是我国首个专门针对内幕交易罪作出的司法解释，此外最高人民法院《关于审理证券行政处罚案件证据若干问题的座谈会纪要》、最高人民检察院、公安部《关于印发〈最高人民检察院、公安部关于经济犯罪案件追诉标准的补充规定〉的通知》等有关法律文件也涉及内幕交易行为的规制。

规制内幕交易行为的法律法规之间层级不明，法条司法解释对内幕交易罪与非罪之间的认定不清晰，程序上的混乱以及内幕交易案件本身复杂，给行政机关、司法工作人员做事实上的认定带来很大的困难。由此导致案件处理结果差异极大，罪

① 参见中国证券监督委员会网站，http：//www. csrc. gov. cn，2017 年 5 月 20 日访问。

② 参见裁判文书网，http：//wenshu. court. gov. cn，2017 年 5 月 20 日访问。

与非罪之间的反差巨大。

（二）处罚体现了很大的随机性

证监会在一定时间段内处罚力度突然加大，往往是根据“整顿行动”① 或“红头文件”② 而展开。司法机关也因某一时间段内的经济刑事政策加大处罚力度，造成犯罪情节相似的诸多案件同案不同判。甚至根据不同地区的经济发展状况、案件发生率、地方的经济政策也会对行政处罚及司法判决的结果产生很大的影响。此外，内幕交易行为极强的专业性、知识技能型，导致行政处罚书、判决书阐理释法上不足，也使当事人及公众因为无法根据处罚决定、判决本身知晓处罚依据，很难接受处罚结果。

（三）处罚力度不足

从处罚数据上看，证监会的执法强度很弱，不足以对违法者产生戒惧的效果。③ 虽然对内幕交易的惩处在数量上显著增加，但是此数据是基于内幕交易行为基数增加而引起的。根据前文对执法强度的分析，证监会对内幕交易的财产罚、声誉罚强度并没有加重。当事人从事内幕交易行为能得到的利益和承担的风险之间不成正比，对内幕交易并没有行之有效的惩戒，内幕交易的再犯率居高不下。

根据上文，我国目前对内幕交易行为的规制，因界限不明、认定混乱使案件当事人无法信服行政处罚、刑事判决，多次进行行政复议、上诉，浪费司法资源；并且因众多案件“同案不同判”，破坏了公众对法的预期，折损了刑法的权威。

三、统计结论

根据我国的经济刑法理论及《证券法》与《刑法》的规定，内幕交易犯罪行为与行政违法行为在行为方式上几乎没有差异，其区分主要在于情节是否严重。106 份行政处罚决定书和刑事判决书显示，大量符合“情节严重”甚至“情节特别严重”的案件仅以行政处罚了结，有的“情节特别严重”的案件则以“情节严重”的标准进行定罪量刑，反映出我国内幕交易规制的混乱。

（一）内幕交易入罪的“节奏”由行政机关实际掌握

从行政处罚决定书的统计情况来看，在 106 个案例中，符合内幕交易罪“情节

---

① 参见中国证券监督委员会网站，《2016 年证监稽查 20 大典型违法案例》，http：//www. csrc. gov. cn/pub/newsite/jcj/aqfb/201702/t20170227_ 312735. html ；《证监会部署 2017 年专项执法行动》，http：//www. csrc. gov. cn/pub/newsite/jcj/gzdt/201704/t20170411_ 314988. html，2017 年 5 月 18 日访问。

② 参见新华网：《及时处置风险点　防止风险由“点”成“面”——落实习近平总书记金融安全重要讲话精神系列述评之四》，http：//news. xinhuanet. com/2017-05/05/c_ 1120927138. htm.

③ 白建军教授等曾对我国证券市场的违法暗数进行过调查。通过对 261 个上市公司和 228 位证券公司高层人士的问卷调查，课题组发现：在 489 个上市公司和证券公司的被调查者中，来自上市公司的被调查者对暗数估计的均值为 50. 4%，中值为 50%；来自证券公司的被调查者对暗数估计的均值为 72. 7%，中值为 80%。如果都取中值，即是说，在 100 个证券违法行为中，来自上市公司的被调查者认为有 50 个左右的行为没有被发现和处罚；来自证券公司的被调查者认为有 80 个左右的行为没有被发现和处罚。同时，课题组亦指出，这个估计只是一个对各类违法行为不加区分的总体估计，如果考虑到具体违法行为之间的区别，有些违法行为的暗数还将高于这个总体估计（参见白建军等：《证券违法违规行为惩戒实效的实证研究》，中国财政经济出版社 2006 年版，第 13-18 页）。

严重”的案例有60个，达到总案件的56.6%。在这60个案例中，39个案件已经达到了“情节特别严重”的标准，达到总案例的64.4%，而具体涉及符合“情节严重”的54个当事人中，有29个人达到了“情节特别严重”的标准，达到总人数的53.7%。

可见，有一半以上的行政处罚案件已经符合内幕交易罪“情节严重”的标准，而又有超过1/4的案件已经符合内幕交易罪情节特别严重的标准，法定刑达到5年以上10年以下，但是行政主管机关却没有将这些案件移送司法机关审查，内幕交易罪司法认定的节奏被行政主管机关实质掌控。

（二）情节认定存在较大的随意性

从60篇刑事判决书统计情况来看，有41个案件被法院明确认定为“情节特别严重”，其他6个案件数额都已经达到了“情节特别严重”的程度，但法院均只以“情节严重”加以认定。其中，深圳市罗湖区人民法院（2003）深罗法刑初字第115号案件中，法院以“无相关法律规定和司法解释”未能采纳公诉机关认定被告人叶环保、顾健内幕交易“情节特别严重”的指控。而其他案件，分别是（2009）厦刑初字第109号、（2009）穗中法刑二终字第115号、（2011）卢刑初字第122号、（2011）浦刑初字第2738号、（2011）乌中刑二初字第2号，都发生在司法解释颁布之前，法院也是因为没有针对“情节特别严重”的明确规定，而仅将行为认定为“情节严重”。以上19个案件实际上都达到了“情节特别严重”的标准。由此可得出一个结论，那就是只有达到“情节特别严重”的案件才会得到刑事处罚。[①] 内幕交易“情节严重”这一量刑档次实质上被司法实践架空，这些案件全部被行政处罚消化。

（三）未在法条中出现的其他因素在行政与刑事认定中发挥效应

当内幕交易涉及国有资产、国家工作人员相比较犯罪类型、犯罪情节一致的其他案件，往往倾向于认定为刑事犯罪。

例如，“在最高人民法院发布典型案例：杜兰库等内幕交易、泄露内幕信息案”,[②] 杜兰库进行内幕交易的股份涉及国有资产股份以及政府项目。

内幕交易涉及国家工作人员相比较同等犯罪情节、犯罪类型一致的其他案件，往往倾向于认定为刑事犯罪。例如，“江苏省南通市人民检察院诉刘宝春、陈巧玲

① 参见北大法宝，《黄光裕等非法经营、内幕交易、泄露内幕信息、单位行贿案》http：//www.pkulaw.cn/case/pfnl_ 1970324837784388.html？keywords=内幕交易&match=Exact，黄光裕指示他人进行资产置换事项中，操纵金额为13.22亿余元，数额巨大。

② 参见北大法宝，《最高人民法院发布内幕交易、泄露内幕信息犯罪典型案例之二：杜兰库等内幕交易、内幕交易、泄露内幕信息案》，http：//www.pkulaw.cn/case/pfnl_ 1970324838897009.html？keywords=内幕交易&match=Exact，被告人杜兰库作为中国某集团公司（以下简称某集团），配合南京市政府“再造十家百亿企业集团工程”项目的实施。2009年2月初，某所经南京市政府的协调和时任南京市某委员会主任刘某某牵线，与南京市某县政府就投资合作及收购某公司的国有股份等事宜进行商谈，双方经商洽和实地考察，均表达了合作的意向。获利金额1739692.46元。被告人杜兰库犯内幕交易罪，判处有期徒刑6年，并处罚金人民币425万元。2017年5月21日访问。

内幕交易案”[①]。刘宝春受南京市人民政府指派，代表南京市经济委员会与国睿集团交涉的过程中，知晓了其内部信息，后与陈巧玲串通后进行了内幕交易。

而其他不涉及国有资产、国家工作人员客观情节基本一致的则被认定为行政违规。例如，中国证监会行政处罚决定书（徐玉锁〔2017〕7号）[②]，中国证监会行政处罚决定书［（杨怀进、周宜可、张永欣）〔2017〕10号］[③]。虽然内幕交易内容一致、涉及金额相似，但这几个案件却因非法定因素导致罪与非罪的差异。[④]

四、内幕交易行政违法与刑事犯罪的理论界分

（一）理论分别

我国的行政犯罪和行政违法行为的界分存在一些问题，难以实现刑法的保障功能。例如，两者的界分主要是依据社会危害程度的轻重，而对行为进行量化，尤其对于内幕交易行为而言，数据繁杂，专业性难以界定。如何整合全部数据、鉴定内幕交易行为是一个十分浩大的工程，可以说是无法完成的任务，这就使得行政犯罪和行政违法行为的界线非常模糊，难以把握，而明确性地缺乏反罪刑法定原则。由于依据行为的危害程度来区分行政犯罪和行政违法行为，人们习惯认为严重的行政违法行为必然构成犯罪，而不管刑法是否将该种行为犯罪化。[⑤]

行政犯罪和行政违法行为是两种性质不同的行为，由此导致评价的不同和法律责任的不同，关涉罪与非罪的界限，因而对两种行为的界分非常重要。

1. 国外关于行政犯罪与行政违法行为界分标准的观点

国外学者就行政犯罪与行政违法行为的界分曾提出不同的理论，可归纳为“质

① 参见北大法宝：《江苏省南通市人民检察院诉刘宝春、陈巧玲内幕交易案》，http：//www.pkulaw.cn/case/pfnl_1970324838311249.html？keywords=内幕交易（&match=Exact 国家工作人员陈宝春因履行工作职责而获取国有资产借壳重组的，对证券交易价格具有重大影响的、尚未公开的信息，随后陈宝春将内幕消息告知其妻（证券机构工作人员），两人共获利7499479.22元。判决：一、被告人刘宝春犯内幕交易罪，判处有期徒刑5年，并处罚金人民币750万元。二、被告人陈巧玲犯内幕交易罪，免予刑事处罚。三、没收两人共有的财产。

② 中国证监会行政处罚决定书（徐玉锁〔2017〕7号），http：//www.csrc.gov.cn/pub/zjhpublic/G00306212/201701/t20170113_309502.htm？keywords=对徐玉锁内幕交易行为没收违法所得5424463.93元，并处以16273391.79元罚款；对徐玉锁两次短线交易行为，给予警告，并处以20万元罚款。

③ 中国证监会行政处罚决定书［（杨怀进、周宜可、张永欣）〔2017〕10号］，http：//www.csrc.gov.cn/pub/zjhpublic/G00306212/201702/t20170220_312405.htm.

④ 中国证监会行政处罚决定书（刘晓忠、吴福利），http：//www.csrc.gov.cn/pub/zjhpublic/G00306212/201701/t20170116_309590.htm？keywords=未盈利不构成犯罪。

⑤ 高铭暄、孙晓：《论行政犯罪与行政违法行为的界分》，载《人民检察》2008年第15期。

的区别说”、[①]“量的区别说”[②] 及“质量的区别说”[③] 三类。

2. 我国的界定标准

借鉴国外关于“质量的区别说”的有益成分，我国行政犯罪与行政违法行为界分的具体标准应是以危害程度的轻重为界分的基础，以行为类型的界分作为必要补充。我们国家采取的是“定性+定量”的犯罪构成模式，[④] 一个行为要构成犯罪，不但要属于刑法条文规定的行为类型，而且要达到一定的社会危害性程度才能入罪。因此，首先要对行为的性质进行认识，看它属于刑法或者行政法规制。

（二）刑法与行政法规制的三种规制范围

检视我国的刑法与行政法律规制的范围，应当属于交叉关系，存在三种情况：[⑤]

一是只有刑法对该行为加以规定，如故意杀人行为；

二是刑法与行政法均对该行为进行了规定，如内幕交易行为、逃税行为等；

三是只有行政法对该行为进行了规定，如吸毒行为。

内幕交易罪属于第二类，《刑法》与《证券法》均对其作出了规定的情形，所以对内幕交易行为的定性，还需要将具体行为与两部法律中的规定进行比对，看符合哪一部法律的规定。

以行为类型的不同作为必要补充行政违法与行政犯罪行“质”的不同，主要体现在行政犯罪和行政违法的行为类型之间存在差异。

（三）内幕交易行政违法与刑事犯罪表述区分

根据内幕交易证券法中的规定及内幕交易在刑法中规定的比对可以得出以下表

---

① 质的区别说认为，行政犯罪与行政违法行为的区别在于质的差异，即二者质的价值差异。《论刑事不法与行政不法》，载林山田：《刑事法论丛（二）》，2007年版，第16页。

② 如贝林格、希斐两者之区别主要在于量的差异，而不是质的差异。也即认为两者在行为的方式上，并不存有质的差异，而只是在行为的轻重程度上具有量的差异。行政违法行为只是一种比犯罪行为具有较轻的损害性与危险性的不法行为。林山田：《犯罪与行政违法行为》，载林山田：《刑事法论丛（二）》，2007年版，第4-5页。

③ 质量的区别说认为，行政犯罪与行政违法行为不但在行为的量上，且在行为的质上均有所不同。行政犯罪行为在质上显然具有较深度的伦理非价内容与社会伦理的非难性，而且在量上具有较高的损害性与社会危险性；相对的，行政违法行为在质上具有较低的伦理可责性，或者不具有社会伦理的非价内容，而且它在量上并不具有重大的损害性与社会危险性。

④ 我国刑法理论通说认为，行政违法和行政犯罪行为的界限主要在于社会危害性程度的不同，严重的行政违法即构成犯罪。因此，这两种行为的界分就在于社会危害程度的把握，如《治安管理处罚法》和《刑法》分则对具体的违法或者犯罪行为的条文表述基本一样，区别仅仅在于危害程度的表述不一样。鉴于理论及立法的现状，我国关于这两种行为的界分仍应以危害性程度为基础。通过对危害性程度不同的把握来界分这两种行为，并使相关行政违法和行政犯罪的法律规范紧密衔接。

⑤ 如果行为属于第一类或者第三类，则直接就可以在刑法或者行政法的范围内进行量的考察，如果属于第二类，即行为属于重合部分，那么还需要考察对同一行为刑法与行政法规定上的差异，因为刑法作为保障法的特殊地位，对同一个行为，刑法要求的社会危害性肯定比行政法要严重。但上述的这个差异可能是行为方式上的差异，即一个大的行为类型下的行为要素的差异，也可能仅仅是量的差异，抽象的如情节差异，具体的如数额差异。

述差异：[①]

（1）买入与卖出：买入与卖出只是对买卖的一种细化规定，在于明确只要有买或卖行为之一即可。

（2）建议与明示、暗示：这三者之间是否存在差异，学者的观点不尽一致，更多的学者认为原因在于刑事证明标准比行政执法证明标准的要求高，因此表述也要更明确，如果采取“建议”的表述，则难以像行政执法那样以推定的方式证明，“暗示”也属于“建议”。

（3）情节：情节上的区分关键在于第三点——情节是否严重，根据行政处罚决定书以及判决书可以发现，情节在我国的司法实践中是认定行政处罚和刑事犯罪的最关键因素。

从前两点在所依据的行政处罚决定书及判决上的体现反映了前两点在犯罪区分中并不起决定性作用。这就意味着对于内幕交易行为证券法与刑法在行为类型上是一致的，区别在于量的差别，而这个量的差别正是我们需要探讨的关键。

五、明确内幕交易行政处罚和刑事犯罪的边界

（一）法律层面

首先，法律法规方面，由于法律、法规对内幕交易作出了交叉的规定，导致内幕交易的法律适用存在混乱，因此应当针对法律层级作出细化的司法解释。

其次，入罪情节方面，对于成交金额、获利或者避免损失的数额规定，内幕交易罪的情节严重已然作为一个形式性的低入罪门槛而加以威吓，但因为实践中行政执法僭越司法而导致内幕交易第一档被架空，不但不能达到预设的威慑目的，而且严重损害了刑法的权威性，处理方式如下：

（1）提高入罪门槛。将符合目前情节严重的行为明确由证监会主管，而将刑法中“情节严重”的数额标准相应提高，即将犯罪的入罪门槛提高；

（2）明确犯罪边界。严格按照法律规定的犯罪与行政违法的边界，以目前规定的情节严重的标准进行司法追诉，即符合情节严重的案件一律移送司法机关，由公安机关进行侦查。[②]

---

① 《证券法》第202条规定，证券交易内幕信息的知情人或者非法获取内幕信息的人，在涉及证券的发行、交易或者其他对证券的价格有重大影响的信息公开前，买卖该证券，或者泄露该信息，或者建议他人买卖该证券的。《刑法》第180条第1款规定，证券、期货交易内幕信息的知情人员或者非法获取证券、期货交易内幕信息的人员，在涉及证券的发行，证券、期货交易或者其他对证券、期货交易价格有重大影响的信息尚未公开前，买入或者卖出该证券，或者从事与该内幕信息有关的期货交易，或者泄露该信息，或者明示……

② 参见证监会网站：《中国证监会、公安部关于在查处证券期货违法犯罪案件中加强协调配合的通知》，http：//china. findlaw. cn/gongsifalv/zhengquanfa/qh/qhflfg/76481. html，该通知第2条案件移送制度中规定，“证券监管部门在查处证券期货违法违规案件中，发现有犯罪嫌疑的，应当及时向公安机关移送。公安机关在案件侦查中发现的证券期货违法违规案件，应当及时向证券监管部门移送。”其第5条也提出“要严格依法办事。证券监管部门和公安机关在查处证券期货违法犯罪案件中，要严格执行法律法规，克服地方保护主义和部门保护主义，坚决打击各种证券期货违法犯罪活动。”

（二）情节考量

1. 重新核定数额标准

我国法律法规、司法解释均对内幕交易行为情节认定作出了规定，内幕交易的违法所得应指“获利或者避免损失数额”，但司法解释并未进一步明确如何计算获利数额或者避免损失数额。内幕交易违法所得的性质具有双重性，准确界定违法所得不仅应体现“任何人不得从犯罪中获益”的基本原则，也应体现定罪、处罚及追缴依据的多重属性。[①]

一方面，“违法所得”具有定罪方面的功能，[②] 违法所得与犯罪数额具有相同属性，与其他数额相比，违法所得数额较大的情况下，直接作为内幕交易危害程度的判断标准，以决定宣告刑的轻重。

另一方面，“违法所得”具有处罚及追缴方面的功能，在经济犯罪中，违法所得均应予以追缴，内幕交易中的违法所得也不例外，刑法明确规定，对内幕交易人应并处违法所得1倍以上5倍以下的罚金。在内幕交易罪中，违法所得不再仅仅是追缴的对象，而是作为经济犯罪处罚的依据。[③]

因此，对情节的规定也同样重要，我国证券针对情节的规定仍然依照2005年《证券法》的标准，期货、股票极低的入罪额度，也远远不适应我国目前的经济状况。故应当根据经济社会的发展、行业中的标准对情节作出进一步的改动及细化。

2. 增加其他评价标准

经济犯罪领域相较于传统犯罪领域具有很大的不同，仅仅局限于传统经济犯罪对行为严重性的评估框架，着重考察犯罪数额、犯罪次数等固定情节标准，完全没有针对内幕交易这一发生在资本、市场的证券期货犯罪行为特点创造性地探索既能充分反映内幕交易行为危害又能紧密联系内幕交易行为实质特征的“情节严重”评估标准。[④]

在刑事判决中也出现了用以下方法认定情节是否严重，仅在最近一两年的刑事判决当中极少地应用。比如，给国家和投资者造成重大损失的，给证券市场带来强烈震荡，造成国内外强烈影响的，因为内幕交易行为受过行政、民事处罚后再次进行内幕交易行为。[⑤]

此外，应探索出其他的评价模式：

---

① 万志尧：《内幕交易刑事案件违法所得的司法认定》，载《政治与法律》2014年第2期。

② 最高人民法院、最高人民检察院《关于办理内幕交易、泄露内幕信息刑事案件具体应用法律若干问题的解释》（以下简称《解释》）第9条第1款规定：同一案件中，成交额、占用保证金额、获利或者避免损失额分别构成情节严重、情节特别严重的，按照处罚较重的数额定罪处罚。

③ 吴昉昱：《我国证券内幕交易主体之理论解读与规则构建》，载《经济刑法》2015年第7期。

④ 谢杰：《内幕交易犯罪情节认定疑难问题研究——“两高”最新证券期货犯罪司法解释相关条款刑法》，载《上海公安高等专科学校学报》2012年第8期。

⑤ 2001年颁布的最高人民检察院、公安部《关于经济犯罪案件追诉标准的若干规定》第29条第3款曾将致使交易价格和交易量波动的作为情节严重的判断标准之一，但是后来的最高人民检察院、公安部《关于经济犯罪案件追诉标准的补充规定》以及最高人民法院、最高人民检察院《关于办理内幕交易、泄露内幕信息刑事案件具体应用法律若干问题的解释》均将此条内容删除了。

（1）引起股市波动程度，以在限定时间内引起一定的价涨跌幅度为标准，内幕信息的重要性就体现于此，股市波动幅度越大，说明内幕信息的重要性程度越高，内幕交易的危害程度也就越大。至于具体的浮动标准则需要通过数据统计进行确定。

（2）受害人数量，它能够反映内幕交易所涉及的范围以及造成恶劣影响的程度，人数越多，对证券交易的秩序危害就越大。目前，许多国家的法律都明确规定了内幕交易受害者的民事诉权。我国的内幕交易民事诉讼却因没有具体的法律依据而无法得到赔偿，因光大证券违规操作而引发的民事侵权诉讼，无一例外地没有得到胜诉判决。

（三）决定、裁判应注重说理

对涉及内幕交易的208份行政处罚决定书以及106份司法判决进行研读后可以发现，大多数处罚决定以及司法判决的论证明显不足，其中绝大多数法律文书甚至没有具体的违法违规数据，仅有定罪结论。上诉人的不同上诉请求被诸如“司法机关有权作出认定”的简单论证驳回，不利于当事人及公众服从判决，折损法律权威。故应在法律、法规运行层次鲜明，准确适用的前提下，加强对法律法规的分析释理；对有重大疑点的案情关键点，司法机关要保持审慎的态度，对证监会提交的证明材料、认定情节，司法机关应依照刑事诉讼证据法的有关规定，作出独立司法判断。

结语

现代市场经济的社会中，证券已经成为企业、个人、社会团体和国有财产的重要组成部分，证券市场的兴衰与证券持有者的利益息息相关。证券市场本身的状况及公众对其所持的态度对经济发展和社会稳定具有很大影响。① 对不利于证券市场公平、公正交易的行为要予以严厉的打击，但对内幕交易行为打击的目的不在于无限度地打击证券市场，而在于通过理性的、针对性的制度设计建立起公平公正、良好运行的证券市场交易规则。因此，应根据内幕交易行为的特性建立规制手段，明确法律层级、法定情节，行政机关与司法机关各司其职的规制证券犯罪行为。与此同时，结合诉讼法、行政法规的有关规定，严格遵守诉讼程序，为证券市场的良好发展做好法律制度的后盾。

① 顾肖荣：《证券犯罪与证券违法违规》，中国检察出版社1998年版。

马乐利用未公开信息交易案法理分析*

商浩文**

马乐利用未公开信息交易案被称为国内“最大硕鼠”案。根据中国最大的法律检索系统“北大法宝”的收录情况显示，从20世纪90年代到目前最高人民检察院向最高人民法院提起抗诉的刑事案例仅有9件，本案是新中国成立以来最高人民法院审理的第三起刑事案件，前两起分别为林彪、江青等反革命集团案，刘涌“黑社会”案①，由此引发各界高度关注。“马乐案”在我国刑事司法史上开创了若干个第一：第一个由三级检察机关接力抗诉的经济犯罪案件；第一个由最高人民检察院向最高人民法院仅就刑法法条适用问题提起抗诉的案件；第一个由最高人民法院开庭审理，最高人民检察院派员出庭履行职务的刑事抗诉案件。② 由于本案的重要影响，该案被最高人民检察院列入其发布的第七批指导性案例中，进而对类似案件的司法实践起到了一定的指导作用。在本案中，深圳市、广东省和最高检层层抗诉“马乐案”，其争议的焦点有两个方面：一是量刑是否“明显不当”，主要聚焦在法条的适用问题，即究竟应该按情节严重，还是情节特别严重来予以量刑？这涉及刑法第180条第4款利用未公开信息交易罪如何援引刑法第180条第1款的内幕交易、泄露内幕信息罪的法定刑。二是如何理解存疑有利于被告的诉讼原则。在审理的过程中，辩护方提出在刑法第180条第4款并未明确情节特别严重情形如何处刑的情况下，对该款是否包含第1款的“情节特别严重”情形存在争议时，应当采纳有利于被告人的解释，这就涉及了存疑有利于被告人的诉讼原则在司法实践中如何具体适用的问题。本文主要围绕这两个争议焦点展开论述。

一、基本案情

马乐，男，1982年8月出生，河南省南阳市人。2011年3月9日至2013年5月30日，马乐担任博时基金管理有限公司旗下博时精选股票证券投资基金经理，全权负责投资基金投资股票市场，掌握了博时精选股票证券投资基金交易的标的股票、交易时点和交易数量等未公开信息。马乐在任职期间利用其掌控的上述未公开信息，操作自己控制的“金某”“严某进”“严某雯”三个股票账户，通过临时购买的不记名神州行电话卡下单，从事相关证券交易活动，先于、同期或稍晚于其管

---

* 本论文系中国法学会2016年度部级法学研究课题《行政执法与刑事司法衔接之实证研究》［CLS（2016）Y02］的阶段性研究成果。

** 中央财经大学法学院讲师、博士后研究人员，法学博士。

① 齐雁冰：《最大“老鼠仓”马乐案昨天再审》，载《北京青年报》2015年7月9日。

② 孙谦：《援引法定刑的刑法解释——以马乐利用未公开信息交易案为例》，载《法学研究》2016年第1期。

理的“博时精选”基金账户，买卖相同股票 76 只，累计成交金额人民币 10.5 亿余元，非法获利人民币 19120246.98 元。

2013 年 6 月 21 日，中国证监会决定对马乐涉嫌利用未公开信息交易行为立案稽查，交深圳证监局办理。2013 年 7 月 17 日，马乐到广东省深圳市公安局投案。2014 年 1 月 2 日，深圳市人民检察院向深圳市中级人民法院提起公诉，指控被告人马乐构成利用未公开信息交易罪，情节特别严重。2014 年 3 月 24 日，深圳市中级人民法院作出一审判决，认定马乐构成利用未公开信息交易罪，鉴于刑法第 180 条第 4 款未对利用未公开信息交易罪情节特别严重作出相关规定，马乐属于犯罪情节严重，同时考虑其具有自首、退赃、认罪态度良好、罚金能全额缴纳等可以从轻处罚情节，因此判处其有期徒刑 3 年，缓刑 5 年，并处罚金 1884 万元，同时对其违法所得 1883 万余元予以追缴。

深圳市人民检察院于 2014 年 4 月 4 日向广东省高级人民法院提出抗诉，认为被告人马乐的行为应当认定为犯罪情节特别严重，依照“情节特别严重”的量刑档次处罚；马乐的行为不属于退赃，应当认定为司法机关追赃。一审判决适用法律错误，量刑明显不当，应当依法改判。2014 年 8 月 28 日，广东省人民检察院向广东省高级人民法院发出《支持刑事抗诉意见书》，认为一审判决认定情节错误，导致量刑不当，应当依法纠正。广东省高级人民法院于 2014 年 10 月 20 日作出终审裁定，认为刑法第 180 条第 4 款并未对利用未公开信息交易罪规定有“情节特别严重”情形，马乐的行为属“情节严重”，应在该量刑幅度内判处刑罚，抗诉机关提出马乐的行为应认定为“情节特别严重”缺乏法律依据；驳回抗诉，维持原判。广东省人民检察院认为终审裁定理解法律规定错误，导致认定情节错误，适用缓刑不当，于 2014 年 11 月 27 日提请最高人民检察院抗诉。2014 年 12 月 8 日，最高人民检察院按照审判监督程序向最高人民法院提出抗诉。

2015 年 7 月 8 日，最高人民法院第一巡回法庭公开开庭审理此案。2015 年 12 月 11 日，最高人民法院作出再审终审判决：维持原刑事判决中对被告人马乐的定罪部分；撤销原刑事判决中对原审被告人马乐的量刑及追缴违法所得部分；原审被告人马乐犯利用未公开信息交易罪，判处有期徒刑 3 年，并处罚金人民币 1913 万元；违法所得人民币 19120246.98 元依法予以追缴，上缴国库。[①]

二、刑法第 180 条第 4 款如何援引法定刑

我国刑法第 180 条第 1 款规定：“证券、期货交易内幕信息的知情人员或者非法获取证券、期货交易内幕信息的人员，在涉及证券的发行，证券、期货交易或者其他对证券、期货交易价格有重大影响的信息尚未公开前，买入或者卖出该证券，或者从事与该内幕信息有关的期货交易，或者泄露该信息，或者明示、暗示他人从事上述交易活动，情节严重的，处五年以下有期徒刑或者拘役，并处或者单处违法

① 此处的案情介绍参考了最高人民法院（2015）刑抗字第 1 号刑事判决书的相关内容，详情见《原审被告人马乐利用未公开信息交易案再审刑事判决书》，载中国裁判文书网，http：//www.court.gov.cn/wenshu/xiangqing-11270.html，2017 年 5 月 25 日访问。

所得一倍以上五倍以下罚金；情节特别严重的，处五年以上十年以下有期徒刑，并处违法所得一倍以上五倍以下罚金。”第4款规定：“证券交易所、期货交易所、证券公司、期货经纪公司、基金管理公司、商业银行、保险公司等金融机构的从业人员以及有关监管部门或者行业协会的工作人员，利用因职务便利获取的内幕信息以外的其他未公开的信息，违反规定，从事与该信息相关的证券、期货交易活动，或者明示、暗示他人从事相关交易活动，情节严重的，依照第一款的规定处罚。”刑法第180条第1款被确定为“内幕交易、泄露内幕信息罪”、第4款被确定为“利用未公开信息交易罪”。

本案中，依据法院查明的事实，马乐作为博时基金管理有限公司旗下博时精选股票证券投资基金经理，全权负责投资基金投资股票市场，利用职务便利，掌握了博时精选股票证券投资基金交易的标的股票、交易时点和交易数量等未公开信息。马乐在任职期间利用其掌控的上述未公开信息，操作自己控制的股票账户，从事相关证券交易活动。在本案中，对于被告人马乐构成刑法第180条第4款规定的利用未公开信息交易罪，不存在多大争议。其中，争议最大的问题则是量刑问题。因为我国刑法第180条第4款并未明确规定利用未公开信息交易罪的具体法定刑，而是规定参照刑法第180条第1款规定内幕交易、泄露内幕信息罪的法定刑来进行量刑。而刑法第180条第1款规定内幕交易、泄露内幕信息罪的法定刑依据犯罪情节严重、特别严重划分为两个档次，那么，刑法第180条第4款利用未公开信息交易罪为援引法定刑，是应当对第1款法定刑的全部援引，还是仅能引用对应的“情节严重”的第一档法定刑呢？这是辩护方、控诉方以及法庭审理所面临的最大分歧。深圳市中级人民法院和广东省高级人民法院均认为应当援引“情节严重”的第一档法定刑，而深圳市人民检察院和广东省人民检察院则认为应当援引“情节特别严重”的第二档法定刑。

在我国刑法立法中，刑法分则中的具体罪名采用“罪状+法定刑”的立法模式，为了避免用语的重复和基于立法简约考虑，对于许多性质相近、危害相当罪名的法条规范，采用了援引法定刑的立法技术，也即，在相关犯罪的法定刑条文中，刑法立法规定参照其他犯罪的法定刑来进行处理。本案刑法第180条第4款援引法定刑理解的争议是属于刑法解释问题，笔者认为，应当以文义解释为起点，综合运用体系解释、目的解释等多种解释方法，按照罪刑法定原则和罪责刑相适应原则的要求，从整个刑法体系中把握立法目的，平衡法益保护。①

第一，从法条文义理解，刑法第180条第4款中规定的“情节严重”是定罪条件而非量刑条件。一般而言，我国刑法分则中的“情节严重”通常体现为定罪条件、刑罚条件或者是定罪+刑罚条件。刑法第180条第4款和第1款虽然都有“情节严重”的规定，但两者的实质含义是不一样的。第180条第1款中的“情节严重”既是内幕交易、泄露内幕信息罪的定罪条件，也是该罪的量刑条件。第180条

① 孙谦：《援引法定刑的刑法解释——以马乐利用未公开信息交易案为例》，载《法学研究》2016年第1期。

第 4 款利用未公开信息交易罪，则采用了援引法定刑的立法技术。前段关于犯罪构成的规定方式与第 1 款相同，属于罪状的描述，“情节严重”作为犯罪构成的定罪条件，也即明确该罪的情节犯属性，将情节未达到严重程度的行为排除在处罚范围之外。因此，此处的“情节严重”主要起的是限定处罚范围的提示作用。而对于法定刑的描述则明确规定参照第 1 款的规定处罚，因而此处的“情节严重”仅针对定罪而言，并没有规定量刑。量刑条款为“依照第 1 款的规定处罚”，应当理解为对第 1 款法定刑的全部援引而非部分援引，即同时存在“情节严重”、“情节特别严重”两种情形和两个量刑档次。

第二，从设置利用未公开信息交易罪的立法目的分析，应当将其理解为援引内幕交易、泄露内幕信息罪的全部法定刑。刑法将本罪与内幕交易、泄露内幕信息罪一并放在第 180 条中分款予以规定，就是由于两罪虽然信息范围不同，但是其通过信息的未公开性和价格影响性获利的本质相同，对公众投资者利益和金融管理秩序的实质危害性相当，利用非公开信息交易罪在本质上与内幕交易罪并无太大差异，只是由于《证券法》第 75 条对内幕信息作了详细、明确的规定，利用许多其他对证券、期货交易价格有重大影响的非公开信息从事证券、期货交易的行为，根据罪刑法定原则，不能按照内幕交易、泄露内幕信息罪定罪处罚。因此，2009 年的《刑法修正案（七）》中才对利用非内幕信息扰乱证券市场秩序的行为进行单独规定。正因为如此，也可以说，利用非公开信息交易罪是一种“准内幕交易罪”。[①]两罪的主要差别仅在于信息范围不同，其通过信息的未公开性和价格影响性获利的本质相同，均严重破坏金融管理秩序，损害公众投资利益。刑法将两罪放在第 180 条中分两款予以规定，也是基于对此两种行为社会危害性程度相当的认识。因此，如果只截取情节严重部分的法定刑进行援引，势必违反罪刑相适应原则，使规范保护目的落空，无法实现惩罚和预防犯罪的目的。

第三，从刑法体系的协调性考量，应当将刑法第 180 条第 4 款援引法定刑确定为援引第 1 款的全部法定刑。首先，刑法中存在与第 180 条第 4 款表述类似的条款，印证了援引法定刑为全部援引。我国刑法中第 285 条第 2 款非法获取计算机信息系统数据、非法控制计算机信息系统罪与同条第 3 款提供侵入、非法控制计算机信息系统的程序、工具罪，与第 180 条第 1 款、第 4 款在法条关系、条文结构、量刑情节配置等方面完全相同。对于第 285 条第 3 款规定“情节严重的，依照前款的规定处罚”，也即按照第 285 条第 2 款的规定进行处罚。对此，2011 年最高人民法院、最高人民检察院《关于办理危害计算机信息系统安全刑事案件应用法律若干问题的解释》第 3 条明确了第 285 条第 3 款包含“情节严重”、“情节特别严重”两个量刑档次。其次，从刑法其他条文的反面例证看，法定刑设置存在差别时即无法采用援引法定刑的立法技术。例如，刑法第 180 条第 2 款关于内幕交易、泄露内幕信息罪单位犯罪的规定，没有援引前款个人犯罪的法定刑，而是单独明确规定处 5 年以下有期徒刑或者拘役。这是因为第 1 款规定了“情节严重”、“情节特别严重”

① 赵秉志主编：《刑法修正案最新理解适用》，中国法制出版社 2009 年版，第 23 页。

两个量刑档次，而第2款只有一个量刑档次，并且不对直接负责的主管人员和其他直接责任人员并处罚金。在这种情况下，为避免发生歧义，立法不会采用援引法定刑的方式，而是对相关法定刑作出明确表述。

因此，刑法第180条第4款利用未公开信息交易罪为援引法定刑的情形，应当是对第1款法定刑的全部援引。其中，“情节严重”是入罪标准，在处罚上应当依照本条第1款内幕交易、泄露内幕信息罪的全部法定刑处罚，即区分不同情形分别依照第1款规定的“情节严重”和“情节特别严重”两个量刑档次处罚。基于上述理解，在没有关于利用未公开信息交易罪“情节特别严重”认定标准的专门规定的情况下，最高人民法院考虑到刑法规定利用未公开信息交易罪是参照内幕交易、泄露内幕信息罪的规定处罚。而2012年最高人民法院、最高人民检察院颁行的《关于办理内幕交易、泄露内幕信息刑事案件具体应用法律若干问题的解释》第7条将成交额250万元以上、获利75万元以上等情形认定为内幕交易、泄露内幕信息罪“情节特别严重”之量刑标准，利用未公开信息交易罪也应当遵循相同的标准。马乐利用未公开信息进行交易活动，累计成交额达人民币10.5亿余元，非法获利人民币达1912万余元，已远远超过上述标准，且在案发时属全国查获的该类犯罪数额最大者，其犯罪情节应认定为“情节特别严重”，从而适用刑法第180条第1款第二档法定刑。

三、检察机关基于法律适用不当提起再审抗诉是否恰当

在本案中，“马乐案”辩方的一个辩护理由是，我国刑法第180条第4款只规定“情节严重”适用同条第1款规定的法定刑，而未明确情节特别严重情形如何处刑的情况下，对该款是否包含第1款的“情节特别严重”情形存在争议时，应当采纳有利于被告人的解释，如果支持抗诉，可能导致原先已经产生既判效力的判决都存在错误的后果，会动摇判决的稳定性。这里就涉及了检察机关在何种情形之下应当提起抗诉以及存疑时有利于被告原则的适用范围问题。

根据我国《刑事诉讼法》的有关规定，有权启动刑事审判监督程序的主体包括各级人民法院院长和审判委员会、最高人民法院和上级人民法院、最高人民检察院和上级人民检察院。其中，最高人民检察院有权对包括最高人民法院在内的各级人民法院作出的确有错误的已生效裁判向最高人民法院提出再审抗诉；上级人民检察院有权对下级人民法院作出的确有错误的已生效裁判向同级人民法院提出再审抗诉。依据《刑事诉讼法》法条规范的有关规定，检察机关对法院的已生效裁判提出再审抗诉并不区分是否有利于被告人的情形，只要发现法院作出的已生效判决或裁定在事实认定或法律适用方面确有错误，检察机关就有权向同级人民法院提出再审抗诉，既包括有利于被告人的再审抗诉，其目的在于纠正人民法院在事实认定或者法律适用方面确有错误的生效裁判，从而保证正确认定案件事实和准确适用法律。

但是，在现代社会中，有利被告已经成为刑事司法的一项重要原则和基本理念，被世界各国和国际刑事司法准则所确认。存疑有利于被告原则，是指在认定事实存在模糊之处难以正确适用法律时，应作出有利于被告人的结论。亦即在刑事诉

讼过程中，当案件事实在证明过程中出现不确定的因素时，应作出有利于被告人的解释或认定。该原则也被称为罪疑唯轻原则。[①] 对有利被告原则可作两方面的理解：一是无罪推定，即任何人在未经法院依照正式的司法程序最终确认有罪之前，应在法律上假定其无罪；二是案件存疑时应作有利于被告的处理，即疑点利益应当归于被告。但对于有利被告原则的适用对象，有的学者认为有利被告原则只适用于“事实存疑”的情形，即案件事实不清时，法官应作有利于被告人的认定，也有的学者认为有利被告原则既适用于“事实存疑”的情形，也适用于“法律存疑”的情形，即对法律条文理解有争议时，均应作有利于被告人的解释。然而严格来讲，有利被告原则既适用于事实认定，也适用于法律适用，也即，在法律适用上，当条文规范存在歧义时，要作有利于被告人的解释。[②]

正如前文所述，对于本案，关于马乐利用未公开信息进行证券相关交易的事实，再审的各方均不存在异议，广东省高级人民法院二审、最高人民法院再审所查明的事实和采信的证据与广东省深圳市中级人民法院一审认定基本相同，争议的焦点在于法定刑援引的适用上，因此，本案的抗诉不是“事实抗”，而是“法律抗”（适用法律错误导致量刑畸轻）。其中存在争议的关键则是对于刑法第 180 条第 4 款的理解适用问题。那么，该款关于法定刑的规定是不是属于条文规范存在歧义的情况呢？对此，则需要结合我国刑法第 180 条第 4 款法定刑规定的立法技术来讲，该款属于我国刑法分则中常见的援引法定刑的立法技术。正如最高人民法院审判监督庭负责人在详解“马乐案”为何改判及法律适用问题时所说：“从该条款的立法技术看，该条款援引法定刑的目的是避免法条文字表述重复，并不属于法律规定不明确的情形。”[③] 本案中，关于刑法第 180 条第 4 款利用未公开信息交易罪的法定刑的规定并不属于法律规定不明确的情况，而是属于刑法解释的范畴。与事实认定不同，刑法解释是在事实查清之后，对刑法规范和案件事实进行对照比较的过程。不同的解释者可能由于采用的解释方法不同、采用的解释思路不一致以及个人的主观理解不同而产生不同的解释结论，但是，产生不同的解释结论不等于解释不清。在疑罪情况下，在对法律规范的解释方面，法院不是选择对被告人最为有利的解释，而是选择正确的解释。就“马乐案”而言，该案事实清楚，对援引法定刑的疑问实际上是对利用未公开信息交易罪法定量刑幅度存在两种不同观点。此时要做的是判断哪种结论更为正确。通过前述分析可以看出，无论是运用文义解释、体系解释方法，还是适用目的解释方法，我们均可以得出刑法分则相关条款间的法定刑援引应当理解为全部援引，这一结论的得出符合罪刑法定原则所框定的解释限度，也符合罪刑相适应原则的基本要求，因此刑法第 180 条第 4 款利用未公开信息交易罪的法定刑是援引第 180 条第 1 款的全部法定刑。在此种情形之下，是没有适用存疑有利

① 林山田：《刑法通论》，（台湾）台大法律系发行 1998 年版，第 44 页。

② 卞建林、王贞会：《检察机关基于法律错误提起再审抗诉之探讨——以马乐案为例》，载《河南社会科学》2016 年第 10 期。

③ 王地：《“两高”共同维护了法律的统一正确实施——最高法、最高检有关部门负责人就马乐案答记者问》，载《检察日报》2015 年 12 月 12 日。

于被告原则的适用空间的。

本案是全国查处的犯罪数额最大的“老鼠仓”案，社会影响大。加之，近年来我国基金、证券、期货等领域利用未公开信息交易的行为较为多发，严重违背了公开、公正、公平的证券市场原则，严重损害了客户投资者或信息弱势的散户利益，严重破坏了金融行业信誉，对资产管理和基金、证券、期货市场的健康发展产生严重影响。本案由最高人民检察院向最高法院提起抗诉，最高人民法院直接审理并依法改判，可以从司法层面加大对利用未公开信息交易罪的打击力度，也是法院通过司法个案有力规范证券市场的举措。通过对具体案件的审理，纠正下级法院对法律适用的不当理解，明确相关法律适用问题，统一法律适用标准，对今后各级法院审理此类案件具有指导性意义，也有助于维护交易公平和社会正义。马乐利用未公开信息交易案再审获得改判，凸显了最高审判机关对法治立场的执着坚守。就此而言，将马乐利用未公开信息交易抗诉案遴选为最高人民法院指导性案例和“2015年中国十大影响性诉讼”是名副其实的。

证券市场操纵犯罪的刑事政策及司法适用问题

王 新*

当前我国金融市场的发展日新月异，上下均大力提倡创新，监管层面对待夹杂不良或违法风险的金融创新态度并不明朗或称之审慎，以避免发生一管就死的局面。对市场操纵行为是否应运用最为严厉手段的刑法予以规制，以及刑事介入程度，一直是理论及实务界争论的话题。在具体法律适用问题方面，证券市场操纵的刑事规范滞后导致无法完全评价市场操纵行为，而兜底条款的天然模糊性和认定规则的缺失也使得操纵行为尤其是新型操纵行为无法得到刑事规制。有效的信息传递与公平的信息竞争是证券市场参与者投入资本参与证券价格发现的市场基础。法律禁止的是滥用信息优势与资本市场信息的经济价值并从证券价差中发现与相关金融交易中获取利益的行为①。然而我国资本市场法律制度及其实践应用没有对允许的资本市场运作及其在资本市场犯罪构成中的体系性价值予以足够的重视，也没有设计完整、系统且具有可操作性的法律规则②。由于缺乏明确刑法条文表述的现实支撑，证券犯罪刑法规范对新型操纵手法存在解释的不确定性与理解的分散性。可以说，操纵犯罪未被刑事追究的原因很大程度上是围绕基本观点存在的争议和司法经验的缺乏。如果因刑事案例的缺乏而放弃深入探讨和研究的话，有案不移、移而不诉、诉而不判的恶性循环恐仍将延续。本文从证券市场操纵刑事规范及司法认定的困境入手，阐述了证券市场操纵犯罪刑事规制存在的基本问题，进而通过厘清问题本源指出解决思路。

一、规制证券市场操纵犯罪的困境：刑事政策的摇摆与法律的滞后模糊

就前几年的政策倾向而言，监管层与司法领域对市场操纵的刑事规制秉持的是谨慎限缩、依法打击的态度，近一年来证监会打击证券违法力度明显增大，呈现出处罚事由多种及罚金数额不断递增的态势，甚至罚金数额高达上百亿元。而涉案金额百亿元的徐翔证券市场操纵犯罪、马乐利用非公开信息交易罪也反映出证券市场操纵犯罪的刑事政策转向严格态度。近两年，操纵行为方式的花样翻新及高隐蔽性，使证券市场操纵的刑事侦查和指控面临严峻挑战。操纵手段不断翻新、花样迭出，给追责部门带来挑战，证监会集中部署“2015 证监法网”，针对市场反映强烈的新型市场操纵行为，包括迎合市场炒作热点、编题材讲故事、以虚假内容或不确

---

* 中央财经大学博士后流动站人员，中国人民大学刑法学博士，北京顺义区人民检察院研究室干部。

① 刘宪权：《互联网金融时代证券犯罪的刑法规制》，载《法学》2015 年第 5 期。

② 刘宪权、谢杰：《市场操纵犯罪的实质解构：法律与经济分析》，载《现代法学》2014 年第 11 期。

定信息影响股价、多个主体或机构联合操纵股价①。证券交易市场信息的非对称性易使市场操纵等证券欺诈行为盛行，如今股票价格与上市公司业绩严重背离成为普遍现象，也导致证券市场功能严重扭曲，资本配置效率大幅下降。证券市场操纵是一种侵害证券市场健全性和投资者利益的违法犯罪行为，侵犯了不特定多数人的合法利益。操纵证券市场的行为主要是通过对相关信息进行积极的“虚构”或消极的“隐瞒”非正常影响到证券的价格和量，阻碍价格真实形成，进而侵犯了证券、期货交易市场的正常运行机制和投资者的合法权益。近两年行政处罚的市场操纵案件虽然日渐增多，不过在证券违法案件中仍占据较小比例，而到刑事追诉阶段的就更少之又少（2016 年中国证监会行政处罚 139 例证券违法案件，仅有不到 10 件涉及证券市场操纵案件）。抛开犯罪黑数不谈，单从行政处罚书表述来看，市场操纵行为的违法所得或危害后果已经达到刑事追究的程度（如最近中国证监会查处的中国证券监督管理委员会股票发行审核委员会兼职委员冯小数违法买卖股票案，在企业改制上市过程中突击入股，待股票上市后高价卖出的行为及影响股价的行为，违法所得 248021618.19 元，涉嫌内幕交易、证券市场操纵犯罪），但不能予以刑事追究的原因值得探究。这不仅跟证券、期货市场操纵不易觉察、举证的行为特性相关，也跟立法疏漏、行政监管失察与刑事证据标准、诉讼特点有密切关联。刑事程序的复杂性及法律适用问题、证据标准问题，都易在实务处理中产生极大争议，让原本具有较大社会危害性的案件在刑事追究过程中戛然而止，这也是近十年市场操纵刑事案件仅有几件的重要原因之一。如因此让相关研究裹足不前，并不利于非正常僵局的解决。

证券操纵犯罪的构成要件限缩表现，同时亦是立法态度不明容易导致法律适用模糊的情形，如反证其行为不具有危险性。如果没有发生法益侵害的可能性，那么就应在构成要件上将其解释为不符合构成要件的行为②。在当前司法定量的背景下，交易行为达到司法定量明文规定比例要求的，法律推定成立操纵犯罪。但采取非直接影响市场交易价格或量的信息操纵手法制造虚假、误导信息，或是采用跨市场交易、技术手段人为阻碍交易价格形成的行为，虽交易量不足以达到明文列举的立案标准，实际上已经对价格机制形成人为干扰，当事人往往获利颇多，行为是否能够适用兜底条款尚未明确。当司法未有明文定量规定，如何判断行为能够引发或影响市场交易价格或量的情节严重后果呢？

现有模糊的追诉标准无法适应上述变化，导致众多新型证券市场操纵犯罪无法得到刑事追究。研究新型市场操纵的司法适用势在必行，对所谓创新经营的方式是否构成操纵证券、期货市场罪进行缜密的刑法分析是颇具问题意识的命题。从深层次考虑，牵涉的是对本罪构成要件的理解，即市场操纵“兜底条款”和市场操纵行为本质的认识。

---

① 证监会：《“2015 证监法网”：270 天稽查风暴强化监管本位》，http://xuan.news.cn/zt/zjfw270.html，2016 年 1 月 29 日访问。

② 苏彩霞：《“风险社会”下抽象危险犯的扩张与限缩》，载《法商研究》2011 年第 4 期。

二、证券市场操纵认定困境的始因：行为本质的认识不足

（一）市场操纵行为特性的认识不足造成刑法谦抑性的误读

通过探析证券、期货市场操纵的行为本质，会对证券、期货市场操纵行为的刑法介入程度及谦抑性原则的理解适用有着更符合实际的认识。证券、期货市场操纵犯罪属于行政犯，但与行政处罚的运作机理存在质的不同。行政处罚的机理强调的是技术性、公益性和现实性，与操纵证券市场罪的规制目的并不契合。行政监管着重于客观行为，大多忽视或不那么强调主观内容或损害后果。行为一旦纳入刑法视野却有很大不同，不仅强调主观恶意，以极力避免客观归罪的倾向，且在刑法谦抑性等理念的影响下，更多的是以结果犯形式追究刑事责任。例如，市场操纵犯罪是定性为行为犯还是结果犯，如果以结果犯论处，操纵行为与损害后果的因果关系如何论证，以上问题不仅是如何理解和衡量刑法理念的问题，也是证券、期货市场操纵犯罪的处罚边界问题。行政法与刑事法的界分问题，是把握刑法谦抑性与处罚必要性原则的具体体现。对于如何惩治市场操纵行为，实务界及理论界主要有两种相对立的观点。一种观点主张证券刑事机制管控市场过于刚性，“刑法谦抑主义”也会扼杀金融创新精神。在英美等证券市场发达且市场法律制度相对健全、执法经验丰富的国家，证券刑事定罪的数量非常稀少。刑法不可轻易介入属于市场自由调节的范围，以防遏制资本市场的创新与发展[①]。认为坚持资本市场刑法宽和处罚原则，把握合适的广度、深度和力度。市场操纵是法定犯，其社会危害性远远小于自然犯，所以在惩治程度上采取宽和的态度。有学者进而认为，严格、模糊且不确定的操纵证券、期货市场罪“兜底条款”一旦确立了积极规制市场操纵犯罪的定位，将会明显遏制投机交易，降低期货市场独立信息的攫取与流转，进而影响期货价格形成的准确性与资源配置的效率性。需严格限定操纵证券、期货市场罪的归责范围[②]。另一种观点则批评我国目前证券执法过于轻缓，刑事定罪率过低，惩戒实效不足。尤其是2008年全球金融危机后，英美国家均强化市场监管，严厉惩治市场欺诈行为[③]。

以上观点都承认刑事规制需要尊重资本市场规律，强调证券、期货市场欺诈，如操纵、内幕信息等行为刑法介入的必要性，但在惩罚的宽严程度上有所差异。从理念层面涉及的是刑法谦抑性原则的适用问题。强调证券犯罪谦抑性的学者认为，“刑法谦抑”是刑事政策的基础和刑法的基本原则，应该以最小的支出——少用甚至不用刑罚，获取最大的社会效益——有效地预防和控制犯罪[④]。其源于以下价值理念，在私法完备的前提下，以民法等部门法作为调整社会生活的前置法或第一顺位法，强调限缩公法或国家刑罚权的适用空间。当然限缩刑法适用不是要求刑法作

---

① 谢杰：《操纵资本市场犯罪刑法规制研究》，上海人民出版社2013年版，第285-289页。

② 刘宪权：《操纵证券、期货市场罪“兜底条款”解释规则的建构与应用——抢帽子交易刑法属性辨正》，载《中外法学》2013年第6期。

③ 毛玲玲：《证券刑法的矛盾样态与反思》，载《中外法学》2014年第3期。

④ 陈兴良：《刑法的价值构造》，中国人民大学出版社1998年版，第353页。

为补充法的地位，退缩社会管理功能的发挥，而是指在动用刑罚权时需要谨慎，注意防止刑罚的不当扩张。“刑法谦抑主义”理论本身对于证券刑事司法无疑具有指导性，但目前的问题在于，践行此原则时容易被曲解。况且直接以“刑法谦抑”这种抽象的规则作为裁判依据，将使司法失去确定性。“出他法而入刑法”的判断思维，人为加剧了行政执法与刑事司法之间的断裂层①。在案件的处置过程中，已移送刑事司法程序但若因“证据不足”等原因无法完成刑事指控的案件是否可以退回行政处置程序，也成为实践中的难题。如何将“刑法谦抑主义”落实于证券执法，认识的差异事关证券市场中行政权与司法权的配置，影响着证券刑事机制运作的实体规范与程序设置②。在落实证券期货市场操纵犯罪的立法和法律适用问题之前，首先需要承认的就是犯罪对象的特殊性——证券、期货市场的复杂性。不可否认，资本市场刑法应对风险具有较强的容忍度，不应当以积极介入的理念管控资本市场风险或者个别性风险。资本市场刑法只有设定其许可的投资风险边界，才能实现对资本市场系统性与制度性风险的防范与惩治，规制通过不正当手段规避资本市场风险获取巨额利润的行为，维护市场价格形成与发现机制的有效性。这也是理论层面持相对宽缓观点的主要支点。然而，笔者认为承认资本市场复杂性的事实和保护创新的需要，并不意味着必然得出需采取过当宽缓态度的结论。

（二）现有刑事规范无法回应证券市场操纵行为本质及特性的要求

证券操纵犯罪是行政犯，近几年行政处罚力度加大，处罚了不少行为复杂的新型操纵行为。但一旦行为社会危害性足以纳入刑事规制时，现有法律规定、认定规则因证券操纵犯罪之特殊因果关系、行为手段等无法推进刑事追究，导致刑事追究较行政处罚少之又少。

就行政犯而言，有学者认为所谓的前置法，只是刑法适用过程中的参酌性因素。前置法与刑法存在一系列本质差别③。亦言，从刑法规范意义来讲，犯罪的特征在于行为的社会危害性、刑事违法性与刑事当罚性，在个案判断上，行为是否符合犯罪构成是承担刑事责任的唯一依据，并没有前置法的要求。所以在金融刑事案件尤其是市场操纵犯罪案件中，应不以行政机关违法定性为前置程序或必要证据。

而且行政违法性质的确定，不代表刑事责任的认定。一是刑法的谦抑性和司法的保守性使得犯罪与行政违法在认定新型市场操纵性质上有所不同。刑事认定时是否跟行政违法认定操纵的理念一样，即大盘的跌幅或股价的波动不是认定操纵性质的必要条件，行为的不合违法性才是认定的必要条件呢？证监会在涂衷华等操纵案行政处罚书中指出，认定某个交易行为是否构成市场操纵，主要是依据交易行为本身是否具有操纵性、异常性、违法性，而个股变动与中小板指数变动对比以及个股

① 杨兴培：《犯罪的二次性违法理论探究》，载本书编辑委员会编：《社会转型时期的刑事法理论》，法律出版社 2004 年版，第 417 页。

② 毛玲玲：《金融犯罪的实证研究——金融领域的刑法规范与司法制度反思》，法律出版社 2014 年版，第 48 页。

③ 孙万怀：《慎终如始的民刑推演——网络服务提供行为的传播性质》，载《政法论坛》2015 年第 1 期。

某段时间内的涨幅，仅是操纵行为结果的表现，是认定操纵行为的考虑因素之一，并非唯一依据。如果涉及刑事追究，问题就会涉及操纵犯罪是结果犯抑或行为犯的问题。行政违法一般是行为违法即可，行政违法的运作机理导致其强调行为，而刑事犯罪更看重主观和危害后果。如果认为证券市场操纵犯罪是结果犯，则目标股的涨幅应该是入罪的必要要素。二是刑事程序有更高标准的证明体系和规则。行政违法对市场操纵因果关系的判断较为简单，不能将其证明方法直接运用到刑事证明层面。例如，2016 年黄信铭、谢冠华、陈囡囡等 6 人市场操纵案，被处罚方认为他们是凭借自己的技术判断进行的正常投资而获利，是建立在对上市公司充分调研和综合利好分析的前提下，因而不是操纵行为。证监会对操纵行为是否成立是一带而过，即根据大盘涨幅结合嫌疑人的交易量，认定行为影响了价格形成机制。如果本案行为涉嫌犯罪，一旦进入刑事程序，单就以上论证显然无法达到刑事认定标准。再如，2016 年证监会处罚的薛黎明市场操纵案，被处罚人认为利用新三板做市商交易，不是股价操纵行为。证监会则认为，虽然在做市商交易机制中投资者只与做市商直接交易，但做市商的报价根据投资者的报价和申报数量进行调整。行为人申报量巨大，必然影响到做市商的报价，从而影响到市场交易价格和交易量，因此行为具有操纵市场性质。此类新型操纵手法，如果上升到刑事处理阶段，尤其当认为是结果犯时，就需慎重考虑和论证行为与危害结果之间因果关系是否成立的问题。亦言，行为透过市商这个中间因素，影响到价格形成的因果关系需要进行论证。市商机制毕竟是一种交易平台，同时接受众多投资者买卖的申报，根据申报情况作出相应价格判断。做市商制度的运作原理和机制跟二级市场有较大不同，操纵因果关系的成立与否需进一步探讨。金融犯罪不仅与犯罪行为本身性质、保护法益相关，也与经济环境、外围政策密切相关。在金融市场日新月异，大力提倡金融创新的今天，如何理解处罚边界，即避免导致不当限缩，不仅理论上对操纵行为的惩处态度存有争议，立法层面的态度也并不明朗。兜底条款的明确为惩处边界的划定提供了多种可能性，立法审慎的态度折射在具体案件司法处理时，就集中反映在出入罪法律适用不同的问题上。消弭上述分歧的办法是追根溯源，厘清最为基本的概念，希冀建构一个共识的平台以促成符合法理常情的结论。合理确定刑事责任适用范围，既不放纵严重影响证券期货市场秩序的行为，也防止出现打击过严，限制金融创新的后果。正如汪建中操纵证券市场罪一案的审理法官在案例分析中所言，对兜底条款进行解释时，不应任意地作扩张性解释，必须结合操纵证券市场罪的实质来审视、判断、论证“其他方法”的范围，避免让刑法过度介入经济生活，影响市场的自由①。对操纵证券、期货市场罪“兜底条款”的规范边界进行逻辑反思与本质追问，对操纵证券、期货市场罪的实质进行符合资本市场发展现实的重述与诠释，更能为证券期货犯罪的立法、司法完善提供拓展性的理论视野②。

① 白波等：《本案“抢先交易”行为构成操纵证券市场罪》，载中国法院网，http://www.chinacourt.org/article/detail/2013/03/id/905448.shtml，2016 年 5 月 10 日访问。

② 刘宪权：《操纵证券、期货市场罪“兜底条款”解释规则的建构与应用》，载《中外法学》2013 年第 6 期。

三、走出司法认定困境的进路：行为性质的厘清与推定规则的确立

（一）厘清证券市场操纵的行为本质

1. 证券市场操纵行为侵害的抽象法益

法益问题是任何刑法规范皆应予以讨论的首要问题，也是用来检验任何刑法规范的首要基准。某种行为只有在保护法益的目的下，才有入罪化的正当性，尤其在具有强烈政策导向及工具性质的经济刑法领域更需注意。行为类型的设计考量需能表达出所涉及的保护法益的侵害危险。直接以具体的行为类型连接刑罚作为法律效果，有时会因为没有清楚考量保护法益，而使得法规的具体适用出现不合法理的情形。市场操纵等证券欺诈犯罪的保护法益影响着犯罪性质、行为要件、主观内容、因果关系和兜底条款的明确性等重大问题。

证券市场操纵犯罪侵犯的法益包括整体法益与个人利益，即市场价格形成机制与投资人利益，其中以整体法益为核心法益，具体表现在行为影响到证券市场价格机制形成时，即可认为具有法益侵害的紧迫性。证券市场具有功能性和公平性特征，两个特征并非对立而是相互联系的关系，即实现证券市场功能性中的筹资、投资功能，资本定价及资本配置功能与保护投资各方利益并非毫无关系而相互独立，而是有前后逻辑性，手段与目的的关联性。制造一个公平证券市场机制的目的，就是实现以上功能，从而达成成本减少及获利增加的效率结果，使得投资大众或社会大众获利。这既是证券市场及整个经济市场追求的目标，也是经济刑法或作为经济刑法一环的金融刑法应予保护的法益。证券市场的功能性及公平性作为整体法益或超个人法益，与投资人的投资利益及投资人因证券市场功能发挥所享的利益等两种个人财产法益，具有派生性及还原性关系。通过着重保护前者，而使得后者最终受益。投资者利益跟证券市场功能性及公平性的关系在于前者具有后置性，后者为刑法调整的重点。

讨论法益及法益内部关系不仅可以清晰法益内涵，另一重要作用是对犯罪性质、犯罪构成要件等问题都将有所指引。反映在市场操纵犯罪构成要件上即是将整体利益受损的危险性作为要件，而不一定将个人利益受损作为必要要件。市场操纵犯罪保护法益成立的理论基础在于以下三个方面：证券市场秩序性的要求。操纵者的虚假信息影响了证券交易价格形成机制；证券市场特有的信息不对称性及其所导致的道德风险及逆向选择，对证券市场价格形成功能实现的威胁，证券市场不同利益主体力量角逐，确定整体利益的正当性实属必要，将刑事不法的判断建立在欠缺实体的法感情或者“治安”团体和个体利益。尽管有可能使得证券犯罪的保护法益出现过于抽象的特征①。但由于证券市场随时处于变动发展的状态，可以说远未到成熟的阶段，不能完全或将大部分具体利益在现阶段界分出来。面对随时可能破坏证券市场的机能和秩序的不正当行为，不仅需要找寻出各个需要保护的利益，也需

---

① ［日］神山敏雄：《日本证券犯罪》，日本评论社 1999 第 13 期，转引自顾肖荣、张国炎：《证券期货犯罪比较研究》，法律出版社 2003 年版，第 355 页。

下卷·二

要一定的技术手段预防和控制证券违法与犯罪行为，此时就需要具有一定抽象性的概念来统一证券期货操纵犯罪的保护法益内容；广大投资者处于易于受害且难以获得补偿的弱势地位。

2. 抽象法益决定着具体危险犯的行为性质

有些国家和地区刑法采用行为犯或危险犯的构成模式来规制证券欺诈类犯罪。德国在经济欺诈类罪的立法技术上采取行动犯的构成模式，而未采用传统的欺诈犯罪构成模式和立法技术[①]。美国欺诈犯罪模式一般规定为行为犯，也可以仅需要虚假陈述的欺诈行为就可作为构成要件的[②]。德国、我国台湾地区均将证券欺诈犯罪视为抽象危险犯。德国跟证券欺诈犯罪规定相似的是该国刑法第 264 条 a 投资诈骗罪第 1 项规定：行为人在与有价证券、领取权，或者允许分享企业成果股份的推销相关事项时，在关于财产状况的叙述中，就对决定购买或者增加具有重要性的情况，对大范围的人作出将影响购买的决定或增加重要性的不正确的有利说明或隐瞒不利事实的[③]。德国刑法采取定性的立法模式，其法条规定了行为性质、定罪的构成要件，亦包括不成文的构成要件。该投资诈骗罪的行为要件说明仅作出“不正确的有利说明”或“隐瞒不利事实”的即具备投资诈骗罪性质，而无须投资者利益受损的结果或者证明其作假行为与市场损害或投资者个人利益损害的因果关系，应该说已具备抽象危险犯特征。根据我国台湾地区“最高院”判案理由中提出：“证券交易法”第 20 条参考了美国反诈欺条款的精神，规定在有价证券的募集、发行或买卖过程中，禁止虚伪、诈欺或其他足致他人误信的行为。违反者应依“同法”第 171 条第 1 款第 1 项规定论处，是设重刑以吓止不法，以杜绝投机取巧，操纵垄断，使得证券市场纳入正规。从中可以看出，我国台湾地区证券欺诈犯罪保护法益明确为证券市场的秩序，而不要求实害发生，可理解为危险犯。其造成危险的程度、可能性大小并未提及，学界一直认为其为抽象危险犯[④]。

3. 具体危险犯性质回应了抽象法益的需求

近年学界不断提出仿效德日，针对证券欺诈犯罪设立具体危险犯。立法通过拟制风险标准，已经明确了证券、期货市场操纵等证券欺诈犯罪的危险犯特征。最高人民检察院、最高人民法院《关于经济犯罪案件追诉标准的补充规定》（以下简称《追诉标准》）中对操纵证券、期货市场犯罪的罪状做了细化的表述。从列举的罪状来看，可以认为归属于具体危险犯范畴。根据《追诉标准》前 6 项持有的股份数、数量、自买自卖次数及撤回申报量和第 7 项规定“有其他严重情节”的规定，尽管确定的情节和需求根据一般原则判断的情节是立法者设定的危险，仍然需要司法者根据具体案情确定行为是否产生侵害法益的危险。由于保护法益较为抽象，距离实害产生的可能性或程度难以判断大小或高低，将其性质理解为具体危险犯，而不是行为犯或要求结果的结果犯更为适宜。正如有学者认为的，只有在主观上具有

① 刘远：《金融欺诈犯罪立法原理与完善》，法律出版社 2010 年版，第 43-44 页。
② 顾肖荣：《证券犯罪与证券违规违法》，中国检察出版社 1998 年版，第 135 页。
③ 《德国刑法典》，冯军译，中国政法大学出版社 2000 年版，第 183 页。
④ 林东茂：《危险犯》，台湾五南出版社 2002 年版，第 102 页。

操纵或者影响证券市场行情的目的，客观上具有操纵或者影响证券市场行情的可能性，操纵证券市场行为才是充足操纵证券市场罪的法定构成要件。由此决定，操纵证券市场罪在我国并非结果犯，而是具体危险犯和目的犯。

从《追诉标准》达到一定交易数额的可予追诉的规定，也可看出市场操纵行为不再是垄断式的操纵，而是强调价格形成的影响。因此，不应再要求市场操纵的垄断性，只要影响到价格形成即可成立犯罪。一方面，司法者不仅需要排除不可能产生法益侵害的行为，也需要结合证券市场众多不确定的因素，判断操纵行为是否影响资本市场价格形成机制。另一方面，行为人是否获利也不是必要要件。操纵更多的危害在于证券市场秩序，投资者权益保护更多体现在民事赔偿方面。刑事追究的张荣坤操纵证券市场一案，其连续高价买入上市公司股份，因股市大环境因素，高位套牢最终亏损离场。该案判决认为，结合证券市场整体行情因素判断，行为很可能会使得目标股票价格大幅偏离正常值，故认定行为性质为操纵且属情节严重。在市场操纵中投资者权益损害可以在操纵实际获利要素中予以间接评价，操纵获取的利益可以视为投资者遭受的损失，未获取利益但影响价格形成的，也应予以刑事追诉。

（二）完善证券市场操纵因果关系与客观行为的推定规则

1. 操纵行为与法益受损间非直接因果关系的推定规则：行为对危害结果有具体危险

传统的市场操纵行为与危害后果之间多是直接的因果关系，一般以非正常交易量占据市场交易量的比例大小来推定市场操纵行为与危害法益后果存在的因果关系。从最高人民检察院、公安部《关于公安机关管辖的刑事案件立案追诉标准的规定（二）》（以下简称《追诉标准（二）》）第39条规定的8种情形可见，判断市场操纵的标准是影响证券交易价格或交易量与否。前5项情形属于明示的行为样态，司法推定了数量与危害结果的因果关系，第6项至第8项是非典型的数额犯。根据第6项的文字表述，一旦有行为即成立市场操纵犯罪，没有具体交易量或获利数额的限制。但在认定操纵时依然要判断行为是否达到影响交易量或交易价格的程度。第7项未用行为来解释情节严重，而是用“情节严重”解释“情节严重”。第8项则完全属于兜底条款性质。非典型数额犯的操纵行为与危害后果的因果关系，还缺乏明确的推定标准或规则。作为兜底的其他操纵方式，如信息操纵与危害结果之间的因果关系则是非直接的：资本操纵交易行为与真假信息非法传递交替进行，形成虚假市场交易和行情，并对投资者投资决策造成影响。至于影响程度大小，各国都无法精确测量，一般通过证券、期货价格或交易量的反映结果来予以显现。可见，资本操纵行为与证券、期货价格或交易量受到控制、影响之间的因果关系并非直接因果关系。非正常价格或交易量的结果既有中枢传导作用如操纵行为，也有投资者的投资决策发挥作用，又有可能存在其他无法查清的介入因素。

在计算机网络技术条件、公开集中的交易模式及金融证券特性背景下，证券、期货价格的成因分析按照现行证据规则的要求进行科学、准确判断几无可能。证券犯罪的因果关系判断是个世界难题，因此举证责任倒置之论在前几年如火如荼，但离实践确认还十分遥远。美国通过判例提出了交易因果关系和损失因果关系，但实践中进一步的运用却因理论基础缺失及逻辑方向不当而裹足不前①。由于证券、期货市场因果关系判断的特殊性，如果没有司法拟制或推定存在，运用直接证据证明在实践中几乎无法成立。既然对因果关系证明采取的是推定方式，那么行为人对其行为与危害结果之间因果关系的认知，往往也无法通过直接证据证明。

2. 行为对危害形成有具体危险的推定因果关系成立

盘价走势受内外多种因素影响，再加上如果大盘走势与操纵方向大体一致，判断操纵行为与价格形成机制被影响的因果关系就更为复杂。资本操纵与相关金融商品交易价格或交易量受到控制之间的因果关系如果没有推定规则，实际上难以被证明。即使设立推定规则，也是一种二次推定后的推论②。比如，“新海股份”股价变化符合市场规律。如当市场整体趋于低迷状态时，目标股出现价格波动属于正常现象。但如果同时目标股存在利好消息，也会促成市场价值提高。是否可以认为大盘的跌幅或股价的波动不是认定操纵性质的必要条件，行为的不合理性、违法性才是认定的必要条件呢？市场操纵犯罪属于行政犯，认定操纵与否更多依赖于行政判断。从证监会查处涂衷华等操纵案行政处罚书中可以看出，认定某个交易行为是否构成市场操纵，主要是依据交易行为本身是否具有操纵性、异常性、违法性，而个股变动与中小板指数变动对比以及个股某段时间内的涨幅，仅是操纵行为结果的表现，是认定操纵行为的考虑因素之一，并非唯一依据。需要追问的是，当涉嫌目标股票涨幅期间，又伴随着大盘普涨行情时，行为是否与目标股的涨幅成立因果关系？根据本案违法认定的思路，可以理解成违法行为引起股票涨幅与否的问题不是判断因果关系成立的必要因素。中国证监会 2006 年出台的《证券市场操纵行为认定指引》（以下简称《操纵认定指引》）对“致使”的解释是，行为人的操纵行为是证券交易价格异常或形成虚拟的价格水平，或者证券交易量异常或形成虚拟的交易量水平的重要原因。这一点与证监会认为的认定操纵的关键在于操纵性、异常性与违法性的思路不谋而合。如果此类案件直接放到刑事领域进行判断，是否可以理解为只要行为有引起股票不正当涨幅的可能性即可？如果这个命题成立，也在一定程度上否定了结果犯的定性。市场操纵违法与市场操纵犯罪在质上的不同之一在于“情节严重”。情节严重是否需要将“客观性的价量变动结果”作为必要要素呢？笔者认为并不需要。情节严重是违法程度更高的量的表达，与行为和危害结果因果关系的判断关联不大。亦言，专业监管机构对违法行为与危害结果因果关系的判断方法可以作为刑事因果关系判断的依据或规则。证券市场的价格形成往往是多个因素促成的结果，且各个因素作用在各个价格形成阶段的比重各有不同，精确判断要素作用发挥程度及大小在证券、期货市场是几乎完成不了的任务。专业监管部门在判断违法行为与危害结果的因果关系时，认定操纵的关键在于操纵性、异常性与违法性，而不在于客观性的价量变动，或精确的价量变动比例或数量标准。现有的法

① 曾洋：《内幕交易侵权责任的因果关系》，载《法学研究》2014 年第 6 期。

② 谢杰：《操纵资本市场犯罪刑事规制研究》，上海人民出版社 2013 年版，第 122-125 页。

律规定也表达出法律拟制的因果关系，即法律拟制认为证券交易量或交易金额在多大程度上会引发价量变动的结果。用“同质性”原则解释兜底条款，价量变化也不是行为适用兜底条款的必要因素，只要有相当危险即可。

就法律拟制的合理性考察而言，现行规定是具备交易证券数额、交易期货合约所涉金额、获利或免损数额及交易次数条件的可以追究刑事责任。实际上即使不是一般理性投资者，一般民众并不会认为交易证券数额达到如《追诉标准（二）》中提到的占据流通总量一定比例，就会造成市场震荡的危险，或者产生投资者丧失信心的危险。立法者将交易数额或交易次数纳入刑法规制范围的合理解释是：整体法益属于抽象性法益，一般难以提出具体的衡量标准，如何判断行为产生危害保护法益的危险是立法者设定的。由于危险犯抽象性特征和立法技术问题无法涵盖危险类型的原因，立法者也无法深入、明确规定，因此用相对明确的行为要件预设发生危险的条件是难以做到的。金融尤其是网络金融交易不仅具有非接触性的特征，价格形成机制的成因又非常复杂，行为与结果的因果关系不得不通过法律拟制解决。立法仅设立行为样态、未设定行为程度的做法并不意味着行为人达到行为要件标准即可入罪，同样需要司法判决者根据具体案情，如交易行为持续时间长短或行为导致的恶劣影响等情节，判断是否会造成被刑法所评价的证券市场正常秩序的危险产生。

（三）证券市场操纵犯罪行为的客观推定

1. 交易操纵客观行为的推定

操纵大体分为交易操纵和信息操纵两种形式。关于交易操纵的认定，一般可从行为人的身份、交易动机，交易前后的状况、交易形态是否违反投资效率，交易占有率等交易因素来综合考虑。判断是否违反投资效率等不合理、反常的投资行为是从一般理性投资人角度予以考量。交易行为的不合理性或反常性是指相关行为与理性投资者的选择方向相悖，在经济上不合理，如在自己控制的账户间进行交易、高价申报买进低价申报卖出等；在目标股票或期货普遍长期上涨期间，大量抛出。行为的不当性，与交易行为不合理性相关，侧重于违反法律规定和业务规范的异常行为。当然，交易异常也存在同时期异常与貌似正常交易并行的情况。为掩饰交易意图或稳定股价以达到获利目的，更多操纵通过主卖次买或主买次卖同时交易的方式进行，如中国证监会2016年处罚的“陈明贤违法操纵案”，陈明贤在卖出“旗滨集团”的同时也买入该股，以稳定和维持“旗滨集团”股价。其间，利用申报买入并撤单、高买低卖、自买自卖等操作手法，影响股票交易价格和交易量。以股权激励为名的控制股价行为涉嫌操纵，行为人为维护股价往往以股权激励名义操作职工账户进行控制股市的操作。如果操纵指标显著，则涉嫌操纵。程序化操纵是较为新颖的操纵方式，以迅速虚假报价单方式，利用技术优势，适用哄骗或订单分层的策略，使交易平台无法正确反映市场供求的价格买卖股票，利用虚假频繁申报，仅仅几秒即可完成，虽然单次获利不多，但累计获利颇丰。以上新型操纵行为在适用兜底条款时，还是需要一定量的要求，以符合同质性原则和谦抑性原则。

在交易操纵中，约定义务、稳定价格等交易行为很可能被认定为操纵，及时信息披露的事实可以成为阻却操纵的事由。如依规回购，上市公司按照证监会规定的程序、信息披露规则、交易方式等进行股份回购，不构成操纵证券市场犯罪。由于严格按照信息披露制度执行交易，即使占据了当时市场的主要交易量或控制了价格，表面上符合价量操纵特征，但在本质上并未误导投资者，因而不属于市场操纵。金融领域不同于实体经济领域的地方在于它的虚拟性和投机性。融资融券中涉及的卖空交易可能会导致市场崩溃，诱发系统性风险。卖空可以被操纵者制造出误导市场真实供求和股票真实价值的信号，也可以被用来作为拉低股价的工具。全面、及时、执行遵守成本合理原则的信息披露可成为阻却异常卖空的理由。当然，某些卖空也夹杂套利交易、避险交易等目的，所以又不应完全依赖信息披露与否以判断操纵性质。

2. 信息操纵客观行为的推定

信息操纵有两种表现方式：一是利用真实信息操纵。真实信息包括并购、重组等事项在接洽、意向达成甚至履行阶段形成的信息，如提出意向、进行协商、达成协议等信息。行为人利用正在进行但尚未公开的真实信息或不完全真实、准确的信息（有别于虚假信息）影响投资者判断，当证券价格或量达到操纵者预想的度之后，进行操作。也可能配合交易操纵，以使得价或量达到操纵者的预期。二是自己制造信息操纵，即抢帽子交易。在以有影响力的身份发布足以误导投资者信息的前后进行证券或期货交易。易言之，交易与信息互相配合构成操纵。

信息型操纵证券市场犯罪的事实关键在于通过信息的传递人为制造资本市场中的价格信号。证券市场操纵是具体危险犯，所以信息操纵也可认为是情节犯，不要求行为导致严重后果，如证券、期货市场秩序混乱。而编造并传播证券、期货交易虚假信息罪，虽然也是围绕证券、期货交易制造并传播信息，但要求有严重后果，所以两者存在部分法条竞合的关系。我国刑法明示的行为样态更多的是交易型操纵证券、期货市场违法犯罪行为，但信息型操纵手法逐渐成为操纵主流，认定工作更为复杂，如凭借身份地位，控制信息披露的节奏来进行操纵。控制重大敏感信息的形成和披露节奏或者有意向特定机构泄露内幕信息方式来控制价格涨跌，操纵成本大大降低，账户交易的价量影响指标并不明显，信息操纵的意图明显。上市公司实际控制人先通过大宗交易增持股票，增持公告后股价大涨。再以连续发布并购公告，股价上涨时机暗中购买股票，其间不乏利用股价上涨之机，暗中卖出股票。之后私募机构通过调研方式，私下将未公开的利好消息透露给庄家，诱使其大量买入，同时安排荐股，暗中卖出持有的股票获利。如果认定两者共谋，解决了主观故意以及不要求数额的问题，追究刑事责任的难度将大大降低。再如，制造信息又分为不完全真实信息和不真实信息，此类行为的客观及主观定性较为复杂。通过热点炒作，不确定型信息或主动披露的方法诱使市场对上市公司内在价值的预期和投资决策，控制信息披露节奏，故意不及时、不真实或不完整披露信息的心态更为明显。交易主体往往为上市公司控制人，如果认定信息控制与交易操纵人的共谋，结合交易的异常性，有认定利用信息操纵的可能性。又如，上市公司有意将利好计划透露给庄家，让庄家在二级市场利用该未公开信息炒作，以推高股价，同时动用多个账户反复买卖上市公司股票。根据《追诉标准（二）》的规定，对行为入刑没有数额的限制。可根据行为人披露信息的节奏，两人共谋事实、交易的异常性，以及获利事实（非必要因素）的认定，如披露信息不符合商业交易习惯的、减持股票以得利的、交易异常的，操纵意图明显，客观操纵亦可认定。目前多存在操纵者将多种操纵手段并用，不需要《追诉标准（二）》明示要求的交易比例和时间，即可达到操纵者预期目的的现象。此种手段在实践层面往往被认为未达到刑事明文规定的比例要求，因而无法移送司法处理。笔者认为可以通过兜底条款解释为符合情节严重的情形，予以刑事规制。

结语

刑事规范的滞后与模糊一直是制约证券市场操纵刑事规制的基础性问题，这个问题在面临日益翻新操纵手段的挑战时显得更加突出。市场操纵行为特性的认识不足造成对刑法谦抑性的误读，及时有效的刑事介入不会抹杀证券领域的创造性与活力，反而是保驾护航。运用好市场操纵的行政认定与刑事认定存在的异同，为规制证券市场操纵犯罪提供了范本。应在找准证券市场操纵的行为性质的基础之上完善规范与建立相应的认定规则。操纵行为侵害的时抽象法益，其行为性质为具体危险犯，因此尽管大多新型证券市场操纵行为与结果为非直接因果关系，但建立推定规则有其理论依据。作为入罪要件的“情节严重”，在判断时不以价量变动的大盘（证券市场）股价波动作为必要依据，而是以行为是否有影响、控制证券市场价格形成机制的可能性，并分别根据信息与交易操纵的行为特性来认定操纵与否。

违法发放贷款犯罪问题研究*

王美鹏** 李 俊***

振兴实体经济是当前党委、政府的一项中心工作，一个运行良好的金融生态系统正是实体经济赖以有序发展的基础和关键。反观当前金融系统问题种种，其中对实体经济影响最直接的当属银行信贷。当前浙江省内银行业贷款不良率较高，温州地区2013年银行贷款不良率曾高达5%，自2015年伊始虽呈下降趋势，但截至2016年年底仍维持在3%左右，高于全国平均水平，全市近四年共生成不良贷款总额超1500亿元。① 大量不良贷款挤占了银行信贷额度，导致银行扶持实体经济的动力衰减。虽然不良贷款高发在一定程度上是受经济下行因素影响，但银行工作人员在发放贷款过程中滥用职权、玩忽职守，以及银行管理层在行业激烈竞争中为追求业绩而漠视规章制度，亦是不良贷款问题不断累积的重要原因。其问题核心就在于银行工作人员权责不匹配、刑法威慑功能未得有效伸张，致使银行内部人的道德风险长期难以平抑。故本文主张，对银行系统乱象及其工作人员违规泛滥的有效整治，必须借助司法职能的积极介入，以法律手段追责、纠偏，通过刑法威慑功能来实现违法发放贷款的事前预防及矫正，促进信贷秩序的恢复及善治。

从司法机关社会治理职能的角度审视违法发放贷款问题，必须合理平衡维护银行业金融机构信贷秩序平稳运行和满足社会正常融资需求这两项价值目标，以保障当前振兴实体经济工作的推进。具体到司法治理手段，首先是通过厘清违法发放贷款的犯罪构成、甄别违法发放贷款行为的罪与非罪、合理设定入罪标准，以进一步强化违法发放贷款刑事责任的确定性和归责可预期性，促进银行内部人员自我约束、降低道德风险。在此过程中，应充分利用银行业金融机构自身预防违法的功能作用，适度尊重银行内部管理规程的效力。

另外，银行市场行为的“灵活性”与法律规则的“刚性”往往存在现实矛盾。商业银行在追求营利和金融市场激烈竞争的双重刺激下，都有扩大信贷规模、追求市场份额的内生冲动，这是银行商业化经营的必然结果也是市场化所需容忍的必要风险。因此，审视对违法发放贷款行为的刑事打击尺度，还必须兼顾信贷秩序安全稳定与银行工作人员工作积极性这两项价值目标，在维护秩序与激发活力之间保持合理平衡。既不因刑事打击失之于严，影响银行金融机构正常的信贷经营活动，导致银行不敢、不愿发放贷款，妨害市场融资需求；也不因刑事打击失之于宽，致使

---

* 本文系2016年度浙江省人民检察院立项专题调研重点课题成果，课题编号sydy201602。

** 浙江省温州市人民检察院副检察长。

*** 浙江省温州市人民检察院未成年人检察处副处长，中级经济师（金融），浙江省检察理论研究人才。

① 根据温州市银监局监测数据，截至2016年11月末，温州全市银行业不良贷款率四年来首次降至3%以内、即2.99%，不良贷款余额239.43亿元、四年累计处置不良贷款1398.38亿元，两者合计1637.81亿元。

金融信贷秩序混乱、银行业系统利益受损。因此，应当根据行为人违法发放贷款的主观心态、造成的危害后果、因果关系程度等情节的不同，合理把握刑事打击的力度与尺度，做到既维护银行信贷秩序安全稳定又激发和保持银行经营的活力。

近年来，温州违法发放贷款刑事案件呈增多趋势，温州全市公安机关以违法发放贷款和骗取贷款这两项罪名移送检察机关审查起诉的案件，在 2014 年共 25 件，其中违法发放贷款 1 件；2015 年共 48 件，其中违法发放贷款 11 件；2016 年共 104 件，其中违法发放贷款 15 件，案件量增长明显。值得说明的是，在以骗取贷款罪移送起诉的案件中，有部分案件是将违法放贷的银行工作人员作为骗取贷款的共犯来并案移送，故违法发放贷款的实际案件数量高于统计数。总体而言，进入审查起诉程序的违法发放贷款案件普遍涉案金额巨大，部分案件涉案金额过亿、社会影响较大。同时，银行信贷从业人员因收受借款方好处或追求绩效奖励的主观冲动，又形成道德风险、操作风险相互交织的复杂局面。

我国刑法第 186 条对于违法发放贷款罪规定较为笼统，而银行信贷工作的专业性强、面临的问题复杂多样，现行法律明文规定与银行信贷的操作实践存在一定程度的脱节，导致公检法机关在执法过程中就某些问题产生认识分歧。笔者经梳理、研究温州地区百余件违法发放贷款案件材料后认为，当前应着力解决以下几个方面争议：

一、对“违反国家规定”的认识需统一

违法发放贷款罪的构罪前提是违反国家规定。《刑法》第 96 条规定：“本法所称违反国家规定，是指违反全国人民代表大会及其常务委员会制定的法律和决定，国务院制定的行政法规、规定的行政措施、发布的决定和命令。”而 2011 年最高人民法院《关于准确理解和适用刑法中“国家规定”的有关问题的通知》则规定“对于违反地方性法规、部门规章的行为，不得认定为‘违反国家规定’”。目前与银行信贷业务有关的法律、行政法规、部门规章主要有《商业银行法》、《银行业监督管理法》、中国人民银行《贷款通则》、银监会《固定资产贷款管理暂行办法》、《流动资金贷款管理暂行办法》、《个人贷款管理暂行办法》、《商业银行授信工作尽职指引》、《项目融资业务指引》等。商业银行内部还各有详尽的贷款工作管理规程。上述规定仅《商业银行法》和《银行业监督管理法》属于刑法上的“国家规定”，其他如《贷款通则》、《商业银行授信工作尽职指引》等都是部委规章，不属于“国家规定”。

但在司法实务中，一方面是《商业银行法》及《银行业监督管理法》等法律对于“合法发放贷款”的规定过于笼统，依据该法几条原则性规定来认定行为人发放贷款行为是否违法，还不够明确、缺乏可操作性，导致司法机关对于发放贷款行为违法性认识不一。此问题亦是刑事诉讼中辩护律师着重关注并经常提出辩护意见的焦点。该问题不解决，刑罚确定、可预期的基本原则就无从谈起，导致信贷秩序长期处于失范状态。另一方面是相关部委规章有章可循，但适用的合法性却引争议。中国人民银行《贷款通则》第 27 条针对“贷款调查”进行了较详细规定；银

监会《商业银行授信工作尽职指引》针对尽职调查作出了详细规定并具体列举了9种尽职调查违规情形，《流动资金贷款管理暂行办法》亦针对尽职调查作出详细规定并具体列明了尽职调查的9项核心内容，其他如《固定资产贷款管理暂行办法》、《个人贷款管理暂行办法》、《项目融资业务指引》等规定中亦有相应内容。而各商业银行内部信贷管理规程对于贷款条件、程序的规定则更为详尽具体，内容可谓细致入微。

比较上述规定，显然《贷款通则》、《商业银行授信工作尽职指引》等部委规章对于贷款发放条件和程序的规定更为详尽、标准更加明确具体。依据上述部委规章来认定发放贷款行为的违法性，更易于司法实务操作也符合银行信贷实践工作的客观实际。但同时问题也显而易见，上述部委规章均不属于我国《刑法》的“国家规定”，据此来认定发放贷款行为是否违法，于法无据、合法性易引起争议。

本文认为，首先，根据《商业银行法》和《银行业监督管理法》的立法精神，依据部委规章来认定发放贷款行为的违法性，符合立法逻辑。理由是，我国《商业银行法》第52条规定“商业银行的工作人员应当遵守法律、行政法规和其他各项业务管理的规定，不得有下列行为……（五）违反法律、行政法规和业务管理规定的其他行为”，可见立法是将法律、行政法规之外的“业务管理规定”同样作为信贷工作的法定行为准则，并要求信贷人员同等遵守。而《银行业监督管理法》第21条第1款则规定：“银行业金融机构的审慎经营规则，由法律、行政法规规定，也可以由国务院银行业监督管理机构依照法律、行政法规制定。”据此，人民银行、银监会等金融监管部门依据法律授权而制定的信贷风险管理规则，理应获得司法机关认可。由此可以合理得出如下法律逻辑结论：违反人行、银监会的信贷规则→法律效果就是未遵守《商业银行法》第四章有关贷款程序、条件的法律规定→违反国家规定。故司法机关应达成如下共识：根据罪刑法定原则，认定发放贷款行为“违反国家规定”的法律依据应当是法律和行政法规，但由于部门规章是在法律授权之下对法律条文原则性规定的进一步明确及细化，故信贷工作人员对于部门规章的遵守情况可以作为司法机关认定发放贷款行为是否符合《商业银行法》规定的重要依据，即将违反部门规章作为认定行为人违反国家规定的“依据”。行为人违反《贷款通则》《商业银行授信工作尽职指引》等部门规章规定，就可以认为是违反了《商业银行法》第四章所规定的贷款基本规则。

其次，商业银行内部信贷管理规程可以作为认定行为违法的“参考”。是否遵守银行内部管理规程是判断行为人主观恶性的一项重要参考，而司法机关参与社会治理的最大价值就是要推动银行信贷的秩序回归，在此过程中就必须充分尊重银行等金融机构的自治功能。商业银行作为防范违法发放贷款的第一责任人和损益承担者，本身是治理违法发放贷款问题的重要参与主体，同时《商业银行法》第59条亦规定：“商业银行应当按照有关规定，制定本行的业务规则，建立、健全本行的风险管理和内部控制制度。”因此，对于商业银行总行颁行的、得到本行内部普遍遵循的业务管理规程，可适度赋予其一定的准据法效力。但必须说明的是，由于银行内部管理规程并不属于法律规章且其内容是在部门规章基础上的进一步扩充，故违反银行内部管理规程只应作为认定行为是否违反《商业银行法》第四章规定的贷款基本规则的“参考”而非“依据”，具体可由司法机关根据行为人违反内部规定的严重程度来作出合理裁量。

二、合理设定违反信贷规程的入罪标准

目前我国法律、行政法规、部门规章以及银行内部管理规程共同针对银行信贷的程序和条件设定了极为严苛的标准。大量具有真实融资需求的企业，并不一定完全符合贷款条件，而在信贷实践中，大量银行业金融机构为了提高经营效率，亦普遍未严格执行该标准，亦即“法定标准”[①]与实践标准存在差异。司法机关应正视并尊重这一客观现实。根据刑法谦抑原则，只有违反国家规定情节严重的行为才应予以刑事打击，情节显著轻微的不认为是犯罪。金融信贷业务本身自带风险，如果不对信贷人员违反信贷管理制度的严重程度作出合理甄别，并为信贷人员保留必要的司法责任豁免空间，将会导致刑事打击手段失之于严，有悖于刑法谦抑、不利于银行经营的活力以及金融秩序的长治久安，亦间接妨害市场主体的正常融资需求，社会成本过于高昂。

通过梳理近几年温州地区违法发放贷款刑事案件所暴露出的诸多信贷风险节点及其问题，笔者将发放贷款行为的违法性大致归纳为两个方面：一是在实体上未有效审查、过滤虚假申贷材料及担保；二是在程序上故意违背信贷程序要求。在实体上，“虚假资料和虚假担保”主要体现在企业简介、企业经营状况、财务报表、资产负债及损益表、公司章程、验资报告、纳税申报表、资产证明复印件、投资说明、财务分析、财务数据、纳税情况等与实际不符，以及保证人基本情况、保证人同意保证的证明文件、抵（质）押物的权属和价值、抵（质）押物清单和有处分权人同意抵（质）押的证明、实现抵（质）押权的可行性、抵（质）押物落实等情况存在虚假或严重法律瑕疵。在程序上，违法行为主要体现在审贷未分离、逆程序操作和超权限审批、员工参与客户编造虚假材料、授意或支持贷款调查（审查）人员撰写虚假调查（审查）报告、随意降低准入标准、未严格执行合同面签以及在未落实贷款条件和客户经营发生重大不利变化情况下发放贷款。

从银行业信贷工作实践来看，我国《商业银行法》对于信贷审查的关注点主要聚焦在借款人借款用途、偿还能力、还款方式、担保这四大核心点上，银监会《关于加强信贷管理严禁违规放贷的通知》对于违法发放贷款问题的关注焦点主要集中于企业生产经营信息、客户还款能力、担保以及内部人滥用职权或玩忽职守这几项情况。而在银行业信贷风险控制实务中，在实体上主要关注借款人的偿还能力和担保情况、在程序上主要关注是否存在滥用职权或玩忽职守，对于其他诸如借款用途、还款方式、购销合同、贸易背景等情况，则普遍未作严格把控，亦即这几方面内容不是实践中银行授信贷款的关键依据。事实上，在当前社会现实环境中，司法

① 此“法定”并非严格意义上的法律及行政法规规定，同时还包含部委规章以及银行内部信贷管理规程的规定。

机关如要完全杜绝企业提供虚假材料，极可能导致大量具有真实融资需求的中小企业因无法满足信贷非核心条件而难以获得经营急需的贷款支持，银行经营亦会因此受损，司法负面产出显然过大。因此，本文主张，对违法发放贷款的司法治理，应将法律视角集中在几个主要风险点上，并根据主要风险点来设定本罪的入罪坐标，从而合理平衡银行信贷资金安全与中小企业合理融资需求这两项价值目标：

1. 玩忽职守导致对借款人“还款能力”评估失实

无论在《商业银行法》等法律、规章规定中，还是在银行业信贷工作实践中，借款人还款能力都是银行授信审批过程中的审核焦点，亦是决定银行是否提供贷款的首要因素，银监会《关于加强信贷管理严禁违规放贷的通知》就明确提出应“重点关注客户还款意愿和第一还款来源，减少对抵质押品等第二还款来源的依赖，防止银行信贷业务‘典当化’”。还款能力本是一种客观状态，银行主要是根据借款人提供的资料、按照实地调查与间接调查相结合的方式进行综合评判。从理论上讲，银行要求借款人提供的财务报表、公司章程、验资报告、资产负债及损益表、纳税申报表、资产证明复印件、投资说明、企业简介、财务分析、借款申请书、经营状况、财务数据、纳税情况等申贷资料，均是评估借款人还款能力的依据。但是，根据银行业信贷实践的普遍遵循，上述申贷资料中往往只有借款人经营状况、财务报表、资产负债损益表、纳税资料、资产证明、投资状况才是银行据以判断借款人还款能力的核心资料，其他资料则并非核心。并且，上述核心资料个别虚假亦并不必然导致对借款人还款能力评估结果失实的后果。通常而言，信贷人员是按照资料“相互印证”规则来综合评定借款人的信用等级和还款能力，银行业金融机构在内部风险控制中最关注的也就是信贷人员是否履行了相互印证的审查程序而非个别资料是否存在虚假。因此，本文主张，如果信贷人员未遵循相互印证的规则来综合审查评判申贷资料，导致对借款人偿还能力评估结果失实的，可以认定其行为属于“违反国家规定”。但如果上述资料虽个别虚假却不影响对借款人偿还能力评估结果的，即使信贷人员未能识别该资料虚假，也不宜认定为犯罪。

2. 玩忽职守导致担保无效或重大法律瑕疵

贷款担保包括人保和物保。在信贷实践中，担保情况是决定贷款能否通过审批的另一关键因素，业内称其为“第二还款来源”。不管《商业银行法》还是中国人民银行《贷款通则》、银监会《商业银行授信工作尽职指引》等规定，均以单独条文形式对贷款担保作出专门规定。在司法实践中，信贷人员因贷款担保虚假或严重瑕疵而被追究违法发放贷款刑事责任的比例较高，问题往往集中于以下几类情况：一是保证人的基本情况虚假，包括保证人实际经营情况虚假、保证人承诺保证的真实意思表示虚假；二是抵（质）押物的权属证明虚假；三是抵（质）押物评估价值畸高且调查人员未尽职核实标的物真实状况，如土地性质、“五通一平”情况、房屋状况等，或者信贷人员明知评估结果严重失实而予以罔顾；四是抵押登记程序不到位，导致担保物权严重瑕疵、影响物权的顺利实现。如果信贷人员因玩忽职守导致担保出现上述法律瑕疵，其行为可以认定为违反国家规定，予以刑事打击。

3. 未遵守“尽职调查”程序要求

银行业金融机构的贷款分固定资产贷款、流动资金贷款和个人贷款三种类型，其中个人贷款又分为个人经营性贷款和消费性贷款。针对三种类型贷款的尽职调查，业内规定了不同的调查方式。对于固定资产贷款和流动资金贷款，因借款人是企事业法人及其他经济组织，《固定资产贷款管理暂行办法》和《流动资金贷款管理暂行办法》要求“贷款人应采取现场和非现场相结合的形式履行尽职调查”，银行除了要求信贷人员对借款企业、担保企业进行实地调查外，还需酌情向政府有关部门及社会中介机构索取相关资料，以验证客户提供资料的真实性，即现场和非现场相结合。而对于个人贷款的要求则相对较低，《个人贷款管理暂行办法》规定可将部分特定尽职调查事项委托第三方代为办理，贷款风险评价应以“分析借款人现金收入为基础”，但现实中由于申请大额个人贷款的往往是商业经营者，其现金收入情况根本无法进行合理评定，故银行对于此类贷款更倚重于其担保，金融机构要求信贷人员主要对借款人身份、担保情况进行核实。因此，在固定资产贷款和流动资金贷款中，只要银行工作人员未履行现场调查程序，就可以认定为严重违反国家规定；而在个人贷款中，只有信贷人员因重大过失未能识别借款人虚假身份、虚假担保（包括担保物实际价值畸低）以及未能有效办理抵押登记的，才宜入罪打击。

4. 滥用职权违反信贷程序

滥用职权违法发放贷款的主观恶性明显高于玩忽职守行为，理应严厉打击。在司法实践中，滥用职权违法发放贷款的案件比例较高，主体包括承担贷款尽职调查职责的客户经理或其部门负责人、承担信贷审批职责的审批人员以及承担贷款支付职责的放款部门人员，行为包括逆程序操作和超权限审批、参与客户编造虚假材料、故意隐瞒真实情况、授意或支持贷款调查（审查）部门人员撰写虚假调查（审查）报告、明知未落实贷款条件或客户经营发生重大不利变化仍然发放贷款等。

一是信贷审批人员，具体包括信贷审批事项承办人以及“审贷会”成员，审贷会成员一般包括行长、副行长、信贷审批及风险管理部门负责人等。这些人是违法发放贷款的决策者，故本文主张，只要其具有上述参与伪造材料、授意或支持工作人员撰写虚假调查（审查）报告、降低准入标准、超权限审批等行为，或者违反银行贷款“审贷分离、分级审批”制度的，就应认定为违反国家规定，从而有效匹配此类人员的“权”与“责”。二是客户经理或其部门负责人，因其是尽职调查的直接责任人并对贷款资料真实性负责，只要存在指使、参与客户造假、故意隐瞒真实情况、故意撰写虚假调查报告等滥用职权行为的，就应入罪打击。三是放款部门的工作人员，其负有款项支付前的严格审查义务，如其明知不符合放款条件或客观情况已发生明显变化而仍然放款的，就应归类于滥用职权并予刑事打击。

三、“直接经济损失”的计算标准需予明确

根据刑法规定，违法发放贷款“数额巨大”或者“造成重大损失”的构成犯罪。2010年最高人民检察院、公安部《关于公安机关管辖的刑事案件立案追诉标准的规定（二）》第42条规定，“违法发放贷款，造成直接经济损失数额在二十

万元以上的”应追究刑事责任。但目前并没有法律或司法解释明确规定“直接经济损失”的计算方式及时间节点，这是司法实务中容易产生分歧的争议点。

实践中，违法发放贷款与骗取贷款往往是对合犯罪，大量违法发放贷款犯罪正是因骗取贷款罪案发而暴露。2015年，浙江省高级人民法院、省人民检察院、省公安厅联合印发《关于办理骗取贷款罪有关法律适用问题的会议纪要》规定，“骗取贷款的直接经济损失应限定为侦查机关立案时逾期未偿还银行或者其他金融机构的信贷资金”，部分司法机关就参照该骗取贷款会议纪要的规定来计算违法发放贷款的损失金额。但也有不同观点认为，只有穷尽一切救济方式后仍无法收回的借款才能成为损失，理由在于，在金融借贷民事诉讼程序未终结之前，该损失还有继续挽回的可能，实际损失不确定。笔者主张，可以参考浙江省公检法关于骗取贷款会议纪要的规定，以“侦查机关立案”为时间节点来认定违法发放贷款罪的经济损失数额，理由在于：首先，银行经营安全的核心在于其资金“流动性安全”。对于银行而言，只有贷款获得按期偿还才能够保持其存贷款资金的流动顺畅，故银行资金流动性是决定其经营安全性的关键因素。一旦银行贷款未能按时收回，即使事后经多重手段追回全部款项，但对于银行资金流动性安全业已造成重大损害，显然破坏了正常的金融秩序。刑法第三章第四节“破坏金融管理秩序罪”的首要法益是维护金融秩序、保障金融安全，违法发放贷款作为其中一个罪名，保护银行资金流动性安全当然是其重要法益内容。因此，以侦查机关立案时间为节点来计算损失数额，符合本罪立法目的。其次，从违法发放贷款罪与骗取贷款罪的刑法规定来看，违法发放贷款罪的构罪标准是“数额巨大或者造成重大损失”，骗取贷款罪的构罪标准是“给银行造成重大损失或者有其他严重情节”。2010年，最高人民检察院、公安部《关于公安机关管辖的刑事案件立案追诉标准的规定（二）》针对违法发放贷款罪和骗取贷款罪的构罪数额标准作了完全一致的规定，均是“数额在一百万元以上”或“造成直接经济损失数额在二十万元以上”，可见司法解释对于此两罪的理解及处置思路是完全一致的。因两罪均属行为犯，既然司法解释对两个罪名予以同等对待，也说明在计算损失数额的时间节点这个问题上，两罪具有相通性。

四、对于内外勾结违法发放贷款的罪名认定需统一认识

在司法实践中，信贷人员内外勾结违法发放贷款的情况较为常见，原因既有收受借款人贿赂而向其违规放贷，又有与借款人合谋骗取贷款后予以瓜分，还有借用他人名义骗取贷款归自己使用。涉及的罪名包括违法发放贷款、骗取贷款、贷款诈骗、职务侵占（或贪污）、非国家工作人员受贿（或受贿罪）、挪用资金等，各地法院判决罪名各有不同。

在信贷人员收受他人贿赂而违法发放贷款的情形中，涉及违法发放贷款和非国家工作人员受贿（或受贿罪）两个罪名，争议焦点是定一罪还是两罪。笔者认为，此种情形只应从一重罪处罚。违法发放贷款本质上属于渎职犯罪，虽然2016年最高人民法院、最高人民检察院《关于办理贪污贿赂刑事案件适用法律若干问题的解释》第17条规定，国家工作人员同时构成受贿罪和刑法分则第三章第三节、第九

章规定的渎职犯罪的，以受贿罪和渎职犯罪数罪并罚，但该司法解释是针对“国家工作人员”制定的特殊规定。在银行工作人员不属于国家工作人员的情况下，依据罪刑法定原则，就不能数罪并罚；在银行工作人员属于国家工作人员的情况下，因其不符合刑法分则第九章渎职罪以及第三章第三节渎职犯罪的主体条件①，也不能数罪并罚。

在信贷人员与借款人合谋骗取贷款后予以瓜分的情形中，因骗取贷款的犯罪对象是金融机构而非其工作人员，金融机构与其工作人员系相互独立的两个法律主体，故即使个别工作人员明知存在骗贷事实，但因其非为机构利益亦不代表单位意志，故不能因此排除借款人骗取贷款犯罪的成立。在具体罪名的判定上，实践中有司法机关将银行工作人员以骗取贷款的共犯论处，也有司法机关对两者分别判处违法发放贷款罪和骗取贷款罪。笔者认为，此种情形下对两者均以违法发放贷款罪处罚更为妥当。因为在此类情形中，骗取贷款行为与违法发放贷款行为属于想象竞合行为，依法应择一重罪处罚，在同等犯罪数额情况下，违法发放贷款罪的法定刑高于骗取贷款罪。而对于借款人，依据共犯理论，理当以违法发放贷款罪共犯论处。

在信贷人员借用他人名义骗取贷款归自己使用的情形中，目前司法实践中普遍是以挪用资金罪或职务侵占罪（贪污罪）论处，笔者赞同此种处理方式，即按照牵连犯的处罚原则择一重罪处罚，在此不再赘述。

五、结语

银行信贷工作专业性强，其中道德风险与操作风险相互交织，情况复杂。站在司法机关参与社会治理角度来研究违法发放贷款犯罪，核心任务就是合理设定违法发放贷款的入罪标准、统一司法认识，以进一步强化违法发放贷款的刑罚确定性和归责可预期性，推动银行信贷秩序恢复及良性运行。在此过程中，必须兼顾中小企业的正常融资需求，统筹好维护金融秩序稳定、激发银行业金融机构经营活力、保持银行内部人的工作热情三者关系，在打击犯罪、保持信贷秩序稳定、保障权利间实现平衡，尽量减少司法负面产出。在设定违法发放贷款的入罪标准时，应注重发挥金融机构本身对于防范和治理违法发放贷款的功能作用，适度承认银行内部管理规程的准据法效力。在此基础上，司法机关还可以进一步主动延伸司法职能，着力整饬违法发放贷款现象泛滥背后隐藏的社会问题、净化银行信贷的外部环境，推动信贷秩序善治。

---

① 刑法分则第九章“渎职罪”的犯罪主体是国家机关工作人员，分则第三章第三节“妨害对公司、企业的管理秩序罪”中涉及渎职犯罪的主体则是具有公司、企业市场主体行政管理职能的国家工作人员。

金融诈骗罪立法完善研究

谢治东*

现行刑法在分则第三章“破坏社会主义市场经济秩序罪”中，以“金融诈骗罪”专门一节共九个条文对金融诈骗罪进行了规定。在现行刑法中，金融诈骗罪属于二级罪名，也有学者将它称作“节罪名”。根据具体犯罪手段和诈骗对象的不同，刑法在金融诈骗罪这个节罪名下，共设有八个具体罪名，即集资诈骗罪、贷款诈骗罪、票据诈骗罪、金融凭证诈骗罪、信用证诈骗罪、信用卡诈骗罪、有价证券诈骗罪和保险诈骗罪八个具体罪名。为了便利司法适用时的具体操作，使刑事规则体系尽量严密、细化，刑法对金融诈骗罪的罪状表述大多采用将行为方式细化的列举型叙明罪状。现行刑法对金融诈骗罪的立法，对于依法惩治破坏金融秩序的犯罪活动，维护金融秩序，具有十分重要的意义，但同时存在一些缺陷，有待通过立法加以完善。

一、金融诈骗罪立法缺陷分析

（一）金融诈骗罪独立设节既不科学也无必要

现行刑法将包括集资诈骗罪、贷款诈骗罪、票据诈骗罪、金融凭证诈骗罪等八种金融诈骗犯罪从普通诈骗罪独立出来而单独设罪，并单独设立金融诈骗罪一节将这八种诈骗罪归入其中。由于金融诈骗罪中所包括的八种具体犯罪行为的手段都具有“虚构事实，隐瞒真相”即诈骗的共同特征。由此可见，“金融诈骗罪”这一节的划分标准不是犯罪的同类客体，而是犯罪手段。我国刑法理论和刑事立法一直坚持将犯罪的同类客体作为刑法分则犯罪分类的基本依据，理论上一般认为，第五节“金融诈骗罪”与第四节“破坏金融管理秩序罪”的“次层次”同类客体同为金融管理秩序。因此，在刑法分则第三章第四节已经设立了破坏金融管理秩序罪，立法者还将金融诈骗罪另外设节而不纳入破坏金融管理秩序罪，这是对传统刑法理论的突破，在体例上与整体刑法是不协调的。[①] 并且，金融诈骗罪一节的设置在刑法理论与刑事司法实践的适应性方面、在刑事立法价值取向与刑法历史发展趋势的趋同性方面、在刑事立法形式与刑法基本原则的一致性方面都存在商榷的余地。[②]

---

* 浙江工商大学杭州商学院副教授，法学博士，硕士生导师。

① 刘宪权：《我国金融犯罪刑法分类质疑》，载《法学评论》2007 年第 4 期。

② 冯殿美、郭毅：《金融诈骗罪研究》，载赵秉志主编：《新千年刑法热点问题研究与适用》，中国检察出版社 2001 年版，第 1026 页。

（二）没有规定单位可以作为贷款诈骗罪、信用卡诈骗罪、有价证券诈骗罪的犯罪主体

从刑法分则第三章第五节规定的金融诈骗罪的规定来看，八种金融诈骗罪中，集资诈骗罪、票据诈骗罪、金融凭证诈骗罪、信用证诈骗罪、保险诈骗罪五种罪名单位和自然人都可以作为犯罪主体，但贷款诈骗罪、信用卡诈骗罪、有价证券诈骗罪三个罪名，刑法只规定了自然人犯罪主体，而未规定单位可以作为犯罪的主体。刑法没有将单位规定为贷款诈骗罪、有价证券诈骗罪、信用卡诈骗罪三个罪的犯罪主体，应该是刑事立法的一个缺陷，其理由如下：

第一，与司法实践实际不符，不利于打击金融犯罪。在司法实践中，单位进行的贷款诈骗不仅客观存在，而且时常发生。在贷款诈骗罪单位主体缺失的立法状况下，面对层出不穷的单位贷款诈骗行为，最高人民法院《全国法院审理金融犯罪案件工作座谈会纪要》规定：在司法实践中，对于单位“明显地以非法占有为目的，利用签订、履行借款合同诈骗银行或其他金融机构贷款，符合刑法第二百二十四条规定的合同诈骗罪构成要件的，应当以合同诈骗罪定罪处罚”。因此，司法实践中对此类诈骗行为均按合同诈骗罪论处。这种处理方式对于打击单位贷款诈骗行为，做到罪责刑相一致有一定的益处，但从长远看，对单位贷款诈骗行为认定为合同诈骗罪只是权宜之计，这一处理方式存在许多缺陷。

根据《刑法》第200条的规定，单位不构成信用卡诈骗罪。这明显与信用卡自身特有的管理及流通制度相冲突，金融实践中，根据信用卡的发卡对象的不同将信用卡分为个人卡、公司卡（含单位卡、商务卡、采购卡）。中国人民银行颁布的《信用卡业务管理办法》第61条明确规定：“任何单位和个人有下列情形之一的，根据《中华人民共和国刑法》及相关法规进行处理：（一）骗领、冒用信用卡的；（二）伪造、变造银行卡的；（三）恶意透支的；（四）利用银行卡及其机具欺诈银行资金的。”这也就意味着单位不仅可以冒用其他单位信用卡，伪造其他单位信用卡进行使用，而且可以对本单位合法持有的信用卡进行恶意透支。

现行刑法将单位排除在有价证券诈骗罪的主体之外，然而，从实践角度来看，公司为了本单位利益，避免破产，集体研究决定在订立主合同时使用伪造、变造的国家有价证券进行权利质押，获得资金融通或债务延缓的案件也时常出现。①

第二，未能体现刑法之间的协调性。同节规定的集资诈骗罪、票据诈骗罪、金融凭证诈骗罪、信用证诈骗罪、保险诈骗罪等均可由单位构成，贷款诈骗罪、有价证券诈骗罪、信用卡诈骗罪与其他五种犯罪相比，行为人的主观目的、行为侵犯的客体基本相同，并且司法实践中单位犯罪也时常发生。因此，现行刑法将单位实施贷款诈骗、有价证券诈骗、信用卡诈骗行为排除在单位犯罪之外，既缺乏理论和现实的依据，也缺乏相互间的协调性。

① 李邦友、高艳东：《金融诈骗罪研究》，人民法院出版社2003年版，第383页。

（三）罪状过于细化，只着眼于已然的常发形态，忽视了犯罪手段多变性，使处罚范围大为受限，易使罪犯规避法律的制裁

在现行刑法中，金融诈骗罪的罪状表述大多采用将行为方式细化的立法模式，将常见的犯罪表现形式以（一）、（二）……的方式排列，这种细化式叙明罪状虽然具有能加深人们对新设罪名的理解，提升司法人员准确定罪的优点，但也存在着罪状过于细化，只着眼于已然的常发形态，忽视了犯罪手段多变性。其要么导致立法上难以全面，使处罚范围大为受限，易使罪犯规避法律的制裁的缺陷，如刑法第194、196、198条只将票据诈骗罪、信用卡诈骗罪、保险诈骗罪的行为方式固定为四五种，结果导致如骗取信用卡、签发与预留印鉴相符但与预留银行密码不符的支票等行为的处罚很难找到法律依据，只得依赖普通诈骗罪的作用；刑法第193条、第195条使用了"以其他方法进行诈骗的"的兜底性条款，来弥补立法上可能出现的漏洞，但却又使两法条中的前几项的行为方式列举完全成了多余，根本没有存在的必要。[①] 并且由于缺乏抽象概括性的规定，对"以其他方法进行诈骗的"的内涵和外延未作任何限制，从而有可能成为"小口袋罪"。

（四）以"非法占有为目的"为主观要件，构成要件程度高，难以证明，不利于对金融秩序的保护

在金融诈骗罪一节中共涉及八个罪名，虽然刑法对这八种罪的主观要件的规定并不一致，只在集资诈骗罪和贷款诈骗罪的法条中规定了"以非法占有为目的"，而票据诈骗等其他六个罪名，未作此明示（信用卡诈骗罪中对恶意透支的情形规定了"以非法占有为目的"），因此，引起了理论界的困惑与争论，并导致实践部门的随意司法。然而，无论是从语义规则、立法技术，还是从立法者对金融诈骗罪的体系安排、客体设置上来看，金融诈骗罪的犯罪构成的主观要件都是包含"非法占有目的"的。最高人民法院在2001年的《全国法院审理金融犯罪案件座谈会纪要》中也明确指出，金融诈骗犯罪都是以"非法占有为目的"的犯罪。但是，现行刑法将"非法占有为目的"作为主观要件的一个要素，导致构成要件程度高，难以证明，并且也不利于对金融秩序的保护。因为"在金融活动中，从非法占有的诈欺到虚假陈述的诈欺扩张到虚假陈述的诈欺，不仅是金融活动的诚信原则要求，而且也是惩治金融犯罪的诉讼活动的客观需要。因为非法占有的金融诈欺对犯罪构成要件要求程度高，证据上的证明要求严格，不利于惩治那些极为隐蔽的金融欺诈行为。因此，传统的非法占有的金融诈欺难以体现出对金融秩序的严密保护"。[②]

（五）大多采取结果犯的立法技术，忽视行为犯立法模式的采用

在客观要件的设置上，除了信用证诈骗罪外，我国刑法对其他金融诈骗罪的立法基本采用的是结果犯立法模式，将"数额较大"作为犯罪成立的构成要件。这一立法模式的弊端有二：

其一，不利于预防和打击金融诈骗犯罪。现行的金融诈骗罪规定，把犯罪既遂

① 李邦友、高艳东：《金融诈骗罪研究》，人民法院出版社2003年版，第19-20页。

② 陈兴良：《金融诈欺的法理分析》，载《中外法学》1996年第3期。

点放在了金融交易的结果上，同时也对金融诈骗罪规定了严厉的法定刑，使侦查机关将注意力相应地集中到金融交易的结果上而不是金融交易的过程中，注重对犯罪行为的事后制裁而不注重对犯罪行为的及时制止，一旦犯罪既遂，被判处刑罚将相当严厉。然而，任何金融诈骗犯罪都有一个逐步实行、罪责逐步加重的过程，发现得越早，越有利于挽回损失、挽救罪犯。

其二，导致诉讼证明困难。我国台湾地区学者认为，"通常对于实害犯的追诉，一定要等到有犯罪实害的出现（如财产的损失），才可开始进行刑事追诉。然而，由于经济犯罪的抽象性与复杂性，若固守犯罪实害的出现方进行刑事追诉的原则，则行为人极易湮灭证据，而使刑事诉讼工作徒劳无功。因此，在经济犯罪之中只要有特定行为的出现，如为诈欺投资而刊登不法或虚假的广告时，或附以虚伪的出口证明而提出冲退税的申请时，即加以'犯罪化'，而得之即刻进行刑事追诉，如此，方可确保刑事追诉的成果"。① 受我国现有传统诈骗罪结果犯的立法模式束缚，检察官在办案期内无法查明法定客观要件或主观要件时，根据罪刑法定原则和疑案从无原则，只能撤诉或撤案，其结果当然因证明不能而放纵一部分犯罪。而如果采取行为犯的立法模式，则不仅减轻了检察官的证明压力，也不会放纵犯罪。

二、金融诈骗罪立法完善的宏观思考

（一）取消刑法分则第三章第五节"金融诈骗罪"的独立设置，将相关罪名归入"破坏金融管理秩序罪"一节之中

基于金融诈骗罪独立设节缺乏理论依据和实际意义，与现行刑法体例不协调，在立法上和司法上均无十分必要的考虑，因此，建议在刑法修改时，取消刑法分则第三章第五节"金融诈骗罪"的独立设置，将相关罪名归入"破坏金融管理秩序罪"一节之中。并且，将金融诈骗罪归入破坏金融管理秩序罪中，在突出刑法对金融管理秩序的保护的同时，不会弱化而只能强化公私财产所有权的保护。因为，将金融诈骗罪归入破坏金融管理秩序罪就可有利于取消该类罪"以非法占有为目的"这一主观要件，变"结果犯"为"行为犯"的立法模式，从而更有利于打击这类犯罪。

（二）取消"非法占有为目的"这一主观要件，同时将相关罪名中的"诈骗"修改为"欺诈"

按《现代汉语词典》的解释，"诈骗"就是"讹诈骗取"。"讹诈"即欺诈，指的是虚构事实或隐瞒真相，意图使他人产生错误认识的行为，强调的是行为的方式和性质。"骗取"意指对财物的非法占有，强调的是行为的结果和目的。因此，"诈骗"一词兼有上述两者含义，不但要有虚构事实或隐瞒真相，意图使他人产生错误认识的行为，而且要有非法占有他人财物的目的。这就要求刑法在使用"诈骗"一词时，应当是同时注重行为目的和行为结果的场合，这样才符合语义规则。正因为如此，传统上诈骗犯罪都是目的犯，要求主观上具有非法占有的目的。因

① 林山田：《经济犯罪与经济刑法》，台北三民书局1981年版，第104页。

此，对于金融诈骗罪，立法者既冠之“诈骗”之名，就应该认为要求以“非法占有目的”作为其成立要件。然而，我国刑法以“非法占有为目的”为主观要件，构成要件程度高，难以证明，不利于对金融秩序的保护。在现实生活中，有许多以非法占用为特征的金融欺诈行为具有严重的社会危害性，因为这种行为严重地冲击金融信用，破坏了金融秩序的稳定，其危害远比对财产所有权的侵害大。因此，为了删除“以非法占有目的”这一主观要件，使本节的金融欺诈罪包括骗取财物型诈骗和虚假陈述型欺诈两种情形，有必要在立法上将本节的罪名由“金融诈骗罪”修改为“金融欺诈罪”，同时，相关具体罪名中“诈骗”也修改为“欺诈”。因为，根据《现代汉语词典》的解释，“欺诈”是“用狡猾奸诈的手段骗人”。最高人民法院《关于贯彻执行〈中华人民共和国民法通则〉若干问题的意见（试行）》第68条规定：“一方当事人故意告知对方虚假情况，或者故意隐瞒真实情况，诱使对方当事人作出错误意思表示的，可以认定为欺诈行为。”因此，“欺诈”与“诈骗”虽然是同义词，但它们在词义所概括反映的侧面和重点方面以及词义的附加色彩方面都有细微差别。“欺诈”强调行为的性质和方式，而不注重结果，“诈骗”虽表明了同样的行为性质。但强调的是行为的结果和行为的目的。也就是说，“欺诈”的外延要宽泛，只要有虚构事实或者隐瞒真实意图使他人产生错误认识的行为就够了；而“诈骗”的外延要窄得多，它不仅仅强调行为造成他人的错误认识，还要强调行为人主观上的非法占有目的。从这个角度来讲，金融欺诈可以分为非法占有的金融欺诈和虚假陈述的金融欺诈。

（三）用抽象概括型叙明罪状替代现行的细化列举型罪状

“法律只能订立一些规则，不能完备无遗，不能规定一切细节，把所有的问题都包括进去。”① “法律规定得越明确，其条文就越容易切实地实行。但是规定得过于详细，也会使法带有经验的色彩，这样，法律在实际执行过程中就不免要被修改，而这就违背了法律的性质。”② 罪刑法定原则的“明确性”原则，并不反对立法者利用概括性条款，不确定概念规定刑法规范。因此，针对金融诈骗罪的罪状表述大多采用将行为方式细化的列举型叙明罪状所存在的缺陷，在刑法修正时，有必要用抽象概括型叙明罪状替代现行的列举型罪状。

（四）在客观要件的设计上，用行为犯取代现行的结果犯立法模式

金融诈骗罪立法采用“结果犯”的立法模式，不利于诉讼证明，不利于罪犯人权保障，不利于挽回经济损失，也不利于保护刑法对金融秩序的保护。因此，应当借鉴国外成功的立法经验，废除现行的“结果犯”立法模式，采用“行为犯”立法模式。鉴于我国目前轻刑化缓慢，严重金融诈骗时有发生的情况，对每一种金融诈骗罪可按结果加重犯设置两个以上幅度的法定型：一个为基本的法定刑幅度，只要有单纯的欺诈行为即可适用；一个为加重法定刑幅度，适用于已发生实害结果的金融欺诈犯罪。③

---

① ［英］哈特：《法律的概念》，张文显等译，中国大百科全书出版社1996年版，第128页。

② ［德］黑格尔：《法哲学原理》，范扬、张企泰译，商务印书馆1961年版，第316-317页。

③ 马长生主编：《经济犯罪热点问题研究》，湖南师范大学出版社2005年版，第167页。

三、相关具体罪名的立法完善

（一）贷款诈骗罪的立法完善

1. 增设单位作为本罪的犯罪主体。单位骗贷是本罪在司法中常发形态，从西方立法特征来看，也基本上都承认本罪的单位犯罪，我国立法未规定单位可作为本罪的犯罪主体，由此导致理论和司法实践的困惑，建议补充本罪的单位犯罪主体。

2. 取消“以非法占有为目的”这一主观要件，将本罪的罪名修改为“贷款欺诈罪”，同时取消《刑法修正案（六）》第10条增设的骗取贷款罪。

3. 将现行的“结果犯”修改为“行为犯”的立法模式。

4. 将现行“细化列举型罪状”修改为抽象概括型叙明罪状，其具体表述可概括为：违反国家有关信贷法律法规，采用虚构事实或者隐瞒真实等欺诈手段，骗取银行或者其他金融机构贷款的，处……

（二）票据诈骗罪的立法完善

1. 将具体罪名修改为“票据欺诈罪”，同时将现行的“结果犯”修改为“行为犯”的立法模式。

2. 将现行“细化列举型罪状”修改为抽象概括型叙明罪状，其具体表述可概括为：违反票据法的有关规定，签发价值基础不真实的票据、明知是瑕疵票据而使用或者冒用他人票据等欺诈行为的，处……

（三）金融凭证诈骗罪的立法完善

1. 将本罪的罪名修改为“金融凭证欺诈罪”。

2. 将非银行的结算凭证包容进本罪保护范围。根据刑法第194条第2款的规定，本罪行为手段只限于“银行结算凭证”。但是，在结算业务中，除商业银行外，信用社、票据交换信托机构等也承担结算任务，尤其在我国加入WTO后，可能会逐渐有更多的市场中介构参与到结算活动中来。那么，对于使用伪造、变造的非银行金融机构结算凭证的行为如何定性呢？有学者认为，第194条第2款所称的“银行结算凭证”不仅仅专指银行办理结算所使用的凭证，非银行金融机构的结算凭证被伪造、变造而被人使用的，也构成本罪。刑法将本罪限制于“银行”的结算凭证，的确有悖于金融学原理，但将非银行结算凭证解释为也是本罪行为手段之一的，却与刑法规定矛盾太大，这种扩张解释违背了罪刑法定原则。从立法完善角度讲，应将非银行的结算凭证包容进本罪的保护范围。①

3. 进一步扩充本罪行为方式，将使用作废的金融凭证、冒用他人的金融凭证的行为纳入本罪的行为范围。现行刑法在罪状表述中只规定了伪造、变造银行的金融凭证的行为，而对司法实践中常发生过冒用他人的银行结算凭证、使用作废的银行结算凭证却未作出规定。对这两种行为，司法实践通常以普通诈骗罪加以定罪。然而，冒用他人的银行结算凭证、使用作废的银行结算凭证与伪造、变造银行的金融凭证的行为，除了行为方式的不同外，三种行为都侵犯了公私财产所有权、破坏

① 高艳东：《认定金融凭证诈骗罪的难点探讨》，载《吉林公安高等专科学校学报》2006年第6期。

了金融管理秩序，具有相同的社会危害性，而刑法却将冒用他人金融凭证、使用作废的金融凭证行为排除在本罪的行为方式之外，不利于保持刑法分则的协调性和完整性。因此，在刑法修正时，应该将上述行为纳入本罪的行为方式范围。

4. 具体罪状的设计。违反有关国家金融管理的法律法规，使用伪造、变造、作废的委托收款凭证、汇款凭证、存单等银行和其他金融机构的金融凭证，骗取他人财物的，处……

（四）信用卡诈骗罪立法完善

1. 将罪名修改为“银行卡欺诈罪”。现行刑法规定，本罪的犯罪对象仅仅局限信用卡。然而，按照1999年中国人民银行颁布的《银行卡业务管理办法》的规定，银行卡分为信用卡和借记卡两类，信用卡包括贷记卡和准贷记卡两种，按照这一规定，信用卡和借记卡是两种不同类型的银行卡，不具有种属关系。目前，借记卡被广泛用于存取现金，转账结算、消费支付等经济生活领域。借记卡和信用卡一样，都具有一定的资金功能，成为犯罪分子的犯罪目标，伪造借记卡并用伪造的借记卡诈骗的犯罪活动不断发生，社会危害十分严重。在这种情况下，现行刑法对银行借记卡的保护和对相关犯罪的打击便与社会需要不相适应。为了完善刑法体系，应对刑法第196条信用卡诈骗罪进行修改，用银行卡的概念取代信用卡的概念，同时用银行卡欺诈罪取代现行的信用卡诈骗罪。

2. 将单位纳入银行卡欺诈罪的犯罪主体。刑法第196条只规定了个人能成为信用卡诈骗罪的主体。为更好地发挥刑法在预防和打击银行卡诈骗犯罪中的作用，从实际出发应该在刑法中增加单位进行银行卡诈骗犯罪的规定。

3. 用抽象概括性叙明罪状替代现行细化列举型罪状。立法不能穷尽所有的犯罪情形，随着社会生活的日新月异，信用卡诈骗的方式也将不断地翻新。然而，我国刑法却明确规定信用卡诈骗罪的四种行为方式，在罪刑法定原则的约束下，对于其他的信用卡诈骗行为皆不能以信用卡诈骗罪定罪。在司法实践中，而只能以诈骗罪定罪，这显然无法全面、准确地评价这些行为的性质。因此，在信用卡诈骗罪的立法中，用抽象概括性叙明罪状替代现行细化列举型罪状。具体罪状可设计为：违反有关银行卡管理规定，采用伪造的、作废的银行卡，或者冒用他人的银行卡等欺诈方法，骗取公私财物的，处……

4. 应当将“恶意透支行为”从“信用卡诈骗罪”中分离出来，设立单独的罪名。“恶意透支”则更多地表现为对信用卡的滥用——滥用信用卡发行者给予持卡人的信用，侵害了信用卡发行者与持卡人之间的信赖关系，从根本上破坏了信用卡制度，妨害了利用信用卡进行正常的交易活动，其侵犯的客体实质是一种金融管理秩序。而“使用伪造的信用卡和作废的信用卡”、“冒用他人的信用卡”的行为在本质上是为了诈骗他人的财产，侵犯的是主要财产所有权关系。两者在行为主体、行为方式、犯罪的对象等方面有着明显差异。因此，十分有必要将“恶意透支”行为从信用卡诈骗罪中分离出来，在刑法分则第三章第四节“破坏金融管理秩序罪”中增设一个单独的罪名——恶意透支罪，以期解决我国刑法理论与实践目前在该问题定性上的矛盾。

（五）有价证券诈骗罪的立法完善

1. 将罪名修改为有价证券欺诈罪。同时，增设单位犯罪主体。根据刑法的规定，单位可以票据诈骗罪、信用证诈骗罪的主体，但不能成为有价证券诈骗罪的主体。然而，国家有价证券在性质上与票据、信用证相类似，唯一的差别就是单位需要经常使用票据和信用证，而较少使用国库券等国家有价证券，但这不应成为排除单位成为有价证券诈骗罪的立法理由。因此，在刑法修订时，有必要增设单位作为本罪的主体。①

2. 扩充本罪的犯罪对象范围。根据发行主体的不同，债券可分为政府债券、金融债券和公司债券三大类。其中，政府债券又可分为国债和地方政府债券，由中央政府发行的债券也称公债或国库券，由各级地方政府机构如市、县、镇等发行的债券就称为地方政府债券；由银行或其他金融机构发行的债券，称之为金融债券；公司债券，它是由非金融性质的企业发行的债券。根据现行刑法的规定，本罪的犯罪对象仅仅局限于国库券和国家发行的其他有价证券，而未能将地方政府债券、金融债券、公司债券纳入本罪的保护范围。为了体现刑法的平等保护原则，避免立法上的漏洞，应该把本罪的犯罪对象修改为政府债券、金融债券和公司债券。

（六）保险诈骗罪的立法完善

1. 取消本罪犯罪主体的身份限制，将本罪主体由特殊主体修正为一般主体。现行刑法将保险诈骗罪的主体限定为特殊主体，包括以下三种人：投保人、被保险人、受益人。《中华人民共和国保险法》对这三种人有着明确的界定：投保人是指与保险人订立保险合同、负有支付保险费义务的人；被保险人是指其财产或人身受保险合同保障、享有保险金请求权的人；受益人是指人身保险合同中由被保险人或投保人指定的享有保险金请求权的人。因此，冒充投保人、被保险人、受益人骗取保险金的行为，保险代理人或保险经纪人进行保险诈骗，因其不符合主体要求。综观国外大多立法例对保险诈骗罪的主体都没有作特殊限制，属于一般主体，如美国、法国等。对某类犯罪的主体作特殊限制，其原因不外乎两种：1. 该种犯罪只能由特殊人员实施。2. 行为主体的特殊身份影响行为的社会危害程度。反观保险诈骗罪，参与签订保险合同的双方当事人及其利益代表者均有可能实施犯罪行为；并且保险诈骗行为由一般人实施与法定的三种人实施，在主观方面、客观方面和客体上没有任何社会危害程度上的差别。因此，具体的保险诈骗由谁实施并不重要，关键应看诈骗行为是否利用了保险合同关系。规定保险诈骗罪的主体为一般主体，不仅能严密法网，而且更能发挥罪名的警示作用和刑法的一般预防功能。②

2. 用抽象概括性叙明罪状替代现行细化列举型罪状。现行刑法将本罪的客观行为限定于以下五种情形：（1）投保人虚构保险标的；（2）投保人、被保险人或者受益人对已发生的保险事故编造虚假的原因或者夸大损失的程度；（3）投保人、被保险人或者受益人编造未曾发生的保险事故；（4）投保人、被保险人故意造成财产

① 李邦友、高艳东：《金融诈骗罪研究》，人民法院出版社 2003 年版，第 383 页。

② 张亚杰、刘新艳：《保险诈骗罪之立法评价——对刑法第 198 条的思考》，载《政治与法律》2004 年第 5 期。

损失的保险事故；(5) 投保人、受益人故意造成被保险人死亡、伤残或者疾病。刑法对于保险诈骗罪的立法不能涵盖所有实然的保险诈骗行为，如隐瞒无证驾车、“被保险人在合同生效或复效之日起180天内患重大疾病”等保险除外责任重大情况的行为。鉴于保险诈骗行为的手段十分复杂，刑法第198条所列举的犯罪手段已不能包容许多常见的、严重的保险诈骗行为。因此，应根据保险行为的特点，及保险合同关系在保险诈骗行为中的必要作用，用抽象概括性叙明罪状替代现行细化列举型罪状。其罪状可设计为：违反保险法的规定，采用虚构保险标的、保险事故及事故原因、夸大损失程度或者故意制造保险事故等方法，利用保险合同关系骗取保险金或保险费的，处……

新型网络诈骗犯罪的共犯问题研究
——以某网上销售假文凭案实例展开

范 捷[*] 许 磊[**] 张岳男[***]

当前，基于互联网技术产生的网络虚拟世界日趋凸显出其自身社会属性和公共属性，但正如德国社会学家乌尔里希·贝克所言，“人类永远生活在文明的火山上”，借由互联网实施的新型网络诈骗犯罪不仅具有形态上的多样性，而且突破传统诈骗犯罪人际、地域、时间维度及关系，给予现行刑法理论和司法认定以全新的挑战。例如，笔者办理的某起利用互联网售卖假文凭实施诈骗活动的案件中，犯罪分子通过网络大量散布办理“正规文凭”的虚假信息，以发展网络“代理商”的模式对群众实施诈骗，而该案中共同犯罪认定的几个问题就很值得我们思考。

一、新型网络诈骗犯罪中“消失”的共同犯意

共同犯意即共同犯罪故意，是共同犯罪必须具备的主观条件，是指二人以上在对于共同犯罪行为具有统一认识的基础上，对其危害社会结果的希望或者放任的心理态度。① 包含犯罪主观心态是故意和犯罪人对共同犯罪意思达成共识两个方面的内容。传统犯罪中的犯罪意思联络方式主要是口头、书面，也可是手势动作等肢体语言，甚至在某些场合一个眼神就可以达成有效的意思联络，但网络诈骗犯罪中犯罪意思的沟通与传统犯罪有着明显不同。

（一）犯意联络具有模糊性

通过互联网进行的犯罪意思沟通大部分是利用键盘敲击出的文字、符号以二进制编码进行表达，相较传统犯罪中人际间通过语言、表情、动作相结合的表达较为模糊，加之网络犯罪过程中极少获得对方真实身份、容貌、位置等非语言类信息，这种情况下行为人自己的主观想法可能会在很大程度上影响其对对方意图的理解，而导致在实际行为中行为人会根据自己的意图而非他人真实意图实施犯罪行为。犯罪意图如果多次经过不特定人的传播，那么共同犯意就会愈加模糊，因此也就可能造成各自为战的情况。

（二）犯意联络具有偶然性

互联网世界天然的虚拟性、传播渠道的不特定性、信息理解的不确定性等都导致了新型网络犯罪“主体缺场”的现象，即“共同犯罪人之间可能在此之前从未

---

* 江苏省淮安市公安局经济技术开发区分局民警。

** 江苏省公安厅反恐怖工作总队民警。

*** 江苏省淮安市人民检察院干警。

① 陈兴良：《共同犯罪论》，中国人民大学出版社2006年版，第92页。

谋面，在共同犯罪实施后也可能永远不会再次联络和相遇”。[①] 特别是新型网络诈骗犯罪中共犯之间的具有偶然性的意思联络，会导致在犯罪意思内容的理解和犯罪决意的判断上出现偏差。而这与传统的共同犯罪中的共谋不同，传统共同犯罪中犯罪人往往相互熟知，通过以往的经验可以获知大量的信息来帮助传达、领会对方的意图。

（三）犯意联络被动性凸显

被动的意思联络，是指“潜在的组织犯、教唆犯、帮助犯”在网络上发布信息，行为人获得这些信息后实施犯罪的联络方式。其主要特点就是信息发布方并没有积极寻求其他特定共犯与之共同实施犯罪活动，而是对后续行为持放任态度，而信息接收方则无法与信息发布方联系沟通，信息传递只能是单向的。这会导致信息接收人无法与发布人形成有效的互动，这种意思联络在传统理论中往往不能被认为是真实有效的共同犯意的达成。

（四）“自发”式犯罪的出现

人的犯罪内容和决意产生往往有着复杂的因素，即使是在专业化的犯罪团伙中其成员的犯罪意思也不一定完全来源于这个团伙。在新型网络诈骗犯罪中，这种犯罪意思来源的不确定性愈加明显，公开报道显示在匿名化的网络中，很多人实施犯罪只是为了逞强好胜，也有很多人只是从众跟随，其犯意产生的偶然性因素很多，而并非完全是因为网络中他人的教唆、组织和帮助。网络中他人的教唆、组织、帮助等行为与接受信息人实施犯罪行为之间的因果关系由此变得模糊。

随着新型网络诈骗犯罪中意思联络内容不确定性增强、偶然因素增多、潜在组织犯、教唆犯、帮助犯对犯罪结果影响的减弱以及实施犯罪行为人对他人意思依赖的减少等诸多因素综合作用下，使得新型网络诈骗犯罪中共同犯意呈现“消失”的趋势，然而这类犯罪客观上却带来更为广泛而深刻的社会影响及危害，这对传统共同犯罪理论形成巨大冲击。

二、新型网络诈骗犯罪中“消解”的内部结构

在现行的刑法学理论体系中，共同犯罪人按照分工标准可分为实行犯、组织犯、教唆犯和帮助犯，按照作用标准可分为主犯、从犯和胁从犯，其中共同犯罪行为的实施是共同犯罪人在共同犯意的支配下，按照分工各自发挥作用，相互协作，完成犯罪过程，造成危害结果的一系列活动。而在新型网络诈骗犯罪中出现了共同犯罪角色混乱的现象，传统理论中的共犯内部结构有“消解”的趋势。

（一）共犯角色的弱化

在新型网络诈骗犯罪中共同犯意的弱化，必然会带来共同犯罪行为实施的异化。正如上节所述，在新型网络诈骗犯罪中出现了“潜在组织犯、教唆犯、帮助犯”，他们对犯罪结果没有明显积极的追求，而实行犯罪的人也对他人的意思依赖在逐渐减弱。在这种情况下，对组织犯、教唆犯、帮助犯进行评价时，就会由于犯

① 于志刚：《共同犯罪的网络异化研究》，中国方正出版社 2010 年版，第 16 页。

意不够确切，而不能直接对照传统理论给出明确的角色定位。

（二）共犯角色出现交叉

由于新型网络诈骗犯罪的犯罪行为具有时空无限制、对象不特定、结果非可控的特点，因此在此类犯罪的共同犯罪中出现了共犯角色相交叉的现象。以假文凭案为例，如果行为发起人在网络上发布一条鼓动他人代理贩卖假文凭的信息后许多人随之加入，在此种情形下，行为发起人的角色就出现了与组织犯和教唆犯的交叉；如果行为发起人在网络上发布如何制作假文凭的详细过程，行为发起人的角色就可能出现教唆犯和帮助犯的交叉；如果行为发起人只会制作假文凭，后在网络上遇到某甲可帮助其攻破、修改官方学位网站数据库，从而使其制作的假文凭能够在该网站被成功验证，那么传统的帮助犯已经不足以评价某甲行为的性质和作用，那么某甲的角色就可能出现帮助犯与实行犯的交叉。在现实生活中，网络帮助行为已经开始逐渐替代实现行为占据了共同犯罪的中心位置，网络帮助行为开始向实行行为转化。[①] 在这种情况下帮助犯亦可能构成主犯。

（三）共犯角色界限模糊

在新型网络诈骗犯罪中犯罪意思可以在网络中传播，进而导致犯罪行为的发生，而这种传播具体形式、联系紧密程度及个人意思表达所起的作用不像传统犯罪那么清晰明了。例如，在网络诈骗犯罪中，犯罪意思的形成可能来源于各种情绪在网上的触碰、发酵。例如，假文凭案中某人在利用网络进行诈骗后，不特定人发现后，参与到其中，使得诈骗形成一股合力，被诈骗人发现到处都有办证信息，增加了被诈骗人的信任程度，使得诈骗后果不断扩大。在这种情况下各类犯罪角色都可能存在，组织犯、教唆犯、帮助犯、实行犯乃至主犯和从犯一起汇成一股力量，他们之间的界限变得模糊而微妙。

三、新型网络诈骗犯罪中“补位”的间接故意

传统刑法理论中“共同犯罪故意是直接故意”的解释在处置各种复杂形态的新型网络诈骗犯罪的司法实践中左支右绌，笔者认为，添加间接故意亦可能构成共同犯罪的描述将会更加贴合实际，下面就帮助犯和教唆犯中的间接故意进行实例说明。

（一）帮助犯间接故意的共犯形式

在传统理论中，帮助犯的主观方面包括认知因素和意志因素，认知方面是指帮助犯对自己帮助他人犯罪并且他人实施犯罪行为都要明知；意志方面是希望帮助行为为他人的犯罪创造有利的条件，并且希望他人的行为造成危害后果。在新型网络诈骗犯罪中，这样的理论就会遇到现实的冲击。例如，甲在网络上公布网络破坏性技术，乙想实施网络诈骗行为，并在网络上看到甲公布的技术，乙利用甲的这个技术顺利地实施了犯罪行为；或者是另一种情形，乙欲实施网络诈骗行为，而苦于实施过程中一个关键的网络技术无法突破，在网上发现一网络高手甲后向其请教（并

---

① 于志刚：《共同犯罪的网络异化研究》，中国方正出版社2010年版，第39页。

未说明用来犯罪)，甲应邀给了乙突破的技术方案。在该案例中，意思联络模糊性、偶然性等因素以及提供技术本身所持心态可能是逞强好胜、交流技术等，这样就很难直接把甲的主观心态评价为直接故意，因为他对被帮助者可能实施犯罪的心态并不是希望，而是放任。总之，这些帮助者的主观心态更贴切的判断是属于间接故意。

然而这种帮助行为如果频繁发生、不断蔓延，那么它的社会危害性是极大的。在实务中出现了“黑客学校”① 等专业帮助犯罪的力量，他们以出售黑客技术牟利，这为其他新型网络诈骗犯罪行为人解决了技术门槛问题，使得新型网络诈骗犯罪更加容易实现，在新型网络诈骗犯罪爆发增长中起到了重要的作用。从危害结果看，这些帮助行为的危害程度甚至可能远远超过单独的新型网络诈骗犯罪，他们的行为如果不能依法规制，不符合普通人的法感情，不利于维护社会安宁和公平正义。笔者认为，这种间接故意形式的帮助行为亦可以成立帮助犯，所以网络帮助犯的主观心态可以是间接故意。

(二) 教唆的间接故意的共犯形式

在传统理论中，教唆犯的主观方面也包括认知因素和意志因素，认知方面是指教唆犯对自己教唆他人实施犯罪的行为要明知；意志方面是希望被教唆者实施犯罪行为并希望发生危害结果。同样，在新型网络诈骗犯罪中也存在着间接故意的教唆行为可能涉嫌犯罪的问题。有学者就支持这样的观点并认为：间接故意的教唆，主要是指行为人直接以放任之心理态度从事的教唆行为，如行为人为验证自己所编写的破坏性软件是否符合自己的要求，而教唆他人使用，从而造成破坏的行为。② 在这个案例中编程者对被教唆人的犯罪显然是预见到了，但是他对犯罪结果的心态并不是希望而是放任，其主观心态应当为间接故意。

四、新型网络诈骗犯罪中“待议”的片面共犯

新型网络诈骗犯罪中片面共犯的问题表现尤为突出，如假文凭案中甲想在网络上贩卖假文凭诈骗，但其无法克服一些网络上的技术难题（如伪装号码、批量发送信息、被屏蔽继续有效发送信息等)，甲在网上一技术论坛公布自己遭遇的困难，乙看到后，基于满足自己的空虚感，暗中帮助甲解决了一系列问题，甲在后来的诈骗过程中各个环节都顺利进行，成功实施了诈骗行为。那么甲和乙的行为是否符合片面共犯中“参与同一犯罪的人中，一方认识到自己在和他人共同实施犯罪，而另一方没有认识到他人和自己共同实施犯罪”的情形呢？笔者认为，在新型网络诈骗犯罪中的片面共犯能否认定为共同犯罪，要坚持从意思联络的有效性和共犯行为对犯罪结果是否有重大作用两个方面进行认真考量。

(一) 单向意思联络可以形成有效的合意

从乙的角度来看，他在帮助甲的过程中对甲的意思领会是有效的。从甲的角度

① 于志刚：《网络空间中培训黑客技术行为的入罪化》，载《云南大学学报》(法学版) 2010 年第 1 期。

② 赵秉志、张新平：《试论网络共同犯罪》，载《政法论坛》2002 年第 5 期。

来看，甲发出了明确的需求，该行为的意思表示明确而真实，通过网络的渠道传递给不特定的多数人，形成由一到多的意思联络模式。虽然甲在诈骗过程中不知道谁在帮助他，但其对他人帮助的存在应当有所预期。在犯罪实行过程中可以明确地看出甲和乙形成了概括的、整体的犯罪合意，有学者称之为“主观心理集合一体”。①这种有效的犯罪合意的形成并不一定要求是双向的，实际上，双向的沟通是否构成共犯也是要服从于犯罪合意的有效性的。例如，甲在网上遇到乙后提出要和乙共同实施诈骗行为，乙表示同意并与甲“达成共识”，但实际上乙本来就要实施诈骗，对甲是否实施诈骗根本不在乎，甲、乙后来均实施了诈骗行为。在该案例中虽是双向意思沟通，但是由于其并不是有效的，所以并不成立共同犯罪。

（二）共犯行为对犯罪结果的发生起着重大作用

笔者认为，判断片面共犯是否能够成立，还要看共犯行为对犯罪结果是否有着重大作用，如果答案是肯定的，则能构成共同犯罪；如果答案是否定的，则不能构成共同犯罪。该案中甲在网络上发出解决困难的需求被乙接收到，乙帮助其解决了实施过程中的技术阻碍使得诈骗行为得以实现。乙基于甲的要求给予帮助，明显增加或者说直接导致了危害结果的发生。

五、新型网络诈骗犯罪中“割裂式”的定罪处罚模式

如上，新型网络诈骗犯罪中共犯之间联系上“形散”，角色上“神散”，形成“割裂式”共同犯罪的态势，笔者认为，应对这种共同犯罪应该在法律规范上亦采取“割裂式”的定罪处罚模式，包括共犯的正犯化，共犯单独定罪等立法方法。这种法律调整模式在司法中可以解决两个问题：一是共犯认定问题。“割裂式”的定罪模式对共犯行为独立考察，摒弃了把共犯意思联络作为犯罪主观内容必须查清的传统做法，避免了由于犯意联络模糊性、偶然性、被动性和隐匿性、交叉性等带来的司法认定难题。二是共犯处罚问题。在传统共犯定罪处罚模式中，对共犯的处罚是以实行犯的定罪处罚为前提的。而在司法实践中，“割裂式”的帮助、教唆等共犯形态，由于其对应的实行行为难以查证或者实行行为可能由于情节过于轻微而不构成犯罪，从而导致帮助、教唆等共犯无法处罚，而“割裂式”的定罪处罚模式将对此种帮助、教唆等行为进行独立评价，从而可以有效解决上述问题。

在实践中，在立法及司法解释中已经开始运用这样的方法规制其他类型的网络犯罪，如最高人民法院、最高人民检察院《关于办理利用互联网、移动通讯终端、声讯台制作、复制、出版、贩卖、传播淫秽电子信息刑事案件具体应用法律若干问题的解释（二）》第3条、第4条、第5条、第6条中就是把传播淫秽物品罪、传播淫秽物品牟利罪的各种帮助行为直接作为实行行为独立评价，而《刑法修正案（九）》第28条关于拒不履行信息网络安全管理义务罪的规定，实际上也是对帮助犯的独立评价，也是运用了共犯单独定罪的模式。

① 赵微：《论共同犯罪“意思联络”的客观预备性》，载《武汉大学学报》（哲学社会科学版）2007年第6期。

网络投资诈骗行为的若干司法问题探讨

曾于生* 金庆微**

网络投资诈骗作为近年来新出现的诈骗方式，其诈骗手法与传统诈骗存在着较大的不同，很多被害者在被骗后甚至不知道自己被骗。网络投资诈骗是指设置虚假网络交易平台，以高收益诱惑他人进行投资，再通过人为操作网络交易软件、模拟市场涨跌行情骗取他人投资款的行为。在司法实际中，对于该类案件的定罪和量刑存在着较大分歧，亟待统一司法标准。

一、网络投资诈骗行为的探讨

网络投资诈骗往往以农产品和贵金属的期货、现货投资平台身份出现，依托合法注册的公司，在金融区租用办公场所，并与国有银行或者第三方支付公司签订支付合同。在网络投资诈骗中，团伙内部分工明确，是一种“企业性行为”。总公司通过购买专业交易软件，租用服务器搭建非法交易平台，并招募具备现货、期货交易操盘经验的专业人员担任分析师和操盘手。通过该非法交易平台招揽代理商发展客户。代理商一般会发展下级代理商或者直接招募业务员。业务员利用代理商提供的非法获得的公民信息进行“精准营销”，以高额回报诱惑他人进行投资。诈骗分子可以随意修改后台数据，操纵非法交易平台的行情走势，诈骗一般有以下三种诈骗手段：一是通过虚拟资金控制行情走势，即犯罪平台商通过虚拟账户并对其进行虚拟注册，控制交易行情；也可以通过放大交易杠杆，将虚拟账户的资金杠杆比例放大数百倍甚至上千倍，再利用资金优势控制行情，导致投资者亏损。二是进行“滑点”、“延时交易”、“跳空”等操作，致使投资者亏损。“滑点”是指平台商按照商品的正规交易盘进行买卖，但在投资者的交易价格上进行少量增减，致使少盈利或亏损。“延时交易”是指按照商品的正规交易盘进行买卖，但是在客户营利时通过后台操作延迟客户下单的时间来控制交易价格。“跳空”是指平台商利用插件设置跳空功能，使投资者设置的止损价格不能发挥作用，致使客户亏损。三是代客交易赚取高额手续费。平台商以高额利润为诱饵，索取投资者用户账号和密码，然后通过高频率交易赚取高额手续费或者操作客户账户故意亏损，从中牟利。

此外，网络环境具有虚拟性，犯罪分子可以在不和被害人接触的情况下实施犯罪，这就使网络投资诈骗具有较强的隐蔽性。兼之，该类犯罪依托合法注册的公司、在金融区租用场所，具有较强的迷惑性。此外，网络不受时空的限制，网络投资诈骗的被害人往往不限于同一个地方，涉案金额较大，具有较大的社会危害性。

---

* 绍兴市人民检察院研究室主任，博士研究生。

** 绍兴市人民检察院研究室干警，硕士研究生。

二、网络投资诈骗行为的司法认定

（一）网络投资诈骗行为的定性分析

在司法实践中，对于网络投资诈骗行为的定性主要存在以下两种争议：一种观点认为构成非法经营罪。该类犯罪设置虚假的网络交易平台，让投资者在该交易平台上投资，在行为属性及客观表现上与非法经营罪相类似，严重扰乱市场秩序，可参照刑法第 225 条第 3 款中“未经国家有关主管部门批准非法经营期货业务”，适用该条第 4 款“其他严重扰乱市场秩序的非法经营行为”认定为非法经营罪。另外一种观点认为构成诈骗罪。该类犯罪搭建非法网络交易平台，以高收益、低风险逐步诱惑投资者进行投资，等其信以为真后投入大量资金进行交易时，再利用上述三种诈骗手法中的任意一种，导致投资者大额资金损失。犯罪平台商一般趁投资者不明就里以为交易操作不当导致资金损失的情况下，非法占有投资款，符合诈骗的犯罪构成要件。笔者认为，应当从主客观两个方面对网络投资诈骗行为进行定性分析，倾向于认定为诈骗罪。

1. 从犯罪指向看，平台商具有非法占有被告人投资款的意图

虽然非法经营罪和诈骗罪都属于贪利型犯罪，但从规范意义看，两者依然存在着一定的差别。具体来看，非法经营罪的主观方面是非法牟利，其行为指向是通过交易谋取利益，该类交易不具备合法性，但却是客观真实存在的，如未经许可提供期货交易服务收取手续费；诈骗罪的主观方面是非法占有目的，其行为指向是通过隐瞒真相或者虚构事实等方法骗取他人财物，该类行为即使存在形式上的交易活动，也往往是虚假的，成为其实施诈骗的手段，如虚拟期货交易涨跌骗取被害人投资款。应用到网络投资诈骗犯罪中，网络投资诈骗行为更切合诈骗罪的特征。一是从非法获利来源看，网络投资诈骗行为指向是骗取投资者投资款，不仅包括投资者在交易过程中支付的手续费，也包括投资者因为平台商操控交易平台而导致的亏损额。二是从非法获利方式看，系通过设立非法平台骗取投资款，即投资者之所以亏损不是因为自己投资失误，而是因为平台商设置虚假交易平台，通过操控交易平台导致投资者必然亏损。

2. 从犯罪客体看，平台商未侵犯市场秩序

非法经营罪和诈骗罪分属刑法不同章节，两者所侵犯的犯罪客体不同。一般认为，前者主要侵犯了市场管理秩序，后者主要侵犯了公私产权所有权。结合网络投资诈骗行为，倾向于该行为只是骗取了他人的财物，实际上未对市场管理秩序造成损害。一是从网络交易平台性质看，该类交易平台具有闭合性。该类交易平台虽然借助互联网模式，在行为属性及客观表现上与期货交易具有一定的相似性，但实际上未与相关市场行情互联互通，其所谓价格涨跌起伏都是通过后台操作交易软件实现的，且其交易资金也不流向资本市场。此类交易平台与生俱来的闭合性，与市场管理秩序的开放性、互通性，存在天壤之别。二是从侵害结果看，平台商侵害的是投资者的财产权，并未扰乱现实的市场秩序。

3. 从犯罪过程看，被告人实现非法占有目的具有相对确定性

从实现非法利益的过程看，非法经营罪和诈骗罪存在显著差异，前者虽然突破国家法律、法规限制，但却是以真实经营活动获取利益，部分场合还遵循了市场规律、接受市场的调节；后者不仅行为违法，且其获取利益的原因在于被害人陷入错误认识而“自愿”交付财物。具体到网络投资诈骗，平台商获得非法利益，从属性上可以归于后者，是较为典型的诈骗行为，可以认定为平台商实现非法目的具有相对确定性。一方面，平台商实现非法占有目的带有确定性。在网络投资诈骗中，平台商或利用虚拟资金控制行情，或利用“滑点”、“延时交易”、“跳空”等操作，或“代客交易赚取高额手续费”，其本身不承担任何交易风险，能够保障诈骗目的顺利实现。另一方面，平台商实现非法占有目的，需要具备投资者陷入错误认识这一条件。但是这一条件又是不确定的，受到其宣传诱惑的对象群体以及主观认识水平和辨识能力等诸多因素限制，都有可能使其诈骗失败。针对网络投资者的受害者，其已经陷入了“错误认识”：一是相信网络交易平台为真实的交易平台；二是认为操作正确能够获利，认为操作失误导致亏损，最终“自愿”交付投资款。

此外，有必要将网络投资诈骗行为与操纵证券、期货市场行为作进一步区分。一是前提不同。操纵证券、期货市场罪的交易平台是依法设立的，具有真实性；而网络投资诈骗的交易平台多数是非法设立的，实际上也不真实从事相关业务。二是侵犯客体不同。操纵证券、期货市场罪侵犯的客体是证券、期货市场的竞争秩序和投资人的合法利益，而网络投资诈骗侵犯的一般是投资者的财产权。三是客观方面不同。操纵证券、期货市场罪表现为利用“真实的资金”进行连续买卖、相对委托或者对冲交易，从而抬高或者打压某种股票或者期货的价格，最后趁机建仓或者平仓，以获取暴利或者转嫁风险。在这种情况下，行为人往往需要承担一定风险，尤其是在对方资金实力占优的场合。而网络投资诈骗一般都是利用虚拟资金控制行情，且多数还诱导投资者反向操作以确保骗局顺利进行，基本上不承担风险。

（二）网络投资诈骗行为的量刑分析

1. 诈骗数额的认定

在网络投资诈骗中，诈骗数额的认定又是一个极具争议的点。在司法实践中，对于网络投资诈骗数额的认定，主要存在以下几种说法：第一种观点认为诈骗数额应当是投资者投入系统的全部资金。第二种观点认为诈骗数额应当是投资者投入资金减去系统账户的剩余资金。第三种观点认为诈骗数额应当是投入资金减去剩余资金再减去投资者自行亏损的钱和手续费。笔者认为，具体适用哪种方法认定诈骗数额应当结合诈骗构成要件及案件具体事实，倾向于认定诈骗数额包括投资者自行交易导致的亏损和手续费。一是关于手续费。鉴于手续费系由交易活动所产生，而交易活动本身却是虚假的，“皮之不存，毛将焉附”，投资者交付手续费是出于其误认为交易平台是真实存在的，符合诈骗罪构成要件，应当计入诈骗数额。二是关于投资者自行操作导致的亏损额。这需从整体和全局视角着眼，无论是“送金”诱骗投资者投资，还是“杀金”最终骗取投资者投资款，以及侵占投资者支付的手续费，都浑然形成诈骗的组成部分。在该诈骗过程中，平台商对于非法占有投资者误以为

投资失利自愿交付的投资款，具有概括性的侵占故意，按照刑法原理，宜以实现占有的具体数额为准。因此，投资者在该骗局中，即使自行投资导致失利，由于并非存在真实的交易活动，其交付的投资款还是出于主观上的误解，符合诈骗罪构成要件，应当计入犯罪数额。

对于投资者投资账户中剩余资金的认定，应当结合具体案情进行认定，主要看投资者是否可以自由“出金”。如果投资者可以根据自己的意思相对自由支取账户剩余资金，平台商也不会推诿予以拒绝。这就表明投资者并没有失去对该部分剩余资金的实际控制权，按照“所得说”，投资者账户中的“剩余资金”不应当认定为诈骗数额。反之，如果投资者不能按照自己的意思自由“出金”，在这种情况下，即使具备“出金”的可能性，也是平台商为了骗取投资者投入更多的资金进行交易，从而做亏客户，达到非法占有的目的。在这种情况下，账户中剩余资金应当被认定为诈骗数额。

2. 主从犯的认定

网络投资诈骗犯罪一般采取公司化运作模式，内部分工明确，实施的诈骗行为具有整体性，是一种“企业性行为”。该类犯罪既是组织严密、结构完整、较为固定的犯罪集团，又是完全按照公司管理模式运作的实体。因此，应当结合各诈骗分子在共同犯罪中的地位、作用，合理运用相关量刑情节，才能实现对每一个诈骗分子量刑适当。各团伙中设置平台的组织者、指挥者和管理者，主要为购买软件、租用服务器、招募代理商发展客户，且控制骗取的赃款分配及进行分赃的人员，一般认定为主犯。其他诈骗分子都参与实施诈骗行为，均属于实行犯，但其在共同犯罪中所起的作用有主次之分。在认定这些行为人在共同犯罪中的地位、作用时，其所扮演的角色是一个重要的考量因素。此外，还需要综合其获利情况、入职时间等加以认定。其中，业务员是整个网络投资诈骗犯罪中人数最多的一个角色，该类人员一般只参与诱骗投资者投资，参与程度较低，且获利较少，在共同犯罪中起次要作用，一般认定为从犯。对于该类人员，结合其主观恶性及诈骗金额等情节，适用刑事诉讼法第173条第2款的规定，可以作出相对不起诉决定。

三、检察机关办理网络投资诈骗犯罪的建议

（一）深化协作，形成打击合力

检察机关要站在社会治理的高度，结合办案，密切与易被网络投资诈骗犯罪所利用的行业联系，督促网络服务供应商及银行落实通信、银行办卡实名制，探索建立公安机关、金融、电信部门信息交流、共享机制，全面深入掌握犯罪手段、获赃渠道、案发等信息，协调完善案件移送、调查取证等机制，统一证据标准，提升防范和打击网络违法犯罪的整体合力。公检法以联席会议的形式，研究制定批捕、起诉、审判电信网络诈骗犯罪案件的证据标准，完善专业化办案机制和侦、捕、诉衔接，实行跨领域的专业化办理。检察机关要注重对公安机关的横向指导，对重大疑难案件要适时介入，引导侦查，具体如下：

一是主动作为，帮助、协调公安机关明确案件管辖权。在网络投资诈骗犯罪

中，往往存在着对某个环节的侦查，牵涉出与之相关的其他环节的犯罪嫌疑人，实践中公安机关一般并案处理。针对这种情况，检察机关应与公安机关协商是否作并案处理。如果并案管辖有利于事实的审查和认定，有利于提高侦查效率，那么建议公安机关并案处理；但对某些大型电信网络诈骗犯罪，如果案件可以拆分处理，且分案管辖更有利于案件分流，降低侦查难度，建议公安机关分案管辖。

二是引导公安机关依法全面客观收集固定证据。以“证据清单”的形式，罗列相关常规证据目录发送公安机关。针对个别重大疑难案件，列明具体的证据清单，为公安机关全面、快速、高效取证提供有力指导。

三是引导公安机关准确把握刑事政策取向。引导公安机关对此类犯罪在整体上从严打击，但要坚持宽严相济原则，对于犯罪情节轻微，可以不追究刑事责任、不判处刑法的，建议其不移送起诉。

（二）区别对待，宽严相济

在整体上从严惩处网络投资诈骗犯罪的情况下，也要区别对待，对具有从宽情节的被告人依法从宽处罚，做到宽严相济。一是在定罪量刑上，应综合全案事实情节，根据团伙成员的构成和分工情况，适用宽严相济原则。二是结合各诈骗分子在共同犯罪中的地位、作用，区分主从犯。犯罪团伙的组织者、指挥者和管理者，一般认定为主犯。其他诈骗分子都参与实施诈骗行为，均属于实行犯，但其在共同犯罪中所起的作用有主次之分。在认定这些行为人在共同犯罪中的地位、作用时，其所扮演的角色是一个重要的考量因素。此外，还需要综合其获利情况、入职时间等加以认定。例如，网络投资诈骗犯罪中话务员或者银行卡取现人员一般是整个诈骗犯罪中人数最多的一个角色，该类人员一般参与程度较低且获利较少，在共同犯罪中起次要作用，一般可认定为从犯。三是区别打击。对于犯罪情节较重的主犯，一律从快批捕起诉，从严打击。对于该类犯罪中的从犯，则应当根据其在犯罪过程中的主观恶性、地位、作用、涉案数额等情节予以综合考虑。对于那些主观恶性小，参与程度低，涉案金额小，且获利较小的从犯，可以适用刑事诉讼法第 173 条第 2 款的规定，作出相对不起诉决定。对于具有从轻、减轻处罚、免除处罚情节的从犯，应当结合相应情节，作出从轻、减轻处罚、免除处罚。

（三）标本兼治，提升办案效能

以绿色司法为领引，在办案中积极查问题、补短板、深治理。一是利用“两微一端”等新媒体开展同步法治宣传，特别是系列案件办理过程中，建议利用网络平台的群发功能告知被害人报案途径、提交证据。二是针对网络投资诈骗监管漏洞开展调研，形成调研报告报送当地党委政府，从而引起网信办、金融机构、电信移动等部门监管规则、主体责任的改进和完善。三是采取“一案一总结一建议”方式，积极向涉案公司及监管单位发送检察建议，督促监管单位加强对涉案公司的行政调查、处罚力度，督促涉案企业及时封堵安全漏洞，加强公共领域公民信息泄露防范，从源头上确保个人信息安全。四是加强对上下游产业的打击力度。加大对整个犯罪链条的打击力度，铲除专门为诈骗团伙非法获取公民信息、买卖银行账户等作案环节，扩大打击效果，同时强化对涉案赃款的追缴，努力为被害群众挽回财产损失。

集资诈骗罪“非法占有目的”研究

莫晓宇[*]　李　丹[**]

集资诈骗罪是指以非法占有为目的，使用诈骗方法非法集资，数额较大的行为。“非法占有目的”的判断是司法实践中认定集资诈骗罪的重点和难点，前者体现在“非法占有目的”集资诈骗罪和非法吸收公众存款罪的区分上，后者源于“非法占有目的”作为主观要素在司法中认定的困难。

一、“非法占有目的”之含义解析

对于“非法占有目的”的认定和研究，首先应该厘清“非法占有目的”的含义。我国对于“非法占有目的”的含义，在吸收和借鉴了外国刑法学理论的基础上，结合我国实际的情况，不断完善和发展，目前主要形成了四种理论，分别是“非法控制说”、“不法所有说”、“非法获利说”和“意图永久排除权利人对财物的所有权说”。[①] 目前，在理论界和司法实践中占主流地位理论是“不法所有说”中的“排除和利用意思说”，认为“非法占有目的”是指不法所有的意思，而不法所有的意思，是指排除权利人将他人的财物作为自己的财物，并遵从财物的用法进行利用、处分的意思。笔者认为这种观点和日本的折中说类似，利用意思和排除权利意思并存；另外，这种观点也符合我国刑法典的罪名设置，排除权利的意思可以区分集资诈骗罪和非法吸收公众存款罪、贪污罪与挪用公款罪，利用的意思则可以区分盗窃罪与故意损坏财物罪。

二、集资诈骗罪“非法占有目的”之司法解释梳理

我国陆续颁布过三个认定集资诈骗罪“非法占有目的”的规定，分别是1996年最高人民法院《关于审理诈骗案件具体应用法律的若干问题的解释》（以下简称《诈骗案件解释》）第3条、2001年最高人民法院《全国法院审理金融犯罪案件工作座谈会纪要》（以下简称《纪要》）和2010年最高人民法院《关于审理非法集资刑事案件具体应用法律若干问题的解释》（以下简称《集资案件解释》）第4条。

---

* 四川大学法学院副教授，硕士生导师。

** 四川大学法学院刑法学硕士研究生。

① 欧阳本祺著：《目的犯研究》，中国人民公安大学2009年版，第117-119页。

表 1

1996 年最高人民法院《关于审理诈骗案件具体应用法律的若干问题的解释》规定具有下列情形之一的，应当认定其行为属于“以非法占有为目的，使用诈骗方法非法集资”	2001 年最高人民法院《全国法院审理金融犯罪案件工作座谈会纪要》规定根据司法实践，对于行为人通过诈骗的方法非法获取资金，造成数额较大资金不能归还，并具有下列情形之一的，可以认定为具有非法占有的目的	2010 年最高人民法院《关于审理非法集资刑事案件具体应用法律若干问题的解释》规定使用诈骗方法非法集资，具有下列情形之一的，可以认定为“以非法占有为目的”
（1）携带集资款逃跑的； （2）挥霍集资款，致使集资款无法返还的； （3）使用集资款进行违法犯罪活动，致使集资款无法返还的； （4）具有其他欺诈行为，拒不返还集资款，或者致使集资款无法返还的	（1）明知没有归还能力而大量骗取资金的； （2）非法获取资金后逃跑的； （3）肆意挥霍骗取资金的； （4）使用骗取的资金进行违法犯罪活动的； （5）抽逃、转移资金、隐匿财产，以逃避返还资金的； （6）隐匿、销毁账目，或者搞假破产、假倒闭，以逃避返还资金的； （7）其他非法占有资金、拒不返还的行为。但是，在处理具体案件的时候，对于有证据证明行为人不具有非法占有目的的，不能单纯以财产不能归还就按金融诈骗罪处罚	（1）集资后不用于生产经营活动或者用于生产经营活动与筹集资金规模明显不成比例，致使集资款不能返还的； （2）肆意挥霍集资款，致使集资款不能返还的； （3）携带集资款逃匿的； （4）将集资款用于违法犯罪活动的； （5）抽逃、转移资金、隐匿财产，逃避返还资金的； （6）隐匿、销毁账目，或者搞假破产、假倒闭，逃避返还资金的； （7）拒不交代资金去向，逃避返还资金的； （8）其他可以认定非法占有目的的情形

从表 1 可以清晰地看出我国对于集资诈骗罪“非法占有目的”的认定的演进。

（一）司法裁判中对司法解释的适用问题

从表 1 可以看出三个文件中关于“非法占有目的”的适用情况在语言表达有微妙的差异，《诈骗案件解释》的表述是“具有下列情形之一的，应当认定其行为属于以非法占有为目的，使用诈骗方法非法集资”，而《纪要》和《集资案件解释》文件的表述是“具有下列情形之一的，可以认定为‘以非法占有为目的’”。区别在于“应当”和“可以”。刑法中的“应当”相当于“必须”，只要出现下列事实必须认定为非法占有目的，“可以”则不同，即使出现以下事实也并不一定认定为“以非法占有为目的”。

笔者认为这看似微小的区别，却对司法中认定“非法占有目的”具有重要的影响。首先，体现在法官自由裁量权不同。“应该”的意思是只要出现以下情况，一律认定为“非法占有目的”，这就使法官在认定行为人是否具有“非法占有目的”的事实上几乎没有自由裁量的余地，法官只能机械地使用司法解释的规定；而“可以”的表述意味着，即使出现了司法解释列举的以下情形，法官也不一定要认定为“非法占有目的”，可以结合案件具体情况灵活处理。面对现实中经济犯罪的复杂性，给予法官一定的自由裁量权，是明智的。其次，体现在被告辩护的空间上。“应该”的表述留给被告的辩护空间十分有限，律师只能通过反驳公诉方的主张，来行使辩护权，一旦不能反驳公诉方的主张，就必须承担证明不利的后果，在这种情况下被告是一种被动的“防御型”的辩护模式，但是“可以”的表述，却给被告提供了另一种选择——“主动进攻”，如检方证明被告有肆意挥霍的事实，主张认定被告具有“非法占有目的”，这时，对于被告而言，不仅可以提出证据反驳公诉方的主张，证明被告没有肆意挥霍的事实，还可以针对“没有非法占有目的”提出自己的辩护意见，比如证明被告集资之后没有逃跑，将集资款用于了正常的生产经营活动，积极还款等有利于被告的事实。这样能够保证被告充分行使辩护权，对于刑事诉讼来说控辩双方的充分辩论是接近事实真相的重要手段。

可以说从“应当”到“可以”的改变，是《纪要》和《集资案件解释》较《诈骗案件解释》最大的进步之处，通过降低推定的基础事实对于司法裁判的约束力，给予法官更多的自由裁量权，给予被告方更大的辩护空间来克服司法推定的在证明力上的缺陷。但在实践中的使用状况却不尽如人意，法官并没有重视司法解释赋予的自由裁量权，只要公诉方提出证明被害人有《诈骗案件解释》所列举的任何一个情况，法官必然认定被告具有非法占有目的，对于被告方主张“没有非法占有目的”的主张和证明，并没有给予足够的重视。在吴英案中，吴英的辩护人向法院提供了蒋辛幸、吴吉等六个人和宣读了十一名债权人的笔录的证言证明吴英没有肆意挥霍的事实和采用欺骗的手段，但是法院以“上诉证人对吴英资金的来源与去向不知情，亦与在侦查阶段所作的证言不相符”① 为由不予采纳。对于被告方提出的无罪证据如此草率地予以否定，对于集资诈骗这样的重罪来说是不适宜的。

（二）司法解释中认定“非法占有目的”规定解读

1. 对于“挥霍”集资款行为的规定

对比三个文件可以发现，每一个文件都有对挥霍集资的规定，但是在表达上有所不同，《诈骗案件解释》中的规定是：“挥霍集资款，致使集资款无法返还。”《纪要》的规定是：“肆意挥霍骗取资金。”《集资案件解释》中的规定是：“肆意挥霍集资款，致使集资款不能返还的。”三个文件规定的差异主要在于两个方面：第一，是对挥霍的程度规定，即是否增加“肆意”的限制。第二，挥霍是否造成了集资款无法返还的结果。《诈骗案件解释》将挥霍规定为导致集资款无法返还的原因，即只有当挥霍导致集资款无法返还时，才可以认定为“非法占有目的”，但并没有给挥霍限定为“肆意”挥霍。《纪要》中去掉了“导致集资款无法返还的限制”，

① 参见浙江省金华市中级人民法院刑事判决书（2009）浙江刑初字第1号。

加上了“肆意”的限制。即挥霍集资款要达到“肆意”的程度，才可以推定行为人具有“非法占有目的”，而《集资案件解释》将两者结合了起来，不仅增加了对挥霍的程度限制，要达到“肆意”，还要求“致使集资款不能返还”的结果，才可以推定行为人有“非法占有目的”，这样的改变使得对于“非法占有目的”的认定更加审慎。

虽然司法解释规定得如此完善，但是在具体的司法实践中的运用却差强人意，以吴英案为例公诉机关对于证明吴英的“挥霍”证明主要是以下行为，第一购买珠宝并随意处置，第二投标江北甘溪路地块，造成定金、保证金1400万元被没收。第三用集资款捐赠达230万元，第四花近2000万元购置大量汽车，其中为本人配置购价375万元的法拉利跑车，第五为所谓的拉关系随意给付他人钱财130万元；第六花400万元购买名衣、名表、化妆品，同时进行高档娱乐消费等花费达600万元。[①] 在这六项消费活动中，珠宝、化妆品、名衣、名表、跑车、捐款这类可以算作个人消费，但投标是经营行为，认定为肆意挥霍显然是不合理的，拉关系的行为，即便涉嫌不正当竞争，甚至触犯行贿罪，但是只要是为了企业的经营，就不可以算是“肆意挥霍”。购买大量汽车，被公诉机关认为是无实际用途，这未免有些牵强，吴英在案发前拥有14家公司，汽车有没有可能是作为公司的公车进行使用的呢？至于高档消费，笔者认为不能简单粗暴地将其直接认定为挥霍，因为企业经营需要应酬消费，在这一部分的高档消费中，有多少是吴英自己私人的消费，公诉机关并没有进一步详细的证明。

从中可以看出司法实践中认定被告“挥霍”时出现的问题，是值得注意的。第一，严格区分消费的项目是属于私人消费还是企业日常的经营活动消费。对于正当的经营活动，项目投资就算花费较大，或发生较大亏损都不应该认定为挥霍。第二，判断“挥霍”行为的标准。“挥霍”特别是“肆意挥霍”的判断，其实是一种主观的判断，会因为个人收入情况、社会地位及消费习惯的不同而千差万别，在一些案件中，被告人是企业的老板或者高管，如本色集团公司的法定代表人吴英、浙江银泰公司老总季文华，吉林“海天”公司老总王希田，湖南三馆房地产开发集团有限公司总裁曾成杰，等等。这些人都是身价上亿的商人，因此在消费水平上是不能以普通人的角度进行判断的，加之商人强烈的“自我包装”意识，习惯用奢侈的消费来显示自己财力雄厚，这是社会普遍存在的现象。吴英买法拉利跑车对于普通的工薪阶层来说可能是挥霍，但对于一个拥有数十家企业、身价上亿的商人来说，就是普通的消费。“非法占有目的”是对于被告人的主观心理状态的判断与认定，如果都以普通大众的消费习惯和标准进行判断，笔者认为是违背立法本意的。

2. 对于将集资款用于违法犯罪活动的规定

将集资款用于违法犯罪活动，是否可以推定行为人具有“非法占有目的”，这个问题在学术上存在一定的有争议。《集资案件解释》起草过程中有意见指出，用于违法犯罪活动与非法占有目的没有必然联系，建议删去。经研究将用于违法犯罪

① 浙江省金华市中级人民法院刑事判决书（2009）浙金刑二初字第1号。

活动认定为非法占有的一种情形，主要是基于政策考虑所作出的一种法律上的拟制，以体现从严打击的需要，故未采纳。①

值得注意的是对于将集资款用于违法犯罪活动的规定，《诈骗案件解释》、《纪要》与《集资案件解释》三者的区别在于使用集资款进行违法犯罪活动，是否导致集资款无法返还的。《纪要》和《集资案件解释》都将"导致集资款无法返还"删去，这意味着扩大了对于"非法占有目的"的认定范围，不管行为人将多少集资款用于违法犯罪活动，也不管是否导致集资款无法返还的结果，都一律认定为非法占有的目的，笔者认为这样规定暗含了一种刑法的扩张性，缺乏合理性。同时本条规定还有一个问题，即"违法活动"如何理解？对于违反哪个部门法，指向不明，有学者指出将行为人从事并不违反刑法而仅仅是违反民法等其他法律的活动，认定行为人有非法占有目的，不合适。②

3. 对于"用于生产经营活动与筹集资金规模明显不成比例"的认定

笔者认为这一条的认定存在两个问题，第一是对于"生产经营活动"的解释问题。按照字面的解释，"生产"是指人们创造物质财富的过程，指人们利用生产工具改变劳动对象创造产品的活动，"经营"指筹划并管理，计划和组织。但是如果没有将集资款用于实体的经营活动，而是用于股票、债权、外汇和期货等金融投资的行为如何认定？第二是对于"明显不成比例的"的判断问题。在司法实践中，要多少才算是"明显不成比例"呢？笔者认为这两个问题不明确，这一条规定就无法被准确理解和适用。

三、集资诈骗罪"非法占有目的"的认定

（一）"非法占有目的"认定的理论溯源

集资诈骗罪属于目的犯。目的犯是指具有一定目的，为其特别构成要件的犯罪。目的犯之目的，通常超越构成要件的客观要素的范围，所以也称为超越的内心倾向。目的犯的证明在司法上一直是个难题，目的犯的设立，对控方的举证增加了一定的难度：控方不仅要证明构成本罪的客观行为与主观故意，而且还要额外地证明特定目的之存在。③ 正因如此，部分学者主张废除主观要素中的目的要件，但是笔者认为目的犯在刑法中有其重要的意义，不仅具有区分罪与非罪、此罪与彼罪的功能，而且兼顾了形式违法性与实质违法性，同时也是对于犯罪社会危害性评价和人身危险性评价的综合考量。因此在刑法理论上，一方面我们应该认识到目的犯存在的必要性，另一方面又要直面其为司法实践所带来的挑战。目前，司法认定中对于主观目的的认定普遍采取的是推定方式，我国最高人民法院根据司法审判经验制定了如何认定"非法占有目的"的相关规则，以司法解释的方式规范了对于"非

① 刘为波：《〈关于审理非法集资刑事案件具体应用法律若干问题的解释〉的理解与适用》，载《人民司法》2011年第5期。

② 陈家林、薛丰民：《非法集资犯罪若干问题研究——以〈最高人民法院关于审理非法集资刑事案件具体应用法律若干问题的解释〉为切入点》，载《河南财经政法大学学报》2013年第5期。

③ 陈兴良：《目的犯的法理探究》，载《法学研究》2004年第3期。

法占有目的”的推定。

推定是指诉讼中认定事实的一种手段或方法，是指法官根据法律的规定或者依据经验法则、逻辑法则，从已知的甲事实（前提事实）推出未知的乙事实（推定事实）①。推定实际上是绕开了对于待证事实的证明，是一种间接的证明方式，因为在集资诈骗案件中要证明被告主观上具有“非法占有目的”几乎是一件不可能的事，但是要证明被告肆意挥霍集资款，或携款潜逃的客观事实却比较容易，推定对于解决主观因素证明困难的问题有重要作用，但是推定在理论上和实践中也存在一些问题。

首先要面临的是其存在的合理性和合法性问题。推定一般都是不利于被告的推定，如果被告不能反驳公诉方的推定，则公诉方不利于被告的有罪推定成立，这里违背了刑事诉讼中存疑有利于被告的原则。在刑事诉讼中推定在证明事实时，并不能达到排除合理怀疑的标准，正如有学者主张推定其实是证明过程的中断，无法承担刑事证明的重任。② 推定如何平衡刑法打击犯罪的价值和保障人权的价值，是推定必须面对的理论难题。如何解决这一理论冲突，目前理论上主要有三种模式：一是将不利于被告的推定全部赶出刑法领域；二是改造推定的内容，设法使其满足排除合理怀疑的标准；三是承认推定构成排除合理怀疑规则的例外。③

笔者认为第一种模式太过于理想化，会严重阻碍刑事诉讼的追诉职能。第二种模式将推定改造为到达排除合理怀疑的标准，看似完美地解决了矛盾，但是却忽视了推定的特点，推定不是完全建立在经验和逻辑之上的，同时还要考虑社会政策、公平性、便利性及程序方便等，所以导致了推定的证明要求降低。④ 所以想让推定达到排除合理怀疑的标准是不切实际的幻想，如果给其设立一个和证明一样的标准，无异于否定或降低其存在的价值，使证明活动再一次陷入僵局。目前，世界上大多数国家实际上采用的是第三种模式，即承认推定构成排除合理怀疑规则的例外。但都采取了相应的限制措施，主要是：（1）允许被告反驳推定；（2）严格要求前提事实与推定事实之间关联的“合理性”、“逻辑性”和“常态性”。

（二）当前我国在司法中对集资诈骗罪“非法占有目的”认定中的问题及完善意见

在司法实践中对“非法占有目的”认定不严谨，论证不充分，导致集资诈骗罪和非法吸收公众存款之间的界限模糊不清，主要表现在以下几个方面：

1. 以集资“手段”机械推定集资“目的”

在司法审判中，法院将重点放在证明被告人集资的方法和手段上，而忽视了对“非法占有目的”的证明，在集资诈骗的犯罪构成中应该是诈骗方法和“非法占有目的”同时具备，采用了以高息为诱饵集资，隐瞒集资款的真实用途，或者虚构项目集资，只能证明被告人采取了诈骗集资的方法和手段进行集资，但是不能因为行

① 李浩主编：《证据法学》，高等教育出版社 2015 年版，第 265 页。

② 张保生：《推定是证明过程的中断》，载《法学研究》2009 年第 5 期。

③ 劳东燕：《认真地对待刑事推定》，载《法学研究》2007 年第 2 期。

④ 龙宗智：《推定的界限及适用》，载《法学研究》2008 年第 1 期。

为人采取了诈骗的手段就认定其对集资款有“非法占有目的”。诈骗手段并不是非法占有目的的表现形式，而是和非法占有目的处于并列位置，两者需同时具备才能构成集资诈骗罪。

2. 以集资“结果”断然认定集资“目的”

集资诈骗罪一旦被发现，一般都是因为资金链的断裂，导致被告无法返还集资款，出现这种情况往往伴随着群体性事件的出现，对社会的稳定造成一定的威胁。因此，有时司法机关会为了安抚民心，倾向于对集资人定“集资诈骗”进行“从重处罚”，如果没有出现严重的后果、造成恶劣的社会影响则会定较轻的非法吸收公众存款罪。应该注意集资诈骗和非法吸收公众存款罪的犯罪构成并不相同，两者在侵犯的客体、人身危险性和社会危害性上均不相同，不能仅仅以造成的客观危害，就推定行为人具有“非法占有目的”，这是典型的客观归罪。

我们应该明确集资诈骗罪关注的重点并不是集资集资款的损失的结果，而是损失的原因。现实中涉嫌集资诈骗罪的主体并不仅仅是个人，还有大量的民营企业，在我国中小企业融资困难的现实下，许多中小企业会铤而走险采用民间借贷的办法筹集资金，主观上和客观上仅是触犯了非法吸收公众存款罪，扰乱了国家正常的金融管理秩序，但是一旦这些企业金链断裂，伴随着群体事件的出现以后，公诉机关会先入为主认定被告为集资诈骗罪，然后在这样的前提下进行证明，在这种逻辑之下，许多企业正常的经营行为都会成为“非法占有目的”的行为。例如，企业投资失败、负债经营、老板生活奢侈，这些情形如果发生在一个没有涉嫌犯集资诈骗罪的企业身上，大家都会觉得很正常，是可以被理解和接受的，但是放在一个以民间借贷筹集资，最后以破产为结局的企业身上，就是异常的，是证明其具有“非法占有目的”的罪证。

（三）在认定“非法占有目的”时应该坚持的原则

1. 主客观相一致原则

在2010年发布的《纪要》中规定：“在司法实践中，认定是否具有非法占有目的，应当坚持主客观一致的原则，既要避免单纯根据损失结果客观归罪，也不能仅凭被告人自己的供诉，而应当根据案件具体情况具体分析。”同时强调：“在处理具体案件时要注意以下两点：一是不能仅凭较大数额的非法集资款不能返还的结果，推定行为人具有非法占有的目的；二是行为人将大部分资金用于投资或生产经营活动，而将少量资金用于个人消费或挥霍的，不应仅以此便认定具有非法占有的目的。”可见主客观相一致原则，是司法认定中必须坚持的原则。

2. 司法推定与存疑有利于被告原则之间的平衡

司法推定在英美法系国家发展较为成熟，运用较为广泛，是在其成熟的对抗制诉讼模式之下孕育发展的，原因在于刑事推定的适用对于一个国家的诉讼模式是有严格要求的，在这种模式下，被告方的辩护权利得以充分行使，和控方可以形成对抗，但我国的刑事诉讼深受大陆法系职权式的影响，被告的辩护大多是被动的，难以和公诉方在举证能力上势均力敌，大多数时候是处于弱势地位。被告和公诉方在举证地位和能力上的不平等，可能导致被告的证据在程序上的瑕疵或证明力上的欠缺，这时需要法官在对待被告的证据时采取更为严谨和审慎的态度，对于被告提出的证据不要轻易否定，而是严格审查，必要时对于有利于被告的证据，而被告无法获取的，可以考虑法官协助被告调查取证。

3. 法官应正确对待司法解释赋予的自由裁量权

上文中已经提到当前适用的2010年《集资案件解释》对于司法“非法占有目的”列举的情况是“可以”认定，而不是“应当”认定，即使出现司法解释中出现的情况，法官也拥有一定的自由裁量权，对于是否认定还是存在一定回旋的余地，应该结合案件的具体情况、控辩双方的主张和证据进行综合评价与分析，认真对待司法解释赋予法官的自由裁量权，切不可机械地、教条式地适用司法解释的规定。

集资诈骗罪“非法占有目的”的司法认定

张　勇* 　赵宗涛**

在互联网金融创新热潮的席卷下，P2P 网贷、股权众筹等创新产物不断涌现，刷新了互联网经济新面貌。金融创新在增加资金流转效率的同时，也潜藏着非法集资的刑事风险。集资诈骗罪是金融创新不可触碰的红线，也是司法适用中争议最大的罪名之一。近年来发生的“e 租宝”、“中晋系”等案件再次掀起了该罪认定标准的争议波澜。“非法占有目的”是成立集资诈骗罪的法定要件，也是该罪司法认定中的难点。最高人民法院曾于 2010 年发布《关于审理非法集资刑事案件具体应用法律若干问题的解释》（以下简称《解释》），其中第 4 条规定了多种认定“以非法占有为目的”的具体情形。但司法机关在适用该规定时，出现了理解上的偏差，以至于实践中集资诈骗罪被滥用的问题突出。

一、“非法占有目的”认定的现实问题

“非法占有目的”是行为人的主观心理活动，我们不能直接了解行为人的内心所想，但主观是见之于客观的东西，主观心理可以通过外化的客观行为表现出来，因此，运用推定的方法判断“非法占有目的”的有无是司法实践的经常做法。《解释》在总结司法审判经验的基础上，提出了几种集资诈骗罪“非法占有目的”的推定规则，明确行为人使用诈骗方法非法集资，具备以下几种情形的可以认定该目的的存在：（一）集资后不用于生产经营活动或者用于生产经营活动与筹集资金规模明显不成比例，致使集资款不能返还的；（二）肆意挥霍集资款，致使集资款不能返还的；（三）携带集资款逃匿的；（四）将集资款用于违法犯罪活动的；（五）抽逃、转移资金、隐匿财产，逃避返还资金的；（六）隐匿、销毁账目，或者搞假破产、假倒闭，逃避返还资金的；（七）拒不交代资金去向，逃避返还资金的；（八）其他可以认定非法占有目的的情形。整体来看，《解释》所列举的行为均是集资完成后的处分行为或结果，但并非承认“非法占有目的”可以产生于行为后，而是提醒司法机关可以通过这些事后行为或结果倒推行为人事中具有“非法占有目的”。然而，《解释》中“使用诈骗方法非法集资，具有下列情形之一的，可以认定为‘以非法占有为目的’”的规定明显减轻了检察机关对该目的的举证责任，更是引起了法院对此规定的盲目乱用。实践中单独以事后行为或结果直接推定行为人“非法占有目的”存在的现象屡见不鲜，造成的最大危险便是客观归罪。

以情形（一）和情形（二）为例，两项均规定了行为人不当使用集资款，造

* 华东政法大学教授，博士生导师。

** 华东政法大学 2015 级刑法学研究生。

成不能返还结果的，可以推定“非法占有目的”的存在。无论是“集资后不用于生产经营活动或者用于生产经营活动与筹集资金规模明显不成比例”，还是“肆意挥霍集资款”，都是行为人集资完成后的处分行为，“致使集资款不能返还”则是由事后处分行为引起的结果。但我们如何能够从这些事后行为直接推定出行为人集资时的“非法占有目的”呢？根据责任主义原则，犯罪的成立要求行为人于行为时就必须具备主观要件，犯罪目的也应当在行为开始时就存在。对于法定的目的犯而言，行为人对法定犯的目的一直持希望态度，这种犯罪目的自始至终在指引着行为人的意志心理，并进一步支配行为的实施和结果的发生。[①]《解释》是从结果出发倒推目的的存在，但单独以事后行为及其后果推定存在“非法占有目的”，事实上难以保证推定结论的真实性和可靠性。例如，情形（一）中，行为人甲坚信投资股票可以获得丰厚利润，打算使用诈骗手段集资数万元投入股市，获利后再偿还借款人本息，但投资后因为所选股票行情大跌造成血本无归，致使集资款不能返还。依照《解释》的规定，完全可以推定行为人具有非法占有目的，但这种推定结论与事实并不相符。又如，情形（二）中，行为人乙拥有良好的实体企业，但其出于炫耀目的使用诈骗方法非法集资后挥霍，打算于借款到期后归还，后因企业遭遇不可抗力致使集资款不能返还，若单独依据事后的挥霍行为和不能返还结果认定行为人具有“非法占有目的”，明显不当。相反，如果行为人本身出于占有目的使用诈骗方法集资后挥霍，案发后及时归还集资款并辩称不曾想占有，司法机关一般会否认行为人“非法占有目的”的存在。这样一来，原本的“目的推定”直接沦为“结果决定”，背离了推定初衷，而且有违反主客观相一致原则的嫌疑。

再以情形（四）为例，《解释》规定只要行为人“将集资款用于违法犯罪活动的”，就可认定其具有“非法占有目的”，其实，1996 年最高人民法院《关于审理诈骗案件具体应用法律若干问题的解释》原来规定“使用集资款进行违法犯罪活动，致使集资款无法返还的”才可认定目的存在，后来的 2001 年《全国法院审理金融犯罪案件工作座谈会纪要》和《解释》均把后半部分表述删除，造成通过事后行为即可推定目的存在的局面。但是，这种做法极易造成客观归罪。例如，在浙江吴英案中，吴英最大的债权人林卫平非法集资 8.6 亿元，将其中的 4.7 亿借给吴英等人转贷牟利，后因吴英“崩盘”致使其不能向上游返还“集资款”而案发，其行为很明显并非具有“非法占有目的”，最终法院也没有认定其具有“非法占有目的”。[②] 然而，如果严格依照《解释》的规定就会认定其具有该目的，结果自然与事实不符。况且，将集资款用于违法犯罪活动也可能是非法吸收公众存款罪的后续行为，在实行行为相同的情况下，单独以事后行为推定“非法占有目的”难以实现两罪的区分。情形（三）、（五）、（六）、（七）也都存在各种各样司法推定的问题，情形（八）兜底条款更有扩张适用的危险。

事实上，《解释》总结的推定规则只是判断“非法占有目的”的材料，而非直

① 贾宇、怯帅卫：《论法定犯罪目的的实质——兼论犯罪目的与犯罪故意的关系》，载《法律科学》（《西北政法大学学报》）2010 年第 4 期。

② 胡启忠：《集资诈骗罪“非法占有目的”认定标准的局限与完善》，载《法治研究》2015 年第 5 期。

接定论的根据。司法机关常常把事后行为或结果与"非法占有目的"绑定，将"由行为或结果推定目的"的不确定联系演绎成了"有行为或结果就有目的"的必然联系，这种关系的错误搭建引起客观归罪几乎不可避免。不仅如此，以事后行为或结果"推定"目的进而定罪的做法，虚置了"非法占有目的"作为构成要件要素的地位，可能造成集资诈骗罪与非法吸收公众存款罪的混同。"非法占有目的"的推定并不是定罪的必要条件，只有在行为人没有直接表露该目的时才有推定的存在空间。作为财产类犯罪的一个法定要件，"非法占有目的"有其自身的判断标准，推定也应当是以该标准为参照，结合客观事实进行具体判断。下文对刑法中"非法占有目的"的内涵阐释，意在寻找合理的判断标准，为集资诈骗罪主观目的的认定提供参考。

二、"非法占有目的"的内涵阐释

"非法占有"是民法和刑法共有的概念，但在概念外延上存在差别。民法上的"非法占有"是指没有法律根据，也未取得所有人同意而占有他人财物，它仅是对所有权四项权能中"占有"权能的侵害，不包括使用、收益、处分的权能。而刑法上的"非法占有"是指明知是他人的财产，仍将其转归自己或第三人非法所有并排除权利人所有的一种主观愿望。[①] 这种占有包括所有权全部的四项权能，此时行为人对财产不仅是谋取"占有"，更主要的目的在于使用、收益和处分，所以，将刑法上的"以非法占有为目的"表达为"以非法所有为目的"更为确切。这样的划分避免了刑法对民法调整对象的过度干预，使刑民界限得到重申。在我国刑法中，虽未在财产犯罪一章明文规定某些罪名必须具备"非法占有目的"，但理论上普遍认为该目的是成立诈骗罪等取得型财产犯罪的必备要素。集资诈骗罪被规定于刑法分则第三章第五节"金融诈骗罪"之中，诈骗罪与金融诈骗罪之间属于一般法条与特殊法条的关系，因此，成立金融诈骗罪也应当具备"非法占有目的"，集资诈骗罪将该目的明文规定为犯罪成立的法定要件，是对"非法占有目的"必要性的显性宣誓，在内涵上也应当与取得型财产犯罪中的"非法占有目的"保持一致。然而，理论界对"非法占有目的"内涵存在不同理解，影响了该目的的判断。

（一）"非法占有目的"的观点梳理

我国刑法学界对"非法占有目的"内容的界定存在多种不同观点，主要观点可总结为三种学说：（1）"非法所有说"。该说认为行为人实施财产型犯罪的目的在于得到所有权的全部内容，所以应该将非法所有目的作为取得罪的构成要件之一。（2）"非法占有说"。该说将民法中的"占有"与刑法中的"占有"等同理解，认为"实际控制权或控制是刑法占有的一个关键要素"。[②]（3）"非法获利说"。有学者提出"非法占有目的"是指"依照财物的经济用法对取得的财物进行利用处分的意思，从取得的财物种获取利益"。[③] 以上三种学说中，"非法所有说"曾是我国

① 王延祥：《如何认定诈骗罪中的"以非法占有为目的"》，载《政治与法律》2003 年第 3 期。

② 黎宏：《论财产犯罪中的占有》，载《中国法学》2009 年第 1 期。

③ 刘明祥：《财产犯罪比较研究》，中国政法大学出版社 2001 年版，第 64 页。

通说，但内涵不够清晰，难以判断；“非法占有说”对民法与刑法概念不加区分，容易扩大刑法处罚范围；而“非法获利说”不利于区分盗用、骗用与盗窃、诈骗，可能造成处罚不当。对此，可以借鉴其他国家对“非法占有目的”的有益成果，界定“非法占有目的”的内容。

大陆法系国家中日本对“非法占有目的”讨论较为充分，归纳起来可分为三种学说：第一种是“排除利用者意思说”。该说认为，“非法占有目的”是指行为人主观上具有“将自己作为所有者而对财物进行行动的意思”，“行为人取得财物时，主观上有将他人的财物视为自己的财物进行支配以排除他人对财物的支配的意思，不管遵从财物的经济用途利用、处分他人的财物，还是对他人的财物予以破坏、隐匿，都被认为具有非法占有他人财物的目的”①。这种学说准确划清了盗窃与盗用、骗用与诈骗的界限。第二种是“利用处分意思说”。该说提出行为人只有具有按照财物本来的经济用途利用、处分的意思，才能认定“非法占有目的”的存在。这样的界定有利于区分取得型与毁弃型财产犯罪，与上述“非法获利说”类似。这两种学说关注的侧重点不同，但都存在重大缺陷。第一种学说不能区分取得型与毁弃型财产犯罪，与立法罪名区分制相违背，而第二种学说也是不能划清盗用、骗用与盗窃、诈骗之间的界限，可能造成刑事处罚不当。在两种学说均存在弊端的情况下，作为折中观点的“排除意思—利用意思说”进入学者视野，也为本文所提倡。

（二）“排除意思—利用意思说”的导入

“排除意思—利用意思说”来源于日本刑法理论对盗窃罪的讨论，目前处于通说地位。根据日本判例，“非法取得的意思，由以下两个要件构成：其一，排除权利人，将他人之物作为自己的所有物（与自己的所有物一样）处置的意思（排除意思）；其二，将他人之物，按照其经济性用途进行利用或者处分的意思（利用意思）”。② 在日本，“排除意思”可区分不可罚的使用盗窃和可罚的占有盗窃，而“利用意思”则是在毁弃罪和盗窃罪之间划出界限。山口厚教授对“排除意思”和“利用意思”的具体内涵又做了深刻解读，具体而言：

第一，“排除意思”，指行为人已经现实地控制了他人财物，仍意图使该财物完全脱离他人的控制。“排除意思”原本的含义是永久性占有不返还的意思，但随着理论的演变，其内涵不再局限于不返还意思，某些对财物利用可能性造成严重损害的情形，即使行为人具有返还意思，也可认定为“非法占有目的”。山口厚教授将“排除意思”归结为三种情形：一是行为人虽然仅仅是一时使用，但没有返还的意思，相反，在使用后弃毁、放置等；二是行为人虽然具有返还的意思，但具有侵害相当程度的利用可能性的意思；三是行为人虽然具有返还的意思，而且对被害人的利用可能性的侵害相对轻微，但具有消耗财物中的价值的意思时，由于对作为所有权内容的利益造成了重大侵害，应认定具有排除意思。③ 张明楷教授也认为，“排

① ［日］福田平：《刑法各论》，有斐阁2002年版，第230-231页。
② ［日］山口厚：《刑法各论》（第2版），王昭武译，中国人民大学出版社2011年版，第229-230页。
③ ［日］山口厚：《刑法总论》，有斐阁2007年版，第200页。

除意思是指行为人占有他人财物达到了可罚程度的妨害他人利用财产的意思”。[①]

第二，“利用意思”，是指行为人不具有占有他人财产的合法依据下，意图取得对他人财产的现实控制或支配地位，并进而利用、处分被害人的财产。[②] 山口厚教授将其理解为“享受由财物所产生的某种效用的意思”。张明楷教授认为，“行为人非法占有他人财物没有遵从财物可能具有的用途，而是例外用途，但是有直接获益或者享受他人财物利益的意思，同样被认定为具有非法占有目的”。[③]

非法集资行为本来就引起了占有转移，可能触犯非法吸收公众存款罪和集资诈骗罪两个罪名，集资诈骗罪处罚的是“以非法占有为目的”的非法集资行为，因此，这里的“非法占有”应理解为“非法所有”，就“排除意思”而言，是将集资款据为自己所有、实力支配的意思；就“利用意思”来说，是违背集资款的约定用途，将集资款挪去其他用途。“排除意思”和“利用意思”二者缺一不可。例如，行为人甲意图通过非法集资后毁弃集资款报复社会（有“排除意思”），将集资款丢弃在悬崖下（无“利用意思”），不能认定其存在“非法占有目的”。又如，行为人甲意图通过非法集资发放高利贷赚取利息（有“利用意思”），并实际虚构商业用途集资后高利放贷，借款到期时偿还集资款的（无“排除意思”），同样不能认定其有“非法占有目的”。

“排除意思—利用意思说”符合民法与刑法“非法占有”的区分规则，体现了对所有权四项全能的“占有意思”，更重要的是，它能够合理地划定“非法占有目的”的认定范围，将刑法的处罚对象分由不同罪名解决，避免单独以“排除意思”或“利用意思”推定行为人存在“非法占有目的”。并且，在判断程序上，该说也较为简洁清晰，故本文提倡采用“排除意思—利用意思说”判断集资诈骗案中行为人是否具有“非法占有目的”。

三、《解释》推定规则的检视与新解

主观目的是行为人的内心活动，当行为人未明确将该目的表示出来时，依据客观事实进行推定以判断目的有无是目的犯定罪的必然选择。对集资诈骗罪而言，寄希望于行为人的如实供述困难重重，而仅依照事中的诈骗行为和集资行为尚不足以证明非法占有目的的存在，因此，以事后行为或结果间接推定“非法占有目的”实属无奈之举，司法解释采取“由果溯因”的方法也无可厚非。但这并不意味着司法推定可以无视案件具体事实，仅存在与《解释》列举规则对应的情形即可推定“非法占有目的”的存在，事实上，《解释》列举的推定规则本身也需要检讨。

（一）《解释》推定规则的检视

根据以上构建的集资诈骗罪“非法占有目的”的判断标准，重新审视《解释》所确定的推定规则，可以发现，情形（一）、（二）、（四）显示出行为人具有“利

---

① 张明楷：《刑法学》（下），法律出版社 2016 年版，第 958 页。

② 李勤：《非法吸收公众存款罪与集资诈骗罪区分之问——以“二元双层次”犯罪构成理论为视角》，载《东方法学》2017 年第 2 期。

③ 张明楷：《诈骗罪与金融诈骗罪研究》，清华大学出版社 2006 年版，第 310 页。

用意思”，而情形（三）、（五）、（六）、（七）则彰显被告人的“排除意思”，几种情形之间不存在交叉关系。《解释》规定行为人只要符合其中任何一种情形，就可以认定为“非法占有目的”，实质是混合采用了“利用意思”说或者“排除意思”说的观点，但两种观点均存在严重缺陷。例如，情形（一）“集资后不用于生产经营活动或者用于生产经营活动与筹集资金规模明显不成比例”的规定辐射了大部分的利用行为，“致使集资款不能返还”对法益的侵害也达到了可罚性程度，表现出行为人典型的“利用意思”，但这种非法集资后单纯的利用行为并不能直接征表出行为人“非法占有目的”的存在，不存在“排除意思”的利用行为不应认定为“非法占有目的”。情形（二）至情形（七）均可能出现“利用意思”与“排除意思”相互排斥的情形，但司法机关对此置之不顾的做法很容易生成错误判决。因此，我们重申“排除意思—利用意思说”的合理性，主张以该学说为准界定“非法占有目的”的内容。

“非法占有目的”对应的只是基础事实，还需要推定事实加以弥补或佐证。推定事实应由司法推定活动完成，而司法推定是一项综合各种事实材料判断目的有无的活动，因此应当尽可能结合所有事实进行分析，不能片面定论。从方法论层面完善推定规则也很有必要。有学者主张建立反推标准，形成正推与反推相结合的双向推定标准体系，对能够引起合理怀疑的特殊情形给予足够重视，技术上通过反推予以排除“非法占有目的”。[①] 本文认为这种反推方法值得推广，它以限制“非法占有目的”乱认定为直接目标，将特殊情形纳入司法推定的考量范围，以排除合理怀疑为最终标准，有利于规范司法权行为，保护被告人权益。将“非法占有目的”的规范内容与正反推结合的方法论连接适用，能够有效抑制司法认定的恣意。

（二）《解释》推定规则内涵新解

我们应当清楚，所有推定、供述的最终指向都是“非法占有目的”有无的判断，对作为落脚点的“非法占有目的”的内涵认识不清才是司法乱象的症结所在。确定了集资诈骗罪中“非法占有目的”的具体判断标准，通过对《解释》推定规则的重新阐释以指导司法推定活动的进行，对于限制刑罚权滥用、防止刑法恣意具有重要意义。

1.“集资后不用于生产经营活动或者用于生产经营活动与筹集资金规模明显不成比例，致使集资款不能返还的”。如上所述，该项显示的是行为人的“利用意思”，缺少“排除意思”。因而，必须要有“据不返还”的行为或意思表示等事实，或者能够证明行为人将集资款用于投资预期收回可能性极低的高风险活动，才能认定“非法占有目的”存在。运用反推方法，当因经营不善、市场风险等意志以外的原因，造成较大数额的集资款不能返还的，排除认定“非法占有目的”。

2.“肆意挥霍集资款，致使集资款不能返还的”。该项也仅是体现了行为人的“利用意思”，只有大量肆意挥霍集资款，放任不能归还被害人钱款的结果发生的情况，才能认定行为人具有“排除意思”，进而认定“非法占有目的”。实践中存在

---

① 胡启忠：《集资诈骗罪“非法占有目的”认定标准的局限与完善》，载《法治研究》2015年第5期。

一些挥霍性投资的情形，如行为人仅将投资行为作为对外宣传等行骗手段，投资行为纯属消耗性，行为人也不指望从该投资行为获取收益的，足以认定行为人“排除意思”和“利用意思”的存在，确认“非法占有目的”。相反，当若行为人有其他返还实力基础，但遭遇非遇见事件的，可以反推目的不存在。

3.“携带集资款逃匿”。该项体现出的是行为人的“排除意思”，至于“利用意思”则应结合逃匿前后对资金的处分行为认定。此处的“逃匿”必须与“携款”联系起来综合分析，逃匿可能出于躲债、筹资等多种原因，只有携款潜逃的，才足以说明行为人具有拒绝返还集资款的主观目的。反过来讲，如果是因遭遇严重人身安全威胁而携带资金款逃匿的，可不认定具有“非法占有目的”。

4.“将集资款用于违法犯罪活动的”。该项体现的是行为人的“利用意思”，缺少“排除意思”。实践中经常会出现行为人虽然将集资款用于违法犯罪活动，但已经返还欠款，或者确有返还预期的，均不应认定“非法占有目的”存在。这也是反推的必然结论。

5.“抽逃、转移资金、隐匿财产，逃避返还资金的”；“隐匿、销毁账目，或者搞假破产、假倒闭，逃避返还资金的”；“拒不交代资金去向，逃避返还资金的”都体现出了行为人“排除意思”，但没有体现出“利用意思”，如果资金切实地用于生产经营活动了，则不应推定行为人“非法占有目的”存在。从反推角度看，“为了某种特定目的而抽逃、转移资金、隐匿财产的”、“为了某种特定目的而隐匿、销毁账目的”、“因为特殊原因而暂时性拒不交代的”，可以不认定其具有“非法占有目的”。

6.“其他可以认定非法占有目的的情形”，也应当在肯定行为人具有“排除意思”和“利用意思”，充分运用反推规则排除合理怀疑后，认定其“非法占有目的”的存在。

集资诈骗罪若干问题研究

赵新河*

依法惩治非法集资犯罪目前备受社会各界关注，而如何准确认定集资诈骗罪在实务界理论界存在不少争议，本文对其中的非法占有目的与社会公众的界定、集资诈骗的犯罪数额问题略陈管见，并简要探讨非法集资的法律规制。

一、集资诈骗罪中非法占有目的之认定

“以非法占有为目的”是区分集资诈骗罪与其他非法集资类犯罪的主观要件，集资诈骗罪主观上具有将非法聚集的资金据为己有的目的，而其他非法集资型犯罪则不具备该犯罪目的。非法占有是非法集资行为人主观上的追求，是行为人的主观心理，具有隐蔽性与复杂性，但是人的内在主观心理与行为目的必然通过其客观行为表现出来，故考察非法集资的具体行为是推定和认定是否具有非法占有目的之基本依据与路径，最高人民法院《关于审理非法集资刑事案件具体应用法律若干问题的解释》（以下简称《非法集资解释》）着重从行为人对作为犯罪对象的集资款项的使用与支配方面来界定非法集资人是否存在非法占有目的，这样，非法占有目的形成时间从事前、事中拓展到事后，事后推定主观目的似乎背离主客观一致和故意犯罪的传统刑法理论而受到质疑，按照故意犯罪理论，集资诈骗罪需要先产生动机目的，再在动机和目的支配下进行犯罪，即犯罪产生于事前或事中。①

本文认为，从非法集资行为整体上观察，非法集资行为可认为由两部分组成，一是取得集资款的手段行为，二是对集资款的支配行为，取得集资款的手段是否属于非法集资，是区别集资诈骗罪与普通诈骗罪的标志，而取得集资款后对集资款的使用与支配则是认定有无“非法占有目的”和区别集资诈骗罪与其他非法集资犯罪如非法吸收公众存款罪的标志。易言之，集资诈骗罪的基本罪状是以非法占有为目的使用诈骗方法非法集资，这里的“诈骗方法”不能拘泥于“取得集资款的方法”，也包括对集资款的“支配使用方法”，是取得集资款的手段行为和对集资款的支配行为形成的有机整体，因此，从行为人对作为犯罪对象的集资款项的使用与支配方面来界定是否有非法占有目的，并非“事后故意”，也并非对非法占有目的的认定扩大化或客观归罪，这完全符合以客观行为判定主观方面的刑法原理。更为重要的是，从司法实践的可操作性层面看，取得证明集资款的支配使用情况的证据便利可行，这些证据往往足以证实非法占有目的之存在，可确保不枉不纵，而查证在实施手段行为阶段究竟是否有非法占有目的往往难度较大，因为行为人此时往往

* 河南省社会科学院法学研究所研究员。

① 张明楷：《诈骗罪与金融诈骗罪研究》，清华大学出版社2006年版，第410页。

故意掩饰其真实意图和目的。无论是1996年的最高人民法院《关于审理诈骗案件具体应用法律的若干问题的解释》，还是2010年的《非法集资解释》，均要求从对集资款的使用与支配来认定是否有非法占有目的，这对准确认定非法占有目的极具导向意义。行为人对集资款的使用与支配大致可划分为四种类型：逃匿型（携带集资款逃跑或逃匿）；挥霍型（肆意挥霍集资款，致使集资款不能返还）；用集资款违法犯罪型（将集资款用于违法犯罪活动）；逃避返还型（抽逃、转移资金、隐匿财产；隐匿、销毁账目，或者搞假破产、假倒闭；拒不交代资金去向）。上述行为的共同本质和类似结局是无法返还、不能返还、不能追还集资款项，由此证明行为人主观上具有将集资款项非法据为己有的目的。

使用推定方法认定非法占有目的，必须依据案件中的相关事实进行综合研判，根据司法实践中遇到的情况，本文认为，其一，下述情形基本可认定为具有“非法占有目的”：虚构经营项目或者盲目开发不现实可行的经营项目，并以此为借口向社会非法集资；约定的集资期限短、利息明显偏高，而其实际投资项目的盈利周期长、收益低，取得集资款的手段明显具有欺骗性，且显然会形成资不抵债、入不敷出、难以履约和归还集资款；集资行为人已经无力偿还到期本息，为维持资金链不断用后续集资款偿还前期集资款本息（“拆东墙补西墙”），则不仅取得集资款的手段具有欺骗性，主观上也符合非法占有的特征。如果行为人本欲将集资款占为己有，案发后因畏惧刑罚处罚等原因而归还多数集资款，虽未造成巨大损失或者严重后果，但不可否定或弱化其非法占有之目的。其二，如果因为经营失误、客观情势重大变更导致集资款无法返还的，不能认为具有非法占有目的。以借款形式非法集资所允诺的投资回报不能实现不是判断非法占有目的的唯一依据，需要查明不能回报的真实原因，如确系经营不善或大部分资金投入企业经营活动则不宜认定为有非法占有目的，尤其是积极返集资款（本金）的，则排除非法占有目的。其三，对“将集资款用于违法犯罪活动的”情形的妥当理解应当是，行为人没有将集资款用于可以回报出资人的生产经营活动，而是用于其他的违法犯罪活动，可以推断行为人根本没有回报投资者的意图而具有非法占有的目的。其四，在“拒不交代资金去向，逃避返还资金的”的情况下推定被告人具有非法占有目的要慎重，需要加大侦查力度以取得比较充实的证据，以查证其主观意图。其五，要注意许多非法集资案件中存在犯意和主观目的之转化情形。在非法集资过程中，综合分析行为人当时的资产状况、集资资金投向项目的预期效益，其已经处于亏损经营且无归还的资产保障，所投向的经营项目预期收益也根本没有效益，此时行为人应当明知自己已经没有归还能力仍继续非法集资，可认为发生犯意转化和产生非法占有目的，犯意转化后的行为当定集资诈骗罪。

二、集资诈骗罪中“社会公众”的界定

《非法集资解释》第4条规定：“以非法占有为目的，使用诈骗方法实施本解释第二条规定所列行为的，应当依照刑法第一百九十二条的规定，以集资诈骗罪定罪处罚。”而《非法集资解释》第2条列举了十余种应当依照刑法第176条的规定以

非法吸收公众存款罪定罪处罚的情形，因此，以诈骗方法非法集资被法律界视为集资诈骗罪的客观要件，其中的“非法集资”被学界理解为“法人、组织或者个人未经有权机关批准向社会公众募集资金”。[①] 一般认为，向社会公众吸收资金是非法吸收公众存款与合法民间借贷、集资诈骗与普通诈骗的区分标准。[②] 向社会公众吸收资金也被认为是集资诈骗罪的特征之一。对于社会公众的含义则多有争议。《非法集资解释》第1条第1款第4项指出，社会公众即社会不特定对象，如何解读社会不特定对象。有论者认为，所谓公众，是指存款的人是社会上较大范围内不特定的人，如果存款的人只是少数几个或小范围的人，如仅限于本单位的人员，则不能认为是公众。[③] 本文认为，集资诈骗罪的客体既包含财产所有权也包括国家金融管理秩序，在这里，财产所有权与国家金融管理秩序受到同等的刑法保护，是否属于向“社会公众”非法集资，决定该行为是否侵犯国家的金融管理秩序这一集资诈骗犯罪的客体，只有向社会开放集资、对不特定对象集资，才能对国家金融秩序形成严重危害，故社会公众是指面向社会开放的不特定对象，集资目标不特定且多数。另有论者认为，在集资诈骗罪的认定上，对象范围是否特定不具有决定性意义，集资诈骗罪中作为对象的“社会公众”的核心在于其多数性，而不是其不特定性。[④] 本文认为，此处不必将多数性与不特定性对立起来考虑，也不必一定要“二选一”，多数性可理解为非法集资的实际人数，是事后的观察与统计，而不特定性可理解为集资开始时行为人对集资对象持来者不拒、愿者上钩、多多益善、不加限制的心态，二者往往并不冲突。只要行为人在主观上具有向多数人非法集资的故意，客观上所采取的手段可能从多数人处非法集资，即使事实上只从少数人或个别人处吸收了数额较大的资金，也可认为具备社会公众的特征。如果仅向特定的人或不特定的少数人非法集资，说明非法集资诈骗的实际规模或潜在规模达不到一定的程度，对金融秩序的危害不大。

认定是否属于向“社会公众”非法集资，要从实际集资范围与人数的不可控、社会影响的广泛性、对金融秩序危害的现实性方面进行综合分析。其一，非法集资案件中特定对象可向不特定对象转化。在具体的非法集资行为过程中，犯罪对象的“特定”与“不特定”的分野往往并不确定，可能起初是限于特定范围集资，但此后发展为难以控制。从集资诈骗的案例看，许多案件一开始是采取较为隐蔽的方式在小范围内向特定对象集资，随着集资过程的发展，缴纳集资的人员不断增多，集资数量不断增加，集资行为人对集资范围持放任态度，致涉案金额和人员的无限扩大。在审判实践中更多的是从案件所造成的实际损失是否巨大和社会影响是否恶劣

① 陈兴良：《规范刑法学》，中国人民大学出版社2008年版，第596页。

② 乐绍光、邓楚开、曹晓静：《论办理非法集资类犯罪案件中的若干法律适用问题》，载《法治研究》2008年第5期。

③ 杨兴培、李翔：《经济犯罪和经济刑法研究》，北京大学出版社2009年版，第170页。

④ 张建、俞小海：《集资诈骗罪对象研究中的认识误区及其辩正》，载《中国刑事法杂志》2011年第6期。

出发，来反向推定行为人是否面向了不特定的对象集资。[1] 这一推定其实是对集资行为人放任集资范围的心态的认定。其二，对社会公众的认定，要从集资对象是否具有不特定性或开放性来界定，而不能仅仅根据集资对象人数的多少来认定，如果行为客观上是可控的或者是集资行为向社会蔓延后行为人加以阻止或拒绝，不应认定为向社会公众集资。其三，向社会公众非法集资不以“公开宣传”为要件。《非法集资解释》第1条第2款规定，未向社会公开宣传，在亲友或者单位内部针对特定对象吸收资金的，不属于非法吸收或者变相吸收公众存款。但是，向社会公众非法集资因其非法性反而更多采用较为隐蔽的手段进行，未必公开宣传，故对“公开性”的理解不能只看行为人所运用宣传手段的外在形式，即使没有大张旗鼓地进行宣传，但客观上可能造成的社会效果是在公众之间形成集资信息的广泛传递，超出针对特定对象吸收资金，就可以认定为具有公开性。譬如，采取“口口相传”的方式，通过与几个钱串子（集资中间人）签订集资代理协议的方式集资，辐射范围大，涉及人数多，虽没有公开宣传，但也属于面向不特定对象和社会公众的非法集资。其四，合理评判“亲友关系”在非法集资定性中的作用。在中国的乡土社会，人际关系是重要的社会资源，人与人之间的经济往来靠的是熟人之间的信用和人格化的交易。[2] 鉴于人际关系是重要的社会资源，以此为纽带来进行集资是民间融资活动的基本特征。亲友标准天然具有的模糊性决定了其不适合成为区分罪与非罪、此罪与彼罪的标准，它必须被更加精确的法律概念所取代，才能有效地改变非法集资罪的罪与非罪之间界限模糊的现状。即使通过亲友关系开展非法集资，但属面向社会不确定范围，实际集资人数不可控，社会影响广泛且已经对金融秩序形成现实危害的，也应当认定为属于对社会公众非法集资。

三、犯罪数额分类及其对集资诈骗罪定罪量刑的意义

我国刑法设置的诈骗类犯罪包括第266条规定的诈骗罪、第224条规定的合同诈骗罪、刑法第三章第五节规定的金融诈骗罪，金融诈骗罪属于类罪名，包括第192条的集资诈骗罪等七个罪名，相应刑法条款均以骗取公私财物“数额较大”为定罪数额起点，并根据数额巨大或者有其他严重情节、数额特别巨大或者有其他特别严重情节设置三个罪行单位，最高主刑均是十年以上有期徒刑或者无期徒刑。上述犯罪的共同本质是以非法占有为目的，用虚构事实或者隐瞒真相的方法骗取公私财物，其中所骗取的公私财物数额是衡量犯罪社会危害性大小的基本依据，兼有定性（定罪）与定量（量刑）的双重作用。从刑法规定看，骗取公私财物数额并非衡量犯罪社会危害性大小的唯一依据，其他犯罪情节也是衡量犯罪社会危害性大小进而决定刑罚的重要依据。集资诈骗罪是数额犯，其犯罪数额可按侵犯总额、指向数额、骗取数额、交付数额、损失数额进行多角度计算和评定。也有学者以“总额

---

① 乐绍光、曹晓静、邓楚开：《论办理非法集资类犯罪案件中的若干法律适用问题》，载《法治研究》2008年第5期。

② 盛学军：《证券公开规制研究》，法律出版社2004年版，第262页。

说”、“非法所得说”、“资金损失说”论之。[①] 犯罪骗取数额或非法所得数额体现对公私财产所有权的侵犯程度，但如果单纯以此为依据裁量刑罚，就忽视了对国家金融秩序的保护，不能全面评判该罪的社会危害，因为集资诈骗罪侵犯的是双重客体，既包括公私财产所有权也包括国家金融秩序，且不能认为这两类客体孰轻孰重，二者均受刑法的同等保护，故应关注骗取数额外的其他犯罪数额对量刑的意义，将其纳入“其他犯罪情节”的考量范围。侵犯总额，是指诈骗行为直接侵害的实际价值额，也可称为涉案数额，反映犯罪的规模和社会影响范围。指向数额，是行为人主观上希望骗得的数额和诈骗犯罪指向的目标数额。骗取数额，是犯罪人一度取得控制权的犯罪既遂数额，往往少于侵害总额和指向数额。交付数额，指被骗受害人实际交付给犯罪人的财产数额，该交付数额往往与骗取数额相同，但也不尽然，后者可小于前者。损失数额，指受害者资金损失数额，是交付数额与退赃数额、追还数额之间的差额。应当认为，上述各类犯罪数额对衡量集资诈骗罪的综合社会危害各有其相应价值。其一，集资诈骗罪所侵犯的客体之一是财产权，因此当以犯罪所得数额来认定其客观危害。其二，集资诈骗通常具有一定的持续性与连续性，多存在将后续集资偿还之前的集资的连环诈骗或拆东墙补西墙式的集资诈骗，在这种情形下，侵犯总额或涉案数额，反映犯罪的规模和社会影响范围，往往决定了对另一犯罪客体国家金融秩序的侵害程度。其三，指向数额反映出行为人的主观恶性大小，也直接与犯罪规模与犯罪手段相关联。其四，交付数额反映出犯罪对被骗受害人的欺骗程度和对正常金融秩序的破坏程度。其五，损失数额直观反映出集资诈骗对他人财产权益的侵害大小。此外，鉴于非法融资往往账目管理混乱，上述各犯罪数额并非均能一一查明，这种情况下综合考量上述各类犯罪数额，对本罪的刑罚裁量就显得尤为必要。

此外，集资诈骗与其他非法集资类案件的共性是，社会负面影响广泛，易形成群体事件，社会敏感性强，且往往部分甚至大部分诈骗款项难以追还，在侵犯财产所有权之外，对金融秩序和社会管理秩序形成严重侵害，因此，在定罪量刑时除考虑集资诈骗的上述数额外，也要兼顾集资规模、诈骗方式、受害人数、负面社会影响等，以实现罚当其罪。

四、非法集资的法律规制

市场经济下绝大多数违法经济行为通过民事责任承担机制便可恢复被损害的权利，有必要完善相关民间集资法律法规。行政处罚是国家管理和调控经济活动的主要方式，行政处罚手段成本支出、社会效果等方面上具有较大优势，应当对相关行政立法进行必要的梳理，确保行政规范的统一、协调。对于金融犯罪，刑法的作用是有限的，因为通过犯罪惩罚的结果会造成债权人和债务人之间更为紧张的关系。

---

① 向朝阳、秦德良：《论集资诈骗罪的几个问题》，载《四川省政法管理干部学院学报》2002 年第 1 期。

刑法介入民间金融活动当概括为逐步放宽和完善前置立法两个原则。[①] 治本之道还在于规范金融秩序，建立完善的金融预警体系，确立行政管理为主、刑罚为辅的结构。这是治理非法集资的基本法律策略。

目前民间融资可满足民营企业自身的资金周转需求，是整个资本市场中非常重要的环节，是我国经济运行中的重要组成，现行关涉民间融资的有关法律规范散见于《民法通则》、《合同法》、《证券法》、1998 年国务院的《非法金融机构和非法金融业务活动取缔办法》、中国人民银行制定的《贷款通则》、《刑法》、民事及刑事司法解释等。从经济学意义上讲，金融压抑扭曲了资金配置。[②] 随着我国金融改革进程的稳步推进，传统金融刑事政策赖以生存的社会基础已经发生变化，金融抑制政策必须积极谋求改变。当前惩治非法集资犯罪出现许多难题，其根源在于基础性的金融法的缺位与不规范，立法尚未对民间融资进行统一明确的规制，如金融管理法规对直接融资和间接融资有着不同的法律规定，但刑法则对此不加区分，导致刑法与金融法的脱节。在民间借贷与非法集资的界限相对模糊的情况下，对各种非法集资轻易动用刑罚予以惩治实乃治标不治本，也违背刑法谦抑原则。解决上述难题需要根据民间融资的特性制定专门性法律，完备规制民间融资的法律基础。

对非法集资行为的刑法规制方面，由于我国《刑法》并没有“非法集资罪”这一罪名，非法集资犯罪是对一类犯罪的统称，虽然《非法集资解释》和 2014 年“两高一部”发布的《关于办理非法集资刑事案件适用法律若干问题的意见》对于打击非法集资起到了积极作用，但并不能适应惩治非法集资犯罪的需求，完备非法集资犯罪的体系有其必要性。对非法集资之刑法有效规制的宏观层面，要依赖经济犯罪立法模式的改革。世界上大多数国家和地区对经济犯罪的规定都以附属刑法这种立法模式为主，辅之以刑法典规定某些行为方式相对稳定和典型的经济犯罪，形成了附属刑法规定为主、刑法典为辅的双轨制立法模式。[③] 非法集资相关管理和调控的法律涉及于银行业、证券业、保险业等金融专业规范，对于违反有关经济管制和调控法律法规的经济犯罪行为，应当主要以附属刑法的方式解决。完善非法集资刑事规制的微观层面，可以考虑将非法吸收公众存款罪定义为未经批准从事吸收存款、发放贷款扰乱金融秩序的行为，或将非法吸收公众存款修改为非法吸收公众资金罪，同时增设非法集资罪以规制非法直接融资，摆脱目前非法吸收公众存款罪是非法集资犯罪的基础罪名的尴尬局面。

① 杨兴培、刘慧伟：《论刑法介入民间金融活动的原则和界限》，载《海峡法学》2012 年第 3 期。

② 刘媛媛：《论非法吸收公众存款罪的立法完善》，载《浙江金融》2007 年第 9 期。

③ 唐稷尧：《论经济犯罪行为的界定》，西南政法大学 2005 年博士学位论文。

信用证诈骗罪的司法适用

林亚刚*

信用证①诈骗罪，是指使用伪造、变造的信用证或者附随的单据、文件，或使用作废的信用证；骗取的信用证或以其他方法进行信用证诈骗活动的行为。本罪的基本构成条件是理论上的通说，即保护的法益是国家对信用证管理的秩序以及他人的财产所有权；主体为自然人一般主体以及单位，主观上只能是直接故意，并以非法占有财物为目的。但本文认为，信用证诈骗罪，在主观上应具有以对使用的工具明知为条件。本文仅就信用证诈骗罪在司法适用上的若干问题进行讨论。

一、本罪适用的范围

我国信用证分为国际贸易与国内贸易信用证②两种功能不同的类型。从事国际贸易信用证结算，应该遵守国际贸易信用证结算的惯例③，而国内贸易使用信用证结算的，当然是遵循《国内信用证结算办法》。广义上的信用证诈骗罪研究是包括国内贸易中的信用证诈骗在内，狭义上的就只关注国际贸易中的信用证诈骗，后者为学界的主要研究方向④。从我国刑法有关信用证犯罪的规定来看，国内贸易结算的信用证是包括在内的，如金融票证罪，伪造、变造金融票证罪，违规出具金融票证罪所规定的“信用证”。从本罪规定而言，行为人无论其伪造、变造、骗取，使用作废信用证，都是为了实施诈骗，信用证只是其实施诈骗的“道具”而已。利用信用证的支付功能，使用伪造、变造、作废、骗取的信用证直接用于（第一手）诈骗了信用证项下的财物，无论受骗的是其他客户还是银行，构成本罪并无异议，但将伪造、变造、作废的信用证用于抵押、质押、担保，借以骗取其他银行、金融机构贷款或诈取其他经济合同、协议项下的财物的，是否构成信用证诈骗罪？有观点

---

* 武汉大学法学院教授，博士生导师。

① 信用证是国内，特别是国际贸易中最主要、最常用的支付方式。通常是不可撤销、不可转让的跟单信用证。信用证是一种银行信用担保文件，不依附于买卖合同，信用证是凭单付款，与基础贸易是相分离不以货物为准，开证银行对申请开证只单纯进行书面形式上的审单认证。这在国内贸易于国际贸易中都是相同的，开证银行对支付负有首要付款的责任，只要单证相符，开证行就应无条件付款。

② 中国人民银行、中国银行业监督管理委员会于 1999 年 7 月 16 日颁布《国内信用证结算办法》，并于 2016 年 4 月 27 日修订，2016 年 10 月 8 日起实施。修订主旨明确为：“为更好地适应国内贸易发展需要，促进国内信用证业务健康发展，规范业务操作及防范风险，保护当事人合法权益。”其第 3 条规定：“本办法适用于银行为国内企事业单位之间货物和服务贸易提供的信用证服务。”

③ 国际商会：《跟单信用证统一惯例》。

④ 赵长青主编：《经济刑法学》，法律出版社 1999 年版，第 319 页以下；王作富主编：《刑法分则实务研究》（上）（第 5 版），中国方正出版社 2013 年版，第 523 页以下；陈兴良主编：《罪名指南》（上册），中国政法大学出版社 2000 年版，第 460 页以下；黎宏：《刑法学各论》（第 2 版），法律出版社 2016 年版，第 161 页。

认为不能排除构成本罪的意见。因行为人抵押、质押的是假的信用证，无论是银行其他金融机构或其他人，即便有担保方可以追偿，也不可能就抵押、质押的假信用证主张权利，同样危害到信用证管理秩序[①]。

但是，如将利用假信用证作为抵押、质押、担保从而骗取财物的行为视为本罪，则是纯粹以行为人所使用的形式“工具”论罪的结论，未必妥当。笔者认为，并非以信用证作为诈骗工具的，就一律构成信用证诈骗罪。以信用证为工具且诈骗的系信用证项下财物，才能构成信用证诈骗罪，如果“使用”信用证，骗取的只是与使用信用证有关联但非信用证项下财物，应构成相关类型诈骗罪。例如，以伪造的信用证在他人处抵押借款，骗取的是借款，应构成合同诈骗罪，而非信用证诈骗罪。

二、信用证诈骗罪行为类型、主体范围的理解

（一）具体行为类型适用上的理解

（1）使用伪造、变造的信用证或者附随的单据、文件[②]。伪造、变造行为是针对单证内容而言，至于单证形式的真实性则在所不问。伪造信用证，是指行为人编造、冒用开证银行的名义，采取描绘、复制、印刷等方法仿照真的信用证而制造的虚假的信用证。变造信用证，是指在真实信用证的基础上，采用涂改、剪贴、挖补等方法改变原信用证主要条款和内容制造内容虚假、不实信用证。伪造、变造的单据、文件，是指伪造、变造开立信用证时约定的受益人必须提交方能取得货款的整套单据，如装船提单、出口证、产地证、重量、质量证书、检验报告、货物清单、商业发票、装货单、仓储文件、收据等。实践中最常见的是伪造、变造提单，即利用空头提单、倒签提单、预借提单、记载货物与实际货物不符的提单行骗。倒签提单，是指卖方装运货物的实际日期已经落后于信用证规定的日期，但卖方却要求承运人将装运日期记载为信用证规定的日期；预借提单，是指卖方在货物装上船之前要求承运人签发提单。倒签提单、预借提单是否构成信用证诈骗罪，应具体考察，如卖方或受益人[③]仅仅是为了结汇或结算方便，货物的延迟装运使得买方的利益造成一定损失，或卖方或受益人有违约但拿到提单结汇、结算后又依约交付了货物，则应按合同纠纷处理；如卖方或受益人根本没有装运货物或者以根本不符合约定的劣货、假货充数，则是信用证诈骗行为。至于构成本罪是否必须由行为人伪造、变造信用证以及附随文件等，有意见认为无论是使用自己还是他人伪造、变造的，均不影响定罪[④]。对境内使用伪造、变造的信用证或者附随的单据、文件实施诈骗，较好查处，但对国际贸易中境外使用伪造、变造的信用证或者附随的单据、文件，在境内实施诈骗的，往往难以查处，主要是提高识别伪造、变造的信用证或者附随

① 马克昌主编：《百罪通论》（上卷），北京大学出版社 2014 年版，第 331 页。

② 请参见“伪造、变造金融票证罪”有关信用证附随单据、文件的内容。

③ 对外贸易中受益人是信用证上指定的有权使用信用证的人，即出口商，并不要求一定是供货方（卖方）。

④ 王作富主编：《刑法分则实务研究》（上）（第 5 版），中国方正出版社 2013 年版，第 525 页。

的单据、文件予以防范的问题。对实务中有专门成立为（进出口）客户服务的公司，如果存在由该公司在准备所需资料时作假的情况，即便是由该公司代办使用伪造、变造的相关单证文件，只要事实上受益者是明知的，就应视为其使用伪造、变造的信用证或者附随的单据、文件实施诈骗。

（2）使用作废的信用证。作废信用证，是指银行不予承兑失去效用的信用证，如已过到期日或交单日的信用证，已经修改、撤销或注销的信用证等。使用伪造、变造或作废的信用证以及伪造、变造的附随单据、文件；又或者二者中有一类属于伪造、变造或作废的，均属于“使用”的诈骗行为。

（3）骗取信用证。即采取虚构事实、隐瞒真相骗领信用证并使用（于诈骗），如编造虚假的不存在的交易事实，欺骗银行为其开立信用证，或者根本无货或没有约定的货物，或者隐瞒企业经营不佳状况，或者以投资为名诱使他人向银行开立以其本人为受益人的信用证。如果行为人仅实施了骗取信用证行为，但未实际取得信用证，或者虽骗取了信用证，但未及使用（于诈骗），以及虽然已经使用但未能获得信用证项下的款项、货物的，对此如何处理有不同认识。张明楷教授认为，单纯只是骗取信用证的，既非本罪既遂也非未遂，而是本罪的预备。因为骗取信用证分为从银行骗取和从他人处骗取两种情形，骗取他人信用证的，仅为本罪预备（或中止）即可，而从银行骗取，由于银行工作人员①是受骗而为行为人开立内容虚假的信用证，行为人成立伪造金融票证罪（间接正犯）既遂（伪造金融票证罪与信用证诈骗罪的预备、中止形成想象竞合）②。

客观上说，骗取他人的（真实）信用证（以供自己诈骗使用），应在本罪还是合同诈骗罪、诈骗罪，或其他类型诈骗罪范围内讨论，还值得研究。笔者认为，本罪并无“冒用他人信用证”应入罪的规定，现实中获得（包括骗取）他人真实信用证主要有两种情形：一是行为人需要向银行或他人融资，于是借用他人信用证之后抵押、质押、留置在银行或他人处作为融资凭证；二是行为人无资质申请开立信用证和享有信用证利益，又要从事国际贸易，于是有偿请有资质者代开信用证。这两种情形下③，持证人实施包括信用证诈骗在内的诈骗犯罪活动，是完全可能的，但这两种情形均不必然导致开证银行的损失。

首先，法律并不禁止借用他人信用证用作抵押、质押、留置。抵押、质押、留置是由双方（或多方）借贷合同调整，信用证无论抵押还是质押在在借方或银行之处，实际上与信用证本身并无关系（信用证与一般抵押、质押物并无区别）。如骗取他人信用证后用于抵押、质押、留置所骗取非信用证项下财物（如抵押后向银行所借之款）是与信用证无关的财物，即便造成他人财产损失开证银行也无须赔偿。

---

① 银行工作人员可能会触犯违规出具金融票证罪；如系国家银行工作人员，可能触犯滥用职权罪、玩忽职守罪。

② 张明楷：《刑法学》（下）（第5版），法律出版社2016年版，第802页。

③ 该议题对境内银行开证“骗取”语境下讨论，骗取外商（进口商）信用证用，包括在“骗取信用证”的概念中——这是骗取境外信用证，在境内使用也可能构成本罪，本文视其为另一个议题。因境内供货方不需要为境外进口商在境外开证提供抵押、担保。这只是出于适用我国《刑法》认定犯罪的考虑。

其诈骗是按照合同诈骗罪（或其他类型诈骗罪）或诈骗罪处罚，应以事实上的“经济关系”来决定，双方有“借款”或其他合同的，应构成合同诈骗罪（或其他类型诈骗罪），没有的，应构成诈骗罪；通过抵押权、质押权而获得他人信用证的人，将信用证再使用于包括信用证诈骗的其他金融犯罪活动的，当然不影响诈骗犯罪的成立，但事实上不再是此处讨论的“骗取信用证”，因为信用证的取得并非“骗取”，否则就应该依法否定质押权、抵押权、留置权。即便在此种情形下，开证银行仍然享有向出借信用证申请开证人的追偿权（定性问题容后一并再述）。

其次，国际贸易中利用代开信用证进行进出口贸易，现实中也非常普遍，如代开之证被持证者用于实施包括信用证诈骗在内的诈骗犯罪活动，当然也不影响其构成诈骗犯罪，但被骗者并非银行而是代开信用证者。如诈骗取得非信用证项下财物，当然不是信用证诈骗罪，即便是将信用证用于实施信用证诈骗活动，开证银行支付信用证项下款项的，银行也是向申领信用证人追偿，并不会因此必然遭受损失[①]，这两种情形下实际的受害人是代开证者。具体而言，同意将信用证借给他人用于抵押借款，如开证人自己去银行办理抵押，将款项借出的，则只是与借款者发生借款关系，与银行无关，遭受财产损失也与银行无涉；如开证人将信用证交给借款人自己去办理抵押借款，借款人不归还的，则开证人自己承担损失，银行自会收回信用证项下财物；如开证人同时是抵押借款人的担保人，或另有担保人的，借款人不归还的，银行不仅自会收回信用证项下的财物，而且会向担保人追偿，所以，银行不是受害者。当然上述情况均不排除“他人”可能实施信用证诈骗行为，但银行不受损失；开证行则通过开证人的保证金，其他担保追偿信用证项下资金，同样不会遭受损失。因此，开证银行与实际上使用信用证进行诈骗的人并无关联[②]。此时，对诈骗者按照合同诈骗罪（或其他类型诈骗罪）或诈骗罪处罚，同样应根据行为人与受骗的代开者之间存在何种“经济关系”来决定，双方有“借资质代开”合同的，应构成合同诈骗罪，没有的，应构成诈骗罪[③]。因此，笔者不能赞同骗取他人信用证尚未使用就一定是本罪（预备或中止）的结论。

总之合理的结论是：利用他人（出借或代开的——骗取的）信用证，诈骗非信用证项下款物，不能认定为信用证诈骗罪，如抵押信用证骗取银行贷款，骗取利用信用证所签订的经济合同、协议项下的财物的；对行为人利用出借、代开的信用证实施信用证诈骗的，也非一定构成信用证诈骗罪，应具体分析受害人是谁，因事实

① 能享受开证者在银行都存有保证金（信用证有额度），所以，只要是真实信用证，开证银行不会遭受损失。国内信用证申领除保证金外，还可根据申请人资信情况要求其提供抵押、质押、保证等合法有效的担保。参见《国内信用证结算办法》第13条。

② 单证一致开证行付款，是信用证结算基本规则，《国内信用证结算办法》第7条第1款也规定：“信用证与作为其依据的贸易合同相互独立，即使信用证含有对此类合同的任何援引，银行也与该合同无关，且不受其约束。”因此，在使用真实信用证实施诈骗其项下财物的情况时，开证行与贸易的真伪并不发生关系，也与诈骗者不发生关系。

③ 除要求代开的费用外，一般也会要求交付开证的备用金，如果收取备用金而不开信用证的，应构成合同诈骗罪，而非本罪。

上银行具有追偿权保障[①]（或出借、代开具有合同保障具有追偿权前提下），被诈骗的最终受害人是信用证出借者或代开证者，而不是开证银行。信用证保证金、担保被追偿的损失，并非信用证项下财物的损失，是因“出借、代开信用证合同”造成的与该信用证无直接关联的财产损失，更符合合同诈骗罪“以其他方法骗取对方当事人财物的”[②] 情形，以合同诈骗罪追究其责任，更符合事实（如果无保证金、无担保[③]，则应以信用证诈骗罪追究责任——此种情形后述说明）。

（4）以其他方法进行信用证诈骗活动。指上述手段以外的其他使用信用证进行诈骗活动。实践中主要是指利用“软条款”信用证进行诈骗活动的情况。“软条款”信用证，也称为“陷阱”信用证，是一种变相的可撤销的信用证[④]。通常是开证人或者开证行在开立信用证时，故意制造一些隐蔽性的条款，赋予开证行或开证人具有随时解除付款责任主动权。例如，设置收货收据必须开证人签发或核实后信用证方始生效的条款；或者规定船舶公司、船名、装船日期、起运港、目的港、验货人、品质证书、商检方式等需待开证人或开证行通知或同意；设置更改信用证和撤销信用证为通知银行而非实际贷款银行，等等。涉及“软条款”信用证的情形，行为人主观上必须具有将来利用该信用证进行诈骗的目的，有此目的但仅开证而没有使用，只是本罪的预备。

（二）信用证诈骗罪的主体范围

本罪主体为自然人一般主体和单位。依据现行法律，在我国境内、境内外都可以进行信用证贸易，但就境外贸易而言，能与境外签订贸易合同并能够向银行申请开立信用证和享有信用证利益的人，必须是具有进出口经营权的公司、企业或其他事业单位，但这并不意味着只有单位才能实施本罪，现实中自然人实施信用证诈骗反而居多。如以受益人或者第二受益人的身份预借、倒签提单或者单证，或者发送假货劣货、低于合同价值的货物或者根本不发货，欺骗开证行、通知行、申请人，以取得信用证项下的款项；或申请开证人与受益人相勾结，由买方开立无购销关系的“空”信用证（虚假交易），凭此骗取银行打包贷款，此类信用证诈骗单位[⑤]和

① 有开立信用证资质者必须在银行存有保证金（另外的专有账户，而且是不能动用），即便是信用证诈骗开证行必须支付信用证款项时，因开证银行没有错误，有保证金、担保可以追偿，所以支付的款项最终必须由申请开证者承担，因此，开证银行并不是实际受害人，真正的受害者是信用证出借者、代开者。

② 这是以出借、代开信用证双方（或多方）签订经济合同为前提，否则应构成诈骗罪。

③ 例如，以供货为由骗取他人（如进口商）信用证，提供的担保系用信用证下（虚假）货物为担保物，骗取银行“打包贷款”，属于信用证项下财物，应构成信用证诈骗罪。这就属于“无保证金”“无担保”情形之一。“打包放款是借款人收到进口商所在地银行开来的信用证后，以信用证正本作抵押向银行申请的贷款，用于该信用证项下出口商品的进货、备料、生产和装运。”《中国工商银行信用证项下出口打包放款暂行办法》第1条。

④ “陷阱”信用证事实上必须有开证银行的配合，但是，“陷阱”信用证并不等同于可撤销信用证。可撤销信用证是指，开证行无须事先征得受益人同意就有权修改其条款或者撤销的信用证。《跟单信用证统一惯例》（UCP500）第8条（B）项规定，即便是可撤销信用证，只要受益人已经按信用证规定交单，指定银行已经凭单证相符做出付款、承兑或议付，信用证就不可再行撤销或修改。http://wenda.so.com/q/1373353889064634?src=140.

⑤ 这里所设立的单位是否具有资质与境外签订贸易合同并能够向银行申请开立信用证和享有信用证利益，并不影响认定。

自然人[①]当然都可以实施。在实践中，银行可能是受害者，也可能是犯罪单位，银行与自然人或单位共同实施信用证诈骗的，应以共同犯罪处罚。例如，开证申请人与开证行相勾结，设置信用证"软条款"，欺骗通知行和受益人，使其相信开证申请人的合法身份和交易的真实性，用伪造的、作废的信用证或以假合同骗取信用证项下的货物或质保金，收益人的货物或者履约金、预付金。从主体要求而言，信用证交易当事人以外的人实施伪造单据、盗窃等诈骗行为，不构成信用证诈骗罪。例如，卖方的货物代理人倒签提单以逃避卖方责任，货物由承运公司收货签发提单后将货物盗卖，或将船开至公海海域后自沉（一般是在大宗巨额交易——当然不限于只是在外贸领域才有此种情形），造成船货失踪现象（俗称"鬼船"），应是合同诈骗罪。

三、"使用"行为在信用证诈骗罪的意义

本罪以具有使用行为为必要，即行为人将信用证用于诈骗的，才是完整的信用证诈骗行为。但本罪属于行为犯[②]还是结果犯[③]有争议。如果从立法对本罪的入罪并未设定类似诈骗罪的"数额较大"等条件来看，将本罪理解为行为犯并未违反解释的规则，但联系到财产权也是本罪保护的法益，不以对财产侵害结果为既遂标准，并不符合信用证诈骗罪仍然是侵犯财产的本质。2001 年 1 月 21 日《全国法院审理金融犯罪案件工作座谈会纪要》指出：金融诈骗的数额不仅是定罪的重要标准，也是量刑的主要依据。在没有新的司法解释之前，可参照 1996 年最高人民法院《关于审理诈骗案件具体应用法律的若干问题的解释》的规定执行。即个人进行信用证诈骗数额在 10 万元以上的，属于"数额巨大"；个人进行信用证诈骗数额在 50 万元以上的，属于"数额特别巨大"。单位进行信用证诈骗数额在 50 万元以上的，属于"数额巨大"；单位进行信用证诈骗数额在 250 万元以上的，属于"数额特别巨大"。该解释虽然已经废止，但表明最高司法机关对金融诈骗犯罪应以"数额"为定罪量刑标准的基本态度。再者，信用证只是本罪的行为道具，如果行为人使用了道具即论以既遂，法理上难以解释。只是目前针对信用证诈骗罪并未有新的司法解释确定数额标准，从当前经济发展状况以及信用证诈骗罪一般是涉及大宗贸易，特别从国际贸易的实际情况出发，信用证项下的款物数额都比较大，意图骗取或者实际骗取的财产数额也都比较大，所以入罪的数额标准不应低于之前的规定。至于数额以信用证所记载的数额还是以实际诈骗得逞的数额计算结果，也有不同认

---

① 根据 1999 年 6 月 18 日最高人民法院《关于审理单位犯罪案件具体应用法律有关问题的解释》规定，在本罪中属于下列情况的，当然应以自然人犯罪论处：（1）个人为进行信用证诈骗活动而设立的公司、企业、事业单位实施信用证诈骗犯罪的，或者上述单位设立后，以实施信用证诈骗犯罪为主要活动的；（2）盗用单位名义实施信用证诈骗犯罪，违法所得由实施犯罪的个人私分的。

② 苏惠渔主编：《刑法学》，中国政法大学出版社 1997 年版，第 535 页；孙际中：《新刑法与金融犯罪》，西苑出版社 1998 年版，第 277 页；李恩慈：《论信用证诈骗罪的构成及其效力范围》，载《现代法学》2000 年第 2 期；黎宏：《刑法学各论》（第 2 版），法律出版社 2016 年版，第 161 页。

③ 舒慧明主编：《中国金融刑法学》，中国公安大学出版社 1997 年版，第 258 页；马克昌主编：《百罪通论》（上卷），北京大学出版社 2014 年版，第 334 页。

识。笔者认为，信用证记载数额与实际得逞诈骗数额这两个标准并不矛盾，由信用证结算方式所决定，因含有尾款支付的信用证以及分期付款的信用证的存在，以信用证记载的数额为标准，记载数额与实际诈骗得逞数额一致，当然没有问题，当记载数额与实际诈骗得逞数额不一致，以记载数额认定，则不一定是恰当的。

因本罪系“信用证诈骗罪”，无论是伪造、变造还是作废以及骗取的信用证，如没有“使用”（于诈骗）这一行为，难以与伪造、变造金融票证罪、骗取金融票证罪区别开，所以，对于只是从银行骗取而未及使用（于诈骗）的，应赞同不宜成立本罪既遂。如何处罚上述情形则涉及本罪与伪造、变造金融票证罪、骗取金融票证罪之间关系的理解，理论上有想象竞合与法条竞合的不同认识①。因为伪造、变造信用证或者附随的单据、文件，或者以欺骗手段取得信用证，都是信用证诈骗罪所规定的行为方式，只要以上述手段取得银行信用证实施信用证诈骗的，必然同时触犯伪造、变造金融票证罪、骗取金融票证罪，因此，赞同法条竞合的观点，本罪属于特别法条。依据特别法优于普通法原则，本罪与伪造、变造金融票证罪的起刑相同，按照本罪预备或中止处罚，更符合行为性质，规范评价上更为全面；对骗取信用证未及使用于诈骗的，则不仅因为本罪是特别法条，也因本罪起刑重于骗取金融票证罪（重法优于轻法），按照本罪预备或中止论处可以做到罪责刑统一。当然，值得一提的是，伪造、变造信用证或者附随的单据、文件，有可能触犯伪造、变造国家机关、证件、印章罪或者伪造公司、企业、事业单位、人民团体印章罪，为牵连犯的，可以从一重罪处罚，也不应排除并罚可能性。

有观点认为，行为人编造谎言欺骗外商开信用证，而后用信用证在银行作抵押，申请“打包贷款”，得款后潜逃的既构成信用证诈骗罪，也构成贷款诈骗罪，系法条竞合，从一重论处就应以信用证诈骗罪定罪处罚②。笔者认为，该观点说理有不圆满之处，由于境内行为人并非境外的申请开证人，在境内银行也并无保证金，必须有相应的担保，银行才可能放贷，如果担保责任是由其他人承担，显然，此时行为人所骗取的并非信用证项下的财物，而是与信用证有关联的贷款合同项下的财物，并不触犯信用证诈骗罪条款，是骗取贷款罪与贷款诈骗罪的想象竞合犯，应按照贷款诈骗罪追究责任。如果是以信用证项下虚构的货物作为担保，则符合骗取信用证项下出口打包款③，系形式上的骗取贷款实质上的信用证诈骗，应按照信用证诈骗罪追究责任。

① 张明楷：《刑法学》（下）（第5版），法律出版社2016年版，第802页；陈兴良主编：《罪名指南》（上册），中国政法大学出版社2000年版，第463页。

② 陈兴良主编：《罪名指南》（上册），中国政法大学出版社2000年版，第463页。

③ 《中国工商银行信用证项下出口打包放款暂行办法》第1条。

信用证诈骗罪的司法认定

廖　明*

一、问题的提出

随着我国市场经济的不断发展，金融领域的犯罪大量涌现，一些专业性极强的犯罪层出不穷。尤其是近年来，金融领域的犯罪呈现出高发态势。一方面，金融犯罪涉及金额特别巨大，案件敏感度高，案件情况复杂，社会影响面大；另一方面，金融犯罪的犯罪手段专业性极强，且不断翻新。① 公安司法机关在侦查、起诉和审判金融犯罪时，由于金融犯罪往往涉及极强的金融专业知识，给公安司法人员对于罪与非罪、此罪与彼罪的认定等工作带来极大的挑战。

在所有的金融犯罪中，信用证诈骗罪对于上述几个特点表现得尤为突出。信用证是一个世纪以来国际贸易中使用最为普遍的一种支付和结算方式。由于它以银行信用为保证，以银行独立性的付款责任为基础，因此同以商业信用为基础的汇款和托收方式比起来，对买卖双方更具安全性和可靠性，解决了远隔重洋的进出口商之间互不信任的问题。但由于信用证独立于基础贸易合同、开证行承担第一性付款责任以及银行“管单不管货”的三大特征，在促进国际贸易发展的同时，也为国际诈骗分子提供了可乘之机。自20世纪80年代中期以来，随着我国改革开放步伐的加快，对外贸易不断发展，国际经贸活动日趋频繁，国际诈骗分子趁机将魔爪伸向我国。他们通常是以同我国公司做生意的名义，采取以伪造信用证、伪造信用证项下的单据、使用“软条款”等各种手法，在贸易的背后从事诈骗活动，导致我国银行和企业损失惨重。与此同时，国内的一些企业在使用信用证的活动中，由于违法或者违规，也导致一些个人，甚至是著名的企业家，因涉嫌信用证诈骗而被定罪判刑，如著名的蓝德集团牟其中案、轻骑集团张家岭案、武汉天成公司程琳案等。

然而，不论是牟其中，还是张家岭，抑或程琳，他们都并不承认自己涉嫌信用证诈骗罪，辩护律师也都为其做了无罪辩护。时至今日，仍有不少人认为他们并不触犯信用证诈骗罪，这里面甚至包括法学界的一些权威专家。② 而从刑法学教科书的内容来看，对信用证诈骗罪的介绍和解释往往以只文片纸带过，不似抢劫罪、盗窃罪般颇费笔墨。笔者以为，有必要对信用证诈骗罪的认定，包括信用证诈骗罪的

---

* 北京师范大学刑事法律科学研究院副教授，法学博士。

① 杜萌、吴春妹、郭俐：《涉案金额巨大危害深远　职业公诉人披露金融犯罪最新动向》，载《法制日报》2010年1月7日。

② 《牟其中“信用证诈骗”6宗案件全部定性错误?》，http://business.sohu.com/2004/02/07/78/article218967833.shtml，2011年1月21日访问；宋克杰：《一宗没有受骗者的民企女老总“信用证诈骗案”》，载《当代经济》2004年第6期。

罪与非罪、信用证诈骗罪与相关犯罪的界限、信用证诈骗罪的罪数形态等问题一一探讨。

二、信用证诈骗罪的构成要件

要对信用证诈骗罪的认定进行研究，首先应对信用证诈骗罪的构成要件有一个深入的认识。现行《刑法》第195条规定："有下列情形之一，进行信用证诈骗活动的……（一）使用伪造、变造的信用证或者附随的单据、文件的；（二）使用作废的信用证的；（三）骗取信用证的；（四）以其他方法进行信用证诈骗活动的。"据此，对信用证诈骗罪可以定义为：以非法占有为目的，使用伪造、变造的信用证或者附随的单据、文件，或者使用作废的信用证，或者骗取信用证以及以其他方法进行信用证诈骗活动的行为。

（一）信用证诈骗罪的客观方面

根据现行《刑法》第195条的规定，信用证诈骗罪在客观方面表现为使用伪造、变造的信用证或者附随的单据、文件，或者使用作废的信用证，或者骗取信用证，或者以其他方法进行信用证诈骗活动的行为。信用证诈骗罪属于行为犯，[①] 只要行为人实施了上述四种行为之一的，即构成犯罪，不要求诈骗行为造成实际的危害后果。而如果行为人同时实施上述行为中两种或两种以上的，也只构成本罪，不实行数罪并罚。

对于第195条规定的第一种方式，所谓"伪造的信用证"，是指行为人仿照信用证的形状、格式、内容等，采用印刷、描绘、复制、拓印等方法制造假信用证的行为或者以其编造、冒用的某银行的名义开出假信用证的行为。[②] 所谓"变造的信用证"，是指行为人在原信用证的基础上，采用涂改、剪贴、挖补等方法改变原信用证的内容和主要条款使其成为虚假的信用证的行为。[③] "使用伪造、变造的信用证附随单据、文件"是指使用信用证时，伪造或者变造提单等必须附随信用证的单据、文件，用以骗取信用证下款项的行为。深圳市志信实业发展有限公司以建设"文山大厦"外墙需要进口"复合铝板"的名义，由法定代表人邹东才与北京翔宇空间技术公司签订代理进口协议书，委托后者以远期信用证支付货款方式，代理进口"吉祥"牌雅幕多复合铝板。后邹东才向北京翔宇公司提供虚假的信用证附随单据，虚构已进口货物的事实，骗取北京翔宇公司298多万美元并非法占有的案件，就是适例。[④]

对于第195条规定的第二种方式，所谓"作废的信用证"，是指真实的原来有效而因后来某种法定事由出现而失效的信用证，如过期的信用证、使用完毕的信用

① 马克昌主编：《经济犯罪新论》，武汉大学出版社1998年版，第375页；鲜铁可主编：《金融犯罪定罪量刑案例分析》，中国民主法制出版社2003年版，第85页。

② 薛瑞麟：《论信用证诈骗罪》，载《政法论坛》2000年第4期。

③ 利子平、胡祥福主编：《金融犯罪新论》，群众出版社2005年版，第299页。

④《伪造信用证骗了2400万　涉案的深圳一公司老总被起诉》，http://news.qq.com/a/20060105/000294.htm，2011年1月25日访问。

证、因开证失误等原因导致作废的信用证、法院发出禁付令后的信用证、被撤销的信用证、被拒付的信用证等。①

对于第195条规定的第三种方式，所谓“骗取信用证”，是指行为人虚构事实，或者隐瞒事情真相，欺骗银行或开证申请人，使其开出信用证的行为。这是当前信用证诈骗犯罪的主要手段。例如，美籍华人梅直方等人以“引资”为名向中国农业银行衡水支行进行信用证诈骗时，他们向衡水支行提供虚假的“引资”承诺书及编造的许多“合作伙伴”名单，并以亚联财团的金票作“抵押”，骗取金额高达100亿美元信用证的特大案件，就是适例。②

对于第195条规定的第四种方式，“以其他方法进行的信用证诈骗”，从立法技术上来看，属于盖然性的规定，以适应打击前三种诈骗行为以外的新型信用证诈骗犯罪的需要。从目前情况来看，主要是指利用“软条款”信用证进行的诈骗活动。所谓“软条款”信用证，又称为“陷阱”信用证、“隐蔽条款”信用证，是指在开立信用证时，开证申请人或开证行故意制造一些隐蔽性条款，这些条款实际上赋予开证申请人或开证行单方面的主动权，从而使该信用证可能随时会因开证申请人或开证行单方面的行为而解除信用证，以达到骗取财物的目的。③ 从实践来看，诈骗分子通过“软条款”设下的“陷阱”主要有以下几种：（1）信用证开出后暂不生效，需待开证行签发通知书后生效；（2）规定公司船名、目的港、起运港或验货人、装船日期须待开证申请人通知或须开证申请人同意，并以修改书形式通知；（3）规定品质证书须由开证申请人或其指定的人出具，或须开证行核实或与开证行存档的鉴样相符；（4）同时规定互相矛盾的条款，置受益人于被动地位，无法使单证相符。嘉兴信用证诈骗案即上述第三种陷阱的适例。④ 此外，“以其他方法进行的信用证诈骗”在实践中还可表现为利用信用证结算本身的一些特点实施的诈骗活动，如利用远期信用证诈骗、转让信用证诈骗、利用信用证骗取银行打包贷款等。

（二）信用证诈骗罪的客体

刑法学教科书和专著一般认为，信用证诈骗罪侵犯的客体是复杂客体⑤，即国家有关信用证的管理制度和公私财产所有权。这又分为两种情况，一种认为其主要客体是国家有关信用证的管理制度，次要客体是公私财产所有权；⑥ 另一种则主张将公私财产所有权排列在先，将国家对信用证的管理制度列在其后。⑦ 笔者认为，对于信用证诈骗犯罪的四种方式，应当具体分析。其中，骗取信用证构成犯罪的，

① 张淑玲：《信用证诈骗罪的认定与处罚》，载《法学杂志》2009年第8期。

② 聂立泽：《论信用证诈骗罪》，载《法学评论》2000年第5期。

③ 利子平、胡祥福主编：《金融犯罪新论》，群众出版社2005年版，第301页。

④ 陈玉：《谨防软条款信用证的陷阱——评嘉兴信用证诈骗案》，载《国际商务研究》2002年第2期。

⑤ 按照通说，复杂客体是以某种犯罪同时侵害两个或者两个以上社会关系为前提的。其中，犯罪的主要客体处在同类客体的范围内，它与同类客体“具有彼此等价的关系”。犯罪的次要客体虽然不属于同类客体范围内的那种社会关系，但它作为某种犯罪的必要要件，在实施犯罪的过程中也不可避免地会受到危害。参见薛瑞麟：《金融犯罪研究》，中国政法大学出版社2000年版，第351页。

⑥ 赵秉志主编：《金融诈骗罪新论》，人民法院出版社2001年版，第359页。

⑦ 孙际中主编：《新刑法金融犯罪》，西苑出版社1999年版，第262页。

并不以实际骗取财产为要件。在该种场合，公私财产的所有权并未受到侵害。虽然在某些形式的信用证诈骗，如在使用作废的信用证进行诈骗的过程中，同时侵害信用证管理制度和公私财产所有权是显而易见的，但既然存在着例外，就不应该笼统地得出信用证诈骗罪同时侵犯国家对信用证的管理制度和公私财物所有权的结论。而对于其他方式的信用证诈骗罪，笔者认为，既然现行刑法将信用证诈骗罪放在金融诈骗罪部分，而金融诈骗罪属于破坏社会主义市场经济秩序的犯罪，因此，其侵犯的主要客体应是国家有关信用证的管理制度，公私财产所有权属于次要客体。

至于信用证诈骗罪的对象，笔者认为，应是财产和财产性利益。具体来说，不光包括有形物、动产、流通物、合法财产、我国公私财产；电力、煤气、技术成果等无形物，不动产，限制流通物，禁止流通物，非法财产，港澳台地区和外国财产，以及服务等非财产性利益也可以成为信用证诈骗罪的对象。

（三）信用证诈骗罪的主体

按照我国《刑法》第195条、第199条和第200条的规定，可知信用证诈骗罪的主体为一般主体，凡是年满16周岁、具有刑事责任能力的自然人，以及单位均可成为本罪主体。这也是我国刑法学界的通说。而由于信用证主要应用于国际贸易中，因此，通常有境外人员包括外国人和无国籍人涉嫌犯罪。

如前所述，信用证是国际上通常使用的一种银行结算工具，具有很高的信誉度，同时也具有很高的专业性、技术性。因此，从事信用证诈骗罪的人员通常都熟悉银行内部的操作程序，使诈骗行为能够轻易得手。信用证诈骗罪主体的共同特点是：智能水平高，对信用证基本知识、结算环节、工作程序等专门知识比较熟悉。[①]在司法实践中，常见的信用证诈骗主体包括：开证申请人；受益人；开证申请人和开证行或开证行的工作人员相勾结；开证申请人和受益人相勾结；受益人和承运人相勾结。

（四）信用证诈骗罪的主观方面

按照刑法学界的通说，信用证诈骗罪在主观方面表现为直接故意，并且具有非法占有公私财物的目的。如果行为人不知是伪造、变造或者作废的信用证或者附随的单据和文件而使用的，不能构成本罪。此外，行为人在主观上还需具有非法骗取公私财物的目的。行为人实施信用证诈骗罪的动机可能是多种多样的，但犯罪目的必须是非法骗取公私财物，否则不能构成信用证诈骗罪。实践中，有些人因为工作疏忽大意或者极端不负责任，有些人由于对信用证业务不熟悉，缺乏相关知识，导致在信用证使用过程中出现违反管理规定的情形，甚至在客观上还可能实际获取了财物，但行为人主观上并不具有非法骗取公私财物的目的，因此就不能简单地据此认定其行为构成信用证诈骗罪。

在现行《刑法》第195条中，缺少像第192条、第193条中的“以非法占有为目的”的字句。这是否意味着信用证诈骗罪的构成在主观方面与集资诈骗罪、贷款诈骗罪有着不同的特质，不需要以非法占有为目的呢？我国刑法理论界的通说认

---

① 孙军工主编：《金融诈骗罪》，中国人民公安大学出版社1999年版，第143页。

为，金融诈骗罪都是以非法占有为目的的犯罪，行为人主观上不具有非法占有的目的，即使实施了刑法条文所规定的行为，也不构成金融诈骗罪。[①] 然而，在实践中，认为信用证诈骗罪不以非法占有为目的的观点却颇为盛行。笔者认为，既然金融诈骗罪是从普通诈骗罪中派生、分离出来的，而不论理论上还是实践上对诈骗罪以非法占有为目的都普遍认可，[②] 因此，信用证诈骗罪的行为人也当然应具有非法占有的目的。只不过，在具体的信用证诈骗案中，它并不必然意味着以非法占有信用证下的款项为目的。就一般情况而言，行为人是为了骗取信用证下的款项，但有的虽然在主观上不想骗取信用证下的款项，也可以认定行为人具有非法占有的目的。例如，在王天宇及其单位涉嫌信用证诈骗罪一案中，被告人的行为动机就是为了赚取高额代理费。[③]

三、信用证诈骗罪罪与非罪的认定

在司法实践中，正确认定信用证诈骗罪，应当注意信用证诈骗罪与信用证欺诈以及与信用证相关的一般违法行为的界限。在笔者看来，此二者的区别主要在于行为的后果以及行为人的主观方面。

有观点认为，信用证诈骗是一种严重破坏社会主义金融管理秩序的犯罪，一旦实施，往往会造成较为严重的后果。因而，只要行为人实施了《刑法》所规定的四种信用证诈骗行为之一，不论其有没有造成危害社会的后果，均应当认定为信用证诈骗罪。[④] 应当说，上述观点是值得商榷的。诚然，信用证诈骗行为通常会造成比较严重的危害后果，但并不是任何信用证诈骗行为都会造成严重的危害后果。对于那些情节并不严重，综合全案来看，数额也较小的案件，应当认为符合现行《刑法》第13条的但书条款，即“情节显著轻微危害不大的，不认为是犯罪”。[⑤] 可见，认定信用证诈骗罪应当综合案件的全部情况，予以全面、科学的分析。

信用证诈骗罪是欺诈型的贪利性犯罪，在主观方面表现为直接故意，并且以行为人具有非法占有公私财物的目的为必要。这就要求我们将信用证诈骗犯罪与信用证业务实践中的过失行为区别开来，而不能混淆。对这些过失行为，切不可简单地认定为构成信用证诈骗罪。而要细致考察行为人的主观方面，看其主观上是否有故意，是否具有非法占有的特定目的，如果具有，且客观上发生了严重的危害后果，当然成立信用证诈骗罪。反之，行为人并不是故意实施其行为，或者并不具有非法占有的目的，即使发生了严重的危害后果，也不能成立信用证诈骗罪。此时，如果行为人属于国家机关工作人员，可以以玩忽职守罪定罪处罚，或者作为一般的违法

① 刘宪权、吴允锋：《论金融诈骗罪的非法占有目的》，载《法学》2001年第7期；马克昌：《金融诈骗罪若干问题研究》，载《人民检察》2001年第5期。

② 马克昌：《金融诈骗罪若干问题研究》，载《人民检察》2001年第5期。

③ 薛瑞麟：《金融犯罪研究》，中国政法大学出版社2000年版，第357页。

④ 张穹主编：《新刑法罪与非罪此罪与彼罪的界限》，中国检察出版社1998年版，第139页。

⑤ 参见赵秉志主编：《金融诈骗罪新论》，人民法院出版社2001年版，第393页；鲜铁可：《金融犯罪的定罪与量刑》，人民法院出版社1999年版，第231页。

违纪行为对待，采取相应的处理措施即可。当然，在司法实践中，要准确地认定行为人主观上是否有诈骗的故意以及非法占有的目的，并非易事。对此，有学者进行了积极的探索，认为行为人存在下列情形之一的，一般可以认为其主观上具有诈骗的故意：第一，有足够的证据证明卖方故意不装运，不交付单证项下的部分或全部货物；第二，在买方或其他有关方提出异议后卖方不立即采取实质上的补救措施；第三，开证申请人在对方货已装运后，故意恶意地寻找单证的“不符点”，拒付货款；第四，开证人和受益人为同一人，在开证得逞后故意“抛弃”保证金，不发货或不付款赎单。[①] 应当说，上述具体标准的提出，为我们在司法实践中准确认定行为人主观上是否有诈骗的故意提供了有益的帮助。

四、信用证诈骗罪与相关犯罪的界限认定

（一）信用证诈骗罪与诈骗罪的界限

从我国关于信用证诈骗罪的立法变迁可以看出，信用证诈骗罪是从诈骗罪中分立出来的一种犯罪，在1979年刑法中，没有独立的信用证诈骗罪，对于现实中发生的信用证诈骗的行为，构成犯罪的，以诈骗罪定罪处罚。可见，信用证诈骗罪与诈骗罪之间的关系是相当密切的，具体来说，信用证诈骗罪与诈骗罪实际上是种属关系，诈骗罪在内涵和外延上均包括信用证诈骗罪，但反过来说则不尽然。也就是说，所有的信用证诈骗罪都属于诈骗罪。正因如此，信用证诈骗罪与诈骗罪之间存在诸多相同之处。例如，两罪在犯罪的直接客体上都侵犯了公私财产所有权；在犯罪的客观方面，都有虚构事实或者隐瞒事情真相的欺骗行为；在犯罪的主观方面，都是直接故意犯罪，且都以非法占有目的为必要要件，等等。

但信用证诈骗罪与诈骗罪的区别也是比较明显的，这主要表现在以下几个方面：首先，两罪侵犯的犯罪客体有所不同。信用证诈骗罪侵犯的是复杂客体，既包括国家对信用证的管理制度，也包括公私财产所有权，而诈骗罪侵犯的是单一客体，即只侵犯了公私财产所有权。其次，两罪在客观方面有所不同。信用证诈骗罪只能发生在信用证业务中，其行为方式以法定的四种为限。而诈骗罪并不以此为限，其发生的时空范围相当广泛，行为方式多种多样，实践中各种新奇、古怪的方式更是层出不穷。再次，两罪在犯罪主体上有所不同。信用证诈骗罪的主体既可以是自然人，也可以是单位，而诈骗罪的主体只能是自然人，单位不能够构成诈骗罪。最后，两罪在主观方面也有所不同。尽管两罪都是直接故意犯罪，且都以非法占有的目的为必要要件，但在故意和目的的具体内容上，并不完全一致。信用证诈骗罪中，行为人主观上有利用信用证这一特定形式进行诈骗活动的内容，而诈骗罪不以此为必要。

从上述信用证诈骗罪与诈骗罪的联系和区别可以看出，要区分信用证诈骗罪和诈骗罪并不困难。一般说来，行为人进行信用证诈骗活动在触犯信用证诈骗罪的时候，也同时触犯了诈骗罪。这种情形实际上是信用证诈骗罪和诈骗罪的法条竞合。

---

① 陈有西、陈柳裕：《关于信用证欺诈的几个问题的探析》，载《学习与思考》1996年第12期。

对于这种因为法条之间的错综复杂关系而发生的法条竞合现象，应当依据法条竞合的一般处理原则加以处理。具体到本文中，对行为人应当以信用证诈骗罪定罪处罚，而无须以信用证诈骗罪和诈骗罪数罪并罚，也不能仅仅认定为诈骗罪。

（二）信用证诈骗罪与贷款诈骗罪的界限

信用证诈骗罪和贷款诈骗罪都属于诈骗类型的犯罪，且都是金融诈骗犯罪，所以，信用证诈骗罪和贷款诈骗罪存在许多相同点。例如，两罪侵犯的客体都包括财产所有权；在客观方面都存在虚构事实或者隐瞒事情真相的欺骗行为；主观上，都是直接故意，且都具有非法占有的目的等。但它们之间的区别也是比较明显的，主要表现在以下四个方面：首先，两罪侵犯的直接客体有所不同。信用证诈骗罪侵犯的直接客体是双重客体，包括国家有关信用证的管理制度和公私财产所有权。贷款诈骗罪侵犯的直接客体也是双重客体，包括国家对金融机构的贷款管理制度和金融机构的财产所有权。其次，两罪在客观方面的表现有所不同。信用证诈骗罪发生在信用证业务过程中，而贷款诈骗罪发生在放贷业务过程中；信用证诈骗罪在客观方面表现的四种法定方式与贷款诈骗罪表现的五种法定方式不同；[①] 信用证诈骗罪的成立并不以"数额较大"为必要条件，但贷款诈骗罪的成立以"数额较大"为必要条件，没有达到"数额较大"的程度，不能成立贷款诈骗罪。再次，两罪的主体有所不同。信用证诈骗罪的主体既包括自然人，又包括单位，但贷款诈骗罪的主体只能是自然人，单位不能构成贷款诈骗罪。最后，两罪在主观方面也有所不同。信用证诈骗罪中，行为人主观方面的故意和非法占有的目的指向很广，包括与信用证相关的当事人的资金和财产，但贷款诈骗罪中，行为人主观方面的故意和非法占有的目的指向较窄，仅是银行或其他金融机构的贷款，不包括其他的财产。

以上对信用证诈骗罪和贷款诈骗罪的区别进行了阐述。一般说来，两罪的区别是比较明显的，但在特定情况下，两罪的区分也会存在一定的困难。例如，我们通常所说的"打包贷款"，又称信用证抵押贷款，就是这种情形。在信用证结算过程中，出口商为了履行合同，可能需要向银行等金融机构融通资金，而信用证则是较好的担保形式。以信用证作为担保，出口商往往能够比较容易地获得贷款。于是，就会存在一些不法分子，为了诈骗银行等金融机构的资金，骗取进口商向其开立信用证，再以该信用证向银行等金融机构骗取贷款。或者，有些不法分子，干脆自己担当信用证双方当事人的角色，自己为自己开立空的信用证，再以该信用证诈骗贷款。诸如此类的行为方式，多种多样。对此应如何认定呢？笔者认为，这种情形实际上是信用证诈骗罪和贷款诈骗罪的法条竞合，即行为人的行为同时触犯了信用证诈骗罪和贷款诈骗罪。对于这种因为法条之间的错综复杂关系而发生的法条竞合现象，应当依据法条竞合的一般处理原则加以处理。具体到本文中，应当对行为人以信用证诈骗罪定罪处罚，而不需要以信用证诈骗罪和贷款诈骗罪数罪并罚。

---

① 根据《刑法》第193条的规定，贷款诈骗罪在客观方面表现为五种法定方式：（1）编造引进资金、项目等虚假理由的；（2）使用虚假的经济合同的；（3）使用虚假的证明文件的；（4）使用虚假的产权证明作担保或者超出抵押物价值重复担保的；（5）以其他方式诈骗贷款的。

（三）信用证诈骗罪与合同诈骗罪的界限

信用证诈骗罪与合同诈骗罪都属于诈骗类型的犯罪，相互之间存在许多相同点。例如，两罪侵犯的同类客体都是社会主义市场经济秩序，在直接客体上也都侵犯了公私财产所有权；犯罪的客观方面，都有虚构事实或者隐瞒事情真相的欺骗行为；犯罪主体上，两罪的主体都既可以是自然人，也可以是单位；犯罪的主观方面，都是直接故意犯罪，且都以非法占有的目的为必要要件，等等。

但是，信用证诈骗罪与合同诈骗罪也存在比较明显的区别，这主要表现在：首先，两罪侵犯的直接客体有所不同。信用证诈骗罪侵犯的主要直接客体是国家有关信用证的管理制度，侵犯的是国家的金融秩序，合同诈骗罪侵犯的主要直接客体是国家对合同的管理制度，侵犯的是市场交易秩序。其次，两罪在客观方面有所不同。信用证诈骗罪发生在信用证业务过程中，而合同诈骗罪发生在合同的签订、履行过程中。信用证诈骗罪在客观方面表现的四种法定方式与合同诈骗罪在客观方面表现的五种法定方式不同。①

从信用证诈骗罪和合同诈骗罪的区别可以看出，一般说来，信用证诈骗罪和合同诈骗罪不会发生认定上的混淆。但在某些情况下，信用证诈骗罪和合同诈骗罪的区分也会存在一定的困难。事实上，信用证业务往往与合同的签订、履行紧密地联系在一起，因为在信用证业务过程中，存在着相关的合同关系。例如，开证申请人与受益人之间通常存在基础合同关系（包括买卖合同关系、技术合同关系以及服务合同关系等）；开证申请人与开证行之间存在以开证申请书为形式建立起来的合同关系；开证行与受益人之间存在以信用证为基础的合同关系等。这就使得在一定的情况下，信用证诈骗罪和合同诈骗罪之间会发生交叉关系，行为人在实施信用证诈骗行为时往往同时触犯了信用证诈骗罪和合同诈骗罪。对于这种因为法条之间的错综复杂关系而发生的法条竞合现象，应当依据法条竞合的一般处理原则加以处理。具体到本文中，应当对行为人以信用证诈骗罪定罪处罚，而不需要以信用证诈骗罪和合同诈骗罪数罪并罚。

五、信用证诈骗罪的罪数形态认定

（一）信用证诈骗罪与盗窃罪的罪数问题

盗窃罪是指以非法占有为目的，秘密窃取数额较大的公私财物或者多次秘密窃取公私财物的行为。应当说，信用证诈骗罪与盗窃罪在犯罪的客观方面、主观方面的差异甚大，所以，在认定上一般不会有疑问。值得注意的是，当行为人盗窃信用证，并以该信用证进行诈骗活动的，该如何处理？首先有一点可以明确，在这种情形，行为人有两个危害行为，即一个是盗窃信用证的行为，另一个是以该信用证进行诈骗活动的行为，这就排除了想象竞合犯的可能性，因为想象竞合犯仅是一个危

① 根据《刑法》第224条规定，合同诈骗罪在客观方面表现为五种法定方式：（1）以虚构的单位或者冒用他人名义签订合同的；（2）以伪造、变造、作废的票据或者其他虚假的产权证明作担保的；（3）没有实际履行能力，以先履行小额合同或者部分履行合同的方法，诱骗对方当事人继续签订和履行合同的；（4）收受对方当事人给付的货物、货款、预付款或者担保财产后逃匿的；（5）以其他方式骗取对方当事人财物的。

害行为。更进一步考察，这两个行为之间具有牵连关系，即盗窃信用证是手段行为，以该信用证进行诈骗活动是目的行为。因此，行为人盗窃信用证，并以该信用证进行诈骗活动的，构成牵连犯。

对于这种牵连犯怎么处断呢？从我国现行刑事立法的规定来看，对牵连犯的处断原则并不一致，有数罪并罚的，也有从一重罪处断的，还有从一重罪重处断的。尤其需要注意的是《刑法》第 196 条第 3 款的规定，即行为人盗窃信用卡并使用的，按照《刑法》第 264 条的规定（盗窃罪）定罪处罚。应当看到，行为人盗窃信用卡并使用的，与本文中的行为人盗窃信用证并使用的，极为相似，都是牵连犯的情形。那为何立法对盗窃信用卡并使用的，要特别指明依照盗窃罪定罪处罚，而对于与此极为类似的盗窃信用证并使用的情形却未作明确规定呢？对行为人盗窃信用证并使用的，是不是可以比照《刑法》第 196 条第 3 款的规定，也依照盗窃罪定罪处罚呢？不过从学者们的观点来看，似乎倾向于否定对盗窃信用证并使用的情形以盗窃罪定罪处罚的观点。例如，有学者明确指出："而刑法典分则对盗窃信用证并使用的并未规定明确的处罚原则，因此，对这类案件，应当依从一重处断原则办理，而不能因为《刑法》第 196 条第 3 款规定了盗窃信用卡并使用的牵连犯的处罚原则，就想当然地认为对盗窃信用证并使用的犯罪也应参酌这一规定直接依盗窃罪定罪处罚。"① 对于此种观点，笔者原则上赞同。

（二）信用证诈骗罪与伪造、变造金融票证罪的罪数问题

伪造、变造金融票证罪，是指伪造、变造汇票、本票、支票、委托收款凭证、汇款凭证、银行存单等其他银行结算凭证、信用证或者附随的单据、文件或者伪造信用卡的行为。具体表现为以下四种法定形式：(1) 伪造、变造汇票、本票、支票的；(2) 伪造、变造委托收款凭证、汇款凭证、银行存单等其他银行结算凭证的；(3) 伪造、变造信用证或者附随的单据、文件的；(4) 伪造信用卡的。比较之后可以看出，信用证诈骗罪与伪造、变造金融票证罪之间差异甚大，一般不会存在认定上的困难。但在特定的情形下，即在行为人伪造、变造信用证或者附随的单据、文件时，两罪之间也会发生比较复杂的罪数问题，再加上犯罪停止形态的不同情形的结合，很有讨论的必要。

第一种情形，如果行为人只有伪造、变造信用证或者附随的单据、文件的行为，并没有利用该伪造、变造的信用证或者附随的单据、文件进行诈骗的故意和行为，在这种情况下，行为人的行为仅仅符合伪造、变造金融票证罪的构成要件，构成伪造、变造金融票证罪，而不构成信用证诈骗罪。

第二种情形，行为人实施了伪造、变造信用证或者附随的单据、文件的行为，但在实施该行为时并没有进行信用证诈骗的故意和目的，而是后来才产生了进行信用证诈骗的犯意，并进行了信用证诈骗的活动。这个时候行为人存在两个犯罪行为，且这两个犯罪行为之间并没有联系，是相互独立的。所以，对行为人的两个犯罪行为应当分别定罪处罚，即以伪造、变造金融票证罪和信用证诈骗罪数罪并罚。

① 赵秉志主编：《金融诈骗罪新论》，人民法院出版社 2001 年版，第 406-407 页。

第三种情形，行为人实施伪造、变造信用证或者附随的单据、文件的行为是为了进行信用证诈骗，但行为人在实施伪造、变造信用证或者附随的单据、文件的行为的过程中，或者已经实施完毕伪造、变造信用证或者附随的单据、文件的行为，但还没有进行诈骗活动，就由于各种主客观原因而停止了犯罪活动，如行为人自动中止了犯罪行为的继续进行或者被有关机关及时查处而未能继续进行犯罪等。在这种情况下，行为人只实施了伪造、变造信用证或者附随的单据、文件这一个行为，但这一个行为同时触犯了伪造、变造金融票证罪（本罪可能是既遂也可能是未遂等）和信用证诈骗罪（本罪不能是既遂）。根据刑法学的相关理论，这种一个行为触犯数个罪名的情形，属于想象竞合犯。想象竞合犯是想象的数罪，实质的一罪，除《刑法》明确规定的数罪并罚情形外，[①] 应当采取“从一重罪处断”的原则定罪处罚，也即按照危害行为所触犯的数罪名中法定刑较重的犯罪来对行为人定罪处罚。具体到本文的情形中，应当比较行为人的行为所触犯的伪造、变造金融票证罪和信用证诈骗罪的法定刑的轻重，以较重的罪定罪处罚。

第四种情形，行为人实施伪造、变造信用证或者附随的单据、文件的行为是为了进行信用证诈骗，且行为人在实施该行为后，也进行了相应的信用证诈骗活动。对此如何认定，理论上存在争议。有观点认为，这种情况属于想象竞合犯。因为行为人只有一个危害行为，即伪造、变造信用证或者附随的单据、文件进行行骗的行为，伪造、变造信用证或者附随的单据、文件的行为是信用证诈骗罪不可分割的一部分。[②] 不过多数观点认为，此时，行为人存在两个犯罪行为，且这两个犯罪行为之间具有手段和目的的关系，即伪造、变造信用证或者附随的单据、文件的行为是手段，进行信用证诈骗活动才是目的。这种情形，完全符合牵连犯的特征，应当认定为伪造、变造金融票证罪和信用证诈骗罪的牵连犯，依据牵连犯的相应处断原则进行处理。具体到本文的情形中，笔者支持后一种观点，认为构成牵连犯，并应当按照从一重罪处断的原则进行处理。

① 例如，《刑法》第 204 条第 2 款规定，纳税人缴纳税款后，采取假报出口或者其他欺骗手段骗取所缴纳的税款的，依照偷税罪定罪处罚，骗取税款数额超过所缴纳的税款部分，依照骗取出口退税罪定罪处罚。

② 赵秉志主编：《金融犯罪界限认定司法对策》，吉林人民出版社 2000 年版，第 366-367 页。

信用卡诈骗犯罪实证研究

——以辽宁省信用卡诈骗犯罪数据为样本

王继余*

伴随着信用卡的普及和信用卡消费的常态化，信用卡诈骗犯罪的问题越发值得重视。截至2016年年末，全国累计发行银行卡68.37亿张，其中信用卡累计发卡6.62亿张。全国人均持有信用卡0.52张，较上年年末增长12.24%。北京、上海信用卡人均拥有量仍远高于全国平均水平，分别达到1.9张和1.6张。[①] 中国银行业协会发布的《中国信用卡产业发展蓝皮书（2016）》显示，2016年我国信用卡交易总额为26万亿元，比上年增长14%，交易总额占全国社会消费品零售总额的比重为61%，较2015年提高了5.6个百分点。本文以辽宁省法院系统2012年至2016年审理的信用卡诈骗罪案件数据为基础，全面分析信用卡诈骗犯罪的现状及体现出的深层次原因，为防控信用卡诈骗犯罪提供反思和建议根据。

一、信用卡诈骗犯罪的现状和特征

（一）信用卡诈骗犯罪现状

随着信用卡的普及和信用卡业务的发展，利用信用卡进行犯罪的现象也越来越多。据统计，2012年1月至2016年12月，辽宁省法院系统审查起诉信用卡诈骗案件共756件，占审理的金融诈骗案件总数的79.9%。2016年辽宁省法院系统受理信用卡诈骗案件就有213件322人，分别占金融诈骗案件受案数量的87%和80.9%，同比上升80.2%和66.3%。2016年前三个季度辽宁省法院系统共受审理的信用卡诈骗192件207人，与2016年同期相比，上升98.79%和97.71%。可见，信用卡诈骗犯罪已成为金融犯罪中的高发类型（详见图1）。

从辽宁省法院系统的受案情况来看，近些年信用卡诈骗犯罪数量逐年增长，2015年以后更是出现加速上升的趋势。另外，信用卡诈骗犯罪手段不断翻新，办理难度日趋加大，社会危害性日益严重。信用卡诈骗犯罪不仅侵犯了银行资金安全，扰乱了金融管理秩序，而且可能引发金融信用风险。

---

* 辽宁省葫芦岛市中级人民法院研究室助理审判员。

① 《2015年中国信用卡行业年报》，http：//news. Slcredit. comhvoaika/10762564 3. shhnl。

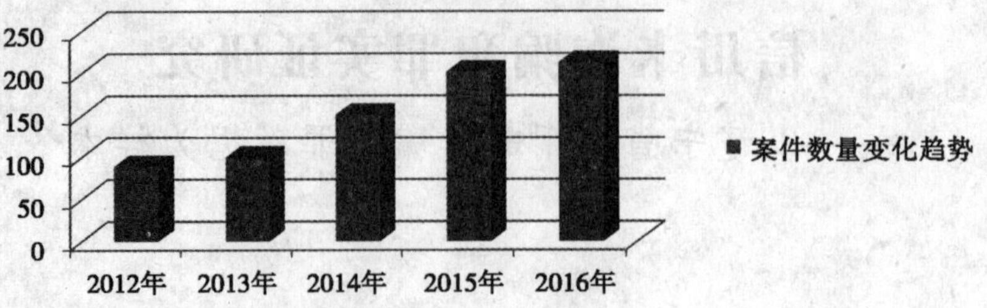

图 1　案件数量变化趋势

（二）信用卡诈骗犯罪的特征

1. 恶意透支型信用卡诈骗犯罪占绝对多数

在信用卡诈骗犯罪中，恶意透支型信用卡诈骗犯罪最为严重，主要表现为用他人身份证件冒领信用卡透支消费或套现，及使用伪造或作废的信用卡消费或套现等。例如，在2016年辽宁省法院系统以信用卡诈骗罪审理的犯罪嫌疑人中，具有恶意透支情形的涉案人数占总涉案人数的65%。

2. 犯罪主体以中青年为主，大部分人缺乏稳定收入

从犯罪主体的年龄结构来看，以40岁以下的中青年为主，占涉案人员的60%以上（详见图2），这与该群体习惯使用信用卡并存在超前消费、透支消费的理念有关；从犯罪主体的职业或资产状况来分析，大多数持卡人没有固定工作或稳定收入，2015年辽宁省以信用卡诈骗罪批捕的302人中，无业人员占70.5%，这些人员办理信用卡多用于日常开销或资金周转，缺乏正常的还款能力，这种情况在恶意透支型信用卡诈骗犯罪中尤其明显。

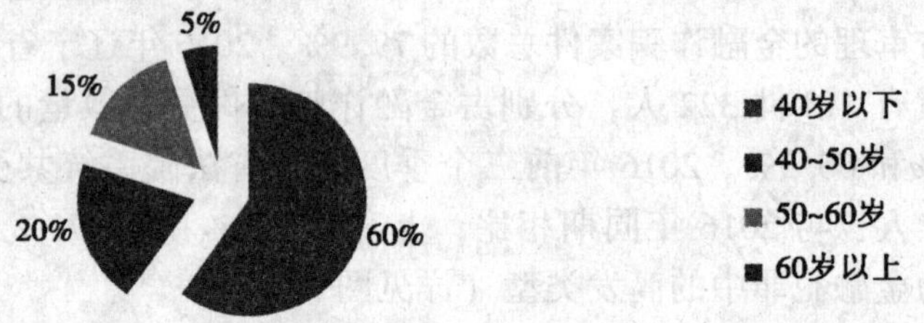

图 2　信用诈骗犯罪主体的年龄分布

3. 持卡数量多，受害银行范围广

信用卡诈骗犯罪的行为人往往持卡数量多，受害银行范围广，尤其是恶意透支型信用卡诈骗犯罪，持卡人为“以卡养卡、循环透支”，同时也为了使银行不易及时发现，大多存在向多家银行申办多张信用卡并同时透支使用的情况。[①] 例如，曾担任某银行信用卡营销中心业务员的李某，在2013年至2015年7月，先后从9家银行申领信用卡，累计套现、消费近10万元。又如，在王某某信用卡犯罪案中，王某某通过网络获取他人身份信息并先后向某银行骗领了24张信用卡，采取用后

① 庞俊涛：《信用卡诈骗罪客体新论》，载《当代法学》2013第3期。

申请的信用卡取现归还先前申请的信用卡的最低还款金额，以使骗领的信用卡同时透支使用，达到非法占有的目的，共计骗取某银行本金人民币45万余元，赃款被挥霍殆尽。

4. 信用卡诈骗犯罪手段呈现新动向

在目前发生的信用卡诈骗犯罪中，除了与银行工作人员勾结、使用伪造的身份证明骗领信用卡等传统手法外，犯罪手段日益多样化，并呈现出一定的新动向。例如，行为人冒充银行工作人员在闹市区公然设摊，以受理信用卡申办为名骗取他人身份证等信息，再从银行骗领信用卡后套现的案件；又如，行为人冒充发卡行工作人员以提高额度、核对消费记录为名非法获取持卡人个人身份信息、查询密码，进而冒用的案件；再如，行为人通过网络获取他人身份信息后向多家银行骗领信用卡；近期还出现了无卡诈骗，即通过网络技术利用他人信用卡进行网上支付等手段。①

5. 利用POS机套现行为突出

当前，大量存在利用某些特约商户的POS机进行套现的现象，且透支额度高，银行追赃难度大。例如，在郭某某、李某某信用卡诈骗案中，祁某某、乔某某通过有偿为他人代办信用卡、套现、养卡，两人被司法机关抓获时，分别查获POS机3台，信用卡191张和POS机1台，信用卡256张。一些持卡人利用熟人关系在正规特约商户进行套现，如在永乐、苏宁、各电脑城内进行分期付款套现。还有一些行为人利用POS机套现后用于公司经营，在周某、钟某某信用卡诈骗案中，两人共同经营一旅游咨询公司，因公司业绩下滑，为维持公司经营，两人在该公司自备的POS机上进行套现、消费，至案发时共计恶意透支人民币50余万元。甚至还有行为人通过开办公司，从银行申请到POS机后专门从事套现业务或租借给他人从事套现牟利等。

二、信用卡诈骗犯罪的成因分析

找到问题的原因，才能对症下药，才能采取相应的措施对问题的发生加以防范。从我国经济社会发展的进程来看，银行业发达，监督手段滞后，社会上的流动人口也越来越多，加上政府管理的滞后，这样给信用卡诈骗犯罪提供了一个适宜的温床。

（一）操作漏洞：发卡银行对客户授信审核把关不严

从当前司法实践中发生的信用卡犯罪案例来分析，发卡银行缺乏信用风险防范意识，对客户授信审核把关不严。目前，我国信用卡市场仍处于初期发展阶段，各大银行都在不断拓展信用卡业务，为争取更多的信用卡持卡客户，一些银行重规模、轻质量，忽视信用风险防范，对信用卡申领人的身份证明、资信状况等审查流于形式或简化申领手续，导致大量无业及无稳定收入人员申领了信用卡并实施恶意

① 王哲：《信用卡诈骗罪的司法认定及立法完善》，载《前沿》2013年第1期。

透支。[①] 另外，由于一些银行缺乏风险防范意识和风险评估机制，在发卡业务外包时对营销中介机构的准入门槛过低，致使一些中介机构或个人为获利不规范营销信用卡，或者银行对特约商户监督管理不严，也为信用卡诈骗犯罪创造了条件。

（二）风险弱化：特约商户对非法套现缺乏有效监督

一些信用卡特约商户缺乏应有的信用风险理念，在一定程度上也导致了使用POS机对信用卡进行非法套现的情况较为突出。例如，由于不法分子在特约商户的POS机上进行刷卡消费并骗取财物，这些特约商户仍然可以按规定和银行结算，取得购物款，从而导致了一些特约商户对不法分子持卡连续购买昂贵商品的行为缺乏必要的警觉意识和防范措施；不少特约商户对一些冒用他人信用卡刷卡消费的情况也缺乏最基本的审查。实践中还存在不少数量的特约商户专门为他人提供信用卡套现服务，为犯罪分子实施信用卡诈骗提供帮助或机会。

（三）意识缺乏：个别用户对金融犯罪行为认识不清

在一些发达国家，个人信用制度已成为社会制度的一部分，完善的配套法律对全社会个人信用行为产生约束和规范，成为一种社会文化。但我国还没有形成良好的诚信环境，许多企业和个人诚信意识淡薄，这也在一定程度上导致了信用卡诈骗犯罪的高发。[②] 例如，在已发生的一些信用卡诈骗案例中，一些行为人有稳定的收入和比较体面的工作，但依然使用信用卡透支或欠款过期不还，他们根本没有意识到自己的行为是侵犯金融信用违法或犯罪行为，对于银行的欠款催收也根本不重视，反而一味地拖欠导致犯罪行为的发生；还有一些特约商户将帮助他人套现视为市场经济的新"商机"，认为自己谋取的是正常"商业利润"，最终导致犯罪。

（四）法律滞后：信用卡相关法律法规不健全

完善的信用法律法规对征信行业的发展具有十分积极的作用。目前，我国有关信用的法律框架相当不健全，信用卡的法律法规和监管政策等也相当缺乏。由于信用卡犯罪是行政犯，其首先违反的是行政管理法规，情节严重并达到犯罪的起点标准，才进入刑事追究程序，因此，对于信用卡犯罪而言，完备而明确的法律法规和高效而协调的行政监管体系，具有十分重要的意义。同时，信用卡法律法规和监管政策不明确，监管主体不清，监管权限不明，致使金融监管部门难以对信用卡违法犯罪行为实施有效的监督和管理。现行的信用卡法律规制存在以下问题：（1）缺少调整信用卡法律关系的专门性法律。在我国信用卡相关法律体系中，1999年3月中国人民银行颁布的《银行卡业务管理办法》是目前在调整信用卡方面最具权威的规章，但该办法只是将各类银行卡业务纳入同一办法进行规范，对目前已出现的信用卡纠纷则没有作出比较完善的规定。有关信用卡的专门法律和行政法规都没有出现，调整信用卡法律关系的专门性法律严重缺失；（2）信用卡立法层次较低，缺乏系统性。除了《银行卡业务管理办法》，有关信用卡的内部规则主要是依据该办法由各银行制定的《信用卡章程》与《信用卡领用合约》，立法层次较低。

---

① 冯涛：《恶意透支信用卡诈骗罪的认定及立法完善》，载《中国刑事法杂志》2004年第1期。

② 李邦友：《恶意透支型信用卡诈骗研究》，载《重庆大学学报》2003年第2期。

（五）防范疏忽：被害人疏于防范致使信用卡被他人冒用

因被害人过失而导致信用卡被他人冒用、冒领，如被害人遗失信用卡后不及时挂失、对信用卡密码保管不善或者根本不设置密码、随意丢弃存取款凭证、信用卡与身份证一起存放等，都给犯罪行为人窃取信用卡信息或者冒用信用卡提供了方便。

三、防范信用卡诈骗犯罪的对策

信用卡作为当今社会中不可或缺的支付手段，在生活中的应用也越来越普遍，随之，信用卡犯罪的也越来越常态化，迫切需要采取有效的措施加以防控。鉴于上述数据分析的结果，笔者认为，应当立足于信用卡诈骗犯罪的信用滥用和非法获取他人财物的两个本质特点，重在防范而不是惩罚，故提出以下三点对策：

第一，技术防范。我国自 1985 年诞生第一张信用卡以来，信用卡的消费功能经历了不同的寻常的发展过程。目前，我国市面上通行信用卡多为磁条类信用卡，在现今社会磁条卡的安全性已经不能很好地适应社会的发展，这也为信用卡犯罪提供了可能。相较于磁条类信用卡，最近几年兴起的芯片类信用卡具有更好的信息保护功能，芯片的使用也大大增加了信用卡的信息存储。[①] 我国目前信用卡市场中已经在推广使用此类卡片。央行在 2014 年 5 月下发了《关于逐步关闭金融工 C 卡降级交易有关事项的通知》，为避免因金融工 C 卡降级交易可能产生的伪卡欺诈风险，在去年的 10 月之前关闭了符合银行卡（既有磁条又有芯片）的磁条端，为 2015 年银行停止发行磁条卡奠定了基础。2014 年 10 月 20 日，中国银联发布消息，最新数据显示，2014 年银联芯片卡（即通常所说的金融工 C 卡）发卡量突破 10 亿张，占新增银行卡发行总量的八成以上。就卡片发行趋势来看，2014 年前三季度新增金融工 C 卡发卡量 4.5 亿张，其中一、二、三季度新增发卡量分别为 1.3 亿张、1.5 亿张和 1.7 亿张，发卡进度明显加快，但距全面进入金融工 C 卡时代仍需一段时间。同时，由于客观条件的限制，目前，消费者申领到的芯片卡并不是纯芯片卡，而是同时具有磁条和芯片的双介质卡，以满足尚未完全升级的用卡环境和刷卡设备，这是从磁条卡向芯片卡发展的必要过渡阶段。随之，芯片卡安全性提升的优势得到削弱，犯罪分子仍然可以通过磁条盗取相关信息，实行诈骗行为。另外，随着互联网技术和金融活动的发展，信用卡无卡化的发展趋势明显，未来将迈入无卡化时代，用二维码、指纹代替传统的实物卡片进行消费渐成常态。因此，信用卡的规范使用，首先是技术防范，同步跟进和完善相关的技术手段、技术标准等至关重要。

第二，制度防范。制度防范主要包括银行卡发放制度和社会征信制度。我国信用卡使用量的激增，在很大程度上是部分银行为扩大信用卡市场占有率，不严格执行申请客户资信审查制度，降低了发卡标准，这造成了市场的恶性竞争，信贷潜在风险有所上升。最典型的例子，就是在校大学生虽无稳定收入来源，但被各发卡行视作潜在的目标客户，仅凭身份证和学生证就可申领信用卡。发卡门槛降低、审核

---

① 杨磊：《信用卡恶意透支的成因及防范》，载《中国信用卡》2001 年第 12 期。

把关不严、多头授信所引发的持卡人信用风险以及诸如套现等各类利用信用卡进行违法犯罪活动和针对信用卡的各类投诉有明显上升的趋势。这不但使各发卡行后期的催收难度增加、追讨成本加大，从而面临资产质量下降的风险，而且会使发卡行面临比资产损失更大的风险，即来自社会舆论的压力和整个商业银行商誉受损的风险。[①] 数据显示，2014 年信用卡逾期半年未偿信贷总额为 357.6 亿元，较 2013 年增长 42%；以年率计的当前损失率为 0.99%，较去年同期上升 26.9%。国家及银行业协会应制定积极有效的规范制度，规范各个银行发放信用卡的行为，并建立有效的监督体系，定期对信用卡体系进行审查，确保我国信用卡市场健康有序发展。另外，社会信用体系严重滞后也是制约信用卡业务进一步良性发展的另一个突出问题。首先，目前已投入使用的人民银行个人征信系统，数据主要来源各商业银行，在实际运行中尚存在数据更新不及时、信息滞后等问题，难以据此对个人信用状况做完整、准确的判断。其次，由于我国个人信用体系的建设尚处初建阶段，虽已实行了个人存款实名制，但是因涉及个人隐私、部门利益等原因，至今尚未真正建立对自然人的身份、收入来源、各项金融资产、个人可用于抵押的其他实物资产以及过去的信用状况等情况进行评估和调查的制度。[②] 最后，目前各银行在调查申请人的资信状况方面缺少可采信的客观依据，存在难度大、成本高且不全面等实际困难，不能有效预防各类信用风险的发生，特别是欺诈、恶意透支等风险有上升趋势。因此，现阶段，政府应积极组织协调各相关部门，充分利用现有征信系统，尽快将个人纳税、房产等信息纳入系统，以满足日常工作中对个人资信进行有效、准确评估的需要同时，网络征信迅速崛起，与传统征信相比，网络征信具有立足于"大数据"、信息来源广泛、信息内容覆盖全面等优势。传统征信依赖于征信机构建立的数据库，定向采集"小数据"，预测信用交易风险和偿还能力，严格受限于数据库的覆盖程度，截至 2014 年 6 月，中国最大的征信数据库即人民银行征信中心仅仅覆盖了 8.5 亿多人，覆盖率只有 63%左右。[③] 而网络征信可以借助于网络平台，将网络平台上的人员全部覆盖，并且依托大数据、云计算，以海量数据刻画综合信用状况，判断可信度及交易风险、偿还能力，实现风险实时控制，切实做到信用和资本的直接对接，即一切皆信用，信用即资本。因此，信用卡诈骗行为的制度防范要以社会征信体系的完善为重心，兼顾传统征信体系的完备和网络征信体系的建构，努力推进个人信用融入社会生活常态，营造人人守信用的基本社会氛围，尽量降低信用滥用的机会。

第三，法律防范。我国在《刑法》、《银行业管理办法》和最高人民法院、最高人民检察院《关于办理妨害信用卡管理刑事案件具体应用法律若干问题的解释》等相关规范中规定了信用卡的相关制度，但尚未形成完整信用卡管理体系，给行为人留有可乘之机。另外，刑法在规定恶意透支信用卡犯罪行为时，虽然规定了相应的催收制度，但很多银行在发卡时对信用卡使用的权利义务，特别是恶意透支的法

① 周名川：《论恶意透支型信用卡诈骗罪的本质》，载《东方法学》2013 年第 5 期。
② 刘明祥：《论信用卡诈骗罪》，载《法律与科学》2011 年第 2 期。
③ 刘宪权：《涉信用卡犯罪对象的评析及认定》，载《法律科学》2014 年第 1 期。

律后果的告知不明确、不充分。在实践中，发卡银行是否催收也难以认定，持卡人往往以各种理由否认银行的催收，使银行处于不利地位，加之现今人口流动等因素客观地限制着银行的催收效果，催收起来较为困难。因此，有必要对现有的法律予以修改，建立健全法律体系，发挥法律防范的作用。

总之，信用卡诈骗是通过信用滥用的手段，实现非法占有他人财产的目的，一方面，要在解决财产性犯罪问题的框架中审视信用卡诈骗犯罪；另一方面，要在防止信用滥用的框架中审视信用卡诈骗犯罪，只有这样，才能实现标本兼治，做到不能、不敢、不想、不必利用信用卡实行诈骗活动。

使用他人遗忘在自动柜员机内的信用卡之定性

——从刑法教义学与刑事政策一体化的视角展开

韩 铁[*] 于 璟[**]

引言

目前，我国刑法对信用卡领域的犯罪已规定得较为详尽，自 1995 年以来，相继出台了一系列有关信用卡犯罪的法律规定以及司法解释。但是信用卡犯罪的现实情况具有复杂性和多样性，再精细的法规也无法将所有的情况囊括其中。在涉及信用卡的犯罪中，对于如何定性使用他人遗忘在自动柜员机（ATM 机）内并且处于运行状态的信用卡取款的行为，理论界莫衷一是，司法实务中也出现了不同判的现象。譬如，2015 年发生在上海的欧某信用卡诈骗罪一案中，被告人欧某在上海市浦东国际机场的中国工商银行 ATM 机上拾得被害人遗忘在该 ATM 机内的中国银行卡，后使用该卡向自己的银行账户转账人民币 50000 元并先后多次使用该卡取现共计人民 15500 元。[①] 法院一审认为，欧某的行为属于冒用他人信用卡，且诈骗财物数额巨大，构成信用卡诈骗罪。欧某的辩护人随后提起上诉，认为欧某的行为属于民事侵占，即使构成犯罪也应当是盗窃罪。二审法院否定了辩护人的意见，维持了一审对被告人行为的定性。同样以上海为例，2014 年的案件中，被告人向某至上海奉贤区邮政储蓄银行金汇支行 ATM 机内，发现了被害人李某某银行卡，遂采用取现的方式窃得被害人李某某人民币 12300 元。本案的被告人被判以盗窃罪。[②] 同样是使用他人遗忘在 ATM 机内的信用卡取款的犯罪行为，但是被判以完全不同的罪名，由此可见，有关该行为的定性仍然存有较大的争议。

一、争议现状及引发争议原因

（一）争议现状

目前在理论与实务中，对于该行为的定性主要存在以下三种观点：

第一种观点认为，使用他人遗忘在 ATM 机内处于运行状态的信用卡取款构成盗窃罪。根据传统刑法理论，盗窃罪的构成要求以非法占有为目的，秘密窃取他人

---

* 中央民族大学法学院副院长、教授、博士生导师。

** 中央民族大学法学院刑法专业硕士研究生。

① 《欧志强信用卡诈骗罪一案二审刑事判决书》，载中国裁判文书网，http：//wenshu. court. gov. cn/content/content? DocID=e50a13f4-6ead-4faa-b205-4ccbe65d4767，2017 年 7 月 10 日访问。

② 《向某一审刑事判决书》，载中国裁判文书网，http：//wenshu. court. gov. cn/content/content? DocID=36ed2b05-03fe-489a-bd55-f9578a5ab492，2017 年 7 月 10 日访问。

公私财物。对于该种犯罪行为构成盗窃罪，支持该观点的学者认为被遗忘于ATM机内的信用卡并非遗忘物，在被害人忘记取出信用卡时，该信用卡就转而被银行所占有，因而不属于有脱离物，所以符合盗窃罪中窃取他人公私财物这一客观行为要件。[①]

第二种观点认为，该行为构成侵占罪。[②] 构成侵占罪的关键在于认定该行为是侵占行为。侵占罪的犯罪对象是代为保管的他人财物或者他人的遗忘物、埋藏物。将正在运行状态中已输入密码的信用卡遗忘在ATM机中，相当于把钱财遗忘于ATM机内，此时，持卡人对信用卡已经脱离了占有。行为人将遗忘在ATM机内的信用卡占有，就属于占有了他人的遗忘物，形成了对存款的控制。如此就将犯罪人的行为评价为将他人的遗忘物占为已有，符合侵占罪的构成。

第三种观点认为，该行为构成信用卡诈骗罪。2008年，最高人民检察院发布了《关于拾得他人信用卡并在自动柜员机（ATM机）上使用行为如何定性问题的批复》（以下简称《批复》）。该批复认为，拾得他人信用卡并使用的行为属于《刑法》第196条第1款第3项规定的“冒用他人信用卡”的情形，应当以信用卡诈骗罪定罪处罚。因为《批复》中并没有限制拾得的范围，因此，有学者认为，司法解释中的信用卡应当包含他人遗忘于ATM机内的信用卡。[③] 此外，将行为人的行为解释为冒用他人身份使用信用卡，以符合信用卡诈骗罪中冒用他人信用卡的行为。

（二）引发争议的原因

对于拾得他人遗忘在ATM机中信用卡并取款的行为，在刑法上应当如何去定性，是盗窃罪、侵占罪或者是信用卡诈骗罪，学界和实务中并没有得出明确统一的结论。从上文的分析来看，这三种观点都能够自圆其说。究其根本，引发分歧的原因不在于对事实的认识错误和对法律条文的分析错误，而在于刑法解释中扩张解释的不同运用。

在《法律的概念》一书中，哈特提出了开放结构的观点。他认为，在人们的生活中，对于行为、事物一定存在“一般化的行为标准”。这种一般化的行为标准的最大限度是立法，运用一般化标准解决具体问题时就有了确定性，无须在遇到每一个问题时都求助于权威。这样，就有了一项规则。[④] 但是，我们也不能过分夸大规则的确定性，在遇到某些特殊的情况时，我们仍不能确定是否适用于这个规则，因为生活中发生的特殊情况并不是被分门别类贴好标签的等待着规则去适用。当我们面对着对一项事物可能包含着部分或者全部规则时，并不存在着确定的习惯或者共识告诉我们怎样去做，此时就出现了哈特所说的开放结构。这表明，规则提供的指

---

① 彭文华：《利用他人遗忘在ATM机上运作的储蓄卡取款的行为之定性》，载《政治与法律》2009年第6期。

② 彭文华：《利用他人遗忘在ATM机上运作的储蓄卡取款的行为之定性》，载《政治与法律》2009年第6期。

③ 黄楠：《使用他人遗忘在ATM机中信用卡的行为之定性探讨》，载《常州工学院学报》（社科版）2013年第6期。

④ ［英］哈特：《法律的概念》，许家馨、李冠宜译，法律出版社2011年版。

引相当有限，这个特点本来就内在于语言的性质之中。①

基于开放结构，法律语言存在模糊性，这也就为扩张解释的适用提供了理论支撑。为了解决法律语言的模糊性，人们提出了各种解释方法来尽可能地判断具体问题如何适用。扩大解释就属于解释方法的一种。在法律中，判断规则适用于具体问题时是否运用了扩大解释的标准之一是文义射程说，即法律语言所包含的含义是否能够将该具体问题包含在内。语言包含核心含义和边缘含义，哈特认为，在法律规定的标准情形之外存在着各种模糊的边缘，开放结构只存在边缘处。引发争议的往往是文意的边缘含义，也就导致了几种罪名都有合理性，无法作出确定的判断。

据此，在判断使用他人遗忘在 ATM 机内的信用卡并取款的性质时，无论是解释为盗窃还是侵占抑或是信用卡诈骗罪，都运用了扩大解释将案件具体事实融入构成要件的可能含义中。具体分析来看：判断为盗窃罪，是对他人信用卡的主体进行了扩大解释，使被遗忘的信用卡包含于盗窃罪中的他人财物；判断为侵占罪，是将被害人遗忘在 ATM 机内的信用卡中的存款理解为占有脱离物；而判断为信用卡诈骗罪，是将使用遗忘于 ATM 机内的信用卡的行为解释为拾得，并将该行为理解为冒用。由此看来，运用扩大解释的分析不能否定任何一种观点的合理性，所以此时，我们应该跳出刑法教义学的框架，站在一个更高的高度，借助刑事政策来帮助我们对该行为作出定性。

二、刑事政策视野下的刑法教义学分析

（一）适用刑事政策解决争议的必要性分析

自克劳斯·罗克辛将刑法教义学与刑事政策的外在联系转为内在联系，提出刑法教义学与刑事政策一体化以来，刑事政策就进入了刑法学体系以协调刑法的实施。正如罗克辛所言："只有允许刑事政策的价值基础进入刑法体系中去，才是正确之道，因为只有这样，该价值选择的法律基础、明确性和可预见性、与体系之间的和谐、对细节的影响，才不会倒退到肇始于李斯特的形式—实证主义的体系的结论那里。"②

社会生活的千变万化使得刑法不可避免地难以将所有问题囊括其中，为了保持法律的稳定性，在立法无法及时变更的情况下，只有法律解释才能确保法律适用的灵活性。在各种刑法解释方法中，目的解释是最有价值的解释方法。"任何解释都或多或少包含了目的解释；当不同解释方法得出多种结论或不能得出妥当结论时，最终由目的解释决定取舍。因为目的是全部法律的创造者，每个分则条文的产生都是源于一种目的。"③ 但是，在一个具体的犯罪行为中，若运用目的解释出现了多个合理的解释结论时，此时囿于刑法教义学本身中便无法得出最终的结论。只有将刑事政策运用到刑法教义学中，从刑事政策方面才能够获得答案。"刑法的目的既

① ［英］哈特：《法律的概念》，许家馨、李冠宜译，法律出版社 2011 年版。
② ［德］克劳斯·罗克辛：《刑事政策与刑法体系》，蔡桂生译，北京大学出版社 2010 年版，第 252 页。
③ 张明楷：《刑法分则的解释原理》，中国人民大学出版社 2004 年版，第 34 页。

要保护社会秩序，又要保障行为人的自由，既要符合形式正义又要符合实质正义，而如何分配秩序、自由和正义只能够依靠刑事政策。”① 此时，刑事政策便成为刑法体系与外部世界之间的重要沟通媒介，它通过目的解释这一特定的方法论管道，为刑法的发展提供目的性的指引，并使之适应国家与社会所赋予的现实治理需求。②如此一来，才能避免如下质疑：“我们运用精致的概念精心构建了教义学，而教义学中这种体系化的精工细作是否会导致在深奥的学理研究与实际收益之间产生脱节。”③

由上文分析得出，使用他人遗忘在ATM机内的信用卡并取款的行为使用了扩大解释的方法得出三种结论的情形并不是错误的，但是如此也无法得出最终的结论。因此，为了协调刑法的实施，防止刑法教义学与实际情况出现衔接的断层，必须介入刑事政策作为三种结论的衡量工具，从而得出最明确的结论。

（二）解决方法——刑事政策通过刑法解释进入刑法发挥作用

面对疑难的特殊案例，往往会出现几种不同的解释方案，那么，促使司法者选定一种方案的原因究竟是什么？实际上，这是价值选择的结果。在选择中，“没有展示出来却实际支配和引导学者和法官的起始的和更改的教义分析的，正是一个或者一些政策性的甚至是功能上是政治性的判断，尽管有些学者可能为回避政治而愿意美其名曰‘价值判断’”④。这表明，学者是基于不同的价值导向得出不同的解释方案，在对通过法律解释得出的不同方案的比较中，具有决定性作用的是政策。具体到刑法中，是刑事政策左右着对不同价值冲突的协调，对确定最终的定罪量刑起决定作用。

德国学者李斯特提出的“罪刑法定是刑事政策不可逾越的鸿沟”是适用刑事政策的前提，在刑法中适用刑事政策并不是随意的，也并不会用政策来取代刑法条文的明确规定。刑事政策适用的空间应当是出现了虽有规定但是不应当处罚的或者刑法无明文规定但是应当处罚的疑难案件，适用目的是辅助实现刑法正义的目标。在这两种情况下，对于前一个问题，应当通过刑事政策对刑法进行缩小解释；对于后一个问题，应当在不违反罪刑法定原则的情况下，对刑法进行扩大解释，将该行为入罪。而“在这一过程中，所有因素不论是‘主观的’或是‘客观的’，均应列入考量，而且这个过程原则上没有终极的终点”。⑤

刑事政策是逻辑性和经验性的统一。在运用三段论推导案件的定性时，刑事政策的适用必须严格限制在刑法文本文字的可能含义之内，而对于文本文字的可能含义的共识，则需要经验性来确定，这当中也隐含着刑法的目的解释。疑难案件中，基于对大前提（即刑法条文）的不同解释以及案件事实这一小前提会得出不同的定罪结论，此时，对于案件结论的选择依然需要经验性来确定，这体现了刑事政策对

① 欧阳本祺：《论刑法解释的刑事政策化》，北京大学出版社2010年版，第124页。
② 杜宇：《刑事政策与刑法的目的论解释》，载《法学论坛》2013年第6期。
③ ［德］克劳斯·罗克辛：《刑事政策与刑法体系》，蔡桂生译，北京大学出版社2010年版，第246页。
④ 苏力：《法条主义、民意与难办案件》，载《中外法学》2009年第1期。
⑤ ［德］卡尔·拉伦茨：《法学方法论》，陈爱娥译，商务印书馆2003年版，第199页。

不同价值冲突的协调。而所谓的经验性，实质上是依据是否符合民众的意见来最终确定的，即不违反国民预测的可能性应当是在刑法中适用刑事政策应当考虑的重要方面。

三、对使用他人遗忘在ATM机内的信用卡的行为的定性

由上文可知，由于对刑法条文的不同解释以及对案件事实理解的角度不同，得出了盗窃罪、侵占罪以及信用卡诈骗罪三种不同的结论。在这种情况下，法官针对这种疑难案件需要依据刑事政策行使自由裁量权，根据法律的规定协调不同的价值冲突，在不超出国民预测可能性的前提下作出判断。

（一）定性为盗窃罪和侵占罪不能完全评价该犯罪行为

将行为定性为盗窃罪和侵占罪的观点不能全面地评价使用他人遗忘在ATM机内的信用卡的犯罪行为。理由如下：

1. 将行为评价为盗窃罪的论点为银行卡在持卡人脱离占有后转为银行占有，这样才符合窃取他人财物中“他人”的定义。但是如此理解颇为牵强，一般民众无法接受信用卡在遗忘后所有人变为银行的观点，这不符合国民预测可能性。除此之外，虽然信用卡在ATM机中处于随时可以提取卡内现金的状态，但是这种状态不等于直接获取现金。如果将信用卡视为银行所有，仍然还需要后续的操作，使得银行确实掌握卡内的现金，否则，无法认定银行已经取得卡内现金，此时，窃取他人财物中的“他人”也就无从谈起。

将该行为定性为盗窃罪无法完整地评价全部行为，另一个原因在于该行为不仅仅侵犯了他人的财产权益，此外还侵犯了国家对信用卡的管理秩序。盗窃罪受侵犯的法益是他人的财产权益，无法将对专卡专用的信用卡秩序的法益包含其中。[①] 因此，评价为盗窃罪是不全面的。

2. 将该犯罪行为评价为侵占罪也是不准确的，原因有两个方面。一方面，若评价为侵占罪，则应当是存储于信用卡中的现金被遗忘，于是就默认了被遗忘的信用卡相当于遗忘了现金。但是，这样的“相当于”是违背国民预测可能的，在此种情况下，被害人遗忘的是信用卡，而遗忘的场所虽然从宏观的角度来看属于公共场所，但是遗忘于特定的相对独立的ATM机中，信用卡内的现金仍然是仅限信用卡持卡本人使用的专有物品，并不是没有任何特定身份标识的遗忘物，所以不能将信用卡等同于卡内的现金，也就是说，不能认为信用卡内的现金是遗忘物；另一方面，侵占罪的构成要件要求加害人有“拒不交出”的行为，而使用他人遗忘于ATM机内的信用卡是以非法据为己有为构成要件的。这两者并非重合或者包含关系。首先，从侵占罪的客观方面来看，“将他人的遗忘物非法占为己有，数额较大，拒不交出”，强调了在非法据为己有后，要有拒不交出这一行为，由此，非法占为己有与拒不交出并没有包容关系；其次，拒不交出这一行为反映了加害人不仅将他人财物非法占有，还存在不返还这一严重侵害被害人财产权益的行为，拒不交出体

① 何鑫：《使用他人遗忘在ATM机中的信用卡之定性》，载《中国检察官》2017年第3期。

现了对他人权益损害的严重性，因此在构成侵占罪中，拒不交出是非常重要的一个方面；最后，侵占罪属于亲告罪，在受害人找到了加害人并拿到被非法占有的财物时，加害人具有非法占有的目的也不构成侵占罪，只有在受害人主张返还时加害人拒不返还，此时加害人非法占有的目的才能起到作用，构成侵占罪。由上分析，拒不返还是侵占罪中重要的构成要件，并与非法占为己有并没有包含关系。在使用他人遗忘在 ATM 机内的信用卡这一行为中，并没有出现拒不返还这一行为。因此，该行为不构成侵占罪。

（二）应当将使用他人遗忘于 ATM 机内的信用卡的行为认定为信用卡诈骗罪

由于使用他人遗忘于 ATM 机内的信用卡这一犯罪行为属于法无明文规定但是应当处罚的行为，所以，应介入刑事政策，在符合国民预测的可能性的前提下，对该行为进行扩大解释，将这一行为定性为信用卡诈骗罪。

目前，我国金融犯罪的立法刑事政策是以金融诈骗类犯罪为主导的，而由于信用卡使用得越来越广泛以及犯罪手法的多样性复杂性，信用卡诈骗罪已成为打击的重点。在当前采取的“宽严相济”的刑事政策的背景下，最高人民检察院于 2006 年 12 月 28 日通过的《在检察工作中贯彻宽严相济刑事司法政策的若干意见》，强调依法严厉打击破坏市场经济秩序的犯罪，体现了对破坏金融秩序犯罪中从严的方面。最高人民法院于 2010 年下发了《关于贯彻宽严相济刑事政策的若干意见》，强调要注重综合运用多种刑罚手段，特别是要重视依法适用财产刑，有效惩治犯罪。对金融犯罪的刑事政策，体现了在宽严相济的前提下从严的价值导向。因此，使用他人遗忘在 ATM 机内的信用卡进行取款的行为应当体现出刑事政策的要求，定罪为信用卡诈骗罪能够体现国家对于破坏金融秩序的打击力度以及对信用卡管理秩序的保护的重视程度。

刑事政策即介入要通过刑法解释这一途径，具体来看，我们可以把使用他人遗忘于 ATM 机内的信用卡这一行为解释为拾得他人信用卡并在 ATM 机上使用的行为，适用《批复》中所说明的“拾得他人信用卡并在 ATM 机上使用的行为，属于刑法第一百九十六条第一款第（三）项规定的‘冒用他人信用卡’的情形”。

首先，《批复》中并没有明确指出拾得的范围，虽然没有明确的划定范围，但使用遗忘于 ATM 机内的信用卡很显然属于“拾得”，并不妨碍人们的理解。借用考夫曼的理论，这些词语的含义属于“日常语言上的给定”。对于这些深入骨髓的文化价值观念的词语理解，国民的判断不可能集体出错。因此，这是符合民意的。

其次，对于将该行为包含于冒用信用卡的情形，有学者质疑，《批复》中对于冒用信用卡中的冒用身份应当体现为输入信用卡的密码，否则无法体现出“冒用”这一特点。[①] 笔者对此提出异议：

1.《批复》中所说明的信用卡是广义上的，并没有限定拾得的信用卡是什么样的信用卡，更没有限定该信用卡所处于的状态。因此，无论该信用卡是遗忘在 ATM

① 高蕴嵘、周玉玲：《使用他人遗留在 ATM 机内银行卡取款的行为定性》，载《人民法院报》2016 年 9 月 28 日。

机或者其他场所，无论其处于加密状态还是输入密码后的运行状态，这都不影响信用卡成为被冒用的对象，不能认为使用处于运行状态无须输入密码的他人信用卡就不是冒用信用卡，如此不利于保护持卡人的财产权益，也不利于维护国家的金融管理秩序。

2. 最高人民法院、最高人民检察院《关于办理妨害信用卡管理刑事案件具体应用法律若干问题的解释》（以下简称《信用卡案件解释》）也能为该行为符合“冒用他人信用卡”提供根据。①《信用卡案件解释》第5条第2款对“冒用他人信用卡”进行了列举，第一项为“拾得他人信用卡并使用的”，从文义上来看，并没有限定信用卡的状态，因此，根据文义射程说，输入密码后处于运行状态的信用卡应当被包含在文义内，没有超出一般民众对于信用卡的理解。

3. 从法益侵害的角度来看，无论行为人是使用输入密码后的信用卡还是未输入密码的他人信用卡，同样都是对他人财产权益的侵害以及对信用卡秩序的破坏，不能仅根据是否输入密码这一行为来判断对法益侵害的大小不同。因此，是否输入密码并不是判断冒用他人信用卡的关键。

使用他人遗忘在ATM机内的信用卡并取款可以被解释为拾得他人的信用卡并使用的情形，符合冒用他人信用卡的构成要件，因而应当定性为信用卡诈骗罪。

四、结语

将使用他人遗忘在ATM机中处于运作状态的信用卡取现的行为评价为盗窃罪或者侵占罪是不全面的，不符合一般的民意。在符合国民预测可能性以及适应金融犯罪刑事政策的整体价值取向的前提下，对冒用他人信用卡以及《批复》中拾得他人信用卡的情形作了扩张解释，将使用他人遗忘在ATM机内的信用卡进行取款的犯罪行为包含于信用卡诈骗中。这既是对他人财产的合法保护，也是对信用卡管理秩序的合理维护。

---

① 徐振宇、古林：《用他人遗忘的银行卡转账构成何罪》，载《江苏法制报》2015年12月18日C版。

信用卡类似品被冒用处理的不合理性问题

朱建华*

一、信用卡、信用卡类似品的刑法差别规定

根据我国的法律规定，刑法规定中所涉及的信用卡是指由商业银行或者其他金融机构发行的具有消费支付、信用贷款、转账结算、存取现金等全部功能或者部分功能的电子支付卡。这样的规定，将通过商业银行或者其他金融机构发行的电子支付卡，不管是贷记卡还是借记卡都理解为刑法规定中的信用卡，不管其是否具有信用贷款即先消费后付款的功能，均得称为信用卡。这样的规定，对统一适用刑法中有关信用卡的犯罪，统一定罪量刑标准，具有积极的意义与作用，避免了因电子支付卡是否具有信用贷款功能而适用不同的刑法规定，定不同的罪和适用不同的刑罚，对罪责刑相适应原则的贯彻具有意义。

这一刑法规定，强调的是金融机构发行与电子支付卡这样的外在形式特征。但随着信息网络技术的发展，对身份的识别越来越多地依照账号、口令、密码进行。同时，正因为这样的识别通过网络进行，是否具备实体的电子支付卡已经成为一个无关紧要的问题，虚拟信用卡已经成为一个发展趋势或至少是信用支付的一个组成部分，不以实体的电子支付卡为依托的电子支付手段也越来越多地呈现出来，如蚂蚁花呗、支付宝、蚂蚁借呗，等等。

本文中所称的信用卡类似品指的是与信用卡类似的由商业银行或者其他金融机构发行的具有消费支付、信用贷款、转账结算、存取现金等全部功能或者部分功能的电子支付工具，简单地说，是具有信用卡的一般功能与用途，但不具有电子支付卡的外在形式的网络支付工具，如虚拟信用卡、支付宝等。

这类网络支付工具之所以被本文称之为信用卡类似品，一方面，是因为它们具有信用卡的一般功能，即消费支付、信用贷款、转账结算、存取现金等功能之一或全部，即它们具有刑法规定中的信用卡的一般功用；另一方面，根据现有刑法的规定，这类网络支付工具难以被认定为信用卡本身，因为目前我国刑法中的信用卡，根据立法解释，只限于电子支付卡，即至少有一个有形的电子支付卡的形式存在，且这个卡是由金融机构发行的具有消费支付、信用贷款、转账结算、存取现金的功能。而本文所述的信用卡类似品缺少的正是这样的一个有形的电子支付卡为依托。

在司法实务中，利用所述的信用卡类似品进行侵财的相关的案例已经出现，并呈现出增多的趋势。但对这类行为的处理，囿于立法解释的规定，司法实务机关一般不能按照信用卡类犯罪的规定进行处理，而根据一般侵财案件以普通盗窃罪或者

---

* 西南政法大学教授。

诈骗罪处理甚至以贷款诈骗罪处理。例如，对付克兵利用事先知晓的杨平的支付宝账户及密码，通过该支付宝蚂蚁花呗先后三次套取人民币8000元的行为，浙江省瑞安市的人民法院认定构成为盗窃罪；① 又如，从2014年年初开始，5名犯罪嫌疑人便开始用植入木马软件盗取他人用户信息，或从他人那里购买其他网站的相关用户信息等方法，通过软件在支付宝网站上进行登录测试，遇到能够成功登录的，就用该账号向特定的卖家网购实物进行洗钱套现，实施盗窃行为近百起，被认为构成盗窃罪。② 但也有认定为贷款诈骗罪的，如浙江省平阳县人民法院对曹某、徐某冒用他人的身份证注册支付宝账户，并通过支付宝“蚂蚁借呗”的共享额度进行贷款的行为认定为贷款诈骗罪。③

二、上述立法规定与司法适用存在的问题

1. 类似的行为定不同的罪名

根据目前我国刑法的规定，因利用信用卡侵财而构成盗窃罪的，只有盗窃信用卡并使用的情况，其他情况下，不管是捡拾信用卡还是骗取信用卡而实施的侵财行为，都会被认定为冒用他人信用卡，从而可以构成信用卡诈骗罪。④ 正是因为根据相关的规定，在目前情况下，拾得他人信用卡而使用或者骗得他人信用卡而使用，则构成信用卡诈骗罪。而如果拾得他人手机从而获得他人的本文所述的信用卡类似品如账号并使用的，则不能构成信用卡诈骗罪，也不能定诈骗罪，因为没有被害人的所谓的自愿处分财产的行为，而只能认定为行为人使用秘密窃取的方式非法占有他人财物，从而构成盗窃罪。在前述浙江瑞安的案件中，处理该案件的法官认为，首先，被告人未向被害人进行虚假表示。其次，被告人未向蚂蚁花呗服务提供商作虚假表示。无论是被害人还是支付宝公司，都没有基于自愿的意思而将财产交付给被告人，而诈骗罪的本质特征就在于犯罪行为的欺骗性和交付财物的自愿性，故被告人的犯罪行为不构成诈骗罪。⑤

同样，获取相关信息资料使用信用卡和使用上述信用卡类似品的定罪也是完全不同的。根据最高人民法院、最高人民检察院的司法解释：通过窃取、收买、骗取或者以其他非法方法获取他人信用卡信息资料，并通过互联网、通迅终端等使用的，仍属于“冒用他人信用卡”，从而仍构成信用卡诈骗罪而不构成盗窃罪。但如

① 尹志望、张浩杰：《冒用他人支付宝账户进行蚂蚁花呗套现的定性》，载《人民法院报》2016年11月10日。

② 张茵、龙公宣：《团伙盗窃支付宝账户套现 警方破获新型诈骗案》，载中国新闻网，2014年5月6日访问。

③ 金叶：《男子冒用他人身份注册支付宝账户“借呗”贷款20万》，http://www.wzrb.com.cn/article759169show.html，2017年2月8日访问。

④ 刑法第196条第3款规定，盗窃信用卡并使用的，依照刑法第264条的规定定罪处罚，即按照盗窃罪的规定定罪处罚。最高人民法院、最高人民检察院《关于办理妨害信用卡管理刑事案件具体应用法律若干问题的解释》第5条第2款明确，刑法第196条规定的信用卡诈骗行为中的冒用他人信用卡的情形包括拾得他人信用卡并使用、骗取他人信用卡并使用及其他冒用他人信用卡等情形。

⑤ 尹志望、张浩杰：《冒用他人支付宝账户进行蚂蚁花呗套现的定性》，载《人民法院报》2016年11月10日。

果行为人通过窃取、收买、骗取或者以其他非法方法获取他人信用卡类似品的信息资料而在互联网、通讯终端上使用，从目前来看，也只能构成盗窃罪。例如，浙江瑞安案件中，犯罪人与被害人是亲戚关系，利用被害人请求其帮忙修改支付宝账户密码的机会获取了被害人的支付宝账户密码，犯罪人并非通过盗窃方式获取被害人的支付宝账户密码，法院最终仍以盗窃罪让行为人承担刑事责任。又如，刘某和好友李某一同出游时，李某因要如厕，将手机和钱包托付给刘某看管。李某上完厕所，发现刘某不见了。李某没有报警，想私下处理此事，并试图联系刘某。当他用电脑登录自己的支付宝时，发现支付宝里被转出 1.7 万多元。李某的支付宝账户和手机绑定，他随后申请支付宝冻结并补办了新的手机卡。与此同时，刘某虽将 1.7 万多元转到自己的支付宝，但因转出支付宝所在的手机停用，转入支付宝里的钱亦被冻结，需要重新启用该手机号才能取出钱。东城检察院受理此案后认为，刘某的行为已经涉嫌盗窃罪。[①] 而与之相反，如果行为人采取上述类似手段，获取的是信用卡的信息资料而取提他人财物，则只能构成信用卡诈骗罪。

由上述目前的明确规定及实务操作可知，采取同样的行为方式，对对象是信用卡还是信用卡类似品，构成不同的犯罪。这样做既是理论上的解释，也是基于法律规定的要求。

2. 可能出现罪与非罪的不同处理结果

由于同样行为因为对象是否是信用卡导致的定罪不同：由于盗窃罪与信用卡的成立犯罪标准的不同，类似行为因对象不同，会出现非与非罪的本质区别。根据相关的司法解释的规定，盗窃罪与信用卡诈骗罪的定罪标准是不一样的，如盗窃罪的一般成罪标准为1000元到2000元，而信用卡诈骗罪的成罪标准为5000元以上。因此，如果行为人捡拾他人手机后利用手机中的支付宝账号转移2000元到自己的账户或者消费2000元，则构成盗窃罪，而捡拾他人信用卡后进行同样的活动，则不构成犯罪。行为方式相同，仅因为对象是否属于信用卡形成天壤之别，形成罪与非罪两个完全不同性质的法律后果。

3. 同样数额同样情节实际受到的刑罚可能不一样

由于同样的行为方式仅因为对象是否属于信用卡而给予不同的定罪，其刑罚后果当然也是不同的。虽然信用卡诈骗罪和盗窃罪的法定最高刑都是无期徒刑，但根据最高人民法院和最高人民检察院的司法解释，对这两罪适用10年以上有期徒刑或者无期徒刑的标准则存在着较大的差别：对冒用他人信用卡的信用卡诈骗活动，数额在50万元以上的才属于数额特别巨大，才可以适用10年以上有期徒刑或者无期徒刑，而对盗窃罪，30万元以上即可被认为是数额特别巨大，可适用10年以上有期徒刑或者无期徒刑（存在着地区的差别）。而在实际司法实务对具体案件的处理中，同样犯罪数额的盗窃罪与信用卡诈骗罪，在刑罚适用上绝对不会掌握同样的标准。

---

① 钱卫华、郭玮：《男子如厕将手机给朋友照看被其卷走 1.7 万元》，载《京华时报》2015 年 6 月 15 日。

三、信用卡与信用卡类似品的共同本质

随着互联网在商业上的应用开始普及。短短的几年内，很快就成为全民通信、新闻、信息、娱乐和购物的主要渠道之一。互联网从一个信息交换的新型媒介扩展成为商业交换的载体，形成了所谓的互联网经济。互联网经济迅速兴起的一个重要先决条件就是银卡业在此之前几十年里建立起来的跨时空的电子付账系统。

原本意义上的即先消费后付费的信用卡，说穿了就是一个身份证，只不过它不仅需要证明自然身份，更重要的是证明持卡人拥有一定的得到发卡银行担保的信用，商户可以接受作为付现金的替代。有这样的身份与财力证明，相应的特约商户可以放心地接受持卡人的消费，由相应的银行提供支付担保或者由银行先行支付，银行再向持卡消费者收取相应的资金。

而信用卡类似品也具有同样的价值，以蚂蚁金服公司的蚂蚁花呗为例，经过对申请人的以往的消费习惯与消费能力或者消费记录的计算，授予申请人以一定的蚂蚁花呗的透支额度，形式上是借贷，但其实质与原本意义上的信用卡具有异曲同工之妙，先消费，后付款，即具有一定额度内的透支功能。因此，它具有与信用卡类似的功能。差别可能在于它没有实体的卡，而是一个账号或者说字符串，身份验证是通过以往的消费习惯、信用情况、消费金额、使用的通讯号码等予以进行的，与信用卡的身份验证也存在着异曲同工之处，只不过它是以相应的电话号码之后的间接实名身份验证为基础而进行，而不是直接的身份验证与财力证明。但本质上与信用卡的身份证明是一致的。

因此，没有笔者认为，在没有出现信用卡类似品时，明确刑法意义上的信用卡是电子支付卡是正确且必要的，但随着互联网技术的发展，无须电子支付卡而仅凭账号通过互联网进行验证身份时仍将刑法规定中的信用卡局限于有形的电子支付卡范围内，从而导致同样的行为同样的侵财方式适用不同的罪名并给予不同的处罚标准，其合理性是值得怀疑的。应当随着信息技术的发展而发展或者加深对信用卡的认识或者扩大刑法中信用卡的范围，是有必要的。

因此，有必要通过立法的规定，将信用卡类似品纳入刑法所规定的信用卡范围，从而在犯罪处理上采取统一的定罪量刑标准。

银行信用卡业务创新发展与信用卡诈骗罪的认定

——以信用卡诈骗罪中专项分期型贷款为例

徐铭勋*

引言

近日，乐视员工的建设银行信用卡额度被调降为1元引发了舆论争议，既有支持银行积极采取风险防控措施的观点，也有批评银行此举是“霸王条款”侵害持卡人权益的说法。[①] 更有学者指出，信用卡使用并非“借贷的客户关系”，从信用经济学的角度来看，最基本的信用关系是对称性互动，这里的对称性不仅包括条件的对称、机会均等，而且要有程序对等、阶段性对等、责任风险对等、履约对等、违约责任处罚等诸多对等，才能构成一个完美的信用对等体系。[②] 而信用卡本身对持卡人与银行而言在法律上仍应为借贷关系，在业务日益创新的今天，随着信用卡而产生的各种法律关系和权益也日渐增多，并非各种款项均能够认定为信用卡诈骗罪中的透支。

信用卡作为一种现代信用支付工具在我国的普及率已越来越高，至2016年上半年全国上市商业银行的信用卡发行总量累计达5.9274亿张[③]，全国在用信用卡达4.73亿张[④]。随着银行信用卡发卡数量的迅猛增加及其业务的发展，除了日常的生活消费，“汽车分期”、“装修分期”等信用卡衍生贷款服务层出不穷。与此同时，与信用卡有关的经济案件也在持续增加。从刑法角度出发，如何对此类贷款进行定性，是否应当将通过信用卡付款和还款的费用支出一概认定为信用卡消费或信用卡透支？

一、银行信用卡业务创新发展带来的困惑

2013年3月，王某在某银行办理了透支额度为30000元的信用卡并使用。7月

---

* 法学博士，北京科技大学文法学院讲师。

① 参见《建行调低乐视员工信用额度太荒谬》，载《南方都市报》2017年7月27日A2版；欧阳晨雨：《“信用卡额度调至1元”，银行做法涉嫌侵权》，载《新京报》2017年7月27日A2版；夏心愉：《“1元卡”解密：扒一扒银行“人群画像”信审逻辑》，http://www.yicai.com/news/5323585.html，2017年7月31日访问。

② 盘和林：《乐视员工信用卡额度该不该调》，载《国际金融报》2017年7月31日第3版。

③ 数据来源：前瞻产业研究院：《中国信用卡行业市场前瞻与投资战略分析报告》，转引自《信用卡发卡量累计5.9亿张工行稳居榜首》，http://business.sohu.com/20161018/n470587726.shtml，2016年12月20日访问。

④ 数据来源：中国人民银行：《2016年第二季度支付体系运行总体情况》，http://www.pbc.gov.cn/goutongjiaoliu/113456/113469/3137214/index.html，2016年12月20日访问。

1日，王某购买汽车时使用该卡办理了汽车专项分期业务107000元，约定分期36个月，每月偿还2972.22元，同年7月3日将该车向银行办理了抵押担保。此后王某继续使用该卡消费、还款。至2015年5月，该卡共拖欠本金42340.36元，其中汽车分期41611.08元；银行经两次催收超过三个月仍未还清，向公安机关报案；公安机关立案后王某将所拖欠款项还清；后公安机关移送检察院审查起诉。在案件处理过程中，检察机关认为分期款项不应当计入信用卡透支消费，因此作出不起诉决定。①

中国人民银行《银行卡业务管理办法》规定，信用卡按是否向发卡银行交存备用金分为贷记卡、准贷记卡两类。贷记卡是指发卡银行给予持卡人一定的信用额度，持卡人可在信用额度内先消费、后还款的信用卡。准贷记卡是指持卡人须先按发卡银行要求交存一定金额的备用金，当备用金账户余额不足支付时，可在发卡银行规定的信用额度内透支的信用卡。② 中国银监会《商业银行信用卡业务监督管理办法》规定，信用卡是指记录持卡人账户相关信息，具备银行授信额度和透支功能，并为持卡人提供相关银行服务的各类介质。信用卡业务是指商业银行利用具有授信额度和透支功能的银行卡提供的银行服务。③ 信用卡具有消费、取现、转账结算等功能；持卡人可以在核定的信用额度内在中国境内和境外透支使用。可见，信用卡提供给持卡人的透支功能，也是一种基于持卡人信用的贷款，但不同于一般贷款的办理方式和程序。

目前，我国各大商业银行均开展了信用卡专项消费分期业务，主要面向汽车、装修等大额消费，其贷款额度可达十几万元至数十万元，个别的甚至可达百万元，还款时间通常为1~3年，最长可达5年。以发放数量最多的汽车分期贷款为例，此贷款要求通过信用卡还贷（如贷款人没有该行信用卡，会在申请汽车贷款时要求办理一张信用卡），并以所购车辆办理抵押，目前市场上此类分期贷款期限一般多为1~3年，最长为5年。

认定信用卡诈骗罪要求行为人以非法占有为目的，利用信用卡进行诈骗活动，骗取他人数额较大财物的行为。④ 与前述案例相似的信用卡诈骗案件虽然在近年出现很多，但在不同地方处理中由于对其中欠款性质的认定不同，案件处理也有着不小的差异。⑤ 这些案例中大多数法院在判决中将通过信用卡办理的汽车专项分期贷款认定为信用卡透支数额的。本文探讨的专项分期型贷款，是指持卡人通过真实信

① 参见内蒙古自治区乌海市海南区检察院不起诉决定书（海南检公诉不诉〔2016〕15号）。

② 参见中国人民银行《银行卡业务管理办法》第6条。

③ 参见中国银行业监督管理委员会《商业银行信用卡业务监督管理办法》第7条、第8条。

④ 高铭暄、马克昌主编：《刑法学》（第六版），北京大学出版社、高等教育出版社2014年版，第419页。

⑤ 其他涉及专项分期贷款的信用卡诈骗罪案，如内蒙古自治区呼和浩特市赛罕区人民法院（2016）内0105刑初2号刑事判决书、湖北省荆门市东宝区人民法院（2016）鄂0802刑初57号刑事判决书、湖南省永顺县人民法院（2015）永刑初字第166号刑事判决书、内蒙古自治区包头市昆都仑区人民法院（2014）昆刑初字第252号刑事判决书、河北省石家庄高新技术产业开发区人民法院（2014）石高刑初字第44号刑事判决书。

息，合法申请信用卡后，通过银行专项分期服务申请的超出信用卡透支额度、具有特定用途和期限约定的服务。在刑事犯罪的认定中正确把握此类业务属性，才能准确理解适用刑法有关信用卡、贷款类犯罪的规定。

二、信用卡专项分期贷款与信用卡透支的重大区别

单从形式上看，通过信用卡账户申请一笔汽车或其他专项用途的消费分期贷款，每月通过信用卡偿还费用，若行为人拖欠的数额较大，超过规定限额或者规定期限透支，并经发卡行两次催收后超过3个月不归还的情形，仅从形式上看似乎是符合《刑法》第196条规定的信用卡诈骗行为，然而这样的款项，如果通过刑法以外的民商事法规和经济管理法规，则很难得出这样的结论。

仅从专项分期业务的特点来看，即可注意到所谓“信用卡汽车专项分期”等业务从贷款期限、担保类型、使用限制、刷卡额度等方面都与通常的信用卡消费有着极大不同。不应视作《刑法》第196条信用卡诈骗罪规定中的信用卡透支。

第一，从透支额度方面，专项分期不应被视作信用卡消费。从透支消费金额上看，专项分期远远超出了信用卡的原透支额度，有的多达原信用额度的十几倍甚至几十倍。在湖北一案例中，持卡人汽车专项分期款41.6万余元是信用卡原透支额度8000元的52倍，超出原透支额度40.8万余元[①]。在内蒙古一案例中，持卡人汽车专项分期款61.46万元是信用卡原透支额度5万元的12倍多，超出原透支额度56.46万元[②]。在信用卡的使用中，银行可以调整透支额度，通常分为普通和临时调整额度，其中临时调整大多可上调原透支额度20%至1倍的金额，时间上通常不超过3个月。由此可见，此类透支额度在数额上与信用卡的基本透支额度相差极大，并非银行对持卡人给予的信用卡透支额度，从刑法上对此类通过刷卡发生的透支不应按照信用卡的透支消费来定性。

第二，从贷款期限角度，专项分期不应被视作信用卡消费。目前国内各家商业银行因具体政策不同，会分别给予持卡人不同的还款期限，然而银行正常的还款期限由于刷卡日与账单日的变化，通常介于20~60天之间。而“专项分期”则长达1~5年。从中国人民银行《贷款通则》中对贷款的不同分类的规定中我们可以看到，此种“汽车专项分期贷款”按时间分类，贷款期限1~3年已经属于中期贷款，5年已属长期贷款。信用卡最长60天左右的还款期限相较于汽车分期可长达3年甚至5年的期限，可谓“天壤之别”。即使按照信用卡开展一般的消费分期业务来看，通常分期的时间有3期、6期、9期、12期，即3个月、6个月、9个月和12个月，相较最长可达5年的购买汽车专项分期业务也短了许多。

第三，从担保类型方面，专项分期不应被视作信用卡消费。在前述的案例中，王某通过分期贷款购买的车辆并向银行办理了动产抵押。笔者咨询了工商银行等，工作人员均表示使用信用卡汽车专项分期，需要为所购买的车辆办理抵押手续。在

① 参见湖北省荆门市东宝区人民法院（2016）鄂0802刑初57号刑事判决书。
② 参见内蒙古自治区包头市昆都仑区人民法院（2014）昆刑初字第252号刑事判决书。

具备合法抵押的情况下，债权人在债务人未按约定偿还债务时（无论是无能力偿还，还是有能力偿还而不愿偿还），债权人均可依照担保合同，通过行使抵押权，来实现自身债权。这一点与一般的信用卡消费同样有着本质差别，一般信用卡消费是基于持卡人个人信用而获得的银行授信额度内的透支，所发生的债务并不存在相应的担保。因此，更容易成为犯罪分子“空手套白狼”进行诈骗的对象，也就存在刑法对恶意透支行为进行规制的空间，即行为人有以非法占有为目的进行透支的可能性。

第四，从使用限制方面，专项分期不应被视作信用卡消费。无论是购买车辆还是家庭装修，即便是通过信用卡进行的“专项分期”，这些消费其使用用途的限制也是固定的，甚至同时限定了的消费商户，如申请获批后要在银行特约的装修公司进行刷卡支付，其他装修公司则不行。这与一般信用卡消费不同，因为信用卡在发卡后只要求持卡人合法进行消费，并没有具体使用用途的限制。

第五，从授信管理方面，专项分期不应被视作信用卡消费，也不应视作调高额度或者超授信额度服务。银行所给予和调高信用卡持卡人的信用额度，是根据申请人的收入、资信状况而进行的信用贷款授信；超授信额度服务是商业银行依据持卡人的资信状况及用卡情况，提供超出授信以外一定额度内的用卡服务。而汽车分期，则应是原信用卡服务以外的另一项贷款服务。因为在汽车分期业务办理时，银行会按照贷款的基本规则和程序，重新审查申请人（也就是持卡人）的信用状况、经济能力，进而审批、订立专门的汽车分期合同并办理抵押等手续，而非使用原有信用卡的信用额度或超授信额度。由此看来，银行对汽车分期采取的是和一般贷款相类似的审批程序，而且相应的购车款项也只限定在汽车经销商处进行刷卡购车，并非属于调高信用卡信用额度以便通过信用卡进行各类刷卡消费。相当于这项新的贷款仅仅是在资金“贷”、“还”过程中借了信用卡的“道”而已。二者的差别显而易见，商业银行提供购买汽车等专项大额分期服务，既非调高信用卡额度，也非提供超授信额度服务，而且这项业务已经超出了信用卡服务的基本内容。

可见，我国商业银行推出的信用卡专项分期等业务，在审批、使用、还款等诸多环节与一般的信用卡消费存在本质上的差别。刑法确定犯罪时应当重视相关款项在审批程序在贷款期限、担保类型、使用限制、贷款额度等方面本质上不属于信用卡透支的范畴，而是专门审批的一笔有专门用途、约定还款期限且附有担保的贷款。因此，该种款项不属于《刑法》第196条规定的信用卡诈骗罪中的信用卡透支的范畴。

基于前文的论述，笔者认为通过信用卡办理专项分期的款项不应属于信用卡透支消费的款项。中国银监会在《个人贷款管理暂行办法》中将信用卡透支消费与一般的个人贷款进行了区分①，没有纳入统一的规章进行管理，但是在《汽车贷款管

① 参见中国银行业监督管理委员会《个人贷款管理暂行办法》第43条。

理办法》[1] 中明确了汽车贷款不同于信用卡透支消费的发放审批的条件和流程。尽管银行业内部在业务上将专项分期归属于信用卡部门管理，然而刑法认定犯罪时不仅应片面参照行业内的具体操作划分，而应从其贷款的属性出发，出现相关行为构成犯罪的，按照刑法有关规定认定为贷款诈骗罪或骗取贷款罪为宜。

三、从实质上把握行为性质是理解刑法与其他部门法的关系的基础

刑法的谦抑性和刑罚的严厉性，决定了刑法的适用需要更加慎重。前文谈及的信用卡专项分期从属性上，难以与一般的银行卡信用卡透支消费等同。特别是从法律救济的方式或可能性上，尚未穷尽民事救济手段，刑法的介入往往增加了对社会关系不可恢复的严重影响，如对犯罪嫌疑人的羁押可能会造成当事人经营活动终止或者失去工作机会，也会对其家庭产生重大负面影响。只有严重侵犯调整性法律关系和相应法律秩序，仅靠第一保护性规则已难以有效规制的违法行为，才能进入刑事追踪的视野和刑法制裁的领域。[2] 以前文所述的汽车分期贷款为例，银行在通过行使担保物权等方式能够实现其债权时，不应简单发动刑事程序，而应优先通过民事程序主张其权利。而且从本条及其司法解释来看行为人也不存在非法占有的目的，即便将汽车作为普通消费，由于担保的存在，对于无力继续还款的持卡人而言，其对银行仅丧失的是部分还款能力，即车辆伴随使用产生的部分贬值。现实中此类案件的情况也反映了这一点，往往是侦查阶段通过将抵押财产变现及时地偿还了所拖欠款项，没有造成或者大大减少了商业银行的损失。

对于一些商业银行单位而言，其部分分支机构以及工作人员没有在发放贷款前认真履行职责，依照相关金融管理规定切实履行风险控制和授权管理的规则，也是前文信用卡专项分期贷款形成高风险的款项的重要原因。特别是在我国这样一个幅员辽阔，而发展水平又相差较大的现实下，即使同一家商业银行在不同省区的风控执行情况可能相差极大。而在一些贷款达到关注类或损失类等实际问题出现后，银行作为债权人将自身债权可以依法行使的民事权利置于一边不顾，反而优先选择向公安机关报案，寻求通过刑事手段解决，这本身就是值得思索的。一方面反映出商业银行有可能从成本角度出发，将追回债权的成本转嫁给社会公众，即通过民事程序主张债权及担保物权的成本要由银行自身承担，而报案之后公安机关、检察机关以及人民法院的司法进程的成本转由国家承担，同时通过公权力机关的追查，当事人或其家属大多及时偿还了所欠款项，较民事诉讼程序效率更高；另一方面也反映出银行办理相关业务直接责任人员，有可能为了逃避内部责任追究，希望通过刑事

① 参见中国人民银行、中国银行业监督管理委员会《汽车贷款管理办法》；于2016年12月公布的《关于修改〈汽车贷款管理办法〉的决定（征求意见稿）》共修改十处，其中对涉及发放审批的第23条修改为："贷款人应建立借款人信用评级系统，审慎使用外部信用评级，通过内外评级结合，确定借款人的信用级别。对个人借款人，应根据其职业、收入状况、还款能力、信用记录等因素确定信用级别；对经销商及机构借款人，应根据其信贷档案所反映的情况、高级管理人员的资信情况、财务状况、信用记录等因素确定信用级别。"

② 田宏杰：《行政犯的法律属性及其责任——兼及定罪机制的重构》，载《法学家》2013年第3期。

司法程序认定当事人的行为属于犯罪，来遮掩银行一些工作人员在部分审批环节对风险控制未尽职的行为。

银行在办理信用卡及其他业务时都应当审慎地控制风险，这一点无论中外，概莫能外。目前，美国车贷违约率创下金融危机以来的新高，富国银行（Wells Fargo）统计指，2009年销售的次级汽车债券为25亿美元，而2016年已达260亿美元，与此相对应的是，桑坦德银行在提供汽车贷款时，从2013年起只核实了不到10%的贷款申请人收入。[①] 前文所述的乐视员工事件，本身也说明了不同银行在信用卡风险管理上的不同，即便是被认为采取了过度反应措施的银行，也未能及时掌握持卡人的工作变动情况，以致殃及早已从乐视离职的持卡人。

现阶段，我国商业银行在信用卡业务经营中存在一定程度的“重发卡审批、轻管理使用”的现象，如对持卡人经济和信用状况的调查往往限于发卡审批时，而在换卡或其他调整授信的重要风险环节，缺少调查持卡人的资产、工作等情况是否发生改变或者要求持卡人提供变动状况证明的环节。或者说在与持卡人的沟通、管理中，从法律层面仍有很多需要改善的薄弱环节，相关的风险应当通过合同条款改进等强化债权人利益实现的便利性，减少对刑事程序的“依赖”。这说明商业银行在信用卡业务的规范及风险管控方面仍然存有较大的改善空间。

商业银行依托于信用卡业务，为客户提供车贷分期等衍生服务，从其商业经营角度无可厚非，甚至是为客户服务便利化发展的必然结果，然而法律不应因为银行业务的服务便利化以及银行内部管理方式，就将形式上与信用卡业务有关的无法偿还款项概括地认定为这些款项均属信用卡诈骗罪中所述的“恶意透支”中的“透支”。此外，贷款型信用卡也不应被视作信用卡诈骗[②]。伴随着商业银行在为信用卡客户服务时所提供的专项分期、现金分期服务等种类繁多的新业务，司法机关在处理这些“新”业务时，不应从商业银行内部管理的业务归口理解，而应从民法、经济法等部门法寻求这些业务的共性及其对应的刑法规范。刑事立法所选择的犯罪行为是明确的，如果将实质上的贷款认定为使用信用卡透支的情形，并将无法还款的行为认定为信用卡诈骗，显然与罪刑法定的原则相悖。

从法律后果和属性而言，刑罚惩治的严厉性是其他部门法所不及的，刑法始终是为了规制侵害社会最严重的一类行为。恶意透支型信用卡诈骗罪纳入刑法规制以来，一定程度上控制了相当严重的信用卡诈骗行为，但是也必须意识到，并不能因为刑法将恶意透支型信用卡诈骗行为纳入刑法规制，就将与信用卡透支有关的社会问题一股脑地推给刑法来解决。应当注意到，刑法中规定的信用卡诈骗罪，要求行为人在主观上以非法占有为目的，在客观上具备了危害社会的行为。刑法对相关行为的认定就是法律的价值取向和态度，不应将银行对风险管理不到位造成的损失和责任一味推给全社会来承担。公、检、法等刑事部门若沦为“债权人”讨债的工

① 谭浩俊：《美国次级车贷重现　金融危机又来》，载联合早报网，http：//www.zaobao.com/forum/views/opinion/story20170731-783326，2017年7月31日访问。

② 吴菊萍、朱奇佳：《贷款型信用卡犯罪的刑法认定》，载《检察日报》2016年7月29日第3版。

具，也将不堪重负而陷于瘫痪①。而仅有持卡人确实以非法占有为目的，通过信用卡诈骗银行财产的行为才应被刑法规制。

结语

目前，金融领域业务不断创新，新兴的互联网金融、虚拟信用卡等形式也在不断发展，处理相关问题理应从其业务的实质属性上把握，才能在创新发展的社会面前保障“罪刑法定”原则的落实。在对社会现象的刑法理解上，不仅在形式上考虑，更应在实质上把握有关款项的准确定位。超出信用卡授信额度和使用范围的专项分期业务不应属于信用卡透支消费，与之有关的犯罪应按照贷款相关犯罪的规定办理。

同是在中国特色社会主义法律体系之下，在银行业务中的“信用卡”就与刑法信用卡诈骗罪中的“信用卡”概念不同。相应地，在解释行为和概念之时，必须理解和把握哪些是侵害社会最为严重的、必须通过刑法解决的，哪些是可以通过民法、行政法或其他法律途径去解决的。整体的法律体系构建之后，具体的规制方案和途径的衔接还不完全顺畅。其他部门法中的概念与刑法中的概念不尽相同，在一定时期内尽管可以为了维护法律、保障社会经济秩序的正常运转暂时通过解释赋予其一定的概念，但是为了长期维护法制统一和法律的严肃性，应当更有效地、更细致地完善法律体系中相互耦合的齿轮，促进刑法及各个部门法的协调运转，才能实现依法治国和德润人心的高度和谐。

下卷·二

① 周铭川：《论恶意透支型信用卡诈骗罪的本质》，载《东方法学》2013年第5期。

外汇型非法经营罪的类型分析与司法认定

叶良芳[*]　申屠晓莉[**]

根据全国人大常委会《关于惩治骗购外汇、逃汇和非法买卖外汇犯罪的决定》（以下简称《决定》）第4条第1款之规定："在国家规定的交易场所以外非法买卖外汇，扰乱社会市场秩序，情节严重的，依照刑法第二百二十五条的规定定罪处罚。"据此，非法买卖外汇作为一种典型的非法经营行为被纳入刑法调整。但是在现实生活中，"非法买卖外汇"的行为种类纷繁复杂、各不相同，部分行为虽然涉及外汇的出售与收买，但并不属于由刑法规制的"非法买卖外汇行为"。应当认识到，对非法买卖外汇行为的认定不能仅从文义上简单理解，即认为只要不在国家规定的交易场所进行外汇买卖的，就是非法买卖外汇的行为，而是应当明确非法买卖外汇行为必须具备非法经营罪的"非法性"和"经营性"才可能构成非法经营罪。对外汇型非法经营罪的研究，应先对非法买卖外汇行为的类型进行梳理，从不同种类的行为方式中总结特征；在分析非法经营罪本质特征的基础上，考察不同种类的买卖外汇行为是否能够被认定为非法经营罪。

一、外汇型非法经营罪的基本分类与运作模式

（一）单向兑换型和双向兑换型

根据外汇买卖行为人所能够提供给外币兑换需求者的服务，可以将非法买卖外汇的行为分为单向兑换型与双向兑换型。所谓单向兑换型，即行为人只提供收购外汇（以人民币兑换外币）或者只出卖外币（以外币兑换人民币）中的一种服务。例如，在马义刚等非法经营案中，马义刚等6人在了解到美元买入价和卖出价之间的差价后，从北京市朝阳区雅宝路市场等地以人民币换取美元的方式非法收购美元。然后通过买通建设银行乌鲁木齐某支行主要负责旅购业务的管理人员，根据其提供的信息，将买来的美元运送给乌鲁木齐的银行出售，如此来赚取其中的差价。[①]这种非法买卖外汇的行为，行为人只提供其中一种服务，且具有主动性，通常表现为行为人主动去收购外币。对于外币兑换的需求者来说，行为人能够提供的服务是单一的。

双向兑换型的非法买卖外汇行为则是指行为人既能够提供给客户人民币兑换外币的服务，也能够提供外币兑换人民币的服务。这样的组织通常规模较大，行为人

* 浙江大学光华法学院教授、博士生导师，法学博士。

** 浙江大学光华法学院博士研究生。

① 《利用异地差价倒卖美金500万　马义刚6人团伙获刑》，载中国法院网，http://www.chinacourt.org/article/detail/2009/12/id/385480.shtml，2017年5月20日访问。

必须通过设立公司等方式，以合法外衣掩盖其从事买卖外汇的事实，在特定范围内为兑换者提供外汇兑换服务，不仅包括外币兑换本币，也包括本币兑换外币。双向兑换型的组织由于要提供双向的服务，因而组织机构相对复杂、规模也相对庞大。例如，在杜氏地下钱庄案中，原清远市政协委员杜玲与其丈夫在深圳私自设立了一个非法进行外汇买卖的杜氏钱庄，从2005年开始，便雇用多名员工在其广州办事处内进行非法买卖外汇活动，通过为客户按一定汇率折算方式进行人民币、港币相互间的支付业务，从中收取手续费或汇率差价。①

（二）黄牛倒卖型和地下钱庄型

根据组织规模的大小，可以将外汇型非法经营行为分为黄牛倒卖型与地下钱庄型。黄牛倒卖型，是指单人或数人松散地、小规模地进行外汇买卖。例如，在李某非法经营案中，被告人李某分别收购个体户杨某美元现金约119995元，个体户饶某夫妇美金现金41800元和美元存款92405元。② 这一类型的买卖外汇行为人具有松散型、临时性和非职业性特征，也通常表现为单向兑换型。这种倒卖外汇的行为是利用价格落差，低价买进，高价卖出，赚取中间利润，属于一种“投机倒把”的行为。个人或者小规模组织倒买倒卖外汇方法是最直接的外汇买卖方式。

地下钱庄型的非法买卖外汇行为就与纯粹倒买倒卖外汇的行为有所区别，其不仅规模大、交易金额大，更具有组织性与内部分工性，并且能够在一定范围内产生影响力。作为一个地下的外汇交易平台，专门为有外汇兑换需要的客户服务。地下钱庄型的非法外汇买卖交易是目前最为常见的非法买卖外汇形式，行为人通常设立一个名义公司，但实际上从事的是外汇兑换的业务。非法的外汇交易，最大的市场在于为犯罪分子提供洗钱服务，也不排除为有关人员提供程序相对简单、汇率优惠的外汇兑换业务。因此，实践中人们选择地下钱庄而非正当的金融机构进行外汇兑换的原因是复杂且不确定的。由于地下钱庄所提供的服务是一种只能由银行等法律规定的金融机构才能提供的服务，其和银行的营利就有一定的相似性。这种情形的外汇兑换行为，行为人通常需要同时掌控境内和境外的机构，或者与在境外的机构合作，以便于实现外币兑换本币、本币兑换外币的双向服务。

（三）现钞交易型和转账交易型

根据交易过程中结算方式，可以将非法买卖外汇的行为分为现钞交易型与转账交易型。现钞交易，顾名思义，是指行为人用相对原始的方式，以现实的钞票直接或者间接进行本外币兑换。现钞结汇的方式对于“买主”来说是比较安全的，资金的转移没有直接在银行账户中流动，而是通过现钞外币带入境内，进行境内外币汇结，结得相应的人民币后支付给境外的外币提供者。境内公司从中赚取差价，境外公司免去银行流程以较低的手续费获得外币。但是随着社会经济生活的发展，现钞交易存在交易量小、现钞携带不安全等弊端，因此绝大多数的非法买卖外汇行为都是通过转账交易完成的。

---

① 《杜氏地下钱庄涉案从犯受审　5名被告被判非法经营罪》，[法宝引证码] CLI. CR. 122777。

② 《私自收购美金　被以非法经营罪起诉》，载北大法宝网，2017年5月20日访问。

转账交易的弊端是要受到银行的监管与审查，所以运用转账交易的行为人往往利用多个身份办理多张银行卡，以规避银行等有关机构的审查。简单而言，转账交易型的非法买卖外汇，是指客户通过将人民币（或者外币）转到行为人指定的银行账户中，行为人通过去银行兑换或者其他方式获得外币（或人民币），并以协商好的汇率将对应的外币（或人民币）转到客户的银行卡中。利用电子交易方式实现本外币的支付是目前非法买卖外汇的主要手段。例如，在樊某刚等非法经营案中，樊某刚、吴某在新加坡牛车水的 HANSHAN 汇款公司（汉生汇款）工作期间及回国后，接受公司老板和经营主管的指派，通过拉拢亲戚、朋友等人，在国内异地开立大量银行借记卡并开通网银，将银行卡、U 盾等提供给汉生汇款公司用于中国和新加坡之间的非法跨境外汇汇兑业务。樊某刚等人按每笔交易提成 0.5 新加坡元攫取巨额佣金，新加坡的 HANSHAN 汇款公司利用樊某刚、吴某提供的大量银行卡大肆进行非法跨境外汇汇兑业务。该案 7 名犯罪嫌疑人共有 251 张银行卡。①

（四）支付结算型和对敲转账型

转账交易型的非法经营外汇行为又可以根据运作方式的不同区分为支付结算型与对敲转账型。支付结算型是普通的转账型外汇交易行为，其购汇行为比较传统，一般是客户将人民币打到行为人控制的账户中，然后行为人代其前去银行购汇，然后将所购的外汇打还到客户的账户中。其中，行为人直接通过银行中自己所购外汇转给相应的客户，可能是转到客户境内的账户，也可能是境外的账户；可能是行为人直接利用自己控制的境内账户，也可能是利用境外账户。

对敲转账型外汇买卖行为是一种新型的运作方式。在国家加大反洗钱力度的背景下，有关部门及银行等金融机构加大了对资金境内外流动的监管，所以简单的跨境支付已然难以实现大规模的外汇兑换行为。为了躲避监管，行为人通常采用对敲型外汇交易模式。即境内客户将人民币打进行为人的境内账户，行为人控制的境外账户或者境外同伙将指定的外汇打入客户的账户中。如果要兑换人民币，则反向操作即可。例如，在张某非法经营案中，被告人张某于 2014 年 7 月至 11 月，采用在境内向他人指定账户给付人民币，在境外收取他人美元的方式，向陈某 1 收购美元。2014 年 7 月至 11 月，被告人张某采用关境内向周某 1、吴某 2 收取人民币，关境外向周某 1、吴某 2 指定账户给付美元的方式出售美元。其通过实际控制的 Tamsuiriverinternationallimited 离岸公司的香港汇丰银行账户（尾号为 6838）和 Rexholdinggroupco，Limited 离岸公司的香港汇丰银行账户（尾号为 2838）将从陈某 1 处购买的美元和其原持有的美元共计 1145225 美元，分别汇入客户的美元账户内。②

二、非法外汇买卖行为应当具备“非法性”和“经营性”

（一）非法经营罪的立法目的是惩罚“非法”的“经营”行为

根据刑法第 225 条的规定，非法经营罪有四种行为类型：（1）未经许可经营法

① “樊某钢等非法经营案一审判决书”，江苏省连云港市海州区人民法院刑事判决书（2016）苏 0706 刑初 866 号。

② “张某非法经营案一审判决书”，浙江省宁波市鄞州区人民法院刑事判决书（2017）浙 0212 刑初 250 号。

律、行政法规规定的专营、专卖物品或者其他限制买卖的物品的；（2）买卖进出口许可证、进出口原产地证明以及其他法律、行政法规规定的经营许可证或者批准文件的；（3）未经国家有关主管部门批准非法经营证券、期货、保险业务的，或者非法从事资金支付结算业务的；（4）其他严重扰乱市场秩序的非法经营行为。其中，前三种列明的行为是相对明确的，第四种兜底类型则散见于单行刑法和有关司法解释规定中。非法买卖外汇，是1988年12月29日全国人大常委会颁布的《关于惩治骗购外汇、逃汇和非法买卖外汇犯罪的决定》明确规定的，属于单行刑法规定的非法经营行为。这种非法买卖外汇型非法经营罪，应当具备以下两个特征：

第一，“非法性”。对“非法性”的含义应当作以下理解：“在国家规定的交易场所外”是“非法性”的直接表现，因为根据国家规定，只有银行等金融机构有从事外汇买卖的资格，除此之外的外汇买卖都具有“非法性”。此外，“非法经营”与“合法经营”相对应，行为人的非法行为要和市场中同种类的合法经营行为相对应。换言之，只有存在合法的外汇买卖行为和外汇买卖组织时，才会存在评价非法的外汇买卖行为和外汇买卖组织的可能。在外汇买卖中，行为人所行使的职能和提供的服务应当和银行等合法金融机构所从事的经营活动相重合，由此成立其“非法性”。所以，从这一层面上讲，行为人的经营行为必须与合法经营行为具有相似性或者等同性，否则其经营的非法属性则有待考察。

第二，“经营性”。对“经营性”的含义，应当作如下理解：非法经营罪是惩罚发生在市场领域中的、具有营利性和动态性的谋划发展的经营组织。与非经营性的经济活动不同，非经营性与收益、利益没有直接的关系，非经营性可能是纯粹公益性质的行为，也可能是没有达到经营规模或者经营体系的行为。“买卖”一词，表明非法经营罪在客观方面要体现为一种经营行为，主观上以营利为目的，非法买卖外汇的行为也必然是一种经营行为。如果行为人没有营利目的，则不构成非法经营罪。①

综上所述，对“非法买卖外汇”的解释应当与非法经营罪的本质特征相联系，只有符合“非法性”和“经营性”的外汇买卖行为才可能构成非法经营罪。

（二）不具备“非法性”和“经营性”的买卖外汇行为不构成非法经营罪

基于以上两个特征，实践中部分外汇买卖主体及其行为符合非法经营罪的本质特征，而有些买卖外汇的行为则不具备上述两个特征，因而不应当被认定为非法经营罪。

首先，从主体上考察，最典型的非法经营外汇组织是地下钱庄。与合法的外汇买卖机构相比，地下钱庄具有以下特征：一是业务相似性，一般而言，地下钱庄从事的活动应当是与所谓“地上钱庄”（也就是合法的金融机构）基本等同的业务与经济活动。二是非法性。地下钱庄不是法律术语，而是经济生活中对一类非法组织的定义。“地下”的意思是不公开的、秘密的，至少在法律层面是不公开的。根据

① 刘东根、王孟：《非法经营罪中“非法买卖外汇”的理解》，载《中国人民公安大学学报》（社会科学版）2013年第2期。

下卷·二

《非法金融机构和非法金融业务活动取缔办法》第3条规定："本办法所称非法金融机构，是指未经中国人民银行批准，擅自设立从事或者主要从事吸收存款、发放贷款、办理结算、票据贴现、资金拆借、信托投资、金融租赁、融资担保、外汇买卖等金融业务活动的机构。"地下钱庄是典型的非法金融机构，其未经中国人民银行批准，是程序上的不合法；其逃避国家对金融秩序的监管，是实质上的不合法。三是营利性，这是经营性的核心体现。地下钱庄的运作模式决定了其在兑换本外币过程中收取手续费、佣金等方式营利。

其次，是外汇兑换的需求者，如地下钱庄的"客户"。由于其行为不符合"经营性"特征，即使在国家规定的交易场所之外进行了外汇兑换，也不能构成非法经营罪。但在黄光裕等非法经营、内幕交易、单位行贿案中，被告人黄光裕于2007年9月至11月，在国家外汇管理局规定的交易场所以外，将人民币8亿元直接或通过恒益祥公司转入盛丰源公司和深圳市迈健凯电子科技有限公司（以下简称迈健凯公司）等单位账户，经由郑晓微（已判刑）等人控制的"地下钱庄"，私自兑购并在香港收取了港币8.22亿余元（折合美元1.05亿余元）。[①] 本文认为，有外币需求的客户其主观上并没有营利目的，其希望通过地下钱庄，或便捷或实惠地获得外币，并不具备经营性。如果用自己的资金与地下钱庄达成交易，兑换相应的货币，则只是作为一个兑换需求者进行外汇买卖，而不是作为一个经营者进行外汇买卖。因为客户本身不是非法买卖外汇的组织，只是非法买卖外汇的参与者，虽然属于买卖外汇交易行为中的一方当事人，但是并不能成为非法经营罪的责任主体。换言之，非法经营罪处罚的是应当是经营者，而不是消费者；外汇型非法经营罪处罚的应当是非法买卖外汇的非法经营主体，而不是外汇兑换的需求主体。此外，客户本身不具备外汇经营职能。外汇兑换的客户是非法外汇买卖组织的营利对象。虽然客户的行为看似满足"在国家规定的交易场所以外"进行外汇买卖，但是其诉求就是换汇，只是由于一些原因没有选择在正当合法的金融机构，而是选择更为便捷、汇率更优惠的地下非法机构。基于上述理由，外汇买卖的客户因自身需求而与非法买卖外汇的非法金融机构达成交易，客户本身的兑换行为并不具备非法经营的本质属性，因此其不能成为非法经营罪的主体。

最后，从外汇买卖类型上分析，一般的单向兑换型、黄牛倒卖型的外汇买卖行为也不具备严格意义上的非法经营特征。因为就规模而言，行为人的行为与银行售汇、结汇的职能大小与范围差距悬殊。此外，对非法买卖行为中的"买卖"应当解释为是行为人既买又卖的行为，那么单纯的非法收购外汇，或者单纯的非法出售外汇，都是不具备经营性的外汇买卖行为。例如，上文所提到的马义刚等非法经营案，行为人非法收购美元，然后去银行结汇。单纯评价行为人在北京市朝阳区雅宝路市场等地以人民币换取美元的方式非法收购美元的行为，可能符合"国家规定的交易场所以外"收购外汇，具有可谴责性。然而，当行为人将所收购的美元运往银

① "黄光裕等非法经营、内幕交易、单位行贿案一审判决书"，北京市第二中级人民法院刑事判决书（2010）二中刑初字689号。

行结汇的行为时，则属于在国家规定的交易场所中——银行——合法进行外汇兑换的行为。如果认为行为人的行为属于既买又卖的经营行为，则将其在银行的兑换行为一并综合评价，这是有待商榷的。实践中，小规模的外汇买卖行为通常表现为这种从社会群体中买汇，向银行卖汇。不仅规模小，其提供的服务也是单向的，或者说其刑事违法性仅表现为非法收购外汇的行为。这类外汇买卖行为无法提供完整的外汇买卖服务，与合法金融机构相比，职能上始终存在缺陷。因此，对于此类行为，不宜以非法经营罪论处。

三、新型非法买卖外汇行为的构成要件分析

（一）新型非法外汇买卖行为的类型分析

随着经济社会的发展，在经济金融领域中出现一些群体利用银行的转账监管漏洞来完成非法的外汇买卖交易。这种行为利用银行或其他金融机构的监管漏洞以实现外汇买卖的交易结果，具有非法性、经营性的特征。但对这类行为以非法经营罪论处时，存在一个矛盾之处：由于行为人是经由银行并利用转账等合法行为实现交易结果的，所以就其每个行为来说可能都是合法的，或者至多违反银行的管理规定，但尚不至于构成刑事违法，如通过虚设公司、虚构合同、办理多种类银行卡来实现外汇交易目的。在这种情况下，行为人的行为是否应排除在犯罪圈之外？

赵志宜等非法经营案就属于典型的新型非法买卖外汇交易。行为人利用 NRA 账户[①]的银行识别漏洞与境外购汇无限制的特点，跨境转移人民币数千亿元。行为人所建立的外汇买卖组织的运作模式，大体分为以下三个步骤：首先让客户将人民币自行汇入指定的内地账户，然后从该内地账户转到行为人控制的 NRA 账户，最后以虚假进出口贸易为名向银行购汇后，直接汇往客户指定的境外银行账户，从而实现人民币到外币的转换和资金从境内到境外的流转。[②] 如果单独地考察行为人利用 NRA 账户完成外汇交易的每一个行为，似乎缺乏刑事违法性。第一，客户将境内账户的人民币转移到行为人的境内账户，本身不具有违法性。第二，人民币从行为人控制的境内账户转移到其 NRA 账户，属于境内机构与境内个人向境外机构境内账户（NRA）支付的情形，如果提供了相应的商业单据和凭证等，也不具有违法性。根据国家外汇管理局《关于境外机构境内外汇账户管理有关问题的通知》第 5 条的规定，境内机构和境内个人向境外机构境内外汇账户支付的，除按规定提供有效商业单据和凭证外，还应向汇款银行提供收款外汇账户性质证明材料；汇款银行如因提供的收款外汇账户性质证明材料不明等原因而无法明确该外汇账户性质，应当向收款银行书面征询该外汇账户性质，收款银行应当书面回复确认。据此，行为人设立多家公司伪造交易凭证以完成这一步骤可能违反该规范性文件的有关规定，但该条不仅有对汇款人的要求，也有对银行的审查监管义务要求，因而违反该条规

---

① Non-Resident Account 的缩写，是指境外机构按规定在境内银行开立的境内外汇账户，又称非居民账户。

② 《全国最大地下钱庄案告破　涉案金额 4100 亿元》，载网易新闻，http：//news. 163. com/15/1120/02/B8R47UV500014AED. html，2017 年 5 月 20 日访问。

定充其量只是一种行政违反性，难以认定为刑事违法性。第三，NRA账户向境外支付，此环节受到的限制本身就比较小，一般可以根据客户指令等直接办理。根据国家外汇管理局《关于境外机构境内外汇账户管理有关问题的通知》第6条的规定，境外机构境内外汇账户从境内外收汇、相互之间划转、与离岸账户之间划转或者向境外支付，境内银行可以根据客户指令等直接办理，但国家外汇管理局另有规定除外。因此，行为人要求银行向境外支付也不具有违法性。综上，行为人利用NRA账户的特点以及银行对交易合同的审查不力而完成的一系列行为，孤立地看都不具有刑事违法性，至多只是违反了银行关于转账要求的行政管理义务。问题在于，是否可与据此而排除行为人“非法买卖外汇”的实质表现呢？答案是否定的。因为类似于利用NRA账户实现的非法外汇买卖的这类新型外汇买卖行为，其本质符合“非法性”、“经营性”的特征。非法性体现在对外界而言，其在合法的交易场所之外提供了买卖外汇的平台和机会，行为人通过银行完成外汇买卖并不能说明其是在合法的外汇买卖行为；其经营性体现在其所创建的外汇兑换平台具有营利特征，其面向不特定多数人提供外汇买卖服务，并从中赚取利润。此类新型外汇买卖行为的实质特征在于，行为人创建了具有代替银行等金融机构的功能与价值的外汇交易平台。

（二）新型非法买卖外汇行为的“非法性”、“经营性”

行为人通过银行的一系列操作实现外汇的兑换，是否意味着其行为是在国家规定的交易场所之内实现的，那么就不具有非法性特征了。这种理解并不合理。虽然行为人利用银行实现存取款、转账、买汇、结汇，其形式符合规定，并且通过了银行的审查，但“国家规定的交易场所之外”应当是针对外币兑换的“需求者”而言的，而非行为人的操作场所。对本案而言，行为人的行为具备“非法性”与“经营性”特征，理由如下：

第一，银行是现代社会经济活动几乎绕不开的一个环节，无论是合法交易还是非法交易。大额的现金交易已然很少出现，利用现钞进行犯罪，甚至进行外汇交易行为更是少之又少。现金结算有着巨大的不便利性和高度危险性，所以绝大多数非法买卖外汇行为仍然要通过银行等合法金融机构得以实现，如转账交易型非法买卖外汇。但是行为人利用银行实现非法交易并不代表行为发生在合法的交易场所，因为银行只是充当非法交易中的工具与手段。行为人所创设的外汇买卖交易平台具有取代银行外汇买卖职能的实质功能。实质功能的确定，不能以外在行为为准，而应依据其是否具有银行买卖外汇中介的功能来判定。如果一个原本只能通过银行等金融机构实现的行为，通过行为人的行为得以实现，那么后者就是从实质上取代了银行的功能，成为与银行合法经营相对的非法经营行为。

第二，对于“国家规定的交易场所以外”不应作过于宽泛的解释，比如将根本没有场所的情形也包含在内。但是，如果简单地运用排除性思维来理解“外汇交易场所”，那么只要不在银行等合法金融机构兑换外币都有入罪可能性。如此一来，非法交易场所就充斥在人们生活的每一个角落。当然也不能过于狭隘地理解为十分具体的交易场所。本文认为，对“国家规定的交易场所以外”的认定，至少应当存在一个以行为人为核心的交易联络点，只要行为人能够建立起一个进行外币交易的联络点、服务平台、组织或者公司等，就具备“非法场所”的基本特征。

第三，行为人无论是设立公司、创建地下钱庄，或是采用其他途径从事非法买卖外汇的行为，其实际上都是利用银行或是其他金融机构的监管漏洞或者特殊性质的本外币转账服务实现外汇交易，从而达到自己的营利目的。行为人的行为在一定范围内具有影响力，能够提供类似银行的外汇买卖服务，并且通过赚取差价、手续费等盈利，具有经营性特征。

（三）行为人所创建的外汇买卖平台具有刑事违法性

从形式上看，行为人的一系列行为个别考察并不具备形式违法性；但是从实质角度分析，考察总体行为，尤其是考察行为人与其他外币兑换者的关系看，行为人所创建的具有一定知名度或者社会影响力的非法外汇买卖平台是具有金融机构买卖外汇功能的非法组织，对金融管理秩序和外汇管理制度所造成的破坏是不言而喻的，因而该行为具有刑事违法性。

根据《商业银行法》第 3 条第 9 项的规定，商业银行可以经营买卖、代理买卖外汇的部分或全部业务。据此，在对非法外汇买卖行为进行判断时，行为人实现外汇买卖的行为手段当然是考察的对象，但是从行为人建立非法组织或者地下钱庄、从事外汇兑换服务、利用银行完成外汇支付等总体行为进行考察，其违法性表现在其实际上已经成了一个非法的组织，并且该组织对外提供外汇买卖服务，并且通过赚取差价、手续费等途径营利，属于合法金融机构以外的非法外汇交易平台，因而具有刑事违法性。另外，根据《外汇管理条例》第 45 条的规定，私自买卖外汇、变相买卖外汇、倒买倒卖外汇或者非法介绍买卖外汇数额较大的，由外汇管理机关给予警告，没收违法所得，处违法金额 30%以下的罚款；情节严重的，处违法金额 30%以上等值以下的罚款；构成犯罪的，依法追究刑事责任。行为人的行为就属于“变相买卖外汇”，“变相买卖外汇”的“变相”一词，就有行为手段看似符合法律的规定，或者不违反刑事法律规范，但是就其本质而言并无法改变其“非法买卖外汇”的性质。因此，行为人利用银行监管漏洞等手段实现外汇买卖交易结果的过程表面上每个步骤都欠缺刑事违法性，但是从总体考察，基于行为人创立了合法场所之外的外汇交易可能性，从而妨害了银行等合法金融机构外汇业务的开展，因而具有严重扰乱外汇管理秩序的刑事违法性。

四、结语

如何区分不同种类的非法买卖外汇行为，如何理解刑法第 225 条非法经营罪所调整的“非法买卖外汇行为”是甄别外汇型非法经营罪的关键。对于“非法买卖外汇”的理解不可过于宽泛，否则容易将一切在“国家规定的交易场所之外”进行的外汇交易作为非法经营罪进行处罚，从而不当扩大了犯罪圈。作为非法经营罪的一个典型形式，需要科处的非法买卖外汇的行为应当符合非法经营罪本质特征，即非法性和经营性。只有明确了非法经营罪的本质特征、厘清非法买卖外汇行为的不同类型，才能在司法实践中准确认定和处罚外汇型非法经营行为。

第三编　公民个人信息的刑法保护

我国公民个人信息刑法保护前置条件之研讨

赵秉志[*] 张 拓[**]

一、前言

2009年《刑法修正案（七）》正式将侵犯公民个人信息的行为纳入刑法典，在刑法典第253条之一规定了出售、非法提供公民个人信息罪与非法获取公民个人信息罪。基于犯罪形势的变化，2015年《刑法修正案（九）》对于侵犯公民个人信息的犯罪进行了修改，并且将这两种罪名统一规定为侵犯公民个人信息罪。最高人民法院与最高人民检察院于2017年联合出台《关于办理侵犯公民个人信息刑事案件适用法律若干问题的解释》（以下简称《解释》），对侵犯公民个人信息罪的相关问题作出进一步明确规定。在法律规范变化的整个过程中，侵犯公民个人信息犯罪的前置条件也经历了数次变化。而前置条件的设定方式不仅事关入罪范围的大小，而且还会影响司法实践的具体运行。因此，本文拟在梳理我国公民个人信息刑法保护前置条件的演变过程基础上，试比较各种设定方式的差异与优劣，以期为前置条件的进一步完善建言献策。

二、我国公民个人信息刑法保护前置条件之演变

从行为方式上来看，我国刑法典所设置的侵犯公民个人信息的犯罪行为具体包括三种情形，即“出售”、“提供”与“获取”。这三种行为的前置条件经历了如下演变历程：

（一）《刑法修正案（七）》之规定

随着社会的发展，大规模信息的收集变得更为便捷，并且公民个人信息被非法泄露和使用的可能性大大增强。基于此，针对在履行公务或提供服务活动中公民个人信息被泄露的情况，2009年2月28日通过《刑法修正案（七）》增设了出售、非法提供公民个人信息罪与非法获取公民个人信息罪。① 在《刑法修正案（七）》中，“出售”行为的前置条件为“违反国家规定”，“提供”行为的前置条件为“违反国家规定”并且“非法”，而“获取”行为的前置条件为“非法”。这种设定方式自《刑法修正案（七）（草案）》一次审议稿起，到最后正式出台的《刑法修正案（七）》，均没有改变。

---

* 北京师范大学刑事法律科学研究院院长、教授、博士生导师。

** 北京师范大学刑事法律科学研究院博士研究生。

① 参见赵秉志主编：《刑法修正案（七）专题研究》，北京师范大学出版社2011年版，第114页。

下卷·三

<table>
<tr><th></th><th>出售</th><th>提供</th><th>获取</th></tr>
<tr><td>《刑法修正案（七）》（包括草案一次、二次、三次审议稿与正式颁布的修正案）</td><td>“违反国家规定”</td><td>“违反国家规定”并且“非法”</td><td>“非法”</td></tr>
<tr><td>《刑法修正案（九）（草案）》一次审议稿</td><td>一般情况下：
“未经公民本人同意”
特殊情况①下：
“违反国家规定”</td><td>一般情况下：
“未经公民本人同意”并且“非法”
特殊情况下：
“违反国家规定”</td><td>“非法”</td></tr>
<tr><td>《刑法修正案（九）（草案）》二次审议稿</td><td>“违反规定”</td><td>“违反规定”</td><td>“非法”</td></tr>
<tr><td>《刑法修正案（九）（草案）》三次审议稿</td><td>“违反规定”</td><td>“违反规定”</td><td>“非法”</td></tr>
<tr><td>《刑法修正案（九）》</td><td>“违反国家有关规定”</td><td>“违反国家有关规定”</td><td>“非法”</td></tr>
<tr><td rowspan="2">《解释》</td><td colspan="2">“违反国家有关规定”（明确其具体含义，即“违反法律、行政法规、部门规章有关公民个人信息保护的规定”）</td><td rowspan="2">“非法”</td></tr>
<tr><td>“违反国家有关规定”</td><td>并且
“未经被收集者同意”（针对“将合法收集的公民个人信息向他人提供”）</td></tr>
</table>

（二）《刑法修正案（九）》之规定

针对近年来出售、非法提供和非法获取公民个人信息的犯罪所出现的一些新情况，为了进一步加强对公民个人信息的保护，2015 年 8 月 29 日通过的《刑法修正案（九）》根据实践需要和有关方面的意见，对侵犯公民个人信息的犯罪进行了修改。② 在前置条件的修改方面，对于“获取”行为，《刑法修正案（九）（草案）》的三次审议稿以及最后正式公布的修正案均将前置条件设定为“非法”。而《刑法修正案（九）》对于“出售”与“提供”行为前置条件的修改经历了数次变化。《刑法修正案（九）（草案）》一次审议稿对于“出售”与“提供”行为，分两种情况设定了前置条件：在一般情况下，“出售”的前置条件为“未经公民本人

① 指行为对象是在履行职责或者提供服务过程中获得的公民个人信息的情况，下同。

② 参见全国人大常委会法制工作委员会刑法室编：《中华人民共和国刑法修正案（九）条文说明、立法理由及相关规定》，北京大学出版社 2016 年版，第 127 页。

同意”，而“提供”则为“未经公民本人同意”并且“非法”；在特殊情况下，即行为对象是在履行职责或者提供服务过程中获得的公民个人信息的情况，“出售”和“提供”的前置条件均为“违反国家规定”。而《刑法修正案（九）》二次审议稿则完全删除了“未经公民本人同意”与“提供”行为中“非法”，并且不再对一般情况与特殊情况下的前置条件进行区分，以及将“出售”与“提供”行为的前置条件由“违反国家规定”统一规定为“违反规定”。《刑法修正案（九）》三次审议稿则维持了二次审议稿的设定方式。但是，最终正式出台的《刑法修正案（九）》再次进行了调整，将“违反规定”修改为“违反国家有关规定”。

（三）司法解释之规定

为了更加有效地治理侵犯公民个人信息的犯罪行为，最高人民法院与最高人民检察院于2017年6月1日联合出台专门的司法解释，对办理侵犯公民个人信息刑事案件的相关问题作出了进一步明确。其中，《解释》第2条明确指出了“违反国家有关规定”的含义，即违反法律、行政法规、部门规章有关公民个人信息刑法保护的规定。而《解释》第3条则对某些“提供”行为的前置条件进行了限缩，即对于将合法收集的公民个人信息向他人提供的，不仅要求“违反国家规定”，而且要求“未经被收集者同意”。

三、我国公民个人信息刑法保护前置条件之研读

从演变过程可以看出，我国公民个人信息刑法保护的前置条件前后有5种类型，即“违反规定”、“违反国家规定”、“违反国家有关规定”、“非法”以及“未经公民本人同意”与“未经被收集者同意”[①]。虽然其中有些规定最终没有被纳入刑法典中，但是为了对前置条件作出进一步探讨，有必要对各种设定形式进行全面分析。

（一）关于“违反规定”

“违反规定”最早出现在《刑法修正案（九）（草案）》的二次审议稿中，直至在最终出台的《刑法修正案（九）》中才修改为“违反国家有关规定”。“违反规定”所涉及的范围最为广泛，其中的“规定”既包括国家的法律、行政法规，也包括对地方性法规、部门规章，甚至还可能包括一些内部规定。因此，“违反规定”的设置方式使刑法对于公民个人信息的保护范围极为广泛。

（二）关于“违反国家规定”

“违反国家规定”是《刑法修正案（七）》所设定的前置条件，直至《刑法修正案（九）（草案）》二次审议稿才修改为“违反规定”。根据我国刑法典第96条的规定，刑法典中的“国家规定”是指全国人民代表大会及其常务委员会制定的法律和决定，国务院制定的行政法规、规定的行政措施、发布的决定和命令。[②] 最高人民法院于2011年出台的《关于准确理解和适用刑法中“国家规定”的有关问题

① “未经公民本人同意”与“未经被收集者同意”可以归为一种类型。

② 参见《中华人民共和国刑法》第96条。

的通知》第1条作出了进一步解释，明确指出“对于违反地方性法规、部门规章的行为，不得认定为‘违反国家规定’”。[①] 因此，此处的“国家规定”应当仅指法律、行政法规中关于公民个人信息保护的条款，而不包括部门规章、地方性法规及其以下层级的规范。所以，“违反国家规定”对于入罪范围的设定相对狭窄。

（三）关于“违反国家有关规定”

“违反国家有关规定”在《刑法修正案（九）》在最后正式出台的修正案中才出现，替代二次审议稿与三次审议稿中的“违反规定”。“违反国家有关规定”的入罪范围介于“违反规定”与“违反国家规定”之间。根据《解释》第2条的规定，此处的“国家有关规定”具体是指法律、行政法规以及部门规章中有关公民个人信息保护的规定，不包括地方性法规及其以下层级的规范。因此，“违反国家有关规定”相比“违反国家规定”还涉及部门规章，但是没有“违反规定”的范围广泛。

（四）关于“非法”

在公民个人信息刑法保护的前置条件中，“非法”有两种类型：一是“获取”行为的“非法”，自《刑法修正案（七）》至《刑法修正案（九）》一直未曾改变；二是“提供”行为的“非法”，直至《刑法修正案（九）（草案）》二次审议稿才被删除。实际上，无论是“获取”行为中的“非法”，还是“提供”行为中的“非法”，均与同一文本中的“违反规定”、“违反国家规定”以及“违反国家有关规定”的含义等同。一方面，“获取”行为中“非法”的含义应当与这些“违反……规定”的含义等同。《解释》第5条规定：“非法获取、出售或者提供公民个人信息……”而刑法典中“出售”和“提供”行为的前置条件是“违反国家有关规定”，可见，司法解释将“获取”行为与“出售”和“提供”行为的前置条件一致称为“非法”，表明此处的“非法”与“违反国家有关规定”具有相同的含义。并且，“《解释》第4条基于体系解释的原理明确规定‘非法’应当以是否违反国家有关规定作为判断标准”[②]。因此，《刑法修正案（九）》中的“非法”含义等同于“违反国家有关规定”。同理，基于立法延续性的考量，《刑法修正案（七）》和《刑法修正案（九）（草案）》一次审议稿中“获取”行为的“非法”应当与“违反国家规定”的含义等同，而《刑法修正案（九）（草案）》二次、三次审议稿中获取行为的“非法”也应当与同一文本中的“违反规定”等同。另一方面，“提供”行为的“非法”也应当与“违反……规定”的含义等同。从立法修改的过程可以看出，在《刑法修正案（九）（草案）》一次审议稿中，无论是对于特殊的“提供”行为还是一般的“提供”行为，均不再要求“违反国家规定”与“非法”并存，而是对特殊的“提供”行为规定“违反国家规定”，对一般的“提供”行为规定“非法”并且“未经公民本人同意”。可见，《刑法修正案（九）》一次审议稿已经注意到了“违反国家规定”与“非法”在含义上的重复性。《刑法

① 参见2011年最高人民法院《关于准确理解和适用刑法中“国家规定”的有关问题的通知》第1条。

② 喻海松：《侵犯公民个人信息罪司法适用探微》，载《中国应用法学》2017年第4期。

修正案（九）（草案）》二次审议稿直接删除了“提供”的“非法”条件，将特殊与一般的“提供”行为的前置条件统一规定为“违反规定”，因此更能凸显“非法”的含义等同于“违反……规定”。综上所述，“非法”实际上与同一文本中的“违反规定”、“违反国家规定”以及“违反国家有关规定”的含义等同。

（五）关于“未经公民本人同意”与“未经被收集者同意”

“未经公民本人同意”出现在《刑法修正案（九）（草案）》一次审议稿中，但是在《刑法修正案（九）草案》二次审议稿中就被删除了。“未经被收集者同意”是《解释》针对某些“提供”行为做出的限缩规定，并不适用于其他行为。虽然表述不同，但是二者的实质含义均可以被理解为没有经过权利主体的许可。

从上述演变过程和各种设定方式的含义来看，我国依然采用的是以非刑法规范中关于公民个人信息刑法保护规范为核心的前置条件设定方式。因为这种设定方式的判断依据是以客观存在的法律规范，所以笔者称之为客观标准。“违反规定”、“违反国家规定”、“违反国家有关规定”与“非法”均属于这种类型。从修法的整个过程来看，在采取客观标准的基础上，我国最终所采纳的前置条件是入罪范围介于中间的“违反国家有关规定”。这种选择不仅能够有效应对侵犯公民个人信息犯罪形势的变化，以实现刑法的保护功能，而且对于刑法的介入程度作出了一定限制，体现出刑法的谦抑性，因此是宽严相济刑事政策的充分体现。而修法过程中所出现的“未经公民本人同意”以及《解释》中的“未经被收集者同意”均是以权利主体的态度为核心依据设定前置条件，因此笔者称之为主观标准。虽然我国没有采取这种设定方式，但是主观标准在国际社会上却被广泛采纳。“无论是理论上的通说抑或实践中的通行做法，众多国际组织和国家均将个人信息处理的正当性建立于同意之上。”“将同意作为个人信息处理的正当性基础，不仅在立法中得到了体现，在实践中也得到了贯彻。”[①] 当然，国家与社会状况的差异使国际社会的做法不一定能够适合我国的情况，但是《刑法修正案（九）（草案）》一次审议稿对于主观标准的短暂采纳，以及《解释》对主观标准的再次运用，是否说明主观标准对于完善我国公民个人信息保护的前置条件有所裨益，尚值得进一步思考。

四、前置条件中主观标准与客观标准之比较

在客观标准中，“非法”含义与其他的“违反……规定”在同一规范中含义相同，因此无须比较。而“违反国家有关规定”相对于“违反规定”和“违反国家规定”而言范围适中，因此也不再赘述。而主观标准与客观标准之间的差异，则需要进一步比较。所以，为了探析主观标准对于我国公民个人信息刑法保护前置条件的完善是否具有价值，笔者拟从比较主观标准与客观标准的差异入手，进行深入研究。主观标准与客观标准的差异，主要体现在如下方面：

（一）法益保护功能之比较

从法益保护的功能来看，客观标准具有维护公共利益和社会秩序的作用，而主

① 任龙龙：《论同意不是个人信息处理的正当性基础》，载《政治与法律》2016 年第 1 期。

观标准更加注重对个人权利自由的保护。将前置条件设定为“违反……规定”的形式，实际上表明侵犯公民个人信息的犯罪行为是行政犯。“行政犯作为刑法理论上创造的一个概念，它被用来描述严重违反行政法上的义务，而被科处刑罚的犯罪行为。”① 而客观标准则要求危害行为只有违反了相关非刑法规范才有可能构成犯罪，因此，“侵犯公民个人信息的危害行为从产生之时起就具备行政违法的性质，其所成立的犯罪就符合行政犯的特征”② 。“由于行政犯的立法目的重在行政秩序的维持，故其侵害的法益大多属于国家或社会的法益，而甚少涉及个人法益的维护。”③因此，客观标准具有维护公共利益和社会秩序的作用，具体表现为对公民个人信息在生活、工作中所发挥的应有作用的维护，以及对公民个人信息储存、使用、交换等方面的正常秩序的保护。在这种情况下，公民的个人信息具有了社会属性，不再仅仅属于个人。对公民个人信息的适用还需要符合调整性规范的要求，在国家设定的程式内进行，发挥公民个人信息的作用，以达到维护正常生活、工作秩序的目的。而主观标准却有所不同，其更注重保护公民个人权利的自由。主观标准将判断行为是否具有社会危害性的权利首先赋予了权利主体。公民个人有权决定如何处理个人信息，也有权利认定其自身的权利是否遭受到了侵害，因此主观标准是完全尊重公民的选择自由。有学者认为主观标准的理论基础是“个人信息控制权”（以下简称“个人信息权”），即“指个人信息本人依法对其个人信息所享有的支配、控制并排除他人侵害的权利”④。该学者的观点正是对主观标准注重保护个人权利自由的合理诠释。

可见，主观标准与客观标准对法益保护的侧重点有所不同。当然，这并不意味着客观标准仅仅维护公共利益和社会秩序，也不表明主观标准只是保护公民个人权利的自由。实际上，客观标准当然也保护公民个人权利的自由，因为从最终意义上来看，维护公共利益以及社会秩序也是服务于公民个人利益的保护，只不过是以更加宏观和整体的角度为出发点。而主观标准对于公民个人信息权利的维护也具有维护公共秩序的功能，因为如果每个公民的权利自由都无法得到保护，那么对公共利益和社会秩序的维护就会被虚化。但是，有时公共利益与个人利益确实会发生冲突，而前置条件的设置方式会影响某些行为的正当性。例如，在追查犯罪分子时，执法机关可能会利用公民个人信息，而此时打击犯罪的公共利益与保护公民信息权利自由的个人利益就会发生冲突。此时，如果前置条件为客观标准，则根据刑事诉讼的相关规定，执法机关的行为无疑具有正当性；而如果前置条件为主观标准，那么一旦权利主体不同意，则执法机关的行为可能会由于违背了公民个人的意愿而侵犯到公民个人的信息自由与安全，其行为的正当性将会受到质疑。由此也可以看出主观标准与客观标准在法益保护功能上的侧重点有所不同。

---

① 姜涛：《行政犯与二元化犯罪模式》，载《中国刑事法杂志》2010 年第 12 期。
② 赵秉志：《公民个人信息刑法保护问题研究》，载《华东政法大学学报》2014 年第 1 期。
③ 王利宾：《行政犯研究》，载《政治与法律》2008 年第 12 期。
④ 齐爱民：《论个人信息的法律保护》，载《苏州大学学报》（哲学社会科学版）2005 年第 2 期。

（二）可操作性之比较

从可操作性的角度来看，客观标准最大的优势在于其具有明确性，司法机关只要根据有关公民个人信息权利保护的规定来判断即可。符合相关规定，那么就存在入罪的可能性，否则，就不可能构成侵犯公民个人信息罪。当然，这取决于前置条件中的规定是否明确，如果对于一种行为有很多规定，并且各个规定之间还存在不协调之处，那么司法机关的裁量工作也不会十分便利。可见，客观标准虽然十分明确，但这种明确性也是具有前提条件的。而相比之下，主观标准的可操作性或许有所差距。表面上看，在主观标准的前提下，只要查明公民个人是否同意即可判断行为人是否具有入罪的可能性。但是，实际上，这种判断存在一定的难度。一方面，存在虚假的可能性。主观标准要求根据公民个人的主观意志来判断，这就存在权利人编造谎言的可能性。或者权利人谎称没有同意，但实际上已经同意，从而对行为人不适当地定罪量刑；或者权利人实际上没有同意，但是谎称已经同意了，进而放纵了行为人。因此，司法机关可能还要根据其他证据来综合判断是否经过了权利人的同意，也就是在查明行为事实的基础上，还需要另外调查权利人是否同意。据此，主观标准的可操作性可能会受到影响。另一方面，存在无法查明的可能性。主观标准中最为核心的证据当为权利人的证言，但是如果无法找到权利主体，或者即使找到权利主体也很难获取证言，那么其可操作性将会大打折扣。“从实践来看，除公民个人敏感信息外，涉案的公民个人信息动辄上万条甚至数十万条”，① 有时还会达到数亿条乃至数百亿条②。在这种情况下，这些信息的权利主体可能来自不同地区，并且数量庞大，如果依然要获取这些人的证言，那么执法人员的工作量是相当巨大的，甚至是无法做到的。即使不需要获取这些权利主体的证言，那么围绕这些权利人的相关调查工作也将会十分困难。可见，在实践中，执法机关可能根本无法查明权利人是否同意。

（三）刑法介入程度之比较

无论是客观标准还是主观标准，都对刑法介入公民个人信息保护的程度作出了限制，这也是前置条件所应有的作用。从涵盖的范围来看，可能无法准确比较二者对于刑法介入的限制程度，因为违反客观标准的行为可能不违反主观标准，而违反主观标准的行为也很可能并不违反客观标准。例如，向他人出售公民个人信息的行为可能违反相关规定，但是经过了权利主体的同意；虽然没有经过权利人同意，但是获取公民个人信息的行为并不违反相关规定。然而，从刑法介入的谦抑程度来看，客观标准可能会更稳定一些。刑法具有谦抑性，是社会治安治理之法律体系中的最后一道防线，只有在非刑事法律规范治理无效或不妥当时才具有动用刑事手段的合理性。“作为第二保护性规则的刑法，并非第一保护性规则的替代，而是第一保护性规则的补充与保障，只有在仅凭第一保护性规则之力难以有效保障被严重侵

① 喻海松：《侵犯公民个人信息罪司法适用探微》，载《中国应用法学》2017年第4期。

② 参见王春、冯群强：《非法获取公民个人信息7亿余条　浙江松阳破获特大侵犯公民个人信息案》，载《法制日报》2017年4月13日第8版；韩宇：《辽宁破获特大侵犯公民个人信息案　各类公民个人信息被窃逾100亿条》，载《法制日报》2017年8月1日第8版。

犯的调整性法律关系恢复正常的情况下，才有济之以刑事责任的追究与刑事制裁的启动，以补充第一保护性规则责任追究与制裁力量之不足的必要，刑事法律保护也才有了存在的意义与价值。”① 主观标准虽然也遵循刑法的谦抑性，但是由于并不是以相关规范为前提，因此可能会跨越非刑事法律规范对公民个人信息的保护，进而造成刑法规范的不适当介入。其原因主要是由于未经同意的行为可能符合相关非刑事法律规范的要求或者非刑事制裁措施已经能够达到治理效果，但是由于前置条件并不是相关规定的违反，因此依然可能入罪。客观标准明确指出要以违反其他公民个人信息保护的规范为前提，因此对于刑法作为后盾法与保障法性质表现得更为清晰。当然，并不能说主观标准一定比客观标准对于刑法谦抑性体现得要差，因为主观标准可能与客观标准的范围一致也可能小于客观标准。例如，未经同意的行为同时违反国家相关规定或者违反国家规定的行为经过了权利人同意，此时若以主观标准为依据，那么入罪的范围是小于或者等于客观标准的。所以，对于刑法介入的谦抑程度而言，客观标准要更为稳定，而并不是一定更强。此外，客观标准对于刑法谦抑程度的体现可能会超过必要的限度，因为如果前置规范中关于公民个人信息刑法保护的规定不系统、不全面，那么刑法介入的力度将会受到影响，进而导致放纵犯罪的危险。因此，前置规范的充分与合理程度能够影响客观标准对于刑法介入程度所发挥的作用。

五、结语

当前，对于前置条件的设定，我国刑法典所采取的是客观标准。这种设定方式使我国对公民个人信息的保护兼顾了对公共利益和社会秩序的维护。但是，即使是采用客观标准的设定方式，也并不意味着应当忽视对公民个人信息自由的保护。实际上，从侵犯公民个人信息罪被规定在刑法典分则第四章“侵犯公民人身权利、民主权利罪”中即可看出，我国刑法典中侵犯公民个人信息罪所侵犯的法益主要还是公民个人信息的自由与安全②。“无论如何，‘公民个人信息’首先是公民个人法益，然后才是超个人法益属性，二者之间的主次关系不能颠倒。”③ 如果说在《刑法修正案（九）》出台之前，侵犯公民个人信息的犯罪所侵犯的法益可能涉及公共利益和社会秩序，还具有相对的合理性④，因为毕竟《刑法修正案（七）》将侵犯公民个人信息的犯罪对象限定于国家机关或者金融、电信、交通、教育、医疗等单位在履行职责或者提供服务过程中获得的公民个人信息。但是，在《刑法修正案（九）》出台之后，侵犯公民个人信息罪的犯罪对象扩大到了一切公民个人信息，因此从当前对公民个人信息自由的全面保护来看，不能够再认为该罪所侵犯的法益

① 参见田宏杰：《行政犯的法律属性及其责任》，载《法学家》2013 年第 3 期。

② 参见高铭暄、马克昌主编：《刑法学》，北京大学出版社、高等教育出版社 2016 年版，第 482 页。

③ 曲新久：《论侵犯公民个人信息犯罪的超个人法益属性》，载《人民检察》2015 年第 11 期。

④ 参见赵军：《侵犯公民个人信息犯罪法益研究——兼析〈刑法修正案（七）〉的相关争议问题》，载《江西财经大学学报》2011 年第 2 期；曲新久：《论侵犯公民个人信息犯罪的超个人法益属性》，载《人民检察》2015 年第 11 期。

主要为公共利益和社会秩序。因此，虽然我国最终采纳了客观标准，但是依然不能忽视对公民个人信息自由的保护。当然，客观标准对公共利益和社会秩序的维护最终也是为了给公民个人信息的运用营造出一个自由与安全的氛围，是同样应当受到重视的。不过这种设定方式对于公共利益和社会秩序的偏重是必然存在的。因此，笔者建议，在现有客观标准的基础上，适当考虑加入主观标准，以维持该罪名对于公民个人信息自由和安全保护的核心地位。事实上，《解释》第 3 条充分考虑与《网络安全法》的衔接[①]，将"未经被收集者同意"作为"提供"行为的限缩条件，已经能够体现出主观标准的重要性。基于此，我们还可以看到，在无法及时修改刑法规范的情况下，可以在前置规范中适当引入主观标准，也不失为完善前置条件的良方。同时，虽然客观标准的设定方式更便于操作并且更具有刑法介入的合理性，但这也是在具有完善的前置规范的基础上才能够实现的。否则，没有系统的前置性规范，司法机关操作起来反而会受到阻力并且可能使介入的范围过于狭窄而导致弱化刑法对于公民个人信息的保护功能。但是当前我国并没有一部系统的关于公民个人信息保护的法律规范，因此重视对前置规范的系统设定。总而言之，当前可以考虑将公民个人信息保护的前置法律规范系统化，进而适当将主观标准纳入前置条件当中，并且保证条文的可操作性以及刑法介入的合理性。

① 参见《中华人民共和国网络安全法》第 41 条；喻海松：《侵犯公民个人信息罪司法适用探微》，载《中国应用法学》2017 年第 4 期。

侵犯公民个人信息犯罪刑法规制之省思

汪明亮*

一、问题的提出

随着信息社会的到来，云计算、物联网、大数据等全面融入社会生活，公民个人信息的用途获得极大提升。信息社会在给人们工作、生活和学习带来巨大便利的同时，也带来了个人信息泄露的高风险，侵犯公民个人信息犯罪应运而生。侵犯公民个人信息犯罪不仅是对个人私权的侵犯，也给国家安全带来新的隐患；① 不仅会引发下游犯罪如敲诈勒索、诈骗、绑架罪的发生，也会增加民众的恐惧感及对政府的不信任。在此背景下，切实采取有效措施治理侵犯公民个人信息犯罪迫在眉睫。

从现有的治理侵犯公民个人信息犯罪措施来看，刑法承担着主要角色，特别是“两高”发布《关于办理侵犯公民个人信息刑事案件适用法律若干问题的解释》（以下简称《解释》）之后，舆论一片看好。“向侵犯公民个人信息犯罪‘亮剑’”“史上最严之解释”“更精准地打击犯罪”“可以终结徐玉玉悲剧”② 等乐观评论频频出现。

现行刑法与司法解释对侵犯公民个人信息犯罪的规制体现出一种严罚的态度：入罪标准较低。在侵犯公民个人信息犯罪高发时期，严罚有其“治标”的意义。但同时也会带来诸多问题，诸如可能与《刑法》第13条冲突、导致选择性执法等。不仅如此，从犯罪生成模式角度考察，侵犯公民个人信息犯罪的形成因素是多方面的，刑法规制并不能从根本上干预这些因素。要想有效治理侵犯公民个人信息犯罪，还需刑罚替代措施的跟进。

刑罚替代措施由意大利著名犯罪学家菲利提出。通过对犯罪统计资料的研究，并在化学中饱和定律的启发下，菲利提出了著名的犯罪饱和法则。③ 犯罪的饱和性存在说明了刑罚的威慑作用十分有限，菲利认为：“刑罚，并不像在古典派犯罪学者和立法者的主张影响之下而产生的公共舆论所想象的那样，是简单的犯罪万灵药，它对犯罪的威慑作用是有限的。因此，犯罪社会学家自然应当在对犯罪及其自然起因的实际研究中去寻找其他社会防卫手段”。④ “为了社会防卫的目的，我们必

* 复旦大学法学院教授。

① 参见李蕤：《侵害公民个人信息犯罪之多重危害与侦查策略》，载《中国刑警学院学报》2014年第1期，第15-16页。

② 刘孙恒：《以更严密法网终结“徐玉玉式悲剧”》，载《春城晚报》2016年12月21日。

③ ［意］恩里科·菲利：《犯罪社会学》，郭建安译，中国人民公安大学出版社2004年版，第43页。

④ ［意］恩里科·菲利：《犯罪社会学》，郭建安译，中国人民公安大学出版社2004年版，第192页。

须求助于最有效的替代手段。”①

刑罚替代措施实际上是对未发生的犯罪具有预防作用的措施。由于犯罪的饱和性特征，即便采取了替代性措施，也不可能彻底消除犯罪，因此，菲利又认为，“刑罚替代措施的目标不是使所有重罪和轻罪都不可能产生，而是在任何特定的自然和社会环境下都力争将它们减少到最小的数量。”②

按照菲利的观点，刑罚替代措施主要有经济领域的替代措施、政治领域的替代措施、科学领域的替代措施、立法和行政领域的替代措施、教育领域的替代措施等。

二、刑法规制现状及其可能带来的问题

2009年的《刑法修正案（七）》增设了刑法第253条之一，规定了出售、非法提供公民个人信息罪和非法获取公民个人信息罪；2015年的《刑法修正案（九）》将上述两罪整合为侵犯公民个人信息罪，且将犯罪主体扩大到一般主体；2017年“两高”发布《解释》，对侵犯公民个人信息罪的构成要件予以明确规定。

（一）侵犯公民个人信息罪的构成要件

《解释》对侵犯公民个人信息罪的入罪要件“情节严重”予以量化，即具有下列情形之一的，应当认定为“情节严重”：（一）出售或者提供行踪轨迹信息，被他人用于犯罪的；（二）知道或者应当知道他人利用公民个人信息实施犯罪，向其出售或者提供的；（三）非法获取、出售或者提供行踪轨迹信息、通信内容、征信信息、财产信息五十条以上的；（四）非法获取、出售或者提供住宿信息、通信记录、健康生理信息、交易信息等其他可能影响人身、财产安全的公民个人信息五百条以上的；（五）非法获取、出售或者提供第三项、第四项规定以外的公民个人信息五千条以上的；（六）数量未达到第三项至第五项规定标准，但是按相应比例合计达到有关数量标准的；（七）违法所得五千元以上的；（八）将在履行职责或者提供服务过程中获得的公民个人信息出售或者提供给他人，数量或者数额达到第三项至第七项规定标准一半以上的；（九）曾因侵犯公民个人信息受过刑事处罚或者二年内受过行政处罚，又非法获取、出售或者提供公民个人信息的；（十）其他情节严重的情形。另外，为合法经营活动而非法购买、收受敏感信息以外的公民个人信息，具有下列情形之一的，应当认定为“情节严重”：（一）利用非法购买、收受的公民个人信息获利五万元以上的；（二）曾因侵犯公民个人信息受过刑事处罚或者二年内受过行政处罚，又非法购买、收受公民个人信息的；（三）其他情节严重的情形。

（二）侵犯公民个人信息犯罪刑法规制存在的问题

现行刑法与司法解释对侵犯公民个人信息罪的规制体现出一种严罚的态度：入罪标准较低。《解释》从五个方面对“情节严重”的认定标准作出明确规定，把以

① ［意］恩里科·菲利：《犯罪社会学》，郭建安译，中国人民公安大学出版社2004年版，第193页。
② ［意］恩里科·菲利：《犯罪社会学》，郭建安译，中国人民公安大学出版社2004年版，第212页。

非法获取、出售或者提供公民个人信息的条数“五十条以上”，甚至对特殊主体只要“二十五条以上”、违法所得“五千元以上”，甚至“二千五百元以上”作为入罪标准，显然较低。

首先，过于迷恋严罚可能带来的问题。对于“两高”《解释》，舆论一片看好。似乎《解释》一出台，侵犯公民个人信息犯罪就可以休矣。这是一种“刑罚万能”思想的体现。过于迷恋严罚打击侵犯公民个人信息犯罪的观念可能会带来一系列问题：一是片面强调打击，对人权保障重视不够。在“向侵犯公民个人信息犯罪‘亮剑’”的浩大声势中，犯罪人的权利保障问题，很容易被一些司法人员淡忘。为了达到严惩的目的，可能会不惜损害犯罪嫌疑人及被告人应享有的各种合法权利。二是过分看重“形势需要”，司法独立难以充分保障。三是追求一时的轰动效应，忽视日常侵犯公民个人信息犯罪的防控。

其次，入罪标准规定较低可能遇到的问题。《解释》从五个方面对“情节严重”的认定标准作出明确规定，即信息类型和数量、违法所得数额、信息用途、主体身份、前科情况。这些标准是独立的，只要其中一种情形出现，就达到“情节严重”要求，构成侵犯公民个人信息罪。我们认为，《解释》对侵犯公民个人信息罪的入罪标准规定较低，在其实施过程中难免会遇到诸多问题。一是与《刑法》第13条可能冲突。仅以非法获取、出售或者提供公民个人信息的条数“五十条以上”，甚至“二十五条以上”即可入罪，这与《刑法》第13条对犯罪的定量规定有无冲突，即是否存在“情节显著轻微危害不大”情形？二是可能导致罪与罪之间的刑罚失衡。仅以违法所得“五千元以上”，甚至“二千五百元以上”的违法所得即可入罪，相对其他更为严重的罪（如贪污罪、受贿罪）的处罚而言，是否过于苛刻，是否会导致罪与罪之间的刑罚失衡？三是可能导致选择性执法。由于对侵犯公民个人信息罪的入罪标准规定较低，必然导致此种犯罪数量大增，在司法资源难以快速增加，特别是警力不足的情况下，选择性执法不可避免，进而引发司法不公。

最后，徒法不足以自行。侵犯公民个人信息罪的证据收集异常困难，这必然会影响刑法作用的发挥。一方面，侵犯公民个人信息犯罪的信息源头难以查清楚。从公民个人信息泄露到被犯罪嫌疑人使用，再到东窗事发，整个过程往往时间、环节都不确定，有些案件中公民个人信息被来回倒卖，难以确定次数。另一方面，此种犯罪主要交易平台是网络，交易各方彼此身份虚拟，难以查明身份；非法获取个人信息主要储存方式为电子数据，极易被销毁，难以固定证据；此种犯罪往往涉及多个区域、多个部门，需要多地域、多警种、多部门的合作办案、协调难度大。证据收集异常困难使“精准”打击侵犯公民个人信息犯罪的效果大打折扣，刑法规制的目标难以实现。

三、刑法规制之局限性：犯罪生成模式视角分析

不仅刑法规制本身会带来诸多问题，而且，从犯罪生成模式的角度考察，侵犯公民个人信息犯罪是多种因素相互作用的结果，刑法规制不可能改变侵犯公民个人信息犯罪的生成规律，因而有其天然的局限性。

（一）犯罪生成模式分析之提倡

在选择治理侵犯公民个人信息犯罪对策的时候，必须以犯罪学为指导，用科学的方法分析犯罪原因。只有了解了犯罪原因，才能正视现实中的犯罪现象，才能“对症下药”，制定出行之有效的犯罪治理策略。在犯罪学领域，犯罪原因论众说纷纭。犯罪生成模式理论是诸多理论之一，其吸收了各犯罪原因论之精华，是一种整合的犯罪原因理论，具有强大的包容性。[①] 该理论以犯罪化学反应方程式表现出来。

犯罪化学反应方程式表述为

“催化剂”

“带菌个体” + “致罪因素”　=====　犯罪行为

犯罪化学反应方程式的主要内容是：犯罪是由多种因素相互作用的结果，其中既有人的因素，又有社会的、自然的因素，这些因素在犯罪生成过程中所起的作用是不同的。在上述方程式中，“带菌个体”代表的是人的因素，“致罪因素”代表的是社会因素，“催化剂”代表的是控制因素和被害人因素。犯罪化学反应方程式的作用机制是：“带菌个体”和“致罪因素”是引发犯罪行为发生的基本“元素”，这两个“元素”在任何社会中都存在，“带菌个体”与“致罪因素”发生作用，产生犯罪动机，具有犯罪动机的“带菌个体”在“催化剂”催化作用下发生“化学”反应，从而生成犯罪。

（二）促使侵犯公民个人信息犯罪发生的因素

在对侵犯公民个人信息犯罪进行生成模式分析之前，必须找出促使侵犯公民个人信息犯罪发生的各种因素。我们认为，这些因素主要包括以下几个方面：

第一，公民个人信息卖方市场强劲。公民个人信息被誉为21世纪最有价值的资源，[②] 具有明显的商品属性。[③] 由于出售公民个人信息有利可图，一些自然人和单位受利益驱使，置法律于不顾，大肆销售公民个人信息。[④]

第二，容易获得公民个人信息。在信息社会，存在大量的公民个人信息源。首先，信息社会的到来促进了公民个人信息的传播，个人信息的收集和储存方式日趋电子化和智能化，每个人都可能成为“透明人”。[⑤] 其次，涉公民个人信息的单位（即合法掌握公民个人信息的单位），在监管方面普遍存有漏洞。虽然，一些涉公民个人信息的单位出台了关于个人信息保护的行业规定，但这些单位及从业人员法律意识不强，导致这些规定形同虚设。最后，公民个人信息保护意识弱。侵犯公民个人信息犯罪往往具有“非接触式”和“非即时性”的特征，受害人缺乏被害感知，

① 犯罪生成模式分为微观生成模式与宏观生成模式两种，本文中的生成模式特指微观生成模式。参见汪明亮：《犯罪生成模式研究》，北京大学出版社2007年版。

② 参见齐爱民：《个人信息保护法总论——拯救信息社会中的人格》，北京大学出版社2009年版，第19页。

③ 参见张秀兰：《网络隐私权保护研究》，北京图书馆出版社2006年版，第58页。

④ 这里的自然人主要有两类：一是涉个人信息单位的工作人员，俗称“内鬼”；二是无业人员。这里的单位主要是涉个人信息单位，如金融、保险、电信、供水、供电、供气、医疗、物业、房产中介以及其他掌握公众信息的单位。

⑤ 参见赵恩霆：《大数据时代你我都是透明人》，载《齐鲁晚报》2013年7月16日。

无论是在网站上注册个人信息，还是办各种卡时，都容易疏忽；即便受到侵犯，也难以及时报案。此外，民众在个人信息受到侵犯后，维权意识较差。

第三，公民个人信息买方市场强劲。买方市场强劲体现在两个方面：一是一些下游犯罪，如诈骗犯罪、敲诈勒索等犯罪行为人具有购买公民个人信息的强烈需求。二是一些合法企业，如房产中介、培训机构等为了提高竞争力，减少成本，实现精准营销的需要，也具有强烈的购买公民个人信息的愿望。

第四，市场经济条件下的逐利性价值追求。市场经济在本质上是一种逐利性经济，追求利益最大化是市场经济的内在动力机制。市场经济的一个基本假设就是：人是理性的、利己的经济人，经济人在进行活动时受个人利益的驱使。

第五，信仰缺失。信仰是人们对某种主张、主义和价值理想的极度信服和尊崇，寄托着人的精神最高的眷注和关怀。信仰对个人的行为起着内在约束作用。信仰缺失，意味着人们的信仰出现真空或者出现偏差，从而不能很好地约束个体的欲望。当今中国人信仰缺失严重，据美国《华尔街日报》报道，"信仰缺失"已位居中国社会十大病态之首。[①]

第六，社会控制弱化。具体表现在三个方面：一是法律设置不合理。从法律层面来看，有效治理侵犯公民个人信息犯罪，除了需要加强和完善刑法之外，还需要注重刑法与行政法、民事法的配合和衔接，特别是要有一部统一的《个人信息保护法》。然而，我国现行立法层面还缺乏对公民个人信息保护的全面、系统规定。无论是在行政法还是民事法中都缺乏相应的配套规定，更遑论统一的《个人信息保护法》了。[②] 二是国家职能部门监管不力。由于侵犯公民个人信息犯罪是一类新型的犯罪，一些国家职能部门对其危害性认识不足，缺乏保护公民个人信息权利的意识，难以把侵犯公民个人信息行为与犯罪，甚至侵权和一般违法相联系。三是刑法打击缺乏必定性。由于信息源头追溯难、侦查取证难，[③] 侵犯公民个人信息犯罪查处难度大，司法机关打击此类犯罪缺乏必定性。基于此，侵犯公民个人信息犯罪的犯罪黑数在网络犯罪乃至整个刑事犯罪中都是相当高的。[④]

（三）侵犯公民个人信息犯罪生成模式分析

在上文对各种可能影响侵犯公民个人信息犯罪生成因素的考察基础上，对侵犯公民个人信息犯罪作如下化学反应方程式分析：

第一，"带菌个体"的形成。在信息社会，由于公民个人信息的商品属性，无论非法"出售"还是非法"获取"公民个人信息都有利可图，一些自然人和单位受利益驱使，容易形成侵犯公民个人信息犯罪的故意犯罪心理，成为"带菌个体"

---

① 《美媒评述中国社会十大病态："信仰缺失"居首》，http://news.sina.com.cn/c/2014-09-18/071830877003.shtml，2017年5月11日。

② 赵秉志：《公民个人信息刑法保护问题研究》，载《华东政法大学学报》2014年第1期。

③ 参见李蕤：《侵害公民个人信息犯罪之多重危害与侦查策略》，载《中国刑警学院学报》2014年第1期。

④ 参见胡江：《互联网时代惩治侵犯公民个人信息犯罪的困境与出路》，载《山东警察学院学报》2016年第5期。

（即公民个人信息的卖方与买方）。市场经济的逐利性强化了此种故意犯罪心理，当今中国人信仰缺失严重，使一些自然人和单位失去了抑制故意犯罪心理的内在因素。

第二，“致罪因素”的表现。主要是信息社会来临，为侵犯公民个人信息犯罪提供了大量的公民个人信息源，使侵犯公民个人信息犯罪成为可能。以互联网产业为例，该产业本身就是建立在个人信息收集和利用的基础之上的。[①] 同时，大数据对于个人信息的收集和利用也是必然的，而由此引发的对个人信息数据的侵害也是不可避免的。[②]

第三，“催化剂”的表现。主要表现在两个方面：一是社会控制弱化；二是被害人过错，即公民个人信息保护意识弱。社会控制弱化因素又包括法律设置不合理、国家职能部门监管不力、涉个人信息单位的监管漏洞及刑法打击不确定四方面，被害人的信息保护意识弱又可以称为被害人过错。

按照犯罪化学反应方程式，可以把侵犯公民个人信息犯罪的生成规律归结为：由于公民个人信息的商品属性，一些自然人和单位受利益驱使，容易形成侵犯公民个人信息犯罪的故意犯罪心理，具备了犯罪的可能性，成为“带菌个体”，市场经济条件下的逐利性价值追求强化了此种犯罪心理，当今中国人信仰缺失严重弱化了抑制故意犯罪心理形成的内在因素；形成侵犯公民个人信息犯罪的故意犯罪心理的行为人在遇到“致罪因素”情况下（信息社会来临所提供的公民个人信息源），成为危险犯罪人；“带菌个体”一旦遇到“催化剂”作用（社会控制力弱化、被害人过错等），就可能实施侵犯公民个人信息犯罪。

通过对侵犯公民个人信息犯罪进行生成模式分析，以及借鉴菲利的刑罚替代措施观点，至少可以获得如下启示：

第一，把侵犯公民个人信息犯罪的原因归纳为某一特定因素，是不科学的，是不符合犯罪生成规律的。从此意义上来说，虽然通过刑法“向侵犯公民个人信息犯罪‘亮剑’”的做法也可以起到一定的预防该类犯罪发生的作用，但这并不是唯一的、更不是最佳的措施选择。增加刑法打击的确定性，只能控制“催化剂”因素的某一方面，不可能完全改变侵犯公民个人信息犯罪的生成规律。从此意义上来说，对侵犯公民个人信息犯罪予以刑法规制，有其天然的局限性。因此，要想实现治理侵犯公民个人信息犯罪的效果，还必须有刑罚替代措施的跟进。

第二，侵犯公民个人信息犯罪生成的因素是多方面的，不同因素在犯罪化学反应方程式中所处的地位不同，所起的作用也不一样。治理侵犯公民个人信息犯罪必须找准原因，对症下药。控制“带菌个体”“致罪因素”或“催化剂”因素中的任何一个因素都有可能抑制侵犯公民个人信息犯罪的形成。详言之，只要控制了受利益驱使的自然人和单位、信息社会、社会控制力弱化、被害人过错中的任何一个因

① 《在个人信息保护与电子商务发展间适用刑法》，http：//legal. people. com. cn/n1/2017/0621/c42510-29352653. html，2017 年 6 月 11 日。

② 参见张茂月：《大数据时代公民个人信息数据面临的风险及应对》，载《情报理论与实践》2015 年第 6 期。

素，都可以预防侵犯公民个人信息犯罪的发生。然而，对以上各因素的控制难度是不一样的。其中，有些因素是可控的，有些因素是不可控的；有些因素的控制是一个长期的过程，而有些因素的控制则能够起到立竿见影的作用；有的因素的控制可以治本，而有的因素的控制只能治标；有的因素控制成本大，有的因素控制成本小。

第三，在控制犯罪化学反应方程式诸要素的措施中，除了控制“催化剂”因素中的“增加刑法打击的必定性”措施外，其余的都是刑罚替代措施。由于对犯罪化学反应方程式诸要素的控制难度不一样，相应地，刑罚替代措施所起的作用也是有差异的。其中，有些替代措施是长期性的、一时难以实现的；有些则能够在短期内、在一定程度上实现。因此，应该正确看待刑罚替代措施在治理侵犯公民个人信息犯罪过程中所起的差异作用。

四、弥补刑法规制之不足：刑罚替代措施的跟进

如上文所述，刑法规制在治理侵犯公民个人信息犯罪过程中的作用是有限的，必须有刑罚替代措施的跟进。那么，哪些刑罚替代措施应该跟进？又如何评价这些跟进的刑罚替代措施呢？

（一）控制“带菌个体”的措施

如果自然人和单位没有形成侵犯公民个人信息罪的犯罪故意，就不存在侵犯公民个人信息犯罪的“带菌个体”。一方面，在市场经济条件下，若能够转变逐利性价值追求，便可以在一定程度上抑制犯罪故意心理的形成。然而，逐利性价值追求是市场经济的伴生物，只要进行市场经济建设，该价值追求就难以改变。由此可见，转变逐利性价值追求将是一个长期性的、一时难以实现的刑罚替代措施。

另一方面，培养信仰也可以在一定程度上预防侵犯公民个人信息犯罪。因为信仰会形成内在约束力量，起到抑制市场经济条件下行为人的逐利性价值追求。然而，培养信仰是一件非常困难的事情，它不仅需要对信仰的内容有一定程度的认识，而且需要有某种必要的心灵开启。信仰对于每一个人都是可能的，但并不必然发生。因为心灵开启实属不易。[1] 因此，培养信仰也将是一个长期性的、一时难以实现的刑罚替代措施。

（二）控制“致罪因素”的措施

控制“致罪因素”即转变信息社会。如果没有信息社会的到来，公民个人信息的商品属性难以形成，那么就缺少了侵犯公民个人信息犯罪的“致罪因素”。然而，改变信息社会的发展趋势是不现实的，因为人类社会由工业社会进入信息社会有其历史的必然性。信息社会是大势所趋，必然不可阻挡。[2] 通过改变信息社会来预防侵犯公民个人信息犯罪，必将是一个长期性的、一时难以实现的刑罚替代措施。

---

① 参见汪明亮：《腐败犯罪之化学反应方程式分析》，载《国家治理现代化与犯罪防控：中国犯罪学学会年会论文集》（2014 年），中国检察出版社 2014 年版，第 185 页。

② 参见孙伟平：《信息社会及其基本特征》，载《哲学动态》2010 年第 9 期。

（三）控制“催化剂”的措施

控制“催化剂”因素的措施主要表现在两个方面：一是加强社会控制；二是强化行为人信息保护意识，消除被害人过错。

可以从四个方面实现加强社会控制。

第一，完善相关立法。其一，要注重刑法与行政法、民事法的配合，注重刑事责任与行政责任①、民事责任②的衔接。其二，尽早制定《个人信息保护法》。只要政府重视，在人力、财力方面投入到位的话，完善相关立法是可以做到的。从此意义上来说，完善相关立法是一项可以在短期内实现的刑罚替代措施。

第二，加强国家职能部门监管力度。主要从两方面着手：一是国家职能部门，如公安、工商、教育、房管、文化、通信等，要树立保护公民个人信息权的意识。二是针对网络本身具有跨领域、跨部门、跨地域的特性，应该建立齐抓共管的网络管理协调工作机制。只要相关职能部门予以重视，积极采取措施事前预防，事后及时查处侵犯公民个人信息的侵权、违法行为，加强国家职能部门监管力度的措施是可以在一定程度上实现的。可见，加强国家职能部门监管力度也是一项可以在短期内实现的刑罚替代措施。

第三，弥补涉个人信息单位的监管漏洞。主要是加强行业自律和技术防范。③加强行业自律是预防个人信息的非法泄露和利用的重要手段。对此可以学习美国政府的成功经验。美国政府把行业自律模式作为个人信息保护的基本政策。该模式又被称为指导性立法主义，其最具特色的形式是建议性的行业指引和网络隐私认证计划。④ 只要虚心学习，认真实践，加强行业自律措施也是可以在一定程度上实现的。可见，加强行业自律也是一项可以在短期内实现的刑罚替代措施。

除了加强行业自律之外，加强技术防范也可以在一定程度上弥补涉个人信息单位的监管漏洞。一方面，可以采取设置软件内容的技术措施加强信息安全。⑤ 另一方面，引进当前最常用的隐私保护技术，如隐私偏好平台（P3P）、企业私密授权语言（EPAL）、可扩展的访问控制高标识语言（XACML）等。⑥ 只要政府、涉个人信息单位加大安全保障技术研发资金投入，设立研发专项资金，鼓励信息安全技术创新，加强技术防范措施也是可以在一定程度上实现的。可见，加强技术防范也是

① 具体思路可以参见全国人大代表秦希燕等提出的议案：修改治安管理处罚法，增设侵犯个人信息行政法律责任条款，与刑法相关规定相衔接。“侵犯公民个人信息应当追究责任”，http：//npc. people. com. cn/n/2013/0114/c14576-20185802. html，2017 年 6 月 11 日。

② 建议采用德国式的统一立法模式，强化个人数据信息危机的法律应对。通过规定信息数据遭泄露时及时告知和信息披露的义务，强化对个人信息侵权的预防和救济制度设计，对个人信息数据给予全方位保障。参见张茂月：《大数据时代公民个人信息数据面临的风险及应对》，载《情报理论与实践》2015 年第 6 期。

③ 《人民日报：立法之后个人信息保护还要靠技术与行业自律》，http：//finance. sina. com. cn/review/jcgc/2017-05-11/doc-ifyfekhi7341922. shtml，2017 年 7 月 10 日。

④ 参见徐敬宏：《美国网络隐私权的行业自律保护及其对我国的启示》，载《情报理论与实践》2008 年第 6 期。

⑤ 参见李蕤：《侵害公民个人信息犯罪之多重危害与侦查策略》，载《中国刑警学院学报》2014 年第 1 期。

⑥ 参见张俊明：《信息社会个人信息保护的困境缘由与路径选择》，载《图书馆》2016 年第 1 期。

一项可以在短期内实现的刑罚替代措施。

第四，增加刑法打击的必定性。在信息社会，互联网的发展使侵犯公民个人信息犯罪的手段、方法变得极为隐蔽，因而，发现、侦查、取证非常困难。要想增加刑法打击的必定性，应该采取两方面的措施：一是鼓励民众参与举报，以弥补警力的不足；[①] 二是将先进的科学技术运用到犯罪的发现、侦查、防控过程中，以科学技术应对科学技术带来的犯罪问题。如果政府宣传到位，资金投入有保障，增加刑法打击的必定性措施也可以在一定程度上实现。这里的增加刑法打击的必定性措施是一种刑罚措施。

在信息社会，消除被害人过错的途径也是多方面的：一是政府要广泛宣传，提高民众的自我防范意识，[②] 当遭遇他人或单位以非法途径获取个人信息时，能够及时识别，避免受害。二是增强民众法律保护意识，当发现个人信息被非法使用时，应及时记录相关信息，向有关部门提供有价值的线索，寻求法律救济。三是养成良好的上网习惯，对个人上网的环境要有所戒备，及时清理上网痕迹、删除跟踪网络行为的临时文件。四是遵守网络环境管理，在微信、QQ 空间尽量不要一键分享敏感话题。如果政府宣传到位，消除被害人过错措施就可以在一定程度上实现。[③] 可见，消除被害人过错也是一项可以在短期内实现的刑罚替代措施。

五、结语

在侵犯公民个人信息犯罪高发时期，通过刑法对该类犯罪予以严罚，虽然有其“治标”意义，也能够在一定程度上获得官方和民众的支持。但是，我们也应该冷静地看到，严罚不是治理侵犯公民个人信息犯罪的“万能药”，要想实现治理侵犯公民个人信息犯罪的效果，还需要有刑罚替代措施的跟进。

刑罚替代措施在治理侵犯公民个人信息犯罪过程所起的作用是有差异的，并不存在终极意义上的、彻底的加强社会控制和消除被害人过错的刑罚替代措施。[④] 从此意义上来说，促使侵犯公民个人信息犯罪生成的诸因素在信息社会中不可能都被消除，侵犯公民个人信息犯罪有其存在的必然性。既然是必然存在的现象，在对侵犯公民个人信息犯罪予以刑法规制的时候，就应该有所收敛和宽容。

所谓刑罚收敛，意指尽量用刑罚之外的措施来治理犯罪，即注重刑罚替代措施的意义。在犯罪学理论界，无论是前文提及的意大利著名犯罪学家菲利从犯罪现象的饱和性和规律性视角思考犯罪的必然性，还是法国著名的社会学家迪尔凯姆从犯罪现象的正常性视角思考犯罪的必然性[⑤]，他们都强调刑罚替代措施的意义。菲利

① 参见汪明亮：《公众参与型刑事政策》，北京大学出版社 2013 年版，第 30 页。

② 参见陈煌、陈鸿：《如何打击才能事半功倍?》，载《人民公安》2013 年第 13 期。

③ 参见张俊明：《信息社会个人信息保护的困境缘由与路径选择》，载《图书馆》2016 年第 1 期。

④ 在所有的治理侵犯公民个人信息犯罪的刑罚替代措施中，完善相关立法措施表面上看是可以彻底做到的，但“徒法不足以自行”，即便有了完善的立法，如果执行不到位，其效果也将大打折扣。然而，彻底实现有法必依，是难以实现的。从此意义上来说，完善相关立法也不是终极意义上的、彻底的加强社会控制措施。

⑤ 参见［法］埃米尔·迪尔凯姆：《社会学方法的准则》，狄玉明译，商务印书馆 2003 年版，第 87 页。

提出了刑罚的经济、政治、科学、立法、行政、教育等领域的替代措施；迪尔凯姆虽然承认“如果犯罪是一种社会疾病，那么刑罚就是医治这种疾病的良药”，[①] 但他还是强调制裁方式应该随违法犯罪行为影响的不同而不同，除了有组织的压制性制裁（如刑事制裁）之外，还应考虑纯粹的恢复性制裁，包括民事制裁、行政制裁等其他法律形式的制裁。[②]

由于控制“带菌个体”和“致罪因素”之措施是治本的、长期性的，一时难以实现的刑罚替代措施，因此，在侵犯公民个人信息犯罪高发时期，我们当务之急是采取治标的、能够在短时间内起作用的控制“催化剂”因素的刑罚替代措施。具体包括完善相关立法、加强国家职能部门监管力度、加强行业自律、加强技术防范，以及教育民众提高自我防范意识。

所谓刑罚宽容，意指尽量用较宽和的手段来对付犯罪。信息社会是建立在计算机技术、数字化技术和生物工程技术等先进科学技术基础之上的。科学技术使人类以更快更便捷的方式获得并传递人类创造的一切文明成果。从风险的角度来看，现代风险与科学技术的发展有密切的联系。科学技术就像一柄“双刃剑”，它在给人类带来巨大福祉的同时，也潜藏着对人类社会的各种威胁，它已经成为现代社会风险的重要根源。[③]

侵犯公民个人信息犯罪的发生便是一种基于技术发展而引发的风险。虽然，这些技术风险具有相当的危险性，但社会的发展又迫切需要它们，如果因其存在风险就动用刑法予以严罚，技术就难以创新。所以，在对侵犯公民个人信息犯罪予以刑法规制时，还应秉持宽容的态度。

① ［法］埃米尔·涂尔干：《社会分工论》，渠东译，生活·读书·新知三联书店 2000 年版，第 46 页。

② 参见［法］埃米尔·涂尔干：《社会分工论》，渠东译，生活·读书·新知三联书店 2000 年版，第 32 页。

③ 参见赵延东：《风险社会与风险治理》，载《中国科技论坛》2004 年第 4 期。

大数据背景下公民个人信息刑法保护的若干问题

兰跃军* 薛 宽**

随着我国互联网时代的到来，与每个人息息相关的个人信息呈现爆炸式的增长趋势，个人信息的大规模采集与传播也变得更加便捷。在经济社会中，任何一条信息都蕴含着巨大的经济价值，这就使得一部分利欲熏心的人滋生了意欲通过获取公民个人信息来谋取不正当利益的想法。例如，我们日常生活中，常常收到的各种各样的推销短信、垃圾电话，时常被各种莫名的电话骚扰。2016 年 8 月，山东临沂准大学生徐玉玉被骗光学费郁结而死的事件引发了全民关注。犯罪分子精确获取徐玉玉的个人信息是案件的关键。加强对公民个人信息的刑法保护成为“互联网+”时代下和大数据背景下必须重视和解决的问题。我国刑法对公民个人信息的保护经历了一个从无到有的过程，《刑法修正案（七）》增加出售、非法提供公民个人信息罪和非法获取公民个人信息罪，《刑法修正案（九）》对相关条款进行了修正，将出售、非法提供公民个人信息罪和非法获取公民个人信息罪修改为统一的侵犯公民个人信息罪。这样的修改虽然解决了原条文规定的部分立法和司法问题，最高人民法院、最高人民检察院 2017 年 5 月出台《关于办理侵犯公民个人信息刑事案件适用法律若干问题的解释》有所补充，但仍然存在许多问题，需要研究解决。

一、大数据背景下公民个人信息被侵害的状况

（一）被非法侵害的公民个人信息次数多、总量大

在大数据背景下，由于公民个人信息的范围和种类被无限放大，这导致信息的基数总量很大，如此庞大的信息总量很容易成为犯罪分子的犯罪目标。据了解，公安部 2012 年至 2013 年开展过打击侵害个人信息犯罪行为的专项行动，共破获案件 4300 余起，打掉近 1000 个团伙，抓获犯罪嫌疑人 4000 余名，查获公民个人信息高达 50 亿条，并查获利用公民个人信息进行的犯罪上万余起。① 由此可见被侵犯的公民个人信息的次数之多、总量之大。

（二）被非法侵犯的公民个人信息涉及范围广

当今社会已经进入了“互联网+”时代，公民个人信息除了汇集在现实社会中之外，随着网络虚拟空间的盛行，越来越多的个人信息已经散布到了网络的虚拟空间。“淘宝网”现今已经成了家喻户晓的网购平台，消费者可以足不出户在网上购

---

* 上海大学法学院教授，法学博士、博士后。

** 上海博和律师事务所律师，法学硕士。

① 参见何春中：《为何会有大量公民个人信息泄露》，载《中国青年报》2013 年 6 月 20 日第 11 版。

买自己需要的商品。然后，在网购之前，“淘宝网”要求我们进行用户注册，个人需要填写用户名、性别、联系方式、收货地址甚至是某些银行卡信息，这些信息无疑都属于公民个人信息，通过注册用户的方式轻松地传播到互联网上，其安全性如何保障不得而知。更有甚者，像天使汇、大家投等 P2P 网络贷款和网络众筹网站，个人在网站上必须进行实名注册，其真实姓名、身份证号码、家庭住址等均必须填写。

中国互联网协会发布的《中国网民权益保护调查报告（2016）》显示，被泄露的公民个人信息范围包括网络账户和密码、身份证号码、银行卡号、手机号码、通讯记录和内容、家庭住址、个人社会生活信息、个人照片视频、手机通讯录、财产、个人简历、网购记录、位置信息、IP 地址、网站注册记录、网站浏览痕迹、工作单位、电子邮箱地址、软件使用痕迹、婚姻状态等 20 多项。而根据“12321”的举报数据，2016 年 1 月至 6 月，网民举报的个人信息泄露主要情况及数量如表一所示。通过这份报告我们可以看出，公民个人信息被侵害的范围非常广泛、被侵害的形式也多种多样。

表一　2016 年 1 月至 6 月网民举报个人信息泄露主要情况及数量　　单位：件次

原因不明的个人信息泄露，来电就知道网民姓名等个人信息	9453
个人隐私信息在搜索引擎中泄露	4437
手机号码泄露，遭遇电话炸弹或短信炸弹（短时间内收到大量电话或短信）	2026
日常生活信息（购租房、考试、购车、车险、升学、生子、去世等）泄露后遭遇特定骚扰或诈骗	1894
个人邮箱、即时通信工具、微博、苹果 ID 等各类网络账号密码被盗	1779
在二手交易网站留下个人电话后，持续遭遇各类骚扰	1426
网购信息泄露，收到相关交易异常诈骗信息	1418
在钓鱼网站填写个人信息后收到冒充公检法机构的诈骗、恐吓信息	1415
收到针对网友本人的银行卡、信用卡系统升级、额度提升等诈骗信息	1367
批量个人信息（各类账号、卡号、身份证号码、特定人群手机号码等）贩卖	1338
购买机票后遭遇航班异常诈骗信息	1251
个人信息被某网站公布	942
接到调查类电话，感觉是骗取个人信息的	919
注册金融类 APP 后收到大量理财、股票等骚扰电话或短信	425

（三）大量公职人员、国企员工牵涉公民个人信息买卖案件

国家公职人员以及一些国企的工作人员因其职务上的便利，更容易接触甚至处理公民个人信息，公民个人信息在他们手中大有“人为刀俎，我为鱼肉”的感觉，

大量案例揭示这些人员已经牵涉公民个人信息买卖的案件中，如果不加以防范和控制，加大监管力度，公民个人信息将更容易被非法侵害。

（四）公民个人信息被非法侵犯的手段日益高科技化

《中国网民权益保护调查报告（2016）》显示，公民个人信息泄露的途径主要包括三类：第一，APP与社交软件在用户完全不知情或不完全知情的情形下收集信息；第二，商场、医院、教育机构、金融机构、物流环节等疏于管理而被内部工作人员泄露；第三，黑客技术、恶意代码，破解、盗取相关信息。公民个人信息虽非等同公民隐私，但因其具有指向性的内容，而未经公民个人允许或授权不得非法获取。在此前提下，一些不法分子往往通过非法手段窃取公民个人信息。目前这些非法手段越来越倚重高超的科学技术。最为典型的是通过对计算机植入病毒来窃取相关信息，在网络用户上网时，经常有较多的个人信息遗留在网络当中，而不法分子通过一定的技术手段将病毒植入计算机，使计算机中的个人信息在不法分子面前一览无余。

二、大数据背景下公民个人信息刑法保护存在的主要问题

（一）公民个人信息的范围并不明确

公民个人信息是指与信息主体有关联性的，且对信息主体有识别性的个人信息。这里讨论的是何种信息属于需要刑法保护的公民个人信息。这样一个问题似乎很难回答，一是由于公民个人信息的范围和种类本身就极其广泛，不同的分类标准能够分出不同类型的公民个人信息，但很难找到一种分类标准来区分需要刑法保护的公民个人信息和不需要刑法保护的公民个人信息；二是“互联网+”时代的到来，社会个人信息的重量呈无限放大的趋势，这些新增的信息是否属于公民个人信息，进而是否属于刑法需要保护的公民个人信息同样很难界定。

2013年4月23日，最高人民法院、最高人民检察院、公安部出台的《关于依法惩处侵害公民个人信息犯罪活动的通知》提到，公民个人信息包括公民的姓名、年龄、有效证件号码、婚姻状况、工作单位、学历、履历、家庭住址、电话号码等能够识别公民个人身份或者提供服务或者涉及公民个人隐私的信息、数据资料。此概念是官方的刑法意义上的公民个人信息的概念，其将公民个人信息分成两类，一类是能够识别公民个人身份的信息或数据资料；另一类是涉及公民个人隐私的信息或者数据资料。对于后者，因为涉及隐私的公民个人信息是公民明显不愿公开的信息，同时此类信息更多涉及公民个人的私下生活而牵涉其隐私权等人身权问题，因此不管其属于何种类型的信息都应当成为刑法保护的对象。但对于第一类信息，核心内容是能够识别公民个人身份的信息或数据资料，这样的界定标准包含以下几点问题：第一，如何理解个人身份信息？我们知道，能够指向个人身份的信息有很多种，但并没有所有的信息都能唯一确定地指向某个具体的个人。例如，身份证号码毫无疑问能够指向到具体的个人，但对于公民的姓名、性别、年龄甚至联系方式都无法唯一确定的指向具体的个人。严格按照解释学理论解释，这些信息很难被解释成公民个人信息。第二，公民个人信息需要指向的个人身份信息的程度是如何？例

如，公民身份证号码能够唯一确定地指向某个具体的公民，但公民姓名只能指向一类人，无法达到确定唯一，工作单位、学历、年龄、联系方式等信息也只能指向一类人，或者公民个人身份的某些具体方面，无法唯一确定某个人，这样的信息能够界定为指向个人身份的信息确实存在一定的问题。第三，新型的网络虚拟信息是否属于个人身份信息？如淘宝网注册用户的信息，淘宝用户具有唯一性，能够唯一确定地指向某个具体的注册用户，然而，淘宝用户的注册信息仅仅显示联系方式、邮寄地址甚至是银行卡的信息，这些信息即使被第三人非法获取，其也无法确定具体的某个公民，这样的侵害行为是否属于刑法保护的范围，还不明确。

（二）"违反国家有关规定"的内涵模糊

比较《刑法修正案（七）》和《刑法修正案（九）》前后的法条原文，有两点值得思考：第一，将提供之前的"非法"两字删除；第二，将"违反国家规定"修改为"违反国家有关规定"。对于第一点修正，《刑法修正案（九）》将"非法"两字删除的意图为何？应当看到，不管是修正前的刑法法条还是修正后的，都为侵犯公民个人信息罪设置了一个前置性的标准，即"违反国家规定"和"违反国家有关规定"，这样一个前置性的条件符合侵犯公民个人信息罪系属法定犯的罪质，没有任何问题。但在《刑法修正案（七）》中，在罪名具有"违反国家规定"的大前提下，为何还在"提供"之动词前加"非法"二字呢？"非法"二字的范畴，学界尚无定论。有学者认为，"非法"一般是指没有法律根据。[①] 有学者认为，非法应当理解为"违反法律法规的禁止性规定"。[②] 笔者更同意第二种说法，即认定非法应当是指那些违反法律法规明确规定的禁止性规定。因为，我们在此讲的非法是刑法法条中的字样，而这种字样一旦规定到刑法当中，即已成为某种犯罪的构成要件要素，而一旦上升到了刑事犯罪的层面，法律的规定一定要明确具体，因此对于"非法"而言，其一定是指具体行为违反的法律法规的明确规定才可能构成刑事犯罪。而仅因无法律的规定即认定为刑法意义上的非法，明显不当，且过于冒失，有违刑法保障人权的基本要求，在此意义上"非法"二字并无单独存在的必要，即任何违反国家规定的提供公民个人信息的行为均系非法提供，不存在合法的情况。因此，在同一个犯罪当中，规定两个含义完全相同的犯罪构成要件要素显然没有必要。

对于第二点修正，对于何为"违反国家规定"，《刑法》总则有明确的条文规定。但对于何为"违反国家有关规定"，《刑法》以及相关法律法规中很难找出明确界定。从字面语义上来讲，多了"有关"二字，两句话所要表达的含义似乎并无太大的差别，但法条的具体措辞和法言法语的表达应当力求严谨，修正案强行将原刑法中已经有明确解释的一个通俗表达方式或者法言法语修改为刑法中没有明确解释、看似不伦不类的一种表达方式，不仅影响立法的严谨性，也造成司法实践中解释困难，以及认定标准模糊。

① 参见赵秉志：《刑法修正案最新理解适用》，中国法制出版社 2009 年版，第 122 页。

② 王昭武、肖凯：《侵犯公民个人信息犯罪认定中的若干问题》，载《法学》2009 年第 12 期。

（三）“情节严重”和“情节特别严重”的标准不明确

“情节严重”和“情节特别严重”的入罪量刑标准是我国刑事立法的惯例。我国刑法中“情节严重”和“情节特别严重”的表述比比皆是，而“情节严重”和“情节特别严重”如何适用，有相应的司法解释明确。《刑法》第363条规定的制作、复制、出版、贩卖、传播淫秽物品牟利罪中规定了“情节严重”和“情节特别严重”所对应的法定刑，最高人民法院出台的《关于审理非法出版物刑事案件具体应用法律若干问题的解释》均对“情节严重”和“情节特别严重”的标准进行了明确界定。这种“立法笼统、司法解释具体”的模式已经属于我国刑事立法的常态。然而，反观侵犯公民个人信息的犯罪，由于当时司法机关并没有有针对性地出台相应的司法解释明确界定“情节严重”和“情节特别严重”的标准。这种司法解释真空的状态导致立法笼统现状的持续，进而造成了司法实践中具体案件的审理过程中出现标准不一的后果。

查阅相关资料和判例，司法实践中对“情节严重”的适用标准主要包括以下信息，具体见表二。[①] 不仅考量范围不全面，而且在这六种情形中也存在认定上的差异。例如，在信息数量这一情节中，认定的标准就存在较大的不同，既有以万为单位认定侵害公民个人信息数量巨大，情节严重的；也有以几十条个人信息认定行为人构成犯罪的。[②]

表二 “情节严重”司法认定情况

“情节严重”的类型	认定次数/次
信息数量	112
信息类型	41
盈利数额	27
信息用途	43
危害后果	10
获取手段	8

三、大数据背景下完善公民个人信息刑法保护的若干思考

（一）明确界定侵犯公民个人信息罪的犯罪对象

刑法意义上的侵犯公民个人信息的犯罪对象，包括两个问题：一是刑法意义上公民个人信息的概念如何界定；二是刑法概念中的公民个人信息的范围如何界定。关于第一个问题，有学者认为，“刑法的弹性形式要求在解释上有弹性方法”，[③] 但

① 数据来源：《侵犯公民个人信息罪定罪标准研究》，http：//www.chinacourt.org/article/detail/2016/07/id/2013498.shtml，2016年7月11日访问。

② 参见《侵犯公民个人信息罪定罪标准研究》，载上海法院网，http：//www.chinacourt.org/article/detail/2016/07/id/2013498.shtml，2016年9月1日访问。

③ 陈兴良、周光权：《刑法学的现代展开》，中国人民大学出版社2006年版，第70页。

刑法毕竟涉及每个公民的人身权、财产权甚至是生命权，因此在具体条文规定上应尽可能明确。公民个人信息有自身的特殊性。随着社会的不断发展，个人信息的内容也在无限扩大，很难以一种封闭式的定义将个人信息的内容完全涵盖。在此情况下，需要以一种开放式的定义合理界定公民个人信息的范围，抓住其本质特征，但凡符合本质特征的信息，都应当成为刑法意义上的公民个人信息。公民个人信息包括广泛性、人身性和财产性、半公开性和隐秘性三种特征。笔者认为，人身性和财产性属于公民个人信息的法律特征。因此，对公民个人信息的法律保护，归根结底在于其具有人身性和财产性，只有因公民个人信息被侵犯致使公民个人的人身性和财产性受损，才需要动用刑法予以惩治。刑法意义上的公民个人信息与生活中的公民个人信息并无严格的界限，最本质的区别就是体现在侵害信息的结果上，也就是通常意义上讲的社会危害性。如果将获取的公民个人信息非法出售而牟利，这种行为不管出售的是何种信息都将需要刑法予以调整；但相同的个人信息，行为人泄露出去造成了信息主体人身损害或财产损失，社会危害性较重，另一个则销声匿迹没有产生任何影响，很显然这两种状态的处罚结果肯定是不一样的。总而言之，侵害结果是侵害程度的重要衡量标准。

对于第二个问题，应当首先明确涉及立法问题还是司法问题。侵犯公民个人信息罪的犯罪对象的认定一定是出现在刑事司法环节。在司法实践中，公、检、法机关常常无法判断某一被侵犯的个人信息是否属于刑法上的公民个人信息。从这一点上可以明确，此问题属于刑事司法问题，结合我国的立法习惯，司法问题无须通过立法解释予以明确，更无须兴师动众地通过刑法修正案的形式在刑法典中予以明确，最为合适的方式是制定一部与侵犯公民个人信息罪相配套的司法解释，在司法解释中对该罪的犯罪对象以及其他相关问题一并解决，这样的方式既节约立法成本，又便于司法操作。

（二）明确侵犯公民个人信息罪中“情节严重”和“情节特别严重”的标准

我国刑事立法经常出现“立法模糊、司法解释明确”的立法习惯。如果立法采用了“情节严重”或“情节特别严重”的语言表达，最高人民法院或最高人民检察院往往通过制定相配套的司法解释予以解决。最高人民法院、最高人民检察院2017年5月出台《关于办理侵犯公民个人信息刑事案件适用法律若干问题的解释》基本解决了这一问题。笔者认为，制定侵犯公民个人信息罪的司法解释应当设定以下五个方面的标准：第一，被侵犯的公民个人信息的数量。数量的标准能够非常客观地反映侵犯公民个人信息的犯罪程度，是不得不考虑的因素之一，同样这一标准引起明显的量化性在司法实践中也最容易把握。而我国目前的刑事立法中，数量的标准也是认定某些罪名罪与非罪，罪轻罪重的犯罪构成要件要素。在制定具体的司法解释中，司法机关可以通过调研等方式确定一定的数量级，当被侵犯的公民个人信息的数量达到一定程度时，成立“情节严重”的标准，当涉案公民个人信息的数量超出“情节严重”的程度，达到另一数量级时，则构成“情节特别严重”的情节，予以更高一级的法定刑处罚。第二，侵犯公民个人信息的次数。实践中经常出现行为人每次侵犯公民个人信息的数量不多，但次数很多的情况。如果仅仅以数量标准评价，每次少量的侵犯达不到刑法惩罚的程度，只能对其进行行政处罚，但是如果侵犯行为发生的次数多了，则代表行为人主观恶性越大、所造成的社会危害性也越大，也越需要运用刑法予以惩治。因此，在司法解释中，可以指定这样的标准，规定一年内侵犯公民个人信息次数较多的，哪怕每次侵犯的数量达不到入罪标准，也应当构成“情节严重”的程度，次数更多的，则构成“情节特别严重”的程度。第三，侵犯公民个人信息非法获利和非法销售金额。行为人获利或销售的金额是一种客观的事实，毫无疑问能够在很大程度上反映行为人的主观恶性以及侵犯公民个人信息所达到的社会危害程度，因此，将非法获利或非法销售的金额作为“情节严重”的标准之一是非常有必要的。第四，侵犯公民个人信息行为性质的恶劣程度。行为是刑事犯罪最本质的要素，能够最直接、最彻底地反映犯罪的社会危害性和行为人的主观恶性，相同后果的犯罪行为，因行为手段的不同也会导致刑法评价的天差地别。例如，抢劫罪和抢夺罪均以非法占有为目的，区别即在于行为方式的暴力程度不同，当占有财物的数额相同时，抢劫罪最高法定刑为死刑，而抢夺罪的最高法定刑仅是无期徒刑。至于侵犯公民个人信息罪，我们应考虑犯罪行为的恶劣程度，如果有恶劣的行为性质，则不管数量和次数也应符合“情节严重”和“情节特别严重”的情形。具体哪些情节属于行为性质恶劣的情节，笔者认为应当包括但不限于以下几个要素：(1) 行为的暴力程度；(2) 单一行为还是复合行为；(3) 行为方式是否构成单独的他罪。第五，危害结果的严重程度。所谓危害结果，是指危害行为对法益产生的一种实害危险。① 危害结果也是能够充分反映犯罪行为社会危害性的重要因素。公民个人信息虽不等同于公民隐私，但很大一部分内容又和公民隐私有关，任何公民都不愿个人隐私对外泄露，而一旦隐私泄露，将极有可能对被害人造成极大的打击，可能造成被害人自杀、自残等后果。徐玉玉案件即如此，因个人信息被泄露被骗财物而导致气郁身亡，诸如此类的严重危害结果毫无疑问应当列入“情节严重”和“情节特别严重”的要素。但危害结果虽能充分反映行为的社会危害性，但在一定程度上却无法反映犯罪人的主观恶性，很多严重危害结果的发生也不是犯罪行为人所期望的，因此，在司法实践中，我们应当有所区分，对于能够反映行为人主观恶性的危害结果一律从严，对于行为人无法预料的危害后果适当从宽。

（三）完善侵犯公民个人信息罪的前置法规定

侵犯公民个人信息犯罪属于法定犯，惩罚法定犯的依据在于行为人实施的具体行为违反了一国法律体系中某些法律的明确规定，法定犯的违法性属性来源于刑法之外其他法律的规定，从而达到一种“出于他法而入于刑法”的效果，因此法定犯必然遵循二次违法性的原则。然而，我国现有的法律体系中尚无完整系统的《个人信息保护法》，相关的保护规定仅仅散落于一些法律、法规及司法解释中。这导致在司法实践中认定侵犯公民个人信息罪的时候行政前置法评价缺失，不管是“违反

① 参见马克昌主编：《犯罪通论》，北京大学出版社、高等教育出版社2006年版，第231页。

国家规定”还是“违反国家有关规定”的要素根本无法满足，造成了司法乱象的发生。

为解决诸如此类问题，需要制定一部完整的《公民个人信息保护法》，明确规定公民个人信息的范围以及侵犯公民个人信息的法律后果，使刑法规定的侵犯公民个人信息罪的司法认定真正落到实处。

论信息安全的刑法保护

杨 磊* 周楚漪**

一、问题的提出

网络信息相关犯罪数量的急剧增加，使刑法必须适时作出回应，以保障国家、集体和个人的利益。根据信息类犯罪侵犯法益的不同，刑法将信息类犯罪规定在法典的不同章节中。总体而言，刑法从两个方面对“信息”进行保护：第一个方面是以信息的内容为受保护对象，主要涉及的罪名有为境外窃取、刺探、收买、非法提供国家秘密、情报罪，非法获取军事秘密罪，为境外窃取、刺探、收买、非法提供军事秘密罪，故意泄露军事秘密罪，过失泄露军事秘密罪，非法获取国家秘密罪，非法持有国家绝密、机密文件、资料、物品罪，编造、故意传播虚假恐怖信息罪，编造、故意传播虚假信息罪，泄露案件信息罪，抢夺、窃取国有档案罪，擅自出卖、转让国有档案罪，内幕交易、泄露内幕信息罪，编造并传播证券、期货交易虚假信息罪，利用未公开信息交易罪，侵犯商业秘密罪，私自开拆、隐匿、毁弃邮件、电报罪和侵犯公民个人信息罪；第二个方面以信息的载体为受保护对象，主要涉及的罪名有窃取、收买、非法提供信用卡信息罪，非法侵入计算机信息系统罪，非法获取计算机信息系统数据、非法控制计算机信息系统罪，破坏计算机信息系统罪，提供侵入、非法控制计算机信息系统的程序、工具罪，拒不履行网络安全管理义务罪，准备网络违法犯罪活动罪。

信息类犯罪有其自身的特点。首先，此类犯罪侵犯的是多重法益。例如，编造、故意传播虚假信息的相关犯罪突出表现为对社会或者金融秩序的侵犯，但同时也会侵犯一些其他的法益，诸如财产权、名誉权等。其次，此类犯罪行为方式多样，连锁效应明显。例如，侵犯公民个人信息罪中行为人的手段不限于窃取、购买、收受、交换等行为方式，可以线上线下联动进行，线上人员利用技术手段负责抓取可利用的信息，线下人员负责寻找目标人群，非法获取的信息成了实施绑架、诈骗、敲诈勒索等二次犯罪的前提，形成以信息类犯罪为上游犯罪其他犯罪为下游犯罪的犯罪群。最后，此类犯罪在实践中由于罪名竞合以及网络犯罪的异化多变，往往出现案件侦破以及司法认定上的障碍。总之，信息类犯罪是以“信息”为核心展开的辐射面非常广的一类犯罪，因此有必要厘清刑法语境下信息的概念，探究信息类犯罪的行为类型，分析当前信息安全面临的威胁，从而提出完善的方法，为信息安全保驾护航。

---

* 法学博士，西北政法大学副教授。

** 西北政法大学 2015 级刑法学研究生。

二、信息与信息安全

（一）刑法中的信息

1. 信息的概念

信息的概念存在于诸多的学科之中，很难对其进行完整统一的界定。信息与数据之间具有一定的逻辑关联，在特定的领域，信息在一定程度上与数据可以相互替代。但是在刑法语境下，二者是不同的概念。从技术层面上来看，信息是指信号的传达，是通过编导实现的物理世界信号的逻辑转换。数据是指在计算机信息系统中实际处理的一切文字、符号、声音、图像等内容有意义的组合。[①] 信息的涵盖面似乎要大于数据的范围。从文义层面上来看，在庞杂的数据中经过自由组合以及交互分析，提炼出的有内容的部分被统称为信息。换言之，挖掘数据核心价值的过程就是信息产生的过程。由于信息是数据提取、运算、分析、处理的结果，数据是动态的，信息就是流动的，信息这个概念的内涵与外延在事实上就是模糊的，那么，刑法对信息的保护就不是数据群而是在实体上可以被认知和利用的部分。

2. 信息作为法益的可能性探究

李斯特曾言："法益是法所保护的利益"；[②] 有学者认为，刑法上的信息法益，就是尽量通过解释的方法涵盖信息利益的范畴；[③] 也有学者做出更为详细的说明，信息法益是指存在于信息空间中、具有信息本质特征、包含人类创造性劳动的信息资源以及与之相关的权利，由于受到法律的保护而形成的权威利益形态，包括信息专有权、信息使用权、信息收益权以及其他信息所有者基于信息产品所享有的特定性质的人身权和财产权。[④] 在大数据时代，各方主体对信息利益的重视程度越来越高，信息自身具有易复制性、包容性、时效性以及依附性等特点，决定了信息的复杂性，其传播迅速且范围广泛，这就使信息类犯罪低成本且高收益，再加上信息类犯罪的技术性和依托网络平台的隐蔽性，信息安全的保护难度已经非常大，如果将信息的刑法保护仅仅停留在信息作为犯罪对象和计算机信息系统等平台作为信息载体这两个层面，规制范围过于狭窄。在面对涉及虚拟财产以及电信网络诈骗等犯罪的定罪量刑时将面临无法克服的困境。

信息已经具备了成为独立法益的条件，信息安全受到威胁的严重程度与传统刑法保护的法益具有等价性，信息安全所波及的范围和产生的效应，相较于传统法益更加严重。对于将信息类犯罪中的信息作为单独的法益来进行保护，毋庸置疑，保护的范围及力度会更大，以降低信息类犯罪的入罪门槛来达到惩治犯罪，保障全社会信息安全的目的。信息法益的核心是保护信息利益，刑法规范是在信息利益中的控制权和获取权之间做出平衡，既保护信息权利所有者的合法权益不受侵犯又保障

---

① 于志刚、李源粒：《大数据时代数据犯罪的类型化与制裁思路》，载《政治与法律》2016年第9期。

② 黄琰：《信息刑法基本问题研究》，武汉大学2012年博士学位论文。

③ 高德胜：《信息犯罪研究》，吉林大学2009年博士学位论文。

④ 高德胜：《基于信息语境的信息法益的内涵与类型研究》，载《东北师大学报》（哲学社会科学版）2012年第6期。

现代经济社会信息的流动不受影响。

综上所述，在现行刑法体系内将信息作为独立的法益进行刑法保护利大于弊，有助于建立起信息安全保护体系，有条理、有阶段、轻重适宜地打击信息类犯罪，从而发挥刑法保障社会秩序的效力。

（二）信息安全

1. 信息安全的现状

近年来，伴随数据资产价值与日俱增，恶意攻击者的目标越来越多地指向数据存储的基础设施——数据库系统，① 从 2015 年下半年至 2016 年上半年，中国网民因垃圾信息、诈骗信息、个人信息泄露等遭受的经济损失高达 915 亿元，网络黑产业从半公开化的纯攻击模式转化为敛财工具和商业竞争手段，已经形成跨平台、跨行业的集团犯罪链条。②

中国裁判文书网的案例显示，2013 年至 2016 年，信息类犯罪的审判数量同比呈现增长趋势，非法获取公民个人信息类犯罪与诈骗类犯罪交织，将近 1/4 的案件都涉及数罪，侵犯个人信息犯罪案件占比 22.8%，诈骗类占比 18%，信用卡类占比 3.8%，计算机系统类占比 2.6%。③ 侵犯信息安全的行为方式呈现以非法获取信息为先导，后续多种犯罪形式并存，实行团伙作案，虚拟空间与现实空间互通的形态。

2. 几种侵犯信息安全的典型行为

（1）网络黑客

侵犯信息安全最早期的行为方式是网络黑客，他们是破坏计算机系统，非法截取数据的典型代表。通常情况下，黑客是在多次尝试后偶然“闯入”了某个系统，然后再实施特定目的的攻击、破坏、植入病毒、获取机密的行为。他们的行为特点是间断性地破坏信息系统，行为轨迹无规律可循，行为对象具有很大程度的随机性。黑客基本上都是单个的技术狂热者，年龄段相对偏低，职业黑客常见于非法获取国防和科技领域信息、商业秘密、金融数据。目前刑法对黑客的制裁主要是在利用计算机系统这个方面来确定所涉及的罪名。

（2）伪基站“钓鱼”网站

此种犯罪的操作流程是运作虚假的平台，即从外网购置的域名搭建起钓鱼网站，再通过技术手段攻破病毒数据库的壁垒从而以欺诈和窃取的方式获得各类信息，这些信息的组合能够把与一个人相关联的内容拼接成一个宽表，而这个宽表可能会涉及当事人的多项隐私数据，从收入到房产、社保、亲属关系、照片、银行卡余额、贷款记录、近期活动位置、常用手机设备、家庭详细住址、网购记录、账号密码，然后分开或完整出售单条数据，每条售价可达几百元。每条数据都可重复出

① 来源于微信平台：腾讯网络安全与犯罪研究基地，2017 年全球数据泄露成本研究报告解读。

② 来源于《网络安全蓝皮书：中国网络空间安全发展报告（2016）》，中国信息通信研究院安全研究所及社会科学文献出版社；2016 年 11 月 28 日。

③ 来源于微信平台：国双司法大数据，信息类刑事案件大数据分析报告，2017 年 6 月 1 日。

售，定期更新出售，从而获取不正当利益。①

相比黑客，当前的大数据的推广使伪基站钓鱼的黑色产业链成为影响信息安全的“毒瘤”，产业链本身也成为我国继赌博和色情行业之后的第三大黑色产业。这种通过严密的组织和流程获取账号信息进而大批量转出的犯罪活动，专门从业人员众多，侵犯数额巨大，仅2016年就非法截获超过50000个金融客户的账号，覆盖工、农、中、建、交五大国有银行以及其他商业银行，保守估计损失金额高达2亿元，单个用户最大金额超过100万元。②

（3）移动智能软件应用权限

2013年11月，工业和信息化部发布《关于加强移动智能终端进网管理的通知》，由于牵涉软件开发公司、移动网络运营商、广告公司等利益方，数量众多，监管效果并不理想。智能手机终端APP对信息安全最大的威胁就是用户权限，用户在下载安装应用程序的过程中，会被要求回答是否同意允许访问通讯录，允许访问照片，允许使用无线局域网和蜂窝移动数据，允许访问公开信息，如登录名和头像，用户往往为了快速使用应用程序，在不知会出现怎样的风险的情况下选择了允许应用程序的访问，给予其读取和收集信息的途径。智能手机终端APP是计算机信息系统的延伸，借助应用程序中插件的漏洞，以及手机防火墙的被动防御属性，套取信息从而分析判断用户需求，用于精准的商业广告推广甚至谋取巨额非法利益。

3. 信息安全的刑法规制

我国涉及信息保护的法律规制，除刑法之外还包括其他部门法律法规采用以相关条款规定的方式进行间接性保护。例如，在网络信息的立法过程中，全国人大常委会出台了诸如2000年《关于维护互联网安全的决定》、2011年《计算机信息系统安全保护条例》、2012年《关于加强网络信息保护的决定》等一系列规定。

我国刑法也在逐步细化对于信息的规制。2009年的《刑法修正案（七）》以新设罪名的方式规定了出售、非法提供公民个人信息罪：“国家机关或者金融、电信、交通、教育、医疗等单位的工作人员，违反国家规定，将本单位在履行职责或者提供服务的过程中获得的公民个人信息，出售或者非法提供给他人，情节严重的，处3年以下有期徒刑或者拘役，并处或者单处罚金”；非法获取公民信息罪：“窃取或者以其他方法非法获取上述信息，情节严重的，依照前款的规定处罚”。这样的规定是将侵犯公民个人信息的行为纳入刑法的保护范围从而弥补了刑法对个人信息保护的空白。2015年《刑法修正案（九）》确立了侵犯公民个人信息罪：“违反国家有关规定，向他人出售或者提供公民个人信息，情节严重的，处3年以下有期徒刑或者拘役，并处或者单处罚金；情节特别严重的，处3年以上7年以下有期徒刑，并处罚金；窃取或者以其他方法非法获取公民个人信息的，依照第一款的规

① 搜狐科技频道：http：//www.sohu.com/a/70444811_403436，探秘国内数据交易内幕，2017年4月13日访问。

② 中国新闻网：http：//www.chinanews.com/life/2016/04-22/7843652.shtml，伪基站“钓鱼”成信息安全重灾区形势严峻，2017年7月19日访问。

定处罚。”2017年6月1日生效实施的最高人民法院和最高人民检察院《关于办理侵犯公民个人信息刑事案件适用法律若干问题的解释》（以下简称《解释》）对于设立网站和通讯群组侵犯公民个人信息的情形也进行了界定：“设立用于实施非法获取、出售或者提供公民个人信息违法犯罪活动的网站、通讯群组，情节严重的，应当依照刑法第287条之一的规定，以非法利用信息网络罪定罪处罚；同时构成侵犯公民个人信息罪的，依照侵犯公民个人信息罪定罪处罚。”《解释》同时对拒不履行公民个人信息安全管理义务行为的处理做出了规定：“网络服务提供者拒不履行法律、行政法规规定的信息网络安全管理义务，经监管部门责令采取改正措施而拒不改正，致使用户的公民个人信息泄露，造成严重后果的，应当依照刑法第286条之一的规定，以拒不履行信息网络安全管理义务罪定罪处罚。”

2001年《刑法修正案（三）》增设编造、故意传播虚假恐怖信息罪，2013年最高人民法院对此做出了相关解释，2015年《刑法修正案（九）》增设了编造、故意传播虚假信息犯罪：“编造虚假的险情、疫情、灾情、警情，在信息网络或者其他媒体上传播，或者明知是上述虚假信息，故意在信息网络或者其他媒体上传播，严重扰乱社会秩序的，处3年以下有期徒刑、拘役或者管制；造成严重后果的，处3年以上7年以下有期徒刑。”

2009年《刑法修正案（七）》增设了两款即非法获取计算机信息系统数据、非法控制计算机信息系统罪和提供侵入、非法控制计算机信息系统的程序、工具罪；2011年最高人民法院与最高人民检察院出台《关于办理危害计算机信息系统安全刑事案件应用法律若干问题的解释》；2015年《刑法修正案（九）》增设了计算机信息系统犯罪的单位犯罪条款。

2015年《刑法修正案（九）》增设拒不履行网络安全管理义务罪，构成拒不履行网络安全管理义务罪的行为有：致使违法信息大量传播的，致使用户信息泄露造成严重后果的，致使刑事案件证据灭失，情节严重的以及有其他严重情节的。

值得注意的是，除了相关的刑法规定及司法解释之外，2017年6月1日起实施的《中华人民共和国网络安全法》第4章对网络信息安全做了专章的规定，要求网络运营者建立用户信息保护制度，在其接触用户信息的各环节中都有保护用户信息安全的义务。

三、对信息保护的刑法完善路径

我国当前有关信息类犯罪的立法有象征性立法的倾向，为了彰显刑法对社会秩序的维护而去回应社会的呼声与需求，将时事关注的热点放在刑法的视域之下，对社会聚焦的问题进行一系列的立法活动。刑事立法同样要求具有实践的可能性，当前一系列法规的着力点都在网络信息安全，一方面将网络去匿名化的进程加快，企图通过实名制从源头消除网络信息犯罪，另一方面以数量与质量兼顾的方式确定量刑幅度，从而制约网络信息的泛滥，可以说目前的举措是出重拳但未打到实处，并未直击信息类犯罪的要害，才使立法效果并不显著。这种以传统犯罪的思路规制信息犯罪，在固有的框架下微调的做法，有碍于信息刑法的发展。信息类犯罪所涵盖的范围十分广泛，行为类型与传统犯罪有一部分重合，也有其特有的部分，诚如张明楷教授所言，如果将信息类犯罪用专门的单行法来规制，那么出现的就不是一部信息法律，而是另一部刑法了。①

在没有专门的信息安全法的情况下，如何在现有的框架内对信息进行保护显得尤为重要。刑法对信息保护的完善方法可以从动态化立法思路、模块化的处理方式和协调刑法内外部体系这三个方面来进行尝试。

（一）动态化立法思路

从20世纪80年代开始，信息技术被广泛应用，以信息技术作为手段的犯罪现象的增加，产生了界定信息犯罪的诉求。狭义的信息犯罪指的是在典型行为的构成要素，或者在其相关犯罪情节中明确涉及信息和远程通信新技术的流程、设备、对象及其产品：例如，"数据处理"，其"分析"或"传输"，"程序执行"，借助信息或远程通信系统实现的数码作品的"公开"或"复制"等；或者法律规范中明确提示的、作为行为对象的"数据和程序"，"信息媒介"等；信息犯罪的特殊要求体现为：在典型行为或犯罪情节的本质要素中蕴含凭借事先预设的程序，实现电子数据自动化处理的信息和远程通信新技术（或者他们的组成部分、产品以及处理对象）；信息刑法产生并伴随着对现行有效规范或者并非出于明确的以及唯一的应对信息犯罪的目的，而建构并颁行的法律规范的应用和演进解释。② 传统刑法与信息刑法的一个显著区别就是对信息法益的保护模式不同。

我国刑法规定了非法侵入计算机信息系统罪，行为的构成要件是侵入计算机信息系统进行数据信息的窃取、非法处理以及破坏。在本罪中将计算机信息系统看作静态的、封闭的，系统需要的安全系数越高，可以说系统的密闭性就越强。以往法律设定的前提都是把信息资源和信息系统看作一个整体来进行保护的，信息安全受到的直接威胁与危险是计算机信息系统受到侵害的结果。计算机信息系统类犯罪包括非法获取计算机信息系统数据、非法控制计算机信息系统罪，提供侵入、非法控制计算机信息系统程序、工具罪，破坏计算机信息系统罪，非法侵入计算机信息系统罪，然而，事实上，计算机信息系统类犯罪侵犯的法益与信息类犯罪侵犯的法益并不完全重合，如非法侵入计算机信息系统罪将侵入的对象限制在国防事务、国家建设、尖端科学技术领域。信息类犯罪的核心在于，在信息的流动过程中侵犯信息法益的行为，在存储、处理和传输的环节被非法地获取和利用。横向上看，被加工的信息有邮政快递单据，电商订单数据，各类考试培训数据，金融类数据以及身份信息类数据；纵向上看，有"死数"数据，即不再更新但长期有效的数据，如个人信息数据，也有实时更新的数据。③ 因此，对信息进行保护首要的立法思路就是将信息看作动态的，以信息从数据库中产生的时间点作为起点，依据信息产生之后的

① 参见张明楷：《网络时代的刑事立法》，载《法律科学》2017年第3期。

② ［意］劳伦佐·彼高狄著：《信息刑法语境下的法益与犯罪构成要件的建构》，吴沈括译，载《刑法论丛》2010年第3卷。

③ 参见搜狐科技频道：http：//www. sohu. com/a/70444811_ 403436，探秘国内数据交易内幕，2017年4月13日访问。

逻辑顺序，标出信息的收集者，信息的加工、处理者，从起点算起，直到信息在空间中不复存在，将这一过程形成的信息视为链条，对链条的各个环节都进行动态化的保护。在信息时代，所有犯罪都可以在网络空间交叉融合，[①] 划分环节的节点，截断后续犯罪的信息来源，各个环节之间在不影响正常运行的情况下保留一定的空当，一旦某一环节出现问题，能够及时采取措施进行控制和补救，这样做也使犯罪链条的形成失去其固有的土壤。

（二）模块化的处理方式

在动态追踪以保障信息安全的前提下，刑法对信息进行模块化的规制成为应有之策。首先，针对现在的内部人员泄露信息，最新的司法解释将从业人员对所属行业的个人信息进行侵犯做了加重处罚的规定，刑法对商业秘密的部分，如金融行业的证券业、银行业、基金业对高管知悉的特定信息有特定的义务，另外邮政快递行业、电信行业也有类似的行政条例，那么，除了这三类信息之外的信息，如一些模糊而混杂的信息，一些看似只是数据库自动化处理的信息，还有一些可能综合打包起来就可以使个体身份化，使利益趋同化的信息，这些信息该如何规制，与其留下刑法治理的空白，不如将当前规定在刑法典不同章节的条文规定，统一在信息法益之下，将各行业内以及与个人的资料档案相关的数据库均置于统一规制之下，进行垂直管理，动态化调整，信息的存储者与二次利用者全部分离，模块化处理，权限划分明确，责任归属清晰，从而打造信息安全的坚实壁垒。

（三）协调刑法内外部体系

从权利基础上来看，信息权在人格权和财产权之间徘徊；从受侵害的主体和法益上来看，信息的涉及范围面十分广泛，在具体的案件中，面对权利界定和权利归属的难题，现有刑法条文与解释是远远不够的，理由在于，扩大解释的作出必须遵循罪刑法定的原则，一旦超出用语可能具有的含义就有类推的嫌疑。因此有必要增设专门的条文，将处罚提前化，从而严密法网。我国当前刑法修正案及司法解释增加的条文内容均是信息类犯罪实行行为的定罪量刑，着力点在于处罚信息犯罪的后期和下游犯罪，而对于行为人前期的以非法目的留置、处理信息等行为并没有规定。例如，《刑法修正案（九）》通过降低侵犯公民个人信息罪入罪门槛而实现扩张刑法打击范围的目的，然而对于数据处理阶段，数据存储、传输和自动化处理过程中产生的、直接侵害到应受刑法保护的法益的危险，《刑法修正案（九）》却并没有增加对应的条款。[②] 对信息类犯罪的预备行为进行处罚，法条的设置可以参考《刑法修正案（九）》规定的准备网络违法犯罪活动罪的规定，将信息类犯罪的预备行为实行化，这样有助于从源头上遏制信息的滥用行为。

另外，我们还需注意，信息安全的保护需要有刑法与民法、行政法、网络信息安全法等相关法律的配合，通过系统的协调来实现对信息安全的全方位保护，这样

① 于志刚：《网络、网络犯罪的演变与司法解释的投放方向》，载《法律适用》2013年第11期。

② 于志刚、李源粒：《大数据时代数据犯罪的类型与制裁思路》，载《政治与法律》2016年第9期。

也有利于消除一些不必要的矛盾，形成以信息为核心的严密的信息安全法律体系，一旦发生信息类的案件，能够迅速地控制信息安全出现问题的源头，依次使用不同位阶的法律，一方面能够精准地定位，准确打击违法犯罪活动，另一方面能够使刑法保持谦抑性和威严感，同时使现行立法发挥最大的积极效应。

大数据时代下个人信息的刑法保护研究

杨彩霞* 牛慧荣**

大数据时代，信息和数据成为至关重要的竞争资源，大数据成为继传统 IT 产业之后下一个创新、竞争、生产力的前沿①。在大数据时代下，个人信息作为一种信息资源而存在，在公民个人信息遭到严重侵害的情况下，2009 年《刑法修正案（七）》开始了刑法保护公民个人信息的篇章。大数据时代下为了更好地利用这种信息资源，需要对个人信息流通的安全有序的环境加以维护，这对信息保护具有一定的现实意义。而在新的时代背景下，侵害公民个人信息的犯罪方式也在不断地更新变化中。互联网络的普及使它的危害性也在不断增强。这些变化和新问题给公民个人信息的刑法保护提出了新的挑战，需要刑事立法者顺应时势的变化，对现行刑法的规定，做出相应的调整和完善。

一、大数据时代个人信息保护的必要性

1. 大数据时代下公民个人信息的界定

大数据时代，个人信息已经成为继物质、能源之后的第三大资源，是一种无可厚非的社会财富。数据库作为个人信息的有序汇总，其独有的价值在大数据时代中早已凸显，各种金融数据库、基因数据库备受青睐，但是这种大数据时代下“个人信息”应如何界定？有学者指出，个人信息具有两个特征：一是个人的专属性，二是信息的重要性，即公民的诸多个人信息关乎公民的人格、尊严，甚至影响其财产权利、人身安全②。有学者认为，公民个人信息关键是具有可识别性，它是经过加工的、具有属性特征的个人数据集合③。另一种观点则认为，个人隐私就是个人信息，凡是公民不想公开的，与公共利益无关但是与个人有关的就属于个人信息④。自 2017 年 6 月 1 日起，“两高”联合发布的《关于办理侵犯公民个人信息刑事案件适用法律若干问题的解释》（以下简称《解释》）正式施行。《解释》第一条以《中华人民共和国网络安全法》第七十六条规定为基础，明确《刑法》第 253 条之一规定的“公民个人信息”，是指以电子或者其他方式记录的能够单独或者与其他信息结合识别特定自然人身份或者反映特定自然人活动情况的各种信息，包括姓名、身份证件号码、通信联系方式、住址、账号密码、财产状况、行踪轨迹等。公

* 华中师范大学法学院副教授，法学博士。

** 华中师范大学法学院 2016 级硕士研究生。

① 麦肯锡公司：《大数据：下一个创新、竞争、生产力前沿》，2011 年调查报告。

② 赵秉志：《公民个人信息刑法保护问题研究》，载《华东政法大学学报》2014 年第 1 期。

③ 郎庆斌、孙毅、杨莉著：《个人信息保护概论》，人民出版社 2008 年版，第 12 页。

④ 凌鸿：《非法获取公民个人信息的认定》，载《人民法院报》2010 年 6 月 17 日第 7 版。

民个人信息不仅包括能识别公民个人身份的静态信息，还包括能够体现公民行踪的动态信息，如宾旅馆住宿信息和机场登机、到达信息等。这些反映特定自然人活动情况的动态信息属于关系公民人身、财产安全的高度敏感信息，具有价值性，因此，应当包含在公民个人信息当中。此外，我国个人信息安全的法律保护将会进一步完善，相关信息安全和个人信息保护规范将会逐步出台，这样规定将使《解释》与今后相关法律法规和技术规范保持协调。

2. 大数据时代个人信息保护的挑战

人类社会进入大数据时代，个人信息资源更加具有可观的经济价值，侵犯公民个人信息犯罪呈现出诸多新的特征。当前关于公民个人信息犯罪非常猖獗，不法分子非法获取、买卖个人信息的现象愈演愈烈，屡禁不止，而且被泄露的公民个人信息涵盖面较广，涉及公民生活的方方面面，个人信息安全形势日益严峻。此外，不法分子利用非法收集到的个人信息实施其他犯罪，个人信息犯罪与下游犯罪结合密切。获取单纯的公民个人信息，对于社会一般公众而言，没有太高的利用价值，而大量存在的非法提供、出售或者非法获取公民个人信息的人，往往是存在不法目的的。如近年来呈规模化的电信诈骗类案件，犯罪嫌疑人往往先通过购买等非法手段获取公民的个人信息，伪造自己的身份，使被害人基于信任而产生错误认识进而处分自己的财产，而且由于公民个人信息具有隐秘性，公民对于熟知自己信息的不法分子往往会产生信赖，因此使犯罪行为难以被识破而屡屡得手。山东女大学生徐玉玉因个人教育信息等被泄露遭遇电信诈骗身亡案、清华大学教授因购买房产的交易信息被泄露遭遇电信诈骗1800万元案，在这些诈骗案中，犯罪分子往往掌握个人详细信息实施精准诈骗。随着时间的推移，以侵犯公民个人信息为中心的犯罪产业链甚至逐渐开始成型，可以想到，这对公民个人信息保护将造成更严重的挑战。

3. 大数据时代个人信息保护的现实意义

大数据时代，是一个数据正在爆发式增长，一个数据产生重大价值、数据驱动创兴的时代[①]。大数据时代是各种海量的数据充斥和影响我们的时代。因此有人说："得数据者得天下。"各个行业的领先者们都试图把握住大数据时代的先机，利用大数据技术推动所在行业的发展[②]。在众多种类的数据中，公民的个人信息是其中不可缺少的一部分，且信息收集的范围正在逐步扩大。在信息收集过程中必须坚持安全与发展并重，兼顾个人信息保护与大数据发展的需要。而在个人信息的收集过程中极易对他人的生活安宁造成影响，对他人隐私造成重大侵害。因此就需要出台个人信息收集的相关法律，明确个人信息被挖掘的权限和程度，同时对超越权限和程度的行为用刑法进行规制。另外在各种数据信息被合法收集后，防范数据被窃取、破坏、泄露、篡改，保障数据系统本身的安全性也很重要[③]。就公民个人信息而言，只有信息主体知道自己提供的信息在自己不能自主控制的状态下是安全的，或者有法律保护的，才更利于信息的流通，才能发挥大数据时代下的数据效应。所以在大

① 缪其浩：《大数据时代：趋势和对策》，载《科学》第65卷第4期。

② 范为：《大数据时代个人信息保护的路径重构》，载《环球法律评论》2016年第5期。

③ 邬贺铨：《大数据时代的机遇与挑战》，载《求是杂志》2013年4月。

数据时代，个人信息的重要性决定了应该加强对它的保护。在数据流动、交易过程中如何保护公民个人信息的安全，避免个人信息扩散是必须面对的问题。实际上，公民个人信息的保护与大数据发展和信息社会的建设并不矛盾，二者之间的平衡点就在现行法律框架。换言之，大数据的发展应依法进行，信息社会必须建立在依法保护个人信息的基础上，只有包括个人信息在内的数据在法律保护下安全迅速地收集和流通，才能有效推动我国信息产业的发展。因此，在我国《刑法》和《网络安全法》确立的框架范围内，兼顾公民个人信息保护与大数据产业发展的关系，确保在公民个人信息安全的前提下为大数据发展和信息化建设提供有力的刑事司法保护。

二、大数据时代个人信息保护的现实困境

虽然我国刑法已经对惩治侵犯公民个人信息犯罪作出了明确规定，并在2015年通过的《刑法修正案（九）》中作了进一步的修改完善，但是应该理性地看到，侵犯公民个人信息犯罪是一种复杂的犯罪现象，特别是在大数据时代下，惩治和防控方面存在较大的困难。

1. 立法滞后

刑法对公民个人信息的保护是顺应了社会经济生活的发展形势，社会经济生活的运行需要个人信息的利用安全有序。曾有个问题：“先有刑法还是先有犯罪？”这个问题的答案应该是先有刑法，根据罪刑法定原则，“法无明文规定不为罪，法无明文规定不处罚”。这也是与法律的滞后性特征相符合的。例如，对于个人信息保护领域，《刑法修正案（七）》规定了少数主体，将履行职务中接触的个人信息出售、非法提供给他人，且情节严重时才获罪，《刑法修正案（九）》将主体范围扩大，改为“违反国家有关规定”的行为人，这就需要司法实践中在定罪处罚时应查明“违反国家有关规定”所对应的相关法律法规，以便正确地适用法律。然而，因为目前并没有专门的法律或行政法规对公民个人信息进行保护，导致很难满足该条的规定，造成法律适用中的困境。此外，由于侵犯公民个人信息罪的构成要件过于简单，实践中哪些行为构成犯罪不明确，无形中增加了合法利用个人信息的行为人的刑事风险，阻碍了社会对个人数据的充分利用①。

2. 罪数形态不明确

在司法实践中，犯罪人实施侵犯他人信息的行为后，不是单纯地为了占有，而是有特定用途甚至用于实施其他侵犯公民人身权利或财产权利的犯罪行为。在这个意义上，侵犯公民个人信息的行为属于上游犯罪，其他犯罪行为属于下游犯罪，因此，侵犯公民个人信息罪与诈骗罪、敲诈勒索罪、侮辱罪、诽谤罪等犯罪之间存在密切的联系，尤其是近几年频发的电信诈骗罪。但是，对于同时触犯侵犯公民个人信息犯罪和其他犯罪的行为，是按照数罪并罚的原则处理还是只按照一罪处理，对此尚无明确规定，导致实践中在处理类似问题时存在不同的认识和处理方法，影响

① 高富平、王文详：《出售或提供公民个人信息入罪的边界》，载《政治与法律》2017年第2期。

了惩治侵犯公民个人信息犯罪的实践效果。

3. 犯罪行为方式的认定存在困难

根据《刑法修正案（九）》的最新修正，侵犯公民个人信息罪的行为方式主要有以下几种：一是向他人出售或者提供公民个人信息的行为；二是窃取或者以其他方法非法获取公民个人信息的行为。但是，在司法实践中这两种行为方式在认定中存在如下困难：（1）出售或者提供公民个人信息的行为要求以“违反国家有关规定”为前提，“国家有关规定”解释为法律、行政法规、部门规章有关公民个人信息保护的规定，在上述中已提到由于我国有关公民个人信息保护方面的法律规定不够完善，有的侵犯他人公民个人信息的行为并未在其他法律法规中作出明确规定，因此对于部分出售或者提供公民个人信息的行为找不到相应的违法依据，这就难以认定为侵犯公民个人信息罪；（2）从刑法规范的角度来分析，侵犯公民个人信息罪的行为方式无非有以下三种：出售、非法提供和非法获取①。对于获取公民个人信息的行为，我国《刑法》明确规定了“窃取”这种行为方式，同时笼统地规定了“其他方法”这种概括性的规定有助于严密刑事法网，但也给犯罪认定带来了相应的困难，特别是在大数据时代背景下，有的行为人利用互联网技术优势实施获取他人信息的行为，但其行为本身很难直接认定为非法，如根据他人浏览网页的相关记录推测出他人的兴趣爱好，根据他人的行踪推测出他人的社交关系等，这些行为能否认定为非法获取公民个人信息存在较大的争议。

4. 法律执行与监管存在困难

侵犯公民个人信息犯罪的惩治和预防是一项实践性非常强的问题，所有关于这方面的立法规定和理论设想都必须切实地得到执行方能体现其价值②。但是，我国虽然也制定了不少保护公民个人信息的规定，但这些规定的执行效果却并不理想。究其原因，一方面是受公民个人信息犯罪行为实际情况的影响。由于这类犯罪行为具有高度的隐蔽性，因而在查处和惩治方面存在困难，特别是在大数据时代，公民个人信息随时都在互联网空间广泛传递或者使用，对于那些侵犯公民个人信息的犯罪行为，司法机关难以及时发现和惩处，这使得法律的很多规定没有得到切实执行；另一方面，由于在侵犯公民个人信息犯罪中存在着一种非常特别的现象，那就是对于在履行职责或者提供服务的人员而言，他们有更多的机会接触或者获取他人的个人信息，在不法利益的驱使下，他们往往会充当“内鬼”，把公民个人信息非法提供给他人谋取利益，这类主体本负有更多的责任和义务保护公民个人信息却充当了侵犯公民个人信息犯罪的帮凶甚至是犯罪的直接实施者，法律监管成为一句空话，在《刑法修正案（九）》中对这类主体从重处罚。

① 陈冉：《论大数据背景下隐私权的刑法保护》，载《中国刑事法杂志》2017 年第 3 期。

② 张茂月：《大数据时代个人信息数据安全的新威胁及其保护》，载《中国科技论坛》2015 年第 7 期。

三、大数据时代个人信息保护的路径选择

1. 制定和完善个人信息保护的法律规范

完善的立法规定是保护公民个人信息的重要保障。刑法关于侵犯公民个人信息犯罪的规定虽然在《刑法修正案（九）》中已经作了较大的修改，但是，目前我国刑法关于侵犯公民个人信息犯罪的规定还有进一步完善的空间。

中国目前还没有专门的个人信息数据保护法律文件。为了应对大数据时代的信息安全挑战，在现有的法律法规基础上，必须加快推动《个人信息保护法》的出台，提升数据立法保护，确立网络服务提供者在信息数据泄露时的及时告知和信息披露的义务，增加个人信息侵权的预防和救济措施，规范并协调其他相关法律法规的执行，同时更加具体和细化相关法律法规，为监管部门提供有效的法律依据，全方位保障个人信息安全。

2. 明确罪数标准

行为人实施非法获取公民个人信息的行为后，又将所获得的公民个人信息用于实施其他犯罪的，究竟是只定一罪还是进行数罪并罚，在理论上存在争议。对此，有学者指出“行为人通过非法获取他人个人信息实施其他犯罪，那么非法获取他人个人信息的行为就属于其他犯罪的手段行为，虽然在实质上行为人实施了两个行为，但是我国现行刑法理论和司法实务中都是按照牵连犯的理论加以处理的”①。基于保护公民个人信息的目的，考虑到侵犯公民个人信息犯罪行为的严重危害性，为了更好地发挥刑法对侵犯公民个人信息犯罪的规制作用，有必要在我国《刑法》中明确规定，实施侵犯公民个人信息犯罪，又触犯其他犯罪的，依照数罪并罚的规定处罚。

3. 完善犯罪行为方式

我国现行刑法规定的侵犯公民个人信息罪，其行为方式主要包括出售、非法提供和非法获取。但是，对于将他人的信息直接非法公开在互联网空间的行为，却难以评价为是向他人出售或者提供信息的行为。但这种行为会导致他人信息的传播或者为不特定的人所知悉，因而会侵害信息所有人的权利。解决这个问题，建议在刑法中不断完善本罪的行为方式，为了保证刑法适用能够应对复杂的犯罪态势，在具体规定时，可以采用列举、概括的形式，一方面明确规定哪些行为属于本罪中的“其他方法”，另一方面从行为性质上对“其他方法”的范围作出概括性的规定。

4. 加强对侵犯公民个人信息行为的法律监管与执行

“徒法不足以自行”。侵犯公民个人信息犯罪现象猖獗的一个非常重要的原因就是法律的监管和执行不到位，导致其违法犯罪成本很低。实践中，侵犯公民个人信息的行为时有发生，对公民个人信息保护不到位的情形随处可见，但真正为此承担法律责任甚至被定罪处罚的较少，可见其犯罪黑数之大。因此，法律虽然有关于侵

---

① 同振魁、肖进：《侵犯公民个人信息犯罪若干问题研究》，载《云南大学学报》（法学版）2011 年第 6 期。

犯公民个人信息犯罪的规定，但其预期收益大而违法成本低，以至于侵犯公民个人信息犯罪行为屡禁不止。解决这个问题，必须要加强法律的监管和执行，及时追究侵犯公民个人信息的行为，从而降低犯罪黑数，提高犯罪成本，实现对侵犯公民个人信息犯罪的有效防控[①]。对此，贝卡里亚早已指出，“对于犯罪最强有力的约束力量不是刑罚的严酷性，而是刑罚的必定性”[②]。具体而言，要建立起违法行为的发现和追究机制，尤其是政府职能部门要主动履行其监管职责，对侵犯公民个人信息的行为做到早发现、早处理，从而在社会形成一种“违法必有责”的氛围。同时，要完善公民投诉、举报机制，鼓励公民及时反映侵犯公民个人信息的行为，特别是公民在收到诈骗、虚假信息后，可以通过及时提供信息、反映线索等方式，帮助政府部门查清信息来源，顺藤摸瓜地追查违法犯罪人，从而保证法律关于惩治侵犯公民个人信息犯罪的规定落到实处。

① 胡江：《互联网时代惩治侵犯公民个人信息犯罪的困境与出路》，载《山东警察学院学报》2016 年第 5 期。

② ［意］切萨雷·贝卡里亚：《论犯罪与刑罚》，黄风译，北京大学出版社 2010 年，第 68 页。

论互联网大数据产业发展背景下的公民个人信息刑法保护

李振林[*]　何　俊[**]

信息是互联网大数据产业的基础，根据国务院《关于印发促进大数据发展行动纲要的通知》，大数据不仅是我国的国家战略部署，更是全球范围内推动经济发展、完善社会治理、提升政府服务和监管能力的重要趋势。2016年中国大数据市场规模为168亿元，增速达到45%，预计2017—2020年增速保持在30%以上。[①] 从农业社会到工业社会再到信息化社会，每一次的社会转型与时代变革在带来诸多发展机遇的同时，也带来了对现有法律体系的挑战，大数据从国家战略落实到产业生态的过程中，也必然伴随着对现行法律体系的冲击。而顶层制度设计的缺乏、法律法规建设的滞后都直接表现为公民个人信息保护与互联网大数据产业发展的矛盾。特别是在刑事法领域，《刑法》第253条之一规定的侵犯公民个人信息罪像“达摩克利斯之剑”一般悬在每一个信息从业者的头上，一定程度上反映了互联网大数据产业发展与公民个人信息保护之间的剧烈矛盾与冲突。如何调和其间的矛盾与冲突，既能实现不影响甚至促进互联网大数据产业的发展，又能实现对公民个人信息的有效和充分保护，是现今亟待解决的重大课题。

一、互联网大数据产业发展背景下公民个人信息保护的趋势与特征

随着相关理论研究的深入与立法活动的开展，我国的公民个人信息保护呈现出了新的趋势与特征。这些趋势与特征正是公民个人信息刑法保护的重要基础与前提。

（一）个人信息权的逐步产生与确立

个人信息所彰显的价值与利益决定着个人信息的保护方式与范围。应当看到，只有确立了权源，才能有效指导公民个人信息保护的立法与司法活动。如同刑法法益指导构成要件解释一般，权属也指导着公民个人信息保护法律体系的构建、完善与应用。在过去的很长一段时间内，学界对于个人信息的权属未有定论，故对于个人信息的保护模式存在很大争议。最高人民法院在出台旅游纠纷司法解释时，明确提到是以隐私权客体说保护个人信息。[②] 然而，在具体民事司法实践中，也存在以

* 华东政法大学法律学院讲师，法学博士。

** 华东政法大学刑事法学研究院研究人员。

① 参见中国信息通信研究院：《中国大数据发展调查报告（2017年）》。

② 最高人民法院民事审判第一庭编著：《最高人民法院审理旅游纠纷案件司法解释理解与适用》，人民法院出版社2003年版。

一般人格权、隐私权保护交替出现的裁判。① 实际上，将个人信息的权利属性认定为财产权或隐私权均有其不妥之处。随着“互联网+”与数字化的发展，人们也享受着信息网络空间数字化带来的红利，但这并不意味着通过财产权模式即可妥适保护个人信息。相反，将个人信息视为财产权客体存在不少问题。例如，财产属性不是个人信息的共性。的确存在不少种类的个人信息具有经济价值，这类信息可以被视为具有财产属性，但这一属性并不是所有类别个人信息的共性，诸如个人行踪、社会关系、习惯、身份证信息等，这类人身属性的个人信息很难认为可以通过财产权的模式进行妥善保护。相较于财产权模式，隐私权模式曾是我国司法机关的立场，但该立场一方面已被司法机关革新，另一方面也与现代网络空间下公民个人信息保护不相吻合。

应当看到，个人信息权是信息化社会建设过程中，互联网科技深度融合公民生活的时代产物，是基于特殊时代背景与社会转型的新型权利，其样态与传统的隐私权、财产权有所交叉，但并不完全一致。个人信息权是指个人信息本人依法对其个人信息所享有的支配、控制并排除他人侵害的权利。② 在德国法律语系下，称为“信息自决权”。“个人信息与个人人格密不可分，个人信息主要体现的是一个人的各种人格特征，故个人信息权是一种新型的具体人格权，个人信息权不属于一般人格权。”③《网络安全法》第 42 条第 1 款规定：“网络运营者不得泄露、篡改、毁损其收集的个人信息；未经被收集者同意，不得向他人提供个人信息。但是，经过处理无法识别特定个人且不能复原的除外。”最高人民法院、最高人民检察院《关于办理侵犯公民个人信息刑事案件适用法律若干问题的解释》（以下简称《解释》）第 3 条规定，向特定人提供公民个人信息，以及通过信息网络或者其他途径发布公民个人信息的，应当认定为《刑法》第 253 条之一规定的“提供公民个人信息”。未经被收集者同意，将合法收集的公民个人信息向他人提供的，属于《刑法》第 253 条之一规定的“提供公民个人信息”，但是经过处理无法识别特定个人且不能复原的除外。匿名化与去个人身份化虽然是大数据发展与公民个人信息保护的利益平衡选择，但也恰恰说明了公民个人信息保护的核心重点在于人身性。此外，从《民法总则》的体例安排也可以看出，位于《民法总则》第 111 条的个人信息权显然属于人身权利，《民法总则》第 113 条开始才是财产权利的规定。且个人信息权之规定位于身份权规定之前，属于人格权的范畴。刑法也采取相同的立场，将侵犯公民个人信息罪规定于刑法分则第 4 章侵犯公民人身权利、民主权利罪。因此，个人信息权以其独特的范围、内容，以其支配、控制、排除他人侵害的各项权能对各类个人信息在收集、处理、加工、存储、流转、交易的全方面予以保障，适应了社会情况的变化与时代发展的需要。④

---

① 参见（2011）通中民终字第 0952 号民事裁定书和（2011）沪一中民终字第 1325 号民事裁定书。

② 齐爱民：《论个人信息的法律保护》，载《苏州大学学报》（哲学社会科学版）2005 年第 3 期。

③ 王利明：《论个人信息权在人格权法中的地位》，载《苏州大学学报》（哲学社会科学版）2012 年第 6 期。

④ 张里安、韩旭至：《大数据时代下个人信息权的私法属性》，载《法学论坛》2016 年第 3 期。

（二）公民个人信息保护立法模式从个别到体系的转变

笔者通过北大法宝搜索有关公民个人信息保护的规范性文件，得到了以下结果：法律50部、行政法规38部、司法解释47部、部门规章845部，其他团体规定、行业规定近200部。发布部门与立法主体包含全国人大、全国人大常委会、最高人民法院、最高人民检察院、国务院及各机构等。也有学者进行全局梳理，得出结论：真正涉及公民个人信息保护的规范性文件包括23部法律、12部行政法规、36篇部门规章。[①] 值得肯定的是，公民个人信息保护的立法已取得一定成果，涉及领域极其广泛，基本涵盖公民的日常生活。[②] 但是，这一立法模式仍旧存在不少问题。(1) 缺乏顶层制度设计。早有学者与课题组于2006年撰写了《公民个人信息保护法》（专家建议稿），但时至2017年该法仍旧在酝酿之中。尽管《网络安全法》的出台意味着网络公民个人信息保护的确立，但其他领域的公民个人信息保护仍旧存在法律空白。(2) 规定过于宽泛。虽然有诸多的法律、行政法规与部门规章等规范性文件对个人信息进行保护，但大多都只是原则性的规定，甚少明确规定具体保护制度与相应责任。(3) 碎片立法与重点立法。我国对公民个人信息保护具体制度的立法主要集中于征信领域与网络公民个人信息保护，特别是在全国人大常委会2012年出台《关于加强网络信息保护的决定》之后，各立法主体开始了频繁立法、修法的过程。因此，我国保护个人信息的规定散见于各类法律、行政法规、部门规章等规范性文件中。因而存在碎片立法与重点立法的情形。(4) 保障法越位。刑法作为保障法应当保持相当的审慎性，然而，在前置法尚未完备之时，刑法已经一马当先，率先惩治侵害公民个人信息的行为。2013年《刑法修正案（七）》增设"出售、非法提供公民个人信息罪"和"非法获取公民个人信息罪"。《刑法修正案（九）》将该罪的特殊主体扩大为一般主体，不限信息获取方式并将法定最高刑提至7年。

虽然我国个人信息立法存在上述问题，但不能否认的是，《民法总则》、《网络安全法》的出台以及相应规范性文件对公民个人信息保护的落实的确是从个别到体系对个人信息进行保护。根据中共中央办公厅、国务院办公厅《国家信息化发展战略纲要》，完善信息化法律框架是以网络立法为重点的，因此对重点领域的公民个人信息保护其实是国家战略与社会政策的体现。对个人信息的法律保护应当是体系的，既然在民法层面确立了个人信息权，在行政法保护上也进行了"地毯式立法"，那么在刑法保护上也应当沿袭相应的法律精神与原则。

二、互联网大数据产业发展背景下公民个人信息刑法保护应遵循的原则

推动大数据产业发展，对于提升政府治理能力、优化民生公共服务、促进经济转型和创新发展无疑具有重大意义。大数据产业与公民个人信息保护的矛盾与冲突取决于两者的内在利益冲突。加强公民个人信息的保护早已成为社会共识，发展大

① 参见王秀哲：《我国个人信息立法保护实证研究》，载《东方法学》2016年第3期。

② 参见郭瑜：《个人数据保护法研究》，北京大学出版社2012年版，第39-43页。

数据产业也是国家行动纲要。因此，一味地着眼于公民个人信息保护，忽视政府、企业、信息业者对大数据的需求带来的结果只能是遏制企业发展、妨碍政府治理，进而阻滞社会发展。我们应当正视大数据发展与公民个人信息保护之间的矛盾与冲突，并寻求妥善处理两者关系的原则。随着《民法总则》、《网络安全法》的出台，个人信息收集、使用的基本原则也得到了明确。根据《民法总则》第111条和《网络安全法》第42条的规定，收集、利用个人信息应遵循以下原则：（1）合理、正当；（2）公开收集、使用规则；（3）明示方式、范围、目的；（4）征得同意。作为我国第一个公民个人信息保护的国家标准，国家质量监督检验检疫总局，国家标准化管理委员会出台的《信息安全技术公共及商用服务信息系统个人信息保护指南》（以下简称《指南》）也规定了信息处理的8项基本原则：目的明确、最少够用、公开告知、个人同意、质量保证、安全保障、责任明确以及诚信履行。刑法作为其他法律的保障法和社会的最后一道防线，在面对公民个人信息保护与利用之间的博弈时，应以上述原则为基础，遵循如下原则。

（一）保护与利用并重原则

个人信息的保护与利用是大数据产业发展与公民个人信息保护冲突的直接体现，背后的本质其实是个人利益与社会利益之间的博弈。就目前而言，宏观上两者不应有主次之分或优劣之别。主张公民个人信息保护优位会导致公司、政府无法享受信息红利，不能通过大数据分析来改善治理、经营活动，不仅阻碍了企业发展、政府治理社会，甚至会使我国在世界范围内的信息潮流中、大数据产业竞争中落于别国身后，不利于国家综合实力的提升。主张大数据产业发展优位则会损害公民的人格权益，个人信息的肆意收集、滥用不仅会损害公民权利，更可能导致社会秩序紊乱。信息的紊乱，即是社会的紊乱，甚至动摇政府合法性的基础。因此，个人信息的保护与利用应当并重，并不存在先后、优劣之分。不过，这一宏观原则并非一成不变，随着社会的发展，基于公民个人信息保护与利用之间关系的平衡性判断，可以确立孰者优先。此外，该宏观原则更多地指导宏观立法活动，在具体微观实际事件的处理上，则可遵循利益相互协调原则。

（二）利益相互协调原则

利益相互协调原则或称利益平衡原则有两个子原则：一是平等对待；二是利益比较。这两个子原则共同构成了利益相互协调原则。平等对待是指必须对所涉利益及利益主体平等对待，不得有先入为主的高低、先后等层次之分。利益比较是指对所涉利益需要进行全方位、综合考虑的比较。整个利益相互协调原则具体而言是指当个人信息利益与其他利益发生冲突时，应综合考虑、衡量各方主体利益，比较利益的大小决定权利的配置，从而使不同的利益间达至平衡。例如，当个人信息利益与司法利益产生冲突时，需要考虑司法机关调取的金融信息是否为反洗钱工作的真实需求，所需要查询或调取的信息的范围是否合理，查询或调取后是否可以对相关信息进行严格保密，查询或调取之后是否会对该银行客户的隐私利益产生重大影响等。只有综合考虑上述这些因素之后，才能准确舍弃具有较小合理性的利益而保存具有较大合理性的利益。①

（三）区分原则

区分原则，是指区分个人信息的类型与用途，分阶层地进行保护或利用。区分个人信息类型与用途的意义在于平衡公民个人信息保护与大数据产业发展。显而易见，不同类型的个人信息彰显的是不同重要程度的个人权益。侵害信息类型不同，对个人权益的影响也不同。《征信业管理条例》将“个人的宗教信仰、基因、指纹、血型、疾病和病史信息以及法律、行政法规规定禁止采集的其他个人信息”作为敏感个人信息分类保护。此类敏感个人信息与个人隐私保护紧密相连，直接关涉个人人格尊严的维护。《指南》也将个人信息分为个人敏感信息与个人一般信息。有学者也提出，在区分个人信息类型的基础之上，强调对个人一般信息以利用为主，对个人敏感隐私信息以保护为主，调和公民个人信息保护与利用的需求冲突，实现利益平衡。② 这一立场值得肯定，该观点还强调了隐私信息，笔者在上文已经提出隐私信息只会不当缩小个人信息的保护范围，且隐私信息的范围已经在互联网的洪流下逐渐变小，故笔者主张将个人信息区分为个人敏感信息与个人一般信息进行分阶层保护。

三、互联网大数据产业发展背景下公民个人信息刑法保护的具体调整

根据互联网大数据产业发展背景下公民个人信息保护的趋势与特征，并遵循前文所述的公民个人信息刑法保护原则，我们应妥适调整公民个人信息刑法保护的具体思路和方法。

（一）侵犯公民个人信息罪所保护法益的确立

应当看到，侵犯公民个人信息罪的法益并非一经刑事立法即告确立，在《刑法修正案（七）》增设“非法获取公民个人信息罪”与“出售、非法提供公民个人信息罪”之后，刑法学界关于这两个罪名的法益究竟为何存在争议，有“公民个人的信息自由和安全”“个人隐私”“宪法隐私权”和“公权、公益”等观点。③ 笔者认为，对于本罪法益的争议多是存在于2013年之前，原因主要在于当时对个人信息的认识不够深入，各部门法学界对于个人信息的法律属性、保护模式仍存有较大争议，因此对于法益的确认也不够精准。然而，随着《民法总则》与《网络安全法》的出台，理论界已对个人信息的本质有了深入的认识，立法上也作出了相关回应，因此本罪的法益应是个人信息权。

侵犯公民个人信息罪是法定犯，该罪的法益应当与前置法保持协调、一致。既然民法上已然确立了个人信息权，那么刑法中该罪保护的法益也当然是个人信息权，这是法秩序统一性的内在要求。个人信息权显然也属于刑法分则第4章侵犯公

① 参见李振林：《非法利用个人金融信息行为之刑法规制限度》，载《法学》2017年第2期。

② 参见张新宝：《从隐私到个人信息：利益再衡量的理论与制度安排》，载《中国法学》2015年第3期。

③ 具体争议参见赵军：《侵犯公民个人信息犯罪法益研究——兼析〈刑法修正案（七）〉的相关争议问题》，载《江西财经大学学报》2011年第2期。

民人身权利、民主权利罪类罪的法益范畴。个人信息的刑法保护是将个人信息权作为人身权利来进行的，这一立场与民法理论对公民个人信息保护的研究不谋而合。个人信息权的内容包括决定权、保密权、查询权、更正权、封锁权、删除权、报酬请求权等。① 然而，并非其中的每一项内容皆为本罪法益。从本罪的行为方式来看，其保护的主要是个人信息权中的决定权，其他权能则主要由民法和行政法来保护。

（二）公民个人信息范围的合理界定

根据《解释》第1条规定可知，对个人信息定义的核心特征在于识别性，识别性既包括静态的身份识别也包括动态的活动识别。根据这一核心特征，我们可以发现，刑法中个人信息的保护范畴非常广，与《网络安全法》第76条第5项的规定相比，多出了行踪轨迹等动态识别类个人信息。应当看到，个人信息的刑法保护呈现出保护范围极广的特征。个人信息范畴从《刑法修正案（七）》中的“本单位在履行职责或者提供服务过程中获得的公民个人信息”到《刑法修正案（九）》中的“公民个人信息”，扩大了相当广的范围，体现的是刑事政策与社会发展的变化。

既然限缩刑法公民个人信息的范围无法贯彻利益平衡的立场，那么应当如何进行教义学的改造呢？对此，《指南》将个人信息分为个人敏感信息与个人一般信息，其中个人敏感信息是指“一旦遭到泄露或修改，会对标识的个人信息主体造成不良影响的个人信息。各行业个人敏感信息的具体内容根据接受服务的个人信息主体意愿和各自业务特点确定。例如，个人敏感信息可以包括身份证号码、手机号码、种族、政治观点、宗教信仰、基因、指纹等”②。个人信息是人格利益的具体体现，个人敏感信息体现的则是较为重要、敏感的人格利益，应予以重视保护。个人一般信息则表征了稀薄的人格利益相关性，虽然同样成为侵犯公民个人信息罪的保护内容，但应与个人敏感信息的保护进行区分。《解释》也采取了相同的立场，按照信息类型的不同，将情节严重的认定数量标准分为三个层次，分别为行踪轨迹信息、通信内容、征信信息、财产信息50条以上、住宿信息、通信记录、健康生理信息、交易信息等其他可能影响人身、财产安全的公民个人信息500条以上、上述以外的公民个人信息5000条以上。虽然采取了同样的立场，但笔者认为，对于个人一般信息的入罪门槛过低。正如上文所言，侵害个人一般信息的数量标准体现的是超个人属性法益，而非一般的具体个人法益。这类超个人属性法益的贯彻应当明显区别于一般个人法益，5000条以上的入罪门槛虽10倍于前项之信息类型，但这是信息类型本身不同所带来的必然选择，而非超个人属性法益贯彻的结果。特别是在动辄几千万条、几亿条的个人信息犯罪案件高发下，区区5000条的门槛反而体现了一种“既严又厉”的刑事政策导向，与我国实际境况不太契合。

（三）信息使用目的之于构罪影响的重新评价

打击侵害公民个人信息的犯罪活动的重点应聚焦于利用各类技术拖库、撞库等

① 参见齐爱民主编：《个人资料保护法原理及其跨国流通法律问题研究》，武汉大学出版社2004年版，第122页。

② 《指南》第3.7条。

手段非法获取公民个人信息的犯罪活动以及非法买卖公民个人信息等黑色产业链，而不是为了合法经营活动收集、利用公民个人信息的经营者。两种行为类型侵害法益的程度不可同日而语，后者最多侵害了个人信息权本身的一些内容，前者则往往涉及其他衍生的财产犯罪等，具有侵害程度高、牵涉范围广的特点。而且，前者往往将信息用于违法犯罪，后者则将信息用于合法经营活动中，两者的目的有合法与非法的天壤之别，对于违法性、危害性程度的认定也应当区别对待。但是，划分重点打击对象并不意味后者无须规制，只不过在具体入罪标准、刑罚设置上应体现两者的不同。有学者认为，基于正当目的的企业间信息共享，在不同主体之间出售或提供可直接识别特定个人身份的公民个人信息所造成的人格利益侵害结果完全可以通过民事法律调整、救济，没有必要动用刑法来进行保护。① 虽然该观点有一定的合理性，但仍不足以作为立法上区分罪与非罪的标准。原因在于，我国刑法目前仍然是结果本位或者说结果本位倾向的立法模式，即便是基于合法、正当经营目的的非法收集、利用个人信息行为，也可能造成较为严重的危害后果。例如，第三方支付结算账户和传统银行账户功能类似，都涉及用户金融资产，包含了用户多维度的身份信息、关联的银行卡信息、用户日常支付和理财等隐私信息和金融敏感信息，涉及数亿用户的衣食住行、医疗、交通、理财等方方面面，一旦这些账户信息被非法获取以及出售、提供，即便是出于合法经营目的，也极易给用户的金融资产造成损失，甚至会引起集体性恐慌，不利于社会稳定。此外，将侵犯公民个人信息罪理解为目的犯不利于个人信息的保护。正如上文所述，许多公司、企业也是侵害公民个人信息的主力军，所谓的合法经营之正当目的同样侵害了个人信息权，只不过这种侵害较非法目的下的侵害程度更加轻微。

根据《解释》第6条的规定，我们可以发现司法机关也采取了同样的立场，根据目的要素不同区分入罪标准。虽然将本罪理解为目的犯是不合适的，不利于对公民个人信息的保护，但可以通过提高入罪门槛来达到准确评价两者危害程度不同的效果。

需要指出的是，《解释》仅规定了合法经营目的时的情节严重标准，没有规定情节特别严重的标准。笔者认为，这一疏漏或者故意设置会使条文之间并不协调。既然目的要素的不同足以区分情节严重的认定标准，为何不对情节特别严重的认定标准进行区分？这种不协调的司法解释条文设置并没有足够充分的理由。从现有规定来看，主要存在以下两个问题。(1) 数量标准不统一。为合法经营活动而非法购买、收受除行踪轨迹信息、通信内容、征信信息、财产信息、住宿信息、通信记录、健康生理信息、交易信息等其他可能影响人身、财产安全以外的公民个人信息，情节严重的认定不再以数量为标准，而以获利数额或行政处罚前置认定。但在情节特别严重的认定上，为合法经营活动而非法购买、收受各种信息的，又能够以数量作为标准。这种飘忽不定的情节认定标准显然不利于本罪的司法适用。(2) 数

① 参见高富平、王文祥：《出售或提供公民个人信息入罪的边界——以侵犯公民个人信息罪所保护的法益为视角》，载《政治与法律》2017年第2期。

额标准不统一。合法经营目的收集其他信息的，以获利5万元作为情节严重标准。而在情节特别严重的认定上，由于缺乏对应的条文，又不得不以《解释》第5条第2款之规定认定。根据该规定，情节特别严重的数额标准是情节严重数额标准的10倍，即5万元。这一结论致使合法经营目的时，情节严重与情节特别严重的数额认定标准都是5万元，显然违背基本法理。因此，笔者认为，有必要针对性地制定合法经营目的时的情节特别严重标准，以协调条文适用，也表明鼓励合法经营的立场。

公民个人信息保护中的刑事与非刑事责任

金 晶*

近年来，因公民个人信息泄露而引起的电话骚扰、垃圾信息、网络买卖公民个人信息高发，不仅严重干扰了人们的正常生活，而且由此引发的电信诈骗等犯罪案件持续高发，产生了一系列连锁反应，导致公民的人身和财产安全遭到严重威胁和损失，具有严重的社会危害性。信息时代的网民人数占据了公民个人相当大的比例，根据中国互联网络信息中心 2015 年发布的《第 36 次全国互联网发展统计报告》显示，截至 2015 年 6 月，我国互联网普及率为 48.8%，我国网民总数已达到 6.68 亿人。中国互联网协会发布了《2015 中国网民权益保护调查问卷》报告显示，最近一年内，网民因个人信息泄露引发的诈骗和垃圾信息、黑客攻击等造成的经济损失达到 805 亿元，人均损失约 124 元，其中 8%的网民遭受的财产损害超过了人民币 1000 元。该报告还指出，个人信息泄露最常见的途径是商家买卖、盗窃互联网数据、木马攻击窃取、钓鱼网站骗取、二手手机泄露和黑客技术盗窃等。司法实践中，侵犯公民个人信息行为增长迅猛，由此引发的电信诈骗等其他犯罪也增长迅猛，经常出现个人信息犯罪和电信诈骗等犯罪交织在一起的情形。公民个人信息泄长也成为网络类诈骗犯罪持续高发的助推器。

我国目前对于公民个人信息的法律规制是有刑法和非刑法保护体系相结合的，非刑法保护体系包括民法和行政法的保护。公民个人信息的民法保护涵盖范围很广，对于一般侵犯公民个人信息的行为，属于民事侵权行为，由民法来进行保护。而公民个人信息的行政法保护要在限制国家公权力的滥用和保障公民个人信息权利限度之间保持适当的平衡，公民个人信息的行政立法保护需要进一步完善，与刑事立法的保护要密切衔接。

一、公民个人信息保护中的非刑事责任

（一）公民个人信息的民法保护

风险社会的风险重要来源是人为的风险，广泛地侵犯公民的人身权和财产权是风险社会的一种负面现象。个人信息权最初作为一项独立的公民民事具体权利，与公民的人格权密不可分，如公民个人的姓名、血型、基因数据等与公民个人本身密切关联，都具有人格权属性。后来随着经济和社会的持续发展，个人信息的内容中注入了更多财产属性的内容，如公民的银行账户信息、证券账户信息、工资收入等类别的个人信息则更多具有财产利益，需要进一步着重进行保护。在市场经济社会，尤其是名人的信息，具有日益广泛的利用价值，从而使个人信息中的财产利益

* 南京财经大学讲师。

日益凸显。① 例如，权利人可以授权他人使用自己的姓名、购物记录等，用于商业经营活动，以获取经济利益。个人信息不仅可以进行一次性利用，还可以进行多次利用。当然，他人在正当利用其个人信息的同时，法律应当设置一定的措施，以保护个人的人格尊严，在此就需要平衡市场经济与人格尊严的关系。②

我国《民法通则》通过明确规定“公民的人格尊严受法律保护”来保障公民的人格权。最高人民法院于2014年10月9日发布了《关于审理利用信息网络侵害人身权益民事纠纷案件适用法律若干问题的规定》。③ 该司法解释明确了网络个人信息的范畴，增加规定保护被侵权人人身权益的力度，希冀能改变当前网络领域侵权现象多发、调查取证和维权保障难的现状，加大了民事法律的规制力度，以更有效地保障公民权利。该司法解释把公民个人信息上升到公民人格权的高度进行保护，详尽列举了公民个人信息的保护范围，体现了我国法律对个人信息保护的升级。对于一般的侵犯公民个人信息的行为，由于其情节不严重，属于民事侵权行为，由民事法律来进行保护，无须纳入刑法的保护范围。2016年10月31日，我国民法总则（草案）提请十二届全国人大常委会第二十四次会议二次审议。草案说明中提出，“个人信息权利是公民在现代信息社会享有的重要权利，保护个人信息对于保护公民的人格尊严，使公民免受非法侵扰，维护正常的社会秩序具有现实意义。因此，民法总则（草案）增加规定了：自然人的个人信息受法律保护。任何组织和个人不得非法收集、利用、加工、传输个人信息，不得非法提供、公开或者出售个人信息。”④ “由于民法总则是民法分则的宪法，民法总则如果吸收该项规定，则意味着我国公民民事权利里增设了个人信息权，个人信息权与隐私权得以并驾齐驱。将来公民个人信息的法律保护将不再依附于隐私权的保护，而是完全根据个人信息权的独立权利进行保护。”⑤

在侵犯公民个人信息民事法律责任的实现过程中，应当按照侵权行为的差异确定不同的责任原则。首先，对于政府机构等公权力机关的工作人员，由于其行使公共管理社会职能，对其侵害应当采用无过错原则，即严格责任原则。其次，对于国有金融机构、通信单位等具有公共服务属性单位的工作人员如果实行侵权行为的，应当采用举证责任倒置的过错原则。因为该类主体具备准公权力的性质，与公民处于相对优势地位，应由优势地位一方承担举证责任，促进双方力量的平衡。最后，对于其他非垄断公共服务单位和普通侵权主体，“采取民事侵权责任的一般过错责任原则，主要适用于平等主体之间的法律保障。”⑥ 风险社会背景下对公民个人信

① 王利明：《论个人信息权的法律保护——以个人信息权与隐私权的界分为中心》，载《现代法学》2013年第4期。

② 王利明：《论个人信息权的法律保护——以个人信息权与隐私权的界分为中心》，载《现代法学》2013年第4期。

③ 王敏：《新时期加强网络舆论工作问题初探》，载《信息技术与信息化》2015年第12期。

④ 《个人信息怎么保护？全国人大要放大招》，http://news.gmw.cn/2016-10/31/content_22746392.htm，2016年10月31日访问。

⑤ 和静钧：《盼个人信息权能在民法总则中落地生根》，载《深圳特区报》2016年11月1日。

⑥ 卢建平、常秀娇：《我国侵犯公民个人信息犯罪的治理》，载《法律适用》2013年第4期。

息的民法保护具有重要的价值，能够防范和减少公民个人信息民事侵犯行为的发生，防止民事侵害行为进一步升级和扩大，有助于减少风险社会的风险性和保障公民的个人信息权利。

"为了维持社会秩序，国家制定民法、刑法等法律，从而形成整体的法秩序以保护法益，所有的法律都以保护法益为其任务。"[①] 一般而言，民法涉及个人人身、财产权利，是国家对民事权利的保护，注重对民事法律关系的评价；而刑法为公法，涉及国家对刑罚权的运用，注重对行为的评价。公民个人信息的民法保护注重调整平等主体之间的关于公民个人信息的民事法律关系，受害人通过对侵犯公民个人信息权的行为提出民事损害赔偿来实现法律上的救济，受害人和侵权人的法律主体地位是平等的；而公民个人信息的刑法保护侧重对侵害行为进行刑法意义上的评价，由国家来实现对侵害人行为的惩罚，刑罚的目的是预防和惩戒侵犯公民个人信息犯罪。如果侵犯公民个人信息构成了犯罪，其行为首先也构成了民事侵权行为，即便侵害人承担了法律上的行政责任或刑事责任，受害人仍然享有权利继续要求对方给予民事上的赔偿。风险社会背景下民事救济权利的实现，既恢复了被侵权人的受损利益，也剥夺了侵害人获取的非法利益，提高了犯罪人的违法犯罪成本，有助于预防和减少该类犯罪，降低风险社会的风险因素。当前我国民法关于个人信息保障的规定还不够详细，与刑法关于个人信息保护的规定缺乏有效衔接，还没有明确民法和刑法各自介入个人信息权利保护的节点，需要在今后的立法中不断予以完善。

（二）公民个人信息的行政法保护

风险社会语境中各类风险不断扩散，呈现出动态和不断变化的特征，对行政立法和程序提出了更高的要求，需要行政法能够灵活多变地处理风险社会的风险。行政法主要是为了规范国家公权力的使用，更好地保障公民个人权利，其重要特征是形式的规范性，主张依照法律行政，保障个人免受行政权力的不当侵害。随着风险社会和信息时代的来临，个人信息保护也要注重规范国家公权力的运用，保障公民个人信息权不受各类风险的侵害，行政法要在限制国家公权力的滥用和保障公民个人信息权利限度之间保持适当的平衡。世界多数国家和地区法律都明文规定了个人信息的行政法保障条款，如《德国联邦数据保护法》按照总则和分则进行区分，第二部分到第五部分属于分则部分。第二部分主要是关于"公务机关的资料处理"的条款；第三部分则主要是"非公务机关和参与竞争的公法企业的资料处理"的条款。而美国根据个人信息保护范围不同区分为公共范围立法和个人范围的立法两大部分。公共范围立法适用对象是政府机关，预防其通过国家公权力侵害公民的个人信息，代表法律有《隐私权法》《信息自由法》《情报公开法》等部门法。[②] 由于我国没有专门制定《个人信息保护法》，采取行政法手段保障公民个人信息的内容散落规定在《邮政法》《护照法》《保险法》《商业银行法》《居民身份证法》《档案

① ［日］大谷实：《刑法总论》，黎宏译，法律出版社2003年版，第7页。

② 吴苌弘：《个人信息的刑法保护研究》，华东政法大学2013年刑法博士学位论文。

法》《个人存款账户实名制规定》等法律法规之中。例如，《商业银行法》第29条规定："对个人储蓄存款、商业银行有权拒绝任何单位或者个人查询。"[①]《个人存款账户实名制规定》第八条规定："金融机构及其工作人员负有为个人存款账户的情况保守秘密的责任。金融机构不得向任何单位或者个人提供有关个人存款账户的情况，并有权拒绝任何单位或者个人查询、冻结、扣划个人在金融机构的款项；但是，法律另有规定的除外。"[②] 这些法律法规和部门规章比较零散，尚未建立完整行政法的体系规定，难以满足风险社会语境下对公民个人信息的行政法保障需求。因此，应当从行政立法的层面，规定其保护与使用规范，并将使用个人信息的行为区分为公权力使用和非公权力使用，设定不同的使用规则。将个人信息也进行适当分类，可以区分为个人一般信息和个人敏感信息，对后者应当予以更严格的行政法保护。

如果侵犯公民个人信息的行为只是违反了行政法规和部门规章，则应当纳入个人信息行政法保护的范围。在我国行政法领域最常见的《治安管理处罚法》中，对偷窥、偷拍、窃听、散布他人隐私的行为有专门的行政处罚规定，但对于侵犯公民个人信息中不涉及个人隐私的内容没有做出具体的规定，导致部分侵犯公民个人信息的行为不能纳入《治安管理处罚法》的处罚范围，这也是《治安管理处罚法》需要完善的地方。2012年1月1日起施行的《居民身份证法》规定了侵犯公民个人信息的行政责任，该法明确规定："国家机关或者金融、电信、交通、教育、医疗等单位的工作人员泄露在履行职责或者提供服务过程中获得的居民身份证记载的公民个人信息，构成犯罪的，依法追究刑事责任；尚不构成犯罪的，由公安机关处十日以上十五日以下拘留，并处五千元罚款，"[③] 有违法所得的，没收违法所得。同时还规定，给他人造成损害的，还应当承担民事责任。但该法惩罚的主体也仅限于公共机关或者金融、电信等单位的工作人员，保护个人信息的对象也仅限于履行职责或者提供相应服务程序中得到的居民身份证记载的公民个人信息，没有包含其他主体侵害公民其他个人信息的情形。

由于侵犯公民个人信息犯罪涉及二次违法问题，通常是在违反了行政法的规定后，再进一步讨论其刑事违法性，即属于刑法中的法定犯。和法定犯相对应的是自然犯，自然犯的概念最早发端于加罗法洛的代表作《犯罪学》。他在书中首次提出自然犯和法定犯的范畴，"在一个行为被公众认为是犯罪前所必须的不道德因素是对道德的伤害，而这种伤害又绝对表现为对怜悯和正直这两种基本利他情感的伤。我们可以确切地把伤害以上两种情感之一的行为称为自然犯罪"。[④] 而刑法中的法定犯一般是指违反行政法规中的禁止性规范并由行政法规中的刑事法规所规定的犯

① 《中华人民共和国商业银行法》，http：//www. china. com. cn/chinese/PI-c/469843. htm，2016年3月2日访问。

② 《个人存款账户实名制规定》，http：//www. gov. cn/gongbao/content/2000/content_ 60110. htm，2016年3月2日访问。

③ 李延阁：《探析"人肉搜索"的法治维度》，载《行政事业资产与财务》2011年第2期。

④ ［意］加罗法洛：《犯罪学》，耿伟等译，中国大百科全书出版社1996年版，第29-50页。

罪。大陆法系刑法理论常常将行政犯等同于法定犯，如日本学者小野清一郎认为："刑法法规在理论上可分为两种，即固有的刑罚法规与行政刑罚法规。与它们的区别相对应犯罪可分为刑事犯和行政犯。自然犯与法定犯的区别也几乎完全一致。"① 法定犯的最大特征在于其"二次违法性"。根据二次违法性原理，其中存在着一种严格的阶梯关系。刑法是保证各种法律规范得以实施贯彻执行的最后一道屏障，始终处于保障法的地位。② 某种行为如果能用其他部门法调整，就不能动用刑法手段。

由于刑法和行政法的保护范围会有重合，两者同属于公法性质，大量行政违法行为会进行犯罪化处理，因此，行政法和刑法的关系非常密切。对行政犯而言，行政法构成了刑法的前置法。"行政犯是在违反行政法规的基础之上，又由于行政违法的量达到了严重危害社会的程度，触犯了刑事法律，从而在质上符合了行政犯罪的要求。因此在我国，行政犯的基础是行政法，但其最终属性还是刑法。"③ 行政违法行为与刑事犯罪的界分标准大体有构成要件的差异性、情节犯和结果犯等，很多时候表现为量的不同，即犯罪的界定应当考量定量因素。"这种量的差异并不是一成不变的，社会生活的丰富多彩和刑事政策的改变都会导致行政违法与刑事违法界别标准的变化，从而导致犯罪化、非犯罪化现象的发生。"④ 具体到侵害公民个人信息的行为而言，按照我国刑法规定主要是情节上的差异，包括侵犯公民个人信息的数量、信息用途、行为方式、涉案或者获利金额、侵害次数、危害结果等多重因素，具体内容将在后文予以探讨。就目前的现状而言，需要完善侵犯公民个人信息的行政法规与刑法规制路径的衔接机制，即实现行政法与刑法的无缝衔接。特别是在当前风险社会的语境下，大量严重侵犯公民个人信息的危害行为没有纳入行政法的规制范围，导致行政法的惩治存在薄弱环节。此外，由于我国侵犯公民个人信息罪以违反行政法的相关规定即违反国家有关规定为条件，空白罪状的适用也需要借助相关行政法规范的规定。因此，公民个人信息行政法保护的规定亟待进一步完善，从而与现有公民个人信息的刑事立法形成有效对接，更有利于保障公民的个人信息权。

二、公民个人信息保护中的刑事责任

风险社会背景下严重侵犯公民个人信息的行为涉及面广，持续时间持久，危害后果严重，不仅严重侵害了公民个人的信息权，而且对国家和社会秩序的稳定带来严重的负面影响。因此，刑法应当及时予以应对，注重预防和惩戒该类严重侵害行为。申言之，对于风险社会背景下公民个人信息刑法保护的必要性主要有以下几点：

---

① 转引自［日］秋山哲治：《"自然犯—法定犯"与"刑事犯—行政犯"的概念》，载日本《刑法杂志》第4卷第2号。

② 刘宪权：《中国（上海）自由贸易试验区成立对刑法适用之影响》，载《法学》2013年第6期。

③ 张绍谦：《试论行政犯中行政法规与刑事法规的关系——从著作权犯罪的"复制发行"说起》，载《政治与法律》2011年第8期。

④ 姜远斌、杨曙光：《刑法与行政法衔接问题探析》，载《人民检察》2014年第3期。

（一）侵犯公民个人信息行为侵害了多重法益

刑法的目的在于保护法益。张明楷教授认为："法益是指根据宪法的基本原则，由法所保护的、客观上可能受到侵害或者威胁的人的生活利益。其中由刑法所保护的人的生活利益，则是刑法上的法益。"[①] 笔者认为，风险社会语境里严重侵犯公民个人信息的行为不单单侵害了个人法益，对公民的人身法益和财产法益造成了损害，而且超越了单纯个人法益的范围，侵犯了包括国家法益和社会法益在内的多重法益。"法益侵害说之所以取代权利侵害说，本意就是要将超个人法益引入刑法的保护范围。在当代的刑法体系中，个体法益的犯罪甚至已经成为星星点点的岛屿，淹没在公共法益犯罪的汪洋大海之中。"[②] 公民个人信息不仅承载了公民个人的各类信息，其所属的个人信息权超越了普通意义上的个人信息的一般权利，与个人隐私权等权利密切关联，呈现出复杂的权利样态特征，具有独立的权利地位，是公民人权的重要组成部分。我国刑法将侵犯公民个人信息罪置于侵犯公民人身权利、民主权利罪一章，可见立法者将个人信息权视为公民人身权利的重要组成部分。而刑法是部门法中最严厉、最具有威慑性的法律，可以剥夺犯罪分子的自由、生命、财产和资格，具有最严厉的惩戒效果。由于侵害公民的个人信息权即属于侵害公民的基本人权，因此将其纳入刑法的规制范围具备合理性，从而可以更好地保障公民的个人信息权。刑法作为最后的保障法需要及时介入，将该类严重侵害行为纳入刑法的规制范围，实现刑法应有的维护社会正常秩序与保护人权的功能。

（二）侵犯公民个人信息行为具有严重的社会危害性

犯罪的本质特征是社会危害性，分析和判断犯罪的社会危害性是刑法需要解决的重要课题。德国法学家拉德布鲁赫曾提出："过去人们根据神或者道德法则施行刑罚，尚可以良知施行刑罚；然而，当以国家或者社会必要性或目的，以多重意义的，受时代制约和具争议性的价值观名义处刑时，施刑的手就不能不颤抖。"[③] 法律不理会琐碎之事。[④] 如果侵犯公民个人信息的行为比较轻微且危害不严重，则只需要民法或者行政法予以保护即可，没有动用刑法的必要。当一种行为的危害量达到危及社会生存条件，从而需要使用刑罚来对付的程度时，国家就会产生动用刑罚加以抑制的冲动，"入罪"就成为一种必然的选择。[⑤] 具体社会危害体现为：

一是严重危害政府信息安全和广大民众的正当权益。公民个人信息权是公民权利的重要组成部分，国家和政府机关对其承担保密和依法规范使用的义务。实践中，公权力机关因履职需要收集的公民个人信息被非法传播，对政府的信息安全和公民的正当权益带来了很大的侵害，也加大了风险社会的风险。

二是容易诱发各类诈骗、故意伤害、绑架等各种相关犯罪。公民个人信息被随意公开和非法买卖，成为网上和网下诈骗、网络诽谤等新型违法犯罪的源头。网络

---

① 徐伟：《侵犯公民个人信息罪的对象研究》，南京师范大学 2013 年硕士学位论文。
② 劳东燕：《风险社会与变动中的刑法理论》，载《中外法学》2014 年第 1 期。
③ ［德］古斯塔夫·拉德布鲁赫：《法学导论》，米健译，中国大百科全书出版社 1997 年版，第 87 页。
④ 张明楷：《刑法格言的展开》，法律出版社 2003 年版，第 98 页。
⑤ 张绍谦：《从刑罚特性看犯罪圈的界限》，载《河南省政法管理干部学院学报》2007 年第 5 期。

诈骗、电信诈骗、信用卡诈骗、机票诈骗等犯罪呈现高发状态，公民个人信息的泄露是其中的重要原因。犯罪嫌疑人常常获取了公民的个人信息，准确得知了被害人的详细身份、银行卡账户信息、手机号码等情况，然后实行各类诈骗犯罪。被害人因此常常对该类违法犯罪行为深信不疑，个人信息的泄露在很大程度上提高了不法行为人实行诈骗等犯罪的成功率，给社会带来了更严重的危害。

三是与故意伤害、寻衅滋事等其他暴力犯罪交织在一起，破坏了社会秩序和公共安全。在我国公安机关组织侦破的多起黑社会性质组织犯罪案件中，有的黑社会性质组织组织雇佣了“两劳”释放人员或无业人员进行非法调查活动，个别甚至直接成为黑社会性质组织犯罪团伙。

由此可见，严重侵犯公民个人信息的行为具有严重的社会危害性，其严峻现状表明通过单纯的民法和行政法的手段已经难以有效抑制风险社会中侵犯公民个人信息的行为，民法和行政法的手段没有足够的威慑力来保障信息时代公民的个人信息权，难以预防和惩戒该类严重侵权行为。因此刑法需要及时介入，将该行为纳入其规制范围，对于预防和减少侵犯公民个人信息危害结果的发生，保护公民个人权益，促进信息社会的发展，减少风险社会的风险因素都具有重要的价值。

（三）侵犯公民个人信息行为入罪符合维护民众权益的需求

侵犯公民个人信息行为入罪还有着哲学基础：刑法规范存在的重要价值在于现实生活中有着大量侵害他人权益的不法行为，民众期盼自身的合法权益得到国家公权力的正当维护。在风险社会里，国家更有责任保障公民的合法权益，维护好民众的幸福和权利，必要时要采取刑法的手段，特别是在个人权益遭受侵害时这一点体现得更为突出。“生命、身体、自由、名誉、贞操等，从他人处夺走这些利益，自己却不能享受。从犯人的角度来看，把这些利益从持有人处夺走是符合其快乐原则的。从持有人的角度来看，被人夺走自己的利益是违反其快乐的。”① 由于公民个人信息权与公民的名誉、隐私密切关联，是基本人权的重要组成部分，如果受到侵犯，则有可能影响每个人的切身权益和幸福。在风险社会中这种影响更为广泛和深入，会持续增加风险社会的不安定因素。因此，将侵犯公民个人信息的行为纳入刑法的规制范围，符合维护民众权益的需求。刑法要保障多数公民的权益和幸福，减少风险社会里的不稳定因素，应当对严重侵犯公民个人信息的行为进行规制，更好地保障公民的利益和社会的安定有序。

综上所述，在风险社会注重防控风险和维护安全的背景下，国家机关和民众在惩戒个人信息犯罪上形成了一致立场，共同希望加强对公民个人信息的刑法保护，构建更加系统完整的刑法规制体系。这也成为风险社会背景下刑法积极介入公民权益保护，主动面对各类风险的重要举措。

---

① ［日］西原春夫著：《刑法的根基和哲学》，顾肖荣等译，法律出版社2004年版，第95页。

个人信息权的性质及刑法规制重点

赵香如*

人类天生即具有探秘的好奇心和获取信息的求知欲，面对大数据世界的滔滔洪流，只有乘坐信息的快车才能加速发展。国家或组织为了改进公共服务能力，更好地服务于公民，收集和处理信息也成为必需。然而，数字记录和连接设计也照亮了计算机犯罪的阴沉世界，据报道：目前，全球计算机犯罪导致的年均损失数目惊人，每天有150万名受害人，每年不止2.324亿人的身份被曝光。① 根据Juniper Research显示，全球2019年的数据违法导致的损失将达到1.3万亿英镑，差不多是2015年的4倍；就私人层面而言，到2020年，大公司违法所致平均损失将达到9.4百万英镑。② 然而何种条件下，法律必须拿起“利剑”惩治侵犯个人信息的行为，而何种条件下使用个人信息正当，解答该问题是法律规制个人信息的前提，我国个人信息法历经十余年仍未出台，一个主要原因是针对该重要问题至今未有充足的理论来解答。于刑法而言，该问题决定侵犯公民个人信息罪在刑法中的地位以及刑法惩治重点。本文将从个人信息的性质切入，以解决我国刑法规制个人信息犯罪的重点，以便在当前立法还不完善下能为司法实践提供参考。

一、大数据时代公民个人信息的价值

最早的信息概念是从机器通讯角度提出来的，后经N. 维纳等人引入到人类社会，最后扩展到整个自然界。目前，信息论作为一种方法论渗透到各个学科，信息概念被移置到各个领域，一直到整个现实世界，由此也产生了“信息世界”、“信息社会”之说。③ 信息广泛存在于自然界、人类社会和思维中。不同的学科与领域对信息的定义不同，信息的概念达数百种之多。有学者对信息的各种概念予以概括，认为大致可以分为三种类型。一是通讯技术观，认为信息是减少不确定性的东西，信息是一种熵，有人认为一般信息的单位是比特。二是本体论或客观论，认为信息是反映客观事物运动状态及其变化的方式，信息是自然界的客观存在。三是主体论或主观论，认为信息是人对事物的认识，或是被反映的物质的属性，如信息是经过加工后的数据或编码的知识。或者认为，信息应该是对人有用的东西，必须是

* 湖南大学法学院副教授。

① Mermelstein Mark and. Amer. Mona S，From Victim to Victor：Corporate Crime in the Internet Era，Business Law Today. Nov2013，pp. 1-3.

② Ernest Aduwa，solicitor，Stokoe Partnership，Cyber-crime on the corporate agenda，S C. Autumn 2015，www. scmagazineuk. com.

③ 时书信：《信息概念的外延划分及与情报概念的关系》，载《石油大学学报》（社会科学版）1990年第3期。

下卷·三

新的，必须具有某种价值等。特别是在研究经济信息时，对信息的认识在很大程度上有赖于人的主观感觉。[①] 公民个人信息无疑是第三种意义上的信息，正因如此，欧盟基本权利宪章，欧盟指令以及国际学术界大量使用个人数据（personal data）来指代公民个人信息。我国及国际上诸多国家对个人信息的定义中均包含“可识别性”特征，显然是针对载体为电子数据而言，如果不是对个人信息进行电子化处理的数据，而为具体现实生活中公民的个人姓名、身份证号码、通信内容等，其本身即可与具体人对应，根本无须谈及是否可识别问题。

当信息发展到大数据时代，个人信息的含义、性质和价值均迥然有别于传统社会。大数据是一种因其数据的难以言表的价值而具有的神话般的文化、技术、学术现象……海量的信息将被开发，从而改变我们对现实的看法[②]。在20世纪，信息公开成为社会各界津津乐道的话题，人类自以为找到了克服官僚主义、建立法治国家的法宝。然而到了21世纪，信息公开开始收敛，信息的使用以其更大的包容性而将信息公开、公民监督权、个人信息保护、大数据开发之间的平衡问题提上日程。公民个人信息的流向无非是下列几种途径：(1) 停留在公民个人领域，成为个人正常生活和交往的一部分；(2) 为国家机关或单位所掌握，进行类型化分析并整合成大数据，进而有针对性地改进政府服务，侦破案件或提高社会管理水平；(3) 为企业所掌握，结合大数据分析成为重要的经营信息或商业秘密，提高企业竞争力；(4) 为不法分子的获取，成为非法获利的工具或违法犯罪的条件；(5) 流向境外，为外国政府、境外机构、企业或不法分子所掌握，成为外国制定经济贸易政策，企业提高竞争力或个人谋取非法利益的重要依据；(6) 为科研系统所掌握，成为科学研究的重要工具，从而推动科学、医疗和社会发展。概言之，信息的价值取决于使用者，不同的使用者具有不同的信息开发和处理能力，同样的信息在不同国别和行业也就具有不同的价值，在同一个国家的不同历史时期也具有不同的价值。我国法律规制的非法获取或提供的个人信息，很难说是一种技术开发下的大数据，主要为零碎的信息片段，或曰个人信息的来源资料。

可见个人信息，只有流动才能发挥其商业价值、公共管理以及社会进步的功能，这在造福公民的同时，也加重了其不安和危险。从公民的角度来看，越是静止的信息，越能增加其安全感，即使是非法获取公民个人信息，如果其永远停留在获取者手中，不出售，不提供，不使用，对于公民个人权利的实现亦无大碍；然而从国家的角度来看，如前所述，利用和开发信息的能力直接决定其生存和安全，并最终影响公民个人的生存和安全，因此，公民个人信息需要在个人利益与社会及国家利益之间寻找平衡，任何一国都必须将保障公民权利与促进大数据开发同步进行。而我国刑法目前仅将非法出售、提供、获取行为规定为犯罪，对个人信息使用的诸多环节，如个人信息的收集，使用、处理等问题欠缺处罚，固然体现了从形式源头上遏制个人信息流动的刑事政策理念，然而实则体现了国家对大数据开发的重视不

① 邓宏、薛惠锋：《试论信息概念的分类定义》，载《西安电子科技大学学报》（社会科学版），2002年第1期。

② Joseph Jerome：Big Data：Catalyst for a Privacy Conversation，INDIANA LAW REVIEW [Vol. 48：213].

够，而仅强调保护公民的公民个人信息的人身权，对其重要的财产价值和社会公益价值缺乏理解。惩治获取型侵犯公民个人信息犯罪，对于惩治个人信息的违法犯罪而言，远非全部，也非重点。

二、公民个人信息具有财产价值

我国刑法、网络安全法等均对个人信息进行了明确定义[①]，以符合两个特征为显著特征，即可识别性及与个人相关。然而法律对于可识别性缺乏进一步判断标准，而且国际上通常也认为可识别性应包括直接识别与间接识别，已识别与可能识别，无论何者均适用于个人信息的概念。从而在肯定该定义的科学性时，也应承认，个人信息的概念将随着信息社会的发展而进化。但本文不拟探讨个人信息概念的动态发展问题，在此仅强调个人信息除了上述特征或人身权特征，其与商业秘密等同样具有很强的财产属性。随着信息化步履的加快，人类正由产业经济时代转向知识经济时代，并迈向信息经济时代。对信息的需求和利用日益增大，知识经济时代的社会，一定是信息生产更充分，信息传播更迅速，信息内容更具有应用性，信息对国民经济乃至世界经济的增长起着更重要的作用。信息将成为社会的主要财物，财产性信息会越来越多地涌现。[②]

财产的发展早已超出了罗马法所规制的物的框架范围，19 世纪末以来，一种新的财产出现了，它是非物质的，不是由支配物的权利所组成，而是由有价值的权利所组成。[③] 自此，无形财产日益浮现和增多。美国宪法主要起草者詹姆斯·麦迪逊认为，财产更广泛、也更恰当的含义应当包括一个人认为有价值的、有权享有的一切东西，且自己可支配其全部收益。[④] 有价值和可支配性是财产最本质的特征，如果某物根本不具有价值，也就不可能被人类控制和利用，财产的价值主要是指其经济价值，而非其使用价值。为此，信息、虚拟币、知识产权等皆具有经济价值，而成为财产。但是，与道德、观念相关的权利却难以成为财产，如人身权利中的生命权，健康权，荣誉或名誉权，住宅权等。尽管此类权利在某些情况下，甚至日常生活中通常会与“经济”或“财产”产生关联，也即需要一定的经济基础来维系或加强，但在社会观念和法律中，其价值并不以经济财产性来衡量，经济在发生损坏弥补时可能折抵成财产。

但这并不意味着财产与人身为非此即彼之物，有时两者有紧密联系。例如，知识产权之著作权，其部分权利为人身权，部分权利亦为财产权。个人信息亦可区分为个人信息所有权和个人信息使用权。个人信息在使用中具有财产价值，如为企业

① “公民个人信息”，是指以电子或者其他方式记录的能够单独或者与其他信息结合识别特定自然人身份或者反映特定自然人活动情况的各种信息，包括姓名、身份证件号码、通信联系方式、住址、账号密码、财产状况、行踪轨迹等。

② 郑胜利、袁泳：《从知识产权到信息产权——知识经济时代财产性信息的保护》，载《知识产权》1999 年第 4 期。

③ 转引自吴汉东：《财产的非物质化革命与革命的非物质财产法》，载《中国社会科学》2003 年第 4 期。

④ 转引自赵万一：《民法的伦理分析》，法律出版社 2003 年版。

或单位所掌握的公民的姓名、身份证号码、通信联系方式、住址本身、健康状况本身即为经营信息而是商业秘密的一部分，一旦运用于生产、生活实践就可以给使用主体带来巨大的财富和声誉，并能推动社会生产力的发展。正如外国学者所言，在现实中，个人信息俨然成为经济发展的燃料。① 正因如此，美国对个人信息的保护体系、保护原则与其著作权保护原理完全一致，均采取通知—移除规则，而欧盟对著作权采取更严厉的保护政策，从而其对个人信息的保护也同样严苛，即采取同意原则。但不容忽视，知识产权、商业秘密等均具有财产权的基本特征——使用或享有的排他性，而信息则不具有。离职的职员使用其在以前的职业中获得或买到的私密信息，如果不是商业秘密，则不受法律规制，有疑问的知识如果不能从通常的知识中分离出来，法律也不能限制使用这种有疑问的知识。②

公民个人信息在使用中具有财产价值，但其并非财产权，而且其财产价值也不意味着个人信息可以直接转化为财产。实践中，将个人信息直接转换为财产是一种不正当的行为，也遭到社会公众的反对。在法律上，买卖公民个人信息获取经济利益不仅应受行政处罚，甚至可能构成犯罪。因此，可以公民个人信息的财产价值较清晰地概括出两个限定：（1）在使用中；（2）不能直接转化为财产。个人信息的使用中也不仅仅产生财产价值，如前所述，具有各种社会、经济价值。事实上，在大数据时代，许多行业均需要借助大数据来实现发展，国家需要大数据来处置各种犯罪，政府需要大数据来改进管理，公共服务组织需要大数据提升服务，企业需要大数据来提高效益，科研需要大数据来分析和证明理论或假说。因此，法律不能排除公民个人之外的主体使用公民个人信息，而是需要规制非法使用公民个人信息的情形。同时必须强调，公民个人信息的使用权并不局限于公民本人，个人的姓名、电话号码、体形特征在更多情形下，是相对人对公民个人的称呼、联系方式或描述。又如基因信息不仅属于个人，也属于家庭、亲属、种族，更具争议的是，它也属于人类、政府、研究者及其他组织。③

三、公民个人信息本质上为人身权

随着社会的发展，越来越多的事物将会开发出财产价值，如人体器官，但这并不意味着具有财产价值者即需要规定为财产权。所谓本质，也应指其本来的性质，公民个人信息在本质上依然为人身权。

从历史上看，个人信息保护肇始于隐私权，欧洲人权宪章第 8 条将隐私权认定为基本人权，在 1950 年，它还主要限于保护亲密关系，即“不透明权”，用于保护

① David Wright and Paul De Hert, Introduction to Privacy Impact Assessment, Privacy Impact Assessment, Law, Governance 3 and Technology Series 6, DOI 10. 1007/978-94-007-2543-0_ 1, p. 3.

② See A. Mazumder, Information, Property and Protection, Science+Business Media Singapore 2016, Database Law, DOI 10. 1007/978-981-10-2200-5_ 1, p. 2.

③ Michela Betta, ESSENTIALLY WHOSE? GENETIC TESTING AND THE OWNERSHIP OF GENETIC INFORMATION, The moral, social, and commercial imperatives of genetic testing and screening. The Australian case, pp. 237-246.

敏感数据；后来隐私权发展为个人决断权，这意味着每个人可以自己决定其在社会中的生活方式，这种扩大权利称为“生存工具”；然后发展为保护所有的数据，而不限于敏感信息，即称为“个人的信息蓝图”。[①] 今天，对于隐私和个人信息的关系，国际上存在两种使用语境，学术界通常将个人信息视为隐私的维度之一，个人信息也叫信息隐私[②]；但在大多数国际文件中，隐私与个人信息相提并论，采取同样的保护原则与标准。在国际立法中，至今未见国际或区域性法律文件将个人信息视为财产权的立法例。反倒是认为，在信息社会，个人在私人生活或工作中每天都经由互联网交换信息，从而数据保护已成为时代命题，而不再认为仅仅是克服官僚主义的障碍，而是重要的人权保障问题。[③]

在个人信息的性质上，最富争议的是基因信息（包括健康信息）是否是财产权的问题。基因工程将人类认识自我、开发自我的能力推到了史无前例的程度，美国总统克林顿称其为人类破解了上帝创造生命的语言。但是在信息社会，它遭受到一系列的危机，即其作为个人信息如何处理个人与国家或其他使用者之间的关系，以及基因研究成果能否申请专利等。从而基因遗传被认为是 20 世纪后半期以来威胁个人隐私和安全的两大技术之一（基因与计算机）。[④]

在美国，有少数州在基因信息保护立法上承认了个人对其基因信息享有财产权，如阿拉斯加、科罗拉多、佛罗里达、佐治亚、路易斯安那五个州。[⑤] 但是美国大多数州却将其作为基因隐私权加以保护，而且规定为财产权者在现实中遭遇不少障碍。例如，新泽西州的基因隐私条例吸纳有限财产权的观念，但是制药厂反对，因为如果承认财产权，就意味着人们可以对基因产品要求费用，因而 2003 年该州对基因信息放弃财产权保护。又如俄勒冈州 1999 年的基因隐私条例规定，基因信息是个人的财产，但是研究者和科学家却认为，个人对基因信息的财产权将成为基因研究的主要障碍，从而该法于 2001 年修正，尽管刑法依然惩罚盗用基因信息的行为，但却删除了财产利益的规定，但是也有学者认为此降低了基因隐私的作用[⑥]。主张基因信息是财产，甚至保险公司也以“公正的歧视权”为由要求公开个人基因信息。[⑦] 在国际学术界，“基因遗传信息是财产权”的观点也存在，但主张者同时

---

① Yves POULLET, Transborder Data Flows and Extraterritoriality: The European Position, Journal of International Commercial Law and Technology, Vol. 2, Issue 3 (2007), p. 142.

② Thomas Martecchini, Day in Court for Data Breach Plaintiffs: Preserving Standing Based on Increased Risk of Identity Theft After Clapper v. Amnesty International USA, Michigan Law Review, Vol. 114: 1471.

③ James Castro Edwards, Papers Data protection: Where are we now ? Database Marketing & Customer Strategy Management Vol. 15, 4, 285-292 © 2008 Palgrave Macmillan 1741-2439, p. 285.

④ James H. Moor, Using genetic information while protecting the privacy of the soul, Ethics and Information Technology 1: 257-263, 1999. © 2000 Kluwer Academic Publishers, p. 257.

⑤ 转引自刘德良：《个人信息的财产权保护》，载《法学研究》2007 年第 3 期。

⑥ Richard A. Spinello, Property rights in genetic information, Ethics and Information Technology 6: 29-42, 2004, Kluwer Academic Publishers, p. 33.

⑦ Shaheen Borna Stephen Avila, Genetic Information: Consumers' Right to Privacy Versus Insurance Companies' Right to Know a Public Opinion Survey, Journal of Business Ethics 19: 355-362, 1999, Kluwer Academic Publishers, p. 355.

面对一个难题，此财产权的主体是谁？是国家还是信息主体？立法者、民众和学者的主张皆不一致。例如，冰岛政府认为，健康或医疗信息属于国家资源，个人对这些数据没有所有权；民众认为尽管对这些信息进行了匿名化处理，但是存在解密密钥，就可以对此类信息进行追踪从而定位到具体人；学界也怀疑，国家所有权能否更佳地保护个人敏感信息并使大家公正地共享基因研究成果。① 因此，基因的财产权的观点仅为个别主张。

对基因信息较其他个人信息倾注更多的关注源于人们对该信息的特殊性的考察，如基因信息不仅将个人与他人联系起来，而且能独一无二地、精确地识别和确定个人的每一个方面。② 但是所有描绘基因为特殊个人信息者，实质均在强调基因信息的重要性，因为个人信息本就为发展的概念，其内涵随着大数据的深入开发而发展，就其目前的范围而言，单个的个人信息均具有特殊性，如姓名、电话号码、生日等具有很强的个体识别性，而性经历或乙肝等携带者之类的信息则可能导致个人的名誉受损。所有主张基因信息独特的观点都发现其很难解释为什么，而仅仅保留对其建立在特征基础上的观点的驳斥者的不服气，而且会加大基因的神秘主义，夸大了基因为人类本质的特征，给立法部门立法带来困难，同时对基因信息的正确使用也不具有指导意义。③ 总之，对于基因信息而言，其根本的问题不在于其特殊性，与其他个人信息一样，依然为正确使用与否的问题。

目前的个人信息从其来源上可以分为两部分，一部分为法律历来规定的部分人身权利的数据化而形成，如姓名权、肖像权、隐私名誉权；另一部分为大数据时代发展而新产生的整合信息等。无论何种情境，个人信息财产价值的发生总是以其“可以识别人身”为前提。何况如前所述，公民个人信息在使用中除了具有财产价值，还有提高公共服务、改进社会管理，以及推动医学进步的价值，因此作为财产权来保护远远不够。而且将公民个人信息作为财产权保护从经济学言也是无效的，因为单个的个人信息并不具有大数据的上述功能，而需要单位、组织、企业或研究者艰苦努力地分析整合后形成的具有数据库性质的个人信息才能发挥巨大的社会经济价值，简言之，个人信息仅为上游（潜在的）的财产权，需要下游的开发来实现其财产价值和社会功能。

四、个人信息人身权的法律规制原则

主张个人信息是人身权，但并不意味着该权利对个人而言具有专属性。任何人身权的保护均存在一定限制，何况个人信息。个人信息是高细粒度的概念，保护个

---

① Richard A. Spinello, Property rights in genetic information, Ethics and Information Technology 6: 29 - 42, 2004, Kluwer Academic Publishers, pp. 32-33.

② Michela Betta, ESSENTIALLY WHOSE? GENETIC TESTING AND THE OWNERSHIP OF GENETICINFORMATION, p237. The moral, social, and commercial imperatives of genetic testing and screening. The Australian case, 237-246, 2006.

③ Ruth Hannah Wilkinson, Genetic information: Important but not "exceptional", URL: http://www.sussex.ac.uk/law/profile243525.html, 31 July 2010, p. 461.

人信息的实质问题为一个人可以在何种情况下以何种方式进入他人个人信息的问题，如果同意人的自治之重要性，就应当肯定个人应尽可能地控制并对自己的事务做出决定。但现实中，个人总是要应对其他许多问题而不能实现这种控制，如在计算机世界里，个人信息在持续不断地流动，人们每时每刻都控制着自己的个人信息并不现实，因此重要的问题是，当个人不能现实控制自己的个人信息时，何种侵入他人个人信息的行为是允许的或不被允许的。①

个人信息使用权存在广泛的主体，基因信息也是如此。美国2008年通过了《基因信息无歧视法案》，有学者主张，义务提供者和健康保健机构必须熟悉该法的立法意图和术语，并且应为提供高质量的医疗服务而持续不断地收集基因信息，否则即是违反医疗使命和降低治病救人的价值。② 在个人信息法律保护较发达的国家，一般都区分个人信息主体与个人信息处理者或控制者，个人信息主体的权利与个人信息处理者或控制者的义务一致。个人信息的控制者或处理者有义务通知并接受国家信息保护机构的监督。③

公民个人信息本质上为人身权，因此其流转必须以公民个人同意为前提，但在个人不能同意的条件下，也应接受合法与合理性标准的检测，正因如此，在国际上，个人同意原则存在例外，即在为了实现个人的利益，社会利益或国家利益和安全的情况下，使用个人信息并不需要个人的同意。

五、刑法规制侵犯公民个人信息罪的重点

公民个人信息为公民的人身权内容，同时亦具有财产价值和国家社会管理的意义，作为人身权的性质，使用或处理个人信息原则上应取得公民个人的明确同意，作为其使用的巨大价值，法律应重点规制个人信息的使用或处理问题。该原理用于刑法学研究中，可能会产生一些需专门研究的新问题。例如，个人信息与商业秘密甚至国家秘密可能发生重合，给侵犯公民个人信息罪的认定带来困难，从而需解决个人信息犯罪侵犯国家秘密罪及侵犯商业秘密罪的竞合问题。但该问题已超出了作为本文的结论性阐述之范围，下文拟就三者的立法进行实质，以加强刑法应重点规制“个人信息处理或使用”的观点。

通过对我国网络安全法、反不正当竞争法和国家保密法以及刑法相关内容的考察，侵犯公民个人信息与侵犯国家秘密及侵犯商业秘密的法律规制具有下列特征：

① James H. Moor, Using genetic information while protecting the privacy of the soul, Ethics and Information Technology 1: 257 - 263, 1999. © 2000 Kluwer Academic Publishers, p. 261.

② Eric A. Feldman, JD, PhD, The Genetic Information Nondiscrimination Act (GINA): Public Policy and Medical Practice in the Age of Personalized Medicine, Gen Intern Med 27 (6): 743 - 6 DOI: 10.1007/s11606-012-1988-6, Society of General Internal Medicine 2012, p. 743.

③ Paul De Hert, A Human Rights Perspective on Privacy and Data Protection Impact Assessments, Privacy Impact Assessment, Law, Governance 33 and Technology Series 6, DOI 10.1007/978-94-007-2543-0_ 2, p. 35.

（一）我国行政法与刑法对侵犯个人信息的处罚力度大于侵犯商业秘密及国家犯罪

	行政处罚	刑罚处罚
泄露国家秘密	1. 对网络服务商，由公安机关或者国家安全机关、信息产业主管部门按照各自职责分工依法予以处罚。 2. 对个人，尚不构成犯罪，且不适用处分的人员，由保密行政管理部门督促其所在机关、单位予以处理	1. 情节严重的，处3年以下有期徒刑或者拘役。 2. 情节特别严重的，处3年以上7年以下有期徒刑。 3. 非国家机关工作人员犯前款罪的，依照前款的规定酌情处罚
侵犯商业秘密	责令停止违法行为，可以根据情节处以1万元以上20万元以下的罚款	1. 给商业秘密的权利人造成重大损失的，处3年以下有期徒刑或者拘役，并处或者单处罚金； 2. 造成特别严重后果的，处3年以上7年以下有期徒刑，并处罚金
侵犯公民个人信息	1. 对网络服务商：（1）单处或者并处警告、没收违法所得、处违法所得1倍以上10倍以下罚款；没有违法所得的，处100万元以下罚款。情节严重的，并可以责令暂停相关业务、停业整顿、关闭网站、吊销相关业务许可证或者吊销营业执照。（2）对直接负责的主管人员和其他直接责任人员处1万元以上10万元以下罚款。 2. 对个人。尚不构成犯罪的，由公安机关没收违法所得，并处违法所得1倍以上10倍以下罚款，没有违法所得的，处100万元以下罚款	1. 情节严重的，处3年以下有期徒刑或者拘役，并处或者单处罚金； 2. 情节特别严重的，处3年以上7年以下有期徒刑，并处罚金

上表揭示了我国对侵犯国家秘密的行政处罚规定不具体，在实践中此类违法主要交由刑法来处置；而对于侵犯商业秘密，在法条设置的详细度上明显不如侵犯公民个人信息，罚款的力度也较低，没有适用于个人信息违法的没收违法所得。在刑罚处罚上，尽管三种自由刑幅度相当，但对于泄露国家秘密罪缺乏罚金的规定，同时侵犯商业秘密罪是单处或并处罚金，而侵犯公民个人信息罪则为并处罚金。因此，无论是行政处罚还是刑罚处罚，立法对于三种的处罚力度基本上都体现为个人信息>商业秘密>国家秘密的规律。

（二）在犯罪构成规定的严密及严厉性上，个人信息犯罪存在明显的规制漏洞

刑法具体规制如下：

	客观行为	主观罪过
国家秘密犯罪	泄露，持有（秘密载体），为境外刺探收买提供等	故意与过失
商业秘密犯罪	非法获取、披露、使用	故意
个人信息犯罪	非法出售、提供、获取	故意

由上表可知，我国刑法对个人信息犯罪仅规定了获取与提供型；对商业秘密不仅规定了此类型，还规定了泄露型及非法使用型；对国家秘密主要规定泄露型及为境外提供型。概言之，刑法对个人信息犯罪的规定遗漏了其最重要的环节，个人信息的使用与处理。结合前图的处罚规定，可以得出结论：我国刑法对个人信息的立法具有“眼高手低”的特征，欲加大处罚力度，但实际上忽视个人信息在大数据社会的使用价值规则。对于今后的立法完善，我国刑法学界已有诸多建言，包括增设一系列的侵犯公民个人信息的行为，如非法收集、泄露、不当保存，非法使用、销毁等，但在国际学术界通常此类行为均以处理（processing）来概括。

下卷·三

公民个人信息保护的刑法应对策略*

李怀胜**

在信息化时代，公民个人信息犯罪已成为危害公民个体权益、社会秩序乃至国家安全的重要犯罪类型。虽然2009年《刑法修正案（七）》就出台了专门规制公民个人信息犯罪的罪名，2015年《刑法修正案（九）》又进行了罪刑规范的优化。但是，刑法并未明示"公民个人信息"的范围，因而在一定程度上削弱了刑法的规制力度。在此背景下，2017年5月9日"两高"出台了《关于办理侵犯公民个人信息刑事案件适用法律若干问题的解释》（以下简称《侵犯公民个人信息罪解释》），对相关实务争点做了明细化和具体化规定。本文的目的，在于借《侵犯公民个人信息罪解释》出台之机，思考公民个人信息的刑法保护轨迹和相关保护策略。

一、关于"公民个人信息"的理论争议

公民个人信息的范围是侵犯公民个人信息罪的关键性问题之一，它直接决定了本罪的适用范围。《侵犯公民个人信息罪解释》第1条即对什么是"公民个人信息"做了界定，并且采用了概括+举例相结合的方式，因而理论上继续思索"公民个人信息"的内涵依然是有意义的。

（一）理论上对"公民个人信息"的不同观点

我国刑法没有直接确认公民个人信息的范围，因而理论上关于什么是公民个人信息存在较大的争论。但是，相关的争论依然是共性大于个性的。代表性的观点有以下几种：

（1）"公民个人信息"包括：姓名、职业、职务、年龄、婚姻状况、学历、专业资格、工作经历、家庭住址、电话号码、信用卡号码、指纹、网上登录账号和密码等能够识别公民个人身份的信息。①

（2）个人信息包括所有与个人有关的信息，具体包括：身体物理特征；感情、思想与观点；经济与财产状况；生活方式；身份信息；家庭与社会关系；职业经历、简历和个人档案材料；健康状况与病历；个人通信、日记和其他私人文件；其他所有纯属私人内容的个人数据资料。②

（3）个人信息是指公民个人的与其他人无关并且不妨碍社会公共利益的各种信

---

* 本文系2016年中央高校基本科研业务经费支持项目"网络犯罪的司法实证研究"（项目号2016JKF01201-04）阶段性研究成果。

** 中国人民公安大学法学院副教授。

① 黄太云：《〈刑法修正案（七）〉解读》，载《人民检察》2009年第6期。

② 张新宝：《隐私权的法律保护》，群众出版社2004年版，第137页。

息资料。主要包括：公民个人的自然信息，如姓名、电话号码等联系方式、年龄、身高体重、身体状况、既往病史、感情经历、兴趣爱好等信息；公民个人的社会信息，如家庭住址，家庭关系，配偶、父母、子女的个人信息，收入状况，工作单位，宗教信仰，个人履历。①

（4）个人信息指不公开的或依照法律、得到本人同意而公开的能够识别特定个人的一切信息。此种信息的表现形式多种多样，包括公民个人的住所、姓名、性别、出生年月、职业、资质证书、收入、健康水平、学历、爱好、宗教信仰、性取向、社会团体加入情况等内容。②

（5）个人信息通常是指能将个人直接或间接识别的一切信息，其主要包括姓名、家庭住址、身份证号码、工作单位、通信方式、血型、基因信息、股票交易账号、信用卡卡号、网上登录账号和密码等。③

（6）个人信息专属于个人，可以任何形式存在，一切与个人有关的信息，只要能够构成对特定个人进行识别，都构成法律意义上的个人信息。它主要包括姓名、年龄、性别、身份证号码、职业、职务、学历、民族状况、婚姻状况、专业资格和特长、工作经历、家庭背景和住址、电话号码、信用卡号码、教育、医疗、经济活动等的记录，指纹、网上登录账号和密码、血型，等等。④

（二）相关观点评析

上述六种观点中，至少有四种观点明确提出个人信息须具有对人身的“识别”特征，即通过对某种元素或者信息的判定能够达到将某人从社会集体单独提取出来的地步。但是，几乎没有任何一种信息具有人身单独识别的可能性，即使如姓名这种看似明显具有人身依附性的信息，也不可能达到识别人身的地步。仅从医院获知上午有三十位B型血患者并不存在个人利益损害之虞。房产中介仅得知屋主之姓名，除非上门拜访，否则也不可能对个人生活安宁构成滋扰。对公民个人信息权的侵犯，一定是对公民复合信息的侵犯，而公民信息泄露的类型和渠道越多，则公民被“信息画像”的概率就越高，受到潜在威胁的可能性就越大。《网络安全法》第42条第1款规定：“网络运营者不得泄露、篡改、毁损其收集的个人信息；未经被收集者同意，不得向他人提供个人信息。但是，经过处理无法识别特定个人且不能复原的除外。”可以肯定，技术上对“个人信息”的脱敏处理一定是通过分离个人信息的不同元素，或者切割不同信息类型的逻辑关系实现的。此外，强调个人信息的可识别性也为大数据环境下数据挖掘及利用留下了制度空间。

二、刑法对“公民个人信息”的双层次嵌套式保护

在刑法之内，对公民个人信息存在立法与司法双层次推进的嵌套式保护模式，

① 任俊琳：《立法保护个人信息》，载《人民代表报》2005年2月22日。

② 叶亚杰：《出售、非法提供、非法获取公民个人信息罪的司法实践认定研究》，载《新疆警官高等专科学校学报》2010年第2期。

③ 王作富：《刑法分则实务研究》，中国方正出版社2010年版，第963页。

④ 赵辉：《出售、非法提供公民个人信息罪若干问题之思考》，载《云南大学学报》（法学版）2010年第6期。

立法为纲，司法为目，司法对“公民个人信息”内涵的探索，都嵌套到基本的刑法规范之内，而且自1997年刑法以来，“公民个人信息”一直处于保护半径的不断扩张态势。

（一）立法层面：从间接保护到直接保护的模式转换

“公民个人信息”是《刑法修正案（七）》开始出现的刑法概念，但是刑法对公民个人信息的保护则可以追溯至1997年刑法。20年来，刑法对公民个人信息的保护，在保护模式上经历了从间接保护到直接保护的转变，在保护范围上经历了从单一内容保护到多元复合保护的转变。刑法保护策略的转变，是与公民个人信息法益内容的不断更新密不可分的。

1. 1997年刑法：基于“身份盗窃”的个人信息间接保护模式

自1997年刑法颁布以来，我国刑法关于公民个人信息的保护一直处于扩张的态势。1997年刑法没有对公民个人信息直接保护的罪名，立法上主要是通过保护社会信息间接保护公民个人信息，[①] 即采用了“身份盗窃”的保护思路。有学者认为，所谓身份盗窃，是指利用窃取他人身份所实施的危害他人人身、财产安全的行为。从本质上来看，尽管身份盗窃表现为一种使用他人身份信息的行为，但却不包括传统理论中对身份信息的侵犯。[②] 冒用他人身份上大学，就是典型的身份盗窃行为。刑法中存在身份盗窃的立法例。例如，1997年《刑法》第177条的伪造、变造金融凭证罪，根据司法解释的规定，行为人“复制他人信用卡、将他人信用卡信息资料写入磁条介质、芯片或者以其他方法伪造信用卡1张以上的”，应当认定为“伪造信用卡”，构成伪造金融票证罪。[③] 再如，《刑法》第196条的信用卡诈骗罪，其行为方式“使用以虚假的身份证明骗领的信用卡的”和“冒用他人的信用卡的”，显然侵犯了他人对个体信息的专属使用权。此外还包括《刑法》第224条合同诈骗罪中的“冒用他人名义签订合同的”等情形。1997年刑法对公民个人信息的保护特色体现在：相关罪名在法益类型和具体对象上具有明确指向性，并非对个体法益的专属保护，个体信息附着于物理介质上，也就是说，刑法保护的是信息载体而非信息本身。可以看出，“身份盗窃”是公民个人信息的间接保护模式，而1997年刑法对身份盗窃又采取了间接保护思路，那么公民个人信息在1997年刑法中是处于非常边缘化的境地的。

2. 《刑法修正案（五）》：从信用卡犯罪切入的个人信息直接保护模式

信用卡是近些年来银行业务的重要增长点，根据2016年7月28日中国银行业协会发布的《中国银行卡产业发展蓝皮书（2016）》，我国仅在2015年就新增发卡量6.4亿张。[④] 基于信用卡的透支结算功能，信用卡类犯罪就成为某些人的“香饽饽”。非法获取、非法利用公民个人信息的现象开始增多，有必要通过罪刑规范的

---

① 慈健：《非法提供与获取公民个人信息行为的刑法规制》，载《西南科技大学学报》2010年第1期。

② 参见于志刚：《关于“身份盗窃”行为的入罪化思考》，载《北京联合大学学报》2011年第1期。

③ 2009年“两高”《关于办理妨害信用卡管理刑事案件具体应用法律若干问题的解释》第1条。

④ 中国银行业协会发布《中国银行卡产业发展蓝皮书（2016）》，http：//www.china-cba.net/do/bencandy.php？fid=42&id=15506.

完善，来严厉制裁日渐猖獗的身份信息犯罪。为此 2005 年《刑法修正案（五）》增设了刑法第 177 条之一的妨害信用卡管理罪和窃取、收买、非法提供信用卡信息罪。两个罪名的出现，表明在信用卡犯罪体系中，基本实现了对身份信息犯罪的独立规制。立法将信用卡犯罪的早期链条从信用卡犯罪中独立出去，“体现了从财产利益保护到信用工具制度保护再到卡身份信息的保护过程”①。也就是说，仅仅是对他人信用卡信息资料的侵犯的，就可以独立构罪，而不再依赖于下游的信用卡载体犯罪，降低了司法机关的证明成本。妨害信用卡管理罪和窃取、收买、非法提供信用卡信息罪的立法价值在于：刑法对“身份信息”内涵的讨论有了法条立足点，立法开始重视个人信息的独立保护价值，是构建公民个人信息直接保护模式的开端。

3.《刑法修正案（七）》和《刑法修正案（九）》：确立与完善

2009 年《刑法修正案（七）》第七条增设了刑法第 253 条之一的出售、非法提供公民个人信息罪。现在看来，立法当初对出售、非法提供公民个人信息罪的态度是比较慎重乃至保守的，如本罪的主体要求是特殊主体，法定最高刑仅为 3 年以上有期徒刑。本罪出台的背景，在于信息社会中身份盗窃犯罪的链条开始拉长，产业链化的趋势越来越明显。一方面，网络因素大大便利了公民个人信息特别是身份信息的固定和流转，低成本、高速率、大容量的个人信息可以便捷、快速地在不同主体之间流动，另一方面，部分群体和商业主体对个人信息的需求与日俱增，其对身份信息的滥用已经突破了传统的身份盗窃的范畴，开始向身份盗窃的上下游扩展。出售和非法提供公民个人信息是身份盗窃的上游犯罪，《刑法修正案（七）》的立法思路是将打击身份盗窃犯罪的介入时点前移，干预阶段向上游推进。即使无法惩处行为人的具体身份盗窃行为，只要能够确证其实施身份盗窃的相关身份信息是通过不法手段获得的，那么依然可以用《刑法修正案（七）》的相关犯罪进行规制。以往学者们更多地关注《刑法修正案（七）》对公民个人信息犯罪的独立化保护，殊不知这同时也是对身份盗窃犯罪的强化举措。然而公民个人信息犯罪的后续行为，既可能是身份盗窃犯罪，也可能是其他类型犯罪，还可能是其他违法行为，也是从此时起，公民个人信息犯罪的社会危害性已然超越了身份盗窃犯罪，并有进一步强化评价的必要性。虽然《刑法修正案（七）》体现出来的立法的保守态度很快就不再适应公民个人信息犯罪的快速发展态势，但是它毕竟在刑事立法层面正式、全面确立了公民个人信息的保护地位。

《刑法修正案（九）》对本罪进行了修改，罪名相应调整为侵犯公民个人信息罪，“公民个人信息”成为刑法的规范概念。

（二）司法层面：个案探索与规范解释的交替进行

刑事立法并没有对“公民个人信息”进行明确性的解释，相关工作就落在了司法机关身上。值得赞许的是，司法机关并没有因为法律条文的概括性而放弃对司法正义的追求，反而基于一种司法担当和司法责任，在具体个案中不断勇于试错，不断扩充公民个人信息的内涵。

① 林荫茂：《从信用卡犯罪看身份信息犯罪》，载《政治与法律》2008 年第 9 期。

1. 刑法司法解释："身份认证信息"的确认

2011年"两高"《关于办理危害计算机信息系统安全刑事案件应用法律若干问题的解释》第11条引入了"身份认证信息"的概念，即"身份认证信息"是指用于确认用户在计算机信息系统上操作权限的数据，包括账号、口令、密码、数字证书等。根据该解释，对支付结算、证券交易、期货交易等网络金融服务的身份认证信息的侵害，依照非法获取计算机信息系统数据、非法控制计算机信息系统罪以及提供侵入、非法控制计算机信息系统的程序、工具罪处罚。该司法解释虽然针对的是非法获取计算机信息系统数据、非法控制计算机信息系统罪等，但是由于身份认证信息是可以达到个人信息的"身份可识别性"标准的，它在无形中扩展了"公民个人信息"的内涵。

2. 刑法个案解释："推定身份信息"的引入

值得称道的是，司法实践对"公民个人信息"的外延也进行了积极探索。这体现在谢某出售公民个人信息案和胡某等非法获取公民个人信息案中，两个案件及裁判要旨都刊登在最高人民法院机关刊物《刑事审判参考》上，因而在某种程度上也代表了最高人民法院的倾向性态度。

（1）手机定位信息：基于隐私权的保护路径。

谢某出售公民个人信息案的基本案情是：2009年3月至12月，时任北京京驰无限通信技术有限公司运维部经理的被告人谢某，利用中国移动通信集团北京有限公司授予其所在公司开展手机定位业务的权限，先后多次为被告人刘某、程某、张某等人提供的90余个手机号码进行定位，非法获利人民币9万元。① 法院在阐述将手机定位信息作为公民个人信息的理由时指出："当公民从事某些活动不希望被他人获悉时，因其所处具体方位与所从事的活动之间具有直接联系，一旦被他人获悉，其所从事的活动也就相当程度被暴露，损害其利益，故其所处具体位置就具有明显的隐私性和权益性，属于刑法所保护的公民个人信息。此时，对公民的手机进行定位，就属于侵犯公民隐私的行为。"② 很显然，法院是基于手机定位信息的隐私属性而将其认定为公民个人信息的，这并不违反刑法理论的一般认识。

（2）公民位置信息：对个人专属性和安全性的强调。

胡某等非法获取公民个人信息案的基本案情是：2011年10月初，马某、刘某（均另案处理）先后雇佣胡某、王某两人跟踪某专车。胡某、王某一起驾驶小汽车对目标车辆在B市行驶的路线、停车地点进行跟踪和记录，并将记录的行驶路线、停车地点等信息交给马某、刘某。同年12月，为了便于跟踪，胡某、王某购买2个通过互联网使用的汽车定位器，趁目标车辆停在一地下停车场时将定位器秘密安装在该车底盘处。胡某、王某通过互联网查询定位器的实时位置，获取了目标车辆每天所有行驶路线、停车位置的即时信息，直至案发。③ 法院的裁判理由认为，

① 《刑事审判参考》2011年第6集（总第83集）。

② 《刑事审判参考》2011年第6集（总第83集）。

③ 最高人民法院刑事审判第一、二、三、四、五庭主办：《刑事审判参考》2014年第4集（总第99集），法律出版社2015年版，第53-56页。

“被跟踪的车辆为专用公务车，该车的行驶路线、停车地点和时间等信息即反映了乘车人的日常活动情况。被告人获取的被害人的日常行动轨迹和活动地点等信息，涉及家庭住址、单位地址、经常出入的场所等公民隐私和生活习惯性内容，具有个人专属性，能反映出该公民某些个人特征，且信息内容关系到公民日常生活的基本安全性，信息的泄露会使公民彻底失去安全感，严重影响其日常生活。”①

（3）司法个案的逻辑：推定身份信息的开始确认。

谢某案中的手机定位信息是移动互联网时代特有的产物，并且今后此类信息对互联网服务商和其他商业业态越来越重要，对公民手机定位信息的收集是一些“不规矩”的APP的重要使命之一。胡某案中的公民位置信息依然是采用技术措施获得的，在该案中，被告人通过非法跟踪他人行踪获取了公民的日常活动信息，法院认定被告人犯非法获取公民个人信息罪。手机定位信息和位置信息可以勾勒出行为人的日常活动习惯，它也许无法孤立地识别个人，但是与公民其他信息相加，则完全可以达到识别自然人个人身份的程度，属于“推定身份信息”，可以被纳入公民个人信息的范畴中。司法个案的思维逻辑，在于承认推定身份信息作为公民个人信息独立保护的价值，公民轨迹信息这种非典型的信息开始作为常态化信息予以保护。

回顾1997年刑法到上述两个案件的判决时点，刑法中先后出现了“信用卡信息”、“个人信息”、“身份信息”②、“身份认证信息”、“推定身份信息”等概念，刑法上关于公民个人信息的保护链条一直在拉长。

（三）公民个人信息保护的困境及出路

关于公民个人信息保护的困境，对这个问题的回答需要明确两点：第一，在大数据时代，随着移动互联网的普及、智能穿戴设备的广泛适用，特别是全网用户实名制的推行，个人信息的收集更加频繁和密集；③ 第二，借助大数据分析和挖掘技术，多重来源的、碎片化的个人信息也可以拼出完整的个体形象，实现身份的精准定位和识别。软件算法和分析学的发展使大量数据更易被关联和聚合，大大增强了人们将非个人信息转化为个人信息的能力。④ 因此，技术的进步会使“公民个人信息”的概念不断模糊化，探索个人信息的精准定义既无必要，也不合时宜。期待通过对“公民个人信息”这一构成要素做出明确界定，来限缩侵犯公民个人信息罪处罚范围的做法已不适应保护公民个人信息的现实需求。因此，司法上应将侵犯公民个人信息罪规制的重点，从公民个人信息的范围转移到个人信息滥用的后果上来，注重对信息滥用风险的控制和评价。此外，着眼于公民个人信息保护的世界性发展趋势，应当将一切与公民隐私有关的信息都纳入到公民个人信息的保护框架中来。

① 最高人民法院刑事审判第一、二、三、四、五庭主办：《刑事审判参考》2014年第4集（总第99集），法律出版社2015年版，第53-56页。

② “生物识别信息”包括在“身份信息”的范畴内。

③ 张新宝：《从隐私到个人信息：利益再衡量的理论与制度安排》，载《中国法学》2015年第3期。

④ 王融：《大数据时代个人信息如何保护》，载《人民邮电报》2015年5月19日。

三、刑法的优先级保护策略：正视信息持有者“权责”的失衡态势

毋庸讳言，公民个人信息被如此频繁地侵犯，源于我们有太多的信息被他人掌握。国家基于行政管理和维护公共安全的需要，在许多领域都开展了强制的实名制，如银行储蓄、就医、网吧服务、出行和住宿、手机通信等。实名制在遏制网络犯罪、维护网络清朗空间方面具有积极的方面和显著功能。不过实名制导致的一个副作用就是：许多国家机关、商业机构和网络平台都掌握着海量的公民个人信息，而这些机构一旦发生信息泄露事件，其造成的社会影响和危害后果都是非常巨大的。即使是普通的商业性购物性网站，网站为了降低受欺诈的可能，维护交易双方的信誉，通常也会要求交易对手对网站提供真实的注册信息，因而在互联网时代，公民个人信息的释放渠道是非常多的。这些机构既然拥有这么多的公民个人信息，并且可以利用公民个人信息创造附随价值，那么在享受利益的同时也应当敬畏自己的责任。

无论是《刑法修正案（七）》增设的出售、非法提供公民个人信息罪，还是《刑法修正案（九）》修改后的侵犯公民个人信息罪，主要强调的都是对以积极方式向他人出售或者提供公民个人信息行为予以打击，也就是信息持有者的作为责任。但是对于信息持有者的不作为责任，也应当予以充分重视。《刑法修正案（九）》为了强化平台责任，增设了拒不履行信息网络安全管理义务罪。按照本罪的规定，对于网络服务提供者拒不履行法律、行政法规规定的信息网络安全管理义务，致使用户信息泄露，造成严重后果的，构成本罪，但是本罪还附设了另一个条件，即必须“经监管部门责令采取改正措施而拒不改正”的，才能构成此罪。关于网络服务提供者的信息网络安全管理义务，2012 年全国人大常委会《关于加强网络信息保护的决定》第 4 条指出：“网络服务提供者和其他企业事业单位应当采取技术措施和其他必要措施，确保信息安全，防止在业务活动中收集的公民个人电子信息泄露、毁损、丢失。在发生或者可能发生信息泄露、毁损、丢失的情况时，应当立即采取补救措施。”在当前的互联网产业中，大型互联网公司对自己的数据安全以及网络安全运行现状是高度重视的，因为这与企业的社会声誉和商业信誉直接相关。但是对于中小互联网企业，特别是处于创业期的互联网企业而言，较高的网络安全管理义务意味着较高的技术、人员和成本投入，基于商业成本的考量，小型互联网企业并没有足够动力提升网络安全防护标准，而更乐意构建处于行业中游水平的，说得过去的安全标准，这对其存储的公民个人信息就构成潜在威胁。即使对于大型互联网企业而言，有些企业对于自己网站技术架构中存在的某些漏洞也没有引起充分的重视，往往是不良后果发生了才想办法弥补。因此，是否真的有必要设定“经监管部门责令采取改正措施而拒不改正”这一构成要素？如果按照该逻辑进一步推论的话，监管部门没有积极履行自己的监管义务，是否应当承担渎职责任？笔者认为，如果立法者想要限制本罪的处罚范围，只需将网络安全管理义务设定为注意义务而不是结果避免义务就可以了。目前的规定模式，极易造成这个罪名“备而不用”甚至“备而无用”。公民个人信息犯罪的体系中，信息保管者权利格局的失衡是客观存在而且必须要进行调整的。

大数据时代公民个人信息的刑法保护
——以被遗忘权为视角

马松建[*]　徐　楠[**]

“广泛应用的数字化存储可能导致个人对信息控制的减弱，甚至丧失控制权。”① 欧盟就是在遗忘权和大数据的价值矛盾凸显，权利主体遗忘权力行使越发困难的背景下坚持推动数据遗忘权的。数据遗忘权应当演变为大数据时代用户的核心权利②，其旨在赋予信息主体充分实现个人信息自我控制的权利。该权利在宪法和民商法领域被深入研究，主要焦点是解决数据遗忘权的权利属性和基本要求，但其在理论源头和制度安排上与刑法却有全方位的联系。要想在大数据时代加强对人权的保障，有必要在刑事司法领域呼吁被遗忘权的回归。被遗忘权对刑事司法中被判刑的罪犯、被害人、相关诉讼参与人等均有广泛适用空间。被遗忘权虽然有利于个人隐私权的实现，但信息主体在刑事司法中主张被遗忘权可能会对言论自由、公众知情权和公共安全造成冲击。所以为实现刑事司法领域被遗忘权的合理运行，应对被遗忘权的权利主体、适用案件类型和行使该权利程序进行必要的限制。同时，应当适当转变“事后法”的刑法理念，刑法对数据遗忘权的保护存在诸如网络空间禁止令、前科报告免除制度等非刑罚处罚措施。

一、被遗忘权的产生及其域外实践

（一）欧盟数据遗忘权的立法演进

被遗忘权在欧洲最初被用于刑满释放后的罪犯维护其罪行和监禁情况不被公开，作为信息自决权和我国未成年人犯罪记录封存制度有相似之处，一般人格权是该请求权的基础。随着数字信息技术的发展和数据存储路径的丰富，对于个人信息从数据存储系统被删除的权利和数据遗忘路径的问题逐渐被关注。欧盟一直走在被遗忘权问题的前沿，2012 年，欧盟委员会《个人数据保护一般规则》（第 2012/72、73 号指令）③ 第 17 条第 1 款首次明确规定数据主体行使“数字遗忘权”，第 17 条第 2 款规定了数据控制者的义务，第 17 条第 3 款对行使“被遗忘权”的五种例外的排除情形进行了规定，并在附件 4 中定义被遗忘权，即“公民要求将其不再合法

* 郑州大学法学院副院长、教授、法学博士、博士生导师。

** 郑州大学法学院博士研究生。

① ［英］维克托·迈尔-舍恩伯格：《删除：大数据取舍之道》，袁杰译，浙江人民出版社 2013 年版，第 3 页。

② 朱巍：《被遗忘权是大数据时代用户核心权利》，载《中国社会科学报》2012 年 12 月 3 日 B1 版。

③ 参见欧洲议会网站：http：//www.europarl.europa.eu/RegData/docs_ autres_ institutions/commission_ europeenne/com/2012/0011/COM_ COM （2012） 0011_ EN.pdf （2017-06-09）。

公开的信息封存或删除的权利，如当时基于该公民授意使用其数据信息，而此时已过存储期限或其撤回授意，则其可要求不再使用或删除该数据信息”[①]。至此形成了内容完整的数据遗忘权，即该权利主体为信息主体（通过信息可被识别的自然人）；义务主体为基于信息主体请求而应履行删除信息义务的自然人或法人[②]；权利内容是信息主体要求义务主体删除与其相关的信息数据的权利。公民要实现相应权利需要注意三个方面：首先，权利主体只能是自然人，且同时是信息主体才能主张权利；其次，此项权利不得对抗对合法存储使用数据信息的情形；最后，公民有权设定数据信息存储、使用期限，或撤回同意授权。相比1995年欧洲议会《关于涉及个人数据处理的个人保护以及此类数据自由流动的指令》（Directive 95/46/EC）（以下简称《个人数据保护指令》），《个人数据保护一般规则》对依法行使数据遗忘权的情形做出放宽行使条件，扩大效力范围的改变。2016年4月，欧洲议会通过了数据保护方面最严格的《通用数据保护条例》[③]（General Data Protection Regulation，GDPR）取代了《欧盟数据保护指令》（Directive 95/46/EC）。GDPR第3条将主体范围扩大至境外企业，第5条增加一般性保护原则（如透明原则等），第17条开创性引入被遗忘权，第83条规定对违规活动的处罚，从而全面提升了对个人数据的保护。目前，旨在为消费者提供欧盟内跨境投诉便利的“一站式投诉服务”将是欧盟下一步工作的重点。GDPR旨在保护公民的基本权利，提高数据保护标准必然会增加企业合规成本。故在对数据商业价值的进一步开发中需要立法者找到其平衡点。从欧盟遗忘权的演进可以看出，信息主体依法请求网络运营商等数据控制者对能推断出个人信息的数据进行隐藏或删除是数据被遗忘权的核心。信息主体的请求理由不限于数据的不准确、不完整，还扩展到无必要、权利人反对等抗辩事由。作为公民基本权利之一，被遗忘权应当受到法律全方位的保护，并在必要的情况下限制删除数据的权利。相比传统基本人权（隐私权）的适用作为个人数据保护出发点，欧盟立法理念正逐步将个人信息作为单独的基本权利过渡。欧盟GDPR为数据保护提供了严要求、高质量的法律模板，其对数据跨境传输的规制值得其他国家借鉴。

（二）民商法领域中欧数据遗忘权实践比较

在2014年5月的Google Spain案[④]判决中，欧盟法院首次确认被遗忘权可被自然人享有[⑤]。2011年，一名西班牙男子用谷歌引擎搜索自己的姓名时发现与其相关

---

① 参见欧盟委员会网站：http：//ec. europa. eu/justice/data-protection/document/review2012/sec_ 2012_ 73_ en. pdf（2017-06-11）。

② 杨立新、韩煦：《被遗忘权的中国本土化及法律适用》，载《法律适用》2015年第2期。

③ 参见欧盟委员会网站：http：//ec. europa. eu/justice/data-protection/reform/files/regulation_ oj_ en. pdf（2017-6-15）Google Spain SL & Google Inc v Agencia Española de Protección de Datos（AEPD）& Costeja González，C-131/12，EU：C：2014：317.

④ Google Spain SL & Google Inc v Agencia Española de Protección de Datos（AEPD）& Costeja González，C-131/12，EU：C：2014：317.

⑤ 石静霞、张舵：《从欧洲法院承认“被遗忘权”的判决看个人信息保护》，载《中国信息安全》2014年第11期。

新闻内容涉及其拍卖房产偿还社保债务，在请求报社和谷歌删除相关报道未果后起诉了报社和谷歌公司，其对谷歌的诉讼请求得到西班牙法院的支持，对报社的诉求则被驳回。最终欧盟法院作出支持删除数据，谷歌败诉的裁定。欧盟法院认为个体权利范围不能禁止以其他方式搜索包含其姓名的网页，而仅限删除以其姓名为关键词的搜索结果中链接的请求。鉴于对新闻自由的考量，欧盟法院没有对最初报道的报社做出删除相关新闻的判决。可见欧盟在保障“个人信息数据私密性”与“公众知情权和网络运营商经济利益”的价值博弈中选择了前者。该判决对言论自由、公众知情权、网络运营商义务等产生了一定的消极影响①，这也是各国对遗忘权不同态度的重要原因。目前2016年新GDPR明确规定被遗忘权，但被遗忘权也应兼顾言论自由、公众知情权和商业利益等合理性限制。相比于侧重保护个人数据隐私的欧盟法律，我国首例“被遗忘权”案，2016年任某VS百度名誉权案②，其司法层面则倾向于保护公众知情权。法院认为“陶氏教育任某”等相关检索词所指向链接中涉及任某曾经工作经历等相关个人信息，对其业界声誉产生了影响。虽然具有直接利益相关性，但涉案个人信息是对当事人工作情况的真实反映，与目前其所属行业的个人资信具有直接相关性，保留这些信息对相关公众知悉任某相关情况具有客观的必要性③。对比中欧案例，欧盟传统上一直坚守严格保护个人的数据隐私。新GDPR严格程度史无前例与当时发酵的“棱镜门”不无关系，也是欧盟从法律角度反对美国在欧盟互联网产业的垄断地位进行的反驳，究其本质是欧美在互联网领域的利益博弈。结合被遗忘权在欧盟确立的背景，可见GDPR具有极强的政策倾向性。目前我国《个人信息保护法》还在制定中，作为个人信息权利中删除权能的被遗忘权在司法层面尚不宜予以肯定。我国司法选择倾向于保护公众的知情权反映出当下司法的价值选择，这对互联网产业的蓬勃发展无疑是有利的。

二、向刑事司法回归的被遗忘权

（一）被遗忘权在刑事司法领域的原始样态——封存犯罪记录制度

刑事司法对遗忘权的保护以其与大量刑事司法法益联系密切为前提。虽然被遗忘权在如今的刑事司法领域鲜有提及，但在很多国家作为遗忘权源头的前科制度都得以以立法或司法实践的形式加以确认。例如，新西兰的《清白法案》（*Criminal*

① 郑文明：《新媒体时代个人信息保护的里程碑——“谷歌诉西班牙数据保护局”案解读》，载《新闻界》2014年第23期。

② 2015年2月，任某用百度搜索引擎搜自己的姓名出现“陶氏教育任某”等链接。陶氏教育在业界名声不好，任某以侵害姓名权、名誉权为由，多次请求百度公司删除相关链接未果后起诉百度公司，主张姓名权和名誉权侵权和“被遗忘权”，请求百度搜索删除相关关键词和链接。

③ 参见任某与北京百度网讯科技有限公司名誉权纠纷二审民事判决书，北京市第一中级人民法院（2015）一中民终字第09558号。

Records Act 2004)[①] 规定符合第7条[②]限定的情形，都将对犯罪记录进行封存。这有助于罪犯在服刑期满后回归正常生活。值得注意的是，犯罪记录封存要满足两点：一是不适用于重罪犯，只限于轻微犯罪；二是犯罪记录封存无须当事人申请即可自行启动。这让该法案规定的“犯罪记录封存”区别于作为权利的被遗忘权，使其更加偏向规定政府职责，而非公民权利。类似封存犯罪记录的规定在我国法律中主要体现在对未成年罪犯的保护上。2012年新《刑事诉讼法》第275条，最高人民法院《刑诉法解释》、最高人民检察院《刑事诉讼规则》都对封存或消除犯罪记录做出了规定。以上规定的共同点是当事人都为被给予申请封存的权利空间，即以上规定都规定司法机关负有主动实施封存的责任。可见当前刑事司法领域封存罪犯犯罪记录的做法并不能等视为行使被遗忘权，或许可以视其为在刑事司法中一种原始样态的被遗忘权，作为正式权利的被遗忘制度可以脱胎于对该原始样态的修正。同时，以上规定也反映出在刑事司法领域被遗忘权的适用空间十分广阔。

（二）国内遗忘权研究现状

目前我国对遗忘权的正当性、本质和保护的讨论主要从宪法法理、民商法律方面展开。从宪法法理视角来看，遗忘权权利属性应视为新型权利类型或变形的传统权利是争论的焦点。目前相关研究主要侧重于对个人信息保护立法中遗忘权对接问题的探讨；在言论自由的前提下如何有效行使被遗忘权，实现权利的有机结合和价值均衡[③]；围绕2017年6月1日施行的《中华人民共和国网络安全法》和数据遗忘权的对接展开讨论。《网络安全法》第43条[④]规定了网络运营者的义务。这里的“删除权”和欧盟GDPR中“被遗忘权”本质上是一致的。《网络安全法》规定公民对个人信息享有删除权和请求权：行使删除权有两种情况，即当事人发现其个人信息被网络运营商违反法律法规或约定收集、使用；网络运营商已不存在收集个人信息的特定目的或约定的期限已满。请求权是在当事人发现网络运营商收集、存储的其个人信息有误或缺失时，享有要求其补充或更正的权利。作为我国网络安全法律体系的基本法，《网络安全法》对数据遗忘权进行了部分确认。在我国当前遗忘权研究的法理根据和宪法地位尚不明确，行政法保障不足，《网络安全法》有待进一步细化，个人信息保护法亟待出台的环境下，对遗忘权的引入还需慎重。至于民商法方面的研究仍是讨论遗忘权的主场，欧洲的司法实践就立足民商事领域。在我国《宪法》没有明确规定的前提下，围绕遗忘权的民事权利属性讨论最为激烈。对

---

① Section 7 of Criminal Records (Clean Slate) Act 2004.

② 该条规定：“1. 过去7年中未因其他案件曾被判有罪；2. 从未被判处监禁类刑罚；3. 从未因为精神状态原因而被法院判令羁押于医院；4. 未曾因‘特殊类犯罪’（如性侵儿童或精神残障）而被定罪；5. 已根据法院命令全额支付所有与刑事案件相关的罚款、赔偿金或费用；6. 从未根据《陆地交通法》（Land Transport Act 1998）或其他较早的相关规定被剥夺驾驶资格。”

③ 高荣林：《数字被遗忘权的限制以网络言论的自由表达为视角》，载《现代传播》2015年第7期。

④ 该条规定：“个人发现网络运营者违反法律、行政法规的规定或者双方的约定收集、使用其个人信息的，有权要求网络运营者删除其个人信息；发现网络运营者收集、存储的其个人信息有错误的，有权要求网络运营者予以更正。网络运营者应当采取措施予以删除或者更正。”

遗忘权权利属性的争论主要集中在其究竟属于“人格权”[①]“个人信息权”[②]“数据人格权”[③] 或其他民事权利的一部分。目前《侵权责任法》中的侵权责任规定、隐私权规定和其第36条第2款[④]被认为是对数据遗忘权间接保护和进行有限救济的重要依据[⑤]。由于立法缺失导致被遗忘权距离形成实质的法律效果还有差距，目前宪法对隐私权的抽象保护或相关部门法的间接保护是被遗忘权行使的依据来源。立法上对被遗忘权的刑事司法保护应突破事后法标准，富有预见性，探索部门法对被遗忘权的具体保护存在现实的必要性。

（三）被遗忘权在刑事司法领域的适用空间

被遗忘权在刑事司法领域中的义务主体（国家司法机关，新闻媒体、网络运营商等）较为明确。下面对相对较多的权利主体进行简要梳理：

其一，对于已被定罪的罪犯，对犯罪记录的封存成为被遗忘权体的实现途径。这使被遗忘权针对轻微犯罪或未成年犯罪人的犯罪记录封存制度正式成为一项权利后仍有进一步扩展的可能。可以将犯罪记录封存从原来政府主动实施变为罪犯申请和政府主动实施相结合，以期将犯罪记录封存申请权作为罪犯被赋予的权利。如我国《刑事诉讼法》中对被判5年以下有期徒刑的未成年罪犯，规定司法机关应主动封存其犯罪记录。根据遗忘权的内在精神，在保留司法机关依职权封存犯罪记录外，其他罪犯也可以享有向司法机关提出封存其犯罪记录申请的权利。如此一来，即使封存犯罪记录案件范围得以放宽，有利于更多的已被治罪的犯较轻刑的罪犯更快更好地融入社会，又使遗忘权的权利主体得以主动申请行使该权利，有利于人权的保障和法制的健全。在犯罪记录封存权的基础上，可以考虑创设基于特定条件的，由信息主体主动申请对相关信息记录进行彻底删除的删除权[⑥]。虽然学界关于彻底删除的是前科记录还是犯罪记录存在争议，但从封存到删除无可非议是司法实践的一项重要突破。《法国刑事诉讼法典》第770条对未成年罪犯的依申请或职权撤销、销毁犯罪记录的规定值得借鉴。对犯罪记录的彻底删除是刑事司法领域被遗忘权的最终实践形态。鉴于此，基于正常目的的合法查询也不能搜到被彻底删除记录，所以彻底删除权应只适用于极少数案件类型，且设有严格的准入条件。最后，应允许罪犯申请删除相关新闻报道。特别是对依申请封存或删除犯罪记录的案件，在司法机关批准封存、删除前新闻报道已经产生不良影响的，应当允许当事人相关封存、删除裁决要求相关媒体删除相关报道。

其二，对于无辜的人存在两种情形：一类是经过刑事诉讼被认定不构成犯罪的人；另一类是指未被起诉，由于司法机关操作失误被登记为犯罪人。允许无辜人申

---

① 郑志峰：《网络社会的被遗忘权研究》，载《法商研究》2015年第6期。

② 梁辰曦、董天策：《试论大数据背景下“被遗忘权”的属性及其边界》，载《学术研究》2015年第9期。

③ 肖冬梅、文禹衡：《数据权谱系论纲》，载《湘潭大学学报》（哲学社会科学版）2015年第6期。

④ 该款规定：“被侵权人有权通知网络服务提供者采取删除、屏蔽、断开链接等必要措施。”

⑤ 杨立新、韩煦：《被遗忘权的中国本土化及法律适用》，载《法律适用》2015年第2期。

⑥ 于志刚：《“犯罪记录”和“前科”混淆性认识的批判性思考》，载《法学研究》2010年第3期。

请封存、删除相关信息能有效避免损害后果的扩大。对第一类人而言，司法机关不仅应将对其不利的信息主动封存、删除，还应当主动或依当事人申请为其在公共媒体上阐明事实和正名。无辜者对于媒体对其“犯罪”的报道享有删除请求权和申请司法机关强制删除相关个人信息或对拒不履行义务的新闻媒体起诉的权利。对第二类人而言，司法机关接到其申请或发现错误后应尽快删除相关错误信息，已经对无辜人造成损害的，司法机关应为其证明清白，减少或消除损害。

其三，刑事案件中被害人对于被遗忘权的利益需求相较于罪犯封存、删除其犯罪记录的需求而言，主要在于删除新闻中相关的个人信息。特别是性犯罪中被害人很可能因新闻报道而受到长时间、持续的二次伤害。保证被害人的被遗忘权在减轻新闻报道带来不利后果的同时，也有助于其疏导情绪和回归正常生活。因为不同情况下案件报道和网络舆论对不同心理状况的被害人影响差异性巨大。所以被害人被遗忘权的实现应基于其主动向信息的义务主体申请删除相关信息为途径。如果义务主体拒绝删除相关信息，被害人可以向法院起诉。

其四，除了上述常见刑事诉讼的当事人，被遗忘的诉求也能被其他诉讼参与人享有，从而保障其合法权利免受不当影响。以证人为例，导致我国刑事诉讼中证人出庭作证率低的原因之一就是对证人保护制度落实不力。2012 年修改的《刑事诉讼法》第 61 条规定，“人民法院、人民检察院和公安机关应当保障证人及其近亲属的安全”，但由于其本身是用词的概括性，且未对公、检、法三机关负有的保护义务进行进一步细化，以致对证人的有效保护实践中难以实现。可见匿名作证或作证后删除相关个人信息对于证人有现实的必要性。可喜的是我国《刑事诉讼法》第 62 条已有条件的部分承认证人的被遗忘权的合理性。但关于案件类型和保护方式的规定都过于简单、狭窄，有待进一步扩展。同时证人也应当享有依申请通过删除或匿名等途径实现被遗忘的权利。

三、刑事司法中被遗忘权与相关权利的协同保护

（一）与被遗忘权存在冲突可能的法益

因为刑事司法中多元的法益代表着不同价值取向，这种多元可能导致特定条件下不同法益的冲突对立。公众知情权、言论自由、公共安全等常见法益与被遗忘权在刑事司法领域较易发生冲突。首先，知情权是指自然人、法人及其他社会组织依法享有知悉、获取与法律赋予该主体的权利相关的各种信息的自由和权利。公众知情权是民主社会治理体制的基础，基于此种权利，相关主体就有信息公开的义务①。由知情权衍生出信息公开制度在一定程度上对刑事司法中相关信息主体行使被遗忘权产生阻碍。这是由于信息主体为避免成为非自愿性公众人物行使信息遗忘权利和公众对相关刑事犯罪信息知情权之间存在必然矛盾。例如，刑事案件根据审判公开原则应当公开进行宣判，且相关裁判文书还应上传至“中国裁判文书网”以便查询。此时为保护信息主体的被遗忘权，同时确保公众的知情权，通过申请司法机关

① 郭道晖：《知情权与信息公开制度》，载《江海学刊》2003 年第 1 期。

隐去其姓名等特殊方式不失为保障当事人被遗忘权的方式。其次，言论自由作为法治国家普遍确认的宪法原则，由此自然人权利又衍生出法人的新闻自由权利。这不免容易让有些人认为承认刑事司法中的被遗忘权就是允许信息主体限制媒体对客观新闻报道，进而侵害言论自由领域①。刑事司法中被遗忘权和言论、新闻自由间的关系如何平衡这一问题是在建立被遗忘权制度过程中无法回避。最后，公共安全与和遗忘权也存在发生冲突的可能。公共安全作为生命、自由和财产等权利存在和实现的前提，实践中为保障公共安全，司法机关采用的特殊制度可能对被遗忘权的实现形成障碍。如美国《联邦暴力犯罪控制和法律实施法》（*Federal Violent Crime Control and Law Enforcement Act of* 1994）规定的关于建立性犯罪者登记、备案和公示告知制度。特别是在如今恐怖主义威胁日趋严峻的情况下，为有效打击恐怖主义犯罪、维护国家安全稳定，相关信息主体被遗忘权在与公共安全发生价值冲突时应当做出妥协。

（二）对刑事司法中被遗忘权的适当限制

为解决以上法益冲突，在不同权利间实现价值平衡的同时兼顾刑事诉讼保障人权和打击犯罪的职能，对被遗忘权有必要做出适当的限制。首先，对身为公众人物的权利主体的被遗忘权进行限缩。涉及公众人物的刑事犯罪通常会形成话题效应。如果把公众人物置于和普通民众同等行使遗忘权利的位置，不利于公众行使监督权。尤其民众监督是保证政治人物依法行使公共权力的关键，但也不宜完全剥夺其被遗忘权。此外对涉及公众人物的审判和报道公开能够进一步引导公众知法守法，如高晓松醉驾案就对当时普遍不够重视的醉驾入刑的全面铺开起到积极作用。刑事司法中公众人物较普通罪犯在行使被遗忘权时应受到严格适用条件，延长保存信息时间等限制。其次，一些特殊案件的当事人被遗忘权应予以限缩甚至剥夺：其一，在恐怖主义犯罪和危害国家安全的犯罪语境下，对相关安全法益的保护在对相关信息主体被遗忘权保护位阶之上，国家根据需要有权决定此类案件中相关信息数据的使用方式。其二，对于性犯罪而言，特别是对未成年人性犯罪，可以借鉴美国在剥夺罪犯的被遗忘权时建立便于公众查询案件信息的信息平台。这类案件中被遗忘权的让步是基于保护公众知情权和公共安全，特别是弱势群体免受性犯罪侵害的公共利益考量②。其三，鉴于贪腐案件"对社会稳定与安全所造成的问题和构成的威胁的严重性，它破坏民主体制和价值观、道德观和正义并危害着可持续发展和法治"③，对此类案件中被遗忘权结合个案情况进行不同程度和条件的限制、剥夺，有利于加强宣传效果和打击力度。最后，应对信息主体行使被遗忘权的方式、条件、时间等进行合理的规制：其一，权利行使方式应当采取申请和审查相结合的模式。作为个人权利的被遗忘权区别于政府职权的重要一点在于行使权利的前提是信息主体申请行为。刑事司法中由于当事人行使被遗忘权可能与其他法益产生冲突，

① ROSEN J. Free Speech, Privacy and The Web that Never Forgets. Telecomm and High Tech. L., 345.
② 郑曦：《"被遗忘"的权利：刑事司法视野下被遗忘权的适用》，载《学习与探索》2016年第4期。
③ 参见《联合国反腐败公约》序言。

故也应允许行使此种权利前的司法审查[①]。其二，明确权利行使条件。对构成前述恐怖主义犯罪、危害国家安全的犯罪、性犯罪、严重贪污受贿犯罪等刑事案件的，法院可以在判决中加入禁止申请封存、删除相关数据信息的最短时间以及相应条件，以起到对被遗忘权的限制和剥夺。且法院在审查其他类型案件信息主体的申请时应结合判决时间、公众需求等因素综合考虑。其三，明确权利行使的时间。鉴于我国刑事判决公开宣告制度和关于"中国裁判文书网"对收录判决的规定，为保护诉讼参与人，可允许其在裁判文书做出前申请法院在判决中采取替代或隐去姓名等措施。

从刑法学的角度透视数据遗忘权与刑法间的密切联系不但能对现行刑事立法和司法进行反思，也能够健全刑法对数据遗忘权的保护机能。诚然，遗忘权的刑法保护较宪法权利定位和民事保护等成熟途径还有待深入研究，且网络空间的专属制度，如网络实名制等亦能从基础层面发挥作用[②]。然而，刑法有望在对遗忘权的超前保护方面起到示范作用。

四、结语

如今数据保护在个人权利、商业利益和刑侦需要等对数据正当利用的不同需求相互交织下已成为一个无法回避的棘手问题。数据黑市、拖库行为和范围监控等侵害方式不断涌现。这就要求立法者在面对充斥着各种诉求混杂的局面时要更加智慧、谨慎。数据保护的核心依旧是对公民个人信息自决权的保护，而不单是对数据本身的保护。用存在于个人信息权中的删除权来保护被遗忘权所指向的法益已经足够。这样也可避免对现有权利体系造成混乱。我国要想从网络大国走向网络强国，除了在商业模式上鼓励创新，在产业上持续扩大规模，更要依据相关法律为互联网健康发展营造宽松的政策环境。在刑事司法领域，我们要结合国情，在保障公众知情权、言论自由和公共安全的前提下，尽力保障个人信息的自决权。同时要提防激进的立法造成权利失衡和权力滥用，使对遗忘权利的保障沦为不当言论和行为的埋单工具。这就要求我国在相关立法过程中应避免直接照搬域外法律制度，而应在充分考虑我国法律基础和法律体系的前提下，在保障公民个人权利，推动产业发展升级和维护公共利益间寻求有机统一。

---

① 郑曦：《"被遗忘"的权利：刑事司法视野下被遗忘权的适用》，载《学习与探索》2016年第4期。

② 孙道萃：《网络实名制与刑事治理的协同化思考》，载《南京邮电大学学报》（社会科学版）2016年第3期。

刑法能否使公民的个人信息更安全*

——基于2014—2016年650份刑事判决书的经济学分析

叶小琴** 赵忠东***

一、问题的提出

保护公民个人信息的法律规范逐渐完善，但侵犯个人信息犯罪呈恶化趋势。徐玉玉案、女大学生“裸贷案”深深刺痛国民的神经；据央视报道，通过一个手机号码就可以在网上付费查询到个人基本信息、实时定位、车辆信息、房产信息等几乎全部的个人信息；① 个人信息在网上明码标价，随处叫卖的现象屡见报端。从数据上来看，2016年全国公安机关共侦办各类侵犯公民个人信息案件1886起，抓获犯罪嫌疑人高达4261人，其中银行、教育、工商、电信、快递、证券、电商网站等行业内部人员391名、黑客98名。② 从年初侦破的一批侵犯个人信息安全的大案可知，我国侵犯个人信息犯罪呈现涉案人员多、涉案地域广、犯罪团伙化、侵犯个人信息种类多样并且数量巨大等特点，这也从一个侧面反映出我国侵犯个人信息犯罪呈现出恶化的趋势。

刑法等保护个人信息安全的立法不断完善与侵犯个人信息犯罪的不断恶化形成鲜明的反差，立法目的和法律实施的效果之间存在巨大差距。这样的反差是如何形成的？法律的不断完善为何没有有效遏制住侵犯个人信息犯罪的泛滥趋势？有必要对打击个人信息犯罪的实践效果进行测量和评估，以总结司法实践中的缺陷和不足。为此，可以将目光适当从纯粹的规范研究向实证研究转移，通过对大量判决书文本的阅读和内容分析，探明侵犯个人信息犯罪的一般规律，明确司法工作人员在处理和制裁犯罪过程中的不足，为提出有针对性的建议提供实证材料。

二、研究设计

利用刑法保护个人信息安全的司法实践已经运行了7年有余，可以通过一定方式测量刑法治理效果。测量的标准是什么？这是测量和评估工作必须解决的首要问

* 本文系2017年度武汉大学自主科研项目（人文社会科学）青年项目“侵犯个人信息犯罪的被害调查”阶段成果。

** 武汉大学法学院副教授。

*** 武汉大学法学院硕士研究生。

① 《一个手机号码能查出所有个人信息》，载网易新闻，http://digi.163.com/17/0220/06/CDMQP3IK001680NE.html，2017年6月3日访问。

② 《2016年全国侦办各类侵犯公民个人信息案1886起》，载央广网，http://news.cnr.cn/native/gd/20170311/t20170311_523650719.shtml，2017年5月8日访问。

题。借助经济学模型对侵犯个人信息犯罪的刑法治理效果进行定量分析更具有客观性。

（一）以经济学模型作为统计分析指标

经济学是关于人类选择的科学，① 犯罪行为如商业行为一样，是一种特殊的行为选择。曾获得诺贝尔经济学奖的贝克尔教授认为，一种有用的犯罪行为理论，只要扩展经济学家们对于选择的通常分析就可以了；② 经济分析是一种统一的方法，适用于解释全部人类行为。按照贝克尔的观点，犯罪行为作为一种特殊的人类行为，当然地适合经济学分析。③ 此外，经济学实证主义几乎不怀疑他们观点的力量，认为“人类学家、社会学家、心理学家、政治学家和其他社会科学家都对法律制度进行积极分析，但是，他们的工作无论是在理论内容，还是在经验内容方面，都不够丰富，都不足以和经济学家进行严肃的竞争”。④ 笔者虽然不持如此乐观的学术观点，但依然认为将经济学引入犯罪学领域十分必要。

从犯罪防治角度来讲，经济学思维的引入能够为决策提供充分的经验材料。犯罪是最严重的外部不经济行为，向他人、社会乃至国家输出负价值，这部分负价值就是犯罪造成的损失。刑法的任务是利用刑罚与犯罪作斗争，目标是减少并控制犯罪。但毫无疑问，刑法的制定、实施与执行都需要消耗一定的公共资源，分配到预防和打击犯罪的这部分公共支出就是预防犯罪的成本。显然，正确的决策必须考虑“犯罪造成的损失”与“防治犯罪的成本”之间的关系，意即只有当防治犯罪的成本等于或者小于犯罪造成的损失时决策才是科学合理的。犯罪化过剩或不足、刑罚过剩或不足都不符合犯罪经济学的观点。因此，在制定犯罪治理策略时应将经济学指标作为决策的重要参考项，将犯罪成本、犯罪风险、犯罪收益和犯罪治理成本作为重要的决策资料。

（二）以刑事判决书内容作为统计分析对象

笔者以北大法宝司法案例库为研究平台，共检索到 2014—2016 年为期 3 年的 650 份侵犯个人信息犯罪刑事判决书。⑤ 以此作为研究样本，采用内容分析法，提炼出行为人、罪名、宣告刑、涉案金额、侵犯次数、是否利用网络、信息用途等内容，形成研究的基本数据。通过 SPSS 20.0 软件对数据进行分析，能够较为直观地显现侵犯个人信息犯罪的特征和规律，并能够反映出司法实践的一些隐性偏好。然后从经济学的视角对其进行审视，透析出侵犯个人信息犯罪所蕴含的经济特征和规

① Richard Posner. Economic Analysis of Law. 2d ed. Boston：Little，Brown. 1977：3.

② Gary Becker. 1974. Crime and Punishment：An Economic Approach. In Essays in the Economics of Crime and Punishment，edited by G. Becker and W. landers（PP. 1-54）. New York：Columbia University Press.

③ ［美］加里·S. 贝克尔：《人类行为的经济分析》，王业宇等译，格致出版社 2015 年版，第 7 页。

④ ［美］迈克尔·戈特弗里德森：《犯罪的一般理论》，吴宗宪等译，中国人民公安大学出版社 2009 年版，第 69 页。

⑤ 操作流程如下：以 2016 年 11 月 11 日为时间节点，以北大法宝为研究平台，键入“个人信息”进行关键字标题精确检索，并且将筛选条件设定为“一审”“判决书”“普通案例”和“刑事案由”，共命中 782 项。经下载共得到 2014—2016 年为期 3 年的共计 653 份侵犯个人信息犯罪的刑事判决书。将重复的和内容缺失的判决书予以剔除，最后共得到 650 份有效的刑事判决书文本。

律，提炼出司法实践中违反经济规律的具体做法，进而以“最大效率原则”为指导，在刑事立法和刑事司法等多个面向上提出治理侵犯个人信息犯罪的对策和建议。

三、统计分析

（一）犯罪风险的统计分析

经济学上的风险是指生产目的与劳动成果之间的不确定性，包括两层含义：一是收益的不确定性，二是成本或代价的不确定性。① 相应地，犯罪学上对犯罪风险也有两种理解：一是犯罪的可能性，如再犯罪风险；二是犯罪的成本和代价，如定罪可能性。笔者在第二种意义上使用犯罪风险，基本等同于定罪可能性。

1. 犯罪风险低

表一　侵犯个人信息次数统计

侵犯次数	1 次	2~5 次	5 次以上	不能确认
案件数量	176 件	447 件	394 件	10 件

犯罪风险与犯罪黑数之间存在紧密联系，一般而言，犯罪风险高说明犯罪受到刑罚处罚的可能性大；相反，犯罪黑数就会相对较少。从表一可知，行为人实施 1 次侵犯个人信息犯罪行为即案发的案件数量只有 176 件，占比 27. 1%，比例较少。相比之下，实施 2 次以上侵犯个人信息犯罪行为才案发的案件高达 447 件，其中 5 次以上的案件数量达 394 件，占比 60. 6%，比例较大。可见，行为人实施犯罪次数越多，其受到刑罚惩罚的概率就越大。这也从一个侧面反映出，侵犯个人信息犯罪得不到及时有效侦破，因此犯罪黑数较大，犯罪风险偏低。

2. 存在规避风险的有效手段

表二　利用网络侵犯公民个人信息统计

类型	利用网络（件）	未利用网络（件）
案件数量	544	106

犯罪运行的安全律是指以某种犯罪手段实施犯罪越安全，行为人就越会采取此种手段实施犯罪，“安全率越高，犯罪行为就越会发生”②。从表二可知，侵犯个人信息犯罪以网络作为犯罪工具的有 544 件，占比 83. 7%；非利用网络实施的案件数量只有 106 件，案件数量较少。可见，侵犯个人信息犯罪网络化趋势明显。网络根本性地改变了数据信息的储存、传输和处理方式，利用网络既可以通过网络攻击行为有效获取大量的个人信息，又可以利用网络空间中的海量数据作为“掩体”以有效逃避侦查。例如，利用大数据技术的 APT 进行攻击，攻击代码隐藏在海量数据

① ［韩］姜淙熙：《21 世纪韩国海洋强国展望》，李承子等译，上海译文出版社 2015 年版，第 118 页。
② 应培礼主编：《犯罪学通论》，法律出版社 2016 年版，第 155 页。

中，极难被发现。[①] 网络空间成为侵犯个人信息犯罪的安全场域，利用网络作为工具实施犯罪可以有效降低犯罪风险。

3. 风险分配不合理

表三　判决罪名统计[②]

罪名	非法提供个人信息罪	非法获取个人信息罪	侵犯个人信息罪	混合罪名
案件数量（件）	28	541	54	27

经济学家认为，风险与收益成正比。犯罪防控政策的制定与实施也应当使犯罪风险与犯罪收益呈现此种比例关系，即社会危害性较大的犯罪，犯罪风险也应当较大。从表三可知，650 份判决书中以非法提供个人信息罪判决的案件仅有 28 件，相比以非法获取个人信息罪判决的 541 件而言，数量太少。可见，非法提供型侵犯个人信息犯罪的犯罪风险远远低于非法获取型侵犯个人信息犯罪。但是，打击侵犯公民个人信息犯罪的“源头性”行为才是治理侵犯个人信息犯罪的关键，[③] 而非法提供型侵犯个人信息犯罪才是源头性行为。基本可以认为，我国司法实践中对于侵犯个人信息犯罪的犯罪风险配置不尽合理。

（二）犯罪成本的统计分析

表四　宣告刑情况

单位：例

刑罚/年份	免刑	单处罚金	拘役		有期徒刑		合计
			实刑	缓刑	实刑	缓刑	
2014	3	16	23	29	119	104	294
2015	3	9	57	30	67	103	269
2016	3	3	12	9	34	26	87
总数	9	28	92	68	220	233	650

宣告刑越高，刑法对犯罪的利益剥夺就越多，犯罪成本就越大。对表四进行分析，可知：第一，责任刑适用较为轻缓。在 650 个案例中，判处免刑的 9 例，单处罚金的 28 例，拘役的 160 例，有期徒刑的 453 例，刑罚适用上虽然以有期徒刑为主，但适用非徒刑的案件达 197 例，占比 30. 3%，比例较大。并且，判处有期徒刑（实刑）的均值为 10. 9 个月，不到 1 年。可见，司法实践对侵犯个人信息犯罪的刑罚裁量均较为轻缓。第二，对预防刑缺乏足够的重视。判处拘役（缓刑）以及有期徒刑（缓刑）的案件数量高达 301 件，占比 46. 3%，比例较大且远远高于我国刑事

① 参见王文超、石海明等：《刍议大数据时代的国家信息安全》，载《国防科技》2013 年第 2 期。

② 《刑法修正案（七）》确立“非法提供公民个人信息罪”和“非法获取公民个人信息罪”；2015 年 11 月 1 日，《刑法修正案（九）》生效，将前述两个罪名统一为“侵犯个人信息罪”。

③ 于志刚：《个人信息犯罪关键在提供方》，载《法制日报》2012 年 5 月 19 日第 5 版。

案件31.1%的平均缓刑适用率。[①] 基本可以认为，在侵犯个人信息犯罪的审判实践中缓刑适用率高，预防必要性考量不足。

对此存在两种解释：一是侵犯个人信息犯罪罪质较轻，因此适用较轻的刑罚。这种解释直接否定了《刑法修正案（九）》中增加本罪法定刑的做法，因为法定刑的增加极易产生刑罚过剩而导致司法资源的过度浪费。二是司法实践在适用刑罚打击犯罪时适用较轻的刑罚，与从严打击侵犯个人信息犯罪的刑事政策相违背。从我国侵犯个人信息犯罪所呈现的多发态势来看，并不存在不法减轻、责任减轻与预防必要性降低的实质理由，因此笔者支持第二种观点。“犯罪成本是对犯罪对象需求量的一个重要因素，一般而言，犯罪成本量与犯罪者对犯罪对象的需求量成反比。”[②] 随着大数据技术的进一步发展，社会对数据犯罪的需求量将进一步加强，而侵犯个人信息犯罪的成本偏低，将大大折损刑法利用犯罪成本遏制犯罪数量的功效。

（三）犯罪收益的统计分析

1. 犯罪收益高

根据SPSS软件分析得到，2014年涉案金额均值为45640元，2015年为62478元，2016年为36418元，2014—2016年3年的涉案金额均值为52682元。根据中国统计年鉴的数据，城镇居民人均可支配收入2014年为29381元，2015年为31790元；农村居民人均纯收入2014年仅为9892元，2015年为10772元。侵犯个人信息犯罪的收益远远高于城乡居民人均可支配收入的数值，可见侵犯个人信息犯罪的犯罪收益较高。

2. 犯罪成功率高

表五　利用个人信息诈骗案统计　　单位：例，元

年份	诈骗案	诈骗成功	诈骗金额	成功率	平均诈骗金额
2014	21	17	2069264	81%	121721.4
2015	63	57	5091613.8	90.5%	89326.6
2016	12	8	227854.5	66.7%	28481.8
合计	96	82	7388732.3	85.4%	90106.5

犯罪本质上是一种行为选择，“决策就是在一个目标与另一个目标之间进行权衡取舍”[③]，并且选择任何的行为都需付出一定的机会成本。因此，当且仅当一种

① 我国2014年判刑总人数为1184562人，有期徒刑、拘役缓刑为368129人，缓刑适用率为31.1%。参见诸葛平平总编：《中国法律年鉴》，中国法律年鉴社2015年版，第1014页。

② 宋浩波：《犯罪经济学》，中国人民公安大学出版社2002年版，第45页。

③ ［美］曼昆：《经济学原理——微观经济学分册》（第六版），梁小民等译，北京大学出版社2012年版，第4页。

行为的边际利益大于边际成本时，一个理性决策者才会采取这种行为。[①] 从表五可知，利用非法获取的个人信息实施诈骗犯罪的成功率在 2014 年为 81%，2015 年为 90.5%，2016 年为 66.7%，3 年平均成功率为 85.4%，平均诈骗数额为 90106.5 元。基本可以推论出，个人信息犯罪提高了诈骗犯罪的成功率。[②] “犯罪的成功率越高，其就越会发生”[③]。利用非法获取的个人信息实施诈骗犯罪更容易成功，密切了个人信息犯罪与诈骗犯罪的联系，使得个人信息犯罪成为上游犯罪，而诈骗犯罪成为下游犯罪。这一结论得到了证实，我国电信诈骗案件每年以 20%~30%的速度增长，并且绝大多数电信诈骗案件的背后涉及个人信息买卖。[④]

四、结论与讨论

如果犯罪防控策略仅考虑刑罚的威慑，那么可使定罪可能性接近于 1，使惩罚大于违法收益，这样几乎可使违法数量任意降低。[⑤] 但是定罪可能性的增大会引起防控犯罪的社会成本增大，当定罪可能性趋近于 1 时，社会成本可能趋近于最大值。但公共资源是有限的，因此投入到治理犯罪的公共资源也是有限的，公共政策的制定需要考虑增加威慑所产生的社会收益与增加威慑所产生的社会成本之间的关系。换句话说，公共政策的制定应当符合最大效益原则，即以最少的投入换取最大的效益。结合上文对侵犯个人信息犯罪的经济分析，治理侵犯个人信息犯罪应当：第一，增加犯罪成本，保证对违法行为的剥夺大于违法本身的收益，这是治理犯罪的前提。第二，强化个人信息买卖市场的纵向控制，根据侵犯个人信息犯罪不同环节的具体特点采取针对性的措施，提高治理效率和犯罪风险。第三，选择刑法介入保护个人信息安全的最佳嵌入点，在兼顾信息自由与信息安全的前提下划定合适的犯罪圈，控制惩罚成本。

（一）增加犯罪成本：法定刑的适当调整

1. 责任刑要素的综合考量

责任刑理论要求惩罚带来的痛苦在某种程度上应当等于或者相当于犯罪的恶，但是由于不存在痛苦与罪恶之间精确的计量和换算单位，因此很难实现贝卡利亚所设想的“精确的、普遍的犯罪与刑罚的阶梯”[⑥]。所以退而求其次，必须做到“对不同犯罪的惩罚应当在罚与罪的标度或标准上‘相当’于相应的犯罪的恶或严重性”[⑦]，意即“罪重的量刑要重，罪轻的量刑要轻，不能罪重的量刑比罪轻的轻，

---

① ［美］曼昆：《经济学原理——微观经济学分册》（第六版），梁小民等译，北京大学出版社 2012 年版，第 7 页。

② 叶小琴、赵忠东：《侵犯个人信息犯罪的生成机制与防控对策研究》，载《太原理工大学学报》（社会科学版）2017 年第 2 期。

③ 应培礼主编：《犯罪学通论》，法律出版社 2016 年版，第 155 页。

④ 蒲晓磊：《个人信息还需一部专门法律全面保护》，载《法制日报》2017 年 3 月 11 日第 5 版。

⑤ ［美］加里·S. 贝克尔：《人类行为的经济学分析》，王业宇等译，格致出版社 2015 年版，第 51 页。

⑥ ［意］贝卡利亚：《论犯罪与刑罚》，黄风译，中国大百科全书出版社 1993 年版，第 65 页。

⑦ ［英］哈特：《惩罚与责任》，王勇等译，华夏出版社 1989 年版，第 155 页。

也不能罪轻的量刑比罪重的重”[①]。并且“对什么行为科处刑罚以及如何科处刑罚，应当考虑一般人的价值观念与正义感”[②]，“国家对于犯罪处罚的公正性必须得到社会的公认，对于受刑人及社会公众，均应有‘报应正义’的感受”，[③]“如果一项罪行与对之设定的刑罚之间存在着实质性的不一致，那么就会违背一般人的正义感”[④]。因此，罪刑相当的衡量标准是国民的正义感、道德感。值得强调的是，此种正义感在衡量杀人、抢劫、强奸、盗窃等传统犯罪时，其准确性极高，而将其照搬到行政犯罪、网络犯罪等新型犯罪，其准确度就大大降低。

2. 强化预防刑在制刑与量刑中的比重

第一，在法定刑的制定方面，强化一般预防。事实上，除特殊情形以外，立法者在确定法定刑时均会考虑一般预防的必要性。[⑤] 从法益侵犯性上来看，盗窃罪与故意毁坏财物罪几乎没有任何差异，但是盗窃罪的法定刑重于故意毁坏财物罪，其正当化根据就是对一般预防刑的考虑。对于侵犯个人信息犯罪而言，在其他条件相同的情况下，非法获取个人信息与非法提供个人信息侵犯的法益几乎相同，但我国《刑法》第153条之一第2款明文规定，从重处罚在履行职责或者提供服务过程中获得的公民个人信息并出售或者提供给他人的行为，其正当化根据依然是预防必要性。《刑法修正案（九）》引入一般预防刑来构建侵犯个人信息犯罪的刑罚层次，值得肯定。但对主体的不合理限制可能产生“罪刑不均衡”的不良后果。

第二，在量刑与行刑阶段，强化特殊预防。从现阶段来看，侵犯个人信息犯罪司法实践中对于缓刑的适用比率较高（表四），正是以特殊预防为正当化根据的。从数据上来看，过去适用刑罚可能存在特殊预防必要性考虑不充分的嫌疑。法官应当全面并且正确地把握量刑正当化根据，扩大特殊预防刑的考量要素，将表明犯罪人在再犯罪危险性大的事实作为量刑情节予以考虑。新出台的司法解释强化了定罪量刑时对于特殊预防的考量，认为“曾因侵犯公民个人信息受过刑事处罚或者二年内受过行政处罚，又非法获取、出售或者提供公民个人信息的”或者“又非法购买、收受公民个人信息的”可以认定为“情节严重”。可见，司法实践意在强化特殊预防目的在定罪中的比重。但此种将特殊预防刑要素融入“情节严重”中的路径存在显而易见的缺陷，即仅能影响定罪不能影响量刑。而特殊预防必要性不仅是有无的问题，更包括程度的问题。

（二）提高犯罪风险：纵向治理体系的构建

第一，“堵源”。堵源是打击个人信息供给侧，目的在于通过封堵源头以防止个人信息流入网络黑色个人信息数据库，主要治理非法提供型侵犯个人信息罪。网络环境对侵犯个人信息犯罪起到支持作用，网络应用根本性地改变侵犯个人信息犯罪

① 《关于〈中华人民共和国刑法（修正草案）〉的说明》。

② 张明楷：《责任刑与预防刑》，北京大学出版社2015年版，第42页。

③ 苏俊雄：《刑罚总论I》，作者1998年修订自版，第141页。

④ ［美］E. 博登海默：《法理学：法律哲学与法律方法》，邓正来译，中国政法大学出版社1999年版，第287页。

⑤ 张明楷：《责任刑与预防刑》，北京大学出版社2015年版，第56页。

的层级式组织结构，侵犯个人信息犯罪实现去层级化和交互式数据流通，使个人信息一旦泄露就很难复归到原来的状态。因此，打击非法提供的个人信息被用于信息非法交易犯罪的“内入”端点是治理侵犯个人信息犯罪的关键环节。并且从刑事立法的变革上来看，我国《刑法修正案（九）》第 17 条第 2 款明确规定对特殊主体向他人出售或者提供公民个人信息的行为从重处罚，改变了之前非法提供与非法获取行为同等对待的刑事政策，强化了对非法提供型侵犯个人信息罪的处罚力度，“使侵犯公民个人信息罪的法定刑的设定更具区分度及合理性”[①]。

第二，“截流”。截流是指打击连接个人信息源头（供给）与终端消费（需求）的中间环节，主要治理倒卖型侵犯个人信息犯罪。根据刑法规定，侵犯个人信息罪并不存在“非法获取+非法提供”倒卖型侵犯个人信息的行为类型，一般按照非法提供型侵犯个人信息罪处理。可见，对于中间环节的打击主要参照对于“内入”端点的打击模式进行规制。但是，与个人信息犯罪的中间倒卖环节相伴随的是个人数据的非法储存、非法处理等数据窝藏行为，这也是整个侵犯个人信息犯罪链条上最为薄弱的环节。因此，选取数据窝藏这一中间环节进行有针对性的刑事立法，无疑是一条可行之路。[②] 德国 2015 年的刑法修正案在《德国刑法典》第 202 条之后增加第 202d 条，强化了对个人信息犯罪中间环节的打击力度，值得我国借鉴。

第三，“断需”。根据马克思的供求平衡理论，在社会经济发展中社会总产品的供给和需求必须保持平衡比例关系。[③] 所以，如果仅仅打击供给侧而忽视需求侧的有效控制，说明防控犯罪的工作只进行了一半。断需是打击个人信息需求侧，目的在于遏制个人信息非法需求以减少需求对供给的“驱动力”，主要治理非法获取型侵犯个人信息罪。从数据犯罪链条上来看，需求侧是数据动态链条上的最后一个环节——数据使用。在大数据时代下，个人信息是社会活动尤其是开展商业活动必不可少的要素，收集和分析各种数据并应用于各种决策成为社会运营的常态。[④] 大数据时代下对于个人信息的需求量将有增无减，并且经济发展程度越高对于个人信息的需求量就越大。但笔者认为，个人信息的需求并非拉动侵犯个人信息犯罪数量增长的直接原因，其症结应该在于个人信息的合理需求得不到有效满足，从而转向非法需求。因此，切断个人信息非法需求的关键不在于“堵”而在于“疏”，意即通过引进适当的个人信息流动机制满足社会对个人信息的合理需求。

（三）控制惩罚成本：犯罪化的三重限制

1. 刑法介入治理的第一个嵌入点：知情同意

被害人同意作为刑法上的超法规出罪事由，其出罪功能已经成为学界的共识。[⑤]

---

① 韦尧瀚：《侵犯公民个人信息罪在司法认定中的若干问题研究》，载《北京邮电大学学报》（社会科学版）2016 年第 1 期。

② 于志刚、李源粒：《大数据时代数据犯罪的类型化与制裁思路》，载《政治与法律》2016 年第 9 期。

③ 任红梅、岳宏志：《马克思供给需求理论：一个文献综述》，载《西安财经学院学报》2015 年第 3 期。

④ 高富平、王文祥：《出售或提供公民个人信息入罪的边界》，载《政治与法律》2017 年第 2 期。

⑤ 车浩：《盗窃罪中的被害人同意》，载《法学研究》2012 年第 2 期。

个人信息具有的个人属性要求刑法介入治理时必须尊重信息主体的意思自治，意即"个人原则上有能力决定其个人信息的披露与使用"[①]。我国刑法保护个人信息的目的在于通过控制个人信息的知悉范围与状态构筑个人安宁、人身与财产安全的"防火墙"。从此种意义上来讲，个人信息安全的刑法保护是个人安宁、人身与财产安全法益保护的早期化，是"基于打击一系列与公民信息权益相关的后续犯罪的立法考虑"，[②] 其目的在于消除下游犯罪风险。作为意志自由的个体有权放弃此种保护，并且此种放弃并不意味着对个人安宁、人身与财产法益本身的放弃，而仅仅是将法益置于一种风险之中。是故，知情同意成为刑法介入保护个人信息安全的第一个嵌入点，通过信息自决权谋求信息安全与信息自由间的平衡。

2. 刑法介入治理的第二个嵌入点：可识别性

侵犯个人信息犯罪的犯罪对象是个人信息，但是对于个人信息的内涵和外延的界定存在重大分歧。我国对个人信息的理解基本遵循了"可识别性"的基本特征，认为个人信息是指"以电子或者其他方式记录的能够单独或者与其他信息结合识别自然人个人身份的各种信息"[③]。其外延十分广泛，几乎有关个人的一切信息、数据或者情况都可以被认定为个人信息。[④] 但刑法是保障法、二次法，具有谦抑性。将所有与个人有关的个人信息全部纳入刑法保护的范围既无必要，而且也会产生折损刑法谦抑性和阻碍信息自由流通等负面效应。笔者认为，个人信息范围应当在信息安全与信息自由之间进行必要的限缩。

3. 刑法介入治理的第三个嵌入点：情节严重

非法获取型侵犯个人信息罪依然需要达到"情节严重"的构罪标准。《刑法修正案（九）》修正了非法获取型侵犯个人信息犯罪的表述，最为明显的变化是删除了"情节严重"字样。因此，有学者认为立法者删去"情节严重"降低了非法获取公民个人信息行为的入罪要求，[⑤] 体现了国家打击侵犯公民个人信息犯罪的力度和决心。[⑥] 但也有学者持相反的观点。[⑦] 单纯从《刑法》第 253 条之一第 3 款的文义上看，非法获取型侵犯个人信息罪的犯罪构成确实无须达到"情节严重"。但这种理解仅仅局限于单款的文字表述，视野过于狭隘且不存在合理理由。因此，笔者持反对观点，理由如下：首先，反对观点不存在文义解释上的障碍。第 3 款规定"依照第一款规定处罚"并非仅仅是法定刑上的指引，也包括定罪标准上的指引。意即"依照第一款的规定"应当解释为"依照第一款的定罪规定和依照第一款的量刑规定"。其次，从体系解释上来看，删除"情节严重"只是立法技术上的避免

---

① 郭瑜：《个人数据保护法研究》，北京大学出版社 2012 年版。

② 李源粒：《网络个人数据安全刑法保护研究》，载《重庆邮电大学学报》（社会科学版）2015 年第 6 期。

③ 《网络安全法》第 76 条。

④ 高铭暄、马克昌：《刑法学》（第七版），北京大学出版社 2016 年版，第 488 页。

⑤ 李振林：《非法利用个人金融信息行为之刑法规制限度》，载《法学》2017 年第 2 期。

⑥ 于志刚、李源粒：《大数据时代数据犯罪的类型化与制裁思路》，载《政治与法律》2016 年第 9 期。

⑦ 王肃之：《论侵犯公民个人信息罪适用标准的完善》，载《太原理工大学学报》（社会科学版）2016 年第 3 期。

重复。最后，从实质解释论上来看，于志刚也认为“打击侵犯公民个人信息犯罪的‘源头性’行为（非法提供个人信息的行为——笔者注）是治理侵犯个人信息犯罪的关键”，那么作为治理犯罪的关键环节依然要求“情节严重”的构罪标准，对于犯罪的非关键环节却取消“情节严重”的构罪标准，这显然不符合刑法的罪责刑相适应原则。因此，笔者认为，侵犯个人信息犯罪的两种行为模式均需达到“情节严重”才能构成犯罪。

侵犯公民个人信息犯罪研究

郭理蓉* 吴 珊**

在信息网络社会，无论是国家建设、政府管理，还是企业运营、个人生活都与个人信息紧密相连，即便是近年来赚足了眼球的云计算、新型的共享经济，也几乎都是以个人信息为纽带。如今，掌握的信息越多，意味着拥有更多的话语权和更好的生存发展机会。中国互联网络信息中心（CNNIC）2017年1月22日发布的第39次《中国互联网络发展状况统计报告》（以下简称《报告》）显示，截至2016年12月，中国网民规模达7.31亿，手机网民规模达6.95亿。① 庞大的网民规模意味着庞大的个人信息流，与此同时，很多不法分子也正觊觎着个人信息的经济价值，各种新型的侵犯公民个人信息的犯罪层出不穷。

中国互联网协会2016年发布的《中国网民权益保护调查报告》中，个人信息保护的内容成为网民最关心的权益，有84%的网民切身感受到了由于个人信息泄露对日常生活造成的不良影响，超过半数的网民认为个人信息泄露情况严重或非常严重；近一年来，我国网民因为垃圾信息、诈骗信息、个人信息泄露等各类权益受损而遭受的经济损失达915亿元，人均133元。此外，侵犯公民个人信息犯罪常与电信网络诈骗、敲诈勒索、绑架等犯罪形成交叉犯罪，社会危害更加严重，容易使公众缺乏安全感，造成严重的社会管理隐患，因此，打击严重侵犯公民个人信息的违法行为迫在眉睫，这也就赋予了刑法在大数据背景下，遏制个人信息犯罪，保障公民信息安全的重要使命。

一、侵犯公民个人信息犯罪的立法沿革

我国在2009年《刑法修正案（七）》之前未曾在刑法中对侵犯公民个人信息的行为作出相应的规定，但是，随着网络信息科技的发展，线上生活逐渐丰富，随之而来的是一系列侵犯公民个人信息的不法行为。为了遏制肆虐地妨害个人信息安全的不法行为，我国以刑法修正案的形式将严重侵犯公民个人信息的行为纳入刑法规制范围内。

（一）侵犯公民个人信息行为“入刑”：《刑法修正案（七）》增设两罪

《刑法修正案（七）》第7条在《刑法》第253条“私自开拆、隐匿、毁弃邮件、电报罪”后新设“出售、非法提供公民个人信息罪”与“非法获取公民个人

* 北京师范大学刑事法律科学研究院副教授、硕士生导师。

** 北京师范大学刑事法律科学研究院刑法专业硕士研究生。

① 第39次《中国互联网络发展状况统计报告》，http：//www.cnnic.net.cn/hlwfzyj/hlwxzbg/#，2017年6月13日访问。

信息罪”两罪作为第253条之一，弥补了我国在个人信息犯罪领域的空白，首次在刑法规范中增设侵犯公民个人信息的犯罪，突破性地确立了对公民个人信息给予刑法保护的原则。

但是，《刑法修正案（七）》的一个突出问题在于将“出售、非法提供公民个人信息罪”的犯罪主体限定在国家机关或者金融、电信具备公权力的单位及工作人员。市场经济的多样性使得除公权力机关之外，参与市场经济的各类主体，大到公司企业，小到拥有支付宝收款账号的个体摊贩，都有收集到个人信息的可能，如此限缩主体范围实属不合理。而且，《刑法修正案（七）》未对公民个人信息的范围以及“情节严重”进行界定，要实现罪刑法定原则的明确性要求，需要相关司法解释对此做出规定。另外，此罪以“违反国家规定”为前置性要求，但我国并未颁行统一的个人信息保护法律，相关规定散见在其他法律法规中，所以如何协调刑法第253条之一所确立的刑事制裁与有关行政法律法规规定的行政法律制裁的关系，也是亟待解决的重要问题。

在“非法获取公民个人信息罪”中，也未明确“窃取或者以其他方法”中的“其他方法”性质如何，是否必须具备非法的性质，采用购买、交换、收集整理这种性质中性甚至合法的手段是否能够成立该罪，都存在争议。

（二）侵犯公民个人信息犯罪的整合：《刑法修正案（九）》的修改完善

《刑法修正案（七）》通过之后，其中有关侵犯公民个人信息犯罪相关法条的适用出现了一些争议，为了回应争议，解决实践中的适用问题，全国人大常委会于2015年8月29日通过了《刑法修正案（九）》，对原来的第253条之一进行进一步的完善。同时，考虑两个犯罪在所侵犯法益上的相同性，将两罪整合为“侵犯公民个人信息罪”，并且扩大了侵犯公民个人信息犯罪的主体范围。规定任何单位和个人违反国家有关规定，向他人出售或者提供公民个人信息，情节严重的，都构成侵犯个人信息犯罪，而不仅限于原先《刑法修正案（七）》规定的国家机关或者金融、电信等单位的工作人员。解决了实践中一些常见的侵犯个人信息的教育培训公司、网络公司、咨询类公司难以适用该条的情况。

此外，《刑法修正案（九）》加大了处罚侵犯个人信息犯罪的力度。首先，从重处罚利用履职过程中的便利非法出售、提供个人信息的“内鬼”。鉴于实践中常出现内外勾结输送个人信息的“黑色产业链”，该条力求从源头打击个人信息的输出。其次，增加了一档“情节特别严重”的刑期，规定“情节特别严重的，处三年以上七年以下有期徒刑，并处罚金”。

但是，《刑法修正案（九）》的条文依然存在定罪量刑的标准过于原则，法律适用存在分歧的问题，如并未明确“情节严重”、“情节特别严重”，以及个人信息的范围。

二、侵犯公民个人信息犯罪的司法适用

据统计，《刑法修正案（七）》施行后，从2009年2月至2015年10月，全国法院共审结出售、非法提供公民个人信息、非法获取公民个人信息刑事案件969起，生效判决人数1415人。《刑法修正案（九）》施行后，2015年11月至2016

年12月，全国法院新收侵犯公民个人信息刑事案件495件，审结464件，生效判决人数697人。[①] 根据《第39次中国互联网络发展状况统计报告》，截至2016年12月，由360安全中心和腾讯安全中心共监测到安卓手机用户标记骚扰诈骗类短信183.8亿条，其中诈骗短信6.1亿条。[②] 可见，侵犯公民个人信息的违法犯罪仍处于高发态势，而且与电信网络诈骗、敲诈勒索、绑架等犯罪呈合流态势，实际发生的数量远远超过进入刑事司法程序的案件数量。其中一个原因就是两个修正案中所规定的侵犯公民个人信息罪的定罪量刑标准较为原则，实践中难以把握，此外还有一些法律适用上的分歧，影响此类案件的办理。鉴于此，最高人民法院、最高人民检察院于2017年5月9日颁布了《关于办理侵犯公民个人信息刑事案件适用法律若干问题的解释》（以下简称《解释》），以期回应实践中的疑难问题，完善我国侵犯个人信息犯罪，严肃惩处侵犯公民个人信息的案件，回应社会关注的热点问题。《解释》对侵犯公民个人信息罪定罪量刑标准进一步具体化与明确化，包括：

（一）明确界定“公民个人信息”的范围

“两高”《解释》明确规定，“公民个人信息”是指以电子或者其他方式记录的能够单独或者与其他信息结合识别特定自然人身份或者反映特定自然人活动情况的各种信息，包括姓名、身份证件号码、通信联系方式、住址、账号密码、财产状况、行踪轨迹等。概言之，即用于“识别身份”的信息以及可反映“活动情况”的信息。而在5月9日“两高”发布的《侵犯公民个人信息犯罪典型案例》[③] 中，还将个人户籍、车辆档案、手机定位、个人征信、旅馆住宿等符合个人信息要件特征的信息归入“公民个人信息”范围中，由此可见，《解释》对个人信息所作的界定采用了概括+列举式，既概括指出“个人信息”的特定性特征、身份识别性特征，又列明了这些信息的种类，不仅包括身份信息、财产信息，还包括行踪轨迹等。

（二）细化定罪量刑标准，规定“情节严重”的十项标准

《刑法修正案（七）》与《刑法修正案（九）》都规定侵犯公民个人信息“情节严重”才构成犯罪，《刑法修正案（九）》还对“情节特别严重”规定了相应的刑罚，但是均未对“情节严重”、“情节特别严重”的标准进行界定，司法实务中只能参考其他犯罪的情节严重标准，导致实务中对是否入罪、如何量刑没有统一的标准，不利于罪刑法定原则的贯彻。

《解释》根据不同类型公民个人信息的重要程度，设定了不同“情节严重”数量标准。对于行踪轨迹信息、通信内容、征信信息、财产信息，非法获取、出售或者提供50条以上即算“情节严重”；对于住宿信息、通信记录、健康生理信息、交易信息等其他可能影响人身、财产安全的公民个人信息，标准则是500条以上；对

---

① 《两高发布办理侵犯公民个人信息刑事案件司解》，http://www.court.gov.cn/zixun-xiangqing-43932.html，2017年5月9日访问。

② 《第39次中国互联网络发展状况统计报告》，http://www.cac.gov.cn/2017-01/22/c_1120352022.htm，2017年6月13日访问。

③ “两高”《侵犯公民个人信息犯罪典型案例》：邵保明等侵犯公民个人信息案。

于其他公民个人信息，标准为5000条以上。鉴于实践中六成[1]侵犯公民个人信息的犯罪是由机关单位或国家机构人员利用工作便利或提供服务过程中的获取公民个人信息实施，《解释》规定这种情况数量或者数额达到司法解释规定的相关标准一半以上的，即可认定为刑法规定的“情节严重”。

（三）对实践中常见的侵犯公民个人信息的行为性质予以明确化

实践中，侵犯公民个人信息的行为以合法取得个人信息后非法利用最为常见，想必很多人都有过在民政局、房产局登记过后就立刻接到婚庆公司、装修公司电话推销各种服务和产品，在医院生完孩子马上就接到推销奶粉、婴儿用品和早教等推销电话等类似的经历，由于之前对于“非法获取公民个人信息”中的“其他方法”一直没有明确的界定，导致实践中对此类购买、交换和收受公民个人信息的行为性质难以认定，《解释》明确，违反国家有关规定，通过购买、收受、交换等方式获取公民个人信息，或者在履行职责、提供服务过程中收集公民个人信息的，都属于“以其他方法”非法获取公民个人信息。并且，《解释》还为该类犯罪设置了入罪标准，规定：为合法经营活动而非法购买、收受敏感信息以外的公民个人信息，具有下列情形之一的，应当认定为“情节严重”：（1）利用非法购买、收受的公民个人信息获利五万元以上的；（2）曾因侵犯公民个人信息受过刑事处罚或者两年内受过行政处罚，又非法购买、收受公民个人信息的；（3）其他情节严重的情形。

（四）明确罚金刑适用标准

侵犯公民个人信息犯罪的主要犯罪目的是牟利，因此，适用财产刑进行处罚可谓“对症下药”。《刑法修正案（七）》与《刑法修正案（九）》只是原则性地规定可以“并处或单处罚金”，实践中对罚金的适用缺乏统一的标准，此类案件的罚金刑普遍偏低，罚金的数额与犯罪所得不成比例，当事人的违法成本低，无法起到有效遏制犯罪的作用。根据《侵犯公民个人信息类刑事案件大数据分析报告（2013—2016）》的统计，侵犯公民个人信息类犯罪的1906人中有1767人被判处了罚金刑，其中多在1万元以下，案件占比超过60%。这点从“两高”发布的《侵犯公民个人信息犯罪典型案例》中也不难看出，公布的7个典型案例中，当事人的刑期在6个月到3年不等，且综合考虑退赃、自首、坦白等情节，刑期和罚款均有不同程度的减免，即便是在“情节特别严重”案件中，也仅判处被告人有期徒刑3年，并处罚金人民币2万元。

《解释》对罚金刑的标准予以明确化，规定：对于侵犯公民个人信息犯罪，应当综合考虑犯罪的危害程度、犯罪的违法所得数额以及被告人的前科情况、认罪悔罪态度等，依法判处罚金。罚金数额一般在违法所得的1倍以上5倍以下。这样就为以后此类案件罚金刑的适用确立了明确可行的标准，避免出现罚得不痛不痒、罚不当罪的情况。

---

① 国双司法大数据中心发布的《侵犯公民个人信息类刑事案件大数据分析报告（2013—2016）》，在2017年5月4日收集的对2013年1月1日至2016年12月31日中国裁判文书网所公开的1293件侵害公民个人信息类犯罪刑事案件的实证分析，http：//gridsum. com/datacenter/Report-on-Criminal-Cases. pdf，2017年6月4日访问。

三、我国目前侵犯公民个人信息违法犯罪的相关立法、司法方面存在的问题

《刑法修正案（七）》、《刑法修正案（九）》以及《解释》回应了网络数据化时代公民对个人信息安全保护的要求，为打击侵犯公民个人信息犯罪提供了具体、明确的规范和标准，这体现了我国刑法立法与司法因应社会现实及其需要能够做出及时的调整与完善，但是，也存在一些比较明显的问题。

（一）有关个人信息保护的立法零散，缺乏统一协调的体系

有研究认为，中国大陆目前有 24 个法律或者规范性文件各自从某方面涉及对公民个人信息的保护，且均具有行政法律法规的性质。① 也有资料显示，我国目前有近 40 部法律、30 余部法规以及近 200 部规章涉及个人信息保护。② 不难看出，我国目前关于个人信息的保护是分散立法，尽管早在 2003 年 4 月，国务院信息化办公室对个人信息立法研究活动就进行了部署，有关专家在 2005 年年初就提交了《个人信息保护法（草案）》，③ 但是目前我国仍然没有个人信息保护的专门法律来对公民个人信息保护做出全面系统的规定。分散立法的一个弊端就在于，各个相关法律、法规之间缺乏协调性，仅“个人信息”的概念，不同法律文件的界定都不一致，法律规范数量看起来似乎不少，但缺乏统一性，很多条文表述又具有模糊性，这直接造成了法律执行力弱化，救济渠道不畅的局面。根据中国社会科学院法学研究所课题组的调查，个人信息曾遭受滥用的被调查者中，仅有 4%左右的人进行过投诉或者提起过诉讼。无法确定哪些机构应承担责任、向什么机构投诉或者以谁为对象提起诉讼、无法获得有力的证据、投诉或者诉讼成本过高等是导致公众不愿意投诉、提起诉讼的重要因素。④ 这也是违法犯罪案件的统计数字与见诸报端、网端庞大的个人信息泄露数量差异甚大的原因之一。

（二）在个人信息的界定方面，立法与司法的不协调

《解释》的一大亮点便是对“公民个人信息”的范围作出了明确规定，但是，在我国目前并未出台统一的个人信息保护法律的情况下，以刑法司法解释的形式对这一重要概念进行界定是否合适，是值得商榷的。刑法作为“最后法”，是其他法律的保障法，在《刑法》第 253 条之一中，侵犯公民个人信息罪被设置为一个法定犯，本罪成立的前提是要“违反国家有关规定”，然而目前我国并没有制定出台关于个人信息保护的专门法律，在保护公民个人信息的前置性法律缺失的情况下，最高司法机关直接在司法解释中对个人信息的范围加以规定，有越俎代庖之嫌。

或许有论者会说，在有些法律法规如《网络安全法》中对“个人信息”已有界定，所以是有前置法的。但是，该《解释》中关于“个人信息”界定与《网络

① 卢建平、常秀娇：《我国侵犯公民个人信息犯罪的治理》，载《法律适用》2013 年第 4 期。

② 《个人信息保护将出台国标，明确使用后立即删除》，载《新京报》2012 年 4 月 5 日 A6 版。

③ 《个人信息保护将出台国标，明确使用后立即删除》，载《新京报》2012 年 4 月 5 日 A6 版。

④ 中国社会科学院法学研究所编：《法治蓝皮书：中国法治发展报告（2009）》，社会科学文献出版社 2009 年版，第 366 页。

安全法》的规定并不完全一致。我国2016年11月7日通过的《网络安全法》第76条第5项对“个人信息”作了定义：“个人信息，是指以电子或者其他方式记录的能够单独或者与其他信息结合识别自然人个人身份的各种信息，包括但不限于自然人的姓名、出生日期、身份证件号码、个人生物识别信息、住址、电话号码等。”而《解释》中的“个人信息”不仅包括身份识别意义上的信息，还包括反映“活动情况”的信息，由此可见，《网络安全法》中所规定的个人信息的范围实际上要小于《解释》中所规定的范围。从法律文件的效力层次上来讲，作为单行法的《网络安全法》的位阶当然要高于《解释》，那么，问题来了：在《网络安全法》已于6月1日正式施行的情况下，对于5月9日颁行的《解释》中对“个人信息”的定义与该法明显不一致的地方，该如何对待呢？遵守？还是不遵守？

（三）立法对于大数据背景下个人信息保护的重点的认识还不够全面

大数据时代改变着我们的生活，对个人信息的认识不能停留在原来的层面上。有学者认为在大数据时代背景下，对个人信息的界定也就仅仅具有理论意义，而其现实意义已经所剩无几。因为只要有足够多的数据，就一定能够识别出特定的自然人。这就意味着在大数据时代的今天，乃至未来，我们之前关注个人信息的识别性特征已经失去了意义，即我们的理论和立法更应该关注对个人信息的利用环节，而不是收集和加工环节。[①] 人们从出生到死亡，中间经历了求学、工作、日常消费等生活的各个方面，在这些生活环节中，无一不需要提供我们的个人信息，不可避免地存在着无数的信息收集环节，而信息的收集和加工也是社会正常运行不可或缺的环节，我们参与社会生活也离不开对我们个人信息的利用，而只有将其“非法”利用才会给公民的切身利益带来实质性的损害，所以，个人信息保护的立法重点应当放在打击“非法利用”上，而不是在前面环节即禁止或限制信息的收集及加工上，否则，将会在一定程度上限制信息的自由流通，不利于信息社会的构建和正常运行。但是，从两次的刑法修正案及此次“两高”司法解释的规定来看，都花了较大的篇幅规制非法获取个人信息等行为，而未对“非法利用”他人个人信息的行为进行较全面的规制，如盗用他人身份获取财产性利益或者非财产性利益（如非法使用他人个人信息骗取互联网账号认证，冒名顶替他人上大学等），就是对他人个人信息非法利用的典型表现，而对于此类行为，仅仅以目前侵犯公民个人信息罪中“窃取或者以其他方法非法获取公民个人信息”是不足以对其做出全面准确的评价的。

（四）司法中定罪量刑的具体标准不够合理，还有待进一步完善

《解释》对于侵犯公民个人信息罪成立的情节予以了细化，对“情节严重”、“情节特别严重”分别以列举的方式详细规定了各种情形，使司法认定和处理更易于把握、更具有可操作性。但是，细究一下，笔者认为，有个别情形的规定是值得商榷的。例如，《解释》第5条规定，“非法获取、出售或者提供公民个人信息，具有下列情形之一的，应当认定为刑法第二百五十三条之一规定的‘情节严重’：

① 刘德良：《刑法侵犯个人信息犯罪及其司法解释的理解与检讨》，http：//www.apcyber-law.com/research.action？type=&id=5480，2017年6月10日访问。

（一）出售或者提供行踪轨迹信息，被他人用于犯罪的；（二）知道或者应当知道他人利用公民个人信息实施犯罪，向其出售或者提供的；（三）非法获取、出售或者提供行踪轨迹信息、通信内容、征信信息、财产信息五十条以上的；（四）非法获取、出售或者提供住宿信息、通信记录、健康生理信息、交易信息等其他可能影响人身、财产安全的公民个人信息五百条以上的……”第（一）项中，“被他人用于犯罪”对于出售者或者提供信息者来说，是否能够预见？是否需要明知？由于第（二）项将明知的情形单列了，因此，可以认为第（一）项的情形是不要求出售者或者提供者明知他人将信息用于犯罪的。那么，假设A用谎言（如有急事需紧急联系）骗B提供了C的行踪轨迹信息，结果A利用该信息去实施了犯罪，根据《解释》，B是要构成侵犯公民个人信息罪的。这对于提供者B来说，是不是公平合理的？本条第（四）项的信息是“可能影响人身、财产安全的公民个人信息”，与第（三）项的信息相比，第（四）项的信息显然更为重要，但是，在“情节严重”的认定标准上却出现了相反的情况：非法获取、出售或者提供更重要信息的，需要500条以上才构成犯罪，而非法获取、出售或者提供次重要信息的，则仅需50条即构成犯罪！这是令人困惑的。

再如，《解释》第10条规定，实施侵犯公民个人信息犯罪，不属于“情节特别严重”，行为人系初犯，全部退赃，并确有悔罪表现的，可以认定为情节轻微，不起诉或者免予刑事处罚……“情节特别严重”属于本罪的加重犯，依法应当判处“三年以上七年以下有期徒刑，并处罚金”，在有初犯、退赃、悔罪表现等酌定从轻情节的情况下，适用减轻处罚到前一法定刑档次“三年以下有期徒刑或者拘役，并处或者单处罚金”是不违背刑法的原则与法理的，但是，越过低一级的法定刑档次，直接跳到“可以认定为情节轻微，不起诉或者免予刑事处罚”，比“情节严重”的处罚还要轻，如此之大跨度从宽的依据何在？这些规定的合理性，都很值得进一步探讨。

四、个人信息保护的域外经验

域外关于个人信息保护的立法模式主要有两种，一种是以美国为代表，以隐私权作为个人信息保护的基础，采取“分散立法”兼“行业自律”模式，对个人信息保护的行业规范要求较高。另一种是以德国为首的统一立法模式，制定“个人信息（或资料）保护”专门法律，以信息自决权为宪法基础、一般人格权为民法基础，对全部个人资料给予同等保护。①

（一）美国

以隐私权作为个人信息保护的基础，在公领域实行分散立法模式，通过1974年《隐私权法》、1966年《联邦信息公开法》等法律规定了政府机关收集、处理和利用个人信息的领域；在私领域选择了行业自律模式，由公司或者产业实体制定行业的行为规章或行为指引，为行业的网络隐私保护提供示范的行为模式。② 美国学

① 齐爱民：《德国个人资料保护法简论》，载《武汉大学学报》（人文科学版）2004第4期。

② 蒋坡：《国际信息政策法律比较》，法律出版社2001年版，第433页。

者将信息主体对其信息主体表现的直接的属性所享有的隐私权称为个人属性隐私权（privacy of a person'spersona）。美国信息隐私法上的个人信息主要是以记录形式表现的个人信息。[①] 美国商务部签发的《安全港隐私保护原则》（2000 年 7 月 21 日）规定："个人资料" 和 "个人信息" 是指在指令的覆盖范围内，关于某一确定的人的资料或用于确定某人的资料。[②]

此外，在私领域的行业自律模式是美国信息保护的首创，要求行业组织进行自我约束。这与美国发达的行业组织是分不开的，行业内顶尖的公司几乎都加入了行业组织，而认可遵守组织内的制度，成为衡量公司软实力的重要体现。虽然美国在 1978 年颁布了《美国金融隐私法》，但其仅对政府机关接触银行内个人资料作出规定，而银行业中对个人信息的保护主要是依据银行业的自治规定。[③] 但是美国针对特殊类型的信息也会设立特别的个人信息保护法律，如《儿童在线隐私保护法》，所以美国并非完全依赖行业自律，而是两者并行。

（二）德国

德国现行的《德国联邦个人资料保护法》是大陆法系最具有代表性的个人信息立法，于 1977 年制定生效，采取统一立法模式对个人信息的收集、处理、利用以及保护进行规定。《德国联邦个人资料保护法》分为总则和分则，其中总则规定了一般条款，其第 2 条采取概括型定义方式，规定个人资料是指 "凡涉及特定或可得特定的自然人的所有属人或属事的个人资料"。[④]

分则规定了国家机关的资料处理、非国家机关和参与竞争的公法上的企业的资料处理等特别规定，区别对待公权力机关和市场主体的信息行为。而且还设立联邦以及各州个人资料保护委员，作为处理个人资料的外部监督机构，接受联邦政府的监管。[⑤] 同时还设置资料保护人对非公务机关处理个人资料进行监督，资料保护人由各单位自行任命，以其具备必要的专业知识和品行良好为任命的基本条件。该法第 44 节还对侵害他人个人信息，意图牟利的行为规定了刑事违法条款。

（三）港澳台：统一立法模式

我国的港澳台地区均采取统一立法模式，制定个人信息保护专法，对个人信息进行全面系统的保护。

1. 台湾地区

台湾地区以个人资料作为基础概念，并于 1995 年通过 "电脑处理个人资料保护法"，但是随着人们对个人信息保护问题认识的加深，旧法的弊端与不足日益显现，2010 年 4 月，台湾地区通过 "个人资料保护法" 修正案，宣布对个人信息的保护进入一个新的阶段。

新的 "个人资料保护法" 扩大了保护客体：删除了 "电脑处理"，并修正 "个

---

① 齐爱民：《大数据时代个人信息保护法国际比较研究》，法律出版社 2015 年版，第 81 页。
② 齐爱民：《大数据时代个人信息保护法国际比较研究》，法律出版社 2015 年版，第 138 页。
③ 陈起行：《资讯隐私权法理探讨——以美国法为中心》，载《政大法学评论》（台湾）第 64 期。
④ 齐爱民：《大数据时代个人信息保护法国际比较研究》，法律出版社 2015 年版，第 137 页。
⑤ 齐爱民：《大数据时代个人信息保护法国际比较研究》，法律出版社 2015 年版，第 73 页。

人资料”的定义，规定“个人资料”指自然人的姓名、出生日期、国民身份证统一编号、护照号码、特征、指纹、婚姻、家庭、教育、职业、病历、医疗、基因、性生活、健康检查、犯罪前科、联络方式、财务情况、社会活动及其他得以直接或间接方式识别该个人的数据。列举中增加了医疗、基因、性生活、健康检查等“特种（敏感）个人资料”，以及“其他得以直接或间接方式识别该个人之资料”，弥补了原来所规定的“直接识别”的不足，使个人资料判断标准更加明确，同时可以看出台湾地区对个人资料的界定采取的是列举识别型。该规定还将适用主体扩大到所有非公务机关，即包括自然人、法人或其他团体；进一步完善救济制度，对于侵害他人个人资料权益的行为，“个人资料保护法”规定了侵权人应当承担的民事责任、行政责任和刑事责任。民事赔偿最高总额调至2亿新台币，行政处罚也有所提高，就刑罚而言，“个人资料保护法”第五章罚则部分，区别行为主体是否具有“意图营利”这一主观要件，分别课以不同程度的刑事责任，法定最高刑可达5年，罚金最高额由5万新台币提高至100万新台币。[①]

2. 港澳特别行政区

香港特别行政区现行的《个人资料（私隐）条例》于1995年制定，同时成立香港个人资料私隐专员公署负责该条例的监察执行。该条例对“个人资料”采取概括型的界定：

个人资料（personal data）指符合以下说明的任何资料：

（a）直接或间接与一名在世的个人有关的；

（b）从该资料直接或间接地确定有关的个人的身份是切实可行的；及

（c）该数据的存在形式令予以查阅及处理均是切实可行的。

而涉及刑事责任方面，香港特别行政区实行行政处罚的刑罚化，大多数行政违法行为被视为犯罪行为，按照简单治罪程序由裁判法院处以刑罚。[②] 所以香港私隐条例主要承担的是民事责任和刑事责任。《私隐条例》第64条规定披露未经数据用户同意而取得的个人资料，以获取金钱得益或其他财产得益，导致该当事人蒙受金钱损失或其他财产损失，或者该项披露导致该当事人蒙受心理伤害，属罪行，可处罚款100万港元及监禁5年。[③]

澳门特别行政区的《澳门个人资料保护法》于2006年2月正式生效。2007年3月设立个人资料保护办公室，负责监察、协调对该法律的遵守和执行。其对个人资料也采取概括型界定：“个人资料：与某个身份已确定或身份可确定的自然人（‘数据当事人’）有关的任何信息，包括声音和影像，不管其性质如何以及是否拥有载体。所谓身份可确定的人是指直接或间接地，尤其透过参考一个认别编号或者身体、生理、心理、经济、文化或社会方面的一个或多个特征，可以被确定身份的人。”涉及犯罪以及刑罚的部分规定在第八章行政和司法保护部分，其中第三节

① 台湾地区“个人资料保护法”第41、45条。

② 李英：《借鉴香港行政法治经验，崇尚良法善治》，http：//www.zhsw.gov.cn/sww_ky/swggb/tszs/201101/t20110125_183853.html，2017年6月9日访问。

③ 香港《私隐条例》第64条。

下卷·三

规定了与个人资料犯罪的相关内容，包括未履行数据保护的义务罪、不当查阅罪、个人资料的更改或毁坏罪、行为人被通知后仍不中断、停止或封存个人资料的处理的加重违令罪、违反保密义务罪，处最高二年徒刑或二百四十日罚金。还特别规定对于本节所规定犯罪的未遂也受处罚。

我国港澳台地区对个人信息保护意识较强，很早就开始了个人信息保护的立法进程，并进行不断的修改和完善。反观大陆目前尚没有一部专门的法律对个人信息保护做出统一的规定，在这方面确实是有些滞后了。

五、大数据时代加强个人信息刑法保护的完善建议

（一）制定个人信息保护的专门法律

制定一部《个人信息保护专法》是保护大数据背景下个人信息安全的必然选择。近年来，我国为了应对多发的个人信息侵权案件，制定了多部法律法规，但如前文所述，分散立法的效果显然并不太好，不利于对公民个人信息给予全面的法律保护。刑法作为“最后法”，本应作为个人信息保护的最终后盾，如今却身先士卒地冲在最前面，刑法虽然先行，却也没有对个人信息的基本概念予以明确，又转而以司法解释的形式来对个人信息的概念做出界定，又导致如前文所述的司法与立法的不协调，从而影响对刑法中侵犯公民个人信息罪法条的理解适用。

通过梳理域外个人信息保护的法律，不难发现，很多国家和地区对公民的个人信息历来较为重视，尤其是对个人信息的基础性保护，即民事、行政保护，在此基础上再考虑对个人信息实行刑法保护。反映在立法上的显要特征就是对个人信息保护的多重立法模式。除了在一些行政规范中对个人信息进行保护外，刑法只针对其中较为严重的侵害行为进行惩戒。[①] 而且，很多国家和地区都设立了专职机关对个人信息进行保护，受理个人信息侵权案件，并为公民提供保护个人信息的指引。香港的个人资料私隐专员公署就是香港特别行政区的保护监管机构，其地位独立，不受香港任何政府机构的管治，全权负责《私隐条例》的施行。澳门地区在2007年成立了个人资料保护办公室，属于澳门特别行政区的政府部门，在行政长官监督下独立运作，该办公室的主要职能包括监察协调、制定制度、处理投诉、宣传教育和分析研究。[②] 所以，为了适应信息社会发展的需要，满足在大数据时代下公众对个人信息保护的需求，我国有必要制定个人信息保护的专门法律，对有关个人信息保护的诸多事项做出全面、统一、明确的规定，为个人信息提供全方位的保护。

（二）注意利益之间的平衡

个人信息保护涉及利益平衡的问题，尤其是在安全、自由与公共利益之间的平衡。个人信息的过分保护必然会限制信息的自由流通，在如今的大数据和网络经济飞速发展的时代，要促进经济稳定、健康、可持续发展，离不开对信息的合理利用。所以，在立法上确立一个合理的“度”是非常必要的。

---

① 吴苌弘：《个人信息的刑法保护研究》，上海社会科学院出版社2014年版，第107页。

② 澳门个人资料保护办公室简介，http：//www.gpdp.gov.mo/index.php？m=content&c=index&a=show&catid=387&id=8，2017年6月12日访问。

此外，对个人信息的保护还涉及保障公民知情权和监督权等公共利益与个人信息、个人隐私权的平衡问题。例如，《解释》将个人的财产状况、行踪轨迹一概纳入个人信息的保护范围内，未对信息主体进行区分，而实践中有很多公众通过对官员的财产状况、行踪轨迹等的了解来对其进行反腐监督，如果对此类行为限制得过严，则不利于公民对腐败行为行使监督权。因此，需要在利益冲突时进行权衡和取舍，在对个人信息予以合理保护的同时，保障正常的公众监督、社会监督的实现。

（三）同步推进行业自律

在制定我国《个人信息保护法》的同时，也不能忽视行业自律在保障个人信息安全中的作用。根据国双大数据的统计，在侵犯公民个人信息中利用工作便利或提供服务过程中获取公民个人信息的主要是服务行业中能接触到公民个人信息的人员，如快递员、淘宝客服、房产经纪人、商场销售人员等。[①] 如何进行有效的行业监管，以减少侵害公民个人信息情况的发生，同样值得关注。

美国的行业组织非常发达，著名的网络服务商均参加某种形式的行业组织，这些行业组织同政府之间的互动非常明显，而由此发展出许多的行业自律模式。[②] 而我国的行业组织发展并不如美国健全，所以，在私领域依靠完全的行业自律模式并不适合我国目前的国情，但是，针对某些与个人信息联系紧密的行业，有必要制定相应的个人信息保护行业规范，以树立行业模范并且过滤一部分在个人信息保护层面信用较低的企业，在立法层面之外树立另一道屏障。我国目前的互联网领域与个人信息的保护联系紧密，也积极出台了一些与个人信息保护相关的行业标准。中国科学技术法学会、北京大学互联网法律中心就在 2014 年 3 月 15 日针对互联网企业制定了《互联网企业个人信息保护测评标准》，这是我国首个由学术机构发布的个人信息保护测评标准。该标准结合我国互联网企业发展的现状以及现有个人信息保护相关的规范性法律文件，力求维护用户合法权益并规范互联网企业的个人信息处理行为，以实现产业良性发展中个人信息保护与利用的平衡。

但是，类似互联网领域的这种行业自律在我国较少，并未能在全国形成风气，另外，目前我国侵犯个人信息类案件在各地分布情况不同，福建、上海、广东等是这类案件的高发地区，针对这些地区的情况，也可以考虑制定地区内的个人信息保护标准，以控制犯罪率。因此，笔者认为，在行业和地区内探索保护个人信息的标准，与个人信息保护立法相结合，共同推进个人信息的保护与开放，推动分享经济，网络空间的治理，以及政府、行业组织和企业之间的良性互动，是接下来需要努力的方向。

① 《侵犯公民个人信息类刑事案件——大数据分析报告（2013—2016）》，https：//mp. weixin. qq. com /s? _ _ biz=MzUxNTAwOTUyOA = = &mid = 2247483822&idx = 1&sn = 7bc18fb5f4a659114c49e88c372667c2&chksm = f9bc7f39cecbf62f12cb7beab99894ff3b767d0a3cf172b2bc33f091b728c3dd7b588214c498&mpshare = 1&scene = 1&srcid = 0601ZVZ54pygLHDbB5DXKOSg&pass_ ticket=xeE9ypIkbWXpwU8UqM72UeTu0bvh7txtGySzDDwIioataSD2SygiNdz4Eu%2F5pWyq#rd，2017 年 6 月 10 日访问。

② 蒋坡：《国际信息政策法律比较》，法律出版社 2001 年版，第 449 页。

侵犯公民个人信息罪的入罪情节及其模式

袁 彬* 刘司墨**

一、问题的提出

情节犯是以一定情节作为犯罪构成要件的犯罪。① 我国《刑法》第253条之一的侵犯公民个人信息罪将“情节严重”作为犯罪的入罪情节，是典型的情节犯。最高人民法院、最高人民检察院2017年6月1日施行的《关于办理侵犯公民个人信息刑事案件适用法律若干问题的解释》（以下简称《解释》）第5条第1款分10项、第6条分3款，从一般认定标准和特殊认定标准两个层面对“情节严重”作出明确规定，涵盖信息用途、信息效力、信息数量、危害后果、主体身份、前科等方面。“法律的基本作用之一乃是使人类为数众多、种类纷繁、各不相同的行为与关系达致某种合理程度的秩序，并颁布一些适用于某些应予限制的行动或行为的行为规则或行为标准。”② 总体而言，《解释》细化了《刑法修正案（九）》关于侵犯公民个人信息罪的“情节严重”标准，统一了司法实践中“情节严重”的认定标准和模式，使侵犯公民个人信息罪的定罪量刑更加明确，但《解释》仍然存在定罪标准的模糊性、局限性和认定规则的无序性等缺陷，使侵犯公民个人信息罪的认定路径仍然存在偏离信息犯罪防控体系正常轨道的风险。只有合理匡正侵犯公民个人信息罪的入罪情节，解决定罪标准与认定规则的衍生问题，方可有效遏制信息犯罪的蔓延，周全个人信息的保护举措。

二、侵犯公民个人信息罪“情节严重”的基本模式

关于侵犯公民个人信息罪的“情节严重”，在《解释》出台之前，刑法理论上对侵犯公民个人信息罪的“情节严重”进行过诸多探讨。其中，争论的核心是应当将哪些情节以何种方式纳入情节严重的评定之中。这涉及情节犯中“情节严重”认定的基本模式问题，并主要体现在以下三个方面。

（一）单一情节模式

单一情节模式是指只根据某个单一的情节来认定“情节严重”的情形。具体到侵犯公民个人信息罪中，它表现为通过对侵犯公民个人信息罪若干情节内容中某一

---

* 北京师范大学刑事法律科学研究院教授、博士生导师，中国刑法学研究会理事暨副秘书长。

** 北京师范大学刑事法律科学研究院刑法学专业硕士研究生。

① 参见陈兴良：《作为犯罪构成要件的罪量要素——立足于中国刑法的探讨》，载《环球法律评论》2003年第3期。

② 参见［美］E. 博登海默：《法理学——法律哲学与法律方法》，邓正来译，中国政法大学出版社1999年版，第484页。

方面情节的考量来认定整个犯罪情节是否达到了严重的程度。在刑法理论上，情节是一个非常抽象、概括的存在。一般认为，“情节严重”中的情节，非指特定的某一方面情节，而是包括了与犯罪相关的各种情节。只要具备任何一方面的严重情节，其行为的社会危害性达到了应受刑罚惩罚的程度，就应当认定为犯罪。① 例如，有观点认为，侵犯公民个人信息罪的“情节严重”是指以下五种情形：(1) 公民个人信息流向境外的；(2) 多次实施侵犯公民个人信息行为的；(3) 涉及多人的公民个人信息的；(4) 造成严重后果或者造成严重影响的；(5) 获利较多的。② 从情节模式上来看，该论者所列举的五种情形中每种情形所考虑的情节都是单一的，属于单一情节模式。单一情节模式的优点是直观、简洁，认定相对容易；缺点是单个情节无法充分而准确地评价犯罪。

(二) 复合情节模式

复合情节模式是指对“情节严重”的判定标准应当综合考虑两个以上的情节要素，且不同种类的情节是通过一定的排列组合形成一个复合结构并以此判定情节严重与否的方式。例如，侵犯公民个人信息罪中的信息属性和信息数量的组合、行为手段和行为次数的综合等。复合情节模式内部又可根据不同情节之间的组合方式分为接近标准说、混合模式说、层级模式说。

接近标准说认为，应在某个单一情节认定的基础之上辅之以另一个单一情节的接近标准，共同解决情节严重的认定问题。其主要解决的是行为不完全符合“情节严重”的任何一项单一标准，但又达到一定临界点的入罪问题。③ 该模式又主要包括两种类型：一是行为未达到单一标准，但有两种或两种以上情节接近单一标准；二是行为虽不完全符合某一单一标准，但具有其他从重情节。

混合模式说坚持数量标准与综合情节标准相结合，即在审查信息数量有效性的基础之上判断社会危害程度的大小，同时基于补充性原则后置适用与侵犯次数、后续行为、牟利数额等有关的其他严重情节，整体评定行为是否属于“情节严重”。④ 例如，有论者认为，侵犯公民个人信息罪的“情节严重”应依次考虑以下三个因素：(1) 非法获取公民个人信息用于实施犯罪活动的；(2) 严重危及公民个人的正常生活或者给其带来较大经济损失的；(3) 在无法认定前两个因素时，可根据非法获取信息数量的大小、次数的多少以及手段的恶劣程度或者支付的对价金额加以认定。⑤ 上述第三个因素就是一个混合标准，混合了信息数量、次数、手段、金额等多种情节。

层级模式说主张在情节严重的认定中应将因素分不同层次进行考察。有论者认

① 参见利子平、周建达：《非法获取公民个人信息罪“情节严重”初论》，载《法学评论》2012 年第 5 期。

② 参见肖本山：《侵犯公民个人信息罪若干疑难问题探讨——兼论相关立法之完善》，载《黑龙江省政法管理干部学院学报》2009 年第 3 期。

③ 参见肖本山：《侵犯公民个人信息罪若干疑难问题探讨——兼论相关立法之完善》，载《黑龙江省政法管理干部学院学报》2009 年第 3 期。

④ 参见廖宇羿：《侵犯公民个人信息犯罪“情节严重”认定研究》，载《法律适用》2016 年第 2 期。

⑤ 参见王昭武、肖凯：《侵犯公民个人信息罪认定中的若干问题》，载《法学》2009 年第 12 期。

为，对侵犯公民个人信息罪的情节严重，应划分目的、数量两个层次，从主观到客观进行考量。首先，行为人以牟利为目的出售个人信息或以不法业务为目的非法获取公民个人信息的，具有潜在的人身危险性，只要实施获取行为就应当构成本罪。其次，当行为人不具有非法目的时，以行为人侵犯个人信息的次数或数量作为定罪标准，从量化角度对情节的严重程度进行分析。[①]

（三）综合模式

综合模式是指在单一情节模式和复合情节模式有序结合的基础之上重视实质性的社会危害性评定。这主要是针对采取单一情节模式或者复合情节模式均无法独立认定的情况下，综合采取单一情节模式和复合情节模式来认定侵犯公民个人信息罪情节严重的方式。例如，有论者认为，侵犯公民个人信息罪的情节严重包括：（1）被害人遭受严重损失；（2）获取的个人信息数量较大；（3）多次侵害并获取个人信息，造成恶劣影响；（4）恶意窃取、收买个人信息；（5）形成了侵害个人信息的犯罪组织网络；（6）被害人的人身、财产遭受重大损失或产生其他严重后果。[②] 其中，既有单一情节模式，以单一情节认定情节严重，也有复合情节模式，以两个以上的情节组合认定情节严重，如“多次侵害并获取个人信息，造成恶劣影响”。

三、《解释》中“情节严重”的基本构造

《解释》根据司法实践的具体情况对侵犯公民个人信息罪的情节严重，设置了两种不同的认定标准。其中，《解释》针对一般认定标准吸收了“情节严重”的传统理论内容，从犯罪的客体、客观方面、主体、主观方面等多个方面加以考察，并针对为合法经营而非法购买、收受公民个人信息这一特殊情况规定了具体的认定标准。

（一）“情节严重”的一般标准

侵犯公民个人信息罪“情节严重”的一般认定标准，主要可分为单一情节模式和复合情节模式两大类型。

1. 单一模式的情节严重

《解释》第 5 条第 1 款规定了三种属于单一模式的情节严重情形，分别针对的是主观心态、危害后果和前科情节。这具体包括：

第一，明知应知标准。《解释》第 5 条第 1 款第 2 项将“行为人知道或者应当知道他人利用公民个人信息实施犯罪，向其出售或者提供特定信息”作为侵犯公民个人信息罪的情节严重判断标准。由于该项并没有对信息的类型进行限制，因此该项的主要情节依据是行为人的主观方面。毕竟，信息用途不同、主观恶性不同会影响对行为危害性的判断，社会危害性也会存在差异。行为人明知或应知他人利用该

① 参见庄晓晶、林洁、白磊：《非法获取公民个人信息犯罪区域性实证分析》，载《人民检察》2011 年第 9 期。

② 参见刘宪权、方晋晔：《个人信息权刑法保护的立法及完善》，载《华东政法大学学报》2009 年第 3 期。

信息从事犯罪行为仍继续出售或提供。这一方面表明行为人的主观恶性较深，其主观上具有放任其行为予以犯罪帮助的意图；另一方面表明为行为的客观危害较大，行为人的行为客观上为犯罪分子实施犯罪提供了帮助与便利。

第二，危害后果标准。情节包含结果，而违法所得又是危害后果的一种类型。《解释》第5条第1款第7项规定“违法所得五千元以上的”属于“情节严重”的情形之一。《解释》将危害后果作为入罪标准的重要考量指标，其原因主要包括：一是行为的危害程度。通过出卖受害者的个人信息而获取的违法所得越多，意味着受害者数量越多或受害者遭受侵害的程度越深，社会影响更为恶劣。二是行为人的主观恶性程度。主观上的违法要素应当成为罪量因素。通过出售或非法提供个人信息以谋取物质利益是部分行为人的犯罪动机，非法获取的物质利益多寡又从侧面反映了行为人的主观恶性。

第三，行为人前科标准。行为人前科标准主要从主观恶性和人身危险性两个方面进行考察。《解释》第5条第1款第9项规定“曾因侵犯公民个人信息受过刑事处罚或者二年内受过行政处罚，又非法获取、出售或者提供公民个人信息的”属于“情节严重”的内容之一。犯罪本质二元论主张已然之罪和未然之罪是构成犯罪本体的两个方面。已然之罪的本质属性是社会危害性，即主观恶性与客观危害的统一；未然之罪指犯罪可能性，既包括初犯可能性又包括再犯可能性。[①] 在行为人前科标准中，既包括犯罪前科，又包括违法前科。有犯罪前科的行为人，说明其在侵犯公民个人信息犯前即存在反社会的应受道义谴责和刑罚惩罚的主观恶性。有违法前科的行为人，其初犯可能性高、人身危险性大，而且，实施上述行为，是对刑法规范所保护的法益价值的蔑视。此外，违法行为的次数是社会危害性和人身危险性的重要反映，多次实施违法行为表明法益受到损害的频率更高。行为人前科成为“情节严重”的一项标准正是区分罪与非罪的又一体现。

2. 复合模式的情节严重

《解释》第5条第1款规定了三种属于复合模式的情节严重情形，即“信息类型+危害后果”型、“信息效力+数量”型和“主体身份+其他情节”型。这具体包括：

第一，“信息类型+危害后果”标准。《解释》第5条第1款第1项规定了认定“情节严重”的一类信息用途标准，即“行踪轨迹+信息用途”型（行为人非法获取、出售或者提供行踪轨迹信息，被他人用于犯罪的）。一般来说，由于个人信息具有人格属性和财产属性，行为人获得该信息后普遍有特定的用途，甚至将其用于犯罪，而不是单纯的占有和损毁。例如，行为人利用个人信息所反映的特定自然人的姓名、肖像、家庭情况、生活习性来对其实施侮辱行为，甚至可在掌握该信息后对他人实施敲诈勒索。不过，与一般信息不同的是，“行踪轨迹”与不法行为之前的联系更为密切。行为人获取他人的行踪轨迹或者他人的行踪轨迹提供给第三人，目的无非是要通过非正常方式找到被害人。按照一般社会经验，双方发生直接冲突

① 参见陈兴良：《刑法哲学》，中国政法大学出版社1997年版，第142页。

甚至实施犯罪的可能性很大。《解释》该项采取了客观归责的做法，即只要他人利用得到的行踪轨迹信息实施了犯罪，信息的提供者或者获得者就达到了侵犯公民个人信息“情节严重”的程度。

第二，“信息效力+数量”标准。虽然公民个人信息涉及广泛，类型繁杂，但是采用以识别说和隐私说为基础的有效关联说[①]作为认定个人信息的准则，能够识别特定主体或特定活动的信息、具有一定私密性的信息和有效反映个人关联活动的信息均在刑法的保护范围之内。然而，并非每一类信息的利用效力都是等同的，具有高度敏感性的信息被犯罪分子利用后对公民的危害程度更高，危险系数更强，所产生的社会危害性更为严重。相反，由于一般信息的重要性和敏感性较低，需要达到更高要求的数量标准才可以成为适格的犯罪对象。《解释》将具有不同利用效力的信息与对应的数量标准相结合，使社会危害性评定能够从质与量两个方面进行综合评定。为了量化实质的社会危害性，《解释》将“信息效力+数量”的模型分为三档：（1）第一档信息包括行踪轨迹信息、通信内容、征信信息、财产信息四种。由于这四种信息与公民的生命健康与个人财产关系密切，且存在特定的对象，一旦被不法分子利用就会变为犯罪，因而该四种信息具有高度敏感性。同时，鉴于本档信息的入罪门槛极低，为了贯彻刑法的谦抑性原则，限缩犯罪圈，《解释》采用穷尽列举的方式确定了前述四种信息，不允许司法适用中采用等外解释扩大本档次个人信息的范围。（2）第二档信息包括住宿信息、通信记录、健康生理信息、交易信息等可能影响人身、财产安全的公民个人信息。《解释》认为这类信息的敏感性和重要性弱于第一档信息，但仍然与人身、财产权利相关，往往被用于“精准”实施诈骗等违法犯罪活动。[②] 客观地看，第二档信息的效力弱于第一档信息，原因在于该类信息具有特定性而不具有完整性，犯罪变现可能性不充分。例如，行踪轨迹信息精确地反映了信息者动态的行为轨迹和可能走向，为绑架、诈骗等犯罪提供了直接有效的参考；而住宿信息是固态的录入数据，无法精确把握信息者何时在宿的时间点。通信内容使行为人能够获取更加清晰和丰富的信息内容，而通讯记录只包含特定人与他人进行通讯的时间、次数，不能反映通讯的内容。（3）第三档信息是指除第一档、第二档外的信息。此类信息虽效力较低，但往往数量较大，二者综合后现实的紧迫危险性升高，亦应当具有刑事保护的必要性。

第三，“主体身份+其他情节”标准。主体身份影响保密义务履行。鉴于公民个人信息泄露案件源于内部人员作案的实践情况，《解释》第5条第1款第8项将

---

① 关于公民个人信息认定的学说，关联说主张关联性是个人信息的核心性质。识别说主张识别性是个人信息的核心性质。隐私说主张隐私性是个人信息的核心性质。单独适用隐私说或识别说均只关注了个人信息的单方面特质，而关联说又造成了个人信息的外延过于宽泛，因此“个人信息”在刑法的适用范围内，应当采取以识别说和隐私说为基础的有效关联说。《解释》确立了“个人信息”的这一性质。其第1条规定“公民个人信息”是指以电子或者其他方式记录的能够单独或者与其他信息结合识别特定自然人身份或者反映特定自然人活动情况的各种信息。

② 参见周加海、邹涛、喻海松：《〈关于办理侵犯公民个人信息刑事案件适用法律若干问题的解释〉的理解与适用》，http：//www.360doc.com/content/17/0528/00/22741532_657937846.shtml，2017年7月11日访问。

"在履行职责或提供服务过程中获得的公民个人信息出售或者提供给他人，数量或者数额达到第三项至第七项规定标准一半以上的"纳入"情节严重"之中。这主要涉及两个方面：一是单位内部人员负有信息保密义务，在履行职责或提供服务过程中应当保证该信息不被他人知悉和支配。行为人利用职务便利侵犯公民个人信息，侵害了双重法益，应对其入罪标准从严掌握。二是该类行为主要发生于个人信息交易的初始阶段，在入罪标准上规定较少的涉案数量、获利数额，设置特殊的标准能够及时、有效地规制该类行为。

（二）"情节严重"的特殊标准

《解释》第6条第1款规定了为进行合法经营活动而非法购买、收受公民个人信息的"情节严重"标准。这一规定的特殊性体现在：（1）犯罪对象限于普通的公民个人信息而非可能影响人身或财产安全的敏感信息。（2）行为人客观上实施的是信息的"接收"行为，而不是"提供"行为。其"接收"行为是为了进行合法盈利的经营活动，相对于依靠非法出售、提供个人信息以赚取非法利益，其社会危害性更小，因而《解释》规定其入罪标准为"获利五万元以上"，远高于《解释》第5条第1款第7项的违法所得金额。（3）行为后果以获利数额而不是销售或违法所得数额为标准。本项除了数额远高于《解释》第5条第1款第7项外，还以"获利"为界限，进一步提高了入罪门槛。一般来看，获利数额是经营所产生的利润，而违法所得和销售都是经营所得。因此，《解释》第6条第1款的定罪标准更高，需要完成更多的"犯罪业绩"。（4）行为人主观上是为了非法购买、收受限定的公民个人信息，即"踪轨迹信息、通信内容、征信信息、财产信息"和"住宿信息、通信记录、健康生理信息、交易信息等其他可能影响人身、财产安全的公民个人信息"以外的公民个人信息。行为人不为获取非法利益，其根本目的是进行合法经营活动、获取合法利益。因此，其主观内容是认识到非法购买、收受限定的个人信息行为而故意为之，主观恶性较利用信息进行违法活动的情形相对较低。

四、《解释》中"情节严重"的结构反思

《解释》为认定侵犯公民个人信息罪提供了较为完备的标准和规则，但也存在一定的问题。其中，入罪标准的模糊性和局限性问题突出，信息类型隐晦使司法适用界限模糊，危害后果单一使社会危害性判断存在局限。具体体现在以下几方面：

（一）单一情节模式的因素缺陷

对单一情节模式而言，最重要的是对具体情节的把握要合理。《解释》关于"情节严重"的单一情节规定，主要存在以下两个方面的问题：

第一，信息类型隐晦。信息类型隐晦是造成定罪标准模糊性的直接原因，并主要体现在三种不同效力等级的信息类型未作明确区分，容易出现交叉内容：一是由于交易信息主要涉及财产，其与财产信息的内容必然存在重合。若第二档信息中的交易信息能够反映个人的财产信息，如何与第一档信息中的财产信息竞合适用，《解释》并未明确。二是第三档的信息不会影响公民的人身与财产安全，那么如何与前两种具有相当性的能够影响公民人身与财产安全的信息相区别，《解释》亦未

明确。三是第三档信息若不会影响公民的人身与财产安全，那么它所关联的法益需如何准确概括。这些问题都需要进一步加以明确。

第二，危害后果单一。刑法中的结果有广义和狭义之分。刑法中的狭义结果是指行为所造成的一定客体的物质性的或精神性的实际损害事实。[①] 刑法中的危害后果包括物质性后果和精神性结果。在物质性后果中，数额是影响定罪量刑的数量要素，存在财产所得数额和财产损失数额两种类型。[②]《解释》在确立“情节严重”危害后果的标准时，重点考虑违法所得数额不足以完全反映物质性后果，不能体现其他精神性危害结果。譬如，信息持续受侵害状态是物质性后果的一种形式；将获取的信息用于“滋扰”型软暴力，会在无形之中使受害人遭受精神损害。诚然，根据广义的结果说，结果是指行为给刑法所保护的法益所造成的现实侵害事实与现实危险状态。然而，现实的危险状态主要指具体危险状态，即实现结果的现实可能性，但这并不等同于结果本身。据此，《解释》第 5 条第 1 款第 2 项的“他人利用公民个人信息实施犯罪”是一种具体的危险状态，这种状态并不等同于结果，因此，“情节严重”所确立的危害结果只有“违法所得”一种，危害后果的规范结构单一，无法与《解释》第 5 条第 2 款“情节特别严重”所明示的个人、社会标准进行有效衔接。再者，《解释》第 5 条第 1 款第 10 项“其他情节严重的情形”内涵过于概括，无法准确列举其他危害后果。危害后果的规范维度一旦丧失，不仅无法周全保护个人利益，还会对个人利益造成威胁和侵害。

（二）复合情节模式的结构缺陷

对复合情节模式而言，关键在于不同情节之间的组合适当。对此，《解释》关于“情节严重”的规定主要存在以下两个方面的结构缺陷：

第一，定罪标准组合缺位。数量是侵犯公民个人信息罪的主要考量标准，具有明显的倾向性。一方面，若只依靠数量标准的自我组合，不能充分反映行为手段、行为次数、主观不法要素等多种因素组合产生的整体社会危害性。《解释》第 5 条第 1 款第 6 项只说明了当信息数量未达标准时可按相应比例合计达到入罪门槛，但未说明其他定罪标准组合下的社会危害性评判方式。例如，信息用途和信息数量的组合、信息用途之间的组合、信息数量和危害后果的组合、危害后果与主体身份的组合、信息数量与行为人前科的组合。另一方面，定罪标准中过于注重信息数据的量化，缺乏实质上对危害信息安全的评价。例如，缺少对危害性极强的行为手段因素的考虑。从单位的组织化程度这一角度来看，获取信息的中间商或非法购销公民信息的网络组织会通过互联网建立网络数据平台，大肆出售信息以谋取暴利，而非法调查公司根据这些信息从事非法讨债、诈骗和敲诈勒索等违法犯罪活动，会严重危害公民的安全。[③]

第二，整体判定顺序脱节。除了确立数量型复合情节模式，《解释》并未对整

① 参见陈兴良主编：《刑法总论精释（上）》，人民法院出版社 2016 年版，第 196 页。

② 参见陈兴良主编：《刑法总论精释（上）》，人民法院出版社 2016 年版，第 198 页。

③ 参见《最高人民法院、最高人民检察院、公安部关于依法惩处侵害公民个人信息犯罪活动的通知》，http：//www. law-lib. com/law/law_ view. asp？id=429958，2017 年 7 月 12 日访问。

体情节的认定规则作出回应，适用规则的无序性缺陷明显。这是因为：一是单一情节模式和复合情节模式的顺序不明。单一情节模式和复合情节模式并非处于选择适用的同一序列，二者应当具有先后顺序，且单一情节模式具有优先性。实践中复合情节模式的组合形式和变种更加多样，选择的范围更广，适用的空间和弹性更大。单一情节模式的对象十分明确，不需要过多技术性的规范判断，适用的空间和弹性较小。如果不能审慎对待二者之间的关系，会使两种模式适用之间出现断层，进而造成单一或复合情节模式的功能虚置。二是复合情节模式补充性作用不清。单一情节模式优先性要求复合情节模式承担保障性、辅助性的补充作用。当单一认定不能全面评价全部情节时，应当通过多种情节因素的组合互动来承担动态的归责任务。

五、《解释》中“情节严重”的模式完善

针对《解释》中“情节严重”认定存在的问题，从“情节严重”认定标准的角度，我们有必要从以下两个方面加以完善单一情节模式和复合情节模式。

（一）单一情节模式的完善

针对《解释》关于单一情节模式存在的不足，建议从以下两个方面完善《解释》的相关内容。

第一，重视个人信息的特性区分。解决信息类型隐晦的核心方法是区分个人信息的内容和关联法益。在内容界定方面，对公民个人信息中的第一档信息采用穷尽列举方式，第二档信息采用概括列举方式，第三档信息采用概括方式，因此内容界分的关键点在于第一档和第二档所列举的信息类型。在第一档信息中，行踪轨迹指个人的动态行动流程和走向；通信内容指特定人之间通过电信方式的交流内容；征信信息指特定机关建立的个人信用数据库所采集、整理、保存的，为商业银行和个人提供信用报告查询服务，为货币政策制定、金融监管和法律法规的其他用途提供有关信息服务所使用的个人信用信息；财产信息指包括动产、不动产和金融性资产、债权资产等在内的财物利益。在第二档信息中，住宿信息是指个人的临时性和永久性的居住状态；通信记录是指在运营商交换机里记录的具有特定时间点、通话时长、通话对象的通话行为；健康生理信息指能够反映个人身体机能状况的生理性信息；交易信息指有关买卖双方交易内容的信息。可见，第一档信息和第二档信息在财产信息和交易信息中出现重复内容的可能性更高，又由于企业在市场交易中通过获取财产信息和交易信息以取得交易优势的情况十分普遍，因而划分财产信息和交易信息具有实践价值。财产信息更多地强调信息的产品化、资产化和权益化，交易信息强调交易中的标的品种、标的价格、交易时间、交易地点以及约定的买卖双方享有的权利和义务等合同要素。据此，财产信息使信息财产化，而交易信息使信息合同化。前者是抽象的财产利益，后者是具体的合同信息。在关联法益方面，本罪所侵犯的主要法益是人身权，次要法益是财产权，第三档信息的关联法益仍然不能超出本罪保护法益的范畴，即人身权与财产权仍然适用于第三档信息，但应当同第二档信息予以区分。第二档所谓的“可能影响人身、财产安全的公民个人信息”指该类信息会将被害人置于一种现实的、紧迫的危险状态。例如，向他人提供交易

信息，使订立商业合同的目的落空，但尚未损害其应得利益或仍有挽回损害利益的可能性。第三档信息应当与这种现实性和紧迫性保持一定距离，可谓一种低于危险状态的现实风险。这种风险的具体分配方式，既取决于客观情境，又取决于主体的主观认识与价值偏好；客观情境的变化或不同会影响对风险分配方式的选择；评价主体的认识与价值取向的差异也会使风险分配方式存在不同。[①] 质言之，侵犯个人信息所造成的风险与客观环境、公民意识关系密切。在信息时代，信息传播速度加快、传播范围广泛，如果非法获取、出售的公民信息达到社会周知的程度，就必然会对受害者的工作、生活带来一定的风险。同理，广泛散布的个人信息可能会使民众的主观认识产生偏差，受害者的个人形象有受到负面评价的风险。

第二，丰富危害后果的表现形式。在信息时代，危害后果标准的发展不应局限在单纯的违法所得层面，还应寻求复合化的定罪进路，具体关注其他物质性后果和精神性后果。物质性后果应从个人、社会、国家三个层面讨论。虽然侵犯公民个人信息罪侵犯的法益并非社会法益和国家法益，但是受到影响的社会秩序和国家安全能够从侧面反映个人信息权受到侵害的事实和程度。从个人层面来说，包括经济损失、人身侵害两个方面：一是犯罪涉及个人的银行卡密码、交易凭证以及第三方支付的财产信息或交易信息，使个人遭受较大的经济损失。二是犯罪涉及个人的健康信息。基于报复目的，通过了解其健康信息实施侮辱、诽谤、故意伤害等关联行为，个人的人身健康受到较严重的侵害。从社会层面来说，主要在于信息影响网络平台的时空范围。在网络空间中，信息载体的表现形式包括电子文件、网页、链接等，传播人数、次数、时数的表现形式为网站的注册会员数、好友数、粉丝数、点击数、下载量、跟帖数等指标。[②] 信息在网络平台的时空范围内产生恶劣影响，会在一定程度上影响社会秩序。从国家层面来说，若获取的个人信息数量庞大或个人身份信息特殊而涉及国家秘密、军事秘密，则会危及国家安全。精神性后果指大量骚扰信息、手机定位信息等“软暴力”信息会严重影响公民正常的工作、学习和生活，使公民处于长时间的精神紧张、愤怒状态，精神压迫感极强。丰富“情节严重”危害后果的表现形式能够更好地与“情节特别严重”的标准衔接，有利于司法者准确裁量。

（二）复合情节模式的完善

针对《解释》关于复合情节模式存在的不足，建议从以下两个方面完善《解释》的相关内容。

第一，统一多种因素的整体运用。综合认定规则是解决定罪标准组合偏向的有效方法。《解释》仅确立了数量型复合情节模式，无法反映各种情节要素，体现整体的社会危害性。信息时代定量标准体系的情节化方向是指设计介于单一标准和复

① 参见劳东燕：《风险社会中的刑法社会转型与刑法理论的变迁》，北京大学出版社 2015 年版，第 89 页。

② 参见于志刚、郭旨龙：《信息时代犯罪定量标准的体系化构建》，中国法制出版社 2013 年版，第 244 页。

合标准之间的定量模式。[①] 综合认定规则并非介于单一认定与复合认定之间，而是统一二者为综合认定整体，并规定了单一认定与复合认定的有序适用原则，在单一认定优先适用的情况下补充性适用复合认定。单一情节模式具有明定性，而复合情节模式包括接近标准说、混合模式说、层级结合说三种学说。究竟何种学说能够充分反映社会危害性，笔者认为，应当采用接近标准说和混合模式说相融合的中和说，或称为缓和说。缓和说的两种形式为：(1) 已规定了某一单一入罪标准，因为其他情节而对该标准进行量上的折扣，不再严格要求达到原有的量。同时，该“其他情节”必须不是已经规定的另外一种单一入罪标准，而是抽象的情节标准，该形式称为“单一标准的缓和”。“单一标准的缓和”指因数额、数量以外的其他情节存在而对已经规定的数额、数量标准予以缓和。例如，在数量标准的缓和中，因前科情节而对数量的要求降低、因危害后果而对数量的要求降低。在数额标准的缓和中，犯罪的主体数量、犯罪对象数量、行为手段、主观目的等因素均会对数额标准有所缓和。[②] (2) 某两种或两种以上的入罪标准同时接近入罪要求，且综合评定的结论是可能影响人身、财产安全，具有社会危害性，该形式称为“双重标准的缓和”。例如，非法获取、出售或提供财产信息45条和交易信息450条，二者均未达到各自的入罪标准，但综合所有信息并对其进行加权计算后，足以证明该组合信息能够影响公民的财产安全，此时应当适用“双重标准的缓和”。

第二，引入综合认定的补充规则。复合情节模式是对单一情节模式的补充，只有在单一情节模式不能解决的情况下，才能适用复合情节模式。其主要原因有：(1) 单一情节模式具有更明确的指向对象，是“情节严重”的定型与概括，是司法认定的直接依据。但凡具体案件中符合任何一项认定标准，就可直接认定为“情节严重”，不需要考虑其他情节因素。(2) 当行为和结果不符合“情节严重”的任何一项标准时，司法者通过单一情节模式不足以对“情节严重”进行全面的考量。此时，不能径直作出非罪的判断，应当引入复合情节模式，对行为作整体的社会危害性评定。(3) 合理的应用顺序避免了过激适用两种规则而导致任何一种规则的功能虚置。需要注意的是，由于不同类型的信息组合后可识别性大幅度提高，隐私泄露的概率提升，同个人信息有效关联的紧密度增强，再加上网络的无限扩散可能性，罪刑法定的实质侧面要求本罪采用综合认定规则。同时，侵犯公民个人信息罪的综合认定规则应当具有特殊性，只能单独适用且须审慎推广到其他犯罪领域，以维护罪刑法定的形式侧面。

① 参见于志刚、郭旨龙：《信息时代犯罪定量标准的体系化构建》，中国法制出版社2013年版，第244页。

② 参见于志刚、郭旨龙：《信息时代犯罪定量标准的体系化构建》，中国法制出版社2013年版，第244页。

侵犯公民个人信息罪的法益属性辨正*

靳　宁**

近年来，随着大数据对社会生活的影响不断加深，个人信息的数据化趋势也随之加快，对个人信息的侵害行为呈现出体量巨大、范围广泛、速度迅猛等特征，侵犯公民个人信息罪的适用问题日益被学界普遍关注。其中，侵犯公民个人信息罪的法益属性应如何确定，学界意见分歧较大，有学者认为，本罪的法益应当属于个人法益，以公民个人的信息自决权为内容；① 有观点提出，本罪的法益应当是超个人法益；② 还有学说主张，本罪具有双重法益属性：个人法益和超个人法益。③ 综合而言，个人法益与超个人法益两种立场针锋相对，是侵犯公民个人信息罪法益属性之争的基本态势。

一、超个人法益说的理由

顾名思义，超个人法益与个人法益的区分在于法益主体不同，超个人法益是指非专属于特定个人的法益，具体到侵犯公民个人信息罪中就是主张公民个人信息权并非专属于个人，而是由社会或者国家所享有的公共资源。超个人法益说的内部在具体表述上会有差别，④ 但大体而言多从以下几个方面展开论证。

第一，现今社会已进入大数据时代，在大数据的背景下，个人信息不同于传统的个人利益，具有“数量大、价值密度低、智能处理以及信息获得和其使用结果之间相关性弱等特征。这些特征使得个人无法以私权为制度工具对个人数据信息的产生、存储、转移和使用进行符合自己意志的控制”⑤。因此，个人信息，尤其是以数据形式存在的个人信息应当作为公共物品来规制，对个人数据信息使用进行治理的主体应该是政府专门机构。在刑法治理的目的上，公共利益和公共安全优先于个人利益，个人信息处理行为的规制原则是防止滥用，而非严格保护，出于公共利益

* 本文受南京审计学院人才引进项目资助。

** 南京审计大学法学院讲师。

① 参见马改然：《出售公民个人信息最相关问题研究》，载《刑法论丛》2015年第2卷。

② 参见曲新久：《论侵犯公民个人信息犯罪的超个人法益属性》，载《人民检察》2015年第11期。

③ 参见李谦：《侵犯公民个人信息罪的法解释学释义》，载《北京邮电大学学报》（社会科学版）2017年第1期。

④ 例如，有的学者将侵犯公民个人信息罪的法益称之为“‘公权（益）关联主体’对公民个人信息的保有”，参见赵军：《侵犯公民个人信息犯罪法益研究——兼析〈刑法修正案（七）〉的相关争议问题》，载《江西财经大学学报》2011年第2期；有的称之为“非稀缺的和共享的公共物品”，参见吴伟光：《大数据技术下个人数据信息私权保护论批判》，载《政治与法律》2016年第7期；还有的则直接称之为“超个人法益”，参见曲新久：《论侵犯公民个人信息犯罪的超个人法益属性》，载《人民检察》2015年第11期。

⑤ 吴伟光：《大数据技术下个人数据信息私权保护论批判》，载《政治与法律》2016年第7期。

和公共安全的需要，可以无须个人同意，实现个人数据信息的自由共享。[①]

第二，我国刑法将公民个人信息作为法益明确加以保护始自《刑法修正案（七）》（以下简称《刑修（七）》），《刑修（七）》增加了第二百五十三条之一，规定了出售、非法提供公民个人信息罪和非法获取公民个人信息罪两个罪名，其中前一个罪名为特殊主体，只有国家机关或者金融、电信、交通、教育、医疗等单位的工作人员才可实行，而且，该两罪名所保护的个人信息亦限定在前述单位“在履行职责或者提供服务过程中获得的公民个人信息”，从犯罪主体与犯罪对象的范围不难看出，立法者的保护重点在于具有公权性或公益性背景的个人信息，“对于那些所谓出于‘工作需要’或为了实现某种‘公益’、以某种‘合法’行使职务的形式侵害公民个人信息，非法收集、处理、使用相关信息的行为，却无能为力”。[②] 虽然《刑法修正案（九）》（以下简称《刑修（九）》）将特殊主体改为一般主体，将两个罪名合二为一，整合为侵犯公民个人信息罪，但这只是基于完善刑事法网的实践需求，并不能改变规制具有公权（益）背景的个人信息的立法目的。

第三，我国刑法选用了“公民个人信息”这个表述，表面上看“公民”与“个人”意义重复，但在我国刑法中“‘公民’具有总称意义和‘中国’意蕴”，在“个人信息”之外再强调“公民”暗含了公共利益的含义，“潜在意义是用以表明‘公民个人信息’具有超个人法益属性”。[③]

二、个人法益说的不足

超个人法益说注意到了公民个人信息在大数据时代所呈现的新特征，符合我国当下主要通过公权力机关来保护公民个人信息的现实，这是超个人法益说的可取之处，另外，超个人法益说在某种程度上过于依赖客观事实，忽略了刑法规范本身的功能、方法和目的，混淆了实然与应然，因而存在着种种不足。

第一，从地位上看，侵犯公民个人信息罪规定在刑法分则第四章“侵犯公民人身权利、民主权利罪”中，按照刑法分则以同类法益排列章节顺序的基本法理，侵犯公民个人信息罪的保护法益亦应当为个人法益。

在互联网与大数据的社会背景下，公民个人数据固然会因数量巨大、流通迅速、传播广泛等特征而具有某种公共性的色彩，但无论是已进入互联网时代的2009年的《刑修（七）》，还是大数据方兴未艾的2015年的《刑修（九）》，都没有改变侵犯公民个人信息罪在刑法分则中的地位，据此其侵犯个人法益的属性也不应有所改变。

“公民”与“个人”确有意义重复之处，但本文并不赞同将刑法第二百五十三

① 参见任龙龙：《论同意不是个人信息处理的正当性基础》，载《政治与法律》2016年第1期。

② 赵军：《侵犯公民个人信息犯罪法益研究——兼析〈刑法修正案（七）〉的相关争议问题》，载《江西财经大学学报》2011年第2期。

③ 曲新久：《论侵犯公民个人信息犯罪的超个人法益属性》，载《人民检察》2015年第11期。

条之一中的“公民”一词删除，[①] 也不赞同超个人法益说所持的“公民”暗含公共利益的观点。理由在于，以“公民”表示“个人”或“私人”，甚或是“公民个人”“公民私人”的用法，在我国刑法中不止一次出现，已约定俗成，不会对相关法条的理解与适用带来困难。如果将“公民”理解为带有“公共性”色彩，不仅在汉语的语义及用法上疑窦丛生，而且与刑法其他条款中的“公民”“公民私人”的含义大相径庭。例如，刑法第13条、第92条均出现了“公民私人所有的财产”的概念，显然此处的“公民”与“公共”是绝对没有交集的。

第二，从内容上看，侵犯公民个人信息罪的法益更侧重于人格尊严，而非财产利益，财产利益可以因主体数量多或者不特定而具有公共利益的性质，但人格尊严是与特定的个人密切相连的，难以评价为超个人法益。

如果着眼于公民个人信息的财产价值，那么“个人数据信息价值的低密度性使得相关个人无法就单独的个人数据信息进行财产权的交易，因为单独的个人数据信息几乎没有市场价值……当这些个人数据信息量级足够大而形成大数据时，其财产价值才有所体现，但这时的个人数据信息的大数据却是在其他相关方的系统内形成的，如在银行系统中或者电子商务服务商系统中形成”，[②] 进而可顺理成章地得出公民个人信息因大量地被公共单位占有，可影响不特定或者多数人财产的安全，故属于超个人法益。但这种思路仅从财产性利益的意义上理解公民个人信息，偏离了公民个人信息的本质属性。

2016年我国《网络安全法》对个人信息进行了定义，“个人信息是指以电子或者其他方式记录的能够单独或者与其他信息结合识别自然人个人身份的各种信息，包括但不限于自然人的姓名、出生日期、身份证件号码、个人生物识别信息、住址、电话号码等”。2017年最高人民法院、最高人民检察院《关于办理侵犯公民个人信息刑事案件适用法律若干问题的解释》(以下简称《解释》)再次定义了“个人信息”的概念，“个人信息是指以电子或者其他方式记录的能够单独或者与其他信息结合识别特定自然人身份或者反映特定自然人活动的情况的各种信息，包括姓名、身份证件号码、通讯联系方式、住址、账号密码、财产状况、行踪轨迹等”。将“行为轨迹”纳入了个人信息的范畴。从法条规定中不难看出，公民个人信息的基本属性在于识别自然人的个人身份，所列举的个人信息形态也大都为典型的身份识别资料，即便提到“财产状况”，也属于识别个人身份的参考资料之一，也就是说，个人信息的财产性从属于人身性存在，而不是相反。

大数据背景下，个人信息所体现的隐私等人格尊严面临着比财产利益受损更严重的威胁。大数据时代的典型特征就在于通过处理一些片段性零碎的信息，得出相关的个人隐私信息，个人在网络虚拟空间的数字化存在已经成为社会的一种现实。[③] 这一方面改变了侵害个人隐私的行为样态，使传统的直接侵害演变为通过整合零碎

① 赵秉志：《公民个人信息刑法保护问题研究》，载《华东政法大学学报》2014年第1期。
② 吴伟光：《大数据技术下个人数据信息私权保护论批判》，载《政治与法律》2016年第7期。
③ 参见陈冉：《论大数据背景下隐私权的刑法保护》，载《中国刑事法杂志》2017年第3期。

信息进行间接侵害，侵害的手段更为隐蔽。对此，《解释》第1条规定“与其他信息结合识别”特定自然人的信息也作为公民个人信息对待，凸显了大数据环境下侵害人格尊严的间接性与隐蔽性特征。另一方面，大数据环境不仅隐蔽了侵害手段，还遮蔽了人与财物之间的界限，混淆了人格利益和财产利益。个人信息可被利用具有财产利益，但财产利益不等于财产权。如姓名、肖像等许多人格权客体同样具有财产利益。人是目的不是手段，将个人信息归属于财产性利益，实际上是人格权被物化，本身就是违背人格尊严的做法。①

第三，从功能上看，超个人法益说混淆了立法目的与刑法条文的保护目的，使得法益在解释法条时的目的指引作用难以发挥，进而产生处罚上的不均衡。

《刑修（七）》增设公民个人信息类犯罪的立法意图，并不等同于该条文的保护目的。立法目的只能反映立法者在制定或者修改刑法时的原意，立法原意即使在立法当时是理解法条的金科玉律，也不能保证在立法之后，适用法律过程中能够放之四海而皆准。刑法一经制定与颁布，就是一种客观存在，与立法原意产生距离，②以立法原意中的法益来代替刑法保护目的中的法益是不可取的。

刑法的目的是保护法益，法益对解释刑法条文具有指导作用。“解释一个犯罪的构成要件，首先必须明确该犯罪的保护法益，然后在刑法用语可能具有的含义内确定构成要件的具体内容，使符合该构成要件的行为切实侵犯了刑法规定该犯罪所要保护的法益，从而使刑法规定该犯罪、设立该条文的目的得以实现。”③ 按照超个人法益说，侵害公民个人信息罪的处罚根据在于个人信息所蕴含的公共利益或公共安全的侵害，那么，当某一具体案件中，个人信息并不具有代表公共利益或公共安全的性质时，侵害该个人信息的行为不构成犯罪就应当是符合逻辑的结论，但这并不适当，如针对特定人的人肉搜索案件即属此类。《解释》第3条规定：“通过信息网络或者其他途径发布公民个人信息的，应当认定为刑法第二百五十三条之一规定的‘提供公民个人信息’”，该条款之所以冒着类推的风险，将“发布”也作为“提供”处理，其目的就在于着力打击人肉搜索行为，而超个人法益说得出的结论显然不利于该目的的实现。

三、个人法益说的优势

除了有效规避了超个人法益说的种种不足之外，个人法益说的提倡还符合侵犯公民个人信息罪的立法与修法趋势，强化了公民个人的人权保障，满足了刑法谦抑性的要求，是大数据环境下正确适用侵害公民个人信息罪的应然之选。

第一，个人法益说符合公民个人信息犯罪的立法以及司法解释的演进趋势。自《刑修（七）》增设公民个人信息类犯罪的条款，到《刑修（九）》中规定侵犯公民个人信息罪，扩大主体和行为的范围，再到2017年《解释》对“公民个人信息”“提供公民个人信息”等构成要件要素的内容做进一步的细化规定，从这一整

① 参见张里安、韩旭至：《大数据时代下个人信息权的私法属性》，载《法学论坛》2016年第3期。

② 张明楷：《罪刑法定与刑法解释》，北京大学出版社2009年版，第88页。

③ 张明楷：《刑法学》（上），法律出版社2016年版，第65页。

个过程中不难看出，侵犯公民个人信息罪经历了犯罪主体的公权（益）性逐渐淡化，犯罪行为的职务性逐渐褪色，犯罪对象（公民个人信息）的人身可识别性逐渐明确的发展趋势，这一趋势是与超个人法益说相违背，而与个人法益说是相契合的。

第二，大数据时代，国家作为信息的管理者、利用者的角色，决定了刑法对公民个人信息权的保护应恪守个人法益的定位。“政府一直是最大的个人信息收集、处理、储存和利用者，可以说，政府公权力所及之处必然涉及上述个人信息的收集、处理和利用。不同于传统隐私权保护中政府超然的中立地位，在个人信息保护和利用中，政府积极加入其中，具有了利用者和管理者的双重身份角色：一方面，政府作为社会管理和社会福利的承担者，公共安全、公共管理和公共福利的推进都离不开对居民个人信息的掌握；另一方面，出于对行政效率的追求，也会不断促使政府积极探索个人信息利用的限度和价值。”① 在政府等公权力单位处于个人信息数据市场的强势地位前提下，天平显然是倾向于公权力单位的。如果采取超个人法益说，就意味着将公权力单位的利益置于优先与个人的保护位置，加剧了原本就不平衡的市场主体地位，不利于公民个人的保护，而个人法益说补强了公民个人在信息数据市场上的弱势地位，既保障了个人免受平等市场主体的侵害，又保障了其免受作为管理者的政府滥用行政管理权力的侵害，这对于大数据时代的信息市场健康发展必将具有促进作用。

第三，个人法益说坚守了刑法谦抑的理念，贯彻了保障人权的现代刑法基本机能。我国现今对于公民个人信息的法律保障尚处于探索阶段，尚未制定专门的《个人信息保护法》，在民法、行政法等部门法中，个人信息保护的相关规定数量尚少，且内容上多为原则性条款，较为抽象。在法律体系尚未定型的背景下，个人信息权的法律保护应当以何种法律为中心来进行构建，就成为民法学、宪法与行政法学等部门法学争议的焦点，长期难以有定论。例如，有学者主张，“应以私权保护为中心，将个人信息权作为一种具体的人格权加以保护”。② 个人信息固然会涉及公共利益，政府对个人信息的管理是必要的，但政府的管理毕竟不能代替权利人自身的保护，应当以民法为中心构建个人信息权的法律保护体系。但亦有学者指出，“应该将个人数据信息作为公共物品来规制，对个人数据信息使用进行治理的主体应该是政府专门机构，进而治理的法律性质应该是公法而不是私法”。③ 理由在于大数据技术正在将人类社会从私权利社会带入有机社会，私法保护为中心的模式已不能适应大数据时代下个人信息这一新型客体的保护要求。另有学者提出折中的观点：“‘大数据时代’公民个人信息隐私的私人性减弱，而其社会性与公共性增强……公民个人信息隐私从‘私域’溢出向‘公域’延伸，从而具有横跨‘公私两域’的特征”，因此“公私法‘整合’保护模式成为‘大数据时代’公民个人信息隐私

① 张新宝：《从隐私到个人信息：利益再衡量的理论与制度安排》，载《中国法学》2015 年第 3 期。

② 王利明：《论个人信息权的法律保护——以个人信息权与隐私权的界分为中心》，载《现代法学》2013 年第 4 期。

③ 吴伟光：《大数据技术下个人数据信息私权保护论批判》，载《政治与法律》2016 年第 7 期。

法律保护发展的应然选择”。[1] 以上三种观点实际上反映了当下法学界对于公民个人信息的法律保护的三种立场，也就是私法中心、公法中心和公私法并重的立场之争。在法律保护模式采取何种立场尚存严重对立的情况下，刑法应当审慎介入公民个人信息法律保护的构建中，坚持刑法谦抑性的理念。

谦抑性是现代刑法用以合理组织对犯罪反应的应然态度，刑法谦抑性要求刑法的启动应当自我控制，不应过分扩大犯罪圈，仅应将民事、行政等其他手段难以有效制裁的、严重的、具有类型性的行为规定为犯罪，且在处罚上应当必要、宽容。刑法谦抑性是控制国家刑罚权的基本理念，反映了限制公权、保障自由的思想，“刑法与其他法之间的关系应该是‘被动式’的，在站位问题上，属于最后序列，因此，刑法的价值在以往是人权保障，在当今所谓的风险社会，仍然是人权和自由”。[2]

在公民个人信息的保护上，我国刑事立法走在了民事、行政立法的前面，但这并不意味着谦抑性的理念至此无用武之地，因为谦抑性的理念既应为刑事立法所遵循，又应贯彻至刑法解释中。[3] 无论是私法中心，还是公法中心，刑法都应发挥保障法、第二次法的作用，“托底”保护公民个人信息权。当下公民个人信息权的部门法保护体系尚未建立，这就意味着侵犯公民个人信息罪罪状中的“违反国家有关规定”的具体内容尚不明确，为了避免罪刑法定机能受损，在适用刑法第二百五十三条之一时，应当尽可能严格，不应扩张。与个人法益相比，超个人法益原本就是刑罚权扩张的产物，尤其是在当下这个“风险社会”，为了回应公众的安全期待，刑法越来越提前地介入社会生活各领域，刑法中的超个人法益更是史无前例地急剧增长。本文并非否定超个人法益的正当性，但不加限制地扩张超个人法益的保护范围，将会使刑法沦为仅仅用于安抚民众，满足其安全感的“象征性立法”，而“象征性立法”既不会真正实现保护安全、防控风险的目的，“因为这种掩饰既不能阻止巨大风险和灾难的到来，还往往会适得其反地起到加速或加剧的作用，以至于风险和灾难会在更大范围内造成更为严重的破坏”；[4] 又使得刑法偏离了保障人权的基本定位，“最终，刑法本身将被消解，成为真正意义上的‘安全法’，既不是善良人的大宪章，也不是犯罪人的大宪章”。[5] 基于此，在公民个人信息的法律保护体系尚未成型的当下，刑法恪守谦抑性理念，选择个人法益作为侵犯公民个人信息罪的保护法益，是既有利于保护个人信息实效，又有利于刑法自身实效的恰当之举。

① 王学辉、赵昕：《隐私权之公私法整合保护探索——以“大数据时代”个人信息隐私为分析视点》，载《河北法学》2015年第5期。

② 刘艳红：《象征性立法对刑法功能的损害——二十年来中国刑事立法总评》，载《政治与法律》2017年第3期。

③ [日] 井田良：《讲义刑法学·总论》，有斐阁2008年版，第18页。

④ [德] 乌尔里希·贝克著：《从工业社会到风险社会（下篇）》，王武龙译，载《马克思主义与现实》2003年第5期。

⑤ 刘艳红：《“风险刑法”理论不能动摇刑法谦抑主义》，载《法商研究》2011年第4期。

论个人信息犯罪的法益

马改然*

Manuel da Costa Andrade 教授曾经说过："法益就好像天上的星星，在不同时代都有不同的星星显得特别光亮。"在现今的信息社会，信息法益就是那颗最亮的星星，信息法益与现行法律体系（尤其是刑法体系）的良性互动对于遏制信息类犯罪，促进未来信息社会的发展意义重大。[①] 作为信息法益的下位概念——个人信息法益也同样具有这样的作用，所以对其法益的确定有重要意义。

一、界定个人信息犯罪法益的原则

根据张明楷教授的观点，确定法益有需要遵循的原则，否则法益的确定就有失偏颇。同样，对于个人信息犯罪法益的确定也应该遵循此原则。

1. 法益必须与法相关联

既然是"法"益，就不可能是离开法的利益；某种利益尽管能够满足主体的需要，但当它并不受法保护时，无论如何也不能称之为法益。法益的内容本身是前实定的，但这种内容要上升为法益还必须依靠实定法。[②] 所以，一般认为法益依靠法律的规定。那么，个人信息犯罪法益就必须与法相关联，而且其内容应该是前实定的。个人信息的价值对于人来说，虽然在古代就存在，但是由于各种条件的限制，其价值并没有显现。随着现今计算机的普及、互联网的发展以及电子商务的扩展，个人信息的价值逐渐浮出水面，并随着时间的推移，其价值的重要性越来越凸显。所以，对其的保护体现在诸多法律中，如《中华人民共和国居民身份证法》、《中华人民共和国执业医师法》、《中华人民共和国档案法》等。这都是对个人信息的零星保护，为了对个人信息进行系统的保护，经过多年的研究论证，《个人信息保护法》已经进入了立法程序，但遗憾的是还没有成为正式的法律。可喜的是，作为保障法，刑法对个人信息进行了系统的保护，规定了相关的法律条文。所以，个人信息犯罪法益就应该与刑法相关联。

2. 法益必须与利益相关联

"人们奋斗所争取的一切，都同他们的利益有关。"[③] 利益是能满足人们需要的东西，当某种状态所反映的是人们所需求的一种秩序时，它便是利益。所有的法律，都是为了社会上的某种利益而生；离开利益，就不存在法的观念。说法是利益

---

* 内蒙古大学法学院讲师，法学博士。

① 高德胜：《信息犯罪研究》，吉林大学法学院 2009 年博士学位论文。

② 张明楷：《法益初论（2003 年修订版）》，中国政法大学出版社 2003 年版，第 162 页。

③ 恩格斯：《马克思恩格斯全集（1）》，人民出版社 1956 年版，第 82 页。

的规律，和说法是正义的规律，不相抵触。利益是法所规律的目的，而正义则是法所规律的最高标准。[①] 个人信息虽然不同于物质与能量，但根据前述，个人信息同样具有利益属性，而且利益属性要优越于物质与能量。其体现为：第一，消费无损耗性。物质财富对主体需要的满足是以自身的消耗和磨损为代价的。而个人信息在被主体的使用和消费中表现为信息内容从一个物质载体转移到另一载体，无论怎样转移信息，财富的价值都不会消失。第二，非占有性。个人信息的非占有性也称共享性，这是由信息资源本身的共享性和信息商品的非物质性决定的。第三，累积性与再生性。物质财富在使用过程中其物质形式和使用价值将最终消失，物质财富无法再生，也不能累积。而个人信息的使用具有非消耗性，不但可以不断地保存、积累、传递，而且可以在累积的基础之上通过创新生产出新的信息商品，实现信息商品的再生。[②]

3. 法益必须具有可侵害性

从受保护的角度而言，法益被称为保护法益，即法所保护的利益；从受侵犯的角度而言，法益被称为被害法益即犯罪所侵害或者威胁的利益。因此，法益必然是在现实中可能受到事实上的侵害或者威胁的利益，如果不可能遭受侵害或者威胁，也就没有保护的必要。而所谓侵害或者侵害的危险都必然是一种事实的或因果的现象。因此，价值与价值观本身不是法益。虽然利益是具有价值的，保护利益也就保护了有价值的现象，但离开了利益的价值则是纯精神的现象，是价值观本身。[③] 所以，个人信息犯罪法益必须具有侵害性，不能是价值和价值观。从目前愈演愈烈的个人信息犯罪来看，个人信息犯罪法益在实然上具有侵害性；虽然还不能明确个人信息犯罪的具体法益，但现在的共识是其必然是体现于个人信息上的某种权利，既然如此，那就排除了价值或价值观的可能性。

4. 法益必须与人相关联

刑法目的是保护人的利益，故只有人的利益才能称为法益，只有人的利益才值得刑法保护。[④] 个人信息犯罪法益当然与人相关联，个人信息犯罪所侵犯的对象就是个人信息，其侵害主体是个人信息所识别的个人，在这里利益主体以被害人的角色出现。同时，因为个人信息所体现的权利是具有财产属性的人格权，所以其侵害主体并不必然是个人信息所识别的个人，也可能是个人信息的被转让者。

综上所述，要确定个人信息犯罪法益必须遵循以上的原则，那就是个人信息犯罪法益必须与法相关、与利益相关联、与人相关联，而且必须具有可侵害性。

二、个人信息犯罪法益的界定方法

在遵循上述原则的基础上，确定法益的内容，应以刑法规定为依据。其方法主要有两种，那么笔者就按照这两种方法来确定个人信息犯罪的法益。

---

① 张明楷：《刑法学》（第三版），法律出版社 2007 年版，第 85-86 页。

② 马费成、靖继鹏：《信息经济分析》，科学技术文献出版社 2005 年版，第 62-63 页。

③ 张明楷：《法益初论（2003 年修订版）》，中国政法大学出版社 2003 年版，第 165 页。

④ 张明楷：《法益初论（2003 年修订版）》，中国政法大学出版社 2003 年版，第 166 页。

1. 根据具体犯罪所属的类罪确定法益的内容

各种具体的犯罪，总是隶属于某一类罪，而刑法对类罪的同类法益内容都作了明确或提示性规定，明确了具体犯罪所属的类罪，便可以通过同类法益的内容，大体上明确分则具体条文所要保护的法益内容。[①] 个人信息犯罪作为一个类罪名，包括第三章破坏社会主义市场经济秩序罪中第177条之一的“窃取、收买、非法提供信用卡信息罪”和第四章“侵犯公民人身权利、民主权利罪”中第253条之一的“侵犯公民个人信息罪”，根据这种确定方法，“窃取、收买、非法提供信用卡信息罪”的类法益是破坏金融管理秩序罪，那它的具体法益也应该属于此范围；而“侵犯公民个人信息罪”的类法益是公民人身权利和民主权利，分属不同类法益的具体犯罪怎么可能有共同的法益？如果假定这两个犯罪组成的类犯罪具有相同的法益，那么就得证明此种确定法益的方法具有相对性。也就是此种方法并不完全适用于所有的具体犯罪法益的确定。首先，有原则就有例外，这是一条人文领域的公理。而且该方法用的是“大体上”这样相对性的用语，而不是绝对性的用语。其次，从立法上来说，具体犯罪的类法益并不是一成不变的。例如，“强制猥亵、侮辱妇女罪”在1979年刑法中隶属于妨害社会管理秩序罪中，而1997年刑法中把其放入侵犯公民人身权利、民主权利罪中。因为立法囿于当时的经济政治环境以及对犯罪本质认识不深入等原因，可能对新的犯罪进行错误的归类。最后，在学理上就有这样的例外，如“私自开拆、隐匿、毁弃邮件、电报罪”的法益通讯自由权过去一直被认为属于“民主权利”，这就是根据上述方法界定的。例如，在高铭暄主编的1999年版的教科书《刑法学》中就认为“通信自由是公民的一项基本的民主权利”[②]，这种观点在同时代的教科书中是通说。而在高铭暄主编的2005年版的教科书《刑法学》中就改为“私自开拆、隐匿、毁弃邮件、电报罪”属于侵犯公民其他自由的犯罪。[③] 而且还有学者对此进行了详细的论证。[④] 总之，此种确定方法对于绝大多数的具体犯罪都是有效的，但是对于少数犯罪却有例外，而此处的个人信息犯罪就是例外之一，所以不能采用此种方法确定其法益。

2. 依据刑法对具体犯罪的规定确定法益内容

刑法分则条文对具体犯罪的规定，或明或暗、或直接或间接地揭示了其保护的法益内容，因此，要善于依据刑法对具体犯罪的规定以及各种规定之间的关系，确定分则条文的保护法益。[⑤] 刑法分则条文的规定类型并不一致，根据不同的规定张明楷教授又列举了六种具体的确定方法，笔者以为个人信息犯罪法益的确定可以根据第四种方法进行确定，那就是通过刑法条文规定的行为对象特征确定法益。因为

① 张明楷：《刑法分则的解释原理》，中国人民大学出版社2004年版，第139页。

② 高铭暄：《刑法学》，法律出版社1982年版，第310页。

③ 高铭暄、马克昌主编：《刑法学》（第二版），北京大学出版社、高等教育出版社2005年版，第510页。

④ 参见吴占英：《私自开拆、隐匿、毁弃邮件、电报罪若干问题探讨》，载《法学杂志》2003年第6期。

⑤ 张明楷：《刑法分则的解释原理》，中国人民大学出版社2004年版，第140页。

一般来说，犯罪行为要通过作用于行为对象来侵犯法益，而行为对象本身又是体现法益的，故可以通过刑法对行为对象特征的规定确定法益内容。[①] 而采用这种方法的前提是个人信息犯罪中的两个具体犯罪的行为对象相同，根据前述，“侵犯公民个人信息罪”的行为对象都是个人信息。同样的，“窃取、收买、非法提供信用卡信息罪”的行为对象也是个人信息。因此，组成个人信息犯罪的两个具体犯罪的行为对象都是个人信息。那么，个人信息犯罪的法益就是体现在其共同的行为对象——个人信息的权利，也就是个人信息权，故为单一法益，而不是复杂法益。

三、个人信息犯罪法益的内容

从民法角度来看，个人信息权包括个人信息决定权、个人信息保密权、个人信息查询权、个人信息更正权、个人信息封锁权、个人信息删除权和个人信息报酬请求权这七种具体的权利类型。[②] 民法角度的个人信息权的所有内容是否都适用刑法领域？因为民法和刑法目的、调整的法律关系、法律责任都不相同，所以民法上的权利并不一定会受到刑法保护。因此，首先应该寻找甄别刑法上个人信息权内容的标准，然后根据此标准进行筛选。

1. 个人信息犯罪法益的甄别标准

刑法和民法在法益保护类型上的差异其实就是刑事犯罪与民事不法的区分问题[③]。而对于区分刑事犯罪与民事不法的标准，笔者认为首选的应该是刑法的谦抑性。谦抑，是指缩减或者压缩。刑法的谦抑性，是指立法者应当力求以最小的支出——少用甚至不用刑罚（而用其他刑罚代替措施），获取最大的社会效益——有效地预防和控制犯罪。[④] 大谷实也认为：“和保障人权的机能有关，谦抑原则也应当受到重视，所谓谦抑原则，是指刑法不应将所有的违法行为都作为其对象，而应将不得已才使用刑罚的场合作为其对象的原则。”[⑤] 总之，刑法的谦抑性具有限制机能，具有缩小犯罪圈的作用，将不值得刑法处罚的行为排除出刑法领域。那么将其运用到甄别法益类型上，也就是要把微小的、不值得刑法保护的法益类型排除在刑法之外。而留在刑法领域中的法益类型就应该具有以下特征[⑥]：（1）法益性质的重大性。刑法上的法益是相对于一般权益或其他法律上之利益，值得由刑法加以保护之有价值的生活权益。由于刑法是以刑罚为主要手段来保护法益的，所以林山田先生认为：“刑罚的界限应该是内缩的，而不是外张的，而刑罚也应是国家为达其保护法益与维持秩序时的‘最后手段’。能够不使用刑罚而以其他手段亦能达到维护社会共同生活秩序及保护社会与个人法益的目的时，则务必放弃刑罚的手段。”[⑦]

---

① 张明楷：《刑法分则的解释原理》，中国人民大学出版社 2004 年版，第 140 页。

② 齐爱民：《信息法原论——信息法的产生于体系化》，武汉大学出版社 2010 年版，第 81-86 页。

③ 于改之：《刑民分界论》，中国人民公安大学出版社 2007 年版，第 55 页。

④ 陈兴良：《刑法的价值构造》（第二版），中国人民大学出版社 2006 年版，第 292 页。

⑤ ［日］大谷实：《刑法总论》，黎宏译，法律出版社 2003 年版，第 4 页。

⑥ 参见于改之：《刑民分界论》，中国人民公安大学出版社 2007 年版，第 228-232 页。

⑦ 林山田：《刑罚学》，台湾商务印书馆 1985 年版，第 128 页。

所以，根据刑法的谦抑性原则，刑法的任务仅在于保护社会共同生活之重大法益。而对于“重大”的评判应该根据被破坏法益在社会秩序与共同生活中的地位来决定。(2) 法益侵害具有达到严重的可能性。“被害法益的重要性越高，或者被害法益的侵害程度越大，则行为成为违法的盖然性就越高。”① 其实此标准和上述“法益性质的重大性”标准是一体两面，一法益在性质上具有重大性，那么在被侵害程度上才具有达到严重的可能性。如果一法益在性质上不具有重大性，那么无论如何被侵害，也达不到刑法上所需的严重程度。(3) 法益侵害的急迫性与盖然性。所谓法益侵害的急迫性，是指保护法益所面临的危险程度，一旦该法益被侵害，其后果就很严重，弥补损失的可能性很小或为无。而法益侵害的盖然性是指法益被侵害的概率，这种概率是随着时代变迁而变迁的，也是出入罪的依据之一。为了实现刑法的经济性，只有那些被侵害概率高的法益才会进入刑法的视野，而被侵害概率低的法益进入刑法的可能性较低。但这并非绝对的标准，其法益是否进入刑法领域还要受制于其性质是否具有重大性。

2. 个人信息犯罪法益内容的确定

那么就按上述能留在刑法领域中的法益标准来一一筛选上述民法领域中这七种具体的权利类型，看是否都属于刑法领域中的法益类型。

第一，个人信息决定权。如前所述，个人信息决定权，是指本人得以直接控制与支配其个人信息，并决定其个人信息是否被处理以及以何种方式、目的、范围被处理的权利。个人信息决定权集中反映了个人信息权的人格权属性——绝对性与支配性，在各项权利内容中居于核心地位。依照个人信息决定权的定义和地位，如果个人信息决定权被侵害，就会严重损害个人的人格尊严和自由，其后果相当严重，而且具有不可弥补性。并且根据实然的数据，该权利被侵害的盖然性很高。这完全符合上述的标准三，所以，该权利类型应该属于刑法领域中的法益类型。

第二，个人信息保密权。该权利是指本人得以请求个人信息处理主体保持个人信息隐秘性的权利。因为个人信息具有传播性、共享性和无损失性，所以，一旦该权利被侵害，那么权利人的个人信息就会被一览无遗，而且没有任何办法可以弥补。根据实证研究，当今我国个人信息之所以如此泛滥，其最主要的原因就是有关部门对于该权利的侵害所造成的。所以，这也完全符合侵害法益的重大性、后果的严重性和急迫性以及高度盖然性，故需要刑法予以保护。

第三，个人信息查询权。该权利是指信息主体就其被收集、处理与利用的个人信息进行查询的权利。该权利属于公民知情权的一种，如果该权利被侵害，那就是对公民民主权利的侵害。鉴于我国目前的民主发展进程，这种民主权利被侵害，还属于公民可容忍的范围，对于公民而言，这并不属于重大的法益。而且这种权利被侵犯，并不会给公民造成急迫的危险，同时也具有可以救济的法定程序来弥补。故该权利可暂不进入刑法领域。同理，个人信息更正权和个人信息封锁权也具有相同的性质，这两种权利对于个人而言也并不具有重大的利益，而且即使被侵害也可以

① 黄源铭:《刑法上信赖原则演变之研究》，台湾辅仁大学法律学研究所 1997 年硕士学位论文。

通过行政手段来救济，根本没有必要动用刑法的力量来保护。所以，这三种权利类型都暂不用刑法保护，不属于个人信息犯罪法益的类型。

第四，个人信息报酬请求权。该权利是指本人因其个人信息被收集、处理与利用而得以向信息处理主体请求支付对价的权利。这是个人信息财产属性的体现，而且也是对个人信息中财产属性的保护。该权利相对于决定权和保密权而言，其重大性并不强。但是作为能体现个人信息权特色的权利属性，有必要在刑法中保护。而且随着信息社会的发展，个人信息的财产属性越来越强烈，实有必要予以刑法保护。并且从实证研究看，个人信息犯罪的最主要的动因是基于财产利益的获得，为了有效地惩治和预防此类犯罪，有必要给予罚金的处理，这就有必要承认其的财产属性。所以，个人信息报酬请求权有必要得到刑法的保护。

总之，根据上述筛选刑法法益的标准，个人信息权中的权利类型，需要刑法保护的包括个人信息决定权、个人信息保密权和个人信息报酬请求权。而像个人信息查询权、个人信息更正权和个人信息封锁权则只需其他部门法来保护即可，不必上升到刑法领域。但为了表述方便，在下文的论述中，就以个人信息权作为个人信息犯罪法益的统称，而不会细分这三种权利。需要注意的是，这里的个人信息权与民法或其他部门法意义上的个人信息权内涵并不相同。

侵犯公民个人信息罪评价体系之建构

——以法益保护与行为评价为中心

迟大奎*

法律是调整社会关系的行为规范，这是我们对“什么是法律”的基本认知。刑法规范通过矫治行为主体的犯罪行为，施以刑罚，恢复或修补失调的社会关系，保障社会秩序。但是，刑法的该项功能以刑罚的适度为最基本的前提。刑法过度扩张不仅不会恢复社会秩序，反而会破坏原本稳定和谐的社会关系。结合我国实际，刑罚无节制的高发期一般出现在新罪入刑之时。例如，酒驾入刑之时，酒精含量成醉驾入刑的“唯一标准”，酒后叫代驾、小区挪车，都被施以刑罚。无独有偶，侵犯公民个人信息罪也存在相同的问题。究其原因，一是司法回应社会需求的过度能动，二是从立法规范到法律适用有一定的调试期。因此，一方面需要对侵犯公民个人信息罪展开“法益教义学”之分析，发挥法益的“体系内在功能”。另一方面，作为刑法评价的对象，应该从行为要素入手，构建完整的评价体系，而不能脱离行为拆分构成要件的要素。

一、我国侵犯公民个人信息罪之适用状况

2015年通过的《刑法修正案（九）》将原有的两个罪名统一为“侵犯公民个人信息罪”。构成要件内包含三种行为类型：一是违反国家有关规定，向他人出售或者提供公民个人信息；二是违反国家有关规定，将在履行职责或者提供服务过程中获得的公民个人信息，出售或者提供给他人；三是窃取或者以其他方法非法获取公民个人信息。

虽然立法采用叙明罪状的方式对侵犯公民个人信息罪的犯罪构成作了较为详细的规定，但依然还有很多争议点需要厘清。最高人民法院、最高人民检察院发布的《关于办理侵犯公民个人信息刑事案件适用法律若干问题的解释》于2017年6月开始实行，对侵犯公民个人信息罪中的构成要件要素进行了解释。第一，对“公民个人信息”的概念进行了界定，采取了身份识别和隐私保护相结合的模式，将财产状况、行踪轨迹也作为公民个人信息；第二，明确了本罪的行为方式和表现形式。一方面，向特定人提供或通过网络向不特定人发布，以及未经被收集者同意，将合法收集的公民个人信息向他人提供的，都属于“提供公民个人信息”，但经过处理无法识别特定个人且不能复原的除外。另一方面，作为对向的“获取公民个人信息”的行为，表现为违反国家规定，通过购买、收受、交换等方式获取公民个人信息，

---

* 湖南大学法学院博士研究生。

或者在履行职责、提供服务过程中收集公民个人信息。第三，对“情节严重”作出了解释。一方面，将“结果的恶”和“行为的恶”（提供个人信息被他人用于犯罪以及明知或应当知道用于犯罪却依然提供）作为情节严重的认定依据。另一方面，采取了司法解释的“一贯作风”，即主要使用“信息数量”和“牟利数量”这两个数字指标的“单义概念”① 来界定“情节严重”。

司法解释对于侵犯公民个人信息罪仅仅作出了形式化的解释，将行为的表现方式明示出来，入罪的实质标准依然难以把握，对于行为之危害性的实质评价体系如何建构？在我国缺少前置法律的情况下，如何评价行为“违反国家规定”的非法性？用单义的数量概念来界定“情节严重”，会不会导致“获取公民信息数量较大就够罪”的僵化适用，以致违背刑法谦抑性和补充原则？从实践中审结的案件来看，确实存在裁判者对作为刑法上之行为“零评价”或“负评价”的现象，不能够建立起完整的评价体系，进而导致法律适用之错位。② 而以上种种问题，都共同指向了“本罪所侵犯的法益为何”这一问题。只有以法益为实质指导，才能建立完整的行为评价体系。

二、侵犯公民个人信息罪评价体系建构的应然思路

本部分的论述只是对法益判断的理论铺陈以及行为评价的立场抉择，在本文第三部分，将具体落实到侵犯公民个人信息罪中详加论述。

（一）前置要素：法益对于刑罚是否被允许之指引

法益作为刑法保护的客体，具有两项功能：一是体系的内在功能，或称为方法论功能，是指刑法的适用应当遵循法益保护原则，在解释犯罪构成要件时，法益概念居于核心的指导地位，为刑法解释提供解释的理由，可以作为刑法目的论的解释观念之一；③ 二是超越体系功能，或称为批判功能，此一功能所涉及的是刑法正当性的判断，“所指的是法益概念具有一个前于实证法的实质内涵，以致能借由此一内涵去检视实证法设定之法益是否具有法益适格”。④“从被保护的一面说，法益是‘保护的客体’，从被犯罪侵害的一面说，法益叫作‘侵害的客体’。”⑤ 犯罪的客体（对象）不同于保护的客体，法益不是构成要件要素，我国学者一般将法益置于犯罪概念中研究。⑥ 正是因为法益超脱于构成要件之外，才使得法益具有了宏观指导构成要件之解释功能。刑法的任务在于保护法益，法益保护原则在近代刑法学的发

① “只有数字概念才是单义的，即无需解释也无法解释”。——参见［德］阿图尔·考夫曼：《法律获取德程序——一种理性分析》，雷磊译，中国政法大学出版社 2015 年版，第 15 页。

② 所谓对行为的“负评价”，即将没有危害性的行为评价为具有危害性。所谓“零评价”，即对行为没有作出任何评价。

③ 马克昌：《比较刑法原理——外国刑法学总论》，武汉大学出版社 2015 年版，第 150 页。

④ 周漾沂：《从实证法概念重新定义法益：以法主体性论述为基础》，载《台大法学论丛》第 41 卷第 3 期。

⑤ 马克昌：《比较刑法原理——外国刑法学总论》，武汉大学出版社 2015 年版，第 147 页。

⑥ 例如，张明楷教授将刑法第 13 条所指称的社会危害性等同于对法益的侵害性，并且将行为的法益侵害性作为实质违法性的标准（参见张明楷：《刑法学（上）》，法律出版社 2016 年版，第 88 页）。

展之下，早已成为建构整体刑法系统性理论的引导原则。但是，法益保护原则首先需要解决的问题在于：如何给予法益明确的定义。如果法益本身是难以捉摸的、内容空洞的形式化概念，那么“讨论犯罪构成要件的正当性问题就欠缺客观的标准，只能借由主观的、片面的论述堆砌恣意地肯定或否定保护对向的资格，到最后形成的结论，充其量只能反映出论述者个人所持的特定价值立场。”①

在对侵犯公民个人信息罪所侵犯法益的探讨中，就反映了这种困境。有学者认为，本罪的“主要法益为‘公权（益）关联主体’对公民个人信息的保有”，同时兼顾了公民个人信息的自由和安全或个人隐私。② 有学者认为该罪保护的法益为“个人信息所体现的公民的隐私权”。③ 也有学者认为，“侵犯公民个人信息的行为其实是侵犯了公民在接受公共服务时所享有的个人信息保密权利。”④ 还有学者认为，本罪所保护的法益应为“人格尊严与个人自由”，个人隐私只是人格尊严的组成部分。⑤ 甚至有学者认为，“公民个人信息”是“个人法益”且具有“超个人法益属性”。⑥ 采用不同的法益观，对侵犯公民个人信息罪的构成要件的要素会作出完全不同的解释。

看到如此多的理论争议，笔者不禁会感慨：难道法益的具体化判断只是理论迷雾？笔者始终认为，要厘清理论争议大的问题，必须从本源入手，理顺分析问题的步骤与方法。以下几个问题是判断法益的基础：第一，法益是个人的自由发展，或者是对个人自由发展的社会条件的保护，即个人法益学说⑦是判断的基础。法益概念是自由刑法的支柱，刑法首先被视为国家为个人自由所提供的保障。不属于保护个人自由发展的范畴，不能作为刑法法益。个人法益的简单聚合不能作为超个人的集体法益或社会法益来对待，因为集体法益的设置只能以个人法益之保护为前提，如果缺少这一基本的连接点而创设超个人法益，则有剥夺个人法益的潜在风险。第二，刑法法益具有从属性、补充性和片段性。法益不仅仅由刑法加以保护，“刑罚的威吓是影响最为深刻的一种制裁手段，只有当较为轻缓的规制手段力有未逮时，才能考虑动用刑罚。”⑧ 如果将民事法益纳入刑法法益，那还需继续说明如何划定刑罚界限，否则对法益的判断就失去了刑法根基。第三，法益判断为客观的价值判

---

① 周漾沂：《从实证法概念重新定义法益：以法主体性论述为基础》，载《台大法学论丛》第41卷第3期。

② 赵军：《侵犯公民个人信息犯罪法益研究———兼析〈刑法修正案（七）〉的相关争议问题》，载《江西财经大学学报》2011年第2期。

③ 王昭武、肖凯：《侵犯公民个人信息犯罪认定中的若干问题》，载《法学》2009年第12期。蔡军：《侵犯个人信息犯罪立法的理性分析———兼论对该罪立法的反思与展望》，载《现代法学》2010年第4期。

④ 赵秉志：《公民个人信息刑法保护问题研究》，载《华东政法大学学报》2014年第1期。

⑤ 高富平、王文祥：《出售或提供公民个人信息入罪的边界——以侵犯公民个人信息罪所保护的法益为视角》，载《政治与法律》2017年第2期。

⑥ 曲新久：《论侵犯公民个人信息犯罪的超个人法益属性》，载《人民检察》2015年第11期。

⑦ “所谓个人法益学说（personale Rechtsgutslehre），其主张任何法益都必须透过与个人（Person）的关联以取得受保护的资格，而在众多法益构想之中，也只有个人法益学说能显现出批判性潜能。”——周漾沂：《从实证法概念重新定义法益：以法主体性论述为基础》，载《台大法学论丛》第41卷第3期。

⑧ ［德］克劳斯·罗克辛：《对批判立法之法益概念的检视》，陈璇译，载《法学评论》2015年第1期。

断的领域，应坚持从事实判断到价值判断的思路，并找寻适当的连接点。“罪的主干是人的行为。人的行为是身体动静是有形的、具体的存在，法益是价值是形而上，抽象的观念。两者位于不同的场域，行为无法直接改变价值，价值不可能被行为直接侵害，部分的价值和行为甚至只有符合与否的关系。”[①] 在“犯罪是行为对法益的侵害的命题”之下，侵害是现实的事实状态的改变，进而导致价值的减损或消灭，而这一状态是通过行为对象之状态改变而实现的。因此，行为对象可以作为二者之间的连接点。

（二）核心要素：“行为理论”与“行为评价”之位阶

自费尔巴哈提出“无法律，即无刑罚”，到罪刑法定原则的确立，刑法规范的评价对象始终被限定为人的行为，而非行为人。因此，现代刑法主要采行为刑法的立场。“行为从实施到被评价为犯罪行为（Straftat），其过程中有一定之确认顺序，必须先确认行为的适格，方才能成为刑法上行为（strafrechtliche Handlung），而进一步受到刑法规范的评价，成为不法或可罚行为（Unrechts od. strafbare Handlung），即一般通称的犯罪（Verbrechen）。”[②] 也就是说，对于行为之评价分为两步：第一步是前置性判断，即确定评价的客体，界定什么样的行为才能被纳入刑法的规范范畴，这是“行为理论”所要解决的问题。在不同的历史时期，产生了不同的学说，如因果行为论、目的行为论、社会行为论以及人格行为论。[③] 第二步是行为之规范评价阶段，即确定行为评价的标准，这是犯罪构成理论要解决的问题。换言之，行为是犯罪构成中的核心要素，整个刑法评价体系都是围绕行为而展开。但是，不管是我国传统理论所坚持的“四要件”，还是德日刑法“三阶层”理论体系，对刑法上行为之评价都存在理论迷思。

在我国传统的四要件理论中，“引入的是建立在社会危害性理论语境下的行为概念，这就是危害行为”。[④]“四要件”理论认为，“危害行为在法律上是对社会有危害的身体动静。身体动静的社会危害性，是危害行为的价值评价特征，也称为危害行为的社会性特征”。[⑤] 危害行为的概念本身就带有评价性的成分，将有意性、有体性的“评价客体”与有害性的“客体评价”混为一体，并且用“危害来界定危害”，形成了重复定义的局面，导致“零评价”的局面。如果对行为危害性之评价，转而依靠其他构成要件的要素来证成，又会陷入循环论证的泥沼，不能界定到底何为危害行为。例如，将犯罪概念中的社会危害性作为观念指导，将会导致“负评价”。主要体现在，行为的危害性不仅要体现在客观方面，而且要体现在主观方面。然而，主观方面的证成需要从客观方面来推定，如果又用主观方面的危害性来

① 黄国瑞：《法益论之解构》，载《辅仁法学》2014 年第 48 期。

② 柯耀程：《刑法行为评价架构的演变及省思》，载《中正大学法学集刊》，第 164 页。

③ 在我国，有意行为论是通说，将刑法评价的对象限定在人类有意识的行为之上，并将意识的存在和意识的内容相分离，将后者放在了主观方面来考察。

④ 陈兴良：《行为论的正本清源——一个学术史的考察》，载《中国法学》2009 年第 5 期。

⑤ 高铭暄、马克昌主编：《刑法学》（第六版），北京大学出版社、高等教育出版社 2014 年版，第 64 页。

佐证行为之危害性，这显而易见是循环论证，偏离“主客观相统一”，而倒向了主观归罪。因此，我们可以得出结论，用构成要件之内的要素来证成客观行为之危害性是不可取的。

德日三阶层的理论对于刑法上行为之评价同样存在理论迷思。顾名思义，三阶层理论确立了刑法上行为之评价的三段标准，即依次经过构成要件的符合性、违法性和有责性。在贝林时期，构成要件的符合性是纯粹客观的、无价值的判断，之后主观要件和规范的构成要件的发现，使得构成要件不再客观，也同时具有了价值评价的功能。三阶层的结构变化所带来的理论困境自不必多言，[①] 三阶层理论对于行为之评价也存在同样的困境。

在三阶层理论中，刑法上行为被称为“构成要件行为”或“实行行为”，构成要件是不法行为的类型化，符合构成要件的行为就具有违法性，而违法性层面则主要是消极的构成要件要素，以便发挥出罪功能。因此，如何判断行为之违法性成为核心问题，并形成了行为无价值和结果无价值之争论，前者以行为规范作为评价基准，后者以法益侵害性作为评价基准。笔者认为，这种所谓的“学派之争”，对于行为之评价的意义并不大。因为，行为无价和结果无价同样存在循环论证。第一，在构成要件符合性中纳入主观的责任要素的背景下，将规范之违反作为行为评价之标准，内含了用主观要素证成客观要素，与四要件理论的困境如出一辙。[②] 第二，将法益侵害性作为行为评价之标准亦不可取。既然构成要件符合性，既是事实评价，也是价值评价，符合了构成要件的行为就具有了违法性，那么构成要件的行为和法益侵害性之间就依然存在互为论据的问题。在这里，可以套用陈兴良教授对四要件理论危害行为概念之批判作为论据。“危害行为与犯罪客体是一种互相依存的关系，没有犯罪客体不存在危害行为，没有危害行为不存在犯罪客体。这种依存关系的逻辑，在逻辑学上是一种循环论证，即互为论据。危害行为靠犯罪客体这一论据加以证明，而犯罪客体又靠危害行为这一论据加以证明。其结果是：这种证明是极其不可靠的，也是极其不充分的。”[③] 另外，笔者认为，结果无价值采用回溯型推论，容易导致行为之“负评价”：即可能将原本不属于犯罪的行为评价为不作为犯罪或过失犯罪。因为，只要存在了“恶的结果”，就不太可能排除行为之违法性了。

综上所述，不能用危害来界定危害，不能将其他构成要件的要素作为行为之评

---

① 一是在构成要件符合性中加入规范判断的因素，构成要件的符合性和违法性之间的关系如何界定？二是在构成要件符合性中纳入主观要素，使得主观要件形成了“双层化”结构，无法说明正当化事实认识在三阶层理论体系中的合体定位，导致“回旋飞盘”的问题出现（参见蔡桂生：《论故意在犯罪论体系中的双层定位——兼论消极的构成要件要素》，载《环球法律评论》2013年第6期）。

② 我国已经有学者关注到该问题，“即使将主观要素纳入违法性判断中，也只是认为其是影响违法性有无和强弱程度的要素之一，并不在总体上影响违法的客观性，违法性和责任的界限也还是清楚的，因为包含主观要素的违法性是以社会一般人为标准所作的应当如何行为的判断；而责任是以个别具体的行为人为标准所作的是否可能为一定行为的判断，要在理论上区别违法性和有责性仍然比较容易。”周光权：《行为无价值论与主观违法要素》，载《国家检察官学院学报》2015年第1期。

③ 陈兴良：《行为论的正本清源——一个学术史的考察》，载《中国法学》2009年第5期。

价因素，亦不能用法益侵害性作为行为评价之要素。笔者认为，对行为之评价应该另辟蹊径。“要理解一个事物，必须引入另一个事物。”[①] 如果目前的评价因素无效了，那我们就应该寻找其他的评价因素。于20世纪70年代，发端于德国的客观归责理论就给我们提供了很好的思路。客观归责理论的精髓在于，行为人是否制造并实现了规范所不被允许的风险。将“风险（或危险）”作为行为之评价因素，并用因果关系的判断将行为与结果相连接。一方面，“是否制造了不被容许的风险”是针对行为是否导致法规范所保护的对象（法益）有遭受侵害的风险，本质上就是行为之非法性判断的前置判断。另一方面，只有实现了不被允许的风险，才能将不法结果归责于行为，也就是实现了构成要件的合致。[②] 虽然客观归责理论本身还存在有待厘清的问题，如如何界定“危险”的概念？采用排除法来考察危险的创设与实现也欠缺明确性。但是，客观归责理论毕竟摆脱了“重复定义”、“循环论证”的困境，而且跳出了行为无价和结果无价的窠臼。笔者认为，采用客观归责理论分析侵犯公民个人信息罪，可以实现刑法的谦抑性，避免刑罚的无节制。

三、侵犯公民个人信息罪评价体系之具体建构

（一）侵犯公民个人信息罪之法益确定

遵循前文法益判断思路，从行为对象入手探寻侵犯公民个人信息罪所保护的法益，或许会使问题迎刃而解。侵犯公民个人信息罪所保护的法益如此难以捉摸，一定程度上是由“个人信息”的特殊性决定的。

如果坚持存在与意识的二元论哲学立场，个人信息属于一种可以被意识反映的客观存在，但这种客观存在的产生并不是自然造化的产物，而是社会交往的产物。在原始社会中，社会交往极其简单，用肉眼识别面部及身体特征就可以实现社会交往，身份信息则无用武之地。在农耕文明、工业文明之后，人类发展已经步入网络信息化时代，复杂的社会交往产生了个人信息群组。没有社会管理的专业化就不会有个人身份识别信息（如姓名、身份证号码、指纹等），没有社会分工服务的精细化就不会产生电信信息、购物信息、金融信息、医疗信息、教育信息、保险信息等。可以说，公民个人信息包括两个方面，一是基于社会公共管理的身份识别信息，二是接受社会公共服务而产生的服务信息（包括可以实现个体识别的账号信息，如淘宝账号、微博账号）。公民在进行社会交往中，必然要利用自己的身份信息来实现个体识别，并同时产生服务信息。因此，个人信息是在复杂的社会交往中

① 对于该问题的启发，来自于美国著名媒体文化研究者尼尔·波兹曼所著《娱乐致死》一书中对于“语言即隐喻”的论述。“隐喻是一种通过把某一事物和其他事物作比较来揭示该事物实质的方法。”因此，不能借助其他事物，我们就不能很好地理解该事物，比如光是波，语言是一棵树。“当这些隐喻不再有效了，我们一定会找到其他适合的，光是粒子，语言是一条河”。

② 一方面，对于是否制造了风险而言，一般是采用排除法来排除非风险创设行为。例如，将降低风险的行为，未制造风险的行为，以及制造了具有法的重要性的风险，但该风险是允许的行为排除于违法性之外。另一方面，对于是否实现了不被允许的风险而言，一般用排除法加以判断，辅之因果关系的判断。例如，偏离常规的风险实现、不被容许的风险的不寻常实现以及非注意规范保护目的之内的危险实现。参见柯耀程：《刑法行为评价架构的演变及省思》，载《中正大学法学集刊》，第164页。

产生的，并且是实现社会交往的手段。个人信息不是自然的存在，而是社会的存在，侵犯公民个人信息必然是侵犯到了公民正常的社会交往。隐私权、人格权不可能是侵犯公民个人信息罪所保护的法益，因为过于宽泛、难以捉摸的权益不可能成为刑法法益。再者，属隐私的内容是不能公开的，而社会交往中的个人信息是可以明示并予以提供的，作为行为对象的个人信息与隐私权、人格权的关联性极弱。将“公权（益）关联主体对公民个人信息的保有”作为法益来对待，是更加荒诞的。同时，不管是“公民个人信息的自由和安全”、“个人信息保密权利”都是维护公民正常社会交往的手段，而手段本身不能成为目的。那么，侵犯公民个人信息的行为将会造成什么样的利益或价值减损呢？公民个人信息产生于社会交往，而社会交往又是自我价值的实现，以便利用社会公共服务实现自我发展。

综上所述，笔者将侵犯公民个人信息罪所保护的法益界定为：公民享有对个人信息的专属权和自决权，以便通过正常社会交往，实现自我发展的权益。一方面，如果身份识别信息被出售或提供给他人，则存在身份被冒用的危险，利用他人身份进行虚假交往是违背公民自由意志的，剥夺了公民自我发展的机会。另一方面，如果服务信息被非法出售或提供给他人，则使公民暴露于人身财产权被侵犯的危险之中，而人身权、财产权的安全是实现自我发展的基本前提。将“正常社会交往与自我发展”作为本罪的法益也是可行的，人民银行法、银行业监督法、保险法、邮政法、居民身份证法、执业医师法等法律以及电信条例等行政法规都维护特定领域正常的社会交往，不同领域的法律法规为社会交往的类型化与具体化指示了相对明确的路径。

（二）对侵犯公民个人信息罪之行为评价

“行为论中所描述的行为，是指能够受意思表示支配的具有社会意义的人的外部态度，是作为刑法上的构成要件符合性的对象的社会事实行为。”① 因此，作为侵犯公民个人信息罪评价对象的事实行为是复制、上传、下载个人信息或是非法利用计算机网络所实行的收集、加工信息的行为。多数学者注重行为类型的探讨，认为本罪的行为类型应该包括非法出售、提供、获取、利用公民个人信息，意图形成完整的行为体系。② 采取这种思路解析侵犯公民个人信息罪，没有分清楚行为评价之位阶关系。我国刑法第253条之一规定了出售、提供、获取三种行为方式，而侵犯公民个人信息罪是概括的罪名，侵犯公民个人信息的行为才是本罪的实行行为，出售、提供、获取只是实行行为的类型化。是不是侵犯公民个人信息罪的实行行为，需要对事实行为进行价值评价，是形式化的类型划分不能够完成的。因此，重点不在于行为的方式为何，而在于事实行为是否“非法”，也即出售、提供、获取的行为对法益的“侵犯性”才是重点。即使立法中没有明示“利用个人信息”、“购买个人信息”的情况，但是只要“复制、拷贝、上传、下载”等事实行为具有了“侵犯性”，就可以认定为是本罪的实行行为，是符合构成要件的行为。例如，

① ［日］大谷实：《刑法讲义总论（新版第2版）》，黎宏译，中国人民大学出版社2008年版，第113页。

② 韩玉胜、赵桂民：《侵犯公民个人信息罪》，载《人民检察》2013年第19期。

在网上收集公开发布的个人信息进行汇总，或收集已丢弃邮件中的个人信息，本身并不具有违法性，但是收集之后又利用这些个人信息从事违法犯罪活动，从形式上来看是“非法利用”，但实质上依然是符合构成要件的侵犯公民个人信息的实行行为。

作为评价客体的事实行为确定之后，即是对客体的评价阶段。那么，在侵犯公民个人信息罪中，如何评价行为之“非法”？例如，在履职过程中利用所在公司的测试系统获取手机定位信息，通过协助定位查询及制作定位链接网页等方式提供他人的手机定位信息，该行为是否是符合构成要件的行为呢？恐怕法官仅仅依据获取定位信息数量和牟利金额定罪量刑，无法证成行为之“非法”。

有学者认为，“行为人只要没有获取公民个人信息的法律依据或者资格而获取相关个人信息的，就可能构成犯罪”。[①] 有学者认为，非法应理解为“违反法律法规的禁止性规定”。[②] 有学者认为，“非法”指违反国家规定或者未经公民个人许可、同意。[③] 笔者认为，一方面，不能将违反国家规定或没有法律依据作为评价行为“非法”的标准，因其不能划清刑罚处罚与非刑法处罚之间的界限，违背了刑法的补充性原则，不适当地扩大了刑罚范围。另一方面，公民的许可与同意是排除行为违法的要素，是消极的构成要件要素，被害人的允诺只能作为排除法来使用，以实现出罪功能。根据笔者在前文中的思路，应当采用客观归责理论，是否制造并实现了不被允许的法益侵害风险，对事实行为作出适当的评价。

第一，如果降低了对法益的侵害风险，则该行为不具有违法性。例如，通过购买个人信息，进行平和追债，没有使用暴力威胁，没有过度滋扰日常生活，不仅没有侵犯正常的社会交往，反而实现了正常的社会交往，这种情况不适宜处以刑罚。[④]

第二，没有制造法益风险的行为，也不具有违法性。例如，采用跟踪、安装汽车定位器的方式获取了目标车辆每天所有行驶路线、停车位置的即时信息。法院裁判认为，信息内容关系到公民日常生活的基本安全性，信息的泄露会使公民彻底失去安全感，严重影响其日常生活。[⑤] 笔者认为，一方面，刑法法益并不保护纯粹的感觉，某一现状遭受了不利改变的事实才是危险升高的客观依据。定位信息关涉公民社会交往的安全性，但这也只是一种抽象的关联性，并没有客观事实依据。[⑥] 另一方面，个人信息是社会的产物，必须通过人的作用才能产生。作为信息形成的必要手段，单纯的收集、记录信息不具有违法性，但如果行为人转手出售定位信息，“初始信息被传播”才有可能制造了对法益的现实危险。再如，通过上家获取手机

① 赵秉志：《公民个人信息刑法保护问题研究》，载《华东政法大学学报》2014年第1期。

② 王昭武、肖凯：《侵犯公民个人信息犯罪认定中的若干问题》，载《法学》2009年第12期。

③ 韩玉胜、赵桂民：《侵犯公民个人信息罪》，载《人民检察》2013年第19期。

④ 参见《法制日报》2013年6月6日第8版。新闻报道中并没有提及是否以和平方式进行追债，笔者仅是借用该案例，对案件事实进行“虚拟延展”，以便对相关问题进行论述。

⑤ 最高人民法院刑事审判第一、二、三、四、五庭主办：《刑事审判参考》2014年第4集（总第99集），法律出版社2015年版，第53-54页。

⑥ ［德］乌尔斯·金德霍伊泽尔：《风险升高与风险降低》，陈璇译，冯军校，载《法律科学》2013年第4期。

定位信息，再转手卖给下家，[①] 这种“传播信息的行为”产生对个人信息利用的不可控性，才被评价为制造法益侵害风险的行为。总而言之，单纯的信息生成的“原生行为”不具有违法性，传播信息的“次生行为”产生对信息利用的不可控性，才具有了违法性。

第三，如果行为人制造了具有法的重要性的风险，但该风险是允许的，则仍然不可归责，而信赖原则是“被容许的风险”概念的运用。信赖原则不仅可以维系正常的社会交往，更可以推动社会的发展。例如，电商集团、快递业等其他行业，将用户的ID、购物信息、搜索记录、物流信息等收集起来，并在行业内或行业间通过有序合作对个人信息进行大数据处理。虽然这种信息之间的传播增加了个人信息泄露的风险，但是该风险应当被允许。因为，公民基于信赖，向提供社会服务方提供个人信息，以便接受服务。而服务行业从客户那里得到的数据可以直接对产业链进行整合和梳理，甚至可以指挥生产，提供更优质的服务。顺丰与淘宝的“对掐”，被认为是“数据争夺战”，更加说明在大数据时代，哪些个人信息应当被允许在服务行业内流通以及如何流通，才是刑法“前置法律”的立法重点。

① 邢光武：《从GPS定位中发现“商机”，我省首例非法获取公民个人信息案审结》，载《江苏经济报》2012年11月14日B2版。

论侵犯公民个人信息罪的“违反国家有关规定”

刘 昊* 彭文华**

一、问题的提出

伴随网络信息技术的普及与数据化时代的到来，数据化成为公民个人信息的主要载体。公民信息流通的互动性、交错性、灵活性与低成本化，在大大方便正常的工作、学习、生活的同时，也加剧了公民个人信息被侵害的现状。为实现对公民个人信息的全面保护与重视，《刑法修正案（九）》[以下简称《刑（九）》] 对侵犯公民个人信息罪作了较大的修改，具体涉及该罪的犯罪主体、犯罪的客观方面以及法定刑等。

其中，《刑（九）》将原有的“违反国家规定”修改为“违反国家有关规定”的做法，值得深思。众所周知，在对侵犯公民个人信息罪修改前，对其罪状中的“违反国家规定”可以直接适用《刑法》第 96 条的规定，即“是指违反全国人民代表大会及其常务委员会制定的法律和决定，国务院制定的行政法规、规定的行政措施、发布的决定和命令”。在我国刑法分则中，以违反前置法为犯罪构成要件的规定并不少，其目的旨在明确处罚范围，在某种程度上具有限制刑罚权的作用。然而，在司法实践中，法官在裁判书中大都未列出具体违反相关法律的何种条款，这使得“违反国家规定”的适用近似于口号化，概括、模糊而不知具体所云，不符合刑法的明确性原则的要求。

将“违反国家规定”修改为“违反国家有关规定”，虽然只是增加了“有关”两字，但立法显然是有其用意的。一方面，“有关”为侵犯公民个人信息罪的前置法适用明确了方向，即只有相关的国家规定才能适用，从而排除了不相关的国家规定被滥用的可能性。另一方面，“有关”既然限定了“违反国家规定”的范围，在适用时自然要求引用前置法时更加明确，这就需要引用具体的规定来明示与侵犯公民个人信息罪是有关的。否则，如果像修改前那样仍然抽象地表述为“违反国家有关规定”，那么这种模糊、概括的引用是难以令人感觉到是“有关”的，这显然不符合立法本意。问题在于，从司法实践中的情况来看，这种具有积极意义的修改并未发挥出应有的作用。笔者在裁判文书网以“判决书”（文书类型）、“侵犯公民个人信息罪”（案件名称）、“第二百五十三条之一”（法律依据）为搜索关键词，检索《刑（九）》生效之后的有关侵犯公民个人信息罪的一审刑事判决书，得到样本 103 个（截至 2017 年 7 月 20 日）。经查阅这些判决书的理由部分，仍无一明确

* 苏州大学王健法学院硕士研究生。

** 苏州大学王健法学院教授。

引用作为侵犯公民个人信息的法律依据的具体的前置法规范，仍然以“违反国家有关规定”来概括。

立法修改在司法实践中并未得到应有的响应，表明人们对“违反国家有关规定”的法律意义并未真正了解。需要探讨的是：立法修改的目的何在？司法适用对前置法的模糊引用是否意味着“违反国家有关规定”成为空洞的说辞？《刑法》第96条对“违反国家有关规定”有没有约束力？司法实践中应如何正确理解并适用“违反国家有关规定”？

二、“国家规定”等同于“国家有关规定”？

《刑（九）》第17条第1款、第2款规定，“将刑法第二百五十三条之一修改为：‘违反国家有关规定，向他人出售或者提供公民个人信息，情节严重的，处三年以下有期徒刑或者拘役，并处或者单处罚金……违反国家有关规定，将在履行职责或者提供服务过程中获得的公民个人信息，出售或者提供给他人的，依照前款的规定从重处罚。’”对于将“违反国家规定”修改为“违反国家有关规定”后，两者在含义上是否有所不同，理论界存在不同的看法。

否定说主张，国家有关规定的范围是大于国家规定的。如近期最高人民法院、最高人民检察院《关于办理侵犯公民个人信息刑事案件适用法律若干问题的解释》第二条规定：违反法律、行政法规、部门规章有关公民个人信息保护的规定的，应当认定为刑法第二百五十三条之一规定的“违反国家有关规定”。仅从文义上而言，该规定不同于《关于准确理解和适用刑法中的“国家规定”的有关问题的通知》中否定部门规章属于“国家规定”的规定，而是肯定部门规章属于“国家有关规定”。这意味着“国家有关规定”的范畴较之“国家规定”要宽。这种态度和部分学者的观点是一致的。如有学者认为，“与国家规定相比，国家有关规定的范围更宽，包括法律、行政法规、规章等国家层面涉及公民个人信息保护的规定，有利于根据不同行业、领域的特点有针对性地保护公民个人信息”①。周光权教授也认为，“在国家相关互联网信息管理和承担公民信息保护的有关部委或行业协会对禁止出售或者提供公民个人信息有强制性规定时，违反相关规定，也属于违反国家有关规定”②。甚至，有实务部门的同志也持相同的看法。③

与否定说不同的是，肯定说则认可两者具有相同含义，不过在肯定的具体内涵上有所不同。如有观点认为，两者“都强调了补充性规范都必须是国家层面的规范性文件，从而它们所指向的规范性文件的范围应该是一致的，因此‘违反国家规定’、‘违反国家有关规定’就具有了相同的意义和功能”④。有观点认为，基于刑

① 朗胜主编：《中华人民共和国刑法释义》，法律出版社2015年版，第423页。

② 周光权：《刑法总论》，中国人民大学出版社2016年版，第72页。

③ 参见喻海松：《刑法的扩张——〈刑法修正案（九）〉及新近刑法立法解释司法适用解读》，人民法院出版社2015年版，第152页。

④ 詹红星：《“违反国家规定”的宪法解释与司法适用》，载《湘潭大学学报》（哲学社会科学版）2016年第5期。

法主体的扩充，需要将“国家规定”限缩为“国家有关规定”，但这并不意味着在适用上其含义发生变化。[①] 不过，学者们均认为“国家有关规定”必须以《刑法》第 96 条规定为限。

应当说，相比于肯定说局限于文义和功能角度的片面理解，否定说的立论基础更为可靠也更具有说服力。有学者曾以“个人信息保护”为主题搜索到 24 个法律文件，其中属于国家法律的仅有 3 部，属于行政法规的仅有 1 部，属于司法解释的 2 部，其余的 18 部均为行政规章，由此论者得出结论，国家对个人信息保护的规范整体效力等级偏低。[②] 然而，如果完全将行政规章排除在外，就会削弱国家对公民个人信息的保护力度。这是因为，在目前以《网络安全法》为代表的个人信息保护法规范体系中，部门规章以上的保护公民个人信息的国家规定寥寥无几，这些规定不可能满足对公民信息权的充分、有效的保护。但是，否定说也不是没有问题。主要表现在：

1. 虽然我国并无系统、完善且具有统摄意义的公民个人信息保护法，但现有法律规范还是能满足惩治非法出售或提供行为的需要。

首先，专门的公民个人信息保护法的出台，起到的是对众多保护公民个人信息权的法律法规等的统领、概括与补充作用。但是，否定论者的理由是要求建立在公民个人信息保护法的补充性之上，问题是司法实践中是否存在个别领域缺乏对公民的个人信息加以保护的法律规定，乃至于需要专门的法律补充漏洞呢？显然，这是存有疑问的。更何况，公民个人信息保护法的重要功能，也不是局限于漏洞补充上，而在于其统摄性。客观地说，尽管我国目前并没有统一的公民个人信息保护法，但据此并不能得出我国在公民个人信息保护方面存在法律法规的欠缺。恰恰相反，通过一般性规范和具体规定相结合，社会生活中包括网络空间和现实社会的绝大部分领域，都已经有了个人信息保护的法律规范，侵害个人信息需要承担民事、行政乃至刑事责任。[③] 可见，否定论者所认为的刑法惩治缺位并不客观。

其次，“违反国家有关规定”作为空白罪状，所补充的是刑法难以或者不能具体规定的、犯罪成立的积极要件或者消极要件。但是，是否“违反国家有关规定”，需要以公民个人信息权被侵害的事实为基准。如果以保护公民个人信息为内容的各种法律法规的一般性规定，能体现各领域对公民的个人信息权的法律保护，就基本上能够实现对侵犯公民个人信息行为的应有处罚。可见，即使没有具体的罪状扩张，以实现刑法强化对侵犯公民个人信息犯罪的制裁，刑法也是能够基本保护公民个人信息权的。

最后，若存在法律法规没有规定但部门规章却作出规定的内容，依据最高人民法院《关于裁判文书引用法律、法规等规范性法律文件的规定》第 3、4、5 条规

① 参见李谦：《侵犯公民个人信息罪的法解释学释义》，载《北京邮电大学学报》（社会科学版）2016 年第 1 期。

② 参见卢建平、常秀娇：《我国侵犯公民个人信息犯罪的治理》，载《法律适用》2013 年第 4 期。

③ 参见中国青年政治学院互联网法治研究中心、封面智库：《中国个人信息安全报告和隐私权保护》，来源：http：//www. 199it. com/archives/540836. html，2017 年 7 月 10 日访问。

定，刑事裁判是不能引用部门规章的规定的，这实质上明确了法院不得引用部门规章作为法律依据。在这种情况下，法官理当以缺乏法律依据为由不追究刑事责任，否则就是违背罪刑法定原则。而法律依据的缺乏，也恰恰说明惩罚相关行为并非迫切，或者说还未达到动用刑法规制相关行为的地步。因此，没有必要通过修改相关规定或者增设相关规定来补充。

2. 将国家有关规定扩大至规章，会加剧空白罪状与民主性、明确性与法律专属性原则的内在冲突。

空白罪状的本质在于需要其他规定进行补充，这些规定有的是法律，有的并非法律。然而，依据《立法法》相关规定，犯罪与刑罚只能由法律进行规定。刑法将犯罪圈的范围交由空白罪状进行补充规定，意味着犯罪可能由法律之外的其他规范规定，这显然违背了立法法的规定。同时，罪刑法定原则所要求的“法”之所以限于成文法律，根本原因在于成文法制定的民主性根基。若将其他规定扩大至行政法规，已然是对民主性原则的撼动，若将其再扩大至规章，无疑加剧了此种冲突。最后，明确性原则要求刑法的构成要件明确、可预测，虽然侵犯公民个人信息罪设置有明确的行为要件，但参照的规定范围过广会妨碍公民对构成要件的认识，模糊该罪的成立要件，亦会成为行政犯的成立是否需要有违法性认识的争论源头。不可否认，凡此种种源于刑法的安定性与灵活性之间的冲突，需要加以协调是不可避免的。于是，有的学者倡导在相对意义上理解“法律”（包含行政性规范）一词，言及“空白罪状尚可在‘难达最好，就避最恶’的处境中求生存”①，最佳最好的目标是最大限度地实现罪刑法定原则的宗旨与内容。在这一点上，限缩解释应成为对“国家规定”和“国家有关规定”进行解释的基本立场。

3. 不排除对国家规定作扩大解释与对司法解释中规章作限缩解释以实现二者统一的可能。

对于“国家规定”的理解，虽然《刑法》第96条作了明确规定，但最高人民法院《关于准确理解和适用刑法中的“国家规定”的有关问题的通知》一方面否定部门规章成为国家规定，另一方面却认可以国务院办公厅名义制发的文件符合三个条件可视为国家规定。司法解释的结果，便使“国家规定”不再局限于国务院制作、通过、发布的规章等，明显具有扩展“国家规定”之内涵的趋势。相同的扩展，亦可见于理论界关于“批转或批准”以及“二次授权”的规章是否属于国家规定的争论。而司法解释下的规章按照平义理解，将可能包含地方性政府规章与各部门基于部门利益制定的相关规章，如此多的部门规章入“法”必然导致入罪标准的不一致，进行一定程度的限缩在所必然。若为了实现规章的妥当、中立而对其作进一步要求，即经过国务院审查、批准，那么将会与前述扩大解释的“国家规定”相一致。

必须承认，鉴于法律与行政法规本身的高度概括性与抽象性，乃至于难以事无巨细，有时确实可能存在不违反法律、行政法规却违反部门规章的现象。然而，鉴

① 刘树德：《空白罪状——界定·追问·解读》，人民法院出版社2002年版，第150页。

于部门规章与法律、行政法规的差异以及以规章入“法”导致刑罚对法治理论的冲击，否定论者周光权教授也不得不将国家有关规定的规章限制在具有禁止性规定的情形（但行业协会能否作为规定的主体有待商榷）。可以说，两者范围的界定本质上是一场关于处罚必要性与罪刑法定原则的较量，折中而论似乎成为一种潮流。因此，笔者认为，“国家有关规定”与“国家规定”并无本质差异，仅是范围大小不同，认定时应当避免与法治理论相背离，同时在《刑法》第96条基础之上作扩大理解，将部分实属必要的部门规章涵涉其内。

三、作为犯罪成立要件的“违反国家有关规定”

“违反国家有关规定”是否具有实体意义，是在犯罪成立的层面上述说的。张明楷教授曾就所有的“违反国家规定”的功能做了区分，认为其有指示阻却违法事由、犯罪的构成要件补充、表示未经许可、表示行为非法与同位语五种功能，并认为出售、非法提供公民个人信息罪中“违反国家规定”并无实体意义，仅是提示违法阻却事由。[①] 对此，笔者不敢苟同。“违反国家规定”应当是具有实体意义的客观构成要件，不仅仅是违法阻却事由的提示。“国家规定”当不包括刑法的规定，否则会造成循环论证的现象。因此，前述功能均必须以前置法有所规定为前提，而超法规违法阻却事由在通说（法益衡量说）看来是与规范毫无相关的。

曾有学者就“违反国家规定”需要参照其他规范的程度，将空白罪状划分为绝对空白罪状与相对空白罪状，前者是不规定行为要件而需要在前置性法律当中进行补充的罪状，后者系抽象地规定了行为要件，但对构成要件的各要素理解或行为要件的进一步明确仍需要参照前置性法律的罪状。侵犯公民个人信息罪中“违反国家有关规定”当属于后者。这种“参照”，同区分行政违法与刑事违法采取的“质的区分说”或“量的区分说”，应当说并不冲突。因为两者都不否定刑法构成要件的独立性。而去除“违反国家有关规定”表述，将会导致诸如个人信息概念的限定以及不同行业领域不同情况处理等信息的丧失，进而造成犯罪圈不合理地扩大。

就侵犯公民个人信息罪中的“出售或提供”公民个人信息的行为要件而言，虽不需要其他规定对之加以进一步描述以补充其内涵，但以违反国家有关规定为前提（行政犯的双重违法性），要求在国家有关规定当中能寻找到“禁止出售或提供”的规定，是成立犯罪的积极要件。当然，这种“违反”可以区分为直接违反与间接违反。直接违反如侵犯公民个人信息罪“出售或者提供公民个人信息的表述”，即直接违反《网络安全法》第44条所规定的“任何个人和组织不得窃取或者以其他非法方式获取个人信息，不得非法出售或者非法向他人提供个人信息”，此时“违反国家有关规定”只是指示行政违法性；间接违反如《邮政法》第35条对于用户信息保密义务的规定，自然包括不得出售或者提供用户信息。类似的规定如非法转让、倒卖土地使用权罪以犯罪构成要件要素不符合规定而入罪，在转让以出让方式取得的土地使用权不符合《城市土地管理法》、《城镇国有土地使用权出让和转让

① 参见张明楷：《刑法学》（下），法律出版社2016年版，第922页。

暂行条例》第39条的规定时，被视为违反土地管理法规[①]而可能构成非法转让、倒卖土地使用权罪。

此外，“违反国家有关规定”的另一功能旨在提示阻却事由的存在。因为公安机关基于侦查而对公民个人信息的调取，基于公民个人的同意而否定提供行为的犯罪性等。这种超出刑法的犯罪阻却事由，显然必须要到刑法规范之外去寻找。就形式而言，我们完全可以将违法阻却事由视为成立犯罪的一个消极要件。[②]

四、违反之判断：“国家有关规定”的实质内涵

既然“违反国家有关规定”是犯罪的构成要件，那么如何判断违反的成立，将直接关涉犯罪的成立。对此，有学者称为抽象违反抑或具体违反。[③] 理论上，在直接违反以禁止性规定表述的场合，若认定为“违反国家有关规定”并无争议。但间接违反多表现为授权性规范与义务性规范，且是否存在违法阻却事由的判断并不具有形式上的可直观判断性，其判断以类型行为的比对并不能获得确证的结论。因此，在间接违反的场合，违反之认定本质上属于违法性判断与刑法解释之范畴，对违反之内涵的剖析需要从行政违法性与刑事违法性、形式与实质双层判断入手。但由于侵犯公民个人信息罪的保护法益有溢出行政法规范关于公民个人信息的行政治理特征之嫌，故行政不法与刑事不法表现为质的差异，违反之内涵需要根据刑法规范目的进一步诠释，[④] 即最终取决于行为的刑事违法性。

因此，站在法益的复合属性的立场之上，有学者在认识到侵犯公民个人信息犯罪的“违反国家规定”蕴含在该罪所保护的超个人法益属性当中的情形下，仍强调个人法益属性优先于超个人法益属性的顺序是不可颠倒的。“违反国家规定”以未经本人同意为实质要件，内容是行为人负有保密义务、不得泄露公民个人信息，据此只要国家规定之违反应以此为内容展开，即使是一般性规定也可认为违反。[⑤] 可以说，如今鲜有学者赞成违反之内容可以是抽象的原则与精神，更多学者所赞成的仍是需要具体的违反。笔者赞同具体程度以一般性规定为限是合理的，因为从行政违法性角度而言，无论是授权性规范还是义务性规范，所得到“违反国家规定”的本质绝不限于禁止性规范明确规定的“不得出售或者提供”。更为合理的系以保密

---

① 笔者选取土地使用权的例子是因为该例比选取个人信息更能直观地说明问题。《全国人大常委会关于刑法第二百二十八条、第三百四十二条、第四百一十条的解释》“违反土地管理法规”，是指违反土地管理法、森林法、草原法等法律以及有关行政法规中关于土地管理的规定。应当是包含在违反国家有关规定当中。

② 此处只是便于理解，并非是肯定三阶层和两阶层体现的相同，在认识错误理论上两者的处理并不相同。

③ 参见于志强、郭旨龙：《“违反国家规定”的时代困境与未来方向——以非法经营罪为切入点进行规范体系的审视》，载《江汉论坛》2015年第5期。

④ 例如，赵春华非法持有枪支案中对枪支的认定以及陆勇销售假药案中对假药的认定均不应当限于行政法规上的理解，而应当以实质违法性对其进行二次考察。参见孙国祥：《行政犯违法性判断的从属性和独立性研究》，载《法学家》2017年第1期。

⑤ 由于论者是以《刑（九）》之前罪名进行论述，故此处“国家规定”、“非法”用语仍采原文。参见曲新久：《论侵犯公民个人信息犯罪的超个人法益属性》，载《人民检察》2015年第11期。

与不得泄露公民个人信息等实质内涵定义行政违法的做法，得到了某些学者的明确支持。①

但是，以保密义务作为违反国家规定的内容已具有历史的局限性，如今不具有保密义务的人出售或者提供的，亦可构成该罪，最典型的如在网上搜集个人信息之后进行贩卖的情况。至于以“未经公民同意”作为非法的本质，进而认为违反国家规定亦是如此的观点，并不符合司法现状。② 是故，必须扩大对个人信息权的内涵才能满足个人信息权的充分保护。为此，有学者认为个人信息权应当以民法人格权作为权利基础，不仅能使自然人的所有个人信息得到保护，而且能够保护个人信息之上的所有利益。③ 该观点所面临的问题是：“为什么在没有相应民法规范的情形下，我国《刑法》先行对个人信息予以保护”④？这样的质疑应当说有其逻辑性。对此只能从宪法关于公民人格尊严与个人自由寻求立论基础，才能自圆其说。对此，笔者深以为然。问题在于，宪法基本权利空降至部门法历来遭受不够具化与缺乏可操作性的非议，具体内涵的探求最终仍需回到部门法体系内部之中。基于此，既然民法是对宪法的贯彻落实，以宪法权利为构建基础，而以民法上对个人信息权的内容细化为参照，可在一定程度上缓解此矛盾。

事实上，学界纵使对该罪所侵犯的法益（客体）认识略有差异，但基本都只提及该罪法益的个人属性，如高铭暄教授认为该罪保护法益是公民个人的信息自由与安全，⑤ 黎宏教授认为是公民个人信息权，其内涵包括个人隐私不受侵犯的权利，也包括限制他人非法收集、转让和出售他人信息的权利。⑥ 而周光权教授认为是公民个人信息自由、安全和隐私权。⑦

上述重视个人法益属性的观点，更重要的是能决定行为人是否需要对违法性进行认识。我国刑法并无违法性认识的内容规定，而是交由学界和实务界对违法性认识的体系地位作出判断。我国学界对违法性认识的态度虽有违法性认识不要说和违法性认识必要说，但实际处理也只是在例外的场合承认违法性认识阻却犯罪的成立。这种观点实际上与行政犯的认定需要以违反前置法为前提的观点相违背，因为既然违法规定属于构成要件的要素，不要求行为人认识则会违反责任原则。因此

① 参见张磊：《司法实践中侵犯公民个人信息犯罪的疑难问题及其对策》，载《当代法学》2011 年第 1 期。

② 曲新久教授得出非法的实质在于“未经公民本人同意”，并认为违反国家规定与非法具有相同的意义。然而非法之认定并不局限于个人的同意，还可以是不存在法律依据或者手段的非法性进行认定。参见张玉洁：《论“非法获取公民个人信息罪”的司法认定——基于 190 件案例样本的分析》，载《华东政法大学学报》2014 年第 6 期。

③ 参见齐强军、齐爱民等：《论我国个人信息保护立法的权利基础》，载《青海社会科学》2010 年第 1 期。论者认为权利内容具体包括：第一，信息决定权；第二，信息保密权；第三，信息查询权；第四，信息更正权；第五，信息封锁权；第六，信息删除权；第七，信息报酬请求权。

④ 高富平、王文祥：《出售或提供公民个人信息入罪的边界——以侵犯公民个人信息罪所保护的法益为视角》，载《政治与法律》2017 年第 2 期。

⑤ 参见高铭暄、马克昌主编：《刑法学》，高等教育出版社 2016 年版，第 482 页。

⑥ 参见黎宏：《刑法学各论》，法律出版社 2016 年版，第 269 页。

⑦ 参见周光权：《刑法各论》，中国人民大学出版社 2016 年版，第 71 页。

“不可避免之禁止错误，排除责任的责任说也为多国所接受”[①]。当侵犯公民个人信息罪所保护的法益从刑法的边陲领域上升至核心领域的时候，无形中已经实现了行政犯的自然犯化转变，带有强烈的道德谴责属性，其存在也应当是内化在行为人的主观恶意与道德律令当中，这种情况采违法性不要说更符合实践需求。但是，这种过于提高个人法益属性在该罪当中的适用与理解，是否会架空行政违法性的一面？笔者认为，侵犯公民个人信息罪成立必须以行政违法性为前提，行政违法性的主要功能不是为行政犯提供实质处罚依据，而是为其提供形式处罚依据，只要能实现犯罪构成要件明确性与行政违法性的说明，国家有关规定的功能即已实现，公民个人信息权——实质的刑事违法性——的侵犯则成为对前者提供的构成要件进行实质化进程的筛选，以确保结论的妥当性。

正因为认识到行政违法性与刑事违法性的差异，为避免行政违法性过于僭越刑事违法性的范畴，学界对违反之内容是否需要以刑罚法则为前提颇有争议。肯定论者往往基于非法经营罪的限缩立场严格限制兜底条款的扩张，认为违反之情形只能是国家规定限于附属刑法的情形，不作此限定将有违刑法谦抑性与不符合行政法律的立法初衷。[②] 然而，否定论者认为空白罪状的功能在于使构成要件明确，行政法规以下文件规定犯罪与刑罚将有违法律保留原则。违反确立的是行政违法性，只要具有了行政违法性，由于刑法中也有与行政不法对应的刑事不法，也就具备了行刑衔接性。[③] 笔者赞同否定说。肯定说的初衷与否定说几近一致，但所选取的路径在功能上相对有限。毕竟，附属刑法的刑事罚则并不能说明刑事不法内容，也不能在处罚必要性和妥当性之间实现有效的限制。主要原因在于：首先，全国人民代表大会的决定与国务院发布的决定与命令，很多都只是行为规范与号召性的规定，并没有规定相应的法律后果。如果认为必须有刑事罚则，是否意味着在限缩《刑法》第96条规定的同时，又在该条之外增加新的条件？这与学界试图扩大对国家规定的理解，以求保护公民个人信息的初衷是相背离的。其次，违反之界定应当以个人信息权做出实质的判断为基础。诚如上述所言，《网络安全法》规定了多种个人信息保护的情形，如对违反第42条规定的行为仅设置了行政处罚，而对违反第44条非法出售、提供、获取的行为的处罚除了行政处罚之外还包括刑罚。若认为需以刑罚法则为前提，就等于否定了第42条未经同意或者虽经同意（约定需要技术处理）但没有做技术处理而提供的情形，不属于国家有关规定的内容，也就排除其为刑法的前置法，乃至于不会被认定为侵犯个人信息权的规定，显然这样的结论是不妥的。最后，附属刑法中刑罚法则的设立，所要构建的是无缝的行刑衔接，其罪状多具有与刑法相重合之处。换言之，即使有刑罚法则，若附属刑法规定在刑法当中并无形式根据，亦不能对其处罚。

---

① 马克昌、卢建平主编：《外国刑法总论（大陆法系）》，中国人民大学出版社2016年版，第210页。

② 参见游伟、赵运峰：《经济犯罪“入罪”问题研究》，载《法律适用》2012年第1期。参见田宏杰、阮柏云：《非法经营罪内涵与外延扩张限制思考》，载《人民检察》2012年第23期。

③ 参见孙国祥：《行政犯违法性判断的从属性和独立性研究》，载《法学家》2017年第1期。

五、“国家有关规定”的形式阐释

相比于学界对“国家规定”是否等于“国家有关规定”以及“国家有关规定”具体应当包括哪些内容的热议，司法实务界在具体适用时却呈现一片冷漠淡然的景象。查阅裁判文书网、北大法宝以及无讼案例数据库，关于侵犯公民个人信息罪中“违反国家有关规定”的适用情况，基本上呈现出对“违反国家有关规定”只是概括引用而无更为细致的叙述与明示的状况，各种法律文书基本都是以“违反国家有关规定”或者“违反国家规定”的格式化表述进行罪状的复写描述。分析其中原因，虽不乏法官的考核制度等因素，但更重要的是基于经验式判断能获得初步结论与引证规定的零散、局限性，加大了法官的检索与引用难度，可能导致其不愿意或者有心无力去加以具体引证。据此，在对“违反国家规定”加以分析的基础上，厘清国家有关规定的形式表现，就显得具有较大的理论价值与现实意义。

根据《刑法》第96条规定，“违反国家规定”是指违反全国人民代表大会及其常务委员会制定的法律和决定，国务院制定的行政法规、规定的行政措施、发布的决定和命令。因此，《消费者权益保护法》、《邮政法》、《互联网安全保护技术措施规定》、《社会救助暂行办法》等当然属于“国家有关规定”。而依据《立法法》第80条规定，国务院各部、委员会、中国人民银行、审计署和具有行政管理职能的直属机构，可以根据法律和国务院的行政法规、决定、命令，在本部门的权限范围内，制定规章，加之我国《宪法》第89条将行政措施与决定、命令并列规定，综合来看，国务院规定的行政措施与发布的决定和命令应当比规章效力等级更高。所以，认为“在特殊情况下，国务院的认可也可以赋予某些部门规章、联合发文等国务院行政措施的效力，视为国家规定”[①]的观点，并不能成立。另外，由于对三者的内涵始终未作出界定，这样就产生了行政措施、决定和命令是否包括国务院批转、批准的规范文件，以及下位法对上位法执行贯彻过程中二次授权所指向的规范是否属于国家规定的疑问。这些问题显然需要进一步厘清。

较为一致的观点是，否定二次授权作为国家规定，理由在于《立法法》第10条的禁止转授权规定[②]与由二次授权带来的规定不明确性与地方或部门保护主义弊病[③]。根据该观点，对二次授权的理解并非是立法法上的授权形式，而系指下位规范对上位法的细化，如行政许可的种类具体化等，刑法中“违反国家规定”对具体规范加以参照的二次参照情形与此显然相似。综观各类层级文件，二次授权的形式普遍存在，这种立法技术的运用可以使法律系统保持一个较为稳定的状态，即使是与刑法更为紧密的《治安管理处罚法》也不例外。如2017年1月公安部关于《中华人民共和国治安管理处罚法（修订公开征求意见稿）》第57条第2款“违反国

① 奉新承：《非法经营罪中的“国家规定”及有关刑事罚则的理解》，载《法学》2008年第1期。

② 参见于志强、郭旨龙：《“违反国家规定”的时代困境与未来方向——以非法经营罪为切入点进行规范体系的审视》，载《江汉论坛》2015年第5期。

③ 参见詹红星：《“违反国家规定”的宪法解释与司法适用》，载《湘潭大学学报》（哲学社会科学版）2016年第5期。

家规定，将在履行职责或者提供服务过程中获得的公民个人信息出售或者提供给他人的”，能否因为存在“二次授权”而否定该法律的国家规定属性？可以说，这是不切实际的，这种二次参照与立法授权存在显著的区别。《立法法》第10条第2款规定授权的期限不得超过五年，但是授权决定另有规定的除外，按照否定论者说法，是否国家规定满了5年自动失效呢？答案是不言自明的。更为合理的担忧反倒是，各部门会为了行业与部门利益而出台不一致的规定。从理论上看，这种从规章上补充犯罪构成要件的举措，会违背明确性原则与法律保留原则的精神，需要加以遏制。但诚如上述所言，这种违背是在最大限度地实现罪刑法定原则的前提下，所做出的不可避免的无奈之举！而二次参照带来的补足也并非不经司法筛选而直接入刑，其仍是应当以法益为导向的实质判断，以便对刑事违法性进行确认，这在一定程度上确保了刑法独立性与合理性并存。因此，肯定对部门规章的“二次参照”以引入部门规章的内容是符合现实，也是合理的。

不同于“二次授权”的是直接参照国家规定的情形。学界存有较大争议的是，是否承认国家规定包括国务院批转以及批准的情况。对此，有学者认为“国务院各部委和地方政府制定的行政规章，由于不是全国权力机关和国务院制定的，不能将其列入‘国家规定’的范围”①。有学者则认为，“国务院以批转形式发布所属部门制定的规范性文件属于‘国家规定’，理由是国务院以批转形式发布所属部门的规范性文件，属于《刑法》第96条规定的‘发布的决定和命令’。”② 于是，以国务院规定的行政措施和发布的决定或者命令的形式引入部门规章，可以被认为是国家规定。事实上，除历史因素导致的对部门规章以行政法规的形式承认外，③ 国务院批转是以国务院发文的形式进行转发，常见格式是《国务院批转发展改革委关于坚决制止电站项目无序建设意见的紧急通知》（国发〔2004〕32号），发文对象也是各政府及各部门等，应当被认可为属于国务院统领下的发文，属于国家规定。只不过，经国务院同意而非经国务院常务会议讨论通过或者国务院批准，国办转发而非制发的科技部规章如《人类遗传资源管理暂行办法》（国办发〔1998〕36号）等，不应当被视为国家规定。因为，国务院同意并不是一个使其成为国家规定的决定性要件。一方面，国务院是有权对部委规章进行审查并撤销，同意与认可是国务院职权范围内的自由裁量，并非意味着规章借此成为与行政法规等效力的文件，更非意味着将其视为国家规定（超部门性）的当然推定。即使部门之间规定不一致，采取

① 参见刘德法：《论空白罪状中的“违反国家规定”》，载《法学杂志》2011年第1期。詹红星：《“违反国家规定”的宪法解释与司法适用》，载《湘潭大学学报》（哲学社会科学版）2016年第5期。王恩海：《论我国刑法中的“违反国家规定”——兼论刑法条文的宪政意义》，载《东方法学》2010年第1期。参见张磊：《司法实践中侵犯公民个人信息犯罪的疑难问题及其对策》，载《当代法学》2011年第1期。

② 参见武良军：《非法经营罪堵截条款异化之研究》，载《环球法律评论》2014年第5期。蒋玲：《刑法中“违反国家规定”的理解和适用》，载《中国刑事法杂志》2012年第7期。韩玉胜、赵桂明：《侵犯公民个人信息犯罪客观方面辨析》，载《人民检察》2013年第19期。

③ 特指1987年《行政法规制定程序暂行条例》第15条，根据该规定，经国务院批准，由国务院主观部门发布的，属于国家规定。此条在2000年《立法法》以及2002年《行政法规制定程序条例的公布施行》随即废止。

交由国务院进行裁决的做法，所取得的效果也应当和批转是一样的。另一方面，即使是对于批准的情形，相对于批转少了转发的形式要件，其发文对象是特定的部门，不同于转发所针对的是所有国务院下属部门与政府。其中所要传达的，也是具有此等类似道理。可见，规章仅是该部门依据职权范围与实际需要所做的规范，具有从部门性管控全国事务的特征，当不属于国家有关规定。不过，国务院办公厅是国务院的常设办公机构，具有协调各部门工作的职责，其所制发的文件具有代表国务院的直接意志与超脱于部门的职责权限范围的特性，因此其经国务院认可批准的制发文件应当认为属于国家规定。如此一来，“国家有关规定”所包括的规章，应当是具有代表国务院意志并由其批准的超部门性规定。

行政法视角下的公民个人信息刑法保护

——以“违反国家有关规定”构成要件为切入点

周光营*

云计算与大数据的发展，带来了新一轮科技革命，社会生产力得到极大解放，人们的生活也随之发生巨变。① 然而大数据亦是一把“双刃剑”，在促进生产力发展的同时，侵犯公民个人信息行为在大数据时代也变得越加猖獗，社会危害性极大。大数据对信息数据的需求，与个人信息数据之间的个体隐私性，呈现出尖锐的矛盾与冲突。这样的背景下，亟须相关制度规制。我国将侵犯公民个人信息行为入罪写入刑法具有积极意义。但是，我国刑法在侵犯公民个人信息犯罪构成要件中仍然沿用了“违反国家有关规定”的前置条款，由于缺乏相关配套法律法规，存在不当虚化或限制刑法作用的可能。本文试图从行政法与刑法关系方面入手进行初步探讨并提出完善建议。

一、大数据时代公民个人信息保护的必要性

（一）公民个人信息的含义与特征

谈起公民个人信息，首先要面对的问题便是公民个人信息的界定，这是研究个人信息问题所绕不开的。个人信息的定义问题，直接关涉个人信息的定位、范围、特征，影响法律对个人信息的保护问题。

关于公民个人信息的含义，学界和实务界研究实践颇多。学者齐爱民认为，“个人信息是指自然人的姓名、出生年月日、身份证号码、户籍、遗传特征、指纹、婚姻、家庭、教育、职业、健康、病例、财务状况、社会活动及其他可以识别该个人的信息。”② 中国人民银行发布实施的《个人信用信息基础数据库管理暂行办法》对公民个人信用信息作了明确，第四条规定：“本办法所称个人信用信息包括个人基本信息、个人信贷交易信息以及反映个人信用状况的其他信息。”2017 年 5 月“两高”《关于办理侵犯公民个人信息刑事案件适用法律若干问题的解释》规定：“指以电子或者其他方式记录的能够单独或者与其他信息结合识别特定自然人身份或者反映特定自然人活动情况的各种信息，包括姓名、身份证件号码、通信通讯联系方式、住址、账号密码、财产状况、行踪轨迹等。”从司法实践来看，上述司法

---

* 江苏省盐城市中级人民法院法官助理，法学硕士。

① 孟建柱同志在全国司法体制改良推进会上提出，主动拥抱新一轮科技革命，用大数据等技术防范冤假错案。参见 www. 010xs. com/guona/78052_ 2. html，2017 年 7 月 13 日访问。

② 齐爱民：《中华人民共和国个人信息保护法示范法草案（学者建议稿）》，载《河北法学》2005 年第 6 期。

解释的界定虽然有些保守，但仍不失为合理，明确了公民个人信息主要包括能识别公民个人身份的信息和涉及公民个人隐私的信息两大类，更具可操作性，有利于司法实践把握。①

通过上述定义，可以总结出公民个人信息的几个特征。

第一，主体性、可识别性与价值性。个人信息的主体性是指，个人信息必须依附于人而产生、存在，个人信息的主体只能是自然人。可识别性是指，通过对个别信息的筛选、辨别，可以直接或者间接确定该特定信息的主体。个人信息具有识别性，而个人信息中包含的部分内容是信息主体所不愿为外人所知晓的，就产生了个人信息的隐私性的一面。个人信息还具有价值性。在大数据发展的背景下，信息就是财富。通过个人信息，掌握不同人群的需求、爱好、习惯，有针对性地对其进行宣传、推介、引导，可以有效掌握市场需求，催生市场消费动力，信息的使用者借此可以创造出更多的社会财富。个人信息的价值属性是对个人信息保护的核心要素之一。

第二，隐私性与公共性。个人信息的公共性主要是指公民个人信息在社会交往中作为人与人之间交流联系的组成部分，是社会活动不可缺少的媒介、符号。在一定意义上，个人信息的公共性还表现在，通过以社会个体的消费偏好、行为方式、思维逻辑由点及面的研究、分析，可以预测、关联、推进社会管理模式创新，改进市场供需结构，推动社会进步，最终惠及个人的发展。所以，个人信息的公共性更注重个人信息自由与信息流通。而个人信息的隐私性主要是指个人信息中包含个人的私密部分，侧重于隐私保护与生活安宁不受打扰。因为个人信息是隐私的上位概念，隐私是个人信息的一部分，表现在隐私的内容从根本上属于特定个人单方面即可作为处断的事务、信息或领域；在主观方面特定的个人对其内容具有秘而不宣、不希望社会或他人知晓的愿望。个人信息的隐私性与公共性是一对矛盾集合体。

另外，从个人信息产生的来源看，个人信息还有生物属性与社会属性特征。个人的生物属性，即人作为自然界独立的生命体所具有的生理属性、血缘关系以及围绕生理属性与血缘关系所产生的相关信息，如身高、体重、容貌、血型、DNA 等。而社会属性则是指在人作为社会成员，在社会交往活动中所产生的相关信息，如姓名、出生日期、就读学校、医疗信息、消费偏好、社交记录等。

（二）对个人信息予以刑法保护是应对大数据冲击的必由之路

毫无疑问，当下我们已经进入大数据时代。大数据是一个比较抽象的概念，通俗地说，就是指数量巨大、全景展现的以数据电文形式被记录、处理和传播的数据信息。掌握相应的技术才能挖掘大数据的潜力和功效，包含数据收集、信息处理、分析与再利用才是大数据价值的关键所在。在云计算出现之前，我们尚不具备处理如此体量并且不规则的“非结构数据”的有效手段。以云计算为基础的信息存储、分析和挖掘手段，可以方便、快捷、有效地将大量、高速、多变的终端数据存储下

① 最高人民法院研究室等编著：《〈刑法修正案（九）〉条文及配套司法解释理解与适用》，人民法院出版社 2015 年版，第 195 页。

来，并随时进行分析和计算。维克托·迈尔—舍恩伯格在其所著的《大数据时代》一书中，提出大数据时代处理数据的三大理念转变：要全体不要抽样，要效率不要绝对精确，要相关不要因果。所以，大数据的特性决定了其发展所面临的障碍，在于数据的“可获取性”、“流动性”与“全面性”。①

人是社会活动的中心。围绕人的需求和社会的进步所进行的活动才是有价值的。所以，大数据与云计算的发展，必须建立在一定的信息体量之上，云计算才能发挥作用，大数据功效方能显现。个人信息，作为与社会组成个体——人直接相关的数据，对于预测社会发展、判断市场需求、引导行为方式具有基础性和决定性作用。也就是说，要发挥大数据的作用，为人类社会创造更多的价值，必须要提供给大数据足够的各种信息，形成体量优势，其中，公民个人信息是重点收集、分析、利用的部分。

然而，当前普遍认为个人信息具有私权属性，有学者将此定义为个人信息权，对于个人信息的保护应当是人权保障的重要部分，属于法律强制性规范范畴。欧洲就以私权为基础，构建了以“知情同意”为框架的法律规制制度，强调对于信息的获取和利用，必须要经过当事人的同意和授权。大数据与云计算的发展对数据，尤其是个人信息数据的获取，与个人信息的隐私属性之间的冲突，就成为掣肘大数据发展与人权保障的问题之一。如何平衡和调适二者之间的矛盾与利益冲突，成为当前的社会焦点之一。我国大数据发展起步较晚，近年才呈迅猛发展之势，相应的制度并不健全，尤其是涉及个人信息层面的法律制度，尚处于建立完善中。然而，大数据和云计算的迅猛发展，使相关的负面问题被极速放大，随之而来的个人信息泄露问题越来越严重。很多人都有被垃圾短信、推销电话骚扰的经历，电信及网络诈骗频发，严重危及公民财产安全。山东临沂徐玉玉案，便是典型的个人信息被泄露，诈骗犯罪分子在掌握徐玉玉的个人信息后，轻而易举取得受害人信任，将出身贫苦农民家庭的徐玉玉的大学学费悉数骗走。徐玉玉伤心欲绝，郁结于心，在报警回家的路上猝死，引起社会广泛关注。完善法律制度，编织公民个人信息保护网，是当下破解现实困境的必由之路，而大数据的发展与公民个人信息保护的利益平衡，是必须要解决的问题。

二、我国公民个人信息刑法保护规制评析

（一）公民个人信息犯罪刑事立法概况

我国已经出台的很多法律法规和部门规章均对公民个人信息有所涉及，据统计，2002年即有40余部法律、30余部法规以及近200部规章涉及个人信息保护，但这些法律法规和规章涉及个人信息保护的内容过于分散，法律法规层级偏低。②我国公民个人信息刑事立法起步较晚。1979年刑法和1997年刑法均未有针对个人

① ［英］维克托·迈尔—舍恩伯格、肯尼思·库克耶：《大数据时代》，盛杨燕、周涛译，浙江人民出版社2015年版。

② 《40部法律难约束个人信息泄露》，载《浙江在线－今日早报》，news.163.com/12//0406/04/7ucnj5i300014aed.html#from=relevant，2017年7月13日访问。

信息保护的专门条款。直到2009年《刑法修正案（七）》才正式在刑法中确立侵犯公民个人信息罪，为我国打击侵犯个人信息犯罪的司法实践提供了法律依据。侵犯个人信息犯罪正式入罪刑法，以刑事手段规制侵犯公民个人信息行为具有十分重要的意义。这不仅是我国个人信息刑法保护迈出的重要一步，也是我国宪法尊重和保障人权的应有之义。但是，《刑法修正案（七）》的相关条款存在一些问题，对侵犯个人信息犯罪主体规定不够全面，对犯罪客观行为罪状、法定刑配置均存在不足之处等，加之相关司法解释未能及时出台，导致实践中出现较大争议。

在顺应社会发展趋势和打击侵犯公民个人信息犯罪的背景下，2015年我国颁布《刑法修正案（九）》，进一步对个人信息的刑法保护进行完善。《刑法修正案（九）》对个人信息犯罪刑法条款的修订，取消了特殊犯罪主体的条件限制，扩大了犯罪主体范围，完善了法定刑设置，增加了追责情形，较之《刑法修正案（七）》，具有明显的进步。然而，《刑法修正案（九）》仍具有一定的局限性，其罪状表述中依然沿用“违反国家相关规定”的字样，导致《刑法修正案（七）》创设个人信息犯罪时的问题依然存在。

（二）我国公民个人信息刑事立法主要问题

根据我国刑法第253条之一的规定，对侵犯公民个人信息犯罪，要求以“违反国家有关规定”为前提。而刑法第96条则对刑法中的国家规定进行了明确：“国家规定”包括“全国人民代表大会及其常务委员会制定的法律和决定，国务院制定的行政法规、规定的行政措施、发布的决定和命令”。“两高”《关于办理侵犯公民个人信息刑事案件适用法律若干问题的解释》将“违反国家有关规定”界定为：违反法律、行政法规、部门规章有关公民个人信息保护的规定。

首先，当前的刑法理论中，以是否违反社会伦理道德为划分标准，将犯罪分为自然犯与法定犯。“犯罪学三圣”之一的加罗法洛认为，“自然犯就是对怜悯和正直这两种基本情感的侵害，而法定犯则是纯粹违反法律规定但并不违背基本道德的行为”。[①]部分学者根据侵犯公民个人信息犯罪的刑法条文规定，认定本罪应划入法定犯范畴。从立法层面来看，笔者持相同的观点。然而，前文已述，公民个人信息中包含个人隐私内容和社会识别性内容，隐私权利作为人权的重要组成部分，必须给予高度的重视与保障。而我国的立法，明显将侵犯公民个人信息犯罪建立在违反国家规定之上，割裂了其自然犯的属性，易导致权利保护与刑法调整范围的不当限缩。

其次，一般认为，刑法中的行政犯具有行政与刑事双重违法属性，行政犯的成立应当以违反行政法律法规为前提。也就是说，行政犯罪必然同时违反了行政法律法规和刑法，二者存在交叉关系。我国刑法将违反国家有关规定作为构成侵犯公民个人信息犯罪的前提性条件，表明我国在一定意义上认可本罪作为行政犯罪的事实。在这种情况下，要认定侵犯公民个人信息的行为构成犯罪，必须要考察其是否违反国家相关规定。但是，一个尴尬的现实就是我国并未颁布统一的法律来保护公民个人信息，这就产生了刑法入罪前置性规范缺失的问题。虽然，我国现有的部分

① ［英］加罗法洛著：《犯罪学》，耿伟等译，中国大百科全书出版社1996年版，第29-50页。

法规规定涉及公民个人信息保护，但考虑公民个人信息的广泛性和价值性，以及刑法上国家规定的层级和效力要求，上述规范性文件远未达到覆盖公民个人信息保护的行政调整范围的程度。这不可避免地导致对个人信息的保护出现了真空。如无法确定违反了何种法律，该如何定罪？在这种情况下，势必会削弱刑法的刚性，挤压刑法的调整空间和作用范围。

最后，行政违法与刑事犯罪界限不易把握。从我国现行刑法与行政法有关规定来看，区分行政违法与刑事责任的主要依据在于行为的社会危害性及严重程度，而直接反映行为的社会危害性程度的，往往集中于情节中。刑法分则中相当数量的罪名条款明确将情节作为罪与非罪的标准。同一行为，根据情节轻重分为违法与犯罪。情节较轻的，以行政违法处罚；情节严重的，按照刑事违法予以刑罚处罚。同理，我国将违反国家规定，侵犯公民个人信息，情节严重的行为规定为犯罪。然而，情节毕竟是一个非常主观的东西，现实中很难对行为危害程度进行量化。高铭暄教授认为，缺失了划分界限的明确性，直接造成认定行政违法或犯罪的困难，这已经有损罪刑法定原则在实践中的执行。[①] 另外，依靠违法行为的危害程度去区分行政违法与刑事违法，会给人以严重行政违法就是犯罪的错误印象，无论刑法有无将相应行为规定为犯罪，都不利于法治进步与人权保障。

三、我国公民个人信息刑法保护的完善建议

（一）尽快制定个人信息保护法

行政法与刑法属于不同的法律部门，但二者在很多方面存在交叉，联系紧密。行政法调整广泛而重要的社会关系，这类社会关系与国家权力、公民权利紧密相关，是公民权利与国家权力关系的重要组成部分。[②] 而刑法所保护的是所有受到犯罪侵害的社会关系，也即只有严重侵害社会关系、具有严重社会危害性的行为，才会受到刑法的调整。刑法总则第 13 条但书规定：“情节显著轻微，危害不大的，不认为是犯罪。”罪刑法定、刑法谦抑性、严厉性以及程序严肃性等要求，注定了刑法调整手段与行政法调整广度、效率、价值追求的不同。单凭一部刑法单打独斗是行不通的。必须要综合刑民行手段，编织严密法网。民法总则中已经就个人信息保护做出了明确规定。刑法也已经先于行政法规，将严重侵犯个人信息行为纳入。而“违反国家有关规定”的前置性条件设计，则需要出台相应的行政法规来明确侵犯个人信息行为的行政违法性，行政责任的认定要求健全前端的实体法，否则刑法相关规定很难落到实处。

社会在不断发展变化，不同时间颁布的法律不可能完全相同，这就可能导致未来制定的个人信息行政法律法规与现行刑法规定出现不一致。没有前置性立法作为基础的刑事立法往往会产生诸如立法依据不足、“新法旧法”相冲突等问题，降低刑法的威信，使民众产生“要么不追究、要追究就认定犯罪”的抵触情绪等一系列

① 王金贵：《犯罪与行政违法行为的界限及惩罚机制的协调研讨会综述》，载《人民检察》2008 年第 15 期。

② 姜远斌、杨曙：《刑法与行政法衔接问题探析》，载《人民检察》2014 年第 3 期。

的问题。[①] 2005年年初，《个人信息保护法》专家建议稿已经完成，同年国务院亦已启动《个人信息保护法》的立法程序，但至今仍未颁行。笔者建议，应加快立法进程，尽早制定我国个人信息保护法，并且要注意做好与现行刑法规定的衔接。

（二）取消“违反国家有关规定”的前置性条件

“违反国家有关规定”的立法设计，突出了侵犯公民个人信息犯罪的行政违法属性，但却忽略了公民个人信息权中涉及隐私的部分。隐私权是人权不可分割的组成部分，理所当然受社会伦理道德的约束。从这种意义上来说，侵犯公民个人信息犯罪，亦带有自然犯的属性。如此的前置性规定，势必会不当限缩刑法的调整范围与力度。而且，我国当前相应的前置性法律法规并不完善，对公民个人信息的收集、使用、流转与保护缺乏有效的规制手段，会给司法实践的具体适用造成障碍。另外，将本该由刑法调整的内容，通过授权性规范产生“空白罪状”，交由下位法来规定，在增强刑法的开放性、经济性的同时，也不可避免地产生刑法被行政法律法规绑架、肢解的风险，损害刑法的严肃性。设置违反国家规定的前置性条款，可能还有约束公权力、防止权力滥用的考虑，毕竟当前我国关于公民个人信息的相关理论并未成熟，学术界与理论界也存在诸多分歧，如此考虑也有一定的现实意义。至于是否合理，笔者认为值得商榷。违反国家有关规定并非侵犯公民个人信息犯罪的必需要件，约束公权力也非缺其不可，其存在的意义并非如预想一般。此前置性规定带来的风险和弊端远大于其本身的作用。笔者建议，应当从侵犯公民个人犯罪构成删除“违反国家有关规定”的前置性条件。

（三）有条件探索侵犯公民个人信息行为统一纳入刑法规制

如前文所述，当前普遍认为行政违法与刑事不法具有重合性，同种行为，不严重的是行政违法，将社会危害性更重的认定为刑事不法，以刑罚予以惩戒。然而在实践中准确区分行政违法与犯罪行为是非常困难的。当前理论界存在两种态度，一是试图在现有机制下探索刑事不法与行政违法的界分标准，二是取消现行犯罪的定量规定，对犯罪行为进行类型化改革。周光权教授持第二种态度。他认为，量的规定不具有科学性，且易受物价通胀因素的影响，也不利于公民规则意识的形成，应当取消犯罪的定量规定。然而，现行刑法分则中有相当数量的条文将情节作为区分罪与非罪的标准，以定量因素认定犯罪构成的立法形式，当前仍占主导地位。从目前来看，尚不具备这样的条件。刑事立法牵一发而动全身，不可能一蹴而就，改革也并非一日之功。当前仍然需要从现行法律框架内着手，探索行政违法与刑事犯罪之间的界分标准，完善相关法定刑设置。但笔者认为，取消犯罪构成中的定量设计，从长远来看，是解决当前司法困局的有效途径。当前我国正在试点推行轻微刑事案件速裁机制。侵犯公民个人信息行为具有典型的行政违法与刑事责任关系理论的实践意义，即便当前不具备立即实行的条件，也可以在今后适当的时候，相关配套体制机制改革取得一定进展时，以侵犯公民个人信息犯罪为试点，将该类行为全部纳入刑法规制范围，进行有益的探索与实践。

---

① 刘宪权、方晋晔：《个人信息权刑法保护的立法及完善》，载《华东政法大学学报》2009年第3期。

侵犯公民个人信息罪中“违反国家有关规定”的限缩解释

——兼对法释〔2017〕10号司法解释第2条之质疑

胡 江*

《刑法修正案（九）》已经将《刑法》第253条之一中的“违反国家规定”修改为“违反国家有关规定”，如何理解和确定“违反国家有关规定”，是准确适用侵犯公民个人信息罪的前提。对此，最高人民法院、最高人民检察院于2017年5月发布的《关于办理侵犯公民个人信息刑事案件适用法律若干问题的解释》（以下简称法释〔2017〕10号司法解释）第2条对“违反国家有关规定”的内涵作了相应的解释，但从学理层面考量，该规定的内容不当地扩大了刑法条文的含义。在适用侵犯公民个人信息罪时，对“违反国家有关规定”作限缩解释才是符合罪刑法定原则的合理选择。

一、从“违反国家规定”到“违反国家有关规定”：立法修正带来的适用难题

侵犯公民个人信息犯罪本身在我国刑法中经历了一个发展演变的过程，其条文内容也经过刑法修正发生了相应的变化，与立法的这种变化相伴随的就是犯罪认定和适用上的困难。

（一）《刑法修正案（七）》中的“违反国家规定”

我国对公民个人信息进行刑法保护的立法起步时间较晚，在1997年《刑法》中，并无直接针对侵犯公民个人信息的犯罪行为，只有侮辱罪、诽谤罪等罪名可以间接地体现对公民个人信息的刑法保护。2009年2月通过的《刑法修正案（七）》在刑法中新增了第253条之一，“两高”的司法解释将其概括为两个罪名，即出售、非法提供公民个人信息罪和非法获取公民个人信息罪。其中，要成立出售、非法提供公民个人信息罪，必须具备一个前提条件，即行为人的行为必须“违反国家规定”。这就给本罪的司法适用提出了一个新的任务，即在判定一个行为是否构成犯罪时，除了要考察刑法的规定之外，还应当考察其他法律法规的规定，进而对其作出是否“违反国家规定”的判断。但是，这一司法适用的任务却面临两个方面的困难：

第一个方面的困难在于缺乏明确的判断依据。在当时有效的法律法规中，并无关于公民个人信息法律保护的明确规定，当然也就难以找到违反法律法规侵犯公民

* 西南政法大学法学院副教授、硕士生导师、法学博士。

个人信息的直接判断标准。以至于有学者直言，我国尚未确立统一、完备的行政法律制裁体系与刑事制裁相衔接，连《治安管理处罚法》都未将侵犯公民个人信息的行为作为行政违法行为规定处罚的措施。这就使得《刑法修正案（七）》关于侵犯公民个人信息犯罪的规定成为颇为尴尬的立法①。其他法律法规关于公民信息保护规定的阙如，使得刑法关于侵犯公民个人信息犯罪中“违反国家规定”的判断缺乏法定依据，成为侵犯公民个人信息犯罪在适用上的一个现实困难。

第二个方面的困难在于如何理解“违反国家规定”的内涵。在我国刑法条文中，“违反国家规定”的内容多达30余处，有20多个罪名要求以“违反国家规定”作为成立犯罪的前提条件。因此，究竟应当如何理解“违反国家规定”的内涵就成为一个绕不开的问题。对此，根据《刑法》第96条的规定，“违反国家规定”中规定的制定主体仅限于全国人大及其常委会、国务院，规定的范围仅限于全国人大及其常委会制定的法律、决定和国务院制定的行政法规、规定的行政措施、发布的决定和命令。理论上的主流观点也认为，由地方国家权力机关制定的地方性法规、由国务院各部委和地方政府制定的行政规章，不能将其列入“国家规定”的范围内②。但是，“违反国家规定”在实践运用中出现了偏离《刑法》第96条规定的情况，要么对明显符合“违反国家规定”的情形视而不见，要么将不符合“违反国家规定”的情状也认为符合“违反国家规定”，这不仅可能导致刑法第96条被虚置，而且可能使行政犯中的空白罪状本身的不明确性被无限放大③，这在非法经营罪等罪名的适用中表现得尤为突出。其中的关键问题在于地方法规、部门规章、政府规章是否属于“违反国家规定”中的“规定”，违反地方法规、部门规章、政府规章能否认定为“违反国家规定”。

（二）《刑法修正案（九）》中的“违反国家有关规定”

在理解和适用“违反国家规定”中面临的困难尚未得到有效化解的情况下，2015年颁行的《刑法修正案（九）》对《刑法》第253条之一作出了修改，将原条文中的“违反国家规定”修改为“违反国家有关规定”。在之前的我国刑法条文中，虽然存在“有关规定”的条文内容，但是在刑法条文中明确使用“违反国家有关规定”的表述，《刑法修正案（九）》却是首次。如此一来，侵犯公民个人信息罪也就成了目前我国刑法中唯一一个规定了“违反国家有关规定”的罪名。

如果说在《刑法修正案（九）》之前，对出售、非法提供公民个人信息罪中“违反国家规定”的理解和适用尚且有《刑法》第96条这一明确的法定依据作为标准，但在《刑法修正案（九）》将其修改为“违反国家有关规定”之后，在现有刑法条文中已经找不到明确的认定依据和标准，也没有其他条文的相同规定可资借鉴。由此带来的问题就是，“违反国家有关规定”和“违反国家规定”是什么关系，怎么判断和理解“违反国家有关规定”的内涵，这些问题比此前“违反国家规定”的判断更为困难。所以，在刑法已经作出修改的背景下，如何确定侵犯公民

① 赵秉志：《公民个人信息刑法保护问题研究》，载《华东政法大学学报》2014年第1期。

② 刘德法、尤国富：《论空白罪状中的“违反国家规定”》，载《法学杂志》2011年第1期。

③ 蒋铃：《刑法中“违反国家规定”的理解和适用》，载《中国刑事法杂志》2012年第7期。

个人信息罪中“违反国家有关规定”的内涵，其难度较之前不是降低了，更不是消解了，而是增加了，从而使得侵犯公民个人信息罪在认定中面临着一个基础性的困难。

二、“违反国家有关规定”的刑法地位：空白罪状中构成要件要素的确立

在我国刑法分则条文中，存在为数不少的“违反……规定”这样的表述，对于其含义和作用，有学者认为需要具体分析，其中有的是提示存在违法阻却事由，有的是要求行为违反行政管理法规，有的是表示未经许可，有的是强调行为的非法性质，还有的是相关表述的同位语①。作为侵犯公民个人信息罪中所规定的“违反国家有关规定”，也属于“违反……规定”的具体表现，对于其刑法地位，应当以侵犯公民个人信息罪的犯罪构成特征为基础，结合《刑法》第253条之一以及其他相关法律的规定予以确定。

（一）作为犯罪认定前提的“违反国家有关规定”

从犯罪分类上看，侵犯公民个人信息罪属于法定犯。和自然犯不同，法定犯并没有明显违反社会伦理的特征，而是“以违反一定的经济行政法规为前提，认定这类犯罪，需要熟悉相关的法规”②。侵犯公民个人信息罪的行为方式包括两种，一是违反国家有关规定，向他人出售或者提供公民个人信息，情节严重的行为；二是窃取或者以其他方法非法获取公民个人信息的行为。

从立法关于本罪行为方式的规定可以看出，对于第二种行为方式而言，立法并未作出“违反国家有关规定”的要求，其原因在于根据《网络安全法》第44条的规定，窃取或者以其他方法非法获取公民个人信息本身就是非法行为，因而对于这类行为的判断不需要结合其他规定，而是直接考察行为人是否实施了窃取或者其他非法行为即可。

但是，对于第一种行为，立法则明确规定了“违反国家有关规定”的要求。这就意味着，出售或提供公民个人信息的行为，并不必然就是违法的，更不意味着就是犯罪。对此，《网络安全法》第44条规定：“任何个人和组织不得窃取或者以其他非法方式获取个人信息，不得非法出售或者非法向他人提供个人信息。”这表明，出售、提供与窃取的性质并不相同，窃取等方式是直接为法律所禁止的非法行为，而对于出售、提供，法律所禁止的是“非法出售”或“非法提供”行为。这就意味着，对于依法出售或者提供公民个人信息的行为，是不能成立侵犯公民个人信息罪的。因此，对于出售、提供公民个人信息的行为，其是否违法以至于是否构成犯罪，都必须要判断其是否属于“非法”的性质，而其标准或依据就是行为是否“违反国家有关规定”。在这个意义上，对于出售、提供公民个人信息的犯罪行为，判断其是否“违反国家有关规定”就成为犯罪认定的前提。

（二）作为犯罪构成要件要素的“违反国家有关规定”

在刑法理论上，一般认为犯罪构成包含了行为成立犯罪所必须具备的全部要

① 张明楷：《刑法分则的解释原理》（下），中国人民大学出版社2011年版，第542-560页。

② 马克昌主编：《犯罪通论》，武汉大学出版社1999年版，第39页。

求，为划分罪与非罪、此罪与彼罪的界限提供了标准，是追究犯罪人刑事责任的根据[①]。虽然各国学界存在不同的犯罪构成理论体系，但由于其任务都在于解决犯罪是否成立的问题，因而不同体系均大体包含了一致的内容，只是因为民族文化和法律制度的不同而存在差异[②]。以我国通说的四要件犯罪构成理论为例，其作为一个有机整体又包含四个要件，即犯罪构成要件，而每个要件又包含不同的要素，即犯罪构成要件要素，这在每一个具体罪名中都是如此。

在侵犯公民个人信息罪中，“违反国家有关规定”应当属于其犯罪客观方面里面的具体内容或具体要素。根据《刑法》第253条之一的规定，侵犯公民个人信息罪的客观方面表现为，行为人违反国家有关规定，向他人出售或者提供公民个人信息的行为，以及窃取或者以其他方法非法获取公民个人信息的行为。实际上也就包含两种行为方式，如前所述，只有第一种行为方式才存在“违反国家有关规定”的要求。具体而言，这种行为方式必须同时具备三个条件：(1) 行为必须违反国家有关规定；(2) 实施了向他人出售或者提供公民个人信息的行为；(3) 行为必须情节严重。这三个条件缺一不可，任何一个条件的不成立都会影响侵犯公民个人信息罪的成立。所以，“违反国家有关规定”理所当然地属于本罪的犯罪构成要件要素，是犯罪认定中必不可少的要素之一。

(三) 作为空白罪状内容的“违反国家有关规定”

《刑法》第253条之一在对侵犯公民个人信息罪的罪状进行规定时，应该说已经尽可能做到了详细的描述，因而有学者将其作为立法的进步之处予以肯定，认为该条文以叙明罪状详尽规定犯罪成立的全部要素，在一定程度上增强了司法实践中认定和处理侵犯公民个人信息犯罪行为的可操作性[③]。

不过，由于“违反国家有关规定”系成立本罪必须具备的构成要件要素，而刑法条文并没有也难以对其内涵做出明确界定，只能结合刑法之外的其他规定才能确定。可见，这应当属于空白罪状而不是叙明罪状。因为空白罪状的本质特征在于刑法条文本身未对具体犯罪构成的行为要件作出具体、明确的表述，而是由相关的规范或制度加以具体、明确的规定[④]。具体而言，《刑法》第253条之一只是规定了侵犯公民个人信息罪的构成要件中必须包含“违反国家有关规定”的要素，但并未明确规定其具体内涵，因而只能在刑法之外的其他规定中去寻找相应的法定依据。这就使得侵犯公民个人信息罪构成特征和罪状既需要考察刑法的规定，也需要考察刑法之外的其他规定，这是空白罪状典型的表现。

三、司法解释的选择及其问题：惩治犯罪需要与坚守罪刑法定的冲突

在《刑法修正案（九）》施行一年多之后，“两高”联合发布了法释〔2017〕

① 高铭暄、马克昌主编：《刑法学》（第七版），北京大学出版社、高等教育出版社2016年版，第51页。

② 胡江：《文化视野下的犯罪论体系研究》，法律出版社2014年版，第296页。

③ 赵秉志：《公民个人信息刑法保护问题研究》，载《华东政法大学学报》2014年第1期。

④ 刘树德：《罪刑法定原则中空白罪状的追问》，载《法学研究》2001年第2期。

10号司法解释，该司法解释第2条明确规定：违反法律、行政法规、部门规章有关公民个人信息保护的规定的，应当认定为刑法第253条之一规定的“违反国家有关规定”。对比《刑法》第96条的规定不难发现，司法解释在法律、行政法规之外，将部门规章也作为“违反国家有关规定”的范围。对于司法解释的这一扩张性规定，我们一方面要承认其所具有的现实价值，但另一方面也需要对其存在的不合理之处予以理性分析。

（一）法释〔2017〕10号司法解释的现实价值

1. 回应了司法认定的实践困难

由于立法并未明确“违反国家有关规定”的内涵，司法机关在面对具体案件时难以判断其是否属于“违反国家有关规定”，从而导致实务认定上的困难。此次司法解释明确规定了“违反国家有关规定”的含义，直接回应了侵犯公民个人信息罪在实践认定中的困难。由于司法解释属于有权解释，对刑法适用和犯罪认定具有法定的约束力。因此，该规定的出台为实践中一直存在的认定争议提供了法定的依据，回应了司法实务工作的期待和要求。

2. 契合了惩治犯罪的现实需要

此次司法解释出台的一个重要背景就是侵犯公民个人信息犯罪行为呈现出持续增长的严峻态势。数据显示，2016年，全国公安机关共侦破网络侵犯公民个人信息案件数量2100多起，查获公民个人信息500多亿条，抓获犯罪嫌疑人5000多人。2009年2月至2015年10月，全国法院共审结出售、非法提供公民个人信息、非法获取公民个人信息刑事案件969起，生效判决人数1415人①。在这样的犯罪态势之下，发动刑法的武器对此类犯罪进行严厉惩治就成了司法机关青睐的一项选择。如果将“违反国家有关规定”作限制性解释，可能会导致部分具有社会危害的行为无法追究刑事责任。正如有学者所说，如果不将一般性规定纳入“国家有关规定”的范畴，则会出现处罚漏洞，导致具备当罚性实质标准的出售或者提供行为免于法律之绳②。因此，司法解释扩张“违反国家有关规定”含义的做法，与惩治犯罪的需求是一致的。

3. 解决了规范层面的立法不足

目前，我国公民个人信息保护的立法还不够完善是一个客观事实，如果将“违反国家有关规定”限定于法律和行政法规，将会导致很多情况下找不到判断的法定依据。这个问题在《刑法修正案（九）》颁行之前就已经显现出来，当时的出售、非法提供公民个人信息罪要求以“违反国家规定”为前提，但事实上并无这方面的明确的“国家规定”，对于部分出售或者提供公民个人信息的行为找不到相应的违

---

① 罗书臻：《两高发布办理侵犯公民个人信息刑事案件司法解释》，载《人民法院报》2017年5月10日，第1版。

② 李谦：《侵犯公民个人信息罪的法解释学释义》，载《北京邮电大学学报》（社会科学版）2017年第1期。

法依据，导致司法适用上于法无据的尴尬局面[①]。因此，如今法释〔2017〕10号司法解释对“违反国家有关规定”作出扩张性解释，将部门规章也纳入其中，这在当前我国公民个人信息保护立法存在不足的情况下，不失为一种务实的选择。

（二）法释〔2017〕10号司法解释对罪刑法定的背离

虽然法释〔2017〕10号司法解释第2条具有一定的现实价值，但也应该看到，这样的价值主要是源于现实的需要，特别是从有效惩治犯罪和方便司法适用的角度所作的规定，然而也正是在这种现实合理性之下，刑法的理性却在不经意间被忽视了，其中主要体现在对罪刑法定原则的背离。罪刑法定的核心意义在于，定罪量刑必须以刑法的明文规定为依据。这里的“法”或“明文规定”，绝不限于刑法分则条文，也应当包括刑法总则条文，换言之，对罪刑法定中的“法”应当从全部刑法规定整体上去把握，而不能仅从部分条文的具体规定上去把握。对《刑法》第253条之一以及其中“违反国家有关规定”的理解，都应受到刑法总则的指导和制约。

具体来看，《刑法》总则第96条明确规定了“违反国家规定”的内涵，从中可以看出，所谓的“国家规定”并不包括部门规章。而司法解释在规定“违反国家有关规定”时，不仅包含法律、行政法规，而且也将部门规章纳入其中。但部门规章却不属于第96条中的“国家规定”，司法解释直接将其与法律、行政法规等同视之。显然，司法解释的这一规定并没有很好地解决第96条和分则具体条文的关系，也忽视了刑法总则对分则的指导和制约意义。

即便是承认司法解释这一规定的合理性，其同样存在难以自圆其说的问题。因为在我国的立法体系之下，除了法律、行政法规和部门规章之外，还有地方性法规、自治条例、单行条例、政府规章等。司法解释将部门规章纳入“违反国家有关规定”之中，却未将地方性法规、自治条例、单行条例、政府规章一并纳入，也存在不合理之处。当然，其中可能的原因在于，部门规章是适用于全国范围的，而地方性法规却只适用于特定的区域。但是，我们对立法的比较不能仅看其适用的范围，更要看其效力层级。从《立法法》第89条、第91条、第95条的规定来看，地方性法规在我国的立法体系中具有重要的地位，其效力甚至可以说高于部门规章。正如有学者所指出的，将地方性法规、规章乃至规范性文件解释为“国家有关规定”也具有一定的合理性[②]。司法解释已经将部门规章纳入其中，却对地方性法规这一如此重要的立法规范视而不见，仅仅因为两者的适用范围不同就予以区别对待，这样的解释理由显得十分牵强，其合理性是值得怀疑的。

四、“违反国家有关规定”的限缩解释：罪刑法定要求下的理性选择

法释〔2017〕10号司法解释第2条关于“违反国家有关规定”的解释，在理论上虽然存在不合理之处，但是考虑到刑法适用中的现实难题，如果要废除这一条

---

① 胡江：《互联网时代惩治侵犯公民个人信息犯罪的困境与出路》，载《山东警察学院学报》2016年第5期。

② 高贺、刘科：《侵犯公民个人信息犯罪中的三个问题》，载赵秉志、莫洪宪、齐文远主编：《中国刑法改革与适用研究》（上卷），中国人民公安大学出版社2016年版，第528页。

规定，将会使侵犯公民个人信息罪的实务认定重新回到无所适从的境地。因此，在该司法解释仍然具有法定效力的情况下，最理想的方式就是在实践中对“违反国家规定”进行限缩解释，从而使侵犯公民个人信息罪的认定符合罪刑法定原则的理性要求。

（一）厘清“违反国家规定”与“违反国家有关规定”的关系

《刑法》第 96 条系对“违反国家规定”含义的解释，由于其是总则性条文，因而对刑法分则条文具有指导和制约意义。因此，在理解第 253 条之一关于“违反国家有关规定”的含义时，不能脱离刑法总则第 96 条的内容。笔者认为，“违反国家有关规定”应当是“违反国家规定”的下位概念，是对“违反国家规定”的细化。“违反国家有关规定”实质上也应当是“违反国家规定”，只不过是属于侵犯公民个人信息罪这一具体犯罪中的规定，并非所有的国家规定都与本罪的认定有关，因而用“有关”这一语词对国家规定进行限制，即“违反国家有关规定”只限于与公民个人信息保护有关的国家规定。换言之，在理解“违反国家有关规定”时应当从两个方面予以把握：第一，行为人违反的是“国家规定”，其范围应当限于第 96 条的范围，而不能将其理解为国家层面的规定，因而不应包括部门规章等其他规定。第二，行为人违反的是与公民个人信息保护“有关”的“国家规定”，即“有关”是对“国家规定”的限定。这样的理解，一方面符合“违反国家规定”和“违反国家有关规定”的文义，另一方面也符合刑法总则与分则的关系。

（二）“违反国家有关规定”与刑法分则其他相似规定的关系

事实上，在刑法分则条文中，不乏“违反……规定”的条文表述。例如，第 343 条中的“违反矿产资源法的规定”。对此，有关司法解释也曾作出明确解释，如“两高”《关于办理非法采矿、破坏性采矿刑事案件适用法律若干问题的解释法释》第 1 条就明确规定，“违反矿产资源法的规定”是指违反《矿产资源法》《水法》等法律、行政法规的规定，不包括地方性法规、部门规章、政府规章等。而《刑法》第 253 条之一中的“违反国家有关规定”，也应当和前述刑法分则条文的相关内容具有一致性，只是由于我国公民个人信息刑法保护的法律法规不健全，所以刑法使用了“国家有关规定”的表述，但其实质仍然是关于公民个人信息保护的“国家规定”，并未超越和突破第 96 条中“国家规定”的范围，甚至完全可以像第 343 条那样，直接将这里的“违反国家有关规定”替换为“违反公民个人信息保护法的规定”。

（三）“违反国家有关规定”与其他法律法规的关系

侵犯公民个人信息罪作为法定犯，立法上采用空白罪状的方式本身有其合理性，因为空白罪状并不违反罪刑法定原则①，只不过在认定其行为是否属于“违反国家有关规定”时，必然要结合其他法律法规的规定予以考察确定，这就涉及刑法与其他法律法规的衔接问题。“解释一个刑法规范的含义，不仅应该以该规范本身

① 陈兴良：《罪刑法定主义》，中国法制出版社 2010 年版，第 163 页。

的文字为基础，而且应该从该规范与全部刑法规范乃至整个法律制度的关系中来把握。”① 因此，最合理的解释方式是在第96条的指导下，对“违反国家有关规定”的含义在全国人大及其常委会的法律、决定和国务院制定的行政法规、规定的行政措施、发布的决定、命令中予以确定。但问题的关键是，在法释〔2017〕10号司法解释第2条已经对“违反国家有关规定”的含义作出扩张性规定的情况下，如何在坚持罪刑法定的同时确保该司法解释的合理适用？对此，笔者认为，应当对司法解释第2条的内容作限缩解释，即“违反国家有关规定”仅限于违反法律、行政法规关于公民个人信息保护的规定，部门规章只有在对法律、行政法规中的规定予以明确、细化的情况下，才能够与法律、行政法规一道作为判断行为是否“违反国家有关规定”的标准。

之所以对部门规章作出这样的限定，其理由在于，法律适用的关键不在于对文字的服从，而在于真正想达到和应该达到什么目的，对法律可能是错误或有漏洞的情形，法律适用者应当“通过解释来纠正这些缺陷”②。部门规章本身不能作为判定行为是否“违反国家有关规定”的依据。但是，法律、行政法规关于公民个人信息保护的规定往往较为宏观，对法律、行政法规的相关内容有时还需要结合部门规章才能确定。因此，在这种情况下，部门规章实际上承担了确定法律、行政法规相关条文含义的功能。此时，作为判断依据的仍然是法律、行政法规，只是在确定法律、行政法规的条文含义时，同时考察了部门规章的规定。例如，《网络安全法》第42条规定，未经被收集者同意，网络运营者不得向他人提供个人信息。如何理解其中的“被收集者同意”，《网络安全法》本身对此并无进一步详细的规定。此时，如果有部门规章对其内涵作出了细化规定，我们就可以结合部门规章的规定来确定《网络安全法》第42条的含义，进而判断网络运营者的行为是否违反了法律的规定。在这个过程中，判断行为非法与否的依据是《网络安全法》，部门规章本身并不是判断行为违法与否的依据，只是起到了确定法律条文含义的辅助作用。

可见，通过对法律、行政法规和部门规章的关系作出这样的限缩解释，既反映了刑法与其他法律法规之间的衔接关系，又符合“违反国家有关规定”的应有之义，在坚守罪刑法定原则和照顾刑法适用实践这两个方面实现了合理平衡，是一种在理论上具有合理性，同时又在实践上具有务实性的理性选择。

五、结语

随着经济社会的发展，犯罪将会更加复杂，刑法中的法定犯将会越来越多，因而有学者提出了“要正视法定犯时代的到来”这一理论命题③。法定犯的增加意味着对犯罪构成要件的确定往往离不开对其他法律、法规的考察。但是，作为刑法的基本原则之一，罪刑法定原则的地位不容置疑，对刑法条文的理解和具体犯罪的适

① 陈忠林：《刑法的界限——刑法第1~12条的理解、适用与立法完善》，法律出版社2015年版，第121页。

② ［德］魏德士：《法理学》，吴越、丁晓春译，法律出版社2005年版，第310页。

③ 储槐植：《要正视法定犯时代的到来》，载《检察日报》2007年6月1日，第3版。

用都应当严格遵循罪刑法定原则的要求，这并不会随着法定犯的增加而改变。侵犯公民个人信息罪中“违反国家有关规定”的设立以及法释〔2017〕10号司法解释第2条对其含义的解释，反映了惩治犯罪的现实需求，有其存在的现实价值，但是这样的需求也应当接受罪刑法定原则的考验，不得因为强调惩治犯罪就忽视了刑法的理性要求。

侵犯公民个人信息罪中非法“提供公民个人信息”行为的认定

韩红兴[*] 刘铭扬[**]

伴随着信息化时代的到来，大量信息数据在为人们的生活带来便利的同时，也对每一位公民的个人信息安全造成了威胁。现如今，“徐玉玉电信诈骗案”已经并非个案，一旦个人信息泄露或被非法利用，就有可能造成极大的财产损失甚至是人身损害，并极有可能产生大量的关联犯罪。

我国刑法自2009年《刑法修正案（七）》始，增设刑法第二百五十三条之一出售、非法提供公民个人信息和非法获取公民个人信息罪，对公民个人信息进行专门的保护。自2009年2月至2015年10月，全国法院共审结此类案件969起，生效判决人数1415人。与此同时，学术界和实务界关于刑法第二百五十三条之一的认定产生了各种争议，譬如对“个人信息”的界定不一、“非法提供公民信息”主体的限制、“非法提供公民信息”的认定不明确、“情节严重”的认定标准难以统一等，导致在司法审判中出现了许多同案不同判的情况，严重影响了司法的公正性。因此，2015年11月1日生效的《刑法修正案（九）》对侵犯公民个人信息罪做了修改：将原有的提供行为和非法获取行为统一规定为侵犯公民个人信息罪，取消了对犯罪主体和对象的限制，并加大了处罚力度。受文章篇幅的限制，本文的写作目的是对非法“提供公民个人信息”这一行为之认定进行探讨，而非对侵犯公民个人信息罪的全部客观要件认定进行研究。

一、关于非法提供中“非法”的认定

关于“非法”一词在学界有两种比较通行的理解：第一种理解认为“非法”是指无法律依据；[①] 第二种理解认为“非法”是指违反法律法规有关的禁止性规定。[②] 就非法提供行为中的“非法”，笔者更认同第二种理解。原因如下：

首先，从法理的角度而言，法不禁止即自由，同时，宪法也赋予了公民言论自由的权利。因此，信息的提供与交换无须以法律允许为前提。其次，刑法具有谦抑性，仅仅违背道德的行为并不应当动用刑法进行规制。刑法的罪刑法定原则要求禁止有罪推定以及条文的规定应具有明确性，而“非法”即“无法律依据”是有罪

---

* 北方工业大学文法学院教授。

** 北方工业大学文法学院研究生。

① 赵秉志主编：《刑法修正案最新理解适用》，中国法制出版社2009年版，第117页。

② 同振魁、肖进：《侵犯公民个人信息犯罪若干问题研究》，载《云南大学学报》（法学版）2011年第6期。

推定且不具有刑法要求的明确性。最后，从立法角度来看，我国个人信息保护法缺失以及对个人信息保护的相关法律法规模糊，分布零散。若采用第一种理解，则大量“非法”侵犯个人信息的行为将成为刑法规制的对象，导致我国刑法规制领域扩大，有违罪刑法定原则，而同时我国的数据信息交流也会产生障碍，大数据等相关产业发展停滞。因此，这里的“非法”应理解为违反国家有关的禁止性规定。

值得注意的一点是，《刑法修正案（九）》将《刑法修正案（七）》中的“违反国家规定”修改为“违反国家有关规定”。按照我国《刑法》第96条的规定，违反“国家规定”具有特定的内涵，即全国人民代表大会及其常务委员会制定的法律和决定，国务院制定的行政法规、规定的行政措施、发布的决定和命令。所以，违反“国家有关规定”的内涵不应再受制定主体的限制，即不必须是全国人大及其常委会或国务院制定的文件。

与此同时，根据《关于办理侵犯公民个人信息刑事案件适用法律若干问题解释》(以下简称《解释》）规定：违反法律、行政法规、部门规章可以认定为违反国家相关规定。这一改动的目的在于满足司法实践中打击犯罪的需求，尤其是在我国尚未制定专门的公民个人信息保护法时，扩大适用文件范围至部门规章，如工业和信息化部发布的《电信和互联网个人信息保护规定》有利于有法可依地打击侵犯公民个人信息犯罪，强化对公民个人信息的保护的刑法规制。

综上所述，认定非法提供中的“非法”需要判断提供公民个人信息的行为是否违反相关法律、行政法规、部门规章，而不能仅以是否经过权利人同意作为判断标准。

二、非法提供中“提供”的认定

非法提供中“提供”的意思是单位或个人在法律上不应提供给他人其依据合法手段了解到的公民个人信息，但实际上将该信息提供给他人的行为。① 根据《解释》第3条，可以认定为本罪“提供”的行为包括两种，第一种是向特定人提供公民个人信息，以及通过信息网络或者其他途径发布公民个人信息（即将公民个信息提供给不特定的对象)。第二种是未经被收集者同意，将合法收集的公民个人信息向他人提供即合法收集，非法提供。“提供”的对象也包含两种：包括向特定人提供和向不特定多数人提供。“提供”的途径也不限于当面提供，通过互联网或其他可以供人知悉或获得的方式均可作为提供的途径。

目前关于“提供”的争论主要集中于两点，首先是对于提供是否仅限于无偿方式的问题，一种观点认为，此处强调的是行为的不合法性，而不是出于获得利益的意图。② 另一种观点认为，“提供”并不限于无偿，有偿也可。③ 笔者认为，“提供”这一行为仅包括无偿的行为。这是因为：第一，从体系解释来看，刑法在第253条

---

① 韩梅、陈雷声：《论出售、非法提供公民个人信息罪的构成及认定》，载《辽宁警专学报》2010年第1期。

② 赵秉志：《〈刑法修正案（七）〉专题研究》，北京师范大学出版社2011年版，第153页。

③ 马改然：《个人信息犯罪研究》，法律出版社2015年版，第109页。

之一第1款中规定了两种行为，一种为“出售”行为，另一种为“提供”行为，“出售”即为有偿行为，那么这里的“提供”行为当然应该指无偿提供。立法者原意在于利用“提供”和“出售”行为区分有偿和无偿行为。第二，有偿提供行为应理解为出售，因为出售的是一种有偿服务转化的劳动成果。第三，如果行为人对“提供”的信息支付了货币，则应该理解为出售行为。行为人支付的为劳动者的劳动价值凝结于商品上的价格，可认定为购买商品支付的对价。

其次是对于“提供”行为是否可以涵盖“出售”行为的争论，有学者认为，“从法益侵害的严重性着眼，将‘出售’行为从‘非法提供’行为中单列出来，然而这无法改变‘出售’仍为‘非法提供’的方式之一。”① 笔者认为，不能混淆出售和提供的概念。首先，出售是一种商业交易行为，是出售者用商品换取相应对价的行为，是一种支付对价的有偿交换。提供是一种给予行为，将自己所有的资料信息让他人知晓，并不要求获利，是一种无偿行为。其次，罪刑法定原则要求罪名应该明确、具体。如果“提供”能够涵盖“出售”，那么就没有必要在确定侵犯公民个人信息罪时将其单列出来，将出售解释为包含在非法提供行为中违背了简洁、高度概括的原则。

综上所述，本罪中的“提供”应指将自己知悉了解的个人信息以无偿的方式通过各种途径使特定或不特定的多数人了解，并且未获得行为人授权或者违反国家有关规定的行为。

三、对公民个人信息的认定

在对行为方式进行探讨之后要对行为对象进行讨论，公民和个人信息的概念应该如何理解？公民的范围和个人信息的范围应该如何界定？这些问题是本节需要重点解决的。

（一）对“公民”的认定

对于“公民”一词的讨论源于对外国人或无国籍人的个人信息若被非法侵害是否能受到刑法保护的讨论？公民一词作为公法概念是指具有一个国家的国籍并享有权利和承担义务的自然人。根据我国宪法第33条第1款规定：“凡具有中华人民共和国国籍的人都是中华人民共和国公民。”那么侵犯公民信息罪中的“公民”是否与宪法所述范围完全一致，公民的个人信息不包括无国籍人士和外国人士的个人信息呢？本文认为，此罪所述“公民”含义不仅局限于中国公民，外国人和无国籍人的个人信息亦属于本罪的犯罪对象。具体理由如下：

第一，自然人是指因出生而产生民事主体资格的人，其外延大于公民。而根据《解释》第一条以“自然人”代替“公民”对“公民个人信息”所做的界定，就此即说明在司法认定上不再将个人信息限制在本国公民的范畴内。

第二，根据属地管辖的原则，对侵犯中国公民个人信息以及侵犯外国人、无国

① 慈健：《非法提供与获取公民个人信息行为的刑法规制》，载《西南科技大学学报》2010年第1期。

籍人个人信息的犯罪行为，都要按照我国刑法的规定追究刑事责任。[①] 这说明我国的刑法保护对本国人和外国人或无国籍人给予同等的保护。其次，根据私权平等原则，任何人在私法上的权力都应该得到平等的对待，而不论国籍如何。[②] 因此在关于个人信息的刑事法律保护上不应根据国籍不同而有区别地对待。

第三，根据现实需要，对外国人或无国籍人的个人信息进行保护。随着我国改革开放的不断推进，来华的外国人数也在呈增长态势。若外籍人士信息得不到保护，就会导致外籍人士的个人信息受到侵害或滋长利用外籍身份进行的犯罪活动，既会使外籍人士生活安宁无法得到基本保障也会导致我国公民受到损害。

第四，将“公民”扩大解释为自然人存在先例。我国《民法通则》第8条第2款规定对公民的规定也适用我国领域内的外国人、无国籍人。此外，《合同法》第2条直接使用了自然人的概念。

目前，就本罪而言，“公民”个人信息的保护应该包括外籍人士和无国籍人士的全部自然人。

（二）对“个人信息”的认定

对于“个人信息”的理论争议主要在于“个人信息”的范围限定。对于“个人信息”的定义不仅影响入罪与否，甚至决定了是否可以达到情节恶劣。本文从刑法上“个人信息”的内容和“个人信息”定义的形式两个角度对个人信息进行界定。

从“个人信息”内容上来看，学界主要有四种观点：第一种观点为隐私说，又被称为狭义说或具体说，这一观点将个人信息解释为个人隐私。认为“个人信息”为公民不愿被他人了解知道个人信息中和公共无关的部分。第二种观点为关联说，关联说强调的是信息与个人的联系，只要与个人相关联都应该被认作“个人信息”。第三种观点为列举说，又称折中说，试图罗列出公民能够被识别的所有信息内容。第四种观点为识别说，识别说认为个人信息是可以直接或是间接识别一个人的相关信息，且不希望不特定人知悉的个人信息。该方式当前为国内外大部分学者所认同。按照这种方式，个人信息是指“个人姓名、居住地址、生日、身份证号、医疗记录、人事记录、照片等可以直接或间接识别个人信息主体的信息”。[③]

对上述观点进行对比可以发现，隐私说的定义过于狭隘，并且判断依据过于主观，每一个人对隐私的范围的认识都是不同的，这就会造成司法认定上的困境。此外，现今社会很多公开的个人信息如社会机构存有的个人电话、身份信息等，虽然并非隐私但是仍然应该受到保护。关联说对于“个人信息”的定义过宽，并非与个人有关的所有信息都应该受到保护，如相关信息如不能识别出单个个体，就不具有刑法保护的目的，如采用关联说则不利于当今数据交流交换的要求，也不利于相关产业的成长。列举说可以列举大部分“个人信息”的内容，但是很难列举完全，有

① 赵秉志：《公民个人信息刑法保护研究》，载《华东政法大学学报》2014年第1期。
② 荣亮：《侵犯公民个人信息犯罪司法认定疑难问题探析》，华东政法大学2016年硕士毕业论文。
③ 郎庆斌：《个人信息保护概论》，人民出版社2008年版，第24页。

可能存在挂一漏万的情形。识别说抓住了个人信息的本质即识别性，判断信息是否属于个人信息，关键在于是否能通过信息识别出该个人，当然这里识别可以是直接的也可以是间接的，直接的识别就是通过信息可以直接识别出特定个体，如身份证号码、指纹信息等；间接识别虽不能直接判断但可以通过将其他间接信息相结合来识别特定的人。

从“个人信息”的定义形式这一角度来看，各个国家或地区采取的方式有抽象概括或者概括加列举的模式两种，如德国《个人资料保护法》第3条规定，个人资料是“关于特定或得到特定之自然人属人或属事的个别资料”①，就是运用抽象概括的方式界定“个人信息”的定义。而我国台湾地区“个人资料保护法”是采取概括加列举的方式。其规定：个人资料是指自然人之姓名、出生年月日、身份证统一编号、特征、指纹、婚姻、家庭、教育、职业、健康、病历、财务情况、社会活动、护照编号、医疗、基因、性生活、健康检查、犯罪前科、联络方式得以直接或间接方式识别该个人指资料。② 笔者认为第二种方式更适合我国，其对个人信息进行抽象规定的同时，还罗列了具体的个人信息类型。我国《关于办理侵犯公民个人信息刑事案件适用法律若干问题的解释》规定：“公民个人信息”是指以电子或者其他方式记录的能够单独或者与其他信息结合识别特定自然人身份或者反映特定自然人活动情况的各种信息，包括姓名、身份证号码、通信通讯联系方式、住址、账号密码、财产状况、行踪轨迹。这说明我国采用的就是概括加列举形式的“个人信息”概念。

因此，在认定是否为“个人信息”时应该采取“三步走”，首先，对于储存媒介，只要能够记录个人信息即可，而非局限于电子储存方式。其次，就其内容而言，“个人信息”要具有特定主体的识别性，可以直接识别或者结合其他数据间接识别。最后，“个人信息”的范围不限于法条列举的内容，只要能够反映自然人身份或者活动情况就应该被认定为“个人信息”。

四、非法“提供公民个人信息”行为与“人肉搜索”行为的认定

“人肉搜索”行为广义上是指利用现代信息技术，通过求助、发问的方式获得众多网友的帮助和回答。狭义的“人肉搜索”，则是指社会层面上寻找具体的人和线索的搜索。狭义的人肉搜索是一个中性的含义，即仅通过网络进行搜寻具体的事和人，但是由于其和网络暴力有密切联系，因此引发了学界的广泛关注，即人肉搜索行为是否应纳入侵犯公民个人信息犯罪之规制。

“人肉搜索”的提供行为指行为人在网上发问后，其他了解相关信息的行为人在网上进行回复。“人肉搜索”的提供方式主要分为两种：第一种是单纯地公开个人隐私即散布行为，通过网络平台公开合法取得或非法获得个人信息。第二种是损害名誉型的提供行为，主要为通过网络平台就特定人的信息进行扭曲、杜撰，并在

① 齐爱民：《德国个人资料保护法简论》，载《武汉大学学报》（人文社科版）2004年第4期。

② 王秀哲：《我国台湾地区个人资料立法保护评析》，载《理论月刊》2015年第12期。

此基础上发布以贬低他人名誉的行为。就第二种行为而言，通常可能会以诽谤罪进行定罪处罚。

与非法“提供公民个人信息”行为之认定相关的主要为第一种行为。在司法解释出台前，由于第一种行为之主观意图和对信息适用方式之危害程度不明，因此其并未作为侵犯公民个人信息罪处理。但根据《解释》之规定：“向特定人提供公民个人信息，以及通过信息网络或者其他途径发布公民个人信息的，应当认定为刑法第二百五十三条之一规定的‘提供公民个人信息’。”笔者认为这一解释符合法律解释原理，通过信息网络或者其他途径予以发布，实际上是向不特定多数人提供公民个人信息，个人信息具有共享性和传播性，这两种特性使被提供者不需要独占信息即可了解个人信息的相关内容。将个人信息提供给不特定的多数人，事实上每个人获得的个人信息内容和效果上都是相同的。法律规定向特定人提供公民个人信息的行为属于“提供”，基于“举轻明重”的法理，以这一方式发布“人肉搜索”信息的当然应认定为本罪的“提供”。

需要注意的是，“人肉搜索”并非全部需要入刑。在“人肉搜索”行为在符合本罪对于“提供”行为的要求后，还要考虑提供的信息是否为个人信息、是否满足“情节恶劣”等其他构成要件。

五、结语

我国对公民个人信息保护正在经历从无到有的缓慢发展，而在此过程中，公民个人信息侵害案件频发，再加上前置法的缺失导致了对刑法规制的过分依赖。目前，对于非法“提供公民个人信息”行为之认定偏重于扩大解释，如将“非法”的含义扩大为“相关国家规定”，将“提供”的定义扩大化，提供的途径包括网络或其他方式，提供的对象包括特定人和不特定多数人，并将“人肉搜索”行为也纳入刑法的规制。但是笔者认为，现今对于侵犯公民个人信息犯罪的规制过于严苛，如行为人只是为了追星，通过网络共享某明星的行程，后犯罪分子通过该信息将该明星绑架。该行为人通过网络向不特定多数人提供的公民的行踪轨迹信息，并被他人用于犯罪符合情节严重的要求。那么这种行为根据最新的司法解释就可能被认定为犯罪，这一认定就过于严苛了。因此笔者认为应该增设个人信息法，对这一行为进行前置管理，对非法“提供公民个人信息”的行为进行限制，继续完善对侵犯公民个人信息罪情节严重的认定，通过有层次的管理规则以保证公民个人信息的安全和大数据等相关产业的发展。

大数据环境下“个人信息”的界定及其特征

——从识别中心到法益中心

王肃之*

在大数据环境下，个人信息作为社会发展的重要资源被重点关注和运用，但其同时也遭受了前所未有的信息风险，侵犯个人信息犯罪愈演愈烈。而且在大数据环境的影响下个人信息的范畴与内涵也有了新的发展，物态社会中个人信息的界定已经难以适应大数据环境下个人信息保护的需要，亟须对个人信息的概念及特征进行及时的分析和更新，以适应侵犯个人信息犯罪的治理实践。

一、大数据环境中的个人信息

“大数据”概念的创造是为了回应传统的数据存储、处理和分析方法在面对“大数据的三个‘V’”的失败，三个“V”即数量（Volume，数据量）、多样（Variety，数据和种类的范围）和速度（Velocity，收集和传播的速度）。[①] 其第四个“V”（Value，价值）也应该是大数据的内容，并且也许是最容易被忽略的内容。[②] 如果以一种动态的视角来看待大数据，其核心理念就是数据挖掘，即通过数据挖掘以高效的方式从海量、多种数据中发现数据价值的过程。数据需要被强有力的工具处理从而成为可销售的资源。大数据的运算方式改变着信息的产生、传播和利用方式，也改变着社会环境和人们的生活状态。在这一阶段，信息数据资源化走向全领域、全方位，信息数据不再仅仅作为其他事物的表现形式，而是以一种独立的姿态全面介入社会生活，海量数据成为政府决策、商业活动和个人生活的根本依据，因此信息数据也从根本上改变了社会生活。

在大数据环境下，个人信息也面临着新的威胁。数字化生存已经成为一种常态，几乎每个人生活的各个方面都会被记录下来成为个人信息，进而成为被侵犯的个人信息。其一，与人身有关的个人信息，如个人的姓名、家庭住址、电话号码等。这一类信息常常成为被侵犯的对象，并且可能重复被侵犯，如在相关案件中个人的电话号码竟然会被倒卖5次之多，而写有个人家庭住址的快递信息仅售0.5元一条。其二，与财产安全有关的个人信息，如个人的网络支付账号、网络银行信息等。早在2014年中央电视台就曝光个人支付宝账号以2元钱的价格在网上肆意售

---

* 武汉大学法学院刑法学博士研究生。

① Camenisch, Jan, Simone Fischer-Hübner, and Marit Hansen. Privacy and Identity Management For The Future Internet in the Age of Globalisation. Springer International Pu, 2016, p. 65.

② Zeadally, Sherali, and Mohamad Badra, eds. Privacy in a Digital, Networked World: Technologies, Implications and Solutions. Springer, 2015, p. 38.

下卷·三

卖。其三，与行为有关的个人信息，包括网络行为（如 Cookies 信息）、现实行为（行踪信息）。2013 年“3·15”晚会曾曝光有专门的网络搜索企业跟踪甚至交易用户的 Cookies 信息，包括用户的隐私信息，而司法实践中的很多案件也常常会涉及倒卖个人行踪信息的情形。

然而与个人信息屡屡被侵犯的情形相对，我国立法中却缺乏对于个人信息的统一界定。虽然《民法通则》、《网络安全法》等法律从多方面对于个人信息做出了规定，但是这些法律在关于个人信息的内涵界定并不一致。如《关于加强网络信息保护的决定》将个人隐私纳入个人信息的范畴，《网络安全法》保护直接或间接识别个人的信息，《民法总则》规定保护自然人的个人信息。

“识别”的定义方式源于大陆法系国家的立法，这样的规定有其合理性所在，因为只有能够识别个人才能够和公民相关联，从而构成法律对其保护的基础和依据，特别是对于私法而言。但是在大数据环境下，个人信息并不一定仅仅以“个人”的形态或意义存在，聚合的、群体的个人信息所包含的主体具有复杂性，所包含的法益也具有复杂性（未必仅仅是人身权益），往往刑法所规制的侵犯个人信息犯罪中的个人信息并不仅仅限于某个或某几个公民个人，侵犯千万级数量个人信息的犯罪案件时有发生。在此背景下，刑法视野中的个人信息如果沿用以上定义就会导致对于相当一部分侵犯个人信息案件的犯罪对象认识不明。由此，如何科学地对于个人信息予以界定进而明确其内涵特征对于大数据环境下个人信息的法律保护具有重要的理论和现实意义。

二、以法益为中心的个人信息概念

大数据环境一方面极大地促进了社会的发展，另一方面也给个人信息保护带来了巨大的风险。在界定个人信息的过程中应充分运用法益思维，基于对于二者关系的必要平衡构建科学的个人信息概念。

（一）法益平衡视域下的个人信息

在大数据环境下，信息流动与信息保护的二元关系是个人信息保护的全新命题。个人信息保护不能脱离信息流动与信息保护的二元关系，也不能过分地强调其中的某一个方面，只有基于平衡的理念才能够为制定科学的刑事立法提供指引。

一方面，大数据环境下信息流动对于社会发展具有重要作用。大数据存储和分析是普遍存在的，是媒体和信息资本主义的基本驱动力。[①] 许多流行的网络服务（如 Facebook，Twitter 和 Google）对大量活跃用户及其创造或提供的数据和个人信息都具有很强的依赖性。[②] 如果个人资料的商品化是不可避免的，则个人应该可以借用为企业利益而建立的知识产权框架来控制个人数据并分享收益。[③] 每年信息越

① Dwyer, Timothy. Convergent media and privacy. Springer, 2015, p. 183.

② Federrath, Hannes, and Dieter Gollmann. ICT Systems Security and privacy protection. Springer, 2015, p. 174.

③ Lynskey, Orla. The foundations of EU data protection law. Oxford University Press, 2015, p. 234.

来越多地被存储、使用和传输便捷地用于合法的商业目的。①

另一方面，大数据环境下个人信息的刑法保护更加迫切。在大数据环境下，个人信息的交互更加频繁。1980 年经济合作与发展组织（Organization for Economic Cooperation and Development，OECD）发布的《隐私保护与个人数据信息国际流通的指针建议》就确定了八项原则：（1）限制收集原则；（2）完整正确原则；（3）目的明确化原则；（4）限制利用原则；（5）安全保护原则；（6）公开原则；（7）个人权利原则；（8）责任原则。② 其中，安全保障原则是数据保护八大基础原则之一。所有数据保护原则适用于数据处理，但也许最重要的是要求的第一个原则，即处理个人资料必须合法、公平和公开。③

我们认为，在界定和理解个人信息的过程中必须坚持法益侵害作为刑事立法的规制起点，这样才能够很好地平衡信息保护与信息流动。大数据环境下信息流动为社会发展所必需，不能因为过分强调信息保护阻碍了社会的发展，因此只有侵害相当程度法益的侵害个人信息行为才值得被刑法处罚。数据保护不是数据隔离，而是关于传输和使用这些数据的规则和选择权。④

（二）“信息画像”视域下个人信息的定义

个人信息似乎被理所当然地认为属于个人，但是事实并非如此。信息本身无法被任何人独占，信息的数字化和数字化信息的传播促使了自由与共享的精神在互联网时代得以落地。⑤ 当“信息”的表述前面加上“个人”的限定时，似乎理所应当地将个人信息的权利归属划归个人，进而构建诸如“信息自决权”来明确二者的关系并加以保护。或许从私法的角度这样的界定有其合理性，但是从公法特别是刑法的角度来看，这样的思路就存在一定的问题。个人对于信息是否能够享有完全的权利？在我们看来是值得商榷的。个人信息本身就是在大数据环境下的交互行为中产生的，个人信息往往存在于特定的服务器或者计算机信息系统中，这些服务器或者计算机信息系统所属主体往往会对个人信息予以保存和利用，这些权利虽然在应然层面也需要经过个人的同意，但显然个人并不能够否认除其自身以外的主体也对其个人信息享有一定的权利。“由于个人信息本身具有社会性、公共性，个人信息本质上是可为人使用的，只是该使用不得侵犯他人人格尊严和个人自由。”⑥

那么在此基础上，“个人信息”何以需要在“信息”前面加上“个人”的限定？我们认为，其原因在于个人信息并不是属于个人的信息，而只是关于个人信息

① Tschider, Charlotte A. “Experimenting with Privacy: Driving Efficiency Through a State-Informed Federal Data Breach Notification and Data Protection Law.” Tul. J. Tech. & Intell. Prop. 18 (2015), p. 46.

② 齐爱民：《论个人信息的法律保护》，载《苏州大学学报》2005 年第 2 期。

③ Kuner, Christopher, et al. “Machine learning with personal data: Is data protection law smart enough to meet the challenge?” International Data Privacy Law 7. 1 (2017), p. 1.

④ Schünemann, Wolf J., and Max-Otto Baumann, eds. Privacy, Data Protection and Cybersecurity in Europe. Springer, 2017, p. 2.

⑤ 金耀：《个人信息去身份的法理基础与规范重塑》，载《法学评论》2017 年第 3 期。

⑥ 高富平、王文祥：《出售或提供公民个人信息入罪的边界——以侵犯公民个人信息罪所保护的法益为视角》，载《政治与法律》2017 年第 2 期。

的信息。通过比喻来说明即个人信息就是个人的“信息画像”，如同现实中画家给一个人作画，但画并不一定就要归属于被画的个人，个人信息也不一定就属于个人。如果从这样的角度来理解个人信息，就可以很好地回答上述问题。而且，按照“信息画像”理解个人信息就可以很好地解答大数据环境下关于个人信息样态与性质关系的疑问——因为个人信息是个人的“信息画像”，并不一定强调归属于个人，所以才可以理解侵犯个人信息的犯罪不一定是仅针对个人所实施的，而是可以具有一定的公共性，从而回答千万级数量的侵犯个人信息犯罪与被害主体个人性矛盾的问题。

基于以上思考，参考前述理论和立法的界定，我们在此将个人信息界定为：“以电子或者其他方式记录的描述公民个人且与其人身、财产或者其他重大法益具有关联性的信息，包括但不限于自然人的姓名、出生日期、身份证件号码、个人生物识别信息、住址、电话号码等。”这一定义中“描述”一词来界定个人信息（个人数据）是《德国联邦数据保护法》的规定，也参考了《网络安全法》以“等”字结尾的部分列举。

三、侵犯个人信息犯罪中个人信息的特征

明确侵犯个人信息犯罪中的“个人信息”，不仅需要做出概念界定，也需要对于内涵特征予以精准的概括。关于个人信息特征学界也有一些讨论，但大都是基于前述国内法立法和理论的总结或延伸。如现有观点多将识别性（或可识别性）作为个人信息的特征。所谓“可识别性”，就是指个人数据信息与其主体存在某一客观确定的可能性。[①] 认为重要的是基于这些数据能够充分确定地识别个人。[②] 或认为（与隐私权相比）个人信息保护更偏重于信息的可识别性。[③] 或个人信息是指个人的姓名、性别、年龄、血型、健康状况、身高、人种、地址、头衔、职业、学位、生日、特征等可以直接或间接识别该个人的信息。我们认为，以上观点是较为简单地参考和借鉴，并没有深入思考大数据环境下个人信息的独特性。这是因为：一方面，识别性并不是个人信息的必备要素，不具备识别性但是可以和个人法益相关联的信息一样应该被刑法保护。如第三方支付账户，基于用户名和密码，只要合法取得权限就可以对其中的财产进行处置，在不识别个人的情况下处理财产。另一方面，能够识别个人的信息也不必然成为犯罪对象意义上的个人信息，如个人的姓名，显然能够识别个人，但是在每个人社会化的过程中，每个人的姓名使用不可避免（如在教学科研资料、新闻稿、各类通知等），仅侵犯姓名并不需要刑法加以保护。也即，并非所有能够识别公民个人的信息对外提供都具有刑法上的可责性。[④] 但同时，个人姓名也不排除作为犯罪对象意义上个人信息的情形，如披露从事特定

---

① 蒋坡：《个人数据信息的法律保护》，中国政法大学出版社 2008 年版，第 4 页。

② Coppel，Philip. Information rights：Law and practice. Bloomsbury Publishing，2014，p. 144.

③ 李欣倩：《德国个人信息立法的历史分析及最新发展》，载《东方法学》2016 年第 6 期。

④ 高富平、王文祥：《出售或提供公民个人信息入罪的边界——以侵犯公民个人信息罪所保护的法益为视角》，载《政治与法律》2017 年第 2 期。

涉密领域的个人姓名或者使用笔名的文艺工作者可能影响其法益。所以，识别性并非大数据环境下作为犯罪对象的个人信息的必备特征。在我们看来，作为犯罪对象的个人信息应具备以下特征：

（一）个人信息的真实性

作为犯罪对象的个人信息应当具有真实性。一个客观的情况是现实中对于个人信息的真实性问题缺乏关注。[①] 只有真实的个人信息才能够成为侵犯个人信息的犯罪对象，虚假的信息无法成为事实上的个人信息，因为其无法产生具体的法益关联性。这里需要区别虚假的个人信息和假冒的个人信息，虚假的个人信息本身并不具有真实的效力，多是在侵犯个人信息犯罪产业链中倒卖一方为了更多地获取利益而自己“制作”的，无法成为刑法保护的内容；而假冒的个人信息则不同，虽然该个人信息本身系假冒，但是所假冒的个人信息却是真实存在的，因而假冒的个人信息并不否认个人信息本身的真实性。真实性的问题理论界没有给予充分的关注，但却是司法实践中必须解决和重视的问题，动辄千万级侵犯个人信息犯罪中个人信息的数量统计必然只能包含真实的个人信息，在这个意义上个人信息的真实性也是跨实体认知和证据认定的问题。在我们走访四川省调研侵犯个人信息犯罪期间，曾围绕四川省广元市公安局2016年破获的共涉及全省1200万条学生个人信息的侵犯公民个人信息案予以调查，发现在实践中为了解真实个人信息的数量，使用技术编写的程序对于个人信息进行一一查验，最后确定数量。否则个人信息就无法作为犯罪对象被认可。

（二）个人信息的内容性

作为犯罪对象的个人信息应当具有内容。信息是对于物质的反映，但是信息本身并不是物质，个人信息也不例外。个人信息需要通过一定的载体来保存和显示（如计算机信息系统），对于载体的占有和侵害又不必然和个人信息有关，如对于计算机的实体破坏和计算机信息系统其他方面的破坏并不会影响存储在其中的个人信息，充其量只是影响个人信息的使用。但同时，个人信息的非物质性并不否认个人信息的内容性。就此有学者指出，个人数据信息应主要包括标识个人自然情况的数据信息；标识个人生活与工作经历、社会情况的数据信息；与网络有关的个人数据信息三大类。[②] 或个人信息以个人数据作为载体，其表现形式具有广泛性，可以是数字、文字、图像、声音等。个人信息广泛存在于社会生活的方方面面，包括个人的姓名、性别、年龄、血型、健康状况、身高、人种、地址、头衔、职业、学位、生日、特征等不一而足，形式千变万化、内容广泛。[③] 虽然这样的概括不见得十分周全，但已充分体现出对于个人信息内容性的认可。

① 叶小琴、赵忠东：《侵犯个人信息罪的犯罪对象应当是真实的个人信息》，载《人民法院报》2017年2月15日第6版。

② 蒋坡：《个人数据信息的法律保护》，中国政法大学出版社2008年版，第12页。

③ 周汉华：《中华人民共和国个人信息保护法（专家建议稿）及立法研究报告》，法律出版社2006年版，第3-4页。

（三）个人信息的可处理性

作为犯罪对象的个人信息应当具有可处理性。这里所谓的“可处理性”包括两个含义：其一，个人信息必须是固定在一定的载体之上的；其二，被固定在载体之上的个人信息具有接受一定形式处理的可能。[①] 信息本身是一种描述，个人信息是对个人的“信息画像”，但是这种“信息画像”必须依附于一种载体存在，否则便无法被人们获取和感知。在这个层面上，载体对于个人信息的意义仅在于固定，但是个人信息的真实价值在于被获取和处理。对于个人信息的处理和对于一般层面对于计算机信息系统（或互联网）中一般层面的信息处理并不相同。一般层面的信息处理多是对于信息本身的加工处理，往往经由一定的操作对于信息内容作实质修改，使信息可以符合主体一定需求。对于个人信息的处理一般不涉及对于信息内容的修改，一般表现为以下两种形式：第一种形式为复制，即对于个人信息进行副本的制作，从而使该信息可以从单份形态变成多份形态。在大数据环境下，只有个人信息具有可复制性，才会具有可流转性，进而产生数据效益，否则个人信息也不会成为犯罪的目标。也有学者称为个人信息具有可传播性。（个人）信息的可传播性是指信息可以被无限传递的属性，是信息的基本属性。信息的可传播性是信息区分于物质、能量的关键。[②] 第二种形式为作为犯罪对象的个人信息整合，往往是对于个人信息的复制和对于信息内容的整合分析，即对于个人信息进行比对组合进而形成更为具体和全面的信息。这种处理对于作为犯罪对象的个人信息更为重要，在大数据环境下，信息包括个人信息的维度是多维的，单一个人信息难以发挥作用，如对于第三方支付账号，仅了解用户名但是不了解密码也无法登录使用。所以，个人信息的可处理性的确和一般信息的可处理性有所不同，但正是因为其独特的可处理性使得个人信息可以成为犯罪对象。

（四）个人信息的价值性

作为犯罪对象的个人信息应当具有价值性。价值性的通常理解就是事物对于主体有现实的功用。个人信息具有法益关联性的前提是个人信息具有价值性。这是因为只有个人信息具有价值属性，个人信息才具有实质内涵，才能够与真实的刑法法益相关联。需要说明的是，个人信息的价值性并不仅指向识别价值、人身价值，应该理解为对于个人人身与财产的全面价值：一方面，个人信息可以具有人身价值。现有的研究和立法多关注到这一点，即个人信息可以用来识别个人并且可能与个人的人身权益相关联，并可因个人信息的利用而对个人的人身权益产生实际的影响。另一方面，个人信息也具有财产价值。在大数据环境下，数据挖掘与利用技术的发展使得个人信息的分析利用增强，并且可以产生实际的效益或者影响个人的财产权益。其典型适例就是利用个人信息进行的电信诈骗（特别是精准诈骗）。2016 年轰动一时的准大学生徐玉玉因个人信息泄露遭遇电信诈骗后导致财产损失，进而郁积于心之后离世。所以，对于个人信息的价值性应当做全面的理解，不可仅理解为具

① 谢远扬：《个人信息的私法保护》，中国法制出版社 2016 年版，第 17 页。

② 齐爱民：《中国信息立法研究》，武汉大学出版社 2009 年版，第 14 页。

有人身价值。

（五）个人信息的形态多元性

作为犯罪对象的个人信息应当具有形态多元性。即作为犯罪对象的个人信息既可以单独的、个体的形式出现，又可以群体的、大量的形式出现。在大数据环境下，信息数据的集聚已经成为常态，个人信息也常常以数据库的形式、以千万级的数量被存储或利用。对于个人信息的侵犯既可以具体的某个人的个人信息来进行，如《刑事审判参考》第1009号案例。“胡某、王某通过互联网查询定位器的实时位置，获取了目标车辆每天所有行驶路线、停车位置的即时信息，直至案发。”① 又通常以侵犯大量个人信息的形态而出现，如2016年公安部发布侵犯公民个人信息犯罪十大典型案例中侵犯个人信息数量达千万以上的占到一半以上，且侵犯个人信息数量最多“江苏淮安‘K8社工库’侵犯公民个人信息案”中查获公民个人信息20亿条。所以，对于大数据环境下作为犯罪对象的个人信息理解一定要把握其形态的多元性，特别是要重视以群体的、大量的形式出现个人信息。

总之，大数据环境的刑法命题是多重的，不仅对于传统的定罪量刑标准等司法适用问题产生较大的冲击，更带来了个人信息内容的变迁和发展的转向。基于此，探讨大数据环境下的侵犯个人信息犯罪治理还需要对于个人信息本身进行细致的考察分析，从而为司法实践构建坚实的基础和前提。

① 叶良芳、应家赟：《非法获取公民个人信息罪之“公民个人信息”的教义学阐释——以〈刑事审判参考〉第1009号案例为样本》，载《浙江社会科学》2016年第4期。

“非法获取公民个人信息”的认定

于　涛[*]　赵进维[**]

引言

随着科技的快速发展和全球化进程的不断推进，网上购物、线下非现金支付业务越来越普及，电子商务已成为人们生活的一个重要部分。而伴随着电子商务的发展，公民个人不可避免地就会与各种网站注册挂钩，互联网时代的到来为我们提供诸多便利的同时，也让我们或自愿或被迫地将个人信息交给互联网。这是一个数据快速传递的时代，也是一个经济快速发展的时代，这种发展使得我们的个人信息的经济属性日趋凸显，有经济价值的地方必然会滋生犯罪，具有经济属性的公民个人信息也不例外。一些犯罪分子开始盯上了这一领域，他们通过一些非法手段获取、提供公民个人信息作为一种商品交易，严重破坏了中国的市场经济秩序和公民个人信息安全，更为严重的是，这些行为在造成上述危害的同时也诱发了一系列的下游犯罪，如敲诈勒索、诈骗等犯罪行为。对此，《刑法修正案（七）》《刑法修正案（九）》经过两次修改、完善，立法的重视对非法获取、非法提供公民个人信息的行为起着重要的打击作用。2017 年 6 月 1 日施行的“两高”《关于办理侵犯公民个人信息刑事案件适用法律若干问题的解释》（以下简称《解释》）则为当前司法实践中进一步严厉打击侵犯公民个人信息的犯罪行为提供了有力指导。本文从当前存在的个人信息遭受侵犯的现状入手，立足于现有的法律法规及相关解释，以非法获取公民个人信息的认定为视角，从源头上厘清何为非法获取公民个人信息，以期应对当前大数据时代到来而引起的侵犯公民个人信息犯罪的挑战，进而提高对公民个人信息的保护力度、维护公民的合法权益。

一、当前侵犯公民个人信息的现状

我们在享受高速快捷的信息流通给生活、工作带来极大便利的同时，也在承受着个人信息被侵犯的危险，且这一危险随着互联网的发展越发凸显。

（一）个人信息屡被侵犯

据《2016 中国网民权益保护调查报告》显示，个人信息遭受泄露的情况越发严重——有 54%的网民认为，个人信息遭受泄露的情况“比较严重”；有 84%的网民表示，因为个人信息的泄露所带来的不良影响“比较严重”，如广告推销等。[①]

---

* 云南民族大学法学院副教授，硕士生导师。

** 就职于云南省第二女子监狱，硕士。

① 来自由中国互联网协会发布的《2016 中国网民权益保护调查报告》。

此外，随着个人信息的泄露，随之而来的诈骗花招越来越新颖，网友们纷纷表示防不胜防。较为常见的手法有：电视节目中奖、航班取消、网购发货出现问题、学费缴纳、补助金发放等，通过短信、电话的形式"轰炸"着人们的手机。此外，还存在各式各样的钓鱼网站、克隆网站，对网友们的财产和信息也产生了极大的威胁，不仅如此，网友们反映，往往收到的信息都会显示自己的名字、住址、网络购物等重要的个人信息。据社科院《个人信息保护现状调研报告》显示：10%的人表示经常收到陌生的推销电话，50%的人表示偶尔收到陌生的推销电话；81%的人会因此感到压力大、心情不愉悦，但即使如此，当人们发现个人的信息遭受滥用、侵犯的时候，也仅有4%的人采取了如提起诉讼等法律手段去维护自身的权益。①

看到这一系列的数据，我们在震惊的同时也会陷入思考，公民个人信息正遭受着如此严重的泄露。无处不在的陌生骚扰信息与电话、无处不在的电话推销、中奖电话，对遭受骚扰与侵犯感到的不安与焦虑，都明确地反映了公民的个人信息已经被严重地侵犯了。不可否认的是，信息社会最初的发展目的是便利生活、便利工作，信息的快速收集、流通与利用是信息社会的特色，人们可以从中得益，但如今也是因为这种便利，为侵犯个人信息带来了漏洞，成为人们信息和财产的潜在威胁。频繁遭受泄露的个人信息、个人隐私，使人们的权利遭受侵害，更重要的是，由于个人信息遭受泄露以及被不法利用，由此所产生的犯罪正威胁着人们的人身及财产安全。

（二）信息买卖已经成为产业

对个人信息的侵犯会带来巨额利益，所以在此驱动下，个人信息买卖已形成了完整、专业的黑色产业链，从最开始的发觉漏洞，到开发、销售入侵的工具，到脱库、洗库、撞库②，然后盗窃公民的身份、进行敲诈勒索等，普遍有专门化的角色与责任，形成了高度严格的犯罪组织。公安部曾披露，在2016年4月至9月，在全国开展的对在网络平台上侵犯公民个人信息犯罪的专项整治行动中，累计查破刑事案件1200余起，抓获犯罪嫌疑人3300余人，缴获了290余亿条的公民个人信息，清理了42万余条有害、违规、违法的信息。③

（三）引发的刑事案件呈增长趋势

公民个人信息被非法获取、非法利用，进而引发的刑事犯罪也日益凸显。据国双司法大数据《侵犯公民个人信息类刑事案件——大数据分析报告（2013—2016）》显示，侵犯公民个人信息类刑事案件呈现逐年增长的趋势，尤其是近三年每年都有400余起案件公开，案件涉及全国28个省市，多集中在南方地区。侵犯

① 来自《中国法治发展报告No.9（2015）（法治蓝皮书）》。

② "脱库"是指黑客入侵有价值的网络站点，把注册用户的资料数据库全部盗走的行为，因为谐音，也经常被称作"脱库"。在取得大量的用户数据之后，黑客会通过一系列的技术手段和黑色产业链将有价值的用户数据变现，这通常也被称作"洗库"。"撞库"是一种黑客攻击方式。黑客会收集在网络上已泄露的用户名、密码等信息，之后用技术手段前往一些网站逐个"试"着登录，最终"撞大运"地"试"出一些可以登录的用户名、密码。

③《公安部开展专项行动整治网络侵犯公民个人信息犯罪》，载人民网—人民日报，http://legal.people.com.cn/n1/2016/0926/c42510-28739108.html.

公民个人信息类刑事案件占比最多的是非法获取公民个人信息罪，约为59.1%。[①]考生、消费者、老人，五花八门防不胜防的诈骗经常降临到这类群体身上，徐玉玉案至今还在刺痛着人们的心。

二、公民个人信息保护的刑法规定

尽管目前我国尚未有一部专门的公民个人信息保护法，但公民个人信息遭受侵犯，进而引发各类刑事案件，已经引起立法者的重视，先后几次进行法律规定及修订：2009年《刑法修正案（七）》以及2015年《刑法修正案（九）》的相继出台以及修改完善，为公民个人信息安全提供了强有力的立法保护。2017年《解释》的出台，较之以往的修正案，更便于在司法实践中理解和适用，主要体现为以下几点：

（1）“公民个人信息”的界定。《解释》第1条规定的“公民个人信息”，是指以电子或者其他方式记录的能够单独或者与其他信息结合识别特定自然人身份或者反映特定自然人活动情况的各种信息，包括姓名、身份证件号码、通信通讯联系方式、住址、账号密码、财产状况、行踪轨迹等。[②]刑事立法中这是首次以条文的形式对公民个人信息进行明确界定。

（2）以列举的方式对“非法提供”“非法获取”公民信息的行为进行细化。

（3）细化入罪量刑标准，增强了此类案件的实操性。

此次《解释》的发布实施，在很大程度上增强了刑事立法对侵犯公民信息罪此类刑事案件的实践指导，顺应了当前纷繁复杂的侵犯公民信息犯罪的时代特点，为今后的司法实践打开了一个良好开端。

三、公民个人信息的正确界定

《解释》的实施，为司法实践提供了更多的可操作性，但在当前高速的大数据时代，如何从源头上厘清公民个人信息，进而认定非法获取公民个人信息，笔者认为，对公民个人信息进行分析探讨、准确界定实有必要。

（一）个人信息与相关概念的区别

准确地界定公民的个人信息，对于司法实践中如何判定侵犯公民个人信息罪有重要作用，但是对于个人信息的概念，存在其他容易混淆的概念，所以我们应当作出区别，从而更加准确地界定个人信息的内涵，以期为侵犯公民个人信息罪在司法实践中的认定提供相关便利，厘清该罪的保护范围，切实解决刑法适用的具体问题。

1. 资料、数据、信息的区别

资料、数据和信息三者在内涵上有着一定的差异，资料是提供参考、根据的材

---

① 参见国双司法大数据《侵犯公民个人信息类刑事案件——大数据分析报告（2013-2016）》。

② 《最高人民法院、最高人民检察院关于办理侵犯公民个人信息刑事案件适用法律若干问题的解释》，中华人民共和国最高人民法院，http://www.court.gov.cn/fabu-xiangqing-43942.html.

料，数据是提供依据的数值，信息是知识或消息的载体。但是由于信息自身的逻辑性，决定了其内容是具有紧密联系的，所以对于资料与数据而言，信息更加全面、更加具有识别性。另外，三者之间的关系是：原始的资料与数据经过不断的加工和整理，最后汇集成信息，两者的结合使信息发挥出更大的作用。例如，《法治蓝皮书（2015）》最初是由相关的犯罪资料与总结的数据编制得出，最后形成的报告则反映了2015年我国的法治建设成果，资料与数据的加工使信息更加全面。

2. 个人信息与个人数据的区别

对于"个人数据"一词，我国的法律条文并没有过多地使用，反而由于它的特性，所以更加适用于计算机和金融领域，不过也会运用于欧盟等部分欧洲国家关于公民个人信息保护的规定当中，这与各国关于"信息"的界定有关。例如，部分欧洲国家将信息界定为数据，认为信息的内涵就是数据，所以要保护信息，就要从保护数据出发。与此相比，我国对数据的定义更倾向于数值，并且认为数据并不能代表个人信息，因为个人信息除了数据以外还有其他方面，如以文字为载体的信息，以感官为载体的信息等，所以个人数据在我国并不能完好地代替个人信息。

3. 个人信息与个人资料的区别

个人信息与个人资料并不能等同，资料是组成信息的内容之一，但信息对比起资料而言，由于有加工、编制的过程，所以更加具有逻辑性、识别性，内涵更加丰富，因为信息还会包括数据等。资料反映了人们对其具有所有权，个人信息的所有者除了对其具有所有权以外，还具有其他相应的权利，如处分权，也正是因为这些权利使个人信息比资料更具有使用的价值，所以更容易成为不法分子的作案目标。

4. 个人信息与个人隐私的区别

自然人的隐私权①受各国的法律保护。例如，在美国通行的做法是，在个人信息保护立法方面，使用的是"个人隐私"，而不是"个人信息"，其做法的背景是，美国利用立法对于"隐私"进行保护的做法已历经了几十年的发展与完善，并且通过演变不断对隐私权的内涵和外延进行扩张，最初的隐私权是关于自然人的身体隐私权，经过不断扩张，现在已经触及通信隐私权、信息隐私权等领域。不过这并不代表其他国家也会用个人隐私来替代个人信息，大部分的欧洲国家则是用个人数据来代替个人信息，这源于民众对数据的认知以及欧洲各国的立法渊源。但是由于我国对于"个人隐私"以及隐私权并没有十分明确的、十分权威的界定，所以于我国而言并不合适，因为那样会导致相关的保护个人信息的法规对象过于模糊，难以投入到司法实践当中。另外，根据理解，"个人隐私"与"个人信息"在我国明显有着区别，二者的内涵与外延虽然会有所重叠，但是具有一定的差异。"个人隐私"代表着私密性，反映了公民不想为外人所知的事情，至于"个人信息"外延更为广泛，其私密性低于个人隐私，两者并不是简单的包含关系，而是相当于两个有交集的圆。尽管有一部分国家将个人信息权归入隐私权的范畴，表明个人信息权隶属于

① 隐私权是指自然人享有的对其个人的、与公共利益无关的个人信息、私人活动和私有领域进行支配的一种人格权。

隐私权，因此根据保护隐私权的做法去保护信息权。但是在我国，要将个人信息与个人隐私分清楚，分清两者之间的联系和区别之处，此举有利于更好地保护公民个人信息，并且防范不法分子对法律进行恶性曲解，借此来钻法律法规的空子，以逃避法律的严厉制裁。

5. 个人信息与经营信息的区别

因为公民的个人信息与经营信息都具有一定的商业价值，所以会格外引起不法分子的注意，两者的不同点在于，经营信息属于商业信息，目的是为所有者带来商业利益，并帮助其在商业竞争中取得优势地位，经营信息包括管理制度、客户名单与货源等，其中，客户信息在某种情况下会与个人信息产生交集：当部分的客户信息因为其商业价值而具备了私密性、价值性、保密性与实用性时，就会存在法条竞合。如果只是出现了侵犯公民个人信息的犯罪行为，那么就可以依法处理，但如果侵犯的是具有商业价值的客户信息，这时候就应该按想象竞合犯处理，从一重罪论处。因此，对于个人信息的内涵，我们不能单纯地理解为个人隐私，其与个人数据、个人资料、经营信息也有一定的区别。个人信息可以数据、文字或其他形式而存在，能够据此来识别出其专属的个人。

（二）个人信息的界定

《刑法修正案（九）》施行后，因为对侵犯公民个人信息罪的定罪量刑的标准不够具体，所以给实际操作带来困难。随着“两高”《解释》的出台，对侵犯公民个人信息罪作出了明确具体的规定，统一了法律适用，避免了各地法院长期以来各自裁量的困境。

尽管《解释》采取详细列举的方式规定了“公民个人信息”，但这并不能囊括所有的个人信息，在实际工作生活中的个人信息更加复杂、种类更多。根据个人信息类别的司法认定情况，身份信息、财产信息、行踪信息、通讯信息、交易信息、教育信息等都属于公民个人信息，即公民个人生活的各方面都有所涉及。其中，身份信息包括姓名、电话、地址、家庭成员信息，手机登记信息、婴幼儿信息、企业法人信息、银行卡会员名单等。通讯信息包括通话详单。交易信息包括黄金、白银、期货、股票交易信息、电信购物成单、订单、快递单信息等。教育信息包括考生信息、学生资料等。面对种类繁多涉及方方面面的个人信息，在司法实践中如何界定评判这些信息是否属于刑事保护信息，笔者以为，我们需要从紧扣能够单独或者与其他信息结合识别特定自然人身份或者自然人活动情况这一标准，即通过信息可以识别直接确定特定自然人。

四、“非法获取公民个人信息”的认定

通过一件件发生的真实案例我们不难看出，非法获取公民个人信息是许多犯罪的源头，许多案例都是源于不法分子非法获取了公民的个人信息进而实施了后续犯罪，如典型的有电信诈骗。对此，笔者将从以下三点，对何为非法获取公民个人信息进行分析，对非法获取公民信息进行认定，以期从源头上厘清这类犯罪。

（一）何为"非法"的问题

从《解释》第四条①规定中我们可以看出，违反"国家有关规定"是此类行为非法与否的前提。而"国家有关规定"则是指违反法律、行政法规和部门规章的有关规定。据此，获取公民个人信息的行为是否合法，就需审定获取信息的行为是否违反了法律、行政法规、部门规章的规定，这是认定非法获取公民个人信息的前提。

（二）"获取"的手段问题

结合《解释》第四条以及刑法第253条之一第3款的规定，获取公民个人信息的手段主要有"窃取""购买、收受、交换等""在履行职务、提供服务过程中收集……"虽然法律采取了列举式的规定，但我们不难看出其实这些手段已经涵盖了一切可能获取公民个人信息的手段，无论于私还是于公。所以无论采何种方式获取公民个人信息，归根结底都是不能"非法"，即不能违反"法律、行政法规、部门规章的规定"。

（三）入罪量刑的标准问题

此次《解释》的一大亮点就在于对侵犯公民个人信息犯罪的入罪量刑进行了详细规定，入罪量刑细化，这对司法实践来说意义重大，将更好地指导法院、检察院在办理此类案件时的实际操作。《解释》中对非法获取公民个人信息的入罪量刑不是统一而定而是区别对待的，这种区别对待也为我们更准确地认定非法获取公民个人信息提供了清晰的认定思路。

《解释》中对是否达到情节严重和情节特别严重进行了列举，有单纯从获取信息量多少来界定情节严重与否；有从违法所得数额来界定；有从职务行为中侵犯公民信息罪和是否有前科来界定。此外，《解释》还从造成的后果出发列举了三种情节特别严重的情形，如"造成被害人死亡、重伤、精神失常或者被绑架等严重后果的""造成重大经济损失或者恶劣社会影响的"等。从上文所述可以看出，《解释》尽可能地从危害程度、犯罪所得、犯罪后果等出发，分层分类地将情节严重与否进行界定，进而达到量化入刑标准。当然，规定再完善也有不能穷尽的地方，这就需要在司法实践中发挥法官的自由裁量权。

通过以上分析，笔者认为，"非法获取公民个人信息"的认定主要基于三个方面来进行，一是违法性认定，即获取公民信息行为是否违反了法律、行政法规和部门规章的有关规定，这是首要前提；二是获取手段的认定，即不管于公于私，获取的手段是否符合相关法律规定；三是入罪量刑的认定，即获取公民个人信息的行为是否达到了法律规定的入罪量刑标准。据此标准层层认定，将会为我们清晰地厘清此类犯罪提供助力。

① 最高人民法院、最高人民检察院《关于办理侵犯公民个人信息刑事案件适用法律若干问题的解释》第4条规定：违反国家有关规定，通过购买、收受、交换等方式获取公民个人信息，或者在履行职责、提供服务过程中收集公民个人信息的，属于刑法第253条之一第3款规定的"以其他方法非法获取公民个人信息"。

大数据背景下“公民个人信息”的界定

赵天红* 杨建民**

引论：大数据的价值与公民个人信息

伴随着云计算的出现，“大数据”已经成为法学研究所无法回避的新概念。在云技术的帮助下，企业可以通过对大数据的处理，及时、准确地了解市场需求，从而进行高效率的商业决策。甚至数据直接成为了商业交易的对象。正是由于大数据所蕴含的巨大价值，必然导致其成为犯罪分子所觊觎的对象。大数据是由一个个数据个体所组成，对大数据的犯罪也直接导致对公民个人信息安全的威胁。因此，在大数据时代下，如何保护公民个人信息的安全成为一个重要的刑法课题。

继《刑法修正案（九）》扩大了侵犯公民个人信息犯罪的主体范围、提高法定刑之后，2017 年 5 月 8 日“两高”公布的《关于办理侵犯公民个人信息刑事案件适用法律若干问题的解释》（以下简称《解释》）更明确了“公民个人信息”的定义问题：“刑法第 253 条之一规定的‘公民个人信息’，是指以电子或者其他方式记录的能够单独或者与其他信息结合识别特定自然人身份或者反映特定自然人活动情况的各种信息，包括姓名、身份证件号码、通信通讯联系方式、住址、账号密码、财产状况、行踪轨迹等。”虽然目前已经有了具体的界定，但是在大数据时代的背景之下，司法机关的界定是否合理，仍有必要进行检视。“刑法的不正确适用会抑制我国大数据应用的创新和正当的合乎国际规则的商业应用。”① 因此，本文欲通过法益视角对“公民个人信息”的界定进行检视，从而在保护公民个人信息安全与网络数据经济发展之间寻求平衡。

一、法益概念下“公民”用语的前置作用

对于“公民”如何把握，目前通说认为公民个人信息犯罪中的“公民个人信息”，既包括中国公民的个人信息，也包括外国公民和其他无国籍人的个人信息。② 虽然通说未将“公民”限定于中国公民符合刑法的立法精神和目的，有利于惩治犯

---

* 中国政法大学刑事司法学院刑法研究所所长，副教授、硕士生导师。

** 中国政法大学 2012 级法学院实验班硕士研究生。

① 高富平、王文祥：《出售或提供公民个人信息入罪的边界——以侵犯公民个人信息罪所保护的法益为视角》，载《政治与法律》2017 年第 2 期。

② 参见赵秉志：《公民个人信息刑法保护问题研究》，载《华东政法大学学报》2014 年第 1 期；沈德咏主编：《〈刑法修正案（九）〉条文及配套司法解释理解与适用》，人民法院出版社 2015 年版，第 190 页；韦尧瀚：《侵犯公民个人信息罪在司法认定中的若干问题研究——兼评〈刑法修正案（九）〉第十七条》，载《北京邮电大学学报》（社会科学版）2016 年第 1 期。

罪，但是这一认识导致“公民”之含义在构成要件中的虚无化，“公民个人信息”被简化为“个人信息”，丧失了作为前置语的地位。在《刑法修正案（九）》出台之前，就曾有学者建议将“公民”二字删去，以保证避免解释上的误区。[①] 然而，《刑法修正案（九）》并未采取该建议，依旧保留了“公民”二字，在用语规范上与“个人信息”存在极大的不同，实难完全等同之。显然，“公民”二字在刑法规范之中具有特殊意义，不能对其视若无睹。那么，“公民”二字对“个人信息”的解释到底有何作用？基于此问，对“公民”的理解实有深入探讨之必要。

（一）侵犯公民个人信息犯罪的法益分歧

与多数学者漠视的态度相反，在对待“公民”这一限定语的态度上，也有学者从法益视角肯定了“公民”一词在法益判断上的重要作用，认为“‘公民’一词表明‘公民个人信息’不仅是一种个人法益，而且具有超个人法益属性”。[②] 在该学者的论述中，“公民”作为“个人信息”的前置语存在两方面的意义：其一，个人信息的权利主体以中国公民为中心，向外扩展到了通过互联网与中国社会发生联系的外国人、无国籍人士；其二，公民个人信息不仅直接关系个人信息安全与生活安宁，而且关系社会公共利益、国家安全乃至信息主权。[③] 前者认识与通说在结论是一致的，只不过从数据时代的角度理解何以要保护外国公民、无国籍人士，对于“公民”前置语的作用认识依旧有限。真正赋予“公民”这一前置语以特定含义的，是在后者法益属性的认识层面。

通过强调“公民”的前置作用，表明将“公民个人信息”简化为“个人信息”不过是将法益保护限于个人法益，在犯罪对象的理解上必然有所忽视，“公民”作为前置语的存在强调了侵犯公民个人信息犯罪的法益二重性。本文认为，应该尊重刑法规范用语的存在，承认“公民”作为“个人信息”前置语的特殊意义，明确侵犯公民个人信息犯罪的超个人法益是大数据时代下的必然要求。作为前述观点证立之前提，需要论证如下问题：侵犯公民个人信息犯罪涵括了超个人法益是否可能？涵括之理由何在？

（二）超个人法益的存在可能

在法益如何判断的问题上，有学者提出：“确定法益内容，应以刑法规定为依据，既要考虑具体犯罪所属的类罪，也要以刑法对具体犯罪的规定为根据。”[④] 具体到侵犯公民个人信息犯罪的法益判断上，侵犯公民个人信息犯罪位于刑法分则第四章“侵犯公民人身权利、民主权利罪”之中，以此为依据在各种人身权利和民主权利之中确定侵犯公民个人信息犯罪的保护法益。虽然其他学者并未言明是否简单地仅从类罪归属上进行法益判断，但对于侵犯公民个人犯罪秉持着单一法益的立

① 赵秉志：《公民个人信息刑法保护问题研究》，载《华东政法大学学报》2014年第1期。
② 曲新久：《论侵犯公民个人信息犯罪的超个人法益属性》，载《人民检察》2015年第11期。
③ 参见曲新久：《论侵犯公民个人信息犯罪的超个人法益属性》，载《人民检察》2015年第11期。
④ 张明楷：《刑法学》，法律出版社2016年版，第66页。

场：在侵犯公民个人信息犯罪的刑法研究上涌现出公民个人的信息自由和安全①、公民信息自决权②等法益学说；也有学者在对“侵犯公民人身权利、民主权利罪”进行更为细致的划分时，将侵犯公民个人信息罪归入“侵害名誉、秘密的犯罪”，从而认为该罪法益限于公民的隐私权③；更有论者从立法解释和个人信息保护目的解释两个角度出发，认为“侵犯公民个人信息罪所保护的法益应为人格尊严与个人自由，个人隐私只是人格尊严的组成部分”④。多数学者对于法益的认识虽然在具体内容上存在分歧，但都是将其限于个人法益的保护层面。可以看出，通说之观点存在一个弊端：综观这些学者对于其他类罪的认识，基本都将生产、销售伪劣商品罪的法益视为复合法益，却并未说明为何认定侵犯公民个人信息犯罪具有单一法益而非复合法益。

对于侵犯公民个人信息犯罪，通说将其评价为单一法益，而法益二重性实质上将该罪所涉及的整体法益视为复合法益。在复合法益中，为了对多个法益进行区分，通过对重要性的判断将其分为主要法益、次要法益、附随法益。一般认为，“主要法益是相对于次要法益（非重点保护的、较轻程度侵害的法益）而言的，揭示了某一具体犯罪所侵害的而为刑法所保护的诸多复合法益中的主导方面，因而决定了该具体犯罪的性质，是刑法分则对该具体犯罪进行归类的重要依据。”⑤ 根据这一认识，刑法分则的类罪规定呈现出以下逻辑路径：在刑事立法之时，确定复合法益之内涵，根据重要性区分清主次法益之后，以提取公因式的方式将主要法益相同或相近的犯罪汇编至一起，从而形成类罪之章。就以此逻辑看待法益问题，类罪的归属不过仅是体现了罪名的主要法益，无法就此否定次要法益、附随法益的存在。因此，立足于复合法益之主张，或许可以认为通说只不过明确了侵犯公民个人信息犯罪所涉之主要法益，实际上对于法益的论述并非完整。

曾有学者认识到了侵犯公民个人信息犯罪的法益二重性，基于《刑法修正案（七）》相关法律规范中对犯罪主体限制的理解，认为主要法益是“公权（益）关联主体”对公民个人信息的保有。⑥ 然而，随着《刑法修正案（九）》对犯罪主体范围的扩大，这一具体法益认识已然不再成立，但其对侵犯公民个人信息犯罪超个人法益的认识却是应当认可的。对于侵犯公民个人信息犯罪所涉及之法益为何，仅凭类罪归属无法进行准确判断，必须回归犯罪本身，从整体上审视该罪除了对个人

---

① 高铭暄、马克昌主编：《刑法学》（第七版），北京大学出版社、高等教育出版社 2016 年版，第 482 页。

② 参见李永升主编：《侵犯个人法益的犯罪研究》，法律出版社 2014 年版，第 186 页。

③ 参见阎二鹏：《侵犯个人法益犯罪研究》，中国人民公安大学出版社 2009 年版，第 125 页以下；蔡军：《侵犯个人信息犯罪立法的理性分析——兼论对该罪立法的反思与展望》，载《现代法学》2010 年第 4 期；刘艳红主编：《刑法学》（下），北京大学出版社 2014 年版，第 105 页以下。

④ 高富平、王文祥：《出售或提供公民个人信息入罪的边界——以侵犯公民个人信息罪所保护的法益为视角》，载《政治与法律》2017 年第 2 期。

⑤ 王彦强：《犯罪竞合中的法益同一性判断》，载《法学家》2016 年第 2 期。

⑥ 参见赵军：《侵犯公民个人信息犯罪法益研究——兼析〈刑法修正案（七）〉的相关争议问题》，载《江西财经大学学报》2011 年第 2 期。

法益造成侵害之外，是否还会侵害超个人法益。

（三）超个人法益的存在理由

在法益二重性论者的论证中，“公民个人隐私是侵犯公民个人信息犯罪直接侵害的对象，而公民的人身、财产造成严重威胁只能在间接的、可能的意义上理解，并不是说侵犯公民个人信息的犯罪行为直接侵害了公民人身、财产权利”①，从而论证其存在。然而，愚见认为，这一认识似乎并未说明“公民个人信息”的概念何以涵盖超个人法益，所谓引发的其他犯罪多是对公民的人身、财产造成严重威胁，依旧属于个人法益层面。超个人法益涉及的是社会利益和国家利益。如果无法以实例加以说明，那么法益二重性结论的得出就颇为令人怀疑。对此，本文试举两例用以说明“公民个人信息”之中涵盖了超个人法益属性。

例一：基因信息。有学者提出，“负面的基因信息，容易使人增加不安及罪恶感等心理负担，使自己以及血缘亲属容易被特定，在就学、就业、加入保险等方面受到歧视。”② 这是基于个人法益的立场所得出的认识。需要注意的是，基因信息在世界范围内的重要性不容忽视。基因信息存在两方面的利益关联：其一，基于基因信息可以针对特定疾病进行适用于特定人群的药物研发，如果外国机构通过非法途径获取了基因信息并进行药物研发并向中国发行，实际上损害的是整个中国的社会利益；其二，基因武器隐蔽的杀伤力及目标的特定性成为军事领域关注的新课题，其系基于对特定人群的基因而研制的，从这一角度来说，基因信息关系国家安全。③ 因此，2005 年颁布的《人类遗传资源管理暂行办法》将人类遗传资源及有关信息、资料纳入了国家科学技术秘密的范围。

例二：行踪信息。信息时代下，公民个人生活处于数据化的状态，基于对这些生活数据的分析判断，往往能得出一些与公民个人身份、隐私无关的重要信息。2016 年一款名为《精灵宝可梦 GO》的手机游戏风靡全球，这款游戏基于 AR 技术将真实世界信息与虚拟世界信息实时叠加，从而实现虚拟设定与现实世界之间的互动。对于这款游戏，中东多国因其涉嫌泄露包括军事设施在内的国家机密而予以抵制。④ 如果将玩家游戏所遗留的行踪信息散布于地图之上，就可能从玩家所涉足之场所推知不为人知的军事基地。从这一点来说，在大数据时代，某些为普通人所忽视的行踪信息可能关系国家安全问题。

从此两例来看，公民个人信息不仅仅属于个人利益而已，“公民”二字强调了与中国公民存在密切联系的超个人法益，其中也包含了社会利益、国家利益。忽视“公民”作为前置语的特殊意义而未认识到侵犯公民个人信息犯罪所涉及之超个人法益，其结果必然是不当地缩小了“公民个人信息”的界定范围。

---

① 曲新久：《论侵犯公民个人信息犯罪的超个人法益属性》，载《人民检察》2015 年第 11 期。

② 刘艳红主编：《刑法学》（下），北京大学出版社 2014 年版，第 107 页。

③ 参见周忠海：《生物科技相关法律问题与〈禁止生物武器公约〉》，载《河南省政法管理干部学院学报》2006 年第 1 期。

④ 参见《中东多国抵制〈精灵宝可梦 GO〉因其泄露国家机密》，载腾讯动漫，http：//comic. qq. com/a/20160717/015719. htm，2017 年 7 月 14 日访问。

二、司法概念界定的检视：基于个人法益的理解

自刑法中规定侵犯公民个人信息犯罪以来，立法机关并未对“公民个人信息”进行明确的立法定义，反而由司法机关先后两次对该概念予以解释界定。检视《解释》中对“公民个人信息”的界定，可以看出，这一认识明确基于单一法益的立场，“特定自然人”的用语表明其重点关注的是个人法益层面。这一界定分别体现了“公民个人信息”概念的广度与深度：在广度上，界定的基本公式可以概括为“身份识别+活动反映”；在深度上，对于信息本身，不再局限于其单独性，而是延伸至信息的结合。

（一）“公民个人信息”范围之广度

“身份识别”作为“公民个人信息”的关键词之一，其本身具有个人自由的特定内涵。有学者将“公民个人信息”界定为具备法律保护价值和可行性的当事人不希望为他人所知晓的消息。[①] 这一学理上的界定本身将个人自由表现为当事人让他人知晓信息的选择自由，但是，对于已经公开的能够识别身份的信息，当事人并无选择是否为他人知晓的自由，因而存在信息滥用的可能而具有保护之必要。由于个人信息是社会交往之必需，本文认为应当转换思考路径，可将这种个人自由认为是公民与其他人发生交际的选择自由。即便是公开的个人信息，当事人公开之目的也在于希望与符合其交际意图的人发生交际。诈骗电话、骚扰电话之所以被厌恶，其根源正是在于个人信息的当事人被迫与不愿发生交际的人产生交际关系。侵犯能够识别身份的公民个人信息实际上产生了限定公民交际自由的风险，因此存在保护价值。

作为关键词之二，“活动反映”是对“公民个人信息”范围的拓展。在双层社会理论下，“网络已经逐渐形成自身的社会结构并对现实空间形成了巨大的辐射效应”[②]。随着现实空间的数据化，双层社会结构呈现重合趋势，电子设备的全方位覆盖导致个人的现实生活被数据化同步于网络空间。在这一趋势下，反映特定自然人活动情况的信息为人所知就如同赤身裸体地置身于大庭广众之下，从而丧失了个人生活的私密性，有损人格尊严。需要注意的是，《解释》并未使用“个人隐私”一词作为“公民个人信息”的第二种类型。原因有二：其一，“隐私容易受个体知识水平、价值观以及民族、种族、地域等因素的影响，缺乏统一的评判标准”[③]；其二，个人隐私是基于当事人不愿公开的事项，一旦公开就不再属于隐私范畴，但正如前文所述，即便是公开的事项，也不会有人愿意自己的生活被人了如指掌。因此，“活动反映”作为“公民个人信息”的类型化用语相较于传统认识上的“个人隐私”更为合理。

---

① 参见于冲：《侵犯公民个人信息犯罪的司法困境及其解决》，载《青海社会科学》2013年第3期。

② 于志刚：《“双层社会”中传统刑法的适用空间——以“两高”〈网络诽谤解释〉的发布为背景》，载《法学》2013年第10期。

③ 胡胜：《侵犯公民个人信息罪的犯罪对象》，载《人民司法》2015年第7期。

（二）“公民个人信息”范围之深度

在属性认识上，“公民个人信息”应当具有对应性，如果某一信息无法与特定人相对应，那么就无法将其视为刑法第253条之一所规定的“公民个人信息”。[①]有学者认为基于个人信息应当具备法律保护价值和可行性的考量，对于身高、体重、年龄等单纯的与公民相关的数据不应纳入刑法保护范围。[②]从单一、静态的信息来看，这一结论确实成立。但是，信息之间的关联性意味着“公民个人信息”静态定义的局限。身高、体重、年龄这些信息，就单一而言确实无法用于识别特定的个人，但是，以这些信息整合形成的二次信息是可能识别特定个人的。在大数据的分析模式下，“‘识别’本身就发展成了一个动态的过程”[③]，不再一目了然，通过对信息的结合分析从而达到识别目的。对于这样具有集合识别性的信息子集，需要考虑其识别程度，只有当识别程度已经初步到达指向特定个人时才能将其认定为“公民个人信息”。

（三）小结

《解释》所界定的“公民个人信息”在广度上将信息类型化，分为“身份识别”与“活动反映”两类；在深度上，信息的动态性使定义本身更多地关注无法单独识别的信息。大数据时代下，由于数据的重新识别，这一界定看似涵括了公民所有的个人信息，但识别程度的差异意味着存在部分不足以识别特定个人的信息。因此，《解释》的界定实际上在结合识别领域隐含了对特定个人的初步识别而非高度识别。另外，《解释》的界定要求“公民个人信息”具备对应性与目的性两大属性。对应性强调信息与公民之间的关联，目的性则强调信息的具体用途即用于“识别特定自然人身份”及“反映特定自然人活动情况”。单以个人法益层面进行认识，《解释》的界定符合现代信息社会公民个人信息保护的要求。

三、超个人法益对“公民个人信息”的延伸

“大数据时代，个人信息等个体信息的汇总和集聚，在整体上形成的大数据，实际上在某种程度上可以等同一种关涉国家安全、经济安全等的‘情报’甚至是‘秘密’。”[④]关注于个人信息的整体性正是“公民个人信息”超个人法益之所在。传统意义上的“情报”“秘密”都是具有单独识别性、与公民个人信息无关的信息，但是在大数据时代下，云计算能力的加速使公民个人信息呈现大幅度的动态增值，其背后与之具有关联性的社会利益、国家利益受到关注。对于大数据时代下的信息犯罪，有学者提出中国刑法建立了以制裁“个人数据”犯罪和制裁“网络重

① 这一对应关系并不要求完全具体到个人，只要根据可靠的事实证明此类信息与现实的个人相对应即可。参见曲新久：《论侵犯公民个人信息犯罪的超个人法益属性》，载《人民检察》2015年第11期。

② 参见于冲：《侵犯公民个人信息犯罪的司法困境及其解决》，载《青海社会科学》2013年第3期。

③ 李源粒：《网络数据安全与公民个人信息保护的刑法完善》，载《中国政法大学学报》2015年第4期。

④ 于志刚、李源粒：《大数据时代数据犯罪的类型化与制裁思路》，载《政治与法律》2016年第9期。

要数据”即“国家秘密、情报”犯罪为核心的双轨并行式制裁体系。[①] 这一认识正是着眼于整体格局，试图从微观与宏观两个层面对信息保护进行严密而完整的体系建构。对于制裁体系的建构，关键问题在于个人信息与国家秘密、情报之间的界限划分。传统意义上的个人信息与国家秘密、情报的分界之间，随着数据时代的发展，开始产生大量的中间地带，二者之间的紧密关联导致中间地带无法被忽视。

根据公民个人信息与国家秘密、情报之间的关联性，从目的角度可分为既可识别特定个人又可推导国家秘密、情报的信息（以下简称双目的信息集），及无法识别特定个人但可推导国家秘密、情报的信息（以下简称单目的信息集）。其中，单目的信息集正处于双轨并行式制裁体系的中间地带。需要注意的是，由于国家秘密具有法定性，除非法律规范明确将某一国家秘密的范围延伸，否则其仅限于单独识别的信息。因此，可推导国家秘密的信息集并不必然作为国家秘密来进行保护，分析推导后得到的二次信息才是真正的国家秘密。在此意义上，与国家秘密相关但尚未分析或数量较少不足以推导国家秘密的信息集难以被认定为国家秘密，除非如同基因信息，将国家秘密的范围延伸至元信息。然而，无限制地将国家秘密的保护前置，其结果可能使信息数据成为国家在民事、行政领域绝对管制的对象，从而阻碍信息共享与信息经济的发展。刑法的任务是法益保护，其基本理念是实现国家干预与公民自由的平衡，在提供尽可能必要的国家保护的同时给予尽可能多的个人自由。[②] 保护法益归根结底还是为了保障社会的发展。同样是刑法保护，与其陷入绝对管制的困境，不如选择将其纳入“公民个人信息”中，使对信息的利用保有一定的自由空间。

国家秘密、情报的界限稳定，出于严密法网之需要，唯有拓展公民个人信息之边界。如无国家秘密范围的法定延伸，双目的信息集因其可识别特定个人而可通过侵犯公民个人信息犯罪予以保护自无须多言，但是，如果仅以个人法益的目的性为核心认识“公民个人信息”，孤立地认识个人信息与国家信息之间的关系，显然，单目的信息集无法被纳入侵犯公民个人信息犯罪中加以保护，同时不属于国家秘密之范畴，其结果将导致刑法规范无法容纳单目的信息集。实际上，超个人法益对“公民个人信息”的延伸是将侵犯国家秘密、情报的预备行为实行化。公民个人信息与国家秘密之间的紧密程度使获取大量公民个人信息的行为成为获取相应国家秘密的预备行为，另外，云计算使大量元信息转化为涉及社会、国家利益的信息的进度进一步加快，国家法益被侵犯已是迫在眉睫。立足于超个人法益的重要性及法益侵害恶化的防范，将该预备行为纳入刑法规范中成为必要。基于法律的权威性，本文无意从立法角度倡导该预备行为另行设罪，而是希望通过解释之方法将该行为纳入现行的刑法罪名之中。因此，将单目的信息集纳入“公民个人信息”之中成为必然的选择。

① 参见于志刚、李源粒：《大数据时代数据犯罪的制裁思路》，载《中国社会科学》2014 年第 10 期；于志刚、李源粒：《大数据时代数据犯罪的类型化与制裁思路》，载《政治与法律》2016 年第 9 期。

② 参见［德］克劳斯·罗克辛：《刑法的任务不是法益保护吗》，樊文译，载陈兴良主编：《刑事法评论》第 19 卷，第 146 页以下。

在此意义上，本文认为，《解释》的界定虽然对个人法益的保护堪称完善，但尚有未完善之处。基于“公民个人信息”的法益二重性，“公民个人信息”的界定应当将其类型化为三者：其一，能够识别特定自然人身份的单独信息或信息集；其二，能够反映特定自然人活动情况的单独信息或信息集；其三，虽无法识别特定个人但能推导识别国家情报、秘密的公民个人信息集。其中，信息集概念强调的是识别的动态过程，关注信息的整体价值。通过类型化界定模式的建构，从而严密信息犯罪中制裁体系的法网。

结语

大数据时代下，数据动态增值的背后是个人信息与社会、国家之间的密切关联被日益重视。在信息犯罪制裁体系的建构上，传统的双核心体系建构看似泾渭分明，但随着数据转化为信息的效率提高，双核心之间开始逐渐产生灰色地带。本文之目的，正是通过对“公民个人信息”的重新界定，拓展双核心体系的适用范围，并于微观与宏观之间划分界限，从而完善严密严厉的制裁体系。“公民个人信息”的法益二重性及其类型化，其本质在于关注将“虽无法识别特定个人但能从逻辑关联上可能识别国家情报、秘密的公民个人信息集”置于信息犯罪制裁体系的何处。大数据时代的发展意味着对侵犯公民个人信息犯罪的认识仍需上下求索，即便司法解释已经有了具体的界定，也不能就此止步不前，而需要从整体格局进行信息犯罪的制裁体系构建。

侵犯公民个人信息罪中“公民个人信息”的范围认定[*]

闫　雨[**]

随着大数据时代的到来，信息传播的速度和广度不断加强，公民个人信息不可避免地大量出现、存储于网络空间，增加了被非法获取和非法利用的风险，公民个人信息遭受严重损害的现象日趋严重，基于此，2009 年通过的《刑法修正案（七）》增设出售、非法提供公民个人信息罪、非法获取公民个人信息罪两个罪名，首次将侵犯公民个人信息的行为纳入刑法规定之中，此后我国刑法对于公民个人信息的刑法保护不断加强，2015 年《刑法修正案（九）》将出售、非法提供公民个人信息罪、非法获取公民个人信息罪合并为一个罪名——侵犯公民个人信息罪，进一步扩大了犯罪主体的范围①，扩大了入罪的行为范围，将入刑行为确定为“出售或者提供公民个人信息”和“窃取或者以其他方法获取公民个人信息”两种。与《刑法修正案（七）》相比，《刑法修正案（九）》对于公民个人信息的保护有了很大的进步，加之 2017 年最高人民法院、最高人民检察院出台了关于侵犯公民个人信息罪的相关司法解释进一步明确了侵犯公民个人信息的定罪量刑标准，并就公民个人信息的范围作出了比较明确的界定，但是司法实践中情况复杂，对于公民个人信息的界定仍然是见仁见智，有必要从理论出发，结合实证的研究方法，对公民个人信息的认定提出可行性的认定标准，以期为立法完善和司法实践提供参考。

一、“公民个人信息”之理论认定

2017 年 6 月 1 日开始生效的“两高”《关于办理侵犯公民个人信息刑事案件适用法律若干问题的解释》第 1 条规定，刑法第 253 条之一规定的“公民个人信息”，是指以电子或者其他方式记录的能够单独或者与其他信息结合识别特定自然人身份或者反映特定自然人活动情况的各种信息，包括姓名、身份证件号码、通信通讯联系方式、住址、账号密码、财产状况、行踪轨迹等。关于司法解释中列举的几种公民个人信息中行踪轨迹能否属于“公民个人信息”笔者存在不同意见。笔者认为，并非所有的行踪轨迹都应纳入本罪“公民个人信息”的范畴。理由在于：

---

* 本文系广东高校重点平台及科研项目（2015WQNCX109）阶段性成果。

** 广东警官学院副教授，广州市公安局法制支队副支队长（挂职），主要研究方向为中国刑法、犯罪学。

① 出售、非法提供公民个人信息罪的主体为“国家机关或者金融、电信、教育、交通、医疗等单位的工作人员”，侵犯公民个人信息罪将主体范围扩大到任何主体。

（一）刑法所保护的公民个人信息应当具有专属性

1968年联合国国际人权会议提出“资料保护”的概念，此后一些国家纷纷开始通过专门的立法来保护公民个人信息。典型的如1998年《荷兰个人数据保护法》、1999年《奥地利联邦个人数据保护法》，再如美国1974年通过的《美国隐私权法》，我国香港地区1996年通过的《香港个人资料（隐私）条例》，上述立法名称略有不同，但是实质上保护的对象均为具有可识别性的个人信息。

我国目前尚未单独立法保护公民个人信息，在缺乏相应的行政法或者民法的情况下，刑法直接将严重侵犯公民个人信息的行为纳入刑法的规定，是典型的“倒逼式立法模式”，不过，迄今为止并未出台相应的“公民个人信息保护法”。但是，侵犯公民个人信息罪作为法定犯，其二次违法性决定了对公民个人信息的界定应当符合行政法、民法等部门法的规定。[①] 在这种情况下，应当如何准确界定刑法中公民个人信息的范围就十分重要。

自刑法将严重侵犯公民个人信息的行为纳入刑法规定以来，学界对于“公民个人信息”的范围问题一直争议不断。总结起来主要存在以下几种观点：（1）有学者提出，公民个人信息即公民的身份信息，是公民区别于其他人的个人识别代码。[②]（2）还有学者提出，公民个人信息是能够凸显公民生理特征与社会特征，影响公民个人人身安全、财产权利的信息[③]。（3）还有观点认为，个人信息是以任何形式存在的，与公民个人存在关联并可以识别特定个人的信息。[④]（4）公民个人信息是涉及个人隐私，公民个人不希望随意扩散的信息。[⑤]（5）《个人信息保护法（专家建议稿）》认为，个人信息指个人姓名、住址、身份证号码、医疗记录、人事记录、照片等单独或者与其他信息对照可以识别特定的个人信息。[⑥] 上述观点从不同的角度对公民个人信息的范围在理论上进行了认定，虽然在表述上存在不同，但是都肯定公民个人信息应当具有的身份属性，差异仅在社会属性认识上存在不同，并且均将“可识别性”作为界定公民个人信息的依据。

笔者认为，将“可识别性”作为界定公民个人信息的依据十分合适。公民个人信息的内容十分广泛，悉数纳入刑法保护的范畴有违刑法的谦抑性，而且会导致信息流通不畅。只有对于公民在社会生活中具有重要价值的信息，也就是具有“可识别性”的信息才具有保护的必要。并且，从各国立法的情况分析，无一不将可识别性作为公民个人信息的本质属性。所谓“可识别性”，是指与特定公民而言，通过这些信息或者结合其他信息可以将特定的公民直接辨别；相反，不具有可识别性的信息，不能通过信息锁定特定的个人，也就不存在法益被侵犯的风险，没有纳入刑

① 参见叶良芳、应家赟：《非法获取公民个人信息罪之“公民个人信息”的教义学阐释——以〈刑事审判参考〉第1009号案例为样本》，载《浙江社会科学》2016年第4期。

② 凌鸿：《非法获取公民个人信息罪的认定》，载《人民法院报》2010年6月17日第7版。

③ 赵秉志：《公民个人信息刑法保护问题研究》，载《华东政法大学学报》2014年第1期。

④ 张玉华、温春玲：《侵犯公民个人信息安全犯罪解读》，载《中国检察官》2009年第8期。

⑤ 潘度文、林维等：《如何认定侵犯个人信息犯罪》，载《人民检察》2012年第16期。

⑥ 周汉华：《中华人民共和国个人信息保护法（专家建议稿）及立法研究报告》法律出版社2006年版，第3页。

法保护的必要。

目前司法解释将行踪轨迹作为侵犯公民个人信息罪的对象予以明确，其理由不外乎行踪轨迹与公民从事特定活动相关，在公民不希望特定事项被其他人知悉的情况下，行踪轨迹就与所从事的特定事项具有关联性，涉及家庭住址、隐私习惯等，所以理应属于“公民个人信息”的范畴。笔者认为，这种观点值得商榷。将行踪轨迹作为个人可识别性的信息，有过度扩大隐私范围与过度保护之嫌。其一，对一般人而言，上下班等行踪轨迹一般都处于开放状态，任何人通过目视、跟随等方式均可以获得，将其视为隐私与社会大众的普遍认知不符。其二，即使将行踪轨迹纳入隐私的范畴，这种信息的识别度也极低，即使综合公民个人的车牌、工作单位、家庭住址等情况，也并不能完全具体到公民个人。换言之，对于行踪轨迹而言，完全属于间接的信息，不宜纳入刑法的保护范畴。

（二）刑法所保护的公民个人信息应当具有法益关联性

在刑法中规定侵犯公民个人信息罪，其立法目的在于对公民个人信息自由与安全的保护。换言之，我国刑法将侵犯公民个人信息罪规定在侵犯公民人身权利、民主权利这一章犯罪之中，表明立法倾向于保护公民的人格利益，而其中个人的电子邮件，银行账号、职业等信息又兼具财产属性，所以刑法保护公民个人信息，实际上是要保护公民的人格尊严以及财产安全。因此，刑法上的公民个人信息必须是具有法益关联性的信息，侵犯相应的信息会导致公民的人格权和财产受到严重的侵害或者将其置于遭受严重侵害的危险之中。可识别性是所有法律规定的公民个人信息的共同特征，而法益的关联性则是有效区分刑法与其他部门法中公民个人信息界限的标准。[①] 例如，个人姓名、个人病史等信息与人格权有关；银行卡号、密码等与财产权有关，这些法益当然值得刑法保护。而绝大多数的行踪轨迹作为个人信息虽然具有一定的识别性，但是与公民个人法益的关联性不强、专属性较弱，不宜都作为刑法中的公民个人信息。

综上，“公民个人信息”是指与公民本人（包括监护人、法定代理人）身份密切相关的能够影响其人身权利或者财产权利的资讯。在立法时不宜采取列举式规定，宜采取概括式立法，换言之，立法应当从实质上界定公民个人信息的范围。

二、“公民个人信息”之司法检视

笔者通过检索“北大法宝”数据库，以“侵犯公民个人信息案”作为关键词检索，共检索出 91 起案例。为确保实证研究的准确性，笔者将搜索范围限定在一审范围内，共获得有效案例 85 件。这些案例样本来自上海、广东、浙江、福建等省、自治区、直辖市。其中，上海市与浙江省发生的侵犯公民个人信息的案件明显高于其他省份，分别是 21 件和 20 件，占案件总数的 48%左右。为了更直观地反映“公民个人信息”在我国司法实践中的认定情况，笔者拟通过列表的方式，通过分

① 参见叶良芳、应家赟：《非法获取公民个人信息罪之“公民个人信息”的教义学阐释——以〈刑事审判参考〉第 1009 号案例为样本》，载《浙江社会科学》2016 年第 4 期。

析“北大法宝”发布的10个典型案例进行对比分析，以期得出司法实践在此问题上的共性认识（案例见下表）。

典型案例	公民个人信息种类	犯罪概况
韩某等侵犯个人信息案	新生儿信息	2014年年初至2016年7月，上海市疾病预防控制中心工作人员韩某利用工作便利，进入他人账户窃取上海市疾病预防控制中心每月更新的全市新生婴儿信息（每月1万余条），并出售给黄浦区疾病预防控制中心工作人员张某某，再由张某某转卖给被告人范某某。直至案发，韩某、张某某、范某某非法获取新生婴儿信息共计30万余条
章某某等诈骗、侵犯公民个人信息案	通过互联网非法购买公民个人信息12555条	郭某某利用其原在某信息技术服务公司工作的便利和通过QQ群交换等途径，非法获取楼盘业主、公司企业法定代表人及股民等的姓名、电话、住址及工作单位等各类公民个人信息共计185203条，上传存储于“腾讯微云”其个人账户内。后通过QQ群发布信息，将上述非法获取的公民个人信息出售给他人，从中非法获利人民币4000元
籍某某、李某某侵犯公民个人信息案	公安系统内公民个人信息3670余条	2015年9月至2016年4月，被告人籍某某身为高邑县王同庄派出所民警，利用其在高邑县王同庄派出所工作的职务之便，使用已调离的前所长段某某的数字证书查询公安系统内公民个人信息3670余条，并通过微信向被告人李某某出售公民个人信息，非法获利共计19840元；被告人李某某将从籍某某处购买的公民个人信息出售给他人，非法获利42185元
张某某、姚某某侵犯公民个人信息案	利用恶意程序批量非法获取网站用户个人信息（包含用户姓名、手机号码、住址等内容的订单信息）	2015年6月，被告人张某某在登录浏览“魅力惠”购物网站时发现，通过修改该网站网购订单号可以查看到包含用户姓名、手机号码、住址等内容的订单信息。为谋取利益，张某某委托他人针对上述网站漏洞编制批量扒取数据的恶意程序，在未经网站授权的情况下，进入该网站后台管理系统，从中非法获取客户订单信息12503条，通过QQ等联络方法将上述客户信息分数次卖给被告人姚某某，获利人民币5359元。被告人姚某某购得上述订单信息后，又在网络上分别加价倒卖从中牟利

续表

典型案例	公民个人信息种类	犯罪概况
周某某等侵犯公民个人信息案	学生信息	2016年4月，被告人周某某向他人购买浙江省学生信息193万余条。后被告人周某某将其中的100余万条嘉兴、绍兴地区的学生信息以6万余元的价格出售给被告人陈某某，将45655条嘉兴地区的学生信息以3500元的价格出售给被告人刘某、陈某、周某，将7214条平湖地区的学生信息以1400元的价格出售，将2320条平湖地区的学生信息以500元的价格出售，共计非法获利65400元。此外，2016年4月，被告人刘某、陈某、周某以3000元的价格向他人购买嘉兴地区学生信息25068条
鲁某等侵犯公民个人信息案	公民个人信息	2014年以来，犯罪嫌疑人鲁某利用QQ群寻找出售公民个人信息的网友，向王某等人购买大量公民个人信息，通过QQ传输信息、支付宝转账、银行转账等方式进行交易。鲁某将获取的公民信息，按照类别通过QQ卖给一些电话促销人员，其中卖给王乙8万余条，非法获利6万余元。犯罪嫌疑人王甲通过QQ向他人购买“快递提取”软件程序，批量下载公民的快递订单信息10万余条
丁某某侵犯公民个人信息案	住宿记录	被告人丁某某通过在不法网站下载的方式，非法获取宾馆住宿记录等公民个人信息，并上传至自己开办的“嗅密码”网站。该网站除了能够查询住宿记录外，还提供用户QQ、部分论坛账号及密码找回功能。其中住宿记录共有将近2000万条
赵某某等侵犯公民个人信息案	公民个人信息	被告人赵某某在广东省深圳市链家房地产经纪有限公司（以下简称链家地产）工作，系该公司南山商业大区总监。为发展其个人业务，赵某某先后以向他人购买、索取的方式非法获取大量的公民个人信息，并将其非法获取的大量公民个人信息提供给链家地产的员工使用
沈某等侵犯公民个人信息案	公民个人房产信息	沈某利用帮助南通市房产管理局信息中心维护房产销售系统的便利，私自导出该系统中的公民个人房产信息，并以电子邮件的方式向余某某非法提供上述信息22993条

续表

典型案例	公民个人信息种类	犯罪概况
黄某侵犯公民个人信息案	学生信息	被告人黄某在温州市鹿城区鹿城路凯鸿大厦一楼开办百成教育中心期间，为了招揽生源拓展业务，通过 QQ 聊天的方式与他人联系购买学生信息

通过上述案例可知，司法实践中侵犯公民个人信息中的犯罪对象主要分为三类：(1) 身份信息，即通过该信息直接能够识别公民身份的信息，从上述案件可以得知，这是侵犯公民个人信息罪中最常见的一类“公民个人信息”，典型的如黄某侵犯公民个人信息案；(2) 社会信息，是指在公民社交过程中所产生的公民个人信息，主要包括消费信息、投资记录等，典型的如沈某等侵犯公民个人信息案；(3) 隐私信息，案例中表明这类信息主要包括住宿信息、医疗信息等，典型的如丁某某侵犯公民个人信息案。从上述案件可以得出，司法实践中在审理侵犯公民个人信息案件时，对于何谓公民信息并未进行任何形式的限制解释，而主要考虑能够通过该信息确定公民身份，能够确定公民身份的信息司法实践中就认定为本罪的公民信息；反之，则不构成，虽然这种认定方式有时存在扩大侵犯公民个人信息罪适用范围之嫌，但是在目前我国缺乏专门的保护公民个人信息法律的背景下，该做法能够起到打击犯罪保护公民个人信息安全的作用。

三、“公民个人信息”之司法认定

通过对 85 件案件样本进行分析发现，司法机关在审理侵犯公民个人信息案件中对于“公民个人信息”适用的认定标准存在差异。从 85 件案例样本中，总结其裁判逻辑，结合前述理论界定的观点，完全可以进行实证主义的修正，以获得一套行之有效的司法认定标准，这样得出的结论会弥补单纯理论性结论不足以指导实践的缺陷，也可以给司法实践提供指导。

本罪的判决案例已经表明，司法机关在“公民个人信息”的认定上已经形成了一定的共识，界定“公民个人信息”主要依据以下几个标准：

第一，专属性。即可识别性，是指信息属于特定公民个人，能够反映公民个人的情况，并且通过该信息能够有效识别出特定公民。在案例样本中，无论个人的信息呈现何种形式，司法机关总是能够通过相关的信息比对来获知被害人的情况。不过，实践中多数侵犯公民个人信息的案件涉及公民个人信息的数量巨大，司法机关往往采取信息抽查的方式确认个人信息的有效性。[①] 这种方式虽然存在一定的疏漏，但是司法机关完全可以验证侵犯公民个人信息罪的犯罪发展全过程，即获取公民个人信息—使用公民个人信息—对他人的人身权益或者财产权益造成实际性损害或者

① 参见张玉洁：《论“非法获取公民个人信息罪”的司法认定》，载《华东政法大学学报》2014 年第 6 期。

威胁。这一过程也证明了个人信息认定的重要标准——专属性。当然这类信息呈现出两种样态：单项专属信息与组合专属信息，通过案例可知，单项专属信息与组合专属信息，单项专属信息多以身份信息为主，通过这一信息就可以确定公民的身份，多为身份信息，如照片、姓名、性别、身份证号码、护照号码、教育信息等；组合专属信息多以社会信息为主，这部分信息需要其他信息与之关联才能够明确公民身份，如姓名+身体特征、姓名+社会活动等。不过，在司法实践中，如果仅仅以专属性作为认定“公民个人信息”的标准会存在一定的困境，导致侦查成本过高，公安机关与检察院很难利用技术手段甄别哪类信息对被害人具有实质影响，即使可以甄别，也无疑要耗费巨大的人力、物力与时间成本，鉴于此，专属性只能作为确定公民个人信息范围的认定标准之一，换言之，理论界提出的可识别性理论并不能完全指导实践，不能作为唯一标准，只能作为参考标准。

第二，重要性。此类信息关乎公民人格、尊严以及财产安全。与专属性类似，重要性信息同样可以进一步将其划分为生理性信息与社会性信息。生理性信息是指与公民个人身体、心理、精神状况等相关的信息，如身高、病史、年龄等影响公民个人人身财产权利与财产权利的信息，个人爱好、性格特点等不具有私密性与重要性的个人信息不应成为本罪中的“公民个人信息”。社会信息是指与公民的社会地位、社会关系密切相关的信息，如公民的身份证号码、个人联系方式、个人财产情况、家庭住址等信息。之所以将重要性作为“公民个人信息”的认定标准，原因在于：几乎全部的案件样本都显示，个人信息之所以被交易，重要性是其中的主要原因。假设甲购买了一套住房，那甲的个人信息对于贷款公司经营者乙而言就具有重要性，对于装修公司经营者丙同样。但是对于计算机销售者丁而言显然不具有重要性。乙、丙就有可能成为个人信息交易过程中的活跃者。可见个人真实有效的信息对于特定人员而言能够产生经济效益等收益时，个人信息的重要性随之体现，因此司法机关在衡量一信息是否是“公民个人信息”时，应当在专属性的基础上，考虑其是否具有重要性，将重要性作为其判断的依据之一。

第三，私密性。是指公民个人不希望这些信息被公众知悉。亦称非自愿扩散性。根据案例样本体现出来的结果分析可知，个人信息可以分为公开信息与隐私信息两类。公开信息是指部分人知晓，但是本人不希望过度被知悉的个人信息，如工作单位、家庭住址，这一类信息对于公民不希望知悉的群体仍然具有私密性；隐私信息，顾名思义是公民不希望他人知悉并扩散的个人信息，如住宿记录、病史等。但是获悉上述信息并加以扩散侵犯上述两种信息都是对公民个人信息的侵犯。由此，私密性也就成为“公民个人信息”的司法认定标准之一。即使是公开的信息，个人对于其扩散性也仍然具有决定权。在非经本人授权同意的情况下，任何组织和个人并能够使用该信息谋取利益，当然基于国家安全、公共利益予以使用的除外。鉴于此，人权保护与司法实践中案例所折射出的侵权现状，在如何判断一信息是否构成“公民个人信息”时，不宜采取单一标准，而是应当从专属性、重要性、私密性角度对信息进行综合判断。

刑法中"非法获取公民个人信息"的认定

薛剑祥[*]　黄　志[**]

对侵犯公民个人信息行为的刑事立法化，是信息时代对公民个人信息保护的需要，体现了刑法关注民生和社会实际需求的导向。2009年《刑法修正案（七）》增设刑法第二百五十三条之一，明确将公民个人信息纳入保护范围之中，规定了出售、非法提供公民个人信息罪和非法获取公民个人信息罪。即非法获取公民个人信息是作为一项独立的罪名而规定的。2015年《刑法修正案（九）》对该条作了修改，取消出售、非法提供公民个人信罪和非法获取公民个人信息罪，统一规定为侵犯公民个人信息罪。其中非法获取公民个人信息是作为侵犯公民个人信息罪的一项罪状而规定的。关于"出售、非法提供公民个人信息"的罪状表述本身较为明确，适用中也有明确的法律依据，而"非法获取公民个人信息"的罪状表述较为简略模糊（其中，窃取的含义是明确的，主要是"以其他非法方式获取"这种较为含糊的概念），理论和实践中也有一些争议。本文即以"非法获取公民个人信息"行为为视角，梳理学说观点，探讨实务认定，评析法律适用，同时提出笔者的一些思考，以期更全面、客观地对该行为作出刑法上的认识和认定。

一、关于公民个人信息的界定

（一）含义梳理

公民个人信息是侵犯公民个人信息罪的对象与载体，其含义决定了刑法对该罪处罚的范围。但从《刑法修正案（七）》至《刑法修正案（九）》的规定来看，对于公民个人信息的含义并不十分清晰。例如，有观点认为此信息仅指国家机关或者金融、电信、交通、教育、医疗等单位的工作人员获得的公民个人信息。也有观点认为，信息应是指履行职责或者提供服务过程中获得的公民个人信息。还有观点认为，应当从保护个人权益的立法目的出发，是指任何符合条件的公民个人信息。①

理论界对公民个人信息的表述主要有两种方式。一是采用列举的方式，如认为公民个人信息包括姓名、职业、职务、年龄、婚姻状况、学历、专业资格、工作经历、家庭住址、电话号码、信用卡号码、指纹、网上登录账号和密码等能够识别公民个人身份的信息。② 二是采用概括式的方式，又有三种观点：一种观点是强调信息的识别性，一切与个人有关的信息，只要能够构成对特定个人进行识别，都构成

* 法学博士，江苏省扬州市中级人民法院院长。

** 法学硕士，江苏省扬州市中级人民法院刑一庭庭长。

① 以上观点参见郝家英：《非法获取公民个人信息罪的理解与适用》，载《中国检察官·经典案例版》2012年第5期。

② 周光权：《刑法各论》（第二版），中国人民大学出版社2011年版，第66页。

下卷·三

法律意义上的个人信息。[①] 另一种观点认为信息具有隐私性，关于公民个人信息犯罪的处罚性取决于行为对个人信息隐私的侵害及其程度。[②] 还有观点注重公民个人信息的关联性，认为公民个人信息是指能直接指明或间接推断出公民个人身份的信息。

（二）目的性解释

关于公民个人信息的界定从文理解释上存在多种可能性。笔者赞同运用目的性解释的方法，综合本罪的法益来对罪状作出合理解释。首先，目的解释具有一定程度的"终局性"，任何解释或多或少均包含了目的解释，当不同的解释方法得出多种结论或者不能得出妥当结论时，最终由目的解释来决定取舍。[③] 其次，在学理上对于对犯罪构成要件的解释结论，必须以法条的保护法益为指导，而不能停留在法条的文字含义上，即解释一个构成要件，首先必须明确该犯罪的法益，然后在刑法用语可能含有的含义内确定构成要件的具体内容。[④] 因此，在刑法解释出现多种解释结论和定义方式上，"犯罪的定性或者类型的内容不明，追求保障人权保护国民利益的处罚范围难以适当划定，在刑罚法规的解释特别是构成要件的解释上，应当从处罚的合理性和必要性这一当罚性实质观点出发"。[⑤] 这种立场即为实质的刑法解释论，遵从目的解释的方法，寻求合理的解释结论。

刑法的目的在于保护法益，法益具有指导构成要件解释的机能。在我国的犯罪构成理论中，法益和犯罪客体的概念是相对应的，犯罪客体是我国刑法所保护的、为犯罪行为所侵害的社会关系或利益。因此，刑法中公民个人信息的含义取决于该类犯罪的保护客体。传统的观点认为关于信息类犯罪侵犯的犯罪客体是公民个人的信息权，是指公民自由支配、控制其个人信息，不容他人侵犯的权利。[⑥] 但是有关公民个人信息的权利在我国法律中并非是一类单独的权利，需要从现行的权利体系中理解信息的权利属性。例如，有的观点认为保护的法益是公民个人的信息自由、安全和私生活权利。[⑦] 有的将本罪列入侵犯民主权利的犯罪中。[⑧] 有的认为公民个人信息权在性质上属于人格权，是人格权中隐私权的具体表现之一。[⑨]

（三）实质界定

2017 年 5 月最高人民法院、最高人民检察院出台《关于办理侵犯公民个人信息刑事案件适用法律若干问题的解释》（以下简称《解释》），其中第一条规定："刑

① 赵辉：《出售、非法提供公民个人信息罪若干问题之思考》，载《云南大学学报》（法学版）2010 年第 6 期。

② 赵军：《侵犯公民个人信息犯罪法益研究》，载《江西财经大学学报》2011 年第 2 期。

③ 张明楷：《刑法分则的解释原理》，中国人民大学出版社 2009 年版，第 34 页。

④ 张明楷：《刑法学》（第 4 版），法律出版社 2011 年版，第 824-825 页。

⑤ ［日］大谷实：《刑法讲义总论》（新版 2 版），黎宏译，中国人民大学出版社 2009 年版，第 88 页。

⑥ 齐爱民：《拯救信息社会中的人格》，北京大学出版社 2009 年版，第 138 页

⑦ 周光权：《刑法各论》（第 2 版），中国人民大学出版社 2011 年版，第 66 页。

⑧ 孙国祥：《刑法学》（第 2 版），科学出版社 2012 年版，第 487 页。

⑨ 董邦俊：《侵犯公民人身权利、民主权利罪立案追诉标准与司法认定实务》，中国人民公安大学出版社 2010 年版，第 398 页。

法第二百五十三条之一规定的‘公民个人信息’，是指以电子或者其他方式记录的能够单独或者与其他信息结合识别特定自然人身份或者反映特定自然人活动的各种信息，包括姓名、身份证件号码、通信通讯联系方式、住址、账号密码、财产状况、行踪轨迹等。”笔者认为，个人信息是一个难以进行周延的概念，其范围、形式、内容可谓包罗万象。而依照刑法谦抑的理念，刑法界定的个人信息必须以保持信息的自由流通和保护个人信息之间的均衡为限。因此，可以从保护法益并结合《解释》规定，来界定刑法所保护的个人信息。首先，信息犯罪保护的法益应是公民的隐私权，即犯罪对象应是反映公民隐私权的个人信息。其次，根据《解释》规定，公民个人信息应“能够单独或者与其他信息结合识别特定自然人身份或者反映特定自然人活动”。由此可提炼出刑法所保护的公民个人信息应具有两项实质特征：隐私性和识别性。隐私性是关于公民个人信息本质性的界定，识别性则是对刑事可罚性的限制界定。

二、对“非法获取”的认定

实践中获取信息有多种形态。从主观动机目的方面考察，如为了商业营销、追索债务、调查隐私，甚或是为了实施诈骗、敲诈等违法犯罪行为。从获取方式手段考察，有购买、下载或者非法手段如窃取等。从获取后的用途考察，包括正当合法用途和不正当非法用途。上述形态中，有的为合法形态，有的属于明显违法，也有的非法性不甚明显。[①] 刑法第 253 条之一第 3 款规定，窃取或者以其他方法非法获取公民个人信息的，依照侵犯公民个人信息罪予以处罚。那么何谓“非法”就成为关键问题。

（一）“非法”的认定标准

刑法中存在诸多使用“非法”字眼的词语，如非法吸收公众存款、非法行医、非法经营等。考察和推敲这些带有“非法”前缀的词语，如非法吸收公众存款是违反了吸收公众存款应具有金融机构资质的刑法之外的其他法律规定，非法行医是违反了行医应具有医疗资质的刑法之外的其他法律规定，非法经营是违反了经营应取得相应资质的刑法之外的其他法律规定。可以发现，这些“非法”的含义实际上均等同于“违法”一词，并且是违反了刑法之外的其他法律规定。那么，刑法之外的其他法律有没有对获取公民个人信息做出限制性规定呢？答案是肯定的。我国《网络安全法》第四十四条规定，任何个人和组织不得窃取或者以其他非法方式获取个人信息，不得非法出售或者非法向他人提供个人信息。在这里，窃取的含义是明确的，但《网络安全法》和刑法同样规定了“以其他非法方式”这种含糊的概念，仍未解决学术界及实务中的理解分歧。

一种观点认为，这里的“非法”并非指获取手段或者方法行为的性质，而是指行为人的获取行为在本质上是非法的，即行为人没有获取公民个人信息的法律依据

---

① 关于获取公民个人信息的常见形态的分类，可参见吴昊：《对近几年非法获取公民个人信息罪的研判分析》，载《法制与经济·热点分析》2014 年第 11 期（总第 397 期）；另可参见马瀚、黄炎霞：《非法获取公民个人信息犯罪侦查研究》，载《湖北警官学院学报》2014 年第 4 期（总第 151 期）。

或者资格而获取相关个人信息的，就可能构成犯罪。[①] 笔者认为，这种解释过于宽泛，会导致打击范围过大。譬如，当前许多商家在给顾客办理会员卡时都会登记顾客的姓名、住址、手机号码等个人信息，这些商家有什么法律依据或者资格获取公民相关个人信息呢？依照该观点就可能构成犯罪。也有观点认为，其他方法是指与窃取具有相当社会危害性的方法，例如，通过收买、欺诈、胁迫等方式获取公民个人信息。[②] 这种观点虽严格解释刑法，但因其限定的范围较为狭窄而易受诟病，并且与“窃取”方式相当的方式具体包括哪些，恐怕仍有争议。

笔者认为，判断某行为是否非法，可依据以下三项标准：其一，当法律对某行为有禁止性规定时，实施该行为即为违法，同时当然也是非法，此时不需考虑行为者的主观动机为何。其二，当法律对实施某行为规定了限制性条件时，如果在未满足相应条件的情况下实施该行为，则为违法行为，同时当然也是非法行为。该标准可以理解为标准一的衍生形态。其三，当法律对某行为没有表明态度时，则应考虑行为者是以何主观动机实施该行为的，行为非法与否是由行为者在实施该行为时的主观动机恶意与否决定的，主观动机是善良的，行为则不具有非法性，主观动机是恶意的，行为则具有非法性。[③]

（二）具体行为的认定

1. 购买后用于商业营销

《解释》将为合法经营活动而非法购买、收受公民个人信息的行为入罪，司法实践中即出现了这样的案例。《检察日报》近期刊登的题为“公民个人信息，买也犯法！”的案例[④]即为典型，该案例中张某因为推销保健品通过网络向他人购买7000余条公民个人信息而被逮捕。从学术讨论的层面来讲，笔者认为《解释》的规定及司法实践中的做法值得商榷。即使前述对“非法”一词进行宽泛解释的观点也承认，购买、获赠等自身不具有非法性质或者属于比较中性的方法。[⑤] 而购买后用于商业营销，其直观的结果是使他人受到打扰，有些人一接到商业营销电话会挂断，也有些人接听后会产生购买商品或服务的意愿。由此看来，购买后用于商业营销的行为，一方面其获取方式的违法性存在争论，另一方面该行为并不当然存在严重的社会危害性。因此，将该获取方式入罪的必要性、正当性、合理性均值得商榷。

2. 自行收集、下载

此种行为从表面上看是中性的，不具有非法性。但如果行为人怀有非法利用的恶意（如拟用于转售牟利、实施诈骗等不正当用途），则其行为具有非法性，应认

---

① 赵秉志：《公民个人信息刑法保护问题研究》，载《华东政法大学学报》2014年第1期。

② 时延安、王烁、刘传稿：《中华人民共和国刑法修正案（九）理解与适用》，人民法院出版社2015年版，第173页。另参见吴章科：《非法获取公民个人信息罪的具体认定》，载《公民与法·审判版》2015年第1期。

③ 参见谷曼青、虞玲玲：《非法获取公民个人信息罪的认定》，载《人民司法·案例》，2015年第20期。

④ 《公民个人信息，买也犯法！》，载《检察日报》2017年7月12日第8版。

⑤ 赵秉志：《公民个人信息刑法保护问题研究》，载《华东政法大学学报》2014年第1期。

定为刑法中的“非法获取公民个人信息”行为。如果行为人收集信息是为了用于科研、统计等正当用途，其行为则不具有非法性，因而也不具有刑事可罚性。

3. 提供服务过程中获取

在提供服务过程中，服务提供者得以接触到公民个人信息，其接触行为是基于服务行为产生的，具有合法性，但是接触合法不等于可以合法取得他人信息，其未经服务对象允许擅自将接触到的信息私自记录保存下来的行为等同于法律规定的窃取行为，而窃取行为属非法，故该种行为是非法的。

4. 偶然捡拾

偶然捡拾载有他人信息的载体如 U 盘后利用，捡拾获取方式本身不具有非法性，这种方式与主动追求公民个人信息的行为相比具有被动性、偶然性的特征。但捡拾到遗失物后具有归还失主或上交国家的法律义务，因此捡拾的后续行为也具有法律意义，值得关注。如果行为人捡拾到恰好对自己有用的信息，没有归还或上交而是自行使用，这种行为是否具有刑事可罚性呢？根据前述标准，捡拾者在捡拾到 U 盘这个时间点，其主观上并没有恶意可言，因此捡拾获取方式不应属于“其他非法方法”，这种行为和民事中拾得遗失物不归还失主而为己所用并没有实质性区别，因而只产生民事责任，不应产生刑事责任。

5. 后续获取

获取行为可分为初次获取行为和后续获取行为，如果初次获取行为是非法的，是否意味着后续获取行为也是非法的呢？例如，夫妻一方委托私人侦探调查另一方的隐私，私人侦探通过非法方式获取了被调查对象的信息，然后交予委托方，委托方由此在离婚诉讼中主张对方存在过错并请求损害赔偿。此时，委托方付费取得信息的行为是否是非法的呢？笔者认为，私人侦探的非法获取信息行为不等于委托方的非法取证行为，委托方从私人侦探处取得信息的主观动机是为了调查配偶是否对婚姻存在过错，其主观动机很难说是恶意的、不正当的。由此决定其取得信息行为并不当然具有非法性。在司法实践中，私家侦探易因非法获取公民个人信息而入罪的案例常见诸报端①，但未见到作为委托方因此入罪的案例，亦可看出司法实务中对委托方入罪是持慎重态度的。

三、基于案例的法律适用评析

在上文对公民个人信息的含义界定、非法获取行为的认定进行论述的基础上，结合案例，对实践中办理非法获取公民个人信息刑案的一些常见法律适用问题进行评析。

（一）对公民个人信息的隐私性、识别性的理解

【案例 1】朱某某、徐某某等人非法获取公民个人信息案

2010 年 9 月，被告人朱某某在广东省肇庆市恒讯网络科技有限公司工作期间，

① 《非法获取公民个人信息　北京两“私家侦探”分别获刑》，载《人民法院报》2010 年 12 月 17 日第 3 版。

开设了网址为www.17s.cm的网站从事刷钻等业务。2011年8月，该网站会员被告人徐某某经与被告人朱某某商议，在www.17s.cm网站开设“快递单出售”模块，由被告人徐某某提供上海圆通速递有限公司快递单信息在网站上以每条人民币0.9元的价格向他人出售，双方约定获利分成。自2011年8月27日至2013年6月21日，www.17s.cm网站向他人出售圆通公司快递单信息共计136727条，被告人徐某某、朱某某等人非法获利人民币10余万元。[①]

刑法保护的公民个人信息应当具有隐私性和识别性。隐私性如个人的生理状态、遗传特征、经济状况、家庭住址、身份证号码、住宅电话号码等。而生活中常常公开的姓名、性别、普通工作单位一般不属于公民个人信息。[②] 识别性是个人信息与信息主体存在客观确定的可能性，即信息能够直接或者间接地指向确定的主体。如果仅是单个信息难以反映特定主体的身份，则不能认定为本罪的犯罪对象，只有一项信息或者多项信息组合具有特定指向，既能与主体发生关联同时能够识别出个体身份时，才能认定为刑法中的公民个人信息。就本案而言，被告人出卖快递单号仅仅是为了形成虚假的完整交易链，提高淘宝网店虚假业务量，其行为并没有指向特定的主体，亦不能识别特定的公民个人。因此，笔者认为，该案例中被告人的行为认定为非法获取公民个人信息，是值得商榷的。

（二）非法获取公民个人信息行为与其他行为的竞合

【案例2】谢某某、张某某非法获取公民个人信息案

2013年6月，河北省××市××汽车修理厂员工被告人谢某某唆使××集团物流公司司机被告人张某某窃取××集团物流公司驾驶员驾驶证欲冒名为他人车辆处理交通违法罚分，并承诺支付好处费。后被告人张某某从××集团物流公司窃得62名驾驶员驾驶证、身份证复印件交予被告人谢某某。被告人谢某某冒用上述驾驶员驾驶证、身份证复印件，为其他交通违章车辆办理交通违法罚分业务，从中非法牟利。该行为导致驾驶员不能正常工作，严重影响了该公司的运输生产。[③]

驾驶证、身份证等属于国家证件，且证件信息中也具有个人信息，如果实施买卖、窃取驾驶证、身份证等并对证件中的信息加以利用的行为，既可能构成买卖、盗窃国家机关证件罪，也可能构成非法获取公民个人信息罪。此时，应按照想象竞合犯处理，从一重罪处罚。在这类案件中，如证件数量较庞大，应按照买卖、盗窃国家机关证件罪的加重情节处罚；在情节较轻时，按照量刑幅度比较，应按照非法获取公民个人信息行为进行处理。本案例中，被告人的行为均是以非法获取公民个人信息犯罪处理。

（三）对获取的信息中存在虚假信息的处理

【案例3】被告人汪某、徐某等非法获取公民个人信息案

2013年5月至10月，被告人汪某为获取电话信息资源做电话营销业务，在互联网上通过购买、交换等非法手段获取车主、股民、小区业主、投资人、家长等类

① 上海市第二中级人民法院（2014）沪二中刑终字第571号。

② 张明楷：《刑法学》（第4版），法律出版社2011年版，第824-825页。

③ 天津市第二中级人民法院（2014）二中刑初字第127号。

型的公民个人信息共计1753436条，后通过QQ向被告人徐某出售。被告人徐某获取信息后又向其他人出售。在本案审理过程中，辩护人提出上述获取的信息中存在许多虚假信息，对此检察机关提供了抽样核对信息，对真假信息进行概率统计，作为量刑参考。①

在一些非法获取公民个人信息案件中，出现了传播、使用虚假个人信息的情形或者包含部分虚假的个人信息。从公民个人信息的形式上讲，虚假的信息难以归入本类犯罪对象之内，但从实质解释的角度出发则应区分情况。如果信息全部为虚假，则不属于本罪规制的对象，按照可能构成的其他犯罪处理。如果发现非法获取的信息中有真假信息并存的情形，仍应按照获取信息总数量计算，不需要特别甄别真假信息，因为行为人在非法获取他人信息的意图支配下实施的行为，即使有虚假的个人信息，也仍然有可能结合其他信息指向特定个人，对个人隐私安全造成危害。况且，公民个人信息具有时效性，处于不断变化、更新之中，如年龄、受教育情况、财务状况、职业经历、住址、手机号码等会经常变更。如果严格按照信息数量进行逐个甄别计算不仅耗费司法资源，在技术操作上也难以核查全部信息虚假，不利于对犯罪的处理。因此，仍应以信息问题计算犯罪数量，对于可能存在部分虚假信息的情形，可以采取抽样核对的方式进行概率统计，作为量刑的参考。

四、对刑法规制的必要性及介入程度的思考

现代社会是信息社会，公民个人信息在受到刑法保护的同时，基于信息传播的需要、特定行业的发展及多方面法益平衡的考量，必然也要受到一定程度的限制。如果不当扩大打击面，将社会危害性不大的行为列入犯罪行为，则有违刑法谦抑精神，亦会产生负面效果。

（一）对《解释》将"购买、收受、交换"公民个人信息行为入罪的评价

1. 违反国家有关规定

《解释》第四条规定，违反国家有关规定，通过购买、收受、交换等方式获取公民个人信息，或者在履行职责、提供服务过程中收集公民个人信息的，属于刑法第二百五十三条之一第三款规定的"以其他方法非法获取公民个人信息"。笔者认为，第四条中"违反国家有关规定"语焉不详，指向不明，实务中还较难操作，难以证明行为人究竟是违反了国家的哪项规定。如果没有违反国家有关规定或者目前没有相关规定，那么后面的行为当然不应该属于"以其他方法非法获取公民个人信息"。

2. 非法购买、收受

《解释》第六条使用了"非法购买、收受"一词。这里的购买、收受方式相较于其他不具有可罚性的获取方式如自行收集方式有何不同？购买、收受方式体现出怎样的主观恶性，其可罚性在哪里？

就购买来说（笔者认为，交换和购买都是付出对价取得标的物，只不过购买是

---

① 江苏省扬州市广陵区人民法院（2014）扬广刑初字第00331号刑事判决书。

钱物交易，交换是物物交易，二者没有本质的区别，故不对交换单列讨论），首先，意味着购买的对象具有稀缺性。空气、阳光不需要购买，人人都可以获取，因为其不具有稀缺性。公民个人信息显然具有稀缺性，不是随意可以获得的，那么是由于购买具有稀缺性的公民个人信息使其具有非法性质因而具有可罚性吗？当然不是，因为黄金、钻石均具有稀缺性，却人人可以购买并不违法，如果是法律不允许购买之物，自会做出明确规定。其次，购买具有收买的含义，而收买在某些场合带有贬义，那么是由于购买的贬义色彩使其具有非法性质因而具有可罚性吗？倒也不是，因多数购买行为均无贬义色彩，除非法律严禁，而刑法之外的法律并没有对购买公民个人信息的行为做出否定性评价。再次，有的物不可以随便购买，如枪支，因为其属于违禁品，那么公民个人信息是违禁品吗？显然也没有法律作出这样的规定。最后，公民个人信息和枪支的性质不同，法律之所以禁止购买枪支，是因为枪支具有危险性，极易被购买者用于违法犯罪。而购买公民个人信息，大多数情况并不是用于违法犯罪，如果购买后用于诈骗等犯罪，自有诈骗罪等罪名进行规制。因此，将购买公民个人信息的行为视为非法并用刑法进行规制的必要性还不甚明晰。

就收受来说。首先，收受通常理解为一方提供，一方接收，接收方的行为称为收受。至于收受是否付出对价，是以对方无偿赠予的方式收受，还是以购买的方式收受，或是以交换的方式收受，似乎没有限制。可见，“收受”一词的含义更为宽泛，囊括了大多数获取公民信息的行为。其次，收受是否需要明知提供方为何人，是否需要和提供方有意思联络？如果不知道提供方是谁，和提供方没有意思联络，是否可以认定为收受？譬如，行为人在论坛上发布希望得到某方面公民个人信息的帖子，某人看到这个帖子，出于同为论坛中人之互助考虑，无偿向行为人邮箱发送了某方面的公民个人信息，对行为人能否认定为收受？因此，实践中有必要限制收受行为的入罪，不应将“收受”一律认定为“非法获取”。

（二）基于新闻传播需要对公众人物个人信息保护的限制

《解释》规定，将在履行职责或者提供服务过程中获得的公民个人信息出售或者提供给他人的，其入罪的数量或者数额相较于普通行为人减半掌握。此项规定对于新闻媒体行业而言则有一定的特殊性，一方面，该从业人员基于其工作性质和职业需要，对公众人物信息的采访报道必然需要获取被采访者较多的个人信息，特别如娱乐新闻记者对明星个人信息的追踪报道等。另一方面，作为公众人物，在其个人隐私权受尊重保护的同时，客观上也会比一般社会公众具有更高的个人信息开放度。因此，对该特定职业行为在判定其刑事违法性时，需要考虑其传播目的、报道方式、信息隐秘程度、对当事人影响后果等因素，综合判断是否属于情节严重。

（三）涉嫌违法者个人信息保护的限制

为推进解决执行难困境，最高人民法院于 2013 年 7 月出台并于 2017 年 1 月作出修改的《关于公布失信被执行人名单信息的若干规定》，其中第六条规定，记载和公布的失信被执行人名单信息包括自然人的姓名、性别、年龄、身份证号码，被执行人失信行为的具体情形，人民法院认为应当记载和公布的不涉及国家秘密、商业秘密、个人隐私的其他事项等。第七条规定，可以将失信被执行人名单通过报纸、广播、电视、网络、法院公告栏等其他方式予以公布，并可以采取新闻发布会或者其他方式定期向社会公布。上述规定即是体现了司法机关对有能力而拒不履行生效裁判法定义务的被执行人信息保护的一种限制。

（四）特定行业发展对公民个人信息保护的限制

在法治社会，通过法律程序解决问题无疑是民众解决纠纷的首选，但其中也存在程序相对复杂、成本过高、时效不及等缺点。当今许多西方国家有着完备的法律制度，而同时私人侦探调查业也非常成熟。私人侦探调查业以商业的逻辑处理社会问题，涉及社会生活的诸多方面，在某种程度上会有更高的服务效率，也会在很大程度上减轻司法机关的压力。例如，在执行难案件中，有的案件当事人会行使私力救济，自行或借助第三方调查被执行人的财产和行踪等个人信息。目前，我国对私人侦探调查业的立法仍是空白，实践中该行业处于灰色地带，也极易因非法获取公民个人信息行为而涉罪。但也如上文所述，私人侦探的非法获取行为不等于委托方的非法取证行为，司法实务中对委托方入罪还是持慎重态度的。在上述执行难案件中也应区分情形，如果是被执行人恶意躲避执行、抗拒执行的情况，则有必要对被执行人的个人信息保护加以限制，对债权人或第三方通过非明显非法方法获取被执行人个人信息，且使用目的是诉讼执行行为的，应当考虑在一定程度上予以刑事豁免或限制。当然，从社会发展需求的长远角度考察，对私人侦探调查行业不是简单禁止而是进行规范管理或是可行途径。

非法获取公民个人信息的认定

王彦青*

《刑法修正案（七）》将非法获取公民个人信息罪列为侵犯公民个人信息安全犯罪的具体罪名，体现出刑法立法对个人信息保护的加强，填补了立法空白。《刑法修正案（九）》对非法获取公民个人信息罪的有关规定做了进一步完善。2017年6月1日起开始实施的最高人民法院、最高人民检察院《关于办理侵犯公民个人信息刑事案件适用法律若干问题的解释》是对侵犯公民个人信息犯罪立法的跨越式进步，具有现实的指导意义。但是在实践中仍然存在诸多问题，需要进行探讨和厘清。

一、公民个人信息的界定

非法获取公民个人信息罪的犯罪对象是公民个人信息，如何对该罪名进行界定？首先应当厘清犯罪对象即何为公民个人信息。个人信息是直接或间接识别某个人的符号序列，但是由于个人信息的多样性、不稳定性，对个人信息进行具体的界定十分困难。

（一）公民个人信息界定的立法比较

1. 欧盟对公民个人信息的界定

1995年欧盟出台的《数据保护指令》第2（a）条，“个人数据是指，与一个身份已被识别或者可被识别的自然人相关的任何信息；身份可被识别的人是指，其身份可以直接或者间接，特别是通过身份证号码或者一个或多个与其身体、生理、精神、经济、文化或社会身份有关的特殊因素来确认的人。”①《数据保护指令》在欧盟内确立了个人信息保护的最低标准，充分保护了欧盟公民的个人信息安全。“个人数据”的定义尽可能概括，这有利于充分涵盖适用范围，灵活法律适用。但是这一规定过于抽象，自由裁量权过大容易在实践中出现争议。

2. 台湾地区对于个人信息的界定

为避免立法过于宽泛，一些国家和地区采取了列举的方式来具体地对个人信息进行定义。我国台湾地区“电脑处理个人资料保护法”规定：“个人信息指自然人之姓名、出生年月日、身份证统一编码、特征、指纹、婚姻、家庭、教育、职业、健康、病历、财务情况、社会活动等足以识别该个人之资料”。② 但是由于信息的类型多样，无论采取何种方法进行列举，有所疏漏也在所难免，将会限制个人信息

* 诸城市检察院党组书记、检察长。

① 杨会永：《个人信息概念的界定及法律应用》，载《重庆社会科学》2009年第9期。

② 李震山：《电脑处理个人资料保护法之回顾与前瞻》，载《国立中正大学法学集刊》2000年第14期。

保护法的调整范围。

3. 日本对个人信息的界定

日本刑法专设“侵犯秘密罪”一章，其中第三百一十七条规定：“从事医疗业务、法律业务、会计业务或者其他基于与委托人的信赖关系而知悉他人秘密的业务的人或者其辅助者，或者曾经处于这种地位的人，无正当理由，泄露就其业务所知悉的他人秘密的，处一年以下惩役、禁锢或者二十万以下罚金。”[①]“就其业务所知悉的他人秘密”，这一规定过于简练，概念不准确，司法实践中往往难以做到准确使用。日本的《个人信息保护法》对“个人信息”做了进一步明确规定，将“个人信息”定义为：“姓名、出生年月及其他可识别特定自然人的有关信息。”[②]不同国家和地区在不同时期对个人信息的定义存在差异，随着一系列新生事物的出现，个人信息的定义不断得到丰富。同时从欧盟、日本和我国台湾地区的相关规定可以得出一个共同点就是可识别性特征在个人信息的定义中不可或缺。

（二）中国立法对公民个人信息的界定

《刑法修正案（七）》和《刑法修正案（九）》分别对侵犯公民信息犯罪做了规定和完善，但是对于公民个人信息的概念并未作出明确界定，司法实践中难以找到明确依据。2017 年 6 月 1 日起开始实施的最高人民法院、最高人民检察院《关于办理侵犯公民个人信息刑事案件适用法律若干问题的解释》对此有了历史性进步，该解释第 1 条明确：刑法第 253 条之一规定的“公民个人信息”，是指以电子或者其他方式记录的能够单独或者与其他信息结合识别特定自然人身份或者反映特定自然人活动情况的各种信息，包括姓名、身份证件号码、通信通讯联系方式、住址、账号密码、财产状况、行踪轨迹等。

（三）公民个人信息的理论研究

1. 公民个人信息的学说分类

隐私说、识别说是理论界的两个主要学说。隐私说的支持者将个人信息与个人隐私相等同，认为只要是与公民个人相关的、不涉及公共利益的、本人不愿意被他人知晓的都属于公民个人信息。[③]美国是采用隐私型界定模式较为典型的国家。隐私说将个人隐私和个人信息两个不同概念相互重叠，混淆了二者的关系，而且缩小了个人信息的范围。

识别说认为个人信息是与个人相关的、具有识别性的所有资料，并列举出姓名、身份证号码、指纹等个人资料属于个人信息。[④]识别说分为直接识别和间接识别，直接识别是通过一个信息就能识别出某个公民，间接识别是通过几个信息相互结合，通过加工处理后来识别出某个公民。采取识别说的典型代表是欧盟。用识别说来定义个人信息，采取了主客观相结合的方法，更有利于公民信息权得到刑法的

① 韩伊婷：《侵犯公民个人信息犯罪中个人信息的界定》，载《检察日报》2011 年 11 月 14 日第 3 版。

② 周汉华：《域外个人数据保护法汇编》，法律出版社 2006 年版，第 366 页。

③ 蒋坡主：《个人数据信息的法律保护》，中国政法大学出版社 2008 年版，第 28 页；陈红：《个人信息保护法律问题研究》，载《浙江学刊》2008 年第 3 期。

④ 齐爱民：《个人资料保护法原理及其跨国流通法律问题研究》，武汉大学出版社 2004 年版，第 5 页。

保护。

2. 个人信息与相关概念的区别

（1）个人信息与个人隐私的区别

个人隐私又称私生活秘密，是指私人生活不受他人非法干扰，私人信息保密不受他人非法搜集、刺探和公开。[①] 个人隐私和个人信息是一种交叉关系。一方面个人隐私具有秘密性特征，不愿为人所知，而个人信息还包括不具备秘密特征的一部分，如姓名、电话号码等一系列公之于众的信息，但是经非法获取使用同样会损害当事人的合法权益，虽然这些信息不是隐私但同样应当受到法律保护。另一方面个人信息具有识别性，部分个人隐私不具有识别性，如个人所患疾病等，不能通过这些个人隐私来确定某个特定的人，因此不应当将个人信息与个人隐私等同。

（2）个人信息和个人数据的区别

数据是信息的表现形式和载体，可以是符号、文字、数字、语音、图像、视频等。数据和信息是不可分离的，数据是信息的表达，信息是数据的内涵。[②] 个人数据是对事物的客观反映，并不需要个人主观进行加工，只是单纯地通过符号对客观事物所具有的各种特征进行描述。而个人信息则是经过一定的加工而且可以被利用的个人数据，个人数据和个人隐私一样没有识别性特征。

二、非法获取公民个人信息的行为方式

（一）外国对非法获取公民个人信息行为方式的相关立法

《德国刑法典》规定的非法获取秘密的行为方式主要包括非法录音、非法窃听、非法开拆他人文件和非法探知他人数据。[③] 美国相关刑事立法对“非法获取”这一行为方式做出了界定，如“采取欺诈方式恶意骗取个人信息”“明知自己没有获知他人个人信息的权利，或者没有得到他人授权，而故意编造非真实身份向某单位骗取他人信息”。加拿大对非法获取公民个人信息的立法比我国相关立法的一点进步之处在于，加拿大立法对不适用该犯罪的情形做出了明确列举，《加拿大刑事法典》第一百八十四条规定：“任何人以电磁、声音、机械或者其他装置，故意监听私人通讯，构成可诉罪，处不超过5年的监禁”，同时本条规定了五种不适用上述犯罪的情形。[④] 虽然各国国情各异，司法实践情况大不相同，但是不能否认国外相关立法有可取之处，应适当借鉴，做到逻辑严密，适用灵活。

（二）中国对非法获取公民个人信息行为方式的法律规定

《刑法》第253条之一第3款规定，“窃取或者以其他方法非法获取公民个人信息的，依照第一款的规定处罚”，第253条之一对非法获取的手段设置了兜底条款，除盗窃以外一切以其他方法非法获取公民个人信息的手段都侵犯公民个人信息，但

① 王利明：《人格权法新论》，吉林人民出版社1994年版，第482页。

② 周里：《公民个人信息刑法保护问题研究——以〈刑法修正案（九）〉为分析范本》，吉林大学2016年硕士学位论文。

③ 张京：《论非法获取公民个人信息罪》，河北师范大学2013年硕士学位论文。

④ 罗文波、冯凡英：《加拿大刑事法典》，北京大学出版社2008年版，第132页。

是这里的“其他方法”也并不是毫无限制，应当与盗窃的社会危害性相当。最高人民法院、最高人民检察院《关于办理侵犯公民个人信息刑事案件适用法律若干问题的解释》对此做出了进一步的完善，第4条规定，“违反国家有关规定，通过购买、收受、交换等方式获取公民个人信息，或者在履行职责、提供服务过程中收集公民个人信息的，属于刑法第二百五十三条之一第三款规定的‘以其他方法非法获取公民个人信息’。”从中可以得出所谓“其他方法”并非仅限于非法手段，而是着重强调“购买、收受、交换”等自身不具有非法性质的手段，只要没有法律依据而获取公民个人信息，侵犯了信息所有人合法权益的都应认定为非法获取公民个人信息，这不仅拓宽了非法获取个人信息的打击范围，而且切实解决了司法实践中的矛盾争议，是对个人信息保护立法方面的重大进步。

（三）对非法获取公民个人信息行为方式的认定分析

随着科技发展，信息的传播方式日渐多样化，正如前文提到的由于个人信息的经济价值在不断提升，以传统的行为方式非法获取公民个人信息的行为越发猖獗，与此同时，非法获取公民个人信息新型的行为方式也随之而来，立法如何及时准确地应对新情况是不变的时代要求。

1. 以窃取的方式获取公民个人信息

顾名思义，窃取即秘密盗取的意思，是非法获取公民个人信息最为常见的侵害手段，窃取不仅包括直接窃取，还包括窃听、录像等方式，对窃取的理解可以对比盗窃罪来进行。首先，窃取个人信息与盗窃罪的主观方面是一致的，都是以非法占有为目的，侵犯了信息所有人对个人信息的占有、使用、收益、处分的权利。但是窃取个人信息可以通过复制的方式来实现双重占有，虽然所有权人并没有丧失占有，但是占有权已经受到侵害，在这种情况下已经构成犯罪既遂。其次，两罪的犯罪对象不同，盗窃的犯罪对象一般是有形的财产，本罪的犯罪对象具有单一性仅针对公民个人信息，是无形的，本身并不具有经济价值，往往需要经过交换才能体现出来。再次，窃取仅限于秘密的盗取，根据张明楷教授的观点，盗窃不仅可以以秘密的方式，还可以公然盗窃，如甲进入瘫痪在床的乙的家中公然地翻箱倒柜，明目张胆拿走乙的5000元钱，甲的行为便构成公然盗窃。最后，窃取个人信息比盗窃罪更能体现新型犯罪的特点，本罪的作案方式更多的是网络交易，催生了私家侦探等新型的犯罪主体，正如以下案例，蒋某为宋女士调查其丈夫的住宿记录、手机通话记录，通过QQ以1万余元实现交易，最终，蒋某因涉嫌非法获取公民个人信息罪被法院判处一年有期徒刑并处罚金2万元，这一典型案例反映出窃取公民个人信息比传统的盗窃罪的实施方式更具有隐秘性，无须当场作案，触及范围广，受害人往往防不胜防，不仅如此对公安机关查获犯罪分子也提出了更大的挑战，危害性可以说一定程度上要大于传统的盗窃罪。

2. 购买、收受、交换等方式

最高人民法院、最高人民检察院《关于办理侵犯公民个人信息刑事案件适用法律若干问题的解释》第四条明确将购买、收受、交换等方式获取公民个人信息列入，与窃取不同，这三种行为方式自身不具有非法属性，但是通过这些方式来获取公民个人信息同样能够对所有权人造成侵害，这一完善是经过司法实践不断检验的结果。

（1）以购买方式获取公民个人信息。首先，购买行为具有极大的社会危害性，购买本身虽不具有违法性，但是不能否认其目的的非法性，购买者在主观上明知是他人的个人信息，购买后会对所有人造成侵害还是肆意购买，具有明显的主观恶意。而且买卖作为对向行为，两者不可避免地相互依存，购买行为的存在很大程度对出售行为起了推波助澜的作用，从根本上刺激了不法分子大肆收集公民个人信息，因此对购买行为具有明显的打击必要性。其次，购买行为虽然有买卖双方的真实意思表示，但是个人信息所有人作为第三人并没有对这一行为进行授权，卖方在没有处分权的情况下将所有权人的信息进行非法处分，买房在没有法律依据的情况下购买个人信息，是对所有权的侵害。最后，本罪的购买行为并非打击一切购买公民个人信息的行为，一切打击犯罪的初衷都是为了保护被损害的合法权益，如果经过个人信息所有权人的真实意思表示后，购买行为则没有侵犯到任何合法权益，因此本罪仅针对非法购买，合法的购买不应受到法律处罚。

（2）以收受方式获取公民个人信息。收受行为和购买行为具有一定的相似性，区别之处在于收受多为被动接受，没有进行金钱交易，不会对不法分子收集公民个人信息产生刺激作用，但是不能因此而否认其社会危害性，收受者主观上都是明知非法性而故意为之，否则不会据为已有并做非法处置。一些消费者由于缺乏保护意识，习惯于将网购的快递单不经涂改便丢弃，但是该行为并不表示对快递单上所列个人信息的丢弃，该个人信息所有权仍然属于原所有权人，在这种情况下，若有人捡到快递单获取到该个人信息并进行非法使用，依然是对信息主体的侵害。

（3）以交换方式获取公民个人信息。首先，信息交换是指交换双方将个人所持有的他人个人信息与对方进行共享，以增加双方的持有信息量。最终还是以侵害信息所有权人的利益为目的，具有非法性。当然本罪的交换只针对交换他人个人信息来非法利用的行为，如果个人信息所有权人互相交换个人信息并不构成犯罪，最简单的例子如互换电话号码。其次，交换行为还有考虑共同犯罪问题，在互换行为中双方互为帮助犯。[①] 交换双方具有相同的犯罪故意，互相起到帮助作用，应当以共犯论处。交换本身就是同价值信息之间的流转，本质上与购买无异。[②] 对交换个人信息的理解也可以参考购买个人信息的情况。

3. 在履行职责、提供服务过程中收集公民个人信息

《刑法修正案（九）》出台之前，虽然非法获取公民个人信息犯罪主体为一般主体，而出售、非法提供公民个人信息犯罪主体却为特殊主体，仅限于“国家机关或者金融、电信、交通、教育、医疗等单位的工作人员”，虽然这一规矩有一定的局限性，缩小了对犯罪的打击范围，但是在某种程度上也可以得出结论就是这一类特殊群对非法侵害公民个人信息有更便利的条件和机会，理应重点防护和打击。基

① 马晓晓：《非法获取型侵犯公民个人信息犯罪问题研究》，华东政法大学 2016 年硕士学位论文。
② 姜凤：《获取型侵犯公民个人信息犯罪问题研究》，杭州师范大学 2016 年硕士学位论文。

于同样的考虑，最高人民法院、最高人民检察院《关于办理侵犯公民个人信息刑事案件适用法律若干问题的解释》第四条也将在履行职责、提供服务过程中收集公民个人信息的情况单独列出，但是并没有对哪类人员进行明确，包括一切在履行职责、提供服务过程中收集公民个人信息的情况，不仅包括公权力单位的工作人员，还包括诸如中介公司、房地产公司等企业的工作人员，虽然公权力单位相比企业能够更容易接触到公民个人信息，但是企业往往更具有利益驱动性，容易忽视自身社会责任以及法律规定，在获取公民个人信息后，做出侵犯公民个人信息的可能性更大，因此将其明确列入法律有极大的现实必要性。

三、获取公民个人信息行为方式的立法完善建议

司法解释对非法获取个人信息的手段进行了完善，有利于司法实践的操作。但是立法始终难以穷尽所有的现实情况，以下对其他几种典型的非法获取方法进行分析。

（一）除盗窃以外如骗取、胁迫等其他自身具有非法性质的获取方式

法律明确列举了盗窃和其他几种自身不具有非法属性的获取方式，还有其他自身具有非法性质的获取方式值得考虑。骗取是指以虚构事实、隐瞒真相的方式，令信息所有人产生错误认识，自愿将个人信息交付给行为人。胁迫是指对知悉他人个人信息的人进行恐吓、威胁，迫使其提供他人个人信息。[①] 行为人基于胁迫行为带来的可能当场兑现或未来兑现的紧迫性危险而产生的负面情绪和精神压制而受制于行为人。[②] 举轻以明重，诈骗、胁迫等方式的主观恶性和对所有权人造成的危害远远大于购买、交换等方式，更有理由将其纳入打击范围。当然自身具有非法性的获取方式也不仅仅限于骗取、胁迫，还包括利诱、夺取等方式，虽然窃取是最为主要的方式，但是不能放弃对其他该类行为的惩处，基于这类行为的严重危害性，立法应当将这一类行为明确列入。

（二）通过合法渠道利用公共资源获取公民个人信息的行为

当前网络发展迅速，利用网络搜索引擎能够查询各种各样的信息，网络下载也成为获取公民个人信息的一种途径。首先，信息所有人既然将个人信息通过网络发布，作为一个有理性的人是可以预见在信息发布后，面对广大的网民和复杂的网络环境，该信息完全有被公众浏览、复制、下载的可能，在已经预见结果的情况下，信息所有人仍然将个人信息公开，可以推定其对公众的浏览、复制、下载等行为进行了授权，因此本文认为单纯在网络上对他人的个人信息进行复制和下载的信息获取行为并不构成侵权。其次，如果是获得互联网上的个人信息是通过破译密码或者其他方法侵入他人账号的行为进行的，就应当认定为本罪的“其他方法”。[③] 在这种情况下，信息所有人通过加密的方式对个人信息进行保护，可以推定信息主体有不愿将个人信息公之于众的意愿，在违背个人意愿的情况下，获取网络上的个人信

① 韩玉胜、赵桂民：《侵犯公民个人信息犯罪客观方面辨析》，载《人民检察》2013 年第 19 期。

② 彭启伟：《论我国刑法中的胁迫行为》，湘潭大学 2013 年硕士学位论文。

③ 叶文君：《论非法获取公民个人信息罪》，苏州大学 2014 年硕士学位论文。

息，应当认定为是对个人信息的不法侵害。

四、结语

本文对公民个人信息的概念进行解读，并对我国法律规定的几种非法获取公民个人信息的行为方式进行了分析。最高人民法院、最高人民检察院《关于办理侵犯公民个人信息刑事案件适用法律若干问题的解释》首次对公民个人信息的概念进行界定，是历史性的进步。本文进一步探讨了公民个人信息的学术分类和与有关概念的区别，识别说能够最科学合理地对概念进行界定，可识别性也是公民个人信息的最重要特征，与相关概念作出区分，不仅具有理论意义，也有利于实践中准确定罪。司法解释对获取公民个人信息的行为方式也做出了进一步的完善，这是实践检验的有效成果，本文在借鉴国外有关立法的基础上结合案例对立法列举的行为方式分别做出了分析，立法的不断完善有利于大力打击违法犯罪分子，维护个人信息所有权人的合法权益，但是不能否认现实情况是不断发生变化的，而且日渐多样化，正如除盗窃以外如骗取、胁迫等自身具有非法性质的获取方式和通过合法渠道利用公共资源获取公民个人信息的行为，实践中还存在一系列更为复杂的情况，立法不可避免地需要不断完善，法律健全工作任重而道远。

大数据背景下“公民个人信息”的界定

孔　超*　方玉霞**

大数据时代的到来给社会生活各方面带来了深刻变革。在互联网信息实时上传、云端获取、数据共享的同时，公民个人信息窃取、泄露的情况不断发生，公民个人信息的保护受到越来越多的挑战。从垃圾短信、人肉搜索、跨境电信网络诈骗、敲诈勒索等，无一不是个人信息泄露的恶果。在总结实践经验和适应社会发展需要的基础上，我国公民个人信息的刑事司法保护历经演变正在逐渐增强。2017年，最高人民法院、最高人民检察院发布的《关于办理侵犯公民个人信息刑事案件适用法律若干问题的解释》（以下简称《解释》）就公民个人信息的概念及范围进一步进行了规定，提升了对侵犯公民个人信息犯罪的打击力度，但在司法实践中，关于公民个人信息等界定争议从未间断。就强化大数据背景下公民个人信息的刑法保护而言，厘清公民个人信息的概念及范围，具有基础性的意义和作用。

一、关于公民个人信息现有规定及主要争议

（一）公民个人信息概念的相关规定

2012年12月28日，第十一届全国人大常委会《关于加强网络信息保护的决定》第一条规定，“国家保护能够识别公民个人身份和涉及公民个人隐私的电子信息。”2013年4月23日，最高人民法院、最高人民检察院、公安部联合发布《关于依法惩处侵害公民个人信息犯罪活动的通知》（以下简称《通知》）第二条规定：公民个人信息包括公民的姓名、年龄、有效证件号码、婚姻状况、工作单位、学历、履历、家庭住址、电话号码等能够识别公民个人身份或者涉及公民个人隐私的信息、数据资料。2016年11月7日公布的《中华人民共和国网络安全法》第七十六条规定：“个人信息，是指以电子或者其他方式记录的能够单独或者与其他信息结合识别自然人个人身份的各种信息，包括但不限于自然人的姓名、出生日期、身份证件号码、个人生物识别信息、住址、电话号码等。”2017年6月1日起施行的《解释》在上述规定的基础上，进一步明确“公民个人信息”为身份识别信息及活动情况信息，是指“以电子或者其他方式记录的能够单独或者与其他信息结合识别特定自然人身份或者反映特定自然人活动情况的各种信息，包括姓名，身份证件号码、通信通讯联系方式、住址、账号密码、财产状况、行踪轨迹等”。

上述规定反映了公民个人信息的立法、司法定义，历经了由识别个人身份及个人隐私的功能、限缩到识别个人身份功能、再扩大到识别个人身份及反映个人活动

* 北京市顺义区人民检察院公诉部主任。

** 北京市顺义区人民检察院公诉部检察官助理。

情况的过程。公民个人信息范围的扩大，是适应网络信息技术发展、公民个人信息的表现形式不断增多的需要。

（二）关于公民个人信息概念的争议及界定

《中华人民共和国刑法修正案（七）》将非法获取公民个人信息情节严重的行为规定为犯罪后，立法者曾指出公民个人信息包括“姓名、职业、职务、年龄、婚姻状况、学历、专业资格、工作经历、家庭住址、电话号码、信用卡号码、指纹、网上登录账号和密码等能够识别公民个人身份的信息”。亦有人将个人信息界定为“据此能够直接或间接识别出特定自然人身份而又与公共利益没有直接关系的私有信息”，或者为“关于特定人的自然属性和社会属性的特定记载”，或者为“任何形式存在的、与公民个人存在关联性并可以识别特定个人的一切信息”①，或者为“公民所有的有关自身的或者其他民事主体不愿被特定人群以外的人知悉的、且该信息一旦泄露足以对公民的正常生活产生消极影响的信息”②。

笔者不采用上述概念界定个人信息有以下三点理由：一是以“信息”定义个人信息，犯了同义反复的逻辑错误。二是与公共利益相关的私人信息依旧属于个人信息，只是因其与公共利益相关而在特定情况下不受保护，可以公开大范围传播。例如，网上通缉嫌疑人，公布其个人信息，个人信息的性质并未变化，只是出于公共利益的需要而放弃对其个人信息的保护。三是识别性作为个人信息的本质特征，必须在个人信息概念中得到体现。为了使个人信息概念更清晰，有必要对个人信息的内涵和外延进行分析。

综上，结合现有规定及大数据背景下公民个人信息泄露严重的现状，笔者认为宜将“公民个人信息”界定为：能够直接或者间接识别自然人身份、反映自然人活动情况或自然人偏好的特定记载。包括但不限于身份、社会关系等相关标记，及行踪轨迹、实时定位等活动记载。当然，解决了个人信息的“个人专属性”问题，还有一个“信息重要性”的问题，也就是说，刑法意义上的公民个人信息必须是能够与法益侵害性产生联系的信息。或者说，“侵犯公民个人信息犯罪的对象必须是一旦泄露即可能导致公民权利遭受侵害的信息”③，或者说，“即公民的诸多个人信息关乎公民的人格、尊严，甚至影响到其财产权利、人身安全”④。

二、公民个人信息的内涵及外延分析

（一）识别性是公民个人信息的实质特征

识别性的含义是相关记载指向特定自然人。也有观点指出这种识别性上指他人根据特定信息能够直接或间接识别出特定自然人，这些信息具有稳定性、恒定性、不可复制性。也就是说，每一个社会个体都是与众不同的，个体之间差异的外在表现形式就是个人信息的差异。体现个体差异、实现个体区分，是个人信息的本质特

① 赵江辉、陈庆瑞：《公民个人信息等刑法保护》，载《中国检察官》2009年第6期。

② 沈海平：《为保护公民个人信息织就更严密的法网》，载《人民检察》2008年第23期。

③ 张磊：《司法实践中侵犯公民个人信息犯罪的疑难问题及其对策》，载《当代法学》2011年第11期。

④ 赵秉志：《公民个人信息刑法保护问题研究》，载《华东政法大学学报》2014年第1期。

征，如果通过特定记载无法起到识别自然人的作用，则这些记载无法构成个人信息。信息的识别性体现为两种方式，一是可独立与特定自然人取得联系的信息，如身份证号码，单一信息即可清晰地指向特定个体。二是不能独立、直接与自然人取得联系的信息，此类信息无法单独体现自然人之间的差异，但可起到限缩自然人所属范围的作用，与其他信息结合可以指向唯一自然人。如男性、理工科教育背景，这两个信息无法指向特定自然人，但可与其他信息结合实现个体识别，指向特定自然人。可单独起到识别作用的信息，无论何时均构成个人信息。需与其他信息进行结合才能起到识别作用的信息能否构成个人信息，则需根据实际情况，进行进一步的判断。

（二）特定记载是公民个人信息的形式特征

个人信息以各种形式大量存在着，但是作为法律保护的个人信息，出于保护价值和保护便宜考虑，必须具有客观性，这种客观性由记载本身的客观性决定，而不是来自它所表特征的对象的客观性。故法律意义上的个人信息，必须具有特定记载的形式特征，对于记载的方式则在所不问，可以是纸质记录、照片、视频、音频等方式。网络经济模式下，大数据分析主要是对类数据进行搜集、整合、归类、分析，得出符合规律性的结论，从而制定决策方案指导实践。无论是行踪轨迹，还是上网记录；无论是纸质摘录、影像反映，还是计算机录入，均通过对公民个人信息进行一定形式的记载，反映特定规律，从而被合法或非法利用。

（三）公民个人信息的外延

个人信息可包含两类，一是自然属性的信息，指记述个人自然情况的信息，主要是一些生理方面的信息，如性别、身高、患病情况等信息。二是社会属性的信息，主要指自然人在参与社会活动中所形成的信息及他人对自然人的评价。如婚姻状况、工作单位、通讯记录、信用卡账号等信息。

三、公民个人信息与相关概念的关系

理论界对公民个人信息的称谓不一，有人采瑞典法、奥地利法称谓，称其为个人数据，有人采美国法称谓，称其为个人隐私，亦有称为个人数据资料的。无论称谓为何，内容的指向基本是一致的，只是深究起来有细微差别，这里就常见的个人信息、个人数据、个人隐私之间的关系进行辨析。

（一）公民个人信息与个人数据

数据的定义是指记载特定事物得来的一种序列符合，而信息是指数据经过处理后可以传达给人所用的内容，从这个意义上理解，个人数据可以是记录个人相关情况的一组符号，而个人信息必须是可以直接使用的内容。笔者认为，根据信息与数据两者之间的关系，一般认为个人数据与个人信息是交叉关系，绝大部分的个人数据都属于个人信息，只有那些无法为人所使用的个人数据不属于个人信息。

（二）公民个人信息与个人隐私

关于个人信息与个人隐私的关系，学者有多种观点，以王利明教授为代表的一些学者认为个人信息属于个人隐私的一部分，“个人资料保护的目的，即在于保护个人隐私”，而美国学者朱莉·C. 英尼斯认为并非所有个人信息都构成个人隐私，只有那些具有私密性的个人信息才属于隐私的范畴。还有观点认为个人信息与个人隐私属于交叉关系，个人信息不完全包含个人隐私，个人隐私亦不能涵盖个人信息的范围。笔者同意第二种观点，“现代汉语词典”将隐私定义为不愿告人或不愿公开的个人的事，具有高度的私密性，个人信息则是所有能够起到识别作用的特定记载，不要求具有私密性，个人信息的范围明显大于个人隐私。至于保护个人信息的目的是否仅在于保护个人隐私，也是应当进一步探讨的问题。

四、大数据背景下公民个人信息的刑法界定

（一）大数据背景下公民个人信息的特征

网络的日益发达改变了人们的生活方式，越来越多的人开始网上交易、网上交友，各种问题也随之而来，个人信息的大量泄露就是其中之一，网络背景下个人信息具有以下特征：

1. 公民个人信息内容多元化

传统意义上的个人信息一般指个人生理状况、联系方式、银行卡密码等信息，而随着网络时代的到来，个人信息的内容呈现多元化，如网名、游戏人物名等虚拟的内容开始进入个人信息的视野，对于这些信息能否认定为个人信息存在一定的争议。

2. 公民个人信息通常获准在一定范围内公开

大部分网上交易、交友、支付、报考、邮箱平台均需进行注册，注册过程中不可避免地要填写个人信息，一般认为网友在注册时已经默认向该服务提供商公开了个人信息，而公开的范围有多大，则是目前实践中存在的难题。服务提供商向无关企业泄露、出卖个人信息当属泄露个人信息无疑，向合作方提供个人信息是否构成对个人信息的侵害？实践中存在一定的争议。

3. 公民个人信息主体对于个人信息的控制力降低

网络时代使网络服务提供商建立各种平台以满足人们的需求，人们在使用网络服务的同时也在一定范围内大量公开个人信息，这些信息后续如何处理，是否被妥善管理已经超出个人信息主体的控制范围。由于在不同平台多次公开个人信息，导致个人信息被泄露时无法确定谁是信息泄露者，维权存在一定困难。

（二）公民个人信息的刑法界定

1. 隐私性并非刑法意义上公民个人信息的必然属性

经中国裁判文书网查询发现，2012 年洪刑初字第 05056 号张某等人非法获取公民个人信息案裁判要旨认定，隐私性及识别性为公民个人信息的本质属性。手机定位之所以属于刑法意义上的公民个人信息，正是因为其记载的特定当事人的行踪轨迹侵犯了隐私权。该判决将个人信息等属性定位为识别性和隐私性等双重属性。

然而，近年来，无论是立法技术上的变化，还是司法实践中的争议，将个人信息等范围拓展至个人隐私之上位概念的观点基本占据主流地位。正如上文所言，公民个人信息的范围大于个人隐私。若将某种信息属性的论证提升到是否属于个人隐

私的范畴，则必然会降低对公民个人信息犯罪的打击力度。尤其是在当前，我国对公民个人信息的保护，散见于《民法通则》、《统计法》、《银行管理暂行规定》等法律法规中，没有全面系统的法律文件，关于个人信息保护的条款所占不多，多为原则性规定，可操作性不强，导致司法实践中执法不统一。尚未建成关于个人信息的完备的法律体系，缺乏前置法与刑法相配合，导致对于“人肉搜索”、少量出卖个人信息的行为陷入既不能进行刑法上的评价，进行其他处理又于法无据的司法窘境。在侵犯公民个人信息犯罪活动日趋猖獗，危害后果借助网络大肆传播的情况下，不应将公民个人信息局限于隐私属性。只要某指向特定公民个人的信息能够影响或关涉个人利益或个人安宁，该信息无论是否属于隐私范畴，均应定性为公民个人信息。再次，每个人对个人隐私的感知和界定存在主观差异，随着环境等条件的改变也会发生改变，所以个人信息是否等同于个人隐私，也是难以衡量和量化的。最后，个人隐私有隐藏、私密之意，一般为不对外公开的个人信息。但个人已经向社会公开或经授权向特定对象公开的信息，仍是个人专属信息，可以成为公民个人信息犯罪侵犯的对象，此类信息仍应为刑法意义上的公民个人信息。综上，公民个人信息的本质特征唯有识别性，不包括隐私性。

2. 识别身份和反映活动及偏好是公民个人信息的主要功能

以某区近五年侵犯公民个人信息犯罪的案件为例，可以得出公民个人信息的主要功能是识别特定自然人身份、反映特定自然人活动或特定自然人偏好。该区自2014年至今，共办理侵犯公民个人信息案件5件10人，罪名涉及非法提供公民个人信息罪、非法获取公民个人信息罪、非法出售公民个人信息罪（2014年）、侵犯公民个人信息罪（2016年/2017年）。除2016年等关某某、余某某通过侵入计算机方法窃取公民个人信息外，其余均是特定行业内部员工窃取、非法向他人披露公民个人信息。涉案的公民个人信息成为被侵犯的对象，主要是其承载了识别身份、反映活动及偏好的功能，能够为行为人带来现实的经济利益。如2014年宋某某非法提供公民个人信息案中，宋某某是某汽车公司服务经理，其违法提供的涉案信息包括客户姓名、住址、电话号码、车牌号、车型、颜色、车辆维修信息、行驶里程等。其中，客户姓名、住址、电话号码、车牌号等可以用于识别客户身份；车型、颜色反映了客户的个人偏好；车辆维修信息、行驶里程反映了客户的具体用车情况。

论侵犯公民个人信息罪的犯罪客体及立法完善

——对“两高”司法解释的检讨

万云峰[*] 王 飞[**]

引言

2017年5月9日最高人民法院、最高人民检察院《关于办理侵犯公民个人信息刑事案件适用法律若干问题的解释》对侵犯公民个人信息罪的若干法律适用问题进行了明确。司法解释对侵犯公民个人信息犯罪的客体把握存在偏差，因此它虽解决了一些困扰司法实务的问题，同时也造成一些新的问题。本文试述之。

一、“两高”司法解释对公民人身权利和民主权利的忽视

自2009年《刑法修正案（七）》将侵犯公民个人信息行为纳入刑法调整范畴以来，理论界关于此罪的客体就一直存在两种不同的观点。其一，主张此罪名所保护的是单一客体，即公民的人身权利和民主权利，主要依据是该罪规定在刑法的第四章“侵犯公民人身权利、民主权利罪”内。① 其二，主张侵犯公民个人信息罪的客体为复杂客体，认为此罪名不仅保护公民的人身权利，其客体还具有“超个人法益”属性，即保护了国家对公民个人信息的管理秩序。理由是此罪入刑的立法宗旨系为防范电信诈骗、网络诈骗、敲诈勒索、绑架和非法讨债等犯罪行为。②

从内容来看，“两高”司法解释没有将对公民的人身权利作为侵犯公民个人信息罪的保护客体。

（一）基于犯罪对象的分析

关于“公民个人信息”的概念，历来有“关联说”“隐私说”和“识别说”数种。“关联说”主张与公民个人相关的信息均为公民个人信息，该说由于可能导致法律保护面过宽而鲜有支持者。③ “隐私说”则受美国1974年《隐私法》立法影

---

* 中国人民大学刑法学博士，广州市越秀区人民法院党组书记、院长，三级高级法官。

** 武汉大学法学院刑法学博士生，广州市越秀区人民法院调研科科长。

① 具体而言，又包括认为侵害的是公民的人格尊严与个人自由、公民的个人信息安全和自由、人格权、隐私权等各种不同观点。参见赵秉志：《公民个人信息刑法保护问题研究》，载《法学论坛》2014年第1期；高富平、王文祥：《出售或提供公民个人信息入罪的边界》，载《政治与法律》2017年第2期；王昭武、肖凯：《侵犯公民个人信息犯罪认定中的若干问题》，载《法学》2009年第12期；李富友、李静：《侵犯公民个人信息犯罪初探》，载赵秉志主编：《新中国刑法60年巡礼》，中国人民公安大学出版社2009年版，第1258页。

② 参见曲新久：《论侵犯公民个人信息犯罪的超个人法益属性》，载《人民检察》2015年第11期。

③ 参见张玉华、温春玲：《侵犯公民个人信息安全犯罪解读》，载《中国检察官》2009年第8期。

响，主张刑法所保护的公民个人信息实质上是公民的个人隐私。“识别说”主张能够被识别为特定个人的信息为刑法所保护的公民个人信息，此说得到多数学者的赞同。① 全国人大常委会《关于加强网络信息保护的决定》关于“公民个人信息”的界定兼采了“识别说”和“隐私说”，认为公民个人信息既包括识别的信息，也包括公民个人隐私。这一观点也得到一部分人的支持。②

司法解释关于“公民个人信息”的定义采纳的是“识别说”加“关联说”，认为“公民个人信息”是指能够单独或与其他信息结合识别特定自然人，或反映其和活动情况的信息，但不包括公民个人隐私。

司法解释将隐私排除在公民个人信息之外，表明该罪并无保护公民人格权的意图。隐私是公民不愿意对外公开的个人信息，如个人生活习惯、私密照片等、三围尺寸等。按照“识别说”的主张和全国人大常委会《关于加强网络信息保护的决定》，隐私与可识别的公民个人信息两个概念是相互交叉的。隐私有时也不具可识别性，如一些八卦杂志刊登隐去姓名的明星隐私；而相当部分公民的个人信息，如电话号码、身份证号码、通信地址等，是可以在一定范围内对外公开的。隐私权是公民的人格权之体现，公民有拒不公开隐私的自由，侵犯隐私即侵犯人格权。但获取公民的联系方式、行动轨迹对公民的人格权无碍。

（二）基于犯罪情节的分析

司法解释第五条、第六条规定了非法获取、出售或者提供公民个人信息行为“情节严重”的几种考量因素：

1. 用途或目的因素。即侵犯公民个人信息与犯罪行为相关联。

2. 主体因素。具有接触公民个人信息的职务职责便利的人员实施侵犯公民个人信息行为的，数量标准减半；曾因侵犯公民个人信息受过刑事处罚或两年内受过行政处罚的人再实施侵犯公民个人信息的，无须考虑其他因素。

3. 数量因素。非法获取、出售或者提供行踪轨迹信息、通信内容、征信信息、财产信息五十条以上，住宿信息、通信记录、健康生理信息、交易信息等其他可能影响人身、财产安全的公民个人信息五百条以上，或其他公民个人信息五千条以上等。

4. 价值因素。非法获取、出售或者提供的公民个人信息价值较大，违法所得五千元以上；为合法经营活动而非法购买、收受第五条第一款第三项、第四项规定以外的公民个人信息，获利五万元以上的，构成情节严重。

司法解释关于“情节特别严重”的标准增加了行为后果的考量因素，即行为造成被害人死亡、重伤、精神失常或者被绑架等严重后果，或造成重大经济损失或者恶劣社会影响的。

---

① 参见朗胜：《〈刑法修正案（七）〉立法背景与理解适用》，转引自赵秉志：《公民个人信息刑法保护问题研究》，载《法学论坛》2014 年第 1 期；赵齐爱民：《中华人民共和国个人信息保护法示范法草案学者建议稿》，载《河北法学》2005 年第 6 期；周汉华主编：《个人信息保护前沿问题研究》，法律出版社 2006 年版，第 78 页。

② 参见《关于加强网络信息保护的决定》第一条。

从上述规定来看，司法解释在评价侵犯公民个人信息行为的社会危害性或社会危险性时的考虑因素，不包括公民的人身权利或民主权利。

首先，数量因素表明，在没有结合其他因素的情形下，刑法并不单独保护单个公民的个人信息。即使是提供公民个人的行踪轨迹信息，也需要提供或获取 50 条以上才入罪，这与侮辱、猥亵妇女、强奸等侵犯人格权犯罪形成鲜明对比。

其次，在单个公民个人信息受到侵犯时，司法解释首先考虑的因素是用途或目的，即非法获取公民个人信息是为了犯罪，或提供的信息事实上被用于犯罪。若承认公民享有其个人信息的自决权，则就非法获取、出售或提供其个人信息的行为而言，目的和用途的考量因素并非行为的本质属性。司法解释将之作为评价行为的关键性因素说明，设立此罪不在于保护单个公民的人身权利或民主权利。

最后，司法解释第五条第二款关于“被害人死亡、重伤、精神失常”等特别严重情节的规定，前提是行为符合“情节严重”标准。试举一例以析之：一名高中女孩因“人肉搜索”被他人披露个人信息，不堪压力而投河自杀，对于侵犯其个人信息者不能按照本罪定罪处罚：按司法解释第五条第二款规定，“情节特别严重”是结果加重犯，行为人不符合基本犯罪构成要件，就不构成“情节特别严重”；而本例中的侵犯公民个人信息者既非特殊主体，又没有实施犯罪行为，侵犯的公民个人信息数量和价值亦未达入罪标准，因此不属“情节严重”，行为不符合侵犯公民个人信息罪的基本犯罪构成。

综上分析，司法解释对公民个人信息安全的保障是类型化的，所保护的并非具体的公民的个人信息安全，而是作为整体的公民个人信息安全。

（三）基于罪状形式的分析

《刑法修正案（九）》将侵犯公民个人信息犯罪的犯罪构成要件中“违反国家规定”修改为“违反国家有关规定”，同时删除了“非法提供”中的“非法”二字，使刑法与整体法秩序之间更为协调。而司法解释第四条的规定，则进一步将对价值中立的购买、收受、交换、收集公民个人信息的行为是否合法的评价授权于“国家有关规定”。这样一来，侵犯公民个人信息犯罪除刑法第 253 条之一第 3 款规定的“窃取”之外，几乎为空白罪状。空白罪状需要结合其他法律规定才能确定其犯罪构成，而由于我国尚没有一部保护公民个人信息权利的法律，本罪所需结合的“国家有关规定”，基本上都是诸如《网络安全法》等体现国家对公民个人信息安全管理秩序的法律、法规、规章等规定。因此，从这种法条表述形式可以得出结论：司法解释的保护客体实际上是整体法秩序所规范的国家对公民个人信息安全。

二、侵犯公民个人信息犯罪保护的复杂客体

（一）公民个人信息具有人身依附性

公民个人信息与公民个体的生理情况或社会活动密切相关，具有一定的人身依附性。由于具有可识别性，公民个人信息的流转和使用会影响到公民个人的正常生活和人格尊严。在日常生活中，由于电话号码被泄露而导致贷款、买房等垃圾电话和短信的骚扰，让许多人不胜其烦。基于此，许多观点主张此罪侵犯的是公民的人

格权、个人信息权或信息自决权等。而且，虽然司法解释没采纳“隐私说”，但仍有些个人信息是公民不愿意对外公开，或不愿意对所有人公开的，如身份证号码和电话号码、行动轨迹等。不愿意公开的个人信息被公开，会令公民个人信息的所有者感到不安，影响其精神与心理。前文示例中的女孩，因为“人肉搜索”而自杀便是例证。

（二）公民个人信息不是人格权的客体

需要明确的是，公民个人信息不是人格权的客体，公民让渡其个人信息并不意味着让渡了人格权。个人信息类似于知识产权，个人信息的所有者对个人信息的权利是一种“非常小”[①] 的权利，其无法排除其他主体对个人信息的合法获取、使用和管理。在现代社会，为了行政管理的需求，公民在很多场合必须提供个人信息，如住房、购票等，一些商家也以各种优惠换取客户同意让渡自己的个人信息。公民个人信息罪具有某种财产属性。无论是公民自己让渡个人信息，还是非法提供者，其往往都能获得某种形式的对价——优惠或金钱。但无论公民个人信息是否属于财产，重要的是，公民基于自愿提供其个人信息并非意味着其让渡了自己的人格权，当然也不会有人在向中介机构提供自己的姓名、电话时有这样的想法。同样，公民个人信息的所有者不能主张，合法获得其个人信息的主体将其个人信息非法提供给第三方，使其人格权受到侵害。

（三）侵犯公民个人信息行为侵害公民个体的安宁生活

本文认为，侵犯公民个人信息的行为对于公民个体，侵害的是其个人生活的安宁。这是由公民个人信息的人身依附属性决定的。无论侵犯者是否将其行为告知公民个体，非法使用公民个人信息的行为都会令公民感到烦恼、紧张甚至畏惧，而非法收集、获取或非法出售、提供行为会造成公民个人信息的扩散，客观上增加这种不安全感。若按照司法解释，侵犯单个公民的个人信息，未招致被害人名誉受损，但导致被害人因害怕而精神失常的，可以逍遥法外。

公民的个人信息自决权的观点值得商榷。决定是主体的主动选择。但如前所述，公民在主动让渡其个人信息时已丧失了对该部分个人信息的控制，其无法决定该个人信息是否使用，亦无法决定个人信息的处理者或保管者是否不当使用该个人信息。其仅能依靠法律或约定进行事后监督或追究，无法主动作出选择。

综上分析，本文倾向于复杂客体的观点：即本罪首先保护国家对公民个人信息安全的管理秩序，或称之为“超个人法益”；其次保护公民个体的生活安宁，可称之为“个人法益”。

三、现有规定对“超个人法益”保护之不足

如果认为司法解释没有将对公民个体的生活安宁作为侵犯公民个人信息犯罪的客体是对“个人法益”保护的忽视，那么当前的刑法规制对“超个人法益”保护也存在不足，即对非法使用行为的规制不足。

① 参见［美］彼得·德恩里科、邓子滨编著：《法的门前》，北京大学出版社2015年版，第401页。

（一）当前刑法规制的空白

从刑法与司法解释的规定，国家对侵犯公民个人信息行为的打击在于控制公民个人信息犯罪的“入口”，即收集、获取环节，和“出口”，即提供、出售环节，其重点规范的是信息的流转（见下表）。

序号	行为			刑法评价
	收集、获取	使用	提供、出售	
1	非法	—	—	入罪
2	—	—	非法	入罪
3	合法	—	违约	入罪
4	合法	违法	不提供	未明确
5	合法	违约	不提供	未明确
6	“灰色”	违法	—	未明确

然而，“国家有关规定”所保护的范围并不限于公民个人信息的流转，还包括个人信息的使用和处理。《中华人民共和国网络安全法》就规定，网络运营者不得违反法律、行政法规的规定和双方的约定使用个人信息和处理其保存的个人信息。① 因此，刑法规定的行为类型尚不能覆盖国家整体法秩序的保护要求，亦即目前刑法条文所规定的侵犯公民个人信息犯罪对象与该犯罪的客体之间尚不能对应，对非法使用行为的规制存在空白。

具体包括：通过合法方式收集或获取公民个人信息，违反法律相关规定、损害公共利益、违背约定用途或超出合理范围处理使用公民个人信息的行为，和通过灰色手段收集公民个人信息，违反法律相关规定或损害公共利益，处理使用公民个人信息的行为。“灰色”手段是指在合法与非法之外，法律不介入的情形，如通过网络收集公开发布的公民个人信息后，进行信息比对、匹配、分析与加工的行为，或在垃圾堆里收集公民丢弃的网购邮包外封上所载地址等行为。正是由于刑法规制出现这一空白，有观点提出要将通过网络搜索公民个人信息的行为入刑。②

（二）大数据时代刑法规制非法使用行为的必要性

刑法具有谦抑性和不完整性的特征，刑法规制的空白并非均有必要通过立法予以修补。作为国家最严厉的调整手段，刑法介入社会生活的前提是某类行为具有相当的社会危害性。试结合公民个人信息的价值性特征，分析违法使用公民个人信息行为的社会危害性。

与不具可识别性的信息相比，公民个人信息更有价值。单纯的行踪轨迹信息几乎没有意义，但若与其他信息相结合可以识别特定自然人，则可为追债、绑架等活动提供便利。在大数据时代，由若干公民个人信息组合而成的数据集合的价值更

① 参见《网络安全法》第41条第2款。

② 参见马晓晓：《非法获取型侵犯公民个人信息犯罪问题研究》，华东政法大学2016年硕士学位论文。

大。在信息时代，个人的生理信息和社会信息都日渐电磁化、数据化，更加便于提取、传送和计算，为利用大数据技术进行运算提供了数据基础。大数据技术是指利用非常规的软件工具对大量数据集合进行捕捉、管理与处理的技术。[①] 典型的大数据案例便是某超市利用大数据分析，预测未成年女客户已怀孕，在其父母得知此消息之前向她邮寄推送妇婴用品广告的事例。理论上，在拥有足够数据和相应的处理能力时，通过不断匹配、整合、分析所获得的公民个人信息，处理者可以准确推断出其所未掌握的那部分公民个人信息，包括公民不愿意公开的生活习惯、活动档案等。利用大数据技术，商家可以实现更加精准的广告投放，有效节约成本提升效益；国家机关可以极大地提高国家治理能力，实现各种社会资源的公平高效分配；战争中可以步步抢占先机。正是由于数据的巨大商业和战略价值，在大数据时代，无数的机构通过各种各样的方式获取公民的个人信息。行政管理部门以强制力要求公民提供个人信息，商业机构以优惠换取公民的个人信息。

在大数据技术下，信息既能用于促进民生、造福社会，又能用于破坏社会、颠覆政权。基因公司可以根据基因检测数据预测出其可能患的疾病，也能根据敌对民族的共同基因投放有针对性的传染性疾病，实现“不战而屈人之兵”。这种担忧并非空穴来风。种种迹象表明，一些信息网络企业已经通过各种方式获取了海量的公民个人信息数据，外人无从得知这些企业会如何使用这些公民个人信息。在巨大的利益诱惑下，完全寄希望于行业或企业自律是不现实的。生活中已出现一些“擦边球现象”：一些巨型企业利用垄断地位获取与其提供服务并不相关的公民个人信息，许多公民缺乏防范意识，在小恩小惠面前主动提供个人信息。[②] 一旦掌握大量公民个人信息的巨型企业被如电影小说中描写的疯狂反社会型人格的领导控制，为个人利益或目的破坏社会秩序，或受利益驱动而叛国，将是国家与民族不可承受之重。

（三）风险社会下刑法填补规范空白的可能性

对于这种可能的巨大危险，刑法并非无所作为。工业化带来的技术性风险使现代社会成为风险社会。高速行驶的汽车对行为人的人身和财产的威胁、核工业对人类生存环境的威胁等，均是人类为了自身发展而允许存在的风险。为了适应风险社会，刑法规范与理论已进行相应调整，刑法逐渐从危害结果发生后惩治犯罪行为向不被允许的危险出现时提前预防犯罪转变。为预防犯罪，刑法开始惩处犯罪的前行为或帮助行为，刑法与刑事政策的融合和刑法机能的扩张成为趋势。[③] 在这种趋势下，抽象危险犯和共犯正犯化现象越来越多。《刑法修正案（八）》新增的危险驾驶罪即是典型的抽象危险犯。抽象危险犯是指在社会观念上，客观受到侵害的可能

① 参见徐英瑾、王培：《大数据就意味着大智慧吗——兼论作为信息技术发展新方向的“绿色人工智能”》，载《学术研究》2016年第10期。

② 参见［美］彼得·德恩里科、邓子滨编著：《法的门前》，北京大学出版社2015年版，第399-400页。

③ 参见［日］川出敏裕、金光旭著：《刑事政策》，钱叶六等译，中国政法大学出版社2016年版，第228页。

性被类型化的犯罪。①

经验地来看，侵犯公民个人信息行为往往是电信诈骗、网络诈骗等犯罪的前行为或帮助行为。为了防止公民个人信息的随意流转与扩散滋生犯罪，侵害公民的人身权利和财产权益，国家将非法收集、获得和提供、出售公民个人信息的行为入罪。因此。侵犯公民个人信息犯罪也是抽象危险犯。同理，对于这种具有巨大风险的“非法使用”，即合法获取大量公民个人信息后，违反法律有关规定、损害公共利益、违反约定用途或超出使用范围使用处理公民个人信息，情节严重的行为进行规制既有必要，亦具可行性。

四、完善侵犯公民个人信息犯罪的建议

（一）非法使用和非法持有行为入罪

对于通过合法方式收集或获取大量公民个人信息，违反法律相关规定、损害公共利益、违背约定用途或超出合理范围，处理使用公民个人信息，以及通过“灰色”途径收集大量公民个人信息，违反法律相关规定或违反公序良俗、公共利益，使用、处理公民个人信息的行为，情节严重的，应通过修订立法进行定罪处罚。

与此同时，刑法还应规制非法持有大量公民个人信息的行为。实践中，有些非法购买或获取公民个人信息的案件，因证据灭失的原因无法认定其非法购买、获取公民个人信息的行为，犯罪嫌疑人往往会辩解所查获的大量公民个人信息并非其本人所有或并非通过违法方式获得。对此情形不予定罪会不利于打击犯罪，但又无法推定其所持有的公民个人信息系非法获取。因此，应与非法持有毒品、非法持有枪支、巨额财产来源不明犯罪一样，将持有大量公民个人信息，又不能合理解释其来源的非法持有行为入罪，进行刑法规制。以保持打击力度。

（二）侵犯单个公民个人信息行为入罪

侵犯公民个人信息的行为侵扰公民的生活安宁，因此，侵犯单个公民个人信息，情节严重的行为亦应入刑。可参照“电话骚扰”、“人肉搜索”等行为类型的危害后果，在用途、主体、数量、价值等因素之外，将造成被害人精神受损情节严重的情形作为入罪条件，如造成被害人精神失常造成被害人死亡、重伤、精神失常或者被绑架等严重后果的；或造成被害人重大经济损失或名誉受到重大损失的；等等。

（三）将本罪从第四章调整至第六章

侵犯公民个人信息犯罪的犯罪客体主要是国家对公民个人信息安全的管理秩序，因此侵犯公民个人信息犯罪不应继续放在第四章。与之类似的是聚众斗殴罪，虽然禁止聚众斗殴同时保护了参与者的生命权、健康权，但该罪的保护客体主要却是社会管理秩序。本罪应放在第六章“妨害社会管理秩序罪”第一节“扰乱公共秩序罪”之中。可放在非法获取国家秘密罪之后，放在非法生产、销售窃听、窃照等专用间谍器材罪之前。

① 参见马克昌著：《比较刑法原理：外国刑法学总论》，武汉大学出版社 2006 年版，第 182 页。

侵犯公民个人信息罪的司法认定与适用*
——以《关于办理侵犯公民个人信息刑事案件适用法律若干问题的解释》为视角

刘宪权** 房慧颖***

最高人民法院、最高人民检察院于2017年5月8日联合颁行了《关于办理侵犯公民个人信息刑事案件适用法律若干问题的解释》(以下简称《解释》)。《解释》对《刑法》第253条之一规定的侵犯公民个人信息罪的理解与适用问题作出了进一步的细化规定，在一定程度上厘清了该罪设立以来所凸显的司法争议或疑难问题，势必可以促进相关刑事司法的统一性和准确性。然而，鉴于刑事司法实践的复杂性以及相关刑法规定本身的原则性和模糊性，《解释》尚未完全厘清侵犯公民个人信息罪的所有争议和疑难问题，立基于对个人信息更充分、有效的保护，也为相关司法实践提供些许借鉴和参考，本文拟结合《解释》的新规定，对侵犯公民个人信息罪的司法认定与适用问题作进一步的分析和探讨。

一、公民个人信息的概念和范围界定

侵犯公民个人信息罪的对象是公民个人信息，正确把握和界定“公民个人信息”的概念和范围，对于侵犯公民个人信息罪的适用具有重要意义。虽然《刑法》第253条之一未对“公民个人信息”的概念和范围作出明确的规定，但是《解释》与《网络安全法》对于“公民个人信息”内涵的阐释对我们确定和界定公民个人信息的概念和范围具有重要的启示。

(一) 公民个人信息的概念界定

《解释》第1条规定：“‘公民个人信息’，是指以电子或者其他方式记录的能够单独或者与其他信息结合识别特定自然人身份或者反映特定自然人活动情况的各种信息，包括姓名、身份证件号码、通信通讯联系方式、住址、账号密码、财产状况、行踪轨迹等。”由此可见，《解释》认定的“公民个人信息”主要包括身份识别信息和特定自然人的活动情况信息。而2016年11月7日颁布的《网络安全法》对个人信息的定义与《解释》第1条的规定有所不同。《网络安全法》第76条规定：“本法下列用语的含义：……个人信息，是指以电子或者其他方式记录的能够单独或者与其他信息结合识别自然人个人身份的各种信息，包括但不限于自然人的

* 本文系国家社科基金重大项目“涉信息网络违法犯罪行为法律规制研究”(项目编号：14ZDB147)的阶段性成果。

** 华东政法大学教授、博士生导师。

*** 华东政法大学博士研究生。

姓名、出生日期、身份证号码、个人生物识别信息、住址、电话号码等。”由此可见，《网络安全法》认定的“个人信息”仅包括身份识别信息，而不包括特定自然人的活动情况信息。对于《解释》与《网络安全法》对公民个人信息概念所作的不同规定，笔者认为，应从以下三个方面来理解。

第一，《网络安全法》的颁布时间早于《解释》，《解释》关于“公民个人信息”的概念是以《网络安全法》对“个人信息”的定义为基础。在信息网络时代，公民的个人信息被暴露在网络空间中，信息泄露事件频繁发生，公民的个人信息安全受到前所未有的挑战。《网络安全法》理顺了网络安全管理体制中各主体的权责界限，明确规定了网络运营商对用户信息保护的原则，提高了个人对隐私信息的管控程度，增强了对侵犯个人信息违法犯罪行为的打击力度。无疑，《网络安全法》对个人信息的保护力度空前；对个人信息的界定也较为权威，为《解释》中对“公民个人信息”概念的界定奠定了基础。

第二，《解释》对“公民个人信息”的定义并不受制于《网络安全法》的规定。“在我国，司法解释主要是指最高人民法院和最高人民检察院依据法律的规定所享有的、对于在审判和检察工作中就具体使用法律问题所做的一般性、规范性的解释，这种规定的目的在于解决法律冲突、填补立法空白，通过解释使法律更适应社会发展的需要，以促进社会秩序稳定，维护公平正义。”① 由于2015年《刑法修正案（九）》就对侵犯公民个人信息罪作出了规定，因而《解释》应弥补《刑法》第253条之一对“公民个人信息”定义的空白，并结合相关司法实践的需要，以期在促进大数据蓬勃发展的同时，也能充分、有效地保护公民个人信息安全。《解释》除参考《网络安全法》对个人信息的界定之外，还参考了其他相关法律法规的规定，② 并考虑到司法实践中，特定自然人的活动情况信息对公民人身安全和财产安全的重要影响。以行踪轨迹信息（如手机定位信息）为例，这是与人身安全密切相关的高度敏感信息，如将其排除在“公民个人信息”之外，无疑不能体现侵犯公民个人信息罪的立法目的。

第三，《解释》与《网络安全法》对公民个人信息的概念作不同解释并未违背立法和司法规律。有学者认为，《网络安全法》将体现特定自然人活动的信息涵括在“身份识别信息”的范畴内，即可以将身份识别信息作广义理解，认为其包括身份识别信息和特定自然人的活动情况信息。③ 笔者不赞同这种观点。身份识别信息与特定自然人的活动情况信息是两个完全不同的概念。其一，身份识别信息是静态的信息，而自然人的活动情况信息是动态的信息。其二，《网络安全法》对“个人信息”进行了列举，如姓名、出生日期、身份证件号码等，虽在最后使用了“等”字，且有“包括但不限于”的表述，但是无疑未列举的内容应当与已列举的内容具有相当性，认为动态的自然人的活动情况信息与静态的身份识别信息具有相当性是

---

① 胡岩：《司法解释的前身后世》，载《政法论坛》2015年第3期。

② 如《电信和互联网用户个人信息保护规定》、《护照法》、《身份证法》、《商业银行法》等涉及的对公民个人信息的保护条款，在此不作赘述。

③ 喻海松：《侵犯公民个人信息罪司法适用探微》，载《中国应用法学》2017年第4期。

不妥当的。其三，《解释》与《网络安全法》是从不同的规制目的出发对个人信息进行定义的。《解释》的规制目的是保护公民个人信息所能影响的公民人身安全与财产安全利益，而《网络安全法》的规制目的是保障网络安全和公民的合法权益，促进经济社会信息化健康发展。因此，《解释》与《网络安全法》对公民个人信息的界定存在不同是可以理解的，无须强行将二者所规定的概念作相同的理解。

（二）公民个人信息的范围界定

确定侵犯公民个人信息罪的客体对于明确本罪中“公民个人信息”的范围具有重要意义。关于侵犯公民个人信息罪的客体（或法益），理论上有不同的观点，最具代表性的有以下三种观点。第一种观点认为，本罪保护的法益是公民个人的隐私权。[①] 第二种观点认为，本罪保护的法益是公民个人的信息自由和安全。[②] 第三种观点认为，本罪保护的法益是公民个人的信息自由、安全和隐私权。[③] 笔者赞同第三种观点，因为这种观点最符合立法原意。探究设立本罪的立法原意，对于确定本罪所保护的法益具有重要的参考价值。立法者设立本罪的初衷在于“保护公民个人信息不被泄露，保护公民人身、财产安全和个人隐私以及正常的工作、生活不受非法侵害和干扰”。[④] 由此可见，本罪保护的是双重法益，既包括公民个人的信息自由和安全，又包括隐私权。因此，对刑法中所涉及的公民个人信息的范围应当明确限定在对公民隐私、人格尊严和个人自由造成严重侵害的行为，[⑤] 以防止不适当地扩大本罪的入罪范围。笔者认为，对于侵犯公民个人信息罪中“公民个人信息”范围的界定，应注意把握以下三点。

第一，公民个人信息必须与特定自然人相关联。根据《解释》第 1 条对公民个人信息作出的定义，“能够单独或者与其他信息结合识别特定自然人身份或者反映特定自然人活动情况”是公民个人信息的重要特征，即能够与特定自然人相关联是公民个人信息的必备要件。《解释》第 3 条第 2 款“……经过处理无法识别特定个人且不能复原的除外”的规定从侧面印证了这一观点，即不能与特定自然人相关联的信息被《解释》排除在公民个人信息的范围之外。可以说，“识别性”（或称与特定自然人的关联性）是公民个人信息的核心属性。应当看到，与特定自然人相关联并不意味着信息与特定个人一一对应。例如，单独的一条家庭住址信息通常无法准确与特定自然人相关联，但是与手机号码、工作单位等相结合就可以实现与特定自然人的关联，因此，应当将其列入公民个人信息的范围。

第二，公民个人信息的主体不限于中国公民，但不包括单位。对侵犯公民个人

① 参见张明楷著：《刑法学》（第五版），法律出版社 2016 年版，第 921 页；刘艳红主编：《刑法学》（第二版），北京大学出版社 2016 年版，第 253-254 页。

② 参见郭自力主编：《中国刑法论》（第六版），北京大学出版社 2016 年版，第 382 页。

③ 参见周光权著：《刑法各论》（第三版），中国人民大学出版社 2016 年版，第 71-72 页；陈兴良主编：《刑法学》（第三版），复旦大学出版社 2016 年版，第 256 页。

④ 黄太云著：《刑法修正案解读全编——根据〈刑法修正案（九）〉全新阐释》，人民法院出版社 2015 年版，第 219 页。

⑤ 参见高富平、王文祥：《出售或提供公民个人信息入罪的边界——以侵犯公民个人信息罪所保护的法益为视角》，载《政治与法律》2017 年第 2 期。

信息罪中的“公民”，应采取相对宽泛的理解，不能将外国公民和无国籍人的个人信息排除在本罪保护的范围之外。不能因为《刑法》条文的用语是“公民”就将其狭义地理解为“中华人民共和国公民”，而对外国公民和无国籍人的个人信息不予保护。“我国对中国公民、处在中国境内的外国人和无国籍人以及遭受中国领域内危害行为侵犯的外国人和无国籍人，一视同仁地提供刑法的保护，不主张有例外。”① 现实中侵犯公民个人信息的行为人提供或获取外国人、无国籍人的个人信息，与提供或获取中国公民的个人信息的社会危害性相比，并无差别。正如拐卖妇女、儿童罪不能把不具有中国国籍的妇女、儿童排除在保护范围之外，侵犯公民个人信息罪同样也不能将不具有中国国籍的人的个人信息排除在保护范围之外。另外，有学者认为，不能将单位纳入“公民”涵盖的范围之内。② 笔者赞同这一观点。其一，本罪的罪名是“侵犯公民个人信息罪”，“个人”与“单位”是完全互斥的两个概念，无论作怎样的扩大解释，都不可能将“单位”解释到“个人”含义的射程范围之内。其二，单位不享有个人信息自由、安全权和隐私权，不符合侵犯公民个人信息罪的法益保护目的。信息公开有时是单位的义务，例如，上市公司在其股票上市交易期间，将其经营状况及其他可能影响其股票市场价格的重大信息，按照法定方式予以持续公开。③ 其三，对于单位中需要予以特殊保护的信息，完全可以通过侵犯商业秘密罪等予以保护。

第三，公民个人信息不包括依法公开的个人信息。正如前文所述，侵犯公民个人信息罪保护的法益是公民个人的信息自由、安全和隐私权。即使隐私权是侵犯公民个人信息罪所保护的次要法益，依法公开的完全不涉及公民隐私的个人信息也不应当被纳入公民个人信息的范围。原因是，依法公开的信息，意味着任何人都有权利获取，此时的获取或提供不会违反国家规定，也就不可能具有非法性。但是，应当注意的是，对于非法公开的公民个人信息，如果行为人的获取或提供行为违反了国家规定，就有可能构成本罪。因此，侵犯公民个人信息罪中的“公民个人信息”不包括依法公开的个人信息，但可以包括非法公开的公民个人信息。

二、侵犯公民个人信息罪客观行为的司法认定

根据《刑法》第253条之一的规定，侵犯公民个人信息罪是指违反国家有关规定，向他人提供（包括出售）公民个人信息或者非法获取（包括窃取）公民个人信息的行为。因此，准确理解和认定“违反国家规定”“提供公民个人信息”和“非法获取公民个人信息”等客观行为，对于本罪的司法认定无疑具有重要意义。

（一）对“违反国家有关规定”的理解

根据《刑法》第253条之一的规定，“违反国家有关规定”是向他人出售或者提供公民个人信息行为构成犯罪的前提。因此，如何理解“违反国家有关规定”对

① 赵秉志主编：《刑法修正案（七）立法背景与理解适用》，北京师范大学出版社2011年版，第150页。

② 参见刘艳红主编：《刑法学》（第二版），北京大学出版社2016年版，第253-254页。

③ 吕明瑜：《论上市公司信息公开的基本原则》，载《中国法学》1998年第1期。

于认定本罪有至关重要的作用。《解释》第2条规定，“违反法律、行政法规、部门规章有关公民个人信息保护的规定的，应当认定为《刑法》第253条之一的‘违反国家有关规定’”。对于《解释》第2条规定的理解和适用，我们需要把握以下三点。

第一，在《解释》出台前，对于侵犯公民个人信息罪中“国家有关规定”范围的确定，应当参照《刑法》第96条“国家规定”的范围。2011年4月8日最高人民法院《关于准确理解和适用刑法中“国家规定”的有关问题的通知》中指出，根据《刑法》第96条的规定，刑法中的“国家规定”是指，全国人民代表大会及其常务委员会制定的法律和决定，国务院制定的行政法规、规定的行政措施、发布的决定和命令。即只有由全国人民代表大会及其常务委员会和国务院作为制定主体的法律文件才是国家规定，地方性法规、部门规章等都不能被认定为“国家规定”。

第二，《解释》的出台明确了“国家有关规定”的范围应大于“国家规定”，明确将部门规章纳入其中。但同时也应注意到，《解释》在确定“国家有关规定”的范围时，并未使用“等”字，而仅规定了法律、行政法规、部门规章三种国家层面的规定。这在将地方性法规等非国家层面规定排除在外的同时，也将部门规范性文件等国家层面性规定予以明确排除。因此，在认定“国家有关规定”时，应严格按照《解释》所规定的内容，不能扩张适用。

第三，《刑法》将“违反国家有关规定”而非“未获得公民个人同意”作为入罪前提，表明在侵犯公民个人信息罪中，对于“非法”的认定采用客观标准而非主观标准。“个人信息保护的目的不是保护对个人信息的控制、支配，而是在个人信息使用过程中保护个人权益不受侵犯。”[①] 个人信息并非专属于公民个人，法律并没有赋予个人对其信息的排他支配权。因此，判断提供公民个人信息的行为是否非法，要看行为是否“违反国家有关规定”，而非是否获得了权利人的同意，这就为正常的社会活动中对公民个人信息的利用提供了出罪的基本条件。[②] 如果相关规定将未经公民个人同意作为认定非法的要件，此时“违反国家有关规定”与未获得公民同意相一致，则未获得公民同意就成为侵犯公民个人信息罪的入罪前提。

（二）“提供公民个人信息”的认定

“提供”即是信息的流出，包括出售和其他行为，之所以将出售单独列出，只是因为立法者考虑到出售是一种典型的提供方式。下文中讨论的“提供”包括出售。

《解释》第3条第1款规定，“向特定人提供公民个人信息，以及通过信息网络或者其他途径发布公民个人信息的，应当认定为刑法第253条之一规定的‘提供公民个人信息’。”由此可见，“提供”包括两种方式：一种是向特定人提供，即“一对一”的方式；另一种是通过网络或其他途径发布，即“一对多”的方式。应当看到，通过“一对多”方式提供公民个人信息的社会危害性显然大于“一对一”

---

① 陈伊萍、汪锡卿：《全国人大代表邵志清：保护个人权益前提下，促进大数据应用》，载澎湃新闻，http：//www.thepaper.cn/newsDetail_ forward_ 1632572，2017年7月25日访问。

② 参见喻海松：《侵犯公民个人信息罪司法适用探微》，载《中国应用法学》2017年第4期。

方式，根据《刑法》第253条之一的规定，非法向特定人提供公民个人信息构成本罪应无异议，则根据“其应入罪者，则举轻以明重”[①]的原理，将非法向不特定多数人提供公民个人信息的行为纳入本罪规制的范畴也具有合理性，因此，《解释》将两种方式的提供行为都规定为“提供公民个人信息”的做法是妥当的。

《解释》第3条第2款规定，“未经被收集者同意，将合法收集的公民个人信息向他人提供的，属于《刑法》第253条之一规定的‘提供公民个人信息’，但是经过处理无法识别特定个人且不能复原的除外。”《解释》的这一规定与《网络安全法》的规定相契合。《网络安全法》第42条第1款规定：“网络运营者……未经被收集者同意，不得向他人提供个人信息。但是，经过处理无法识别特定个人且不能复原的除外。”分析《解释》及《网络安全法》的规定，可以得出以下结论：其一，法律不禁止合法的信息流动。按照国家有关规定，经被收集者同意，将公民个人信息提供给他人，不应作为犯罪处理，这符合信息社会发展的现实需要，也与当下大数据产业的蓬勃发展相契合。其二，经过匿名化处理的个人信息（无法识别特定个人且不能复原的信息）已不再符合前文中提到的公民个人信息的定义，不再是刑法及相关法律法规所保护的对象。因此，将经过匿名化处理的公民个人信息提供给他人的，不属于《刑法》第253条之一规定的“提供公民个人信息”。其三，未经被收集者同意，将合法收集的公民个人信息提供给他人，虽属于刑法规定的“提供公民个人信息”，但未必构成侵犯公民个人信息罪。因为，只有非法提供公民个人信息才能构成侵犯公民个人信息罪，而上文提到，对于“非法”的认定采用客观标准而非主观标准，即判断是否非法要看是否违反了国家有关规定。如果没有违反国家有关规定，即使是未取得权利人同意而提供公民个人信息的行为，也不会构成本罪。例如，公安机关在网络上发布通缉令，将逃犯的信息予以公布，属于提供逃犯的个人信息。虽未取得逃犯的同意，但因符合国家有关规定，也不可能构成侵犯公民个人信息罪。

（三）“非法获取公民个人信息”的认定

对于提供公民个人信息的行为，刑法明确规定，“违反国家有关规定”是必备的入罪条件。但是对于获取公民个人信息，条文中并未明确规定“违反国家有关规定”的要件，而是使用了“非法”一词，根据体系解释的原理，且基于侵犯公民个人信息罪的法定犯特征，应当将“非法”理解为“违反国家有关规定”。

根据《解释》的规定，非法获取公民个人信息的行为包括以下三种。一是窃取，即秘密获取他人个人信息。其中，与将出售行为单独规定于提供行为之外相类似，窃取也是非法获取的方式之一，因为较为常见或典型，所以被独立规定。在网络时代，公民个人信息往往以电子信息的形式呈现。通过侵入计算机信息系统等手

① 《唐律疏议·名例》。

段窃取公民个人电子信息的行为，往往同时触犯非法获取计算机信息系统数据罪。[①]此时，应按照想象竞合犯的原则从一重处断。二是以其他方法非法获取，包括购买、收受、交换等方式。此处的“等”字表明，只要行为方式可以被认定为“非法”，即只要违反了国家的有关规定获取公民个人信息，且与购买、收受、交换等方式具有相当性，都可以被认定为“其他方法”。三是在履行职责、提供服务的过程中收集。如《网络安全法》第 41 条第 2 款规定：“网络运营者不得收集与其提供的服务无关的个人信息，不得违反法律、行政法规的规定和双方的约定收集、使用个人信息……”如果网络运营者违反上述规定收集公民个人信息的，应被认定为非法获取公民个人信息。

三、侵犯公民个人信息罪定罪量刑标准的确定

《刑法》第 253 条之一根据侵犯公民个人信息行为的情节严重程度（“情节严重”和“情节特别严重”），分别设立了两档法定刑，并确立了对特殊主体的从重处罚原则，《解释》对此作了进一步的细化规定。

（一）“情节严重”认定标准的确定

根据《刑法》第 253 条之一的规定，无论是提供还是获取公民个人信息，“情节严重”均是构成侵犯公民个人信息罪的必备要件。《解释》出台前，“情节严重”的具体标准并不明确，需要根据公民个人信息的数量、行为人获利数额、获取信息的手段、提供信息的目的、危害后果等因素进行综合判断，由此导致司法适用标准不一，而适用标准的不统一则导致造成“同罪不同罚”。《解释》出台后，对何谓“情节严重”根据信息用途、信息类型和数量、违法所得数额、主体身份、行为人的主观恶性等情况均进行了较为详细的规定，确定了统一的适用标准。

第一，根据信息用途认定“情节严重”。《解释》第 5 条第 1 款第 1 项和第 2 项规定，“出售或者提供行踪轨迹信息，被他人用于犯罪的”以及“知道或者应当知道他人利用公民个人信息实施犯罪，向其出售或者提供的”这两种情形，应当被认定为“情节严重”。这两项主要根据提供信息的用途（即被他人利用实施犯罪），同时结合信息种类来确定判断标准。行踪轨迹信息与一般的公民个人信息不同，是最有可能被犯罪分子利用从而威胁信息主体人身或财产安全的敏感信息。因此如果行为人提供的是他人的行踪轨迹信息，应认定其对于这种信息被他人用于犯罪具有概括的认识，无须再证明其知道或应当知道他人利用该信息进行犯罪。

第二，根据信息类型和数量认定“情节严重”。《解释》对不同类型的公民个人信息，分别确定了不同的数量标准。其一，对于行踪轨迹信息、通信内容、征信信息、财产信息，认定“情节严重”的标准是“50 条以上”。应当注意的是，《解释》在列举这些信息之后并没有用“等”字，因此不能扩大适用这一标准。另外，

① 虽然非法获取公民个人信息的行为往往伴随着非法侵入计算机信息系统的行为，但是根据《刑法》规定，只有侵入国家事务、国防建设、尖端科学技术领域的计算机系统，才有可能构成非法侵入计算机信息系统罪，而这些系统一般不会涉及公民个人信息，因此，通过侵入计算机系统来窃取公民个人信息的行为通常不会构成非法侵入计算机信息系统罪。

如果提供的行踪轨迹信息被用于犯罪，则无须达到“50条以上”的标准也可被认定为“情节严重”。其二，对于住宿信息、通信记录、健康生理信息、交易信息等可能影响人身、财产安全的公民个人信息，认定“情节严重”的标准是“500条以上”。《解释》在列举完这些信息之后使用了“等”字，因此，与所列举的住宿信息、通信记录等信息具有相当重要程度的信息，可以“500条以上”作为认定“情节严重”的标准。以上信息都是与公民人身安全和财产安全密切相关的信息，也是最容易被犯罪分子利用进行诈骗、敲诈勒索等犯罪的信息，因此《解释》第5条第1款第3项和第4项对其规定了较低的入罪门槛。其三，对于第3项和第4项之外的一般公民个人信息，认定“情节严重”的标准是“5000条以上”。由于实践中，行为人提供或获取的信息可能会既涉及公民的通信内容、通信记录、健康生理信息等敏感信息，又涉及一般公民个人信息，但敏感信息的数量和一般信息的数量分开来看都未达到相应的标准，对于这种情况，《解释》第5条第1款第6项规定了按比例合计计算的方法。具体而言，将《解释》第5条第1款第3项列举的公民个人信息记为N1，将《解释》第5条第1款第4项列举的公民个人信息记为N2，将《解释》第5条第1款第5项列举的公民个人信息记为N3，则当N1×100+N2×10+N3≥5000或者N1×10+N2≥500时，可以认定为“情节严重”。

第三，根据其他标准认定“情节严重”。其一，《解释》第5条第1款第7项将“违法所得5000元以上”作为认定“情节严重”的标准。“人们的奋斗所争取的一切，都同他们的利益有关。”① 出售或者提供公民个人信息的行为人其目的通常也是牟利。因此，《解释》将违法所得数额作为认定“情节严重”的标准之一是妥当的。其二，《解释》第5条第1款第8项对特殊主体规定了与一般主体不同的数额标准。《刑法》第253条之一将非法“提供公民个人信息”分为两种：一种是“违反国家有关规定，向他人出售或者提供公民个人信息”；另一种是“违反国家有关规定，将在履行职责或者提供服务过程中获得的公民个人信息，出售或者提供给他人的”。《解释》规定，后者的入罪数量或者数额仅为前者标准的一半，体现了对特殊主体从严惩处的精神。应当注意的是，当特殊主体涉案的数量或者数额达到一般主体涉案数量或数额标准的一半以上不满一倍时，不应再根据《刑法》第253条之一的规定对特殊主体进行从重处罚，否则就有重复评价的嫌疑。其三，根据《解释》第5条第1款第9项的规定，对于曾因侵犯公民个人信息受过刑事处罚或者2年内受过行政处罚的主体，只要再次非法获取或提供公民个人信息，不再考虑数量、数额、违法所得等标准，一经实施，就应认定为“情节严重”，体现了主观恶性在认定本罪时的重要作用。

（二）“情节特别严重”认定标准的确定

根据《刑法》第253条之一，“情节特别严重”是侵犯公民个人信息罪法定刑升格的要件。与“情节严重”相同，在《解释》出台前，缺乏统一的认定标准。《解释》第5条第2款从犯罪后果及数量数额等方面对“情节特别严重”的认定规

① 《马克思恩格斯全集》（第1卷），中央编译局译，人民出版社1956年版，第82页。

定了详细的标准。

第一，根据犯罪后果认定“情节特别严重”。《解释》第5条第2款第1项和第2项分别规定了“造成被害人死亡、重伤、精神失常或者被绑架等严重后果的”以及“造成重大经济损失或者恶劣社会影响的”，应当认定为“情节特别严重”。例如，在备受关注的徐玉玉案中，由于不法分子利用非法获取的公民个人信息进行电信诈骗活动，导致被害人徐玉玉死亡结果的发生。根据《解释》的规定，可以认定行为人侵犯公民个人信息行为情节特别严重，从而对其适用侵犯公民个人信息罪的升格法定刑。

第二，根据数量或数额认定“情节特别严重”。《解释》将“数量或数额达到前款第3项至第8项标准10倍以上”作为认定“情节特别严重”的标准。而对于前款第1、2项，出售或者提供公民个人信息，被用于犯罪的，如果造成了严重后果，仍可以依照第2款第1、2项，根据犯罪后果来认定“情节特别严重”。

侵犯公民个人信息罪法律适用若干问题考辨

薛 培*

《刑法修正案（九）》将刑法第253条之一修改为“违反国家有关规定，向他人出售或者提供公民个人信息，情节严重的，处三年以下有期徒刑或者拘役，并处或者单处罚金；情节特别严重的，处三年以上七年以下有期徒刑，并处罚金。违反国家有关规定，将在履行职责或者提供服务过程中获得的公民个人信息，出售或者提供给他人的，依照前款的规定从重处罚。窃取或者以其他方法非法获取公民个人信息的，依照第一款的规定处罚。单位犯前三款罪的，对单位判处罚金，并对其直接负责的主管人员和其他直接责任人员，依照各该款的规定处罚”。

从以上条文内容可以检视，《刑法修正案（九）》在《刑法修正案（七）》的基础上再次将侵犯公民个人信息犯罪纳入修改的范围，且修改幅度较大。修改主要有以下四点：一是取消了关于犯罪主体的限制；二是删去了提供给他人公民个人信息行为的“非法”前缀用语；三是将第二款“上述信息”修改为“公民个人信息”；四是增加了第三款，即将向他人出售或者提供其个人信息，情节严重的行为纳入刑法规制的范畴。

一、本罪中“公民个人信息”的理解及适用

关于本罪中所指的公民个人信息，由于我国目前尚未制定出台《个人信息保护法》。因而如何确定个人信息的概念和范围，是《刑法修正案（七）》颁行以来的一个重要问题，引起了相当多的争论。对此，国家立法机关的有关专家认为是“可以实现对公民个人情况识别”的信息①，而有学者则认为是“体现个人隐私权”的信息②，还有观点认为，“公民个人信息与公民身份密切相关，是公民区别于他人的身份识别代码”③；而另外则有观点认为，“公民个人信息是能够影响公民财产权利、人身安全的，凸显具有公民个人生理与社会特征的信息。”④ 以上观点均肯定了公民个人信息的身份属性，只是在个人信息社会化属性上的认知有所不同。但是，无论基于何种理论，上述观点均将“可识别性”视为公民个人信息的认定标

* 四级高级检察官，全国检察理论人才，四川省检察业务专家，四川省成都市人民检察院侦查监督一处副处长，西南民族大学法学院兼职教授、硕士生导师。

① 参见朗胜：《〈刑法修正案（七）〉立法背景与理解适用》，http：//www. criminallawbnu. cn/criminal/info/showpage. asp？ProgramID＝&pkID＝22113&keyword＝%D0%CC%B7%A8%D0%DE%D5%FD%B0%B8%A3%A8%C6%DF%A3%A9，2015年9月2日访问。

② 蔡军：《侵犯公民个人信息犯罪立法的理性反思》，载《现代法学》2010年第4期。

③ 凌鸿：《非法获取公民个人信息罪的认定》，载《人民法院报》2010年6月17日第7版。

④ 赵秉志：《公民个人信息刑法保护问题研究》，载《华东政法大学学报》2014年第1期。

准。比较国外有关公民个人信息的立法，界定范围各不相同，以美国为例，主要是指私人信息不受他人打扰。对于公民个人信息的保护，美国在联邦和州层面都有相关的专门立法。同时，通过“信息控制权”理论修正其隐私权概念，为个人对其信息的积极控制提供支持。① 而日本2005年的相关立法称为《个人信息保护法》，该法对“个人信息”的表述为：是相关某个个人生存所拥有的信息，包括由于对某人姓名及其出生年月等的描述，或者在与他人信息对比后能够识别出某个特定的个人数据。②

笔者认为，公民个人信息一般指专属于某一自然人的一切能用于识别其特定身份的重要信息，其不为一般人所知悉，且具有保护价值，具体包括姓名、职业、职务、年龄、婚姻状况、种族、学历、学位、专业资格、工作经历、住址、电话号码、网上登录姓名及密码、身份证号码、护照号码、社会保险卡号码、医疗保险卡号码、驾驶证号码、银行卡号码及密码、面相记录、指纹、声纹、DNA、书写的签名和电子签名、手机定位动态信息等。除此之外，对于特种职业身份的公民个人（如党和国家领导人、副省部级以上高级领导干部、国家安全人员、中国科学院及工程院院士、军事特种领域专家等），其官方未予公布的身份证件、车船航班、行踪轨迹、住宿信息等，亦应成为刑法保护的公民个人信息对象，擅自传播、公布、泄露即使数量较小，但可能或者已经造成严重社会影响及严重社会后果的，也应追究行为人的刑事责任。

集合上述不同的定义，笔者认为，此处的“公民个人信息”，应从实质解释的角度进行理解和适用，即是指公民个人不愿为一般其他普通社会公众所知，并对公民个人有保护价值的信息，在刑法语境里，非法获取公民个人信息意指侵犯了公民的隐私权，即自然人享有的私人生活安宁与私人信息不被他人非法侵扰、知悉、搜集、利用和公开的一项人格权。③ 该条文规定的公民个人信息即为任何单位在履行职责或者提供服务过程中获得的公民个人信息。从信息的内容来看，其涉及公民的个人隐私权。《刑法修正案（九）》与《刑法修正案（七）》不同的地方在于将犯罪主体扩大到所有单位，而不仅局限于《刑法修正案（七）》规定是国家机关、金融、电信、交通、医疗五类单位。过去司法实践中，司法人员在办案中当然也不是单纯机械地理解此条文的立法意图，而是根据立法意图适用法律。因为，尽管拥有公权力的国家机关单位或工作人员，更加容易获取个人信息，但并不排除其他自然人，法人获取信息的机会。特别是在网络技术发达的今天，恶意的人肉搜索以及黑客入侵，使侵犯人即使没有掌握公权力，依然能够轻而易举地获得他人信息。在市场经济发展高度发达的社会，信息尤其是关涉公民个人的一切生存内容的信息已经衍变成为一种重要的资源，专门从事信息收集的企业或个人在合法获得信息的同时也导致个人信息容易受到侵犯。因此，在适用法律之时，不能机械理解，而应从立法的基本旨趣上加以适用。首先，法律条文中的“等”表明立法者并未在形式上

① 张新宝：《从隐私到个人信息：利益再衡量的理论与制度安排》，载《中国法学》2015年第3期。

② 杨琴、余贵忠：《人格尊严与个人信息保护的契合》，载《贵州警官职业学院学报》2017年第2期。

③ 张新宝：《隐私权的法律保护》，群众出版社1997年版，第21页。

严格限定以上五类单位，已经给予了司法者一句立法原意及现实社会发展进程中进行合理裁量的相应空间；其次，应当进一步从实质层面去理解公民个人信息的范畴。“在存在侵害他人利益的人的情况下，利益持有人会对自己的利益继续存在感到不安，就会有希望国家保护自己利益的欲求。当这种希望保护自己利益的欲求达到一定规模时，作为国家来说，就感到有必要保护该利益，就会有制定刑法的动机。这种关系，特别在对个人法益的犯罪中，更为明显。”① “法益是法所保护的利益，所有的法益都是生活利益，是个人的或者共同社会的利益；产生这种利益的不是法秩序，而是生活；但法的保护使生活利益上升为法益。”② 我国刑法将侵犯公民个人信息罪规定在侵犯公民人身权利、民主权利罪一章，其保护的则是普通民众自身信息的私密性。而现实社会中存在着大量与普通民众生产生活和社会正常运转密切关联的重要场域或单位，如保险、房产、邮政、物流等行业的单位，甚至电视购物公司、汽车销售、技能培训、招聘网站、猎头公司、市场调查公司等服务性行业的单位，这些单位及其工作人员在日常营业过程中也会掌握大量顾客的个人信息，此类信息也正是当下较易受到不法分子侵害的公民个人信息类型。如果将“单位”的范畴限定在金融、电信、交通等刑法列举的行业场域，则不利于对普通民众个人信息的保护，亦不符合立法者打击目前一些行业中滥用公民个人信息、侵害公民人身权利现象的立法目的。

在大数据时代之下，公民个人信息的概念已经突破了传统认识的宽度和深度，其拓展的宽度和延伸的深度得以大幅度提升，通过计算机强大的系统数据统筹、统计、识别、比对、分析、研判能力，涉及公民个人许多细微、零碎、松散、断片、个体式的点位信息可以运用计算机对这些海量的个体数据进行识别、提取、收集、归类、比对、分析，从而能拼凑、还原以致归类、单集、凝练、汇聚成为一个公民乃至群体的综合性信息。以个人存储于计算机中的数据资料为例，在纵向上由技术运算深入到生活细微，如手机信息、位置信息甚至 APP 账号密码信息等。在横向上则由特定测量性数据发展为全面的记录型数据，如计算跑步距离和健身强度的记录型数据等。③ 简言之，“公民个人信息”的外延得以逐步扩展，不仅包含个人法益范畴的内容，也应当融入大数据时代之下国家的、社会的个人信息，这就是“公民个人信息”的双重法益属性：个人法益和超个人法益。它不仅指宪法意义上基于公民身份所形成的个人信息，而且还指向在国家、社会利益下所具有的个人信息。④

“与公民个人密切相关的、其不愿该信息被特定人群以外的其他人群所知悉的信息。”⑤ 即不限于第一款中所说的个人信息，还包括其他符合条件的各种信息。⑥

---

① ［日］西原春夫著：《刑法的根基和哲学》，顾肖荣等译，法律出版社 2004 年版，第 95 页。

② ［日］大塚仁著：《刑法概说（总论）》，有斐阁 1992 年改订增补版，第 83 页。转引自张明楷：《新刑法与法益侵害说》，载《法学研究》2000 年第 1 期。

③ 于志刚、李源粒：《大数据时代数据犯罪的制裁思路》，载《中国社会科学》2014 年第 10 期。

④ 李谦：《侵犯公民个人信息罪的法解释学释义》，载《北京邮电大学学报》2017 年第 1 期。

⑤ 叶灵贤：《周娟等非法获取公民个人信息案——非法获取大量公民个人信息的行为，如何定罪量刑》，载《刑事审判参考》2011 年第 4 集，人民法院出版社 2011 年版。

⑥ 张磊：《司法实践中侵犯公民个人信息犯罪的疑难问题及其对策》，载《当代法学》2011 年第 1 期。

否则实践中利用网络技术、跟踪等手段非法获取公民个人信息的行为一概不能处罚，侵犯公民个人信息罪的成立范围明显过窄，不符合保护公民个人信息的立法精神。刑法就是为了有力规制侵害公民个人信息的行为，以达到保护公民个人合法权益的目的。这种理解与理论和学术界的观点是一致的。从严厉打击犯罪和最大限度保护公民个人权益等方面考虑，一般情形下对非法出售、提供、获取公民个人信息的行为应予以严厉打击。但也应考虑到，在当今快速发展的社会形态之下，信息流动、共享的需求随着大数据时代的来临而越发旺盛，这就不可避免地可能会产生公民个人信息保护与披露共享的冲突。公民个人信息保护无疑体现了对隐私权的充分尊重和保护，而信息披露共享则表现为对知情权的保障。前者强调的是对公民个人信息的独占性、专有性，而后者则表现为对公民个人信息获取的积极性、开放性。依笔者管见，在司法实践中依据刑法对公民个人信息的保护也应秉承谦抑性原则，适度运用宽严相济的刑事政策，即对一般意义上非法获取公民个人信息未造成严重后果的，可不予刑法评价，应依据刑法第13条“但书”予以出罪。

二、“出售、提供、获取”的理解及相互关系的厘清

（一）“出售、提供、获取”的理解

《刑法修正案（九）》在《刑法修正案（七）》的基础上删减了“非法”二字而不再赘述。笔者认为，此举既是一种立法应然的理性价值取向，同时也是一种立法应然的规范取向。事实上，“出售、提供、获取”本身其内涵上即为未经公民的许可而实质上侵犯了公民的个人隐私权，这种行为无论从何种角度而言都是“非法”的，即这三种方法无论如何都具备了下列特点：一是违背了信息所有人的意愿或真实意思表示；二是出售、提供、获取信息者无权了解、接触、处置相关公民个人信息；三是信息出售、提供、获取的手段违反了法律禁止性规定或社会公序良俗原则。

由此，我们可以认为，“出售、提供、获取”之“非法”含义并非指出售、提供、获取手段或者方法行为的性质，而是指行为人的出售、提供、获取行为在本质上是非法的，即行为人不符合出售、提供、获取公民个人信息的法律或者法规的规定。不能单纯以获取包括出售、提供行为违背法律禁止性规定的观点[①]来予以认定，即行为人只要没有出售、提供、获取公民个人信息的法律依据或者资格而获取相关个人信息的，就可能构成犯罪。

对于“出售、提供、获取”的方式，目前理论界和实务界尚关注不多，笔者认为，无论以何种方式出售、提供、获取公民个人信息，只要其超越了公民的个人相应授权，即没有出售、提供、获取资格或者根据的人以窃取或者其他方法出售、提供公共服务提供者在服务过程中收集或者发布的公民个人信息即可认定为“非法”。易言之，刑法既要制裁公共服务提供者将自己保有的公民个人信息非法出售、提供、获取给他人的行为，又要处罚他人侵犯公共服务提供者对公民个人信息之保有

① 王昭武、肖凯：《侵犯公民个人信息犯罪认定中的若干问题》，载《法学》2009年第12期。

状态的行为。[①] 从这个层面上看，出售、提供、获取等诸方式为侵犯公民个人信息之行为，公民在接受公共服务时相关单位也应对所享有的个人信息予以保密，如其擅自获取并出售、提供给他人或单位，只要造成相应的严重后果，也应追究其刑事责任。例如，在现实社会中，有私家侦探主动采用秘密跟踪、定位、窃取、窃听、拍摄等诸手段获得大量公民个人信息，而其并未取得公民本人同意的情形，侵犯了公民的个人隐私权，且情节严重，即符合“非法获取公民个人信息数量较大、获利较多、手段恶劣、对信息所有人的名誉、财产等权利造成了严重损害”等要素[②]，即应构成侵犯公民个人信息罪。

（二）“出售、提供”的应然适用

《刑法修正案（九）》第17条第1款、第2款将出售与提供行为并列表述。有学者认为，所谓的出售，是指以获得对价为目的的提供行为；非法提供，是指不以获得对价为目的的提供行为，出售与非法提供两者是并列关系。[③] 该观点值得肯定的地方在于其指出出售亦是一种提供行为，但对于非法提供须具有不以获得对价的目的的看法，笔者认为值得商榷。从语义上分析，“出售”是指将自己掌握的公民信息卖给他人，自己从中牟利的行为；“提供”是指不应将自己掌握的公民信息提供给他人（包括单位和个人）而予以提供的行为。[④] 易言之，非法提供并非指不以获得对价为目的的提供行为，立法上对其主观目的并无限制；而出售是指以谋取对价后将某物提供给他人，其亦属提供行为的一种。如果认为出售行为比单纯的提供行为具有更为严重的主观恶性及客观危害，则在罪状的表述上应能体现出来。但遗憾的是，不管是《刑法修正案（七）》抑或是《刑法修正案（九）》，从罪状的表述上来看，出售与提供行为均为并列关系，两者在达到情节严重后，均可入罪惩治，并无量刑上的差异。如若认为出售与提供行为危害性方面无异，那么出售也是一种提供行为，直接规定提供行为即可。此外，考察我国刑法，在犯罪行为的设置上，设置提供行为的有38处，设置出售行为的有21处，不包括侵犯公民个人信息罪，仅有的一处例外为《刑法》第177条第1款第4项[⑤]，其余均未对同一对象同时规定出售与提供行为。例如，《刑法》第171条仅规定出售伪造货币行为，并未定单纯的提供行为；《刑法》第320条规定：为他人提供伪造、变造的护照、签证等出入境证件，或者出售护照、签证等出入境证件的，处5年以下有期徒刑，并处罚金；情节严重的，处5年以上有期徒刑，并处罚金。在该条中，针对犯罪对象的不同而分别规定了提供或出售的犯罪行为。可见，《刑法修正案（九）》中将出售

① 赵军：《侵犯公民个人信息犯罪法益研究》，载《江西财经大学学报》2011年第2期。

② 周海洋：《出售、非法提供公民个人信息罪和非法获取公民个人信息罪的理解与适用》，载《中国审判》2010年第1期。

③ 同振魁、肖进：《侵犯公民个人信息犯罪若干问题研究》，载《云南大学学报》（法学版）2011年第6期。

④ 黄太云：《〈刑法修正案（七）〉内容解读（三）》，载《人民法院报》2009年4月22日。

⑤ 《刑法》第177条之一第1款第4项为《刑法修正案（五）》所增设，该条具体内容为：出售、购买、为他人提供伪造的信用卡或者以虚假的身份证明骗领的信用卡的。对于其中的出售行为与为他人提供行为并列表述，笔者认为是不合理的。

与提供行为进行并列表述的方式尚有待商榷。

三、侵犯公民个人信息罪共犯的认定

侵犯公民个人信息罪共犯通常情况下为直接正犯、间接正犯和共同正犯，司法实践中对其认定既较为简单，也多不会存有异议。但对于侵犯公民个人信息罪中是否存有片面共犯和能否予以认定则较为阻滞。所谓侵犯公民个人信息罪中的片面共犯，是指共同行为人的一方有与他人共同实施犯罪的意思，并协力于他人的犯罪行为，但他人却不知其给予协力，因而缺乏共同犯罪故意的情况。其构成要件：主观方面：侵犯公民个人信息罪共犯人认识到自己是与他人协同（确切地说大多数情况下是侵犯公民个人信息罪共犯人配合他人）实施犯罪，不仅认识到自己的行为将导致危害社会的结果，也认识到自己行为与他人行为将共同造成危害社会的结果，并希望这种结果发生，故具有共同犯罪的故意。客观方面：侵犯公民个人信息罪共犯人不仅自己实施了危害社会的结果，而且将自己行为与他人的危害行为融为一体，共同作用于某种犯罪对象，导致发生危害社会的结果，行为人的行为与最终发生的危害结果之间有刑法上的因果关系，即行为的致果性是共同的，虽然就共同犯罪而言，其他犯罪人并不知情也不知道有人配合自己进行了犯罪，但是侵犯公民个人信息罪共犯人则完全符合共同犯罪构成要件，应当属于共同犯罪，我们没有任何理由将侵犯公民个人信息罪的片面共犯摒弃于共同犯罪的大门之外。

对于侵犯公民个人信息共同犯罪的认定，还要坚持以下三个方面：

一是必须有侵犯公民个人信息的实行行为。尽管任何犯罪都是一定行为人主观恶性的体现，但不可否认的是，在侵犯公民个人信息共同犯罪中正犯是整个犯罪的中心，因为在犯罪构成中，只有实行行为才是犯罪论的核心。正是因为正犯的实行行为，才直接导致对国家所保护的公民个人隐私权法益的侵害或威胁，而从犯只是加功于正犯的行为，对犯罪法益以及对象所造成的影响只是间接的，有时侵害的后果甚至是无形的。从犯若没有一定的正犯行为作为依托，那么从犯本身就失去了存在的基础。在侵犯公民个人信息共同犯罪中，没有从犯不影响共同犯罪的成立，但如果没有正犯的行为，则所谓的共同犯罪无成立的余地。正是由此而言，笔者认为，侵犯公民个人信息从犯在成立上以及处罚上应当从属于正犯，但值得注意的是，这种从属性本身并没有抹杀从犯自身仍然具有独立的价值。那么，如何理解实行行为的性质？笔者认为，实行行为并不一定是达到可罚程度的犯罪行为，即只要形式上符合具体犯罪的构成要件即可。也就是说，只要共犯人主观上认为正犯实施的是符合犯罪构成要件的行为，而且事实上正犯的行为符合犯罪构成要件，即使由于“正犯”自身精神或生理缺陷或者其他原因具有使行为正当化的事由或免除刑罚的事由，不影响侵犯公民个人信息罪共犯的成立。此处的实行行为应与预备行为相区别，即正犯已经着手实施符合犯罪构成要件的行为。对于正犯尚处于预备阶段或犯罪实施前的行为，即使此时有共犯的片面加功，由于从犯本身社会危害性小，加之正犯本身可罚性不强，因此不作为犯罪处理，即不成立片面从犯。如果被帮助者本无犯罪意思，在行为人帮助之后产生犯罪意图，则对于帮助者而言应属于事实错误，应当成立教唆犯，不属于侵犯公民个人信息罪共犯。至于被帮助者以后的犯罪行为应与帮助者无关。对于一般违法行为，由于正犯本身不构成犯罪，因此，侵犯公民个人信息罪共犯在此情况下应按法律错误进行处理，不构成侵犯公民个人信息罪共犯。

二是必须有共同犯罪的意思。但对这种共同意思必须结合完全共犯进行理解，换言之，对于侵犯公民个人信息罪共犯的主观方面的要件，必须相对于完全共犯要求共同犯罪人之间对于犯罪的意思是相互的，彼此间有概括的联络意思而言，侵犯公民个人信息罪共犯要求实行帮助行为者即所谓侵犯公民个人信息罪共犯有共同犯罪的意思，至于正犯是否认识到行为人的加功行为，不影响侵犯公民个人信息罪共犯的成立。这种认识表现为，行为人知道自己在帮助他人犯罪而不是自己实施实行行为、对于正犯的犯罪行为以及其性质、法律后果有基本的认识，以及由于自己的加功而使正犯的行为易于实行。至于侵犯公民个人信息罪共犯的主观意思，只能是故意，既可以是直接故意，也可以是间接故意，即侵犯公民个人信息罪共犯人通过自己的加功行为而希望或放任正犯的实行行为实现构成要件的结果。

三是必须有帮助行为。这种帮助行为必须与正犯的实现行为有直接影响，即帮助行为与正犯的意思必须一致。[①] 也就是说，帮助行为有利于正犯实行行为的完成。如果片面帮助犯的帮助行为无利于正犯行为的实施，那么两者之间的行为不存在共同犯罪中的利用关系，自无共犯可言，应分别就行为人的行为而进行规范评价。侵犯公民个人信息罪共犯的帮助行为既可以是无形的，也可以为有形的帮助；既可以作为的方式实施，也可以不作为的方式实施；既可以在事中进行，也可以先于或与实行行为同时实施，只要这种行为对正犯实施犯罪产生积极作用，就应当构成犯罪。

四、侵犯公民个人信息罪的主观推定

对于侵犯公民个人信息犯罪而言，其行为性质属客观事实，可以表述为其非法采集、获取、出售、转让、提供等诸行为是认定犯罪与否的基础性事实。从犯罪构成角度来看，行为人以不知法禁止为抗辩，并不能阻却犯罪的成立，但若否认行为的危害性，可能会对犯罪认定造成障碍。侵犯公民个人信息罪为故意犯罪，行为人对其侵犯公民个人信息行为的性质至少需要有概括性故意，否则将无法认定行为人及其行为具有危害社会性，进而失去了适用刑罚的基础。由此可见，行为人对其侵犯公民个人信息行为的性质应当有明确认知。

从司法实践来看，对于行为人主观是否明知予以准确认定困难是造成侵犯公民个人信息犯罪中证据运用难、案件认定难的主要原因，这一问题不仅具有根本性而且具有普遍性，过往及目前司法实践均面临这一问题。事实上，在侵犯公民个人信息犯罪中，由于对行为人主观明知的要求只是“概括的明知”，即行为人只要对涉案的犯罪对象可能是会侵犯公民个人信息并具有危害性具有概括性认识，就可追究

① 高仰止：《刑法总则之理论与实用》，台湾文汇印刷厂有限公司1986年版，第417页。

其刑事责任，至于公民个人信息的具体种类、名称、内容、范围等，一般不影响对行为的定性。例如，针对侵犯公民个人信息犯罪，嫌疑人对犯罪对象虽然要求明知是公民个人信息，但这并不等同于法律要求行为人非常确切地知道该对象为具体的什么种类的公民个人信息，否则，间接故意的成立就可能出现问题，因此，只要行为人知道、认识到、意识到或者怀疑到“可能”是侵犯公民个人信息，而不要求确切地知道是哪种公民个人信息、数量、具体指标等。这为在侵犯公民个人信息犯罪中适用“推定”这一方式来证明行为人的主观明知创造了条件。推定就是指根据一定的规则和客观实际情况，对犯罪嫌疑人的明知、故意、目的等作出判定，进而概括性地推导出行为人的主观明知状态。由于推定在认定行为人“主观明知”中的重要作用，运用推定来推断行为人主观明知也成为司法实践中普遍采用的方式。

笔者认为，对于已经侵犯公民个人信息的行为，公安机关在相关部门配合下在犯罪嫌疑人侵犯公民个人信息的工作场所、电子载体、住所等处查获了可疑物品、材料或痕迹后，根据这些基础事实，控方就有权要求涉案犯罪嫌疑人对此做出解释，在其不愿或不能做出合理解释的情况下，即可推定其对侵犯公民个人信息的性质具有概括的认识。基于以上关于推定的规定及司法实践中的做法，可以作为对侵犯公民个人信息犯罪中犯罪嫌疑人主观明知认定的重要借鉴，在具体的案件办理过程中，若出现以下几种情形，行为人无法作出合理解释或无其他证据证明行为人确实不知情，则可以认定行为人对犯罪行为在主观上具有明知的故意，但有合理解释的除外：（1）已经通过非法手段获取、出售、提供公民个人信息，且其计算机、手机、U盘等电子载体设施以及其他存储设备发生故障，发现后依然放任使用公民个人信息的；（2）根据其认知水平、工作流程必然会使用公民个人信息，但没有相应的使用资质，或者虽然有这些使用资质但没有相关授权及许可、未开启屏蔽设施的；（3）无相关授权及许可、未开启屏蔽设施以及其他设备发生故障，在故障发生后的合理时限内未予以处置，且可能或者已经造成公民个人信息泄露的；（4）上下家涉嫌共同犯罪，知道下家未经过相关部门审批，无资质处理、无授权许可或者超过授权许可范围而使用公民个人信息，认识到或者足以认识到该行为可能具有危害性，就可以认定其主观上具有侵犯公民个人信息的犯罪故意；（5）在监管部门和警方实施检查过程中，行为人丢弃、掩藏、毁灭相关物品，后证实被丢弃、掩藏、毁灭物品属于行为人所有，并且被丢弃、掩藏、毁灭的物品属于或者其中藏有公民个人信息及其衍生物品的；（6）行为人存在伪造证件、文件、票据、免税证明等有意隐瞒公民个人信息来源、去向真实信息的行为，或者有证据证明行为人有刻意隐瞒公民个人信息的来龙去脉、同行客户关系等信息的行为，并且在其工作场合、电子载体、住所内查获大量的公民个人信息的；（7）行为人不按照正常途径获取公民个人信息，其行动路线有明显绕开监管、检查等特征，并在其身上或者载体上查获大量公民个人信息的；（8）一些行为人本身就有违法犯罪前科，曾经因侵犯公民个人信息被行政处罚，此类行为人被查获时，往往会找出各种理由否认其主观上的明知。这种情况，可以根据其被行政处罚的前科材料，结合全案的其他证据运用推定的方式予以认定。

当然，由于推定结论并不是用证据证明了的确凿的事实，有可能出现误差或者错误，因此在使用的时候必须慎重。在对事实进行推断的过程中，应当注意把握以下三个方面：一是必须综合分析案件事实的客观性；二是必须确保基础事实的真实性；三是必须承认推断事实的或然性。一般来讲，推定的使用仅能够作为判断事实的参考，而且必须有相关的客观证据加以印证支持，若无其他证据加以印证支持，仅有推定的结论并不能作为定罪的依据。实践中对“明知”的推定应根据具体情况从日常生活经验出发，既要按照有利于当事人原则予以认定，也要让当事人享有充分的不安抗辩权和主动防御权，即应当允许当事人对推定事实予以反驳，若当事人能够提出充分的理由、确凿的证据或者其他事实能够证明推定结论难以成立或者无法排除合理怀疑，在此情况下推定结论就应当被否定。

侵犯公民个人信息罪司法适用研究

孟红艳*

近年来，随着网络信息的快速发展，侵犯公民个人信息违法犯罪现象日益突出，呈多发态势。根据中国互联网协会发布的《2016中国网民权益保护调查报告》显示，我国54%的网民认为个人信息泄露情况严重，84%的网民曾亲身感受到因个人信息泄露带来的不良影响。近一年经估算，我国网民因垃圾信息、诈骗信息、个人信息泄露等遭受的经济损失高达915亿元，人均损失133元，比去年增加9元。[①]可见，公民个人信息安全已经成为一个重要的社会问题。为依法、准确地办理侵犯公民个人信息案件，笔者通过对所在的义乌市人民检察院2009年2月至2017年6月办理的侵犯公民信息案件情况进行实证分析，针对对此类案件的特点、法律难点，提出相应的对策和建议，以期对实践有所裨益。

一、侵犯公民个人信息案件的基本情况和特点

自2009年2月至2015年10月《刑法修正案（七）》实施以来，义乌市人民检察院审查起诉出售、非法提供公民个人信息、非法获取公民个人信息刑事案件8件9人。自2015年11月《刑法修正案（九）》实施以来，义乌市人民检察院共审查起诉侵犯公民个人信息罪案件7件14人。

（一）作案手段多样化

从办案实践来看，行为人侵犯公民个人信息的手段多样，主要是通过网络非法获取。其中，有的是利用身为淘宝客服的便利条件，或者以窃取公民个人信息为目的，专门应聘到网店做淘宝客服；有的是从QQ群、微信群购买后又通过网络销售给网友；有的通过冒充网店工作人员，偷偷在淘宝网店植入木马的方式非法获取客户订单信息；有的甚至利用计算机技术远程侵入他人网站信息系统获取。根据案件情况，互联网公民个人信息的获取主要有三种途径：一是通过网络搜索，嫌疑人通过网上主动搜索、整理用户数据开展诈骗活动。如早期出现的冒充领导类型电信诈骗、冒充军人购买军用物资类型诈骗。二是通过木马盗取账号密码，即嫌疑人通过网络传输、电子邮件、短信群发、伪基站、扫描二维码等方式下码。且木马盗号的犯罪方式已呈现出从针对计算机转向移动端，从针对点转向无线循环的发展趋势。三是通过暴库、拖库获取公民个人信息，数据库中最重要、最有价值的一类数据就是用户的账号和密码，黑客获取账号密码最常用的方式是暴库和撞库，嫌疑人以撞

* 浙江省义乌市人民检察院公诉科副科长、检察员。

① 来源：中国互联网协会网站，http：//www. isc. org. cn/zxzx/xhdt/listinfo-33759. html。

库、暴库、拖库[①]的方式非法获取公民个人信息后，进行批量数据清洗，后进行贩卖，犯罪分子获取后将信息用于实施诈骗活动。如傅某某侵犯公民个人信息案，傅某某系计算机科学技术专业人员，先利用电脑技术获取浙江省宁波工程学院教师在“数字宁工系统”上的登录账户，并以弱口令尝试登录，冒用教师账号从网站上非法获取公民个人信息 2 万余条，后又利用 SQLMAP 程序对义乌市教师招聘考试报名网站（http：//abc. ywu. cn）进行攻击，非法获取了公民个人信息 2187 条。

（二）侵犯公民信息是网络犯罪的重要上游环节

通过获取公民个人信息，滋生的通讯诈骗、网络诈骗、敲诈勒索等犯罪目前正持续高位运行，导致社会管理难度不断升级。盗取、贩卖公民个人信息是当前网络犯罪，尤其是电信网络诈骗犯罪的黑色产业链之一。所谓黑色产业，即利用非法的手段获取利益的违法行为。网络非法获取公民信息已从身份信息、电话号码、家庭地址，扩展到网络账号密码、银行账号密码、行踪轨迹信息等，不法分子通过技术手段实施攻击，在获取到这些信息后再直接或者进行层层转卖，最终流入各类不法分子手中，形成了“源头—中间商—非法使用人员”的黑色产业链。如海南儋州典型的机票改签诈骗，犯罪分子通过非法获取乘机人信息后，冒充航空客服中心向乘机人发虚假航班取消信息，留下假客服 400 号码，诱骗乘机人到 ATM 改签缴费，利用“验证码”等接口骗走乘机人卡里的资金。又如福建泉州安溪的退税补贴诈骗，作案手法也是需要事先获取侵害对象的个人信息（包括侵害对象的电话号码、车辆、房产、生育资料、学生资料、残疾人资料、购买农机设备信息等个人信息），再利用钓鱼网站盗取侵害对象的账户和密码等个人信息，最后利用商务总机号码和一号通的号码捆绑坐席电话进行互转，实施诈骗。

（三）买卖公民个人信息产业投入小、获利大

马克思在《资本论》一书第二十四章“所谓原始积累”第七节中的注释中，引用了邓宁格《工会与罢工》一书中的一段话：“一有适当的利润，资本就会非常胆壮起来。只要有 10%的利润，它就会到处被人使用；有 20%，就会活泼起来；有 50%，就会引起积极的冒险；有 100%，就会使人不顾一切法律；有 300%，就会使人不怕犯罪，甚至不怕绞首的危险。如果动乱和纷争会带来利润，它就会鼓励它们。走私和奴隶贸易就是证据。”[②] 这段“利益法则”其实就是对于资本疯狂追逐利润的描述，在利益的驱使下，就会有人冒着接受法律制裁的风险做出触犯法律的行为。这段“利益法则”的论述同样适用于买卖公民个人信息产业，行为人只需要利用黑客软件、植入木马或者本身职务便利等方法就可以轻松获取大量公民个人信息，每条信息可根据内容的不同以几元至数百元不等的价格进行买卖，行为人不需要资本投入，即可通过买卖公民个人信息获得高额回报，可谓是无本万利。如黄某

① 撞库，是指黑客通过收集互联网已泄露的用户和密码信息，生成对应的字典表，尝试批量登录其他网站后，得到一系列可以登录的用户。暴库，就是通过一些技术手段或者程序漏洞得到数据库的地址，并将数据非法下载到本地。拖库，本来是数据库领域的术语，指从数据库中导出数据。到了黑客攻击泛滥的今天，它被用来指网站遭到入侵后，黑客窃取其数据库。（解释来源：百度百科，https：//baike. baidu. com）

② 参见马克思：《资本论》（第一卷），人民出版社 1958 年版，第 839 页。

某侵犯公民个人信息案，黄某某通过植入木马方式非法获取淘宝订单数据，后以每条6元至8元不等的价格卖给微信名为“夏天”的嫌疑人，非法所得共计人民币10100元。在利益的诱惑下，侵犯公民个人信息案件存在团体化作案现象，且侵犯公民个人信息数量惊人。如杨某非法获取公民个人信息案，杨某为获取淘宝客户身份认证信息，组织吴某某、苏某某、郭某某等5人到多家店铺假装应聘工作，伺机将木马程序 Boxthing. exe 植入淘宝店工作计算机，通过该木马程序劫持商家登录千牛后的 session 凭证信息，并盗取商家的订单数据，杨某盗取的订单数量为620346条。如龙某某侵犯公民个人信息案，龙某某通过 QQ 软件从他人处购买、交换获取公民个人信息共计987173条，后通过 QQ、微信账号进行出售。

二、司法适用难点分析

（一）“公民个人信息”范围的界定仍然存在争议

2017年3月新公布的最高人民法院、最高人民检察院《关于办理侵犯公民个人信息刑事案件适用法律若干问题的解释》（以下简称《解释》）第一条对“公民个人信息”的范围作出了界定，明确了个人信息“能够识别特定自然人身份或者反映特定自然人活动情况”的属性，重点在于与“特定自然人”相关。以上新解释的出台，细化了公民个人信息的范围和特点，解决了实践办案中的诸多身份信息认定争议问题。但在具体适用上，部分案件对于是否属于“公民个人信息”的认定仍然存在争议。

如目前公安机关正在侦办的王某侵犯公民个人信息案，王某将从网络上收集到各个公司的信息后打包卖给网友，每条信息不仅包含公司的基本信息、地址、电话号码等情况，也含有公司负责人的姓名和私人手机号码。此类公司信息中包含的公司负责人姓名、手机号码则符合以上《解释》的规定，属于能够识别特定自然人身份的信息，但此类公司信息，又是能够从网上或者公司主页上公开搜索到的。能够公开所得的公民个人信息不能认定为非法取得，是否能适用《解释》第三条第二款“未经被收集者同意，将合法收集的公民个人信息向他人提供的”而认定行为人构成侵犯公民个人信息罪？对于此类在网络上可以公开查到公司信息，内附公司负责人的姓名号码情况，是否属于侵犯公民个人信息行为还需进一步明确。

（二）对于“合法经营”的理解和适用存在难点

《解释》第六条规定为合法经营活动而非法购买、收受公民个人信息，需符合该条规定的特定情形，才能入罪，其中第（一）项为数额标准，即“利用非法购买、收受的公民个人信息获利五万元以上的”。该条规定，将为合法经营活动而获取的公民信息进行了特殊规定，体现宽严相济的刑事政策和刑法的谦抑性。但实践中对该条的适用仍存在困难：一是对于“合法经营”如何把握存在难点。合法经营一般是指从事产品生产和商品交换的经营组织和个人在国家法律和政策允许的范围内进行的各种经营活动。[①] 实践中出现的问题是，超越经营范围的算不算“合法经

---

① 来源：知网学问，http：//xuewen. cnki. net/R2006090220000462. html，权威出处：《党的十一届三中全会以来新名词术语辞典》。

营”？一般来说，企业或个体工商户具有固定的经营范围，在进行公司注册申请时就已明确的可以从事的生产经营与服务项目。例如，典当行、寄售行、投资公司收集大量公民个人信息后，公司内业务员以拨打电话的方式招揽高利贷业务，而高利贷并不属于公司的经营范围，此种情况是否就可以认定为不合法经营存在争议。二是《解释》第六条第（一）项规定的数额标准“利用非法购买、收受的公民个人信息获利五万元以上的”，实践中获利五万元以上的取证也存在困难，如正规的教育培训机构，就很难区分正常报名的学员和利用非法购买的公民信息打电话招揽的，存在获利数额取证、认定困难的问题。

（三）实践中罪名适用不统一

侵犯公民个人信息案件的常常以植入木马程序为盗取个人数据的手段，如义乌市人民检察院办理的案件就有指使、雇佣他人以种植植入木马程序的方式盗取淘宝订单数据，那么对于受雇佣的植入木马人员，应定性为侵犯公民个人信息罪还是非法获取计算机信息系统数据罪就存在争议，实践中出现同案不同判，各地的罪名适用不统一。有观点认为，应当认定为非法获取计算机信息系统数据罪，该罪名为《刑法修正案（九）》规定中增加条款，《刑法》第二百八十五条第二款，是指违反国家规定，侵入计算机信息系统或者采用其他技术手段，获取该计算机信息系统中存储、处理或者传输的数据，或者对该计算机信息系统实施非法控制，情节严重或者情节特别严重的行为。受他人雇佣去淘宝店铺安装木马程序盗取订单信息的行为人，对于窃取的订单信息作何用途并不清楚也并不关心，行为符合非法获取计算机信息系统数据罪的构成要件。笔者认为，对于受雇佣人员，应当认定为侵犯公民个人信息罪。植入木马的行为属于盗取订单信息的手段，最终的目的还是盗取公民个人信息，具有牵连犯的性质，应当按照处罚较重的罪名定罪。

三、规制侵犯公民个人信息犯罪的对策和建议

（一）检察机关严格依法审查，充分监督追诉侵犯公民信息关联犯罪

1. 检察机关在办理侵犯公民信息案件时应当严格审查证据，确保案件质量

侵犯公民个人信息犯罪同他新型网络犯罪一样，具有隐蔽性和非接触性，犯罪分子买卖信息大多使用虚拟身份，并在网络支付交易，聊天记录、交易信息和电子公民个人信息均容易删除，电子证据极易灭失，给侦查取证带来了巨大困难。检察机关在办理侵犯公民个人信息案件时，应当提前介入并引导侦查部门取证，尤其是要及时引导侦查机关提取、固定电子证据，就案件的事实认定、证据采信、证据补充、法律适用等案件侦查部门提出需要完善、补侦证据的具体要求，并阐明理由，通过有针对性地引导取证，从源头上保证案件质量。

2. 强化法律监督职能，充分监督追诉侵犯公民信息关联犯罪

网络买卖个人信息违法犯罪行为往往形成由源头、中间商、下游不法分子组成的黑色产业链，作案隐蔽，内外勾结，上、中、下游犯罪链条紧密关联。同时，被窃取的公民个人信息经加工、转卖，被大量用于电信网络诈骗、敲诈勒索、不正当商业竞争、暴力追债等违法犯罪。检察机关在办理侵犯公民个人信息案件时，应加

强对关联犯罪线索的审查，发现电信网络诈骗、网络敲诈勒索等下游犯罪时，或在审查其他犯罪时，发现涉及侵犯公民个人信息犯罪的，应及时深挖余罪线索，强化法律监督职能。同时，侵犯公民个人信息犯罪案件常常出现个人和单位犯罪并存，检察机关在办案中要严格审查案件，对涉及单位犯罪的及时对涉案单位进行追诉。

（二）统一侵犯公民个人信息罪的法律适用

最高人民法院、最高人民检察院《关于办理侵犯公民个人信息刑事案件适用法律若干问题的解释》的公布施行，强化了对公民个人信息的刑法保护，体现了依法惩治侵犯公民个人信息犯罪活动的立场。但此类案件在实践中犯罪手段层出不穷，不断出现新情况、新问题，各地司法机关在办案过程中应尽可能统一对《解释》的理解适用，确保量刑均衡。

1. 一定范围内公开的公民个人信息应受刑法保护

如前述提到的案例，在网络上可以公开查到公司信息，内附公司负责人的姓名号码情况，行为人非法收集后贩卖的行为是否构成侵犯公民个人信息罪？对此，存在不同的观点：持反对观点者认为，公司将主要负责人信息放在公司主页或者公开于网络上，即视为公司负责人同意其个人的通讯信息被他人收集，因此不能认定收集者侵犯公民个人信息。而另一种观点认为，公司负责人将个人信息公开于公司主页，只是一种公司信息公开的需要，而并未同意自己的个人信息被他人收集并买卖，故应当认定收集者构成侵犯公民个人信息罪。

笔者认为，以上情形应当入罪。对于公民个人信息的界定，在民法、行政法中比较有代表性的学说有关联说、隐私说、识别说。关联说，认为一切与个人相关的信息均应认定为公民个人信息；隐私说，认为不愿他人知道的所有信息应认定为公民个人信息；识别说，认为能识别出特定人的信息应认定为公民个人信息。[①] 当前，《网络安全法》已就个人信息的属性界定为“能够识别自然人个人身份的各种信息”，且这一界定被新公布的最高人民法院、最高人民检察院《关于办理侵犯公民个人信息刑事案件适用法律若干问题的解释》进一步确定。可见，我国目前刑事司法实践中采用的是识别说，而对隐私性并未达成共识。因此，笔者认为，刑法所保护的公民个人信息应当具备可识别性和刑法保护的必要性。在网络上可收集到的公司负责人个人信息，虽然是公司自愿在一定范围内公开的信息，不涉及个人秘密或隐私，但其真实姓名和私人手机号码等信息具有可识别性，被不法分子买卖后用于犯罪仍然会危害公民人身、财产安全和社会秩序，具有刑法保护的必要性。综上，笔者认为行为人买卖网络收集到的在公司网页或者网站公开的公民个人信息的行为，应认定为侵犯公民个人信息罪。

2. 明确“合法经营”活动的适用标准

前述案例提到超越经营范围，能否认定为“合法经营”活动，并适用《解释》第6条“为合法经营活动购买、收受公民个人信息”的特殊标准。根据《刑法》第225条对非法经营罪的规定，是指违反国家规定，从事非法经营，扰乱市场秩

① 齐爱民著：《中国信息立法研究》，武汉大学出版社2009年版，第76-77页。

序，情节严重的行为。有观点认为，非法经营罪的前提是经营活动“违反国家规定”，具体内容是由最高人民法院以司法解释的形式，以列举的方式予以明示的，未予明示的不宜认定为非法经营活动。而民间发放高利贷的行为性质，司法解释并没有明确厘定以非法经营罪论，故不应认定为“非法经营”。《刑法》对于非法经营活动的认定是明确的，需要以“违反国家规定”为前提，高利贷行为即使超过经营范围，也不能认定为“非法经营”，故可以适用《解释》第六条的特殊规定。

对此种观点，笔者不能认同。根据《民法通则》和《公司法》的规定，企业法人应当在核准登记的经营范围内从事经营，改变经营范围，但是应当办理变更登记。此外，根据《企业法人登记管理条例施行细则》第六十三条第一款第（四）项规定：超出核准登记的经营范围或者经营方式从事经营活动的，视其情节轻重，予以警告，没收非法所得，处以非法所得额 3 倍以下的罚款，但最高不超过 3 万元，没有非法所得的，处以 1 万元以下的罚款。同时违反国家其他有关规定，从事非法经营的，责令停业整顿，没收非法所得，处以非法所得额 3 倍以下的罚款，但最高不超过 3 万元，没有非法所得的，处以 1 万元以下的罚款；情节严重的，吊销营业执照。可见，对应于企业法人设立登记时的一般许可和特殊许可，与经营范围有关的企业法人的法律责任可分为两种：一是超越经营范围从事一般许可的经营活动所带来的行政法律责任，可称为“普通超范围经营”的法律责任；二是超越经营范围从事法律禁止、限制或特许经营事项的经营行为所带来的行政法律责任，可称为“非法经营”的法律责任。普通的超范围经营行为是一种行政违法，超越法律禁止、限制、许可经营范围的经营行为是一种刑事违法。因此，两种超范围经营行为都不能认定为“合法经营”，实践中碰到的超出经营范围的行为就不应再适用《解释》第六条的特殊规定。

（三）个人信息保护和大数据发展兼顾

大数据时代，信息的价值在于流通、使用，只有充分地流通、使用才能将数据本身蕴含的巨大价值发挥出来。根据大数据分析公司易观与东方出版社联合发布的《中国互联网产业发展年鉴 2016》分析：数字资产将成为企业的核心资产，大数据会成为企业的“新能源”，并终将成为下一个社会基础设施。① 在数据资源开放、共享的过程中，侵犯公民个人信息犯罪呈多发态势，如何有效保护公民个人信息安全，成为必须面对的困难和挑战。2017 年夏季达沃斯论坛，李克强总理在特别致辞中说，“我们对新产业、新业态、新模式，比如像电子商务、移动支付、共享单车，都实行包容审慎监管方式，促进了其健康发展。”②

当前，互联网新技术新业务正前所未有地改变着个人信息的收集和使用方式，对个人信息保护带来巨大挑战。云计算让个人信息远离个人终端，用户对于个人信息的控制能力大大降低，个人甚至并不清楚其个人数据的存储位置；移动互联网更

① 易观发布《中国互联网产业发展年鉴 2016》，载中国发展网，http：//www. chinadevelopment. com. cn/news/cy/2016/12/1110208. shtml。

② 《对待新业态新模式，总理为何反复强调监管当“包容审慎”》，来源于“中华人民共和国中央政府网”，http：//www. gov. cn/xinwen/2017-07/17/content_ 5211314. htm。

让信息收集变得无处不在，且所收集的信息高度个人化，如通讯录、照片、邮件、APP应用的使用信息等。如果说这两种应用只是从量的层面加剧了个人信息保护的难度，那么大数据的出现则是从质的层面冲击了个人信息保护制度存在的基础，给个人信息保护规则带来深远影响。如果个人信息保护法固守传统，仅适用于严格界定的“个人信息”，那么大数据环境下数据利用的安全风险又如何被规制？如果个人信息保护法扩张个人信息的边界，那么又将扩张到何种程度，才能在法律上重新找到保护公民个人权利与促进技术发展之间的新的平衡点？在各类新技术业务特别是大数据带来的巨大冲击面前，个人信息保护制度将无可避免地面临变革。有观点认为：在当前的网络环境下，隐私已经消亡，个人信息保护政策已到了退出历史舞台的时刻。我们以为对此问题的回答可以从长远和现在两个角度展开。从长远来看，上述论述有一定的道理。因为技术本身对于价值观念、法律制度的改造能力总是超乎人们的想象。就比如现在年轻一代在隐私观念上已经有了显著的变化，更年轻的一代更加积极主动地拥抱网络，将自己的生活状态甚至心情感悟等日常生活的点点滴滴都公布于网络，并从中获得分享乐趣。但从现在的角度而言，大数据的发展，并不能成为放弃隐私保护的理由。不可否认，新技术新业务正在以“春雨润物细无声”的方式，默默地影响甚至改造着人们的隐私观念。然而虽然这是一个变革的趋势，但并不意味着当下我们就可以轻松地丢弃隐私保护这一基本价值。相反，在日益强大的技术能力面前，现实中更多的呼声是如何加强对个人信息的保护，如何对个人信息保护法加以改革，以适应技术变革带来的新挑战和问题。问题是如何在新的时代背景下进一步坚守公民个人信息权的保护，这值得进一步探索。例如，可以设计更具有实际意义、更富有效率的用户个人信息保护机制。尽管“知情同意”制度在很多场合下仍然有效，但显然已不能满足大数据应用场景。个人信息保护机制应当朝更为有意义、更可执行、更与个人相关的方向进行改革。如针对大数据应用，企业要分析其相应的安全风险并提出与之相匹配的保护措施。此外，“数据泄露通知”制度正在被更广泛地引入立法，也反映了个人信息保护从注重事前知情同意到事后安全保障转换的趋势。

因此，在保护公民个人信息安全的同时，也要充分考虑和适应大数据的发展。要做到“包容审慎”，那么刑法必然不能过度地干预，应先由民事、行政措施先行调整，只有用尽了所有的民事、行政措施，才能考虑动用刑法。当前，国家在刑事方面对侵犯公民个人信息的行为已专门进行了规定并出台了相应的解释，而在民事、行政法规方面对个人信息保护的规定仍然空白，故需要在民法、行政法制定过程中加强对个人信息保护的规定，尤其是应当加快制定专门的个人信息保护法，才能充分利用民事、行政和刑事多种手段，建立全面的个人信息保护体系。

侵犯公民个人信息罪若干司法争议问题研究

张东生[*]　戴有举[**]

根据刑法第253条之一的规定，侵犯公民个人信息罪，是指违反国家有关规定，向他人出售或者提供公民个人信息，或者将在履行职责或者提供服务过程中获得的公民个人信息，出售或者提供给他人，以及窃取或者以其他方法非法获取公民个人信息，情节严重的行为。由于本罪在具体认定和适用过程中，对于何谓“公民个人信息”，如何把握“违反国家有关规定”和“非法”的含义，以及购买与出售公民个人信息之对向行为可能涉及的共犯等问题，无论在理论界还是实务部门都存在较大的争议，这不利于执法的统一，亟待厘清，以确保司法实践行进在正确的轨道上。

一、“公民个人信息”的界定与判断

最高人民法院、最高人民检察院2017年6月1日施行的《关于办理侵犯公民个人信息刑事案件适用法律若干问题的解释》（以下简称《解释》）第1条规定，“公民个人信息”，是指以电子或者其他方式记录的能够单独或者与其他信息结合识别特定自然人身份或者反映特定自然人活动情况的各种信息，包括姓名、身份证件号码、通信通讯联系方式、住址、账号密码、财产状况、行踪轨迹等。据此，《解释》将“公民个人信息”概括为两个特征：一是身份识别性，即“公民个人信息”能够识别特定自然人的身份；二是活动规律性，即“公民个人信息”能够反映特定自然人的活动情况。这二者的关系又如何呢？各自是独立的，还是具有某种关联性呢？亦即活动规律性是否须以具备身份识别性为前提？对此，本文持肯定的回答。这是因为，如果仅仅提供无法识别身份的不特定人的行踪轨迹，不可能给特定人私生活以及人身财产造成侵害或者威胁。例如，A某要报复B某，请求C某提供A某的行踪轨迹，C某不想惹是生非，胡乱变造所谓“A某”的行踪轨迹，由于该行踪轨迹并非特定于A某，故不能认定为属于A某的“公民个人信息”。因此，本文认为，身份识别性是“公民个人信息”必备的实质内涵，而仅具活动规律性之单一特征，尚不能认定为“公民个人信息”。换言之，能够识别特定个人身份的信息，基本上都可以划归为“公民个人信息”的范畴。

需要研究的是，能够识别特定个人身份的信息，是否一概均应认定为“公民个人信息”。具体来说，包含下列内容的身份信息，如含有某地某人姓名、身高和体重，抑或是某女姓名、职业及年龄的身份信息，能否径直认定为“公民个人信息”？

---

* 江苏省镇江市京口区人民检察院党组书记、检察长，法律硕士。

** 江苏省镇江市京口区人民检察院，法学学士。

则不无疑问。这涉及这些身份信息是否具有值得保护的价值的判断标准问题。根据不同主体的立场和见地，日本关于泄露秘密罪中的秘密，存在着诸多见解上的分歧与对立。主观说认为，只要本人主观上具有作为秘密的意思就够了；客观说认为，必须是对于本人来说，具有作为秘密加以保护的客观价值；综合说认为必须是在客观上具有作为秘密的价值，而且，本人也具有将其作为秘密的愿望，才属于秘密；择一说认为，秘密是指客观上值得作为秘密加以保护，或者本人主观上特意将其作为秘密，二者只要具备其一即可。① 侵犯公民个人信息罪的保护法益为人格尊严和个人自由，个人隐私或如个人秘密只属于其中一部分，因此“公民个人信息”的范围要宽于个人秘密。侵犯公民个人信息罪的保护法益主要是个人法益，当然要考虑法益主体的主观意思。但是，如若仅以个人的意思为判断标准，势必会造成“公民个人信息”的范围过于宽泛，不当扩张刑法的处罚范围，有损刑法的谦抑精神，也不利于对于个人信息的正当收集利用和数据共享。本文认为，上述的综合说具有可采性。一方面，本罪主要侵犯的是个人法益，法益主体对于自己的信息具有自主决定权，如果其主观上认为没有隐匿的必要，刑法则无须介入，否则有违保护法益的初衷。例如，有人想借机炒作扩大自己的影响，同意或者默许他人传播、披露自己的隐私秘密，尽管从客观上看，个人隐私无疑属于“公民个人信息”，但是由于法益主体事前的同意，使该个人隐私失去了保护的价值和利益，因此对这种传播、披露该个人隐私的行为，自难以侵犯公民个人信息罪论处。另一方面，从社会通念上看，只有存在值得作为个人信息加以保护的价值或者利益，刑法才有介入的必要，而不能单凭公民个人的主观认识作为刑法入罪的门槛。例如，对于披露某女性年龄的行为，尽管该法益主体可能认为年龄对于女性有保密的利益和需要，但从社会通念上看，无论如何也不具有值得动用刑法加以保护的价值和利益，因此难以侵犯公民个人信息罪论拟。

需注意的是，以上所采综合说，是针对本罪主要侵犯的是个人法益而言的。实际上，本罪的行为客体还有超个人法益的一面。如果非法获取、出售或者提供的是单一或者特定的公民个人信息，无疑侵犯了个人法益，但如果侵犯的是不特定或者多数人的信息资料，即被害人属于不特定或者众多的公民“集合”时，此时本罪的行为客体就具有了超个人法益的属性。此时司法机关无须具体落实每一条信息与现实生活世界中具体公民之间的对应关系，只要根据可靠的事实证明此类信息“一定”与现实的个人相对应即可。同样的道理，司法机关也无须询问相关公民个人是否同意、是否反感自己的网络信息被出售、被非法提供。② 作出这样的理解，可以从立法例上得到说明。众所周知，故意杀人罪、故意伤害罪属于侵犯个人法益的犯罪，因此，基于承诺的杀人和伤害不得成为减轻甚至阻却不法的事由。但是，如以杀人或者伤害故意而实施爆炸、投毒行为时，由于行为对象针对的不再是单一或者特定的个体人身利益，而是不特定或者多数人的生命、身体等公共安全，侵犯的是

① 参见［日］大谷实著：《刑法讲义各论》（新版第2版），黎宏译，中国人民大学出版社2008年版，第142页。

② 曲新久：《论侵犯公民个人信息犯罪的超个人法益属性》，载《人民检察》2015年第11期。

超个人法益即社会法益，而不再属于个人法益了，此时自无承诺存在之余地可言。

二、行为类型与违法性判断

侵犯公民个人信息罪的行为样态有两种基本类型：第一种为提供类型①，是指违反国家有关规定，向他人出售或者提供公民个人信息，该类型又包含两种子行为：一是单纯提供行为，是指违反国家有关规定，向他人出售或者提供公民个人信息；二是职务提供行为，是指违反国家有关规定，将在履行职责或者提供服务过程中获得的公民个人信息出售或者提供给他人。第二种为取得类型，是指窃取或者以其他方法非法获取公民个人信息。两种基本类型被刑法条文赋予了不同的违法用语，因此，违法性的判断呈现出差异性。

（一）违法用语之定位

根据刑法第253条之一的规定，成立侵犯公民个人信息罪，提供类型明文要求“违反国家有关规定”，取得类型也明示须“非法”，均对行为的违法性作出了明确表述。

1. “非法”。根据刑法第253条之一第3款的规定，窃取或者以其他方法非法获取公民个人信息的，成立侵犯公民个人信息罪。这里的“非法”是否属于构成要件要素呢？德国有些刑法分则条文中（如第303条）规定有“违法的”或者“非法的”这样的字眼，罗克辛认为，这里的“违法的”或者“非法的”就不是构成要件要素，而仅仅是一种（本身是多余的）对违法性一般犯罪特征的提示，或者是一种必要的法益承担者作出同意可能性的提示（第303条）。② 金德霍伊泽尔亦认为，在一些犯罪中，这些违法的文字表述仅仅是对于（作为犯罪的一般要素的）违法性的一种没有什么特殊意义的提示。③ 日本的逮捕、监禁罪中也规定有“非法”一词，山口厚指出，由于有些逮捕、监禁是根据法令合法实施的，法条中的“非法”，只是为了确认一般的违法性要件（违法要素），其本身并非特别的构成要件要素。④ 德、日学者的上述解读，对我们理解侵犯公民个人信息罪中非法获取中的“非法”一词在犯罪论体系中的地位具有启示、借鉴作用。确实如此，因为如果将非法理解为构成要件要素，那么单从文字解释，非法就是违反或者不符合法律之意，等于什么也没有解释，从而也无法从正面、积极的意义上进行构成要件该当性的判断。因此，本文认为，应该将侵犯公民个人信息罪中的“非法”理解为是对违法性的提示，而不属于构成要件要素。

2. 违反国家有关规定。违反国家有关规定，不同于单纯的违法或者非法，它是

---

① 本文中如无特别注明，提供行为均包括出售行为在内，下同。

② 参见［德］克劳斯·罗克辛著：《德国刑法学总论》（第1卷），王世洲译，法律出版社1997年版，第190页。

③ 参见［德］乌尔斯·金德霍伊泽尔著：《刑法总论教科书》（第六版），蔡桂生译，北京大学出版社2015年版，第71页。

④ 参见［日］山口厚著：《刑法各论》（第2版），王昭武译，中国人民大学出版社2011年版，第93页。

有其具体的内容和规范指引。根据《解释》第2条的规定，所谓“违反国家有关规定”，是指违反法律、行政法规、部门规章有关公民个人信息保护的规定。也就是说，无论是单纯提供行为，抑或是职务提供行为，要成立侵犯公民个人信息罪，均须以出售或者提供行为违反前置法规为前提。因此，违反国家有关规定属于构成要件要素或者说是构成要件的前提条件，出售或者提供行为必须违反国家有关规定为前提，方能该当于侵犯公民个人信息罪的构成要件。

（二）具体判断方法

如前所述，是否“违反国家有关规定”和“非法”的判断方法不同，前者是构成要件合致性的积极判断，后者是违法性阶段的消极判断。

1. 违反国家有关规定，一般是指违反前置法规中关于保护公民个人信息的专门性明确而具体的规定，但也包含违反前置法规中有关保护公民个人信息的一般性、原则性规定。问题是，我国并没有专门的个人信息保护法，相应的关于公民个人信息保护的配套法规相当欠缺，有些出售或者提供行为可能找不到相应的法规作为违反国家有关规定的认定依据，此时为了弥补处罚漏洞，能否以整体法秩序精神为依据，而认定为违反国家有关规定？答案应当是否定的。因为这里的判断是构成要件该当性的判断，而不同于违法性的判断。违法性的判断是实质的判断，当然可以从法秩序的统一性及其精神原则中进行价值的整体评判和利益衡量。但构成要件具有人权保障的功能，其法条用语必须明确和具体，不能脱离文义应有的射程范围作任意扩张解释。因此，对于前置法规没有明文禁令的出售或者提供公民个人信息的行为，当然不能根据整体法秩序精神而将其认定为法规违反，并进而认定为侵犯公民个人信息罪。否则，一方面，缺乏明文的法规禁止，不可能清晰地为公民指明这种出售或者提供行为的不法，即使处罚这种行为，也难以起到特殊预防的效果；另一方面，恣意扩张处罚范围，亦有违罪刑法定原则。因此，我国必须加快完善有关公民个人信息保护的配套法规，以提高前置法规的保护密度，消除不当地刑罚处罚漏洞①。

2. 非法，从实质意义上把握，应理解为没有正当理由。除了依法强制公民提供个人信息的情形之外，凡是未经公民个人明示或者默示之同意而获取公民个人信息的，均属于没有正当理由。有论者认为，“非法获取”是指“窃取或者以其他方法非法获取”。重点在于对“其他方法”的理解，这里应当是指与窃取的社会危害程度相当的方法，如骗取、胁迫、利诱、恐吓、抢夺、购买等违反法律规定的获取方式。② 这种观点，一方面强调手段本身违反了法律的禁止规定，因而将与窃取具有相同性质的抢夺、骗取、胁迫等行为均解释为非法获取；另一方面，却又认为购买也属于非法获取行为。其存在着自相矛盾之处。因为购买属于一种中立的行为，购

① 刑法基于谦抑、不完整性等品格，不可能处罚所有侵犯公民个人信息的行为，但应尽可能体现合理、公平和正义，将那些值得动用刑法予以制裁的侵犯公民个人信息的行为纳入犯罪圈。

② 参见杨新京、叶萍、黄成：《侵犯公民个人信息犯罪实证研究——以B市C区人民检察院近五年司法实践为样本》，载《中国检察官》2015年第2期；王静：《论侵犯公民个人信息罪》，载《广西政法管理干部学院学报》第31卷第6期。

买本身并不为法律所禁止，因而难以与窃取、抢夺等不法性质相提并论。诚然，从法文语义及其精神观之，购买似应理解为非法获取的其他方法，但上述观点之论证方法，实有点牵强附会，很难将购买解释为非法获取。如前所述，本文的看法是，非法获取中的非法只具有违法性的提示意义或者说是注意性规定，并不属于构成要件要素，应于违法性阶层进行实质化的理解。“信息自决权为个人信息保护立法的权利基础，公民个人信息权是公民个人自决权范围内的个人权利”，[①] 因此，应以侵犯信息自决权作为认定违法的实质根据，换句话说，即应以是否经本人同意作为阻却违法的正当化事由。只要获取行为未得到法益持有者的许可、同意，行为就具备了实质上的违法性。窃取、抢夺、恐吓、利诱、胁迫、骗取以及购买等行为，无一例外地违背了法益持有者的意思，自应属于“非法获取”的行为。

有疑问的是，消极或者被动接受公民个人信息的，如拾得公民个人信息的，能否认定为“非法获取”？因拾得行为违反了信息持有者的意思，从而不具备“经本人同意”的正当化事由，似乎应具有违法性。但是，本罪的获取行为是有意而为之的积极作为，只有以主动、积极作为的方式实施获取他人信息的行为，方才该当于本罪的构成要件。拾得行为是偶然取得的行为，属于消极被动接受的行为，不能被评价为侵犯公民个人信息罪之构成要件的行为。因此，从犯罪成立的体系上考察，拾得行为能否认定为非法获取，属于构成要件符合性的判断问题，而同意与否的判断，属于违法性阶层的检验问题，二者不应混为一谈。但是，如果被动、消极获得者有进一步的后续行为，如将拾得的公民个人信息向他人出售或者提供的，就有可能成立上述单纯提供类型的侵犯公民个人信息罪。

三、出售与购买之对向行为与共犯形态及处罚问题

本罪的提供行为与取得行为各自包括出售与购买行为，二者形成对向关系。刑法关于对向犯的处罚分为三种情况：一是双方的罪名与法定刑都不同，如贿赂罪中的行贿与受贿；二是只处罚一方的行为，如贩卖淫秽物品牟利罪只处罚贩卖者，不处罚购买者；三是双方的罪名与法定刑相同，本罪的出售与购买类型的对向犯罪以及重婚罪即属于此。侵犯公民个人信息罪的出售与购买的对向行为，通常有两种情形：第一种情形是链条合作式，即对向双方通过共谋，相互间形成长期、固定分工协作模式，对向双方同属于一个犯罪阵营，对向行为属于内部分工协作行为，代表的是犯罪组织的整体行为，对此种对向行为双方所实施的出售与购买公民个人信息的行为，自应认定为共同犯罪。第二种情形是单独偶遇式，即特定的个人之间偶尔单独一次进行了出售与购买公民个人信息的情形。限于篇幅，以下着重对上述第二种单独偶遇式情形涉及的共犯等问题进行讨论。

（一）对向行为双方均成立犯罪的情形，是成立共同正犯，还是成立各自的单独正犯（同时正犯）

如前所述，此种情形只是孤立的、偶然进行一次交易，对向双方通常互不相

[①] 曲新久：《论侵犯公民个人信息犯罪的超个人法益属性》，载《人民检察》2015年第11期。

识，甚至无须谋面即可完成交易，既不存在事前共谋，也不存在明确的谋议，即使双方行为均达到情节严重的程度，似亦难以成立共同犯罪，只能成立各自的单独正犯。例如，甲通过网络从乙处购得公民个人隐私信息的，如果双方均符合定罪条件的，甲、乙原则上不成立共同犯罪，而只能成立侵犯公民个人信息罪的各自的单独正犯。这是因为，虽然双方同时实行了促成交易完成的对向行为，观念上也可以将这种对向行为视为行为的共同，但从主观上看，由于对向双方缺乏明确的沟通、谋议，且并不属于同一阵营，又各有其目的，因此，难以确认对向双方存在意思的联络及共同的行为决意。因此，认为此种情形的对向行为成立共同正犯不得不说存有疑问。

（二）对向行为仅一方成立犯罪的情形，能否适用任意共犯的规定

例如，职务提供者甲向乙出售他人行踪轨迹信息、通信内容、征信信息、财产信息30余条。根据《解释》第5条第8项的规定，[①] 甲的行为构成侵犯公民个人信息罪，而乙的行为因不属于情节严重而不构成犯罪。又如，一年前曾因侵犯公民个人信息受过行政处罚的甲，又从乙处购得他人住宿信息、通信记录等其他可能影响人身、财产安全的公民个人信息300余条。根据《解释》第5条第9项的规定[②]，此种场合，也仅只处罚甲方的购买行为，而不处罚与之对向的乙方的出售行为。成为疑问的是，这种情形能否以任意共犯的法理，而适用刑法总则关于共犯的规定，对乙论以教唆犯或帮助犯而处罚之？对此，本文持否定观点。因为教唆或者帮助相较于正犯而言，属于较轻的类型，举重以明轻，在正犯都不予处罚的情况下，教唆和帮助就更不应当予以处罚，否则，有违立法者意思。

（三）同一人实施对向行为的，如何处罚

例如，行为人甲购买公民个人信息后予以出售的，是认定为同种数罪而并罚，还是作为情节严重甚或法定刑升格条件予以处罚？有学者认为，非法获取公民个人信息后，又出售或者提供给他人的，视情节分别认定为情节严重或者情节特别严重，不必实行数罪并罚。[③] 本文基本认同将购买公民个人信息后又出售给他人的，作为情节严重以及不实行数罪并罚的观点，但不赞成认定为情节特别严重的观点。主要理由如下：第一，购买与出售具有手段与目的、原因与结果之牵连性质，在对向行为达到情节严重之程度时，原则上应适用从一重处断之法则，只需将其中未予评价的行为作为量刑情节考虑即可；如果对向行为均未达到情节严重的地步，原则上不应作为犯罪处理，只有在极个别特殊情况下，如综合考虑犯罪目的、行为次数、购买与出售信息条数、获利数额、给被害人造成的实际损害以及产生的社会影响等，认为确有处罚之必要时，方可将购买公民个人信息后又出售给他人的，认定为情节严重。因此，只要承认牵连犯的观念，除刑法明文规定并罚的情形之外，均

① 《解释》第5条第8项规定，将在履行职责或者提供服务过程中获得的公民个人信息出售或者提供给他人，数量或者数额达到第三项至第七项规定标准一半以上的，应当认定为情节严重。

② 《解释》第5条第9项规定，曾因侵犯公民个人信息受过刑事处罚或者两年内受过行政处罚，又非法获取、出售或者提供公民个人信息的，应当认定为情节严重。

③ 张明楷著：《刑法学》，法律出版社2016年版，第922页。

应从一重处断，而不应成为法定刑升格的条件，而加重其刑。第二，从危害的实质及程度上而言，购买只是取得公民个人信息的行为，通常只是侵犯公民个人信息的准备行为，只要不将所取得的公民个人信息予以出售或者提供，就不会对公民个人信息造成实际的损害，正是从这一意义上来说，购买行为只具有侵犯法益的危险性，而只有进一步将所购得的公民个人信息予以出售或者提供给他人的行为，才可能对公民私人生活以及财产造成实质的、现实的侵害，因此，应该认为购买行为被包括地评价在出售行为之中，亦即危险行为被实害行为、轻度行为被重度行为所吸收，而予以包括地一体评价。第三，司法实务也支持本文的立场，《解释》第 11 条规定，非法获取公民个人信息后又出售或者提供的，公民个人信息的条数不重复计算。据此，司法机关不可能因为行为人实施了对向行为，就将购买和出售的信息条数累计计算径直认定为达到“情节特别严重”的法定刑升格的数量标准。第四，上述认为此种情形可以认定为情节特别严重的观点，一方面，不认可对行为人应予数罪并罚而加重其刑；另一方面，却又视为情节特别严重而作为法定刑升格的条件，允许加重对行为人的处罚。这有自相矛盾之嫌，亦有违罪刑相适应原则。

侵犯公民个人信息罪相关行为的认定

罗世龙[*] 张成东[**]

侵犯公民个人信息犯罪的相关行为，从行为实施阶段上可以分为获取公民个人信息行为和利用公民个人信息行为两部分。就获取公民个人信息行为而言，又可分以合法方式获取和以非法手段获取两种。利用公民个人信息行为也有广义和狭义之分。从广义上说，利用公民个人信息行为指的是，行为人在合法或非法获取公民个人信息后，违反国家规定所实施的出售、提供、交换公民个人信息行为，以及利用信息承载的内容而实施的其他违法犯罪行为。狭义上的利用行为，则仅仅指行为人利用信息承载的内容而实施的其他违法犯罪行为，不包括出售、提供、交换公民个人信息的行为。结合信息的特征和《刑法》第253条之一的规定,① 笔者认为，从狭义上界定利用公民个人信息行为更为合理。司法实践中，以获取行为与利用公民个人信息的行为的实施主体是否同一来划分，可以进一步分为同一行为人获取公民个人信息后再实施利用公民个人信息行为和不同主体分别实施获取公民个人信息和利用公民个人信息行为两种情形。从利用行为来看，又可分为利用公民个人信息实施犯罪行为和实施尚未被刑法规制的危害行为两种情形。在司法实践中，这些获取行为和利用行为往往因为纠缠在一起而让问题变得颇为复杂，鉴于此，笔者试图通过梳理不同的行为模式，以期准确认定侵犯公民个人信息罪的相关行为，为司法实务提供一些参考。

一、行为人利用获取的公民个人信息实施犯罪行为的认定

(一) 利用合法获取的公民个人信息实施犯罪行为的认定

合法获取的公民个人信息，是指行为人采取非法途径之外的手段获取的公民个人信息，具体是指行为人采取窃取、在履行职责、提供服务过程中收集以及违反国家有关规定进行购买、收受、交换等非法获取手段之外的合法途径获取的公民个人信息。② 行为人通过合法或非法手段获取公民个人信息后实施的犯罪行为，从目前

* 中南财经政法大学刑事司法学院刑法学博士研究生。

** 中南财经政法大学刑事司法学院刑法学硕士研究生。

① 从信息学角度来讲，信息具有以下性质：普遍性、依附性、可度量性、可识别性、可处理性、可传递性以及可共享性。狭义上的利用行为基于个人信息可识别性和可处理性，利用识别的信息内容实施犯罪；除前述利用行为外，行为人借助信息的可传递性和可共享性将信息作为商品化在不同主体间出售、提供、交换等方式进行信息传播，获取经济交换价值行为则属于广义上的利用个人信息行为。参见邹志仁：《信息学概论》，南京大学出版社2007年版，第3页。从《刑法》第253条之一的规定来看，窃取、出售或提供已被单独作为侵犯公民个人信息罪的行为模式，因此，利用行为应做狭义理解比较妥当。

② 具体可参见《刑法》第253条之一以及最高人民法院、最高人民检察院《关于办理侵犯公民个人信息刑事案件适用法律若干问题的解释》第2~4条。

公安机关破获的案件情况来看，主要有电信诈骗、网络诈骗等新型、非接触式犯罪和直接实施抢劫、绑架、敲诈勒索等传统犯罪。①

行为人通过合法途径获取公民人信息后，再实施诈骗、抢劫、绑架、敲诈勒索等犯罪行为的认定比较容易。因行为人实施犯罪所利用的公民个人信息是合法获取所得，所以仅需对后续利用公民个人信息实施的犯罪行为按照相应的罪名定罪处罚。例如，流浪汉A在街头见到B发布的寻子悬赏广告，A见广告上有B的联系方式以及B子C的详细信息，便拨通公告上B所留电话，编造知晓C下落等事实，以进一步提供线索为由要求B转账到指定账户，后A骗取B大量财物。案例中A诈骗B行为中利用的B联系方式及C的信息都是B自愿公布后，A合法获取。在这种情况下，对A利用B和C的信息的行为直接以后续利用行为——诈骗罪定罪处罚即可。

（二）利用非法获取的公民个人信息实施犯罪行为的认定

根据《刑法》第253条之一以及2017年“两高”《关于办理侵犯公民个人信息刑事案件适用法律若干问题的解释》（以下简称《解释》）第4条的规定，通过窃取、购买、收受、交换等方式获取公民个人信息，或者在履行职责、提供服务过程中收集公民个人信息属于非法获取公民个人信息。当行为人利用其所非法获取的公民个人信息实施诈骗、抢劫、敲诈勒索等犯罪行为时，获取公民个人信息行为和利用公民个人信息实施的犯罪行为都有可能构成犯罪。根据《刑法》第253条之一以及《解释》第5条规定，当行为人通过非法途径获取的公民个人信息的行为达到“情节严重”时，便成立侵犯公民个人信息罪。当利用公民个人信息所实施的犯罪行为——如诈骗、敲诈勒索、抢劫等——符合刑法分则规定的入罪条件时，则也应按相应的罪名定罪处罚。在此种情形下，对获取行为和利用行为究竟是按照一罪处罚还是数罪并罚，在理论界和实务界出现了争议。

理论界的争议主要有数罪并罚说和从一重处罚说之争。数罪并罚说又可以分为两种情形：一种观点认为，行为人非法获取公民个人信息的行为与非法利用公民个人信息实施犯罪的行为，分别是两个独立的犯罪行为，二者之间不存在牵连关系，因而应数罪并罚。② 另一种观点认为，尽管行为人非法获取公民个人信息的行为与非法利用公民个人信息实施犯罪的行为之间存在牵连关系，但是考虑侵犯公民个人信息犯罪行为的严重社会危害性，为了更好地发挥刑法对侵犯公民个人信息犯罪的规制作用，而例外地按照数罪并罚处理。③ 持从一重处罚说的学者认为，行为人通过非法获取公民个人信息实施其他犯罪的，非法获取公民个人信息的行为就属于其他犯罪的手段行为，虽然在实质上行为人实施了两个行为，但在我国现行的理论和

① 于冲：《侵犯公民个人信息犯罪的司法困境及其解决》，载《青海社会科学》2013年第3期。

② 王肃之：《侵犯公民个人信息行为体系的完善》，载《河北法学》2017年第4期。

③ 胡江：《互联网时代惩治公民个人信息犯罪的困境与出路》，载《山东警察学院学报》2016年第5期。

司法实务都是按照牵连犯从一重处理，因而主张按照牵连犯从一重处罚。①

在司法实践中亦存在争议，出现了对相似案件不同处理的现象。有的法院认定不成立牵连关系而应实行数罪并罚。例如，在“徐玉玉被电信诈骗案”中，法院认为被告人陈文辉在非法获取公民个人信息后，以非法占有为目的，向不特定多数人拨打电话实施诈骗，情节特别严重，分别构成侵犯公民个人信息罪和诈骗罪，数罪并罚，判处主犯陈文辉无期徒刑并没收个人全部财产；② 又如在“张永新、张创新一案”中，法院认为被告人所实施的非法持有他人信用卡、获取他人个人信息行为均不是实施信用卡诈骗犯罪的必要手段，因而对被告人张永新、张创新以信用卡诈骗罪、非法获取公民个人信息罪实行数罪并罚。③ 也有的法院按照牵连犯从一重处罚，如在“吴国庆、冯金娒一案”中，二审法院认为被告人通过向不特定人员群发诈骗短信，非法获取他人的银行卡卡号、银行卡密码、手机号码等公民个人信息的行为是其实施电信网络诈骗的手段行为，不应单独定罪，而应按照牵连犯从一重罪处罚。④

笔者认为，上述学者的观点和司法实务中的做法均值得商榷。首先，主张非法获取行为与非法利用行为不存在牵连关系，进而实行数罪并罚的观点不可取。根据刑法规定与司法实践，当某种行为通常运用于实施某种犯罪，亦即具有类型化的手段与目的或原因与结果关系便可认定存在牵连关系。⑤ 司法实践中，行为人非法获取公民个人信息并不是行为人犯罪行为的终了，行为人往往还会利用非法获取的公民个人信息实施其他犯罪行为。如在“徐玉玉被电信诈骗案”、“张永新、张创新案”以及“吴国庆、冯金娒案”中，被告人均利用其非法获取的公民个人信息实施后续犯罪行为。在这种情形下，非法获取公民个人信息行为只是行为人再实施其他犯罪的一种手段行为，两种行为之间存在类型化的牵连关系。因此，在“张永新、张创新案”中，法院以“持有他人信用卡、获取他人个人信息行为不是实施信用卡诈骗犯罪的必要手段”而判断牵连关系不成立的认定依据与司法实践中通常对牵连关系认定的标准不相符。而且认定牵连犯的成立，并没有要求手段行为是实施后续目的行为的唯一手段，只需从行为外观上判断二者之间具有高度的盖然性即可。因此，当行为人利用其所非法获取的公民个人信息实施犯罪行为的，非法获取公民个人信息行为与后续实施的犯罪行为间应当成立牵连关系。

其次，主张在承认牵连关系成立的基础上例外并罚的观点亦存在问题。持这种观点的理由无非是考虑到侵犯公民个人信息犯罪行为的严重社会危害性，需要加重处罚。⑥ 但是，牵连犯的成立是以存在牵连关系的两个行为都分别符合刑法分则规

① 同振魁、肖进：《侵犯公民个人信息犯罪若干问题研究》，载《云南大学学报》（法学版）2011年第6期。

② 参见山东省临沂市中级人民法院（2017）鲁13刑初字26号刑事判决书。

③ 参见广西壮族自治区宾阳县人民法院（2016）桂0126刑初312号刑事判决书。

④ 参见浙江省温州市中级人民法院（2017）浙03刑终487号刑事判决书。

⑤ 张明楷：《刑法学》（上），法律出版社2016年版，第490页。

⑥ 胡江：《互联网时代惩治公民个人信息犯罪的困境与出路》，载《山东警察学院学报》2016年第5期。

定的犯罪成立条件为前提，即从一定程度上来讲，牵连犯的手段行为和目的行为都具有相当的社会危害性。我们不能仅仅因为窃取、出售或提供等非法获取公民个人信息的行为最近被纳入刑法规制范围，便推断该手段行为比其他牵连犯的手段行为更具有社会危害性。所以例外地将牵连犯按照数罪并罚处理缺乏实质的依据。退一步讲，即使行为人非法获取公民个人信息的手段行为比其他牵连犯中的手段行为具有更加严重的社会危害性，确实需要突破原则进行例外并罚的，也应有刑法的明文规定。在我国刑法中，对牵连犯例外数罪并罚处理的，一般都有刑法的明确规定。例如，制造保险事故行为与保险诈骗行为成立牵连犯，本应按照从一重处罚，但是我国《刑法》第198条第2款规定，“有前款第四项、第五项所列行为，同时构成其他犯罪的，依照数罪并罚的规定处罚”。[①]

最后，主张从一重处罚的观点，相对比较合理。但是仅仅从一重处罚的话，无法全面评价行为人非法获取公民个人信息的行为和后续利用信息实施犯罪的行为。例如，当行为人利用其所非法获取的公民个人信息实施诈骗行为时，因诈骗罪相对而言是重罪，从一重处罚一般都是按照诈骗罪处理。但是，当行为人情节较轻，仅需在侵犯公民个人信息罪和诈骗罪的基础刑档内量刑处罚时。[②] 由于这两个罪的基本刑档基本一致（诈骗罪另有管制刑），这时即使按照重罪即诈骗罪处罚，也并不能实现对牵连犯从一重处罚的目的。显然，只是形式上实现了从一重的要求而实质上却违背了罪责刑相一致的原则。

笔者认为，利用非法获取的公民个人信息实施犯罪行为的，按照牵连犯从一重重处罚更为合理。根据牵连犯理论，在认定牵连关系成立之后，原则上应当从一重罪论处。但如上文所分析，简单从一重处理并不能合理评价行为人的手段行为，可能导致对行为人量刑偏轻。为避免从一重处罚说的不足，笔者主张在从一重罪论处的基础上，将手段行为作为量刑情节再从重处罚，亦即按照从一重重处罚。也许有人会质疑，采取从一重重说可能会重复评价行为人的犯罪事实。对此，笔者认为，从一重重处罚不仅不会造成重复评价，反而有利于更全面地评价行为人的行为。因为，在判断牵连犯成立时，非法获取公民个人信息行为仅被作为判断牵连犯成立的定罪情节，并未作为量刑情节评价。牵连犯理论本就从有利于犯罪人的角度出发，将原本应当数罪并罚的手段行为和目的行为，仅从一重罪处理，对实施两个犯罪行为的犯罪人而言本就是从轻或减轻处理。而且从社会危害性上判断，牵连犯的手段行为也已经达到了刑法分则的犯罪成立条件，具有严重的社会危害性。[③] 此时，仅从一重罪处罚就明显不足以全面评价行为人的行为，因而应当将其作为量刑情节从重处罚，亦即在从一重罪定罪的基础上再从重处罚以做到罪责刑相一致。

---

① 《刑法》第198条保险诈骗罪第一款第四项、第五项规定：（四）投保人、被保险人故意造成财产损失的保险事故，骗取保险金的；（五）投保人、受益人故意造成被保险人死亡、伤残或者疾病，骗取保险金的。

② 《刑法》第253条之一侵犯公民个人信息罪……情节严重的，处3年以下有期徒刑或拘役，并处罚金；《刑法》第266条诈骗罪：诈骗公私财物，数额较大的，处3年以下有期徒刑、拘役或管制，并处罚金。

③ 张小虎：《论牵连犯的典型界标》，载《中国刑事法杂志》2013年第5期。

二、行为人利用获取的公民个人信息实施尚未被刑法规制的行为之认定

（一）行为人利用合法获取的公民个人信息实施尚未被刑法规制的行为

行为人非法利用合法获取的公民个人信息行为，指的是行为人合法获取公民个人信息后，非法使用公民个人信息实施电话营销、群发邮件、不正当商业竞争等行为。以保险公司工作人员利用已有的客户资料对客户开展电话营销为例。由于行为人是通过合法途径获取的公民个人信息，所以不存在牵连犯或数罪并罚的问题。因而，只需对非法利用公民个人信息实施的电话营销行为进行评价和认定。但在目前的刑法框架下，这种非法使用公民个人信息行为尚未被纳入刑法的调整范围内，从罪刑法定原则出发，不可能将其作为犯罪处理，仅能根据已有的相关行业法规，运用民事或行政手段进行规制。

但是，行为人利用合法获取的公民个人信息实施电话营销、群发电子邮件、不正当商业竞争等非刑法规制行为，也可能具有严重社会危害性。而且，如果行为人对私密性和重要程度较高的公民个人信息加以非法利用的话，公民的人身、财产权益更有可能被置于一个随时被侵害的不特定危险之中。对此，我们可以借鉴《解释》第 11 条的有关被侵害的公民个人信息计算方法，[①] 即结合公民个人信息重要性和私密性程度高低、所涉及的人数多少以及造成的危害后果严重与否，进行社会危害性综合判断。对具有严重社会危害性的行为，建议运用刑法手段进行规制，以弥补刑法立法的疏漏。如早就有学者主张对尚未被刑法规制的非法利用行为入罪化，并建议在我国刑法第 253 条之一第 2 款中规定：“非法获取、利用他人个人信息，情节严重的，依照前款规定处罚。”[②] 另外，考虑到非法利用公民个人信息行为类型的多样性和复杂性，我们也可将某些具有严重社会危害性的非法利用公民个人信息的行为直接规定为新罪。

（二）行为人利用非法获取的公民个人信息实施尚未被刑法规制的行为

根据现行法律规定，对于行为人非法利用其所非法获取的公民个人信息实施非刑法规制的行为，仅能够在非法获取公民个人信息行为达到《解释》第 5 条所规定的“情节严重”入罪标准时，以侵犯公民个人信息罪进行处罚。例如，房地产销售或者教育培训机构利用购买所得的公民个人信息，向潜在客户群体直接或间接推销自己产品或服务行为的。根据《解释》第 5 条之规定，当行为人非法获取、出售或者提供行踪轨迹信息、通信内容、征信信息、财产信息五十条以上的；非法获取、出售或者提供住宿信息、通信记录、健康生理信息、交易信息等其他可能影响人身、财产安全的公民个人信息五百条以上的；非法获取、出售或者提供第三项、第四项规定以外的公民个人信息五千条以上的，其非法获取公民个人信息行为就构成侵犯公民个人信息罪。利用非法获取的公民个人信息实施的电话营销行为，仅属于

① 《解释》第 11 条规定，非法获取公民个人信息后又出售或者提供的，公民个人信息的条数不重复计算。向不同单位或者个人分别出售、提供同一公民个人信息的，公民个人信息的条数累计计算。对批量公民个人信息的条数，根据查获的数量直接认定，但是有证据证明信息不真实或者重复的除外。

② 参见赵秉志：《公民个人信息刑法保护的问题研究》，载《华东政法大学学报》2014 年第 1 期。

违反《广告法》等规定的行政违法行为，不构成犯罪，但我们可以将其作为量刑情节予以考虑。

当然，如果将来立法机关通过刑法立法，将某些具有严重社会危害性的非法利用公民个人信息的行为增设为侵犯公民信息罪的客观表现之一，那么行为人此时就属于多行为同时触犯同一个罪名，仍以侵犯公民个人信息罪论处，但在量刑时需要从重处罚。如果立法机关通过刑法立法，将某些具有严重社会危害性的非法利用公民个人信息的行为增设为新罪的话，那么这种情形就属于行为人“非法利用非法获取的公民个人信息实施犯罪”的，如前文所述，按从一重重处理即可。

三、行为人出售或提供公民个人信息供他人实施犯罪行为的认定

（一）行为人仅实施出售或提供公民个人信息的行为

如果行为人在出售或提供公民个人信息给他人时，并不知晓他人将利用其出售或者提供的公民个人信息实施犯罪的，则根据共犯原理，行为人与他人之间并不能成立共同犯罪，仅需对其出售或提供公民个人信息的行为进行评价。当行为人出售或提供公民个人信息行为达到《解释》第5条所规定的“情节严重”时，便可以对其以侵犯公民个人信息罪定罪处罚。而他人利用其通过购买或收受等非法方式获取的公民个人信息去实施犯罪行为的，属于“利用非法获取的公民个人信息实施犯罪”的情形，如前文所述，按照从一重重处理即可。

（二）明知他人将利用公民个人信息实施犯罪而向其出售或提供

行为人明知他人将利用其所出售或提供的公民个人信息去实施犯罪，而仍向其提供公民个人信息的，根据共犯的成立条件，行为人之间成立共同犯罪。按照共犯的分类，出售或提供公民个人信息的行为本应认定为非法使用公民个人信息而构成的犯罪（如诈骗罪）的帮助犯。但是，《刑法修正案（七）》和《刑法修正案（九）》明确将出售或提供公民个人信息行为规定为侵犯公民个人信息罪的客观行为表现之一，亦即出售或提供公民个人信息的帮助行为此时被正犯化了。帮助行为正犯化，在认定时应该注意以下几个问题：

第一，帮助犯被正犯化后，不再以正犯实施符合构成要件的不法行为为前提。[①] 在立法直接规定正犯化后的独立的“实行行为”，只要求他人实施的是符合构成要件该当性的犯罪行为即可，对于帮助行为本身则有独立的入罪标准即“严重情节”，而不再依赖于他人达到刑事违法性的程度。[②] 根据认定共犯成立的通说限制从属说的观点，[③] 对出售或提供公民个人信息的帮助行为进行刑法规制，须以作为后续实施的诈骗等正犯行为成立犯罪为前提。当利用公民个人信息实施的诈骗等犯罪行为尚未达到构罪条件时，或行为人利用公民个人信息实施尚不属于刑法规制的行为

---

① 参见张明楷：《论帮助信息网络犯罪活动罪》，载《政治与法律》2016年第2期。

② 于志刚：《共犯行为正犯化的立法探索与理论梳理——以“帮助信息网络犯罪活动罪”立法定位为角度的分析》，载《法律科学》2017年第3期。

③ 参见张明楷：《外国刑法纲要》，清华大学出版社2007年版，第308页。

时，作为“帮助”行为的非法出售或提供公民个人信息行为，就算其侵犯公民个人信息数量或者社会危害性达到《解释》第5条所规定的“情节严重”这一犯罪成立条件，也不能按照诈骗罪的共犯处理。立法机关将非法出售或提供行为单独规定为侵犯公民个人信息罪后，就成功解决了帮助行为无法单独定罪的难题，有利于更好地保护公民个人信息。

第二，帮助犯被正犯化后，不再按照刑法总则规定的从犯处理，因而不得适用总则关于对从犯“应当从轻、减轻处罚或者免除处罚”的规定，而必须直接按分则条文规定的法定刑处罚。当刑法立法将向他人出售或提供公民个人信息行为被正犯化后，这种原本的帮助行为在量刑时，也就不再按照总则规定的从犯处理，亦即不得适用总则第27条关于从犯处罚的规定。[①] 当其达到《解释》第5条“情节严重”定罪情节的，径直依据刑法第253条之一定罪量刑，不存在从轻、减轻或免除处罚事由。在进一步严密侵犯公民个人信息犯罪刑事法网的基础上，科以适当刑罚以做到罚当其罪，以更好地实现罪责刑相适应。

第三，帮助犯被正犯化后，原本的帮助行为被提升为正犯行为，对该正犯行为的教唆、帮助行为又可以成立共犯（教唆犯与帮助犯）。[②] 随着技术的发展和侵犯公民个人信息犯罪产业链的形成，侵犯公民个人信息犯罪行为的分工越来越精细。在侵犯公民个人信息犯罪“专业化”进程的推进过程中，原本仅处于帮助犯地位的出售或提供公民个人信息行为，又可能存在危害性较大的共犯行为。当法条将出售或提供个人信息的行为正犯化后，教唆或帮助他人实施出售或提供公民个人信息的行为的又可以被作为侵犯公民个人信息罪的共犯行为加以处理。通过这种立法技术上的正犯化处理，侵犯公民个人信息犯罪的行为体系也更为全面，刑事法网也更趋严密。

他人的出售或非法提供等帮助行为被正犯化之后，并不影响对非法使用行为的认定。行为人利用购买或收受等非法途径获取的公民个人信息实施违法犯罪行为的，可分为利用公民个人信息实施犯罪行为和实施刑法尚未规制的危害行为两种情形。若属于前一种情形，即行为人利用非法获取的公民个人信息施犯罪的，从一重重处罚即可；若属于后一种情形，即行为人利用非法获取的公民个人信息实施实施刑法尚未规制的危害行为的，则依照行政法规或民事法律规范酌情处罚即可。

结语

在信息高速流通的现代社会，侵犯公民个人信息的违法犯罪行为也在日益剧增。增设公民个人信息罪，无疑有利于更好地规制侵犯公民个人信息的犯罪行为。而且，在保护公民个人信息的社会需求下，未来刑事立法机构还可能将某些单纯地利用公民个人信息的行为进行入罪化处理，进一步加强对公民个人信息安全的刑法

① 刘春丽：《帮助行为的正犯化——以〈刑法修正案（九）〉为切入点》，载《福建警察学院学报》2017年第1期。

② 参见张明楷：《论帮助信息网络犯罪活动罪》，载《政治与法律》2016年第2期。

保护。但需要注意的是，对公民个人信息的保护不能仅仅依靠刑法手段，还需完善相关配套法律法规，结合行政手段、民事等措施，构建一个层次分明、严密合理的保护公民个人信息法律体系，注重从源头上打击侵犯公民个人信息的行为。在尚未修改法律之前，应运用刑法基本理论，结合相关法律规定，将窃取、出售、提供或者利用公民个人信息的违法犯罪行为进行合理的司法认定。

侵犯公民个人信息罪共犯竞合问题探析

李冠煜[*]　张　冬[**]

《刑法修正案（九）》［以下简称《修正案（九）》］第17条将《刑法》第253条之一修改为："违反国家有关规定，向他人出售或者提供公民个人信息，情节严重的，处三年以下有期徒刑或者拘役，并处或者单处罚金；情节特别严重的，处三年以上七年以下有期徒刑，并处罚金。违反国家有关规定，将在履行职责或者提供服务过程中获得的公民个人信息，出售或者提供给他人的，依照前款的规定从重处罚。窃取或者以其他方法非法获取公民个人信息的，依照第一款的规定处罚。单位犯前三款罪的，对单位判处罚金，并对其直接负责的主管人员和其他直接责任人员，依照各该款的规定处罚。"该修正案又增设了第287条之二："明知他人利用信息网络实施犯罪，为其犯罪提供互联网接入、服务器托管、网络存储、通讯传输等技术支持，或者提供广告推广、支付结算等帮助，情节严重的，处三年以下有期徒刑或者拘役，并处或者单处罚金。单位犯前款罪的，对单位判处罚金，并对其直接负责的主管人员和其他直接责任人员，依照第一款的规定处罚。有前两款行为，同时构成其他犯罪的，依照处罚较重的规定定罪处罚。"做出上述修改的理由是维护信息网络安全，完善惩处网络犯罪的法律规定。① 此后，最高司法机关又相继颁布了《关于办理电信网络诈骗等刑事案件适用法律若干问题的意见》（以下简称《网络诈骗意见》）、《关于办理侵犯公民个人信息刑事案件适用法律若干问题的解释》（以下简称《侵犯公民信息解释》）等文件，对保护公民个人信息自由、安全和维护信息网络安全管理秩序发挥了积极作用。但是，由于信息网络犯罪的全球性、隐蔽性、专业性、快捷性等特点，我国理论界和实务界对侵犯公民个人信息罪等有关犯罪的适用存在不同的意见。对此，本文首先从一起侵犯公民个人信息自由案切入，引出其争议焦点；接着根据共犯竞合理论，解读《刑法》第287条之二的应有含义；最后立足类型思维，明确侵犯公民个人信息罪的共犯行为。

一、问题的提出

2014年8月至2015年12月，被告人宗某在互联网上租用服务器注册网站××seu. pw并创建"中国社会工程学联盟论坛"，后伙同被告人陈某在互联网上对网站进行管理、维护，通过收取人民币20元的邀请码及购买金币积分充值等方式牟取

* 华中师范大学法学院副教授，法学博士。

** 华中师范大学法学院刑法学专业硕士研究生。

① 《关于〈中华人民共和国刑法修正案（九）（草案）〉的说明》，载中国人大网：http://www.npc.gov.cn/npc/lfzt/rlys/2014-11/03/content_1885123.htm，2017年7月29日访问。

利益，并多次通过会员上传或者下载大量公民个人信息。其中，从2015年11月5日至同年12月3日，该网站发布的公民个人信息总计1218636条。另查明，宗某曾因犯非法获取公民个人信息罪，于2015年8月6日被常熟市人民法院判处有期徒刑一年，缓刑一年，并处罚金人民币两万元。江苏省常熟市人民检察院指控被告人宗某、陈某犯侵犯公民个人信息罪。原审法院认为，被告人宗某曾因犯非法获取公民个人信息罪被常熟市人民法院判刑，缓刑考验期间，又开设网站，有偿吸纳会员，与被告人陈某共同对该网站进行管理、维护，而会员在该网站上发布公民个人信息量巨大；二被告人明知他人利用信息网络实施犯罪，为其犯罪提供互联网接入、通讯传输等技术支持，属情节严重，其行为均已构成帮助网络犯罪活动罪，且系共同犯罪。在共同犯罪中，宗某起主要作用，系主犯；陈某起次要作用，系从犯，可以从轻处罚。宗某在缓刑考验期限内犯新罪，应当撤销缓刑，数罪并罚。公诉机关指控被告人宗某、陈某犯侵犯公民个人信息罪的罪名有误，应予纠正。据此，以帮助网络犯罪活动罪判处被告人宗某有期徒刑一年四个月，撤销常熟市人民法院（2015）熟刑初字第00739号对其宣告缓刑的执行部分，执行原判刑罚有期徒刑一年，数罪并罚，决定执行有期徒刑二年；以帮助网络犯罪活动罪判处被告人陈某有期徒刑一年。宗某、陈某上诉后，苏州市中级人民法院纠正了原审判决中表述错误的罪名，将其行为认定为帮助信息网络犯罪活动罪，量刑部分未作变更。①

该案不仅存在犯罪行为定性的争议，也存在犯罪形态认定的分歧。详言之：1. 二被告人的行为究竟是构成侵犯公民个人信息罪，还是构成帮助信息网络犯罪活动罪？2. 二被告人在分工上究竟是属于共同正犯，还是属于帮助犯？3. 二被告人在罪数上是一罪还是数罪？如系数罪，是同种数罪还是异种数罪？这些问题涉及共犯论与竞合论的交叉领域，需要在理论上进一步探讨。

二、帮助犯正犯化的限制认定

本案公诉机关和一审法院的定性争议，实际上源于对《刑法》第287条之二第1款功能的不同理解。一种观点主张，该款规定是帮助犯的量刑规则，即帮助犯没有被提升为正犯，帮助犯依然是帮助犯，只是因为分则条文对其规定了独立的法定刑，而不再适用总则关于帮助犯（从犯）的处罚规定。对此，要根据共犯从属性的原理、相关犯罪的保护法益和行为是否侵犯法益及其程度进行实质判断。② 这可谓“帮助犯正犯化否定说”。相反，另一种观点主张，帮助信息网络犯罪活动罪是独立的罪名，所以才有独立的法定刑。将该立法看作“帮助犯的量刑规则”，会淡化分则的罪名设置功能而只突出其刑罚设置功能，虚置总则的共犯规定而使其丧失对分则的指导意义，违反体系解释规则而有损分则同类罪名的立法正当性。③ 这就是“帮助犯正犯化肯定说”。

笔者赞同对《刑法》第287条之二第1款进行实质解释，但不能因此而破坏分

① 参见江苏省苏州市中级人民法院（2016）苏05刑终776号刑事判决书。

② 参见张明楷：《论帮助信息网络犯罪活动罪》，载《政治与法律》2016年第2期。

③ 参见刘艳红：《网络犯罪帮助行为正犯化之批判》，载《法商研究》2016年第3期。

则体系的形式协调，否则会违反罪刑法定原则而错误定罪，所以，只能有限地承认帮助犯的正犯化，主要理由如下：

（一）符合共犯论的基本法理

一般情况下，《刑法》总则关于共同犯罪的规定对分则也有统领作用，除非出现例外，否则不得任意违反或者间接予以回避。共犯的处罚根据要求正确理解共犯的不法内涵，只有这样才能合理确定共犯的因果性、从属性，从而明确共犯类型，划定共犯的处罚边界。[①] 关于共犯的处罚根据，各国在这点上取得了共识：参加人的不法，部分是从实行人的不法中引导出来的，但是，部分也是不依赖于实行人的不法，是独立的。这种“从属的法益侵害”的参加人方案就表现为一种混合的理论，把参加人的不法根据，部分地建立在对实行人不法的归责（也就是从属性）上，部分地建立在独立的因素（也就是法益侵害）上。[②] 简言之，要从正犯不法与共犯不法的因果性上来把握教唆犯、帮助犯的处罚根据。具体到侵犯公民个人信息罪的适用，同样能体现出上述共犯关系。有学者指出，《刑法》第 287 条之二第 3 款中“同时构成其他犯罪的”规定，既包括其他犯罪的正犯形态，也包括其他犯罪的共犯（帮助犯）形态。[③] 当行为人明知他人利用互联网实施侵犯公民个人信息犯罪而为其提供互联网技术支持时，由于帮助信息网络犯罪行为的不法性主要来自侵犯公民个人信息罪的不法性，只要对侵犯公民个人信息罪进行归责，就应对帮助行为予以归责。因此，行为人的行为构成侵犯公民个人信息罪的帮助犯。

（二）符合竞合论的应然逻辑

基于第一点分析，《刑法》第 287 条之二第 3 款要求“依照处罚较重的规定定罪处罚”，事实上认可帮助信息网络犯罪活动罪可能同其他犯罪构成想象竞合犯。例如，甲试图颠覆国家政权，委托乙利用其设立的网络接入服务机构从事互联网接入、通讯传输活动发布相关反动信息的，同时构成本罪和颠覆国家政权罪的帮助犯。[④] 这是拟制的正犯与本来的帮助犯的竞合，必须根据竞合论慎重判断。就想象竞合犯的本质而言，它使得在判词中对行为人侵害法益的行为进行全面的概括成为可能，无须因行为的不同的刑法规定科处数个刑罚（明示功能）。因为一个行为，无论它是触犯了数个刑法法规还是数次触犯同一个刑法法规，在罪责内容上均必须作出比数个行为较轻的评价，但必须用恰当的法律观点来判断。[⑤] 据此，想象竞合犯的设置既能全面评价案件事实，同时又能避免重复评价；也能实现罪责刑相适应，同时防止处罚过严。这意味着，行为人并不一定构成帮助信息网络犯罪活动罪。持“帮助犯正犯化否定说”者也认为应对该款做限制解释——“其他犯罪”

---

① 参见［日］山口厚：《刑法总论》（第 3 版），有斐阁 2016 年版，第 308 页以下。

② 参见［德］克劳斯·罗克辛：《德国刑法学总论》（第 2 卷），王世洲等译，法律出版社 2013 年版，第 100-101 页。

③ 参见刘科：《帮助信息网络犯罪活动罪探析——以为网络知识产权犯罪活动提供帮助的犯罪行为为视角》，载《知识产权》2015 年第 12 期。

④ 周光权：《刑法各论》（第三版），中国人民大学出版社 2016 年版，第 356 页。

⑤ ［德］汉斯·海因里希·耶赛克、托马斯·魏根特：《德国刑法教科书》（总论），徐久生译，中国法制出版社 2001 年版，第 874 页。

是指法定刑高于该条第 1 款法定刑的犯罪，而不包括法定刑低于该条第 1 款的犯罪。[①] 这同样是以想象竞合关系的存在为前提的，但与其所秉承的量刑规则立场不一致。

（三）符合司法实践的通常做法

在《修正案（九）》颁布之前，有关网络犯罪司法解释都将明知他人实施信息网络犯罪而为其提供技术支持的行为以共犯论处。例如，《关于办理利用互联网、移动通讯终端、声讯台制作、复制、出版、贩卖、传播淫秽电子信息刑事案件具体应用法律若干问题的解释》第 7 条规定："明知他人实施制作、复制、出版、贩卖、传播淫秽电子信息犯罪，为其提供互联网接入、服务器托管、网络存储空间、通讯传输通道、费用结算等帮助的，对直接负责的主管人员和其他直接责任人员，以共同犯罪论处。"再如，《关于办理利用互联网、移动通讯终端、声讯台制作、复制、出版、贩卖、传播淫秽电子信息刑事案件具体应用法律若干问题的解释（二）》第 7 条也有类似的规定。在《修正案（九）》生效之后，与之配套的网络犯罪司法解释也延续了这一思路。例如，《网络诈骗意见》要求，负责招募他人实施电信网络诈骗犯罪活动，或者制作、提供诈骗方案、术语清单、语音包、信息等的，以诈骗共同犯罪论处。而且，实施《刑法》第 287 条之一、第 287 条之二规定之行为，构成非法利用信息网络罪、帮助信息网络犯罪活动罪，同时构成诈骗罪的，依照处罚较重的规定定罪处罚。《侵犯公民信息解释》第 8 条亦指出，设立用于实施非法获取、出售或者提供公民个人信息违法犯罪活动的网站、通讯群组，情节严重的，应当依照《刑法》第 287 条之一的规定，以非法利用信息网络罪定罪处罚；同时构成侵犯公民个人信息罪的，依照侵犯公民个人信息罪定罪处罚。根据体系解释，《刑法》第 287 条之一和第 287 条之二前后相邻，说明非法利用信息网络罪和帮助信息网络犯罪活动罪性质相同，二者法定刑一样也表明其危害性程度不相上下。既然行为人同时触犯非法利用信息网络罪和侵犯公民个人信息罪时，能以侵犯公民个人信息罪论处，那么，当其同时触犯帮助信息网络犯罪活动罪和侵犯公民个人信息罪时，也可以侵犯公民个人信息罪论处。

综上所述，《刑法》第 287 条之二第 1 款是在符合特定条件之后，把一定范围内的帮助行为拟制成正犯，从而设置了单独的罪刑规范。这里的条件限制包括：(1) 罪刑法定原则的支配；(2) 罪责刑相适应原则的制约；(3) 总则规定对分则条文的原则性统领。此处的范围限度是指：(1) 凡是在有责性不法的限度成立共同犯罪的，不适用该款规定；(2) 尽管构成网络犯罪的帮助犯，但又参与实施网络犯罪的，根据吸收原则，宜认定为网络犯罪的共同正犯，也不适用该款规定；(3) 网络犯罪正犯没有意识到获得他人的帮助，或者，实施帮助网络犯罪活动的行为人尽管认识到正犯实施网络犯罪，但仅仅给予技术支持等中立的帮助行为，并未积极追求危害结果发生的，虽然不成立不法有责意义上的共犯，但可以构成帮助信息网络犯罪活动罪。换言之，为了平衡网络犯罪的处罚必要性和科技发展的可持续性，该

① 参见张明楷：《论帮助信息网络犯罪活动罪》，载《政治与法律》2016 年第 2 期。

款将信息网络犯罪的片面帮助犯正犯化。

三、类型思维下的行为规制

共犯论以“正犯”为核心,[①] 竞合论以“行为”为基础。[②] 作为一种现代型犯罪，信息网络犯罪以网络为媒介，对传统刑法理论提出了诸多挑战，引发传统犯罪的构成要件、社会危害性、犯罪形态的变异。[③] 为此，立法者或通过创设新的犯罪类型、司法者或通过拓展已有犯罪类型的适用边界予以积极应对。可见，需要树立类型思维，对侵犯公民个人信息罪进行符合罪刑法定原则的刑法解释。

所谓类型，构成普遍与特殊之中点，比较地说它是一个具体者、一个特殊中的普遍者。因此，一方面，类型与抽象的——普遍的概念相区别……类型可以适应复杂多样现实的“或多—或少”，类型是有联系的、有意识的意义关联，普遍的事物在其自身中直观地“整体地”被掌握……另一方面，类型亦与个别事物、个别现象区别……类型以“可比较的事物，因而是可区别的事物为前提”。类型的类推性格几乎不用再强调也够清楚了。[④] 即类型位于抽象和具体之间，是抽象中的具体者，具体中的抽象者；类型是开放的、变动的、可比较的、反复出现的事物；类型比概念更直观，比现象更笼统。于是，类型思维从反思事物本质出发，指向同类事物的考量。它运用类比推理的方法，进行“从特殊到特殊”的推理。[⑤] 在法学领域，类型思维是将法律概念的类型与具体的生活事实对照，以保证相同情况同样处理的思维方法。立法者的任务是通过描述生活事实中的各种类型，并借助概念作为建构法律的外形，最终在规范类型的基础上制定出法律条文。而司法者的任务是通过发现生活事实的类型，并将其正确地归入法律规范中，最终获得对事实类型的正确评价。

刑法学也概莫能外，类型思维对刑事立法和刑事司法进行价值引导。[⑥] 例如，侵犯公民个人信息罪和帮助信息网络犯罪活动罪之所以被分别归入《刑法》分则第四章“侵犯公民人身权利、民主权利罪”和第六章“妨害社会管理秩序罪”，正是因为它们是相异的不法类型：前者侵犯了公民个人的信息自由和安全，后者侵犯了信息网络安全管理秩序。[⑦] 在具体适用时，无论是形式解释论者还是实质解释论者，都不会否认构成要件是行为类型，区别仅在于构成要件与不法的内在关联，或者说，形式判断与实质判断的位阶关系。罪刑法定原则兼具形式侧面和实质侧面，故

---

① ［德］克劳斯·罗克辛：《德国刑法学总论》（第2卷），王世洲等译，法律出版社2013年版，第10页。

② ［德］约翰内斯·韦塞尔斯：《德国刑法总论》，李昌珂译，法律出版社2008年版，第458页。

③ 参见于志刚：《网络犯罪与中国刑法应对》，载《中国社会科学》2010年第3期。

④ ［德］阿图尔·考夫曼：《类推与事物本质——兼论类型理论》，吴从周译，学林文化事业有限公司1999年版，第40-41页。

⑤ 参见［德］卡尔·恩吉施：《法律思维导论》，郑永流译，法律出版社2008年版，第177-178页。

⑥ 参见齐文远、苏彩霞：《刑法中的类型思维之提倡》，载《法律科学》2010年第1期。

⑦ 高铭暄、马克昌主编：《刑法学》（第七版），北京大学出版社、高等教育出版社2016年版，第482、535页。

先进行形式判断、再进行实质判断，有利于保护公民的预测可能性，筛选出真正值得刑罚处罚的行为。解释者在进行形式判断时通常不会出现分歧，但在进行实质判断时往往莫衷一是，此时需要结合法益保护思想予以适当限制，并不得任意推翻形式判断的结论。

（一）“情节严重”的实质化

根据《刑法》第253条之一的明文规定，要成立侵犯公民个人信息罪的共犯，行为的不法性必须达到情节严重的程度。这里的“情节严重”是构成要件，属于整体的评价要素。在这个规定中，可责难性本身并不是构成要件要素，它是一种提示，即若要将某个行为评价为违法，则在整体上，该行为还要是可责难的。不过，将相应举止评价为可责难并进而认为具有违法性，是需要具备评价之基础的；充当这种基础的那些事实性情状，则属于构成要件。[①] 具言之，“情节”是不法事实，包括行为情节和结果情节；“严重”是对“情节”的评价，综合考虑各种事实后，能够达到这一程度的，才能对行为人进行谴责。

《侵犯公民信息解释》第5条则明确了“情节严重”的内容：1. 出售或者提供行踪轨迹信息，被他人用于犯罪的；2. 知道或者应当知道他人利用公民个人信息实施犯罪，向其出售或者提供的；3. 非法获取、出售或者提供行踪轨迹信息、通信内容、征信信息、财产信息50条以上的；4. 非法获取、出售或者提供住宿信息、通信记录、健康生理信息、交易信息等其他可能影响人身、财产安全的公民个人信息500条以上的；5. 非法获取、出售或者提供第3项、第4项规定以外的公民个人信息5000条以上的；6. 数量未达到第3项至第5项规定标准，但是按相应比例合计达到有关数量标准的；7. 违法所得5000元以上的；8. 将在履行职责或者提供服务过程中获得的公民个人信息出售或者提供给他人，数量或者数额达到第3项至第7项规定标准一半以上的；9. 曾因侵犯公民个人信息受过刑事处罚或者两年内受过行政处罚，又非法获取、出售或者提供公民个人信息的；10. 其他情节严重的情形。

该条规定涵盖了“出售”、“非法提供”、“窃取”、“其他方法”四种行为，要求每种行为的不法性必须达到严重程度，才能入罪。通说也持相同的看法。[②] 但是，有学者表示存有异议，窃取或以其他方法非法获取公民个人信息的，即构成本罪，不要求情节严重（抽象危险犯）。[③] 如此一来，《刑法》第253条之一包含了情节犯和抽象危险犯两种不同类型的犯罪构成。这既破坏了刑法条文与刑法规范之间的对应关系，又损害了犯罪构成的定型化机能。《刑法》分则原则上应当采取“一条一罪”的立法技术，当然，有时出于立法经济与处罚均衡等因素的考虑，也可以在同一条文中规定两种以上的犯罪构成，但前提是无损构成要件的机能。可是，立法者不能将危险性程度相差悬殊的两种行为规定在同一犯罪中，把不同类型的既遂犯强

① ［德］乌尔斯·金德霍伊泽尔：《刑法总论教科书》（第六版），蔡桂生译，北京大学出版社2015年版，第62页。

② 高铭暄、马克昌主编：《刑法学》（第七版），北京大学出版社、高等教育出版社2016年版，第483页。

③ 周光权：《刑法各论》（第三版），中国人民大学出版社2016年版，第72页。

行嫁接在一起，致使不法类型内部出现结构性分裂。因此，只有情节严重的侵犯公民个人信息行为，才能构成本罪；也只有对该罪进行加工的行为，才会成立共犯。

（二）共犯行为的类型化

如前所述，具有下列情形之一的，可以认定为侵犯公民个人信息罪的共犯：

1. 与他人共谋实施侵犯公民个人信息犯罪，行为人不仅提供互联网技术支持，而且分担出售、提供、窃取等行为之一，情节严重的，构成本罪的共同正犯。

2. 行为人教唆他人通过互联网实施侵犯公民个人信息犯罪，他人接受教唆并实施其罪行的，构成本罪的教唆犯。

3. 为他人实施侵犯公民个人信息犯罪提供互联网技术支持，他人对此知情的，构成本罪的帮助犯。

在上述情形中，假如构成想象竞合犯的，既可以侵犯公民个人信息罪的帮助犯论处，也可以帮助信息网络犯罪活动罪论处。

四、结论

在本文第一部分展示的案例中，被告人宗某、陈某在互联网上对网站进行管理、维护，有偿吸纳会员，并多次通过会员上传、下载大量公民个人信息，可见双方之间存在犯意联络，二人的行为构成侵犯公民个人信息罪的从犯。他们的行为并非网络犯罪的片面共犯，故不构成帮助信息网络犯罪活动罪。本案判决或许是为了刻意回避同种数罪，而改变了公诉机关指控的罪名。即便认定为侵犯公民个人信息罪一罪，也能做到罪责刑相适应，法官完全可以根据具体情节，决定是否适用《刑法》第27条第2款对其从宽处罚。这样处理既保留了自由裁量的较大空间，也有利于人权保障机能的适度彰显。

侵犯公民个人信息罪中共犯的司法认定

鲁海军*

早在2009年，《刑法修正案（七）》首次将针对公民个人信息犯罪行为予以立法规制，限于当时立法环境仅是按照犯罪行为类型分别将出售、非法提供及非法获取两种侵犯公民个人信息行为类型进行明确规定为犯罪。随着以网络、QQ、微信等传播或手段非法获取公民个人信息行使愈演愈烈，尤其是有部分行为人在获取该信息后，实施电信诈骗、网络诈骗等下游违法犯罪行为，2015年《刑法修正案（九）》再次对该类型犯罪予以关注并进行修改，表现在：罪名上将前述三种犯罪行为触犯的两个罪名合并为一个独立罪名，即侵犯公民个人信息罪；犯罪主体上进行扩大，即任何单位和个人；犯罪处罚上提高了法定性，即“构成犯罪的，处三年以上七年以下有期徒刑，并处罚金”，同时明确了加重处罚的五种情形，“两高”于2017年3月20日作出《关于办理侵犯公民个人信息刑事案件适用法律若干问题的解释》（以下简称《解释》）作出具体的加重情形的认定。本文将以“公民个人信息”、“共同犯罪”为关键词从中国裁判文书网中检索到183份刑事案由裁判文书为样本，结合相关法院审理此类个案，汇总侵犯公民个人信息行为共犯问题，尝试从犯本罪共犯与下游犯罪共犯两个维度，探究并突破此类案件在共犯认定中难题。

一、我国裁判中侵犯公民个人信息行为共犯司法适用状况

中国裁判文书网中检索到的案件，2012-2017年7月涉及侵犯公民个人信息共同犯罪裁判文书共计183件，通过对上述裁判文书的研究，可以窥探侵犯公民个人信息共犯司法认定基本情况。

（一）司法裁判中侵犯公民个人信息行为共犯问题概况

1. 呈现特点。从时间上来看，跨度从2012年至2017年7月，案件数量由最初的1件，上升至2016年的77件，呈逐渐上升趋势；从案件审理来看，一审161件，二审21件，其他1件，案件基本在基层法院一审处理，上诉或抗诉到二审案件占一审案件的12.5%；从裁判文书来源来看，涉及全国22个省（区、市），涉及范围之广，其中福建省裁判文书最多，为67件，可见一斑。

2. 数据文本分析。通过对样本数据进行分析发现，对侵犯公民个人信息用途认定，不仅是判定行为人是否侵犯他人信息情节严重的关键，也是认定其是否构成犯罪的重要因素考量。一般来说，行为人通过非法手段获取、出售或提供公民个人信息，绝不仅仅是为了个人占有，大多会有特定的用途，或为了从中直接牟利或为了用于下一步违法犯罪。可以说，对行为人侵犯公民个人信息用途的认定，一方面是

* 江苏省淮安市洪泽区人民法院法官助理，刑法学硕士研究生。

认定行为主体是否构成犯罪，有助于罪内共犯的认定；另一方面是认定其与下游犯罪间关系，有助于罪间共犯的认定。

用途主要有以下几种：一是从网上或他人处购得信息，用于商业业务或产品推销；[①] 二是直接出售牟利或者为他人推广业务进而牟利；[②] 三是用来在网站虚假注册，以骗取网站相关优惠；[③] 四是用获取的信息用于后续从事盗窃等犯罪活动；[④] 五是将信息提供给其他人从事违法犯罪活动。[⑤] 六是从网站购买，用于犯罪活动；[⑥] 七是其他个别裁判文书中并未说明行为人获取信息后如何使用。[⑦] 前三种情形是用于非犯罪用途，但是明显违法，从其数量、犯罪数额来看都大于侵犯公民个人信息犯罪的起刑点，由于是多人共同犯罪构成该罪的共犯。后四种情形，则是用来为自己或为他人实施犯罪行为提供帮助，认定为共犯，但在具体认定与上下游犯罪的共犯问题上，分歧较大，后面将着重予以阐述。

（二）侵犯公民个人信息行为共犯问题具体分析

1. 罪内共同犯罪。在司法实践中，行为人非法获取、出售或提供公民个人信息，一般表现为罪内共同犯罪与罪间共同犯罪。罪内共同犯罪，是指各行为人存在共谋共意、共同实施侵害公民个人信息行为，构成侵害公民个人信息罪，如贾某生、梁某滨、孙某刚、王某龙非法获取公民个人信息案，梁某滨在共同犯罪中起主要作用，系主犯；孙某刚、王某龙在共同犯罪中起次要或者辅助作用，系从犯，应当从轻、减轻处罚或者免除处罚。[⑧] 此类案件中，一般多以非法获取、出售公民个人信息犯罪居多，但也存在个别案件发生在《刑法修正案（九）》修改前，而适用的罪名却是按照修改后的罪名定罪，[⑨] 量刑仍是按照修改前裁判。

2. 罪间共同犯罪。其是指犯本罪行为主体与上下游犯罪行为主体发生重合，也即一行为人同时参与了本罪犯罪与上下游犯罪。这种共同犯罪不仅要厘清行为人之间的分工、参与等要素，还应查清两种犯罪之间是否存在牵连、想象竞合等关系，因为这种关系的认定直接影响行为人的定罪量刑。如被告人谢某生提供资金租用作案场地、购买作案工具，并准备公民个人信息资料及负责诈骗成功后联系取款事宜，被告人刘某仔、杨某飞、杨某甲、邵某荣、钟某明负责拨打诈骗电话。[⑩] 本案中，谢某生非法获取公民个人信息犯罪行为，是为刘某仔等人实施诈骗的工具犯罪行为，且其实施的行为与刘某仔等人有共谋故意，故而刘某仔等人构成非法获取公民个人信息罪，鉴于其实施的诈骗行为构成诈骗犯罪，且前后两罪之间存在手段

① 参见广东省深圳市中级人民法院（2016）粤03刑终239号刑事裁定书。

② 参见河南永城市人民法院（2016）豫1481刑初78号刑事判决书。

③ 参见上海市宝山区人民法院（2016）沪0113刑初954号刑事判决书。

④ 参见福建省安溪县人民法院（2015）安刑初字第1100号刑事判决书。

⑤ 参见上海市第二中级人民法院（2015）沪二中刑终字第866号刑事裁定书。

⑥ 参见福建省泉州市中级人民法院（2016）闽05刑终703号刑事裁定书。

⑦ 参见福建省安溪市人民法院（2015）安刑初字第939号刑事判决书。

⑧ 参见四川省成都市中级人民法院（2013）成刑终字第254号刑事裁定书。

⑨ 参见河南省焦作市山阳区人民法院（2016）豫0811刑初68号刑事判决书。

⑩ 参见广东省佛山市中级人民法院（2015）佛中法刑二终字第126号刑事判决书。

(工具)与目的之间的关系，按照牵连犯从一重处，前罪法定性明显低于后者，因而按照诈骗罪定罪量刑。

二、侵犯公民个人信息犯罪司法认定

基于侵犯公民信息犯罪案件高发态势，《刑法修正案（九）》施行以来，尤其是“两高”《解释》出台后，2015年11月至2016年12月，全国新收此类案件495件，审结464件，生效判决人数为697人，各级法院加大对侵害公民信息违法犯罪行为进行持续打击。

（一）公民个人信息的认定

本罪所保护的公民信息，尽管我国较为权威的网络安全法有相关规定，《解释》在此基础上进一步作出明确，一般是指“以电子或其他方式记录的能否单独或与其他信息结合识别特定自然身份或反映特定自然人活动情况的各种信息，包括姓名、身份证件号码、通信通讯联系方式、住址、账号密码、财产状况、行踪轨迹等。”①

（二）侵犯公民个人信息入罪标准认定

行为人为通过非法提供、出售及非法获取公民信息，必须到刑法所规定的“情节严重”的程度，方可入罪。《解释》第5条对入罪的必要条件“情节严重”、“情节特别严重”进行明确规定。“情节严重”的认定可以从以下几个方面判定，一是从信息的类型和数量考量，基于不同类型信息，《解释》给予了50条、500条、5000条以上三种档次的入罪标准；二是从非法获利的数额考量，从行为人牟利角度区分一般信息不按条计价、敏感信息按条计价，《解释》将违法所得在5000元以上的视为情节严重②；三是从信息用途考量，如行为人明知或应知他人使用该信息用于犯罪，直接将被害人人身、财产安全处于危险境地，可直接认定为情节严重或特别严重，如行为人仅是使用该信息用于商业用途等非犯罪用途，不宜以该罪刑法规制。四是从犯罪主体考量，《解释》将在履行职责或提供服务过程中获得的公民信息出售或提供他人的，认定情节严重应按照数量、数额标准减半计算；五是从主观恶性考量，《解释》中对曾因侵犯公民信息受过刑事处罚或两年内受过行政处罚，再犯的，可直接认定为情节严重，构成本罪。侵犯公民信息构成情节特别严重的，当然构成本罪，这里不再赘述。

三、侵犯公民个人信息共同犯罪司法认定

（一）与下游犯罪间关系

1. 侵犯公民信息用途确立了上下游犯罪关系。如前所述，行为人侵犯公民个人信息，一般带有特定用途，根据用途可分为构成本罪用途和下游犯罪用途。构成本罪用途，是《刑法修正案（九）》立法打击此类犯罪的重点，只要符合其犯罪构成要件，即可认定其共同犯罪；而下游犯罪用途，是行为人为了实施下一步犯罪而

① 参加周加海、邹涛、喻海松：《〈关于办理侵犯公民个人信息刑事案件适用法律若干问题的解释〉的理解与适用》，载《人民司法·应用》2017年第19期。

② 参见福建省龙岩市新罗区人民法院（2016）闽0802刑初276号刑事判决书。

带有目的性地非法获取、提供、出售公民信息，不仅危害公民个人信息安全，而且与电信网络诈骗封犯罪存在密切关联，甚至与绑架、敲诈勒索等犯罪活动相结合，其明显具有严重的社会危害性。[①] 也就是说，行为人侵犯公民信息，是为了进一步实施其他犯罪，尤其是在计算机普及、"互联网+"时代背景下，侵犯公民信息成为下游网络犯罪的重要源头。[②]

2. 司法实践中确定了上下游犯罪。在罪名的适用中，侵害公民信息犯罪一般是为后续违法犯罪行为作准备，典型的则是电信网络诈骗，行为人取得的公民个人信息，一方面是其直接获取的，但很多则是从他人处非法获得，掌握了这些信息后，有针对性地实施诈骗，这是该类型诈骗犯罪的基本分工。从中我们可以得知，前者取得公民个人信息犯罪行为与后者实施诈骗行为间存在上下游关系，有了前者的信息资源，才有了后者的诈骗。但在具体罪名适用中，对行为人取得公民信息实施诈骗等犯罪的，一部分法院认定其应按照"侵犯公民个人信息罪"和"诈骗罪"，实行数罪并罚；[③] 也有法院以侵犯公民个人信息行为与诈骗行为间存在牵连关系，则以重罪定罪处罚。[④] 无论是按照数罪并罚抑或是从一重罪处罚，都认可了两者间存在上下游关系。因而在探讨罪间共同犯罪时，应着重对犯本罪与下游犯罪之间的关系进行梳理。

3. 侵犯公民个人信息犯罪并不必然制约下游犯罪。从考察的裁判文书样本来看，作为上游犯罪的侵犯公民信息犯罪与下游犯罪基本上是相对独立的两种犯罪样态；从裁判结果来看，构成侵犯公民信息犯罪的并未参与到后续的犯罪行为中，构成诸如诈骗、盗窃等下游犯罪的虽参与了侵犯公民个人信息行为且构成犯罪，但单独评价该上游犯罪的并不多。一般来说，构成上游犯罪的，并不参与下游犯罪，对下一步犯罪不存在制约关系；如其接着实施了下游犯罪，且出现上下游犯罪主体的重合情形的，应按照刑法有关规定罪名予以定罪量刑，其对下有犯罪有一定的制约关系。尽管裁判文书中对此认定不一，虽部分法院是按照上下游两罪并罚，但大多数是按照牵连犯从一重处。笔者认为，应按照牵连犯从一重处。

（二）本罪共犯的司法认定

我国所称的犯罪形态一般是指故意犯罪过程中因为某些原因而发生的停止形态，其包括预备犯、未遂犯、中止犯、既遂犯四种形态，一般把前三种形态称为未完成形态，把第四种形态称为完成形态。行为人侵犯公民信息，还必须达到情节严重，而对行为人开始着手实施提供、出售货获取他人信息时，是为本罪的着手，达到情节严重的既遂，除此之外的为未完成形态。

1. 预备犯停止形态。侵犯公民个人信息行为中，预备犯，是在行为人非因其本人意志，未能着手实施本罪行为的停止形态。由于未能着手，无法认定其构成犯

① 周加海、邹涛、喻海松：《〈关于办理侵犯公民个人信息刑事案件适用法律若干问题的解释〉的理解与适用》，载《人民司法·应用》2017 年第 19 期。

② 参见李玉萍：《侵犯公民个人信息罪的实践与思考》，载《法律适用》2016 年第 9 期。

③ 参见福建省安溪县人民法院（2016）闽 0524 刑初 300 号刑事判决书。

④ 参见广东省茂名市电白区人民法院（2015）茂电法刑初字第 858 号刑事判决书。

下卷·三

罪，因而无从谈起共犯。

2. 未遂犯停止形态。其是在行为人已经着手实行侵犯公民信息犯罪而由于意志以外原因，致使犯罪未能完成的犯罪停止形态。此种情形下虽然实施了侵犯公民个人信息犯罪行为，但由于未能达到情节严重后果，无法认定其为犯罪，当然无从谈起共犯。

3. 中止犯停止形态。其是在犯罪可能实施的任一个环节都有可能成立犯罪中止，犯罪既遂后除外。只要行为人中止产生严重后果的出现，就可以认定其中止形态，未出现情节严重。

4. 完成形态。行为人实施了侵犯公民个人信息行为，且达到了严重情节的，视为既遂，构成犯罪，则可依据刑法第 25 条规定讨论其共犯，划分主从犯或是不划分主从犯关系。

（三）罪间共犯的司法认定

1. 罪间犯罪应为牵连犯。一般认为，牵连犯是指行为人出于一个最终的犯罪目的，而实施了数个犯罪行为（手段行为、原因行为、结果行为、目的行为），且分别触犯不同罪名的犯罪形态。[①] 基于一个最终的犯罪目的，行为能够区分为手段行为、目的行为或原因行为、结果行为的，且两个犯罪行为分别触犯不同的罪名，则可以认定其存在牵连关系。这里的犯罪目的，在我国刑法中，一般认为，“犯罪人希望通过实施犯罪行为达到某种危害社会结果的心理状态。”[②] 其是可以行为产生的结果外化为客观的社会危害，因此，犯罪目的的内容具有客观性和危害性。而目前认定牵连关系判定标准，主要有主观说、客观说和折中说。主观说，强调了以行为人主观上有牵连认识为标准，但如数行为间在客观上不具有牵连关系，仅凭行为人主观认为有牵连关系，就认定其为牵连犯，明显违反主客观相一致的认定犯罪的标准。客观说，强调了数行为间在性质上有密切的因果关系，但其忽略了行为人主观认识，无限放大在主观上无联系而在客观上存在的联系行为认定为牵连犯，明显不妥。折中说，主张从主、客观两个方面加以判定，即在客观性质上数行为一般处于手段与目的或原因与结果的关系，且在主观认识上行为人具有犯意的继续，可认定其存在牵连关系。[③] 折中说符合主客观相统一的原则，可将其作为判定牵连关系的标准。

立法上规定。刑法第 287 条规定：“利用计算机实施金融诈骗、盗窃、贪污、挪用公款、窃取国家秘密或者其他犯罪的，依照本法有关规定定罪处罚。”该条强调行为人以计算机为工具实施的犯罪行为，与盗窃、诈骗、敲诈勒索等传统犯罪，虽形式上发生了变化，即一个是在虚拟的电子网络空间、一个是现实社会空间，但其实质并无变化，因而立法中给予提示性规定，仍应按照刑法规定定罪处罚。该条虽然未对其适用何罪没有明确规定，但给予了一个指向，即利用计算机实施的盗窃、诈骗、贪污、挪用公款或其他犯罪，属于牵连犯。最高人民法院研究室编撰的

① 参见高铭暄、叶良芳：《再论牵连犯》，载《现代法学》2005 年第 2 期。

② 高铭暄、马克昌主编：《刑法学》，北京大学出版社 2005 年版，第 127 页。

③ 参见高铭暄、叶良芳：《再论牵连犯》，载《现代法学》2005 年第 2 期。

《〈网络犯罪刑事诉讼程序意见暨相关司法解释〉理解与适用》明确，“对于利用计算机实施金融诈骗、盗窃、贪污、挪用公款、窃取国家秘密或者其他犯罪，属于牵连犯，刑法第二百八十七条作出了特别规定……”①

综上，在法无明文规定按照数罪处理的情况下，应当遵循刑法中关于牵连犯的要求，从一重罪进行处罚，即当行为人通过非法获取公民个人信息实施其他犯罪时，获取公民个人信息行为就成为其他犯罪的手段行为，此时虽然行为人实施了两个行为，但是应按照牵连犯进行处断。②

2. 罪间犯罪共犯认定应按照牵连犯从一重处。在我国刑法立法及多次修改中，尤其是1997年刑法修改后，对于牵连犯的概念及其处罚原则在刑法总则仍未予以明文规定，而是将其分散在刑法分则中，并给予了以下五种不同的处置规则。一是规定为数罪并罚，如第241条第4款规定的收买被拐卖的妇女、儿童，又强行与妇女发生性关系，或者非法剥夺、限制妇女、儿童的人身自由或者有伤害、侮辱等犯罪行为的；第294条第3款规定的犯组织、领导、参加黑社会性质组织罪、入境发展黑社会组织罪又有其他犯罪的等，实施数罪并罚。二是规定为直接按照某罪定罪，如刑法第196条第3款规定的盗窃信用卡并使用的，直接以盗窃罪定罪处罚。三是规定为直接按照某罪定罪加重处罚，如刑法第253条第2款邮政工作人员私自开拆、毁弃邮件、电报又从中窃取财物的，直接以盗窃罪定罪并从重处罚。四是按照重罪的加重犯处理，如第240条规定的拐卖妇女、儿童，又奸淫被拐卖的妇女的，或者又诱骗、强迫被拐卖的妇女卖淫的，定拐卖妇女、儿童罪，适用10年以上有期徒刑、无期徒刑或者死刑的加重法定刑；五是传统理论认定的从一重处断，如《刑法》第399条第4款规定的司法工作人员收受贿赂，犯徇私枉法罪、民事、行政枉法裁判罪或者执行判决、裁定失职罪、执行判决、裁定滥用职权罪，又构成受贿罪的，依照处罚较重的罪定罪处罚。③ 立法上的不尽相同规定，反映在司法解释的标准也是不尽相同，其沿袭了刑法分则中认定为数罪并罚、从一重处等规定。牵连犯的认定和处罚规则不统一，对于司法实践如何认定、适用产生了一定的困难。

综上，对牵连犯的处罚原则如何适用，笔者认为，应按照传统牵连犯处理原则从一重重处为宜④。理由是：一是符合主客观相一致刑法原则。其表现在从客观上考虑了行为人实施了数个犯罪行为，从主观上兼顾到了行为人基于一个最终犯罪目的这个特殊犯意。二是实行从一重重处贯彻了重处经济犯罪的精神。三是有利于保持立法与司法解释的一致性。四是牵连犯是实质的一罪，不是并罚的数罪，量刑处

---

① 参见胡云腾主编、最高人民法院研究室编著：《〈网络犯罪刑事诉讼程序意见暨相关司法解释〉理解与适用》，人民法院出版社2015年版，第101页。

② 参见李玉萍：《侵犯公民个人信息罪的实践与思考》，载《法律适用》2016年第9期。

③ 参见高铭暄、叶良芳：《再论牵连犯》，载《现代法学》2005年第2期。

④ 也有学者提出应按照“从一重重处”，笔者基本赞同这一观点。传统牵连犯处罚原则是从一重处，但在司法实践中，法官定罪量刑时，对于其实施一个犯罪行为与实施两个犯罪行为而被裁定为一罪，在量刑考量时，肯定不同。因而，该种观点将量刑予以考虑，更为精细、更为全面。但每个具体案件情况不同，法官在适用牵连犯时，应在自由裁量权范围内，把握好刑罚尺度。

罚上应有所区分。①

（四）侵犯公民个人信息犯罪共犯特殊情形的认定

1. 自然人与单位之间共犯的认定。《解释》第 7 条予以明确规定，“单位犯刑法第二百五十三条之一规定之罪的，依照本解释规定的相应自然人犯罪的定罪量刑标准，对直接负责的主管人员和其他直接责任人员定罪处罚，并对单位判处罚金。”该条对单位构成犯罪的认定，是按照相应自然人犯罪定罪标准考量，量刑时单处罚金。这对于我们认定自然人与单位共同实施侵犯公民个人信息犯罪的认定提供了方向，找到了定罪量刑的参照依据，这是我国立法中首次对单位犯罪依据自然人犯罪定罪量刑标准进行明确的规定。

2. 上下游犯罪主体不重合情形不能认定为共犯。在实施了侵犯公民个人信息犯罪后，有的行为人并未参与到下游犯罪，或上下游犯罪行为人之间并无意思联络，各自实施了相应的犯罪，这两种情形皆因不符合共犯认定的共同意思联络、共同实施行为要件，无法认定为共犯。同时，我们还应注意的是，在下游犯罪中，必然有一个人与上游犯罪行为人联系，或接受、买受、获取他人个人信息，虽然两者之间有共同的意志追求即获取他人个人信息，但并无共同实施行为，因而无法认定其为共同犯罪；但如在上下游犯罪衔接过程中，行为人虽此前无共谋，但后期加入下游犯罪，并对实行下游犯罪有明确故意的，可认定上下游犯罪行为人之间构成共犯，属于刑法中承继共犯。对侵犯公民个人信息行为人予以犯本罪与下游犯罪并罚，在下游犯罪中与其他人构成共犯。

① 参见吴振兴：《罪数形态论》，中国检察出版社 1996 年版，第 286 页。

浅析公民个人信息保护中的法律责任

冯振国* 马玉男**

引言

个人信息被誉为21世纪最有价值的资源，《刑法修正案（七）》首次将非法获取和提供个人信息入罪，《刑法修正案（九）》扩大了犯罪主体，并将罪名改为“侵犯公民个人信息罪”。另外，新修改的《民法通则》首次确立了“个人信息权”，在行政法律方面《电信和互联网用户个人信息保护规定》、《网络安全法》是比较全面的个人信息保护单行规定。然而在行政责任与刑事责任衔接部分，行政责任相对弱化，并没有很好地由行政责任过渡至刑事责任。本文旨在通过研究个人信息保护的行政责任、民事责任和刑事责任进行辨析，完善个人信息权的行政保护。

一、公民个人信息的概念

（一）广义的个人信息和狭义的个人信息

所谓广义的个人信息是指自然界、社会等所有与个人有关的信息整合，包括个人身份信息，社会他人对个人的评价，个人生活消费行为，个人的行踪，个人家庭状况等与个人相关的信息；狭义的个人信息是指在立法上将个人信息赋予怎样的定义，由于各个国家适用的法域不同，对个人信息的定义不同，主要有关联型、隐私型、识别型的个人信息。我国内地学者多采用概括列举式对个人信息定义，在《个人信息保护法（专家建议稿）》中关于“个人信息”的定义，是指“个人姓名、住址、出生日期、身份证号码、医疗记录、人事记录、照片等单独或与其他信息对照可以识别特定个人的信息”① 在《中华人民共和国个人信息保护法示范法草案（学者建议稿）》中关于“个人信息”的定义，是指“自然人的姓名、出生年月日、身份证号码、户籍、遗传特征、指纹、婚姻、家庭、教育、职业、健康、病历、财务情况、社会活动及其他可以识别该个人的信息”② 2017年6月1日实施的最高人民法院、最高人民检察院《关于办理侵犯公民个人信息刑事案件适用法律若干问题的解释》中关于“公民个人信息”的定义，“是指以电子或者其他方式记录的能够单独或者与其他信息结合识别特定自然人身份或者反映特定自然人活动情况的各种信息，包括姓名、身份证件号码、通信通讯联系方式、住址、账号密码、财

* 河南辰中律师事务所律师。

** 河南辰中律师事务所律师。

① 周汉华：《个人信息保护法（专家建议稿）及立法研究报告》，北京大学出版社2006年版，第3页。

② 齐爱民：《中华人民共和国个人信息保护法示范法（学者建议稿）》，载《河北法学》2005年第6期。

产状况、行踪轨迹等”。

（二）个人信息的问题探析

我国目前并没有《个人信息保护法》，虽然有许多学者在提议统一制定。但由于跟个人信息的内涵和法律属性仍存在较大争议，统一立法模式流产，转而制定了一系列的原则性立法、单行规定及司法解释。很多国家和地区在刑法典中规定侵犯个人信息和隐私时，确实没有对个人信息的概念和范围作出规定。因此如何确定个人信息的概念和范围，是《刑法修正案（七）》修正以来一直争论的问题，而解决此问题是我国立法适应社会发展的必然途径，而《刑法修正案（九）》并未规定个人信息的概念，而是将个人信息的内涵规定在“两高”的司法解释《关于办理侵犯公民个人信息刑事案件适用法律若干问题的解释》，该解释于2017年3月20日由最高人民法院审判委员会第1712次会议、2017年4月26日由最高人民检察院第十二届检察委员会第63次会议通过，2017年6月1日实施。目前其他较为完善的规定个人信息内涵的法律是2017年6月1日生效的《网络安全法》。但是，截至目前并没有在基本法中规定个人信息的法律内涵。

二、公民个人信息保护现状

公民个人信息在信息化时代以各种各样的形式在网络平台、媒体社交软件之间流动，我国正处于向信息化社会转化的重要阶段，各种类型的信息在这个阶段扮演着不同的角色，与此同时，个人信息的泄露、买卖现象频发。我国对于公民个人信息保护的立法也在不断完善，有关刑事处罚、民事责任、行政责任也在逐渐加强。

（一）有关个人信息的刑事保护现状

手机“监听”，定位跟踪，婚姻忠诚度调查等这些信息都是“武汉金星辉商务调查有限公司”网站的业务，2013年1月14日，因涉嫌非法出售、非法提供公民个人信息犯罪，武汉金星辉商务调查有限公司被依法取缔，犯罪嫌疑人徐某被抓获。肆意出售、泄露公民个人信息的行为时有发生，不仅扰乱了公民的安宁的生活，也给公民个人的人身和财产带来了损失。刑法对于个人信息犯罪做出了明确规定。《刑法修正案（七）》第7条规定，在《刑法》第253条后增加一条，作为第253条之一：“国家机关或者金融、电信、交通、教育、医疗等单位的工作人员，违反国家规定，将本单位在履行职责或者提供服务过程中获得的公民个人信息，出售或者非法提供给他人，情节严重的，处三年以下有期徒刑或者拘役，并处或者单处罚金。窃取或者以其他方法非法获取上述信息，情节严重的，依照前款的规定处罚。单位犯前两款罪的，对单位判处罚金，并对其直接负责的主管人员和其他直接责任人员，依照各该款的规定处罚。”《刑法修正案（九）》第17条对《刑法》第253条之一进行了修改，将原来的两个罪名修改为侵害公民个人信息罪一罪。《刑法修正案（九）》相比《刑法修正案（七）》扩大了主体，将一般自然人和单位同事纳入刑法规制的范围。《刑法修正案（七）》将行为方式限定在出售、非法提供、窃取或以其他方法非法获取等行为方式，《刑法修正案（九）》没有增加新的行为方式，但取消了“非法提供”的限制词“非法”一词[①]，仅保留了“提供”一词，在一定程度上加大了处罚对象。最高人民法院、最高人民检察院《关于办理侵犯公民个人信息刑事案件适用法律若干问题的解释》于2017年6月1日实施，该司法解释详细地规范了何为情节严重的标准等。可见，刑法对于公民信息的保护在不断加大，一直在做相应的立法调整。

（二）个人信息民事保护现状

1. 关于个人信息权规范的主体

新的《民法总则》首次规定了个人信息权，在《民法总则》中规范了两个主体，在理论界称为个人信息主体和个人信息处理者。个人信息主体，即指通过信息被识别出个人身份的自然人，但是本次民法通则并未规定法人享有信息权。新的《民法通则》将数据处理者统一确立为“其他组织和个人”，包括收集、使用、转让个人信息的主体。[②]

2. 其他民事法律规范对于“个人信息”内涵的规定

虽然《民法总则》规定了个人信息权，但是并没有规定个人信息的法律内涵，这给实务工作带来了巨大挑战。在最高人民法院《审理利用信息网络侵害人身权益民事纠纷案件适用法律若干问题的规定》[③]中，第一次将“自然人基因信息、病历资料、健康检查资料、犯罪记录、家庭住址、私人活动”明确为“个人隐私和其他个人信息”，因此，现行民事法律规范中并没有区分个人隐私和个人信息的立法模式。

（三）个人信息行政保护现状

1. 有关行政立法对于个人信息的保护

《电信和互联网用户个人信息保护规定》[④]是比较全面的个人信息保护单行法规，此后，几乎所有的互联网单行立法均有涉及个人信息保护的规定。该规定明确提出个人信息是指“姓名、出生日期、身份证号码、住址、电话号码、账号和密码等能够单独或者与其他信息结合识别用户的信息以及用户使用服务的时间、地点等信息”，首次独立界定了个人信息的内涵，并提炼出个人信息的核心法律特征——识别性。在具体措施上做出了具体规定，该规定第22条、第23条[⑤]对电信业务经营者和互联网信息服务提供者违法行为做出了具体明确的约定；2017年6月1日实

① 王晨晨：《完善我国个人信息的刑法保护》，南京师范大学法律硕士学位论文。

② 黄春林：《简评新〈民法总则〉中的个人信息权》，北大法律信息网法学在线首页，2017年3月30日。

③ 2014年6月23日，该法由最高人民法院审判委员会第1621次会议通过，自2014年10月10日起施行。

④ 2013年6月28日中华人民共和国工业和信息化部第2次部务会议审议通过，自2013年9月1日起实施。

⑤ 《电信和互联网用户个人信息保护规定》第22条规定：“电信业务经营者、互联网信息服务提供者违反本规定第八条、第十二条规定的，由电信管理机构依据职权责令限期改正，予以警告，可以并处一万元以下的罚款。”第23条规定：“电信业务经营者、互联网信息服务提供者违反本规定第九条至第十一条、第十三条至第十六条、第十七条第二款规定的，由电信管理机构依据职权责令限期改正，予以警告，可以并处一万元以上三万元以下的罚款，向社会公告；构成犯罪的，依法追究刑事责任。”

施的《网络安全法》[①]，对个人信息法律内涵的描述采取了概括加列举的方式，法律特征概括为“以电子或者其他方式记录的能够单独或者与其他信息结合识别自然人个人身份的各种信息”，同时列举了“自然人的姓名、出生日期、身份证号码、个人生物识别信息、住址、电话号码等”，在《网络安全法》第六章详细规定了侵犯个人信息各主体应承担的法律责任，包括个人、网络运营商、网信部门等主体，这是我国目前对个人信息法律内涵、法律责任规定较为完善的法律规范。

2. 行政责任与刑事责任法律衔接薄弱

作为对公民权益的保护手段，行政责任应当作为刑事责任的前置手段，成为追究达不到刑事处罚标准的犯罪嫌疑人的重要手段。例如，《治安管理处罚法》是《中华人民共和国刑法》的前置性行政法规之一，当犯罪嫌疑人的犯罪达不到刑事责任标准时，由《治安管理处罚法》进行约束，若达到刑事定罪标准则由刑法约束。

（四）其他国家对于个人信息的保护

（1）美国最早提出隐私权概念，并将隐私权作为个人信息保护的权力基础。作为英美法系的代表国家，美国的经济发展迅速，人民的法治意识很强。美国是一个人权保护极强的国家，对于个人信息被侵犯也在很早之前就有立法加以保护。美国作为判例法国家，并没有法典式的《个人信息保护法》，主要是行业自律和分散式立法。1984 年的《惩治计算机与滥用》将“黑客”行为和非法入侵他人计算机获取被保护的数据认定为犯罪，1996 年《联邦信息保护法》作出规定：如果是人事和医疗中获得的个人信息或者以执行法律为目的所收集的个人信息，其对这两类信息公开会对个人造成侵害，则会被禁止公开。

（2）我国香港地区受英美法系的影响，很多立法具有英美法系的特点，关于个人信息保护的主要立法是《个人资料（隐私）条例》，条例中明确规定了除非获得资料本人的同意，否则个人资料只可用于收集资料时所表明的用途或与直接有关的用途；须采取切实可行的措施保障个人资料免受未获准许的查阅、处理、删除或其他方法使用。若违反该条例，受到损害者有权向资料使用者要求补偿，并且一经定罪，可判处罚款或者监禁。

（3）作为大陆法系国家的代表，德国采用统一立法模式，《德国联邦个人资料保护法》统一保护和规范个人资料，德国个人资料保护法有完备的原则体系，如直接原则，即个人资料的收集应当直接向本人收集；更正原则，即为了保护个人资料的内容完整与正确，本人有权利修改个人资料以使其在特定目的的范围内保持完整、正确；目的明确原则等[②]。可以借鉴国外多年对个人信息的保护，建立完整的个人信息保护法律体系，实现对个人信息保护的统一立法。

① 2016 年 11 月 7 日全国人民代表大会常务委员会第二十四次会议表决通过，自 2017 年 6 月 1 日实施。

② 参见《浅析德国联邦个人资料保护法》，中国法院网。

三、我国个人信息保护的完善

（一）个人信息保护的刑事立法完善

1. 取消“公民”一词对于保护主体的限制

《刑法修正案（九）》第17条第1款规定“公民个人信息”，将个人信息的保护主体限定在具有中华人民共和国国籍的公民，对于在中国境内但却不具有中国国籍和无国籍人士而言造成刑法保护的空白。因此，为适应快速发展的国际形势，将“公民个人信息”改为“他人个人信息”扩大刑法保护的对象范围，将在中国境内的外国人或者无国籍人士纳入刑法保护范围，是世界个人信息保护立法的发展趋势。

2. “违反国家规定”内涵模糊

《刑法修正案（七）》中“违反国家规定”在《刑法修正案（九）》中继续延续，并未作出明确的法律指导。“违反国家规定”采用了空白罪状①的表达方式，一方面给司法适用造成了困难，办案机关难以区分哪些违反法律规定，从而无法判断是否需要追究行为人的刑事责任；另一方面在一定程度上放任了部分侵犯个人信息犯罪。

3. 合理地增加入罪的行为方式

《刑法修正案（七）》首次将个人信息保护纳入刑法保护范围，仅仅限定了出售、非法提供、非法获取三种情形。在《刑法修正案（九）》中仅仅取消了非法提供中的“非法”二字，并未做其他修改，行为方式依然是出售、提供、窃取、非法获取等几种行为方式，并未增加其他的行为方式。但是现实生活中侵犯个人信息的行为多种多样，仅仅有以上几种犯罪行为方式并不能适应新型的犯罪行为，会造成法律不适应社会发展的窘境。因此，应当在适当的时机，合理地将新型的犯罪行为方式引入刑法加以规制，如非法采集个人信息、非法破坏个人信息、非法删除个人信息、非法使用个人信息等行为方式。对于现有的出售、提供、窃取、非法获取个人信息的行为方式，制定司法解释进行适用说明。为司法实践作出明确的法律指导。

4. 科学设置法定刑

第一，增加追诉方式。目前关于侵犯公民个人信息罪的追诉方式为公诉，本人认为应当加入自诉的追诉方式。自诉和公诉相结合的诉讼方式更符合对公民个人信息保护的司法原则。虽然大多数国家规定了公诉方式，英国《1984年数据保护规定》：“除非通过注册会员或检察长或经检察长同意，本法规定的犯罪均不能被提起诉讼。”也有些国家规定了自诉方式，如奥地利《联邦个人数据保护法》第51条第2款：“只有获得受害方的授权，才可以对冒犯者提起控诉”。参照重婚罪的追诉模式对侵犯个人信息的犯罪予以打击，综合当前社会发展趋势，个人信息泄露铺天盖

① 空白罪状是指条文没有直接地规定某一犯罪构成的特征，而是指明确定该罪构成要件需要参照的法律、法规的规定。

地，且涉及隐私的个人信息居多，公诉机关调查取证困难，被侵犯的很大一部分信息是本人不愿意透露的私人信息，因此应在刑事追诉方式中增加自诉方式，更全面地打击犯罪行为。

第二，增加处罚种类。目前，我国对侵犯公民个人信息犯罪主要处罚种类是自由刑和财产刑，并没有设置资格刑。犯罪分子对公民个人信息的侵犯往往起因于犯罪的低成本性和成瘾性。因此，可设置资格刑，对侵犯公民个人信息犯罪的犯罪嫌疑人进行必要的限制，如可以增加限制、禁止使用公民个人信息的保安处分。从目前我国刑事立法处罚，可考虑增设剥夺犯罪人职业资格的刑种，禁止其从事具体的活动、职业等，如网络运营商禁止向犯罪分子提供工作岗位、禁止从事具体的涉及公民信息的职业活动。

第三，目前，我国个人信息的民事保护，最重要在于个人隐私与个人信息的区别，个人信息是隐私权的保护标的之一。但是，从权利保护范围看，个人信息除了包括不能公开的私密信息以外，还包括很多公开的信息；个人隐私是指公民个人生活中不愿为他人知悉的秘密。隐私权是自然人享有的对个人的、与公共利益无关的个人信息、私人活动和私有领域进行支配的人格权。由此可见，个人信息和个人隐私之间有交集，但也存在区别。其一，隐私权主要是一种精神性的人格权，财产价值不明显，侵犯隐私主要导致的是精神伤害。而个人信息权，具有精神价值和财产价值属性，侵犯个人信息往往会导致财产损失和精神损害；其二，隐私权是一种消极、被动的权利，往往在被侵害之前，无法积极主动地行使权利，维护权益。相反，个人信息权可以积极主动地行使权利，要求权利侵害人更改、删除被侵犯的个人信息；其三，从权利客体来看，隐私权的权利客体主要是不为外人所知悉的个人私密信息，而个人信息权侧重于个人的身份识别性；其四，对个人信息的保护应侧重预防，对隐私权的保护应侧重于事后救济。个人信息涉及个人利益的同时还有可能涉及公共利益和公共安全，侵害个人信息不仅造成精神损失也很可能引起财产损失，因此，对于个人信息的保护应侧重于预防。而隐私更多地涉及个人，不会涉及公共利益或者公共安全，若隐私权被侵害，往往导致的是精神损害，因此，对隐私权的保护应侧重于事后救济。

（二）个人信息保护的行政立法完善

（1）公民个人信息行政责任在《刑法修正案（七）》之后，逐渐被立法者重视，先后出台的《网络安全法》、《电信和互联网用户个人信息保护规定》等都有所规定。然而这些都只是零散的规定，并不能很好地与刑法中相关罪名进行衔接。在行政法律层面，没有与出售、提供或者其他罪名相衔接的行政法律法规。这就意味着在行为人不构成刑事犯罪的时候，不能对犯罪嫌疑人予以刑事处罚，也没有相应前置的行政责任予以限制。例如，最高人民法院、最高人民检察院《关于办理侵犯公民个人信息刑事案件适用法律若干问题的解释》中相应的数额规定未达到时，没有相应的行政处罚手段，极易出现犯罪嫌疑人逃避惩罚逍遥法外的窘境。因此，应该在行政立法层面，设立相应的行政法律法规作为刑事处罚的前置性手段，厘清行政责任的追究标准及与刑事责任的追究界限，实现公民个人信息的系统化保护。

（2）在具体执法过程中，各级刑事司法部门应与行政执法部门加强联系，行政部门在基层、社区都有延伸机构如街道办事处等，发现犯罪往往比司法部门更为快捷。加强刑事执法部门与行政执法部门的沟通协调，对于及早发现违法犯罪并将其扼杀在萌芽状态具有重大意义。在案件立案，收集证据、联合执法等方面互相支持和配合，对公民个人信息权实施全面保护，最大限度地维护法治。

结论

综上所述，笔者通过对公民个人信息保护的论述，归纳出以下几点：第一，自《刑法修正案（七）》以来，无论是立法、司法甚至执法上，我国对于公民个人信息的保护都在不断地加强。公民个人信息保护的刑事责任、民事责任、行政责任不断完善；第二，我国公民个人信息的保护还处于开端阶段，有很多不足，如基本法对个人信息的定义缺失、没有统一的对个人信息保护的专门性立法等；第三，相对刑事责任而言，我国在行政法律法规上并没有很多的规定予以衔接，虽有《网络安全法》等规定，但并不能完全衔接刑事责任。行政责任作为刑事责任的前置手段，立法不够完善，对于公民个人信息的保护法律法规相对较少；第四，我国对于公民个人信息的保护虽有不足，但是我国的专家学者以及立法者已经意识到公民个人信息保护的重要性，并在不断努力地完善公民个人信息的保护，将会对我国法治的进步产生很大的推动作用。结合我国的法治背景，信息化时代的发展，笔者认为，应对公民个人信息保护统一立法，以《公民个人信息保护法》的形式对个人信息保护的责任进行统一的规定，实现系统化立法，提升对个人信息保护的法律水平。

公民个人信息保护中网络服务提供者的“罪”与“责”

冉 翚* 金朝榜**

一、公民个人信息保护中网络服务提供者的罪责认定困境

近年来，侵犯公民个人信息的网络犯罪此起彼伏，屡禁不止。鉴于此种情形，《刑法修正案（七）》对侵犯公民个人信息的行为作了犯罪化处理，《刑法修正案（九）》在此基础上进一步完善，将特殊主体修订为一般主体，最高人民法院、最高人民检察院《关于办理侵犯公民个人信息刑事案件适用法律若干问题的解释》（以下简称《解释》）进一步明确侵犯公民个人信息罪的定罪量刑标准。由此可知，在公民个人信息保护方面，刑事立法不断扩张，这无疑对于规制侵犯公民个人信息的犯罪行为具有积极意义。但是，综观上述立法，大多是针对网络用户侵犯公民个人信息的犯罪行为规制，对于技术提供方的网络服务提供者（ISP）规定较少，致使网络服务提供者的罪责认定游离于刑法之外，形成了法律的真空地带，导致了司法实践中罪责认定的困境。

第一，网络服务提供者功能性区分的缺失：“情节严重”是侵犯公民个人信息罪的入罪标准，在侵犯公民个人信息的网络犯罪过程中，网络用户才是一切危害的始作俑者，网络服务提供者作为技术提供方，其主观中立，客观上却又对犯罪行为起到了一定的帮助作用，其技术服务行为与“情节严重”的危害结果是否具有刑法上的因果关系？其行为的“危害性”是否构成入罪标准？问题的回答依赖于网络服务提供者类型化的区分，从而分别判断其危害性与可罚性基础。

第二，网络服务提供者责任类型化的缺失：在侵犯公民个人信息犯罪中，网络服务提供者作为技术提供方，并未直接实施违法犯罪行为，对其科处刑罚，理论基础、法律依据何在？《刑法修正案（九）》虽新增拒不履行网络安全管理义务罪和帮助网络犯罪活动罪，但存在“经有关机关责令采取改正措施而拒不改正”和“明知”的限制条件。那么，对于技术提供方，网络服务提供者的罪责认定，是依据共犯理论进行有罪推定，还是借助正犯化基础进行定罪处罚呢？

二、公民个人信息保护中网络服务提供者功能性划分和入罪标准分析

当前刑法理论还主要局限于网络服务提供者整体性层面上的探讨，未能对网络

---

* 西南民族大学法学院教授。

** 西南民族大学法学院2016级刑法学专业硕士研究生。

服务提供者进行功能上的划分，这也就导致了不同网络服务提供者义务上的缺失，定罪标准上的混乱。正如康德所言，“没有概念的类型是盲目的，没有类型的概念是空洞的”。[①] 因而在解决网络服务提供者的可罚性时，须以类型化思维为前提，从而明确不同主体的责任与义务。

（一）网络服务提供者功能性区分的划分

目前刑法学界，有学者依据《中华人民共和国刑法修正案（九）解读》对拒不履行网络安全管理义务罪的理解与适用，将其划分为网络接入服务提供者（IAP）和互联网内容服务提供者（ICP）[②]；亦有学者提出网络信息内容提供者（ICP）、网络接入服务提供者（IAP）和网络平台提供者（IPP）的三分法主张。[③] 我国相关立法文件，也从不同层面对网络服务提供者进行了相应的划分，但是其类型性、逻辑性极为欠缺，要么没作区分只是抽象定义，要么虽做区分，但是区分标准不合理，难以满足司法实践需要。鉴于此种情形，笔者认为，结合网络服务提供者的实质，以技术功能作为划分标准无疑是最好的选择。在三分法的基础上，借鉴国际做法，使立法、理论和技术相结合，将网络服务提供者划分为网络接入服务提供者（IAP）、网络信息内容提供者（ICP）、网络搜索引擎服务提供者（SEP）和信息存储服务提供者（IPP）。[④] 从技术合理性与可能性出发，限制网络服务提供者的刑事责任边界，为技术发展、信息自由保留合理的空间。

（二）公民个人信息保护中不同网络服务提供者入罪标准分析

网络信息的高效快速传播离不开网络服务提供者的分工合作，在侵犯公民个人信息网络犯罪中，网络接入服务提供者（IAP）的上网服务功能是硬件基础，信息存储服务提供者（IPP）的上传下载功能是重要途径，搜索引擎服务提供者（SEP）是重要的搜索扩散渠道。从侵犯公民个人信息犯罪被害人角度而言，四类主体均存在一定的物理帮助作用，但刑法的谦抑性要求对刑事处罚作限制解释，因而有必要借鉴“直接控制理论”对其处罚范围予以明确。侵犯公民个人信息犯罪作为情节犯，对不同的网络服务提供者均以“情节严重”作为入罪标准，忽视了不同网络服务提供者的自身特性，也有违刑法期待（技术）可能性。因此，结合网络服务提供者技术特征明确“可控”范围，区分全面审查义务、有限审查义务的不同义务形态，进而分析不同网络服务提供者的入罪标准与可罚依据如下表所示：

① 转引自［德］阿图尔·考夫曼著：《类型与事物本质——兼论类型理论》，吴从周译，学林文化事业有限公司1999年版，第43页。

② 全国人大常委会法制工作委员会刑法室编著：《中华人民共和国刑法修正案（九）解读》，中国法制出版社2015年版，第191页。

③ 皮勇：《网络安全法原理》，中国人民公安大学出版社2008年版，第491页。

④ 王华伟：《网络服务提供者的刑法责任比较研究》，载《环球法律评论》2016年第4期。

网络服务提供者义务承担类型

名称	表现	义务类型
网络信息内容提供者（ICP）	新闻网站	全面审查义务
网络接入服务提供者（IAP）	电信拨号无线上网等	一般无责
搜索引擎服务提供者（SEP）	谷歌、百度等	有限审查义务
信息存储服务提供者（IPP）	知网、百度文库等	有限审查义务

网络信息内容提供者义务形态和入罪标准：ICP 作为信息的提供方，自己提供制作的信息不得侵犯他人合法权益，因而具有全面审查义务。当其违反相应义务，在网络平台违法提供他人信息，直接导致他人权益侵害时，就需承担相应的民事或者行政责任，当其行为达到侵犯公民个人信息罪的“情节严重”，符合《解释》第五条规定的入罪标准时，才能纳入刑法规制范畴。

网络接入服务提供者义务形态和入罪标准：在侵犯公民个人信息的网络犯罪中，其可罚性基础在于网络服务提供者的传播危害性，网络接入服务提供者作为硬件设施的提供方，既非违法内容的制作编辑者，也非违法内容的传播者，危害结果与其行为不存在刑法上的因果关系，因而一般无责。但是明知他人实施侵犯公民个人信息犯罪，而予以技术支撑，则有可能构成共犯或者帮助网络犯罪活动罪。

搜索引擎服务提供者义务形态和入罪标准：SEP 以输入关键词查找相应信息或网站作为主要业务形式，其责任承担基础主要源于信息定位功能。一般而言，在侵犯公民个人信息犯罪中，搜索引擎服务提供者作为纯粹的搜索媒介，虽然其搜索功能的发挥为侵犯公民个人信息犯罪起到了推波助澜的作用，但是搜索渠道与搜索途径所创造的风险本身就是刑法所允许的风险，因而不宜作为犯罪认定。但是，其一旦背离了“业务相当性”，超出了刑法所允许的风险范畴，其行为就有可能触犯刑法。SEP 的网络犯罪主要集中在“嵌入链接—建立数据库—查询信息数据”三个方面的嵌入链接和查询信息阶段：（1）嵌入链接，是数据库建立的前提，是搜索引擎服务提供者的业务基础。在嵌入链接过程中，网络服务提供者之间需要签订网络合作协议，作为合同一方，对协议建立与否具有完全否决权，当其明知对方是依靠出售、提供或非法收集公民个人信息作为主要业务来源时，而仍予以指引链接，并具有严重社会危害性时，则存在可罚性的基础；（2）查询信息，是侵犯公民个人信息犯罪社会危害性的主要扩散渠道，考虑到 SEP 没有对第三方网站侵犯公民个人信息犯罪的事先审查义务，对第三方提供的违法信息内容也无法进行直接控制，因而对其定罪量刑，刑法采取了保守态度。一旦搜索引擎服务提供者背离“技术中立”的立场，通过竞价排名或者顶置推荐的方式予以暗示指引，并导致严重后果，就需依据其在侵犯公民个人信息犯罪中的作用力进行定罪处罚。

信息存储服务提供者义务形态和入罪标准：IPP 作为数据存储中心，汇集了大量的公民个人信息，也是信息传输的重要平台，因而也最易引发犯罪。IPP 业务由“上传数据—信息存储—下载数据”三个部分构成，对其刑法规制，需要结合具体情况进行分析：（1）上传数据，是用户通过输入指令或是登录账户的形式自动进行，IPP 无法对其进行事先审查，信息的筛选和过滤技术主要局限于敏感字眼的屏蔽，公民个人信息由于具有公开性和社会性，不具有敏感性，筛选和过滤技术难以发挥应有功效，因而不具有“技术可能性”；（2）信息储存，作为“静态”的存储结果，纯粹的技术中立不属于侵犯公民个人信息罪所要求的“出售”、“提供”和“非法收集”行为，更不存在公民个人信息的传播问题，因而不具有可罚性；（3）下载数据，是公民个人信息的主要扩散途径之一，IPP 作为数据中心的管理者与控制者，对违法信息予以屏蔽或断开链接具有操作可能性。虽然 IPP 对第三方提供制作的信息无主动审查义务，但是接到“侵权通知”而不采取相应的预防措施，其主观就具有“放任”的故意，需对损害扩大部分承担相应责任，当危害结果“情节严重”时，就应当予以犯罪化。

（三）公民个人信息保护中不同网络服务提供者出罪标准分析

公民个人信息隐秘程度：《解释》将“可识别性”作为公民个人信息的认定基础，界定了公民个人信息范畴，但未区分刑法中“公民个人信息”的特殊性。因而有学者认为“‘可识别性’是行政法、民法、刑法等部门法所规定的公民个人信息的共同特征，‘法益关联性’则是刑法中的公民个人信息与其他部门法中的公民个人信息界分的标准”。① 亦有学者将公民个人信息划分为身份信息、社会信息、隐私信息三个部分。② 前者，从法益角度区分民刑标准；后者，将公民个人信息按实质内容和隐秘程度进行划分。前者立足于犯罪客体，后者聚焦犯罪对象，二者结合对于网络服务提供者出罪探讨具有重要意义。（1）身份信息，是指能够识别公民身份的信息。该类信息本身就具有公开性，侵犯公民个人信息的网络犯罪只是将原有的公开范畴进一步在网络空间放大，私生活会遭受干扰，但只要没有造成严重后果，便不宜作为犯罪处理。例如，人肉搜索。（2）社会信息，是公民在人际交往中所产生的个人信息。该类信息具有社会性，其公开传播一般不会导致《解释》第五条第二款第一项所规定的严重结果，网络服务提供者的技术中立与造成“被害人死亡、重伤、精神失常”不具有刑法上的因果关系。但是该类信息与个人财产与人身法益相关联，可能会引发下游犯罪，网络服务提供者的放任传播行为，若导致《解释》所第 5 条第 1 款第 1、2 项的犯罪行为，则满足“情节严重”的入罪条件。（3）隐私信息，是公民不愿公开的部分，隐私程度高低与可罚性密切相关，当网络服务提供者的行为导致公民个人隐私泄露，并导致严重后果时，就需承担相应的刑事责任。

网络服务提供者的时空审查义务：在网络服务提供者的网络安全保障义务方面，一直存在着事前审查、事中审查、通知审查的争议，但是依据《关于加强网络信息保护的决定》第五条“发现”和《信息网络传播条例》“通知”的表述即可发现，我国当前立法将网络服务提供者的审查范围局限于事后审查和消极审查范畴。

---

① 叶良芳、应家赟：《非法获取公民个人信息罪之“公民个人信息”的教义学阐释》，载《浙江社会科学》2016 年第 4 期。

② 张玉洁：《论“非法获取公民个人信息罪”的司法认定》，载《华东政法大学学报》2014 年第 6 期。

因而刑法规制不宜将处罚范畴扩张至事前、事中审查，否则“要求企业履行网络警察的义务，这样一个社会分工的错位，最终可能会阻碍甚至窒息整个互联网行业的发展”。[①] 考虑到搜索引擎服务提供者和信息存储服务提供者均是网络媒体中介，搜索、储存、下载是其业务基础，在确定其义务时应当以“明知”或“通知”为限。唯有在“明知”、“通知”之后而不采取相应的举措，并且造成《解释》所规定严重后果时才可能成立刑事犯罪。

三、公民个人信息保护中网络服务提供者刑事责任承担模式

在侵犯公民个人信息犯罪中，网络服务提供者刑事责任的承担主要有三种模式：(1) 帮助犯责任模式：立足于共犯理论，强调网络服务提供者在他人犯罪过程中的帮助作用；(2) 帮助犯正犯化模式：强调帮助犯的独立性，摆脱对传统共犯理论中正犯的依附，形成独立罪名。如《刑法修正案（九）》第 29 条第 2 款规定的帮助信息网络犯罪活动罪；(3) 拒不履行法定义务责任模式：拒不履行法定义务是其刑事责任基础，如《刑法修正案（九）》第 28 条所规定的拒不履行网络安全管理义务罪。[②] 三种责任模式本应各安其责，但是在适用上却导致了司法困境，面对侵犯公民个人信息犯罪中网络服务提供者的中立帮助行为，是应当按共犯处理，还是依据独立罪名处罚？笔者认为可采取以下三个步骤进行分析：

第一步，共犯理论为原则：共犯行为模式主要包括作为与不作为、作为与作为、不作为与不作为三种情形。在网络犯罪过程中，网络服务提供者往往以作为或者不作为的中立帮助行为出现，其行为实质仍未超出共犯理论。对此有学者认为“网络服务提供行为与犯罪行为之间通常并没有共犯的意思联络，因而难以认定共同犯罪”[③]。笔者认为，此种观点有失偏颇，虽然中立帮助行为不符合传统共同犯罪构成要件，但是可以诉诸片面共犯理论予以解决。[④]

第二步，正犯化理论为补充：片面共犯虽是共犯理论中的特殊情形，“但是片面共犯缺乏独立性存在，只有在正犯成立的时候，片面共犯才能够成立。如果不存在正犯实行行为，自然不存在片面共犯”。侵犯公民个人信息犯罪属于情节犯，需要达到“情节严重”才能构成入罪标准，因而当行为人的正犯行为不成立犯罪时，共犯理论的适用就存在局限，但是网络服务提供者的行为却具有严重的社会危害性，此时可依据帮助网络犯罪活动罪进行定罪处罚。

第三步，树立以“以刑定罪”思路：此种情形主要解决责任竞合问题，一方面网络服务提供者的行为符合帮助犯特征，另一方面也触犯了正犯化条款，该如何定罪处罚？笔者认为，可借鉴竞合犯规定，择重处罚，树立“以刑定罪”思路，从而罚当其罪。但是需要注意拒不履行网络安全管理义务罪、帮助网络犯罪活动罪和侵犯公民个人信息罪的刑罚均为三年以下有期徒刑，刑罚较轻，如何做到罪责刑相适

① 车浩：《谁应为互联网时代的中立行为买单?》，载《中国法律评论》2015 年第 1 期。
② 涂龙科：《网络服务提供者的刑事责任模式及其关系辨析》，载《政治与法律》2016 年第 4 期。
③ 陆旭：《网络服务提供者的刑事责任及展开》，载《法治研究》2015 年第 6 期。
④ 王健：《网络法的域外经验与中国路径》，中国法制出版社 2014 年版，第 147 页。

应，还需结合具体情况进行分析：《解释》第5条第1款第1、2项由于涉及其他违法犯罪，根据ISP在犯罪中的作用，若以侵犯公民个人信息罪进行定罪处罚，刑法较轻，不足以发挥刑法的惩戒功能，就需借助共犯理论进行刑法评价；第1款中的第3、4、5、6、7、8、9、10项以及第2款中的第1、2、3项均是涉及侵犯公民个人信息的条款，当网络服务提供者行为出现拒不履行网络安全管理义务罪与侵犯公民个人信息罪的责任竞合时，二者法定刑相同，择其重处罚的竞合犯适用原则难以发挥。鉴于此种情形，笔者倾向于以侵犯公民个人信息罪定罪处罚，因为刑法不仅具有惩戒功能，还应当发挥“宣示”指引作用，以侵犯公民个人信息罪定罪处罚不仅宣示了司法对个人信息的保护态度，也明确了网络服务提供者的安全保障义务。

四、公民个人信息保护中网络服务提供者刑事责任发展方向

在侵犯公民个人信息罪中，考虑到刑法规制与技术发展、网络自由与安全保障的二元关系，当前刑法理论以“明知”与“通知”作为其义务限制。在不同网络服务提供者之间，结合技术可能性，对不同主体进行了义务类型化区分。随着立法的完善，必将对网络服务提供者提出新的更高要求；随着技术的动态发展，技术可能性的困境迟早将会打破。ISP义务形态扩张和责任多样化将会成为必然趋势。

第一，网络服务提供者义务形态的扩张：立法完善和技术发展为网络服务提供者的义务形态扩张提供了法律依据和技术保障，其扩张方向将会包括以下几个方面：(1) 消极监督向积极监督转化：从《互联网信息服务管理办法》、《互联网安全保护技术措施规定》到2012年的《关于加强网络信息保护的决定》，从“应当向上网用户提供良好的服务”、“负责落实互联网安全保护技术措施”到“应当加强对其用户发布信息的管理”。可以看出，立法对网络服务提供者的责任界定更加明确，要求网络服务提供者积极、主动地履行监管职能。(2) 事后监督向事前监督转化：在侵犯公民个人信息罪中，网络服务提供者刑事责任界定借鉴了民法中的“避风港”原则，即ISP只对获取通知之后的损害部分承担刑事责任。因而当前立法主要局限于事后监督，为有效发挥监督作用，预防网络犯罪，有必要改变当前的监督模式，从事后监督向事前监督转化。(3) 形式监督向实质监督转化：除网络信息内容服务提供者对自己提供、编辑的内容具有全面实质审查义务外，当前网络监督以形式监督为主导，实质监督更多地局限于个别敏感字眼的屏蔽，难以发挥ISP的监督管理作用。随着数据库的壮大，数字共享技术的发展，形式监督向实质监督转化完全具有可能。

第二，网络服务提供者责任形态中的刑罚多样化：综观当前刑事立法，在涉及网络服务提供者侵犯公民个人信息网络犯罪方面，无论是侵犯公民个人信息罪、拒不履行网络安全管理义务罪还是帮助网络犯罪活动罪都是三年以下有期徒刑、拘役(管制)，并处或单处罚金。面对日益严峻的侵犯公民个人信息网络犯罪态势，仅仅依靠微不足道的自由刑和罚金刑，难以起到刑法惩戒作用。因此笔者建议，在未来立法中将“资格刑”纳入刑罚范畴，从而加大刑罚惩戒力度，发挥犯罪的特殊预防效果。此外，“从业禁止”也应当作为考虑因素，结合网络服务提供者的犯罪情节，

处以不同的刑罚。但是“资格刑”和“禁止令”的适用必须以情节极其严重为限，否则过激的刑罚处分措施将会遏制网络技术发展和言论自由的行使。

结语

公民个人信息保护中网络服务提供者中立帮助行为的理论纷争，关键在于明确义务范围，区分责任形态。其刑事义务与责任的探讨必须依赖于类型化区分，类型化标准应当由其技术性功能来决定，由此才能契合网络服务提供者的本质特征。在责任探讨层面，结合不同责任主体行为的社会危害性，处于不同刑罚，在必要时将“禁止令”和“资格刑”纳入处罚范畴，实现罪责刑相适应。在明确刑事义务与责任时要妥善处理刑法规制与技术发展、网络自由与安全保障的二者关系，避免不当的刑法规制阻碍技术发展，遏制言论自由。

论网络服务提供者的信息网络安全管理义务及刑事责任*
——从快播案判决及相关评论切入

皮　勇**

在信息化网络化社会中网络服务提供者处于枢纽地位，网络社会活动高度依赖于网络服务，同时，与网络服务相关的违法犯罪数量迅速增长，给网络社会治理带来了新的严峻挑战。网络服务提供者协助网络安全管理是治理网络社会的关键，“网上信息管理，网站应负主体责任”，① 新通过的《网络安全法》和《刑法修正案（九）》明确规定了网络服务提供者的信息网络安全管理义务和法律责任，包括刑事责任。在网络服务提供者的信息网络安全管理义务及刑事责任问题上，刑法理论界对相关立法和司法判决的看法存在严重分歧，影响着网络社会治理路径的选择。网络服务的法治化是各国立法面临的共同课题，我国应当从本国社会信息化、网络化实际出发，借鉴国外立法的成功经验，适当设定网络服务提供者的信息网络安全管理义务，合理划定其承担刑事责任的边界。

一、“快播案”引出的问题

2016 年 9 月“快播案”审结宣判，“快播案”的事实认定和判决理由引起刑法学者的热议，存在支持和批判有罪判决的两种对立观点。

在批判有罪判决的观点中，又有基于案件事实和基于判决理由而提出批判意见的两种不同情形。例如，有学者认为，“快播既不是一个淫秽信息的内容提供者，也不是一个专门供用户发布淫秽信息的平台，但是作为一款可以播放各种视频信息的播放器软件，客观上为那些分享淫秽信息的用户提供了帮助和便利，这就是其涉嫌犯罪的事实基础”。② 进而提出快播公司不应承担刑事责任的观点，就属于前者情形。而海淀区人民法院审理查明的事实是：快播公司不只是向用户提供资源服务器程序（QSI 软件）和快播播放器程序（QVODPlayer 软件），其网络系统按其设计目标抓取访问量大的文件放入快播公司的缓存服务器中，将从用户到用户的信息传播渠道改为从公司的缓存服务器到用户，以加快文件的传输速度；为了规避版权和淫秽视频带来的法律风险，该系统将被抓取的文件由单服务器传输完整文件改为多

* 基金项目：国家社会科学基金重点项目（项目号 13AFX010）“全球化信息化社会环境中的新型恐怖活动及其整体法律对策研究”。

** 武汉大学法学院教授、博士生导师。

① 习近平：《在网络安全和信息化工作座谈会上的讲话》，载《人民日报》2016 年 4 月 26 日第 2 版。

② 车浩：《谁应为互联网时代的中立行为买单?》，载《中国法律评论》2015 年第 3 期。

服务器协作传输打散的文件，最后在用户端集合播放；快播公司盈利受益于大量用户的点播；快播公司因涉及传播淫秽视频资源受过两次行政查处。因此，前者情形观点缺乏事实基础。但是，该案判决书认定，“快播公司具备承担网络安全管理义务的现实可能但拒不履行网络安全管理义务”，“放任其网络平台大量传播淫秽视频，因而构成传播淫秽物品牟利罪。”[①] 将拒不履行管理义务与构成传播淫秽物品的行为关联在一起，一定程度上误导了学者的判断。

属于后者情形的论述以中立帮助行为理论为立论基础。例如，有学者提出“网络中立帮助行为”的概念，“尽管网络中立帮助行为具有上述特殊性，但其只是在中立帮助行为的内核之外披上了网络化的外衣，在刑事法理上并没有彻底脱离中立帮助行为的基本范畴，因此对其进行分析仍然应当运行在中立帮助行为的理论基础之上”。[②] 网络中立帮助行为的案件的处理走向了“变通化”，即对于存在正犯但难以抓获的情形以及没有正犯的情形，实务部门往往会避开帮助犯的探讨，在刑法规范中寻找“既有”的罪名，对其进行扩张解释，直接将网络中立帮助行为作为分则罪名的正犯行为处理……快播案最终在网络服务提供者的网络安全管理义务的牵引下以传播淫秽物品牟利罪论。[③] 中立帮助行为理论研究的是外观上无害、客观上对正犯行为或结果起到促进作用的行为，德国刑法理论称之为“外部的中立的行为”，[④] 希望提出区别于应当处罚的帮助犯的不处罚标准，该理论以存在具体的实行犯为前提，通常以传统社会环境中不负有法定义务的日常行为或者业务行为为研究对象。将该理论用于分析网络服务提供者的所谓“中立的帮助行为”，实质上否定其负有信息网络安全管理义务，这与事实相矛盾，[⑤] 而且，网络服务提供者“客观上帮助”的并非具体的正犯，而是在概括的故意和营利目的驱动下为包括违法犯罪人在内的大量不特定的用户提供网络服务，理论适用的条件和对象不同，故以上观点值得商榷。

支持该案判决的代表性观点认为，“快播公司拉拽淫秽视频文件存储在缓存服务器里，并且向用户提供缓存服务器里的淫秽视频文件的行为，则不是中立的帮助行为，而是传播淫秽物品的正犯行为……一审判决还从快播公司负有网络视频信息服务提供者应当承担的网络安全管理义务，并且具备管理的可能性但没有履行网络安全管理义务的角度，论证了快播公司构成传播淫秽物品牟利罪……快播公司拉拽淫秽视频文件存储在缓存服务器之后，就有义务防止用户观看该视频文件，但快播公司却同时向用户提供缓存服务器里的淫秽视频文件。所以，从作为与不作为相结

① 《吴铭等制作、复制、出版、贩卖、传播淫秽物品牟利罪一审刑事判决书》，北京市海淀区人民法院（2015）海刑初字第512号。

② 刘艳红：《网络中立帮助行为可罚性的流变及批判——以德日的理论和实务为比较基准》，载《法学评论》2016年第5期。

③ 刘艳红：《无罪的快播与有罪的思维——“快播案”有罪论之反思与批判》，载《政治与法律》2016年第12期。

④ Vgl. Marcus Wohlleben, Beihilfe durch aeusserlich neutrale Handlungen, 1996, S. 4.

⑤ 参见谢望原：《论拒不履行信息网络安全管理义务罪》，载《中国法学》2017年第2期。

合的角度，也能说明快播公司的行为属于传播淫秽物品。"[①] 该观点中有两点值得商榷：一是将包括单纯的缓存服务在内各类网络传输缓存服务一概认定为应负刑事责任的传播行为；二是将他人提供的淫秽信息进行有规避法律目的的分解、分散传输和整合行为定性为不履行信息网络安全管理义务行为，并类比于砍伤人后继续砍杀来说明其既是作为犯又是不作为犯。[②]《网络安全法》和其他互联网管理法规规章禁止任何人传播违法信息，按照前述学者的观点，该类禁止性规范也可以认为是设立了不得传输违法信息的义务，但是，它不等同于信息网络安全管理义务，后者不可能由传播淫秽物品牟利罪的法条推导出。从文义上讲，管理义务是指对服务或管理对象依法管理的义务，自身违法犯罪行为不在"管理"的含义范围内，否则，网络服务提供者故意传播自己制作、整理、编辑的淫秽信息也可以按拒不履行信息网络安全管理义务罪定罪处罚，这明显是对犯罪性质的错误认识。

"快播案"判决及相关评论争议的焦点是网络服务提供者的信息网络安全管理义务及其刑事责任，网络服务提供者是网络社会的核心单元，信息网络安全管理义务的范围及相关刑事责任的边界直接影响网络服务提供者的行为，进而传导影响整个网络社会活动乃至我国社会信息化发展，其合理设立具有重要的社会意义。当前我国刑法被认为向"功能性、积极性"转变，[③] 积极介入网络社会治理，除了前述判决体现的司法趋势外，《刑法修正案（九）》还设立了拒不履行信息网络安全管理义务罪，从刑法上确立了网络服务提供者的信息网络安全管理义务，将其与刑事责任直接联系。刑法是一把双刃剑，过度介入网络社会治理会损害社会的公正和发展，应使之不超出良性、适度的范围，关键是要适度设定网络服务提供者的信息网络安全管理义务，合理划定其刑事责任的边界。

二、信息网络安全管理义务的适度设定

网络服务提供者是社会服务提供者，本来不具有社会管理的权利和义务，信息网络安全的义务"是国家向网络服务提供者（服务商）施加的义务———从另一个角度看，这也是一种授权，服务商有权删除网络信息———法律要求他们这么做，否则将承担法律责任"[④]。这种法律责任是在特殊的网络社会环境中产生的。当前网络违法犯罪数量巨大且具有跨区域性，仅靠以条块架构组织起来的传统国家管理部门难以管控，而网络服务提供者能够在第一时间管控信息网络空间的违法犯罪活动，实时管理能力超过专门的社会管理部门，而且，它们构建网络信息活动空间、设定网络活动规则、直接管理网络信息活动，与包括违法犯罪者在内的服务接

① 张明楷：《快播案定罪量刑的简要分析》，载《人民法院报》2016年9月14日第3版。

② 张明楷教授的这种观点未获得广泛的认同，部分学者认为，禁止规范和命令规范不可能同时存在于一个刑法规范中，规定禁止性规范的刑法条文不能成为作为义务的来源。参见肖中华：《论不作为犯罪的几个问题》，载王作富主编：《刑事实体法学》，群众出版社2000年版，第81页；林亚刚：《刑法学教义（总论）》，北京大学出版社2014年版，第114-115页。

③ 参见周光权：《积极刑法立法观在中国的确立》，载《法学研究》2016年第4期。

④ 秦前红、李文才：《网络公共空间治理的法治原理》，载《现代法学》2014年第6期。

受者共生互利，具有特殊的社会地位和能力，应当是“网络社会重要的组织力量，对维护网络信息安全负有重要社会责任”[①]。为了有效治理网络社会，信息发达国家普遍对网络服务提供者设立信息网络安全管理义务，适度设定该义务的范围成为立法的关键。

（一）国外网络服务提供者的信息网络安全管理义务

目前国外立法对网络服务提供者规定的信息网络安全管理义务主要是协助执法、信息内容监管和个人数据保护义务。

1. 协助执法义务

协助执法义务是指网络服务提供者协助犯罪侦查部门以技术手段获取他人通信内容或通信相关数据，包括通信监视、数据留存及其附随义务。协助执法义务不仅多见于外国刑事立法中，也是国际组织的重要立法内容。协助执法义务通常是要求公共电信服务提供者承担，随着互联网通信的发展，提供公共通信服务的网络服务提供者也是该义务的承担者。[②]

协助通信监视义务，是指网络服务提供者依照法律规定和调查机关的要求，利用通信技术主动对被监控对象的通信数据与通信内容进行实时获取和记录。代表性的立法包括欧盟理事会《关于合法拦截通信的决议》、[③] 欧洲理事会《关于网络犯罪公约》、[④] 德国《电信法》和《电信监控法令》、[⑤] 美国《通信协助执法法》等。[⑥] 协助执法义务的内容，通常是要求网络服务提供者具备一定的通信监控能力，提供通信监控接口或称交换接口，具备及时响应能力、实时监控能力、监控数据传输和安全保障能力，以及承担协助解密和信息保密义务。批评者认为以上立法导致网络服务提供者成本大增，影响自身运营和发展，也必然会侵犯公众隐私，削弱与客户的信任关系。对此国外立法采取两种限制方法：一种是限制协助监控能力，避免强制网络服务提供者过度投入。如欧洲理事会《关于网络犯罪的公约》第 20 条、第 21 条规定的协助，限于“服务提供商在其技术能力范围内”；另一种是提供协助监控的费用或者补偿，如美国 1994 年《通信协助执法法》第 109 条、[⑦] 德国 2004 年《电信法》的相关规定。[⑧]

数据留存义务，是指网络服务提供者采取一定的技术手段保存用户使用通信网络所产生的通信数据，在有关部门调查刑事犯罪、恐怖活动等时予以提供。例如，《美国法典》第 2704 条规定了数据保护备份，第 2703 条规定了按要求披露用户通

---

① 李源粒：《网络安全与平台服务商的刑事责任》，载《法学论坛》2014 年第 6 期。

② 德国 2005 年《电信监控条例》第 3 条规定，协助通信监控义务适用于提供公共电信服务的电信运营商，公共通信服务、互联网接入服务和其他互联网服务的提供者都被纳入“服务提供者”的范围。Vgl. Telekommunikations-Ueberwachungsverordnung，2005，§3.

③ See Council Resolution of 17 January 1995 on the lawful interception of telecommunications，§3. §8. §9.

④ See Council of Europe Convention on Cybercrime，2001，§20. §21.

⑤ Vgl. Telekommunikationsgesetz，2004，§110，Telekommunikations-Ueberwachungsverordnung，2005.

⑥ See Communication Assistance for Law Enforcement Act，1994，Chapter I，§103.

⑦ See Communication Assistance for Law Enforcement Act，1994，Chapter I，§109.

⑧ Vgl. Telekommunikationsgesetz，2004，§110-9.

信或者记录。[①] 根据2006年欧洲议会和欧盟理事会《关于存留因提供公用电子通信服务或者公共通信网络而产生或处理的数据及修订第2002/58/EC指令的第2006/24/EC指令》，2008年德国对多部法律进行了修改，要求德国公用电信和公共通信网络服务提供者承担存储数据、保护数据安全的数据留存义务。前述指令和立法遭受广泛的批评和反对，2010年德国联邦宪法法院以侵犯通信秘密与违背比例原则为由判决数据留存的法律违宪，2014年欧洲法院判定前述指令无效，认为留存的数据作为一个整体可能提供相关人的确切信息从而侵犯人身相关权利，数据留存对所涉基本权利所造成的广泛、严重的干涉不能充分限制在绝对必要的情形下，未要求数据必须在欧盟境内留存，不能确保对独立机构的保护和安全要求的符合性。[②] 2015年德国通过《通信数据的存储义务与最高存储期限引入法》，对网络服务提供者的数据留存义务进行了若干限制，包括限制存储的数据类型、存储期限、政府机关使用数据的范围。

除了以上两项主要的执法协助义务外，国外立法还规定网络服务提供者承担相关附随义务，如按照有权机关的要求提供所持有的数据、报告违法信息和活动、[③] 提供相关技术协助、保密等义务。[④]

2. 信息内容监管义务

信息网络空间存在海量的违法内容信息，执法部门仅靠自身的力量难以有效监控，欧美立法规定网络服务提供者承担内容信息监管义务。

欧盟2000年《电子商务指令》（以下简称《指令》）中规定了信息社会服务提供者的义务，[⑤] 包括：(1) 一般性非监管义务和特殊情况下法律或命令规定的监督义务；[⑥] (2) 信息服务提供者在知晓非法活动后迅速删除、阻止他人访问非法信息义务；[⑦] (3) 信息存储服务提供者对非法信息活动的注意义务。[⑧] 该指令还对提

① See 18 U. S. C. § 2703, § 2704.

② See "The Court of Justice declares the Data Retention Directive to be invalid", http://europa.eu/rapid/press-release_ CJE-14-54_ en. html.

③ 美国法典第2258A条规定了网络服务提供者报告其系统中的涉及儿童色情或者儿童性滥用的视频材料的违法信息和活动的义务，并规定了罚金。See 18U. S. C. § 2258A.

④ See Council of Europe Convention on Cybercrime, 2001, § 18. § 19.

⑤ See Directive 2000/31/EC of the European parliament and of the Council of 8 June 2000 on certain legal aspects of information society services, in particular electronic commerce, in the Internal Market (Directive on electronic commerce).

⑥ 欧盟《指令》序言第47段规定，"欧盟成员国不应当对服务提供者强加监督义务，所规定的义务应当为一般性的。此规定不涉及特殊情况下的监督义务，特别是不得影响各成员国官方根据国内立法发布的命令。" See preamble of Directive on electronic commerce, (47).

⑦ 欧盟《指令》序言第46段规定，"为了可以适用限制责任的条款，信息服务提供者包括存储服务提供者在被通知或知晓非法活动时，必须迅速删除涉及的信息或者阻止他人访问该信息……本指令不影响成员国规定在删除信息或者阻止他人访问该信息前必须迅速履行的特别要求。" See preamble of Directive on electronic commerce, (46).

⑧ 欧盟《指令》序言第48段规定，"本指令不影响成员国为了发现和阻止一定类型的非法活动，要求为用户提供存储服务的服务提供者承担注意责任和义务，该注意义务对服务提供者应当是合理的，并有相应的国内立法规定。" See preamble of Directive on electronic commerce, (48).

供“纯粹传输”、“缓存”、“存储”服务的三类中间服务提供者规定了共同免责条件和普通监督义务的排除,① 该共同免责条件是“不得修改传输的信息，但不包括在传输过程中进行的技术性处理，因为这些处理不改变所传输信息的完整性。……只是使该传输更有效率……是纯技术性的、自动的和被动的，这表明其既不知道也无法控制传输或存储的信息内容”②。缓存、存储服务提供者在知晓非法活动后，必须迅速移除或者阻止他人访问涉及的信息，才能免责。以上免责的规定“不应影响法院或者行政机关根据成员国的法律制度，要求服务提供者终止或者预防侵权行为的可能性”③。也不适用于“服务提供者故意与服务接受者合作实施超越‘纯粹传输服务’或‘缓存’活动的非法行为”④。

德国早在1997年就在《电信服务法》规定了服务提供者的信息内容管理义务，承担一般法律要求的封锁他人提供的违法内容信息的义务，但是，除非同时满足“知晓内容”、“技术上有可能阻止”、“阻止不超过其承受能力”三个条件，免除其法律责任，此外，对自己提供的内容信息应承担责任。⑤ 在服务提供者仅“提供(违法内容信息）利用途径”或者“自动缓存（违法内容信息）”时，不负有监管义务。⑥ 在前述欧盟指令生效后，德国2007年《电信媒体法》承袭了前述两部法律文件的立场，对提供“作为信息的传输通道”、“为加速信息的传输的临时存储”、“信息存储”三种中间网络服务的服务提供者规定，除非同时满足前述三个条件，对他人提供的违法信息不承担责任，但是，包括以上三类中间网络服务提供者在内的所有服务提供者都必须承担法律规定的移除或者拦阻对违法信息的访问的义务，同时，对自己提供的信息依照一般法律承担责任。⑦

美国法典第17章第512条、第47章第230条规定了服务提供者不承担民事责任的条件。美国法典第17章第512条规定了提供短时间的数字网络通信、系统缓存、根据用户指令在系统或者网络中的寄存信息、信息地址工具服务的四类服务提供者免除民事责任的条件，其共同免责条件是服务提供者：（1）不是信息的提供

---

① See Directive on electronic commerce，§12-15.

② See preamble of Directive on electronic commerce，(42)，(43)．

③ See Directive on electronic commerce，§12-14.

④ See preamble of Directive on electronic commerce，(44)．

⑤ 德国1997年《电信服务法》第5条规定，“(1）服务提供者根据一般的法律对自己提供的内容负责；(2）如果所提供的内容是他人的，那么只有在服务提供者知晓这些信息的内容，并且在技术上有可能阻止且进行阻止不超过其承受能力的情况下，才承担责任……（4）如果服务提供者在不违反《电信法》第85条关于保守通信秘密规定的情况下知晓信息内容，有技术可能加以阻止，且阻止不超过其承受能力的，那么，根据一般的法律产生的对于违法内容信息的封锁义务不受影响。”Vgl. Teledienstegesetz，1997，§5.

⑥ 德国1997年《电信服务法》第5条第（2）项规定，“服务提供者对只由自己提供利用途径，而由他人提供的内容不负责任。基于用户的要求，自动、短时间地提供他人的内容信息，该行为被视作介绍通道。”Vgl. Teledienstegesetz，1997，§5.

⑦ 德国2007年《电信服务法》第7条至第10条规定，“(1）服务提供者应当根据一般的法律对自己提供的信息承担责任。(2）第8条至第10条意义内的服务提供者无需监控他们传输或者储存的信息，或者搜索显示存在违法行为的事实。即使根据第8条到第10条的规定服务提供者不承担责任，也不得影响根据一般的法律规定的移除或者拦阻对信息的访问的义务。必须保护电信法第88条规定的隐私。”Vgl. Telemediengesetz，2007，§7-10.

者，不能对信息内容进行修改，也不能对信息进行选取；（2）不知晓目标信息是侵权材料，或者没有认识到明显存在侵权行为的事实或者情况，或者在认识到后或者得到侵权通知后，迅速予以移除该信息或者阻断、屏蔽对其的访问；（3）服务提供者没有在其网络用户的侵权行为中直接获得经济利益。[①] 美国法典第47章第230条是对私人拦阻或审查可能对未成年人造成损害的淫秽、下流、骚扰等冒犯性信息的保护，规定网络服务提供者不因拦阻和审查内容信息而承担发布信息的民事责任。[②] 需要注意的是，以上两条规定只免除了服务提供者的民事责任，服务提供者仍然会因违反美国法典其他法条而承担行政、刑事法律责任。[③]

3. 用户数据保护义务

欧美国家重视保护个人数据，明确规定网络服务提供者承担保护和管理用户个人数据的义务。德国2007年《电信媒体法》第4章“数据保护”规定了服务提供者承担保护用户数据的义务，[④] 服务提供者只能在相关法律许可或者用户同意的范围内，为了提供电信多媒体服务或者为了其他目的而收集和使用个人数据。[⑤] 除了法律规定的可以不告知用户的情形，服务提供者在收集、存储、传输和使用个人数据前，还必须将相关情况告知用户并获其同意。有权机关可以依法要求网络服务提供者提供个人数据，协助相关部门履行法定职责。

美国法典第121章“存储的有线和电子通信和交易记录访问”规定了保护用户个人数据的义务，第2702条“自愿披露用户通信或者记录”、第2703条“按照要求披露用户通信和记录”、第2704条“备份保护”规定了通信服务提供者披露、备份用户通信数据和内容信息的义务，禁止电子通信服务提供者违反法律规定和未经用户同意，故意披露存储的或者服务中他人的通信内容数据，同时，规定了服务提供者披露数据的免责事由，如服务提供者非故意获取的内容信息看似与犯罪活动相关、出于善意相信出现了涉及死亡或者严重伤害的紧急事件等情况。[⑥] 政府部门可

① See 17 U. S. C. §512（a），（b），（c），（d）（2006）.

② 美国法典第47章第230条（c）规定：“（1）任何服务提供者或者交互式计算机服务使用者不应当被当作其他内容信息提供者提供的信息的发布者或者演讲者；（2）任何自愿的以善良动机的限制访问、获取以上冒犯性信息的，以及为限制以上信息而采取的行动或者技术手段，不承担民事责任。”See 47 U. S. C. §230（c）（2006）.

③ 美国第47章第230条（e）“对其他法律的影响”款明确规定，“本条不应被解释为修改本节第223或者第231条、关于淫秽的第71条、关于儿童性利用的第18章第110条或者其他联邦刑事法律的执行”。但是，美国法院的判决确认网络服务提供者没有义务监控他人上传的内容信息，这是因为“考虑到一般情况下需要大量的人力来审查上传到互联网的数以百万的文件，附加此义务将会使对互联网的访问戛然而止”。参见［美］Lawrence G. Walters，《美国网络服务提供者的刑事责任——基于网上色情信息的视角》，杨新绿、涂龙科译，载《刑法论丛》2015年第4卷（总第44卷），第467页。

④ Vgl. Telemediengesetz，2007，§11-15.

⑤ 这里的“其他目的”，根据德国《电信媒体法》第14条“库存的数据”之（2）的规定，是“根据有权机关的命令，服务提供者可以在具体案件中提供库存的数据相关信息，其范围以起诉犯罪、州警察当局预防危险、联邦和州机构履行保护宪法、联邦情报机构和军队反情报机构或者保护知识产权的法定职责的需要限。”Vgl. Telemediengesetz，2007，§14（2）.

⑥ See 121 U. S. C. §2702（a），（b），（c）.

以依法要求披露用户通信和记录，[1] 服务提供者负有依照政府部门的要求备份保护用户电子通信内容的义务。[2]

前述欧美立法对网络服务提供者规定的信息网络安全管理义务具有以下特点，有必要进行研究和借鉴。

（1）网络服务提供者原则上应承担一般法律规定的管理义务，单纯技术服务类型的网络服务提供者在一定条件下不承担民事责任。不同类型的服务提供者承担的管理义务有一定的差别：第一，协助执法机关进行通信监控、数据留存和保护用户数据是各类公共通信服务提供者的共同义务；第二，网络服务提供者不承担审查用户上传信息的义务，如果没有同时满足“知晓内容”、“技术上有可能阻止”、“阻止不超过承受能力”等条件，提供纯粹传输、缓存、数据存储服务等所谓中间服务提供者不对用户提供的非法信息承担责任，否则，与其他网络服务提供者一样要承担一般法律规定的移除或者拦阻访问非法信息的管理义务；第三，网络服务提供者收集、存储、传输和使用个人数据，必须符合相关法律或者经用户同意，在法律规定的情况下，可以向政府部门、执法机关提供用户个人数据。

（2）在一定程度上体现了适当性和利益平衡原则。网络服务提供者履行法定的管理义务受技术、成本等因素的限制，欧美前述立法体现了适当性原则，如对提供执法协助的公共电信服务提供者规定了补偿或支付费用，对所谓中间服务提供者规定免责条件，对数据留存的范围和使用条件进行限制。信息网络安全管理义务是国家管理权的延伸，过度扩展必然会侵犯公众的网络表达和言论自由等权利，前述立法体现了维护法秩序和保障公民权利的平衡，如将网络服务提供者协助收集通信内容数据限定在严重犯罪的范围内，限制网络服务提供者收集、使用用户数据等。

（3）规定了义务冲突解决机制。网络服务提供者履行协助执法与保护用户数据两种义务时可能发生冲突，政府部门和执法机关要求网络服务提供者披露用户数据，会导致后者违反与用户之间的保密约定，如果不规定义务冲突解决机制，将会使网络服务提供者处于两难境地。前述欧美立法规定，网络服务提供者应当根据有权机关的要求提供、披露用户个人数据，免除其违反服务协议的法律责任，避免了义务冲突。

（二）我国网络服务提供者的协助管理义务及国内外相关立法比较

我国互联网的发展与电信业有着紧密的关系，公众使用的互联网接入服务是从起初的拨号上网发展到当前的光纤上网和无线网络服务，主要由中国电信、中国移动和中国联通等电信企业提供，公共电信服务提供者和互联网服务提供者被合称为

① See 121 U. S. C. § 2703.
② See 121 U. S. C. § 2704.

网络服务提供者。[①] 目前我国关于网络服务提供者的协助管理义务的立法具有以下特点：

第一，网络服务提供者协助管理义务立法的多层级化。相关法律法规规章有《刑法》、全国人民代表大会常务委员会《关于加强网络信息保护的决定》、《反恐怖主义法》、《网络安全法》等法律以及大量的行政法规和部门规章。

第二，法律和行政法规对网络服务提供者简单类型化，[②] 部门规章进行了更细致的类型化。[③] 以上法律法规规章将网络服务提供者分为中间服务提供者（包括网络接入、服务器托管、网络存储、虚拟空间租用、通信传输等纯粹的网络技术服务提供者）、互联网信息服务提供者、网络交易服务提供者（包括为网络商品交易、网络金融服务等市场交易活动提供第三方交易平台的服务提供者）。

第三，各类网络服务提供者的协助管理义务差别小。现行立法对各类网络服务提供者规定的协助管理义务见下表中的 A-G 项义务。《刑法》只概括提出信息网络安全管理义务，但未明确其内容，而《网络安全法》、《反恐怖主义法》、《加强网络信息保护的决定》三部法律交叉规定了各类网络服务提供者承担表中的 A、C、D、E、F、G 项义务，国务院《互联网信息服务管理办法》规定了互联网信息服务和接入服务提供者提供者承担 B 项义务，各类网络服务提供者承担几乎完全相同的协助管理义务。其中，互联网信息服务提供者和互联网接入服务提供者承担的协助管理义务最宽，而第三方交易平台服务提供者只承担与中间服务提供者相同的义务。

① 我国《网络安全法》第 76 条第 3 项规定，“网络运营者，是指网络的所有者、管理者和网络服务提供者。”第 24 条规定，“网络运营者为用户办理网络接入、域名注册服务，办理固定电话、移动电话等入网手续，或者为用户提供信息发布、即时通讯等服务，在与用户签订协议或者确认提供服务时，应当要求用户提供真实身份信息。”这里办理固定电话、移动电话等入网手续的只可能是公共电信服务提供商，故我国法律中的网络服务提供者包括公共电信服务提供者和互联网服务提供者。

② 《反恐怖主义法》区分电信业务经营者和互联网服务提供者，《刑法》、《网络安全法》和《关于加强网络信息保护的决定》将二者统称为网络服务提供者或者网络运营者，除了《刑法》第 287 条之二规定了“提供互联网接入、服务器托管、网络存储、通讯传输等技术支持”的犯罪主体，其他法律未对网络服务提供者进行分类，而规定网络服务提供者的协助管理义务的行政法规仅有国务院《互联网信息服务管理办法》，规定了互联网信息服务提供者和互联网接入服务提供者。

③ 《互联网直播服务管理规定》、《即时通信工具公众信息服务发展管理暂行规定》、《互联网用户账号名称管理规定》、《互联网信息搜索服务管理规定》、《移动互联网应用程序信息服务管理规定》、《网络出版服务管理规定》、《通信短信息服务管理规定》、《规范互联网信息服务市场秩序若干规定》、《电信和互联网用户个人信息保护规定》、《网络交易管理办法》等部门规章将网络服务提供者分为互联网直播服务、即时通信服务工具公众信息服务、信息搜索服务、移动互联网应用程序信息服务、网络出版服务、短信息服务、第三方交易平台服务提供者。

网络服务提供者的种类 \ 协助管理义务的种类		A. 技术支持与协助①	B. 数据留存②	C. 保护个人信息③	D. 管理发现的违法信息④	E. 主动审查含有恐怖主义、极端主义内容的信息⑤	F. 真实身份验证⑥	G. 对不提供实名认证者拒绝服务⑦
1. 中间服务提供者		有	有⑧	有	有	有	有	有
2. 互联网信息服务提供者⑨	2.1 互联网直播服务提供者	有	有	有	有	有	有	有
	2.2 即时通信服务工具公众信息服务提供者	有	有	有	有	有	有	有
	2.3 互联网信息搜索服务提供者	有	有	有	有	有	有	有
	2.4 移动互联网应用程序信息服务	有	有	有	有	有	有	有
	2.5 网络出版服务提供者	有	有	有	有	有⑩	有	有
	2.6 短信息服务提供者	有	有	有	有	有	有	有
	2.7 其他互联网公共信息服务提供者	有	有	有	有	有	有	有
3. 第三方交易平台服务提供者		有	有⑪	有	有	有	有	有

我国网络服务提供者承担以上立法规定的多种信息网络安全管理义务，而非“只具备中立义务”，⑫“不再是纯粹的商业活动经营者。因而，在法律上都兼具网络服务提供者与网络安全管理者的双重主体形象。”⑬ 从社会地位和作用上分析，

① 见《网络安全法》第28条、《反恐怖主义法》第18条。

② 见《互联网信息服务管理办法》第14条、《网络交易管理办法》第30条和第35条。

③ 见《网络安全法》第41条、第42条、第43条和第44条以及《关于加强网络信息保护的决定》第2条。

④ 见《网络安全法》第47条、《反恐怖主义法》第19条、《关于加强网络信息保护的决定》第5条。

⑤ 见《反恐怖主义法》第19条。

⑥ 见《网络安全法》第24条、《反恐怖主义法》第21条、《关于加强网络信息保护的决定》第6条和《网络交易管理办法》第35条。

⑦ 见《网络安全法》第24条、《反恐怖主义法》第21条。

⑧ 见国家工商行政管理局颁布的《网络交易管理办法》第35条。

⑨ 见《互联网信息服务管理办法》第13条、第14条、第15条。

⑩ 见《网络出版服务管理规定》第23条。

⑪ 见《网络交易管理办法》第30条。

⑫ 刘艳红：《网络时代言论自由的刑法边界》，载《中国社会科学》2016年第10期。

⑬ 梁根林：《传统犯罪网络化：归责障碍、刑法应对与教义限缩》，载《法学》2017年第2期。

网络服务提供者是网络社会生态环境的主要创建者、网络活动规则的主要制定者，有责任向社会平衡提供便捷和安全的产品，当前“重便捷、轻安全、缺信用”的网络服务状况是网络违法犯罪状况严峻的基础环境和重要条件。在网络社会环境下，只有网络服务提供者才能及时、直接地管控网络违法犯罪活动，如果不要求其承担必要的安全管理义务，其社会作用实际上偏向于网络违法犯罪，因此，在法理上网络服务提供者也不应当“中立”。

比较国内外相关立法，二者规定的协助管理义务内容基本相同，都包括协助执法、数据留存、保护用户信息、管控违法信息和违法活动，但是，差别也比较明显，主要表现在以下几个方面：

1. 不同网络服务提供者的管理义务的类型化、区别化差异大。前述欧美立法根据网络服务提供者的业务活动类型和义务承受能力，规定了类型化、区别化的协助管理义务，中间服务提供者的义务要明显轻于互联网信息服务提供者。我国对网络服务提供者的类型化立法不充分，仅前述行政法规和部门规章对网络服务提供者进行了分类，[①] 其管理义务几乎没有区别。

2. 管理义务立法的适当性差别大。依法治国原则不仅要有法可依，立法内容还应适当，[②] 前述欧美立法在一定程度上体现了适当和利益平衡原则，而我国相关立法存在义务设置不当等问题：(1) 各类网络服务提供者的管理义务基本无差别，特别是要求提供互联网接入、信息存储和缓存等中间服务的提供者承担前述 D、E 项义务，不符合该类服务提供者的业务活动性质和承受能力，也必然会阻碍我国社会的信息化；(2) 对第三方交易平台服务提供者的义务加载不足。在网络交易活动中，网络违法犯罪人能直接侵害公众的人身、财产权益，相比于中间服务和互联网信息服务，第三方交易平台活动服务提供者如淘宝网等电商网，掌握着巨量的用户信息，控制交易的能力更强，本应承担更高程度的管理义务，而当前立法仅由部门规章规定其留存用户信息和交易信息，且法律规范的层级低、效力弱，难以保障相关法律责任的落实；(3) 保护用户信息的义务设置不完善。网络服务提供者可以依法向国家相关部门和调查机关披露用户信息，欠缺披露的实体和程序方面的规定；(4) 数据留存义务设置不适当。用户数据留存义务不仅会严重影响网络服务提供者的经营活动，而且会被用于侵犯公众的合法权利，我国相关立法对该项义务设置得过于宽泛；(5) 义务设置没有体现利益平衡原则。我国立法不仅没有规定网络服务提供者协助管理的补偿或者支付费用，反而将其协助义务范围设置得过于宽泛，对用户权利的保障也不充分。

3. 信息网络安全管理义务是网络服务提供者承担法律责任包括刑事责任的基本前提，我国相关立法在网络服务提供者的类型化、义务的区别化和适当化等方面存在不足，加重了网络服务提供者的法律责任，还使部分网络服务提供者承担刑事责任的范围泛化。我国应当借鉴国外相关立法，适度设立信息网络安全管理义务，推

① 有学者批评我国关于网络服务提供者的立法存在“类型化缺失”，这不符合立法的实际情况。参见王华伟：《网络服务提供者的刑事责任比较研究》，载《环球法律评论》2016 年第 4 期。

② 王利明：《法治：良法与善治》，载《中国人民大学学报》2015 年第 2 期。

进前述类型化、区别化和适当化立法。同时也要注意的是，当前我国网络交易平台服务提供者的管理义务严重不足，网络经济活动因缺失网络交易平台服务提供者的安全管理，是当前互联网经济、金融领域诈骗犯罪泛滥的重要原因之一，未来应对网络交易平台服务提供者加载与其社会地位和能力相适应的网络安全管理义务。

三、网络服务提供者的刑事责任的合理界定

前述欧美立法规定网络服务提供者承担的法律责任分为三类：(1) 对自己提供的内容信息，网络服务提供者应当承担一般法律规定的责任。前述欧盟和德国立法规定，网络服务提供者的身份或业务活动性质不是豁免法律责任的依据，如果其实施了法律规定的违法犯罪行为，则应当承担法律责任包括刑事责任。这类刑事责任与网络服务提供者的管理义务无关，因网络服务提供者自身违反了法律的禁止性规定而负担；(2) 对于他人提供的内容信息，前述欧美立法规定网络服务提供者应承担内容信息监督义务，同时设定了排除法律责任的条件，只有同时满足法律规定的"知情"、"技术上有可能阻止、阻止不超过其承受能力"等条件的，网络服务提供者才承担一般法律规定的责任包括刑事责任。网络服务提供者承担这类刑事责任并非因为构成违反相关网络管理义务的犯罪，而是因为符合传统犯罪立法的规定；① (3) 违反协助执法、用户个人数据保护相关管理义务的，网络服务提供者要承担相关立法规定的法律责任，主要是民事责任和行政责任，如美国法典第 2252 条、第 2258A 条规定违反协助执法或报告违法内容信息义务的法律责任是民事罚金，也有的国家如英国《调查权管理法案》第 11 条第 7 款对违反协助执法义务的行为规定了监禁、罚金等刑事处罚。

与国外立法相似，根据网络服务提供者的行为过程中是否涉及他人的违法活动，我国刑法规定网络服务提供者承担刑事责任的情况分为三种，第一种是构成作为形式的单独犯，第二种是构成帮助性质的犯罪，第三种是构成违反信息网络安全管理义务的不作为犯。与国外立法的不同之处有两点：第一，网络服务提供者违反用户个人信息保护、协助执法等信息网络安全管理义务的，不仅要承担行政法律责任，还可能构成拒不履行信息网络安全管理义务罪而承担刑事责任；第二，针对他人提供的违法信息或实施的违法活动，网络服务提供者在知晓违法信息或违法行为的内容时，既可能构成传统犯罪的共同犯罪，也可能构成帮助信息网络犯罪活动罪，还可能因拒不履行阻断违法信息传播的管理义务而构成拒不履行信息网络安全管理义务罪。以上应负刑事责任的行为表现出与网络服务相同的技术特性，且与正常业务活动紧密联系，新近刑法立法追究后两种情形中网络服务提供者的刑事责

① 美国司法判例显示，网络服务提供者可能会因为知晓他人上传的儿童色情、诈骗等内容，被认为触犯共同犯罪条款、美国法典第 18 章第 1952 条、第 2252 条、第 2257 条、第 1961~1968 条等而受到刑事处罚。参见［美］Lawrence G. Walters：《美国网络服务提供者的刑事责任——基于网上色情信息的视角》，杨新绿、涂龙科译，载《刑法论丛》2015 年第 4 卷（总第 44 卷），第 468-484 页。

任，被批评在网络服务领域刑法过度扩张。[①] 因此，有必要研究和合理划定网络服务提供者承担刑事责任的边界。

（一）作为犯形式的单独犯

随着社会网络化发展，不仅出现了新型网络犯罪，传统犯罪也向网络化发展，这两类行为都可以由网络服务提供者实施。网络服务提供者单独构成作为犯，类似于前述德国立法规定的对自己提供的信息“承担一般法律规定的责任”的情形，如互联网信息服务提供者故意传播自己制作、编辑整理的恐怖主义内容信息的则可能构成宣扬、煽动恐怖主义罪。

网络服务提供者自己制作并传播违法内容信息，当然构成相应的传播违法内容信息的犯罪，对于他人制作的违法内容信息，网络服务提供者在知晓内容的情况下故意进行了编辑、整理等改变并通过自己的网络服务器传播的，也应构成犯罪。“快播案”中快播公司并非只是为用户分享视频信息提供传输通道或者不对信息进行加工的交流空间，而是对视频信息进行了基于自身经营利益考虑的筛选、促进快速传播，对违法视频信息进行了分散传输和整合方式的编辑处理，应视为传播自己提供的违法内容信息，因此，“快播案”判决对其行为按照传播淫秽物品牟利罪认定是有事实和法律依据的。根据前文对国外立法的分析，该案如果发生在境外，也不会被免予承担法律责任。张明楷教授认为，“快播公司拉拽淫秽视频文件存储在缓存服务器里，并且向用户提供缓存服务器里的淫秽视频文件的行为，则不是中立的帮助行为，而是传播淫秽物品的正犯行为”，该观点将缓存服务一概视为正犯的传播行为是不妥当的，会严重扩大互联网信息服务提供者的刑事责任范围，进而阻碍互联网应用和网络社会的发展，前述国外立法将未同时满足前文提及的三个条件的缓存服务免除法律责任的模式，值得我国借鉴。除了构成传播内容信息相关犯罪外，网络通信接入、主机托管、数据存储服务提供者非法获取用户的通信内容的可能构成侵犯通信自由罪或侵犯公民个人信息罪，非法获取、非法提供用户的个人信息的可能构成侵犯个人信息罪等。

在第一种情形下网络服务提供者承担刑事责任，与其信息网络安全管理义务无关，学者们对其适当性不存异议。而且，由于网络服务提供者具有技术、业务活动优势，侵犯的对象更广泛，危害更严重，隐蔽性更强，在一定情况下有必要从重处罚，[②] 不少学者也支持比传统形式的犯罪处罚更重。[③]

（二）具有帮助性质的犯罪

网络服务提供者明知他人利用信息网络实施犯罪而为其提供帮助的，我国按照

---

① 参见刘宪权：《论信息网络技术滥用行为的刑事责任——〈刑法修正案（九）相关条款的理解和适用〉》，载《政法论坛》2015 年第 6 期。陈洪兵：《中立行为的帮助》，法律出版社 2010 年版，第 233 页。

② 最高人民法院、最高人民检察院、公安部《关于办理电信网络诈骗等刑事案件适用法律若干问题的意见》第 2 条规定，对利用网络技术手段实施电信网络诈骗的，酌情从重处罚。

③ 例如，张明楷教授认为“网络诽谤的特点，决定了其本身就是值得处罚的情节严重的行为”。诽谤犯罪网络化应比传统诽谤犯罪危害更大，处罚应更重。参见张明楷：《网络诽谤的争议问题探究》，载《中国法学》2015 年第 3 期。

两种方式追究刑事责任：第一种是按帮助犯处理。由于网络服务提供者的帮助犯罪行为与其业务活动相关，容易与其正常业务活动相混淆，其主观心态成为犯罪成立的关键要件。根据我国刑法通说，帮助犯与实行犯之间必须存在共同犯罪故意，可以为共谋的故意或片面帮助的故意。[①] 第二种是按新设立的帮助利用信息网络犯罪活动罪独立定罪处罚。学者们对该罪的设立和适用争议较大。在国内外立法中，网络服务提供者构成具有帮助性质的犯罪都不以其信息网络安全管理义务为犯罪成立的前提条件，司法实务也不将其违反信息网络安全管理义务作为影响刑事责任程度的因素。

按帮助利用信息网络犯罪活动罪追究网络服务提供者的刑事责任，需要符合刑法第 287 条之二规定的构成条件。该罪的危害行为应当为具有计算机、网络技术服务性质的技术支持和帮助，否则，无法对利用信息网络实施的犯罪起到帮助作用，或者因其与普通的帮助犯罪没有区别，不需要予以独立犯罪化。该罪行为还受法条所列举行为方式特性的限制，该罪法条采用了兼有列举式和概括式的行为描述方式，列举的“提供互联网接入、服务器托管、网络存储、通讯传输”涵盖前文分析的中间网络服务行为，利用互联网“提供广告推广、支付结算”涵盖前文分析的第三方交易服务平台服务行为，因此，网络服务提供者可以构成该罪。

1. 帮助信息网络犯罪活动罪不是帮助犯的量刑规则

有学者认为，“我国《刑法》第 287 条之二所规定的帮助信息网络犯罪活动罪，并不是帮助犯的正犯化，只是帮助犯的量刑规则”，[②] 否认其独立犯罪化的价值，同时，意味着构成该罪必须符合共同犯罪的构成条件，客观上限制了该罪的适用。当网络服务提供者仅为某一个具体的下游犯罪提供帮助时，的确可以按照传统的帮助犯定罪处罚，但是，追究其刑事责任要依附于实行犯的查证和追究责任，在网络犯罪产业链态势下，“被帮助的正犯作为犯罪行为的直接实行行为人，不仅服务器可能设置在境外，而且其人可能也躲避在境外。对网络共同犯罪进行刑事归责时，经常面临提供网络服务的帮助犯被追诉而正犯却逍遥法外的困境”，[③] 同时，收集、审查、认定网络犯罪案件中的电子数据仍然是追诉网络犯罪案件的重大司法实务难题，案件办结的困难大，实际上可能最终无法追究其刑事责任，而且，按其他犯罪处理也往往缺乏事实和法律依据。事实上网络服务提供者从来就不是为了某一个或者少数人而是服务于公众，将其按照帮助犯定罪处罚没有反映网络服务的产业链行为特征，不能做到罚当其罪和有效遏制犯罪。因此，笔者不同意这种观点，这种观点是以传统物态社会的视角观察网络社会，共同犯罪理论建立在“一人对一人”或者“一人对少数人”传统社会活动的基础上，不适合分析“一人服务于人人、人人服务于一人”的网络社会活动。该罪行为不同于传统的帮助犯，其技术支持和帮助行为具有明显的犯罪产业链行为特征，是整个网络犯罪链的重要环节，它并非为

① 参见高铭暄、马克昌主编：《刑法学》，北京大学出版社、高等教育出版社 2013 年版，第 165-166 页。

② 张明楷：《论帮助利用信息网络犯罪活动罪》，载《政治与法律》2016 年第 2 期。

③ 梁根林：《传统犯罪网络化：归责障碍、刑法应对与教义限缩》，载《法学》2017 年第 2 期。

帮助某一个具体下游犯罪而单独存在，而是为了谋求自身独立的经济利益为众多下游网络犯罪提供服务。它具有不同于帮助犯的独立性，“网络空间中某些犯罪的帮助行为的社会危害性已经远远超过了实行行为的危害性”，[①] 这种比实行行为更严重的社会危害性不可能为从属性行为所具有，而只能是因其自身所具有的独立犯罪性质。

将该罪行为按照方式行为独立犯罪化，[②] 给予兜底性刑罚处罚，可以与按照帮助犯模式处理相互补充，如该罪行为人明知相互独立的多人实施网络犯罪而给予技术支持与帮助，按照帮助犯处理可能都不能成立犯罪，但是，其帮助多人的行为可以被评价为“情节严重”，可以按照该罪处理；当按照帮助犯处罚更重时，如构成贩卖毒品罪的帮助犯，仍然应按照贩卖毒品罪定罪处罚。至于该罪是否过度扩展刑法的边界，笔者认为，构成该罪不仅要求行为人明知他人犯罪，还必须满足“情节严重”的要件，在规范层面避免了过度犯罪化。该罪立法具有必要性和合理性，有利于全面、全程遏制网络犯罪，是我国刑法顺应网络社会发展的适应性调整，而不是所谓的积极主义的刑法立法。[③]

2. 帮助信息网络犯罪活动罪不是帮助犯的正犯化

还有学者认为，该罪立法是帮助犯的正犯化，“完全可以脱离正犯去评价共犯行为，共犯行为的独立属性为这种刑法评价预留了足够的理论空间，对共犯正犯化的立法规定在共同犯罪理论体系中不存在障碍。”[④] 笔者也不同意这种观点，理由是：（1）我国刑法学通说认为，仅教唆犯具有从属性和独立性的双重属性，认为帮助犯也具有独立性缺乏法律依据和刑法理论支撑；（2）帮助犯的正犯化的基础是行为在性质上仍然属于帮助犯，只是因为存在新的犯罪立法，其定罪脱离原来的正犯，但是，这种立法“弱化了正犯责任应有的独立性，也造成了正犯责任和片面共犯责任的适用冲突，一旦通过总则性司法解释将片面共犯全面引入后，帮助利用信息网络犯罪活动罪就会被空置”[⑤]。可见，对该罪作帮助犯正犯化的解读面临立法与帮助犯理论相互排斥的问题；（3）受限于刑事责任的从属性。如果该罪在性质上仍然定位为帮助犯，则其刑事责任必然要从属于正犯，或者依附于正犯的刑罚，或者只能规定较轻的刑事责任。有学者提出“必要帮助犯的主犯化”、[⑥]“帮助行为可以在共同犯罪中起主要作用”等观点，[⑦] 试图解决帮助犯的刑罚从属性和较轻的问题，不仅难以获得共同犯罪理论上的广泛认同，反而说明了下游犯罪对这类帮助性

① 于志刚：《论共同犯罪的网络异化》，载《人民论坛》2010 年第 29 期。

② 我国刑法第 285 条、第 286 条规定的犯罪行为都是按照犯罪手段行为设立的犯罪，与按照侵犯的犯罪客体设立的犯罪形成了相互补充的关系。

③ 参见周光权：《积极刑法立法观在中国的确立》，载《法学研究》2016 年第 4 期。

④ 陆旭：《网络服务提供者的刑事责任及展开——兼评〈刑法修正案（九）〉的相关规定》，载《法治研究》2015 年第 6 期。

⑤ 于志刚：《网络空间中犯罪帮助行为的制裁体系与完善思路》，载《中国法学》2016 年第 2 期。

⑥ 参见李民、高凤立：《必要帮助犯之主犯化——以网络涉枪犯罪中提供“交易平台”和“技术信息”为例》，载《大连海事大学学报》（社会科学版）2015 年第 6 期。

⑦ 参见谢彤：《帮助行为可以在共同犯罪中起主要作用》，载《华东政法大学学报》2002 年第 1 期。

质的犯罪的依赖性，后者在犯罪链活动中起主要作用，是核心的犯罪行为，需要独立成罪和进行刑事责任的独立评价。

从罪刑单位的结构看，该罪设置了独立的法定刑，不可能是下游犯罪的帮助犯的量刑规则，但是，该罪法定刑较轻似乎意味着立法者将其定性为从属性的犯罪。对其他犯罪能起到帮助性质的作用，不等于就是帮助犯，也不应被评价为帮助犯的正犯化——仅承认犯罪的独立性而对其比照实行犯规定轻得多的法定刑，实际上我国刑法中具有帮助性质的犯罪较多，如洗钱罪、运输毒品罪等，这些犯罪的行为人都明知下游犯罪的犯罪性质，由于其自身在犯罪产业链条中的独立性，并被立法评价为具有严重危害性，被设定为独立的犯罪并规定了多层次的法定刑，且法定刑并非一律相对较轻。因此，符合帮助犯特征的犯罪并非都是帮助犯的正犯化，还要看该犯罪在犯罪生态中是否具有独立的地位。帮助利用信息网络犯罪活动罪与洗钱罪、运输毒品罪的特性相同，刑法将其设立为独立的犯罪是合理的，该罪与刑法第285条规定的“提供侵入、非法控制计算机信息系统的程序、工具罪”相似。为了使相关犯罪的罪刑均衡，应摒弃其帮助犯性质的认识，其法定刑设置上应当增设“具有特别严重情节的，处三年以上七年以下有期徒刑，并处罚金。”其罪名解释为“为他人利用信息网络实施犯罪提供技术支持和帮助罪”更为恰当。

（三）违反信息网络安全管理义务的不作为犯

前文分析到，国外立法如英国仅将拒不履行协助执法义务的行为入罪，我国法律和行政法规规定了较为宽泛的协助管理网络的义务，并在刑法中规定了拒不履行信息网络安全管理义务罪，该罪是法定犯、不作为犯和情节犯，其立法的适当性及其司法适用值得研究。

1. 对立法适当性的思考

网络社会的良好治理不能缺少网络服务提供者协助管理，这只证明了网络服务提供者协助管理的必要性，而不是将拒不履行协助管理义务行为犯罪化的合理依据。我国刑法学通说认为，犯罪具有相当程度的社会危害性、刑法违法性和应受刑罚处罚性，[①] 不具备其中任何一个特性，犯罪立法就缺乏必要性和合理性。

首先，该罪行为是否具有严重的社会危害性存疑。该罪被设定为情节犯，情节要件标准的模糊性降低了入罪门槛，部分不具有严重社会危害性的行为可能按该罪处罚，理由是：（1）难以区分行政违法行为和犯罪行为。《网络安全法》、《反恐怖主义法》和《互联网信息服务管理办法》都将“情节严重”规定为对网络服务提供者适用较重行政处罚的条件，其内容可以涵盖刑法第286条之一列举的4项情节。无论未来对拒不履行信息网络安全管理义务罪的“情节严重”作何种司法解释，其作为酌定情节的性质不会改变，致使司法实践中难以区分行政法意义上的“情节严重”与刑法意义上的“情节严重”，该罪与行政违法行为的边界不清晰。（2）该罪是法定犯和不作为犯，严重后果应当是构成条件。该罪的后果并非正常的

① 参见高铭暄主编：《刑法专论》（上），高等教育出版社2006年版，第124页。

网络服务引起，只是因为网络服务提供者的保证人地位，① 被要求“对于危险源的监督，产生了保护他人法益不受来自于自己控制领域的危险威胁的义务。这种对于危险源的控制是不作为犯的义务。这种保证人义务的根据在于，复杂社会系统中的秩序必须依赖于（处分权人所管理的）特定空间和特定控制领域的安全”②。网络服务提供者违反信息网络安全管理义务，只有在应当履行、有能力且不超过合理的承受能力范围，而未防止他人违法行为或者系统危险导致严重后果，才具备了刑事追责的可能性和必要性。该罪可以类比于刑法第139条规定了消防责任事故罪，行为人违反消防管理法规且拒绝执行改正措施，造成严重后果的，才承担刑事责任，相比之下，拒不履行信息网络安全管理义务罪不是危害公共安全罪，犯罪性质不如消防责任事故罪严重，如果没有发生严重后果，仅具有“严重情节”，不足以证明该罪行为具有严重的社会危害性及追究刑事责任的必要。（3）危害后果界定不明确。该罪法条规定的“违法信息大量传播”和“刑事案件证据灭失，情节严重”的界限不清晰，违法信息大量传播的标准难以合理划定，轻罪刑事案件的证据灭失不应被评价为情节严重和具有严重的社会危害。

其次，该罪行为是否应受刑罚处罚存疑。刑法是其他部门法的保障法，刑法是一把“双刃剑”，只有其他法律手段不能有效规制时，才能发动刑法，刑法立法和适用都应遵循谦抑原则。③ 该罪规定的信息网络安全管理义务由《网络安全法》、《反恐怖主义法》、《加强网络信息保护的决定》以及国务院《互联网信息服务管理办法》设定，并规定了相应的行政法律责任，④ 网络服务提供者拒不履行该义务的，最重可能被处以关闭网站、吊销经营许可证或者营业执照等处罚。如果其受到以上重处，要么已经丧失提供网络服务的能力而不可能实施该罪，要么其身份已经不是网络服务提供者，不应适用该罪。而且，拒不履行信息网络安全管理义务罪是轻罪，对单位犯罪只能处以罚金，法律责任反而比前述行政处罚轻，并没有剥夺其再犯能力。虽然能通过对直接责任人员处以刑罚来遏制犯罪，但是，受行政监管的网络服务提供者都是以单位的形式存在，处罚单位比处罚个人效果更好，且能避免短期自由刑的流弊。当然，前述行政法律法规规定的行政处罚适用标准、处罚轻重、处罚措施不统一，行政执法可能会遇到困难，解决之道应当是继续完善前述立法，而不是以刑代管。

无论从国内外立法比较还是从该罪的实际效果分析，该罪立法滥用刑法的威慑惩罚功能，欠缺立法的必要性和适当性，不能替代良好的行政监管，对我国信息社

① 参见宫厚军：《“保证人说”之演变及其启示》，载《法商研究》2007年第1期。

② ［德］乌尔里希·齐白：《网络服务提供者的刑法责任——刑法总论中的核心问题》，王华伟译，载赵秉志主编：《刑法论丛》2016年第4卷。

③ 参见张明楷：《论刑法的谦抑性》，载《法商研究》1995年第4期。

④ 《网络安全法》规定的法律责任包括警告、没收违法所得、罚款、责令暂停相关业务、停业整顿、关闭网站、吊销相关义务许可证或营业执照，《反恐怖主义法》规定的法律责任是对直接责任人员的罚款、拘留，《关于加强网络信息保护的决定》规定的法律责任是警告、罚款、没收违法所得、吊销许可证或者取消备案、关闭网站、禁止有关责任人员从事网络服务业务、记入社会信用档案并予以公布，以及依法给予治安管理处罚。国务院《互联网信息服务管理办法》规定的法律责任是责令改正、吊销经营许可证或责令关闭网站。

会的发展弊大于利。笔者认为，该罪不应设立，未来至少应提高该罪的入罪门槛，将其修改为结果犯。

2. 司法适用的限制

基于前文分析，拒不履行信息网络安全管理义务罪存在过度犯罪化的缺陷，在立法没有修改前，对该罪的构成要件应当进行缩限解释，避免对网络服务提供者不当施刑。

（1）违反信息网络安全管理义务的认定。该罪是不作为犯，违反信息网络安全管理义务是成立该罪的前提，认定义务的范围应注意以下两点：第一，该义务的来源是国家法律和行政法规，当前仅有《网络安全法》、《反恐怖主义法》、《关于加强网络信息保护的决定》、《互联网信息服务管理办法》，其他部门规章和地方性法规不能成为义务的来源；[①] 第二，义务的内容受限于刑法规定的范围。根据以上法律和行政法规，该罪的信息网络安全管理义务是网络用户身份的实名认证和服务限制、协助执法、关键信息基础设施中的个人信息和重要数据的境内留存、保护个人信息、监管所发现的违法信息以及针对恐怖主义、极端主义内容信息的监督义务，但是，违反前述6项义务，并非都要承担刑事责任，根据刑法第286条之一的规定，还必须能够造成“违法信息传播”、“用户信息泄露”、“刑事案件证据灭失”，并有其他严重情节。

其中，违反对网络用户身份实名验证和服务限制义务与发生上述3种结果之间的因果链条更长，本身不具有引起的性质，不可能引起严重后果，没有制造出法所不允许的风险，[②] 违反该义务不应是该罪的危害行为，只可能是行政违法行为。此外，对于网络服务提供者未能完全履行恐怖主义、极端主义内容信息的监督义务，以至于该类信息大量传播的，也不应当追究刑事责任。《反恐怖主义法》要求网络服务提供者对传输、存储、处理的恐怖主义、极端主义内容信息进行内容审查、搜索和过滤，超越了网络服务提供者的管理能力和合理承受能力，如果其已经尽到必要的努力，即使出现前述内容信息大量传播的，也不应追究其刑事责任。

（2）拒不履行义务的认定。

（3）本罪是特殊的不作为犯，除了满足不作为犯的基本特征，还必须被监管部门责令采取改正措施，因此，认定拒不履行义务时，应注意以下几点：

第一，监管部门责令其采取改正措施的认定。《网络安全法》第8条规定，互联网信息部门负责统筹协调网络安全工作和相关监督管理工作，电信主管部门、公安部门和其他有关机关依照相关法律和行政法规，在职责范围内负责网络安全的监督管理工作。其他部门如工商行政部门、广播电影电视部门依据部门规章责令网络服务提供者采取改正措施，不应被认为是符合该罪规定的监管部门。有权监管部门提出的改正措施应指向相对具体的违法行为和违法内容信息，而不能是一般性的责

---

① 有学者认为，只要是法律明文规定的义务都可以成为网络服务提供者不作为犯罪的义务来源，这种观点会进一步导致网络服务提供者刑事责任的扩大化。参见秦天宁、张铭训：《网络服务提供者不作为犯罪要素解构——基于“技术措施”的考察》，载《中国刑事法杂志》2009年第9期。

② 参见陈兴良：《从归因到归责：客观归责理论研究》，载《法学研究》2006年第2期。

令履行信息网络安全管理义务。

第二，网络服务提供者履行义务能力的认定。该罪是不作为犯，成立该罪，网络服务提供者必须具有能力履行前述义务、执行监管部门责令的改正措施。网络服务提供者的管理能力不同于服务能力，其受限于互联网技术及其整体构架、信息系统的软硬件设备设施、网络服务平台管理的技术和条件、网络服务的经营成本等多方面。以网络信息服务提供者为例，面对海量的图片、音视频形式的色情、暴恐等违法信息，网络信息服务提供者目前只有特征信息的计算机自动搜索和人工审查两种措施，无法实时、无遗漏地发现全部违法信息，如果违法内容信息被使用了隐藏技术、非通用语言和密码技术等，则更难以做到有效发现和监管。因此，对网络服务提供者履行义务能力的认定，笔者认为，可以参考前述德国立法的规定，必须同时满足“在技术上有可能阻止”、“进行阻止不超过其承受能力”的条件，并采取兼顾业界一般能力水平和个体能力的判断标准，即以当时多数网络服务单位履行义务能力的一般水平为基础，具体考察特定单位实际履行义务的可能性和承受能力。[①]如果改正措施超出了当时的一般能力水平，或者要求投入的管理成本太高，以至于严重影响被监管人的正常经营，则不能认为其具有履行义务的能力。

第三，故意不执行改正措施的认定。该罪的“核心是拒不改正”，[②] 主观上具有拒不履行协助管理义务、对抗法律的心态，客观上其拒不改正、未阻止法定后果的发生，分为两种情形，一种是完全不执行，另一种是表面应付、实际上不执行，前者容易判断，而后者则容易与执行不能、执行迟缓、执行困难等相混淆。笔者认为，应当综合考虑监管部门责令改正措施的内容和网络服务提供者执行改正措施的实际状况，如果内容比较明确、具体，执行难度不大，处于行为人有能力执行的范围内的，行为人不投入必要的人力物力、故意拖延和应付的，应当认定为拒不执行改正措施；如果超出了行为人的管理能力，或者是改正工作量巨大导致过程长，或者其能力不足以完全改正，即使发生法定的后果，也不应认定为故意不执行改正措施。[③]

3. 严重情节

刑法第 286 条之一规定了 4 项“严重情节”，对违反用户信息保护义务的按照结果犯认定，对违反其他义务的按照情节犯认定。前文分析到，“严重情节”的界限模糊，对该要件“粗犷”适用不仅会使网络服务提供者承担个案的刑事责任，还会对大量网络服务提供者的日常经营以现实的刑事责任风险压力，迫使其强化对网络信息的筛查监控，危及公众的网络表达和言论自由权利。笔者认为，在该构成要件没有修改之前，对其的认定应当符合宪法原则，兼顾打击犯罪与保护人权。[④] 由于该条对违反用户信息保护义务要求造成严重后果，对该罪的其他“严重情节”也

---

① 参见钱叶六：《不作为犯的实行行为及其着手之认定》，载《法学评论》2009 年第 1 期。

② 赵秉志、刘志伟、袁彬：《关于〈中华人民共和国刑法修正案（九）〉新增及修改罪名的意见》，载《法学杂志》2015 年第 10 期。

③ 参见周光权：《网络服务商的刑事责任范围》，载《中国法律评论》2015 年第 2 期。

④ 参见张翔：《刑法体系的合宪性调控_ 以“李斯特鸿沟”为视角》，载《法学研究》2016 年第 4 期。

应按“造成严重后果”来解释。可以考虑对“刑事案件证据灭失”解释为导致应判处三年以上重罪的构成要件事实证据灭失，对“致使违法信息大量传播”规定高于故意传播违法信息的犯罪的数量标准，且违法信息的大量传播应与严重危害社会的事件有因果关系。由于违法信息的种类繁多，我国刑法没有对所有违法信息规定故意传播类犯罪，无法都采取参照的方法，法官在裁量时应当对比处最重的行政处罚的数量标准，避免轻易入刑。

结论

网络服务提供者在网络社会中处于枢纽地位，网络社会的治理需要网络服务提供者协助管理，对网络服务提供者设立协助管理义务是各国立法的趋势，无论在法理还是立法上，网络服务提供者都不具有“中立的义务”。国内外立法要求网络服务提供者承担的义务基本相同，主要是协助执法义务（协助通信监视和数据留存与提供）、内容信息监管、用户数据保护，我国相关立法在协助管理义务的类型化、区别化方面与国外立法差距较大。

国外立法较少专门对网络服务提供者规定犯罪立法。网络服务提供者对自己提供的内容信息，应当承担一般法律规定的责任；对他人提供的内容信息，在满足“知情”、“技术上有可能阻止”和“阻止不超过其承受能力”三项条件时，网络服务提供者有义务阻止，如果不阻止，将承担一般的法律规定的责任，包括刑事责任；网络服务提供者违反法律规定的管理义务，承担的法律责任主要是民事责任和行政责任。

我国网络服务提供者可能构成作为犯形式的单独犯、共同犯罪中的帮助犯、帮助他人利用信息网络犯罪活动罪和拒不履行信息网络安全管理义务罪，前两者与国外立法相似，拒不履行信息网络安全管理罪立法的必要性、适当性需要继续研究，当前应当对该罪进行限制性解释适用。

论公民个人信息刑法保护中网络服务提供者的不作为

高珊琦[*] 杨建超[**]

网络服务提供者作为网络服务的提供商，对公民个人信息保护和网络犯罪的实施起着重要的作用。为依法惩治侵犯公民个人信息犯罪活动，保护公民个人信息安全和合法权益，《刑法修正案（九）》增加了“拒不履行信息网络安全管理义务罪”，为追究网络服务提供者侵犯公民个人信息犯罪提供了法律依据。2017年6月1日起施行的最高人民法院、最高人民检察院《关于办理侵犯公民个人信息刑事案件适用法律若干问题的解释》（以下简称《解释》），其第九条对网络服务提供者的刑事责任又给予了明确规定，那么网络服务提供者包括哪些，为什么要承担责任，其以不作为方式的犯罪行为如何认定，立法及司法实践上如何改进等，都需要加以明确。

一、网络服务提供者的主体范围

2000年的《互联网信息服务管理办法》、2010年颁行的《中华人民共和国侵权责任法》、2013年修订的《信息网络传播权保护条例》、2015年通过的《刑法修正案（九）》增设的拒不履行网络安全管理义务罪以及2016年颁布的《网络安全法》都使用了“网络服务提供者”的概念，但是均没有提出统一的定义，一个犯罪的犯罪主体都不明确，那么在之后犯罪构成的认定上就会存在一系列争议。因此，需要在学理上进行解释。

对于网络服务提供者的概念，目前没有统一的说法，且不同学者之间的分歧较大，有二类说、三类说、五类说等几种不同的观点。对网络服务提供者概念准确理解的关键是对“网络服务”的内涵与外延进行准确把握。按照信息网络服务的提供内容区分，信息网络服务可以分为网络基础服务和网络增值服务。网络基础服务包括互联网数据中心服务、内容分发网络服务、国内互联网虚拟专用网服务、互联网接入服务；网络增值服务，是指利用公共网络提供信息内容、信息平台和信息技术的服务。由于网络基础服务是网络增值服务提供者提供网络增值服务和网络用户使用网络的技术基础，对于网络增值服务提供者和网络用户的所有数据，网络基础服务提供者都有可能也有条件接触，因此，网络基础服务提供者可以成为本罪的犯罪主体。对于网络增值服务的内容，由于网络科学技术的发展日新月异，简单的列举

* 西北政法大学刑事法学院教授，硕士研究生导师。

** 西北政法大学2015级刑法学硕士研究生。

方式不可能穷尽所有的网络服务，但是对网络增值服务进行概括可以得知，网络增值服务无非网络内容服务、网络平台服务以及网络技术服务三种，相应地，本罪的主体还包括网络内容服务提供者、网络平台服务提供者以及网络技术服务提供者三类。[①] 综上，笔者认为网络服务提供者的含义应当是指通过信息网络向公众提供信息或者为获取网络信息等目的提供服务的机构，包括网络上的一切提供设施、信息和中介、接入等技术服务的个人用户、网络服务商以及非营利组织。

二、网络服务提供者刑事责任的来源

《解释》第九条规定："网络服务提供者拒不履行法律、行政法规规定的信息网络安全管理义务，经监管部门责令采取改正措施而拒不改正，致使用户的公民个人信息泄露，造成严重后果的，应当依照刑法第二百八十六条之一的规定，以定罪处罚。"而该解释中的"拒不履行信息网络安全管理义务罪"则是来源于《刑法修正案（九）》第28条第1款规定："网络服务提供者不履行法律、行政法规规定的信息网络安全管理义务，经监管部门责令采取改正措施而拒不改正，有下列情形之一的，处三年以下有期徒刑、拘役或者管制，并处或者单处罚金：（一）致使违法信息大量传播的；（二）致使用户信息泄露，造成严重后果的；（三）致使刑事案件证据灭失，情节严重的；（四）有其他严重情节的。"因此对于公民个人信息保护中的网络服务提供者而言，拒不履行法律法规规定的信息网络安全管理义务是其承担刑事责任的前提。

探讨拒不履行网络安全管理义务行为的入罪根据，可以参考刑法中的监督过失理论。20世纪六七十年代的日本，在一些火灾、瓦斯爆炸、药品公害事故、建筑倒塌等重大事故发生的场合，不仅要追究现场的作业人员、从业人员的过失责任，而且还要追究相应的监督者、管理者的过失责任。类似这种处在管理者或者监督者的立场所承担的过失犯的罪责被称为"监督过失"。[②] 从传统刑法来看，发生重大安全事故时，应该由直接责任人员承担责任，一般不能追究对直接责任人员负有监督义务管理者的责任。但对于事故的发生，监督者可能存在间接责任。监督过失主要分为两类：一是广义的监督过失，是指处于监督地位者的过失责任；二是狭义的监督过失，是指监督者对被监督者因懈怠监督责任或监督不当而导致的过失责任。[③] 网络服务提供者，对其平台上的信息要进行定期检查，对服务用户的行为要进行督促、提醒，对有害信息、违法行为要进行纠正、处置，互联网用户处于被监督者的位置，网络服务提供者处于监督者的位置。另外，在维护网络秩序中，网络服务提供者具有重要的作用，也就是具有刑法上的"保证人"地位，要求其承担监督责任，可以敦促其研发技术、发挥优势，在源头阻止公民个人信息的泄露。综上，网络服务提供者的刑事责任的来源应当是其应承担的监督责任。

---

① 李永升：《拒不履行信息网络安全管理义务罪的理解与适用》，载《宜宾学院学报》2017年第2期。

② 钱叶六：《监督过失理论及其适用》，载《法学论坛》2010年第3期。

③ 尚清：《刑法中的监督过失探讨》，载《福建教育学院学报》2008年第1期。

三、关于网络服务提供者不作为的认定

根据《解释》以及《刑法修正案（九）》中关于拒不履行信息网络安全管理义务罪的描述，可以清晰地看出本罪属于不作为犯罪，从“不履行法律、行政法法规规定的信息网络安全管理义务”来看，有学者认为该罪是纯正的不作为犯罪[①]。但是纯正不作为犯是指刑法明文规定只能由不作为构成的犯罪，在我国目前的刑法体系中，尚未对网络服务提供者明文规定不作为的刑事责任，网络服务提供者违反的是“法律、行政法法规规定的信息网络安全义务”，而非刑法创设了新的作为义务。而且针对公民个人信息的犯罪通常来说是作为犯罪即侵犯公民个人信息罪。相反，不纯正不作为犯则是行为人以不作为方式实施了通常由作为实现构成要件的犯罪。因此，本文所说的网络服务提供者不作为刑事责任是指网络服务提供者不纯正不作为刑事责任，不履行信息网络安全管理义务罪应当是不纯正的不作为犯罪。

根据刑法理论上对于不纯正的不作为犯罪构成要件的研究，不纯正不作为一般应具备四个条件：一是作为义务的发生根据，即确定作为义务来源于何处；二是作为可能性，即保证人必须能够履行作为义务；三是结果回避可能性，即能够履行义务，但客观上不存在避免结果发生的可能性时，则不以不作为犯论处；四是作为与不作为的等价性。[②] 以下笔者对其作一具体分析。

（一）作为义务的发生根据

网络服务提供者的网络安全管理作为义务的来源有很多，2000 年《全国人民代表大会常务委员会关于维护互联网安全的决定》第 7 条、2006 年《最高人民法院关于审理涉及计算机网络著作权纠纷案件适用法律若干问题的解释》第 4 条、2006 年《信息网络传播权保护条例》第 23 条、2011 年 1 月修改的《互联网信息服务管理办法》中第 16 条的规定以及全国人大常委会 2012 年 12 月 28 日通过的《关于加强网络信息保护的决定》第 4、5 条等，都对其应尽义务有明确规定。[③] 那么“信息网络安全管理义务”是否包括来自部门制定的规章及文件呢？对此，笔者认为，应该严格按照罪刑法定原则进行解释，既然第 286 条之一明确规定网络服务提供者不履行的是“法律、行政法规规定的信息网络安全管理义务”，就不应包括部门制定的规章等规范性文件。

网络服务提供者对公民个人信息保护的义务是不使用户的公民个人信息泄露，因此，对公民个人的信息也应当做出明确，对于用户主动公开的信息，网络服务提

---

① 杨勖：《论互联网服务提供者的刑事责任位阶》，载《北京政法职业学院学报》2016 年第 3 期。

② 参见张明楷：《刑法学》，法律出版社 2016 年版，第 152-160 页。

③ 例如，《互联网信息服务管理办法》第 16 条规定：“互联网信息服务提供者发现其网站传输的信息明显属于本办法第十五条所列内容之一的，应当立即停止传输，保存有关记录，并向国家有关机关报告”。《关于加强网络信息保护的决定》第 4 条规定，“网络服务提供者和其他企业事业单位应当采取技术措施和其他必要措施，确保信息安全，防止在业务活动中收集的公民个人电子信息泄露、毁损、丢失。在发生或者可能发生信息泄露、毁损、丢失的情况时，应当立即采取补救措施”。第 5 条规定，“网络服务提供者应当加强对其用户发布的信息的管理，发现法律、法规禁止发布或者传输的信息的，应当立即停止传输该信息，采取消除等处置措施，保存有关记录，并向有关主管部门报告”。

供者没有保护的义务，网络服务提供者只对自己在提供服务过程中收集的用户隐秘信息负有保护的义务。

（二）作为可能性

作为义务的可能性，是指负有作为义务的人具有履行义务的可能性。西方法谚云：“法律不强人所难”。在如今的互联网大数据时代，每时每刻都有亿兆的数据在流动，公民个人信息也在不断地流动和变化，一些不法分子通过互联网侵犯公民个人信息的技术手段同样复杂繁多，网络服务提供者虽然有履行信息网络安全管理的义务，但是局限于其作为公民个人信息保护者的地位，面对复杂的犯罪态势无法积极应对，并且网络服务提供者一般不承担事先主动审查、监控的法定义务，只是承担事后被动删除、报告等法定义务。所以当公民个人信息发生泄露，网络服务提供者并不必然承担刑事责任，其作为的可能性：一是积极履行法律、行政法规规定的信息网络安全管理义务，二是经监管部门责令采取改正措施。只有当这些都没有作为之后，网络服务提供者才对公民个人信息的泄露承担责任。

此外，网络服务提供者对监管部门要求改正的行为也必须有作为可能性。笔者认为，监管部门不可以向网络服务提供者做出类似“下次不得再出现违法信息”、“请做出网络违法信息的即时监控，一经出现马上删除”等抽象性的、目标性的改正措施，因为这类措施实际上是将监管部门的主动审查的监管职能转移到了网络服务提供者身上，在没有法律依据的情况下，监管部门不能将侵犯公民个人信息的犯罪分子的阻止义务交给网络服务提供者，这是违反罪刑法定原则的。因此，监管部门要求网络服务提供者履行的作为义务不仅是法律、法规规定的义务，而且必须具有针对性，具有明确性的作为内容。并且对于监管部门的改正措施是否“改正”、是否属于“拒不改正”都不能仅仅看效果，而要结合网络服务提供者的主观心态、客观所作的努力进行综合判断，否则将陷入“客观归罪”。

（三）结果回避可能性

在即使保证人履行了作为义务也不可避免地发生结果的情况下，不能将保证人没有履行作为义务的行为认定为不作为犯。在网络服务提供者履行了法律、行政法规规定的信息网络安全管理义务之前，或者在监管部门责令采取改正措施之前，侵犯公民个人信息的犯罪行为已经致使用户信息泄露，造成严重后果的，此时，在结果已经发生的前提下，网络服务提供者再履行任何作为义务都不能发生实际作用，不再具有结果回避可能性，因而网络服务提供者即使不履行作为义务，也不会对危害结果产生任何推动力，所以网络服务提供者无须再承担刑事责任。

（四）作为与不作为的等价性

不作为必须与作为具有等价性，这在我国刑法中没有明确规定，因而等价性是否是不纯正不作为犯的独立成立条件在学界中并不统一，主要存在“肯定说”与“否定说”之争。

“肯定说”认为，等价性是不纯正不作为犯的独立要件，等价性与作为义务同属于不纯正不作为犯的成立要件，二者之间是一种并列关系。要追究不纯正不作为犯的刑事责任，就要求不作为与作为之间必须存在等价性。

“否定说”认为，应当将等价值性问题置于作为义务中进行研究，其在作为义务中没有独立的地位，不能将等价性作为不纯正不作为犯的独立构成要件。

笔者赞同“肯定说”，肯定等价性有现实意义。一方面，等价性对限定不纯正不作为犯的处罚范围具有重要作用。我国传统刑法理论将作为义务视为不纯正不作为犯的核心，在行为人负有作为义务、能履行而不履行，以致造成危害结果的情况下，直接适用通常以作为形式构成的犯罪。司法实践中许多不作为的行为是难以评价为相应的作为行为的，如果结合等价性因素，比较不作为行为与作为行为是否相当，可以有效防止将具有作为义务但不具有等价的行为认定为犯罪行为，从而限定不纯正不作为犯的处罚范围。另一方面，肯定等价性是肯定不纯正不作为犯的要求，不纯正不作为犯是否应当受刑罚处罚的判断，仅仅做形式的判断是不够的，更需要做实质意义上的判断。是否具备犯罪的事实构成要件是事实判断，不作为与作为在否定性评价上具有等值性是价值判断。事实判断是一种形式的判断，价值判断是一种实质的判断，犯罪构成的形式判断应当先于实质判断。[①] 因此，等价性是不纯正不作为犯的核心内容。

此外，与网络服务提供者不作为相关的一个问题是，网络服务提供者的不作为究竟是不作为的共犯还是不作为的正犯？有学者认为，根据《刑法修正案（九）》第28条的规定分析，网络服务提供者在责令改正而拒不改正的情况下不履行网络安全管理义务，情节严重或造成严重后果，这是典型的不作为型的帮助犯。[②] 帮助犯是狭义共犯中的内容，故认为是不作为型的帮助犯，就是认为此罪名是不作为的共犯。与狭义的共犯对应的概念则是正犯，那么此罪究竟是不作为的共犯还是不作为的正犯？

关于正犯与狭义的共犯的区别，有各种各样的学说。比如主观说、客观说、犯罪事实支配理论等，其中犯罪事实支配理论说的观点是：正犯是具体犯罪事实的核心角色，犯罪过程的关键人物，共犯则是配角。换言之，犯罪的核心角色是支配犯罪事实过程的人，共犯虽然对犯罪事实存在影响，但不是能够决定性地支配犯罪过程的人。[③] 笔者比较认可这种从客观的法益侵害、危险结果的支配作用来区分正犯与狭义的共犯的区别的观点。

网络服务提供者不履行网络安全管理义务，并且责令改正而拒不改正的情况下，致使用户信息泄露，造成严重后果，同时满足这三个条件才承担刑事责任，这从另一方面说明网络服务提供者不作为行为和侵犯公民个人信息的作为行为对危害结果发生具有等价性。网络服务提供者的不作为行为对犯罪过程和犯罪结果的发生具有支配性作用，不再是简单的帮助行为，而是明知有侵害公民个人信息行为的发生，故意不阻止，导致更多用户信息的泄露，因而网络服务提供者是以不作为方式实施的正犯行为，不是不作为的帮助犯。

---

① 赵秉志：《不纯正不作为犯的等价性探析》，载《河北法学》2012年第10期。

② 郭泽强、张曼：《网络服务提供者刑事责任初论——以中立帮助行为的处罚为中心》，载《预防青少年犯罪研究》2016年第2期。

③ 张明楷：《刑法学》，法律出版社2016年版，第391页。

根据以上分析可见，在公民个人信息保护中，网络服务提供者刑事犯罪与行政违法就在一线之间，司法机关认定起来存在一些困难，主要体现在两个方面：

一是“监管部门”的范围。网络服务提供者拒绝执行哪些监管部门发出的责令改正的命令才承担刑事责任？我国对网络服务提供者有权进行监管的部门包括：国信办、工商行政管理部门、工信部和地方通信主管部门、新闻出版部门、教育部门、卫生部门、药品监督管理部门、公安部门和国家安全部门等，以上监督部门众多且存在职能交叉现象。如果不加以明确，那么网络服务提供者对自己是构成犯罪，还是仅仅构成行政违法，就会显得无所适从。并且也很容易使互联网企业承担很重的信息安全管理压力。因此，司法实践中最好对“经监管部门责令”的“监管部门”进行目的性限缩解释，通过列举的方式限定为“网络安全监管部门”，从而明确本条所指的法律、行政法规系那些规范国家安全、社会秩序的相关规定。

二是“责令”的内容、形式。“责令”的内容要具体明确，不能将监管部门的责任一味地推给网络服务提供者。关于“责令”的形式是否包括“口头”责令，行政处罚法第8条将行政处罚种类划分为警告、罚款、没收违法所得和非法财物、责令停业、暂扣或吊销许可证或执照、行政拘留等六种，其中并无责令改正。责令改正的性质，不是一种行政处罚，而只是一种行政措施。然而，发出责令是否必须采用书面形式，法律没有专门规定。实践中，监管部门的日常监管一般也不必采用书面形式。而且，监管部门不同级别的人都有可能通过电话、口头通知发布“责令”，如果将这种非正式的通知包含在“责令”之内，则会给企业履行义务带来困扰，导致入罪的风险过大。①

综上，网络服务提供者是刑事犯罪还是行政违法，必须明确“监管部门”的范围和“责令”的内容、形式，如果这些问题含糊不清，就会严重影响司法机关对本罪的认定，更无法区分网络服务提供者的一些懈怠行为究竟是刑事犯罪还是行政违法，进而影响本罪发挥其刑法一般预防的作用。

① 王文华：《拒不履行信息网络安全管理义务罪适用分析》，载《人民检察》2016年第6期。

论网络服务提供者承担刑事责任的理论根据及其性质

——从拒不履行信息网络安全管理义务罪出发

杨国举* 刘梦遥**

随着网络的不断发展与普及，利用网络进行违法犯罪的活动越来越多，给社会和人民的财产、名誉等权利造成了巨大的破坏，而这种违法犯罪活动的猖獗大多与网络服务提供者管理不严的行为有关。为了打击这种违法犯罪活动，2015 年的《刑法修正案（九）》增设了拒不履行信息网络安全管理义务罪，规定了网络服务提供者的刑事责任。这样一来，如果网络服务提供者不履行法律、行政法规规定的信息网络安全管理义务，经监管部门责令采取改正措施而拒不改正，并致使违法信息大量传播、致使用户信息泄露，造成严重后果的、致使刑事案件证据灭失，情节严重的或者有其他严重情节的就可以拒不履行信息网络安全管理义务罪进行定罪处罚。新的立法规定虽然从源头上能够抑制网络上与信息有关的违法犯罪行为，但是，在拒不履行信息网络安全管理义务罪中，网络服务提供者只是没有依法履行职责，他对于该罪所规定的构成犯罪的四种情形可能并没有参与。在这种情况下，为什么要惩罚网络服务提供者？他承担刑事责任的理论根据是什么？这些问题，就是刑法理论首先需要进行回答的。

一、网络服务提供者的界定

我国在互联网领域的立法还并不完善，网络活动主体的界定并没有明确的规定，但是随着《侵权责任法》的颁布、《信息网络传播权保护条例》的修订以及《刑法修正案（九）》的实行，都出现了网络服务提供者的概念，但具体的内涵是什么，没有相关的法律或行政法规进行阐释。只有《网络安全法》第 72 条第 3 款对网络运营者进行了笼统的概括。但是想要了解网络服务提供者对于非法提供公民信息的法律责任，就需要了解什么是网络服务提供者。

网络服务提供者，从广义的角度来看，是指专营为社会公众提供网络信息通讯服务，并保存任何经其构建的网络空间“收费站”之用户所留下的信息流动轨迹的“守门人”。对于网络服务提供者的分类，传统上，从内容上进行区分，将网络服务提供者分为主要的两类：分别是网络信息内容的提供者和网络中介服务者。前者指自己组织信息通过网络向公众传播的主体。后者指为传播网络信息提供中介服务的

* 宁夏大学政法学院教授，法学博士。

** 宁夏大学政法学院诉讼法学硕士研究生。

主体。这种分类的思路起源于美国，两类的主要区别在于网络中介服务的主体并不参与网络的制作，也对内容并不知情。还有学者提出一种分类，就是将网络服务提供者分为网络服务商和具有公益性质的网络服务，后者的公益性质的网络服务是指类似于政府、学校主页这种网络平台。按照这个分类，网络服务提供者应该是指网络服务商。同样也有学者通过对我国在2006年制定了《信息网络传播权保护条例》中规定了网络服务提供者的多种义务从而进行了分类，根据此项条例，可以对网络服务提供者进行以下分类：提供网络接入服务的网络服务提供者、提供缓存服务的网络服务提供者、提供信息存储空间服务的网络服务提供者以及提供搜索和链接服务的网络服务提供者。根据对于第286条拒不履行信息安全管理义务罪的理解，以上四种类型都包含在内。并提出了刑法理论界对于网络服务提供者的两种分类，分别为二分法和三分法，二分法是将网络服务提供者分为两部分：分别是网络连接服务提供者和网络内容服务提供者，前者是专门为用户提供互联网接入服务的，如中国电信、移动；三分法则是在二分法的基础上增加了网络平台服务者，即网络连线服务商、网络平台服务商和网络内容服务商。

虽然从上面的介绍来看，分类多样，但其实无论是从传统意义上的分类，还是按照三分法，其实就是将网络服务提供者分为网络信息内容的提供者、网络连接服务提供者以及网络平台服务者，而后两者合起来称为网络中介服务者。所以，笔者比较赞同三分法。根据对拒不履行网络安全管理义务罪中“不履行法律、行政法规规定的信息网络安全管理义务”及相应后果的规定，可以认定本罪主体“网络服务提供者”是网络连接服务提供者以及网络平台服务者这两个类别。

二、网络服务提供者承担刑事责任根据的理论争议及评述

（一）网络服务提供者承担刑事责任根据的理论争议

对于网络服务提供者承担刑事责任的根据，理论上还有很大的争议。主要有以下几种不同的观点：1. 传统的共犯理论。现在大陆法系和美国都是采用这种方式来追究网络服务提供者的刑事责任，也就是说，网络服务提供者的行为只是一种帮助行为。对于帮助行为的认定，德国的主流观点是，要成立帮助，就需要有一因果性贡献，以使行为成功（结果促进说）。[①] 在美国著名的Buff net案中，检察官依据行为人为第三方犯罪行为提供了电子方法或者机会“促进”或者“帮助、协助”了非法活动，并引用《美国法典》第18篇的内容来指控网站运营商的刑事活动。[②]在《刑法修正案（九）》之前，我国司法实践中也是用这种理论来追究网络服务提供者的刑事责任。如2010年最高人民法院《关于办理利用互联网、移动通讯终端、声讯台制作、复制、出版、贩卖、传播淫秽电子信息刑事案件具体应用法律若干问题的解释（二）》第6条规定：电信业务经营者、互联网信息服务提供者明知是淫秽网站，为其提供互联网接入、服务器托管、网络存储空间、通讯传输通道、

---

① ［德］乌尔斯·金德霍伊泽尔：《德国刑法总论教科书》，蔡桂生译，北京大学出版社2015年版，第451页。

② 涂龙科：《网络内容管理义务与网络服务提供者的刑事责任》，载《法学评论》2016年第3期。

代收费等服务，并收取服务费，具有下列情形之一的，对直接负责的主管人员和其他直接责任人员，依照刑法第363条第1款的规定，以传播淫秽物品牟利罪定罪处罚。2. 监督过失说。该说认为，如果网络服务提供者在对危害结果具有预见可能性和回避可能性的情况下，实施了不作为的监督过失行为，该行为与危害结果之间具有因果关系，那么网络服务提供者就应当承担刑事责任。[①] 3. 中立帮助行为理论。该说认为，应该用中立的帮助行为理论来说明网络服务提供者承担刑事责任的根据。如有论者认为，在认定中立帮助行为是否构成帮助犯的问题上，应坚持以犯罪构成理论为指导，帮助犯的处罚根据为基础，分析行为的主客观方面以及行为的危害性即法益侵害性，从而限定中立帮助行为成立帮助犯的范围。[②] 4. 保证人说。该说认为可以用保证人理论来说明网络服务提供者承担刑事责任的根据。如有学者认为，"保证人说"能较好地解决网络服务提供者的刑事责任追究及限制的问题。特别是《刑法修正案（九）》增设了网络服务提供者拒不履行网络安全管理义务的刑事责任之后，合理运用保证人学说来说明网络服务提供者的刑事责任尤为必要。并认为，衡量特定的网络服务提供者对网络违法犯罪的管理义务及刑事责任的有无，其标准在于该服务提供者对违法犯罪信息是否处于直接的控制地位。[③]

（二）网络服务提供者承担刑事责任根据的理论争议的评述

对于网络服务提供者承担刑事责任根据的问题，刑法理论不是要回答可以用什么理论进行解释，而是要回答网络服务提供者所承担的刑事责任是"如何"存在的以及这一"如何"所具有的品格，这才是最具决定性的，也是刑法理论最应该解决的问题，而上述理论都没有很好地解决这个问题。

传统的共犯理论用共犯（帮助犯）理论来说明网络服务提供者刑事责任的根据，这在《刑法修正案（九）》之前还比较合适，但是，现在刑法已经将网络服务者的行为单独作为犯罪进行规定，说明其行为已经不是帮助犯了，而是构成要件行为，也就是帮助行为已经实行行为化了，对其再运用共犯理论进行解释就不妥当了。第二种观点以监督过失作为网络服务提供者刑事责任的根据也是不妥当的。因为，监督过失是一种过失理论，而本罪是故意犯罪，并不能适用过失理论作为理论根据。这从《刑法修正案（九）》第28条规定的"经监管部门责令采取改正措施而拒不改正"就可以看出，网络服务提供者如果经过监管部门责令采取改正措施而拒不改正，仍然不履行信息网络安全管理义务，造成该条所规定的法定后果的，就说明网络服务提供者论者对于其义务的不履行是故意的心态，所以，他应该构成故意犯罪。可能上述论者错误地认为拒不履行信息网络安全管理义务罪是过失犯罪，这是不符合刑法第15条第2款规定的"过失犯罪，刑法有规定的才负刑事责任"的规定的。这个规定就是刑法理论上的"以处罚故意为原则，处罚过失为例外"的

① 陆旭：《网络服务提供者的刑事责任及展开——兼评〈刑法修正案（九）〉的相关规定》，载《法治研究》2015年第6期。

② 郭泽强、张曼：《网络服务提供者刑事责任初论——以中立帮助行为的处罚为中心》，载《预防青少年犯罪研究》2016年第2版。

③ 涂龙科：《网络内容管理义务与网络服务提供者的刑事责任》，载《法学评论》2016年第3期。

原则，根据这个原则，刑法规定的犯罪原则上都是故意犯罪，只有刑法明文规定处罚过失时才能处罚过失行为。如果将本罪理解为过失犯罪，那么，与之相应的故意犯罪是什么呢？如果故意犯罪就没有处罚，刑法就规定处罚过失犯罪，显然是违背上述规定和原则的。第三种观点用中立的帮助行为理论来说明网络服务者的刑事责任，存在与第一种观点一样的问题。因为，这个理论属于共犯理论中的一种。另外，用这种理论不能为网络服务者的刑事责任所有的刑事责任提供妥当的理论根据。如在拒不履行网络信息安全管理义务罪中，网络服务者的刑事责任并不取决于对其他行为的帮助以及对这个行为计划的认识，而只是取决于其没有尽到网络信息安全管理义务。第四种观点用不作为犯罪的保证人说来作为网络服务者承担刑事责任的根据，具有一定的妥当性。因为网络服务提供者的行为属于不作为，用不作为的理论来进行说理基本上是妥当的。但是，该说只是从保证人地位上来进行说明的，并没有进一步地指出本罪的义务犯的性质，也没有说明为什么网络服务提供者应该为其他人造成的后果承担刑事责任。

三、网络服务提供者承担刑事责任的理论根据及其刑事责任性质

（一）网络服务提供者承担刑事责任的理论根据

在拒不履行网络信息安全管理义务罪中，网络服务提供者承担刑事责任的根据在于他负有网络信息安全管理义务，这种义务是犯罪构成的组成要素。对这种义务的损害，是要用刑罚来威胁的，因为行为人违反了自己所承诺的社会角色向他提出的履行性要求。至于该条所规定的四种后果是不是行为人的行为直接导致的或者行为人对这些后果有一种行为控制，并不重要。

拒不履行网络信息安全管理义务罪是典型的义务犯罪，因此，网络服务提供者就是实行人，即以损害他人的网络信息安全的方式违反了构成要件的特定义务的人。也就是说，在一个网络服务提供者无视由其所承担的角色所提出的要求，对信息网络安全造成损害时，他就在以下情况下犯了拒不履行网络信息安全管理义务罪：他不是高度个人性地进行了信息网络安全的损害行为，而是给一个非义务人一个机会和平台，并使后者从事了一些危害信息网络安全的违法犯罪行为。他实际上是“通过”“他人”实施了危害信息网络安全的行为，但他仍是一个拒不履行网络信息安全管理义务的实行人，虽然从对结果的引起来看，他的行为并不起直接的作用，好像他仅仅是幕后的帮助人。而这个引起结果的实施人，由于没有信息网络安全管理义务，虽然他直接导致了结果的发生，但对于本罪来说，也仅仅是个帮助人。在相应的方式中，共同实行人也仅仅只能是那个作为义务人与他人一起负有义务并且一起违背义务的人。如果他这样做，那么他就是共同实行人，不需要他在实施阶段提供一种重要的构成要件贡献，而在作为犯中，这种贡献是关键性的。例如，在一个网络管理员即使仅仅掩盖他的同事违背信息网络安全管理义务的行为，而没有亲自提供帮助时，这名管理员也是一个拒不履行网络信息安全管理义务罪的共同实行人。另外，一个人，在实施损害网络信息安全的行为中提供了主要贡献的，只要他作为非义务人不负有网络信息安全管理义务，他就仅仅只是个帮助人。

（二）网络服务提供者承担刑事责任的性质

我国刑法第286条规定根据网络服务提供者所承担的社会角色向其提出了承担信息网络安全管理义务性要求，也就是说，网络服务提供者要为其他人实施的刑法第286条所列举的四种严重后果承担责任。那么，网络服务提供者为什么要为他人的行为承担责任呢？这种责任是什么性质呢？这个问题需要引入有关新的刑事责任理论来进行说明，这个理论就是接受性责任理论。

所谓接受性责任，是指行为人承担的为维护社会正常发展所必要的、超出其能力范围、与其主观方面没有联系的责任。[①] 也就是说，行为人在实施一个可能对法益有危害的行为时，尽管对以后损害的发生没有能力阻止，也没有主观上的罪过，但根据其自身及其行为的历史传承性以及他在社会结构、关系中的地位而接受的刑法上不利的后果。自古以来，刑事责任中一直存在非个人的责任，主要包括以下几种情形：1. 基于阶级地位而承担的刑事责任。进入阶级社会以后，社会中不同的阶级承担的刑事责任也不同，使刑事责任具有等级性的特征。如《汉谟拉比法典》规定，如果自由民击落与之同等的自由民之齿，则应击落其齿；如果打地位较高者之面颊，则应于集会中以牛鞭抽打60下。[②] 2. 基于血统、身份而承担的刑事责任。这种情况是指，行为人虽然没有实施犯罪行为，但也要为别人实施的犯罪行为承担刑事责任。如古希腊刑法规定：一个人犯了罪，就等于血统犯罪、全家犯罪，要负连带责任。其所规定的被夺公权利的刑罚，效力还及于子孙。[③] 3. 客观的责任。现行的意大利刑法中规定有客观责任，其表现形式有：超故意（危害行为引起的损害或危险结果比行为人希望的更严重时）、结果加重犯和推定过失（没有特定知识和能力的人进行某种活动本身，就是违反了可归责于行为人的预防性规则）。[④] 4. 接受性责任。在当代的德国司法实践中，存在大量的接受性责任的案件，这种情况是指，一个人从事的一些可能会给法益造成危险的行为，由于缺乏人手或者缺乏练习和技术而不能对付这种危险但仍从事的情形。[⑤] 这说明，在刑事责任中一直存在与行为人的成员地位、职业或结果等共同负责的情形，换言之，接受性责任在刑法中一直是存在的。

我们认为，现在刑法将这种网络服务者的行为单独规定，是将该行为作为构成要件行为来看待的，对它的处罚根据，可以根据接受性责任的理论进行说明。网络服务提供者对于刑法第286条所规定的四种情形虽然是无能为力的，但是，如果他履行现行法律、行政法规规定的信息网络安全管理义务，这样的情形就不会发生。让他对这些情形承担责任，并不违背责任原理。刑法中的责任一直都要考虑个人领域与社会领域的平衡。因为，人与社会的关联性是道德的起源，也是责任的起源。只有处于社会之中的人，才能支撑道德行为的形式。黑格尔早就发现了这种主体的关联性思考，他指出，当我说，我是自己为自己时，这并不是说只有我存在，而是

① 杨国举：《论刑法中的接受性责任》，载《甘肃社会科学》2015年第3期。

② 何勤华、夏菲著：《西方刑法史》，北京大学出版社2006年版，第63页。

③ 何勤华、夏菲著：《西方刑法史》，北京大学出版社2006年版，第219页。

④ ［意］杜里奥·帕多瓦：《意大利刑法学原理》，陈忠林译，法律出版社1998年版，第225-229页。

⑤ ［德］罗克辛：《德国刑法学总论（第一卷）》，王世洲译，法律出版社2005年版，第721页。

在我里面否定一切他物……否定了那否定者，而这种否定之否定因此也就是肯定，是通过他物做媒介而达到的结果。① 由于个人处于社会关系的建构之中，就要分担他人及共同体的责任。这并不违背个人责任的原理，因为，自我的概念是从人格必需的社会概念和公共概念之中发展出来的。因此，行为人承担刑事责任的大小是与其社会地位、行为状况、角色和所危害法益的价值和程度等相适应的，行为人的行为对社会的危害越大，其承担的责任越重。这种情况在常见的犯罪中也是存在的。例如，甲帮助乙实施了杀人行为，被害人在医院被抢救了过来，甲承担故意杀人罪未遂的责任；在同样的情形下，丙帮助丁实施了杀人行为，但被害人由于医生技术的原因没有被抢救过来，丙要承担故意杀人罪既遂的责任。虽然丙对被害人能不能被抢救过来是无能为力的，但让其承担既遂的责任并不违背责任原理。在这里，丙承担的刑事责任，与网络服务提供者由于没有履行信息安全管理义务致使用户信息泄露并造成严重后果的情形是一样的。对于拒不履行信息网络安全管理义务罪中网络服务提供者的刑事责任的理解，不能仅仅从个人责任的意义上进行理解，而应当从网络服务提供者的刑事责任与其他人的刑事责任在存在论意义上的关系来理解的。我们应从刑事责任“在世”的整体结构开始，根据刑事责任发生于其中生活的周遭世界来确定它。海德格尔认为，由于这种有共同性的在世之故，世界向来已经总是我和他人共同分有的世界。此在的世界就是共同世界。他人在世界之中的自在存在就是共同存在。刑法中的刑事责任也是与他人的责任共同存在的。② 换言之，刑事责任本质上是与他人的责任共同存在的。这不是说个人责任不能独自现成地存在，而是还有他人的责任摆在那里，对于个人责任的理解不能离开他人的责任。具体到网络服务提供者的刑事责任，由于其具有一种特殊的地位，他就有义务在从事这种工作中一直保持谨慎，避免其行为会对社会造成损害。对其刑事责任的理解，也要从其与他人的共同存在来理解。网络服务提供者的行为要构成犯罪，就需要其他人在接受他的服务中从事了刑法第 286 条所规定的四种情形之一。没有其他人实施的构成刑法第 286 条之一的行为及后果，网络服务提供者的行为也不会构成犯罪。因为，刑事责任作为在本质上是为他人之故而存在，并以为刑法上的筹划与目的之故而存在的，刑事责任必须在与他人的关联中才能被清楚地理解。即使是个人的责任，它也是以共在的方式存在。所以，在对刑事责任的领会中就有对他人责任的领会。这样一来，我们对网络服务提供者的刑事责任的领会就不是基于认识得出的知识，而是一种原始于生存论上的存在方式（基于网络服务提供者的社会角色而产生的对信息网络的管理义务而产生的责任），这种原始的存在方式才使关于网络服务提供者的刑事责任的认识与知识成为可能。网络服务提供者的刑事责任实际上以他人刑事责任的存在并依赖于他人的刑事责任的方式生存着。对于其刑事责任的理解持守在一种公众的、通常的可理解性中。因为，每个人的刑事责任都是在共处在世的公共说法中说出这个被道出的现在的。

① ［德］黑格尔：《哲学史讲演录（第一卷）》，贺麟、王太庆等译，商务印书馆 1959 年版，第 365 页。

② ［德］海德格尔：《存在与时间》，陈嘉映、王庆节译，生活·读书·新知三联书店 2008 年版，第 138 页。

论网络服务提供者侵犯公民个人信息的刑事责任

郭　洁* 王　洋**

随着网络技术的高速发展，公民个人信息越来越多地注入到网络中，然而网络作为一把双刃剑，在给人们带来方便的同时，也造成了诸多负面的影响，公民个人信息的泄露就是其中之一。对网络服务提供者刑事责任的规制是保护公民个人信息、从根源上预防侵犯公民个人信息犯罪的有力措施。本文将结合“两高”《关于办理侵犯公民个人信息刑事案件适用法律若干问题的解释》以及《网络安全法》的规定，对网络服务提供者侵犯公民个人信息的刑事责任问题展开分析。

一、相关概念的解读

网络服务提供者在公民个人信息的保护方面起着至关重要的作用，对公民个人信息以及网络服务提供者的概念、范围进行准确界定，有利于更好地保护公民信息，有利于进一步明确网络服务提供者侵犯公民个人信息的刑事责任。

（一）公民个人信息的界定

关于公民个人信息的界定在理论界存在很多观点，从公民个人信息的性质出发，主要有以下三种：第一种是“隐私权说”，采取美国《隐私法案》的观点，认为个人信息是一种隐私权利，直接将个人信息保护法上规定的具有积极权能的“新隐私权”作为传统隐私权的权能扩张①；第二种主张德国《个人资料保护法》的人格权说，使其不因已妥善保存的个人资料反而受到侵害②；第三种主张欧盟国家立法中采用的身份识别说③。

2017年6月1日实施的《网络安全法》第76条也对“个人信息”进行了规定：“个人信息，是指以电子或者其他方式记录的能够单独或者与其他信息结合识别自然人个人身份的各种信息，包括但不限于自然人的姓名、出生日期、身份证件号码、个人生物识别信息、住址、电话号码等。”可见，《网络安全法》主要是对能够识别自然人身份的各种信息进行保护，采取的是第三种身份识别说的观点，并且对公民个人信息进行了一些罗列。

---

* 西北政法大学教授、刑事法律科学研究中心副主任。

** 西北政法大学2015级硕士研究生。

① 杨芳：《隐私权保护与个人信息保护法——对个人信息保护立法潮流的反思》，法律出版社2016年版，第7页。

② 杨燮蛟，张怡静：《大数据时代个人信息刑法保护新探——以〈刑法修正案（九）〉为视角》，载《浙江工业大学学报》（社会科学版）2016年第4期。

③ 侯富强：《大数据时代个人信息保护问题与法律对策》，载《西南民族大学学报》（人文社科版）2015年第6期。

同样从 2017 年 6 月 1 日起开始实施的最高人民法院、最高人民检察院《关于办理侵犯公民个人信息刑事案件适用法律若干问题的解释》（以下简称《侵犯公民个人信息司法解释》）第 1 条也对“公民个人信息”进行了规定：“‘公民个人信息’，是指以电子或者其他方式记录的能够单独或者与其他信息结合识别特定自然人身份或者反映特定自然人活动情况的各种信息，包括姓名、身份证件号码、通信通讯联系方式、住址、账号密码、财产状况、行踪轨迹等。”从该规定可以看出，公民个人信息不仅包括了能够识别公民个人信息的身份信息，而且还包括了能够反映自然人活动情况的各种信息，这就使得公民信息还涉及公民个人的隐私。因而，从《侵犯公民个人信息司法解释》来看，公民个人信息兼有公民个人隐私和身份识别双重内容。

从以上对公民个人信息的界定来看，我们认为，对公民个人信息的保护是保障人权的重要体现，凡是涉及公民自由与安全的个人信息都应该进行全面保护。相对而言，《侵犯公民个人信息司法解释》中规定的公民个人信息更为全面，这样的界定不仅可以有力打击严重侵犯公民个人信息的犯罪，而且可以起到督促网络服务提供商规范自身运营活动以保护公民个人信息的作用。

（二）网络服务提供者的界定

《刑法修正案（九）》新增由网络服务提供者构成的拒不履行网络安全管理义务罪，但对“网络服务提供者”的概念并未作相关解释，这就使得在认定网络服务提供者的刑事责任上可能存在分歧。

网络服务提供者是指通过信息网络向公众提供信息或者为获取网络信息等目的提供服务的机构，包括网络上的一切提供设施、信息和中介、接入等技术服务的个人用户、网络服务提供商以及非营利组织。根据其提供的“服务”不同，网络服务提供者具体可以分为网络接入服务提供者、网络平台服务提供者、网络内容及产品服务提供者。[①] 从互联网对网络服务提供者的定义来看，网络服务提供者除了包括营利性的服务提供商、个人用户外，还有非营利的组织，即凡是有能力提供网络服务的机构都是网络服务提供者。也就是说，凡是能够接触公民个人信息的网络服务提供者都有可能获取到公民个人信息，都有可能成为侵犯公民个人信息的行为人。

具体来说，对网络服务提供者可分为三类，第一类是网络接入服务提供者（Internet Access Provider 简称 IAP）。主要是提供上网接入服务，在我国这种服务主要由取得相关执照的电信公司提供，如移动、联通、电信等；第二类是网络平台服务提供者（Internet Platform Provider 简称 IPP）。即提供网络联线后各项网络相关业务的服务，如提供电子邮件、文档传输的服务，新闻发布、BBS 论坛讨论的服务，全球信息交换、链接的服务，信息搜索工具的提供，数据库储存与代理等；第三类是网络内容提供者（Internet Content Provider 简称 ICP）。主要提供网络信息的服务，这类服务内容范围广泛，包括国内外政治、经济、交通、旅游、文化、教育、生活

① “网络服务提供者”一词，载百度百科，http：//baike. baidu. com，访问时间：2017 年 6 月 20 日。

娱乐及气候变化等。[①]

我国《网络安全法》中也没有对网络服务提供者进行界定，仅在第76条对"网络运营者"作出了规定，"网络运营者，是指网络的所有者、管理者和网络服务提供者。"此概念也只是在专业技术上对网络运营者进行了分类，并非是从刑法角度进行的分类。事实上，在保护公民个人信息时，不管是间接接触公民个人信息的网络接入服务提供者和网络平台服务提供者，还是直接接触公民个人信息的网络内容提供者，都对公民个人信息的保护有着不可推卸的责任。

因此，对于网络服务提供者，虽然《网络安全法》和《侵犯公民个人信息司法解释》都没有对其进行界定，但我们认为，网络服务提供者应该是指利用互联网为用户提供服务的群体。无论从技术层面还是法律层面，在研究网络服务提供者侵犯公民个人信息的刑事责任时，应该采用广义的概念比较妥当，即凡是在利用信息网络为用户提供服务的过程中侵犯公民个人信息的行为人（包括自然人和单位）都属于刑法规制的网络服务提供者。

二、网络服务提供者在侵犯公民个人信息罪中刑事责任的认定

前面提到不同类型的网络服务提供者都能直接或间接接触到公民的个人信息，这就使得公民个人信息可能是由于网络服务提供者的原因才致使其他行为人非法获取、出售、提供，也可能是网络服务提供者直接实施出售、提供的行为。

《刑法修正案（九）》将原来的第253条之一的出售、非法提供公民个人信息罪和非法获取公民个人信息罪合并成侵犯公民个人信息罪，其中变化最大的就是主体上的修改。原规定国家机关或者金融、电信、交通、教育、医疗等单位的工作人员出售、非法提供公民个人信息才能成为犯罪的主体，现规定为一般主体，网络服务提供者当然被包括在内。在现实生活中，凡是能够控制公民个人信息的个人或单位都有可能实施出售、提供的行为，因而扩大侵犯公民个人信息罪的主体范围是符合现实要求的。《侵犯公民个人信息司法解释》其实也主要是对行为主体的行为进行详细解释，从非法获取、收集到提供、出售都进行了阐释，并对情节作出了规定，这对认定包括网络服务提供者在内的主体的行为提供了有力依据。

在侵犯公民个人信息罪中网络服务提供者的行为主要表现为：其一，网络服务提供者非法出售、提供公民个人信息。其中，"提供公民个人信息"包括：向特定人提供公民个人信息，以及通过信息网络或者其他途径发布公民个人信息；未经被收集者同意，将合法收集的公民个人信息向他人提供的，但是经过处理无法识别特定个人且不能复原的除外。此外还包括违法将在履行职责或者提供服务过程中获得的公民个人信息出售或者提供给他人。其二，网络服务提供者窃取或者以其他方法非法获取公民个人信息，是指违反国家有关规定，通过购买、收受、交换等方式获取公民个人信息，或者在履行职责、提供服务过程中收集公民个人信息。

网络服务提供者对其管理的网络上存在的非法收集、提供、出售公民个人信息

① 参见乔生：《论网络服务商的侵权责任》，载《西南民族大学学报》（人文社科版）2004年第6期。

的行为，如果是由于网络漏洞本身造成的，我们认为网络服务提供者此种情况下的行为是正当业务行为，不构成犯罪，因为任何的网络信息技术都存在难以解决的漏洞问题，这些漏洞的存在虽然会被不法分子利用，但网络本身给我们生活带来的更大的利益和方便是不能被替代的；但如果不是网络漏洞，是可以修复的网络设置错误造成的，网络服务提供者在明知的情形下视而不见、放任不管，导致公民个人信息泄露的严重后果出现，网络服务提供者的不作为也构成侵犯公民个人信息罪。

当然，正如前面提到的公民个人信息安全是兼具公民个人身份识别和隐私的权益，侵犯公民个人信息罪规定在刑法分则第四章也是着重保护公民人身权利的体现，但网络服务提供者侵犯公民个人信息的行为不仅仅侵犯的是公民个人的人身权利，而且也对网络安全造成一定困扰，扰乱社会公共秩序。因而下文将从维护社会公共秩序的角度对网络服务提供者的刑事责任进行研究。

三、网络服务提供者在拒不履行网络安全管理义务罪中刑事责任的认定

《刑法修正案（九）》新增了拒不履行网络安全管理义务罪，其中“致使用户信息泄露，造成严重后果的”着重强调了网络服务提供商拒不履行网络安全管理义务导致公民个人信息泄露的刑事责任。[①]

1. 行为主体即网络服务提供者

在现实生活中，网络的运营仅仅靠个人的力量是很难完成的，需要专门的技术人员进行构建、管理、维护，而这一系列的运行程序是紧密相连的，每一部分离开其他部分都不能单独存在。公民在使用网络时，先由充当网络接入者角色的电信业务者提供服务入网，再由专门管理网络的人员维护网络的正常使用，还有直接与公民接触的网络服务者提供网上的工作、学习、生活等服务。在这些过程中，公民需要提供姓名、住址、电话等才能入网，才能获得网络的正常使用；在接受网络服务时需要提供更多的信息，如身份证号码、性别、地理位置等信息，只有提供后才能方便自己的工作、学习和生活。需要注意的是在本罪中，除自然人主体外，单位主体应该更为常见。

2. 网络服务提供者的实行行为

首先，网络服务提供者不履行“法律、行政法规规定的信息网络安全管理义务”，主要是指现行法律、行政法规中规定的网络安全管理义务，这是本罪的构成前提。我国的《网络安全法》不仅对网络运营者的行为作出了总体的要求，而且对网络运营者网络运营需要遵守的规则义务作出分类的规定该法第四章网络信息安全部分以较大篇幅专章规定了相关组织和个人对公民个人信息保护应该履行的义务。概括起来：一是网络运营者的义务。[②] 如网络运营者收集、使用个人信息必须符合合法、正当、必要原则；网络运营商收集、使用公民个人信息的目的明确原则和知

---

① 拒不履行网络安全管理义务罪的严重情节并非仅限于网络服务提供者“致使用户信息泄露，造成严重后果”的情形，本文只研究与公民个人信息泄露相关的情形。

② 依照《网络安全法》第76条第3项规定，网络运营者包括网络的所有者、管理者和网络服务提供者。

情同意原则；网络运营者在公民个人发现其违反法律、行政法规的规定或者双方的约定收集、使用个人信息的，或收集、存储的公民个人信息有错误的，在公民个人要求删除或更正时，网络运营者应当采取措施予以删除或者更正；网络运营者不得泄露、篡改、毁损其收集的个人信息；网络运营者应当采取技术措施和其他必要措施，确保其收集的个人信息安全，防止信息泄露、毁损、丢失。在发生或者可能发生个人信息泄露、毁损、丢失的情况时，应当立即采取补救措施，按照规定及时告知用户并向有关主管部门报告等。二是网络安全监督管理机构及其工作人员的义务。即必须对在履行职责中知悉的个人信息、隐私和商业秘密严格保密，不得泄露、出售或者非法向他人提供。在发现法律、行政法规禁止发布或者传输的信息的，应当要求网络运营者停止传输，采取消除等处置措施，保存有关记录等。三是其他个人和组织的义务。包括任何个人和组织不得窃取或者以其他非法方式获取个人信息，不得非法出售或者非法向他人提供个人信息；任何个人和组织应当对其使用网络的行为负责，不得设立用于实施诈骗等违法犯罪活动的网站、通讯群组，不得利用网络发布涉及实施诈骗，制作或者销售违禁物品、管制物品以及其他违法犯罪活动的信息；任何个人和组织发送的电子信息、提供的应用软件，不得设置恶意程序，不得含有法律、行政法规禁止发布或者传输的信息等。《网络安全法》的这些规定既是对公民个人信息全面的法律保障，同时也是对包括网络服务提供者在内的各个主体拒不履行网络安全管理义务专门的法律规定。

其次，“经监管部门责令采取改正措施而拒不改正”的行为是网络服务提供者承担刑事责任的关键。

（1）对于“监管部门”，根据《网络安全法》第 8 条以及第 50 条的规定，国家网信部门负责统筹协调网络安全工作和相关监督管理工作，国务院电信主管部门、公安部门和其他有关机关在各自职责范围内负责网络安全保护和监督管理工作，在发现法律、行政法规禁止发布或传输的信息时，应当要求网络运营者停止传输，采取消除等处置措施，保存有关记录。

（2）对于“责令采取改正措施”，一般是在实施行政处罚时兼用的一种行政行为，《行政处罚法》第 23 条规定：“行政机关实施行政处罚时，应当责令当事人改正或者限期改正违法行为。”在该罪中，责令网络服务提供者采取改正措施是指要求网络服务提供者立即采取措施挽救，不是限期改正，并且是只要责令一次即可，在一次责令改正后不改正造成严重后果的就可能构成犯罪。

（3）对于“拒不改正”，即网络服务提供者对监管部门责令改正的命令明确拒绝改正或者是视而不见，不予理会的行为。一种是明确拒绝改正，甚至妨碍监管部门执法的，是积极的“拒不改正”行为，对此可能不仅构成该罪，还有可能构成妨害公务罪，属法条竞合犯，根据特别法优于普通法的原则，应以拒不履行网络安全管理义务罪的规定予以处罚。另一种是网络服务提供者视而不见、不予理会的行为，在实践中是比较常见的，是典型的不作为犯罪，网络服务提供者只要有改正的义务和能力而不予改正就自然构成了该罪。当然，网络服务提供者的义务都是在其能够履行的范围之内，并且不会影响到其在网络上的正常运营。“法律所规定的技术措施应以不会实质性增加其运营成本或系统与网络的负担为限。如果超过此限度，可能因不合理地增加了技术负担，使网络服务提供者将有限的研发力量用于不必要的审查中去，从而阻碍了网络技术的健康发展。"①

因而，只要是负有信息网络安全管理义务的网络服务提供者拒不履行其义务，在监管部门责令采取改正措施而拒不改正并具有法律规定的情形之一时，就可以拒不履行网络安全管理义务罪追究网络服务提供者的刑事责任。

3. 网络服务提供者致使用户信息泄露，造成严重后果的

目前《侵犯公民个人信息司法解释》中没有对网络服务提供者致使公民个人信息泄露，造成严重后果作出明确认定，但是该解释第5条和第6条对侵犯公民个人信息，情节严重和情节特别严重的情形作了规定，这在认定网络服务提供者的刑事责任时可以作为参考。如对非法获取、出售、提供公民个人信息情节严重的行为进行规制，解释规定的"（一）出售或者提供行踪轨迹信息，被他人用于犯罪的；（二）知道或者应当知道他人利用公民个人信息实施犯罪，向其出售或者提供的；（三）非法获取、出售或者提供行踪轨迹信息、通信内容、征信信息、财产信息五十条以上的……"在关于本罪专门的司法解释出台之前，这些规定可以作为认定网络服务提供者"致使公民个人信息泄露，造成严重后果"的刑事责任时参考。

四、网络服务提供者在帮助信息网络犯罪活动罪中刑事责任的认定

《刑法修正案（九）》在刑法第287条之后增加了帮助信息网络犯罪活动罪，即"明知他人利用信息网络实施犯罪，为其犯罪提供互联网接入、服务器托管、网络存储、通讯传输等技术支持，或者提供广告推广、支付结算等帮助，情节严重"的行为。从该规定以及前文对网络服务提供者的界定可以看出，能够提供这些技术支持和帮助的主要是网络服务提供者，因而实施该罪的主体也主要是网络服务提供者。实践中，如果网络服务提供者不仅不履行网络安全管理义务，而且还利用自身优势帮助实施侵犯公民个人信息犯罪活动的，其行为构成侵犯公民个人信息罪与帮助信息网络犯罪活动罪的想象竞合犯，根据第287条之二第3款的规定，"同时构成其他犯罪的，依照处罚较重的规定定罪处罚"。但是，针对中立的帮助业务行为是否构成犯罪，在理论界存在争议。主观说认为，只要有"明知"或"应当知道"则具有刑事责任；客观说认为，应该以该行为是否制造了"法不允许的危险"为标准来判断中立帮助行为是否应承担刑事责任；② 综合说，如张明楷教授认为应当综合考虑正犯行为的紧迫性，行为人（帮助犯）对法益的保护义务，行为对法益侵害所起作用的大小以及行为人对正犯行为的确实性认识等要素，得出妥当的结论。③

如前文所述，由于网络技术的不完善导致网络自身的漏洞问题是客观存在的，

① 秦天宇、张铭训：《网络服务提供者不作为犯罪要素解构——基于"技术措施"的考察》，载《中国刑事法杂志》2009年第9期。

② 陈洪兵：《中立的帮助行为论》，载《中外法学》2008年第6期。

③ 陆旭：《网络服务提供者的刑事责任及展开——兼评〈刑法修正案（九）〉的相关规定》，载《法治研究》2015年第6期。

所以对于网络服务提供者中立的业务行为入罪应当予以限制，对中立的业务帮助行为，应朝着限制处罚的方向考虑，一般不应以帮助信息网络犯罪活动罪追究刑事责任，只有在情节严重且有责任的情况下才追究。[①] 同时，对帮助信息网络犯罪活动罪中的“明知”也应进行限缩解释，明知应该是对行为人、行为有特定具体的认知，而不是概括的认知，如果只是概括的知晓在其服务领域内，可能有信息网络犯罪发生，则不成立“明知”，不能以帮助信息网络犯罪活动罪认定，也不能以共犯论处。[②]

结语

在网络信息时代，对公民个人信息的保护刻不容缓，对网络服务提供者刑事责任的规制是保护公民个人信息的有力保障，实际上，在不少犯罪中都存在着网络服务提供者作为行为人侵犯公民个人信息的情形，本文限于篇幅，仅列举了三种常见的网络服务提供者侵犯公民个人信息的犯罪。

对网络服务提供者侵犯公民个人信息的刑事责任的追究也应贯彻宽严相济的刑事政策，毕竟网络对经济的发展有着不可忽视的作用，网络服务提供者作为网络信息时代重要的枢纽，刑法就必须考虑到如若严厉打击可能带来的影响网络运营、经济发展等问题。最高人民法院发布的《关于贯彻宽严相济刑事政策的若干意见》第4条也规定了“要根据经济社会的发展和治安形势的变化，尤其要根据犯罪情况的变化，在法律规定的范围内，适时调整从宽和从严的对象、范围和力度。”[③]

根据刑法和“两高”《侵犯公民个人信息司法解释》的规定：

在从宽方面：对“实施侵犯公民个人信息犯罪，不属于‘情节特别严重’，行为人系初犯，全部退赃，并确有悔罪表现的，可以认定为情节轻微，不起诉或者免予刑事处罚；确有必要判处刑罚的，应当从宽处罚。”此外，对于网络服务提供者中立的业务行为入罪应当持审慎的态度。

在从严方面：现行刑法将侵犯公民个人信息罪的主体范围扩大到包括网络服务提供者在内的一般主体就是表现之一；拒不履行网络安全管理义务罪、非法利用信息网络罪、帮助信息网络犯罪活动罪等罪名的增设，不仅使得网络服务提供者拒不履行网络安全管理义务的行为有了刑法上的规定，而且帮助行为的正犯化等，也都为规范网络服务提供者的行为构建了严密的刑事法网。此外，根据刑法第37条之一从业禁止的规定，对于利用职业便利或者实施违背职业要求的特定义务的犯罪被判处刑罚的网络服务提供者，人民法院可以根据犯罪情况和预防再犯罪的需要，在相应的期限内禁止其从事网络安全管理、网络运营、网络服务的工作。

---

① 参见张明楷：《论帮助信息网络犯罪活动罪》，载《政治与法律》2016年第2期。

② 涂龙科：《网络服务提供者的刑事责任模式及其关系辨析》，载《政治与法律》2016年第4期。

③ 最高人民法院《关于贯彻宽严相济刑事政策的若干意见》，载中华人民共和国最高人民法院网站，http://www.court.gov.cn/zixun-xiangqing-174.html，2017年6月9日访问。

网络犯罪的多向维度与刑法应对*

陈 璐**

随着我国信息化建设步伐的加快，虚拟社会成为与现实社会并行不悖的人类活动空间。在网络技术普及和互联范围扩大的双重作用下，网络因素快速介入几乎所有的传统犯罪之中，为传统犯罪行为开辟了新的渠道和领域，并呈现爆发式增长。尽管有些学者将网络犯罪称之为“新瓶装老酒”，① 但全世界大约有20亿网络用户，网络空间由于其隐蔽性、匿名性、技术性等特征成为犯罪分子的理想犯罪场所，这是人类社会在实现第五次信息技术飞跃之后面临的又一次技术之殇。在社会公私事务数字化、网络化以及网络资源使用权普及化的信息社会中，网络犯罪的外延从经济利益扩展到政治事务、从个人犯罪扩展到有组织犯罪，呈现出多向维度。与此同时，网络犯罪新出现的罪责要素与传统刑法规范的关系日益紧张，以现实空间为假设前提的传统犯罪构成要件要素的设置已不能满足网络犯罪的治理需求，这就需要在合理扩大解释传统刑法理论的基础上创新论证新的理论。

一、网络犯罪多向维度的展开与刑法应对困境

尽管持怀疑论的学者认为，网络犯罪并未比计算机未发明时的传统犯罪更加猛烈，② 但事实是计算机网络允许客户匿名访问网站的特性也使犯罪机会更加大众化，在利益或者其他意图的驱动下，无论是先前将网络作为对象或者工具的犯罪，还是现在网络犯罪空间的生成，网络犯罪都以前所未有的速度和广度覆盖全部的私人乃至国家事务。③ 同时由于现代社会事务对网络的全面依赖以及网络犯罪所特有的群体性受害特征，这使得多向维度的网络犯罪在危害后果上较传统犯罪更令人堪忧。

（一）网络犯罪战争化——刑法之无力应对

计算机网络在优化国家运行模式和军事管理的同时，也给国家安全带来了新的冲击和威胁。进入21世纪，网络犯罪对国家安全最具威胁的形式表现为利用网络实施的恐怖主义犯罪、间谍犯罪、非法侵入电脑系统。2007年4月，爱沙尼亚遭到不明来源的大规模网络攻击，整个经济和社会秩序完全瘫痪，这是国际社会出现的

---

* 本文为2017年河南省哲学社会科学规划项目“互联网金融犯罪风险和刑法应对研究”（课题编号：2017CFX024）的阶段性成果。

** 刑法学博士、博士后，河南财经政法大学刑事司法学院讲师。

① Rob McCusker, Transnational Organised Cyber Crime: Distinguishing Threat from Reality, Crime Law Soc Change 46, 2006, pp. 257-273.

② Adam Salifu, The impact of internet crime on development, Journal of Financial Crime Vol. 15 No. 4, 2008, pp. 434.

③ 参见于志刚：《网络思维的演变与网络犯罪的制裁思路》，载《中外法学》2014年第4期。

第一次针对整个国家发动的网络攻击。2010年，伊朗核设施遭受美国代号为“震网”（Stuxnet）的蠕虫病毒攻击，被认为是网络空间安全的一个重要的里程碑事件。伊朗事件发生后，网络空间安全才开始真正引起国家安全决策者们的高度警惕和关注。许多战略家相信，网络空间的先发制人已经出现，“网络战”的潘多拉盒子已经开启。[①] 2013年，英国议会委员会主席KeithVaz在一份议会报告中指出，网络攻击对国家的威胁将比核武器攻击更加严重。[②] 2014年4月15日，我国国家主席习近平在国家安全委员会的首次会议上提出了新的国家安全观概念，除了传统安全，互联网非传统安全也成为国家安全的防治重点。

除了黑客攻击、有组织网络犯罪以及网络恐怖主义等常规危害国家安全的网络犯罪以外，国家支持的网络战也逐渐登上历史舞台。美国早在20世纪90年代就提出了网络战概念，近年来更是大力发展网络部队，美国大肆宣扬其面临所谓“数字9·11”和“网络珍珠港”的威胁，打着维护国家利益的旗号在网络空间积极扩军备战，内容涉及网络战争、远程控制、植入性病毒、黑客攻击与反攻击等。2016年12月27日，我国互联网信息办公室发布的《国家网络空间安全战略》指出，国际上争夺和控制网络空间战略资源，抢占规则制定权和战略制高点、谋求战略主动权的竞争日益激烈，个别国家强化网络威胁战略，加剧网络空间军备竞赛，世界和平受到新的威胁。[③] 无论发展中国家意愿如何，新一轮的网络军备竞赛已经开始，正如FBI指出的那样，下一次的战争将发生在网络空间中，这使得针对国家安全的网络攻击已由个人行为主体发展为国家行为主体，超出了传统犯罪的犯罪主体视域范围，甚至上升到战争层面，作为国内法的刑法显然对此束手无策。

（二）网络犯罪跨国有组织化——刑法之探索应对

网络互联的无疆域性导致网络犯罪更容易突破国界的限制，达到犯罪资源配置的最优化。有研究表明，超过80%的网络犯罪是有组织实施的，并有着强烈的经济目标，其犯罪行为大多都有“以营利为目的”的特征。[④] 如今，有组织的网络犯罪更像是一个跨国的商业公司。2009年，犯罪分子利用一款宙斯木马病毒从美国、英国、西班牙、意大利的银行窃取了600万美元，犯罪行为的每一项活动都有专人负责，根据不同国家银行网络系统的漏洞，将病毒软件传给不同的银行，展现了娴熟的“thinkglobal，actlocal”的商业策略。[⑤] 此外，网络也正在成为实施跨国知识产权相关犯罪以及散布儿童色情制品和虐待材料等犯罪的最佳场所，有组织的犯罪分子已会娴熟地利用刑事管辖权的冲突规避法律制裁。然而，网络不是犯罪分子规避法律制裁的工具，网络空间更不是法律管辖的真空地带，对此世界各国都在进行积极

① 参见郎平：《网络空间安全：一项新的全球议程》，载《国际安全研究》2013年第1期。

② UK losing the battle against cybercrime，Computer Fraud & Security，Issue 8，2013，pp1-3.

③ 参见http：//www. cac. gov. cn/2016-12/27/c_ 1120195926. htm. 2017年2月6日访问。

④ Christian Konradt，Andreas Schilling，Brigitte Werners，Phishing：An economic analysis of cybercrime perpetrators，Computers & Security，Volume 58，2016，pp. 39-46.

⑤ Yuval Ben-Itzhak，Organised cybercrime and payment cards，Card Technology Today，Volume 21，Issue 2，2009，pp10-11.

的探索。2016年10月17日，《联合国打击跨国有组织犯罪公约》缔约方第八次会议在维也纳召开，其主要议题是打击跨国有组织犯罪的国际合作，尤其侧重于引渡、司法协助和没收事宜的国际合作。[①] 但国际合作的管辖权之争极为激烈，网络安全监管和国家主权之间的矛盾如何平衡仍无法达成共识，它将是我国理论界和实务界需要重点研究的课题，对此我国刑法还处于探索阶段。

此外，在网络安全监管和国家主权之间的矛盾问题上，发达国家和发展中国家的立场无疑截然不同。发展中国家由于互联网技术、基础设施、执法经验的欠缺和匮乏，不但使发展中国家比发达国家更容易遭受互联网犯罪的侵袭，更使发展中国家在数据共享过程中面临更多的风险和不利。[②] 因此发展中国家往往着重维护国家主权，致力于信息污染和越境信息流的控制；西方发达国家则为了输出自己的价值观念，极力鼓吹信息流的自由化，又担心自己的信息利益得不到保障，从而更注重对信息攻击的防护。[③] 在当前国际条约制定主导权还掌握在发达国家手中的情势下，其牵头制定的国际条约以及国际法院的规则必然反映发达国家的利益主张和价值诉求，这对于发展中国家显然是不利的。尽管我国在批准国际公约的同时，大多对"通过仲裁和国际法院解决争议条款"做了保留，但这始终仅是权宜之策，尽早另起炉灶，及时提出自己主导的制裁网络犯罪的国际公约草案，在国际法律规则和起草中发出中国自己的声音才是解决问题的根本办法，[④] 这无疑也需要国际刑法理论的深度探索与成熟蒂落。

（三）网络犯罪大数据化——刑法之初步应对

在信息技术革命带动下，大数据、云计算等新技术的推广应用无疑是一把双刃剑，它在为公私事务提供便利的同时也大幅度提升了攻击者获得信息、破解密码的能力，加之第三方平台迅猛发展，互联互通更加剧了风险的不可控性，给国家安全、公私财产带来巨大安全隐患。犯罪分子通过网络钓鱼（骗取互联网用户提供其个人信息）、恶意软件（无意中安装的软件，用于收集个人资料）和黑客攻击（远程非法进入某人的计算机）来进行数据收集，这些数据体量巨大，类型多样，并可通过快速数据处理筛选出智能的、深入的、精准的信息为犯罪分子所利用，大数据成为网络犯罪的新引擎，其犯罪行为也由"人为驱动"转化为"数据驱动"。网络犯罪大数据化这一特征使得受害人人数、损失金额呈几何倍增长，赛门铁克诺顿公司2016年发布的《诺顿安全报告》指出，接受调研的21个国家中有6.89亿人受到网络犯罪的侵害，损失高达1260亿美元。[⑤] 在我国，根据互联网协会发布的调查

① 参见 https：//www.unodc.org/documents/treaties/UNTOC/COP/Session_8/CTOC_COP_2016_8/CTOC_COP_2016_8_C.pdf. 2017年2月7日访问。

② Adam Salifu. The impact of internet crime on development. Journal of Financial Crime. Volume 15，Issue 4，2008，pp. 432.

③ 参见许秀中：《网络与网络犯罪》，中信出版社2003年版，第489页。

④ 参见于志刚：《"信息化跨国犯罪"时代与〈网络犯罪公约〉的中国取舍——兼论网络犯罪刑事管辖权的理念重塑和规则重建》，载《法学论坛》2013年第2期。

⑤ 2016 Norton Cyber Security Insights Report. https：//www.symantec.com/content/dam/symantec/docs/reports/2016-norton-cyber-security-insights-report.pdf.

报告显示，2016年我国网民因垃圾短信、诈骗信息、个人信息泄露等造成的经济损失达915亿元，人均为133元。① 面对一个由庞大数据构成的全新犯罪场域，针对数据的犯罪行为本身就由技术构成，传统刑法无论在罪责要素上还是侦查技术上都显得捉襟见肘。

二、网络犯罪的规则架构——立法回应的基本思路

（一）网络犯罪的现有定罪规则及困局

当前，我国刑法对网络犯罪定罪采用的是“专属罪名+传统罪名”并行的方法。专属罪名共有7个，即非法侵入计算机信息系统罪，非法获取计算机信息系统数据、非法控制计算机信息系统罪，提供侵入、非法控制计算机信息系统程序、工具罪（第285条）；破坏计算机信息系统罪（第286条）；拒不履行信息网络安全管理义务罪（第286条之一）；非法利用信息网络罪（第287条之一）；帮助信息网络犯罪活动罪（第287条之二）。同时第287条规定了对网络犯罪采用传统罪名处理的模式，即“利用计算机实施金融诈骗、盗窃、贪污、挪用公款、窃取国家秘密或者其他犯罪的，依照本法有关规定定罪处罚”。此外，2000年12月全国人大常委会通过了《关于维护互联网安全的决定》，该规定第4条第2款规定，非法截获、篡改、删除他人电子邮件或者其他数据资料，侵犯公民通信自由和通信秘密构成犯罪的，依照刑法的有关规定（即刑法第252条侵犯通信自由罪）追究刑事责任。

这样的罪名体系用“特殊+一般”的方式规制网络犯罪，在逻辑上看似周延，但在实践中却问题重重。传统刑法教义学对犯罪构成要件要素的解释是基于现实空间的特性展开，当犯罪行为发生在网络空间时，传统构成要件要素是否能够涵盖网络空间的特有要素便是刑法应对网络犯罪的一大困局。

1. 网络空间特有的犯罪对象与传统犯罪对象产生种属关系的难题

网络空间区别于现实空间的首要特点是“物”的虚拟性，而传统刑法对作为犯罪对象的“物”解释具有现实性，当网络空间中的虚拟物成为侵害对象时，可否将虚拟物解释为现实之物将关系到如何选择罪名的适用。例如，盗窃他人网络账户中的虚拟财产如何认定的问题——究竟是以非法获取计算机信息系统数据罪这一专属罪名定罪还是以盗窃罪这一传统罪名定罪？有学者认为，虚拟财产和现实财产在网络空间中存在一定换算途径和交易机制，虚拟财产可以通过一定的方式转变为现实财产，因此可将虚拟财产视为刑法中的“财物”，盗窃虚拟财产的行为应认定为盗窃罪。② 也有学者认为，盗窃网络账户中的虚拟财产，侵犯的主要法益不是他人的财产所有权，虚拟财产不能理解为“财物”，对此行为应认定为非法获取计算机信息系统数据罪。③ 还有学者认为，虚拟财产没有价值，也不是劳动创造的，而是商家不当敛财的工具，法律不应当促进虚拟财产，而应当限制虚拟财产，不应当把盗

① 《中国网民权益保护调查报告（2016）》，https://www.12321.cn/Uploads/pdf/2016 wangminquanyidiaochabaogao.pdf.2017年2月6日访问。

② 参见张明楷：《非法获取虚拟财产的行为性质》，载《法学》2015年第3期。

③ 参见刘明祥：《窃取网络虚拟财产行为定性探究》，载《法学》2016年第1期。

窃虚拟财产行为犯罪化。[1] 如此争论源于对传统犯罪对象能否涵摄网络空间特有犯罪对象这一问题认识不一，于是在罪名选择上争议不断。

2. 网络空间特有的犯罪行为与传统犯罪行为产生种属关系的难题

网络平台化的发展使网络承载了越来越多社会事务的功能，网络技术操作行为也成为现代商业、金融、服务等各行各业的必备程序抑或是重要附加程序。当网络技术操作行为侵害他人合法权益时，能否将网络技术操作行为解释为传统犯罪行为、解释为何种传统犯罪行为同样关系到罪名的选择和适用。例如，2009 年被告人倪某针对百度搜索广告推广系统自主研发了“网络金手指”软件，可以模拟正常的网民点击，实现推广结果的点击扣费，导致百度推广客户的推广费用被恶意且迅速地消耗、推广自动下线，成为百度推广客户被他人（尤其是竞争对手）非法打压、威胁的不法工具。对这种网络空间所特有的恶意点击行为，究竟是以计算机网络专属罪名定罪还是以传统罪名定罪呢？检方对倪某以提供侵入、非法控制计算机信息系统的程序、工具罪起诉。也有学者认为，应当以破坏生产经营罪这一传统罪名定罪处罚，其恶意点击行为属于“以其他方法破坏生产经营的”行为。[2] 再如，不法网络卖家通过给竞争对手“恶意好评”的方式，让作为第三方交易平台的经营者发现这一违规行为，从而使该卖家被降低搜索排名，致其损失惨重。有学者认为应构成破坏生产经营罪，[3] 而有学者主张构成非法经营罪。[4] 由此可见，网络空间特有的犯罪行为在传统刑法的罪名体系中如何安放仍然是困扰司法实务的难题。

3. 现有的罪名体系并不足以涵盖所有的网络危害行为

网络新型危害行为的不断涌现使得刑法应对虚拟社会捉襟见肘，一些新型的危害行为在现行刑法中并无适用余地。例如，目前许多大肆流行的网络游戏大多含有色情等不法内容，以此来吸引更多的玩家，尽管文化部颁布的《互联网文化管理暂行规定》已明确禁止互联网文化单位提供宣扬淫秽、赌博、暴力或者教唆犯罪的文化产品，但其位阶不高、处罚力度不大，网络色情游戏成瘾者越来越多，已成为青少年犯罪的直接诱因之一。然而，根据我国刑法分则第六章第九节规定的 5 个涉及淫秽物品犯罪的罪名以及相关司法解释，制作、复制、出版、贩卖、传播淫秽的书刊、影片、音像、图片甚至电子信息均可入刑打击，而色情游戏在刑法上却找不到处罚的依据，可见刑法规范对网络色情犯罪的打击还存在着一定的刑罚真空。[5] 对此有学者主张，刑法应当增设“制作、传播有害网络游戏罪”对此种行为进行打击。

（二）刑法立法应对网络犯罪的未来趋势

针对现行刑法罪名体系和定罪规则存在的困境，学者们纷纷试图开出良方，大

---

① 参见侯国云：《论网络虚拟财产刑事保护的不当性——让虚拟财产永远待在虚拟世界》，载《中国人民公安大学学报》（社会科学版）2008 年第 3 期。

② 参见高丽娜、孙晓麒：《恶意点击行为的刑法分析》，载《检察前沿》2014 年第 9 期。

③ 参见李凌旭、闫二鹏：《新实质解释视域下的破坏生产经营罪之构成要件——以恶意好评行为入罪为视角》，载《湖南师范大学社会科学学报》2016 年第 2 期。

④ 参见李怀胜：《“恶意好评”引发的刑法问题及其思索》，载《中国检察官》2015 年第 3 期。

⑤ 参见于志刚：《网络色情犯罪现状及其刑法对策》，载《理论探索》2010 年第 6 期。

致可以分为两个阵营：一个可称重构派，一个可称改良派。重构派主张打破传统刑法反应模式另行构建网络犯罪罪名体系，如有学者主张对于网络作为“犯罪对象”的网络犯罪，可以考虑在独立章节中增加体系化的罪名，根据犯罪对象的类型差异，体系化地设置侵害软件、系统、数据、网络的犯罪。之后，以“共犯行为的正犯化”为思路，解决以技术、工具、程序等方式对于上述四种类型的犯罪行为予以帮助行为的独立定罪问题。① 还有学者主张为了有效治理网络犯罪，需打破我国刑事立法模式的局限和束缚，针对网络犯罪的特点专门制定单行网络刑法。② 而改良派主张解释刑法优于批判刑法，对于新型的网络犯罪行为，应当通过刑法解释的途径，扩充构成要件要素，但同时亦不可借扩大解释之明，行类推解释之实。③

笔者认同改良派的观点。从 1997 年刑法修订，我国刑法随着网络犯罪情势的变化，从立法修补和司法解释两个方面不断完善对网络犯罪的规制。但在大多数场合，无论网络是作为犯罪手段、犯罪对象还是犯罪空间，都并未创设新的罪名，而是传统罪名“罪状”的扩大与延伸，因此，通过将“罪状”构成要件要素进行网络化解释的方式就可解决大多数网络犯罪的规制难题，司法解释的强大补充能力于此便淋漓尽致地体现出来。

三、网络犯罪的规则补充——司法解释的发展趋势

（一）网络犯罪现有的司法解释框架

到目前为止，我国共颁布了 7 个专门针对网络（计算机）犯罪的司法性文件（包括司法解释），分别是《关于办理利用互联网、移动通讯终端、声讯台制作、复制、出版、贩卖、传播淫秽电子信息刑事案件具体应用法律若干问题的解释》（2004）、《关于依法开展打击淫秽色情网站专项行动有关工作的通知》（2004）、《关于办理利用互联网、移动通讯终端、声讯台制作、复制、出版、贩卖、传播淫秽电子信息刑事案件具体应用法律若干问题的解释（二）》（2010）、《关于办理网络赌博犯罪案件适用法律若干问题的意见》（2010）、《关于办理危害计算机信息系统安全刑事案件应用法律若干问题的解释》（2011）、《关于办理利用信息网络实施诽谤等刑事案件适用法律若干问题的解释》（2013）、《关于办理电信网络诈骗等刑事案件适用法律若干问题的意见》（2016）。除此之外，大量普通司法解释中也都有涉及网络犯罪的条款。现行刑法是以现实空间为假设前提设置罪责要素的，现有的罪名体系不能完全应对网络犯罪也是情理之中的事情，但网络空间作为与现实空间并行不悖的犯罪场域已是不争的事实，要想让现行刑法的罪名体系适用于制裁网络犯罪，最根本的途径就是对具体罪状描述中的关键罪责要素的内涵和外延，结合信息时代和网络空间的特征作出与时俱进的解释，进而让传统刑法的条文体系焕发新

① 参见于志刚：《突破刑法传统反应模式构建网络犯罪罪名体系》，载《检察日报》2014 年 9 月 30 日。

② 参见卢建平、姜瀛：《犯罪“网络异化”与刑法应对模式》，载《人民检察》2014 年第 3 期。

③ 参见李凌旭、闫二鹏：《新实质解释视域下的破坏生产经营罪之构成要件——以恶意好评行为入罪为视角》，载《湖南师范大学社会科学学报》2016 年第 2 期。

的生命力，延伸适用于信息时代和网络空间。①

（二）网络犯罪现有司法解释的困境

1. 司法解释确立的入罪标准与行政法确立的处罚标准之间的矛盾

刑法入罪标准与行政法处罚标准的矛盾问题是我国二元制立法体制的内生性矛盾，在当前行政立法加大对网络违法行为打击力度的情势下，网络犯罪的入罪标准与尚未构成犯罪的处罚标准之间的矛盾就显得更加突出。例如，《关于办理危害计算机信息系统安全刑事案件应用法律若干问题的解释》对非法获取计算机信息系统数据罪的入罪情节标准进行了如下界定，“具有下列情形之一的，应当认定为刑法第二百八十五条第二款规定的‘情节严重’：（一）获取支付结算、证券交易、期货交易等网络金融服务的身份认证信息十组以上的；（二）获取第（一）项以外的身份认证信息五百组以上的……”而《网络安全法》对侵犯公民个人信息行为的行政处罚标准也作出了规定：“窃取或者以其他非法方式获取、非法出售或者非法向他人提供个人信息，尚不构成犯罪的，由公安机关没收违法所得，并处违法所得一倍以上十倍以下罚款，没有违法所得的，处一百万元以下罚款。”应当指出，提高对侵犯公民个人信息违法行为的处罚标准是《网络安全法》的一大亮点，但最高100万元的罚款与入罪标准之间的矛盾却令法律无法实施。倘若行为人非法获取个人支付结算、证券交易、期货交易等网络金融服务的身份认证信息9组（仅次于10组的入罪标准），尚不构成非法获取计算机信息系统数据罪，可根据《网络安全法》对其进行行政处罚，按照比例原则，应仅次于法定最高处罚额度进行处罚，但行政法规定的最高处罚额度是100万，如何确定处罚额度？即使是非法获取10组构成犯罪，那么量刑也仅仅是单处罚金，罚金额度又如何确定？按照现有的司法解释和行政法的规定，很可能会出现罚款数额与罚金刑数额高的处罚后果，显然是不合理的。

2. 将“网络手段”作为入罪标准的模式并不统一，存在入罪标准不均衡的现象

面对传统犯罪在网络空间中的异化现象，最高司法机关也认识到了网络作为犯罪手段的特殊危害性，因此一些司法解释就直接把“网络手段”作为入罪情节的一种。② 例如，最高人民检察院、公安部《关于公安机关管辖的刑事案件立案追诉标准的规定（二）》对损害商业信誉、商品声誉罪的入罪标准作出了界定：“涉嫌下列情形之一的，应予立案追诉：（一）给他人造成直接经济损失数额在五十万元以上的；（二）虽未达到上述数额标准，但具有下列情形之一的：1. 利用互联网或者其他媒体公开损害他人商业信誉、商品声誉的；2. ……”该司法解释将“网络手段”直接等同于传统的入罪标准（数额、后果等），从而使“网络手段”单独成为入罪的一种标准。但该入罪模式仅仅考虑“网络手段”本身，未考虑使用该手段造成的结果，只要行为人利用网络公开损害他人商业信誉、商品声誉，即使无人浏

① 参见于志刚：《网络犯罪的发展轨迹与刑法分则的转型路径》，载《法商研究》2014年第4期。

② 参见于志刚：《网络、网络犯罪的演变与司法解释的关注方向》，载《法学论坛》2013年第11期。

览、无人转发、无人知晓也构成犯罪，如此定罪不但缺乏可操作性，也不符合罪责刑相适应的刑法原则。实际上，绝大多数的司法解释都没有采取此种模式，而是采取了“网络手段+后果”的模式，该种模式实现了规范内部的协调性，是一种科学的、可取的入罪模式。例如，《关于办理利用信息网络实施诽谤等刑事案件适用法律若干问题的解释》对诽谤罪入罪标准的规定：“利用信息网络诽谤他人，具有下列情形之一的，应当认定为刑法第二百四十六条第一款规定的‘情节严重’：（一）同一诽谤信息实际被点击、浏览次数达到五千次以上，或者被转发次数达到五百次以上的；（二）造成被害人或者其近亲属精神失常、自残、自杀等严重后果的；（三）二年内曾因诽谤受过行政处罚，又诽谤他人的；（四）其他情节严重的情形。”显然，同样是利用网络实施犯罪，损害商业信誉、商品声誉罪与诽谤罪的入罪标准却存在着很大区别，这种入罪标准不统一的法律解释为司法实践造成了极大困惑。

（三）司法解释应对网络犯罪的未来趋势

1. 司法解释将进一步加强对网络要素的考量

近年来，最高司法机关发布的关于某（类）罪名的司法解释几乎都对该（类）罪名可能涉及的网络因素给予了考量，这种考量主要遵循以下四种路径：一是将传统构成要件要素进行扩充以涵盖网络要素。例如，2010 年最高人民法院、最高人民检察院、公安部《关于办理网络赌博犯罪案件适用法律若干问题的意见》第 1 条规定：“利用互联网、移动通讯终端等传输赌博视频、数据，组织赌博活动，具有下列情形之一的，属于刑法第三百零三条第二款规定的‘开设赌场’行为：（一）建立赌博网站并接受投注的……”二是将“网络手段”作为入罪标准。例如，2017 年最高人民法院、最高人民检察院《关于办理组织、利用邪教组织破坏法律实施等刑事案件适用法律若干问题的解释》第 2 条第 12 项明确界定了利用通讯信息网络宣扬邪教构成犯罪的入罪标准。三是将“网络手段”作为共犯定罪处罚。例如，2013 年最高人民法院、最高人民检察院《关于办理敲诈勒索刑事案件适用法律若干问题的解释》第 7 条规定：“明知他人实施敲诈勒索犯罪，为其提供信用卡、手机卡、通讯工具、通讯传输通道、网络技术支持等帮助的，以共同犯罪论处。”四是将“网络手段”以其他罪名定罪处罚。例如，2016 年最高人民法院《关于审理毒品犯罪案件适用法律若干问题的解释》第 14 条规定：“利用信息网络，设立用于实施传授制造毒品、非法生产制毒物品的方法，贩卖毒品，非法买卖制毒物品或者组织他人吸食、注射毒品等违法犯罪活动的网站、通讯群组，或者发布实施前述违法犯罪活动的信息，情节严重的，应当依照刑法第二百八十七条之一的规定，以非法利用信息网络罪定罪处罚。”这四种解释方式构建了传统刑法应对网络犯罪的基本框架，但需要指出的是，一些早期颁布的司法解释并没有对网络因素给予充分的考量，如 2009 年最高人民法院《关于审理洗钱等刑事案件具体应用法律若干问题的解释》对洗钱行为和方法的界定就没有考虑到网络洗钱、帮助网络洗钱及相关网络犯罪的情形，从而使该司法解释严重落后于网络洗钱严峻的犯罪情势。因此，未来司法解释应当进一步加强对网络要素的考量，实现立法术语与网络术语、传统构成要素与网络要素的有效对接。

2. 摒弃将“网络手段”单独作为入罪标准的解释模式，逐步统一入罪标准

如前所述，将“网络手段”单独作为入罪标准的司法解释模式不仅在实践中无法操作，而且与其他相似罪名的入罪标准发生矛盾，造成入罪标准不一致的后果，最高司法机关显然已经认识到了这一点，逐步通过颁布新司法解释、废止旧司法解释的方式摒弃了这一解释模式。例如，2001 年最高人民法院、最高人民检察院《关于办理组织和利用邪教组织犯罪案件具体应用法律若干问题的解释（二）》第 1 条规定：“制作、传播邪教宣传品，宣扬邪教，破坏法律、行政法规实施，具有下列情形之一的，依照刑法第三百条第一款的规定，以组织、利用邪教组织破坏法律实施罪定罪处罚：（一）制作、传播邪教传单、图片、标语、报纸 300 份以上，书刊 100 册以上，光盘 100 张以上，录音、录像带 100 盒以上的；（二）制作、传播宣扬邪教的 DVD、VCD、CD 母盘的；（三）利用互联网制作、传播邪教组织信息的……”在该司法解释中，“网络手段”仍旧是入罪的一个独立标准。但是，2017 年“两高”最新颁布的《关于办理组织、利用邪教组织破坏法律实施等刑事案件适用法律若干问题的解释》遂摒弃了这一入罪标准，其第 2 条规定：“组织、利用邪教组织，破坏国家法律、行政法规实施，具有下列情形之一的，应当依照刑法第三百条第一款的规定，处三年以上七年以下有期徒刑，并处罚金：（一）建立邪教组织，或者邪教组织被取缔后又恢复、另行建立邪教组织的……（十二）利用通讯信息网络宣扬邪教，具有下列情形之一的：（1）制作、传播宣扬邪教的电子图片、文章二百张（篇）以上，电子书籍、刊物、音视频五十册（个）以上，或者电子文档五百万字符以上、电子音视频二百五十分钟以上的；（2）编发信息、拨打电话一千条（次）以上的；（3）利用在线人数累计达到一千以上的聊天室，或者利用群组成员、关注人员等账号数累计一千以上的通讯群组、微信、微博等社交网络宣扬邪教的；（4）邪教信息实际被点击、浏览数达到五千次以上的。……”该司法解释于 2017 年 2 月 1 日起施行，《关于办理组织和利用邪教组织犯罪案件具体应用法律若干问题的解释（二）》同时废止。由此可见，新司法解释摈弃了将“网络手段”单独作为入罪标准的解释模式，采取了“网络手段+数额”的模式，逐渐统一了入罪标准，增强了可操作性。

3. 逐步完善入罪标准，实现司法解释内部的协调统一

例如，《关于办理危害计算机信息系统安全刑事案件应用法律若干问题的解释》规定的非法获取计算机信息系统数据罪的入罪标准很低：非法获取普通身份认定信息 500 组以上，非法获取支付结算、证券交易、期货交易等网络金融服务的身份认证信息 10 组以上即达到入罪标准，这明显无法与《网络安全法》上限为 100 万元的行政处罚有效衔接。正因为这一矛盾，更增加了界定侵犯公民个人信息罪入罪标准的难度，关于侵犯公民个人信息罪的司法解释到现在还没有出来。可以设想，如果侵犯公民个人信息罪的入罪标准实现了与非法获取计算机信息系统数据罪入罪标准的协调，必然造成与《网络安全法》的冲突；而如果实现了与《网络安全法》的协调，则必然造成与非法获取计算机信息系统数据罪入罪标准的冲突。究竟何去

何从，极大地考验立法机关、司法机关立法和解释法律的智慧。司法解释对非法获取计算机信息系统数据罪和侵犯公民个人信息罪入罪标准的界定必须照顾刑法与《网络安全法》的衔接，入罪数额起点不能过低。如果将信息数量和违法所得数额标准定得过低，将会挤压《网络安全法》的适用空间，造成刑罚和行政处罚不协调的后果。因此，笔者主张《关于办理危害计算机信息系统安全刑事案件应用法律若干问题的解释》对非法获取计算机信息系统数据罪入罪标准的规定已经过时，应当考虑颁布新的司法解释重新界定，提高入罪的数额标准。此外，在考虑侵犯公民个人信息罪入罪标准的时候，也应当考虑这一因素，不仅实现相近罪名入罪标准的协调统一，而且实现刑法与行政法的合理顺接。

信息网络犯罪的刑法规制

李　婕*

随着网络信息技术、电子商务的蓬勃发展，个人信息的价值与日俱增，钓鱼网站、身份盗窃等事件屡禁不止。《刑法修正案（九）》扩大了“个人信息”的范围，增设拒不履行信息网络安全管理义务罪、非法利用信息网络罪、帮助信息网络犯罪活动罪，以强化对个人信息的保护力度。信息技术的日新月异要求刑法对个人信息的保护不断完善，技术创新与法益保护的平衡亦需重视，分析信息网络犯罪的模式及其对刑法的挑战，能够提高公众的信息保护意识，也为打击信息网络犯罪提供有益的启示。

一、信息网络犯罪的罪名与犯罪模式

徐玉玉事件、一元木马盗窃案拉响了信息网络犯罪的红色预警，而网络发展使得获取他人信息相对简便，窃取个人信息、倒卖个人信息、利用他人信息进行犯罪俨然成为亟待解决的社会问题。“1号店客户信息泄露”,① “××银行客户信息泄露”事件,② 手机、邮箱频繁收到的推销广告都是个人信息安全的巨大隐患。面对信息网络犯罪的严峻挑战，刑法规定了哪些罪名？

（一）信息网络犯罪的罪名梳理

自从《刑法修正案（七）》增设出售、非法提供公民个人信息罪以来，立法机关不断完善信息网络犯罪的犯罪圈。《刑法修正案（九）》多个条款加大了对信息网络犯罪的打击力度，是维护信息网络安全、保护公民权利的重要举措。

1. 直接处罚信息网络犯罪的条款

刑法在部分条款中直接规定对网络信息的保护。《刑法修正案（五）》增设“窃取、收买、非法提供信息卡信息罪”，开启了个人信息保护的先河。由于信息网络犯罪愈演愈烈，《刑法修正案（九）》将出售、非法提供个人信息罪修改为“侵犯公民个人信息罪”，扩大了出售、非法提供个人信息罪的犯罪主体，并对“违反国家有关规定，将在履行职责或者提供服务过程中获得的公民个人信息，出售或者提供给他人”的行为加重处罚。《刑法修正案（九）》同时增设拒不履行信息网络安全管理义务罪、非法利用信息网络罪、帮助信息网络犯罪活动罪，是对信息网络犯罪行为的直接打击。

---

* 法学博士，安徽大学法学院讲师。

① 最高人民法院2014年第27号指导案例指出，诱骗他人点击虚假链接而实际通过预先植入的计算机程序窃取财物构成犯罪的，以盗窃罪定罪处罚；虚构可供交易的商品或者服务，欺骗他人点击付款链接而骗取财物构成犯罪的，以诈骗罪定罪处罚。

② 张玉洁：《论非法获取公民个人信息罪的司法认定》，载《华东政法大学学报》2014年第6期。

2. 间接处罚信息网络犯罪的条款

信息网络犯罪属高科技犯罪，规制犯罪手段是犯罪惩治的重要方面。刑法很多罪名从技术手段方面间接保护信息网络安全。例如，《刑法修正案（七）》在设立非法侵入计算机信息系统罪、破坏计算机信息系统罪的基础上增设非法获取计算机信息系统数罪，非法控制计算机信息系统罪，提供侵入、非法控制计算机信息系统的工具罪，《刑法修正案（九）》完善了非法生产、销售间谍专用器材、窃听、窃照专用器材罪，通过处罚非法的技术手段来切断非法收集、滥用信息的渠道，有利于从源头上保护信息网络安全。

（二）犯罪模式

电子商务、互联网金融的飞速发展催生了“互联网黑灰产业链”，其组织化、专业化运营模式对个人信息造成了严重威胁。从刑法的角度看，信息网络犯罪模式主要包括前置行为、实行行为和后续行为，不同阶段的行为分工协作，互相独立，增大了刑法打击的难度。

1. 前置行为

互联网时代，个人信息的使用已渗入生活的方方面面；各种商店的会员卡消费、网购记录、火车出行、手机卡办理等无不需要提供个人信息。犯罪人通过制作盗号木马、后门病毒、假冒网站等恶意程序，以便在网民浏览网页时悄悄潜入其计算机，然后自动下载该计算机内的各类信息。[①] 专门开发病毒软件、“撞库”程序、钓鱼网站的行为是侵害个人信息犯罪的源头，必须严厉打击。

2. 实行行为

实行行为是指利用互联网直接侵害公民个人信息的行为，包括非法获取他人信息行为、非法篡改他人信息行为和非法滥用他人信息的行为。例如，某些掌握客户信息的人员将工作中接触的个人信息标价出售，部分网络黑客非法侵入他人计算机系统获取他人信息属第一种类型。对存储在网络中的他人信息进行删除、修改等操作，导致权利人无法正常进行信息验证的，属非法篡改他人信息的行为。非法滥用他人信息行为，是指某些机构和个人负有管理他人信息的职责，随意处分其管理的信息的行为。[②]

3. 后续行为

个人信息被非法获取、非法篡改和非法滥用后，其后续行为往往给权利人带来严重损害。首先，当前金融信息在黑市中明码标价，犯罪分子往往在购买他人信息的同时也出售他人信息，扩大个人信息的流转范围，给信息安全带来长期危害。其次，犯罪分子利用个人信息实施其他违法行为。例如，获得消费者账户身份信息后，利用该信息与其他平台账户进行比对（俗称“撞库”行为），可以获得如邮箱账号、社交账号等非金融领域信息，进而利用上述信息实施盗窃、诈骗、敲诈勒索等严重犯罪；[③] 还有部分人员使用非法获取的手机黑卡、身份信息批量注册账号，

① 王昭武、肖凯：《侵犯公民个人信息罪认定中的若干问题》，载《法学》2009年第12期。

② 张磊：《司法实践中侵犯公民个人信息犯罪的疑难问题及其对策》，载《当代法学》2011年第1期。

③ 于志刚：《网络犯罪与中国刑法应对》，载《中国社会科学》2010年第3期。

供这些信息的购买者用于刷单、刷佣金甚至诈骗，严重威胁个人的人身安全和财产安全。

二、信息网络犯罪对刑法的挑战

我国刑法规定了侵犯公民个人信息罪，非法获取计算机信息系统数据、非法控制计算机信息系统罪，提供侵入、非法控制计算机信息系统的程序、工具罪，破坏计算机信息系统罪，拒不履行信息网络安全管理义务罪，非法利用信息网络罪，帮助信息网络犯罪活动罪等罪名规制网络信息犯罪，但信息网络犯罪仍然屡禁不止、愈演愈烈。这其中既有网络犯罪侦查困难的客观原因，也有刑法条文本身的不足与缺憾。

（一）信息网络犯罪的治理难点

1. 科技迅速发展导致刑法评价困难

互联网信息犯罪的前置行为中，通过个人的一般信息（如姓名、生日、近亲属姓名、车牌号等信息），往往可以计算特定个人的金融平台账号信息。在一般信息基础上进行大数据分析得出特定信息的行为，无法用原有的罪名体系进行制裁。此外，第三方支付平台的卖方利用他人的账户信息虚构交易的行为是否构成犯罪，P2P 技术提供行为是否超越正当业务的界限，仍然有待讨论。

2. 传统犯罪异化导致处罚不公

侵犯信息犯罪中介入网络因素，使传统犯罪在认定时出现异化，往往导致处罚不公正。例如，“李某通过采取注入工具软件、上传后门木马程序等手段，多次非法侵入陕西卫生网、江西省自学考试网等网站，修改、增加数据信息 1289 条，非法所得 130 余万元，法院判决李某的行为构成破坏计算机信息系统罪”。[①] 实际上，李某添加、修改信息的行为是对证照信息的伪造行为，只是从原来的针对现实文本的证照伪造，转变成对网络信息系统中证照信息的伪造，其行为同时触犯破坏计算机信息系统罪和伪造国家机关证件罪，以伪造国家机关证件罪处罚更加合适。同样，利用黑客技术修改网吧收银后台的密码，将顾客在网吧充值的金额流入自己银行账户的行为，本应构成盗窃罪，司法机关往往以“破坏计算机信息系统罪”起诉。网络因素的介入使得传统犯罪的法条成为一纸空文，“破坏计算机信息系统罪”逐渐架空传统犯罪的适用空间，引发“定罪不当”的广泛质疑。

（二）原因分析

1. 惩罚滞后，难以有效遏制犯罪

信息网络犯罪愈演愈烈，必须控制犯罪源头才能有效治理。但无论是侵犯公民个人信息罪，还是非法利用信息网络罪、帮助信息网络犯罪活动罪，都要求“情节严重”才成立犯罪，拒不履行信息网络安全管理义务罪更是要求造成严重后果才构成犯罪，此时个人信息已经被大肆传播，个人财产已经处于危险之中，刑法介入滞后根本无力阻止危害后果的发生。对于研发、制作用于刺探他人电子邮件、QQ 及

---

① 于志刚：《网络犯罪与中国刑法应对》，载《中国社会科学》2010 年第 3 期。

MSN 的软件，以及利用非法信息大肆注册账号的行为，刑法也无能为力。刑法对信息网络犯罪的发展变化缺乏敏感性，立法滞后导致信息网路犯罪行为屡禁不绝、难以遏制。

2. 罪名分散，难以凸显威慑功能

信息网络犯罪司空见惯，但刑法并未将信息网络犯罪集中规定，而是分散在侵犯公民人身权利、民主权利罪，妨害社会管理秩序罪等章节中。这些分散的条文不但无法形成整体力量对犯罪行为进行有效规制，也大大降低了刑法的威慑效果。例如，个人手机频繁收到艳照观看、假证出售等信息，信息的发布者并不认为自己的行为可能构成犯罪；P2P 平台提供者也认为自己仅仅提供技术，无须为技术使用者的犯罪行为承担责任。在个人信息买卖已呈产业化、规模化的情况下，违法信息发布者即便知道自己的行为构成犯罪，也抱着“法不责众”的心理大肆作案，刑法的威慑功能十分有限。

3. 取证困难，侦破难度较大

网络信息犯罪依托虚拟网络，作案具有极强的隐蔽性。例如，犯罪人进行信息倒卖时采用虚假身份，完成交易后将虚拟身份和账号注销，给犯罪侦查带来巨大困难。信息网络犯罪的受害人众多，很多受害人对本人的信息被非法买卖并不知情，犯罪黑数急剧增大，在某种程度上使犯罪人更加有恃无恐，助长其嚣张气焰。同样，网络信息犯罪的证据以电磁形式存在，其存在和传递的实体是电磁波和二维数据编码，只有经过专门的设备和技术才能显示为肉眼可见的状态。这不仅导致证据具有极强的隐蔽性，也对证据保全工作提出了更高的要求。有学者总结，网络信息犯罪侦破具有保密难、查处难、取证难的特点，[①] 犯罪侦破任务十分艰巨，跨国信息网络犯罪更需要多部门、多警种、多地域合作作战。

三、信息网络犯罪的规制原则

提供网络技术行为的评价是信息网络犯罪认定的难题，如 P2P 软件提供行为，制作、维护网站运营等行为是否构成帮助信息网络犯罪活动罪，提供网络接入技术者是否构成拒不履行信息网络安全管理义务罪，都需刑法理论进行解释。面对民众对信息安全的强烈要求，以及学界对网络技术过度限制的质疑与批判，刑法在信息网络犯罪治理上需多方面权衡，正视信息网络犯罪的保护法益，厘清技术创新与法益保护的边界，才能准确划定刑事处罚的范围，实现保护法益、预防犯罪的目的。

（一）信息保护与谦抑原则的平衡

刑法规定了侵犯公民个人信息罪，但刑法上的“个人信息”与民法、行政法规上的“个人信息”范围并不相同。民法上的“个人信息”是指与人相关联的、反映个体特征的、具有可识别性的符号系统，包括个人身份、工作、家庭、财产、健康等各方面信息。[②] 互联网时代通常使用“个人数据”指代信息保护，如欧盟《个

① 李恩树：《买卖个人信息已形成完整地下产业链》，载《法制日报》2013 年 1 月 19 日第 4 版。
② 王利明：《论个人信息权在人格权法中的地位》，载《苏州大学学报》（社科版）2012 年第 6 期。

人数据保护指令》、日本《个人信息保护法》、俄罗斯联邦《信息、信息化和信息保护法》等法案即是例证。在信息网络犯罪的认定中，“信息数据”不能简单等同于民法、行政法规中的相应概念，应根据刑法的法益保护目的进行解释，否则刑法的处罚边界将恣意扩大。

侵犯个人信息罪的法益是人身权利，不仅包括公民的人格权，而且包括人身安全和财产安全。因此，刑法上的个人信息应当具有两个基本特征：个人的专属性和信息的重要性。前者指个人信息与公民的个人身份紧密相关，既包括其生理特征的信息，也包括其本人在社会上从事各种活动的社会特征的信息；后者指关乎公民的人格尊严，甚至影响其财产权利、人身安全的信息。① 刑法规制的是具有严重社会危害性的侵犯个人信息的行为，故在划定“个人信息”的范围时，必须着重考虑其与个人最基本的人身权利、财产权利的关系。例如，以数据形式表现的个人银行账号、身份证号、病历等具有人身专属性的重要信息属于个人信息范围，我国司法解释也认可对个人数据的保护。2011 年“两高”《关于办理危害计算机信息系统安全刑事案件应用法律若干问题的解释》第 1 条规定，“获取支付结算、证券交易、期货交易等网络金融服务的身份认证信息十组以上的”，属于刑法第 285 条的“情节严重”。该解释第 11 条第 2 款规定：“本解释所称‘身份认证信息’，是指用于确认用户在计算机信息系统上操作权限的数据，包括账号、口令、密码、数字证书等。”

（二）技术创新与网络安全的平衡

刑法中的很多罪名通过惩处信息网络犯罪手段来保障网络安全。例如，破坏计算机信息系统罪、帮助信息网络犯罪活动罪等罪名都旨在保护网络秩序与安全，技术中立原则是此类犯罪认定必须考虑的因素。

宪法第 47 条规定“国家对于从事教育、科学、技术、文学、艺术和其他文化事业的公民的有益于人民的创造性工作，给以鼓励和帮助”是对技术创新的肯定，当前互联网已经成为个人生活的重要部分，网络技术创新是个人发展、社会进步的基本条件，也是“国家尊重和保障人权”的应有之义。如果将“为他人信息网络犯罪提供互联网接入、服务器托管、网络存储、通讯传输等技术支持，或提供广告推广、支付结算”等行为一律认定为“帮助信息网络犯罪活动罪”，不仅造成网络服务提供者不堪重负、严重迟滞互联网产业的发展，而且将严重妨害公众的表达自由。② 技术本身是中立的，对法益的保护不应以阻碍技术创新为前提，更不能成为阻止技术创新的借口。刑法应贯彻“衡平”之理念，成为协调法益保护、言论自由、技术创新之冲突的天平，促进互联网产业的健康发展。网络安全是维护互联网有序发展的基本要件，而技术创新是个人、社会发展必不可少的条件。司法者应权衡不同法益保护的优先性，合理划定打击范围。

四、信息网络犯罪治理的完善路径

刑法规定诸多罪名惩处信息网络犯罪行为，由于网络技术提供行为评价困难及

---

① 赵秉志：《公民个人信息刑法保护问题研究》，载《华东政法大学学报》2014 年第 1 期。

② 刘文杰：《网络服务提供者的安全保障义务》，载《中外法学》2012 年第 2 期。

打击力度有限，难以体现刑罚的威慑效应和犯罪预防功能。在信息网络犯罪的治理上，应针对网络技术提供行为进行立法和司法完善，在保护个人信息的同时维护和谐有序的信息网络环境。

（一）立法完善建议

1. 增设“信息网络犯罪”一节，凸显威慑效应

为增强信息网络犯罪的威慑效应，保护公民个人信息，刑法应在妨害社会管理秩序罪一章中区分出“信息网络犯罪”一节，具体包括在非法侵入计算机信息系统罪、破坏计算机信息系统罪的基础上增设非法获取计算机信息系统数据、非法控制计算机信息系统罪，提供侵入、非法控制计算机信息系统的程序、工具罪，帮助信息网络犯罪活动罪，拒不履行信息网络安全管理义务罪等罪名。通过明确宣示信息网络犯罪的手段、方法，强化刑法的规范引导功能与威慑效应，增强犯罪预防的效果。

2. 降低入罪门槛，重在规制手段行为

信息网络犯罪的上游是“恶意注册和虚假认证”，由于这些行为并不产生直接的危害后果，刑法无法规制。对信息网络的刑法保护不能仅限于亡羊补牢的事后惩罚，而应着眼于未雨绸缪式的风险防控。在立法技术上，抽象危险犯具有防范风险扩散、预防犯罪之功效。[①] 刑法与其在事后对侵犯网络信息者严厉惩处，不如事先通过对危险行为的规制，防止严重危害结果的发生。我国刑法中的侵犯个人信息罪、非法获取计算机信息系统数据罪要求“情节严重”才予以处罚，非法使用窃听、窃照专用器材罪更是要求“造成严重后果”才予以追诉，此时个人信息已经非法扩散，个人的银行账号、行踪信息已陷入危险。所以，上述罪名应删除“情节严重”、“造成严重后果”的要求，修改为抽象危险犯，严厉否定非法获取公民数据信息、恣意窥探他人信息数据的行为，倡导“守法有序”的互联网行为规范，严厉打击非法获取信息的行为。其次，刑法应扩大网络信息犯罪的犯罪手段，将利用非法信息批量注册账号、使用非法手段拦截数据[②]等行为规定为犯罪，以遏制犯罪源头。

（二）明确司法适用标准

1. 情节严重的认定

准确认定“情节严重”是罪责刑相适应原则的要求，亦是技术创新与法益保护平衡的切入点。拒不履行信息网络安全管理义务罪、帮助信息网络犯罪活动罪的罪状中都有“情节严重”的要求。在“情节严重”的判断上，可结合违法信息的传播面和违法所得数额加以明确。违法信息的传播面主要包括“设立网站、发布信息

① 谢杰、王延祥：《抽象危险犯的反思性审视与优化展望》，载《政治与法律》2011年第2期。

② 《德国刑法典》第202B条规定：“非法为自己或他人、通过技术手段从非公开数据处理设施或电磁广播的数据处理设备中拦截非特定数据，处2年以下监禁或罚金，除非依据其他规定应当判处更加严重的刑罚。”参见［德］埃里克·希尔根多夫：《德国刑法学从传统到现代》，江朔、黄笑岩译，北京大学出版社2016年版，第427页。

数量和访问数量”,[1]“两高”《关于办理利用信息网络实施诽谤等刑事案件适用法律若干问题的解释》第2条第1项规定:“同一诽谤信息实际被点击、浏览次数达到五千次以上,或者被转发次数达到五百次以上的”,属于“情节严重”;“两高”《关于办理利用互联网、移动通讯终端、声讯台制作、复制、出版、贩卖、传播淫秽电子信息刑事案件具体应用法律若干问题的解释(二)》第1条第2款第4项规定“传播的淫秽电子信息,实际被点击数达到五千次以上”的,属于“情节严重”。实际上,点击量和浏览数并不等于违法信息被传播的范围,同一个IP地址可能多次点击某信息,也可能在不同的论坛多次转发某诽谤信息,应以IP地址为标准计算信息传播范围较为科学。从司法实践来看,经济利益是倒卖个人信息的重要诱因,从犯罪预防的角度,应将违法所得作为“情节严重”的判断标准。参考上述解释及司法实践,建议信息网络相关罪名中“情节严重”的判断应以“违法信息被点击数达五千次以上的,收取服务费数额在两万元以上”为标准,其中“信息点播次数以IP地址为标准计算”。

2. 借鉴红旗规则,准确进行犯意认定

在信息网络犯罪产业化、分工化的情况下,很多行为人提出“自己仅仅在开发程序软件,并不知软件被用于犯罪。”对于网络技术提供行为人主观犯意的认定,可借鉴知识产权领域的红旗规则加以判断。

(1)“明知”的认定。红旗规则是指网络服务提供者对于显而易见的侵权不能视而不见,否则推定为主观认知状态。[2] 与此相关的是“避风港规则”,即美国《新千年数字版权法》第512条“当网络服务提供者实际上不知道也没有意识到明显推出侵权行为的事实或情况时,在接到权利人的通知后,及时移除侵权内容的,不承担责任。”由此可见,“显而易见”和“接到通知”是认定网络违法行为“明知”的客观依据。而在“明知”的判断上,应该以一个“理性的、谨慎的、具有网络专业知识”者作为标准来进行判断。因为“理性的、谨慎的、具有网络专业知识”者应当知道提供技术的法律风险,也熟知当前热门、流行的作品不可能存在授权,为避免违法后果发生,网络从业者应尽可能采取技术措施防止或减少他人利用其技术实施违法行为,否则即存在过错。

根据故意的定义,对危害结果的“明知”必须是特定的和具体的。拒不履行信息网络安全管理义务罪中,接到“监管部门责令改正”的通知是推定行为人“明知”的客观证据,行为人是否“明知”“显而易见”的违法内容则应根据“理性的、谨慎的、具有网络专业知识”者进行判断。例如,网络技术开发者应当知道木马程序的危害,也知道利用他人信息批量注册账号行为的隐患,由此推定其对危害后果具有明知。

(2)“希望”和“放任”的认定路径。“希望”是指行为人积极地采取措施促使危害结果发生,“放任”是指行为人对危害结果的发生既不反对也不促进,采取

① 喻海松:《网络犯罪的立法扩张与司法适用》,载《法律适用》2016年第10期。
② 陈明涛:《网络服务提供者版权责任研究》,知识产权出版社2011年版,第77页。

听之任之的态度，二者是犯罪故意的意志因素。当网络技术提供者没有对显而易见的危害结果进行阻止时，其行为“放任危害结果发生”。在米高梅（MGM）诉Crokster和StreamCast案件中，美国最高法院认为“以促进版权侵权使用为目的而提供设备，并且已经清楚地（语言）表明或者另外采取了确实的步骤促进侵权，应当就第三人导致的侵权承担责任。”[①] 在对危害后果态度的认定上，应从“言语”和“行为”两方面来考量，如果有“清楚的语言表达”或“采取促使侵权行为发生的积极措施”——例如，没有试图开发过滤工具或者机制以减少其技术带来的违法行为、通过投放广告的形式从违法行为中获利等——就表明网络技术提供者具有犯罪故意。

五、结语

网络技术的日新月异对信息网络犯罪治理带来了严峻挑战。提供技术软件、研发恶意程序的行为是否超越技术中立的界限构成帮助信息网络犯罪活动罪、拒不履行信息网络安全管理义务罪，是刑法理论无法回避的问题。刑法在规制信息网络犯罪时应兼顾信息保护与谦抑原则的平衡，技术创新与网络安全的取舍，通过增强威慑效应、重点规制手段行为等方面完善信息网络犯罪圈，明确“情节严重”的适用标准，借鉴红旗规则准确认定犯罪故意以加强信息网络犯罪的有效治理。

① MGMStudiosInc. v. Crokster，Ltd.，545U. S. 787（2005）. at788.

计算机网络犯罪行为模式的类型化与刑法应对

——基于相关概念的分析

彭景理*

一、问题的提出

我国对计算机、互联网犯罪的学术研究早于有关于此的刑事立法。早在20世纪80年代，已有学者关注计算机犯罪问题，并就计算机犯罪的行为方式与代表性国家的应对之策等方面内容进行了介绍。[①] 而此时，我国的1979年刑法颁布时间未足一年，其中对计算机犯罪更是只字未提。近四十年以来，计算机、互联网技术的发展突飞猛进，与此同时，与计算机、互联网相关的犯罪数量急剧增加，学界对此愈发关注。但是，如何准确称呼由计算机、互联网技术引起的犯罪行为却是见仁见智。具体而言，主要有计算机犯罪、电脑犯罪、网络犯罪、互联网犯罪、信息网络犯罪五种。

"概念是学术研究的起点。"[②] 如果不能在基本概念上达成共识，那么学术讨论难免陷入口径不一、自说自话的尴尬境地。因此，本文亦会使用概念，但需要注意的是，本文使用概念的主要目的不在于推翻概念、提出概念、确立概念。而是通过对相关概念的演进历程及其本身含义的分析，辨别真正属于由计算机、互联网技术所带来的犯罪行为，从而明确哪些与计算机、互联网相关的犯罪行为需要通过确立新的刑法规范加以规制，哪些犯罪行为通过立法之外的途径也能有效规制。质言之，本文的真正目的在于试图通过对既有概念的分析，探索真正意义上的计算机、互联网犯罪的行为模式，将犯罪行为模式类型化，并为类型化了的犯罪行为模式探索刑法上的应对方法。

二、对相关概念的分析

（一）相关概念的演进历程

如前所述，我国对计算机、互联网犯罪的理论研究早于立法实践。并且理论研究中的通用概念与刑事立法中的一般规定也并非完全对应。以下就理论研究与立法实践两个方面分而述之。

1. 理论研究方面。学者们对与计算机、互联网相关的犯罪行为的概念使用主要

---

* 西南政法大学博士研究生。

① 参见郭纪晴编译：《一种新的犯罪方式——利用计算机进行犯罪活动》，载《国外法学》1980年第1期。

② 王景龙：《为"非法证据排除规则"正名》，载《甘肃政法学院学报》2017年第3期。

经历了由“计算机犯罪”到“网络犯罪”的两个阶段。“电脑犯罪”、“互联网犯罪”为少数学者所使用，而“信息网络犯罪”则是新近《刑法修正案（九）》中出现的新概念。为了便于把握相关概念的演变历程，通过对历年参考文献的梳理，我们可以确定一个有分界意义的时间点。总体而言，2000 年是一个比较明确的分界年。通过对中国知网及相关网站的检索初步统计发现：2000 年（不含该年）之前以“计算机犯罪”为主题的中文核心论文有近百篇，以“电脑犯罪”为主题的中文核心论文有 9 篇，以“网络犯罪”为主题的中文核心论文有 5 篇。① 可以发现，将与计算机、互联网技术相关的犯罪行为称之为“计算机犯罪”是 2000 年之前的主流观点。2000 年之后，将计算机、互联网犯罪称之为“网络犯罪”的观点成为主流，“计算机犯罪”论文数量明显减少，只是在诉讼法学的论文中还保有一定适用率，而“电脑犯罪”的提法几乎绝迹。

需要注意的是，1998 年《中国软科学》上刊登了一篇名为《瑞士对使用互联网犯罪的研究——瑞士讨论问题的概览》② 的文章，首次提到了“互联网犯罪”一词。此后时隔两年，有关互联网犯罪的论文才再次出现。③ 但是可以发现，早期关于互联网犯罪的论文主要限于介绍国外情况，与国内的犯罪情形与刑事立法并无直接关系。总的来看，互联网犯罪的提法只是偶尔出现。据可查论文，“信息网络犯罪”最早出现在 2007 年由韩国学者申玹丞发表于《东疆学刊》上的《试论韩国的信息网络犯罪及相关文化政策》一文中，但从文章内容来看，作者直接将“信息网络犯罪”等同于“网络犯罪”。④《刑法修正案（九）》颁布以来，“信息网络犯罪”一词才以高频率逐渐见诸于学术论文，⑤ 但只是作为罪名使用。

计算机、互联网技术的发展推动相关概念的演变。早期的计算机技术不存在终端之间高度复杂的联通，计算机之间是相对独立的存在。犯罪行为通常局限于对单独或少量的计算机系统及其所存储的数据信息实施，因此，“计算机犯罪”一词足以概括全部。随着互联网技术的发展，犯罪行为已经不限于对计算机实施，而是更多地以互联网技术为载体呈现出来，所以“网络犯罪”的概念后来居上、成为主流。此外，出于学术研究专业性与广泛适用简明性的需要，概念的提出既不能过于通俗直白也不能过于晦涩难懂。“网络犯罪”一词恰好满足了专业术语与普通用语的双重要求，所以拥有如此广泛的适用范围。

2. 刑事立法方面。对与计算机、互联网相关的犯罪行为的称呼没有理论研究中

① 由于将所有论文题目作为注释太占篇幅，且实际意义不大，故不一一列举。需要说明的是，笔者结合中国知网、北大法宝以及超星发现三大文献期刊网站的内容，两次以“计算机犯罪”、“电脑犯罪”以及“网络犯罪”为关系词进行了检索统计，但只统计中文核心期刊上发表的论文。

② 参见瑞士联邦信息技术和系统局，ClaudioG. Frigerio：《瑞士对使用互联网犯罪的研究——瑞士讨论问题的概览》，载《中国软科学》1998 年第 8 期。

③ 参见叶海涛摘译：《美国关于控制互联网犯罪的报告（摘自 2000 年 3 月美国总统工作小组关于控制互联网犯罪的报告）》，载《世界贸易组织动态与研究》2007 年 7 期。

④ 参见［韩］申玹丞：《试论韩国的信息网络犯罪及相关文化政策》，载《东疆学刊》2007 年第 3 期。

⑤ 参见刘科：《帮助信息网络犯罪活动罪探析——以为网络知识产权犯罪活动提供帮助的犯罪行为为视角》，载《知识产权》2015 年第 12 期。

丰富多变，大致上用“计算机信息系统及信息系统数据犯罪”、“信息网络犯罪”两个名词足以囊括全部罪名。其中，前者源于1997年刑法的直接规定，后者是《刑法修正案（九）》的主要成果。1997年刑法首次规定了非法侵入计算机信息系统罪（第285条）与破坏计算机信息系统罪（第286条）两个有关计算机犯罪的罪名。此后通过修正案的形式不断完善罪名体系：《刑法修正案（七）》将第285条增加两款，即非法获取计算机信息系统数据、非法控制计算机信息系统罪与提供侵入、非法控制计算机信息系统程序、工具罪。《刑法修正案（九）》将第285、286条相关罪名增设单位犯罪的规定，使两个条文中的九个罪名的犯罪主体由自然人扩展至单位；此外，还增设了三个罪名：第286条之一的拒不履行信息网络安全管理义务罪、第287条之一的非法利用信息网络罪以及第287条之二的帮助信息网络犯罪活动罪。

从刑事立法的内容来看，1997年刑法对与计算机、互联网技术相关的犯罪行为的规定较为谨慎保守，犯罪对象仅限于计算机系统及其数据信息，犯罪行为模式也只是非法侵入和破坏两种形式。然而，其后颁布的司法解释虽然在罪名上依然沿用从前，但入罪范围却在不断扩大。譬如在2011年“两高”出台的《关于办理危害计算机信息系统安全刑事案件应用法律若干问题的解释》（以下简称《计算机信息系统犯罪司法解释》）规定，为实施刑法第285、286条规定的行为的犯罪人提供用于破坏计算机信息系统功能、数据或者应用程序的程序、工具，以及提供互联网接入、服务器托管、网络存储空间、通讯传输通道、费用结算、交易服务、广告服务、技术培训、技术支持等帮助的，也可以刑法第285、286条规定的罪名处之。①《刑法修正案（九）》直接将《计算机信息系统犯罪司法解释》第9条的内容制定为一个独立的罪名——帮助信息网络犯罪活动罪。这既是罪名体系构建方面的完善，也是概念上的突破。

（二）相关概念的具体内涵及相关关系

前述部分内容就相关概念的发展历程进行了梳理，这部分内容就各个概念的具体含义及其相互关系进行了阐述。

1. 在计算机、互联网犯罪早期，虽然主流上使用了“计算机犯罪”这一概念，但是学者之间的理解却有出入。总的来说，主要有四种观点：其一，认为凡是与计算机相关的犯罪行为均为计算机犯罪，包括对计算机实施的物理性破坏也属于计算机犯罪。② 其二，也即主流观点，认为将计算机作为犯罪对象（不包括物理性破坏）与犯罪工具的行为是计算机犯罪。③ 其三，对计算机犯罪的内涵进行了较为严

---

① 参见《关于办理危害计算机信息系统安全刑事案件应用法律若干问题的解释》第9条。

② 参见刘广三：《计算机犯罪的手段》，载《法学》1996年第4期。

③ 参见A. 贝奎艾、金戈：《计算机的犯罪浪潮》，载《国外社会科学》1981年第9期；郑列：《利用计算机犯罪与反计算机犯罪》，载《法学》1984年第9期；段宁华：《计算机犯罪及其对策研究》，载《中南政法学院学报》1989年第1期；陈立华：《计算机犯罪及立法探讨》，载《法学》1990年第1期；刘守芬：《论新技术犯罪》，载《北京大学学报》（哲学社会科学版）1989年第3期；常远：《计算机犯罪的回顾和预测》，载《法律科学》1991年第3期；陈开琦：《计算机定义之我见》，载《现代法学》1992年第5期；包国庆：《关于计算机犯罪初探》，载《武汉大学学报》（哲学社会科学版）1996年第1期。

格的限制，认为只有“利用计算机操作所实施的危害计算机信息系统（包括内存数据及程序）安全的犯罪行为”① 才是真正意义上的计算机犯罪。其四，认为“我国刑法中并不存在计算机犯罪之概念”，② 而只是在犯罪学意义上使用计算机犯罪这一概念。

从四种代表性的观点来看，对计算机犯罪理解的差异主要在于罪行范围的大小。观点一把对计算机设备的物理性破坏也认为是计算机犯罪，似乎有过于扩大罪行范围之嫌。观点二与观点三的主要区别在于将计算机作为犯罪工具是否属于计算机犯罪的范畴。观点四虽然否定了刑法学意义上的计算机犯罪这一概念，但其从犯罪学的角度还是认为计算机犯罪无非是以计算机作为犯罪对象和犯罪工具两种类型。③ 归根结底，观点四的问题又回到了观点二与观点三的争议之中。

2. “网络犯罪”相对于“计算机犯罪”出现稍晚，前者后来居上成为主流，而后者却日渐式微。对“网络犯罪”概念的理解主要有三种观点：其一，认为“在互联网上运用计算机专业知识实施的犯罪行为，为网络犯罪”。④ 其二，认为网络犯罪是指危害电子信息网络中信息系统、信息内容安全的犯罪行为，以及利用电子信息网络技术实施的各种危害社会的犯罪行为。⑤ 其三，认为网络犯罪是指以网络作为“犯罪对象”、“犯罪工具”或者“犯罪空间”的犯罪行为。⑥

由上述观点可见，学者们虽然对“网络犯罪”表述各执一词，但内涵上却高度相似。首先，无论何种网络犯罪行为，必然以一定的计算机专业知识为背景。以此来看，观点一几乎囊括了所有与计算机、互联网相关的犯罪行为。然而，是否只要利用计算机专业知识的犯罪行为都是网络犯罪？譬如将淫秽图片、文字、视频刻入光盘进行传播，这与纸质版的淫秽书籍在本质上并无区别，都可能构成传播淫秽物品罪或传播淫秽物品牟利罪。认为这种行为也是网络犯罪，未免过于扩大了网络犯罪的含义。其次，观点二中前半句毫无疑问可认定为网络犯罪，后半句中出现了与观点一相似的问题。最后，观点三认为网络只是工具、对象和载体，与网络相关的犯罪行为都是网络犯罪，虽然表述不同，但与观点一的实际内涵并无二致。综上可以发现，虽然三种代表性的观点表述各不相同，但在内容上却高度一致。

3. “电脑犯罪”、“互联网犯罪”的概念只是为少数学者所使用，“信息网络犯罪”的概念出现时间尚短。（1）对“电脑犯罪”的理解主要有两种观点，一种认为电脑犯罪是指各种利用信息处理程序及其处理装置进行犯罪或者将信息处理程序作为直接危害目标的犯罪的总称；仅仅将电脑作为犯罪工具，或者仅仅将电脑作为

---

① 赵秉志、于志刚：《论计算机犯罪的定义》，载《现代法学》1998 年第 6 期。

② 董玉庭：《再论计算机犯罪概念》，载《当代法学》2005 年第 6 期。

③ 参见董玉庭：《再论计算机犯罪概念》，载《当代法学》2005 年第 6 期。

④ 刘守芬、孙晓芳：《论网络犯罪》，载《北京大学学报》（哲学社会科学版）2001 年第 3 期。

⑤ 参见卜安淳：《论网络犯罪及其防控》，载《安徽大学学报》（哲学社会科学版）2001 年第 1 期；许秀中：《网络犯罪概念及类型研究》，载《江淮论坛》2002 年第 6 期；杨正鸣：《网络犯罪概念论》，载《犯罪研究》2002 年第 2 期。

⑥ 参见于志刚：《网络犯罪的代际演变与刑事立法、理论之回应》，载《青海社会科学》2014 年第 2 期；郭洁：《网络犯罪的刑法制衡》，载《甘肃政法学院学报》2004 年第 4 期。

犯罪所要破坏的目标，都不是典型的电脑犯罪。[①] 另一种观点认为电脑犯罪就是把电脑作为犯罪对象和犯罪工具的犯罪行为。[②] 这两种观点都认为对电脑中储存的数据信息以及电脑系统本身的破坏是电脑犯罪（不包括物理性破坏），主要对立之处在于将电脑作为犯罪工具是否属于电脑犯罪。（2）有学者认为“互联网犯罪”只是现实社会关系的延伸，虽然犯罪的时间、空间与手段有所变化，但犯罪的本质特征与基本属性并没有变。[③]（3）正如前述，“信息网络犯罪”最早是以“网络犯罪”同义词的身份出现。根据《刑法修正案（九）》的内容，将“信息网络犯罪”理解为以信息网络为工具而实施的传统犯罪行为似乎更为贴切。

三、犯罪行为模式的类型化及其刑法应对方法

（一）犯罪行为模式的类型化

概念是学术研究的起点，但从概念出发的学术研究却不能止于概念本身，特别是当多个概念同时存在的时候，不能总是期望某一个概念或者是一个新的概念可以一统万方。概念的提出通常受主体认知能力及时代条件的限制，概念的内涵可能不全面，但未必不正确。对同一对象在不同时段所使用的概念反映了这一时段内认知主体对该对象的认知程度。通过对这一系列概念的分析研究，可以逐渐明确这一系列概念所指向的对象。虽然不一定能在短期内精准地表述对象，但可以在既有认知的基础上不断加深对其的认知，从而得出更为精准的表述，最终凝练出一个精确的概念。这就是概念迭代，简单来说，就是在前一个概念的基础上，通过对概念的不断演化，提炼出更为优化的概念，直至可以精准地表述对象。当然，如果一时无法提炼出精准的概念，那么将各概念拆分后就其具体所包含的内容进行分析也未尝不是一条值得探索的路径。如果根据当下的科学技术及学术研究水平，无法寻得一个既内涵全面完整又能为各方面所接受的概念，我们何不暂且绕开概念的争议，撩开概念的面纱，直接研究概念指向的对象本身。

通过对“计算机犯罪”、“网络犯罪”、“电脑犯罪”、“互联网犯罪”、“信息网络犯罪”五个概念的发展历程及具体含义的分析发现，每个概念之中包含着有关计算机、互联网的各种犯罪行为模式，并且这些犯罪行为模式可以根据一定的标准进行类型化处理。(1)“计算机犯罪”这一概念中包含三种犯罪行为模式：对计算机本身进行的物理性破坏行为；对计算机信息系统（包括内存数据及程序）安全的危害行为；以计算机为工具实施的其他犯罪行为。(2)“网络犯罪”中亦包含三种犯罪行为模式：以网络为犯罪对象的犯罪行为；以网络为犯罪工具的犯罪行为；以网络为犯罪空间的犯罪行为。[④]（3）“电脑犯罪”中包含的犯罪行为模式有两种：对电脑中储存的信息以及电脑系统本身安全造成危害的行为；以电脑为犯罪工具的行

① 参见王世洲：《论电脑犯罪》，载《科技与法律》1996年第2期。

② 参见窦翠萍：《电脑犯罪初探》，载《政法学刊》1990年第12期。

③ 参见顾兴斌：《利用互联网犯罪的实质和类同认定》，载《社会科学家》2016年第12期。

④ 根据“网络犯罪”这一概念使用学者的观点，这里的网络就是指互联网（参见于志刚：《网络思维的演变与网络犯罪的制裁思路》，载《中外法学》2014年第4期）。

为。(4)“互联网犯罪”中包含的犯罪行为模式只有一种：以互联网为工具的犯罪行为。(5)“信息网络犯罪”中包含的犯罪行为模式也只有一种：以信息网络为工具而实施的犯罪行为。

事实上，我们还可以继续对上述不同概念中的犯罪行为模式进行类型化处理：(1)以计算机、互联网为犯罪对象的犯罪行为，包括物理性破坏与非物理性破坏。(2)以计算机、互联网为犯罪工具的犯罪行为。(3)由计算机、互联网产生的其他类型犯罪行为。

基于类型化之后的犯罪行为模式，本文暂且将与计算机、互联网相关的犯罪行为直接称之为“计算机网络犯罪”。这就是本文标题的由来。当然，这种称呼也不一定准确。一方面，为了表述便利，不得不使用概念；另一方面，由于所有犯罪行为均与计算机、互联网相关，且按照通常的理解，“互联网”与“网络”可以同义置换，所以暂且将与计算机、互联网相关的犯罪行为称为“计算机网络犯罪”。正如前述，真正需要解决的问题不是如何确定概念，而是辨别哪种行为模式下的犯罪行为是既有刑法规范却无法规制，从而需要通过立法方式解决；而哪种行为模式下的犯罪行为只是传统犯罪行为的变异，采取诸如刑法解释等非立法方式也能有效规制。这是前文已经强调的立场，也是本文的基本立场。

(二)对类型化了的犯罪行为模式之刑法应对

1. 以计算机、互联网为犯罪对象的犯罪行为指的是以计算机信息系统、数据、网络设备、通信设备等为犯罪对象的犯罪行为，换言之，这是直接针对计算机、互联网本身实施的犯罪行为。在以计算机、互联网为犯罪对象的犯罪行为中，物理性破坏一般不认为是真正意义上的计算机、互联网犯罪，通常认定为故意毁坏财物罪或者其他罪名，这是目前几乎成为共识的观点。而对计算机、互联网进行的非物理性攻击，譬如对破坏、非法入侵、非法控制计算机信息系统的行为，具体如刑法第285、286条的相关罪名，才认为是真正意义上的计算机、互联网犯罪，这也是共识性观点。

所以，对以计算机、互联网本身为犯罪对象的犯罪行为而言，真正的问题在于罪名体系的构建。从刑法典的内容来看，只有第285、286条这两个条文四个罪名，这显然难以应对层出不穷的犯罪行为，以至于非法侵入计算机信息系统罪与破坏计算机信息系统罪被认为有口袋罪之弊病。因此，有必要对第285、286条的罪名进一步细化。以更为具体的攻击对象或者攻击手段细化罪名，均是可以考虑的路径。譬如以攻击手段作为细化罪名的依据：根据行为人采取网络嗅探、使用恶意代码、口令破解、拒绝服务攻击、缓冲区溢出攻击等攻击方式的不同，可设置非法进行网络嗅探罪、非法使用恶意代码罪、非法破解口令罪、非法利用拒绝服务攻击罪、非法利用缓冲区溢出攻击罪等罪名。

2. 以计算机、互联网为犯罪工具的犯罪行为仅指以计算机、互联网为犯罪工具而实施的传统犯罪行为。从当下立法结果来看，一方面，立法者逐渐拆分、细化以计算机、互联网为犯罪工具的犯罪行为。《刑法修正案(九)》颁布之前，第287条之一的行为一般作为第287条相关罪名的预备行为或实行行为，以相关罪名的预备、中止或未遂处之。而在《刑法修正案（九）》颁布之后，第287条之一将这种预备、实行行为与传统罪名剥离，第287条与第287条之一之间形成法条竞合关系，第287条实际上成为特殊法条。在这种情形下，即使行为人没能实现第287条的犯罪行为，也可以第287条之一的罪名定罪。另一方面，对技术中立认定采取较为严格的限制，进而加重行为主体的责任。譬如刑法第286条之一的拒不履行信息网络安全管理义务罪，无疑是对计算机、互联网技术管理者提出了更高的管理要求，这从“快播案”就可见一斑。当然，由于时间上的出入，相关犯罪主体无法以该条文定罪。但在该案中，法院认为“快播公司绝不单纯是技术的提供者”，“快播公司自己的缓存技术被利用成为大量淫秽视频的加速传播工具，自己有义务、有能力阻止而不阻止时，快播公司就不可能再获得技术中立的责任豁免。”① “快播公司作为互联网信息服务的提供者，必须对其网络信息服务内容履行网络安全管理义务。”② 从判决理由来看，无疑体现了这种立法精神。

本文认为，对以计算机、互联网为犯罪工具的犯罪行为，立法上应当采取更为保守、克制的态度；刑法条文的内容需要细化，某些概念、词汇的含义需要扩增，但未必要以增设罪名的方式实现。譬如第287条之二第1款的规定，在“明知”且“情节严重”的情况下，直接以帮助犯论处即可，而无必要单独设置罪名。并且，如果将第287条之二第1款视为帮助犯的量刑规则，③ 就更无必要以单独的条文设置单独的罪名。“当网络作为犯罪工具时，通过有权解释对网络犯罪中‘关键词’的含义进行‘增容’就变得非常必要。”④ 计算机、互联网此时只是工具，无非是对传统犯罪中的行为主体、行为方式、危害结果等方面或多或少的改变，但侵害的法益却是同一的。既然如此，我们需要做的是对传统罪名构成要件的调整与完善，无论是通过有权解释还是直接对传统条文的修正，都是相对合理的选择，而不一定要增设罪名。譬如在网上售卖含有淫秽内容的链接、网盘账号等，它与现实中售卖含有淫秽内容的书刊、光盘并无二致，不会因为犯罪手段的翻新而罪名不同，都可以非法传播淫秽物品牟利罪处之。再如最近的勒索病毒事件，犯罪人以被害人计算机信息系统数据安全为要挟，以支付一定的费用为解除锁定的条件，以敲诈勒索罪定罪也并无不妥。

3. 由计算机、互联网引起的新型犯罪不包括以计算机、互联网本身对犯罪对象的犯罪行为，而是对由计算机、互联网技术延伸出的新型对象实施的犯罪行为。譬如对网上虚拟物品（包括各种游戏币、装备、宠物等）的犯罪、对云端进行的犯罪以及对网络空间秩序的犯罪等。面对这些新型犯罪行为时，必须面临的问题是对犯罪对象属性的理解。网上虚拟财物是不是财产？云端能否解释为“具备自动处理数据功能的系统”？网络空间是不是现实空间的延伸？毫无疑问，只有在明确犯罪对象具体含义的前提下，才可能进一步判断罪与非罪、此罪与彼罪。

---

① 参见“快播案”一审判决书（2015）海刑初字第512号。

② 参见“快播案”二审裁定书（2016）京01刑终592号。

③ 参见张明楷：《论帮助信息网络犯罪活动罪》，载《政治与法律》2016年第2期。

④ 于志刚：《网络犯罪的发展轨迹与刑法分则的转型路径》，载《法商研究》2014年第4期。

本文认为，对由计算机、互联网导致的新型犯罪行为，首先应当穷尽既有立法（主要方式还是通过对法律的解释），然后再考虑增设罪名。譬如虚拟财物问题，如果可以通过对既有“财产”概念的解释而将其囊括在内，那么对此类型的犯罪行为则可以沿用既成。再如对网络空间的理解，如网上的一些开放式论坛，任何浏览者都可以任意进出、留言或者阅读他人的留言；近来兴起的网络直播，大多数网络直播间也都允许观看者随意进出和发表言论。此外，具有相对封闭性的QQ群、微信群等各类群组，也相当于独立的网络空间，参与者在其中可以随意发表言论并获悉他人所发表的言论。能否将这些开放式论坛、网络直播间、QQ群等视为现实社会公共空间的延伸？本文认为应当是可以的。公共空间的实质性特征在于参与者可以自由出入、获取信息或传播信息。无论是现实中的广场、街道、车站，还是网上论坛、网络直播间以及各类群组，参与者均可以自由出入、获取信息并传播信息。两者在实质上具有同质性。所以，网络空间可以视为现实社会空间的延伸。如此，网络空间中的一些犯罪行为也与现实空间中的犯罪行为无异，没有必要增设罪名。至于云端能不能解释为具备自动处理数据功能的系统，这一问题目前并无定论。如果认为是，那么对云端的犯罪行为就可借助计算机信息系统以及计算机信息系统数据类罪名处之。如果认为不是，那么就必须考虑为这种犯罪行为构建新的罪名，因为对云端的侵害，导致的危害结果远比侵害某一台或几台计算机终端的危害结果严重。根据本文观点，云端本质上是储存了海量数据信息的网络虚拟平台，或者说是一个网络空间储存器。因此，对云端的犯罪，不能简单套用计算机信息系统及计算机信息系统数据类的罪名。换言之，应当考虑通过对刑事立法的修正来达到规制此种犯罪的效果。

四、结语

从对计算机、互联网犯罪相关概念的内涵及演变展开分析，我们发现，无论采取哪种定义、使用哪个概念，计算机、互联网犯罪的行为模式无非三种：以其为犯罪对象，以其为犯罪工具，由其产生的新型犯罪行为。既然如此，针对不同的行为模式采取不同的应对之策即可。总之，本文希望阐明这样一种基本立场与态度：对计算机网络犯罪不必过于执着概念上的称谓，事实上，无论如何称呼，概念中包含的无非是类型化的犯罪行为模式；所谓万变不离其宗，直接针对不同类型的犯罪行为模式采取不同的刑法应对方法，才是应对日新月异的计算机网络犯罪的理性姿态。

第四编　中国区际刑法 20 年实践的检讨与发展

内地与香港地区刑罚基本制度比较研究

张 磊* 高 玥**

由于具有不同的历史沿革、法律渊源，并且受到不同政治、经济制度的制约和文化传统的影响，香港地区刑法和内地刑法中的刑罚基本制度存在诸多差异，对这种差异的比较与探讨对于促进内地与香港两地刑罚理论的发展、刑罚体系的完善具有重要的意义。

一、刑罚目的

（一）内地刑法中的刑罚目的

在我国内地刑法中，刑罚的目的是指国家制定、适用、执行刑罚的目的，也即国家的刑事立法采用刑罚作为对付犯罪现象的强制措施及其具体适用和执行所预期实现的效果。① 刑罚目的有以下特点：（1）刑罚目的贯穿于刑罚的制定、适用和执行的全过程，而不限于某一阶段。（2）刑罚目的是预先设立的，存在于制定、适用、执行刑罚之先或之际。（3）刑罚目的是希望取得的效果，是一种主观愿望，这种愿望可能变为现实，也可能与现实有相当距离。② 关于刑罚的目的存在诸多的争议，主要存在广义目的说和狭义目的说，单一目的说和多种目的说以及根本目的说和直接目的说的对立，③ 此外还有教育改造说、惩罚改造说、双重预防说、刑罚功能充分发挥说、刑罚目的的二元论说等多种观点之间的争议。④ 总的来说，上述各种观点都各有利弊，但是多数观点都赞成刑罚目的是预防犯罪，国家制定和执行刑罚的主要目的不在于惩罚犯罪分子，更多的是为了促使犯罪分子认罪服法，重新做人，促使潜在犯罪人远离犯罪。预防犯罪包括特殊预防和一般预防两个方面。特殊预防是指通过对犯罪分子适用刑罚，预防其重新犯罪，所针对的对象是因为犯罪而受到刑罚处罚的犯罪分子。一般预防是指通过对犯罪分子适用刑罚，慑服潜在犯罪人，防止其走向犯罪道路，所针对的对象是潜在的可能实施犯罪的人。

（二）香港地区刑法中的刑罚目的

香港地区刑法中的刑罚目的受英国刑罚理论影响较大。在英国刑罚理论中，关于刑罚目的主要有报应主义和功利主义之争，发展至今，当代英国刑罚目的包括报应主义和功利主义两个方面的内容，是两者的综合。虽然英美刑法和大陆刑法在历

* 北京师范大学刑事法律科学研究院副教授。

**《吉林大学社会科学学报》副编审。

① 张明楷著：《刑法学》（上），法律出版社 2016 年版，第 509 页。

② 马克昌著：《刑罚通论》，武汉大学出版社 1995 年版，第 58-59 页。

③ 高铭暄、马克昌主编：《刑法学》，北京大学出版社、高等教育出版社 2016 年版，第 223-224 页。

④ 高铭暄主编：《刑法专论》（上编），高等教育出版社 2002 年版，第 514-515 页。

史渊源、表现形式、价值取向等方面存在很多差别，但是在刑罚报应主义方面，两者的理论根源都是德国哲学家康德的报应刑思想。康德基于形而上学而展开的刑罚报应论被称为等量报应刑论，与此相对的是黑格尔基于辩证法思想而展开的等价报应论。英国刑法学家依温（A. C. Ewing）的报应刑思想和康德是一脉相承的，其认为刑罚的基本的合理证明总是能够在所犯之罪应该处罚的事实中找到，而不应当到因刑罚痛苦而获得的将来利益中寻找。[①] 刑罚之报应，并不完全是以报应为目的，而是通过报应实现刑罚的公正。国家的刑罚只能够作为实现公正的手段而存在，而不能够作为谋求其他功利目的的手段。英美刑法学家在此基础上进一步发展了报应刑论，将其分为“法律报应主义”、“道义报应主义”、“纯粹的法律报应主义”和“不纯粹的法律报应主义”以及“纯粹的道义报应主义”和“不纯粹的道义报应主义”。[②] 英国刑罚功利主义思想起源于著名法学家和道德学家边沁，边沁认为人类的一切社会活动都应当以“最大幸福原理”为最高价值，人的一切活动都是为了追求幸福，由此认为刑罚从本质上来说是以痛苦来遏制人们获取非法幸福的欲念，从而实现全社会的最大幸福，即“最大多数人的最大利益”。刑罚功利主义认为，从本质上说，刑罚不应当是对已然犯罪的报应，而是为了防止未然犯罪，刑法不应是回顾过去，而应当是面向未来。功利主义将刑罚关注的焦点从犯罪行为转向实施行为的行为人，强调刑罚的适用应当根据行为人的不同情况而区别对待。[③] 报应主义和功利主义都存在一定合理性的同时也存在无法克服的弊端，这就产生了弥补两理论不足的刑罚折中论，以哈特教授为代表。哈特教授认为刑罚的本质实质上是二元的，既有报应的一面也有功利的一面。刑罚应具有威慑、报应和改造多个价值目标，这些目标中的每一个都可以作为刑罚合理的证明。[④] 在当代英国，单纯的报应主义或者功利主义已经被废弃，折中论得到了更多学者的赞同。同样，香港地区刑罚目的理论受其影响也是报应主义和功利主义的折中。

1. 报应

香港地区刑法理论中，报应是指对犯罪分子适用刑罚是其犯罪的必然结果，是对犯罪分子所犯罪行的惩罚。刑罚的目的在于通过对犯罪分子施加应得的惩罚以实现对其犯罪的反应，犯罪分子既然实施了危害社会的行为，那么相应的，法院代表国家也应当对其实施惩罚，从而实现社会公平与正义。报应着眼于已然之罪，强调犯罪是刑罚的必备前提，刑罚的轻重与犯罪分子犯罪的严重程度相适应，重罪重判，轻罪轻判。

2. 威慑

威慑是指通过对犯罪分子适用刑罚，使其不再实施犯罪，使潜在犯罪人不敢实施犯罪。威慑着眼于未来，强调通过对犯罪人已然之罪的报应，实现对未然之罪的遏制与预防。根据适用对象的不同，威慑分为个别威慑和普遍威慑。个别威慑以犯

---

① See A. C. Ewing, The Morality of Punishment, Kegan Paul, London, 1929, p. 13.

② 赵秉志主编：《英美刑法学》，科学出版社 2010 年版，第 174 页。

③ 张旭主编：《英美刑法论要》，清华大学出版社 2006 年版，第 178 页。

④ 赵秉志主编：《英美刑法学》，科学出版社 2010 年版，第 194 页。

罪人为对象，以预防其再次犯罪为目的。香港地区法院在审判时个别威慑主要体现在对犯罪人量刑时注重犯罪行为，不因为犯罪人有前科而加重其刑罚，虽然不好的记录可以使法院减少考虑减轻处罚的因素。① 普遍威慑以潜在犯罪人为对象，通过对犯罪人施以刑罚使潜在犯罪人认识到刑罚的有无与轻重同犯罪之间的必然联系，基于对刑罚造成痛苦的排斥而拒绝实施犯罪。在个人利益和社会利益之间，普遍威慑更为强调对后者的保护。

3. 丧失能力

丧失能力也被称为犯罪遏制，是指对犯罪人实施监禁以使其丧失侵害社会的能力，是预防犯罪的一种形式。但是，丧失能力作为刑罚的目的，在以下两个方面存在疑问：其一，对于犯罪人的长期监禁在使其丧失再次犯罪能力的同时也促使其与社会疏离，逐渐成为“监狱社会”的一分子，而与正常生活渐行渐远，增加其重返社会的代价。② 其二，以未然之罪为依据提高犯罪人的刑罚是否适当值得考虑，其最多只能减小减轻处罚因素对被告人处罚的影响。

4. 改造

改造是指通过对犯罪人适用刑罚实现对犯罪人的教育和矫正，使其成为对社会有用或者无害的人。在香港地区，改造又被称为感化，强调通过工作人员或者感化官的教育与督导实现犯罪人心理上的转变，真正改过自新。改造与感化以惩罚为基础，以剥夺犯罪人的一定自由为前提，这一点犯罪人本身的自由选择权并不大。通过在监狱内外的劳动实现对其的惩罚，同时对其进行思想方面和技术方面的教育，在促使其改恶从善的同时培养自我谋生和逐步适应社会的能力，保证其重返社会以后有独立的生活来源，避免再次走向犯罪的道路。此外，还有观点认为维护法纪也是香港地区刑罚的目的之一，认为维护法纪是对犯罪人适用刑罚时最重要的目的，是判刑时最需考虑的大问题。刑罚维护法纪的目的就是要使更多的人遵守法律，减少罪案。③ 对于这种观点我们认为，维护法纪当然是国家适用刑罚的重要目的，是更为宏观的方面，似乎不应当和报应、威慑、改造等刑罚目的并列，而且这些刑罚目的本身已经包含了维护法纪的内容，这些目的的实现自然会达到维护法纪的效果，所以我们认为不应当将维护法纪单独作为一个刑罚目的。

（三）比较与分析

1. 相同之处

（1）预防犯罪是刑罚目的的重要内容。在内地刑法和香港地区刑法中，预防犯罪都是刑罚目的的重要内容，都可分为特殊预防和一般预防。内地刑法中，作为刑罚的目的，特殊预防和一般预防共同发挥作用，实现对犯罪的预防，两者统一不可分割。国家的每个制定、适用和执行刑罚的过程都是特殊预防和一般预防的结合。

① 赵秉志主编：《香港地区刑法学》，河南人民出版社 1997 年版，第 109 页。

② 谢望原主编：《台、港、澳刑法与大陆刑法比较研究》，中国人民公安大学出版社 1998 年版，第 248 页。

③ 谢望原主编：《台、港、澳刑法与大陆刑法比较研究》，中国人民公安大学出版社 1998 年版，第 247 页。

例如，对犯罪适用和执行刑罚的过程一方面是在惩罚犯罪分子，实现对其的教育和改造，避免再次犯罪，另一方面也向潜在犯罪人表明犯罪与刑罚两者关系的必然性，威慑他们不实施犯罪。两个方面对于预防犯罪都具有重要意义，缺少任何一个方面都将削弱预防犯罪的有效性。所以，在制定、适用和执行刑罚的时候，应当兼顾一般预防和特殊预防，共同发挥预防犯罪作用。当然，这并不排除在不同阶段以及针对不同对象对两者的不同侧重。在刑罚制定阶段，由于其指向一般社会公众，应当重视刑罚的一般预防，兼顾特殊预防；在刑罚的适用和执行阶段，由于其指向具体犯罪人，应当重视刑罚的特殊预防，兼顾一般预防。对于惯犯、累犯等多次实施犯罪的人，应当重视刑罚的一般预防而兼顾特殊预防；对于偶犯、初犯等第一次或者很少实施犯罪的人，应当重视刑罚的一般预防而兼顾特殊预防。在香港地区刑法的刑罚目的中，虽然没有明确指出特殊预防和一般预防，威慑在名称上也和预防犯罪有所差异，但是从其基本内容来看，实质上也是特殊预防和一般预防两个方面的内容，丧失能力和改造在强调特殊预防的基础上兼顾了一般预防。

（2）预防犯罪都以惩罚为前提和基础。虽然内地刑法中刑罚目的主要是预防犯罪，但这种预防以惩罚为基础，没有对于犯罪人的惩罚，让其切实感受到刑罚带来的痛苦，无论是特殊预防还是一般预防都不可能顺利实现。香港地区刑法则更明确地将惩罚作为刑罚的目的之一，与威慑等目的共同构成刑罚目的体系。

2. 不同之处

（1）内容侧重不同。与内地刑法相比，香港地区刑法的刑罚目的范围更为宽泛，包括惩罚、威慑、丧失能力和改造，除了预防犯罪以外还包括对犯罪人的惩罚。内容也更为具体，包括报应主义和功利主义两个方面的因素，这主要是因为香港地区刑法较多地受到英国刑法历史上报应主义和功利主义的影响。内地刑法的刑罚目的只是预防犯罪，对犯罪人的惩罚更多的是作为预防犯罪的手段而存在，内容更为宏观，与报应相比更为强调对犯罪的预防，这和内地刑法多受到大陆法系刑法理论的影响有直接关系。内地刑法的刑罚目的包括特殊预防和一般预防。特殊预防主要通过对犯罪分子权益的剥夺实现对犯罪分子的教育与改造。一般来说，已经实施了犯罪的犯罪分子是社会危险性较大的人群，需要让其为自己危害社会的行为付出应有的代价，为预防其犯罪奠定基础。剥夺与惩罚是特殊预防的前提，教育与改造是特殊预防的根本措施，两者互相配合才能实现对犯罪分子的特殊预防。一般预防是要通过对犯罪分子适用刑罚，对潜在犯罪人产生威慑力，阻止其走上犯罪道路。一般预防的实现途径主要是通过对犯罪人裁量、判决和执行刑罚，利用刑罚的公正性、必然性和及时性向社会表明犯罪和刑罚之间的必然联系，任何人都不可能逃脱法律制裁，从而威慑危险分子不再次实施犯罪，不稳定分子不实施犯罪，安抚被害人及其家属，防止其报复社会。

（2）针对对象不同。受报应主义和功利主义的影响，香港地区刑罚目的针对已然之罪和未然之罪，包括惩罚和预防两个方面。而内地刑罚目的针对的主要是未然之罪，强调对未来的预防，对于已然犯罪的惩罚不再是刑罚的目的。

（3）具体内容不同。在内地刑法中，虽然惩罚、威慑、丧失能力和改造也是实现刑罚目的的重要手段，也有许多学者将其看作刑罚的目的，但是刑法理论通说是将其视为刑罚功能的，惩罚、个别威慑、丧失能力和改造是刑罚对犯罪人的功能，一般威慑是刑罚对社会的功能。刑罚功能虽然是刑罚目的的前提和赖以实现的中介，[①] 但和刑罚目的毕竟是两个不同层次的概念，不能混淆。刑罚功能是刑罚对社会可能产生的积极作用，刑罚目的是刑罚国家运用刑罚所要达到的效果。刑罚目的属于主观范畴，是统治阶级在制定刑罚时预先设定的自己想要达到的刑罚效果。刑罚功能属于客观范畴，是刑罚自身由其内在属性决定的对社会可能产生的某种积极作用。两者是目的和手段的关系，刑罚目的是最终目标，而刑罚功能则是达到目标的途径。刑罚目的的选择以刑罚具有达到该目的的功能为前提，否则刑罚目的的选择没有任何意义。而刑罚目的的选择过程又是对刑罚功能的扬弃过程，当刑罚功能不能达到目的时，自然就会被用刑者舍弃。所以，我们认为在刑罚目的的具体内容上，香港地区刑法不区分刑罚功能和刑罚目的做法是不妥当的，应当将二者区分开来，以避免刑罚基础理论研究上的错位。

（4）系统程度不同。香港地区刑法理论将惩罚、威慑、丧失能力和改造简单罗列作为刑罚的目的，没有将刑罚目的和刑罚功能明确区分，说明香港地区刑法对于刑罚的一些基本理论包括刑罚目的缺乏深入的研究。[②] 与此相对，内地刑法对于刑罚目的理论有较为深入的探讨，关于刑罚的目的在众说纷纭的基础上产生了通说，对刑罚的属性、刑罚的功能和刑罚的目的进行了比较明确的区分，形成了较为系统的刑罚基础理论和刑罚目的理论。

二、刑罚体系

（一）内地刑法中的刑罚体系

刑罚体系是指刑事立法者从有利于发挥刑罚功能和实现刑罚目的出发，选择一定的惩罚方法作为刑罚方法并加以归类，由刑法依照一定的标准对各种刑罚方法进行排列而形成的刑罚序列。[③] 为了有效地惩治和打击犯罪，我国新刑法规定了较为完备的刑罚体系，该体系由主刑和附加刑构成。作为只能独立适用的刑罚方法，主刑包括管制、拘役、有期徒刑、无期徒刑和死刑；作为补充适用的刑罚方法，附加刑既可以独立适用也可以附加主刑适用，包括罚金、剥夺政治权利和没收财产，对于外国人还可以独立或者附加适用驱逐出境。

（二）香港地区刑法中的刑罚体系

与英国一样，香港地区也没有统一的刑法典，只是在各种条例中针对具体犯罪规定了一些刑罚。也就是说，香港地区刑法中的刑罚既没有主刑和附加刑的区分，也没有按照一定标准进行排列并形成一定体系。在废除了笞刑、死刑以后，香港地区各条例中规定的刑罚主要有自由刑、财产刑、资格刑和一系列的辅助性刑事措施，可以分为监禁性刑罚和非监禁性刑罚。

① 张明楷著：《刑法学》（上），法律出版社 2016 年版，第 518 页。

② 赵秉志主编：《香港地区刑法学》，河南人民出版社 1997 年版，第 113 页。

③ 高铭暄、马克昌主编：《刑法学》，北京大学出版社、高等教育出版社 2016 年版，第 229 页。

（三）比较与分析

内地刑罚的体系性和香港地区刑罚的非体系性形成了明确的对照。内地刑法对刑罚进行了明确规定，主刑和附加刑互相明确而又彼此配合，重刑和轻刑各司其职而又衔接有度，各种刑罚彼此协助，共同构成打击犯罪的严密刑罚网络，体现了刑罚体系的科学性与严谨性。这种系统的刑罚体系是总结了长期以来的刑事立法经验而选择确定的，经历了由少到多、由零散到系统、由不完备到完备、由分散到集中的过程，是我国刑事法制发展的必然结果。而香港地区刑罚由于受到英国刑法影响较大，较多地体现了英美法系法律制度的特点。英美法系国家是具有普通法传统的国家，刑事立法基本不涉及总则问题，也没有适用于全国的统一刑法典，很多问题的解决多依赖于普通法的规则。关于刑罚的规定也是如此，没有统一的法律依据，而多散见于单行刑法或者附属刑法。[①] 由此，就产生了香港地区刑罚体系繁杂，种类繁多的特征。该体系中既有自由刑、财产刑、资格刑，还有各种辅助刑事措施，各种措施共同构成了截然不同于大陆刑法的刑罚体系。这种庞杂多样的刑罚体系形成了一个宽严结合的有效制裁体系，给予法官较大的选择余地和自由裁量权，可以根据犯罪和罪犯的不同选择不同的制裁措施，最大限度地贯彻刑罚个别化，实现刑罚的功能和目的。而且，这种刑罚体系还具有较强的开放性，新的立法的出现随时可以增加新的刑罚的种类。这样，可以使刑罚随着时代的发展而完善，削弱了由于成文法固定刑罚体系滞后性的特点。

从内地和香港地区刑罚的体系对比来看，内地刑罚体系明确、固定，科学严谨，这种刑罚体系下，法官的自由裁量权相对较小，但是更能够适应罪刑法定原则的需要，实现保护社会和保障人权的有效结合。但同时也具有封闭性较强的特点，一旦社会的发展对于刑罚的种类提出新的要求，立法上的反映可能相对比较缓慢。香港地区刑罚庞杂、种类繁多，开放性较强，能够适应快速发展的社会的需要。但由于法官具有较大的自由裁量权，所以在实现罪刑法定原则方面可能不如内地刑法有效。刑罚种类纷繁复杂也必然导致体系混乱，用语极不协调、统一。所以，我们认为有必要尽快实现香港地区刑罚体系的法定化，通过明确的概念和术语、统一的文法和格式，将刑罚种类予以有机归类和排列。这样不仅可以形成科学、简明的刑罚体系，而且可以促进香港地区刑罚的简洁化和清晰化、易于把握，为更多人理解和适用。

三、刑罚种类

（一）内地刑法中的刑罚种类

1. 主刑

主刑包括管制、拘役、有期徒刑、无期徒刑和死刑。管制是主刑中最轻的刑种，是指对犯罪分子不予以关押，而仅限制其一定自由，由公安机关执行和人民群众监督改造的刑罚方法。拘役是短期剥夺犯罪分子人身自由，就近执行劳动改造的

① 张旭主编：《英美刑法论要》，清华大学出版社2006年版，第186页。

刑罚方法。有期徒刑是在一定期限内剥夺犯罪分子人身自由，并强迫其劳动和接受劳动改造的刑罚方法。有期徒刑是自由刑的主体，是我国现阶段适用最多的刑罚方法。有期徒刑的期限较长，为6个月以上15年以下，有期徒刑的执行地点主要是监狱，执行内容是强迫犯罪分子参加劳动，在劳动过程中对其进行教育和改造。无期徒刑终身剥夺犯罪分子人身自由，并强迫其参加劳动接受教育改造的刑罚方法。死刑包括立即执行和缓期二年执行两种执行方法。《刑法修正案（九）》对于贪污受贿犯罪中死刑缓期执行增加了不得减刑假释的终身监禁制度。

2. 附加刑

附加刑包括罚金、剥夺政治权利、没收财产和驱逐出境。罚金是人民法院判处犯罪分子向国家缴纳一定数额金钱的刑罚方法。罚金主要适用于贪利型犯罪和财产型犯罪，就这两类犯罪而言，对犯罪分子金钱的剥夺可以剥夺其继续犯罪的物质基础，有效预防其再次犯罪。剥夺政治权利是剥夺犯罪分子参加管理国家和政治活动的权利的刑罚方法，既可以适用于较为严重的犯罪也可以适用于较轻的犯罪。没收财产是将犯罪分子个人所有财产的一部分或者全部强制无偿收归国有的刑罚方法。没收财产主要适用于危害国家安全罪、破坏社会主义市场经济罪、侵犯财产罪和贪污贿赂罪中情节较为严重的犯罪。驱逐出境是强迫犯罪的外国人离开国（边）境的刑罚方法。驱逐出境适用于犯罪的外国人，包括具有外国国籍的人和无国籍的人。

（二）香港地区刑法中的刑罚种类

根据香港地区刑法的规定，香港地区的刑罚主要包括刑事制裁措施和辅助性刑事制裁措施两大类。

1. 刑事制裁措施

刑事制裁措施分为监禁性刑罚和非监禁性刑罚。监禁性刑罚是指通过羁押剥夺犯罪分子人身自由的刑罚方法，包括终身监禁、有期监禁等刑种，没有主从之分。终身监禁是指终身剥夺犯罪分子人身自由的刑罚方法，在死刑废除之后是香港地区最严厉的刑罚，适用于叛国罪、谋杀罪、抢劫罪等较为严重的犯罪。有期监禁是指在一定期限内剥夺犯罪分子人身自由的刑罚方法，期限为1个月以上25年以下，可以适用于香港地区刑法中的大部分犯罪。

非监禁性刑罚是指不剥夺犯罪分子人身自由的刑罚方法。非监禁性刑罚包括社会服务令、罚金、没收财产、赔偿、褫夺公权等刑种，罚金、褫夺公权可以和其他刑罚并科。社会服务令是指判处被告人从事无报酬的社会性工作的命令。罚金是指判处罪犯向政府缴纳一定数额金钱的刑罚方法，主要适用于财产型和经济型犯罪。没收财产是指没收犯罪分子的财产的刑罚方法。赔偿是指犯罪分子就自己对被害人造成的人身或者财产损害向被害人支付一定数额金钱的刑罚方法。褫夺公权是指剥夺犯罪分子一定政治权利的刑罚方法。

2. 辅助性刑事制裁措施

辅助性刑事制裁措施包括入劳役中心、入教导所、入精神病院、入戒毒所，感化、刑事破产令，吊销驾驶执照、具保守行为等，必须经法院判决，具有保安处分的性质。入劳役中心是指在符合被告人和公众利益的前提下，判处14岁至25岁的被告人进入劳役中心进行劳动的制裁措施，入劳役中心在判处时不明确期限，根据被告人的年龄予以具体确定。入教导所是指将14岁至21岁的罪犯关进教导所进行教导和感化的刑事措施，期限为6个月至36个月，获释后还要接受3年的督导。入戒毒所是指对染有毒瘾的人进行治疗和康复的措施。入精神病院是指对于患有精神病的可判处监禁的罪犯，判处其关押在惩教署精神病治疗中心或精神病院的措施。感化是指判处罪犯在一定期限内在社会中接受感化官的监督和辅导，保持良好的生活和工作，实现改过自新。刑事破产令是指当对犯罪分子造成的损失或者损害达到一定程度时判处其破产的刑罚方法。吊销驾驶执照是指在一定期限内剥夺犯罪分子驾驶资格的刑罚方法。具保守行为是指判处某人一定数额的金钱以担保其在一定时间内不破坏社会治安的刑罚方法，此种刑罚方法不以定罪为基础，即使是没有定罪的人也可以判处此刑罚。①

（三）比较与分析

1. 刑罚种类的比较

香港地区刑法除了刑事制裁措施以外，还包括了大量的具有保安处分性质的辅助性刑事制裁措施，如入劳役中心、刑事破产令，吊销驾驶执照、具保守行为等。虽然是辅助性的，但这些措施仍然属于刑罚的范畴。而在内地刑法中，对具有保安处分性质的禁戒处分，均规定为非刑罚的处理方法，如赔偿经济损失、责令赔偿损失、训诫、责令具结悔过、责令赔礼道歉、由主管部门予以行政处罚或行政处分等，被排除在刑罚范围之外。香港地区刑法中存在不定罪既可判处的刑罚——具保守行为，而在内地刑法中，所有刑罚必须以定罪为前提，没有定罪不可能判处刑罚。此外，内地刑法专门针对犯罪的外国人规定了驱逐出境的附加刑，香港地区刑法中没有类似规定。香港地区刑法的刑罚种类特点与英国刑罚的种类密切相关，如在英国，刑罚种类主要有13种，监禁刑包括终身监禁、有期徒刑以及对青少年罪犯适用的监禁，其他10余种刑罚都是非监禁刑，仅社区刑罚就有9种之多。

2. 生命刑的比较

作为剥夺人生命权利的刑罚方法，死刑的适用在西方国家备受争议。英国的死刑种类繁多，执行方法也极其严酷。随着贝卡里亚挑起死刑的存废之争、资产阶级人权观念的普及以及世界范围内轻刑化趋势的发展，死刑的命运开始受到前所未有的挑战。很多国家开始明确废除死刑，没有废除死刑的国家也开始大幅度限制死刑的适用。19世纪中期以后，英国适用死刑的罪名也开始减少。目前，英国刑法除了对叛逆罪和海盗罪还保留有死刑以外，对所有普通犯罪彻底废除了死刑。受英国和西方死刑制度和理念的影响，死刑在香港地区刑罚体系中占有举足轻重的地位，在保留死刑的年代里，死刑适用范围十分狭窄。香港地区于1993年废除死刑，现在最严厉的刑罚是终身监禁。在内地刑法中死刑仍然是地位非常重要的刑种，具有较大的适用范围。但是近年来内地刑法理论界和实务界已经开展了广泛的死刑存废的讨论，逐步认识到从立法和司法上逐步限制和废除死刑的重要性与必然性，并通过

---

① 赵秉志主编：《香港地区刑法学》，河南人民出版社1997年版，第114-126页。

《刑法修正案（八）》和《刑法修正案（九）》先后废除了13种和9种死刑罪名，在死刑改革的道路上取得突破性进展。

3. 自由刑的比较

虽然在内地刑法和香港地区刑法中自由刑都占有十分重要的地位，也都可以分为终身自由刑和有期自由刑，但是两者还是存在较多的差异。在自由刑的刑种上，内地刑法有限制自由刑——管制和短期自由刑——拘役。管制是中国特殊历史时期的产物，是我国内地独创的刑罚方法。作为一种限制自由的刑罚方法，管制刑在自由刑和非自由刑之间起到了很好的连接作用。一方面其不关押犯罪分子，另一方面又对其自由进行一定期限的限制，在公安机关和人民群众的监督下进行改造。与管制不同的是，拘役完全剥夺犯罪分子的人身自由，而不仅仅是限制了。与有期徒刑相比，拘役的期限较短，为1个月以上6个月以下。拘役不在监狱里执行，而是在其所在地的县、市或者市辖区的公安机关设置的拘役所里执行，执行期间犯罪人每个月可以回家一至两天，参加劳动的可以酌量发给报酬。香港地区刑法则不存在和管制与拘役相应的刑种。在有期自由刑的刑期上，内地刑法为6个月至15年。数罪情况下，数罪总和刑期不满35年的，数罪并罚最高不超过20年；总和刑期超过35年的，数罪并罚最高不超过25年。而香港地区是1个月至25年，甚至对于轻微犯罪可以判处入狱14天。在是否存在不定期刑上，香港地区刑法存在不定期刑制度，由法官判处一个刑期幅度，由惩教署根据罪犯在监狱中的表现决定其实际服刑期的长短，表现好的可以缩短刑期提前释放。惩教署的权力较大，在一定条件下罪犯的实际执行刑期甚至可以超出法官原判刑罚的幅度而不通知法院。① 内地刑法绝对排斥不定期刑的适用，法官判处的都是确定的刑罚执行期限，除非犯罪人表现良好而减刑或者假释，否则将在监狱中服完所有刑期。是否减刑与假释完全由法官决定，其他任何人员不享有此权力。在终身自由刑的执行方式上，香港地区刑法沿袭英国刑法终身自由刑的规定。英国刑法中的终身监禁刑包括强制性终身监禁、可以裁量的终身监禁和自动的终身监禁。强制性终身监禁适用于18岁以上的人犯谋杀罪的情况，法官不具有自由裁量权。可以裁量的终身监禁主要适用于暴力犯罪和性犯罪的被告人，法官可以根据案件情况自由决定是否适用终身监禁。自动的终身监禁适用于实施了严重的犯罪，被告人在18岁以上和曾经实施严重犯罪并且没有从轻情节的情况。② 与此相应，香港地区刑法中的终身监禁分为绝对终身监禁和相对终身监禁，对于谋杀罪，一律判处终身监禁，而对于非预谋杀人罪则既可以判处终身监禁也可以判处其他刑罚，法官拥有一定的选择权与自由裁量权。内地刑法通过《刑法修正案（九）》增加了不得减刑假释的终身监禁制度，但是死刑缓期执行的一种方式，而且只对贪污罪和受贿罪规定，对于其他犯罪没有规定终身监禁制度。

4. 财产刑的比较

虽然在香港地区刑事意义上的赔偿和民事意义上的赔偿的界限已经不太清晰，

① 杨春洗等著：《香港地区刑法与罪案》，人民法院出版社1996年版，第49页。

② 张旭主编：《英美刑法论要》，清华大学出版社2006年版，第189-190页。

但香港地区刑法仍将犯罪人就自己对被害人造成的人身或财产损害向被害人支付一定数额的金钱规定为刑罚的一种。而在内地，这种赔偿则完全是在民事意义上而言的，刑法并没有将其明文规定为刑罚。就罚金刑而言，在内地和香港地区都是主要的财产刑之一。虽然香港地区刑法中不区分主刑和附加刑，但是罚金已经成为对于犯罪人适用的最为主要的刑罚方法之一，可以广泛适用于除了叛国、谋杀、故意伤害等少数犯罪外的绝大部分犯罪。而在内地刑法中罚金刑主要适用于财产型和经济型犯罪，虽然内地刑法已经在逐步扩展罚金刑的适用范围，但是与香港地区刑法相比还是狭窄得多，主要适用于破坏社会主义市场经济秩序罪、侵犯财产罪和妨害社会管理秩序罪。在罚金数额上，香港地区刑法一般明确规定了罚金的数额，由法官根据犯罪的性质和程度依法判处，而内地刑法中对于有些犯罪并不明确规定罚金数额，罚金数额的确定方式包括比例制、倍数制、比例兼倍数制和确定数额制，法官根据犯罪数额的一定比例或者倍数确定罚金数额。甚至对于单位和某些个人犯罪只抽象地规定判处罚金，这就存在无限额罚金制的可能，法官拥有较大的裁量权。在罚金刑的执行上，香港地区有自由刑易科罚金和罚金易科自由刑的制度。根据香港地区刑法的规定，法庭既可以判处罚金以代替自由刑也可以在判处自由刑的同时再判处罚金。而对于被判处罚金、赔偿等财产刑没有缴纳的，法庭可以在符合公正要求的前提下判处监禁刑，这些制度在内地刑法中是没有的。内地刑法中，罚金的适用方式主要有选处、单处、并处、并处或单处等，根据犯罪分子的具体情况，对于罚金即可以采取一次或分期缴纳、强制缴纳、随时缴纳、减免或者免除缴纳等方式进行缴纳。对于没收财产，香港地区刑法和内地刑法的没收对象是不同的，前者的对象是犯罪分子在犯罪中所得的财产，相当于内地刑法中的追缴犯罪所得。内地刑法中没收财产的对象是犯罪分子所有的或者部分财产，这些财产必须是其合法拥有的，既可以是金钱也可以是其他财物。没收全部财产的，应当为犯罪分子及其扶养的家属保留必要的生活费用。

5. 资格刑的比较

内地刑法中的剥夺政治权利主要剥夺犯罪分子的下列权利：选举权与被选举权；言论、出版、结社、游行、示威的权利；担任国家机关职务的权利；担任国有公司、企业、事业单位和人民团体领导职务的权利。与香港地区刑法中的资格刑相比，两者的共同之处在于都剥夺了犯罪人担任公务员的资格和选举权与被选举权，不同之处在于以下几个方面：就名称而言，内地刑法明确指出剥夺的是犯罪分子的“政治权利”，而香港地区则规定为“公权”；就剥夺的内容而言，内地刑法明确将犯罪人的言论、出版、集会、结社、游行、示威的权利予以剥夺，而香港地区刑法则不存在这些内容；就适用方式而言，内地刑法明确规定对于判处死刑和无期徒刑的罪犯以及危害国家安全的罪犯应当附加剥夺政治权利，而在香港地区刑法中，对于终身监禁并没有类似规定。

澳门刑法之宽容与内地刑法之反思

吴 霞*

2015年6月17日，仅注册一天的微信公众号，凭一张图片，骤然将“贩卖儿童者，一律死刑”的话题填满了不同地域、性别、年龄、学历、收入的国人朋友圈。死刑威慑或者说重刑能否实现抑制犯罪的目的，再次成为人们思考的话题。很多反对乃至不屑这一言论和话题的人们最终都败给了“为人父母”这一角色所特有的思维逻辑。对贩卖儿童者的惩罚，中国内地是否轻于其他国家和地区？是否因为现有的刑法对此规定太过轻缓，以至于朋友圈中汹涌的民意直接指向死刑？不仅是贩卖儿童个罪，整个中国内地刑法在刑罚规制程度上处于什么样的境地？这些问题只有在比较中才能找到答案，而澳门刑法是重要的参照之一。因为一方面，在一国两制三法系四法域的大背景下，区域刑法的比较研究有助于司法冲突的解决；另一方面，《澳门刑法典》的制定吸收了当代大陆法系刑法学的最新研究成果。

关于澳门与内地刑法的比较，内地学者的专门化研究主要集中于澳门回归前后的几年里，之后更多的是就某一现象，一并将港澳台三地放在一国两制三法系四法域的语境中进行比较；① 澳门学者通常分领域、分专题式对二者进行比较分析。② 而且在具体论述上，更多的是围绕刑事法律冲突中的刑事管辖权、司法协助等技术性问题，而对当事人实体权利的保护与救济等方面研究不足。从现有文献的比较研究中，我们可以发现，澳门刑法的突出特征是人道主义，宽容的思想遍布于总则和分则中，但对于人道主义或者说刑法轻缓化的研究往往是零星的、碎片式的。通过对澳门刑法的整体性研究，从体系上来看待刑法轻缓的问题，进而掌握内地刑法在严厉程度上的定位，不失为把握个罪刑罚程度的新出路。

一、刑事政策的维度：宽容之价值

（一）刑法目的

澳门刑法在制定目的上充分尊重人权，体现宽容的精神。其在第58/95/M号法律的序言中明确指出，新刑法典的首要功能是保障公民的基本权利，提供社会价值观的参考依据。具体表现为对基本权利、人道价值、包容价值的尊重，这些价值构成了澳门各群体的个人保障方面的一个基本元素。③ 一个突出的例子便是立法体例

* 中南财经政法大学刑法学博士研究生。

① 参见谢望原：《台、港、澳刑法与大陆刑法比较研究》，中国人民公安大学出版社1998年版；赵秉志：《中国内地与澳门刑法之比较研究》，中国方正出版社2000年版；卢建平：《“一国两制三法系四法域”语境下中国死刑废止前景展望》，载《法学杂志》2009年第10期。

② 参见赵国强：《澳门刑法研究》，广东人民出版社2009年版。

③ 参见澳门第58/95/M号法律的序言。

非传统的特殊安排：将侵犯人身罪放在分则的开篇位置，以突出人的尊严为刑法的根本价值。而内地的刑法分则体系采用的是传统的模式，将危害整体性利益的犯罪放在首要位置。

具体说来，澳门刑法的目的一方面表现为确保人身安全，预防和遏止犯罪，另一方面旨在设立一个具有教育意义和使人能重返社会之意义的刑事制度，同时尊重被判刑者的权利及人格。① 《澳门刑法典》第 40 条明确规定，科处刑罚及保安处分，旨在保护法益及使行为人重新纳入社会。从这些表述中，我们可以看出，澳门刑法的目的避开了报应刑论中的惩罚，强调新社会防卫论的观点，将犯罪问题与犯罪预防体制相联系，将已有罪过在行为人与社会之间进行分担，防止重新犯罪，重点在于教育、恢复犯罪者的自信心和责任感。长期以来，内地刑法的通说认为，制定刑法的目的在于维护统治阶级的利益。刑法典第一条明确规定了刑法的目的是“惩罚犯罪，保护人民”，被学者称为“保障机制和保护机能的统一”。②

虽然内地当代刑法理论对惩罚和报应理论进行了不同程度的批评和指责，刑法近年来的发展也体现了轻缓化的趋势，但是真正做到人权保障，实现法治化，最为关键的应当是从源头上，即刑法制定的目的上进行规划。当然，刑法目的的调整不得不涉及道德情感因素。报应和惩罚的摒弃、民众内心的接受和宽恕，需要宽容、和合文化的支撑。如果说澳门因受葡萄牙殖民而具有欧洲宗教文化基础，才得以拥有人道、包容的精神，那么中国古代文化也同样含有恕道、仁爱精神，内地刑法的轻缓和宽容并不缺少文化的熏陶。恰如对拐卖儿童者量刑的争论，一般情况下，人们都懂得不至于死刑的道理，也会支持和赞美宽恕犯罪人的受害人，但是一旦这些案件发生在自己的身上，还是会拥有酷刑的心理倾向。故而，笔者认为最为关键的不是外界文化永无止境的间接熏陶，而是法令的直接尝试：第一步的迈出。从实践角度，《澳门刑法典》颁布实施以来，轻刑主义并没有导致犯罪率的上升。③ 因此，在刑法轻缓、刑法目的的设定中，不能总是被“重刑方能威慑”这样的逻辑所羁绊。

（二）死刑观

在人们呼吁增加个别罪名死刑的时候，《澳门刑法典》早已废除了死刑乃至无期徒刑。《澳门刑法典》第 39 条第 1 款规定，不得设死刑，亦不得设永久性、无限期或期间不确定之剥夺自由之刑罚或保安处分。在澳门 1886 年的刑法典实施之前，葡萄牙就已经废除了死刑，具体时间是 1867 年。1870 年，葡萄牙通过法令，将废除死刑延伸到海外属地。1996 年的澳门新刑法典贯彻了该立法精神，废除了死刑和无期徒刑。在内地看来，澳门成为了“死刑天堂”。虽然废除死刑的口号在学术界

---

① 参见澳门第 58/95/M 号法律的序言。

② 赵秉志：《刑法新教程》，中国人民大学出版社 2001 年版，第 22 页。

③ 随着社会的发展，新型犯罪现象不断出现，可能会增加犯罪率。但是，澳门刑法的修改，即在刑法已有罪名内下调刑罚，并不会导致犯罪率的上升。相反，澳门社会的治安良好，尤其是在回归后。（参见李进东：《澳门刑法漫谈》，载《中国工人》2011 年第 5 期）正如赌博是诱发犯罪的重要因素，而在赌场云集、昼夜不息的澳门，因此而犯罪的情形并不多。

早已吹响，内地刑法也陆续废除了部分死刑，但依然实行的是保有死刑但限制死刑的刑事政策。

两地死刑政策的不一致，很容易造成区际死刑案件管辖冲突的问题。一方面此类案件具有内国性，但同时在某种程度上也具有涉外性。① 涉外性是因为澳门与其他国家签署了死刑不引渡的相关协议，如果澳门在此类案件上对内地和其他国家或地区区别对待，可能会遭受外界的批评与指责。涉内性是指此类案件是一国两制框架下的法律冲突，如果澳门拒绝移交，可能具有冒犯中国主权之嫌疑。对于该冲突的解决，学者提出了很多方案，例如将澳门与其他国家所签署的相关协议视为得到基本法和中央政府的认可，死刑不引渡原则当然地得到中央的认可。② 实际上，学者们所提出的方案，大都是区际间在程序上的相互妥协和让步，往往是治标不治本的措施，最终还是要回归到实体法上面来。故而，加快实体法方面的统一，才是根本的解决之道。在死刑方面，加快废除死刑的脚步是加强两岸刑事司法合作的重要保障。在同一中华文化体系下，澳门可以处理好废除死刑后可能出现的一系列问题，内地为什么不可以呢？犯罪的增加与否重点在于事前的预防状况，而非事后刑罚的严苛。人们与其期待用死刑来威慑犯罪分子不再拐卖儿童，还不如督促政府做好事前的预防。

（三）有利于被告人

有利于被告人，是澳门一项重要的刑事政策。澳门刑法中存在一些有利于被告人的直接性规定。在时间效力方面，《澳门刑法典》第2条第2款规定，如果行为人的行为，按照行为时的刑法被认为是犯罪，但根据行为后新生效的刑法不认为是犯罪的，应适用新法。在这种情况下，如果行为人尚且处于追责程序中，那么刑事诉讼应当撤销；如果正在服刑的，须终止执行，且其附带的刑事效果亦当终止。这种有利于被告人的规定在中国内地是不存在的。同样是新法不认为是犯罪的情形，虽然内地在时间效力方面采用的是从旧兼从轻的原则，但是如果按照旧法作出的判决已经生效，就应当维持原来的判决，对正在服刑的行为人，不得终止刑罚。从刑法时间效力的角度来看，澳门刑法在对待被告人时比内地刑法更加宽容。

在刑罚选择标准上，澳门刑法奉行优先适用非自由刑的原则。根据《澳门刑法典》第64条规定，如果采用其他刑罚方法能够达到教育和防止再犯的目的，则不采用自由刑。此外，还规定了徒刑的替代方式。由于短期自由刑历来为学者所诟病，如交叉感染、自暴自弃不利于回归社会、经费负担等，大陆法系的很多国家都规定了自由刑的替代制度。作为深受大陆法系法律文化熏陶的地区，澳门也不例外。根据《澳门刑法典》第44条第1款规定，判处有期徒刑六个月以下的，应当以相等日数的罚金或者其他非自由刑的刑罚代替，但为了预防再犯，而有必要执行徒刑的不在此限。紧接着，第46条还规定了以劳动来代替罚金的措施：如果认为

① 卢建平：《“一国两制三法系四法域”语境下中国死刑废止前景展望》，载《法学杂志》2009年第10期。

② 卢建平：《“一国两制三法系四法域”语境下中国死刑废止前景展望》，载《法学杂志》2009年第10期。

以劳动代替罚金的方式可以适当及足以实现处罚的目的，可以根据被判刑者的申请，为其提供劳动场所，作日计劳动，代替罚金。非剥夺自由刑的刑罚方法，完全是从犯罪人的角度考虑，为其重新回归社会而设定的；劳动替代罚金的前提是尊重被服刑人员，与内地已经废除的劳动教养完全不同。这些在刑罚选择上的特殊规定，充分体现了有利于被害人的刑事政策思想。在内地，罚金作为附加刑是不可以代替主刑的，服刑期间的劳动也是不可以代替罚金的。但是，这种有利于被告人教育、改造及回归社会的方法值得内地刑法借鉴和吸收。

二、刑法总则的视角：宽容之制度

（一）犯罪未完成形态

1. 犯罪预备

对于犯罪预备的处罚，理论上存在三种立法例：对犯罪预备一律不予处罚，如《法国刑法典》；对犯罪预备应当处罚，但须减轻或免除处罚，如中国内地刑法典；对犯罪预备原则上不处罚，但法律另有规定的除外，如《德国刑法典》。《澳门刑法典》则采用的是第三种立法例，可以处罚的犯罪预备，一种是伪造类，一种是公共危险类。大陆法系反对处罚犯罪预备的理由主要是它缺乏犯罪的内容、其犯罪的意思证明困难、出于刑事政策的考虑。① 而中国内地刑法以苏联刑法为蓝本，苏联的立法者把预备行为视为对社会有害的行为，故而处罚预备行为是原则，不处罚是例外。从中国内地现行刑法来看，处罚故意犯罪的预备行为是基本原则，但在司法实践中，几乎不追究故意犯罪预备行为的刑事责任。如此看来，有关犯罪预备的处罚规定扮演的是刑法“稻草人”的角色。而事实上，对预备犯罪例外性的处罚才会使得个别罪名预备犯罪得到应有的重视。内地刑法可以借鉴澳门刑法的立法模式。

2. 犯罪未遂

关于犯罪未遂的概念，立法上有两种解释：一种诸如《德国刑法典》的模式，将犯罪中止囊括在犯罪未遂中，认为不管是什么原因，只要未达到既遂状态的，都属于犯罪未遂；另一种如中国内地刑法典和《法国刑法典》的模式，只有出于行为人意志以外的原因而未达到既遂的，才属于犯罪未遂；如果因意志以内的原因，则属于犯罪中止。《澳门刑法典》采用的是《德国刑法典》的模式，其第 21 条明确规定：“行为人作出一已决定实施之犯罪之实行行为，但犯罪未至既遂者，为犯罪未遂”。故澳门刑法中的犯罪未遂包含了内地刑法中的犯罪未遂和犯罪中止，具体表现为障碍未遂和中止未遂两种形态。

关于障碍未遂，澳门刑法实行有条件处罚的制度。根据其第 22 条第 1 款规定，只有相关既遂犯的最高刑期超过 3 年时，才处罚犯罪的障碍未遂，但法律另有规定的除外。因而如果相关既遂犯的最高刑为 3 年或者 3 年以下，而法律又没有特别规定的话，该类犯罪的障碍未遂不受处罚。即使处罚障碍未遂，采取的也是“必减主义”，即必须特别减轻刑罚。内地刑法对于此类犯罪未遂的处罚原则是“可以比照

① 参见马克昌：《刑法理论探索》，法律出版社 1995 年版，第 314 页。

既遂犯从轻或者减轻处罚”。[①] 内地刑法不仅对所有澳门刑法中的障碍未遂进行处罚，而且处罚原则也是“得减主义”。从中我们可以看出澳门刑法对障碍未遂犯罪所持有的宽和态度。

对于中止未遂，澳门刑法则采取了更为宽容的态度。根据《澳门刑法典》第23条规定，行为人自动放弃犯罪行为，或者自动防止犯罪既遂，或者犯罪虽然既遂，但因己意防止不属该罪状之结果发生的，犯罪未遂均不处罚。在内地刑法中，只有有效避免犯罪结果的才成立中止,[②] 犯罪中止只有未造成损害的，才可以免除处罚，造成损害的应当减轻处罚。此外，在共同犯罪中，只要其为阻止犯罪结果认真作出努力，即使其他共同犯罪人继续实行犯罪或使之既遂，也不处罚。而在内地刑法中，共同犯罪的行为人想要犯罪中止，必须有效阻止其他犯罪人的行为。

通过对比，我们发现澳门刑法在犯罪未完成形态的处罚力度方面要远远小于内地。虽然澳门刑法中这些宽和的处罚制度自身可能也存在着不足，理论之间也未必能够完全实现自洽，但毋庸置疑的是，这种刑罚轻缓和人道的精神是刑法界未来的发展趋势。

（二）排除犯罪性的行为

排除犯罪性的行为，在大陆刑法理论界又被称为排除社会危害性的行为、阻却违法性的行为、不负刑事责任的行为等。《澳门刑法典》用一章的内容对其明确作出规定，足以证明其对出罪事由的重视，对人权的重视。从《澳门刑法典》第三章“阻却不法性及罪过之事由”来看，该类行为主要表现为以下几个方面：

1. 正当防卫

《澳门刑法典》对正当防卫概念及条件的设定与内地刑法并无不同，不同的是关于防卫过当的规定。《澳门刑法典》参照了《德国刑法典》的形式，为防卫过当的刑事责任提供了一个免除责任的事由，即“因不可谴责于行为人之精神紊乱、恐惧，或惊吓而导致过当者，行为人不予处罚”。这一免责事由在大陆刑法中属于阻却责任的免责领域。但是在内地刑法中，只有因精神紊乱而导致无刑事责任能力者才可以免责；而对因恐惧、惊吓而导致的精神缺陷，则只是量刑情节中的事由。此外，《澳门刑法典》对于防卫过当者，得特别减轻刑罚。

2. 紧急避险

在紧急避险领域，澳门刑法依然采用了德国刑法的立法例，将紧急避险分为阻却违法的紧急避险和阻却责任的紧急避险。前者与中国内地刑法中的紧急避险相一致，不同的是后者的规定。后者采用的是期待可能性理论。根据第《澳门刑法典》34条规定，阻却罪过之紧急避险是指当行为人本人或第三者的生命、身体完整性、名誉或自由受到正在发生，而不能以其他方法避免的危险威胁时，期待行为人作出其他行为属于不合理的，其行为无罪过。如果所面临的危险侵犯的不是以上规定的

---

① 参见内地刑法第23条。

② 参见马克昌：《刑法》，高等教育出版社2007年版，第145页；姜伟：《犯罪形态通论》，法律出版社1994年版，第190页。

人身权益，则行为人须负刑事责任，但可特别减轻刑罚。刑法典中期待可能性的引入，为刑事责任的减免提供了一个宽广的空间，这是《澳门刑法典》宽容之处的重要体现之一。

3. 义务冲突

《澳门刑法典》中的义务冲突是指当行为人同时负有两种或两种以上法律义务时，只能履行其中一项义务，而被迫放弃其他义务，并造成一定后果的情形。① 从《澳门刑法典》第35条来看，因义务冲突事由而免除刑罚，须符合价值平衡的原则：在出现冲突的情况下，行为人履行义务的价值等于或高于不履行义务而被牺牲的价值。最为典型的例子是，医生在有限的条件下只能救助两名患者中的一位，另一位因医生的不作为而死亡，这种情形属于义务冲突而阻却违法性，不负刑事责任。第36条对公务员因执行上级命令而造成了犯罪结果进行了特别规定：如果下级不知道该命令会导致犯罪，或者在其知悉的范围内该命令导致犯罪不明显，其执行命令的行为无罪过。

4. 被害人同意

经被害人同意的行为是指获得有权处分某种权益的人的同意而实施的损害其权益的行为。② 被害人同意作为违法阻却事由，起源于罗马法“得承诺者不为罪”的古老格言，澳门刑法吸收了这一格言的精神。根据《澳门刑法典》第37条规定，依法可以由公民自由处分的权益，并且这种处分不侵犯善良风俗，那么行为人可以在得到他人同意的前提下，处分他人的权益，即使产生了危害后果，行为人依法不承担刑事责任。该条严格限制了因当事人同意而免责的条件，但是并没有对可处分之权益类型的界定，也即没有回答公民是否有权利处分自己的生命权和健康权。但是从分则可以看出，得同意而处分生命之行为，属于法定从轻和减轻的情节，如第132条规定，受被杀之人认真、坚决及明示之请求所驱使而杀之者，处最高5年徒刑。实际上，根据欧陆刑法传统，这些权利是法律所保护的基本人权，不得作为公民个人承诺的对象。③ 但是，澳门刑法对承诺而杀人者的处罚是比较轻的，最高不超过5年。内地对于因受害人自身原因而导致的犯罪后果，其中包括被害人承诺，要么认为不是导致犯罪结果的直接原因，要么认为社会危害性小，不是犯罪，要么作为量刑中的减轻情节，但是不会以被害人承诺这一事由作为免责的根据。④

（三）刑罚裁量

澳门刑法裁量中的宽容态度尤其体现在一般规则中。首先，关于选择刑罚的标准对于被告人的宽容之处，前文已有论述，不再赘述。其次，关于刑罚分量之确定，规定了诸多酌定减轻的量刑情节。例如，根据《澳门刑法典》第65条，法院量刑时需考虑在犯罪时所表露之情感及犯罪之目的或动机；行为人的个人状况及经

① 赵国强：《澳门刑法》，中国民主法制出版社2009年版，第32页。

② 参见谢望原：《台、港、澳刑法与大陆刑法比较研究》，中国人民公安大学出版社1998年版，第184页。

③ 米健：《澳门法律》，澳门基金会1994年版，第147-140页。

④ 参见肖中华：《侵犯公民人身权利罪》，中国人民公安大学出版社1998年版，第27页。

济情况；作出事实之前及之后的行为，尤其是为弥补犯罪的后果而作出的行为等。再次，规定了特别减轻规则。《澳门刑法典》第66条明确规定，除了法律明确规定必须特别减轻的情形外，如果在犯罪之前或之后或在犯罪时，存在明显减轻的事实的不法性，或者行为人罪过的情节，或者明显减少刑罚的必要性的情节，法院也必须特别减轻刑罚。例如，行为人在严重威胁的影响下，或在其从属或服从的权势的影响下作出行为；行为人基于名誉方面的原因，或因被害人本身的强烈要求或引诱，或因非正义之挑衅或不应遭受的侵犯而作出行为；行为人在犯罪后长期保持良好行为；事实所造成后果特别对行为人造成伤害等情形，法院必须特别减轻刑罚。而且该条所列举的减轻情节，并没有穷尽所有可特别减轻情节的全部，对于法律未列举的其他量刑情节，只要法官认为符合特别减轻条件的，同样可以作为特别减轻刑罚的依据。① 最后，规定了免除刑罚的规则。在免除刑罚的规则中设定了一个例外：免除刑罚需要损害已获弥补，但是法官如果有理由相信损害将获弥补，可以押后作出判决，以便在一年内重新审议该情况。

与澳门不同的是，内地刑法在量刑领域除了法定量刑情节外，更多的酌定量刑情节被规定在不具有强制力的量刑指导意见中，或者以刑事案例指导的方式展现出来。从整体上来看，内地刑法量刑情节的宽容程度要远远小于澳门刑法。如果说内地刑法在量刑情节方面是一个封闭的体系，那么澳门刑法在裁量事由方面是一个典型的开放体系。社会在不断发展，犯罪的情节也在不断更新，新型犯罪层出不穷，刑法体系需要一个开放型的结构。内地在这方面可以借鉴《澳门刑法典》的模式。

三、刑法分则的蕴含：宽容之贯彻

澳门刑法分则中，很多罪名或多或少都体现了宽容的精神，人性的彰显、人权的保障随处可见。笔者选取了《澳门刑法典》在宽容方面最为突出的杀人罪、妨害公正的实现罪和单行刑事法律中的贩卖人口罪三类罪名。

（一）杀人罪

澳门刑法根据行为的严重程度不同，将杀人罪分为普通杀人罪、加重杀人罪和减轻杀人罪。普通杀人罪的刑罚为10年到20年，加重杀人罪的刑罚为15年到25年。减轻杀人罪是基于自然人的道德情感、社会价值等而设立的特殊的减轻情形，是澳门刑法宽容价值的具体贯彻。根据《澳门刑法典》第130条规定，行为人受可理解的激动情绪、怜悯、绝望、重要的社会价值观或道德价值观的动机所支配的情况下而杀害他人的，明显减轻其罪过，处2年到8年的徒刑。澳门把激动情绪、怜悯、绝望、重要的社会价值观或道德价值观作为减轻处罚的法定情节规定下来。但是这五种情节必须是可理解的。对于可理解的标准应当是澳门地区普通民众的一般感情和价值标准。在内地刑法中，对于侵犯生命的犯罪行为，断然不会规定这些模糊的减轻情节，更不会以法定减轻情节的形式加以固定。当然，这种模糊性的规定也正是澳门刑法开放性的特色。而开放型体系的建立对于内地刑法来说是必然的归

① 赵国强：《澳门刑法》，中国民主法制出版社2009年版，第88页。

宿。故而，澳门刑法的立法体例值得内地借鉴。

杀人罪中的另外两个特殊减轻情形是杀婴罪和应被害人请求而杀人罪。对于杀婴罪，根据《澳门刑法典》第131条规定，母亲在生产时或者哺生后，因生产而造成精神紊乱杀婴的，处1年到5年徒刑。内地在母亲杀婴，尤其是未婚母亲杀婴方面，如果不是患有精神疾病，很少考虑行为人的精神状况。而更多的杀婴母亲是在没有准备，乃至不知情的情况下产下的婴儿，这种情况本身对产婴者来讲就是一个巨大的刺激。澳门刑法的这种特殊规定更加人性化，彰显了法感情。对于应被害人请求而杀人的行为，是法定的特殊减轻情节，是对总则中被害人同意原则的一种特殊处理。其基本理念与被害人同意原则一致，只是鉴于生命这样一项基本人权，不能由当事人个人随意处分。实际上，这是安乐死案件的一种解决途径。不过，这种方案是否合理，以及在内地刑法中有没有存在的必要，值得我们思考。但毋庸置疑的是，在安乐死没有被接受的情况下，这种处理案件的方法是值得借鉴的。

（二）妨害公正的实现罪

在妨害公正的实现罪中，《澳门刑法典》的人性化之处是对中华文化中“亲亲得相首匿”原则的贯彻。根据《澳门刑法典》第328条规定，在作虚假的当事人陈述或声明罪，作虚假的证言、鉴定、传译或翻译罪，贿赂作虚假声明罪中，如果其行为是为了避免自己、配偶、收养行为人之人，或行为人收养之人，行为人二亲等内之血亲或姻亲，或与行为人在类似配偶状态下共同生活之人，在其后有受刑罚或受保安处分的危险的，应当特别减轻刑罚，或者可以免除刑罚。第331条规定，在袒护他人罪名中，如果是为了使配偶、由自己收养之人、收养人、二亲等内之血亲或姻亲，或与自己在类似配偶状态下共同生活之人得益，而作出行为的，可以特别减轻和免除刑罚。

与内地刑法相比较，首先，亲亲相匿的原则适用的罪名比较广泛。内地刑事诉讼法只是免除了配偶、父母、子女出庭作证的义务，而《澳门刑法典》不仅规定了虚假证言方面包庇行为的减轻情形，而且规定了鉴定、传译等方面虚假行为的减轻情节。其次，澳门刑法在“亲亲相匿”的亲属范围的规定上比较宽广。内地刑事法律只是规定了配偶、父母、子女三类亲属，而《澳门刑法典》将亲属范围扩大到二亲等内之血亲和姻亲，甚至包括非法同居之人。亲亲相匿源于人类最原始的情感需求，是人之常情，也是中华法系的传统法律文化之一，对这种情感的尊重也是尊重人类自己。因此，刑法需要扩大对这种情感的包容，不仅需要在刑事程序法中体现，更应当在刑事实体法中规定下来，澳门刑法的做法值得内地借鉴。

（三）贩卖人口犯罪

1996年《澳门刑法典》中涉及人口犯罪的，只有使人为奴隶罪和诱拐未成年人罪两项罪名。前者的刑罚为10年至20年徒刑，后者最高为3年徒刑，而且非经告诉不得进入刑事程序。虽然这两项罪名可能涉及人口贩卖的问题，但是均没有突出以盈利为目的的贩卖人口的行为。为了配合国际公约的相关措施，澳门2008年制定了专门的《反贩卖人口法》，将贩卖人口罪增加到澳门刑法典的分则中。对于拐卖儿童的一般情形，新增第153条第4项规定，“藉收取或给付款项或其它回报，而将未成年人转让、让与他人，或取得未成年人，又或取得或给予有关收养未成年人的同意者，处一年至五年徒刑”。内地刑法第240条规定：“拐卖妇女、儿童的，处五年以上十年以下有期徒刑……”对于加重情节，澳门刑法处5年至15年徒刑，内地刑法处10年以上有期徒刑或无期徒刑乃至死刑。从中可以看出，内地刑法的规定要远远重于澳门刑法。而且在现实司法过程中，该类罪名在内地的重刑率是非常高的。从2010年到2014年，全国共审此类案件7719件，对12963名犯罪分子判处刑罚，其中判处5年以上有期徒刑至死刑的重刑率高达56.59%，而这个重刑比例仅次于故意杀人罪和绑架罪。[①] 由此可以看出，中国内地在拐卖妇女儿童犯罪方面的处罚力度是非常大的。因此，对人贩子一律判处死刑的民意是不理性的，更多的是出于对痛失孩子的父母的同情。该同情值得理解，但是死刑不是最好的解决办法，澳门刑法给了我们一个很好的启示。

澳门第6/2008号法律除了对打击贩卖人口犯罪及其处罚作了细致规定外，还规定了受害人的权利，如获得赔偿，提供心理、药物的帮助等；保护和援助受害人的措施，如推行关于预防及遏止贩卖人口犯罪、受害人状况、接待技巧、保护受害人机制的培训活动；与公共或私人实体订立合作协议，以协助及收容贩卖人口犯罪的受害人；警察保护等。应对此类犯罪，通常是各方力量的共同努力，只有做好防护和善后工作，才能真正使得民安，否则人人都会处于受害人的恐慌之中。虽然澳门刑法对此类犯罪的处罚力度要轻于内地，但是至少在立法的层面，澳门在这方面的工作要比大陆全面。再次证明了刑罚轻缓犯罪未必就增加。与其呼吁重刑，不如考虑怎样做好事前预防。

四、结语

《澳门刑法典》是刑法宽容的典范，具有人道主义的特色，顺应刑法轻缓化的世界趋势。在保障人权方面，无论是从范围还是从力度上来看，澳门刑法都领先于内地刑法。在刑法体例和刑法内容方面，澳门刑法是开放的、多元的，能够有效地应对时刻变化的社会。当然，澳门刑法在具体的轻刑制度设计及理论研究方面也许存在着不足，还有可能存在着冲突与矛盾，但不可否认的是，澳门的立法技术要比内地刑法成熟很多。内地刑法主要是厉而不严，而澳门刑法却可以做到严而不厉。中国刑事法网的设计可以考虑借鉴澳门地区。我们与其用严厉的刑罚来威慑犯罪，还不如将更多的精力放在预防和教育之上；与其抽象地规定刑罚幅度，还不如在迅速和有效的侦查下，法院即时作出回应，来弥补法益所遭受的侵犯，进而安定社会。

① 参见http：//www.huxiu.com/article/118072/1.html，2015-6-25访问。

论引渡基本原则在我国区际刑事司法协助中的适用

——以港澳《关于移交被判刑人的安排》为视角

王文华[*]　牛怡芳[**]

一、引言

随着人员在我国两岸四地间的流动更加方便快捷，跨越多个司法管辖区进行的犯罪行为也随之增多。为适应我国区际司法合作之必要，内地与香港特别行政区、澳门特别行政区之间在司法文书送达、调查取证等方面已取得较为有效的司法合作协议，如最高人民法院《关于内地与澳门特别行政区法院就民商事案件相互委托送达司法文书和调查取证的安排》、《内地与澳门特别行政区关于相互认可和执行民商事判决的安排》等。然而，类似安排多集中在民商事领域。就现阶段的刑事司法合作而言，《关于办理涉港澳刑事个案协查工作程序的规定》对“个案协查”方式做了原则性规定，但可操作性不强①；最高人民检察院起草的《内地与澳门特别行政区关于刑事司法协助的安排》、《内地与香港特别行政区关于刑事司法协助的安排》目前仍未进入实行阶段。相比之下，我国现阶段为数不多但弥足珍贵的具体区际刑事司法协助安排当属大陆与台湾地区之间于1990年9月12日在金门签订的《海峡两岸红十字组织有关海上遣返协议》（亦被称为《金门协议》），以及香港特别行政区政府与澳门特别行政区政府之间于2005年5月20日签订的《关于移交被判刑人的安排》。② 后者即针对港澳间被判刑人的区际移交所作出的具体安排，尤具代表性地反映出我国现阶段区际刑事司法协助的现状与构建。

二、港澳《关于移交被判刑人的安排》概述

2005年5月20日，香港保安局局长李少光代表香港特别行政区政府，与代表澳门特别行政区政府的澳门保安司司长张国华在香港签订了《关于移交被判刑人的安排》。该安排包括“释义”、“通则”、“联络机关”、“移交条件”、“移交程序”、“管辖权的而保留”、“执行刑罚的程序”、“被判刑人过境”、“语言”、“费用”、

* 北京外国语大学法学院教授、博士生导师。

** 北京外国语大学法学院硕士研究生。

① 参见林苏敏：《论中国区际刑事司法合作机制的构建》，载《法制博览》2016年第5期。

② 参见赵秉志、黄晓亮：《港澳特区间〈关于移交被判刑人的安排〉之考察启示》，载《法学论坛》2009年第7期。

"开始生效"、"适用"、"单方停止适用"、"争端解决"共14个条文[①]，简短精辟地涵盖了港澳间有关对被判刑人进行区际移交的共识。

由于香港特别行政区、澳门特别行政区均已废除死刑，且该安排仅涉及已被判刑人的移交，因此不存在讨论死刑犯是否移交之必要。另外，由于我国刑法中并没有"政治犯"的表述及其罪名和规定，[②] 理论上，在一个主权国家——中华人民共和国范围内，亦不大可能对"政治犯"这一概念因为法域的不同而加以区别，因此我国区际刑事司法协助中也无必要将"政治犯不引渡"制度加以讨论。因此，根据《关于移交被判刑人的安排》第4条"移交条件"第1项及第2项之规定，本文主要针对国际刑事司法协助制度中与引渡基本原则中的"双重犯罪原则"及"本国国民不引渡原则"两项近似制度在我国区际刑事司法协助中的适用加以探讨。

虽然该安排只是香港特别行政区与澳门特别行政区之间有关"被判刑人"的"移交"做出的区际刑事司法协助安排，但不能否认，这一安排的签署与实行对于我国区际司法协助中各个刑事阶段活动的开展都具有极强的理论价值与示范意义。

三、"双重犯罪原则"在《关于移交被判刑人的安排》中的适用

（一）双重犯罪原则及其适用之否定

根据《关于移交被判刑人的安排》第4条"移交条件"第1项"引致判处刑罚的行为如发生在接收方司法管辖区内，依据接收方的法律亦构成刑事罪行"可知，香港与澳门之间被判刑人的移交遵循了"双重犯罪原则"。

双重犯罪原则是国际刑事司法协助中广泛适用的一项基本原则，它是指只有当请求国与被请求国双方都认为某种行为构成犯罪并加以处罚时，才提供司法协助。作为"习惯国际法"的双重犯罪原则[③]，不仅适用于调查取证、送达文书等狭义的国际刑事司法协助，更适用于引渡、刑事诉讼移转、被判刑人移管等涉及人身自由的场合。[④]

对比国际刑事司法协助对"双重犯罪原则"进行普遍要求的现状而言，我国部分学者对区际刑事司法协助中的"双重犯罪原则"持否定态度：（1）双重犯罪原则的主旨是维护本国法律制度，而我国区际司法协助不具有宣誓国家主权的属性，因而"不应过于夸大双重犯罪原则的实际价值，借以将各法域在国家中的政治法律地位等同于国家的地位"。[⑤]（2）双重犯罪原则不符合两地之间互相尊重、互不干涉对方政治法律制度的原则，采用双重犯罪原则无疑是试图以己方的法律制度对请

① 参见《关于移交被判刑人的安排》。

② 参见杜磊：《内地与港澳区际刑事司法协助问题初探》，载《汉江大学学报》（社会科学版）2017年第3期。

③ 参见［美］谢里夫·巴西奥尼：《国际刑法导论》，赵秉志、王文华等译，法律出版社2006年版，第226页。

④ 参见苏彩霞：《我国区际刑事司法协助适用"双重犯罪原则"新论》，载《政治与法律》2009年第6期。

⑤ 参见徐京辉：《"一国两制"框架下我国区域刑事法律及刑事司法协助若干问题探讨》，载赵秉志主编：《中国区际刑法问题专论》，中国人民公安大学出版社2005年版，第83页。

求协助方行使刑罚权进行限制。[①]（3）双重犯罪缺乏明晰准确的判断标准，而且对于某些犯罪是否具有“双重性”几乎无法判断或根本不可能构成。如我国内地刑法中“情节显著轻微危害不大的，不认为是犯罪”，而澳门刑法中没有此类有关“量”的规定。[②]（4）两岸四地刑法制度差异，若采用双重犯罪标准，会使相当一部分逃犯不能得到移交，使两岸四地成为对方逃犯的避风港。[③]

（二）双重犯罪原则适用之肯定及例外

对于上述主张，否定“双重犯罪原则”则必然赋予了接收方要求被请求方在后者司法管辖区内对于本不认为犯罪的行为进行司法协助的权利，这对于被请求方司法管辖区的政治法律制度必然构成干涉。的确，区域刑事司法合作的目的是向请求方司法管辖区刑罚权的行使提供协助，从而避免其他司法管辖区沦为逃犯的庇护所，以达到共同打击犯罪、维护各司法管辖区社会安宁的目的。值得注意的是，刑事司法协助是各司法管辖区之间司法合作中重要且必要的一种，其间合作的开展并非一厢情愿之事。然而，刑事司法活动密切关乎人的最基本权利，一方主管机关实行协助的依据只能是本地现行有效的法律，绝不能突破“罪刑法定原则”对于刑事活动的最基本要求。因而，当被请求方司法管辖区并不认为某一行为是犯罪时，那么该被请求方在提供该刑事司法协助事宜上即缺乏法律依据。因此，一味地摒弃“双重犯罪原则”将会给被请求司法管辖区的刑事司法活动造成极大的不确定性，也容易使得协助事宜陷入僵局。

对于否定“双重犯罪原则”是否使得各司法管辖区行至互为“避风港”的境地，笔者认为，对于小部分犯罪分子而言，逃匿至其他司法管辖区确实有可能使他们受到“避风港”的“庇护”，但是这种可能性并不足以阻断绝大多数有必要进行追溯的犯罪获得来自其他司法管辖区的刑事司法协助。首先，各司法管辖区的刑事法律规定确实存有差异，但在中国境内乃至世界范围内，对于“严重性质的犯罪”大都具有相类似的规定，因而，在我国区际刑事司法协助中适用“双重犯罪原则”并不会在打击犯罪行为的广度上大幅削弱刑法惩罚犯罪的有效性。其次，相比各司法管辖区内的刑事司法活动，区际协助是更加庞大复杂的工程，因此，跨辖区司法协助应首先开展在确有必要追溯的、各司法管辖区都不能容忍的犯罪行为中。再次，虽然在习惯国际法上，为引渡所适用的“双重犯罪原则”产生之初是为了相互尊重国家主权，但随着国际刑事司法合作实践的发展以及人权在国际社会获得的普遍重视，双重犯罪原则在更大程度上起到了保护被请求人的基本人权的作用。[④]当犯罪所在地的司法管辖区由于自身执法效率和方法等的不利导致犯罪分子潜逃至其

---

① 参见柯良栋：《内地与澳门移交逃犯应遵循的原则论纲》，载赵秉志、何超明主编：《中国区际刑事司法协助探索》，中国人民公安大学出版社2003年版，第332页。

② 参见徐京辉：《“一国两制”框架下我国区域刑事法律及刑事司法协助若干问题探讨》，载赵秉志主编：《中国区际刑法问题专论》，中国人民公安大学出版社2005年版，第83页。

③ 参见赵秉志：《关于中国内地与香港特别行政区建立刑事司法协助关系的研讨》，载高铭暄、赵秉志主编：《中国区际刑法与刑事司法协助研究》，法律出版社2000年版，第73页。

④ 参见苏彩霞：《我国区际刑事司法协助适用“双重犯罪原则”新论》，载《政治与法律》2009年第6期。

他辖区时，对于自己无能为力的追溯行为如若罔顾被请求人所处司法管辖区的司法制度而对其进行追究，该追究则可能“在道义上将会被认为是践踏被请求引渡人的基本人权”的行为。[①]

另外，需要指出的是，在国际刑事司法协助的开展中，承认“双重犯罪原则”也并不意味着各方只能严格地按照双重犯罪标准进行司法协助。在有关跨国犯罪的公约中，对“双重犯罪原则”的适用就规定有极为有效的例外。例如，《联合国打击跨国有组织犯罪公约》第18条“司法协助”第9款规定：“缔约国可以并非双重犯罪为由拒绝提供本条所规定的司法协助。但是，被请求缔约国可在其认为适当时在其斟酌决定的范围内提供协助，而不论该行为按被请求缔约国本国法律是否构成犯罪。”[②]《联合国反腐败公约》第46条“司法协助”第9款第2项对于“非双重犯罪理由”下的协助给出了相较前者更为严苛的标准，即在符合公约宗旨下，“被请求缔约国应当在符合其法律制度基本概念的情况下提供不涉及强制性行动的协助”，“所涉事项极为轻微或者寻求合作或协助的事项可以依照本公约其他条款获得”的除外。[③] 可见，在上述国际刑事司法协助的重点打击范围上，《联合国打击跨国有组织犯罪公约》以及《联合国反腐败公约》都没有排除“非双重犯罪理由”进行跨国协助的做法。同理，在我国区际刑事司法协助中，为了做到更为有效地联合打击犯罪，对于一些确实需要通过“非双重犯罪理由”进行打击的犯罪行为，相比一味否认“双重犯罪原则”，在承认这一原则适用的同时采取例外规定的形式则更具有实际的可操作性。

综上，为了便利地开展我国四法域之间的区际刑事司法协助，在做到尊重各司法管辖区地位平等独立，最大限度地使得各司法管辖区的协助工作有法可依的同时，“双重犯罪原则”的适用是具有现实意义的。同时，在秉承“双重犯罪原则”之际，我们仍可针对个别犯罪行为采取例外安排的做法，弥补“双重犯罪原则”的空隙，使得司法协助最终能够有效惩治和预防犯罪。

四、“本地居民不移交原则”在港澳《关于移交被判刑人的安排》中的适用

《关于移交被判刑人的安排》第4条“移交条件”第2项规定：“被判刑人是接收方的永久性居民或与其有密切联系的人”。其中，“居民”是指在接收方区域内有正式户籍登记的人。而对于“有密切联系的人”，参考联合国《关于外国囚犯移交的模式协定》，是指有类似居民之资格的人。[④] 因此，“有密切联系的人”与居民同被视为可被移交的被判刑人范围，并不影响《关于移交被判刑人的安排》“本地居民不移交”原则的适用。

① 参见贾宇：《国际刑法学》，中国政法大学出版社2004年版，第400页。

② 《联合国打击跨国有组织犯罪公约》第18条、第9款。

③ 《联合国反腐败公约》第46条、第9款。

④ 参见赵秉志、黄晓亮：《港澳特区间〈关于移交被判刑人的安排〉之考察启示》，载《法学论坛》2009年第7期。

相比港澳之间可移交的被判刑人这一既包括“居民”又包括“有密切联系的人”的移交范围，香港特别行政区与其他国家签署的《关于移交被判刑人的协定》则是将移交条件之一限定为被移交人为接收方的国民或公民。例如，《香港政府和美利坚合众国政府关于移交被判刑人的协定》第4条第1款b项规定“倘香港是接收方，被判刑人是香港永久性居民”，c项规定“倘美利坚合众国是接收方，被判刑人是美利坚合众国公民或国民”。[①] 香港政府与意大利共和国政府等签订的《关于移交被判刑人的协定》也都有类似规定。可见，在被判刑人移交方面，国际刑事司法协助中较为通行的做法是只移交接收方本国国民，换言之，非接收方国民的被判刑人都不予以移交，这当然包括了“本国民不移交”的原则。

与此相近，根据《关于移交被判刑人的安排》第4条“移交条件”第2项之规定，港澳间被判刑人的移交也暗含了“本地居民不移交”的原则限制，而该安排中特别规定的“有密切联系的人”这一表述，则使得与被请求方“有密切联系的人”和接收方居民身份这二者之间存在冲突的可能。对此，根据《关于移交被判刑人的安排》第5条第3款第6项规定，在具体进行被判刑人移交活动时，有关人员应当提交证明被判刑人与接收方有密切联系的文书资料，[②] 这一规定的灵活性在很大程度上消除了不移交与被请求方“有密切联系的人”对“本地居民不移交”这一原则在适用过程中的实质影响。当然，就“本地居民不移交”原则在适用上的合理性而言，正如香港保安局发言人表示的那样：“把被判刑人士送回原居地服刑，让他们回到没有语言和文化障碍的环境；而亲友又能定期探望他们，有助他们改过自新。我们的政策是促进香港特区与其他地区进行这类移交。”[③] 被判刑人的移交在严格的条件限制下体现着刑事司法活动惩罚与预防犯罪的功能，但在具体的移交安排上，更多地表现出人文关怀与促使被判刑人改过自新的希冀。因此，港澳《关于移交被判刑人的安排》之中加入“有密切联系的人”其实是为了解决我国境内人员在跨法域的高度流动性中与其他法域形成了更为密切联系的情况。而现阶段，尽管“有密切联系的人”这一表述在香港、澳门当局的实践中尚欠缺具体解释，但《关于移交被判刑人的安排》提供的灵活规定实则是为移交方与接收方当局对于具体被判刑人的刑罚执行效果做出更有利的安排提供了可能。综上，对于被判刑人的移交方面，我们可以认为港澳间的《关于移交被判刑人的安排》秉持了“本地居民不移交”原则。

其实，从目前有关被判刑人移交达成的国际协议与区际安排来看，在经过定罪或最终判决的被判刑人移交方面，“本地居民不移交”原则大体得到了一致的认同。然而，“本地居民不移交”在追诉犯罪的过程中仍有较大的讨论与磨合的空间。

相较主权国家间“本国国民不引渡”的原则与实践是为了更好地保障本国国民

① 《香港政府和美利坚合众国政府关于移交被判刑人的协定》第4条第1款。

② 参见赵秉志、黄晓亮：《港澳特区间〈关于移交被判刑人的安排〉之考察启示》，载《法学论坛》2009年第7期。

③ 《香港和澳门签署了移交被判刑人有关安排》，载 http://news.163.com/05/0521/13/1K9FTCMB0001124U.html.

的利益，“本地居民不移交”不存在国际法上主权国家的域外保护和属人管辖权的适用基础。但是笔者认为，我国区际刑事司法协助所适用的原则仅仅从与国际引渡原则相区别的层面进行割裂是不妥当的，此外，区际刑事司法协助开展的最终目的在于惩罚犯罪，因而一味地在区际司法协助中否定“本地居民不移交”也是没有意义的。

在追诉犯罪的过程中，实现公正审判的基本前提是事实清楚、证据确凿，而将案犯移交给犯罪地的法院进行审判，使其在犯罪地法院参加诉讼，更有利于对案件的调查取证，有利于事实真相的查清，有利于控辩双方在事实和法律两方面形成有理有据的充分较量，因而更有助于实现公正审判的目标。因此，对于本地居民是否应该移交至其他司法管辖区进行惩处，应优先并充分考虑“有效惩治及预防犯罪原则”，尽可能地在有关区际逃犯移交、刑事诉讼移转方面对不同司法管辖区的管辖权冲突做出有效安排，进而化解“本地居民不移交”的绝对不适用。

五、小结

区际刑事司法协助的开展当然是为了辅助发挥刑法“惩罚犯罪，保障人权”的功能。笔者认为，有关我国区际刑事司法协助原则的理论探讨固然重要，而现有实践的开展也并非脱离了理论的框架，反之，实际操作广泛地体现了理论探讨中的某些成果。与其一味地主张对我国区际刑事司法协助与国际刑事司法协助应进行绝对性的区分，主张在我国区际司法协助中不适用“双重犯罪原则”、“本地居民不移交”等原则，进而造成我国各法域对跨法域潜逃的犯罪分子的追诉不利、削弱我国区际刑事司法协助制度的根本功能，不如正视当前我国四法域之间社会制度、政治制度、法律制度差异较大的事实，在承认“双重犯罪原则”的基础上，加快研究内地与三地间刑法制度的差异，对有必要通过“非双重犯罪”理由进行追诉的犯罪进行协商并作出适用的例外。而在“本地居民不移交”原则的适用上，维护这项原则在被判刑人移交中的遵守，并在区际逃犯移交、刑事诉讼移转等方面通过对案件管辖权的有效安排或是用更为灵活的证明机制突破“本地居民不移交”这一原则本身的讨论，使得我国区际刑事司法协助切实达成“有效惩治及预防犯罪”的制度目的。

因此，为了有效惩治和预防犯罪，区际刑事司法协助有必要尽快突破单纯的理论性的探讨，并加速落实到可供执行的法律文本当中。正如在《关于移交被判刑人的安排》的达成与实施中，区际刑事司法协助的原则以更加现实的方式在实践中得到落实与遵守。

国际引渡原则框架下区际逃犯移交的原则选择

朱 敏*

一、国际引渡与区际逃犯移交之辨

（一）国际刑事司法协助中的引渡制度

“司法协助”一词由来已久，来源于德文中“Rechtshilfe”一词，德国学者努力斯鲍姆（Nussbaum）将“司法协助”区分为“国际司法协助（Internationale Rechtshilfe）”和“国内法律协助（National Rechtshilfe）”。① 从内容上看，司法协助包括民商事司法协助、行政司法协助和刑事司法协助。本文所要谈的是刑事司法协助。以往对于司法协助的研究主要集中在国际司法协助方面，并且传统上通常将国际司法协助的内容划归国际法范畴，因此有人认为区际刑事司法协助就是国际刑事司法协助的翻版或将之称为准国际刑事司法协助。②

所谓国际刑事司法协助是指国与国之间在刑事事务方面通过代为一定的司法行为而相互给予支持、便利、援助的一种活动。日本学者森下忠提出，国际刑事司法协助可分为狭义的、广义的和最广义的三种。狭义的司法协助又称为“小司法协助”，包括对证人、鉴定人的询问，物品的搜查、移送以及扣押、查证，文书送达，情报提供等；广义的司法协助包括引渡和狭义的司法协助；最广义的司法协助除包括犯罪人的引渡和狭义的司法协助外，还包括刑事诉讼移转管辖和外国刑事判决的执行。③ 其中引渡是指被请求方把在其领域内的被他方指控为犯罪或者判处刑罚的人，根据请求方（不仅限于主权国家）的请求，按照引渡条约的规定或者以互惠引渡为条件，移交给请求方审判或者执行刑罚的一种刑事司法协助行为。

（二）区际刑事司法协助中的逃犯移交制度

对于区际刑事司法协助的认识直接源于对国际刑事司法协助的研究，区际刑事司法协助是指在一个主权国家内部，不同法域之间就诉讼文书的送达、证据的调查与取证、逃犯的移交、刑事部分诉讼的移送管辖、判决的承认和执行等各类刑事司法事务，相互提供便利、相互合作的活动。中国的区际刑事司法协助解决的是中国

---

* 广东省珠海市人民检察院法律政策研究中心科员。

① 黄风教授认为国内法律协助就相当于本文所探讨的区际司法协助，并将区际司法协助区分为同质区域间的区际司法协助和异质区域间的区际司法协助。前者各司法管辖区域处于统一的立法和司法制度下，具有较强的义务性，后者是不同法域之间基于平等互利自愿进行协助，义务性减弱。我国港澳台与内地之间的司法协助属于后者，即异质区域间的司法协助。参见黄风：《“区际司法协助”概念辨析》，载黄进、黄风主编：《区际司法协助研究》，中国政法大学出版社 1993 年版，第 4 页。

② 参见张惠芳、郇习顶：《试论国际刑事司法协助与区际刑事司法协助的区别》，载《山东公安专科学校学报》2000 年第 3 期。

③ 参见马克昌：《我国区际刑事司法协助的内容刍议》，载《浙江社会科学》2002 年第 6 期。

内地（大陆）与港澳台地区之间的刑事司法合作问题。[①] 移交逃犯的制度源于国际刑事司法协助的犯罪人引渡制度，区际逃犯的移交，是指一法域将当时在其境内，并被另一法域指控为犯罪并被追捕、通缉的人，应有关法域的要求，根据相关的协议或者习惯，通过一定的途径将其移交给有管辖权的法域，以便该法域对其进行审判或处罚的区际刑事司法协助行为。[②]

香港和澳门特别行政区相继回归祖国后，中国形成了“两岸三地三法系四法域”的格局。随着港澳台与内地之间在经贸、旅游等方面的往来日益频繁与便利，一些犯罪人也借机在中国各法域间流窜作案，试图利用各法域在地域上的离断、司法权的分割以及法律制度的差异逃避制裁。不可否认的是，缉捕犯罪人属于一法域的司法机关行使公权力的行为，势必要受到地域范围的约束。换言之，这种公权力行为是无法越界行使的。而刑事司法权的实现要以对犯罪人的实际控制为先决条件，倘若一法域试图对身处其他法域的犯罪人实现司法权，则只能通过其他法域的司法协助方可达成。这种协助能够有效地在空间上扩大各法域实现司法权的范围，同时也使犯罪人再也无法获取所谓的“犯罪避风港”。

（三）两者的关联和区别

区际移交逃犯在内容上与国际引渡具有共同之处，但是两者在主体及其相互关系上却有着本质的差别，不能简单地相互套用，也不得将二者混淆。任何把国际引渡机制和区际间移交的体制相提并论，都是缺乏根据的。在我国不同法域之间相互移交逃犯，在国内理论界，有学者称之为区际引渡，在澳门的法律中一般不使用引渡的概念，却使用“不法分子之移交”的概念。在香港《逃犯条例》中也是采用“移交”一词，两岸《金门协议》中使用的是“遣返”，海协会与海基会就两岸间劫机犯的遣返问题的多次协商中，对“国际引渡”与“区际移交”问题就产生了不同的认识及矛盾。[③] 笔者认为，内地与港澳台之间相互移交逃犯，是将逃犯移送到具有管辖权的法域进行审判或执行刑罚，是一个国家内部不同法域之间的刑事司法协助关系，不具有国家主权的色彩，为避免引起歧义，不宜将这项活动称之为“引渡”，因为它既不符合国际社会通行的做法，也有违“一国两制”的精神，称之为区际间逃犯移交更符合区际刑事司法协助的特点。[④]

引渡与逃犯移交的差别，即国际刑事司法协助与区际刑事司法协助，两者的区别主要体现在以下几点：

第一，理论基础的不同。国际刑事司法协助中的引渡制度是源于一个主权国家在坚持本国的属地管辖原则的同时，又在一定程度上承认另一国家法律的效力，引

① 参见刘宪权：《中国区际刑事司法协助若干问题研究》，载赵秉志主编：《中韩国际刑事司法协助及相关犯罪研究》，中国人民公安大学出版社 2006 年版，第 141–157 页。

② 参见曾宪纬、李娜、舒昌、谢港基、卢永康：《打击跨境犯罪与逃犯移交问题研究》，载《江苏公安专科学校学报》2000 年第 4 期。

③ 参见曾宪纬、李娜、舒昌、谢港基、卢永康：《打击跨境犯罪与逃犯移交问题研究》，载《江苏公安专科学校学报》2000 年第 4 期。

④ 参见姚传廷、陈功勋：《我国区际刑事司法协助中的移交逃犯——死刑不引渡原则在区际刑事司法协助中的变身》，载《临沧司法高等专科学校学报》2012 年第 1 期。

渡是基于条约的签署或者根据互惠原则进行，而区际刑事司法协助中的逃犯移交产生的原因在于一个主权国家内部各个法域之间相对独立的司法权。显然，区际之间的协助较国际协助具有更多的义务性，且不可像国际刑事司法协助那样，以维护国家主权为借口拒绝协助。

第二，两者法律依据不同。主权国家之间开展引渡的法律基础是互惠关系或双边条约、国际公约或国际惯例，而我国区际刑事司法协助是以我国宪法及香港特别行政区基本法、澳门特别行政区基本法及其他相关法律或规范性文件为基础。

第三，引渡和逃犯移交的协助主体不同。前者的主体是各个主权国家，协助的展开是建立在国家之间的正常交往上，且协助的开展往往是通过主权国家在条约或公约中制定的“中央机关”进行，多为司法机关或执法机关，我国对外签订的国际刑事司法协助条约绝大部分是由司法部作为协助请求的提出机关以及接受请求的机关。与之不同的是区际刑事司法协助的主体是一个主权国家内部的各个相对独立的法域，区际逃犯移交的具体机构主要是司法机关和执法机关，包括内地的公安机关、检察机关、审判机关和刑罚执行机关，港澳台地区的警察机关、检察机关、审判机关和其他执法机关。①

第四，两者程序繁简不同。国际刑事司法协助的程序复杂，对引渡请求的审查实行双重审查制，通常分为司法审查和行政审查，并在一国不同机构之间有着明确的分工，在各国承担引渡案件审查职能的机关有检察机关、预审机关、法院或警察机关。② 双重审查中司法审查和行政审查遵循一票否决的制度，两者都有权否决引渡请求，且均具有完全的约束力。在区际刑事司法协助中，逃犯移交的程序更简便高效，审查程序不同于国际引渡的双重审查制度，提高了办案效率同时也节省了大量的人力、物力。在“一国两制”的背景下，内地与港澳台之间不涉及国家主权问题，所以不实行司法和行政的双重审查。被请求协助单位根据协助请求书及其支持的法律文件的附件，进行实质审查和形式审查。实质审查主要以“国家主权和平等互利原则”为指导，审查协助的内容、方式、途径是否符合原则的规定。对于一些内容，如代为执行形式判决和已决犯的移管等问题还要审查是否符合双重归罪原则。形式审查主要审查提交的法律文件是否齐全、是否合乎刑事司法协助协议的约定。③

第五，所坚持的原则不同。引渡的原则是通过国际惯例形成并未有关国际条约和公约明确规定，以较为普遍、稳定的方式指导和制约引渡活动的法律准则，据统计，在各种引渡立法和引渡理论著作中出现过的、为各国经常采用的、用于指导引渡实践的规则主要有：双重犯罪原则、特定原则、互惠原则、附带引渡原则、政治犯不引渡原则、基本人权保护原则、本国国民不引渡原则、军事犯罪不引渡原则、财经犯罪不引渡原则、一事不再理原则、双重管辖、人道主义限制不引渡、时效限

① 参见马进保：《我国区际移交逃犯制度新探》，载《公安大学学报》2002 年第 6 期。

② 参见赵秉志：《国际区际刑法问题探索》，法律出版社 2002 年版，第 384-385 页。

③ 参见王贺：《关于我国区际刑事司法协助的若干问题的思考》，中国政法大学 2004 年硕士学位论文，第 25-26 页。

制不引渡、因特赦或大赦不引渡、告诉才受理的犯罪被害人没有告诉不引渡、因缺席审判而拒绝引渡、死刑不引渡原则、本国居民不引渡原则、酷刑不引渡原则、或引渡或起诉原则。[①] 但是这些在国际引渡中通用的原则在我国区际之间的逃犯移交上并未适用，而是有选择性地予以借鉴，下文将对政治犯不引渡原则、军事犯不引渡原则、死刑犯不引渡原则以及本地居民不引渡原则的适用予以重点介绍。这既是我国现有的特殊国情所决定的，也是“一国两制”的优越性的一种体现。

二、区际逃犯移交对国际引渡原则的选择与借鉴

（一）政治犯不引渡原则

1. 国际引渡中的“政治犯不引渡原则”

“政治犯不引渡原则”，是按照1957年《欧洲引渡公约》规定，指“凡请求引渡的犯罪为被请求国视为政治犯罪或与政治有联系的犯罪者，不应予以引渡”。这一原则的设立与主权国家的庇护权紧密相连，而庇护权是一个国家主权的一部分。[②] 虽然这一原则作为拒绝引渡的准则制约、影响引渡的进行，但是国际社会中对“政治犯”的概念并无统一认识，各国对政治犯罪的标准也大不相同，在大陆法系国家，政治犯罪通常被分为纯粹的政治犯罪和相对的政治犯罪。所谓纯粹的政治犯罪，通常是指侵犯主权国家或者它的政治组成部分的行为，它是反对政治的、宗教的或者种族的意识形态或其支撑结构的行为，没有任何普通犯罪的成分。相对的政治犯罪，是指罪行从性质上来看属于普通刑事犯罪，但因其在实施犯罪时的目的、动机、情节或行为方式涉及政治或带有政治因素，而被视为政治犯罪，例如出于政治诉求的劫持航空器等[③]。各国规定的不同使得“政治犯不引渡”这一原则成为一国依据自己的价值观念对引渡请求进行拒绝的借口，这在一定程度上助长了犯罪的猖獗。从目前的情况来看，这一原则在国际引渡中运用的空间越来越小，在适用这一原则时增加了例外条款，如规定某些罪名不得作为政治犯而不予引渡，具体如扩大行刺条款的适用范围，甚至明确对一些国际性的罪行，如战争罪、反和平罪与反人类罪，以及劫机、贩毒甚至恐怖主义、腐败等犯罪行为排除适用。各国越来越不再拒绝引渡被指控为普通暴力犯罪的人，即便这是出于政治动机或目的而为。

2. “政治犯不移交”不适用于我国区际逃犯移交

我国内地的引渡法中确立了政治犯不引渡原则，但是主张区际逃犯移交中不应适用政治犯不移交原则；香港地区则一般主张政治犯不移交；澳门1974年《葡萄牙引渡法》中也明确规定政治犯不引渡原则。台湾地区1980年制定的“引渡法”也规定了政治犯不引渡原则。从内地与港澳台的法律规定中，“政治犯不引渡”原则似乎能够达成一致，但是，在区际逃犯的移交中是否适用该原则，则并未形成统一的意见。

笔者认为，这一原则不应当适用于区际逃犯移交，在区际的刑事司法协助中，

① 参见赵秉志：《国际区际刑法问题探索》，法律出版社2002年版，第283-286页。

② 参见张智辉：《国际刑法通论》，中国政法大学出版社1999年版，第339页。

③ 参见黄风：《中国引渡制度》，法律出版社1997年版，第169-170页。

任何一方均不能以“政治犯不移交”为由，拒绝向对方移交逃犯。首先，港澳虽然属于我国的特别行政区，实行的是资本主义制度，但是与内地同属一个主权国家，维护国家的主权统一和国家安全是三地刑事法治的重要使命，而“政治犯不引渡原则”在国际刑事司法协助中的出现目的就在于维护一个国家的主权和政治制度，这与“一国两制”的精神是相违背的，在区际刑事司法协助中坚持这一原则，有违“一国两制”的精神。其次，在国际刑事司法协助中，这一原则实际上起的主要是表明一个国家政治立场和态度的宣言式的作用，被更多的赋予了政治色彩，而法律性质越来越模糊，[①] 就目前来看，其运用的空间也越来越小，理论界也在思考对此原则予以“取消”或“取代”，[②] 因此，在整个国际社会对“政治犯不引渡”原则采取限制其适用的普遍态度的大环境下，若在中国区际逃犯的移交上坚持这一原则，不合时宜，也难以贯彻实施。

（二）军事犯不引渡原则

1. 国际引渡中的“军事犯不引渡原则”

“军事犯不引渡原则”，是指“引渡请求所涉及的犯罪只是请求方军事法规中所规定的犯罪，而根据该方普通刑法不构成犯罪的，不予引渡”。军事犯罪是对一国特定军事义务的违反，侵害的是一国的军事利益或国防利益。军事犯罪往往涉及政治、军事、宗教、种族等复杂的背景，因而对其处理时经常直接或间接涉及国家的政治立场和主权问题，[③] 有鉴于此，一些国家在引渡法或国家间的刑事司法协助中规定“军事犯不引渡”的内容。

有学者认为，军事犯可分为两类，一类是严格意义上的军事犯，是指违反军事命令或军纪的犯罪；另一类是非严格意义上的军事犯，是指军职人员在服役期间违反普通刑法，但须受军事法庭审判的犯罪。[④] 国际刑事司法协助中的军事犯通常系指前者。在我国与外国所签署的国际刑事司法协助的国际条约中，对这一原则也是予以承认的。

2. “军事犯不移交原则”不适用于我国区际逃犯移交

在一个主权国家，军人的职务和职责关系到国家的安全，大多数国家都规定由军事司法机关管辖军人犯罪的案件，虽然我国法律没有明文规定什么是军事犯罪，但内地刑法对危害国防利益罪和军人违反职责罪却作了规定，如果军人在内地犯罪涉及侵犯到国家、国防利益或军事利益，应由内地军事法院专门管辖。港澳基本法也明确规定：香港和澳门特别行政区法院对国防和外交等国家行为无管辖权，而且基本法还规定港澳不能设置自己的军队，其防务由中央人民政府派驻的军队负责。[⑤]

① 参见刘鹏、冯卫国：《国际引渡合作原则框架下中国区际逃犯移交问题研究》，载《求索》2015年第2期。

② 参见赵秉志、陈一榕：《试论政治犯罪不引渡原则》，载《现代法学》2001年第2期。

③ 参见赵秉志：《关于中国内地与香港特别行政区建立刑事司法协助制度的研讨》，载高铭暄、赵秉志主编：《中国区际刑法与刑事司法协助研究》，法律出版社2000年版，第73-74页。

④ 参见梁玉霞：《中国区际刑事司法协助研究》，中国人民公安大学出版社2009年版，第164-165页。

⑤ 参见赵秉志：《国际区际刑法问题探索》，法律出版社2002年版，第499-500页。

而军事犯罪侵犯的是国家的军事利益，案件往往涉及有关国防情况，因而不仅发生在内地的军事犯罪应由内地的军事司法机关管辖，发生在港澳的军事犯罪也应由内地的军事司法机关管辖，所以，“军事犯不引渡原则”不仅不能适用于我国区际刑事司法协助，而且港、澳地区应向内地移交军事犯，这恰恰是港澳特别行政区维护国家主权和安全职责与义务所在。

另外，对于台湾地区，目前台湾尚有自己的军队，按照“一国两制”的设想，大陆与台湾统一后，台湾享有高度的自治权，而且还可以保留自己的军队。因此，在这样的情况下，基于维护台湾地区的高度自治权，对于军人违反职责的犯罪可由台湾地区管辖，同时这也有待进一步研究。[①]

（三）死刑犯不引渡原则

1. 国际引渡中的“死刑犯不引渡原则”

“死刑犯不引渡原则”是指当被请求国有理由相信被请求引渡者在引渡后有可能被请求国判处或执行死刑时拒绝予以引渡的原则。[②] 该原则随着人权观念的兴起逐步形成和发展，是联合国《公民权利和政治权利国际公约》、《禁止酷刑和其他残忍不人道或有辱人格的待遇或处罚公约》对人权保护精神的具体体现。在国际引渡合作领域越来越受到各个国家和国际社会的重视，并成为一种普遍的趋势。即使在一些仍保留死刑的国家，这一原则仍得到立法和司法的承认，是比较严格的“刚性禁条”。[③] 在国际刑事司法协助中，立法上废止死刑的国家大多在其引渡立法或其参与的引渡条约、刑事司法协助的条例中规定，对请求国依其法律可能判处死刑之罪者不予引渡，但在请求国承诺不适用死刑时则可以引渡。

从某种意义上讲，一个国家对待“死刑不引渡”规则的态度，已经与该国在保护人权问题上的国际形象联系在一起了，以致一些保留死刑的国家，如美国，也承认“死刑犯不引渡”这一原则。[④] 死刑问题目前已成为我国与西方国家签订引渡条约的一个严重的障碍因素。

2. “死刑犯不移交”不适用于我国区际逃犯移交

中国内地 1997 年刑法典在保留死刑的基础上对原有死刑做了削减和限制，并在其后的修正案中均对适用死刑的罪名予以减少，虽然内地并未废除死刑，但坚持少杀、慎杀。香港对死刑的态度受英国的影响，在 20 世纪 60 年代中期后未实际执行死刑，在 1993 年通过了废除死刑的条例，将谋杀罪的刑罚由死刑改为了终身监禁。澳门的死刑废除紧跟葡萄牙，在刑法典中奉行刑罚轻缓化，在考虑死刑的发展趋势的基础上，废除了死刑。[⑤] 台湾地区至今仍未废除死刑。由此可见，我国区际间的死刑政策的冲突及死刑的立法具有显著的差异。

① 参见韩旭：《一国两制背景下中国区际刑事司法协助的机制研究》，苏州大学 2013 年硕士学位论文。

② 参见赵秉志：《国际区际刑法问题探索》，法律出版社 2002 年版，第 388、500 页。

③ 参见王贺：《关于我国区际刑事司法协助的若干问题的思考》，中国政法大学 2004 年硕士学位论文，第 5–8 页。

④ 参见谭琦：《对跨国逃犯的追捕与移交的思考》，载《河北公安警察职业学院学报》2004 年第 1 期。

⑤ 参见赵秉志：《国际区际刑法问题探索》，法律出版社 2002 年版，第 500 页。

笔者认为，在区际刑事司法协助中，不适用“死刑犯不移交”。首先，这是维护“一国两制”的要求，并不会影响内地与港澳的司法独立。两岸三地不得通过拒绝移交逃犯而将本地的法律制度强加于对方、剥夺对方的管辖权，同时也不应以追求单纯的司法独立为理由而将自己的司法原则强加于另一法域，要求对方做出硬性的司法和立法要求。① 其次，这也是维护国家利益、有效惩治犯罪、维护各法域稳定的社会秩序和良好的法治环境的需要，由于香港或澳门无论定罪、量刑还是刑罚执行都比内地更为宽缓，若港澳对内地实行“死刑犯不移交”，不但会使内地的犯罪分子钻法律的漏洞逃往港澳，或者犯罪分子试图利用港澳刑法偏轻的特点而在港澳制造犯罪以主张港澳管辖权，将影响内地的法律实施，同时也会对港澳的治安秩序造成不利的影响，使港澳真正成为一个名副其实的“没有死刑的天堂”。② 最后，死刑犯的移交是双方相互尊重的体现。区际刑事司法协助对死刑犯的移交采取一种客观、冷静的态度，是对他方死刑的刑事政策的尊重，并不会改变香港、澳门的人权理念。③

（四）本地居民不引渡原则

1. 国际引渡中的“本地居民不引渡原则”

“本国公民不引渡原则”，是指一个国家基于属人管辖原则，优先对本国国民拥有刑事司法管辖权，因而即使其本国国民的犯罪行为是在国外实施的，也应由其本国行使司法管辖权，而不将其引渡给有关外国。该原则最早出现在 1909 年法国与美国签订的引渡条约中，该条约规定：按照本条约的规定，“双方均没将本国国民引渡给对方的义务”，这里“国民”是国际上的一个概念，与“外国人”的概念相对应，它是指被某一国家视为自己的属民并且受到该国特殊的法律保护和外交保护的人，在某些问题上，“国民”甚至可以作为一种待遇被授予给外国人。随着引渡法的发展，不引渡本国国民的理论和实践也受到挑战，在长期坚持属地管辖原则的国家，为了防止本国人在外国犯罪后逃回本国不受追究的结果发生，在某种安排下，本国国民也可以引渡。在国际引渡实践中，对本国公民是否可引渡给他国的问题，各国的做法不同，以英国为代表的英美普通法系国家赞成或者不反对引渡本国公民，而欧洲大陆和拉丁美洲国家则坚持本国公民不引渡的原则，导致这一区别的主要原因在于这两类国家的法律所确定的刑事管辖标准不同，前者奉行的是属地管辖权，而后者规定的是属人的刑事管辖权。④

2. 我国区际逃犯移交：不适用，但应根据情势或移送或起诉

我国内地历来奉行本国公民不引渡的原则，香港受英美法系的影响，在严格的属地管辖原则下并不反对引渡本地居民，而澳门受葡萄牙的影响，坚持本地居民不

① 参见姚传廷，陈功勋：《我国区际刑事司法协助中的移交逃犯——死刑不引渡原则在区际刑事司法协助中的变身》，载《临沧司法高等专科学校学报》2012 年第 1 期。

② 参见卢建平：《内地与港澳地区死刑政策冲突评析》，载赵秉志、何超明主编：《中国区际刑事司法协助探索》，中国人民公安大学出版社 2003 年版，第 238 页。

③ 参见陈晖：《中国区际刑事司法协助研究》，中国政法大学 2007 年博士学位论文，第 119-138 页。

④ 参见黄亚英：《对本国人的引渡问题》，载《法学研究》1991 年第 6 期。

移交的做法。[①] 在回归之前，内地与澳门都相互拒绝移交在对方法域犯罪的本法域居民。虽然各法域的规定不同，但笔者认为，本地居民不引渡的原则在我国与其他国家进行国际刑事司法协助时可予以保留，但是在我国区际刑事司法协助中不应完全适用，若某一法域坚持保留则应与刑事审判代理原则合并使用，对本法域的逃犯或移送或起诉，以实现公正审判的诉讼目的。首先，港澳台和内地同属一个主权国家，绝大多数居民都是中国公民，四个法域之间并不存在对本法域居民国际法意义上的域外保护和属人管辖的问题，不应把居民的概念与国际引渡中国民的概念混同，而一律不予移送。其次，若法域之间坚持本地居民不移送违反了属地管辖原则，不利于及时、有效地打击跨法域的犯罪活动，有可能使犯罪分子借此逃避法律的制裁，从而违背了建立区际刑事司法协助的初衷。最后，坚持本法域居民不移交极易导致同一案件分别由两法域设立的情况，不利于查明案件事实真相，不利于调查取证，也不利于对行为人判处刑罚，而移送或者直接在本法域起诉更有利于作出公正的审判。

三、结论

在区际刑事司法协助中，对国际刑事司法协助中的一些基于维护各自国家主权的原则和惯例不予适用，这是符合我国区际刑事司法协助的性质和维护国家主权与整体利益的要求的。在中国区际刑事司法协助中，不适用上述一系列原则，并不意味着被请求方应绝对地无条件地为请求方提供协助，各法域应互相尊重对方的法律制度，并在一定条件下，应允许被请求方有一定的合理的拒绝权，如被请求方正在对犯罪嫌疑人就同一犯罪或其他犯罪提起刑事诉讼，被追诉的行为已过刑事诉讼时效等，这是及时、有效、合理惩治与防范区际间犯罪活动，维护各法域的法治秩序和正常交往的必然要求。

下卷·四

① 参见赵秉志：《国际区际刑法问题探索》，法律出版社 2002 年版，第 500-501 页。

区际追逃之劝返模式本体研究*

莫洪宪** 黄 鹏***

2014年10月起，全国检察机关开展为期半年的职务犯罪国际追逃追赃专项行动。在公安部猎狐专项行动和最高人民检察院国际追逃追赃专项行动的工作报告中，“劝返”所对应的追逃成果数据，使其成为令人瞩目的词语。事实上，劝返是我国司法机关在实践中摸索出来的一种境外追逃模式。2007年胡星案是劝返的首例，受胡星案的启示，2008年最高人民检察院正式提出劝返这种追逃模式。① 该模式在2014年公安部和最高人民检察院的专项行动中大放异彩，并在境外追逃实践中证明了自身的有效性、合理性和功利性。

一、劝返的概念

由于劝返是我国近几年境外追逃的一种创新方式，理论上并无系统、成熟的研究。根据现有的资料，劝返的概念有如下几种：

第一种观点：劝返，即劝说外逃者自愿回国，是指追逃国办案人员在逃犯发现地国家主管机关的配合下，通过对该刑事外逃人员开展说服教育，使其主动回到追逃国接受相关处理的一种替代措施。② 第二种观点：作为引渡的合法替代措施，劝返指在无法诉诸正式的引渡程序或引渡遇到不可逾越的法律障碍的情况下，根据国家的授意或在国家的许可下，采取对外逃分子进行说服教育的方式，使其主动回到追逃国，接受追诉、审判或执行刑罚。③ 第三种观点：劝返是我国公安机关、检察机关在开展反腐败境外缉捕工作实践中，摸索出的一种通过劝说方式，动员外逃的犯罪嫌疑人自愿返回国内接受追诉的引渡或遣返的替代措施。④ 第四种观点：劝返是指在没有引渡条约、司法协助条约或者引渡、遣返存在困难的情况下，由司法机关或者司法机关授权的人员通过与外逃人员直接或者间接对话的方式，对其说服教

---

* 本文系2014年国家社会科学基金重大项目“反腐败国家立法研究”阶段性研究成果，项目批准文号：14ZDC011；同时也是武汉大学自主科研项目（人文社会科学）阶段性研究成果，得到“中央高校基本科研业务费专项资金”资助，项目编号：410500165。

** 武汉大学法学院教授，博士生导师。

*** 武汉大学法学院刑法学博士研究生。

① 任兰：《腐败犯罪境外追逃措施探析》，载《经济研究导刊》2011年第18期。

② 李红光：《论引渡的替代措施》，载黄风、赵林娜主编：《境外追逃追赃与国际司法合作》，中国政法大学出版社2008年版，第116页。

③ 张磊：《从胡星案看劝返》，载《国家检察官学院学报》2010年第2期；参见王亚楠：《劝返何去何从》，载《潍坊教育学院学报》2011年第5期。

④ 陈雷：《境外追逃：应当重视劝返的法治化》，载《检察日报》2012年2月22日第3版。

育并作出一定承诺，使得外逃者回国接受刑事追诉和制裁的一种跨国追逃措施。①第五种观点：劝返是指对外逃的职务犯罪嫌疑人，在无法诉诸正式的引渡程序或引渡遇到不可逾越的法律障碍的情况下，充分发挥司法机关的主观能动性，根据国家的授意或在国家的许可下，设法借助法律、外交、政策的力量，采取各种方式和途径，对逃往境外的犯罪嫌疑人进行说服教育和开展攻心战，说服或促使外逃犯罪嫌疑人自愿回国投案。②

关于劝返概念的争议，其分歧主要体现在以下方面：

其一是主体适用范围。最大范围说，包括参与境外追逃的所有单位和人员，如公安、检察、法院、纪检监察、党委、政府部门、驻外使领馆、其他机关团体、事业单位和个人。限制范围说，包括参与境外追逃的所有机关，如公安、检察、法院、纪检监察、党委等机关，排除非机关单位和个人。最小范围说，只包括行使侦查、起诉和审判职能的司法机关，如公安和检察。以上关于劝返概念的争议中，第三、四、五种观点在定义中明确为司法机关，即采取最小范围说；而第一、二种观点在定义中并未明确主体的范围，不同的学者有的主张最大范围说，有的主张限制范围说，有的同样主张最小范围说。

其二是案件适用范围。最大范围说，包括境外追逃的所有情况，可以在引渡和移民遣返等国际司法合作程序开启之前、之中进行，即劝返可以和引渡程序以及引渡替代措施程序并行适用。限制范围说，劝返和引渡程序以及引渡替代措施程序相互排斥适用，即启用引渡或引渡替代措施程序就不再启用劝返，反之亦然。最小范围说，劝返只在无法诉诸引渡程序或引渡遇到不可逾越的法律障碍的情况下适用，即必须先启用引渡程序，只有在无法引渡或引渡存在无法解决的法律障碍时才启用劝返。以上关于劝返概念的争议中，第二、四、五种观点在定义中明确指出“无法启用引渡或引渡替代措施程序”前提条件，因此采取的是最小范围说；第一、三种观点在定义中明确指出劝返是引渡的替代措施，但不同学者对“替代”是并列还是相斥性质理解不同，有的主张最大范围说，有的主张限制范围说。

二、劝返的性质

理论上关于劝返的性质有三方面争议，其一是劝返是刑事司法还是思想政治工作的争议，其二是关于引渡替代措施的“替代”理解争议，其三是国际合作还是国内司法的争议。

（一）劝返是刑事司法还是思想政治工作

有学者认为，劝返不是一种司法程序，而是一项思想政治工作，没有法律依据，缺乏严肃性。③ 然而多数学者认为，劝返是我国检察机关在开展境外缉捕工作实践中摸索出的一种通过劝说方式动员外逃的犯罪嫌疑人自愿返回国内接受追诉的

① 刘娜：《劝返的现实困境与突破路径》，载《湖北社会科学》2014 年第 2 期。
② 俞波涛、周绪平：《做好劝返工作需织密协作网络》，载《检察日报》2015 年 4 月 6 日第 3 版。
③ 参见任兰：《腐败犯罪境外追逃措施探析》，载《经济研究导刊》2011 年第 18 期。

引渡替代措施。[①] 劝返是一种刑事司法国际合作中的引渡替代措施，并不是思想政治工作，而是刑事司法措施。我们认为，给刑事外逃人员做思想政治工作只是劝返的一种具体适用方法，并不是劝返的性质。劝返是国家机关在发现地国相关部门的配合或不干涉下，直接或间接地采取劝说沟通的方式，使得刑事外逃人员主动或同意回国归案的一种刑事司法措施。其本质是将刑事外逃人员追逃归案，接受追诉、审判或执行。因此思想劝返只是其工作方法，刑事司法才是其性质。

（二）对引渡替代措施的“替代”的理解

如前所述，多数说主张劝返是引渡的替代措施，但观点内部又对“替代”措施存在并列说和相斥说。并列说认为，劝返可以发生在各种各样的场合并且可以采取各种各样的方式，既可以在外逃人员尚未进入引渡、遣返或者其他强制性法律程序之前，也可以在外国采取强制措施、启动相关法律程序之后。[②] 因此，并列说对应案件适用范围采取的是最大范围说，即劝返可以和引渡程序以及引渡替代措施程序并行适用，当然最终的追逃结果的实现只表现为其中一种追逃模式。而相斥说认为，只有在没有引渡条约或者引渡、遣返存在困难的情况下，才选用劝返。[③] 因此，相斥说对应案件适用范围采取的是最小范围说，即劝返和引渡程序以及引渡替代措施程序相互排斥适用，引渡在适用顺序上具有优先性，只有在无法引渡或引渡存在无法解决的法律障碍时才启用劝返。

要理解劝返的“替代”性质，就要先理解引渡以及引渡替代措施。引渡是指主权国家之间根据请求相互移交在对方领域受到刑事追诉或者被判处刑罚的人，是将在境外的犯罪嫌疑人缉拿回国的一般方法。[④] 因此引渡是一种国际刑事司法合作的追逃方式，以《引渡法》为法律依据。由于各国对于引渡规定了比较严格的条件和程序，加之我国“截至 2014 年 11 月，只对外缔结 39 项引渡条约（其中 29 项已生效），52 项刑事司法协助条约（其中 46 项已生效）”[⑤]，引渡成功率很低，因此只能另外开拓境外追逃的途径。此外，从外延来说，引渡的替代措施分为常规替代措施和非常规替代措施，前者主要包括移民法的替代措施、刑事法的替代措施和劝返，后者主要包括“诱骗”和“绑架”。[⑥]

首先从法律上看，根据《引渡法》第 7 条规定[⑦]，提请引渡有为提起刑事诉讼

① 陈雷：《反腐败国际合作理论与实务》，中国检察出版社 2012 年版，第 176 页。

② 黄风、刘丽：《逃往境外人员自首认定问题研究》，载《中国刑事法杂志》2010 年第 10 期。

③ 刘娜：《劝返的现实困境与突破路径》，载《湖北社会科学》2014 年第 2 期。

④ 张磊：《从胡星案看劝返》，载《国家检察官学院学报》2010 年第 2 期。

⑤ 参见《沪“猎狐”民警揭秘海外追逃细节：每个逃犯都有一个专案组》，载《东方早报》2014 年 12 月 15 日 A6 版。

⑥ 张磊：《从高山案看我国境外追逃的法律问题——兼与赖昌星案比较》，载《吉林大学社会科学学报》2014 年第 1 期。

⑦ 《引渡法》第 7 条第 1 款规定：“外国向中华人民共和国提出的引渡请求必须同时符合下列条件，才能准予引渡：（一）引渡请求所指的行为，依照中华人民共和国法律和请求国法律均构成犯罪；（二）为了提起刑事诉讼而请求引渡的，根据中华人民共和国法律和请求国法律，对于引渡请求所指的犯罪均可判处一年以上有期徒刑或者其他更重的刑罚；为了执行刑罚而请求引渡的，在提出引渡请求时，被请求引渡人尚未服完的刑期至少为六个月。”

和为执行刑罚两个目的。而所谓替代措施，表明的是殊途同归，即不管是引渡还是劝返，都是为了提起刑事诉讼或为执行刑罚两个目的。即哪种措施能实现该目的就应采取哪种措施，而在最终目的实现之前，不存在适用一种措施过程中排斥另一种措施的适用。其次从理论上看，劝返是一种引渡替代措施，但劝返与引渡不是纵向排斥的前后关系，而是横向兼容的并列关系。即便在开展引渡或其他引渡替代措施的追逃程序中，也是可以启动劝返程序的。最后从我国境外追逃实践来看，我国公安、检察机关一般优先或并重适用劝返模式追逃，大多数情况是一边积极开展劝返，一边积极启动引渡或移民遣返等程序，多种追逃模式同时并列适用。哪一种模式最先有效实现追逃目的就最终通过哪一种模式归案处理。

（三）劝返是国际合作还是国内司法

有学者认为劝返不需要国与国之间进行合作，避免了各种程序的制约。[①] 但多数学者认为："成功的劝返，离不开国际合作，否则寸步难行。国际合作有助于营造一种威慑环境，对在逃人员产生一种走投无路的压力。最近两年，世界各国对反腐败形成了共识，加大了打击力度，这也是劝返得以诞生的国际背景。"[②] 从我国境外追逃实践经验来看，一般情况是追逃国在劝返程序中直接或间接对刑事外逃人员进行说服教育和谈判回国处理的条件，发现地国对本国内的劝返环节予以监督和协助。实务界和学界有观点明确指出，首先充分争取刑事外逃人员逃往国相关机关的支持和配合。[③]

我们认为，启动劝返时一般需要向发现地国通报，一来可以避免发现地国以劝返工作人员在该国无执法权为由，制止干涉劝返或者引起其他外交纠纷；二来可以预防和避免刑事外逃人员在劝返过程中自杀自伤或以暴力手段伤害或威胁劝返工作人员，以逃避劝返。其次，正如浙江方面在总结2008年劝返杨湘洪失败的教训时，有一句话比较到位：单纯劝返，而没有辅以其他强硬措施。[④] 此后，我国在境外追逃时，除有把握可成功劝返的案件外，都会采取劝返、引渡、移民遣返等其他措施，多管齐下开展追逃工作。因此在实践中都会启动国家刑事司法协助程序，寻求国际合作，那么劝返也是在这种国际合作大背景下进行的，而无须单独为劝返程序开展独立的国际合作，但并不意味着劝返无须国际合作。由于劝返是境外追逃的国家意志的实现，劝返工作人员在发现地国开展劝返工作，是一个国家的意志在另一个国家的实现，毫无疑问涉及国家之间的主权，因此劝返必然会涉及国际合作，而不单纯只是国内司法程序。

① 任兰：《腐败犯罪境外追逃措施探析》，载《经济研究导刊》2011年第18期。

② 韦洪乾：《劝返：外逃贪官回国新模式》，载《中国检察官》2010年第2期；童岱：《缉拿外逃官员：劝返模式为何有效》，载《北京科技报》2008年12月1日第14版。

③ 参见陈雷：《反腐败国际合作理论与实务》，中国检察出版社2012年版，第180页。

④ 参见刘义军：《最高检：已有100余名外逃贪官被劝返接受调查》，载《瞭望东方周刊》2013年8月19日。

三、劝返的构成要件

（一）劝返主体

如前所论，理论上关于劝返的主体存在最大范围说、限制范围说，而最小范围说包含的主体是最小公约数，因此公安、检察等司法机关可以作为劝返的主体没有争议。问题在于党委、纪检监察、外交部门等政府部门、其他机关、事业单位以及个人能否成为劝返主体。

有学者主张，劝返是一个由党委、政府、纪委、司法机关（主要指检察机关）共同参与、相互配合协调的工作机制。理想的状况是：党委、政府是第一序位的奉劝者；纪检监察是第二序位的奉劝者；检察机关是第三序位的奉劝者。[①] 因此党委、政府、纪委和司法机关等是劝返主体。还有学者根据具体开展劝返的工作人员分为司法人员和党政人员，并根据这两类人员将我国的劝返总结为两种模式：一是对于掌握了犯罪事实（已立案）的出逃人，由司法人员从法律角度劝返。二是对于还没有确定犯罪事实（还未立案）的出逃人，由党政机关从党纪规章角度劝返。从结果来看，由司法人员通过司法程序进行劝返成功的几率更大。[②] 有些学者主张，劝返是一种国家的司法活动，是一项刑事司法手段。劝返是以我国刑法规定的自首从轻或其他法定情节从轻、减轻处罚为基础，体现了坦白从宽和宽严相济刑事政策的一种司法活动，因此劝返的主体只能是公安机关、检察机关和人民法院，或者经这些机关授权的组织或人员。[③]

我们认为，首先，对刑事外逃人员劝返涉及刑事法律以及刑罚的减轻和免除的具体运用，以及其他刑事政策措施的兑现，党政机关和个人无此权限，无法对刑事外逃人员作出相关承诺。其次，根据劝返是一项刑事司法活动的性质可知，党政机关和个人不享有司法权因而不能作为劝返主体。最后，党政机关和个人经司法机关授权或委托，能否成为劝返的主体？我们认为党政机关和个人即使经司法机关授权或委托，也不能以党政机关或个人的名义履行劝返职责。

（二）劝返对象

理论上存在几种观点。最大范围说，包括刑事外逃人员、其他违法外逃人员和违纪外逃人员。限制范围说，包括刑事外逃人员和其他部分违法外逃人员。最小范围说，只包括刑事外逃人员，如贪污渎职犯罪外逃人员、经济犯罪外逃人员等。由于劝返是经实践探索而来，因此理论上关于劝返对象的讨论目前只限于实践中存在的对象，仅限于贪污渎职犯罪、经济犯罪等几种刑事犯罪，未来其他刑事犯罪种类以及违法违纪外逃人员是否适用劝返，有待进一步研究，当前绝大多数学者主张限于刑事外逃人员。

此外，关于劝返对象是否包含外国公民，存在肯定说和否定说。肯定说认为，

---

① 王强军：《非法律术语——“劝返”》，载《检察日报》2008 年 11 月 21 日第 3 版。

② 参见刘娜：《劝返的现实困境与突破路径》，载《湖北社会科学》2014 年第 2 期。

③ 参见陈雷：《境外追逃：应当重视劝返的法治化》，载《检察日报》2012 年 2 月 22 日第 3 版；俞波涛、周绪平：《做好劝返工作需织密协作网络》，载《检察日报》2015 年 4 月 6 日第 3 版。

主要指实施犯罪潜逃国境外的本国公民，对于外国公民在本国（犯罪地国）实施犯罪潜逃回其国籍所属国或其他国家的，也可以成为劝返对象。[①] 否定说认为，劝返的对象只能是外逃境外的中华人民共和国公民，包括普通公民和有特殊身份的国家工作人员。[②] 我们认为劝返对象限于刑事外逃人员，根据我国刑法规定，刑事外逃人员包括外国公民在我国犯罪后逃往境外的犯罪行为人。因此在逻辑上，劝返对象是可以包含在我国犯罪后逃往境外的外国公民的。但是结合我国实践，劝返在我国犯罪后逃往境外的外国公民尚未纳入国家工作计划也不具备实践条件。

（三）劝返内容、依据和手段

劝返的内容主要是劝返主体和劝返对象关于回国归案的谈判。如兑现自首政策，并在符合法定条件下的从轻、减轻或免除处罚处理，返回后给予的公正审判和人道主义待遇，以及促使其返回的其他从宽或从轻处罚的刑事政策，并在一定限度内满足其提出的返回条件。[③] 有学者直白地指出，劝返说白了就是威逼利诱，没有逼到走投无路，贪官不会坐上谈判桌；没有许以好处，贪官不会同意回来。[④] 因此劝返内容，主要是刑事外逃人员通过谈判沟通最大限度争取宽大处理的活动；劝返工作人员通过谈判沟通依法保障刑事外逃人员的合法权益以及承诺并在回国归案后履行宽大处理承诺的活动。

劝返是依据我国刑法、刑事诉讼法和其他相关的法律规范以及刑事政策等。有学者认为，罪犯逃往国的相关法律规定，尤其是对外国逃犯的处置方面的规定（包括接受引渡、遣返、量刑与驱逐出境等）可以作为参考。[⑤] 我们认为这种意见是可取的，因为若在劝返程序中不尊重外国相关法律规定有可能会受到外国相关机构的干涉或阻止。随着全面依法治国的推行，劝返作为一种有效的境外追逃模式，应该力求法治化，有必要在立法上进行规定。

说服教育是劝返的手段。“所谓劝，就是劝说、规劝和说服，通过‘劝’使劝返者心服口服，自觉自愿地返回其逃出国接受司法的处置。因此，‘晓之以理，动之以情，明知以法’是说服教育的主要方式。”[⑥] 我们认为，劝返与其他追逃模式相比，以不违背刑事外逃人员意志的劝说方式归案，因此呈现出相对柔和性。

（四）劝返的前提条件

一位检察官分析说，劝返必须具备四个条件：一是有明确的犯罪事实。二是外逃贪官陷入走投无路的境地。三是给被劝者承诺一些事项。四是劝返人员必须有“说了算”的权力。[⑦] 甚至有学者认为，适用劝返不仅包括四项前提条件，而是以下六项条件：（1）劝返前提是没有引渡条约、司法协助条约或者引渡、遣返存在困

① 参见陈雷：《反腐败国际合作理论与实务》，中国检察出版社 2012 年版，第 176 页。

② 王强军：《非法律术语——“劝返”》，载《检察日报》2008 年 11 月 21 日第 3 版。

③ 陈雷：《反腐败国际合作理论与实务》，中国检察出版社 2012 年版，第 177 页。

④ 韦洪乾：《劝返：外逃贪官回国新模式》，载《中国检察官》2010 年第 2 期。

⑤ 陈雷：《反腐败国际合作理论与实务》，中国检察出版社 2012 年版，第 177 页。

⑥ 陈雷：《反腐败国际合作理论与实务》，中国检察出版社 2012 年版，第 177 页。

⑦ 参见韦洪乾：《劝返：外逃贪官回国新模式》，载《中国检察官》2010 年第 2 期；王亚楠：《劝返何去何从》，载《潍坊教育学院学报》2011 年第 5 期。

难；（2）确定外逃者的犯罪事实；（3）确定外逃人员的下落，掌握目前状况，并与其取得直接或者间接联系；（4）给外逃人员施以各方面的压力，使其陷入走投无路的处境，给劝返创造可能性；（5）尊重他国法律，积极寻求外逃地有关部门的配合，确保劝返实现；（6）向被劝返者作出一定的承诺。①

我们认为，上述四项或六项条件，与其说是劝返的适用条件，不如说是劝返的工作方法，其论证是建立在假想之上而不攻自破。如"劝返前提是没有引渡条约、司法协助条约或者引渡、遣返存在困难"，如前对"替代"理解关于劝返性质的分析可知，劝返与引渡以及引渡替代措施不是纵向的前后关系，而是横向的并列关系，对应到案件适用范围采取的是最大范围说，即劝返可以和引渡程序以及引渡替代措施程序兼容适用，而不存在引渡或遣返不能的前提条件。再如"外逃贪官陷入走投无路的境地"，追逃实践中刑事外逃人员走投无路并不是接受劝返的前提条件，如云南省交通厅原副厅长胡星因涉嫌受贿罪于2007年1月19日外逃新加坡，于2007年2月18日接受劝返回国归案，并不存在走投无路境地的情况。② 又如北大荒鑫亚经贸有限公司总经理白某因涉嫌国有公司人员失职罪于2014年7月14日外逃比利时、迪拜，于2014年8月3日接受劝返回国归案，并不存在走投无路境地的情况。③

四、劝返的基本特征

根据对劝返的性质和构成要件进行研究，我们认为劝返具有以下基本特征：

1. 手段的开放性和柔和性。劝返的手段表现为说服教育，但说服教育的具体方式是开放的，即可以采取各种方式劝说，使得刑事外逃人员不管是感性还是理性地同意回国依法处理即可。引渡、移民法或刑事法的常规替代措施、诱骗或绑架的非常规替代措施，通常属于不同程度地违背刑事外逃人员意志的追逃模式，因此带有不同程度的强制性。而劝返模式以不违背刑事外逃人员意志的劝说方式归案，因此呈现出相对柔和性。

2. 国家意志性。工作人员是依法履行职责，代表国家而非私人劝返刑事外逃人员，实现的是国家意志。未经授权仅出于个人意志的劝返行为，是私人行为，与实现国家意志的引渡或引渡替代措施的劝返没有关系。因此劝返是国家司法意志的实现，必然以国家强制力为后援，包括追逃国和发现地国等相关国家的强制力。因追逃国准备充分以及与发现地国密切合作，有效开展引渡和劝返等多种方式的追逃工作，刑事外逃人员出于理性或感性的选择而同意回国归案。追逃国和发现地国等相关国家便是以强制力为后援的背景下开展追逃追赃工作的，而刑事外逃人员也是在该背景下接受劝返而回国归案的。

3. 追逃国的主导作用。移民法或刑事法的替代措施的追逃程序以发现地国为主导，追逃国处于配合发现地国执法或司法程序的配角地位。如移民法的替代措施

① 参见刘娜：《劝返的现实困境与突破路径》，载《湖北社会科学》2014年第2期。

② 参见陈雷：《反腐败国际合作理论与实务》，中国检察出版社2012年版，第181页。

③ 参见《境内境外协同　缉捕劝返并重　多措并举追逃》，载《人民公安报》2014年9月12日第8版。

需要发现地国展开遣返程序，追逃国提供证据材料予以配合；刑事法的替代措施需要发现地国展开司法诉讼程序或司法执行程序，追逃国仍需提供证据材料配合。与此相对，劝返程序是以追逃国为主导，发现地国处于配合追逃国执法或司法程序的配角地位。追逃国在劝返程序中直接或间接与刑事外逃人员进行说服教育和谈判回国处理的条件，发现地国对本国内的劝返环节予以监督和协助。

4. 追逃追赃的有效性。由于劝返手段柔和，采取说服教育方式影响刑事外逃人员意志从而同意回国接受依法处理。劝返成功往往以“刑事外逃人员精神上感到满足或释放，从而软化拒绝回国归案的态度与意志，直至同意回国归案的想法产生、巩固并压倒拒绝回国归案的意志而处于优势地位”为前提。这表明刑事外逃人员不仅同意回国归案，而且也会配合案件处理的其他程序的要求。而在引渡、移民法或刑事法的常规替代措施、诱骗或绑架的非常规替代措施等追逃模式中，刑事外逃人员属于强制性被动归案，往往不会主动积极配合案件的查办。因此劝返与这些追逃模式相比，具有追逃追赃的有效性。我国的境外追逃追赃实践也证实了各种追逃模式的追逃追赃效果的差异性。

有学者认为“由于犯罪嫌疑人的自觉与主动以及发现地国在劝返中的辅助性，省去了较多的司法程序，避免了无谓的拖延，能够很快将犯罪嫌疑人带回国，具有较强的及时性。”[①] 我们认为劝返与其他追逃模式[②]相比，是否具有及时性，不能一概而论。引渡等其他追逃模式所用时间长短，主要取决于所涉案件的类型以及复杂程度等，和所涉国家相关法律制度的规定以及与我国有无引渡协议等其他相关国际刑事司法协助协议等其他各方面的因素。而劝返追逃模式所用时间长短，主要取决于所涉案件的类型以及复杂程度等，和刑事外逃人员个人因素，以及我国与刑事外逃人员劝返、谈判效果等其他因素。因此，各类追逃模式所用时间不管是就个案还是从普遍性来讲，都不具备可比性。此外，从追逃追赃实践看，各类追逃模式所用时间也不具备可比性。引渡、移民遣返以及劝返所用时间根据案件的复杂程度不同而不同。比如涉嫌非法吸收公众存款外逃匈牙利的河南洛阳恒大联合投资管理有限公司胡某案[③]采用劝返方式用时 10 天；但涉嫌挪用公司巨额资金外逃加拿大的周某某案采取劝返方式用时近 3 年。2014 年公安部猎狐专项行动和最高人民检察院国际追逃追赃专项行动之前，采取劝返方式用时从数年到数月不等，而两项专项行动开展后，采取劝返方式用时从数月到数天不等。因此，及时性不是劝返的特征。

① 张磊：《从胡星案看劝返》，载《国家检察官学院学报》2010 年第 2 期。

② 这里的其他追逃模式和各类追逃模式不包括非常规的替代措施。

③ 参见《境内境外协同　缉捕劝返并重　多措并举追逃》，载《人民公安报》2014 年 9 月 12 日第 8 版。

区际刑事诉讼移管机制的构建

——以肯尼亚、马来西亚跨第三地电信诈骗案为例

陈 晖*

刑事诉讼移管，是指一国将本应管辖的刑事案件移交给他国进行刑事诉讼管辖的一种程序，又称为刑事诉讼移转管辖权，或称刑事诉讼转移管辖。[①] 刑事诉讼移管最初体现在一些国际刑法规范中，如1957年《欧洲引渡公约》、1959年《欧洲刑事司法协助公约》以及1962年比荷卢三国《关于引渡和刑事司法协助公约》。1990年联合国大会决议通过《刑事案件转移诉讼示范条约》就刑事诉讼移管提出了示范性条约条款，号召各国开展这一国际刑事司法协助。我国加入的《联合国禁毒公约》第8条、《联合国打击跨国有组织犯罪公约》第21条以及《联合国反腐败公约》第47条都包含有刑事诉讼移管合作的专门条款，其理由是基于有利于正当司法，或者为了使起诉集中。虽然我国没有与任何一个国家签订刑事诉讼移管协助方面的专门条约，但我国在与一些国家的双边司法协助和引渡条约中也包括了诉讼移管的条款，在司法实践中，我国与俄罗斯和日本也开展过刑事诉讼移管的实践。国际刑事诉讼移管的实践为构建区际刑事诉讼移管制度提供了有利的借鉴。

一、区际刑事诉讼移管产生的基础：区际刑事管辖权

（一）“一国两制”下区际刑事管辖权

管辖权是国家主权的重要权能，是国家行使司法主权的方式。刑事管辖权的本质体现了国家在其主权范围内，在国内刑事法律中明确规定自己的效力范围，确立自己对刑事犯罪进行起诉、审判或处罚的权力，没有刑事管辖权或者超越刑事管辖权范围的刑事追诉活动，都是非法和无效力的。但是，一个主权国家多法域的存在使得刑事管辖权在不同法域的确定和划分变得格外复杂，如果不同法域对某一案件均要求行使管辖权时，势必产生刑事管辖权的积极冲突，因此，依据一定的原则和标准对刑事管辖权作一界定则显得非常有必要和重要。

既然刑事管辖权是国家基于主权原则派生的一种权利，那么，一个主权国家对其国内刑事案件只能存在一个刑事管辖权，但这并不排除一个主权国家内对刑事管辖权的分配行使。所谓刑事管辖权的分配行使，是指国家刑事管辖权在不同法域内的分配，从而确定由哪个法域对刑事案件有进行管理的权力。对刑事管辖权的分配产生区际刑事管辖权，此即中国内部不同法域的法院受理区际刑事案件的权限范围

---

* 暨南大学人文学院副教授，法学博士，硕士生导师。

① 张旭主编：《国际刑法——现状与展望》，清华大学出版社2005年版，第290页。

及法律依据。

在我国，这种区际刑事管辖权的产生是有宪法和法律依据的，随着“一国两制”由构想变为现实，香港、澳门已成为一国之下享有高度自治权的独立法域，虽然目前台湾具有的刑事管辖权还没有法律根据，没有主权基础，但两岸间互相遣返刑事犯，大陆法院有条件地承认与执行台湾地区法院所作的民事判决，两岸间关于共同打击犯罪及司法协助协议等都说明，大陆在事实上是有条件地承认台湾司法机关的司法管辖权，这是一种事实存在。[①] 我国事实上已形成四个相对独立的法域，这四个法域在统一的主权国家内部是独立的、平等的、非主权性的。各法域享有的司法权是基于中国的承认或认可，独立法域刑法所确立的刑事管辖权，虽然以各法域的自主性和排他性为基础自成一体，但仍是中国国家刑事管辖权的一部分。我国刑法（内地刑法）关于刑事管辖权的规定，就为区际刑事管辖权的合理划分提供了一个明确的法律依据。因此，区际刑事管辖权产生的实质就是对主权统一国家的刑事管辖权在不同法域进行分配的结果，该法域再基于这种分配对刑事案件合法行使管辖，这种分配反映了统一国家主权之下法域之间的关系。

（二）区际刑事管辖权的实现

各法域刑事管辖权是独立而自成体系的，在自己的管辖范围内具有统一、普遍的适用效力。根据各法域确定的管辖权体制，该法域的司法机关完全可以根据各自所确立的管辖原则，运用自己独立的司法体系和法律制度行使对案件的追诉、审判权，其他法域不得对其司法活动进行干预和侵犯。

但是，一个主权国家内部平等法域之间存在不可割裂的必然联系，跨法域的犯罪和犯罪分子跨法域的逃跑成为法域间一个不争的事实，而任何一个法域的管辖权都会表现出域外的刑事管辖权特征，从而导致刑事管辖权发生冲突。任何一方都不能以本法域在法律制度上的差异作为否定对方刑事管辖权的理由，单纯主张一方的刑事管辖权而完全否认另一方的刑事管辖权，都有违刑事管辖权确立的基本原则，也是对另一法域司法独立的侵犯。因此，实践中，各法域往往因刑事管辖权的争议而导致对犯罪的追诉不能及时有效地实现。理论学者致力于寻求协调冲突，提出各法域司法机关解决管辖冲突的参考建议。实际上，任何一种原则的设计都是为了确定由一个最适合的法域行使管辖权，不再行使管辖权的法域便产生协助义务，也就是说，只要明确并得到双方认可刑事管辖权由某个法域行使，就不存在对他法域司法管辖权的侵犯，不行使管辖权的法域就对其他法域管辖权行使的司法活动予以尊重，协助其更好地实现刑事管辖权，共同实现主权国家的刑事司法目的。

二、区际刑事诉讼移管的本质：“刑法共通适用”之下的代理管辖

（一）刑事诉讼移管的本质

关于刑事诉讼移管的本质，有学者认为，移转管辖是基于被请求国对该犯罪有

① 王新清：《大陆与台湾刑事管辖权的冲突与刑事司法协助》，载赵秉志主编：《中国区际刑法问题专论》，中国人民公安大学出版社 2005 年版，第 258 页。

优先的管辖权，但由于优先管辖权受阻，请求国才放弃直接管辖而请求被请求国对该犯罪行使管辖权。[①] 按照对“优先管辖权”的理解，被请求国对该犯罪须有刑事管辖权，否则不发生刑事诉讼的移管。这一理论很好地解释了在管辖权冲突的情况下适用刑事诉讼移管的目的。但这一理论却无法解释国际刑事诉讼移管也常发生在一些没有管辖冲突但对惩治犯罪更为有利的情形。因此，也有学者认为，移转管辖是一种代理管辖，在刑事诉讼转移管辖中，被请求国对该犯罪提起诉讼，其管辖权来源于“委托代理”，即这种管辖权是接受委托代理他国行使的，没有委托便不存在代理行使管辖权的问题。[②] 由此，“委托代理”行使管辖权，对于被请求国对该案是否有管辖权显得并不重要，即使被请求国对该案没有管辖权，只要是基于请求国的请求，被请求国就产生一种新的刑事管辖权，即代理管辖权。

代理管辖的雏形产生于1964年《欧洲惩处道路交通肇事罪公约》，根据这一公约，对于在外国犯有交通肇事罪不能适用本国刑法的，但是依据缔约国之间可以共通适用刑法的观念，赋予居住地法院享有管辖权。[③] 1972年《欧洲刑事诉讼移管公约》就用法律的形式创设了这种代理管辖原则，使其成为刑事诉讼管辖原则的一种新形式。[④] 从公约的规定来看，代理管辖产生的基础在于缔约国之间具有共通适用刑法的观念。换言之，国际刑事诉讼移管中“代理管辖”的前提在于公约的缔约国之间形成了一个法律共同体，它们共同创设了刑法的共通适用，即共同管辖权，任一缔约国均有权“依照本国的法律追诉对之可适用另一缔约国法律的犯罪”，[⑤] 无论被请求国是否具有管辖权，仍可依据刑法的共通适用实施追诉。[⑥] 当然，这种权力的行使必须建立在另一缔约国提出刑事诉讼请求的基础上。刑法的共通适用这一理论更好地解释了在被请求国没有管辖权的情况下，为什么仍可接受请求国的委托而代理行使管辖权，同样，这一理论也可以解释在发生管辖权冲突时，有管辖权的一方可以放弃管辖权而让另一方优先行使管辖权。

基于此，现代国际社会普遍认可的国际刑事诉讼移管是对主权国家司法权绝对化的突破，成为委托国为了实现本国的司法目的而委托他国协助办理有关刑事法律事务的一种手段。管辖权让渡论被认为是构建刑事诉讼移管制度的逻辑前提，适度地放弃管辖权是主权国家自主、自愿的行为，作为行使国家主权的一种方式，理应成为保障实现国家利益最大化的一种手段。[⑦] 在刑法共通适用基础上的“委托代理”理论也更全面地解释了刑事诉讼移管的本质。

（二）一国两制之下的“刑法共通适用”

笔者认为，在一国之内四个法域之间也具有“刑法共通适用”的基础。

---

① 张智辉著：《国际刑法通论》，中国政法大学出版社1999年版，第373页。

② 赵永琛著：《国际刑事司法协助研究》，中国检察出版社1997年版，第63页。

③ ［日］森下忠著：《国际刑法入门》，阮齐林译，中国人民公安大学出版社2004年版，第259页。

④ 赵秉志主编：《国际区际刑法问题探索》，法律出版社2003年版，第251页。

⑤ 《欧洲刑事诉讼移管公约》第2条，载赵秉志主编：《欧盟刑事司法协助研究暨相关文献中英文本》，中国人民公安大学出版社2003年版，第147页。

⑥ ［日］森下忠著：《国际刑法入门》，阮齐林译，中国人民公安大学出版社2004年版，第262页。

⑦ 郁习顶：《国家间刑事诉讼移管基础探讨》，载《江苏警官学院学报》2011年第3期。

首先，用共同体的概念来诠释一个国际法意义上的国家，它是指属于一个共同体的人在一个独立和有效的政府管辖下住居于一定领土，那么这一共同体便是一个国家。[①] 作为一个主权统一的国家，中国四个法域在地理位置上联为一体，成为共同体的组成部分，其居民绝大多数为中华人民共和国公民，有着共同的民族文化传统、共同的语言以及民族的凝聚力，相互间往来与接触也日渐频繁，而且还有着共同的维护国家主权与领土完整，保持各法域的稳定和繁荣的目标，业已形成一个“一荣俱荣，一损俱损”的利益共同体。各个法域接受共同的规则和共同的机制，使共同体各方相互包容，同舟共济，而一旦受到挫折，则需要各方暂时违背自身利益的选择来保证共同体的利益。刑事案件无论发生在哪里，不论侵害的对象是国家、特别行政区还是哪个地区居民的利益，都是对共同体利益的侵害，也都是对国家法律秩序的践踏与蔑视，在社会危害性质上也是相同的。因此，在统一主权之下，不同法域之间对任何一个法域内犯罪行为的追诉和打击都可以放到国家共同体的背景下来考虑，通过对一法域犯罪行为的打击，维持该法域的正常秩序，其实正是对其他法域以及法域之间的正常秩序和安全环境的营造，此即各法域共同的利益目标。

其次，各法域所享有的独立的刑事管辖权是作为国家刑事管辖权的组成部分，也是一个法律共同体之下的区际刑事管辖权，区际刑事管辖权的行使具有维护国家统一、维护法域秩序的基本价值追求。任何一个法域按法定的条件或法定的程序行使该管辖权，都意味着国家刑事管辖权在该法域的实现。如果各法域按各自的司法制度和诉讼程序对同一犯罪行为进行追诉，那就是该国刑事管辖权的重复行使，属于一事双罚。主权国家间尚且可以为了实现这一目的而有条件地“让渡”某些案件的管辖权，在主权统一的法域之间理应具有远远超过国家之间关系的相互理解与信任，从而建立一种较国家间更为紧密的区际司法协助关系，任何一个法域都不能只强调维护各自的地区利益，固守自身的刑事管辖权，而置国家利益于不顾，使犯罪分子有可乘之机。因此，各法域也具有刑法的共通管辖权。当然，为了使理论上的“刑法共通适用”原则在法域间有效实施，在现阶段，还需要法域之间以相互协议予以确认。

最后，法域间发生刑事管辖权冲突时，一法域以委托代理的方式，请求将刑事管辖权移转到最有利于审判、最有利于打击犯罪的一方来实现对犯罪的惩治，这既是对管辖权的“优先选择”，也是为了更好地惩治犯罪的“委托代理”。这种刑事管辖权在一国之内各法域间的转移并不意味着国家主权或者法域治权的转让，它是在一国之内平等法域之间进行的，更多地反映了法域间的一种司法礼让，体现了法域之间对彼此法律制度的尊重，更利于促进法域之间的合作以及共同体的稳定与发展。

三、区际刑事诉讼移管的实践分析：以第三地电信诈骗犯罪为例

（一）跨第三地电信诈骗犯罪的处理模式

海峡两岸电信诈骗犯罪已由典型的两岸跨境犯罪类型转为跨第三地犯罪类型，

① ［奥］凯尔森著：《法与国家的一般理论》，沈宗灵译，中国大百科全书出版社 1996 年版，第 247 页。

犯罪集团将诈骗总部设在境外第三地，通过境外服务器搭建诈骗网络平台，招募台湾和大陆籍人员远程电信诈骗，在境外提取或转移赃款。就两岸协助与第三地侦办两岸电信诈骗案的经验来看，曾有过“菲律宾模式”[①] 和“东南亚模式”[②]。菲律宾模式中，大陆将从菲律宾带回的 14 名犯罪嫌疑人最终交给了台湾进行惩处，实际上就是刑事诉讼移管。但该案经台湾法院审判，遭到二审轻判的结果，其中两人被判无罪，其余被告人分别被判处 3 年零 8 个月到 1 年零 4 个月不等的有期徒刑。[③]跨境电信诈骗集团正是利用两岸分治的政治现实，对犯罪嫌疑人分开处理，因证据规格和证据采信的不同规定而逃避法律制裁，赃款也迟迟不能追缴，有些台湾籍犯罪嫌疑人被释放后不久再次到国外继续作案。

2014 年以来，大陆公安机关通过国际警务合作渠道，先后捣毁肯尼亚、马来西亚等多处境外电信诈骗窝点。肯尼亚案中，肯尼亚执法部门经审查，将 32 名中国大陆犯罪嫌疑人和 45 名台湾犯罪嫌疑人分两批全部遣返回中国大陆。马来西亚案中，共逮捕嫌犯 119 人，2016 年 4 月 15 日马来西亚政府将第一批 20 名台湾籍嫌犯遣返回台湾，由于“欠缺具体犯罪事实”，这 20 名嫌犯在抵达台湾后，被警方当场释放。[④] 2016 年 4 月 30 日，马来西亚案中 97 名嫌疑人（大陆 65 人，台湾 32 人）被公安机关从马来西亚押解回国。[⑤] 两岸均要求行使域外管辖权，大陆要求台湾将从马来西亚遣返的 20 名台湾籍犯罪嫌疑人交由大陆，根据我国《刑法》一并追诉，而台湾则要求将从肯尼亚和马来西亚遣返回大陆的台籍犯罪嫌疑人交由台湾追诉。

实际上，本案可能出现三种合作可能：一是遣返回台湾的台湾籍嫌犯由台湾追诉，押解回大陆的，一并由大陆追诉；二是大陆向台湾移管，与“菲律宾模式”处理结果一样；三是台湾向大陆移管，将从马来西亚遣返的台籍嫌犯移管给大陆，由大陆集中起诉。尽管台湾先后派出两次协商团，希望大陆将台籍嫌犯遣返回台，由台湾根据其“刑法”进行追诉，但最终两岸只达成“共同侦办”的认知，相互交换了部分证据及相关材料。从肯尼亚和马来西亚遣返回来的大陆籍和台湾籍犯罪嫌疑人最终在大陆接受了审判。有台籍犯罪嫌疑人明确表示，之所以重操旧业，是因为“挣钱快、处罚轻”。在国外设窝点诈骗，被抓后按照以往的惯例都会被遣返回

---

① 2011 年 2 月，菲律宾摧毁跨国诈骗集团，中国警方从菲律宾押解回国的 24 名犯罪嫌疑人中有 14 名台湾人。菲律宾应中国要求将台湾嫌犯送到中国，台湾派员到大陆交涉，5 个月后，将人卷一并带回台湾进行侦审，此称“菲律宾模式”，该案经台湾法院审判，遭到二审轻判的结果，其中两人被判无罪，其余被告人分判处 3 年零 8 个月到 1 年零 4 个月不等的有期徒刑。

② 2011 年 6 月 9 日，另一起分别发生在两岸、印尼、柬埔寨、马来西亚、泰国与越南的诈骗案，共逮捕台湾人 471 人，大陆人 214 人，最后由两岸共同侦办，共享证据，各自从第三地带回人卷，各自侦审，此谓“东南亚模式”。

③ 《大陆为何如此紧张台湾嫌犯？两岸对电信诈骗量刑尺度大不同》，载环球网：http：//taiwan. huanqiu. com/article/2016-04/8807985. html。

④ 《台湾释放 20 名涉诈骗嫌犯国台办：严惩电信诈骗》，载中国青年网：http：//news. youth. cn/gn/201604/t20160417_ 7870788. htm，2017 年 7 月 10 日访问。

⑤ 《97 名电信诈骗嫌疑人从马来西亚押回，含 32 名台湾人》，载凤凰资讯：http：//news. ifeng. com/a/20160430/48647097_ 0. shtml，2017 年 7 月 10 日访问。

台湾，判刑不会太重，甚至有可能被无罪释放。[①] 这些情况使得以台湾犯罪嫌疑人为骨干的电信诈骗犯罪团伙屡禁不绝。

综观案件的处理，双方对案件的处理方面仍有不足，电信诈骗都是集团犯罪，组织严密、分工明确，每个团伙成员都是严格按照事先制定好的诈骗剧本实施犯罪，每个人只负责诈骗中的一个环节。因部分犯罪嫌疑人被遣返回回台，可能导致整个案件的作案情况以及犯罪集团的组织架构没法查明，而且“人证分离”的结果会使得大部分的证据，如被害人的转账清单、被害人陈述、报案材料、证人证言、同案犯口供等无法相互印证，不能形成完整的证据链，甚至将一个完整的犯罪行为割裂开来，导致可能立案都难，更别说惩处效果了，最终也影响到案件的公正、及时审理。因此，从本案的处理结果来看并非最佳。

（二）区际刑事诉讼移管是解决两岸管辖冲突的最佳选择

解决刑事管辖冲突是刑事诉讼移管的主要目的之一，这一点得到国际司法实践的普遍认同。在司法实践中，两岸的司法机关对互涉案件或跨境类犯罪基本上根据属地原则各自行使管辖权。但属地原则范围宽泛，在电信诈骗中，犯罪行为地、犯罪分子实际取得财产的犯罪结果发生地都是犯罪地，涉及犯罪分子使用手机、电话的开户地，网络电话呼叫服务器 IP 所在地，拨打诈骗电话行为实施地，作案银行卡的开户地，取款转账行为地等，涉案实施行为部分在境外，部分在境内，该类复杂的跨第三地的电信诈骗，涉案人员中既有大陆人也有台湾人，受害人都是中国公民，两岸均强调己方的刑事管辖权，以属地原则要求管辖，双方又都坚持“己方人民不遣返”，导致分案处理，而使某些犯罪分子逃脱法网。各法域之上既没有统一性的全国法律，也没有共同的最高司法机关对冲突予以制约或弱化，而两岸分治的现实以及法律制度的差异又抑制了两岸法律制度的迅速融合，双方只有积极地开展刑事司法协助，才有可能妥善解决双方的管辖权冲突。

对于海峡两岸司法协助打击跨境犯罪，经历了从 1990 年两岸红十字会在金门达成的《有关海上遣返协议》到 2009 年 4 月 26 日由海协会与海基会在南京签订的《海峡两岸共同打击犯罪及司法互助协议》为框架的两个发展阶段。《有关海上遣返协议》开启了两岸合作遣返刑事犯和刑事嫌疑犯的大门，而《海峡两岸共同打击犯罪及司法互助协议》是两岸第一个综合性的区际刑事司法合作协议，该协议将背信、诈骗等经济犯罪明确为两岸共同打击的合作范围，为两岸执法或司法机关加强合作、交流与共同打击犯罪提供了制度性保障。两岸的刑事管辖权冲突及解决是两岸司法协助中最敏感、最复杂的问题，也是区际刑事司法互助中最根本的问题，两岸法制均没有可行的解决办法，该协议对于如何解决两岸管辖权冲突的问题采取了回避态度，未予明确规定。但是，《海峡两岸共同打击犯罪及司法互助协议》涉及“罪犯移管（接返）”，移管被判刑人的前提是对另一方生效刑事判决的承认与执行，也间接地体现了对另一方刑事管辖权的默认，这为两岸开展刑事诉讼移管奠定

① 《台湾电信诈骗犯：早知被遣返大陆受审就不敢干了》，载新华网，http：//news. xinhuanet. com/legal/2016-05/02/c_ 128949290. htm，2017 年 7 月 27 日访问。

了现实基础，而且“罪犯移管（接返）”为台湾嫌犯在大陆判刑后移管回台湾服刑提供了制度基础。

更为重要的是，由于第三地执法机关已经将有关证据材料一并交给大陆，而被害人都是大陆居民，大陆警方已经开始对相关电信诈骗进行立案侦查，可以说，本案的主要证据和证人均在大陆。两岸如果进行充分协商，一方有条件地让渡刑事管辖权，以实际控制和先理为先的原则，将案件移交给已经行使刑事管辖权并对犯罪行为人实行逮捕的一方，赋予该方优先管辖权，整体审查一并处理上述刑事案件，既有利于迅速及时收集犯罪证据，又能实现侦查快捷和诉讼经济的要求，不仅解决了管辖冲突，而且使两岸的刑事司法管辖权均获得维护，最终实现国家刑事管辖权，收到打击犯罪和预防犯罪的更好效果。

四、区际刑事诉讼移管的构建

虽然一国之下两岸进行刑事诉讼移管有利于减少管辖冲突，提高法域的工作效率，但根据司法自治，任何一个法域都不会将本法域的司法权拱手送给另一法域，法域间的刑事诉讼移管这种协助如果运用得不好，则可能适得其反。根据司法自治，法域之间开展区际刑事诉讼移管应关注以下几个方面的问题：

（一）坚持有例外的双重犯罪原则

双重犯罪原则，即请求的法域所追究的犯罪，在被请求的法域也构成犯罪。如果对在本法域不构成犯罪的行为进行刑事追诉，客观上也是对本法域刑事法律制度的破坏。因此，从尊重各法域的高度自治权、尊重犯罪人人权的观念出发，区际刑事诉讼移管中应坚守双重犯罪原则。例外的双重犯罪原则在《海峡两岸共同打击犯罪及司法互助协议》中已然确立，即在共同打击犯罪方面，两岸采取的基本立场是“双重犯罪原则”，但两岸共同关注并着重打击的犯罪基本都属于严重犯罪，为避免两岸法制差异，两岸进一步规定了“一方认为涉嫌犯罪，另一方认为未涉嫌犯罪但有重大社会危害，得经双方同意个案协助”，以更好地解决双方刑事法律冲突可能带来的问题。

在国际引渡中，双重犯罪的具体适用一般采“主观说”标准，即“只在两国的罪行之间实质相似就可以”，① 我国采用的也是实质类似的主观说标准，即被请求国根据本国法律对于有关事实的性质和罪名作出判断，只审查有关事实根据本国法律是否构成犯罪，而不问自己所认定的犯罪类型和罪名同请求国所做的认定是否完全相同。尽管法域间的社会制度、法律理念、立法技术的差异客观存在，法律渊源相差甚远，区际刑事法律划定的犯罪圈不同，对同一性质的行为作为犯罪化或非犯罪化的处理也不同，但是，各法域维护法治、维护社会生活基本秩序及公民个人利益的目标却是一致的，在法律规范及其实践中各法域仍会存在更多的趋同性和一致性。何况双重犯罪原则本身强调的并不是不同法律制度的差异对司法协助的影

① ［英］詹尼斯·瓦茨：《奥本海国际法》（第一卷第二分册），王铁崖等译，中国大百科出版社 1998 年版，第 342 页。

响，而是需要双方理智地看待各自的差异。因此，笔者认为，我们应允许法域为维护本身的法律制度，拒绝与那些在法律价值取向上与本法域存在严重对立和冲突的事项进行司法协助，借以体现各法域独立的司法权。在区际刑事诉讼移管中，满足双重犯罪原则，并不必然意味着强求按照双方法律，犯罪人的行为所触犯的罪名及该罪名成立的条件完全相同，而只是要求被请求法域审查有关事实根据本法域的法律是否构成犯罪即可，如果双方对涉嫌犯罪认定不一致时，双方可以在案件有重大社会危害的共识下，针对个案进行专门的司法协助。

（二）遵从一事不再理原则

一事不再理原则在刑事司法协助中实际上充当着双重的角色，既可以作为对司法管辖权的限制，作为保护公民人权的一张“保护牌”而贯彻到刑事司法协助中。虽然各法域对这一原则的理解和实际有较大的差距，但是，笔者坚持在区际刑事诉讼移管中应坚持一事不再理原则。从区际刑事管辖权的本质来看，各法域之间开展区际刑事诉讼移管并不涉及国家主权之争，各法域只有一个共同的主权，任何一个法域的司法机关对案件行使管辖权，并依法作出刑事判决，就表明国家的刑事管辖权已得到实现，这是主权统一的国家刑事管辖权统一的体现。平等法域需要充分的尊重与信任，如果一方的司法机关对同一行为的同一被告人再行使审判权、刑罚权，实际上就是国家的审判权和刑罚的重复实施，即一罪双罚，坚持这一原则有利于防止司法专横，抑制审判权滥用，同时也是维护了判决的最终性和法律的权威性。

（三）须符合法定的追诉时效

追诉时效在各法域的刑法中均有规定，刑事案件超过法定追诉时效，意味着不得再对犯罪人进行追诉，已经追诉的，应当撤销案件，或者不起诉或者终止审理。换言之，超过本法域法定的追诉时效，就不应提出诉讼移管的请求，而被请求法域也不应受理。同理，对于其他刑罚权消灭的情形，如因赦免而导致刑罚权消灭，也不应进行刑事诉讼移管。

（四）刑事诉讼移管双方的协助与尊重义务

一旦双方达成刑事诉讼移管的协议，就意味着让渡刑事管辖权的一方将放弃对案件的管辖，并产生协助义务，包括主动移交有关证据和相关材料、中止已经进行的诉讼行为等，同时，刑事诉讼移管的双方必须相互尊重，一方将案件移管给另一法域，对该法域的刑事法律制度和刑事司法系统的合法性与公正性要予以充分的尊重，不得干预对方独立行使刑事管辖权，必要时，对对方法域的刑事判决予以承认。而接受刑事诉讼移管的法域完全可以依照本法域的法律规定和诉讼程序，根据犯罪事实，独立行使起诉权、审判权，并及时通报案件的进展与结果。

总之，区际刑事诉讼移管是在一国主权范围内，在一法域因某种原因不能或者不便对犯罪嫌疑人行使管辖权的情况下，有条件让渡刑事管辖权，法域间的刑事司法协助范围将进一步拓展，更好地维护区际刑事管辖权，更好地实现国家刑事管辖权，有效预防和惩治犯罪。

海峡两岸关于被判刑人移管程序的构建

杨 超*

被判刑人移管属于广义的刑事司法协助，其又分为接收式移管和移出式移管。移出式移管是指作出刑事判决的国家或地区将被判刑的外国人移交至其原国籍国（或原居住国）；接收式移管是指被判刑人的所属国从其他国家或地区接收被判刑人。被判刑人移管的主要特征可概括为程序的相对简单和便捷，在实践中较引渡等刑事司法合作能更为迅速地完成双边合作。事实上，被判刑人移管要求"处境不因移管变坏"，"刑罚不因移管加重"，"同罪不因移管再罚"①，因此其在减轻移管方的司法负担，促进司法合作的同时，也更有利于被判刑人的服刑。

就大陆和台湾地区的关系而言，近年来海峡两岸之间的联系有了很大的发展，无论是民间旅游、经贸往来，还是文化交流，海峡两岸都体现出了远胜于过去的紧密联系，特别是随着大陆开放程度的日益增长，两岸间的联系也将日趋紧密。因此，有必要尽快在大陆和台湾地区之间建立双边移管合作，以此通过常态化、制度化的运行，形成便捷迅速的合作机制。为此，本文将从大陆作为接收被移管人的角度出发，探讨两岸进行移管合作的程序构建问题。

一、现有框架——《海峡两岸共同打击犯罪及司法互助协议》

（一）海峡两岸合作近况

在《海峡两岸共同打击犯罪及司法互助协议》生效前，两岸合作所存在的问题主要是：第一，双方均强调刑事管辖权或双方均坚持"己方公民不遣返"；第二，因互涉犯罪增加，一岸居民因犯罪被对岸司法机关判处刑罚的亦相应增多②。

为推动两岸司法机关能够更加便捷地合作，进一步完善相关法律规范，2009 年 4 月 26 日大陆和台湾地区在第三次"江陈会谈"时签署了《海峡两岸共同打击犯罪及司法互助协议》，成为两岸合作的基础性法律文件。该协议第 11 条对被判刑人移管进行了规定：双方同意基于人道、互惠原则，在请求方、受请求方及受刑事裁判确定人（被判刑人）均同意移交情形下，接返（移管）受刑事裁判确定人（被判刑人）。有论者认为，与"移管"这种接近于法言法语相比，"接返"一词的含义更为中性，更为直观或形象地概述了将被判刑人从定罪的一方接回服刑的情形。

---

* G20 反腐败追逃追赃研究中心助理研究员。

① 许波、许建华：《为执行刑法目的引渡和被判刑人移管制度比较研究》，载《湖北警官学院学报》2013 年第 1 期。

② 赵秉志、赫兴旺、杨正根：《海峡两岸间刑事案件移交和已决犯移管问题研究》，载赵秉志、黄风主编：《被判刑人移管国际暨区域合作》，中国人民公安大学出版社 2004 年版，第 155 页。

并且将罪犯移管也称之为“接返”，很形象地表明两岸现在的特殊关系①。然而，协议中关于被判刑人移管的规定只是从原则性的角度进行规定，仅阐述了移管合作的原则，强调了移管的基础条件——即被移管人的同意，而对具体的实践操作仍欠缺细节性的程序规范。

尽管如此，据国务院台湾事务办公室统计，截至2012年6月，海峡两岸在罪犯遣返合作上，大陆方面遣返台方通缉犯190人，台湾警方向大陆遣返2名逃犯；关于羁押通报，大陆公安机关向台湾警方通报被采取刑事强制措施的台湾居民1670人次，台方向大陆方面通报437人次；司法协助方面，两岸审判、检察机关相互委托送达文书、调查取证已逾2万件；在被判刑人移管的合作中，大陆方面向台方陆续移交了6名病重的台湾服刑人员②。可见，随着《海峡两岸共同打击犯罪及司法互助协议》的生效适用，海峡两岸的刑事司法协助已经初现成效。

（二）海峡两岸移管的基本原则

依据国际法上的合作惯例，被判刑人移管的原则包括一事不再理、人道主义和双重犯罪这三项。大陆和台湾地区同属于一个主权国家范围内，因此在海峡两岸间进行的被判刑人移管合作凸显了人道主义原则理念。

在移管合作中，人道主义原则体现为充分尊重被判刑人的意愿。质言之，移管刑事司法合作应以被判刑人同意为基础，被判刑人可以直接提出移管的请求，表达想要回到原籍国（居住地）服刑的意愿。事实上，被判刑人移管是建立在被移管自愿的基础上，这也是其区别于引渡的一个重要特征。因此，被判刑人同意进行移管是各国法律在规定移管时的前置性条件。如《意大利刑事诉讼法典》第742条第2款规定：“只有当被判刑人在知晓有关后果后自由地表示同意而且在外国执行有助于被判刑人重返社会时，才可以请求或者允许在外国执行限制人身自由的刑事处罚判决。”瑞士《刑事司法协助法》第101条规定：“在瑞士受到羁押的罪犯，只在其同意，且被请求国将会接受联邦局的条件时，才能以第100条予以移管，以便执行判决。”在我国与其他国家签订的双边移管条约中，对被移管人员表达自愿同意移管也有明确规定，被判刑人自愿进行移管是达成双边同意，进行合作的前提要件。可见，需要被移管人自愿地表达回到原籍国（或居住地）服刑的意愿，并且此意愿的表达应当充分体现出被判刑人清楚接受移管所可能带来的法律后果。

从目的上看，移管合作旨在通过将被判刑人送回原国籍国或地区，便于对其刑罚的执行，也便于其刑满后回归社会。从大陆和台湾成功的移管案例可看出，被移管人的身体状况是双方司法机关同意合作并迅速开展移管程序的重要考虑因素，充分体现了对被判刑人的人道主义关怀，保障了被移管人的权利③。在这些案例中，双方同意进行移管并不仅仅是为了便于被移管人在监管结束之后更好地重新融入社会，更是考虑到被判刑人特殊的身体状况，本着人道主义精神最终成功实现了对被

① 陈雷、王君祥、陈思齐：《论两岸司法互助协议的基本特点》，载《犯罪研究》2012年第4期。

② http：//www. gwytb. gov. cn/guide_ rules/exe/201210/t20121031_ 3272743. htm，2013年7月6日访问。

③ 张熙怀：《受刑事裁判确定人接返（移管）制度研析》，台湾地区“高等法院检察署”100年度自行研究报告，第196页。

判刑人的移管。

总之，人道主义原则是推动两岸移管合作的核心因素之一，重视被判刑人权利的保障贯穿移管合作全过程。

二、海峡两岸移管的程序事项

严格而言，大陆与台湾之间的合作属于准区际刑事司法协助的范畴，两地在同一个主权国家范围之内，只是不同法域之间的合作，因此绝对排除国际公约的适用。尽管两岸间的移管合作已有成功案例，但因双方法律上的障碍，缺乏具体的双边合作协定，使得合作难以制度化，笔者希望能在立法技术层面提出建议，尝试构建两岸独立的被判刑人移管体系。

（一）大陆地区接收移管的条件

两岸间的被判刑人移管除了满足移管合作的原则之外，还应符合以下条件：

第一，被移管人应当是中国大陆的公民，并且被移管人同意移管。移管是为了使外籍犯人能够回到原居住地，在自己熟悉的文化、饮食、宗教环境中服刑。显然，在熟悉的环境中执行刑罚更有利于对犯人的监管，也有利于犯人家属的探望，可以更好地稳定被判刑人的情绪，使其较好地服刑。当然，移管至被判刑人原居住地服刑的益处同样还包括刑满之后，被判刑人能够更好地适应并回归社会。因此，只有对本地区居民进行接收移管，才能达到此目的和效果。

第二，应具有确定性的生效刑事判决，即移管所针对的刑事判决应是终审性的。只有终审判决，才能够确保判决的稳定性，给移管提供确实性的法律依据，避免双方司法机关进行合作后，因判决的反复而影响司法的权威性，特别是给接收方司法机关的权威性和独立性造成负面影响。

第三，提出移管请求时被判刑人的刑罚尚未执行完毕。从司法经济性的角度考虑，为了避免浪费司法资源，体现移管合作的价值，有必要考虑具体的刑罚期限。根据大陆对外签订的双边条约①，除特殊情形外，进行移管的基本条件是被判刑人在提出移管请求时至少还需服刑一年。因此，海峡两岸的移管合作也可遵循此规范，基本剩余刑期可定为一年。此外，针对例外状况，尤其是被判刑人健康状况较为特殊的情形时，即使剩余刑期不足一年，仍可进行移管合作。

（二）初步审查

初步审查的内容，主要关注境外刑事判决是否违反接收方的基本制度、法律，以及是否是已经生效且确定性的刑事判决。若与接收方的主权、法律及制度相违背，那么在进行初审时就应排除可以移管的适用。初步审查应是对事实方面的审查，即非法律审，体现了对另一个司法主体独立性的尊重。另外，初步审查在对外效力上也仅体现为行政效力。因此，初步审查程序的先行启动是为了判断移管对象是否符合接收方的政治、法律制度和国家安全等基本因素，以此决定后续移管合作

① 《中华人民共和国和大韩民国关于移管被判刑人的条约》第 4 条第 1 款第 4 项规定：在接到移管请求时，被判刑人还需服刑至少 1 年。第 2 款规定，在例外情况下，即使被判刑人尚需服刑的期限少于本条第 1 款第 4 项规定的期限，双方也可以同意移管。

的开展。

承担初步审查职责的主体根据各国法律和政治制度不同而各异。例如，美国由司法部考虑被判刑人的综合因素，作出是否接收移管的决定；韩国《国际受刑者遣送法》规定，由专门机构对被判刑人进行评估，决定是否移管。具体而言，韩国法务部长应当向国际受刑者移送审查委员会申请关于国内移送是否适格的审查，之后国际受刑者移送审查委员会结合韩国国家安全、秩序的稳定、公共利益以及移送对象教育和回归社会的难易程度等综合考虑，作出决定。[①]

大陆对外开展的刑事司法合作是通过司法与行政叠加的审查方式展开的，即司法机关与行政机构各司其职，通过不同角度的考量对合作活动进行考虑和评估。与台湾地区的移管合作，同样可通过司法与行政共同的评估方式，作出初审决定。

（三）负责联络的机关

在国际司法合作中，根据已签订的移管双边条约，[②] 司法部是大陆地区负责联系的中央机关。但有论者指出，区际刑事司法合作在确定合作基本原则的情况下，应尽量简化程序，所以不需要通过中央级机关联系。质言之，除了一些特殊敏感案件外，一般案件应当通过由负责关押的司法部门与台湾有关刑罚执行机构之间建立的联系管道进行直接磋商、安排。[③] 笔者对此表示赞同，并且考虑到台湾籍犯人也大都在福建省服刑，可由福建省的专门部门负责大陆和台湾之间的被判刑人移管，便于实践中能更好地起到快速合作的效果。

三、移管的技术性问题——对境外刑事判决的认可和转换形式

（一）对刑事判决的认可

对境外刑事判决的认可是进行被判刑人移管的基础，根据《海峡两岸共同打击犯罪及司法互助协议》第10条的规定：“双方同意基于互惠原则，于不违反公共秩序或善良风俗之情况下，相互认可及执行民事确定裁判与仲裁裁决（仲裁判断）。”可见，互惠原则是两岸涉民事裁决进行相互认可的基础性原则。

由于对刑事判决的认可体现了一国的司法主权和权威，非常敏感，所以各国的规定都显得相对谨慎。对境外刑事判决的认可分为两种模式，一是积极认可模式，即承认境外刑事判决效力，另一种则是否认境外刑事判决效力的消极认可模式。对此大陆和台湾同样都采用了消极模式的规定，根据大陆刑法第10条规定：“凡在中华人民共和国领域外犯罪，依照本法应当负刑事责任的，虽然经过外国审判，仍然可以依照本法追究，但是在外国已经受过刑罚处罚的，可以免除或者减轻处罚。”鉴于现行大陆刑法规范的属地适用范围并不包括台湾地区，对台湾地区的刑事判决

① ［韩］千镇豪：《韩国的罪犯引渡和国际受刑者遣送制度概论》，载赵秉志主编：《中韩国际刑事司法协助及相关犯罪研究》，中国人民公安大学出版社2006年版，第105页。

② 《中华人民共和国和乌克兰关于移管被判刑人的条约》第3条规定：“一、为适用本条约的目的，双方应当通过各自指定的中央机关进行联系。二、前款所述的中央机关系指双方的司法部。一方如果变更其制定的中央机关，应当通过外交途径书面通知另一方。”

③ 张淑平：《海峡两岸被判刑人移管制度之构建》，载《湖北警官学院学报》2011年第6期。

就需要重新认可和转换。台湾地区“刑法”第10条规定，同一行为虽经外国确定裁判，仍得依本法处断。但在外国已受刑之全部或一部执行者，得免其刑之全部或一部之执行。本条是规定外国裁判服刑的效力。针对大陆与台湾地区之间特殊的关系，台湾地区的“台湾地区与大陆地区人民关系条例”第75条规定：“在大陆地区或在大陆船只、航空器内犯罪，虽在大陆地区曾受处罚，仍得依法处断。但得免其刑之全部或一部之执行。”可见，此项规定是对台湾地区“刑法”的补充，明确了在大陆与台湾之间涉刑事案件情形时，台湾地区保留刑事管辖权的规定。由此，要解决双方对相互间刑事判决的认可，需要通过建立相互间对刑事判决的积极认可模式，各自作出一定的司法主权让渡，以解决管辖权冲突问题。更有论者提出，移交被判刑人也正是积极解决刑事管辖权冲突的一种形式，即通过移交被判刑人，本法域积极承认和执行其他法域已经作出的刑事判决，在一定意义上也可说是其实也对该被判刑人的罪行行使了刑事管辖权，只是不需要再进行审判活动而已。①

对于判决的认可，不同国家和地区规定了不同的负责部门，有的规定由检察院承担审查职责。如《俄罗斯刑事诉讼法典》第473条第6款规定：“法院的裁定自作出之时起生效，并交送俄罗斯联邦总检察长以保证其执行。”《法国刑事诉讼法典》第713-2条规定：“在押被判刑人一达到法国国土，应立刻被提交给达到地共和国检察官，由共和国检察官就其身份进行询问并做成询问笔录。但是，如果询问不能立刻进行，被判刑人应被递解到拘留所。被判刑人在拘留所被关押的期限不得超过24小时，该期限届满，应由看守所依职权带给共和国检察官。”澳门则是规定了由法院负责审查判决，其《刑事司法互助法》第113条规定，移交至澳门的请求或接纳后，有关文件须送交检察院驻中级法院的代表，以便中级法院对判决方的判决作出审查即确认。

根据大陆的司法体系设置，人民法院承担审判职能，由法院承担对境外刑事判决审查职责符合司法机关的权力分配和职责，较为合适。但无论是由哪个司法主体对判决进行审查，实际上，对于象征主权的司法权威性而言，移管中的核心问题是避免司法主权被空置的尴尬，确保后续进行的移管程序不会出现接收方作出了判决，但被判刑人却没有回境执行的情形。

因此，对判决的审查是移管程序的技术问题。笔者认为可将整个过程分为两个阶段。第一阶段只产生对外效力，初审通过后，即发出同意合作的通知，与境外司法机关启动移管合作程序。第二阶段则是对内产生效力，应当先由法院作出对被判刑人采取临时措施的决定，在人员到达境内之后，通过高级法院再作出正式的刑事判决，即采用将境外刑事判决内容转换为本国刑事判决的方法。这样有利于司法裁判的权威性，避免作出裁判之后，人员却没有回到境内执行刑罚。另一方面，也有利于判决的合理性和可操作性，判决采用本地区法律规范，有利于刑罚的实施与法律衔接。

---

① 赵秉志、黄晓亮：《澳门特别行政区政府与香港特别行政区政府关于被判刑人移交的安排之考察与启示》，载赵秉志主编：《中国区际刑事司法协助新探》，中国人民公安大学出版社2010年版，第327页。

根据现行国际刑事司法协助惯例，对境外刑事判决转换有两种，即直接转换和间接转换，直接转换是指通过行政命令的形式，直接将境外刑事判决在移入国继续执行。如加拿大《被判刑人移管法》第 4 条规定："加拿大罪犯移交到加拿大时，由移出国法院对其作出的定罪和量刑判决，应视同由加拿大对刑事犯罪有司法管辖权的法院做出的定罪和量刑判决。"韩国《国际受刑者遣送法》第 15 条规定："外国法院的判决将被视为同韩国法院根据韩国法律所作出的判决有相同的效力。"此转换模式直接将外国法院的刑事判决效力等同于国内刑事判决的效力，对境外刑事判决采取了较为宽松的规定，虽更有利于被判刑人回国服刑，但却面临着司法主权被架空的风险。间接转换是指通过司法或行政程序将境外刑事判决内容通过本国法律转换为本国刑事判决，再予执行。

就大陆与台湾地区而言，依照大陆的法律体系，笔者认为应对境外刑事判决采用间接转换，即通过法院判决形式，变更为刑事判决形式更与大陆地区的法律体系相合，符合我国的刑事司法制度和标准①。在海峡两岸的合作中，最高人民法院可授权指定特定的高级人民法院对台湾地区的刑事判决进行转换。理由在于：其一，最高人民法院的工作人员一般能达到处理境外刑事判决所需的相应业务素质。其二，考虑到涉台涉外案件数量相对较少，不会增加太多的工作量，能较好地保证移管工作的效率和质量。

需强调的是，对判决的转换应当是在接收方已经完成接收手续之后，再进行对境外判决的转换，确保对判决的转换是纯粹的内部司法事务，不会受到境外司法主体所作决定的影响，避免因移管方的反复，使得接收方司法机关的转换判决沦为空白。加之大陆不承认缺席判决的合法性，只有被判刑人回到境内后，由法院对境外刑事判决内容进行转换，才符合大陆的法律习惯。

（二）刑事判决内容的转换

涉及判决中刑罚内容的转换。各国法律的规定大都遵循了有利于被移管人权利的原则。如《俄罗斯刑事诉讼法典》第 473 条第 4 款规定："如果刑事法律对行为规定的最高刑期少于外国法院刑事判决所处的刑期，则法院应确定《俄罗斯联邦刑法典》对实施该犯罪规定的剥夺自由的最高刑期。如果对该犯罪没有规定剥夺自由，则法院应该裁定与外国法院刑事判决所处刑罚最相近的刑罚，但不得超过《俄罗斯联邦刑法典》对该犯罪规定的刑罚的范围。"德国《国际刑事司法协助法》第 54 条规定："如果同意执行外国判决，应当宣布该判决是可执行的。同时，应当将被科处的刑罚转换为德国法律所规定的最相类似的刑罚。至于应处刑罚的幅度，应当遵循外国的判决；但是，它不能超过对在德国境内犯罪所可能判刑的最高限度。"

同样，处理大陆与台湾地区之间刑罚内容的转换，移管方所处的最高或最低刑期与接收方法律规定不符时，应适用有利于被判刑人的规定：若判决的刑罚低于大陆刑法典所规定的最低刑期，允许适用移管方的判决，对被判刑人执行低于大陆刑法典中最低刑点的刑罚期限；若最高刑期不相符，则适用接收方的法律规定，减轻

① 黄风：《我国移人式被判刑人移管法律制定的若干问题研究》，载《法商研究》2012 年第 1 期。

被移管人的刑期；对有相同罪名的情形，则适用大陆刑法典中规定的刑期规定继续执行；而若遇到移管罪行是大陆刑法典中没有完全相对应罪名的情形，根据被移管人的所犯罪行调整为大陆刑法典中相应的罪名继续执行刑罚，仍适用对被移管人有利的原则。当然，刑事判决转换过程中除遵循对被移管人有利原则之外，还须遵从其他基本原则，如不同种类的刑期不可以转换，不允许将监禁刑转换为罚金刑。

有关被判刑人刑期折抵的计算问题，因大陆和台湾地区分别适用两套不同的刑事诉讼体系，对有期徒刑与判决前羁押的抵押计算都不尽相同，一定程度上影响了被移管人在刑期折抵上的权利，实践中应当从有利于被判刑人的原则出发，保障被移管人的利益。

四、结语

总之，随着两岸交流的不断增进，刑事司法合作的开展，被判刑人移管将会是海峡两岸刑事司法合作中关注的重点。特别是对大陆而言，应对移入式移管予以更多的重视，完善大陆刑事诉讼法的相关规则，就区际司法协助的原则、程序、主体、拒绝理由作出原则性规定。① 通过建立对境外刑事判决转换和认可机制，给予司法实践完备的法律支撑，形成两岸间有效的合作机制。

① 孙运利：《海峡两岸合作打击跨境犯罪研究——以刑事法律制度差异为视角》，载《吉林公安高等专科学校学报》2010年第2期。

区际刑事司法互助之逮捕令制度

潘　超*

当前大陆与港澳三法域在区际刑事司法互助，如协助调查取证，送达文书，追捕、遣返和起诉在逃人员以及跨区域追缴赃款等方面遇到诸多障碍，多数学者就相关问题著书立说提出解决方案，这些文献多集中在如区际刑事司法协助问题研究、中国区际移交逃犯应遵循的原则及其模式、我国区际刑事司法合作的实践与发展、一国两制背景下中国区际刑事司法协助的机制研究、中国区际司法协助模式的再探讨等较为宏观或抽象的机制及模式的研究。但是，关于如何在它法域合法合理逮捕犯罪嫌疑人的区际逮捕令制度的文献较少，最早提出构建区际逮捕令设想的属研究多年区际刑事司法协助的黄风教授。这里在前人研究的基础上，通过借鉴欧盟地区实施状况良好的"欧洲逮捕令制度"，提出构建我国区际逮捕令制度的具体设想。这对快速打击跨区域犯罪，维护我国港澳地区的繁荣稳定，进一步增强内地与港澳地区司法互助与互信力度具有很强的法律和现实意义。

一、我国区际刑事司法现状

（一）涉区域犯罪现状

由于缺乏高效便捷的区际合作法律机制，内地与港澳特别行政区互涉案件的具体情形非常复杂，这给三地的刑事犯罪分子、腐败分子犯罪后逃匿到对方地区、跨区域犯罪及转移赃款赃物、逃避法律制裁、钻法律的空子提供了可乘之机。据此，三地的区际犯罪主要表现为以下三个方面。①

1. 规避法律

内地或港澳地区刑事犯罪人员在本地犯罪后逃往对方地区，规避本地的法律制裁，把对方地区当成犯罪的"避风塘"。如在内地实施职务犯罪的嫌疑人在犯罪败露后逃往港澳，而后者不存在犯罪或者在香港实施了针对内地法益的侵害行为，而按照香港刑法并不构成犯罪的诸类情况。

2. 外逃中转站

内地刑事犯罪人员，尤其是腐败分子和重大经济犯罪人员犯罪，途经或中转香港（如利用香港等的中转优势）或澳门逃往美国、加拿大、新加坡等第三国。如中国银行广东开平支行原行长贪污案主犯余振东、许超凡和许俊。

3. 洗钱转入地或中转地

内地职务犯罪的腐败分子犯罪后或潜逃境外前后，将赃款赃物非法转移到香港

* 中南财经政法大学刑法学博士研究生。

① 陈雷：《我国区际刑事司法合作的实践与发展》，载《国家检察官学院学报》2013 年第 5 期。

或存入香港银行以隐匿犯罪资产或者以香港为洗钱的中转地，将赃款赃物再转入第三国或地区。这些年，内地检察机关办理的职务犯罪境外追逃追赃的重大案件中，几乎每一个案件都涉及通过港澳地区向海外转移赃款赃物。如江西省鄱阳县财政局原经济建设股股长李华波贪污近亿元公款等案件，均利用港澳地区进行洗钱，并向美国、加拿大或新加坡等第三国转移赃款。

（二）区际刑事司法合作障碍

由于缺乏相关法律依据和合作协议安排，在相互协助调查取证、查询犯罪信息资料、交流犯罪信息情报等方面，仍然存在诸多法律问题和工作阻力。

1. 追缴返还犯罪资产方面

在请求协助追缴返还犯罪资产方面，由于相关法律依据不充分，一般情况下无法提供协助；或者即使提供协助，通过法律程序请求法院判决没收，但依据港澳本地法律规定，没收的犯罪资产只能充公，一般不予返还。

2. 证据收集方面

由于区际司法合作缺乏法律依据、渠道不顺畅，甚至存在法律障碍等因素。在实践中，有时因案件重大紧迫，或案件特殊保密的需要，确实也存在内地某些地方执法人员以经商、旅游、探亲等名义到港澳地区“隐身”收集证据资料的个别现象。①

3. 区际管辖权方面

我国的刑事管辖权冲突既有平等特别行政区之间的冲突，又有覆盖内地的国家刑事管辖权与特别行政区刑事管辖权之间的冲突。前者的冲突是平等的冲突，后者的冲突就不完全是平等的冲突。② 目前没有一个中央机构能够协调三地的刑事管辖权冲突，这使三地刑事管辖权的冲突相对复杂化，协调的手段和途径又较少。尤其是跨区域犯罪，即犯罪地发生在内地和港澳两地或三地，各法域均有管辖权时的管辖冲突问题。③ 如何确立各法域的管辖权问题是促进今后区际刑事司法高效、便捷开展的首要前提。

4. 相互移交逃犯方面

国内逃犯移交问题主要产生于国内不同法域刑事管辖权的冲突。在目前情况下，内地司法机关与港澳特别行政区政府就签署关于刑事司法协助和逃犯移交等司法合作方面的安排，还没有形成广泛的共识。因区际法律障碍的存在，区际刑事司法合作较为困难。如澳门终审法院于2007年3月和2008年2月分别作出裁决宣告：在不存在关于区际移交逃犯的法律规范和安排的情况下，澳门执法机关不得将受到

① 王俊民：《内地司法机关派员在港澳地区“隐身”取证合法性问题研究》，参见赵秉志：《中国区际刑事司法协助新探》，中国人民公安大学出版社2010年版，第240页。

② 王大为、黄慧霞：《论两岸四地刑事司法协助机制创新》，载《中国人民公安大学学报》2011年第3期。

③ 王新清：《论港澳特别行政区与内地刑事管辖权的冲突与协调》，载《法学家》2000年第6期。

内地法域通缉的在逃人员移交给内地。[①]

港澳回归后，在“一国两制”的框架下，内地与港澳地区以“个案协查”为主要内容的区际司法合作，得到了内地司法机关和港澳廉政公署、澳门检察院等有关执法机关的大力支持，并得到有序健康的发展。但就目前的实践而言，这种通过个案合作方式处理区际移交逃犯问题的权宜做法变得越来越难以奏效。有鉴于此，为了共同打击和快速惩治跨区域犯罪，促进内地与港澳特别行政区之间签署刑事司法协助、逃犯移交、被判刑人移管等区际司法合作安排的规范、稳定和高效的区际逮捕令制度变得越来越有必要和紧迫。

二、区际逮捕令制度

（一）制度简述

所谓“区际逮捕令制度”[②]，是指在“一国两制”下，内地、香港、澳门等不同法域的刑事司法机关，基于相互协助追捕和遣返在逃的犯罪嫌疑人、被告人或者被判刑人的目的，按照经充分协商而共同确定的条件和程式，签发和认可专门针对在逃人员的逮捕令，并使该逮捕令在各法域均具有相同的执行效力。它的优点是审查和执行程序比较简捷，简化了逃犯移交的相关手续，可以有效避免和排除相关法律障碍，做到便捷、快速、及时惩治犯罪。区际逮捕令只适用于内地与港澳三法域共同拟定的“犯罪清单”所列举的犯罪行为，针对的是可能在我国三法域范围内潜逃、藏匿或者居留的犯罪嫌疑人、被告人和被判刑人。[③]

虽然我国区际逮捕令制度的构建设想是仿照欧洲的逮捕令制度[④]，两者最大的不同在于，我国的区际逮捕令制度是在“一个主权国家”下“不同法域”间开展的相互协助追捕和遣返在逃人员而构建的一种特殊的刑事司法互助制度。而欧洲逮捕令制度则是在欧盟成员国范围内“不同主权国家”之间替代烦琐的引渡制度而施行的一种逮捕和移交逃犯的国际刑事司法合作的新制度、新模式。

（二）具体制度

区际逮捕令的适用范围之特定性，要求我国三法域间相互承认和执行逮捕令应当以对某些特定犯罪的共同认定和惩处为根据，因此，在建立区际逮捕令制度时，首先需要三法域协商确定一份犯罪清单，以确定区际逮捕令的适用对象，然后再明确签发机关。

① 方泉：《澳门与内地移交逃犯的若干法律问题——从三个个案及两份裁判出发》，参见赵秉志：《中国区际刑法新探》，中国人民公安大学出版社2010年版，第375页。

② 最早由黄风教授提出，参见黄风：《引渡问题研究》，中国政法大学出版社2006年版，第228页。

③ 陈雷：《我国区际刑事司法合作的实践与发展》，载《国家检察官学院学报》2013年第5期。

④ 2004年7月1日，“欧洲逮捕令制度”取代缔结了近50年的《欧洲引渡公约》。只要请求国针对被请求引渡人发出了按照统一格式填写的“欧洲逮捕令”，有关犯罪属于被欧盟各国列入犯罪清单中的罪行，被请求国司法机关即应依据此逮捕令对该人实行逮捕，在经过比较简捷的司法审查之后，就可以将其移交给请求国司法机关。

1. 犯罪清单[①]

构建区际逮捕令制度的具体措施可以参照欧洲逮捕令中的有关规定。在适用的初期，可以将相互承认逮捕令的适用范围限于比较严重的犯罪，以后再择机逐步扩大适用范围。在各方商谈的基础上，将各方公认的严重犯罪列出一个犯罪清单，并对其可判处的刑罚予以限定。比如，根据签发地的法律应判处3年以上剥夺自由的刑罚。在执行逮捕令时，犯罪清单上的严重犯罪，就不需要再进行双重犯罪的审查，以便简化审查程序。

在重点考虑三法域所共同接受的社会价值准则和刑事保护规范以及重点考虑打击跨境犯罪、有组织犯罪和常见多发犯罪的现实需要，可以考虑将下列犯罪列入移交逃犯合作的犯罪清单：（1）危害较大的危害公共安全类和妨害社会管理秩序类犯罪，如恐怖主义犯罪、以各种危险方法危害公共安全的犯罪、黑社会性质犯罪或者黑社会犯罪、毒品犯罪等。（2）贪污渎职、洗钱类犯罪。[②] 这些犯罪是三法域应携手打击的重点对象，以便快速拦截和打击外逃经济犯罪人员尤其是贪腐犯罪人员、职务犯罪人员，借助港澳便捷的地理位置和出入境管理制度，逃避我国刑事法律的追诉。（3）暴力犯罪和侵害人身权利的犯罪，包括绑架、抢劫、非法拘禁、敲诈勒索、故意杀人、故意伤害和强奸等犯罪；（4）破坏市场经济类犯罪，如金融诈骗犯罪、走私犯罪、生产和销售伪劣商品类犯罪、危害税收征管犯罪等。

在今后的实践中，三法域可以根据实际需要以及各法域立法的发展和变化，适时进行补充和修订。

2. 签发机关

区际逮捕令作为一份能够在我国不同法域发生执行效力的法律文书，理应由各法域具备特定资格和权威的机关签发。这里所说的“资格”和“权威”意味着以下两项基本资质：第一，根据各法域刑事诉讼法该机关应当在本法域享有审查和批准逮捕的权力；第二，考虑到区际刑事合作可能涉及比较重大或复杂的法律问题，该机关在本法域的刑事诉讼中应当具有一定的把关地位，或者说是具有一定指导职能的高层次司法机关。

就内地法域而言，将省级人民检察院确定为负责签发区际逮捕令的机关比较适宜。内地法域所有办理刑事案件或者进行刑事诉讼的机关，无论是公安机关、检察机关，还是审判机关、监狱行刑机关，当需要在我国其他法域缉捕犯罪嫌疑人、被告人或被判刑人，并且被申请缉捕人员犯有或者被指控犯有区际逮捕令犯罪清单所列举的罪行时，均应提请省级人民检察院审查和签发区际逮捕令。在香港，律政司负责对严重刑事案件进行起诉；廉政公署负责对贪污贿赂案件进行侦查、取证和起诉。因此，根据案件性质，将律政司或者廉政公署确定为负责签发区际逮捕令的机关比较适宜。同理，在澳门，检察院负责对刑事案件的起诉工作；而廉政公署负责

① 高秀东：《欧洲逮捕令及其对我国区际移交逃犯的启示》，载《法学杂志》2010年第4期。

② 例如，我国内地、香港和澳门都把反腐败、推行吏制廉政建设作为法制建设和社会发展的基本策略和价值取向。为此，特别需要通过刑事司法协助开展和加强对贪污贿赂、洗钱和其他涉及私营部门腐败的犯罪打击。

反贪污腐败方面犯罪的侦查工作。将检察院或者廉政公署确定为负责签发区际逮捕令的机关比较适宜。

3. 审查程序与条件

一法域在签发区际逮捕令后可以向被申请缉捕者所处的某一特定法域发送该逮捕令，也可以同时向被申请缉捕者可能前往或者隐藏其中的数个法域发送该逮捕令。每一法域均应当指定一个机关负责接收、审查和认可其他法域向其发送的区际逮捕令。为了提高移交的成功率，去除烦琐复杂的类似引渡审查的移交审查程序，应设计逮捕令的统一格式和递交、审查程序，使司法机关之间对逮捕令的认可和执行简便易行。另外，相对于各法域刑事诉讼中的逮捕条件，区际逮捕令的签发条件比较独特，一般不要求签发机关对有关的犯罪证据进行审查，只要求审查是否具备以下条件：（1）该逮捕令是否是由签发地法域的适格机关签发，并且符合区际逮捕令的形式要件；（2）被申请缉捕的人员是否被指控犯有或者经审判被认定犯有区际逮捕令犯罪清单中列举的罪行。（3）是否有理由认为被申请缉捕的人员已经或者正在逃往其他法域，或者正处于其他法域。

三、相关法律问题探讨

本文所探讨的我国区际逮捕令制度，作为区际刑事司法协助的重要机制，还涉及一些基本法律规则的适用问题。对于某些在国际刑事司法合作中普遍采纳的法律规则，应当在何种程度上、采取何种方式加以借鉴、变通或者采纳，这是需要我们进行认真研究的。在此简要地提出一些初步的分析意见。

（一）刑事管辖权的归属[①]

1. 从犯罪的实行地为主

犯罪预备行为和实行行为不在一地的，应以犯罪实行行为地来作为犯罪地划分的主要标准。当然，在预备行为本身根据预备行为地的法律已构成犯罪的情况下，不能排除预备行为地司法机关对预备行为应享有的刑事管辖权。只是在此种情况下，应以犯罪实行地为主来确定管辖权归属。

2. 从诉讼的顺利进行为主

犯罪行为和犯罪结果不在一地的，应从刑事诉讼的顺利进行和惩罚犯罪的效益出发来决定刑事案件的归属。就犯罪客观方面而言，犯罪行为和犯罪结果经常难以进行比较。如果从诉讼的顺利进行出发，选取犯罪行为地比较好。但是，从消除犯罪影响、恢复被侵害的法益出发，应当考虑犯罪结果地。此时，可以侧重考虑不同法域的刑事管辖权行使原则。如果某一行为在一法域实施不构成犯罪，但对另一法域造成的危害结果重大，则应根据实际的影响大小来决定案件管辖的归属。因此，协商的过程中，不能一味地坚持结果地或行为地。

3. 诉讼移管的适用

同一行为人在两地分别实施了犯罪的刑事案件。如由某一法域来实行数罪并罚

① 胡陆生、李江海：《国内不同法域逃犯移交问题的解决思路》，载《法学论坛》2009年第5期。

无法解决管辖适用问题；又如比较罪的轻重，不同刑法之间、不同性质犯罪都难以进行，无助于解决不同管辖权的合作行使时。那么，这时就应该考虑诉讼移管的适用，即将某一法域对某一罪的管辖权转移给另一法域行使，其基本的依据应是有利于同时对两罪的追诉，或有利于在该法域的较重犯罪的追诉。

4. “跨、共”刑事案件

对于跨法域的共同犯罪刑事案件，如果共同犯罪人均为某一法域的，按照上述几点处理即可。如果共同犯罪人分属于不同法域，在管辖方面，原则上应由主要犯罪地管辖；主要犯罪地难以确定的，由主犯的居住地管辖；主犯难以区分的，则按“先理为优”的原则，由先抓获行为人的一方管辖。

（二）区际刑事司法协助基本原则的再适用

1. 双重犯罪原则

在逮捕令制度下，判断某一行为是否符合双重犯罪标准时主要是看该行为是否被列入了各法域预先确定的“犯罪清单”。根据一份经各法域共同认可的犯罪清单，各法域的司法机关在依据“双重犯罪原则”对其他法域签发的区际逮捕令进行审查时，可以采用一种比较简捷的推定制度，即只要区际逮捕令所列举的行为属于犯罪清单所列举的犯罪，即推定符合双重犯罪的标准，无须具体审查该行为是否根据逮捕令签发地法域的法律是否构成犯罪并且构成何种犯罪。

2. 政治犯罪例外原则①

如何处理某些具有政治性的刑事案件，这是一个在“一国两制”政治框架内各法域不能不加以考虑、不能不妥善处理的问题。虽然我国三法域在政治和社会制度方面存在着不小的差异，但不应当仅仅因为存在上述政治和社会制度方面的差异就将区际刑事司法合作的审查机制一概提升到政治层面。在区际逮捕令制度下，各法域可以在协商拟订“犯罪清单”时将它们认为敏感的罪状加以排除，并且根据司法实践的需要和社会现实的发展对区际逮捕令的犯罪清单进行适时的调整，从而免除逮捕令签发地法域司法机关对政治犯罪问题的审查责任。

另外，根据香港特别行政区和澳门特别行政区的基本法，根据两岸法律合作的经验，也确有必要建立一种较高层次的协调机制，以维护区际司法合作的正常运作，比如，组建一个由各法域代表参加的专门委员会，在实践中遇到的疑难问题或案件，可以提交该机制协商解决。

3. 排除军事犯不移交原则②

在中国内地刑法中，有关于军事犯罪的立法规定。港澳刑法中并无类似规定。但是，港澳地区并非绝对不会发生军人犯罪的问题，因为港澳没有武装力量，其防务由中央人民政府派驻的军队负责。根据《香港特别行政区驻军法》的规定，香港驻军人员犯罪的案件由军事司法机关管辖，但是，香港驻军人员实施的职务行为以外的犯罪，由香港特别行政区法院以及有关的执法机构管辖。由此可见，香港驻军

① 黄风、王君祥：《关于建立我国区际逮捕令制度的设想》，载《法学》2009年第6期。

② 刘鹏、冯卫国：《国际引渡合作原则框架下中国区际逃犯移交问题研究》，载《求索》2015年第2期。

人员执行公务时实施的犯罪由内地军事司法机关管辖，不存在所谓逃犯移管的问题；驻军人员实施的普通刑事犯罪由香港法院享有管辖权，但又不属于军事犯罪。《澳门特别行政区驻军法》中也有相同规定。所以，在区际逮捕令制度下，军事犯不移交原则在内地与港澳之间的逃犯移交方面是没有立足空间的。

4. 本法域公民不移交原则

在区际刑事司法协助时，内地和港澳三法域应当特别注意尊重被请求方法域对其居民的司法管辖权，这种针对本地居民的司法管辖权应当被赋予明显的优先地位。只要被请求方法域对区际逮捕令所针对的行为和人员享有管辖权，并且正在进行有关的诉讼程序，或者打算提起诉讼程序，即可搁置请求方签发的区际逮捕令。当然，如果被请求方法域并不打算对被其他法域通缉的本地居民提起诉讼，则不应仅以被申请通缉者是本法域居民为由拒绝或者搁置区际逮捕令的执行。

由于区际逮捕令制度并不完全排除对本地居民的移交，因而必须配以建立区际被判刑人移管合作制度，以确保我国某一法域的居民在其他法域受到刑事审判并被科处剥夺自由刑后，有可能根据意愿移管至其居住地法域服刑，使其能够在所熟悉的法律和社会环境下接受刑罚的执行，从而有助于在其出狱后尽快地复归社会。

5. 死刑犯不移交原则

目前，我国内地法域仍在刑法中保留了死刑，而港澳地区已先后废止了死刑的适用。那么，发生死刑犯不移交的情况主要是针对废除死刑的法域（港澳）向保留死刑的法域（内地）移交的情形。内地向港澳提出某犯罪人的移交请求，而该犯罪人的行为依照内地法律可能被判处死刑。在这种情形下，需区分不同情况进行处理，如果一味地坚持死刑犯不移交，则会使港澳地区成为重罪犯之“避风港”。[①]

（1）内地居民在内地实施了犯罪行为，之后逃往港澳的。在这种情况下，若港澳地区没有行使刑事管辖权的根据，则不能援引“死刑犯不移交”的原则拒绝合作。因为拒绝将其移交给内地，势必无任何法域可对其展开刑事追诉活动，将导致其逍遥法外的情形。

（2）内地居民在港澳实施了犯罪行为，事后仍然留在港澳的。在这种情形下，内地可以属人管辖原则向港澳地区提出移交请求。港澳法域可以凭“死刑犯不移交”原则予以拒绝。因为行为人的犯罪侵害的是港澳法域的法益。而“人权保护的基础是行为地的法律，按照行为地的法律，行为人应当享有的权利，行为地的司法机关应当予以保护，而按照行为地的法律，行为人应当受到的惩罚，无论这种惩罚的程度如何，其它法域的司法机关都应当提供协助。”[②] 拒绝移交，既维护了香港法域的司法权之独立，也是犯罪人之人权的实现。

（3）港澳居民在内地实施犯罪，事后逃回港澳。在这种情形下，依照前述观点，内地拥有具备优势地位的属地管辖权。若内地向港澳提出移交请求，在理论上

① 卢建平：《内地与港澳地区死刑政策冲突评析》，载赵秉志、何超明主编：《中国区际刑事司法协助探索》，中国人民公安大学出版社 2003 年版，第 238 页。

② 张智辉：《区际刑事司法协助的理性基础》，载赵秉志、何超明主编：《中国区际刑事司法协助探索》，中国人民公安大学出版社 2003 年版，第 37 页。

港澳地区不应拒绝。但从港澳地区的立法及一贯主张的人权观念来看，拒绝移交的可能性同样很大。

在这种情况下，内地不妨作出不适用死刑的承诺，以换取刑事管辖权的实现。这并非是对内地法律制度的冲击，首先，类似情形在理论中存在，现实中未必大量出现，不至于影响到内地法律制度的根基；其次，以此种让与换取合作的顺利达成，对建立各法域互信互利的局面，提升内地的国际形象无疑是大有裨益的；最后，既然任何制度的设计都不可能天衣无缝，面面俱到，那么作出有利于犯罪人的选择，是符合法律精神的。①

综上所述，由于内地与香港和澳门特别行政区法律制度、法律体系有很大的差别，香港法律属于英美法系、澳门法律属于大陆法系，而内地实行的是社会主义法律制度，因此，在开展刑事司法或反腐败区际司法合作时，只要在不违背“一国两制”的原则和尊重不同法律制度的原则下，求同存异，并借鉴“欧洲逮捕令”制度，推动我国区际逮捕令制度的形成与实现，最终全面推动内地与港澳特别行政区关于刑事司法协助安排、逃犯移交安排等区际司法合作与互助制度性协议的早日签署。当然，本文还有很多不足之处。例如，本文所论及的区际逮捕令的具体设计只是非常肤浅的不成熟想法，在更多具体细节的操作上缺少更完备的理论支撑和法律依据。所提出的在“区际逮捕令制度下几个法律问题的探讨”也只是冰山一角且是否具有充分合理性以及能否取得成效未能论证充分。因此，只有在收集更多的国内外文献资料的基础上才能做更深入的研究。

① 刘鹏、冯卫国：《国际引渡合作原则框架下中国区际逃犯移交问题研究》，载《求索》2015年第2期。